Patrologiae cursus completus : Series latina Volume 121

Migne, J.-P. (Jacques-Paul), 1800-1875

PATROLOGIÆ

CURSUS COMPLETUS

SEU BIBLIOTHECA UNIVERSALIS, INTEGRA, UNIFORMIS, COMMODA, OECONOMICA,

OMNIUM SS. PATRUM, DOCTORUM SCRIPTORUMQUE ECCLESIASTICORUM,

SIVE LATINORUM, SIVE GRÆCORUM,

QUI AB ÆVO APOSTOLICO AD TEMPORA INNOCENTII III (ANNO 1216) PRO LATINIS ET CONCILII FLORENTINI (ANN. 1439) PRO GRÆCIS FLORUERUNT :

RECUSIO CHRONOLOGICA

OMNIUM QUÆ EXSTITERE MONUMENTORUM CATHOLICÆ TRADITIONIS PER QUINDECIM PRIMA ECCLESIÆ SÆCULA,

JUXTA EDITIONES ACCURATISSIMAS, INTER SE CUMQUE NONNULLIS CODICIBUS MANUSCRIPTIS COLLATAS, PERQUAM DILIGENTER CASTIGATA; DISSERTATIONIBUS, COMMENTARIIS, VARIISQUE LECTIONIBUS CONTINENTER ILLUSTRATA; OMNIBUS OPERIBUS POST AMPLISSIMAS EDITIONES QUÆ TRIBUS NOVISSIMIS SÆCULIS DEBENTUR ABSOLUTAS DETECTIS, AUCTA; INDICIBUS PARTICULARIBUS ANALYTICIS, SINGULOS SIVE TOMOS SIVE AUCTORES ALICUJUS MOMENTI SUBSEQUENTIBUS, DONATA; CAPITULIS INTRA IPSUM TEXTUM RITE DISPOSITIS, NECNON ET TITULIS SINGULARUM PAGINARUM MARGINEM SUPERIOREM DISTINGUENTIBUS SUBJECTAMQUE MATERIAM SIGNIFICANTIBUS, ADORNATA; OPERIBUS CUM DUBIIS, TUM APOCRYPHIS, ALIQUA VERO AUCTORITATE IN ORDINE AD TRADITIONEM ECCLESIASTICAM POLLENTIBUS, AMPLIFICATA;

DUCENTIS ET AMPLIUS LOCUPLETATA INDICIBUS AUCTORUM SICUT ET OPERUM, ALPHABETICIS, CHRONOLOGICIS, STATISTICIS, SYNTHETICIS, ANALYTICIS, ANALOGICIS, IN QUODQUE RELIGIONIS PUNCTUM, DOGMATICUM, MORALE, LITURGICUM, CANONICUM, DISCIPLINARE, HISTORICUM, ET CUNCTA ALIA SINE ULLA EXCEPTIONE; SED PRÆSERTIM DUOBUS INDICIBUS IMMENSIS ET GENERALIBUS, ALTERO SCILICET RERUM, QUO CONSULTO, QUIDQUID NON SOLUM TALIS TALISVE PATER, VERUM ETIAM UNUSQUISQUE PATRUM, NE UNO QUIDEM OMISSO, IN QUODLIBET THEMA SCRIPSERIT, UNO INTUITU CONSPICIATUR; ALTERO SCRIPTURÆ SACRÆ, EX QUO LECTORI COMPERIRE SIT OBVIUM QUINAM PATRES ET IN QUIBUS OPERUM SUORUM LOCIS SINGULOS SINGULORUM LIBRORUM S. SCRIPTURÆ VERSUS, A PRIMO GENESEOS USQUE AD NOVISSIMUM APOCALYPSIS, COMMENTATI SINT:

EDITIO ACCURATISSIMA, CÆTERISQUE OMNIBUS FACILE ANTEPONENDA, SI PERPENDANTUR CHARACTERUM NITIDITAS, CHARTÆ QUALITAS, INTEGRITAS TEXTUS, PERFECTIO CORRECTIONIS, OPERUM RECUSORUM TUM VARIETAS, TUM NUMERUS, FORMA VOLUMINUM PERQUAM COMMODA SIBIQUE IN TOTO PATROLOGIÆ DECURSU CONSTANTER SIMILIS, PRETII EXIGUITAS, PRÆSERTIMQUE ISTA COLLECTIO, UNA, METHODICA ET CHRONOLOGICA, SEXCENTORUM FRAGMENTORUM OPUSCULORUMQUE HACTENUS HIC ILLIC SPARSORUM, PRIMUM AUTEM IN NOSTRA BIBLIOTHECA, EX OPERIBUS ET MSS. AD OMNES ÆTATES, LOCOS, LINGUAS FORMASQUE PERTINENTIBUS, COADUNATORUM.

SERIES LATINA PRIOR,

IN QUA PRODEUNT PATRES, DOCTORES SCRIPTORESQUE ECCLESIÆ LATINÆ A TERTULLIANO AD INNOCENTIUM III.

ACCURANTE J.-P. MIGNE,

Bibliothecæ Cleri universæ,

SIVE CURSUUM COMPLETORUM IN SINGULOS SCIENTIÆ ECCLESIASTICÆ RAMOS EDITORE.

PATROLOGIÆ TOMUS CXXI.

RATRAMNI, ÆNEÆ PARISIENSIS, S. REMIGII, ETC. ETC. OPERA OMNIA.

PARISIIS

APUD GARNIER FRATRES, EDITORES ET J.-P. MIGNE SUCCESSORES,

IN VIA DICTA: *AVENUE DU MAINE*, 189, OLIM *CHAUSSÉE DU MAINE*, 127.

1880

Ex typis societatis dictæ Societas anonyma impressionis et librariæ administrationum viarumque ferratarum
PAULO DUPONT, Directore — Parisiis in via dicta Jean-Jacques Rousseau, 41 (Cl.) 9 2 80

SÆCULUM IX

RATRAMNI

CORBEIENSIS MONACHI,

ÆNEÆ, SANCTI REMIGII,

PARISIENSIS ET LUGDUNENSIS EPISCOPORUM

WANDALBERTI MONACHI, PAULI ALVARI CORDUBENSIS,

OPERA OMNIA,

JUXTA MEMORATISSIMAS ACHERII, FLOREZII ET ANTONII COLLECTIONES NOVISSIME AD PREDUM REVOCATA.

INTERMISCENTUR

LOTHARII REGIS, HERARDI TURONENSIS, GUNTHARII COLONIENSIS, THEOTGAUDI BELGICÆ GALLICÆ PRIMATIS, ARDUICI VESONTIONENSIS, WULFADI BITURICENSIS, ADVENTII METENSIS EPISCOPORUM; GRIMALDI SANCALLENSIS ABBATIS, MILONIS MONACHI S. AMANDI, ISONIS SANGALLENSIS MONACHI, GOTTESCHALCI HÆRETICI, ETC. ETC.

SCRIPTA QUÆ EXSTANT UNIVERSA.

ACCURANTE J.-P. MIGNE,

BIBLIOTHECÆ CLERI UNIVERSÆ

SIVE

CURSUUM COMPLETORUM IN SINGULOS SCIENTIÆ ECCLESIASTICÆ RAMOS EDITORE.

TOMUS UNICUS

PARISIIS

APUD GARNIER FRATRES, EDITORES ET J.-P. MIGNE SUCCESSORES,

IN VIA DICTA : *AVENUE DU MAINE*, 189, OLIM *CHAUSSÉE DU MAINE*, 127.

1880

ELENCHUS

AUCTORUM ET OPERUM QUÆ IN HOC TOMO CXXI CONTINENTUR

ANNO DOMINI DCCCLXVIII

RATRAMNUS

CORBEIENSIS MONACHUS

NOTITIA HISTORICA IN RATRAMNUM.

(Fabric., Biblioth. med. et inf. Lat. tom. II.)

Bertramus in editionibus Sigeberti Gemblacensis, cap. 95, et apud Trithemium cap. 274, de S. E., et lib. II, cap. 48, de illustribus Benedictinis, aliosque etiam in primis editionibus libri de Cœna Domini *Bertramus*, sed idem rectius *Ratramnus* appellandus, quo nomine venit apud Anonymum Cellotianum, Flodoardum, III, 15, Hincmarum, de Prædestinatione, cap. 5, tom. I, pag. 26, et contra Gotteschalcum, pag. 413, 438, 450, Lupum Ferrariensem, epist. 79, Anonymum Mellicensem, cap. 16, et in Sigeberti codicibus mss. Gemblacensi et Vallis Viridis, nec non in Codicibus librorum quos ipse composuit, aliis atque editionibus. Monachum Corbeiensem ordinis Benedictini fuisse, Hincmaro teste, convenit. Gallum natione, suspicio est, nec dubium est præpositum gessisse cœnobii Orbacensis in diœcesi Galliæ Suessionensi. Jussus a Carolo Calvo, Galliæ ab anno 840 rege, et ab anno 875, 25 Decemb., ad 877, 6 Octobr., imperatore, de Sanguine et Corpore Christi quid sentiat significare, scripsit notissimum illum libellum *de Corpore et Sanguine Domini*, in quo diu ante Berengarium, Paschasii Radberti (a) sententiam et transsubstantiationis dogma perspicue refellit, argumentisque e sacra Scriptura et a sanæ rationis petitis judicio testimonia adjungit doctorum Latinæ Ecclesiæ (b) Ambrosii, Augustini, Hieronymi, Isidori, Fulgentii, et quæ ex Sacramentario *Gregorii Magni* inter celebrationem S. Cœnæ dici consueverunt. Ratramni nomen initio et fine libri annotatum Mabillonius (c) fatetur se reperisse in ms. Lobiensi annorum 800. Exstat etiam in alio non minus perantiquo Salmansweilano, et antequam an. 1532 ederetur, Ratramnum in præfatione ad libros de Veritate Corporis et Sanguinis Christi contra Œcolampadium, Colon. 1527, laudavit inter scriptores catholicos de illo argumento Joannes Fischerus, episcopus Roffensis. Prodiit primum Coloniæ 1532, 8°, apud Joannem Prael, sub titulo « Bertrami presbyteri, ad Carolum Magnum imperatorem, » et cum præfatione Leonis Judæ, interpretis (d) *Germanice* eodem an. 1532, Tiguri. Deinde Latine iterum Genevæ 1541, 8°, et in Microbresbytico an. 1550, atque Orthodoxographis prioris edit. an. 1555, et cum Paschasio Ratberto Coloniæ, 1551, 8°, et in Guilelmi Feugueræi Opusculis Lugduni Batavorum, 1579, 8°, et in Catalogo testium Veritatis edit. Sim. Goulartii, Genevæ, 1608, fol., et cum notis Joannis Lampadii, Bremæ, 1614, 8°. Hinc, ut alias editiones Hendreichio pag. 543 notatas prætercam, post Gallicas versiones an. 1550, 1558, 1560, 1619, 1653 etiam Latine et *Gallice*, Petro Allixio interprete, Parisiis an. 1672, 4°, et ex Jacobi Boilavii (e) versione Gallica, cum præfatione et notis, Parisiis, 1686, 12°, et Latine cum vindiciis adversus Joannem Harduinum (qui Ratramnum hæreticis (f) adscripserat) 1712, 12°, (g) Nec minus post versiones *Belgicas*, Roterod. 1610, Ultraject. 1620, atque *Anglicas* (h) et cum versione *Anglica* clarissimi Gulielmi Hopkinsii (i) canonici Worcestriensis, Londini, 1686, 12°, 1688, 8°, cum eruditis de Ratramno et ejus doctrina, adversus Boilavium aliosque Romanæ Ecclesiæ doctores, dissertationibus. Atque ex hac Anglica editione, præmissis etiam illis dissertationibus Gallice versis, libellus Ratramni Latine et *Gallice*, Amstelodami, 1717, 8°. Quanquam vero *Joannes Scotus* quoque, ejusdem Caroli Calvi jussu in eamdem sententiam librum de Corpore et Sanguine Domini scripsit, mire probatum Berengario, qui inter sanctos in quibusdam Martyrologiis IV Idus Novembr. ascribitur, tamen verisimilius est, cum Berengarius illum coactus fuisset in concilio Vercellensi an. 1050, damnatum, comburere in concilio Romano an. 1059, intercidisse potius, quam contra fidem tot codicum, contra diversitatem generis scribendi, qui in Scoti scriptis deprehenditur, et contra alias rationes a viris doctis allatas, Ratramno hunc, librum quem habemus, eripi, Scotoque (j) tribui debere. Scriptis prohibitis accensent Indices Romanus, Tridentinus, Hispanicus.

(a) Vetus scriptor Anonymus de Eucharistia a Ludovico Cellotio S. J. editus cum notis an. 1655. Mabillonius, sæc. IV, Benedictin. parte II, præf. p. 45, num. 83, et pag. 80 Itineris Germanici. Colomes pag. 668 seq. Operum, ubi et de aliis codicibus mss.

(b) Inde Joannes Lampadius *Bertramum* inscripsit consensum Ecclesiæ de verbis S. Cœnæ.

(c) Jacobus Basnage in Historia Ecclesiastica dogmatica, quam Gallice edidit, XVI, 7, tomo II, pag. 933, et cancellarius Tubingensis D. Christophorus Matthæus Pfaffius de S. Eucharistia adversus Ludovicum Rogerium, pag. 27 seq.

(d) Abraham Ruchat, tom. IV *Hist. de la Reformation de la Suisse*, pag. 207.

(e) Du Pin, tom. XIX, Biblioth. Eccles., pag. 68, Acta Eruditorum, an. 1687, pag. 43. *Nouvell. Rep. Lettr.*, p. 125.

(f) In Dissertatione de Sacramento altaris, pag. 165, 193.

(g) *Journal des Savants*, an. 1712, p. 646.

(h) Plurium Anglicarum versionum editiones exstare testis Caveus, qui erudite de hoc scriptore ad an. 840. Idem inter alia notat Ælsricum in homilia Paschali ex Ratramno multa ad verbum repetisse, quod ad oculum quoque Hopkinsius demonstravit.

(i) Anton. Wood Athenæ Oxon. Tom. III, p. 1074.

(j) Ut a Petro de Marca Epist. ad Dacherium, ante tom. II Spicilegii et novæ editionis tom. III, pag. 852, et ab Anselmo Parisio dissertatione adversus Allixium cap. 5, tom. IV *Perpetuite de la Foi*, parte II, pag. 198 seq. Joanne Harduino, etc. Omitto suspiciones parum credibiles eorum qui auctorem comminiscuntur, vel antiquiorem multum, ut Prosperum, vel ducentis annis juniorem, et vel Berengarium ipsum, vel ex ejus sectatoribus aliquem.

Quinoge Belgicos autem interpretatione adjuvandum duxit. Vide Usserium de Ecclesiarum successione, pag. 48 seq., et Dallæum de usu Patrum, pag. 111 seq. Itaque Fabius Latinus tom. I Bibliothecæ sacro-profanæ, p. 110, testatur se Bertramni librum libro Paschasii de eodem argumento subjunctum percurrisse « immemorem in Indice notatum hæreseos nomine. Quare post agnitum errorem meum projeci libellum, et a summo pœnitentiario cum eo in absolvendum reverendissimo cardinali Vormiensi. »

Scripsit præterea hic Ratramnus ad eumdem Carolum Calvum *libros duos de Prædestinatione*, in quibus cum Gotteschalco facit, ab Hincmaro aliisque oppugnatus. Edidit Gilbertus Mauguinus inter scriptores noni sæculi qui de Prædestinatione et Gratia scripserunt, Parisiis 1650, 4°, unde recusi tom. XV Bibliothecæ Patrum Lugdunensis, pag. 442. Confer Usserii et Cellotii Historiam Gotteschalci.

« Contra Græcorum Romanam ecclesiam infamantium errores, » ad Nicolaum I pontificem Romanum libros quatuor Photii epistolæ potissimum oppositos, quorum in tribus primis integris tractat de processione Spiritus sancti. Edidit Dacherius tomo secundo Spicilegii (tom. I editionis novæ, pag. 63).

« De partu Virginis, seu de Nativitate Christi » modo communi et naturali non clauso B. Virginis utero facta. Cui Paschasius Radbertus libellos duos de partu Virginis pro contraria sententia opposuit. Paschasium respondit verba Ratramni in præfatione: « Obsecro reverentiam tuam ut ad suggestionem parvitatis nostræ respondere non graveris. » De Controversia illa vide B. Hugonum de Bibliothecis Patrum, pag. 169, et quos laudat Mabillonium sæc. IV Benedictini parte II, præfat. cap. 1, et tom. II Annalium Benedictin. ad annum 84?, pag. 6?2 seq., et Natalem Alexandrum sæc. IX et X, parte II, dissertat. 13.

Epistola ad Rimbertum presbyterum *de Cynocephalis*, quod non sint Adæ posteris deputandi. Edita ex codice bibliothecæ Paulinæ Lipsiensis, ab erudito viro Claudio Dumont in dissertatione de Cynocephalis, inserta tomo sexto Historiæ criticæ reipublicæ litterariæ Massoniane, edita Gallice Amstelodami 1714, 12°, pag. 188-196.

Liber *de anima*, quod non omnium hominum una sit anima, ut Joannes Scotus ex loco quodam Augustini de quantitate animæ affirmaverat. Hic liber, quem habuit edereque voluit Mabillonius, exstat etiam ms. in variis Angliæ bibliothecis.

Ex Hincmari libro de una et non trina Deitate, tom. I Operum, pag. 413 et 438, constat Ratramnum cum Gotteschalco defendisse et Hilarii atque Augustini dictis confirmasse verbo veteris hymni « Te trina Deitas unaque poscimus, » pro quo Hincmarus maluit *Te summa Deitas*. Liber autem quo id a Ratramno factum, ad nos non pervenit.

RATRAMNI

CORBEIENSIS MONACHI

DE PRÆDESTINATIONE DEI

LIBRI DUO

AD REGEM CAROLUM CALVUM

(Bibl. Max. Patr., tom. XV.)

VETERUM AUCTORUM DE HIS RATRAMNI LIBRIS TESTIMONIA

Hincmarus Rhemensis archiepiscopus, de Prædestinatione, ad Carolum regem, cap. 5.

Ratramnus nihilominus, monasterii Corbeiæ monachus, libellos duos, quos nobis examinandos dedistis, ita intentione elaboratos porrexit, ut ostendat quatenus sicut electi a Deo prædestinantur ad vitam, ita et reprobi a Deo prædestinantur ad mortem.

Sigibertus, Gemblacensis monachus, de Scriptoribus ecclesiasticis, cap. 95.

Bertramus scripsit librum de Corpore et Sanguine Domini, et ad Carolum, librum de Prædestinatione.

Joannes Trithemius, abbas Spanhemensis, de Scriptoribus ecclesiasticis.

Bertramus presbyter et monachus, in divinis Scripturis valde peritus, et in libris sæcularium disciplinarum egregie doctus, ingenio subtilis et clarus eloquio, nec minus vita quam doctrina insignis, scripsit multa præclara opuscula, de quibus ad meam notitiam pauca pervenerunt. Ad Carolum regem, fratrem Lotharii imperatoris, scripsit commendabile opus:

De prædestinatione, l. I.

De Corpore et Sanguine Domini, lib. I.

Claruit temporibus Lotharii imperatoris, anno 830.

Idem Trithemius in Chronico Hirsaugiensi.

Bertramus monachus, in omni litteratura doctissimus, scripsit ad Carolum regem de Prædestinatione. Item de Corpore et Sanguine Domini, cum aliis multis quæ ad notitiam nostræ lectionis non venerunt.

PRÆFATIO AUCTORIS.

Domino glorioso atque præcellentissimo principi CAROLO RATRAMNUS.

Cum virtus et sapientia regiam majestatem illustrent, virtus videlicet qua adversarios expugnet, sapientia qua reipublicæ corpus omne disponat, magnificentiam vestram hæc duo clarius attollunt, quod cœlestis sapientiæ secreta perquiritis et religionis amore flagratis. Hæc enim vos prioribus comparant principibus, qui virtutum potentia hostium colla subegerunt, et sapientiæ fulgore et religionis honore amici Dei facti sunt. David dicimus et Salomonem, Ezechiam, et Josiam, quibus sicut fuit studium circa divinæ sapientiæ mysteria detineri, ita eorum fama et immortalis existit, et stipendiis æternæ beatitudinis ornata refulget. Quorum imitatores effecti, admirabili prudentia reipublicæ vestræ statum disponitis, et potenti virtute hostium vires subigitis, et ineffabili religionis amore cœlestium sapientiam secretorum disquiritis, et quemadmodum catholicæ fidei status inviolabilis perseveret, omni vigilantia elaboratis. Hoc autem studium et hæc virtutum insignia non tanquam peregrina et laborum studiis comparata vobis adsunt, sed veluti nativa. Illi siquidem gloriosæ memoriæ Augusti pater et avus, et virtutum armis, et sapientiæ decore, et religionis sublimitate adeo effulserunt, ut virtutum magnificentia et priores ante se reges incomparabiles sibi monstrarent, et posteris imitationis exempla relinquerent, a quibus ut originem sanguinis ducitis, ita utriusque parentis et virtutem et religionem possidetis. Sed si altius volumus nobilitatis vestræ progeniem speculari, videmus originis vestræ stemmata sæcularis potentiæ gloriam semper religionis honore decorasse. Unde constat vos non solum regali dignitate insignitatem habere, sed et sanctæ stirpis propagine religionis studium possidere. Cujus quoque religionis amore humilitati nostræ majestas vestra A injungere dignata est, ut de nuper exorta quæstione, sed olim jam a sanctis Patribus determinata, collecta ex sanctorum libris capitula vobis dirigerem, quibus qualiter de ea sentirent manifestius vobis eluceret. Cum enim universa caute disquiritis et diligenter disponitis, tum quoque in hac quæstione, cujus profunditas multos caligare facit, studiose valde et modeste inceditis, ut sanctorum sententiis ex ea cognoscentes, quid postea prudentiam vestram agere oporteat deliberetis. Ego autem, cupiens parcere magnitudinis vestræ imperio, colligere studui ex catholicorum doctorum sententiis, quæ pro brevitate sui occupationibus vestris non fiant onerosæ, et pro sententiarum plenitudine rei veritatem non abscondant. B Et quia hujus quæstionis, id est de prædestinatione, profundum valde mysterium est, statui prius de divina dispositione sanctorum Patrum proferens testimonia dicere, deinde ad prædestinationis narrationem venire, ut cum probatum fuerit universa quæ geruntur in mundo divinæ dispensationis secretis moderari, facilior intelligentiæ via pateat ad prædestinationis manifestationem. In quo opere sicut magnitudinis vestræ jussionem exsequi cupimus, ita clementiam exoramus ut eorum quæ diximus et probator sitis et judex; et si quid bene dictum fuerit vestra sententia confirmetur, si quid vero aliter vobis visum fuerit, per vos redarguatur, nobisque correctionis vestræ sententia propter pietatis vestræ clementiam non abscondatur, nec ad multorum C conspectum veniat nisi sapientia vestra comprobaverit recte dicta esse quæ protulerimus. Et quod hæc postulare præsumimus, non temeraria præsumptioni deputet magnitudo vestra, sed humilitati et verecundiæ, quæ non solum pro erratis timent publice discuti, verum etiam in bene dictis verentur publicari.

LIBER PRIMUS.

DE DIVINA DISPOSITIONE.

Sed jam ad propositum veniamus. Nemo quisquis bene credit in Deum, dubitat præsentia illius cœlum terramque contineri, mundumque providentia divina regi, et sicut nihil latet sapientiam ejus, ita dispositio illius universa moderatur et regit. Sicut enim nulla est creatura occulta in conspectu illius, ita et actiones hominum et cogitationes novit, quia, secundum Scripturæ divinæ auctoritatem: « Nulla est creatura invisibilis in conspectu illius, sed omnia nuda sunt et aperta oculis ejus; et qui omnia novit, disponit universa (*Hebr.* IV). » Unde liber Sapientiæ loquitur: « In manu enim illius et nos, et sermones nostri, et omnis sapientia, et operum scientia, et D disciplina. Ipse enim dedit mihi omnium quæ sunt scientiam veram, ut sciam dispositionem orbis terrarum et virtutem elementorum, initium et consummationem et medietatem temporum, vicissitudinum permutationes, et consummationes temporum motuum mutationes, et divisiones temporum, anni cursus et stellarum dispositiones, vim ventorum et cogitationes hominum, differentiam arborum et virtutes radicum, et quæcunque sunt absconsa et improvisa didici: omnium enim artifex docuit me sapientia (*Sap.* VII). » Hæc dici non de aliquo mortali manifestum est, nisi de solo mediatore Dei et hominum, qui ex eo quod virtus et sapientia Dei Patris est, ex eo autem quod homo factus est, accepit universorum scientiam et intelligentiam, quia secundum Evangelii protestationem *plenus gratia et veritate* consistens, sicut ex eo quod homo factus est, corpore circumscriptus fuit, ita ex eo quod *Verbum caro factum est*, omnia quæcunque sunt absconsa et improvisa novit, et omnia prospicit, et capit omnes spiritus intelligibiles, et sicut novit omnia cum Patre, ita disponit universa cum illo. De ipsa autem sapientia subsequenter in eodem libro scribitur ita prosequendo: « Attingit autem ubique propter suam munditiam (*Ibid.*), » item: « Attingit a fine usque ad finem fortiter, et disponit omnia suaviter (*Sap.* VIII). » Qui ergo omnia novit, et omnia concludit, continet atque disponit, præterita, præsentia et futura, nequaquam eum latent, sicut et superius ait, quia dederit homini, ut cognosceret « initium et medietatem et consummationem temporum. » Si enim hoc homo ex dono Dei promeruit, quanto magis ille, qui hæc tribuit cognoscit. Ergo quia novit et præterita et præsentia, et futura, dispensat illa atque disponit, et qui novit « cogitationes hominum, » ipse utique disponit eas non solum bonas, verum etiam et malas. Quamvis enim pravæ cogitationes hominum non sint a Deo, non tamen ejus cogitationem effugiunt, aut voluntatis ejus dispositionem transgrediuntur, unde bonarum cogitationum et auctor est et ordinator, malarum vero ordinator tantum, non vero auctor, quia « attingit a fine usque ad finem fortiter, et disponit omnia suaviter. » Sicut ergo hæc, ita etiam et electorum numerum et reproborum cognovit, et sicut universorum ordinator est, sic etiam et eorum: nec tantum horum acta quæ gerunt in præsenti vita, sed et fines eorum et novit et disponit. Qualiter autem de singulis agat, non novo consilio, nec nova cogitatione concipit, sed in æternitate dispositiones sua universa quemadmodum geruntur per successiones temporum disposita sunt: quia, sicut ait Apostolus: « apud Deum non est ulla commutatio nec vicissitudinis obumbratio. » Sicut enim æternus est, ita et æternaliter omnia novit, et sicut omnia comprehendit, ita scientiæ suæ lumine quæcunque sunt, et fuerunt, et futura sunt, uno intuitu contuetur. Et sicut nihil novi est apud illum, ita in æterna dispositione consistunt immobiliter fixa qualiter creaturarum ordo per successiones temporum agatur: in qua sempiternitatis dispositione et electorum finem et reproborum cognovit, et de singulis quid agendum sit sempiterno consilio immutabiliter determinatum est. Hæc autem sempiterni consilii dispositio prædestinatio est operum Dei, qua prædestinatione et electos disponit ad regnum, et reprobos ad pœnas.

De qua dispositione Dei B. Augustinus in libro de libero Arbitrio loquitur (*cap.* 20), demonstrans quod universorum voluntates, non solum bonas, sed et malas, quocunque voluerit inclinat, et ejus dispositioni serviunt, ita dicens: Scriptura divina, si diligenter inspiciatur, ostendit non solas bonas hominum voluntates, quas ipse facit ex malis, et a se factas bonas ad actus bonos et ad æternam dirigit vitam, verum etiam illas quæ conservant sæculi creaturam, ita esse in Dei potestate, ut eas quo voluerit, quando voluerit, faciat inclinari, vel ad beneficia quibusdam præstanda, vel ad pœnas quibusdam ingerendas, sicut ipse judicat, occultissimo quidem judicio, sed sine ulla dubitatione justissimo. Nam invenimus aliqua peccata etiam pœnas esse aliorum peccatorum, sicut « sunt vasa iræ, » quæ dicit Apostolus, « perfecta in perditionem (*Rom.* IX, 22), » sicut et induratio Pharaonis, cujus et causa dicitur « ad ostendendam in illo virtutem Dei (*Exod.* VII, 3), » sicut est fuga Israelitarum a facie hostium de civitate Hai (*Jos.* VII, 4, 5): in animo enim factus est timor ut fugerent, et hoc factum est ut vindicaretur peccatum eo modo quo vindicandum fuerat. Unde dixit Dominus ad Jesum Nave: « Non poterunt filii Israel subsistere ante faciem inimicorum suorum (*Ibid.* 12). » Quid est « non poterunt subsistere? » Quare non subsistebant per liberum arbitrium, sed per timorem turbata voluntate fugiebant, nisi quia Deus dominatur et voluntatibus hominum, et quos vult in formidinem convertit iratus? Nunquid non hostes Israelitarum adversus populum Dei, quem ducebat Jesus Nave, sua voluntate pugnarunt? Et tamen dicit Scriptura, « quia per Dominum factum est confortari cor eorum, ut obviam irent ad bellum contra Israel, ut exterminarentur (*Jos.* XI, 20). » Nunquid non sua voluntate homo improbus filius Gemini maledicebat regi David? et tamen quid ait David plenus vera et alta sapientia? quid ait illi qui maledicentem percutere voluit? « Quid mihi, inquit, et vobis, filii Sarviæ? Dimittite eum ut maledicat, quia Dominus dixit illi maledicere David: et quis dicet ei: Quare fecisti sic? » (*II Reg.* XVI, 10.) Deinde Scriptura divina plenam sententiam regis velut ab alio initio repetendo commendans: « Et dixit, inquit, David ad Abisai et ad omnes pueros ejus: Ecce filius meus, qui exivit de utero meo, quærit animam meam, et adhuc modo (*al.*, quanto magis nunc) filius Gemini. Sinite illum ut maledicat, quoniam dixit illi Deus, ut videat Dominus humilitatem meam, et retribuat mihi bona pro maledicto ejus in die isto (*Ibid.*, 11, 12). » Quomodo dixerit Dominus homini huic maledicere David, quis sapiens et intelliget? Non enim jubendo dixit Deus, ubi obedientia laudaretur, sed quod ejus voluntatem proprio suo vitio malam in hoc peccatum judicio suo justo et occulto inclinavit, ideo dictum est, « dixit ei Dominus. » Nam si jubenti obtemperasset Deo, laudandus potius quam puniendus esset, sicut, ex hoc peccatum [*al.*, peccato] postea novimus esse punitum. Nec causa tacita est cur ei Dominus isto modo dixerit maledicere David, hoc est cor ejus malum in hoc peccatum miserit vel dimiserit: « ut videat, inquit, Dominus humilitatem meam, et retribuat mihi bona pro maledicto ejus in die isto. » Ecce quomodo probatur Deum uti cordibus et malorum ad laudem atque adjumentum bonorum. Sic usus est Juda tradente Christum, sic usus est Judæis crucifigentibus Christum. Et quanta inde bona præstitit populis credituris! Qui et ipso diabolo utitur pessimo, sed optime, ad exercendam et probandam fidem et pietatem bonorum, non sibi, qui omnia scit antequam fiant, sed nobis, quibus erat necessarium ut eo modo ageretur nobiscum. Nunquid non sua voluntate Absalom elegit consilium quod sibi oberat? Et tamen ideo fecit, quia exaudierat Dominus ejus patrem orantem ut hoc fieret. Propter quod ait Scriptura: « Et Dominus mandavit dissipare consilium Achitophel bonum, ut induceret Dominus super Absalom mala omnia (*II Reg.* xvii, 14). » « Bonum consilium » dixit, quod ad tempus proderat causæ, quia pro ipso erat contra patrem ejus, contra quem rebellaverat, ut eum posset opprimere, nisi Dominus consilium dissipasset quod dederat Achitophel, agendo in corde Absalom, ut tale consilium repudiaret, et aliud quod ei non expediebat eligeret (*Ibid.*, 21). Quis non ista divina judicia contremiscat quibus agit Deus etiam in cordibus malorum hominum quidquid vult, reddens eis tamen secundum merita eorum? Roboam, filius Salomonis, respuit consilium salubre seniorum quod ei dederant ne cum populo dure ageret et verbis coævorum suorum potius acquievit, respondendo minaciter quibus leniter debuit (*III Reg.* xii, 6 seq.). Unde hoc nisi propria voluntate? Sed hinc ab eo recesserunt decem tribus Israel, et alium regem sibi constituerunt Jeroboam, ut irati Dei voluntas fieret quod etiam futurum esse prædixerat. Quid enim Scriptura dicit? « Non audivit rex plebem, quoniam erat conversio a Domino, ut statueret verbum suum quod locutus est in manu Ahiæ Silonitæ de Jeroboam filio Nabath (*Ibid.* 15). » Nempe sic factum illud est per hominis voluntatem, ut tamen « conversio » esset « a Domino. » Legite libros Paralipomenon, et invenietis in secundo libro scriptum: « et suscitavit Dominus super Joram spiritum Philistiim et Arabum, qui finitimi erant Æthiopibus: et ascenderunt in terram Juda et dissipaverunt eam, et ceperunt omnem substantiam quæ in domo regis inventa est (*II Par.* xxi, 16, 17). » Hic ostenditur Deum suscitare hostes eis terris vastandis quas tali pœna indicat dignas. Nunquid tamen Philistiim et Arabes in terram Judæam dissipandam sine sua voluntate venerunt, aut sic venerunt sua voluntate, ut mendaciter scriptum sit quod « Dominus » ad hoc faciendum eorum « spiritum suscitavit? » Imo utrumque verum est, quia et sua voluntate venerunt, et tamen spiritum eorum Dominus suscitavit. Quod etiam sic dici po-

A test, eorum spiritum Dominus suscitavit, et tamen sua voluntate venerunt. Agit enim omnia potens in cordibus hominum etiam motum voluntatis illorum, ut per eos agat quod per eos agere ipse voluerit, qui omnino injuste aliquid velle non novit. Quid est quod homo Dei dixit ad Amaziam regem: « Non veniat tecum exercitus Israel: non est enim Dominus cum Israel et omnibus filiis Ephrem; quoniam si putaveris obtinere te in illis, in fugam convertet te Deus ante inimicos, quoniam est virtus Deo vel adjuvare vel in fugam vertere? » (*II Par.* xxv, 7, 8.) Quomodo virtus Dei alios adjuvat in bello dando eis fiduciam, alios immisso timore vertit in fugam, nisi quia ille « qui in cœlo et in terra omnia quæcunque voluit B fecit (*Psal.* cxxxiv, 6), » etiam in hominum cordibus operatur? Legimus quid dixerit Joas, rex Israel, mittens nuntium ad Amaziam regem volentem pugnare cum illo. Nam post aliqua dixit: « Nunc sede in domo tua. Quid provocas in te malum, et cades tu et Judas tecum? » (*IV Reg.* xiv, 9, 10.) Deinde Scriptura subjunxit: « Et non audivit Amazias, quoniam a Deo erat ut traderetur in malum [*al.*, in manus ejus] (*II Par.* xxv, 19, 20), quoniam quæsierunt deos Edom. » Ecce Deus volens idololatriæ peccatum vindicare, hoc operatus est in ejus corde, cui utique juste irascebatur, ut admonitionem salubrem non audiret, sed ea contempta iret in bellum, ubi cum suo exercitu caderet. Per Ezechielem prophetam dicit Deus: « Et propheta si erraverit, et locutus fuerit, ego Do- C minus seduxi prophetam illum, et extendam manum meam super eum, et exterminabo eum de medio populi mei Israel (*Ezech.* xiv, 9). » In libro Esther scriptum est quod mulier ex populo Israel in terra captivitatis facta erat uxor alienigenæ regis Assueri: ergo in ejus libro scriptum est (*cap.* iii, iv) quod cum haberet necessitatem interveniendi pro populo suo, quem rex ubicunque in regno ejus esset jusserat trucidari, oravit ad Dominum: cogebat enim eam magna necessitas, ut præter jussum regis et præter ordinem suum ad illum auderet intrare, et vide quid Scriptura dicat: « Et intuitus est eam tanquam taurus in impetu indignationis suæ, et timuit regina, et conversus est color ejus per dissolu- D tionem, et inclinavit se super caput delicatæ suæ, quæ præcedebat eam. Et convertit Deus, et transtulit indignationem ejus in lenitatem (*Esther* v, *sec. LXX*). » Scriptum est et in Proverbiis Salomonis: « Sicut impetus aquæ, sic cor regis in manu Dei; quocunque voluerit declinabit illud (*Prov.* xxi, 1). » Et in psalmo civ legitur dictum de Ægyptiis quid fecerit eis Deus: « Et convertit cor eorum ut odirent populum ejus, et dolum facerent in servos ejus (*Psal.* civ, 25). » In litteris etiam apostolicis vide quæ scripta sunt in Epistola Pauli apostoli ad Romanos: « Propterea tradidit illos Deus in desideria cordis eorum in immunditiam. » Item paulo post: « Propter hoc tradidit illos Deus in passiones ignominiæ. » Item paulo post: « Sicut non probaverunt habere Deum in notitia, tradidit illos Deus in reprobam mentem, ut faciant quæ non conveniunt (*Rom.* I, 24, 26, 28). » Et ad Thessalonicenses in Epistola secunda ait de quibusdam : « Pro eo quod dilectionem veritatis non receperunt, ut salvi fierent, ideo mittet illis Deus operationem erroris, ut credant mendacio, et judicentur omnes qui non crediderunt veritati, sed consenserunt iniquitati (*II Thess.* II, 10, 11). » His et talibus testimoniis divinorum eloquiorum, quæ omnia commemorare nimis longum, satis, quantum existimo, manifestatur operari Deum in cordibus hominum ad inclinandas eorum voluntates quocunque voluerit, sive ad bona pro sua misericordia, sive ad mala pro meritis eorum, judicio utique suo aliquando aperto, aliquando occulto, semper tamen justo. Fixum enim debet esse et immobile in corde vestro quia « non est iniquitas apud Deum (*Rom.* IX, 14). » Ac per hoc quando legitis in litteris veritatis a Deo seduci homines, aut obtundi vel obdurari corda eorum, nolite dubitare præcessisse mala merita eorum, ut juste ista paterentur, ne incurratis illud proverbium Salomonis : « Insipientia viri violat vias ejus, Deum autem causatur in corde suo (*Prov.* XIX, 3, *sec. LXX*). »

His beati Augustini verbis manifestissime docemur cogitationes hominum et actus divinæ obtemperare dispositioni, quamvis ipsi homines hoc nolint, nec eorum intentio ejus voluntati et imperio velit obedire. De hac dispositione divina beatus Gregorius in libro Moralium XXIX (*cap. ult.*) ita loquitur : [Ordinem cœli nosse est supernarum dispositionum occultas prædestinationes videre ; rationem vero ejus in terram ponere, est ante humana corda talium secretorum causas aperire. Rationem videlicet cœli in terra ponere, est supernorum judiciorum mysteria vel considerando discutere, vel loquendo manifestare. Quod utique facere in hac vita positus nullus potest. Ut enim a parvis ad majora veniamus, quis intelligat quæ esse ratio secretorum potest, quod sæpe vir justus a judicio non solum non vindicatus, sed etiam punitus redeat, et iniquus ejus adversarius non solum non punitur, sed etiam victor abscedat? Quis intelligat cur vivit alius insidians mortibus proximorum, et moritur alius qui profuturus esset vitæ multorum? Alius culmen potestatis assequitur qui non nisi lædere studet, alius tantummodo læsos defendere concupiscit, et tamen ipse oppressus jacet. Alius vero vacare appetit, innumeris negotiis implicatur ; alius negotiis implicari desiderat, et coactus vacat. Alius male inchoans usque ad vitæ suæ terminum ad pejora protrahitur ; alius bene incipiens per longitudinem temporum proficit ad augmenta meritorum. Atque e contra alius male vivens diu reservatur, ut corrigatur ; alius vero bene quidem videtur vivere, sed in hac vita eo usque durat quoad perversa prorumpat. Alius in errore infidelitatis natus, in errore deficit ; alius in catholicæ fidei rectitudine genitus in catholicæ fidei rectitudine consummatur. E contra vero alius catholicæ matris ventre editus, juxta vitæ terminum erroris voragine A devoratur ; alius autem vitam suam in catholica pietate consummat, qui ortus in perfidia, cum lacte matris hausit virus erroris. Alius celsitudinem bene vivendi appetere et volet et valet ; alius nec volet nec valet ; alius volet et non valet ; alius valet et non volet. Quis ergo ista judiciorum cœlestium secreta discutiat? Quis intelligat discretionis lancem æquitatis occultæ? Ad cognoscendos quippe istos judiciorum secretorum sinus nullus ascendit. Dicatur ergo homini ut se nescire cognoscat, nescientem vero se cognoscat, ut timeat ; timeat, ut humilietur ; humilietur, ne præsumat in se ; non præsumat in se, ut Conditoris sui auxilium requirat, et qui in se fidens mortuus est, auctoris sui appetens adjutorium vivat. Audiat itaque vir justus jam B quidem se sciens, sed adhuc quæ supra se sunt nesciens : « Nunquid nosti ordinem cœli, et pones rationem ejus in terra? » (*Job* XXXVIII, 33.) Id est nunquid occultos ordines judiciorum cœlestium comprehendis, aut aperire humanis auribus sufficis? Beatus igitur Job de judiciorum incomprehensibilium investigatione requiritur, ac si ei aperte diceretur : Cuncta quæ pateris tanto tolerare patientius debes, quanto secretorum cœlestium ignarus, cur hæc pateris nescis.]

De qua occulta secretorum judiciorum dispensatione loquens (*cap.* 29) monstrat Judæorum populum repulsum et gentilem susceptum, ita dicens : [In similitudinem lapidis aquæ durantur (*Job* XXXVIII, 30). » C Aquas enim populos accipi jam sæpius edocuisse me memini. In lapide vero pro ipsa duritia aliquando gentiles populi designantur. Ipsi quippe lapides coluerunt, et de eis per Prophetam dictum est : « Similes illis fiant qui faciunt ea, et omnes qui confidunt in eis (*Psal.* CXIII, 8). » Unde Joannes Judæos aspiciens se de stemmate generationis extollere, et gentiles prævidens ad Abrahæ prolem fidei cognatione transire, ait : « Ne velitis dicere inter vos : Patrem habemus Abraham. Dico enim vobis quia potens est Deus de lapidibus istis suscitare filios Abrahæ (*Matth.* III, 9), » lapides utique duros perfidia gentiles vocans. Quia ergo primum Judæa Deo credidit, gentilitate omni in perfidiæ suæ obstinatione D remanente, postmodum vero ad fidem corda gentilium mollita sunt et Judæorum infidelitas obdurata, bene dictum est, « in similitudinem lapidis aquæ indurantur. » Ac si diceret : Illa mollia et penetrabilia fidei corda Judæorum in insensibilitate vertuntur gentium. Cum enim misericors Deus gentes traxit, iratus Judæam repulit. Actumque est sicut dudum ad percipiendam fidem gentilitas fuerat obdurata, ita postmodum ad fidem gentilitate suscepta, Judææ populus perfidiæ torpore duresceret. Unde Paulus apostolus eisdem gentibus dicit : « Sicut aliquando vos non credidistis Deo, nunc autem misericordiam consecuti estis propter illorum incredulitatem, ita et isti non crediderunt in vestra misericordia, ut et ipsi misericordiam consequantur. Conclusit enim Deus omnia in incredulitate, ut omnium misereatur (*Rom.* XI, 30-32). » Quam sententiam suam primo quidem de vocatione Judæorum et repulsione gentium, postmodum vero de vocatione gentium et repulsione Judæorum subtiliter pensans, sequi occulta Dei judicia comprehendere non posse considerans, exclamando subjunxit: « O altitudo divitiarum sapientiæ et scientiæ Dei, quam incomprehensibilia sunt judicia ejus, et investigabiles viæ ejus! » (*Ibid.*, 33.) Unde hic quoque cum de Judæorum perfidia Dominus diceret: « In similitudinem lapidis aquæ durantur, » ut de repulsione eorum occulta esse sua judicia demonstraret, atque subdidit: « Et superficies abyssi constringitur (*Job* XXXVIII, 30), » quia superjecto quodam ignorantiæ nostræ velamine, incomprehensibilitas divini judicii humanæ mentis oculo nullatenus penetratur. Scriptum quippe est: « Judicia tua abyssus multa (*Psal.* XXXV, 7). » Nemo ergo perscrutari appetat cur cum alius repellitur, alius eligatur, vel cur cum alius eligitur alius repellatur: quia superficies abyssi constringitur, et, attestante Paulo, « inscrutabilia sunt judicia ejus, et investigabiles viæ ejus. »

Item in eodem libro (*cap.* 9) de eadem dispositione cum tractaret sententiam beati Job qua dicitur ei a Domino: « Indica mihi si nosti omnia, in qua via habitet lux, et tenebrarum quis locus sit (*Job* XXXVIII, 18, 19) » [Ac si dicatur ei: Si plenam te habere scientiam suspicaris, dic vel in cujus corde ea, quæ nunc deest, innocentia veniat, vel in cujus corde ea, quæ nunc est, malitia perseveret. « In qua via habitet lux, » id est cujus mentem veniens justitia impleat. « Et tenebrarum quis locus sit » id est in quo iniquitas cæca perduret. « Ut ducas unumquodque ad terminos suos, » id est, ut dijudices si vel is qui nunc iniquus cernitur, in iniquitate vitam finiat, vel is qui justus cernitur, extremitatem vitæ suæ cum justitiæ perfectione concludat. « Et intelligas semitas domus ejus » id est consideres atque discernas vel cui bona actio perseverans æternam mansionem præstet in regno, vel quem usque ad terminum suum actio prava constringens in æternum damnet supplicium. Domus quippe pro mansione ponitur, semita pro actione. Semita igitur ad domum ducit, quia actio ad mansionem pertrahit. Sed quis hominum ista discussus dicat? quis ista saltem imperterritus audiat? Multos enim videmus quotidie qui justitiæ luce resplendent, et tamen ad finem suum nequitiæ obscuritate tenebrantur. Et multos cernimus peccatorum tenebris obvolutos, et tamen juxta vitæ suæ terminum repente reddi luce justitiæ liberos. Multos etiam novimus semel inventam viam justitiæ illibate usque ad obitum tenuisse, et plerosque conspeximus usque ad exitum culpa semel crimina sine cessatione cumulasse. Quis vero inter ista occultorum judiciorum nubila mentis suæ radium mittat, ut aliqua consideratione discernat vel quis perduret in malo, vel quis perseveret in bono, vel quis ab infimis convertatur ad summa, vel quis a summis revertatur ad infima? Latent hæc

A sensus hominum, nec quidquam de cujuslibet fine cognoscitur, quia divinorum judiciorum abyssus humanæ mentis oculo nullatenus penetratur. Vidimus namque quod illa Deo aversa gentilitas justitiæ luce perfusa est, et Judæa dudum dilecta perfidiæ est nocte cæcata. Scimus etiam quod latro de patibulo transivit ad regnum, Judas de apostolatus gloria est lapsus in tartarum. Rursumque quia sortes aliquando quæ accipiunt non mutantur, et latronem novimus alium pervenisse ad supplicium, et apostolos scimus percepisse propositum quod desideraverant Regnum. Quis ergo discutiat in qua via habitet lux et tenebrarum quis locus sit, ut ducat unumquodque ad terminos suos, et intelligat semitas domus ejus?
B Video Paulum ex illa persecutionis sævitia ad gratiam apostolatus vocatum (*Act.* IX, 1), et tamen sic inter judicia occulta formidat, ut reprobari se etiam postquam vocatus est timeat. Ait enim: « Castigo corpus meum et servituti subjicio, ne forte aliis prædicans ipse reprobus efficiar (*I Cor.* IX, 27). » Et rursus: « Ego me non arbitror comprehendisse; unum autem quæ retro oblitus, in ea quæ sunt priora extendens me, ad destinatum sequor ad palmam supernæ vocationis Dei in Christo Jesu. Sequor autem si comprehendam, in quo et comprehensus sum (*Phil.* III, 13, 14). » Et certe jam de illo voce Dominica dictum fuerat: « Vas electionis mihi est (*Act.* IX, 15), » et tamen adhuc castigans corpus suum metuit ne reprobetur. Væ miseris nobis, qui
C de electione nostra nullam adhuc Dei vocem cognovimus, et jam in otio quasi de securitate torpemus.]

Quid enim his occultorum judiciorum abditis sanctus Gregorius nos edocet, nisi quod uniuscujusque actus et finis divina moderatione disponitur, et humanas quidem mentes erroris nubila confundunt, ne vel de se, vel de aliis scire possunt quid apud se in judiciis secretis agitur: cum tamen scire omnimodo debent cœlesti dispensatione omnium geri et singulorum actus ad finem, quo cœlestis sapientia judicaverit, perduci. Item in libro XXX (*cap.* 5), sumens testimonium psalmi XLI: « Ingrediar in locum tabernaculi admirabilis usque ad domum Dei, in voce exsultationis et confessionis sonus epulantis » [Qui
D igitur intus voce exsultationis et confessionis ac sonum civitatis epulantis audierat, quid illum aliud nisi cœli concentus excitavit? Qui tamen concentus reprobis dormit, quia eorum cordibus nequaquam per vocem compunctionis innotescit. Non enim considerare illum desiderabilem supernorum civium frequentiam student, nullo ardoris radio illa solemnitatis internæ festa conspiciunt, nulla in intimis contemplationis penna sublevantur. Solis namque visibilibus serviunt, et idcirco nihil supernæ suavitatis intrinsecus audiunt: quia eos, sicut et superius diximus, in aure cordis curarum sæcularium sordi tumultus premunt.] Quia igitur occulti dispensatione judicii quod aliis aperitur, aliis clauditur, quod aliis detegitur, aliis occultatur, dicitur

recte: « Quis narrabit cœlorum rationem, et concentum cœli quis dormire faciet? » (Job xxxviii, 37.) Quod hæc vox exsultationis et confessionis aliorum cordibus insonet, aliorum vero abscondatur, occulti dispensatione judicii manifestat fieri, demonstrans universa supernis dispositionibus moderari. Item in eodem libro (cap. 6): « Quando fundebatur pulvis in terra et glebæ compingebantur. » Ac si diceret: Cum primo [al., tunc primum] vocatione et discretione manifesta, secreta spiritalia et non sine misericordia aliis aperui, et non sine justitia aliis clausi, cum alios respuerem et alios intra Ecclesiam concordia charitatis adunarem. Et hic quod alii respuuntur, et alii recipiuntur, divini docet esse dispensationem judicii. Item in lib. xxxii sub Behemoth persona de adversario hominum loquens, ejus sævitiam divina docet moderatione frenari, ne amplius noceat quam superna dispositio permittit, ita dicens: « Qui fecit eum, applicavit gladium ejus (Job xl, 14). » Gladius quippe Behemoth istius ipsa nocendi malitia est. Sed ab eo a quo bonus per naturam factus est, ejus gladius applicatur, quia ejus malitia divina dispensatione restringitur, ne ferire tantum mentes hominum quantum appetit permittatur. Quod ergo hostis noster et multum potest, et minus percutit, ejus gladium pietas Conditoris astringit, ut replicatus intra ejus conscientiam lateat, et ultra quam desuper juste disponitur sese in mortes hominum ejus malitia non extendat. Quod igitur ad multa fortiter prævalet, hoc de principio magnæ conditionis potest; quod vero a quibusdam vincitur, ejus nimirum gladius ab auctore replicatur. Iste namque Behemoth, quia « principium viarum Dei est, » cum contra sanctum virum licentiam tentationis accepit, gentes movit, greges abstulit, ignem de cœlo deposuit, perturbato aere ventos excitavit, domum concutiens subruit, convivantes filios exstinxit, uxoris mentem in dolo pravæ persuasionis exercuit, mariti carnem inflictis vulneribus confodit, sed ejus gladium a Conditore replicatur, cum dicitur: « Animam illius serva (Job ii, 6). » Qui replicato gladio quantæ infirmitatis sit, Evangelio attestante describitur: quia nec manere in obsesso homine potuit, nec rursus invadere bruta animalia non jussus præsumpsit, dicens: « Si ejicis nos, mitte nos in gregem porcorum (Matth. viii, 31). » Malitiæ quippe ejus gladius quam sit replicatus ostenditur, cui si potestas suæ malitiæ non præbetur, grassari nec in porcos valet. Quando ergo iste sua sponte nocere factis ad Dei imaginem hominibus audeat, de quo nimirum constat quod non jussus contingere nec porcos præsumat. Item in lib. xxxiii (cap. 13), qualiter antiqui hostis nequitia nequaquam a divino judicio discordando discrepet, demonstrat, cum sententiam tractaret quæ dicit de eo: Nunquid feriet tecum pactum, et accipies eum servum sempiternum?» (Job xl, 23.) Subaudis: ut ego. Sed valde solerter intuendum est quod pactum cum Domino Leviathan iste feriat, ut sempiternus ab eo servus habeatur. In pacto utrumque discordantium partium voluntas impletur, ut ad votum suum quisque perveniat et jurgia desiderato fine concludat. Antiquus itaque hostis a sinceritate divinæ innocentiæ malitiæ suæ succensus face discordat, sed ab ejus judicio etiam discordando non discrepat. Nam viros justos semper malevole tentare appetit, sed tamen Dominus hoc vel misericorditer fieri vel juste permittit. Hæc ipsa ergo tentationis licentia pactum vocatur, in qua et desiderium tentatoris agitur, et tamen per eam miro modo voluntas justi dispensatoris completur. Erudiendos enim electos suos Dominus sæpe tentatori subjicit, sicut post paradisi claustra, post tertii cœli secreta, ne revelationum magnitudine Paulus extolli potuisset, [ei] Satanæ angelus datus est (II Cor. xii, 7). Sed, ut præfati sumus, ipsa hac tentatione disponitur ut qui elati perire poterant, humiliati a perditione serventur. Secreto ergo dispensationis ordine, unde sævire permittitur iniquitas diaboli, inde pie perficitur benignitas Dei. Et bene ex hoc pacto quod cum Domino ferire dicitur, servus accipi perhibetur, quia inde obtemperat nutibus supernæ gratiæ unde exercet iram nequissimæ voluntatis suæ. Servus ergo ex pacto est, qui dum voluntatem suam implere permittitur, a superni consilii voluntate ligatur, ut electos Dei, sicut dictum est, volens tentet, in tentando nesciens probet.

Quid ergo hac sententia docemur, nisi quod antiqui hostis tentamenta, dum nocere sanctis properant, unde eis nocere callidus hostis appetit, inde disponente superna gratia eorum merita multiplicat? Secreto ergo dispensationis ordine et sævire permittitur diabolus, et tamen ex ejus accepta potestate dum fideles probantur, benignitas Dei commendatur, et inde servit invitus, unde malitiose nititur opprimere Dei servos. Quoniam potestas inimici nihil valet, nisi quantum superna potestas concesserit. Unde voluntas inimici est iniqua, sed dum servit superni judicis dispositioni, justa comprobatur. Item in libro xii (cap. 2): Nulla quæ in hoc mundo hominibus fiunt, absque omnipotentis Dei consilio occulto veniunt. Nam cuncta Deus secutura præsciens, ante sæcula decrevit qualiter per sæcula disponantur. Statutum quippe jam homini est vel quantum hunc mundi prosperitas sequatur, vel quantum adversitas feriat, ne electos ejus aut immoderata prosperitas elevet, aut nimia adversitas gravet. Statutum quoque est quantum in ipsa vita mortali temporaliter vivatur. Nam etsi annos quindecim Ezechiæ regi ad vitam addidit omnipotens Deus (IV Reg. xx, 1) cum eum mori permisit, tunc eum præscivit esse moriturum. Qua in re quæstio oritur, quomodo ei per prophetam dicatur: « Dispone domui tuæ, quia morieris tu, et non vives, » cui cum mortis sententia dicta est, protinus ad ejus lacrymas est vita addita. Sed per prophetam Dominus dixit quo tempore mori ipse merebatur, per largitatem vero misericordiæ illo eum tempore ad mortem distulit, quod ante sæcula ipse præscivit. Nec propheta igitur fallax, quia tempus mortis innotuit, quo vir ille A mori merebatur; nec Dominica statuta convulsa sunt, quia, ut ex largitate Dei anni vitæ crescerent, hoc quoque ante sæcula præfixum fuit, atque spatium vitæ quod inopinate foris est additum, sine augmento præscientiæ fuit intus statutum. Bene ergo dicitur: « Constituisti terminos ejus, qui præteriri non poterunt. » Quod tamen intelligi etiam juxta spiritum valet, quia nonnunquam in virtutibus proficere conamur, et quædam dona percipimus, a quibusdam vero repulsi in imis jacemus. Nemo enim est qui tantum virtutes apprehendat quantum desiderat, quia omnipotens Deus, interiora discernens, ipsis spiritalibus profectibus modum ponit, ut ex hoc homo quod apprehendere conatur, et non valet, in illis se non elevet quæ valet. Unde ille quoque egregius prædicator, qui raptus ad tertium cœlum fuerat, paradisi arcana penetraverat, esse post revelationem tranquillus atque intentatus non valebat (*II Cor.* XII, 1). Sed quia omnipotens Deus terminos constituit homini, qui præteriri non poterunt, elevavit hunc ad cognoscendum sublimia, et reduxit iterum ad infirma toleranda, ut modi sui mensuras aspiciens dum securitatem comprehendere conaretur et non posset, ne per elationem extra se iret, per humilitatem cogeretur intra suos semper terminos redire. Quibus verbis beatus Gregorius non solum in his quæ secundum corpus homines patiuntur, divinam dispensationem moderatricem ostendit, verum etiam in spiritalibus profectibus divinæ dispositionis C mensuram esse demonstrat: ut universa quæ sive secundum corpus, sive secundum animam aguntur, divinæ moderationis constituta nequaquam transgredi comprobentur. Item in eodem libro (*cap.* 32): Præfixi dies singulis ab interna Dei præscientia, nec augeri possunt nec minui, nisi contingat ut ita præsciantur, ut aut cum optimis operibus longiores sint, aut cum pessimis breviores. Sicut Ezechias augmentum dierum meruit impensione lacrymarum (*IV Reg.* XX, 6), et sicut de perversis scriptum est: « Indisciplinatis obviat mors (*Prov.* XXIX, 1). » Sed sæpe iniquus, quamvis in occulta Dei præscientia longa vitæ ejus tempora non sint prædestinata, ipse tamen quia carnaliter vivere appetit, longos animo dies D proponit. Et quia ad illud tempus pervenire non valet quod exspectat, quasi antequam dies illius impleantur perit. Et hic dum dies humanæ vitæ docet ex divina prædestinatione definitos, monstrat actus humanæ vitæ divina dispensatione deservire. Item in libro XVI (*cap.* 10), cum tractaret sententiam qua de iniquis dicitur: « Qui sublati sunt ante tempus suum, et fluvius subvertit fundamenta eorum (*Job* XXII, 16), » hæc subsecutus est: Cum tempus vitæ a divina præscientia nobis sit procul dubio præfixum, quærendum valde est qua ratione nunc dicit quod iniqui ex præsenti sæculo ante tempus proprium subtrahantur. Omnipotens enim Deus, etsi plerumque mutat sententiam, consilium nunquam. Eo ergo tempore ex hac vita quisque subtrahitur, quo ex divina potentia ante tempora præscitur. Sed sciendum quia creans et ordinans nos omnipotens Deus, juxta singulorum merita disponit et terminum, ut vel malus ille breviter vivat, ne multis bene agentibus noceat, vel bonus iste diutius in hac vita subsistat, ut multis boni operis adjutor exsistat, vel rursum malus longius differatur in vita, ut prava adhuc opera augeat, ex quorum tentatione purgati justi verius vivant, vel bonus citius subtrahatur, ne, si hic diu vixerit, ejus innocentiam malitia corrumpat. Sciendum tamen quia benignitatis Dei est peccatoribus spatium pœnitentiæ largiri; sed quia accepta tempora non ad fructum pœnitentiæ, ad usum vero iniquitatis vertunt, quod a divina B misericordia mereri poterant, amittunt. Quamvis omnipotens Deus illud tempus uniuscujusque ad mortem præsciat quo ejus vita terminatur, nec alio in tempore quisquam mori potuit, nisi ipso quo moritur. Nam si Ezechiæ anni additi ad vitam quindecim memorantur, tempus quidem vitæ crevit ab illo termino quo mori ipse merebatur. Nam divina dispositio ejus tempus tunc præscit, quod hunc postmodum ex præsenti vita subtraxit. Cum ergo ita sit, quid est quod dicitur, « quia iniqui sublati sunt ante tempus suum? » Nisi quod omnes qui præsentem vitam diligunt, longiora sibi ejusdem vitæ spatia promittunt. Sed cum eos mors superveniens a præsenti vita subtrahit, eorum vitæ spatia, quæ sibi longiora quasi in cogitatione tendere consueverant, intercidit. Item in eodem libro (*cap.* 37, 38), cum tractaret sententiam beati Job dicentis: « Et nemo avertere potest cogitationem ejus (*Job* XXIII, 13), » hæc subjungit: [Sicut enim immutabilis natura est, ita immutabilis voluntatis. Cogitationem quippe ejus nullus avertit, quia nemo resistere occultis ejus judiciis prævalet. Nam etsi fuerunt quidam qui deprecationibus suis ejus cogitationem avertisse videntur, ita fuit ejus interna cogitatio, ut sententiam illius avertere deprecando potuissent, et ab ipso acceperunt quod agerent apud ipsum. Dicat ergo: « Et nemo avertere potest cogitationem ejus, » quia semel fixa judicia mutari nequaquam possunt. Unde scriptum est: « Præceptum posuit, et non præteribit (*Psal.* CXLVIII, 6), » et rursum: « Cœlum et terra transibunt, verba autem mea non transibunt (*Luc.* XXI, 33); » et rursum: « Non enim cogitationes meæ sicut cogitationes vestræ, neque viæ meæ, vestræ (*Isa.* LV, 8). » Cum ergo exterius mutari videtur sententia, interius consilium non mutatur, quia de unaquaque re immutabiliter intus constituitur, quidquid foras mutabiliter agitur. Sequitur: « Et anima ejus quodcunque voluit, fecit. » Cum sit cunctis corporibus exterior, cunctis mentibus interior Deus, ea ipsa vis ejus, qua omnia penetrat cuncta disponit, anima illius appellatur. Cujus videlicet voluntati nec illa obsistunt quæ contra voluntatem illius fieri videntur, quia hoc nonnunquam permittit fieri etiam quod non præcipit, ut per hoc illud certius impleatur quod jubet. Apostatæ quippe angeli perversa volunlis est, sed tamen ideo mirabiliter ordinatur, ut ipsæ quoque ejus insidiæ utilitati bonorum serviant, quos purgant dum tentant. Sic itaque ejus animæ quodcunque voluit hoc fecit, ut inde quoque voluntatem suam impleret, unde voluntati illius repugnare videbatur.

In omnibus istis sententiis beati Gregorii interna dispositio secreti mirabiliter insinuatur, ut quæcunque agi videntur in tempore circa electos ejus æternitatis consilio apud eum definita consistant: non solum actiones sanctæ, quas ejus munere percipiunt electi, sed et tentamento adversarii, quibus electi probantur, divinæ dispositionis moderamine diriguntur, ut adversus sanctos non aliud possint hostis insidiæ quam quod decrevit sententia Dominatoris. Et quamquam pravæ cogitationes et iniqua tentamenta sive hominum, sive dæmonum, multa velint facere contra voluntatem Dei existens, semper tamen voluntas illius completur: quia etsi voluntates perversæ ex iniquitate veniant rationalis creaturæ a Deo apostatantis, actiones tamen serviunt cœlesti dispositioni, quia sicut ait beatus Gregorius: [Anima ejus quodcunque voluit hoc fecit, quoniam inde voluntatem suam implet, unde putatur ejus voluntati repugnari.] Quod adeo verum esse idem sanctus Gregorius confirmat, ut quæcunque sancti viri orando merentur obtinere, in prædestinatione ante fuisse dicat Divinitatis ut hæc orando perciperent. Nec alia possunt a Deo precibus promereri, nisi quæ Divinitatis consilio fuerint prædestinata ut obtinerentur. In Dialogo namque suo (*cap.* 8) ita ait: [Obtinere nequaquam possunt, nimirum sancti quæ prædestinata non fuerint, sed ea quæ sancti viri orando efficiunt, ita prædestinata sunt ut precibus obtineantur. Nam ipsa quoque perennis regni prædestinatio, ita est ab omnipotente Deo disposita, ut ad hoc electi ex labore perveniant, quatenus postulando mereantur accipere quod eis omnipotens Deus ante sæcula disposuit donare.]

De hac iterum dispensatione divinorum operum Prosper in libro de Vocatione gentium (*Lib.* I, *cap.* 15) ita loquitur: [Multa enim sunt in dispensatione divinorum operum, quorum causis latentibus soli monstrantur effectus, ut cum pateat quod geritur, non pateat cur geratur: negotio in medium deducto, et in occultum ratione subducta, ut in eadem re et de inscrutabilibus præsumptio comprimatur et de manifestis falsitas refutetur. Neque enim si nescio cur ille Græcus exeritur, hic barbarus, iste in divitiis, ille in egestate nascatur: hunc valida proceri corporis pulchritudo sublimet, illum debilium membrorum exilitas contracta deformet: iste a catholicis editus in veritatis cunabulis nutriatur, ille hæreticorum progenies cum ipso lacte matris hauriat virus erroris; si denique mille alias differentias in habitu corporum, in qualitatibus animorum, in conditione temporum, in more regionum dijudicare non possum, ideo quod omnium horum Deus sit conditor atque ordinator ignoro, qui utique singulorum hominum et corpora creavit et spiritus, ut priorem illam secuturam ex uniuscujusque studio voluntatum diversitatem ipsa conditionis exordio dissimilium numerositate variaret. Inhærent autem nos et in diversum distraherent multæ vaniloquorum opiniones, qui de incognoscibilibus definire inconvenientia præsumpserunt, et has originales inæqualitates fatis, quæ nulla sunt, et sideribus deputarunt, nisi certissima notitia teneremus Deum creatorem de elementis originalibus, prout vult, vas unumquodque formare, et unam naturam animarum, unam naturam corporum placitis sibi temperare mensuris. Quæ utique opera Dei humanæ intelligentiæ non subtraherentur, si innotescere debuissent, et manifestaretur cur ita quidque fieret, nisi quod ita fieret scire sufficeret. Dicit Dominus ad Moysen: « Quis dedit os homini, et quis fecit mutum et non audientem, videntem et cæcum? Nonne ego Dominus Deus (*Exod.* IV, 11)? » Et per Isaiam: « Nonne ecce ego fecundam et sterilem feci? dixit Deus (*Isa.* LXVI, 9). » In libro Ecclesiastico legitur: « Bona et mala vita et mors, paupertas et honestas a Deo sunt (*Eccli.* XI, 14). » Et Job dicit: « Abundant tabernacula prædonum, et audacter provocant Deum, cum ipse dederit omnia in manibus eorum (*Job* XII, 6). » Et idem de omnium rerum humanarum profectu et defectu disputans, omnesque mutationes ad Dei judicia referens: « Apud ipsum est, » inquit, « sapientia et fortitudo: ipse habet consilium et intelligentiam: si destruxerit, nemo est qui ædificet; si incluserit hominem, nullus est qui aperiat; si continuerit aquas, omnia siccabuntur; si emiserit eas, subvertent terram. Apud ipsum est fortitudo, et sapientia: ipse novit et decipientem et eum qui decipitur: adducit consiliarios in stultum finem et judices in stuporem. Balteum regum dissolvit, et præcingit fune renes eorum (*Ibid.* 13-18). » « Ducit sacerdotes inglorios et optimates supplantat: commutans labium veracium et doctrinam senum auferens, effundens despectionem super principes et eos qui oppressi fuerant revelans: qui revelat profunda de tenebris et producit in lucem umbram mortis: qui multiplicat gentes et perdet eas, et subversas in integrum restituet: qui immutat cor principum terræ, et decipit eos, ut frustra incedant per invium: palpabunt quasi in tenebris, et non in luce, et errare eos faciet quasi ebrios (*Ibid.*, 19-25). » Et iterum idem dicens voluntatem Dei mutam esse non posse: « Ipse enim, inquit, solus est et nemo avertere potest cogitationem ejus: et anima ejus quodcunque voluerit hoc fiet. »]

Item Salvianus episcopus in libro tertio (*sub init.*) de Gubernatione Dei omnia quæ in mundo geruntur cura et gubernaculo et judicio Dei moderari talibus verbis protestatur: [Quæritur itaque si totum quod in hoc mundo est, cura et gubernaculo et judicio Dei agitur, cur melior multo sit barbarorum conditio quam nostra? cur inter eos quoque ipsos sors bonorum durior quam malorum? cur probi jaceant, improbi convalescant, cur iniquis vel maxime potestatibus universi succumbunt? Possum quidem rationabiliter et satis constanter dicere, Nescio: secretum enim consilium Divinitatis ignoro. Sufficit mihi ad causæ hujus probationem dicti cœlestis oraculum, Deus a se, ut libellis superioribus probavimus, omnia dicit aspici, omnia regi, omnia judicari. Si scire vis quid tenendum sit, habes litteras sacras. Perfecta ratio est hoc tenere quod legeris. Qua causa autem Deus hæc de quibus loquimur ita faciat, nolo a me requiras: homo sum, non intelligo, secreta Dei investigare non audeo, et ideo etiam attentare formido: quia ex hoc ipsum genus quasi sacrilegæ temeritatis est, si plus scire cupias quam sinaris. Sufficiat tibi quod Deus a se agi ac dispensari cuncta testatur. Quid me interrogas, quare alter sit major, alter minor, alter miser, alter beatus, alter fortis, alter infirmus? Qua causa quidem hæc Deus faciat non intelligo, sed ad plenissimam rationem abunde sufficit quod a Deo agi ista demonstro. Sicut enim plus est Deus quam omnis humana ratio, sic plus mihi debet esse quam ratio, quod a Deo agi cuncta cognosco. Nihil ergo in hac re opus est novum aliquid audire, satis sit pro universis rationibus auctor Deus. Nec licet ut de his quæ divino aguntur arbitrio aliud dicas justum, aliud injustum, quia quidquid a Deo agi vides atque convinceris, necesse est plus quam justum esse fatearis. Nec ergo de gubernaculo Dei atque judicio expeditissime ac fortissime dici possunt: neque enim necesse est ut argumentis a me probetur quod hoc ipso quia a Deo dicitur, comprobatur. Itaque cum legimus dictum a Deo quia aspiciat jugiter omnem terram, hoc ipso probamus quod aspicit quia aspicere se dicit. Cum legimus quod regat cuncta quæ fecit, hoc ipso approbamus quod regit, quia se regere testatur. Cum legimus quod præsenti judicio universa dispenset, hoc ipso evidens est quod judicat, quia se judicare confirmat. Alia enim omnia, id est humana dicta, argumentis ac testibus egent, Dei autem sermo ipse sibi testis est: quia necesse est quidquid incorrupta veritas loquitur, incorruptum sit testimonium veritatis.]

Multis igitur catholicorum doctorum sententiis credimus approbatum mundum, et universa quæ aguntur in mundo, divina dispensatione regi, et judiciorum ejus statera appendi, secundum voluntatis ejus consilium moderari. Quod si ita est, imo quia ita est, quis negare potest et electorum et reproborum finem a Deo nosci, et quod de singulis eorum agendum sit, divino jam examine determinatum haberi? Sicut enim novit opera singulorum, id est electorum et reproborum, sic quoque nec numerum eorum ignorat. Quapropter is qui singulorum actus intuetur, qui finem aspicit universorum, qui novit quid singulis retribuat, jam apud se prædestinatum habet quid ex eis sit acturus, et qui in fine gloria regni donentur, vel qui pœnarum supplicio feriantur. Ut autem hæc manifestiora fiant de prædestinatione sanctorum quædam subjicere

A placuit quæ breviter sufficiunt et divinam gratiam commendent, et prædestinationis consilium non abscondant. Quod fides donum Dei sit, ne nullus pereat prædestinatorum, beatus Augustinus in expositione Evangelii Joannis (*Tract.* xxvii) ita confirmat: [« Credenti, inquit, in eum qui justificat impium, deputatur fides ejus ad justitiam (*Rom.* iv, 5). » In hoc opere faciamus opera Christi, quia et ipsum credere in Christo, opus est Christi. Hoc operatur in nobis non utique sine nobis. Audi ergo jam et intellige: « Qui credit in me, opera quæ ego facio et ipse faciet (*Joan.* xiv, 12). » Prius ego facio, deinde ipse faciet: quia facio ut faciat. Quæ opera, nisi ut ex impio justus fiat? *Et majora horum faciet.* Quorum, obsecro? Nunquidnam omnium operum Christi majora B faciet, qui cum timore et tremore suam ipsius salutem operatur, quod utique in illo, sed non sine illo Christus operatur? (*Philip.* ii, 12.) Prorsus majus hoc esse dixerim, quam est cœlum et terra, et quæcunque cernuntur in cœlo et in terra. Cœlum enim et terra transibunt: prædestinatorum autem, id est eorum quos præscit, salus et justificatio permanebunt. In illis tantum opera Dei, in his autem est etiam imago Dei.] Item quod opera sanctorum donum Dei sit, sic idem doctor in eodem libro (*Tract.* LXXXI) confirmat: « Sicut palmes non potest ferre fructum a semetipso, nisi manserit in vite, sic nec vos, nisi in me manseritis (*Joan.* xv, 4). » Magna gratiæ commendatio, fratres mei: corda instruit humilium, C ora obstruit superborum. Ecce cui si audent respondeant qui « ignorantes Dei justitiam, et suam volentes constituere, justitiæ Dei non sunt subjecti (*Rom.* x, 3). » Ecce cui respondeant sibi placentes, et ad bona opera facienda Deum sibi necessarium non putantes. Nonne huic resistunt veritati homines mente corrupti, et reprobi circa fidem, qui respondent, et loquuntur iniquitatem, dicentes: A Deo habemus, quod homines sumus, a nobis ipsis autem quod justi sumus. Quid dicitis? quid vos ipsos decipitis? non assertores sed præcipitatores liberi arbitrii, ex alto elationis, per inania præsumptionis in profunda submersionis. Nempe vox vestra est quod homo ex semetipso facit justitiam: hoc est altum elationis vestræ, sed veritas contradicit: « Palmes D non potest ferre fructum a semetipso, nisi manserit in vite (*Joan.* xv, 4). » Ite nunc per abrupta, et non habentes ubi figamini, ventosa loquacitate jactamini. Hæc sunt inania præsumptionis vestræ, sed quid vos sequatur videte, et si est in vobis ullus sensus, horrete. Qui enim a semetipso se fructum existimat ferre, in vite non est; qui in vite non est, in Christo non est; qui in Christo non est, Christianus non est. Hæc sunt profunda submersionis vestræ. Etiam atque etiam considerate quid adhuc Veritas adjungat, et dicat: « Ego sum, inquit, vitis, vos palmites; qui manet in me, et ego in eo, hic fert fructum multum: quia sine me nihil potestis facere (*Ibid.*, 5). » Ne quisquam putaret, saltem parvum aliquem fructum posse a semetipso palmitem ferre, cum dixisset

« Hic fert fructum multum, non ut, quia sine me parum potestis facere, sed nihil potestis facere. » Sive ergo parum, sive multum, sine illo fieri non potest, sine quo nihil fieri potest. Si ergo nihil fieri potest boni sine gratia Dei, omne opus bonum referendum est ad gratiam Dei. Item quod nos non elegimus Christum, sed Christus nos primus elegit, et cum essemus mali de malis effecit bonos, in eodem libro (*Tract.* LXXXVI) doctor præfatus nos instruit: « Non vos me elegistis, inquit, sed ego elegi vos (*Joan.* XV, 16). » [Hæc est illa ineffabilis gratia. Quid enim eramus quando Christum nondum elegeramus, et ideo non diligebamus? Nam qui eum non elegit, quomodo diligit? Nunquid jam in nobis erat, quod in psalmo canitur: « Elegi abjectus esse in domo Domini mei magis, quam habitare in tabernaculis peccatorum? » (*Psal.* LXXXIII, 11.) Non utique. Quid ergo eramus, nisi iniqui et perditi? Neque enim jam credideramus in eum, ut eligeret nos. Nam si jam credentes elegit, electos elegit. Cur ergo diceret: « Non vos me elegistis, » nisi quia « Misericordia ejus prævenit nos? » (*Psal.* XVIII, 11.) Hic certe vacat vana illorum ratiocinatio, qui præscientiam Dei defendunt contra gratiam Dei, et ideo dicunt nos electos ante mundi constitutionem (*Eph.* I, 4), quia præscivit nos Deus futuros bonos, non seipsum nos facturum bonos. Non hoc dicit, qui dicit: « Non vos me elegistis, » quoniam si propterea non elegisset, quia bonos futuros esse præsciverat, simul etiam præscisset quod eum nos fuissemus prius electuri. Non enim aliter esse possemus boni; nisi forte dicendus est bonus, qui non elegit bonum. Quid ergo eligit in non bonis, non enim electi sunt, quia boni fuerunt, qui boni non essent nisi electi essent: « Alioquin gratia jam non est gratia (*Rom.* XI, 6), » si præcessisse contendimus merita. Hæc quippe electio gratia est, de qua dicit Apostolus (*Rom.* XI, 5, 6): « Sic ergo et in hoc tempore reliquiæ per electionem gratiæ salvæ factæ sunt. » Unde subjungit: « Si autem gratia, jam non ex operibus, alioquin gratia jam non est gratia. » Audi, ingrate, audi: « Non vos me elegistis, sed ego vos elegi (*Joan.* XV, 16). » Non est ut dicas, ideo electus sum, quia jam credebam. Si enim credebas in eum, jam elegeras eum. Sed audi: « Non vos me elegistis. » Non est ut dicas: Antequam crederem jam bona operabar, ideo electus sum. Quid enim est boni operis ante fidem? cum dicat Apostolus: « Omne quod non est ex fide, peccatum est (*Rom.* XIV, 23). » Quid ergo dicturi sumus audiendo: « Non vos me elegistis, » nisi quia mali eramus, et electi sumus, ut boni per gratiam nos eligentis essemus. Non est enim gratia, si præcesserant merita; est autem gratia. Hæc igitur non invenit, sed efficit merita. Et videte, charissimi, quemadmodum non eligat bonos, sed quos eligit faciat bonos. « Ego, inquit, elegi vos et posui vos ut eatis, et fructum afferatis, et fructus vester maneat (*Joan.* XV, 16). » Nonne iste est fructus, de quo jam dixerat: « Sine me nihil potestis facere? » (*Ibid.*, 5.) Elegit ergo et posuit, ut eamus et fructum afferamus. Nullum itaque fructum unde nos eligit habebamus. « Ut eatis, inquit, et fructum afferatis. » Imus ut afferamus, et ipse est via qua imus, in qua nos posuit, ut eamus. Proinde misericordia ejus in omnibus prævenit nos. Si in omnibus, profecto non solum in factis, verum et ut fidem habeamus, et ut voluntatem boni ejus misericordia præveniente consequamur. Nec cogitare enim bonum, nec velle, nec credere, nisi misericordia præveniente possumus, quia in omnibus misericordia Dei prævenit nos.] Item quia de mundo damnato eligitur mundus qui salvatur, sic idem doctor in eodem libro (*Tract.* LXXXVII) astruit: « Si de mundo, inquit, essetis, mundus quod suum erat diligeret (*Joan.* XV, 19). » Universæ utique hoc dicit Ecclesiæ, quam plerumque etiam ipsam mundi nomine appellat, sicut est illud: « Deus erat in Christo, mundum reconcilians sibi (*II Cor.* V, 19). » Itemque illud: « Non venit filius hominis ut judicet mundum, sed ut salvetur mundus per ipsum (*Joan.* III, 17). » Et in Epistola sua Joannes ait: « Advocatum habemus ad Patrem Jesum Christum justum, et ipse propitiator est peccatorum nostrorum, non tantum nostrorum, sed etiam totius mundi (*Joan.* II, 1, 2). » Totus ergo mundus Ecclesia est, et totus mundus odit Ecclesiam. Mundus igitur odit mundum, inimicus reconciliatum, damnatus salvatum, inquinatus mundatum. Sed iste mundus, quem Deus in Christo reconciliat sibi, et qui per Christum salvatur, et cui per Christum peccatum omne donatur, de mundo electus est inimico, damnato, contaminato. Ex ea quippe massa quæ tota in Adam periit, fiunt « vasa misericordiæ » in quibus est mundus pertinens ad reconciliationem, quem mundus odit, ex eadem massa pertinens ad « vasa iræ, quæ perfecta sunt ad perditionem (*Rom.* IX, 22, 23). » Denique cum dixisset: « Si de mundo essetis, mundus quod suum erat diligeret, » continuo subjecit: « Quia vero de mundo non estis, sed ego elegi vos de mundo, propterea odit vos mundus. » Ergo et ipsi inde erant, unde ut non essent, electi sunt inde, non meritis suis, quorum nulla præcesserant bona opera, non natura, quæ tota fuerat per liberum arbitrium in ipsa radice vitiata; sed gratuita, hoc est vera gratia. Qui enim de mundo mundum elegit, fecit quod eligeret, non invenit, quia, « reliquiæ per electionem gratiæ salvæ factæ sunt. Si autem, inquit, gratia, jam non ex operibus; alioquin gratia jam non est gratia (*Rom.* XI, 5, 6). » Hic monstratur et eos qui non salvantur in perditionis massa relinqui, et eos qui salvantur, de ipsa perditionis massa liberari, non suo merito, sed gratia Christi, quia si consideretur meritum, tales fuerunt qui salvantur quales et illi qui salute indigni habentur. Omnes enim erant « filii iræ, » sed qui salvantur fiunt de filiis iræ, filii gratiæ. Item in eodem libro (*Tract.* CIV), cum loqueretur de eo quod ait Filius ad Patrem: « Pater, venit hora, clarifica Filium tuum (*Joan.* XVII, 1), » hoc interponitur: Quapropter hoc quod ait, « Pater, venit hora, clarilica Filium tuum, » ostendit omne tempus, et quid quando faceret, vel fieri sineret, ab illo esse dispositum, qui tempori subditus non est, quoniam quæ futura fuerant per singula tempora in Dei sapientia causas efficientes habent, in qua nulla sunt tempora. Quibus verbis docemur quidquid fieri diversis temporibus videmus, vel certe faciendi sunt, in Dei prædestinatione causas, cur fiant habere, et secundum quod ipse qui ordinator est temporum disponit, universa fieri. Unde etiam et in consequentibus ait (*Tract. eod.*): Qui enim certis et immutabilibus causis omnia futura prædestinavit, quod facturus est fecit. Nam et per prophetam de illo dictum est: « Qui fecit quæ futura sunt (*Isa.* XLV, 11). » Si ergo omnia quæ facturus est Deus, in prædestinatione jam fecit, profecto quibus largiturus est regnum, in prædestinatione jam dedit, et quos judicaturus est ad pœnam, in prædestinatione jam judicavit.

Item quod electi secundum Dei propositum prædestinati, et vocati sunt, idem doctor in libro de gratia et correptione (*cap.* 6 *et* 7) sic loquitur: [Quid est etiam quod in apostolorum Actibus legimus: « Audientes autem gentes gavisæ sunt, et exceperunt verbum Domini, et crediderunt quotquot erant præordinati in vitam æternam (*Act.* XIII, 48). » Quis operatus est eos in vitam æternam, nisi qui vasa misericordiæ operatus est eos? qui et « elegit illos in Filio suo ante constitutionem mundi (*Ephes.* I, 4) » per electionem gratiæ. « Si autem gratia, jam non ex operibus, alioquin gratia jam non est gratia (*Rom.* XI, 6). » Non enim sic sunt vocati ut non essent electi, propter quod dictum est: « Multi enim vocati, pauci vero electi (*Matth.* XX, 16). » Sed quoniam secundum propositum vocati sunt, profecto et electi sunt per electionem, ut dictum est, gratiæ, non præcedentium meritorum suorum, quia gratia illis est omne meritum. De talibus dicit Apostolus: « Scimus quoniam diligentibus Deum omnia cooperantur in bonum his, qui secundum propositum vocati sunt: quoniam quos ante præscivit, et prædestinavit conformes imaginis Filii sui, ut sit ipse primogenitus in multis fratribus: quos autem prædestinavit, illos et vocavit, quos autem vocavit, ipsos et justificavit, quos autem justificavit, ipsos et glorificavit (*Rom.* VIII, 28-30). » Ex istis nullus perit, quia omnes electi sunt. Electi sunt autem, quia secundum propositum vocati sunt: propositum autem non suum, sed Dei.] Item quod nullus electorum qui prædestinati sunt, perire potest: et de Juda quod electus in apostolatus honorem per judicium, vel ad effundendum sanguinem Christi, cum loqueretur præfatus doctor in eodem libro (*cap.* 7) de capitulo apostoli, in quo ait: « Quos autem prædestinavit, illos et vocavit, » ita subjunxit: [Hos itaque vult intelligi, quos « secundum propositum vocavit, » ne putentur in eis aliqui esse vocati, et non electi, propter illam Dominicam sententiam: « Multi vocati, pauci electi (*Matth.* XX, 16). » Quicunque enim electi, sine dubio etiam vocati: non autem quicunque vocati, consequenter electi. Illi ergo electi, ut sæpe dictum est, qui secundum propositum vocati, qui etiam prædestinati atque præsciti. Horum si quisquam perit, fallitur Deus; sed nemo eorum perit, quia non fallitur Deus. Horum si quisquam perit, vitio humano vincitur Deus: sed nemo eorum perit, quia nulla re vincitur Deus. Electi enim sunt ad regnandum cum Christo, non quomodo electus Judas ad opus cui congruebat. Ab illo quippe electus est, qui novit bene uti etiam malis, ut et per opus ejus damnabile illud propter quod ipse venerat, opus venerabile compleretur. Cum itaque audimus: « Nonne ego vos duodecim elegi, et unus ex vobis diabolus est (*Joan.* VI, 71), illos debemus intelligere electos per misericordiam, illum per judicium; illos ad obtinendum regnum suum, illum ad fundendum sanguinem suum.] Et in hac sententia duplicem ostendit electionem, quod alii scilicet eliguntur non permansuri in operibus justitiæ, de quibus dicitur: « Multi vocati, » alii vero sic eliguntur, ut permaneant, de quibus ait Apostolus: « Quos prædestinavit, illos et vocavit (*Rom.* VIII, 29). » Ex istis autem nullus perire potest: nam et Judam dicit electum, sed non ad regnum, sed ad apostolatus honorem. Quod autem illum dicit electum ad fundendum sanguinem suum, propter illum occultæ prædestinationis ordinem dicit, qua universorum actus, id est bonorum, et malorum, occulto judicio disponit. Quia etsi bona opera, et cogitationes bonæ a Deo sunt tantum, malæ autem cogitationes ex concupiscentia rationalis creaturæ, sicut et mala opera ex mala concupiscentia, non autem a Deo: attamen divinæ dispositionis ordine moderantur: quia in hac republica, quæ est universus mundus, omnipotens Deus, sicut et rector, ita et dispositor est et omnia quæ fiunt, illius dispositioni serviunt. Nam quamvis multa fiant, quæ contra illius voluntatem fieri videantur, unde tamen illius voluntati repugnare videntur, inde etiam ejus dispositioni serviunt. Item quod qui pereunt, de numero electorum non sunt, in eodem libro (*cap.* 7) ita docemur: [Horum, inquit, fides quæ per dilectionem operatur, profecto aut omnino non deficit, aut si qui sunt quorum deficit, reparatur antequam ista vita finiatur, et deleta quæ intercurrerat iniquitate, usque in finem perseverantiæ deputatur. Qui vero perseveraturi non sunt, ac sic a fide Christiana et conversatione lapsuri sunt, ut tales eos vitæ hujus finis inveniat, procul dubio nec illo tempore quo bene pieque vivunt, in istorum numero computandi sunt. Non enim sunt a massa illa perditionis præscientia Dei et prædestinatione discreti, et ideo nec secundum propositum vocati, ac per hoc nec electi, sed in eis vocati sunt, de quibus dictum est (*Matth.* XX, 16): « Multi vocati, » et non in eis de quibus dictum est, « pauci vero electi. » Et tamen qui eos neget electos cum credunt, et baptizantur, et secundum Deum vivunt? Plane dicuntur electi a nescientibus quid futuri sunt, non ab illo qui eos novit non habere perseverantiam quæ ad beatam vitam perdicit electos, scitque illos ab eis stare, ut prædestinati esse cernuntur (*Ibid.*, c. 8). Hic si a me quæratur, cur eis Deus perseverantiam non dederit, quibus eam, qua Christiane viverent, dilectionem dedit, me ignorare respondeo. Non enim arroganter, sed agnoscens modulum meum, audio dicentem Apostolum: « O homo, tu quis es, qui respondeas Deo? » (*Rom.* IX, 20.) Et: « O altitudo divitiarum sapientiæ et scientiæ Dei! quam inscrutabilia sunt judicia ejus, et investigabiles viæ ejus! » (*Rom.* XI, 33.) Quantum itaque nobis judicia sua manifestare dignatur, gratias agamus; quantum vero abscondere, non adversus ejus consilium murmuremus.] Et hic geminam electionem exponens, illos sic dicit electos, alios vero ad tempus electos, sed non usque in finem permansuros. Quare autem illi sic eligantur, et isti sic, sicut ignoratur a nobis, ita nec discutiendum. Item quod filiis infidelium det Deus perseverantiam, et filiis infidelium non dat, inscrutabilia esse judicia Dei idem doctor ostendit in eodem libro (*cap.* 8) dicens: [Mirandum est quidem, multumque mirandum, quod filiis suis quibusdam Deus, quos regeneravit in Christo, quibus fidem, spem, dilectionem dedit, non dat perseverantiam, cum filiis alienis scelera tanta dimittat, atque impertita gratia suos faciat filios. Quis hoc non miretur? quis hoc non vehementissime stupeat? Sed etiam illud non minus mirum est, et tamen verum atque ita manifestum, ut nec ipsi inimici gratiæ Dei, quomodo id negent, valeant invenire, quod filios quosdam amicorum suorum, hoc est regeneratorum, bonorumque fidelium, sine baptismo hinc parvulos exeuntes, quibus utique si vellet, hujus lavacri gratiam procuraret, in cujus potestate sunt omnia, alienat a regno suo, quo parentes mittit illorum, et quosdam filios inimicorum suorum facit in manus Christianorum venire, et per hoc lavacrum introducit in regnum, a quo eorum parentes alieni sunt; cum et illis malum, et istis bonum meritum nullum sit parvulis ex eorum propria voluntate. Certe hæc judicia Dei, quoniam justa et alta sunt, nec vituperari possunt, nec penetrari. In his est et illud de perseverantia, de qua nunc dubitantes disputamus, de utrisque igitur exclamemus: « O altitudo divitiarum sapientiæ et scientiæ Dei! quam inscrutabilia sunt judicia ejus! » (*Rom.* XI, 33.)] Item quod qui pereunt non erant de numero filiorum, in eodem libro (*cap.* 9): [Cum ergo filii Dei dicunt de his qui perseverantiam non habuerunt: « Ex nobis exierunt, sed non erant ex nobis, » et addunt: « Quod si fuissent ex nobis, permansissent utique nobiscum (*I Joan.* II, 19), » quid aliud dicunt nisi non erant filii, etiam quando erant in professione et nomine filiorum?] Item quod prædestinati, etsi nondum renati, jam tamen filii Dei sunt, et perire non possunt, in eodem libro: [Quicunque ergo in Dei providentissima dispositione præsciti, prædestinati, vocati, justificati, glorificati sunt, non dico etiam nondum renati, sed etiam nondum nati, jam filii Dei sunt, et omnino perire non possunt. Hi vero veniunt ad Christum, quia ita veniunt quomodo ipse dicit: « Omne quod dat mihi Pater, ad me veniet, et eum qui venit ad me, non ejiciam foras (*Joan.* VI, 37). » Et paulo post: « Hæc est, inquit, voluntas ejus qui misit me, Patris, ut omne quod dedit mihi Pater, non perdam ex eo (*Ibid.*, 39). » Ab illo ergo datur etiam perseverantia in bono usque in finem. Neque enim datur, nisi eis qui non peribunt, quoniam qui non perseverant, peribunt. Talibus Deum « diligentibus omnia cooperantur in bonum » usque adeo prorsus omnia, ut etiam si qui eorum deviant et exorbitant, etiam hoc ipsum eis faciat proficere in bonum, quia humiliores redeunt atque doctiores. Discunt enim in ipsa via justa cum tremore se exsultare debere, non sibi arrogando tanquam de sua virtute fiduciam permanendi.] Item quod qui sic cadunt ut pereant, de prædestinatorum numero non fuerint, in eodem libro (*cap.* 12), cum Joannis apostoli sententiam tractaret ita dicentis: « Est peccatum ad mortem, non pro illo dico ut roget quis (*I Joan.* V, 16), » hæc verba beatus Augustinus subjungit: [De quo peccato, quoniam non expressum est, possunt multa et diversa sentiri. Ego autem id esse peccatum fidem, quæ per dilectionem operatur, deserere usque ad mortem, huic peccato ultra non serviunt non prima conditione sicut ille, liberi, sed per secundum Adam Dei gratia liberati, et ista liberatione habentes liberum arbitrium quo serviunt Deo, non quo captiventur a diabolo, « liberati enim a peccato servi facti sunt justitiæ (*Rom.* VI, 18), » in qua stabunt usque in finem donante sibi perseverantiam illo qui « eos præscivit et prædestinavit, et secundum propositum vocavit et justificavit, » quoniam illa, quæ de his promisit, etiam futura jam fecit. Cui promittenti « credidit Abraham, et deputatum est illi ad justitiam, dedit « enim » gloriam Deo plenissime credens, » sicut scriptum est, « quia quæ promisit potens est et facere (*Rom.* IV, 3, 20, 21). » Ipse ergo bonos illos facit, ut bona faciant. Neque enim eos propterea promisit Abrahæ, quia præscivit a se ipsos futuros bonos. Nam si ita est, non suum, sed eorum est quod promisit, non autem sic « credidit Abraham, sed non est infirmatus in fide, dans gloriam Deo, plenissime credens quia quæ promisit, potens est facere. » Non ait, quæ præscivit, potens est promittere, aut, quæ prædixit, potens est ostendere, aut, quæ promisit, potens est præscire. Ipse igitur eos facit perseverare in bono, qui fecit bonos, qui autem cadunt et pereunt, in prædestinatorum numero non fuerunt. Quamvis ergo de omnibus regeneratis et pie viventibus loqueretur Apostolus dicens: « Tu quis es, qui judicas alienum servum? suo domino stat aut cadit, » continuo tamen respexit ad prædestinatos et ait: « Stabit autem; » et ne hoc sibi arrogarent: « Potens est enim Deus, inquit, statuere eos (*Rom.* XIV, 4). » Ipse itaque dat perseverantiam, qui statuere potest eos qui stant, ut perseverantissime stent, vel restituere qui ceciderant: « Dominus enim erigit elisos (*Psal.* CXLV, 8). »

Item quod certus est numerus prædestinatorum, in eodem libro, cum de his loqueretur qui perseverantiam a Deo acceperunt ut perire non possint, hæc inter locutus est: [Hæc de his loquor qui prædestinati sunt in regnum Dei, quorum ita certus est numerus, ut nec addatur quisquam nec minuatur ex eis: non de his qui cum annuntiasset et locutus esset, « multiplicati sunt super numerum (*Psal.* XXXIX, 6) : » ipsi enim vocati dici possunt, non autem « electi, quia non secundum propositum vocati. »]

Item quod omnis qui audit a Patre venit ad Christum, in libro de Prædestinatione (*cap.* 8) præfatus ita loquitur doctor: « Omnis qui audivit a Patre et didicit venit ad me (*Joan.* VI, 45). » Quid est « omnis qui audivit a Patre et didicit venit ad me? » nisi nullus est qui audiat a Patre et discat, et non veniat ad me. Si enim « omnis qui audivit a Patre et didicit, venit : » profecto omnis qui non venit, non audivit a Patre, et non didicit; nam si audisset et didicisset, veniret. Neque enim ullus audivit, et didicit, et non venit. Sed « omnis, » ut ait Veritas, « qui audivit a Patre et didicit, venit. » Item quod divina gratia a nullo duro corde respuatur, paulo infra : [Multos videmus venire ad Filium, quia multos credere videmus in Christum : sed ubi et quomodo a Patre hoc audierint et didicerint, non videmus. Nimium gratia ista secreta est, gratiam vero esse quis ambigat? Hæc itaque gratia, quæ occulte humanis cordibus divina largitate tribuitur, a nullo duro corde respuitur : ideo quippe tribuitur, ut cordis duritia primitus auferatur. Quando ergo Pater intus auditur et docet ut veniatur ad Filium, « aufert cor lapideum et dat cor carneum, » sicut propheta prædicante promisit (*Ezech.* XI, 19). Sic quippe facit « filios promissionis, et vasa misericordiæ quæ præparavit in gloriam. » Cur ergo non omnes docet ut veniant ad Christum, nisi quia omnes quos docet, misericordia docet : quos autem non docet, judicio non docet : quoniam « cujus vult miseretur et quem vult obdurat (*Rom.* IX, 18), » sed miseretur bona tribuens, obdurat digna retribuens.] Item quod quoscunque vult docere Pater, veniunt ad Christum, in eodem libro (*cap.* 8) : [Cur autem non omnes doceat, aperuit Apostolus quantum aperiendum judicavit : « Quia volens ostendere iram, et demonstrare potentiam suam, attulit in multa patientia vasa iræ, quæ perfecta sunt in perditionem, et ut notas faciat divitias gloriæ suæ in vasa misericordiæ, quæ præparavit in gloriam (*Rom.* IX, 22, 23). » Hinc est quod « verbum crucis pereuntibus stultitia est : his autem qui salvi fiunt, virtus Dei est (*I Cor.* I, 18). » Hos omnes docet venire ad Christum Deus, hos enim « omnes vult salvos fieri, et in agnitionem veritatis venire (*I Tim.* II, 4). » Nam et si illos quibus « stultitia est verbum crucis, » ut ad Christum venirent docere voluisset, procul dubio venirent et ipsi. Non enim fallit aut fallitur, qui ait : « Omnis qui audivit a Patre, et didicit, venit ad me (*Joan.* VI, 45). » Absit ergo ut quisquam non veniat, qui a Patre audivit et didicit. Quare, inquiunt, non omnes docet? Si dixerimus quia nolunt discere quos non docet, respondebitur nobis, et ubi est quod ei dicitur : « Deus, tu convertens vivificabis nos? » (*Psal.* LXXXIV, 7.) Aut si non facit volentes ex nolentibus Deus, ut quid orat Ecclesia secundum præceptum Domini (*Matth.* V, 44) pro persecutoribus suis?] Item quod aliis detur fides qua salvantur et aliis non detur, non esse discutiendum, in eodem libro (*cap.* 9) : [Fides igitur et inchoata et perfecta donum Dei est. Et hoc donum quibusdam dari, quibusdam non dari, omnino non dubitet, qui non vult manifestissimis sacris litteris repugnare. Cur autem non omnibus detur, fidelem movere non debet, qui credit « ex uno omnes esse in condemnationem » sine dubitatione justissimam : ita ut nulla Dei esset justa reprehensio, etiamsi nullus inde liberaretur. Unde constat magnam esse gratiam quod plurimi liberantur, et quid sibi deberetur in eis qui non liberantur, agnoscunt, ut « qui gloriatur » non in suis meritis, quæ paria videt esse damnatis, sed « in Domino glorietur (*I Cor.* I, 31). » Cur autem istum potius quam illum liberet, « inscrutabilia sunt judicia ejus, et investigabiles viæ ejus (*Rom.* XI, 33). » Melius enim et hic audimus aut dicimus : « O homo, tu quis es qui respondeas Deo? » (*Rom.* IX, 20) quam dicere audemus, quasi noverimus quod occultum esse voluit, qui tamen aliquid injustum velle non potuit.] Item argumentum de parvulis, adversus eos qui gratiam repellunt, in eodem libro (*cap.* 12) : [Sed omnis hæc ratio, qua defendimus gratiam Dei per Jesum Christum Dominum nostrum vere esse gratiam, id est non secundum merita nostra dari, quamvis evidentissime divinorum eloquiorum testimoniis asseratur, tamen apud eos qui nisi aliquid sibi assignent quod priores dent, ut retribuatur eis, ab omni studio pietatis reprimi se putant, laborat aliquanto in ætate majorum jam utentium voluntatis arbitrio, sed ubi venitur ad parvulos, et ad ipsum Mediatorem Dei et hominum, hominem Jesum Christum, omnis deficit præcedentium gratiam Dei humanorum assertio meritorum. Quia nec illi ullis bonis præcedentibus meritis, cum et ipse sit homo, liberator factus est hominum.]

Item cur aliis concedatur ut ex hac vita auferantur, cum justi sunt, alii tamen retineantur donec corruant, quod nemo judicium Dei comprehendere possit, in eodem libro (*cap.* 14) : [De hac quippe vita legitur in libro Job : « Nunquid non tentatio est vita humana super terram? » (*Job* VII, 1.) Sed quare aliis concedatur ut ex hujus vitæ periculis dum justi sunt auferantur, alii vero justi donec a justitia cadant in eisdem periculis vita productiore teneantur? « Quis agnovit sensum Domini? » (*Rom.* XI, 34.) Et tamen hinc intelligi datur etiam illis justis qui bonos piosque mores usque ad senectutis maturitatem et diem vitæ hujus ultimum servant, non in suis meritis, sed in Domino esse gloriandum, quoniam qui vitæ brevitate rapuit justum, « ne malitia mutaret intellectum ejus (*Sap.* IV, 11), » ipse in quantacunque vitæ longitudine custodit justum, « ne malitia mutet intellectum ejus. » Cur autem hic tenuerit casurum istum, quem priusquam caderet hinc posset auferre, justissima omnino, sed « inscrutabilia sunt judicia ejus. »] De gratia vero et prædestinatione unum subjicit exemplum Salvatoris, de quo in eodem libro (*cap.* 15) ita scribitur: [Est etiam præclarissimum lumen prædestinationis et gratiæ ipse Salvator, ipse Mediator Dei et hominum homo Christus Jesus: qui ut hoc esset, quibus tandem suis vel operum vel fidei præcedentibus meritis natura humana quæ in illo est comparavit? Respondeatur, quæso: ille homo, ut a Verbo Patri coæterno in unitatem personæ assumptus, Filius Dei unigenitus esset, unde hoc meruit? Quod ejus bonum qualecunque præcessit? Quid egit ante? quid credidit? quid præivit, ut ad hanc ineffabilem excellentiam perveniret? Nonne faciente ac suscipiente Verbo, ipse homo, ex quo cœpit esse, Filius Dei unicus esse cœpit? Nonne Filium Dei unicum femina illa gratia plena concepit? Nonne de Spiritu sancto et Virgine Maria Dei Filius unicus natus est, non carnis cupidine, sed singulari Dei munere? Nunquid metuendum fuit ne accedente ætate homo ille libero peccaret arbitrio? Aut ideo in illo non libera voluntas erat, ac non tanto magis erat, quanto magis servire peccato non poterat? Nempe ista omnia singulariter admiranda, et alia, si qua ejus propria verissime dici possunt, singulariter in illo accepit humana, hoc est nostra natura, nullis suis præcedentibus meritis. Respondeat hic homo Deo, si audet, et dicat: Cur non et ego? Et si audierit: « O homo, tu quis es qui respondeas Deo? » nec sic cohibeat, sed augeat impudentiam, et dicat: Quomodo audio, « Tu quis es, o homo? » Cum sim quod audio, id est homo, quod est et ille de quo ago, cur non sim quod et ille? At enim gratia ille talis ac tantus est. Cur diversa est gratia, ubi natura communis est? Certe « non est acceptio personarum apud Deum (*Col.* III, 25). » Quis, non dico Christianus, sed insanus hæc dicat? Appareat itaque nobis in nostro capite ipse fons gratiæ, unde secundum uniuscujusque mensuram semper cuncta ejus membra diffundit. Ea gratia fit ab initio fidei suæ homo quicunque Christianus, qua gratia homo ille ab initio suo factus est Christus: de ipso Spiritu et hic renatus est, de quo ille est natus; eodem Spiritu fit in nobis remissio peccatorum, quo Spiritu factum est ut nullum haberet ille peccatum. Hæc se Deus facturum esse profecto præscivit. Ipsa est igitur prædestinatio sanctorum, quæ in Sancto sanctorum maxime claruit, quam negare quis potest recte intelligentium eloquia Veritatis? Nam et ipsum Dominum gloriæ, inquantum homo facto factus est Dei Filius, prædestinatum esse didicimus. Clamat doctor gentium in capite Epistolarum suarum: « Paulus servus Jesu Christi, vocatus apostolus, segregatus in Evangelium Dei, quod ante promiserat per prophetas suos in Scripturis

A sanctis de Filio suo qui factus est ei ex semine David secundum carnem, qui prædestinatus est Filius Dei in virtute secundum Spiritum sanctificationis ex resurrectione mortuorum (*Rom.* I, 1-4). » Prædestinatus est ergo Jesus, ut qui futurus erat secundum carnem filius David, esset tamen in virtute Filius Dei secundum Spiritum sanctificationis, quia natus est de Spiritu sancto ex virgine Maria. Ipsa est illa ineffabiliter facta hominis a Deo verbo susceptio singularis, ut Filius Dei et filius hominis simul, et filius hominis propter susceptum hominem, et Filius Dei propter suscipientem unigenitum Deum veraciter et proprie diceretur, ne non trinitas, sed quaternitas crederetur. Prædestinata est ita naturæ humanæ

B tanta et tam celsa et summa subvectio, ut quo attolleretur altius non haberet: sicut pro nobis ipsa divinitas quousque se deponeret humilius, non habuit, quam suscepta natura hominis cum infirmitate carnis, « usque ad mortem crucis. » Sicut ergo prædestinatus est unus ille, ut caput nostrum esset, ita multi prædestinati sumus, ut membra ejus essemus. Humana hic merita conticescant, quæ perierunt per Adam, et regnet quæ regnat « Dei gratia per Jesum Christum Dominum nostrum, » unicum Dei Filium, unum Dominum. Quisquis in capite nostro præcedentia merita singularis illius generationis invenerit, ipse in nobis membris ejus præcedentia merita multiplicatæ regenerationis inquirat. Neque enim Christo retributa est illa generatio, sed tributa,

C ut alienus ab omni obligatione peccati de Spiritu et Virgine nasceretur. Sic et nobis, ut « ex aqua et Spiritu renasceremur » non retributum est pro aliquo merito, sed gratis tributum; et si nos lavacrum regenerationis fides duxit, non ideo putare debemus priores nos dedisse aliquid, ut retribueretur nobis regeneratio salutaris: ille quippe nos fecit credere in Christum, qui nobis fecit, in quem credimus, Christum; ille facit in hominibus principium fidei et perfectionem in Jesum, qui fecit hominem « principem fidei et perfectorem Jesum. » Sic enim est appellatus, ut scitis, in Epistola quæ est ad Hebræos (*Hebr.* XII, 2), vocat enim Deus prædestinatos multos filios suos, ut eos faciat membra prædestinati unici

D Filii sui.] Item infra (*cap.* 16 *in fin.*): [Ad hanc vocationem qui pertinent, « omnes sunt docibiles Dei (*Isa.* LIV, 13), » nec potest eorum quisquam dicere: Credidi, ut sic vocarer: prævenit eum quippe misericordia Dei, quia sic est vocatus ut crederet. « Omnes enim docibiles Dei » veniunt ad Filium, quoniam audierunt et didicerunt a Patre per Filium, qui evidentissime dicit: « Omnis qui audivit a Patre, et didicit, venit ad me (*Joan.* VI, 45, 39). » Istorum autem nemo perit, « quia omne quod dedit ei Pater, non perdit ex eo quidquam. » Quisquis ergo inde est, omnino non perit, nec erant inde qui pereunt, propter quod dictum est: « Ex nobis exierunt, sed non erant ex nobis. Nam si fuissent ex nobis, mansissent utique nobiscum (*I Joan.* II, 19). » Intelligamus ergo vocationem qua fiunt electi, non qui eliguntur quia crediderunt, sed qui eliguntur ut credant, hanc enim et Dominus ipse satis aperit ubi dicit: « Non vos me elegistis, sed ego vos elegi (*Joan.* xv, 19). » Nam si propterea electi erant quia crediderant, ipsi eum prius utique elegerant credendo in eum, ut eligi mererentur: aufert autem hoc omnino qui dicit: « Non vos me elegistis, sed ego vos elegi. » Et ipsi quidem procul dubio elegerunt eum, quando crediderunt in eum, unde non ob aliud dicit: « Non vos me elegistis, sed ego vos elegi, » nisi quia non elegerunt ut eligeret eos, sed ut eligerent eum elegit eos, quia misericordia ejus prævenit eos secundum gratiam, non secundum debitum. Elegit ergo eos de mundo, cum hic ageret carnem [*al.* in carne], sed jam electos in seipso ante mundi constitutionem: hæc est immobilis veritas prædestinationis et gratiæ.]

Sicut enim ex his quæ breviter de beati Augustini libri collegimus, intelligi datur omnia sanctorum facta, dicta et cogitationes rectas, quibus cœlestis regni beatitudinem mereantur accipere, non a semetipsis habent, sed gratia superni muneris acceperunt, cumque liberum voluntatis humanæ sit arbitrium, infirmum tamen et invalidum est ad opus justitiæ, si non per Dei gratiam validum fiat et forte, quæ Dei gratia non solum subsequitur nos, ut bona quæ novimus possimus operari, verum etiam prævenit in omnibus faciens in nobis et voluntatem qua velimus et possimus facere bonum, et tribuens fidem qua non solum credamus in Deum, verum etiam per quam quæcunque postulaverimus, impetremus a Deo: id est et principium fidei, et plenitudinem ejus nobis donans: sed et omnia opera recta, ut possimus facere gratia largiente possibilitatem accipimus faciendi. Hæc cum ex superioribus sententiis satis manifesta fiant, tum quoque ex sanctorum Patrum dictis, quorum hic testimonia propter brevitatem omisimus ponere, satis patescunt. Jam vero de prædestinatione sanctorum ita posita testimonia incunctanter loquuntur, ut omnium prædestinatorum numerum definitum esse doceant, et neminem eorum posse perire. Quæ cum ita sint, jam videndum est utrum mali prædestinati sint ad pœnam: sed cum ex prædestinatione sanctorum hoc facile possit colligi, quia si illorum certa est prædestinatio, et nemo potest perire electorum, sequitur ut etiam reproborum definita procul dubio sit prædestinatio: neque enim Dei dispositio, quæ sanctorum numerum ita constituit ut nemo ex eis perire possit, non etiam de reprobis aliquid judicavit, sed quid ex hoc sanctorum dicta loquantur sequenti libello monstrabitur *.

* Ad calcem libri primi hæc interserit editor Bibliothecæ Patrum Lugdunensis: « Arn. Raymundi, notarius publicus, viso originali manuscripto in Lobbiensi cœnobio, et per me ad longum collato, testor præsentem copiam de verbo ad verbum esse eidem originali conformem. *Hac 4 Februarii anni* 1618. »

PRÆFATIO LIBRI SECUNDI

AD CAROLUM REGEM

Superiore libello, rex religiose, qua valui brevitate sanctorum dicta decerpens, aperui, pro qualitate ingenii nostri, quod omnia divinis agantur dispensationibus, et licet iniquorum pravæ sint voluntates et actiones perversæ, nequaquam tamen effugere possunt divinorum dispensationem judiciorum: sed unde Deo adversantur, inde illius voluntati serviunt. Hinc quoque manifestum, quantum credimus, elucet quia non solum quæ sunt, sed et quæ futura sunt dispensat cœlestis sapientia, et unumquodque ad suum finem perducit, non solum bonos, verum etiam malos, secundum quod ante sæcula æternaliter disposuit, moderatur et agit; et sicut non est nova cogitatio apud Deum, ita nec novum consilium, et quid de singulis agatur, in æterna sapientia illius dispositum est et immutabiliter determinatum. Ostendimus etiam prædestinationem sanctorum divina gratia regi, nec electorum numerum aut posse minui aut vacillari: sed sicut ante sæcula electi sunt, ita eorum electio inconvulsa manebit, quæ omnia non nostris verbis, sed sanctorum dictis monstravimus. Superest nunc ut de prædestinatione iniquorum, juxta quod magnificentia vestra dignata est nobis injungere, sanctorum dicta exempla colligamus: ubi etiam de sanctorum prædestinatione pariter loquemur. Quæ cum fuerint a nobis explicita, breviter aperire conabimur quemadmodum cum Deus malos prædestinatos habeat ad pœnam, non tamen auctor sit malorum, nec sit voluntatis ejus perditio impiorum: « Qui omnes homines vult salvare, et ad agnitionem veritatis venire (*I Tim.* ii, 4). » Obsecramus autem celsitudinem majestatis vestræ, ut si quid in litteris nostris quod vobis displicuerit, inveneritis, misericorditer corrigatis, nobisque corrigenda significare non dedignemini: vel si quis deprehensor exstiterit earum, detur nobis defensionis locus, ut vel acquiescamus juste reprehendenti, vel confirmemus quæ vera fuerint dicta, vestramque pietatem circa humilitatem nostram semper mereamur habere propitiam.

LIBER SECUNDUS

DE PRÆDESTINATIONE DEI

Antequam de malorum prædestinatione loquamur, quid sit prædestinatio, beati Augustini dictis doceamus. Ait enim Augustinus [a] libro de Prædestinatione: [Prædestinatio quippe a præmittendo (*al.*, prævidendo) et præveniendo vel præordinando futurum aliquid dicitur.] Quibus verbis ostendit quod præmissio et præordinatio, sive præventio, prædestinatio sit: et in verbis differre, sensu vero non discrepare. Et Fulgentius in libro de Prædestinatione ita ait (Fulgent. *ad Monimum de gemina Prædest.*, l. I, cap. 20): [Neque enim est alia Dei prædestinatio nisi futurorum operum ejus æterna præparatio.] Et hic præparationem prædestinationem nominavit. Proinde sive præparationem sive prædestinationem in sanctorum dictis positum invenerimus, unum idemque significari docemur. Et de prædestinatione ita venerabilis doctor Augustinus in Expositione evangelii Joannis (*tract.* XIV) dicit: [« Qui de cœlo venit, supra omnes est: et quod vidit et audivit hoc testatur, testimonium ejus nemo accepit. » Si nemo, ut quid venit? Quorumdam ergo nemo. Est quidam populus præparatus ad iram Dei, damnandus cum diabolo: horum nemo accepit testimonium Christi. Nam si omnino nemo, nullus homo. Quid est quod sequitur? « Qui accepit testimonium ejus, signavit quia Deus verax est. » Certe ergo non nemo, si tu ipse dicis: « Qui accepit testimonium ejus, signavit quia Deus verax est. » Responderet ergo fortasse interrogatus Joannes et diceret: Novi quid dixerim, *Nemo*. Est enim quidam populus natus ad iram Dei, et ad hoc præcognitus. Qui sint enim credituri, et qui non sint credituri, novit Deus; qui sint perseveraturi in eo quod crediderunt, et qui sint lapsuri, novit Deus: et numerati sunt Deo omnes futuri in vitam æternam, et novit jam populum illum distinctum. Et si ipse novit et prophetis dedit nosse per Spiritum suum, dedit et Joanni. Cum enim superius multis testimoniis monstratum sit sanctorum esse prædestinationem, et nunc dicitur quidam populus præparatus ad iram Dei damnandus cum diabolo, et præparatio prædestinatio sit, sicut superius patefactum est, monstratur esse gemina prædestinatio: id est et eorum qui numerati sunt Deo, et pertinent ad vitam æternam, et eorum qui præparati sunt ad iram Dei damnandi cum diabolo. [Item in eodem (*tract.* XLVIII): « Sed vos non creditis, quia non estis ex ovibus meis (*Joan.* X, 26). » Jam supra didicistis quæ sint oves: estote oves. Oves credendo sunt, oves pastorem sequendo sunt, oves Redemptorem non contemnendo sunt, oves per ostium intrando sunt, oves exeundo et pascua inveniendo sunt, oves æterna vita perfruendo sunt. Quomodo ergo istis dixit: « Non estis ex ovibus meis? » Quia videbat eos ad sempiternum interitum prædestinatos, non ad vitam æternam sui sanguinis pretio comparatos.] Item inferius: « Vitam æternam dabo eis, » id est ovibus meis, « et non peribunt in æternum. » Subaudis, tanquam eis dixerit: Vos peribitis in æternum, quia non estis ex ovibus meis. « Non rapiet eas quisquam de manu mea. » Intentius accipite: « Pater meus quod dedit mihi majus est omnibus. » Quid potest lupus, quid potest fur et latro? Non perdunt nisi ad interitum prædestinatos. De illis autem ovibus de quibus dicit Apostolus: « Novit Dominus qui sunt ejus (*II Tim.* II, 19), » et: « Quos præscivit, ipsos et prædestinavit; quos autem prædestinavit, ipsos et vocavit; quos autem vocavit, illos et justificavit; quos autem justificavit, illos et glorificavit (*Rom.* VIII, 29, 30): » de ovibus istis nec lupus rapit, nec fur tollit, nec latro interficit. Securus est de numero earum, qui pro eis novit quod dedit. Et hoc est quod ait: « Non rapiet eas quisquam de manu mea: » et item ad Patrem: « Pater meus quod dedit mihi majus omnibus est (*Joan.* X, 28, 29). »

Et hic et superius dum qui non sunt ex ovibus Christi, ad interitum dicit præparatos, ostendit geminam esse prædestinationem: quia et sancti prædestinati sunt ad vitam, et qui in peccatis suis perseveraturi sunt, ad interitum. Item in eodem (*tract.* XLV): [Si catholici fideles erant oves, erant, si oves erant, quomodo vocem alieni audire potuerunt? cum Dominus dicat: « Non audierunt eos oves (*Joan.* X, 8). » Audistis, fratres, altitudinem quæstionis? Dico ergo: « Novit Dominus qui sunt ejus (*II Tim.* II, 19): » novit præscitos, prædestinatos: de illo quippe dicitur: « Quos autem præscivit, et prædestinavit conformes fieri imaginis Filii sui, ut sit ipse primogenitus in multis fratribus: quos autem prædestinavit, ipsos et vocavit, et quos vocavit ipsos et justificavit? quos autem justificavit, ipsos et glorificavit. Si Deus pro nobis, quis contra nos? » Adde adhuc: « Qui proprio Filio suo non pepercit, sed pro nobis omnibus tradidit eum, quomodo non et cum illo omnia nobis donavit? » (*Rom.* VIII, 29-32.) Sed quibus « nobis? » Præscitis, prædestinatis, justificatis et glorificatis. De quibus sequitur: « Quis accusabit adversus electos Dei (*Ibid.*, 33)? » « Novit ergo Dominus qui sunt ejus, » ipsi sunt oves. Ali-

[a] Imo auctor Hypognosticon, lib. VI, cap. 2.

quando se ipsas nesciunt, sed pastor novit eas, secundum istam prædestinationem, secundum istam Dei præscientiam, secundum electionem ovium ante constitutionem mundi. Nam et hoc dicit Apostolus: « Sicut elegit nos in ipso ante constitutionem mundi (*Eph.* I, 4). » Secundum istam ergo præscientiam Dei et prædestinationem, quam multæ oves foris et quam multi lupi intus; et quam multæ oves intus et multi lupi foris! Quid est quod dixi, quam multæ oves foris? Quam multi modo luxuriantur, casti futuri; quam multi blasphemant Christum, credituri in Christum; quam multi se inebriant, sobrii futuri; quam multi rapiunt res alienas, donaturi suas. Verumtamen modo alienam vocem audiunt, alienos sequuntur. Item quam multi intus laudant, blasphematuri; casti sunt, fornicaturi; sobrii sunt, se vino postea sepulturi; stant, casuri; non sunt oves. De prædestinatis enim loquimur, de his loquimur, quos « novit Dominus qui sunt ejus (*II Tim.* II, 19), » et tamen ipsi quandiu recte sapiunt, Christi vocem audiunt. Ecce audiunt ipsi, non audiunt illi, et tamen secundum prædestinationem non oves isti, et oves illi. Adhuc manet quæstio, quæ mihi interim nunc videtur ita posse dissolvi. Est aliqua vox, est, inquam, aliqua vox pastoris, in qua oves non audiunt alienos, in qua non oves non audiunt Christum. Quæ est ista vox? « Qui perseveraverit usque in finem, hic salvus erit (*Matth.* X, 22). » Hanc vocem non negligit proprius, non audit alienus; nam et ille hoc ei prædicat, ut perseveret apud ipsum usque in finem, et non apud Deum perseverando, non audit hanc vocem. Venit ad Christum, audivit alia et alia verba, illa et illa omnia, vera sana omnia, inter quæ omnia est et illa vox: « Qui perseveraverit usque in finem, hic salvus erit. » Istam qui audierit ovis est. Sed audiebat illam nescio quis et desipuit, refriguit, audivit alienam; si prædestinatus est, ad tempus erravit, in æternum non periit, redit ut audiat quod neglexit, faciat quod audivit. Si enim de his est qui prædestinati sunt, et errorem ipsius Deus præscivit, et conversionem futuram, si aberravit, redit, ut audivit vocem illam pastoris, et sequatur dicentem: « Qui perseveraverit usque in finem, hic salvus erit. » Bona vox, fratres, vera, pastoralis ipsa est: « Vox salutis in tabernaculis justorum (*Ps.* CXVII, 15). » Nam facile est audire Christum, facile est laudare Evangelium, facile est acclamare disputatori, perseverare usque in finem, hoc est ovium vocem pastoris audientium. Tentatio accidit, persevera usque in finem. Usque in quem finem perseverabis? Quousque finias viam. Quandiu enim non audis Christum, adversarius tuus est in ista via, hoc est in ista mortali vita. Sed quid dicit? « Concorda cum adversario tuo cito, dum es cum eo in via (*Matth.* V, 25). » Audisti, credidisti, concordasti. Si adversabaris, concorda. Si tibi præstitum est concordare, noli ulterius litigare. Quando enim finiatur via nescis, sed tamen scit ille. Si ovis es, et si perseveraveris usque in finem, salvus eris; ac per hoc istam vocem non contemnunt sui, non audiunt alieni.] Et hic cum dicit secundum prædestinationem non oves istos, et oves illos, ostendit geminam esse prædestinationem. Item in eodem (*tract.* XLII): [Quod vero sequitur: « Propterea vos non auditis, quia ex Deo non estis (*Joan.* VIII, 47), » eis dictum est qui non solum peccato vitiosi erant, nam hoc malum commune erat omnibus, sed etiam præcogniti quod non fuerant credituri ea fide, qua sola possunt a peccatorum obligatione liberari. Quapropter præsciebat illos, quibus talia dicebat, in eo permansuros, quod ex diabolo erant, id est in suis peccatis atque impietate morituros, in qua ei similes erant, nec venturos ad regenerationem, in qua essent filii Dei, hoc est ex Deo nati, a quo erant homines creati. Secundum hanc prædestinationem locutus est Dominus, non quod aliquem hominem invenerit, qui vel secundum regenerationem jam esset ex Deo, vel secundum naturam jam non esset ex Deo.] Et hic dum secundum prædestinationem dicit locutum esse Dominum, ut aliqui essent ex Deo, alii non ex Deo, geminam ostendit prædestinationem. Item in eodem (*tract.* CX), cum de mundo fideli et infideli loqueretur, sic ait: [Isti autem omnes, quid est nisi mundus? Non hostilis utique, sed fidelis. Nam ecce, qui dixerat: « Non pro mundo rogo (*Joan.* XVII, 9), » pro mundo rogat ut credat, quoniam est mundus de quo scriptum est: « Ne cum mundo damnemur (*I Cor.* XI, 32). » Pro isto mundo non rogat, neque enim quo sit prædestinatus, ignorat. Et est mundus de quo scriptum est: « Non venit filius hominis ut judicet mundum, sed ut salvetur mundus per ipsum (*Joan.* III, 17). » Unde et Apostolus: « Deus, inquit, erat in Christo mundum reconcilians sibi (*II Cor.* V, 19). »] Cum enim dicit quia non ignorat quo sit prædestinatus mundus, pro quo non rogat, manifeste demonstrat prædestinationem reproborum. Et quia prædestinatio electorum et reproborum, gemina esse monstratur prædestinatio. Item in eodem (*ibid.*): [Quandiu enim credimus quod non videmus, nondum sumus ita consummati, quemadmodum erimus, cum meruerimus videre quod credimus. Rectissime igitur ibi, « ut credat mundus, » hic, « ut cognoscat mundus; » tamen et ibi et hic « quia tu me misisti (*Joan.* XVII, 21), » ut noverimus quantum pertinet ad Patris et Filii inseparabilem charitatem, hoc nos modo credere quod tendimus credendo cognoscere. Si autem diceret: ut cognoscant quia tu me misisti, tantumdem valeret quantum hoc quod ait, « ut cognoscat mundus. » Ipsi sunt enim mundus, non permanens inimicus, qualis est mundus damnationi prædestinatus, sed ex inimico amicus effectus, propter quem « Deus erat in Christo mundum reconcilians sibi (*II Cor.* V, 19). » Ideo dixit: « Ego in eis, et tu in me, » tanquam diceret: « Ego in eis » ad quos misisti me, « et tu in me, » mundum reconcilians tibi per me. Propterea sequitur etiam illud quod ait: « Et dilexisti eos sicut et me dilexisti (*Ibid.*, 23). » In Filio quippe Pater nos diligit, quia « in ipso nos elegit ante mundi constitutionem] » Et hic dicens mundum damnationi prædestinatum, geminam ostendit prædestinationem. Item in eodem (*tract.* XI) [Quomodo ergo non erimus cum Christo ubi est, quando in Patre cum illo erimus, in quo est? Neque hinc Apostolus nobis quamvis nondum rem tenentibus, sed tamen spem gerentibus tacuit; ait enim : « Si resurrexistis cum Christo, quæ sursum sunt quærite, ubi Christus est in dextra Dei sedens; quæ sursum sunt sapite, non quæ super terram : mortui enim estis, et vita vestra abscondita est cum Christo in Deo (*Col.* III, 1-3). » Ecce interim per fidem ac spem vita nostra ubi Christus est, cum illo est, quia cum Christo in Deo est. Ecce velut jam factum est quod oravit ut fieret dicens : « Volo ut ubi ego sum, et illi sint mecum (*Joan.* XVII, 24). » Sed nunc per fidem, quando autem fiet per speciem? « Cum Christus, inquit, apparuerit vita vestra, tunc et vos apparebitis cum illo in gloria (*Col.* III, 4). » Tunc apparebimus quod tunc erimus, quia tunc apparebit non inaniter nos id credidisse ac sperasse antequam essemus facti et cum Filius cum dixisset : « Ut videant claritatem meam, quam dedisti mihi, » continuo subjunxit « quia dilexisti me ante mundi constitutionem : » in illo enim dilexit nos ante mundi constitutionem, et tunc prædestinavit, quod in fine futurum est mundi. « Pater, » inquit, « juste, mundus te non cognovit » quia justus es, ideo te non cognovit : mundus quippe ille damnationi prædestinatus merito non cognovit, mundus vero, quem per Christum reconciliavit, non merito, sed gratia cognovit. Quid est enim eum cognoscere, nisi vita æterna? quam mundo damnato utique non dedit, reconciliato dedit. Propterea utique « mundus non cognovit, quia justus es, » meritis ejus, ut non cognosceret, tribuisti, et propterea mundus reconciliatus cognovit, quia misericors es, et ut cognosceret non ei merito, sed gratia subvenisti.] Et hic mundum damnationi prædestinatum dicens, geminam prædestinationem ostendit, quoniam prædestinationem eorum qui salvantur superius posita exempla satis superque demonstrant. Item in libro Enchiridion (*cap.* 100) [Hæc sunt « magna opera Domini exquisita in omnes voluntates ejus (*Psal.* CX, 2), » et tam sapienter exquisita, ut cum angelica et humana creatura peccasset, id est non quod ille, sed quod voluit ipsa fecisset, etiam per eamdem creaturæ voluntatem, qua factum est quod Creator noluit, impleret ipse quod voluit, bene utens et malis, tanquam summe bonus, ad eorum damnationem quos juste prædestinavit ad pœnam, et ad eorum salutem quos benigne prædestinavit ad gratiam.]

Item in libro quarto de Natura et Origine animæ ad Vincentium Victorem (*lib.* IV, *cap.* 11) [Absit enim hoc volens diluere, ut dicam, quæ ipse dixisti : Quod anima per carnem meruerit, inquinari, et esse peccatrix, nullum habens ante peccatum quo recte id meruisse dicatur : et, quod etiam sine baptismo originalia peccata solvantur : et, Quod regnum quoque cœlorum non baptizatis in fine tribuatur. Hæc atque hujusmodi venena fidei, nisi dicere timerem, fortasse de hac re definire aliquid non timerem. Quanto melius igitur non separatim de anima disputo, et affirmo quod nescio, sed quod apertissime Apostolum video docuisse (*Rom.* V, 18), simpliciter teneo : « Ex uno homine omnes homines ire in condemnationem » qui nascuntur ex Adam, nisi ita renascantur in Christo, sicut instituit ut renascantur, antequam corpore moriantur, quos prædestinavit ad æternam vitam misericordissimus gratiæ largitor : qui est et illis quos prædestinavit ad mortem æternam justissimus supplicii retributor.] In his duobus testimoniis manifestissime monstrat geminam venerabilis Augustinus prædestinationem.

Item in libro secundo de Baptismo parvulorum [Ut autem innotescat quod latebat, et suave fiat quod non delectabat, gratia Dei est, qua adjuvat hominum voluntates : qua ut non adjuventur in ipsis itidem causa est, non in Deo, sive damnandi prædestinati sunt propter iniquitatem superbiæ, sive contra ipsam superbiam judicandi et eruditi filii sint misericordiæ. Unde Jeremias cum dixisset : « Scio, Domine, quia non est in homine vita ejus, nec viri est ut ambulet, et dirigat gressus suos, » continuo subjungit : « Corripe me, Domine, verumtamen in judicio, et non in furore tuo (*Jer.* X, 23, 24). » Tanquam diceret : Scio ad correptionem meam pertinere, quod minus abs te adjuvor, ut perfecte dirigantur gressus mei : verumtamen hoc ipsum noli sic mecum agere, tanquam in furore quo iniquos damnare statuisti, sed tanquam in judicio, quo doces tuos non superbire. Unde alibi dicitur : « Et judicia tua adjuvabant me (*Psal.* XXII, 175). » Nullius proinde humanæ culpæ in Deum referas causam, vitiorum namque omnium humanorum causa superbia est.] Hac sententia ostendit venerabilis Augustinus malos propter iniquitatem superbiæ damnationi prædestinatos non autem ad peccatum : quoniam peccatum non est ex Deo. Neque enim auctor mali est Deus, pœnæ vero redditio ex Deo est. Quia justum est ut qui Deo per humilitatem subdi noluit, propter superbiam cœlesti ultione feriatur. Unde prædestinatio Dei ad pœnam est, quam subituri sunt mali, qui perseverabunt in iniquitate : non autem ad peccatum, quia Deus auctor mali non est, neque placet Deo iniquitas, et eorum quæ operatur Deus prædestinator est, videlicet, vel bonorum quæ redditurus est sanctis, vel pœnarum, quas iniquis puniendis illaturus est. At vero malorum sicut non est auctor, ita nec prædestinator. Non enim peccatum ex Deo est, sed ex diabolo. Atque propterea suorum operum quæ vel misericorditer respicit, vel juste punit, prædestinator est : eorum autem quæ non agit, sicut vindex est, ita prædestinator non est. Item in libro decimo quinto de Civitate Dei [Arbitror nos satis jam fecisse magnis et difficillimis quæstionibus de initio vel de fine mundi, vel animæ, vel ipsius generis humani : quod in duo genera distribuimus, unus eorum qui secundum hominem, alterum eorum qui secundum Deum vivunt, quas etiam mystice appellamus civitates duas, hoc est duas societates hominum, quarum una est, quæ prædestinata est in æternum regnare cum Deo; altera, æternum supplicium subire cum diabolo.] Item in libro novissimo de Civitate Dei cum de bonis, quæ largitur malis Deus, loqueretur, ait: [Quid igitur dabit eis quod prædestinavit ad vitam, qui hæc etiam dedit eis quos prædestinavit ad mortem.] Item in expositione psalmi noni, sumens testimonium ex Evangelio: « [Qui autem non credit, » inquit, « jam judicatus est (Joan. III, 18). » id est, isto occulto judicio jam præparatus est ad illud manifestum.] Item inferius: [Non in toto corde confitetur Domino, qui de providentia ejus in aliquo dubitat. Sed quia jam cernit occulta sapientia Dei, quantum sit invisibile præmium ejus qui dicit: « Gaudemus in tribulationibus (Rom. V, 3), » et quemadmodum omnes cruciatus, qui corporaliter inferuntur, aut exerceant conversos ad Deum, aut ut convertantur admoneant, aut juste damnationi ultimæ præparent obduratos, et sic omnia ad divinæ providentiæ regimen referantur, quæ stulti quasi casu, et temere, et nulla divina administratione fieri putant.] In his omnibus testimoniis prædestinati ostenduntur mali ad pœnam, sed non prædestinati ad peccatum: quoniam eorum, quæ facturus est Deus, prædestinator est, quæ vero non fecit, nec facturus est, ea non pærdestinat. Quia autem judicaturus est mundum, et impios justo supplicio pro iniquitatibus suis damnaturus, propterea reos prædestinavit ad pœnam, et pœnam prædestinavit illis: ad peccatum autem non eos prædestinavit, quoniam non est Deus auctor iniquitatis, quoniam sicut justitia ex Deo est, et omne opus bonum, ita iniquitas, et omne opus pravum ex diabolo. Unde et sanctus Augustinus hoc ipsum insinuans ait paulo superius: [Nullius proinde culpæ humanæ in Deum referendam causam: vitiorum namque omnium humanorum causa superbia est.] Et Cassiodorus cum dicit peccatores in prædestinatione repulsos eos qui damnandi sunt in judicio, ostendit propter iniquitatem damnandos, quæ prædestinata a Deo non est, damnandi vero ipsi prædestinati sunt, quia justum est ut pœna inferatur eis qui noluerunt obedire præceptis justitiæ. Item in libro de Perfectione justitiæ (c. 13): [« Deus de cœlo respexit super filios hominum, ut videat si est intelligens aut requirens Deum (Psal. XIII). » Hoc ergo « bonum » quod est requirere Deum, « non erat qui faceret, non erat usque ad unum (Ibid.), » sed in eo genere hominum quod prædestinatum est ad interitum, super hos enim respexit Dei præscientia, protulitque sententiam.] Quod sanctus Augustinus in hac sententia malos dicit ad interitum prædestinatos, ne hoc (interitum) peccatum intelligamus, sed peccati vindictam quæ in se reddenda est peccatoribus, beatus Fulgentius in libro ad Monimum discipulum suum (lib. I, c. 6) satis manifeste demonstrat. In quo libro et prædestinationem malorum docet ad supplicium, et quia Deus ad iniquitatem nullum prædestinat, verissima ratione insinuat, de quo libro pauca excipere volui, et huic operi inserere. Ait enim:

[Quod ergo ante gehennam mali pereunt, non est divini operis, sed humani: quod autem in gehenna perituri sunt, hoc facit Dei æquitas, cui nulla placet peccantis iniquitas. « Qui » enim diligit iniquitatem, odit animam suam (Psal. X, 6). » Et dicit Joannes quia « Omnis qui facit peccatum, et iniquitatem facit, et peccatum est iniquitas (I Joan. III, 4). » Et Deus per prophetam dicit quia « Anima, quæ peccaverit, ipsa morietur (Ezech. XVIII, 4). » De Filio autem Dei Joannes dicit: « Scimus quia ille apparuit, ut peccata tolleret, et peccatum in eo non est (Joan. III, 5). » Sicut ergo peccatum in eo non est, ita peccatum ex eo non est: quod autem ex eo non est, opus ejus utique non est. Quod autem nunquam est in opere ejus, nunquam fuit in prædestinatione ejus. Non ergo prædestinati sunt mali ad hoc quod male operantur, a concupiscentia substracti et illecti, sed ad hoc quod juste patiuntur inviti. Prædestinationis enim nomine non aliqua voluntatis humanæ coactitia necessitas exprimitur, sed misericors et justa futuri divini operis sempiterna dispositio prædicatur. « Deo » autem « misericordiam, et judicium (Psal. C, 1) » cantat Ecclesia, cujus hoc opus est in homine, ut occulto voluntatis suæ, non tamen injusto consilio, aut gratuitam misericordiam præroget misero, aut debitam justitiam rependat injusto. Imo aut misericorditer debitori donet quod si vellet juste posset exigere: aut juste cum usuris quod suum est exigat, et iniquo debitori quod debetur iniquitatibus reddat. Ac sic ut istum prorsus indignum misericordia præveniat, aut illum ita dignum inveniat. Ipse etenim donat gratis indigno gratiam, qua justificatus impius illuminetur munere bonæ voluntatis, et facultate bonæ cooperationis, ut præveniente misericordia bonum velle incipiat, et subsequente misericordia bonum quod vult facere valeat. Utrumque autem prædestinando Deus, et præparavit in illa incommutabili voluntate, in qua sic futurum effectum hominis renovandi disposuit, ut ejus voluntas in opere novo nova esse non possit (cap. 8). Donat etiam gratiam digno in retributionem mercedis æternæ, ut scilicet sive cum impium pie justificat justus, quia de ipso Apostolus dicit: « Ut sit ipse justus et justificans eum, qui ex fide est Jesu (Rom. III, 26), » seu cum justum juste glorificat pius, « quia quos justificavit, illos et glorificavit (Rom. VIII, 30), » eadem sit operatio gratiæ quæ meritum hominis bonum, et initiat ad justitiam, et consummat ad gloriam: primo in homine inchoans voluntatem bonam, deinde eamdem voluntatem adjuvans inchoatam, ut eadem voluntas et divino dono bona sit, et divino adjutorio malam superare concupiscentiam possit, et Deo perficiente talis postmodum ipsa voluntas sit, ut malam concupiscentiam habere non possit, ac sic in præsenti vita gratiæ adjutorio infirnitati non cedat, in futura autem gratiæ beneficio infirmitatem non habeat, et nunc recipiat continuo juvamine medicaminis, tunc vero fruatur æterna plenitudine sanitatis. Hæc autem Deus, sicut in prædestinatione semper habuit, sic per gratiam sicut prædestinaverat facit. Prædestinationis itaque ipsius insinuatur agnitio, cum dicit Scriptura: « Et præparatur voluntas a Domino (*Prov.* VIII, *juxta LXX*). » Non autem ob aliud præparata dicitur, nisi quia danda prædicitur. A quo enim præparatur per bonitatem sempiternam, ab ipso datur per indebitam gratiam.] In hac sententia quid Deus prædestinat et quid non prædestinat probabili ratione discernit, quia demonstrat peccatum non esse in prædestinatione Dei, sed pœnam peccati. At vero beata merita sanctorum et remunerationem utraque in prædestinatione Dei esse fatetur, quia utraque a Deo sunt. Non enim aliquid boni habent sancti, nisi a Deo, et remuneratio pro bonis quæ gesserunt electi, a Deo est: propterea utraque a Deo sunt prædestinata. Item in sequentibus (*cap.* 12): [Ideo ergo in promissis Dei nulla est falsitas, quia in faciendis nulla Omnipotenti est difficultas, et propterea ibi nunquam deest voluntatis effectus, quia voluntas ipsa non aliud invenitur esse quam virtus. Quidquid autem vult potest, qui quantum vult tantum potest. Propterea de illo solo digne dicitur: « Omnia quæcunque voluit fecit (*Psal.* CXIII *et* CXXXIV). » Et iterum: « Subest enim tibi, cum voles, posse (*Sap.* XII, 18). » Ideo diximus tantam ibi esse virtutem voluntatis, quanta et voluntas ipsa virtutis: quia cui semper subest, cum volet, posse, non aliud est in illo velle, quam posse (*cap.* 13). Quia ergo Deus nulla necessitate compellitur, ut aliquid nolens permittat, nullius utique adversitatis impeditur obstaculo, quo id quod promisit, aut minus quam vult, aut tardius faciat. Proinde potuit, sicut voluit, prædestinare quosdam ad gloriam, quosdam ad pœnam. Sed quos prædestinavit ad gloriam, prædestinavit ad justitiam: quos autem prædestinavit ad pœnam, non prædestinavit ad culpam.] Item paulo inferius: [In sanctis igitur coronat Deus justitiam, quam eis gratis ipse tribuit, gratis servavit, gratisque perfecit. Iniquos autem condemnavit pro impietate vel injustitia, quam in eis ipse non fecit. In illis enim opera sua glorificat, in istis autem opera non sua condemnat. Hoc itaque prædestinavit Deus, quod erat ipse facturus, aut quod fuerat largiturus. Illud vero nullatenus prædestinavit, quod sive per gratiam, seu per justitiam facturus ipse non fuit.] Item in eodem (*cap.* 23): [Fidelibus congruit credere et fateri Deum bonum, et justum præscisse quidem peccatores homines, quia nihil eum latere potuit futurorum (neque enim vel futura essent, si in ejus præscientia non fuissent), non tamen prædestinasse quemlibet hominem ad peccatum: quia si ad peccatum aliquod Deus hominem prædestinaret, pro peccatis hominem non puniret. Dei enim prædestinatione aut peccatorum præparata est prærogatio, aut peccatorum justa punitio. Nunquam igitur Deus ad hoc hominem potuit prædestinare, quod ipse disposuerat, et præcepto prohibere, et misericordia diluere, et justitia punire. Iniquos itaque, quos præscivit Deus hanc vitam in peccato terminaturos, prædestinavit supplicio interminabili puniendos: in quos sicut culpanda non est præscientia humanæ iniquitatis, ita prædestinatio justissimæ laudanda est ultionis, ut agnosceretur non ab eo prædestinatum hominem ad quodcunque peccatum, quem prædestinavit peccati merito puniendum (*cap.* 24). Deus itaque omnia hominum opera, sive bona sive mala præscivit, quia eum latere nihil potuit, sed sola bona prædestinavit, quæ se in illis gratiæ facturum esse præscivit: mala vero futura opera illorum quos non prædestinavit ad regnum, sed ad interitum præscivit potentissima deitate, et ordinavit provida bonitate: et quia præscius fuit, quod eadem mala non solum ipse facturus non esset, sed nec homo in quantum ei humiliter adhæsisset, in eo nobis insuperabilem potentiam præscientiæ suæ magis ostendit, quia nec in malis prædestinationem justitiæ suæ vacare permisit. Ostensurus itaque Deus quid reddendum præsciverit, quid donandum, prædestinavit illos ad supplicium, quos a se præscivit malæ voluntatis vitio discessuros, et prædestinavit ad regnum, quos ad se præscivit misericordiæ prævenientis auxilio redituros, et in se misericordiæ subsequentis auxilio esse mansuros. In istis misericordiam custodiens, in illis justitiam tenens: istis quod promisit pie tribuens, illis nihilominus quod prædixit juste retribuens. Sic autem Deus non omnia promisit quæ prædixit, quamvis prædixerit omnia quæ promisit: sicut non omnia prædestinavit quæ præscivit, quamvis omnia prædestinata præsciverit. Præscivit enim hominum voluntates bonas et malas: prædestinavit autem non malas, sed bonas solas. Et licet in ejus prædestinatione non fuerit, ut malitiam voluntati humanæ dedisset, fuit tamen in ejus prædestinatione, quid humanæ voluntatis malitiæ reddidisset: propter hoc quia, sicut Psalmista testatur, « Misericors est Dominus et justus (*Psal.* CXIV, 5), » prædestinavit justos ad gloriam, iniquos ad pœnam. Justificandis ergo atque glorificandis prædestinatum misericordiæ suæ opus prædixit pariter, et promisit. Iniquis autem prædestinatum justitiæ suæ opus prædixit tantummodo, non promisit.] Item in eodem (*cap.* 26): [In sanctis igitur perfecturus est Dominus, quod ut essent boni, gratis dedit. Quod autem daturus se præscivit, in æterna bonitatis dispositione prædestinavit. Ipsa est enim prædestinatio Dei, sempiterna scilicet dispositio futuri operis Dei. Porro autem in iniquis puniturus est, quod ut essent mali non dedit, nec eos ad iniquitatem aliquam prædestinavit, quia ut inique vellent, hoc eis daturus ipse non fuit. Et quia malæ voluntatis perseverans iniquitas inulta remanere non debuit, tales ad interitum prædestinavit, quia talibus justæ punitionis supplicium præparavit. Quod utique manifesto Dominus ipse sermone perdocuit, in eo quod a se ostendit paratum non solum regnum ubi lætentur boni, sed et ignem æternum ubi crucientur mali. Bonis etenim dicturus est: « Venite, benedicti Patris mei, percipite regnum quod vobis paratum est a constitutione mundi (*Matth.* xxv, 34). » Malis autem dicturus est: « Ite, maledicti, in ignem æternum, qui paratus est diabolo et angelis ejus (*Ibid.*, 41). » Ecce ad quod Deus iniquos et impios prædestinavit, id est ad supplicium justum, non aliquod opus injustum; ad pœnam, non ad culpam; ad punitionem, non ad transgressionem; ad interitum, quem ita justi judicis peccantibus reddidit, non ad interitum, quo in se iram Dei peccantium iniquitas provocavit. Quod beati Apostoli prædicatio manifestat, qui malos, quos in æternum damnaturus est Deus, « vasa » vocat « iræ, » non culpæ. Ait enim: « Quod si volens Deus ostendere iram, et notam facere potentiam suam, sustinuit in multa patientia vasa iræ aptata in interitum ut ostenderet divitias gloriæ suæ in vasa misericordiæ, quæ præparavit in gloriam (*Rom.* ix, 22, 23). »

In hac extrema sententia notandum quod de Evangelio sumens testimonium, ait prædestinatos malos in ignem æternum, eo quod dicturus est Dominus in judicio, non solum bonis ut percipiant regnum sibi paratum a constitutione mundi, verum quod malis dicturus est: « Ite, maledicti, in ignem æternum, qui paratus est diabolo et angelis ejus. » Ex hoc enim approbat quod iniquos et impios Dominus prædestinaverit ad supplicium, eo quod illis dicturus est: « Ite in ignem æternum. » Unde qui[1] volunt dicere quod pœna prædestinata sit injustis, non injusti prædestinati sunt ad pœnam, viderint qualiter hujus auctoris dicta intelligant, cui enim paratur pœna, is nimirum præparatur ad pœnam. Item in eodem (*cap.* 26): [Vasis vero iræ nunquam Deus redderet interitum, si non spontaneum inveniretur homo habere peccatum: quia nec Deus peccanti homini juste inferret iram, si homo ex prædestinatione Dei cecidisset in culpam: sed quia causam iniquitatis suæ ex propria homo habuit voluntate, propterea beatus Paulus « sustinuisse » asserit Deum « in multa patientia vasa iræ aptata in interitum (*Rom.* ix, 21). » Hæc igitur ira ideo talibus vasis interitum reddidit, quia in eis meritum voluntariæ iniquitatis invenit. Quomodo autem peccati servo iram justus Dominus intulisset, si servus ex prædestinatione Domini peccasset? In hoc itaque ista vasa Deus aptavit, in quo prædestinavit, hoc est in interitum: illum utique interitum quem Paulus malis repente superventurum denuntiat dicens: « Cum enim dixerint, Pax et securitas, tunc repentinus eis superveniet interitus (*I Thess.* v, 3). » Quod si Deus tales in peccatum prædestinaret, non eos Apostolus « vasa iræ » mallet nominare, sed culpæ, nec in interitum talia vasa, sed in peccatum dicerentur aptata. Nunc autem ideo « vasa iræ » dicuntur, ut ostendatur in talibus ex Dei prædestinatione hoc non esse quod est male ab eis admissum, sed quod et talibus bene redditum (*cap.* 27). Bene quippe malis interitus a Deo redditur, quamvis sit malus interitus eis qui nunc juste deseruntur et postmodum juste torquebuntur. In talibus enim judicium suum Deus desertione inchoat, cruciatione consummat, nam et hoc tempore, quo discedentes malos deserit, Deus non operatur in eis quod ei displicet, sed operatur per eos quod ei placet, postmodum eis redditurus quod ab ejus justitia merentur. Recipient enim, non pro eo quod Deus bene usus est eorum operibus malis, sed pro eo quod ipsi male abusi sunt Dei operibus bonis. Tales itaque Deus aptavit in interitum punitionis, quem peccatori justus judex prædestinatione justa decrevit, non in peccatum, quod homo non ex prædestinatione divina sed ex voluntate sua male concupiscendo cœpit et male operando perfecit. « Concupiscentia » enim « concipiens peperit peccatum, peccatum vero consummatum generat [*al.*, generat] mortem (*Jac.* i, 15). » Non ergo iniqui prædestinati sunt ad mortem animæ primam, sed prædestinati sunt ad secundam, id est « in stagnum ignis et sulphuris, » de quo beatus Joannes dicit: « Et diabolus qui seducebat eos missus est in stagnum ignis et sulphuris (*Apoc.* xx, 9). » Et alio loco: « Et mors et infernus missi sunt in stagnum ignis (*Ibid.*, 14). » Hæc mors secunda est « stagnum ignis, » et qui non est inventus in libro vitæ scriptus, « missus est in stagnum ignis. » Rursus dicit: « Dubiis autem et infidelibus, contaminatis, et homicidis, et impudicis, et veneficis et idolis servientibus, et omnibus mendacibus, pars eorum in stagno ardenti et sulphure, quod est mors secunda (*Apoc.* xxi, 8). » Illam secundam nuncupat mortem quæ sequitur ex sententia judicis, non illam quæ præcessit in mala concupiscentia peccatoris.]

Per omnia doctor iste iniquos præordinatos esse ad pœnalem vitam iniquitatibus suis dogmatizat: ad peccatum vero non esse præordinatos, quoniam iniquitas Deo non placet, nec eorum est prædestinator, quorum non est auctor. Sed cum sciret hominem peccaturum, et in peccatis permansurum, prædestinavit eum ad pœnas quas juste esset passurus, nec hæc prædestinatio compulit eum ad peccatum, aut certe ex necessitate ad pœnas: quoniam, sicut ipse testatur, « qui omnia novit, » novit etiam et singulorum facta, novit et fines singulorum, et ex eo quod in eis vidit et cognovit, ex eo etiam et prædestinavit quid de singulis esset acturus. Sicut enim præscientia ejus neminem compellit ad peccatum, cum utique præscierit singulorum ante sæcula æterna peccata, ita quoque et prædestinatio ejus neminem compellit ad pœnam, licet et antequam nascatur aliquis, prædestinatus sit, si permansurus est in iniquitate, ad pœnam. Ex eo enim quod præscivit singulos quid essent acturi, ex eo et prædestinavit æternitate consilii sui quid esset de singulis facturus. Item Cassiodorus in expositione psalmi cviii, cum

[1] De Hincmaro et similibus.

tractaret versiculum eum qui dicit: « Fiant nati ejus in interitum, in generatione una deleatur nomen ejus, » hæc subjungit: [Eosdemque natos dicis, quos superius pupillos ait, et quoniam solent aliqui peccato unius generis propagare longinquum, ipsam quoque spem illis prosperitatis abscidit, ne quo se boni pessimæ mentes consolarentur; sive magis una generatio illa dicenda est, quando nascimur in peccatis, et ideo petit ut ad secundam, id est ad regenerationem, non perveniant qui tamen in prædestinatione repulsi sunt, ut in prima peccatorum suorum fæce dispereant, ne secundæ nativitatis beneficio laqueum mortis evadant.] Sed hæc et illis similia dicuntur de illis qui in Domini judicatione damnandi sunt, et hic per prædestinationem repulsos dixit, quos in æternam damnationem in judicio mittendos pronuntiat. Vidit enim malos perseveraturos Deus in malo, et ideo apud æternam præscientiam suam talibus prædestinavit pœnam. Non ideo tamen compelluntur ad pœnam quia non ex eo quod prædestinati sunt judicantur, sed ex eo quod peccatores præsciti sunt, ad pœnas prædestinati cognoscuntur. Sicut enim nemo potest imputare Deo quod peccat, ita quoque quod pro peccatis puniendus sit. Peccat enim propria voluntate delinquens, puniendus autem est justo judicio judicantis. Et sicut peccati causa non ex Dei præscientia descendit, quia nullus idcirco peccat quia Deus eum peccaturum præscierit, sed idcirco quia magis propriæ concupiscentiæ obedit quam præcepto prohibentis Dei a peccato, ita quoque nullus idcirco ad pœnam vadit, quia hoc in Dei prædestinatione ante fuerat, ex eo enim quod præscitus est in peccatis permansurus, et sine pœnitentiæ fructu vitam præsentem terminaturus, ex eo deputatus est ad pœnam. Et sicut causa peccati concupiscentia est, qua magis obeditur voluntati carnis quam præcepto divino, ita pœnæ deputationis causa est peccati perpetratio, et postea pro peccato nulla digna satisfactio. Hinc sanctus Isidorus Hispalensis episcopus, vitæ meritis et sapientiæ lumine præclarus, catholicorum sequens doctrinam magistrorum, in libro secundo Sententiarum (*cap.* 6) geminam fore prædestinationem tam sensuum quam verborum attestatione docet, dicens: [Gemina est prædestinatio, sive electorum ad requiem, sive reproborum ad mortem. Utraque divino agitur judicio, ut semper electos superna et interiora sequi faciat, semperque reprobos, ut infima et exteriora delectent, deserendo permittat. Sicut ignorat homo terminum lucis et tenebrarum, vel utriusque rei quis finis sit, ita plenius nescit quis ante suum finem luce justitiæ præveniatur, vel quis peccatorum tenebris usque in suum terminum obscuretur, aut quis post lapsum tenebrarum conversus resurgat ad lucem. Cuncta hæc Deo patent, hominem vero latent. Quamvis justorum conversatio in hac vita probabilis sit, incertum tamen hominibus esse, ad quem sint finem prædestinati, sed omnia reservari futuro examini. Mira dispositio est supernæ distributionis, per quam hic justus amplius justificatur, impius amplius sordidatur. Malus ad bonum aliquando convertitur, bonus ad malum aliquando reflectitur; vult quis esse bonus et non valet, vult alter esse malus, et non permittitur interire; datur ei qui vult, esse bonus; alius nec vult, nec datur ei, ut sit bonus. Iste nascitur in errore et moritur; ille in bono quo cœpit usque in finem perdurat. Tandiu iste stat quousque cadat; ille male diu vivendo in fine salvatur, respectusque convertitur; vult prodesse in bono justus nec prævalet, vult nocere malus et valet. Iste vult Deo vacare, et sæculo impeditur; ille in negotiis implicari cupit nec perficit. Dominatur malus bono, bonus damnatur pro impio, impius honoratur pro justo, et in hac tanta obscuritate non valet homo divinam perscrutari dispositionem et occultum prædestinationis perpendere ordinem.]

Quibus verbis non solum quod sit electorum numerus præmio coronandus, et reproborum multitudo pœna in judicio ferienda, divinæ prædestinationis ordine dispositum fore clarissime demonstrat, verum utriusque ordinis, id est tam electorum quam reproborum, vita quo cursu quove tramite volubilis mundi tempora pertranseat, sicut superni moderaminis legem non egreditur, ita cœlestis dispositione secreti docet esse prædestinatum. Utrorumque de fine videlicet electorum seu reproborum, loquens ait: [Gemina est prædestinatio, sive electorum ad requiem, sive reproborum ad mortem.] Hæc autem prædestinatio quemadmodum in singulis operetur sequenti sententia monstrat: [Utraque, inquiens, divino agitur judicio, ut semper electos superna et interiora sequi faciat, semper reprobos, ut infirma et exteriora delectent, deserendo permittit.] Docet enim quod prædestinationis ordo cœlestis discrimine judicii libratur, et electos divini amoris flamma, succendens, interiora, id est spiritalia et superna, id est cœlestia, concupiscere semper faciat et sequi; at reprobos justo quidem judicio, mortalibus tamen occulto, dum desiderio supernæ patriæ non irradiat, atque eos invisibilis boni amore extorres derelinquit, non interiora, sed exteriora, non superna, sed infima, hoc est non spiritalia sed corporalia, non cœlestia sed terrena bona diligere se quique permittit. Non enim veritatis quisquam bonum, vel amare potest, vel assequi, nisi veritatis luce commonitus, ipsa protestante veritate: « Nemo venit ad me, nisi Pater attraxerit eum (*Joan.* VI, 44), » et alibi: « Nemo novit Patrem nisi Filius, et cui voluerit Filius revelare (*Matth.* XI, 27), » attrahi autem ad Christum quid est nisi ut in eum credatur et credendo sequatur? Sic quoque per Filium revelari Patrem non est aliud nisi fidei oculis Patrem videre, et dilectionis obsequio venerari, quem vero Pater trahat ad Christum, et cui Filius revelet Patrem, non humano, verum divino censetur judicio. Et in hac quidem mortalitate nulli cognitum quis ita trahatur ad Christum, vel cui sic Filius revelet Patrem, ut sit de numero electorum. Hinc beatus Isidorus prosequitur, dicens

[Sicut ignorat homo terminum lucis et tenebrarum, vel utriusque rei quis finis sit: ita plenius nescit quis ante suum finem luce justitiæ præveniatur, vel quis peccatorum tenebris usque in suum terminum obscuretur, aut quis post lapsum tenebrarum, conversus resurgat ad lucem.] Terminum lucis et tenebrarum ignorat homo, quoniam nescit in quo justitiæ lux usque ad terminum vitæ, quasi usque ad finem diei perseverabit, neque cognovit in quo iniquitatis tenebræ tanquam noctis umbræ perpetuo debeant permanere. Quis enim sit de numero electorum, aut quis habeatur de sorte reproborum Deo quidem manifestum habetur, humanæ vero scientiæ penitus est absconsum. Quod hujus auctoris sententia declarat cum ait: [Cuncta hæc Deo patent, hominem vero latent.] Deinde quoque inculcans divinæ prædestinationis secretum infert: [Quamvis justorum conversatio in hac vita probabilis sit, incertum est tamen hominibus ad quem finem sint prædestinati, sed omnia reservari futuro examini.] Si quidem quanquam probabilis vitæ cursu videantur justi contendere, quid tamen divino dispositionis secreto eorum de fine decernatur, illius solummodo sapientiæ manifestum est, cujus amplitudinem scientiæ nihil potest latere. At vero mortalitatis hujus hominem tenebras patientem tantæ profunditatis abyssus nequaquam illustrat, verum densissimæ noctis caligine involvuntur omnia, donec venturi lumen judicii singulorum facta quo fine sudaverint innotescat. Tuncque sanctorum vita quæ probabili cursu hujus in mundi volubilitate videtur dirigere, manifestabitur utrum quod egisse videbatur bonum, amore sæculi an amore cœlestis patriæ peregerit: divinæ tamen dicit prædestinationis examine dispositum, quem sint singuli finem sortituri, hoc est qui cœlestis patriæ beatitudinem percepturi, quique perennis miseriæ calamitatem subituri sint. Unde secundo in loco geminæ prædestinationis intimat secretum dum dicit: [Sanctos quamvis in hac vita probabiliter conversentur, incertum tamen esse ad quem sint finem prædestinati.] Dicendo namque incertum esse ad quem sint finem prædestinati, ostendit non omnes homines ad unum consummationis contendere finem: verum alios sui laboris finem æternæ præmium remunerationis assecuturos, alios vero perpetuæ damnationis tormenta adepturos: qui vero illum, quive ad istum pertineant finem, in hac mortalitatis caligine nulla veritatis manifestatione comprehenditur, supernæ tamen dispensationis examine, prædestinatum fore doctor iste testatur. Cujus sententiæ Dominus ad Job loquens consentire videtur dicens: « Dic mihi si nosti omnia: per quam viam spargitur lux, et tenebrarum quis locus sit, ut ducas unumquodque ad terminos suos (*Job* XXXVIII, 17-20). » Lucis nomine sanctorum vitam, tenebrarum vero nuncupatione reproborum designat, quia videlicet Deo, cui manifesta sunt omnia, certissime claret quos lux supernæ usque in vitæ terminum illustrabit, et quos infidelitatis tenebræ ante mortis exitum non relinquent. Bene autem ait, « per quam viam spargitur lux et tenebrarum quis locus sit. » Lux enim divinæ visitationis non uno, verum multiplici modo electorum corda perfundit, alios isto alios illo clarificans munere, atque istos ab utero matris, illos a pueritiæ tempore, hos autem a juventutis fervore, nonnullos vero in senectutis processu de peccatorum tenebris ad lucem justitiæ convertit. Igitur quoniam diverso gratiarum munere supernus Judex electos magnificat, diversisque ætatis temporibus ad veritatis viam evocat, merito dicitur, « per quam viam spargitur lux, » id est, lux cœlestis gratiæ mentes electorum illuminans qua via, id est quo supernæ dispositionis ordine dispertiatur, non humanæ mentis infirmitas comprehendit, sed cœlestis judicii secreta noverunt. Similiter quoque « quis locus sit tenebrarum, » id est, in quorum cordibus vel incredulitatis umbræ vel actionis perversæ debeant usque in finem tenebræ perseverare, humanæ quidem scientiæ non patet, divinæ vero sapientiæ notum est. Hinc etiam infertur: « ut ducas unumquodque ad terminos suos. » Ad terminos suos unumquodque ducitur, quando qui finis meritorum gratia suorum singulos maneat unicuique confertur, ut istum pro bene gestorum certamine studiorum gloria condecoret, illum vero pro male factorum intentione laborum pœna coerceat, quatenus illum sui cursus finem accipiat, quem certaminis sui proposito petebat, ut videlicet qui pro laboris sui studio cœlestis patriæ quæsivit retributionem, accipiat in munere quod expetivit certamine: qui vero terrena pro cœlestibus, caduca pro manentibus appetivit, non æternæ beatitudinis præmium, quod non concupivit, verum sempiternæ damnationis pœnam inveniet, pro qua laboravit, quoniam quamvis invitus ad eam perveniat, nec licet male operans pœnas in fine, sed gloriam concupiscat, quando tamen æternæ præmia vitæ non est accepturus, pro qua non laboravit, pœnas capiat damnationis æternas: quisquis enim sempiterni boni fiet expers, perpetui compos mali efficitur. Qui sint autem, vel hæc vel illa percepturi ille tantum novit, « qui ducit unumquodque ad terminos suos. » Solus etenim singulorum terminos novit, qui cordis intentionem uniuscujusque cognovit, atque quo sit in proposito mentis perseveraturus non ignorat. Isque « unumquemque ad terminos suos perducit » quia illum singulis retributionis daturus est terminum, ad quem mentis intentio suam direxit actionem. Sic ergo verum esse convincitur, quod sanctus Isidorus dicit quia: [Quamvis justorum conversatio in hac vita probabilis sit, incertum tamen hominibus esse ad quem sint finem prædestinati, sed omnia reservari futuro examini.] Hinc etiam subjungens, ait: [Mira dispositio est supernæ distributionis, per quam hic justus amplius justificatur, impius amplius sordidatur,] et quæ sequuntur. Superius de fine singulorum superna prædestinatione disposito disputavit, nunc jam docere incipit, quod tamen electorum quam reproborum vita divinæ dispositionis ordine dirigitur in hujus curriculo temporis. Et quemadmodum singulorum actiones in hac vita Conditor disponat sempiterno providentiæ suæ consilio, prædestinatum habet. Etsi enim actiones humanæ novæ sunt quia temporales, divinæ tamen dispositionis consilium non est novum, quia æternum. Ait autem: [Mira est itaque dispositio supernæ distributionis, per quam hic justus amplius justificatur, et impius amplius sordidatur.] Unde scribitur in Apocalypsi: « Justus justificetur adhuc: et qui in sordibus est, sordescat adhuc (*Apoc.* XXII, 11). » Malus ad bonum aliquando convertitur, bonus ad malum aliquando reflectitur. Et Apostolus: « Ergo cujus vult Deus miseretur, et quem vult indurat (*Rom.* IX, 18). » [Vult quis esse bonus, et non valet: vult alter esse malus, et non permittitur interire.] Et Scriptura sancta dicit: « Considera opera Domini, quia nemo potest corrigere quem ille despexerit (*Eccle.* VII, 14). » [Datur ei qui vult esse bonus, alius nec vult, nec ei datur ut sit bonus.] Apostolus quoque: « An non habet potestatem figulus luti ex eadem massa facere aliud quidem vas in honorem, aliud vero in contumeliam (*Rom.* IX, 21). » [Iste nascitur in errore et moritur, ille in bono quo cœpit usque in finem perdurat.] Et de Sapientia psallitur: « Quæ aperis, et nemo aperit (*Apoc.* III, 7). » [Tandiu stat iste quousque cadat, ille diu male vivendo in fine salvatur respectusque convertitur.] Et Dominus per Moysen: « Ego occidam et vivificabo, percutiam et ego salvabo, et non est qui de manu mea possit eruere (*Deut.* XXXII, 39). » [Vult prodesse justus in bono, nec prævalet: vult nocere malus et valet: iste vult Deo vacare et sæculo impeditur, ille negotiis implicari cupit, nec perficit. Dominatur malus bono, bonus damnatur pro impio, impius honoratur pro justo.] Ecclesiastes quoque: « Est malum, quod vidi sub sole quasi per errorem egrediens a facie principis: positum stultum in dignitate sublimi, et divites sedere deorsum, vidi servos in equis, et principes ambulantes quasi servos super terram (*Eccle.* X, 5-7). » Item: « Vidi sub sole in loco judicii impietatem, et in loco justitiæ iniquitatem (*Eccle.* III, 16). » Annæ quoque prophetia: « Dominus mortificat et vivificat, deducit ad inferos et reducit. Dominus pauperem facit et ditat, humiliat et sublimat (*I Reg.* II, 6). » Cumque hæc omnia divino fieri judicio nemo catholicorum dubitare debeat, causa cur ita gerantur soli Deo nota est, quæ tamen non potest esse nisi justa, est enim ab illo, cujus dispositio non potest esse injusta. Et quoniam humana nequit scientia comprehendi, merito sic hujus sententiæ finem beatus Isidorus terminat dicens: [Et in hac tanta obscuritate non valet homo divinam perscrutari dispositionem, et occultum prædestinationis perpendere ordinem.] Ecce præfatus doctor manifeste nos docuit fines tam electorum quam reproborum prædestinatos a Deo, et non solum fines, verum etiam quis in bono quod cœpit usque in finem perseveret, quisque malum quod cœpit, usque in vitæ terminum non relinquat, vel quis quove tempore de malo ad bonum convertatur, seu quis quandoque de bono ad malum reflectatur, divinæ dicit prædestinationis ordine disponi. Nec solum ista, verum etiam cursum vitæ humanæ divinæ legis moderatione testatur contineri: cujus quoque dictis sacrarum paginas Scripturarum cernimus attestari. Quæ cum ita sint, negare geminam fore prædestinationem nescio qua fronte possimus. Quod si quis auctoris hujus sententiam repudiat, videat quemadmodum Scripturæ sanctæ contradicat, cujus testimonia condemnare hujus doctoris sensibus omnino cognoscimus. Nisi forte dicat aliquis a Deo mundum non regi. Quod quia catholicorum nemo negare præsumit, claret quia divina dispositione non solum præsentia, verum etiam præterita reguntur, et futura. Quod cum ita sit, nullus fidelium dubitat in Deo nihil mutabile, nihilque variabile fieri: quod cum certissime credatur, sequitur, ut nec novum consilium nec novam dispositionem, nec novum apud Deum ordinem esse sentiamus. Quare sequitur, ut universa, quæ per varia temporum curricula judicat Deus, aut disponit aut ordinat in creatura sua, semper in æternitate consilii sui, sic judicata, disposita, ordinata fuerint, quemadmodum in temporibus ab ipso judicantur, disponuntur, ordinantur. Finis autem tam malorum quam bonorum, ad divinam respicit dispositionem: humanæ quoque cursus vitæ divinæ dispositionis judicium nequaquam fugit: utraque igitur sempiterni dispositione consilii prædestinata sunt. Cumque non idem, verum distinctus sit finis electorum, seu reproborum, quemadmodum etiam vitæ cursus eorum, sequitur, ut divinæ prædestinationis ordo, quo finis bonorum malorumque dirimitur, non idem sit, sed diversus. Quemadmodum doctoris istius sententia docemur dicentis: Gemina est prædestinatio, etc. Satis igitur doctorum auctoritate catholicorum instructi sumus geminam esse prædestinationem. Verum ne ista fortassis alicui minus sufficiant, addamus etiam aliquid ex libris istius ipsius auctoris, quos nosse cupientibus satisfiat, et acquiescere nolentes testimoniorum copia superentur. In libro itaque Differentiarum, dum Divinæ gratiæ infusionem ab humani distinguere arbitrii libertate, sic ait (Isidor., lib. II, diff. XXXII, 115-119, 122):

[Inter gratiæ divinæ infusionem, et humani arbitrii voluntatem hoc interest: arbitrium est voluntas liberæ potestatis, quæ per se sponte vel bona vel mala appetere potest. Gratia autem est divinæ misericordiæ gratuitum donum, per quod et bonæ voluntatis initium, et operis promeremur effectum. Divina quippe gratia prævenitur homo ut bonus sit, nec humanum arbitrium Dei gratiam antecedit, sed ipsa gratia Dei nolentem hominem prævenit, ut etiam bene velit. Nam pondere carnis homo sic agitur, ut sit ad peccatum facilis, ad pœnitendum tardus. Habet de se unde corruat, et non habet unde surgat, nisi gratia Conditoris, ut erigatur, manum jacenti extendat. Denique homini per Dei gratiam liberum restauratur arbitrium, quod primus homo perdiderat: nam ille habuit inchoandi boni liberum arbitrium, quod tamen Dei adjutorio perficeretur. Nos vero et inchoationem liberi arbitrii, et perfectionem de Dei sumimus gratia, quia et incipere et perficere bonum de ipso habemus, a quo et gratiæ donum datum, et liberum arbitrium in nobis est restauratum. Dei ergo est bonum quod agimus, propter gratiam prævenientem et subsequentem: nostrum vero, propter obsequentem liberi arbitrii voluntatem. Nam si Dei non est, cur illi gratias agimus? Et si nostrum non est, cur retributionem bonorum operum exspectamus? Proinde ergo in eo quod gratia Dei prævenimur, Dei est: in eo vero quod ad bene operandum prævenientem gratiam sequimur, nostrum est. Nemo autem Domini gratiam meritis antecedit, ut tenere eum quasi debitorem possit: sed miro modo æquus omnibus Conditor, alios prædestinando præelegit, alios vero in suis pravis moribus justo judicio dereliquit. Unde verissimum est gratiæ munus non ex humana virtute, vel ex merito arbitrii consequi, sed sola divinæ pietatis bonitate largiri. Quidam enim gratissimæ misericordiæ ejus prævenientis dono salvantur, effecti « vasa misericordiæ, » quidam vero reprobati, ad pœnamque prædestinati damnantur, effecti « vasa iræ. » Quod exemplo de « Esau et Jacob » necdum natis colligitur, qui dum essent uno conceptione vel partu editi, parique nexu originalis peccati astricti, alterum tamen eorum ad se misericordiæ divinæ præveniens bonitas gratuita gratia traxit, alterum quadam justitiæ severitate odio habitum in massa perditionis relictum damnavit. Sicut et per prophetam idem Dominus loquitur dicens: « Jacob dilexi, Esau autem odio habui (*Mal.* I, *Rom.* IX). » Unde consequens est nullis præcedentibus meritis conferri gratiam, sed sola vocatione divina? Neque quemquam salvari sive damnari, eligi vel reprobari, nisi ex proposito prædestinantis Dei, qui justus est in reprobatis, misericors in electis. « Universæ viæ Domini misericordia et veritas (*Psal.* XXIV, 10). » Omne autem donum gratiæ non omnibus ad integrum datur, sed singulis dona singula dividuntur scilicet, ut quasi corporis membra singula officia habeant, et alter indulgeat alteri [*al.*, indigeat altero], quod non habet alter. Proinde omnium fiant communia dum fiunt sibimet membra invicem necessaria.] Totius capituli textum ponere libuit, ne quis nobis calumniam intorqueret, si partem excerpere, partem vero voluissemus omittere, tanquam corrumpentibus auctorum sententias, et ad nostræ seriem adinventionis detorquentibus. Cujus quoque calumniæ denotationem vitare volentes supra positorum sententias auctorum, Augustini videlicet et reliquorum longiori circulo, ac pene superfluo adnotare maluimus, deligentes potius superflui de loquacitate videri, quam reprehensionis crimen de sententiarum violatione contrahere. Si quis tamen hujus sententiæ voluerit diligentius verba sensumque perpendere, fortassis ad præsentis causam negotii nihil in ea superfluum nos posuisse judicabit. Commendatur enim in ea quid humano arbitrio, quid divinæ gratiæ debeamus assignare, quodque ejusdem gratiæ donum non hominis merito, verum superni muneris benignitate conferatur, cuique largiatur, cuique negetur, divini moderaminis sit æquitate dispositum. Sic ergo commendans causam, qua vel electi justificantur, vel reprobi deseruntur, prædestinationis ordinem docet esse diversum, non simplicem; ut autem quæ diximus manifestata fiant, totius textu capitulum breviter expendamus.

[Inter gratiæ, inquit, divinæ infusionem, et humanam arbitrii voluntatem hoc interest. Arbitrium est voluntas liberæ potestatis, quæ per se sponte, vel bona vel mala appetere potest: gratia autem est divinæ misericordiæ gratuitum donum, per quod et bonæ voluntatis initium et operis promeremur effectum.] Hæc dicens insinuat, quod liberi sit arbitrii, ut propriæ voluntatis intentionem, vel ad bona eligenda, vel ad mala reprobanda dirigat; ut autem vel bonæ voluntatis exordium, vel rectæ operationis obtineat effectum, non suis viribus, verum cœlestis gratiæ dono consequatur. Nam quod bonæ voluntatis inchoationem habere nequeamus, nisi superni gratia largitoris, Apostolus testis est, qui ait: « Quid habes quod non accepisti? » (*I Cor.* IV, 7.) Si ergo nihil habemus nisi quod superno concessum munere nobis fuerit, nec bonæ voluntatis quantulumcunque valemus adipisci arbitrii viribus humani, si non divini muneris de fonte nobis emanaverit: quod autem aliquid boni sine divina gratia nequeamus efficere, ipsius ore Veritatis instruimur ita loquentis: « Sine me nihil potestis facere (*Joan.* XV, 5). » Jam vero, quod divina gratia prævenimur, et ad bene volendum, et ad recte agendum sequenti beatus Isidorus lectione testatur dicens: [Divina quippe gratia prævenitur homo, ut bonus sit, nec humanum arbitrium Dei gratiam antecedit, sed ipsa gratia Dei nolentem hominem prævenit, ut etiam bene velit.] Cum enim malus esset, arbitrii sui voluntatem ad malum committendo divina clementia cum gratia respexit, et voluntatis bonæ principium inspirando, desiderium malitiæ ad bonitatis amorem convertit, ut qui malus fuerat diligendo, agendoque malum, bonus fieret amando gerendoque bonum. Hanc præventionis gratiam commendans Scriptura dicit: « Quis prior dedit ei, et tribuetur illi? quoniam ex ipso, et per ipsum, et in ipso sunt omnia (*Rom.* XI, 35, 36). » Annectitur autem causa, quæ vires hominis ad bene agendum efficit imbecilles, nisi divini muneris fuerit auxilio roboratus, dicit itaque: [Nam pondere carnis homo sic agitur, ut sit ad peccandum facilis, ad pœnitendum tardus. Habet de se unde corruat, et non habet unde surgat, nisi gratia Conditoris, ut erigatur, manum jacenti porrigat.] Pondus itaque carnis quid est, nisi corruptela peccati? Hanc itaque corruptelam incidit, quando post ligni vetiti gustum aperti sunt ei oculi, et nuditatis suæ squalorem

A aspexit, apertio denique illa oculorum, concupiscentia carnalium exstitit passionum, et inde se nudum obstupuit, quo se virtutum veste spoliatum erubuit: nec jam in calore superni amoris consistens, verum ad carnalis concupiscentiæ desiderium corruens, divinæ visitationis alloquium ad auram audit post meridiem. Hoc itaque pondere peccati, videlicet concupiscentiæ carnalium passionum, agitur homo, ut sit ad peccandum facilis, ad pœnitendum autem tardus: quia ex quo cordis oculos ad delectationem peccati aperuit, ex eo clausos ad amorem justitiæ tenuit, et postquam virtutis vestem amisit, infirmitatis nuditatem accepit. Qua de re cum per cordis cæcitatem nequit bonum conspicere, per infirmitatis autem debilitatem, quæ recta sunt non valet operari, B constat profecto juxta sancti hujus sententiam: Quod mortalitas nostra habet de se unde corruat, et non habet unde surgat. Et bene de se quod infirmitatis est homo habere dicitur: quoniam et cæcitatis damnum, et infirmitatis penuriam de se suscepit, quando superni luminis præsidium, quo sapientiæ lumen, et salutis virtutem consequebatur, per inobedientiam superbus amisit: neque suis viribus adipisci jam valet, quod culpæ suæ meritis perdidit, nisi gratia, Conditoris misericordiæ suæ manu, et cordis cæcitatem removeat, et virtutis incolumitatem tribuat, quatenus ei justitiæ lumen refulgeat, et ei quam cernit justitiæ per virtutis gressum inhærere possit. Quod autem protoplasto liberi vires arbitrii C successerint ante transgressionis ruinam insinuat, cum subjungit: [Denique homini per Dei gratiam liberum restauratur arbitrium, quod primus homo perdiderat. Nam ille habuit boni inchoandi liberum arbitrium, quod tamen Dei adjutorio perficeretur: nos vero et inchoationem liberi arbitrii, et perfectionem de Dei summimus gratia, quia et incipere et perficere bonum de ipso habemus, a quo et gratiæ donum datum, et liberum arbitrium in nobis est restauratum.] Docemur itaque ante divinæ gratiæ perceptionem longe nos jacere infra primi hominis conditionem. Ille denique talis conditus fuerat, ut liberi arbitrii potestate justitiæ bonum, et velle posset, et operari, nos vero caremus utroque: nec enim vel velle, vel facere bonum adjacet nobis, D nisi divini muneris largitate fuerit præstitum. Manemus itaque in ejusdem sorte conditionis, in quam lapsus ille decidit post transgressionem: ut enim illi priusquam peccasset, et inchoatio, et consummatio boni per liberi facultatem patebat arbitrii, ita post delicti reatum, nec incipere nec perficere bonum illi possibile mansit. Infirmitatis siquidem propriæ culpa premebatur ad lapsum, qui noluit rectitudinis statum servare ante reatum. Nos quoque illius de radice germinis propagati, cum delicti contagio traximus infirmitatis conditionem, ut nec bonum inchoare per voluntatis bonæ possimus desiderium, nec illud exsequi per sanctæ devotionis obsequium. Qua de re ut ad utrumque reddemur idonei liberi vires arbitrii, quas in parente primo perdidimus, divini muneris gratia nobis restituuntur, ut et incipere, et perficere bonum per Dei gratiam jam valeamus, qui prius inefficaces per infirmitatis debilitatem ad ista reddebamur: unde bonum quod agimus nostrum pariter divinique muneris esse subsequenter erudimur. Dicit itaque: [Dei ergo est bonum quod agimus, propter gratiam prævenientem et subsequentem: nostrum autem propter obsequentem liberi arbitrii facultatem [*al.* voluntatem]. Nam si, Dei non est, cur illi gratias agimus? et si nostrum non est, cur retributionem bonorum operum exspectamus?] Claret itaque bonum quod agunt sancti, nec sic divinæ gratiæ deputari, ut liberi arbitrii facultas auferatur, aut sic libero deputandum arbitrio, ut divinæ gratiæ munus abdicemus, quorum alterum humani laboris meritum tollit, alterum autem gratiæ donum denegat: utrumque blasphemum, utrumque catholico dogmati claret esse contrarium. Quapropter ut et divinæ gratiæ munus confiteamur, et humani meriti præmium non negemus, secundum doctoris hujus eruditionem bonum quod gerimus, et Dei esse dicamus, et nostrum: Dei propter gratiam prævenientem et subsequentem: nostrum propter arbitrii libertatem obsequentem. Proinde igitur sicut idem doctor ait: [In eo quod gratia prævenimur Dei est: in eo vero, quod ad bene operandum prævenientem gratiam sequimur, nostrum est: nemo autem Dei gratiam meritis antecedit, ut tenere eum quasi debitorem possit.] Si nemo Domini gratiam antecedit, nec in aliquo bono quisquam opere debitorem eum tenere potest, sequitur ut omne opus bonum et omnis recta voluntas Dei gratia præveniente conferantur homini: quæ si Dei gratia tribuuntur, constat omnes malos esse antequam gratiæ dono corrigantur: si autem omnes sunt mali antequam gratia præveniente de malis boni efficiantur, nullus est bonus, nisi quem gratia fecerit bonum. Et si nullus bonus est, nisi quem bonum gratia præstat, ut aliquis bonus sit, gratia prævenitur: ut autem aliquis non bonus efficiatur, eadem gratia deseritur, quibus autem donum gratiæ tribuat, et quibus abscondat in illius, est judicio, cujus et donum. Unde et sequitur: [Sed miro modo æquus omnibus Conditor, alios prædestinando præelegit, alios vero in suis pravis moribus justo judicio dereliquit.] Hæc est igitur gemina prædestinatio superni judicii librata discrimine, videlicet ut eis gratiæ munus divinitus largiatur, quos æternitatis suæ concilio cœlestis auctor ad hoc disposuit: eis vero muneris hujus donum abscondat, quos dispositio superni judicis in suis relinquere pravitatibus decrevit. Etenim dum unusquisque (sicut superiora testantur) non suo merito, sed divina gratia ad bonum de malo convertitur, ille tantummodo gratia prævenitur, quem cœleste judicium statuit præveniendum. Ille vero hujus extorris gratiæ deseritur, quem supernus arbiter decrevit non præveniendum. Hinc quoque subjungitur: [Unde verissimum est gratiæ munus non ex humana virtute, vel ex merito arbitrii, sed solius divinæ bonitatis pietate largiri.] Etenim cum constet omne genus humanum in radice suæ originis fuisse damnatum, sicut omnes ab uno parente nascimur, sic omnes in uno homine mortis sententia mulctati sumus. Qui vero ab ea liberantur, divinæ pietatis bonitate liberantur; qui autem ab ea non liberantur, in ea qua damnati sunt sententia dimittuntur. Nec habent non liberati quod de damnationis suæ pœna querantur, quoniam hoc eis redditur, quod juste merentur. Habent vero liberati unde gratias ereptori suo solvant, quoniam similis et hos pœna contineret, si divinæ pietatis bonitas eis non subvenisset. Ergo cui gratiæ munus impertiatur, et cui non tribuatur, divinæ dispositionis judicio ponderatur. Quapropter apparet geminæ prædestinationis esse censuram, quoniam alter eorum ordo est, qui per gratiam liberantur, et alter eorum qui sub damnationis suæ sententia deseruntur. Sequitur autem: [Quidam enim gratissimæ misericordiæ ejus prævenientis auxilio salvantur, effecti « vasa misericordiæ; » quidam vero reprobi ad pœnam prædestinati damnantur, effecti « vasa iræ. »] Qui salvantur, gratiæ dono salvantur; qui autem a salute remanent alieni, non fuere de numero ad salutem prædestinatorum. Illi denique divini muneris dignatione sunt facti « vasa misericordiæ, » isti vero sententia justæ damnationis effecti « vasa iræ. » Utrique itaque prædestinati, quia et illi, qui salute digni efficiuntur, ex prædestinationis proposito « vasa misericordiæ » effecti sunt, et isti, qui salute redduntur indigni, similiter ex prædestinationis proposito effecti sunt « vasa iræ. » Siquidem sicut proposuit divina censura, quos gratiæ suæ dono justificaret, sic quoque proposuit quos ab hujus gratiæ munere vacuos relinqueret. Cujus prædestinationis geminum doctor iste commendans propositum, de electorum salute sic intulit: [Quidam enim gratissimo misericordiæ ejus prævenientis auxilio salvantur, effecti « vasa misericordiæ. »] Ecce unius prædestinationis propositum, quod commendans Apostolus ait: « Quos præscivit, hos et prædestinavit (*Rom.* VIII, 29). » At vero de reproborum damnatione doctor Isidorus ita dicit: Quidam vero reprobati ad pœnam prædestinati damnantur, effecti « vasa iræ, » nihilominus aliud ostendens prædestinationis propositum. Doctoris ergo istius institutione cognoscimus manifeste geminam prædestinationem, quam etiam sub exemplo duorum geminorum confirmans subintulit. Quod de Esau et Jacob necdum natis colligitur, qui dum essent una conceptione et partu editi, parique nexu peccati originalis astricti, alterum tamen eorum ad se misericordiæ divinæ præveniens bonitas gratuita gratia traxit, alterum quadam justitiæ severitate odio habitum in massa perditionis relictum damnavit, sic et per prophetam idem Dominus loquitur dicens: « Jacob dilexi, Esau autem odio habui. »] Ostendit itaque doctor catholicus utrumque fratrem pari lege nascendi simili conditione peccati fuisse devinctos, alterum eorum cœlestis gratiæ munere salvatum, alterum vero justitiæ severitate in massa perditionis derelictum; alterum Deo dilectum fuisse, alterum autem a dilectionis gratia procul repulsum. Nec tamen aliquid aut hunc, aut illum egisse, unde vel ille diligi, vel hic odio haberi meruisset. Sed in utroque divinæ dispositionis judicium diversam meritorum sortem exhibuit, ut Jacob videlicet eligeret, Esau vero reprobaret. Quod de duobus geminis divina auctoritate docemur Deum fecisse, hoc quoque de universo generis humani corpore divinam agere dispositionem dubitare nequaquam debemus. Neque enim dispensationis suæ gubernationem, qua mundum regit universum, infra duorum hominum angustias coarctavit. Verum in paucis nos erudire cœlestis prudentia voluit, quid de universis sentire debemus. Unde cœleste oraculum matri in utero habenti, et super eisdem parvulis sciscitanti ait: « Duæ gentes in utero tuo sunt, et duo populi ex utero suo egredientur (*Gen.* XXV, 23), » id est figura sive prophetia duorum populorum: neque enim illi duo populi poterant appellari, sed appellati sunt nomine, quod gerebant mysterio, videlicet dicti [sunt duo populi, quoniam totius humani generis figuram gerebant, in duas sortes tanquam in duos populos distributi, unam videlicet electorum, quæ sub Jacob, alteram reproborum quæ sub Esau specie figurabatur. Qui duo populi duabus quoque civitatibus per sanctarum paginas Scripturarum, Jerusalem videlicet ac Babylon, significatur. Igitur quemadmodum duorum geminorum videmus alterum quidem electionis gratia dilectum, alterum vero severitate justitiæ odio habitum: sic nimirum intelligendum est electionis populum gratia divina salvatum, reproborum autem multitudinem cœlestis justitiæ severitate damnatam, atque in divinæ dispositionis judicio definitum quem gratia salvet, aut quem justitia damnet. Hinc quoque beatus Isidorus infert: [Unde consequens est nullis prævenientibus meritis conferri gratiam, sed sola vocatione divina, neque quemquam salvari sive damnari, nisi ex proposito prædestinantis Dei, qui justus est in reprobatis, misericors in electis: « universæ viæ Domini misericordia, et veritas (*Psal.* XXIV, 10).]» Si enim Jacob justificatur quidem est, nullis tamen præcedentibus meritis, sed sola vocatione divina, consequens est ut omnes electi nullis præcedentibus meritis, sed sola vocatione divina justificentur, ut quod in uno accepimus factum, hoc in universo electorum numero cognoscamus agi. Dumque dicit unumquemque salvari sive reprobari, eligi vel reprobari ex proposito prædestinantis Dei, docet manifeste geminæ prædestinationis arcanum. Neque enim novi conceptione consilii, aut hunc salvat, illum damnat, aut hunc eligit, illum reprobat, verum ita de singulis per temporum momenta decrevit, sicut in æternitatis suæ consilio ante omnia tempora prædestinavit, sicut et de eo Scriptura dicit: « Qui fecit quæ futura sunt (*Isa.* XLV, 11 *sec.* LXX). » id est omnia quæ diversitate labentium temporum a

Domino fiunt, in prædestinatione divinitatis facta semper fuerunt. Habent quidem opera Dei secundum status sui creationem nova principia, verum secundum Creatoris dispositionem nunquam esse cessarunt, ut quanquam in substantiæ suæ specie ex tempore cœpissent existere, nunquam tamen æterna sapientia temporalem sumpserunt inchoationem. Et quia bonorum electio, malorumque reprobatio, in divinæ consistit dispositionis consilio, sicut universa priusquam fiant facta sunt a Deo, sic nimirum et hæc quemadmodum in efficientia per singulos temporaliter exhibentur, apud Dominum semper effecta manserunt. Quis namque ad electionis gratiam ex tempore fuerit assumendus, semper in divinæ sapientiæ dispositione mansit assumptus, quisque vero ab hac salutari gratia reprobus ad damnationis pertinet sortem, semper in divinæ dispositionis judicio reprobus exstitit, ita quisquis æternæ beatitudinis hæreditatem est accepturus, semper eam in divinæ prædestinationis arcano possedit, et quisquis æternarum pœnas flammarum est sortiturus, in cœlestis judicii prædestinatione semper ad eas exstitit deputatus. Et sicut æternitatis consilium nunquam valet infirmari, sic omnis electorum numerus salvabitur, neque eorum aliquis poterit perire. Sic quoque universus reproborum cœtus damnabitur, nec quisquam eorum salutis æternæ particeps efficietur. Hæc est igitur geminæ prædestinationis dispositio, quam beatus Isidorus manifesta satis catholicaque ratione commendat. Nemo tamen dicat idcirco reprobos ad peccatum prædestinatos, quia prædestinati sunt ad pœnas. Ea namque quæ facturus est Deus prædestinavit, non illa quæ puniturus. Facturus quidem est judicium, electis vitam, reprobis vero pœnas est redditurus. Hæc quemadmodum in operis exhibitione facienda sunt, sic jam in æterna dispositione facta sunt, quoniam apud Deum nec novum consilium nec nova dispositio, nec nova ratio potest esse. Nihil enim accidens Deo est. At vero peccati sicut Deus auctor non est, sic quoque nec prædestinator; non enim quod malum est ab illo potest oriri, qui summum bonum exstitit. Peccatum autem malum esse quis ignorat? Non igitur a Deo qui summe bonus est descendit. Unde quod non pertinet ad ejus operationem, non respicit ad illius prædestinationem. Homo autem bonus malusve sit, divini est operis: non quidem quod malus est, bonum enim illum Deus fecit, sed quod omnis creatura opus est Dei. Quapropter bonus sit, malus sit homo, disponitur a Deo. Et quid de singulis vel in præsenti vita, vel in futuro judicio fiat, suæ prædestinationis consilio definitum tenet. Prædestinavit igitur Deus hominem ad illud, quod facturus est de eo, non ad illud, quod puniturus fuerat in eo. Æstimamus quod non paucis ecclesiasticorum doctorum sententiis monstratum sit malos ad pœnam prædestinatos, non tamen ad peccatum. Siquidem ex eo quod præscivit Deus eos peccatores futuros et in suis peccatis perseveraturos, prædestinavit, id est præordinavit, eos ad supplicium, quæ tamen præordinatio, sive prædestinatio, non eos necessitate quadam constringit vel impellit ad peccandum, quamvis necesse sit fieri, quod Deus prædestinavit, nec possit mutari, quod disposuit, nec aliter contingat quam ordinavit. Cum enim omnia novit, et nihil eum possit latere, disponit de omnibus secundum voluntatis suæ consilium justo judicio, quamvis mortalibus absconso. Ut autem unusquisque ad pœnas deputetur sempiternas, non est ex iniquitate judicantis, sed ex justitia decernentis. Tales enim novit eos quos ad pœnas disposuit, ut digni essent, de quibus sic disponeretur: propria enim voluntate deliquerunt, et cognoscentes viam veritatis, noluerunt sequi; elegerunt enim iniquitatem, et hanc secuti sunt, et quia veritatem respuerunt, merito eos debita pœna comprehendit. Quoniam vero non possunt latere Deum omnia comprehendentem, præterita et futura, tanquam præsentia continentem, qui novit opera ipsorum, disposuit et debitum judicium de operibus eorum: non tamen ex eo quod apud se dispositum est, judicat aliquem, sed ex eo, quod unusquisque operatur. Et quamvis in occultis Dei judiciis singulorum vel merita vel pœna maneant, tunc judicatur unusquisque quando vel pro bene gestis accepturus est præmium, vel pro pravis operibus tormentum. Sicut enim Dei præscientia neminem compellit ad peccatum, ita et occulta secretorum ejus (in quibus quæcunque facturus est jam prædestinavit) neminem condemnant, neminem remunerant. Sed unusquisque proprio actu vel remuneratur, vel condemnatur. Et licet hæc supradicta satis doceant doctorum testimonia, nullum ad peccatum prædestinatum, cum tamen constet reprobos ad pœnam prædestinatos, conabimur tamen id manifestius approbare, quamvis supra positi doctores satis manifeste id doceant, qui dicunt Deum ad peccatum neminem prædestinasse. Quandoquidem illa prædestinaverit, quæ sit ipse facturus, id est opera sua in æternitatis consilio disposuerit, de quo scribitur, quod « fecerit ea quæ facturus est (*Isa.* XLV, 11 *sec.* LXX), » id est quæ per intervalla temporum a Deo facienda sunt, in prædestinationis consilio jam facta sunt. At vero peccata quia non sunt a Deo, id est non sunt opus Dei, sed rationalis creaturæ a Deo apostatantis, non sunt in prædestinatione Dei. Damnator est enim eorum, non auctor; quorum autem auctor non est, nec prædestinator est. Porro quoniam electos suos immortalitatis gloria est muneraturus, et reprobos æterna pœna puniturus, hæc prædestinavit, id est præmia quæ donaturus est sanctis et supplicia quæ pro pravis operibus redditurus est impiis. Si quidem pœnæ, quas subituri sunt reprobi, quamvis illis videantur malæ, qui torquentur, bonæ tamen sunt quia justæ, et omne quod justum est bonum est.

Hinc beatus Augustinus in libro Retractationum (*cap.* 9): « Malorum, inquit, pœna, quæ a Deo est, malum est quidem malis, sed in bonis Dei operibus est, quoniam justum est, ut mali puniantur, et utique bonum est omne, quod justum est.] Sunt igitur A supplicia pœnarum quæ mali Deo judicante subeunt opera Dei et propterea prædestinata, non autem peccata inter opera Dei reputanda, ac per hoc nec prædestinata sunt a Deo, nec qui peccant ex prædestinatione peccant, sed propria concupiscentia abstracti et dejecti. Et quidem mali ad pœnas cum sint prædestinati, non tamen prædestinati sunt ad peccatum, supranominatorum doctorum sententiis satis patefactum est. Ut vero clarius hoc enitescat, placet ex hoc adhuc aliquid disputare. Sed quoniam nonnulli fortassis cum audiunt iniquos ad pœnam prædestinatos, arbitrantur quadam necessitate ad eam trahi, nec ab hac necessitate aliquo modo posse mutari, non inconveniens nobis videtur manifestius id patefieri, ut B et prædestinatio malorum ad pœnam doceatur, nec tamen ideo ad eam perveniant quia prædestinati sunt, sed causa perventionis ex culpa sit delinquentis, non ex necessitate prædestinantis. Sicut enim iniqui, quia prædestinati sunt ad pœnam, non idcirco prædestinati sunt ad peccatum: unusquisque enim propria concupiscentia victus trahitur ad peccandum: ita et qui peccant, propterea quia peccatores præsciti sunt, nec pro peccatis pœnitentiam gesserunt, idcirco ad pœnam prædestinati sunt. Quod ex subjectis forsitan, clarius elucescet. Scriptura sacra docente cognovimus, quod is qui nunc perditorum princeps est angelorum a principio in paradiso Dei positus, inter cœlestis militiæ principatus plenus sapientia, et perfectus decore constiterit, C juxta quod propheta de eo loquitur dicens: « Tu signaculum similitudinis plenus sapientia et perfectus decore, in deliciis paradisi Dei fuisti, omnis lapis pretiosus operimentum tuum (*Ezech.* XXVIII, 12). » Nunquid cum in conditionis suæ principio talis in paradiso manebat, qualem propheticus sermo describit, Deus qui omnia novit priusquam fiant, eum propter superbiam ab hac beatitudine casurum nesciebat? Aut scientia Dei compulit eum ad ruinam? Non utique, sed quæ res impulerit eum ad ruinam sacra lectio non tacet, quæ dicit: « In medio lapidum ignitorum ambulasti perfectus in viis tuis a die conditionis tuæ, donec inventa est iniquitas in te. In multitudine negotiationis tuæ repleta sunt interiora tua iniquitate, et peccasti (*Ibid.*, 14).] » Ecce unde D cecidit. Non enim ideo conditus est ut caderet, nec idcirco cœlestibus prælatus agminibus, ut superbiret, nec propterea perfectus in viis suis est a die conditionis suæ, ut ad iniquitatem declinaret, et adversus sui Conditoris benignitatem superbia tumidus extolleretur. Ille tamen qui novit omnia, et cui nihil est præteritum, nihil que futurum, sed universa præsenti contemplatur intuitu, noverat illum ita casurum, nec tunc tantum novit quando cecidit, aut quando interiora sua replevit iniquitate: sed antequam illum crearet, hæc cognoscebat, nec tamen cognitio Dei compulit eum ad ruinam, sed iniquitas ejus. Deinde sermo propheticus prosequitur: « Et ejeci te de monte Dei, et perdidi te, o Cherub, protegens de medio lapidum ignitorum (*Ibid.*, 16). » Causa quoque ejectionis, et perditionis ejus subnectitur: « Elevatum est cor tuum in decore tuo: perdidisti sapientiam tuam in decore tuo (*Ibid.*, 17), » id est, non ego te ad perditionem compuli, sed tu tibi causa perditionis fuisti, qui propter superbiam adversus auctorem intumuisti, et sapientiam quam tibi tribui perdidisti, dum per eam noluisti timore sancto subditus fieri Conditori: sed considerans celsitudinis tuæ gloriam, unde subjectus esse despexisti, inde celsitudinem amisisti, atque idcirco, « in terram projeci te, ante faciem regum dedi te. In multitudine iniquitatum tuarum, et iniquitate negotiationis tuæ polluisti sanctificationem tuam. Producam ergo ignem de medio tui, qui comedat te, et dabo te in cinerem super terram in conspectu omnium videntium te. Omnes qui viderunt te in gentibus, obstupescent super te. Nihil factus es, et non eris in perpetuum (*Ibid.*, 18, 19). » Ecce pœna superbientis angeli, ut de paradiso in terram projectus sit, et pro sanctificatione pollutionem commutaverit, pro decore cinerem, pro sapientiæ lumine combustionis ignem, ut ad nihilum redactus nihil sit in perpetuum. Audivimus enim quia post prævaricationem superbientis angeli, data sit ultionis sententia, sed nunquid postquam angelus peccavit, tunc primum cogitavit Omnipotens quam inferret ei pœnam peccanti? Si hoc est, non erit verum quod ait Apostolus, quod « apud Deum nulla sit commutatio, nec vicissitudinis obumbratio (*Jac.* I, 17). » Ubi namque cogitatio, quæ prius non erat oritur, prior mentis status, commutatur. Nec potest de uno ad alterum non transferri animus, quem cogitationis varietas confundit: sed talia sentire de incommutabili summa impietas est. Quapropter quia nulla commutatio apud Deum est, nulla est nova cogitatio, et si nulla nova cogitatio, nullum novum consilium, si nullum novum consilium nulla nova definitio, nullum novum judicium. Et quidem judicia Dei tunc nova videntur, quando ab interna dispositione secreti foras procedunt, sed in æternitatis consilio nunquam sunt nova, quia quæcunque per intervalla temporum a Deo noviter fiunt, in divinitatis æternitate semper facta fuerunt. Quapropter etsi culpam superbientis angeli post transgressionem vindicta secuta est, in divinitatis tamen cognitione semper fuit, quoniam sicut antequam peccaret, scivit Deus ejus peccatum, ita quoque pœnam, quam peccanti redditurus erat, in æternitatis consilio definitam semper habuit. Sed sicut præscientia Dei non compulit diabolum ad prævaricationem, sic nec præordinatio pœnæ traxit eum ad ruinam. Bonus enim conditus, suo vitio malus factus est, et malitiæ reatum ultrix pœna comprehendit. Primi quoque parentes humani generis sine contagio peccati ante serpentis colloquium in paradiso degebant. Nunquid vero Deus antequam peccarent peccaturos nesciebat? Nec tamen hæc Dei præscientia illos compulit ad peccatum, sed causa peccati fuit eis astuti hostis callida persuasio, et divini præcepti prævaricatio Non enim ideo peccaverunt, quia præscivit Deus eos peccaturos, sed ideo quia dati præcepti neglexerunt esse servatores, et prævaricationis reatum præsens pœnæ subsecuta est, ut inobedientiæ culpa mortis sententia plecteretur Non tunc tamen primum, quando peccavit homo, excogitavit Deus, qua delinquentem ultione feriret, neque tunc quando dans obedientiæ præceptum, simul et ultionem comminatus est dicens « In quacunque die comederitis ex eo, » id est de ligno experientiæ boni et mali, « morte moriemini (*Gen* II, 17) » Sed sicut ejus scientiæ nihil novi potest contingere, ita nec judicio Ut enim scivit a principio hominem peccaturum sic et a principio novit quemadmodum peccantem puniret, quoniam apud Deum, sicut non est nova cogitatio, sic nec novum consilium, et sicut non novum consilium, ita nec novum judicium Apud quem enim nulla est commutatio, nulla vicissitudo, uniformis est sapientia, et sempiterna deliberatio qua de re sicut antequam peccaret homo, noverat eum peccaturum, sic antequam puniret illum, decreverat pœnam, qua fuerat puniendus Nec tamen propterea, quia Deus decreverat hominem puniendum, idcirco punitus, est, sed propterea quia peccavit Sicut non ideirco deliquit, quia Deus illum peccaturum præscivit, sed quia serpentis persuasionem magis, quam Dei præceptum audivit Consurgit Cain adversus Abel fratrem suum, et invidiæ livore cæcatus innocentem persequitur, fraternæ cædis cruore terram contaminat? Quod scelus nequaquam Deum latuit Parricida redarguitur, fusi sanguinis clamor convincit negantem Nunquid autem Deus tunc Cain primo noverat parricidam quando fratrem enecavit? Si hoc conceditur, sequitur ut aliquid ignoret Deus quod per temporis intervalla discat sed nihil potest discere Deus, quod prius ignorabat Omnia namque novit præsentia, præterita, et futura Igitur quid erat Cain adversus fratrem acturus, nunquam ignoravit si nunquam ignoravit, semper scivit Nunquid autem, quia quod scit Deus futurum esse sine dubio futurum erit, nec averti aut immutari potest, idcirco scientia Dei compulit Cain ad necem fraternam? Quis hoc impius dixerit? Quæ res enim impulerit eum ad tanti sceleris patrationem Geneseos lectio nequaquam silet, quæ docet Dominum respexisse ad Abel, et ad munera ejus, ad Cain vero et ad munera ejus non respexisse (*Gen* IV, 4) Hinc parricidalis immanitas odiorum fomenta coacervans, nec divina castigatione compescitur, sed cœpti furoris insania fraterna cæde completur Non igitur Dei præscientia compulsus est Cain ad parricidium, sed invidiæ malignitate, aut furoris insania, qui fratris gloriam videre non potuit, ferre nequivit, exstinguere molitus est At cœlestis ultio tam ferale scelus non impunitum reliquit, « vagus et profugus super terram » agitur, et parricidalis iniquitas ultionis septenariæ verberibus expiatur Num vero postquam tanti facinoris piaculum est admissum, tunc primum deliberavit Deus qualiter impius parricida puniretur, et recenti delicto commissio impulit eum in novi consilii meditationem ut quemadmodum adhuc inexcogitatum scelus contudit orbem sic Deum inexcogitatæ prius pœnæ deliberatio permoveret, quod quia prudentis aures non recipiunt constat quia sicut præscierit Deus malitiam Cain futuram, sic quoque quemadmodum puniretur, apud se definitum habuit Nec tamen idcirco ille punitus est, quia in prædestinatione sua Deus eum decreverat puniendum, sed quia ipse admiserit, ut puniretur Non enim ex prædestinatione Deus aliquem condemnat, sicut ex præscientia neminem peccare compellit, sed peccat unusquisque propria cupiditate illectus, et quia peccavit superna ultionis vindicta feritur Completur orbis multitudine hominum, et cum generis multiplicatione crescit numerositas vitiorum, videns Deus humani cordis malitiam ad malum de die in diem deterius ruere, in iniquitatis cumulum in pejus semper assurgere, atque cordis humani intentione omni tempore ad vitiorum profunda descendere, nec ad boni aliquem vel meditationem, vel studium manus extendere, sed malignitatum gurgitem præcipitanter expetere, « pœnituit eum (dicente Scriptura) quod hominem fecerit (*Gen* VI, 6) » utque tanta malorum pernicie mundum expiaret, arcam, in qua servaretur sæculo semen, fabricari jubet, mundo diluvium inducit, terram universam aquarum moles obruit, montium cacumina vastitas abyssi cooperuit, atque per totum orbem oceani gurges sese diffudit, et quidquid sub cœlo fuerat, pelagus superduxit Quid plura? « A reptili usque ad volucrem ab homine usque ad pecudem universa » delentur solus Noe cum domo sua arca beneficio salvatur, et iis tantum, quæ arcæ sinus continuerat, salvatis, quidquid inventum extra fuerat uno diluvio deletur Hoc ita fuisse gestum Scripturæ veritas protestatur Nunquid tamen cogitare debemus, quod impiorum profanatio tunc primum Deo nota facta fuerit, quando ipsi peccarunt? Cum de illo scriptum sit, quod « noverit omnia priusquam fiant (*Dan* XIII, 42), » et Psalmista proclamet « Intellexisti cogitationes meas a longe (*Ps* CXXXVIII, 3)? » Si cogitationes a longe non solum cognoscit, verum etiam intelligit, humanorum actuum seriem antequam fiant sine dubio a longe cognoscit, qua de re eorum, quos spumante diluvio perdidit, ante novit opera, quam facta sint non tamen propter ejus notitiam, qua gesturos illos talia qualia gesserunt a longe cognovit, sed propter suæ malignitatis ad inventiones, ea fecerunt pro quibus perire meruerunt Nam si considerentur facta illorum, et Dei præscientia non facta eorum ex Dei præscientia descenderunt, sed infra divinam scientiam, quæ universa comprehendit, etiam illa fuerunt Causam vero et originem non ex illa sumpserunt, sed humani cordis præsumptione, non enim de fonte bonitatis, nisi bonitas manare potest, nec vitium aliquando de virtute sumpsit originem Itaque sicut delicta, quibus offenderunt intra latitudinem divinæ ientiæ conclusa fuerunt, sic quoque et pœna, qua A judicati sunt, non postquam peccavere æternitatis consilio concepta est, sed sicut Dei scientiam nunquam eorum facta latuerunt, sic nec pœnæ modus, qui talia gesta damnarentur, divini prædestinationem judicii aliquando præteriivit. Verum quemadmodum æterna fuit illorum scelerum scientia, ita et definita in secretis cœlestibus pœnæ sententia, et sicut præscientia veritatis non eos impulit ad nequitiam, ita nec prædestinatio coegit ad pœnam. Denique concupiscentiæ malum traxit eos ad culpam, culpa misit ad pœnam. Porro Divinitas quemadmodum omni scientiæ sapientia sua novit omnia, sic universitatis consilio disponit universa, et quæ faciunt is est in tempore, in æternitatis consilio jam prædestinati consistunt. Proinde quoque supplicium, quo tunc illi mulctati sunt, in æterna prædestinatione jam decretum manebat, illi vero tunc dediti sunt pœnæ, quando scelerum immanitas pœna dignos esse patefecit. Sic itaque nec præscientia eos compulit ad peccatum, nec prædestinatio traxit ad pœnam. At tunc Pentapolim cœlestibus flammis æstuantem in medium deducamus, et causam perditionis, et vindictæ qualitatem inspiciamus. Cum enim omnium turpitudine vitiorum detinerentur, nec esset facinus quo non vexarentur; erant enim superbia tumidi, ventris ingluvie turgidi, luxuriæ fœditate corrupti, otiositatis veterno gravati, inhumanitatis feritate duri, hospitalitatis benignitate alieni, tantorum scelerum tumultus aera supra volat, nubes scindit, cœlum irrumpit, C et usque ad solium divinæ majestatis procurrit. Hinc ex persona superni judicis Geneseos lectio dicit:

« Clamor Sodomorum venit ad me, descendam et videbo utrum clamorem qui venit ad me opere compleverint, an non est ita, ut sciam » (*Gen.* XVIII, 20, 21). Nunquid is quem nihil latet, et de quo scribitur quod omnia nuda et aperta sunt oculis ejus, et non est nulla creatura invisibilis in conspectu ejus (*Hebr.* IV, 13), nesciebat opera Sodomitarum? et paucorum hominum non videbat actus, cujus oculus contemplatur bonos et malos. Sed dissimulat scire quod non vult videre, et mavult ignorare quod optat non punire. Quam sit autem pronus ad veniam, et difficilis ad ultionem ostenditur, cum propter decem justos vult multis millibus parcere peccatorum D (*Gen.* XVIII, 32). Quid multa? ubi universos uno impetu cernit ad malum, nec in tanta multitudine aliquis invenitur, qui de malo quærat ad bonum reverti, cœlestis flammas cunctos inoluit et scelere pares par vindicta consumit. Si facta reorum consideremur, quid justius, quam talium scelera puniri? si clementiam judicis respiciamus, quid misericordius, quam tales nolle ferire? En videmus iniquitatem eorum scelere suo cœlum fatigare, superni regis secretum irrumpere, et tamen misericordiam judicis vindictam differre, occasionem qua parcat inquirere. Sed mentis oculos jam ad Dei præscientiam referamus, et videamus quod Sodomitarum scelera, non solum postquam facta, verum priusquam facta fuerint, Deus cognoverit, et ultionis vindictam in prædestinationis suæ judicio antequam eos comprehenderet, dispositam habuerit? sed carnis desideriis inservientes Sodomitæ, ad tanta scelera proruperunt, ut eorum merito cœlesti igne conflagrarent. Fons igitur et origo tantorum scelerum voluptas carnis exstitit, at vero peccatorum moles vindictæ sententiam extorsit. Nec prædestinationi ergo ascribendum est quod periere, nec præscientiæ quod peccavere. Ægyptus Dei populum jugo dominationis premit, labore servitutis affligit, liberorum interfectione percellit. Moyses mittitur, ut populus Dei dimittatur (*Exod.* VIII *et seq.*). Pharao induratur, ut multis plagis Ægyptus feriatur, novissime primogenita Ægyptiorum occiduntur, et tandem Israel dimittitur. B Rursus Ægyptios pœnitentia invadit. Israelem dimissum insequitur, pristinæ servituti subjicere properat, demum divina mirabilia innovantur, mare Rubrum dividitur in similitudine murorum, dextra lævaque pelagus suspenditur, nudatur tellus in medius fluctibus, et sicco pede Israeliticæ plebis multitudo per patentem maris alveum incedit, Ægyptios insequentes undarum vortices obruunt, fluctus invadit, pelagus absorbet, fit mirabile inter pios impiosque discrimen: istos abyssus liberat, illos demergit: istos placito gressu in littus exponit, illos vorago profundi mersos retentat. Sic Omnipotentis misericordia pios liberat, et censura judicis impios damnat. Hæc si libeat diligentius intueri, videbimus et Israelitarum afflictionem et liberationem, et Ægyptiorum crudelitatem, et condemnationem, et in præscientia divina olim fuisse, et qualiter de utroque populo ageretur prædestinatum esse. Ad Abraham Deus loquitur: « Scito prænoscens, quod peregrinum futurum sit semen tuum in terra non sua, et subjicient servituti, et affligent quadringentis annis; verumtamen gentem, cui servierint ego judicabo, et post hoc egredientur cum magna substantia (*Gen.* XV). » Nondum nati erant, et adhuc in lumbis Abrahæ consistebant, et jam servituri prædicuntur, jam liberandi promittuntur, jam Ægyptus judicanda comminatur. Ad Moysen quoque, cum mitteret eum Deus Ægyptum, sic loquitur: « Ingredieris tu, et seniores Israel ad regem Ægypti, et dices ad eum: Dominus Deus Hebræorum vocavit nos, ibimus viam trium dierum per solitudinem, ut immolemus Domino Deo nostro. Sed ego scio quod non dimittet vos rex Ægypti, nisi per manum validam: extendam enim manum meam, et percutiam Ægyptum in cunctis mirabilibus meis, quæ facturus sum in medio eorum, et post hæc dimittet vos (*Exod.* IX *et seq.*). » Nonne manifeste docemur qualiter punirentur Ægyptii dispositum, id est prædestinatum fuisse? An aliud est quod ait: « Percutiam Ægyptum in cunctis mirabilibus meis, quæ facturus sum in medio eorum? » Ostenditur enim in prædestinatione divina fuisse, quibus et quot plagis feriretur Ægyptus, et quando dimitteret Israelem, quid est enim quod ait: « Ego indurabo cor Pharaonis et induratum est cor Pharaonis » nisi quod non prius emolliretur ad dimittendum Dei populum, donec plagis omnibus feriretur Ægyptus, quibus divina censura disposuerat eam feriendam. Unde cum novem plagis fuisset Ægyptus attrita, nec adhuc cor Pharaonis emollitum, ait Dominus ad Moysen: « Adhuc una plaga percutiam Ægyptum, et tunc dimittet vos Pharao. » Ergo in divini dispositione judicii prædestinatus fuerat numerus, et modus plagarum quibus Ægyptus attrita est, et obduratio cordis Pharaonis mox emollita est, cum decretus ultionis modus completus est. Et quod novissime in mari Rubro Pharao cum exercitu suo periit, et Israel illæsus transiit, sicut magni continet mysterium sacramenti, ita constat divinæ dispensationis secreto gestum, ut illi perirent, illi salvarentur. Cum ergo liquet, quod in præscientia Dei, sicut afflictio Israelitarum, ejusque crudelitas Ægyptiorum constiterit, ita quoque et istorum liberatio, et illorum perditio in prædestinationis judicio semper fuerit. Non tamen crudelitas Ægyptiorum divinæ præscientiæ tribuenda est, sicut nec condemnatio prædestinationis occultæ secreto. Præscivit enim Deum quales futuri forent Ægyptii, id est crudelitatem eorum semper notam habuit, non tamen crudeles effecit. Quamvis Psalmista de eis testetur quod « Converterit cor eorum (*vel est* Ægyptiorum) Deus, ut odirent populum ejus et dolum facerent in servos ejus (*Psal.* CIV, 25). » Non tamen eos Deus aut dolosos fecit, aut malignitatis odio inflammavit: sed cum tales essent qui et odio sævirent, et dolo deciperent, per eos populum suum flagellare disposuit, ut qui per prospera Deum reliquerat, flagellis admonitus ad Deum confugeret. Præscivit igitur Deus Ægyptiorum crudelitatem, non eam fecit, nec ideo tales effecti sunt, quia tales futuri esse præsciti sunt, sua denique nequitia, non Dei præscientia mali effecti sunt, et ideo prædestinati occulta dispositione judicii ad pœnam qua puniti sunt. Nam quod non ex prædestinatione damnantur impii, sed ex sua iniquitate testatur sacra Scriptura, quæ de Amorrhæis ad Abraham dictum quod « semen ejus peregrinum futurum esset in terra aliena quadringentis annis, post hæc intulit: Generatione autem quarta revertentur huc, necdum enim completæ sunt iniquitates Amorrhæorum usque ad præsens tempus (*Gen.* XV, 16). » Quibus verbis ostenditur tunc iniquitates eorum ad summum malignitatis perventuras, quando semen Abraham de servitutis jugo liberari, et ad terram perduci, et gentes Amorrhæorum deleri mererentur. Ut quod nationes illæ, quæ prius terram repromissionis obtinuerant, deletæ sunt, non divinæ prædestinationis, sed suæ malignitatis fuisse monstretur. Itaque nemo ex divinæ prædestinationis censura condemnatur, quamvis perseveraturos in peccatis justitia judicis decreverit damnandos: sed unusquisque tunc condemnatur, quando damnari peccatorum merito censetur. Longum erit, et modum brevitatis excederet, si voluerimus seriem divinarum Scripturarum percurrere, et ex omnibus divinorum judiciorum gestis præscientiam, et prædestinationem Dei comprobare. Et quod nec præscientia compellat ad peccatum, nec prædestinatio ad pœnam. Et fortassis non sit necessarium, cum et quæ supra diximus forte sufficiant, et pietas fidei, sicut Deum nihil ignorare credit, sic ejus præscientia neminem impelli ad peccatum. Cumque divinæ dispositionis judicio confiteatur omnia regi, neminem tamen ex prædestinatione damnandum recipiat, quamvis prædestinatos malos ad pœnam non ignoret. Prædestinati enim sunt mali ad pœnam, quoniam quæcunque facturus est Deus in æternitatis dispositione, jam prædestinatum habet: judicaturus enim est impios, et pœna sempiterna damnaturus. Et quia hoc inter opera Dei computatur, negari non potest prædestinatum, nisi forte judicium, quo judicandus est mundus, aliquis dicat opus Dei non esse. Quod cum nemo fidelium abnuat, negari quoque non potest a Deo in prædestinatione dispositum, quemadmodum de singulis judicet: ut enim non est in Deo nova scientia, sic quoque nec nova dispositio. Simplex etenim natura divinitatis, sicut nihil recipit mutabile, sic nihil compositum. Unde in Deo scientia et dispositio non variantur, ut alio tempore Deus sciat, et alio disponat, sed simul scit, simul etiam disponit, quanquam nonnulla sciat, quæ non disponat, sicut sunt peccata: neque enim ad dispositionem illius pertinent quæ ipse non facit, quamvis qui peccant, divinæ potestatis judicium non evadant, et unde pravitatis suæ nequitiam exercent, inde occulto Dei judicio deserviant. Itaque non est in Deo scientia sine dispositione, nec dispositio sine scientia. Alioquin si scientia inest ei sine dispositione, ut alio tempore sciat et alio disponat, jam non erit simplicis naturæ Deus, jam non erit incommutabilis, ubi namque intervalla temporum succedunt, mutabilitas temporis erit intervallum si non inest, et in Deo simul scit, simul etiam disponit, ut antecedat scientia, et postea sequatur dispositio. Quod cum simplicis naturæ ratio non admittat, sequitur, ut cum scientia Dei, pariter sit et dispositio: qua de re quos scit in finem in malo perseveraturos, dispositum habet quid sit de eis acturus. Non tamen idcirco puniendi sunt quia sic dispositi sunt, sed idcirco quod in malo perseveraturi sunt. Sed Antichristum in medium devocemus, de quo nemo fidelium dubitat, quod et præscitus est malus futurus, et divino judicio prædestinatus ad pœnam, et ex eo cognoscamus, quod nec præscientia Dei compellat ad culpam, nec prædestinatio trahat ad pœnam, et quod de capite diximus, de corpore illius intelligamus. Sicut enim caput electorum Christus, sic Antichristus caput est reproborum: et sic corpus Christi omnes sancti, ita corpus Antichristi omnes iniqui. Ille certe homo perditionis nondum natus et tamen jam ejus malitia ab omnibus præscitur, jam ad interitum prædestinatus esse non ignoratur, de quo Apostolus ad Thessalonicenses scribens ait (*II Thess.* II): « Ne quis vos seducat ullo modo, quoniam nisi venerit discessio primum, et revelatus fuerit homo A peccati, filius perditionis qui adversatur, et extollitur supra omne quod dicitur Deus, aut colitur, ita ut in templo Dei sedeat, ostendens se tanquam sit Deus. » Et paulo post: « Quem Dominus Jesus interficiet spiritu oris sui, et destruet illustratione adventus sui eum: cujus est adventus secundum operationem Satanæ in omni virtute, signis, et prodigiis mendacibus, et in omni seductione iniquitatis, his qui pereunt, eo quod charitatem veritatis non receperunt, ut salvi fierent? et ideo mittet illis Deus operationem erroris ut credant mendacio: ut judicentur omnes qui non crediderunt veritati, sed consenserunt iniquitati. » His Apostoli verbis, et malitia demonstratur Antichristi, et perditio, et non solum ejus, verum etiam illorum qui de sorte illius erunt. Cum enim appellatur homo peccati, et filius perditionis, cum extollentia ejus tanta esse denuntiatur, ut supra Deum elevetur, et se pro Deo coli velit, manifeste malignitatis ejus nequitia describitur. Cum vero adventu Salvatoris eum interficiendum atque destruendum prædicat, damnationem illius manifeste designat. Rursum cum signis, et prodigiis ejus mendacibus multos credituros insinuat, et eos judicandos esse denuntiat, et peccatum, et pœnam eorum manifestat, qua de re cum de Antichristo talia dicat Apostolus, nonne demonstrat quod iniquitas ejus jam præscita sit, et prædestinatus ipse ad pœnam sit? homo denique erit anima rationali, et carne consistens, de prima parente, unde et omnes homines ducens originem: itaque Apostolus eum et hominem, et filium perditionis appellans, cujus erit conditionis insinuat. Et quanquam vas diaboli futurum sit, tamen hoc erit, quod sunt cæteri, de Adam nativitatis exordium trahentes. Cum ita sit, sicut nondum natus existit, ita necdum aliquid vel boni, vel mali fecit, jam tamen prædestinatum eum ad pœnam esse Apostolus testis est. Nunquid tamen propterea quia præscitus est malus futurus, ideo malus erit: aut quia prædestinatus ad pœnam jam nunc est, idcirco damnandus erit? quod si dicat aliquis quia vas diaboli erit, et per eum Satanas malitiæ suæ pœnam exercebit, idcirco cum eo jam damnationi deputatus habetur, si homo ille a diabolo creatus esset, vel ipse diabolus esset, jure hoc diceretur, at D vero cum Dei creatura erit cum de eodem parente, quo cuncti nascuntur homines, nascetur, cum Dei manibus, et plasmatus, et factus erit, cum homo purus erit anima rationali et carne subsistens, cur diabolo tanta potestas de eo dabitur, ut vas ejus acceptissimum habeatur? Nonne hic cum Apostolo dicendum est: « O homo tu quis es, qui respondeas Deo? Annon habet potestatem figulus luti de eodem luto aliud quidem vas fingere in honorem et aliud in contumeliam (*Rom.* IX, 20)? » Et: « O altitudo divitiarum sapientiæ et scientiæ Dei! Quam inscrutabilia sunt judicia ejus, et investigabiles viæ ejus: quis cognovit sensum Domini, aut quis prior dedit ei, et retribuetur ei? (*Rom.* XI, 33, 34) » Quamvis omnium operum ejus nequeamus rationes comprehendere, scimus quod non injuste aliquid facit, qui est fons justitiæ. Redeamus igitur ad superiora. Cum ergo homo ille iniquitatis jam præscitus sit malus futurus, et prædestinatus habeatur ad pœnam, nunquid propter hanc præscientiam malus erit, aut propterea peribit, quia perditioni deputatus est? Quod si ita est, non erit ejus culpæ malignitas illius, unde nec merito damnabitur: sed absit ut Deus alicui sit causa quo malus fiat, aut aliquem damnet qui non damnari mereatur, cum scriptum sit: « Universa opera Domini misericordia, et veritas (*Psal.* XXIV, 10). » Sua igitur culpa damnatur, quisquis a Judice veritatis damnatur. Quapropter homo ille iniquitatis non idcirco iniquus erit, quia talis futurus esse præscitus B est, sed sua voluntate delinquens malignabitur: sicut non ideo pœnis gehennæ traditur cruciandus, qui jam prædestinatus ad pœnas est, sed propter suarum pondus iniquitatum, propter quas etiam nunc prædestinatus est ad mortem: nisi forte dicat aliquis eum non prædestinatum ad interitum. Cum dicat Apostolus « cum spiritu oris sui Dominum Jesum interfecturum et adventus sui præsentia destructurum (*II Thes.* II, 8). » Et Joannes in Apocalypsi sua sub figura bestiæ de illo loquens: « Bestia, » inquit, « quam vidistis, fuit et non est, et ascensura est de abysso, et in interitum ibit, et mirabuntur inhabitantes terram, quorum non sunt nomina scripta in libro vitæ a constitutione mundi (*Apoc.* XVII, 8). » C Ubi notandum quia non solum in interitum bestiam ire significat, verum etiam illos quorum non sunt nomina scripta in libro vitæ a constitutione mundi. Ex quo apparet ad interitum ire, qui non sunt de numero electorum. De numero electorum non sunt, qui non sunt scripti in libro vitæ, illi enim perire non possunt. Peribunt autem, qui non sunt illic scripti ab initio sæculi. Quod si ab initio sæculi scripti non sunt in libro vitæ, ad vitam non pertinent: et idcirco ad mortis pœnam deputati sunt. Item de eadem bestia in eodem libro: « Et bestia quæ erat, et non est, et ipsa octava est, et de septem est: et in interitum vadit (*Ibid.*, 11). » Sub specie bestiæ Antichristum designans, et eum ad interitum prædestinatum insinuans. Igitur cum prædestinatus sit ad interitum, non propterea interibit quia prædestinatus est ad hoc, sed propter nequitiam suam, propter quam prædestinatus esse cognoscitur perditioni. Sicut igitur ille præscitus est malignus futurus, et prædestinatus ad interitum, nec tamen propter Dei præscientiam, sive prædestinationem vel malignus erit, vel interibit, sed propria voluntate fiet malus, et propter multitudinem malignitatum suarum peribit, sic nimirum omnes reprobi, cum sint præsciti mali, et prædestinati ad pœnam, non tamen propter Dei præscientiam mali effecti sunt, aut efficientur, sed propter quod libero voluntatis arbitrio malignitatem operati sunt. Ita quoque non idcirco, quia prædestinati sunt ad pœnam torquebuntur, sed quia fecerunt talia, pro quibus pœnam subire merebuntur. Nam de quibus ait Apostolus quod « quia veritatem non receperunt, ut salvi fierent, ideo mittet illis Deus operationem erroris, ut credant mendacio, ut judicentur omnes, qui non crediderunt veritati, sed consenserunt iniquitati (*II Thess.* II) » Nonne hos omnes et præscitos esse constat malos futuros, et non ignorari, quod ad sortem pertineant damnatorum? Quod si ad damnatorum sortem pertinent, nonne ad eam deputati sunt? et si ad illam deputati sunt, nonne etiam prædestinati sunt? Non tamen idcirco quia prædestinati propterea damnandi, sicut non propterea mali futuri sunt, quia hoc eos futuros præscientiam Dei non latet. Damnabuntur enim propter malitiam suam, non propter Dei prædestinationem. Quemadmodum mali futuri sunt propterea quod hoc esse propriæ voluntatis arbitrio elegerant, non propter divinam præscientiam. Quod si præscientiam malorum, non autem prædestinationem quisquam esse contenderit, eo quod quidquid prædestinatum est, necesse est ut fiat, hoc etiam et de præscientia sentiendum est. Quidquid enim præscit Deus, futurum sine dubio erit, nec aliter erit quemadmodum præscitum est, quoniam si vera est, præscientia est, si vero non est vera, non est præscientia. Qua de re quidquid Deus præscit faciendum erit sine dubio, et sic erit quemadmodum præscitur. Quem namque præscit de numero electorum esse, is erit sine dubio electus; quem vero præscit de numero reproborum, erit sine dubio reprobus. Quapropter quoniam et hos et illos jam scit, et ab initio sæculi præscivit, illi erunt electi, quos electos esse præscivit, et illi reprobi, quos similiter reprobos esse præscivit, et noti sunt Deo, et hi et illi. Qua de re si prædestinatio propterea refugienda est, quia quidquid prædestinatum est immutabile est, refugienda præscientia est, quia quidquid præscitum est immutabile est. Quod si præscientia omniscientem Dei cognitionem insinuat, non autem aliquem ad peccatum cogit, et prædestinatio operum divinorum præordinationem et præparationem significat, nullum autem ad pœnas impellit, non est cur præscientia recipiatur, et prædestinatio abdicetur. Sicut enim pium atque religiosum est de Deo credi, quod « novit omnia priusquam fiant (*Dan.* XIII, 42) » sic pium et religiosum est de Deo sentire quod « fecit quæ futura sunt (*Isa.* XLV, 11) » et « Magna opera Domini, exquisita in omnes voluntates ejus » (*Psal.* CX, 2), et Psalmista « Semel locutus est Deus, (*Psal.* LXI, 12) » Et beatus Job « Semel loquitur Deus, et secundo id ipsum non repetit (*Job* XXXIII, 14) » At sanctorum sententia est catholicorum, prædestinationem esse operum Dei æternam dispositionem, unde quia quæcunque facturus est Deus, in æterno judicii sui consilio jam dispositum habet, sequitur ut opera Dei universa sint prædestinata. Quapropter cum dicitur de malis, quia ad pœnas prædestinati sunt, hoc dicitur, quia Deus secreto judiciorum suorum sacramento dispositum habet, quid de his facturus sit. Non est igitur divinæ dispensationi repugnans, si mali dicuntur esse prædestinati ad pœnam, quoniam prædestinatio est operum Dei, in quibus operibus Dei etiam judicium dispositum quo judicandi sunt reprobi. Egimus igitur, ut potuimus, quemadmodum prædestinatio qua dicuntur iniqui ad pœnas deputati non necessitate aliqua constringat eos ad pœnam, sed tali locutione exprimi divinorum operum ordinationem. Et quia superius ostendimus sanctorum dicta, quibus mali prædestinati dicuntur ad pœnas, quisquis prædestinationem malorum abnegat, non nobis, sed illis quorum sequimur auctoritatem contradicit. Ne nos in culpam ideo trahamur, si sanctorum auctoritatem sequimur. Si enim quod illi dicunt catholicum est, nec repugnans rectæ fidei, nos quoque non a catholicæ fidei rectitudine discrepare judicemur, si hoc dicimus et sentiamus, quod illi dixerunt et senserunt, illorum enim doctrina fides ecclesiastica munitur, et nos, qui intra sinum Ecclesiæ continemur, de illorum institutione imbuimur, nec aliud sentire præsumimus, nisi quod illi nos instituerunt, nec alio ire, nisi quo ducunt, nec dicere aliud, nisi quod illi dicunt. His ita obsecramus magnitudinis vestræ pietatem, ut hæc scripta, si sapientiæ vestræ non displicuerint, penes vos habeantur, nec in publicum proferantur, donec hujus quæstionis controversia diligenter ab omnibus fuerit eventilata, et quid tenendum ab omnibus, sit comprobatum. Quod si displicuerit libellus iste, per vos obsecramus ut corrigatur, et nobis quæ correcta fuerint non abscondantur.

RATRAMNI

CORBEIENSIS MONACHI

DE EO QUOD CHRISTUS EX VIRGINE NATUS EST LIBER.

(Apud Acherium, Spicilegii tomo I, pag. 52.)

MONITUM ACHERII

A De Ratramno hæc monet Acherius in sua Præfatione: « Ratramni, alias Bertramni, Corbeiensis monachi presbyteri, Opusculum, *De eo quod Christus de Virgine natus est*, tot sæculis in Anglia tenebris obsitum, in Galliam demum non absque industria redux effeci. Ansam præbuit Usserius Armachanus, qui suæ Ratramnum labe hæreseos ut aspergeret, insibilat, ipsum panis substantiam Eucharistiæ sacramento in corpus Filii Dei transmutari, duobus quos de eo sacramento libris conscripsit, nequaquam admittere: perperamque id Usserius suadere conatur, in Gottescalci Hist. cap. II, hunc in modum: *Inter Opuscula ejus (Ratramni) quæ ad Trithemii notitiam non pervenerunt, unum est de Nativitate Christi, in quo eamdem quam in libro de Corpore et Sanguine Domini tradit, doctrinam propugnat.* B *De anima alterum*, etc.

« Quam porro a vero aberret hæc assertio, probat ipsummet opusculum, cum erroris hujusce ne verbuli quidem aut apicis vestigium inest. Imo vero illi ipsi perduellium antesignani Magdeburgenses centuria IX, cap. *de Doctrina*, col. 212, paucis Usserium refellunt: *Transsubstantiationis habet semina Bertramnus, utitur enim vocabulis* commutationis, *et* conversionis. Et cap. 6 de Cæremoniis et Ritibus Ecclesiæ, col. 243: *Bertramnus, lib. de Corpore et Sanguine ostendit corpus Domini et sanguinem super altare seu mensam poni, et inde populo distribui*, etc.

« Ratramnum docte luculenterque ab omni nævo asseruere Sextus Senensis, præf. bibliothecæ sanctæ, cardinalis Peronius, ac præses Mauguinus, ille lib. II Euch., capp. 2 et 2, iste vero historicæ et chronicæ Dissertationis cap. 37, litteris ac fama floruisse Ratramnum Ludovici Pii et Caroli Calvi tempestate, iidem tacent quas protulit elucubrationes. »

Hactenus Acherium exscripsimus. Nunc lectorem monemus, ita scriptum esse de partu Virginis a Ratramno et ab ejus abbate Ratberto, ut neuter alterius opusculum legisse videatur, nec enim verisimile est, si legissent, utrumque eadem testimonia prolaturum fuisse, suam ut quisque sententiam probaret, nec ullam curam adhibiturum fuisse, ut ea testimonia perversum in intellectum detorta esse ab adversario demonstraret. Hoc etiam non omittendum est, priorem editionem collatam esse cum veteri codice Dallei a D. Edm. Martene, qui varias lectiones nobis communicavit.

AUCTORIS PRÆFATIO

C Si uno sub magistro Christo omnes Christiani censemur, si uno cœlesti Patre universi credentes gloriamur, si unius Spiritus fœdere in unius charitatis compage solidamur, non est quod me a tua dignatione sejunctum verear, quominus religioni tuæ familiaria scripta procudam. Non enim vel sanguinis propinquitas tanta est quanta Spiritus. Terrena scilicet propago inferior multo est quam divina, nec officia temporalis obsequelæ tantam pariunt gratiam dilectionis quantam divinis ignis generat charitatem. Perinde cesset hic vel facies invisa, vel nomen ignotum, vel familiaritatis comparatio nulla, ubi in copulæ socialis devinctionem tanta, tam magna tamque necessaria conveniunt jura societatum. Non igitur velut alienum refutes, quem superna conditio tibi fratrem conciliavit propinquum. Cum hæc ita se habeant, obsecro reverentiam tuam ut ad suggestionem parvitatis nostræ respondere non graveris.

CAPUT PRIMUM

De Christi nativitate in Germania errores. Rationes affert auctor quare nasci ut cæteri debuit Christus.

Fama est, et quorumdam non contemnenda cognovimus relatione, quod per Germaniæ partes serpens antiquus perfidiæ novæ venena diffundat, et catholicam super nativitate Salvatoris fidem, nescio qua fraudis subtilitate subvertere molitur: dogmatizans Christi infantiam per virginalis januam vulvæ humanæ nativitatis verum non habuisse ortum, sed monstruose de secreto ventris incerto tramite luminis in auras exisse, quod non est nasci, sed erumpi. Quod enim vias uteri nascendo non est secutum, sed quacunque versum tanquam per parietem domus erupit, non jure natum esse, sed violenter egressum. Jam ergo nec vere natus Christus, nec vere genuit Maria. At vero fides habet catholica Jesum natum ex Maria Virgine. Quod Angelus ad eam missus signatis enuntiat verbis: « Ecce, inquiens, concipies in utero et paries filium (*Luc.* I, 31). » Vide quam evidenter sectam depulit nefandam. Non ait: Concipies filium, et egredietur tuo de utero, sed, « concipies et paries, » utrumque referens ad Mariam, ut virginitate [a] inviolata et conciperet tanquam femina, et pareret tanquam mater, ne genitrix divinitatis de conceptu fieret gloriosa, et de partu redderetur inhonora. Alterum velut ad suum penderet officium, alterum ad illius qui concipiebatur effectum: ita nec ipsa mater diceretur integra, nec Salvatoris nativitas ex matre perfecta. Quamvis etiam ad Mariam directus angelus si sic foret locutus, non propterea necessario cogeret intellectum, quo nativitas de matre Christi extraordinaria crederetur. Qui enim de femina virgine concipi delegit, nonnisi nasci de femina virgine credi facile quivisset, quoniam de sexu fragiliori humanitatis qui delegit exortum, nequaquam humanæ nativitatis modum, salva virginitatis integritate, contemneret.

Inconveniens nempe Divinitatis erat consilio, ut in virgineo corpore uterum, quo conciperetur, quo formaretur, quo novem mensium dilatione portaretur eligeret, et uteri viam, qua de virginea procederet aula, repudiaret. Aut aliam igitur viam, qua feminæ parientes partus suos emittant jure nativitatis præter solemnem parturitionis viam, talia quicunque garriunt, edoceant, aut eum habuisse de utero virginis exitum, Christum, quem lex monstrat naturæ, præter integritatis violatum pudorem, necesse esse confiteantur. Viperæ priusquam parturitionis ad tempus perveniant catuli, traditur quod maturam naturæ completionem non exspectantes, corrosis matris lateribus, exeunt cum genitricis interitu. Est quoque vulgaris opinio mustelam ore concipere, aure partum effundere. Forsitan quisquis humanæ viam nativitatis denegas Christo, aut viperinum in maternis exitiosum conceptibus concedis, aut mustelinum fabulosis effictum commentis. Et maluerit potius hominum Redemptor de Virgine conceptus, vel serpentinam naturæ contrariam, vel pecualem confictam nativitatem suscipere quam humanam. Isto itaque modo, jam quidquid libuerit poterit excogitari, vel undecunque, vel per quodcunque placuerit natum fuisse Christum blasphemari, ut non sit virgineus partus Verbum caro factum, sed prodigialis egressus.

CAPUT II

Objicitur violatam matris integritatem. Respondetur, Mariam semper virginem permansisse.

Sed, quæso, cur refugis ascribere Christo naturalem virginalis portæ progressum? Propterea, inquis, quoniam si uteri portam exivit, non est Virginis integritas intemerata. Equidem per quemcunque fuerit locum egressus, consequenter secundum tuam sententiam integritas est violata. Si enim Salvatoris ortus viam naturæ necessario fuerat corrupturus, necessario quoque quacunque exivit, sive per latus, sive per ventrem, sive per renes, sive per superiores inferioresve corporis partes, non absque integritatis damno processit. Absit vero catholicis sensibus, ut nativitas, per quam restaurata fuerunt [b] corrupta, quod corruperit integra credatur. Intellige tandem vecors præsumptio, quoniam si per quamcunque virginei corporis partem ortus Salvatoris potuit fieri sine damno integritatis, consequenter et hoc potuit per januam vulvæ. Quod si hanc fuerat violaturus, nihilominus quacunque est egressus, violavit. At catholica fides de Virgine Salvatoris matre confitetur, quod virgo fuerit ante partum, virgo in partu, virgo post partum. Utrumque vides credi, utrumque confiteri, et matris virginitatem, et infantis exortum.

Propter namque inviolatam pudoris aulam, virginitatem prædicat et ante partum, et in partu, et post partum: et propter veræ nativitatis exortum, verum parientis partum confitetur. Quid enim virgo ante partum, nisi impregnata virginitas? Quid est virgo in partu, nisi pariens virgo? Et quid virgo post partum, nisi virgo perseverans post partum? Ubi ergo virgo pariens, si partus negatur? [Negatur] porro cum prædicatur virginitas non peperisse, non peperit autem si partus aliter quam per naturæ januam processit. Siquidem jam talis ortus non virgini est partus, sed proprius videlicet ipsius infantis egressus. Obmutescat igitur hujusce commentum falsitatis, et catholica fides inconcussa teneatur, quæ et vere natum de matre confitetur Christum, et vere Virginem Mariam concepisse, peperisse, et post partum, id est post editum filium, credit, prædicat et veneratur permansisse virginem.

[a] *Ut virginitate.* Sic emendavimus, cum legeretur *ut virginitas.*

[b] *Fuerant corrupta.* In editis *fuit corrupta* in eodem cap. ubi *negatur porro*, priorem vocem addidimus.

CAPUT III

Per vulvam exisse Christum probat auctor. — Partes corporis minime turpes. Qui partes corporis deturpantur. — Spiritus sanctus beatam Virginem ab omni contagio sanctificavit. — Partes quædam corporis quare inhonestæ.

Dicis turpe fuisse Dei Filio per vulvam processisse. Turpe hoc aut de natura aut de peccato. Sed per naturam nihil turpe, testatur enim Geneseos lectio quod omnis creatura bona. Quod bonum, et honestum est, quodque honestum est, non turpe. Igitur omnis creatura secundum quod creata est, nequaquam turpis. Igitur et mulieris vulva non turpis, sed honesta, siquidem partes omnes creaturæ honestæ. B Non ergo nascituro Christo semita vulvæ declinanda, velut turpe aliquod, imo suscipienda tanquam nativitatis ministra. Quomodo namque matricem, qua conceptus formaretur, non contempsit, ita nec vulvam, qua formatus exciperetur, repudiavit.

Porro tu sensus corporis interrogans, æstimas eas uteri partes indecoras. Noli sensibus fallentibus, id est corporeis, de rerum veritate assentiri, mentis judicium disquire, et deprehendes fore pulchra quæ videntur turpia. Nulla denique creaturæ pars, aut membrum ni pulchrum est; redditur autem indecens, cum inordinatus et illicitus cum motus deturpaverit. Etenim ante prævaricationem Adam et Eva non erubescebant, utpote motum inordinatum suis in membris nullum sentientes, ast ubi prævaricati C sunt, erubescere cœperunt. Non quidem propterea membra, quæ nunc peccati culpa pudenda vocamus, siquidem et priusquam deliquerint, super eis non confundebantur. Ubi vero inhonestus accessit motus genitalibus ante pudicis, sed de peccato jam non pudicis, secuta confusio est non propter turpitudinem honestarum corporis partium, sed propter turpes irrationabilis motus passionis. In quo autem per sancti Spiritus ignem, vel in hoc corpore caduco, vel in futura vita jam per resurrectionem incorruptibili, fuerit iste passibilis motus ad naturæ dignissimam redactus musicam, inhumanitate depulsa, nihil habebunt membra naturæ quod sit confusionis, quod turpitudinis, quod inhonesti.

D Interea vero lex quæ est in membris nostris donec repugnat legi mentis, et captivat nos in legem peccati, et erubescimus et confundimur. Sed non propter hanc legem peccati dominantem in membris nostris opus fuit Salvatori declinare viam nativitatis lege constitutam; quandoquidem Spiritus sanctus, qui Virginis uterum, quo Dei Filius incarnaretur, ab omni contagio sanctificavit, ipse quoque et vulvam qua nasceretur purgavit. Nisi forte credibile videatur, quod enim locum divino conceptu reddiderit dignum, qui magis libidinis æstus succenditur, et quem minoris flammæ temperamentum pertentat, mundare nequiverit. Quod enim mulieribus in umbilico, cui motrix subjacet, libido dominetur, verbis Scripturæ sanctæ didicimus. Tibi autem non propter legem pec- A cati, sed propter deformitatem naturæ, genitale membrum videtur inhonestum. Cur hoc? Quoniam sensum carnis in rebus cognoscendis percunctaris, quem nemo sapiens de veri perceptione secutus est. Non mirum si falleris, qui falsitatis auctore perdoceris. Eum denique sequuntur omnes, qui verisimilia pro veris, id est, corruptibilia pro æternis amplectuntur. Revoca magis oculos a temporalibus, quæ docet Ecclesiastes non tantum vanitatem, verum vanitates vanitatum, et disce veri perceptionem de sensibus veri participantibus. Quod cum feceris, nihil in naturis turpe præter inordinatos motus videbis, quos non de creantis sapientia, sed de peccati culpa contraxere, et deinceps non indignam judicabis Incarnatione Verbi ad nascendum virgineam B vulvam. Equidem pervidebis nihil dignius Creatoris humanitate, quam suæ dispositionem fabricæ comprobare. Ut sicut approbavit uterum quo conciperetur, ita non approbarit uteri januam sui natalis abrogatione, ne quam constituit nascendi viam, suæ refutaret humanationis egressu.

Ista ducas cum impia, novum quiddam moliris, ut Salvatori quo nasceretur nihil fuisse clausum clames, quod Conditori nil creaturarum queat obsistere; verum quidquid subsistit, sit ei apertum et permeabile. Ita plane si sentis, prudentissime sentis. Hac vero regula cum nativitatis Christi primordia mancipare disponis, quod ad potentiam spectat, clarissime dogmatizas. Quod autem ad corporis proprietatem suscepti, et nativitatis pertinet huma- C næ, a veritatis calle longissime recedis. Virtuti siquidem voluntatis Christi nihil est clausum, nihil non penetrabile. Humanitas autem quæ suscepta est, sicut intra sinus matricis collecta est, ita quandiu mansit illic, ventris exteriora non experta [est]. At vero mox virginei thalamum reliquit secreti, et foris exstitit, et intus esse cessavit. Hac loci quid alternatione monstravit, nisi quod quamvis secundum divinitatis proprietatem sit ubique, juxta corporis circonscriptionem localis exstitit? Igitur quod locale est, sicut ubique non est semper, sed tunc ad alium migrat, cum locum deserit primum, ita etiam cum transitum facit, non simul dextrum ac sinistrum tenet, quemadmodum simul ante et retro D non graditur, nec supra pariter et deorsum. Certe, et Salvator sicut alio tempore fuit in utero secundum corpus, et alio foris, ita in egrediendo quamvis egressionis voluntati nil fuerit clausum, unam tamen tenuit egressionis viam, non per omnes corporis, in quo formatus fuerat, partes exivit.

Constitue certe quam volueris corporis partem ortui Salvatoris. Non enim per omne corpus egressus est, quamvis voluntati ejus ad egressum nulla corporis pars fuerit clausa. Nec illocaliter egressus; hoc est enim incorporeæ proprium naturæ, longe vero a corporea remotum. Constitue certe quam delegeris partem. Vulvam renuis, umbilicum attribue, vel, si malueris, honestius quodcunque corporis ostium, ac si ostia quæ dedit natura displicent, dissice [a] ventrem, nuda costas, spinam rumpe, vel quemadmodum nescio qui stultissimi delirant, aperi ascellam, et ita de monte umbroso et condenso nativitatem contestare Salvatoris. Num igitur talis janua dominatoris ortu digna prohibitur, quam stultorum opinio ementitur et quam Creatoris sapientia naturæ dedit conceptibili, disputetur? An certe Bragmanorum sequemur opinionem, ut quemadmodum illi sectæ suæ auctorem Bubdam per virginis latus narrant exortum, ita nos Christum fuisse prædicemus? Vel magis sic nascitur Dei sapientia de Virginis cerebro, quomodo Minerva de Jovis vertice, tanquam Liber pater de femore? Ut Christicolam de Virginis partu non solemnis natura, vel auctoritas sacræ lectionis, sed superstitio gentilis et commenta perdoceant fabulosa.

CAPUT IV

Auctor profert testimonia ex Veteri Testamento ut suadeat Christum per vulvam Virginis exiisse.

Sed jam nunc testimonia procedant in medium divina, et ex eis ortum discamus Salvatoris, ne fabulis decipiamur vanis et falsis opinionibus eludamur. Isaias vates, ortus hujus arcanum retexens, « Dabit Dominus, inquit, ipse vobis signum: Ecce virgo concipiet et pariet filium (*Isa.* VII, 14). » Virginem confitetur concepturam, Virginem parituram, et hoc a Domino signum fore dandum, quod utrumque mirabiliter sit factura virgo, non quod præter viam naturæ partus sit exiturus. Quod si esset futurum, oportuerat hoc prophetico nuntiari mysterio, quemadmodum virgineus nuntiatus est conceptus et partus. Nec enim talis editio minus divinæ operationis proferret insigne, quando naturæ viam in alios transposuisset fines. Nunc autem virilem segregans operam, et integritatis insinuans donum, hoc docet a Domino signum, quod editura sit virgo Salvatorem. Non enim præter naturam novum parturiendi designat iter virgini matri, sed a natura datum cum incorruptionis palma nativitatis dedicat sublimitate.

Non puto necessarium, nec brevitas concedit, ut de toto Scripturarum corpore subjiciantur exempla quibus fiat manifestum parere et generare mulieribus non nisi legitimo ventris officio concedi, ut illud: « Mulier quæ concepto semine pepererit masculinum (*Lev.* XII, 2). » Item: « Sanctifica mihi omne primogenitum quod aperit vulvam in filiis Israel (*Exod.* XIII, 1). » Si enim mulier aliter quam per vulvam, id est os uteri, generat, jam non omne primogenitum sanctificatur Domino, sed quoniam hoc stultum dicere, non virgo genuit, nisi per vulvam, et ipsius verbi vis significatioque manifeste dat intelligentiæ argumentum: ut enim videre ad oculos, audire ad aures, olfacere ad nares, gustare ad fauces, ita parere refertur ad vulvam. Alioquin si pro arbitrio singulorum liceat intellectus verborum variari, erunt universa confusa, et parere concipereque de viris etiam suscipietur. Cur non certe hæc verborum officia de viris prædicentur, si partus Salvatoris non viam tenuit uteri, sed exivit quacunque? Habes, et superbis, patrocinium poetarum figmentorum, ut et concepit vir et peperit. Quod, quia Christianus es, et eloquiis instructus veritatis, non dubito, repellis. Quia de re legitimum naturæ cursum vocibus prædicatum consuetis, non opinione nova pervertas, sed vera et usitata receptes interpretatione. Et cum legeris, audieris, pronuntiaveris, vel Virginem peperisse Christum, vel natum de Virgine Christum, illico tibi semita naturæ janua vulvæ occurrat. Sicque te non error per devia ducet, sed verus intellectus in tramite recto tenebit. Ne autem argumentis hæc videamur tantum comprobare, testimoniis dicere vera de ortu Salvatoris quæ asserimus esse.

Idem propheta Isaias: « Et accessi ad prophetissam, et concepit et peperit filium, et dixit Dominus ad me: Voca nomen ejus, Accelera spolia detrahere, festina prædari (*Isa.* VIII, 3) [b]. » Adverte partum virginis prophetali signatum ministerio. Propheta accessit ad prophetissam, quia Spiritus sanctus venit ad Mariam: concepit illa, et peperit filium, magis Spiritus sancti dono, quam sementivo virili. Quemadmodum Sara et sterilitate infecunda, et senio jam frigida, ut mater virgo de Spiritu sancto et imprægnanda et generata prophetaretur. Et conceptus ergo et partus in prophetissa processit, ut hæresis futura damnaretur, asserens Mariam concepisse, nec ut feminam generasse. Sed prophetissa non in altero fallit, in altero verum præfigurat, quoniam genitrix Salvatoris et virgo de Spiritu sancto concepit, et sicut femina salvo pudore generavit.

Item alibi: « Rorate, cœli, desuper, et nubes pluant justum, aperiatur terra, et germinet Salvatorem (*Isa.* XLV, 8). » Admirabili sane brevitate propheticus sermo, et annuntiationem angeli et prophetarum vaticinia, et conceptum virginis, et modum generationis exposuit. Ortum denique Christi et angelus insinuat, nec prophetæ tacent, et uterus virginis aperitur ad sobolem, et pudoris claustrum germinat Salvatorem: ut in apertione videas conceptum virginis, in germine intelligas partum pudoris, ut enim germen venam servat natalem, nec alieno semine concretum, sed genitricis est propriæ sementivum, juxta quod Genesis testatur de arboribus et herbis loquens: « Cujus semen sit, inquiens, in semetipso (*Gen.* I, 11), » sic virgo Maria non de virili, sed de proprio semine concepit, et genitali rivo exposuit conceptum. Propterea virga Aaron aperitur in germen, erumpit in flores, qui foliis dilatatis formantur in amygdalas, ut insinuetur coagulum seminis, concretio conceptus, expositio partus. Et quemadmodum virga

[a] *Dissice ventrem.* Acherius in margine monuit legendum fortasse *disseca*. Sub initium capitis sequentis ex cod. Dall. adjecimus *confitetur* ante *concepturam*.

[b] *Adverte partum.* Ultima vox addita est e codice Dallæi.

Aaron protulit telluris absque subministratione et A humoris irrigatione, nativas tamen per semitas, germen, flores et fructum, sic mater virgo non de voluptatis rivo, nec de maritali commercio, genitalem tamen per semitam genuit carnem Verbum factum.

CAPUT V.

Testimonia alia.

Jeremias, quoque hunc sacrum Virginis partum præsagiens, ait: « Creabit Dominus novum super terram: femina circumdabit virum (*Jer.* xxxi, 22). » Discerne quid novum dixerit creatum iri, scilicet quod femineo tantum semine sancti Spiritus per ministerium matricis in gremio habitus configuretur virilis. Et quoniam nascendo talis conceptus uteri B senitas non præteriret, qui cursus nativitatis cunctis datus mortalibus, merito illud siluit, in quo præter inviolatum pudorem sub nascendi lege nihil afferret novi.

Ezechiel quoque: « Et converti me ad viam portæ sanctuarii exterioris, quæ respiciebat ad orientem, et erat clausa; et dixit Dominus ad me: Porta hæc clausa erit, non aperietur, et vir non transiet per eam, quoniam Dominus Deus Israel ingressus est per eam, eritque clausa principi. Per viam vestibuli portæ ingredietur, et per viam ejus egredietur (*Ezech.* xliv, 3). » Æstimo quod hic locus omnem solvat hujus nodum quæstionis. Etenim portam quam describit propheta majores intellexerunt Virginem Ma- C riam, quæ bene monstratur clausa, quia virgo semper manet intacta, et vir non transiet per eam. Intende diligenter cui negatur transitus, et qua negatur. Negatur prorsus viro, qui poterat violare, et ab eo removetur, quod poterat per coitum corrumpi. Nemo enim removet ingressum, quia ratio naturæ nec viam admittit, nec transitum, qua de re quando dicitur: « Vir non transiet per eam, » non de latere, nec de cerebro, nec de femore dicitur, quoniam transitus conjugalis ad alias refertur corporis partes, quibus natura ad coitum viam præbuit et transitum. Quoniam vero qua virilis removetur transitus, illac Dominus Deus Israel est ingressus, subsequens sermo demonstrat, dicendo: « Dominus Deus Israel ingressus est per eam. » Utque omne demat ambiguum, D subjicit: « Per viam vestibuli portæ ingredietur, et per viam ejus egredietur. » Noli jam de via Salvatoris, quam nascendo secutus est, hæresis nova dubitare. En tibi propheta tanquam sub oculos metaphorice muliebris vulvæ et vestibulum et viam ponit. « Ingressus est » denique « Dominus Deus Israel per viam vestibuli hujus portæ, » quia per incarnationis mysterium virginale introivit gremium, et per viam hujus portæ egressus est, quoniam humanitate suscepta in domum mundi per incontaminatam exiit vulvam. Non igitur nescio quem Dei Filio de utero mortis confingas egressum. Spiritus sanctus te doceat veritatem, qui et thalamum tanto dignum sponso sanctificavit et portam. Sed quid in difficilioribus et mysticis locis immoramur? ad aperta veniamus, et de domorum claustris, id est secretorum figuris ad portarum latitudinem migremus, quatenus vestigia sponsi, et emissiones sponsæ, sub divo contemplemur.

In lege omne primogenitum sanctificatum erat Domino, significans eum qui solus sanctus et sine peccato natus est. Sic enim super hoc habes scriptum: « Sanctifica mihi omne primogenitum quod aperit vulvam in Israel (*Exod.* xiii, 1). » Item: « Cumque introduxerit te Dominus in terram Chananæi, sicut juravit tibi et patribus tuis, et dederit eam tibi, separabis omne quod aperit vulvam Domino (*Ibid.*, 11, 12). » Item: « Nam cum induratus esset Pharao, et nollet nos dimittere, occidit Dominus omne primogenitum in terra Ægypti. Idcirco immolo Domino omne quod aperit vulvam masculini sexus, et omnia primogenita filiorum meorum redimo (*Ibid.*, 13-15). » Nota quod primogeniti sunt qui vulvam nascendo primi aperiunt, ut consequenter accipias hoc esse nasci de femina, quod est oriendo vulvam exire. In catalogo præceptorum: « Primogenitum filiorum dabis mihi (*Exod.* xxii, 29). » Alibi: « Omne quod aperit vulvam generis masculini meum erit (*Exod.* xiii, 2). » In Levitico: « Mulier si suscepto semine pepererit masculum, » et reliqua (*Lev.* xii, 1). Item: « Sin autem feminam pepererit (*Ibid.*, v. 5), » etc., et generare et parere docet feminas, non aliud esse quam per vulvam emittere partum. In numeris: « Meum est omne primogenitum ex quo percussi primogenitos in terra Ægypti. Sanctifica mihi quidquid primum nascitur in Israel (*Num.* iii, 13). » Et superius: « Ego tuli Levitas a filiis Israel pro primogenito, qui aperit vulvam in filiis Israel (*Ibid.*, 12). » Et in sequentibus: « Numera primogenitos sexus masculini de filiis Israel a mense uno (*Ibid.*, 40). » Et supra: « Tollesque Levitas mihi pro primogenito filiorum Israel (*Ibid.*, 41). » Et infra: « Pro primogenitis quæ aperiunt omnem vulvam in Israel accepi eos (*Num.* viii, 16), » nimirum Levitas. Mea sunt omnia primogenita filiorum Israel. Alibi: « Quidquid primum erumpit e vulva cunctæ carnis quam offerunt Domino, sive de hominibus, sive de pecoribus fuerit, tui juris erit (*Num.* xviii, 15). » Ergo omnis partus, tam hominum quam jumentorum, per vulvam erumpit. Qua de re omnis de femina nascens per vulvam egreditur. Non ergo nobis incertam generent quæstionem verba quæ consuetudine sua et usu Scripturarum certam suæ significationis subministrant notionem, ut enim ambulare de pedis officio, si parere de vulvæ ministerio prædicamus. Non igitur confundit dubietas quod intellectus manifesti significatio declarat. Ut autem sine viæ directione non pervenitur ad limitem destinatum, sic nisi per verborum significantiam veram, locutionis veritas non aperitur. Partum igitur aut natum vel si quo alio nomine talis actio nominatur, feminarum, docti et naturæ veritate, et consuetudine nascendi, et auctoritate Scripturarum, non aliud præter verba significatarum rerum de rebus significatis intelligamus, ne procul a veritate evagemur, dum veritatis signa vel non cognoscimus, vel prava interpretatione pervertere molimur. Secundum datam regulam Evangeliorum super Salvatoris nativitate dicta contemplemur.

In Matthæo sic scriptum legimus: « Angelus Domini apparuit Joseph in somnis dicens: Joseph fili David, noli timere accipere Mariam conjugem tuam, quod enim in ea natum est, de Spiritu sancto est. Pariet autem filium, et vocabis ejus nomen Jesum. Ipse enim salvum faciet populum suum a peccatis eorum. Hoc autem totum factum est ut adimpleretur quod dictum est per prophetam dicentem: Ecce in utero habebit et pariet filium, et vocabitur nomen ejus Emmanuel, quod interpretatur *nobiscum Deus*. Exsurgens autem Joseph a somno, fecit sicut ei præcepit angelus Domini, et non cognoscebat eam donec peperit filium suum primogenitum, et vocavit nomen ejus Jesum (*Matth.* I, 20 *et seq.*). » Cum ergo natus esset Jesus in Bethlehem Judæ, toties nativitas prædicata Salvatoris, toties narratus Virginis partus, virginitas perdocetur, virilis removetur amplexus, non tamen vulvæ transitus abnegatur. Verum et evangelistæ dictis, et prophetæ vaticinio Salvatoris ortus per vulvam exstitisse monstratur, quoniam non parit femina, nisi per vulvam, non exit infans, nisi per uteri januam.

Lucas taliter super hac loquitur nativitate: « Ingressus angelus ad Mariam dixit: Ave, gratia plena, Dominus tecum, benedicta tu inter mulieres. Quæ cum audisset turbata est, et cogitabat qualis esset ista salutatio, et ait angelus ei: Ne timeas, Maria, invenisti gratiam apud Dominum. Ecce concipies et paries filium, et vocabis nomen ejus Jesum. » Et infra: « Dixit autem Maria ad angelum: Quomodo fiet istud, quoniam virum non cognosco? Et respondens angelus dixit ei: Spiritus sanctus superveniet in te, et virtus Altissimi obumbrabit tibi. Ideoque et quod nascetur ex te sanctum, vocabitur Filius Dei (*Luc.* I, 28 *et seq.*). » Si nondum vel naturæ solemnitate, vel exemplo nascentium quid sit parere acquiescis, saltem missus ad Zachariam angelus ex ipso Evangelio te instruat. Ait autem illi angelus: « Ne timeas, Zacharia, quoniam audita est deprecatio tua, et uxor tua Elisabeth pariet tibi filium (*Luc.* I, 13). » Cum unum verbum super utroque promittitur partu, et quomodo non idem ventris ostium significatur? Dispar conceptionis ordo, non dispar est lex nascendi, quoniam Joannes de semine viri, Jesus de Spiritu sancto concipitur, et ille per portam per quam transivit vir, exponitur, iste per intemeratam pudoris aulam generatur: ambo tamen pariuntur, quoniam uterque per vulvæ januam excipitur. Attestatur etiam nostræ orationi evangelista, quando ait: « Ideo quod nascetur ex te sanctum. » Memento quid de primogenitis, id est qui aperiunt vulvam, legifer mandaverit, et intelligas sanctum primogenitum vocari, et primogenitum qui aperit vulvam, quare et Jesus cum sanctum Domino dicitur et primogenitus appellatur. Et si primogenitus, utique vulvam aperuit, non ut clausam corrumperet, sed ut per eam suæ nativitatis ostium aperiret, sicut et in Ezechiel porta et clausa describitur, et tamen Domino Israel narratur aperta, non quod liminis sui fores dimoverit ad ejus egressum, sed quod sic clausa patuerit dominanti.

Idem evangelista rursus: « Factum est autem cum essent ibi, impleti sunt dies ut pareret, et peperit filium suum primogenitum (*Luc.* II, 6). » Et de Elisabeth fere eadem scribuntur: « Elisabeth autem impletum est tempus pariendi, et peperit filium (*Luc.* I, 57). » Sicut utriusque feminæ tempus ut pareret assignatur, sic ambobus nascentibus infantibus eodem verbo idem ventris ostium monstratur. Et deinceps: « Postquam impleti sunt dies purgationis Mariæ secundum legem Moysi, tulerunt Jesum in Jerusalem ut sisterent eum Domino, sicut scriptum in lege Domini: Quia omne masculinum adaperiens vulvam, sanctum Domino vocabitur (*Luc.* II, 22). » Si tibi minus satisfecerant verba quibus genuisse Maria perdocetur, ut propterea aliunde quam per vulvam de Virginis aula processisse Jesum garrias, quoniam honestiori sermone pudendum mulieris fuerat obvelandum: tandem verbis evangelistæ acquiescens, disce non translato, sed suo proprio vocabulo os feminei ventris insinuatum, atque per illud Salvatorem nascendi subisse progressum. Nam si fuit aliud Mariam peperisse quam masculinum ejus vulvam aperuisse, non secundum legis præceptum sisti Domino, nec sanctum Domino debuerat vocari. « Quoniam omne masculinum adaperiens vulvam, sanctum Domino vocabitur (*Ibid.*, 23). » Nunc vero et peperit eum Maria virgo, et per vulvam ejus egressus est Salvator, et tanquam primogenitus adaperuit eam, non quo violaret integritatem uteri, sed quo ventris palatium vacuaret, unde et mater, quanquam non suscepto semine genuerit, quia vero illi masculus adaperuerit vulvam, secundum legem et purgationis dies implet, et hostiam ad templum cum puero Domino sistendo, defert.

CAPUT VI.

Ex Patribus suam asserit sententiam.

Verum quoniam breviter ista de divinæ auctoritatis collegimus libris, quibus Salvatoris ortum per intemeratæ vulvam Virginis doceremus, libet etiam majorum traditionibus firmare sententiam nostram, quatenus multitudine testium et adversarius confutetur, et fideles uberius instruantur. Locos tamen in medium deducemus, et eorum ipsorum testimonia pauca, ut propositæ modum brevitatis custodiamus. Alioquin si unius eorum, ne dicam omnium, super hoc dicta in unum conferre voluerimus, multorum corpus voluminum conficiemus. Ambrosius cœlestis tuba, specimen sanctitatis, fidei robur inexpugnabile, dum de humano Salvatoris exortu tractaret (*in Luc.* l. xi, c. 2), ita fatus est: A « An mediocribus signis Deus probatur, quod angeli ministrant, quod magi adorant, quod martyres confitentur? Ex utero funditur, sed coruscat e cœlo; terreno in diversorio jacet, sed cœlesti lumine viget. Nupta peperit, sed virgo concepit. Nupta concepit, sed virgo generavit. » Quam subtiliter inviolati pudoris edocet secretum, quam magnifice virginem describit, et matrem nuptam prædicat et intactam! Rursum narrat ex utero Christum, ut eum per naturæ viam sentias processisse, nec æstimes peregrinos ortus sui exitus requisisse, quem vena uteri naturali fluxu emisit in lucem. Quod ut clarius commendaret, adjecit, nuptam peperisse, sed virginem concepisse; et nuptam concepisse, sed virginem peperisse: ut B conceptu virginis et partu removeas virile consortium. Animadvertis autem membra suis a natura ministeriis deputata, ut conceptus ad matricem, partus ad orificium referatur. Quibus denique membris mulier nupta concipit et parit, eisdem virginem et fecundatam credas et enixam.

Rursus in sequentibus: « Omne masculinum adaperiens vulvam, sanctum Domino vocabitur. » « Verbis enim legis promittebatur Virginis partus. Et vere sanctus, quia immaculatus. Denique ipsum esse qui lege signetur, in eumdem modum ab angelo repetita verba [declarant: « Quia quod nascetur, » inquit, « sanctum, vocabitur Filius Dei. » Non enim virilis coitus vulvæ virginalis secreta reseravit, sed immaculatum semen inviolabili utero Spiritus sanctus C effudit. Solus enim per omnia ex natis de femina sanctus Dominus Jesus, qui terrenæ contagia corruptelæ immaculati partus nativitate non senserit, et cœlesti majestate depulerit. Nam si litteram sequamur, quomodo sanctus omnis masculus, cum multos sceleratissimos fuisse non lateat? Nunquid sanctus Achab? Nunquid sancti pseudoprophetæ, quod ad Eliæ preces ultor cœlestis injuriæ ignis absumpsit? Sed ille sanctus, per quem figuram (a) mysterii pia legis divinæ] præscripta signabant. Et quod solus sanctæ Ecclesiæ virginis ad generandos populos Dei immaculatæ fecunditatis aperiret genitale secretum. Hic ergo solus aperuit sibi vulvam. Nec mirum: qui enim dixerat per prophetam: « Priusquam te formarem in utero, novi te, et in vulva matris sanctificavi te (*Jer.* i). » D Qui ergo vulvam sanctificavit alienam, ut nasceretur propheta, hic est qui aperuit matris suæ vulvam, ut immaculatus exiret (S. Ambros., l. ii *in Luc.*, c. 2; S. Aug., l. ii *de Peccat. orig.*, c. 40, et lib. i *cont. Jul.*, c. 2.)

Orator insignis hac oratione primo antiquæ legis explanans edictum, dogmatizat sanctum legale unius veri sancti mysterium signasse, qui sæculi sub fine natus de Virgine, terrenæ contagia corruptelæ immaculati partus novitate non senserit, sic aperiens virginalem vulvam nascendo, ut tamen eam relinqueret clausam non violando. Alioquin si non illum Scriptura significavit, quæ de masculis sanxivit ut habeantur sancti, ostendit verum non esse decretum multorum pravitas masculorum. Sed lex Domini immaculata et testimonium fidele. Qua de re quærendus est intellectus qui possit aptari merito veritati, ubi sanctus ille solus repetitur, qui sine peccato conceptus, sine delicto genitus, sanctæ Ecclesiæ virginis ad generandos populos Dei immaculatæ fecunditatis aperuit genitale secretum. [(b) Quo mystico dicto testatur, matris virginis quod immaculatæ fecunditatis aperuit genitale secretum.] Non enim hoc genus narrationis ad Ecclesiam per mysterium coaptaret, nisi rei veritate de virginalis vulvæ reseratione factum fuisse docere voluisset. Quem sequentia comprobant intellectum, ait enim: Hic ergo solus aperuit sibi vulvam. Quid amplius requiris quando signatis attestatur quod dicimus verbis? Et aperuit enim, et vulvam dixit, quo nihil per figuram reputes dictum. Igitur manifesta confirmat sententia, quod olim vetus Scriptura loquebatur: « Omne scilicet masculinum quod aperit vulvam, sanctum Domino vocari, » ut non moderno sed antiquissimo discas tempore signatum fuisse, non solum quod de Virgine nasceretur Jesus, verum quod per intemerati pudoris vulvam nasceretur.

Utque nativitas ista impolluta de inviolato, non coinquinata de corrupto egressu putaretur, docet sub exemplo adhuc in vulva sanctificati prophetæ. Subjungit autem: Qui enim dixerat ad prophetam: « Priusquam te formarem in utero, novi te, et in vulva matris sanctificavi te, » qui ergo vulvam sanctificavit alienam, ut nasceretur propheta, hic est qui aperuit matris suæ vulvam, ut immaculatus exiret. Cessent jam verba nostra, ubi tanti doctoris verbis instruimur quid de Salvatoris ortu sentire debeamus. Non enim explicare debemus quid dixerit, cum potius involvere quam manifestius aperire queamus, nisi forte quis adeo rudis exstiterit, ut vulvam fore pudendum mulieris ignoret.

CAPUT VII.

Testimonia ex Augustino et Hilario.

Procedat sed in conspectum Augustinus, fluvius eloquentiæ, perscrutator secretorum, occultorum revelator, propugnator Ecclesiæ, hæreticorum debellator, et quid super Salvatoris sentiat exortu palam profiteatur. In sermone de Natali Domini, dum de modestia Virginis, et mirabili Salvatoris conceptu declamaret, sic ait: « Pronuntiato per angelum partu cœpit Verbum formari, conceptione colligitur in homine Deus, et cum sustinet venter cui parvus fuerat mundus, et intra breve virginei corporis spatium pro nobis est incarnata majestas, fecunda viscera

(a) *Per quem figuram.* Eumdem locum exscripsit Radbertus, apud quem legitur *quem in figura.* Ante hæc Ambrosii et Augustini elogia, ubi scripsimus ex cod. Dall. *Virginem et fecundatam*, editum antea erat *virginem fecundatam.*

(b) *Quo mystico.* Totum hoc additum est e cod. Dall.

Verbo auctore tenduntur, completisque novem mensibus venter cœlestem hominem fudit, natumque Dominum publicat angelicus sermo. » Diligenti descriptione quam brevissime prosecutus est, et principia conceptus, et constructionem soliditatis, et augmentum corporis. Mensium quoque spatium quo intra secreta ventris infantilis coaluit successus, inde progressus in auras, et in nativitatem Dei angelica conclamatio. Vide profecto quoniam et conceptum dicit, et concretum, et fusum, id est non per peregrinam irruptionem egressum, sed per vestibulum ventris virginalis fusum.

Item in alio sermone super eadem nativitate: « Natus ergo Dominus noster ex carne quidem, sed non ex corruptione carnali: natus ut homo, sed non genitus ut homo. Ita suscepit carnem, ut servaret majestatis honorem, et sic segregavit puritatem nativitatis suæ a colluvione concretionis humanæ. Peregit quidem in ortu suo plenam hominis dispensationem, sed Dei tamen non deseruit dignitatem. » Vides a doctore isto et divinitatem Filii Dei, et humanæ nativitatis ordinem designari. Dicit enim eum natum ex carne, scilicet de membris et humanitate virginis, lege quidem carnis, sed præter corruptionem carnis, utque manifestius quid diceret animadverteres, ait: « Natus ut homo, sed non genitus ut homo. » Cerne quam plenissime nativitatis Christi mysterium reseravit. Ait namque: « Natus ut homo, sed non genitus ut homo. » Quid est, natus ut homo? Quia per vulvam, per quam nascitur omnis homo, de virginis utero egressus est. Et quid est non genitus ut homo? Quoniam non de semine viri, sed de Spiritu sancto est incarnatus. Fac ut non fuerit egressus per ostium ventris, non erit verum quod natus fuerit ut homo: sed natus est ut homo, igitur per ventris ostium, id est vulvam, natus est.

Hilarius, vir virtutum omnium atque ornamentorum, et sicut vita ita etiam eloquentia insignis, in libro Fidei secundo (*de Trinitate* lib. II, sub med.): « Unus unigenitus Deus in corpusculi humani formam sanctæ Virginis utero insertus accrescit. Qui omnia continet, et intra quem et per quem cuncta sunt, humani partus lege profertur. » Docet eum et corporis habitum ex Virgine et intra Virginem induisse, et de more nativitatis humanæ, virginalis vulvæ penetrasse secreta. Commutatis siquidem verbis idem quod Pater Augustinus protestatur: ille namque quod natus sit ut homo testificatur, at iste quod humani partus lege prolatus est, intonuit. Quatenus uterque dum Salvatoris processum de Virgine consona Scripturis sacris voce profitentur, et veritas doceatur, et falsitas subruatur.

CAPUT VIII

Item ex Gregorio papa et venerabili Beda.

Ut autem nullus adversario locus relinquatur contradictionis, procedat in medium Gregorius, speculum sanctitatis, eloquium lacteum, regula morum, et Dominici partus genituram verbis doceat veritatis. In homilia 26, dum propositam solveret quæstionem quod corpus Dominicum et verum fuit, et clausis januis ad discipulos introivit, tali sub exemplo comprobavit: « Illud enim corpus Domini introivit ad discipulos januis clausis, quod videlicet ad humanos oculos per nativitatem suam clauso exiit utero. » Dicitur quod quemadmodum Dominus Jesus Christus post resurrectionis gloriam cum corporis veritate diversorium discipulorum, non per parietem, nec per postica, sed per januam non tamen reseratam, ingressus est, ita de matris alvo procedens, non aliunde, sed per vulvam, clausam tamen, exivit. Dicis forte clausis ad discipulos januis Dominum introisse, non tamen per locum januarum, sed per quamcunque penetrasse partem. Primo quid ad divinum miraculum spectat clausis ostiis aliunde ingressum? Aut quid dignum evangelistæ commendatione, inde introisse Dominatorem, per quod quislibet ingressum sibi poterat reperire mortalium? Aut Omnipotenti si nihil esse clausum quiret ad introitum, cur non idem super januarum aditu suscipiatur, ut et illis clausis, attamen suo adventui reseratis ad discipulos foret ingressus? Sed quid respondebis de sepulcro, quandoquidem non solum clauso, verum etiam obsignato illo, corpus redivivum reposuit sub auras? An dices quod tantæ subtilitatis corpus illud substiterit Jesu, ut tenuius ventis, exilius aere nequiverit tumuli parietibus coerceri? Sed quanquam sit impium ista sentire de Salvatoris corpore, cum post resurrectionem dixerit ad discipulos: « Palpate et videte, spiritus carnem et ossa non habet, sicut me videtis habere; » et natura non patitur ut et ossium et carnis soliditate duratum sit crassum, et subtilitatis exilitate deductum sit tenue: nec catholica fides naturæ corporis aut qualitati ascribit quod clausum exierit sepulcrum, quod obseratis foribus penetraverit ad discipulos, sed Divinitatis potentiæ et resurrectionis gloriæ. Alioquin non erit jam miraculum Deitatis commendans insigne, quod naturæ ratione tenebitur astrictum. Attamen concedimus et ista, quamvis impia, quamvis contra fidem. Nunquid non idem de januis confiteberis clausis? Velis, nolis, hoc laqueo illigaberis. Ergo exiit clauso sepulcro, et ingressus foribus obseratis. Tantumdem igitur licet invitus, licet resultans, concedis virginali vulvæ, nec infirmior, nec inhumanior superni numinis proles exstitit circa maternæ claustra vulvæ, ut et clausam relinqueret, et per eam transiret, quemadmodum tumuli sui signa, et discipulorum domus ostium vel exivit, vel introivit, nec transeundo patefecit.

Beda, presbyter Angelorum, Christi membrum non reprobum, de hac quæstione non dissimilem superioribus profert sententiam in Commentario Lucæ (*in cap.* II), dum de Salvatoris nativitate et partu virginis loqueretur, sic ait: « Quod autem Filium suum primogenitum Maria peperisse describitur, non juxta Helvidium nobis accipiendum est, alios quoque filios eam procreasse, quasi nequeat primogenitus dici, nisi qui habeat fratres, sicut non unigenitus nisi qui caret fratribus, solet appellari quia et testimonium legis, et aperta ratio declarat omnes unigenitos, etiam primogenitos, non autem omnes primogenitos etiam unigenitos posse vocari Hoc est non solum primogenitum post quem alii, sed omnes antequam nullus e vulva processerit Denique quia omne masculinum quod aperit vulvam, sanctum Domino vocari præcipitur, sive fratres sequantur, sive non sequantur, quod primum de vulva nascitur, primogeniti est jure consecrandum » His verbis et virginitatem defendit Mariæ, et humani partus lege Salvatoris insinuat ortum Nam dum primogenitus et unigenitus perdocetur, fratres eum habere potuisse monstratur, quod nequaquam poterat esse verum, si Christus humana natus non fuerit lege Nec enim merito tunc vel primogenitus, vel unigenitus diceretur, quia non genitus, genitus autem, est nativitatis humanæ lege prolatus, Quare de re Christus non est natus sicut homo, nec si genuisset Maria præter Christum, potuisse Christus primogenitus vocari, quoniam non esset genitus, sed adversus uram naturæ vel ejectus, vel egressus Nunc vero et legis auctoritate, et Evangelii veritate hic doctor inductus dogmatizat Jesum primogenitum sacræ Virginis, quoniam et primus et solus natus est ex ea humani partus jure, quoniam nascendo aperuit vulvam, non ut violaverit uteri pudorem, verum quo ei signatam et intemeratam procederet januam, de secreto ventris ad humanos oculos Et idcirco quod primus de vulva natus est, primogeniti jure consecratur Nescio quid amplius ad hujus quæstionis comprobationem congerere sit necessarium testes Tot enim et tam magnæ auctoritatis viri, non solum quilibet sufficere catholico possunt, verum quemvis hæreticum, et fidei gravitate, et sapientiæ lumine conterere queunt

CAPUT IX

Item ex Hieronymo

Ne autem sibi quidquam commentum novitatis adesse queratur, jam nunc ipsa Virginis pudenda nudo nomine dicta, et per ea genitum Salvatorem in medium constituamus Hieronymus, sacræ legis interpres, omnium peritissimus disciplinarum, fidei turris inconcussa, sapientiæ lampade splendidissimus eloquio facundissimus, Latini, Græci Hebræique sermonis doctissimus, in libello adversus Helvidium, constituens primo ipsius Helvidii super hac re dicta, postea suam sententiam profert, qua bene ab hæretico insinuata confirmat Sic enim legitur « Nunquid non quotidie Dei manibus parvuli finguntur in ventribus, ut merito erubescere debeamus Mariam nupsisse post partum? Quod si hoc illis turpe videtur, superest ut non credamus [a] etiam Deum per genitalia Virginis natum Turpius est enim juxta eos Deus per Virginis pudenda genitum, quam Virginem viro suo nupsisse post partum » Hactenus hæreticus de nuptu Virginis post partum nefandissima latrat Sed de generatione Filii Dei per hominem verissima narrat, quod sequens oratio doctoris nostri declarat manifeste Talis enim est « Junge, si libet alias naturæ contumelias, novem mensibus uterum insolescentem, fastidia partum, sanguinem, pannos Ipse tibi describatur infans tegmine membranarum solito convolutus ingerantur dura præsepia, vagitus parvuli, octavi diei circumcisio, tempus purgationis, ut probetur immundus, non erubescimus, non silemus Quanto sunt humiliora quæ pro me passus est, tanto illi plus debeo Et cum omnia replicaveris, nihil cruce contumeliosius profers, quam profitemur, et credimus, et in qua de hostibus triumphamus Sed ut hæc quæ scripta sunt, non negamus, ita ea quæ non sunt scripta, renuimus natum Deum esse de Virgine credimus, quia legimus Mariam nupsisse post partum non credimus, quia non legimus »

Distinctione prudenti vir doctissimus quæ fuerant ab adversario male ingesta removit, et quæ catholice prolata suscepit, quæ vere dicta confirmavit, et quæ ore blasphemo jaculata redarguit Per genitalia Virginis natum esse Deum confessus est post partum nupsisse Mariam reprobavit quod genitalia et pudenda in injuriam sacri partus deprompserit, exsecratus est, quod Verbum caro factum per secretam ventris januam exire non repudiaverit, approbavit Inde est quod et alias naturæ depositiones annexuit, novem mensibus uterum insolescentem, fastidia, partum, sanguinem, pannos, infantem tegmine membranarum solito convolutum, dura præsepia, vagitus, circumcisionem, tempus purgationis, novissime crucis contumeliam, hæc universa tanquam catholicus amplexatur, suscipit, veneratur Quanto namque humiliora pro electis passus est Creator, tanto plus illi debent hac oratione doctoris egregii considerare, quia non pauca dinumerat, quæ parvulus nequiverit sustinere, si non humani partus lege natus est, ut partum, sanguinem, pannos, membranarum convolutionem, vagitus Universa hæc et genitalis virginei secretum, et humanæ nativitatis legem protestantur

Pariter quoque disce Spiritum sanctum hanc sacrosanctum qui protestatus est ortum, et sanctos doctosque homines, qui eum postea verbis scriptisque suis commendavere populis, magis illum voluisse sermonis honestioris insinuare circuitu, quam simplicis eloquii servando proprietatem, aliquid quod offenderet audientes, in medium proferre decebat enim tantam rem non humilibus, sed magnis, non sordidis, sed honestis exponere verbis, ut illud « Orietur stella ex Jacob, et consurget homo de Israel, et exiet virga de radice Jesse, et flos de radice ejus descendet Rorate, cœli, desuper, et nubes

[a] *Ut non credamus* Alias, *credant*, ait Acherius in margine, atque ea lectio mihi magis placet Ex hoc loco liquet, eam de partu Virginis opinionem quam Ratramnus propugnat, ita communem fuisse, ut de altera nemo cogitaret

pluant justum, aperiatur terra, et germinet Salvatorem (*Num.* xxiv, 17; *Isa.* xlv, 8). » Neque enim defuere Spiritui sancto verba, quibus genitale virginum valuerit aperire, sed rem præclaram atque magnificam præclaris magnificisque delegit figuris edocere. Accessit tamen et propius, et legitimis propriisque decoris adaperuit sermonibus; propterea Propheta: « Ecce virgo concipiet in utero, et pariet filium (*Isa.* vii, 14). » Et: « Puer natus est nobis, filius datus est nobis. » Et angelus ad Mariam: « Ecce concipies et paries filium (*Luc.* i, 31), » et multa horum similia. In omnibus istis et naturalibus et decentibus Christi nativitas commendatur verbis.

Vitatur tamen suo vocabulo pars illa membrorum qua partus egreditur, commemorari, utpote nec honestum, nec necessarium. Alioquin quando nomina ponuntur officiorum et verba, quis non et ea membra quibus illa peraguntur officia, statim intelligit? Si quidem et videre per oculos, et audire per aures, et ambulare per pedes intelligimus, nec quando de aliquo prædicatur, ut vidit, audivit, ambulavit, ponuntur pariter oculi, aures, pedes, nisi distinctionis et intelligentiæ gratia, nec sic nos significata verborum advertimus, ut, non partem, etiam membra illa sine quibus talia ministeria non explicantur, sentiamus. Qua de re quod superfluum et turpe erat super sacri partus actu refugit enuntiare oraculum cœleste, refugerunt et sancti homines. Porro quod plenum significationis et commodationis modestiam habebat, exposuere. Nec tamen et hoc usquequaque vitarunt, sive propter futuros veritatis inimicos, sive propter tollendæ dubietatis occasionem. Inde est quod ait Lucas evangelista: « Postquam impleti sunt dies purgationis Mariæ secundum legem Moysi, tulerunt Jesum in Jerusalem ut sisterent eum Domino, sicut scriptum est in lege Domini: Quia omne masculinum adaperiens vulvam, sanctum Domino vocabitur (*Luc.* ii, 22). » Nec mirum si noluerint graves et reverendi doctores talia super gloriosissimæ nativitatis contumeliam referre, qualia nec vulgus super cujuslibet paupérculæ partu non erubescit confiteri.

Ergo et iste doctor insignis, cujus hic testimonium protulimus, cum recepisset ab inimico veritatis testimonium veritatis super divina generatione, indignatur tamen verborum injurias in Virginis contumelias, quod illis verbis quanquam naturalibus, quanquam propriis, humilibus tamen minusque modestis virginis narraverit partum.

CAPUT X.

In medium adducuntur poetarum Christianorum suffragia.

Amplius ergo jam non est quid requiras, quando nil superat de sancto partu quid discutias; siquidem pervenimus jam ad genitalia Virginis, transivimus ad pudenda puerperæ, ut cui non debat intelligentiam conceptus, partus, generatio, nativitas, apertio vulvæ, tandem doceant pudenda, erudiant genitalia, non dederint intellectum naturalia et honesta, dent saltem turpia et lignata. Quoniam tantum docti sunt nostri secretorum pervestigatores, ut potius obscuris et alienis, quam claris et propriis assentiantur significationibus.

Verum poetarum jam suffragia convocemus, ut omnis eloquentia testimonium ferat veritati. Prudentius, vir liberalium studiorum non ignarus, in Apotheosi dum de injuriis quas passa est vita mundi pro libertatem mundi disputaret, atque ab eis inviolabilem naturam, id est divinam, segregaret, easque passibili[a] substantiæ, id est humanæ, assignaret, sic ait:

> His affecta est caro hominis, quam fœmina prægnans
> Enixa est sub lege veteri, sine lege mariti.

Fideli prorsus et sapienti narratione et concubitum secrevit, et prolem naturaliter enixam disseruit. Legem removit mariti, et legem substituit uteri, ut de Spiritu sancto concepisse monstraret, per vulvam peperisse non taceret. Huic simile Fortunatus presbyter peregrinus, sed cœlestis civis, pauper rebus, censu fidei dives, in laude virginis Mariæ sic fatur (*Carm.* lib. viii, poem. 9, post init.):

> Sed redeo qua Virgo trahit laude canenda
> Qualis nulla fuit, nulla futura venit
> Quem que pluunt nubes justum de rore serenum,
> Hæc Salvatorem germine terra dedit.
> Hæc porta est clausa, in quam introivit nemo, nec exit,
> Ni Dominus solus, cui quoque clausa patent.

Non disconvenit superiori, imo aliis verbis hoc idem designat, nam gemina periodo eamdem sententiam commendans, et virginitatis prædicat integritatem, et humano de more nativitatis indicat expositionem, et Salvatorem conceptum divinitus narrat, et naturalis seminæ vena germinatum, utque clarius eliqueret quod loquebatur, attestatur Mariam portam exstitisse Ezechieliticam, per quam virilis nullus est introitus, vel exitus, solus vero omnipotens, cui nihil est clausum, per eam transit, ut qui concipit decrevit ex virgine, humani partus lege de ea nasceretur.

Post omnes Athanasius Alexandrinus veniat, ut qui dote virtutum, constantia probatæ fidei, sapientiæ doctrina, perseverantia confessionis, solus, ut ita dixerim, Arianæ perfidiæ subvertit multitudinem numerosam, et vexillum veræ credulitatis propugnator gerens invictus Ecclesiæ restauravit murum, roboravit statum, nostræ quoque disputationis confirmator assistat, et erroris sectam valenter evertat. Ad Epictetum adversus eos agens qui unius substantiæ Verbum et corpus quod assumpsit pro nostra redemptione dogmatizabant, cum fides teneat Christiana duas substantias, divinam scilicet huma-

[a] *Easque passibili.* Posterior vox addita est e cod. Dalli, cujus fidem secuti expunximus vocem *Gallicus* post *presbyter*. Infra *quia virgo*. Hæc nitiginis lectio magis placuit, quam quæ erat in textu *quia virgo*, statim in margine habebatur *de rore supino*.

amque in Christo conjunctas, ut in una persona A utraque natura suam possideat distinctionem, sic ait inter reliqua, « Propterea ergo necessaria Maria, ut ex ipsa corpus assumeret, et ut suum pro nobis corpus offerret, et hanc Isaias prophetizans ostendit, dicens: Ecce Virgo. Gabriel autem mittitur ad ipsam non transitorie virginem, sed ad virginem desponsatam viro, ut sponso ostenderet Mariam vere hominem fuisse. Et partus meminit Scriptura, et dicitur: Involvit puerum. Et: Beata sunt ubera quæ suxit. Et, oblatum est sacrificium, quoniam aperuit qui natus est vulvam. Hæc autem omnia parturientis virginis erant indicia, et Gabriel certissime evangelizavit ipse dicens non transitorie, quod nasceretur ex te, ut non de foris inditum ei corpus videretur, sed, ex te, ut ex ipsa naturaliter quod B natum est, esse manifeste crederetur, in hoc natura demonstrante, quia impossibile est virginem lac proferre, et impossibile est lacte nutriri corpus et pannis involvi non ante naturaliter natum. »

Orthodoxæ fidei constantissimus, quem Dominus posuerat in civitatem munitam, in murum æneum, et in columnam ferream regibus Judæ, principibus ejus et omni populo terræ, non aliter de Virginis partu aut sentire potuit, aut effari, quam sentit et prædicat Ecclesia, quæ est domus ædificata super solidissimam petram, columna et firmamentum veritatis, propter quod cum enumeret plura quibus approbat incarnatum natum Christum de Virgine, ut etiam novam depellat hæresim, dicitur quoniam qui C natus est aperuit vulvam. Hancque veræ confessionis doctrinam magis ac magis inculcans, inferius annectit: « Impossibile esset virginem lac proferre, et impossibile esset lacte nutriri corpus, et pannis involvi, non ante naturaliter natum. » Quid amplius vultis, novæ et inauditæ præteritis sæculis hæreseos, vel auctores, vel defensores? En consistit adversum cuneum vestrum Athanasius ille, quo olim contra perfidiam Arianam dimicavit. Illo certamine divinitatem Verbi defendit, hoc agone humanitatem propugnat. Tunc nativitatis quæ est de Patre veritati contradicebatur, nunc nativitatis quæ est de matre veritati resistitur. Hostes illi confligebant non esse natum Filium de substantia Patris, sed ex nihilo factum, isti oppugnant non naturaliter ortum Christum D de matris utero, sed prodigialiter exceptum. Ubique Christo contradicitur, ubique mundi liberatio maledictorum linguis injuriatur, sed propugnator doctus vincere, nesciens cedere, non de se tamen præsumens, sed in ipso pro quo pugnat confidens, accedat, et catervam superbia tumidam, vanitate subnixam, veritatis mucrone concidat.

Intorques pars adversa telum, et jactas: Non est natus Deus per naturam mulieris. Opponit fidei scutum vir fidelis, et refert gladium verbi Dei: « Oblatum est sacrificium quoniam qui natus est, aperuit vulvam. » Quid stupes falsitatis commentum? Non mucrone stimulatus, sed validissimo telo percussus es; oblatum est sacrificium, non vales negare; qua de re et apertam vulvam cogeris confiteri. Quod si aperuit vulvam, natus est per naturam mulieris sanguineam. Veternosus anguis quo convertis aciem? quo lubricum captas caput objectare? An adhuc conaris in vulnus et insibilas ore trisulco, si aperuit vulvam, corrupit? Sed os pestiferum obice Danielitico jam nunc oppiletur, ut squamosus draco per partes disjectus cesset dementare Chaldæos. « Isaias propheta: Ecce Virgo. Et Gabriel mittitur non transitorie ad virginem, sed ad virginem desponsatam viro, » et post, partum, post, involutionem parvuli, post lactationem, post oblatum, quoniam aperuit qui natus est vulvam, inclamat: Hæc omnia parturientis virginis erant indicia. Ergo virgo parit, non corrumpitur, virgini matri nascens Deus aperuit vulvam, nec violavit pudoris sigillum.

Nec ad hæc forsitan penitus conquiescis, sed inde rursus confractam concisamque in ictus manum moliri. Deo nascituro nihil fuit clausum, sed voluntas ut exstitit nascendi, affluit mox egressus, nec moras passus est nativitatis, cui sine processu factus est ortus. Et hanc perfidiæ calumniam sic elidit defensor fidei, non quo Divinitatis subroget potentiæ quidquam, sed quo humanæ nativitatis homini Deo contestetur veritatem, ut ex ipsa naturaliter quod natum est, esse manifeste credatur. Igitur naturaliter natum esse Deum hominem factum prædicat, ut per naturæ vulvam humani partus lege processisse cognoscas. Inde quoque docet haud aliter Virginem lege naturæ potuisse lac proferre, vel lacte nutrire corpus, vel consequenter pannis involvere non ante naturaliter natum.

Ergo omnifariam, adversario devicto, teneamus vera fide, confiteamur ore veridico, Verbum carnem factum per ministerium vulvæ naturaliter natum, secundum rationis consequentiam, et secundum divinarum testimonia Scripturarum, et secundum doctorum non contemnendam auctoritatem satis abundeque, ut æstimo, monstratum est, Dominum Salvatorem de Virgine sicut hominem natum, non ut integritatem violaret, illa nativitas, quia Maria virgo fuit ante partum, virgo in partu, virgo mansit et post partum. Sed ut qui de virgine corpus assumpsit, et intra gremium virginale concrevit, per aulam quoque virgineam naturaliter nasceretur. Quod si alicui ista non suffecerint, vel tarditate sensus, vel contradicendi studio, non deerit unde utrique subveniatur. Si tamen et vulnus aperire suum maluerint, et contentionis perniciem non amare. Lusimus hæc de more studentium: quæ si quis contemnet, exercitia nobis nostra complacebunt.

RATRAMNI

CORBEIENSIS MONACHI

DE CORPORE ET SANGUINE DOMINI

LIBER,

Ab omni novitatis aut hæresis Calvinianæ inventione aut suspicione vindicatus, ad amicam honestam et litterariam confutationem Dissertationis R. P. Joannis Harduini, societatis nominis Jesu, *de Sacramento altaris*, in qua, relicto proposito de tuendo epistola S. Joannis Chrysostomi ad Cæsarium monachum, auctorem dicti libri *de Corpore et Sanguine Domini* inventæ ac defensæ primulum hæresis Calvinianæ crimine accusavit, — auctore Jacobo Boileau, theologo Parisiensi. — Parisiis, 1712.

PRÆFATIO HISTORICA

Tot viri docti atque homines eruditi hoc opusculum quod præ manibus habes lector optime, de Corpore et Sanguine Domini conscriptum, jussu Caroli Calvi imperatoris, octingentis abhinc annis, nocturna manu diurnaque ætate nostra versavere, ejusque generis auctorem genuinum laboriose scrutati sunt, ut eorum lucubrationes accessionibus quibuscunque cumulare non solum inconsiderati, verum etiam otio et litteris intemperanter abutentis scriptoris esse videatur. Verumtamen cum in animo neutiquam habuerim quæ dicta sunt prius ab aliis incudi reddere, et male tornata recoquere, pertimescendum non esse mihi persuadeo quin a lectoribus eruditis et sapientibus non acceptum iri ut injucundum consilium quo novam editionem hanc faciendam cum cura et fide decrevi, adnotationibus et cogitationibus circumseptam, quibus auctoris hujus opusculi doctrinam ab omni erroris contumelia defenderem et fidem Ecclesiæ catholicæ placitis concordem, de Gallico sermone Latine scriptam tuendam reciperem.

Nihil inveniri potest ea ætate Caroli Calvi scriptum quod meditatione humana et cogitatione magis debeat reputari. Quippe nullum opus ad extricandas, et explanandas historiæ salebras, quæ fidei catholicæ perpetuitatem spectant de re Eucharistiæ sive veritate corporis Christi in sacro mysterio reconditi magis conducibile et necessarium. Verumenimvero librum de Corpore et Sanguine Christi non minus occultum remansisse in obscuris noni et decimi sæculi speluncis fateamur necesse est : scilicet, ab eo tempore quod primulum ovo exclusus est ad annum 1532, quo prima vice, obstetricante manu typographi, in lucem eductus est. Nihil enim magis excitare potest in mentibus hominum litteratorum admirabilitatem quam ducentis elapsis annis post mortem auctoris, scilicet quo tempore cœpit erumpere hæresis Berengarii, nullus scriptor ecclesiasticus catholicæ sive diversæ partis de eo mentionem fecerit in vindictam aut profligationem veritatis præsentiæ veræ carnis Christi, aut conversionis panis et vini in corpus et sanguinem, quam theologi hujus temporis majores transsubstantiationem appellavere. Unicus et solitarius auctor anonymus incurrit, cujus sermones sine sensu et sententia omnes eruditi homines esse fatentur : cujus ætas impervia et nemini homini litterato adnotata est, qui hunc scriptorem inter adversarios sancti Paschasii Radberti recensuerit abbatis Corbeiensis, qui de ejusdem rei genere materiam expolivit eodem fere tempore, aut supparí, quo monachus constitit ejusdem abbatiæ Corbeiensis : quem scriptores diversæ partis intelligunt et non infimi inter litteratos meriti sibi persuadent fuisse abbatem Orbacensem in diœcesi Suessionensi ex loco libri III Historiæ Rhemensis Flodoardi capit. 28. David Blondellus in adversariis enodationibus de Re Eucharistica, capite 13, pag. 427, Jacobus Usserius Historiæ Gotteschalci, capite 11, pag. 268. Revera præclare et fortunate egisse mihi videntur cum isto anonymo scriptores posteri, tenuissimi utcunque meriti homine litterato, cum præsertim ejus nomen solis annalibus emporeuticis inscribendum omissione sincera oblitteraverint, nec infelicius de scriptore ejus generis meritus esse videretur Pater Cellotius, Jesuita, si, postposita tanta curatione, ejus opus in tenebris reliquisset, nec tot notationum et commentariorum accessionibus onerasset et intemperanti usu typographicæ artis publici juris non fecisset anno Christi 1655, sed rectioni ac prudentiæ doctissimi Jacobi Sirmondi, societatis Jesu perennis ornamenti obtemperasset, qui ejusmodi generis opus luce publica cum plerisque suæ ætatis litteratis hominibus indignum indicaverat : cum Usserio diversæ partis scriptore, qui ex bibliotheca Cottoniana se pervidisse refert capite 11 libri de Ecclesiarum Chriinarum successione et statu, pag 46, § 16 A ernmenimvero hujusce libri anonymi σωλμυ-υ nec licius nec expeditius perspici et intelligi possunt uam ex autographo publici juris facto a Jesuiticoocio Cellotio cum notarum et adversariorum densis ecessionibus

Insuper Sigebertus, monachus Gemblacensis, et ontinenti tempore sancti Vincentii Metensis qui ieunte duodecimo sæculo vixit, et Joannes Trithemius, initio sæculi decimi quinti abbas Spanheiensis, in suis de Scriptoribus Ecclesiasticis το ινμ.δο.: λογσι Ratramnum inter scriptores vere dei ac catholicæ defensores referunt, et ejus litum de Corpore et Sanguine Domini, conscriptum ussu Caroli Calvi imperatoris, nulli suspicioni hæresis obnoxium aut adversus S Paschasium scriptum vel sententiæ Ecclesiæ catholicæ ulla ex parte epugnantem recensent Continenti tempore, solus ujus lucubrationis mentionem fecit non ita pridem ir illustris Joannes Fischerus, Roffensis in Anglia piscopus, ad dignitatem cardinalis provectus in carcere, et ab Henrico octavo, Magnæ Britanniæ rege, niquo homine et mulieroso, pro fide catholica et lefensione fortissima sedis apostolicæ capite plexus ætatis octuagesimo, idem opusculum Ratramni prodidit in testificationem fidei catholicæ de præsentia orporis et sanguinis Christi in Eucharistia et transubstantiatione, in præfatione libri quarti Eucharistiæ adversus Œcolampadium anno 1526, sex annis niciter antequam typis ederetur Coloniæ anno 1532 nt adjunxit Paschasium nullo discrimine doctrinæ idducto At vero cum primum in lucem publicam ductus est sudore pioli typographici, sortem incredibiliter variam et mutabilem expertus est quæ orte nulli auctori catholico usquam contigerat Quamvis nihil præseferret repugnans aut adversum veritati catholicæ, quod ex hac lucubratione tibi lector facile intellectum iri non dubitamus, cum tudio et cura et typis Protestantium Germanicorum publici juris factus fuerit tanquam opus quod suis superstitionibus et commentionibus propitium sibi finxerunt, omnes fere viri litterati, nescio quo veterno consopiti catholici, datis verbis Protestantium non abnuerunt et pravis consiliis non obstiterunt, opusque Ratramni omni examine postposito et ἀκρίτως D relicto, tanquam opus hæretica pravitate inquinatum et dolo maligno Protestantium nimiopere fabricatum perperam imposito nomine scriptoris catholici ut facilius intoxicatione celata venenum propinarent

Verumenimvero, censores a concilio Tridentino deputati anno 1559 ad examen librorum quos jure merito esse prohibendos Patres existimabant, hunc librum in catalogo collocarunt et inter opera prava relegarunt, adeoque hodie in hoc indice incurrit numero 9, sub nomine Bertrami his conceptis verbis *Bertrami liber qui inscribitur de Corpore et Sanguine Domini* Ejusmodi censorum judicium fuit continenter a Pio IV pontifice maximo promulgatum

Sixtus Senensis, ex ordine Dominicanorum, anno 1566, tertio circiter post celebrationem perfectam concilii Tridentini, non magis civili nec propitia manu excipit in sua præfatione Bibliothecæ Sanctæ quam Pio V inscripsit In qua postquam mortificante calamo et mordacitate charitatis diluto exaggerat audaciam insolentiam protestantium, qui fabricatis libris adespotis et pseudonymis suæ superstitioni propitiis Ecclesiæ catholicæ doctrinam impetebant, nomine et panoplia veterum Patrum induviati, in quorum numero aggregant librum prædictum Ratramni, « Sic, inquit Sixtus Senensis, proximis annis perniciosum Œcolampadii volumen adversus sacramentum corporis Christi invulgarunt sub titulo Bertrami presbyteri de Corpore et Sanguine Domini B ad Carolum Magnum »

Brevi temporis decursu post Sixtum Senensem illustrissimus Claudius Espenceus, quem sua ætate nullus doctor scientia aut eruditione Christiana superavit, his affectibus contaminatus non fuit quod zeli et sermonis Christiani nomine plerique indigitant, aquis rapidi fluminis abreptus se permisit quibus immersus videbatur Ratramnus inter hæreticos Cum enim sudaret labore exantlato suorum de Adoratione Eucharistiæ librorum, quos post obitum publici juris fecit illustris doctor Gilbertus Genebrardus, libro 11, capite 19, multos errores contra fidem in hoc recognoscit Ratramni opusculo, postquam admonitione prævia adnotavit auctorem C plus implicare materiam et salebris intricare quam enodare et explicare concludit esse opus supposititium, cujus Ratramnus genuinus auctor aut geminus esse non potuit

Sanctesius, episcopus Ebroicensis, qui fortibus et fulgentibus armis eodem sæculo adversus hæreticos veritatem defendit, eamdem inivit sententiam, et Ratramnum auctorem hujusce libri esse non potuisse tuendum recipit secunda repetitione de Eucharistia, capite 14

Eidem sententiæ deputatorum censorum concilii Tridentini annuit libentissime summus pontifex Clemens VIII, librumque ut hæreticum prorsus repudiavit, ejusque decretorio judicio obtemperarunt cardinales Bellarminus, Quiroga, Sandoval et Alanus

Sed doctores Lovanienses, dicti vulgo Theologi Duacenses, anno 1571, quo vita Espencei calculo laborantis stranguriæ doloribus in cœlos recessit, cum indici librorum prohibitorum in Belgio incumberent perficiendo, posse hunc librum, admissis quibusdam emendationibus, lege prohibitionis eximi, nec debere inter suppositititios recenseri, contra quam fas est etiam eis injuriose imponeretur Si quis persuaderet prædictos Belgas percontari voluisse et quædam loca emendare ut deletis quibusdam quædam nova loco expunctorum verborum ad libitum aggregarentur quippe facile sit intelligere eos nihil aliud in animo habuisse quam emendare et corrigere opus esse ea quæ viris æquis et litteratis et prudentibus necessaria et conducibilia ad faciliorem textus auctoris intelligentiam et sensum percipiendum viderentur, verbi gratia legendum esse numero 47, *invisibiliter* et non *visibiliter*. Hanc enim emendationem ideo opportunam judicarunt Protestantes ut eam libentius admiserint in editionibus Basileensi consentaneis anni 1557. Hi etiam doctores nunquam sibi persuaserunt dandos et applicandos esse sensus sententiæ hujus auctoris adversos et repugnantes iis quos habuit, cum ei commodos seu accommodatos esse dandos censuerunt, uti plane et perfecte demonstravit doctissimus Jesuita Jacobus Gretzerus, in secundo libro de Jure et Modo prohibendi libros malos capite 10 contra Junium, pag. 327, impress. Ingolstadii anno 1603. Hæc nihil aliud significant nisi ei scribendum et tuendum esse sensum Ecclesiæ catholicæ, a quo revera alienior non videtur, uti intelligere facile erit ex autographo textu Latino libri Ratramni, adversariis nostris et vindiciis quibus adversus Patrem Harduinum, socium Jesuiticum, librum Ratramno seu Bertramo presbytero monacho abbatiæ assertum ab omni novitatis aut hæresis Lutheranæ aut Calvinianæ inventione aut suspicione tuemur et defendimus. Doctus et doctor Sorbonicus Generardus, archiepiscopus Aquensis, qui antequam hujusce negotii viscera penetrasset, in suo Chronico Ratramnum inter hæreticos noni sæculi collocaverat, locum ei honorificum non denegavit inter defensores transsubstantiationis anno 121[illegible]. Eum sæculum, in erudito pulvere antiquitatis sibi diductum a doctoribus Lovaniensibus, ingeminarunt Gregorius de Valentia, Jacobus Gretzerus, Antonius Possevinus, Jesuitæ, Nicolaus Romeus, præfectus generalis Dominicanorum. Et revera Petrus Alixius inter ministros superstitionis Calvinianæ quamdiu in Galliis substitit, omni exceptione major, perperam dixit in responsione ad Patrem Paris, canonicum regularem Sanctæ Genovefæ Parisiensis, pag. 7, hanc agendi rationem doctorum Lovaniensium prorsus esse supervacaneam ab eo tempore quo inventi sunt in locis haud suspectis hujus auctoris codices manuscripti plane concordes impressis et genuini, cum ex adverso ex inventis ejusmodi codicibus manuscriptis intellectum est hunc auctorem non esse adversarium aut repugnantem Paschasio nec abnuentem doctrinæ catholicæ Ecclesiæ. Equidem scio cardinalem Perronium qui hos codices manuscriptos plane concordes cum impressis reputaverat uti intellexerat ex codice valde authentico et autographo bibliothecæ nobilissimi viri Jacobi Giloti sacrosancti sacelli Parisiensis Palatii canonici, et augustissimi senatus Parisiensis senatoris, amici sui, qui obiit anno 1618, quem etiam Isaac Casaubonus viderat et perviderat, ut refert Usserius capite 2 de Successione Ecclesiarum § 18, non dubitasse hujus libri auctorem esse Ratramnum nostrum, quem tamen inter hæreticos relinquere non abnuit, et dubiæ fidei scriptorem, qui dedita opera cogitationes suas obscuris et salebrosis verbis occulit et sensus hæreticos conceptis verbis catholico more et stylo orthodoxo exprimit et explicat. Sed ejusmodi generis agendi ratione non esset usus cardinalis Perronius si magis certa voluntate et meditatione mentem suspans ad hoc negotium applicasset. Facile enim tanto et tam excelso doctori fuisset animadvertere hujusce auctoris animum nunquam inclinare ad recognoscendam solitariam in Eucharistia figuram corporis et sanguinis Christi, nullam vero ejus veritatem aut veram præsentiam, quod subjicit pag. 672 operis de Eucharistia, ipsum vero Ratramnum prorsus huic opinioni repugnare, quod intelligere fore facillimum non dubito ex textu autographo et adnotationibus et aliis vindiciis contra Patrem Harduinum adjunctis et in hoc volumine recenter editis.

At vero cum magnus vir passim audiret cardinalis, et ingens ingentem personaret orbis Perronium, ejus sententiæ nullus doctorum mortalium abnuere ausus est, præsertim in Gallia nostra, ubi versiones Gallicæ a Protestantibus factæ ab anno 1558 ad annum 1600 genere et modo Protestantium fictionibus valde propitio, non leviter contulerunt et profecerunt ad persuadendum omnibus fere hominibus incautis et studiorum levitate inconsideratis hunc scriptorem fuisse doctrinæ Ecclesiæ catholicæ adversum et detorquendos alios ne [illegible] doctorum Lovaniensium tam justæ quam eruditæ annuerent. Hic ferme fuit casus seu sors singularis libri Ratramni de corpore et sanguine Domini ad annum 16[illegible], quo doctissimus professorum Sorbonicorum Jacobus Samboevius in se recepit defensionem libri prædicti in tractatu de Eucharistia, cujus enodationes resolvebat ad mentem theologorum Lovaniensium in scholis Sorbonicis anno prædicto plerisque urbis Parisiensis auditoribus approbantibus et infinitis aliis propalam plaudentibus. Illustrissimus Petrus de Marca, his diebus archiepiscopus Tolosanus, designatus a rege Christianissimo archiepiscopus Parisiensis et a summo pontifice bullis confirmatus, nulla possessione adepta mortuus est, continenti tempore tentavit nova ratione et via ut celebrem hunc scriptorem noni sæculi ab insidiis et salebris quibus intricabatur liberaret, cujus opuscula duo præstantissima de Prædestinatione ante sex annos publici juris fecerat clarissimus curiæ monetariæ præses Mauguinus, hoc vero eodem anno quatuor emiserat insignis pietate et scientia theologus dominus Lucas Dacherius ad refutationem Græcorum tom. II Spicilegii.

Nova ratio tuendæ veritatis de hoc Ratramni libello intelligitur ex epistola Latina quam reverendus antistes de Marca scripsit ad dominum Lucam Dacherium Kalendis Januarii anni 1647 relata tomo II Spicilegii eodem anno publici juris facti. Hæc expediendi negotii de libro Ratramni integra ratio in eo capite consistere videtur, ex quo intelligimus de Marca, abdicata prima sententia (si revera sit auctor tractatus Gallici de Eucharistia quem suo nomine cognatus ejus abbas Fuget publicavit), hunc tractatum de Corpore et Sanguine Domini, non esse genuinum fetum dicti Ratramni, sed Joannis Scoti vel Erigenæ æqualis, cui nomen Pseudo-Ratramni imposuerat, et continenti tempore in concilio Vercellensi sub Leone IX damnatus fuerat, combustus seu assumptus igne in concilio Romano sub summo Nicolao II anno 1059, in quo sectatores Berengarii Joanni Scoto ascripserunt. Hanc Domini de Marca conjecturam nervose defendit quoad ejus fieri potuit R. Pater Paris, doctus canonicus regularis sancti Augustini, sacræ theologiæ professor in abbatia sanctæ Genovefæ Parisiensis in dissertatione typis impressa, in fine tomi I, cura et studio auctorum libri de Perpetuitate Fidei adversus Claudium, superstitionis Calvinianæ in templo Charentonio ministrum, et in iterata responsione doctissimi canonici regularis prædicti ad alius Charentoni ministri responsionem, nomine Alixii, qui dissertationem Patris Paris refutaverat. Porro prædictus Pater Paris hanc solummodo moderationem et temperationem adjunxit ut incredibile sibi videatur Joannem Scotum hunc libellum de Corpore et Sanguine Domini scripsisse et adjudicasse Ratramno, seu ejus nomine inscripsisse, quippe quod magis convenire videatur Berengario aut sectatoribus ejus ducentis fere annis a Ratramni ætate lapsis. Insuper non cupide nimis aut decretorie hunc librum condemnat R. Pater Paris, aut inter hæreticos et juste damnatos relegat, secutus dom. de Marca, sed illum multis verborum obscuriorum salebris implicatum et intricatum designat, cujus sensum et sententiam assequi difficile est, sulcos sibi diductos ab auctoribus Perpetuitatis fidei incedens, qui non nimiopere conducibile existimaverant aut necessarium rebus libri et personæ Ratramni aut fidei catholicæ tuendum aut accusandum recipere noni sæculi ignotum monachum. Hæc opinio illustrissimi P. de Marca, quæ prima fronte auro micante fulget et animos ad studia et litteras utcunque natos aut factos pungit, vix invenire potuisset sectatores qualescunque, et revera ni opitulatus esset Pater Paris suo genere moderationis et temperationis supra notatæ, famosissimus archiepiscopus Tolosanus et Parisiensis relicta associatione Canonici regularis in sua opinione permansisset sicut passer solitarius in tecto.

Non moveor effi cum animo repetendi aut revelendi ea quæ de materia subjecta antea dicta sunt, aut potius ad vendentes libros de hac causa conscriptos lectores curiosi quorum animos ejusmodi [illegible] projectant.

Ego vero ad probandum ejusmodi librum neutiquam posse Joanni Scoto ascribi non aliunde arbitror argumentum assumendum esse quam ex differentia, varietate et repugnantia styli et sermonis Scoti et Ratramni doctrinæ et sententiarum antiquorum Patrum et doctorum Ecclesiæ qui ab ipsis utriusque citantur et laudantur. Hæc enim eos adeo adversos et diversos esse comprobant, ut confundi ac misceri nequeant, nisi ab iis hominibus bardis aut [illegible] qui nusquam eorum scripta penitùs aut generatim applicata voluntate legerunt. Paucis abhinc annis Oxonii anno 1681 typis publicis impressus est famosus tractatus Joannis Scoti Περὶ φύσεως μερισμοῦ, cujus œconomia, ordo et genus scribendi adeo diversa sunt et repugnantia ab opusculo Ratramni de Corpore et Sanguine Domini, ut vix inveniri posse quemquam putem qui de potestate mentis non excesserit, cui dubium subolere possit de ascribendo Joanni Scoto opusculo Ratramni, tam cito cepæ redolent violis. Sed utcunque hæc omnia falsa aut fictitia sint, quid reponi posse videretur doctissimo Patri Joanni Mabillonio, ordinis sancti Benedicti perillustri monacho, ex cujus præfatione ascripta fronti secundi sæculi Actorum Benedictinorum intelligimus, pagina 45, § 83, et contulisse seu comparasse scripturam seu characteres codicis impressi libri Ratramni cum manuscripto quem iterata vice hac editione quam præ manibus habes publici juris facimus, asseritque ætatem esse octingentorum annorum, scilicet ab imperio Caroli Calvi ad nostra tempora, et vadem se præstare non renuit ejusmodi codicem se vidisse et perlegisse compactum cum duobus libris de prædestinatione, quibus nomen Ratramni æqualiter et [illegible] inscriptum est? Insuper doctissimus ille monachus in dignoscenda ætate ac legenda veterum codicum manuscriptorum arte acquisita, quam sibi moroso studio comparavit, ad discutiendas veteres chartas et codices antiquos, ut ex libris quos scripsit de Re diplomatica intelligere facile est, asserit hunc librum Ratramni de Corpore et Sanguine Domini abbatiæ Lobiensis esse characteribus octingentorum annorum exaratum. Prodere testem non potis est, omni exceptione majorem. Insuper idem, nulli vino inter eruditos falsi suspiciosus, monachus testificatur in suo Itinere Germanico impresso Parisiis initio tomi IV Analectorum anno 1685, se propriis oculis vidisse et manibus versasse in monasterio *Salem Weiler* ordinis Cisterciensis, fundato tempore sancti Bernardi, anno 1137, codicem manuscriptum plus quam septingentorum annorum, in quo compacta eadem opera sub nomine Ratramni inscripta æqualiter incurrunt. Quæ cum ita sint, quis dubitandi locus relinqui potest quin ejusmodi opusculum sine dubio Ratramni, Joanni Scoto nulla ratione possit adjudicari?

Utcunque res sint, nihil jam probandum superest nobis nisi Ratramnum in hoc opere orthodoxe et catholice sensum suum et doctrinam sanam ac vere catholicam exposuisse. Hoc jam perfecit abundanter Pater Mabillonius in citata supra præfatione Actorum Benedictinorum pag. 45, § 88, et speramus ab omnibus doctis et sapientibus facile intellectum iri ex hac nona editione textus Latini et autographi a Patre Mabillonio mecum communicati, et notis quas jam præ manibus habes, lector erudite, recenter de Gallicis in commodum litteratorum hominum ex nationibus exteris Anglia, Germania et Hispaniis in urbe Parisiensi hospitium, Latine scriptis, et insuper additis quibusdam non contemnendis accessionibus, nulli forte, dempto Patre Harduino, Jesuita et docto scriptore, displicituris.

Sed antequam ad hujusce lucubrationis lectionem meditatam animum appuleris, non solum opus, verum etiam necessarium esse mihi videtur respondere duobus argumentis ab homine partium Protestantium prolatis, qui tractatum Ratramni de Corpore et Sanguine Christi de Latinis non nimiopere et eleganter scriptis, Gallice deterius scripsit. Quæ quidem in præfatione seu præloquio prodidit ut probaret hoc opusculum revera jussu imperatoris Caroli Calvi fuisse compositum ad confutationem dogmatis Ecclesiæ Romanæ de vera corporis Christi præsentia in Eucharistia et transsubstantiatione, quam hodie Ecclesia catholica defendit et semper tuendam recepisse defendimus.

Eo devolvitur primum argumentum, quod scilicet cum hic diversæ partis scriptor ex assumptis ex libro III Albertini, Charentonii ministri, de Eucharistia adversus cardinalem Perronium argumentis probare enixus sit Ratramnum prædictum non potuisse suum librum exarasse adversus quamdam sectam Stercoranistarum, quæ neutiquam in rerum natura exstitit, et quæ prorsus antiquis historicis ignota fuit qui de schismatibus et variis quæ contigerunt progressu temporum hæresibus scripserunt, opusculum Ratramni necessario scriptum fuisse adversus defensores veræ præsentiæ corporis Christi, et transsubstantiationis, adeoque hoc solum dogma Ecclesiæ Romanæ in hoc tractatu confutatum fuisse.

Secundum argumentum ex variis dicendi generibus et expressis imaginibus et Latinis locutionibus hujusce tractatus assumitur, quas lingua Gallica scribi et exponi non posse sibi persuasit, ni dogmati Ecclesiæ Romanæ et catholicæ adverso et repugnanti adeoque sensui Protestantium propitio. Fa sunt objecta quæ jam retaliare nobis incumbit.

Primo fatemur libenter ætate Ratramni nullam exstitisse Stercoranistarum sectam, scilicet, impudentium hominum societatem, qui sibi persuaserint contra sensum Ecclesiæ catholicæ, credibile esse corpus et carnem Christi quam in Eucharistiæ sacramento recipimus, obnoxiam fuisse digestioni, alimentorum triturationi et egestioni excrementorum, quibus homines largis dapibus saturi, alvum suam exonerare solent. Hoc opinamenti genus adeo fatuum et rectæ rationi repugnans videtur, et prorsus improbabile visum fuisse necesse esse videatur omnibus viris qui de potestate mentis non excesserint. Insuper adeo feliciter, nervose et faciliter Pater Mabillonius ab hoc figmento vindicavit Heribaldum episcopum Altissiodorensem, Amalarium, archidiaconum Trevirensem, Rabanum, archiepiscopum Moguntinensem, Florum, diaconum Ecclesiæ Lugdunensis, ut nullus dubitandi locus relinquatur quin præstantium et excellentissimorum virorum ejusmodi nomen et fama ab ejusmodi suspicione prava eximantur. Verumenimvero etiamsi ejusmodi hæresis exstitisset, et non fuisset temere et malitiose imposita æstu disputationis viris catholicis, et de religione recte sentientibus ascripta, quos cogere totis viribus conabantur sibi persuaderent tam probrosum et turpe deliramentum consectaneum esse ex ea suasione seu fide in qua erant corpus Christi Domini in Eucharistia, aliquo rationis genere et modo sub tactum et visum cadere, et aliis corporis circumscriptionibus obnoxium esse, arduum et difficile non solum esset, verum etiam prorsus ἀδύνατον, probare prædictum Ratramni opusculum applicato animo et consilio factum fuisse ad hanc Stercoranistiam confutandam, de qua ne γρῦ quidem in prædicto libello. Quippe palam improbabile hominem sensu et ratione præditum scripsisse adversus hæresim, ejus expositione sincere et vere relicta et prætermissa, quippe adeo futili et ridicula, ut simplici expositione frivolis esse videretur omnibus et diluenda. Apposite igitur et congruenter fateri necesse est librum Ratramni exaratum et scriptum fuisse adversus theologos orthodoxos; sed hinc non consequitur factum fuisse dedita opera prædictum librum ad confutandam sententiam catholicam de præsentia vera corporis et sanguinis Christi et transsubstantiatione. Revera genuinum et idem argumentum quod probat contra opinamentum Stercoranistarum factum non esse, et de quo nihil in hoc libro incurrit conceptis verbis expositum, demonstrat æquabiliter adversus dogma præsentiæ realis, quam realitatem vocant theologi scholastici, etiam factum non fuisse, et de qua etiam nullam mentionem facit. et vero qua ratione usus esset auctor verbis et sermone *realitatem et transsubstantiationem* significantibus in opere cujus consilium et auctoris animi affectus erat impugnandi et refellendæ ejusmodi sententiæ. Quod facile perspectum iri non dubitamus ex variis adnotationibus quarum accessione hanc editionem nostram cumulavimus. Hæc igitur omnia assumenda sunt ad concludendum consilium et mentem Ratramni fuisse tertiam sententiam impugnare quæ magnam habet a duabus aliis differentiam. Enimvero hæc intelligere et propalam habere perspecta et plane enodata facile est ex ipso opusculo Ratramni, in quo totum disputationis negotium devolvitur ad duo capita sive membra ex quibus liber coalescit. Primum spectat eos qui sibi persuadebant rem omnem nulla parte dempta in Eucharistia planam et apertam contingere, in oculos et sine figura aut velo incurrere. *Quod nulla sub figura, nulla sub obvelatione fiat, sed ipsius veritatis nuda manifestatione peragatur.* Ecce sunt concepta verba Ratramni, ex quibus intelligere facile est non scripsisse contra S. Paschasium Rathertum, non adversus Ecclesiam catholicam, quæ semper in ea suasione fuit aliquam sive aliquantam esse in mysterio Eucharistiæ figuram rei veræ, corporis Christi et sanguinis præsentis non insociabilem.

Secundum quod impugnat, et primi consectaneum necessarium, quippe cum si nihil esset in Eucharistia figuratum, seu velatum, consequeretur ex hac sumptione necessarium rem totam esse sensuum cognitioni subjectam, adeoque corollarium, scilicet, carnem et sanguinem Christi quæ ore fidelium sumebantur, sive totum quod sensibus percipitur, esse corpus Christi idem particulatim de beata Virgine natum, crucifixum pro nobis ac sepultum. Ecce summa rei secunda, quam Galli secundum *punctum* vocant, quam Ratramnus impetebat et nulla ratione doctrinam Ecclesiæ Romanæ spectat, in qua revera creditur corpus Christi velatum, et quod sub speciebus sensui obnoxiis reconditum est ipsum corpus de beata Virgine natum et cruci affixum, sed in qua nunquam creditum est et persuasum, hanc partem sensibus subjectam exteriorem, hoc velum et species, aliter haud secus essent corpus Christi quam in figura aut repræsentatione, ad mentem Lanfranci, abbatis Beccensis et temporis progressu archiepiscopi Cantuariensis, quam defenderant et alii plures adversus sectatores Berengarii scilicet, Fulbertus, Carnotensis episcopus, et alii, qui palam cognoscuntur ex notis nostris, ad numerum octoginta sex.

Ex his liquido constat et dilucide hunc tractatum Ratramni nunquam potuisse effieri adversus Paschasium. Quippe cum, in eo quod spectat primum membrum disputationis, Paschasius tam dilucide patefaciat quam Ratramnus aliquam esse in Eucharistia figuram et vela seu paropsides, nec de omnibus quæ in ea sunt sensus discernere; et quod spectat secundum membrum, prorsus sit ἀσύστατον Ratramnum et Paschasium partes adversas et contrarias defendisse: cum præscriptum id quod exterius apparet in Eucharistia et sensibus perceptum corpus ipsum Christi esse Paschasius nunquam dixerit natum ex Virgine et cruci affixum, sed solummodo quod velatum et reconditum est et occultum sub specie exteriori sensibus subjecta, quod Ratramnus nunquam negare, imo vero firmiter revellere et confirmare videtur et intelligitur ex textu autographo sui tractatus de Corpore et Sanguine Domini, et adnotationibus nostris quas de Gallico Latinas daturi sumus in hoc volumine compactas. Quid igitur necesse est tot vepribus et mentis humanæ seipsam ludificantis salebris stillare cerebrum ad percipiendum et intuendum consilium et mentem Ratramni in libro de Corpore et Sanguine Domini? Ad quid conducibile esse potest figmentum et inventum sectæ Stercoranistarum ad diluendum, adeo fatuum et incogitabile, ut vix credibile sit ejusmodi sectam in orbe terrarum exstitisse, de qua ne verbum quidem prodidit. Et quid ex adverso opus est Ratramnum sibi persuadere impugnare voluisse rem præsentiæ corporis Christi in Eucharistia et ipsam transsubstantiationem, quam aliquantula cogitatione aut meditatione non reputat, et tam a duobus capitibus disputationis quam tractat aliena est, quam opinio Stercoranistarum turpis et probrosa. Facile est præ manibus habere librum Ratramni legatur. Ex eo facile erit intelligere quod prima parte probat sine amphibolia et λογομαχία singularem esse figuram et aliquantam in sacramento corporis et sanguinis Domini, et sensus non omnia percipere et assequi quæ in eo sunt; secunda vero abundantius probat hoc corpus Christi sacramentale et mysticum, sive exterius figuratum et sensibus subjectum et permissum, idem non esse quod natum de Virgine et crucifixum fuit. Hoc secundum disputationis membrum erat consectaneum naturale ex primo, adeoque necesse est refutationem secundam cum prima esse naturaliter connexam et sociatam. Breve a annuere necesse est paulo dilucidius Paschasium mentem suam explanasse ipso Ratramno. Sed hæc absolutio Paschasii non aliunde erumpit quam eo quod sermo ejus amplior est et magis fusus. Utcunque res sint, idem prorsus est utriusque sensus, adeo ut utrumvis videat lector applicatus, semper utrumque idem censuisse intelligat. Enimvero licet clarissime dicat Paschasius corpus Christi verum, de Virgine natum esse in Eucharistia, nunquam quod figura est velum, in eadem Eucharistia esse ipsummet corpus Christi, et etiamsi dicat Ratramnus et liquido declaret quod exterius sensus facit in sacramento non esse ipsum corpus Christi natum ex Virgine (*num.* 57), nullibi tamen negat esse velum aut paropsidem aut tegetem corporis Domini; cum econtra dicat aperte et affatim asserat (*num.* 16) quod exterius apparet esse sacramentum veræ carnis Dominicæ, et esse duas existentias diversas rerum duarum differentium (*num.* 30), panem et vinum esse conversum in substantiam corporis et sanguinis (*num.* 15). Et non posse sine crimine reputari ibi non recipi corpus Christi (*num.* 99). Sacramentum habere nomen corporis Christi et esse (*num.* 13), non majori potestate opus esse rem ex nihilo faciendam quam ad mutandam naturam (*num.* 53). Utcunque res sint, nunquam sibi persuadendum esse, quibuscunque sermonibus aut verbis usus sit, corpus Christi in Eucharistia non recipi (*num.* 101).

Ea de causa Protestantes vindicare studuerunt ascribendum esse verbis et sermoni Ratramni alium sensum et diversum ab eo quem significare voluit. Hoc vero jam nobis discutiendum superest in responsione ad secundam objectionem diluendam auctoris traductionis Gallicæ Ratramni anno 1672.

Animo intendit toto et integro tractatu Ratramnum voce *veritatis* idem significare quod voce *realitatis* quæ media ætate Latinitatis usum subire cœpit, adhuc vagiente scholastica disciplina in parietinis castigatæ Latinitatis, quoniam hæc vox maxime repugnat figuræ, et ex his concludit quod cum toto hoc libro doceat Ratramnus corpus Christi nobis non dari in *veritate*, sed *in mysterio*, ut conceptis verbis quæstionem propositam explicet, necesse esse eum voluisse probare in Eucharistia vere et *realiter* non recipi corpus Christi, sed solummodo in mysterio in figura quod quidem sensum Calvinisticum liquido ac dilucide exponit et significat. Si hoc consilium seu mentem aliqua probatione firma et nervosa fulcire intendisset, jam Ratramni causam jejunam relinquere necesse esset, et invitatione consequi tot scriptores ecclesiasticos, de quibus supra mentionem fecimus. Nec dubitandi locus relictus esset quin iste monachus fuerit primus hæresis Calvinianæ auctor et protoplastes. His ita positis, unus ex multis deerit testis veritatis et singularis, cui cæteri seu omnes libenter abnuere non veriti sunt, æquales aut suppares. Cæterum eo devolvitur tota probatio Protestantis, pag. xxxii suæ præfationis impressæ Rothomagi per Joannem Lucas anno 1672.

« Vox *veritatis*, inquit Gallice, potest objici mendacio vel figuræ. Usum subit apud Ratramnum primo sensu, quoniam figurata dicendi genera quibus usus est Jesus Christus in Evangelio non sunt mendacia nec falsa. Sed in secundo, quo vox *veritatis* voci *realitatis* similis est et est gemina, verbi gratia, cum dicit Dominus: *Ego sum panis vivus*, vel vitæ, *qui de cælo descendi*, panis cœli (*Joan.* vi, 41, 51), *Ego sum panis vivus*, vel panis vitæ, *qui de cælo descendi*, sunt locutiones figuratæ, quæ tamen veræ sunt veritate mendacio et falso opposita et repugnante. Impium enim esset dicere Christum verum non dixisse: et ex his locutionibus facile est intelligere Christum significare voluisse se præstare animabus nostris quod corporibus nostris panis admovet alimentum, scilicet vitam et nutrimentum spiritale, uti alibi explicuit. Verumtamen, ejusmodi figuræ et locutionis genus non significant REALITATES: quippe cum Dominus non sit revera, seu realiter, aut reipsa panis, sed solum vi respectus mystici quem habet ad panem. Nec quisquam audacter objiciat nobis eamdem rem posse esse veritatem et figuram, ut inquit Paschasius. Nam etiamsi hoc non sit impossibile aliquo sensu aut aliquo casu, prorsus impossibile est in quæstione Ratramno proposita, ex qua palam internoscimus voces *figuræ* et *veritatis* inter se pugnare adeoque insociabiles esse. Jam ergo super hac quæstione opus est memoriter et secure tenere, has voces VERITATIS et VERE nihil proprie significare præter REALE et REALITER. »

In controversia nulla est Ratramnum uti verbo *veritatis* disparate, sive per oppositionem ad vocem *figuræ*, sed ex hoc neutiquam consequitur eo sensu sumere *realitatem* quo sensu eam vindicamus præsenti corpori Christi in Eucharistia. Enimvero defendo illum assumere hanc vocem et in scripto ejus solum subire ad significandam patefactionem perfectam et completam carnis Christi et sanguinis, et hanc patefactionem esse ex mente ejus insociabilem cum præsentia reali, scilicet substantia propria et natura ipsa humana Christi. Ex his manifeste et dilucide patet, in examine hujusce quæstionis, utrum corpus et sanguis Christi existat in Eucharistia *In mysterio aut in veritate*, nihil aliud discutere voluisse præter hanc quæstionem, utrum in Eucharistia aliquanta figura existeret, vel patefactio manifesta verum ut in se consisteret: id est, utrum reipsa quod oculis subjicitur esset corpus Christi quod visum et gustum subiret, vel simpliciter species et apparitiones panis et vini. Inficiaris ne nemo homo potest quin recognoverit realitatem corporis Christi eo modo quo illam intelligimus sociabilem cum figura, cum dicat passim (*num.* 99) hunc panem et hunc calicem, scilicet Eucharistiam, esse nominatam corpus Christi *et esse, vinumque potuisse converti in proprium ejus sanguinem* (*num.* 28) has species corporis Christi, non rerum duarum differentium existentias (*num.* 16): in hoc mysterio rem unam in aliam esse conversam (*num.* 13), et summa precautione utatur erga lectores circa verba quædam quibus utitur, ne corpus Christi sibi porrigi non credant. Nam si per vocem *veritatis realitatem* intellexisset, nihil magis a sensu communi aut rata ratione alienius videri posset, quam quem subeunt usum quædam elocutionis formæ in ore ejus, quæ omni remoto discrimine significant fidem ejus, scilicet Ratramni, aut credulitatem fuisse rem corporis Christi cum figura esse sociabilem. Verum id dici nullatenus potest circa vel erga patefactionem corporis Christi. Quippe cum non possimus prætermittere aut oblivisci usum esse Ratramnum quadraginta aut quadraginta duabus vicibus his vocibus *veri*, *veritatis et vere* opposite ad figuram, ex his quadraginta triginta tribus voluisse significare patefactionem sensibus subjectam corporis Domini.

Revera non puto alibi Ratramnum usum esse his verbis ad significandam veri corporis Christi præsentiam, quam *realitatem* nuncupant theologi, aliis in locis quam num. 3, 49, 67, 83 et 84, ex quibus incogitabile est posse Protestantes quidquam sibi propitium aut secundum colligere. Quippe cum ea ratione agendi usus sit, ut districtius observaret Ecclesiæ catholicæ fideles non credere, nec sibi persuadere corpus Christi esse quod exterius extra mysterium patenit, sed econtra nos credere ibi esse creditum et cognitum spiritu sub imagine oculis et sensibus nostris subjecta revera reconditum.

Hæc habere perspecta facile est ex num. 77, in quo conceptis verbis hæc leguntur: « Exterius igitur quod apparet non est ipsa res, sed imago rei, mente vero quod sentitur et intelligitur, veritas rei. » Et num. 84: « Et modus iste in figura est et imagine, ut veritas res ipsa sentiatur. » Utcunque se res habeant, cum versatur manibus litteratorum hominum et eruditorum virorum liber auctoris et de eo quæstio facti moveatur, consulendus est apprime ut quis sit ejus sensus percipiatur, non secus ac si adhuc in vivis esset auctor. At vero subjiciamus jam revixisse Ratramnum, et percontemur ab eo quid intellexerit per hanc vocem *veritatis*, et quid significare animo intenderit e regione hujus vocis *figuræ*, et responderet nobis dilucide esse demonstrationem seu patefactionem rei nullis nubibus velatæ nec figuris reconditæ, revera ejus responsioni tam claræ, et nullis ambagibus intricatæ, fidem adhibere non renueremus, nec dubitaremus quin ex verbo *veritatis* intellexerit patefactionem et declarationem a re ipsa, admisso discrimine et differentia si insuper assereret rem ipsam esse reconditam velatam sub figura quod revera ita se habere asserit et affirmat de corpore Christi in Eucharistia At vero quis dubitandi locus relinquitur quin ita locutus sit et senserit conceptis verbis Ratramnus, et mentem suam aperuerit num 8, sui libri de Corpore et Sanguine Christi, in quo postquam figuræ rationem exposuit sic fatur » Veritas vero est rei manifesta demonstratio multis umbrarum imaginibus obvelata » Non enim præfatur suam mentem appellere consilium initum esse ad examinandum et discutiendum an corpus Christi præsens sit vel revera existat in Eucharistia de hoc enim nullum ei dubium suboleat, nec secundum Ratramnum (*num* 15) contrarium aut repugnans *dici aut cogitari potest sine crimine*, sed palam ac liquido discutit et ruspans examinat utrum oculis corporis subjiciatur et perspiciatur an pateat nullatenus velatum et reconditum (*num* 5) « An sine cujuscumque velatione mysterii hoc aspectus intueatur corporis exterius, quod mentis visus inspiciat interius, ut totum quod agitur, in manifestationis luce clarescat » Hic est verus quæstionis status, sive quo loco res est disputationis de Eucharistia apud Ratramnum Et quamvis non sit dubitandi locus quin sæpe sæpius res ipsa seu *realitas*, ut vocatur, sit aliquoties et interdum stans adversis vestigiis et repugnans figuræ cum revera non ita sen per eveniat ex consensu diversæ partis scriptoris præfationis Gallicæ et Calvinisticæ quam hic tractamus dubio procul Ratramnus patefactionem seu, ut ejus verbis utar, *manifestationem* aut *manifestam demonstrationem* voce *veritatis* intellexit, quippe cum ipsemet dicat, hanc opinionem seu credulitatem de viso seu oculis manifeste conspecto corpore Christi in Eucharistia, tuendam receptam fuisse ab orthodoxis plerisque theologis, scilicet annuentibus libenter ac sponte fidei seu suasioni Ecclesiæ catholicæ et communi de revera existente præsentia corporis Christi et transsubstantiatione, ducentis plus quam annis post editum jussu Caroli Calvi de Corpore et Sanguine Domini librum Quod a te, lector optime, cumulate perspectum iri non dubito ex accessione notarum, in quibus mentionem adduximus abbatis Abbaudi, et Gualteri, magni prioris abbatiæ sancti Victoris Parisiensis Porro supervacaneum foret ad subterfugiendam et enervandam hujusce responsionis vim, ad instar auctoris præfationis Gallicæ scriptæ anno 1672, pag 33 et 34, contendere et totis viribus vindicare hanc vocem et locutionem *manifestationis veritatis* significare ipsam quam vocant *realitatem* adeoque Ratramnum ipsam negando *manifestationem corporis Christi* in Eucharistia, pernegasse ipsam *realitatem* seu fidei seu suasioni orthodoxæ sincere abnuisse cum hoc probare sit prorsus tam difficile quam ἀδύνατον seu impossibile

Enimvero omnes suos conatus ad duo capita seu argumenti devolvit diversæ seu Calvinisticæ partis scriptor ut ostendat patefactionem seu *manifestationem* significare ipsam *realitatem*, seu veram veri corporis Christi existentis præsentiam, quorum debilitationem et abjectionem internoscere nec difficile nec arduum est viris applicata voluntate huic negotio et studio incumbentibus

Primum objicere non pertimescunt necesse fore adversarios quos impetivit Ratramnus, si vocabulo *manifestationis* non intellexit *realitatem*, sibi persuasisse corpus Christi oculorum aciem subiisse, sub qualicunque forma aut specie carnis humanæ, cum secus et aliter *manifestationis* nomine non posset nuncupari, et secundum significationem naturalem, iis convenire non poterat hominibus oculatis recte et accurate scientibus suis oculis ac luminibus nihil subjici posse præter ἐπιφάνεια et παράστασις; panis et vini, scilicet albedinem, rotunditatem et extensionem Verum necesse est adversariis Ratramni ejusmodi rem cogitabilem fuisse seu mentem incurrisse Defendo enim fortiter et nervose sibi persuasisse oculorum suorum aciem perstringi corpore et sanguine Jesu Christi affectis qualitatibus panis et vini Hanc enim sententiam tuendam recepit doctissimus cardinalis Perronius, sive corpus Christi eadem superficie circumscriptum fuerit panis et vini præexistentis, et quibus manifestum consectaneum erumpebat, scilicet corpus Christi eodem modo sensus nostros afficere debere quo panis et vinum antea afficiebant, uti explicant philosophi Cartesiani; vel Deum per se in sensibus nostris sculpere easdem imagines aut conscribillare quas panis et vinum imprimerent, nisi eorum transmutatio facta fuerit, ut explicat doctissimus Pater Magnan ex ordine Minimorum Hoc vero liquido constat et evidenter ex sermonibus et verbis abbatis Abbaudi, qui post Ratramnum scripsit et hanc sententiam tuendam recepit, quam allatam explicat et extricat ut ex adnotationibus nostris dilucide et liquido patebit « Cogitaveram, inquit, et illis aliqua respondere qui dicunt ipsum corpus non frangi, sed in albedine ejus et rotunditate aliquid facitari, sed recogitans ineptum esse Evangelio Christi de albedine et rotunditate disputari, amaturis talia auribus dimovens, dialecticis aut certe pueris talia permisi Præsertim cum quivis facile videat albedinem seu rotunditatem ab ipso corpore quod album aut rotundum est, separari non posse, ita ut ab ipso non fracto per se singulariter frangantur »

In eamdem sententiam ivisse Gualterum, priorem S Victoris, et eumdem usum apud utrumque subiisse verbum *veritatis* ad significandam patefactionem seu *manifestam demonstrationem*, seu cognitionem sensitivam corporis Christi sub affectibus panis et vini, nullatenus vero præsentiam ejus revera existentem sive, quam vocent ævi posterioris scriptores, *realitatem*

Jam secundum caput argumentorum discutere aggrediamur, revera prioi amplius et extentius vi dolur, sed ad perfectam libri Ratramni intelligentiam diluere necesse est. Ex quatuor locis hujus auctoris erumpit, et quibus Interpres Gallicus diversæ partis vindicare tentat verbo *manifestationis*, sive manifestæ demonstrationis, Ratramnum significare voluisse *realitatem*. Sed ex his quatuor locis prorsus contrarium evincere mihi facilius videtur, et e contra apertionem seu patefactionem sensibus subjectam corporis Christi.

Primus locus assumitur a Ratramno ex orationibus seu Collectis Ecclesiæ Romanæ, Mediolanensis et Senonensis [a]: *Pignus æternæ vitæ capientes, humiliter imploramus ut quod in imagine contingimus sacramenti, manifesta participatione sumamus*. Ex his vero luce clarius patet Ecclesiam rogare Deum claram et apertam patefactionem corporis Christi, uti revera in æterna gloria consistit, quod in tempore sub parapside seu velamento sacramenti possidet: quod manifeste demonstrat aliquam consistere in sacramento figuram et in eo quæ recondita sunt, non patefieri *manifesta luce clarescat*, uti adversarii Ratramni animo intendebant, qui nullam admittebant seu recognoscebant in mysterio figuram, sed imo omnia sensibus oculorum aciem subire et sensibus subjici. Plura conceptis verbis non significant quæ proferuntur ex oratione secunda: *Ut quæ nunc specie gerimus, rerum veritate capiamus* [b], quippe cum vox *veritas* nihil præter *manifestationem et manifestam demonstrationem* significet: quæ sunt ipsa verba Ratramni et aliorum qui sententiam quam impugnavit tuendam receperunt. Insuper facile est intelligere Ecclesiam Latinam acceptas has preces et orationes in Græcam retulisse, ex loco sancti Dionysii capite 3 de Hierarchia, pag. 280: Ἀλλ᾽ ὦ θειοτάτη καὶ ἱερὰ τελετή, τὰ περὶ σὲ συμβολικῶς ἐπικείμενα τῶν αἰνιγμάτων ἀποδυσαμένη παραπετάσματα, τηλαυγῶς ἡμῖν ἀναδείχθητι, καὶ τὰς νοερὰς ἡμῶν ὄψεις ἑνιαίου καὶ ἀπερικαλύπτου φωτὸς ἀποπλήρωσον. Pravo et intemperanti ratiocinii genere utetur, quisquis ex his verbis sancti Dionysii argumentum adversus realem præsentiam corporis Christi, quam *realitatem* nuncupant, assumeret. Enimvero cum econtra adoratio supplex sit ad sacramentum, Θειοτάτη καὶ ἱερὰ τελετή, revera subaudit seu supponit in eo corpus Christi, præsens, ad quem solum, cum eibat, ut fides docet, unione intima naturæ humanæ cum persona Verbi, actus seu ritus imploratiouis præsidii divini et adorationis in spiritu et veritate referri potuit.

Secundum sine medio sequitur primum: quippe cum his terminis seu vocibus admissis *pignoris, imaginis* aut *figuræ*, ait: *significant ita rem, cujus sunt, non manifeste ostendunt*, ex quibus hoc verbum *ostendunt* distinctum indigitat seu significat objicere et opponere figuram et imaginem ostensioni et patefactioni rei occultæ et reconditæ. Si enim utcunque res non ita fuit, mente capti hominis et tortuosi

[a] Liber Sacramentorum Ecclesiæ Romanæ, l. II, in octava apostolorum Petri et Pauli. — Missale Ambrosianum et Senonense.

A cerebri sensu uti videtur Ratramnus necesse est, cum ei nulla interesit concertatio aut disputatio cum theologis viris propter receptam aut ab ipsis defensam præsentiam corporis Christi, sed potius dicti corporis veri et in Eucharistia reconditi patefactionem seu manifestam demonstrationem, omni vero postposito et figura prætermissa, quippe sibi persuasissent et animo haberent absurdum et supervacaneum esse frangere albedinem aut rotunditatem panis, sed imo necesse esse fore corpus Christi album et rotundum, disruptum, uti intelligitur ex tractatu Ahbaudi abbatis et aliorum ejus opinioni non abnuentium, imo ei religiose propitiantium.

Tertium argumentum exoritur ex numero 85 post secundam orationem, in quo *manifestationem* seu
B *veritatem* neutiquam *realitatem* opponit vocibus *speciei* et *apparentiæ*, ut passim in integro tractatu. Sed eo loci nullus responsioni locus adesse potest. Neutiquam enim negari potest ipsum intellexisse cognitionem corporis Christi per manifestam demonstrationem, minime vero ipsam existentiam aut veram præsentiam. Quippe cum tota differentia quam esse recognoscit inter corpus Christi in Eucharistia velatum et occultum, et idem in gloria sanctorum fulgens et patefactum, consistere asserit quod gloriosum corpus *per resurrectionem jam glorificatum cognoscitur* cum satis fuisset dicere, *jam per resurrectionem glorificatum existit*. Quod quidem vocabulum usum ætate Ratramni subierat ad significandum corpus Christi hoc nomen non solum
C habere in Eucharistia, sed in ea esse et existere: *Addamus etiam quod iste panis et calix, qui corpus et sanguis Christi nominatur et existit* (*num.* 99 *et* 16).

Quartum assumitur num. 97, in quo repetita differentia inter corpus Christi in sacramento et idem in gloria, ait in gloria reconditum non esse sub figuris, sed manifesta demonstratione patefactum in gloria et cognitum: *Nec in eo vel aliqua figura, sed ipsa rei manifestatio cognoscitur*. Concorditer ad ea quæ antea dixerat (*num.* 89) corpus post resurrectionem esse sensibus subjectum *palpabile seu visibile etiam post resurrectionem*, et hoc est quod interpres Protestantis partis defendit de Latinis Gallice scribi debere *corpus reale* un CORPS
D RÉEL: sed hoc est de lectorum credulitate ludere, et mentes humanas intemperanter ludificare. Insuper alia multa supersunt in usu Ratramni, de quibus præoccupatas mentes prævertere et præcurrere necesse est: qualis est vox *species*, de qua videre licet adnotationes quasdam, ex quibus intelligere et significare *apparentiam*, non ipsam rerum substantiam aut naturam, ad mentem philosophorum, qui utcunque utuntur nomine substantiæ, quod non semper naturam significat, sed qualitates et proprietates quibus natura afficitur. Supersunt etiam præcavenda quædam nomina, scilicet *interius*, *exterius* et

[b] Sacrament. S. Gregorii.

corporaliter, ad quam mentem applicatam conferre opus est. Sed revera quæ si Ratramnus ad usum non reduxit ut corpus Christi mysticum et figuratum indigitaret, adeoque repugnans *realitati* seu veri corporis veræ præsentiæ, uti defendimus hac lucubratione difficultatem excitare non possunt quam non facile et commodum diluere et tirare, ut ex hac præfatione historica et adnotationibus quarum accessionibus textum Ratramni hac editione cumulandum censuimus. Jam ergo respondendum nobis superest triplici et attentæ cogitationi seu applicationi mentis auctoris præloquii hujus tractatus Ratramni interpretationi Gallicæ adjuncti publici juris factæ anno 1672.

Harum vero cogitatio seu meditatio prima consistit in eo quod in tractatibus Paschasii et Ratramni nulla incurrat mentio de adoratione eucharistiæ, quam omittere neutiquam debuissent, cum ex adoratione naturaliter consectaneum sit dogma *realitatis* seu præsentiæ vere existentis corporis Christi, quam confirmare avebat Paschasius et confutare Ratramnus, sibi fingunt Protestantes et Jesuita Harduinus.

Sed in hoc vehementer allucinatus est interpres diversæ partis hujusce libri Ratramni, cum enim hi duo scriptores sibi invicem non repugnent, nec reapse contra se invicem conflixerint aut deprœliati sint, imo in eadem fide et suasione de corpore Christi in eucharistia remanserint, neutri conducibile ad causam suam tuendam esse poterat argumentum ex adoratione assumptum et fuisse prorsus in causa Ratramni supervacaneum, quippe cum a nemine homine ipsi objectum fuerit. Interim valde temerarii et inconsiderati hominis esse videtur defendere nono sæculo, quo Ratramnus et Paschasius vixerunt, nondum orbem Christianum adorasse eucharistiæ sacramentum seu carnem et sanguinem Christi in mysterio reconditam. Hanc veritatem argumentis tam invictis quam fortibus et fulgentibus armis capite 16 libri I de Adoratione eucharistiæ, typis vulgati Parisiis anno 1685, assumptis ex concilio II Nicæno, confessione fidei Alcuini et concilio Cabilonensi, ita ut nullum dubitandi locum relictum fuisse existimemus tam nono quam anterioribus sæculis. Cum præscriptum ab omnibus intellectum iri non dubitem ex fine hujus præloquii ad novam editionem et accuratam libri Ratramni de corpore et sanguine Christi prædicti quam falsum sit hosce duos scriptores de adoratione eucharistiæ nullam mentionem fecisse, cum ex adverso tanquam ascensim ab universa Ecclesia Latina receptam fuisse abundanter constet.

Secunda cogitatio seu meditatio primam non antecellit. In eo posita est, scilicet Ratramnum eos appellare semper fideles qui corpus Christi rite recipiunt sibi in ecclesia administratum, vel verum esse credunt. Ex hoc enim duo consectanea naturaliter observat. 1° scilicet tempore Ratramni incredulos et iniquos homines non recepisse corpus Christi verum adeoque Ecclesiam pariter non credere recipi a viris sive bonis sive malis ore corporis, sed solum ore animæ, quod a fide non differt. Verum plus quam necesse est nimiopere constat locutum esse Ratramnum ad mentem sancti Augustini et sibi persuasisse corpus Christi spiritum et vitam esse iis solummodo qui illud cum fide recipiunt, quamvis in se spiritus et vita esse non desistat cum ab infidelibus et incredulis aut fide carentibus accipitur. At vero qua ratione intelligi potest spiritum et vitam in se esse corpus Christi recipientibus infidelibus indigne, nisi vere et realiter, hoc est reapse et revera, existens et præsens ore infidelium recipiatur, qui cum modo spirituali instinctu fidei et charitatis non recipiant solummodo, ut loquuntur, corporaliter seu ore corporis, hoc vere in omni fructu et effectu animæ proprio, remoto et postposito. Ecce sunt concepta verba sancti Augustini quæ prodidit Ratramnus, excerpta ex expositione in Evangelium sancti Joannis: « Quid est, *spiritus et vita sunt?* Spiritualiter intelligenda sunt. Intellexisti spiritualiter? spiritus et vita sunt. Intellexisti carnaliter? etiam sic illa spiritus et vita sunt, sed tibi non sunt. » Ex his patet aperte auctorem nostrum aliud in mente non habuisse cum fideles eos appellat qui credunt, et nunquam aliter, eos qui recipiunt corpus Christi, nisi ut fideles et credentes, erga quos spiritus et vita est et alimentum animæ, illud cum fructu et effectu recepisse. Quamobrem nunquam dixit fidem efficere corpus Christi quod ore et rite percipimus in sacro Eucharistico, sed e contra et ex adverso, hoc corpus esse objectum fidei, ibi esse positum seu collocatum potenti virtute Spiritus sancti, et fit alimentum animæ nostræ, cui æternæ vitæ substantiam subministrat. Ut, inquit Ratramnus, numero 54: « Est ergo interius commutatum Spiritus sancti potenti virtute, quod fides aspicit, animam pascit, æternæ vitæ substantiam subministrat. » In eam sancti Augustini sententiam ivisse videtur aperte Anastasius Sinaita, episcopus Antiochenus, qui e vivis discessit anno Christi 599, libro XII Meditationum Anagogicarum in Hexaemeron, quarum Græcus textus ἀνέκδοτος typis vulgatus est primulum Londini, Latine conversus a clarissimo viro et doctissimo Dacerio anno 1682, in quo ait hæc verba Evangelii sancti Joannis capite VI, vers. 57: « Qui manducat meam carnem et bibit meum sanguinem, in me manet et ego in eo, » non intelligi de carne visibili et sanguine sensibus subjecto, quippe cum Judas et Simo Magus, qui corpus et sanguinem Christi Eucharistiæ ex pane et calice receperunt, non permanserint in Christo Jesu neque Christus in eis, hoc est absque fructu recepto communionis sibi administratæ. Λέγει γὰρ ἀκολούθως ὁ Θεὸς Λόγος· Ὁ τρώγων μου τὴν σάρκα, καὶ πίνων μου τὸ αἷμα, ἐν ἐμοὶ μένει, κἀγὼ ἐν αὐτῷ· οὐ περὶ τῆς ὁρωμένης σαρκὸς καὶ αἵματος λέγει. Μετέλαβε γὰρ καὶ Ἰούδας καὶ Σίμων ὁ Μάγος τοῦ σώματος καὶ τοῦ αἵματος τῆς Εὐχαριστίας, τοῦ ἄρτου καὶ τοῦ ποτηρίου, ἀλλ' οὐ κατῴκησεν, οὐδὲ μεμένηκεν ἐν αὐτοῖς ὁ Χριστὸς οὐδὲ αὐτοὶ ἐν αὐτῷ. Quis enim dubitet quin hic sit sensus genuinus Anastasii et in suasione fuerit indigne suscipientes homines per vos communionem corporis Christi carnem veram et sanguinem verum ore percipere, quippe cum anteriori dicti libri folio indigne recipientes a digne recipientibus ita distinguat et discriminet quod digne recipientes in æternum non morientur, alii vero sive mali, impuri ac criminibus inquinati, et terrestres, solam carnem terrestrem et sanguinem Christi suscipient. Οἱ δὲ γήινοι καὶ τὰ γήϊνα φρονοῦντες, τὰς γηΐνας μὲν καὶ μόνας σάρκας τοῦ Χριστοῦ μεταλαμβάνουσι τολμηρῶς καὶ ἀναξίως, « Qui vero terreni et terrena sapientes recipiunt audacter et indigne solam carnem terrestrem Christi. » Fortasse quibusdam non imperitis viris nec inconsideratis parum opportuna videbitur digressio seu excursus hic a nobis editus de editione Græco-Latina a Protestantibus procurata, anno 1682, prædicti duodecimi libri Meditationum Anastasii ad fidem codicis manuscripti bibliothecæ celebris ministri senioris Charentoniani Joannis Dallæi, quem in bibliothecam illustris regni administri Colberti translatam fuisse existimant, in investigandis libris antiquis viri curiosi et applicati. Sed obsequioso silentio prætermittere non possum auctorem versionis, qui de Græcis bonis scripsit Latine non deterius, virum insignem meritis litterariis Græcis et Latinis et commendatione plurima dignum apud omnes antiquitatum investigatores, nescio qua ratione, a Græci textus sinceritate declinasse, uti ex his intelligere necesse est οὐ περὶ τῆς παρούσης σαρκὸς καὶ αἵματος λέγει, quæ sic Latine reddit *Non de præsenti carne et sanguine pergit*, ut intelligamus Anastasium non reputasse aut credidisse Christum his conceptis verbis Evangelii sancti Joannis « Qui manducat meam carnem, et bibit meum sanguinem, in me manet et ego in illo, » appulisse animum ut mentionem faceret veræ præsentiæ veri corporis Christi in eucharistia, cum sensus Anastasii sit sanctum Joannem cum Christo Domino eo loci non attendisse aut spectasse carnem et sanguinem visibilem et sensibus subjectam, quamvis præsentem revera seu *realiter*, quam esse sinceram doctrinam Ecclesiæ catholicæ non dubium est. Nemo fidus interpres hæc verba sancti Joannis Chrysostomi ex homilia 73, in cap. XIV sancti Joannis, vers. 7, Τοὺς μὲν γὰρ ὁρωμένους δυνάμεθα καὶ [illegible] ἀγνοεῖν, his Latinis reddidit « Eos enim qui præsentes sunt possumus videre et ignorare, sed: Eos quos videmus possumus videre et ignorare. » Idem faciunt omnes dictionarii codices et lexica Græca, et quoquot sunt viri litterati, et homines primis elementis Græci idiomatis imbuti, verbum Θεωρῶ significare *video*, et nunquam *præsens sum*, Ὅρασις sonat *visionem*, *prædictionem*, Ἀόρατον, *invisibilem* et non *absentem*. Longe scientia Græca inferiores Dacerio suis Observationibus criticis ad Longinum Περὶ ὕψους, Horatii Odas et Festum, id sciunt quibus

Dant crustula blandi
Doctores, elementa velint ut discere prima

Nec dubitandi locus relictus est quin libenter et sponte verum quod est et apertum recognoverit clarissimus et honestissimus Dacerius, cum præsertim superstitionis Calvinianæ fascinum sincere et fideliter ejuraverit.

Jam ad tertiam cogitationem et meditationem interpretis Ratramni procedamus: quæ cum diversa nomina eucharistiæ variis temporibus a diversis regionum et plagarum orbis Christiani incolis imposita spectent, nihil rectæ rationi concors aut conveniens ex ea deduci potest adversus Ecclesiæ Romanæ doctrinam: cum insuper materiam amplam suppeditaret ad librum integrum, si de eorum nominum origine faciendum opus aggrederemur et ostendere, ut facile esset, imposita ei fuisse hæc nomina a viris de veri corporis Christi in eucharistia præsentia seu *realitate* non dubitantibus. Sed his amplius immorari non juvat. Adeoque huic præfationi seu historiæ libri Ratramni finem meliorem imponere non posse videmur quam si tres etiam cogitationes seu meditationes de hoc opusculo Ratramni exponamus, quibus a Protestantibus non responsum iri confidimus.

Primo subjecto, quod falsum reputamus, Ratramnum impugnare voluisse fidem seu suasionem præsentiæ veræ veri corporis Christi, saltem non dubitamus quin fideles reputaverit et neutiquam ab Ecclesia cœtu secretos homines defensores hujusce veritatis. Hæc palam et liquido intelliguntur ex conceptis verbis secundi articuli libri Ratramni: « Dum enim quidam fidelium corporis sanguinisque Christi quod in Ecclesia quotidie celebratur, dicant quod nulla sub figura, nulla sub obvelatione fiat, sed ipsius veritatis nuda manifestatione peragatur, quidam vero testentur quod hæc sub mysterii figura contineantur, etc. » Hæc enim non solum sine mora, sub subito constituere debent et figere in fide et suasione, quod ex nostris adnotationibus affatim intelligetur, concertationem quæ locum dedit opusculo Ratramni nono sæculo Ecclesiæ inter catholicæ fidei viros defensores substitisse, et fieri non potuisse ut *realitatem* et veritatem corporis Christi in Eucharistia spectaret: cum pro et contra, de hocce systemate fideles æquabiliter defendere aut impugnare non potuerint, et nisi in medio dubios consistere, omni delectu ac discrimine remoto. Insuper inutile et supervacaneum esset dicere Ratramnum tanquam schisma valde intricatum respexisse divisionem seu scissionem in Ecclesia ex opinionum diversitate exorturam: quippe cum nimiopere patet eo loci exaggerasse Ratramnum sermonem suum dicendi genere sibi obvio et ordinario. Sic quippe libro quem scripsit de Nativitate Christi, capite decimo, instar hæresis novæ repentinæ reputat præteritis sæculis incogitabilem opinionem eorum hominum, qui sibi persuaserant sacrum Domini nostri Jesu Christi corpus erupisse ex sanctissimo beatæ Virginis utero, quodam novo genere miraculi diverso ab eo quo cæteræ mulieres homines et fetus suos emittuntur et pariunt

Hæc enim, omni postposito dubio, sententia est sancti Gregorii Magni Papæ hujus nominis primi, et plurium Patrum et theologorum Ecclesiæ catholicæ, et quam hæreticam reputasse ipsum Ratramnum est prorsus incredibile et improbabile, quippe quam lusisse ad animos recreandos et exhilarandos affirmet: « Lusimus hæc de more studentium. Quæ si quis contemnet, exercitia nobis nostra complacebant. »

Secunda ruminatio seu cogitatio nostra de Ratramno consistit in eo quod si contra *realitatem* quam vocant, seu præsentiam veri corporis Christi seu Paschasium scripserit librum de quo tot cumulavimus et narravimus in hac præfatione historica, incredibile et incogitabile maxime videtur omisisse consulto respondere, aut saltem aliquid referre de celebri miraculo a Paschasio relato capite 14 tractatus sui de Corpore Christi, de apparitione hujus sacri Christi, corporis in eucharistia, quod cum ab omnibus crederetur ea ætate et a fide dignis auctoribus referretur, illud jam in tam opportuna causa prætermittere erat maximum ad *realitatem* nervose confirmandam argumentum. Videant igitur et pervideant Calviniani dogmatis tutores, qua ratione hisce se extricent miraculis sibi objectis, et ea pernegent ac sugillent, ut ex seipsis intelligant quam commodum fuerit et necessarium Ratramno suis artibus uti, si sententiam quam ipsi defendunt tuendam recepisset.

Interim confestim scio Davidem Blondellum, celebrem superstitionis Calvinianæ ministrum, tentasse vindicare hoc caput 14 Paschasii non attinere Paschasium et esse ei ascriptum temere [a]; sed cum nullum prodiderit antiquum codicem manuscriptum in quo hoc caput non incurrat aut typis expressum, omnes diversæ partis scriptores huic opinioni abnuerunt efflictim. Insuper videre nihil vetat hujusce tractatus Paschasii codicem manuscriptum in Regia Parisiis bibliotheca, ejusdem fere ætatis, sub nomine sancti abbatis Corbeiensis Paschasii, in quo hoc mirandum omnibus numeris absolutum refertur. Hic vero codex manuscriptus fuit illustrissimorum fratrum Puteanorum, bibliothecæ Regiæ præfectorum, in qua subsistit sub hac epigraphe numerica 4356. Alterum vidi oculis propriis minus antiquum qui non unum multis miraculum refert. Sed ea omnia in editione exstant quam R. P. Jacobus Sirmondus cum cura et fide propalavit Parisiis anno 1618, sub hac epigraphe arithmetica 4367.

Insuper tertia cogitatio nostra oritur ex eo capite quo, si Ratramnus suasionem realitatis tanquam novam et recentiorem existimasset, incredibile est eum non exprobrasse Græcis adversus quos hoc onus ei impositum fuerat ab episcopis Gallicanis, tunc temporis eucharistiam adorantibus, uti intelligimus ex eorum Liturgiis, annuente illustrissimo Hugone Grotio, pag. 88, *voti sui pro pace* a meipso citati, capite 11, libri 1, *de Adoratione eucharistiæ*. Saltem non defendisset adversus eos quæ mera sunt consectanea et necessaria *realitatis*, quod præstat libro IV, capite 3, sui libri prædicti, pag. 120, in quo probat ex relatione Eusebii Cæsariensis, auctoritate Papæ Sylvestri vos debere in partibus catholicis diem festum instituere solemnem nativitati Calicis, non secus ac Dominicam quinta feria cujuscunque hebdomadæ. Quippe cum ea die cœperit Christus instituere celebrationem sacrificii corporis et sanguinis Domini. « Natalem Calicis similiter ut diem Dominicum solemnem habere debemus, in quo sacrificium Dominici corporis et sanguinis ab ipso Domino celebrationis sumpsit exordium. » Quis enim sibi persuaderet unquam appellatum iri sacrificium eucharistiæ postposita aut prætermissa fide seu suasione veri corporis Christi, revera in ea præsentis et existentis? Eodem verbo *Natalis Calicis* usus est Paschasius initio capitis 11 libri sui de Corpore et Sanguine Domini, ex quo intelligimus et perspectum habemus venerationem et cultum quo fideles sacramentum Eucharistiæ prosequebantur, quæ liquido et planissime consequi demonstrantur ex institutione festi solemnis originis et institutionis ejus. In quo sacrum crederetur consistere et præsens permanere verum corpus Christi, cui Verbi æterni persona fuerat unita, cultus redditus alius esse non poterat quam adoratio latriæ.

Plura jam enarrare de cogitationibus et ruminationibus interpretis diversæ partis libri Ratramni supervacaneum et inutile videretur.

[a] Blondel, *Eclaircissement sur l'Eucharistie*, pag. 434.

DE CORPORE ET SANGUINE DOMINI

LIBER,

Expressus ex apographo cum cura et fide exscripto ex codice ms. octingentorum annorum abbatiæ Lobiensis.

I. Jussistis, [a] gloriose princeps, ut quid de sanguinis et corporis Christi mysterio sentiam, vestræ magnificentiæ significem: imperium, quam magnifico vestro principatu dignum, tam nostræ parvitatis

[a] *Gloriose princeps.* His verbis usus est Ratramnus, in dedicatione librorum quos ejusdem Caroli Calvi jussu scripsit de Prædestinatione: *Domino glorioso ac præcellentissimo principi Carolo.* Nec timui nomen *magnificentiæ* in vocem *majestatis* mutare, quia usu hujus temporis, nomen majestatis pro magnificentia usurpari solebat, quod patet ex prælatione eadem Ratramni librorum de Prædestinatione.

viribus constat difficillimum, Quid enim dignius regali providentia quam de illius sacris mysteriis catholicæ sapere, qui sibi regale solium dignitatis est contribuere, et subjectos pati non posse diversa sentire de corpore Christi, in quo constat Christianæ redemptionis summam consistere?

II. Dum enim quidam fidelium corporis sanguinisque Christi, quod in Ecclesia quotidie celebratur, dicant ª quod nulla sub figura, nulla sub obvelatione fiat, sed ipsius veritatis nuda manifestatione peragatur, quidam vero testentur quod hæc sub mysterii figura contineantur, et aliud sit quod corporis

ª *Quod nulla sub figura*, etc. Quæstio quæ ea ætate agitabatur, ab ea quæ hodie cum Calvinianis disquiritur, erat valde diversa. Tunc enim quæstio non erat utrum mysterium eucharistiæ contineat in figura duntaxat corpus, sed an esset aliqua vel aliquanta figura in hoc sacramento, vel prorsus nulla. Ecclesia Catholica semper credidit et docuit aliquam esse figuram, et cum hac figura recipi verum corpus et verum sanguinem Christi. Hoc evidenter intelligitur ex libro sancti Paschasii Ratberti, abbatis Corbeiensis, ea de causa facti, eodem tempore quo suum scripsit Ratramnus. Capite primo Paschasii, pag. 1555 (a) editionis Patris Sirmondi Jesuitæ, præstantissimi critici, ab eruditis in falsi suspicione nunquam positi, legit. *Omnia quæcunque voluit, Dominus fecit in cœlo et in terra, et quia voluit.* Licet in figura panis et vini, hoc sic esse omnino nihil aliud quam caro Christi et sanguis post consecrationem credendæ sunt. Ex his adnotationibus patebit clarissime, continenti sermone non in diversam de hac causa a Paschasio inisse sententiam, adeoque non esse probabile adversus eum scripsisse ut sibi persuadent Protestantes hæretici, et vindicare putant. Cum ex adverso constet Paschasium eorum sententiam impugnasse, qui putabant omnia esse figurata in eucharistia, nulla vera, quamvis aliquam in esse figuram nequaquam negaverit, quod patet libro XII suæ Expositionis in sanctum Matthæum.

Altera pars quæstionis: *An ipsius veritatis nuda manifestatione peragatur*, nulli dat locum disputationi aut concertationi inter viros catholicos et homines Protestantes. Non enim defendimus oculos corporis in hoc mysterio absque velo aut paropside intueri et percipere quod interius vident oculi animæ, ut exponit Ratramnus num. 5, in quo, liquido quæstione exposita de qua jussu imperatoris sententiam proferre interpellabatur: *Utrum aliquid secreti contineat, quod oculis solummodo fidei pateat, an sine cujuscunque velatione mysterii, hoc aspectus intueatur corporis exterius quod mentis usus aspiciat interius.* Revera videmus seu percipimus exterius oculis corporeis, species panis et vini; interius vero et sub his speciebus credimus existere reconditum corpus et sanguinem Christi. Opinio quidem falsa a mente Ecclesiæ catholicæ alienior est, corpus Christi in eucharistia esse visibile et sensibus subjectum, frangi et conteri dentibus recipientis. Veruntamen negari non potis est olim quosdam homines catholicos huic opinioni non abnuisse eamque defendisse. Hæc enim ex duobus insignioris notæ monumentis antiquitatis intelliguntur planissime. Primum erumpit ex tractatu abbatis Abbaudi, cujus tempus quo vixit est incertum, nisi forte, ut satis probabile est, sæculo undecimo, quem domnus et reverendus Pater doctissimus Mabillonius ordinis S. Benedicti congregationis S. Mauri publici juris fecit tomo III Analectorum Veterum pag. 442, sub hoc titulo: *De fractione Corporis Christi*, in quo hanc sententiam tuendam sine dolo aut fraude recipit. *Credo*, inquit, *quod panem quem accepit, benedicendo corpus suum fecit. Ideoque corpus suum fregit, et de eodem corpore suo jam benedicto, et fracto discipulis dixit:* HOC EST CORPUS MEUM. Continenti sermone extricat se nervosis tortuosis contradictionum nodis et ambagibus, in quas præcipites, dare enitebantur omnes suæ opinionis defensores. At vero, postquam conceptis verbis transsubstantiationem defendit, vindicavit, corollarium educit, ex quo liquido patet et aperte constat plures theologos ea ætate sibi persuasisse accidentia post consecrationem permanentia adhæsisse corpori Christi. Adeoque cum albedo et rotunditas disruptæ non possent intelligi sine fractione corporis Christi, corpus Christi frangi ac disrumpi oportere, quod ob oculos positum et subjectum illis sensibus, a nemine homine uno poterat negari. Ecce sunt verba hujus auctoris concepta: *Urgendus est igitur qui negat corpus Domini frangi, utrum illud quod in altari sacramus et frangimus credat esse corpus Christi. Si concesserit, fractioni corporis non contradicit, si negaverit, judicet quisque fidelis si ille fidelis judicandus sit, videat ipse cui credere velit, qui nec auctoritati evangelicæ, nec propriis oculis credit. Nos vero cum discipulis cognoscamus Dominum in fractione panis. Cogitaveram et illis aliqua respondere, qui dicunt ipsum corpus non frangi, sed in albedine ejus et rotunditate aliquid factitari, sed recogitans ineptum esse in Evangelio Christi de albedine et rotunditate disputare, amatoris talia auribus removens, dialecticis aut certe pueris talia permisi. Præsertim cum quivis facile videat albedinem, seu rotunditatem, ab ipso corpore quod vel album vel rotundum est, separari non posse; ita ut ab ipso corpore quod vel album vel rotundum est, separari non posse, ita ut ab ipso non fracto hæc per se singulariter non frangantur.*

Secundum antiquitatis monumentum est codex manuscriptus Gualteri, sancti Victoris Parisiensis magni prioris, ex bibliotheca hujus abbatiæ extractus continens *quatuor libros adversus quatuor Franciæ Labyrinthos*, qua voce nominatim designat *Petrum Abælardum, Petrum Lombardum, Petrum Pictaviensem* et *Gilbertum Porretanum*. Cujus codicis fragmentum publicavit, ex capite II tertii libri, doctissimus Mabillonius, in suis notis ad tractatum Abbaudi, tomo III suorum Analectorum veterum, pag. 150: *Demum venit ad Berengarium. Hic enim hæreticus asserebat, in figura et in sacramento totum fieri, nihil in veritate. Postea vero convictus coram Nicolao papa et pluribus episcopis, confessus est, etiam et juravit, panem scilicet et vinum post consecrationem non solum sacramentum, verum etiam verum corpus et sanguinem Christi esse, et sensualiter non solum sacramento, sed etiam veritate manibus sacerdotum tractari, et frangi, et fidelium dentibus atteri. Ecce catholica fides. Iste autem scholasticus* (ABAILARDUS) *sic exponit: Vere quidem, ait, est, sed in sacramento tantum. Item ait: Sane dici potest fractio illa portio, non in substantia corporis, sed in ipsa forma panis sacramentali fieri, ut vera fractio et partitio sit ibi, quæ sit non in substantia, sed in sacramento, id est in specie. Item, est vera fractio et partitio, quæ fit in pane, id est in forma panis. Item fractio et partes illæ quæ videntur fieri, in sacramento fiunt, id est in specie visibili. Ideoque illa Berengarii verba ita distinguenda sunt, ut sensualiter, non modo sacramento, sed in veritate dicatur corpus Christi tractari manibus sacerdotum, frangi quoque et atteri dentibus. Vere quidem, sed in sacramento tantum. Vera est igitur ibi attritio et partitio. Ecce dum catholicam fidem nulla prorsus distinctione indigentem, solitis sibi argumentationibus distinguit, alterum se probat Berengarium.* Hæc autem opinio de fractione corporis Christi videtur valde communis fuisse eo tempore quo primum suam retractationem, seu palinodiam

(a) Vid. Patrologiæ tom. CXX. EDIT.

sensibus appareat, aliud autem quod fides aspiciat non parva diversitas inter eos dignoscitur. Et cum Apostolus fidelibus scribat (*I Cor.* I, 10), ut idem sapiant et idem dicant omnes, et schisma nullum inter eos appareat, non parvo schismate dividuntur, qui de mysterio corporis sanguinisque Christi non eadem sentientes eloquuntur.

III. Quapropter vestra regalis sublimitas zelo fidei provocata, non æquanimiter ista perpendens, et secundum Apostoli præceptum cupiens ut idem sentiant et idem dicant omnes, veritatis diligenter inquirit secretum, ut ad eam deviantes revocare possit. Unde non contemnitis etiam ab humillimis hujus rei veritatem perquirere, scientes quod tanti secreti mysterium non nisi Divinitate revelante possit agnosci, quæ sine personarum acceptione, per quoscunque delegerit, suæ veritatis lumen ostendit.

IV. Nostræ vero tenuitati quam sit jucundum vestro parere imperio, tam est arduum super re humanis sensibus remotissima, et nisi per sancti Spiritus eruditionem non posse penetrare, disputare. Subditus igitur vestræ magnitudinis jussioni, confisus autem ipsius de quo locuturi sumus suffragio, quibus potuero verbis, quid ex [*al.*, de] hoc sentiam aperire tentabo, non proprio fretus ingenio, sed sanctorum vestigia Patrum prosequendo.

V. Quod in Ecclesia ore fidelium sumitur, corpus et sanguis Christi, quærit vestræ magnitudinis excellentia, [a] in mysterio fiat an in veritate. Id est, utrum aliquid secreti contineat, quod oculis solummodo fidei pateat, an sine cujuscunque velatione mysterii hoc aspectus intueatur corporis exterius, quod mentis visus aspiciat interius, ut totum quod agitur in manifestationis luce clarescat; et utrum ipsum corpus quod de Maria natum est, et passum, mortuum et sepultum, quodque resurgens et cœlos ascendens, ad dexteram Patris consideat.

VI. Harum duarum quæstionum primam inspiciamus, et ne dubietatis ambage detineamur, definiamus quid sit *figura*, quid *veritas*, ut certum aliquid contuentes, noverimus quo rationis iter contendere debeamus.

VII. *Figura* est obumbratio quædam quibusdam velaminibus quod intendit ostendens, verbi gratia, Verbum volentes dicere, *panem* nuncupamus, sicut in Oratione Dominica panem quotidianum dari nobis expostulamus (*Luc.* XI, 3), vel cum Christus in Evangelio loquitur dicens: *Ego sum panis vivus, qui de cœlo descendi* (*Joan.* VI, 41), vel cum seipsum *vitem*, discipulos autem *palmites* appellat: *Ego sum vitis vera, vos autem palmites* (*Joan.* XV, 5). Hæc enim omnia aliud dicunt et aliud innuunt.

VIII. *Veritas* vero est rei manifesta demonstratio, nullis umbrarum imaginibus obvelatæ, sed puris et apertis, utque planius eloquamur, naturalibus significationibus insinuatæ, ut pote cum dicitur Christus natus de Virgine, passus, crucifixus, mortuus et sepultus. Nihil enim hic figuris obvelantibus adumbratur, verum rei veritas naturalium significationibus verborum ostenditur, neque aliud hic licet intelligi quam dicitur. At in superioribus non ita. Nam substantialiter, nec panis Christus, nec vitis Christus, nec palmites apostoli. Quapropter hic figura, superius vero veritas in narratione monstratur, id est nuda et aperta significatio.

IX. Nunc redeamus ad illa quorum causa dicta

canere coactus est Berengarius in concilio Romano, anno Christi 1059, tempore Nicolai II papæ, uti patet his verbis conceptis quibus passus est, *verum corpus et sanguinem Domini nostri Jesu Christi esse et sensualiter, et non solum sacramento, sed in veritate, manibus sacerdotum tractari, et frangi et fidelium dentibus atteri*. At vero si hæc sententia communis et magis vulgata fuit tempore Berengarii, non eo primum e cerebro hominum erumpere cœpit, quippe cum in instanti et confestim opiniones communes non evadant. Insuper ab hac sententia non alienum, imo valde concors prodidit cum ait quod in eucharistia *non modo caro aut sanguis Christi in nostram convertuntur carnem aut sanguinem*, lib. *de Corpore et Sanguine* Christi, capite 20, et eodem capite, observat sua ætate exstitisse monumenta et libros seu codices ex quibus erat intelligere, plures exstitisse homines theologos, qui in ea suasione permanserant, scilicet corpus Christi in eucharistia susceptum esse digestioni et affectibus excrementorum obnoxium. Quæ res si ita sint, hujus opinionis initium tempore Caroli Calvi constitui posse videtur, quo scilicet suum tractatum composuit Paschasius et Ratramnus suum scripsit. Ex quo patet planissime frangere et confutare voluisse duas opiniones, æque et pariter adversas doctrinæ Ecclesiæ catholicæ et somniis sectæ Calvinisticæ. Quippe cum enitatur probare in sacramento corporis Christi aliquam esse figuram et hoc corpus Christi quod in eo fit sensibus non subjici, adversus eos qui tuendum recipiebant nullam in eo esse figuram, quoniam corpus Christi in ea erat sensibus subjectum et visibile.

[a] *In mysterio fiat an in veritate.* Veritas rem eo loci significat, sensibus subjectam, sic verbis conceptis sequentibus explicat Ratramnus: *An sine cujuscunque velatione mysterii hoc intueatur corporis exterius, quod mentis visus aspiciat interius*. Insuper ex abbate Abbaudo idem intelligimus, apud quem hæc vox eumdem sensum et usum subiit: *Sed aliud est cum de veritate cujuslibet rei secundum proprietatem facti quæritur, aliud, cum facti ejusdem mystica ratio allegorice discutitur*. Et continetur: *Quia veraciter corpus Christi manibus frangitur sacerdotis*, non secus ac prior sancti Victoris Gualterius, cum observat Berengarium coactum fuisse fateri *verum corpus et sanguinem Christi esse, et sensualiter et non solum sacramento, sed etiam veritate, manibus sacerdotum tractari, et frangi, et fidelium dentibus atteri*. Eum sensum subierat apud Paschasium lib. XII Expositionis in Matthæum: *Quando jam ultra non erunt hæc mystica sacramenta, in fide reipsa veritas, quæ adhuc recte agitur in mysterio, luce clarius referetur, et erit omnibus palam in fruitione quod nunc sumimus in mysterio*. Res satis vulgata fuit mediæ ætatis usus vocis *veritatis*, ad significandam rei probationem seu demonstrationem, quippe cum constans esset hujusce vocis usus ad significandas testificationes quas in jus vocati testes proferre solent, quibus reapse crimina non consistunt in se, sed eorum probationes et argumenta firma et invicta. Ut abundanter patet in *Consuetudinibus* insularum, tit. 1, articul. 19 et 20 et in libertatibus urbis sancti Desiderii, in Campania anno 1228, in concilio Coyaci habito, in Hispania, anno 1050, canone 9, relato apud Ducangium, Glossarii tomo III, pag. 1283.

sunt isti, videlicet corpus et sanguinis Christi. [a] Si enim nulla sub figura mysterium illud peragitur, jam mysterium non recte vocitatur. Quoniam mysterium dici non potest, in quo nihil est abditum, nihil a corporalibus sensibus remotum, nihil aliquo velamine contectum. At ille panis qui per sacerdotis ministerium Christi corpus conficitur, aliud exterius humanis sensibus ostendit, et aliud interius fidelium mentibus clamat. Exterius quidem [b] panis, quod ante fuerat, forma prætenditur, color ostenditur, sapor accipitur; ast interius longe aliud multo pretiosius multoque excellentius intimatur, quia cœleste, quia divinum, id est Christi corpus, ostenditur, quod non sensibus carnis, sed animi fidelis contuitu vel aspicitur, vel accipitur, vel comeditur.

X. Vinum quoque, quod sacerdotali consecratione Christi sanguinis efficitur sacramentum, aliud superficie tenus ostendit, aliud interius [continet. Quid enim aliud in superficie quam substantia vini conspicitur? Gusta, vinum sapit; odora, vinum redolet; inspice, vini color intuetur. At interius si consideres, jam non liquor vini, sed liquor sanguinis Christi credentium mentibus et sapit dum gustatur, et agnoscitur dum conspicitur, et probatur dum odoratur. Hæc ita esse dum nemo potest abnegare, claret quia [c] panis ille vinumque figurate Christi corpus et sanguis existit. Non enim secundum quod videtur vel carnis species in illo pane cognoscitur, vel in illo vino cruoris unda monstratur, cum tamen post mysticam consecrationem nec panis jam dicitur nec vinum, sed Christi corpus et sanguis.

XI. Nam si secundum quosdam figurate nihil hic accipitur, [d] sed totum in veritate conspicatur, nihil hic fides operatur, quoniam nihil spiritale geritur, sed quidquid illud est, totum secundum corpus accipitur. Et cum fides, secundum Apostolum, *sit rerum argumentum non apparentium* (*Hebr.* XI, 1), id est non earum quæ videntur, sed quæ non videntur substantiarum, nihil hic secundum fidem accipiemus, quoniam quidquid existit, secundum sensus corporis dijudicamus. Et nihil absurdius quam panem carnem accipere, et vinum sanguinem dicere; nec jam mysterium erit, in quo nihil secreti, nihil abditi continebitur.

XII. Et quomodo jam corpus Christi dicitur [*al.* dicetur], in quo nulla permutatio facta esse cognoscitur? Omnis enim permutatio aut ex eo quod est in id quod est efficitur, aut ex eo quod est in id quod non est, aut ex eo quod est in id quod est. In isto autem sacramento, si tantum in veritatis simplicitate consideretur, et non aliud credatur quam quod aspicitur, nulla permutatio facta cognoscitur. Nam nec ex eo quod non erat, transivit in aliquid quod sit, quomodo fit transitus in rebus nascentibus, si quidem non erant prius, sed ut sint, ex non esse ad id quod est esse transitum fecerunt. Hic vero panis et vinum prius fuere quam transitum in sacramentum corporis et sanguinis Christi fecerunt. Sed nec ille transitus qui fit ex eo quod est esse ad id quod est non esse, qui transitus in rebus per defectum occasum patientibus existit: quidquid enim interit, prius subsistendo fuit, nec interitum pati potest quod non fuit, hic quoque non iste transitus factus esse cognoscitur, [e] quoniam secundum

[a] *Si enim nulla sub figura mysterium illud peragitur.* Hoc iterum repetit, ut omnes afflictim cognoscant adversus eos solummodo agere, qui sibi persuadebant totum quod in Eucharistia fit esse sensibus subjectum. Et axioma profert valde propitium sententiæ, et rebus Ecclesiæ maxime opportunum, scilicet nullum consistere posse mysterium, in quo nihil sit reconditum et occultum. Revera non dicit totum esse debere reconditum et secretum, uti sibi fingunt Calviniani protestantes, qui sibi persuadent nihil in eucharistia esse præter figuratum et tropum.

Sensus igitur Ratramni ab Ecclesiæ sensu non differt, quæ aliquantum recognoscit figuram, ut ipse Paschasius ait loco citato et in Epistola ad Frudegardum. Ex his consequitur non deprælatos esse inter se Paschasium et Ratramnum, imo contra omnino diversos adversarios scripsisse. Enimvero Ratramnus eos vellicat qui nullam in eucharistia figuram admittebant, et Paschasius eos qui totum esse figuratum vindicabant. Id patet ex ejus expositione in Matthæum lib. XII, *Unde miror quid velint nunc quidam dicere, non in re esse veritatem carnis Christi vel sanguinis, sed in sacramento virtutem carnis, et non carnem, virtutem sanguinis, et non sanguinem, figuram, et non veritatem.*

[b] *Panis quod ante fuerat forma prætenditur.* Hoc probat post consecrationem panem non esse, sed solum formam, colorem et gustum panis qui fuerat adeoque jam non superest, sed ejus loco corpus Christi. *At ille panis qui per sacerdotis ministerium Christi corpus conficitur*, inquit iste auctor eodem numero, et inferius numero 28: *Sicut ergo paulo antequam pateretur, panis substantia et vini creatura converterc potuit in proprium corpus*, etc., et numero XXX: *sed vere per mysterium panem et vinum in corporis et sanguinis mei conversa substantiam.* Ad mentem sancti Cyrilli Hierosolymitani, Catechesi Mystagogica IV: Τοῦτο εἰδὼς καὶ πληροφορηθεὶς ὡς ὁ φαινόμενος ἄρτος οὐκ ἄρτος ἐστίν, εἰ καὶ τῇ γεύσει τοῦτο βούλεται, ἀλλὰ σῶμα Χριστοῦ· καὶ ὁ φαινόμενος οἶνος οὐκ οἶνός ἐστιν, εἰ καὶ ἡ γεῦσις τοῦτο βούλεται, ἀλλὰ αἷμα Χριστοῦ. *Sciens et plane cognoscens quod panis qui apparet non est panis, quamvis gustus aliter indicet, sed corpus Jesu Christi, et vinum quod apparet non est vinum, quod gustus indicat, sed sanguis Jesu Christi.*

[c] *Panis ille vinumque figurate Christi corpus et sanguis existit*, etc. Non ait solummodo esse in figura corpus et sanguinem esse, sed *figurate*, et hoc nihil aliud significat nisi esse vela corporis Christi. Nam secundum Ratramnum *figura* et *velum* idem omnino sonant, ut patet numero II, *quod nulla sub figura, nulla sub obvelatione fiat.* Et numero 7, *an sine cujuscunque velatione mysterii.* Numero 8: *nihil enim hic figuris obvelantibus adumbratur.* Numero 9: *Si enim nulla sub figura mysterium istud peragitur, jam mysterium non recte vocitatur. Quoniam mysterium dici non potest, in quo nihil est abditum, nihil a corporalibus sensibus remotum, nihil velamine contectum.*

[d] *Sed totum in veritate conspicatur.* Id est, sed totum quod conspicitur sit ipsa veritas, ad significandum et totum quod ibi videtur et oculis subjicitur, sit revera totum quod ibi est. Qualis erat sententia eorum quos Ratramnus confutat, qui nullam ceu in hoc mysterio sibi persuadebant esse figuram seu velamentum.

[e] *Quoniam secundum veritatem species creaturæ*

veritatem species creaturæ quæ fuerit ante, permansisse cognoscitur.

XIII. Item illa permutatio quæ fit ex eo quod est in eo quod est, quæ perspicitur in rebus qualitatis varietatem patientibus, verbi gratia quando quod ante nigrum fuerat in album demutatur, nec hic facta esse cognoscitur: nihil enim vel tactu, vel colore, vel sapore permutatum esse deprehenditur. Si ergo nihil est hic permutatum, non est aliud quam ante fuit. Est autem aliud, quoniam panis corpus, et vinum sanguis Christi facta sunt. Sic enim ipse dicit: *Accipite et comedite: hoc est corpus meum* (*Matth.* XXVI, 26). Similiter et de calice loquens dicit: *Accipite et bibite: hic est sanguis Novi Testamenti, qui pro vobis fundetur* (*Marc.* XIV, 24).

XIV. Quærendum ergo est ab eis qui nihil hic figurate volunt accipere, sed totum in veritatis simplicitate consistere, secundum quod demutatio facta sit, ut jam non sint quod ante fuerunt, videlicet panis atque vinum, sed sint corpus atque sanguis Christi. Secundum speciem namque creaturæ formamque rerum visibilium, utrumque hoc, id est panis et vinum, nihil habent in se permutatum. Et si nihil permutationis pertulerint, nihil aliud existunt quam quod prius fuere.

XV. Cernit sublimitas vestra, Princeps gloriose, quo taliter sentientium intellectus evadat: negant quod affirmare creduntur, et quod credunt destruere comprobantur. Corpus etenim sanguinemque Christi fideliter confitentur: et cum hoc faciunt, non hoc jam esse quod prius fuere procul dubio protestantur: et si aliud sunt quam fuere, mutationem accepere. Cum hoc negari non possit, dicant secundum quod permutata sunt: corporaliter namque nihil in eis cernitur esse permutatum. [a] Fatebuntur igitur necesse est aut mutata esse secundum aliud quam secundum corpus, ac per hoc non esse hoc quod in veritate videntur, sed aliud quod non esse secundum propriam essentiam cernuntur. [b] Aut si hoc profiteri noluerint, compelluntur negare corpus esse sanguinemque Christi, quod nefas est non solum dicere, verum etiam cogitare.

XVI. At quia confitentur et corpus et sanguinem Dei esse, nec hoc esse potuisse nisi facta in melius commutatione, [c] neque ista commutatio corporaliter, sed spiritualiter facta sit; [d] necesse est jam ut figurate facta esse dicatur: quoniam sub velamento cor-

quæ fuerat ante, permansisse cognoscitur. Hæc vox, SPECIES, secundum Festum et Tullium Ciceronem indicat naturam, aut ideam rei, ad mentem Platonis, significat apparitionem, figuram exteriorem rei sensibus subjectam aut perceptam secundum stylum hujus auctoris, uti patet numero 10, in quo ait nullam formam aut speciem carnis et sanguinis Christi in hoc mysterio percipi: *Non enim secundum quod videtur vel carnis species in illo pane cognoscitur, vel in illo vino cruoris unda monstratur.* Hic vero dicendi modus acceptus refertur in auctorem librorum de Sacramentis qui sancto Ambrosio vulgo et non immerito ascribuntur, lib. II, cap. 5: *Spiritus sanctus in specie columbæ, non in veritate columbæ, sed in specie columbæ descendit de cœlo.*

[a] *Fatebuntur igitur necesse est*, etc. Hæc vero palam demonstrant hunc auctorem non dubitasse veram efficere in eucharistia mutationem unius rei in alteram. Et cum quod percipitur sensibus, videatur panis et vinum, cum aliud esse debeat, necesse est Ratramnum credidisse veram fieri mutationem panis in corpus Christi et vini in sanguinem. Quapropter Centuriatores Magdeburgenses rotunde fatentur in libro Ratramni incurrere semina quædam transsubstantiationis: *Transsubstantiationis semina habet Ratramnus, utitur enim vocabulis commutationis et conversionis.* — Censura IX, de Doctrina.

[b] *Aut si hoc profiteri noluerint*, etc. Hæc indigitant strictam colligationem quam auctor noster recognovit inter transsubstantiationem et præsentiam veram, seu *realitatem* corporis Christi in eucharistia, nec unam sine altero reapse consistere posse: cum negare necesse sit corpus Christi esse in eucharistia, nisi agnoscatur quædam mutatio unius rei in alteram, scilicet panis in corpus Christi. Ex his etiam intelligere facile est quantum sit necessarium ad salutem æternam comparandam, credere seu fidem divinam habere transsubstantiationis et realitatis, quippe cum *si hoc profiteri noluerint, compelluntur negare esse corpus sanguinemque Christi*: QUOD NEFAS EST NON SOLUM DICERE, VERUM ETIAM COGITARE.

[c] *Neque ista commutatio corporaliter, sed spiritualiter facta sit.* Id est neque commutatio facta sit, in eo quod sensibus percipitur. Hic est enim hujus concinnatoris operis de Corpore et Sanguine Domini genuinus sensus. Qui revera non cogitat nullam esse factam commutationem in substantia reapse corporea panis et vini, sed solum in eo quod sensus oculorum nostrorum perstringit et pungit, scilicet speciebus, uti observat his verbis conceptis, numero qui, ut Gellius ait, *immediate* præcedit: *Corporaliter namque nihil in eis cernitur immutatum*, id est corporis sensibus percipitur immutatum.

[d] *Necesse est jam ut figurate facta esse dicatur.* Hoc vocabulum *figurate* secundum Ratramni stylum seu scribendi ac dicendi rationem et modum non significat mutationem in corpus Christi duntaxat in figura effieri, sed imo sub velis et paropside panis et vini, sub quibus existit reconditum corpus Christi, ut, inquit, continuis verbis: *Quoniam sub velamento corporei panis, corporeique vini spirituale corpus Christi spiritalisque sanguis existit.* Qua quidem dicendi ratione usus est Paschasius in epistola ad Frudgardum, ut verum corpus Christi dilucide significaret: *Cujus dum corpus non corrumpitur quia spirituale, et totum spirituale est quod celebratur in hoc sacramento.* Quod valde alienum non est ab eo sermone Gregorii Nysseni de Baptismo Christi, pag. 802, tom. II, lit. A: Ὁ ἄρτος πάλιν αὐτὸς ἔστι τέως ἄρτος κοινός, ἀλλ' ὅταν αὐτὸν τὸ μυστήριον ἱερουργήσῃ, σῶμα Χριστοῦ λέγεταί τε καὶ γίνεται. *Huc usque panis est panis communis et ordinarius, sed cum consecratum mysterio nuncupatur corpus Christi et revera est.* Hæc etiam valde congruunt iis quæ paucis annis ante Paschasium prolata fuerant in concilio II Nicæno, celebrato anno 787, tomo IV Concil. editionis Binii anni 1618, pag. 643: Πρὸ τοῦ ἁγιασθῆναι, ἐκλήθη ἀντίτυπα· μετὰ δὲ τὸν ἁγιασμὸν σῶμα κυρίως καὶ αἷμα Χριστοῦ λέγονται καὶ εἰσὶ καὶ πιστεύονται. *Ante consecrationem appellantur figuræ, et post consecrationem nominantur proprie corpus Domini et sanguis Christi, et sunt et creduntur ejusmodi.* Hanc dicendi et scribendi formam, seu modum iterum repetit Ratramnus de Christi corpore in eucharistia reapse existente. Num. 99: *Addimus quod iste panis et calix qui corpus et sanguis Christi nominatur et existit, memoriam repræsentat Dominicæ passionis*, etc. Quæ cum ita sint, dubitandi locus

poris panis corporeique vini spirituale corpus spiritualisque sanguis existit [a]: non quod duarum sint existentiæ rerum inter se diversarum, corporis videlicet et spiritus, verum una eademque res, secundum aliud species panis et vini consistit, secundum aliud autem corpus est et sanguis Christi. Secundum namque quod utrumque corporaliter contingitur, species sunt creaturæ corporeæ, secundum potentiam vero quod spiritaliter factæ sunt, mysteria sunt corporis et sanguinis Christi.

XVII. Consideremus sacri fontem baptismatis, qui fons vitæ non immerito nuncupatur, quia descendentes in se melioris vitæ novitate reformat, et de peccato mortuis viventes justitiæ donat. Num secundum quod aquæ conspicitur elementum esse, istam potentiam obtinet? Attamen nisi sanctificationis virtutem obtineret, labem vitiorum nequaquam diluere posset, et nisi vigorem vitæ contineret, nullo modo mortuis præstare vitam valeret, mortuis autem non carne, sed anima. In eo tamen fonte si consideretur solummodo quod corporeus aspicit sensus, elementum fluidum conspicitur, corruptioni subjectum nec nisi corpora lavandi potentiam obtinere. Sed accessit sancti Spiritus per sacerdotis consecrationem virtus, et efficax facta est non solum corpora, verum etiam animas diluere et spirituales sordes spirituali potentia dimovere.

XVIII. Ecce in uno eodemque elemento duo videmus inesse sibi resistentia, id est corruptioni subjacens incorruptionem præstare, et vitam non habens vitam contribuere. Cognoscitur ergo in isto fonte et inesse quod sensus corporis attingit et idcirco mutabile atque corruptibile, et rursus inesse quod fides sola conspicit, et ideo nec corrumpi posse, nec vitæ discrimen accipere. Si requiris quod superficietenus lavit, elementum est; si vero perpendas quod interius purgat, virtus vitalis est, virtus sanctificationis, virtus immortalitatis. Igitur in proprietate humor corruptibilis, in mysterio vero virtus sanabilis.

XIX. Sic itaque Christi corpus et sanguis superficietenus considerata, creatura est mutabilitati corruptelæque subjecta. Si mysterii vero perpendas virtutem, vita est participantibus se tribuens immortalitatem [b]. Non ergo sunt idem quod cernuntur, et quod creduntur. Secundum enim quod cernuntur corpus pascunt corruptibile, ipsa corruptibilia; secundum vero quod creduntur animas pascunt in æternum victuras, ipsa immortalia.

XX. Apostolus quoque scribens Corinthiis ait: *Nescitis quoniam patres nostri omnes sub nube fuerunt et omnes mare transierunt, et omnes in Mose baptizati sunt, in nube, et in mari, et omnes eamdem escam spiritualem manducaverunt, et omnes eamdem potum spiritualem biberunt? Bibebant autem de spirituali consequente eos petra. Petra autem erat Christus* (*I Cor.* x, 1-4). Animadvertimus et mare baptismi speciem prætulisse, et nubem, patresque prioris Testamenti in eis, id est in nube sive mari, baptizatos fuisse. Num vel mare, secundum quod elementum videbatur, baptismi potuit habere virtutem? vel nubes, juxta quod densioris crassitudinem aeris ostendebat, [*add.* populum]

nullus relinqui potest de concordi et unanimi sententia Ratramni et Paschasii de præsentia corporis Christi et sanguinis in Eucharistiæ mysterio.

[a] *Non quod duarum sint existentiæ rerum inter se diversarum.* Si quis sibi persuadeat duas existentias rerum diversarum, scilicet specierum panis et vini et corporis Christi in eucharistia, somniat. Quippe species istæ et corpus spirituale Christi eamdem habent et unam in ea existentiam, et res eadem sunt sub diverso respectu; scilicet quæ considerari et cogitari potest in quantum sensibus subjicitur et in quantum oculis, recondit, velat aliquid spiritale quod oculorum aciem non subit. Ex his consectaneum dilucidum erumpit, corpus et sanguinem Christi non existere eadem existentia panis et vini, adeoque post consecrationem nullum panem et vinum seu substantiam eorum præsente corpore et sanguine Christi consistere et permanere.

[b] *Non ergo sunt idem quod cernuntur et quod creduntur.* Ex his patet integram differentiam inter ea quæ cernuntur et quæ creduntur in mysterio non erumpere ex diversa existentia, ut mox dixit, sed ex diverso respectu sub quo res eadem cogitari potest et rependi. Quare dicit Ratramnus: *Sic itaque Christi corpus et sanguis superficietenus considerata, creatura est mutabilitati corruptelæque subjecta. Si mysterii vero perpendas virtutem, vita est participantibus se tribuens immortalitatem.* Verum ex his verbis intelligere facile est non proprie et ex omni parte totam eucharistiam Ratramnum conferre eo loci cum baptismo, sed corpus et sanguinem Jesu Christi quæ sunt in eucharistia, ut mox dixit quæ habita ratione conditionis qua sensibus subjiciuntur, corruptioni obnoxia sunt, et habita ratione virtutis Spiritus sancti nulli corruptioni obnoxia sunt, vitam et immortalitatem largiuntur. His ita subjectis et positis, sensus Ratramni non est quod quemadmodum substantiæ et baptismo virtus sanctificationis accedit, ita in eucharistia virtus duntaxat vitæ et sanctificationis accedit ad substantiam panis. Si enim esset sensus Ratramni, non diceret corpus et sanguinem Christi ibi existere, et species sensibus subjectas seu corporales cum corpore duplicem existentiam non habere, quasi essent res reapse diversa, uno verbo rei unius in alteram mutationem contingere, nec posse dici aut cogitari sine crimine seu absque culpa et peccato corpus Christi ibi non permanere. Sensus igitur nostri Ratramni sit necesse est (quod conceptis verbis expressum est *corpus et sanguinem Jesus Christi esse compelluntur negare, quod nefas esse non solum dicere sed cogitare*) esse per relationem ad hæc vela et conopæa aliquid corruptioni obnoxium, sed per relationem aut respectum ad virtutem Spiritus sancti, cujus vi reapse in hoc mysterio sunt et consistunt, non esse corruptioni obnoxia et subjecta, sed vitam et immortalitatem animabus nostris communicant. Sicut baptismus habita relatione seu ratione ad aquam et quod sensibus obnoxium est corrumpi potest, et habita similiter ratione virtutis et sanctitatis sibi collatæ a Christo, evadit fons et scaturigo vitæ et immortalitatis. Ex his omnibus nihil potest intelligi quod doctrinæ Ecclesiæ catholicæ non congruum aut conveniens sit, aut quod ulla ratione somniis Protestantium propitium videri possit. Eaque juvat maxime applicata transferre et mente, in comparationem quam instituit corporis hujus Christi cum nube, mari Rubro, aqua e petra educta, manna in arenas deserti cadente, —num. 20, 21, 22, 23, 24 et 25.

netificare quiverit? Nec tamen Apostolum in ...risto locutum audemus dicere quod non vere di...it patres nostros in nube et mari fuisse bapti...tos.

XXI. Et quamvis baptismus ille formam baptisma... Christi, quod hodie geritur in Ecclesia, non præ...lerit, baptismum tamen exstitisse et in eo patres ...stros baptizatos fuisse, nullus negare sanus aude...t, nisi verbis Apostoli contradicere vesanus præ...umpserit. Igitur et mare et nubes non secundum ...c quod corpus exstiterant, sanctificationis mundi...am præbuere, verum secundum quod invisibiliter ...ncti Spiritus sanctificationem continebant. Erat ...mque in eis visibilis forma, quæ corporeis sen...bus appareret, non in imagine, sed in veritate, et ...terius spiritualis potentia refulgebat, quæ non car...s oculis, sed mentis luminibus appareret.

XXII. Similiter manna populo de cœlo datum, et ...ua profluens de petra, corporales exstiterant et ...rporaliter populum vel pascebant vel potabant. ...tamen Apostolus vel illud manna, vel illam aquam, ...iritualem escam spiritualemque potum appellat. ...ur hoc? Quoniam inerat corporeis illis substantiis ...iritualis Verbi potestas, quæ mentes potius quam ...rpora credentium pasceret atque potaret (*Vide ...m.* 15). Et cum cibus vel potus ille futuri cor...ris Christi sanguinisque mysterium, quod celebrat ...clesia, præmonstraret, eamdem tamen escam ...iritualem manducasse, eumdem potum spiritualem ...bisse patres nostros sanctus Paulus asseverat.

XXIII. Quæris fortasse quam eamdem? Nimirum ipsam quam hodie populus credentium in Ecclesia manducat et bibit (*Vide num.* 25). Non enim licet di...versam intelligi, quoniam unus idemque Christus est, qui et populum in deserto, in nube et in mari baptizatum, sua carne pavit, suo sanguine tunc potavit, et in Ecclesia nunc credentium populum sui corporis pane, sui sanguinis unda pascit atque potat.

XXIV. Quod volens Apostolus intimare, cum dixisset patres nostros eamdem escam spiritualem manducasse, eumdemque potum spiritualem bibisse, consequenter adjecit: *Bibebant autem de spirituali consequenti eos petra. Petra autem erat Christus* (*I Cor.* x, 4). Ut intelligeremus, in deserto Christum in spirituali petra constitisse, et sui sanguinis undam populo præbuisse, qui postea corpus de Virgine sumptum, et pro salute credentium in cruce suspensum, nostris sæculis exhibuit, et ex eo sanguinis undam effudit, [a] quo non solum redimeremur, verum etiam potaremur.

XXV. Mirum certe, quoniam incomprehensibile et inæstimabile! Nondum hominem assumpserat, nondum pro salute mundi mortem degustaverat, nondum sanguine suo nos redemerat, et jam nostri patres in deserto per escam spiritualem potumque invisibilem ejus corpus manducabant et ejus sanguinem bibebant, velut testis exstat Apostolus clamans eamdem escam spiritualem manducasse, eumdem potum spiritualem bibisse patres nostros. Non isthic ratio qua fieri potuerit, disquirenda, sed fides quod factum sit, adhibenda. [b] Ipse namque qui nunc in Ecclesia omnipotenti virtute panem et vinum in sui

[a] *Quo non solum redimeremur, verum etiam potaremur.* Cum idem sit, omni amoto discrimine, sanguis Christi quo potamur et redimimur, hæc asserere necesse est ad concludendum quod cum Ratramnus docuerit et crediderit sanguinem pro hominibus effusum non esse duntaxat figuratum, sed verum et proprie dictum sanguinem Christi eductum ...sinu beatæ Virginis et effluentem ex venis corporis ...uci affixi, necesse est Eucharisticum quo potamur ...isse e sinu beatæ Virginis eductum et e crucifixo ...rpore effusum, cujus cum plenitudine ad cœlos ...stquam revixit ascendit, et ad dexteram Patris ...dit, ut idem inquit Ratramnus num. 30.

[b] *Ipse, namque,* etc. Adeo in mente tuendam habe...t transsubstantiationem Ratramnus, quam Eccle...a catholica defendit, ut liquido subjicere videatur ...etiam fuisse tempore Moysis in manna et in aqua ...uæ de petra virga percussa effluxerat, adeoque ...ntum abest ut ex hac comparatione assumendum ...t argumentum ad probandum Ratramnum abnuisse ...octrinæ catholicæ Ecclesiæ de transmutatione panis ...i corpus Christi, ipsa comparatio probat e contra ...deo mentem occupatam habuisse suasione hujus ...anssubstantiationis, ut alteri libenter annueret ...isus mannæ in ipsummet corpus Christi nondum ...ati. Sed cum ejusmodi sententiæ genus esse valde ...ngulare et insolens, quamvis hic dilucidissime expo...tum, nostrum auctorem in hanc sententiam inisse ...eutiquam videtur credibile, quippe cum certum sit, ...mni dubio remoto, neminem hominum sibi unquam ...ersuasisse ac defendisse *transsubstantiationem* seu ...eram commutationem mannæ de cœlo fusæ et aquæ ...e petra fluentis in corpus Christi. Sed noster auctor ...nrificam mutationem in alteram mirabilitate plenam conferi, quamvis prima et antiquior esset figura recentioris et imago seu sub aspectum subjectio et effigies expressa. Cum igitur ait Ratramnus num. 23 eamdem esse carnem quam populus credentium edit in Ecclesia, et potum quem bibit, non intelligit nec ait eamdem esse carnem et potum individuum et specificum omni delectu aut discrimine remoto, sed solummodo eamdem carnem reapse manducari et eumdem potum propinari hodie, quorum imago fuerat olim expressa et figurata, et quemadmodum hæc figurata caro et sanguis figuratus, habebant virtutem interiorem infusionis gratiæ seu conferendæ hominibus sanctitatis, eadem caro vera sanguisque verus vim et virtutem habet conferendæ vitæ et immortalitatis. Hunc esse verum sensum concinnatoris Ratramni ex concep...ti verbis num. 22 intelligimus: *Et cum cibus, vel potus ille futuri corporis Christi sanguinisque mysterium quod celebrat Ecclesia præmonstraret, eamdem tamen escam spiritualem bibisse patres nostros sanctus Paulus asseverat.* At vero cum ratio propter quam sanctus Paulus asserit patres nostros comedisse eamdem carnem et bibisse eumdem potum ex eo emanat quod mysterium corporis et sanguinis Christi futuri in imagine mannæ expressum fuerat, et aquæ petræ deserti, consequitur dilucide hunc auctorem seu concinnatorem sibi suadere non potuisse hoc manna et aquam fuisse individuum et specificum corpus, et sanguinem quem in novo fœdere percipimus, nec eumdem esse simplicem figuram et imaginem expressam, vacuam ea re quam induerit et exprimit. Secus enim manna fuisset figura figuræ et imago imaginis, quod recte rationi intolerabile semper visum est, et a sensu Ratramni, si mentis compos fuerit, semper alienum, quippe ei dicere satis inisse

corporis carnem et proprii cruoris undam spiritualiter convertit, ipse tunc quoque manna de cœlo datum corpus suum, et aquam de petra profusam proprium sanguinem, invisibiliter operatus est.

XXVI. Quod intelligens David in Spiritu sancto, protestatus est: *Panem*, inquiens, *angelorum manducavit homo* (*Psal.* LXXVII, 25). Ridiculum namque est opinari quod manna corporeum patribus datum cœlestem pascat exercitum, aut tali vescantur edulio, qui divini verbi saginantur epulis. Ostendit certe Psalmista, vel magis Spiritus sanctus loquens in Psalmista, vel quid patres nostri in illo manna cœlesti perceperint, vel quod fideles in mysterio corporis Christi credere debeant. In utroque certe Christus innuitur, qui et credentium animas pascit, et angelorum cibus existit: utrumque hoc non corporeo gustu, nec corporali sagina, sed spiritualis virtute Verbi.

XXVII. Et, evangelista narrante, cognovimus quod Dominus noster Jesus Christus priusquam pateretur, *accepto pane, gratias egit, dedit discipulis suis dicens: Hoc est corpus meum quod pro vobis datur; hoc facite in meam commemorationem. Similiter et calicem, postquam cœnavit, dicens: Hic est calix Novum Testamentum in sanguine meo, qui pro vobis fundetur* (*Matth.* XXVI, 26, 27; *Luc.* XXII, 19, 20). Videmus nondum passum esse Christum, et jam tamen sui corporis et sanguinis mysterium operatum fuisse.

XXVIII. Non enim putamus ullum fidelium dubitare panem illum fuisse Christi corpus effectum, quod discipulis donans dicit: *Hoc est corpus meum quod pro vobis datur*, sed neque calicem dubitare sanguinem Christi continere, de quo idem ait: *Hic est calix Novum Testamentum in sanguine meo, qui pro vobis fundetur*. Sicut ergo paulo antequam pateretur, panis substantiam et vini creaturam convertere potuit in proprium corpus quod passurum erat, et in suum sanguinem qui post fundendus exstabat, [a] sic etiam in deserto manna et aquam de petra in suam carnem et sanguinem convertere prævaluit, quamvis longe post et caro illius pro nobis in cruce pendenda, et sanguis ejus in ablutionem nostram fundendus superesset.

XXIX. Hic etiam considerare debemus quemadmodum sit accipiendum quod ipse dicit: *Nisi manducaveritis carnem Filii hominis, et sanguinem ejus biberitis, non habebitis vitam in vobis* (*Joan.* VI, 54). Non enim dicit quod caro ipsius quæ pependit in cruce particulatim concidenda foret et a discipulis manducanda, vel sanguis ipsius, quem fusurus erat pro mundi redemptione, discipulis dandus esset in potum: hoc enim scelus esset si, secundum quod infideles tunc acceperunt, a discipulis vel sanguis ejus biberetur vel caro comederetur.

XXX. Propter quod in consequentibus ait discipulis, non infideliter, sed fideliter verba Christi suscipientibus, nec tamen quomodo illa verba intelligenda penetrantibus [*add.*, forent]: *Hoc vos scandalizat*, inquiens, *si ergo videritis filium hominis ascendentem ubi erat prius* (*Joan.* VI, 62, 63)? Tanquam diceret: Non ergo carnem meam, vel sanguinem meum, vobis corporaliter comedendam, vel bibendum, per partes distributum distribuendumve putetis, cum post resurrectionem visuri sitis me cœlos ascensurum [b] cum integri corporis sive sanguinis mei plenitudine. Tunc intelligetis quod non, sicut infideles arbitrantur, carnem meam a credentibus comedendam, sed vere per mysterium panem et vinum, in corporis et sanguinis mei conversa substantiam, a credentibus sumenda.

XXXI. Et consequenter: *Spiritus est*, inquit, *qui vivificat, caro non prodest quidquam* (*Joan.* VI, 64). Carnem dicit quidquam non prodesse, illo modo sicut infideles intelligebant, alioquin vitam præbet, sicut a fidelibus per mysterium sumitur. Et hoc quare? Ipse manifestat cum dicit: *Spiritus est qui vivificat*. In hoc itaque mysterio corporis et sanguinis spiritualis est operatio, quæ vitam præstat, sine cujus operatione mysteria illa nihil prosunt, [quoniam corpus quidem pascere possunt, sed animam pascere non possunt.

XXXII. Hic jam illa suboritur quæstio, quam plu

---

his imaginibus prætermissis ætatis Mosaicæ, nihil novi in lege nova contigisse, nihilque fieri quod non factum fuisset prius in veteri.

[a] *Sic etiam in deserto manna*, etc. Hæc plene demonstrant nihil visum fuisse concinnatori nostro Ratramno [illegible] in mysterio transsubstantiationis, cum præsertim effieri posse sibi persuaserit ex manna et aqua petræ deserti in corpus Christi antequam esset, nullum impedimentum exoriri ab adventu Christi in hunc mundum in quo hoc sacramentum instituerat. Sed hæc omnia nihil aliud significant nisi eum cujus in potestate fuit posita conversio figurata mannæ, potuisse etiam habere in potestate positam conversionem veram panis in corpus Christi, cum utræque sint mentes humanas motura miracula.

[b] *Cum integri corporis sive sanguinis mei plenitudine*. Ex eo perspectum habeant Protestantes qui nostrum concinnatorem Ratramnum sibi propitium reputant alieniorem habuisse mentem a somniis ministrorum sodalium qui superstitionis in Gallia synaxes habebant, qui sibi finxerunt corpus Christi postquam revixit, seu post resurrectionem, caruisse sanguine. Larrocanus pagi Quevilliaci in agro Rothomagensi, Historiæ Eucharistiæ lib. II, cap. 6, 27; Allixius (a) Charentonii in agro Parisiensis post Albertinum (b), Calvinum (c) et Osiandrum (d), quorum refutationem legere facile est in Dissertatione de Sanguine Corporis Christi post resurrectionem quam typis Gab. Martini publici juris fecimus Parisiis anno 1681. In eamdem sententiam veterum Patrum iterum se insinuat Ratramnus noster, num. 88, eorumque sententiam suggillat, qui dicebant, postquam revixit, Dominum habuisse corpus ventis atque aere levius et subtilius. — Capite 8, de Nativitate Christi, quod occurrit tomo I Spicilegii illustris monachi Lucæ d'Acherii, pag. 336.

(a) Dissert. de Sanguine corporis Christi. Parisiis, 1680.

(b) Lib. I de Eucharistia, pag. 7.

(c) Gerardus Joannes Vossius, Theses Theologicæ, pag. 188, num. 14.

(d) Confessio fidei adversus Molinum.

mi proponentes loquuntur, [a] non in figura, sed in veritate ista fieri Quod dicentes, sanctorum scriptis ... contraire comprobantur

XXXIII Sanctus Augustinus, doctor Ecclesiæ præcipuus, in libro de Doctrina Christiana tertio (*cap* ...), taliter scribit « *Nisi manducaveritis*, inquit ... alvator, *carnem filii hominis, et biberitis sanguinem* ... *us, non habebitis vitam in vobis* (*Joan* VI, 54) Facinus vel flagitium videtur habere Figura ergo est præcipiens passioni Domini esse communicandum, et ... eliter recondendum [*Apud sanctum Augustinum*, atque suaviter atque utiliter recondendum] in memoria quod pro nobis ejus caro crucifixa et vulnerata sit »

XXXIV Cernimus quod doctor iste mysteria corporis et sanguinis, sub figura dicit a fidelibus celebrari [b] nam carnem illius sanguinemque ejus sumere carnaliter non religionis dicit esse, sed facinoris De quibus fuerant illi qui in Evangelio dicta omini non spiritualiter, sed carnaliter intelligentes, cesserunt ab eo, et jam cum illo non ibant (*Joan* ..., 67)

XXXV Idem in epistola ad Bonifacium episcopum ... ribens (*epist* 23, *sive* 8), inter alıqua sic ait Nempe sæpe ita loquimur ut Pascha propinquante, ... icamus crastinam vel perendinam Domini passionem, cum ille ante tam multos annos passus sit, nec omnino nisi semel illa passio facta sit Nempe ipso die Dominico dicimus Hodie Dominus resurrexit, cum ex quo resurrexit tot anni transierint Cur nemo tam ineptus est, ut nos ita loquentes arguat esse mentitos, nisi quia istos dies secundum illorum quibus hæc gesta sunt similitudinem nuncupamus, ut dicatur ipse dies, qui non est ipse, sed revolutione temporis similis ejus, et dicatur illo die fieri propter sacramenti celebrationem, quod non die, sed jam olim factum sit Non semel immolatus esset Christus in seipso? et tamen in sacramento non solum per omnes Paschæ solemnitates sed omni die populis immolatur nec utique mentitur qui interrogatus eum responderet immolari Si enim sacramenta quamdam similitudinem rerum earum quarum sacramenta sunt non haberent, omnino sacramenta non essent Ex hac ipsa autem similitudine plerumque jam ipsarum rerum nomina accipiunt Sicut ergo secundum quemdam modum sacramentum corporis Christi corpus Christi est, sacramentum sanguinis Christi sanguis Christi est, ita sacramentum fidei fides est »

XXXVI [c] Cernimus quod sanctus Augustinus dicit aliud sacramenta, et aliud res quarum sunt sacra...

[a] *Non in figura sed in veritate ista fieri* Propositum prima fronte hujus opusculi quæstionem eo loci ... erum format rebus Ecclesiæ catholicæ atque sententiæ parum conducibilem, quippe cum ipsa semper docuerit et existimaverit aliquantam figuram in ... ucharistiæ mysterio reperiri, et nunquam defuisse ... quibusiterum observare juvat hunce librum de ... orpore et Sanguine Domini adversus Paschasium ... on fuisse exaratum Qui libro suo de Corpore et ... anguine Domini, libenter annuit sententiæ admittenti figuram aliquam in hoc sanctissimo mysterio, ... eciatim et affatim capite I, lit A *Unde quia mysterium est, sacramentum nec figuram illud negare ... ossumus*, et infra litt C Sed si veraciter *inspicius, jure simul veritas et figura dicitur Veritas vero ... uidquid de hoc mysterio interius recte intelligitur aut editur* Quibus verbis eos solummodo confutat et ... efellit, qui totum esse figuratum in Eucharistia clamabant ut supra jam observavimus Hinc etiam ... eminisse juvat per *figuram* Ratramnum et Paschasium semper intellexisse tegetem et velum quod speciebus panis et vini convenire nemo unus homo neat Insuper etiam oblivisci vetitum est per *veritatem* utrumque concinnatorem prædictum intelligere ... eo sæpius res in Eucharistia effieri ea agendi ratione et modo quo in verborum sunt expressæ subject sensibus subjecto et *corporaliter*, uti defendere ... nimo intenderunt abbas Abbaudus, et magnus prior ... alterius, abbatiæ sancti Victoris Parisiensis ... tate Berengarii quos testes prodidimus antea, in ... dnotatione nostra ad numer 11

Porro nulli concertationi aut disceptationi obnoxium est argumentum ex quo intelligitur Ratramnus verbo *veritatis* significare applicata voluntate intendisse modum sensibus subjectum comedendi corporis et deglutiendi sanguinis Christi Enimvero id planissime patet testimoniis et argumentis quæ profert adversus eos qui tuendum receperant corpus Christi revera et postposita omni figura comestum fuisse quos Patribus antiquis adversos clarissime demonstrat Etenim quæcunque testimonia ex iis assumit, palam designant, carnem Christi ori fidelium admotam, sive porrectam, neutiquam fuisse modo sensibus subjecto, quem Capharnaitarum appellare non pertimescam, quamvis hujus sententiæ sectatores non dubitarent corpus Christi integrum in cœlo permanere, etiamsi in altaribus nostris fractum ac disruptum videretur uti probavimus antea in adnotationibus ad num 11 insuper constat optime et nervose se defendisse, et fatuitatem obscenam Stercoranistarum ejurasse

[b] *Nam carnem illius sanguinemque ejus sumere carnaliter, non religionis dicit esse sed facinoris* Alibi glossema legitur quod hic adjungere nihil prohibet *carnaliter id est conterendo dentibus, aut frustatim discerpendo* quippe cum hic verus sit horum verborum prolapsæ Latinitatis sensus *carnaliter et corporaliter, nulla sub figura, nulla sub obvelatione, sed in ipsius veritatis nuda manifestatione*, uti probavimus anterioribus nostris adnotationibus Insuper etiam plenissime constat nihil aliud Ratramnum eo loci indigitare voluisse quippe cum ipse mentem propriam applicata voluntate explicans hoc vocabulum *carnaliter* observat id esse reapse quod, ex relatione Evangelii, animo fingebant qui sensum spiritualem Jesu Christi non poterant assequi, ideoque ejus societatem reliquerant At negari non potest ejusmodi homines ex sermone Christi intellexisse a se datum iri illis carnem et sanguinem veluti alimenta communia dentibus conterenda et frustatim discerpenda

[c] *Cernimus quod sanctus Augustinus dicit Aliud sacramenta, et aliud res quarum sunt sacramenta* Hæc omnia verissima sunt sancti Augustini concepta verba Quamobrem cum ipsa Eucharistia sacramentum corporis Christi, quod fuit affixum cruci et mactatum profluvio sanguinis, certum est aliquam ob eo sustinere differentiam et aliqua ratione esse diversum scilicet in quantum mactatum fuit, et cruci affixum, et sanguis pro nobis mundum per omnem effluxit Eucharistia nuncupatur corpus Christi mactati et cruci affixi, morientis et patientis quia sacramenta sortiuntur nomina rerum quarum sacramenta sunt Et revera tametsi in Eucharistia consistat, nec crucifigitur nec mactatur, nec sensibus dolores mortis sustinens subjicitur quod semel

menta. Corpus autem, in quo passus est Christus, et sanguis ejus de latere qui fluxit, res sunt. Harum vero rerum mysteria dicit esse sacramenta corporis et sanguinis Christi, quæ celebrantur ob memoriam Dominicæ passionis, non solum per omnes Paschæ solemnitates singulis annis, verum etiam singulis in anno diebus.

XXXVII. Et cum unum sit corpus Dominicum, in quo semel passus est, et unus sanguis, qui pro salute mundi fusus est, attamen sacramenta ipsarum rerum vocabula sumpserunt, ut dicantur corpus et sanguis Christi, cum propter similitudinem rerum quas innuunt sic appellentur, sicut Pascha et Resurrectio Domini vocantur, quæ per singulos annos celebrantur, cum semel in seipso passus sit et resurrexerit, nec dies illi jam possint revocari, quoniam præterierunt. Appellantur tamen illorum vocabulo dies quibus memoria Dominicæ passionis sive resurrectionis commemoratur, idcirco quod illorum similitudinem habeant dierum quibus Salvator semel passus est et semel resurrexit.

XXXVIII. Unde dicimus: Hodie, vel cras, vel perendie, Domini Pascha est, vel Resurrectio, cum dies illi, quibus hæc gesta sunt, multis jam annis præterierint. Sic etiam dicamus Dominum immolari quando passionis ejus sacramenta celebrantur, cum semel pro salute mundi sit immolatus in semetipso, sicut Apostolus ait: *Christus passus est pro nobis, vobis relinquens exemplum ut sequamini vestigia ejus* (*I Petr.* II, 21). Non enim quod quotidie in seipso patiatur quod semel fecit. Exemplum autem nobis reliquit quod in mysterio Dominici corporis et sanguinis quotidie credentibus præsentatur, ut quisquis ad illud accesserit, noverit, se passionibus ejus sociari debere, quarum imaginem in sacris mysteriis præstolatur, juxta illud Sapientiæ: *Accessisti ad mensam potentis, diligenter attende quæ tibi sunt apposita, sciens quia talia te oportet præparare* (*Prov.* XXIII, 1). Accedere ad mensam potentis, est divini participem libaminis fieri; considerantis vero appositorum, Dominici corporis et sanguinis est intelligentia. Quibus quisquis participat, advertat se talia debere præparare, ut ejus imitator existat commoriendo, cujus memoriam mortis, non solum credendo, verum etiam gustando confitetur.

XXXIX. Item beatus Apostolus ad Hebræos: *Talis enim decebat ut nobis esset pontifex, sanctus, innocens, impollutus, segregatus a peccatoribus, et excelsior cœlis factus. Qui non habet necessitatem quemadmodum sacerdotes, quotidie hostias offerre prius pro suis delictis, deinde pro populi; hoc enim fecit semel, se offerendo Dominus Jesus Christus* (*Hebr.* VII, 26, 27). Quod semel fecit, nunc quotidie frequentat: semel enim pro peccatis populi se obtulit, celebratur tamen hæc eadem oblatio singulis per fideles diebus, sed in mysterio, ut quod Dominus Jesus Christus semel se offerens adimplevit, hoc in ejus passionis memoriam quotidie geratur per mysteriorum celebrationem.

XL. Nec tamen falso dicitur quod in mysteriis illis Dominus vel immoletur vel patiatur, quoniam illius mortis atque passionis habent similitudinem, quarum existunt repræsentationes. Unde Dominicum corpus et sanguis Dominicus appellantur, quoniam ejus sumunt appellationem, cujus existunt sacramentum. Hinc beatus Isidorus in libris Etymologiarum (*lib.* VI, *cap.* 19) sic ait: « Sacrificium dictum, quasi sacrum factum, quia prece mystica consecratur in memoriam pro nobis Dominicæ passionis. Unde hoc, eo jubente, corpus Christi et sanguinem dicimus.

contigit die quo se mortis exactoribus permisit supplicio crucis. Hæc est vera et constans Ecclesiæ catholicæ doctrina, quam Ratramnus singulariter exponit et enucleat verbis epistolæ sancti Augustini ad Bonifacium. Utcunque res sint, abnuente Sixto Senensi (a) intendit animo demonstrare aliquam in Eucharistia figuram consistere. Hæc ampliori disceptatione non indigent, verba sancti Augustini invictissime probant hanc fuisse sententiam Ratramni et Paschasii nono sæculo et utrumque hoc loco sancti Augustini vindicasse hanc veritatem, Paschasium scilicet tractatu de Corpore et Sanguine Christi, pag. 623, lit. C et D. Illictum igitur caveat studiosus lector utriusvis opusculi aut utriusque ne a memoria excidat unquam sacramentum Eucharistiæ, quatenus sacramentum esse memoriam, expressam imaginem, similitudinem et figuram corporis Christi morientis et crucifixi, et sanguinem effluentis in gratiam et salutem hominum, et propterea impositum habere corporis nomen et sanguinis Jesu Christi, nec quidquam esse quam Jesus Christus ipse in arbore crucis anhelans et effundens sanguinem pro nobis. Quod quidem his conditionibus revera in Eucharistia non consistit, sed solummodo in memoriam et similitudinem, non secus ac dies Paschatis dies resurrectionis nuncupatur, tametsi pluribus abhinc annis et sæculis Christus Dominus semel eodem sive simili die revixerit, et dies mortis et passionis feria sexta, quæ vocatur sancta, licet pluribus abhinc annis semel dolores mortis sustinuerit. Verum hæc omnia non impediunt quin corpus Christi jam gloriosum in cœlo Eucharistia permansionem habeat modo spirituali sensibus non subjecto et corporali, uti recognoscit ipse Ratramnus in pluribus sui opusculi locis, et speciatim num. 28 et 30 antea citatis, et num. 16 et 99, in quibus ait fusus theologus *quod iste panis et calix qui corpus et sanguis Christi nominatur et existit*. Et intelligamus ex his hoc sacramentum non solum assumere nomen rei cujus est sacramentum, sed rem ipsam esse et existere. Porro ex his videtur dilucide applicata voluntate intendisse eamdem veritatem confirmare quam exposuit num. 16, in quo ait de speciebus panis et vini sub quibus corpus Christi delitescit, *non quod duarum sint existentiæ rerum inter se diversarum*, et num. 24, in quo conceptis verbis docet quod, *qui postea corpus de Virgine sumptum et pro salute credentium in cruce suspensum nostris sæculis exhibuit, et ex eo sanguinis undam effudit, non solum qua redimeremur, verum etiam potaremur*. Et num. 25 et 28: *Ipse namque qui nunc in Ecclesia omnipotenti virtute panem et vinum in sui corporis carnem et proprii cruoris undam spiritualiter convertit*. Quod quidem a sermone et elocutione Paschasii non differt, quem nemo homo litteris assuetus dubitat fidem quam defendimus eamdem tuendam recepisse in epistola ad Frudgardum: *Et totum spiritale est quod celebratur in hoc sacramento, quia spiritus est qui vivificat*.

(a) Bibliothecæ sanctæ, lib. VI, observ. 196.

mus quod dum fit ex fructibus terræ, sanctificatur et fit A sacramentum, operante invisibiliter Spiritu Dei. Cujus panis et calicis sacramentum Græci *Eucharistiam* dicunt, quod Latine *bona gratia* interpretatur. Et quid melius sanguine et corpore Christi? (Panis vero et vinum ideo corpori et sanguini comparantur, quia sicut hujus visibilis panis vinique substantia exteriorem nutrit et inebriat hominem, ita Verbum Dei, qui est panis vivus, participatione sui fideles recreat mentes [a].) »

XLI. Et iste doctor catholicus sacrum illud Dominicæ passionis mysterium, in memoriam pro nobis Dominicæ passionis docet agendum. Hoc dicens ostendit Dominicam passionem semel esse factam, ejus vero memoriam in sacris solemnibus repræsentari.

XLII. Unde et panis qui offertur, ex fructibus B terræ cum sit assumptus, in Christi corpus dum sanctificatur, transponitur: sicut et vinum, cum ex vite defluxerit, divini tamen sanctificatione mysterii efficitur sanguis Christi, non quidem visibiliter, sed, sicut ait præsens doctor, operante invisibiliter Spiritu Dei [*al.*, sancto].

XLIII. Unde sanguis et corpus Christi dicuntur, quia non quod exterius videntur, sed quod interius, divino Spiritu operante, facta sunt, accipiuntur. Et quia longe aliud per potentiam invisibilem existunt quam visibiliter appareant, discernit, dum dicit, panem et vinum ideo corpori sanguini Domini comparari, « quia sicut visibilis panis et vini substantia exteriorem nutrit et inebriat hominem, ita Verbum Dei, qui est panis vivus, participatione sui fidelium recreat mentes. »

XLIV. Ista dicendo confitemur quod in sacramento corporis et sanguinis Domini, quidquid exterius sumitur, ad corporis refectionem aptatur [b]. Verbum autem Dei, qui est panis invisibiliter in illo existens sacramento, invisibiliter participatione sui fidelium mentes vivificando pascit.

XLV. Hinc etiam idem doctor dicit (*Orig.* lib. VI, cap. 19): « Sacramentum est in aliqua celebratione, cum res gesta ita fit ut aliquid significare intelligatur quod sancte accipiendum est [c]. » Hæc dicendo ostendit omne sacramentum in divinis rebus aliquid secreti continere, et aliud esse quod visibiliter appareat, aliud vero quod invisibiliter sit accipiendum.

XLVI. Quæ sunt autem sacramenta fidelibus celebranda consequenter ostendens, ait (*Ibid.*): « Sunt autem sacramenta baptismus et chrisma, corpus et sanguis [*Apud Isidorum ibidem additur*, Christi]. Quæ ob id *sacramenta* dicuntur, quia sub tegumento corporalium rerum virtus divina secretius salutem eorumdem sacramentorum operatur. Unde et a secretis virtutibus vel sacris *sacramenta* dicuntur. » Et in sequentibus ait (*Ibid.*): « Græce *mysterium* dicitur quod secretam et reconditam habeat dispositionem. »

XLVII. Quid isthinc perdocemur, nisi quod corpus

C [a] Hæc ultima verba parenthesi clausa, non reperiuntur apud Isidorum, lib. I Etymolog., sed lib. I, de Officiis, cap. 18, hæc habentur: *Panis, quia confirmat corpus, ideo corpus Christi nuncupatur; vinum autem, quia sanguinem operatur in carne, ideo ad sanguinem Christi refertur.*

[b] *Verbum autem Dei qui est panis invisibilis*, etc. Sententia Ratramni est verbum divinum existere in sacramento modo invisibili, id est mirifico, singulari et diverso ab eo quo per suam immensitatem omnia explet. Secus enim ab aliis creaturis sacramentum nullo discrimine differret. At vero modus singularis sacramenti aliunde non erumpit quam ex unione hypostatica Verbi cum corpore humano, per quam verum est dicere, *et Verbum caro factum est*. Ex quo intelligere est Verbum, hoc Verbum existisse in sinu Mariæ et in cruce alia ratione et modo quam per immensitatem in universo mundo et in omnibus creaturis. D Ex quibus dilucide consequitur quod cum corpus Christi verum et vere in sinu Mariæ exstiterit et in cruce, nullus dubitandi locus relinqui potest quin Ratramnus sibi persuaserit idem corpus in Eucharistia permansionem habere, propter intimam quam habet cum Verbo divino unionem, cum tot in locis asserat, numero 15 præsertim, *nefas esse non solum dicere, verum etiam cogitare corpus Christi in Eucharistia non esse seu negare*. Et repetit, num. 30, *panem et vinum in corporis et sanguinis mei conversa substantiam*. Addit insuper num. 30 et 49 quod corpus et sanguis Christi *figura sunt secundum speciem visibilem, at vero secundum invisibilem substantiam, id est divini potentiam Verbi, vere corpus et sanguis Christi existunt*. Ex his verbis intelligitur facile substantiam invisibilem Eucharistiæ esse vere ipsum corpus Christi et hanc substantiam spiritualem esse potentiam Verbi, adeoque eum ait Ratramnus Verbum existere in sacramento sentire et existimare id fieri vi unionis et colligationis cum carne humana velata et recondita, modo oculis non subjecto in eodem sacramento.

[c] *Quod sancte accipiendum est*. Et infra ibidem: *Quod invisibiliter sit accipiendum*. Interpres Gallicus hujus libri Ratramni anni 1672, intendit animo hoc participium *accipiendum* non significare *recipiendum*, sed *assumendum* et *intelligendum*. Adeoque traduxit Gallice deterius *quod sancte accipiendum et invisibiliter sit accipiendum*: *Quod sancte assumendum et spiritualiter intelligendum*: *Qu'il faut prendre saintement, et qu'il faut entendre spirituellement*, quasi *quod sancte subaudiendum et spiritualiter cogitandum*. Sed ex his abundanter patet hac scribendi ratione usum esse interpretem Gallicum diversæ partis scriptorum ut auspicato et prospere suffragaretur errori quo suos fascinaret sectatores facilius, quibus persuadere voluit opus esse subaudire et intelligere totum quod in Eucharistia solet effieri esse figuratum et imaginosum, cum econtra Ratramnus adnotet post sanctum Isidorum Hispalensem sacramentum rem esse quæ sancte, hoc est pie administrari et percipi debet cum apparatione sancta: quippe cum aliud sit quod in eo apparet et aliud quod sensibus subjecto modo percipimus. Porro hæc omnia valde congruunt iis quæ dicit sanctus Chrysostomus homilia 7 in Epistolam primam ad Corinthios, pag. 318: *Sacramentum appellamus, quoniam aliud intuemur in eo quam videmus, et revera res alias credimus, quam quas videmus. Hujusmodi enim est natura sacramentorum nostrorum.* Μυστήριον δὲ καλεῖται, ὅτι οὐχ ἅπερ ὁρῶμεν, πιστεύομεν, ἀλλ' ἕτερα μὲν ὁρῶμεν, ἕτερα δὲ πιστεύομεν. Τοιαύτη γὰρ τῶν μυστηρίων ἡμῶν ἡ φύσις. Auctor versionis Gallicæ anni 1672, cum sui erroris res non ageretur suaque non ulterius interesse videretur, participium *accipientium* in *recipientium*, transtulit, continenti sermone num. 48: *Virtus divina secretius salutem accipientium fideliter dispensat*.

et sanguis Domini propterea *mysteria* dicuntur, quod secretam et reconditam habeant dispositionem, id est, aliud sint quod exterius innuant, et aliud quod interius invisibiliter operentur?

XLVIII. Hinc etiam et *sacramenta* vocitantur, quia tegumento corporalium rerum virtus divina secretius salutem accipientium fideliter dispensat.

XLIX. Ex his omnibus quæ sunt hactenus dicta monstratum est quod corpus et sanguis Christi, quæ fidelium ore in Ecclesia percipiuntur, figuræ sunt secundum speciem visibilem, at vero secundum invisibilem substantiam, id est divini potentiam Verbi, vere corpus et sanguis Christi existunt. Unde secundum visibilem creaturam, corpus pascunt; juxta vero potentioris virtutem substantiæ, fidelium mentes et pascunt et sanctificant (*Vide numm.* 44, 91, *et* 66.)

L. Jam nunc secundæ quæstionis propositum est inspiciendum, et videndum utrum ipsum corpus quod de Maria natum est, et passum, et mortuum, et sepultum, quodque ad dexteram Patris consideat, sit quod ore fidelium per sacramentorum mysterium in Ecclesia quotidie sumitur.

LI. Percontemur quid ex hoc sanctus Ambrosius sentiat; ait namque in primo Sacramentorum libro (lib. *De iis qui mysteriis initiantur*, cap. 8): « Revera mirabile est quod manna Deus pluerit patribus, et quotidiano cœli pascebantur alimento, unde dictum est: *Panem angelorum manducavit homo* (*Psal.* LXXVII, 25). Sed tamen panem illum qui manducaverunt, omnes in deserto mortui sunt. Ista autem esca quam accipis, iste panis vivus qui descendit de cælo, vitæ æternæ substantiam subministrat, et quicunque hunc manducaverit non morietur in æternum, [a] et corpus Christi est. »

LII. Vide secundum quod doctor iste corpus Christi dicit esse escam quam fideles accipiunt in Ecclesia. Ait namque: « Iste panis vivus qui de cœlo descendit, vitæ æternæ substantiam subministrat. » Num secundum hoc quod videtur, quod corporaliter sumitur, quod dente premitur, quod fauce glutitur, quod receptaculo ventris suscipitur, æternæ vitæ substantiam subministrat? Isto namque modo carnem pascit morituram, nec aliquam subministrat incorruptionem, neque dici vere potest ut *quicunque hunc manducaverit, non morietur in æternum* (*Joan.* VI, 52). Et hoc enim quod sumit corpus, corruptibile est, nec ipsi corpori potest præstare ne moriatur in æternum, quoniam quod corruptioni subjacet, æternitatem præstare non valet. Est ergo in illo pane vita, quæ non oculis apparet corporeis, sed fidei contuetur aspectu, qui etiam panis vivus qui descendit de cœlo existit, et de quo vere dicitur: *Quicunque hunc manducaverit, non morietur in æternum*, et qui est corpus Christi. »

LIII. Item in consequentibus (*ibid.*, *cap.* 9), cum de omnipotenti virtute Christi loqueretur, sic ait: « Sermo ergo Christi, qui potuit ex nihilo facere quod non erat, non potest ea quæ sunt in id mutare quod non erant? » Nonne majus est novas res dare quam mutare naturas? » [*al.*, non enim minus est novas rebus dare.]

LIV. Dicit sanctus Ambrosius in illo mysterio sanguinis et corporis Christi commutationem esse factam, et mirabiliter, quia divine, et ineffabiliter, quia incomprehensibile. Dicant qui nihil hic volunt secundum interius latentem virtutem accipere, sed totum quod apparet visibiliter æstimare, secundum quid his sit commutatio facta. [c] Nam secundum creaturarum substantiam, quod fuerunt ante consecrationem in alteram incurrere, ac species panis et vini

---

[a] *Et corpus Christi est.* Et *qui est corpus Christi*, id est *quæ est corpus Christi*, ex sancto Ambrosio. Diversæ partis interpres anno 1672 huic versioni et explicationi non abnuit, *nam est corpus Jesu Christi*.

[b] *Nonne majus est novas res dare quam mutare naturas.* Ecce effatum sancti Ambrosii, quo expresse et conceptis verbis format mutationem naturarum in Eucharistia. Verumenimvero, non possunt esse ejusmodi generis naturæ nisi panis et vini quæ in Christi carnem et sanguinem transferuntur, ideoque in versione Gallica additum est *id est substantiæ rerum*, quas significare voluit sanctus Ambrosius capite 9 libri *De iis qui mysteriis initiantur*: *Nonne valebit Christi sermo, ut species mutet elementorum?* Quamobrem Rabanus, archiepiscopus Moguntinus, Ratramno æqualis, his verbis nihil significare potuit præter sententiam quæ exprimit castigate et terse *realitatem et transsubstantiationem* quæ incurrunt libro VII, capite 10, de sacris Ordinibus quem inscripsit Theotmaro: *Quis unquam crederet quod panis in carnem potuit converti, vel vinum in sanguinem, nisi ipse Salvator diceret, qui panem et vinum creavit et omnia ex nihilo fecit? Facilius est aliquid ex alio facere, quam ex nihilo creare.*

[c] *Nam secundum creaturarum substantiam*, etc. Cum anteriori numero auctor instituerit auctoritate sancti Ambrosii fieri in Eucharistia naturarum commutationem, non est credibile contrarium in hocce numero 54 voluisse dicere. Et cum numeris anterioribus docuerit in Eucharistia rei unius commutationem in alteram incurrere, ac species panis et vini et ipsum corpus Christi non habere duas existentias diversas, incogitabile est in ea fuisse sententia corpus scilicet et substantiam panis manere post consecrationem eo modo quo erant ante. Aliud ergo ex voce *substantiæ* intellexisse necesse est quam quod vulgo in schola Aristotelis philosophica intelligitur. Scilicet post consecrationem panem et vinum esse res quæ per se subsisterent, nulla admissa mutatione. Hac agendi ratione decrevi *substantiam* non per substantiam explicare, sed his verbis *ut res præ se ferunt*, quæ nihil aliud indigitant seu significant expresse, nisi qualitates sensibus obnoxias, seu subjectas antea panis et vini easdem post consecrationem remanere. Calvinistarum ministri præstantissimi fatentur libenter, Patres antiquos usos esse verbo substantiæ ad significandas rerum qualitates seu quod alicui rei maxime proprium est, neutiquam vero substantiam propriam veram et naturalem. Hæc intelligere facile est ex responsione ad Officium sacramenti altaris, Parisiis typis vulgati anno 1665, pag. 264 et 432, cujus concinnatorem fuisse intelligimus ex Ephemeride doctorum in Batavia, Matthæum Larroquanum Quevillanum, ministrum superstitionis Calvinianæ in agro Rothomagensi. Revera legimus cap. 46 libri III de Vita Constantini, auctore Eusebio Cæsariensi episcopo, animam sanctæ Helenæ transmutatam fuisse, postquam decessit, in substantiam angelicam [illegible] Anima quidem il

crationem hoc et postea consistunt Panis et vinum prius exstitere, [a] in qua etiam specie jam consecrata permanere videntur Est ergo interius commutatum Spiritus sancti potenti virtute, quod fides aspicit, animam pascit, æternæ vitæ substantiam subministrat

LV Item in sequentibus (*Ibid*) « Quid hic quæris naturæ ordinem in Christi corpore, cum præter naturam sit ipse Dominus Jesus partus ex Virgine? »

LVI Hic jam surgit auditor, [b] et dicit corpus esse Christi quod cernitur, et sanguinem qui bibitur, nec quærendum quomodo factum, sed tenendum quod sic factum sit Bene quidem sentire videris Sed si vim verborum diligenter inspexeris, [c] corpus quidem Christi sanguinemque fideliter credis Sed si perspiceres quia quod credis nondum vides, nam si videres, diceres Video non diceres Credo corpus sanguinemque esse Christi nunc autem quia fides totum quidquid illud totum est aspicit, et oculus carnis nihil apprehendit, intellige quod non in specie, sed in virtute corpus et sanguis Christi existant quæ cernuntur Unde dicit (*Ibid*) « Ordinem naturæ non hic intuendum, sed Christi potentiam venerandam, quæ quidquid vult, quomodo vult, quodcunque vult et creat quod non erat, et creatum permutat in id quod antea non fuerat » Subjungit idem auctor (*Ibid*) « Vera utique caro, quæ crucifixa est, quæ sepulta est, [d] vere ergo carnis illius sacramentum est, ipse clamat Dominus Jesus *Hoc est corpus meum* »

LVII Quam diligenter, quam prudenter facta distinctio! De carne Christi, quæ crucifixa est, quæ sepulta est, id est, secundum quam Christus et crucifixus est et sepultus, ait Vera itaque caro Christi At de illa quæ sumitur in Sacramento, dicit Vere ergo carnis illius sacramentum est, [e] distinguens sacramentum carnis a veritate carnis quatenus in

lius in incorruptibilem et angelicam substantiam reformabatur Apud Tertullianum, libro de Monogamia, pag 887, litt B *Resurgere in opera carnis de continentiæ otio, est substantia laterum* ad significandam vim et vigorem laterum Libro II de Cultu feminarum, pag 175, litt B *Debemus quidem ita sancte et tota fidei substantia incedere*, et libro de Exhortatione castitatis, pag 670, litt C *Per continentiam negotiaberis magnam substantiam castitatis* Apud sanctum Augustinum in psalmum LXVIII, litt B *Per iniquitatem homo lapsus est substantia in qua factus est* Apud sanctum Petrum Chrysologum, sermone 81, in fine, de Christi resurrectione hæc occurrunt *Sed mutatur effigies dum efficitur ex mortali immortalis et ex corruptibili incorruptibilis, ut hoc sit mutasse substantiam non mutasse personam* Hæc omnia, ex antiquis Patribus exscripta, liquido patefaciunt Patres usos esse instar Ratramni voce *substantiæ* ad significandas qualitates seu proprietates sensibus subjectas quemadmodum psalmo LXVIII *Infixus sum in limo profundi et non est substantia* Καὶ οὐκ ἔστιν ὑπόστασις, et psalmo CXXXIX, vers 11 *In miseriis non subsistent* Καὶ οὐ μὴ ὑποστῶσιν Hæc enim non significant substantiæ carentiam, sed discrimen qualitatum et proprietatum sensibus subjectarum ad mentem Ratramni, dum ait *Corpus Christi susceptum in Eucharistia æternæ vitæ substantiam subministrat*, id est gratiam digne manducantibus carnem et bibentibus sanguinem, corpus Domini dijudicantibus

[a] *In qua etiam specie jam consecrata permanere videntur* Concinnator Gallicæ versionis hæc verba παραφραστικῶς sic explanat *Et videntur post consecrationem substantiæ creatæ permanere in eadem specie* Hæc verba, *substantiæ creatæ* in textu Latino autographo non incurrunt Quod spectat speciem, si ad mentem Ratramni pro apparitione aut similitudine sumatur (nusquam vero pro ipsa panis aut vini natura uti ostendimus ad numerum 12), hæc paraphrasis defendi posset, sed dubitandi locus nullus relinquitur hunc interpretem vernaculum intellexisse per speciem naturam et substantiam panis, ad mentem Aristotelis, adeoque versio Gallica a sensu auctoris aliena videatur necesse est

[b] *Et dicit corpus esse Christi quod cernitur sanguinem qui bibitur* Hanc adversariorum suorum responsionem sæpe recoquit ac revellit Ratramnus ut sciant se nunquam non assequi mentis acie punctum quæstionis, et se nulla concertatione digladiari, aut depugnari, aut manus conserere cum iis qui corpus Christi in Eucharistia permanere sibi persuadent sed adversus eos qui credunt verum et proprium corpus Christi in ea sensibus subjici, ibique contritum et fractum nullis velis aut figuris reconditum, sed propriis oculis percipi

[c] *Corpus quidem Christi sanguinemque fideliter credis*, id est, omni dubio postposito, quippe cum fideliter credere, secundum theologorum dicendi et scribendi rationem accurate et per fidem, nihil aliud significat quam procul dubio et eo postposito, qui est credendi omnium fidei articulorum modus — *Intellige quod non in specie, sed in virtute corpus et sanguis Christi existant quæ cernuntur* Vox *species*, si ratio habeatur modi dicendi et scribendi Ratramni, dubio procul significat *apparitionem* visui subjectam Id vero non alia indiget probatione quam ex verbis sancti Ambrosii quæ protert, quibus asserit virtute ac potestate Jesu Christi res productas esse in alias res quæ erant antea commutatas *Et creatum permutat in id quod antea non fuerat*

[d] *Vere ergo carnis illius sacramentum est* Interpres Calvinianus anni 1672, ex his conjecturam facit loco hujus vocis *vere*, quæ adverbium est, legendam esse adjectivam *veræ* scilicet *veræ carnis illius sacramentum est* Hæc restitutio in hac causa mihi videtur æquilibris et magnopere indifferens Sed cum veteres codices manuscripti sancti Ambrosii et Ratramni hanc vocem adjectivam non referant, communi lectioni adhærere non destitimus Insuper enim Ratramnus ex verbo *sacramenti* aut *mysterii* intelligat quod continet aliquam rem occultam et reconditam sensibus humanis minime subjectam, ut ait numero 9, non alienus a Paschasio, conceptis verbis dicente capite 3 sui tractatus de Corpore et Sanguine Christi *Unde mysterium vel sacramentum, quod Deus homo factus est, jure dicitur, sed mysterium dictum est eo quod secretum et reconditam in se habeat dispositionem* Nimio opere constat his Ratramnum vel potius sanctum Ambrosium hic ex voce *sacramenti* intelligere carbasum et figuram quæ intus occulit corpus Christi, sive vere velum carnis seu veræ carnis, ut ait numero sequenti *Veræ illius carnis in qua crucifixus est diceret esse sacramentum*

[e] *Distinguens sacramentum carnis* A VERITATE *carnis* Quæstionem disceptat Ratramnus an revera sit caro Christi quæ sensibus percipitur, frangitur et frustatim dividitur Quod scilicet sibi persuadebant ætatis suæ viri catholici, postposito examine rationis seu modi quo res mysterium in Eucharistia poterat effici sicut nec an velum et conopæum, seu figura aliqua, in sacramento contingeret, quod iidem theologi firmiter pernegabant

veritate carnis quam sumpserat de Virgine, diceret eum et crucifixum, et sepultum, quod vero nunc agitur in Ecclesia mysterium, veræ illius carnis, in qua crucifixus est, dicere esse sacramentum patenter fideles instituens, quod illa caro, secundum quam et crucifixus est Christus et sepultus, non sit mysterium, sed veritas naturæ; hæc vero, caro quæ nunc similitudinem illius in mysterio continet, [a] non sit specie caro, sed sacramento: si quidem in specie panis est, in sacramento verum Christi corpus, sicut ipse clamat Dominus Jesus: *Hoc est corpus meum*.

LVIII. Item in consequentibus (*Ibid.*): « Quid comedamus, quid bibamus, alibi tibi per Prophetam Spiritus sanctus expressit, dicens: *Gustate, et videte quoniam suavis est Dominus: beatus vir qui sperat in eo* (*Psal.* XXXIII, 9). » Num corporaliter gustatus ille panis, aut illud vinum bibitum, ostendit quam sit suavis Dominus? Quidquid enim sapit, corporale est et fauces delectat. Nunquid Dominum gustare, corporeum est aliquid sentire? Invitat ergo spiritualis gusti [gustus] saporem experiri: et in illo vel poti, vel pane, nihil corporaliter opinari, [b] sed totum spiritualiter sentire, quoniam Dominus spiritus est, et *beatus vir qui sperat in eo*.

LIX. Item consequenter (*Ibid.*): « In illo sacramento Christus est, quia corpus Christi est: non ergo corporalis esca, sed spiritualis est. » Quid apertius? quid manifestius? quid divinius? Ait enim: « In illo sacramento Christus est. » Non enim ait: Ille panis, et illud vinum, Christus est. Quod si diceret, Christum corruptibilem (quod absit) et mortalitati subjectum prædicaret: quidquid enim in illa esca vel cernitur vel gustatur corporaliter, corruptibilitati constat obnoxium esse.

LX. Addit: « Quia corpus Christi est. » Insurgis et dicis: Ecce manifeste illum panem et illum potum corpus esse Christi confitetur. Sed attende quemadmodum subjungit: « Non ergo corporalis esca, sed spiritualis est. » Non igitur sensum carnis adhibeas, nihil enim secundum eum hic decernitur. [c] Est quidem corpus Christi, sed non corporale, sed spirituale: est sanguis Christi, sed non corporalis, sed spiritualis. Nihil igitur hic corporaliter, sed spiritualiter sentiendum: corpus Christi est, sed non corporaliter; et sanguis Christi est, sed non corporaliter.

LXI. Item consequenter (*Ibid.*): « Unde et apostolus inquit, de typo ejus ait: *Quia patres nostri escam spiritualem manducaverunt, et potum spiritualem biberunt* (*I Cor.* X, 3, 4). Corpus enim Dei spirituale est, corpus Christi, corpus est divini Spiritus, quia spiritus Christus, ut legimus in Threnis: *Spiritus ante faciem nostram Christus Dominus* (*Thren.* IV, 20). »

LXII. Luculentissime sanguinis et corporis Christi mysterium quemadmodum debeamus intelligere docuit. Cum enim dixisset patres nostros escam spiritualem manducasse, et potum spiritualem bibisse, cum tamen manna illud quod comederunt, et aquam quam biberunt, corporea fuisse nemo qui dubitet, adjungit de mysterio quod in Ecclesia nunc agitur, definiens secundum quid corpus sit Christi: « Corpus enim Dei, inquiens, corpus est spirituale. » Deus utique Christus: et corpus quod sumpsit de Maria Virgine, quod passum, quod sepultum est, quod resurrexit, corpus utique verum fuit, id est quod visibile atque palpabile manebat. At vero corpus quod mysterium Dei dicitur non est corporale, sed spirituale: quod si spirituale, jam non visibile neque palpabile. Hinc beatus Ambrosius subjungit: « Corpus, inquiens, Christi, corpus est divini Spiritus. » Divinus autem Spiritus nihil corporeum, nihil corruptibile, nihil palpabile quod sit, existit. At ho-

[a] *Non sit specie caro sed sacramento.* Ex integro tractatu Ratramni intelligimus per speciem nentiquam significare velle *naturæ veritatem*, seu naturam ipsam quam speciem vocant philosophi, ex genere et differentia coagmentatam, sed solummodo apparitionem et imaginem expressam sensibus humanis subjectam, sive accidentia sensibus accepta, ut jam observatum est numero 12.

[b] *Sed totum spiritualiter sentire.* Scilicet quod nobis in Eucharistiæ mysterio porrigitur. Hæc enim non significant solum esse figuram et spiritum in iis quæ recipimus, sive corpore Christi, sed econtra verum Christi Domini corpus nobis porrigi et admoveri cum suo sanguine, modo sensibus non subjecto, sed spirituali. Mens enim Ratramni non est probare solam esse figuram in sacramento, sed aliquam et aliquantam. Quam sententiam amplexus est Paschasius, quem nemo eruditus inficiatur quin verum Christi corpus in Eucharistia reconditum latere crediderit cum universa Ecclesia, ut supra ostendimus: quippe cum eadem dicendi forma uti non abnuerit in epistola ad Frudgardum: *Et totum spirituale est quod celebratur in hoc sacramento*.

[c] *Corpus Christi est, sed non corporaliter: et sanguis Christi est, sed non corporaliter.* Id est sensibus subjectum, quod, frustatim potest discerpi et dentibus atteri. Explicationem adjicimus ejusmodi valde necessariam et conducibilem ad expungendam amphiboliam hujus vocis *corporaliter*, quæ videri posset quibusdam excludere et tollere qualemcunque præsentiam veri corporis Jesu Christi. Sed cum sincere recognoscat Ratramnus verum corpus Christi revera consistere seu permanere in Eucharistia eamque sacramentum esse veræ carnis, scilicet paropsidem qua præcingitur et occulitur, quia nullum est mysterium ubi nihil reconditum, oportet eum intelligere ex hoc adverbio *corporaliter* modum naturalem et communem existendi omnium, nullo dempto, corporum, id est sensibus subjectorum et friabilium quæ possunt frustatim discerpi. Hoc genus corporis Jesu Christi corpus spirituale appellat Paschasius in epistola ad Frudgardum, et Ratramnus conceptis verbis et expresse ait corpus et sanguinem Eucharisticum secundum speciem et apparitionem atque oculis subjectionem esse figuras, sed secundum substantiam oculis non subjectam, scilicet, potentiam Verbi esse vere corpus et sanguinem Christi. *Figura sunt*, inquit, *secundum speciem visibilem, at vero secundum invisibilem substantiam, id est divini potentiam Verbi, vere corpus et sanguis Christi sunt.* Quis mentis compos homo negare potest eo loci num. 49 vocabulum *vere* significare *reapse*, *revera*, et ex prolapsæ Latinitatis usu [illegible]

corpus quod in Ecclesia celebratur, secundum visibilem speciem et corruptibile est et palpabile.

LXIII. Quomodo ergo divini Spiritus corpus esse dicitur? Secundum hoc utique quod spirituale est, id est, secundum quod invisibile consistit et impalpabile, ac per hoc incorruptibile.

LXIV. Hinc in consequentibus (*Ibid.*): « Quia Spiritus Christus, ut legimus: *Spiritus ante faciem nostram Christus Dominus* ». [a] Patenter ostendit secundum quod habeatur corpus Christi, videlicet secundum id quod sit in eo Spiritus Christi, id est divini potentia Verbi, quæ non solum animam pascit, verum etiam purgat.

LXV. Propter quod ipse dicit auctor consequenter (*Ibid.*): « Denique *cor nostrum esca ista confirmat, et potus lætificat cor hominis* (*Psal.* CIII, 15), ut
B Propheta commemoravit. » Num esca corporalis cor hominis confirmat, et potus corporeus lætificat cor hominis? Sed ut ostenderet quæ esca vel qui potus sint de quibus loquitur, addidit signanter, *esca ista* vel, *potus iste*. Quæ *ista*? vel qui *iste*? Corpus nimirum Christi, corpus divini Spiritus, et ut apertius inculcetur, spiritus Christus, de quo loquitur: *Spiritus ante faciem nostram Christus Dominus*. » Quibus omnibus evidenter ostenditur nihil in esca
A ista, nihil in potu isto corporaliter sentiendum, sed totum spiritualiter attendendum.

LXVI. Non enim anima, quæ corde hominis præsenti loco significatur, vel esca corporea, vel potu corporeo pascitur, sed verbo Dei nutritur ac vegetatur: quod apertius in libro V Sacramentorum (*cap.* 4) doctor idem affirmat: « Non iste panis est, inquiens, qui vadit in corpus, sed ille panis vitæ æternæ, qui animæ nostræ substantiam subministrat. »

LXVII. Et quia non de communi pane dixerit hoc sanctus Ambrosius, verum de pane corporis Christi, sequentia lectionis manifestissime declarant. Loquitur enim de pane quotidiano, quem credentes sibi postulant dari.

B LXVIII. Et ideirco subjungit: « Si quotidianus est panis, cur post annum illum sumis, quemadmodum Græci in Oriente facere consuerunt? Accipe ergo quotidie quod quotidie tibi prosit: sic vive, ut quotidie merearis recipere. Ergo manifestum de quo pane loquitur, de pane videlicet corporis Christi, qui non ex eo quod vadit in corpus, sed ex eo quod panis sit vitæ æternæ, animæ nostræ substantiam fulcit.

LXIX. [b] Hujus doctissimi viri auctoritate perdo-

[a] *Patenter ostendit secundum quod habeatur corpus Christi*, etc. Ratramnus explicat qua ratione et modo habeamus corpus Christi in ratione escæ et alimenti animæ nostræ. Et cum certum sit ejusmodi alimentum animam non nutrire instar alimenti ordinarii et
C consueti corpus, videlicet per conversionem naturalem substantiæ in alteram substantiam, nos docet permanere corpus Christi in animabus nostris, in quantum nobis porrectum est in Eucharistia, præditum potentia Verbi, quæ non solum nutrit, sed purgat et liberat peccatis animam nostram, *secundum id quod sit in eo Spiritus Christi*, id est divini potentia Verbi. Porro in his omnibus nihil videtur repugnare sententiæ veram veri corporis præsentiam constituenti sive *realitatem*, quam vocant theologi: in qua sententia et suasione non dubitamus recipiendo vere veram carnem Christi modo sensibus corporis non subjecto, nutritionem animæ nostræ effici non aliter. Quia potentia Verbi divini, corpori unita et hypostatice colligata, in nobis gratiæ munus et donum fovet, et patratis sceleribus et contaminationibus nos expurget. Hæc sunt concepta verba Ratramni in fine numeri 65: *Sed ut ostenderet quæ esca*
D *vel qui potus sint de quibus loquitur, addidit signanter: Esca iste, vel potus iste. Quæ ista? vel qui iste? Corpus nimirum Christi, corpus divini Spiritus, et ut apertius inculcetur, Spiritus Christus de quo loquitur*, Spiritus ante faciem nostram Christus Dominus. *Quibus omnibus evidenter ostenditur nihil in esca ista, nihil in potu isto corporaliter sentiendum, sed totum spiritualiter attendendum.* Eadem fere dixit in epistola ad Frudgardum Paschasius, qui annuente Albertino et fere omnibus hodie Protestantibus, *realitatem et transsubstantiationem* sine suspicione aut dubio tuendam expresse recepit.

[b] *Hujus doctissimi viri auctoritate perdocemur*, etc. Ex his quibusdam videbitur Ratramnus non fuisse in sententia eorum qui sibi persuadent corpus Christi natum de Virgine, affixum cruci, mortuum et sepultum non ipsum esse quod in Eucharistia percipitur, adeoque secundam partem quæstionis propositæ hic finivisse decretorie, scribendi et agendi genere prorsus adverso opinioni Paschasii et suasioni Ecclesiæ catholicæ, quæ de fide Christiana esse non dubitat quin recipiamus in mysterio sacro, Eucharistiæ sub velamine, reconditum corpus idem affixum cruci, et bibamus eumdem sanguinem pro omnibus hominibus
C effusum. Sed nihil minus his eloqui intendit animo Ratramnus. Sive igitur necesse est ætate Ratramni non secus ac nostra corporis Christi nomen imponebatur pani consecrato, videlicet rei oculis nostris subjectæ post consecrationem, scilicet albæ, rotundæ, extensæ manibus sacri flaminis, ut inquit auctor librorum de Sacramentis (*lib.* IV, *cap.* 4) ascriptorum sancto Ambrosio: *Sed panis iste, panis est ante verba sacramentorum, ubi accesserit consecratio, de pane fit caro Christi*. Et infra: *Non erat corporis Christi ante consecrationem: at post consecrationem dico tibi quod jam corpus Christi est*. Etiamsi ejusmodi rotundatio, albedo et extensio non sint proprie corpus Christi, sed velum aut inductum symbolum quibus reconditur et a conspectu oculorum et acie sensuum nostrorum eripitur. *Non quod* PROPRIE *corpus ejus sit panis, et poculum sanguis, sed quod in se mysterium corporis ejus sanguinisque contineant*, inquiebat olim Facundus (*lib.* IX, *pro defensione trium Capitul.*), episcopus
D Hermianensis in Africa, sexto sæculo ineunte. Eodem nomine corporis et sanguinis Christi nuncupabatur verum corpus et verus sanguis Jesu Christi reconditi sub speciebus modo spirituali et sensibus non subjecto, nec corporali nec circumscriptivo, ut scholæ loquuntur. Hoc Ratramnus vocat in hoc tractatu proprium corpus Christi, veram carnem sub hoc mysterio celatam et indusiatam. Ecce vides, amice lector, duo corpora Jesu Christi in Eucharistia consideratione et meditatione digna. Unum nomine tenus in solis speciebus consistens et expressis imaginibus quæ ex substantia panis et vini post consecrationem supersunt, alterum verum et proprium, in quod panis et vinum commutantur, quod ibi consistit et permanet modo et genere sensibus corporis non subjecto, sub velis et expressis imaginibus seu speciebus panis et vini. Hoc ipsum est corpus crucifixum et hic ipsimet sanguis effusus pro nobis, nec effatum incurret alicubi quo contrarium dixisse Ratramnus videatur. Nec pertimescam dicere

cemur quod multa differentia separatur corpus in quo passus est Christus, et sanguis quem pendens in cruce de latere suo profudit, et hoc corpus quod in mysterio passionis Christi quotidie a fidelibus celebratur, et ille quoque sanguis qui fidelium ore sumitur, ut mysterium sit illius sanguinis quo totus redemptus est mundus. Iste namque panis et iste potus non secundum quod videntur corpus sive sanguis existunt Christi, sed secundum quod spiritualiter vitæ substantiam subministrant. Illud vero corpus in quo semel passus est Christus, non aliam speciem præferebat quam in qua consistebat, hoc enim erat quod vere videbatur, quod tangebatur, quod crucifigebatur, quod sepeliebatur. Similiter sanguis illius de latere manans, non aliud apparebat exterius et aliud interius obvelabat, [a] verus itaque sanguis de vero corpore profluebat. At nunc sanguis Christi quem credentes ebibunt, et corpus quod comedunt, aliud sunt in specie et aliud in significatione. aliud, quod pascunt corpus esca corporea, et aliud, quod saginant mentes æternæ vitæ substantia.

LXX. De quo et beatus Hieronymus in commentario Epistolæ Pauli ad Ephesios [b], ita scribit: « Dupliciter sanguis Christi et caro intelligitur: vel spiritualis illa atque divina, de qua ipse dicit: *Caro mea vere est cibus, et sanguis meus vere est potus* (*Joan.* VI, 56); vel caro, quæ crucifixa est, et sanguis qui militis effusus est lancea. »

LXXI. Non parva doctor iste differentia corporis et sanguinis Christi fecit distinctionem. Namque dum carnem vel sanguinem quæ quotidie sumuntur a fidelibus, spiritualia dicit esse, at vero caro quæ crucifixa est, et sanguis qui militis effusus est lancea, non spiritualia esse dicuntur neque divina [c], patenter insinuat, quod tantum inter se differunt quantum

his libenter affatim et passim annuere Ratramnum, præsertim numero 21, in quo sic fatur: *Consequenter adjecit Apostolus: Bibebant autem de spirituali consequenti eos petra: petra autem erat Christus. Ut intelligeremus in deserto Christum in spirituali petra constitisse et sui sanguinis undam populo præbuisse, qui postea corpus de Virgine sumptum et pro salute credentium in cruce suspensum nostris sæculis exhibuit et ex eo sanguinis undam effudit, quo non solum redimeremur, verum etiam potaremur.* Idem præstat plerumque in aliis locis quibus recognoscit expresse commutationem panis in verum corpus Jesu Christi et vini in sanguinem proprium. Quod spectat alterum quod nomine tenus est corpus Christi nuncupatum, sensibus subjectum et finabile in Eucharistia, non idem est, aliqua ratione quod fuit cruci affixum. Verumtamen observare iterum juvat hunc panem et hoc vinum post consecrationem quæ tantum vela sunt et syparia, id est albedo, rotunditas et extensio, quæ oculorum aciem perstringunt, hoc nomine non sunt nuncupata collectim nisi quia sunt aliqua agendi ratione mystica corpus spirituale et divinum Jesu Christi, scilicet, in quantum nobis exprimunt et formant in memoria nostra veram carnem et proprium sanguinem Jesu Christi, quæ in se habent virtutem et potentiam Verbi ad nutriendas animas et labe peccatorum contaminatas expurgandas, ut supra observavimus, et gratiam nobis dandam, servata innocentia et redemptione peccatorum. Quæ cum ita sint, hæ panis et vini species post consecrationem in quantum vela sunt veræ carnis et proprii sanguinis Jesu Christi pro salute fidelium effusi, sunt corpus spirituale et figuratum in imagine expressum mortis et passionis Jesu Christi, quod revera differt a vero corpore Jesu Christi quod oculos nostros celant et recondunt. Sed hæc omnia significant, nec utcunque aliud consistunt quam quod theologi scholastici seu quæstionarii elocuti sunt ab eo tempore quo ratiocinia Aristotelica et peripatetica scholas Christianas occuparunt: scilicet omne quod exterius cernitur in mysterio Eucharistiæ, sive quæ vocantur accidentia et species, non sunt verum corpus Jesu Christi natum de Virgine et cruci affixum, mortuum et sepultum, sed ejus esse velum, paropsidem, tegelem, conopæum, speciem, memoriam, imaginem expressam, uno verbo nomen: quia nomina rerum quas continent et adumbrant sacramentis imponi soleant. Sic quippe locutus est Berengarii adversarius beatus Algerus, theologus Leodiensis, libro I de Sacramentis, capite 17: *Quantum ad visibile sacramentum, species et similitudo illarum rerum sunt nomina quæ ante fuerant panis scilicet et vini, non corporis Christi: corpus vero et sanguis Christi vocantur nun-*

cupative, eo locutionis modo quo res significans solet significatæ vocabulo nuncupari. Nihil aliud animo intendisse dilucide nobis significat Ratramnus conceptis verbis his ex numero 69 continenter exscriptis: *Iste namque panis et iste potus non secundum quod videntur corpus sive sanguis existunt Christi, sed secundum quod spiritualiter vitæ substantiam subministrant. Illud vero in quo semel passus est Christus non aliam speciem præferebat quam in qua consistebat: hoc enim erat quod vere videbatur, quod tangebatur, quod crucifigebatur, quod sepeliebatur. Similiter sanguis illius de latere manans non aliud apparebat exterius et aliud interius obvelabat: verus itaque sanguis de vero corpore profluebat. At nunc sanguis Christi, quem credentes nunc ebibunt, et corpus quod comedunt, aliud sunt in specie, et aliud in significatione, aliud pascunt corpus esca corporea, et aliud quod saginant mentes æternæ vitæ substantia.* Hoc est quatenus sunt figura et velum veri corporis Christi, cui Verbum divinum admirabili unione hypostatica conjunctum est, et potentia sua efficit in nobis gratiam et remissionem peccatorum.

[a] *Verus itaque sanguis de vero corpore profluebat.* Non hoc dicit ut obsistat aut veniat contra sententiam catholicorum hominum, qui tuendam in Eucharistia veritatem carnis et sanguinis Christi receperant et vocibus *veritatis* et *vere* usi sunt ad significandum quod revera existit et præsens est, sed assumendo ad exprimendum quod sensibus subjectum est et de quo sensus corporei discernere possunt. Hæc erat prima pars quæstionis quam discutit et enucleat Ratramnus, ad discernendum et dijudicandum an totum quod videtur in Eucharistia est in veritate ut oculis nostris expressum est, vel figura sit et aliquod velum quod abscondit et celat interius aliquid solis fidei oculis percipitur.

[b] Ad hæc verba: *In quo habemus redemptionem per sanguinem ejus.*

[c] *Patenter insinuat*, etc. Ex sancto Hieronymo clarissime intelligimus tantum discriminis intercedere inter hoc corpus et istud corpus, hunc sanguinem et istum sanguinem, id est corpus Eucharisticum et cruci affixum, quantum inter res corporales et spirituales. Cum vero quæstio a Ratramno discussa ad istud caput potissime devolvatur, an scilicet quod oculis nostris subjicitur et percipitur a sensibus externis in Eucharistia sit ipsum corpus Christi et constituerit dilucide aliquam interesse figuram, cum præsertim exteriora panis et vini sint tantum vela et paropides, quæ contegunt corpus Christi et sanguinem pro salute generis humani effusum, hic evidenter probat hæc symbola exteriora cum careant qualitatibus sensibus humanis subjectis quibus alle-

differunt corporalia et spiritualia, visibilia et invisi- A bilia, divina atque humana et quod a se differunt, non idem sunt Differunt autem caro spiritualis quæ fidelium ore sumitur, et sanguis spiritualis qui quotidie credentibus potandus exhibetur a carne quæ crucifixa est, et a sanguine qui militis effusus est lancea, sicut auctoritas præsentis viri testificatur non igitur idem sunt

ctum fuerat corpus Christi cruci affixum, aliud esse nequeunt quam corpus spirituale, id est in mysterio, in specie, et figura, et significatione adeoque a vero corpore tam differre quam spiritualia a corporalibus Invictissimam ejusmodi differentiæ probationem affert numero sequenti, et palam demonstrat, hac bene instituta differentia inter Christi corpus Eucharisticum et cruci affixum, per Eucharisticum id intelligere duntaxat cui hoc nomen corporis impositum est, quia sacramenta, sive illa pars exterior sensibus subjecta, rerum quas continent nominibus nuncupari solent Hoc vero integro tractatu animo probare intendit Ratramnus ut demonstret id quod in Eucharistia sensibus percipitur et videtur album, B rotundum et extensum non esse reapse corpus ipsum Christi sed tegetem et velum quod ipsum corpus verum abscondit et oculis mortalium hominum eripit Hæc autem dilucide contraria fiunt opinionem eorum adversus quos scribebat qui omnem aut aliquantam figuram in Eucharistia pernegabant, et nihil quidquam in tanto mysterio reconditum aut occultum defendebant, et tuendum effictim admittebant, omne quod erat sensibus subjectum et oculis perceptum ipsum reapse verum esse corpus Christi Observavimus lapsu temporis hanc adoptasse sententiam abbatem Abbaudum et Gualterium, magnum priorem sancti Victoris Parisiensis Porro conceptis verbis sic fatur Ratramnus numero 72 *Illa namque caro quæ crucifixa est, de Virginis carne facta est, ossibus et nervis compacta, et humanorum membrorum lineamentis distincta rationalis animæ spiritu vivificata in propriam vitam et congruentes motus At vero caro spiritualis, quæ populum credentem spiritualiter pascit, secundum speciem quam exterius* C *ostendit, frumenti granis manu artificis consistit, nullis nervis ossibusque compacta, nulla membrorum varietate distincta, nulla rationabili substantia vegetata, nullos proprios motus potens exercere Quidquid enim in ea vitæ præbet substantiam, spiritualis est potentiæ et invisibilis efficientiæ divinæque virtutis, atque aliud longe consistit secundum quod exterius conspicitur atque aliud secundum quod in mysterio creditur Porro caro Christi quæ crucifixa est, non aliud exterius quam quod interius erat, ostendebat quia vera caro veri hominis existebat, corpus utique verum in veri corporis specie consistens*

Verumenimvero magis conceptis verbis exprimi potest, solummodo velle de exteriori Eucharistiæ eloqui, quæ accidentia appellantur et vela corpus Christi contegentia Quamobrem appulsus ad conclusionem quam ex his omnibus sermonibus assumit, non his verbis simpliciter colligit carnem Christi in D Eucharistia susceptam non esse eamdem cruci affixam, sed secundum exterius seu quod sensibus subjectum est, videlicet secundum albedinem et extensionem quæ in conspectu oculorum aliud sunt, omnino consistit ab eo quod in mysterio creditur *Atque illud longe consistit secundum quod exterius conspicitur atque illud secundum quod in mysterio creditur* Igitur plenissime planissimeque constat Ratramnum distinxisse hanc carnem secundum quod exterius videtur ab eo secundum quod in hoc mysterio creditur, quippe cum in eo quod exterius præfert figura sit velum teges et rei interius creditæ conopæum, cum interius revera eadem Christi caro sit quæ cruci affixa fuit Quæ continenti sermone prodit mirifice comprobant se nihil aliud ex isto exteriore seu facie externa intelligere nam speciem et expressam imaginem corporis Christi in figura seu simplicibus accidentibus quæ oculorum aciem perstringunt et ei subjiciuntur Nam observat hanc speciem exteriorem, quæ in eo consistit quod apparet ex aqua in calice vino mista, sicut in eo quod apparet ex pane et vino, nobis exhibet et ostendit in figura populum Christianum, quemadmodum panis et vinum corpus Jesu Christi pro peccatis mactatum Et cum dubitandi locus nullus relictus sit, neminem theologum in mente habuisse dicere aut cogitare hanc aquam transmutatam iri in mysterio modo corporeo et sensibus subjecto, in corpus populi Christiani, certum etiam sit necesse est hunc panem et hoc vinum in specie qua oculis apparent post consecrationem non nuncupari corpus Christi quam qui sunt modo et genere spirituali sive ejus tegetes et vela consistunt, et in hanc carnem et sanguinem modo corporali et sensibus subjecto quod vindicare conabantur seu animi viribus intendebant hi theologi adversus quos Ratramnus tractatum suum concinnaverat, qui defendebant nullam in Eucharistiæ mysterio figuram consistere sed omnia simpliciter in veritate, uti sensibus subjecta videbantur Quippe eo tempore nullum dubium subolebat quin panis et vinum essent in corpus et sanguinem Christi commutata, sed tota difficultas ad hoc caput erat devoluta an commutata essent modo corporeo et sensibus subjecto Ea de causa inquit noster Ratramnus numero 75 *Igitur, si vinum illud sanctificatum per ministrorum officium in Christi sanguinem corporaliter convertitur, aqua quoque, quæ pariter admista est, in sanguinem populi credentis necesse est corporaliter convertatur*

Sed fortasse dicent nobis, quibus nostra glossemata non placent, quid necesse fuerit hanc instituere C comparationem sanguinis populi et sanguinis Christi cum aqua vino admisto, et revera Ratramnus in ea suasione non fuit sanguinem Jesu Christi esse reconditum sub specie vini eodem agendi modo quo sanguis populi celatus est sub specie aquæ, videlicet in figura tantum fuit, et revera seu *realiter* neutiquam Sed ejusmodi objectionem friare et retaliare facile est, dicendo supervacaneum fuisse ejusmodi consilium mente concipere Ratramno, an corpus Christi esset sub pane Eucharistico vel vinum in sanguinem ejus conversum, qua de re ejus ætate nullum dubium restabat aut intererat, sed an corpus et sanguis revera modo oculis et sensibus subjecto permaneret et consisteret, scilicet an quod fractum et disruptum in Eucharistia videtur esset vere corpus Christi Eccam quæstionem ea ætate versabant theologi Et cum quod exterius apparet post consecrationem, corpus Christi nuncupative duntaxat dicatur, quemadmodum, inquit Algerus, D sicut aqua cum vino in calice mista est sanguis populi Exemplum non poterat proferre Ratramnus omni exceptione majus ut explicationem suam vindicaret et absolveret, postposita necessitate faciendæ comparationis cujus concinnitudo sit omnibus numeris perfecta et absoluta Non enim erat necesse nec valde conducibile probare corpus Christi revera in Eucharistia consistere, aut post consecrationem veram permansionem non habere, sed eos theologos qui sibi persuadebant modo corporali seu sensibus subjecto consistere, allucinari vehementer et errare Summatim quippe ex hac comparatione solitariam hanc conclusionem assumit vafer et fusus theologus Ratramnus numero 75 *At videmus in aqua secundum corpus nihil esse conversum, consequenter ergo et in vino nihil corporaliter ostensum Accipitur spiritualiter quidquid in aqua de populi corpore significatur accipiatur ergo necesse est spiritualiter quidquid in vino de Christi sanguine intimatur* Ita agendi et dicendi ratione probat aliquam

LXXII. Illa namque caro quæ crucifixa est, de Virginis carne facta est, ossibus et nervis compacta, et humanorum membrorum lineamentis distincta, rationalis animæ spiritu vivificata in propriam vitam et congruentes motus. At vero caro spiritualis quæ populum credentem spiritualiter pascit secundum speciem quam gerit exterius, frumenti granis manu artificis consistit, nullis nervis ossibusque compacta, nulla membrorum varietate distincta, nulla rationali substantia vegetata, nullos proprios motus potens exercere. Quidquid enim in ea vitæ præbet substantiam, spiritualis est potentiæ et invisibilis efficientiæ, divinæque virtutis: atque aliud longe consistit secundum quod exterius conspicitur, atque aliud secundum quod in mysterio creditur. Porro caro Christi quæ crucifixa est, non aliud exterius quam quod interius erat, ostendebat: quia vera caro veri hominis existebant, corpus utique verum in veri corporis specie consistens.

LXXIII. Considerandum quoque quod in pane illo non solum corpus Christi, verum etiam in eum credentis populi figuretur: unde multis frumenti granis conficitur, quia corpus populi credentis multis per verbum Christi fidelibus augmentatur (*Vide numm.* 96 *et* 98.)

LXXIV. Qua de re, sicut in mysterio panis ille Christi corpus accipitur, sic etiam in mysterio membra populi credentis in Christum intimantur, et sicut non corporaliter sed spiritualiter panis ille credentium corpus dicitur, sic quoque Christi corpus non corporaliter sed spiritualiter necesse est intelligatur.

LXXV. Sic et in vino qui sanguis Christi dicitur, aqua misceri jubetur, nec unum sine altero permittitur offerri, quia nec populus sine Christo nec Christus sine populo, sicut nec caput sine corpore, vel corpus sine capite, valet existere. Aqua denique in illo sacramento populi gestat imaginem (*Vide num.* 81.) Igitur si vinum illud sanctificatum per ministrorum officium, in Christi sanguinem corporaliter convertitur, aqua quoque, quæ pariter admista est, in sanguinem populi credentis necesse est corporaliter convertatur. Ubi namque una sanctificatio est, una consequenter operatio, et ubi par ratio, par quoque consequitur mysterium. At videmus in aqua secundum corpus nihil esse conversum, consequenter ergo et in vino nihil corporaliter ostensum. Accipitur spiritualiter quidquid in aqua de populi corpore significatur, accipiatur ergo necesse est spiritualiter quidquid in vino de Christi sanguine intimatur.

LXXVI. Item, quæ a se differunt idem non sunt. Corpus Christi quod mortuum est et resurrexit, et immortale factum *jam non moritur, et mors illi ultra non dominabitur* (*Rom.* VI, 9), æternum est nec jam passibile: hoc autem quod in Ecclesia celebratur, temporale est, non æternum, corruptibile est, non incorruptum, in via est, non in patria. Differunt igitur a se, quapropter non sunt idem. Quomodo verum corpus Christi dicitur et verus sanguis?

LXXVII. Si enim corpus Christi est et hoc dicitur vere quia corpus Christi est, in veritate corpus Christi est, et si in veritate corpus Christi, et corpus Christi incorruptibile est, et impassibile est, ac per hoc æternum. Hoc igitur corpus Christi quod agitur in Ecclesia, necesse est ut incorruptibile sit et æternum. Sed negari non potest corrumpi quod per partes comminutum [a] dispartitur sumendum, et dentibus commolitum in corpus trajicitur. Sed aliud est quod exterius geritur, aliud vero quod per fidem creditur: ad sensum quod pertinet corporis, corruptibile, quod fides vero credit, incorruptibile. [b] Exterius igitur quod apparet, non est ipsa res, sed imago rei, mente vero quod sentitur et intelligitur veritas rei.

LXXVIII. Hinc beatus Augustinus in Evangelii

esse in Eucharistia figuram, et in ea non omnia evenire secundum oculis factam apparitionem et sensibus subjectionem. Continenti sermone probat invictissime Ratramnus se solum spectare quod exterius apparet in mysterio cum ait corpus Christi quod in Ecclesia celebratur valde differre ab eo quod cruci affixum fuit. Hi paulo duriores scribendi et dicendi modi videntur iis qui Ratramni sensum non capiunt et quod probare vult non assequuntur. Enimvero patet eum docere hoc corpus quod in Ecclesia celebratur, esse corruptioni obnoxium, temporis durationi et brevitati subjectum, insuper friabile, quæ solis æternis affectionibus convenire possunt et sensibus subjectis panis et vini consecratorum, cum ipsum corpus Jesu Christi cruci affixum tam non sit corruptioni aut passioni subjectum, sed æternum, et immortale, et gloriosum. Sed cum eodem loco, scilicet numero 78, aperte ostendat id quod creditur in mysterio Eucharistiæ differre ab eo quod gustui subjectum est, et recognoscat id quod creditur esse æternum et nulli corruptioni obnoxium, quod vero videtur esse corruptione et vicissitudini temporis subjectum: consequitur apertissime mentem ejus fuisse corpus Christi symbolicum et figuratum, quod scilicet sensibus subjectum est, esse diversum a corpore Jesu Christi quod corrumpi nusquam potest et æternum est, quod creditur in mysterio revera consistere. Sed hæc omnia nihil aliud significant nisi oculos videre symbola et species Eucharistiæ sensibus subjectas, fidem vero conspicere res ipsas existentes in eodem mysterio reconditas et celatas, symbola non esse corpus Christi, uti vindicare studebant adversarii Ratramni, res vero sensibus non subjectas, incorruptas et æternas, esse ipsum corpus reapse verum Jesu Christi secundum fidem Ecclesiæ catholicæ. *Secundum invisibilem substantiam, id est divinam potentiam Verbi vere corpus et sanguis Christi existunt.* — Num. 49.

[a] *S. Ignat. epist. ad Philadelphos.* Εἷς ἄρτος τοῖς πᾶσιν ἐθρύφθη. *Unus panis omnibus est comminutus.*

[b] *Exterius igitur quod apparet non est ipsa res, sed imago rei: mente vero quod sumitur et intelligitur, veritas rei.* Concinne magis et accurate non potuit est exprimere fidem Ecclesiæ, quæ nos docet vela et quod oculis subjectum est in hoc mysterio non esse corpus Jesu Christi, quod ipsa res est quæ sub velis et tegetibus occulta sibi annexam habet Verbi divini potentiam, quæ animam nutrit et ei vitæ æternæ substantiam subministrat, nempe gratiam et remissionem peccatorum, ut sæpius jam dictum est supra. Eo quippe collimant omnia supra exposita sancti Augustini testimonia.

Joannis Expositione (*tract.* xxvi), dum de corpore A Christi loqueretur et sanguine, sic ait: « Manducavit et Moyses manna, manducavit et Aaron, manducavit et Phinees, manducaverunt ibi multi qui Deo placuerunt et mortui sunt. Quare? Quia visibilem cibum spiritualiter intellexerunt, spiritualiter esurierunt, spiritualiter gustaverunt, ut spiritualiter satiarentur. Nam et nos hodie accipimus visibilem cibum, sed aliud est sacramentum, aliud virtus sacramenti. » Item in posterioribus: *Hic est panis, qui de cœlo descendit* (*Joan.* vi, 59). Hunc panem significavit manna, hunc panem significavit altare Dei. Sacramenta illa fuerunt, in signis diversa sunt, in re quæ significatur, paria sunt. Apostolum audi: *Nolo vos ignorare, fratres, quia patres nostri omnes* B *sub nube fuerunt, et omnes eamdem escam spiritualem manducaverunt, et omnes eumdem potum spiritualem biberunt* (*I Cor.* x, 1-4). Spiritualem utique, eamdem; non corporalem alterum, quia illi manna, nos aliud; spiritualem vero, quam nos. Et adjungit: « *Et omnes eumdem potum spiritualem biberunt*. Aliud illi, aliud nos, sed specie visibili; quod tamen hoc idem significaret virtute spirituali. Quomodo enim, *eumdem potum*? *Bibebant*, inquit, *de spirituali sequenti eos petra*; *petra autem erat Christus*. Inde panis unde potus. Petra Christus in signum; verus Christus in Verbo et in carne. »

LXXIX. « Item: *Hic est panis de cœlo descendens ut si quis ex ipso manducaverit, non moriatur*. » Sed quod pertinet ad virtutem sacramenti, non quod C pertinet ad visibile sacramentum; qui manducat intus, non foris; qui manducat in corde, non qui premit dente. »

LXXX. Item in posterioribus verba Salvatoris introducens, ita dicit: *Hoc vos scandalizat, quia dixi: Carnem meam do vobis manducare, et sanguinem meum bibere? Si ergo videritis filium hominis ascendentem ubi erat prius?* (*Joan.* vi, 62, 63.) Quid est hoc? Hinc solvit quod illos moverat; hinc aperuit unde fuerant scandalizati. Illi enim putabant eum erogaturum corpus suum; ille autem dixit se ascensurum in cœlum utique integrum. *Cum videritis filium hominis ascendentem ubi erat prius*. Certe vel tunc videbitis, quia non eo modo quo putatis erogat D corpus, certe vel tunc intelligetis quia gratia ejus non consumitur morsibus, et ait: *Spiritus est qui vivificat, caro non prodest* (*Ibid.*, 64).

LXXXI. Et pluribus interpositis, rursus adjicit: *Quisquis autem*, inquit idem Apostolus, *Spiritum Christi non habet, hic non est ejus* (*Rom.* viii, 9). *Spiritus ergo est qui vivificat; caro autem non prodest quidquam. Verba quæ ego locutus sum vobis, spiritus et vita sunt* (*Joan.* vi, 64). Quid est *spiritus et vita sunt*? Spiritualiter intelligenda sunt. Intellexisti spiritualiter, spiritus et vita sunt. Intellexisti carnaliter, etiam spiritus et vita sunt, sed tibi non sunt.

LXXXII. Hujus auctoritate doctoris verba Domini tractantis de sacramento sui corporis et sanguinis, manifeste docemur, quod illa verba Domini spiritualiter et non carnaliter intelligenda sunt, sicut ipse ait: *Verba quæ ego loquor vobis, spiritus et vita sunt*. Verba utique de sua carne manducanda, et de suo sanguine bibendo. Inde enim loquebatur unde discipuli fuerant scandalizati. Ergo ut non scandalizarentur, revocat eos divinus Magister de carne ad spiritum, de corporea visione ad intelligentiam invisibilem.

LXXXIII. [a] Videmus ergo, esca illa corporis Domini, et potus ille sanguinis ejus, secundum quid vere corpus ejus et vere sanguis ejus existunt, videlicet secundum quod spiritus et vita sunt.

LXXXIV. Item, quæ idem sunt, una definitione comprehenduntur. De vero corpore Christi dicitur quod sit verus Deus et verus homo: Deus, qui ex Deo Patre ante sæcula natus; homo, qui in fine sæculi ex Maria virgine genitus. [b] Hæc autem dum de corpore Christi quod in Ecclesia per mysterium geritur dici non possunt, secundum quemdam modum corpus Christi esse cognoscitur, et modus iste in figura est et imagine, ut veritas res ipsa sentiatur.

LXXXV. In orationibus quæ post mysterium corporis sanguinisque Christi dicuntur, et a populo respondetur, *Amen*, sic sacerdotis voce dicitur: [c] *Pignus æternæ vitæ capientes humiliter imploramus ut quod in imagine contingimus sacramenti, manifesta participatione sumamus*.

[a] *Videmus ergo*, etc. Id est non eo modo carnali quo sumuntur escæ ordinariæ quibus utimur et potus.

[b] *Hæc autem dum corpore Christi quod in Ecclesia per mysterium geritur dici non possunt*. Id est in eo quod exterius exprimitur et sensibus subjicitur. Hæc est enim mens Ratramni nec aliud probare animo intendit, ut patet ex his consequentibus verbis hujus numeri 48: *Dici non possunt secundum quemdam modum corpus Christi esse cognoscitur et modus iste in figura est et imagine ut veritas reipsa sentiatur*.

[c] *Pignus æternæ vitæ capientes*, etc. Interpres vernaculus, qui de Latinis hæc verba Gallice scripsit ditterius anno 1672: *Recevant le gage de la vie éternelle, nous te supplions de nous faire la grâce de participer réellement à ce que notre main reçoit sous l'image du sacrement*. PIGNUS *æternæ vitæ capientes supplicamus ut ea gratia nos donari velis qua participemus* REALITER *ea qua recipit manus nostra sub imagine sacramenti*. Quamobrem appellans animum ut hoc vocabulum *manifesta* explicaret addidit supra asteriscum et e regione in margine libri hanc notulam *id est realiter*. Ego vero defendo hanc esse dilucidam textus hujus orationis corruptelam quam prodidit eo loci Ratramnus.

1° Quia nullo est antiquitatis codicibus exscripto sermone vindicari potest hanc vocem *manifesta* assumptam non fuisse ad significandam claram patefactionem seu apertam cognitionem cujuscunque objecti.

2° Hæc oratio exscripta est ex codice Sacramentario Gelasii papæ, lib. ii, ad postcommunionem festi octavæ apostolorum SS. Petri et Pauli quem pau-

LXXXVI. Et pignus enim et imago, alterius rei sunt, id est non ad se, sed ad aliud aspiciunt. Pignus enim illius rei est pro qua donatur, imago illius cujus similitudinem ostendit. Significant enim ista rem cujus sunt, non manifeste ostendunt. [a] Quod cum ita est, apparet quod hoc corpus et sanguis pignus et imago rei sunt futuræ, ut quod nunc per similitudinem ostenditur, in futuro per manifestationem revelетur. Quod si nunc significant, in futuro autem patefacient, aliud est quod nunc geritur, aliud quod in futuro manifestabitur.

LXXXVII. Qua de re et corpus Christi et sanguis est quod Ecclesia celebrat, sed tanquam pignus, tanquam imago. Veritas vero erit, cum jam nec pignus nec imago, sed ipsius rei veritas apparebit.

LXXXVIII. Item alibi: *Perficiant in nobis, Domine, quæsumus, tua sacramenta quod continent: ut quæ nunc specie gerimus, rerum veritate capiamus* [b]. Dicit quod in specie gerantur ista, non in veritate, id est per similitudinem, non per ipsius rei manifestationem. Differunt autem a se species et veritas. Quapropter corpus et sanguis quod in Ecclesia geritur, differt ab illo corpore et sanguine quod in Christi corpore jam glorificatum cognoscitur. Et hoc corpus pignus est et species, illud vero ipsa veritas. Hoc enim geretur donec ad illud per-

cis abhinc annis juris publici fecit Romæ Angelus Bernabo anno 1680, ex codice manuscripto illustrissimi viri Alexandri Petavii, augustissimi senatus Parisiensis consiliarii, jam vero serenissimæ Christinæ Suecorum reginæ, nongentis abhinc annis exarato, ex mente doctissimi Joannis Morini, Oratorii D. Jesu Patris presbyteri, in exceptis ex antiquo Pœnitentiali, pag. 52. Eamdem sententiam amplexus est doctissimus Josephus Maria Thomasius ex ordine Theatinorum, in quem gratias amplissimas referre tenetur respublica litteraria ob ejusdem codicis editionem, qui libro I, pag. 27 et 34, nos docet hanc orationem ad Deum fusam ad obtinendam seu comparandam cognitionem rerum in Eucharistiæ mysterio reconditarum et fide creditarum: *Da quæsumus, Domine, populis Christianis et quod profitentur agnoscere et cœleste munus diligere quod frequentant.* Idem prorsus intelligere facile est ex præfatione missæ quæ in eodem libro profertur pag. 91: *Nos te suppliciter obsecrare ut Jesu Christi Domini nostri, cujus muneris pignus accipimus, manifesta dona comprehendere valeamus.*

3° In Ecclesiis plerisque multis abhinc sæculis usus ejusdem orationis receptus est, revera cum quibusdam variantibus lectionibus quæ nihil officiunt fidei communi Ecclesiarum, profitentium hac voce *manifesta* intelligendam esse *manifestationem* seu patefactionem, cum pro *manifesta participatione* legatur *manifestata participatione*. Hæc videre facile est in antiquis Missalibus antiquissimæ ecclesiæ primatialis et metropolitanæ Senonensis, quibus hodie, nesciens novitates, cum summa pietate et religione utitur, typis impressis annis 1485, 1509, 1529, 1542, 1556 et 1575. Idem intelligitur ex duobus codicibus manuscriptis Missalibus quos exaratos fuisse existimo inter duodecimum sæculum et finem tertii decimi, quippe cum in iis mentio sit festi sancti Thomæ Cantuariensis, prætermissa celebratione seu nondum instituta corporis Christi, *pignus æternæ vitæ capientes, humiliter, Domine, imploramus, ut apostolicis fulti patrociniis quod in imagine contigimus, sacramenti manifestata participatione sumamus.*

(Sacrament. Gelasii, in Postcomm. Oct. Apostol. Petri et Pauli, prid. Nonas Julii, l. xi, pag. 160, editum Romæ 1680 typis Angeli Bernabo. Missalia Senonensia, antiqua et hodierna. Idem habet Missale Ambrosianum.)

[a] *Quod cum ita est*, etc. Ex his consectaneum erumpit luce meridiana clarius carnem et sanguinem quæ in mysterio conspiciuntur esse pignus et imaginem rei futuræ, adeo ut quod jam per imaginem expressam oculis subjicitur et sensibus nobis palam et aperte revulsis siparis et velis pateat. Quis vero jam dubitandi locum inveniat quin ibi Ratramnus cogitet de hac parte exteriore sacri mysterii sensibus subjecta, quam suæ ætatis quidam theologi ipsam esse corporis Christi speciem et apparitionem corporis Jesu Christi reputabant, cum contra sit apparitio panis et species vini quod antea erat, ut ait noster Ratramnus numero 9. Probat numero sequenti hanc partem sensibus subjectam nuncupatam esse corpus Christi cujus pignus et figura futuræ patefactionis prædictæ corporis Christi cum omnibus suis dimensionibus geometricis, quarum habita ratione integram instituit differentiam inter corpus istud quod celebrat Ecclesia et ipsum quod intuebimur in cœlo. *Qua de re* inquit *et corpus Christi et sanguis est quod Ecclesia celebrat, sed tanquam pignus tanquam imago. Veritas vero erit, cum jam nec pignus, nec imago, sed ipsius rei veritas apparebit* (num. 87). Dubium enim nullum superesse potest quin passim et confestim ex verbo *veritatis* corpus Christi intellexerit sensibus subjectum et conspectum cum dimensione geometrica et aliis humani corporis affectibus quibus in cœlo postquam revixerint homines corpus Christi gloriosum exornabitur. Suam esse sententiam propriam liquido patet numero 87, quo explicans orationes Ecclesiæ quibus a Deo humiliter petimus ut nobis ad modum propitiantis numinis et sua sacramenta perfecte conferant quod continent: *Perficiant in nobis, Domine, quæsumus, tua sacramenta quod continent, ut quæ nunc specie gerimus rerum veritate capiamus.* Ex his verbis orationis intelligit nos habere sub imagine expressa res ipsas non nobis absolute patefactas quales revera in se consistunt. Verissimum enim est nos possidere eas res sub imaginibus expressis, et liquido constat solam patefactionem omnibus numeris absolutam deesse, integram differentiam inter corpus Christi in mysterio Eucharistiæ et idem corpus in cœlo quod crucifixum fuit, in eo consistere quod unum patebit nobis et alterum permanebit occultum, adeoque in modo existendi et non in ipsa natura seu existentia. Enimvero satius ei fuisset dicere loco eorum *quæ nunc specie gerimus, rerum veritate capiamus*, QUÆ NUNC VERE NEQUAQUAM HABEMUS, REVERA ALIQUANDO ET VERE PERCIPIAMUS. Non in alium igitur sententiam ivisse compertum est Ratramnum quam verorum catholicæ Ecclesiæ discipulorum Berengarii adversariorum, scilicet Lanfranci, archiepiscopi Cantuariensis, qui Dialogo adversus Berengarium, mentione facta de mysterio corporis Christi, ait: *Vere dici posse et ipsum corpus quod de Virgine sumptum est, et tamen non ipsum: ipsum quidem, quantum ad essentiam veræque naturæ proprietatem atque virtutem, non autem si spectes panis vinique speciem.* Idem habent Algerus, libro I, capite 17, Fulbertus episcopus Carnotensis, epistola 11 ad Finardum, Rupertus, abbas Tuytensis, in Epistola ad Cunonem, qui omnes eamdem quam habemus de revera existente corpore Christi in Eucharistia et commutatione panis et vini in carnem et sanguinem seu transsubstantiatione tuendam fidem receperunt.

[b] Missa in Sabbato Quatuor Temporum, mensis VII. — Lib. Sacrament. S. Gregorii, p. 131, edit. Hug. Menard.

versantur, ubi vero ad illud perventum fuerit hoc removebitur.

LXXXIX. Apparet itaque quod multa intra se differentiam separantur, quantum est inter pignus et eam rem pro qua pignus traditur, [a] et quantum inter imaginem et rem cujus est imago, et quantum inter speciem et veritatem. Videmus itaque multa differentia separari mysterium sanguinis et corporis Christi quod nunc a fidelibus sumitur in Ecclesia, et illud quod natum est de Maria virgine, quod passum, quod sepultum, quod resurrexit, quod cœlos ascendit, quod ad dexteram Patris sedet. Hoc namque quod agitur in via spiritualiter est accipiendum, quia fides quod non videt, credit, et spiritualiter pascit animam, et lætificat cor, et vitam præbet æternam et incorruptionem, dum non attenditur quod corpus pascit, quod dente premitur, quod per partes comminuitur, sed quod in fide spiritualiter accipitur. At vero corpus illud in quod passus est et resurrexit Christus, proprium ejus corpus existit, de Virginis Mariæ corpore sumptum, palpabile seu visibile, etiam post resurrectionem, sicut ipse discipulis ait: *Palpate et videte quia spiritus carnem et ossa non habet sicut me videtis habere* (Luc. XXIV, 39).

XC. Audiamus etiam quod beatus Fulgentius in libello de Fide dicat (*cap.* 19): « Firmissime tene, et nullatenus dubites, ipsum unigenitum Deum Verbum carnem factum, se pro nobis obtulisse sacrificium et hostiam Deo in odorem suavitatis, cui cum Patre et Spiritu sancto a patriarchis, et prophetis, et sacerdotibus, tempore Veteris Testamenti animalia sacrificabantur: et cui nunc, id est tempore Novi Testamenti, cum Patre et Spiritu sancto, cum quibus illi una est divinitas, sacrificium panis et vini, in fide et charitate, sancta catholica Ecclesia per universum orbem terræ offerre non cessat. In illis enim carnalibus victimis significatio fuit carnis Christi, quam pro peccatis nostris ipse sine peccato fuerat oblaturus, et sanguinis quem erat effusurus in remissionem peccatorum nostrorum. In isto autem sacrificio gratiarum actio atque commemoratio est carnis Christi quam pro nobis obtulit, et sanguinis quem pro nobis effudit. De quo beatus Paulus apostolus dicit in Actibus apostolorum: *Attendite vobis et universo gregi in quo vos Spiritus sanctus posuit episcopos regere Ecclesiam Dei, quam acquisivit sanguine suo* (Act. XX, 28). In illis ergo sacrificiis quid nobis esset donandum figurate significabatur, in hoc autem sacrificio quid jam nobis donatum sit evidenter ostenditur. »

XCI. Dicens quod in illis sacrificiis quid nobis esset donandum significabatur, in isto vero sacrificio quid sit donatum commemoretur, patenter innuit quod [b] sicut illa figuram habuere futurorum, sic et hoc sacrificium figura sit præteritorum.

[a] *Et quantum inter speciem et veritatem.* Præter hunc locum non alio opus est ad demonstrandum omnibus hominibus qui de potestate mentis non excesserint, Ratramnum per speciem in hoc tractatu de Corpore et Sanguine Domini nihil aliud intellexisse quam imaginem expressam seu exteriorem partem Eucharistiæ, et per *veritatem* modum naturalem et sensibus subjectum corporis Jesu Christi cum suis proprietatibus et dimensione geometrica et naturali. Cui enim aliquo dubium subolere possit auditis his verbis? *Videmus itaque multa differentia separari mysterium sanguinis et corporis Christi quod nunc a fidelibus sumitur in Ecclesia, et illud quod natum est de Maria virgine, quod passum, quod sepultum* (num. 89).

Hæc enim confirmant evidenter quæ antea diximus abundanter, cum consectaria ex his erumpens conclusio sit corpus Christi quod ex Ratramno est tantum figura, velum, imago expressa, pignus et species, differre a corpore Christi nato ex Virgine Maria, mortuo et sepulto, quippe cum in eo statu habeat omnes proprietates naturales sensibus et visui subjectas et dimensiones, cum ex adverso in mysterio percipiatur ore fidelium, absque his proprietatibus et dimensionibus, modo spirituali, per fidem, quam credimus sub his velis sensibus subjectis verum Christi corpus a nobis percipi reconditum sub his et celatum, cui unita seu colligata est potentia Verbi, quæ animabus nostris vitæ æternæ substantiam subministrat, easque nutrit, et peccatorum labes expurgat et expungit, adeoque secundum doctrinam Ratramni, ut jam fortasse nimio opere adnotavimus, duo corpora Christi in Eucharistia observanda sunt, unum in figura, specie aut imagine, alterum reconditum sub velis et speciebus, quæ duo ore fidelium percipiuntur modo spirituali, quoniam vi fidei unum sub altero occultum creditur, adeo ut utrumvis videas, semper utrumque recipias, quoniam fide creditur unum altero reconditum, et una recipiendo utrumque virtus Spiritus sancti annexa communicat animabus nostris vitam æternam. Primum appellatur mysterium et sacramentum, et est corpus Christi nuncupativum, ut inquit Algerus [lib. I, capite 17], diversum a corpore Christi de Virgine nato. Secundum vero ab eo non differt nec diversum est: revera est ex adverso ipsum reapse verum corpus Christi, sed occultum, nec velatum, nec dentibus friabile aut discerptum partitim, et uno verbo in eo statu est quo proprietatibus physicis et geometricis dimensionibus careat, quamvis in propria sit natura et substantia in qua panis et vinum sunt commutata. Hoc est quod Ratramnus appellat proprium corpus Christi.

[b] *Sicut illa figuram habuere futurorum, sic et hoc sacrificium figura sit præteritorum.* Cum vero Christus Dominus Eucharistiæ sacrificium instituerit in memoriam suæ mortis et passionis, doctrina Ecclesiæ catholicæ semper fuit mysterium Eucharistiæ esse figuram sacrificii crucis. Sed non ait Ratramnus simplicem tantummodo esse figuram, quod sibi vindicant protestantes hæretici. Probat solummodo in eo aliquam esse figuram, scilicet quod exterius apparet. Sed fatetur rotunde aliud interius consistere fide intelligendum. Num. 92: *Hoc vero mysticum, aliud exterius per figuram ostentans, aliud interius per intellectum fidei repræsentans.* De quo ait numero 49: *Vere corpus et sanguis Christi existunt.* Ecce duo clarissima sunt in Eucharistia: unum exterius, scilicet figura, alterum interius, quod est objectum fidei, et est vere corpus et sanguis Jesu Christi. At vero cum objectum fidei in Eucharistia non fit simpliciter in figura, recognoscere necesse est corpus Christi quod in mysterio credimus, quod est objectum fidei, non ibi simpliciter et in figura consistere, nostrumque Ratramnum longe alienissimum semper fuisse ab hac sententia partium Protestantium. Enimvero hoc participium *repræsentans* non significat ibi quod verbum exhibere et sistere præsentem seu rem præsentem efficaciter præstare et reddere, exempli gratia, dum in secunda Philippica ait Marcus Tullius Cicero: *Quin etiam corpus libenter obtulerim, si repræ-*

XCII. Quibus dictis, quanta differentia sit inter corpus in quo passus est Christus, et hoc corpus quod pro ejus passionis commemoratione sive mortis fit, evidentissime declaravit. Illud namque proprium et verum, nihil habens in se vel mysticum vel figuratum; hoc vero mysticum, aliud exterius per figuram ostentans, aliud interius per intellectum fidei præsentans (*Vide num.* 91.).

XCIII. Ponamus adhuc unum Patris Augustini testimonium, quod et dictorum fidem nostrorum astruat et sermonis marginem ponat. In sermone quem fecit ad populum de Sacramento altaris sic ait: « Hoc quod videtis in altari Dei, jam transacta nocte vidistis; sed quid esset, quid sibi vellet, quam magnæ rei sacramentum contineret, nondum audivistis. Quod ergo videtis, panis est et calix, quod vobis etiam oculi vestri renuntiant. Quod autem fides vestra postulat instruenda, panis est corpus Christi, calix est sanguis Christi. Breviter quidem hoc dictum est, quod fidei forte sufficiat, sed fides instructionem desiderat. Dicit enim propheta : *Nisi credideritis, non intelligetis* (*Isa.* VII, 9). Potestis ergo dicere mihi : Præcepisti ut credamus, expone ut intelligamus. Potest enim animo cujuspiam cogitatio talis oboriri : Dominus noster Jesus Christus novimus unde acceperit carnem, de virgine scilicet Maria; infans lactatus est, nutritus est, crevit, ad juvenilem ætatem perductus est, a Judæis persecutionem passus est, ligno suspensus est, interfectus est, de ligno depositus est, sepultus est, tertio die resurrexit; quo die voluit, in cœlum ascendit, illuc levavit corpus suum, inde venturus est judicare vivos et mortuos, ibi est modo sedens ad dexteram Patris. Quomodo panis corpus ejus? et calix, vel quod habet calix, quomodo ejus est sanguis? Ista, fratres, ideo dicuntur sacramenta, quia in eis aliud videtur et aliud intelligitur. Quod videtur, speciem habet corporalem, quod intelligitur fructum habet spiritualem. »

XCIV. Iste venerabilis auctor dicens instruit nos quid de proprio corpore Domini, quod de Maria natum, et nunc ad dexteram Patris sedet, et in quo venturus judicare vivos et mortuos, et quid de isto quod super altare ponitur et populo participatur, sentire debeamus. Illud integrum est, neque ulla sectione dividitur, nec ullis figuris obvelatur : hoc vero quod supra mensam Domini continetur, et figura est, quia sacramentum est; et exterius quod videtur speciem habet corpoream quæ pascit corpus ; [a] interius vero quod intelligitur, fructum habet spiritualem qui vivificat animam.

XCV. Et de hoc mystico corpore volens apertius et manifestius loqui, sic dicit in consequentibus (*Ibid.*, in fine, *epist. S. Fulgentii ad Ferrandum diaconum*) : « Corpus ergo Christi si vultis intelligere, Apostolum audite dicentem : *Vos estis corpus Christi et membra* (*I Cor.* XII, 27), mysterium vestrum in mensa Domini positum est, mysterium vestrum accipitis. Ad id quod estis, *Amen* respondetis, et respondendo subscribitis. Audis ergo, *Corpus Christi*, et respondens, *Amen*, esto membrum corporis Christi, ut verum sit *Amen*. Quare ergo in pane? Nihil hic de nostro afferamus, ipsum Apostolum dicentem audiamus, cum de isto sacramento loqueretur, ait : *Unus panis, unum corpus multi sumus* in Christo (*I Cor.* X, 17), » et reliqua.

XCVI. Sanctus Augustinus satis nos instruit quod sicut in pane super altare posito corpus Christi signatur, sic etiam et corpus accipientis populi; ut evidenter ostendat quod corpus Christi proprium illud existat, in quo lactatus, in quo passus, in quo mortuus, in quo sepultus, in quo resurrexit, in quo cœlos ascendit, in quo Patris ad dexteram sedet, in quo venturus est ad judicium. [b] Hoc autem quod supra mensam Dominicam positum est,

sentari morte mea libertas civitatis potest. Non in animo habuit mortem suam fore simplicem imaginem aut repræsentationem vacuam et carentem libertate Romana, sed a sua morte et casu efficaciter et vere restitutum ibi. Nec inficiari quis potest hunc esse sensum Ratramni genuinum, cum ex adverso et e regione hujus participii *ostentans* eo *repræsentans* utrum, quod figuræ characterem exprimit, quæ simpliciter format imaginem et nihil revera præsens efficaciter reddit.

[a] *Interius vero quod intelligitur fructum habet spiritualem qui vivificat animam.* Non quod interius intelligitur esse fructum spiritualem, *sed fructum habet spiritualem*. Nam corpus Christi quod revera præsens est sub velis corporis sensibus subjectis, scilicet panis et vini speciebus, non alit animam per conversionem suæ substantiæ sicut cætera alimenta ordinaria corpora nostra sustentant, sed per virtutem Verbi divini aggregatam gratiarum accessionibus infinitis cumulat et innocentiam fovens, peccatorum remissionem præstat et format.

[b] *Hoc autem quod supra mensam Domini positum est*, etc. Idem repetit num. 98 : *At in isto quod per mysterium geritur, figura est non solum proprii corporis Christi, verum etiam credentis in Christum populi.* Non ait, in hoc corpore quod per mysterium habetur solam esse figuram proprii corporis Christi, non secus ac figuram solitariam populi fidelis, sed solum corporis Christi et populi fidelis figuram incurrere; et hoc satis est Ratramno ut quod animo intendit comprobare possit, scilicet totum quod in mysterio est, non esse ut oculis nostris subjicitur et apparet, sed insuper aliquam superimponi figuram et expressam imaginem. Interim vero cum animadverterit hos dicendi et scribendi modos quibusdam videri posse duriores et salebrosiores, et sub intelligentiam projicere verum corpus Jesu Christi tam alienum esse ab Eucharistia quam corpus ipsum populi fidelis, sic fatur num. 101, explicans mentem suam : *Nec ideo quoniam ista dicimus, putetur in mysterio sacramenti corporis Domini, vel sanguinem ipsius non a fidelibus sumi.* Observare etiam opus est appellare corpus in quod Christus panem commutavit et vinum, in institutione hujus sacramenti, corpus proprium quod passurum erat, ut habetur numero 28, supra : *Sicut ergo paulo antequam pateretur panis substantiam et vini creaturam convertere potuit in proprium corpus quod passurum erat.* Dubium subolere nemini homini erudito potest quin sibi persuaserit et crediderit Ratramnus, proprium corpus Jesu Christi, sive natum de Virgine et cruci affixum, in mysterio Eucharistiæ consistere, tametsi permanserit in suasione quod quidquid oculis nostris subjicitur in hoc sacramento et corpus Christi nuncupatur ejus esset

mysterium continet illius, sicut etiam identidem mysterium continet corporis populi credentis, Apostolo testante *Unus panis, unum corpus multi sumus in Christo*

XCVII Animadvertat, clarissime princeps, sapientia vestra quod positis sanctarum Scripturarum testimoniis et sanctorum Patrum dictis evidentissime monstratum est, quod panis qui corpus Christi, et calix qui sanguis Christi appellatur, figura sit, quia mysterium et quod non parva differentia sit inter corpus quod per mysterium existit, et corpus quod passum est, et sepultum, et resurrexit Quoniam hoc proprium Salvatoris corpus existit, nec in eo vel aliqua figura, vel aliqua significatio, sed ipsa rei manifestatio cognoscitur, et ipsius visionem credentes desiderant, quoniam ipsum est caput nostrum, et ipso viso satiabitur desiderium nostrum, quo ipse et Pater unum sunt, non secundum quod corpus habet Salvator, sed secundum plenitudinem divinitatis quæ habitat in homine Christo

XCVIII At in isto quod per mysterium geritur figura est non solum proprii corporis Christi, verum etiam credentis in Christum populi (*Vide num* 116) utriusque namque corporis, id est et Christi, quod passum est et resurrexit, et populi in Christo renati atque de mortuis vivificati, figuram gestat

XCIX Addamus etiam quod iste panis et calix (*Vide num* 96) qui corpus et sanguis Christi nominatur et existit, memoriam repræsentat Dominicæ passionis sive mortis, quemadmodum ipse in Evangelio dixit *Hoc facite in mei commemorationem* (*Luc* xxii, 19) Quod exponens apostolus Paulus ait *Quotiescunque manducabitis panem hunc, et calicem bibetis, mortem Domini annuntiabitis donec veniat* (*I Cor* xi, 26)

C Docemur a Salvatore, necnon a sancto Paulo apostolo, quod iste panis et iste sanguis qui super altare ponuntur, in figuram sive memoriam Dominicæ mortis ponantur, ut quod gestum est in præterito præsenti revocet memoriæ ut illius passionis memores effecti, per eam efficiamur divini muneris consortes, per quam sumus a morte liberati cognoscentes quod ubi pervenerimus ad visionem Christi, talibus non opus habebimus instrumentis, quibus admoneamur quid pro nobis immensa benignitas sustinuerit, quoniam ipsum facie ad faciem contemplantes, non per exteriorem temporalium rerum admonitionem commovebimur, sed per ipsius contemplationem veritatis aspiciemus quemadmodum nostræ salutis auctori gratias agere debeamus

CI Nec ideo quoniam ista dicimus, putetur in mysterio sacramenti corpus Domini vel sanguinem ipsius non a fidelibus sumi (*Vide num* 96), quando fides non quod oculus videt, sed quod credit, accipit quoniam spiritualis est esca, et spiritualis potus, spiritualiter animam pascens, et æternæ satietatis vitam tribuens, sicut ipse Salvator mysterium hoc commendans loquitur *Spiritus est qui vivificat nam caro nihil prodest* (*Joan* vi, 64)

CII Imperio vestræ magnitudinis parere cupientes, præsumpsi parvus rebus de non minimis disputare, non sequentes æstimationis nostræ præsumptionem, sed majorum intuentes auctoritatem Quæ si probaveritis catholice dicta, vestræ meritis fidei deputate, quæ, deposita regalis magnificentia gloria, non erubuit ab humili quærere responsum veritatis Sin autem minus placuerint, id nostræ deputetur insipientiæ, quæ quod optavit, minus efficaciter valuit explicare

figura simplex, et imago expressa, et repræsentatio, non Tulliana, ut supra observavimus, sed prolapsæ Latinitatis usu recepta La de causa continenti sermone, ait, impositum fuisse pani nomen corporis Christi, et liquori seu vino aqua mixto in calice, nomen sanguinis, et revera existere ut intelligamus in ea suasione non fuisse corpus Jesu Christi subsistere in Eucharistia per nuncupationem seu denominationem, sed revera efficaciter, seu, ut continuo dixerunt, *realiter* Videsis num 99 *Addamus etiam quod iste panis et calix qui corpus et sanguis Christi nominatur et existit* Hæc enim repetita sunt ex numero superiore 29 *At vero secundum invisibilem substantiam, id est divini potentiam Verbi, vere corpus et sanguis Christi existunt* Fatemur rotunde ibi adverbium *vere* sonare Latine quod vox barbara *realiter* significat Verumtamen dicent Protestantes has voces *et existit* non occurrere in manuscriptis codicibus ad quorum fidem hunc tractatum Ratramni typis excudi curaverunt sed negare non possunt reperiri in codice abbatiæ Lobiensis, uti jam observatum fuit a doctissimo Patre Mabillonio in præfatione secundæ partis Actorum Benedictinorum, pag 64, § 130, fronti præfixa Multa confirmant admittendam esse lectionem in codice ms Lobiensi scriptam, quod ea usus sit prædictus Ratramnus num 16, in quo distinguens species panis et vini a corpore et sanguine Jesu Christi, qua modo spirituali et sensibus non subjecto sub velis reconduntur et celantur, ait, cum Paschasio in epistola ad Frudgardum *Quoniam sub velamento corporei panis corporeique vini spirituale corpus Christi spiritualisque sanguis existit* Insuper nullus dubitandi locus relictus est quin codex manuscriptus abbatiæ Lobiensis anteferri debeat cæteris omnibus habita ratione antiquitatis et concinnitatis ut in præfatione adnotavimus

DISSERTATIO

IN LIBRUM

DE CORPORE ET SANGUINE DOMINI,

Auctore Jacobo BOILEAU, *theologo Parisiensi*

RATRAMNO asseritur liber de Corpore et Sanguine Domini, et contra Joannem Harduinum, societatis Jesu presbyterum, ab omni novitatis aut hæresis Calvinianæ suspicione et inventione vindicatur,

---

Cum anno 1689 vir theologus societatis Jesuiticæ publici juris fecerit Parisiis, typis Francisci Mugueti, regis Christianissimi et illustrissimi archiepiscopi Parisiensis bibliopolæ, epistolam S. Joannis Chrysostomi ad Cæsarium monachum, quam notis et dissertationi de sacramento altaris associavit, consilio mihi non cognobili et incogitabili, occasione data vel capta, Ratramnum presbyterum, monachum Corbeiensem, non esse genuinum auctorem libri octingentis abhinc annis « de Corpore et Sanguine Domini » ad Carolum Magnum sive Calvum imperatorem inscripti, sibi persuasit, dictumque librum multis hæreseos sphalmatis conspurcatum atque errorum contumeliis inquinatum sive impiatum existere totis viribus comprobavit. Ego vero cum animadvertissem placuisse ejusmodi dissertatori argumenta confutare et frangere quibus Ratramni suasionem sive fidem ab omni hæresis suspicione liberasse omnesque libri de Corpore et Sanguine Domini contumelias expunxisse mihi persuaseram, editione Latino-Gallica studio et cura mea facta Parisiis apud Joann. *Boudot* sub Sole Aureo anno 1686, quam præfatione apologetica exornaveram atque accessionibus notarum cumulaveram, ad scribendam hanc responsionem animum appuli, in qua duo recepi comprobanda, quæ mihi non solum probabilia, verum etiam certissima semper visa sunt: scilicet Ratramnum esse verum ac sincerum hujus libri auctorem, nullaque hæresis aut erroris contumelia fœdari posse. Exsurge igitur, lector erudite, et postpositis opinionibus, anticipatis plerumque quibus indocti doctique passim scriptores theologi mentem de hoc negotio occuparunt, hanc judica causam, a tua scilicet sententia facta sponsione a me nunquam appellatum iri.

Optimum argumenti genus ad ascribendum et adjudicandum librum auctori suo assumitur ex antiquis manuscriptis, quibus hujus auctoris nomen præfigitur, sinceris, non commentitiis, neque sursum neque deorsum adulteratis. Verumenimvero inter litteratos ejusmodi tituli seu litteræ sunt auctoritates cardinales causæ litisque decretoriæ videntur, nec sublata his jura longitudine temporis emoriuntur. At vero dubitandi locus non relinquitur quin ejusmodi codices autographi ipsa ætate Ratramni scripti et exarati eique ascripti sint, cum nomine ejus exornati reperiantur. Ex apographo octingentorum annorum abbatiæ Lobiensis publici juris fecit cum versione Gallica, cujus usum mihi fecerat doctissimus Mabillonius, ordinis S. Benedicti illustris monachus, sinceritate et sublimi humilitate perinsignis in re litteraria diplomatica, et discernendis veris a falsis manuscriptis codicibus peritissimus. Alterius septingentorum annorum abbatiæ *Salem Weiller* mentionem facit in Itinere Germanico, cui nomen Ratramni pariter inscriptum est. Porro acta ejusmodi instrumenta, nisi commentitia probentur, obtrectari aut contradici non possunt. Igitur cum dissertator codices manuscriptos Ratramni nomine inscriptos in falsi suspicione non ponat, jacturam contradicendi aut refutandi sponte fecisse videatur necesse est.

Illustrissimus Petrus de Marca, archiepiscopus Parisiensis, in cujus sententiam novitate perculsus dissertator sponte venit, ejusmodi codices manuscriptos nec viderat, nec in rerum natura superesse intellexerat; et revera in opinione de Ratramni nomine lucubrationi de Corpore et Sanguine Domini falso ascripto non permansisset, nec Joanni Scoto vindicasset in epistola ad domnum Lucam Dacherium, ordinis S. Benedicti doctissimum et illustrissimum monachum, anno Domini 1659, si ejusmodi codices ad aures ejus pervenissent; hoc enim de tanto viro, tam docto, tam bonæ famæ inter litteratos cupido valde credibile est. Ego vero probabiliter existimo ad pristinam sententiam redisse vel potius pristinæ sententiæ defensionem, ut ex tractatu de Eucharistia intelligere facile est, ab ejus contubernali et consanguineo abbate *Fagetio* publici juris facto, et ex libera prædicti antistitis confessione domno Lucæ Dacherio facta antequam ei epistolam illam celebrem inscriberet, tomo II Spicilegii publicatam. De clarissimi hujus antistitis sinceritate dubitandi locum non reliquit doctissimus Mabillonius in præfatione secundæ partis quarti sæculi Benedictini, pag. 45, § 6, qua conceptis verbis mentem ejus testificatione omni exceptione majore ex hac confessione explicat: « Quid de hoc Ratramni libro sentiret eruditissimus antistes interrogaverat Dacherius: verbis respondit se probe sentire, at sententiam proferre rogatus, in aliam partem abiit. »

Insuper qua specie veritatis Joannes Scotus personam et larvam Ratramni, hominis forte adhuc vivi, inter litteratos clari et consuetissimi, induit, qui faciliter abnuere et insolentiam retundere et larvam eripere poterat ac mendacium exprobrare? Quod patrocinium in celato nomine sibi procurare potuit, imperatore Carolo Calvo doctorum sententiam de corpore Christi in Eucharistia palam inquirente? Quid diversa sentientibus catholice viris, nemine homine crimine hæresis accusato aut accusante, opus fuit commentitio nomine pseudepigrapha adespota scripta in vulgus emittere? Hæc enim luce meridiana clarius patent ex secundo numero libri de Corpore et Sanguine Domini, ex quo intelligimus totam hanc controversiam inter fideles et catholicos viros exstitisse. Verum cum ducentis post libri Ratramni editionem annis, exsurgente hæresi Berengarii, qui sectæ istiusmodi nomen dederunt librum Joannis Scoti ad suæ causæ patrocinium prodiderunt, nunquam dixerunt libro de Corpore et

Sanguine citato subjectum fuisse nomen Ratramni aut Bertrami loco Joannis Scoti. Nec viri catholici qui adversus Berengarium causam fidei catholicæ tuendam receperunt ejusmodi nominis mutationem aut INSCRIPTIONEM objectarunt. Revera scriptores quidam catholici, humilitatis causa, celato nomine suas lucubrationes olim in publicam lucem emiserunt, uti contingit auctori librorum de Imitatione Christi, libris de Sacramentis S. Ambrosii, Commonitorio Vincentii Lirinensis et pluribus aliis, ejusmodi nominum dissimulatio locum dedit inscriptioni et subjectioni falsorum nominum atque ex his infiniti eruditorum virorum involucra exorta sunt, variæque de plerisque auctoribus conjecturæ in mentes hominum inciderunt. Sed vix post inventam artem typographicam, industria ejusmodi dedita opera subjiciendi nomina commentitia pro veris reperta est, ac cornices litterati ova sua in alieno nido parere cœperunt. Inventu enim difficile habent ante hæc tempora paucis exceptis, scriptores pseudonymi, licet anonymi non desint scriptores scilicet, qui, celato proprio nomine suis lucubrationibus falsum ac supposititium imposuerint. Vix enim in historia vetustatis invenies, præter Apologiam Origenis, quæ nomine Pamphili martyris inscripta, Eusebii Cæsariensis a plerisque creditur. Constat apud omnes librum de Corpore et Sanguine Domini jussu imperatoris Caroli Calvi scriptum fuisse, auctoremque esse virum doctum in quo sublimis humilitas cum sapientia decertat, cujus sententiam de hoc mysterio rex percontatus fuerat insuper applicata mente et voluntate præcavet ne quid ex seipso proferat, sed sententias Patrum undique prodit et spirat. Quid ergo si metuendum erat et quæ causa subjiciendi ejusmodi lucubrationi, tot sententiis Patrum expletæ nomen commentitium? Quid proprium celare juvabat hominem instigatione et jussu imperatoris scribentem? Hæc enim Joanni Scoto neutiquam conveniunt, quem etiam improbabile esset et incredibile finxisse et subjecisse se imperatoris jussu ad scribendum librum compulsum fuisse. Nemini enim homini mentis compoti frons adeo periit, ut, rege et imperatore in vivis superstite, palam et publice fingere audeat se magni principis jussu scribere de summo religionis negotio seque in imminens periculum ac vitæ famæque discrimen adducere et saltem accusationem falsarii omnis verecundiæ fines impudenter transeuntis sustinere.

Imaginosi videtur etiam esse cerebri *Bertrami* nomen sibi persuadere in *Ratramnum* ab exeuntis sæculi noni et ineuntis decimi libellionibus seu amanuensibus conversum fuisse. Nam ea ætate liber de Corpore et Sanguine Domini, vel hæreticus vel catholicus, in manibus omnium versabatur. Si catholicus, quid necesse erat Joanni Scoto celato nomine in vulgus emittere? Si vero hæresi inquinatus habebatur, qua specie poterat nomen ei inscribi auctoris de religione catholica egregie meriti, viri sanctitate et doctrina illustrissimi, imo Ratramni Corbeiensis monachi et presbyteri, abbatis Orbacensis, ut Flodoardus refert, cujus ope episcopi Gallicani Ecclesiam Occidentis adversus Græcos tuendam existimaverant, qui doctrinam S. Augustini de Prædestinatione nervose defenderat jussu Caroli Calvi regis Franciæ? Fateri igitur necesse est hanc fictionem et impositionem nominis Ratramni libro de Sanguine corporis Christi defendi non posse nisi a temerario critico. Porro ex his maxime consequitur non posse Erigero ascribi, quod propter hanc nominis *Bertrami* in *Ratramni* translationem undecimo sæculo auctorem libri de Corpore et Sanguine Domini Ratramnum appellaverit: hoc enim inter veras et genuinas Erigeri lucubrationes nullibi in oculos incurrit, nec apud ullum undecimi sæculi scriptorem ecclesiasticum, quo lites et controversiæ Berengarii contestatæ et redintegratæ sunt, hujus libri de Corpore et Sanguine Domini mentione semper postposita et silentio altissimo sepulta. Revera scriptor anonymus a Cellotio, Jesuiticæ societatis theologo, publici juris factus in appendice ad Historiam Gotteschalci, inter adversarios Paschasii abbatis Corbeiensis Ratramnum nominatim recenset. Sed inter anonymum et Erigerum multum interest: quippe enim e contra Erigerus ipse adversus Paschasium scripserit, uti intelligimus ex continuatore Chronici abbatiæ Lobiensis qui exscripsit hæc verba ex Chronico Sigeberti abbatis Gemblacensis: « Congessit etiam Erigerus contra Radbertum multa catholicorum Patrum scripta de Corpore et Sanguine Domini. » Quæ videri possunt tom. VI Spicilegii Dacheriani, fol. 591. Nec etiam ejusmodi nominum Bertrami et Ratramni conversio aut mistio fraudi fuit Sigeberto, duodecimi sæculi scriptori, ut dissertatori placet: nam vero ac genuino auctori hunc librum de Corpore et Sanguine Christi ascripsit Sigebertus in suo ecclesiasticorum Scriptorum Catalogo, scilicet nominatim Ratramno, quod quidem ad fidem antiquorum codicum manuscriptorum expressisse videtur dilucide. Et revera si quidam Sigeberti codices manuscripti inciderant, in quibus *Bertrami* nomen legatur non *Ratramni*, recentiores sunt et emporeutici: nec alibi legisse dissertatorem puto quam in typis expressis sine cura et fide Sigeberti exemplaribus.

Ex his facile est intelligere quam parum firma sit critica dissertatoris, dum sibi fingit, pag. 166, Paschasium Radbertum, abbatem Corbeiensem significare voluisse auctorem libri de Corpore et Sanguine Domini his verbis in epistola ad Frudgardum: « Quamvis ex hoc quidam de ignorantia errent, nemo tamen est adhuc in aperto qui hoc ita esse contradicat quod totus orbis credit et confitetur. » Hæc enim verba sic interpretatur dissertator. Innuit haud dubie, inquit, « his verbis notum sibi volumen esse cujus auctor non auderet [illegible] quod aiunt [illegible] congredi, sed larvatus incederet. Scribebat autem hanc epistolam Paschasius sub annum 860. » Enimvero si revera hanc epistolam ad Frudgardum anno 860 scripsit Paschasius, improbabile est ad librum de Corpore et Sanguine Domini Ratramni respexisse: quippe cum scilicet annis fere quindecim post hunc annum compositus sit, quo tempore Carolus Calvus ad imperium Occidentis pervenit, uti perspectum habemus ex titulo præfationis hujus libri, his verbis concepto: « Ad Carolum Magnum imperatorem, » qui in antiquis codicibus manuscriptis occurrit, ad quorum fidem liber de Corpore et Sanguine Domini primulum typis expressus est anno 1532. Nam ex omnibus chronicis intelligimus Carolum Calvum, hoc titulo designatum, ad imperium non pervenisse ante annum 875, quo a summo pontifice Joanne VIII coronatus fuit, vi et armis profligato Ludovico rege Germaniæ, cognomento Germanico, qui Francofurti anno continenti 876, 28 Augusti interiit. Constat etiam apud omnes Carolum Calvum duobus tantum annis imperasse, mortuum scilicet die 6 Octobris anno 877. Sed patet abundanter quam temere dissertator in errorem inductus sit, dum hoc anno 860 Paschasium epistolam ad Frudgardum scripsisse defendit: quippe cum eo plures anni a morte Paschasii jam effluxerant quam ante annum 853 contigisse necesse videtur, nempe quo abbas Corbeiensis, nomine Odo, secundo concilio Suessoniensi subscripsit qui in locum Paschasii successerat. Dicet fortasse dissertator Paschasium abdicasse curam abbatiæ Corbeiensis eo anno 852 aut 853, et nondum obiisse, sed utcumque res sit, non probabit ultra annum 859 vel 60 vixisse: adeoque abundantius patebit librum Ratramni in mentem Paschasii incurrere non potuisse in epistola ad Frudgardum, cum non nisi imperante Carolo Calvo, cui sub titulo imperatoris inscriptus fuit, « ad Carolum Calvum imperatorem, » compositus sit, intra scilicet annum 875, quo ad imperium pervenit Carolus et 877, quo veneno a medico Zedechia sibi propinato exstinctus est.

Ex his dilucide consequitur quam sibi persuadeat perperam dissertator Hincmarum, Rhemensem archiepiscopum, hujusce libri de Corpore et Sanguine Domini, quem Ratramno vindicamus, mentionem fecisse anno 859, tomo I libri de Prædestinatione, cap. 21, pag. 232, ubi enim conceptis verbis ait non Ratramnum, sed Joannem Scotum ab omnibus palam ac publice reputari auctorem, capitum quæ confutanda receperat dictus Hincmarus. Sed insuper quæ contra fidem Ecclesiæ ex doctrina et libro Joannis Scoti exscripserat in libro de Corpore et Sanguine Domini, sub nomine Ratramni neutiquam occurrunt. Hæc enim ... ba vel verborum sensus quo numero innotescunt apud Ratramnum? 1° QUOD TRINA SIT DEITAS. 2° QUOD ANGELI SINT NATURA CORPORALES? QUOD ANIMA HOMINIS NON SIT IN CORPORE? 3° QUOD SACRAMENTA ALTARIS NON VERUM CORPUS ET SANGUIS SINT DOMINI SED TANTUM MEMORIA VERI CORPORIS ET SANGUINIS EJUS. Revera dicit Ratramnus num. 99 et 100: « Quod iste panis et calix, qui corpus et sanguis Christi nominatur et existit, memoriam repræsentat Dominicæ passionis, quemadmodum ipse dixit in Evangelio: *Hoc facite in meam commemorationem*. » Quod quidem verissimum et catholicæ fidei congruentissimum est. Non enim ait Ratramnus *non esse verum corpus*, imo vero *corpus et sanguis Christi nominatur et existit*. Nec ait esse *tantum memoriam*. Jam in hac voce TANTUM virus immanis hæresis consistit. Præterea ne ex verbis Ratramni contumeliam caperent viri catholici, continenti sermone prudenti cautione ab omni veneno et malo hæresis declinat his verbis: « Nec quoniam ista dicimus putetur in mysterio sacramenti corpus Domini vel sanguinem ipsius non a fidelibus sumi, quando fides non quod oculus videt, sed quod credit accipit. » Enimvero si non accipiatur in Eucharistia, sive non credatur accipi, quod oculus videt, sed quod credit fides, necesse est credi verum Christi corpus accipi, quippe cum fides ibi credat verum Christi corpus existere, *nominatur* scilicet *et existit*. Insuper hæc capitula quæ refutat Hincmarus observat ætate sua palam ascripta fuisse, nemine reclamante, Joanni Scotigenæ et Prudentio Trecensi episcopo, neutiquam vero Ratramno, cujus virtus ac fides, sordidæ hæresis nescia, intaminatis honoribus fulget. Lege librum de Prædestinatione Hincmari, cap. 21, pag. 300: « Quorum capitulorum auctores, inquit, vel potius sibi compugnatores, et in quibusdam veritatis impugnatores, jactitantur a multis Prudentius episcopus et Joannes Scotigena. »

Non juri aut rationi congruentius sibi persuadet dissertator, pag. 167, vultum retexisse seu personam detraxisse auctori libri de Corpore et Sanguine Domini Adrevaldum, monachum Floriacensem tempore Caroli Calvi, in libello ea de causa scripto contra ineptias Joannis Scoti, relato tom. XII Spicilegii Dacheriani. Enimvero libellus Adrevaldi scriptus tempore Caroli Calvi, vel fuit antequam imperium capesseret vel post. Si ante, larvam detrahere non potuit libro nondum confecto, si vero post, scilicet ab anno 875 ad annum 877, quomodo larvam detrahere potuit? quippe cum ea ætate nemini homini dubium suboleret, ex mente dissertatoris, quin auctor libri esset Joannes Scotus, et ipse Adrevaldus non contra ineptias Ratramni aut Bertrami, sed Joannis Scoti nominatim scripserit.

Præterea si Ratramnus fuisset auctor illarum ineptiarum quas sub nomine Joannis Scoti refutat Adrevaldus, deberent istiusmodi ineptiæ in libro Ratramni reperiri, vel omnino vel ex parte. At vero nullatenus incurrunt in oculos hominis accurate legentis, itaque nec quidem de libro Ratramni, sive de libro quem defendimus de Corpore et Sanguine Domini, cogitavit Adrevaldus.

At, inquit dissertator, tempore Berengarii non sub alio nomine quam Joannis Scoti cognitus est liber de Corpore et Sanguine Domini. Solitarius Sigebertus illum ascribit Bertramno. Responsio facilis est librum de Corpore et Sanguine Domini Ratramni a sectatoribus Berengarii neutiquam in sui erroris patrocinium proditum fuisse, sed solum Joannis Scoti erroribus Berengarii magis propitium et condocibilem.

Insuper continenti sermone addit dissertator, ut probet opusculum Joanni Scoto ascriptum revera ad Ratramnum pertinere et ei adjudicari debere, Epistolam Ascelini monachi ad Berengarium, exscriptam et publicatam inter notas domini Lucæ Dacherii ad Vitam Lanfranci, Cantuariensis archiepiscopi, pag. 24, in qua prodidit hæc verba quibus designari librum Ratramni quem vindicamus, defendit: « Joannem Scotum nec inconsiderate, nec impie, nec indigne sacerdotio meo habeo, quem toto nisu totaque intentione ad hoc solum tendere video, ut mihi persuadeat hoc, videlicet quod in altari consecratur, neque vere Christi sanguinem esse. »

Verum hoc genere argumenti tam iniquum quam probrosum et Ratramno ejusmodi sententiam ascribere, cum præsertim nunquam sic locutus sit. Nihil magis a sensu communi hominum alienum videtur quam sibi fingere et formare hominem qui *hoc quod in altari consecratur, non credat vere corpus neque vere Christi sanguinem esse*, et tamen sibi persuadeat, et neutiquam dubitet, per mysterium Eucharistiæ panem et vinum in corporis et sanguinis ejus conversa substantiam, a fidelibus sumenda. Quid enim nos docet fides Ecclesiæ? quid ea fide credimus et confitemur? nisi per mysterium Eucharistiæ panem et vinum quæ consecrantur in altari, vere in substantiam corporis et sanguinis Christi conversa a fidelibus sumi, a nobis percipi? At vero hoc conceptis verbis ore dixit et manu scripsit noster Ratramnus sive Bertramnus lib. de Corpore et Sanguine Domini, num. 30: « Tunc intelligetis quod non sicut infideles arbitrantur carnem meam a credentibus comedendam, hoc est, ut supra docet, eodem numero non per partes frustatim distribuendam et discerpendam, sed VERE per mysterium, panem et vinum in corporis et sanguinis mei conversa substantiam a fidelibus sumenda. »

Incredibile est, incogitabile et prorsus ἀδύνατον, nisi omnia naturalis et rationabilis æquitatis jura violanda sint, hominem non credentem *quod in altari consecratur neque vere corpus neque vere Christi sanguinem esse*, credere sincere secundum substantiam invisibilem hoc est per omnipotentiam Verbi, corpus et sanguinem Christi vere existere in altari: hæc enim adeo repugnant, ut in eodem cerebro non interturbato prorsus insociabilia videantur. Verumtamen hæc ultima verba mentem Ratramni penitus explicant, quippe cum ex num. 49 dicti libri exscripta sint. Lege: « Ex his omnibus quæ sunt hactenus dicta monstratum est quod corpus et sanguis Christi quæ fidelium ore in Ecclesia percipiuntur, figuræ sunt secundum speciem visibilem. At vero secundum invisibilem substantiam, id est divini potentiam Verbi, vere corpus et sanguis Christi existunt. » Eadem iterat num. 99: « Addamus quod iste panis et calix qui corpus et sanguis Christi nominatur, et existit. »

Sed ut probationum nostrarum accessionibus nihil desit, quæro libenter a dissertatore num sibi fingere possit hominem prorsus abnuentem fidei Ecclesiæ catholicæ, scilicet hoc quod in altari consecratur neque vere corpus neque vere Christi sanguinem esse sibi persuadentem, qui nefas existimet non solum negare corpus esse sanguinemque Christi in Eucharistia, verum etiam cogitare. Hæc enim non minus repugnantia et insociabilia sunt. Attamen nullus dubitandi locus relinquitur quin Ratramnus nceptis verbis dicat num. 15 : « Compelluntur ne... corpus esse sanguinemque Christi, quod nefas non solum dicere, verum etiam cogitare. » Quæ n ita sint, luce meridiana clarius constat librum nnis Scoti, de quo mentionem facit Ascelinus in stola ad Berengarium, neutiquam debere Ra mno ascribi, sed suo auctori Joanni Scotigenæ ibui.

At, inquit dissertator, quæ in libro Joannis Scoti urrunt, totidem syllabis exscripta recurrunt in ro Ratramni, num. 88, ut ex epistola Ascelini in ligere facile est : « Hoc autem, scilicet neque vere pus neque sanguinem esse, astruere nititur ex ctorum Patrum opusculis quæ exponit, quorum m sancti Gregorii orationem hic adnotare suffi t : *Perficiant in nobis tua, Domine, quæsumus, sa menta quod continent, ut quæ nunc specie gerimus um veritate capiamus.* Quam exponendo prædictus nnes inter cætera nostræ fidei contraria : *Specie*, uit, *geruntur ista, non veritate*, quod non catho , dictum, si bene tuam vigilantiam novi, non oras. »

Objectionem tuam facile friabilem omittere pote dissertator. Revera enim hæc oratio Sacramen n sancti Gregorii conceptis verbis legitur apud tramnum, sed in patrocinium sensus catholici et opinione Joannis Scoti alienissimi eam prodidit. ippe Joannes Scotus ex his verbis, *quæ nunc spe gerimus, rerum veritate capiamus*, defendebat in ligi corpus Christi in figura tantum existere, neu uam vero ejus existentiam, rem et substantiam Eucharistia reperiri. Sed sensum prorsus alie m et repugnantem ex hac oratione percipit Ra mnus. Existimabat enim corpus et sanguinem in ura, hoc est sub velamento et conopeis, speciei isibilis revera existere ; sed non in figura tantum, per hæc verba, *rerum veritate capiamus*, intelli bat manifestationem et apertam corporis et san inis Christi declarationem omni figura vacuam et pertem. Quamobrem sic explicat orationem san Gregorii : « Dicit quod in specie illa geruntur a in veritate, id est per similitudinem, non per ius rei manifestationem. » Si hæc verba *per simi udinem, non per ipsius rei manifestationem*, addi set Joannes Scotus, nunquam eum crimine hære postulasset Ascelinus ; hæc enim vox *veritatis* adam amphibolia, id est æquivocatione, laborat, observavimus in præfatione hujusce opusculi tramni. Nec solum significat rei existentiam quæ figuris seu velis ac paropidibus consistere po t, verum etiam patefactionem seu manifestatio m omni figura ac tropo velo, paropidi insociabi n. Adeoque Ratramnus, ut sensum ex oratione ncti Gregorii quem tuendum recepit explicet, am orationem num. 73 ex Missali Gelasii assumi t, in quo hæc verba leguntur, *ut quod in imagine ntingimus, sacramenti manifesta participatione su mus*. Hanc orationem, suis rebus non conducibilem incommodam, non prodidit Joannes Scotus. usum catholicum a Ratramno huic voci *veritatis* riptum adoptavit Lanfrancus, Cantuariensis ar iepiscopus, fidei catholicæ adversus Berengarium fensor fortissimus, uti ex Dialogo ejus adversus rengarium intelligimus, in quo hæc leguntur : Postulat quippe sacerdos ut corpus Christi quod b specie panis vinique nunc geritur, manifesta vi one sicut revera est quandoque capiatur, *veritas* im pro *manifestatione* in sacris litteris reperitur. » us vero dicat verba Joannis Scoti totidem plane llabis in Lanfranci libro reperiri ? Contendit adhuc us quam potest dissertator in eo quod Berengarius epistola ad Lanfrancum ait sententiam Joannis oti esse contrariam Paschasio et fore aliam a san is epistola ad Lanfrancum ait sententiam Joannis oti esse contrariam Paschasio et fore aliam a san is Ambrosio, Hieronymo et Augustino quicunque versari voluerit Joanni Scoto, lucubrationem Ratramni nulla habere dissimilitudinem a libro Joannis Scoti, quippe cum eosdem Patres Ratramnus proferat, scilicet Augustinum, Hieronymum et Ambrosium. Addit etiam Erigenam inter adversarios Paschasii recensere Ratramnum. Sed quid tum ? Nihil enim vetat sententiam Joannis Scoti repugnare Paschasio, et Ratramnum cum eo concordem docuisse, imo vero ita se rem habere valde probabile est. Præterea si ex eo quod Ratramnus citet Augustinum, Ambrosium et Hieronymum, non differt a Joanne Scoto, Lanfrancus concordabit in Berengario, Sanctesius cum Calvino, Perronius cum Plessio Mornæo. Itane licet ratione et sensu intemperanter abuti ? Ejusmodi ratiocinationi ac conjecturæ locus fortasse non deesset si præter Augustinum, Hieronymum et Ambrosium nullos Patres in medium proferret Ratramnus, sed insuper continuo prodidit S. Isidorum Hispalensem num. 40, 45 et 47, S. Fulgentium, num. 89, Sacramentarium S. Gregorii, num. 88, Missale Gelasii, num. 85, de quibus, dempto Sacramentario S. Gregorii, nulla mentio apud Joannem Scotum. Cæterum Erigerus non dixit Ratramnum esse adversarium Paschasii, sed anonymus scriptor Cellotii, quem cum Erigero confundere injurium est. Quamvis enim in aliquo codice manuscripto quingentorum fortasse annorum libellus anonymi præsetulerat nomen Erigeri, nullus argumentum assumendum est ad ascribendam viro sapienti et de Ecclesia non immerito tam futilem ac vanam lucubrationem.

Denique dissertator ait pag. 168 Berengarium in epistola ad Richardum, relata tomo II Spicilegii Dacheriani, dicere Joannem Scotum scripsisse monitu et precario Caroli Calvi, cujus pariter jussu scripsisse Ratramnum multi opinantur sub annum 855, quo anno multa catholicæ fidei contraria in regno Caroli, ipso quoque non nescio, Annales Bertiniani prodidere.

Ad hæc plura respondere facile est.

I. Cum multum discriminis intercedat inter preces et jussa, multum quoque differre necesse sit librum Joannis Scoti et Ratramni, quippe cum Joannes Scotus monitu et precario Caroli, Ratramnus jussu scripserit. His verbis incipit liber Ratramni : *Jussistis, gloriose princeps* ; et ex epistola Berengarii intelligimus Joannem Scotum *scripsisse monitu et precario*. Ratramnus, humilis monachus in sui claustri abditus tenebris, jussis imperatoris ac regis obtemperat et in lucem prodit. Joannes Scotus, supercilio doctoris elatus, principis monitis et precibus annuit.

II. Hæreses quibus agitabatur respublica anno 855, quarum mentionem faciunt Annales Bertiniani, erumpere non potuerunt ex libro Ratramni, qui cum Carolo Calvo imperatori inscriptus sit *ad Carolum Magnum imperatorem*, non potuit effici et in lucem emitti ante tempus quod interfluit inter annum 875 et 877, quo desiit imperium Caroli Calvi ; siquidem ex antiquis codicibus manuscriptis, exscriptus sit hic titulus *ad Carolum Calvum imperatorem*. At vero contimenter ait dissertator eadem pagina librum de Corpore et Sanguine Domini fuisse damnatum in concilio Vercellensi et Parisiensi anno 1050, tandemque flammis crematum in concilio Romano sub Nicolao II anno 1059, cum inscriptione nominis Joannis Scoti, quoniam tunc temporis verus auctor erat indicatus et perspectus, eaque de causa paucissima exemplaria exstare sub nomine Ratramni sive Bertrami, quod horum conciliorum temporibus suppositum nomen recognoscebatur ; et addit eam ob rem non visum esse sub nomine Ratramni ante annum 1526, ad quem usque ex eo tempore altum fuerat apud omnes de hoc libro silentium. Jam vero si res ita sint, dicat nobis dissertator qui fieri potuerit ut tot concilia, tot viri illustres, Lanfrancus, Ascelinus, Durandus, adeo consopiti fuerint ut hanc [illegible] silentio prætermiserint, nec tam insolentem nominis subjectionem Joanni Scoto obtrectaverint, et memoriam Ratramni viri docti, pii, de Ecclesia Gallicana infinitis titulibene meriti, ab ejusmodi hæresis contumelia et opprobrio non vindicaverint. Ego vero fateor me intelligere non posse ex quo dissertator sibi suaserit postquam cremata fuerint exemplaria libri de Corpore et Sanguine Domini, non visa esse ante annum 1526, sub nomine Bertramni aut Ratramni. Nam Sigebertus sæculo XII, scilicet anno quadringentesimo post concilium Romanum, recenset librum de Corpore et Sanguine Domini sub nomine Ratramni inter scripta catholica et orthodoxa. Trithemius, abbas Spanhemensis sæculo XV in Catalogo Scriptorum ecclesiasticorum idem præstat, et vestigia Sigeberti ingeminat. Antea Anonymus Cellotianus, sive, ut putat dissertator, Erigerus, Ratramnum ejusdem libri auctorem indigitat, et Joannes Fischerius, episcopus Roffensis, ipso anno 1526. Nihil igitur tam a vero alienum quam quod dixit dissertator usque ad annum 1526 altum apud omnes ejus libri sub Ratramni nomine fuisse silentium. Cæterum si quis libros Joannis Scoti de Prædestinatione aut Περὶ φύσεων μερισμοῦ applicata mente legat, tantam styli differentiam animadvertet, tot Patres Græcos mysticos et asceticos citatos reperiet, quorum nullum vestigium aut sulcum internoscere licet in libris Ratramni, ut librum de Corpore et Sanguine Domini sub Ratramni nomine vulgatum Joanni Scotigenæ adjudicare et insolens et supervacaneum esse videatur.

Verumtamen hic unum prætermittere non possum quod hujusce litis omnino decretorium esse videtur. Constat enim Joannem Scotum corpus Christi post resurrectionem nec sensibus tractabile nec carneum existimasse, ut intelligimus ex libro V de Divisione naturæ, pag. 293, num. 37: « Quisquis autem sancti Ambrosii Gregoriique Theologi, diligentius dicta inspexerit, inveniet profecto non mutationem corporis terreni in cœleste corpus, sed omnino transitum in ipsum spiritum; non in illum qui æther, sed in illum qui intellectus vocitatur. » Ambrosius siquidem omnem compositionem aufert, ita ut post resurrectionem corpus, et anima, et intellectus, unum sint et unum simplex, neque ex tribus conjunctum, et quæ hic tria videntur, illic unus intellectus efficitur. Gregorius similiter et incunctanter astruit mutationem corporis tempore resurrectionis in animam, animæ in intellectum, et intellectus in Deum; ac sic omnia in omnibus Deus erit, sicut aer vertitur in lucem. » Et ejusdem libri num. 38: « Si ergo transformata caro Christi est in Dei virtutem et spiritus incorruptionem, profecto ipsa caro virtus est et incorruptibilis spiritus; ac si Dei virtus spiritus, ubique est non solum super loca et tempora, verum etiam super omne quod est. Nulli dubium quin ipsa caro in virtutem et spiritum transformata nullo loco contineatur, nullo tempore mutetur, sed sicut Dei virtus et spiritus, Verbum videlicet quod etiam in unitatem sibi substantiæ acceperat, omnia loca et tempora et universaliter omnem circumscriptionem excedat. » Jam vero quis ejusmodi opinamenta auctori libri de Corpore et Sanguine Domini ascribat? qui prorsus contraria et toto diametro opposita doceat, et præsertim num. 30 hæc verba oris Christi inducit: « Cum post resurrectionem visuri sitis me cœlos ascensurum, cum integri corporis sive sanguinis mei plenitudine. » Et num. 99: « At vero Corpus illud in quo passus est et resurrexit Christus proprium ejus corpus exstitit de Virginis Mariæ corpore sumptum, palpabile sive visibile etiam post resurrectionem, sicut ipse discipulis ait: *Palpate et videte quia spiritus carnem et ossa non habet sicut me videtis habere.* » His igitur amplius immorari non opus est, sed ad tuendam et vindicandam hujus libri fidem et ὀρθοδοξίας leviter placideque procedere juvat. « *Hujus autem libri*, » inquit dissertator pag. 166 et 288, columna interiori editionis novæ Amstelodamensis, num. 166, « qui Ratramno tribuitur, qui hac ætate patrocinium susciperent valde miror aliquos esse inventos, postquam non modo nuper a Tridentinis censoribus summisque pontificibus censura notatus est. »

RESPONSIO

Si tantæ admirationi locum inveniat dissertator, ex eo quod tuendum susceperint librum Ratramni de Corpore et Sanguine Domini viri quidam theologi, tametsi censura notatum et in indicem librorum prohibitorum relegatum ab examinatoribus deputatis a concilio Tridentino et ab ipsismet Romanis pontificibus, majorem faciet admirationem antiqua missa Latina quam Matthias Flaccus Illyricus proxime elapso sæculo Argentinæ typis mandari curavit. Enimvero primulum lucem publicam vidit ope hominis hæretici, quemadmodum liber Ratramni, et ab examinatoribus concilii Tridentini æquabiliter in indice libris prohibitis conscripta fuit, uti perspicere facile est in indicis appendice secunda; verumtamen hodie ejusmodi missa Illyrici catholica et orthodoxa reputatur ab omnibus doctis Ecclesiæ scriptoribus, et ab ipsis protestantibus hominibus tanquam suis dogmatibus valde repugnans et adversa repudiatur. Ejus fidem et ὀρθοδοξίαν vindicavit eminentissimus cardinalis Bona Rerum liturgicarum lib. I, cap. 12, novamque editionem fieri in Appendice ad librum de Rebus liturgicis, et P. Cointius, Oratorii dom. Jesu Presbyter, in Annalibus Ecclesiasticis Francorum, curaverunt emendatiorem et magis castigatam, sicut Ratramni librum de Corpore et Sanguine Domini emendatiorem ex antiquo codice manuscripto cum cura et fide expressimus. Eamdem missam Latinam inquisitores Hispani, regnante Philippo secundo, censura affecerunt, instigatione Ferdinandi Toletani, ducis Albensis, hominis studio religionis catholicæ non solum flagrantis, verum etiam furentis, quem dicit Jesuita Famianus Strada ex bellicis tormentis fusum Antuerpiæ in eadem bellica tormenta refusum fuisse. Enimvero nihil admiratione dignum si ab ejusmodi tribunalis judicibus, quibus meritantia nulla a cœlo tradita est, judicata et condemnata virorum doctorum opera auxilio et defensoribus egeant. Inter lucubrationes illustrissimi ac doctissimi Claudii Espencæi, doctoris theologi Parisiensis inter Patres purpuratos, in prava consilia obstitissent coaptandi, ut testificatur D. Jacobus Augustus Thuanus et ipsemet Espencæus, ejus commentarii in Epistolam ad Titum et tractatus de Continentia præ cæteris eminent, quippe cum non solum eruditione summa expleantur, verum etiam spiritu consilii et fortitudinis scripta sint adversus abusus et vitia quibus ferme omnes eo sæculo deformabantur homines; verumtamen tanti viri tractatus proditi in indice examinatorum concilii Tridentini cum Ratramno nostro et missa Latina Illyrici infeliciter erraunt, non minori æstimatione digni apud omnes eruditos. Nec enim dubitandi locus relinquitur quin ipse dissertator noster Espencæum inter doctores catholicos et omnibus doctrinæ et fidei numeris absolutos recenseat. Percontarer libenter a dissertatore numquid articulos cleri Gallicani de potestate ecclesiastica, regi Christianissimo oblatos anno 1682, quos revera ab Innocentio XI condemnatos fuisse non ignorat, defendi posse existimet? An æquo vel iniquo animo ferret vituperio affici censuras Facultatis Parisiensis adversus Vernantium aut Amadæum Guymenium latas, an ejusmodi censurarum defensor ei admirationem moveret? Quas tamen sciunt omnes non solum in indice librorum prohibitorum collocatas, sed ab Alexandro VII summo pontifice vetitas et proscriptas fuisse bulla authentica adversus eas censuras data Romæ, imposita pœna excommunicationis ipso facto incurrendæ VII Kalendas Julii anni (1665) undecimo pontificatus Alexandri septimi.

Nullius auctoris libri magis censura vexati sunt quam Origenis Adamantii, non una vice sed pluribus pontifices et concilia etiam generalia proscripserunt Origeniana dogmata. Verumtamen non nullimi ingenii Jesuita *Petrus Halloix* Leodiensis amplo volumine in folio, pari crassamento cum majoribus libris, Origenem defendit et ejus ad Pontificem maximum Innocentium X causam egit. Origenem defensum approbaverunt quatuor celebres pietate et scientia insignes Jesuitæ et examinarunt, jussis obtemperantes R. P. Caraffæ, totius societatis præfecti generalis, in collegio Romano anno 1646, ista denique Origenis defensio cum licentia visitatoris Flandriæ, Angliæ et Gallo-Belgicæ provinciæ publici juris facta est Leodii anno 1648. Veruntamen Origenes defensus ingressus viam universalis inquisitionis Romæ, in indice librorum prohibitorum locum obtinuit acceptissimum, sed in bibliothecis Jesuitarum magis honorificum, nullibi enim in serie librorum prohibitorum irrepat. Denique famosum librum Ludovici Molinæ Jesuitæ de concordia gratiæ et liberi arbitrii ab Universitate Salamanticensi anno 1595, 22 Julii damnatum, et ab episcopis Hispaniæ periculosum et erroneum declaratum, quotidie Jesuitæ pluresque notæ non infimæ theologi defendunt, quemadmodum et libros de Romano Pontifice cardinalis Bellarmini, ut refert Jacobus Fuligati, alter Jesuita, in Vita Roberti Bellarmini, cap. 11. Quæ cum ita sint, dubium non est libros censura notatos ac res judicatas recognitioni obnoxias esse, ac ad judicium instauratitium referri posse, adeoque causas in caducum casum delapsas, in gradum reponi integri judicialis. Hoc Ecclesiæ aut religionis nihil interest; licuit enim semperque licebit aliquos auctores ab accusatione violatæ fidei vindicare. Adeo quippe nihil vetat litteras Honorii I papæ a contumelia hæresis Monothelitarum purgare. Hoc jure Facundus, Hermianensis Africæ episcopus, tria capitula fortiter ac nervose defendit in gratiam Ibæ Edesseni, Theodori Mopsuestini et Theodoreti episcopi Cyri, quo etiam Ratramni doctrinam tuendam recipimus. Molina et Bellarminus, in indices librorum prohibitorum detrusi, ex iis exitum facilem obtinuerunt. Sed si adstruximus argumenta ad conterendam calumniam qua fama ejus et nomen inquinantur, probavimus et ad faciendam fidem firma, multo mirabilius est Ratramnum judices invenisse injurios quam defensores propitios.

VERBA DISSERTATORIS

Verum etiam mox dicetur jampridem a plenariis synodis universæque Ecclesiæ damnatus et igni addictus, proxime vero superiore ætate ab illustrissimis doctissimisque antistitibus Sanctesio Ebroicensi, et Perronio cardinali, archiepiscopo Senonensi, apertam docere hæresim deprehensus.

RESPONSIO

Revera non diffitemur librum sub titulo de Corpore et Sanguine Domini damnatum fuisse in concilio Vercellensi sub Leone IX, et crematum Romæ sub Nicolao II, anno 1059, sed prorsus abnuimus Ratramnum aut Paschasium hujusce libri auctorem fuisse, quippe cum constet apud omnes hunc librum combustum Joannis Scoti nomen, nemine reclamante, præsetulisse, sub eoque nomine in gratiam suorum errorum a sectatoribus Berengarii prolatum fuisse. De cætero cardinalis Perronius et Sanctesius opinioni communi scriptorum suæ ætatis frena permiserunt, qui nimium vanis Protestantium hominum sermonibus se permittentes, ejusmodi librum temere nimiopere erroribus Calvinistarum propitium sibi persuaserunt. Sed hæc nihilominus obstant justæ istius libri defensioni ac patrocinio, quippe cum ipse dissertator epistolam sancti Chrysostomi ad Cæsarium monachum tuendam recipiat, quam cardinalis Perronius opus supposititium a Petro Vermilio martyre, hæretico Florentino, fabricatum in gratiam Calvinismi existimat, sicut librum Ratramni ab Œcolampadio fictum putaverat ipse Perronius et Sixtus Senensis, quod perspectum habere facile est ex tractatu de Eucharistia Perronii, pag. 381-383, et Bibliotheca Sixti Senensis. De reliquo in eo differre dissertatorem a defensoribus Ratramni silentio non prætermittendum est, quod ipse primus in orbe Christiano doctrinam hujus epistolæ ad Cæsarium monachum defenderat et fetum inter omnes eruditos in spurii et nothi suspicione positum, ingenuitatis jure donet ac sancto Chrysostomo Latine non Græce loquenti vindicet et non leviter reluctanti adjudicet. Cum e contra plures scriptores ecclesiastici, scientia et pietate jure illustres, libri Ratramni de Corpore et Sanguine Domini Ὀρθοδοξίας sustinuerint et ante et post cardinalem Perronium, quales fuerunt Joannes Fischerus, illustrissimus Christi martyr, Sigebertus, abbas Gemblacensis sæculo XII, Joannes Trithemius Spanhemiensis XV, doctores Lovanienses post concilium Tridentinum, Jacobus Gretzerus, Antonius Possevinus, Gilbertus Mauguinus, Godefridus Hermannus, doctor socius Sorbonicus sub nomine *Hieronymi ab Angelo Forti*, Jacobus Sambovius, sacræ theologiæ in Sorbona professor regius, domnus Joannes Mabillonius, doctissimus monachus sancti Benedicti, et infiniti alii theologi Parisienses qui, in thesibus suis, innocentiam et integritatem Ratramni ante et post editionem Latino-Gallicam cum præfatione et notis quam procuravimus anno 1686 fortissimum præsidium attulerunt. Inter quos honoris causa nominare non metuam clarissimum Petrum *Berthe*, socium Sorbonicum, nostræ Sorbonæ jam peritissimum bibliothecarium, Academiæ Parisiensis rectorem amplissimum, in ea thesi quam *minorem ordinariam* nuncupavere majores nostri, dicata et inscripta Ludovico Magno nomine Academiæ Parisiensis, cui præfuit et subscripsit pro sua præsidis et actus moderatoris amplitudine illustrissimus ac reverendissimus Franciscus de Harlay, archiepiscopus Parisiensis, regiorum ordinum commendator, Sorbonæ provisor, Regiæ Navarræ director ac superior, die 20 Septembris, anno 1685, in qua hæc verba columna 6 exscripta sunt: « Unde nec Anastasius Sinaita, nec Damascenus inter Græcos, nec Paschasius, aut ejus verbotenus hostis, in suo quod exstat opere, Ratramnus in Latinis aliquid novaverunt, sed fidem, ut fortiter defenderunt, ita penitus intaminatam servarunt. » Jam vero quid restat nisi ut ipsum dissertatorem secum ipse componam, et admirabilitatem ejus accommodem sive admirationem compescam. Enimvero cum adeo libenter auctoritati cardinalis Perronii obtemperandum esse reputet de libro Ratramni, eidem refragatur vehementer et repugnat de hæresi Stercoranistarum, sententiamque nostram de figmento hujusce hæresis, postposita fama et eminentia Perronii, aflatim amplectitur pag. 171 suæ dissertationis.

Quæ huc usque diximus personam Ratramni et auctorem libri de Corpore et Sanguine Domini generatim spectant. Jam vero doctrinam hujusce libri expendere et ab omni hæresis suspicione liberare nobis incumbit adeoque ab omni contumelia vindicare.

* I. *Ratramnus*, inquit dissertator pag. 174 editionis primæ, lin. 8, *non quid Ecclesia doceat, sed quid ipse privatim sentiat, aperte se tum in præfatione tum in calce ejus libri significat.*

RESPONSIO

Imo vero nam cum jusserit imperator sententiam suam scribere de corpore et sanguine Domini in Eucharistia, palam profitetur se nihil ex proprio prædio velle assumere, sed semper vestigiis sanctorum Patrum inhærere, et antiquorum seu majorum sulcos diductos non declinare, uti intelligitur his verbis num. 5 descriptis, quæ nec commentario nec amplificata explicatione indigent: « Quid ex hoc sentiam aperire tentabo, non proprio fretus ingenio, sed vestigia Patrum prosequendo. » Et num. 102 in calce: « Imperio vestræ magnitudinis parere cupientes, præsumpsi parvus de rebus de non minimis disputare, non sequentes æstimationis nostræ præsumptionem, sed majorum intuentes auctoritatem. »

II. Ex eo quod num. 30 multis adversari se fateatur Ratramnus, contendit dissertator contra doctrinam Ecclesiæ disputasse.

RESPONSIO.

Esto, id fateatur Ratramnus, sed multitudo adversariorum coalescebat ex iis qui nullam esse figuram, sed omnia in aperto patere in Eucharistia defendebant: quæ sententia prorsus erronea est, Paschasio et Ratramno æquabiliter repugnans, et omnibus antiquis Ecclesiæ doctoribus adversa. Id abundanter patet ex his num. 32 verbis: « Hic jam illa suboritur quæstio, quam plurimi proponentes loquuntur non in figura, sed in veritate, id est manifeste fieri. Ista dicentes sanctorum scriptis Patrum contraire comprobantur. » Sed quid tum? Numquid non Paschasius multos se habere fatetur adversarios, non secus ac Ratramnus? quod intelligimus ex his verbis epistolæ ad Frudgardum pag. 1625: « Tamen ad intelligentiam hujus mysterii plures commovi, » et initio hujus epistolæ, pag. 1619: *Quæris enim de re ex qua multi dubitant*. In eadem epistola conceptis verbis Ratramno assentitur Paschasius, pagina scilicet 1620, litt. E, in qua textum Ratramni ex hoc numero 32 exscripsisse videtur: « Et ideo si quis dicit hanc carnem et hunc sanguinem sic ipsa esse absque mysterio et sacramento, nec in figura ex parte sumendum, ut illi tunc carnales carnaliter sapientes, totum dissipat. » Adeoque difficile intelligitur quid conducibile sit dissertatori ex hoc numero 32, ut Ratramnum adversari Ecclesiæ Catholicæ demonstret.

III. Jam ob rem sic continenti sermone pergit dissertator, pag. 175: *Primum igitur*, inquit de Ratramno, num. 8, *figuram a veritate distinguit eatenus quod in figura aliud intelligatur quam dicitur. Quocirca nec vitis Christi nec palmites apostoli, etsi in sacris paginis id nomen habent; et quando Christus dicitur natus passusve, vere passus ac vere natus intelligitur, hoc inquit veritas est in narratione, id est nuda et aperta vocum significatione. Cum negat ibidem et passim in toto opere, præsertim num. 32, id quod est in altari esse corpus Christi in veritate, ac solum ait esse in mysterii figura: negat esse hujus vocis corpus Christi nudam et apertam significationem: negat intelligi debere quod dicitur: vult eo duntaxat quod videtis corpus significari.*

RESPONSIO.

Non tanto verborum circuitu opus est, nec ex calibe oleum exprimere ad perspiciendum quid per *figuram* et *veritatem* intelligat Ratramnus. Mentem enim aperit clarissime num. 7 et 8. « Figura, inquit, est obumbratio quædam quibusdam velaminibus ostendens, verbi gratia, verbum volentes dicere panem nuncupatus, sicut in Oratione Dominica panem quotidianum nobis expostulamus. Veritas vero (num. 8) est rei manifesta demonstratio nullis tenebrarum imaginibus obvelata, sed puris et apertis, utque planius eloquamur, naturalibus significationibus insinuata, utpote cum dicitur Christus natus de Virgine, passus, crucifixus, mortuus et sepultus. » Adeoque necesse est cum ait num. 32 et aliis quosdam sibi persuadere corpus Christi in Eucharistia esse, *non in figura, sed in veritate*, eos spectare homines qui in Eucharistia nullam obumbrationem, nullum velum, nullam figuram esse credebant, sed omnia manifesta et clara patere. Non enim eo devolvebatur quæstio quam discutiebat Ratramnus, utrum corpus Christi revera seu *realiter*, ut loquuntur theologi, in Eucharistia existeret, vel solummodo in figura seu figurate esset; de hoc dogmate quippe nemini hominum dubium suboleba; sed quærebatur an manifeste et clare oculis subjiceretur et divideretur sine velo, sine tropo, sine figura, sine obumbratione, vel an occultum et celatum, sub umbris seu figuris verum corpus existens in oculos incurreret. Eamdem quæstionem Carolum Calvum proposuisse Ratramno examinandam intelligimus ex num. 5: « Quod in Ecclesia ore fidelium sumitur corpus et sanguis Christi, quærit vestræ magnitudinis excellentia, in mysterio fiat an in veritate, id est utrum sub aliqua secreti aliquid contineat quod oculis solummodo fidei pateat, an sine cujuscunque velatione mysterii hoc aspectus intueatur corporis exterius, quod mentis visus aspiciat interius, ut totum quod agitur in manifestationis luce clarescat. » Itaque cum Ratramnus passim negat corpus Christi in Eucharistia esse in *veritate*, non propterea *præsentiam realem* pernegat, sed solummodo præsentiam visibilem et in sensus humanos incurrentem, scilicet claram, perspicuam, nullis tegetibus seu lodicibus, velis aut figuris involutam. In eo non est a mente et sententia S. Paschasii alienus. Etenimvero quemadmodum inquit Ratramnus num. 49: « Secundum invisibilem substantiam, id est divini potentiam Verbi, vere corpus et sanguis Christi existunt. » Num. 77: « Exterius igitur quod apparet non est ipsa res, sed imago rei; mente vero quod sentitur et intelligitur veritas rei. » Num. 15: « Negare corpus esse Christi nec fas est, non solum dicere verum, etiam cogitare. » Et num. 30: « Tunc intelligetis quod non sicut infideles arbitrantur, carnem meam a credentibus comedendam, sed vere per mysterium panem et vinum in corporis et sanguinis mei conversa substantiam, a credentibus sumenda. » Ita Paschasius docet in hoc sacramento *figuram et veritatem permanere* iisdem fere verbis lib. de Corpore et Sanguine Domini cap. 4, pag. 1561: « Veritas ergo est dum corpus Christi virtute Spiritus in verbo ipsius ex panis vinique substantia efficitur; figura vero dum sacerdos quasi aliud exterius gerens ob recordationem sacræ passionis ad aram, quod semel gestum est, quotidie immolat Agnum. Sed si veraciter inspicimus, jure simul veritas et figura dicitur, ut sit figura vel character veritatis quod exterius sentitur; veritas vero quidquid de hoc mysterio interius recte intelligitur aut creditur? » Igitur Paschasii et Ratramni non fuerunt diversæ repugnantesque sententiæ, nec inter se depræliati sunt. Etsi enim Paschasius crederet aliquam esse in Eucharistia figuram, nihilominus catholicus est: quin fuerit etiam Ratramnus dubium non est, nunquam enim dixit *corpus Christi solum in figura esse in Eucharistia*, uti ei affinxit dissertator pag. 175, nam hanc vocem solum excogita[…] dissertator, et in integræ et eruditæ lucubrationis sulcis a Ratramno diductis nullibi occurrit.

IV. *Negat igitur vere dici posse, hoc quod videtur in altari Dei, vere est corpus Christi quod natum est ex Virgine*, quod expresse negat num. 50, 5[…] et 101.

RESPONSIO.

Etiamsi unica sit substantia in Eucharistia scilicet, ut inquit Ratramnus num. 16, *non sint duarum existentiæ rerum inter se diversarum*, verumtamen non potest dici ipsum corpus Christi in Eucharistia videri seu sensui oculorum subjici. Hoc vero Paschasius atque omnes catholici fatentur. Etiamsi igitur rotunde negaret Ratramnus videri corpus Christi in Eucharistia, nulli reprehensioni obnoxius efficeret. Enimvero hoc quod videtur in Eucharistia est visibile; corpus autem Christi verum quod revera est in Eucharistia sub speciebus visibilibus non est in se visui subjectum: ergo hoc quod videtur in Eucharistia non est corpus Christi, quippe cum hoc quod est visibile, nec in sensus potest incurrere, non sit corpus Christi, sed velum, umbra, lodix et figura quæ contegit et occulit corpus Christi. Sciunt omnes corpus Christi in sacramento captum sensuum et oculorum superare, quia corpus est spirituale *et totum spirituale est*, inquit Paschasius, sed solam dimensionem, albedinem, saporem et odorem sensu bus percipi, nisi forte sententiæ recentium quorumdam philosophorum placeat, quam amplissime tractavit R. Pater Magnan * ex ordine Minimorum S. Francisci de Paula, qui existimavit Deum per concursum quem præbuit pani ante consecrationem, eamdem post in oculos exercere motionem seu facere impressionem quam panis et vinum faciebant ante consecrationem, vel clarissimus D. Rohault, philosophus Cartesianus, in libro vernacule scripto in quo docet, corpus Christi cum integrum occupet locum quem occupabat corpus panis, eadem superficie circumdatum seu eadem περιφερεία seu circumferentia terminatum, debere eodem prorsus modo afficere oculos quo panis ante consecrationem afficiebat. Si res ita se haberet, dubio procul hæc albedo et rotunditas quæ viderentur essent hoc corpus Christi quod videretur et in oculos incurreret, sed ejusmodi opinio non delectat, ni fallor, dissertatorem, imo subtilitas alia quædam scholastica ipsi arridet, scilicet sibi persuadet cum revera *hoc quod est*, seu latet et occulitur in sacramento sit corpus Christi verum, seu potius sit ipsa substantia corporis Christi, hoc pariter quod videtur esse corpus ipsum Christi. Sed respondere facile est substantiam corporis Christi esse revera in Eucharistia, sed non propterea oculis nostris ac sensibus obnoxiam efferi, quoniam mirabili modo et naturæ viribus superiori, his delitescit, nec ullatenus sensibus percipi potest. De reliquo jam inquirendum superest qua ratione Ratramnus expresse negaverit num. 50, 52 et 101 corpus quod est in altari esse corpus ipsum quod natum est ex Virgine. Nego ac pernego Ratramnum in his numeris unquam negasse corpus quod in Eucharistia latet esse corpus ex Virgine natum, passum et sepultum.

Sed rotunde fateri necesse est magnam constituere differentiam habita diversa ratione inter idem corpus quatenus in Ecclesia celebratum per mysterium, et proprium corpus seu proprietatibus corporeis affectum quod ex Virgine Maria natum, cruci affixum, sepultum, postea mirabiliter revixit, et in cœlos ascendit. Hæc intelligere non arduum est ex num. 88 in quo sic fatur: « Quapropter corpus et sanguis quod in Ecclesia geritur differt ab illo corpore et sanguine quod in Christi corpore cum glorificatum cognoscitur; et hoc corpus pignus est et species, illud vero est ipsa veritas. » Num. 89: « Videmus itaque multa differentia separari mysterium corporis et sanguinis Christi quod nunc a fidelibus sumitur in Ecclesia, et illud quod natum ex Maria Virgine, quod passum, quod sepultum, quod resurrexit, quod in cœlos ascendit, quod ad dexteram Patris sedet. » Num. 97: « Evidentissime monstratum est quod panis qui corpus Christi, et calix qui sanguis Christi appellatur, figura sit quia mysterium; et quod non parva differentia sit inter corpus quod per mysterium existit et corpus quod passum est et sepultum resurrexit. » Ecca verba debebat specie quadam rationis ex scriptis Ratramni exscribere dissertator, ex quibus potuisset, non violatis legibus ratiocinationis dialecticæ, comprobare Ratramnum non credidisse corpus quod in Ecclesia celebratur idipsum esse quod in utero Virginis efformatum, cruci affixum, et sepultum postea revixit. Hoc igitur in mentem dissertatoris jam intromittere nos juvat, atque ejus intelligentiæ subjicere hanc ejusdem corporis differentiam, inviolata et integra permanente de præsentia veri corporis et sanguinis Christi in Eucharistia Ecclesiæ catholicæ fide. Nemini homini dubitandi locus relictus est quin Lanfrancus, archiepiscopus Cantuariensis, fortissimus Berengarii adversarius, cujus instigatione sua sphalmata ejuravit suosque libros igne absumpsit coram Nicolao secundo papa anno 1059 fuerit verus et maximus fidei catholicæ defensor adeoque fide præditus extra omnem suspicionem posita. At vero sic fatur in Dialogo adversus Berengarium de Eucharistia: « Vere dici posse et ipsum corpus quod de Virgine sumptum est, et tamen non ipsum quidem quantum ad essentiam veræque naturæ proprietatem atque virtutem, non autem si spectes panis vinique speciem. » Si ejusmodi verba apud Ratramnum invenirentur, dissertatorem usque ad articulorum fragorem commoverent. Sit est Ratramno aliquod discrimen inter corpus et corpus attulisse, nunquam dixit nec esse ipsum corpus quod de Maria sumptum est. Sed ad mentem Ratramni congruentius adhuc loqui videtur beatus Algerus, egregius fidei defensor adversus Berengarium, l. I de Eucharistia, cap. 17: « Dupliciter, inquit, sanguis Christi et caro intelligitur, vel spiritualis illa atque divina, de qua ipse ait: *Caro mea vere est cibus et sanguis meus vere est potus*, vel caro illa quæ crucifixa est et sanguis qui militis effusus est lancea, quod non dixisse quantum ad duplicem ejus substantiam credendus est, sed quantum ad duplicem ejus substantiæ formam quæ nunc in humana, panis et vini intelligitur forma. » Et paulo inferius eodem capite: « Species et similitudo illarum rerum sunt nomina quæ ante fuerunt, panis scilicet et vini, non corporis Christi. Corpus vero et sanguis Christi vocantur nuncupative eo locutionis modo quo res significans solet rei significatæ vocabulo nuncupari. » Et cap. 18: Et de sacramento quidem panis et vini quod significet et sit nuncupative corpus Christi superius dictum est. Quod vero verum corpus Christi invisibile post resurrectionem sit sacramentum visibilis corporis Christi in passione sumpsimus, testatur Augustinus in libro Sententiarum Prosperi: « Caro ejus est quam forma panis opertam in sacramento accipimus, et sanguis ejus quem sub vini specie et sapore potamus, caro videlicet carnis et sanguis sanguinis sacramentum. » Igitur minime consequitur Ratramnum non sibi persuasisse corpus ex Virgine sumptum in Eucharistia non existere, quamvis differentiam constituerit inter illud corpus quod de Maria sumptum est, et idipsum quod in Ecclesia celebratur, quippe cum conceptis verbis doceat substantiam panis et vini esse conversam in corpus et sanguinem Christi, *nefas esse non solum negare, verum etiam cogitare non esse corpus Christi*, dicatque corpus nominari et existere ut supra ostendimus. Eadem prorsus habentur apud Ivonem Carnotensem in epistola ad Finardum, et antea apud Rabanum Maurum in epistola ad Heribaldum Altissiodorensem, quam publici juris fecit doctissimus Baluzius, et quam ab omni aut hæresis aut erroris suspicione fortiter vindicavit rever. Pater Christianus Lupus ordinis S. Augustini, sacræ Theologiæ professor in Academia Lovaniensi, in dissertatione dedita opera ad explicationem testimoniorum quorumdam S. Patrum spectantium ad hæresim Berengarii, relata tomo V suarum notarum ad Concilia, pag. 317, impresso Bruxellis anno Christi 1672.

X. Num. 10. *Claret*, inquit dissertator, *quia panis ille vinumque figurate Christi corpus et sanguis existit.*

RESPONSIO.

Quis dubitat aliqua dicendi et scribendi ratione seu genere panem et vinum figurate corpus et sanguinem Christi existere? Paschasius, Lanfrancus, Guitmondus et omnes antiqui et recentiores viri catholici ultro fatentur, dummodo revera corpus Christi interius et sub speciebus contineri recognoscatur. Hoc vero conceptis verbis docet Ratramnus num. 9: « Exterius quidem panis quod ante fuerat forma prætenditur, color ostenditur, sapor accipitur; ast interius longe aliud multo pretiosius mul-

* Appendix ad Philosphiam sacram.

toque excellentius intimatur. » Et num. 10 : « Vinum quoque quod sacerdotali consecratione Christi sanguis efficitur, sacramentum aliud superficietenus ostendit, aliud interius continet. »

VI. Et num. 19, inquit dissertator, pag. 291, edit. Amstelod., linea 18, in column. exter. *Non sunt idem quod creduntur. Quæ sententia, si præcise ac sola spectetur, tametsi probabilem habere potest intellectum, cum eo tamen consilio proferatur ut catholicæ huic voci adversetur: Hoc quod videtur in altari est corpus Christi, pestifera est hæresis.*

RESPONSIO.

Unde dissertator acceperit et ex quibus Ratramni verbis intellexerit eo consilio scripsisse *non sunt idem quod cernuntur et quod creduntur, ut catholicæ huic voci adversaretur, Hoc quod videtur in altari est corpus Christi*, nihil enim aliud vult Ratramnus nisi corpus Christi quod revera sub speciebus latet et existit in altari non incurrere in oculos, sive non esse oculorum sensu subjectum sive visibile. Quod rotunde fatentur, præter quosdam recentiores philosophos, omnes Theologi, imo omnes homines nec mente nec oculis capti. Sed res exemplo faciliter confici potest, verbi gratia, si horum verborum loco *non sunt idem quod cernuntur et quod creduntur*, dixisset Ratramnus, *non sunt idem quod corrumpuntur et quod creduntur: non sunt idem quod in secessum mittuntur et quod creduntur, non sunt idem quod franguntur et quod creduntur*, objectare neutiquam auderet dissertator has propositiones, tametsi probabilem habere possint intellectum si præcise et solæ spectentur, cum eo consilio proferantur ut catholicis his vocibus adversentur: *Hoc quod frangitur in altari est corpus Christi: hoc quod in secessum mittitur est corpus Christi: Hoc quod in altari corrumpitur*... Pestifera est hæresis, quoniam corpus Christi non potest corrumpi, nec in secessum mitti, nec frangi. At vero Ratramnus nihil aliud vult nisi corpus Christi, quod esse revera in Eucharistia creditur, non cernatur, sicut species quæ franguntur, corrumpuntur et in secessum mittuntur, non sunt idipsum corpus Christi, quod creditur sub his speciebus latere et existere. Ex his abundanter patet quam supervacaneum sit in tot nubes subtilitatum et æquivocationum distillare cerebrum, ad stabiliendam hanc propositionem catholicam: *Hoc quod videtur in altari est corpus Christi*, cui contraria sit manifeste hæretica, quippe cum nihil aliud hac propositione significari intelligatur quam hæc: *Hoc quod frangitur in altari est corpus Christi*, in qua particula *hoc* non significat proprium et naturale corpus Christi sub speciebus latens et reconditum, sed corpus numcupativum, ut loquitur beatus Algerus, corpus in figura, quod proprium et naturale occulit ipsum, quod oculis nostris *Ἀφανὴς ἐγένετο, sit invisibile.*

VII. (Pag. 291.) *Sed quod caput est docet idem apertissime num. 13 non esse aliquid in veritate, esse idem atque non esse* tale secundum propriam essentiam.

RESPONSIO.

Nihil est magis hac cogitatione dissertatoris a veritate alienum; hæc enim verba *non esse aliquid in veritate* neutiquam significant non esse tale secundum propriam essentiam, sed fateri necesse esse mutationem in Eucharistia peractam non in iis quæ exterius videntur seu manifesta apparent, contigisse, sed in iis quæ interius nec in sensus exteriores incurrunt. Hac enim arte demonstrat Ratramnus alia esse quæ cernuntur et quæ creduntur, seu alia interius existere, alia manifesta exterius videri. « Fatebuntur, » inquit Ratramnus, « igitur necesse est aut mutata esse secundum aliud quam secundum corpus, ac per hoc non esse hoc quod in veritate videntur, sed aliud quod non esse secundum propriam essentiam cernuntur. » Ex his enim intelligimus Ratramnum non repudiasse transsubstantiationem, quippe cum hæc assumat ad concludendum eos qui nollent recognoscere in interius mutationem esse factam in Eucharistia, neutiquam vero in iis quæ exterius manifesta sunt, ad angustias constringi negandi corpus Christi in sacramento existere, quod non sine crimine dici aut cogitari potest. « Aut si, inquit, profiteri noluerint, compelluntur negare corpus esse sanguinem Christi: quod nefas est non solum dicere, verum etiam cogitare. » Ego vero fateor libenter me nihil intellexisse unquam fidei catholicæ convenientius quam necesse esse recognoscere peractam in sacramento Eucharistiæ mutationem in sensus humanos minime incurrentem, vel negare corpus Christi revera in hoc sacramento consistere, quod nefas sit non solum dicere, verum etiam cogitare.

VIII. (*Ibid.*) Sic num. 48 *mysterium proprietati, hoc est propriæ rerum essentiæ, opponit. Cum negat igitur corpus Christi in mensa Dominica existere in veritate, negat in propria essentia existere.*

RESPONSIO.

Neutiquam opponit eo loci proprietatem mysterio, cum econtra hæc esse sociabilia demonstret et comprobet exemplo baptismi, in quo aqua permanens in sua proprietate naturali interius occulit virtutem sanctitatis et immortalitatis. Hoc quippe argumento probat species Eucharisticas in sua proprietate naturali consistentes, veluti tegetes ac paropsides, Christi corpus sanctum et immortale recondere. « Igitur, » inquit Ratramnus, « in proprietate humor corruptibilis, in mysterio vero virtus salutaris. » Conclusionem supervacaneam ex eo loco assumpsit dissertator: *Cum negat*, inquit, *igitur corpus Christi in mensa Dominica existere in veritate, negat in propria essentia existere*, quippe cum per *veritatem* solitariam rei manifestationem seu externam patefactionem intelligat, quæ omnem figuræ aut obumbrationis societatem perimit, neutiquam vero essentiam propriam rerum, quæ figurarum societatem non respuit. Quæ cum ita sint, etiamsi darem, absit tamen ut concederem, Ratramnum negare Corpus Christi esse in Eucharistia in veritate, nihil aliud negaret nisi dictum corpus non esse aut palpabile ac prorsus sine figura quacunque et obumbratione consistere. Incogitabile enim est dicere voluisse *corpus non existere*, de quo ait numero 96, conceptis verbis, *corpus Christi nominatur et existit*. Et fatetur interius fieri mutationem quam exterius sensus non percipiunt, corporisque existentiam in Eucharistia sine grandi piaculo negari non posse.

IX. (Pag. edit. Amstel. 291, Edit. vero Parisiensis primæ pag. 175.) *Hanc unam Joanni Scoto, scilicet Ratramno, placuisse acceptionem elocutionis* IN VERITATE, *imo et catholicis omnibus intelliget cordatus quisque qui meminerit damnatum esse Berengarium quod pariter asserebat in figura et in sacramento totum fieri nihil* IN VERITATE, *cum præsertim Berengario quasi susceptus ac deliciosus Joannes Scotus extiterit.* In hanc rem prodidit dissertator fragmentum Gualterii, prioris S. Victoris, relatum tomo III Analectorum sacrorum doctissimi Mabillonii, pag. 450.

RESPONSIO.

Bene ac sapienter damnatus est Berengarius, quippe cum per vocem IN VERITATE intelligeret *in propria rei natura seu essentia*, adeoque sibi persuaderet in sacramento totum fieri in figura, nihil in *re et essentia* corporis Christi. Sed absurdum est inducere Berengarium interpretem Ratramni ducentis ante annis jam dudum defuncti, cum ipse Ratramnus testificatur et palam significat se per hanc vocem IN VERITATE intelligere rei manifestationem externam patefactionem, omnibus figuris et obumbrationibus vacuam et prorsus repugnantem, quemadmodum supra ex num. 5 comprobavimus.

X. *Substantiam deinde vini conspici, ait Ratramnus num.* 10, inquit dissertator pag. 176 edit. primæ Paris. Claudii Mugnet anno 1699, sive 291, num. 176 themate 11, edit. Amstelodamensis anni 1709, de forme *qua ætate catholici aperte profitebantur substantiam panis in substantiam corporis Christi converti, ut Haymo Halberstatensis superius laudatus pag. 99, et hoc quod videmus in altari, credebant esse non panis substantiam, sed corpus ipsum natum ex Virgine.*

RESPONSIO

Minime dicit Ratramnus substantiam vini conspici; si enim hoc tantummodo diceret, subjicere videretur post consecrationem fore substantiæ vini permutationem. Sed ait nihil aliud conspici in superficie quam substantiam vini: « Quid enim aliud in superficie quam substantia vini conspicitur? » Et observat ac docet vinum effectum sacramentum sanguinis Christi per consecrationem, aliud in superficie exterius ostendere, et aliud interius continere: « Quod sacerdotali consecratione Christi sanguinis efficitur sacramentum, aliud superficietenus ostendit, aliud interius continet. » Et ut nemini dubium suboleat quin aliud intelligat quam substantiam vini hac superficie circumseptam et exteriori specie, conceptis verbis ait num. superiori videri formam panis *quæ ante fuerat* (adeoque amplius non est), colorem ostendi, saporem percipi, sed interius aliquid multo pretiosius contineri et excellentius quia divinum, non ait simplicem esse *virtutem sanctificationis*, sed ipsum corpus Christi Domini quod neque oculis, neque gustu nec ullo sensu percipi potest, sed oculis mentis fidelis conspicitur et comeditur. « Exterius, » inquit, « panis est quod ante fuerat » (ergo jam post consecrationem non est) « forma prætenditur, color ostenditur, sapor accipitur, ast interius longe aliud multo pretiosius multoque excellentius intimatur, quia cœleste, quia divinum, id est Christi corpus ostenditur, quod non sensibus carnis, sed animi fidelis contuitu vel aspicitur vel comeditur. » Hæc cumulanda sunt accessionibus eorum quæ dicit num. 30: « Sed vere per mysterium panem et vinum in corporis et sanguinis mei conversa substantiam a credentibus sumenda. » Ego vero prorsus nescio quibus verbis ac sermonibus Ecclesiæ fides et suasio significari possit, nisi ex his clarissime intelligitur. De reliquo Haymo Halberstatensis non dicit, *hoc quod videmus in altari est corpus ipsum natum de Virgine*, sed potius hoc quod credimus in altari est corpus ipsum natum de Virgine. Sciebat enim hoc quod videmus esse visibile, neutiquam vero invisibile, quale est corpus Christi verum in Eucharistia reconditum. Quippe sic fatur Haymo conceptis verbis tomo XII Spicilegii Dacheriani: « Commutat ergo invisibilis sacerdos suas visibiles creaturas in substantiam suæ carnis secreta potestate. In quo quidem Christi corpore et sanguine propter sumentium horrorem sapor panis et vini remanet, et figura in substantiam, natura in corpus Christi et sanguinem conversa; sed aliud renuntiavit sensus carnis, aliud renuntiat fides mentis. » Porro hæc non different ab his quæ decernunt Anastasius Sinaita libro XII anagogicarum Contemplationum in Hexaemeron: Οὐ [illegible], λέγει; et ante ipsum S. Dionysius cap. III Hierarchiæ, pag. 286, quos citamus in præfatione: Ἀλλ' ὦ θειοτάτη καὶ ἱερὰ τελετή, τὰ περικείμενά σοι συμβολικῶς αἰνιγμάτων ἀποκαλυψαμένη παραπετάσματα, ἐναργῶς ἡμῖν ἀναδείχθητι, καὶ τὰς νοερὰς ἡμῶν ὄψεις ἑνιαίου καὶ ἀπερικαλύπτου φωτὸς ἀποπλήρωσον. *Sed tuo, divinissimum sacramentum, circumposita tibi symbolicæ ænigmatum operimenta revelans, liquido*

A *nobis manifesteris, mentalesque nostros obtutus singulari et aperta luce adimpleto.*

XI (pag. 291, themate III, sub num. 176 edit. Amstelod. 1709.) *Nullam autem ut mutationem substantiæ factam probet num.* 12, *ad judicium provocat oculorum ac sensuum,* SPECIEM CREATURÆ PERMANSISSE *ait, et num.* 14, *speciem et formam nihil habere in se permutatum, hoc est propriam essentiam aut si cui ita magis arridet, formam externam, quam illa ratio individuam a substantia excludit.*

RESPONSIO

Utinam nihil ex verbis Ratramni resecaret dissertator, ex eo enim numero 12 intelligeret clarissime stabilitam ab ipso Ratramno mutationem substantiæ panis in substantiam corporis Christi, quippe non ait simpliciter *speciem creaturæ permansisse*, sed exterius speciem creaturæ quæ ante fuerat cognosci permansisse: *Quoniam secundum veritatem*, id est

B exteriorem manifestationem, *species creaturæ quæ fuerat ante permansisse cognoscitur*; quod verissimum et valde catholicum est, cum dubio procul species panis et vini quæ ante fuerant, adeoque post consecrationem non sunt, permaneant. Quapropter nihil mutationis videri aut recognosci potest ope et ministerio sensuum. *Hic quoque non iste transitus factus esse* cognoscitur. Nam ut ipse ait eodem numero 12, in isto sacramento si tantum in *veritatis simplicitate consideratur* (id est in eo quod exterius apparet et sensibus percipitur), *et non aliud creditur quam quod aspicitur, nulla permutatio facta cognoscitur.* Non ait, Nulla permutatio facta esse convincitur aut demonstratur, sed *nulla cognoscitur*, scilicet ministerio sensuum et oculorum aspicitu. Sed si aliud credatur quam aspicitur sensibus, permutatio facta est, ut ait numero 30: *Sed vere per mysterium panem et vinum in corporis sanguinisque mei conversa substantiam, a credentibus sumenda.*

C Insuper etiam hæc verba, ex numero 14, a dissertatore prolata, *speciem et formam nihil habere in se permutatum*, trunca sunt et detorta: quippe cum his significare videatur Ratramnus per speciem materiam et formam substantialem panis et vini nullam sustinere mutationem, cum econtra si verba hæc integra et sincere proferantur sensum prorsus adversum sonent: scilicet secundum speciem et formam creaturæ seu rerum visibilium externis et quæ in sensus incurrunt panem et vinum quæ ante fuerant nihil habere in se permutatum: quod verissimum est. » Secundum speciem namque creaturæ formamque rerum, utrumque, id est panis et vinum, nihil habent in se permutatum, et si nihil mutationis pertulerint, nihil aliud existunt quam quod prius fuere. » Continenti sermone obfirmato pectore probat necesse esse fateri revera mutationem esse factam interius, quæ quidem exterius minime videtur aut sensibus percipitur. « Corporaliter namque

D nihil in eis cernitur esse permutatum (*num.* 15), » et bene quidem non dicit nihil esse *permutatum*, sed nihil *cernitur sensibus esse permutatum*, alias enim cogerentur negare corpus esse Christi quod non solum dicere, verum etiam cogitare nefas est. Aut si non *propterea* voluerint, compellentur negare corpus esse sanguinemque Christi, quod nefas non solum dicere, verum etiam cogitare. Beatus Algerus, vir maxime catholicus, et fortissimus Berengarii adversarius, sua ætate eodem dixit uti ex capite 17 primi libri de Eucharistiæ Sacramento intelligimus: « Hanc duplicitatem non substantiæ, inquit, sed formæ, sancti notaverunt quoties de corpore Christi ipsum non ipsum dixerunt, ut ipsum secundum substantiam, non ipsum sit secundum formam. » Et cap. 18: « Ut sicut immolatio imaginaria figurate vocatur mors crucifixio Christi et sunt forma panis et vini, figurate vocatur corpus Christi: sic sacramentum fidei, scilicet baptisma figurate vocatur fides. Notandum quod in altera habuit similitudinem cœlestem panem, qui vere Christi caro est, non communi sed suo quasi proprio modo corpus Christi vocari dixit, quia scilicet corpus illud non corporale, sed spirituale et divinum pro omnibus singulariter vidit; in altera autem sacramentum corporis Christi, id est formam panis, absolute secundum quemdam modum corpus Christi, dixit, quia communium figuræ non existentium quod dicuntur illud dici corpus Christi notavit. Quod autem invisibile corpus Christi sacramentum visibilis corporis Christi dixit, intelligibiliter tantum per exteriorem aliquam actionem, et non sensualiter accipiendum est. »

XII. *Quo sensu dictum ab illo est,* scilicet Ratramno, num. 56, *intellige quod non in specie, sed in virtute corpus et sanguis Christi existant quæ cernuntur. Quod est catholicorum effatum impetere agentium utique hoc quod cernitur est corpus Christi verum.*

RESPONSIO.

Ex hoc apophthegmate catholicorum hominum non intelligendum est sensu percipi substantiam corporis Christi: hoc enim luce palam falsum est, sed videri ac oculis conspici vela, umbras, quibus contegitur verum Christi corpus. Adeoque sensus hujus axiomatis: « Hoc quod cernitur est corpus Christi, hoc est scilicet substantia quæ sub his velaminibus sensibilibus revera existit invisibiliter, est ipsum verum corpus Christi. » Quamobrem jure merito dicit Ratramnus: « Intellige quod non in specie, sed in virtute corpus et sanguis Christi existunt quæ cernuntur. » Revera enim ibi existere corpus Christi credimus, et cum credamus, necessario consectineo non videmus. Si enim videremus, diceremus *videmus* et non diceremus *credimus* esse verum corpus et sanguinem Christi. « Corpus quidem Christi sanguinemque fideliter credis, sed si perspiceres quia quod credis nondum vides. Nam si diceres, Video, non diceres, Credo corpus sanguinemque esse Christi. » Ex hac virtute potentiæ qua Christus in hoc mysterio exornatur contendit venerandam esse hanc potentiam qua quidquid vult creat, et creatum quomodo vult et quando in id quod antea non fuerat permutat. « Unde dicit ordinem naturæ non hic intuendum, sed Christi potentiam venerandam, quæ quidquid vult, quomodo vult in quodcunque vult, et creat quod non erat et creatum permutat in id quod antea non fuerat. »

XIII. *Nolebant utique catholici,* inquit dissertator, pag. 291, tmemate 176, edit. Amstelodam., Parisiensis vero pag. 176, tmemate 4, *quid æquum fidem, quæ interius in animo latet, in mysterio operari. Quod videretur in altari Dei aiebant Christi corpus esse substantiam creaturarum immutatam esse salva specie pro ea specie acceptione quam cap. 4 diximus nec jam esse symbola post consecrationem quod antea fuissent. Interius quidem commutationem fieri, sed in symbolis priusquam in credentium animis. His capitibus totidem ille maxime adversaria hoc uno loco tradit Ratramnus, scilicet num. 54: Dicant qui nihil hic volunt secundum interius latentem virtutem accipere, sed totum quod apparet, visibiliter æstimare, secundum quid hic sit commutatio facta. Nam secundum creaturarum substantiam, quod fuerunt ante consecrationem hoc et postea consistunt. Panis et vinum prius exstitere in qua etiam specie jam consecrata permanere videntur. Est ergo interius commutatum Spiritus sancti potenti virtute, quod fides aspicit, animam pascit, æternæ vitæ substantiam subministrat.*

RESPONSIO.

Non potis est ex hic Ratramni verbis colligere quinque propositiones contrarias quinque aliis quas prodidit dissertator: 1° *Volebant utique catholici quidquam fidem, quæ interius animo latet, in mysterio operari.* Etenim, dicit Ratramnus, fidem quæ interius in animo latet aliquid in mysterio operari? Ubi contrarium quantum elaborabat, hunc scilicet: *Interius quidem commutationem fieri, sed non in symbolis priusquam in animis,* e contra toto opere demonstrat hanc mutationem esse objectum fidei, adeoque credi ante verteri. Revera ait num. 11: « Quod si secundum quosdam figurate nihil accipiatur, sed totum in veritate conspiciatur, nihil hic fides operatur. » Sed hæc nihil aliud significant nisi nihil esse fidei reputandum si nihil occultum, sed omnia exterius et interius manifestata et retecta sunt, nec dicendum esse *credo* sed *video,* uti Ratramnus observat numero 54. Nam si videres diceres *video,* non diceres *credo* corpus sanguinemque esse Christi. Quid in his verbis redolet hæresim? Quid a fide catholica alienum erumpit? Quid hic significat, *fidem quæ interius latet aliquid in hoc mysterio operari,* nisi *operari in mysterio* significet *operari circa objectum mysterii?* quippe cum fides summum opus efficiat in contemplatione hujus mysterii sub speciebus panis et vini verum Christi corpus et sanguinem celata et occulta negotia consistere credendo et suadendo per mirabilem substantiæ panis et vini conversionem, uti Ratramnum docere observavimus ex num. 49 et 50: « At vero secundum invisibilem substantiam, id est divini potentiam verbi, vere corpus et sanguis Christi existunt. » Sed vere per mysterium panem et vinum in corporis et sanguinis conversa substantiam, a fidelibus sumenda. » Utcunque res sint, nunquam Ratramnus dixit, « fidem quæ interius latet quidquam in hoc mysterio operari, » sed tantum, « fides nihil hic operatur si secundum quosdam figurate nihil hic accipiatur, sed totum in veritate conspiciatur. » Quod verissimum est et plane catholicum, cum in Eucharistia sit figura et veritas, et æquabiliter falsum sit dicere aut totum figuratum esse aut nihil figuratum.

Jam vero inquirendum restat quid Ratramnus his verbis significare velit: « Nam secundum creaturarum substantiam quod fuerunt ante consecrationem, hoc et postea consistunt. Panis et vinum prius exstere in qua etiam specie jam permanere videntur, » at vero defendo *per creaturarum substantiam* neutiquam intelligere ens per se subsistens, ut Peripatetici loquuntur, sed externas substantiæ affectiones et qualitates quæ antea fuit et jam non est, ex quibus tamen superesse nec permanere videtur, et uti significant hæc verba: *Panis et vinum prius existere in qua etiam specie jam permanere videntur.* Enimvero hæc vox *species* apud Ratramnum non rem, sed rei paropidem et obumbrationem significat ac similitudinem, ut apud Horatium libro II, satyra 2: *Ducit te species,* video. De cætero, postpositis exemplis quibus probare possem antiquos scriptores ecclesiasticos per substantiam significasse rei affectiones, qualitates rerum, non res ipsas, quorum specimen dedi in præfatione editionis Latinæ Ratramni, quam præ manibus habes, dubium nullum superest quin Ratramnus ejusmodi affectus animæ significare voluerit, non animam ipsam his verbis: « Ergo quod interius commutatum Spiritus sancti potenti virtute quod fides aspicit, animam pascit, æternæ vitæ substantiam subministrat. » Substantia enim æternæ vitæ non est ipsa per se subsistens anima, sed beatitudo ipsa, seu incommutabilis vitæ tota simul et perfecta possessio.

XIV. *Num. 4 Eucharistiam cum baptismo confert. Num. 17, 18 et 19, pag. 292, edit. Amstelodamensis et Parisiensis, pag. 176, anno 1699, in baptismo, inquit, duo sunt quod exterius abluit elementum et quod interius purgat virtus sanctificationis sive fides illius qui abluitur. Itaque in specie sive in proprietate nihil est præter aquam: in mysterio sive in credenti intelligentia virtus sanabilis.*

RESPONSIO

Rotunde fateor Ratramnum comparare Eucharistiam cum baptismo; at per Eucharistiam non solum intelligit panem et vinum, verum etiam ipsam Eucharistiam totam et in integro, scilicet verum corpus et verum sanguinem Christi, sub speciebus panis et vini. Hanc esse intelligentiam Ratramni necesse est, quippe cum veram substantiarum mutationem recognoscat, non duas existentias asserat, et grande nefas reputet cogitare ibi non esse *corpus Christi quod nominatur et existit*. Jam vero si eo sensu intellectam Eucharistiam cum baptismo conferat, quid mali falsi ei exprobrari potest? Nam sicut virtus sanctificationis ad elementum aquæ aggregatur in baptismo, multo magis virtus immortalitatis et sanctificationis ad verum Christi corpus sub speciebus occultum accedit, quæ nobis immortalitatem et æternæ vitæ substantiam administrat. Enimvero nisi cum fide et charitate ad hoc mysterium accedamus, ipsa *caro* Christi occulta *non prodest quidquam: spiritus est qui vivificat*; sicut aqua nihil attinet si virtute sanctificationis careat, id est nisi adultus sacro initiatus baptismate credat et sibi persuadeat hac virtute sanctificationis vitam æternam comparari posse. Non igitur solum mirabile est quod corpus Christi in Eucharistia existat, sed quod ibi ad nostram sanctificationem consistat. In ore iniquorum et bonorum æquabiliter permanet. Sed adversus malos alimentum mortis, et erga bonos alimentum vitæ: *vita bonis mors que malis*[a]. Cæterum ejusmodi comparatio nec nova nec insolens est, ea usi sunt fortissimi præsentiæ corporis et transsubstantiationis defensores, uti intelligimus ex epistola Paschasii ad Frudgardum, pag. 1621, litt. B, et capite 3 tractatus de corpore et sanguine Domini, pag. 1562. Eamdem prodidit comparationem beatus Algerus, capite 10, lib. II, et 8 lib. III, et existimat, *quod videtur speciem habere corporalem, quod intelligitur fructum habere spiritualem*, non secus ac Ratramnus num. 19. Secundum enim « quod cernuntur corpus pascunt corruptibile ipsa corruptibilia, secundum vero quod creduntur, animas pascunt in æternum victuros ipsa immortalia. »

XV (Pag. 292 edit. Amstel., edit. Paris., pag. 177, lin. 2). Num. 4 et num. 19. *In baptismo, inquit Ratramnus, sive fœderis antiqui sive novi, duo sunt: aqua quæ cernitur et spiritualis potentia quæ creditur interius, ex utroque mysterium fit dum cognoscitur quid symbolum significet. Ubi non Eucharistiam modo perinde ac salutaris lavacri undam fieri mysticum ait, quoniam viso symbolo mens aliud intelligit quod videt, ex qua fidei intelligentia mysterium dicitur et fiat; verum etiam sacramenta novæ legis in parem sensum devolvit in quo sunt sacramenta antiqui fœderis. Quod et de veteribus sacrificiis cum novo componit, rursum confirmat num. 91, sicut illa figuram habuere futurorum, sic et hoc sacrificium figura sit præteritorum.*

RESPONSIO

Nihil de Eucharistia dicit Ratramnus eo num. 21, nec in sequentibus ait *ex fidei intelligentia mysterium dici et fieri*, sed observat mysterium quod exsurgit ex corpore et sanguine Christi panis et vini speciebus involutis, et adjuncta virtute sanctificationis, in gratiam fidelium digne recipiendum, fieri objectum fidei: quod quidem non solum Eucharistiæ, verum etiam omnibus veteris et novæ legis sacramentis æquabiliter convenit. Nec vero singulare est Eucharistiæ quod virtus sanctificationis adjungatur pani et vino, quemadmodum aquæ in baptismo, sed adjiciatur, cum additur vero corpori Christi sub speciebus seu figuris recondito et latenti. Hanc esse mentem Ratramni non dubitandum est, cum dicat continenti sermone num. 24 sanguinem a populo Judaico epotum in deserto fuisse figuram sanguinis ex utero Virginis assumpti et in ligno crucis effusi, non solum ut eo redimeremur, verum etiam potaremur. « Ut intelligeremus, *inquit*, in deserto in spirituali petra constitisse et sui sanguinis undam populo præbuisse, qui postea corpus de Virgine sumptum et pro salute credentium in cruce suspensum, nostris sæculis exhibuit, et ex eo sanguinis undam effudit quo non solum redimeremur, verum etiam potaremur. » Nam utcunque res sint, si sanguis a Christo pro nobis ex crucis palo effusus ut redimeremur verus est sanguis Christi ex Virgine matre assumptus, ille sanguis nobis propinatus et similiter effusus ut potaremur, verus sit et idem ipse necesse est, « quo non solum redimeremur, verum etiam potaremur. » Eo loco Ratramni ὀρθοδοξίαν confirmare, imo demonstrare facile est. Nam si ab omnibus superstitionis Calvinianæ ministris quæramus nunquid non sanguis in cruce ad nostram redemptionem effusus, sit verus Christi ex Virgine Maria matre assumptus, respondebunt omnes dubio procul, verum ac proprium sanguinem existere. Si vero eadem quæstio fiat de sanguine a Christo fuso ut eo potaremur, non eumdem esse sanguinem respondebunt, sed in figura tantum verum sanguinem repræsentare, seu in figura porrigere hæretico sensu referent. Verum si de eadem quæstione interrogaremus Ratramnum, catholico sensu e contra respondebit « Christum in deserto in spirituali petra constitisse, et sui sanguinis undam populo præbuisse, qui postea corpus de Virgine sumptum et pro salute credentium in cruce suspensum nostris sæculis exhibuit, et ex eo sanguinis undam effudit quo non solum redimeremur, verum etiam potaremur. » Ergo ex mente Ratramni, sicut redimimur vero sanguine Christi ex corpore de Virgine assumpto, eodem ipso prorsus vero sanguine potamur. Respondebit insuper Ratramnus eo sanguine nos redimi et potari cujus figura fuit in manna, mari Rubro et petra deserti, qui cum jam delitescat sub velis et figuris seu speciebus vini et panis, ibique revera existat, nostræ fidei atque intelligentiæ spiritualis objectum evadit, nec deficit, mirabili veritatis et figuræ societate, fieri figura mannæ, maris Rubri et petræ deserti præteritorum, quemadmodum manna, mare Rubrum et petra deserti figuram habuere futurorum. « Sicut illa, inquit num. 91, figuram habuere futurorum, sic et hoc sacrificium figura fit præteritorum. »

XVI (Pag. 292, num. 177). « *Non ergo carnem meam*, » inquit Ratramnus num. 30, *vel sanguinem meum vobis corporaliter comedendum vel bibendum per partes distributum distribuendumve putetis, cum post resurrectionem visuri sitis me cœlos ascensurum cum integra corporis sive sanguinis plenitudine.* » *Quis vero e catholicis somniavit carnem Christi scindendam in frustra? Plane nemo.*

RESPONSIO

Adversarios Ratramni fuisse catholicos valde credibile et valde probabile est, et cum præsertim eos fideles appellet num. 11, ab omni hæresis suspicione immunes fuisse abundanter significat. « Dum enim quidam fidelium corporis sanguinisque Christi, quod in Ecclesia quotidie celebratur, dicunt quod nulla sub figura, nulla sub revelatione fiat, » quis enim per *quosdam fidelium* homines hæresi inquinatos significari sibi persuadeat? At vero illi adversarii credebant revera videri seu conspici in Eucharistia corpus Christi verum, eo habitu et forma quibus revera consistebat, nullis involutum figuris aut mysteriis obumbrationibus, « quod nulla sub figura, nulla sub obumbratione fiat. » Ejusmodi adversarii, utcunque poterant, fetidam consecutionem repudia-

[a] Prosa Festi S. Sacramenti cujus auctor S. Thomas.

bant, et ab eis se defendebant, quia mirabili tenebantur et convincebantur credere corpus Christi scilicet corrumpi et spiritus calorisque naturalis appulsu et opera velut alimentum exagitari, et in dictictum humoribus in pectore et ventriculo sumentium dissolvi, etiamsi non dubitarent verum esse corpus sanguinemque Christi. Albaudus, incertæ ætatis auctor, in eamdem ivit sententiam de fractione corporis Christi: hunc secutus est Walterius, prior S. Victoris Parisiensis, quorum fragmenta publici juris fecit doctissimus Mabillonius Analectorum veterum tomo IV, plurimique scriptores catholici ante et post ætatem sive post reformationem Berengarii, uti observat idem Mabillonius in suis ad Tractatum Albaudi notis de fractione corporis Christi. Utcumque res sit, non exstitit ulla secta hominum sibi persuadentium carnem Christi et Dei unquam posse in secessum mitti. Nec enim memoria exciderat hominum Christianorum quod refertur Exodi cap. XXXII, versu 20: Cum *Moyses arripiens vitulum quem fecerant Israelitæ combussit et contrivit usque ad pulverem quem sparsit in aquam et dedit ex eo potum filiis Israel*. De quo hæc scripsit carmine non prorsus contemnendo Petrus Rhemensis, scriptor antiquus, de Riga dictus, in Aurora sua, quam haberi in bibliotheca Cottoniana testificatur Joannes Seldenus de Diis Syris, syntagmate 2, *de vitulo aureo*, et in bibliotheca capituli ecclesiæ metropolitanæ Rhemensis ipse vidi:

Comminuit, commiscet aquis, potum dat Hebræis,
Evehat ut fœdus per loca fœda Deus.

XVII. (Ibid. pag. 292.) *Sed illud voluit veterator* (hoc sale placet dissertatori defricare Ratramnum) *intelligi nec cerni in ara, nec comedi, nec frangi corpus Christi, sublatoque in cœlos corpore, non exstare amplius illud in terris.*

RESPONSIO

Si corpus Christi post ascensionem in cœlos neutiquam in terris permansisse sibi persuasisset Ratramnus, nunquam dixisset num. 99: Iste panis et calix qui corpus Christi nominatur et existit. » Nec num. 24 de sanguine in arbore crucis effuso, « quo non solum redimeremur, verum etiam potaremur. » Nusquam etiam occurrisset lectoribus, ne anticipata opinione fallerentur de verbis propriis quibus usus est, nec admonuisset his quæ habentur num. 101: « Nec ideo quoniam ista dicimus putetur in mysterio sacramenti corpus Domini vel sanguinem ipsius non a fidelibus sumi, quando fides non quod oculus videt, sed quod credit accipit. » Fides autem non corpus in figura, sed verum in Eucharistia latere credit, adeoque non falsum aut figuratum ante percipit. Neutiquam etiam dixisset num. 10: « Vinum quoque quod sacerdotali consecratione Christi sanguinis sacramentum efficitur, aliud superficietenus ostendit, aliud interius continet. » Quid enim præter vinum interius continet, nisi in locum vini Christi sanguis reponatur? Insuper quid necesse erat numero 30 dicere: « sed vere per mysterium panem et vinum in corporis et sanguinis conversa substantiam a fidelibus sumenda, » si doctrinæ Ecclesiæ catholicæ de transsubstantiatione abnuisset? Nec tricari oportet de voce *per mysterium*, quæ nihil aliud significat nisi verum Christi corpus et sanguinem sub speciebus panis et vini absconditum permanere. Nam revera nihil aliud vult eo loci Ratramnus quam quod ipse dixerat num. 28, scilicet, « Christum antequam pateretur panis substantiam et vini creaturam convertere potuisse in proprium corpus quod passurum erat, et in suum sanguinem, qui post fundendus erat. »

XVIII. « *Nusquam enim esse* » (inquit dissertator pag. 177 editionis Parisiensis et 292 edition. Amstelodam.) « *nisi ubi palpabile sit.* » *quod iterum repetit num. 89, colligitque eamdem num. 17,* « *ubi corpus non cernatur oculis, nec manifestum sit, ibi omnino non esse.* »

RESPONSIO

Hæc nullibi incurrunt in oculos apud Ratramnum, nec credibile est hominem qui de potestate mentis non excesserit, adeo sibi contrarium esse. Num passim dicit seu intelligitur dicere, corpus Christi in quo mortem passus est, in Eucharistia existere, uti pluribus jam locis ostendimus, quos repetere supervacaneum videretur. Nec enim numeris 89 et 97 *colligit ubi corpus Christi non cernatur oculis, nec manifestum sit, ibi omnino non esse*. Tantummodo observat differentiam intercedere inter mysterium corporis quod celebratur in Ecclesia, et proprium corpus Christi in quo passus et mortuus est, in eoque consistere quod in mysterio sub figuris corpus sit velatum et non palpabile, corpus vero quod passum et sepultum manifestum sit et palpabile. Interim non ait duas esse existentias rerum, imo vero conceptis verbis docet « non quod duarum sint existentiæ rerum inter se diversarum, corporis videlicet et spiritus; verum una eademque res, secundum aliud, species panis et vini consistit, secundum aliud, corpus est et sanguis Christi. » (Num. 16.)

XIX. (Pag. 292 Amstelodam.) *Illud Domini verum* Spiritus est qui vivificat *num. 31 sic interpretatur ut de spiritualis* [illegible] *opera, hoc est fide, accipiat, quæ vivificat, quæ facit mysterium, absque qua fide et operatione mysteria tantum corpus pascant, nec mysteria quidem, sed substantia panis et vini.*

RESPONSIO

Revera necesse est defendit Ratramnus eos qui percipiunt Eucharistiam habere fidem. Insuper Paschasius et omnes viri catholici postulant, ad mentem S. Pauli: *Probet autem seipsum homo, et sic de illo pane edat, et de calice bibat. Qui manducat et bibit indigne, reus erit corporis et sanguinis, non dijudicans corpus Domini* (I Cor. XI, 29).

Nec aliud sibi vult Ratramnus dum explicans, num. 31, hæc verba: *Spiritus est qui vivificat*, ait: « In hoc itaque mysterio corporis et sanguinis spiritualis est operatio quæ vitam præstat, sine cujus operatione mysteria nihil prosunt. » Revera enim hæc mysteria non solum nihil prosunt, verum etiam interitum afferunt et mortem, si absque fide et charitate recipiantur. Nec enim alia mente theologi docent Eucharistiam esse sacramentum vivorum, non mortuorum. Verum hæc omnia non significant *solam operam spiritualem* vivificare et facere mysterium. Nunquam sic locutus est Ratramnus num. 31, imo vero contrarium docuit his verbis: « Carnem dicit quidquam non prodesse, illo modo sicut infideles intelligebant, alioquin vitam præbet, sicut a fidelibus per mysterium sumitur. Et hoc quare? Ipse manifestat cum dicit: *Spiritus est qui vivificat*. In hoc itaque mysterio corporis et sanguinis spiritualis est operatio, quæ vitam præstat, sine cujus operatione mysteria illa nihil prosunt, quoniam corpus quidem pascere possunt, sed animam pascere non possunt. » Quis vero ex his intelligat solam fidem recipientis operari mysterium, et non perspectam habeat Christianam et catholicam veritatem scilicet carnem et sanguinem Christi in Eucharistia animæ vitam tribuere, scilicet gratiam, digne recipientibus hoc sacramentum, rite paratis hominibus, atque expeditis et idoneis, seu fide et charitate ac virtute pœnitentiæ exornatis?

XX. *Mysterium, ait Ratramnus,* inquit dissertator, pag. 292 edit. Amstelod.) *agi spiritualiter, quia fidei spiritus illud peragit: fides eo pascit, lætificat, vivificat interius, cum quod exterius est carnem alit. Nam hæc pura putaque Sacramentariorum oratio est.*

RESPONSIO

Libenter percontarer a dissertatore qua ratione mysterium effici posse sibi persuadeat nisi spiritua liter. Quasi vero hoc significet operatione fidei fieri mysteria, non virtute Spiritus sancti, qua mysteria nostræ fidei objecta evadant. Consentanee Ratramno loquitur Paschasius cap. 5 libri de Corpore et Sanguine Domini: « Christus ergo cibus est angelorum, et sacramentum hoc vere caro ipsius et sanguis, quam spiritualiter manducat et bibit homo. Ac per hoc unde vivunt angeli, vivit et homo, quia totum spirituale est et divinum in eo quod percipit homo. » Et in fine ejusdem capitis: « Bibimus quoque et nos spiritualiter ac comedimus spiritualem Christi carnem, in qua vita æterna esse creditur. Alioquin sapere secundum carnem mors est, et tamen veram Christi carnem spiritualiter percipere, vita æterna est. »

Observat continenti sermone, cap. 6, hanc carnem Christi spiritualem spectare bonos, neutiquam malos: « Ecce, inquit, omnes indifferenter quam sæpe sacramenta altaris percipiunt plane, sed alius carnem Christi spiritualiter manducat et sanguinem bibit, alius vero non, quamvis buccellam de manu sacerdotis videatur percipere. Et quid accipit, cum una sit consecratio, si corpus et sanguinem non accipit? Vere, quia reus accipit indigne, sicut apostolus Paulus ait: *Judicium sibi manducat et bibit, non probans se prius, nec judicans corpus Domini* (*I Cor.* XI, 29). Ecce quid manducat peccator et quid bibit. Non utique sibi carnem utiliter et sanguinem, sed judicium. Et quare? Quia non se probat, nec dijudicat corpus Domini. Cogitat enim infidelis quod digna et sancte indignus possit accipere, non aliud quidem attendens, nisi quod videt, neque intelligens nisi quod sentitur. »

In eamdem rem, ait Ratramnus post S. Isidorum Hispalensem: « Hic etiam idem doctor dicit: Sacramentum est in aliqua celebratione, cum res gesta ita sit, ut aliquid significare intelligatur, quod sancte accipiendum est. » In ea sacramenti definitione convenit cum Paschasio, capite 3 libri de Corpore et Sanguine Domini: « Sacramentum igitur est quidquid in aliqua celebratione divina nobis quasi pignus salutis traditur, cum res gesta visibilis longe aliud invisibile intus operatur, quod sancte accipiendum est. »

Beatus Algerus, adversarius Berengarii fortissimus, Ratramni et Paschasii vestigia insequitur libri II de Eucharistia capite 1: « In illo sacramento Christus est, quoniam corpus est Christi: non ergo corporalis esca, sed spiritualis est. Si ergo spiritualis et non corporalis, quomodo corporali secessui obnoxia? » Ejusdem capitis continenti sermone probat non frangi jejunium, quod corporale est, alimento spirituali Eucharistiæ: « Sed absit a cordibus fidelium ut in diebus jejuniorum quotacunque hora missæ celebrentur, solvi credant jejunium, quia cum non sit corporalis, sed spiritualis esca, corporalis, per escam spiritualem non solvitur abstinentia. » Dubitandi igitur locus non relinquitur mysterium spirituale agi. Ratramnus vero nihilominus animo intendit quam quod ori ejus inducit dissertator, quia fidei spiritus illud peragit: « Fides ea pascit, lætificat, vivificat interius, dum quod est, carnem alit. » Nam tantum abest ut fides omnia interius faciat, cum ea potius tanquam objectum suæ suasionis supponat. Hæc est solitaria mens Ratramni et omnium catholicorum.

XXI. (Pag. 292, num. 178, in margin.) Negat apertissime num. 52 *quod ore sumitur in altari, æternitatem posse præstare vitam cum quæ in mysterio continetur, esse a Verbi potentia invisibili quæ fidem operatur in nobis, in hac fide esse efficientiam ac virtutem corporis Dominici.* »

RESPONSIO

Dilucide patet falsum esse hæc tria apud Ratramnum numero 52 occurrere.

1° Recognoscit aperte, explicans verba S. Ambrosii, panem vitæ qui de cœlo descendit, a nobis recipi in altari, nam conceptis verbis loquitur de alimento spirituali quo fideles in Ecclesia nutriuntur, *escam quam fideles accipiunt in Ecclesia*, et docet panem et vinum non solum posse, verum etiam dare nobis vitam æternam. *Iste panis vivus qui de cœlo descendit, vitæ æternæ substantiam subministrat.* Dicit quod in Eucharistia sensibus obnoxium aut palpabile est, tantummodo alere posse corpus, animam vero nullatenus. Quod ideo verum est, ut inter omnes catholicos extra omnem dubitandi aleam positum sit. Hoc argumenti genere comprobat eos vehementer allucinari qui nullam in Eucharistia figuram esse sibi persuadebant, sed omnia in aperta et edita manifestatione consistere.

2° Neutiquam dixit Ratramnus *vitam quæ in mysterio continetur, esse a Verbi potentia invisibili, quæ fidem operatur.* Excidit a memoria dissertatoris quod exprobraverit Ratramno *mysterium agi spiritualiter, quia fidei spiritus illud peragit.* Enim vero si Ratramnus dixit fidem efficere mysterium, quo jure dicere potest vitam, quæ in mysterio est, operari seu efficere fidem? In quamcumque partem se dederit dissertator, haud facile sese ab hoc laqueo expediet. Nam si mens Ratramni sit fidem efficere mysterium, perperam ei exprobratur mysterium efficere fidem; cæterum longe abfuit ab ejusmodi subtilitatibus, quippe cum alterum recognoscit virtute Spiritus Dei effici mysterium Eucharistiæ, quod est fidei nostræ seu suasionis Christianorum objectum credibile. Nihil hac Ratramni doctrina sapientius aut magis orthodoxum proferri potest.

3° Consectarium ex his necessarium est non docuisse, *in hac fide efficientiam, ac virtutem corporis Christi.* Cum e contra defendat in hoc pane esse vitam non in oculos incurrentem, sed sola fide recognitum, hunc panem de cœlo descendisse et existere de quo dictum est eum qui comederit ex hoc pane fore immortalem: « Est ergo in illo pane vita, quæ non apparet oculis corporeis, sed fidei contuetur aspectu: qui etiam panis vivus qui descendit de cœlo, existit, et de quo vere dicitur: Quicunque hunc manducaverit, non morietur in æternum, et qui est corpus Christi. » Quis sibi persuadeat ex his intelligi in hac fide esse efficientiam ac virtutem corporis Christi? Nam quemadmodum oculi, dum dicuntur videre colores et lucem, non dicitur in visu consistere efficaciam colorum et lucis: dicere fidem respicere seu credere in mysterio corpus Christi, *fidei contuetur aspectu*, non est dicere in hac fide consistere efficaciam et virtutem corporis Christi. Sed vereor ne in hac causa sit ὑπὸ λίαν ἐπιφθονον *nimis vincere invidiosum* (Socrates, *Histor. Eccl.* lib. III, lit. M, cap. 18, pag. 663).

XXII. *Corporaliter cum negat esse Christum in altari* (inquit dissertator pag. 178 editionis Paris. et pag. 292, num. 178, edit. Amstelod. et pag. 178, edit. 1 Paris.), *ac spiritualiter aut intelligi oportere, quam utrique illi voci subesse notionem ac potestatem velit, ipse aperit cum num. 76: sicut in mysterio, inquit, panis ille corpus accipitur: sic etiam in mysterio membra populi credentis in Christum intimantur: et sicut non corporaliter, sed spiritualiter panis ille credentium corpus dicitur: sic quoque Christi corpus non corporaliter, sed spiritualiter necesse est intelligatur.*

RESPONSIO

Cum eo consilio scripserit Ratramnus ut inesse aliquam in Eucharistia figuram comprobaret, melius argumenti genus proferre non poterat eo quod ex corpore et sanguine populi fidelis assumit, quippe aquæ cum vino permistione in calice designatur. Sicut enim aquæ permistione Christo populus in figura adunatur, et populi sanguis in figura significatur: ita per species panis et vini in figura corpus et sanguis Christi intimantur. Nam revera quatenus vela sunt et paropides corporis Christi, ejus figuræ et adumbrationes existimantur, quibus intuentium oculos et sensus verum corpus præsens fallit. *Visus, tactus, gustus in te fallitur, sed auditu solo tute creditur.* Quippe species istæ Christi corpus nuncupative appellantur ab Algero, quia corpus Christi proprium occulunt et circumscribunt. His ita constitutis, comparationem corporis populi cum corpore Christi in Eucharistia facile intellectum iri ab omnibus non dubito. Nihil enim aliud vult Ratramnus nisi corpus Christi nuncupative populi esse figuram corporis et sanguinis populi. Sed hæc non impediunt quominus verum corpus sub speciebus delitescere credatur. Licet corpus et sanguis populi in figura tantummodo intelligatur, num Paschasius, præsentiæ et transsubstantiationis veri corporis Christi in Ecclesia defensor invictissimus, eamdem comparationem instituit, dixitque corpus populi sicut corpus Christi figurate in Eucharistia consistere, quamvis de præsentia reali corporis Christi sub speciebus revera recondi minime dubitaverit. Quippe sic fatur capite 11 libri de Corpore et Sanguine Domini: « Et ideo recte provisum est, quia simul cum sanguine aqua fluxit, ut in hoc mysterio veri sanguinis aqua admisceatur, quatenus et nos in illo simus, ut per hoc salutis sacramentum divinis obtutibus illi counita mystice offeramur. Nam si vinum sine aqua offeratur, sanguis Christi incipit esse sine nobis, si autem aqua sola, jam plebs videtur esse sine Christo. Quando autem utrumque miscetur et conjungitur, tunc recte mysterium Ecclesia spiritualiter perficitur. » Et intra eodem capite: « Exsultent ergo fideles dum se intelligunt ad tantam unitatem Christi sociatos per gratiam, et ad tantam flagrantiam charitatis provectos, et ideo quam bene in hoc mysterio nostra figura per aquam admittitur, ut unusquisque in illo Christi sanguine susceptum se intelligat et in melius transmutatum. Unde licet prius mystice vinum et aqua commisceantur, post consecrationem tamen non nisi sanguis bibitur, quia in illo prius ex aqua baptismatis suscepti rursus eum quotidie esuriendo et sitiendo potamus. » Et inferius: « Propterea non inconvenienter etiam ob hoc idem aqua consecratur, non quod aqua permaneat, sed vertitur in sanguinem ut significet quid fides percipiat. »

Ex his intelligere facile est quam supervacanea sit conclusio a dissertatore assumpta ex his Ratramni verbis. « Hoc est enim, inquit dissertator, perspicue et sine ambage dicere neutrum esse corpus in sanctificato pane corporaliter, hoc est secundum substantiam, sed tantum intellectu fidei spiritualis. » Quippe ejusmodi conclusionem ex Paschasii verbis similibus, si non iisdem, assumere non potis est. Quid ergo eam ex Ratramno deduxet, cui præsertim ad præcavendum intelligendi solicitia non defuit, ne figmentum ex Calvini cerebro ortum continuis temporibus ei ascriberetur, uti patet numero 101: « Nec vero quoniam ista dicimus, putetur in mysterio sacramenti corpus Domini vel sanguinem ipsius non a fidelibus sumi, quando fides non quod oculus videt, sed quod credit accipit. » Non magis ad rem prodidit dissertator locum Ratramni ex numero 75 his verbis conceptum: « At videmus in aqua nihil esse conversum, consequenter ergo et in vino nihil corporaliter ostensum. Accipitur spiritualiter quidquid in aqua de populi corpore significatur, accipiatur ergo necesse est spiritualiter quidquid in vino de Christi sanguine intimatur. » Hæc enim nihil aliud significant nisi in speciebus vini sensibus non percipi sanguinem Christi, et ejusmodi species esse corpus Christi spiritualiter et nuncupative, sicut in aquæ permistione non percipitur sanguis populi, sed aqua nuncupative tantum et spiritualiter est sanguis populi. Nihil enim vetat ita se rem habere quamvis corpus Christi verum lateat in Eucharistia, corpus vero populi insit in figura tantum. Nec enim necesse est comparationem in integro fieri, ut probet quod potissimum omnino intendit Ratramnus, scilicet aliquam in Eucharistia esse figuram, nec omnia aperta et edita patefactione declarari.

Hucusque satis explicuisse videmur ea quæ dissertator in libro Ratramni *a fide catholica abhorrentia*, hæresis crimine accusat et carpit vehementer. Jam vero quæ magis operta et fucata demonstrat inquiramus, et Ratramni insontis et intaminati, recuperatoria, ut jurisconsulti vocant, actione persequamur.

XXIII. Contendit dissertator (*Pag. 292 novæ seu tmemate 179, num. 1, editionis primæ Paris., pag. 179*) Ratramnum sive auctorem libri de Corpore et Sanguine Domini adeo implicare quæstionem ut vix a peritis dignoscatur. Exquirendum enim ait numero 5: *Quod in Ecclesia ore fidelium sumitur corpus et sanguis, in mysterio fiat an in veritate, id est utrum aliquid secreti contineat quod oculis solummodo fidei pateat. An sine cujusquam velatione mysterii hoc aspectus intueatur corporis exterius, quod mentis visus aspiciat interius, ut totum quod agitur in manifestationis luce clarescat, et utrum ipsum corpus quod de Matre natum est, et passum, mortuum, ac sepultum, quodque resurgens et ad cœlos ascendens ad dexteram Patris consideat.*

RESPONSIO.

Difficile est intelligere quid in hac quæstionis propositione obscurum aut intricatum videatur. Cum dubitandi locus non sit tempore Ratramni extitisse fideles qui omnia edita et aperta esse in mysterio Eucharistiæ sibi persuaderent, corpusque et sanguinem Christi nulla sub figura aut obumbratione collocari crederent, uti prospectum habemus ex numero 11 dicti libri de Corpore et Sanguine Domini: « Dum enim quidam fidelium sacramentum corporis sanguinisque Christi quod in Ecclesia celebratur dicunt quod nulla sub figura, nulla sub obumbratione fiat, sed ipsius veritatis nuda manifestatione peragatur, quidam vero testentur quod hæc sub mysterii figura contineantur, et aliud sit quod corporis sensibus appareat, aliud quod fides aspiciat, non parva diversitas inter eos dignoscitur. » Insuper non sine injuria potest hujus obscuritatis et implicationis in proposita quæstione accusari Ratramnus; non enim ipse fuit auctor propositæ quæstionis, sed imperator Carolus Calvus, cujus jussu inquirendam ac discutiendam recepit, ut intelligimus ex verbis numero 5, quæ dedita opera prætermisit dissertator. Non enim ait Ratramnus: Quæritur quod in Ecclesia ore fidelium sumitur corpus et sanguis Christi an in mysterio fiat, an in veritate, etc., sed *Quod in Ecclesia ore fidelium sumitur corpus et sanguis Christi*, QUÆRIT VESTRÆ MAGNITUDINIS EXCELLENTIA IN MYSTERIO FIAT AN IN VERITATE. Absit igitur ut Ratramnus implicatæ quæstionis propositæ accusetur. Ista enim contumelia in ipsum imperatorem refundenda est. His verbis *significatum quærit vestræ magnitudinis excellentia*, neutiquam etiam hujusce quæstionis auctor intelligit per *secretum quod internus in animo gerit cujusque fidelis mysterii velatio, symbolum quod quisque intuitus, secum in animo credit verbo Dei de Christi corpore*, nec vult ullatenus inquirere *an sit tantum figura et signum, quod cum fide intuentis conjunctum mysterii nomen habet, et sit panis corpus Christi per cogitationem tantum, an vere in veritate, ac reipsa sit ut ante fidei mentisque operationem dici vere possit hoc quod aspicitur vere corpus esse natum de Virgine.* Quippe solum examinavit et inquisivit Ratramnus an hoc sacramentum esset omnis figuræ expers et vacuum, probavitque in eo aliquam esse figuram cum veritate sociabilem et conjunctam, ad mentem Paschasii, et semper interius ac secretum Eucharistiæ fallens oculos hominum reputavit objectum et prospectum fidei minime effectum. Incogitabile semper et visum corpus Christi tanquam figmentum rationis respicere. Imo vero per se subsistere non dubitavit, tanquam revera consistens objectum, circa quod ratio, fides et intellectus versentur. Nullibi etiam Ratramnus admonet *mysterium ex duobus fieri, ex symbolis tanquam signis, et fide credentis, qua mysterium perficit, dum credit*, quod per vim Ratramno affingit dissertator, pag. 179, edit. Paris., 292 Amstelodamensis, num. 179, omisso loco, quia nullus est ex quo exscripsit. Veruntamen sic pergit continenti sermone, tmemate II:

XXIV. *Similis doli plenum est quod ait Ratramnus num. 9: « Mysterium dici non potest in quo nihil est abditum, nihil a corporalibus sensibus remotum, nihil aliquo velamine contectum. At ille panis qui per sacerdotis ministerium Christi corpus conficitur, aliud exterius humanis sensibus exponit, et aliud interius fidelium mentibus clamat: quia cœleste, quia divinum, id est corpus Christi ostenditur: quod non sensibus carnis, sed animi fidelis contuitu vel aspicitur, vel accipitur, vel comeditur. » Fefellere viros doctos hæ voces* INTERIUS *et* EXTERIUS. *Neque enim aliud interius, quod occurrit adhuc num. 10 et 21 aliisque locis, sic accipit iste ut significet, in ipsis symbolis. Sed in credentium animis a quibus peragi mysterium arbitratur, negat dici mysterium, nisi ubi a symbolis veluti mens commonita, aliud credit quam oculus intuetur: ex utroque enim mysterium fieri, ex symbolo et fide credentis.*

RESPONSIO

Non facile in his verbis animadvertere dolum aut industriam Ratramni. Enimvero si revera explicat eo loci clare et aperte, omnibus ambagibus postpositis, quid ex his verbis *interius* et *exterius* intelligat, et bona fide significet quid intra vel extra mysterium nostræ fidei objectum est, nec ullatenus insinuet aut influat in mentes lectorum ejusmodi mysterium in animis credentium effici, ejus verba omni dolo ac fraude carere valde probabile est. Porro jam ex verbis num. 9 intelligere et assequi sensum ejus faciliter possumus, quæ prætermittere, ne dicam expungere, dissertator non timuit: « EXTERIUS quidem panis quod ante fuerat forma prætenditur, color ostenditur, sapor accipitur. Ast INTERIUS longe aliud multo pretiosius, multoque excellentius intimatur, quia cœleste, quia divinum, id est Christi corpus ostenditur, quod non sensibus carnis, » etc. Quis enim mentis compos sibi persuadeat aut intelligat ex ejusmodi sermone *fidem operari corpus Christi*, nec nisi vi cogitationis mentis in Eucharistia consistere? Quis dolus aut fraus in ejusmodi verborum constructione et congruitate, et quid significare potuit Ratramnus nisi visum, tactum, gustum in hoc mysterio falli? sed auditu solo tute credi. Si qua igitur astutia sit, dissertatoris est, qui hæc verba callide prætermisit, vis vero leonis sive Ratramni, de fide catholica mentem suam nervose et dilucide exponentis. Cautæ revera sunt vulpes, sed cautiores sunt qui capiunt vulpes.

XXV. *Non dicit* scilicet Ratramnus INTERIUS, inquit dissertator (pag. 180 edit. Parisiensis, et Amstelod. fol. 292, num. seu tmemate 180), *mutari symbola, sed* INTERIUS, *hoc est intimæ menti corpus Domini a symbolis intimari, sive significari, ubi animus fidelis aspicit, accipit, concedit, quod cum ille disserit callide, negat dici posse aspectus corporis Christum intuetur, os Christum manducat.*

RESPONSIO

In his verbis tria dilucide et liquido falsa sunt.

1° Falsum est Ratramnum non dicere *interius mutari symbola*, cum conceptis verbis dicat numero 9: PANIS QUOD ANTE FUERAT. *Nam* si revera fuit ante *panis*, jam non est amplius, adeoque mutatio facta est *interius*: nam exterius nulla apparet. Insuper nunquid non dicit Ratramnus numero 30: Vere per mysterium panem et vinum in corporis et sanguinis Christi conversa substantiam, a credentibus sumenda?

2° Neutiquam etiam dicit Ratramnus *intimæ menti a symbolis corpus significari*, quippe cum conceptis verbis dicat panem et vinum, cum aliud sint quam ante fuere, mutationem accepisse, ex hoc negari non posse, et præsertim continuo sermone probet, mutationem factam non esse in iis quæ in prospectu nostro sunt nec exterius apparent, panemque et vinum aliud esse quam videntur per manifestationem exteriorem vel negandum, quod sine scelere dici aut cogitari non potest, ex mente Ratramni, num. 15, corpus et sanguinem Christi in Eucharistia existere. « Fatebuntur igitur necesse est mutata esse secundum aliud quam secundum corpus, aut per hoc non esse quod in veritate videntur, sed aliud quod non esse secundum propriam essentiam cernuntur, aut si hoc profiteri noluerint, compelluntur negare corpus esse sanguinemque Christi, quod nefas est non solum dicere, verum etiam cogitare. »

3° Falso affingit dissertator Ratramno callide negasse *quod aspectus corporis Christum intuetur, et os Christum manducat*. Nam prudenter et simpliciter negat sacrum Christi corpus, quod in Ecclesia celebratur esse visibile et palpabile cum sensu, more obsoniorum frustatim conscidi ac dentibus conteri: sed cum Paschasio libenter fatetur substantiam corporis et sanguinis Christi in oculos minime incurrentem revera occultam ac tegetibus specierum panis et vini visibilem, involutam, non subjectam sensibus seu *invisibilem* existere.

XXVI. *Verum confiteri quod catholici ultro fecere, nihil horum pseudo-Ratramno placet*, inquit dissertator (pag. 180, editionis Parisiensis, et 293 edit. Amstelod.): hoc vero probat quinque propositionibus efformatis debita opera Ratramno repugnare eique vehementer displicere defendit: 1. *Panis consecratus est vere corpus Christi quod natum de Virgine fuit, inquit, ex pseudo-Ratramni mente nullam figuram in ea voce* CORPUS CHRISTI *agnoscere, figurate nihil ibi accipere, totum in veritate, et, ut ait num. 14, in veritatis simplicitate conspici sponte fateri totum corporaliter opinari.*

2. *Aiebant nimirum ultro catholici: Hoc quod conspicimus, vere corpus est Christi.*

3. *Anathema ei qui dixerit fidem mysterium operari, quippe, inquit dissertator, ante fidem consecratio per os sacerdotis Dei, Deus ipse mysterium in symbolis operatur.*

4. *Nihil spirituale in illo mysterio geritur, nihil abditi, nihil secreti.*

5. *Non accipimus quod fides efficiat, sed quod effectum verbo Dei et ore sacerdotis fides cogitat et credit.*

RESPONSIO

Prima propositio nusquam repugnat Ratramno, qui cum Paschasio et omnibus catholicis in Eucharistia *figuram et veritatem* reperiri confessus est. Revera negavit corpus nuncupativum, sive species visibiles panis et vini, esse de Maria Virgine prognatum. Sed nunquam verum ipsum corpus nuncupative, seu speciebus et velis occultum, ex Mariæ purissimo sanguine efformatum vere fuisse dubitavit. Prima parte libri probavit in Eucharistia esse corpus Christi cum aliqua figura sub velis et adumbratione specierum panis et vini: in secunda vero, has species quæ corpus Christi nuncupativum appellari debent, et sicut velum et conopæum veri corporis occulti, non esse corpus de Maria Virgine natum, mortuum et sepultum fatetur, seu potius differre ostendit a vero corpore Christi, quod necessaria consecutione sibi persuadebant adversarii Ratramni cum nulla in Eucharistia figuram, nullum velum, sed ipsum corpus Christi de Maria natum editum et manifestum conspici defenderent. Quales sunt hodie quidam recentiores philosophi, et fuit olim Abbaudus abbas et Walterus, prior sancti Victoris Parisiensis, et plures alii post retractationem Berengarii hujus retractationis verbis nimis ad litteram intellectis forte delusi. Secunda etiam propositio, Ratramni menti faciliter accommodari posse videtur, si ex his verbis *hoc quod conspicamus vere corpus est Christi*, intelligimus substantiam sub velis eucharisticis seu speciebus *occultam*, visibilibus occultum esse verum corpus Christi: hæc est enim vera sententia Ratramni, Paschasii, Lanfranci et Ecclesiæ catholicæ. Sed si intelligimus hanc substantiam occultam esse palpabilem et sensibus percipi posse, est contraria Ratramno et est sententia adversariorum, quam passim opusculo quod defendimus negit et totis viribus confutavit.

Tertiæ propositionis mathemati subscribere non abnuit Ratramnus, cum corpus Christi præsens in Eucharistia spectet tanquam fidei objectum, minime vero effectum, uti supra observavimus. Rotunde fatetur numero 11 fidem operari: sed cum ait propterea operari seu efficere corpus Christi cui præsenti assensum præstat: quemadmodum artifex non efficit materiam, sed expolit circa materiam, ita fides operatur non Trinitatem, incarnationem, Eucharistiam: sed circa hæc mysteria operatur eis credendo, assentiendo, seu intellectum captivando in obsequium fidei, non efficiendo et vi credulitatis efformando.

Quartæ propositioni prorsus repugnant omnes fideles. Jure merito ait Ratramnus nihil a fide effectum iri, si nihil secreti et abditi in hoc mysterio reperiretur. Nihil quippe credendum superesset ubi omnia aperta et edita manifestatione innotescerent. Paschasius ultra Ratramnum procedit vehementer, dum ait in epistola ad Frudgardum *et totum spirituale est*. Si vero dissertator per hæc verba *spirituale, abditum, secretum*, significare velit *quod pendeat ab intelligentia mysterium consecatur effieri et sit*, alienior a sensu Ratramni esse non potest: et ab eo nullum locum prolatum iri his verbis conceptum explicatum secure confidimus.

Quinta propositio mentem Ratramni disertis verbis explicat. Quid est enim *verbo Dei effici*, nisi *per potentiam vim verbis divini*? ut ait num. 49: « Corpus et sanguis Christi quæ fidelium ore in Ecclesia percipiuntur, figuræ sunt secundum speciem visibilem. At vero secundum invisibilem substantiam, id est divini potentiam Verbi, vere corpus et sanguis Christi existunt, »

An potest una cum veritate figura melius recognosci, et corporis Christi in Eucharistia existentia vi verbi fortius demonstrari? Verumtamen hunc locum alterius accessione cumulare nihil vetat. Ex numero 44: « Confitemur quod in sacramento corporis et sanguinis Domini quidquid exterius sumitur, ad corporis refectionem aptatur, Verbum autem Dei, qui est panis invisibilis invisibiliter in illo existens sacramento, invisibiliter participatione sui fidelium mentes pascit. »

XXVII. *At videtur negare*, inquit dissertator, pag. 180, *solummodo num. 10 secundum id quod videtur carnis speciem in illo pane cognosci. Quis istud autem adeo amens fuit ut existimaret aut crederet?*

RESPONSIO.

Sciebat Ratramnus id neminem hominem negare posse, quin de potestate mentis excesserit, adeoque hac arte probabat necesse esse aliquam in mysterio Eucharistiæ recognoscere figuram. Num. 10: « Hæc ita esse dum nemo negare potest, claret quia panis ille vinumque figurate Christi corpus et sanguis existit. » Nihilominus tamen quis dubitat scripsisse Ratramnum adversus ejusmodi sententiæ patronos et defensores, ut patet num. 2 superius jam laudato? Quis catholicos plerosque adversarios Berengarii ab ea opinione alieniores fuisse existimet? Quis Abbaudum abbatem aut Walterum, priorem sancti Victoris Parisiensis, hanc opinionem tuendam recepisse neget? Quis denique recentiores philosophos, ac præsertim Petrum Magnon, virum nulla unquam censura catholica notæ vexatum, ex ordine Minimorum provinciæ Tolosanæ professorem theologum meritissimum, dedita opera scripsisse appendicem ad philosophiam sacram contra Theophilum Raynaudum Jesuitam, ut probaret Deum per suum concursum, deficiente substantia panis post consecrationem, eamd in oculis nostris et sensibus facere impressionem quam panis et vinum ante consecrationem, nesciat? Adeoque in specie panis corpus ipsum Christi sine figura et obumbratione conspici.

XXVIII. Inquit dissertator pagina 293, num. 180, iv (*pag. 293 edit. Amstelod.*): *Sed in ea ille Ratramnus scilicet hæresi fuit, ubi carnis species non sit, ibi carnem non esse, quo de errore Paschasius egit in epistola ad Frudgardum.*

RESPONSIO.

Qui fieri potest ut homo ea hæresi inquinatus ut nullam carnem Christi credat ubi species carnis non sunt, conceptis verbis apertissime explicet quid sit *interius* et *exterius* Eucharistiæ doceatque exterius præter species panis et vini nihil sensibus percipi, interius vero ipsum corpus et sanguinem Christi revera existere? Quis enim hæc non intelligat ex his Ratramni verbis, num. 10: « Quid enim aliud in superficie quam substantia vini conspicitur? At interius si consideres, jam non liquor vini, sed liquor sanguinis Christi? » Ego vero ex his obfirmato pectore argumentum assumo ad probandum Paschasium adversus Ratramnum non scripsisse cum scripsit adversus eos qui nullam carnem existimabant existere sine speciebus et apparentiis carnis.

XXIX. *Hoc plane intellectu* (inquit dissertator pag. 181 editionis Paris., 293 Amst.) *pseudo Ratramnus* (sic placet verum deformare) *num. 88: « In specie, inquit, geruntur ista, non in veritate, id est per similitudinem, non per ipsius rei manifestationem. » Ponit enim pro certo exploratoque, id quod est falsissimum, non posse esse Christi corpus usquam nisi alterutro modo: hoc est aut per conspicuam manifestationem, aut per similitudinem duntaxat seu figuram, species enim cum veritati opponitur mera similitudo, mera figura intelligitur.*

RESPONSIO.

Non dicit Ratramnus eo loci *in specie ista geri, non in veritate, id est per similitudinem aut per ipsius rei manifestationem*, sed hunc sensum exprimi et significari hac oratione Ecclesiæ: *Perficiant in nobis, Domine, quæsumus, tua sacramenta quod continent, ut quæ nunc specie gerimus, rerum veritate capiamus*, et quidem jure merito. Nam in hac oratione species et figura non repugnant nec opponuntur veritati corporis Christi in se, seu substantiæ veræ corporis, sed manifestationi et declarationi apertæ et omnibus involucris solutæ et expeditæ. Quamobrem explicans hanc vocem Ratramnus, *non in veritate* prudenter ait, *id est non per ipsius rei manifestationem*. Neutiquam etiam ait *pro certo exploratoque non posse esse Christi corpus nisi per conspicuam manifestationem aut per similitudinem seu figuram*. Econtra ex hac oratione Ecclesiæ assumit argumentum ad comprobandum corpus Christi in Eucharistia absconditum sub figuris et umbris, scilicet speciebus panis et vini: quippe cum ea rogatione petatur ut corpus Christi, quod sub specie panis et vini geritur, manifesta visione non secus ac revera est in cœlo conspiciatur. Beatus Algerus, ille omnibus adnotus Berengarii adversarius, eamdem orationem prodidit ad mentem et sententiam Ratramni tuendam lib. I de Eucharistia, capite 5, circa medium editionis Antverp. anni 1536: Postulat quippe *sacerdos*, inquit, *ut Christi corpus, quod sub specie panis et vini nunc geritur, manifesta visione sicut revera est quandoque patur* Jam vero quis nisi populo differri velit, tum ... Algerio suasionem hujusmodi, scilicet *o caplorato non posse esse Christi corpus usquam nisi ... modo ac per conspicuam manifestationem, per similitudinem duntaxat seu figuram*

XXX Postquam dissertator, pag 181 edit Paris 293 edit Amstel, non dubitavit quin Ratramnus ... mutationem panis et vini num ..., plusquam ... probare ipsum Ratramnum hic ... locutum, nec aliud intelligere per corpus in Eucharistia quam figuratum et per mentis cogitationem existens, citatque verba assumpta ex num 16 *Ut quia confitentur corpus et sanguinem ..., hoc non esse potuisse nisi facta in melius commutatione, neque ista commutatio corporaliter sed spiritualiter facta sit, necesse est jam ut figurate facta esse ..., quoniam sub velamento corporei panis corporeique vini spiritale corpus Christi spiritualisque sanguis existit*

RESPONSIO

Ex his intelligimus Ratramnum probasse mutationem factam esse in figura, non corporaliter seu modo sensibus humanis accommodato Sed quis proterea sibi persuadeat corpus Christi solummodo in ... existimasse? Ratio propter quam recognoscit ... aliquam in hoc mysterio decretoria est et ab omnibus viris catholicis recepta « Quoniam scilicet sub velamento corporei panis corporeique vini spiritale corpus Christi spiritualisque sanguis existit » ... hæc non significant solitariis mentis cogitatione symbolis excitata corpus et sanguinem Christi in sacramento existere Cum Paschasius dicat in epistola ... Frudgardum *et totum spirituale est* Homo fallax ... insidiosus audiet Eadem contumelia explebitur ... Algerus quia sic fatur lib i de Eucharistia, ..., ad mentem Ratramni « Quod videtur speciem habet corporalem, quod intelligitur fructum habet et spiritualem, quia igitur aliud est corpore quod videtur aliud spirituale quod intelligitur, ... ergo est sacramentum quam res sacramenti » lib ii, cap 30 « Quod videtur, speciem habet corporalem, quod intelligitur, fructum habet spiritualem »

XXXI Fatetur dissertator, pag 181 et 182, § 6, editionis Paris, et edit Amstelod 293, § 6, seu num 6 usum esse Ratramnum voce *conversionis* num 24, 25 et 27, sed ut dissimulationis et fraudis ... vincat, profert comparationem, quam in numeris ... manææ cum Eucharistia probatque ibidem subjicere Ratramnum conversionem factam esse mannæ in corpus Christi, non secus ac panis ... vini in carnem et sanguinem solet effici Sed ... hæc opinio, quæ præsentiam corporis et sanguinis ... manna defendit, falsa sit, insolens, et ab omnibus ... relicta, parem sortem habere debere opinionem Ratramni de præsentia corporis Christi et sanguinis ... Eucharistia dissertator contendit

RESPONSIO

Nihil apud Patres et doctores Ecclesiæ magis ... et vulgare est ejusmodi comparatione man... et Eucharistiæ, cujus similitudo justa et æqua ... maxime Enimvero sicut manna erat figura futuram Eucharistiam repræsentans, Eucharistia est ... figura manna præteritum exhibens Attamen ex ... non consequitur Patres Eucharistiam tanquam solitariam figuram respexisse, aut revera corpus Christi præsens in sacramento non reputasse nec credidisse Dissertator est magister in Israel, nec ignorat ... facile hanc fuisse fidem Patrum demonstrare ... cupidius adversus eos instaret propter hanc comparationem, et eos ita ut Ratramnum sive auctorem de Corpore et Sanguine Domini exciperet Intelligeret enim, cum infinitis locis præsentiam corporis Christi veram in sacramento docuerint, ex hac comparatione nullum eis accidere posse intertrimentum At vero percontarer ab eo perlibenter cur hoc jus erga Ratramnum violet et hanc æquitatis rationem non habeat, quippe cum pluribus locis suam de hac præsentia fidem testificari non destiterit a nobis antea prolatis, et præsertim num 24, in quo de Christo mentione facta, ait « Qui postea corpus de Virgine sumptum et pro salute credentium in cruce suspensum nostris sæculis exhibuit et per sanguinis undam effudit, quo non solum redimeremur, verum etiam potaremur » Igitur extra omnem suspicionem et contentionem positum est Ratramnum sibi persuasisse homines æquabiliter vero Christi sanguine effuso redemptos et potatos fuisse « Quo non solum redimeremur, verum etiam potaremur » Astute cavit dissertator ne ... ejusmodi verba proferret, eaque a continentibus scriptis suis quasi tabulam secrevit semper et prætermisit

XXXII *Quid quod ipse negat disertis verbis num 62 « Manna istud, inquit Ratramnus, quod comederunt, et aquam quam biberunt, corporea fuisse nemo dubitat » Quo loco perinde ac in Eucharistia corpoream contendit esse quod editur atque in manna fuit*

RESPONSIO

Quæro jam a dissertatore an sibi fingat aliquid comedi corporaliter sensum et cum sensu in perceptione sacramenti ore corporeo, nisi quod sensibus accommodatum et obnoxium est? Vultne persuadere nobis ipsum verum corpus Christi comedi ad modum obsoniorum consuetorum, dentibus frustatim discerpi ac partitim deglutiri? Hæc opinio a nemine homine arcte teneri aut accurate defendi potest Quid ergo illi incommodat in his Ratramni verbis? Nunquid non species sacramentales solitariæ corporaliter comeduntur seu dentibus conteruntur, et partitim per candem laryngis in thoracem sensim et cum sensu sicut manna demittuntur? An aliam doctrinam explicant Paschasius, Algerus et omnes generatim et generaliter homines Christiani et Catholici viri?

XXXIII *Quare num 26*, inquit dissertator, pag 293 edit Amstelod, *in utroque symbolo Christum duntaxat innui docet, qui credentium pascat animos dissimulatque, vel negat precise potius, eo verbo callidus veterator, in altero Christum innui solum, in altero etiam contineri, cujus rei nullum in toto opere vel tenue vestigium est Negat et malorum dentibus premi, cum bonorum solummodo animos pascat*

RESPONSIO

Minime docet Ratramnus num 26, *in utroque symbolo Christum duntaxat innui* Revera ait, in utroque *Christus innuitur* Sed hæc voces duntaxat et solummodo in cerebro dissertatoris, anticipatis opinionibus adversus Ratramnum occupato et vaporato, inventum habuerunt, quæ nullibi in opere Ratramni occurrunt Si eis usus fuisset, sibi ipsi contrarius exstitisset Nam ait numero 9 « Exterius quidem panis quod ante fuerat forma prætenditur, color ostenditur, sapor accipitur, ast interius longe aliud multo pretiosius multoque excellentius intimatur, quia cœleste, quia divinum, id est Christi corpus, ostenditur, quod non sensibus carnis, sed animi fidelis contuitu vel aspicitur, vel accipitur, vel comeditur » Et num 10 « Vinum quoque quod sacerdotali consecratione Christi sanguis efficitur, sacramentum aliud superficie tenus ostendit, aliud interius continet » Quis adeo mente captus ut sibi fingat his verbis *Christum in altero negari*? Sicut dum ait continenti scripto « At interius si consideres, jam non liquor vini, sed liquor sanguinis Christi credentium mentibus sapit dum gustatur » Et num 13 « Unde sanguis et corpus Christi dicuntur quia non quod exterius videntur divino Spiritu operante facta sunt, accipiuntur Et quia longe aliud per potentiam invisibilem existunt quam visibiliter appareant » Quid fidei catholicæ congruentius excogitari potest?

Cujus rei, inquit dissertator, *toto in opere vel tenue vestigium appareat?* Quo jure sibi fingit Ratramnum negare *corpus Christi malorum dentibus premi, cum bonorum solummodo animas pascat?* An vult dicere bonorum et malorum æquabiliter animas pascere et apertæ hæresis contumelia inquinari? An nescit dijudicandum corpus Domini, sancte accipiendum, esse vitam bonis mortemque malis? Et qui *indigne recepit, reum esse corporis et sanguinis Domini?* Quid attineat tantam in recipienda Eucharistia adhibere præparationem et cum tanta gratiæ et animi provisione accedere ad altare Dei, si æquabiliter animas bonorum et malorum pascat, vel si sit negare revera corpus Christi quoad substantiam a malis recipi, cum bonorum solummodo pastus et vita, malorum mors et interitus dicitur.

XXXIV. *Numero denique 28 similis apparet improbitas adversaria, nam verbis catholicis utitur quo etiam fidem sincere videatur, cum tamen adjuncta eadem mannæ et aquæ similitudine genuinum illarum vocum sensum evertat. « Sicut ergo, inquit, paulo antequam pateretur, panis substantiam et vini creaturam convertere potuit in proprium corpus quod passurum erat, et in suum sanguinem qui post fundendus exstabat; sic etiam in deserto manna et aquam de petra in suam carnem et sanguinem convertere prævaluit. » An non huic sententiæ subscribet ultro Calvinus?*

RESPONSIO.

Cum eo animo non scriberet Ratramnus ut præsentiam veram corporis Christi in Eucharistia probaret, cui nemo ea ætate repugnabat, sed solum in ea aliquam reperiri figuram, quam pernegabant adversarii, qui omnia in edita et aperta manifestatione exterius clarescere contendebant sine ulla figura aut adumbratione; mirum non est Ratramnum ad probandam conversionem simpliciter figuratam assumpsisse argumentum ex conversione vera et una figurata Eucharistiæ. Hoc est enim consilium et animus Ratramni, cui voluisse subscribere Calvinum vehementer dubito. Enimvero utcunque res sit, hac ratiocinatione utitur. Scilicet cum dubio procul Christus Dominus potuerit substantiam panis in proprium corpus convertere et substantiam vini in sanguinem qui pro salute hominum continenti tempore fundendus erat, prævaluisse etiam figurata conversione in deserto manna in proprium corpus et aquam petræ in sanguinem transferre. At vero quis a Calvino hæc sibi propitia inventum iri reputabit? Cæterum, licet opinionem quæ veram præsentiam et existentiam corporis et sanguinis Christi in manna et petra deserti defendit falsam reputare non pertimescam, non adeo tamen incredibile aut incogitabile est placuisse Ratramno. Quippe cum Joannes Duns Scotus, in IV, distinctione 10, quæst. 4, corollaria duo addat ab ejusmodi opinione non aliena; quorum in primo defendit ante incarnationem Verbi divini potuisse æque Eucharistiam fuisse sicut et nunc, et hoc quantum ad significationem et quantum ad rem significatam et contentam. Et in secundo docet post incarnationem posse desinere corpus Christi subesse naturali, et tamen Eucharistiam vere remanere et quantum ad veritatem signi, et quantum ad veritatem signati et contenti. Quippe cum existentia sub modo naturali non sit de essentia existentiæ sub modo sacramentali, nec sit ejus causa, adeoque ista non dependeat ab illa, quia nihil dependet ab aliquo quod nec est de essentia ejus nec ejus causa. Enimvero si ejusmodi opinamenta Scoti orthodoxa videntur et in Ecclesia catholica tolerabilia, quid mirum aut insolens in Ratramno videbitur quod dixerit num. 28, conceptis verbis: « Sicut ergo paulo antequam pateretur, panis substantiam et vini creaturam convertere potuit in proprium corpus quod passurum erat, et in suum sanguinem qui post fundendus exstabat; sic etiam in deserto manna et aquam de petra in suum sanguinem convertere prævaluit. » Si enim, ut sibi fingit dissertator Harduinus, Ratramni sententiæ subscribere non renuit Calvinus, Scoti placitis numere quo jure recusabit? Et si revera in hoc negotio schola Scotistarum tuendam veritatem recipit, quis falsi aut mendacii Ratramnum accusabit? Imo vero quis ex his non intelligit, ut observavi in notis, nihil falsum visum esse Ratramno in mysterio transsubstantiationis ἀδύνατον et absurdum, quippe cum in manna et aqua de petra deserti incarnationem, sicut Scotus Eucharistiam, consistere potuisse et quantum ad significationem et quantum ad rem significatam et contentam, crediderit. Hæc quidem adversus Calvinianæ superstitionis ministrum proferre e schola Scotistarum quibusdam videbitur supervacaneum, qui opinamenta Joannis Scoti *subtilitates Scoti* cum Francisco Rabelesio appellare solent; sed meminerit lector me scribere adversus Jesuitam Harduinum, apud quem schola Scotistica rationabilis et theologica semper visa est, ad cujus instar Molinisticam fundare et erigere ab ortu fere suo moliantur.

XXXV. *At ait num. 30*, inquit dissertator, pag. 293 edit. Paris., *et 293 edit. Amstel., num. 7, vere per mysterium panem et vinum in corporis et sanguinis converti substantiam, a credentibus sumenda. Quam ingeniosa hæresis ad fallendas mentes mortalium! Cur ergo cavit ita diligenter ne sumi ore diceret corporis Christi substantiam? Cur* sumenda *scripsit non* sumendam, *nisi panem, aut vinum haud immutate corporaliter intellexit?*

RESPONSIO.

Arduum est intelligere astutiam ingeniosæ hæresis ad fallendas mentes hominum ex his verbis: *Vere per mysterium panis et vinum in corporis et sanguinis convertantur substantiam.* Si tantummodo diceret Ratramnus *per mysterium converti*, relinqueretur aliquis suspicioni locus; sed si insuper dicat *per mysterium veram conversionem fieri*, qua suspicione aut intricatione ejusmodi propositio laborare potest? Quid enim præsefert doctrina Ecclesiæ catholicæ in mysterio transsubstantiationis, nisi vere per mysterium panem et vinum in carnem et sanguinem Christi converti, non figurate tantum ut superstitionis Calvinianæ patroni morose et pertinaciter defendunt? Ad mentem Ratramni conceptis verbis locutus est Paschasius, cujus fidem in suspicione non ponit dissertator, lib. de Corpore et Sanguine Christi, capite 4: « Ita per eumdem ex substantia panis ac vini mystice idem Christi corpus et sanguis consecretur. » *Et capite* 11: « Quis nescit vere quod corpus et sanguis sit Domini secundum veritatem, licet in sacramento accipiatur per fidem? » 2° Quo jure tam efflictim postulat dissertator causam propter quam Ratramnus tam diligenter cavit ne diceret *sumi ore corporis Christi substantiam?* Nunquid non fatetur numero 5 de hoc corpore totam quæstionem et disputationem institutam fuisse, scilicet de corpore Christi quod fideles ore percipiunt? De hoc corpore consilium et sententiam Ratramni Carolum Calvum postulasse: « Quod in Ecclesia ore fidelium sumitur corpus et sanguis Christi, quærit vestræ magnitudinis excellentia in mysterio fiat an in veritate. » Quodnam præsidium sibi comparare poterat Ratramnus ex astute et callide celata voce quæ in expositionem propositæ quæstionis necessario erat ingressa? Non video etiam quid attineat Ratramnum dixisse *sumenda*, vel *sumendam*, cum in eumdem sensum semper recidant. Manuscriptus codex Lobiensis habet *sumenda*, alii æquales vel suppares habent *sumendam*. Explicet igitur nobis dissertator quam uberes fructus percipiat ex stillato in has tricas et subtilitates cerebro?

XXXVI. *Eadem vis verbo* TRANSPONENDI *ab eo affingitur num. 42: « Panis qui offertur, inquit, in corpus Christi, dum sanctificatur, transponitur, sicut et vinum, cum ex vite defluxerit, divina tamen sanctifica-*

tione mysterii, efficitur sanguis Christi, non quidem visibilis, sed invisibiliter, operante Spiritu Dei, in animis utique sacerdotis aut plebis, in quibus fides mysterium contemplatur et contemplando efficit. « *Nam dum visibiliter solum id fieri, negare videtur. Fallitur: eo est hominis improbi, corpus esse posse qui neget, ut ex Paschasio antea audivimus, nisi quod palpabile et visibile sit, atque adeo ubi tale non sit, ibi nullum esse omnino.*

RESPONSIO.

Ecce quod probandum incumbit dissertatori, scilicet sibi persuasisse Ratramnum hanc conversionem in solitaria mente credentis hominis fieri, et non esse applicatæ fidei objectum, sed effectum. Hoc autem est prorsus ἀδύνατον. Eamdem fallaciam ascribere poterit Paschasio, qui ait cap. 3 libri de Corpore et Sanguine Domini pag. 1560: « Quod sensibilis res intelligibiliter, virtute Dei per Verbum Christi in carnem ipsius et sanguinem transfertur. » Transferri enim et *transponi* synonyma sunt et idem prorsus significant. Supervacaneum est etiam dicere fraude mala negari a Ratramno hoc fieri modo sensibus accommodato, qui neget corpus esse posse nisi quod palpabile et visibile sit. Idem enim prorsus dixit Paschasius capite 5 libri de Corpore et Sanguine Domini: « Christus ergo cibus est angelorum, et sacramentum hoc VERE CARO IPSIUS ET SANGUIS, quam spiritualiter manducat et bibit homo. Ac per hoc unde vivunt angeli, vivet et homo, quia totum spirituale est et divinum in eo quod percipit homo. » Et in fine ejusdem capitis: « Bibimus quoque et nos spiritualiter ac comedimus spiritualem Christi carnem, in qua vita æterna esse creditur; alioquin sapere secundum carnem mors est, et tamen veram Christi carnem spiritualiter percipere vita æterna est. »

XXXVII. *Pergit in eadem fraude num. 42:* « *Unde sanguis et corpus Christi dicuntur,* inquit, *quia non quod exterius videntur, sed quod interius in animis credentium, divino Spiritu fidei operante, facta sunt, recipiuntur. Et quia longe aliud per potentiam invisibilem existunt quam visibiliter apparent, per potentiam verbi nimirum, quod fidem in animis nostris creat et ingenerat, quod Verbum dum creditur vim habet corporis et sanguinis Christi ut pascat animam et vivificet.* »

RESPONSIO.

Nihil deest interpretationibus ac sensibus quos Ratramni verbis inducit dissertator, præter vim argumenti certi cujus ope defendi ac sustentari possint. Hoc vero faciliter feliciterque procederet si hæc verba, *in animis credentium* et *spiritu fidei*, textui Ratramni perperam assuta, in autographo, non in cerebro dissertatoris, inventum haberent. Sed cum in officina dissertatoris fabricata sint, eadem potuit textui Paschasii jure falsarii inserere, eumque hæresis et cavillorum Ratramni criminari, ut ex subjectis verbis Paschasii, quibus adjuncta reperies, lectori intelligere facile est, excerptis ex capite 4 libri de Corpore et Sanguine Domini: « Sed quia Christum vorari fas dentibus non est, voluit in animis credentium hunc panem et vinum vere carnem suam et sanguinem consecratione SPIRITUS FIDEI sancti potentialiter creari. » An ovum erit ovo similius?

XXXVIII. *Rursum num. 42* (pagina 294 edit. Amstelod., Paris. 184), « *Quid isthinc perdocemur, nisi quod corpus et sanguis Domini propterea mysteria dicuntur quod secretam et reconditam habeant dispositionem, id est aliud sint quod exterius innuant, et aliud quod invisibiliter operentur.* » Hæc assumit dissertator ex Ratramno ut ei ascribat opinionem qua credat mysteria interius fieri per fidem invisibiliter agentem in mente credentium.

RESPONSIO.

Hoc incumbit probandum dissertatori, sed in tan-

A tulo labore perperam sudat. Quid enim juvat affingere Ratramno quod Paschasio eadem conceptis verbis referenti adhibere non potis est? Quippe sic fatur Paschasius libri de Corpore et Sanguine Domini capite 3: « Sed mysterium dictum est eo quod secretam et reconditam in se habeat dispositionem. Est autem sacramentum in Scripturis divinis ubicunque sacer Spiritus in iisdem interius aliquid efficaciter loquendo operatur. Sed sacramento Scripturarum eruditi, divinitus introrsus pascimur, et posti ad operationem et disciplinam Christi erudimur. » Et in fine hujus capitis: « Unde nec mirum si Spiritus sanctus qui hominem Christum in utero Virginis sine semine creavit, etiam ipse panis et vini substantiam carnem Christi et sanguinem invisibili quotidie potentia per sacramenti sui sanctificationem operatur, quamvis nec visu exterius nec gustu saporis comprehendatur. Sed quia spiritualia sunt fide et intellectu pro certo, sicut Veritas prædixit, plenissime sumuntur. » Si

B ista apud Ratramnum occurrerent corpus et sanguinem Christi *quia spiritualia sunt fide, et intellectu sumuntur*, non parceret dissertator, sed internecionem faceret.

XXXIX. *Fraudes,* inquit ibidem dissertator Harduinus (edit. primæ Paris., pag. 184 et secundæ Amstelod., pag. 294, num. 184, [incertum] viii) *hominis reliquas percurramus num. 56:* « *Nunc autem quia fides totum quidquid illud totum aspicit, et oculis carnis nihil apprehendit, intellige quod non in specie sed in virtute corpus et sanguis Christi existant* QUÆ CREDUNTUR [In editione ultima Amstelod., *cernuntur*.] *Unde dixit Ambrosius ordinem naturæ non hic intuendum, sed Christi potentiam venerandam, quæ quidquid vult quomodo vult, in quodcunque vult, et creat quod non erat, et creatum permutat in id quod antea fuerat.* » At vero cum transsubstantiatio magis conceptis verbis quam iis, non quidem Ratramni sed S. Ambrosii ex libro De iis qui mysteriis initiantur,

C explicari non possit, placuit dissertatori hæc verba cumulare accessionibus hujusce glossematis, *nempe in credentium animis, in quibus Verbi divini potentia fidem corporis et sanguinis Christi creat Spiritus sancti potenti virtute*, ut ait num. 54, nam sic ille intelligit. *Concoquere non potest dura quoquam quod videmus in altari est verum corpus Christi. Ait esse corpus non in specie, sive in proprietate, hoc est in propria essentia, sed in virtute, quam illius ac similium vocem recte Paschasius corripit in caput XXVI sancti Matthæi:* « *Unde miror, inquit, quid velint nunc quidam dicere non in re esse veritatem carnis Christi vel sanguinis, sed in sacramento virtutem quamdam carnis, et non carnem; virtutem fore sanguinis et non sanguinem; figuram et non veritatem, umbram et non corpus. Hæc virtus signi tantum est, quoniam symbola corpus et sanguinem animo repræsentant.* »

RESPONSIO.

D Horribiles assumit ex his locis dissertator conclusiones, et revera dubitandi locus non relinquitur, si adamussim rectæ rationis deducantur explicationes quæ his bene conveniant ac fidæ sint, quin Ratramnus, sive auctor libri de Corpore et Sanguine Domini, ad quem tuendum hanc lucubrationem scripsimus, hæresim Calvinianam arcte teneat. Enimvero nec castigatius nec eligantius ejusmodi hæresis exprimi aut enuntiari potest quam his vocibus: *Intellige quod non in specie, sed in virtute corpus et sanguis Christi existant* QUÆ CREDUNTUR. Nam ubicunque res sint « si corpus et sanguis quæ creduntur in Eucharistia, in virtute existunt et non in specie, sumpto nomine pro essentia et proprietate naturæ, » eccam videmus puram et putam hæresim Calvinisticam. Sed nescio quo casu sibi ipsi dissertator oculos infeliciter effodit quos ad num. 56, applicuit in quo hæ voces QUÆ CREDUNTUR neutiquam incurrunt, sed econtra hæ QUÆ CERNUNTUR, quæ sensum valde diversum et catholicum significant. Revera enim quod conspicitur in Eucharistia albedo est, rotunditas, extensio denique, objecta visibilia et humanis sensibus faciliter accommodata, quæ quidem non sunt species et apparitiones corporis Christi et sanguinis, sed panis et vini, quæ ante fuerant, et quæ Deus in corpus et sanguinem suum permutavit, ut inquit Ratramnus ex sancti Ambrosii libro De iis qui mysteriis initiantur, cap. 9: *creatum permutat in id quod antea non fuerat.* Absit tamen ut dissertatorem, virum aliunde pium nec humillimi ingenii, tam fetidæ interpolationis aut corruptionis accusare velim, ut inter hæreticos veteratores infelicem Ratramnum relegaret. Cum præsertim, ut inter eosdem benigne exciperet, Petrus Allix, superstitionis Calvinianæ minister, in Galliæ nostræ templo Charentonio, ad artes tam incultas ac pinguem Minervam confugere noluerit; uti perspectum habere facile est ex editione Latino-Gallica anno 1672 cura ejus facta Rhotomagi apud LUCAS, et editione Anglico-Latina alterius hominis diversæ patris Londini facta anno 1686, in quibus suarum superstitionum quamtumvis sint morosi ac pertinaces defensores ministri, vocem CREDUNTUR in locum vocis CERNUNTUR reponere non ausi sunt. Sed quam supervacaneum et turpe sit ejusmodi interpolatione textum Ratramni deformare, probant affatim et passim sparsa in hoc libro dogmata contraria: « Non ergo sunt idem quod cernuntur et quod creduntur; secundum enim quod cernuntur, corpus pascunt corruptibile, ipsa corruptibilia; secundum vero quod creduntur, animos pascunt in æternum victuros, ipsa immortalia. » Jam ergo applicata voluntate relegat Ratramnum dissertator et videat apertis oculis numero 56 non *creduntur* sed *cernuntur.* Tum vero continenti tempore in prospectu habeat jucundissimum spectaculum confestim ruentis præsidii ac rimis undique dehiscentis interpretationum, inductionum ac glossematum quæ ex hoc loco perperam diduxit. Quæ cum ita sint, nusquam verum esse potest: 1° mutationem quæ in Eucharistia fit *in credentium animis existere, in quibus verbi divini potentia fidem corporis et sanguinis Christi creat Spiritus sancti potenti virtute.* Ejusmodi enim creatio fidei nullum habet in opere Ratramni vestigium. 2° Neutiquam opponit Ratramnus eo loci his verbis *non specie sed virtute,* essentiam seu proprietatem naturalem corporis Christi, virtuti; sed solummodo speciem exteriorem; quæ revera in Eucharistia non apparet nec oculis subjicitur. Cum e contra dicat cum Paschasio num. 49: « Corpus et sanguis Christi quæ fidelium ore in Ecclesia percipiuntur figuræ sunt secundum speciem visibilem; at vero secundum invisibilem substantiam, id est divini potentiam Verbi, vere corpus et sanguis Christi existunt. » Quis homo sanæ mentis compos, sinceritatem fidei Ratramni ex his verbis in suspicione ponat? Ex quibus palam intelligere facile est per vocem *speciei* non significasse naturam aut proprietatem, sed speciem et manifestationem exteriorem. Supervacaneum igitur est sibi fingere Paschasium adversus Ratramnum scripsisse in suo ad sanctum Matthæum Commentario in cap. XXVI, et Ratramnum num. 56 aliud intellexisse per *speciem* quam manifestationem exteriorem, dum ait: « Non specie carnem, sed sacramento; hoc vero quo nunc similitudinem illius in mysterio continet, non sit specie caro, sed sacramento. » Nam continenti sermone explicat mentem et abundanter testificatur se per *speciem* intellexisse patefactionem exteriorem panis et vini sub qua, id est in sacramento, verum corpus et sanguis Christi existere docet. « Siquidem, inquit, in specie panis est, in sacramento verum corpus Christi, sicut ipse clamat: Hoc est corpus meum. » Porro sic stantibus Ratramni rebus, quam perperam exclamat dissertator Ratramnum « cum larvis luctari, » et ait: « Quis Christi corpus esse aspectabile in ara dixit? An Patrum testimoniis id somnium confutandum fuit? » Nam facile responderi posset in hanc ipsum ivisse sententiam, quippe cum infinitis locis repetat hoc quod videtur esse corpus Christi, nonne est aspectabile? Videturne nisi quod est visibile, et fierine potest ut videatur quod videri non potest: Sed esto dissertatoris ratio ab hac opinione sensibus propriis percnisa abhorreat, dubium non est adversarios quos confutat Ratramnus sibi persuasisse nullam subsistere in Eucharistia figuram aut umbram, sed omnia manifesta et aperta esse: quos secuti sunt Abbaudus abbas, Walterius, prior sancti Victoris Parisiensis, et nostra ætate recentiores philosophi, qui quidem omnes fidem ac religionem catholicam professi paulo alieniores placitis Aristotelicæ philosophiæ, de accidentibus nulli subjecto inhærentibus nullam cogitationem habuerunt.

XL. *Cur dicit num. 5, 49 et 96, alibique hoc quod supra mensam Dominicam positum est, quod celebratur et conservatur in altari, quod ore sumitur fidelium, esse verum Christi corpus tantum in mysterio seu figura?*

RESPONSIO.

Nunquam Ratramnus dixit num. 5, 49, 96, nec alibi, corpus Jesu Christi quod ore fidelium sumitur *esse verum Christi corpus tantum in mysterio seu figura.* Hæc propositio, ut scholæ loquuntur, implicaret in terminis: Incogitabile est verum corpus quod sit in figura et mysterio tantum, esset enim verum et non verum corpus.

XLI. *Et vero Erigerus, sive Anonymus Cellotianus, duas solummodo factiones exstitisse; similiter et Paschasius et Ratramnus ait: « Dicentibus quibusdam, inquit, idem esse quod sumitur de altari quod et illud quod natum est ex Virgine: aliis autem negantibus et dicentibus aliud esse.*

RESPONSIO.

Ex verbis Anonymi Cellotiani jus mihi vindico ut omnes intelligant tam varias hominum fidelium discrepantesque sententias de causa Eucharistiæ non reputari factiones, hoc est diversas partes veritati fidei repugnantes. Observat Ratramnus num. 11 totam hanc controversiam esse inter fideles exortam. Sed, utcunque res sit, cum Anonymus Cellotianus scriptor sit humillimi ingenii et nullius meriti, cujus testimonio solitario nititur persuasio eorum qui Ratramnum et Paschasium inter se deprœliatos fuisse sibi fingunt, tota hæc controversia faciliter dirimi potest ex lectione accurata librorum Ratramni, Paschasii et Anonymi Cellotiani, ex quibus perspectum habebit lector istum Anonymum nec Ratramni mentem nec Paschasii assecutum esse. Enimvero cum Anonymus non animadverterit Ratramnum nunquam negare corpus de Maria natum Virgine in Eucharistia reperiri, sed solum a corpore quod celebratur in Ecclesia differre, scilicet a corpore *nuncupativo* sub quo occulitur et latet verum corpus: cum etiam Ratramnus neget solum illud corpus nuncupativum esse de Maria natum, iste Anonymus sibi persuasit Paschasium, qui asserit verum corpus de Maria natum esse in Eucharistia, et Ratramnum, qui negat corpus nuncupativum esse de Maria natum, sibi invicem esse contrarios: cum revera, posita distinctione corporis *nuncupativi* et *veri,* seu corporis veri occulti sub umbra corporis figurati, faciliter conciliari et ad concordiam adduci possint. Quod ait dissertator Ratramnum demulcendi gratia fideles æquabiliter appellasse utriusque opinionis patronos, sive asserentes omnia esse aperta et manifesta, sive aliquam esse figuram in sacramento corporis quod ore fidelium in Ecclesia sumitur; nihil magis a sensu communi hominum alienum esse videtur: quippe cum jussu imperatoris consulentis respondere teneretur, et inter hæreticos recensere quos ex eorum numero cooptari, ex omnium catholicorum suffragio, si revera negabant præsentiam corporis Christi in Eucharistia veram et realem, necesse erat

XLII *Primum est quod mysterii vocabulo perperam abutatur num enim 73 74, et 98 panem consecratum esse mysterium docet, tum corporis in quo Christus est natus, tum corporis Ecclesiæ, quod maxime abhorrere a vero multis documentis evincimus*

RESPONSIO

Nec in his numeris nec alibi Ratramnus docet *panem consecratum esse mysterium*, sed figuram et velum quod contegit et occultat corpus Christi Idem docuit Paschasius infinitis locis, speciatim cap libri de Corpore et Sanguine Domini Halmo Halberstatensis, quem adversus hunc Ratramni locum profert dissertator, nihil ei contrarium aut repugnans dicit, imo vero valde propitius est in tractatu de Corpore et Sanguine Domini, quem publici juris fecit doctissimus monachus dominus Lucas d'Achérius tomo XII Spicilegii, pag 28, in quo hæc verba, quæ sensum Ratramni nimirum explicant, legi possunt « In quo quidem Christi corpore et sanguine propter sumentium horrorem sapor panis et vini remanent et figura, substantiarum natura in corpus Christi et sanguinem omnino conversa Sed aliud renuntiant sensus carnis, aliud renuntiat fides mentis sensus carnis nihil aliud renuntiare possunt quam sentiunt, intellectus autem mentis et fides veram Christi carnem et sanguinem renuntiat et confitetur »

XLIII *Nec vero patrocinantur pseudo Ratramni errori orationes ecclesiasticæ duæ quas ille recitat num 85 et 88*

RESPONSIO

De his orationibus Ecclesiæ jam diximus supra ad explicationem epistolæ Ascelini ad Berengarium, non alio consilio eas prodidit Ratramnus nisi ut opinionem eorum frangeret qui sibi persuaserant omnia esse aperta et in prospectu sensuum et oculorum in Eucharistia, nullis umbris aut figuris obvelata quippe cum his rogationibus peteretur a Deo *ut quod in imagine contingimus sacramenti manifesta* aut *manifestata participatione sumamus, ut quæ nunc specie gerimus, rerum veritate capiamus* id est *manifestatione*, hæc enim vox *manifestatio* stylo Ratramni voce *veritatis* significatur ut supra et in præfatione demonstravimus Sic ad manifestationem significandam voce *veritatis* usus est beatus Algerus lib i de Eucharistia, cap 5 « Unde inquit, etiam in fine cujusdam missæ oratur et dicitur » *Perficiant in nobis, Domine, quæsumus, sacramenta tua quod continent, ut quod nunc specie gerimus, rerum veritate capiamus* Postulat quippe sacerdos ut corpus Christi, quod sub specie panis et vini nunc geritur, manifesta visione, sicut revera est, quandoque capiatur, de qua visione docuimus in Evangelio secundum Joannem *Qui diligit me, diligetur a Patre meo, et diligam eum et manifestabo ei meipsum* Et de hoc eodem sacramento legitur in passione beati Dionysii, quia dum sacrum mysterium celebraret in carcere, apparuit ei Dominus, dansque illi sancta dixit *Accipe hoc, chare meus, quod mox complebo tibi una cum Patre meo* Ac si diceret Quod tibi dono, do in viatico non mutabo in præmio ut dem aliud, sed idipsum complebo meipsum manifestans, etc Observavi in præfatione has, preces a Græcis ad Latinos fuisse traductas, uti intelligimus ex verbis sancti Dionysii quæ superius prodidimus in responsione ad objectionem 10, at vero orationes ejusmodi sic explicatæ nulli errori possunt patrocinari adeoque omnis hæresis contumelia Ratramnum immunem ac purum recognoscere necesse est Verumtamen vehementer allucinatum fuisse probare nititur dissertator, auctoritate sancti Augustini, qui tractatu xxvii in Joannem *manifestam participationem* interpretatur usque *ad spiritus participationem* Sed quid tum? cum constet has orationes diu post sanctum Augustinum factas fuisse, tempore pontificatus Gelasii aut sancti Gregorii Magni, in quorum sacramentariis codicibus reperiuntur, nullibi vero in operibus sancti Augustini? Hæc adeo imbecilla sunt ut responsione non egeant Non optabiliorem habet dissertator exitum ex interpretatione quam alteri huic orationi inducit *Perficiant in nobis, Domine, quæsumus, tua sacramenta quod continent ut quæ nunc specie gerimus, rerum veritate capiamus* Contendit enim obfirmato pectore sensum hujus orationis non differre a sensu alterius his verbis concepta tempore Paschasii *Spiritum nobis tuæ charitatis infunde ut quos sacramentis Paschalibus satiasti, tua facias pietate concordes* Non difficile magis probaret hymnum *Te Deum laudamus* habere eumdem sensum cum psalmo *De profundis* etc

XLIV Dissert pag 295, edit Amstelod et 188 edit Paris *Porro sua hæc mysterii acceptio, Pseudo-Ratramnum transfert in eum sententiam, ut passim affirmet corpus Christi, quod est in altari, magno distare intervallo ab eo in quo Christus natus est quantum inter signum rei, scilicet, et rem significatam debet discriminis intercesse*

RESPONSIO

Nec vanum nec perversam interpretationem voci *mysterii* inducit Ratramnus aperte et clare sensum suum explicat numero 9 cui addere vel detrahere quidquam horribile est et pertimescendum « Si nulla sub figura mysterium illud peragitur, tum mysterium non recte vocitatur Quoniam mysterium dici non potest in quo nihil est abditum, nihil a corporalibus sensibus remotum, nihil aliquo velamine contectum » Quis in his veritatis amplissima vestigia non perspiciat? Quis hæc convenire Eucharistiæ dubitet? in qua fides et intellectus objectum habent corpus et sanguinem Christi absconditum, sensus vero solitarias species panis et vini superstites perspiciunt, ut eodem numero 9 ait Ratramnus De reliquo nihil officit legibus rectæ rationis aut Christianæ religionis differentiam recognoscere inter corpus Christi velatum et idem corpus editum et manifestum, corpus *circumscriptive* locatum ut philosophi loquuntur, et idem corpus spirituale et *definitive* positum Hæc differentia substantiam corporis non spectat, sed varios existendi modos Quid vetat multam agnoscere discrepantiam inter corpora nostra viva et eadem post resurrectionem rediviva? Nunquid non apostoli summam agnoverunt differentiam inter corpus Christi gloriosum et splendidum die transfigurationis et idem corpus die transfigurationis et mortis lacerum et truncum Nihil obstat igitur admittere discrimen et intervallum maximum inter corpus Christi natum de Virgine, passum et cruci affixum, factum spectaculum mundo et hominibus, et idem corpus velatum, absconditum figuris et umbris involutum in Eucharistia, impalpabile et nullis sensibus obnoxium Beatus Algerus, Berengarii adversarius, dixit hoc corpus esse IPSUM ET NON IPSUM idem Lanfrancus, Cantuariensis archiepiscopus Insuper omittere non debemus secundum Algerum duplicis generis corpus Christi consistens in sacramento Eucharistiæ, scilicet nuncupativum, quod speciebus panis et vini umbris et figuris constat, alterum verum et proprium de Maria Virgine assumptum, sub nuncupativo occultum et delitescens, oculos ac sensus hominum fallens De quibus ait Ratramnus « *Non quod duarum sint existentiæ rerum* » et quidem rotunde et verissime, cum ipse doceat num 30 panem et vinum in corporis et sanguinis Christi conversa substantiam et dicat num 28 « Non enim putamus ullum fidelium dubitare panem illum fuisse corpus Christi effectum quod discipulis donans dicit *Hoc est corpus meum quod pro vobis datur* sed neque calicem dubitare sanguinem Christi continere de quo ibidem ait *Hic est calix*, etc » Respondebit fortasse dissertator hæc omnia non significare corpus de Maria Virgine natum, mortuum et sepultum. Sed ejusmodi objectionem A refellere non difficile est, cum ipse Ratramnus dicat sanguinem pro salute effusum esse a fidelibus epotum, *quo non solum redimeremur, verum etiam potaremur*, ut supra observavimus ex numero 24.

XLV. Pag. 295, edit. Amstel. et 188 Parisiensis. *At Pseudo-Ratramnus corpus quod per mysterium existit, hoc est quod existit in intellectu fidei post admonitionem figuræ, symboli vel mysterii, quod false putat corpus divinum ac spirituale et invisibile ab Hieronymo indicatum, hoc, inquam, corpus a corporali et proprio suo humano Christi corpore discriminat et secernit recte, sed illud impie quod proprio corpori esse locum in altari negat.*

RESPONSIO.

Neutiquam sibi finxit Ratramnus corpus Christi in Eucharistia existere per mentem sive per operationem intellectus. Ejusmodi chimera *seu ens rationis* nunquam ei in animum incurrit, ab eo igitur cor- B pore phantastico verum ac naturale non discriminat aut secernit, sed potius a corpore nuncupativo, ut ait Algerus, quod verum et proprium occulit et operculat. Minime etiam negat Ratramnus verum proprium corpus Christi in Eucharistia existere, de quo ait num. 49: « Quod corpus et sanguis Christi, quæ fidelium ore in Ecclesia percipiuntur, figuræ sunt secundum speciem visibilem, at vero secundum invisibilem substantiam, id est divini potentiam Verbi, vere corpus et sanguis Christi existunt. » At si *vere* existunt, non existunt *per mentem*. Existere enim per mentem est ficte et phantastice existere, quemadmodum

Desinit in piscem mulier formosa superne.

Insuper non negat Ratramnus impie, ut ei affingit dissertator, proprio corpori esse locum in altari. Qui cum conceptis verbis doceat num. 24, « corpus de Virgine sumptum et pro salute credentium in C cruce suspensum nostris sæculis exhibuit, et ex eo sanguinis undam effudit, quo non solum redimeremur, verum etiam potaremur. » Etenim vero cum redempti non simus sanguine ficto aut commentitio, sed vero, non potamur ficto vel imaginario sanguine, sed vero, scilicet eodem pro redemptione generis humani effuso. Si per *proprium corpus* intelligatur corpus suis proprietatibus, pondere, dimensionibus, affectibus palpabile et sensibus accommodatum, revera locum non habet in altari ejusmodi corpus. Sed si per *proprium* intelligatur verum, spirituale, a captu sensuum alienum, tam credidit Ratramnus verum corpus Christi de Virgine natum in Eucharistia reperiri, quam fideles omnes credunt corpora quibus tum utimur eadem fore rediviva, et gloriosa, et spiritualia post resurrectionem.

XLVI. *In eo aberrat* Ratramnus, inquit dissertator pag. 187 edit. Paris., 295 edit. Amstelod., *quod et sacramentum esse symbola arbitratur integra et mutationis omnis experti, rem cujus sunt sacramenta ipsum esse corpus in quo Christus natus.*

RESPONSIO.

Nullam ait Ratramnus conspici mutationem exteriorem in speciebus eucharisticis sive in symbolis panis et vini, et quidem jure merito, sed apertissime docet panis et vini substantiam in corpus et sanguinem Jesu Christi mutari, num. 15 et 30, in quibus ait: « Panem et vinum in corporis et sanguinis conversa substantiam a credentibus sumenda, » quod ipsi Centuriatores Magdeburgenses recognovere. At vero quod ait, « rem sacramenti ipsum esse corpus in quo Christus natus est, » idem dixit beatus Algerus lib. IV Eucharistiæ, cap. 5: « Conficitur autem sacrificium duobus, sacramento et re sacramenti, id est Christi corpore, » et infra: « Aliud est ergo sacramentum quam res sacramenti,

A id est corpus Christi. » Quis tamen in eo aberrare Algerum dicit?

XLVII. (Pag. 295 edit. Amstelod., 189 edit. Paris.) *Connexum cum hoc priore erroris capite alterum est, quo omne mysterium peragi fide censet, et ut proxime citato loco dixit, panem qui corpus Christi figurate et in mysterio dicitur, non falsum accipi ut sit mysterium, hoc est, ut fides signum istud esse intelligat corporis Christi.*

RESPONSIO.

Nunquam censuit *omne mysterium corpus peragi fide*, nec ex libris ejus tam pravum dogma intelligi potest. Mysterium, secundum Ratramnum, est objectum fidei nostræ, quia interius continet quod sensuum exteriorum vires superat. Nusquam etiam dixit *corpus figurate dicitur accipi ut sit mysterium*, ad id probandum conceptis verbis ex lucubratione Ratramni excerptis, non nisi contemptim dissertator B provocari posset.

XLVIII. (Pag. 295 edit. Amstelod., 189 Paris.) *Num. 44, sacramentum sive mysterium constare ait ex duobus, et pane visibili et verbo Dei. De Christi corpore quod eo pane intimatur, intellectu creditur, sic mysterium intellectu et fide peragi.*

RESPONSIO.

Ut falsi convincam dissertatorem, exscribenda sunt verba num. 44, ex quibus contrarium intelligitur facilius: « Confitemur quod in sacramento corporis et sanguinis Domini quidquid exterius sumitur, ad corporis refectionem aptatur, verbum autem Dei, qui est panis invisibilis, invisibiliter in illo existens sacramento, invisibiliter participatione sui fidelium mentes vivificando pascit. » An ex his aliud intelligi potest quam Verbum Dei Christum Dominum panem invisibilem a fidelibus perceptum in sacramento Eucharistiæ? Hoc dixit clarissime Paschasius libro de Corpore et Sanguine Domini, C cap. 8: « O homo, disce aliud gustare quam quod ore carnis sentitur, aliud videre quam quod oculis istis carnis monstratur: disce quia Deus spiritus illocaliter ubique est, intellige quia spiritualia hæc sicut nec localiter, sic utique nec carnaliter ante conspectum divinæ majestatis in sublime feruntur. » Et antea cap. 5: « Bibimus quoque et nos spiritualiter et comedimus spiritualem Christi carnem, in qua vita æterna esse creditur. » Et cap. 6: « Porro illud fidei sacramentum jure veritas appellatur. Veritas ergo est dum corpus Christi et sanguis virtute Spiritus et Verbo ipsius ex panis vinique substantia efficitur, figura vero dum sacerdos, quasi aliud exterius gerens, ob recordationem sacræ passionis ad aram, quod semel gestum est, quotidie immolat Agnum. » Eadem apud Algerum ad aperturam libri de Eucharistia invenies.

XLIX. *Num. 95. Sacramentum aliquid secreti continere et aliud esse quod visibiliter appareat, aliud vero quod invisibiliter sit accipiendum, id est, ex il- D lius mente quod non sit in eo pane sanctificato qui videtur, sed in credentium spiritu in fide quæ latet.*

RESPONSIO.

Hanc conclusionem, scilicet « sacramentum aliquid secreti continere et aliud esse quod visibiliter appareat, aliud quod invisibiliter sit accipiendum, » orthodoxam et catholicam, assumit ex S. Isidoro episcopo Hispalensi lib. VI Originum cap. 19, apud quem continentibus scriptis hæc leguntur: « Sacramentum est in aliqua celebratione, cum res gesta ita sit ut aliquid significare intelligatur quod sancte accipiendum. » Eamdem sacramenti definitionem prodidit Paschasius initio capitis 3 libri de Corpore et Sanguine Domini: « Sacramentum igitur est quidquid in aliqua celebratione divina nobis quasi pignus salutis traditur, cum res gesta visibilis longe aliud invisibile operatur quod sancte accipiendum sit » Hanc definitionem ad mentem et ex mente Ratramni explicat integro capite 3, quod hic exscribere non opus est Adeoque tam vanum et injurium est ascribere Ratramno, corpus Christi in Eucharistia tantummodo per operationem intellectus existere, quam supervacaneum et futile Paschasio

L *Similiter num 49*, inquit dissertator pag 190 edit Paris Amstelod 295, « *corpus et sanguis Christi quæ sic appellantur et sunt figurate, inquit, quæ fidelium ore sumuntur, figuræ sunt secundum speciem visibilem at vero secundum invisibilem substantiam, id est divini potentiam Verbi, vere corpus et sanguis Christi existunt* » *Invisibilis substantiæ Pseudo-Ratramno virtus est Verbi divini cui animus credit* Sic *homo scelestus* (scilicet Ratramnus) *verbis catholicis invisibilis substantiæ aliisque, quibus misere ac per vim detortis abutitur, Gallicis interpretibus fraudi fuit, qui hunc locum reddidere* PAR LA PUISSANCE DU VERBE DIVIN *cum ille non per potentiam, sed secundum potentiam Verbi dixerit*

RESPONSIO

Ex omnibus interpretibus Gallicis hujus tractatus Ratramni ego solus catholicus homo, hæc verba *secundum potentiam Verbi* per hæc traduxi *la puissance du Verbe* Petrus Allix, Charentonii templi minister superstitionis Calvinianæ, ad mentem dissertatoris traduxit in editione anni 1672 Rhotomagi facta Antea Augustinus Marloratus anno 1561 reddiderat *selon la puissance* Sed cum fidus interpres plus sensum quam verbum verbo reddere curare debeat, nec ceperim consilium faciendæ glossæ nec versionis interlinearis sed traductionis accuratæ et castigatæ, dubitandi locus non relinquitur quin per has voces *secundum potentiam, per potentiam* intellexerit, cum hac ipsa dicendi ratione utatur num 443 « et quia longe aliud per potentiam invisibilem existunt quam visibiliter appareant, » ut significet quod dicere voluit num 49, « scilicet, secundum invisibilem substantiam, id est divini potentiam Verbi, vere corpus et sanguinem Christi existere »

LI (Pag 296 edit Amstelod, Paris 190) *Et panis substantiam in substantiam corporis Dominici per fidem convertit*

RESPONSIO

Hoc falsum et commentitium est Nunquam sic locutus est noster Ratramnus Luce meridiana clarius demonstravimus supra, semper spectasse corpus et sanguinem Christi in mysterio Eucharistiæ tanquam objectum, non tanquam effectum fidei adeoque antevertere præsentiam corporis in Eucharistia operationem fidei

LII (Eadem pagina 296 Amstel, et Paris 190) *Eodem intellectu num 68 panem corporis Christi duo complecti dicit, et id quod vadit in corpus, et id quod est panis vitæ æternæ Verbum Dei scilicet, cui dum creditur, animus Christi corpore pascitur ac potatur*

RESPONSIO

Omnes homines sciunt nutritionem animæ per communionem corporis fieri, non vero fieri per conversionem dicti corporis in substantiam animæ Sed falsum est Ratramnum nihil aliud intelligere per corpus Christi quam quod modo sensibili intrat in os et deglutitur in stomachum et *Verbum Dei cui creditur* Nam econtra eo numero 68 observat S Ambrosium, cujus verba in medium profert, velle mentionem facere de pane qui est corpus Christi, et animæ nostræ substantiam fulcit, non in quantum intrat in corpus, sed est panis vitæ æternæ « Ergo manifestum, inquit, de quo pane loquitur, de pane videlicet corporis Christi, qui non ex eo quod vadit in corpus, sed ex eo quod panis sit vitæ æternæ, animæ nostræ substantiam fulcit » Hoc valde catholicum et orthodoxum est, nec

A significat corpus Christi esse Verbum Dei, cui dum creditur animus pascitur et potatur, licet credere Verbo Dei et diligere Deum ex toto corde et ex tota anima necesse sit, ut ipsum verum Christi corpus utiliter percipiatur

LIII (Pag 296 edit Amstel) *Num 72 carnem Christi spiritualem ex duobus componi, specie quam gerit exterius et spirituali Verbi divini potentia, invisibili efficientia divinaque virtute Verbi Dei cui creditur*

RESPONSIO

Hæc omnia commentitia sunt eo loci non cogitat de compositione carnis spiritualis Christi, modos solummodo diversos ac discrepantes explicat quibus consistere solet intelligi corpus Christi, scilicet, in utero beatæ Virginis et in cruce Tum loquitur de corpore nuncupativo Eucharistiæ Continenti scripto ostendit carnem spiritualem Christi, sive assum-
B ptam ex beata Virgine gloriosam, quæ animæ vitam immortalem subministrat, esse effectum potentiæ spiritualis et efficacitatis invisibilis et virtutis Dei, quæ aliud est secundum quod sensibus subjicitur ac percipitur quam quod creditur et fide intelligitur « Quidquid enim, in ea vitæ præbet substantiam, spiritualis est potentiæ et invisibilis efficientiæ divinæque virtutis, atque aliud longe consistit secundum quod exterius conspicitur, atque aliud secundum quod in mysterio creditur » Paschasius idem dicit, cum omnibus catholicæ fidei defensoribus, cap 11, de corpore et sanguine Domini « Et dabit sacerdoti qui advertat omnem sanctificationem mystici sacrificii et efficaciam quomodo sensibilis res intelligibiliter virtute Dei per verbum Christi et carnem ipsius ac sanguinem divinitus transferatur » Et cap 4 « Sed figura esse videtur dum frangitur, dum in specie visibili aliud intelligitur quam quod visu carnis et gustu sentitur, dumque sanguis in calice
C simul cum aqua miscetur Porro illud fidei sacramentum jure veritatis appellatur Veritas ergo est dum corpus Christi et sanguis virtute Spiritus in verba ipsius ex panis vinique substantia efficitur »

LIV (Pag 296, edit Amstelodam, 191 Paris) *Num 77 Ratramni* « *Verum corpus est, inquit, quod sentit animus cogitando est in intelligentia fidei, invisibili quidem et spirituali, sed quam animus ipse percipit En quomodo Christi corpus est in mysterio in mente credentium Verbo Dei, extra mentem in altari non est*

RESPONSIO

Exscribere tantummodo opus est concepta verba ex hoc numero 78, ut perspiciat lector quam supervacaneum sit ejusmodi opinionem ascribere Ratramno et suasionem *non esse extra mentem in altari corpus Christi*, ait enim « Aliud est quod exterius geritur, aliud quod per fidem creditur Numquid non hoc
D verum est cum exterius species tantum videantur panis et vini, et interius existere corpus Christi vere credatur? Ad sensum quod pertinet corporis corruptibile est, quod fides vero credit, incorruptibile » Estne in his aliquid commentitii et falsi? cum species quotidie corrumpantur, corpus vero Christi quod fidei objectum est, nulla corruptione violetur *Exterius quod apparet non est ipsa res* Albedo, rotunditas, sapor panis, odor vini, suntne corpus Christi? *Sed imago rei* nunquid non revera sunt imago, figura, velamen, operculum, quo fallit oculos hominum? *Mente vero quod sentitur veritas rei*, cum res ipsa sit corpus Christi veritas rei est veritas corporis Christi et cum sit veritas non chimæra nec ens rationis, an per solam cogitationem mentis existit et non per se verum et solidum mentis objectum?

LV (Edit Amstelodam pag 296, Paris 191) *Num 89 et 94 Ratramnus fide spiritualiter animam pasci ait, dum non attenditur quod corpus pascit quod dente prematur quod per partes comminuitur, sed quod in fide spiritualiter accipitur, omnes nimirum extra fidem nihil esse nisi quod corpus pascit, dente prematur. Nec dici posse, quod profitetur Ecclesia Dei cum Paulo et Augustino, imo cum Christo Domino: Quod videtis est corpus meum.*

RESPONSIO

Jam observavimus nutritionem animæ procuratam carne et sanguine Christi non fieri, instar nutritionis naturalis, per conversionis carnis ipsius in substantiam animæ, sed per infusionem gratiæ, fidei, spei et charitatis. Sed hæc non præpediunt quominus sit verum Christi corpus cujus commistione et receptione procuratur nobis nutritio spiritualis per spiritualem Spiritus Dei potentiam et virtutem. Quæ cum ita sint, animadvertere necesse est quam vehementer allucinatus sit dissertator, dum asserit Ratramnum significare voluisse præter fidem in Eucharistia nihil reperiri nisi quod ad nutritionem corporis conducibile sit, hoc enim non dicit Ratramnus, sed quod cum fide spiritualiter accipitur præstare nutritionem animæ. Maxima enim differentia est inter fidem et id quod cum fide percipitur, sicut inter visum et objectum visus. Cum Ratramno mirabiliter convenit Paschasius, discrimen statuens inter homines digne aut indigne ad sacram corporis Christi communionem accedentes. « Ecce omnes indifferenter quam sæpe sacramenta altaris percipiunt. percipiunt plane, sed alius carnem Christi spiritualiter manducat et sanguinem bibit, alius vero non, quamvis buccellam de manu sacerdotis videatur percipere. » Ad id vero quod ait dissertator, Ratramnum docere eo loci nec dici posse quod profitetur Ecclesia Dei cum Paulo et Augustino, imo cum Christo Domino: « Hoc quod videtur est corpus meum, » quamvis jam infinitis locis hoc axioma explicuerimus, non melius respondere possumus quam his verbis beati Algeri lib. I de Eucharistia, cap. 11: « Item Augustinus ad Irenæum: Non hoc quod videtis manducaturi estis, ipsum quidem et non ipsum, ipsum invisibiliter et non ipsum visibiliter. Unde subditur: Si necesse est visibiliter illud celebrari, necesse est invisibiliter intelligi. Quia ergo corpus Domini spirituale non est corporalis esca, sed spiritualis, et necesse invisibiliter, illud intelligi. » Sic fatur fortissimus fidei catholicæ defensor adversus Berengarium, apposite quidem ad mentem tuendam et sententiam Ratramni nostri, quem nemo homo catholicus erroris aut hæresis crimine accusare potuit eo quod dixerit: Hoc quod videtis in Eucharistia non est ipsum corpus Christi, quia non est visibile nec palpabile, sed est ipsum quod sub speciebus visibilibus revera est occultum et absconditum panis et vini, quæ antea fuerunt, et jam in substantiam corporis et sanguinis Christi a fidelibus sumenda vel sumendam conversa sunt.

LVI. (*Ibid.*) *Eam ob rem num. 15, negat corpus panis esse mutatum. Cur? Corporaliter namque, inquit, nihil in eis cernitur esse permutatum. Sane, sed creditur tamen.*

RESPONSIO

Non negat num. 15, corpus panis esse mutatum, sed probat numeris continentibus, atque solummodo mutationem externam sensibus humanis non percipi, de quo nemini homini dubium subolet. « Corporaliter namque, inquit, in eis nihil cernitur esse permutatum. Fatebuntur igitur necesse est aut mutata esse secundum aliud quam secundum corpus. » Et in fine hujus numeri postquam probavit necesse esse aliquam mutationem fieri in Eucharistia, ait: « Aut si hoc profiteri voluerint, compelluntur negare corpus esse sanguinemque Christi: quod nefas est non solum dicere, verum etiam cogitare. » Quid vero nervosius his verbis Ecclesiæ catholicæ doctrinæ patrocinari potest? Et hæc miror nunquam dissertatorem attentis animis reputasse.

LVII. (*Ibid.*) *Et num. 16 mutationem esse aut figuratam et spiritualem, ut diximus, quæ fiat per fidei intellectum.*

RESPONSIO

Hoc falsum est, nunquam sic locutus est Ratramnus, nec dixit hanc mutationem effieri per fidei intellectum. Imo vero subjicit ejusmodi mutationem fieri debere ex pane et vino in corpus et sanguinem Christi, ut ait num. 30, « panem et vinum in corporis et sanguinis conversa substantiam virtute et potentia Verbi divini. » Revera docet ejusmodi mutationem non fieri modo sensibili et corporeo, sed spirituali et a sensibus remoto, ut dixerunt Paschasius, Algerus, Lanfrancus et omnes scriptores catholici. Quamobrem sic fatur Ratramnus num. 16: *sub velamento corporei panis corporeique vini spirituale corpus Christi spiritualisque sanguis existit*, quia licet corpus sit verum, nulli mentis cogitationi subjectum, est tamen spirituale et gloriosum, id instar corporum nostrorum cum post resurrectionem revixerint: quæ quidem erunt eadem quæ sunt hodie in terris viva, licet in cœlis et gloria rediviva, et a seipsis mortalibus per substantiam immortalitatis discrepantia. Quæ continenti sermone dixit Ratramnus, sinceritatem fidei ejus tam perspicue confirmant ut nulla res infirmare possit. « Non quod duarum sint existentiæ rerum inter se diversarum, corporis videlicet et spiritus, verum una eademque res, secundum aliud species panis et vini consistit, secundum aliud autem corpus et sanguis Christi. » Nihil fidei catholicæ convenientius dici potest, nec internoscere possum rationem quia commotus dissertator ex his verbis intelligat significari, *in altari substantiam panis duntaxat, cujus admonitu corpus Christi quod creditur animos credentium et vivificare* et eo quod concipitur, corpus Christi spirituale nuncupari; nam e contra cum mutationem panis et vini in corpus et sanguinem Christi recognoscat, speciesque corporeas ac sensibus non habere existentiam diversam a corpore Christi spirituali seu glorioso, consectaneum manifestum est Ratramnum non potuisse intelligere « quod in hoc mysterio substantia sit duntaxat panis, cujus admonitu corpus quod creditur, animam pascit ac vivificat, et eo quod concipitur corpus spirituale nuncupatur. »

LVIII. (Pag. 276 edit. Amstelod. et 191 edit. Paris.) *Ex quo consectaneum necesse est esse quod ultro et aperte ait num. 40, Dominicum corpus et sanguinem Dominicum symbola appellari, quoniam ejus sumunt appellationem, hoc est veri corporis et sanguinis, in quo Christus est natus, cujus existunt sacramentum, cujus memoriam et fidem excitant.*

RESPONSIO

Symbola non omnino nuncupantur corpus Christi eo quod in memoriam revocent istud corpus, aut ejus fidem excitant, sed quia sacramenta et mysteria rerum quas continent nomina sortiantur. Ea de causa vocat Eucharistiam beatus Algerus *corpus nuncupativum Jesu Christi*, quoniam ea ejusdem figura sunt ac velamen. Enimvero ejusmodi species ac figuræ ad similitudinem corporis Christi accedunt, ejusque imaginem præseferunt, non quia ejus memoriam revocant, sed quia corpus nutriunt, non secus ac Verbum Dei, quod est panis vivus descendens de cœlo, sui participatione fideles animas nutrit et recreat. « Quia sicut hujus visibilis panis vinique substantia exteriorem nutrit et inebriat hominem, ita Verbum Dei, quod est panis vivus, participatione sui fideles recreat mentes. »

LIX. (Pag. 296 Amst., pag. 192 Paris.) *Non est autem prætereundum quod insigni audacia Patrum testimonia quibus abutitur Pseudo-Ratramnus corruperit, Ambrosii præsertim et Augustini. De Ambro-*

sio certe jam præmonuit antistes illustrissimus Petrus de Marca in eo testimonio quod impostori recitat num. 59, hæc verba fuisse expuncta. Hoc quod conficimus corpus ex Virgine est.

RESPONSIO

Non infecit nec corrupit S. Ambrosium Ratramnus cum eum locum ex libro De iis qui mysteriis initiantur, cap. 9, in medium adducit, neque illustrissimus ac doctissimus Petrus de Marca eo corruptionis crimine unquam accusavit. Hoc intelligere facile est ex ejus epistola ad dominum Lucam d'Acherium, relata tomo V Spicilegii. Sed observat tantummodo bene ac sapienter potuisse Ratramnum hæc verba ejusdem capitis S. Ambrosii *Hoc quod conficimus corpus ex Virgine est*, quæ superius in eodem capite occurrunt, interpositis quinquaginta lineis. Eadem verba proferre poterat Paschasius, nec tamen propterea Ambrosii corruptor audiet. Sed si bona fide agamus, an potest jure merito depravationis et corruptionis accusari scriptor ecclesiasticus, et crimine expunctoris et impostoris postulari propter omissa quædam verba a loco citato intercapedine quinquaginta linearum distantia? Absit. Sed si percontarer ab omnibus rei litterariæ Patribus conscriptis quid sit textum auctoris corrumpere, concorditer responderent esse vocem ex textu expungere et ejus ope sensum hæreticum pro catholico inducere et auctori ascribere. Ejusmodi criminis exempla perspiciet lector amplissima in Colloquio critico de sphalmatis virorum in re litteraria illustrium, in opusculis Marcelli Ancyrani compactum. Sed interim animadvertat dissertatoris audaciam pag. 184, in qua assumptis his verbis Ratramni ex numero 56: « Intellige quod non in specie, sed in veritate corpus et sanguis Christi existunt quæ cernuntur, » quæ sensum catholicum et omnino orthodoxum præstant, dissertator expunxit hoc ver-
C bum *cernuntur*, et scripsit in textu Ratramni, *creduntur*, ut dictum Ratramnum hæresis Calvinianæ crimine convinceret, uti jam observavimus in responsione ad objectionem 39, quam hic repetere fastidiosum et supervacaneum videretur.

LV. (Pag. 193 Paris., et 296 Amstelod.) *Jam in Augustini verbis haud paulo levior. Nam cum dixerit sanctus doctor in sermone ad infantes superius allato* Mysterium vestrum accipitis, *legisse videtur Pseudo-Ratramnus, num.* 93 Mysterium Domini accipitis. (Sic enim habent editiones ejus libri omnes a prima quæ anno 1532 prodiit, præter postremam anni 1686.) Nec vero *sine consilio hunc Augustini locum sic interpolavit. Nempe ut statim colligeret panem consecratum tam esse mysterium nomine quam est mysterium nostrum, hoc est tam esse tantummodo signum corporis Dominici quam est tantummodo signum credentis populi.*

RESPONSIO

Ad hæc respondere facile est, editionem Ratramni
A anni 1686, ad quam curationem non levem habui, cæteris anteferendam esse, cum præsertim ex antiquo codice manuscripto octingentorum annorum abbatiæ Lobiensis expressa sit, cum cura et fide singulari. Cæterum si interpolationis contumelia sordescat Ratramnus propter hæc verba *mysterium Domini accipitis*, loco istorum *mysterium vestrum accipitis*, eadem notandus erit S. Fulgentii sermo qui occurrit in fine epistolæ ad Ferrandum diaconum cum hac lectione, *mysterium Domini accipitis*. Hoc perspectum habere facile est ex editione operum S. Fulgentii facta Lugduni Sebusianorum cura et studio Patris Theophili Rainaudi Jesuitæ non indocti nec imbecilli. Sed utcunque res sit, si præter auctoritatem antiquitatis codicis manuscripti Lobiensis aliquis conjecturæ locus inter viros litteratos esse possit, existimo potius legendum *mysterium vestrum accipitis* quam *mysterium Domini*, cum ipse
B Ratramnus linea superiori dixerit *mysterium vestrum in mensa Domini positum est*, adeoque justum magis videtur et æquum de fide Ratramni potius ex antiquo octingentorum annorum codice judicare quam ex recentioribus ab hæreticis hominibus primis hujus libri editoribus, corruptis et interpolatis. De reliquo conjectura dissertatoris adeo fallax est, ut non obscurum sit dissertatorem nimio contra Ratramnum studio abreptum fuisse.

LVI. (Pag. ibidem.) *Sic rursum num.* 33, *cum Augustinus a nobis citatus dixerit suaviter atque utiliter recondendum in memoria mysterium passionis, ipse expunctis detractisque vocibus duabus prioribus,* fideliter recondendum *exhibuit. Quæ interpolatio, tametsi alibi per se levis possit videri, eo tamen consilio est ab isto adhibita ut ex eo colligat mysteria a fidelibus peragi sua fide, non ab ipso Deo in symbolis sanctificatis.*

RESPONSIO

Hoc probandum incumbit dissertatori, Ratramnum eo consilio interpolasse Augustinum; sed tam leve peccatum est ejusmodi interpolationis et futile, ut pro nihilo habuerint Calviniani, nec sibi ullatenus patrocinari existimaverint. Nam in editionibus Ratramni quarum curationem habuere, scripserunt *suaviter atque utiliter* non *fideliter*, ut potissime intelligitur ex editione recentissima Londini facto anno ipso 1861, et ex editione domini Petri Allix templi Charentonii ministri, anno 1672, et omnibus aliis cura et studio hominum protestantium publicatis ab anno 1532. Insuper si ejusmodi conjecturam, levem quantumvis et futilem, contumaciter tuendam recipere velit dissertator, appello ad sensum communem virorum doctorum. Quis enim sibi persuadeat posse in memoriam nostram revocari carnem Christi pro salute hominum cruci affixam *suaviter et utiliter* si non *fideliter*, et quomodo *fideliter*? Si non *suaviter* et *utiliter*, quid ergo sibi vult dissertator nisi quadam ἰδιοσυγκρισίᾳ ex pumice aquam extrahere?

RATRAMNI

CORBEIENSIS MONACHI

CONTRA GRÆCORUM OPPOSITA

ROMANAM ECCLESIAM INFAMANTIUM

LIBRI QUATUOR

(Apud Acherium, Spicilegii tomo I, pag 63)

MONITUM

Hos libros episcoporum hortatu jussuve elucubrasse Ratramnum persuadere videntur isthæc libri quarti verba postrema « Egimus velut potuimus respondentes ad ea quæ nobis scripta misistis Quæ si placuerint, Deo gratias agimus sin vero displicuerint, vestræ correctionis censuram præstolamur » Etenim summus Ecclesiæ hierarcha Nicolaus I Galliæ episcopos litteris commonuerat ut Græcorum, Romanæ sedis adversariorum, objectis occurrerent, uti auctor est Frodoardus in Hist Eccl Rhemens lib III, cap 17 « Nicolaus papa epistolam eidem (Hincmaro) et cæteris archiepiscopis et episcopis in regno Caroli constitutis transmisit, innotescens præfatos Græcorum imperatores, sed et Orientales episcopos calumniari sanctam Romanam Ecclesiam, imo omnem Ecclesiam quæ Latina utitur lingua quod jejunamus in Sabbatis, quod Spiritum sanctum ex Patre Filioque procedere dicimus, quia presbyteros chrismate linire baptizatorum fronte inhibemus dicentes ipsi Græci quod chrisma ex aqua fluminis Latini conficiamus, reprehendentes nos Latinos quod octo hebdomadibus a casei et ovorum esu more suo non cessamus dicentes etiam quod in Pascha more Judæorum super altare pariter cum Dominico corpore agnum benedicamus et offeramus, succensentes etiam nobis quia clerici apud nos barbas suas radunt et dicentes quia diaconus non suscepto presbyteratus officio apud nos episcopus ordinatur, » etc Deinde Nicolai epistolæ verba subtexit « Tua, Hincmare, charitas cum hanc epistolam legerit, mox ut etiam ad alios archiepiscopos, qui in regno filii nostri Caroli gloriosi regis consistunt, deferatur, summopere agere studeat, ut et de his singuli in suis diœcesibus propriis una cum suffraganeis suis, in cujuscunque regno sint constituti, convenienter tractare, et nobis quæ repererint suggerere curent, eos incitare non negligat, » etc En summa schismatis in Oriente a Photio pseudopatriarcha Constantinopolitano et gregariis excitati, fotique a Græcorum imperatoribus Michaele et Basilio

Itaque Ratramnus noster id muneris sibi impositum accurate, eleganter et prorsus erudite, quatuor peregit libris In prioribus totus est cum in sacris Scripturis tum in Græcorum Latinorumque placitis, quo novatorum propellat blasphemias, et stabiliat de Spiritu sancto catholicam veritatem Quarto vero in libro de varia Quadragesimæ observatione, deque vario ciborum usu, de jejunio Sabbati apud Latinos de clericorum barbæ et capitis tonsura, ac cœlibatu, de Confirmationis sacramento a solo episcopo conferendo, de Romani pontificis in patriarcham Constantinopolitanum atque adeo in universos orbis A Christiani præsules summo jure deque aliis Ecclesiæ ritibus agit omnino feliciter Quam porro in sacræ Scripturæ et in antiquorum Patrum ac conciliorum lectione versatus fuerit Ratramnus, facile qui libros hosce quatuor evolverint, animadvertent Non enim sinit præfationis angustia prolixiori stylo laudes tanti viri percurrere, de quo nonnulla duntaxat scriptorum testimonia hic subjicienda existimavi

Sed antequam ulterius progrediar, non abs re fuerit lectorem præmonere, Jacobum Sirmondum, immortali memoria dignum, edendo S Fulgentii opuscula quædam, dum in calce fragmenta eorum quæ hactenus latuere, recenseret illos ipsos Ratramni libros Hincmaro Rhemensi ascripsisse fragmento ultimo, in hunc modum *Ex libro III Hincmari archiepiscopi Rhemensis adversus objecta Græcorum, ad Odonem Bellovacensem* deinde ipsissima Ratramni B verba subjecit *Fulgentius episcopus litterarum studiis admodum eruditus*, etc, quæ intra lib III, c 3, videbis Demum idem loca duo Fulgentii inedita a Ratramno locis citatis allata profert Quid Sirmondo persuaserit prolem hanc extraneo parenti supponere, mihi prorsus incompertum, cum alioquin cæteris Hincmari operibus, per duodequadraginta prope annos a se summo studio summaque diligentia conquisitis, illud non ignobile opus accensere debuisset Nunc testimonia in medium afferamus

SIGIBERTUS de Scriptoribus Ecclesiasticis, cap 95 « Bertramus (sive Ratramnus) scripsit librum de Corpore et Sanguine Domini, et ad Carolum librum de Prædestinatione »

Joannes TRITHEMIUS abbas de Viris illustribus ordinis S Benedicti, lib II, cap 48 « Bertramus monachus, in divinis Scripturis studiosus et eruditus, atque in sæcularibus litteris nobiliter instructus, scripsit non parvipendendæ lectionis opuscula, qui- C bus suum magnifice exercitavit ingenium, e quibus ego tantum reperi de Corpore et Sanguine Domini lib I ad Carolum de Prædestinatione lib I Claruit A D 870 »

Claudius ESPENCÆUS, doctor Parisiensis, de Eucharistia lib IV c 19, sub med « Et merito sane, cum verus, ut ita loquar, ille Bertramus, totos annos septingentos, nec a quodam hæreseos fuerit insimulatus, vel reprehensus quasi male scripserit sed in catalogum scriptorum ecclesiasticorum relatus, ut vir non minus vita quam doctrina, ingenio et eloquio insignis »

Claudius DE SAINTES, episcopus Ebroicensis, de Eucharistiæ Controversiis, repet 2, c 14 « Verum illum Bertramum totos annos septingentos nemo hæreseos reprehendit, quasi male scripserit, sed retertur in catalogum scriptorum ecclesiasticorum, ut vir non minus vita quam doctrina, ingenio et eloquio insignis et catholicus. »

Aubertus MIRÆUS in Scholiis ad præfatum Sigiberti caput: « Bertramus scripsit librum de Corpore et Sanguine Domini, excusum Coloniæ 1532, Basileæ in Microprœsbytico, et alibi, sed damnatum a Tridentinis censoribus. Ita Molanus in Bibliotheca ms. Hæretici cum primi typis ediderunt, videnturque illi inseruisse quæcunque vel obscura vel in speciem prave sonantia leguntur. Plurimis certe locis veram Christi præsentiam astruit et transsubstantiationem docet, ut ne ipse quidem interpolator id sub finem dissimulet, dicens multa non cohærere et præcedentia sequentibus contradicere. Hoc inter alios observavit Bartholomæus Petrus Lintrensis, doctor Theologus. »

Dionisius PETAVIUS S. J. Theologicorum Dogmatum tomo II, lib. VII, cap. 2, ante finem, *Ratramni tanquam catholici nobilisque scriptoris auctoritate utitur, explicans vocem* Filioque *additam ad Symbolum Constantinopolitanum*: « Quin etiam Ratramnus, Corbeinsis monachus, in lib. II pro Romana Ecclesia contra Græcos, quem circa annum 868 scripsit, Photii tempore, tanquam ab illis objectum corrupti symboli crimen diluit, » etc. *Ac subdit*: « Scripsit autem Ratramnus, ut jam dictum est, post acceptam Nicolai Encyclicam, quam ad Hincmarum et alios episcopos in regno Caroli Calvi constitutos miserat anno 867, ut eos hortaretur ad refellendas Græcorum calumnias, adversus Romanam Ecclesiam objectas a Michaele imperatore et Basilio in epistola quadam ad se scripta. »

Joannes DE LAUNOY, doctor Parisiensis, in dissertatione de veteri ciborum Delectu, etc., pag. 13: « Græcorum objectioni sic respondet Ratramnus, Corbeinsis monachus, in opere quod tunc episcoporum auctoritate contra Græcos vir ille doctissimus conscripsit. Ex lib. IV hujus operis, » etc. *Inde prolixam pericopen excerpsit.*

Gilbertus MAUGUIN, regi a consiliis, in Historicæ et Chronologicæ Dissertationis capite 17, ad annum 850: « Hoc etiam anno Ratramnus, Corbeiensis monachus non levis armaturæ in Ecclesia Christi miles, regio mandato obtemperans, duos libros de Prædestinatione composuit. » *Quos ille primus luci dedit.*

Jacobus DE SAINTE BEUVE, socius Sorbonicus ac regius professor, *tractatum de Eucharistia in Sorbonæ scholis ipse prælegens, Ratramnum multis usque non vulgari eruditione refertis egregie vindicat*. Primo quidem post Sigibertum, Trithemium, Espencæum et Sanctesium, inter ecclesiasticos scriptores orthodoxosque locum obtinuisse Ratramnum, deinde catholicum opus de Corpore et Sanguine Domini composuisse docet, fretus non tantum Sigiberti et aliorum testimoniis, uno hisce potissimum rationibus adductus. Altera est, septingentos per annos hæresis haud insimulatum ab ullo scriptore, nedum damnatum Ratramnum. Altera vero, neque ab ipso Berengario hæresiarcha, neque ab ejus discipulis usquam laudatum reperceris. His accedit quod immunis exstiterit liber ille Ratramni a censura concilii Vercellensis, in quo Berengarii impium dogma simulque Joannis Erigenæ, sive Scoti, ejusdem latinæ opuscula æterno anathemate fuere perculsa. Postremo subjungit Sanbovæus: Etsi opus illud de Corpore et Sanguine Domini, quod Bertrami præsefert nomen, genuinus esset ipsius fetus, minimeque corruptus, interpolatusve, suum esse nihilominus Ratramnum nostrum, vel suæ hæresi faventem, ob nævos eo in opere contentos, incassum persuadere conantur hæretici: quippe qui continuo in Ecclesiæ sinu vixit, ac placide in ejus obdormivit communione. » Ait enim Facundus lib. X, cap. 5: « Non ex levi sono verborum, sed ex intentione dicentis æstimanda sunt quæ dicuntur. Dicentis autem intentio, cum jam persona defuncta est, ex communione religiosius æstimatur. » Et sane ab heterodoxorum calumnia catholice defendi posset Ratramnus, non secus atque olim Dionysium Alexandrinum vindicavit Athanasius: « Magni certe argumenti est (inquit ipse in epistola de Dionysii sententia contra Arianos) ne in hoc quidem illos verum dicere, sed calumniis virum premere, quod ille nunquam ab aliis episcopis de impietate convictus est, neque hæresim propugnando ab Ecclesia secessit, sed in ea cum pietate obdormivit, quodque ejus memoria hactenus cum Patribus hucusque celebrata est, et in catalogum relata, qui si cum istis ejusdem opinionis fuisset aut si scriptorum suorum rationem non reddidisset, minime dubium quin eadem quæ illi passus fuisset. » Tandem vero cum tam præclara et aperta in præfato Ratramni opere realem corporis et sanguinis Christi præsentiam sub speciebus eucharisticis probent ac transsubstantiationem, obscuriora proinde et difficiliora ad orthodoxum sensum benigne queunt elucidari, ex Regula nimirum Facundi, lib. IX, c. 5: « Quemadmodum calumniantium hæreticorum est ex dubiis et obscuris quæ certa et manifesta sunt male interpretari, in ita salvum est prudentiæ ac pietatis catholicæ ex indubitatis atque evidentibus et firmare ambigua et latentia declarare. Si qui vero orthodoxi etiam aliud faciendum putaverint, non sunt in hoc a prudentibus imitandi. »

Hæc Acherius, qui præterea monet eos libros a se editos esse ex codice Thuaneo. Hunc codicem deinde Baluzius contulit in bibliotheca Colbertina, eumque diligentiæ suæ fructum retulit, quod in nonnullis locis deprehendit Acherii librarium in Ratramni opere exscribendo nimium ingenio suo indulsisse.

LIBER PRIMUS

CAPUT PRIMUM

Michaelis et Basilii impp. oppositis responsio. Opposita Græcorum.

Opposita quibus Michael et Basilius, Græcorum imperatores, Romanam Ecclesiam infamare conantur, vel falsa, vel hæretica, vel superstitiosa, vel irreligiosa fore cognoscuntur. Quapropter merito contemptui subjacere deberent, nisi consideraretur quod simplicibus minusque capacibus scandalum læsionis inferre valerent, illudque Salomonicum Spiritu sancto prolatum: *Responde stulto secundum stultitiam suam, ne sibi sapiens esse videatur* (*Prov.* XXVI, 5). Cum enim dicant quod chrisma conficiamus ex aqua, et quod agnum die sancto Paschæ super altare una cum Dominico corpore sacrandum Judæorum de more ponamus, nonne manifeste mentiuntur? Nec timent illud Psalmistæ Spiritu sancto loquentis: *Perdes omnes qui loquuntur mendacium* (*Psal.* V, 7).

Et quod alibi Spiritus sanctus commonitor: *Falsus testis non erit impunitus* (*Prov.* xix, 5, 9). Idem, quod culpare nituntur non solum Romanam, verum omnem Latinam Ecclesiam, quod Spiritum sanctum de Patre Filioque procedere confitemur, secundum catholicam fidem, cum illi tantum dicant, eum de Patre procedere, nonne se hæreseos pravitate condemnant, et ab Ecclesiæ communione removent, et in Spiritum sanctum blasphemant? quod peccatum irremissibile esse Salvator in Evangelio protestatur (*Marc.* iii, 29). Nisi forte monstrare possint a suis majoribus catholicis viris hoc aliquando denegatum. Etenim cum dicant Spiritum sanctum procedere a Patre, non negant et a Filio procedere. Quod si majores suos sequi voluerint, amplexabuntur catholice dictum, procedere Spiritum sanctum a Patre, sicut et sui majores sunt amplexi, qui sacris litteris instituti optime noverunt utriusque Spiritum esse, videlicet tam Patris quam Filii. Quod in sequentibus clarius demonstrabitur.

CAPUT II.

Iterum de Græcorum objectis. — Quid muneris imperatoribus incumbit.

Jam quod arguere conantur, quod in Sabbato jejunamus, vel quod Paschale jejunium non eadem cum eis regula celebremus, quis non videat quanto tumore, quantaque stultitia vel inflati vel excæcati talia dicant? Arguunt jejunantes, iterum reprehendunt non jejunantes, aut enim bonum est jejunium, aut malum, si bonum, cur accusant? si malum, cur exercent quod accusant? Forsitan res non sui merito sancienda, sed pro personarum acceptione judicanda est, ut jejunium quod celebrat Latinus sit arguendem, quod vero Græcus, sit venerandum, sic judicant vel elatione decepti, vel scientia privati. Quis autem ferre possit quod reprehendere gestiunt continentiam affectantes, a feminarum concubitu se removentes, carnis et animæ sanctitatem æmulantes? Quæ cum sint in cunctis mortalibus præconio laudis extollenda, tum præcipue in sacri altaris ministris, quorum est officium in sacris semper assistere, Divinitati servitutis obsequium jugiter exhibere, pro commissis populis divinam majestatem diebus omnibus jugi precatu placare. Hoc quia nostri sacerdotes agere de more majorem non omittunt, infamantur nuptias damnare. Quid hæc impugnant, nisi religionem? Quid hæc destruere nituntur, nisi sanctimoniam sine qua nemo placere potest Deo? Quis vero non videat quanto sit tenendum ridiculo, de barbæ tonsione quod culpant, vel quod presbyteri penes nos baptizatorum frontes chrismate sancto non liniunt, sed hoc privilegium pontificibus relinquunt? Num in barbæ vel tonsione, vel conservatione, præceptorum divinorum prævaricatio cognoscitur ulla? vel si presbyteri quos baptizant eorum frontes unctione sacra non liniunt, num idcirco baptismi gratiam non perficiunt, trinam mersionem

A per invocationem sanctæ Trinitatis facientes? Superstitionis ista deprehenduntur esse, non alicujus religiosæ considerationis.

Quid mirum hujusmodi si calumniæ procedant ab hominibus sacræ legis peritis, sæculari potentia fultis, imperii fastu confidentibus? De sacris dogmatibus, de ecclesiastico ritu, non imperatorum, sed episcoporum fuerat disputare. Discendum illis, non docendum, in Ecclesia ministerium commissum est. Nam quamvis imperiali dignitate præcellant, res illis publica commissa est, non episcopale ministerium. Imperatores de sæculi legibus tractare debent, episcopi vero de divinis dogmatibus disputare. Suum modum studeant tenere, non officium episcopale B præripere, ne illis proveniat quod Oziæ regis pontificale ministerium præsumenti contigit, qui divinitus lepra percussus non solum a templo, verum et a communione populi noscitur ejectus (*II Par.* xxvi, 17). Cui ergo recentes isti doctores, et monstruosi, ut ita dicamus, præceptores, suo nunc tempore in crimen devocare conantur, quod sui priores, si tamen Ecclesiæ filii sunt, et unitatis catholicæ sectatores, duxere semper venerandum? Nullus novus cultus apud Romanam Ecclesiam nunc agitur, nulla nova religio, nulla nova doctrina, institutio nova nulla. Majores nostri quæ tenuere, quæ docuere, quæ servanda suis posteris reliquere, hæc tenemus, hæc servamus, nihil supra ponentes, nihil eis adimentes. Quod de sancto Spiritu senserunt, hoc sentimus. C Perceperunt illi ab apostolis, apostoli a Christo acceperunt. In eadem fide tam Orientalis quam Occidentalis semper remansit Ecclesia. Noverunt etenim apostoli dictum, quod est *una fides unum baptisma* (*Ephes.* iv, 5). Et licet hæreses frequenter exsurgerent, quæ tanquam mali pisces Christi retia rumperent, Christi tamen tunica permansit integra. Instituta vero majorum suis quibuscumque locis edita, sicut non omnibus ecclesiis eadem, sic unitatem fidei nullo modo divisere, nec propter alternæ consuetudinis commutationem mutuæ societatis amisere communionem. Quoniam aliud est de habitu, de conversatione discernere, et aliud de unitate fidei similiter sentire. Sed de his posterius. Nunc ad proposita veniamus, et de singulis quæ gratia sancti D Spiritus donaverit, disputemus, non ordinem propositarum sequentes quæstionum. Est enim minus prudenter dispositus, quia levitate mentis, non prudentiæ gravitate digestus esse cognoscitur.

Et primo de Spiritu sancto quæ donaverit ipse dicamus: hoc enim et primum est et præcipuum, et ad catholicæ fidei pertinens firmamentum. Ostendere namque est animo quod sic de eo sentimus et confitemur, sicut et Patres nostri senserunt et confessi sunt, et sic ipsi senserunt et professi sunt, sicut apostoli senserunt et docuerunt. Apostolorum autem doctrinam si quis arguere maluerit, Christi necesse est magisterium redarguat, et prophetarum oracula refutet.

CAPUT III.

Probatur Spiritum sanctum ex Patre Filioque procedere Ario assimilantur Græci Salvator est veritas Spiritus sanctus est spiritus veritatis, id est Christi Charitas dicitur Spiritus sanctus

Arguitis quod Spiritum sanctum ex Patre Filioque procedere dicamus, cum ipsi ex Patre tantum procedere dicatis Consideremus Evangelii lectionem, et ex eo responsionis tenorem capiamus Loquitur enim Salvator in sermone quem secundum Joannem ad discipulos nocte, qua tradendus erat, fecerat, inter reliqua sic *Cum autem venerit Paracletus quem ego mittam vobis a Patre, Spiritum veritatis, qui a Patre procedit, ille testimonium perhibebit de me* (*Joan* xv, 26) Legitis *qui a Patre procedit*, et audire non vultis dicentem Filium, *quem ego mittam vobis a Patre* Dicite quemadmodum mittatur a Filio hoc namque dicere Filium non negatis, si tamen Evangelium legitis, aut Evangelio si creditis? Aut ergo missionem, hanc confitemini processionem, aut, quod est impium, dicetis obsequium [a] et eritis, quod absit, cum Ario, qui minorem dogmate perverso Spiritum sanctum asserebat Filio Absit autem ut Arii partes velitis astruere, absit ut Spiritum sanctum minorem Patre Filioque velitis affirmare Igitur cum dicat Filius missurum se esse *Spiritum veritatis quia a Patre procedit*, profecto fatetur quod a se dicat eum procedere, dum confirmat eum se mittere Fortassis quæstionem facit, quod non simpliciter dixerit Salvator *Quem ego mittam vobis* sed addiderit, *a Patre* Hoc Ariani movere trium graduum facere volentes in Divinitate Sed Evangelii veritas consubstantialem totius Trinitatis ostendit unitatem Procedit Spiritus sanctus a Patre, illius quia de substantia manat Mittit quoque Filius Spiritum veritatis a Patre, quia Spiritus sanctus ut a Filio procedat, ipse natus est ex Patre, et sicut accepit de Patre Filius nascendo substantiam, sic eidem accepit a Patre ut Spiritum veritatis mitteret a se procedendo Alioquin cum dicit *Qui a Patre procedit*, non negat a se procedere, quoniam missio Filii, processio est Spiritus sancti, ut mittat Spiritum veritatis, non tanquam minorem jubendo ipse major existendo, sed missionis verbo monstratur quia sicut procedit Spiritus veritatis a Patre, sic etiam procedit et a Filio Hinc in consequentibus *Ille me clarificabit, quia de meo accipiet, et annuntiabit vobis* (*Joan* xvi, 14) Quid enim accipiet Spiritus sanctus a Filio, cum unius sint substantiæ uniusque potentiæ? Nimirum, *de meo accipiet*, dixit, id est a me procedit, quia sicut sunt unius substantiæ Pater et Filius, sic et de utroque procedendo Spiritus sanctus accepit consubstantialitatis existentiam

Nec debet movere quod *accipiet* futuri temporis dixit, hoc enim ad illud respicit quod futurum erat, quod discipulis mitteretur. non ad illud quod a Patre A Filioque procedit sine tempore namque procedit a Patre, procedit et a Filio, quia Pater et Filius et Spiritus sanctus tres quidem personæ, sed unius ejusdemque exstiterunt existuntque substantiæ

Sequitur *Omnia quæcunque habet Pater, mea sunt, propterea dixi, quia de meo accipiet, et annuntiabit vobis* (*Ibid.*, 15) Si omnia quæcunque habet Pater, habet et Filius, profecto sicut est Spiritus sanctus Patris Spiritus, sic est et Filii Spiritus, alioquin si Patris est tantum, non etiam Filii, non omnia quæcunque habet Pater, sunt Filii Sed habet omnia quæcunque habet Pater, Filius Igitur sicut est Spiritus sanctus Patris Spiritus, sic est et Filii Spiritus Sed hanc habitationis possessionem non putemus vel B minorationem depositionis, vel conditionis additionem Verum illud declaratur quia sicut procedit Spiritus sanctus a Patre, sic quoque procedit a Filio Paulo superius Christus ait *Cum autem venerit ille Spiritus veritatis*, et prius dixerat *Cum autem venerit Paracletus quem ego mittam vobis a Patre, Spiritum veritatis* Veritas Salvator est, ipse Philippo testificatur *Ego sum via, veritas, et vita* (*Joan* xiv, 6) Si ergo veritas Salvator est, et Salvator Filius Patris est, quid est aliud dicere Spiritum veritatis, quam Spiritum Filii? Cognoscitur ergo Spiritus Patris esse qui procedit a Patre, simulque Spiritus Filii, quem Salvator confitetur Spiritum esse veritatis

Si quæris unde sit Spiritus veritatis, quære simul unde sit Spiritus Patris procedendo namque a Pa- C tre Spiritus Patris est, simulque procedendo a Filio, qui est veritas, Spiritus est Filii Non propter subjectionem dicuntur ista, sed propter unius ejusdemque substantiæ significationem Quoniam sicut sunt Pater et Filius unius ejusdemque substantiæ, sic ab utroque procedit Spiritus sanctus Nec putes duos habere patres Spiritum sanctum, quia procedit a Patre, procedit a Filio quoniam Spiritus sanctus non est Filius, et qui filius non est, habere patrem non potest

Dicitur quoque Spiritus sanctus charitas esse, unde beatus Joannes *Deus charitas est* (*I Joan* iv, 16) Quam charitatem commendans scribit fidelibus *Et vos unctionem quam accepistis ab eo maneat in* D *vobis, et necesse non habetis ut aliquis doceat vos, sed sicut unctio ejus docet vos de omnibus* (*I Joan* ii, 27) Huic simile Salvator *Cum autem venerit*, inquit, *ille Spiritus veritatis, docebit vos omnem veritatem* (*Joan* xvi, 16) Sive igitur dicas *Deus charitas est*, sive dicas *Sicut unctio ejus docet vos de omnibus*, sive dicas *Spiritum veritatis, qui docet omnem veritatem* Spiritum sanctum significas Est autem charitas Patris, qua nos dilexit est charitas Filii, qua nos redemit Sed non diversa propterea charitas, quia Patris esse dicitur atque Filii qua namque charitate Pater diligit Filium, eadem charitate Filius diligit Patrem est namque charitas Patris Spiritus sanctus, est charitas quoque Filii Spi-

[a] *Dicetis obsequium.* Verissima lectio, antea legebatur, *impium dicenti, obsequium*

ritus sanctus. Procedit charitas Patris a Patre, ut diligat Filium; procedit etiam charitas Filii a Filio ut diligat Patrem. Igitur utriusque una charitas, quoniam utriusque unus Spiritus ab utroque procedens.

Christus clamabat dicens: *Si quis sitit, veniat ad me, et bibat* (*Joan.* VII, 37). *Qui credit in me*, sicut dicit Scriptura, *flumina de ventre ejus fluent aquæ vivæ*. Subjungit evangelista: *Hoc autem dixit de Spiritu quem accepturi erant credentes in eum* (*Joan.* VII, 39). Aquæ vivæ flumina, evangelista docente, inundationem dicimus Spiritus sancti, qua docet Salvator in se credentes irrigandos. Unde igitur flumina, nisi de fide Christi manantia? Et unde fides, nisi ex Christi doctrina? Quemadmodum igitur doctrina Christi de Christo, et fides illius doctrinæ de Christo: sic flumina aquæ vivæ, id est Spiritus sanctus procedit a Christo. Christus namque et homo perfectus, et Deus perfectus. Ex quo perfectus Deus, Spiritum sanctum in se credentibus qui a se procedit, largitur, infundit: cujus fluenta corda credentium æternæ vitæ fontibus inundant.

Samaritanæ quoque dicit: *Qui biberit ex aqua hac, sitiet iterum: qui autem biberit ex aqua quam ego dabo ei, non sitiet in æternum. Sed aqua quam ego dabo ei, fiet in eo fons aquæ salientis in vitam æternam* (*Joan.* IV, 13). Quod alibi flumina dixerat aquæ vivæ, nunc appellat fontem aquæ salientis in vitam æternam, in utroque Spiritum sanctum volens intelligi, quem manifestissime dicit a se dari cum dicit: *Aquam quam ego dabo ei, fiet in eo fons aquæ*. Quod enim dat, ex semetipso dat: dat autem fontem aquæ salientis in vitam æternam, id est Spiritum sanctum in se credentibus copiosissime largitur. Demonstrans, a se procedere, quem a se dicit credentibus donari.

Resurgens a mortuis et discipulis in conclavi residentibus, post pacis salutationem, et post mandatam pacis legationem, *Insufflavit*, et dicit eis: *Accipite Spiritum sanctum* (*Joan.* XX, 22), et reliqua. Quid enim per insufflationem, nisi Spiritus sancti processionem significat? Non ut flatus ille corporeus ex aere sumptus, et pulmonum ministerio per oris organum effusus, Spiritus sancti fuerit substantia, verum tali nos modo voluit edocere, Spiritum sanctum ex seipso procedere, et de substantia Filii Spiritus quoque sancti substantiam manare. Sicut Pater Filii nativitatem de sua substantia volens ostendere propagatam, ac per hoc Filium sibi fore consubstantialem, loquitur in Psalmo eidem Filio: *Ex utero ante luciferum genui te* (*Psal.* CIX, 3). Non quod uterum Deus Pater habuerit, de quo Filium ante sæcula genuerit, sed quo testificatus fuerit quod Filium non de nihilo, non alterius de rei subsistentia, sed propria de natura substantiaque genuerit. Sic et Filius insufflando dans Spiritum sanctum apostolis, ostendit de sua substantia procedere, quem tali insufflatione voluit donare.

De sacramento corporis et sanguinis sui loquens discipulis ait: *Verba quæ locutus sum vobis, Spiritus et vita sunt* (*Joan.* VI, 64). Unde igitur procedunt verba, nisi mentis ab intimo? Igitur verba quæ loquitur Christus, Spiritus et vita sunt, quia Spiritus, qui de corde Christi procedit, vita est. Non quod in Divinitate cor sit, carnis videlicet particula, sed quod tali vocabulo voluit interioris substantiæ monstrare sacramentum, de quo dicit procedere Spiritum qui vita est. Ergo procedit Spiritus sanctus a Filio, et est unius ejusdemque substantiæ cum Filio.

CAPUT IV.

Testimonia proferuntur ex Evangelio et Epistolis Pauli.

In Evangelio Lucæ sic legitur: *Et egressus est Christus in virtute Spiritus in Galilæam* (*Luc.* IV, 14). De Salvatore legitur, quod sit virtus Patris, et nunc Spiritus virtus appellatur. Nunquid alia virtus Christus, et alia virtus Spiritus? Non utique. Sed uterque virtus dicitur, ut una utriusque substantia monstretur. Quid est autem quod ait: *In virtute Spiritus*? Nunquid majorem voluit ostendere Spiritus sancti virtutem Filii virtute? Non omnino. Quid est ergo quod ait: *In virtute Spiritus*? Non enim externam Christo voluit ostendere virtutem, et velut aliunde concessam, sed propriam, quæ cum sit Spiritus sancti, sit etiam simul et Filii tanquam in una natura non in essentia diversa et manendo simul in uno alter procedit ex altero, Spiritus videlicet sanctus ex Filio, uterque vero de Patre: sed Filius nascendo, Spiritus vero sanctus procedendo. Non quod alternis temporibus de Patre procedat vel Filio, sed quod nullo interveniente tempore de Patre procedat simul et Filio.

Beatus Paulus apostolus scribit ad Galatas: *Quoniam estis filii Dei, misit Deus Spiritum Filii sui in corda vestra clamantem, Abba, Pater* (*Gal.* IV, 6). Non ait: Misit Deus Spiritum suum. Quod si diceret, non penitus excluderet Filium, quoniam Deus est etiam Filius, quemadmodum Pater est Deus, et uterque non duo dii, sed unus est Deus: quod enim persona separat, substantia conjungit. Volens autem omnem auferre quæstionem, personam Filii specialiter dixit, misisse Deum Spiritum Filii sui in corda nostra. Num alius est Spiritus Filii quam Spiritus Patris? Quod si idem est Spiritus amborum, profecto procedit ab utroque, non enim sic dicitur Spiritus Filii tanquam sit minor Filio, hoc qui sentit, vel dicit, non est catholicus. Qua de re non est quare dicatur Spiritus Filii, nisi quia procedit a Filio, sicut dicitur Spiritus Patris, quia procedit a Patre.

Ad Philippenses autem scribens, inter cætera sic ait: *Scio enim quia hoc mihi proveniet in salutem per vestram orationem, et subministrationem Spiritus Jesu Christi* (*Philip.* I, 19). Jesus Christus, Deus et homo. Nunquid de humano spiritu loquebatur Apostolus, hæc quando dicebat? In cruce namque Jesus Christus humanum posuit spiritum, evangelista testante, qui de illo dicit: *Et inclinato capite tradidit*

Spiritum (*Joan.* XIX, 30). Et de quo dicit etiam ipse: *Potestatem habeo ponendi animam meam, et iterum sumendi eam* (*Joan.* X, 18). Iste vero Spiritus de quo nunc loquitur Apostolus (*I Cor.* XII, *etc.*), per cujus subministrationem certa spe confidit, quod in nullo super Christi administratione confundetur, Deus est, qui etiam Spiritus sanctus appellatur, ad distinctionem Patris et Filii, de quo testatur Apostolus, quod divisiones gratiarum ipse distribuat, qui operatur omnia prout vult. Hic ergo Spiritus est Christi, non subjectione servili, sed processione divina, Patri Filioque in natura, in majestate, in dignitate æqualis.

Scribit sanctus Lucas in Actibus apostolorum: *Cum venissent autem in Mysiam, tentabant ire Bithyniam, et non permisit eos Spiritus Jesu* (*Act.* XVI, 7). De quo Spiritu dicat, superius narrat, dicens: *Transeuntes autem Phrygiam et Galatiæ regionem, vetiti sunt a sancto Spiritu loqui verbum in Asia* (*Ibid.*, 6). Quem dixerat superius sanctum Spiritum, ipsum postea dixit Spiritum Jesu, manifeste signans non alium esse Spiritum Jesu quam Spiritum sanctum. Cur autem dicatur Spiritus Jesu, frequenter est dictum, quoniam procedit a Jesu. Non ea natura qua factus est misericorditer homo, sed ex ea qua natus de Patre æqualis est Patri.

Item loquitur ad Titum: *Secundum suam misericordiam salvos nos fecit per lavacrum regenerationis, et renovationis Spiritus sancti, quem effudit in nos abunde per Jesum Christum Salvatorem nostrum* (*Tit.* III, 5). Quemadmodum effudit per Jesum Christum Spiritum sanctum? numquid velut minorem per majorem? Hoc Ariani voluerunt, sed Patrem dicit effudisse Spiritum sanctum per Jesum Christum, ut ostenderet effusionem Spiritus sancti factam ex Jesu Christo, non tanquam aliunde accipiendo, sed eam ex seipso mittendo; neque enim voluit dicere ut Pater Spiritum sanctum effuderit per Jesum Christum, tanquam si per fistulam effundatur aqua, ut nihil in hac effusione fuerit Filii, præterquam ministerium vel evectionis, vel transitionis. Hoc itaque sentire impietatis est. Verum effudit Pater Spiritum sanctum in nos abunde per Jesum Christum Salvatorem nostrum, quia procedit et a Filio, sicut procedit a Patre; et dicendo effudit per Filium, monstravit processionem ejus a Filio, nec tamen negavit cum Patre procedere, quia cum procedit a Filio, procedit et a Patre.

De hac effusione Spiritus sancti testatur beatus Petrus in Actibus apostolorum de Domino Jesu Christo Judæis sic loquens: *Dextera igitur Dei exaltatus et promissione Spiritus sancti accepta a Patre, effudit hunc quem vos vidistis et audistis* (*Act.* II, 33). De quo locutus Lucas in eisdem Actibus testatur: *Cum complerentur*, inquit, *dies Pentecostes, erant omnes pariter in eodem loco, et factus est repente de cœlo sonus tanquam advenientis spiritus vehementis, et replevit totam domum ubi erant sedentes. Et apparuerunt illis dispertitæ linguæ tanquam ignis, seditque supra singulos eorum: et repleti sunt omnes Spiritu sancto et cœperunt loqui variis linguis, prout Spiritus sanctus dabat eloqui illis* (*Act.* II, 1-4). Et in consequentibus: *Et erit in novissimis diebus, dicit Dominus, effundam de Spiritu meo super omnem carnem, et prophetabunt filii vestri* (*Ibid.* 17), et reliqua. Et paulo post: *Et quidem super servos meos super ancillas meas in diebus illis effundam de Spiritu meo, et prophetabunt* (*Ibid.*, 18). Hoc totum posuimus ut beato Petro docente nosceremus Spiritum sanctum effusum super apostolos, et reliquos credentes, qui pariter fuerant congregati die Pentecostes, ab Jesu. Unde scriptum est: *Hunc Jesum resuscitavit Deus, cui omnes nos testes sumus* (*Ibid.*, 32). Deinde intulit: *Dextera igitur Dei exaltatus effudit hunc*, id est Spiritum sanctum, nimirum Jesus, *quem Deus resuscitavit, quem vidistis et audistis* (*Ibid.*, 33). Vidistis in igneis linguis, audistis in linguarum varietate; nam Spiritus sanctus in propria natura nec videri corporea visione, nec audiri potest auditu corporeo, sed assumpsit habitum, ignis speciem sub linguarum imagine, quo posset intueri, et discipulorum potius est vocibus, quo posset audiri. Quod autem ait: *Promissione Spiritus sancti accepta a Patre* effudisse hunc Spiritum, non Divinitatis, sed humanitatis commendat gratia. Nam secundum Divinitatem non accepit repromissionem, quoniam omnia quæ habet Pater sua sunt, non temporaliter accipiendo sed æternaliter habendo.

CAPUT V.

Quid sit effusio sancti Spiritus. Qui spirat Spiritus sanctus.

Et comparemus his Pauli sententiam supra jam positam quo dixit loquens ad Titum, de Spiritu sancto, *quem effudit in nos abunde per Jesum Christum Salvatorem nostrum* (*Tit.* III, 6). Paulus testatur quod Pater effuderit Spiritum sanctum per Jesum Christum Salvatorem nostrum. Petrus vero dicit, quod Jesus effuderit hunc eumdem Spiritum sanctum resurgens a mortuis. Quibus docemus et Patrem enim effundere et Jesum Christum, ut discamus ab utroque procedere Spiritum sanctum, quem uterque effundit. Neque enim cogitare debemus hanc effusionem localem exstitisse, ut de Patre manans localiter transierit ad Christum tanquam Patrem relinquendo, vel ut posset ad Filium venire semetipsum extendendo, ut altera vero sui parte Filium contingeret, altera vero in Patre maneret. Similiter cum a Filio in discipulos fuerit effusus, vel Filium reliquerit et ad discipulos venerit, vel certe quadam protensione facta proportione quadam sui, discipulorum corda irradiaverit, et quadam in Christo resederit, veluti radium solis si consideres alia sui parte sphæram ipsius illustrantem, alia vero terram attingentem. Sed ista in corporibus sunt, at vero in Divinitate sanctæ Trinitatis nil istorum deprehenditur, sed absque temporis intervallo in loci Spiritus sanctus a Patre effunditur, similiter et a Filio. Effunditur a Patre in Filium, quia genuit Pater Filium, effunditur et a Filio, quia omnia quæ Patris sunt, habet Filius.

Testatur quoque sanctum Evangelium quod *Spiritus ubi vult spirat* (*Joan.* III, 8). Quid est spirat? nimirum quia quandocunque vult, ubicunque vult semetipsum effundit. Videamus totius Trinitatis unam operationem: Pater effundit, Filius effundit Spiritum sanctum, Spiritus sanctus, ubi vult spirans, semetipsum effundit. Quam congruenter Apostolus dicit effusionem Spiritus sancti factam per Jesum Christum, per quem Pater Deus omnia fecit, quam convenienter quoque Petrus apostolus testatur Filium effudisse Spiritum sanctum, de quo dicit Evangelium quod *omnia quæ facit Pater, hæc eadem et Filius facit similiter* (*Joan.* XVI, 15). Effundit igitur Pater Spiritum sanctum, effundit et Filius, quoniam sicut datur a Patre, datur et a Filio. Non igitur arguant Græcorum imperatores Latinos, quod confitentur Spiritum sanctum procedere a Filio, sicut procedit a Patre, sed potius discant fidei veritatem a Christo, discant et ab apostolis illius.

Item in Actibus apostolorum loquitur Petrus: *Et nos sumus testes horum verborum, et Spiritus sanctus, quem dedit Deus omnibus obedientibus sibi* (*Act.* V, 32). Quem Deum dicit dedisse Spiritum sanctum, nisi de quo superius ait: *Dextera Dei igitur exaltatus, effudit hunc quem vidistis et audistis* (*Act.* II, 33), Jesum Christum (sicut dictum est) intelligi monstrans? Sed quomodo dedit Spiritum sanctum Deus obedientibus sibi? num quasi minorem? Nequaquam. Filius namque dicit: *Spiritus ubi vult spirat*. Dat itaque Deus Spiritum sanctum obedientium sibi cordibus infundendo, non ut se relinquat in quo per unitatem substantiæ permanet, sed ut illos illuminet quos prius non irradiabat. Nemo quod non habet donare prævalet: sic Filius testatur habere Spiritum sanctum, quem dedit omnibus obedientibus sibi. Quemadmodum autem habet per unitatem substantiæ, non per possessionis obtentum, sic et cum donat, non alieni juris quasi donum tribuit, sed sui quod est proprium muneris impertitur. Quod non alias Filius faceret, si non a se quoque Spiritus sanctus procederet. In sequentibus etiam beatus Petrus docens quemadmodum Cornelius de gentibus, et qui cum eo fuerant credentes baptismi gratiam perceperint, sic post cætera dicit: *Si ergo eamdem gratiam dedit illis Deus, sicut et nobis qui credidimus in Dominum Jesum Christum, ego quis eram qui possem prohibere Deum* (*Act.* XI, 17)? Quamvis hic Deus, vel Spiritus sanctus, quia corda repleverit credentium, et linguarum dederit scientiam, vel certe Pater possit intelligi, tamen si consideremus verba Petri superius loquentis de missione Spiritus sancti super credentes, quod Filius eum effuderit (sicut antea dictum est), consequenter et hic Deus Filius intelligendus, qui dederit eamdem gratiam Cornelio, sociisque ejus, Petro loquente, quam dedit prius effundens Spiritum sanctum super discipulos in linguis igneis. Et evidenter monstratum est, effusionem Spiritus sancti, sive donationem, ad Patrem pertinere et ad Filium, quia procedit ab utroque. Et hic igitur quod dicit eamdem gratiam dedisse nuper credentibus, quam dedit prius apostolis, Spiritum sanctum manifeste significat, quem dare potuit Filius, quoniam a se procedit: quod omnino non posset, si non ab illo procederet.

CAPUT VI

Testimonia ex Scripturis.

Ad Romanos beatus Paulus scribens, fidelibus ait: *Vos autem in carne non estis, sed in Spiritu: si tamen Spiritus Dei habitat in vobis. Si quis autem Spiritum Christi non habet, hic non est ejus* (*Rom.* VIII, 9). Videte cujus personam velitis accipere cum dicit: *Si Spiritus Dei habitat in vobis*. Quod si personam Patris accipitis, consequenter eumdem Spiritum, Spiritum Christi esse testatur. Quo dicto manifeste comprobat eumdem esse Spiritum Patris qui sit et Christi: et dum utriusque Spiritum esse non tacet, ab utroque procedere confitetur. Quod si utrumque velitis intelligere de persona Christi, quod ordo lectionis magis videtur admittere (nam Christus est Deus), sic quoque docemur Spiritum Christi esse Spiritum sanctum: per quod instruimur eum a Christo procedere. Nam persona Patris manifestius infra signatur, ubi loquitur: *Quod si Spiritus ejus, qui suscitavit Jesum Christum a mortuis, habitat in vobis*. Quamvis et hic Filius possit intelligi, quod hominem quem susceperat, ipse quoque cum Patre suscitaverit, sicut in Evangelio dicit. Sed sive hoc, sive illud malueris, manifeste instruimur eumdem esse Spiritum Filii, qui sit et Patris. Unde quod inferius sanctus dicit Apostolus: *Quicunque Spiritu Dei aguntur, hi filii sunt Dei* (*Rom.* VIII, 14), de utroque sine cunctatione potest accipi, id est sive de Patre, sive de Filio, utriusque namque Spiritus est, ab utroque procedens, sicut in multis jam comprobatum est. Et infra: *Non enim accepistis Spiritum servitutis iterum in timore, sed accepistis Spiritum adoptionis filiorum, in quo clamamus: Abba, Pater* (*Ibid.*, 15). Ad Galatas autem scribens ait: *Quoniam autem estis Filii Dei, misit Deus Spiritum Filii sui in corda vestra clamantem: Abba, Pater* (*Gal.* IV, 6). Videte quod eumdem dicat Spiritum adoptionis filiorum, quem confitetur Spiritum Filii, quo nos doceat Apostolus eumdem esse Spiritum Patris, quem dicit Spiritum adoptionis, et eumdem esse Spiritum Filii, quem misit Deus in corda nostra, et in eodem, qui tam Patris quam Filii monstratur Spiritus, clamamus: Abba, Pater. Quod nequaquam facere possemus, si non quemadmodum procedit a Patre Spiritus sanctus, sic etiam procedat et a Filio.

Scribit Corinthiis in Epistola secunda: *Epistola nostra vos estis, scripta in cordibus nostris, quæ scitur et legitur ab omnibus hominibus: manifestati quoniam epistola estis Christi ministrata a nobis, et scripta non atramento, sed Spiritu Dei vivi* (*II Cor.* III, 2, 3). Cum dicat quod Corinthii sunt epistola Christi, quæ scripta sit Spiritu Dei vivi, unam operationem demonstrat sancti Spiritus et Christi, sed quem appellat hoc loco Deum vivum? Nimirum Christum, cujus epistolam dicit esse Corinthios, manifestans Spiritum esse Christi, qui scripserit in cordibus Corinthiorum epistolam non atramento corporis, sed illustratione sui. Per hoc ergo quod eamdem epistolam scribunt Christus et Spiritus sanctus, sicut unius operationis, sic esse monstrantur unius substantiæ; quod enim scribit Christus, hoc et Spiritus sanctus, et quod Spiritus sanctus, hoc et Christus, non alternatione temporis, nec locorum permutatione, nec operis varietate, quoniam sicut ejusdem sunt voluntatis, sic ejusdem operationis, nec dissimilis potentiæ, quoniam non sunt dissimilis essentiæ. Quemadmodum autem dicatur Spiritus sanctus Spiritus Christi frequenter est dictum, quoniam non sicut vel pars illius, vel qualitas, vel aliquod subjectum, sed sicut procedens a Christo. Item ad Corinthios in eadem: *Usque hodiernum diem cum legitur Moyses, velamen est positum super cor eorum; cum autem conversus fuerit ad Deum, auferetur velamen* (*II Cor.* III, 15, 16). Quem hic dicat Deum paulo superius manifestat, dicens de eodem velamine quomodo in Christo evacuatur. Si ergo velamen veteris lectionis evacuatur in Christo, manifestum quia, cum conversus quis fuerit ad Christum, aufertur velamen.

Quod et beatus Joannes in Apocalypsi sua dicit: *Et ego flebam multum, quia nemo dignus inventus est aperire librum, nec videre eum. Et unus de senioribus dixit mihi: Ne fleveris, ecce vicit leo de tribu Juda, radix David, aperire librum, et septem signacula ejus* (*Apoc.* V, 4, 5). Apertio libri, velaminis est ablatio; quem autem dicat ista facturum, non eget expositione, cum manifestum sit leonem de tribu Juda, et radicem David significare Christum, qui septem quoque signacula ejus perhibetur aperire. Quibus septem signaculis Spiritus sanctus insinuatur propter septemplicem ipsius donationis gratiam. Ipse est namque *Spiritus sapientiæ et intellectus, consilii et fortitudinis, scientiæ et pietatis*, ipse quoque *Spiritus timoris Domini*, sicut propheta loquitur Isaias (*Isa.* XI, 2). Aperit autem septem signacula libri hujus radix David, id est Salvator, quoniam mysteria quæ continentur in eo spiritualia, reserantur in Christo, cum aufertur velamen quod in libro Veteris Testamenti constat signatum, et revelatur in Christo.

Subjungit vero Apostolus: *Dominus autem Spiritus est, ubi autem Spiritus Domini, ibi libertas* (*II Cor.* III, 17). Cujus Domini? Nimirum illius in quo velamen aufertur, quod in lectione Veteris Testamenti cum legitur Moyses, manet non revelatum; remotio vero velaminis, remotio servitutis est, quæ continetur in littera legis, ut fiat libertas quæ per Spiritum Domini ministratur, quod fit cum de littera transitur ad spiritalem intelligentiam, et de servitute carnis in Spiritus libertatem venitur. Videmus in his Spiritum Domini Spiritum Christi dici. Hinc et in consequentibus: *Nos autem omnes revelata facie gloriam Domini speculantes, in eadem imaginem transformamur a claritate in claritatem, tanquam a Domini Spiritu* (*II Cor.* III, 18). Ergo cum revelatio faciei per Christum fiat, nos transformemur a claritate in claritatem a Domini Spiritu, communis operatio Jesu Christi, sanctique Spiritus ostenditur. Unde quod ait: *A Domini Spiritu*, Christi sine dubio personam ostendit. Qui cum sit Spiritus ipsius, pariter tamen cum Salvatore revelationem operatur veteris lectionis. Quod ergo simul operantur unius substantiæ societas ostenditur. Quod vero Domini Spiritus dicitur, quod ab ipso procedit, insinuatur. Dominum namque Salvatorem hoc in loco significari circumstantia lectionis evidenter insinuat.

CAPUT VII.

Testimonia alia.

Beatus Petrus apostolus scribit credentibus in Epistola prima: *De qua salute exquisierunt atque scrutati sunt prophetæ, qui de futura in vobis gratia prophetaverunt, scrutantes in quod vel quale tempus significaret in eis Spiritus Christi* (*I Petr.* I, 10, 11). Princeps apostolorum cui Salvator loquitur: *Tu es Petrus, et super hanc petram ædificabo Ecclesiam meam* (*Matth.* XVI, 18), dicere non dubitat Spiritum sanctum, qui locutus est in prophetis, Spiritum esse Christi; et nescio qui sæculari elati dignitate præsumunt reprehendere, quod ab apostolis Ecclesiæ Christi didicerunt! Ergo si Spiritus sanctus non procedit a Christo, quomodo Spiritus dicitur esse Christi? procedit igitur a Christo, quia non ex subjectione, nec ex particulari sectione dicitur ejus esse, sed quod ejus de substantia substantialiter procedat.

Cerne quoque beatum Joannem in eamdem concurrere sententiam, et Spiritum sanctum Christi Spiritum esse proclamantem, ait enim in Apocalypsi: *Et vidi in medio throni, et quatuor animalium, et in medio seniorum agnum stantem tanquam occisum, habentem cornua septem, et oculos septem* (*Apoc.* V, 6). Et exponens quid dixerit, adjicit: *Qui sunt septem spiritus Dei missi in omnem terram* (*Ibid.*). Agnum occisum nemo, puto, negabit catholicus intelligi Christum debere, de quo Baptista Joannes: *Ecce agnus Dei, ecce qui tollit peccata mundi* (*Joan.* I, 29). Hic agnus Dei immolatus est propter peccata mundi, et resurrexit propter justificationem mundi. Hic agnus habere dicitur oculos septem, quibus septem Dei spiritus, Joanne docente, significantur, non quia septem sint personarum enumerationes, cum sit unus Spiritus sanctus in sanctæ Trinitatis comprehensione; septem autem dicuntur, propter septenariam donorum distributionem, nam substantialiter unus est. Ergo manifestum, cum dicit oculos ignium habere septem, quod Christum fateatur habere Spiritum sanctum, non quasi membrum aliquod, vel partem corporis aliquam, sed quod substantialiter in ipso sit, a quo substantialiter etiam procedit. In ipso autem dicimus esse, non velut in loco, nec velut in subjecto; non enim continetur a Christo, quasi minor sit Christo, quod solet rebus contingere quæ locis continentur; majora sunt enim quæ continent eis quæ continentur: non enim sic dicimus esse Spiritum sanctum in Christo, quoniam æqualis est, non minor. Sed neque sic dicitur quasi in subjecto, non enim est accidens quod sine sui subjecto non possit existere; sed est in Christo sicut consubstantialis, sicut in splendore ignis videmus inesse calorem; ignis enim et splendet et calet, quomodo illuminat et accendit.

Habes etiam in Zacharia propheta: *Ecce enim adducam servum meum orientem; quia ecce lapis quem dedit coram Jesu, super lapidem unum septem oculi sunt* (*Zach.* III, 8), et infra: *Septem isti oculi sunt Domini, qui discurrunt in universam terram* (*Zach.* IV, 10). Lapis iste Salvator est, de quo Psalmista loquitur: *Lapidem quem reprobaverunt ædificantes, hic factus est in caput anguli* (*Psal.* CXVII, 22). Quem etiam servum suum orientem Deus Pater appellat: servum propter hominis susceptionem, orientem, quia ipse est sol justitiæ. Et super istum lapidem oculos dicit esse septem Domini discurrentes in universam terram. In oculis Spiritum sanctum intelligendum. Septem autem propter causam superius dictam, cum unus sit Spiritus sanctus, dona vero gratiarum plura. Quid est autem super lapidem septem oculos esse? Nimirum Spiritum sanctum in Christo manere. Et sicut oculi dicuntur ejus in quo sunt substantialiter esse, sic Spiritum sanctum intelligas Christi esse. Quod et sub specie candelabri idem propheta signavit, dicens: *Vidi, et ecce candelabrum aureum totum, et lampas ejus super caput ipsius, et septem lucernæ ejus super illud* (*Zach.* IV, 2). Candelabrum aureum Christi conspice incarnationem, aureum quia sine macula, sine aliqua commistione delicti: totum fulgidum, totum splendidum. Lampas autem super caput ipsius Divinitas est in homine. *Caput* enim *Christi Deus*, dicit Apostolus (*I Cor.* XI, 3). Septem vero lucernæ super illud, id est super candelabrum, vel super caput ejus, plenitudo est Spiritus sancti, requiescit super illum secundum Isaiæ vatis oraculum: *Et requiescet super eum Spiritus sapientiæ et intellectus, Spiritus consilii et fortitudinis, Spiritus scientiæ et pietatis, et replebit eum Spiritus timoris Domini* (*Isa.* XI, 2). Quod si super Christum septem lucernæ Spiritus sancti requiescunt, requiescit in eo Spiritus sanctus, qui demonstratur in septem lucernis, et cum in eo requiescit inhabitando substantialiter, ipsius est Spiritus, in quo substantialiter requiescit. Unde non immerito Spiritus esse Christi dicitur. Notandum autem quod de isto, Spiritu per septem oculos significato, subjungitur, quod discurrant in universam terram.

A Et Apocalypsis, postquam dixit septem spiritus Dei septem esse oculos agni, subjunxit: *Missi in omnem terram* (*Apoc.* V, 6). Quod Zacharias ait, *discurrentes*, hoc Joannes in Apocalypsi dicit, *missos*, missionis vocabulo processionem insinuans Spiritus sancti, qui dum substantialiter sit in Christo, non discurrit, vel mittitur, nisi procedit a Christo, non localiter sed substantialiter. Et enim sit, suscipit et a Patre pariter et a Filio, sicut Filius essentialiter ut sit accipit a Patre. Sed non recurrit convertibiliter, ut quia Spiritus sanctus de Filio pariter procedit et Patre, Filius quoque nascatur pariter et de Patre et de Spiritu sancto; nativitas enim tantum ex Patre est, ab utroque vero processio, id est a Patre simul et Filio. Missos vero septem Spiritus B Dei vel Apocalypsis in omnem terram dicit, vel septem oculos Domini discurrentes in universam terram Zacharias, propter dona Spiritus sancti septiformia, per apostolos, apostolorumque successores, in omnes diffusa gentes, quibus sanctificantur fideles credentes in Christum, et suorum percipientes delictorum emundationem.

Ipsum quoque Spiritum sanctum, Spiritum esse Christi signavit Joannes, cum dixit vidisse se *in medio septem candelabrorum similem Filio hominis* (*Apoc.* I, 13). Et quibusdam interpositis ait: *Et oculi ejus velut flamma ignis* (*Ibid.* 14). Quis est iste Filius hominis? Nimirum Dominus Jesus Christus, qui se Filium hominis in Evangelio sæpissime C nuncupat, ut est illud: *Quem dicunt homines esse Filium hominis?* (*Matth.* XVI, 13.) Et Ezechiel sub figura illius frequenter se audit Filium hominis nuncupari. Oculos autem hujus Filii hominis quos dicit velut flammam ignis relucere, Spiritum sanctum insinuat: nam super apostolos velut ignis de cœlo missus apparuit. Dicendo vero oculos ejus Spiritum sanctum, Spiritum esse Christi significavit. Nec aliud existit cur Christi dicatur Spiritus, nisi quod procedat ab ipso, et sit substantialiter in ipso.

Item dicit Joannes cum de sanctorum gloria loqueretur futura, quod neque *sol, neque ullus æstus* afficeret eos, subdidit: *Quoniam agnus qui in medio throni est, reget illos, et deducet eos ad vitæ fontes aquarum* (*Apoc.* VII, 16, 17). Qui sunt isti vitæ fontes D aquarum? fluenta Spiritus sancti, quibus fideles et lavantur per emundationem, et vivificantur per irrigationem. De quibus fluentis Salvator in Evangelio: *Qui credit*, inquit, *in me, flumina de ventre ejus fluent aquæ vivæ* (*Joan.* VII, 38). Significans Spiritum sanctum, quem credentes fuerant accepturi. Quod in apostolis primo completum est quinquagesimo die resurrectionis. Ergo deducet eos ad vitæ fontes aquarum agnus, quia Spiritus sancti fluentis eos inebriabit, ut vitæ gaudia sempiterna nunquam valeant amittere. Hos autem fontes vitæ aquarum extra Christum degere non arbitremur, ipse namque Philippo dixit: *Ego sum vita*, et: *Qui videt me, videt et Patrem* (*Joan.* XIV, 6, 9). Sic ergo et qui videt Christum, videt et Spiritum sanctum, qui est in Christo, et deducere sibi credentes ad vitæ fontes aquarum, hoc est ad se ducere, quatenus in se credentes, et illum continentes, Spiritus sancti de illo procedentis semper fontibus satientur.

Item beatus Joannes in Apocalypsi: *Et accepit angelus thuribulum, et implevit illud de igne altaris, et misit in terram, et facta sunt tonitrua et voces*, et reliqua (*Apoc.* VIII, 5). Angelus iste Jesus Christus est, qui legitur *magni consilii angelus*. Thuribulum autem humanitas est ipsius, altare vero, de cujus igne thuribulum impletur, Christi divinitas est, ignis vero de altari, Spiritus sanctus est de Christi divinitate sumptus: altare namque et thuribulum, utrumque Christus. Sed altare quoniam super illud holocausta sive sacrificia sanctorum offeruntur, cujus imaginem tenet altare terrenum, nec enim aliter sanctorum vota suscipiuntur, si non super altari Christo componantur. Thuribulum vero propterea dicitur, quoniam orationes sanctorum per ipsum suscipiuntur. Vel certe thuribulum, donum est Spiritus sancti; testatur enim Apostolus: *Nescimus quid oremus, sed ipse Spiritus postulat pro nobis* (*Rom.* VIII, 26), id est postulare nos facit, *gemitibus inenarrabilibus* (*Luc.* XII, 49). Ignis autem altaris, Spiritus sanctus est, de quo Salvator: *Ignem veni mittere in terram, quem volo ut ardeat*. Ergo angelus thuribulum altaris igne plenum misit in terram, quia repromissione Spiritus sancti accepta a Patre, Salvator effudit gratiam Spiritus sancti super credentes. Unde convenienter sequitur quod facta sint tonitrua, et voces, et fulgura, et terræmotus, secundum quod Salvator in Evangelio dicit: *Expedit vobis ut ego vadam; si enim non abiero, Paracletus non veniet. Si autem abiero, mittam eum ad vos. Et cum venerit ille, arguet mundum de peccato, et de justitia, et de judicio* (*Joan.* XVI, 7). Quod Apocalypsis dicit de igne altaris, quod miserit angelus eum in terram, et facta sint tonitrua, hoc est quod Salvator ait: *Mittam eum ad vos, et cum venerit ille, arguet mundum*. Post adventum Spiritus sancti quæ tonitrua et voces prædicationum insonuerint, quanto pavore mortalium corda concusserint, quæ fulgura miraculorum coruscaverint, qui terræ motus extiterint duritiam mortalium concutientes, totus orbis agnovit, ignem autem altaris Spiritum sanctum dicit Christi, quem ipse se missurum promittit apostolis, et Apocalypsis testatur quod miserit eum in terram, manifeste docens quod Spiritus sanctus, Spiritus sit Filii, et ab ipso sit post ascensionem ejus super apostolos missus. Quomodo namque mittitur a Filio, nisi procedendo? et procedit ab eo, cujus est Spiritus.

Item in eadem Apocalypsi Joannes: *Et vidi cœlum apertum, et ecce equus albus, et qui sedebat super eum vocabatur fidelis et verax, et justitia judicat et pugnat; oculi autem ejus sicut flamma ignis* (*Apoc.* XIX, 21). Equus albus corpus est Christi sanctitatis candore perfusum, maculam nullam habens, sessor ejus, divinitas Christi, quæ sic hominem quem suscepit, regit, et sedet, ut unum faciat Filium, ex divinitate Patris, ex humanitate, matris substantiam continentem, cujus oculi sunt velut flamma ignis, quia sancti Spiritus divinitas et splendor flammificus in eo consistit, de cujus plenitudine velut oculorum lux effulget, tali figura significans, imo clarissime docens divinitatem Spiritus a Filii divinitate procedere, et tanquam lumen oculorum ejus dicitur esse, cujus sunt oculi: ita Spiritus sanctus, Spiritus est Christi, in quo consistit, et a quo procedit.

CAPUT VIII.

Testimonia ex Evangelio et conciliis.

Credimus sufficienter esse monstratum divinarum testimoniis scripturarum Spiritum sanctum a Filio procedere. Addamus adhuc ex Evangelio duo testimonia, quibus contradicentium duritiem conteratur. A profluvio sanguinis muliere sanata, dicit Salvator: *Quis me tetigit? Negantibus autem omnibus, dixit Petrus, et qui cum illo erant: Præceptor, turba te comprimunt, et affligunt, et dicis: Quis me tetigit? Et dixit Jesus: Tetigit me aliquis; nam ego novi virtutem de me exiisse* (*Luc.* VIII, 45). Quæ est hæc virtus, quam dicit Salvator de se exiisse? Nimirum Spiritus sancti gratia, sic enim ait Apostolus: *Alii datur gratia sanitatum in uno Spiritu, alii operatio virtutum* (*I Cor.* XII, 9). Quid est ergo dicere Salvatorem: *Ego novi virtutem de me exiisse?* (*Luc.* VIII, 46,) nisi dicere: Ego novi Spiritum a me procedere, qui est collator sanitatum, et operator virtutum. Exiisse autem Spiritum sanctum a se dicit eo modo, quo de se alibi dicit: *Exivi a Patre* (*Joan.* XVI, 28.) Exiisse namque Filium a Patre, est natum esse de Patre. Sic exiisse Spiritum sanctum a Filio, est ab eodem processisse. Item habes in eodem Evangelio beati Lucæ: *Et omnis turba quærebat eum tangere, quia virtus de illo exibat, et sanabat omnes* (*Luc.* VI, 19). Virtus de Christo exiens sanat omnes, quia Spiritus sanctus ab eo procedens, sanitatis gratiam tribuit cunctis.

Cessent igitur reprehensores, vel malevoli, vel imperiti, Christi Ecclesiam redarguere, quod Spiritum sanctum confitetur a Patre et Filio procedere. Hoc Evangelia docent, hoc apostoli profitentur, hoc prophetæ non tacent. Discant primum quod Ecclesia didicit a Christo, et discipuli Veritatis effecti confiteantur catholicam fidem, ne præsumptionis elatione decepti, vel erroris imperitia capti, hæresim nutriant olim sopitam. Labuntur enim hæc in Arii vesaniam qui dum Filio derogabat consubstantialem Patris æqualitatem, Spiritum quoque sanctum Filio docebat esse minorem, conatus astruere nec Filium de Patris substantia natum, et Spiritum sanctum creaturam.

Videritis quo tendat vestra, imperatores præclari, professio, qui dicitis Spiritum sanctum a Patre procedere, non autem a Filio. Hoc nec in litteris divinis, nec in doctoribus ecclesiasticis aliquando legistis. Dixit quidem sancta synodus Constantinopolitana, vesaniam Arii confutans atque condemnans

(*Const. I in Symbolo*), Filium consubstantialem esse A Patris, Spiritum quoque sanctum procedentem a Patre: numquid negavit eum a Filio procedere? vel consequens est, ut si procedit a Patre, non procedat a Filio? Potius ergo cognoscite, si Filii vultis esse Ecclesiæ et Patrum sequi doctrinam, quod dicendo sanctum concilium Constantinopoli collectum, Spiritum sanctum procedentem a Patre, quod eum et a Filio procedere non negavit, sed tota Trinitas, cum sit consubstantialis, et Filius sit natus a Patre, Spiritus quoque sanctus sit charitas utriusque, non possit quis negare Spiritum sanctum a Filio procedere, nisi negaverit Filium charitatem, qua diligit Patrem habere. Quod quia vesanum, tenendum omnino et fideliter profitendum quia Pater diligit Filium, et Filius diligit Patrem, et hæc dilectio qua Pater diligit Filium, a Patre procedit, et dilectio qua Filius diligit Patrem, a Filio nihilominus procedit. Est autem hæc dilectio Spiritus sanctus. Procedit ergo Spiritus a Patre et a Filio. Tempus est jam sanctorum Patrum testimoniis processionem sancti Spiritus a Filio comprobare, ut diversi sentientes revereantur et reverentia salutari corrigantur, ne stulta pervicacia in perditionis foveam dilabantur.

LIBER SECUNDUS

CAPUT PRIMUM

Comprobatur ex Patribus Spiritum sanctum a Filio procedere.

Quæstionem de sancti Spiritus processione versamus, quam Græcorum imperatores a Filio negant fieri, dicentes quod a Patre tantum procedat, et idcirco nolentes Ecclesiæ Romanæ communicare, legatos apostolicæ sedis non receperunt, in culpam devocantes, quod aliter Latina diceret Ecclesia, quam ipsi de Spiritu sancto, profitendo, credendoque Spiritum sanctum a Filio procedere, quem ipsi dicunt tantum a Patre quod procedat. Primo videmus laicos contra cunctas ecclesiasticas regulas venire, decreta fidelibus imponere, et quibus non est licitum ullo super ecclesiastico jure præter episcoporum consultum statuta constituere, leges ipsi fidei condere conantur, et secundum sua decreta alii in communionem recipiuntur, alii vero removentur.

Si quid namque sancti de suæ fidei tenore delegerant, episcoporum concilium evocari decuerat, Patrum statuta requiri, sanctarum oracula scripturarum, consultu episcoporum communi sententia decerni, quid sequendum, quid vero fuerat abigendum. Quod si quibusdam in Ecclesiis, vel quadam terrarum in parte teneri vel profiteri deprehenderentur, quæ juste recteque permovere debuissent, vel ex fide, vel ex consuetudine, scribendum his primo fuerat, et facti causa cognoscenda. Tum si justæ rationis religio postulasset, judicium proferendum. Et hoc tamen suo sub regimine, imperiique providentia Ecclesiis constitutis: alioquin ad suæ provisionis curam populos non pertinentes, vel Ecclesias suo sub imperio non commorantes, quid juris fuerat, vel de consuetudine judicare, vel de dogmate fidei discutere: et si non per omnia ut illi vel sentiant, vel teneant, excommunicationis censura ferire? Num Græcorum imperatoribus Salvator ligandi solvendique potestatem contribuit? Num illis dixit: *Vos estis lux mundi* (*Matth.* v, 14)? Num illis mandavit docere omnes gentes, et baptizare eas in nomine Pa- B tris, et Filii, et Spiritus sancti? (*Matth.* XXVIII, 19.) Quod si vos dicitis tantum Spiritum sanctum a Patre procedere, nolentes confiteri quod a Filio procedat, et omnis Ecclesia Latina vel certe totius orbis catholica profiteatur, quod et a Filio procedat: unde probatis vestram sententiam fore potiorem et veritatis auctoritate munitam? an forsan Evangelii veritas ad vos solos pervenit, et apud vos solos permanet?

Apostolus Paulus vocatum se dicit apostolum separatum in Evangelium Christi (*Rom.* XV, 19), ab Hierusalem usque ad Illyricum totum per circuitum Evangelio Christi replevisse, Romam quoque Hispaniasque profectum, et in totum plene orbem Romanum vel præsentia corporis vel scriptis pertransisse, Christum prædicans. Num dicit, quod solis C Græcis Christum prædicaverit, et Græcis solummodo imperatoribus Evangelii veritatem patefecerit? per totum orbem Evangelium Christi coruscat, apostolorum scripta leguntur, prophetarum oracula recitantur, quibus Ecclesiarum magistri sicut a principio per apostolos fuerant instituti, quotidie discunt quid sentire de sancta Trinitate debeant, quid profiteri, quid populos sibi commissos edocere, quibus moribus instituere, qua conversatione formare, qua religione componere. Nec paginæ sanctæ loquuntur, nec majorum instituta commendant, nec præcepta censent apostolorum, vel quorumcunque dicta scriptaque majorum, vel Græcos totius Ecclesiæ Christi fore magistros, vel ab ipsis monstrandum, vel discendum imperatoribus eorum, quid per totum Chri- D sti Ecclesiæ orbem vel in habitu, vel in religione, vel dogmate debeat observari. Quod si nimis stultum nimiumque insolens esse cognoscitur, non debuit Ecclesia Romana tam leviter reprehendi, quod majorum servat instituta suorum, nec in omnibus sequitur instituta Græcorum, quandoquidem sive de sancta Trinitate, vel de cujuscunque observantia religionis quidquid vel tenet, vel exercet, discipulorum Christi manavit de fonte. Nec est sanctarum paginis repugnans vel disconveniens Scripturarum quod credit, docet, exsequitur. Ergo reprehendere conamini quod dicimus Spiritum sanctum a Filio procedere, cum vos dicatis eum a Patre procedere.

CAPUT II.

Conciliorum auctoritate destruuntur opposita Græcorum.

Primo postulamus a vobis auctoritatem majorum, videlicet catholicorum episcoporum, qua decretum teneatis quod tantopere defendere conamini. Nicæna synodus trecentorum decem et octo episcoporum adversus Arium sub Constantino primo imperatore collecta, postquam de consubstantialitate Filii cum Patre Symbolum dictavit, ubi ventum est ad Spiritum sanctum, sic ait: *Credimus et in Spiritum sanctum*; nihil vel majus, vel minus super ejus vel substantia vel processione decernens. Ubi ergo nunc regula qua vos muniri, vel Latinos arbitramini constringi, ut vobis liceat dicere procedentem a Patre Spiritum sanctum, Romanis non liceat dicere procedentem a Filio? Quod si sequentes auctoritatem Nicæni concilii nihil ultra vultis addere, removete procedentem a Patre, quia non continetur in Nicæni concilii Symbolo; et fortassis liceat removeri quod a Romanis superadditum est procedentem a Filio. Quod si respondentes dixeritis, in Constantinopolitana synodo centum quinquaginta episcopis, qui Constantinopoli congregati sunt, hoc positum esse; respondemus non licuisse quidquam Nicæni concilii Symbolo de fide vel demere, vel addere vel immutare. Quod si dicatis de Filii consubstantialitate non licuisse quod determinatum est in illo conventu quidquam superaddi, de Spiritu sancto vero quia perparum hinc dictum est, licuisse propter futuras hæreticorum quæstiones secundum sanctarum auctoritatem Scripturarum; respondemus hoc idem licuisse Romanis, propter futuras hæreticorum quæstiones secundum divinarum auctoritatem Scripturarum. Nec enim convincere potestis majorem Constantinopolitanæ civitatis auctoritatem, quam civitatis Romanæ, quæ caput est omnium Christi Ecclesiarum, quod majorum tam vestrorum, quam nostrorum, testimonio comprobatur. Sed neque centum quinquaginta episcoporum tanta constat auctoritas, ut universis totius orbis episcopis præscribere possit, ut quod illis licuit, non liceat tam Romano pontifici, quam universis Christi Ecclesiis.

Addiderunt etiam illi symbolo præfato dicentes: *Spiritum sanctum cum Patre et Filio adorandum, et conglorificandum, qui locutus est per sanctos prophetas*, et alia plura. Hæc superadjicientes non præscripserunt Ecclesiis Christi, sed exemplum dederunt, si quid secundum Scripturas sanctas superaddere vellent de Spiritu sancto, quod hæreticos expugnaret, et fidem credentium roboraret. Quod si malitis opponere, inveniri quod non possit in sanctis Evangeliis, sive cæteris divinis paginis scriptum, Spiritum sanctum procedentem a Patre, ac propterea nolle vos recipere quod in Scripturis sanctis scriptum non reperitur, quemadmodum Ariani nolebant recipere unius ejusdemque substantiæ Patrem et Filium, quoniam Scripturæ sacræ non hæc continebant: dicite ubi legeritis quod Constantinopolitanum concilium in symbolo posuit de Spiritu sancto, dicens eum cum Patre et Filio simul adorandum et conglorificandum, et qui locutus est per sanctos prophetas. Quod si dicatis in Scripturis sanctis non nudis verbis ista reperiri, sed virtutem intelligentiæ in eis contineri, ut quomodo est unius cum Patre Filioque substantiæ, unius potentiæ, non dissimilis majestatis, et propterea cum Patre Filioque simul adorandus, et conglorificandus, eadem concedite Latinis Ecclesiis, ut licet nudis verbis Evangelia non dicant de Filio procedere Spiritum sanctum, multis tamen modis ostendant Spiritum esse Filii, sicut est Spiritus Patris, et a Filio procedere, sicut procedit a Patre: quod sufficienter superiori libello monstratum esse credimus. Ista cum sic habeant, et de Spiritu sancto fides catholica per Salvatorem et per apostolos fundata semper tenuit, nec prædicare omisit, quod ejusdem sit cum Patre Filioque virtutis, et ejusdem substantiæ, procedatque de utroque; quid est nunc quod catholicam fidem reprehendere nitimini, et contra catholica dogmata nescio quid moliri conamini? Fortassis vel Arium, vel Macedonium resuscitare tentatis, et eorum pravi dogmatis cineres olim sopitos in Ecclesiam introducere. Numquid majores vestri nescierunt quemadmodum de Spiritu sancto Romana ferebat Ecclesia? nec tamen aliquando a Romanæ sedis communione sese removere, scientes catholicæ fidei veritatem fore quod tenet et prædicat, nec merito reprehensioni patere, quod sanctarum Scripturarum auctoritate consistit.

Usque ad Arii tempus nulla confusio vexabat credentes, de Patris Filiique consubstantialitate, nec *homousion* prædicabatur, virtus tamen illius verbi credentium mentibus insita consistebat, quoniam omnipotentem Filium in nulla dissimilem Patri fore credebat, bene dictum Salvatoris recolens, dicentis: *Qui videt me videt et Patrem* (*Joan.* XIV, 9). Neque Christum aliud quam creaturam auctorem omnium, sciens ex Joanne dictum: *Omnia per ipsum facta* fuisse (*Joan.* I, 3), nec tamen in symbolo apostolorum collatione facto continebatur aliud, quam quod novimus omnes, credere nos oportere in Deum Patrem omnipotentem, et in Jesum Christum Filium ejus unicum Dominum nostrum. Sufficiebat ista fides credentium saluti, quæ multorum sanguine martyrum, et innumerabilium ore confessorum per universum orbem et approbata est, et commendata. Verum ubi Arius impugnator veritatis cœpit in Christi divinitatem insanire, et blasphema non pauca jaculari, fidelium mentes ad pietatem incitantur, et veritatis arma contra impietatis errorem proferunt, confodiunt una cum auctore impium dogma, quod Filium Dei creaturam et non de Patre genitum, Spiritum quoque sanctum minorem Filio blasphemabat. A

Postquam Macedonius surrexit, de Patre Filioque cum catholicis similia sentiens, Spiritus vero sancti personam non recipiens. Adversus istum catholici decertantes episcopi, Spiritum sanctum probaverunt unum esse in sancta Trinitate, consubstantialem tam Patri quam Filio, et de Patre procedentem, coadorandum, et conglorificandum Patri Filioque. Dein Arianæ repullulante vesania, volentque confirmare non esse rectæ fidei Spiritum sanctum dicere de Patre procedere, hoc quia videretur esse blasphemum, quoniam duorum profiteretur Patrem esse, idest Filii, seu Spiritus sancti: hanc quoque blasphemiam propellendam decernentes Ecclesiæ doctores, superaddidere symbolo Spiritum sanctum de Filio quoque procedere. Ne si de Patre tantum procedens diceretur, putaretur Filius, nec diceretur Spiritus Filii, quod est impium et blasphemum, et adversus evangelicam apostolicamque doctrinam veniens. Nam si velitis dicere quod procedere verbum satis distinguat, ne Spiritus sanctus putetur esse Filius, scitote quod etiam de Filio prædicetur, ut enim ipse in Evangelio Joannis: *Ego ex Deo processi, et veni* (*Joan.* VIII, 42). Si ergo ex Deo Patre procedit Filius, procedit et Spiritus sanctus, quid erit quod Arianis silentium imponat, ne Spiritum sanctum Patris esse Filium blasphement?

CAPUT III

Testimonia ex Athanasio et Gregorio Nazianzeno.

Hanc igitur intuentes causam doctores tam Latinorum, quam Græcorum, dixerunt Filium quidem ex Patre tantum genitum, Spiritum vero sanctum de Patre Filioque procedentem, quomodo divinarum edocti magisterio litterarum intellexerunt tam Patris quam Filii Spiritum esse, ac propterea de utroque procedere. Unde beatus Athanasius Alexandrinus episcopus multa propter catholicæ fidei constantiam ab Arianis perpessus, frequenter etiam exsilio illorum factione pulsus, et in Nicæna synodo episcopo suo beato Alexandro diaconus assistens, adversus vesaniam Arii singulariter dimicans, in libello de fide quem edidit, et omnibus catholicis tenendum proposuit, inter cætera sic ait: « Pater a nullo est factus, nec creatus, nec genitus. Filius a Patre solo est, non factus, non creatus, sed genitus. Spiritus sanctus a Patre et Filio, non factus, non creatus, non genitus, sed procedens. » Quam fidei veritatem Latinorum præsules doctorum comprobantes, et adversus pravi dogmatis Ariani singulare munimen considerantes, et de Scripturis sanctis propagatum intelligentes, symbolo fidei superaddidere, dicentes de Spiritu sancto: *Qui ex Patre Filioque procedit.* Hanc fidem ex illis temporibus, videlicet Constantini, sub quo synodus in Nicæa trecentorum decem et octo episcoporum congregata est, usque ad nostra tempora Occidentalis tenuit Ecclesia. Sed nec Græcorum abdicavit catholica, quoniam noluit doctrinæ veritatis aliena fieri, sicut illorum litteris declaratur. Et nunc vos hanc fidem accusatis nescio qua levitate permoti, quove errore decepti.

Dicite si Spiritum sanctum, Spiritum esse Christi profitemini? Quod si negatis, apostolus Paulus contra vos clamat, qui dicit: *Si quis Spiritum Christi non habet, hic non est ejus* (*Rom.* VIII, 9). Clamat et sanctus Lucas, qui dicit: *Et non permisit eos Spiritus Jesu* (*Act.* XVI, 7). Clamat et Petrus: *Dextera igitur Dei exaltatus, effudit hunc, quem vos videtis et auditis* (*Act.* II, 33). Clamat et ipse Salvator, qui discipulis loquitur: *Si non abiero, Paracletus non veniet; si autem abiero, mittam eum ad vos* (*Joan.* XVI, 7). Item post resurrectionem discipulis insufflavit, et ait eis: *Accipite Spiritum sanctum* (*Joan.* XX, 22). Hæc omnia Spiritum sanctum, Spiritum esse Christi profitentur. Quod negare cum non valeatis, necessitas B illa vos constringit ut, velitis nolitis, eum procedere de Filio non negetis: nam ut creaturam eum esse dicatis cum Ario, vel non esse cum Macedonio, testatur professio, qua dicitis eum a Patre procedentem. Hoc cum dicitis, quemadmodum negare continui a Filio procedere, cum sit utriusque substantiæ, Patris scilicet et Filii, nec possit esse de substantia utriusque, nisi procedat ab utroque.

Audiamus quid Gregorius episcopus Nazianzenus in sermone de Spiritu sancto, quem in Ecclesia Constantinopolitana coram populo fecit die Pentecostes, dicat: « Spiritus, inquit, sanctus erat quidem semper, et est, et erit, neque initium ullum neque C finem habens, sed Patri ac Filio coæternus: neque enim dignum est aut Filium aliquando defuisse Patri, aut Spiritum Filio. » Dicendo namque Spiritum sanctum Patri Filioque coæternum, Arianos expugnat, quia creaturam eum dogmatizabant. Dicendo vero quod erat semper, et est, et erit, Macedonium confutat, qui eum esse negabat. At vero profitendo Filium aliquando non defuisse Patri, nec Spiritum Filio, vos confutat, qui negatis eum procedere a Filio. Si enim secundum vestram sententiam voluisset Spiritum sanctum de Patre tantum procedere, dicere debuerat nec Filium nec Spiritum sanctum aliquando defuisse Patri: nunc vero cum dicat nunquam Filium Patri defuisse, nec Spiritum Filio, manifeste loquitur Filium natum esse de Patre sine ullo D tempore, et Spiritum de Filio processisse ante omne tempus. Nec tamen negavit eum a Patre procedere, unde nulla quæstio fuerat, sed dixit nunquam defuisse Filio: quod in quæstionem venerat.

In consequentibus quoque de ipso Spiritu loquens: « Qui sanctificet, et non sanctificetur, deos faciat, non ipse fiat Deus, inconvertibilis, immutabilis, semper adest sibi ac Patri et Filio, invisibilis, intemporalis, propriæ potentiæ, omnis potentiæ. » Cum dicit eum sibi semper adesse et Patri ac Filio, non obsequii servitutem assistendo demonstrat, sed inconvertibilis et immutabilis, quod sit tamen in propria natura quam in Patris Filiique substantia: in propria siquidem, quia non est apud eum ulla commutatio; Patri vero Filioque sit immutabilis, quia cujus est naturæ Pater et Filius, ejusdem est etiam et Spiritus sanctus. Patri siquidem est inconvertibilis et immutabilis, qui est fons et origo prima universorum, Filio vero, quia procedit ab illo, nec est dissimilis illi, nec alterius quam Filius substantiæ, qui quoque dicitur propriæ potentiæ, omnis potentiæ, quia et in propria persona subsistit, et quidquid voluerit, in omni creatura facit. Et infra: « Hic et vita est vivificans, lux et illuminans, bonus et bonitas, qui est Dominus omnium, mittens apostolos inspirans ubi vult, dividens donationes prout vult. Spiritus veritatis, Spiritus sapientiæ, per quem Pater cognoscitur, et Filius glorificatur. »

Multa præterimus, ea colligentes sola quæ præsentem respiciunt quæstionem. Dicitur Spiritus vita esse, et Filius de se dicit: *Ego sum vita* (*Joan.* XIV, 6). Dicitur vivificans esse, et Filius de se ait: *Sicut Pater quos vult vivificat, ita et Filius quos vult vivificat* (*Joan.* V, 21). Ergo si vita Spiritus, vita et Filius, et vivificans Spiritus, et vivificans Filius, unius substantiæ sunt, et unius operationis. Sed vita Filius ex Patre, vita vero Spiritus ex Filio, sic et vivificans Filius ex Patre, vivificans vero Spiritus ex Filio. Lux quoque Spiritus et illuminans, et Salvator de se: *Ego sum lux mundi* (*Joan.* VIII, 12). Evangelista Joannes de Filio: *Qui illuminat omnem hominem venientem in hunc mundum* (*Ibid.* I, 9). Igitur si uterque lux, et uterque illuminans, Filius videlicet et Spiritus sanctus, unius sunt substantiæ, unius et operationis. Sed Spiritus sanctus ut sit lux, accipit de luce Filio, et ut sit illuminans, accipit de Filio illuminante; quemadmodum ipse Filius testatur: *De meo accipiet* (*Joan.* XVI, 14). Accipit autem non tanquam non habendo quod accipit, sed tanquam procedens. Item bonus Spiritus, et Filius de se: *Ego sum pastor bonus* (*Joan.* X, 11). Bonitas Spiritus, Christum quoque bonitatem nemo sanus negabit. Sed bonus et bonus non duo boni, sed unus bonus, sicut bonitas et bonitas non duæ bonitates, sed una bonitas, quia non duo dii, sed unus Deus, nec Deitas multiplicando se, numeri novit augmentum. Ergo bonus Spiritus ex bono Filio procedens, non nascens. Et bonitas Spiritus ex bonitate Filio, non nascendo, sed procedendo. Alioquin si de Patre tantum procedat Spiritus, et non de Filio, quomodo quæ sunt Filii, sunt etiam Spiritus? Vel quemadmodum de Filio accipit Spiritus?

Jam vero quod ait sanctus Gregorius, Spiritum sanctum Dominum esse omnium, ad omnipotentiam pertinet Spiritus, eo quod universorum quæ creata sunt a Patre per Filium Dominus existat, non ex tempore suscipiendo, sed æternaliter a Patre Filioque procedendo. Mittens autem apostolos Spiritus sanctus dicitur, et Salvator eisdem loquitur: *Ecce ego mitto vos sicut oves in medio luporum* (*Matth.* X, 16). Monstratur una utriusque operatio, dum Filius et Spiritus sanctus sibi cooperantur. Unde manifestatur nec diversæ substantiæ, nec diversæ voluntatis, nec diversæ potentiæ consistere, quorum exstat

A eadem in omnibus operatio: referri tamen Filium ad Patrem, de quo nascitur, et Spiritum sanctum ad Filium, a quo procedit. Subsequitur beatus Gregorius de Spiritu dicens: « Inspirans ubi vult, dividens donationes prout vult. » Et de Filio: *Ascendens in altum captivam duxit captivitatem, dedit dona hominibus* (*Ephes.* IV, 8). Quibus ostenditur sancti Spiritus majestas, quod non subjectus, non imperfectus, non minus potens, verum æqualis Patri sit Filioque in natura, in magnitudine, in omni potentia, et in omni virtute. Quod autem donationes distribuit quemadmodum Filius, non alias, sed ipsas, nec alio tempore Filius, alio Spiritus sanctus, nec aliis hominibus Filius, aliis Spiritus sanctus, evidenter ostenditur unius operationis effectus, et ejusdem B voluntatis affectus. Et cum ita sit, non posse Filium esse sine Spiritu sancto, nec Spiritum sanctum sine Filio, tanquam unius substantiæ quod sit uterque, et quod de Filio procedat Spiritus. Dicit etiam Spiritum sanctum Spiritum esse veritatis; et Salvator de se: *Ego sum veritas* (*Joan.* XIV, 16). Ergo dicens Spiritum veritatis esse, docet manifeste Spiritum Christi, qui veritas est, esse.

Dicit adhuc beatus iste Spiritum sanctum esse sapientiæ, Paulus apostolus testificatur *Christum Dei virtutem et Dei sapientiam* esse (*I Cor.* I, 24). Sapientiæ itaque Spiritus, Christi Spiritus est, qui est Dei sapientia. Igitur evidenter ostendit Spiritum esse Christi, dicendo Spiritum veritatis, et Spiritum sa-C pientiæ. Unde ergo Christi, cum sit Spiritus Dominus omnium (quemadmodum idem beatus testatur Gregorius)? nimirum quia procedit a Christo: quod si negaveris, fateberis eum subjectum, et per hoc vel creaturam, vel minorem Filio. Est autem utrumque hoc blasphemum, et a catholica pietate longe remotum. Dicatur ergo quod veritas habet, Spiritum esse Christi, videlicet et Spiritum veritatis, et Spiritum sapientiæ, quoniam procedit de Christo, id est procedit a veritate, procedit a sapientia. Subjungit: « Per quem Pater agnoscitur, et Filius glorificatur, et a quibus solis ipse cognoscitur. » Ait autem Filius ad Patrem: *Pater, manifestavi nomen tuum hominibus quos dedisti mihi* (*Joan.* XVII, 6). Si Pater per Spiritum agnoscitur, et Filius Patris no-D men hominibus manifestat, unius operationis esse monstratur. Dicit etiam quod Filius glorificetur a Spiritu sancto, et Filius ait: *Est Pater meus qui glorificat me* (*Joan.* VIII, 54). Et Patri loquitur: *Clarifica me, Pater, apud temetipsum* (*Joan.* XVII, 5). Si Spiritus glorificat Filium, et Pater glorificat Filium, unum idemque Pater et Spiritus operantur, et si pariter operantur, unius voluntatis et essentiæ, uniusque potestatis ostenduntur. Subjungitur: « Et a quibus solis ipse cognoscitur. » Si a solo Patre Filioque cognoscitur Spiritus sanctus, profecto procedit ab utroque, et est utriusque consubstantialis. Et vide quid dicit, quia glorificatur Filius a Spiritu, quemadmodum legitur, quia Filius glorificat Patrem. Quid est autem Patrem glorificare Filium, nisi hominibus manifestum facere quod sit genitus A a Patre? Similiter Filius glorificatur a Spiritu, ostendens quia procedit a Filio. Multis itaque modis beatus Gregorius probat Spiritum sanctum a Filio procedere, et unius ejusdemque esse cum Patre Filioque substantiæ; et concludens: « Quid opus est, inquit, pluribus verbis? Omnia quæ Pater est, hæc est et Filius, excepto eo quod innatus est Pater. Omnia quæ Filius est, hæc est et Spiritus sanctus, præter hoc quod natus est Filius. » Quid vult ista distinctio et ordinis consequentia? Filium esse quod Pater est, præter hoc quod innatus est Pater; et Spiritum sanctum esse quod Filius est, eo excepto quod natus est Filius? Potuit namque dicere, omnia quæ Pater est esse Filium et Spiritum sanctum, præter hoc quod non natus est Pater, nec procedit B ab alio; nunc autem Filium esse loquitur omne quod Pater est, et Spiritum sanctum, non omne quod Pater est, sed omne quod Filius est, excepto nativitatis privilegio: nimirum sic loquens ostendit quod Pater non est de aliquo, Filius vero de Patre solo sit genitus, Spiritus autem de Filio procedat. Quod autem et a Patre procedat, paulo superius ait, dicens: « Et ad primam omnium originem, qui est Pater, sicut Unigeniti omnia, ita etiam sancti Spiritus omnia referuntur. » Talia dicens ostendit omnia quæ sunt Filii, ad Patrem habere relationem; et omnia quæ sunt sancti Spiritus, ad eumdem referri velut ad primam omnium originem: quoniam etsi Spiritus procedit a Filio, accepit hoc Filius a Patre, C ut nascendo de Patre Filius, Spiritus sanctus procederet ab illo, ut omnia quæ sunt Filii, sint Patris, et omnia quæ sunt Spiritus sancti, sint etiam Filii ac per hoc Patris, a quo Filius accepit ut Spiritus sanctus ab illo procederet, non ut creatus a Patre, sed genitus, nec minoratus, sed æqualis potentiæ, nec alterius, sed unius ejusdemque naturæ.

Item in posterioribus: « Re enim vera dignum erat, et cum Jesus nobis corporaliter advenisset, etiam Spiritum nobis corporaliter apparere; et cum Christus ad ipsum ascendisset, ipsum descendere ad nos, qui venit quidem ut Dominus in potestate, mittitur autem tanquam qui non sit contrarius Deo. » Et hic unam operationem, et unius concordiæ voluntatem, Jesu et sancti Spiritus, iste doctor osten- D dit agens dignum esse, ut quia Jesus corporaliter venerit ad nos, Spiritus sanctus etiam corporaliter appareret nobis. Ex quo unius voluntatis similitudo monstratur, volente Spiritu sancto corporaliter se monstrare mortalibus, quoniam Jesus corporaliter voluerit suum adventum mortalibus ostendere, ut quia procedit ex ipso, unius voluntatis sit etiam cum ipso, nec a Filio sit opere diversus, a quo non sit natura separatus, et ipsi semper sit conjunctus actione, cui nunquam deest per coæternitatem ut a quo procedit, illi jugiter cooperetur. Quod vero subjunxit: « Et cum Christus ad ipsum ascendisset, ipsum descendere ad nos, » non minorationem Filii voluit ostendere, sed humanitatis susceptionem: per hunc enim non solum ad Spiritum sanctum ascendit Jesus, verum etiam ad seipsum, quoniam qui ex humanitate factus est infra omnia, per Divinitatem erat supra omnia. Subjungit: « Qui venit quidem ut Dominus in potestate, mittitur autem tanquam qui non sit contrarius Deo. » Duo dicit, et venisse Spiritum sanctum, et missum esse. Quod venit, propriæ potestatis est, et idcirco dixit, Ut Dominus; quod mittitur, alterius ostenditur, et idcirco ait: Tanquam qui non sit contrarius illi a quo mittitur. Missio vero non subjectionem significat, sed processionem. Mittitur vero a Christo, ad quem ascendit Christus, et mittitur tanquam non contrarius Deo, id est, Christo, qui quidem est Deus, cujus voluntati semper jungitur, a quo et mittitur, quoniam procedit ab illo.

Subdidit: « Propterea autem post Christum, ut unus nobis paracletus, id est advocatus vel consolator, nunquam desit; idcirco autem alius Paracletus dicitur, ut æqualitatem naturæ ac potestatis agnoscas; alius enim hoc est alius ego: quia alius ego non dicitur de eo qui alterius generis sit, sed de eo qui ejusdem sit substantiæ vel naturæ. » Quod Christum dicit paracletum, et Spiritum sanctum nihilominus Paracletum, et abeunte Christo venire Spiritum, ne sint fideles sine paracleto, vel Christo videlicet vel Spiritu sancto, liquido monstrat unius esse officii, quorum constat unum esse vocabulum, et mutuo sibi succedere, dum dicuntur unius voluntatis, et [unius] operationis ostenduntur, et cum Christus ascendit, Spiritus descendit, evidenter a Christo mittitur, cujus vicissitudinem repræsentat. Et missio ista, processio est, quoniam non est minoratio, nec subjectio. Alius autem, hoc est alius ego, mitti Spiritus sanctus dicitur: per quod similitudo monstratur omnimoda; neque enim alius ego potest dici de eo qui sit alterius generis, sed de eo qui sit ejusdem substantiæ, seu naturæ. Monstratur igitur ab eo procedere Spiritus, cujus est naturæ, seu substantiæ: neque enim potest ejusdem naturæ, seu substantiæ, cujus est Filius, esse Spiritus, nisi procedat ab illo.

Adjunxit etiam inferius: « Ignis ergo Deus [a], et

[a] *Ignis ergo Deus.* Hic Ratramnus Gregorium Nazianzenum ita exscribit, ut ejus sententiam potius quam verba attexat, quod Acherius ipse monuit. Falsa porro est verborum Gregorii interpretatio; nam quod ignem esse scripsit Deum Patrem, item ignem esse Deum Filium, ac deinde addidit ignem quoque esse Spiritum sanctum, nec Dei nomen huic adscripsit, ea de causa factum novimus, quod quamvis catholici omnes Spiritum sanctum Patri ac Filio æqualem esse crederent, plures tamen hunc Deum appellari Gregorii ætate idcirco nollent, quia in Scripturis nusquam Deus appellatur. Quod cum prudentissimus quisque præsulum ita perversum esse intelligeret, ut inde tamen nullum Christiana fides detrimentum pati posset, a Spiritu sancto Deo appellando cavebat, atque hujus indulgentiæ exemplum non Gregorius solum, sed etiam Basilius Magnus ejus summus amicus exhibuit.

ignis Spiritus sanctus. Legitur de Deo quod sit ignis consumens, non quidem naturalis et corporeus, sed spiritualis et invisibilis. Ignis ergo Deus Pater, ignis Deus Filius, ignis Deus Spiritus sanctus; sed ignis ex nullo igne Deus Pater, quia de nullo sumens originem, ignis Deus Filius, sed de Patre igne, quia natus ex illo, et ignis Spiritus sanctus, sed de Filio igne, quia procedens ex Filio. » Ergo dicendo quod Deus sit ignis, et ignis Spiritus sanctus, unam substantiam totius Trinitatis ostendit, Patris quidem et Filii socians personam, dicendo, Ignis Deus; deinde subintulit Spiritus sancti, dicens: Et ignis Spiritus sanctus. Cur autem seorsim Patris et Filii personas posuerit sub Dei vocabulo communiter sociatas, et Spiritus sancti seorsim distinguere maluerit, res in evidenti est. Voluit utique monstrare tali distinctione, ignem Spiritum sanctum de igne Patre Filioque procedere.

Sanctus Gregorius cum in Ecclesia Constantinopolitana de Spiritu sancto talia tractasset, et litteris mandasset, quibus probavit Spiritum sanctum consubstantialem Patris Filiique esse, et de Filio procedentem, nec tamen processionem ejus a Patre vel tollens, vel derogans, sed omnipotentiam ejus, et dominationem ejus Patri Filioque per omnia coæquans, num repulsus est ab Ecclesia? Num illius sermo reprobatus? num vel a civibus, vel ab imperatore in communionem minime susceptus? Fuit certe venerabilis iste doctor Gratiani, sive Theodosii Majoris imperatorum Romanorum temporibus, ex quo usque ad nostra tempora plusquam quingenti transierunt anni, et nunquam a Filio Spiritus sancti processio denegata est, nec ex eo inter catholicos ulla quæstio facta, præterquam modo vestris temporibus, verum semper et Orientalis et Occidentalis Ecclesiæ similis eademque de Spiritu sancto fidei mansit professio. Quæ nunc res ista post tot sæcula quæstionis hujus genuerit propositionem vos videritis, nulla tamen vel probitatis, vel sapientiæ ratio comprobatur, cur in hoc deveneritis, quoniam talia dicendo catholicæ fidei repugnatur, et veritati resistitur, et sacris paginis obviatur.

CAPUT IV.

Ex Ambrosio.

Ambrosius Mediolanensis episcopus, vir omnium splendore virtutum decoratus, adversus Arianos certamina non pauca conficiens, nec paucis ab eis persecutionum injuriis appetitus, in libris quos de Spiritu sancto adversus Arianam pravitatem eloquentissime scripsit, et evangelica veritate roboravit, ait (lib. I *de Spir. sancto*, cap. 3) : « Si Christum dicas, et Deum Patrem a quo unctus est Filius, et ipsum qui unctus est Filium, et Spiritum qui unxit designasti; et si Patrem dicas, Filium ejus et Spiritum oris ejus pariter indicasti; si tamen etiam id corde comprehendas. Et si Spiritum dicas, et Deum Patrem a quo procedit Spiritus, et Filium, quia Filii quoque est Spiritus. » Docet beatus Ambrosius uno

A nuncupato, Patre videlicet, vel Filio, vel Spiritu sancto, totius Trinitatis fieri comprehensionem, demonstrans tantam in tribus æqualitatis similitudinem, ut uno vocabulo tres personæ contineantur, etsi non vocis distinctione, unitatis tamen æqualitate. Quod autem dicit a Patre procedere Spiritum, nulla hinc quæstio, nobiscum enim id fatemini; quod autem ait Filio nuncupato, Spiritum pariter nuncupari, quia Filii sit Spiritus, hinc a nobis dividimini; qui enim prohiberi diffugitis Spiritum a Filio procedere, pariter quoque diffugitis dicere quod sit Spiritus Filii; si non enim ab illo procedit, non recte dicitur Spiritus ejus; dicitur autem Spiritus Patris, quia procedit a Patre, ac per hoc, nuncupato Filio, non simul intelligitur nuncupatio Spiritus sancti, non
B enim potest illius nuncupatione comprehensus ostendi, cujus non est Spiritus, non est autem ejus a quo non procedit; sanctus autem Ambrosius dicit quia Filii sit Spiritus, procedit igitur a Filio.

In consequentibus idem loquitur : « Qui Spiritum sanctum negabit, et Deum Patrem negabit et Filium; quoniam idem est Spiritus Dei, qui Christi Spiritus est; unum autem esse Spiritum nemo dubitaverit. » Quanta sit unitas, quanta consubstantialitas Spiritus cum Patre Filioque monstrat, dum dicit, quia qui negat Spiritum, negat quoque pariter Patrem et Filium, quia unus Spiritus est amborum. Unde namque Patris est? quia procedit a Patre; hinc quo-
C que Filii pariter est, quia procedit a Filio; non enim duo, sed unus est Spiritus; nec enim alius dicitur esse Patris, et alius Filii Spiritus, sed unus amborum, procedit igitur ab utroque. In posterioribus (*cap.* 10) : « Non ergo quasi ex loco mittitur Spiritus, aut quasi ex loco procedit, quando procedit ex Filio, sicut ipse Filius cum dicit, de Patre processi et veni. » Manifeste Spiritum ex Filio procedere testatur. Verum ne ista processio de corporalibus spatiis metiatur, ipse Filius hanc opinionem excludens, ait de Patre, *Processi et veni* (*Joan.* VIII, 42). Procedit autem Filius de Patre, non spatio loci, sed nativitatis egressu; procedit Spiritus sanctus a Filio nec loci spatio, nec nativitatis egressu, sed existentiæ processu.
D Inferius loquens de processione Filii ex Patre sic infit : « Neque cum de Patre exit, de loco recedit, et quasi corpus a corpore separatur. Neque cum est cum Patre, tanquam in corpore corpus includitur. Spiritus quoque sanctus cum procedit a Patre et a Filio, non separatur a Patre, non separatur a Filio. » Præcipuus iste doctor, et clarissimus Christi confessor, dicens procedere Spiritum sanctum a Patre, procedere et a Filio, Arianis adversus quos agebat, blasphemandi sustulit occasionem, ne qui dicebant eum fore creaturam, et minorem non solum Patre, verum etiam Filio, victoriæ palmam referrent; verum audientes eum ex utroque procedentem, cognoscerent Patris Filiique consubstantialem, ac pariter cum eis coadorandum et conglorifican-

dum. Et inferius Filium dicentem testatur: *Qui diligit me, sermonem meum servabit, et Pater meus diliget eum, et ad eum veniemus, et mansionem apud eum faciemus* (*Joan.* XIV, 23). « Sic igitur venit Spiritus, quemadmodum venit Pater; quia ubi Pater est, ibi est et Filius, et ubi Filius, ibi est et Spiritus sanctus. » Quid est autem quod ait, quia ubi Pater est, ibi est et Filius, nisi quia Filius de Patre natus est, a quo nunquam dividitur? et quia est, ubi est Filius, ibi est Spiritus sanctus? nisi quia de Filio procedit Spiritus sanctus, a quo nunquam separatur, et ineffabilem ostendit totius Trinitatis consubstantialitatem, cum Filium testatur semper in Patre esse, et Spiritum sanctum semper esse in Filio, ut ubi Pater sit, sit et Filius, et ubi Filius, sit quoque Spiritus sanctus, non loco, non tempore, non voluntate, non actione, non essentia divisi. Item posterius (*cap.* 12): « Sicut Pater tradidit Filium, et Filius ipse se tradidit, accipe quia Spiritus sanctus eum tradidit; scriptum est enim: *Tunc Jesus ductus est in desertum a Spiritu, ut tentaretur a diabolo* (*Matth.* IV). Ergo et Spiritus diligens tradidit Filium; est enim una charitas Patris et Filii. » Dum dicit charitatem unam esse Patris et Filii, testificatur unum esse Spiritum utriusque; est enim Spiritus charitas. Dicit Apostolus: *Fructus enim Spiritus, charitas* (*Gal.* V, 22). Monstratur ergo Spiritus a Patre et Filio procedere, quorum est charitas: non enim potest charitas Patris esse nisi de Patre procedat, quia non aliunde charitatem accipit: neque Filii charitas potest esse, nisi procedat a Filio: quomodo qua diligit charitas, ex ipso procedit: et quomodo una charitas est Patris atque Filii, unus Spiritus est utriusque procedens ab utroque.

In secundo libro (*cap.* 12) sic dicit: « De Filio Spiritus sanctus accepit. Accepit autem per unitatem substantiæ, sicut accepit a Patre Filius. » Hoc dicens, nonne clarissime docet quod accepit Spiritus sanctus a Filio? et quod accepit, procedendo accepit, quemadmodum Filius quod accepit a Patre nascendo accepit. Num aliud potuit accipere Spiritus sanctus a Filio quod antea non habebat, cum sit unius substantiæ cum Filio, unius potentiæ, et quæcunque Filius habet, habeat etiam et Spiritus sanctus? Subjungit sanctus Ambrosius testimonium ex Evangelio: *Ille, inquit, me clarificabit, quia de meo accipiet, et annuntiabit vobis. Omnia quæcunque habet Pater, mea sunt; propterea dixi, de meo accipiet, et annuntiabit vobis* (*Joan.* XVI, 14). Subsequitur: « Quid igitur hac evidentius unitate? Quæ habet Pater, Filii sunt; quæ habet Filius accepit et Spiritus. » Hæc sancti Ambrosii verba planissime testantur Spiritum sanctum a Filio substantialiter processisse, ait namque: Quæ habet Pater Filii sunt, id est, substantialiter natus de Patre, quæ sunt Patris sunt et Filii: similiter et Spiritus sanctus substantialiter procedens de Filio, accepit a Filio, ut quæcunque Filius habet, habeat et Spiritus, id est, ut sit ejusdem substantiæ cum Filio, sicut est Filius ejusdem substantiæ cum Patre. Item in consequentibus: « Quod loquitur Filius, loquitur et Pater, et quod Pater loquitur, loquitur et Filius; et de Spiritu Filius Dei dixit: *Non enim loquitur a se*, hoc est, non sine mei et Patris communione (non enim divisus ac separatus est Spiritus), *sed quæ audit loquitur* (*Ibid.*, 13): audit videlicet per unitatem substantiæ, et proprietatem scientiæ. » Dum confitetur doctor iste catholicus Spiritum sanctum non loqui sine Patris Filiique communione, videlicet loquente Spiritu, loquitur Pater, loquitur et Filius, testatur eumdem esse Patris et Filii consubstantialem, et ejusdem operationis, nec divisum, nec separatum. Et quod addidit: Quæ audit loquitur, processionem ejus insinuat: non enim quibusdam interjectis spatiis, vel aliquibus foraminibus audit Patris Filiique locutionem Spiritus, cum sit ejusdem substantiæ. Et sicut dicit Filius: *Omnia quæ audivi a Patre meo, nota feci vobis* (*Joan.* XV, 15), nascendo videlicet de Patre, et in Patris substantia permanendo, non aliquibus intervallis Patris locutionem percipiendo: sic et Spiritus quæ audit loquitur, procedendo scilicet de Patre Filioque, quia substantialiter manens in utroque, et procedens ab utroque, audit quæ loquitur per unitatem substantiæ et proprietatem scientiæ.

Et infra: « Omnia Patris habet Filius, qui ait: *Omnia quæ Patris sunt, mea sunt* (*Joan.* XVI, 15), et quæ accepit ipse per unitatem naturæ, ex ipso per eamdem unitatem accepit Spiritus: sicut ipse Dominus Jesus declarat de Spiritu suo dicens: propterea dixi: *De meo accipiet, et annuntiabit vobis* (*Ibid.*, 14). » Dicens omnia Patris quæ sunt habere Filium, rursus et omnia quæ accepit ipse a Patre, per unitatem naturæ Spiritum accepisse ex ipso, id est ex Filio, nonne manifeste declarat Filium ex Patre natum, id est ex paterna substantia, Spiritum quoque sanctum ex Filio procedere, id est Filii substantia, et sicut Filius nascendo omnia quæ Patris sunt, accepit, sic et Spiritus sanctus procedendo de Filio, quæcunque sunt Filii suscepit? Et infra: « Quod ergo loquitur Spiritus, Filii est, quod dedit Filius, Patris est. » Igitur si quod loquitur Spiritus Filii est, manifeste doctor iste testatur quia quæcunque Spiritus habet, a Filio suscepit, quia procedit ex ipso, et si quod dedit Filius, Patris est, cui vero dedit? Nimirum Spiritui sancto qui de illo procedit: et si quod dedit Patris est, accepit de Patre nascendo Filius, ut ex ipso procedat Spiritus sanctus. Subjunxit: « Ita nihil a se aut Filius loquitur aut Spiritus, quia nihil extra se Trinitas loquitur. » Tota Trinitas in Patre, Filio, Spirituque consistit. Nihil autem loquitur Filius a se, quia non est a se, sed a Patre. Similiter nihil loquitur Spiritus a se, quia non est a se, sed a Filio: solus autem Pater ex nullo. Ergo cum loquitur Filius, tota Trinitas loquitur, et cum loquitur Spiritus, tota Trinitas loquitur, et cum loquitur Pater, tota rinitas loquitur, quia nihil extra se Trinitas loquitur, quia non dividitur a se, nec separatur.

Item ejusdem operis in tertio libello (*Cap.* 1): « Non secundum divinitatem non supra Christum est Spiritus, sed in Christo: quia sicut Pater in illo, et Filius in Patre, ita Dei Spiritus et Spiritus Christi in Patre est et Filio. » Beatus Ambrosius dicens secundum divinitatem Spiritum non esse super Christum, sed in Christo, discernit humanitatem ejus divinitate. Legimus in Evangelio, quia venit Spiritus sanctus super Salvatorem, et mansit super eum. Pater loquitur Joanni: *Super quem videris Spiritum descendentem et manentem super eum* (*Joan.* i, 33). Itaque secundum humanitatem venit Spiritus super Christum, et mansit super ipsum, at vero secundum divinitatem manet in Christo, quoniam qualis est ipse, utriusque substantiæ cum ipso, sicut et de Patre scribitur, quod maneat in Filio, et Filius in Patre. Quod subjunxit, Spiritum Dei, et Spiritum Christi in Patre manere, seu Filio, testatur unum utriusque Spiritum, eo quod ab utroque procedat, et maneat per consubstantialitatem in ambobus. Subjunxit: « Manet enim in Deo, quia ex Deo est, sicut scriptum est: » *Nos autem non Spiritum hujus mundi accepimus, sed Spiritum qui ex Deo est* (*I Cor.* ii, 12), et manet in Christo quia a Christo accepit, et in Christo est. Quia iterum scriptum est: *De meo accipiet* (*Joan.* xvi, 14). Unde est ergo ex Deo Spiritus? nempe quia procedit ex Deo. Et unde accepit a Christo? Certe quia procedit a Christo. Et unde manet tam in Deo quam in Christo? prorsus quia consubstantialis est utriusque. Dicit in sequentibus (*capp.* 7, 8) loquens de Antichristo: *Quem Dominus Jesus interficiet Spiritu oris sui* (*II Thes.* ii, 8). Hic non acquisita gratia est, sed individua manet unitas, quia neque Christus sine Spiritu, neque Spiritus potest esse sine Christo: non enim potest divinæ naturæ unitas separari. » Hic quoque sanctus Ambrosius humanitatis ac divinitatis Christi separationem ostendit, non quod alius sit homo, et alius Deus Christus, sed quod perfectus Deus, et perfectus homo, sit unus Christus, homo tamen gratia factus est Deus: Deus vero natura existit Deus. Itaque cum diceret: *Quem Dominus Jesus interficiet Spiritu oris sui*, et subjunxerit, non hic acquisitam gratiam esse, humanitatem removit, ut Spiritus oris, quo sit Antichristus interficiendus, divinitatis intelligatur Spiritus, videlicet Spiritus sanctus, qui est in sancta Trinitate una persona, ut quod ait, *Quem Dominus Jesus interficiet Spiritu oris sui*, Spiritum sanctum intelligas, qui sit Spiritus Domini Jesu. Simul videndum, quia cum de eodem Spiritu dicatur quod sit Spiritus oris Domini, et nunc dicitur quod sit Spiritus oris Domini Jesu, clarissime monstratur Spiritus sanctus procedere ex ore Domini Jesu, non quod secundum divinitatem os habeat, sed quod de substantia illius procedat, quemadmodum dicitur Spiritus oris Domini, quoniam procedit de Patris substantia. Igitur evidentissima monstratur asser-

A tione procedere Spiritum tam de Patre quam de Filio, dum legitur quod sit Spiritus oris et Patris et Filii.

Persequitur beatus Ambrosius (*cap.* 8) individuam monere unitatem tam Christi quam Spiritus, quia « neque Christus sine Spiritu, neque Spiritus possit esse sine Christo. » Non potest esse Christus sine Spiritu, tanquam sibi consubstantiali, et qui ex se procedat, neque rursus Spiritus potest esse sine Christo, tanquam cui consubstantialis est, et a quo accepit quæcunque Christus habet. Connectitur causa cur ita sit, videlicet « quoniam non potest divinæ naturæ unitas separari. » Hoc dicens fatetur naturam Christi, naturam esse Spiritus, et naturam B Spiritus naturam esse Christi, nec unitatis compagem aliquo modo posse separari, præter quam Filius natus, Spiritus vero procedens, sed hæc non substantiam faciunt, sed relationem ostendunt. Inferius loquitur: « Lectum est quia Verbi gladius Spiritus sit: similiter lectum est, quia Spiritus sancti gladius Verbum Dei sit (*Ephes.* vi, 17). » Et nonnullis per assumptionem interpositis colligendo conclusit ita: « Cum igitur Verbi gladius Spiritus sanctus sit, et Spiritus sancti gladius Verbum sit, utique unitas est potentiæ. » Sed gladius Verbi quid est nisi ipsum Verbum? Et gladius Spiritus quid est, nisi ipse Spiritus? Ex quo colligitur quia Spiritus sanctus Verbi est Spiritus, cujus est gladius, et Verbum Spiritus sancti est, cujus est gladius, quoniam nec Verbum C sine Spiritu sancto, nec Spiritus sanctus sine Verbo, quoniam unius sunt operationis ejusdemque potentiæ. Cum ita sit, non possunt substantia separari, neque voluntate dividi: igitur unius substantiæ uniusque voluntatis Filius et Spiritus sanctus existentes, procedit alter ab altero, id est Spiritus ex Filio, quoniam Filius natus de Patre omnia quæ nascendo accepit a Patre, dedit Spiritui, non quasi minori, nec tanquam extraneo, sed tanquam a se procedenti.

Videndum autem quia cum dicitur Spiritus sancti gladius Verbum, et Verbi gladius Spiritus sanctus, non personarum fit conjunctio, sed substantiæ monstratur copulatio ut unius sint substantiæ, cum non sint unius personæ. Est autem alter ex altero, Spi- D ritus videlicet ex Filio, non vero Filius de Spiritu, sed de Patre. Hoc modo sanctus Ambrosius de Spiritu sancto sentiens atque disputans, non imperatoribus Græcorum, Gratiano videlicet et Theodosio Majori, quorum temporibus enituit, vel ingratus vel hæreticus visus est, qui toto sanctum virum amore coluerunt, et præcipua veneratione semper habuere. Cujus disputatio et pro Catholica fide labor indefessus, Arianos Ecclesiam impugnantes expugnavit, vicit, oppressit. Videte nunc vos imperatores quorum studeatis, vel fidem defendere, vel religionem imitari: ecce negando Spiritum sanctum a Filio procedere, catholicis obvias fecistis manus episcopis, qui Arianos prave de Spiritu sancto sentientes protrivere, et vestrorum majorum,

Romanorum videlicet imperatorum, pietatem exercitis, qui hanc fidem semper coluere, et pro ea decertantes nulla veneratione dilexere.

CAPUT X.

De Didymo.

[a] Didymus Alexandrinus, corporalibus quidem a puero captus oculis, verum spiritali visione satis illustris, in libro quem de Spiritu sancto scripsit, sic loquitur: « Igitur quicunque communicat Spiritui sancto, statim communicat et Patri et Filio. Et qui charitatem habet Patris, habet eam a Filio contributam per Spiritum sanctum, et qui particeps est gratiæ Jesu Christi, eamdem gratiam habet datam a Patre per Spiritum sanctum. » Ex quibus omnibus approbatur eamdem operationem esse Patris et Filii et Spiritus sancti. Diligenter [quæ] dicit retractemus. Ait ergo: « Quicunque communicat Spiritui sancto, » is autem communicat Spiritui, qui particeps efficitur ipsius, « iste statim communicat et Patri et Filio; » particeps enim est factus tam Patris quam Filii per Spiritus communicationem. Monstratur ex hoc Spiritus consubstantialis esse Patris Filiique, et adeo consors, ut non possit haberi Spiritus, nisi pariter habeatur Pater et Filius. Subjungit: « Et qui charitatem habet Patris, habet eam a Filio contributam per Spiritum sanctum. » Superius consubstantialitatem tantummodo Patris et Filii monstravit; jam vero docere incipit processionem Spiritus. Charitatem autem Patris appellat Spiritum sanctum, sicut ex posterioribus approbatur dicens eam contributam per Spiritum sanctum. Non enim tribuit Spiritus sanctus nisi proprium munus cum tribuit charitatem. Et de charitate scribitur quod sit Deus, ergo tribuens charitatem Spiritus, semetipsum tribuit, quoniam ipse charitas est. ses hæc charitas Patris esse dicitur, quoniam Spiritus, Patris est Spiritus, et unde illius Spiritus? quia procedit ex ipso, non enim creaturarum unus est Spiritus ut sit alterius quam Patris substantiæ. Quapropter non tanquam ab eo creatus ejus esse dicitur, sed tanquam consubstantialis, et ex illo procedens. Dicit autem habenti charitatem Patris contributam a Filio per Spiritum sanctum: quemadmodum igitur contribuit Filius munus Spiritus sancti? Videlicet velut cooperator Patri Spirituique. Sed quemadmodum potest tribuere sibi coæqualem vel alterius, id est Spiritus sancti donum? Certe quia charitas, quæ est Patris, et quæ a Filio contribuitur per Spiritum sanctum, est etiam Filii, quia quæcunque sunt Patris, sunt et Filii. Sed nunquid charitas quæ est Spiritus sanctus, sic est Filii, ut sit creatura? nequaquam prorsus, sed tribuitur a Filio, quia procedit ex illo, et est Filii, quoniam consubstantialis est illi.

Subjungitur: « Et qui particeps est gratiæ Jesu Christi. » Gratiam hoc in loco Jesu Christi dicit quam superius charitatem Patris appellavit. Quid est autem quod gratiam Jesu Christi nunc dicit quam constat esse munus Spiritus sancti? Procul dubio monstrat a Jesu Christo contribui, cujus existit gratia, ut sicut dicitur charitas Patris, quia procedit a Patre, sic eadem charitas quam appellat gratiam Jesu Christi, [procedere cognoscatur a Jesu Christo. Eamdem autem gratiam quisquis habet Christi, dicit eam datam per Spiritum sanctum, ut quidem videamus cooperantem sibi totam Trinitatem, et teneamus Spiritum sanctum, qui est charitas Patris et Filii, procedere tam a Patre quam a Filio. Subsequitur: « Ex quibus omnibus approbatur eamdem operationem esse Patris et Filii et Spiritus sancti. » Quorum autem est eadem operatio, una est quoque voluntas; et quorum una voluntas, una est substantia. Hinc est quod subjungit: « Quorum autem est una operatio, una est et substantia, quia quæ ejusdem substantiæ ὁμοούσια sunt, easdem habent operationes; et quæ alterius substantiæ [sunt, dissonas atque diversas. » Approbat Spiritum sanctum unius cum Patre Filioque substantiæ, quoniam eamdem cum eis habet operationem. Sed ostensum est superius Patris et Filii Spiritum esse, quoniam procedat tam a Patre quam a Filio. In posterioribus ait: « Cum enim dixerit in tempore respondendi, nimirum Filius, doceri discipulos a Spiritu quid debeant respondere, in sequentibus ait: *Ego enim dabo vobis sapientiam cui non poterunt resistere et contradicere* (*Luc.* XXI, 15). Ex quibus ostenditur sapientiam, quæ discipulis datur a Filio, Spiritus sancti esse sapientiam, et doctrinam Spiritus sancti, Domini esse doctrinam. » Quemadmodum autem sit sapientia, quæ datur a Filio, Spiritus sancti? Non alias, nisi quia procedit Spiritus sanctus a Filio, cujus sapientia, sapientia est quoque Spiritus sancti. Et quomodo doctrinam Spiritus sancti, doctrinam dicit esse Domini? Videlicet eo quod omnia quæ sunt Spiritus sancti, sint etiam Domini Jesu Christi, quoniam procedit ex ipso. Unde subjungit: « Unumque et naturæ et voluntatis consortium Spiritus esse cum Filio. » Testantur hæc Spiritum sanctum procedentem a Filio, dum unius et naturæ et voluntatis sit Spiritus cum Filio; alioquin si non procedat ab ipso Spiritus, non est ejusdem voluntatis, cujus est Filius; nam quæ separantur consortio, separantur etiam voluntate. Dicit etiam: « Et quia superius demonstratum est socium esse per naturam Spiritum Unigenito Deo, et Deo Patri; Filius vero et Pater unum sunt juxta illud: *Ego et Pater unum sumus*, indivisa et inseparabilis secundum naturam ostensa est Trinitas. » Si per naturam sociatur Spiritus Unigenito Deo, et Deo Patri, procedit ab Unigenito Deo. Quod si tantum procedit a Deo Patre, et non procedit ab Unigenito Deo, Patri quidem

[a] *Didymus Alexandrinus.* Hunc Didymi librum Æneas Parisiensis, Ratramni coætaneus, in eo opere quod Ratramno subjungimus, testatur ab Hieronymo in Latinum sermonem verbum esse. Idem deinde scripsit Anselmus Havelb. Dialog. lib. II, cap. 24.

sociatur per naturam, unigenito vero Deo non conjungitur: non enim jungi potest ei per naturam, a quo non procedit. Sed auctor testatur esse socium iste per naturam Spiritum unigenito Deo: fatetur ergo procedere Spiritum ab unigenito Deo. Et quoniam indivisam et inseparabilem secundum naturam dicit esse Trinitatem, fatetur Filium de Patre genitum, Spiritum vero de Patre Filioque procedentem. Quod si de Patre doceas tantum procedere Spiritum, jam non est indivisa et inseparabilis Trinitas, quoniam Spiritus dividitur a Filio a quo non procedit, separatur ab unigenito, cujus non Spiritus. Procul hæsit a catholicis membris impietatis opinio: est enim indivisa et inseparabilis secundum naturam sancta Trinitas, quoniam Pater de nullo, Filius vero de Patre genitus, Spiritus autem sanctus de Patre Filioque procedens.

Item dicit: « In alio quoque Evangelio legitur: *Non enim vos estis qui loquimini, sed Spiritus Patris vestri qui loquitur in vobis* (*Matth.* x, 20). Si ergo Spiritus Patris in apostolis loquitur, docens eos quæ debeant respondere, et quæ docentur a Spiritu, sapientia est, quam non possumus alium præter Filium intelligere, liquido apparet ejusdem naturæ Spiritum esse cum Filio, et cum Patre cujus est Spiritus. Porro Pater et Filius unum sunt. » Dicit auctor iste sapientiam, quam docet Spiritus Patris apostolos, Filium esse. Si sapientia Filius est, et Spiritus sanctus sapientiam, quæ Filius est, loquitur in apostolis, accipit a Filio. Quemadmodum autem accipit? procedendo certe, non participando quod ante non habuerit: non enim fuit aliquando Spiritus sine sapientia, sed accepit a Filio ut semper esset sapiens, ab ipso procedens, quia unius est naturæ cum Filio et cum Patre cujus est Spiritus: quod sic non dixit, ut non etiam Spiritum Filii significaret, cujus sapientiam dixit loqui Spiritum: sed quia superius dixerat: *Non enim vos estis qui loquimini, sed Spiritus Patris vestri.* Nam dicit in posterioribus: Porro Pater et Filius unum sunt. Si Pater et Filius unum sunt, Spiritus qui Patris est, est etiam et Filii, ac per hoc ex utroque procedens. In posterioribus (*Ibid.* lib. II) cum non pauca de Patris et Filii et sancti Spiritus consubstantialitate tractasset, concludit: « Ex his colligitur, quanquam indivisa sit substantia Trinitatis, et Patrem tamen vere Filii esse Patrem, et Filium vere Patris Filium, et Spiritum sanctum vero Patris et Dei esse Spiritum, et insuper sapientiæ et veritatis, id est Filii Dei. » Si ergo Pater Filii Pater est, quia genuit illum, et Filius Patris Filius, quia genitus est ab illo, et Spiritus sanctus vere Patris Spiritus, quia procedit ab illo, consequenter et sapientiæ et veritatis, id est Filii Dei Spiritus est, quoniam procedit a Filio, id est procedit a veritate, procedit a sapientia, procedit a Deo, id est Filio: ideo namque cum dixisset Spiritum sanctum
A Spiritum esse veritatis, intulit, « Et Dei esse Spiritum, » personam Filii volens intelligi. Sed ne titubatio lectorem confunderet, ait in consequentibus: « Spiritum sapientiæ et veritatis, id est Filii Dei. »

In posterioribus inquit: « Porro jam frequenter ostendimus ejusdem esse operationis Spiritum, cujus est Pater et Filius, et in eadem operatione unam esse substantiam, et reciproce eorum quæ ὁμοούσια sunt, operationem quoque non esse diversam. » Operatio Spiritus eadem est quæ et Patris et Filii operatio: quoniam consubstantialis est utriusque tanquam procedens ab utroque: non enim potest eis eadem operatione conjungi, si non ab utroque procedit: dividitur namque substantia quibus processione non cohæret, nec aliter potest vel Patri vel
B Filio substantialiter copulari, quoniam ut sit substantia Spiritus accepit tam a Patre quam a Filio procedendo. Item infra: « In consequentibus de Spiritu veritatis, qui a Patre mittitur et est paracletus, Salvator ait: *Non enim loquitur a semetipso* (*Joan.* XVI, 13), hoc est sine me, et sine meo et Patris arbitrio, quia inseparabilis a mea et Patris est voluntate: hoc enim ipsum quod subsistit et loquitur a Patre et me illi est. Ego veritatem loquor, id est inspiro quæ loquitur *, siquidem Spiritus veritatis est. » Manifeste doctor iste nos instruit Spiritum sanctum esse a Filio, nam cum dicit: *Non enim loquitur a semetipso* ostendit eum a semetipso non esse, propter quod explanans quod dixit: « Hoc est sine me, et sine meo et Patris arbitrio, » ostendit a
C quo sit, qui non loquitur a semetipso, a Patre scilicet est et a Filio, sine quibus, et sine quorum non loquitur arbitrio. Et dicens: « Hoc enim ipsum quod subsistit et loquitur, ego veritas loquor, » ostendit subsistentiam Spiritus esse a Filio. Et si cum loquitur Spiritus, loquitur veritas, hoc est Filius, ostendit quia quod loquitur, et quod subsistit Spiritus, accepit a Filio. Et inculcans idipsum velut apertius quod dixerat faciens, « id est inspiro quæ loquitur. » Quomodo inspirat? nimirum cum ab illo procedit et connectit: « Siquidem Spiritus veritatis est, » quod est dicere, Spiritus Filii est. Quibus omnibus demonstratur quod sit Spiritus Filii, et quod inspiretur a Filio, id est procedat ab illo. Et
D quia quod loquitur Spiritus, et subsistit Spiritus, accipit a Filio, non tanquam minor, sed tanquam consubstantialis, et ex illo procedens.

Item infra: « Loqui ergo Patrem, et audire Filium, vel e contrario, Filio loquente audire Patrem, ejusdem naturæ in Patre et Filio, consensusque significatio est. Spiritus quoque sanctus, qui est Spiritus veritatis, Spiritusque sapientiæ, non potest Filio loquente audire quæ nescit, cum hoc ipsum sit quod profertur a Filio. » Dicens loquentem Patrem audire Filium, demonstrat Filii nativitatem ex Patre: similiter Filium loquentem audire Patrem,

* *Siquidem Spiritus.* Totum hoc quidquid est e margine in textum transferri curavimus, nam antea hoc tantum legebatur, *quod subsistit et loquitur ego veritas loquor, siquidem,* quod profecto imperfectum erat. Quanquam ex sequentibus satis constet Ratramno placuisse pravam lectionem.

Patrem intuitu genuisse Filium, et quia sunt unius naturæ Pater et Filius, sunt etiam ejusdem consensus, ut hoc sit loqui Patrem ad Filium vel Filium ad Patrem, in unius consensum voluntatis venire, neque diversum aliquid sentire. Spiritum quoque sanctum veritatis Spiritum [et] sapientiæ confitens, Spiritum Filii declarat, de quo dicit, quia non potest Filio loquente audire quæ nesciat: quoniam cum sit ejusdem cum Filio substantia, procedatque de Filio, qua loquitur Filius, loquitur et Spiritus sanctus, quoniam hoc ipsum quod est Spiritus, locutio Filii est ad Spiritum, præsenti doctore dicente. Qui cum dixisset non posse Spiritum sanctum Filio loquente audire quæ nesciat, mox subdidit: « Cum hoc ipsum sit quod profertur a Filio; » hoc est prolatio Filii substantia est Spiritus: nam dicens, cum hoc ipsum sit, subauditur Spiritus, quod profertur a Filio, hoc est quod loquitur Filius. Si quod loquitur Filius, Spiritus sanctus est, quemadmodum doctor iste testatur, non potest negari quod a Filio procedat Spiritus: siquidem locutio Filii de Filio procedit: qua de re cum hoc idem sit Spiritus quod profertur a Filio, procedit omnino Spiritus a Filio.

Subjungit: « Denique ne quis illum a Patris et Filii voluntate et societate discerneret, scriptum est: *Non enim a semetipso loquetur, sed sicut audiet loquetur* (*Joan.* XVI, 13). Cui simile etiam de semetipso Salvator ait: *sicut audio, judico* (*Joan.* V, 30). » Voluntas Patris voluntas est Filii, et societas utriusque Spiritus amborum: quoniam charitas, quæ est Spiritus, sociat voluntatem Patris et Filii: neque potest voluntas Spiritus a voluntate Patris et Filii sejungi, sed sicut societas est utriusque, sic ejusdem voluntatis amborum. Et sicut voluntas [Filii] nascitur de Patre, sic voluntas Spiritus procedit a Filio. Hinc est quod ait de Spiritu: *Non enim a semetipso loquetur, sed sicut audiet loquetur.* A quo audiet? Videlicet a Filio, de quo procedit. Et audire Spiritum, procedere est a Filio: sicut et audire Filium, nasci est de Patre: nam non aliud est audire Filium, et aliud nasci, sed idem utrumque: sic enim aliud minime est audire Spiritum, et aliud procedere, sed unum est utrumque. Et infra: « Scriptum est enim: *Quæcunque ille facit* (haud dubium quin Pater) *hæc eadem Filius facit similiter.* Quod si operante Patre et Filio, non juxta ordinem primi et secundi, sed juxta idem tempus operandi eadem et similia, subsistunt universa quæ fiunt: et Filius non potest a semetipso quid facere, quia a Patre non potest separari: sic et Spiritus sanctus nequaquam separatus a Filio, propter voluntatis naturæque consortium, non a semetipso creditur loqui, sed juxta verbum, et veritatem Dei, loquitur universa. » Pater et Filius eadem operantur, non alio tempore Pater, et alio Filius, sed eodem simul et eodem tempore: nec potest Filius separatus operari, quoniam non dividitur a Patre, cum sit natus ex Patre, et ejusdem substantiæ cum Patre: sic et Spiritus sanctus non loquitur a semetipso separatus a Filio, quoniam procedens a Filio consors est naturæ Filii, voluntatis et ejusdem, cujus et Filius: non enim voluntas discernit quod natura conjungit, sed juxta verbum et veritatem Dei loquitur universa, quoniam a verbo et veritate procedens percipit quid loquatur: non enim aliud est quod procedit, et aliud loquendi perceptio: sed perceptio locutionis processionis est existentia: quemadmodum existentia processio, locutionis acceptio.

Et infra: « Quomodo igitur supra de naturis incorporalibus disputantes intelleximus, sic et nunc Spiritum sanctum a Filio accipere, id quod suæ naturæ fuerat, cognoscendum est: et non dantem et accipientem, sed unam significare substantiam. Siquidem et Filius eadem a Patre accipere dicitur, quæ est ipse subsistens: neque enim quid aliud est Filius exceptis iis quæ ei dantur a Patre: neque alia substantia est Spiritus sancti, præter id quod ei datur a Filio. » Confirmat processionem Spiritus a Filio factam, et dicit Spiritum sanctum a Filio accipere id quod suæ naturæ fuerat, quod est, naturam Spiritus ex Filio esse, et non sit aliud accipere Spiritum a Filio, quam procedere de Filio, neque dantem et accipientem intelligendum tanquam alterius et alterius substantiæ, sed personam Filii dantem, ut existat Spiritus, et personam Spiritus accipientem, ut procedat a Filio. Et confirmat opinionem suam ex eo quod Filius accipere dicitur a Patre: non enim aliud est Filius, et aliud est quod percipit a Patre, sed a Patre perceptio Filii est subsistentia: quod clarius affirmat prosequendo: « Neque enim quid aliud est Filius, exceptis his quæ ei dantur a Patre. » Quod est non licet excipere quæ donantur a Patre Filio a substantia Filii, sed data Patris substantia est Filii, quoniam nascendo percepit omnia quæ sunt Patris, sic et de Spiritu sancto fatetur, quod non sit alia substantia Spiritus sancti præter id quod ei datur a Filio: hoc est, non aliud Spiritus sanctus, et aliud quod Spiritui sancto datur a Filio, sed donum Filii substantia est Spiritus sancti. Quo manifeste commendat Spiritum sanctum esse de Filio, non tanquam partem, sed tanquam totum, quod est Filius: quia quæcunque sunt Filii, sunt et Spiritus sancti: et accipit Spiritus sanctus a Filio, procedens ab illo sicut consubstantialis, et habens omnia quæ sunt Filii. Inferius: « Denique interpretationem inferens quomodo dixisset, *de meo accipiet*, protinus adjecit: *omnia quæ habet Pater, mea sunt: propterea dixi, de meo accipiet, et annuntiabit vobis* (*Joan.* XVI, 13, 14), quodammodo loquens, licet a Patre procedat Spiritus veritatis, et det Deus Spiritum sanctum petentibus se, tamen quia omnia quæ habet Pater, mea sunt, et iste ipse Spiritus Patris meus est, et de meo accipiet. » Hoc dicens docet Spiritum a Filio procedere sicut procedit a Patre: est enim Spiritus veritatis, videlicet Christi, qui veritatis est: et quia Filius habet omnia quæ Patris sunt, iste ipse Spiritus Patris testatur quod sit Filii, et accipit de Filio. Quid accipit? omnino subsistentiam de illo A procedendo.

In consequentibus: « Idem autem Spiritus Dei, et Spiritus Christi est, adducens et copulans eum, qui se habuerit, Domino Jesu Christo. Unde in sequentibus dicitur: *Si quis autem Spiritum Christi non habet, hic non est ejus* (Rom. VIII, 9). » Si qui est Spiritus Dei, est et Spiritus Christi, quemadmodum auctor iste fatetur, haud dubium non sunt duo Spiritus, alius Patris, alius Filii, sed unus et idem utriusque. Et si Christi Spiritus est is qui Spiritus Dei Patris est, sicut procedit a Patre, sic procedit a Filio: non enim alias Dei Patris dicitur Spiritus, nisi quod a Deo Patre procedit, sic non aliter dicitur Spiritus Christi, nisi qui procedit a Christo: non B enim est creatura, quo tanquam inferior possideatur, sed consubstantialis. Sic quoque quod addit, Spiritum Christi non habentem Christi non esse, de Christo fatetur prodeuntem, quem dicit esse Christi: nec esse posse Christi, qui non habeat Spiritum ejus: quoniam in quo non est Spiritus Christi non est Christus: non enim habitatione separantur, qui substantia copulantur. Unde discimus societatem quam habet Spiritus ad Christum, quod habeat et ad Deum Patrem: non enim potest eorum societatem non habere, quibus est consubstantialis, et a quibus existit. Inferius quoque: « Sed et in Epistola Petri Spiritus sanctus esse Christi Spiritus comprobatur: scrutantes, inquit, et exquirentes (id est prophetæ de quibus ei fuerat sermo superior) in quod aut quale C tempus significabat his qui in eis erat Spiritus Christi testificans in Christo passiones, et ea quæ post erant secutura decreta. » Et paulo post: « Iste autem Spiritus sanctus dictus est et Spiritus Dei, ut ibi: *Ea quæ Dei sunt nemo novit nisi Spiritus Dei* (I Cor. II, 11). » Eumdem ergo fatetur Spiritum Christi, qui sit Spiritus Dei: ac per hoc de utroque prodeuntem, quoniam non sit aliud cur utriusque dicatur Spiritus: æqualis est enim et consubstantialis. Item infra loquitur: « Per hoc quod ait: *Si quis autem Spiritum Christi non habet, iste non est ejus* (Rom. VIII, 9). Et inferius: *Si autem Christus in vobis est* (Ibid., 10), manifestissime demonstravit inseparabilem esse Spiritum sanctum a Christo, quia ubicunque Spiritus fuerit, ibi et Christus D est: et undecunque Christi Spiritus discesserit, inde pariter recedit et Christus. » Ista societas Spiritus et Christi, quam docet, non tantum voluntatis est, verum etiam substantialitatis, et non substantialitatis solum, verum etiam processionis: possunt enim voluntate conjungi quæ substantia separantur, ut illud quod Christus loquitur discipulis: *Ecce ego vobiscum sum omnibus diebus* (Matth. XXVIII, 20), vel quod in præsenti loco dixit, in quo est Spiritus Christi sit quoque Christus. In quibus namque Spiritus Christi est, et Christus quoque pariter est: simul quidem sunt, sed voluntate, non substantia. Deus etenim et homo non unus, sed diversæ sunt substantiæ. Item possunt substantia copulari, simulque nativitate conjungi, ut Pater et Filius. Item copulantur substantia, non autem nativitate, sed processione, Filius et Spiritus. Ergo dum dicit, ubicunque Spiritus fuerit, ibi et Christus est, et undecunque Christi Spiritus discesserit, inde pariter recedit et Christus, monstrat societatem istam non voluntate solum, substantiaque, verum etiam processionem constare, quod Spiritus non solum consubstantialis exstat Christi, verum etiam existat ab ipso.

Item posterius Apostoli testimonium assumens, ait: « *Non accepistis Spiritum servitutis in timore* (Rom. VIII, 15), id est non in similitudinem servorum, metu et terrore pœnarum vos abstinetis a vitiis, quia habetis vobis datum Spiritum adoptionis, id est B Spiritum sanctum, qui etiam Spiritus Filii et Christi et veritatis dicitur atque sapientiæ. » Quid per hæc insinuat? nam veritas et sapientia Christus est (ut Scriptura testatur, et non semel approbatum est,) Christus quoque Filius Patris est haud dubium. Affirmat Spiritum sanctum procedentem a Filio, procedentem a Christo, procedentem a veritate et sapientia: non quidem quod sint Spiritus diversi, quia non sunt quæ posita sunt, quorum esse dicitur Spiritus, diversam substantiam significantia. Sapientia namque et veritas, et Christus, Filium prædicant: Christus propter hominem susceptum, veritas, quoniam ipse dixit: *Ego sum veritas*. Sapientia, quia Paulus testatur de ipso (I Cor. I, 30), quod sit nobis C a Deo factus Sapientia. Quid hæc omnia colligunt? Procul dubio quod procedat a Filio, cujus esse dicitur Spiritus: non enim vel pars ejus potest esse, vel aliquod Filio subjectum. Unde ergo illius? Processione sive consubstantialitate: sed consubstantialitas æqualitatem ostendit, æqualitas autem non subjicitur, sed confertur. Unde ergo Spiritus Filii? haud dubium quia procedit ex Filio.

Sufficiant ista de libro Didymi breviter collecta, qui dum talia de Spiritu sancto positus Alexandriæ sentiret et scriberet, nec a Græcis, nec a Græcorum imperatoribus est vel reprehensus, vel communione suspensus: intelligebant enim qui per id temporis imperatores, qui non solum Constantinopoli, verum etiam Romæ regnabant, catholicum esse D dogma, fidem apostolicam, perfidiam hæreticorum quæ debellabat, et veritatis doctrinam affirmabat. Vos nunc imperatores moderni, novi sectam erroris instituentes, videte cujus sitis fidei, quosque habueritis in doctrina Christi magistros: nam illorum convincimini non esse discipuli, qui priores vestri fuere, qui catholicam fidem roboravere, qui pravi dogmatis inventa semper expugnavere.

CAPUT VI.

Ex Paschasio.

His sociemus quid per eadem tempora Romana sensit Ecclesia de Spiritu sancto, ut comprobaverimus novam non fore sectam quam prædicat, sed olim a Patribus commendatum, et per universum totius Ecclesiæ corpus vindicatum, et contra diversa sentientes expugnatum ostenditur pariter illustratum; nunc reprehendi quasi novum dogma prædicans, cum sit a prioribus nostris semper prædicatum.

Paschasius, antiquus Romanæ sedis et doctor et diaconus, in libello quem de Spiritu sancto scripsit, Didymi sequens Alexandrini vestigia, sic infit (*lib.* I, *cap.* 2): « Non scimus qualiter Deus sit, quem Deum esse manifestum est. Hic ratio latet, veritas non latet. Cur interroges quomodo sit socius et æqualis Regis, quem regni constat esse et honoris et generis? Ex superfluo de nomine agitur inquisitio, ubi non est de sublimitate dubitatio. » Hoc adversus Arianos, qui Spiritus sancti divinitatem denegabant, nolentes confiteri Patri Filioque consubstantialem, sed creaturam dicebant Filio subjectam, tanquam minorem, eos veraciter confutans et Deum verum esse prædicat et Patris, et Filii consubstantialem. Quid etiam de processione sentiat subdendo manifestat: « Ergo quia Spiritus sanctus ex utroque procedit, ideo dicit: *Qui autem Spiritum Christi non habet, hic non est ejus* (*Rom.* VIII, 9). Et alio loco: *Insufflavit et dixit: Accipite Spiritum sanctum* (*Joan.* XX, 22). Testatur et Spiritum sanctum ex Patre Filioque procedere, suamque assertionem roborat tum ex Apostolo quam ex Evangelio, pariter ostendens quia Spiritus non aliter possit esse Christi, nisi procedat ab ipso: nec alias dat Christus Spiritum insufflando, nisi ex sua substantia mittendo, siquidem cum dicatur Spiritus Christi, relationem habere monstratur ad Christum, non vero tanquam servus (non enim est creatura), sed tanquam ab illo capiens existentiam procedendo, non creando vel generando. Similiter cum insufflat eum mittendo, non mittit extraneum nec aliunde quam de propria natura; nec potest negari processus ejus a Filio quem insufflando ex intimis suæ divinitatis Filius emittit. Subjungit adhuc de eodem loquens Spiritu: « Utrum genitus an ingenitus sit requiris? nihil ex hoc eloquia sacra cecinerunt, nefas est irrumpere divina silentia. Quod Deus scripturis suis indicandum esse non credidit, interrogare, vel scire superflua curiositate te noluit. Hoc pervenire debere judicavit ad conscientiam tuam, quod pertinet ad salutem tuam. » Hæc adversus eos loquitur qui Spiritus sancti personam, sanctæ Trinitati derogantes, Deum esse non recipiebant, tanquam si Deus haberetur, vel ingenitus vel genitus confiteretur: si genitus, duo filii dicerentur, et jam Salvator dici non posset unigenitus, essetque contra catholicam fidem, quæ quidem confitetur credere se in Deum Patrem omnipotentem, et in Jesum Christum Filium ejus unigenitum. Quod si confiteretur ingenitus, jam non unus Pater, sed duo comprobarentur, et esset hoc nihilominus fidei Catholicæ valde contrarium. Credimus etenim in unum Deum Patrem omnipotentem. Tam perversa machinantibus præ satis cauteque respondet doctor iste catholicus, dicens Spiritum sanctum nec genitum, nec ingenitum debere dici, quod sanctæ Scripturæ non loquuntur; debere vero profiteri quod affirmant, Spiritum videlicet sanctum Patri Filioque consubstantialem, et de utroque procedentem.

In posterioribus loquitur (*cap.* 10): « In Actibus apostolorum Petrus de Domino Jesu Christo differens ita dicit: *Dextera igitur Dei exaltatus, et promissione Spiritus sancti accepta a Patre effudit hunc quem videtis et auditis* (*Act.* II, 33). In dextera Filius in Deo Pater, in nominis sui proprietate Spiritus sanctus designantur. » Hoc testimonio comprobavit Spiritum sanctum a Filio procedere, quem ab eo dixit effusum: non enim effudit nisi quod in se continebat, non velut in loco conclusum, sed tanquam in se substantialiter manentem: nec sic effudit ut sui vacuationem faceret, quemadmodum vas efficitur vacuum cum effunditur quod continebatur in illo: est verum istud corporearum; est in divinis non idem. Cum enim vel Pater vel Filius Spiritum effundit, non se vacuat, sed sui muneris gratiam sine sui damno quibus vult communicat. Et infra ponens testimonium Apostoli: « *Vos autem non estis,* inquit, *in carne, sed in Spiritu; si tamen Spiritus Dei habitat in vobis. Si quis autem Spiritum Christi non habet, hic non est ejus* (*Rom.* VIII, 9). Dum dicit *Spiritum Dei,* et infert consequenter *Spiritum Christi,* adverte quia hic personam Christi sub Dei appellatione designat. Aut si hic Patre, cujus Spiritus sit, sub Dei nuncupatione significat, ecce hic Spiritus per unitatem substantiæ et Patris et Filii esse Spiritus declaratur, et merito procedere ex utroque dignoscitur, et in vinculo Trinitatis distinctam personam habere perspicitur, et qui Spiritum sanctum non habet, nec Christum habere monstratur. Deus itaque Spiritus sanctus, quo negato negatur et Christus, qui dixit: *Nemo venit ad Patrem nisi per me* (*Joan.* XIV, 6). Qui Spiritu sancto vacuus est, Christi non est, et perdidit viam qua pervenitur ad Patrem. » Multis ostendit rationibus Spiritum sanctum et Deum esse, et consubstantialem Patris et Filii, et ex utroque procedere, nec a vinculo Trinitatis posse discerni, cum sit ejusdem cujus et Pater et Filius est, naturæ. Et inculcat Christum habere non posse, qui non habeat Spiritum sanctum: et quoniam Deus est Spiritus sanctus, qui negaverit Spiritum, consequenter negarit et Christum: quod non fieret si non in Christo maneret, et ei consubstantialis existeret. Manere vero in Christo, et consubstantialem esse Christo Spiritum procedentem ab eo demonstrat: non enim potest, nisi procedat ab illo, in quo manet, et cui consubstantialiter inhæret: et cum via sit Christus ad Patrem, qui Spiritum non habet, viam Christum habere non valet: non enim alterum habere quis potest præter alterum, qui nec substantia dividuntur, nec mansione. Propter quod Spiritu sancto vacuus, Christo quoque vacuus invenitur, quia qui mentem non habet, fontis irriguo non inundatur. Quibus omnibus evidenter ostenditur a Christo procedere Spiritum sanctum.

Et infra (*cap.* 11): « Nil itaque in Spiritu sancto impleatum putetur, quia plenitudini comparatur ... am qui ad vicem Dei pignoris loco tribuitur, fas non est, ut aliud quam Deus esse credatur. » Semiplenum Spiritum sanctum deputat, quisquis eum a Filio procedere denegat, et negat eum ad vicem Dei pignoris loco contribui, quicumque processionem Filio illi non tribuit: non enim potest plenus Deus intelligi, cui consubstantialitas denegatur Filii, nec vicem valet Dei repræsentare, cui Filius non est consubstantialis. Verum catholicus nullus sic sentit, sed plenum Deum ac consubstantialem Patri, Filioque confitetur: noverit unde procedere Filium, unde quoque sumit substantiam, et qui Patri Filioque copulatur substantia, procedat necesse est ab utroque. Item subjungit, capitulum ponens ejusdem Apostoli ad Titum: « *Salvos nos fecit per lavacrum regenerationis et renovationis Spiritus sancti, quem fudit in nobis abunde per Jesum Christum* (*Tit.* iii, ...). Ecce etiam hic sub Trinitate manifesta Pater per Filium abundantiam Spiritus sancti effundit. Et, quod vel maxime advertendum est, ipsi Spiritui sancto potentiam regenerationis et renovationis adscribit. » Effudit Pater in nobis Spiritum sanctum abunde per Jesum Christum: ut ostendat quia procedit et a Patre et a Jesu Christo. Dum nobis effunditur, effundit Pater Spiritum sanctum, quoniam mittitur a Patre, effundit per Jesum Christum, quoniam cooperatur Filii simul effundendo Spiritum: nec enim sic ... effundere Patrem per Jesum Christum, tanquam Christus non effundat: non enim separantur Pater et Filius operatione: sed effundit per Jesum Christum, quia cum Pater effundit, et Jesus Christus effundit, quia mittitur ab utroque, quoniam procedit tam a Patre quam a Filio. Potentiam vero Spiritus sancti testatur auctor iste Patris Filiique coæquam, dum dicit ascribi Spiritui sancto potentiam regenerationis et renovationis, ut ostendat ejusdem eum esse virtutis cujus est Pater et Filius, ac per hoc et consubstantialis et de utroque procedens affirmatur.

Item posterius (*cap.* 12): Psalmistæ ponens testimonium, dicentis: « *Quo ibo a Spiritu tuo?* (*Psal.* cxxxviii, 7.) Hoc est, ubi me a conspectu ejus abscondam, quem præsto esse per omnia, id est intra extraque non ambigo? » Et infra: « De quo dictum evidenter intelligitur: *Nec est qui se abscondat a calore ejus* (*Psal.* xviii, 7). Cujus ineffabilis magnitudo profunda inferorum, diffusa fluctuum, ... ta terrarum, excelsa cœlorum intrat, implet, excedit, mitti a Patre et Filio dicitur, et de ipsorum substantia procedere, et unum cum eis opus agere dignoscitur. » His omnibus sancti Spiritus majestatis ostenditur et processio: cum enim testetur nullum esse locum a Spiritus sancti præsentia remotum, Patris Filiique divinitati cuncta penetranti, sive

A continenti, comparatur. De quo consequenter adjiciens, quod caloris ejus igne nemo sit qui non contingatur, illud testatur quod de Filio quoque dicitur: *Qui illuminat omnem hominem venientem in hunc mundum* (*Joan.* i, 9), monstrans ejusdem eum esse potentiæ, cujus et Filius, quandoquidem Filius omnem hominem illuminat, et a calore Spiritus extorris nemo fiat. Cumque et a Patre et a Filio mitti dicitur, et de ipsorum substantia procedere, monstratur pariter et a quo sit Spiritus, et cujus virtutis existat, per omnia Deum illum ostendens coæqualem Patri Filioque tam potentia, quam substantia et quia prodeat ab utroque. Et infra, Filium introducens dicentem: « *Paracletus qui a Patre procedit* (*Joan.* xv, 26), non dixit qui a Patre creatus

B est, sed *a Patre procedit*, id est, de paternæ societate potentiæ, et de proprietate naturæ, et ex ipso sermone ostenditur, cum dicitur a Patre procedere, cum Patre initium non habere. » Nec putes eum negare voluisse Spiritum sanctum de Filio procedere, quia dixit eum de Patre processisse: superius namque eum mitti a Patre et a Filio dixit, et de ipsorum substantia procedere, et unum cum eis opus agere. Nunc quoque dicens eum de paternæ societate potentiæ, et de proprietate naturæ procedere: quoniam sicut Pater et Filius nec potentia, nec natura separantur, sic in existentia Spiritus non secernuntur, quoniam cum sit utriusque Spiritus, procedit ab utroque, et quos æquat natura po-

C tentiaque, processione non separat.

Dicit inferius: « Quid est autem quod ex Deo Patre Filius nasci dicitur, et Spiritus sanctus procedere significatur? Si requiras quid inter nascentem et procedentem distet, evidenter hoc interest, quia iste ex uno nascitur, ille ex utroque progreditur. » Quibus et progressum a Patre Filioque Spiritum profitetur. Et ratio redditur cur et a Filio progreditur: nam si dicamus quod a Patre tantum procedat, fidei periculum non evitamus: qualiter enim Filius unicus esse Patris dicatur, cum etiam et Spiritus ejusdem esse non taceatur? Et quomodo comprobetur non esse Filius, qui velut Filius a Patre consistat? fugienda est, imo subruenda talis blasphemia, ut fides catholica jaculis inimicorum

D non fiat exposita. Dicatur itaque quod nostri dixere majores: Filius ex Patre natus, solus de solo, ac per hoc unigenitus. Spiritus vero sanctus de Patre quidem procedens, sed non de solo solus, quoniam procedat et a Filio, ne duos Filios videamur prædicare, processionem Spiritus si de Patre solummodo confiteamur. Igitur doctor iste majorum doctrinam secutus suorum, suis posteris transcripsit quod a suis prioribus accepit: cumque de Spiritu sancto Romanam sentire, sicut hodie sentit, probarit Ecclesiam, nullomodo tamen ostendit, in tali fide permanentem ab Orientalibus Ecclesiis vel aliquando fuisse divisam, vel unquam diversa de Spiritu sancto vel sensisse vel docuisse. Ast nunc mirandum quid arguant novi dogmatis repertores, cur a communione se dividunt quam semper tenuere majores? Cur ante cognitionem judicium proferunt? Cur accusant prius quam audiant? Non est hoc æquitatis judicium, sed iniquitatis præjudicium. Quod si satis putant esse quod pro certo noverunt Romanam Ecclesiam prædicare de Spiritu sancto quod a Patre Filioque procedat, et ideirco nolle requiri quod evidenter novere dici, sciunt quia cum Romanis suos quoque judicent majores. Et dum A Romanos sua cupiunt communione privare, se pariter excommunicent a suorum societate majorum, et nulli probentur Ecclesiæ communione catholicæ, dum Romanæ communione sese faciunt alienos. Hoc factum cujus sit mali cito considerent, errorem corrigere suum non differant, ne si Romanis communicare noluerint, ab universa catholica Ecclesia se paveant excommunicandos.

LIBER TERTIUS

CAPUT PRIMUM.

De processione Spiritus sancti. — Quod universalis Ecclesia totum orbem comprehendat.

Scriptura dicit: *Ne transferas terminos quos posuere patres tui* (*Prov.* XXII, 28). Si voluissent hoc Græcorum principes custodire præceptum, nec Romana de Spiritu sancto pateretur Ecclesia quamcunque reprehensionem, nec illi nova conarentur moliri, verum contenti forent fidei terminis quos catholici Patres instituere, quosque Scripturæ sacræ per Spiritum sanctum editæ disposuere: sed cenodoxiæ morbo laborantes, vel invidiæ peste languentes, quoniam finibus majorum nequeunt esse contenti suorum, gloriam propriam quærentes transgrediuntur quos sui priores terminos fixere. Sed dum gloriam parentum quærunt obruere, incidunt in foveam, quam, juxta Psalmistæ vocem (*Psal.* VII, 16), foderunt. Non enim de processione Spiritus sancti debuissent ullam nostris temporibus movere quæstionem, si vel doctrinis majorum intendere, vel scripturas sacras pio certassent studio percensere. Quid enim de Spiritu sancto sentire debeamus, catholici doctores liquido demonstrant: qui tam disputatione creberrima, quam scriptis frequentissimis hæreticorum prava commenta de summa Trinitate, ubi etiam de Spiritus sancti pariter processione, non solum comprehendere, verum evidentissimis assertionibus expugnaverunt, quorum auctoritatem superius jam non minima parte protulimus: quibus evidenter ostensum credimus, quid de processione Spiritus sancti sentire debeamus: quibus contradicere, imo non acquiescere molitus quis fuerit, apertissime monstratur fidei catholicæ contradictor et Spiritus sancti blasphemator. Quali pœna vero talis sit feriendus, Veritatis ore didicimus loquentis Spiritus sancti blasphemiam neque in hoc sæculo, neque in futuro remittendam (*Matth.* XII, 32). Placuit etiam superioribus Patris Augustini scripta copulare doctoris egregii, et inter ecclesiasticos magistros elegantissimi, cui juge certamen adversus hæreticos mansit, cujus doctrinæ simul et eloquentiæ non solum Ariana subjacuit impietas, verum reliquorum hæreticorum, Macedonianorum videlicet, Manichæorum, Pelagianorum cessit immanitas.

B Fortassis Græcorum tumor opponet Latinorum auctoritatem se recipere nolle, verum quid de suis dicet quos supra posuimus auctoribus? Quid de sanctarum scripturarum conditoribus? An nolint et ipsos recipere, quoniam erroris sui severos cernunt inimicos, et expugnatores impietatis eorum acerrimos, licet stultissimum sit dicere Latinorum nolle auctoritatem recipere, eisque non consentiendo schismatis novitatem construere, alienosque ab Ecclesia catholica sese reddere. Absit autem ut ista vel dicant vel sentiant, suamque velint tantummodo vel sententiam, vel consuetudinem totius Ecclesiæ generalitati præferre. Est enim jactantia malum istud vel opinari, vel decernere, tam nefandum, ut non sit tolerabile, verum generali totius Ecclesiæ catholicæ
C feriendum auctoritate: dicente namque Salvatore suis Apostolis: *Ite in universum orbem et prædicate Evangelium omni creaturæ* (*Marc.* XVI, 15), non Græcos tantum commendavit, sed totius orbis plenitudinem commemoravit, cui prædicandum Evangelium præcepit. Et superbissimum est sibi tanquam speciale velle vindicare quod constat omnibus gentibus, populis et linguis generaliter esse collatum. Dicit enim per prophetam Spiritus sanctus loquens ad Hierusalem: *Ab Oriente adducam semen tuum, et ab Occidente congregabo te. Dicam Aquiloni: Da, et Austro: Noli prohibere* (*Isa.* XLIII, 5). Num de solis Græcis ista dicuntur? vel de Constantinopoli tantummodo Jerusalem populus vaticinatur colligendus?
D Universalitas gentium toto orbe diffusa nuntiatur, e quibus Jerusalem cælestis congreganda perdocetur. Non ergo sibi tribuant quod omnibus gentibus est collatum: nec suæ prælationis specialitate usurpent munus, quod universalitatis esse constat. Aspiciant catholicam Christi Ecclesiam totius mundi latitudine diffusam, et ab Oriente usque in Occasum, a Septentrione usque in Austrum dilatatam. Gaudeant in toto orbe Christum dominantem, impleto vaticinio David, quo Patrem inducit Filio loquentem: *Postula a me et dabo tibi gentes hæreditatem tuam, et possessionem tuam terminos terræ* (*Psal.* II, 8). Et quod alius psalmus in persona Christi loquitur: *Et dominabitur* inquiens, *a mari usque ad mare, et a flumine usque ad terminos orbis terrarum* (*Psal.* LXXI, 8). Nusquam

isthic vel Græcos vel Constantinopolim meminit, nec tamen usquequaque præterit, quoniam eos in universalitate concludit, specialitatis prærogativam sustulit, ne inflentur; in generalitate ponit eos, ut humilientur, quatenus noverint non totius corporis Ecclesiæ se fore quantitatem, sed portionem, et venerentur matrem a solis ortu in occasum regali magnificentia sublimem, cujus se gaudeant esse filios, non glorientur fore patres. Dicit enim Salvator: *Et Patrem nolite vocare vobis super terram: unus est enim Pater vester qui in cœlis est* (*Matth.* XXIII, 9). Salvator etiam cœlos ascensurus suis promittit discipulis: *Ecce ego vobiscum sum usque ad consummationem sæculi* (*Matth.* XXVIII, 20). Audimus Christi promissum omnibus credentibus, universæ videlicet Ecclesiæ, non autem specialiter vel Græcis vel Constantinopolitanis. Qua de re quacunque lingua, in quacunque gente Christus loquatur, Græcorum imperatores accipiant reverenter, ne si contempserint, veritatem contemnere judicentur, et inde fiant salutis extorres, unde veritatem Christum spreverint alloquentem. Non enim Spiritus sanctus in igneis linguis super apostolos descendens Græcorum tantum linguam edocuit, verum omnium gentium linguarum scientiam contulit, ut monstraret Ecclesiam omnibus linguis omnium populorum locuturam, et Spiritus sancti distributionem cunctis nationibus divinitus largiendam. Accipiant igitur gloriosi principes Spiritum sanctum per Doctores Ecclesiæ, de semetipso Latina lingua loquentem, quatenus humilitate discant unde proficiant, ne tumoris inflatione despicientes veritatis lumen, erroris tenebras incurrant.

CAPUT II.

Auctoritate Augustini hæretici confutantur.

Augustinus episcopus Hipponensis, egregius doctor, et catholicæ fidei propugnator eximius, in libro Quæstionum, quem ad Orosium presbyterum scribit, inter cætera de Spiritu sancto sic ait (*quæst.* 2): « Spiritum sanctum neque ingenitum, neque genitum fides certa declarat. Quia si dixerimus ingenitum, duos patres affirmare videbimur: sin autem genitum, duos Filios credere culpabimur: sed quod fides certa tenet, nec ingenitus, nec genitus, sed ab utroque procedens, id est et a Patre et a Filio. Et ut hæc testimoniis approbem, ipsum Dominum nostrum Jesum Christum discipulos suos audi docentem: *Cum autem,* inquit, *venerit Paraclitus quem ego vobis mittam a Patre Spiritum veritatis, qui a Patre procedit ille testimonium perhibebit de me* (*Joan.* XV, 26). Et rursum ipse Dominus noster Jesus Christus post resurrectionem suam, ut ostenderet a se procedere Spiritum sanctum, sicut a Patre, insufflans in discipulos ait: *Accipite Spiritum sanctum* (*Joan.* XX, 22). Unus ergo Spiritus est Patris et Filii, unus amborum Spiritus. Igitur quod Patris sit Spiritus, ipse Dominus et Salvator noster discipulis suis ait: *Non enim vos estis qui loquimini, sed Spiritus Patris vestri qui loquitur in vobis* (*Matth.* X, 20). Et quod idem et Filii sit Spiritus, Paulus apostolus testis est: *Si quis autem,* inquit, *Spiritum Christi non habet, hic non est ejus* (*Rom.* VIII, 9). »

Quid isthic, o Græcorum principes, dignum reprehensione judicatis? Dicit Spiritum a Patre Filioque procedere. Probat hoc Evangelii testimonio. Dicit et Patris et Filii esse Spiritum, affirmat tam ex Evangelio quam ex Apostolo. Si non vultis Latinis, Evangelio credite. Si verbis Augustini aurem præbere non vultis, præbete Christo, præbete Apostolo. Quod si contemnitis Christum et Apostolum, videte ne contemnamini. Illorum enim qui non sequuntur doctrinam, societatem a se quidem repellit Christi discipulorum, nec erit particeps Ecclesiæ, qui doctrinam repellit ecclesiasticam, nec cum Christo portionem est habiturus Christi magisterium qui non amplectitur.

Gregorius, Romanæ sedis episcopus, Tiberii Constantini temporibus apocrisiarius, tunc quidem diaconus, postea vero præsul eximius, imperatoribus Tiberio Mauricioque, necnon Phocæ charissimus atque familiarissimus: qui cum diaconus et Romanæ sedis legatus Constantinopoli degeret, Eutychen, Constantinopoleos episcopum, de Resurrectione carnis pessime dogmatizantem, imperatoris in præsentia, divinorum auctoritate librorum, ipsiusque rei veritate catholica evicit, confutavit; de Spiritus sancti processione sic loquitur in homilia habita ad populum octavis Paschæ (*homil.* 26 *in Evang.*): « Nam sanctum quoque Spiritum, qui cum sit coæqualis Patri et Filio, non tamen incarnatus est, a Patre quidem Filius mittere se perhibet, dicens: *Cum venerit Paraclitus quem ego mittam vobis a Patre* (*Joan.* XV, 26). » Si enim mitti solummodo incarnari deberet intelligi, sanctus procul dubio Spiritus nullo modo diceretur mitti, qui nequaquam incarnatus est, sed ejus missio ipsa processio est, qua de Patre procedit et Filio. Sicut itaque Spiritus mitti dicitur quia procedit, ita et Filius non incongrue mitti dicitur quia generatur. Istius auctoritatem præsulis si contemnere molimini, videte quo superbiæ cornu vos erigitis. Vestris prioribus tam sanctitatis quam sapientiæ reverentissimus exstitit magnificentia, qui cum foret legatus sedis, et diaconatus officio fungens, tanta contrivit auctoritate vestræ Constantinopolis episcopi prava dogmata, quo non solum ipsum evinceret, verum dogmatis illius vires usque adeo prostraverit, ut ne respirare postea virtutem obtinuerit. Quod autem dicit de sancti Spiritus processione, rationis approbat virtute dicens non aliud esse mitti paraclitum a Filio quam procedere, sicut Filius cum mitti dicitur a Patre, ejus nativitas insinuatur.

Augustinus episcopus in Evangelii Tractatu secundum Joannem (*Tr.* XCIX), sic ait: « Hic aliquis forsitan quærat utrum et a Filio procedat Spiritus sanctus. Filius enim solius Patris est Filius, et Pater solius Filii est Pater, Spiritus autem sanctus non est unius eorum Spiritus, sed amborum. Habes ipsum dicentem: *Non enim vos estis qui loquimini, sed Spiritus Patris vestri qui loquitur in vobis* (*Matth.* x, 20). Habes et Apostolum: *Misit Deus Spiritum Filii sui in corda nostra* (*Gal.* iv, 6). Nunquid duo sunt, alius Patris, alius Filii? Absit. *Unum enim corpus* ait, *sumus*, cum significaret Ecclesiam, moxque addit: *Et unus Spiritus* (*Ephes.* iv, 4). » Et in consequentibus plura ponit testimonia quibus approbat Spiritum sanctum et Patris et Filii Spiritum esse, nec alterum Patris, alterum Filii, sed qui sit Filii, sit etiam Patris Spiritus. His evidentibus testimoniis quisquis contraire conatus fuerit, sanctæ Scripturæ contradicere manifeste probabitur. Et infra: « Si ergo et de Patre et de Filio procedit Spiritus sanctus, cur Filius dixit *de Patre procedit?* (*Joan.* xv, 26.) Cur putas, nisi quemadmodum solet ad eum referre et quod ipsius est, de quo ipse est. Inde illud est quod ait: *Mea doctrina non est mea, sed ejus qui me misit* (*Joan.* vii, 16). Si igitur intelligitur hic ejus doctrina, quam tamen dixit non suam, sed Patris, quanto magis intelligendus est et de ipso procedere Spiritus sanctus, ubi sic ait, *De Patre procedit*, ut non diceret, de me non procedit. » Evidentissima ratione doctor Augustinus Spiritum sanctum monstrans tam a Patre quam a Filio procedere, testimonio quoque illo Evangelii quo ait Filius de Spiritu, quod de Patre procedat, opinionem suam affirmat. Dicit enim sic esse intelligendum quod ait: *De Patre procedit*, ut intelligendum etiam de Filio procedere; non enim voluit negare quod de se procederet, se Patris personam ponens, suam quoque pariter voluit intelligi, sicut et illud ubi ait: *Mea doctrina non est mea, sed ejus qui me misit*. Hoc dicens ostendit suam quoque pariter esse, sed Patris dicit esse, quoniam sicut ab illo est, sic et ejus doctrina Patris esse dicitur, quoniam quidquid habet Filius, nascendo sumpsit a Patre: sic quoque dicens Spiritum de Patre procedere, de se quoque non negat procedere: ostendit tamen unde Filius habeat quod a se procedat Spiritus, videlicet a Patre, a quo genitus accepit ut ex illo procederet Spiritus. Unde consequenter sanctus Augustinus: « A quo autem habet Filius ut sit Deus (est enim de Deo Deus), ab illo habet utique ut etiam de illo procedat Spiritus sanctus, ac per hoc Spiritus sanctus ut etiam de Filio procedat, sicut procedit de Patre, ab ipso habet Patre. » Mirabili prorsus subtilitate doctor egregius et Filii nativitatem et sancti Spiritus processionem insinuat, dicens accepisse Filium a Patre et ut esset tanquam Deus de Deo, et ut a se procederet Spiritus, nihilominus etiam accepisse Spiritum sanctum ab eodem Patre ut de Filio procedat, sicut procedit de Patre: quod dicens, utrumque confitetur et Filium et Spiritum sanctum a Patre, qui fons est divinitatis, et Filium accepisse, et Spiritum sanctum, Filium generationem, et Spiritus sancti de se processionem, Spiritum vero sanctum accepisse tam de Patre quam de Filio processionem, non tamen generationem, quod est solius Filii de solo Patre.

Hic subjicit illam quæstionem, quæ nonnullos solet movere legentes, si Spiritus sanctus natus esse dicatur? Dicit itaque: « Hic utcunque etiam illud intelligitur, quantum a talibus quales nos sumus intelligi potest, cur non dicatur natus esse, sed potius procedere Spiritus sanctus. Quoniam si et ipse Filius diceretur, amborum utique Filius diceretur, quod absurdissimum est. Filius quippe nullus est duorum, nisi patris et matris. Absit autem, ut inter Deum Patrem et Deum Filium tale aliquid suspicemur. Nec filius hominum simul et ex patre et ex matre procedit, sed cum in matrem procedit ex patre, non tunc procedit ex matre; et cum in hanc lucem procedit ex matre, non tunc procedit ex patre. Spiritus autem sanctus non de Patre procedit in Filium, et de Filio procedit ad sanctificandam creaturam, sed simul de utroque procedit, quamvis hoc Filio Pater dederit ut quemadmodum de se, ita quoque de illo procedat. Neque enim possumus dicere quod non sit vita Spiritus sanctus, cum vita sit Pater, vita sit et Filius. Ac per hoc sicut Pater cum habeat vitam in semetipso, dedit et Filio vitam habere in semetipso, sic ei dedit vitam procedere de illo, sicut procedit et de ipso. » Verissima ratione comprobat Spiritum sanctum tam a Patre quam a Filio procedere, nec tamen amborum esse Filium, cum sit utriusque Spiritus. Filius namque duorum, matris est ac patris: nihil enim tale novit processio spiritalis; non est enim hic distinctio sexus, quia non est carnalis propago, carne vel ossibus fabricata, nec per intervalla temporum fit ista processio, ut alio tempore procedat a Patre, alio vero procedat a Filio, sed simul ab utroque. Nec eo modo fit ut fieri solet in carnali generatione, non est enim hic ulla defluxio qualis solet seminis esse de viro in uxorem, sed neque propago qualis exstat a matre in filii generationem: in his enim omnibus permutationis motus existit, qui motus [a] a spiritali processionis longe remotus exstat. Procedit enim Spiritus sanctus tam a Patre quam a Filio, præter ullum motum, præter ullam commutationem, præter ullam defluxionem: potentia namque voluntatis efficitur ista processio, non aliqua temporali permutatione vel extensione, vel tanquam de patre seu matre procreatione, sed veluti de duobus subjectis unum lumen, non ut Pater et Filius subjecti sint Spiritui, sed quod Pater et Filius duæ personæ, unius tamen essentiæ, a quibus tertia procedit Spiritus sancti persona: non quasi qualitas duorum, sed veluti consubstantialitas utriusque. Sicut beatus Augustinus ait, vita Pater, vita Filius, vita Spiritus sanctus. Sed vita Pater de nulla vita, sumendo vitam, vita Filius,

[a] *A spiritali processione.* Ita legendum esse nemo sani judicii negaverit: quod antea legebatur *a speciali processione*, totam sententiam perturbabat. Si vero erroris originem scire velit lector, monere non gravabimur eum inde oriri potuisse, quod amanuensis scripserit *a spirituali processione*.

de Patre vita capiendo vitam : vita Spiritus sanctus A de Patre Filioque vita procedendo sumens vitam. Non enim deitate poterit esse Trinitas perfectæ consubstantialitatis, si non Spiritus sanctus hoc fuerit quod et Pater et Filius.

Et quidem quod de Patre procedat, nulla nunc vertitur quæstio, quod autem a Filio procedat ipse Filius testis existit qui loquitur : *De meo accipiet, et annuntiabit vobis* (*Joan.* XVI, 14). Sed hinc hæretici gradus in divinitate constituere voluerunt, dicentes : Si Filius accipit a Patre, et Spiritus sanctus a Filio, minor est Spiritus sanctus a Filio. Huic perversæ propositioni obviat beatus Augustinus, superius positum tractans capitulum (*Tract.* C ante finem) : « Quod autem ait *De meo accipiet, et annuntiabit vobis*, catholicis audite auribus, catholicis percipite mentibus. Non enim propterea, sicut quidam hæretici putaverunt, minor est Filio Spiritus sanctus, quia Filius accipiat a Patre, et Spiritus sanctus a Filio, quibusdam gradibus naturarum. Absit hoc credere, absit hoc dicere, absit a Christianis cordibus cogitare. Denique continuo solvit quæstionem, et cur hoc dixerit explanavit. *Omnia*, inquit, *quæcunque habet Pater, mea sunt : propterea dixi, quia de meo accipiet, et annuntiabit vobis* (*Joan.* XVI, 15). Quid vultis amplius? Ergo de Patre accipit Spiritus sanctus unde accipit Filius : quia in hac Trinitate de Patre natus est Filius, de Patre procedit Spiritus sanctus. Qui autem de nullo natus sit, de nullo procedat, Pater solus est. » Non est contrarium quod nunc agit Spiritum sanctum de Patre procedere, superioribus, ubi dixit eumdem Spiritum sanctum a Filio procedere : sed aufert minorationem quam hæretici garriebant, et commendat æqualitatem, quam catholici credunt. Nam si tantum Spiritus sanctus a Filio diceretur accipere, non etiam a Patre, præberetur locus Arianis fingendi gradus in divinitate : nunc autem dicens de Patre quod procedat Spiritus sanctus, non est unde fingant minorationem, quoniam inde accipit etiam Spiritus sanctus ut procedat, unde accipit Filius ut nascatur : et dum ambo percipiunt a Patre, Filius nativitatem, Spiritus sanctus processionem, non est unde alter alteri præferatur. Nec tamen idcirco negandum quod de Filio quoque procedit : ait namque Filius : *Omnia quæcunque habet Pater, mea sunt. Propterea dixi, quia de meo accipiet, et annuntiabit vobis* (*Joan.* XVI, 15). Habet autem Pater ut de illo procedat Spiritus sanctus, consequenter et Filius habet ut de illo quoque procedat ; ergo procedit ab utroque Spiritus sanctus.

CAPUT III.

Item testimonia ex Augustino.

In libro de sancta Trinitate primo (*cap.* 4) sic ait : « Quamvis Pater Filium genuerit, et ideo Filius non sit qui Pater est, Filiusque a Patre sit genitus, et ideo non sit Pater qui Filius est, Spiritus sanctus nec Pater sit, nec Filius, sed tantum Patris et Filii Spiritus, Patri et Filio etiam ipse coæqualis, et ad Trinitatis pertinens unitatem : non tamen eamdem Trinitatem natam de Virgine Maria, et sub Pontio Pilato crucifixam, et sepultam, tertia die resurrexisse, et in cœlum ascendisse, sed tantummodo Filium. » Distincte singularum in sancta Trinitate personarum proprietates insinuat, et ad solum Filium Incarnationem pertinere. Etenim Pater non est idem qui Filius, quoniam genuit Filium ; et Filius non idem qui Pater, sed tantummodo Filius qui sit a Patre genitus. Spiritus quoque sanctus nec Pater sit, nec Filius, sed tantum Patris et Filii Spiritus. Et quoniam utriusque dicitur Spiritus, consequenter ab utroque procedere confitendus. Sicut enim Patris dicitur esse, quia procedit a Patre, B sic Filii quoque perhibetur esse, quia procedit a Filio. Similis etenim causa cur sit utriusque, similiter confitetur ab utroque procedere ; et cum sit Patri Filioque coæqualis, et ad Trinitatis pertineat unitatem, Incarnatio tamen Filii nec ad Patrem, nec ad Spiritum sanctum pertinet : pertinet autem ad solum Patrem genuisse Filium, ad Filium autem hominem suscepisse perfectum : ad Spiritum quoque sanctum ex Patre Filioque processisse. Item in consequentibus (*cap.* 5) : « Movet etiam quomodo Spiritus sanctus in Trinitate sit, quem nec Pater, nec Filius, nec ambo genuerint, cum sit Spiritus et Patris et Filii. » His verbis generationem removet a Spiritu sancto, quem nec Pater solus, nec Filius C solus, nec ambo genuisse dicantur, attamen sit et Patris et Filii Spiritus : nimirum insinuans quia qui nascendo non sit Filius, procedendo sit amborum Spiritus : ubi enim nativitas tollitur, et amborum esse dicitur, processio sine dubio significatur, et non ab uno tantummodo, hoc est vel a Patre vel a Filio, sed ab utroque, quoniam non unius tantum Spiritus, sed utriusque fore comprobatur.

Item infra (*cap.* 12) : « Jam enim ostendimus in hac Trinitate per multos locutionum divinarum modos etiam de singulis dici quod omnium est, propter inseparabilem operationem unius ejusdemque substantiæ. Sicut et de Spiritu sancto dicit : *Cum ego vero, mittam illum ad vos* (*Joan.* XVI, 7). Non dixit mittemus, sed ita quasi tantum Filius eum missurus D esset, non Pater. Cum alio loco dicat : *Hæc locutus sum vobis apud vos manens ; advocatus autem ille, Spiritus sanctus quem mittet Pater in nomine meo, ille vobis declarabit omnia* (*Joan.* XIV, 25). Hic rursus ita dictum est, quasi non eum missurus esset et Filius, sed tantum Pater. » Frequenter dictum est missionem Spiritum processionem esse, quapropter cum testatur Filium eum missurum esse, processionem ejus a Filio significat : item cum dicat Patrem missurum Spiritum sanctum in nomine Filii, rursus processionem ejus de Patre signat. Et dum ab utroque mitti dicitur, ab utroque procedere comprobatur. Et dat generalem sanctæ Trinitatis regulam, dicens de singulis dici quod omnium est, « propter inseparabilem operationem unius ejusdemque substantiæ. »

Quo dicto manifeste docemur, quod cum dicatur Spiritus a Patre procedere, intelligendum pariter quod et a Filio procedit. Itemque cum dicitur a Filio mitti, simul intelligendum quod et a Patre mittatur, quoniam Pater et Filius sicut unius ejusdemque sunt substantiæ, sic unius ejusdemque sunt operationis. Qua de re qui negat Spiritum a Filio mitti, cum fateatur eum a Patre mitti, negat procul dubio Filium Patri cooperari, ac per hoc jam Patrem et Filium dicit non unius ejusdemque operationis. Quod dicens, consequenter negat Patrem et Filium unius ejusdemque fore substantiæ. Tale est et illud quod Filius testatur, Spiritum a Patre procedere. Quisquis negare maluerit non eum quoque a Filio procedere, negat pariter Filium non ejusdem esse operationis cum Patre; ac per hoc Patrem Filiumque non unius sed diversæ fore substantiæ. Quod quoniam Arianæ videmus impietatis de fonte manare, profitemur cum catholicis totam sibi Trinitatem cooperari, et de omnibus intelligendum de singulis quod dicitur; quoniam cum sit tota Trinitas unius ejusdemque substantiæ, separari nequaquam potest operatione. Qua de re cum dicitur Spiritus a Patre procedere pariter quoque sentiendum dici quod procedat et a Filio.

Item in lib. XV (*cap.* 6) sanctæ Trinitatis: « Dicitur quidem in Scripturis sanctis *Christus Dei virtus, et Dei sapientia.* Sed quemadmodum sit intelligendum, nec Patrem Filius videatur facere sapientem, in libro septimo disputatum est. Et ad hoc ratio pervenit, ut sic sit Filius sapientia de sapientia, quemadmodum lumen de lumine, Deus de Deo. Nec aliud potuimus invenire Spiritum sanctum, nisi et ipsum esse sapientiam et simul omnes unam sapientiam, sicut unum Deum, unam essentiam. Quid isthinc edocemur, nisi processionem Spiritus tam de Patre quam de Filio, et hanc Trinitatem unius substantiæ? Dicit sapientiam esse Patrem, sapientiam Filium, sapientiam quoque Spiritum sanctum: sed Pater sapientia de nulla sapientia. Non enim a Filio sumpsit ut esset sapiens, quoniam cum sit ipse fons et principium universalitatis, a semetipso sapiens est, non alicujus participatione. Sicut Deus non ab aliquo, sed a semetipso lumen: non enim habet aliquid superius, vel præcedens, alioquin non erit universitatis principium, sed nec imperfectus, nec indigens alicujus Deus, sed plenus, et verus, et perfectus Deus. Igitur a semetipso sapiens Filius vero sapientia, sed de Patre sapientia, quoniam hoc genuit Pater quod est. Spiritus quoque sapientia, sed non de nulla sapientia: solus enim Pater de nullo. Unde igitur, nisi de sapientia? Pater autem sapientia, Filius quoque sapientia: ergo Spiritus sapientia, de Patre Filioque sapientia. Non enim Pater sapientia, Filiusque sapientia, diversitate separantur, sed unitate copulantur. Mittit igitur uterque Spiritum sapientiam procedentem ab utroque. »

Item posterius (*cap.* VII): « Ecce ergo tria illa, id est memoria, intelligentia, dilectio seu voluntas in illa summa et immutabili essentia quod est Deus, non Pater et Filius et Spiritus sanctus sunt, sed Pater solus. Et quia Filius quoque sapientia est genita de sapientia, sicut nec Pater ei, nec Spiritus sanctus ei intelligit, sed ipse sibi, ita nec Pater ei meminit, nec Spiritus sanctus ei diligit, sed ipse sibi: sua enim est et ipse memoria, sua intelligentia, sua dilectio, sed ita se habere, de Patre illi est, de quo natus est. Spiritus etiam sanctus quia sapientia est procedens de sapientia, non Patrem habet memoriam, et Filium intelligentiam, et se dilectionem; neque enim sapientia esset, si alius ei meminisset, eique alius intelligeret, ac tantummodo sibi ipse diligeret, sed ipse habet hæc tria, et ea sic habet, ut hæc ipsa ipse sit. Verumtamen ut ita sit, unde illi est unde procedit. » Subtiliter nimis atque divine personarum Trinitatis distinctiones insinuans, sapientiam dicit esse Patrem, sapientiamque Filium, sapientiam quoque Spiritum sanctum, sed Filium genitum, qui est sapientia de Patre, qui similiter est sapientia, et Spiritum procedentem, qui sit etiam sapientia, sed de Patre qui sapientia est, Filioque qui similiter sapientia est. Et ut evidentius clareat quod dicit, ponamus superius positam similitudinem. Tria enim constituit, videlicet memoriam, intelligentiam, dilectionem, tanquam Trinitatis similitudinem in interiori homine positam, de quibus multum disputat, tam in decimo quinto libro, quam et in aliis ejusdem operis, approbans in memoria contineri tam intelligentiam quam dilectionem, et de memoria intelligentiam nasci, de utraque vero, memoria scilicet et intelligentia, dilectionem procedere, et hæc tria simul esse atque unius substantiæ. Ea enim meminimus quæ intelligimus, et cum volumus intelligentiam nostram intueri, non valemus nisi de memoriæ quodam secreto procedat, tanquam generetur: et cum approbamus intelligentiam nostram de memoria progenitam, fit amor quidam complectens et intelligentiam et memoriam, nam delectatur et intelligentia, quam approbat, et memoria de qua novit natam intelligentiam, quam diligit: unde fit, ut hæc dilectio tam de memoria quam de intelligentia nascatur. Si nulla namque foret intelligentia, nulla posset esse ejus dilectio, et si nulla foret memoria, non esset unde consisteret intelligentia. Nihil enim intelligimus cujus memoriam non habemus. Distinguuntur tamen ista propriis intellectus sui finibus. Memoria namque non per se intelligit, sed per intelligentiam, nec intelligentia per se sui meminit, sed per memoriam: sic et dilectio sine memoria vel intelligentia non diligit, sublato namque intellectu non est quod memoria retineat, et sublata memoria dilectio nihil meminit, qua de re dilectio jam non erit, cum non sit quod diligat, vel non meminerit quo se diffundat. Sic igitur ista tria et simul sunt, et ex alterutro nascuntur, et suis finibus distinguuntur, et mutuo sumet indigentiam habent. »

Sed non eodem modo sancta Trinitas æstimatur, sicut doctor iste venerabilis insinuat. Est enim Pater et Filius et Spiritus sanctus tota Trinitas, tanquam memoria, intelligentia, dilectio. Et Pater quidem veluti fons de quo Filius nascitur, sicut memoria principium quoddam existit, ex quo formatur intelligentia. Filius quoque cum sit sapientia, de Patre nascitur, velut intelligentia de memoria generatur. Spiritus quoque sanctus, et ipse sapientia, qui tamen est dilectio, procedit a Filio et a Patre, velut dilectio de intelligentia et memoria procedit. Verum cum ita sit, non est personarum talis distinctio, ut Pater non sit sapiens nisi per Filium, et Filius non diligat nisi per Spiritum sanctum, velut in hominis trinitate videmus interioris, memoriam non per se, sed per intelligentiam intelligere, et intelligentiam non per se, sed per memoriam meminisse: intelligentiam quoque non per se, sed per dilectionem diligere: dilectionem quoque non per se intelligere, nec per se meminisse, sed per memoriam meminisse, et per intelligentiam intelligere. Non est enim illa Trinitas, quæ est summa et immobilis essentia, id est Deus, memoria, intelligentia, dilectio, ut hæc tria sint Pater et Filius et Spiritus sanctus, tanquam Pater memoria, Filius intelligentia, et Spiritus sanctus dilectio, sed solus Pater hæc tria sit, et Filius similiter hæc tria, Spiritus quoque sanctus hæc tria pariter. Pater enim ex se et meminit et intelligit et diligit: non enim accepit a Filio intelligentia, alioquin nasci diceretur a Filio, quod non est quidem catholicum, nec dilectionem accepit a Spiritu sancto, videretur enim de illo procedere, quod est perversum, sed a semetipso meminit, sapit, diligit. Filius quoque cum sit sapientia, genitus de sapientia, non ei Pater meminit, sed ipse sibi, sicut nec ei Pater intelligit, sed ipse sibi: nec Spiritus sanctus ei diligit, sed ipse sibi, nam ex se meminit et intelligit et diligit. Spiritus etiam sanctus, qui est et sapientia procedens de sapientia, non habet Patrem sibi memoriam, et Filium intelligentiam, et sibi solummodo dilectionem, sed habet simul hæc tria, memoriam, intelligentiam, dilectionem: per se namque meminit, per se intelligit, et per se diligit, ut tamen hæc tria sit, inde habet unde procedit, id est tam a Patre quam a Filio: procedit enim ab utroque. Videmus enim subtilissima verissimaque ratione monstratum, cui contradici nemo prudens possit, quod Spiritus sanctus et de Patre procedat et Filio, et cum sit amborum Spiritus, non tamen vel amborum, vel alterutrius Filius: siquidem dilectio, quam nasci dicimus de memoria et intelligentia, non tamen filia dicitur vel amborum vel alterutrius.

Item in consequentibus (*cap.* 17): « Nunc de Spiritu sancto, quantum Deo donante videre conceditur, differendum est: qui Spiritus sanctus secundum Scripturas sanctas nec Patris est solius, nec Filii solius, sed amborum, et ideo communem qua invicem se diligunt Pater et Filius, insinuat Trinitatem. » Quod Patris solius non est Spiritus, nec Filii solius, sed amborum, causa est, quia procedit ab utroque, et ideo communem insinuat Trinitatem, qua se diligunt invicem Pater et Filius, utrumque conjungens, velut ex utroque procedens: non quasi qualitas amborum, sed ut existens in Trinitate tertia persona consubstantialis et coæqualis. Item posterius: « Est enim et Pater Deus, et Filius Deus, et Spiritus sanctus Deus, et simul omnes unus Deus. Et tamen non frustra in hac Trinitate non dicitur Verbum Dei nisi Filius, nec donum Dei nisi Spiritus sanctus, nec de quo genitum est Verbum, et de quo procedit principaliter Spiritus sanctus, nisi Deus Pater. Ideo autem addidi principaliter, quia et de Filio Spiritus sanctus procedere reperitur. Sed hoc quoque illi Pater dedit, non jam existenti, et nondum habenti, sed quidquid unigenito Verbo dedit, gignendo dedit. Sic ergo eum genuit, ut etiam de illo donum commune procederet, et Spiritus sanctus, Spiritus esset amborum. » Et hoc testimonio Spiritum sanctum procedere, comprobat a Filio, attamen singulis sanctæ Trinitatis personis quasi aliquid proprium assignat: cum sit Pater Deus, et Filius Deus, et Spiritus sanctus Deus, et simul omnes unus Deus. Est autem proprium Verbi Dei ut dicatur solus Filius, et proprium doni Dei ut solus dicatur Spiritus sanctus, et de quo genitum est Verbum, et de quo procedit principaliter Spiritus, non vocitetur nisi Deus Pater. Et hæ sunt in sancta Trinitate singularum proprietates personarum. Principaliter autem Spiritum dixit de Patre procedere, quoniam reperiatur et de Filio procedere, et hoc quoque dederit illi Pater: non tanquam prius existenti, et hoc non habenti, sed gignendo dedit, quoniam quidquid habet Filius a Patre gignendo percepit: non enim prius eum genuit Pater, et postea dedit ut de Filio procederet Spiritus, sed ei gignendo contulit, ut etiam de illo donum commune procederet, hoc est Spiritus sanctus, quem dicit esse donum tam Patris quam Filii, quoniam sit Spiritus amborum.

Item infra (*cap.* 19): « Si in donis Dei nihil majus est charitate, et nullum est majus donum Dei quam Spiritus sanctus, quid consequentius quam ut ipse sit charitas, qui dicitur et Deus ex Deo? Et si charitas qua Pater diligit Filium, et Patrem diligit Filius, ineffabiliter communionem demonstrat amborum, quid convenientius quam ut ille proprie dicatur charitas, qui Spiritus communis est ambobus? » Superius donum Dei Spiritum sanctum dixerat, et hac proprietate Spiritus sancti personam a Patris Filiique persona discreverat, quod donum Dei modo charitatem appellat, quæ sit inter dona divinitatis præcipuum donum, eo quod secundum Apostolum (*I Cor.* XIII, 3), cætera dona sine charitate nihil sunt, et hanc charitatem dicit Deum ex Deo, significans Spiritum sanctum procedentem ex Deo. Et quia Deus commune vocabulum est tam Patris quam Filii, nec appareat de quo dicat eum procedere, consequenter hoc demonstrat, dicens: « Et si charitas qua Pater diligit Filium, et Patrem diligit Filius, ineffabiliter communionem demonstrat amborum, quid convenientius quam ut ille proprie dicatur charitas, qui Spiritus est communis ambobus? » Quod dicens et Spiritum sanctum charitatem appellat, et communiter de ambobus, Patre scilicet Filioque procedere confitetur: non enim aliter posset ambobus communis existere, nisi ex ambobus communiter procederet. Item posterius (cap. 23): « In illa summa Trinitate, quæ incomparabiliter rebus omnibus antecellit, tanta est inseparabilitas, ut cum Trinitas hominum non possit dici unus homo, in illa unus Deus et dicatur, et sit: nec in uno Deo sit illa Trinitas, sed unus Deus. Nec rursus quemadmodum ista imago quod est homo habens illa tria, una persona est, ita est illa Trinitas: sed tres personæ sunt, Pater Filii, et Filius Patris, et Spiritus Patris, et Filii. » Cum dicat Patrem Filii esse Patrem tantummodo, et Filium Patris esse Filium, Spiritum vero non Patris solum vel Filii Spiritum, sed amborum, profecto testatur, quod ab utroque procedat. Nam Pater idcirco Filii Pater est, quod eum genuit, et Filius idcirco Patris est Filius, quod ab illo sit genitus: consequenter igitur Spiritus Patris et Filii Spiritus dicitur, quod procedat et a Patre et a Filio. In hac autem Trinitate tantam docet inseparabilitatem, ut cum trinitas hominum non possit dici unus homo (constat enim in tribus hominibus, quemadmodum Trinitas corporum in tribus corporibus, ac per hoc unus homo Trinitas non potest dici: est enim singulare insecabile unius numeri). At in illa summa Trinitate et Trinitas dicitur Deus et unus Deus, nec tamen ut in uno Deo sit illa Trinitas, videlicet ut unaquæque persona singulariter sit Trinitas: id est nec Pater solus Trinitas, nec Filius solus, nec Spiritus sanctus solus, sed cum Pater et Filius et Spiritus sanctus sit unus Deus, est Trinitas unus Deus. Nec enim quemadmodum imago Trinitatis hujus habet illa tria, id est memoriam, intelligentiam, dilectionem, et propterea in una persona Trinitas est, non quod unus homo sit trinitas, sed quod in uno homine sint illa tria, ita est in illa summa Trinitate: sed tres personæ sunt Pater et Filius et Spiritus sanctus, sed hæc tria unus Deus, et propterea Trinitas unus Deus. Tanta societas est trium personarum, tanta consubstantialitas, ut tres unum sint, et unus Deus de tribus prædicetur: separantur autem relatione tantum, substantia vero copulantur. Nam Pater relativum est Filii, Filius relativum est Patris, Spiritus autem sanctus Patrem et Filium habet relationem, unde convincitur ab utroque procedere. Item infra (cap. 26): « Deinde in illa summa Trinitate, quæ Deus est, intervalla temporum nulla sunt, per quæ possit ostendi, aut saltem requiri, utrum prius de Patre natus sit Filius, et postea de ambobus processerit Spiritus sanctus: quoniam Scriptura sancta Spiritum eum dicit amborum. » Ipse est enim de quo dicit Apostolus: *Quoniam autem estis Filii, misit Deus Spiritum Filii sui in corda nostra* (*Gal.*, IV, 6). Et ipse est de quo dicit idem Filius: *Non enim vos estis qui loquimini, sed Spiritus Patris vestri qui loquitur in vobis* (*Matth.*, X, 20). Et A multis aliis divinorum eloquiorum testimoniis comprobatur Patris et Filii esse Spiritum, qui proprie dicitur in Trinitate Spiritus sanctus. De quo item dicit ipse Filius: *Quem ego mittam vobis a Patre* (*Joan.* XV, 26), et alio loco: *Quem mittet Pater in nomine meo* (*Joan.* XIV, 26). De utroque autem procedere sic docetur, quia ipse Filius ait: De Patre procedit. Et cum resurrexisset a mortuis et apparuisset discipulis, insufflavit et ait: *Accipite Spiritum sanctum* (*Joan.* XX, 22), ut eum etiam de se procedere ostenderet. Et ipse est *virtus quæ de illo exibat*, sicut legitur in Evangelio, *et sanabat omnes* (*Luc.* VI, 19). Quis istic contradicendi locus est? Divinarum auctoritate Scripturarum ostenditur quod Spiritus sanctus et Patris sit et Filii, et quod ab B utroque procedat: is negari contenditur, negetur Apostolus, negetur et Filius hoc dixisse. Credatur Filio dicenti, quia procedit de Patre, credatur quoque quod miserit eum ab se cum insufflavit et ait discipulis: *Accipite Spiritum sanctum*. Nihilominus quoque virtus quæ sanabat omnes, exiens de Jesu, Spiritum sanctum a Filio procedere testificatur. Evidenter igitur ostenditur Spiritus sanctus procedere tam a Patre quam a Filio, quanquam et illud evidentissimum sit processionis illius ab utroque testimonium, quod dicitur esse Spiritus et Patris et Filii: est enim Spiritus amborum, non quia creatus per Filium a Patre, quod est impium, sed quod substantialiter procedat ab utroque. Nec quando C processerit vel de Patre vel de Filio, vel si postquam genitus est Filius, processerit ab utroque Spiritus sanctus, ulla monstrari possunt intervalla temporum: quod enim antecedit omne tempus, nullius mensura temporis continetur. Non est igitur ordo processionis quærendus in tempore, quod paternitatem concludit omne tempus. Nunquam Pater sine Filio, nunquam Filius sine Patre, nunquam Spiritus sanctus sine Patre Filioque, nunquam Pater et Filius sine Spiritu sancto.

Item infra: « Nunquid ergo possumus quærere utrum jam processerat de Patre Spiritus sanctus quando natus est Filius, an nondum processerat, et illo nato, de utroque processit, ubi nulla sunt tempora: sicut potuimus quærere, ubi invenimus tempora, voluntatem prius de humana mente pro- D cedere, ut quæratur quod inventum proles vocetur, qua jam parta seu genita voluntas illa perficitur, eo fine requiescens, ut qui fuerat appetitus quærentis, sit amor fruentis qui jam de utroque, id est de gignente mente, et de genita notione tanquam de parente ac prole procedat? Non possunt prorsus ista ibi quæri, ubi nihil ex tempore inchoatur, ut consequenti perficiatur in tempore. Quapropter qui potest intelligere sine tempore generationem Filii de Patre, intelligat sine tempore processionem Spiritus sancti de utroque. » Testatur beatus Augustinus processionem Spiritus sancti tam de Patre quam de Filio fieri. Sed movet quæstionem de qua jam superius dictum est, utrum Spiritus sanctus ante Filii nativitatem processerit de Patre, et post nato Filio processerit etiam ab illo: sed in hanc quæstionem illa compellit similitudo, qua dicitur de humana mente procedere voluntatem priusquam verbum formetur ex mente ut fiat appetitus quidam voluntatis ad quærendum, quod cum inventum fuerit, vocetur tanquam proles mentis, qua generata perficitur voluntas illa quæ processit appetitus quidem ad quærendum, sed hæc voluntas et primo de mente nata est antequam quæreretur quod inveniri desiderabatur, quo invento plena perficitur, dum ex ipso invento multiplicatur, gaudet enim invenisse quod quæsivit: unde ex utroque nata voluntas, videlicet tam de mente quam de invento, procedit ab utroque, sed prius a mente, et post ab invento, inde videlicet ad quærendum, hinc autem ut delectetur reperto. Nec tamen ista duplex est voluntas, veluti prior mentis, posterior inventi, sed una unius quidem rei, videlicet inventi inchoationem habens ex mente ad quærendum, perfectionem autem ejus quod quærebat inventi, ut qui primo fuerit appetitus quidam quærendi, post vero factus sit amor invento fruendi. Sed ista fiunt in rebus creatis quæ tempore continentur, at in divinitate, tempus ubi nullum exstat, tale nihil valet reperiri. Non enim dicitur ibi vel ante fuisse Pater, vel post genitus esse Filius, sed semper Pater in Filio, et Filius in Patre mansit, nec Spiritus sanctus procedendo potuit prævenire nativitatem Filii, quoniam ubi nullum exstat tempus, nec ante vel post valet inveniri. Non enim potest consequenti perfici tempore, quod exordium nullum habet ex tempore. Qua de re qui potest generationem Filii de Patre cogitare sine tempore, cogitet quoque processionem Spiritus sancti tam ex Patre quam ex Filio sine tempore. Sicut igitur non est quærendum quando sit natus Filius de Patre, sic nullo modo quærendum quando processerit Spiritus sanctus ab utroque, vel si nativitatem Filii prævenerit de Patre procedendo. Ubi namque sempiternitas inest, temporis ordo deest. Nec ex humanæ conditione creaturæ lex est ulla divinitatis æstimanda, quoniam ista facta sub tempore temporis ordinem servat, illa vero conditrix temporis nullo temporis jure disponitur: prævenit enim omnia quæ tempore continentur.

Subjungit etiam aliud unde comprobet procedere Spiritum sanctum a Patre et a Filio sine tempore, sicut constat genitum esse Filium de Patre sine tempore, dicit autem: « Et qui potest intelligere in eo quod ait Filius: *Sicut habet Pater vitam in semetipso, sic dedit Filio vitam habere in semetipso (Joan. v, 26)*. Non sine vita existenti jam Filio vitam Patrem dedisse, sed ita eum sine tempore genuisse, ut vita, quam Pater Filio gignendo dedit, coæterna sit vitæ Patris qui dedit: intelligat sicut habet Pater in semetipso, ut de illo procedat Spiritus sanctus, sic dedisse Filio, ut de illo procedat idem Spiritus sanctus, et utrumque sine tempore, atque ita dictum Spiritum sanctum de Patre procedere, ut intelligatur, quod etiam procedit de Filio, de Patre esse et Filio, si enim quidquid habet de Patre Filius, de Patre habet, utique ut et de illo

A procedat Spiritus sanctus. Sed nulla ibi tempora cogitentur, quæ habent prius et posterius, quia omnino nulla ibi sunt. » Procedere Spiritum sanctum de Filio, sicut procedit de Patre, testificatur, quod tamen procedit a Filio dedisse Patrem Filio, non prius existenti, sed gignendo, quoniam quæcunque dedit Pater Filio, non tanquam minori vel prius existenti, dedit, sed gignendo dedit. Et dat similitudinem qua clarius fiat quod approbat. « Qui potest, inquit, intelligere quod ait Filius: Sicut habet Pater vitam in semetipso, sic dedit Filio vitam habere in semetipso. Non sine vita existenti jam Filio vitam Patrem dedisse. » Exsisteret Filius sine vita, si prius aliquo modo fuisset quam viveret, ut existenti jam postea fuerit illa vita contributa. Quemadmodum Genesis
B de primo Adam loquitur, dicens: *Formavit igitur Deus hominem de limo terræ (Gen. II, 7)*. Et post infertur: *Et insufflavit in faciem ejus spiraculum vitæ*. Prius namque eum dicit fuisse formatum, et postea jam formato, videlicet per propriæ formationis qualitatem existenti, spiramentum vitæ contributum. Sed non sic Filio Pater vitam dedit tanquam prius gigneret, cui postea genito vitam donaret, sed gignendo vitam dedit, quoniam substantialiter vita Filius est, cui gignendo vitam dedit. Homo denique prius formatus exstitit, et post vitam accepit, quoniam participando non nascendo vitam accepit: non enim substantialiter vita fuit, sed participatione vitæ vivit. At vero Filius Patris unigenitus non participatione vitam
C accepit, sed substantialiter de Patre genitus est vita: non enim existenti tanquam sine vita manenti data est vita, sed genitus est totus vitæ coæqualis et consubstantialis vitæ Patris, qui gignendo dedit ei vitam.

Sequitur: « Sed ita eum sine tempore genuisse, ut vita quam Pater Filio gignendo dedit, coæterna sit vitæ Patris qui dedit. » Hoc dicens ostendit vitam esse Patrem, et vitam esse Filium: sed vita Filius accepit a Patre, ut esset vita, non prius existens sine vita, sed genitus vita, quæ coæterna sit et consubstantialis vitæ Patris, qui dedit Filio vitam generando. Quisquis hoc intelligere quomodo sit valet, intelligat quoque sicut habet Pater in semetipso ut de illo procedat Spiritus sanctus, sic dedisse Filio ut de illo procedat idem Spiritus sanctus. Vult enim
D approbare accepisse Filium a Patre sicut gignendo vitam, sic etiam gignendo ut de illo procedat Spiritus sanctus, non alter, sed idem qui procedit a Patre. Et cum negare nemo sanæ mentis valeat vitam sumpsisse Filium de Patre ut sit vita sicut est Pater, sic Patre ut de illo procedat possit accepisse Filium a consequenter negare non Spiritus sanctus, et hoc utrumque sine tempore, quoniam sicut sine tempore procedit a Patre, sic quoque sine tempore procedit a Filio, quoniam ista processio est minime temporalis, sed æterna. Sicut enim nativitas Filii de Patre removet omne tempus, sic processio Spiritus sancti quæ fit ab utroque nullum tempus agnovit.

Adjungit: « Atque ita dictum Spiritum sanctum de Patre procedere, ut intelligatur quod etiam procedit de Filio, de Patre esse et Filio. » Vult ut intelligatur cum legitur vel dicitur Spiritus sanctus de Patre procedere, pariter quoque de Filio significari procedere, et idcirco in Patris commemoratione Filium intelligendum, quoniam sit Filio de Patre ut procedat ab eo Spiritus sanctus. Et quia refertur ad auctorem Patrem a quo accepit Filius ut a se procedat Spiritum sanctum, propterea cum dicitur de Patre procedere, sentiendum pariter quod et a Filio procedat. Hinc etiam subjungit: « Si enim quidquid habet, de Patre habet Filius, de Patre habet utique ut et de illo procedat Spiritus sanctus. » Novimus autem dicente Filio, quod omnia quæ Patris sunt, sunt et Filii; sed hæc cum sibi fuerint a Patre data, merito referentur ad eum a quo sunt data. Et ideirco cum dicitur Spiritus sanctus a Filio procedere, B refertur ad Patrem a quo sibi datum est ut ab illo procederet. Unde cum dicit Filius in Evangelio: *Spiritus qui a Patre procedit* (*Joan.* xv, 26), vult intelligi quod a se quoque dixerit eum procedere, sed sine ulla temporis admotione, quoniam non sit disquirendum utrum prius processerit Spiritus sanctus, et postea natus sit Filius, vel nato Filio, postea processerit Spiritus sanctus ab utroque; non est enim hic cogitandum prius vel posterius, quoniam nullum hic tempus æstimandum. Et in consequentibus: « Quomodo ergo non absurdissime Filius diceretur amborum, cum sicut Filio præstat essentiam sine initio temporis, sine ulla mutabilitate naturæ generatio, ita Spiritui sancto præstet essentiam sine ullo initio C temporis, sine ulla mutabilitate naturæ de utroque processio. » Monstrat processionem quidem Spiritus sancti tam de Patre fore quam de Filio; sed non quærendum si prius de Patre, vel post de Filio, verum cogitandum quia sicut generatio Filio tribuit substantiam interveniente nullo tempore, nec aliqua intercedente mutabilitate, sic Spiritui sancto processio dedit substantiam præter aliquod tempus, et præter aliquam mutabilitatem; nec disputandam quid ante vel post, sed intelligendam de Patre Filii nativitatem, et ab utroque Spiritus sancti processionem.

Sequitur: « Ideo enim cum Spiritum sanctum genitum non dicamus, dicere tamen non audemus ingenitum, ne in hoc vocabulo vel duos Patres in illa Trinitate, vel duos qui non sunt de alio quispiam D suspicetur. Pater enim solus non est de alio, ideo solus appellatur ingenitus, non quidem in Scripturis, sed in consuetudine disputantium, et de re tanta sermonem qualem valuerint proferentium. Filius autem de Patre natus est, et Spiritus sanctus de Patre principaliter, et ipso sine ullo intervallo temporis dante, communiter de utroque procedit. Diceretur autem Filius Patris et Filii, si quod abhorret ab omnium sanorum sensibus, eum ambo genuissent. Non igitur ab utroque est genitus, sed procedit ab utroque amborum Spiritus. » Perseverat approbare Spiritum sanctum tam de Patre quam de Filio procedere; obviat autem in hac propositione contradicentium disputationi, qui dicunt utriusque esse A Filium, si ab utroque procedit Spiritus sanctus. Verum prius de nomine tractat, id est quid dicatur Spiritus sanctus, genitus an ingenitus, et negat neutro vocabulo appellandum, et causam infert, qua comprobet quod affirmat, ea videlicet, quia si dicatur genitus, erit duorum Filius, id est Patris et Filii, quod dicit execrabile christianæ pietati, sed nec ingenitum posse vocitari; hoc enim proprie Patri deputatur, quoniam de nullo est alio, sed cunctorum principium est ex sese consistens, nec aliquid habet præcedens, est enim universitatis principium, fons et origo. Cum igitur nec genitus, nec ingenitus dici fideliter possit Spiritus sanctus, procedens proprie vocitatur, sed non a solo solus, videlicet a Patre solo solus Spiritus sanctus procedens, B quemadmodum Filius solus a solo Patre dicitur natus; procedit autem ab utroque, id est et a Patre et a Filio intemporaliter, quoniam æternaliter, nec tamen dicuntur eum genuisse, quoniam nec Filius Patris est, nec Filius Filii, sed ab utroque procedens. Est enim amborum Spiritus. Sic evidenti ratione monstratur ab utroque procedere Spiritus sanctus, dum manifeste docetur non eum solum a solo Patre procedere, ne Filius esse Patris dicatur; sed nec a solo Filio, ne Filius Pater esse blasphemetur, sed dicitur Spiritus sanctus et procedens, et de utroque procedens.

CAPUT IV.

De eodem.

C Movet autem multos quid sit inter generationem et processionem. Ista vero quæstio quoniam inexplicabilis esse videtur in illa incorporea et invisibili Trinitate, dicendum quid præclarissimus auctor Augustinus senserit. Subjungit itaque (*lib.* xv *de Trinit.*, c. 27) sic loquens: « Verum quia in illa coæterna, et coæquali et incorporali, et ineffabiliter immutabili, atque inseparabili Trinitate difficillimum est generationem a processione distinguere, sufficiat interim eis qui extendi non valent amplius, id quod de hac re in sermone quodam proferendo ad aures populi Christiani diximus dictumque conscripsimus. Inter cætera enim cum per Scripturarum sanctarum testimonia docuissem, de utroque procedere Spiritum sanctum: Si ergo, inquam, et D de Patre et de Filio procedit Spiritus sanctus, cur Filius dixit: *De Patre procedit?* Cur putas, nisi quemadmodum solet ad eum referre, et quod ipsius est, de quo et ipse est? Unde illud est: *Mea doctrina non est mea, sed ejus qui me misit* (*Joan.* vii, 16). Si igitur hic intelligitur ejus doctrina, quam tamen dixit non suam, sed Patris, quanto magis illic intelligendus est et de ipso procedere Spiritus sanctus, ubi sic ait: *De Patre procedit*, ut non diceret, de me non procedit? A quo autem habet Filius ut sit Deus (est enim de Deo Deus) ab illo habet utique ut etiam de illo procedat Spiritus sanctus; ac per hoc Spiritus sanctus, ut etiam de Filio procedat, sicut procedit de Patre, ab ipso habet Patre. Hic utcunque etiam illud intelligitur, quantum a talibus quales nos sumus intelligi potest, cui non dicatur natus esse, sed potius procedere Spiritus sanctus, quoniam si et ipse Filius diceretur, amborum utique Filius diceretur, quod absurdissimum est. Filius quippe nullus est duorum, nisi patris et matris. Absit autem ut inter Deum Patrem et Deum Filium tale aliquid suspicemur, quia nec Filius hominum simul ex patre et matre procedit, sed cum in matrem procedit ex patre, non tunc procedit ex matre; et cum in hanc lucem procedit ex matre, non tunc procedit ex Patre. Spiritus autem sanctus non de Patre procedit in Filium, et de Filio procedit ad sanctificandam creaturam, sed simul de utroque procedit, quamvis hoc Pater Filio dederit, ut quemadmodum de se, ita de illo quoque procedat. Neque enim possumus dicere quod non sit vita Spiritus sanctus, cum vita Pater, vita sit Filius. Ac per hoc sicut Pater cum habeat vitam in semetipso, dedit et Filio habere vitam in semetipso, sic ei dedit ᵃ vitam Spiritum sanctum procedere de illo sicut procedit et de ipso. »

Hæc beatus Augustinus de sermone quem se dixit fecisse coram populo, transtulit in librum decimum quintum de sancta Trinitate. De quo sermone supra jam testimonia posuimus, et quid nobis visum exinde fuerit breviter diximus, quæ replicare nunc credimus non esse necessarium. Hoc solummodo dicendum quod inter generationem ac processionem hanc dicit esse differentiam, quod generatio sit Filii, quoniam ipse natus esse dicatur de Patre, processio vero pertineat ad Spiritum sanctum, nec eum posse dici generatum, quod si dicatur natus, tam Patris quam Filii esse diceretur, quod summæ dicit esse stultitiæ, neque divinæ generationi convenire. Quando namque quisque Filius de Patre, Filioque natus exstitit? Ergo quoniam ista sunt absurdissima, dicatur Filius natus de Patre, Spiritus vero sanctus procedens ab utroque. Nec hoc inconvenienter. Dictum namque est, Patrem solum ex nullo, ex Patre vero Filium et Spiritum sanctum. Et Patrem esse vitam, Filium etiam vitam, Spiritum quoque sanctum vitam. Sed vitam de nulla vita Patrem solum, Filium vero vitam de Patre solo, sed genitam, Spiritum quoque sanctum vitam non de solo Patre nec de solo Filio, sed ab utroque, sed non sic de Patre, ut inde procedat in Filium, et rursus de Filio procedat ad creaturæ sanctificationem: non enim isthic ulla momenta temporis, vel ordo cogitandus. Simul denique procedit ab ambobus, id est, cum procedit a Patre, procedit a Filio, et cum procedit a Filio, procedit a Patre, nullo vel tempore vel ordine mediante: hoc tamen interesse ut Pater a nullo acceperit, ut de illo procederet Spiritus sanctus, at vero Filius a Patre percepit, ut ab eo procederet idem Spiritus sanctus.

Item in libro disputationis contra quinque Hæreses, sic de Spiritu sancto sermonem terminans, ait: « Quid aliud dicam fatigatus fatigatis? Qui Spiritum sanctum a Patre et Filio, æternitate, substantia, vel communione separat, cumque negat Spiritum esse Patris et Filii, plenus est spiritu immundo, vacuus Spiritu sancto. » Audiant hæc impugnatores veritatis, negantes Spiritum sanctum de Patre Filioque procedere. Quod cum negant, negant eum esse Patris Filiique Spiritum, et pertimescant se spiritu plenos esse immundo, vacuosque Spiritu sancto, nec posse veniam consequi, tantæ si non blasphemiæ renuntiaverint. Quod si nolunt audire maligni, audiant pietatis amici, et exhorrescant impietatis blasphemiam, ut repleantur Spiritu sancto.

Item in libro contra Maximinum Arianum (*lib. III, cap.* 5): Dicis vos Spiritum sanctum honorare ut doctorem, ut ducatorem, ut illuminatorem, ut sanctificatorem; Christum colere ut creatorem; Patrem cum sincera devotione adorare ut auctorem. Si auctorem propterea dicis Patrem, quia de ipso est Filius, non est autem ipse de Filio, et quia de illo et Filio sic procedit Spiritus sanctus, ut ipse hoc dederit Filio, gignendo eum talem ut etiam de ipso procedat Spiritus sanctus. Si creatorem sic dicis Filium, ut creatorem non neges Patrem, nec Spiritum sanctum. Si denique Spiritum sanctum dicis sic doctorem, ducatorem, illuminatorem, sanctificatorem, ut hæc opera nec Patri audeas auferre, nec Filio, ista tua etiam nostra sunt verba. » Hæc sanctus Augustinus adversus Arianos. Videant isti cujus velint esse fidei vel imperatores, vel Ariomanitæ. Si negant Spiritum sanctum de Patre Filioque procedere, catholicæ fidei repugnant, et Ariani dogmatis assertores efficiuntur. Quod si catholici sunt, et oderunt pravi dogmatis falsitatem, non arguunt Latinos, imo catholicam confitentem, Spiritum sanctum de Patre Filioque procedere: ista quoniam negare, Arianæ perfidiæ manifestum est consentire.

Item in eodem libro (*cap.* 14): « Quæris a me (nimirum Maximum Arianum interpellans, cui loquebatur) si de substantia Patris est Filius, de substantia Patris est Spiritus sanctus, cur unus Filius sit, et alius non sit Filius? Ecce respondeo, sive capias, sive non capias. De Patre est Filius, de Patre est Spiritus sanctus, sed ille genitus, iste procedens. Ideo ille Filius est Patris de quo est genitus, iste autem Spiritus utriusque, quoniam de utroque procedit. » Negabat Maximinus Arianus, contra quem agit beatus Augustinus, Spiritum sanctum de Patre procedere. Dicebat enim eum minorem Filio, nec consubstantialem Patri, volens evacuare quod fides catholica tenet, Spiritum sanctum consubstantialem Patri Filioque. Et ideo dicebat: Si de substantia Patris foret Spiritus sanctus, sicut de substantia Patris est Filius, esse jam consequenter duos filios

ᵃ *Vitam Spiritum sanctum.* Duæ ultimæ voces in Augustino non leguntur, et additas esse a Ratramno vel inde constat, quod superius capite 2, ubi eumdem Augustini locum attexuit, hoc tantum legebatur, *vitam procedere de illo*, etc.

Cui respondens beatus Augustinus, dicit eum et de Patre procedere, quoniam ejusdem est cum Patre substantiæ, nec tamen esse Filium, quoniam non est natus, sed procedens. Filius namque qui est natus, est de substantia Patris, et idcirco Filius, quia natus. At vero Spiritus sanctus, quanquam et de substantia Patris, non est tamen Filius, quia non est genitus. Procedit autem de substantia Filii, quoniam est utriusque Spiritus, et consubstantialis amborum. Hoc qui negat, Arianis consentit et catholicæ fidei contradicit.

Sequitur: « Sed ideo cum de illo Filius loqueretur, ait: *De Patre procedit* (*Joan.* XV, 26), quoniam Pater processionis ejus est auctor, qui talem Filium genuit, et gignendo ei dedit ut etiam de ipso procederet Spiritus sanctus. Nam si non procederet et de ipso, non diceret discipulis: *Accipite Spiritum sanctum* (*Joan.* XX, 22), eumque insufflando daret, ut a se quoque procedere significaret, aperte ostenderet flando, quod inspirando dabat occulte. Quia ergo si nasceretur, nec tantum de Patre, nec tantum de Filio, sed de ambobus utique nasceretur, sine dubio Filius diceretur amborum. Ac per hoc quia Filius amborum nullo modo est, non oportuit eum nasci de ambobus. Amborum est ergo Spiritus, procedendo de ambobus. » Approbat quod de Filio procedat Spiritus sanctus, et hoc voluisse significare Filium, cum de illo loqueretur in Evangelio, dicens: *De Patre procedit*. Non enim eo modo dixit hoc, ut eum a se negaret procedere, sed auctoritatem processionis retulit ad Patrem, qui talem genuit Filium, et illi gignendo contulit, ut non solum de Patre, verum etiam de Filio procederet Spiritus sanctus. Et hoc affirmat ex alio testimonio, quo post resurrectionem apparens discipulis Salvator ait: *Accipite Spiritum sanctum*. Et ne verbis tantum, verum etiam insufflatione daret quod eos accipere jubebat, dicit quod insufflando locutus sit discipulis ut acciperent Spiritum sanctum, eumque insufflando dederit, significans aperte flando a se procedere, quod spirando dabat occulte. Pariter quoque solvens quæstionem ne Filius sit amborum quoniam procedit ab ambobus, sicut impietas Ariana calumniabatur, dicens, « Quia si nasceretur Spiritus sanctus, non tantum nasceretur de Patre, nec tantum nasceretur de Filio, » quoniam procedit ab utroque. Procedit, inquam, non nascitur; sed de ambobus utique nasceretur, quoniam procedit ab ambobus, et diceretur sine dubio Filius amborum. Nunc autem removetur generatio Spiritus, quoniam non est Filius nec Patris, nec amborum, ac propterea non oportuit nasci de ambobus, quoniam qui nativitatem non habet, filietatem refutat, et qui filius non est, nasci nullo modo debuit. Est autem amborum Spiritus procedendo de ambobus. Subvertit igitur Arianam calumniam, falsitatis invidia conflatam, et impietatis malignitate progenitam, asserere cupientem non esse Spiritum de substantia Patris, quia si foret, esset Filius. Sed iste vir catholicus catholica disputatione demonstrat esse quidem de substantia Patris Spiritum, nec tamen esse Filium, quoniam non est idem procedere, quod est nasci.

Hinc consequenter intulit: « Quid autem inter nasci et procedere intersit, de illa excellentissima natura loquens, explicare quis potest? Non omne quod procedit nascitur, quamvis omne procedat quod nascitur, sicut non omne quod bipes est, homo est, quamvis bipes sit omnis qui homo est. Hoc scio: distinguere autem inter illam generationem et hanc processionem, nescio, non valeo, non sufficio. » Testatur doctor eximius, et hæreticorum expugnator vehementissimus, Spiritum sanctum non esse Filium, qui non est natus, sed procedit, non a Patris tantum substantia, sed etiam a Filii. Cum autem sit utriusque substantiæ consors, utpote consubstantialis, et dicatur de Patre procedere de quo et nascitur Filius, non prava vertitur quæstio, quid sit inter nativitatem et processionem. Et confitetur de illa excellentissima natura non solum sibi, verum nulli mortalium possibile fore distinguere, quid sit inter nasci et procedere, quamvis comprehendatur quod non omne quod procedit, nascatur, attamen omne procedens est quod nascitur: non enim potest aliquid nasci, si non procedat ex eo de quo nascitur, ut filius ex parente. Cum enim ex secretis uteri materni procedit in lucem, dicitur nasci; sed non ita cum procedit ex secretis patris in matrem. Processionem quippe negare non valemus, cum fit defluxio seminis in uterum matris, de quo postea filius procedens natus esse dicitur. Non ista dicimus velut alio tempore de Patre processerit Spiritus, et alio de Filio, verum ostendere volentes non omnem processionem esse generationem, omnem autem generationem esse processionem: sicut non omne quod bipes est, homo est, quamvis bipes sit omnis qui homo est. Hoc quod ponit exemplum propter distinctionem ponit nativitatis et processionis, non tamen proprie significans quid sit nasci vel procedere, sed veluti cum dicitur quid sit species, quid sit genus. Bipes enim genus est ejus speciei quæ est homo; homo species est ejus generis quod est bipes; si genus consideres, et homo, et volatile bipedes sunt, si speciem, homo bipes est. Idcirco dixit: Non omne bipes homo, quoniam hoc generali vocabulo etiam aves comprehenduntur. At vero cum dixeris hominem, comprehendis omnem quidem hominem simul, sed non omne quod est bipes: amplius enim significat quam homo, et ideo hæc definitio nec hominem proprie significat, nec bipedem proprie: sic et processio et nativitas. In processione namque monstratur nativitas, sed non semper: veluti cum dicitur: *De ore sapientis procedit mel*. Et Psalmista de sole: *Et ipse tanquam sponsus procedens de thalamo suo* (*Psal.* XVIII, 6). Thalamum namque solis secretum quoddam, et ab hominum conspectu remotum significat, unde lucem præbiturus mortalibus singulis diebus procedit. At vero nativitas processionem semper tendit, quia nunquam potest fieri sine processio-... quidquid enim nascitur, etiam procedit ac propterea dicit quidem beatus Augustinus quid sit generatio et processio, sed sicut in genere, vel sicut specie, non vero sicut in proprio, dicit enim hæc nescire, nec propriis finibus illa posse distinguere. Et cur hoc? subjicit causam, inquiens « Quia illa et ista est ineffabilis, id est generatio Filii, et processio Spiritus sancti. » Sicut propheta de Filio loquens, ait *Generationem ejus quis enarrabit* (*Isa.* LIII, 8)? ita de Spiritu sancto verissime dicitur Processionem ejus quis enarrabit?

Quibus verbis ostendit et nativitatem Filii, sicut processionem Spiritus sancti, non enarrari posse, quia sint ineffabiles ac propterea non deberi scrutari quod non possit enarrari, quia nullo modo possit comprehendi. Debere vero sufficere quod super hoc Scriptura sancta testatur, natum Filium de Patre, Spiritum vero sanctum procedere, non a Patre solum, verum et a Filio, sicut consequenter insinuat, dicens « Satis sit ergo nobis, quia non est a seipso Filius, sed ab illo de quo natus est non est a seipso Spiritus sanctus, sed ab illo de quo procedit. Et quia de utroque procedit, sicut jam ostendimus, inde et Spiritus Patris dictus est, ubi legitur Si autem Spiritus ejus qui suscitavit Christum a mortuis, habitat in vobis. Et Spiritus Filii, ubi legitur *Si quis autem Spiritum Christi non habet, hic non est ejus* (*Rom.* VIII, 9). » Hic adversus Maximinum Arianum doctor Augustinus agens, ostendit Spiritum sanctum tam de Patre quam de Filio procedere, quod qui negare contendunt, Arianitas se fore confitentur, nec consubstantialem Spiritum sanctum Filio fatentur quoniam si non procedit ab illo, non est ejusdem substantiæ cujus est Filius ac per hoc ... aut creaturam Spiritum sanctum blasphemabit, aut Filium non omnia quæ Patris sunt habere denegabit. Negare vero non potest Spiritum sanctum Spiritum esse Filii dicit enim Apostolus *Quoniam estis filii, misit Deus Spiritum Filii sui in corda nostra, clamantem Abba, Pater* (*Gal.* IV, 6). Quod si est Spiritus Filii, sicut Apostolus confitetur, aut erit subjectus, quod vult Arianus, qui connumerat eum creaturis, aut procedens ex Filio, quod confitentur catholici. Eligant ergo quod volunt imperatores Græcorum negare non possunt Spiritum sanctum Spiritum esse Filii, dicant ergo quomodo Filii, si non procedit ab ipso. Nam si processionem negant, prædicant creationem, quod impietatis esse constat immanæ, quia non potest esse Filii Spiritus, si non vel creatus sit, vel procedens ab illo.

Item in consequentibus (*cap.* 17) « Quid est autem *In principio erat Verbum* (*Joan.* I, 1), nisi in Patre erat Filius? Et ipse Filius interrogatus a Judæis, quis esset, respondit *Principium qui et lo-*

A *quor vobis* (*Joan.* VIII, 25). Pater autem principium non de principio, Filius principium de principio sed utrumque simul, non duo, sed unum principium. Sicut Pater Deus, et Filius Deus, ambo autem simul, non duo dii, sed unus Deus. Nec Spiritum sanctum de utroque procedentem negabo esse principium, sed hæc tria, simul sicut unum Deum, ita unum dico esse principium. » Negat esse creaturam Spiritum sanctum, dicens eum esse principium sicut Pater est principium, et Filius principium. Sed Pater principium de nullo principio, Filius autem principium, sed de Patre principio. Spiritus quoque sanctus principium non de nullo principio, nec de Patre solum principio, sed de utroque, id est Patre principio Filioque nec tamen tria principia, sed

B unum principium, quemadmodum non tres dii Pater et Filius et Spiritus sanctus, quamvis singulus eorum dicatur Deus, sed hi tres unus Deus.

Item in posterioribus (*cap.* 12) « Lux de luce, Filius de Patre, et simul ambo lux una, sicut Deus de Deo, et simul ambo utique Deus unus, et hoc totum non sine Spiritu amborum. » Quod dicens testatur eum ab utroque procedere. Nam si Spiritus est Patris, quia procedit a Patre, consequenter quoque Spiritus est Filii, quoniam procedit ab illo, non enim diversa causa dicitur Spiritus esse Patris, et Spiritus Filii, sed una eademque, illa videlicet quia procedit ab utroque, sicut Spiritus est utriusque. Nam si dicas eum Spiritum Patris, quia proce-

C dit de Patre, quænam causa restat ut dicatur Spiritus Filii, nisi quia procedat et ab illo? Hæc beatus Augustinus adversus Maximinum agens Arianum, de sancti Spiritus processione ex Filio sensit, dixit, scripsit, Arianam perfidiam damnans, catholicæ vero fidei pietatem affirmans, cui contradicere quis molitus fuerit, hostis catholicæ fidei reperitur.

Hic etiam in collatione dialogi contra Pascentium Arianum disputans (*Altercatio Pascentii cum Aug.*, *epist.* 178, med.) ait « Si enim in homine credente ipse totus Deus credendus est habitare, quomodo Filium totum in se Pater, aut Filius Patrem totum non credatur excipere? Ac per hoc ipse in Patre, et Pater in eo manet et ex Patre et Filio sanctus credendus est Spiritus non solum processisse, sed

D semper ad agenda opera Trinitatis omnino procedere. » Unum esse dicit sanctum Spiritum ex sancta Trinitate cooperatorem, qui non solum substantia verum operatione Patri Filioque copuletur tanquam ab utroque procedens, et cum utroque cooperans quod non posset facere, si non ab utroque procedendo substantiam et accepisset et acciperet.

CAPUT V.

Ex Gennadio et Fulgentio.

Gennadius,[a] Constantinopolitanus episcopus, vir multa lectione antiquorum peritus, in libro Ec-

[a] *Gennadius Constantinopolitanus.* Qui hunc Gennadii librum edidere, cum nullum ejus nominis scriptorem nossent præter Massiliensem presbyterum, librum fetum ei supposuerunt. Quorum ignorantiam Ratramnus hoc loco redarguit. Anatolio Gennadius hic successit anno 458, ac sedit usque ad annum 471, et successorem habuit Acacium. Græcum ejus operis exemplar interiit.

clesiasticorum Dogmatum de Spiritus sancti processione sic loquitur: « Credimus unum Deum esse Patrem et Filium et Spiritum sanctum. Patrem eo quod habeat Filium, Filium eo quod habeat Patrem, Spiritum sanctum, eo quod sit ex Patre et Filio. Pater ergo principium divinitatis principale nomen: quia sicut nunquam fuit non Deus, ita nunquam fuit non Pater, a quo Filius natus, a quo Spiritus sanctus non natus, quia non est Filius; neque ingenitus, quia non est Pater; nec factus Spiritus sanctus, quia non ex nihilo, sed ex Deo Patre, et Deo Filio Deus procedens. » Dilucide satis esse profitetur Spiritum sanctum ex Patre et Filio, quod est de substantia Patris Filioque procedere. Non enim aliter ex utroque poterat esse, si non substantialiter procederet ab utroque. Propter quod dicit in consequentibus, quod ex Deo Patre et Deo Filio Deus sit procedens. Et cum eum dicat procedentem, negat tamen eum dici debere vel natum, quia non est Filius, vel ingenitum, quia non est Pater.

Fulgentius episcopus, litterarum studiis admodum eruditus, et vitæ sanctitate perspicuus, ab Arianis quoque pro catholica fide multa perpessus, in libro Quæstionum de Spiritus sancti processione sic ait: « Sic totum quod est ipsa natura, commune tribus invenitur esse personis, ut aliquid tamen inveniatur quo proprie unaquæque persona noscatur, quod tamen nec inveniatur separabile, nec possit esse commune. Nam proprium Patris dicimus esse, quod genuit; proprium dicimus Filii esse, quod solus de solo Patre natus est; proprium Spiritus sancti quod de Patre Filioque procedit. In his vero propriis nulla est naturæ separatio, sed quædam personalis agnitio. » Dicit hic auctor quid commune, quid proprie unaquæque sanctæ Trinitatis persona noscatur habere; commune quidem inest tribus personis unius naturæ consubstantialitas, proprium vero singulis quod Pater solus genuit, Filius solus natus de Patre solo, Spiritus sanctus quod de Patre Filioque procedit. Qua de re qui recipiunt Patris inesse proprium, quod sit genitor, et Filii proprium, quod sit genitus, recipiant quoque necesse est esse Spiritus sancti proprium, quod de Patre Filioque procedit. Quod si negare contendunt, dicant quid sit ei proprium. Nam processio de Patre communis est etiam Filio, quoniam omne quod nascitur procedit etiam; ergo secundum doctoris hujus sententiam, proprium est Spiritus sancti quo de Patre Filioque procedit, quod nec Patri nec Filio cernitur esse commune: siquidem Pater de nullo, Filius vero de solo Patre, Spiritus autem sanctus de utroque.

Item in consequentibus: « Non ergo potuit Spiritum sanctum divinitas Filii accipere, cum ipse Spiritus sanctus sic procedat a Filio, sicut procedit a Patre, et sic detur a Filio sicut datur a Patre. Nec illa natura, unde Spiritus sanctus habet originem, potuit vel exspectare vel accipere largitatem Spiritus: ille totus est Patris, totus est Filii, quia unus naturaliter Spiritus est Patris et Filii. Proinde totus de Patre procedit et Filio, totus in Patre manet ac Filio; quia sic manet ut procedat, sic procedit ut maneat. Unde naturaliter hanc habet cum Patre ac Filio unitatis plenitudinem, et plenitudinis unitatem, ut totus a Patre, totus habeatur a Filio. Non ergo accepit Spiritum sanctum divinitas Filii, cum qua unius est naturæ Spiritus sanctus, et ex qua habet quidquid habet, imo de qua est hoc quod est: quia quod naturaliter habet, hoc est. » Locus iste tractatur de plenitudine divinitatis Christi et de ipsius humanitate: humanitatem quidem dicit accepisse Spiritum sanctum, non quidem ad mensuram, quia divinitatis plenitudo consistit in illa, sicut Evangelium testatur, dicens de Christo: *Et vidimus gloriam ejus, gloriam quasi unigeniti a Patre, plenum gratia et veritatis* (Joan. I, 14). Veritas ad divinitatem, gratia refertur ad donum. Ut enim homo de Virgine natus perfectus esset Deus, sicut perfectus est homo, non merito, sed gratiæ divinæ dono percepit. At vero divinitas naturaliter habet, ut sit plena atque perfecta, nullius indiga, nec minorationem valens accipere, nec augmentum sustinere. Secundum hanc divinitatis plenitudinem Filius Dei Christus non potuit Spiritum sanctum accipere, quandoquidem ipse Spiritus sanctus sic procedat ab ipso, sicut et a Patre procedit, et detur ab illo nihilominus, quemadmodum datur a Patre. Qua de re divinitas Filii, de qua sumit originem Spiritus sanctus, non valet accipere largitatem ejus, cui sit causa existendi: est enim ille Spiritus totus Patris, et totus Filii, et cum sit amborum totus, vel alterutrius totus, non convertibilitate fit, ut Pater et Filius dicantur esse Spiritus sanctus velut ab illo suscipientes essendi causam, nec solus Filius Spiritus sancti Filius, velut ab illo percipiens existentiam, quoniam naturaliter unus Spiritus est tam Patris, quam Filii, percipiens ab illis essentiam. Proinde sicut beatus Fulgentius testatur, totus de Patre procedit, et totus de Filio: non enim pars illius a Patre, pars quoque procedit a Filio, neque pars manet ejus in Patre, pars rursus in Filio. Est enim insecabilis, et impartibilis, neque ex diversis compositus: et sic manens ut procedat, sic procedens ut maneat. Naturaliter enim habet cum Patre ac Filio plenitudinem unitatis et unitatem plenitudinis, et totus habetur a Patre, et totus habetur a Filio. Non ergo divinitas Filii Spiritum sanctum accepit, quem prius non habuit, cum sit Spiritus sanctus ejusdem naturæ cujus est Filius, utpote de quo accepit quidquid habet, imo de quo est hoc quod est, quoniam substantialiter de divinitate Filii est. Quibus omnibus evidenter ostenditur Spiritus sancti processio non minus esse de Filio quam de Patre: quod quisquis negare intenderit, negabit pariter Spiritus sancti subsistentiam, quoniam non potest subsistere, nisi essentiam accipiat ab illo de quo procedendo subsistit. Hoc sanctus Fulgentius adversus Arianam perfidiam disputans de Spiritus sancti processione locutus est, approbans verissime dicti tam a Patre quam a Filio procedere Spiritum sanctum, quoniam sit utriusque Spiritus essentiam accipiens ab utroque, quod qui negat, monstratur Arrianæ perfidiæ obnoxius esse.

CAPUT VI.

Ex Athanasio.

Sed ad Athanasium, Alexandrinum episcopum revertamur, quem in exordio catholicorum testium primum posuimus, ut is sit clausula testificationis de processione sancti Spiritus a Filio, qui fuit initium. In libro namque secundo de propriis Personis et de unito nomine divinitatis adversus Arrianos sic ait: « In hoc sane alius est Pater in persona, quia vere genuit; et in hoc est aliud Filius a Patre in persona, quia vere ab eo genitus est. Sed in hoc alius est in persona Spiritus hic principalis paraclitus a Patre et Filio, qui in Pentecoste in apostolos effusus est, quia vere de unita divinitate Patris et Filii procedit. » Hic auctor singularum proprietatem personarum distinguens et unitate divinitatis conjungens, ostendit quid singulis sit proprium, quid commune. Proprium Patris esse dicens, quod genuit, in quo nec Filio nec Spiritui sancto participatur, alioquin non ei esset proprium Patris vocabulum. Et Filius in hoc discernitur a Patre quod genitus sit, ille genuerit, sed nec in generationis proprietate Spiritus sancti communionem recipit ullam, quoniam cum hic sit genitus, illo non esse genitus approbetur. Spiritus autem sanctus hoc rursus habet proprium, ut nec genuerit, nec genitus sit, sed de unita Patris et Filii divinitate procedat, in quo nec Patri nec Filio communicat. Pater enim de nullo, Filius de solo Patre, Spiritus autem sanctus de Patre Filioque. Quod qui negare contendit, ostendat unde Spiritus sancti persona distinguatur a Patris Filiique proprietate. Et hæ tres personæ sanctæ Trinitatis suis proprietatibus cum distinguantur a singulis, divinitatis unitate sociantur, ut nullam contineant in divinitatis communione differentiam, sed sit in personis proprietas, in divinitate indifferens unitas.

Item in libro septimo: « Cur *qui me videt, videt et Patrem meum* (*Joan.* XIV, 9) indicat, si non est in his una invisibilis imago naturæ veritatis? Cui legitis, *servari veritatem Spiritus in vinculo pacis* (*Ephes.* IV, 3), si eum de ipsa unita divinitate Patris, et Filii esse non accipitis? Cui legitis vas electionis dixisse: *Omnes unum Spiritum potavimus* (*I Cor.* XII, 13), si eum vos de unita vera deitatis natura discernitis? » Testatur Filium ejusdem naturæ esse cujus sit Pater, quod negabant Ariani, quoniam sit in Patre Filioque una invisibilis imago naturæ veritatis. Testatur et Spiritum sanctum ejusdem substantiæ fore cujus sit et Filius, quoniam existat de unita deitate Patris et Filii: quod dicens, liquido monstrat quod procedat ab utroque: cum enim sit deitas Patris et Filii sic unita, ut nullam differentiam recipere possit, non potest procedere Spiritus de deitate Patris, nisi procedat et de Filii. Quemadmodum nec de Filii deitate, nisi procedat etiam de Patris, alioquin unita deitas Patris et Filii non erit jam indifferens, si procedat Spiritus de deitate Patris, et non pariter procedat de deitate Filii, ac per hoc jam non erit unita: quod est impium et Arianum. Dicatur ergo, secundum fidem catholicam, quod beatus Athanasius confitetur, Spiritum sanctum de unita deitate Patris et Filii esse. Item testatur quod unum Spiritum potavimus. Quod dicens, approbat non alium esse Patris Spiritum et alium Filii, sed qui sit Filii sit etiam Patris, ipseque est de unita vera deitatis natura, id est, Patris Filiique substantia, quæ tanta unitate consistit, ut nulla separatione dividatur, cujus substantiæ dum Spiritus sanctus sit quoque unus, approbatur evidenter a Patre Filioque procedere, quibus in unita natura deitati conjungitur.

Item infra: « [a] Hypocritæ, quemadmodum suscipitis: *Hæc omnia operatur atque idem Spiritus, dividens unicuique sicut vult* (*I Cor.* XII, 11), si eum de unita deitatis operatione secernitis? Unita deitas totius est sanctæ Trinitatis, in qua pariter consistit et persona Spiritus sancti, sine qua nec Trinitas erit. » Ergo dicens deitatem unita operatione conjungi, testatur Spiritui sancto Patrem Filiumque cooperari, nec posse natura secerni quos eadem operatio conjungit. Consequenter ergo de unita constat natura Patris Filiique Spiritus, quibus et substantia jungitur et operatione. Item: « Hypocritæ, quomodo accipitis dictum fuisse: *Idem Spiritus, idem et Dominus, idem et Deus* (*Ibid.*, 4, 6), si eum vos verum Deum de vera natura, in omnibus mirabilia operantem non suscipitis? » Spiritum et Dominum dicit et Deum, et verum quidem Deum de vera natura. Dum dicit de vera natura, confitetur non a se fore Spiritum sanctum, sed de vera natura Patris Filiique. Sicut enim naturæ veritate Pater et Filius non separantur, sic Spiritus sanctus de utriusque subsistit vera natura, quoniam non potest procedere de natura Patris, si non etiam procedat de natura Filii, quoniam quæ natura Patris est, eadem est et Filii. Et dicendo beatus Athanasius Spiritum sanctum verum Deum de vera natura, nec addendo Patris vel Filii, profecto dat intelligi de utriusque vera natura verum Deum Spiritum sanctum esse, in omnibus mirabilia operantem.

Item: « Hypocritæ, per quem subministratur sermo sapientiæ, sive verbum scientiæ, sive fides, sive gratia sanitatis, sive operatio virtutum, sive prophetia, sive separatio Spirituum, nisi quoniam de unita plenitudine est? » Hæc omnia quæ commemorat [...]

[a] *Hypocritæ*, etc. Hæc et quæ sequuntur in Athanasii libris de propriis Personis non exstant, quin tamen ab Athanasio scripta sint, dubitare religio est, cum enim aliunde noverimus ejus libros ab amanuensibus fœde esse tractatos, facile credimus ea quæ frustra quæsita sunt iis locis quæ veteres indicarunt sub aliis titulis latentia posse reperiri, si quis id laboris sibi assumat.

morat, dona sancti Spiritus esse nemo fidelium ambigit. Inferens autem in conclusione hæc Spiritum sanctum posse, quoniam de unita plenitudine est, profecto confitetur quod de Patre Filioque procedit. Unita namque plenitudo divinitatis Patris est et Filii: nam cum sit plena divinitas Patris, et plena divinitas Filii, quia perfecta, quia non valens augeri, ita tamen unita, ut non duæ plenitudines, sed una plenitudo, sicut nec duæ deitates, sed una deitas et dicatur, et existit, et de hac unita plenitudine Patris et Filii procedit, plenus et ipse consistens Deus, quia non valens augmenti recipere quantitatem. Si enim juxta novam hæresim de Patre tantum procedit Spiritus, non de unita plenitudine procedit, quoniam non est illic communitas Filii, singularitas ubi est Patris. Est autem hoc falsum atque hæreticæ pravitatis plenum. Dicatur igitur juxta beati Athanasii sententiam, de unita plenitudine procedere Spiritus sanctus, quoniam consistit de vera deitate tam Patris quam Filii verus Deus.

Item infra: « Ergo quia dixit: *Verbo Domini cœli firmati sunt, et Spiritu oris ejus omnis virtus eorum* (*Psal.* XXXII, 6), cognosce hoc Verbum substantivum non aliunde quam de Patre proprium natum fuisse, sed et Spiritum oris ejus cum Spiritum dixit, qui de ipsa unita substantia processit. » Ariani negabant tam Filium quam Spiritum sanctum Patris esse consubstantiales: et ideo per totius disputationis textum præsentem tam Filii quam sancti Spiritus consubstantialem deitatem Patri contendit approbare: quemadmodum loco præsenti, Verbo Domini cœlos firmatos dicens, Filii divinitatem, Spiritu vero oris ejus omnem virtutem eorum, Spiritus sancti consubstantialitatem significat. De quo subjungit etiam, quod de ipsa unita substantia processit. Insinuans profecto quod de Patre Filioque procedat, quorum est unita substantia. Hinc consequenter ait: « Sic autem invenimus non ex alia natura quam de ipsa. » Subauditur esse Spiritum sanctum. Blasphemabant Ariani Spiritum sanctum ex alia natura fore quam sit Pater: nam contendebant eum esse creaturam. Quos explodens beatus Athanasius, dicit eum non ex alia natura esse quam Pater, et de unita substantia Patris Filiique processisse. Ac per hoc testatur unitam esse Patris et Filii et Spiritus sancti substantiam, quam Græci dicunt οὐσίαν et unitam ejusdemque esse Trinitatis operationem.

[a] In libro octavo: « Quomodo ergo duo ligna conjuncta missa in fornacem ignis, et de duobus lignis procedit flamma inseparabilis, sic de Patre et Filii virtute procedit Spiritus sanctus, ipsam virtutem deitatis habens. » Nemo putet Deum Patrem et Deum Filium tanquam duo ligna unius flammæ voluisse dicere beatum Athanasium subjectos Spiritui sancto, verum de rebus materialibus sumpsisse similitudinem ejus rei, quæ non est materialis, vel loco divisibilis, et non ex toto, sed pro parte: non enim creatura potest ex omni parte Creatori consimilis inveniri, qui de re sensum debemus potius intelligentiæ perpendere. Dicit enim, non quia Spiritus sanctus de Patre Filioque procedit tanquam de duobus lignis unus ignis et inseparabilis, Spiritum sanctum idcirco separabilem videri, vel tanquam duos spiritus, unum Patris et alterum Filii, sed unum eumdemque Spiritum sanctum unam eamdemque deitatis virtutem habentem quam habet Pater et Filius, a quibus procedit. Nec hoc vel impossibile, vel incredibile videri, quoniam in rebus materialibus invenitur aliquid de duobus nasci quod singulariter subsistat, nec dualitatem recipiat.

Item in eodem libro: « Pater in Filio, et Filius in Patre, Spiritus autem sanctus conjunctio divinæ virtutis, et unitas Trinitatis. » Hæc dicens ostendit Spiritum sanctum charitatem esse Patris et Filii, neque enim aliud est quo potentius et convenientius unitas sanctæ Trinitatis perficiatur. Non tamen sic accipiendum hic charitatem, quæ est Spiritus sanctus, ut sit qualitas, et non substantia, cum una sit persona sanctæ Trinitatis. Conjunctionem autem appellat Spiritum sanctum, vel unitatem Patris et Filii, quoniam de utroque procedens utrumque conjungit, manens ipse non divisus, non separatus, et consubstantialis, quoniam sanctæ Trinitatis unus existit.

Item in libello Fidei (*lib.* II *de fidei unitate ad Theophilum*) sic ait: « Pater verus genuit Filium verum, Deum de Deo, lumen de lumine, vitam ex vita, perfectum de perfecto, totum a toto, plenum a pleno, non creatum, sed genitum, non ex nihilo, sed a Patre, unius substantiæ cum Patre: et Spiritum sanctum verum Deum, non ingenitum, neque genitum, non creatum, nec factum, sed Patris et Filii, semper in Patre et Filio. » Et hic Spiritum sanctum nec genitum dicit esse, nec ingenitum, eo quod Filius sit genitus, sicut superius dixit, Pater autem ingenitus, nec tamen propterea vel creatum vel factum, cum sit Patris et Filii Spiritus, semper in Patre et Filio permanens. Dicens autem Patris Filiique esse Spiritum, non tamen creatum, neque factum, ostendit ab utroque procedentem, qui tanquam consubstantialis et coæternus in Patre sit semper et in Filio, quo sanctæ Trinitatis unitos nec loco nec tempore separabilis exstat. Item in libro decimo ponens testimonium Apostoli dicentis: « *Quis enim cognovit sensum Domini qui instruat eum? Nos autem sensum Christi habemus* (*I Cor.* II, 16). » Quo posito subjungit: « Sensum autem Jesu Christi in substantia propria Apostolus Spiritum sanctum esse

[a] *In libro octavo.* Si edita consulas, hæc non in libro octavo tractatus de propriis Personis, sed in decimo de fidei Unitate reperies. An igitur Athanasii locum a Ratramno male indicatum dicemus? Nequaquam, nam et Æneas, Parisiensis episcopus, cap. 15 libri adversus Græcos infra, e libro octavo de fidei Unitate eadem attexuit iisdem verbis. Quamobrem librarios Ratramno et Ænea posteriores ordinem librorum Athanasii invertisse dicere malumus: atque inde fieri ut quæ ab antiquis e magno illo viro exscripta sunt, non ita facile inveniantur.

rofessus est: « Substantiam propriam Christi bea-
us Athanasius appellat divinitatem ejus, cujus sub-
antiæ sensum Spiritum sanctum esse profitetur.
ensum autem in hoc loco non secundum humani
orporis vel auditum vel visum sentiendum, sed
ecundum quod appellamus sensum animi, intelle-
tum ejus significare volentes. Dicit autem intelle-
um Jesu Christi Spiritum sanctum, non quod non
ntelligat a se, ut intellectus ejus sit Spiritus san-
tus, est enim sapientia Patris. *Attingens a fine
sque ad finem fortiter, et disponens omnia suaviter*
(*Sap.* VIII, 1), sed ideo vult Christi sensum accipi
piritum sanctum, ut nos instruat de Christi sub-
antia Spiritum esse sanctum: sicut enim sensus
nimi non potest ab animo separari, nec aliunde
uam ab animo nascitur, ita Spiritus sanctus cum
icatur secundum Apostolum sensus esse Jesu
hristi, non a substantia divinitatis Christi separa-
ur, nec aliunde quam ex ea procedit: est enim
onsubstantialis Filii, processionem habens ipsius
e divina substantia. »

Et posterius: « Audientes ergo et Salvatorem di-
entem: *Ego sum vita* (*Joan.* XIV, 6), et Paulum
ribentem: *Lex enim Spiritus vitæ* (*Rom.* VIII, 2),
t rursum: *Misit Deus Spiritum Filii sui in corda
ostra* (*Gal.* IV, 6), videntes etiam Unigenitum in
aciem apostolorum inspirantem, et dicentem: *Ac-
ipite Spiritum sanctum* (*Joan.* XX, 22), inspiratio-
em Filii in propria vita et substantia manentis
piritum esse docemur. Et neque genitum, neque
reatum esse a Filio sapiamus. » Quibus omnibus
nstruimur Spiritum sanctum de Filio procedere, et
n propria vita substantiaque manere. Et licet in-
piretur a Filio, quod est cum de Filio procedere,
on esse tamen neque creatum, neque genitum ab
lo. Non est enim neque Filius, neque creatura
piritus sanctus. Quibus evidenter instruit ejusdem
piritum sanctum esse substantiæ cujus est et Fi-
ius, utpote procedens ab illo, nec qui sit unus de
reaturis, sed creaturarum sanctificator. Unde cum
icit eum secundum Apostolum Spiritum Filii, non
ult eum intelligi subjectum, quia non est creatus,
ed vult ut intelligatur procedens, non tamen geni-
us quia non est Filius. Accepit tamen de substantia
ilii propriam existentiam, quoniam est una sanctæ
Trinitatis persona.

Item in libro Disputationis adversus Arium: « Apparet Spiritum sanctum a Patris et Filii substantia
non esse alienum, dum non a seipso tanquam alienus et extraneus, sed utpote unius ejusdemque naturæ socius, quæ Patris et Filii communia sunt agit
et loquitur; nam si de propriis loqueretur, non solum a Patre alienus, sed et fallax et deceptor procul
dubio haberetur. Quoniam, ut ait Filius: *Omnis qui
loquitur mendacium, de propriis loquitur* (*Joan.* VIII,
44), et ideo hic verum loquitur, quia non de proprio, id est, non a semetipso, sed Patris et Filii quæ
loquenda sunt loquitur. *De meo*, inquit Filius, *accipiet, et annuntiabit vobis* (*Joan.* XVI, 14). Et ut ostenderet hoc esse a se accipere, quod est etiam de
Patre sumpsisse, ait: *Ideo dixi, De meo accipiet,
quia omnia quæ habet Pater, mea sunt* (*Ibid.*, 15).
Vides ergo Spiritum sanctum a patre et Filio
non esse discretum, dum ea loquitur quæ Patris et
Filii propria esse noscuntur. » Luce clarius ostendit
Spiritum sanctum de Patre Filioque procedere et
ambobus esse consubstantialem. Ait enim eum a
Patris et Filii substantia non esse alienum, quoniam
non sit a semetipso, sed ab eis a quibus procedit;
et quoniam sit ejusdem naturæ substantiæque cujus
est Pater et Filius, non loquitur propria, sed quæ
Patris et Filii sunt communia. Non enim est a seipso,
et idcirco quæ loquitur, eorum esse constat a quibus
accepit, ut et sit, et agat, et loquatur. Sicut nec de
propriis loquitur, sed a Patre quod loquitur accepit.
Omnis qui loquitur mendacium de propriis loquitur
(*Joan.* VIII, 44), et idcirco beatus Athanasius Spiritum sanctum dicit verum loqui, quia non loquitur
de proprio, non enim est a seipso sed ea loquitur
quæ sunt Patris et Filii, quoniam sicut consubstantialis est illis, ita percepit ab illis quæ loquitur, non
prius existendo, et postea accipiendo, sed procedendo accipiens. Et inducit Filium dicentem: *De
meo*, inquit, *accipiet et annuntiabit vobis* (*Joan.* XVI,
14). Et cur hoc dixerit, exponit cum subjungit: Hoc est
inquiens, de Filio accipere, quod est etiam de Patre
sumpsisse: quoniam Pater et Filius sicut substantia
non separantur, ita in processione sancti Spiritus
nullo modo dividuntur. Idcirco subjungit Filium dixisse: *Propterea*, inquit, *dixi: De meo accipiet, quia
omnia quæ habet Pater, mea sunt* (*Ibid.*, 15).
Ostendens Spiritum sanctum cum procedit a Patre,
procedat et a Filio; et cum procedit a Filio, procedat
etiam a Patre. Unde in fine concludens ait: Spiritum
sanctum a Patre Filioque non esse discretum, quibus
et natura jungitur et operatione. Nam ea loquitur
et ait quæ Patris et Filii propria esse noscuntur, ab
utroque procedens, ab utroque percipiens sicut essentiam, sic operationem, indivisus ab eis tam voluntate quam virtute, utpote unus ipsius ejusdemque
sanctæ Trinitatis existens. Hæc beatus Athanasius
de processione sancti Spiritus dogmatizans, approbat
eum procedere tam de Patre quam de Filio. Cui
Græcorum imperatores si velint contradicere, videant in professione sanctæ Trinitatis quos sequantur auctores. Nam istius beatissimi catholicissimique
viri auctoritatem omnis catholica Christi amplectitur Ecclesia, veneratur et defendit.

Sufficiant ista nos dixisse de Spiritu sancto, auctoritatem majorum sequentes, sanctarumque Scripturarum magisterium imitantes, nos quidem approbare volentes quod Deus sit et consubstantialis Patri
Filioque coæternus, et per omnia similis potentiæ
similis virtutis, unius ejusdemque majestatis. Hæc
namque quæstio sanctorum disputatione Patrum
ventilata atque determinata est, expugnantium perfidiam hæreticorum, qui de Spiritu sancto male sentientes negabant eum esse Deum verum: nobis au-

tem ex hoc non multa disputandi necessitas incubuit, quamvis non pauca sint a nobis ex hoc dicta, cum se locus obtulit. De processione vero ipsius plura sunt dicta, de qua quæstio nata est: quæ sufficere credimus pietatem amantibus, et veritatem diligentibus, magisque sapientiæ lumen quam tenebras erroris sectantibus. De quibus utrisque loquitur Spiritus sanctus in Salomone, dicens: *Noli arguere derisorem, ne oderit te. Argue sapientem, et festinabit accipere* (Prov. IX, 8). Et rursum: *In auribus insipientium ne loquaris: non enim recipient nisi dixeris illa quæ versantur in corde eorum* (Prov. XXIII, 9). Quapropter videant Spiritus sancti calumniatores, ne nolentes recipere sapientiæ disciplinam, illis comparentur, qui suam præferre volunt insipientiam sanctarum regulis Scripturarum. Hos tamen modo nos, non disputatores, quia nihil ex ratione vel redarguunt, vel astruunt, sed novitatis assertores, quibus similes esse dicamus? Cum enim negare volunt Spiritum sanctum de Filio procedere, unde quod dicunt comprobent nullam vel ratiocinationem, vel auctoritatem ostendunt: unde tumor potius levitatis esse videtur, quam prudentiæ gravitas. Adeo denique A arrogant sibi, ut quidquid asserunt, auctoritatis esse videatur: similes eis qui cæci non videntes lucem, putant solis præsentiam non esse super terram, cum dies sereno lumine fulgeat. Sed dicamus illis quod Salvator Judæis loquitur: *Scrutamini Scripturas: illæ sunt enim quæ testimonium perhibent de me* (Joan. V, 39). Sic et isti sacrarum volumina Scripturarum scrutentur. Et illæ sunt quæ testimonium perhibent quidem Spiritui sancto quod de Patre Filioque procedat. Evolvant catholicorum dogmata Patrum, et reperient unde suum corrigant errorem, deponantque stultitiæ tumorem, quo putant sibi potius quam veritati credendum, et majorum auctoritatem suæ vesaniæ postponendam: discant prius quod appetunt docere, ne dum imperitiam suam pro summa pe- B ritia voluerint jactare, similes isti fiant, qui postquam elatus est in sublime, dicente Salomone, stultus apparuit.

Verum tempus est jam ad reliqua quæ criminose proferunt, transire, quibus dum gestiunt Latinos reprehendere, quam sint ipsi reprehensibiles, liquido demonstrant.

LIBER QUARTUS

CAPUT PRIMUM.

De diversis Ecclesiæ consuetudinibus. Quid in Ecclesia uniformiter ab omnibus tenendum. Mutantur aliquando consuetudines.

Objecta quæ sequuntur dum sapientiæ parum, imperitiæ vero non parum continere videantur, poterant omitti, si non minus prudentibus erroris scandalum viderentur posse parturire. Dum enim talia sint quæ formam pietatis videantur ostendere, plurimos valent incautos decipere, non valentes discernere quid inter veram simulatamque distet religionem. Etenim cum nihil de dogmate fidei contineant, in quo Christianitatis plenitudo consistit, verum consuetudinem suæ Ecclesiæ tantummodo narrent, nihil isthinc vel approbandum, vel refutandum nostræ restabat Ecclesiæ. Non enim contrairetur in hoc illud Apostolis dicentis: *Obsecro vos ut idem dicatis omnes, et non sint in vobis ulla schismata* (I Cor. I, 10). Quæ sint autem de quibus obsecrat idem sentire, idem loqui, nec ullam fieri divisionem, monstrat alibi, dicens: *Unus Dominus, una fides, unum baptisma. Unus Deus et pater omnium, qui super omnes est, et in omnibus vobis* (Ephes. IV, 5, 6). In his enim nulla fit diversitas credentium, quando sanctæ Trinitatis confessionem, et Salvatoris nostri Jesu Christi nativitatem ex Virgine, passionem, mortem, resurrectionem, in cœlos ascensionem, ad dextram Patris consessionem, et corde credimus, ut justificemur, et ore confitemur, ut salvemur: sed et ipsum venturum tam vivorum quam mortuorum judicem: et unum baptisma in nomine Patris et Filii et Spiritus sancti, æquali confessione quicunque C sumus Christiani tenemus et confitemur. In his enim obsecrat nos Apostolus idem sapere, non diversa sentire.

Cæterum consuetudines Ecclesiarum nec eadem sunt omnes, nec ab omnibus possunt uniformiter haberi. Principio siquidem nascentis Ecclesiæ apostolorum Acta testantur quod qui Hierosolymis erant credentes, nihil proprium possideant: possessiones autem quas habebant, vendebant, earumque pretia coram pedibus apostolorum ponebant, distribuebantque singulis prout cuique opus erat: erant enim eis omnia communia (Act. IV, 34, 35). At vero de gentibus qui crediderant non eadem religionis forma detinebat, scribitur enim in eisdem Actis apostolorum, quæ per apostolos præcepta susceperant, quæ- D que servantes salutis æternæ participes existerent. Hæc autem erant, ut abstinerent se a simulacrorum cultura, a fornicatione, et sanguine, et suffocato: nihil enim supra voluerunt eis imponere, sicut litteræ testantur credentibus de præputio ab apostolis missæ, in quibus hoc ferebatur, *Visum est*, inquiunt, *Spiritui sancto et nobis nihil ultra imponere vobis oneris, quam hæc necessaria, ut abstineatis vos ab immolatis simulacrorum*, etc. Et in conclusione: *A quibus custodientes vos bene agetis* (Act. XV, 28, 29). Quis non videat diversam esse religionis consuetudinem, nihil proprium possidere, sed communiter vivere, et omnia sua retinere, neque nisi paucissimis præceptis mancipari? Aliud est namque perfectionis summam assequi, quod fuerunt qui cuncta sua vendentes pauperibus ea distribuebant, et pauperem Christum ipsi pauperes effecti sunt secuti: aliud autem qui vix præcepta unica complectentes inter initia religionis continebantur: nec tamen ob hoc alieni facti sunt ab eis qui summa tenebant, isti qui minima, veluti dicam, præcepta sectabantur. Utrique enim licet observantiæ fuerint qualitate dispares, fidei tamen unitate sociabantur.

Eusebius Cæsariensis episcopus in Historia ecclesiastica (*lib.* II, *cap.* 16) scribit de credentibus qui morabantur Alexandriæ, quod religionis fervore enitebantur, quam excellenti conversationis philosophia sese gerebant. Ait ergo: « Primo omnium [a] renuntiant cunctis facultatibus suis, qui se ad hujusmodi philosophiam dederint, et bonis suis quibus intersunt cedunt. Tum deinde quod omnes etiam vitæ sollicitudines procul abjiciant, et extra urbem egressi in hortulis, vel exiguis quibusque agellulis degant, refugientes imparis propositi consortia, et vitæ dissimilis contubernia, scientes impedimento esse hæc arduum volentibus iter virtutis incedere. » Et post alia: « Est autem, inquit, in singulis locis consecrata orationis domus, quæ appellatur semnion, vel monasterium. Semnion autem significare potest honestorum conventiculum, in quod secedentes honesta et casta vitæ mysteria celebrant. Nihil illuc prorsus quod ad cibum potumque pertinet inferentes, vel reliqua humani corporis ministeria, sed legis tantum libros, et volumina prophetarum, hymnos quoque in Deum, cæteraque his similia. In quorum disciplinis et exercitiis instituti, ad perfectam beatamque vitam studiis jugibus coalescant. Ab ortu autem diei usque ad vesperam omne eis spatium studiorum exercitiis ducitur, quibus ad divinam philosophiam per sacras litteras imbuuntur, Patrium leges in allegoricam intelligentiam deducentes, quoniam formas esse et imagines ea quæ in legis littera scripta sunt, opinantur latentis intrinsecus profundi cujusdam divinique mysterii. » Et in consequentibus: « Continentiam vero velut quoddam fundamentum primo in anima collocant, et ita demum reliquas super hanc pergunt ædificare virtutes. Cibum potumque nullus eorum capit ante solis occasum, videlicet tempus lucis cum philosophiæ studiis, curam vero corporis cum nocte sociantes. Nonnulli autem etiam post triduum in communionem veniunt cibi, quos scilicet edacior studiorum fames perurget. Jam vero hi qui in eruditionibus sapientiæ, et in profundiore intelligentia sacrorum voluminum conversantur, tanquam copiosis dapibus inhiantes, expleri nequeunt, et consuetudo acrius inflammantur, ita ut nec quarto jam, nec quinto, sed sexto die demum, non tam A desideratum quam necessarium corpori indulgeant cibum. »

Hæc scribens de conversatione credentium, non Alexandriæ tantum, verum per Ægyptum passim inhabitantium, docet quantum istorum conversatio distabit a cæteris per totius orbis amplitudinem credentibus. Siquidem hi desiderio patriæ cœlestis adeo incaluerunt ut his merito diceretur: *Vestra autem conversatio in cœlis est* (*Philipp.* III, 20). In carne siquidem commorantes, angelicam, ut ita dixerim, in terris vitam agebant. Fertur enim per beatum Marcum evangelistam, quem miserat apostolus Petrus a Roma Alexandriam ut Evangelium Christi illi regioni prædicaret, fuisse sic institutos. Num vero propterea cæteras in orbe toto Christi Ecclesias B longe aliter degentes, sua communione privarant, vel in suos ritus suamque consuetudinem transmutare gestiebant? Noverant enim unicuique non solum hominum, verum etiam Ecclesiæ datam esse gratiam secundum mensuram donationis Christi, nec tamen isti, quia continentiam velut fundamentum quoddam primo consecrandam constituerant, nuptias condemnabant: nisi forte putandum apud eos episcopos atque presbyteros uxores duxisse, apud quos constat ipsos etiam laicos nuptiis abstinuisse. Sed neque prandebant omni Sabbato, quos constat usque ad vesperam continuata perduxisse jejunia, plurimosque illorum in tertia vel sexta die cibum corpori vix præbuisse.

C Videant igitur Græcorum sapientes, vel certes principes, quam juste reprehendant Romanos in Sabbato jejunantes. Ergo reprehendant et istos omni die jejunantes, reprehendant etiam totam hebdomadam jejunio continuantes. Quod quia stultum esse cernitur, ex hoc saltem velint vel imprudentiæ, vel levitatis suæ perspiciant errorem, et studeant potius virtutis imitatores existere quam jejunantibus derogare. *Non enim*, ait Apostolus, *regnum Dei est esca et potus, sed justitia et pietas* (*Rom.* XIV, 17). Et Salvator diabolum non prandendo, sed jejunando vicit (*Matth.* IV). Nec sua consuetudinem religionis omnes Christi velint Ecclesias tenere, cum videant tam apostolorum temporibus, quam discipulorum eorum diversas observationum institutiones fuisse, nec tamen D fide diversos, licet observantia dispares extiterint.

CAPUT II.

Item de diversis Ecclesiæ consuetudinibus. Jejunium quadragesimale diversimode olim celebratum, variorum ciborum usus. Ritus diversi. Quot olim apud Judæos sectæ.

Scribit Apostolus Thessalonicensibus: *Vos enim*, inquit, *imitatores facti estis, fratres, Ecclesiarum Dei*

[a] *Primo omnium.* Hic necessarium duximus monere, Ratramnum Eusebii fidem secutum, ita quæ ille exscripserat e Philone accepisse, ac si nemini dubium esse posset quin viri illi quorum mores Philo depinxit, inter Christianos censerentur. Quod procerto non ita esse norunt omnes, qui rei litterariæ operam dant. Quanquam enim Eusebio deinde astipulati sint viri et superioris et nostræ ætatis doctissimi, non paucos video qui in Therapeutis illis nihil dum vident, quod Christianos potius quam Judæos indicet, et litem adhuc esse sub judice non immerito diveris

quæ sunt in Judæa in Christo Jesu (*I Thes.* II, 14); ista dicens ostendit etiam Ecclesias credentium de gentibus non ejusdem esse virtutis, verum diversi muneris, ac per hoc diversæ quoque consuetudinis. Quod etiam beatus Hieronymus in Prologo epistolarum Pauli testatur, dicens: Non eis ordinem ut scriptæ sunt, sed quemdam gradum tenere provectum, ut primum locum epistolæ contineant, quæ missæ fuerant ad Ecclesias, quibus minor observantiæ doctrina vel virtus inerat. Medium vero teneant, quæ missæ fuerant his qui jam ab initiis recesserant, necdum tamen perfectionis culmen obtinuerant. Ultimum vero, quæ missæ fuerant perfectionis gradum obtinentibus, quæ tam scientiæ quam virtutis eminentia præpollebant, ut infra se multos, supra se vero nullos haberent. Quod enim in his monstratur, nisi quantum erat differentia in scientia et virtute Ecclesiarum, eatenus quoque non eadem esset consuetudo religionis? Siquidem longe aliter se gerebant qui Hierosolymis fuerant communiter viventes, et in fractione panis communicantes, et oratione perseverantes, nihil proprium possidentes; atque longe aliter, qui sua quæ possederant retinentes, secundum gratiam sibi divinitus impertitam Evangelium Christi, vita, moribus, et fide commendabant. Inter quos plurimum extollit Apostolus Thessalonicenses, quibus donatum est ut eadem paterentur a contribulibus suis, quæ passi sunt et hi qui Hierosolymis morabantur a Judæis.

De varia quoque Ecclesiarum consuetudine Socrates in Historia ecclesiastica (*lib.* V, *cap.* 21) sic loquitur: « Quod vero ex consuetudine quadam per provincias celebratur Pascha, hinc æstimo quod nulla religio easdem videatur servare solemnitates. Nam cum unius sint fidei, plurima tamen disponunt circa Pascha legitima, unde pauca dicenda sunt. Nam in ipsis jejuniis aliter apud alios invenies observari. Romani enim sex ante Pascha septimanas, præter Dominicam, sub continuatione jejunant. Illyrici vero et tota Hellas, Alexandria quoque ante sex septimanas jejunant, eaque jejunia Quadragesimam vocant. Alii vero ante septem Pascha septimanas jejuniorum facere noscuntur initia. » Et post pauca: « Sed etiam ciborum abstinentiam non similem habent: nam alii omnino ab animatis observant, alii animantium pisces solummodo comedunt, quidam cum piscibus vescuntur et volatilibus, dicentes hæc secundum Moysen ex aqua habere substantiam; alii vero etiam caulibus et ovis abstinere noscuntur; quidam sicco tantum pane vescuntur, alii neque hoc; alii usque nonam jejunantes horam, sine discretione ciborum reficiuntur. Et innumerabiles consuetudines apud diversos inveniuntur. Et quia nulla lectio ex hoc invenitur antiqua, puto apostolos singulorum hoc reliquisse sententiæ, ut unusquisque operetur non timore, non necessitate, quod bonum est. Sed etiam circa celebritatem collectarum quædam diversitas invenitur. Nam dum per Ecclesias in universo terrarum orbe constitutas, die Sabbatorum per singulas hebdomadas sacrificia celebrentur, hoc in Alexandria et Roma quadam prisca traditione non faciunt. Ægyptii vero Alexandriæ vicini, et Thebaidis habitatores, Sabbato quidem collectas agunt, sed non sicut moris est sacramenta percipiunt: nam postquam fuerint epulati, et cibis omnibus adimpleti, circa vesperam oblatione facta communicant. Rursus autem in Alexandria quarta et sexta feria Scripturæ leguntur, easque doctores interpretantur, et omnia fiunt præter solemnem orationis morem. » Item infra: « In eadem Alexandria lectores, et psalmi pronuntiatores, indifferenter fiunt, sive catechumeni, sive jam Christiani, dum omnes Ecclesiæ jam fideles in his ordinibus habere videantur. Ego quoque cognovi in Thessalia aliam consuetudinem: dum quidam clericus ante clericatum legitime duxisset uxorem, quia cum ea mixtus fuerit post clericatum, abdicatus est, dum in Oriente cuncti spontanea voluntate, et non aliqua necessitate, etiam episcopi semetipsos abstineant. Plurimi enim eorum etiam episcopatus tempore ex legitima uxore etiam filios habuerunt. Hoc quoque in Thessalia servari cognovi, quoniam apud eos in diebus Paschæ tantummodo baptizatur: quapropter plurimi sine baptismate moriuntur. In Antiochia vero Syriæ altare non ad Orientem Ecclesiæ, sed magis ad Occidentem habent. In Hellada, Hierosolymis, et Thessalia ad tempus vespertinum orationes similes Novatianis Constantinopolim degentibus habent. In Cæsarea Cappadociæ, et Cypro die Sabbati et Dominico circa vesperam cum lucernariis episcopi atque presbyteri Scripturas interpretantur. In Alexandria presbyter non facit sermonem, et hæc res initium accepit ex quo Arius Ecclesiam conturbavit. Romæ Sabbata universa jejunant. In Cæsarea Cappodociæ eos qui post baptisma delinquunt, a communione suspendunt. Novatiani circa Phrygiam binubos non recipiunt. Constantinopolim vero, neque aperte recipiunt, neque palam removere noscuntur: in occidentalibus vero partibus aperte recipiunt. »

Longum fiet si cuncta voluerimus colligere, quæ per Ecclesias toto orbe dispositas multiplex varietas observare dignoscitur, vel antiquitus observasse deprehenditur. Sed sufficiat ista breviter ex unius scriptoris historia collegisse, et hoc Græci quatenus imperatores intelligant Græcorum quam injuste, quam imperite Romanos redarguant, quod suas consuetudines per omnia non observent. Cogant ergo universum Ecclesiarum Christi corpus toto orbe diffusum in suarum leges consuetudinum, et tum si valent Romanos dijudicent super suæ varietate religionis, quod a Constantinopolitana diversi videantur habere consuetudine. An certe doctiores sunt apostolis, aut ex antiquorum lectione possunt ostendere suam potiorem fore Romana consuetudinem? Historiographus siquidem illorum testatur, singulorum hoc reliquisse sententia sanctos apostolos, ut unusquisque non timore, non necessitate, quod bonum est operetur, sed magis propriæ voluntatis judicio. Siquidem cum sint unius omnes fidei, diversa tamen disponunt tam circa Pascha legitima, quam circa jejuniorum observationes, aliis plures, aliis pauciores jejuniorum dies celebrantibus. Nec ipsa jejunia sua vel escarum, vel temporis similitudine, vel æqualitate frequentantibus, verum singulos vel provinciæ suæ, vel majorum consuetudine, vel corporum viribus, fore contentos. Collectas, quoque, id est conventus populi, nec eodem tempore, nec uno more omnes tenent Ecclesiæ: siquidem aliter Alexandrini et Romani, aliter Ægyptii atque Thebani eas celebrant: nam nec Romani nec Alexandrini die Sabbato conventus faciunt, quod facere comprobantur in universo Oriente Christi Ecclesiæ, et Ægyptii quidem sive Thebaidæ commorantes, quanquam conventus, id est collectas, faciant die Sabbato, non tamen sacramenta corporis et sanguinis Christi accipiunt jejuni, sed ad vesperam post ciborum repletionem contra totius orbis consuetudinem. Addunt etiam suæ consuetudini Alexandrini quartam et sextam feriam, quibus quidem conventus faciunt Scripturas sacras legentes, doctoribus eas interpretantibus, non tamen solemnem oblationis morem in his diebus agunt, nec tamen propter ista a cæteris orientalibus Ecclesiis excommunicatur, a quibus esse diversi videntur. Thessalia quoque cum diversæ sit consuetudinis a cæteris orientalibus: nam post clericatus susceptionem, non patiuntur aliquem, sicut historiographus ille testatur, etiam proprium quam ante clericatum legitime duxerat, cognoscere uxorem, quod si fecerit, ministerio privatur: cum per cæteras Orientis Ecclesias nullus hac lege constringatur, verum proprio relinquatur judicio suæque voluntatis arbitrio, ut non solum reliqui gradus ecclesiastici, verum presbyteri et episcopi proprias quas ante ordinationem legitimas habuere uxores, si velint, retineant, non tamen liceat non habentibus ducere, nec prioribus defunctis secunda sortiri matrimonia. Nec tamen hæc diversitas a communione quemquam segregat, cum consuetudo discernat. In baptismatis quoque tempore diversitatem Thessalonicensis Ecclesia gerit a cæteris, quandoquidem in Pascha tantummodo baptizat, cum duo sint tempora majorum auctoritate baptismati decreta, Paschæ videlicet et Pentecostes.

Quid Antiochiæ Syriæ memorem, cui mos est altare non ad orientem Ecclesiæ, sed magis ad occidentem habere? Constantinopolitanos idem historiographus refert, in recipiendo vel rejiciendo binubos non idem sentire, sed esse divisos, quibusdam sentientibus eorum receptionem, quibusdam dissentientibus ratum esse: cum occidentalis omnis Ecclesia sine contradictione palam recipiat, nec tamen sic inter se consuetudine divisi communionis unitate separantur. Rogo, quæ sit ista sapientia, vel sacræ zelus religionis, ut circa Romanos non pa-

A tiantur imperatores Græcorum, quod in toto sustinet orbe universalis Ecclesia, et velint a sua consuetudine nec Romanos, nec occidentales discrepare, quandoquidem Orientales multimoda separentur varietate. Hæc ipsa Constantinopolis unius consuetudinis est more contenta?

Parum est de consuetudine credentium in Christum diversa dixisse, si non etiam Judæorum quod non fuerit uniformis religionis observatio demonstremus. Quamvis enim uni Deo culturam debitam exhiberent, et Mosaicæ legis præceptis continerentur, circa tamen vivendi consuetudinem, morumque, regulas non uniformiter agebantur, sicut Josephus historiographus illorum his verbis commemorat (*lib.* XVIII, *cap.* 2, *init.*): « Judæis, inquit, philoso-
B phiæ tres erant ab initio institutis patriis derelictæ: Essenorum, Sadducæorum, et tertia qua philosophabantur qui dicebantur Pharisæi. Pharisæi enim quotidianam conversationem exiguam habent, et prorsus abjectam, nihil mollitudini [a] aut delicatudini penitus indulgentes, sed quæcunque judicio rationis oportere comperta sunt, illa sequuntur. Præpositis nullo modo reluctantur, majores natu competenti honore venerantur, ita ut nec contrarium quiddam aliquando respondeant. Fato geri omnia credunt, sed neque liberum arbitrium hominis auferunt. Judicium Dei futurum esse sentiunt, illic cunctos homines propria merita recepturos, tam eos qui secundum virtutem vixerint, quam illos qui nequitia
C depravati sunt. Animas autem immortales dicunt, sed etiam in inferno congrua unicuique habitacula pro merito vel virtutis vel iniquitatis attribui, sicut unicuique viventi gerebatur studium, et alias quidem animas æternis retrudi carceribus, alias autem facilitatem reviviscendi percipere. Et ob hæc quidem populis acceptabiles, credibilesque consistunt. Quantumcunque item ad divinitatis culturam pertinent, orationum celebrationes, templorum constitutiones expositionibus suis facienda esse prædicant. Nam tantum studii eorum prælatum est testimonium ut ad eos plurimæ civitates, et maxima multitudo, cum studio grandi confluant, opinione adducti qua meliores cæteris æstimantur. Sadducæi autem animas mortales existimant, simulque cum corporibus
D interire, nullas vero alias observationes præter legem custodiunt: adversus doctores autem philosophiæ suæ certare et virtuti gloriosum annumerant, sed ad paucos admodum doctrina pervenit, vel modus exercitationis. Primates autem apud eos dignitatibus honoribusque celebrantur. Esseni autem ad Deum cuncta redigunt. Immortalem animam dicunt. Justitiam autem rem pretiosam, pro qua usque ad mortem pugnandum esse prædicant. In templo autem anathemata prohibent. Sacrificia vel hostias cum populo non celebrant, quod se plurimum ab eis putant munditia vel sanctitate differre et merito se

[a] *Nihil mollitudini*. Sic emendavit Cotelerius, quem consulere potes tomo I Monument. Eccl. Græcæ, pag. 762. Antea legebatur *multitudini* inepte.

a communi congregatione discernunt, in remotis sacrificia facientes, cultu vero morum atque conversatione optimi, ad colendam terram et exercendam omni studio intenti. Illud etiam habent dignum et valde mirabile, quod in aliis non invenimus gentibus, tam Græcorum quam etiam barbarorum, quod omnes illis in medio opes sunt, et ab eis omnia communia possidentur: nihil amplius inter eos ditior fruitur, nihil pauperibus defraudatur, ac si nihil omnino possideatur. Sunt autem super quatuor millia hominum numero. Uxores non ducunt, neque servos habere festinant, aliud quippe iniquitatis, aliud seditionis opportunitatem æstimant. Isti ergo semotim apud semetipsos adjuvant mutua sibi vicissitudine ministrantes. Susceptores autem redituum promovent, curatoresque constituunt, qui cuncta quæ terra profert in usus necessarios administrent. Sacerdotes autem optimos viros eligunt: cibus illis simplex est, habitus insumptuosus et mundus. » Describit adhuc Josephus iste (*Ibid.*, *in fine*), quartam speciem philosophiæ, quæ penes Judæos agebatur, cujus principem dicit Judam exstitisse, quam vel propter brevitatem omisimus, vel quia, noviter reperta, cæteris inferior habebatur.

Posuimus ista Judæorum volentes ostendere circa Divinitatis quidem culturam, et Mosaicæ legis observantiam, non dissimilem usum habuisse, parique studio ferbuisse, at vero moralitatis conversationem, et religionis habitum longe dissimilem tenuisse. Non quod illorum nostris temporibus approbemus religionem, verum monstrare volentes quod in unius cultu Divinitatis cum similes exstitissent, habitu vero conversationis dissimiles, non tamen propterea se ab alterutra communione secernebant, sed in unitatis societatem manentes, patientissime tolerabant morum consuetudinem non omnium fore consimilem, scientes nihil fidei suæ repugnare moralitatis diversitatem: quandoquidem de Deo, deque legis observantia præceptorum eumdem haberent assensum. Et ecce Græcorum imperatores graviter ferunt Romanos non eodem quo illi more conversari, neque secundum suam consuetudinem, id est Græcorum, ingredi, cum ista nec apud Ecclesias Christi possint reperiri, nec apud Judæos, penes quos ante prædicationem Evangelii Divinitatis cultus insignis habitus est, fuerint observata. Qua de re convincitur non pietatis studio hujusmodi reprehensionem genuisse, sed livoris malitia, tumorisque jactantia. Veniendum jam ad singula quæ videntur apposuisse, quibus dum videntur jactare vel sapientiam vel religionem, suam produnt insipientiam et irreligiositatem.

CAPUT III.

Græci Romanos culpant quod Sabbato jejunent. Quare Romani jejunant. Ad quid jejunium Sabbato observatur. Græcorum objectio. Responsio.

Culpant Romanos et Occidentales quod Sabbato jejunent, quandoquidem ipsi vel Orientales omni Sabbato prandeant, nescientes, ut credimus, quod non omnes Occidentales Ecclesiæ hac consuetudine teneantur, sed Romani vel aliæ quædam Occidentales Ecclesiæ; siquidem major numerus Occidentalium in Sabbato non jejunat. Nec tamen Romanos propterea jejunantes reprehendunt, vel a Romanis jejunantibus ipsi reprehenduntur. Noverunt enim ab Apostolo dictum: *Qui manducat, non manducantem [non] spernat, et qui manducat, non manducantem non judicet* (*Rom.* XIV, 3). Nec tamen omnes Orientales Ecclesiæ Sabbato [non] jejunare deprehenduntur. Alexandrina namque cum Romana prisca jam traditione super jejunio Sabbati consentit. Etenim collectæ non fiunt eo die Alexandriæ, sicuti nec Romæ. Unde monstratur Alexandrinos Sabbato non prandere, sicut nec Romanos. In diebus enim collectarum et sacramenta moris est conficere atque percipere, et jejunia solvere, penes tamen Thebaidos et Ægyptios consuetudo est jejunium quidem Sabbato solvere, sacramenta vero Dominici corporis et sanguinis non nisi ad vesperam percipere post ciborum expletionem, nec tamen ex hoc ob aliis Ecclesiis redargui inveniuntur, licet nullam super hac re inveniant Ecclesiam cujus sequantur consuetudinem, utrum tamen et ab istis reprehensoribus novellis redarguantur, nescimus. Scimus tamen Romanos ab apostolo Petro institutos, sicut antiquorum fert traditio, ut in Sabbato jejunent. Scribitur enim Petrum et Paulum apostolos contra Simonem Magum dimicaturos die Sabbato jejunasse: hac de causa Romanis consuetudinem factam esse in omni Sabbato jejunandi.

« Super qua re, sicut scribit Eusebius historiographus in libello Vitæ Silvestri Romani pontificis (*lib.* I, *c.* 8), Græci convenerunt beatum Silvestrum, quæstionem agentes adversus Romanos de jejunio Sabbati, quibus hæc respondit: Sufficere debere hoc ad auctoritatem nostri propositi, quod ita tenuisse apostolos priores cognovimus, tamen quia ratio flagitatur a vestra charitate, reddenda est. Si omnis Dominicus dies causa resurrectionis Domini tenetur, justum est ut omnis Sabbatorum dies causa sepulturæ jejunii suscipiatur instantia, ut flentes cum apostolis de morte Domini Jesu Christi, gaudere cum eis de resurrectione ejusdem mereantur. Sed dicebant Græci unum esse Sabbatum sepulturæ, in quo semel in anno jejunium est colendum. Quibus papa Silvester dicebat: Si omnis dies Dominicus resurrectionis esse creditur gloria decoratus, omnis qui eum antecedit dies sepulturæ, est jejunio mancipandus [a], ut merito gaudeat de resurrectione, qui de morte ploraverit. Plorare autem compati dixerim, salvo eo quod passio Domini gaudii nostri sit summa. Accepta igitur Græci ratione, quieverunt. »

Hæc posuimus ut ostenderemus non novum esse

[a] *Est jejunio mancipandus.* Vox *jejunio* addita est e codice bibliothecæ Sancti Germani a Pratis, in quo exstat hæc Vita sancti Silvestri.

[uod Romani Sabbato jejunant, nec leve quod apostolica firmatur auctoritate, et congrua satis ratione oboratur Unde mirandum quæ sit ista novis sapientibus prudentia, non acquiescere, quod sibi produntur majores acquievisse Ex quo namque princeps apostolorum Petrus et Paulus Romæ docuerunt, t doctrinæ suæ veritatem proprii sanguinis effusione commendaverunt, consuetudo fuit Romanis, t quibusdam Occidentalibus omni Sabbato jejunare, ec tamen propterea cunctæ per Orientem Ecclesiæ uæ non ista consuetudine detinentur, Romanos sua ommunione judicarunt alienos, quamvis ipsi consuetudinem habeant omni Sabbato sicuti Dominica on jejunare

Scribit ex hoc doctor Augustinus ad Casulanum resbyterum (*epist* 86, *et ad Januarium epist* 118), aquirentem super eadem quæstione, respondens ita

Sequitur Sabbatum, quo die caro Christi in monumento requievit, sicut in primis operibus mundi requievit Deus illo die ab omnibus operibus suis Hinc orta est ista in Ecclesia vescendi varietas, ut alii cut maxime populi Orientis propter requiem significandum mallent relaxare jejunium, alii propter humilitatem mortis Domini jejunare, sicut Romana, et onnullæ Occidentis Ecclesiæ Quod quidem uno die, uo Pascha celebratur propter renovandam rei estæ memoriam, qua discipuli humanitus mortem omini doluerunt, sic ab omnibus jejunatur ut etiam li Sabbato jejunium devotissime celebrent, qui cæteris per totum annum Sabbatis prandent, utrumue videlicet significantes, et uno anniversario die ictum discipulorum, et cæteris Sabbatis quietis onum Duo quippe sunt quæ justorum beatitudiem, et omnis miseriæ finem sperari faciunt mors resurrectio mortuorum In morte requies est, de ua dicitur per prophetam *Plebs mea, intra cellaa tua, abscondere pusillum, donec transeat ira Doini* (*Isa* xxvi, 20) In resurrectione in homine ito, id est in carne et spiritu, perfecta felicitas inc factum est ut horum duorum utrumque non gnificandum putaretur labore jejunii, sed potius efectionis hilaritate excepto uno paschali Sabato, quo discipulorum, sicut diximus, luctus propter i gestæ memoriam fuerat jejunio prolixiore signanus Sed quoniam non invenimus ut jam supra commemoravi, in evangelicis et apostolicis litteris, uæ ad Novi Testamenti revelationem proprie pertient, certis diebus aliquibus evidenter præceptum bservanda esse jejunia, et ideo res quoque ista cut alia plurimæ quas enumerare difficile est, inenit in veste illius filiæ Regis, hoc est Ecclesiæ, arietatis locum, indicabo tibi quid mihi de hoc requirenti responderit venerandus Ambrosius, a quo aptizatus sum, Mediolanensis episcopus Nam cum i eadem civitate mater mea mecum esset, et nobis dhuc catechumenis, parum ista curantibus, illa ollicitudinem gereret, utrum secundum morem no ræ civitatis sibi esset Sabbato jejunandum, an cclesiæ Mediolanensis more prandendum, ut hac cunctatione eam liberarem interrogavi hoc per supra dictum hominem Dei At ille Quid possum, inquit, hinc docere amplius quam ipse facio? Ubi ego putaveram nihil eum ista responsione præcepisse, nisi ut Sabbato prandéremus, hoc quippe ipsum facere sciebam sed ille secutus adjecit Quando hic sum, non jejuno Sabbato, quando Romæ sum, jejuno Sabbato et ad quamcunque Ecclesiam veneritis, inquit, ejus morem servate, si pati scandalum non vultis aut facere Hoc responsum retuli ad matrem, eique sufficit, nec dubitavit esse obediendum, hoc etiam nos secuti sumus Sed quoniam contingit maxime in Africa, ut una Ecclesia, vel unius regionis Ecclesiæ, alios habeant Sabbato prandentes, alios jejunantes, mos eorum mihi sequendus videtur, quibus eorumdem populorum congregatio regenda commissa est »

Hæc de jejunio Sabbati beatus Augustinus catholicus doctor sensit et scripsit æstimans nullam graviorem hinc disceptationem fore tenendam, verum sequendam uniuscujusque Ecclesiæ consuetudinem de jejunio Sabbati, vel pransione, quandoquidem et qui prandent in Sabbato, pietatis habere videntur causam, qua illud faciant significant enim quoniam illo die Deus requievit ab omnibus operibus suis, vel credentium requiem, qua requieturi sunt sancti in resurrectione, receptis corporibus æterna cum Domino quiete fruituri Similiter et illi qui jejunant, pietatis habent causam, quam sequantur, quoniam illa die propter mortem Christi discipuli corporaliter contristati sunt, eorumque tristitiam imitari volentes, jejunant quidam in Sabbato fideles Alii vero non jejunant, ut gaudium resurrectionis Dominicæ prandentes, quod habuerunt apostoli visa Domini resurrectione, demonstrent Siquidem ob imitationem tristitiæ discipulorum cunctæ per orbem Ecclesiæ uno per annum Sabbato, quod sanctum præcedit Pascha, jejunant, licet aliis Sabbatis prandeant, sive non prandeant At vero Romanis placuit id omni Sabbato jejunando memorari, quemadmodum omni Dominica resurrectionis Domini memoria cunctis ab Ecclesiis frequentatur

Cum igitur pietatis causam habeant jejunantes in Sabbato, et prandentes, cum id faciant, et nulla reperiantur præcepta Novi Testamenti, quibus id vel præcipiatur, vel prohibeatur, non debet in Ecclesiis Christi gravior hinc discrepatio ulla fieri, sed in arbitrio uniuscujusque relinqui quid potius eligant, majorum tamen auctoritatem suorum sequentes, et suæ consuetudinem Ecclesiæ Quod si considerassent Græcorum imperatores, nullam hinc movissent disceptationem, sed tenuissent hoc quod sui tenuere majores Num merito quisquam debet judicari, quod pietatis causa jejunare videtur? sunt enim et alii dies quibus nonnullis Ecclesiis per singulas hebdomadas consuetudo est jejunandi, sicut quarta et sexta feria, et redditur causa cur hoc fiat, sicut ait beatus Augustinus, eo quod quarta feria congregati sunt principes Judæorum, et consilium inierunt ut Jesum dolo tenerent et occiderent. Sexta vero feria cum crucifixere: de quibus sic loquitur (*epist.* 86): « Cur autem quarta et sexta feria maxime jejunet Ecclesia, illa ratio reddi videtur, quod considerato Evangelio ipsa quarta Sabbati, quam vulgo quartam feriam vocant, concilium reperiuntur ad occidendum Dominum fecisse Judæi. Intermisso autem uno die, cujus vespera Dominus Pascha cum discipulis manducavit, qui finis fuit ejusdem diei, quem vocamus quintam Sabbati, deinde traditus est ea nocte quæ jam ad sextam Sabbati, qui dies passionis ejus manifestus est, pertinebat. Hic dies primus azymorum fuit, a vespera incipiens. Sed Matthæus evangelista quintam Sabbati dicit fuisse primum diem azymorum, quia ejus vespera consequente, futura erat cœna Paschalis, qua cœna azymum incipiebat et ovis immolatio manducari: ex quo colligitur quartam Sabbati fuisse quando ait Dominus (*Matth.* XXVI, 2 *et seqq.*): *Scitis quia post biduum Pascha fiet, et Filius hominis tradetur ut crucifigatur.* Ac per hoc, jejunio dies ipse deputatus est: quia sicut evangelista sequitur et dicit: *Tunc congregati sunt principes sacerdotum et seniores populi in atrium principis sacerdotum, qui dicebatur Caiphas, et concilium fecerunt ut Jesum dolo tenerent et occiderent.* Intermisso autem uno die de quo dicit Evangelium: *Prima autem azymorum accesserunt discipuli ad Jesum dicentes: Ubi vis paremus tibi comedere Pascha* (*Ibid.*, 17). Hoc ergo die intermisso passus est Dominus, quod nullus ambigit Christianus, sexta Sabbati: quapropter et ipsa sexta recte jejunio deputatur. Jejunia quippe humilitatem significant: unde dictum est: *Et humiliabam in jejunio animam meam* (*Psal.* XXXIV, 13). »

Hæc beatus Augustinus de jejunio quartæ sextæque feriæ scribit ad Casulanum presbyterum, ostendens cui fuerit institutum: nec tamen hoc jejunium, quod quarta sive sexta Sabbati celebratur, ab omnibus Ecclesiis vel Orientalibus vel Occidentalibus peragitur, sed a quibusdam quibus id placuit observare: nec tamen propterea qui jejunant his diebus reprehenduntur ab eis qui prandent, sed tenet unaquæque Ecclesia morem quem a majoribus suis suscepit. Quo de re mirandum cur a Græcis Romani redarguantur super jejunio Sabbati, cum non redarguantur ab eis vel Alexandrini quarta sextaque feria jejunantes, vel reliqui per Orientem Christiani: cum constet Constantinopolitanos quarta sive sexta Sabbati ut jejunent nulla lege vel consuetudine constringi.

In insula Britannica omni sexta Sabbati jejunatur, nec tamen excommunicatur ab eis qui per Occidentem illo die non habent consuetudinem jejunandi. Scotorum natio, Hyberniam insulam inhabitans, consuetudinem habet per monasteria monachorum, seu canonicorum, vel quorumcunque A religiosorum, omni tempore præter Dominicam, festosque dies, jejunare, nec nisi vel ad nonam vel ad vesperam corpori cibum indulgere: ad nonam quidem æstivis, ad vesperam vero diebus hyemalibus. Hacque consuetudine cum nulla destineatur Ecclesia vel Occidentalis, vel Orientalis, non tamen vel excommunicantur vel reprehenduntur taliter jejunantes eis qui minime sic jejunant.

Dictum est jam superius quantus jejunii fervor habuerit credentes in Alexandria cum primum cœperit illic Christiana religio. Nullus enim sibi sumebat ante solis occasum cibum, plures autem quarta, nonnulli sexta Sabbati cibum capiebant, non tam desiderabilem corpori, quam necessarium: B et tam præter reliquorum morem credentium jejunantes non excommunicabantur, vel redarguebantur ab eis, quibus jejunandi consuetudo non ista manebat. Et ecce redarguuntur Romani jejunantes in Sabbato vel propter memoriam sepulturæ Dominicæ, vel ob discipulorum de morte Domini tristitiam, vel quod principes apostolorum illo die jejunasse traduntur adversus Simonis præstigia fallaciamque pugnaturi, certe contra diabolum Neronisque vesaniam dimicaturi. Quintam quoque Sabbati nonnullis est consuetudo servare, ne in illo die jejunent, quemadmodum nec in Dominica.

Approbat hoc Eusebius, Cæsariensis episcopus in libro, quem de Gestis Silvestri papæ composuit, ita C dicens: « Et ait papa Silvester: Natalem calicis [a] similiter ut diem Dominicum solemnem habere debemus, in quo sacrificium Dominici corporis et divini sanguinis ab ipso Domino celebrationis sumpsit initium. Hac die in toto orbe sanctum chrisma conficitur: hac etiam die pœnitentibus per indulgentiam subvenitur; discordes ad concordiam hac die redeunt, pacificantur irati, dant indulgentiam principes criminosis, servis malis indulgent domini, judices etiam latronibus parcunt, patescunt carceres in toto orbe. Hac die ad lætitiam festivitatis exeunt qui se clauserunt, propter austeritatem culparum flendo, quod ridendo forte, aut irascendo, aut aliis quibuslibet modis transgrediendo commisere. Hæc et his similia multa D dicente sancto Silvestro conquievit omnis contradictio, quam Græci Christianissimi et docti viri opposuere memorati sunt dicentes: Vere apostolica sedes hoc a Petro didicit, quod nulla potest ratione convinci. » Si de die Sabbati judicantur Romani quod jejunent in eo, cur non judicantur qui jejunant quinta Sabbati, aut cur moderni Græcorum suis majoribus doctiores existere malunt, ut quod illi receperunt, et dignis laudibus extulerunt, hoc isti reprehendere quærant? non enim vel religiosiores, vel doctiores eis comprobantur, videant ne forte insolentiores reprehendantur. Cui enim per tot sæcula quod cum pace Christiana observa-

[a] *Natalem calicis.* In codice San-Germ. longe aliter: *Cur quinta feria, Christianorum putetur festa excluda, in quo ascensio Domini constet apostolis esse revelata? In hac etiam die sacrificium,* etc.

tum est, nunc portari non potest, verum moliendo A contradictiones in discordiæ scandalum congeritur an adeo imprudentiæ tenebris sunt involuti, quo putent Ecclesias Christi insolentium reprehensione velle mutare, quod inconcusse per multa sæcula servavere?

Melchiades, Romanæ sedis apostolicus a Petro apostolo trigesimus tertius, de quinta Sabbati constituit, ut nulla ratione, Dominica, aut quinta feria jejunium quis de fidelibus ageret, quoniam eos dies pagani quasi sacro jejunio celebrabant. Et quamvis potior illa ratio videatur esse de diei Dominici mansione quam omnis tenet Ecclesia, quod in ea videlicet Christus a mortuis resurrexerit, et quod futuri sæculi requies per eam significatur: de quinta quoque Sabbati, quam beatus Silvester cum Græcis disputans reddidit, non est tamen contemnendum quod Melchiades Romanus episcopus edocuit. Paganorum etenim jejunia destruere potius quam imitari debet Ecclesia catholica, quemadmodum festivitates eorum universas, in quibus potius dæmonibus quam Deo vero noscitur deservire. Et ideo convenienter definitum et illis diebus a Christianis non esse jejunandum, quibus pagani jejunare noscuntur, ne piæ sanctimoniam religionis maculare videatur superstitio dæmoniaci cultus. Attamen cum prima Sabbati sit omnibus Christianis generalis observantia, non jejunandi, quintam Sabbati non omnibus observare mos est, pluribus in eo die jejunantibus maxime Quadragesima paschali, nec tamen ob hoc ulla fit inter Ecclesias Christi disceptatio, servantibus singulis quam susceperunt a majoribus suis jejunandi vel prandendi consuetudinem. Hoc si vellent Græcorum principes attendere, non tam leviter reprehenderent Latinos sive Romanos Sabbato jejunantes, sed sua contenti consuetudine, mirarentur Reginam assistere Christo in vestitu deaurato, circumamictam varietate, nec certis regulis conarentur addici, de quo nullam habent tam Novi Testamenti quam Veteris auctoritatem.

CAPUT IV.

Romani, quod Græcorum more Quadragesimam non observent, redarguuntur. Quam ob causam quadraginta dierum jejunium ante Pascha. Varie hebdomadarum numerus servatur. Quare nonnulli Occidentalium triginta sex dies jejunant. Quadragesimus dierum numerus explicatur.

Transeamus jam ad illud quod de Quadragesima paschali conantur redarguere, dicentes, quod non jejunemus sicut illi octo hebdomadas ante Pascha a carnium, et septem hebdomadibus a casei et ovorum esu suo more non cessamus. Sic ista dicentes, tanquam hanc illorum consuetudinem omnes Orientales et Occidentales, præter Romanos, Ecclesiæ conservent: quandoquidem tam in Orientalibus quam in Occidentalibus Ecclesiis multa diversitas invenitur, sicut jam superius ostensum est, aliis sex hebdomadibus, præter Dominicam, Ecclesiis ante Pascha jejunantibus, aliis ante sex septimanas, aliis ante septem Paschæ septimanas jejunium inchoantibus: id est, quidam jejunium Paschale inchoant sexta hebdomada ante Pascha, nonnulli septima, plures octava, superaddunt etiam alii nonam.

Videant igitur isti reprehensores quos habeant vel comites vel imitatores. Denique cum Romanis non consonant, qui sex hebdomadas continenter ante Pascha præter Dominicam jejunant, neque cum eis qui septima hebdomada jejunium inchoant: quandoquidem isti illa se dicunt hebdomada ab ovis et caseo continere, perfectam vero jejunii nondum observantiam suscepisse, quod faciunt B illi qui septem hebdomadas jejunio Paschali dedicavere.

Dicunt etiam isti, quod octo hebdomadibus ante Pascha carnibus abstineant, jejunii sui non plenam, sed dimidiatam continentiam agentes, unde longe fiunt ab eis qui sic octava hebdomada jejunium inchoant, ut nihil de continentiæ varietate permutent. Jam vero cum illis qui novem hebdomadibus jejunando Paschale tempus præveniunt, nullam isti videntur habere communionem, quandoquidem in nona hebdomada nec ab ovis, nec a caseo, neque a carnibus se continere profitentur. Ergo cum deprehendatur in observatione jejunii Paschalis non solum ab Occidentalibus, verum ab Orientalibus dissentire, dicant qua ratione reprehendant Romanos, C et non reprehendi vereantur ab aliis Ecclesiis quibus in Paschali jejunio non concordare videntur: aut certe proferant vel Veteris vel Novi Testamenti præcepta, vel auctoritatem, qua defendant suam consuetudinem, vel Romanam merito reprehendant. Quod cum facere nequeunt, doceat eos saltem consuetudo Ecclesiarum varia jejunandi, quod non ista fiat observantia de præceptione qualicunque divina, cujus necessitate jejunantes coerceantur: sed maneat in uniuscujusque proposito, seu voluntatis arbitrio, ut cum gaudio sancti Spiritus offerat Deo quod sibi rectum possibileque videtur, et non necessarium, sed fiat voluntarium bonum nostrum: nec tamen ut hoc in uniuscujusque sit singulariter electione, verum servanda est singulis Ecclesiis majorum auctoritas, D et consuetudo, quatenus singuli custodiant quod unaquæque Ecclesia a suis accepit fundatoribus custodiendum. Nisi forte putandum quod Græci sint in hoc præponendi, quod hebdomada septima nec ova nec caseum comedant, quandoquidem longe praecelluntur ab eis qui coctum aliquid per totam Quadragesimam non comedunt, necnon ab eis qui solo pane vescuntur. Appareant etiam multum inferiores illis, qui nec hoc, sed herbarum tantummodo esu reficiuntur. Nec quoque penitus eis conferendi, qui per totam Quadragesimam vix semel aut bis in hebdomada cibum corpori largiuntur. Cessent igitur se superextollere, ne corruant, sed potius humilientur ut surgant et potiorem esse cognoscant concordiam pacis, et dilectionis unitatem, quam jejuniorum observantium. Considerent quoque cur ista varietas ante Pascha jejunandi contigerit.

Denique tam evangelica quam legali docemur auctoritate, quadraginta dierum celebrandum fore jejunium: nam Salvator in Evangelio legitur quadraginta diebus et noctibus jejunium continuasse. In Veteri vero Testamento scribitur quod Moyses bis hunc dierum jejunando numerum compleverit: semel quidem antequam legis Decalogum, Domino tribuente, perceperit, secundo vero postquam populi transgressione provocatus, tabulas ad radices montis confregerit: duabus de causis iterum quadraginta dierum jejunium noctiumque continuans, una videlicet qua divinitatis offensam circa transgressores placabilem redderet, altera vero qua legem rursus a Domino dignus percipere præstaretur. Elias quoque Jezabelis indignationem fugiens, quadraginta diebus et noctibus per solitudinem gradiens, usque dum ad montem Dei Oreb perveniret, jejunavit. Hinc factum est ut mos Ecclesiis inoleverit, quadraginta dierum continuationes jejunii.

Cum ergo hunc fere omnes numerum jejunando Christi Ecclesiæ celebrare contendant, nec tamen in hebdomadarum numero simul omnes conveniant, dierum facit hoc variabilis vicissitudo. Constat enim apud homines quadragenarium observari numerum Paschalis jejunii, non tamen omnes singulis uniuscujusque hebdomadis diebus jejunare: quidam enim Dominica tantummodo prandent, alii nec sabbato, nec Dominica jejunant: reperiuntur nonnulli quinta Sabbati jejunium solvere. Sed quia Dominica non jejunant, aliis vero per singulas hebdomadas diebus jejunant, quadragenarium numerum non adimplent, siquidem quatuor dies minus in numerum veniunt: unde fit, ut quadragenarium adimplere volentes, non sex tantum, verum septem hebdomadas ante Pascha jejunent, quamvis sex hebdomadæ non quadraginta tantum, verum quadraginta duos dies contineant. Subtractis autem sex Dominicis de quadraginta duobus, supersunt triginta sex dies quibus jejunium celebratur, ut vero quadragenarius perficiatur quatuor dies hebdomada septima jejunatur. Hinc efficitur, ut hebdomadis septimæ non sex sed quatuor tantummodo dies jejunetur, qui triginta sex diebus superadditi quadragenarium perficiunt. Qui vero nec sabbato, nec Dominica jejunant, et tamen ante Pascha quadragenariam implere gestiunt, necesse est ut octava hebdomada jejunium incipiant. Nam quinque tantum diebus per singulas septimanas jejunare comprobantur, et octies quini quadraginta perficiunt, qui quadragenarius octo septimanis lege præscripta perficitur. Huic vero numero, id est, duobus Dominica et sabbato, quibus non jejunatur, qui quintam sabbati superaddere malunt, quadragesimam ante Pascha jejunare non possunt, nisi novem jejunium hebdomadæ sortiantur: tribus enim ablatis de septem, Dominica videlicet, sabbato, et quinta sabbati, supersunt quatuor dies per singulas hebdomadas jejunii, et quaternarii novies ducti triginta sex, non quadraginta implere noscuntur: et cum quadraginta jejunando dies non impleant, quadragesimam tamen implere se dicunt.

Hac de causa Græci non habent quid Romanis objiciant super septimanarum diparilitate, quoniam quod illi in octo hebdomadibus faciunt, per singulas hebdomadas quinis non amplius diebus jejunantes, hoc tam Romana, quam Occidentalis Ecclesia, sex hebdomadibus perficere noscuntur, superadditis quatuor diebus hebdomadis septimæ. Nam si octo hebdomadarum sex diebus Græci jejunarent sicut faciunt Romani, vel omnes fere Latini, non in quadragesimam, sed multo amplius ante jejunarent: octies enim seni quadraginta octo perficiunt. Quapropter videant Græci, si tot diebus ante Pascha jejunant, quam sequantur auctoritatem. Nec Salvator enim, nec Elias, nec Moyses hunc jejunando numerum servavere. Quod si jejunii sui summam quadraginta diebus perficiunt, ut a Novo Veterique Testamento non discrepent, nihil quod redarguant in Occidentalibus reperiunt, quoniam tot diebus ante Pascha, quot et ipsi jejunant.

Quod si jejunium est humilitatis exsecutio, secundum illud quod Psalmista confitetur: *Et humiliabam*, inquiens, *in jejunio animam meam* (*Psal.* XXXIV, 16): plures quam Constantinopolitani tam Romani quam Occidentales hebdomadas jejunant: siquidem cantica solemnia videlicet Alleluia, seu martyrum solemnitates, novum ante Pascha septimanis Occidentalis Ecclesia nequaquam solemni more frequentat, sed ab omni celebri glorificatione quam per totius anni spatium frequentare consuevit, sese continet, ut tanto gloriosius in die Resurrectionis exsultet, quanto diutius semet humiliando sanctum Pascha prævenire curavit. Nam et filiis Israel Dominus per Moysem mandavit post vituli fabricationem ut ornatum suum deponerent, ut sciret Dominus quid eis faceret: non quod ignoraverit idololatriæ culpa qua feriri pœna debuerit, sed quod ex humilitatis afflictione prævaricator populus ostenderet quemadmodum reatum prævaricationis agnosceret, qualique satisfactione quod deliquerat expurgare maluisset. Quid ergo ornatum populi, quem deponere jubetur, accipere debemus, nisi lætitiæ splendorem, quo lætari consueverat priusquam idololatriæ culpam contraxerit? Sic igitur vel Romana, vel Occidentalis Ecclesia, ornatum suum deponit semet humiliando, quando festa lætitiæ vel hymnorum gaudio, quibus totius anni spatio consueverat exsultare, dimittit, et humilitatis habitum sumens, exsultationis gloriam deponit, quatenus humilitatis habitu faciem Domini præveniens, Paschalia festa exsultationis gaudio suscipiat.

Non habent igitur Græcorum imperatores unde merito culpare queant vel Romanos vel Occidentales si non tot hebdomadas ante Pascha quod illi jejunant: quoniam dierum numero quadraginta jejunando coæquantur. Quod sit jejunium humilitatem significet, et humilitas et depositio lætitiæ, afflictionis forma, mœroris habitus, jucunditatis remotio. Jam quidem dicuntur Romani vel Latini Constantinopolitanis plus jejunare, quoniam novem hebdomadibus semet humiliando Pascha præveniunt; licet illud sit præcipuum. Unde reprehensores Romanorum sese debent redarguere, si tamen disciplinæ legibus cupiunt esse subjecti, quod consuetudo jejunandi ante sanctum Pascha cunctis Ecclesiis non sit uniformis, nec ulla divinorum mandatorum lege constringuntur ad ista, sed unicuique licitum sit Ecclesiæ suorum sequi majorum consuetudinem. Quod si novissent, non tam procaces in reprehensione viderentur eorum maxime qui, quod exercent, apostolico quidem instituuntur magisterio, et rationis satis honestæ consideratione.

Jejunant denique Romani sex ante Pascha septimanas continuatim, præter Dominicam, qua jejunium solvunt. Unde si jejunantes triginta sex dies quatuor minus a quadraginta complere noscuntur, causa cur ita faciant pie considerare volentibus et honesta satis est, et in evidenti posita. Siquidem annus solaris trecentis sexaginta quinque diebus peragitur, horum dierum decimam si assumas, triginta sex dies habebis. Jubemur autem laborum decimas nostrorum offerre Domino. Non igitur immerito decimas etiam dierum illi offerimus, ut qui totius anni spatio nobis viximus, anni decimas illi offerendo dierum, Domino vivamus, ut delicta quæ per totum annum admisimus nobis vivendo, purgemus per hoc Domino dies serviendo.

Sed quia perpauci sunt in Occidente qui non quadraginta dies ante Pascha jejunando compleant, hinc etiam causa reddenda est, qua factum est, ut quadraginta dierum numero sint contenti. Seposita igitur auctoritate vel evangelica vel legali, qua docemur evidenter quadraginta dies nos jejunio fore mancipandos: siquidem sunt decem præcepta legis quibus servire præcipimur, secundum instituta Veteris Testamenti, et quatuor Evangelia quibus in novitatem vitæ deducimur. Quater etenim deni quadragenarium perficiunt, et unusquisque Domino serviens ad perfectionis summam venisse cognoscitur, si legale Decalogum Evangelii perfectione suppleverit. Constat etiam homo quatuor, sicut mundus elementis. Et quoniam Decalogum legis per multa transgredimur, necesse est ut quater decies nos affligendo delictorum veniam consequamur.

Hæc igitur causa est cur placuerit Romanis seu Latinis jejunare quadraginta dies ante Pascha, quæ cum religiosa, tum fore mystica comprobatur, sic ut superius ostensum est. Est igitur et hæc reprehensio jejunandi super hebdomadarum numerum ante Pascha et injusta, et nullo rationis pondere suffulta, quapropter pro nihilo ducenda, nisi quod charitas, quæ præter rationem objecta deprehenduntur, quatenus cognita ratione, reprehendere non A audeant, quod honestatis jure religionisque decore observari cognoverint, et ad unitatis concordiam pacifici redeant, a qua deviasse stulta præsumptione non timuerant.

CAPUT V.

De barbæ seu capitis tonsione agitur.

Jam videamus quod de barbæ tonsione clericos culpare non tantum Romanorum, verum omnium Occidentalium Christi Ecclesiarum non verentur. Quæ tam levis agnoscitur, ut nihil ei responderi merito decernerent, ne forsitan talium levitati pares, vel certe leviores æstimentur, qui nullam habenti rationem objecto respondere potius, quam contemnere delegere. Quid enim refert ad justitiæ non tantum perfectionem, verum etiam inchoationem B barbæ detonsio, vel conservatio? Dicant ergo redarguentes quid hinc vel in Novo vel in Veteri Testamento præceptum reperiatur, et, ut plus inferam, quid in apostolorum scriptis, vel ecclesiasticorum constitutis magistrorum hinc esse determinatum insinuare possunt? Est enim istud, sicut et reliqua multa, singularum consuetudine derelictum Ecclesiarum, ut pro respectu majorum capitis comam sive barbam, vel nutriant, vel tondeant. Aliis siquidem mos inest barbam seu caput tondere, nonnullis vero barbam quidem non tondere, caput vero crine totum nudare; nonnullis autem placet faciem pilis omnibus spoliare, verticem capitis capillorum tonsione detergere, relicta capillorum parte quæ in- C ter nudati verticis partes et tempora consistit. At vero quidam barbam non attondent, caput vero ex parte tondent, et detonsum ex parte relinquunt. Est quidem iste clericorum habitus non uniformis cunctis ecclesiis, sed pro consuetudine majorum varius atque diversus, nec hinc aliquando inter ecclesias vel Occidentales, vel Orientales contentio nata est, sed tenuerunt singulæ quod suis a majoribus suscepere, vel quod provinciarum usus potius approbavit.

Redarguit apostolus Paulus Corinthios quod viri quidem vel comam nutriebant, vel capita velabant, mulieres autem nec capita velabant, nec comam nutriebant. Quæ consuetudo jure reprehenditur ab Apostolo, quoniam etsi Corinthiis videbatur probabilis, naturæ tamen apparebat inconveniens. Et cur id D reprehenderit, causam evidenter ostendit dicens: *Vir quidem non debet velare caput suum, quoniam imago et gloria Dei est* (I Cor. XI, 7). Cur autem mulier debeat vel comam nutrire, vel caput velare, causam similiter edocet, dicens: *Debet mulier potestatem habere super caput propter angelos* (*Ibid.*, 20). Hinc igitur considerent clerici qui barbam quidem nutrientes, at vero caput penitus capillis omni ex parte nudant, et vel vim frigoris vel caloris ferre non valentes, vel potius hujusmodi deturpationem habitus utcunque celare volentes, capita veste cooperiunt[a], an contra præceptum apostolicum venire com-

[a] *Capita veste cooperiunt.* Locum hunc velim expendant, qui de vestimentis monachorum disputant. Nam cum morem eorum qui capita radunt, ac veste cooperiunt redargui utcunque posse moneat Ratram-

prohibentur. Siquidem negare non possunt contra sententiam Pauli se facere dicentis: *Omnis vir orans vel prophetans velato capite, deturpat caput suum* (*Ibid.*, 4).

Non ista dicimus quo forsan talem consuetudinem reprehendere velimus: scimus enim et hujusmodi habitum humilitatis esse indicium; sed ut moneamus Græcorum imperatores e vicino habere quod possint vel redarguere, vel emendare, nec longe positos vel Romanos vel Latinos leviter reprehendant, qui si radant barbam, comam tamen nec nutriunt, nec caput vel prophetantes, vel orantes velant: licet habeant in sanctarum auctoritate Scripturarum unde suam consuetudinem optime defendant. Et in Veteri quidem Testamento Nazaræis consuetudo manebat, ut consecrationis tempus adimplentes caput et barbam raderent, et in ignem sacrificii ponerent: hoc significantes, quod non solum actus, verum etiam omnes cogitatus suos Domino consecrarent. Hinc Ezechieli prophetæ sermo divinus loquitur: *Et tu, fili hominis, sume tibi gladium acutum radentem pilos, assumens eum, duces per caput tuum et barbam tuam* (*Ezech.* v, 1). Fuerat enim sacerdos non extranei generis, sed de sacerdotali germine procreatus: unde secundum consuetudinem Nazaræorum radere mandatur et caput et barbam. In apostolorum Actibus quoque scribitur, Priscam et Aquilam, Judæos in Christum credentes, in Cenchris caput sibi totondisse: habebant enim votum, sicut consequenter Scriptura significat. Et in Hierosolymis seniores apostolo Paulo loquuntur: *Sunt nobis viri quatuor, votum habentes super se: his assumptis, sanctifica te cum illis, et impende in illis ut radant capita, et scient omnes quia quæ de te audierunt falsa sunt, sed ambulas et ipse custodiens legem* (*Act.* xxi, 23, 24). Et paulo post: *Tunc Paulus assumptis viris, postera die, purificatus cum illis intravit in templum, annuntians expletionem dierum purificationis* (*Ibid.* 26). Hunc morem sequentes clerici Romanorum, vel cunctarum fere per Occidentem Ecclesiarum, barbas radunt, et capita tondent, formam accipientes tam ab eis qui in Veteri Testamento Nazaræi dicebantur, quam ab eis qui in Novo Testamento talia fecisse leguntur. Sed non penitus capillis capita nudant, verum pro parte significantes tali schemate tam regale decus, quam insigne sacerdotale. Siquidem regibus decus est proprium coronas in capite ferre: pontifices autem in templo thiaras vertice portabant: et thiara quidem hemisphærii gerit similitudinem, corona vero circuli gerens figuram caput assolet ambire. Loquitur beatus Petrus apostolus credentibus: *Vos autem estis genus electum, regale sacerdotium* (*I Petr.* ii, 9). Quod significare volentes clerici Romanorum, sive Latinorum, in verticis nudatione thiaræ similitudinem figurant, per quam sacerdotale decus insinuant. Porro reliqua pars capillorum caput ambiens, neque tamen verticem contingens, speciem coronæ repræsentat, qua regalis dignitas ostentatur. Sic utrique hoc specie regale sacerdotium designatur.

Christus etiam rex et sacerdos exprimitur, propheta testificante: *Dominus legifer noster, Dominus Rex noster* (*Isa.* iii, 22). Item: *Reges eos in virga ferrea* (*Psal.* ii, 9). Quod autem sacerdos sit, Pater Filio testificatur, dicens: *Tu es sacerdos in æternum secundum ordinem Melchisedech* (*Psal.* cix, 4). Igitur sive Christi sacerdotium atque regale solium clerici Latinorum significare volentes hujusmodi schema capite gestant: sive quod omnis Christiana natio regia simul atque sacerdotali dignitate præeminet tali specie designant. In faciei vero denudatione cordis ostendunt puritatem, illud innuentes apostolicum ubi ait: *Nos autem revelata facie gloriam Domini speculantes, in eamdem imaginem transformamur* (*II Cor.* iii, 18). Facies enim capitis faciem cordis insinuat: sicut enim caput arx est corporis, sic mens hoc loco, quæ cor appellatur, animæ culmen existit: debet enim facies cordis cogitationibus terrenis jugiter spoliari, qualiter puro sincereque conspectu gloriam Domini possit speculari, et in eam per contemplationis gratiam transformari.

Beatus quoque Petrus apostolus, necnon et alii plures tam de numero apostolorum, quam etiam de Christi discipulorum, leguntur et barbas et capita rasisse. Siquidem hoc egisse Petrum ipsius hodieque testantur imagines, quæ tali schemate pictorum arte formantur. Nec propterea Græcorum veriti sunt reprehensionem vel Apostolus, vel reliqui Christi discipulorum, quibus non displicuit istiusmodi habitum sibi assumere. Et cum nec ante legem nec post Evangelium hactenus quæstionem hanc aliquis intenderit, videant cur Græcorum imperatores reprehendere moliantur quod reprehensionis calumniæ subjacere nequaquam merito possit. Si enim barbam tondere peccatum est aliquod, vel divinæ legis ulla transgressio, dicant cur propheta Domino jubente barbam raserit, cur Nazaræis iste mos exstiterit, cur denique apostoli hanc consuetudinem non exhorruerint. Sed huic oppositioni supersedeamus, quoniam nec rationis virtute nixam, nec gravitatis eam aliqua dignitate suffultam conspicimus: et nisi minus prudentibus subrepi posse arbitraremur, nullam ex hoc fieri responsionis disputationis justius decerneretur.

CAPUT VI

Cœlibatus clericorum propugnatur adversus Græcos. Cœlibatus clericorum legibus ecclesiasticis asseritur.

Nunc illud considerandum quod objiciunt Romanos nuptias damnare, quoniam presbyteris uxores

nus, addatque id se non idcirco scribere, quod morem illum omnino improbandum putet, sed ut Græcis principibus ostendat, apud eos nonnihil esse quod reprehendere facilius possint, quam quod est apud Latinos usurpatum, satis, mea quidem sententia ostendit in his regionibus hoc vestis genere quo nunc utuntur, monachos suæ ætatis usos non fuisse.

ducere non solum non consentiunt, verum penitus interdicunt. Quamvis in cæteris nimium superstitiosi videantur objectis, in isto tamen vel stupendi, vel dolendi plurimum videntur. Stupendi quidem, si tam sunt a sapientiæ lumine remoti, quo non intelligant Romanos in hoc facto non solum non culpabiles apparere, verum etiam prædicabiles enitere. Nam continentiæ bonum et castitatis insigne tam constat esse præclarum, ut etiam gentilibus sit admirabile, et in omni ordine cum sit prædicabile, tum præcipue in sacerdotibus, ac reliquis sacri altaris ministris: quos cum reliquæ virtutes faciunt illustres, illustriores tamen reddunt sanctimoniæ splendor, et castitatis decus egregium. Dolendi vero sunt, si talia cum noverint, adversus conscientiam propriam nitentes, reprehendere non verentur quod laudabile fore non ignorant. Timere namque debuissent quod per Isaiam loquitur Spiritus sanctus: *Væ eis qui dicunt malum bonum, et bonum malum, ponentes tenebras lucem, et lucem tenebras* (*Isa.* v, 20).

Quemadmodum ergo consequens esse decernunt, ut Romani damnare nuptias judicentur, si penes illos episcopi seu presbyteri matrimonia non sortiuntur: ergo si propterea nuptiarum damnatores habendi sunt, eidem sententiæ subjacebunt Patres tam Veteris quam Novi Testamenti. Elias propheta, cujus ad imperium cœlum reseratur et clauditur, quique ministerio angelico sustollitur ad cœlos, non duxit uxorem. Jeremias vates in utero sanctificatus, virginitatis bonum, et castimoniæ puritatem matrimonio prætulit. Daniel, vir desideriorum appellatus, magis continentiam quam conjugalem copulam delegit. Nec tamen isti nuptias damnavere, quamvis nuptiarum fœdera non habuerint. Salvator de virgine nasci maluit, ut sacrum conjugium approbaret, nuptiis interesse non renuit. Joannes amoris privilegium a Christo promeruit, quoniam plus Christi discipulatum, quam nuptias elegit. Petrus apostolus, antequam Christus eum in apostolatus dignitatem subrogaret, matrimonium non sprevit: apostolatus autem dignitate sublimatus, et in evangelicam prædicationem destinatus, etsi conjugem non repulit, opus tamen conjugale declinavit. Quod etiam cæteros apostolos fecisse non dubitandum. Attamen istos nemo sanus dicet damnasse conjugia, licet continentiæ sanctimoniam fuerint amplexati.

Porro Romani quemadmodum culpantur nuptiarum fœdera damnare, quandoquidem apud eos nuptiæ celebrentur, et ex legitimo matrimonio filii procreentur? Scribit beatus apostolus Paulus Corinthiis, dicens: *Volo autem omnes homines esse sicut meipsum, sed unusquisque habet proprium donum ex Deo: alius quidem sic, alius vero sic* (*I Cor.* vii, 7). Unde vero dicebat quod vellet omnes homines esse sicut seipsum, paulo superius aperit, ubi conjugatis præcepta sanxit invicem sibi quemadmodum deservirent, sui corporis potestatem tam vir quam femina non habendo, sed ex alterius permissione servando. Unde in conclusione sic intulit: *Hoc autem,* inquiens,

A *dico secundum indulgentiam, non secundum imperium* (*Ibid.*, 6). Cui protinus subjecit: *Volo autem omnes homines esse sicut meipsum,* et reliqua. Quibus manifeste significat se cælibem esse, nec uxoris copula detineri. Hinc alibi scribit: *An non habemus potestatem sororem mulierem circumducendi* (*Ibid.* ix, 5)? In qua re socium sibi Barnabam fore non abnegat, dicens: *An ego et Barnabas hanc potestatem non habemus* (*Ibid.*, 6)? Et tamen ista cum beatus Apostolus de se profiteatur, nequaquam nuptias condemnat, de quibus et præcepta conjugatis dedit, et incontinentes hortatur, ut si se non continent nubant. Adeo namque tam Salvator quam beatus Paulus matrimonii pacta non reprobant, ut statuant uxorem a viro non discedere, nec virum uxorem re- B linquere, nisi causa fornicationis: quod si discesserint, innuptos manere.

Attamen continentiam persuadere desiderans Paulus sic eisdem Corinthiis scribit: *Hoc itaque dico, fratres: Tempus breve est, reliquum est ut qui habent uxores, tanquam non habentes sint; et qui flent, tanquam non flentes; et qui gaudent, tanquam non gaudentes; et qui emunt, tanquam non possidentes; et qui utuntur hoc mundo, tanquam non utantur: præterit enim figura hujus mundi* (*I Cor.* vii, 29-31). Qui superius incontinentibus nubendi licentiam dederat, tanquam infirmis salutis remedium porrigens dicit, *Melius est enim nubere quam uri* (*Ibid.*, 9). Nunc præcipit frena luxuriæ cum propria quoque uxore C cohibere. Quid est enim aliud quod dicit: *Qui habent uxores, tanquam non habentes sint,* nisi dicere, libidinis lasciviam a propriis etiam uxoribus reprimere, et amori magis filiorum, quam carnis desiderio serviendum? Propter quod dixerat superius: *Bonum est homini mulierem non tangere* (*Ibid.*, 1). Sed quoniam hæc virtus non omnibus adest, propterea dico, *Propter fornicationem autem unusquisque suam uxorem habeat, et unaquæque suum virum habeat* (*Ibid.*, 2). Quod hoc loco infirmitati conceditur, posterius resecare gestiens ait: *Qui habent uxores, tanquam non habentes sint.* Monens non semper infirmitati deserviendum, verum castimoniæ sanctitati consuescendum, quoniam præterit figura hujus mundi. Figura fuit mundi carnalem posteritatem D quærere, et filiorum progenie gaudere, turbaque propinquorum exsultare: at vero quoniam mundus in extremo positus finem præstolatur, et, ut ait beatus Joannes, *Novissima hora est* (*I Joan.* ii, 18), non carnalis propago, sed spiritualis magis debet appeti successio. *Ut qui vivunt, jam non sibi vivant, sed Christo qui pro eis mortuus est, et resurrexit* (*II Cor.* v, 15). Propterea dicit flentes fieri debere tanquam non flentes, ut hujus mundi ruinam atque tribulationes æternorum spe gaudiorum consolentur. Similiter gaudentes in sæcularibus temporaliter commodis, fiant tanquam non gaudentes, ut temporalis boni gaudia contemnentes propter sui fragilitatem, atque permutationem, de æternis potius gaudeant et exsultent, quatenus gaudia perennia consequi prævaleant. Similiter emententes non hic possidere concupiscunt, sed possessionem suam in cœlestibus esse desiderent, cum Psalmista loquentes: *Quid enim mihi est in cœlo, et a te quid volui super terram* (*Psal.* LXXII, 25)? Sic qui utuntur hoc mundo, tanquam non utantur, ut in transitu sit eis, non in desiderio; et in via, non in patria; et tanquam ex latere respiciatur, non ut amore tenendi, sive fruendi, possideatur. Et propterea consequenter ait: *Volo autem vos sine sollicitudine esse. Qui sine uxore est, sollicitus est quæ Domini sunt, quomodo placeat Deo. Qui autem cum uxore est, sollicitus est quæ sunt hujus mundi, quomodo placeat uxori, et divisus est. Et mulier innupta, et virgo cogitat quæ Domini sunt, ut sit sancta et corpore et spiritu. Quæ autem nupta est, cogitat quæ sunt mundi, quomodo placeat viro* (*I Cor.* VII, 32-34).

Videant itaque Græcorum principes, Romanos redarguere intentes super continentia sacerdotum, ministros altaris in qua sorte constituere disponant, an eos velint esse sine sollicitudine, quod vult Apostolus, an certe sollicitudinibus implicari mundi, quod non optat Apostolus. Si enim sine uxore sunt, a sollicitudine mundi liberi, eorum sollicitudinem gerunt quæ sunt Domini, quærentes omni tempore Deo complacere, apostolicum illud meditantes: *Omnia quæcumque facitis, in nomine Domini semper facite* (*Coloss.* III, 17). Si vero cum uxore degerent, necesse est mundi sollicitudinibus eos implicari, et quærere jam quomodo placeant uxori, non Deo: et hujusmodi quicunque sunt, divisi sunt, quoniam inter amorem uxoris amoremque Dei medii consistunt, non valentes dicere cum Propheta: *Portio mea, Domine, dixi, custodire legem tuam* (*Psal.* CXVIII, 57). Neque cum beato Jeremia, qui ait: *Pars mea Dominus dixit anima mea, propterea præstolabor eum* (*Thren.* III, 24). Dicit Apostolus: *Mulier innupta et virgo cogitat quæ sunt Domini, ut sit sancta et corpore et spiritu* (*I Cor.* VII, 34). An igitur decet Domini sacerdotes, et altaris ministros, mulieribus innuptis et virginibus esse inferiores, ut illis cogitantibus quæ sunt Domini, sanctimoniam tam corpore quam spiritu conservando, isti cogitent quæ sunt mundi, sanctitatem corporis et spiritus respuendo? Utriusque namque sanctimonia privantur, qui cogitationem habent eorum quæ sunt mundi, placere uxori gestientes, quoniam, sicut dicit Apostolus: *Quæ nupta est, cogitat quæ sunt mundi, quomodo placeat viro* (*Ibid.*). Ait Salvator duobus dominis neminem posse servire (*Matth.* VI, 24). Ergo vel episcopi, vel presbyteri, cogitantes debitum solvere uxori, cogitare nequeunt servitutis debitum Domino solvendæ. Et cum clerici dicuntur, quia sint Domini sors (sic enim nomen ipsum sonare deprehenditur) et eorum portio non alia sit, quam Dominus, sacerdotes uxori servientes, et ea quæ sunt mundi cogitantes, sortem Domini, qua specialiter ei cohærere debuerant, respuere: nec jam eorum possessio solus est Dominus, quoniam mundo per meditationis assiduitatem cohærendo, Domino cohærere nequeunt. Mens namque cogitationibus suis mundum amplexans, et mundo inhærens, Dominum complexari et illi inhærere nullo modo prævalet.

Propter quod mirandi Græcorum principes, quod reprehendere studeant Domini sacerdotes a complexu mulierum longe se facientes, ut nulla necessitate detineantur a mundo, sed mundum respuentes, liberi possint jugiter inhærere Christo. Quantum vero conjugale vinculum conferat impedimenti Dominum jugiter obsecrandi, beatus Paulus insinuat, cum consequenter dicit: *Porro ad utilitatem vestram dico, non ut laqueum vobis injiciam, sed ad id quod honestum est, et quod facultatem præbeat sine impedimento Dominum obsecrandi* (*I Cor.* VII, 35). Liquido namque dicens ista, demonstrat uxori servientes facultatem nequaquam habere jugiter Dominum obsecrandi, verum ad tempus tantummodo. Videant igitur isti nuptiarum censores, quales habere velint sacerdotes, utrum eos qui sanctimoniæ servantes puritatem, facultatem habent sine impedimento Dominum obsecrandi, sancti manentes, in sanctis jugiter habitantes, mundum spernentes, cœlestia contemplantes, vel eos certe qui conjugalibus addicti vinculis, nec in sanctis continuo valentes habitare, nec mundum spernere, nec omni tempore Dominum pro sibi subjecta plebe deprecari: quamque sit istorum intellectus ab apostolico sensu longissime remotus. Ille continentiam persuadet, isti sacerdotum sanctimoniam (sine qua nemo videbit Deum) nuptiarum condemnationem interpretantur, obliti quod ait Apostolus: *Hoc ad utilitatem*, inquiens *vestram, dico*, continentiam persuadens. Mox autem infirmitati consulens, inquit: *Non ut laqueum vobis injiciam*. Ostendit enim quid desideret, sed considerat quod unusquisque proprium habeat donum a Deo, *alius quidem sic, alius vero sic*. Rursus ad id quod potius est exhortans, subjungit: *Sed ad id quod honestum est*, subauditur, vos invitans. Honestatem talia dicens continentiæ proponit nuptiis: non quidem quod nuptias condemnet, sed evidenter prædicat quod nuptiæ quidem bonæ sunt, sed melior est continentia vidualis, supereminet autem integritas virginalis.

Non sunt igitur reprehendendi vel Romani vel Latini, si vel episcopos, vel sacerdotes a maritali toro suspendunt: quoniam nec Apostolus habetur dignus reprehensione, qui castimoniam persuadens, conjugii fœdus hortatur non agere, quatenus facultas jugis maneat fidelibus Dominum deprecandi. Etenim qui Dominici corporis et sanguinis omni tempore debent sacramenta contingere, quemadmodum valent conjugio deservire? David namque ad Abimelech sacerdotem veniens, non antea meruit panes sacros contingere, quam se puerosque suos a mulierum tactu tertia jam die diceret purificatos. Et quis ignorat corporis et sanguinis Christi mysterium fore longe sublimius panibus, qui per singula Sabbata proponebantur super mensam in templo? Et si mume licebat eos contingere qui non sanctificati fuis- nt a mulieribus, quemadmodum expediat sacra ntingere Dominica mulieribus deservientes, et njugali toro mancipatos? Quod mysterium Thes- lonicensis Ecclesia diligenter examinans clericos te clericatum legitime ductas uxores si cognovis- nt, deponendos fore censuerunt Unde mirandum æcorum principes in Romanis redarguere, quod Thessalonicensibus patienter concedunt Quod si oderno tempore suæ fortassis superstitioni præ- ere consensum, quolibet modo teneant personas, verint tamen majorum talem suorum exstitisse nsuetudinem

Sed veniamus ad ecclesiastici tandem decreta, io cognoscamus quid decernere super his malue- it In Nicæno concilio sub Constantino imperatore imo per trecentos octodecim episcopos sic decer- tur (*can* 3, ex vers Dionysii Exigui) « Interdixit r omnia magna synodus, non episcopo, non pres- tero, non diacono, nec alicui omnino qui in clero t, licere subintroductam habere mulierem, nisi rte matrem, aut sororem, aut amitam, vel eas tan- m personas quæ suspiciones effugiunt » Audiant ec Constantinopoleos imperatores, et judicent, an beant isti gradus, super quibus hoc capitulo de- rnitur, matrimonia sortiri, quibus non licet mulie- ous cohabitare nisi solummodo personis illis quas illa suspicio possit commaculare Nam quisquis orem duxerit, non potest præter uxorem alias am mulieres in domo non habere, quibus uxoria cessitas, et cura domestica suppleatur Ubi vero uctarum interdicitur subintroductio feminarum, æter omnino personas quæ careant omni suspi- one, manifestum est quod interdicatur etiam uxo- a pariter copula, quæ nullo modo potest fieri sine liquarum accessione feminarum

In concilio Neocæsariensi sic statuitur (*can* 1, ex iisdem versione) « Presbyter, si uxorem accepe- , ab ordine deponatur Si vero fornicatus fuerit, et adulterium perpetraverit, amplius pelli debet, et pœnitentiam redigi » Quod hi canones decer- int, hactenus et Ecclesia Romana et omnes Occi- ntales servare studuerunt, scientes cunctis esse rvandum quod patet esse religiosum, et divinis ltoribus dignum Videant Græci, si quod statu- m est tenere contendunt, quod si faciunt, frustra omanos redarguunt, quos sibi pares in ecclesiasti s servandis conciliis omnino perspiciunt Quod si onstitutum hoc licenter prævaricantur, ecclesiasti- irum constitutionum rei deprehenduntur et dum i Oriente fuerit hoc constitutum, et nimirum ser- etur ab Orientalibus, quod pro Ecclesiæ disciplina robatur esse sancitum, mirum cur in Occidentali- us culpare nituntur, quod apud Orientales servare on dubitant Quod si leges ecclesiasticas ignorant, uis nescit fore merito contemnendos, quos non sa- ientiæ gravitas, sed ignorantiæ levitas ad loquen- um propellit?

In concilio Carthaginensi (*conc Afric*, an 424, can 37) « Præterea, cum de quorumdam cleric- rum, quamvis erga uxores proprias, incontinentia referretur, placuit episcopos, et presbyteros, et dia- conos secundum priora statuta, etiam ab uxoribus continere Quod nisi fecerint, ab ecclesiastico remo veantur officio » Præsenti capitulo non solum præ- fati gradus uxores ducere prohibentur, verum a pro- priis, quas priusquam ordinarentur habuere, conti nere præcipiuntur quod si non fecerint, deponi jubentur Consentitur in hoc decreto tam Nicæno quam Neocæsariensi concilio nam utrumque præ- cipit presbyteros ab uxoribus arceri Qua de re vi- deant imperiales reprehensiones qualiter justum sit contra decreta majorum presbyteros uxores ducere, quibus inhibetur propriis, quas ante ordinationem duxerant, abstinere Quas leges si servare maiue- rint, cognoscant quod injuste Romanos redarguant quod si noluerint, etiam cum Romanis totius Africæ provinciales episcopos reprehendant, et cum his etiam suos Orientales, qui constituta majorum ser- vantes, episcopos, presbyteros, et diaconos vivere continenter omnino decernunt, nisi suorum delege rint forte decretorum transgressores

In libro Constitutionum Justini imperatoris ita decernitur capitulo vigesimo quarto « Oportet autem eum qui episcopus fit, neque uxorem habere, neque concubinam, neque liberos, seu legibus incognitos Et si quis contra hæc fecerit, et is qui factus est, et is qui eum fecit, episcopatus expellatur honore [a] » Videant nunc Græcorum imperatores, qui Romanos damnare nuptias calumniantur, eo quod non episcopos non presbyteros, non diaconos, uxores ducere concedunt, quo in loco velint habere suas leges, id est, a suis majoribus institutas Ecce Justinus Romanorum impe- rator legibus decrevit eum qui episcopus futurus sit, neque uxorem habere, neque concubinam vos au- tem e contrario constituitis ut tam episcopi quam presbyteri matrimonii jura sortiantur Leges a ma- joribus vestris constitutæ, qui hoc fecerint, gradus sui præcipiunt honore privare, vos autem illos, qui non fecerint, culpatis nuptias condemnare, nec in vestram eos vultis recipere communionem Apparet igitur tam ecclesiasticis legibus, quam vestris san- ctionibus vos repugnare quapropter duplicis reatus vos culpa constringitis, veluti transgressores tam divini et humani juris, quam ecclesiasticæ consitu- tionis (Justinian, ubi supra, *novell* 123, cap 29) « Presbyteris autem et diaconis, et aliis in clero scriptis, non habentibus uxores secundum divinas regulas, interdicimus et nos mulierem habere in sua domo, excepta matre, et filia, et sorore, et aliis personis quæ omnem querelam effugiunt Si quis autem adversus istam observationem mulierem in sua domo habuerit, quæ potest suspicionem inferre turpitudinis, et ille a clericis suis audierit, quod cum tali muliere non debeat habitare, et noluerit eam sua domo repellere, vel accusatore emergente

[a] Verbis aliquanto diversis lex ista exprimitur Novell const coll 1, tit 6, nov 6, cap 4

probatus fuerit inhoneste cum tali muliere versari, A tunc episcopus secundum ecclesiasticos canones clero eum repellat, curiæ civitatis cujus clericus est tradendum. » Superior lex specialiter super episcopi persona decreverat, licet pariter presbyterorum, diaconorumque personas comprehenderit. Quod enim episcopo non conceditur, ministris consequenter altaris, et mysteria Dominici corporis et sanguinis contrectantibus, pariter interdicitur. Quod si non illic ad liquidum de presbyterorum diaconorumque causa decernitur, præsens sanctio dubietatis omnem caliginem removere cognoscitur, interdicens manifesto non solum presbyteris, et diaconibus, sed etiam subdiaconis, et aliis quibuscunque in clero matrimonium interdicitur, ut in sua domo præter matrem et eas personas quæ suspicione turpitudinis careant, habita e nullo modo permittant, prævaricatores autem si convicti fuerint clero depelli decernit et ad ignominiæ pœnam tales curiæ mancipandos esse jubet officiis.

Non credimus quod Ecclesia Græcorum talia de presbyterorum connubiis sentiant, qualia Constantinopolitani principes sentire comprobantur. Absit igitur ut adversus ecclesiastica constituta venire præsumant, et ea reprehendere conentur, quæ constat ab Ecclesiis servata, et jure perpetuo custodita. Quod si potestates sæculi sua præsumptione talia redarguunt, qualia prohibent et condemnant et ecclesiasticæ leges et humanæ, mirum cur non animadvertunt quod eorum sanctionem non solum Occidentalis Ecclesia condemnet, verum etiam Orientalis non recipiat, nisi fortassis tyrannidis e infidelitate fatigata quædam pars in Oriente susceptura sit: sed terrere debet eos sententia Domini dicentis: *Qui scandalizaverit unum de pusillis istis qui in me credunt, expedit ei ut suspendatur mola asinaria in collo ejus, et demergatur in profundum maris* (*Matth.* XVIII, 6). Verum fixa stat sententia Salvatoris loquentis ad Petrum: *Tu es Petrus et super hanc petram ædificabo Ecclesiam meam* (*Matth.*, XVI, 18).

Item in eodem libro (*Ibid., in fine ejusdem cap.*) « Nullus episcopus cum muliere penitus habitet; sin autem probatus fuerit hoc non observasse, episcopatus honore dejiciatur, quia ipse se indignum sacerdotio ostendit. » Dicant igitur gloriosi principes Græcorum qua præsumptionis audacia freti contra constituta majorum, contra leges Ecclesiæ, contra consuetudinem hactenus observatam venire non verentur Romanos atque Latinos reprehendentes, quod episcopis, presbyteris, levitis, atque subdiaconis, uxores ducere non conceduntur. Ecce enim imperialibus confirmantur legibus, quæ cum pro Romanis atque Latinis sanciant, eos qui contraveniunt procul dubio condemnant. In Veteri Testamento tabernaculo, sive templo deservientes Levitæ, sive presbyteri, uxoribus non appropinquabant, nec sancta vel ingredi vel contingere præsumebant, nisi sanctificarentur: et vos dicitis quia sacerdotes, quibus officium est corporis et sanguinis Domini mysterium quotidie celebrare, nec a sacris aliquando recedere, quod uxores ducere debeant, nec inter laicos et sacri altaris ministros ullam differentiam consistere. Quod si requiratur a vobis unde nata fuerit opinio talis, non aliam procul dubio monstrare potestis auctoritatem, quam imperitiam atque jactantiam, de quibus levitatis nasci solet audacia.

CAPUT VII.

Confirmationis sacramentum a presbyteris conferri posse contendunt Græci. Illos refellit auctor. — Qui differt sacerdos ab episcopo.

Nunc ad illud veniamus quod objicitur, quia penes Romanos baptizatorum frontes presbyteri chrismate non liniunt. Quod objectum, sicut et reliqua, magis levitate quam ratione propositum est: siquidem Ecclesiæ suæ B consuetudinem sequentes ista proponunt, non aliquam divinæ legis auctoritatem. Quamvis ut hoc fiat et apud Romanos, et apud Occidentales omnes, tam ex Evangelio, quam ex apostolorum Actis esse constat assumptum.

Constat namque Spiritus sancti gratiam per unctionem frontis ex chrismate ab episcopis donari, quod nulli præter episcopos esse concessum evangelica testatur auctoritas. Resurgens etenim Dominus, et discipulis apparens, insufflavit et dixit eis: *Accipite Spiritum sanctum: quorum remiseritis peccata, remittuntur eis; et quorum retinueritis retenta sunt* (*Joan.* XX, 22). Ergo si remissio peccatorum per Spiritum sanctum contribuitur, et hoc munus C apostolis specialiter constat esse donatum, jure solis episcopis hæc gratia reservatur, quos in Ecclesia constat apostolorum successionem, et ministerium sortitos. Moysen quoque legimus in Exodo Aaron et filios ejus in sacerdotale ministerium chrismate sancto perunxisse. Deinde reges et sacerdotes oleo sancto perunctos in Veteri Testamento per pontifice exstitisse, quos constat gessisse figuram veri regis atque Pontificis Domini nostri Jesu Christi, cui Psalmista præcinit, dicens: *Unxit te Deus, Deus tuus oleo lætitiæ præ consortibus tuis* (*Psal.* XLIV, 8).

Constat autem omnem Ecclesiam corpus esse Christi, etenim, videlicet regis et Sacerdotis, unde omne Christianum genus sumus sacerdotale et regale, propter quod post lavacrum ungimur, ut Christi nomine D censeamur, et non nisi per pontifices, a quibus reges et sacerdotes ungebantur in lege. In Actibus habes etiam apostolorum, quia *Cum audissent apostoli qui erant Hierosolymis, quia recepit Samaria verbum Dei, miserunt ad eos Petrum et Joannem. Qui cum venissent, oraverunt pro ipsis, ut acciperent Spiritum sanctum. Nondum enim in quemquam illorum venerat, sed baptizati tantum erant in nomine Domini Jesu. Tunc imponebant manus super illos, et accipiebant Spiritum sanctum* (*Act.* VIII, 14 *et seq.*). Vide qua primum baptizati fuerant in nomine sanctæ Trinitatis, quod est in nomine Domini Jesu, siquidem totius Trinitatis invocatio in nomine Domini Jesu continetur. Nec tamen adhuc acceperant Spiritum sanctum. Postea vero manus imponentibus super s apostolis, acceperunt Spiritum sanctum Quæ forma servatur hodieque in Ecclesia, ut baptizentur quidem fideles per presbyteros, gratia vero Spiritus sancti per impositionem manuum tribuatur ab episcopis quod tunc fit, quando frontes baptizatorum chrismate sancto liniuntur ab episcopis

Item in eisdem Actis *Factum est autem cum Apollo esset Corinthi, et Paulus, peragratis superioribus partibus, veniret Ephesum, et inveniret quosdam discipulos, dixit ad eos Si Spiritum sanctum accepistis credentes? At illi dixerunt ad eum Sed neque si Spiritus sanctus est, audivimus Ille vero In quo ergo baptizati estis? Qui dixerunt In Joannis baptismate Dixit autem Paulus Joannes baptizavit baptismo pœnitentiæ populum, dicens in eum qui venturus esset post ipsum ut crederent, hoc est in Jesum His auditis, baptizati sunt in nomine Domini Jesu Et cum imposuisset illis manus Paulus, venit super eos Spiritus sanctus et loquebantur linguis, et prophetabant* (*Act* XIX, 1 *et seq*) Et hic vides quia Paulus non baptizaverit eos, sed jusserit baptizari baptizatis autem manus Paulus imposuit, et ita demum venit super eos Spiritus sanctus Docemur igitur baptismi gratiam per presbyteros posse contribui, donum vero Spiritus sancti, quod tribuitur per manuum impositionem, quando frontes baptizatorum chrismate sancto liniuntur, non nisi per episcopos posse promereri

Et revera inter sacerdotes et episcopos differentia non parva consistit Sacerdotes namque, sicut reliqui gradus ecclesiastici, per episcoporum ministerium consecrantur at episcopi non a sacerdotibus benedicuntur Ipsi quoque sanctum chrisma sanctificant, et oleum consecrant omnisque gradus ecclesiasticus illorum dispositione peragitur Quod considerantes ecclesiastici viri, statuerunt ut frontes baptizatorum non a presbyteris, sed ab episcopis chrismate sancto linirentur Sicut de sancto Silvestro in Gestis apostolicis legitur (*Lib Pontificalis Damasi papæ*), ubi sic scriptum invenitur « Hic constituit ut chrisma ab episcopo efficiatur, et privilegium sit episcopis, ut baptizatos chrismate sancto consignent propter hæreticam insinuationem » Hinc etiam Innocentius papa in suis Decretalibus sic modo decernit (*epist* 1, cap 3) « De consignandis infantibus manifestum est, non ab alio quam ab episcopo fieri licere Nam presbyteri, licet sint sacerdotes, pontificatus tamen apicem non habent » Hoc autem pontificibus solis deberi, ut vel consignent, vel paracletum Spiritum sanctum tradant, non solum consuetudo ecclesiastica demonstrat, verum et lectio Actuum apostolorum, quæ asserit Petrum et Joannem esse directos, qui jam baptizatis tradant Spiritum sanctum Nam presbyteris seu extra episcopum, seu præsente episcopo, cum baptizant, chrismate baptizatos ungere licet, sed quod ab episcopo fuerit consecratum, non tamen frontem eodem oleo signare, quod solis debetur episcopis cum tradunt Spiritum paracletum Hinc omnes Occidentales episcopi, majorum sequentes institutionem, sumpsere consuetudinem ut frontes baptizatorum chrismate liniendi non presbyteris concedant, sed privilegium sibi reservent non autem ipsum chrisma (quod mentiuntur Græci) de fonte conficiunt, sed ex succo balsami, vel olivæ liquore quod fit non solum a Græcis, verum ab universis Christi Ecclesiis

CAPUT VIII

Romano pontifici patriarcham CP præferre conabantur imperatores Græci Ecclesia Romana omnes alias dignitate præcellit

Sed criminantur istud falso, sicut et de agni consecratione, necnon quod arguunt, levitas episcopos fieri, presbyterii gradu non prius accepto, non reputantes quod in cæteris sibi demant auctoritatem fidei, quandoquidem in istis tam evidenter mentiuntur non verentes quod Spiritus sanctus loquitur *Virum sanguinum et dolosum abominabitur Dominus* (*Psal* V, 7) Et, *Perdes omnes qui loquuntur mendacium* (*Ibid*) Et in Salomone *Falsus testis non erit impunitus* (*Prov* XIX, 5) Quod autem redarguunt levitam episcopum consecrari, cur non contra se dictum advertunt, qui de laicis subito tonsis faciunt episcopos, contra regulas ecclesiasticas, et imperialia decreta? Siquidem prohibet Apostolus (*I Tim* III, 6) neophytum episcopum fieri Justinus quoque imperator in ecclesiasticis constitutionibus (*novella* 6, cap 1, sub init), ita decernit « Neque ex laico statim ad episcopatum ascendere licet neque clericatus honorem simul habuisse sufficit Oportet autem eum qui episcopus fit neque uxorem habere, neque concubinam, neque liberos, neque nepotes seu legitimos, seu legibus incognitos Et si quis contra hæc fecerit, et is qui factus est, et is qui eum fecit, episcopatus expellatur honore Nec liceat pecuniæ datione episcopum fieri Esse autem oportet eum qui episcopus fit vel monachum, vel clericum ita tamen ut non minus sex mensibus appareat eum in clericatu fuisse, » etc Videmus non solum ecclesiasticis, verum etiam imperialibus obviari constitutionibus, ut ex laico statim ad episcopatus honorem aliquis assumatur, cum debeat prius in Ecclesia probari, et secundum ecclesiastica constituta doceri, quatenus via regia per graduum successionem conscendens, dignus inveniatur summi culminis apicem obtinere Verum Græcorum imperatores, tam divina quam humana jura transgredientes, faciunt sibi de laicis subito tonsis episcopos, et eos qui nondum minimi gradus honorem digni percipere fuerant, summi culminis vertice sustollunt et talia gerentes non verentur Christi Ecclesiam calumniari, falsa pro veris loquentes, pro nihilo ducentes quod Salvator ait in Evangelio *Qui scandalizaverit unum de pusillis istis qui in me credunt, expedit ei ut suspendatur mola asinaria collo ejus, et demergatur in profundum maris* (*Matth* XVIII, 6) Ut pœna mortis in eos vindicet, et fluctibus perditionis absorbeantur, quos charitas timori sancto non fecit esse subjectos

Sed unde talis innata est præsumptio, ut Romanam non verentur Ecclesiam falsis appetere criminationibus? Nimirum inde, quod sui mensuram ignorantes status, ambiunt sibi vindicare principatum, quem nec Christus eis, nec apostoli, nec Ecclesiarum magistri, nec ulla consuetudo contribuit, sed illius imitatores effecti, qui dicebat in corde suo *Ascendam super altitudinem nubium, et super sidera cœli exaltabo solium meum ponam super altitudinem montium, et in lateribus Aquilonis sedem meam Ero similis Altissimo* (*Isa* XIV, 13, 14) Quid enim isti Græcorum principes aliud altitudine cordis sui dicunt, qui Ecclesiæ sibi principatum usurpant, et apostolorum sublimitatem (quos Isaias propheta nubes volantes appellat) sibi vindicant cupientes solium suæ dignitatis super astra cœli componere, id est omni sanctorum cœtui præferre et patriarcharum venerationem usurpare, quatenus omni Ecclesia sibi subjecta Christo similes efficiantur cum nulla majorum auctoritas hoc eis contribuat, nec ecclesiastica jura concedant, verum nec humanæ leges ascribant? Quæ cuncta sibi vindicare velle potissimum comprobant quod patriarcham Constantinopolitanum proponere Romano pontifici gestiunt, et urbem Constantinopolim Romæ præferre conantur, tanquam sui juris existat leges ecclesiasticas immutare, et regnorum apicem disponere

Meminisse tamen debuerant Christum totius Ecclesiæ caput existere, et ei Patrem per Prophetam dixisse *Dabo tibi gentes hæreditatem tuam, et possessionem tuam terminos terræ* (*Psal* II, 8) Ipsumque fore lapidem abscissum de monte sine manibus, qui confregerit, et in pulverem redegerit universa regna mundi (*Matth* XVI 18) Ipsumque Petro dixisse *Tu es Petrus, et super hanc petram ædificabo Ecclesiam meam et portæ inferi non prævalebunt adversus eam Et tibi dabo claves regni cœlorum* Paulum quoque testificantem *Qui operatus est Petro in apostolatum circumcisionis operatus est et mihi inter gentes* (*Gal* II, 8) Quos ambos in Ecclesia principatum a Christo positos, et Romæ directos, cum ecclesiastica veritas, tum ipsius passionis monstrat auctoritas Illuc namque ambo principes sunt directi, ubi principatus eminebat mundi quatenus Romana civitas, sicut imperiali potentia totum sibi subjecerat orbem, sic religionis culmine, et apostolatus dignitate, totius mundi regnis præsideret Et sicut voluit Salvator Hierosolymam nativitate sua, doctrina, miraculis, morte, sepultura, resurrectioneque reddere sublimem, sic etiam delegit Romanam urbem apostolorum principum sanguine, sepulcro, memoria, doctrina, reddere gloriosam ut quoniam Christus Jerusalem cœlestis in dextra Patris considens, Rex et Dominus honoratur angelorum et sanctorum omnium famulatu, sic Petrus et Paulus Jerusalem peregrinantis obtineat principatum, subjectis sibi per totius orbis latitudinem Christi Ecclesiis

Hoc ita fore et antiquitas ipsa comprobat, et litterarum monumenta contestantur Siquidem Socrates in Historia ecclesiastica scribens de Arianis, qui in Antiochia Syriæ synodum collegerant ad subversionem, atque destructionem Nicæni concilii, et condemnationem Athanasii, postquam commemoraverat præsules, quorum auctoritate synodus collecta fuerat subjunxit « Sed neque Julius interfuit maximæ Romæ præsul, neque in locum suum aliquem destinavit, cum utique regula ecclesiastica jubeat non oportere præter sententiam Romani pontificis concilia celebrari [a] » Hæc fuit hic Græcus historiographus, nec tamen Constantinopolim dicit tantum pollere auctoritate velut Romam, testificans sine Romani pontificis vel assensu vel jussione nulla posse concilia celebrari

In concilio Sardicensi (cap 7 ex interpretatione Dionysii Exigui) tali modo sancitur « Placuit, ut si episcopus accusatus fuerit, et omnes judicaverint congregati episcopi regionis ipsius, et de gradu suo eum dejecerint si appellaverit qui dejectus videtur et confugerit ad beatissimum Ecclesiæ Romanæ episcopum, et voluerit se audiri si justum putaverit ut renovetur examen, scribere episcopis dignetur Romanus episcopus his qui in finitima et propinqua altera provincia sunt, ut ipsi diligenter omnia requirant, ut juxta fidem veritatis omnia definiant Quod si is qui rogat causam suam iterum audiri, deprecatione sua moverit episcopum Romanum, ut latere suo presbyteros mittat, erit in potestate ipsius quid velit et quid æstimet Et si decreverit mittendos esse qui præsentes cum episcopis judicent, ut habeant etiam auctoritatem personæ illius a quo destinati sunt, erit in ejus arbitrio Si vero crediderit sufficere episcopos provinciales, ut negotio terminum imponant, faciat quod sapientissimo consilio suo judicaverit » Hoc concilium ab Orientalibus episcopis in Asiæ provincia [b] gestum, taliter de Romani pontificis dignitate decrevit sub Romano imperatore Constantino Magno, qui civitatem Constantinopolim ædificavit, voluitque Juniorem Romam vocitari Num de Constantinopolitano Patriarcha tale quid ab episcopis legitur constitutum? Cernimus omnino Romani pontificis auctoritatem super cunctas Ecclesias Christi præeminere, ut omnes episcopi illum habeant caput, et ad ejus judicium pendeat quidquid in ecclesiasticis negotiis disponitur ut ex ejus arbitrio vel maneat constitutum vel corrigatur erratum, vel sanciatur quodcunque fuerit innovandum

Testatur et hoc Eusebius Cæsariensis episcopus qui in historia de Vita Silvestri (*Vita ms supra citata*) sic ait « Quarta die imperator Constantinus privilegium Ecclesiæ Romanæ pontifici contulit, ut

[a] Socrates, lib II, cap 13, med , sed aliis verbis sensum exprimit

[b] *In Asiæ provincia* Nequaquam, sed in Illyrico Ratramnus Sardicam, sive Serdicam, cum Sardibus confudit

o orbe Romano sacerdotes ita hunc caput habuit, ut judices regem. » Quæ res ex conciliorum tis approbatur: siquidem omne concilium vel od in Oriente, vel quod in Africa gestum esse noscitur, vel Romani pontificis vicarios semper unt præsidentes, vel ejus auctoritate litterarum, e fuerunt decreta firmitudinem acceperunt. Siquin concilium Nicænum, omnibus Christi Ecclesiis rerandum, Victorem et Vincentium presbyteros is Romæ, Romani pontificis vicem agentes, in scoporum subscriptione primos posuere statim t Osium episcopum civitatis Cordubensis provin- Hispaniæ, qui fuerat illuc a Romano pontifice ectus, quoniam ipse venire senectute præpediente n valuit. Sic reliqua concilia primo in loco nper habuere Romanos pontifices, vel eorum leos, tanquam apostolorum vicarios. Et revera nes Orientales Ecclesiæ, simul et Occidentales, manæ civitatis præsulem semper quasi caput scoporum venerati sunt, et ad ejus sententiam peverunt, et de rebus dubiis quæcunque decrevit s judicium sustinuerunt, illiusque decreto paruent. Quæcunque concilia ejus sententia roborata it, rata manserunt, quæ vero damnavit, pro nio reputata fuerunt, nec auctoritatem ullam habere uerunt.

Quæ licet antiquorum monimentis Patrum vera e quæ dicimus approbentur, unius tamen Romani tificis placet litteris ostendere quæ loquimur. n cum Flavianus Constantinopolitanus episcopus, Eutychen archimandritam Constantinopolitanum le de incarnatione Dominica sentientem damnaat, ipse quoque fuisset a synodo, quæ Ephesi lecta est, contra regulas ecclesiasticas damnatus, manum hac de causa Leonem pontificem interlasset, scripsit Theodosio imperatori synodum iactandam, et ea quæ prave constituta fuerant sanoa. Quod cum sub Theodosio imperatore fieri n potuit, morte præveniente, sub principibus Valtiniano et Marciano, qui Theodosio patri succesant, actum est. Quorum litteræ, ad Leonem veabilem episcopum Romanæ urbis missæ, taliter bentur (*ante concil. Chalcedon. epist.* 33): « Viris Valentinianus et Marcianus, gloriosi triumatores, semper Augusti, Leoni reverendissimo hiepiscopo gloriosæ civitatis Romæ. Ad hoc ximum imperium venimus Dei providentia, et latus excellentissimi, cunctæque militiæ. Unde o reverenda et catholica religione Christianorum ei, cujus auxiliis virtutem nostræ potentiæ confidiis gubernari, tuam sanctitatem principatum in iscopatu divinæ fidei possidentem, sacris litteris principio justum credimus alloquendam, invitanatque rogantes, ut pro firmitate et statu nostri perii, æternam divinitatem tua Sanctitas deecetur, ut et tale propositum et desiderium haamus, quatenus omni impio errore sublato per cerandam synodum, te auctore, maxima pax circa nes episcopos fidei catholicæ fiat. » Item in secunda, post salutationem et præfationis allocutionem scribitur sic (*Ibid. epist.* 31): « Superest, ut si placuerit tuæ Beatitudini his partibus advenire, et synodum celebrare, hoc facere religionis affectu dignetur, nostris utique desideriis vestra Sanctitas satisfaciet, et sacræ religioni quæ utilia sunt decernat. Si vero hoc onerosum est, ut tu ad has partes advenias, hoc ipsum nobis propriis tua Sanctitas litteris manifestet, quatenus in omnem Orientem, et in ipsam Thraciam, et Illyricum, sacræ vestræ litteræ dirigantur, ut ad quemdam definitum locum omnes sanctissimi episcopi debeant convenire, et quæ Christianorum religioni atque catholicæ fidei prosunt, sicut Sanctitas tua secundum ecclesiasticas regulas definierit, sua dispositione declarent. » His litteris Romanorum imperatorum non ostenditur, quod patriarcha Constantinopolitanus Romano pontifici prælatus habeatur: verum quod Romanus pontifex principatum obtineat episcoporum, cujus arbitrio debeat colligi synodus, et quæ sunt tractanda per ejus dispositionem debeant ordinari.

Testantur etiam litteræ Valentiniani imperatoris ad Theodosium patrem Augustum, quam dignitatem, atque honorem Romanus pontifex super omnes episcopos debeat obtinere, quæ ita se habere noscuntur (*Ibid.*, *epist.* 25): « Domino Theodosio, gloriosissimo victori, ac triumphatori præcellentissimo imperatori et patri, Valentinianus victor gloriosus, ac triumphator, semper Augustus et filius. Cum venissem in urbem Romam ob Divinitatem placandam, sequenti die ad basilicam apostoli Petri processi, et illic post venerabilem noctem diei apostoli, et a Romano episcopo, et ab aliis cum eo ex diversis provinciis congregatis rogatus sum scribere vestræ mansuetudini de fide, quæ cum sit conservatrix omnium fidelium animarum, dicitur perturbata, quam nos a nostris majoribus traditam debemus cum omni competenti devotione defendere, et dignitatem propriæ venerationis beato apostolo Petro intemeratam nostris temporibus conservare, quatenus beatissimus Romanæ civitatis episcopus, cui principatum sacerdotii super omnes antiquitas contulit, locum habeat et facultatem de fide et sacerdotibus judicare, Domine sacratissime pater, et venerabilis imperator: hac enim gratia, secundum solemnitatem conciliorum et Constantinopolitanus episcopus eum per libellos appellavit, propter contentionem quæ orta est de fide. » Galla quoque Placidia, mater Augusti, litteras eadem pro re filio dirigens Augusto, inter cætera sic ait (*Ibid.*, *epist.* 26 post init.): « Non modicum detrimentum est ex his quæ gesta sunt, ut fides, quæ tantis temporibus regulariter custodita est a sacratissimo patre nostro Constantino (qui primus imperio splenduit Christianus) nuper turbata sit, ad arbitrium unius hominis, qui in synodo Ephesinæ civitatis odium et contentiones potius exercuisse narratur, militum præsentia et metu appetens Constantinopolitanæ civitatis episcopum Flavianum, eo quod libellum ad apostolicam sedem miserit per eos qui directi fuerant in concilium a reverendissimo episcopo Romæ, qui secundum definitiones Nicæni concilii consueti sunt interesse, Domine sanctissime fili, venerabilis imperator. Hac itaque gratia, tua mansuetudo tantis turbis resistens, veritatem immaculatam catholicæ fidei servari præcipiat, et secundum formam et definitionem apostolicæ sedis, quam etiam nos tanquam præcellentem similiter veneramur, in statu sacerdotii illæso manente per omnia Flaviano, ad concilii et apostolicæ sedis judicium transmittat, in qua primus ille, qui cœlestes claves dignus fuit accipere, principatum episcopatus ordinavit. Decet itaque nos huic maximæ civitati, quæ domina omnium est, in omnibus reverentiam conservare. Diligentius autem hoc providete, ne quod priscis temporibus nostra generatio custodivit, sub nobis imminui videatur, et per præsens exemplum schismata generentur inter episcopos ac sanctas Ecclesias. » Apparet igitur ex his Romanum pontificem nunquam fuisse subjectum patriarchæ Constantinopolitano, quin potius ubi necessitas postulavit, eum apostolicam sedem expetiisse, et secundum ejus judicium suam terminum habere causam poposcisse, quandoquidem sit Romana civitas omnibus imperii Romani civitatibus honorabilior, et Romanus pontifex principatum obtineat sacerdotii super omnes episcopos, ut pote cum sit civitas hæc domina omnium, et illi civitati quisquis præfuerit episcopus, ex antiquitatis constitutione princeps omnium habeatur Ecclesiarum.

Hac igitur auctoritate Leo venerabilis Romanæ civitatis episcopus fretus, scripsit Anatolio episcopo Constantinopolitano (*Epist.* 16), quam formam concilii tenere debuisset, damnando Nestorium, et Eutychen, ita scribens: « *Licet* sperem dilectionem tuam ad omne opus esse devotam, ut tamen efficacior tua fieri possit industria, necessarium et commodum fuit, fratres meos Licentium episcopum Basilium presbyterum (ut promisimus) destinare, quibus tua dilectio societur, ut nihil in his quæ ad universalis Ecclesiæ statum pertinent, aut dubie agatur aut segniter, cum residentibus vobis, quibus exsecutionem nostræ dispositionis injunximus, ea possint agi cuncta cum moderatione, ut nec benevolentiæ partes, nec justitiæ negligantur, sed absque personarum acceptione *divinum in omnibus judicium* cogitetur. » Et nonnullis interpositis: « Et quia evangelica et apostolica fides omnes expugnat errores, et ab uno latere Nestorium dejicit, ab alio Eutychen et participes ejus elidit, hanc regulam mementote servandam, ut quicunque in illa synodo, quæ nomen synodi nec habere poterit, nec meretur, et in qua malevolentiam suam Dioscorus, industriam autem Juvenalis ostendit, satisfactioni eorum pax fraterna præstetur, ita ut non dubiis professionibus Eutychen cum suo dogmate, et cum consortibus suis, anathematis consecratione condemnent. De his autem, qui in hac causa gravius peccaverunt, et ob hoc superiorem sibi locum in eadem infelici synodo vindicarunt, ut humilium fratrum simplicitatem arrogantiæ præjudiciis aggravarent, si forte resipiscunt et ... sui defensionem cessantes in condemnationem proprii convertuntur erroris, horum satisfactio talis accedat, quæ non refutanda videatur, sed maturioribus apostolicæ sedis consiliis reservetur, ut, examinatis omnibus atque perpensis, ipsi eorum agnitionibus, quid constitui debeat, æstimetur. Neque prius in Ecclesia, cui te Dominus voluit præsidere, cujusquam talium (ut ad te jam scripsimus) nomen ad altare recitetur, quam quid de eis constitui debeat, rerum processus ostendat. » Et post pauca: « Annitere itaque, frater charissime, ut quæ Ecclesiæ Dei congruunt, fideliter et efficaciter cum his fratribus constanter, quos idoneos auctores elegimus, exsequaris. » Monstratur his litteris Romanum pontificem præesse patriarchæ Constantinopolitano, cui vices suas in synodo habendas committit, cuique de singulis qualiter exsequatur, præscribit, et quid suo judicio reservandum sit, indicit, quid vero ipse determinare debeat, definit, nec tamen solus potestatem habere judicandi permittitur, verum socius illis, qui fuerant ab apostolica sede directi, super determinandis negotiis adhibetur.

Scribit etiam idem beatus Leo episcopus sanctæ synodo Chalcedonensi constitutæ (*epist.* 40), pro condemnanda Ephesina synodo secunda, in qua fuerat patriarcha Constantinopolitanus venerabilis Flavianus non justitia, sed violentia condemnatus. Cujus ista sunt verba, salutatione præmissa: « Optaveram quidem, dilectissimi, pro nostra charitat[e] collegii omnes Domini sacerdotes in una catholic[æ] fidei devotione persistere, nec quemquam gratia au[t] formidine sæcularium sacerdotem depravari, aut via veritatis abscedere. Sed quia multa sæpe qu[æ] pœnitudinem possint generare, proveniunt, et super[at] culpas delinquentium misericordia Dei, atque id[eo] suspenditur ultio, ut possit locum habere correctio, amplectendum est clementissimi principis plenu[m] religione consilium, quo sanctam fraternitatem v[e]stram ad destruendas insidias diaboli, et reformu[n]dam ecclesiasticam pacem maluit convenire, beati[s]simi apostoli Petri sedis jure et honore servato, ad[eo] ut nos quoque ad hoc ut suis litteris invitaret, [ut] venerabili synodo nostram sententiam præberemus, quod quidem nec necessitas temporis, nec ulla pot[e]rat consuetudo permittere. tamen in his fratribu[s], hoc est, Pacasino et Lucentio episcopis, Bonifac[io] et Basilio presbyteris, qui ab apostolica sede direc[ti] sunt, me synodo vestra fraternitas æstimet præside[re], nec sejunctam a vobis præsentiam meam, qui nu[nc] in vicariis meis adsum, etiam dudum in fidei cath[o]licæ prædicatione non desum. » Et post alia: « Qu[ia] vero non ignoramus, per pravas æmulationes mu[l]tarum Ecclesiarum statum fuisse turbatum, plu[ri]mosque fratres, quia hæresim non receperunt, «

ibus suis pulsos, et in exsilia deportatos atque in locum superstitum alios institutos, his primitus vulneribus adhibeatur medicina justitiæ, nec quisquam sua careat propriis ut alter utatur alienis cum si, ut cupimus, errorem omnes relinquunt, nemini quidem honor perire debeat, sed illis qui pro fide laboraverunt, cum omni privilegio oportet eis proprium reformare. Prioris autem Ephesinæ synodi, cui sanctæ memoriæ Cyrillus episcopus tunc præsedit, contra Nestorium specialiter statuta permaneant, ne tunc damnata impietas demum sibi in aliquo blandiatur, qua Eutyches justa exsecratione percellitur. Puritas enim fidei atque doctrina, quam eodem, quo sancti Patres nostri, spiritu prædicamus, et Nestorianam et Eutychianam cum suis auctoribus condemnat pariter et persequitur pravitatem. »

Advertimus certe Romanæ sedis pontificem nec appeni, nec conferri, sed præferri Constantinopolitano patriarchæ, quandoquidem Chalcedonensem synodum videamus ejus permissione fuisse collectam, cuique præsidere maluit per suos legatos, quique etiam formam dedit propriis litteris quid de secunda synodo Ephesi collecta foret statuendum. Quid quoque de his qui fuerant in ea propter fidei veritatem sedibus propriis expulsi, et in exsilia deportati, necnon et ex iis qui minis atque terroribus compulsi contra fidem judicium protulerunt, atque consenserunt, si reverti ab errore mallent, et veritatem fidei profiteri, synodum quoque primam Ephesinam per beatum Cyrillum Alexandrinum episcopum factam statuit omnibus modis servandam, condemnans tam Nestorium quam Eutychen de incarnatione Domini nostri Jesu Christi prave sentientes. Quibus omnibus evidenter instruitur, non solum Constantinopolitano, verum cunctis Orientalibus episcopis Romanum pontificem honore prælatum, veluti qui cunctorum sollicitudinem plenam habere debeat episcoporum, et cui specialiter incumbat pro cunctis Ecclesiis pervigil sollicitudo.

Ut autem evidentius appareat quanto Romanus episcopus honore præcellat supra cunctos qui per Orientem habentur episcopos, ex epistola beati Leonis episcopi urbis Romæ, Anastasio episcopo Thessalonicensi directa (*epist.* 84), placuit ostendere, cui salutatione præmissa sic loquitur: « Quanta fraternitati tuæ a beatissimi Petri apostoli auctoritate commissa sint, et qualia etiam nostro tibi favore sint credita, si vera ratione perspiceres, et justo examine ponderares, multum possemus de injunctæ tibi sollicitudinis devotione gaudere. Quoniam sicut præcessores mei prædecessoribus tuis, ita ego dilectioni tuæ priorum secutus exemplum, vices mei moderaminis delegavi, ut curam quam universis Ecclesiis principaliter ex divina institutione debemus, imitator nostræ mansuetudinis effectus adjuvares, et longinquis a nobis provinciis præsentiam quodammodo nostræ visitationis impenderes. Siquidem continenti opportunoque prospectu promptum tibi esset agnoscere, quid in quibusque rebus vel tuo studio componeres, vel nostro judicio reservares. Nam cum majora negotii et difficiliores causarum exitus liberum tibi esset sub nostra sententiæ exspectatione suspendere, nec ratio tibi nec necessitas fuit, in id quod mensuram tui excederet, deviandi: abundant enim apud te monitorum scripta nostrorum, quibus te de omnium actionum temperantia frequenter instruximus, ut commendatas tibi Christi Ecclesias per exhortationem charitatis ad salubritatem obedientiæ provocares. » Et post alia hujusmodi redargutionibus conquesta, iterum infert (*ibid.*): « Et dum dominari magis quam consulere subditis quæritant, placet honor, inflat superbia, et quod provisum est ad concordiam, tendit ad noxam. Quod ut necesse habeamus ita dicere, non de parvo animi dolore procedit: meipsum enim quodammodo trahi in culpam sentio, cum te a traditis tibi regulis immodice discessisse cognosco. Qui si tuæ existimationis parum diligens eras, meæ saltem famæ parcere debuisti, ne quæ tuo tantum facta sunt animo, nostro viderentur facta judicio. Relegat fraternitas tua paginas nostras, omniaque ad tuos missa majorum apostolicæ sedis præsulum scripta decurrat, et vel a me, vel a prædecessoribus meis inveniet ordinatum, quod a te cognovimus esse præsumptum. Venit namque ad nos cum episcopis provinciæ suæ frater noster Atticus, veteris Epiri metropolitanus antistes, et de indignissima afflictione quam pertulit, lacrymabili actione conquestus est coram astantibus diaconibus tuis, qui querelis flebilibus ejus nihil contra referendo, ea quæ nobis ingerebantur fide non carere monstrabant. Legebatur quoque in litteris tuis, quas iidem ad me diaconi tui detulerunt, quod frater Atticus Thessalonicam venisset. »

Et post alia (*Ibid.*): « Unde deplorationibus supradicti verba epistolæ tuæ testimonium præbuerunt, et per hoc, quod non est tacitum, nudatum est illud quod silentio fuerat adopertum: additam scilicet Illyrici præfecturam, et sublimissimam inter mundanos apices potestatem in exhibitionem insontis antistitis incitatam, ut missa exsecutione terribili, quæ omnia sibi officia publica ad effectum præceptionis adjungeret, a sacris Ecclesiæ aditis, nullo vel falso insimulatus crimine extraheretur sacerdos, cui non ob molestiam ægritudinis, non ob sævitiam hyemis darentur induciæ, sed iter asperum et periculis plenum per invias nives agere cogeretur. Quod tanti laboris, tantique discriminis fuit, ut ex his qui episcopum comitati sunt quidam defecisse dicantur. Multum stupeo, frater charissime, sed et plurimum doleo, quod in eum (de quo nihil amplius indicaveras, quam quod evocatus adesse differret, et excusationem infirmitatis obtenderet) tam atrociter et tam vehementer potueris commoveri: præsertim cum si tale aliquid mereretur, exspectandum tibi fuerat quid ad tua consulta rescriberem. Sed ut video bene de meis moribus æstimasti, et quam civili pro conservanda sacerdotali concordia responsurus essem verissime prævidisti; et ideo motus tuos exsequi sine dilatione properasti, ne cum moderationis nostræ aliud disponentia scripta sumpsisses, faciendi id quod factum est licentiam non haberes. An forte aliquid tibi facinus fratris innotuerat, et metropolitanum episcopum novi apud te criminis pondus urgebat? At hoc quidem alienum ab illo esse, etiam tu nihil ei objiciendo confirmas; sed etiam si quid grave intolerandumque committeret, nostra erat exspectanda censura, ut nihil prius ipse decerneres, quam quid nobis placeret, agnosceres. Vices enim nostras ita tuæ credidimus charitati, ut in partem sis vocatus sollicitudinis, non in plenitudinem potestatis. Unde sicut multum nos ea quæ a te pie sunt curata, lætificant, ita nimium ea quæ perperam sunt gesta, contristant. Et necesse est, post multarum experimenta causarum sollicitius prospici, et diligentius præcaveri, quatenus per Spiritum charitatis et pacis omnis materia scandalorum de Ecclesiis Domini, quas tibi commendavimus, auferatur, præeminente quidem in illis provinciis episcopatus tui fastigio, sed amputato totius usurpationis excessu. Igitur secundum sanctorum Patrum canones, Spiritu Dei conditos, et totius mundi reverentia consecratos metropolitanos singularum provinciarum episcopos, quibus ex delegatione nostra fraternitatis tuæ cura prætenditur, jus traditæ sibi antiquitus dignitatis intemeratum habere decernimus; ita ut a regulis præstitutis, nulla aut negligentia, aut præsumptione discedant » et cætera quæ statuit Thessalonicensi episcopo in ecclesiasticis negotiis conservanda.

Quibus videmus nequaquam Constantinopolitanum episcopum Ecclesiis Christi, nisi tantum suæ diœceseos, esse prælatum, sed Romano pontifici hujus sollicitudinis curam antiquitus esse commissam, ad quem omnes Ecclesiæ Christi respiciant, et cujus sit officii de singulis ecclesiasticis rationibus disponere, eamque tenere singularum provinciarum ecclesiasticarum causarum formam, quam pontifex Romanus vel constituerit, vel concesserit, quod approbant pontificum decreta Romanorum, omnibus Christi Ecclesiis tam per Orientem quam per Occidentem positis directa, quæ veluti leges ecclesiasticorum negotiorum et observantur ab omnibus et suscipiuntur Ecclesiis. Quis autem ferat ut Constantinopolitanus patriarcha cunctis Christi præferatur Ecclesiis, quod nec antiquitas ei contulit, nec ulla decreta majorum constituunt, nec rationis habetur vel ecclesiasticæ vel humanæ jure firmatum: nisi forte putant Græcorum imperatores moderni, non illi Romanorum, quorum imperium totius orbis provincias disponebat, hoc sibi licere, quod illis non licuit, et Ecclesiam Romanam, quam illi tanquam matrem venerati sunt, pro libito suo disponere, et auctoritatem quam beato Petro tam Christus, quam omnis Ecclesia, totiusque mundi principatus contulit, immutari posse, quandoquidem civitatem Romam, quæ cunctarum principatum Ecclesiarum obtinet, ab imperio suo videant remotam, et omnem Occidentem sibi sublatum, Africamque, et Orientem pene cunctum, præter paucissimas, Europæ, Asiæque provincias, et paucarum ambitus insularum.

Quam autem reverentiam Constantinopolitanus pontifex obtinere debeat, non suo merito, sed quia secunda vocitata sit Roma, testatur Justiniani pragmaticum imperatoris (*Novel.* CXXXI, *cap.* 2), quod ita fertur: « Papa Romanus prior omnibus episcopis et patriarchis sedeat, et post illum Constantinopolitanæ civitatis archiepiscopus. » Non hic præfertur neque confertur papæ Romano, sed supponitur patriarcha Constantinopolitanus. Considerandum quoque, quod honor sedis illi contribuitur: potestatis autem culmen nullatenus confertur. Item in Historia Socratis (*lib.* V, *cap.* 8) sic scribitur: « Tunc etiam regulam prætulerunt (nimirum episcopi qui Nectarium Constantinopoli constituerunt ut esset episcopus), ut Constantinopolitanus episcopus haberet honoris privilegia post pontificem Romanum, eo quod sit nova Roma. » Sed neque potestatis hic privilegia donantur illi, quæ pontifici manere Romano comprobantur. Unde igitur auctoritatem Græcorum principes accipiunt, ut Constantinopolitanum episcopum omnibus Ecclesiis præferant? Antiquitas eis nulla suffragatur, synodorum decreta nulla, imperatorum pragmatica nulla, quæ licet etsi aliqua monstrarentur, auctoritatis pondus obtinere nequirent sine Romani pontificis astipulatione: cujus tanta manet antiquitate tribuente potestatis jus, ut sine permissionis illius auctoritate nec Constantinopolis, nec ulla civitas Orientalis vel Occidentalis obtinere privilegia valeat potestatis, nisi quæ fuerant a Romano pontifice vel concessa vel roborata: ipsi vero maneat potestas atque sollicitudo omnium Ecclesiarum, concedendi, vel disponendi quæcunque ecclesiasticis utilitatibus secundum ecclesiasticas regulas probata fuerint deservire. Quod multis approbatur Scripturarum monumentis, per universas Ecclesias a Romano pontifice destinatis.

Unde Acacius episcopus Constantinopolitanus ad Simplicium episcopum urbis Romæ scribens (*Epist.* 6 *Simplicii*), sic ait: « Domino sancto patri archiepiscopo Simplicio Acacius. Sollicitudinem omnium Ecclesiarum secundum Apostolum circumferentes nos indesinenter hortamini, quamvis sponte vigilantes et præcurrentes, sed vos divino zelo sollicitos demonstratis, statum Alexandrinæ Ecclesiæ certius requirentes, ut pro paternis canonibus suscipiatis laborem, piissimo stillantes sudore pro his sicut semper est approbatum » et reliqua. Cognoscimus quod Acacius pontifex Constantinopolitanus Romanum pontificem testatur omnium Ecclesiarum secundum Apostolum sollicitudinem circumferentem, et hanc ei semper adesse ex antiquitate superimpositam: quod dicens, sibi nullo modo contribuit omnum Ecclesiarum procurationem novit enim hoc sno longe remotum officio, nec usurpare sibi præsumit, a quo se procul abesse non ignorat Cui Acacio, cum contra regulas ecclesiasticas deprehensus ... et egisse, quod sibi nulla ratio justa facere concessisset, Felix episcopus Ecclesiæ sanctæ catholicæ rbis Romæ, sic scribit (*Epist* 6) « Multarum ransgressionum repertris obnoxius, et in venerabilis oncilii Nicæni contumelia sæpe versatus, alienarum ibi provinciarum jura temeraria vindicasti Hæreicos et pervorsores, atque ab hæreticis ordinatos, t quos ipse damnaveras, atque ab apostolica sede etisti damnari, non modo communioni tuæ recipiendos putasti, verum etiam Ecclesiis aliis, quod ec de catholicis fieri poterat, præsidere fecisti, tque honoribus, quod non merebantur, auxisti » t cum multa de transgressionibus illius scripsisset n conclusione sic intulit « Hanc ergo cum his uos libenter amplecteris, portionem, et sententia rascenti, quam per tuæ tibi direximus Ecclesiæ de-ensorem, sacerdotali honore, et communione catholica, necnon etiam a fidelium numero segregatus, sublatum tibi nomen et munus ministerii sacerdotalis agnosce, Spiritus sancti judicio, et apostolica per nos auctoritate damnatus, nec jam anathematis vinculis exuendus » Num modo convincetur Romanus pontifex patriarchæ Constantinopolitano subjectus, per quem de suis transgressionibus non leviter redarguitur, et anathematis sententia condemnatur ? Immensum licet si cuncta congesserimus, quibus Romanus pontifex approbatur Constantinopolitano pontifici fore prælatus Sed sufficiant quæ posita sunt, quibus evidenter ostensum est Constantinopolitanum patriarcham Ecclesiis Christi nullatenus omnibus præficiendum, sed sui mensura honoris esse debere contentum, ne contra Nicæni concilii decreta faciens, honoris proprii damna sustineat

Egimus velut potuimus, respondentes ad ea quæ nobis scripta misistis Quæ si placuerint, Deo gratias agimus sin vero displicuerint, vestræ correctionis censuram præstolamur

(*Epistolam de Cynocephalis Vide ad calcem vol*)

ANNO DOMINI DCCCLXVIII

GOTTESCHALCUS

ORBACENSIS MONACHUS

NOTITIA HISTORICA IN GOTTESCHALCUM

(Apud Fabricium, Bibl med et inf Lat)

Inter Walafridi Strabi poemata legitur carmen ad *Gotteschalcum* monachum, qui et *Fulgentius* tom X Bibliothecæ Patrum Lugdunensis, pag 232 Hic st nominatissimus ille Gotteschalcus, ordinis Benedictini monachus, *Orbacensis* in diœcesi Suessionensi, qui ob acrius motas *de Prædestinatione* controversias condemnatus in synodo Moguntina anno 848, et conventu Carisiacensi anno 849, inclususque in cœnobio Altivillarensi, post viginti amplius annorum custodiam, obiit circa annum 870 Durius cum Goteschalco actum ab Hincmaro Rhemensi (a), Rabano Mauro, Amulone sive Amalario Lugdunensi, Joanne Scoto, cæterisque ejus adversariis, non obscure questus Florus contra Joannem Scotum et Remigius Lugdunensis in libro Ecclesiæ Lugdunensis nomine scripto de tribus Epistolis, qui exstat tomo XV Bibliothecæ Patrum Lugdunensis, p 666 seq Prudentius Tricassinus, Ratramnus sive Bertramnus Corbeiensis, etc Neque ultra Augustini sententiam processisse (b) Gotteschalcum contendit Jacobus Usserius in Gotteschalci et Prædestinatianæ controversiæ Historia, post editionem Dublinensem 1631, 4° recusa Hanoviæ, 1662, 8, ad hujus calcem *duas* Gotteschalci *Confessiones* publicavit, unam breviorem, et alteram longiorem In utraque præscientiam divinam a decreto divino non patitur dividi in utraque identidem ad Augustinum et Fulgentium (c) Ruspensem provocat, et de sententia sua tam firmiter prolitetur se esse persuasum, ut pag 245 affirmet se, *si posset fieri, millies potius pro veritate optare occumbere, quam semel (quod absit) cuilibet secus loquenti cedendo succumbere* Et p 253, *ab ipsa Veritate edoctum et gratis ab ea pleque satis afflatum animatum, armatum, misericorditerque simul ac mirabiliter adjutum et tutum, fretum et fultum, fideliter illi credere, fortiter tenere, veraciter patienterque defendere*, et

(a) Vide Bulæum, hist Academiæ Parisiensis, tom I, pag 178 seq *Summarische Nachrichten von der Thomasischen* Bibliothec, tom I, pag 681 seq, 731 seq

(b) Non plane Usserius hoc persuasit Vossio, cui librum suum dedicaverat Vide Vossii epist 156, qua Usserio gratias agit, et epist 158, ad Guilelmum Laudum, episcopum Londinensem nec non Grotii Epist 202, Vossii Historiæ Pelagianæ lib vii, part v, tom VI Operum, pag 812 seq Ad Usserii tamen accedunt sententiam præter Gilbertum Mauguinum in Vindiciis prædestinationis et gratiæ et Sylloge scriptorum sæc ix de Prædestinatione et Gratia, Paris 1650, 4°, II vol et cardinalis Norisius, cujus synopsis historiæ Gottheschalcianæ prodit tom IV ejus Operum, p 681, 720, Veronæ, 1732, fol

(c) Suspicio est ab hoc Fulgentio, ad cujus libros tam fortiter provocat, Gottheschalco *Fulgentii* hæsisse cognomentum, licet alii dicant appellatum, quod ipse præ aliis ingenio et litteris fulgere visus esset Vide Caveum in Historia litteraria S E, Casparem Sagittarium, introduct in Hist Eccles, tom I, p 970 seq

quemcunque contraria dogmatizare cognosco, tanquam pestem fugio et tanquam hæreticum abjicio Et pag 354, id Deum ipsum provocat his verbis *Atque utinam placeret tibi, omnipotentissime pariter ac clementissime Domine, ut sicut in te credo et spero, dato mihi gratis posse, prout jamdudum dare dignatus es, et dare quotidie dignaris etiam velle coram undique electa populorum te tracentium multitudine, præsente etiam istius regni principe* (a) *cum pontificum et sacerdotum, monachorumque seu canonicorum venerabili simul agmine, concederetur mihi si secus hanc catholicæ fidei de prædestinatione tua veritatem nollent recipere, ut isto quo dicturus sum, favente tua gratia ad approbarem, cernentibus cunctis, examine ut videlicet* quatuor doliis (b) uno post unum *positis, atque ferventi singillatim repletis* aqua, oleo *pingui et pice, et ad ultimum accenso copiosissimo igne, liceret mihi, invocato gloriosissimo nomine tuo, ad approbandam hanc fidem meam, imo fidem catholicam, in singula transire donec te præveniente, comitante, ac subsequente, dexteramque præbente ac clementer educente valerem sospes exire, quatenus in Ecclesia tua tandem aliquando catholicæ hujus fidei claritas clarescerет, et falsitas evanesceret, fidesque firmaretur, et perfidia vitaretur*

Post Usserium, utramque Gotteschalci *Confessionem* exhibet Gilbertus Mauguinus (c) Veterum sæculi IX, scriptorum de Gratia et Prædestinatione tom I, pag 7 25 Apud eumdem pag 6, et parte II, pag 3 seq, fragmenta ex Gotteschalci *libello de Prædestinatione* et chartula *Professionis*, an 848 Rabano Mauro oblatæ, quæ servavit Hincmarus Rhemensis t I Opp, p 25, 26, 118, 149, 211, 224, 226 Apud eumdem Mauguinum tomo II, pag 51, editi sunt *Versus*, 26 hexametri leonini ex Gotteschalci *Epistola*, quam ex Germania scripsit *ad Ratramnum*, monachum Corbeiensem, quos vulgaverat Sirmondus tomo I Operum Hincmari, pag 555 Alios versus anacreonticos ex proœmio ad eumdem Ratramnum producit Sirmondus ad Ennodii lib V, ep 7 *Age quæso, perge, Clio*, etc Longe plures editis versus Gotthescalci a viro nescio quo docto in lucem proferendos jampridem sperare jussit Labbeus, pag 59 Biblioth mss Ex *pitacio* Gotthescalci *ad quemdam monachum* nonnulla profert idem Hincmarus, pag 304, 305, et ex *Epistola ad quemdam suum complicem*, p 226 *Epistola ad Ratramnum* in Ludovici Cellotii Historia Gotthescalci edita Parisiis, 1655, fol, p 415 Schedulam Gotthescalci, *quod trina Deitas dici possit*, exhibet idem Hincmarus t I, p 414 418, atque integro deinceps libro de non trina Deitate, sumpsit sibi oppugnandum Ad Gotthescalci subtiliores de *ratione qua beati visuri simus Deum*, quæstiones respondit Lupus Ferrariensis epistola trigesima, cui etiam librum de tribus quæstionibus vindicat Baluzius, quem alteri Lupo alii, alii Amalario maluerunt tribuere De Gotthescalci autem causa præter Usserium Cellotium aliosque a me laudatos adiri etiam possunt Mabillonius præfat ad tom III Annal Benedictin, Sirmondus in Historia Prædestinatiana et contra Sirmondum Gilbertus Mauguinus, in historica et chronica Synopsi controversiæ Gotthescalcianæ, et dissertit historica et chronica, in parte I tomi secundi Scriptorum sæc IX de Gratia et Prædestinatione, et ex nostratibus D Paulus Rœberus, dissertatione de erroribus Gotthescalci sæc IX damnatis Witebergæ, 1646 4°

Ex historia ms de Gotthescalci Novimonasteriensis visionibus an 1190 excerpta edita sunt ab illustri Leibnitio tomo I Scriptorum Brunsvicensium, p 870-875

(a) Carolo Calvo, rege Galliæ

(b) Ad hunc locum respiciens Joannes Scotus Erigena cap 3 de Prædestinatione, pag 123, ad Gotteschalcum *Inter illa, ut video dolia, quæ tibi præparari jubes, jam mi olutus suffocaris merito quippe in oleo atque pice ardere debuisti, qui et lumen charitatis, et mysterium prædestinationis perperam docere non timuisti* Propter idem insolens promissum doliorum, iciter reprehenditur Gotteschalcus ab Hincmaro Rhemensi lib de non trina Deitate, tomo I, pag 433

(c) Cætera quæ in utroque Mauguini tomo exhibentur, notavit B Thomas Ittigius libro de Bibliothecis et Catenis Patrum, pag 397 seq

CONFESSIO GOTTESCHALCI MONACHI

POST HÆRESIM DAMNATAM

(Apud Mauguinum, Vindiciæ Prædest et Gratiæ, p 5, ex ms Corbeiensi)

Credo et confiteor Deum omnipotem et incommutabilem præscisse et prædestinasse angelos sanctos, et homines electos ad vitam gratis æternam, et ipsum diabolum caput omnium dæmoniorum cum omnibus suis apostaticis, et cum ipsis quoque hominibus reprobis, membris videlicet suis, propter præscita certissime ipsorum propria futura mala merita prædestinasse pariter per justissimum judicium suum in mortem merito sempiternam quia sic ait ipse Dominus in Evangelio suo *Princeps hujus mundi jam judicatus est* (Joan XVI, 11) Quod beatus Augustinus exponens ad populum (Aug in Joan, tract 95), sic inde palam locutus est « Id est judicio ignis æterni irrevocabiliter destinatus est » Item de reprobis ipsa Veritas *Qui autem non credit, jam judicatus est* (Joan III, 18), id est (ut prædictus auctor exposuit) [tract XII] jam damnatus est « Nondum, inquit, apparuit, judicium, sed jam factum est judicium » Item exponens illud [Joannis Baptistæ *Testimonium ejus nemo accepit* (Joan III 32) ita dicit [tract XIV] « Nemo, est quidam populus præparatus ad iram Dei, damnandus cum diabolo » Item de Judæis « Isti indignantes mortui et morti sempiternæ prædestinati » Item [tract XLVIII] « Quare dixit Dominus Judæis *Vos non creditis, quia non estis ex ovibus meis* (Joan X, 26), nisi quia videbat eos ad sempiternum interitum prædestinatos, non ad vitam æternam sui sanguinis pretio comparatos » Item exponens (*Ibid*) illa verba Domini *Oves meæ meam vocem audiunt, et cognosco eas et sequuntur me, et ego vitam æternam do eis, et non peribunt in æternum, et non rapiet eas quisquam de manu mea. Pater meus quod dedit mihi majus omnibus est, et nemo potest rapere de manu Patris mei* (*Joan.* x, 27-29), ita dixit: Quid potest lupus? quid potest fur et latro? Non perdunt, nisi ad interitum prædestinatos. » Item de duobus loquens mundis (*tract.* LXXXVII): « Totus mundus Ecclesia est, et totus mundus odit Ecclesiam. Mundus igitur odit mundum, inimicus reconciliatum, damnatus salvatum, inquinatus mundatum. » Item (*tract.* CX): « Est mundus de quo dicit Apostolus: *Ne cum hoc mundo damnemur* (*I Cor.* XI, 32). Pro isto mundo Dominus non rogat. Neque enim quo sit prædestinatus, ignorat. » Item (*tract.* CVII): « Filius perditionis dictus est Judas traditor Christi, perditioni prædestinatus. » Item in Enchiridion (*cap.* 100): « Ad eorum damnationem quos juste prædestinavit ad pœnam. » Item in libro de Perfectione justitiæ hominis (*cap.* 13): « Hoc, inquit, bonum, quod est requirendum, non erat qui faceret, non erat usque ad unum; sed in eo genere hominum quod prædestinatum est ad interitum. Super hos enim respexit Dei præscientia protulitque sententiam. » Item in libris de Civitate Dei (*lib.* XXII, c. 24): « Quid dabit eis quos prædestinavit ad mortem. » Item beatus Gregorius papa (*Moral. lib.* XXXIV, c. 2): « Leviathan iste cum universis membris suis æternis cruciatibus est deputatus. » Item sanctus Fulgentius in libro tertio de Veritate prædestinationis et gratiæ (*lib.* III, c. 5): « Præparavit, inquit, Deus peccatoribus pœnas illis utique quos juste prædestinavit ad luenda supplicia. »

Qui beatus Fulgentius composuit de hac tantummodo quæstione unum librum integrum, id est de Prædestinatione reproborum ad interitum, ad amicum suum nomine Monimum (*lib.* I).

Unde dicit et sanctus Isidorus (*Sentent.* II, cap. 6): « Gemina est prædestinatio sive electorum ad requiem, sive reproborum ad mortem. » Sic ergo (*al.* et ego) per omnia cum istis electis Dei, et catholicis credo et confiteor, prout divinitus afflatus, animatus, armatus adjuvor. Amen.

Falsus enim testis est, qui in dictis quorumcunque aut sensum aut superficiem corrumpit.

GOTTESCHALCI CONFESSIO PROLIXIOR.

Dominator, Domine Deus, misericordia mea, rex omnipotens et incomparabiliter clemens inæstimabili quoque circa humanum genus benignitate patiens, et investigabili penitus profunditate sapiens. Cujus profecto sic semper indigent omnes electi tui, quo videlicet tibi de te solo semper valeant placere. Quemadmodum palmites indigent vite, quo fructum queant ferre, vel aer aut oculi luce, quo vel ille lucidus esse, vel illi possint videre; alioquin et palmites absque vite arescunt, et in igne missi consequenter ardent, et aer absque luce tenebrosus est, et oculi frustra patent. Te igitur supplex invoco, cunctipotentissime, clementissime et gloriosissime, trine et une Domine Deus, ut gratis esse digneris piissimus adjutor et exauditor meus, dignanterque largiaris indigentissimo mihi per gratuitæ gratiæ tuæ invictissimam virtutem, ut quod ex te, per te, et in te de præscientia et prædestinatione tua, jamdudum corde credo (tibi gratias) ad justitiam, sicuti jam crebro per gratiam tuam confessus sum, nunc quoque veraciter atque simpliciter ore confitear ad salutem, quatenus tandem aliquando mea de parte pateat electis tuis veritas invicta, et sine fine benedicta, et facescat jam jamque sicut oportet, falsitas devicta et prorsus jure maledicta. Amen.

Credo siquidem atque confiteor præscisse te ante sæcula, quæcunque erant futura sive bona sive mala, prædestinasse vero tantummodo bona. Bona autem a te prædestinata bifariam sunt tuis a fidelibus indagata, imo te revelante illis evidenter constat esse intimata, id est in gratiæ beneficia et justitiæ simul judicia. Quoniam quidem sicut certissimum Psalmista præbet indicium, utrumque tu, Domine, *diligis et misericordiam* videlicet *et judicium* (*Psal.* XXXII, 5). Prædestinasse itaque in omnibus electis tuis vitam gratis æternam, et eos nihilominus ad gloriam sempiternam: quia certe frustra illis prædestinasses vitam, nisi et illos prædestinasses ad ipsam. Sic etiam propemodum diabolo et angelis ejus, et omnibus quoque reprobis hominibus, perennem merito prædestinasti pœnam, et eosdem similiter prædestinasti ad eam. Quia nimirum sine causa, et ipsis prædestinasses mortis perpetuæ pœnam, nisi et ipsos prædestinasses ad eam. Non enim irent nisi destinati, neque profecto destinarentur, nisi essent prædestinati. Quippe cum ipse, ante omnia sæcula semper esses quod ne ad momentum quidem modo quolibet potes esse, mutabilis et per omnia postmodum sæcula probaberis esse mutatus, si vel ullus, quod absit, reproborum illuc esset destinatus, qui non fuisset prædestinatus.

Proinde quia tu, Domine, *solus es qui es* (*Exod.* III, 14), velut ipse testaris, et ut David tibi quoque dicit: *Tu semper idem ipse es* (*Psal.* CI, 28), et ut alibi etiam ipse dicis: *Tu es, Domine, et non mutaris* (*Malach.* III, 6). Et sicut egregius quoque prædicator tuus perhibet Paulus: *Tu solus habes immor-*

talitatem (*I Tim.* VI, 16), id est incommutabilitatem, *apud quem* (ut ab alio nihilominus asseritur apostolo) *non est transmutatio, nec vicissitudinis obumbratio* (*Jac.* I, 17), liquet prorsus evidenter, et cuivis sanum sapienti claret omnino satis potenter, præscisse et prædestinasse te mox, absque ullo scilicet intervallo, ut pote simul et semel, ante sæcula tam cuncta quam singula opera tua: quippe qui juxta quod dictum est ab Isaia: *fecisti quæ futura sunt* (*Isa.* XLV, 11, *juxta LXX*).

Unde etiam verissime David prophetam sequendo et exponendo fidelissimus famulus tuus Augustinus ita dicit: « Deus, inquit, secundum illam voluntatem suam, quæ cum ejus præscientia sempiterna est, *profecto in cœlo et in terra omnia quæcumque voluit*, non solum præterita vel præsentia, sed etiam futura jam fecit. » Igitur cum sempiterna sit, Domine, cum præscientia voluntas tua, sicut hic ait Augustinus, et apud omnipotentiam tuam de operibus duntaxat tuis, hoc sit præscire quod velle, secundum quod ad eumdem Augustinum scribit Orosius, et ipsum quoque velle tuum fecisse, sit, juxta quod dicit Ambrosius, manifestum est procul dubio quidquid foras futurum est in opere, jam factum esse a te in prædestinatione, juxta quod audet, et dicit, docet et scribit, papa Gregorius. Absit ergo ut inter præscientiam et prædestinationem operum tuorum ullum vel momenti cujuslibet catholicorum tuorum suspicetur intervallum fuisse: dum omnia quæ voluisti te legit, vel audit creditque simul fecisse. Præsertim cum prius omnino nihil in effectu feceris, quam incomparabiliter futura præsciens, et ea sempiterno consilio prædestinando disposueris.

Sed jam tempus est, Domine, veridica divinorum subjici testimonia librorum, quibus docetur absque scrupulo et declaratur absque ambiguo prædestinatos esse reprobos ad æternorum incendia tormentorum. Ac primum tua, Domine Jesu Christe veritas invicta proferenda censeo, merito dicta: *Qui non credit*, inquis, *jam judicatus est* (*Joan.* III, 18), id est, ut Augustinus exposuit, jam damnatus est. Nondum enim, inquit, apparuit judicium, sed jam factum est judicium. Item: *Princeps*, ais, *mundi hujus jam judicatus est* (*Joan.* XVI, 11): id est, ut idem exposuit, judicio ignis æterni irrevocabiliter destinatus est. David etiam dicit: *Ideo non resurgent impii in judicio* (*Psal.* I, 5). Augustinus exponit quia jam pœnis certissimis destinati sunt. Item, *tu percussisti omnes adversantes mihi sine causa*. Recte, inquit, in prædestinatione dicitur de diabolo et angelis ejus. Atque ne dicatur diabolum tantummodo cum angelis ejus ad mortem esse destinatum, quod omnino satis esse probatur absurdum, ut videlicet caput a corpore prædestinando sit segregatum. Dicit iterum David, *in pulverem mortis deduxisti me* (*Psal.* XXI, 16), id est, impios morti destinatos, quod omnibus super hominibus de pulvere scilicet factis, et in pulverem quoque relictis, nemo prudentium ambigit dici. Salomon quoque ait: *Universa propter semetipsum operatus est Dominus, impium quoque ad diem malum* (*Prov.* XVI, 4). In libro quoque Ecclesiastico ita dicitur: *Qui transgreditur a justitia ad peccatum, Deus paravit illum ad rhompheam* (*Eccli.* XXVI, 27), quod profecto de reproborum populo intelligendum est esse dictum tantummodo.

Hinc etiam Job ait: *Interrogate quemlibet de viatoribus, et hæc eadem illum intelligere cognoscetis, quia in diem perditionis servatur malus, et ad diem furoris ducitur* (*Job* XXI, 29). Quod explanator ipsius ita exponit Gregorius: « Sæpe, inquit, diu divina patientia tolerat, quos jam ad supplicia præscita condemnat. » Unde cum exponeret illud: *Ipse habet consilium et fortitudinem* (*Job* XII, 13), ait inter cætera: « Potest quoque in consilii nomine ipsa occulta judicii mora signari: ut quod aliquando tardius delinquentes percutit, non quia iniquorum culpa non conspicitur, sed ut damnationis eorum sententia quasi pro agenda pœnitentia differtur, quasi tarde et consilio prodire jubeatur. Quod ergo quandoque foris aperta sententia judicat, hoc apud omnipotentem Deum ante sæcula in consilio latebat. » Itemque exponens: *Constituisti terminos ejus, qui præteriri non poterunt* (*Job* XIV, 5), dicit: « Nulla quæ in hoc mundo hominibus absque omnipotentis Dei occulto consilio veniunt. Nam cuncta Deus secutura præsciens ante sæcula decrevit qualiter per sæcula disponantur. » Item exponens illud de impiis: *Erunt sicut paleæ ante faciem venti, et sicut favilla, quam turbo dispergit* (*Job* XXI, 18), ait: « Ante omnipotentis Dei oculos iniqui vita favilla est, quia etsi apparet ad momentum viridis, ab ejus tamen judicio jam consumpta cernitur: quia consumptioni est æternæ deputata. »

De talibus quoque et eorum flagitiis tu ipse, Domine, per Moysen dicis: *Nonne hæc condita sunt apud me, et signata in thesauris meis? Mea est ultio, et ego retribuam eis in tempore* (*Deut.* XXXII, 34, 35). Item: *Juxta est dies perditionis et adesse festinant tempora* (*Ibid.*). Item: *Levabo ad cœlum manum meam, et dicam: Vivo ego in æternum. Si acuero ut fulgur gladium meum, et arripuerit judicium manus meæ, reddam ultionem hostibus meis, et his qui oderunt me retribuam. Inebriabo sagittas meas sanguine, et gladius meus devorabit carnes de cruore occisorum, et de captivitate nudati inimicorum capitis. Laudate, gentes, populum ejus, quia sanguinem servorum suorum ulciscetur et vindictam retribuet in hostes eorum* (*Deut.* XXXII, 40-43). Si quis hæc omnia et alia interminabiliter plura per canonicarum latitudinem Scripturarum multipliciter sparsa sic a te præsumit dicere prædicta, ut sint quidem præscita, sed nullomodo præfinita, faciat illum, quæso, diligenter attendere, quam sit contrarius veritati, quamque noxiæ faveat falsitati, dum te tam temerariæ subjicit mutabilitati, ut tum videlicet (juxta quod sanctus ait Augustinus) « nulla remuneret natura mutabilis, nisi tu, Domine Deus noster, permaneres immutabilis. » parvi pendat si ab æterno usque in diem judicii mutabilis esse (quod absit) ab Ecclesia tua puteris, imo credaris et prædiceris, et in ipso quoque die judicii quasi non prædestinata faciendo, id est, reprobas ad tormenta mittendo mutaris. Et ita deinceps in sempiternum mutatus, id est, mortuus esse (quod absit) proberis. Quoquomodo enim moritur qui mutatur, ut Augustini et Gregorii, cæterorumque doctorum auctoritas attestatur, sed absit ut tu, Domine, qui nullatenus mutari potuisti, potes vel poteris, aliquando ut vel ad momentum sis absque ullo initio mutabilis usque in diem judicii, et inde quoque mutatus appareas in æternum propter solummodo damnationem reproborum, debitumque sibi tormentum.

Vere, Domine, satius incommutabiliter fuisset si nullus nisi te mutabilis (nedum mutato) creatus esset (nec dico salvatus) electorum, quinimo magis absit ut immuteris propter vasa iræ et furoris, super quæ vultus tuus ob mala quæ faciunt, *ut perdas de terra memoriam eorum* (*Psal* XXXIII, 16)? De quibus etiam longe lateque die noctuque tibi veraciter psallitur a fidelibus: *Tu vero, Deus, deduces eos in puteum interitus* (*Psal.* LIV, 24). De quibus ait et apostolus Petrus: *Quibus judicium jam in olim non cessat, et perditio eorum non dormitat* (*II Petr.* II, 3). Et Paulus (*Rom.* IX, 22): *Volens Deus ostendere iram et demonstrare potentiam suam, sustinuit in multa patientia vasa apta* vel aptata *in interitum*, secundum Hieronymum, vel præparata in interitum, secundum Ambrosium, vel perfecta in perfectionem, secundum Augustinum, id est, sine dubio prædestinata, sicut ab ipso Augustino esse constat expositum. Item prædicator idem: *Ut compleant peccata sua semper; pervenit enim ira Dei super eos usque in finem* (*I Thess.* II, 16). Item Judas: *Subintroierunt*, ait, *quidam, qui olim præscripti sunt in hoc judicium impii* (*Jud.*, 4), ubi dum eos non in hoc judicio, sed in hoc judicium, id est, in hanc damnationem præscriptos asseruit, non modo præscitos, verum etiam prædestinatos pariter intelligi voluit. Quippe cum tu Deus æternus eos prius habeas prædestinatos, quam ullus temporaliter natus eos cognoverit esse præscitos. Quia quos præscisti per ipsorum propriam miseriam in damnabilibus perseveraturos esse peccatis, illos profecto tanquam justissimus judex prædestinasti ad interitum juste ac merito satis. Et non modo prædestinasti, verum etiam prædestinando jam utique destinasti. Unde dicit et David quasi de jam in infernum prædestinando positis, licet adhuc essent illuc te jubente ponendi. Cum enim prædixisset: *Et postea in ore suo complacebunt*, subjecit: *Sicut oves in inferno positi sunt* (*Psal.* XLVIII, 14, 15).

Cum per omnia manifestissime consonat et Joannes apostolus in Apocalypsi dicens: *Et libri aperti sunt, et alius liber apertus est, qui est vitæ, et judicati sunt mortui, ex his quæ scripta erant in libris secundum opera ipsorum* (*Apoc.* XX, 12). Item: *Et judicatum est de singulis secundum opera ipsorum; et mors et infernus missi sunt in stagnum ignis*, (quod autem mortem et infernum in stagnum ignis asserit esse missos, diabolum dicit et suos) *et qui non est inventus in libro vitæ scriptus, missus est in stagnum ignis* (*Ibid.*, 13-15). Item paulo ante: *Et diabolus, qui seducebat eos, missus est in stagnum ignis et sulphuris* (*Ibid.*, 9). Item paulo post: *Et dixit mihi: Scribe quia hæc verba fidelissima sunt et vera. Et dixit mihi: Factum est* (*Apoc.* XXI, 5, 6). Ac ne quis forte dubitaret hoc audiens a Joanne, sequeris ipse continuo, et dicis (Domine, Jesu Christe): *Ego sum α et ω, initium et finis. Ego sitienti dabo de fonte vitæ aquæ gratis. Qui vicerit, possidebit hæc, et ero illi Deus, et ipse erit mihi filius. Timidis autem, et incredulis, et exsecratis, et homicidis et fornicatoribus, et veneficis et idololatris, et omnibus mendacibus, pars illorum erit in stagno ardente igni et sulphure, quod est mors secunda* (*Ibid.*, 6-8). Timeant igitur, et caveant increduli simul atque mendaces ne pars eorum sit cum supradictis complicibus, si tam perspicue resistendo veritati fore delegerunt pertinaces.

Item: *Ecce venio cito et merces mea mecum est reddere unicuique secundum opera sua* (*Apoc.* XXII, 12, [a] Nisi in prædestinatione quam deposuisti, incommutabiliter irretractabili præordinatione. Sequeris igitur et dicis: *Ego sum α et ω, primus et novissimus, principium et finis. Beati qui lavant stolas suas, ut sit potestas eorum in ligno vitæ, et per portas intrent in civitatem. Foris canes, et venefici, et impudici et homicidæ et idolis servientes, et omnis qui amat et facit mendacium* (*Ibid.*, 13-15). Audiant hæc generaliter universi quidem mendaces, sed illi tamen potissimum, qui in doctrina religionis non modo non verentur aut verecundantur, verum etiam nullatenus cunctantur esse fallaces. Quia profecto isto genere mendacii nullum gravius unquam valet inveniri, imo nullum reperitur tam grave, licet nonnullis videatur esse leve, sive putetur etiam suave. Sed audiant sequentia si floccipendunt præcedentia.

Ego Jesus misi angelum meum testificari hoc vobis in Ecclesia (*Apoc.* XXII, 16). Et paulo post: *Contestor ego omni audienti verba prophetiæ hujus: Si quis apposuerit ad hæc, apponet Deus super illum plagas scriptas in libro isto. Et si quis diminuerit de verbis libri prophetiæ hujus, auferet Deus partem ejus de libro vitæ, et de civitate sancta, et de his quæ scripta sunt in libro isto. Dicit qui testimonium perhibet istorum: Etiam venio cito* (*Ibid.*, 18-20). Ecce, Domine Jesu, in hoc sancto libro tuo diabolum et angelos ejus, et omnes etiam homines reprobos in stagnum ignis et sulphuris, ut supra dictum est, te destinante jam esse missos invenio. Negare te, id est veritatem non audeo, quia negari a te timeo, quemadmodum videlicet ipse testaris: *Qui me negaverit coram hominibus, negabo et ego eum coram Patre meo, qui in cœlis est* (*Matth.* X, 33). Item et Paulus: *Si nos,*

[a] Deest hic aliquid.

inquit, *cum negaverimus, et ille negabit nos* (*II Tim* II, 12). Neque igitur, sicut prædixi, te non audeo, qui neque a te timeo. Apponere vero vel diminuere nihil præsumo, quoniam vel plagas in hoc ipso libro scriptas mihi apponi, vel auferri partem meam de libro vitæ metuo.

Igitur in nomine Patris, et Filii, et Spiritus sancti, supplico, Domine, prout amplius possum tibi, quo quemadmodum indigeo suffragari digneris mihi, neque permittas ab ullo diutius electorum tuorum (quod absit) hinc ambigi. Sed saluberrimam potius veritatem huic innotescere non moreris, ut esse vides permecessarium sibi. Quia revera secundum beati quoque Augustini veracissimam testificationem, quam palam protulit ad populum, evangelicam luculenter ac fideliter explanando perplexitatem: Qui mendacium, inquit, ædificant in hominibus, quid ab eis expellunt, nisi veritatem? Immittunt diabolum, excludunt Christum; immittunt adulterum, excludunt sponsum, paranymphi scilicet vel potius lenones serpentis. Ad hoc enim loquuntur, ut serpens possideat, Christus excludatur. Quando possidet falsitas, serpens possidet; quando possidet veritas, Christus possidet. Ipse enim dixit: *Ego sum veritas* (*Joan.* XIV, 6), de illo autem: *Et in veritate non stetit, quia veritas in eo non est* (*Joan.* VIII, 44).

Quapropter et illud quod idem beatus minister tuus veraciter perhibere studuit Augustinus, præscientia videlicet reprobos esse damnatos, cum alibi atque alibi ad mortem fateatur esse prædestinatione condemnatos, utrumque prorsus verum est, quia hic hoc utrumque verum est. Nam sicut idem sagaciter atque veraciter fatetur, interdum præscientia pro prædestinatione ponitur. Neque revera repugnat (quod absit) sed veritati potius congruere videtur, quale illud videlicet est quod Apostolus dicit: *Non repulit Deus plebem suam, quam præscivit* (*Rom.* XI, 7), cum tamen hoc alias, utrumque quidem jungens sed ab invicem rationabili differentia distinguens mirabiliter definierit dicens: Prædestinatione Deus ea præscivit, quæ fuerat ipse facturus. Unde dictum est: *Faciens quæ futura sunt* (*Isa.* XLV, 7, *sec. LXX*). Item quid sit prædestinatio planius et plenius cum præscientia connectens, ita de Trinitate dicens: « In sua, quæ falli mutarique non potest præscientia opera sua futura disponere, id omnino nec aliud quidquam est prædestinare. » Item brevius, sed in superiorem sensum multa apertius, cum enim prædixisset Apostolum dixisse, *non repulit Deus plebem suam quam præscivit* (*Rom.* XI, 7), et exposuisset cum nomine præscientiæ prædestinationem hoc in loco significare voluisse, paulo post ait: « Sed prædestinasse est hoc præscisse quod fuerat ipse facturus. »

Ergo utrumque, ut jam dixi, verum est, id est, tam præscientia quam prædestinatione reprobos esse damnatos, quos omnino constat ad interitum jure prædestinatos. Quod satis superque testimonia probant prædicta. Quæ certe catholici nullatenus esse dubitant invicta. Licet si hujus rei testimonium penitus debuisset esse, metalepticos id intelligi regulariter potuisset, et omnino debuisset, ut videlicet id quod sequitur per id quod præcedit intelligeretur. Attamen si adhuc hinc audire plura desiderant ob amorem videlicet veritatis, quam nimis oppugnari considerant, aures audiendi, precor, accommodent, et tuendæ jamjamque veritati operam dent. Audiant, inquam, hinc adhuc loquentem mirabiliter Augustinum per sibi gratis infusum satis ubertim charisma divinum: « Hoc, inquit, bonum quod est requirere Deum non erat qui faceret, non erat usque ad unum, sed in eo genere hominum quod prædestinatum est ad interitum. » Item de duabus loquens civitatibus, « Quarum est, inquit, una quæ prædestinata est in æternum regnare cum Domino, altera, æternum supplicium subire cum diabolo. » Item: « Si de aliquibus ita certa esset Ecclesia, ut qui sint illi etiam nosset, qui licet adhuc in hac vita sint constituti, tamen prædestinati sunt in æternum ignem ire cum diabolo, tam pro eis non oraret, quam nec pro ipso. » Item: « Quid dabit his quos prædestinavit ad vitam, qui hæc dedit etiam eis, quos prædestinavit ad mortem? »

Item in Enchiridion quod senex de fide, spe et charitate, sensu subtilissimo, ingenio exercitatissimo, eloquio quoque purissimo, styloque luculentissimo, mirabiliter sibi ac singulariter Deo favente conscripsit et edidit: « Ad eorum, inquit, damnationem quos juste prædestinavit ad pœnam. » Item in eodem dicuntur etiam filii gehennæ non ex illa nati, sed in illa præparati, sicut filii regni præparantur in regnum. Quid quæritur evidentius? Quid sufficientius? « Sicut, inquit, filii regni præparantur in regnum, sic etiam filii gehennæ in illam sunt præparati. » Quod omnino nihil aliud est quam prædestinari. Nempe hæc omnia et alia insuper plura si tantus auctor ille veracissima, et catholica fidei per omnia congruentissima, non esse perspexisset, nullatenus incorrecta relinqueret. Sed ea potius, quando libros suos diligentissime retractando recensuit, corrigere studuisset. Nec inde prorsus tam frequenter ad populum impavide simul et intrepide, licenter, libenter ac libere, fidenter ac fiducialiter, ac gaudenter, servili postposito timore, luminosoque tui perfusus amore tua auctoritate locutus fuisset, si quid itidem periculi inesse cognovisset. Unde quidem nonnulla jam superius posui et pauca hic etiam subjicienda censui.

« Est quidam populus præparatus ad iram Dei, damnatus cum diabolo. »

Item: « Est quidam populus natus ad iram Dei. »

Item: « Quare dixit Dominus Judæis: *Vos non creditis quia non estis ex ovibus meis* (*Joan.* X, 26), nisi quia videbat eos ad sempiternum interitum prædestinatos, non ad vitam æternam sui sanguinis pretio comparatos. » Item: « Quid potest lupus? Quid potest fur et latro? Non perdunt nisi ad interitum prædestinatos. » Item: « Isti indignanter mortui et morti sempiternæ prædestinati. Item: « Mundus, inquit, odit mundum, inimicus reconciliatum, damnatus salvatum, inquinatus mundatum. »

Item: « Filius perditionis dictus est Judas traditor Christi, damnationi prædestinatus. » Item: « Pro isto mundo non rogat, neque enim quo sit prædestinatus, ignorat. »

Beatus quoque Fulgentius inde taliter dicit: « Præparavit etiam Deus peccatoribus pœnas, illis utique quos juste prædestinavit ad luenda supplicia. » Ubi prorsus utrumque satis aperte fatetur, et reprobis videlicet prædestinatas esse pœnas, et illos vicissim prædestinatos ad eas. Unde nimirum catholicissime, necnon et copiosissime disputavit in septem libris contra duos Fausti hæretici Lirinensis quondam monachi, Regensis postmodum episcopi, quem convicit idem doctor mirabiliter, contrivitque commenta diaboli, et cum aliis quatuordecim sanctis coepiscopis suis, ab Ecclesia Christi repulit, et eliminavit lethiferum virus Antichristi. Necnon et tribus aliis de veritate prædestinationis et gratiæ. Sed et in uno illo, quem totum super hac tantummodo quæstione ad Monimum hinc consulentem cognoscitur edidisse.

Gloriosus quoque Gregorius (cujus inde aliquanta jam inserui superius) taliter inter cætera inde est locutus: « Tenebrosa hostia tunc Dominus vidit, cum claustra inferni penetrans crudeles spiritus perculit, et mortis præpositos moriendo damnavit. Quod idcirco, inquit, non adhuc de futuro, sed jam de præterito dicitur, quia quidquid futurum erat in opere, nimirum jam factum est prædestinatione. » Item: « Leviathan ille cum universis membris suis æternis cruciatibus est deputatus. » Item ipsum quoque diem judicii dicit esse prædestinatum, exponens illud ex libro Job: « *Lampas contempta apud cogitationes divitum, parata ad tempus statutum* (Job XII, 5), inquit, contemptæ lampadis tempus est extremi judicii prædestinatus dies. » Sanctus etiam Isidorus inde sic dicit: « Gemina est prædestinatio, sive electorum ad requiem, sive reproborum ad mortem. » Non enim ait, duæ sunt, quia non sunt, sed, gemina, id est bipartita, quia semel tu, Domine, locutus es, qualiter una quidem, sed tamen gemina prædestinatione et electos gratis justifices, ac perpetim salves, et reprobos quoque merito refutes, justeque condemnes. « Et, sicut supradictus ait Gregorius, alios respiciens redimas, alios deserens perdas. »

Tale est autem quod dicitur prædestinatio gemina, in electos videlicet et reprobos bipartita, cum sit una, licet sit dupla, quale est quod frequenter a beato Augustino, et cæteris Patribus dicitur charitas vel dilectio gemina, cum utique non sint duæ, sed una, licet propter Deum et proximum sit etiam dupla. Quale est et illud Patris Augustini, quod dicit bipartitum esse opus Dei, geminum videlicet volens intelligi, et quod quadripartitus, ab ipso quoque dicitur mundus. Non quatuor tamen, sed unus,

A et quod quinque partitam fatetur esse continentiam, non quinque tamen esse docet, sed unum. — Hinc et sancto Gregorio gemina Judæorum scientia dicitur, et tamen licet dupla sit, una esse cognoscitur. Quod et ipsum genus locutionis usitatissimum est, et apud auctores quoque sæcularis litteraturæ, quod quia rectissimum est ac verissimum, non abs re est, si et inde hic ponantur aliqua, quæ valeant ad cumulum tuendæ sententiæ supradictæ: nam et eorum quidam geminam dixit arborem, non duas volens intelligi, sed unam, et alius qualitatem nominis bipartitam, et universorum pedum trinam conditionem, et tertius æque peritus Priscianus, quam ille dixerat trinam, exposuit tripartitam.

Nec sane cuiquam pie sapientium videri debet absurdum, B si gemina prædestinatio creditur, et cognoscitur, et incunctanter esse dicitur apud te Dominum nostrum naturaliter quidem unum, sed simul etiam personaliter trinum: qui certe secundum hanc geminam prædestinationem tuam (quemadmodum Augustinus tuus fideliter credit, et fidenter asserit) bonus es in beneficio certorum, justus in supplicio cæterorum. Et insuper, ut profitetur consequenter, bonus es in omnibus, quoniam bonum est cum debitum redditur. Et justus in omnibus, quoniam justum est cum debitum sine cujusquam fraude donatur. Hæc omnia sicut hic (tibi gratias) et credo et confiteor (gratias tibi) prout gratis largitus es mihi. Et quia in tuis, in libris tuorum scilicet ministrorum labore, C imo gratia tua veraciter expositis, hæc a te dicta reperio, tam perspicuæ prorsus veritatis contradicere (quod absit) non audeo. Quoniam prorsus a te veritate negari sicut minatus es metuens, et illam quoque repetitam Pauli sententiam vehementissime timeo: *Si quis vobis annuntiaverit præterquam quod accepistis, anathema sit* (Gal. I, 8).

Tantum siquidem amoris tibi, Domine Jesu, veritas invicta, perpetualiter debeo, ut quemadmodum ab Augustino perhibetur veraciter tuo, neque hominibus placendi studio, neque respectu devitandorum quorumlibet incommodorum, detorquear (quod absit) a vero. — Et ut beatus etiam docet Gregorius in quantum sine peccato possumus vitare proximorum scandala, debemus, si autem de veritate scandalum D sumitur, utilius permittitur nasci scandalum, quam veritas relinquatur. — Nec sane cujuscunque persona contra recipienda modo quolibet excipitur, quando vel Augustinus vel Apostolus annuntians, ipsius ore Apostoli anathemate digno percellitur. Ut enim prædictus Gregorius veraciter fatetur, dum salva fide res agitur, virtutis est meritum, si quidquid prioris est toleratur. Alioquin si fieri posset nullius potius pro veritate deberem prorsus et optarem occumbere, quam semel (quod absit) cuilibet secus loquenti, cedendo succumbere: illius videlicet tuæ memor scientiæ: *Qui me confessus fuerit coram hominibus, confitebor et ego eum coram Patre meo, qui est in cœlis* (Matth. X, 32).

Simulque illius quoque memini: *Ne transgrediaris*

terminos antiquos quos posuerunt patres tui (*Prov.* XXII, 28). Quod nimirum, ut Gregorius exponit, hæretici faciunt, qui a sanctæ Ecclesiæ gremio extranei exsistunt. « Ipsi, inquit, terminos transferunt, qui constitutiones Patrum prævaricando transcendunt; qui etiam greges diripiunt et pascunt, quia imperitos quoque perversis ad se suasionibus trahunt, et donis pestiferis ad interficiendum nutriunt. » Quos beatus quoque Job increpat dicens: *Nunquid Deus indiget vestro mendacio, ut pro illo loquamini dolos?* (*Job* XIII, 7.) Deus mendacio non eget, quia veritas fulciri non quærit auxilio falsitatis. Hæretici autem quia ea quæ prave de Deo intelligunt, ex veritate tueri non possunt, quasi ad approbandum rationum luminis, umbras falsitatis requirunt. Et pro eo dolos loquuntur, dum infirmas mentes ab intellectu illius stulta seductione decipiunt. Item: *Aut placebit ei, quem celare nihil potest? Aut decipietur ut homo, vestris fraudulentiis?* (*Ibid.*, 9.) Fraudes Deo hæretici exhibent, quia ea astruunt, quæ nequaquam ipsi pro quo loquuntur placent, cumque dum quasi defendere nituntur, offendunt dum in adversitatem ejus corruunt, cui videntur ex prædicatione famulari.

Unde et per Psalmistam dicitur, *Ut destruas inimicum et defensorem* (*Psal.* VIII, 3), omnis quippe hæreticus omnipotenti Deo inimicus et defensor est, quia unde hunc quasi defendere nititur, inde veritati illius adversatur. Quia autem latere Deum nihil potest, hoc in eis judicat, quod intus sentiunt, non quod famulari foris videntur. Quia igitur eorum fraudulentiis Deus ut homo non fallitur, recte subjungitur: *Ipse vos arguet, quoniam in abscondito faciem ejus accipitis. Statim ut se commoverit turbabit vos, et terror ejus irruet super vos* (*Job* XIII, 10). Hoc quod in abscondito accipi asserit faciem Dei, duobus modis valet intelligi. Sunt namque nonnulli qui et veritatem in corde sentiunt, et tamen quæ falsa sunt de Deo foras loquuntur. Ne enim vinci videantur, et cognoscunt veritatem interius, et tamen hanc exterius impugnant. Unde bene nunc dicitur: *Ipse vos arguet, quoniam in abscondito faciem ejus accipitis*, ac si aperte diceretur: Tanto magis de falsitate apud eum estis reprehensi, quanto et apud vosmetipsos quod verum est videtis.

Quid autem sit hæreticus, ne cuilibet aliud pro alio fingere licitum sit, quidam Patrum, et Cassiodorus dicit, pulcherrime definivit: Hæreticus, inquit, is est qui divinæ legis vel ignorantia vel contemptu raptatus, aut novi pertinax invenitur erroris aut alicui sectator, catholicæ veritati magis vult adversari, quam subjici. Hoc autem ideo subinterserendum censui, quia plurimos hinc et falli et fallere comperi, volentes videlicet, vel mitius dixerim, suspicantes illos esse hæreticos, qui hanc catholicæ fidei de prædestinatione reproborum necessario contra resistentes et obloquentes credunt et confitentur (donante te) veritatem, et illos e contrario asseverantes catholicos, qui tam perspicuæ veritati inimicam non verentur susurrare, imo palam prædicare falsitatem, flocci pendentes illud beati Basilii, qui divinis signantur eloquiis corrumpere de divinis dogmatibus, neque ullam syllabam patiuntur; sed pro his, si contigerit, etiam omnes mortis species amplectuntur. Et illud quoque contemnentes Gregorii Nazianzeni: Fortitudinis est perseverare in veritate, licet quispiam debelletur ad ea quæ nihil sunt. Nihil autem sunt falsitas et mendacium, quæ profecto super omnia corporalium genera mortium vitam et cavent, et horrent ut debent, corda semper veracium. Maxime tamen in doctrina religionis evitant omnino præcipitium falsidicæ locutionis.

Hoc est (gratias tibi, Domine, alma Trinitas) inviolabilis fides et confessio mea de præscientia scilicet, ac prædestinatione tua quam prædicavit ipsa Veritas, et sic prædicti quoque ipsius discipuli contra falsiloquos fautores, et (nisi corrigantur) filios falsitatis et perditionis, et contra pestiferum venenum et hæretica dogmata sua, qui, si gratia tua respersi diligenter attendant, appendant atque perpendant qualiter ab exordio prolapsionis angelicæ (quemadmodum videlicet Petrus dicit apostolus): *Fisdem angelis peccantibus non peperceris. Sed eos rudentibus et carceribus inferni, pœnisque acris hujus traditos ad majores in diem judicii cruciatus reservaveris* (*I Petr.* II). Et qualiter etiam originalem mundum propter nequam hominum scelera perdideris. Nec non quomodo et nefanda facinora, simul et flagitia Sodomorum puniens, eosdem igne cœlesti conflagrantes deleveris, atque perennes in pœnas demerseris, quodque Pharaonem et exercitum ejus in mare projeceris, et eos ibidem tanquam paleas excussos funditus aboleveris.

Si hæc, inquam, animositate deposita solerter inspiciant, et te opitulante sapienter advertant, perfacile prorsus intelligent, quod supradictos angelos qui, ut scribit Judas Jacobi, *non servaverunt suum principatum, sed reliquerunt suum domicilium, in judicium magni diei vinculis æternis sub caligine reservat* (*Jud.*, 6), nullatenus omnino sine sempiterno prædestinationis tuæ consilio, et in hunc caliginosi aeris carcerem præcipitaveris, et ad majores etiam pœna merito per sæcula cruciandos, ut prædicti ambo testantur apostoli, reservaveris. Et quod illa quoque quæ consequenter de reprobis narrata sunt hominibus, non sine prædestinatione (quod absit) patraveris. Alioquin et ante omnia sæcula mutabilis et in exordio quoque sæculorum juxta fallacissimum horum dogma, mox mutatus (quod ne ad momentum quidem esse potest) invenireris: qui solus immutabilis ab universis procul catholicis esse crederis, et luce clarius te revelante sciris.

Fac etiam, quæso Domine Deus, ut etiam atque etiam non jam procaces, pertinaces, atque pervicaces, neque pugnaces, fallaces atque mendaces (qui certe hujusmodi homines ad intuendam, cui repugnant, veritatem non possunt esse perspicaces, quantumlibet etiam naturaliter esse voluerint sagaces eis), sed potius electi simplices veritatis amatores, ista spiritali non luminum acie considerent, quod si nimos reproborum quæ ab eodem primo videlicet am ad usque novissimum ante diem duntaxat judicii mortuorum de propriis corporibus extractæ sunt, sive coæterna tibi prædestinatione tua destituti, postmodum et quotidie destinas ac destinabis quoties videlicet cumque mortui sunt, moriuntur, sive morientur) in tormenta sibi debita meritoque prorsus disposita, non solum mutabilis es ante sæcula, sed etiam (quod esse nullo modo potes) jam inde ab initio mortis eorumdem reproborum, imo ab exordio malignorum damnationis angelorum, mutatus es creberrimis vicibus, imo innumeris vicissitudinibus, et per singulos dies noctesque mutaris atque mutaberis, et mutatus absque dubio permanebis in sæcula, propter solos videlicet filios gehennæ, quos inimici veritatis prædestinatos esse pertinaciter atque fallaciter negant ad supplicium perenne.

Hæc, inquam, Domine, fac, precor, ut sicut oportet, attendant, appendant, atque perpendant, et tandem aliquando videant, quod se hactenus non vidisse dissimulant, quale ac quantum malum de te semper incommutabili Domino Deo nostro in Ecclesia tua longe ac mendaciter, et exitialiter ad proprium suum suorumque simul interitum palam prædicaverint, prædicent, asseveraverint, asseverent, et precor ut revoces eos miseranter ad viam salutis, ne in tam lethalis hæresæos errore pertinaces perseverent. Videant, inquam, quale sit et quantum malum, quod cum omnes electi tui, omnia bona semper fecerint, faciant et facturi sint cum concilio (prout videlicet adjuvantur a te gratuito tuæ benignitatis auxilio), præsumant non solum mentiendo, sed etiam pejerando palam omnibus affirmare, quod tu, qui totius es auctor, fonsque sapientiæ, imo trina, et una sempiternaque sapientia, volueris, vel valueris, vel etiam habueris quidquam (quod absit) absque consilio parare. Ne dico ab ipso humani generis exordio morientium reproborum animas vel ad extremam easdem ipsas cum receptis in die judicii propriis corporibus, cum diabolo et angelis ejus absque prædestinationis concilio destinare. His autem sicut oportet sagaciter inspectis, et vivaciter intellectis confundantur salubriter et erubescant, sicque tandem aliquando veritati suppliciter acquiescant, et a me demum quiescant. Cæterum si attrita fronte ac sine ullo permanentes pudore in falsitate malunt persistere quam recedere a tanto (ut oportuerat) errore, viderint ipsi quo se perditi vertant.

Te precor, Domine Deus, gratis Ecclesiam tuam custodias, ne suo diutius eam falsitate pervertant, hæreseosque sua pestifere de reliqua pravitate subvertant, licet se suosque secum, lugubriter evertant. Ego vero gratis edoctus ab ipsa veritate (quam sequentes prædicti Ecclesiæ tuæ prædicaverunt magistri, et ejusdem veritatis fidelissimi, devotissimi ac celeberrimi prorsus ministri) hic evidenter expressam de prædestinatione tua fidem catholicam, gratis A a te pleque satis afflatus, animatus, armatus, misericorditerque simul, ac mirabiliter adjutus et tutus, fretus et fultus, fideliter (tibi gratias), credo, fortiter teneo, veraciter patenterque defendo, et quemcunque contraria dogmatizare cognosco, tanquam pestem fugio, et tanquam hæreticum abjicio, et (ut explicem cum mœrore maximo, quod consequenter de talibus a beatissimo præceptum constat Augustino) quemcunque prorsus invictissimæ veritati contumaciter repugnare audio, et ei contraria docere conspicio, hæreticum et fidei Christianæ inimicum, atque ex hoc omnibus catholicis anathematizandum esse denuntio.

Porro conflictum cujuslibet eorum si semel his lectis et intellectis cedere noluerit, et instar Pharao- B nis induratus (hæretico videlicet more) tam manifeste veritati acquiescere contempserit (secundum consilium vel potius præceptum Pauli apostoli) jam mihi vitandum censeo: quia qui hujusmodi est, subversum et proprio judicio condemnatum esse video (*Tit.* III, 11).

Attamen propter minus peritos, et ob id ab eis illectos, et nisi corrigantur perditos, optarem publicum (si tibi, Domine, placeret) fieri conventum quatenus astructa palam veritate et destructa funditus falsitate, gratias ageremus communiter tibi, qui nobis tam diu optatum, etiam supra quam petimus, aut intelligimus, dare dignatus fueris prosperrimum proventum. Quia profecto nimis ingentem patior C dolorem, et maximum diu noctuque perfero mœrorem, quod propter mei nominis vilitatem, vilem hominibus esse video veritatem: et quod erga te sinceram, ut debuerant, non servant charitatem, qui ut tantummodo victores mei esse videantur, nihil vel omnino perparum dilexerunt et diligunt te, quem negare non refugerunt, neque refugiunt propter me.

Atque utinam placeret tibi omnipotentissime pariter ac clementissime Domine, ut sicut in te credo et spero (dato mihi gratis posse, prout jamdudum dare dignatus es, et dare quotidie, digneris etiam velle) coram undique electa populorum te timentium multitudine, præsente etiam istius regni principe, cum pontificum et sacerdotum monachorumque canonicorum venerabili simul agmine, concederetur D mihi, si secus hanc catholicæ fidei de prædestinatione tua veritatem nollent recipere, ut isto quo dicturus sum (favente gratia tua) id approbarem cernentibus cunctis examine, ut videlicet quatuor doliis uno post unum positis, atque ferventi sigillatim, repletis aqua, oleo pingui, et pice, et ad ultimum accenso copiosissimo igne, liceret mihi (invocato gloriosissimo nomine tuo) ad approbandam hanc fidem meam, imo fidem catholicam, in singula introire, et ita per singula transire donec (te præveniente comitante ac subsequente, dexteramque præbente, ac clementer educente) valerem sospes exire, quatenus in Ecclesia tua tandem aliquando catholicæ hujus fidei claritas claresceret, et falsitas evanesceret, fidesque firmaretur et perfidia vitaretur.

Utinam hoc, Domine, legentibus et intelligentibus A hujusmodi (sicut est opus) inspirare digneris affectum, ut exorent te suppliciter, quo celeriter hoc animi mei desiderium meum sicut indiget Ecclesia tua, perducas ad effectum, et siquidem te suffragante de cunctis illa sis prodiero, amplexentur veritatem, et exsecrantur falsitatem; sin autem quod ex te, per te, et in te credendo, confitendo, sperando et amando, tuique tantummodo securus, tuaque solummodo gratiæ certus polliceor, vel inchoare trepidavero, vel consummare formidavero, in ignem me protinus mittant, et ibidem merito perire permittant. Suppliciter tamen te, Domine, rogo in dulcissimo nomine tuo, ut nemo me catholicorum temere (quod absit) reprehendet in animo suo, quia prorsus ausum talia petendi (sicut ipse melius nosti) a me propria temeritate non præsumo, sed abs te potius tua benignitate sumo.

Imo quisquis te timens vere, diligensque sincere dignatur hæc legere, vel audita percipere, implorat gratuitam misericordiam tuam fraterna compassione, ac gemina simul dilectione ut tu, qui solus es adjutor in opportunitatibus (*Psal.* IX, 10), in tribulatione digneris instanter adjuvare me credentem, scilicet sperantem in tua gratuita miseratione, ditesque me simul ad id et incipiendum et perficiendum integra fide, corrobores quoque solida spe, ac dones etiam sincerrima charitate, atque gratis etiam decores veracissima coram te semper humilitate. Depulsaque procul ab orthodoxa Ecclesia tua tam lethifero dogmatis falsitate facias me deinceps cum electis tuis gaudere pro patefacta fidelibus tuis catholica fidei veritate. Sitque nobis de cætero in te solo gaudium verum atque sincerum, tripudiumque summum ac solidum, et gloriatio communis, quod ab hæreticorum tam gravi perfidia tandem plebs et populus tuus, te miserante factus est immunis. Quia profecto nullus unquam electorum tuorum tibi vel ad momentum placere potuit, potest, vel poterit de suo: sed omnes potius tui tibi per gratuitam gratiam tuam placuerunt hactenus atque placent, ac placabunt semper de tuo.

Hac ergo gratis animatus fide, solidatus etiam spe, et inflammatus pariter charitate, per teipsum, Deus optime, suppliciter obsecro, ut vera mihi humilitate data, solido vitæ gaudio semper facias gaudere me. Denique tibi tuoque nomini debitam per sæcula gloriam, et propter justitiam quidem, quia merito superbos humilias, incurvas et inclinas, propter gratiam autem, quia gratis humiles exaltas, elevas atque sublimas, per quam scilicet utramque supplico tibi, cunctipotens et clemens Trinitas pariter et unitas ut omnibus inimicis tuis (quicunque sint invidia nominis tui, sive nescienter, sive etiam scienter nocuerunt, imo nocere voluerunt mihi, nocuerunt autem potius absque dubio sibi) universa debita sua indulgeas funditus, et ignoscas, et omnia flagitia simul et facinora remittas penitus ac parcas. Amen. Gratias ago tibi quantascunque, trine et une dominator Domine Deus, quod ad fidem catholicam de prædestinatione credendam et confitendam esse gratis dignatus es et digneris (et ut credo et spero magis ac magis esse diu noctuque deinceps dignaberis) illustrator, inflammator ac suffragator meus. Amen.

Precor (quantumcunque mihi datur divinitus humilitate) coram trinæ unitatis, et unius Trinitatis præsentissima majestate, ut quisquis hoc non livore corvino, sed amore potius columbino legeris Gotteschalci peccatoris ante Deum memineris, et paterno sive fraterno affectu simpliciter implores benignissimam ipsius clementiam, ut dignetur mihi gratuita pietate largiri vere semper et ubique coram B se humilitatis excellentiam, et sinceræ charitatis perpetualiter eminentiam: sicque me protegat indesinenter in tabernaculo a contradictione linguarum (*Psal.* XXX, 21,) id est, in fide recta catholicæ Ecclesiæ a calumniis hæreticorum, ut potius incomparabiliter optem propter nomen Domini Dei nostri, et amorem veritatis universa præsentialiter adversa perpeti persecutionibus illorum, quam vel id momentum titubando deviare (quod absit) a dilectione vel confessione veritatis, vel a præscripta fide catholicorum, quæ et ipsius potissimum veritatis est ore declarata, et invictissimis quoque suorum auctoritatibus ministrorum. Quia profecto proximo quidem meo tantam, quantam mihi charitatem debeo: C Deo autem ex toto, quoniam quidquid nobis est boni vel ipse est, vel ab eo.

Tu vero quisquis hujus fidei, et confessionis meæ dignaris esse, pius lector et peritus intellector [a] sapienter admittis, tanquam patrem venerabiliter precor simul vel sicut fratrem fideliter exhortor si vis in æternum veritatem videre, et cum sanctis angelis et hominibus electis, fidelibusque testibus ejusdem veritatis, de ipsa perenniter veritate gaudere festines omnino perniciosissimum et exitiosissimum genus mendacii, quod detestabiliter committitur in doctrina religionis, præ morte corporis exhorrere, et ita secundum quod per beatum divinitus dictum est Augustinum, suscipiat gratanter diffusa nostris in cordibus pulcherrima et modestissima D charitas osculum columbarum, ut vel evitet cautissima humilitas, vel retundat solidissima veritas dentem caninum. Ubi nimirum per osculum columbinum, rectorum corde veraciumque circa se, suaque dicta significat inspectionem. Per dentem autem caninum malignam perversorum, irrisoriamque fallaciam reprehensionem. Obsecra ergo et exora (quæso) Dominum Deum nostrum, ejusque majestatem, ut contra latratus hæreticorum verissimam, simplicissimam, ac benignissimam habeamus charitatem, et ad extremum quoque retundamus dentes eorum atque mordacissimam falsitatem per invictissimam (velint nolint) ac solidissimam veritatem. Si quis vero mi-

[a] Deest hic aliquid.

ec loquenti natus fuerit, de se dictum fatebitur, A ...l alius auctor asserit.

Talia igitur et ejusmodi quisquis adhuc damnabiter præsumit, vel nihil scilicet, vel parum metuens eritatem, et ipsius judicium, negat audacter (contra eam) prædestinatos esse reprobos ad perenne supplicium, ille scilicet qui non timet eamdem sibi eritatem in extremo die cunctis audientibus dicere ... n ego nunc juste negate, quia tu injuste quondam egasti me. Talis (inquam) si vult et audet veritatem egel, qui eam non metuit offendere, cujus die nouque nobiscum pariter eget. Nos vero ab eadem udientes veritatem: *Dies ultionis in corde meo* (*Isa* ..., 4), et *Ecce Deus noster ultionem adducet retributionis* (*Isa* xxxv, 4) hanc ita noxiam conculcemus falsitatem, et prædicemus veritatem, quo nostri misereatur eadem Veritas Deus meus Deique Filius, et nunc et tunc in die veniens ultionis si enim vere timuerimus furorem fallacium [a] dummodo placere possimus illi qui nos regat ac protegat, ac contra rabiem grassantium muniat in ævum. Amen.

Domine Deus (benedicta simul et invicta Trinitas et unitas), infunde, quæso, legentibus hæc credendi fidem, et credentibus confitendi largire virtutem. *Corde autem credentibus ad justitiam, et ore confitentibus ad salutem* (*Rom.* x, 10), retribue copiosæ mercedis amplitudinem, et æternæ tecum lucis [beatitudinem. Amen.

[a] Hic deest aliquid.

FRAGMENTA OMNIA

QUÆ EXSTANT

Libelli per Gotteschalcum Rabano archiepiscopo Moguntino in placito Moguntiæ oblati, anno 848.

(Ex Hincmaro Rhemensi in opere de Prædestinatione.)

ART. I. — *De gemina prædestinatione.*

(HINCMAR., *de Prædest.*, cap. 5, p. 25.) Ponamus ...uæ Gotteschalcus, signifer et prævius atque hujus ...ravæ doctrinæ resuscitator, de primo [capitulo unde ...ersatur quæstio, in libro suæ virosæ conscriptionis ...rchiepiscopo Rabano porrecto scribit, dicens: « Tandem, inquit, legi librum, venerande pontifex, ...ium in quo positum reperi quod impii quoque sive ...eprobi non sint divinitus ad damnationem prædestinati. » Et post aliquanta: « Præscivit, inquam, ...los pessimum habituros ortum, pejorem obitum, ...rædestinavit autem eos ad luendum perenne tor...mentum, et sempiternum interitum. » Et iterum ...ost aliquanta: « Qui revera sicut electos omnes ...rædestinavit ad vitam per gratuitum solius gratiæ ...uæ beneficium, quemadmodum Veteris et Novi ...estamenti paginæ manifestissimum præbent solerter ac sobrie considerantibus indicium: sic omnino ...t reprobos quosque ad æternæ mortis prædestina...it supplicium, per justissimum videlicet incommutabilis justitiæ suæ judicium. »

ART. II. — *De libero arbitrio.*

(HINCMAR., *ibid.*, cap. 21, pag. 118.) Inde et Gotteschalcus, modernus Prædestinatianus, in libello ad Rabanum archiepiscopum Moguntinum dicit ad locum: « De quo videlicet libero arbitrio quod Ecclesiæ Christi tenendum sit atque credendum, cum a cæteris catholicis Patribus evidenter sit Deo gratias disputatum, tum præcipue contra Pelagianos et Cœlestianos a beato Augustino plenius et uberius B diversis in opusculis, et maxime in Hypomnesticon esse cognoscitur inculcatum. Unde te potius ejusdem catholicissimi doctores fructuosissimis assertionibus incomparabiliter, inde quoque malueram niti, quam erroneis opinionibus Massiliensis Gennadii, qui plerisque præsumpsit in locis tam fidei catholicæ quam beatorum etiam Patrum invictissimis auctoritatibus, infelicis Cassiani perniciosum nimis dogma sequens, reniti. »

ART. III. — *De voluntate Dei.*

Et Gotteschalcus, modernus Prædestinatianus, in libro ad Rabanum archiepiscopum Moguntinum: « Omnes, inquit, quos vult Deus salvos fieri sine dubitatione salvantur: nec possunt salvari, nisi C quos Deus vult salvos fieri: nec est quisquam, quem Deus salvari velit, et non salvetur, quia Deus noster *omnia quæcunque voluit fecit*. »

Gotteschalcus, novorum Prædestinatianorum primicerius, in præfato suo libello ad Rabanum scripserat: « Omnes et omnes debere intelligi, id est omnes qui salvantur. De quibus dicit Apostolus: *Qui vult omnes homines salvos fieri*, et omnes qui non salvantur, quos non vult Deus salvos fieri. »

ART. IV. — *De morte Christi.*

Gotteschalcus, novorum Prædestinatianorum signifer, in libello ad Rabanum archiepiscopum Moguntinum ita dicit ad locum: « Illos omnes impios et peccatores, quos proprio fuso sanguine Filius Dei D redimere venit, hos omnipotens Dei bonitas ad vitam prædestinatos irretractabiliter salvari tantummodo velit. Et rursum: « Illos omnes impios et peccatores, A pro quibus idem Filius Dei nec corpus assumpsit, nec orationem, nec dico sanguinem fudit, neque pro eis ullo modo crucifixus fuit. Quippe quos pessimos futuros esse præscivit, quosque justissime in æterna præcipitandos tormenta præfinivit, ipsos omnino perpetuo salvari penitus noluit. »

Gotteschalcus in sæpe fato suo libello ad Rabanum archiepiscopum scripsit: « Proinde quod fidelissime credo, fidentissime loquor, et certissime pariter ac fructuosissime confiteor, atque veracissime profiteor, quod Deus noster omnipotens, omnium creaturarum conditor et factor, electorum tantummodo cunctorum gratuitus esse reparator dignatus est et refector, nullius autem reproborum perpetualiter esse voluit Salvator, nullius redemptor et nullius coronator. »

Inde et in chartula suæ professionis ad eumdem Rabanum archiepiscopum ita dicit: « Ego Gotteschalcus credo et confiteor, profiteor et testificor, ex Deo Patre per Deum Filium, in Deo Spiritu sancto, et affirmo et approbo coram Deo et sanctis ejus, quod gemina est prædestinatio, sive electorum ad requiem, sive reproborum ad mortem. Quia sicut Deus incommutabilis ante mundi constitutionem omnes electos suos incommutabiliter per gratuitam gratiam suam prædestinavit ad vitam æternam, similiter omnino omnes reprobos qui in die judicii damnabuntur propter ipsorum mala merita, idem ipse incommutabilis Deus per justum judicium suum incommutabiliter prædestinavit ad mortem merito sempiternam.

EPISTOLA GOTTESCHALCI AD RATRAMNUM.

(Apud Cellotium, Hist. Gotteschalci, p. 411.)

Age, quæso, perge, Clio,
Remeando corde fido
Propera, celer virago,
Repeda, sagax propago,
Cui frater est Apollo.
Ob id hoc, velut volando,
Fer amico ovans Ratramno,
Domino, Patri, magistro,
Calamo metrum impolito
Quod ei libens remitto,
Celebri viro, et corusco,
Amo quem satis profecto
Animo pio ac benigno
Datur ut mihi maligno
Ab eo Deo, bonum qui
Dabit omni flagitanti,
Sine quo nihil fore nulli
Valet, ut liquet, alumno.
Igitur velut petita
Es, abi, mora nec ulla
Teneat te, ac decora
Videas sodalis ora.
Bis enim venis ab illo
Speciosa jam magistro,
Adimens fel, imprimens mel,
Reficis os [a] alumni
Dape dulci, odore suavi,
Ubi vides sedentem,
Alios probe docentem,
Rogitent Deum potentem,
Det ut his piam quietem.
Rogo dic jugem salutem.

B 1. Septeno Augustus decimo præbente Kalendas
Solis equi dulcem efflarunt ubi naribus ignem,
Fluctibus Oceani capita atque jubas madefacti,
Assuetum ad cursum properantes vertere currum;
Splendida jam toto cesserunt sidera cœlo.
Pallida germano cessit quoque Cynthia Phœbo.
Solus jamque citis quadrigam agitabat habenis,
Jamque jubar mundo fundebat amabile quadro [b]
Jamque nitore novo, ac splendore micabat opimo,
Clara et luce suam reddebat cuique figuram.
Gaudebat tenebras procul omnis terra fugatas,
Atque mihi applaudens, veluti præsaga boni mens
Tripudiabat ovans solito magis, atque triumphans
Artubus et cunctis hilarandis inerat potior vis
Cum mihi gratuito data sunt subito metra dono
C Celsithroni regis de parte relata sodalis,
Dulcia melle magis, trans lumen fulgida solis.

2. Quæ sitiebat, uti, mea mens, sub sidere Cancri
Messor amat refici fontis dulcedine puri,
Tabidus atque fame recreari vult quoque pane,
Algidus utque focum, ut exoptat nudus amictum,
Exsul ita patriam, seu terram naufragus imam,
Utque situs tenebris cupit almæ munera lucis.

3. Haud secus egregias mea nunc cupiebat egestas
Quas tua nobilitas deprompsit, amice, Camœnas,
Insignes, pulchras, dulces habilesque, venustas,
Famine perspicuas, et vero pignore puras [c]
Seminatibus validas, tropicoque lepore coruscas,
D Simplicitate probas, humili pietate decoras,
Cum sale conditas, cum pacis amore politas,
Quas equidem sanctum dictasse reor tibi Flatum.

[a] Forte leg. tuos.

[b] In quatuor partes, orientis, occidentis, etc. diviso.

[c] Quid est verum pignus? An fortasse veri pignora?

o procul dubio nihil hinc, vir humillime, nato
m bona cuncta habeo, accipienti dantur egeno

Ergo hunc æqualem, pariterque pium Genitorem
inum unumque Deum, votis efferre per ævum
beo supplicibus, quo sum tibi præside junctus,
s [absque] meis meritis fecit hoc denique gratis
uso qui te voluit reparare cruore [a]
avit sophiæ, speciali quin et honore,
tutis varie donavit ornando decore
gnus et est vitæ hic laudum per sæcla favore,
daret efficere id, parili sine fine tenore
icero certe jugiter redamandus amore,
casto sancte metuendus ubique timore,
m petit assidue, quem sancto efferre tremore
cera largiri valeant si nostra quid illi
ignis est nostri qui nil utique emolumenti,
n eget obsequii, neque servitii, atque nec hymni
us ob id Domini potitur cognomine veri
tamen ipse horum, reliquorum sive bonorum
o late atque auctor, seu nostri, tu bone doctor [b]

dente humili hunc ideo, si dat, benedicere certo,
od tribuit nobis talem te pignus amoris,
i servare velis et pangere dicta poesis
æ sancto Flatu, non vili inflata boatu,
lciloquo afflatu, celebri, rutiloque relatu,
mulcet mentem, modulaminis hujus egentem
solatur eam variis languoribus ægram
ersisque malis diversa poemata psallis
Citharista etenim studuit celeberrimus olim
r sedare hominis fidibus psallendo canoris,
mirum hominis jam regni honore carentis,
em draco crudelis vexabat et improbus anguis
vere merito, Dominum quia liquerat ultro,
itus fastu nimio, feritatis et astu
ic te Psalmistæ, hunc, inquam, similem citharista
verim, amice sacer, generose poeta frequenter,
i modulando tui levigas grave pectus alumni

t Atque utinam prosa tam dulcia, tam speciosa,
m præfulgida, et tam suavia, tamque decora,
m pia, tam placida, atque quod plus est, tam mihi
[vera,
allere magnifici pietas voluisset amici!
c tamen, id pareo, inde alibi quod reddere spero
ipta, favente Deo, licet id cito, ut opto, nequibo,
iltas ob causas, quarum primam esse venustas
nc volo vestra sciat, quia vix vacat hora, residat
a mea rusticitas, ut saltem hinc fingere ternas
terulas liceat, quoniam imperium Patris instat
patrandum aliquid, cum hoc, tunc protinus illud,
ud ob id nequeo Sed hoc veraciter addo,
od nimium metuo tibi respondere, quod imo
sensu teneo, quia torpeo pectore bruto
scitiæ plenus, multoque errore volutus,

A Sermone incultus, veteri quoque jure solutus,
Quamlibet hoc modico usus sim sub tempore pauco
Namque magisterio vix uno subditus anno,
Nec didici deinceps, dubiis ambagibus anceps,
Stultorum princeps, abrupta per omnia præceps,
Nemo fuit mihi dux, ideo minime patuit lux,
Septo peccatis, quantum pietas nisi gratis
Cœlesti tribuit, cui virtus, gloria, laus sit
Raro hoc per me fit, per te noto crebrius ut sit

Proinde scientiolæ scintillula cum mihi inesse
Vix queat, extimeo hinc quid amico fiendere summo,
Sensibus arguto, lingua vehementer acuto
Quippe exercitio qui nocte dieque sub isto
Versatus, dudum evasisti culmen ad ipsum
B Hoc equidem attendens, atque revolvens,
Virtutem [c] inflantem postponens, ædificantem
Gaudens præferre, institui hactenus inde silere,
Donec ope Domini hinc valeam quid certum adipisci,
Aures magnanimis [d], quid demulcere sodalis,
Corque muare queat ne squalor in illa serpat,
Et denuo offendam, si frivola forte refundam
Quod fieri ut [haud] possit, mea mens aut impigra
[poscit,
Suppliciterque rogat pietas ut idem tua poscat

Denique sunt multi, Domino donante, magistri
Hac regione siti, ingenio locuplete beati,
Unde palatina pleraque morantur in aula
Ad hos atque alios per barbara regna locatos,
C Cernua his avidus porrexi scriptura diebus,
Orans magnopere dignentur ut ocius inde
Respondere mihi, seu scis, vehementer egenti
Estque Augustini his sententia missa beati,
Quam liquido exponi, auctori quadrando poposci
Nempe tribus horum studui proprium indere sensum,
Marcaudo, Jonæ, atque Lupo rutilantibus ore,
Poscens obnixe satagant ut vera referre
Proposita est reliquis tantummodo quæstio cunctis
Opposui sane, objicitur quod parte ab utraque
Nemo sed excepto quid adhuc mihi reddidit una,
Qui cum sit cautus, simul et catus, est moderatus,
Sic jam terna sui librans responsa labelli [*al*, li-
[belli,
Ut dempto neutri pleno discrimine parti
D Congruat unde tibi recitanda hæc utraque duxi,
Respondere alii properant dum mente sagaci,
Quo magis his, mihi quam reputes, charissime, quid-
[quam
Si videas aliquid concordans quod tibi non sit,
At licet usque rogo mecum duo [e] perpete voto,
Pectore quin toto supplex orare memento,
Donetur habilis quo sermo videlicet illis,
Cumque vigore salis pia nobis pignora pascis

Gaudeo prætentas, nimirum venerande poeta,

[a] Ergo electus Ratramnus nam illi soli Christi nguine redempti videntur Gotteschalco
[b] Leg *est latu atque auctor seu nostri tu bone ctor*

[c] *Scientiam* dicit Apostolus, non *virtutem*
[d] *Magnanimus*, nisi peccare voluit ad casum
[e] Quid istud *mecum duo*? *An mecum, precare ut duo simul* ?

Sublimis cum sis, humili quod honore nitescis
Cumque polum subeas, quod humi te repere signis
Nam placet istud ei, ut nosti, vir splendide, Regi,
Qui fore præ humilis pro te est dignatus in imis,
Mortis ad usque genus quod erat super omnia pejus
Hoc velut ore facis, si corde patrare studebis
Cunctarum vere virtutum stabis in arce
Non facile est homini miserum se voce fateri,
Seu simulator agit, sed corde tenere quod insit
Pauperis est, animo in superbo regnantis Olympo
Illud enim reprobi faciunt persæpe gemendi
Hoc autem electi, nimirum ab origine mundi,
Idcirco haud meritis, vere sed munere Patris
Felices, frater, felices, celse magister,
Quos Pater in Christo delegit more benigno
Quorum nemo perit, quos sanguinis unda redemit
Agni cœlestis, qui vitam contulit illis
Felix agnorum fuerit qui extremus eorum,
Nec leo, nec prædo, lupus, ac draco, latro, nec am[bro a,
Hunc rapiant quemquam, vel vi, vel fraudibus un[quam
Omne quidem quod ei tribuit Pater, advenit illi b
. . . .

a *Ambro* diabolus, ut qui homines deglutiat

b Pauca deesse videntur

ANNO DOMINI DCCCLXVIII

LOTHARIUS.

LOTHARII EPISTOLÆ TRES

EPISTOLA PRIMA

AD NICOLAUM PAPAM [a]

Conqueritur quod pontifex nimium de ipso ejus æmulis credat Dolore se significat de Theutgaudi et Guntharii excommunicatione Cæterum purgans se de omnibus, paratum se ostendit coram pontifice adversariorum calumnias refellere

Domino vere beatissimo et sanctissimo totius sanctæ Dei Ecclesiæ summo pontifici et universali papæ NICOLAO, LOTHARIUS divina præveniente clementia, rex, summæ felicitatis ac præsentis prosperitatis pacem et gloriam

Postquam nobis divina dignatio sua gratuita clementia regni gubernacula commisit, more prædecessorum nostrorum Christianissimorum regum, semper et in omnibus sublimandam beati Petri apostolorum principis sedem, ut dignum est, reverenter dileximus, atque instanter, quantum in nobis est, illam exaltare parati sumus, deque vestro tanquam summo spiritalis Patris regimine semper salubria haurire cupientes, veritatis voce vobis dictum recolimus *Petre, amas me? pasce oves meas* (*Joan* XXI), et per prophetam *Ego pascam oves meas, dicit Dominus Deus quod perierat requiram, et quod abjectum fuerat reducam, et quod confractum erat alligabo, et quod infirmum consolidabo* (*Ezech* XXXIV) Admodum quippe desideramus citius vobis nostram exhibere præsentiam, ut illud veriori experientia implere possitis, quod idem propheta post pauca subintulit *Et judicabo illas in judicio et justitia* (*Ibid*) Reverā serenissimum ac devotissimum circa piam paternitatem vestram nostræ mentis affectum acriter obnubilat, quod æmulorum nostrorum falsidicis vocibus nimium creduli, ultra quam nobis necesse esset, in nostra derogatione sanctissimi apostolatus vestri aurem accommodatis Præsertim cum nostra mansuetudo promptissima sit omni deroganti vera, et justa ratione resistere quod et legati vestri, nuper in his partibus directi, vobis intimare poterant si vellent quia nos data nostris accusatoribus firmitate aditum veniendi concessimus et rationabilem satisfactionem, tanquam in vestra patientia, ex vestro latere directis explere parati fuimus, nihil nostræ regiæ dignitati faventes, sed quasi unus ex vilioribus personis, sacerdotalibus monitis parentes Hoc totum nostri æmuli sinistra interpretatione intelligentes exarserunt in concupiscentia regni nobis divina dignatione jure hæreditario concessi non attendentes Scripturam dicentem *Domini est regnum, et cuicunque voluerit dabit illud* (*Dan* IV) neque Apostolum dicentem *Non est potestas nisi a Deo* (*Rom* XIII) Illius ergo victrici dextera pro nobis, uti credimus, pugnante, qui novit et diripientem, et eum qui diripitur, parvipendimus eorum fucatas simultates solummodo ut vestri pontificatus anchora, in solidissimo sanctæ matris Ecclesiæ fundamento fixa, nobis similiter petentibus concedere dignetur quod in mandatis digito Dei scriptis legitur *Juste judica proximo tuo* (*Lev* XIX) Porro nos in ultimis pene

a Apud Labbeum, Conciliorum tomo VIII, p 500

regni nostri finibus commorantes, et erga infestationem paganorum laboriosas excubias servantes, discurrentium relatione comperimus, Theutgaudum Trevirensem, et Guntharium Agrippinensem, a vestra auctoritate excommunicatos, atque oris proprii testimonio canonice damnatos: quod nos non sine gravi mœrore haurientes, decrevimus longanimiter ac patienter ferre nuntiata, et ut olim in pluribus actum est, restitutionis spem habere, et pie resipiscentis ac retractatis omnibus locum rationabilis misericordiæ a vestra largitate præstolari. Interea accidit nobis nosse, quod Guntharius missarum solemnia antequam ad nos perveniret celebrare non metuit, et juxta præcedentem consuetudinem episcopale chrisma conficere, et Spiritum paracletum tradere præsumpsit: quod nos satis ægre tulimus, et ut hoc non fieret, tanquam mortiferum venenum, modis omnibus abominamur. Illo autem ad nos veniente, ejus missam audire noluimus, nec in aliquo illi communicare ratum duximus, et juxta Veritatis vocem, quasi scandalizantem oculum a nobis eruere maculam disponimus, quousque sanctissimi apostolatus vestri finitivam sententiam de illo rescire valeamus. Epistolam quoque a vestra sanctitate episcopis diœceseos directam illi transmisimus, ut ibidem canonicas atque apostolicas sanctiones liquido cognoscens, videat quid in posterum illi agendum sit. De cætero veraciter ac sinceriter vestra paternitas noverit, quod Theutgaudus simplicissimus atque innocentissimus vir, vestram humiliter ferens censuram, in nullo de sacro ministerio contingere præsumpsit, magis eligens dehonorationem præsentialiter in oculis hominum pati, quam per inobedientiam ab illius membris secerni, qui caput est humilium, suisque discipulis ait: *Discite a me quia mitis sum et humilis corde, et invenietis requiem animabus vestris* (*Matth.* XI). Ipse enim, qui superbis resistit, et gratiam præstat humilibus, poterit illum, si innocens est, de supernis misericorditer respicere. Enimvero legatis nostris Theutgaudo et Gunthario, nihil tale aliquid in sua legatione fari præcepimus, unde damnationis notam incurrerent. Sed nec de Ingeltrude uxore Bosonis aliquod præjudicium ferre debemus aut volumus quam nos, comperto quod anathematis vinculo esset innodata, Gunthario, quia tunc in sua parochia erat, commendavimus, monentes, ut de illa suum ministerium faceret, imo illam ex omnibus regni nostri finibus eliminandam censuimus. Legati enim vestri illam postmodum requirentes, atque in medio statuentes, nos ignoramus quem finem causæ ipsius imposuerint. Episcopi vero diœceseos Trevirensis metropolis, et Agrippinæ Coloniæ, nec complices damnatorum, nec fautores vitiorum, nec in aliquo apostolicorum decretorum contemptores, vel canonicorum dogmatum violatores esse probabuntur, sed sanæ atque catholicæ fidei ac veri Dei cultores. Igitur propter Deum, sanctam et individuam Trinitatem, humiliter petimus, ut facile criminosos ad causationem nostram nullatenus admittatis, neque ut Apostolus docet, omni spiritui credatis, sed probate si ex Deo sit (*I Joan.* IV): quia parati sumus, si ratio dictaverit, per nosmetipsos polire, quod æmulorum invidia fingit alicui. Omnipotens Deus sanctissimum præsulatus vestri apicem æquitatis lance moderatum diu incolumem custodiat. Amen.

EPISTOLA I.

AD EUNDEM.[a]

Ut excommunicationem ob consortium cum Waldrada comminatam effugiat suum ad Nicolaum Romam adventum nuntiat, et ut eum spe bona lætificet episcoporum ad eumdem legationem decernit, et auxilium contra Saracenos, si opus sit, ei pollicetur.

Domino vere sanctissimo ac beatissimo totiusque Dei Ecclesiæ roseo piis Regis Christi sanguine acquisitæ summo pontifici et universali papæ NICOLAO, LOTHARIUS, divina propitiante clementia rex ac devotissimus filius vester, sempiternam cum gaudio, prosperitatis, et felicitatis gloriam, fideleque servitium.

Rex regum et princeps pastorum Christus, qui sacerdotalem, et regiam dignitatem in ministerio nostro redemptionis in seipso univit, quique sui ovilis curam beato Petro apostolorum principi tuendam commisit, ille nos salubribus edictis instituit, ut apostolatus vestri sacratissimum apicem divinitus in fundamento Ecclesiæ sublimatum fideliter diligamus, et humiliter veneremur. Hinc est, quod nostræ mansuetudinis affectus, circa vestram celsitudinem veræ charitatis igne inflammatur, et a multis jam retro diebus, nos ad vestram præsentiam desiderabiliter invitare non cessat. Quapropter hos vestræ eminentissimæ paternitati direximus apices, ut de vestra optabili sospitate celerius rescire possimus, quæ omnium gemmarum nitore pretiosior, omnique thesauro charior nostro amplexatur in corpore. Et quia nos hoc idem de vestra sanitate incunctanter credimus, satius vobis intimandum decrevimus, quod divina opitulante clementia, nostra mansuetudo optime viget, fideliumque nostrorum generalitas in necessariis reipublicæ negotiis, opitulante Christo, salubribus proficit incrementis, imo prosperitatis successum ab ipso bonorum omnium largitore profuturum humiliter ac fideliter præstolamur. Regnum quoque nobis divina pietate commissum ab omni paganorum infestatione, aliorumque inimicorum deprædatione, dextera omnipotentis Dei pro nobis pugnante, et auxiliantibus meritis beati Petri apostoli, vestrisque precibus almifluis suffragantibus hactenus cum omni integritate tutum manere cognoscite.

Porro vestræ sanctitatis noverit pia paternitas, quod isto tempore ferventissimum desiderium habemus causa orationis apostolorum limina visitare,

[a] Apud Baronium ad annum 867, ex codice Trevirensi.

vestramque diu desideratam faciem cernere, et sacra dulciter amplexari vestigia, et jam secundo, ac tertio nostri itineris apparatum sub certa deliberatione repetitum habemus, quod in voto manet implere desiderantes. Verum si aliqua, quod absit, periculosorum temporum varietas votum nostrum interceperit, legatos nostros Guthildum [Luitfridum] dilectissimum avunculum nostrum, et Walterium fidelem nostrum, necnon et Theutgaudum venerabilem archiepiscopum, atque Attonem [Hattonem, *puta Virdunensis Ecclesiæ*] coepiscopum ad vestram præsentiam destinare procurabimus, ut per illos liquido cognoscat vestra celsitudo, quam fideles vobis per omnia existimus, nos et fideles nostri, et quam fideliter vestris salubribus consiliis, et spiritualibus monitis parere desideramus. Revera sicut spiritalis ac devotissimus filius reverentissimo patri, atque universali papæ, debet, quippe nos et venerabiles episcopi atque fideles nostri, si non corpore, corde tamen ad vestra sacra vestigia provoluti, humiliter petimus, ut si aliquis inimicorum nostrorum ex nostra parte, quiddam sinistrum mendoso falsitatis elogio vestris sanctissimis auribus significare præsumpserit, quasi serpentinum virus, apostolica abominetur auctoritas. Et quidem nostri episcopi veritatis discipuli, magistri erroris esse non possunt, qui orthodoxi patris catholicæ et apostolicæ fidei veri probabuntur esse cultores.

Inter ista vero ratum esse duximus inserendum, quod si aliqua incursio paganorum fines beati Petri vobis cœlitus commissos adire tentaverit, aut forte terminos augustissimi imperatoris atque amantissimi germani nostri Ludovici, prout nuperrima atque infausta relatione comperimus, irrumpere præsumpserit, illud nobis absque ulla dilatione ocius significari deposcimus, quia quolibet postposito rerum temporalium damno, atque parvipenso perituri discrimine regni pro amore, et timore Dei, et beatorum apostolorum, sanctorumque omnium reverentia, simulque vestra sanctissima paternitate, quam præ omnibus mortalibus diligere, ac venerari decrevimus, nos ac fideles nostros morti, ac periculo tradere parati sumus, scientes esse scriptum: Timere non debemus mortem, quæ sine dubio perducit ad vitam.

Igitur quibus valemus votis, Domini misericordiam imploramus, ut nostram mansuetudinem vestræ excellentissimæ almitati tandem repræsentet incolumem, quatenus verior experientia apostolatus vestri pariter cognoscat, utrum prolata a veritatis fonte emanaverint. Omnipotens Deus nostri memorem summum vestri sanctissimi pontificatus apicem prosperis successibus feliciter insignitum ad custodiam gregis conservare, et exaltare dignetur, gloriosissime, ac præstantissime pater.

EPISTOLA III.

AD ADRIANUM II PAPAM.

De Nicolai obitu certior factus Lotharius, has litteras ad ejus successorem Adrianum scribit, rogans ut quod a Nicolao obtinere non potuit, ab eo impetraret, suum Romæ adventum.

Sanctissimo et perbeatissimo HADRIANO summo pontifici et universali papæ, LOTHARIUS, divina præveniente clementia, rex, æternæ beatitudinis et præsentis prosperitatis pacem et gloriam.

Infausta relatio, et in ambiguo hactenus manens, ut ita dicamus, iteriter nostræ serenitatis transverberavit aures, intimando, quod beatæ memoriæ dominus Nicolaus universalis papa ab hac lacrymarum valle, vocante Christo, decesserit, cum sanctis, ut credimus, inæstimabiliter coronandus. Unde nostræ mansuetudinis affectio admodum ingemiscens, gemino dolore concutitur, videlicet quod mater omnium Ecclesiarum Dei, sancta, et apostolica Ecclesia, tali ac tanto caruit patre, atque in cœlesti Jerusalem lucerna ardens et lucens nostris periculosis temporibus a tenebrosis maledictis Dei [dici] finibus sit remota. Nec differt, ut omnis Christiana religio de tanto pontifice doleat, et omnis ordo ecclesiasticus de prudentissimo ac sanctissimo papa ingemiscat. Revera nos potius deflemus, qui causas nostræ calumniæ insolentes, et fraudulentas æmulorum nostrorum querimonias tam benigno patri æquitatis, et justitiæ lance ponderandas ac determinandas ad tempus et in parte commisimus. Sed quod lugubriter replicamus, plus apud sanctitatem illius valuere nostrorum inimicorum insidiæ et simulatæ deceptiones, quam nostra simplex et pura defensio, quippe patienter atque æquanimiter ultra sufferentiam omnium prædecessorum nostrorum nostram regiam dignitatem, ac divinitus attributam potestatem reverentiæ illius, imo potius apostolorum principis, humiliter submisimus, et ultra quam credi posset suis paternis monitis fideliter paruimus, ac missorum suorum varia et multiplicia hortamenta sectando propter amorem Dei, et reverentiam sanctorum, in aliquibus a nostro regio themate, secus quam oporteret in parte exorbitavimus. Igitur sperantes, et modis omnibus credentes, in sanctissimo pontifice fiduciam nostræ tuitionis auxilium ponimus. Sed nescimus quibus suggestionibus, aut certe superfluis promissionibus actum est, quod insperata dilatio multiplices peperit simultates, atque ob hoc nostra respublica non modicam usquequaque pertulit læsionem. Nos autem litteris et verbis indesinenter proclamantes, et diversis legationibus eadem repetentes, humiliter postulavimus, ut nos et accusatores nostri juxta divinas et humanas leges, sui pontificii audientiam mereremur, ut ratio docet, nostram præsentiam exhibendo. Sed toties repulsi etiam tandem multipliciter coacti, judicium ac refugium nostrum, in illa collocavimus petra, de qua Psalmista confi-

[a] Apud Baronium, *ibid.*

dens aiebat: *Montes excelsi cervis, petra petra refugium erinaceis* (*Psal.* CIII).

Porro illud potissimum nostræ mentis aciem obnubilavit, quod nos ab ipsa sancta sede repellimur, quorum progenitores et atavi illam sanctam matrem Ecclesiam, divino auxilio pie ac fideliter patrocinantes protexere. Et quidem ultra quam fari possit, congratulamur, quod Bulgaros, et alia paganorum feritas ad limina sanctorum apostolorum invitatur, imo quod sancta Ecclesia, juxta vaticinium prophetæ, dilatat locum tentorii sui, et longos facit funiculos suos, ac pelles tabernaculorum suorum extendit (*Isa.* LIV). Sed non modice contristamur, quod tam crebro illuc anhelando audientia prædecessoris vestri potiri non valuimus. Sed his omissis, ad nostræ mentis propositum et vestri Deo digni apostolatus excellentiam redeamus, et uti dignum est, gloriam in excelsis Deo resonemus, qui roseo proprii sanguinis pretio acquisito gregi misericordissima dignatione prospiciens, vestri pontificii jubar, sua electione in sede sanctæ matris Ecclesiæ collocavit, ad nostram et totius Christianæ plebis salutem.

Et quia omnipotens Deus princeps pastorum, in illa sancta sede, vestri pontificatus apicem sublimavit, nostræ serenitatis salubre auxilium, ad defensionem, statum, atque honorem pontificatus vestri, more prædecessorum nostrorum in omnibus exhibere parati sumus. Et teste rerum omnium conditore, nullus catholicorum regum, nullus Christianorum principum devotior vestræ sanctitati, et promptior vestræ utilitati esse desiderat, quam nostra exiguitas [*al.* quantitas]. Nam si tempus arriserit, et auxiliante divina clementia scandala sopita conquieverint, quæ simultate et suggestione æmulorum nostrorum, membrorum videlicet Satanæ, enormiter emersere, vestrum multipliciter desideramus conspectum, et vestris Deo dignis animari colloquiis, atque melliflua benedictione potiri. Denique almifluam paternitatem vestram humiliter precamur, ut nullum regiæ dignitatis, et nominis nobis consimilem præferre quoquo modo, aut præponere nostræ mansuetudini decernatis, neque etiam apices beatitudinis vestræ nobis porrigendos, per aliquem dirigere placeat, nisi, aut per nostrum legatum, aut certe per vestrum a vestro sancto latere destinatum, vel per nuntium augustissimi germani nostri Ludovici imperatoris: quia, ut vere fateamur, non modica simultas hactenus istis in partibus per hujusmodi factum orta noscitur, et nisi in posterum caute prævisum fuerit, quoddam poterit generare discrimen.

Interea modis omnibus obsecramus, ut de vestra optabili prosperitate litteris vestris celsitudinem nostram certam reddentes, charæ filiationis munus nobis impertiri dignemini, et vestris almifluis precibus nostram apud Dominum commendabilem atque venerabilem exhibeatis serenitatem, quatenus tanti patris piis precibus suffulti, creditum nobis regimen, Christo opitulante, gubernare valeamus. Omnipotens Deus vestri pontificii splendifluum jubar, atque angelicam sanctimoniam diu nobis incolumem conservare dignetur. Amen.

ANNO DOMINI DCCCLXVIII

GUNTHARIUS

COLONIENSIS EPISCOPUS

GUNTHARII DIABOLICA IN NICOLAUM PAPAM CAPITULA [a]

(Pertz, Monumenta Germaniæ historica.)

PRÆFATIO

AD EPISCOPOS REGNI LOTHARII.

Sanctis ac venerandis fratribus et coepiscopis Guntharius atque Theotgaudus in Domino salutem.

Rogamus suppliciter charissimam fraternitatem vestram ut nobis pro vobis assidue orantibus san-

[a] De his Annales Hincmari Rhemensis: « Imperator Guntharium et Theutgaudum degradatos, ut secum venerant, Franciam redire præcepit. Tunc Guntharius hæc diabolica capitula et hactenus inaudita, quæ cum hac præfatione, quando Romam in Ludovici obsequio rediit, episcopis regni Lotharii misit, per Hilduinum fratrem suum clericum, adjunctis ei suis hominibus, apostolico misit, dans illi in mandatis ut si apostolicus illa nollet recipere, super corpus beati Petri ea jactaret. » Apostolicus autem præcognitus hæc recipere noluit. Suprascriptus autem Hilduinus armatus cum hominibus Guntharii ecclesiam beati Petri apostoli sine ulla reverentia intrans, diabolicum spiritum, sicut suus frater Guntharius ei præceperat, si apostolicus illud nollet recipere, super corpus beati Petri jactare voluit, et a custodibus prohibitus, eosdem custodes cum fustibus tam ipse quam et sui complices verberare cœperunt, adeo ut unus ibidem occisus fuerit. Tunc ipsum scriptum super corpus beati Petri jactavit, seque isdem et qui cum eo venerunt evaginatis gladiis protegentes, de ecclesia exierunt, et ad Guntharium peracto lugendo negotio redierunt.

cterum precum solatia instanter impendatis, et ne turbemini neque terreamini pro his, quæ fama forte de nobis ac vobis sinistrius nuntiat. Confidimus de Domini nostri clementissima bonitate, quia neque in regem nostrum neque in nos, opitulante Deo, inimicorum prævalebunt insidiæ, neque gaudebunt de nobis adversarii nostri. Nam quamvis domnus Nicolaus qui dicitur papa, et qui se apostolum inter apostolos annumerat, totiusque mundi imperatorem se facit, ad illorum instinctum et votum, quibus conspiratus favere dignoscitur, nos damnare voluisset, tamen modis omnibus Christo propitio suæ insaniæ renitentes invenit, et quidquid inde fecit, non mediocriter illum postmodum pœnituit. Misimus vobis hæc subscripta capitula, quibus cognoscatis nostram adversus præfatum pontificem querimoniam. Nos autem egressi a Roma longiusque recedentes, iterum ad Romam revocati sumus. Quo nos incipientes reverti, has vobis litterulas scripsimus, ut non mi- A remini, quod longiores agimus moras. Dominum regem nostrum tam per vos ipsos quam per vestros missos et litteras sæpius visitate et confortate, atque quoscunque potestis amicos et fideles conciliate, maxime Ludovicum regem admonendo semper invitate, et cum illo de communi utilitate diligenter inquirite, quoniam in pace eorum regum [al. regnum] erit pax nostra. Æquo animo estote et tranquillo corde, domini fratres, quia Deo volente talia vobis nuntiare speramus, in quibus absque errore poteritis advertere spiritum Domini docentem quid et quomodo agere debeatis. Tantum omnimodis præfatum regem commonere curate, ut inter varias suggestiones ita maneat immobilis, donec et ipse rerum causas cognoscat. Cæterum, desiderantissimi B fratres, necessarium vobis est et laude dignum, ut promissam regi nostro fidem coram Deo et hominibus inviolabiliter conservemus. Deus omnipotens vos in suo sancto servitio conservare dignetur.

INCIPIUNT CAPITULA

Cap. I. — Audi, domne papa Nicolae, patres et fratres coepiscopi nostri ad te nos direxerunt, et nos sponte venimus, consulere videlicet tuum magisterium super his quæ pariter, prout nobis visum fuit, et adjicientibus et approbantibus notum esse potuit, judicavimus, auctoritates rationesque quas secuti fuimus scriptis ostendentes, ut tua sapientia perscrutatis omnibus, qui inde sentiret et quid vellet nobis demonstraret. Et si illud melius tua sanctitas inveniret, ut nos instrueres et doceres hoc, humiliter postulamus, parati quidquid rectius et probabiliter insinuares, una cum confratribus nostris sanis acquiescere documentis.

Cap. II. — Sed nos per tres hebdomadas tuum exspectantes responsum, nihil certitudinis nihilque doctrinæ nobis expressisti, sed tantum quodam die in publico dixisti, nos excusabiles apparere et innocentes juxta nostri assertionem libelli.

Cap. III. — Ad ultimum nos evocati, ad tuam præsentiam deducti sumus nihil adversitatis suspicantes, ibique obseratis ostiis conspiratione more latrocinali facta, et ex clericis et laicis turba collecta et permista, nos opprimere inter tantos violenter studuisti, atque sine synodo et canonico examine nullo accusante, nullo testificante, nullaque disputationis districtione dirimente vel auctoritatum probatione convincente, absque nostri oris confessione absentibus aliis metropolitanis et diœcesanis coepiscopis et confratribus nostris extra omnium omnino consensum tuo solius arbitrio et tyrannico furore damnare nosmet voluisti.

Cap. IV. — Sed tuam maledictam sententiam, a paterna benignitate alienam, a fraterna charitate extraneam, adversum nos injuste et irrationabiliter contra leges canonicas prolatam, nequaquam recipimus, imo cum omni cœtu fraterno quasi maledictum frustra prolatum contemnimus atque abjicimus. Teipsum quoque, damnatis et anathematizatis sacramque religionem abjicientibus ac contemnentibus faventem et communicantem, in nostram commu- C nionem nostrumque consortium recipere nolumus, contenti totius Ecclesiæ communione et fraterna societate, quam tu arroganter te superexaltans despicis, teque ab ea elationis tumore indignum faciens sequestras.

Cap. V. — Igitur ex tuæ levitatis temeritate propria tibimet sententia anathematis pestem inflixisti, exclamans: *Qui apostolica præcepta non servat, anathema sit*, quæ tu multipliciter violare et violasse dignosceris, divinas simul leges et sacros canones quantum in te est evacuans, prædecessorum tuorum, pontificum Romanorum, vestigia sequi nolens.

Cap. VI. — Nunc ergo quia fraudulentiam et calliditatem tuam experti sumus, non quasi ad illatam D nobis contumeliam provocati sumus, sed contra tuam iniquitatem zelo accensi, nec nostræ vilitatis personam attendentes, sed omnem nostri ordinis universitatem cui vim inferre conaris præ oculis habentes.

Cap. VII. — Quid nostræ specialis propositionis summa fuerit, in paucis replicamus. Lex divina et canonica aptissime probat, etiam venerandæ sæculi leges astipulantur, quod nulli liceat ingenuam virginem alicui viro tradere in concubinatum, maxime si illa puella nunquam illicitæ assentire voluit copulæ, et quia suo viro parentum consensu, fide affectu [al. effectu] ac dilectione conjugali sociata est, uxor profecto, non concubina, habenda sit.

RETRACTATIO GUNTHARII
ADRIANO II DATA

Profiteor ego Guntharius coram Deo et sanctis ejus, vobis, Domino meo Adriano summo pontifici et universali papæ, ac venerandis tibi subditis episcopis reliquoque conventu, quoniam judicium depositionis in me a domno Nicolao canonice totum non reprehendo, sed humiliter porto Unde nec ulterius sacrum ministerium contingere præsumo, nisi per misericordiam mihi subvenire volueritis, nec aliquando contra sanctam romanam Ecclesiam aut ejus pontificem aliquod scandalum vel quidquam adversi movere volo, sed devotum me eidem sanctæ matri Ecclesiæ ejusque præsuli exhibere atque obedientem permanere protestor Ego Guntharius huic professioni a me factæ manu propria subscripsi Data kalendas Julii, indictione II, in ecclesia Sancti Salvatoris, quæ est in monasterio Sancti Benedicti in Cassino

THEODGAUDI, GUNTHARII ET ARDUICI
EPISTOLA AD HINCMARUM.

(Apud Labbeum, Conciliorum generalium tomo VIII, col 762)

Optabili in Christo fratri IGMARO [Hincmaro] THEODGAUDUS primas Belgicæ Galliæ, GUNTHARIUS Agrippinensis Coloniæ, et ARDUICUS Vesontionensis Ecclesiæ episcopi salutem et pacem

Relegimus, frater, et utinam frater Ignare, libellum tuæ accusationis adversus Hilduinum dilectum filium et fratrem nostrum, ut credimus idoneum virum, in quo ipsum officio pastorali indignum asseveras, et causas te scire, pro quibus iisdem electus ordinari non debeat, exclamas Quamvis ab hac improbitate hoc solummodo te revocare vel temperare debuisset quod ille tuus domnus et nutritor fuerit charus, si tamen memor et non ingratus fore voluisses, cujus iste et affinitatem refert et nomen Nunc quoniam delator esse voluisti, quod restat non omittas Te enim exspoliasti judicio, dum criminationis chartulam, quod tuo officio et honori, ut æstimamus, non competebat, propria manu, quod negare non potes, in conventu regum principi nostro Lothario inconsulte porrexisti, ac memoratum Hilduinum, nosque pariter suspectos reddidisti Ergo quia te objecta probaturum promisisti, consequens est, ut exsequaris quæ promisisti unde et te canonica commonemus auctoritate, ut accusationis tuæ exsecutionem canonice prosequaris Quod si te accusationi subtraxeris, et probationi defueris, noveris te canonicis de accusatoribus regulis subjacere Calumniæ vero quas synodalibus decretis obumbrare nisus es, in te atque in æquivocum nepotem tuum, qui ita provecti estis, reflectuntur Quorum neuter ex illa fuit ecclesia, in qua ambitione atque favore potentatus inthronizatus esse dignoscitur Hac conditione dehinc exigente synodo te adesse oportebit, quæ Idus Martias apud urbem Mediomatricum, Christi favente gratia, celebrabitur ubi sæpefatus frater aut tua probatione convincatur, aut sua defensione liberetur Ubi quoque et nos tibi ex omnibus, quæ de ecclesia Cameracensi scribens monuisti et reprehendisti, rationes reddendo respondere valeamus In Christo te valere optamus

EORUMDEM
EPISTOLA AD EPISCOPOS IN REGNO LUDOVICI CONSTITUTOS

Venerabilibus in Christo fratribus archiepiscopis et episcopis in regno eximii regis Ludovici constitutis THEODGAUDUS Belgicæ Galliæ primas, GUNTHARIUS Agrippinensis Coloniæ, ARDUICUS Vesontionensis, ROTLANDUS Arelatensis, TADO Mediolanensis Ecclesiarum archiepiscopi, eorumque coepiscopi salutem et pacem orant et optant

Diversis Ecclesiam Dei perturbationibus concuti et percelli quotidie exterius cernimus ac suspiramus interius vero vexari eam atque exuri in suorum dissensione membrorum, videntes nimium perhorrescimus et dolemus. Neque enim dolere et lugere non possumus, quod sanctos Dei sacerdotes, Hincmarum videlicet archiepiscopum religione et sapientia longe lateque vulgatum, et Rothadum longiturnæ et venerabilis conversatione sanctitatis famosum, ita comperimus ab invicem discordasse, ut non veritus sit metropolitanus idem suffraganeo eidem excommunicationis sententiam intorquere, et officio privatum divino custodiæ deputare. Sed quem e duobus magis defleamus, admiratione simul ac stupore vallati nescimus. Rothadum scilicet ita a vero exorbitasse, ut ei digne talia infligerentur, aut Hincmarum ita justitiæ et dignitatis limitem transiliisse, ut aliquo amaritudinis aut ambitionis zelo devinctus seu devictus sancto, ut credebatur, et annoso episcopo talia inferre minime dubitaret. Ille etenim se injuste damnatum proclamat, qui etiam inter alia excusationum suarum munimina in appellatione Romani perstabat pontificis. Iste autem inter cætera invictionum commenta de contemptu et inobedientia sui juste eum ab officio sacerdotali removere denuntiat. Quod quia nobis per omnia incertum est, quippe qui neutrius causam palam cognovimus, rumoribus nec facile credere audemus, nec absentium dissensiones temere dijudicare debemus. Ob hoc tamen multos, imo pene omnes ad quoscunque hæc fama pervenit, nobiscum scandalum passos non sine gravi mœrore sanctitati vestræ mandamus, orantes et unanimitatem vestram poscentes, ut discordiam prædictorum antistitum animadversis antiqui hostis insidiis, et consideratis humanæ fragilitatis excessibus, qualiter cœperit, et increverit, sollicitius intendatis ac perpendatis, et nobiscum Domino mediante convenientes, dubietatis hujus nebulas studiosissima indagine abstergamus, et ad veritatis lucem vera luce revelante perducamus: quo aut Rothadus si juste depositus comprobatur, omnium judicio conticescat, aut Hincmarus de injuste damnato merito erubescat. Et scandalum sive murmur, quod in sancta Ecclesia super hac controversia plurimos diverberat, nostra vigilantia destructum atque sedatum fatiscat, ne tantum offendiculum Christianum populum diutius perturbet. Neque ergo ullis hoc debet argumentis prætermitti, aut occasionibus differri, quoniam ut meminisse nos arbitramur, et sedes apostolica quondam suam sententiam in melius commutavit, cum sibi subreptum de quodam perspexit, et Dioscorus, qui sanctum virum dignæ memoriæ Flavianum injuste deposuerat, a sede apostolica damnatus evanuit, remanentibus aliis indamnatis, qui ei non sponte, sed quasi coacte in depositione sancti consenserant episcopi, quos ipse Dioscorus multiformiter et argute fallere callidus argumentator elaboraverat. Nolite jam nunc morari crescente periculo, et insultantibus sancto ordini atque detrahentibus multis, qui gloriantes sibi fiducia promittunt, quod nobis invicem mordentibus atque

A dissentientibus, usquequaque nocere valeant. De quibus autem Rothadus queritur, nosque plurimum movet, sanctitati vestræ breviter subter annectimus. Si debeat presbyter aut diaconus a proprio episcopo juste depositus, a metropolitano aut alio quolibet in gradum pristinum sine ejusdem episcopi consensu restitui, cum in concilio Antiocheno (*cap.* III) de hoc ita habeatur: Si qui presbyteri aut diaconi a proprio episcopo excommunicati, ausi fuerint, etc. Item in eodem concilio (*cap.* VI): Si quis a proprio episcopo communione privatus est, etc. Si debeat presbyter criminatus atque damnatus post quatuor annos reconciliari, cum de hoc in concilio Africano (*cap.* XII) ita habeatur: Si quis infra annum causam suam purgare contempserit, etc.

B Si debeat quilibet episcopus alterius ordinatum retinere, quanto minus capere vel in carcerem trudere, cum de hoc in decretalibus ita statuatur: Nullus episcopus alterius parochianum præsumat retinere, etc. Et post aliquanta: Si quis metropolitanus episcopus, nisi quod ad suam solummodo propriam pertinet parochiam, etc. Si debeat episcopus alterius episcopi ministros scriptis invitare, aut aliquo modo sollicitare, aut plebes alterius potestati suæ usurpare, cum de hoc in Africano concilio ita dicatur (*cap.* X): Nullus debet collegæ suo facere injuriam, etc. Multa quinetiam in eodem concilio de his alia promulgantur. Si debeat episcopus minus quam a duodecim audiri, quanto

C magis damnari, quod in Sardicensi concilio evidentius inhibetur. Si debeat damnari vel in locum ejus episcopi subrogari alter episcopus, qui in appellatione perstat Romani pontificis, nisi fuerit causa appellantis in ejus determinata judicio. Si possit suspectum et minus certum judicium renovari, vel si suspectus metropolitanus vicinos provinciæ judices convocare, unde multa in conciliis synodalibus et in decretis Romanorum pontificum continentur. Si debeat innocens vel inauditus damnari. Si debeat damnari eo quod ægritudine detentus synodo occurrere non potuit, cui non pro impossibilitate hoc, sed pro contemptu imputatur. Si debeat condemnari pro eo, quod et metropolitanum omnemque conventum suspectum habeat et contra

D se conspiratos metuens aut sciens, ad tempus synodi locum ingredi differt, Romanum pontificem semper appellans. Si debeat accusator testis esse vel judex vel si episcopum hæc universa conveniat agere pariter. Hæc itaque vos sacerdotes Domini comministri Dei nostri qui in lege Domini meditamini die ac nocte, perscrutatis et evolutis divinarum auctoritatum paginis rimari curate, utrum sit hujusmodi sapientia desursum, quæ juxta apostolum (*Jac.* III) primum quidem pudica est, deinde pacifica, an, quod absit, ea quam præmisit, terrena, animalis, diabolica. Redeat itaque quantocius pia solertia vestra et labore, sancta Ecclesia ac fraterna charitas in pacem, quæ scandalizata videtur aliorum improbitate.

ANNO DOMINI DCCCLXVIII

THEUDOINUS

CATALAUNENSIS PRÆPOSITUS.

NOTITIA EX FABRICIO

THEUDOINUS, *præpositus Catalaunensis, anno 868 scripsit epistolam ad Almannum monachum Altivillarensem prope Rhemos, ut Vitam sancti Memmii episcopi Catalaunensis primi describeret. Edita est a Mabillonio, Vet. Analect. p. 423, ex quo desumpsimus.*

THEUDOINI

AD

ALMANNUM MONACHUM ALTIVILLARENSEM

EPISTOLA,

De scribenda Vita sancti MEMMII, *episcopi Catalaunensis primi.*

Dilectissimo fratri ALMANNO, monacho professione, et per gratiam Dei hiereo.

In lege Domini die ac nocte meditari, non cedit incassum in oculis divinæ majestatis. Ideoque operæ pretium duxit tuam commonefacere charitatem, ut quoniam ab ineunte ætate in loco religioso nutritus, in hoc maxime operam dedisti, ut in nullo expers grammatos, etiam vel hoc proficeres, ut nullatenus esses imperitus graphidos, dimittas nemus Angitiæ, et totum te cum auxilio divino transferas in vineis Engaddi. Certe nosti et vineam Sorech, audisti et patremfamilias, qui exiit primo mane, et per divisas horas, tamen præfixas, conducere operarios in vineam suam. Revera et in hoc mea sunt vota, ut vocatus vocatione secundum propositum Dei facta, etiam juxta pusillitatem alicujus igniculi tui labores in Ecclesia Domini Sabaoth sine ulla interpolatione neque moreris, neque ulla dilatione graveris. Est enim nobis mors velocissima, licet sit nobis nimium sapientia tanta [*f.* tarda]. Ergo accelera in quibuscunque fultus præsidio veritatis, et in domo Domini aliquod vasculum [elabora]. Sunt enim in ea non solum vasa aurea et argentea, sed et lignea et fictilia, in sancta videlicet Ecclesia, quæ juxta prophetam Osee desponsata est tripliciter, primo ante legem in Abraham, secundo sub lege per Moysen, tertio autem sub gratia, ipso Domino veniente, et in utero virginali carnem virgineam assumente, de qua processit, tanquam sponsus de thalamo suo. Didicisti etiam quod cum bestiis agri et cum volatilibus cœli et cum reptilibus terræ disposuerit Dominus pactum inire, et quod etiam per pastores Thecuæ consulat Dominus vineæ suæ. Atque ut manifestius fiat quod aimus, noveris quod non absque occulta divinæ dispositionis providentia accidit, ablato mausoleo et aggere terræ semoto, perlustrasse nos beati Memmii sepulcrum in quadrangula et cæmentaria pretiosi corporis fossa: et hoc est factum jussu Regis CAROLI anno ab Incarnatione Domini 868, Indict. I, VIII Kal. Aprilis, quæ fuit quarta feria ante mediam Quadragesimam: ejusque sanctum sepulcrum est inventum minime ex ulla parte hærere ad terram, sed virtute omnipotentis Dei, apud quem merita tanti patroni refulgent, in ipsa fossa veluti libratum in aera pendere quatuor digitis a terra. Quo miraculo stupefacta mortalium corda depromunt, dicentes: O quam magno pietatis studio cœlesti vitæ se conformem reddidit, dum vixit in terra, cujus nunc tanta est gloria in cœlo, ut ejus sepulcrum, nedum corpus tangere, indignam se fateatur terra. Ejus sanctissimi viri vitam a tua devotione quærimus innovandam: quæ diuturna vetustate et negligentia, velut in pittaciis, habetur pene consumpta. Ergo age, pro viribus nostræ petitioni favens esto: quatenus de tanto intercessore ad perpetuam salutem possis in cœlo gaudere.

ALMANNI RESCRIPTUM

Venerabili præposito Fulcuino, Almannus peccator.

Præcipis mihi charitate cœlitus infusa cordibus electorum per Spiritum sanctum qui datus est nobis, ut vitam sancti Memmii Catalaunensis primi pontificis, vetustate neglectam et imperitia corruptam, haud secus ac si ex cineribus efflossam, innovare contendam peritia corrigam, et quidquid videtur deesse, moliar supplere studio veritatis impressus. Sed multa sunt, quibus facile tanto me possum excusare negotio. Primum, quod disputatio neoterici non congruit tantæ gravitatis et sanctitatis viro. Secundum, quod ipse testis ignorantiæ meæ, nullius testimonio nititur conscientia mea, ut me profitear sapientem, cum sim insipiens: ideoque minus convenit, ut præsumam ultra vires aggredi negotium. Tertium et maximum illud est, quod peccatorum meorum luctuosa recordatio, dum pro debitio delictorum meorum me soli delegat amaritudini, terribilem mihi timorem incutit, illius gesta pangere stylo cujus prædicationis apostolicæ et sanctissimæ religionis nunquam me, proh dolor! participem imitatoremque exhibui. Fateor ergo, debetur hoc opus vitæ merito, et charitatis scientia sapienti, non mihi per omnia insipienti, ne mihi veniat illa vox justæ severitatis, quæ dicat: *Quare tu enarras justitias meas, et assumis nomen meum per os tuum?* (*Psal.* XLIX.) Sed quia te precante charitas jubet, te hortante Christus imperat, quantulumcunque nostrum fuerit munusculum, non subterfugiam, quin quod Dominus dederit, pandam. Novi etenim quod dicitur: *Aperi os tuum, et implebo illud* (*Psal.* LXXX), et *Operare terram tuam, et satiaberis panibus* (*Prov.* XII, 11). Nec quæram altitudinem verborum, cum minime unquam illam attigerim, sed et simplex habens ab antiquitate materiam, verbis quidem simplicem, sed factis limpidius sole lucentem, et omnem mundanæ molis machinam potentia sui et virtute divina transcendentem, et ipse velut potero, sequens ero, suffragium a vestris orationibus quærens, ut a quatuor ventis veniens spiritus mortua ossa mea vivificet, et me talem facere dignetur, a quo non exigat debita usque ad novissimum quadrantem, quin potius deleat et dimittat omnia delicta mea usque ad novissimum quadrantem. In quo sanctus Memmius nobis pius intercessor existit, cui devotionis nostræ servitium offerre conamur, licet exiguum, tamen quantum nostra parvitatis igniculus et veritatis materia cum auxilio divino contulit nobis. Atque in hoc communi opusculo tuum erit eligere quem sortiamur judicem. Etenim cum in omnibus rebus sit utilis probatio, Apostolo dicente: *Omnia probate, quæ bona sunt tenete* (*I Thess.* V, 21), maxime in his necessaria habentur, quæ veritatis lucem justæ examinationis efficacia spectant; et hoc vel solum maximum est, cui exspectamus judicium sapientiæ. Etenim ipsas grammaticæ cautelas, quibus a barbarismo aut solœcismo censet ipsa cavendum, aut nihil aut parum curamus in hujus rei moderatione, cum quærentur veritas, et debeat facessere vanitas, et optemus fugere contrarium, cum insistamus gravitati [*l.* veritati] pro viribus mentis. Neque hoc dicimus, ut grammaticam reputemus in vitio, cum sit ipsa sola, vel maxima virtus scientiæ: sed quia veritati operam dantibus obscurantur alia, velut a sole sidera. Unde dictum est: Tenebras non amabo, cum solem videro. Denique quantam in hoc patiar verecundiam, effari aut vix, aut minime possum, veritus ne fiam fabula sapientibus, qui in hac re volui consulere legentibus, ubi succurret modestiæ latebra, si fieri posset, ut absque exaratoris nomine manet scriptura in opere. Et hæc arbitrio tuo pariter derelinquo. Potens est enim Deus auferre opprobrium nostrum, quod et faciet, ut in misericordia ejus veraciter confidimus, intercedente beato Memmio, qui nos cœlitus oculis respicit benignis, te per devotionem mentis hortantem, me pro debita fidelitate et capacitate cordis scribentem. Opto itaque vobis hujus facti non modicam manere mercedem: cui cum omnia debeam, tam arduam rem non negare potui. Opto vos quam bene valere, et esse felicem usque ad supernæ gloriæ contemplationem.

ANNO DOMINI DCCCLXIX.

PAULUS ALVARUS CORDUBENSIS.

NOTITIA HISTORICA.

(Apud Antonium, Bibliotheca Hispana vetus, tom. II, p. 475.)

Synchronus omnibus his fuit Alvarus Cordubensis, de quo memoriæ quidquid est, compilavit Ambrosius Morales lib. XIV, cap. 3. Nobis tamen non omnia placent quæ de eo uti comperta referuntur. Ait Morales illustri cum genere ortum Cordubæ fuisse, atque idcirco *Serenitatis* et *Serenissimi* vocabulo compellatum ab Eulogio eumdem putat (a). Sed, si non alius est auctor epistolæ cujusdam inter alias Alvari ad Eleazarum secta Judæum ex idololatra, quæ incipit *Confectam mendacio*, etc., laterit opus est, de genere Hebræorum esse eum qui hæc de se ad Eleazarum: « Quia ex ipsa stirpe Israelitica orti parentes olim fuerunt nostri, sed ubi desideratus cunctis gentibus venit, illico jam venisse cognovimus. » Et clarius expressiusque infra: « Et hæc dicimus ut vestra frangatur superbia, et retundatur assertionis versutia. Cæterum liberior mihi responsio et brevior, imo clarior exstat, eo quod ex Israelis stirpe descendens cuncta mihi gloriori dicta, quæ tibi tu applaudis excerpta. Prudenter intellige, et collige sapienter, et æquus arbiter esto. Quis magis Israelis nomine censeri est dignus, tu qui dum ex idololatria ad summi Dei cultum reversus es, an ego, qui et fide et genere Hebræus sum? Sed ideo Judæus non vocor, quia nomen novum mihi impositum est quod os Domini nominavit. Nempe pater meus Abraham est, quia majores mei ex ipsa descenderunt traduce. Exspectantes enim Messiam venturum, et recipientes venientem, magis illi videntur Israel esse quam qui exspectabant, et venientem respuerunt, nec tamen eum exspectare cessarunt. »

172. Aliquo autem modo videtur et mihi Gothum se esse affirmare ad eumdem Eleazarum rescribens epistola, quæ mutila est in postremo loco, et incipit *Quæ stylus tuæ prosecutionis*, nempe his verbis: « Sed ut me, qui sim ipse cognoscas, et amplius me tacendo devites, Virgilium audi (b):

Mortem contemnunt laudato vulnere Getes.

Necnon et illud:

Getes, inquit, quo pergit equo,

Unde et illud exstat poetæ:

Hinc Dacus premat, inde Getes occurrat.

Ego sum, ego sum, quem Alexander vitandum pronuntiavit, Pyrrhus pertimuit, Cæsar exhorruit. De nobis quoque et noster Hieronymus dicit: « Cornu habet in fronte, longe fuge. » Quæ nisi ad genus scribentis referantur, quasi ludens jactaverit Gothicam ferociam provocanti adversario pertimescendam, nescio quem alium idoneum sensum habeant. Cæterum quod de *Serenitatis* salutatione Alvaro attributa prius dictum fuit, alius omnino quem hodiernus est stylus erat illius temporis, quo tam isto quam *Excellentiæ* et *Sublimitatis* honore sese invicem non præcipuæ alicujus dignitatis homines excipiebant.

173. Exempla habemus in his ipsis Alvari, et aliorum ad eum, epistolis. Cujusdam inscriptio talis est: *Serenissimo omnium catholicorum domino meo Romano*, quem Romanum medicum vocat lemma epistolæ. Ad eumdem: *Anteriorum meorum*, inquit, *exordiens, serenissime domine, erga vos*, etc. Paulo infra *sublimissimum* hunc ipsum vocat. Ac deinde: *Mi sublimissime domine, dilectionem meam erga vos*, etc. Ejusdem generis fuit *Excellentiæ* compellatio Speraindeus ad Alvarum: *Et ad ea quæ vestra excellentia posuit, revertam*. Animadvertendum est tamen quod sive a Gothica origine, sive aliam ob causam, videtur is *Flavii* et *Aurelii* cognominibus ab his qui litteras ei dabant, compellatus, sed proprio nomine *Alvarum Paulum* se ipse vocat in plerisque epistolis.

Sed quidquid de stirpe sit Gothica, an Hebræa, modeste ipse in *Indiculo luminoso*, cujus auctor fuisse creditur, de suis studiis loquitur: « Quia nec in liberalium artium disciplina non excultum [*f.* disci-

A plina excultus] proprium ignoro studium, et nesciendam meam ipse non nescio, et quod magisterio humano non didici, exhibere aliis, utpote ignarus, non valui. » Sed licet eloquentiam desideremus in viro densis captivitatis tenebris immerso, ingenium doctrinamque suspicimus. Sub Speraindeo, una cum Eulogio martyre, bona mente et fervens cogitationibus admodum profuisse eum aliis novimus.

Calamitates etiam ab adversariis passus dicitur, de quibus ipse ad Romanum medicum: « Omnes adversantes mihi amicissimos feci, et quibusdam pacificis nexibus utens solertia animi, manu dilectionis contrario amplexavi, humilitate leniens, et affectione demulcens. » S. Eulogii martyris amicitia in primis claruit, scriptisque ejus Vita et Martyrio cujus scripti frontem hanc inscripsit notam, conditionemque status sui laicalis et sæculo hærentis omnibus notum reliquit: « Profiteor, inquit, me non audita et dubia, sed visa et per me probata retexere B (de Eulogio), quoniam gratia Dei cooperante a primævo adolescentiæ flore charitatis dulcedine et Scripturarum amore uno vinculo concordi innexi hujus vitæ, licet non pari ordine, tamen pari affectu, in cunctis quæstionibus duximus jugum. Sed ille sacerdotii ornatus munere, pennis virtutum in sublime evectus altius evolabat, ego luxuriæ et voluptatis luto confectus, terra tenus repens hactenus trahor. » Conjugio autem astrictum fuisse Alvarum, Joannes Hispalensis ei scribens innuere his videtur: « Salutare præsumo per os vestrum omnem decorem domus vestræ. Salutat vos domina Froisinda, » etc.

Plura ex eodem Vitæ Eulogii exordio de communi utriusque sub Speraindei abbatis ductu consuetudineque subjicere, quia de studiis concepta sunt, libet: « Agebamus, ut alia præteream in editis videnda, utrique Scripturarum delectabilem, inquit, lusum, et scalmum in lacu nescientes regere, Euxini maris C credebamur fragori. Nam pueriles contentiones pro doctrinis, quibus dividebamur (forte in philosophorum placitis) non odiose, sed delectabiliter epistolatim in invicem egimus, et rhythmicis versibus nos laudibus mulcebamus. Et hoc erat exercitium nobis melle suavius, favis jucundius, et in ante eos quotidie extendentes multa inadibilia tentare in Scripturis puerilis immatura docibilitas egit. Ita ut volumina conderemus, quæ posterior ætas muta abolenda, ne in posteros remanerent, decrevit. »

Opera hujus Alvari nobis feliciter conservavit codex quidam Ecclesiæ Cordubensis a septingentis, ut colligere datur, annis scriptus, quem vidit Morales laudatque non uno loco (c). Codicem alium Toletanæ Ecclesiæ Thomas Tamaius laudat (d). Nos inde dimanans omnium quæ ibi exstant habemus exemplum, transcriptum ex altero nobis communicato ex amplissima Francisci S. R. E. cardinalis Barberini Romana bibliotheca, in qua asservatur olim eidem D purpuratorum magno decori, et litteratorum ac litterarum protectori beneficentissimo, Matriti, dum eo sanctæ memoriæ Urbani VIII *a latere* venisset legatus, ab eodem Thoma Tamaio de Vargas, regio chronographo, una cum aliis antiqui ævi monumentis Hispanis, ex apographo suo scriptum et oblatum.

Hujus conspectum hic dabimus, quemadmodum ex eo, quod fuit laudati Thomæ Tamaii, exemplo prodiit: *Aurelii Flavii Alvari illustris, patricii Cordubensis, S. Eulogii, archiepiscopi Toletani martyris, amici et studiorum collegæ, opera omnia, quæ in bibliothecis Hispaniæ exstant, a multis hactenus desiderata, nunquam edita a codice pervetusto Ecclesiæ Cordubensis litteris gothicis exarato, bona fide pri-*

(a) Eodem argumento Higuera utitur in notis ad Luitprandum anno 846.

(b) Falso tribuuntur hi versus Virgilio.

(c) In præfatione ante lib. XI *Hist. Hispan.*, sub epigraphe *Las ayudas para lo de aqui adelante*, et lib. XIV, cap. 3.

(d) In notis ad Luitprandum, ann. 869, pag. 209.

mum transcripta tandem e bibliotheca D. Thomæ Tamaii de Vargas historiographi regii, libenter communicata. Nempe hac inscriptione insignitum habebat vir ille doctissimus, quod editioni præparabat, Alvari opusculorum corpus, quo hæc continentur.

Indiculus luminosus. Incipit: *In defensione servorum tuorum, Domine*, etc. Scriptus ab auctore anno 854, ut ex his liquet: « Siquidem in hoc, ait, Incarnationis Domini anno octingentesimo quinquagesimo quarto, et æra, quæ currit, octingentesima nonagesima secunda, anni Arabes lunares ducenti computantur quadraginta, solares vero anni ducenti [illegible] ex qua summa supersunt anni solares sexdecim. » Opus non est in computum hocce diligentius inquirere, dum Incarnationis, æræ Hispanicæ, Arabumque seu Hegiræ annos habemus. Alvari esse hoc opus negaverat olim Morales (*a*) ex eo maxime, quod nullum in eo verbum de Eulogio factum reperiatur, Alvari amicissimo capite, quod vix committere hic potuerit, idem cum illo argumentum tractans. Attamen postea renuntiavit huic opinioni, cum Historiam scriberet (*b*), et ex animi sententia hunc nostro librum adjudicavit. Jure quidem: ipse enim stylus et verbis et compositione cæteris Alvari scriptis simillimus, eædemque res, idem utriusque tempus Eulogii et Alvari, necnon et mentio in Eulogii Vita exstans scripsisse Alvarum aliquod opus quod ad historiam illius persecutionis pertineret, in tuto ponere videntur, non alium esse libri auctorem.

Quare has partes sequuntur frequenter nostri (*c*), excepto uno usque ad suum tempus Hieronymo Romano de la Higuera, ea tamen ipsa inconstantia, quæ in aliis ejus operibus apparet, et maxime in præstituendo Indiculi hujus auctore. Nam si Luitprandum (*d*), Higueræ opus, consulas, Bonitus, episcopus Toletanus, si autem ejusdem Julianum, Wistremirus et idem Toleti præsul fuerit. Necnon et unus idem Julianus id posterius in Chronico effert, et in epistola Chronici præambula pro Bonito stat. Et hunc hominem suspiciunt plures, de quo apte cum Ennio dixeris: *Imus hinc, imus illinc: cum illuc ventum est, ire illinc lubet*, aut cum Græco al[illegible] *[illegible]o negoque, quidque dicam nescio*. Cujus quidem nihili auctoritas hærere tamen fecit Thomam Tamaium, virum falli præstigiis hisce minime dignum, qui demum post incultatam omnem viam, ad Alvarum flectit. Eoque movetur maxime quod *luminosi* hoc epitheton *Indiculo* adaptatum, quasi proprium, et uti tunc loquebantur scriptorum aliorum Alvari verna sit. Hujus rei aliquot is exempla adducit ex Vita nempe Eulogii, et ex ad eumdem epistola quadam.

Ultra hæc, in alia ad Joannem Hispalensem in fine: *Atque luminositer cuncta nobis oris vestri aperta sententia revelet*. Nec auctor Indiculi contentus fuit usurpasse tantum in lemmate hoc vocabulum, quinimo passim eo utitur: *Eleazarus* (alicubi ait) *in lib. II Machabæorum luminositer docet*. Et alibi: *Et B. Joannes in sua epistola prima luminositer docet*. Nec minus Indiculi nomen Alvarus usurpat in epistolis, *et Idesideratum nobis amici Indiculum misit*. Ad hæc *Invectionis* nomine, quasi sermonem ad aliquem factum dixeris, sæpissime tam Indiculi auctor quam Alvarus alias utitur. In Indiculo hæc legas: « Cui recte convenit illa in Israelitica gente exaggerationis invectio. » Et paulo post: « Et licet invectio accurata exerto opere [*f.* excerto opere] in campum tota producat. » Et iterum post pauca: « Illecebrosa invectio non puduit. » Atque item: « Et contra reprehensionis invectionem stolidam. » Vix alius quam Indiculi hujus auctor sic sæpe locutus fuerit, quemadmodum in epistolis Alvarum locutum legimus. In una enim quas ad Joannem scripsit: « Ut tota contra hæc certet invectio vestra. » Et in alia ad eumdem Joannem hæc intra pauca verba: « Nunquam enim sedatur responsio, nisi prius convincatur (*e*) invectio. » Et: « Sit flexuosa catenula et catenatim contentio flexuosa, quæ nec invectionibus eluditur, nec responsionibus terminatur. » In epistola quoque ad Romanum medicum: « Et invectiones adversariorum apologetico retunderem opere. »

Quamplurima sunt in quibus idem utrobique sibi respondet auctor, quæ ut de re qua de agimus non ultra dubitetur, subjungere operæ pretium est. *Sequipedi* nominandi casu, et plurativo numero indiculo sunt ii qui sequuntur pedibus: « Et pro dogmate eruditis, et Christi *sequipedis*. » Et infra: « Nos vero evangelici servi Christi discipulorum rusticiorum *sequipedi*. » Item de Mahometi sectatoribus: « Quam impurissimi sectam impurissime *sequipedi* ampliantes, » etc. De iisdem mox: *Sequipedes fidei suæ*. Eodem modo loquitur una ex epistolis ad anonymum episcopum quemdam: « Et ideo, mi sublimissime domine, apostolorum vicarie, et rerum opificis Christi *sequipede* (*f*), » etc. Phrasis est Indiculi, opus *præcidere* pro *finire*: *Fine debito opusculum præcidamus*. Quemadmodum et epistolarum quartæ scilicet ad Joannem Hispalensem, *quo fine talia præcidit dicta*.

Adverbio seu præpositione *tenus* sæpe utitur hic quem eumdem credimus scriptor. De beatis visione Dei fruentibus Indiculus ita loquitur: Quietitudine jam lætantes æterna, et regi suo facie tenus servientes. » Item cœlo tenus, pro, usque ad cœlum: « Illi hodie abundantia perfectiori ut sibi videntur, cœlo tenus perferunt. » Pari modo *facietenus*, pro apparenter. De Mahometanis: « Pietatis speciem facietenus ostendunt. » Et postea: « *Facie tenus* pietatem prætendentem. » Similiter in Eulogii Vita, quæ certe est Alvari: « *Terratenus* repens hactenus trahor. » Et in epist. 2 ad Joannem: *Verbo tenus narrat*. Et in quarta ad eumdem: « Et ipso nomine, *facie tenus* quid sit apertius indagetur, quasi dicat, patenter. » Et in quinta ad eumdem: « A terra altius *cœlo tenus* extendamus. » Et paulo post: « Astrologi *cœlo tenus* voluerunt pennis volare, » pro, usque ad cœlum.

Simillimi etiam commatis sunt in Indiculo: *ut conatus adfuit*. Et in epist. 4 ad Joannem: *quantum posse mihi exstitit*, pro, ut potui. Deponentia verba *opinari, adversari, præconari*, et alia hujusmodi utrobique legimus active formata. Indiculi hæc sunt: « Fortasse aliquis *opinat* fuisse vitandum. » Et mox: *Opinaverunt multa*. Epistolæ 4 hæc sunt: *Tam leviter opinasse*. Auctor Indiculi ait: *Veluti furiosi præconant*. Et mox: *Clamant, replicant et præconant*. Alvarus in Confessione: *Peccata detestas*. Et infra: *Aversare conetur*. Indiculus: « Ex numero ejus *revertent*. » Epist. 2, « Deus hominem non *dedignat*. » Epist. 4, « Et nec dum apprehendisse *conquerunt*. » Et postea: « Per regulas non *ordinat* Donati. » *Euphrasiæ* Græco vocabulo Indiculus utitur: « *Euphrasia* sua milleno sectarum ritu conflavit. » Sicut Alvarus initio epist. 4 ad Joannem Hispalensem, quod corruptum est in meo exemplari, sed non in *euphrasiæ* nomine: « Emperiæ vestræ sumentes euphrasia. »

Verbo *innumerositatis* tam Indiculi auctor his: « *innumerositatis* licentiam tribuit, » de licentia plures uxores habendi Mahometanis concessa, quam Alvarus epist. 15, ad Eleazarum: « Per diversitatum

(*a*) In notis ad Vitam Eulogii in fine.

(*b*) Lib. XIV, cap. 3.

(*c*) Petr. Pontius apud Moralem in Notis ad Eulogii Vitam, ubi proxime, Ramirezius ad Luitprand. an. 866, num. 309, Tamaius huc magis inclinat ad an. 869, pag. 208.

(*d*) Anno 866, num. 309.

(*e*) In ms. nostro legitur, *conversatur*, male.

(*f*) In nostro cod. est *sequippede*.

numerositates utuntur. » *Domus pro domus* in gi- A endi casu retinendum utrobique credimus, in In ulo nempe « Pudet nimique insaniam illius *domui* illatim exponere » et in epistola secunda *De co-n domui vestræ*. Alterius generis substantiva cum eius adjectivis juncta, ut innuimus, passim, ita ut epistolis in Indiculo etiam leguntur. Ex indiculo e selegimus « Imitare decuit *factum probabilem* » m, *conjugium quem*, etc. Ex epistola 5 hæc « Ad *um* flectere utriculum congruit, quod mentem ecerat » etc. Ex 7 *Apostoli eum dictum*. Epist. 9 *undantiorem pretium*. Quæ grammatica est Alvari licelime cum aliis omnibus jam adnotatis duobus ctoribus communis, ut jam de Indiculi auctore iplius quærendum non sit.

Neque novæ amici nostri D. Josephi Pellizerii nionı defendendum, qui ex eo tantum quod Alvarus quadam epistola ad Lulogium scripta sic incipit *minosum vestri operis documentum* suspicatur hoc Eulogii opus quod *Indiculus luminosus* audit, pexisse videri. Plane errat vir eximius, mihique iecipuo semper honore excipiendus, nam de *Docu-nto martyriali*, Floræ et Mariæ sororibus virgi-bus nuncupato, quem librum Eulogius ei cum oxima retro epistola invisendum remiserat, Alva-s solemni suo *luminosi* vocabulo utens loquitur. e facile in Eulogio talem sermonis, quæ in Alvaro, licentiam reperiemus. Nec tanti ponderis est ut s urgere debeat, auctorem Indiculi haud meminisse logii talis viri quique eamdem olim navaverit ram, cum poterit Indiculus hic ab Alvaro scribi tequam Eulogius *Memoriale* suum *sanctorum* con-isset. Constat enim formatum Indiculum anno 4, uti prius adnotatum fuit, *Memorialis* autem tium saltem librum post 856. Suum autem Indi-lum modeste Alvarum suppressisse ut nec ad Eu-gii notitiam perveniret, non impossibile est.

At quod de Toletanis episcopis Bonito et Wistre-ro audivimus, Higueram ipsum, atque ejus, ut vari verbo utar, sesquipedes torquebat maxime, n utilis et docti opusculi auctorem alium a Tole-to fuisse episcopo, et, dummodo hunc assererent, strenuus fuerit an Bonitus pariter habuere. Mu-us certe Indiculus ad nos pervenit, cum non ten-n illius partis quam habemus finis, imo totus er, sive secundus liber, desideretur, ut ex his nstat « Et quam hæc universalis sit nostra cre-litas in secundo hujus operis libro majorum fir-avit auctoritas » Et alibi « Ac in secundo libro ctorum sententias congregemus, nostraque ope-as fabellas veracium stillatione firmemus » Argu-entum operis, defensio illorum qui Cordubæ sese artyrio non perquisiti obtulerunt, pro quibus et logius decertavit, deinde prophetiarum de Maho-eto et ejus nefanda hæresi explicatio. Sequitur in dice Cordubensi

Confessio ejusdem Alvari quæ incipit *Excelse* *us ineffabilis*, etc., ad exemplum Isidorianæ, missisimi ac vero pœnitentiæ malleo contriti imi signa præferens manifestissima

Liber epistolarum quarum

I Inscribitur *ad Joannem, Seu Flavium Joannem* ulus *Alvarus*. Initium est *Nostri dilectissime, mitem dulcedinis*.

II *Ad Joannem*, quem hic primum vocat *Spalen-sem*. Lemma *Aurelio Flavio Joanni Paulus Alvarus*. Incipit *Hactenus amicorum more*

III Et *Joannis Spalensis* cum hac epigraphe *Aurelio Flavio Alvaro illustrique viro minimus Joannis suggestio*. Vides, ut Joannes et Alvarus invicem se *Aurelium et Flavium*, honoris ut credere pronum est causa non quod ita appellarentur, vocent. Initium *O magne domine*

IV *Ad eumdem Joannem* Alvari est cum iisdem nominibus. Exordium corrupit vetustas. In meo exemplo legitur, non procul a vera lectione *En-clocæ, emperiæ vestræ sumentes euphrasiæ imo ener-giæ percurrentes epitoma, jucunda facta est anima* Libens legerim *Englocæ emperiæ vestræ sumentes euphrasium*, hoc est, *dulcifluæ peritiæ vestræ sumen-tes* (in manibus) *eloquentiam* [Greek] est *in-dulcioro* (a), *dulcedinem affero*, [Greek], *peritia*, *pru-dentia*. Et forsan his tribus Græcanicæ linguæ verbis B exordiri epistolam languescente jam eloquentia, non pudorum fuit. Longior autem aliis hæc est epi-stola

V *Ad eumdem* similiter inscripta. Incipit *Post disputationem inscientiæ nostræ*

VI Est *Joannis ad Alvarum* cujus hæc inscriptio *Illustri, eximio celsoque Alvaro, Joannes minimus om-nibus, in cunctis extremus*

VII *Alvari ad Speraindeum abbatem*, cum hoc ti-tulo *Domino dilectissimo et in Christo Patri Spera-indeo abbati Alvarus cliens*. Initioque isto *Prascius et omnipotens Deus* etc. Diximus in *Eulogio* quisnam Speraindeus abbas fuerit, quantumque eo magistro tam Alvarus quam Eulogius martyr Cordubæ in ju-ventute profecerint

VIII *Responsio Speraindei abbatis* mutila cum hac nuncupatione *Illustrissimo mihi domino, ac venera-bili seu omni affectione Christi in charitate amplecten-do, inclyto Alvaro Speraindeo*. Initium epistolæ C *Dum a tribulationibus*. De ea jam diximus in *Spera-indeo*

IX *Alvari Romano medico*, cum hac epigraphe *Serenissimo omnium catholicorum domino meo Ro-mano Alvarus*. Exorditur sic *Anteriorum meorum*. In hac epistola mentio Romanorum Cordubæ, cujus-damque principis, necnon et Servandi comitis

X Sine titulo est, et videtur scripta cuidam epi-scopo quem vocat *apostolorum vicarium, et verum opifices Christi sequipedem* (b)

XI *Alvari Saulo episcopo*, cum hac epigraphe *Sanctissimo domino meo Saulo episcopo* (Sauli [c] *Episcopi*) *Pauli Alvari suggestio* (d). Post acceptam in extremo vitæ periculo absolutionem, ut jure de-buit jam liber ægritudine ad Saulum episcopum absolvendus iterum a consultis, nescio quibus, cano-nico ritu per hanc recurrit epistolam

XII *Rescriptum Sauli episcopi Alvaro*. Incipit D *Multa nobis erant*. Abnuit absolvere Alvarum, remit-titque eum ad eos a quibus pœnitentiam in morbo susceperat quod negat recte factum præsente in urbe episcopo sine ejus licentia. Super pseudo-epi-scopi cujusdam partibus adhæsisse Alvarum in-nuit

XIII *Epistola Alvari Saulo episcopo directa*. Exor-dium hoc *Epistolam ex nomine vestro* Improperat

(a) Simplicius *enclocæ* sive *englocæ* a Græco et tino [Greek] *egloga*, id est *opusculum*, *libellus*, *epi-stola* Græci enim [Greek], *gamma* similiter efferunt at-ie Hebræi [Hebrew], *hain*, quasi Latinorum litteræ *g* judum præponant *n*, et ex utroque veluti duplex inflectur littera *ng*. Ad hunc modum efferri a Gallæ-s observo vernacula nomina in *on* *sermon oracion*, *nfession* etc., quasi dicant *sermong*, *oraciong*, *con-ssiong*. Nec alias apud Græcos facilis est transitus [Greek], seu [Greek], in O parvum sive *omicron*, ut [Greek] [Greek], *enclocæ* sive *englocæ* descendat

(b) Hæc non Pauli Alvari est sed *incerti episcopi* (Sauli fortasse Cordubensis) *ad incertum* item *episco-pum* directa. Leguntur in ea statim ab initio nostri verba *Et ideo, mi sublimissime domine apostolorum vicarie, et verum opifices Christi sequipede*, etc. quæ fumum aliquem suspicionis injiciunt fueritne ad Ro-manum pontificem scripta. Exstat apud Florezium tom. XI *a pag.* 156

(c) Repetitio videtur ejusdem rei

(d) *Suggessio* non recte in codice meo

Saulo quod cujusdam homunculi, pacis perturbatoris et hæresum satoris persuasione ac verbis, postulatum ab eo absolutionis officium negaverit. Item quod in pluribus veri Dei ministri partes non egerit.

XIV. *Alvari transgressori directa*. Lemma est: *Dilecto mihi Eleazaro Alvarus*. Principium: *In primis, mi dilecte*. Gallus Eleazar fuit natione, sed Hebræus fide ex Christiano: quare eum transgressorem appellat. Totaque est de promissionibus et prophetiis jam adimpletis venturi Messiæ.

XV. *Rescriptum transgressoris Alvaro directum*, cum hac salutatione: *Dilecto mihi Eleazar*. Initium: *Scripsisti mihi*. Hujus tamen plurissimos versus superesse fecit alicujus forsan religio superstitioni proxima, ne Judæi scriptum legeretur. Vere enim quatuordecim versus, qui in pagina sequebantur, cancellavit possessor libri foliumque integrum subsequens exsecuit, tandemque quatuor aliis versibus epistolam absolventibus paginam, quæ volumen continuabat, mulctavit.

XVI. *Alvari alia Eleazaro directa*. *Dilecto Eleazaro Alvarus*. Initio isto: *Responsionis tuæ*. Retundit hæc Eleazari pro Synagoga erroribus argumenta. Scripta fuit anno 840.

XVII. Fragmenta duo epistolæ alterius Alvaro oppositæ ab eodem Eleazaro, cum ea quæ inde potuit sine dispendio aliarum Alvari, similiter hic oblivioni sacrificaverit libri possessor.

XVIII. *Alvari alia transgressori directa*. Exordium: *Confectam mendacio*. Lectu omnia in re Christiana veritatis adversus perfidiam Judæorum dignissima.

XIX. *Transgressoris Alvaro alia brevissima*.

XX. *Reciprocatio Alvari transgressori directa*.

Ante has epistolas in codice nostro carmina quædam sunt post hanc inscriptionem: *Incipiunt versi*. Sequitur *carmen filomelaicum in filomelæ laudem*. *Fragmen alterius carminis*. *Disticha de gallo*. *Versi* (ita semper vocantur, non *versus*) *laudis vel precis*. *Versi Ephemeridis, ægritudinis propriæ*. *Lamentum metricum proprium*. *Versi in bibliotheca Leovigildi*. *In crucis laudem*. *Versi heroici in laudem B. Hieronymi*. Omnia hæc in exemplari nostro et in codice Cordubensi. Præterea scripsit Alvarus uti jam vidimus (*in Eulogio*)

Vitam vel Passionem beatissimi martyris Eulogii presbyteri et doctoris, qui passus est æra DCCCXCVII, *anno Incarnationis Domini 859 sub rege Mahomad, die x Idus Martii*, quam ex codice ms. ecclesiæ Ovetensis hoc titulo insignem, et quasi operum Eulogii prodromum, Morales edidit, et post eum Schotus in *Hispaniæ illustratæ* quarto volumine, cum notis ejusdem Moralis.

Hanc consequuntur in eodem codice editionibus, *Hymnus in diem S. Eulogii*:

Almi nunc redeunt
Festa polifera

atque item epitaphium ejusdem. Omnia hæc, excepto postremo hoc e vita Eulogii, latent adhuc (*a*). Neque D. Laurentius Ramirezius, neque D. Thomas Tamaius, nostrarum rerum diligentissimi qui olim editionem meditati sunt, fidem suam liberaverunt. Forte nos, si otium suppetat scholiis conficiendis, id præstabimus. Tribuitur quoque Alvaro

Liber scintillarum, in codice membranaceo bibliothecæ monasterii S. Facundi (*Sahagun* vulgo) in Hispania, ubi post S. Gregorii *Expositionem in Ezechielem* hic liber exstat cum hac inscriptione: *In Christi nomine, incipit liber Scintillarum Alvari Cordubensis collectus de sententiis sanctorum Patrum. Scriptus dictus x Kal. Octobris æra* MCCXIII. Opera exscriptoris hic laudatur, non tempus auctoris. Exempla duo alia Morales, qui et primum hoc vidit, laudat in relatione adhuc inedita suæ expeditionis regio nutu ad visitanda tabularia et cœmiteria Gallæciæ, Asturiarum, et Castellæ Veteris initæ, et in Historia (*b*). Alterum exemplum servari ait Gothicæ scripturæ antiquissimum in monasterio *de la Espina* Cisterciensis ordinis, quinto decimo a Pincia urbe lapide, alterum in Mindoniensi urbe. Editum opus fuit Basileæ absque auctoris nomine (*c*) anno

Periere alia, scilicet ad Eulogium litteræ, seu cum eo velitationes scholasticæ, quas tamen, et rhythmicos versus, æstas, ut jam ex eo posuimus, muta abolenda ne in posteros remanerent, decrevit.

Meditabatur quoque adversus Alcoranum ex proposito scribere, ut ex his Indiculi datur colligi: « Quæ omnia in alio opere enucleatius et limatiore invectione, si Deus vitam concesserit, disseremus. » Et postea: « Pudet namque insaniam ipsius domni (*d*) sigillatim exponere, nec expedit breviter aliqua ex multis deridenda jaculis impetere, cum nostris teneatur in mentibus tota quandoque fidelibus publicare. »

De Alvari obitu nihil habemus certi (*e*). Neque

(*a*) Habentur hæc omnia apud Florezium tom. XI, a pag. 275, imo, nisi fallor, duplici poematio ancta, nimirum altero a capite mutilo, quod videtur esse de pavone reliquas aves et præcipue philomelam superbe despiciente, a qua tamen cantu vincitur; alio, in quo florum colores cum lapillorum coloribus comparantur. Videtur autem in his poematiis Alvarus, quod paulo ante innuimus, Isidorum Hispalensem atque Eugenium Toletanum imitari studuisse, ut liquet ex affinibus eorum rubricis atque argumento. Ac de Epigrammate *In Bibliothecam Leovigildi*, paulo ante diximus eodem initio nimirum *Sunt hic plura sacra*, etc., legi in Bibliotheca Isidori. Addimus nunc *Lamentum metricum*, cui simile est Isidori *Lamentum pœnitentiæ* rhythmicum: *Audi, Christe, tristem fletum*. In *Ephemeridibus* autem *ægritudinis propriæ* videtur Eugenii Toletani ejusdem fere argumenti titulum seu *Querimoniam ægritudinis propriæ* pressis vestigiis secutum, atque item in *Philomelaico*, quod opud utrumque hoc initio ter repetito legitur: *Vox, Philomela, tua*, etc.

(*b*) Lib. XIV, cap. 3.

(*c*) Bini exstant in regia Matritensi bibliotheca Pauli Alvari *Scintillarum* codices, quorum alter Gothicus est videturque ineunte sæculo XI exaratus, alter tribus minimum sæculis recentior. Meminit utriusque Florezius tom. XI, pag. 47, a n. 68 nec non aliorum opusculorum in celebri Cordubensi sæpius a nostro memorato codice contentorum, quæ tamen ipse Paulo Alvaro abjudicat. In his apud Florezium, n. 69, quarto loco memoratur *Liber de Genealogiis* incipiens: *Duo sunt Adam, unus est protolapsus alius est secundus Adam Christus*; quod nos, aut affine aliud, cum de Isidoro Hispalensi ageremus inter ejus opera retulimus, nihil tamen certi de ejus auctore statuentes. In Galliarum regis Bibliotheca part. III, 281, cod. 2444 notatur hunc *Scintillarum* Pauli Alvari tractatum in aliis codicibus Venerabili Bedæ tribui. In Alnensi, classi IV, decur. 6, p. 245, a Bousquiero tributum Joanni Defensori. In Bodleiana, class. IV, codd. 1383 et 1393, Cassiodoro. In Escurialensi Etymologiarum sancti Isidori codice sæculo, ut videtur, XI exarato, digramm. et plut. I, n. 14, quo loco *De angelis* in Isidori textu lib. VII legitur: *Novem esse ordines angelorum sacræ Scripturæ testantur*, in margine autem habetur hæc nota antiqua manu et Gothici saporis: ALVARUS. *Nunquam legisse me in nullo antiquorum doctore recolo novem ordines angelorum, nisi in sancto Gregorio, et domno Isidoro*: quæ forsan ex Alvaro nostro descendit. Et observandum in ea Gregorium *sancti*, Isidorum vero *domni* titulo honestari.

(*d*) Ita pro *domus*, de qua supra egerat, ido nimirum cujusdam.

(*e*) Cf. Florezius, t. XI, pag. 30, n. 33, ad annum Christi 861, aut circa id tempus Alvari exitum refert.

mi vel titivilitio quidem æstimari debet quod eudo-Luitprandus dixerit (a) obiisse Cordubæ sanctum virum patricium Alvarum quarto die mensis in æra cmvii, Christi vero 869 Quantumvis ei fere credens Joannes Tamaius, Martyrologio Hispano hac die uti sanctum inseverit Hæc sunt Joanæ apotheoses nam et nuper dictus Luitprandus (b), et symmysta ejus Julianus (c), sanctum et ... opinione Cordubæ florentem ore rotundo pellant Oscitantiam Joannem Tamaii nunquam tis demirari possem, qui cum in elogio dixisset Alvaro, fuisse, ut quidam credunt, sancti Eulogii atrem inde in notis, seu actis ejus, hunc nostrum nfundere non dubitavit cum Alvaro, Eulogii fra- qui una cum altero utriusque fratre Isidoro in rmania peregrinati sunt de quibus Eulogius in istola ad Wiliesindum Pampilonensem, ut in Eulo o diximus

Cæcus utique est qui non videt Alvarum ipsum teri se non ullo sanguinis sed uno familiaritatis et utuæ consuetudinis vinculo Eulogium habuisse bi obnoxium Clarissime in Vita « A primævo olescentiæ flore charitatis dulcedine et Scripturum amore, uno vinculo concordi innexi hujus tæ, etc , duximus jugum. » Et infra, cum dixisset consuevisse Eulogium abbatis Speraindei frequentare domum « Ibi eum, inquit, primitus videre erui, ibi ejus amicitiæ dulci inhæsi, ibi illi individua sum nexus dulcedine » Et quæ sequuntur Pusse germanos fratres sic potuisse forte fortuna vicem sibi notos fieri? Sed nonne ipse Alvarus eregrinationis meminit fratrum Eulogii? « Nec ei ffecit monasteria patriæ suæ, ait, invisere, quin itius occasione fratrum suorum, qui ipsis diebus Franciæ finibus exsulabant, indemptam viam ripuit » Hæc in Tamaium non sine bile, cum actis Alvari colophonem ab eo hunc impositum mirabundi ad animum advertimus « Unum notabis, quod licet fratres vocentur beati Eulogii Alvarus et Isidorus non carnis nexu sed contubernii vinculo fuere » Judicium hominis nugacitatibus deditil qui vere semel in eas angustias detrusus, unum eumdemque de duobus Alvaris conficiendi, videns forte superiora quæ laudavimus Alvari nostri Pauli cum Eulogio amicitiæ, non utique consanguinitatis, testimonia fratrem vere germanum Eulogii alterum Alvarum abdicare, et a cognatione illius ejicere non dubitavit

Eulogii autem hæc quæ subjicimus, vindicent secundum naturalem utriusque, et Isidori et Alvari cum Eulogio fraternitatem decerni præstabunt In epistola ad Wiliesindum, in qua de eorum in longatæ Galliæ partes inepto itinere agit « Adeo ut in exsilio meo inquit, nihil præter affectuosam peregrinorum fratrum, et destitutæ familiæ præsentiam suspirarem » Cujusnam familiæ? Ostendit infra « Igitur cum proprium revisere avium præ matris Elisabeth, seu sororum suarum Niolæ et Anulonis juniorisque fratris Joseph urgeret affectus cogis ut adhuc remaneam, nec sinis abire mœrentem, sed utroque vulnere percussum cor meum tu jam mederi non poteras, cui et peregrinatio fratrum, et desolatio domesticorum quotidianum afferebant lamentum » At quantumvis demus *fratres* ab eo utrumque appellari potuisse charitatis obnexum, uti *patrem* aut *matrem sororesque*, nec minus *fratres* sæpe alios, hoc tantum respectu, Eulogius idem vocasse legitur hæc excusatio ad alium non pertinet, scilicet Alvarum, qui de Eulogio loquens in ejus Vita uti jam diximus, *fratres* Eulogii Isidorum et Alvarum inepte, nisi germanos appellasset

(a) Anno 859

(b) Anno 846, n 290

(c) In Chronic , num 433

ALVARI CORDUBENSIS
OPERA

In lucem primum edita ex codice Gothico almæ Ecclesiæ Corduvensis, ab octingentis annis scripto

(Apud Florez , Hispaniæ sacræ tom XI)

INCIPIT
CONFESSIO ALVARI [a].

Excelse Deus, ineffabilis, invisibilis, a quo bonum, et per quem fit quodcunque claret honestum, quem nemo digne rogare valet, et quem omnis sermo, licet indigne, rogare audet sine quo nihil est, et absque quo impietas omnis procedit Deus, qui sine qualitate es bonus, sine quantitate magnus, sine situ præsens, sine effusione formæ ubique diffusus Deus qui corporalis [b] non es, et per incircumscriptam substantiam ubique es Qui sursum residendo regis, deorsum continendo ades, extra circumdas, infra [c] et omnia penetrans Deus qui mala omnia odis, eaque occulto consilio, utique justo, plerumque permittis Deus qui sicut malum quod nihil est, odis, ita bonum, quod aliquid est, amas Qui non natu-

[a] Per *b* non per *v* nomen Alvari scribitur in hoc codice

[b] Ms , *corporalem*

[c] *Infra* pro *intra* frequenter apud veteres

iam mihi, quæ nulla est, sed eos qui malum faciunt damnas. Deus qui cuncta pietate regis, sed peccatum multum nunquam dimittis. Deus qui partim operis tui æternitate consolidas, nullo merito præcedente, partim juste mortalitati corrumpis, nullo peccato patescente. Deus qui creaturam illam quam primam dignitate [seu fortitudine] vel decore esse voluisti, vitio suo corruptam ad inferiora dilapsam ut esset quod creata est justitia exigente noluisti. Deus qui sicut nulla exstante bonitate humanum genus creasti, ita nullo præcedente merito nos rationis creaturis aliis prætulisti. Deus qui massam perditioni deditam juste perimis, et massam regni misericorditer *sola bonitate* qua affluis eligis. Deus qui Adæ progeniem sola bonitate ex parte restauras, et eam partem quam perire sinis ob parentale [a] vitium juste condemnas. Deus qui ipsis notitiam dedisti fidei quos credituros ante mundi initium nosti. Deus qui licet multa occulta, tamen juste fecisti quæ facta sunt omnia. Deus sine cujus nutu nullus sermo procedit, et contra quem plerumque ipse sermo datus agere præsumit. Deus quem nemo nescit, et quem nullus plene, ut es ipse, cognoscit. Deus cujus magnitudo incomprehensibilis, cujus gloria inæstimabilis, cujus jussio fortis, cujus dispositio justa, cujus judicia vera, cujus clementia super opera sua extenta. Deus quem nemo nisi corde attingit purgatus, quem nullus nisi operibus invenit probatus, cui nullus adhæret nisi mente et corpore castus. In quo iniquitas non est, in quo summa [b] est, in quo clementia magna est. *Deus qui auctor es* luminis, fluvius pietatis, dulcis es te firmo corde credenti [c], cæcorum oculus, *debilium* animus, infirmantium verissima salus, pes claudorum, lingua mutorum, fortitudo omnium sæculorum. Tu vitæ via. Tu salutis vita. Tu omnium te postulantium invictissima dextra. Tu divitiæ pauperum. Tu consolatio tribulantium. Tu erector humilium. Tu destructor extollentium. A te incrementum accipit justus, per te sanctificatur perfectus, a te coronatur in bono opere consummatus. Tu odis iniquos, damnas injustos, dejicis elatos, confundis superbos, das pœnitentibus veniam, peccato mortuis vitam, nec abnegas te rogantibus misericordiam consuetam. Nec peccatores despicis, sed delicta condemnas. Non odis peccantes, sed peccata detestas. Non hominem, sed scelera insectando consumis. Non creaturam, sed culpam exstirpas, iniquitas enim nostra justitiam tuam commendat (*Rom.* III, 5). Scelera nostra te justum affirmant. Acta nostra sceleribus digna justitiæ tuæ est documentum, quia unde justus es, inde injustos odis. Unde sanctus es, inde peccantes punis. Unde verus es, inde mendaces condemnas. Unde mitis es, inde superbos detestas. Unde misericors es, inde non tot ut [d] despicis. Tu ab initio creaturam singulari misericordia foves, potentiali virtute regis, ineffabili consilio vel potestate disponis. Deus qui contritorum non despicis preces, nec deprecantium te vero corde spernis clamores. Qui *frigidas mentes igne tui amoris incendis*, et initium boni operis plerumque nobis nescientibus *quibusdam occasionibus formas*. A quo initium est virtutum, a quo augmentum, a quo et per quem perfectio est *inchoatum*. Qui lassis roborem tribuis operandi, operantibus intentionem accommodas perficiendi, torpentibus votum ingeris inchoandi. Qui mortem peccatoris nunquam desideras, sed ad vitam delinquentes semper verissime vocas.

2. Adesto, adesto pauperi pater. Assiste fesso, o Emmanuel. Juva contritum, Spiritus sancte. Erige dejectum, Creator juste. Sana ægrotum, Jesu bone. Visita languentem, Paraclete alme. Largire vires, agie [e] Deus. Præbe virtutem, o lux Nazarene. Solida comessum [f], donum tu Patris, atque vitiorum dominio usquequaque possessum, tu Trinitas Deus, tibi effice servum devotum. Satis est, Domine, quod hucusque diabolum militavit [g], quod hostis orbis servitium sponte implevi, quod inimico famulatum iniquitatis opere præbui, *quod insidianti mihi* [h] obsequens fui, quod latentes insidias ejus licet intelligerem non devitavi, *quod contra me* ipse inscius ejus tela portavi, etiam me ipso illi quasi ex debito bajulum feci, quia ejus arma unde me totum elisit in me hactenus quasi in teca recondere nunquam cessavi. Sed jam diu est, Domine, quod dominium ejus a me rejicere malui, quod merito exigente non valui, quia quasi ex potestate vindicat subditum, quem a nativitatis [i] exordio diro vinculo tenuit captum. Et quem tanto tempore suo jure vindicavit captivum, nunc respirantem jugo suo retentat valde perplexum, quemque sibi nunquam deprehendit repugnantem, nunc catenis insolubilibus ligat gementem. Domine, Deus pie et misericors, respice super opera tua, et illo pietatis vigore quo prodigum recipis filium, me quoque protege miserum, quia opera manuum tuarum in dominium iniquissimi hostis relinquere fas [j] est ullo modo, ut a te conditus, sim diaboli servus, ut a te creatus, sim prædonis pascere [k] locus, ut ab optimo Domino et a pio Patre bonis multis ditatus, crudeli et horribili ethiopi [l] existam addictus. Hanc inclementiam, hanc voracitatem, hanc crudelitatem ego mihi cæcatus a diabolo spontanea mente elegi. Ego equuleum hunc dirum mihi invexi, ego gladium gutturi meo immersi, ego mort

[a] Ms., *parentalem*.
[b] Aliquid deest.
[c] Ms., *dulce es te firmo corde credentis cæcorum oculos*.
[d] F. *non totum*.
[e] F. *sancte*.
[f] *Comessum*, seu *comessum*, suorum auctori fa- mihi ne idem ac *dilaceratum*. Glossarium Cangii editionis PP. Congr. S. Mauri.
[g] Lege *diabolo militavi*.
[h] Ms., *me*.
[i] Ms. *a nativitate*.
[j] Imo *fas non est*.
[k] I. e., *pascui*.
[l] Ms., *ethiopo*.

otum me ipse commisi, ut possessionem tuam, tibi-ue debitam soli, pessimo committerem hosti ut us ᵃ tuo domino conditum horribili adducerem esti, cumque eligerem dominum, quem potiri meo overam inimicum Actum est enim in me, Domine eus, quod in protoplasto ᵇ pridem legimus gestum tenim sicut ille tuo dono immortalis creatus, pro-rio vitio in mortem exstat per interdictæ sibi ar-oris esum dimersus ita et ego lavacro vitalis aquæ im tinctus, et regenerationis unde a paternali de-cto mundatus, seu tuo rosifluo cruore redemptus, er inobedientiam mandatorum tuorum in mortis eflendam ruinam devení, et qualiter inde egrediar on valeo invenire, quia te Dominum Deum, quem ogare, et cujus præcepta implere debui, per devia radiendo mihi iratum feci Et inde est quod pro-ongatam captivitatem sentiens doleo, nullumque edimentem me adesse præsentio Gaudet hostis ieus quod te iratum videt exsultat, cum me a into Patre expulsum sentit tripudiat, cum me ita estitutum cognoscit Sed tu Deus, qui misericordia iper opera tua largus præpotens es, qui peccatoris on mortem, sed reversionem ad te post lapsum in-uiris (*Ezech* xxxiii, 11), qui plus pietatem quam ltionem diligis, nec judicium, sed misericordiam eccantibus exhibes, adesto mihi misero peccatori, t erne te corde contrito quærentem Mitte mihi de iperms auxilium, per quod valeam hostium meo-im rejicere jugum Repelle dominium consuetum isrumpe vincula perplexionum, restaura, Domine, pera tuæ fabricæ, et similitudinem tuam, quam iimicus invasit mi restitue Noli spernere, Deus ieus, quem mirabiliter condidisti, quemque sine omparatione mirabilius redemisti Fecisti me ut ectus conspicerem cœlum, in quo et mihi præmium romiseras indisruptum, sed iniquitates meæ di-ierserunt me inferni profundum, et nullus est qui ruat jam dimersum ᶜ Nunquid hostis iste versutus t callidus tibi Domino vero valet existere obvius ᵈ? bsit Neque ille subsisteret, nisi a te subsistendi tatum acciperet [Quem] ᵉ qui a te creatus in bea-itudine fuit, in qua stare elationis tumore non vo-uit, a te etiam hodie regitur, licet tibi adversare onetur Quia quodquod voluntate impia in nos exer-ere putat, tibi et in hoc etiam invite inscius ser-iendo concordat Ipsius enim voluntatem malam ᶠ ua potestas coercet justa Et illud quod non cæcati niquum putamus, justum permissum a justo Ju-ice non negamus Apud te enim suum ordinem mnia habent, nihilque inordinate in mundum in-urrit Æquum enim est, Domine, ut qui se spon-anee diabolo ᵍ subjugarunt dominio, subditi per-naneant quo elegerunt arbitrio proprio, quisquis ille

A ex nobis dimersus satis errat sese non sponte iterum, sed invite a te putat solvendum Nam semel a te hominibus liberum datum arbitrium non debet re-vocari in irritum ut qui se proprii arbitrii subju-gabat servitio, tuo solo restauretur imperio Nosti in hoc etiam, Domine Deus, ʰ esto mei nec tibi foveam periculi mei celatus Verum quia diversa arte, et vario deceptionis articulo, me inimicus volentem ligavit, cui non mens, ut debuit, repugnavit, sed velut obediens manus vinculæ dedit, inde, piissime Deus, assiste jam misero pœnitenti, at et sere sua de-licta plangenti, et redime nunc etiam specialiter a diro prædone, quem jam generaliter pretio sanguinis tui redemisti Dicam, Domine, ʲ audi Præbe tu vir-tutem dicendi, et ea quæ dixero tu ipse acceptare

B dignare Nunquid ⁱ ea quæ me undique premunt tu, Creator, ignoras? Nunquid quod rogare cupio, tu ante non vides? Nunquid celatum tibi aliquid est, aute non omnia tibi etiam obscura in luce sunt po-sita? Tu certe es qui cordis occulta vides, qui laten-tia prospiciendo cognoscis, qui cogitationes discutis atque ulciscis qui enim universa consilio salutari creasti, universo etiam cognoscendo librasti sed confessionem peccatoris exspectas Non narrationem indiges, sed oris professionem inquiris Nec tantum linguæ quantum cordis humilitatem acceptas, et munditiam veram, cum sis incomparabiliter mun-dus, ex corde puro sanctificando præhibas Ecce enim Domine, puro corde delicta mea contiteor

C sicut tu ipse verissime nosti, et ab eorum illecebra me tota mente ʲ cupio retrahere, sed vinculorum præ-ditione connexus, quod promitto, nequeo adimplere Unde fit, ut quotidie voti mei prævaricatos existens, unde me debui lacrymis irrigare, jugique fletu me totum mundare, inde amplius sordidatus nihil nisi augmentum congemino culpæ Sicque quod mens vel paululum ex tuo dono ᵏ capere se gaudet, iden-tidem supplantatione hostis vel segnitia cordis se privatum magnopere gemit, et unde hoc recuperaret inesse sibi non sentit Viget enim in me naturaliter a te insertum lumen scientiæ, per quod quæ ago perpero, malum non nescio esse Quod ˡ me et post patrationem desiderii dolore afficit gravi Sed quia dum pœnitenda committo, et commissa non defleo,

D ipse me ingenti afficio damno, inde nec ea videre me computo, quæ non spernenda, sed amplectenda opere et mente hactenus teneo Et in quibus me non nolens, imo volens, involvo, post voluptabrum fæcis valde detesto Ipse mihi testis existo, quod iniquus nunquam iniquitatibus terminum pono atque eo magis sine venia ᵐ punire me in futuro condoleo, quod non inscius, sed ut scita me totum abysso præcipito Quid in tantis sceleribus agam? Quid tali

ᵃ Ms, *uterus*
ᵇ Ms, *proto plausto*
ᶜ Ms, *diversum*
ᵈ *Obvius*, i, e contrarius, adversus
ᵉ Redundat, vel alia desunt
ᶠ Ms, *voluntas mala*
ᵍ *Diabolico*, vel *diaboli*

ʰ F addendum *dux* Videtur et aliquid postea deesse
ⁱ Ms, *Nam quid*
ʲ Ms, *toto mentis*
ᵏ M, *domo*
ˡ Ms, *Qui.*
ᵐ Ms, *veniam*

plagæ medicamentum apponam? Quod hujusce a vulneri fomentum adhibeam? Plane nescio, quia ipsum quod scio, per prævaricationem ignoro. Et hoc est verissime scire, quod est amarissime flere. Nam quia scienda sunt scire, et ea nequaquam opere adimplere, non est vocare scientiam, sed certe fatuitatis magnæ dementiam. Scio enim, Domine Deus, quia pronus es ad misericordiam, et peccatoris non cupis vindictam. Et item novi, quod præpotens es in majestate [b], et ut velle, ita tibi subjacet posse. Et ex hujus rei qua te novi in omnibus præpollere, utcunque fiducia nascitur mihi, quia peccatorem semper revocasti. Sed ubi justitiam tuam cogito, et examen judicii tui mente pertracto, illico ut cera liquefactus tabesco. Nunquid justitia tua injustitiam probat tua? aut veritas tua mendaces coronat? sanctitas tua iniquos remunerat? ut me iniquum, impium, et mendacem, impunitum evadere credam? Absit. Imo sine dubitatione firmissime credam, me similes mei odio detestare, vel ulciscere, summo. Neque enim tenebræ communitatem fruuntur lucis, nec fetor suavitatem boni gerit odoris. Quod si juxta te nemo habitat mente malignus, nec ad te pertinget nisi corde et corpore sanctus, quid de me dicam ego fetidissimus hircus, quem assiduitas iniqua ut crudelis et acerrima domina ad perpetranda quasi violenter attrahit scelera? Quid in tanta infelicitatis meæ miseria proferam, nisi ut omnes sanctos tibi soli aperiam, qui nosti omnia antequam fiant?

3. Adesto, Domine, de sublimissima solii tui sede, et libera me ab isto qui me furatum tenet sævo dracone; quia tu solus fortem ligasti, et vasa ejus potenter diripuisti, atque ex lateribus aquilonis sæpius civitatem sanctam tibi Regi magno fecisti. Ædifica, Domine, in corde meo urnam candore vitæ nitentem, et arcam in qua tu digneris perenniter habitare, in qua jugiter legis tuæ notitia vigeat, et a te, qui vera via es, nunquam in devia mens ipsa per abrupta incedat. Restaura, Domine, ruinam corporis mei, et mentis meæ vigorem redintegra, et innumerabiles dolores quos lingua enarrare non valet, antidotus illa tua cœlestis de visceribus demat; nam si cuncta in quæ [c] proruo, vel hactenus jaceo, minus parva edicere quasi enumerando voluero, ut te nosti, finem nunquam meus accipiet sermo. Debueram enim singillatim inexplicabilia digerere vitia, et pro unaquaque nova specialiter te Dominum flagitare, atque contra ipsas invalitudines medicinam tuam, pater piissime, implorare. Sed nunquid ut medicus ita passiones inspicis, et non magis ut Creator remedia laborantibus clementer impartis? Nescientibus enim nobis qualitatem morborum, tu solus purgis, qui es auctor membrorum; et qui animatum ulcera vides, ei demum speciale fomentum ipse compones. Pie Deus et misericors, patiens, longanimis et super malitias hominum valde placabilis, comesum a bestiis erige, et a latronibus vulneratum oleo misericordiæ fove. Semirutum ædifica, et corrosum a tineis vestimentum sarcire. Si enim fullo sordida vestimenta iterum per aquam valet in decore pristino reformare, quanto potius tu, artifex bone sine comparatione, me si volueris potes mundare? Scio enim quia omnes velis facere salvos (*I Tim.* II, 4), sed huic tuæ sanctissimæ voluntati illi qui pereunt se præbent indignos; secundum opera enim nostra aut devoramur a bestia [d], aut detrudamur gehenna. Ecce enim leprosi illius vocem assumpsi, quia pejori ut ille me sentio addictum pesti. Dico namque: *Si vis, Domine, potes me mundare* (*Matth.* VIII, 2). Dic verbo, et curabor ab isto morbo lethale. Sed nunquid abbreviata est manus tua ut salvare nequeas? aut auris tua aggravata est, ut non exaudias? Absit. Sed iniquitates meæ multiplicatæ sunt, et peccata mea aggravaverunt me nimis. Per quæ verba mea pondere suo pressa non valent ad te pergere rectu [e]. Dic jam, Domine, *Volo*. Dic: *Tolle grabatum tuum, et ambula* (*Joan.* V, 8). Dic misero: *Vade, et amplius jam noli peccare* (*Joan.* VIII, 11). Quia et cutis lurida pristinum colorem [f] recepit dum velle tuum audivit; et paralyticus mox pedibus ambulavit, dum gravamen peccatorum suorum a te [g] dimissum cognovit; et adultera mox illæsa evasit (*Ibid.*), dum et præterita et sequentia peccata a te sibi dimissa percepit. Nunquid est aliud *noli peccare* [h] *deinceps*, nisi ulterius non peccabis? Et quid est aliud: *Tolle grabatum tuum, et ambula*, nisi, rejice peccatum tuum, et per sanctorum pede trita deinceps incede vestigia? Dixisse enim tuum, Domine Jesu, fecisse est. O felicem me, si harum aliquam vocem pectori meo a te insonaret infuse [i]! Tunc jam lætus, tunc jam securus, tunc jam ex jussione Domini mei mundatus, crederem me esse tuum fidelissimus servus; quia nec ad me talia insonare fecisses, nisi me jam mundatum tibique obedientem præscires, imo a tenebris educendum in vero lumine coaptares. Fiat, Domine, misericordia tua super me et dirige vultum tuum in illuminatione cordis mei. Ostende mihi faciem tuam, et miserere mei præ omnibus misericordiam indigenti. Ecce, Domine, non solum in opere, verum etiam in cogitatione omni hora incido; et ex quantis partibus me consuanter [j] sagittæ nec numero, nec perpendo. Præ

[a] Ms., *hujus sc.* *adhibeant.*

[b] Ms., *magestate.* Sic etiam Hispani vernaculo sermone dicimus *magestad.*

[c] Ms., *in quo.*

[d] Ms., *deforamur a bestia*: littera *f*, pro *v*, sicut proflema, adprofemus.

[e] I. e. *via rectu*, nisi *recta* latinius legas; *a* enim et *u* in codicibus sæpe Gothicis absque ullo reperiuntur discrimine.

[f] Ms., *pristino colore.*

[g] Ms., *ad te.*

[h] Ms., *Peccar.*

[i] L. *aliquæ voces* *insonaret infusæ*, vel *aliqua vox* *infusa.*

[j] L. *consuantur*, *e* pro *u*, sicut paulo infra *videnter* pro *videntur*. Quid autem *consuantur*, vel *consuanter* sibi velit, melius ex contextu, quam ex nostro disces commentario.

ermitto enim ea numerare quæ gravia animam ueta [a] sunt gehennæ incendio non timendo tra-ere sed ea nunc proferam, quæ levia videntur is qui ea nesciunt æqua lance pensare Nam si le-iorum tantum deplorem admissum, quantitate ma-orum superabunt statum Verum dum oculis mentis eæ te teste in memetipsum reverto, nihil ibidem ve, nihil non grave esse deprehendo Quid enim ravior libidine? quid onerosior fraude? quid pon-erosior jactantia vana [b]? quid pejus homicidio? uid malum testimonio falso? quid iniquius misero-um spolio? quid scelestius [c] quam rei cognitæ ob etrimentum aliorum negatio? Et tamen hæc omnia, t alia quæ defectione sermonis promulgare non va-u, ut tu nosti, qui conscientiarum es cognitor, artim opere, partim voluntate peregi, imo actibus niversa, quæ implenda nec a diabolo erant, ego mi-uissimus adimplevi Si libidinibus, vel misero mihi actenus per varia illectionum genera milito Si audibus, conscientia sola teste usque hodie ut cor-ore ita et mente deservio Si sanguinibus, animæ eæ non per species, sed proprie interfector assisto i falso testimonio, sæpe perjurio deserviendo, us-ue ad hanc horam linguæ meæ nunquam modum npono Si in superbiæ tumiditate, nullum mihi in ac tabe secundum esse cognosco Si invidia, omni iomento velut igni felicitatibus fratrum invidens deo Si in injustitia sicut equus infrenis super endacium miser exsulto Si in rerum cupiditate, c earum aviditate etiam in somnis montes me au-os adipiscere video Extremo etiam si vel tenue uod recte cogitavero, statim vanæ gloriæ vermi odendo contrado præter alias perditionum animæ ecies quæ corde concipiuntur, nec ut sunt propric geruntur Nam et in ipsa tuæ sacræ lectionis hi-oria, vel cœlestia quæ nobis ad salutem largiie cifica sacramenta, quæ species deceptionum, quan-que laquei aperiantur mihi inscio perditionum [d], el quantæ formæ ornatum undique illectionum, uis dinumerare? quis elicere? quis tot tantasque [e] iveas valeat promulgare? quas quia tibi notas re [f] non dubito, ideo et pro universis parce tan-im piissime clamo Nam in sermonis prolapsione, in ludicra confabulatione, qualiter sæpe provuat, i innumerabiliter me ipsum inficiam, nec sensu entire, quanto magis ut per linguam valeam enar-re In ipso enim gressu et incessionis habitu sæpe oncido Et qui tantum silens, nec cogitans peccat, uid loquens, vel tractans, nisi delictum centupli-at? Cum enim ipsa medicina, qua nostra ulcera nas, mihi vulnera, non fomentum parturiat, quid liud ægritudo mea quam mortalis dicenda est, ubi on cura cœlestis proficit, sed magis dolentem oc dit Tu enim, Domine Deus, ad utilitatem nostram

A Scripturam sanctam plenam medicaminibus de tua excellentissima gloria vitalibus succis confectam ad terram usque delatam dedisti Sed ego unde alios sanos integerrime vidi, inde me sauciatum tremendo contabui et non medicinam impotentem probavi, sed me ægrotum irremediabiliter non bene ploravi quia si sufficienter me lacrymarum fletibus compul-verem [g], fomentum aliunde quærere jam cessarem nec alibi remedium quærerem quod in me ipse ha-berem Sed nunquid flere potuit Petrus, nisi tu eum inspiceres (*Luc* xxii, 61), Domine Deus? Aspice, Domine, et me hærentem in vepribus vide, et respi-ciendo vincula mea disrumpe et quæ lingua nequit attingere, tu Deus meus solita clementia emundando concede quia ea quæ nobis de cœlo in testamentis

B tuis per prophetas detulisti, non per se, sed per te norunt curare Et nisi tu, o piissime Deus, adfueris, ipsaque antidota a te olim prolati digito illo quo dæ-moniacos curasti confeceris, medellam non ingerunt sanitatis Sed sicut te præsente salutifera esse no-scuntur, ita absente ut perniciosa vitantur quia sine te nihil in mundo bonum, et bonum absque te nec per se bonum Tu es enim, o custos omnium, bonus, et a te omnis bonitas accepit initium Sed qualiter cœlestia illa mirifica sacramenta absque te esse dicenda sunt [h], ubi tua licet non quanta est, sed quantum audiri a mortalibus potest, majestas digesta est? Unde certe et verissime et plenis-sime necesse est credere, te in illis lectionibus

C esse, et per ipsas non indignos, sed dignos te sem-per curare ille enim ex ipsis lectionibus non cu-ratur, qui fastu superbiæ non obediendo, sed discu-tiendo incedit, seque non tuo subdit eloquio, sed suo illud cupit rimari ex sensu, et dum cupit tibi superbire elatus, a se ipso delusus sibi repugnat adversus, ac per hoc magis morbo laborat quo dis-cutientem se discutere putat Vere miseri, et certa ratione infelices dicendi, qui eloquia Creatoris esse credimus nostri et ea rationabiliter cupimus trutı-nare quasi aliud sit in rerum natura ratio, quam tua justissimi jussio, aut ipsum ratiocinandi vigo-rem aliunde habere potuit homo, nisi a te daretur ei nullo præcedente merito suo Quod si vere ratio-nem et non partem rationabilem vitio suo corruptam

D haberet, nunquam in rebus a suo Creatore expositis rationem exquireret, a quo rationem ipsum sibi da-tam cognoscit vere enim ingens desipientia nostra ausus [i] suos ad scienda tendit illicita et dum cupit scire quod sciendum nullatenus licet, seipsum co-lundium hostibus præbet, quia quod ei datum a te scire non habuit, frivole inquirendo desquirit, quod rationabiliter a te in primordio non accepit Si enim homo seipsum bene perpenderet, et seipso rationem quam inquirit utiliter compensaret, quoniam qui ca

[a] Ms, *suete*
[b] Ms, *jactantiæ vanæ*
[c] Ms, *celestius*
[d] Ms, *per dictionum*
[e] Ms, *tantusque*
[f] Ms, F *esse*
[g] F *compluerem*
[h] Ms, *est*
[i] Ms, *ausos*

qua intra se, vel in se, quotidie aguntur nescit, stulte Domini sui opera liberare [a] cupit, qui sui ignarus perpetim manet. Et cum nos miserrimi in bestiis et quadrupedibus voluntates nostras impleamus, et etiam ipsis avibus et piscibus ex tuo dono imperemus et partim in cibum, partim in adjumentum [b] ex ipsis vel capiamus vel occidamus, nec pro hoc rationem illis quos premimus reddamus, quare hoc facimus, vel cur illi et illi non sunt occisi, quare isti et isti sunt ad adjumentum [c] ab occisione servati, rationem miseri factorum tuorum inquirimus, qui rationabiliter quid sit sapere, nisi per te addiscere non possumus.

5. Nunquid a nobis præmii aliquid accepisti ut crearet? aut dedimus tibi pretium operis nostri, ut redimeres? Certe in conditione nostra cessat hic humana fallacissima ratio, quia qualiter sit factum vidit, vana non valet enarrare præsumptio qui enim rationem suæ conditionis ignorat, quomodo rationem aliorum operum tuorum inquirere tentat? vel certe dicat vanæ ratiocinatoris exquisitio corporis qualitatem, vel membrorum compaginem harmonice sibi invicem cohærentem, seu locum habitationis animæ proferat, et originem, si certe sapit ejus unde exsistat, inquirat et sic te summum bonum discutere tuaque judicia [d] audeat compensare. Scis, Domine, ut quid ista protulerim, et quia memetipsum in hoc destruere voluerim. Nec aliorum æstus [e] quam meos a te cognitos aperui non quasi inscio malui sed quasi pœnitens obscuratione narravi, quia licet hæc me tua facit misericordia utiliter scire, tamen ex improviso in rebus bene expositis iterum dubitatio oritur et tuum tutamenti obstaculum ipsum quod sentiendo contra meos errores opposui indigere perpendo. Doce ergo, Domine, mentem intrinsecus, et in ea quæ do neris hæsitationis tu deme æstus [f]. Esto dux itineris servulo, via regia erroneo profugo, medicina variis languoribus saucio, quia tu es lux omnium sæculorum, dulcedo sanctorum, firmitas infirmorum, curatio leprosorum, vita mortuorum, fortitudo justorum, subditorum exemplum, via credentium, gaudium angelorum. Per te principes regnant (*Prov* VIII, 15). Tibi angeli famulant. Te archangeli nuntiant. Te virtutes adorant. Te Cherubim ac Seraphim incessabili voce Trinum Dominum cœlis, hominibus nuntiant. Tu requies patriarcharum. Tu laudatio prophetarum. Tu exsultatio martyrum. Tu hymnus virginum. Tu præmium confessorum. Tu vere Sabbatum [g] electorum quia tuum est et in te regnum cœlorum. Domine Deus, placeat tibi eripere me a damnatione iniquissimi hostis, et restituere me sub jugo tuæ suavissimæ potestatis. Quod si iniquitas mea mihi in hoc ipsum adversat, tua larga misericordia ipsam meam iniquitatem disrumpat. Scio enim, Domine, scio quia paratus es omnibus misereri, et etiam non merentibus viam salutis solitus es tribuere sed *iniquitates meæ sicut onus grave gravatæ sunt super me* (*Psal* XXXVII, 5). Quia crassitudine [h] sui nubem opposuerunt inter te et se. Nec valet oratio ad tuum, Domine, thronum ascendere, quem pondus caliginum terræ premit inhærere. Mitte, Domine, scalam misericordiæ tuæ, et per gradus [i] me repentem fac tibi ascendere, quem imbecillitas pedum in primo etiam gradu non permittit stare. Et qui toto corpore tremore concutitur, nec in uno consistere ab ipso fœdo tremore permittitur, tua virtute stabiliendo firmetur. Tu enim es, Domine, qui scalam nobis crucem tuam dedisti, quam et nobis tollere humeribus, et te sequere pura mente jussisti. Tu enim es scala credentium, quia per te gradientibus te ipsum præbes in præmium. Per hanc scalam Judas descendit, et Paulus te vocante ad te superius innitentem ascendit. Per hanc Judæi ad terras dilapsi sunt, et gentes ad cœlum assumpti sunt. Per hanc quotidie peccatores, te jubente, ad superna se mundando conscendunt et de sua præsumentes justitia ad inferna præcipitis corruunt. Fac me, Domine, ut sicut fide hujus scalæ merui attingere gradus, ita opere firmiter in eisdem aleam jugiter permanere. Tu enim es qui nutantem corroboras, qui debiles firmas, qui fortes stabiliendo coronas. Nunquid Paulus poterat te videre, nisi tu eum ante vocares? Sic et Abraham, pater utique gentium, sine tua vocatione non est egressus sed sicut a te boni operis sumpsit initium, ita et ille obsequendi præbuit voluntatis obsequium. Nec enim poterat fieri ut quem vita mortuorum vocabat, mors iniqua teneret, et quem lux ipsa illuminaverat tenebræ obscurum retinere non valebant. Voca me, Domine et dicito mihi *Tu me sequere* (*Joan* XXI, 19) et postquam vocaveris, ut obediam voci tuæ tu clemens inspirare digneris cordi meo quanquam nihil aliud sit tua vocatio, nisi vera respectio. Hanc vocationem inquiro, hanc respectionem desidero, hujuscemodi vocem effectivam audire nimium sitio. Sed nunquid non vocasti? nunquid non ad tuam gratiam invitasti? nunquid non quotidie nobis vocem vocationis tuæ misisti? imo omni hora, omni momento vocas et clamas et non solum per prophetas tuos, verum etiam per te ipsum, ut nos ad te vocares, venisti. Inde quotidie per Evangelium tuum nobis non merentibus clamas *Qui sitit veniat, et bibat, et qui biberit ex aqua quam ego dabo ei, non sitiet iterum* (*Joan* IV, 7). Et vere, Domine, qui te vero corde sitit, haustum vitæ non morientis a te digniter sumit nec aliquando sitire novit cujus mens tui fontis poculum haurit. Sed aqua tua, Domine, sicut peccare desinentibus vitam præstat, ita adhuc peccantibus ignem, non satietatem mini

[a] Ms., *liberare*
[b] [c] Ms. *in adjumento ad adjumentum*
[d] Ms., *indicia*
[e] [f] Ms., *estos*
[g] Ms., *sabbatus*
[h] Ms., *castucine*
[i] Ms., *grados*

stiat. Et certe quisquis indignus huic fonti accedit, seipsum non refrigerat, sed exurit. Adesto, Domine, mihi te nescientem sitire[a], et munda ut valeam te non indigne haurire. Ecce Deus meus fons iste *patet omnibus habitantibus Jerusalem in ablutionem peccatorum, et menstruatæ* (*Zach.* XIII, 1). Sed qualiter potum in te accipio, qui ad illum animi gressu non propero? Et qui fractis cruribus grabato adhærens Jerusalem nequeo introire, quo pacto de fonte salutari ipsius me valebo potando mundare? Si enim ex habitatoribus existerem sanctissimæ civitatis, crederem me medelam recipere sanitatis, quia *portas ejus occupavit salus et muros ipsius laudatio* (*Isa.* LX, 18). Tu vero, Deus meus, qui paralyticum non habentem qui se in piscinam, dum turbata fuisset, mitteret, verbo curasti (*Joan.* V), dic verbo, et miserum ab ulceribus mundare dignare. Nunquid, Domine, piscina illa sine te curabat? aut absque te virtutes ipsas sanitatum ostendebat? Absit. Tu es enim salus infirmantium, et per te ubicunque, vel per quoscunque, curatio est infirmorum. Sed ut ostenderes multimodam magnitudinem tuam, et juxta merita singulorum te laborantibus largire medelam, et quod variis occasionibus nobis pietatem tuam tribues effectuosam, inde alios per se gradientibus ad vitam curas, alios de sua salute negligentibus gratuita miseratione emundas, ostendens nobis, sublimissime Deus, quia non unde præsumptio nostra salutem se æstimat adipiscere invenit, sed unde pie pater ei ministrando ipsam salutem impertis. Impertire, Domine Deus, quasi Deus, homini immensurabilem gratiam, et multiplica erga miserum, sicut omnia potens misericordiam affluentem. Irriga, Domine, squalentem terram meam, ut imbre tuo irrigatam fructificet arborem fructuosam. Asperge me, Deus, dulcedinis tuæ rore, et comple mentem meam imbribus gratiæ tuæ. Rogo enim, piissime Deus, quia in me jussisti rogare, et hanc tenuem scintillam tui timoris ex te inserta est mihi, quam ut augendo multiplices, et multiplicatam acceptes, quæso præcordiis ut tu nosti, internis. Nam ecce iniquitas mea in tantam crassitudinem[b] venit, ut ipsum te videndi aditum mihi concluderet, et in tam innumerabiles formas dividitur, ut ex una superbia matre multæ robustiores filiæ quotidie oriantur. Et quas dinumerare, nec perpendere queo, quomodo destruere valebo? Certe enim ex superbia omnis iniquitas captat principium, quia omne quod agitur vitium ex contemptu mandatorum tuorum habet exordium. Et ideo bene superbiæ ascribitur quidquid ab homine contradicenti tibi perperam agitur, quia nisi tibi omnipotenti superbire conaretur, nunquam illicita opere aut mente patraret. Et ideo superbus et arrogans quomodo ad te humilem veniat non invenit, quia te superbos non probare, sed te detestare cognovit. Cupio, Domine, contradictionis

A mandatorum tuorum superbiam rejicere, sed nimium assiduitate ejusdem ligatus, ac[c] segnitia præpeditus, quod avide cupio implere operibus nequeo. Sed nunquid si recte cuperem, et ex toto corde te in hoc adjutorem precarer, mihi adjutorium non largires, qui etiam non precantibus plerumque adjutor existis? Nunquid non tu es qui non merentibus aquas in deserto ex petra eduxisti? Non tu es qui manna fastidienti populo dedisti? Qui usque hodie peccatoribus et iniquis solem tuum producis, imbresque pietate qua aliis non solum hominibus, sed etiam bestiis fundis? Nonne tu es ipse Deus, cui cura pia existit de omnibus? Nonne tu horrea impiorum adimples? Nonne tu reges imperare etiam servos permittis? Nonne tu es qui etiam tibi resi-
B stentibus prospera tribuis? Tu es certe qui te negantibus sæcularia multa largiris, qui etiam blasphemantes te non solum operibus, ut ego, verum etiam ore vipereo, cibas atque sustentas. Opere enim te clementissimum derogat, qui tua præcepta non implet, lingua vero te et opere impetit, qui qualiter credendus es[d], subsannando non credit. Etiam quod a confitentibus recensiri blasphemium est, Judæorum fetores tu vides, quos non ultione, sed inæstimabili bonitate quotidie foves. Aut forsitan fatendum est, te alterius non istius sæculi conditorem, ubi impios secundum quod merentur judicando condemnas, et pios glorificando coronas? Absit. Imo corde puro et ore patulo firmiter confitendum est
C te et istius et alterius præclari sæculi conditorem. Sed hic bonitatem erga creaturam ostendis, illic veritatem judicando discernis. Hic pietas tua ut dignos, ita indignos sustentat: illic justitia tua dignos coronat, indignos autem juste condemnat. Hic plerumque cruciatibus justos probat, quos illic in cœlestibus mansionibus ascribendo coronat. Hic etiam sæpe sanctos remunerat, ut eis gustum bonæ remunerationis ostendens desperatione non frangat. Et sæpe iniquos, o Deus meus, eis etiam plagis affligis, et per ipsam juste in eis illatam sententiam, alios eorum similes terrificando deterres. Hic enim seritur quod illic metitur. Nec fas est credi, illum lucifluum sæculum peccantes recipere, in quo tu eum sustinendo dignatus es habitare, quem locum
D retributionis justitiæ esse revolvisti. Quod si hæc omnia quæ a me digesta sunt, et alia majora, quæ a me omissa sunt, quotidie in non merentibus operas, me, Rex regum, exiguum et pene pro nihilo computatum, quare non mundas? Hic enim mundationem inquiro, hic misericordiam posco, hic veniam peccatorum efflagito, quia in inferno nullam professionem profectuosam esse confido. Quod si forsitan exspectaris, ut extendam pusillitatem meam ad magnitudinem tuam intuendam, quæso, largire vires tendendi[e] et præbe statum in anterioribus ampliandi, vel potius in sublime pedes erigendi, quia

[a] Ms., *sitiri*.
[b] Ms., *grassitudinem*.
[c] Ms., *hanc segnitia*.
[d] Ms., *est*.
[e] Ms., *tentendi*.

et pusillus statura Zachæus [a] licet se extenderet, te videre minime posset, si sycomori altitudinem non adiret (*Luc.* XIX). Et vere te ipse oculis videt, qui præcepti altitudinem tenet, qui mundo corde in arborem vitæ conscendit. Sed numquid scandet ad superos, cum iniquitas præcedit ad inferos? Absit; quin potius ipse valet per te, qui veri via es, gradere, et per te ad vitam æternam, quæ tu es, conscendere, cui tu gressus stabiliendo dignans [b] dirigere. Dirige, Domine, gressus meos, et sit lucerna verbum tuum pedibus meis (*Psal.* CXVIII, 105), ut luce tua illuminatus, et dexteræ tuæ tutatione munitus, valeam in portis filiæ [c] Sion dulces psallere hymnos. Domine Deus meus, miserator et misericors, respice me respectu pietatis, et intuitu misericordiæ tuæ, quo soles peccatores respicere, eosque ad te ex devia revocare. Miserere, Domine, miserere, et veniam tribue te oranti. Exaudi, Domine, exaudi, et iniquitates meas tu dimitte. Disrumpe, Domine, vincula peccatorum meorum, ut sacrificem tibi hostiam laudis. Peto, Domine, indulge mihi, et peccatum meum, tibi cognitum soli, tu dele. Ecce, Domine, lavare me hoc flumine volui, sed sordes meæ permanent vetustate sua durissimæ, et pene nullo [d] flumine eluenda, nisi gratiæ tuæ forsitan rore. Nunquid qui Naaman leprosum angit [e] Jordanis eluisti (*IV Reg.* V), me non vales tuo tantum sermone lavare? Potens es, Domine, et misericordia tua super omnia opera tua. Dic mihi, Domine: *Lazare, veni foras* (*Joan.* XI, 43), et statim licet ligatus jaceam, licet putrefactus quatriduanus jam feteam, ad vocem tuam, et solutionem et odorem cum vita pariter capiam. Linire oculos cordis mei, Domine, luto illo quo cæci corporales oculos illinisti (*Joan.* IX, 6), ut sicut ille corporaliter lumen meruit recipere, ita et ego mentaliter lucem tuam merear perfrui. Vere enim, Domine, sabba illuminas, quos gratia tua illustras. Quod si me non dignum levi medicamine vides, et ferro, imo cauterio, mundandum cognoscis, exerce in servum cauterio medicinam, cui hostis magnam infixit plagam; et quoquomodo ipse velis, cura dolentem, tantum ne abjicias te firmo corde credentem, et ex intimo corde tibi in omni opere parce, Deus, clamantem. Parce, Deus, parce, et scelera mea tu pius dimitte. Indulge, clementissime Deus, et mala mea tu misericors terge. Peccavi, Domine, peccavi, et iniquitates meas ego agnosco (*Psal.* L). Peto, Domine, remitte mihi, et hyssopo verbi tui vulnerosa viscera mea asperge. Subveni, Domine, perdito vago, et profugo, et tuo eum sancto munere præsidio, ut quia nostri milleformes hostis mei insidias, et multiplices illusionum, perducas me ad te, qui veri tutatio es, non disjungas; et ejus fraudes invicta potentia elide, qui vales quidquid cupis implere. Tolle me, Domine, mihi, et redde me tibi; tolle malum meum, ut bonum perfruam tuum; tolle me a me, et colloca juxta te, et cujus vult manus pugnet tunc contra me (*Job* XVII, 3). Tolle propria mea vitio meo concepta, et præ benignitate tua confecta. Tolle quod ex meo habeo, et confer quod a te lacrymabiliter peto. Exue me meis, et induar tuis. Exime totum me a me, ut totus restituar tibi, ut dum hostis meus tua in me ere [f] viderit, magis fugam pedibus imperet, quam me insectare festinet. Ecce, Domine, credi [g], et tu mihi posse dedisti. Nunquid dixi millenam partem ex malis meis, aut explicavi ex sceleribus meis nisi particulam tenuem? Dixi enim non quantum debui, sed quantum tu mihi dicere permisisti, et quantum dicendum jussisti. Jube tu, Domine, acceptare quæ dicta sunt, et lascire [h] servulo quæque te donante digesta sunt. Et sicut ex me me tremulum vides, ubique nisi ex te præsumentem cognoscis, ita me pie opifex totum defende, quia me totum totum commisi; ut sicut a te conditus, tuoque munere vitalem hunc capio flatum, et a te totus existo, totusque subsisto, atque per te totus redemptus in mundo isto mortali vivo, ita totus a te in futuro possessus, et perenni dominatione tua satis suavi addictus merear te donante tua dona, quæ [i] *nec oculus vidit, nec auris audivit, nec in cor hominis ascendit* (*I Cor.* XXIX, 9), percipere, teque pro omni munere verum Sabbatum perfruere. Te præstante qui regnas trinus et unus per nunquam finienda sæcula sæculorum. Finit.

[a] Ms., *Zacceus*.
[b] Hoc est, *dignaris*.
[c] Ms., *filia*.
[d] Ms., *nullus*.
[e] Lege *aquis*.
[f] F. *hærere*.
[g] F. *credidi*.
[h] F. *largire*.
[i] Ms., *quam*.

INCIPIT LIBER

EPISTOLARUM ALVARI.

I

Aurelio Flavio JOANNI Paulus ALVARUS.

1. Nosti, mi dilectissime, fomitem dulcedinis charitatem existere, et amicorum veracium glutinum veram dilectionem esse. Ea enim vera est dicenda concordia, et gratuita dilectio comprobanda, quam [a]

[a] Ms., *que*.

non rerum labilium conjungit necessitas, sed æternalium nectit præmiorum sponte benignitas quam sanctarum Scripturarum edulia sociat [a], et amor divinæ intelligentiæ individue ligat. Hæc est vera charitas, quæ casum non novit, quæ inter mortigenos tantum claritate fulget, quæ finiri cum sæculo nescit, quæ etiam post interitum mundi auctiori lumine inenarrabili splendore clarescit. Quam dulcedinis ineffabilem gloriam, et pene a mortalibus non quæsita est opinatam, optemus, reverendissime, omni nisu conatibus nostris amplecteie, et per charitatis in utrosque augmentum, quantum nobis posse est, nostram efficere. Credo enim, mi sublimissime, quod primordia amicitiæ nostræ non a rebus caducis sumpsit exordium, sed [b] a rebus æternis cœpit initium. Unde opportunum est, ut ad eum finem tendat mentium nostrarum intentio, quo a primitus inchoata ipsa fuit dilectio, ut in amplius crescendo, perenni munere nostra ditetur affectio. De cætero charitatis dulcedinis vestræ coactus, et scientia industrioris animi vestri compulsus, quæ vobiscum sermo tenus disputavi, penes me in magnorum virorum volumina desquisivi: et quæ de his invenire potui, manu propria ipse in procinctu conscripsi. Verum est, o illustrissime, aut in mei sensus sententiam pedibus itione, aut cum talibus dignum potius respuere. Si enim quod dixi non videtis sequendum, cum his procul dubio quorum secutus sum dignum, judicatis utique respuendum. Patere me oro errare cum talibus libere, qui nulla veritas citra istorum firmata est opere, nisi forsitan vestra subtilissima et acerrima discussio alio hoc illos dixisse probaverit modo: quod si cognovero, et aperte per scripta vestra [c] probavero, illico veniam celeriter postulabo. Paratior enim sum vera cognoscere, quam falsa defendere.

2. Ac primum de eo quod dixi, sanctos et apostolicos viros non verborum compositionibus deservire, sed sensuum veritate gaudere: nec per artem sonari, sed per simplicitatem currere Christi, quid inde B. Hieronymus dixerit, quid senserit, quid suo sensu nobis indiderit, audire vestra patienter clementia jubeat: et si aliter sentiendum est, disserere vobis non pigeat. In libro enim acalcie [d] consignatus est in Epistola ad Colossenses: « Illud enim, ait, quod crebro diximus: *Et si imperitus sermone, non autem scientia* (*II Cor.* XI), nequaquam Paulum de humilitate, sed de conscientiæ veritate dixisse,

A etiam adprobemus [e]. Profundos enim et reconditos sensus lingua non explicat. Et cum ipse sentiat quid loquatur, in alienas aures puro non potest transferre sermone. » Item ad Galatas idem doctor: « Qui putant Paulum juxta humilitatem, et non vere dixisse: *Et si imperitus sermone, non autem scientia*, defendant hujus loci consequentiam. Debuit quidem secundum ordinem dicere: *Vos qui spirituales estis, componite hujusmodi in spiritu mansuetudinis, considerantes vosmetipsos, ne et vos tentemini* (*Gal.* VI), et non plurali inferre numero singularem. Hebræus igitur ex Hebræis, et qui esset in vernaculo sermone doctissimus, profundos sensus aliena lingua exprimere non valebat, nec curabat magnopere de verbis cum sensum haberet in tuto. »

B 3. Item de illo quod acriter refutavi, et pene non æquo animo vos dicentem audivi, quid inde doctores censere, hic breviter identidem adnotavi. Vestrum est hoc etiam utiliter triturare, et sic infirmis libere triturata [f] proferre. Beatus Augustinus in tricesimi septimi psalmi expositione ad locum sic dicit: « *Domine, Deus meus, ne discesseris a me*. Sic a corpore non recessit, recessit a capite? Cujus ergo vox erat, nisi primi hominis? Ex illo enim se ostendens veram carnem portare, dixit: *Deus, Deus meus, quare me dereliquisti?* (*Psal.* XXI.) Non illum dimisit Deus. Si te non dimittit credentem in se, Christum dimitteret Pater et Filius et Spiritus sanctus? Sed personam in se transfiguraverat prioris hominis. Scimus, dicente

C Apostolo, quia vetus homo crucifixus est cruci cum illo (*Rom.* VI). Non autem careremus vetustate, nisi nos crucifigeret in infirmitate. Ad hoc venit, ut renovemur in illo, quia desiderando eum et passionem ejus [g] renovamur. Ergo vox erat infirmitatis, vox erat nostra, qua dictum est: *Quare me dereliquisti?* Inde ibi dictum est, *verba delictorum meorum*: tanquam diceret [h]: Ex persona peccatoris in me transfigurata sunt. »

4. Item beatus Ambrosius in libro nono contra Arium de Incarnatione Domini disputans: « [i] Non capiantur quod audit: *Quare me dereliquisti*, sed intelligunt [j] quod secundum carnem ista dicantur, quia longe a plenitudine Divinitatis aliena [k] sunt. Aliena sunt enim a Deo verba [l] delictorum meo-

D rum [m], quia aliena sunt et delicta verborum. Sed quoniam delicta aliena suscepi [n], etiam debitorum alienorum verba suscepi, ut derelictum me a Patre Deo esse dicam, qui apud Deum semper sum. »

[a] Frequenter plurali neutra verba hic gaudet singulari.

[b] Ms., *et* pro *set*, seu *sed*.

[c] Ms., *per scriptis vestris*.

[d] Lego *Algasiæ*: verba enim illa quæ sequuntur, scripsit Hieron. epis. 151, ad Algasiam, quæst. 10, ubi Apostoli ad Colossenses, c. II, sententiam memorat: *Nemo vos superet* etc., et statim, quæ noster refert, subjungit S. doctor: *Illud, quod crebro diximus*, etc.

[e] Ms., *adprofemus*. Hieron. ibid., *etiam nunc approbamus*.

[f] Ms., *tritumare*... *tritunata*.

[g] Apud Aug. super psal. XXXVII, in fine, additur *imitando*.

[h] Legimus ibidem: *Tanquam diceret: Hæc verba ex persona peccatoribus in me transfigurata sunt*. Ne discesseris a me.

[i] Hæc apud Ambros. lib. de Incarn., c. 5. Sed ibi, *qui audit*.

[j] Ibidem *intelligat*.

[k] Ms., *alieni*.

[l] Ms., *ad verba*, forte per *d* Deum, notariorum more significavit.

[m] In Ambrosii textu abest *meorum*.

[n] Ms., *suscepit*: melius in Ambr., *suscepi*.

Item ipse in libro septimo cat. Lucam: « Ergo nec A ego erubescam: iterum quod Christus non erubuit magna voce confiteri, vel evidens manifestatio contestantis Dei secessionem divinitatis et corporis. [a] Hic enim habes: *Clamavit Jesus voce magna dicens: Deus, Deus meus, quare me dereliquisti?* (*Marc.* xv.) Clamavit homo divinitatis separatione moriturus. Nam cum divinitas libera mortis sit, utique mors esse non poterat, nisi vita discederet: quia vita divinitas est. Hoc dictum ita accipiendum, non quia humanitas passionem ferebat. »

5. Item ex libro Beati contra Elipandum: « Cum dicit: *Qui me misit, mecum est, nec me dereliquit.* Et alio loco: *Deus, Deus meus, quare me dereliquisti?* ipse unus est in ambas naturas *me* et *me* dicit. Num cum dicit: *Nec me dereliquit,* divina est. Cum autem dicit: *Me dereliquisti,* humana est. Quia Deus hominem susceperat, et ipse homo mori habebat, et divinitas quæ vita erat, exsul erat a morte, ideo per mortem crucis relinquendus erat usque ad resurrectionem ipsius. Non quod divinitas reliquerit carnem suam, sed quod non moritura erat cum carne sua. Quia sic in sepulcro carnem suam commanendo non [b] deseruit, sicut in utero Virginis connascendo formavit. Fidei ergo nostræ sic convenit, ut homo filius dicat: *Quare me dereliquisti?* Et Deus Filius, qui cum Patre æqualis est, dicat: *Qui me misit mecum est nec me dereliquit.* Et cum ex utroque unus sit filius, cavendum est, ne aliquis dicat: Homo est mortuus, et Deum cum excitavit. Hoc illi dicunt qui secundum carnem eum prædicant adoptivum et secundum divinitatem proprium. »

6. Item sanctus Fulgentius in libro ad Petrum directo: « Ex utero, inquit, matris idem Deus homo factus exivit, et in cruce idem Deus homo factus pependit, et in sepulcro idem Deus homo factus jacuit, et ab inferis idem Deus homo factus die tertia resurrexit: sed in sepulcro secundum carnem solam idem Deus jacuit, et in infernum [c] secundum solam animam descendit, qua de inferis ad carnem die tertio revertente, idem Deus secundum carnem, qua in sepulcro jacuit, resurrexit: et quadragesimo post resurrectionem die idem Deus homo factus in cœlum ascendens, in dextera Dei sedens, inde in finem sæculi ad judicandos vivos et mortuos venturus. »

7. Item supernus nuncupatus Libanensis Beatus: « Quod si discutere volueris, et rationem de Deo et homine facere præsumpseris, continuo laqueum perditionis immergeris. Non [d] ergo debemus dicere illum Deum, et istum hominem: unum habemus et adoramus cum Patre et Spiritu sancto Deum: non nominem, quartam introducentes personam, sed cum ipsa carne propria unum adoramus Christum Filium Dei Deum juxta Ephesini concilii veræ fidei documentum, quod [e] ait: Caveamus autem de Christo dicere: Propter adsumentem adoro adsumptum, et propter invisibilem adoro visibilem. Horrendum vero super hoc etiam illud dicere: Is qui susceptus est cum eo qui suscepit non nuncupatur Deus. Qui enim hæc dicit, dividit iterum in duos christos eum qui unus est, hominem seorsum in partem, et Deum similiter in parte constituens. Evidenter enim denegat unitatem, secundum quam non alter cum altero coadoratur, aut nuncupatur, sed unus intelligitur Christus B Jesus, Filius Dei unigenitus, una servitute cum propria carne venerandus [f]. »

8. Item sanctissimus Augustinus: « Idem sibi auctor et opus est. Quia fecit carnem in utero Virginis, adest auctor operis. Quia ipse in hac nasci dignatus est, adest opus auctoris, qui ut inlocali motu [g] ad matrem veniens, ineffabili potentia uterum matris gignendus implevit: et quod totum est substantiæ plenitudine non privavit. Ita ergo uno atque eodem tempore totus in inferno, totus in cœlo: illic patiens injuriam carnis, hic non relinquens gloriam deitatis. Erat denique apud inferos resurrectio mortuorum, erat super cœlos vita viventium: vere mortuus, vere vivus, in quo et mortem susceptio mor C talitatis accepit, et vitam divinitatis servata non perdidit. In quo dum humilitas patienti, facienti virtus ascribitur, idem Christus uno atque eodem tempore uno atque eodem opere, cum patitur infirmus, cum facit omnipotens docetur [h]. » Qui utrasque operationes vel voluntates sensus atque sapientias aut naturas divinitatis ac humanitatis inconfusas et inseparabiles, in unitatis sua persona ita univit, ut invicem ab alterutro divelli non possint, sicut admirabilis inquit Cyrillus. Undique igitur inconfusum atque indivisum celeri voce instanter profitemus unum sanctæ Trinitatis et post incarnationem Dominum nostrum Jesum Christum verum Deum nostrum credentes.

9. Item jam dictus egregius doctor Fulgentius: D « Sic enim in unitate personæ naturam utramque Christus conjunxit indissolubiliter et univit, ut in una persona unigeniti Dei nec divinitas ab humanitate sua, nec humanitas a sua possit divinitate sejungi. Indissolubilis quippe facta est Verbi et carnis unitio, quando Verbum [i] factum est caro, in quo si

[a] Apud Ambros. super Lucam lib. x, c. 24. *Sic enim habes alibi.*

[b] Deest *non* in editionibus, sed defectum ad oram paginæ prænotatum invenies tomo IV, part. II, Bibl. Patrum, col. 523, edit. 4°, Paris. 1624.

[c] Ms. *in inferno.* Fulgent. De Fide ad Petr., c. 2, *in infernum.*

[d] Editiones, *nos ergo.*

[e] Ms., *qui.*

[f] Ex lib. I, Beati contra Elipandum.

[g] Id est *non locali motu,* ut dicitur in libro apud Augustinum mox citando, ex quo nonnulla emendavimus, nempe *gignendus, plenitudine, servata, patienti, facienti,* ubi ms. *gignendo* habet, *plenitudinem, servatam, patientis, facientis.*

[h] Paulo latius apud Aug. hæc verba in App. tom. VIII noviss. edit. Paris., cap. 14 libri *Contra Felicianum Arianum,* ex quo *servata, patienti, facienti* restituta, ubi ms. *servatam* habet, *patientis,* et *facientis.*

[i] Ms., *verbo.*

ımansıt natuıalıs unıtas, ut tamen naturalıs nec ıdı nec confundı posset propıictas »

10 Item sanctus Athanasius « Confitemur ipsum e Filium Dei et Deum secundum Spiritum, et fi- m hominis secundum carnem, non duas naturas, am adorandam et alteram non adorandam, sed am naturam Verbi incarnatam, et adorandam cum opria ejus carne una veneratione neque duos fi- s, alterum quidem Filium Dei verum et adoran- m, alterum vero de Maria virgine non adorandum, gratia Dei filium factum sicut cæteri homines »

11 Item ex concilio Ephesino « Si quis audeat ere hominem *Theophoron* id est, *Deum ferentem*, non potius Deum veraciter dixerit tanquam Filium naturam secundum quod Verbum caro factum , et communicavit similiter ut nos carni et san- ni, anathema sit Si quis dicit Deum esse vel minum Christi Dei Patris Verbum, et non magis mdem ipsum confitetur Deum simul et hominem, opterea quod Verbum caro factum est secundum ipturas, anathema sit Si quis velut hominem um operationem Dei Verbi dicit adjunctum, et ugeniti gloriam tanquam alteri præter ipsum exi- nti tribuit, anathema sit Si quis non confitetur rnem Domini vivificatricem esse, et propriam ip- is Verbi Dei Patris, sed velut alterius præter ip- m conjuncti eidem per dignitatem, aut quasi di- am habitationem habentis, ac non potius, ut ximus, vivificatricem esse quia facta est propria ibi cuncta vivificare valentis, anathema sit »

12 Item beatus Hieronymus « Quomodo quidem qui secundum carnem factus dicitur ex semine vid Filius Dei sit Jesus ex resurrectione mortuo- m (*Rom* I), difficile non est advertere ei qui lege- illud quod scriptum est *Decebat enim eum per em omnia, et in quo omnia multos filios in gloriam ducentem auctorem salutis eorum per passionem summari* (*Hebr* II) Finis autem passionum Christi surrectio est, et quia resurrectionem ultra *jam n moritur, nec mors illi ultra dominabitur* (*Rom*) Et iterum dicitur quia etsi agnovimus Chri- um secundum carnem, sed nunc jam non novimus, eo omne quod est in Christo, jam Filius Dei est omodo autem ad eum qui Filius Dei est in virtute stinatus referatur, coarctat intelligentiam vestram, si quod per indissolubilem unitatem Verbi et carnis nia quæ carnis sunt ascribuntur et Verbo, quam quæ Verbi sunt prædicantur in carne Jesum vero Christum et Dominum invenimus sæpe ad utram- e naturam referri, ut est illud *Unus Dominus sus Christus per quem omnia* (*I Cor* VIII) Et ite- m *Si enim agnovissent, nunquam Dominum gloriæ ucifixissent* (*I Cor* II) »

13 Unde et noster nunc doctor Vincentius impro- A bando taliter dicit « Ipse Verbum Patris per quem condidit sæcula Pater, qui postea pro nobis stitit ante judicem, ad æternam remunerationem in sorte sanctorum coronandum exsuscitet [a] Illa dextera quæ cœlum fecit et terram et post a Pilato male judicata vinculis est vincta, ipsa vos tempore judicii in conspectu sanctorum amplexu proprio jubeat co- pulari Illa facies quam post meridiem colonus [b] pa- radisi ferre non sustinens fugit, et post pro illius et stirpis ejus transgressione sputis ab infidelibus sor- didata est, ipsa vobis dum in igne venerit judicare sæculum, in tranquillitatis et pacis specie sese jubeat demonstrare »

14 Ecce quæ de utrisque quæstionibus disputa- B tum inveni pedetentim conscripsi Non melioribus præjudicans, sed exquisita exponens Vestrum est totas sententias a me hic positas ventilare, et dein- ceps in illo penitus ventilare [c] meque non præsum- ptorem reputare, sed amabilem et dilectum ab hodie amplius exstimare Finit

II

ITEM ALIA EPISTOLA JOANNI SPALENSI DIRECTA

Amelio Flavio JOANNI Paulus ALVARUS

1 Hactenus amicorum more conscripsi, et ut soli- tum est dilectis [d] charitatis jacula misi Verum quia rescriptum dulcedinis vestræ non accepi, ideo et nunc conatus sum scribere dure forsitan vale- bunt impetrare minæ quod amor non valuit obti- C nere Dic mihi, o hominum quos terra protulit inhu- mane, cur charitate Scripturarum radicatum amore, pigritia quadam non dubitas dissuere et episto- lam illam, quam beatus Apostolus in corda Christia- norum refert scriptam, non metuis [radere]? Vere e silice excissa geres præcordia, et hircano, tigri nove [e] lacte nutrita Jam te non verbis deraccabo, sed fustibus, nec sententiis per artem Donati politis, sed nodosis [f] arborum truncis ut vel læsus nobis armatus occurras, qui optatus nulla læta convivia paras Et ne levem meum insurrectionis despicias cursum, te jam totum per acerrimum laniem mor- sum Cur tanta auctoritate mentis distenderis, ut fratrem tuis renuas invisere scriptis? Cur elatione Deo vel Ecclesiæ exsecranda [g] fratris despicis elo- D quia parva? Pro te solo crucifixus est Christus? Tibi soli in ministrando obsequitur mundus? Cui qui uno tecum redemptus est pretio dedignaris illo tuo lucidiori foveri reciproco? Pater per Moysem quinque epistolas [h] Judæis mittit, per quas amicitias cum eorum parentibus ligatus verbotenus narrat, et ad easdem conservandas regulis quibusdam infor- mat Christus Abgarum reciprocari quasi Deus ho- minem non dedignat et sanctus Spiritus per apo- stolos omnibus gentibus informatrices rerum desti-

[a] Legerem *coronandos vos suscitet* cum populo amque loquitur, ut ex sequentibus apparet
[b] Ms, *quem post meridiem colonis*
[c] Vox dubia in ms
[d] Ms, *dilectis*
[e] Ms, *ircanum tigrinumve*
[f] Ms, *nodocus*
[g] Ms, *exacranda*
[h] Id est Pentateuchon

nans, homines non recusat. Et estne aliquis tanta tibe inflatus superbiæ, qui conservo suo nequeat verbaliter [a] respondere? Si in aliquo offensione es passus, cur nec ipsum epistolaribus es prosecutus? Numquid deest tibi rhetorum liceta facundia, aut dialecticorum quam ego novi spincta contorta? Ubi est liber ille, illud ingenium quasi tecum congenitum litterarum? Exciderunt tibi philosophorum præcepta, et a mente elapsa est tot tantaque artium quæ te excoluit disciplina, ut nec iratus forte valeas conceptum intrinsecus levigare furorem? Aut manibus aut pedibus contradicendum est inimico. Si ut amicum me colis, *mala aurea* [b] mitte. Si adversarium probas, stricto me pete mucrone. Nam ecce tibi manu forti et totis viribus contum infigo. Aut in defensione præpara clypeum, aut terris membrum dejice semivivum. Et sic aut captum medicis dabo curandum, aut funerum telluri reddam humandum. Quod si nec tali vulnere saucius expergiscere volueris, et Pithagoricum silentium amplius tenueris, nec a cœpto proposito [c] recedere volueris, jam te insensibilem dicam metallum, qui nec vulnera inflicta [d] sentis, nec palpationis tactu mollescis.

2. Reddunt montuosa vallium concava, et saxorum erecta pinnacula, vocem in se flexuoso margine missam, et sine mente æs tinniens [e] dat mutum auribus delectabile sonum. Sic inlisa arboribus ascia dat vocem qualem illi dedit natura, et plerumque calculus inlisus lapidi cum igne mittit clamorem. Nihilque creatum exstitit, quod juxta sibi traditum ordinem, Deum non sua prosecutione conlaudet. Garrulæ dulcificos pangunt gutture melos. Quadrupedes rictu suo barrituque infirmi, et distincte ac varie lingosum palatum infringunt eloquium, et licet non intelligibilem nobis, sibi tamen consuetum reddunt officium. Habet et sua sibila serpens, et reptans in gurgite piscis stridendo æquora secat. Murmur undosi maris per stagna saltuositer fridendo congaudet, et nil in mundo creatum venit, quod non motu suo affectum, ut illi sortitum est, qualitatis enodet. Solus tu inventus es in omni orbe rationabilis et immitis, qui nec cum rationabilibus sententiatim verba producis, nec cum ratione carentibus mugitando sono inlidis, nec cum insensibilibus *sentiendo* lenis. Unde quia hucusque dilectionem noluisti scriptis fovere, data tibi est materia dissuendi, si vel iratus malueris nos contra tonare.

3. Quæ animo charitate pleno conscripsi, et in quibus territando visus sum tecum jocare, procul longeque rejecta, ad charitatem antiquam rogo converte vel blasphemiis nobis responsum redde. Erit mihi grande solatium, si vel irati animi redditum fuerit rescriptum. Opto per te decorem domus vestræ salutare, et glossemitarum illum, vel ephemerides [f] directos habere. Patrem nostrum communem dominum [g] Joannem salutari exspecto, omnemque cognationem nostram [h] vice nostra osculato.

III

INCIPIT EPISTOLA JOANNIS SPALENSIS ALVARO DIRECTA.

Aurelio Flavio, ALVARO *inlustrique viro, minimus* JOANNIS suggessio.

1. O insigne domine, et sapientum multorum sapientissime, sera est responsio, et tarde mihi concessa rescribendi optio, quia [i] periculis meis ingruentibus insurrexit afflictio. Nunc autem, et si centum tristitiis, centum curis attritus, post longum seriem temporis velut ab improviso soporis, ut ita dixerim, gravedine suscitatus, dependere desidero salutationis obsequium, et cordis et corporis humilitates assensum implecens serenitatem tuæ dulcedinis *sapientiam, ut peculiarem amicum, quem* non ex dapibus neque ex temporalibus rebus habuisti susceptum usquequaque, et usque in finem habere jubeas commendatum. Nam ego (scit ille qui cordis mei arcana cognoscit, et cuncta prius quam fiant novit), gravi dolore discrucior, quod demenso tempore tam prolixo vel modo non mereor videre vestrum jucundum et delectabilem vultum, ut vobiscum pariter arcana mei cordis trutinarem, et tristitias alte conditas ex vestris mellifluis affatibus in lætitiam converterem. Nam ego, Christus novit, ante septem hebdomadæ monades [j] serenitati vestræ disposueram rescribere, si circumvallatus multitudine peccati non fuissem, et squalidarum negotiationum me ipsum non propinassem. Sed et alias nullum talem portitorem nequivi invenire, per quem confestim gloriæ vestræ potuerim describere.

2. Postremo volente me minimo subvectum navigio, tranquilli littoris instringere [k], et parvis [l] de Latinorum stagnis pisciculos legere, in altum, sublimissime domine, laxare vela compellis, relicto opere quod minimo in usu habebam, ut suades de rebus magnis antistropham [m] facerem, in quibus ego, dum sectator tui fuero sensus [n], in tam profundum pelagus auferor, ut metus ingens sit illuc ingredi, ne magnitudine rerum, immanitate opprimar undarum. Tum deinde nec illud intueris, quod tenuis mihi est spiritus ad implendam tuam magnificam dicendi tubam. Sed non est mei dictandi ingenii, sed ut t

[a] Ms., *Verbaliter.*
[b] Ms., *malas aureas.*
[c] Ms., *accepto preposito.*
[d] Melius forsan *inflicta.*
[e] Ms. *estinniens.*
[f] Ex posterioris epistolæ subsequentis verbis legendum *glossematum* et *ephemerides*. Sub voce autem *illum*, librum intellige, seu *biblum*.
[g] Ms., *commune domnu.*
[h] Ms. *omnique coanationi nostræ.*
[i] Ms., *que.*

[j] Ms., *ebdomade monomade.* D. Thomas Tamaio p. 211 in Luitpr., citat *hebdade monomade.* Ego ut in textu restitui legendum censeo, id est ante septem hebdomadum unitates; diu enim fuisse procrastinatum rescriptum, et epistolæ præcedenti argumentum et hic in medium allatæ causæ satis evincunt.
[k] An *mare attingere*?
[l] Melius *parvos.*
[m] Id est, reciprocam conversionem.
[n] Ms., *sensum,* et *pelagum.*

credis, qui hæc exigis, muneris fortasse divini. Propter quod deprecantes prius Deum *qui docet hominem scientiam, et qui dat Spiritum verbum sapientiæ* (*Psal.* xciii), *qui illuminat omnem hominem venientem in hunc mundum* (*Joan.* i), ut dignos nos facere dignetur quæ digna sunt rescribere, et quæ dubia sunt effugare.

3. Ac primum de eo quod notuistis, beatissimos et apostolicos viros non verborum compositionibus deservire, neque per artem [a] liberalem Donati, sed per simplicitatem currere Christi: quid inde beatus Hieronymus senserit animadvertimus: nam de quo ait Apostolus: *Etsi imperitus sermone, sed non scientia* (*II Cor.* xi), non semper imperitus fuit. Etenim cum primum, ut beatissimus Hieronymus refert, ad Corinthios scriberet Epistolam, erat quidem in magnis profectibus, aliquid tamen de se velut nutabundus eloquitur, cum dicit: *Castigo corpus meum, et in servitutem subjicio, ne forte cum aliis prædicaverim ipse reprobus inveniar* (*I Cor.* ix). Sed et ad Philippenses scribens, quiddam in se minus adhuc esse illius quam postea assecutus est perfectionis, ostendit, cum dicit: *Conformari se morti Christi, si quo modo occurrat in resurrectionem quæ est a mortuis* (*Philip.* iii). Non enim diceret *si quo modo*, si ei jam tunc res indubitata videretur. Sed et in consequentibus ejusdem Epistolæ hæc eadem [b] ostendit cum dicit: *Non quod jam consecutus sim, aut perfectus sim: sequor autem, ut comprehendam in quo et comprehensus sum a Christo. Fratres, ego me ipse nondum arbitror apprehendisse* (*Ibid.*, 12, 13). Quod si qui arbitrantur per humilitatem dictum, videant in consequentibus quam [c] magna de profectibus suis memorat, cum dicit: *Unum autem, et quidem quæ retro sunt obliviscens, et ad ea quæ in ante sunt me extendens secundum propositum sequor, ad palmam supernæ vocationis Dei in Christo Jesu* (*Ibid.*, 13, 14). Et post hæc dicit: *Quicunque ergo perfecti sumus, hoc sentiamus* (*Ibid.*, 15): in quo ostendit duplicem esse perfectionem: unam quæ est in expletione virtutum, secundam quam dicit quod etiam sit perfectus. Nunquid et perita non est de virtutibus? et alia, cum ita quis proficit, ut decidere non possit. Quomodo enim non per artem liberalem sequenda sunt verba cum beatus Hieronymus ad magnum Oratorem ita scribens dicat [d]: « Quis enim nesciat et in Moyse, ac prophetarum voluminibus, quædam assumpta de gentilium libris, et Salomon philosophis Tyri et proposuisse nonnulla et aliqua respondisse? Unde et in exordio Proverbiorum commonet, ut intelligamus sermones prudentiæ, versutias verborum, parabolas et obscurum sermonem, dicta sapientium, et ænigmata, quæ proprie dialecticorum et philosophorum sunt. Sed et Paulus apostolus Epimenides [d] poetæ abusus versiculo est. Quid ergo mirum, si et ego sapientiam propter eloquii venustatem et membrorum pulchritudinem de ancilla atque captiva Israelitam facere cupio? Juvencus presbyter sub Constantino historiam Domini Salvatoris versibus explicavit, nec pertimuit Evangelii potestatem sub metri legem coram [e] ex scriptis suis et vires manifestatæ sunt, et voluntates. »

4. Origenes, ille præcipuus doctor, in commentariis suis ita disserit: « Et prophetiæ vale amose [f] sacris inserta sunt voluminibus, quanto magis ab his qui habitabant tunc in Mesopotamiam etiam hoc habuerunt quod orietur stella ex Jacob (*Num.* xxiv, 17), et surgeret homo de Israel? Hæc scripta habebant Magi apud semetipsos: et ideo quando natus est Jesus, agnoverunt stellam, et intellexerunt adimpleri prophetiam, magis ipsi quam populus Israel, qui sanctorum prophetarum verba contempsit. Ille ergo ex hoc tantum quæ Balaam scripta reliquerat, agnoscentes adesse tempus, venerunt: et requirentes eum adoraverunt, et ut fidem suam magnam esse declararent, parvulum puerum quasi regem venerati sunt. » Beatissimus vero Augustinus ubi contra tres hæreses mirabiliter tractavit [g], de Mercurio dicit: « Mercurius, inquit, filius benedicti Dei atque bonæ voluntatis, cujus nomen non potest humano ore narrari. » Et iterum: « Est Quis? filius inenarrabilis, sermo sapientiæ Christus [h] Sanctus. Nonne [hoc] est: *In principio erat Verbum* (*Joan.* i)? Origenes item in ΝΕΝΤΑΤΕΟΙΑΣ [i] « *Ecce vocavi nominatim Beseleel filium Uri, filii Hor ex tribu Juda, et replevi eum spiritu divino sapientiæ, et intellectus, et disciplinæ, ut in omni opere intelligat, et sit architectus ad operandum argentum, et aurum, et æs, et lapide repletionis et omnia opera fabrilia: et in ligno ut operetur secundum omnia opera ad quem ego dedi eum. Sed Eliab filium Asismat ex tribu Dan: et dedi in cor omni prudenti intellectum, ut faciant omnia quæ constitui tibi* (*Exod.* xxxiv, 2-6). Considera ergo ex his omnibus quomodo a Domino sapientia fabrilis, sive in auro, sive in argento, sive in alia quacunque materia, vel etiam textrini sapientia: et vide quod a jure dici de his omnibus potest, quod horum scientia ab excelso sit. » De tribus vero pueris identidem ipse dicit: « Quos pueros Nabuchodonosor tribus annis in arte grammatica posuerit. *Dedit eis Dominus sapientiam et intellectum, et prudentiam in omni arte grammatica, et Danieli intellectum dedit in*

[a] Ms., *partem liberalem Donati*.
[b] Ms., *eodem*.
[c] Ms., *quum*.
[d] Epimenides in Opere Περὶ χρησμῶν. Apostoli autem ex eo desumptus versiculus ille est: *Cretenses semper mendaces*, ad Tit. i, 12.
[e] Locus mutilus sic explendus: *Nec pertimuit Evangelii majestatem sub metri leges mittere. De cæteris vel mortuis vel viventibus taceo: quorum in scriptis suis et vires manifestæ sunt, et voluntates.*

Hieronymus epist. 84, ad mag. Orat. Rom.
[f] Locum sic restituo: *Prophetiæ Balaam a Mose*. Ex Orig. Homil. 13 in Num.
[g] In Tract. contra quinque hæreses, cap. 2.
[h] Benedictini Congr. S. Mauri *sanctus, sanctus*, absque voce *Christus*.
[i] Extant verba hæc apud Origenem homil. 18 in Numerorum librum: voce autem illa barbara forte homilias in *Pentateuchon* designavit.

omni verbo, et virtute, et somniis et erat apud regem in omni verbo et prudentia, et disciplina In quibuscunque quæsivit ab eis rex, invenit eos decuplo amplius, quam erant sophistæ, et philosophi, qui erant in omni regno ejus (*Dan* I) Hæc quidem in exemplaribus Septuaginta [a] vero codicibus, aliquid etiam vehementius reperi, quibus quamvis non utamur, tamen agnoscendi gratia dicemus etiam ibi quod legimus *Dedit*, inquit, *eis Deus intellectum et prudentiam in omni grammatica sapientia et Daniel intellexit* [b] *in omni visione et somniis* Et post pauca *Astiterunt* inquit, *in conceptu regis, et in omni verbo sapientiæ in quo quæsivit ab eis rex invenit eos decuplo super omnes incantatores et magos qui erant in omni regno ejus* Ex his ergo omnibus potest intelligi, quomodo et Balaam dixerit de semetipso Quis sciat scientiam Altissimi? scilicet, ut intelligatur quod origo totius scientiæ ab ipso cœperit exordium »

5 Sanctissimus Augustinus, Hipponæ Regiensis episcopus, ubi de tribus Sanguisugis singulariter tractavit, ita disseruit Scire, inquit, Salomon sapientiam, et disciplinam, et intelligere sermones prudentiæ, ac percipere versutias verborum, et intelligere justitiam veram, judiciumque dirigere ut det innocentibus astutiam, puero autem juniori sensum et cogitationem His enim auditis sapiens sapientior erit qui autem intelliget parabolas atque obscurum sermonem, dicta sapientium, et ænigmata eorum Sed quis sapiens, et quis prudens, hæc sine spiritu Dei liquide comprehendat? Hæc sunt quæ investigare et comprehendere, et plene nosse jubemus Gregorius papa Urbis beatissimus in libro tertio secundum litteram de Petro apostolo, ubi Simonem arguit *Pecunia tua tecum sit in perditionem* (*Act* VIII, 20) qui enim non ait *est*, sed *sit* non indicativo modo, sed optativo se hæc dixisse signavit Hinc Elias duobus quinquagenariis ad se venientibus dixit *Si homo Dei sum, descendat ignis de cœlo, et consumat vos* (*IV Reg* I) Vide quia hac arte utebatur Multa quidem erant de his rebus testimonia describere sed ne nimis fastidiosum sapienti videretur, parva ex multis sufficiant doctis Sed et aliqua, meipso vocante, utcunque ascribam Apostolici et sanctissimi viri, nec semper sophistice, nec frequenter lac potum dederunt nec crebro solidum cibum Non aliquoties simplicia, non diu sublimia, sed ut Spiritus dabat eloquia, unde et Psalmista *Audiam quid loquatur in me Dominus Deus* (*Psal* LXXXIV, 9) Vide quid sanctus Gregorius papa Urbis dicit in cunctis namque fidelibus Spiritus venit, sed in solo Mediatore permanet, qui ejus humanitatem nunquam deseruit, de cujus divinitate processit In illo igitur permanet, qui et solus et omnia semper potest, nam fideles qui hunc accipiunt, cum signorum dona semper ut volunt habere non possunt Sed et illud quod in Epistola Paulus ad Hebræos scripserit *In semine tuo, quod est Christus* (*Gal* III, 16) non secundum litteralem artem, sicut dicitis scripserit ut reor per allegoriam protulit quia in ipsius Geneseos Abrahæ titulis sic adnotatum est Benedictio qua benedixit Deus Abrahæ in repromissione seminis ejus, qui est Christus, et gentium vocatione Ibi enim positum est *Multiplicabo semen tuum sicut stellas cœli, et velut arena quæ est in littore maris* (*Gen* XXII, 17) Tropice et hyperbolice locutus est quis enim non videat, quod sit incomparabiliter amplius arenæ numerus, quam esse hominum omnium ab ipso Adam usque ad terminum sæculi quanto magis solum semen Abrahæ? Quæ utique tropica est, non propria

6 Illud porro quod acriter refutare vobis visum est, et pene non æquo animo dicentem audire, [c] et quid a beatissimo Augustino in expositione Psalmi tricesimi septimi senserit, legimus Ergo vox erat infirmitatis, vox erat nostra qua [d] dictum est *Quare me dereliquisti?* (*Matth* XXVII, 46) Quid de hoc beatissimus Hieronymus scripserit, quid nobis custodiendum tradiderit inter cætera cuidam sic instituit *Corde enim creditur ad justitiam, oris autem confessio fit ad salutem* (*Rom* X, 10) Filius Dei non est filius hominis Filius Dei est, non est filius hominis Unigenitus Dei est qui vero filius hominis est, primogenitus est, et propter susceptorem suum unigenitum Deum, et primogenitus dicitur, quia in eo est unigenitus Denique de primogenito Apostolus sic ait *Primogenitus in multis fratribus* (*Rom* VIII, 29), qui in eum crediderunt Non ergo natura unigeniti est primogenitus, sed propter societatem unigeniti Dei unigenitus est Primogeniti autem natura est primogenitus non causa societatis, quia nullus ex mortuis resurrexit ad immortalitatem, nisi ipse primus et exemplum per resurrectionem omnibus sequentibus edidit Et ideo Apostolus dicit *Qui est primogenitus, ex mortuis* (*Colos* I, 18) Idem iterum ad Romanos *Ut sit ipse primogenitus in multis fratribus* Et quia unigenitus et primogenitus duæ naturæ sunt, divina et humana Nam et diversitas harum naturarum in elocutione Evangeliorum ostenditur Fidei nostræ igitur non convenit ut Jesus Christus mentiatur, quia ipse est veritas Cum ergo ita sit, ipse de se dicit *Qui me misit mecum est, nec me dereliquit* (*Joan* VIII 29), et alio loco *Deus, Deus meus, quare me dereliquisti?* (*Matth* XXVII, 46) Quia Deus hominem susceperat, et per mortem crucis relinquendus erat a Deo usque ad resurrectionem fidei ergo nostræ sic convenit, ut homo dicat ad Deum suum *Quare me dereliquisti?* Unigenitus autem Deus qui inseparabilis est a Patre dicat *Qui me misit mecum est, nec me dereliquit* Sanctus Au

[a] Truncata verba, sic ex Origene homil 22, in Num explenda *Hæc quidem in exemplaribus septuaginta interpretum habentur in Hebræorum vero codicibus aliquid*, etc

[b] Ms , *danielo somnis*

[c] Vide supra epist 1, n 3

[d] Ms , *quia*

istinus contra Priscillianos Neque enim illa susceptione alterum eorum in alterum conversum que mutatum est nec Divinitas quippe in creaturam utata est, ut desisteret esse creatura nam si bstantia hominis in Divinitate conversa est, augentavit aliquod Divinitatis Sed absit ut augmentum recipiat ineffabilis plenitudo Manet ergo utraque Filii natura et una persona Beatus Leo apostolicæ sedis antistes ad Flavianum Constantinopolitanum Et sicut forma servi Dei formam non ademit, forma Dei servi formam non minuit Et paulo ost Et sicut Verbum ab æqualitate paternæ gloriæ on recedit, ita caro naturam nostri generis non liquit Item Hieronymus in Commentariis Evangeliorum secundum Matthæum *Dixit Dominus Domino eo, sede a dextris meis, donec ponam inimicos tuos abellum pedum tuorum* (*Psal* cix, 1) dictum est ic non secundum id quod de eo natus est[a] David, secundum id quod ex Patre natus semper fuit, ævenions eum ipse suæ carnis Patrem Item sancti thanasii Alexandrinæ urbis sedis episcopi sancti confessoris, ad Epictetum Corinthiorum episcoum Quomodo autem vel dubitare ausi sunt qui cuntur Christiani, nisi Dominus qui ex Maria prossit Filius quidem substantia et natura Dei est uod autem secundum carnem, ex semine David est, carne sanctæ Mariæ Item in libro sancti Ambrosii et confessoris Mediolanensis Ecclesiæ, quod isit ad imperatorem Gratianum inter cætera in bro secundo « Inde illud quod lectum est, Dominum majestatis crucifixum esse[b] (*I Cor* ii, 2), putmus, sed quia idem Deus idem homo per divinitem Deus, per susceptionem carnis homo Christus sus Dominus majestatis dicitur crucifixus » Et ist pauca « Servemus, inquit, distinctionem Divinitatis et carnis Unus in utroque loquitur Dei lius, quia in eadem utraque natura est Et si idem quitur, non uno semper loquitur modo intende eo nunc gloriam Dei, nunc hominis passiones uasi Deus loquitur quæ sunt divina, quia Verbum t quasi homo dicit quæ sunt humana, quia in ea bstantia loquebatur Item ejusdem in libro Incarnationis Domini contra Apollinaristas « Sed dum os redarguimus, emergunt alii, qui carnem Domini cunt et Divinitatem unius naturæ Quæ tantum cilegium inferna vomuerunt? Jam tolerabiliores unt Ariani, quorum per istos robur perfidiæ adoscit, ut majores contentione asserant Patrem et ilium et Spiritum sanctum unius non esse substantiæ[c], quia isti Divinitatem Domini et carnem substantiæ unius dicere tentaverunt Item » infra

Et hi mihi frequenter Nicæni concilii se tractatum nere commemorant Sed in illo tractatu Patres

A nostri non carnem sed Dei Verbum unius substantiæ cum Patre esse dixerunt Verbum quidem ex paterna processisse substantia, carnem autem ex Virgini esse confessi sunt »

7 Et quia nobis scribere prævidisti quod in Ephesina synodo continetur, ubi ad locum sic adnotatur Si quis confitetur carnem Dei vivificatricem esse et propriam ipsius Verbi Dei Patris, sed velut alterius præter ipsum conjuncti eidem per dignitatem, aut quasi divinam habitationem habentis, ac non potius ut diximus vivificatricem esse, anathema sit Si enim dicis quia propria est Dei Patris, quod sancti Patres minime credo ut iti dixerint, ergo Sabellianam hæresim secutus videberis, qui dicis quia propria est caro Dei Patris, et iterum propria est Verbi

B Quod sancta synodus Ephesina minime decrevit Etenim inter cætera noster Vincentius, dicis, cuidam implorans taliter dicit Illa facies quam post meridiem colonus paradisi ferre sustinens fugit et post pro illius et stirpis ejus transgressione sputis ab infidelibus sordidata est, ita vobis dum in igne venerit judicare sæculum, in tranquillitatis et pacis specie sese jubeat demonstrare Vide ne contrarium videatur quod supra sanctis Patribus probatum est Si illa facies, quam colonus paradisi fugit, subjecta creaturæ fuit, et creatura corporea, sed non de semine David nata, sed nondum divinitatis ex stirpe David corporata, sed nondum in tempore nata Et quid sentiendum est de eo quod Apostolus dicit, quia

C *factus est ex semine David secundum carnem, qui prædestinatus est Filius Dei* (*Rom* i, 3) Prædestinatur enim, ut præclarus Hieronymus dicit qui nondum est Et quid arbitrandum est de anima Jesu, de qua ait *Tristis est anima mea usque ad mortem* (*Matth* xxvi, 38), et de quo *Potestatem habeo ponendi animam meam* (*Joan* x, 18) et item *Anima mea turbata est usque ad mortem* (*Joan* xii, 27), quæ non de semine David descendit Nunquid et ipsa anima in ipsa facie jam tunc posita erat? Quomodo ergo dicimus verus Deus et verus homo, et a matre natus tempore, sed sempiternus a Patre Et Induit carnem, sed non exuit majestatem veram carnem ex maternis visceribus tantum sine peccato

D 8 Quod nos graviter molesti estis, et quod non tantum pugnis et calcibus, sed crudis travibus multire jussistis pro tardato reciproco, et codicis vestri transmissu, fateor me non mediocriter erratum *Meliora sunt verbera fidelis amici, quam oscula fallentia inimici* (*Prov* xxvii, 6) Legimus apud antiquos philosophos, cum discipulorum Antisthenis[d] nullum reciperet, et perseverantem Diogenem removere non posset, clavam minatus est, nisi abiret, cui ille subjecisse dicitur caput, atque dixisse Nullus tam du-

[a] Corrupta verba sic autem emendanda *id est e David, sed secundum*, etc, ex Hieronymo lib iv in atth, cap xxii, 44, ubi inquit *Dominus igitur avid vocatur, non secundum id quod de eo natus est, el juxta id quod natus ex Patre semper fuit, prævenens ipsum carnis suæ patrem*

[b] Desunt hic quæ apud Ambrosium exstant lib ii, ad Gratianum cap 4 *Dominum majestatis crucifixum esse, non quasi in majestate sua crucifixum putemus*, etc

[c] Ms, *substantium* sed in Ambrosii textu, cap 6 libri de incarnatione, *substantiæ*

[d] Ms *Antisthenes*

rus baculus est qui me a tuo possit obsequio sepa- rare. Ergo cum corde meo. Nullus tandemus sermo esse potest, qui me a vestra charitate, a vestraque dulcedine possit disrumpere.

9 De trium vero ancillarum vestrarum migratione ex ore patris communis audivi integre. *Nolite contristari, sicut et cæteri qui spem non habent* (*I Thess.* IV, 12). *Dominus dedit, Dominus abstulit, sit nomen Domini benedictum in sæcula* (*Job* I, 21). Oportet nos per multas tribulationes venire ad Christum, Domino dicente: *Mundus gaudebit, vos autem tristabimini, sed tristitia vestra vertetur in gaudium* (*Joan.* XVI, 20). Mereamur tecum corda unes ³ otius sistere [a] communes. Salutare præsumo per os vestrum omnem decorem domus vestræ. Salutat vos domna Froisinda cum filiis suis, sani et incolumes, et tritici multitudine locupletes. Direxi vobis illum [b] glossematum et ephemerides, indesinenter gratias referens, mereat vestram jucundam accipere scriptam. Finit.

IV

ITEM EPISTOLA ALVARI JOANNI, CUI SUPRA, DIRECTA.

Aurelio Flavio JOANNI Paulus ALVARUS.

1. Englogæ emperiæ vestræ summentes eufrasiam [c], imo energiæ percurrentes epitoma, jucunda facta est anima, dum vel sero dilecti meruit cognoscere commoda. Unde quia prolixa facundia oratorum more rethoricari est visa, et contra tenuitatis nostræ inscitia magna [d] doctorum usus es flumina, ne iperbatoniceis [e] casibus serviam, et quæ cupio non expediam, sed involvam, breviter ac succincte defensionis meæ ordiam telam.

2. Prætermitto enim demulcationis disertionis vestræ præconium, quo caput meum ungens nitens mellitum mihi infligere gladium. Et ne onerosus multa dicendo fiam legentibus, ea tantum meus sermo licet segniter texat, quæ sententias doctorum a te prudenter digestas mihi consentaneas doceat, nec adversarias eo animo quo cupis ostendat. Ac in primis mi dilecte hoc responsum habeto, sententiasque doctorum a me tibi directas, a te integerrimas conservatas memento, nec usque nunc alio dictas a te ostensas sunt modo, sed ita ut a me cognitæ, et tibi, reverendissime, destinatæ, hactenus tenori serviunt suo. Miror vero [f] censuram vestram eximiam, et mirabilem mihi bene notam industriam, cui non ipsa testimonia limationi intentioni imasti, eaque majorum solertia indagatione strenua alio modo digesta [g] probasti, nisi forsitan quod ibi aliud intelligeres elucere tibi, penitus non vidisti. Unde quia intemeratæ manent, a te nunquam in aliam visæ sunt sensum deflecti, nunc millia millium [h]

A testimonia s. cupis concipe, mihi ut credo, nihil eorum interrogatione infligens damni, quia non aliorum contra me dimicatus es armis, quam eorum quibus expugnatus es telis. Et dum mihi testificent tibique iterum ut putas, suffragium præstent, non puto ut cuiquam videatur prudenti in eo quod mihi præstant, esse mendaces, et in eo quod tibi favent, esse veraces. Nisi forsitan sententias eorum in rixam mittis, et contrarie eos sibi dixisse contendis, quod si taliter utique sentis, a catholica pace nostraque dissentis. Et hæc ita digerere volui in principio, quasi eas jam contra me forte exprobrarent [i] in prœlio.

3. At cum constet in plerisque non loco congrue B posite, quod [j] mihi obest, si totius eorum instructionem, dum aliorum, non meum, destruis classem. Ex sancto enim Hieronymo aliqua mihi, et ex eodem itidem ipse recepi. Sed nunquid sibi ipse contraria docuit, aut aliud hic, aliud ibi quasi sui oblitus proferret? Quod si fecit, non contra me facundia tua tonavit, sed contra eum ipsa ejus dicta surgeret. Audi ergo, vir prudentissime, et Romanæ dialecticæ caput, non hoc more [k] usos fuisse priores nec nostros per has contrarietates discursasse majores. Prius enim extenuabant objecta, et sic demum satagebant assertionis suæ firmare commenta. Aut si forsitan placuisset prius firmare propria, denuo tamen adversarii destruebant opposita, nec nullatenus ea omittebant illæsa.

C 4. Sed nunc ad propositum revertamur, ipsa quæ totas sententias singillatim ponimus. Ais enim: Nam de quo ait Apostolus: *Et si imperitus sermone, sed non scientia* (*II Cor.* XI, 6), non semper imperitus fuit. Ecce si non semper, saltim vel aliquando imperitum affirmas, et utrum in sermone, an in scientia, non lucide narras, nisi quis ille peritus dictum tuum totum percurrat, et plane te eum in scientia imperitum dixisse cognoscat. Quod ille de se protinus negat dicendo, *Etsi imperitus sermone, non tamen scientia*. Dum se non scientia imperitum, sed sermone dicat, quis tanta hebetudine possessus audeat e contrario affirmare eum non sermone, sed scientia imperitum fuisse?

D 5. Dicis enim: Erat tamen in magnis profectibus et aliquod in se velut nutabundus eloquitur, cum dicit: *Macero corpus meum, in servitutem subjicio, ne forte aliis prædicans ipse reprobus inveniar* (*I Cor.* IX, 27), et quidem hæc beatissimum Hieronymum dixisse cognovimus, sed nihil ad cœptum negotium hoc pertinere probamus. Dum enim dicit: Erat quidem in magnis profectibus, ostendit eum nihil minus habuisse perfectionis. Et dum addidit: Tamen veluti

[a] F. *sistere*.

[b] *Illum*, id est biblum, vel librum.

[c] *Englocæ emperiæ vestræ sumentes euphrasiam*, hoc est *dulcifluæ peritiæ vestræ sumentes* (in manibus) *eloquentiam*. Græcis ἐγγλύσσω est indulcoro, dulcedinem affero, ἐμπειρία peritia, prudentia. Nic. Ant. l. VI, n. 190.

[d] Leg. *inscitiam magnis fluminibus*.

[e] Hyperbaton figura quædam, latine *transgressio*.

[f] Ms., *vestro*.

[g] Ms., *digestas*.

[h] Ms., *miliorum*.

[i] Id est, *quod*.

[j] Ms., *migi ... ssa*.

[k] Ms., *hunc morem*.

itabundus eloquitur, non hic de imperitia sed de A humilitate digeritur quia sancti et perfecti viri, i ad summam virtutem proficiunt, se semper cdum apprehendisse conquirunt [a]. Hic enim ubi conflictu est positus quasi dubitans de se ipso est icutus. Nihil enim hic aut de scientia aut de iborum posuit disciplina, sed tantum operum suom digessit certamina. Unde et addidit: *Macero pus meum et in servitutem subjicio, ne forte aliis ædicans ipse reprobus efficiar*. Macerat enim corpus um per illa quæ in alia Epistola triumphorum orum enodat tropæa, *per infamiam et bonam fam, per gloriam et ignobilitatem* (II Cor. vi, 8) ique [b] illa omnia quæ in jejuniis, et vigiliis, in riculis, in damnis, in plagis, vel cæteris innumebilibus quibus subditus est disciplinis.

6. Quid hic ad ea quæ inter nos acta sunt conuum, quid tibi consentaneum, quidve mihi ibidem stat adversarium plane non video, nec aliquem ere perpendo. Adjicis in consequentibus dicens: ad Philippenses scribens quiddam in se minus huc esse quam postea assecutus est perfectionem endit. Ecce et hic iterum imperfectum prædicas que confirmas, quasi nobiscum de perfectione ejus t de imperfectione contendas. Nisi forte nullam rfectionem sanctis viris citra grammaticæ artis ientia putas. Ait enim: Conformari se morti Chri-, si quo modo occurrat in resurrectionem quæ est mortuis (*Philip.* iii, 10, 11). Non enim diceret, *si o modo*, si ei jam tum res indubitata videretur. C a ut quid posueris, pro certo non intelligo, nisi rsitan legentibus scrupulum [c] imponere voluisti, od absit a sensibus tuis, reverendissime, dum um dicis: Si quo modo occurrat in resurrectionem æ est ex mortuis, et addis: Non enim diceret *si o modo*, si ei jam tunc res indubitata videretur, tendis non ex deliberato apostolicam resurrectiom credidisse, sed dubio hoc eloquio temperasse, od multo longeque aliter a doctore illo intelligenm est dictum fuisse, quod non hic accepimus ntilandum. Hoc solummodo proferam te in vacuo c opere desudasse, et incongruenter negotio sentias posuisse. Item ais: Sed et in consequentibus usdem Epistolæ hæc eadem ostendit cum dicit: *on quod jam consecutus sum, aut perfectus, sequor tem ut comprehendam in quo comprehensus sum a hristo* (*Ibid.*, 12). Hic mihi respondeas velim: unquid grammaticam sequere se dixit? aut in arte onati se a Christo comprehensum cognoscit, ut æc tua nobis solertia pro grammatica certantibus roferat [d] quod ille vir tantus pro virtutum culminaonis summa protestat? Sequitur: *Ego me frater* [e], *o me ipsum nondum arbitror apprehendisse* (*Ibid.*, 3). Quid obsecro? Grammaticam et liberalem ar-

tem juxta te Donati, non te pudet, dilecte, tam infirmiora patiri tuæ testimonia uti, tamque alio opere congruentia huic nostræ assertioni aptare?

7. Sequitur in epistola tua: Quod si qui arbitrant per humilitatem dictum, videant in consequentibus quam magna de profectibus suis memorat, cum dicit: *Ea quidem quæ retro sunt obliviscens ad ea quæ ante sunt me extendens, secundum propositum sequor, ad palmam supernæ vocationis Dei in Christo Jesu* (*Ibid.*, 13, 14). Nescio hic contra quem dimicas, quemque hujus sententiæ ancilla [f] trucidare festinas. Nunquid de perfectione aut de imperfectione fuit contentio nostra ut totius [g] contra hæc ceret invectio vestra? nisi forsitan ea quæ retro vides ab eo oblita grammaticam dicas. Dicis enim: *Quicunque enim perfecti su-* B *mus, hoc sentiamus* (*Ibid.*, 15) in quo ostendit duplicem esse perfectionem: unam quæ est in expletione virtutum, secundum quam dicit quod etiam sit perfectus. Ecce illa de qua ipse dicit: *Etsi imperitus sermone, non tamen scientia*: peritiæ enim scientiæ virtutum perfectio est. Dic aliam perfectionem utique illam quam dicis. Nunquid et peritia non est de virtutibus? Sed quam peritiam hoc loco significare volueris pene tenus nescio. Utrum operum, an verborum non satis adverto. Si operum, non refello; si verborum, in tantum rejicio et recuso, ut eam stultitiam eloquio divino Dicit enim Apostolus: *Sapientia hujus mundi stultitia est apud Deum* (*I Cor.* iii, 19). Unde et ad Corinthios: *Quæ stulta mundi elegit Deus ut confundat sapientes* (*I Cor.* i, 27). Quos utique sapientes? Nunquid nostros sanctissimos Patres, et non potius grammaticos, philosophos, et rhetores? Vides confusos esse quos sequendos prædicas, et multa extollis laude. Et alibi idem Apostolus: *Ego cum venissem ad vos, fratres, non veni per sublimitatem sermonis, ut sapiens annuntians vobis testimonium Christi* (*I Cor.* ii, 1). Quæ est enim sublimitas sermonis, nisi regulæ per metaplasmum et tropos Donati? Vides Apostolum non per eosdem aptare gressum, sed per simplicitatem Christi scire Dominum Jesum Christum, unde et in consequentibus addidit: *Non in doctis humanæ sapientiæ verbis, sed in doctrina Spiritus, spiritualibus spiritualia comparantes* (*Ibid.*, 13). Attende D quid dicat: *Non in doctis humanæ sapientiæ verbis*. Quæ est hæc humana sapientia, per cujus doctissima nequit Apostolus incidere verba, nisi in hæc tua laudabili [h] regula, in qua putas totius perfectionis existere summa? Conspicis humanam sapientiam ab Apostolo nuncupatam, quam tu importune asseris esse divinam. *Fides enim nostra*, ut Apostolus ait, *non est in sapientia hominum, sed in virtute Dei. Sapientiam autem loquimur*, inquit, *inter perfectos. Sapientiam vero non hujus sæculi, neque principum ejus*,

[a] F. *conquærunt*, id est conqueruntur.
[b] Ms., *per quem*.
[c] Id est *suspicionem*.
[d] Ms., *tu a nobis proferas*.
[e] Supra epist. 3, et in Apostoli textu, *fratres*, non *frater* legimus.

[f] *Ancila*, id est *virga aurea*. Papias apud Gloss. Cang. editionis PP. Congr. S. Mauri.
[g] F. *totius*.
[h] F. *nisi hæc tua laudabilis*.

qui destruuntur, sed loquimur Dei sapientiam, in ministerioque[a] absconditam, quam nemo principum hujus sæculi cognovit (I Cor. II, 6-8). Peto ut respondeas mihi, quæ hæc credenda est sapientia hujus sæculi, vel principum ejus, a qua nos Paulus avertit, atque ignotum his disciplinis celebrare non pudet? Dicit enim Dominus per Isaiam: *Populum impudentem non videbis, populum alti sermonis, ita ut non possis intelligere dissertitudinem linguæ ejus in quo nulla est sapientia* (*Isa.* XXXIII, 19), videlicet, et[b] in hoc loco ait destina[c] noster Hieronymus, philosophorum et oratorum mundi, qui applaudunt sibi in eruditione et eloquentia sæculari, quorum omnis ornatus in verbis est. Vides Donatistas tuos depictos, et stultos a Deo, qui sapientia vera est, comprobatos.

5. Illud vero quod sanctum Hieronymum ad magnum oratorem loquentem producis, initium epistolæ considerare debes, et ut quid hoc devenerit enodatius explicare. Ait enim: Quod autem quæris in calce epistolæ cur in opusculis nostris sæcularium litterarum interdum ponamus exempla, et candorem Ecclesiæ ethnicorum sordibus polluamus, breviter responsum habeto. Adverte quid dicat: Interdum ponamus exempla, per quod ostendit non semper, nec ubique, sed ubi necessitas coegerit hoc non sine aliquo utere periculo, ut in consequentibus de beatissimo Cypriano retulit dicens: Cyprianus, vir eloquentia et martyrio pollens, Firmiano narrat et mordetur cur adversum Demetrianum scribens testimoniis usus sit prophetarum et apostolorum, quæ ille ficta commentitia esse dicebat, et non potius philosophorum ac poetarum, quorum auctoritate ut Ethnicus contraire non poterat. Sicut et a te digestum mihi in adjutorium adversante animo dictum Hieronymi fuit ubi mulieris captivæ radendum[d] caput, supercilia, et omnes pilos corporis prædicis amputandos, et sic eam in spiritualibus producendam amplexus. Sufficit mihi quod captivam nominas, et non civem, vel indigenam, seu coloniam. Nec mihi, reverendissime, non pro verborum folia[e] dictum, sed pro librorum gentilium lectione profertum est. Quos uti[f] non ad honestatem debemus verborum, sed ad fructus sensuum seu sententiarum: et sic ubi in eisdem aliquid fidei Christianæ invenero congruum, mihi vindicem totum, et excusso a Goliath gladio, amputem ipsius impurissimi caput proprio telo, sicut illa quæ de libris beatæ memoriæ Augustini excertus[g] es de Mercurio pro vano idolo, vel illa quæ de sibyllarum mecum legisti vaticinio. Sic et Apostolus necessitate compulsus pleraque ex ipsis contra eosdem est prosecutus, non se per eorum dirigens regulam, sed eos ad suum redigens formulam. Ex ancilla Israeliticam, [illegible] professus est, faciens, non ex utero Israelitam servum captivum instituens. Sed dic mihi, obsecro, hujus Donati [illegible] regulam integram tenes, aut mediam, rasam et capillorum spinitudine plenissimam ac capillorum setis bellosam? Et si rasam capite superciliis unguibusque desectam, expone quid caput, quid supercilia, quid ungues, quid ex ipsis significari censendi sunt pili, quos radendos inter vestrum prædictum legis stylum[h]. Quod si aliquid eadem scis, jam non perfecte grammaticus eris. Paulus namque apostolus qualiter hujus captivæ radat pilos ausculta. Atheniensibus enim dicit: *Præteriens enim et contemplans culturas vestras, inveni et aram in qua suprascriptum: Ignoto deo; quod itaque ignorantes colitis, hoc ego annuntio vobis* (*Act.* XVII, 23). Scripto autem ara non ita erat ut Paulus asseruit: *Ignoto deo*, sed ita: *Diis Asiæ et Europæ, et Africæ, diis ignotis et peregrinis*[i]. Verum quia Paulus non pluribus indigebat ignotis, sed uni tantum Deo, singulari verbo usus est, ut doceret illum Deum suum, quem Athenienses in aræ titulo prænotassent.

6. Hoc autem, ut Hieronymus ait, Paulus faciebat rare, ut loci potius quam ostentationibus opportunitas exigebat. Vides quia rare hæc faciebat, et non semper, pro opportunitate loci, non pro regula semper sequendi atque pro libris gentilium in confirmatione dictorum suorum, non pro arte Donati accipe dictum. Nam tua testimonia non tibi suffragium præbent, sed mihi. Si vero diligenter Epistolas Apostoli totas rimaveris per conjunctiones et propositiones non congruis positis locis, eum ignarum protinus hujus Donati arte evidenter atque aperte videbis. Quod autem de Salomone posuisti non eum grammaticum approbasti, sed ex libris rhetorum vel dialecticorum aliqua posuisse firmasti. Dicit enim et proposuisse nonnulla, et aliqua respondisse. Ubi enim dicitur nonnulla, et aliqua, apertum est quod pro opportunitate loci non omnia, sed quædam fuisse ad rem pertinentia, ut libitum illi fuit, excerpta[j]. Nec credendum quod vir Hebræus, et in tavernaculo[k] sermone doctissimus, Latini hominis sequeretur regulas aut per Donati discurreret bullas[l], ut omissa sanctissimæ linguæ flumina, necdum adhuc in cruce Domini linguæ sacratæ, auxilia quæreret peregrina. Paulus vero non metrorum gentilium legibus, pedibusve, ut dicis, servivit, sed Epimenidis versiculo usus fuit ab alio condito, sibi tamen in necessaria commodatum. Inepta sunt hæc et frivola: quin potius ostende, ubi ipse apostolici viri per hujus tua exculti sunt disciplina.

[a] Leg. *in mysterio*.
[b] F. *ut in*.
[c] *Destina*, id est columna, vel sustentaculum. Ita etiam sanctus Braulio in Elogio divi Isidori inquit, Deum ad restauranda antiquorum monumenta illum quasi quamdam apposuisse *destinam*. Vide etiam tomo V [illegible], pag. 169.
[d] Ms., *truncandum*.
[e] D. *Pro foliis*, sicut statim inquit *pro lectione*.
[f] L. *Quibus uti* non debemus.
[g] L. *Excerptus*.
[h] F. *Prædixit legis stylum*.
[i] Ita Hieronymus in Comm. Epist. ad Tit. c. I, 12.
[j] Ms. *excepta*.
[k] L. *Vernaculo*.
[l] Id est perstrepentium vocum ornatum.

10. Quod vero Juvencum asseris Evangelium sub metrica misisse lege, audi hoc in laudem eum fecisse Christi, ut quidquid ex hoc inesse sibi dolebat sordidum, per laudem Dei pulchrum redderet atque excultum. Et quia eo tunc tempore magis quisquis versibus operam dabat, propter eloquii venustatem, et per occasionem dissertitudinis, gentium serviebat errori, dum legerent Virgilii Æneidos, et flerent Didonem exstinctam, ferroque extremo secutam, vel spretam injuriam formæ, et rapti Ganimedis honores, fallacem donum Minervæ, et dolum Junonis iniquæ; ne his erroribus, sordibusve inquinarentur Christiani, prævisum [a] est, ut metrice miracula canerent Christi : ut inlecti metrica dulcedine, simul et non mendacio, sed veritate propriis inhærerent, mellifluum libando saporem, ethnicorum respuerent sordidum, spurcissimumque fœtorem, secundum quod Sedulius in præfatione operis Paschalis Calcidonio prosatice ait. Quod ipsa tua sagacitas, si maluerit, invenire valebit.

Quod autem nobis veterem hæreticum Origenem, præcipuum doctorem dicens, in testimonium produxis, quem a Patribus damnatum ipse non nescis : scias me ejus non terreri dictis [b], etiam si contra me existerent, potiora. Ipse enim est qui dixit, ars magica mihi non videtur alicujus rei subsistentis vocabulum sed etsi, sit, non est operis mali, nec quod haberi possit contemptui. Puto te virum prudentissimum hæc ab eodem dicto non probare, vel cætera quæ in libris Periarchon digessit non dubito te fortissime refutare. Magos vero illos valde prophetiæ [c] commotos fuisse certissimum est. Sed prophetia a Deo illi inspirata, non ab arte Donati inventa. Debes elehel [d], nempe filio Huri, filii Hor, qui repletus exstitit divino Spiritu (*Exod.* XXXI), quid cupias affirmare non intelligo. Nunquid dixi a Deo sapientiam nulli hominum datam, aut negavi omnem scientiam a cœlestibus a Deo creaturæ suæ delatam, ut hujus, et Eliab filium Bacisamat [e], mihi narres gesta? Imo libere profiteor : *Omne datum bonum, et omne donum perfectum desursum a Patre luminum esse* (*Jac.* I, 17) : et hoc namque donum fuit perfectum, quia in honore sanctuarii Dei exstitit consecratum. Nunquid artem Donati donum poteris firmare perfectum? Sed ut consentiam sententiæ tuæ, ac quia donum sit perfectum, datumque sit optimum. Nunquid dixi in omnibus et in omnia penitus reprobum? Nunquid non sunt hæc verba Epistolæ meæ : « Sanctos et apostolicos viros non verborum compositionibus deservire, sed sensuum veritate gaudere; neque per artem liberalem Donati, sed per simplicitatem currere Christi. » Si hoc displicet, et refutari magis quam sequi placet, contrariam sententiam forma [f] ut dicos, sanctos et apostolicos viros non sensuum veritate gaudere, sed verborum compositionibus deservire; neque per simplicitatem currere Christi, sed per artem liberalem Donati. Et plane tunc in responsione non unum tantum diem desudem, sed totius meæ tempus [g] vitæ. Sensus enim hominis, quem Plato in cerebro, Christus monstrat in corde hæc omnia adiuvenit, et non ille ob eadem [h] inventus fuit. Unde liquide constat, qui sensum columen [i] gerit, nunquam aliunde suffragium artis inquirere, quem in se sibique iterum prævidit esse. Ille enim Donati quærat auxilium, cui debilitas inlicit gradum. Nobis tamen quorum Christus, qui est sapientia vera, instruit, fovet, et erudit intellectum; ut quid per gentilium vagabimus delubra, cum constet nostra totius doctrinarum fontibus opleta vitalia. Unde sancti et apostolici viri, etsi per peritiam Donati visi sunt loqui, non ab eodem credendi sunt fuisse instructi, sed ab eo qui hoc ipsum tenue eidem congessit gentili. Non enim apostoli, aut prophetæ, quasi ex opere regulis deservierunt humanis, sed columi [j] sensu qualiter proferenda essent instrumentis prævidebant divinis.

11. Quod vero tres pueros dicis grammaticam docuisse, miror te prudentem hominem tam leviter opinasse, ut Chaldaicam disciplinam grammaticam asseras, cum grammatica Græci dicatur, et ipso nomine facie tenus quid sit apertius indagetur. Verum quia editione Symmachi pro Hebræa es usus, atque quasi ignotis in aliam alterius loco inducere es visus, regi Nabuchodonosor profani jussionem nobis in doctrinam formans, et quod ille pueris captivis fecit, nobis liberis facere mandans; audi quid inde noster Hieronymus sanctissimus sentiat: Nota, ait, quod Deus dederit sanctis pueris scientiam et disciplinam sæcularium litterarum in omni libro, pro quo Symmachus interpretatus est artem grammaticam, ut cuncta quæ legebant intelligerent, et spiritu Dei de Chaldæorum scientia judicarent. Et siquidem rex gentilis eos causa eruditionis ad scholasticam doctrinam posuit, sed Deus illis ad convincendos sapientes Chaldæorum multiplicem sapientiam dedit. Animadverte quia Deus dedit eis intelligentiam et scientiam, ut de Chaldæorum scientia ipsos refutaret Chaldæos. Et notandum quod non ab illa disciplina vel ab eisdem deceptoribus sunt docti, sed a Deo decuplo sunt inlustrati : ut intelligas non arte eos hoc fuisse assecutos, sed Dei munere, ad quod necessarium erat, inspiratos. Dicunt autem, ut ait Hieronymus, non ut sequantur, sed ut judicent, atque convincant. Quomodo quispiam adversus mathematicos scribere imperitos mathematicos risui pateat [k], et adversus philosophos disputans ignoret dogmata philosophorum. Et nos, Reverendissime, grammaticam sic di-

[a] F. *provisum.*
[b] Ms., *terreni dicta.*
[c] Juxta superius notata, *Balaam prophetia* legendum,
[d] L. *De Beselehel.*
[e] Vulgata : *Ooliab filium Achisamech.*
[f] Ms., *formam.*
[g] Ms., *temporis.*
[h] Ms., *ab easdem.*
[i j] Ms., *colomen... colome.*
[k] Sic forte corrigendus est locus : Quomodo si *quispiam adversus mathematicos scribens imperitus*

cimus consequamur, sed destruimus et convinci-mus, quisquam nec per haec gressus dirigit, et destruit semitam quam incidit. Daniel amplius concessit, dum solutiones visionum adjiciuntur, ut per hoc regia infula decoraretur, et id quod opus erat sublimior haberetur. Nam decuplo dicitur in eos fuisse quam in omnes ariolos et magos, et utique non puto te hoc non refutare, ut pueros Dei magorum artibus approbes deservisse. Sed utique decuplo, quia quæ illi per artes et argumenta nefanda cognoverant, isti inspiratione Dei contrariis vus, id est, non id eodem quo illi ordine assecuti fuerant, ut per hoc sapientia divina humanam refutaret scientiam, et destrueret, quæ in eruditione tota conjicitur esse prudentia.

12. Quod vero sanctum Gregorium indicativum et optativum modum scisse convincis, scito eum non ignarum harum fuisse penitus disciplinarum [a], sed hanc artem et peritissime novisse, et cautissime præcavisse. Nam ipse est qui in principio locutionis suæ ait: Absit ut verba tanti oraculi sub verbis perstringam donati. Verum ubi opportunitas loci exhibuit, non ejusdem regulæ deservire, sed ipsam regulam in suo sibi potius non utere, sed fortissime professus sum, et hucusque profiteor, non eosdem [b] ipse regulæ se subdere. Nec curare de eloquii rectitudine, cum sensum in tuto illam posse [c] habere.

13. In finem quæstionis dicis: Apostolici et sancti viri nec semper simplices in dictis, nec semper sophistici. Et ego e contrario respondeo libere: Apostolici et sancti viri et semper simplices in dictis, et semper sophistici. Semper simplices, quia verba proferunt pura, et sincerissima veritate plenissime mera; semper sophistici, quia nec una ab eis sine sacramento prolata est iota: involuta sunt, et aperta, plana, et alta, parva, et magna, mystica, et succincta. Nitent quidem, ut magnus ait Hieronymus, in cortice, sed dulcius in medulla est. Qui esse vult nucleum, frangit nucem. Nec sic clausa est, juxta clarum Gregorium, ut pavesci debeat. Nec sic patet, ut vilescat. Audi denique quid de hoc beatissimus senserit Augustinus: Institui animum intendere in Scripturas sanctas, et videre quales essent: et ecce video rem non compertam superbis, neque nudatam pueris, sed incessu humilem, successu excelsam, et velatam mysteriis. Quod si non sunt semper simplices, nec semper sophistici, ut ipse visus es approbare, apertum est quod per regulas non decursarunt Donati, dum vel in aliquibus simpliciter sunt locuti. Vides quia mihi tua omnis palæstra desudat, et tua invectio mihi palmam victoriæ parat: hic apparet ut divino commoti Spiritu prout opportunitas loci erat eis concessum, ut per regulas ipsi dirigunt gressum.

14. Nec fas est, ut qui regulariter et per quamcunque artem incedit, quandoque ab illa sibi posita formula deviando perrexit. Dicis enim: Nec frequenter hic potum dederunt, nec crebro solidum cibum: nos aliquoties simplicia, non diu sublimia, sed ut spiritus dabat eloquia. Et conjicio [d] ista omnia grammatica derivare conaris, et sublimia et solidum cibum, significatum artem Donati cupis, lactem vero et simplicia nostram designare inscitiam, nec advertis quod hæc talia projicis dicendum dicis: Sed ut Spiritus dabat eloquia. Non hæc mihi reverendissime, pro oratoris dictibus accipere pompas, neque pro sophistarum pompagi [e] insanientibus, sed pro doctrinarum differentia, qua omnibus omnia factus est, ut omnes faceret salvos (I Cor. IX, 22). Lacte enim, non solido cibo, ut ait Castissimus, Corinthios potat (I Cor. III, 2), cum in infirmitate et tremore, ac timore multo, apud eos fuisse se dicit.

15. Quod vero testimonium Prophetæ hic usus es: Audiam quid loquatur in me Dominus Deus (Psal. LXXXIV, 9) plane risum hic tenere non valeo. Nunquid Propheta pro grammatica, de qua nunc intentio vertitur, dixit: audiam quid loquatur in me Dominus Deus? imo plus congruit ut dicat, audiam quid loquatur in me Donatus profanus, nisi forsitan Virgilium, et Homerum, vel cæteros poetas, Spiritu sancto dicas esse locutos, et per spirationem divinam asseras idola fuisse laudatos, ac sic æquale oppleta negare divinis. Quod vero asseris quod sanctus Gregorius dixerit: In cunctis fidelibus Spiritus venit, sed in solo Mediatore permanet, qui ejus humanitatem nunquam deseruit, et cætera: eadem enim replicas et inculcas, et semel incongrue posita iterando intentas: neque de Spiritus spiratione contendimus, ut dimices contra illud quod nunquam objectum recolimus.

16. Nam et illud quod dicis quod Paulus apostolus seminibus secundum allegoriam protulerit, verum est, quia omnia quæ protulit allegorice protulit, et mystice cuncta intelligendo perdocuit. Sed nunquid allegoria ita inducitur, ut erronea proferatur, et non latine, sed vitio citer [f] juxta te compareretur? At allegoria aut mystice tamen per regulam non hoc ordinavit Donati. Aut forsitan tum ibi solum allegorice, ubi erronice, et ibi simpliciter nude, ubi grammatice? Si erroneum dictum per artem Donati ejus firmavero, mox allegorice intelligendum id ipsum quod erroneum dicis esse profusum, rogo ut identidem dicas, si absque allegoria ejus peritissimum ubicunque probas assertum?

17. Sed quia per artem hoc non locutum fuisse

mathematicis rixui pateat, et adversus philosophos disputans ignoret dogmata philosophorum, et nos etc.

[a] Ms. *horum fuisse penitus disciplinis.*

[b] F. *ejusdem ipsum.*

[c] F. *illum possei.*

[d] Ms., *conicco hista.*

[e] F. *pompaticum.*

[f] *Citer* absoleta vox, a qua citerior. F. *vitiositer.*

negare non vales, extenuari hoc per nescio quam similitudinem cupis. Asseris enim: Hæc est benedictio qua benedixit Deus Abrahæ in repromissione seminis ejus, qui est Christus, et gentium vocatione. Ibi enim positum est: *Multiplicabo semen tuum* (*Gen.* xii, 17), et cætera. Adjicisque: Tropice et hyperbolice locutus est. Quis enim non videat, quod incomparabiliter amplius arenæ numerus quam esse omnium hominum multitudo ab ipso Adam usque ad terminum sæculi, quanto magis solum genus Abrahæ? Dum nimium contradictioni inservis, et ad omne quod dicitur obtus [a] ire cupis, aliud pro alio respondere te, o dilecte, non vides, non dictum Apostoli per artem Donati digestum affirmans, sed benedictionem Abrahæ, nescio quo vertiginis æstu inertans. Et licet doctoris usus sis in hoc loco sententia, non ita ut æstimas, sed aliter retractanda; audi tamen verius et honestius quam [b] præpones audi tuum Isidorum inquientem: *Multiplicabo semen tuum sicut stellas cœli*, id est Christianam gentem, cujus tu pater in fide subsistis, sic faciam resurrectionis lumine coruscare. Deinde monstravit illi arenam maris, et dixit: *Sic multiplicabo semen tuum* [c], hoc est erit quidem copiosa gens Judæorum, sed sterilis et infecunda sicut arena manebit. » Et *sic erit* non ad numerum multiplicationis comparative arenæ, vel stellarum, refertur, sed ad effectus operum denotetur: *Sic erit semen tuum*, non in numero stellarum vel maris arenæ dixit, sed ad affectus earumdem rerum, quas ei ostendit, signavit: *Sic erit semen tuum*. In parte resplendebit fulgore, et in parte sterilitate erit omnimode infecundum [d]. Et licet tropice et hyperbolice per superabundantem tropum [e] dicatur, tamen mystice identidem atque allegorice, facile intelligentia scientibus aperitur.

18. Multa erant quæ in confirmatione dictorum meorum digererem; sed fastidium lectoribus meis dubitavi ingerere. Sufficit quod beatissimus Augustinus in primo libro Confessionum suarum ita hujus artis quod assecutus fuerat peritia defleat, ut pene omnes artis hujus peritos in errore maximo devolutos non siccis oculis lugeat. Et beatus Cassianus cum sodali suo Germano præclaro, pro hujusmodi sentibus disciplinæ reatu, ab Nesterote [f] in collatione quarta decima hujusmodi reciprocationis accepit remedium: « De hac ipsa, ait, unde tibi purgationis maxima nascitur desperatio, citum satis atque efficax remedium poterit oboriri, si eamdem diligentiam atque instantiam, quam te in illius sæcularibus studiis habuisse dixisti, *ad* [g] scripturarum spiritualium volueris lectionem meditationemque transferre. Ne- A cesse est enim mentem tuam tandiu illius carminibus occupari, quandiu sibi alia quæ intra semetipsam recolat, simili studio et assiduitate perquirat, ac pro illis infructuosis atque terrenis, spiritualia ac divina parturiat. Quæ cum profunde alteque conceperit, atque in illis fuerit enutrita, vel expelli priores sensim poterunt vel penitus aboleri. »

19. Secundum Hieronymum quod ad magnum oratorem firmasse te applaudis, quod jam alio modo dictum fuisse cognoscis, quid Eustochio dicat idem tu ipse diligentius intuere. « Nec tibi, ait, deserta multorum velis videri, aut lyrici [h] festiva carminibus metro ludere. Non delumbem matronarum salivam delicata [i] secteris, quæ nunc strictis dentibus, nunc labiis [j] dissolutis, balbutientem linguam indimidiata B verba moderantur [k], rusticum putantes omne quod nascitur: inde illis etiam adulterium linguæ placet. Quæ enim communicatio luci ad tenebras? Qui consensus Christi ad Belial (*II Cor.* vi, 14, 15)? Quid facit cum psalterio Horatius, cum Evangeliis Maro, cum Apostolo Cicero? Nonne scandalizatur frater, si te viderit in idolio recumbentem? Et licet *omnia munda mundis* (*Tit.* i, 15), et nihil rejiciendum quod *cum* gratiarum actione percipitur, tamen simul bibere non debemus *calicem Christi, et calicem dæmoniorum* (*I Cor.* x, 20, 30). »

Et post ista tam fortiora tamque valentia, innectit alia multo his fortiora. Revelationem quam sibi dicit a Domino revelatam non fictis somniis, sed veris C verberibus sibi inlatam, in qua se ductum ad tribunal judicis asserit, et pro frequentatione librorum gentilium acriter cæsum in præsentia angelorum seu cunctarum virtutum ostendit.

20. Inspiciamus iterum quid de hoc etiam mirificus sentiat Augustinus. Non curare, inquit, debet qui docet quanta eloquentia, sed quanta evidentia doceat. Cujus evidentiæ diligens appetitor aliquando nec leget verba cultiora, nec curat quid bene sonat, sed quod bene indicet, atque intimet quod ostendere intendit. Item ipse: Bonis doctoribus tanta docendi cura esse debet, ut si verbum quod nisi obscurum sit vel ambiguum, latinum esse non possit, ore autem vulgi dicitur ut ambiguitas obscuritasque vitetur, non sic dicatur ut a doctis, sed potius ut ab D indoctis dici solet. Vides, o eximie, non curasse doctores in verbis grammatica vitia, quando in sensibus et profectibus tuta esset sententia. Nunquid non talis est hujus sanctissimi doctoris assertio, qualis et mea illa, contra quam tu, professio sanctos et apostolicos viros non verborum compositionibus deservire, sed sensuum veritate gaudere nec

[a] Id est, contrarius.

[b] F. *quem*, id est doctorem.

[c] Apud Isidor. cap. 12, qq. in Genes., non ita, sed *Sic erit in multitudine semen tuum*, quæ sola verba cum posterioribus consentiunt.

[d] MS., *erunt omni modo infecunde*.

[e] Ms., *per superabundanti tropo*.

[f] F. *A Nesterote*; abbas quippe *Nesteros* vocabatur.

[g] Deest *ad* in Ms., sed restitui ex Cassiano collat. xiv, c. 13, sicut et sequentia *quem intra semetipsum perquirere poterit*, quæ ita in Ms., sed ut in textu ex Cassiano legenda.

[h i j] Ms. *lubricis delicativam nun clavis*. Hieronymus ut in textu.

[k] Deest in Ms. *moderantur*. Exstat apud Hieron. Epist. 22, multo post medium.

per artem Donati liberalem, sed per simplicitatem entrore Christi. Tale est quod ipse dicit: Non sic dicatur ut a doctis, sed potius ut ab indoctis, ut sensuum veritas pateat, non verborum compositio tumeat.

21. Quod si forsitan asseris psalmos, et Job historiam, apud Hebræos existere metrica, scias te non insolubili contra nos dimicasse problema. Quia sicut lingua Hebræa erat sancta et inclyta, et in primordio mundi ab ipso Auctore hominum consecrata, ita ipsius linguæ metrorum formula non profani et idolatriæ [a] cultoris est regula, sed aut Moysi litterarum Auctoris commenta, aut certe sancti omnis [b] vel prophetæ cujuspiam inspiratione Dei sequentibus promulgata. Nos enim pro hujus Donati arte ostendimus [c], ipsamque totis viribus destruimus, non sanctissimæ linguæ tenorem evacuare quocunque instinctu satagimus, quia certum apud nos ipsos habemus, quod omnis lingua rectitudinis suæ habeat regulam, per quam se rationabiliter directe [d] diffundit in doctorum hominum pectora: sed tanta est divinæ inspirationis eloquia [e], ut non quasi necessitate alicujus succumbat eloquiis, sed auctoritate quadam mitatur viribus propriis. Audi nunc quid Isidorus sanctissimus dicat: Gentilium dicta exterius [f] verborum eloquentia nitent, interius vacua virtutis sapientia manent [f]. Eloquia [g] autem sacra exterius inculta verbis apparent, intrinsecus autem mysteriorum sapientia fulgent. Intende quid dicat: Quod eloquentia inculta sit sacra, et non per te Donati [h] cultata [i]. Item ipse: Fastidiosis atque loquacibus Scripturæ sanctæ minus propter sermonem simplicem placent: gentili enim eloquentiæ comparata videtur indigna. Hic etiam qualiter Scripturæ sanctæ sermonem simplicem dicat, quæso, perpende. Item ipse: Simplicioribus litteris non est præponendus fucus grammaticæ artis. Prospicis simplicitatem verbis prælatam hic esse arti Donati.

22. Ausculta quid Damaso Hieronymus dicat: « Dæmonum cibus est carmina poetarum, sæcularis sapientia, rhetoricorum pompa verborum. Hæc sua omnes suavitate delectant, et dum aures versibus dulci modulatione currentibus [j] capiunt, animam quoque penetrant, et pectoris interna devinciunt. » Ut recor, probata est sæcularis scientia dæmonum esse eufrasiam. Item in consequentibus quid promat jam dicti absculta emperiam [k]: « Verum, ait, ubi cum summo studio ac labore fuerint perlecta, nil aliud nisi inanem sonum, et sermonum strepitum suis lectoribus tribuunt. Nulla ibi saturitas veritatis, nulla justitiæ refectio reperitur. Studiosi earum in fame veri, in virtutum penuria perseverant. » Et tu mihi sanctos et apostolicos viros per inanem sonum, per famem et macredinem veritatis, per egestatem justitiæ, dicis esse versatos? Et post multa verba [l] quæ te tuaque truncent asserta, Apostoli replicas [m] verba: *Si enim quis viderit qui habet scientiam in idolio recumbere, nonne scientia ejus, cum sit infirma, ædificabitur ad manducandum, et peribit infirmus in tua scientia, frater, propter quem Christus mortuus est (I Cor. VIII, 10)?* Nonne tibi videtur, ait [n], sub aliis verbis dicere: Ne legas philosophos et oratores poetas, ne in eorum lectione resquiescas. » Si in lectione eorum scandalum est, multo magis in docendum sacrilegium est. Et post aliqua: « At nunc, ait, etiam sacerdotes Dei omissis Evangeliis et prophetis videmus comœdias dicere [o], amatoria bucolicorum versuum verba cantare, tenere Virgilium, et id quod in pueris necessitatis est crimen in se facere voluntatis [p]. » Vides hoc etiam crimen necessitatis existere in pueris, et nos gratia liberatos, et ætate legitima jam adultos, sub criminal mittere cupis? Item sensibus tuis jam dictum doctorem ad Acalciam [q] intromitte dicentem, cum exponere vellet Apostoli dictum: *Ne tetigeritis, neque gustaveritis, neque tractaveritis, quæ sunt omnia in interitum ipso usu secundum præcepta et doctrinas hominum, quæ sunt rationem quidem habentia sapientiæ (Colos. II, 21)*, ait: « Hoc loco *quidem* conjunctio superflua est, quod in plerisque locis propter imperitiam artis grammaticæ apostolorum egisse reperimus. Neque enim sequitur [r] *sed*, vel alia conjunctio quæ solet ei præpositioni, ubi [s] repertum fuerit, respondere. » Habes ne ultra, quo nervos tuæ loquacitatis extendas? Ecce apertis vocibus, et pene palpabilibus rebus inscium Apostolum tuæ grammaticæ legis, et certe sapientiorem cæteris apostolis eum negare non vales.

23. Quod si nostrorum doctorum sententiis de sanctis scriptoribus non acquiescis, ipsorum philosophorum quorum institutus es disciplinis acquiesce e iratis verbis verbis et clivosis. Dicit enim Porphirius nos intuens in contumeliarum suarum contra Ecclesiam libris: Adhærent, inquit

[a] Ita et passim apud alios pro *idololatriæ*.

[b] Congruentius *hominis*.

[c] Id est *tendimus*.

[d] Melius *directa*.

[e] L. *eloquentia*.

[f] Ms., *exterior ... maneat*. Apud Isidorum vero lib. III Sent. cap. 13, ut in textu.

[g] Apud Isid. ibi *Eloquentia*, et ita Alvarus immediate resumit.

[h] L. *per artem Donati*.

[i] *Cultare* pro *colere*, etiam apud alios infimæ latinitatis scriptores.

[j] Ms., *auribus*, ubi *currentibus* apud Hieron. Epist. 146.

[k] Vide supra n. 1, hujus epist.

[l] F. *vir ille*, nempe Hieronymus, cujus sequentia, sicut et præcedentia, sunt verba.

[m] *Replicat*, non *replicas* legendum. Textus enim ille, non supra in Joannis Hispalensis exstat Epistola, sed in laudata Hieronymi ad Damasum.

[n] *Ait*, nempe Hieron. Epist. 146.

[o] Apud Hieron. ibi, non *dicere*, sed *legere*.

[p] L. *voluptatis*. Sic apud Hier.

[q] L. *Algasiam*. Vide Epist. I, n. 2.

[r] Ms., *sequimur*.

[s] Adde, *ubi quidem*. Ex Hieronymo Epist. 151 ad Algasiam, quæst. 10, circa fin.

ineptiis Judaicarum Scripturarum, in quibus cum absolutio vel explanatio nulla sit, ad quasdam narrationes incongruas inconvenientesque convertunt, quæ non tam explanationes sunt his quæ obscura sunt, quam laude plausumque disserentibus conferat. Nam ea quæ Moyses agrestici et simplici sermone conscripsit, divinitus sancita et figuris atque ænigmatibus objecta confirmant, atque ingentibus oppleta mysteriis inflati mente ac tumidi, turbato in semetipsis rationis humanæ judicio, sacramenta putant, in quibus se agrestis scriptor explicare non valet. Ecce philosophus inter suos nobiles, et ex tempore declamator insignis, Moysem imperitum, et agrestem scriptorem explicare non valentem suis prosequitur orsis. Et utique si ejus dicta per artem decursa videret, aut eloquentem peritè per sæcularem sapientiam diffusa probaret, non eum tali nomine notandum putaret; sed quia ut vere gentilis in verba foris ornatum non vidit, fulgorem interiorem rimare nescivit. An sancti Apostoli dicta ignoranda transivit, qui *Habemus thesaurum absconditum in vasis fictilibus* (*II Cor.* IV, 7) dicit.

24. Dies mihi, priusquam sententiæ doctorum, deficient, si omnium doctorum sententias maluero congerere huic nostræ assertioni cohærentes et valide. Quæ quia multæ sunt, et pene a nullo penitus sapientissimo explicandæ, contentus ero istis testimoniis tam [a] prælixis, et ad secundam oppositionem me identidem patrum decedentium [b] armato telis. Igitur sententias doctorum a nobis pro unione Filii Dei digestas de naturarum distinctione ab eisdem depromptas conas [c] subruere, eorumque dicta sibi impugnantia non verens ostendere, nec beati Augustini eloquia destruis; sed sancti Hieronymi contra eum dicta opponis, utrorumque sententiam in rixam mittens, et in seipsos surrexisse atque contra se locutos fuisse ostendens. Sed absit ut hoc credendum alicui vel paululum intelligenti videatur; tanto magis tibi tanto et tali viro scientia et liberalibus artibus illustrato. Nos enim quæ diximus pro unione persona certavimus, unumque Christum in duabus naturis intelligentibus bene probavimus. Nam quod beatum Hieronymum sensisse contendis, de proprietate naturarum hoc illum proferre sentire debes, non pro unione personæ; quia nunquam duos Christos in quaviscunque scriptura discretos perlegis. Sicut dixit: Non ergo natura unigeniti est primogenitus, sed propter societatem unigeniti Dei unigenitus est. Vides quia naturarum explicuerit proprietatem, non personæ distinxerit unitatem. Nam utique secundum divinitatem est Deus, et secundum humanitatem homo est verus. Sed iterum libere et constanter profiteor in utraque natura unum Christum existere, et unum Filium proprium esse, non duos, ut visus est Elipandus hæreticus nominasse. Quod autem dicit, quia Deus hominem susceperat, et per mortem crucis relinquendus erat a Deo usque ad resurrectionem, non hoc ideo dicit quod derelictum eum affirmet, quod longe est a sensibus nostris. Sed ut Beatus Libanensis presbyter dixit: Non quod Divinitas reliquerit carnem suam, sed quod non commoritura erat cum carne sua; quia sic in sepulcro carnem suam commanendo non deseruit, sicut in utero Virginis connascendo [d] firmavit. Fides ergo nostræ sic convenit, ut homo filius dicat: *Quare me dereliquisti?* (*Matth.* XXVII, 46) et Deus filius, qui cum Patre æqualis est, dicat: *Qui me misit mecum est, nec me dereliquit* (*Joan.* VIII, 49). Et cum ex utroque unus sit Filius, cavendum est, ne aliquis dicat: Homo est mortuus, et Deus eum excitavit. Hoc illi dicunt qui secundum carnem prædicant adoptivum, et secundum divinitatem proprium.

25. Dictum vero S. Hieronymi a te, dilecte positum, ita accipiendum procul dubio congruit, quia humanitas derelicta est a divinitate sua cum qua ipsa tertia est in Trinitate persona. Sed quia divinitas mori non poterat, ideo quasi in se sola naturaliter humanitas passionem ferebat. Miror tamen quomodo eum hic derelictum a Deo ausus est dicere, cum in tua epistola, dum aliud ais, nunquam derelictum visus est affirmasse, ubi ex præclaro Gregorio nostra firmatur assertio. Dixisse enim ais: In cunctis namque fidelibus spiritus venit, sed in solo Mediatore permanet qui ejus humanitatem nunquam deseruit. Si non est deserta, nec utique derelicta. Quæ vero ex sancto Augustino contra Priscillianos dixisse intendis, nec mutabilitati vel conversioni divinitatem subjacere causaris, certe hæc vere contendis, sed contra quem ipse non habes. Neque enim dicimus, aut humanitatem in divinitatem mutatam, aut divinitatem in carnem conversam, nec augmentum eidem simplicissimæ naturæ, nec de talibus blasphemiis cum quoquam aliquando contendimus, sed veraci persecutione firmamus Deum hominem factum Christum Redemptorem omnium unum, non duos filios disjunctos et a se personarum diversitate discretos, sed unum, et per unionem personæ proprium, non adoptivum. Beati Leonis verba, et S. Hieronymi veneranda eloquia, seu Athanasii præclari sententiam diu ac bene rimavi, et tota mihi non adversata, sed consentanea vidi. Quia non pro persona Christi quæ una, est dictum, sed pro naturarum [e] proprietate, quæ in eo binæ sunt, cognovi digestum. Beatum Ambrosium identidem talia prosecutum producis, et contra Appollinaristas decertantem injungis, quasi ego divinitatem, et carnem unius substantiæ dicam, et apertis vocibus duas in eo naturas distinguam [f]. Diluis quod

[a] F. *jam.*
[b] F. *defendentium.*
[c] Idem ac *conaris.*
[d] Ms., *quod nascendo.* Nedum autem apud Libanensem, sed supra Epist. 1, n. 5, legimus *connascendo.*
[e] Ms., *pro per naturarum.*
[f] Leg. *naturas non distinguam.*

nullus objicit, et ad ea de quibus compuleris nihil confirmative respondes.

26. Quod vero Ephesini synodi dicta conaris infringere, miror te hoc mente vel voluisse tractare, quanto magis scriptis prolixioribus ventilare. Dicis enim: Si dixeris quod propria est Dei Patris Verbi, quod sancti Patres minime credo ut ita dixerint, ergo Sabellianum hæresim[a] secutus videberis, qui dicis quod propria est Verbi Dei caro Patris, et propria est Verbi, quod sancta synodus Ephesina minime docuit. Certe cognoscis non meam sententiam, sed Ephesini concilii protulisse, ut tu testis es mihi. Et quo pacto ausus es dicere quod sancti Patres minime credo ut dixerint? Nunquid isti sancti non fuerunt Patres qui Ephesino concilio præfuerunt præsentes? Dicis ergo: Sabellianam hæresim secutus videberis. Cur hoc mihi attitulas[b], et de aliorum sententia me plectere festinas? Nunquid proprium aliquid dixi? Eorum dicta mea scripta sonavit. Dic ergo Sabellianam hæresim secuti sunt Ephesini concilii sanctissimi Patres, qui dixerunt quod propria est caro ipsius Verbi Dei Patris, et propria est Verbi? Sed audi, o nostrorum temporum Aristarche, quo animo hoc dixerunt: propria est non solum Verbi Dei Patris, sed etiam Patri, quia *Verbum caro factum est, et habitavit in nobis*, non in carne conversum, vel ut dicis mutatum, sed in carne unum Filium proprium factum. Propria est caro Patri per proprietatem ejus Verbi. Non quod absit, ut caro ex divinitate Patris sit sumpta, a Maria virgine semper suscepta, sed una cum divinitate sua, tertia sit in Trinitate persona.

27. Quod si secundum Verbum Patri est proprius, et secundum carnem est adoptivus, jam ergo surrexit in parte vestra olim mortuus Elipandus. Nos non Sabellianam prædicamus tres personas credentes, nec adoptivam carnem Christi asserimus, unum Filium proprium non duos veraciter prædicantes. Quod si propriam non dicis Patri, adoptivam ergo Patri videberis affirmare. Sed audi qualiter te tuo trucides ense. Eo tempore quo Elipandi lues vesano furore nostram vastabat provinciam, et crudelior[c] barbarico gladio lethali pectora dissipabat fortiter rumfea[d], vester nunc requisitus episcopus Teudula, post multa et varia de proprietate Christi veneranda eloquia, tali fine totius suæ dispositionis conclusit epitoma, ut diceret: Si quis carnem Christi adoptivam dixerit Patri, anathema sit. Amen.

28. Audi quid Basiliscus Elipando dicat. Adicit, inquit, quis: Deus Pater carnem non genuit. Fateor ipse quia carnem non genuit, sed Filium[e] cujus caro est genuit. Nec quis homo in Filium animam generat, sed carnem cujus est animam generat. Ibi enim Deus Pater Spiritus Spiritum, non carnem genuit. Et hic quis homo Pater caro carnem, non Spiritum, generat. Ibi Deus Pater et naturam et personam, hic homo Pater tantum naturam, non personam. Ibi antequam naturam hominis susciperet, subsistens divina persona amplius augmenti ut Dei Filius fateatur[f], divina generatio obtinuit. Hic ut quis filius hominis fateatur, multo minus habuit, qui sine persona tantum a Patre naturam carnis suscepit. Unde omnino quis aut dividit omnem hominis filium, aut Christum ex utroque prædicet unum. Omnis enim ad Dei imaginem conditus, per quem imago Dei descendit, non nisi dissimiliter genitus ex utroque parente existit. Primo natus a Patre, incognitus manet pro tempore. Demum nascitur a matre, et videtur in homine. Pater tantum sine persona naturam, mater vero ut naturam generat et personam. Sed in una persona utramque substantiam unam e visceribus propriis gignendo in fratrum transmisit, aliam non a visceribus proditam cum genita parturivit. Unde in gignentibus caro tantum de carne nati, anima vero a Deo noscitur propagata. Quapropter si uterque parens e proprio in Filio animam non genuit, ergo adoptivus illi in anima exstitit. Quamobrem si cui placet naturarum distinctione in proprio et adoptivo filio dividere Christum, dividat hominem et omnimo[g] hominis filium. Sed quia ratio veritatis repugnat, ex utroque Deo Patri, ex utroque in utroque parenti, proprius Filius agnoscatur, quia in utroque non nisi unus personaliter aut Dei, aut hominis Filius demonstratur.

29. Illud vero Vincentii nostri dictum quod infringis, quo animo dictum fuit advertere debes. Non enim hoc protulit ut carnem Christi conditam ante sæcula affirmaret, sed ut unam personam Verbi et carnis ostenderet. Dicis enim: « Illa facies quam colonus paradisi fugit, subjecta creatura fuit, sed non de semine David nata, sed nondum divinitas ex stirpe David corporata, sed nondum in tempore nata. » Ecce quæ paulo ante refutabas manifeste profers atque confirmans, dum dicis: « Sed nondum divinitas ex stirpe David corporata. » Quæ divinitas ex stirpe David exstitit corporata? Si Filii, ergo propria Patri est facta. Reprehendis Vincentium, de proprietate personæ Filii optime sentientem, et non advertis Evangelium hoc idem apertius confirmantem: *Nemo ascendit in cœlum, nisi qui descendit de cœlo, filius hominis qui est in cœlo* (Joan. III, 13). Necnon et illud: *Cum videritis filium hominis ascendentem ubi erat prius* (Joan. VI, 63). Dic mihi, ubi erat filius hominis priusquam carnem acciperet? Si in cœlo, cui ergo accepit carnem qui jam carnem habebat, quia dicit *filium hominis*, ut et eum ostenderet per unionem persona a principio

[a] Vocem *hæresim* prætermisit hujus scriptor codicis. Exstat supra epist. 3, n. 7, et hic statim infra.

[b] Ms., *attitula*.

[c] Aliter, *crudeliter*. Apud Bravo in Catal. episc. Cordub., pag. 107.

[d] Id est, *romphæa*, gladius.

[e] Ms., *filius*.

[f] Id est, *dicatur*.

[g] Forte *omnem*, ut paulo ante scriptum est, *omnem hominis filium*.

esse, et eum hominem nominatum fuisse. Nam dum dicit *filium hominis*, ostendit eum filium esse Mariæ. Ista quæ Vincentio eruditissimo objicis, Evangelio sanctissimo injice, et illud iterum ejus eloquium vide: *Abraham exsultavit ut videret diem meum, et vidit et gavisus est* (Joan. VIII, 56), et cognosce Abraham subjectam creaturam, non formam incarnatam vidisse. Et scito quia hæc [a] non secundum naturam carnis profertur, sed secundum unitatem personæ dicitur. Absit enim a nobis ut incarnatum Filium ante tempora sæcularia aliunde, et non de Maria semper virgine, profiteamur. Absit iterum, et procul sit a sensibus nostris, ut per unionem personæ illi a Maria initium demus.

30. Velim hic respondeas mihi, utrum Christum in utraque natura verum et unum proferas Filium Deum, an in una Deum, in alia separatim hominem solum et purum. Utrum carnem Christi creatricem omnium secundum unionem personæ dicis, an creaturam aperta voce defendis? Quod si eum creaturam tantum, et non adstruis creatorem, te ipsum comprobas transgressorem, qui prætermisso Creatore colla inclinas creaturæ. Dii enim, qui non fecerunt cœlum et terram, pereant de sub cœlo. Et ubi erit illud quod legimus: *Quorum patres, et ex quibus Christus qui est secundum carnem, Deus benedictus in sæcula. Amen* (Rom. IX, 5). Et illud beati Joannis: *Scimus quia Filius Dei venit*, et carnem induit nostri causa, et passus est et resurrexit, *hic est verus Deus, et vita æterna* (I Joan. V, 20). Et Paulus iterum: *Notum vobis sit, fratres, quia Evangelium, quod evangelizavi, non est secundum hominem, neque ab homine accepi illud, neque didici, sed per revelationem Jesu Christi* (Gal. I, 11). Quod si Creatorem eum ex omni parte credis, non solum eum ante Adam velis nobis probabis, verum etiam ab initio sine initio fuisse defendes.

31. De anima vero Christi disputas, et eam de semine David non esse decertas, quasi nos de semine eam David diximus descendere, aut de proprietatis naturæ humanitatis diversa sentire. Dicimus enim non quod humanitas, id est corpus et anima ab initio fuerit corporata, sed quia per indissolubilem verbi Dei conjunctionem unitur in ipso principio exstitit operata. Quomodo, nescio: quia intellectu assequi non [b] valeo, secundum quod beatus profert Augustinus: « Hoc, ait, fides credat, intelligentiam non requirat: ne aut non inventum putet incredibile, aut repertum non credat singulare. » Taliter et S. Hieronymus eloquens dicit: « Miraris si ignorem de [c] divinitatis mysterium, cum me ipsum nesciam. Interrogas me quomodo divinitas et incarnatio unum sit, cum ego nesciam quomodo vivam. Deum intellexisse, credidisse est. Deum nosse, adorare est. Sufficit mihi scire quod credo plus autem nec volo, nec cupio. Si amplius scire voluero, et hoc incipio perdere quod credo. » Ante enim præmiserat: « Ego non intelligo aliud sedentem, et aliud scabellum, sed totum in Christo thronus est. Quærit et dicit, quare vel quale, quomodo sit nescio, et tamen credo quod sit. » Quomodo, inquis, dicemus verus Deus et verus homo? Audi quomodo. Secundum carnem homo, secundum verbum Deus [d], sed caro et Verbum unus Filius, Deus verus et certus. A matre natus in diebus tempore, sed sempiternus a Patre. Sed sequere clausulam totam: duabus in substantiis persona sola est numinis. Quod vero non derelictus fuit a Divinitate, jam quantum valui in priore epistola dilucide doctorum fulcimenta firmavi, et totum hoc recensui, onerosum legentibus vidi, præsertim cum a te dilecte non fuerit extenuatum, nec in aliqua parte temere violatum. Sancti Fulgentii, vel beati Hieronymi, seu præclari Augustini, vel aliorum validas voces intexui, quas nec infringere voluisti, nec debuisti, forsitan nec valuisti. Hæc pro captu virium mearum digessi, et non quantum debui, vel quantum dignitas materiæ postulabat, sed quantum posse mihi exstitit, posui. Præsertim quia, ut me amplius nosti, hebetudine detineor linguæ, et præpedior ingenii tarditate. Tuum est, reverendissime, probare quod dixi, et deinceps non progredere in aliud quod non possit defendi.

32. Illudque iterum Junilii reducito menti. Distinctio, unitio, alternatio. Distinctio est enim, quæ secundum naturas loquitur, ut inconfusas earum proprietates ostendat. Unitio quæ in una persona unitatem duarum asserit naturarum. Alternatio, quæ in [e] humana divinis, et divina humanis utrumque in uno Filio, ut inconfusum, ita indivisum, assignat. Hanc alternationem, dum ipse non nescias, qualiter prætergredi causa vincendi procuras? Secundum hanc alternationem Vincentii nostri dicta intellige, et plane eum non dicebis errasse. Quæro igitur, et iterum quæro, ut a tuo hujusmodi asserta demas perenniter animo, nec de tam difficilioribus quæstionibus abrupte et leniter disputet, de quo, absit, nomen catholici perdas, et infirmioribus scandalum has: quia hæc malæ assertionis inventa audacia, perfidiæ et impietatis est massa, et jam antiquitas a doctoribus illustribus radicitus amputata.

33. Nestoriani, ut ait noster lumen Isidorus, a Nestorio Constantinopolitano episcopo nuncupati, qui B. Mariam Virginem non Dei, sed hominis asserunt genitricem, ut aliam personam carnis, aliam faceret deitatis. Nec unum Christum verbo Dei et carne credidit, sed separatim atque sejunctim, alterum Dei, alterum hominis prædicavit. Memento illud egregii Augustini responsionis eloquium: Illa persona quam genuit Pater ante sæcula, ipsam genuit Virgo cum carne. Atque illud S. Joannis adverte: *Ego sum α et ω, primus et novissimus, qui*

[a] Forte hoc.

[b] Deest *non* in ms. Ex consequentibus autem patet adhibendam esse negationem.

[c] *De* redundare videtur.

[d] Ms., *Deum ... carnem ... unum*, etc.

[e] Leg. *et humana*.

fui mortuus et ecce sum vivens in sæcula sæculorum. Amen (*Apoc.* I, 17). Et propheta: *Si affiget homo Deum suum, quoniam vos affigistis me?* (*Malac.* III, 8). Unde et Dominum gloriæ crucifixum legimus (*I Cor.* II, 8), cum in hoc quod Dominus gloriæ est, crucis non sensisse dispendium sit certum.

34. Concilii Ephesini percurre sententias, et Hieronymi præclari, seu Fulgentii, vel aliorum, maximeque pene temporis nostri Beati Eliphandi presbyteri, et plane nunquam propter assumentem venialis assumptum, nec propter invisibilem adorabis visibilem, sed assumptum et assumentem, invisibilem et visibilem, unum nos tuum venerabis vel omnium Redemptorem. Hæc fides est Ephesini concilii, hæc et nostra professio. Pro hac etiam, si res exegerit, gladio cervicem præbebo. Unum tantum in finem hujus epistolæ fraterno suggero more, ut quæque digesta sunt, non accepta sint dure: quia non intentione victoriæ, sed veritatis intentione in hæc verba descendi. Vestrum estque dicta minus sale condire, et verbositati vel imperitiæ meæ veniam impertire. Semel enim fassus sum, non per artem Donati incedere, sed inscientiæ meæ mihi congenitæ inniteri. Nec fas est, ut cujus contra regulam surgo, ipsius regulæ quam destrino incedam tropo. Minor tamen cum Varronem secutus, hæc dicere volueris, cum Cæsar dicat: Nullum nomen duabus terminare litteris mutis. Sed hæc et alias.

35. Nunc ad propositum revertamus, et omnia quæ scripta sunt, amoris causa dicta probemus. Non enim inimicanti studio, sed amanti voto sancta digessi, in ea quæ te crudelibus, ut dicitis, trabibus demulcavi, et ut puto profectuosum, nam non inutile fuit, ut pote qui responsum multi jam temporis debitum severitate sua, imo rusticitate, exhibuit, et tacentem et diu silentio studentem, in eloquio erumpere fecit. Præstitit quod blandiloquacida [a] non valuit, et desideratum nobis amici indiculum misit. Nec me Antisthenem philosophum, teque Diogenem, asseras esse: cum non discipulum, sed magistrum in omnibus approbes fore, quia non præbes caput ferienti et submittis: sed acerrimo crudelique me satis mucrone petis. Hic certe est Antisthenes qui cum gloriose docuisset rhetoricam, audissetque Socratem, dixisse fertur ad discipulos: Abite, et magistrum quærite: ego enim jam reperi. Sed quid, quæso, amantibus durum? quid amicis poterit esse severum, cum nec ipsa mors potest divellere quos charitas indissolubilis junxerit Christi?

36. Secundam epistolam vestram tristes et pene ad infernos usque dimersos accepimus, et vel quantulumcunque in doloribus solamen ex amici scripta nos habuisse cognovimus. Ad quam respondere nil præ lacrymis potuimus, quia et musica in luctu importunam vel intempestivam narrationem a majoribus dictum perlegimus (*Eccli.* XXII, 6). Hoc solum in procinctu [b] respondimus, quia si caro Christi ideo non est Patri propria, quia non fuit ab eodem suscepta, ergo nec Filius in divinitate totus est proprius, quia non est cum Patre una persona, nec pariter humanam induit [c] formam. At si proprium Patre dicis in toto Filium, et non ex Patre prædicis adoptivum, propriam carnem, velis nolis, Patre dicebis, sine qua tertiam credere in Trinitate personam non vales. Ipse enim est Deus et homo tertia persona perfecta et plena, et, ut credo, a Patre et Spiritu sancto in nihilo minorata: nisi forsitan Filium proprium Verbum tantummodo credis, et corpus ab eodem susceptum sicut indumentum deposuisse iterum unde sumptum fuerat dicis. Aut quartam personam naturam humanam asseris esse, et non Trinitatem, sed quaternitatem libera voce defendis.

37. Quod vero scriptorem erratum causaris nescio cui hoc indidere volueris. Nos enim sententiam Ephesini concilii integram posuimus, nihilque de proprio in eadem augmentando conferimus, nec demendo detraximus. Quod si syllabam demptam aut auctam inveneris de ipsa sententia Ephesini synodi quam infringis, scire debes quod velocitas hoc patraverit scriptoris, non intentio aliena dictantis: quia incongruum est, et pene stulti hominis et vesani, testimonia doctorum in suffragio proprio uti, et de proprio hanc sententiam pollucre, ac disputanti contra se responsionis linguam per stultitiam propriam acrius acuere. Noli, reverendissime, in tantum nos stultos putare, ut æstimes nos in aliena editione aliqua minuere [d], aut secus quam positum est, dicta majorum temeritati petulanti usurpare. Hoc enim profani est, et sacrilegæ mentis, non catholici vel quantulumcunque fidelis. Quod si aliqua dempta invenisti vel aucta, in synodi sancti a nobis excerptis decretis, membri deputa culpæ exterius servientis [e], non menti interius præsidenti. Vale, mi domine, et semper in fluctibus Scripturarum læta gramina carpe.

V.

ITEM ALIA FIDEI JOANNI DIRECTA.

Aurelio Flavio JOANNI Paulus ALVARUS.

1. Post disputationem inscientiæ nostræ de duabus quæstionibus non sufficienter, ut pote tantæ materiæ congruentem, sed mediocritate ingenii nostri undique, non mediæ temperatam, hactenus silui, et in cœpto [f] silentio decreveram permanere, quousque rescripto eloquentiæ vestræ aut retunderer, aut probarer: sed quia amor internus, aut si commodatius dicitur dilectio, quæ charitas aptius in divinis voluminibus nuncupatur, interna obtinens extuat, et extuando modum non servat, inde ordinem litterizandi non servans, atque extraordinario more me totum ipse comatum

[a] Id est *blandiloquentia*.
[b] Ms., *procincte*.
[c] Ms., *induti*.
[d] Ms., *minuare*.
[e] Ms., *ex scripta decreta membri deputa culpa exterius serbienti*.
[f] Ms., *incepto*.

on nesciens, et primus, et medius, et novissimus A
criptor accedo verbosus ut qui in initio impuli, et
i medio capta disserui, concludam in finem Hoc
aque facilius crederem, si cum pectore inscio [a]
isputarem At cum constet Latini eloquii fluvium,
no torrentis impetum fluentem impetisse vitreum
lementum, quo pacto eludendi mihi erit data facultas, cui et copiosa [b] assertoris fecunditas, et propria
igenii tarditas, et talenti creditt obviat parvitas? Licet insita naturalibus locis existat voluntas Dei [c],
amen demum opplementi facultas, ex certe cui ex
mni parte indicitur remorationis debilitas Inchoa-
o enim ex nostro est pensa arbitrio, conclusio in
trumque manet judicio Nunquam enim sedatur
esponsio, nisi prius conversatum [d] invectio Et fit
exuosa catenula, et catenatim contentio flexuosa,
uæ nec invectionibus cluditur [e], nec responsionibus
rminatur Hæc inter præcipuæ eloquentiæ viros
æpe intenditur, crebre inquiritur, frequenter præte-
itur Habet emolumentum æquiperationis, si inter
arcs hæc eadem distendatur funis At si inter inæquales protrahitur restis dejicitur impos, erigitur
otis, vires tripudiant, debilitas gemit Est et tertium
on exspectandum [f], sed detestandum, calumniæ
urgium quod solitum inter insolentium ora tu-
multuosorumque conventum Quod et fecunditate
loquentiæ caret, et verbositates dicacitatum [g] male
utiter tenet qui et loqui penitus nescit, et perstre-
ens importune nunquam silere novit, verbose
amans, et clamose verbositans Gracule [h] garrula,
ferarum rictu [i] barrituque enormi scatibus
ndique hiulca Quæ inter obstinatissimas mentes
ierit oborta a simultate linguæ in verbera vertitur
nde Et res quæ sermone terminata gratificat, ma-
ibus ac stirpibus, rastribusque nodosis finita mace-
ando membra mœstificat

2 Habet inter sapientes ac morigeros disputatio
aporis dulcorem inter stultos ac inconditos ama-
issimum acerbumque dolorem Hic sapientia dulce
ei sumitur illic vecordia tumultuante fel volvitur
uod inter sapientes geritur conlatio dicitur quod
nter vecordes, tumultuatio verius nuncupatur Sa-
ientium jurgium dilectione finitur insipientium
more pugnis et calcibus terminatur Isti conten-
endo ad meliora proficiunt, illi rixando ad pejora D
eficiunt Istis charitas ministrat eloquium illis iram
istem defert nodosum Ab istis pax et odor emanat
b illis odium et fetor exhalat Sapientum memoria
osteris proficit stultorum error cum ipsis deficit
oritur sapiens, et post mortem virescit moritur
tultus, et post mortem putrescit Contentio sapientum delectamentum est seculuris divaricatio stultorum horror est persistentis Prudentium ira la-
vam impendit stultorum lucta calcem implodit Ista
scientia fontibus [k] crescit illa lapis pugnisque ca-
lescit Habent utraque limites suos, et utramque
diversos æstus [l], pro qualitate proprii generat fe-
tos Generemus ergo, reverendissime, adultos et
virilitate vegetatos filios juventutis, qui possint parentes ditare præmiis indisruptis Et cum Propheta
de nostro dicamus A timore tuo concepimus, et
parturivimus spem salutis Imitemur sapientum in
conversatione nostra exemplum et philosophorum
verissimorum æmulemur in omnibus gestum non
æmulatione vincendi nostrum accuset [m] intellectum,
sed proficiendi studio regat totius nostri operis ge- B
stum Sit concordia mera et castitas indivisa, moxque verborum ducetur pro nihilo pugna Crede mihi,
frater, imo ætate Pater, quod dilectione fudi, quæque in tractu ipso confeci nec livore aliquo, quod
absit sed charitate quæ nobis perenniter adsit Unde
quæ duriora eloquio aspera fuerunt, refellendi necessitate cognoscite more defensionis elicita, non
contentionis zelo confecta [n] Nam atramentum mihi
amor infudit [o] et stylus conscriptionis non pinna,
non calamus, sed dilectio fuit Jam vero litteræ
non tantum manu quantum mente conscriptæ, universæ charitate fuerunt confectæ Verba tamen et
locutionis ipsius edictio, vel significationis sententiarum in cumulo nil aliud quam ex jecore jorata fuit
C allectio Quod rogo etsi imperite digesta, tota offensa
mihi existat omissa sic vestra non requirantur admissa [p] De cætero, mi dilecte, erant multa secreta
et mystica, quæ cum vestra bona valetudinis parti-
rem clementia, si prosperitas mihi arrideret sæculi
aut terminum sentirem flagelli

3 Sed quia divina justa censura non quantum
meremur leniter nostra undique atterct mala, non
sinimur respirare vel paululum in illis [q] quæ nobis
erant animi ad profectum Ut sapientiæ secreta
rimemus, et in altioribus quæstionibus alas disputationis nostræ a terra altius cœlo tenus extendamus,
quatenus terrena relinquentes, et cibum serpentis
pulverem contemnentes sumamus columbæ illius
quæ manifestiores visui alas deargentatas habet ex-
positas (*Psal* LXVII), et velut omnibus aspicientibus
quasi invitando sibi candore puritatis innocentiæ
pansos occultiorem vero sensum in auri pallore
quasi intrinsecus non omnibus sed introrsum respicientibus, pandit Oh quod et dorsi posteriora aurea
gerit Quid enim columba nisi Spiritus omnimode
sanctus in cujus specie apparuit visus? Et ideo quia

[a] Ms, *cum pectus inscium*
[b] Ms, *copia*
[c] Ms, *existat voluntas Dei tamen*, etc
[d] Nic Antonius l xi Bibl Vet, num 181, *con-versatur* F *conversetur*
[e] Idem ibidem, *eluditur*, sed *cluditur* retinendum
[f] L *expetendum*
[g] Ms, *dicacitatem*
[h] Ms, *Grayule*
[i] Ms *ritu barrituque enormi ratibus undique iulca*
[j] L *pugnis et calcibus*
[k] An, ex consequentibus *frontibus* legendum?
[l] Ms, *estos*
[m] Ms, *accusat*
[n] M, *aspera fuit elicitum confectum*
[o] Ms, *infusit*
[p] *Admissa* id est crimina
[q] Ms, *in illa*

Scriptura sacra Spiritu Dei existit scripta, unde et super fœnum argenteum, et interiora gestitat auri, cujus merito dixerim aliis quidquid historialiter continet, quidquid moraliter docet, quidquid active informat; dorsum vero non indigne accipitur omne quod mysticum, quod spiritale, quodque gerit allegoriæ nube levatum[a]. Ac per hoc Scripturæ sacræ ex corpore et spiritale vigore consistunt; et sicut membratim foris hebetioribus lectoribus patescunt, ita prudentioribus invisibilibus spiritale vigore clarescunt.

5. « Recte itaque procuratum est, ut ait beatus, laude egregia prænitendus, Eucherius, ut illa eloquiorum castitas a promiscuis cunctorum oculis abdito[b] suo quasi quodam velamine pudicitiæ contegeretur. Ita divina optime dispensatione provisum est ut scripta ita tegerentur, cœlestibus obumbrata mysteriis, ut secreto suo ipsa divinitas operiebatur[c]. » Hujus argenteæ aureæque columbæ speciem sæculares nesciunt litteræ, ignorant philosophi, nec vestiri potuerunt scire grammatici, sed tantum[d] nostri idiotæ, et rustici, et manus callosas gerentes ex opere. Unde et noster rusticus cum ficum insereret, invenit quod sophistici nescierunt: *In principio erat Verbum, et Verbum erat apud Deum, et Deus erat Verbum. Hoc erat in principio apud Deum* (*Joan.* I). Hoc Plato doctus nescivit, hoc Tullius eloquens ignoravit, hoc fervens Demosthenes nunquam penitus indagavit. Aristotelica hoc non continet pincta[e] contorta, Chrysippi hoc non retinent acumina flexuosa. Non Donati ars artis regulis indagata, nec totius grammaticorum chori disciplina. Geometrici, ex terra vocati, terrena et pulverea prosecuti sunt; rhetorici verbosi superflui aerem vento repleverunt inani; dialectici stricti regulis, et undique syllogismis perplexi, dolosi et callidi, delusores verborum sunt verius quam structores rerum dicendi. Arithmetici numerorum causas indagare sunt nisi, sed eorum medullam non potuerunt sentire, quanto magis dicere? Musici inflatores vani ventorum flabiles prosecuti sunt auras, et ad veritatem illius musicæ artis nunquam potuerunt subrigere alas. Jam vero astrologi cœlotenus voluerunt pennis volare, sed in tantum non potuerunt illuc fumorum ductu conscendere, ut magis terrenam in cœlo quam cœlestem in terra indiderent rationem. Nam dum arietes et tauros, scorpios et cancros, leones et ursos, capras et pisces in cœli climate locaverunt, quid aliud quam terrena in cœlestia sublimarunt? nescientes enim naturam cœli, et de eo quod nesciebant temere disputare tenderunt ad inclitum ausum; sed nihil produxerunt tali materiæ dignum, quia spiritum per humanum, non hæc per spiritum rimarunt divinum.

Quod si horum hominum litteris spiritali vigore quis dicit esse confectas, procul dubio contrarius fidei resistit nostræ, et hostis ac inimicator est Scripturæ divinæ. Quum et linguam Leviathan, ligatam Christi jam hamo, et muris Ægypti linguam, Redemptoris desolatam adventu, nunc asserit quorumque vigere nisu, et tali divinas asserit Scripturas stylo confectas, quali fuerunt philosophorum inanes doctrinæ et falsæ. Et ubi erit illud nostri Psalmographi dictum: *Eloquia Domini, eloquia casta, argentum igne examinatum, probatum terræ, purgatum septuplum* (*Psal.* XI). De qua et superior doctor dicit egregius: « Nec mirum indubium quod sermo divinus, prophetarum apostolorumque ore prolatus, ab usitato illo hominibus scribendi modo multum recesserit, facilia in promptu habens, magna in interioribus suis continens, quia et revera fuit congruum, ut sacra dicta a cæteris scriptis[g], sicut merito, ita et specie discernerentur, ne illa cœlestium arcanorum dignitas passim atque indiscrete cunctis pateret, sanctumque canibus, et margaritas porcis exponeret. » Et quia sæcularis scientia ideo nec ænigmatice prophetizat, Psalmista dicit: *Tu dirupisti fontes et torrentes, tu exsiccasti flumina Ethan* (*Psal.* LXXIII). Fontes et torrentes disrupit Dominus, dum fluenta veritatis in apostolorum suorum aperuit cordibus. Ad quorum doctrinam sitientes videlicet pergimus, ac mox veritate plenas nostris lagunculis[h] reportamus. Sed horum apertione fontium fluvii Ethan exsiccati existunt, quia ut doctrinæ veritas per fidem apparuit, gentilium falsa scientia ora conclusit.

6. Sed ad probanda nostræ Christianitatis eloquia veneranda, et gentilium exsecrabilem Deo et hominibus comprobanda, multorum doctorum in unum convertimus[i] et testimonia quæ penes me habentur hactenus congregata, vel de illa quæstione secunda, ubi de divinitate Christi et humanitate nostra fuit vobis responsio temperata, plura doctorum legimus floscula quæ nobis erunt quandoque mittenda, si responsio fluvii vestri nobis identidem existerit obvia. Verum hæc et alia congruo tempore servantes, et in omnibus[j] temperantiæ modum tenentes, ad illum flectere articulum congruit, quod mentem macerat, et animam urit. Quod nec cogitare valeo, nec dicere queo. Ob quod et hujus inquisitionis cœptum nunc exstat innectum.

7. Unde rogo, peto et flagito, ut cor tuum in mentem mirabilem mihi totam a curis sæculi liberam præpares, et ad ea quæ inquiro rimanda enucleatim vigiles; forsitan aperietur mihi per fraternale solatium, quod hactenus manet occultatione sua quadam sepultum. Denique quæstiones de hominis anima a multis agitatas cognovi, inter multos discursas per

[a] F. velatum.
[b] Ms. addito. Verum abdito legendum ex divo Eucherio in præfatione libri Formularum spiritualium.
[c] Sic apud Eucher. ibi, at ms., *operabatur*.
[d] Ms., *tante*.
[e] F. melius, *spineta*.
[f] Ms., *dici*.
[g] Ms., *ceris scriptis*. Eucherius vero, ubi supra, *a cæteris*.
[h] L. *lagunculas*, idem ac parva *lagena* Hispanice *Jarro*.
[i] Ms., *cor certimus*.
[j] Ms., *hominibus*.

gi : sed liquido inde apertiora indicia nunquam A inveni. Sed quid repererim, quidve apud viros magistres disputatum cognoverim, tota hæc non verba texendo, sed sensum breviando narrabo et quæ sint, vel qualia quæ de illa me identidem movent cet justice indagabo ut qualiter a inscientiam meam doceas vel documentis me instruas apertius. tias de animæ immortalitate duos soliloquio beatissimus Augustinus conscripsit libellos, doctrina profluos, et evidentioribus indiciis abunde perfusos in quibus immortalitatem ejus verissime et copiosissime, quibus valuit assertionibus, comprobavit. Sed et in libris quos *De Civitate Dei* idem doctor beatus adtitulavit plura ac fortia co repugnatione animæ et carnis inseruit, et quod de peccato præmiccitionis ipsa impugnatio inter carnem et spiritum orta sit, certissime comprobavit. Sed de illo quod ego cupio nil penitus tetigit. Item beatus Hieronymus de Natura Animæ libellum parvum composuit, et contra eos qui eam ex traduce ortam asserunt, et quomodo corpus ex corpore sic anima nasci ex anima, varie ac fortissime dimicavit, eamque novam fieri quotidie nascentibus multis Scripturarum testimoniis affirmavit et ad extremum originem ejus nescire se dixit. Sed et in dogmate ecclesiasticorum Patrum idem sanctissimus dixit. Non partum Dei animam esse, sed flatum creationis factum, non generationis expromptum ubi et animas novas semper nascentibus creari dixit. Nec eas insimul creatas in principio, ut Origenes fingit, nec per coitum seminari, sicut aliqui Latinorum præsumptores contendere affirmavit. Nam et egregius Augustinus, in jam dicto Civitatis Dei opere, identidem illum Dei animam non ex substantia Dei eleganti similitudine comprobavit. Et iterum Claudianus contra opuscula suppresso nomine Cassiani tres libros de animæ invisibilitate vel incorporalitate condidit, in quibus beatum Hilarium probe sentientem ausus reprehendere fuit. In quibus subtili satis et pene incomprehensibili assertione dialectica arte et ingenio elaborata, id multis et pene superfluis conatibus per geometricas formulas est nisus ostendere quod nullus catholicorum cum fecisse poterit conmendare. Illud videlicet quod natura animæ incorporea et invisibili etiam a Deo asseruit esse. Item D jam dictus præclarus ac beatissimus doctor Hieronymus Marcellino cuidam ex Africa percontanti de origine animæ ita rescripsit. « Quinque sunt, inquit, opiniones de anima. prima ipsam de cœlo ut Pythagoras philosophus, omnesque Platonici, et Origenes putat, altera de substantia Dei, ut Stoici, Manichæi et Spana Priscilliana hæresis suspicatur. tertia in thesauro habeantur olim conditæ ut quidam ecclesiastici stulta persuasione contendunt. quarta, ex traduce, ut quomodo corpus ex corpore, sic anima nascatur ex anima, et simile cum brutis animantibus conditione consistat, ut Tertullianus, Apollinaris, et maxima pars occidentalium autumat. Quinta, quæ nostra et verior est, quotidie a Deo creantur, mittuntur in corpore, secundum Evangelium. *Pater meus usque modo operatur, et ego operor* (*Joan* v) »

8. Item beatissimus Augustinus in libris de Libero Arbitrio quatuor posuit, sed nullam ex ipsis firmavit, sed consentionem suam ab omnibus abstulit, et quæ verior esset, Dei scientiæ dereliquit. Quintam Priscillianorum dimisit, quam eo tempore ignorasse in epistola ad beatum Hieronymum per Orosium directa confessus est. Hanc ergo opinionem qua animæ novæ dicuntur in corpore quotidie a Deo creari, idem S. Augustinus beati Hieronymi dicit existere, B contra quem in eadem epistola per Orosium missa multo viriliter decertavit, ait enim « Dic mihi, si animæ singillatim singulis hodie nascentibus fiunt, ubi in parvulis peccant, ut indigeant in sacramento Christi remissione peccati, peccantes in Adam, ex quo caro est propagata peccati. aut si non peccant, quia justitia Creatoris ita peccato obligantur alieno, cum exinde propagatis membris mortalibus inseruntur, ut eas nisi per Ecclesiam subventum fuerit, damnatio consequatur, cum in earum potestate non sit ut eis possit gratia baptismi subveniri. Tot igitur animarum millia, quæ in mortibus parvulorum sine indulgentia Christiani sacramenti de corporibus exeunt, qua æquitate b damnantur, si novæ creatæ, nullo suo præcedente peccato, sed voluntate C Creatoris singulæ singulis nascentibus adhæserunt, quibus eas animandis ille creavit et dedit, qui utique noverat, quod unaquæque nulla sua culpa sine baptismo Christi de corpore fuerat exitura? Quoniam igitur neque de Deo possumus dicere, quod vel cogat animas fieri peccatrices, vel puniat innocentes, neque fas nobis est, ut eas quæ sine Christi sacramento de corporibus exierint, etiam parvulorum, non nisi in damnationem trahi, obsecro te, quomodo hæc opinio defendatur, qua creduntur animæ non ex illa una primi fieri hominis, sed sicut ille prima uni c, ita singulis singulæ. » Et post multa ad locum sic dicit. « Sed cum ad pœnas ventum est parvulorum, magnis, mihi crede, coarctor angustiis, nec quid respondeam prorsus invenio. Non solum esse pœnas dico, quas habet post hanc vitam illa damnatio, quo d necesse est trahantur, si de corpore exierint sine Christianæ gratiæ sacramento, sed eas ipsas quæ in hac vita dolentibus nobis versantur ante oculos. Quas enumerare si velim, prius tempora quam exempla deficiunt. Languescunt ægritudinibus, torquentur doloribus, fame et siti cruciantur, debilitantur membris, privantur sensibus, vexantur ab immundis spiritibus. Demonstrandum est utique quomodo ista sine ulla sua mala causa juste patiantur e. Non enim dici fas est aut

a *Qualiter*, id est quoquo modo.
b Ms., *qualitate*. Augustinus vero epist. 166, cap. 4, *æquitate*.
c Apud Aug. ibi, *una uni*.
d Ms., *qua*. Apud Aug. ibidem, cap. 6, *quo*.
e Ms., *puniantur*.

isti ignorante Deo fieri, aut eum non posse resistere facientibus, aut injuste ista vel facere vel permittere. » Et post pauca: « Deus bonus, Deus justus, Deus omnipotens, hoc dubitare omnino dementis est. Tantorum ergo malorum quæ fiunt [a] in parvulis causa justa reddatur. » Item: « De ingeniorum vero diversitate, imo absurditate, quid dicam? quæ quidem in parvulis latet, sed ab ipsis exordiis naturalibus ducta [b] apparet in grandibus, quorum nonnulli tam tardi et obliviosi sunt, ut ne prima quidem discere litterarum elementa potuerint. Quidam vero tantæ sunt fatuitatis, ut non multum a pecoribus differant, qui moriones [c] vulgo vocantur. Respondetur fortasse, corpora hoc faciunt [quæ nova creantur singulisque nascentibus] [d]. Sed numquid secundum hanc sententiam, quam defendi volumus, anima sibi corpus elegit, et in eligendo cum mitteretur [e], erravit? aut cum in corpus cogeretur intrare necessitate nascendi, aliis corpora præoccupantibus animarum turbis, ipsa aliud non invenit, et sicut in spectaculo aliquo locum, ita carnem non quam voluit sed quam valuit occupavit? Numquid hæc et talia dicere possumus vel sentire debemus? Doce igitur quid sentire, quid dicere debeamus, ut constet nobis ratio novarum animarum singulis corporibus singillatimque factarum. » Et ad extremum: « Beatus quidem Cyprianus non aliquod decretum condens novum, sed Ecclesiæ fidem firmissimam servans, ad corrigendos qui putabant ante octavum diem nativitatis non esse parvulum baptizandum, non carnem, sed animam dixit non esse perdendam, et mox natum rite baptizari posse cum suis coepiscopis censuit. Sentiat quisque quodlibet, tantum contra apostolicam fidem non sentiat, quæ ex unius delicto omnes [f] in condemnationem duci prædicat, ex qua condemnatione non liberat nisi gratia Dei per Jesum Christum Dominum nostrum, in quo omnes vivificantur quicunque vivificantur. Contra Ecclesiæ fundatissimum morem nemo sentiat, ubi ad baptismum si propter parvulorum sola corpora curreretur baptizandi [g], offerentur et mortui. Quæ cum ita sint, quærenda causa atque reddenda est quare damnentur animæ, si præter Christi sacramentum parvuli moriuntur; damnari enim eas, si sic exierint de corpore, et Sancta Scriptura, et sancta est testis Ecclesia. Unde illa de animarum novarum creatione sententia, si hanc fidem fundatissimam non oppugnat, non sit tua [h]. » Pro quo ostendit hanc opinionem solius sancti Hieronymi esse. Nam et in Epistola ad Evodium de sancta Trinitate et columba [i], idem S. Augustinus sic dicit: « Scripsi etiam ad sanctum presbyterum Hieronymum *de Animæ origine* consulens eum, quomodo defendi posset illa sententia, quam religiosæ memoriæ Marcellino suam esse scripsit, singulas animas novas nascentibus fieri, ut non labefactetur fundatissima Ecclesiæ fides, qua inconcusse credimus quod in Adam omnes moriuntur, et nisi Christi gratia liberentur, quod per suum sacramentum etiam in parvulis operatur, in condemnationem trahuntur. »

9. Hoc ideo ut firmarem hanc catholicam de animæ conditione opinionem prius a S. Hieronymo exortam, aut, si commodatius dicitur, prius probatam. Nam et egregius vester, imo communis noster Isidorus, quid in Differentiarum de Beato dicat Ruspensi Fulgentio pernosse facile est in prompto consistit, ubi duas opiniones ab eodem se invicem impugnantes produxit, seque destruentes æquali eloquio temperavit, nullamque ex ipsis quocunque vigore firmavit. Haud dubium quod nullam ex ipsis ausus exstitit affirmare. Et sicut beatus Augustinus in libro de Libero Arbitrio quatuor opiniones ita credidit contrectandas, ut omnes æquali lance pensatas plus suspenderet quam firmaret, ita S. Fulgentius opiniones duas, id est novas creari, vel ex traduce cum corpore seri, dubio identidem magis destruentes se, quam ædificantem aliquam, roboravit. Per quod perspicue claret ab antiquioribus viris nihil firmative ex hoc fuisse digestum. Verum, quia interrogatio B. Augustini acutissime et sufficientissime contra hanc catholicam, quæ nunc nobis est, opinionem, contendit et quantum potuit elisit eam atque destruxit, rogo, ut si alicubi responsum beatissimi Hieronymi eidem latum legistis, nobiscum communicare non dedigneris, aut cæteri in cujuscunque doctoris opera congruentem responsionem tanti doctoris inventioni percurristis. Nec fac est ut Orosius vigil in lento [j], qui ob discendam tantum animæ originem a claro Augustino missus magno Hieronymo exstitit et vivente eodem sanctissimo Hieronymo regressus identidem fuit sine aliquo evidenti indicio et palpabili ratione, protinus remearet, præsertim cum suæ opinionis per eum destructionem ab Augustino cognosceret, latissime et enucleate digestam. Et qui solitus erat ultra eloquentiæ fontes dimittere, et scaturientibus venis aquas vitæ rivatim manare, nunc maxime rejiceret, et meatus suos quasi quodam monte saxeo obturatas doleret, quando et materies postulabat, et causa responsionis specialiter perurgebat? Sed aut incuria posterorum abolita, aut ad nostras manus minime hactenus exstat perventa. Unde si responsum ejus ubicunque vidistis, quale sit notescite et sufficit nobis.

[a] Ms., *quod defit*.
[b] Ms., *ductum*.
[c] Apud Aug. *moriones*.
[d] Uncis inclusa addenda vulgato Augustini textui, ubi desiderantur.
[e] Ibi etiam *cum falleretur* legimus in edit. PP. Congreg. S. Mauri tom. II, col. 590, absque aliqua lectione variante. Sed textus ut in Alvaro præponendus.

[f] Ms., *quod ex unius delicto omnem*. Sed emendavi ex laudata Augustini, epist. 166, cap. 8.
[g] Apud Augustinum ibi, *curreretur, baptizandi*.
[h] Locus mutilus, sic ex Augustino ibidem explendus: *Si hanc fidem fundatissimam non oppugnat, sit et mea; si oppugnat, non sit tua*.
[i] Epist. 166, al. 102, cap. 4.
[j] L. *ingenio*.

10. Sin aliter, quid cupiam edisserere non moreris, interrogo enim, et satis desquiro, quis ex utroque homine [a] mundatur baptismo, utrum corpus, qui exterior ab Apostolo est dictus (*Rom.* vii), an interior, qui spiritus, vel anima est appellatus? Et si corpus tantum et non anima, cum corpore, superius dictum recenseam Augustini. Cur non baptizantur et mortui? Et si anima, quid diluitur in illa, quæ non a primo homine exstitit propagata, sed noviter a Deo singillatim unicuique creata? Hac disputatione prolixe ostenditur, corpus tantum ex originali propagatum delicto, quod ex Adæ propagine per traducem liquore quodam oritur sæculo; anima tamen quæ nova et absque aliqua corporis infunditur culpa, cur baptismi mundetur ab unda, quæ nec in primordio exstitit transgressionis præcepti in protoplasti delicto comestione interdicti arboris saucita, nec in mundo veniens in corpore vitio concretionis sative compacto exstat inclusa. Absurdum enim est, satis a veritatis linea devium, et omnibus modis est alienum, ut eluere non penitus inquinatum aut mundare cujuspiam insensibile membrum. Si enim corpus tantum mundatur, quod immobilem gerit statum, et nisi fuerit spiritu vivificante animarum, insensibile magis metallum, quam alicujus rei invenietur necessario aptum: ergo fatendum est, non ad redimendas animas Christum Dominum descendisse de cœlo, quæ non sunt Adæ infectas originali delicto, sed ut corpora tantum redimeret, quæ ex traduce peccantis orta manerent [b]. Et quis hoc insipiens vel cogitare leviter audeat? Quod si animarum potius quam corporum exstat redemptor, reddenda est causa creationis ipsius [c], ne in dubium veniat redemptionis illius. Si cecidit, erigitur; si cœno infecta est, eluitur; si captivata est a serpente, redimitur. Si autem nec cecidit in parente, nec cœno infecta est originali, nec decepta est in primis hominibus a serpente, cur si non tingitur aquis, mergitur flammis? Nunquid alieno peccato damnatur, et pro corpore qui ab eorumdem parentum hactenus oritur [d], igni perpetuo meretur? et cui tenetur alieno, quæ libera est suo? Unde peto ut si hanc quæstionem ubicunque ita aut a me proponitur enodatam legistis, me reciprocare citius non moremini: sic semper perpetuo floreatis. Vel quid inde tenendum sit, vel credendum, vel qualiter justitia Dei in condemnatione innocentium animarum sit defendenda, stylo evidentiori, et documento veriori indicetis, atque luminositer cuncta nobis oris vestri aperta sententia revelet serenitatim deprompta, hic cœlestibus mercamini hic et in futuro munerari de præmio vigore æthereo, et felicitate cœlestis patriæ indisrupta. Amen. Finit.

[a] Ms., *ex utroque homines.*
[b] F. *manarunt.*
[c] Id est animæ, *ne dubium veniat,* etc., suppresso *n.* Vel lege statim *redemptio,* ubi *redemptionis* scribitur.
[d] F. *oritur,* vel, si mavis, *originatur.*

VI

ITEM EPISTOLA JOANNIS SPALENSIS ALVARO DIRECTA.

Inlustri eximio celsoque ALVARO JOANNES minimus omnibus, in cunctis extremus.

1. Cum diebus omnibus et momentis studium sapientiæ vestræ et sollicitudinem pervigilem circa utilitatem fidei catholicæ comprobaremus, grates Deo egimus quia lumen vestrum diu redolet in occultis, perpetim lucet et in publicis, plerumque radio sui fulgoris in limbus resplendet universis, interdum concrescit ut pluvia in eloquiis cunctisque divinis crebro quasi imber super gramina eloquia mittis, et sicut stillæ super herbas doctrinam eximiam infundis. Et quia in his omnibus præsul existis, faciat te Dominus longitudinem dierum implere in annis, et ostendere super te vultum suæ pietatis, ut a tetris erutus caliginibus [e], sodalibus in locis ocius conscendere merearis. Amen.

2. Postremo quidquid sapientia vestra de quinque causarum animarum connexione multiplicat, et quæstiones diversa [f] inter se defendentes, et in multis diversa sentientes, utcunque potuimus animadvertimus, et quæque ex more majores nostri senserint intelleximus. Addit tamen prudentia vestra, ut si alicubi responsionem beati Hieronymi egregio Augustino perlegimus, dulcedini vestræ transmittere non tardemus. Vivit Dominus, et vivat anima tua, quia nihil exinde legerim rescriptum [g], nisi tantum beati Ambrosii legerim dogma adversum eos qui animam non confitemur Dei esse facturam, aut ex traduce dicunt esse exortam, aut portionem Dei asserunt esse prædicatam. Quid inde suprafatus doctor egregius senserit quidve instituerit quid tenendum esse docuerit, breviter summatimque vobis transmisimus, quia sapienti ex multis sapientum dictis sufficere credimus parva.

3. Sic enim in initio dictionis suæ afflatus est: « A me exiet spiritus, dicit Dominus, et omnem flatum ego creo. Nonne iste est Deus, qui vocat puerum suum Jacob et Israel servum suum, qui finxit eum in utero? Nonne hic est factor animarum, de quo dictum est: *Qui fingit singillatim corda eorum?* (*Psal.* xxxii, 15.) Et Apostolus ait: *Qui me segregavit de utero matris meæ* (*Gal.* i, 15). Qui habet potestatem segregandi, habet et in utero fingendi. Vides ergo Deum et formatorem esse in utero, et fictorem animarum, quia ipse Dominus sic loquitur: *Pater meus usque modo operatur, et ego operor* (*Job* v, 17). Et Moyses lator legis: *Qui percusserit mulierem calce, et abortivum* [h] *projecerit figuratum, dabit omnia muliebria secundum voluntatem viri sui. Si autem projecerit jam figuratum, dabit oculum pro*

[e] Ms., *caliginis.*
[f] Ms., *quæstionum diversarum.*
[g] Ms., *rescripta.*
[h] F. *calce et abortivum,* vel *nondum projecerit figuratum;* sequitur enim: *Si autem projecerit jam figuratum.*

oculo, livorem pro livore animam pro anima (Exod. XXI, 22). Vides ergo figuratum in utero animam accipere.

4. Nam et mater septem filiorum ait : Nec ego quid [a] vobis in utero membra compegi, sed Deus. Et iterum ipsa loquitur : Nec ego animam vobis dedi, sed Deus compaginator corporis, et liniator omni carne et figurator, animam vobis dedit (II Mac. VII, 22). Et apud Isaiam sic dicit : *Dominus Deus qui firmavit cœlum, et solidavit terram, et quæ in ea sunt, dat flatum hominibus qui super eam sunt, et spiritus calcantibus eam* (Isa. XLII, 5). Job [b] item : *Quem docere voluisti? nonne eum qui fecit spiramentum tuum?* (Job XXVI, 4). Et Isaias : *Dominus Deus tuus, qui finxit te servum sibi in utero* (Isa. XLIII, 24). Et Esdras *Solus es tu, Deus, et una plasmatio tua, nos sumus opera manuum tuarum, sicut locutus es qui visitas in matrice plasmatum corpus, præstas membra, conservator in ignem et aquam, tua creatio novem mensibus patitur plasmationem creaturæ tuæ, ea quæ in ipso creata est, ut servetur. Et quando iterum reddiderit matrici, quæ in ea creata fuerint, imperas, ut et in membris, hoc est, mamillis, præbeatur lac, fructum, mamillarum, et nutriatur quod plasmatum est in utero* (IV Esdr. VIII, 7 seq.)

5. Cesset assertio pravissima nullis auctoritatibus confirmata. Cesset Plato, qui dicit fontem esse animarum. Cesset Ermogenes, qui dicit nihil post mortem hominem futurum. Cesset Epicurus, qui testatur ad invicem eorum. Cesset nefandissima secta Sadducæorum, resurrectionem negans. Cesset Aristoteles, pariter et Manes, similis eorum, qui dicit corpus esse fantasma. Cesset Priscillianus, qui non facturam, sed portionem Dei esse animam hominis confitetur. Nostra igitur assertio talis est, quam non propria voluntate, sed divinis Scripturis credentes loquimur. Deum humani corporis esse finctorum in utero mulierum : qui finxit corpora necesse est, ut animam faciat corporibus a se figuratis. Sed et ea quæ Bracharius episcopus in suis dogmatibus per omnem suam Ecclesiam dicit agnoscendam inter cætera ita instituit : « Animas hominum non esse ab initio inter cæteras intellectuales naturas, nec in semel creatas sicut Origenes fingit : neque cum corporibus per coitum seminantur, sicut Luciferiani, et Cyrillus, et multi Latinorum præsumptores affirmant, quasi naturæ consequentia serviente : sed dicimus corpus tantum per conjugii copulam germinari : Dei vero judicio coagulari in vulva, et conligi, atque formari ; et formato jam corpore animam creari et infundi, ut vivat in utero homo ex anima constans et corpore, et egrediatur vivus ex utero plenus humana substantia. » Quod vero beatus Hieronymus et egregius Augustinus de opinionibus animæ diversæ sanxerunt, et contra se invicem contraria tractaverunt, et illuster Hieronymus quintam opinionem veriorem esse dicit, quam et noster Bracharius affirmavit : Augustinus vero quintam Priscilliani dimittis simul et quatuor omnibus favorem suum ademit, et soli Dei scientiæ reliquit : hoc pulchre singulariter, ut reor, ille sentivit.

6. Nam ambiguum videtur nequaquam, ut parvitas mei sensus attingit, ut regeneretur corpus metallum insensatum, nisi cum sua anima, cum sit de Adam, factus est in animam vivam, et post transgressor apparuit, et post peccatum genuit Kain.

7. *Per unum* [hominem] inquit apostolus Paulus, *introivit peccatum in mundum, et per peccatum mors*. Ex uno equidem Adam cœpit in hoc mundo regnare peccatum, et *regnavit in eos qui seculi sunt prævaricationis Adæ similitudinem*, et propterea *judicium ex uno in condemnationem* (Rom. V, 12-16). Et rursum : Per unum novum Adam gratia regnare cœpit, per justitiamque regnavit in omnibus. Quod vero supradictus Hieronymus eximius novas animas creari cum sociis prædicat, et singulis corporibus singulæ inseri, et a beato Augustino dubium poni, quæstio dura et obscura et nodus operosus, arduus et difficilis, et inextricabilis, et soli Deo solubilis.

8. Direximus vobis illam adnotationem Mammetis hæretici in finem epistolæ hujusce ascripti. Simul et qualem invenimus apud majores partem illam orationis *maturius*, quam inquiristis. Maturius, ut Cicero ait, id est, velocius, citius, festinius. Vides quia adverbium est, a verbo *maturat*, id est, accelerat, festinat : inde et adverbium compositivi gradus maturius, sicuti est insipientius, stultitius, aptius : hæc adverbia non a se orta, sed ab aliis partibus orationis propagata.

9. Adnotatio Mammetis Arabum principis. Ortus est Mammet hæreticus, Arabum pseudo-prophetarum sigillus, Antichristi præcessor, tempore imperatoris Eraclii anno septimo, currente æra sexcentesima quinquagesima VI. In hoc tempore Isidorus Hispalensis in nostro dogmate claruit, et Sisebutus Toleto regnlæ culmen obtinuit. Quem prædictum nefandum prophetam tantis miraculis cum sequaces sui coruscasse narrantur, ut etiam adore suæ libidinis uxorem alterius auferens, in conjugio sibimet copularit : et ut nullum prophetam fecisse legimus, in camelum, cujus intellectum gerebat, præsideret. Morte vero interveniente cum se die tertia resurrecturum polliceretur, custodientium negligentia a canibus repertus est devoratus. Obtinuit principatum annis decem quibus expletis sepultus est in infernum, *æra D. C. C. XVII. Venerunt Mauri in Hispania tempore Roderici regis, anno Arabum nonagesimo primo, æra millesima centesima XIII, anno Arabum CCCCLXVIII * [c].

10. Si illum librum D. Eulogii dirigere non potestis, vel illas syllabas quæ in ordine sunt, id est,

[a] Melius ex Vulgata : *Nec ego ipsa*.
[b] Ms., *Jacob* pro *Job*.
[c] Asteriscis notata, non prima sed secunda manu, antiqua tamen, scripta, intervallo quodam inter paragraphos vacante.

sequente illud, et illud a producitur aut corripitur; militer e usque ad u et deinceps ba, be, bi, bo, bu, reliquas usque ad finem hujus operis, si illum bi- um dirigere non potestis, istas syllabas nobis scri- e, et festinanter dirigere præcipite. Sic Christus bis commoda conferat, et boni crebro concedat nen. Valeat sapientia vestra felix longa per tem- ra. Amen. Si vobis illud præstaverit, numerum orum notescite, quibus eum faciam reverteré. Si sunt datis, salutamus omnem pulchritudinem mus vestræ. Merear vultum vestrum hilarem cis intuere, et pariter vobiscum gaudere. Amen. nit.

VII.

M EPISTOLA ALVARI SPERAINDEO ABBATI DIRECTA.

Domno dilectissimo et in Christo Patri SPERAIN- o abbati ALVARUS cliens.

1. Præscius et omnipotens Deus hæc in quæ de- venimus tempora, et esuriem verbi Dei quam pati- ur, validam vos nobis opposuit destinam [a], qui et stram cibaret inediam, et dapibus alimoniæ, refi- ret corda. Sed quia vos nunc scio tribulationibus citum, vel amaritudinibus oppressum, quæso ut postolicum dictum pio consolationis assumatis elo- nio [b]. Ait enim ex tribulationum periculis quæ sus- uit: *Periculis in civitate, periculis in solitudine ... riculis in falsis fratribus* (*II Cor.* XI, 26). Et post ec alio in loco dixit: *Gloriamur in tribulationibus, ientes quod tribulatio patientiam operatur: patien- a autem probationem, probatio vero spem, spes au- m nos non confundit* (*Rom.* V, 3). Ideoque venera- lis Pater, et omnium sacerdotum optime sacer, ili ob tribulationem discrimina postulata reticere, d clientulo quæsita largiri, quia manus inde dan- o augetur, et negando minuitur. Instruxit me uippe Moyses legiferus, dum ejus intonat eloquium: *Interroga patrem tuum, et dicet tibi, seniores tuos, annuntiabunt tibi* (*Deut.* XXXII, 7); et quia piritalem te recolo Patrem, ideo spiritalem im- etro opem. Scilicet quia hæresis illa quam mea obis jam dudum insinuavit inertia, Dei lacerat cclesiam, et per assertionem lethalem catervam ost se trahit ad mortem; quia, juxta Apostoli di- tum, Sermo hæreticorum *ut cancer serpit* corda umilium (*II Tim.* II, 17), præsertim, quia *venenum spidum sub labiis eorum* (*Psal.* XIII, 3). Ob hujus ei causam vestra flagitamus auxilia et subsidii ad- minicula, qualiter hæresis eorum nebulosa et in anda, potentia cœlitus pereat, et sponsæ Christi larissima dogma per vos fulgens eniteat. Eorum ero oppositiones illæ sunt, quæ vobis jam a me in- imatæ sunt.

2. Caput autem ipsorum nequissimorum quod alce sit veritatis resecandum, illud est: quod Tri- num in unitate et unum in Trinitate non credunt, prophetarum dicta renuunt, doctorum dogma reji- ciunt, Evangelium se suscipere dicunt, et illud quod scriptum est: *Ascendo ad Patrem meum, et ad Pa- trem vestrum, ad Deum meum et ad Deum vestrum* (*Joan.* XX, 17), male utique sentiunt, Christum Deum ac Dominum nostrum hominem tantum asse- runt, propter illud quod de eo in Evangelio legunt: *De die autem illa et hora nemo scit, neque angeli cœ- lorum, neque Filius, nisi Pater solus* (*Matth.* XXIV, 36). Cunctis tamen nisibus posco ut horum genti- lium aniles quæstiones [c], quia mortiferos audien- tium generant casus, iis videlicet qui sunt imperiti, et Scripturæ sanctæ non ventilant textus. Quas duas responsiones ut soliti estis in aliis facere causis, am- plius Scripturarum flosculis adornetis. Et per unam quoque assertionis quam vobis protulimus, locutio- nem, aptam promulgetis responsionem. Sic cum sanctis in æthereis regnis accipiatis a Domino fulgi- dam mansionem. Amen.

VIII.

ITEM EPISTOLA SPERAINDEI ALVARO DIRECTA.

Inlustrissimo mihi domino ac venerabili seu omni affectione Christi in charitate amplectendo inclyto ALVARO SPERAINDEO.

1. Dum a tribulationibus validissimus essem ni- mium occupatus, et mens mea exstuaret vel animus, ac jaculis æmulorum irretitus, telisque confossus [d] sederem a vulneribus tædiorum sauciatus, et flu- ctuaret ut navis inter maris gurgites spiritus ab amaritudine circumseptus, subito gerulus vester ad me ingressus litterarum mihi detulit munus. Ipsam vero scriptam concite perlegi, et eloquia serenitatis vestræ illico agnovi, continuo ut luce clariora re- splenderunt jam pene mortuo, et mox interior ille suscitatus est homo. Cœpi quis essem obstupefactus intueri, aut quis esset per quem talis ut eram mere- rer suscitari, vel pro tam difficilioribus ex sacris Scripturis quæstionibus sciscitari, dum nunc in tempore non ad hoc nonnulli, sed in locutionibus vulgalibus malunt immorari, non attendentes ad illum Domini dictum: *Omne*, inquit, *verbum otiosum quod locuti fuerint homines, reddent de eo rationem in die judicii* (*Matth.* XII, 36). Aut in suorum soda- lium detractionibus volunt linguam extendi, non re- miniscentes illud sacrum Evangelium: *Festucam*, inquit, *in oculo fratris tui vides, et trabem in corde tuo non consideras* (*Matth.* VII, 3). Ea vero quæ no- civa sunt, et animi ob detrimentum fratris inge- runt, nonnulli illico credunt, et Psalmistæ eloquium non recolunt: *Verba iniquitatis et dolus* (*Ps.* XXXV, 4). Ipse vero inimicorum figmenta mox ipsi ventilant auditores, et aliis ea iterum in detra- ctione fratris exponunt insultantes, verbaque sancti Apostoli post tergum rejicientes: *Qui detrahit*, in- quit, *fratri, et judicat fratrem, detrahit legem et ju- dicat legem* (*Jac.* IV, 11). A talibus enim casibus non

[a] Ms., *valida destina*. De voce *destina* vide supra epist. 4, num. 7, in fin.
[b] Ms., *eloquium*.

[c] Supple, *oppugnes* vel quid simile.
[d] Ms., *inredditus telisque confossos*.

solicite convenit abstrahere, ne vocem Domini per Jeremiam prophetam nobis intonet clare: *Attendi et obscultavi, dicit Dominus: nemo quod bonum est loquitur, nullus est qui agat pœnitentiam super peccato suo* (*Jer.* VIII, 6). Unde nostrum omnibus momentis contemplantes delictum, et præstolantes universis priores vitæ nostræ terminum, compassione piissima pro fratris lapsu flebilem debemus exhibere gemitum, et illud implere ac proferre apostolicum: *Quis infirmatur, et ego non infirmor? Quis scandalizatur, et ego non uror?* (*II Cor.* XI, 29.) Non ergo facile est credendum, dum quis cum verbis maledicis auribus insonuerit nostris, nisi ante utiliter discussis et fideliter agnitis, exemplum habentes in his quæ Dominus locutus est verbis: *Clamor Sodomorum et Gomorrhæ multiplicatum est, et peccatum eorum aggravatum est nimis. Descendam igitur, et videbo clamorem qui venit ad me, opere compleverint, an non est ita, ut sciam* (*Gen.* XVIII, 20). Omnipotens Dominus omniaque sciens, cui ante probationem quasi dubitat, nisi et gravitatis nobis exemplum proponat, ne mala hominem ante præsumamus credere quam probare. Et ideo ait: *Descendam et videbo, utrum clamorem qui venit ad me, opere compleverint, an non est ita, ut sciam.*

2. Sed hæc cuncta quæ per contritionem cordis locutus sum, omittam, et ad ea quæ vestra excellentia poscit revertam. Quis enim in tam ineffabile rei negotium quodpiam quid fari audeat, cum beatus Hieronymus dicat: Inenarrabilia sunt Dominicæ incarnationis mysteria, et nativitatis ejus sacramentum. Et ideo non quantum ipsa nativitas est intimare curamus, sed quantum per sermonem exprimere valemus. Verum quantum ipsa nativitas est, non solum explicare non possumus, sed nec ipsi sancti evangelistæ plene dicere potuerunt. Et si sancti evangelistæ, qui sancto utique Spiritu afflati dicere plene nequiverunt ex ipso quod sub pleno in libris Evangeliorum adnotaverunt, melius est reticere quam asserere, et recte ut dicta sunt credere, quam perscrutando litteris aliquid commendare secundum sententiam doctoris quæ posita est vere. Credimus, inquit, Patrem cum Prole ejus, ortumque Spiritum almum, in personis trinum, deitatis credimus unum. Qualiter intactus processit Virginis partus, aut qualiter pati voluit natus, hoc tractare nulli liceat, sed credere tantum. Etsi prohibetur hoc tractari, quis calamo scribere ergo, vel lingua hoc quidpiam audeat fari?

3. Et quia contra hæc capitula, quæ adnotata sunt in epistola vestra, testimonia ex Evangeliorum et apostolorum libris exquiris, pro eorum machinationibus dissipandis, et dubiis utique validissime confirmandis, eminentius tamen id agere vestra valet benignitas, quam nulla unquam tribulatio vel mundialis fatigavit adversitas. Ideo intellectui ac sensui vestro summa permanet integritas, quia jam

A me pene multis modis contrivit sæculi hujus acervitas. Sed quia id hoc opus vos valde sufficitis, ut reor non ab aliud expetitis, nisi ut credulitatis meæ textum ignoscere valeatis. Ego vero humiliter ea proferam quæ credo, atque simpliciter enitar in quæstionibus sciscitatis quæ sentio. Quidquid enim absque norma veritatis paternitas iladem præsenserit domni nostri, vestri genitoris, mox illud emendet velocitas scriptoris, et me iterum clam instruat, ut olim fecit alios gratia vestri honoris, et celet inscium atque ignarum vestra solertia cordis, ita ut errorem nemo sentiat foris, quia ad emendandum, vel demendum, atque addendum, celsitudini vestræ est destinatum. Ecce ut ab excellentia vestra exstitit imperatum, ut valui persolvi clientulus famulatum.

B Sed oppositiones illæ, quæ sunt in epistola vestra taxatæ, eas sub nomine assertoris exarando inducam, et textu vestro sanctarum Scripturarum testimonia producam, et cum doctorum dicta, ut qui[a] vero conectam quæ respondendo conscribam. Finit.

IX

ITEM EPISTOLA ALVARI ROMANO MEDICO DIRECTA

Serenissimo omnium catholicorum summo domino meo ROMANO ALVARUS.

1. Anteriorum meorum, serenissime domine, erga vos amicabilem dulcedinem recolens, et affectum gloriæ vestræ in nostris compassionibus vulneribus [b], sæpissime comprobans, hos inertiæ meæ conticuos [c] apices inculto sermone digestos, et im-

C polito textu confectos, vestræ decrevi præsentiæ destinandos, per quos et charitatem reparorarem nostræ miseriæ, et invectiones adversariorum apologetico retunderem opere, petens in principio rusticitatis nostræ epistolæ, ut læta facie et placida mente servi tui vel filii sugessionem recipias, et quæque dixerit rationabili lance perpenses. Nec animum celsitudinis vestræ gravitatis lege præcultum et moderantiæ viribus principaliter perornatum susurris levibus vel vacuis inde collectis reseres, o domine, concavum, ne, quod absit, falsitatis contra proprium scandalum hauriat, et improbata recipiens charitatem radicatam antiquitus dissuat. Licet enim assertor primis partes propositionis suæ

D abundanti persecutione peroret, et sufficienti probatione propria firmare se putet, tamen inefficax semper apud honestos judices habetur oratio, quæ sol tantum surgens nullius e regione adversantis atterinatur repagulo. Exspectatur namque secundæ partis defensio, et data libertatis licentia, et de ultimis bene discussis et cognitis emittitur perpetualis sententia. Hæc in proœmio dixisse sufficiat, et sapienti cœpisse pro toto explicasse proficiat.

2. Ac deinde, mi sublimissime domine, dilectionem meam erga vos vestrosque omnes ab ipsis incunabilis infantiæ recole, et magis vobis ipsi me bene notum habenti, quam aliis ex me adversa sugge-

[a] Leg. *cum doctorum dictis atque*.

[b] Leg. *in nostrorum compassione vulnerum*.

[c] Id est *contiguos*.

ntibus crede Superbiam meam et rapinam seu solentiæ vitam, pene vobis amplius quam alus est extimo notam Et quæque ab ineunti ætate que in hoc tempus gestum est, ut rem, non vobis latum, sed notum est Et certe patulum manet et gnitum multis me laqueis irretitum, millenisque alis huc usque addictum Et plerumque adversitas nporum etiam patientissimum a lenitate diverlit aliud animum Sed juvante præsentissimo et altissimo creatore, omnes adversantes mihi amicissimos feci et quibusdam pacificis nexibus utens etia animi, minui dilectionis contrarios ample ri, humilitate liniens et affectione demulcens ium iniquitas mea, et ignorantiæ juventutis deum, juste contra me semper levat calcaneum ic et in contrarium surgit quidquid inchoatum ter fuit Nam teste Deo, quem conscientiæ meæ, o et hujus epistola discussorem exspecto, quia quid Manichæus Felix [a], quidquid confessor [b], imus, crebra vobis et importuna suggestione asunt, et contra me falsidicis oppositionibus ingent, non voto mentis accidit, sed fortuito casu enit Quod idem religiosus veraciter novit, et caltia conscientia propria, nota contemnit, ignota o adstruit, et defendit

3 Et ut paulisper seposita ratione narrandi qui actum est, quæ adverti debentur, ingeram, te ante ægritudinis meæ dispendium, et pœnitenquam in ultima necessitate accepi remedium, altis donis multisque rebus sanctum illum monarium ditavi locum Et quod genitor meus divæ moriæ, nec ante me ex nostri fecerat ullus, ego ontanea mente impleveram solus Quod ipse usator negare non valet, et de quo omnis viciæ testimonium habent Et nunc quando pœnitenlex miserrimum curbat, et debilitas jam jamque riturum incurrat, januam mihi vitæ præcludem, et in antro barathri lapsu præcipiti currerem [g] qualiter actum, quoque dispositu exstitit usurpan teste Deo et præsentibus accusatoribus profen planum

4 Volui universum illum locum mihi redimere, inquietudinem Romanorum [c] fugiens, ipsum quem stis principem malui inquirere Juste namque consor dixerat, quia illi qui a genitore meo vel a me ipta habebant vendere cupiebant, et una pariter m eo prævisio exstitit nostra, ut argumentose et n vere ipsum principem mitteremus, et per eum stra nobis congregaremus, honorem ejus et locum

A tractantes, et quia nullus ei poterat ad terminandum obsistere reputantes Cui cum petitione n ipsis diebus ægritudinis meæ, quibus invisendum me venerat, pro hoc facerem, et quæque desiderabam exponerem implere promisit et hoc sine difficultate ad effectum perducere ait Cui nos confestim nihil de quo postea gestum est suspicantes, venditionem fecimus, et per testes firmavimus, ut ingressione ipsius alios seduceremus, et nobis per eum totum terminum applicaremus Sed ille in vacanitatibus impeditus, de quo fuerat gestum non satis anxius, cœpit oblivioni nostris tradere causas, et in quas nihil habebat, nec debuit, postponere curas Et crebuerunt rapinæ, et privilegia Romanorum, qui transi-

B lientes limites agrorum nostrorum, universum minitabant invadere locum Nos autem jam nihil illi habere putabamur, et ille qui comparationem [d] fecerat, vindicare invasiones volebat In tali conflictu positi, pœnitudine affecti, contriti lugebamus et mœsti Post menses sex aut amplius ipse princeps per se ad me venit et postulavit, ut quod quasi comparaverat, verius emeret In primis teste Deo renui, et hæreditatem meam ne traducerem multis suggestionibus deprecavi Sed id quod ille beneficium suum mihi opposuit, et quia si donatum [e], illud a me haberet, nihil esset pro tantis [f], quæ in nos fecerat, asseruit Sed ubi in me reversus venditionem, quam ei jam feceram, cogitavi, et potestatem ejus cum debilitate mea pensavi, illico assentire disposui

C quia aliud agere minime potui Sed terminum ecclesiæ, quem non genitor meus, sed ego dederam, indicavi et in comparatione ejus præsentibus subscribentibus terminavi, et confessores ipsos multoties commendavi, et quantum valui pro ipso loco suggerere non cessavi Verum delicto meo et merito multum olido [g] infestante aliter actum est quam putavi Quantum voluit et quando voluit, et quomodo voluit, dedit

5 Quid nunc agendum est, serenissime domine? Nec possibilitas in nobis est resistendi, nec facultas reddendi, nec abundantia redimendi Teste Deo, ingemisco, lugeo et deploro quod accidit sed sanare et solidare nequeo quod evenit Vicibus ei suggessi, et abundantius [h] pretium multo quam dedit promisi

D sed suspensus hactenus mansi Culpamur ab omnibus et incusamur sed nosmetipsos ipsi amplius detestamus Et licet juxta doctorum nostrorum veneranda oracula in omnibus causis non processus operis, sed voluntas operandi, sit intuenda, nec sta-

[a] Ms, *Maniceus felix*

[b] De confessoris voce vide infra epist 13, n 1

[c] Florezius, in Prolegomenis, de hac voce *Alcete en el lib* 1, *cap* 6 *entendio esto nombre* Romanorum *de Españoles descendientes de Romanos, a ferencia de los que descendian de los Godos Pero ra los Moros lo mismo eran unos que otros, avallados todos igualmente, y asi procedio mejor Go-z Bravo, diciendo que eran militares de Francia quales estaban en servicio del Rey de Cordoba, y llamaban Romanos por quanto la Francia occidental se intitulaba Romana por la lengua, a diferencia de la Francia oriental* o *Teutonica Veanse los autores citados en el Glosario de Cange* V Francia, *o en Pagi sobre el año de* 888, *num* 5

[d] *Comparatio*, id est emptio

[e] Ms, *donitum*

[f] Ms, *pro tanta*

[g] Ex voce *olim*, nonnulli *olitum*, vel *olidm* pro *antiquo* deduxerunt

[h] Ms, *abundantiorem*

tim quis quid egerit, sed quo voto id egerit inquirendum, nec res ipsa quæ geritur, sed qualitas mentis, et facientis sit propositum judicandum; tamen quoquo modo gestum sit nostris meritis imputamus, et judicium Domini trementi corde quotidie nos insequendos lugimoniis non mediis protestamus [a], de nostra desperantes pessima opera [b], de illius confidentes misericordia consueta. Ecce qualiter est actum vestræ prudentiæ totum est patefactum : quod ideo vobis ad singula enarrare curavi, quia ex ipsius confessoris laude multa quasi a vobis dicta audivi, quæ minime credidi, quia vestrum animum erga me proprium sæpius sensi.

6. In finem vero epistolæ advolutus pedibus vestris suggero, ut quia paupertas et debilitas me a vobis fecit absentem, bonitas vestra me semper animo reddat præsentem : suggessionesque malevolas illa discretione paternali, qua vos novi vigere, discutite; et aure surda discordiæ incantationes transite, nosque visceribus propriis comendatos habete. Quidquid vero Felix, Gratiosi judicis filius, in aures domini Servandi comitis cum confessore illo immisserit; vestra paternitas, si voluerit, tota radebit. Tempore quippe vestro aliorum causas erat nobis explicere licitum : quanto magis nostrum proprium non expediamus negotium? Recolite, obsecro, nostrorum antiquorum amicitiæ vinculum, et vestrum amplectite visceribus filium. Plura volueram licet plebeio sermone disputando conficere : sed modum epistolæ egredere nolui, et prudentibus stulta componere timui. Sed rogo, ut quæ magis currendo, quam tractando conscripsi, et plus dolore quam nitore depinxi, non scholastice et per liberalem artem [c] tractetur, sed pure et simpliciter, ut scriptum est, relegatur.

7. Vigens floreat paternitatis vestræ aucta felicitas per spatia annorum. Amen.

X.

EPISCOPI (*et ut apparet* SAULI CORDUBENSIS) AD ALTERUM EPISCOPUM EPISTOLA [d].

1. Quibus calamitatibus quibusve miseriis merito exigente hactenus conterar, quove acerrimo intolerabili dolore ex diversis partibus insuar, credo vestræ beatitudini et rumore celebri divulgatum, et veraciori comprobatione præsentiæ, quasi proprium compassione misericordiæ comprobatum. Et ideo, mi sublimissime domine, apostolorum vicarie, et rerum opificis Christi sequipede, suffragationis fraternale auxilium tanto abundantiori fusione mihi porrige lacrymarum, quanto me præ cunctis pressum mole noxarum per immanitatem conspicis flagellorum; ut divina pietas, quæ sceleribus meis innumeris offensa, justissima ultionum temperantes hactenus inrogat plagas, dignis vestris precibus flexa, nostras jam solita clementia tergat, quas propere contraximus, culpas. Valet etenim oratio impetrare justi assidua, quod peccatoris nequit promereri nequitia. Vestrum est namque, mi domine, fratri laboranti manum porrigere, et morborum languoribus saucio opem solatii prolargire : quatenus et nobis debitum impertiatis remedium, et vestrum quod pro omni Ecclesia injunctum habetis officium, inclytum [e] perducatis ad terminum. Amen.

2. De cætero, mi domine, non reor latere vestram prudentiam calamitatem hujusce nostræ provinciæ, quæ multiplici peste, ac ingenti ulcere saucia, imo ad exitum vitæ usque deducta, bestiali rictu et beluina efferata barbarie, hactenus sæve dilacinata est effero dente. Sed quia respectu altissimi et præsentissimi conditoris utcunque respirare post diras ac palpabiles nunc nisa est tenebras, et liberum potuit utcunque non humano ingenio, sed divino imperio, respicere lumen; actum est, ut illa admirabilis dextera, quæ novit humiliare sublimia, et altius elevare prostrata, pestem quam extensa ira induxerat, dilata misericordia subtraheret. Cujus benignam et laudabilem adminisirationis in operibus gratiam abundantiori laude prosequere cupientes, et effectuoso conatu ex quaqua parte, qua posse nobis injunctum est, æquiperare volentes, unanimitati præbentes concordiam, et discordiæ radicitus ambientes exstirpare funditus massam, præsentiam nostram fratribus nostris et consacerdotibus, sive filiis, peculiarem, exhibere protinus nancti, et quæ vera sunt, partim severitate judicii, partim lenitate sententiæ gliscentes exsequere; tantis se testimoniorum probationibus munierunt, tantisque Patrum sententiis, quæ compassione egerant plevium, firmaverunt; ut pene eisdem in aliquid obviare [f] non sit ejus, qui cuncta se judicio et exemplo Patrum asserit innodare. Fateor, mi sanctissime domine, ad tanta et talia quæ ex virorum industria obtulerunt opuscula, obstupui [g] et sententiam meam aliter hactenus aucupatam, veraciori et probatiori indagatione probata in meliori ductu et universali collegio commutavi, ne obstinatione, quod absit, animi ductus fomitem alerem discordiæ, et membrum secans a capite insontes quos conscientia liberos, et innocentia immunes ostenderat, nostra indebita sententia a Patrum intelligentia exsulans conaret abicere, totamque Ecclesiam, quod procul sit a pastoribus Dei, crudelitatis edictu, imo imperitiæ fastu, maculis indebetis polluere, hæreticisque in contemtia [h] concordantes, parvisque homunculis inexpertis et insciis complacentes, universalitatis nomen, id est catholicum, in parte, et non in toto, ut dignum est retinere [i] : cum juxta canonicas verissimas et universalis [j] sæculis probatissimas sanctiones, peccatum populi inultum

[a] Id est, luctibus non mediocribus.
[b] *Opera, æ*, idem ac *opus*.
[c] Ms., *per liberali arte*.
[d] Vide notitiam, supra.
[e] Bravo, p. 149, *indictum*.

[f] *Obviare*, id est contradicere, sicut *obvius* contrarius.
[g] Ms., *ostipui*.
[h] *Contentia* idem ac *contentio, nis*.
[i] F. *ut dignum est, retinerem*.
[j] *universis*

præterire [a] juxta quod venerabilis papa Innocentius ad Rufum [b] episcopum probatissimis sanxit decretis Quod si peccatum opere vel testibus idoneis comprobatum pro custodia charitatis multum præterire jubetur, quanto potius ad culpæ non deducitur titulum, quod veritatis indagine et testimoniorum scientiæ, non temeritatis ausu, nec usurpationis instinctu sed solo terrore et immanitate sævissimi temporis imminente, non intentatum, sed discretione præcipua, et dispensatione honesta exstitit emptatum? Quanta vero pro tempore a beatissimis dei nostræ auctoribus, id est apostolis, temperantiæ lege, et discretionis bono, dispensata exstiterunt, et cta eorum apertissima luce, perspicuaque referunt laritate et sanctissimi Hieronymi admirabilis, et unctis sæculis præconabilis viri, testantur epistolæ t ut separatis parumper testimoniis, ac sequestrata auctoritate Patrum, quæ deberentur pastorali adverti egimine, et paternali industria prævideri, attentiori liminatione intentioni tractentur Certe in horum onsensionis sententia non inferiores nostri ordinis abentur episcopi et non solum episcopi, sed meopolitano um partim epistolari decreto, partim præsentiali participationis communio [c] manifestis robationibus præ manibus exhibentur et insolenæ vel levitati adscribitur imminuto metropolitanoum primatu contra terminos æquitatis libra composítos superbiæ elevare calcaneum cum inextricabilis illa jugiter habeatur omni mundo sententia, ua jubetur, non confinitimis, sed apostolicæ sedis, etropolitanorum privilegia ventilare

3 Nunquid non juxta beati Juliani Toletani meopolitani episcopi venerandum eloquium, insani apitis censetur esse, et vani, qui illic pedes erexerit, bi capitis ratio non suaserit Sed sitt sunt nonnulli more Domini frigi vanæ gloriæ jactantiæ tumidi, ientia nudi, superbia rigidi, qui dissensionum et multatum serentes contagia contra charitatis et nanimitatis præcepta Dei veneratione mysterii, et ivina invocatione sacrati, infamare tentant quibusam leviter opinionibus sacramenta, dicentes tunc se solummodo sancta, cum sanctorum fuerint manibus prælibata, contra illam beatissimi Augustini ententiam, quam in expositione decimi Psalmi ontra horum similium intentavit falsiloquam vanitem Non enim, ait, confidunt in Domino, qui tunc icunt sancta sacramenta, si per sanctos homines entur Sed et admirabilis doctor Isidorus [d] ho im inanissimam ac detestabilem præsumptionis auciam his documentis veridicis extirpando detruncat A secretis, inquit, vel sacris virtutibus sacramenta icuntur, quæ ideo fructuose penes Ecclesiam fiunt

A quia sanctus in ea manens Spiritus eumdem sacramentum latenter operatur effectum Unde seu per bonos, seu per malos ministros intra Dei Ecclesiam dispensentur, tamen quia Spiritus sanctus mystice illa vivificat, qui quondam apostolico in tempore visibilibus apparebat obtutibus, nec bonorum meritis dispensatorum amplificantur hæc dona nec malorum attenuantur quia *neque qui plantat est aliquid, neque qui rigat sed qui incrementum dat, Deus* (*I Cor* III, 7) Unde et Græce *mysterium* dicitur, quod secretam et reconditum habeat [e] dispositionem » Quod et venerabilis Anastasius papa ad Anastasium imperatorem pro communicatoribus Acacii hæretici hominis et damnati, in auctoritatem splendido satis B eodem sensu, quia et eodem spiritu, et accuratoque sermone, exsequitur Dicit enim in titulo septimo ejusdem epistolæ « Nam secundum Ecclesiæ catholicæ consuetudinem sacratissimum serenitatis tuæ pectus agnoscat, quod nullum de his vel quos baptizavit Acacius, vel quos sacerdotes, sive Levitas, secundum canones ordinavit, ulla eos ex nomine Acacii portio læsionis attingat, quo forsitan per iniquum tradita sacramenta minus firma videantur, nam et baptismum, quod procul sit ab Ecclesia sive ab adultero, sive a fure fuerit datum, ad percipientem munus pervenit inlibatum Quia vox illa, quæ sonuit per columbam, omnem maculam humanæ pollutionis excludit, qua [i] declaratur, ac dicitur *Hic est qui baptizat in Spiritu et igne* (*Joan* I, 33) Nam C si visibilis solis istius radii cum per [g] loca fetidissima transeunt, nullo contactus inquinatione maculantur multo magis illius qui istum visibilem fecit virtus, nulla ministri [h] indignitate constringitur Nam et Judas cum fuerit sacrilegus atque fur, quidquid egit inter apostolos pro dignitate commissa, beneficia per indignum data, nulla ex hoc detrimenta senserunt, declarante hoc ipsum Domino manifestissima voce *Scribæ*, inquit, *et Pharisæi super cathedram Moyses sedent quæ dicunt facite, quæ autem faciunt, facere nolite, dicunt enim, et non faciunt* (*Matth* XXIII, 3) Quidquid ergo ad Domini [i] profectum quilibet in Ecclesia minister officio suo videtur operari, hoc totum continetur implente divinitatis effectu [j], ita ille per quem Christus loquitur Paulus affirmat D *Ego plantavi, Apollo rigavit sed Dominus incrementum dedit Itaque neque qui plantat est aliquid, neque qui rigat, sed qui incrementum dat Deus* (*I Cor* III, 7) A Domino autem non quæritur quis vel qualis prædicet, ut invidos etiam bene Christum prædicasse confirmet quo malo diabolus ipse deceptus [k] est, et hoc ipse præcipitare [l] non desinit « Et in octavo capitulo iterum » Ideo ergo et hic cujus

[a] Aliquid deest nempe *debeamus*, vel *jubeamur* it enim statim *Si multum præterire jubetur*, etc

[b] *Rufum* legendum decretum namque illud exstat t VI epist 22 Innocentii *ad episcopos Macedoniæ*, uorum primus *Rufus* ibidem nominatur

[c] Forte *communione*

[d] Isidor, lib VI Etym, c 19

[e] Ms, *habeant*

[f] Sic Anastasii epistola Ms, *quia*

[g] Ms, *quæcumque*

[h] Ms, *mysterii indignitate conficitur*

[i] Epist Anast *ad hominum profectum*

[j] Ms, *implenda divinitatis affectum*

[k] Epist, *dejectus*

[l] Epist, *prædicare*

nomen dicimus esse reticendum, male bona ministrando sibi tantum nocuit. Nam inviolabile sacramentum, quod per illum datum est, aliis perfectionem suæ virtutis obtinuit. Quod si est aliquorum in tantum se extendens suspicio, ut imaginentur prolato a papa Felici judicio postea inefficaciter in sacramentis quæ Acacius usurpavit egisse, ac perinde eos metuere qui [a] vel in consecrationibus, vel in baptismate mysteria tradita susceperunt, ne irrita beneficia divina videantur, meminerint in hac quoque parte similiter tractum prævalere superiorem, quia non sine usurpatione nominis sacerdotii adjudicatus hoc egit. In quo virtutem suam obtinentibus mysteriis in hoc quoque aliis rea sibi persona non nocuit. Nam ad illum pertinuit quod tuba Davidica [b] canitur: *Verumtamen Deus conquassabit capita inimicorum suorum, verticem capilli perambulantium in delictis suis* (*Psal.* LXVII, 22). Nam superbia semper sibi, non aliis facit ruinam, quod universa Scripturarum cœlestium testatur auctoritas. Sicut etiam per Spiritum dicitur in Propheta: *Non habitabit in medio domus meæ qui facit superbiam* (*Psal.* C, 7). Unde cum sibi sacerdotis nomen vindicaverit condemnatus, in ipsius verticem superbiæ tumor inflictus est, quia non populus qui in mysteriis donum ipsius sitiebat exclusus est, sed anima sola illa quæ peccaverat justo judicio propriæ [c] erat obnoxia. Quod ubique numerosa Scripturarum testatur instructio. Unde remotis omnium [d] studiis sive versutiis, in hac adhuc præsenti fragilitate propositorum, secundum preces nostras adnixu et auctoritate imperiali offerte Deo nostro in unam [e] catholicam Ecclesiam et apostolicam, quia hoc solum est, in quo [f] non solum in terris, sed etiam in cœlo triumphare sine fine positis. » Et quia ut canonica institutio iterum per os beatissimi papæ Cœlestini ad episcopos per Apuliam constitutos celeberrimis vocibus clamat, quod docendus sit populus, non sequendus, eosque si nesciunt quid liceat, quidve non liceat, commonere, non his consensum præbere debere.

6. Ratum duximus necessitati consulere et dispensationes ecclesiasticas pro tempore non præsumptione [g], sed necessitate prævisas, apostolica, imo canonica institutione formati verissimis constitutionibus approbare, ne contra Moysis legiferi sanctionem id quod justum est non juste insequentes adversum Salomonis præceptum nimiæ justitia et intemperatæ nos denotaremus infamia. Recolenda est hoc loco Innocentii clarissimi papæ ad Rufum et Eusebium cæterisque episcopis quam pro Fotini restauratione intentavit sententiam, et ejus hic recensenda sunt oracula veneranda, qui post multa splendide pertractata taliter intulit: « Sollicitos enim vos pro salute libenter [h], contra caput etiam si faciendum est non libenter admitto, » ac si diceret: Pro commodis itaque et pace Ecclesiarum provida vos gerere solertia jubeo; contra caput autem et qui jure in vobis primatum obtinet, etiam reprehendenda commiserit, nullatenus insurgendum percenseo. Quod si episcoporum superinspectio hujusmodi freno sanctionis constringitur, quo plebium animo ore claudere ritum est, quæ inferiori et non sibi debita intentare præsumens de sacerdotum sibi arrogat excessibus judicandum? Nec ignoro generales illas opponi solere sententias, quæ libero et tranquillo tempore discurrentes generalem superborum non consulentium patriæ, sed scandala et controversias asserentium putant simultates. Sed his quorum cervices tumor superbiæ inflat, et licentiæ studentes quemlibet superbissimum proterve defendere, vel in parte sedentes universitatis derelinquere ausu temerario nituntur collegium, maledictum, obstinatione perfidiæ protegentes, et impio cuilibet ferentes auxilium, illas generales sententias verissime competunt. Isti vero quos impius crudelitate et acerbitate invisa perdomuit, pericarceralis claustra [i] et onere nimiæ censuræ contrivit, qui conscientia teste semper maledictum maledictionibus insequentes, non amore, nec pertinacissimæ voluntatis conatu, sed sola necessitudine, et regali jussione contriti, discretione intendentes, et quotidie de vita propria periclitantes, aliqua pro tempore dispensare conati sunt, cur improvida insequuntur animus ordine [j], vel aliorum de vita [k] plectantur sententia, omnino non video. Conscientiæ nostræ et fragilitates humanæ inspiciendæ sunt, et ex nobis ipsis subditorum vitæ formandæ. Quanta namque pro tempore, pro instante necessitate, pro potestatum terrore, unusquisque ex nobis pontifex in sibi creditos usurpaverit greges, si utili et pia compassione voluerimus librare, illico qui nostris clementissime videmur existere, si aliter subditorum quam nostrorum voluerimus ventilare festucas, severiores in delinquentium excessibus probavimur insilere: quo judicio enim judicaverimus, in eo nobis judicabitur. Et ideo juxta beati Juliani egregii doctoris sententiam, non minoris est providentiæ necessitati imminenti consulere quam plenitudinis discretionis gubernaculum adhibere. Laudabilius ergo est ex necessitate quædam opportuna eligere, quam in his quæ suppetunt eligenda formare. Multoque et grandius detectum adhibere suffectum, quam copiosæ rei dispositionis prorogare judicium. Est enim salus, et salutis omnimoda plenitudo, si illic utilitatis porrigatur consultum, ubi omnimoda plenitudo perspicitur: quia sine fraemine generalis præcepti forma inducitur specialis judicii, et eventui

[a] Epist., *qui*.
[b] Ms., *davit*.
[c] Epist., *judicio propriæ culpæ erat*.
[d] Ep., *hominum*.
[e] Ep., *offerre D. n. unam*.
[f] Ms., *in qua*.
[g] Ms., *presumptionis*.
[h] Adde *audio* ex epist. 22 Innoc. ad episcopos Macedon. tit. ult.
[i] *Claustra* sub feminino genere tunc erat in usu.
[j] *Animus ordine*. An idem ac *extra* vel *sine ordine*?
[k] Forte *debita sententia*.

suhitur, quod generalitate non datur Non igitur vertimus primitiva, sed consultius ordinamus esentia cum et illud universali edictu, et hæc epolleat speciali judicio

Et hæc dicentes non vobis replicamus incognita, sed nota reducimus recolenda ut si ab hoino die et tempore, aliquis ex sacerdotibus nois vestræ præsentiæ quacunque sæculi exhibuerit cessitas, non execrabilis, quod procul sit, vestræ rticipationi, vel exulis habeatur, sed recipiatur ut prius, amplectatur ut filius, atque ad omne altaofficium admittatur idoneus, libenter a vobis que percepturus consecrata libamina, cæterisque pensaturus etiam per semetipsum contecta mystepræsertim cum fraternitas nostra gregem sibi 'ditum decreto firmissimo manuum nostrarum bscriptione firmato, indemnem et liberum ab omni susurrantium infamio perpetue censeat eo 'ore stabilitatis perenniter conservandum, quo 'tropolitanorum sanctionibus in præterito et pro iti invenitur confirmatum Optamus nos vestris procis litterulis præmunire et fraternali auxilio ea quæ pacis et charitatis sunt roborari Si quis 'em ex congregatione nostra pravitate cordis, et ore mentis, seu crescendi fastu, aliqua auribus tris [a] præcultus eruditione divinorum voluminum ia intentare conaverit, illa qua vos novi naturali ere industria, male loquatium, properatur insania, unanimitatis despicientes collegium, per abrupta de'ia nitent lapsu casuri præcipiti in altum tendere ssum Valete

XI.

NCIPIT EPISTOLA ALVARI SAULO EPISCOPO DIRECTA

Sanctissimo Domino meo Saulo episcopo Pauli VARI suggessio

1 Multa erant quæ sanctitati vestræ debebantur ibi, si procella sæculi et calamitas temporis nostri præpedirent officium linguæ Sed quia acerbitas gustiarum et immanitas flagellorum eloquentiæ item conclusit, et dicendi materiam sua mole resit, ideo breviter teste conscientiarum omnium o, dulci animo et mente pura, salutationis offim paternitati vestræ defero, propriamque misem et suggessionem expono Reor non vobis fuisse ognitum periculi vel ægritudinis meæ hoc anno pendium, ita ut mortis agens continuum, pœnitie postularem remedium, atque post desperanem non modicam, salutarem invenisse mede- n *Dominus enim qui mortificat, et vivificat, ducad portas inferni, et reducit* (*I Reg* II, 6), post ultam ultionem judicii, et dignam correptionem gelli clementia mirabili, et pietate laudabili, ac tentia singulari, revocavit a periculi janua, misericordia cousueta, quem digne scelera jam ducebant tartara Sit nomen ejus benedictum in sæcula, cujus justa judicia clarent justitia ac pietate præcincta

2 Quæ acta sunt paternitati vestræ breviter adnotavi Nunc quæ agenda sunt iterum humiliter cupio implorare Certe ab ipso ægritudinis tempore usque in hodie a salutari exclusus mansi remedio et licet reconciliationem aliunde valerem fieri si vellem tamen ea quæ auctoritate Patrum sacrata sunt implere desiderans permissum vestrum inquirere volui, atque per jussionem paternitatis vestræ ad communionem reditum habere disposui et inde alibi hoc non inquisivi, quia teste Deo Jesu Dei et Domini nostri sententia formidavi Unde peto ut epistola paternitatis vestræ cui prius melius et aptius videtis ex vestris sacerdotibus veniat, meamque illis reconciliationem, qualiter volueritis, injungat Paratus enim sum in omnibus obedire, et præceptis vestris salutaribus me totum dedere tantum non privet communionis remedio, quia plane ingenti afficior tædio, dum extorrem me doleo a nuptiarum Agni convivio Qualem vero mihi legem posueritis jejunii, eleemosynarum, seu temperantiæ operis boni perficere cupio, et in nullo a veritatis seu possibilitatis regulis deviare Pronus enim est animus noster cuncta imperata implere, et a cunctis illicitis jussis, et paterna ordinatione prohibitis, quantum possibilitas dederit, mentem hactenus per devia oberrantem frenis temperantiæ coercere

3 Unde rogo, et lacrymosis precibus quæso ut citius nos vestra paternitas cuilibet ex sacerdotibus solvendum injungat Sin autem aliud nobis viget agendum, et hoc iterum citius humili suo rescribat, quia in cunctis vobis parere nostra tenuitas disponit, nec terminos Patrum transire superba insolentia cupit Tamen rescriptum nostrum hac hebdomada præstolabor quem si recipere non meruero, a fratribus vestris et episcopis reconciliationem ipsam implorare dispono, quia tanto tempore a corpore Dei mei et sanguine privatus stare non valeo Hoc ideo vobis innotui, quia vestram responsionem citam cupio intueri, et hanc festivitatem ligatus dubito inter alios retinere Merear vultum vestrum jucundum in jucunditate et lætitia feliciter citius perfrui Finit

XII

ITEM RESCRIPTUM SAULI EPISCOPI ALVARO DIRECTUM

1 Multa nobis erant necessaria quæ obtutibus vestris debebamus scribere sed præpediente delicto quotidie versamur in lamento, ut nec lingua possit enarrare quod mens nostra patitur, nec characteres scribendi quod debetur, Scriptura dicente *Deficit inhabitatio sensuum multa cogitantem* (*Sap* IX) Sed quia dilectionis vestræ susceptis apicibus ibidem vester digessit stylus, ut puto anxiat [b] plenius, comperique vos nimia corporis imbecillitate solutum, ut ad videndum nos nullum dicatis habere aditum, sed

[a] Leg *vestris*

[b] Leg *anxiat*

vellet ut unum ex sacerdotibus Cordubæ a me dirigitur scriptum, quo vos informatos a Christi corpus reddat solutum, dicentes quod hic nonnulli qui coacti sunt ad errandum inviti.

2. Quid nos hæc dicemus, qui tempus hodie tacendi portamus? Nos enim neminem præjudicamus, nullumque damnamus, nec justificamus quod nescimus, nec punimus quod ignoramus. Sed vos qui eorum nostis mentes, et pensatis voluntates, quia aditus ad videndum nos vobis negatur, ab illis absolutionem percipite, a quibus et pœnitentiam suscepistis. Sic enim tunc digna fuit eorum manus impositio, accepta et nunc erit sine dubio absolutio. Nam ut vobis intimavimus, non est mensura meæ judicandum de talibus, nisi fuerit inspirante Deo concilio legitimo eorum et nostra quæstio ventilata. Sed ut dulcedini tuæ prius notui [a], notesco quod interdictum sit hoc negotium omni clero præsente episcopo. Tunc dicit regularis instituta hoc cui injunctum fuerit licere, cum aut longinquitas itineris, aut imbecillitas corporis id episcopo denegaverit posse. Nunc vero quid ad hæc opponere potestis, cum me habetis præsentem? cur præsentiam recusantes litteras petitis, et quæ vivo sermone audire potestis, per apices quæritis? Sed plane nescio quos salsuginosos asseritis, et prope Migentianos [b] Donatistas, et Luciferianos notatis. Pro id mihi te prudentem virum et industrium, cur illos damnatis, qui hactenus conciliarem servant censuram, nec pereuntis multitudinis dicuntur exemplo, sed illa quæ Patrum sanxit auctoritas inconvulso retinerent animo, donec plurimorum episcoporum sententia, aut confirmetur edictum, aut temperetur decreta [c] consultum. Non ergo, ut diximus, rebelliones a nobis debentur haberi Ecclesiæ, qui ecclesiasticis videntur legibus inservire. Prius quidem amantissime idcirco scripsimus vobis semiplene, quia characteres ignoravimus epistolæ vestræ. At nunc quia jam reperimus propriis litteris, et manum advertimus vestram, idcirco amicali amore scripsimus vobis pro animæ vestræ remedio totis nisibus vos optantes, ut ea quæ sancta sunt requiratis, et pravorum consortia evitetis. Nam cum dictum sit: *Qui tetigerit picem, coinquinabitur ab ea* (*Eccli.* xiii, 1), quomodo vobis absolutio ad sacramenta percipienda poterit [d] inesse, si pseudoepiscopo in crastinum videamini quoquo pacto adducti? Domini, non nostra sententia est: *Nolite timere eos qui occidunt corpus, animæ vero nihil nocent* (*Matth.* x, 28). Cui consimile Salomon inquit: *Qui timet homines, cito corruet. Nam qui sperat in Domino confortabitur* (*Prov.* xxix, 25), et cætera, quæ prudentiæ vestræ non latent. Hæc et horum similia rogo, ut prius tecum semper tractare, et sic te Sacramentum reconciliationis admittere. Sed si aliud placet, fac quod tibi bonum videtur, aut quod prudentia tua decreverit conspexerit. His explosis jam quantum potui dixi: de plurimis cognovi pauca charitati vestræ direxi. Sunt sancti Dei in memores vestri: sum et ego in omnibus. Salutamus omnes in osculo sancto, quos cortis [e] vestræ retinet claustra [f]. Merear vos in lætitia videre. Amen.

XIII.

ITEM EPISTOLA ALVARI SAULO EPISCOPO DIRECTA.

1. Epistolam ex nomine vestro nobis directam suscepimus, et recitationem non vestram, sed illius homunculi esse cognovimus, quem patriæ exturbatorem, et multarum hæresum satorem sæpe probavimus. Et cum nos pure et simpliciter manu propria remedia animæ impetrantes scribamus, vos e contrario mordaciter et subdole non ex vestra mente, sed ex stomacho multis potionibus sauciato, nobis non pocula vitæ, sed venena porrigitis, et filium a charitate vestra procul rejicitis.

2. Et non solum unum, sed universum gregem nescio quo consilio morbidum æstimatis, quem non medicinalibus fomentis, sed rabidis discerptis dentibus, membraque vestra vestris destruitis manibus. O quanta erant in ipsius nefandi interitum jacula intorquenda, si facie tenus, ut vir strenuus, decertaret in pugna, et non clam, ut testudo mulierum more, in umbris gladium acueret: qui proprio judicio condemnatus nec confessor est proprie, nec sacerdos: quem habitus confessorem [g], et lingua comprobat derisorem, quem staminia et lana ovium religiosum approbat, et prolixitas barbæ laicum affirmat, quem simulatio operis sanctum, et æmulatio detractionis ostendit elatum. Quid enim mirum, si sacerdotes nostri temporis detrahat, qui doctores infringere tentat? Si clericos damnare studeat, qui agones martyrum mutilare non dubitat? Pater, o quanta erant in destructionem ipsius non sapientissimi, sed stultissimi homunculi, testimonia intertanda, quantaque in ipsius epistolæ inconditæ infringenda, si honoris vestri nos reverentia non religaret!

3. Nam finis principium destruit, et qualiter initiaverit non attendens, in calcem sibi adversa conscripsit. Stultus enim editor sanctitatem et sapientiam ambiens stultiloquium non vitavit, et condem-

[a] Id est notum feci.

[b] De Migentianis erroribus vide tom. X Hispaniæ Sacræ, a pag. 340. Vide etiam tomo X, cap. 8, num. 10.

[c] Forte *decreto*.

[d] Ms., *potuerunt*.

[e] *Cortis* hic idem ac *domus*. Vide Ambr. de Morales lib. ii, cap. 8 in opera S. Eulogii; Glossarium Cange, edit. S. Mauri.

[f] *Claustra*, singularis numeri, et generis feminini, ut supra epist. 10, n. 4.

[g] Antithesis *derisoris* et *confessoris* innuit *confessorem* hic accipi pro *cantore*, id est pro inferiori clericorum gradu divinis canendis laudibus instituto: quia enim *confiteri* passim in sacra Scriptura est Dei laudes decantare, *confessores* dicebantur cantores. Unde concilium Tolet. i, can. 9, inquit: *Nulla professa, vel vidua absente episcopo vel presbytero, in domo sua antiphonas cum confessore, vel servo suo faciat.* Vide Glossar. Cangii.

atos arguens, dum solvere ligatum satagit, quem lveret invectione sua [a] solutum ipse penitus non invenit. Ego, mi Domine, cum divini numinis testatione miseriam periculi mei exposui, remedium postulavi, et vos non ex vobis pure, sed qui mihi quasi inimico responderet sophistam inquiritis, imo non sophistam sed sollicitam rogatis; nosque quiescentes, et vestræ beatitudini condolentes, ad stimulos incitatis. Sententias vero Salomonis advertimus, et vobis [b], dudum eas dissipatas cognovimus; quem contra Patrum instituta, et auctorum decreta, anathemato cuidam multoties participasse, ante nostrum episcopum honorem [c], prævidimus, sacerdotibusque illi participantibus, post honorem communicasse probavimus nullo metu terroris, nulla occasione timoris, sola voluntate animi, et dilectionis affectione. Certe recolitis quando ei ad immolationem missæ casulam pro indumento præstastis, quanta vobis ego ipsis diebus amore vestro impulsus suggesserim. Quanti a Patribus anathemati, irrationabiliter sine concilio vestra jussione existunt soluti, forte non ignoratis. Recolite, obsecro, consecrationis vestræ non inculpata principia, et pene simoniaco errore propinquo. Poterant enim quovis asserente canonice inchoationis vestræ primordia comprobari, si quadringenti solidi non fuissent palam eunuchis vel aliis exsoluti; imo non clam, sed per chirographa Arabica ex Ecclesiæ prospera, quod illicitum est debitoribus, erogati, et ex illo ministerio congregati, quo non licitum est laicis etiam fidelibus aliqua impertire, siquidem super solos sacerdotes [d] esculæ dispertiuntur Ecclesiæ. Quanti, quæso, sacerdotes sine testimonio ordinati? quanti sine conniventia clericorum vel filiorum Ecclesiæ consecrati? quantæ Ecclesiæ duplicato sacerdotio, id est, binis pastoribus, contra Patrum institutionis divisæ? quanti contra canones per omnes basilicas in diversos ordines constitui per vos exstiterint, rogo ipsi videte.

4. Sed hæc omnia post tergum rejicitis, et tantum pro nobis in hos nostri temporis sacerdotes oculos apertos habetis. Nec hoc alio tempore, nisi quando nostra vos suggessio impetrat. Nam facie tenus et honorabilem Athanagildum abbatem vidistis, et hoc i dicere præsentialiter voluistis; et Eulogio in primo persecutionis impetu sacrificare jussistis; et nunc contra vos ipsos nostra tantum occasione dimicatis. O felix et multum felix, quem concilii tempus quod exspectatis invenerit! Utinam jam rediret serenitas, jam abiret tempestas! Puto quod multorum lingua silesceret, et frenum sibi ora illa imponeret, quæ loqui nesciens hactenus per antra insibilat. Nam quod dicitis: *Qui timet homines, cito corruet, nam qui sperat in Domino confortabitur* (Prov. XXIX, 25), vel illud evangelicum: *Nolite timere eos qui occidunt* A *corpus, animæ autem nihil nocent* (Matth. X, 28), vere et religiose dicitis; sed miror cur fortissima docens absconditur, et hominum timore a propriis segregatus per diversa vagatur. Jam vero quod in principio me ironice solvendum ab eis qui me ligaverunt jubetis, adjicientes: Si enim tunc digna fuit eorum manus impositio, erit et nunc accepta sine dubio absolutio, quid contra se in hoc duntaxat dixerit loco sciolus ille, nunquam advertere potuit, et Sardoum salsedinem devitans, quomodo salsuginem incurrerit nescit. Si enim vere hoc et non ironice dixit ut quid nobis in finem pravorum consortia interdixit et tacto picis inquinatos firmavit? Si vero, ut textus epistolæ docet, in derisione hoc in principio protulit, nosque per hoc suggillare tentavit, au- B diat nervosus, ut sibi applaudet assertor, et silvosus, non palatinus dictator. Quid vestrum ergo proprie pastor satagit præsentialiter solvere, quem prævaricatores non habentes ligandi ordinem minime ligavere? Ergo solvi quomodo poterit qui ligatus non exstitit? nam si eis potestatem adimis ligandi, non ligatum ergo cessa quærere solvere; et hoc ei responsum sit. Cæterum conscientiæ nostræ judicem habemus omnium Dominum, qui potest sine improperatione curare invalidum, quia licet Levita et sacerdos vulneratum a latronibus dimiserint, Samaritanus vero ille misericors semivivum ad stabulum reportavit, oleum plagis infudit, mercedem stabulario dedit. Ulterius tamen, mi Domine, sententiam C vestram ex alterius ore fluentem non requiram, quia plane tædimini aliorum sententiis, et non vestris purissimis, deservire.

XIV.

INCIPIT EPISTOLA ALVARI TRANSGRESSORI [e] DIRECTA.

Dilecto mihi ELEAZARO ALVARUS.

1. In primis, mi dilecte, salutis munia ut amanter, ita dulciter solvo, atque tibi conjuncte, si sectæ tuæ rituique convenit, identidem salutifera jura dependo. De cætero rogo ut non fastidium tibi ingerat dilectionis nostræ oblatio, qua te lucrari in Domino cupio.

2. Sed si ita amas ut diligo, identidem lucrare me tuo satage studio; quia qui converti fecerit D peccatorem, lucravit animam ejus, et suorum cooperit multitudinem peccatorum. Et David pro magno munere quasi vota [f] persolvit: *Doceam iniquos vias tuas, et impii ad te convertentur* (Psal. L, 15). Et ideo fave meis, diligenti intentione hujus pagellæ discute textum, et non verba, sed sollicite prævide intellectum; quia non verborum cupimus faleratorum adspargere faces, sed simplicium et puralium tibi promere voces. Nec diploide nostra bifario coloratur assertio, vel sale attico hujusce redolet dictionis oratio, sed plebeio, et ut ita dicam, com-

[a] Ms., *invectionem suam*. Bravo *insectionem*.
[b] Ms., *a vos*.
[c] An *Honorium*?
[d] Ms., *super solis sacerdotibus*.
[e] Eleazarum suggillat, Gallum natione et Hebræum fide ex Christiano.
[f] Ms., *nota*.

mum cum eloquio. Non hic Thucydides, vel Sallustius triumtem scientiæ [a] digerunt, sed Jacob et David oviculis ad caulas deducunt. Non hic Cirus pugnando exercitum ducit, sed Moyses erectis manibus Amalecitarum phalangas orando divertit. Sed nec Memmonicos canemus hymnos, aut Æneidarum carmine incidimus versus, nec Hectoris Iliu amnem deduco, nec Iliadum celeuma decanto. Procul enim a me est lingua vipereæ Demostenis de qua fertur dixisse Oscines [b]. Quid si ipsam audissetis bestiam suo ore verba resonantem? Epistola enim mea non ethnicorum [c] favorem requirit, nec colorem de Atheneo trahit, sed prophetarum saporibus redolet, et patriarcharum fercula superficiem gerit. Nempe dulcis si ubicunque in annorum numero Christi ventura diceretur nativitas, Christianorum vel Judæorum illico finita esset simultas, quia computatis annis a mundi principio sine aliquo impedimenti obstaculo adventus ejus sciretur in sæculo, ut nec fidelis in asserendo moras sustineret, nec infidelis in refutando occasiones ostenderet. Et quia, ut quibusdam videtur, incertum adventum ejus Scriptura reliquit, et quasi intactum magis tetigit quam prædixit, ob hoc et cunctorum opinio se ipsa deludit. Non quod omnium fides cæca caligine involvatur, sed ea quæ magis opinione quam veritate tenetur. Ista namque secundum opinatum dissertum stomacantium [d] quæstiones. Cæterum juxta meæ tenuitatis scientiam adventum Christi patulum reor addisci indicta legalia [e], si subtiliter indagentur vatis præsagia, quæ luce clariora existunt almiflua. Nam licet ab initio mundi anni non inveniantur prælixi, tamen reperiuntur a tempore prophetali liquidissime numerati. Prævidens credo censura divina humanam vesanam acutiam, quæ in numeris ætatum existit diversa, eo tempore maluit indidere numerum, ex quo præscivit contentionis abrasum existere nervum. Nosti enim Hebræorum vel septuaginta Interpretum discordiam a primo homine usque diluvii tempus incalculantium [f] summa, in tantum ut juxta Hebraicam veritatem ab Adam usque ad diluvium anni sexcenti quinquaginta sex inveniantur, et a diluvio usque ad Abraham anni ducenti nonaginta duo reperiantur.

3. Secundum Septuaginta autem interpretationem ab Adam usque ad diluvium anni ducenti quadraginta duo numerantur. Et a diluvio usque ad Abraham anni I septuaginta duo calculentur; quorum diversitates latiori stylo dissererem, et cui potissime fidem haberetur eligerem, si hoc ut onerosum, ita et infructuosum non esse cognoscerem. Has discordantias divinus ille Spiritus prophetarum cordi insertus longe ante prænoscens noluit ab eo tempore nativitatis Christi indidere summam, ex quo et asserentum protendi protexit frivolorum inventa. Nam licet non nominato numerum expresserit, tamen quo deberetur tempore nasci, intactum nunquam reliquit. Quod ne nudis me putes verbis narrare, jam tibi documenta vivida curabo proferre. Verum antequam nostra legaliter instruatur oratio, quæso te libenter adverte quæ dico. Et non æmulatione vincendi tenuis intellectum, sed intentione proficiendi, tam mihi quam tibi cluncis sensum, sciens quia non in ratiocinatione fides consistit, sed in veritate, et simplicitate cordis. Quisquis ille munda est mente, Dominum videt. Et ideo si susceptum est quod ingessi, gratum est quod suggessi. Si vero molestum est quod scripsi, benevolentiam erga te animi non obtexi; quod et tu similiter erga me debes impendere, et quem vides ut tibi videtur errare, ne pereat, omni vi cona [g] insistere. Neque plurimis testimoniis occupatam mentem tuam studiis debeo impedire, sciens quia cui non sufficiunt parva [h], satis erunt nec mille. Sapiens enim non quanti dicant attendit, sed qui sint qui dicant utiliter norit. Et inde propheta beatum prædixit, qui in aurem audientis eloquia profert [i], quia dicitur fallere auditus cujus segnis non vigilaverit sensus. Poteram tibi copiosa testimonia de reprobatione vestra, et electione gentium excerpere, si non ab eruditissimis viris hoc antecessoribus vestris factum recolerem esse. Ob id omittentes illa quæ jam sunt stylo illustriori vel facundiori ab illis, eloquentia et sanctitate pollentibus, dudum conscripta, ut præfatus sum, parva testimonia non infirma, sed valida retexendo eliceam, et quid in eas sentias interrogando perquiram, ut aut doceas me ignorasse quæ firmiter teneo, aut doceas te nescire quæ ipse non improbe scio.

4. Moyses Pentateuchi editor Scripturæ legifer Domini et renuntiator originis mundi, cum Jacob filiis suis consulentem induceret et testamenti vice quæ deberent post obitum patris hæreditario jure possidere per benedictionem ediceret, taliter ait: *Vocavit Jacob filios suos, et ait eis: Congregamini, ut annuntiem quæ ventura sunt vobis diebus novissimis* (*Gen.* XLIX, 1). Et ut scirent qui sunt isti dies novissimi in benedictionibus Judæ apertius explicavit: *Non deficiet*, ait, *princeps de Juda, neque dux de femoribus ejus, donec veniat qui mittendus est, et ipse erit exspectatio gentium* (*Ibid.*, 10). Adverte, mi dilectissime, et enim aperi intellectum, et per totum orbem ostende mihi ex tribu Juda ducem vel unum. Nolo mi frivolorum eorum ingerere nænia, et illorum commentitias mihi dogmas ingerere fabula, qui propter occasionem unius verbi longas solent fabulas texere. Et quia nequeunt regem in regionibus hominum liquidissime notis invenire, nescio sibi inquirunt principem ultra mare. Cum etsi verum

[a] Ms., *scientiam*
[b] *Æschines*
[c] Ms., *non ad ethnicorum*
[d] I. *stomachantium*
[e] Id est *in dictis legalibus*
[f] F. *in calculorum*
[g] Idem, *conare*
[h] Ms., *sufficit parva*
[i] Ms., *profert*

›t, minus ex t ib i Juda fuisset Quia tribus Juda ı est a Sennacherib, vel ab Artaxerse qui et Ocus tus fuit deducta sed a Vespasiano et Tito est, terras dispersa Nam sicut nullum templum, lum altare, nullum principem remansisse vobis, pheta clara intonat tuba *Sedebunt*, inquit, *dies !tos* [a] *filii Israel sine rege, sine principe sine sacri-), sine altari, sine sacerdotibus, sine manifestatio us* (*Ose* III, 4) Intelligis istos dies esse, quos propheta prædixit aut forsitan adhuc illos se pectare pejores cæca Judæorum oppositio dicit ensendi sunt hoc loco reges, non a tempore Judæ, cogniti sunt, et per David ac Salomonem cur-les usque ad Sedeciam recto tramite pergunt, sed mpore Danielis, et post Babyloniorum laxatam tivitatem, qui per duces decurrunt Et ideo, ut ı, a tempore Danielis reges vestros enumerabo, n quem defecerit brevi indagine assignabo Post m si aliquem habuit gens illa, sub quo exstiterit e, nomenque ejus quæso edicite

ı Primus post Danielis prophetiam postquam de ylone reversus est populus, præfuit Jesus filius edec, et Zorobabel filius Salathiel Post quos chim filius Jesu in pontificatu successit Cui suc-sit Eliath huic quoque successit Joiade deinde nnes postea Jadus Post quem Onias deinde fuit pontifex Eleazar Post quem successit alter is Deinde Judas cui successit frater Jonathan t quem Simon frater utriusque Deinde Joannes, t quem Aristobolus Huic quoque successit xander, qui rex pariter ac pontifex fuit Post ıc Alexandra, uxor ejus, cum filiis Ircano et Aris-bolo populo præfuit Quo tempore Herodes filius lipatris interfecto Ircano regnum Judæorum senatu isulto accepit In ejus tempore Christum nostrum um esse tua charitas non ignorat quod si alium pectare nitimini, duces ex tribu Juda hactenus in tra gente ostendite et tunc exspectare vos re-nptionem firmabitis, cum defectum tribus Judæ ducibus suppleveritis Quod si nullum potestis enire ex regibus, qui vocis ducatum præbeat tenus illam prophetiam Danielis probate atten-, et tunc confusionem Judæorum jam debitam ısse probabitis verius, ab eo loco ubi angelus nieli loquitur dicens (*Dan* IX, 22) *Daniel nunc essus sum, ut docerem, et intelligeres Ab exordio cum tuarum egressus est sermo*, usque ad locum tali prosecutione finem conclusit *Et post heb-nadas sexaginta duas occidetur Christus, et civi-em et sanctuarium dissipabit populus cum duce turo, et finis ejus vastitas, et post finem belli sta-a desolatio* Vides quod post occisionem Christi tionem omnibus Judæis pollicit Scriptura divina si adhuc Christum, id est Messiam, exspectatis fecto adhuc desolationem majorem timere debe-quia non vobis redemptionem, ut vanam opi-tis pollicit, sed vastationem ab ejus adventu usque

A ad finem sæculi indicit, sicut angelus Danieli dixit Et ubi erit tunc relinquenda filia Sion, quæ nulla est? Ubi sanctuarium, quod populus devastavit cum duce venturo, qui in cine e redactus est? Reddant Judæi statum quem Christus inveniat Ædificent templum, ubi subito testamenti angelus veniat Et, ecce et vestra cessavit hostia, ut nullius rei adminiculo vestra deleantur peccata, dum non adoletis quæ solebatis incensa Lex præcipit in captivitate non licere unctione regali chrisma conficere Unde ergo messias vester ungetur, ut unctus vere juxta Danielem ipse credatur?

6 Sed jam a tempore [b] annorum veniendum est et non more nostro, sed legali documento, calculandum est, dicente Domino ad Moysen *Numerabis*

B *tibi septem hebdomadas annorum* (*Lev* XXV, 15), id est septies septem, qui sunt anni quadraginta novem Ergo septuaginta hebdomadæ quadringentos nonaginta annos efficiunt Septuagies enim septem quadringenti nonaginta sunt Igitur percurre breviter Græcas, Latinas barbarasque historias a vicesimo anno Artaxersis regis Persarum usque ad Christum ducem, et invenies totius numerum hebdomadarum fuisse completum, juxta lunarium computum Judæorum, qui unicuique mensi dies viginti novem annumerant Nam a vicesimo anno jam dicti Artaxersis usque ad quintum decimum annum Tiberii Cæsaris reperiuntur anni quadringenti septuaginta quinque, qui faciunt annos Hebraicos quadringentos nona-

C ginta, quia Græci, et Judæi, per octo annos trium mensium embolismos faciunt Et ideo ab hujus Artaxersis vicesimo anno computandum est, ut præ dixi, quia in ipso anno *egressus est sermo, ut iterum ædificaretur Jerusalem*, Neemia pincerna rogante, sicut ait angelus Danieli Quod si iterum a primo anno Darii, qui et Medus vocatus est, successoris Cyri, quo visio Danieli extitit revelata, volueris computare, invenies in sexagesima secunda hebdomada natum exstitere Christum

7 Post cujus nativitatem, si calculare malueris reliquum hebdomadarum numerum, in primo anno Vespasiani, qui captivitas vestra facta est, invenietur impletum Et ista ita poteram singillatim per nomina regum annosque imperantium singulorum

D ostendere, sicut [c] legales successiones per prophetarum libros potuissem probare Sed quia etsi veraci virilique assertione probentur, tamen fidelem auditorem requirunt, ideo non magna opere in numerorum vel imperatorum tempora, laciniosam instituam fabulam, sed brevitei tetigisse sufficiat quid nostri inde sensere majores, et a te fraterno more inquirere quid inde tractaverit proceres Synagogæ ut et mihi liceat nosse quod verum est, et tibi libeat reprobare quod falsum est Illud quam maxime posceus, ut sine fellis amaritudine mihi disseras quid prodest nosse Et tam illud quod a Jacob Judæ [d] protuli benedictum, quam etiam quod a Daniele profes-

[a] *Dies multos* desunt in Ms
[b] I *ad tempus*

[c] Ms , *si*
[d] Ms , *quam a Jacob jube*

sum prophetarum [a], discretiori stylo juxta quod tibi videtur exponendum vel secundum quod a Judæorum doctoribus exstat expositum, non renuas amicali studio mihi scribere totum. Quia licet multa et præclara testimonia tam nobis, quam vobis communia, prophetarum contineant dicta, tamen universa utiliter trutinata, non mihi videntur vel nobis vel vobis ora confringere petra, vel chamo confringere ora. Sola hæc ita proferuntur prævalida, ut nec mutire liceat alicuique nostrorum post horum expositionem perceptam. Si vero hanc expositionem refutandam, nam non prævides esse sequendam, quid potius tenendum est elice per mansuram robustiori prosecutione asserta. Et noli tantum verbis nudis reprobam istam ædificare, sed postquam probabiter firmaveris istam falsam existere, aliam producas quæ in se gradientes non sinat enarrare [b], ut et adversarium vincas, et amicum ita ut discipulum doceas. Opto te semper bene valere, reverendissime et dilectissime, natura non fide frater. Finit.

XV

RESCRIPTUM TRANSGRESSORIS ALVARO DIRECTUM

Dilecto mihi ALVARO ELEAZAR.

Scripsistis mihi, o homo bone, qualiter ego proceresque meæ Synagogæ intelligimus: *Non auferetur sceptrum de Juda, et dux de femoribus ejus*, et reliqua. Hoc enim nobis luce clarius est. Si enim in præsentiarum adesses, interrogarem te qualem sceptrum habuere filii Israhel, vel quem ducem, illos septuaginta annos quando fuere in cap... Nabuchodonosor et sicut tua...

(*Quatuordecim in hac pagina ita abrasæ sunt lineæ, ut nec verbum unum legi possit. Folium subsequens exsecuit possessor codicis, ne transgressoris deliramenta legerentur.*)

XVI

ITEM EPISTOLA ALVARI ELEAZARO DIRECTA

Dilecto ELEAZARO ALVARUS.

1. Responsionis tuæ, reverendissime frater, litteras legi, et præpostero ordine invectionem mihi latam probavi. Objectiones enim meæ minime extenuatæ existunt, nec unicuique oppositioni responsio obvia fuit: sed tantum animas in præceps stylum blasphemum gessit, et Synagogæ scriptor Iudaica confecit opuscula, cui nos utpote Christicoli non verborum faleratorum jacula jaciemus, sed aperte et puræ veritatis regulam indagemus. Miror tamen te prudentem virum, et ut stylus approbat eruditionum liberalium apprime imbutum, tam tenuiter te opinavere in rebus duntaxat divinis, ut septuaginta annorum captivitatem unius regis tantummodo vita tot tantisque temporibus jam transactis equiperari studeas. Nunquam ex tribu Juda duces vel sceptra cessarunt regalia, quia Jeconias qui in Babylone ductus est, filium habuit Salathiel, de quo natus est Zorobabel, ad quem sermo dirigitur in manu Aggæi: *Factus est sermo Domini in manu Aggæi in secundo anno Darii, ad Zorobabel filium Salathiel, ducem Judæ, et ad Jesum filium Josedec sacerdotem magnum* (*Agg.* I). Vides quia de tribu Juda nunquam duces cessarunt. Etiam in captivitate positi tribus illa prælationem nunquam amisit. Quod vero novo uteris argumento, asserens in Hebræo non ita haberi, sed aliis sermonibus multo aliud significare, miror tuæ eruditionis in Hebræa lingua tam velox peritia, qui post octingentos quadraginta annos Judæorum litteris consolare vecordiam, quæ ante nunquam in earum sensus venere. Soliti enim erant regem ultra mare inquirere, non verba prophetiæ alia interpretatione subvertere. Nam si hoc in Hebræo iter *Seber* et *Amohkec* [c], qui sonat Latine *tribus* et *doctor* habetur, cur per ista tot annorum spatia nobis non exstat oppositum, cum regem vel ducem sibi faterentur trans pontum, cum liberior eis et expeditior immineret assertio, ut dicerent, hoc non haberi penitus in Hebræo: nisi forsitan tu homo Gallus in eorum litteris intellexisti quod proceres ignorabant hactenus Synagogæ, et in Hebraicis litteris invenit Latinus quod nesciebat Hebræus. Vere frivolæ hujusce investigationis assertio, fidei retundenda est calculo, tam enim doctoribus nostris a vestris majoribus, quam etiam nobis nil aliud edicere solebatis, nisi regem vobis de transmarinis inquirere locis. Discute hujus admirabilis interpretationem [doctoris nostri Hieronymi, et ex aliis locis Scripturarum eam probare si velis.

2. Sed priusquam incipiam singulorum interpretum editiones conferre, æquumne tibi est, vir bone, ut non solum absentem, verum etiam quietudine æterna fruentem, ita caninis morsibus lanies? Sic te docuit Moyses legiferus, ut testimonium oculis non probatum super absentem coram arbitro proferas, et quem scis parentum prædia reliquisse vel opes largas, amore pecuniæ dicas injectum, necnon et libidinibus arguis virum etiam conscientia castum, qui ob virginitatis studium jejunia squalorem, vel oblectamenta mundialium respuit facultatem? Qui enim sua dimisit, qualiter amorem pecuniæ aliena quæsivit? Tu vero, mi frater, quomodo alium incusare non dubitas in rem quam tibi abundasse in dogmate nostro omnibus clamitas, ita ut passim per diversarum feminarum concubitus in templo nostro te glories dulces tibi habuere complexus. Ipse abyssus scientiæ et inaudibilis oceanus Hieronymus, si hodie superesset, te plane respirare non sineret, sed spinis quibus contegeris enudaret et quasi victor, ut solitus erat de omnibus triumphare, aut in suum te deduceret agmen, aut te semivivum in terras ultimas asportaret, ac te philosophorum vel Judæorum gloriantem doctrinis ut dejiceret, ut solita constantia tibi illa verba car...

[a] Forte *professus sum prophetarum*.
[b] Forte *errare*.

[c] Leg. *Sabet et Amhokek*.

t habesne ultra quo nervos loquacitatis tuæ endas?

Veniendum nunc est ad editiones Septuaginta rpretum, et parva capitula exempli causa subdum. In Zacharia enim (*cap.* XI) ita Septuaginta locum dixere: *Si bonum est coram vobis, date cedem mihi, aut renuite. Et appenderunt mercei meam triginta argenteos, dixitque Dominus ad Pone illos in conflatorio, et considera si probasit sicut probatus sum ab eis, et tuli triginta arteos, et misi eos in domo Domini in conflatorio.* od noster lumen Hieronymus ita transtulit: *Si um est in oculis vestris afferte mercedem meam, i non, quiescite. Et appenderunt mercedem meam inta argenteos, et dixit Dominus ad me: Projice l ad statuarium decorum pretium quo a appreus sum ab eis. Et tuli triginta argenteos, et proeos in domo Domini ad statuarium.* Et licet senidem sit, verba præpostera sunt et pene diversa. n in Isaia: *Ecce virgo in utero accipiet et pariet um et vocabitis nomen ejus Emmanuel* (*Isa.* VII). quo Hieronymus: *Ecce virgo concipiet et pariet m, et vocabit nomen ejus Emmanuel.* Aliud est m *vocabitis*, aliud *vocabit*. Require tu quis melius stulit, licet cæteri Interpretes adulescentulam juvenculam dixerint, sed verbum Hebraicum e, et in Revecca adhuc virgine positum invenies, n Maria sorori Aaron, necdum viro conjuncta eries, quod *abscondita, et nimia diligentia custo-* sonat. Unde et in titulo psalmi ubi positum est *u, noth*, Septuaginta dixerunt: *Pro absconditis.* et libro Job, ubi dicitur pro sapientia, *et absditur ab oculis omnis viventis* (*Job.* XXVIII, 21), Hebræo propter declinationem verbi aliter figura- , *alma* dicitur. Et in Regnorum libris scriptum ex persona Elisei loquentis ad Giezi: *Et Domiabscondit a me* (*IV Reg.* IV, 27), huic quid sic est, licet masculino genere declinetur. Quod si ecca et Maria virgines esse velis, pro quibus nquam verbum *vetula* legis, quæ impudentia est c solæ virgini denegari quod cæteris velis nolis icedis? Ostende mihi alicubi positum *alma*, ubi lescentulam, et non virginem sonat, vel ubi tæ hoc verbo appellatur, et me imperitum vel tum fatear esse. Lingua quoque Punica, quæ Heorum fontibus ducitur, proprie virgo, *alma* aplatur. Sed qui scire desiderat varietates interpren, vel Judæorum cupit parvipendere inventiones, estionum Hebraicarum Hieronymi vel cætera sua scula legat. Et plane, sicut ipse professus est, temne fluctos b et nausiam Judæorum, tuasque rationes surda aure transibit. Nam hunc noum, et vere dignum non solum mundo, sed etiam lo, Hieronymum, quem irrationabiliter detestanescio ut quid cum dente ravido mordes, cujus tionem hactenus nescis. Hanc enim editionem

A quam falsam probare satagis, Septuaginta Interpretum, non Hieronymi esse cognosce. Quam etiam ille in multis suis opusculis arguit, additamque ab eis et diminutam non sine evidenti ratione probavit. Et pro harum varietate editionum linguam Hebræam didicit, moxque veracem suam propriam Latino sermone editionem Ecclesiis dedit. Vides quia dum Hieronymum cupis fallacem probare, imperitiam tuam ostendis, insuper et Judæos tuos Septuaginta sapientiores cæteris condemnare conaris. Quod si, ut dicis, in Psalmis cuncta verbo ex verbo expressit, cui qui in parvo fidelis exstitit, in multo infidelis exsisteret? Nisi quia editio Psalmorum Hieronymi est, quam multo aliter quam Septuaginta posuere ex ipsa editione eorum perpende, ut per hæc cogno-
B scas fidelitatem doctoris summi Hieronymi, quanto studio, quo labore conaverit, ut proprietatem legis Ecclesiis traderet Christi.

4. Hoc vero testimonium ita perversa mente vestri perverterunt, sicut et librum Sapientiæ Salomonis, prævidentem de Christi crucifixione testimonium a canone rejecerunt. Nam post interfectionem Christi pro eo quod ibidem legitur: *Dixerunt inter se impii: Comprehendamus justum quia inutilis est nobis, et contrarius est operibus nostris. Promittit scientiam Dei se habere, et Filium Dei se nominat* (*Sap.* II, 12, 13), et infra: *Si enim est vere Filius Dei, suscipiet illum, et liberabit illum de manu contrariorum* (*Ibid.*, 18), ac deinde: *Ut sciamus*
C *reverentiam illius, et probemus patientiam ejus, morte turpissima condemnemus eum* (*Ibid.*, 19, 20), conlatione sacra ne nostri eos pro tam aperto sacrilegio derogarent, a propheticis cum voluminibus reciderunt, legendumque suis perenniter vetuerunt. Nam qui libellum integrum non dubitaverunt propheticum a propheticis opusculis segregare, et quasi non fuisset ab eodem Salomone editum denegare, multo amplius levius prævideruut periodes verborum aliter quam digesti sunt promulgare: unde nequaquam est vestris commentitiis fabulis obscultandum, sed hoc tantum pro verbo c habendum, quod prudens Hieronymus interpres nostræ linguæ omnibus dedit. Codices namque Hebræorum post adventum Christi falsatos esse nullus ignorat, ut testimo-
D nia evidentiora de Christo subtraherent, ex quibus se convincendos esse sciebant d. Constat enim, luceque clarius patet, quod qui legis auctorem contumeliis affecerunt, legem ipsam non timuerunt pervertere, per quam solam poterant confutari. Percurre totius maledictiones legis, quas hominibus, bestiis, serpentibus, vel insensibilibus metallis, cognoscis inlatas, et videbimus nunquam alicubi positum *maledictus a Deo*, nisi in eo loco, ubi illud intelligere, quasi ad infamiam, voluistis pro Christo: *Maledictus omnis qui pependit in ligno* (*Deut.* XXI, 23). Hic proceres Synagogæ addiderunt ex suo, *a Deo*,

a Ms., *illud ad statuarium de quorum pretium od.*

b Leg. *fructus.*

c Forte *vero.*

d Ms., *solebant.*

ut per hoc Deum illum negarent. Si enim oculi fidei tibi aperti sunt, totius Veteris Testamenti ventilare historiam, et nunquam ibi maledictum a Deo positum vides, et ex hoc valebis addiscere geminam gentis istius perfidiam, et contra vitam suam immedicabilem rabiem. Poteris, et tu, quia scis nos ignaros linguæ Hebrææ, ex Hebræorum codicum nos varietate inludere, ubi te victum prævideris esse. Hoc enim argumento in omnibus Scripturis te vales tutare, ut verbis te purgandum putes qui rebus urgeris.

5. Age jam nunc ad secundum capitulum veniamus, et responsionem tuam minus sale conditam approbemus. Dicis enim, confuse apud Latinos habentur septuaginta hebdomadæ, quasi ego eas secundum Latinorum compatum computandas esse prædixi : aut tu fide Hebræos [a] ex Latinorum supputatione poteras superari. Legaliter enim hebdomadæ unius numerum septem annos firmavi, et non, ut tu, vagam intelligentiam in diversa jactavi, ut anceps quo gressu figas non habens, utroque claudices pede. Septuaginta dies, vel septuaginta septimanas, vel septuaginta lunas, vel septuaginta annos juxta nescio cujus *suam* expositionem dinumerans, et per diversitatum numerositates ubique suspectus incedens, quæso ut mihi dicas cujus expositionem velis intelligere *suam?* Si Hieronymi? miror te mihi meam expositionem ingerere, et Latinum ex Latinorum diversitate voluisse docere. Videre mihi doctoris, non assertoris, induisse personam. Sed iterum conqueror cur in suprafata dierum, septimanarum, lunarum, annorum, unicuique prælixeris : *juxta suam explanationem,* quas certum est ab eo explanatas nunquam legisse, et huic quam maxime specialiter suæ, septuagies septies, hoc minime inculcasse : nisi forsitam cæteris reprobatis, Hebræorum has duas expositiones didiceris esse. Tamen quia extremam prophetali testimonio munis, haud [b] dubium ipsam solam probare velis. Ais enim : Dies nobis ducti faciunt mille trescentos triginta. Idem numerus habetur in fine Danielis; ait namque : *Beatus qui exspectat, et pervenit ad dies mille trescentos triginta quinque* (*Dan.* XII, 12). Et quia quinque dies quos tu annos putas, supergredi numerum prospexisti, illico quasi scita de proprio addidisti : In his enim quinque annis sigillaturus est Dominus, qui et qui remanserint ex omnibus gentibus super terram ad servitium Israhelis. Et oratione lubrica lectoris animum tenebrasti, ut ignoraret penitus quales annos diceres quinque, aut quo tempore sunt verissime calculandi.

6. Ad compendium veniens concedo ita mille trecentos triginta quinque annos existere, et ideo a secundo anno Darii, qui et Melas vocatus est, quo visio Danieli exstitit revelata, usque ad Vespasianum, qui Judæorum captivitatem confecit, computantur anni quadringenti nonaginta. Ad quos si addideris annos incarnationis Domini octingentos quadraginta, simul facies annos mille trecentos triginta: ex qua summa si substraxeris quadraginta, quia in quadragesimo anno post passionem Domini bellum Vespasianicum fuit, supersunt [c] anni mille ducenti nonaginta. Et his retrahe triginta et tres annos ætatis Domini, et erunt mille ducentos quinquaginta septem anni a tempore Danielis usque ad Æram octingentesimam septuagesimam octavam, quæ nunc agitur, anno incarnationis Domini octingentesimo quadragesimo, sæculi vero millesimo quadragesimo anno.

7. Verum si a vicesimo anno Artaxersis, anno quo sermo exit, ut templum Zorobabel iterum ædificaretur, computare volueris, invenies usque ad nativitatem Christi quadringentos nonaginta : quibus si addas incarnationis Domini, erunt mille trecentos triginta, et superant ipsos quinque quos tu nobis ad servitium opponis. Hanc frivolam tuam interpretationem tu ipse confringis, dum ais : Tantæ enim stoliditatis, tantæque spiritu stultitiæ imbutus, m germane, es, ut scire desideres quæ Daniel ignoravit angelo ei dicente. *Vade, Daniel, quia clausi sunt signatique sermones usque ad tempus præfinitum* (*Dan.* XII, 4). Revera valida quæstio, et quæ m utroque promereret [d] cornu, si subsequiba eam auctoris non infringeret dictio, dum subjungis : Unde mihi campum aperis responsionis, nullasque angustias sustinere permittis, dum ais : Numera a die primo quo Nabuchodonosor carnes porcinas posuit in templo usque dum impleantur anni mille ducentos nonaginta, et tunc aperietur ille liber, et nota fient signacula ejus. Si enim pro totius visionis miraculo clausos signatosque sermones propheta dixit, qui tibi annorum hunc numerum aperuit, ut scias tu quod Daniel scire non potuit? Ille enim dies non annos dixit, tu annos interpretaris : et nescio quo tanto auctore partem libri signati legis, si liber totus est sub signaculo. Ergo et hi mille ducenti nonaginta dies eodem sunt collecti in numero. Cur in parte signatum, et in parte apertum dicis? Tibi licet numerum præfinitum signationis non in dies, sed in annos, interpretari : mihi non licebit eos juxta præfatum non annos, sed dies probare? Tibi major usurpas, dum dies in annos interpretas, nubila serenando : mihi minora non concedis, ut prophetiæ verba pure exponam, in dierum vocabulo non cunctando? Si signati sunt sermones qualiter superius post mille trecentos triginta annos quinque annos a servitutem gentium calculasti? Quis tibi hanc auctoritatem dedit, ut omnibus gentibus servitium quinque annis imponas? Quod Daniel non explicavit cur tu exponere conaris? Quod ille intactum omisit qua ratione tu tractare festinas? Sed dicis : Nos autem hodie sumus in millesimo trecentesimo sexagesimo tertio anno : per quod festinas ostendere quod viginti et septem anni tantummodo supersunt usque tuus Messias a vinculis igneis aut ferreis ex

[a] Leg. *Hebræus.*
[b] Ms., *aut.*
[c] Ms., *superant anni mille ducentos.*
[d] Leg. *premeret.*

.vatur Hic omnis frustraretur conatus, si utrisque A bis vitæ superesset status quia computatis ab a, quæ nunc dicitur octingentesima septuagesima ava, viginti et septem annis, in æra superventura ngentesima quinta Zabuli vestri dignosceretur entus Verum constringamus nos utrique tali de-itionis decreto, ut si vita comes fuerit, et utrique ipsum annorum pervenerimus spatium, ut cujus sa probata fuerit invectio in comparis fidem animi nseat gressu.

3 Quod si ipso in tempore vestra non fuerit re-mptio, vereor ne forsitan unius hebdomadæ nu-rum in septuaginta annorum veritatis curriculum, III decc os annos usque ad ipsius iniquissimi ho-s adventum dicatis esse currendos

) Animadverte qualibus Daniel librum signaverit B *.gentur*, inquit, *et dealbabuntur, et quasi ignis pro-buntur multi et impie agent omnes impii Porro ti intelligent* (*Dan* xii, 10) Vides quia ex pluri-s pauci eligentur et dealbabuntur et iterum non mnes, sed multi probabuntur et impii non intelli-nt, qui Deum negarunt porro docti intelligent c enim scientiam libri interdixit, quos doctos er esse prævidit Applaudes te iterum, quia si tibi pareт, me meumque eges ipsum a multum doceres asse Et quod non vales ostendere quasi in nsitu minitas intentare, ut lector te putet mihi cere, qui mentiens nec tuæ animæ pepercisti, ia *os quod mentitur, occidit animam* (*Sap* i, 11), ilto magis propriam quam externa Et fit hoc C e rhetorica ut, dum non valet responsa parare, fingat sponte omittere, quæ quasi potens poterat probare ut ostendat omnibus non deesse illi stu-ını sed animi votum Sicque dum montes aureos llicit, nec æreum nummum producit Talibus tu butus es disciplinis, et ideo te jactitas posse od, conscientia teste, vales minime factitare

10 Scito quia nihil tibi ex Egesippi possum verbis, l ex Josippi vestri doctoris, quia ex captivitate bylonis usque ad Herodem alienigenæ prolis, om-s principes vestros et reges fuere et sacerdotes is tradidit libris, usurpantes sibi sacerdotium post gnum invasum, per quod non diffiditur lethalem s sustinuisse casum Nec mihi opponas *Extraneus m qui accesserit nisi ex tribu Aaron, moriatur* D *um* i, 51) Sed recole pervicaciam Judaicæ gen-et male fortis audaciam, et tunc scies qui pote-nt usurpare majora Ego enim Alexandrum ex bu Judæ ducem esse firmavi, qui sacerdotium urpavit sibi Tu, si velis, dic eum iterum nec regem isse, sed hoc non poteris, quia domesticus tibi te-is assurgit Josephus qui etiam Aristobolum fr t-em ejus talia fecisse suis approbat dictis Siqui-m, ait, Aristobolus, cui inter fratres ætas prove-ior, mens præruptior, principatum sacerdotii ad gni potestatem sibi convertit, et diadema sibi

usurpavit superbe Videamus quis hic fuit Josephus vel ex qua tribu Judæorum exstitit ortus Ait enim Josephus Mathiæ, filius, et Hierosolymi sacerdos, qui et ipse Romanos primo bello oppugnaverim, et po-sterioribus nihilominus interfuerim prælus necessi-tate constrictus Et in alio loco Non ego quidem Aaron, sed tamen non denegei b ab eo Sed ex quinto libro suæ Historiæ proferamus quale testi-monium super suæ gentis produxerit comptum Et-enim postquam a Vespasiano comprehensus est, atque neci adjudicatus, pro eo quod dux fuerat Ju-daicæ factionis et multis Romanos fatigaverat bel-lis, tandem Vespasiano de morte Neronis et ejus imperium prophetavit et illico non solum gratiam solutionis excepit, sed et amicitiæ locum apud eum non contemnendum obtinuit Jussus tamen est ut patrio sermone alloqueretur Judæos, quorum dux erat Joannes Sicarius parricida Cui taliter Josephus ait Non mirum, Joannes, si perseveres usque ad excidium patriæ, cum jam reliquerint eam præsidia divina, sed miror si peritum iri non credis, cum le-geris propheticos libros, quibus excidia patriæ nobis annuntiaverunt, et reparata culmina rursus a Ro-mano destruenda exercitu Quid enim aliud clamat Daniel ? Non enim quod jam factum erat, sed quod profuturum c prophetabat Quæ est abominatio de-solationis venientibus d Romanis fore, nisi ista quæ imminet ? Conspicis quod ipso in tempore septua-ginta hebdomadas Josephus vester credidit esse im-pletas ? Et post pauca addidit etiam hæc Nec ego, ait, liber ab hujusmodi periculo sum Novi et ipse, quia cum vestris periclitatur sanctissima mihi ma-ter, et sacra satius uxor, atque non ignobile genus, et quondam domus præclara, ac fortasse propter meos me suadere arbitramini occidite eos, et acci-pite insuper mercedem meum sanguinem, libenter hanc solvo mercedem vestræ salutis, si post me sa-pere potestis Intelligis, mi germane, quia nunquam aliquando sapere potestis juxta verba vestri doctoris, vere confidis in ventis e, et habes fiduciam in nihilo Dixisti enim quod ipsa natus est die et unctus quo Jerusalem vastata fuit Sufficit enim quod ejus nativitas vobis excidium et perpetuam ruinam in-dixit

11 Vides, mi frater, te meliorem esse a tuo Messia Tu solutus es ille ligatus, tu juvenis, ille jam se-nex Et forsitan inde senescit, nisi quotiens dicas incrementa eum non sentire ætatis, per quod me-tallum eum firmes insensibile esse Futurus enim est, ne falsaris metallorum Utinam non te pigeret mihi scribere quis eum vinxit, quis vinctum custo-dit, in qua latrina infectus jacet, in qua terræ por-tione cloaca dimersus vermibus scatet Clamate ei voce majore, quia forsitan alvum vester Messias pur-gat, aut vesicam effusione urinæ laxat, aut fimi putorem tacite ex ano exhalat, aut certe inflatione

a Leg *Egesippum*, de quo statim
b Leg *degener*
c Forte, *pro futuro*

d Ms *venientis*
e Ms, *intentos*

ventris instrepida [a] digerit, et ideo gemitus tam diuturnos vestros non audit. Non te pudet [b], tam ridiculam sectari amentiam? Vere tu, germane, sequeris ventos et pascis auras, qui nervos nebula tenens in fumos domorum confidis, qui etiam solutionem a quo non est solutus expectas [c]. Scribis in fine: *Vade, tuumque Josum tene et hic, et in æternum.* Ad quod breve responsum accipito: Amen, et iterum amen. Et dicant non solum angeli, sed et omnis populus: *Fiat, fiat* (*Psal.* CV, 48). Ut sicut ego eum sponte illo spirante fide amplector, ita ab illo tenear, ne abducar ab eo fide vel opere præstigioso alicujus commento. Atque ita mentem meam Jesus jure sibi perpetuo vindicet, ut in sensibus meis nulla deinceps titillatio obscena evigilet. Sed ita mentis fide præsideat, ut membrum opere regat, meque ab auditu malo suo liberans munere dexteræ partis gaudio faciat participem esse. Ipse qui in Trinitate cum Patre et Spiritu sancto unus a me colitur Deus, cui est gloria in sæcula sæculorum.

Hic vestigia apparent litterarum rubri coloris, quasi titulus alterius epistolæ, transgressoris nempe, cujus propterea inferior folii pars, in qua incipiebat, amputata. Sed versa pagina insunt sequentia.

XVII

1. Israel, sicut scriptum est in libro Deuteronomio: *Ponite hæc verba mea in cordibus, et in animis vestris,* et reliqua (*Deut.* XI, 18). Et in eodem libro alibi legitur: *Legem præcepit nobis Moyses hæreditatem multitudinis Jacob* (*Deut.* XXXIII, 4). Et iterum in eodem libro: *Cave ne obliviscaris verborum quæ viderunt oculi tui, et ne descendant* [d] *de corde tuo cunctis diebus vitæ tuæ* (*Deut.* IV, 9). Audi, obtrectator, quod scriptum est: *Cunctis diebus vitæ tuæ* firmiter attende et cave, ne videns non videas, et ne audiens non intelligas. Vide igitur, quod meam confirmavi legem veracissim...

(*Abhinc deficit charta, quam inferius resecatam diximus. Tria etiam sequentia folia rescissa sunt, et in quarto subsequenti (ubi Alvari decima octava epistola incipit) ita explicit epistola transgressoris.*)

2. *Desertæ plenæque gregibus hominum, et scient quia ego Dominus* (*Ezech.* XXXVI, 38). Et paulo post: *Fili hominis, ossa hæc universa domus Israel est. Ipsi dicunt: Aruerunt ossa nostra, periit spes nostra, et abscisi sumus. Propterea vaticinare et dices ad eos: Hæc dicit Dominus Deus: Ecce ego assumam filios Israel de medio nationum, ad quas abierunt, et congregabo eos undique, et adducam eos ad terram suam, et faciam eos in gentem unam in terra in montibus Israel, et rex unus erit omnibus imperans. Et non erunt ultra duæ gentes, nec dividentur amplius in duo regna, neque polluentur amplius in idolis suis, et abominationibus suis, et in cunctis necessitatibus suis, et salvos eos faciam de universis sedibus suis, in quibus peccaverunt, et mundabo eos, et erunt mihi in populos, et ego ero eis in Deum, et servus meus David super eos, et pastor unus erit omnium eorum, et in judiciis meis ambulabunt, et mandata mea custodient, et facient ea, et habitabunt super terram quam dedi servo meo Jacob, in qua habitaverunt patres vestri, et habitabunt super terram ipsi et filii eorum, et filii filiorum usque in sempiternum, et David servus meus princeps eorum usque in sempiternum,* et reliqua (*Ezech.* XXXVII, 11-24). Vide modo quod nullam occasionem invenire potes, ut ista omnia non sint futura desuper terram. Finit.

XVIII

ITEM EPISTOLA ALVARI TRANSGRESSORI DIRECTA.

1. Confectam mendacio, contumeliis fetidam tuam cancerosam epistolam vidimus, moralis non multis tractavimus, quam obliquam confestim cognovimus. Tibi statim respondere non pigritiæ fuit, sed res sic exitum habuit, eo quod inimici salus [e] devolutus, proprius me non continuit locus. Ideo istam præfationem apologeticæ indidimus, ne me sero respondisse causeris. Atque in prima fronte Judaico more mendacem miravimus et solitam fidei tuæ perfidiam horruimus, dum ais: Scedula cujusdam nostris pervenit ad manus, quæ plena erat blasphemiis in Deum verum et vivum. Constat enim te fallacem existere, dum ea mihi conaris imponere quæ conscientia teste, in meis litteris nunquam visus es percurisse. Sed quia, ut ais, nolles mihi respondere, nisi te præceptorum tuorum et doctorum perurgeret jussio, obsecro te ut, parumper rancore deposito, et obstinatæ perfidiæ errore depulso, animadvertas quæ dico. Cum propheta teste cuncti sint cæcitate percussi, qua temerantia doctores tibi asseris esse, quos cæcos esse cognoscis sententia prophetali? Et in tantum hoc aperte propheticus sermo omnibus intonat, ut etiam tempus cæcitatis non sine magna desquisitione perquirat, dicens: *Usquequo Domine?* (*Isa.* VI, 11.) Cui statim divina responsio perpetuam cæcitatem suo declaravit oraculo. Sed hæc et alias. Tamen sequar epistolæ tuæ vestigia, et errorem quibus lineis ingressus est, foris producam, omittens contumeliis stultissimis vulnera, quæ ab impudendo ore colubrifera sapientia produxisti, et ea tantum breviter intimem, quæ tibi et freno linguam constringant, et chamo justitiæ in recti itineris tramitem deviantem perducant.

2. Ais enim quod e contrario fidem reprobam et abjectam, et falsiloquam et maledictam, et horribilem et despectibilem, et abominabilem et vilem relinqueris, et gloriosam veramque assumpseris. Et miror frontis tuæ duritiam reclamante mundo talia prompsisse infanda, quæ ut Virgilius [f] ait:

Nec visu facilis, nec dictu affabilis ulli,

[a] An *insipida*?
[b] Ms., *putet*.
[c] Ms., *aqui non est solutus expecta*.
[d] In vulgata *excedant* legimus. Apud Alvarum, infra, *excedant* pro *excidant*.
[e] Corrupta verba.
[f] Virg., III Æn., vers. 621.

Animadvertere debes vim sermonum quæ a te inconditæ prolati sunt, et intellige quia bifarie in te ipse divisus es. Dicitur enim fides, eo quod fuit aliquid. Unde et fides [a] dicuntur homines qui veritate sunt firmes. Si enim fides est, non est reproba, vel illa alia quæ ignominioso ore illi non finda attitulasti. Si autem tanta et talia probra illi attitulas, rogo ut fidem nominis demas. Dum enim reprobam dicis, tuo ore nescius te ipsum elidis. Reprobam enim dicitur quod ante electum exstitit, postmodum ob aliquid reprobatur. Quod ut legalibus instrumentis confirmem, audi quod sequitur: *Argentum reprobum vocate eos, quia Dominus projecit illos* (*Jer.* VI, 30). Intuere contra te fuisse locum et tuum in te mucronem fuisse retortum. Idem enim abjectum quod reprobum: quia quod abjicitur ante abjectionem proprium esse deprehenditur; quod vobis, non gentibus, congruit, vestræque legi, non nostræ incedit. Quis enim, o stultissime hominum, ita vesano ore contra se garriens in pacifico animo se ipsum occidit? Et licet fetidus fetida multa more procacium, non facundorum, protuleris, et non ut tui jactitant per syllogismorum et pro solœcismorum spineta acumina quasi Chrysippi jactaveris, saltem despectibilem dicere non debueras, nec vilem proferre, quam regiam et tonantem oculis prævidisti. Vel de hoc erubescere debes ea nobis ingerere, quæ tibi non nescius es abundare. Conculcatur enim hodie non fides quæ parum exstitit sancta, sed vestra prævaricationis portenta et omnia falsa pede terunt figmenta: et audes dicere vilem quam gloria vides florentem, honore tumentem, late longeque fulgentem? In tantum enim hodie gens vestra despicitur, ut velut pannum menstruatæ per regna omnia diffametur, ita ut pro magno contumelio Judæus quis esse dicatur. Quod vero digito Dei tibi gloriaris legem scriptam, adde si vis et multa mirabilia, quam non tibi, sed patribus divina fecit potentia, quæ omnia omnipotentis Dei fuit magnalia, non vestrorum insana protervia. Lex enim specialiter juxta in lapideis scribitur tabulis, quia vestris præduris erat danda præcordiis. Et ut certum tibi sit, patulum, specialem ejus omnem existere textum, Dei scripta prædicitur digito, quo expressius Spiritus sancti designetur virtus vocabulo: non enim membris exstat compositus, ut carnalis ejus dicatur digitus, sed Spiritu est Dei conscriptum quidquid per digitum exstat signatum. Nam si legem carnalem intelligere volueris, non solum Deo membra ascribis, verum etiam similem tibi eum firmabis. Et dum refugis Deum dicere Christum, omnem prorsus hominem Deo probabis æquum. Sic enim ait: *Faciamus hominem ad imaginem et similitudinem nostram* (*Gen.* I, 26). Qui dicit utique Deus est, qui faciendi gerit arbitrium. Tu modo mihi responde quibus dicat *faciamus*, et quorum potestatem faciendi desquirit auxilium. Si angelorum? ergo angeli sunt illi similes et pariter hominum creatores: et dum unius veri Dei culturam prædicas, multorum deorum servitutem incurris.

3. Vides legem si carnaliter observetur esse destructam. Poteram tibi totius legis historiam Manichæorum more impugnantem se invicem demonstrare: sed vide quia non solum deos plures inducis, verum etiam creaturis cæteris creatorem tuum similem esse firmas. Quod si a me requiris qualiter hoc sententiam, mei animi non percipies sententiam, quia *in malivola anima non intrat sapientia* (*Sap.* I, 4). Verum quia casso labore in confirmandam legem desudas, sordaque aure et indomabili corde me compedire festinas, noli expansis labiis testimoniis applaudere vanum, cum scias me legis non negare præceptum, sed per intellectum venerare divinum. Nunquid ego similis tui sum, ut ea quæ luce clariora existunt, dubia faciam prædicando? Absit ergo a me, ut qui veritatem colo, mendacium loquar. Credo enim quod lex non solum tibi, sed omnibus est gentibus data, quæ decalogi tabulis fuit inserta. Conspice primas tabulas vestro vitio fractas, et intellige vestras significasse insanias falsas. Qui primitus quidem electi, vitio vestro estis projecti. Averte, oro, secundas tabulas velaminibus vobis obtectas, ut corda vestra casso tecta velamine non illustrarentur superno inenarrabili lumine. Ideo et Moyses velatum retulit vultum, quia vestrum significat intellectum hactenus cæcum. Quod usque hodie usitatos Judaice facitis, dum Eptaticum [b] suo velamine tegitis, et legislatoris verba tecta omnibus legitis. Ipsa vero testimonia se invicem impugnantia sibi est specialiter fuisse digesta: *Cave ne obliviscaris verborum quæ viderunt oculi tui, et ne excedant de corde tuo cunctis diebus vitæ tuæ* (*Deut.* IV, 9). Adverte, inimice [c] Dei excelsi, et diligenter vim sermonum considera: *Ne obliviscaris verborum quæ viderunt oculi tui*. Et certe potius audiuntur verba, quam videntur. Verba enim ad aures, non ad oculos pertinent. Sed si scis qualiter ista dicantur, expone; si autem nescis, moneo te, cave quod nescis. Sed assumens formam discipuli pete, quære, pulsare. Quamvis non ignorem doctorum te compilasse volumina, ex quorum hodie quasi fulges fluente. Quod vero me audire cunctis diebus vitæ tuæ es visus admonere, et quasi sciolus cavendam mihi cæcitatem oculis aperte prædicere, minor tuæ procacitatis insaniam in momentis proterve vesaniam, quæ te non sinit recta sentire, et calcata conscientia ea mihi ingerere, quæ nostri tibi tuisque inesse. Et in hoc declamator tibi esse es visus, sed audi quod noster sermo promat facundus, et cæcitatem tuam uno vel saltem erubesce exemplo. Nunquam enim ex corde nostro excidunt magna Dei mirabilia, quæ legi exstant inserta. Vel

[a] Lex. *fideles*.

[b] *Eptaticum*, id est Heptateuchum seu septem priores libri Veteris Testamenti, nempe, Pentateuchum Moysis, libros Josue, et Judicum.

[c] Ms., *Averte inimici*.

terribilia illi, quibus[a] Ægyptum percussit potentia mandita. Sed et contumacias vestras ibidem legimus, et quotidie vos gemimus et dolemus. Vos vero non solum illa nunc obliti estis, verum etiam tunc pro nihilo contemnentes duxistis. Nam illi vestigia, quæ sicco mari pede calcaverunt, mox ante vitulum plaudendo saltaverunt[b]. Et mimice fluxus[c] corporum imitantes, voce vero non excelsa, sed mersa cantavit: *Hi sunt dii tui, Israel, qui eduxerunt te de terra Ægypti* (*Exod.* III, 21). Et bene propheticus sermo: *Non excidant de corde tuo cunctis diebus vitæ tuæ*, dixit, ut non operationis significaret perpetuum usum, sed tantum rememorationis indiceret votum. Quis enim, o misme, non quotidie ista recolat corde sicut propheta dicit, etiam et ore publice designatis literis legat, quod tibi ad damnationem cognitum[d] exstat?

4. Quod vero te gloriaris legem tuam firmasse verificis testimoniis, quis etiam tibi Dei esse negavit, ut diluas quod nemo objecit? Dicimus enim te legem reprobam assumpsisse, non quod tunc in tempora reproba fuit, sed quod adveniente jam luce, umbra cessavit. Omnis enim lex tua, imo plus mea, Christum annuntiat, quem cuncti Judæi venturum esse non negant. Scis profecto omnes retro majores exspectasse Messiam, et ejus quotidie patres optasse præsentiam. Quod prophetarum libri publice proferunt, nec cuncti cæci ducesque cæcorum negare possunt. Semel enim fassus es, nec negare vales, te doctorum tuorum jussionibus compulsum fuisse, non intentione fidei, sed livore perfidiæ, facundiam caninam ore vipereo sibilasse. Et ideo quia verba tua ex alieno stomacho fluunt, et non doctoris, sed discipulis cognomen sortiris, libenter debes perquirere proceres Synagogæ. Utrum iste noster Christus, quem tu ore spurcissimo visus es derogasse, quando in mundo lumen est ortus, aliquis eum Messiam cognovit ex illis saltim vel unus? Et certe negare non poteris, quod multi in eum crediderunt ex Judæis, ita ut per millena hominum agminum sua sacra disponeret convivia. Nam non solum plures, verum etiam prope omnes Judæi crediderunt in eum. Exspectantes enim Messiam, alii cognoverunt ipsum esse credentium viam, porro aliis scandali exstitit petra. Et ideo non nos gentes dicimus esse, sed Israel, quia ex ipsa stirpe Israelitica orti parentes olim fuerunt nostri. Sed ubi desideratus cunctis gentibus venit, illico jam venisse cognovimus, quem multa per tempora venire antea prophetatum perlegimus. Conversa est enim ad nos multitudo maris, et diversitas gentium ad nos est reversa (*Isa.* LX). Super nos ortus est Dominus, et honor ejus in nos est visus. Et pergunt gentes in lumine nostro, et in splendore vultus nostri incliti reges, quia *notum fecit Dominus salutare suum, ante conspectum gentium revelavit justitiam suam* (*Psal.* XCVII), quod est Christus. Impletum est enim quod David multo ante tempore cecinit: *Reminiscentur et convertentur ad Dominum universi fines terræ, et adorabunt in conspectu ejus omnes patriæ gentium* (*Psal.* XXI, 28). Israel sumus, qui Messiam olim vobiscum exspectavimus. Sed ubi plenitudo gentium venit, populorum agmina crevit. Et impleta sunt vaticinantium dicta, quia gloria Domini repleta est omnis terra. Quisquis vero ex gentibus Jesu nostro credidit, confestim in numero Israelis transivit. Et ut quod dico clariori firmem eloquio, temetipsum misellule conspice, et vide qualiter in Judæorum transieris acie, ita ut jam non computeris in gentibus, sed applaudis te ex Israelitico existere germine, pro eo quod eorum exsti[e] vesaniæ. Quidquid enim olim prophetarum vaticinia cecinit, et quasi per sponsionem promisit,[f] credentibus nobis dictum, nam non negantibus fuit. Et ideo noli buccis tumentibus et inflato gutture in promissa te extollere alti throni, cum scias mea omnia, non tua esse.

5. Quod autem ais, quia omnes apud Deum *quasi stilla sunt situlæ* (*Isa.* L, 15), et quasi non sint, et ut inane reputatæ sunt, miror te prudentem virum tam inaniter opinasse. Scis profecto, quia apud Deum nullus est aliquid, aut nescis quod Moysi de se ipse retulerit. Ait enim: *Ego sum qui sum*, *et dices filiis Israel: Qui est misit me* (*Exod.* III, XIV). Intelligis nempe quo tendat ista narratio. Neque enim egregia et singularis est ista laus, si esse alicui præter Deum concesseris. Et bene propheta non tantum gentes, sed *omnes* (*Isa.* I, 17) addidit, quia et gentem Israeliticam in numero comprehendit, enim *omnes* dixit, nullam excepit. Si autem omnes gentes sic sunt in conspectu ejus *quasi non sint, et quasi nihil, et inane*[f] *reputantur*, in omnibus autem gentibus, et Israel est: ergo et ipse est quasi non sit, et in nihilo atque inane reputatur. Et hæc dicimus, ut vestra frangatur superbia, retundatur assertionis versutia. Cæterum liberior mihi responsio, et brevior, imo clarior exstat, eo quod ex Israelis stirpe descendens cuncta mihi glorier dicta, quæ tibi tu applaudis excepta. Prudenter intellige et conjice sapienter et æquus arbiter esto. Quis magis Israelis nomine censeri est dignus? Tu qui, ut dicis, ex idololatria ad summi Dei cultum reversus es, et non gente, sed fide Judæus es, an ego qui et fide et gente[g] Hebræus sum? sed ideo Judæus non vocor, quia *nomen novum* mihi impositum est, quia quod os *Domini nominavit* (*Isa.* LXII, 2). Nempe Pater meus Abraham est, quia majores mei ex ipsa descenderunt traduce: exspectantes enim Messiam venturum, et recipientes venientem, magis illi videntur Israel esse, quam qui exspectabant et ve-

[a] Ms., *quo*.
[b] Ms., *calcavit saltavit*.
[c] L. *flexus*.
[d] Ms., *cognita*.
[e] L. *hæsisti*.
[f] Ms., *in hunc*.
[g] Nic. Ant. l. VI, n. 171, *genere*.

mentem respuerunt, nec tamen eum sperare cessaunt exspectatis enim hucusque, quem certum est am vos repulisse Gentes vero qui ad fidem Israelis eveituntur quotidie, inseruntur populo Dei, sicuti u visus est Judæorum adhæsisse errori Quod si onqueieris, cur cæremonias legis non observamus, udi Isaiam cunctis tuba clangentem *Ne meminentis priora, et antiquiora ne intueamini Ecce ego facio ova* (*Isa* XLIII, 18, 19) Ut vobis nullam occasionem avillandi omitteret futurum tempus, non præteritum posuit Et ut indicaret non solum gentibus, sed tiam et Judæis, qui nos sumus, data sequitur *Et unc orientur utique cognoscetis ea* (*Ibid*) Deliberative confirmans quod Judæi cognoscerent ea qui nos umus Atque ut apertius gentium salvationem ostenderet, subjunxit *Ponam in deserto*, quæ non fuerat dominici vomeris cultura domata [a] *viam*, id est Christus, qui dixit *Ego sum via, veritas, et vita* [*Isa* IV, 6]) *et in invio flumina* Vere in invio flumina osuit, quando gentes ignorantes legis viam, ut se ognoscerent fecit, et siccato vellere, quod [b] prius mundo irente plenum fuerat rore, totius mundi fines umor veritatis implevit, soloque vellere siccitas æsit *Glorificabit me bestia agri dracones, et struthiones* [c] (*Isa* XLIII 20) Quæ omnia parabolice entibus congruunt [d], quæ vario errore bestiarum tant idololatriæ consecrata Repetit enim vocationem entium, ut firmiorem ostendat *Quia dedi in deserto aquas, flumina in invio* Et ut Israel non excluderet, imo ut gentes populum suum jam esse ostenderet, ait *Populo meo, electo meo* (*Ibid*) Vides uia aquas Evangelii, et flumina apostolorum nobis d bibendum sunt datæ, id est Judæis, qui Christum xspectantes venientem receperunt, vel omnibus qui sque hodie resipiscentes a diaboli laqueis, Ecclesiæ inseruntur membris De quo populo subjungitur *opulum istum formavi mihi, laudem meam narra- t* [e] (*Ibid*, 21) Cætera quæ sequuntur, partim cta, partim adhuc futura nobis multa promittnt

6 Quod autem asseris me ire in tenebras, et mris hoc probare testimonio Isaiæ dicentis *Quia ce tenebræ operient terram, et caligo populos* (*Isa* x, 2) miror te astutum hominem tam leviter opiatum, ut me inter populos numerans, te a populo abtrahas Jam enim superius fassus sum, quod per nos ortus est Dominus, et gentes in nostro lumine pergunt

7 Et ut scias quia nunquam tu, tuique sequaces, opulo Dei aduneris, sed semper dispersus, nec ad am reversurus sis pacis, audi Isaiam ex persona Christi verba humanæ naturæ congruentia proclamantem *Et nunc dicit Dominus, formans me ex utero servum sibi, ut reducam Jacob ad eum, et Srael non congregabitur* (*Isa* XLIX, 5) Animadverte

A quid dicat sermo divinus *Formans me ex utero servum sibi*, id est ex eo ejus sum servus, ex quo de ventre ejus projectatus, ut auditor non scandalizetur servum Dominum audiens quia sicut ex Patre est Deus, ita ex matre est servus, unus in utraque natura Dominus Jesus Christus Sed ista non hic tractanda suscepimus Audiamus quid iste servus Dominici dicit, qui Dominus est *Dominus creavit me ex utero servum sibi, ut reducam Jacob ad eum* moxque deliberativam sententiam protulit dicens *Et Srahel non congregabitur* libere atque absolute professus est quod Srahel non congregabitur Sentis ne, obsecro, quam parvis verbis pruinas liquefecerim glaciales, et parvissimo digitulo quam plures tuas dissipavi phalanges?

B 8 Verum fractam cervicem interim erigis, et hoc in Hebræo non haberi forte causaris Sed vide quod verbum Hebraicum *LO* [f] (non scribitur per *lamet* et *vau* quod si esset, significaret quod Aquila posuit *ei*, vel *illi congregabitur* Sed per *lamet* et *aleb*, quod proprie *non* sonat Quia igitur Jacob non est reductus ad Dominum, nec Srahel congregatus propterea Christus loquitur Vobis non credentibus *glorificatus sum in oculis Domini*, in me enim omnis mundus credidit, *et Deus meus factus est fortitudo mea* (*Isa*, XLIX 5) Deum meum secundum hominem dicit, quia sicut contra te necesse est mihi cum firmare Deum sententiis Scripturarum, ita contra qui eum hominem negaverit congruit mihi Scripturarum

C arripere prælium, et omnia illa humanitatis exempla producere, per quæ eum hominem verum confirmem esse, si enim unum ex his negavero, Christianus non ero Verum ad ordinem redeamus, et prophetalem adhuc sententiam videamus *Et Deus meus factus est fortitudo mea*, qui consolatus est me tristem super abjectionem populi mei, sicut et in Pentateucho legitur *Pœnitet me hominem fecisse super terram et tactus dolore cordis intrinsecus, ait Delebo hominem quem feci a facie terræ* (*Gen* VI, 6) Quod si contradicendi calcaneum erigis, expone qualiter illud intelligis quod ex persona Dei in Ezechiele propheta legis *Et in omnibus istis contristabas me* Sequitur *Parvum est si servias mihi ad suscitandas tribus Jacob*, qui suo vitio corruerunt, *et ad fæces*, sive re-

D liquias, *Srahel convertendas* (*Isa* XLIX, 6) Hoc enim verbum Hebraicum *nesure* sonat, pro illis enim *dedi te in lucem* omnium *gentium* (*Ibid*), ut illumines universum mundum, et salutem meam, per quam omnes credant et salvi fiant, usque ad extrema terræ facias pervenire Quodque sequitur *Magnum tibi est ut voceris puer meus* Magnum refertur ad hominem, et ad puerum, qui comparatione Dei parvus est Illa vero testimonia quæ, ut unitatem firmares, mani libore posuisti, legendo advertimus, et nobis congrua, non adversa prævidimus Quia non tres deos coli-

[a] Ms, *domatum*
[b] Ms, *qui*
[c] Ms, *instructiones*
[d] Ms, *congruunt, qui*
[e] Ms, *narravi*
[f] Ms, *EO* Scribendum autem *LO* per *L*, non per *E*, ipsemet namque auctor affirmat *Lamet* primam esse litteram dictionis

mus, sed unum in Trinitate asserimus et veneramus. Quem tibi firmare possumus idoneis testibus, et eloquiis prophetarum tonantibus: *Faciamus hominem ad imaginem, et similitudinem nostram*, ait Scriptura divina (*Gen.* I, 26). Et ut non ad angelos ista vox, sed ad Filium formaretur, mox addidit: *Et fecit Deus hominem, ad imaginem Dei fecit illum*. Audi, perfide et fidei sanctæ adverse, Deum facientem ad imaginem Dei, et cognosce Trinitatis mysterium in tuæ creationis principium: *Verbo Domini*, ait David, *cœli firmati sunt, et spiritu oris ejus omnis virtus eorum* (*Psal.* II, 6). Sic et Isaias vitulum quam maxime primus ter *sanctus* repetens (*Isa.* VI, 3), Trinitatem demonstrat, sed *Dominum Deum*, et non Domini Dei dicendo unitatem declarat.

9. Verum quid mihi opus est in re tam aperta diu consistere, quæ non unius voluminis, sed multorum monumenta voluminum debet continere? Illud sane breviter intimem, quia si totius legis historiam ventilare acerrime volueris, aut trinum Deum credebis, aut idololatriæ errore multos et plures induces. Cum et *faciamus* et *descendamus*, et *quis ibit nobis*, et alia quam plurima, in litteriulis perlegeris sacris: dum et Deum a Deo missum in Zacharia inveneris, et pluralitatem deorum [a] in multis adverteris locis. Quod studio brevitatis tibi perquirenda dimittimus, ut audias et taceas, ut intelligas et sic loquaris. Venimus ad epilogos tuos, id est ad maledicta tua, ubi me miserum vocas et oblitus veteris proverbii, dum aliud ais, crimen fortissimum perdis. Mendaces memores esse debere. Sursum ut me non filium, sed gentem firmares, testimonium Isaiæ posuisti: *Omnes gentes quasi stillæ situlæ, et quasi non sint*. Nunc vero tui oblitus propositi te ipsum infringis dicendo: *Deum qui te genuit dereliquisti* (*Deut.* XXXII, 18). Si enim me genuit pater meus est, et non es tu ejus filius solus. Quanquam et subtiliter dum primogenitum Israel dicat, alios post primogenitum se habere declarat. Primogenitus enim non dicitur nisi fratres habeat, quorum iste sit primus: et bene primogenitus, non unigenitus, dictus est. Si autem eum, ut dicis, dereliqui, constat me eum antea nosse: quod Israeli, non gentibus congruit: quia gentes non jam cognitum reliquerunt, sed nondum cognitum assumpserunt. Aut enim me Judæum firmabis et filium Dei, ut eum qui me genuit dereliquisse confirmes, aut gentem, et te in vanum cuncta posuisse dolebis. Sed tu dum invectionibus et contumeliis totus volutando desudas, tuas non corrigis nugas. Vides te verborum tuorum laqueis vinctum, et non aranearum cassiculis, sed fortissimo et solido recti constrictum. Et conversus es, ais, ad hominem periturum. Eadem enim repetis, et stoliditatem tuæ segnitiæ semel non sufficit demonstrasse. Ais enim: *Conversus es ad hominem periturum*, ergo tu mihi testis es, quod Deum adoraverim vivum usque diu

A exspectatum Messiam suscepi pastorem æternum. Dum enim dicis *conversus es*, ostendis quod non gentis, sed populus fui, qui tecum multo tempore Messiam Redemptorem omnium exspectavi.

10. Vides quia casso laboras, dum nihil vides, et palpas, dum tua tu ipse dicta impugnas. Jam non mihi promissa et repromissiones opponas gentesque coram Deo exosas et improbabiles dicas, quia non me gentem, sed Judæum confirmas. Illud autem quod de cloaca ventris tui ructando educis, et spurgat [b] fallea in Redemptorem conjiciendo adspargis, cordis tui thesaurum ostendis, quia *malus homo de malo thesauro profert ea quæ sunt* (*Matth.* XII, 35), *et omnis arbor mala fructus malos facit* (*Matth.* VII, 17). *Fatuus enim* juxta Isaiam *fatua loquitur*,

B *et cor ejus vana intelliget, ut compleat iniquitates, et loquatur contra Dominum mendacium* (*Isa.* XXXII, 6). Ille loquatur spurcitias secundum Hieronymum inquientem, qui potest spurca committere. In ore enim stulti virga superbiæ. Unde et Psalmista de te tuisque similibus dicit: *Posuerunt in cœlo os suum, et lingua eorum transiit super terram* (*Psal.* LXXII, 9), de quibus et alibi dicit: *Disperdat Dominus universa labia dolosa, et linguam magniloquam* (*Psal.* XI, 4), et alter econtra: *Non recipit fatuus verba prudentiæ, nisi ea dixeris quæ versantur in corde ejus* (*Prov.* XVIII, 2), et ipse qui supra: *Juda, quid gloriaris in malitia, qui potens es in iniquitatem tota die?* (*Psal.* LI, 3.) Et totius sequentia psalmi usque *et prævaluit*

C *in vanitate sua*. Ista est adversio vestra et contentio dura, quæ nec sacrificio expiatur, nec hostia. De qua propheta ait: *Peccatum Judæ scriptum est stylo ferreo, in ungue adamantino exaratum* (*Jer.* XVII, 1). Ut et per ferrum et per indomabilem adamantem perpetuum designaret.

11. Sed quia pollutus multa polluta dixisti, et contumeliam summi Dei surda nequeo aure transire, audi quæ veritas, non superbia, dicit. Audi, inimice Dei excelsi, audi profanator juris divini, audi, sacrarii [c] violator sancti, audi, vasorum Domini latro, quia in tantum unquam de Sodomitica vinea bibit, et vinum livoris, draconum aspidumque libavit, ut tu qui ausus es contra Excelsum in superbia extollere, et cum diabolo calumniam Filio Dei instruere?

D Quis unquam tanta cæcitate percussus est, qui dicat munditiam pollutione vinci [d]? Intuere, miser, quod Phœbi radii cloacam penetrent, nec tamen aut lumine proprio [e] carent, aut immunditiam cloacæ sumunt. Quin potius exsiccatur cloaca, et solis lumina semper permanent clara. Quod si oculus cœli, famulus super astra tonantis sol hæc facit, quanto magis ille qui solem creavit? Et diffidis de Dei potentia, cujus opera quotidie conspicis mira? Dicis mihi, quomodo caro carnem genuit, et violata non exstitit? Dico tibi, qualiter virga Aaron nuces produxit et plantata non fuit: qualiter sol naturalem motum

[a] Trinitatem in Deo.
[b] *Spurca*.
[c] Ms., *jura ... sacrarum*.
[d] Ms., *vincere*.
[e] Ms. *lumen proprium*.

elinquens, longiuscule diem lucendo protraxit? Quomodo maris unda, fluentia naturæ suæ oblita, rectis marginibus, glaciali rigore solidatis gurgitibus, ut murus firmus stetit? Qualiter asina, animal ecuale, humanas rite loquelas produxit? Quibus modis sol per orologium [a] gradibus quindecim retro reversus? Et dum ista omnia non irrationabiliter, sed otentialiter facta cognoveris, velis nolis [b] invitus ilentio linguam constringes. Et cum ore pestifero multa pestifera dicis, dum per virginalia claustra ollutumque meatum propriis labiis osculasse genitalia astruis, quæ inverecunda fronte procax satius rotulisti, dum matris tuæ receptacula et sinus innos vulvæ exsecrabilem approbasti. Audi, sceleste, omnium exsecrationum vel abominationum replete, spiritus immunde, et horrende atque per te tum virum blasphemare es [c] ausus, et per vanas ocum novitates commentare es [d] nisus. Atque in imis toto corpore tremens, fures tuos [e] oculos eos maledictis clamoribus damno, quia talia perperunt legendo. Si enim Isaias polluta labia se abere testatus est (*Isa.* vi, 5), quia in medio populi olluta labia habentis habitabat, quid de me dicendum est, qui non solum merito exigente, verum iam ob tuas nænias, frivolorumque commentitias bulas, quas oculis, auribusque audivi, pollutus onsisto? Væ, væ, væ tibi, miser infelix, qui impie scrutere audes quem digne rogare non vales. Sed c mihi. Adulterantibus, atque veluti equi insanientes ad uxores proximorum respicientibus, ex pso incestu nascentibus quia corpora fabricat, spiritusque vitalis tribuit? nonne Deus? Si Deus ergo on solum in stercore manus plasmationis suæ immittit, verum etiam, quod absit, malorum cooperator existit cum de tali contagione nascentibus animales tribuit flatos [f]. Quod noster prudens magnusue Hieronymus tali sub figura exposuit, ut sementi nta sublata sulcis indita compararet. An ideirco, t, terra fructificare tali satione non debet, quia itor ea [g] immunda projecerit manu? verum non ista c tractanda suscepimus.

12. Nescis, inique, quia in omni loco, tam mundo iam horrido, Deus astitit [h], sed non immunditia ci, sed munditia Domini loco redundat? An ignoras, uod nihil immundum Deo, qui ex immundo potest cere mundum? Non attendis, quod etiam infernaim locum horrorum, pedoribusque fetentium omnium pejorem penetrat Deus? Aut enim Deum creaiem corpus nostrum fabricasse firmabis, aut alium eatorem præter Deum esse defendes. David enim idet et dicit: *Manus tuæ fecerunt me, et plasmaverunt me* (*Psal.* cxviii, 73). Et certe alibi dicit: *Ecce iniquitatibus conceptus sum, et in delictis peperit e mater mea* (*Psal.* L, 7). Vides manus Domini sa genitalia quæ tu exosa dicis, fecisse conspicis

A valli throni manibus fabricata receptacula vulvæ. Audi et aliud: *Faciamus hominem ad imaginem et similitudinem nostram* (*Gen.* i, 26). Et tu imaginem Dei dicis esse pollutam? Prævides hominem ad imaginem Dei esse formatum lineatim per membra distinctum et in exprobabilem dicis naturam, cujus divinam prospicis formam? Nec potest dicere animam ad imaginem Dei esse formatam. Homo enim ab humo dictum, id est terra, unde corpus noster est conditus, non ab anima, cujus originem nullus novit creatus. Ac per hoc non ignominiose, ut tu astruis, virginalia virginis propriis tetigit labiis, sed gloriose, ut nos veridice dicimus, similitudinem Dei non solum tetigit, sed suis recepit in membrulis. Atque in ea forma in tempore nasci dignatus est, in qua ante

B tempore non specialiter, sed usualiter, monstratum se esse omnibus notum est: quia qui in principio hominem ex cunctis bestiis pulchriorem elegit, non nisi eum de consilio ad suam imaginem fecit. Hæc cuncta quæ protuli, salvo alio sensu, quo Christianis tractare insitum est diximus, ut Judaicos eliderennus errores, non ut dogma conficerem Christianis. Contumelia vero, quam in Deum inflato ore, vesicarum more turgente, diabolico afflatus spiritu, venenatæ multoties excerp isti licet multa inhonesta, et responsione non digna contineat, tamen nihil majus quam crucem vel mortem, seu ad inferos descensionem designat. Quod nos non solum non negamus, verum etiam ad ore arum tropeos [i], cum uno aniC morum sponsi velut victricia seu triumphantia arma extollentes, diximus, vel dicimus: *Nobis absit gloriari, nisi in cruce Domini nostri Jesu Christi* (*Gal.* vi, 14). Cuncta vero quæ dixisti, et ampliora Isaias propheta de te, tuisque similibus texens, proposuit, ubi hæc universa vos dicere prophetavit, ab eo loco in quo ait (*Isa.* LII, 13): *Ecce intelliget servus meus*, usque ad eum ubi sic verba finivit: *Et ipse peccata multorum tulit et pro transgressoribus oravit* (*Id.* LIII, 12).

13. Adjicis aliam gravissimam molem dicens: *Maledictus qui confidit in homine* (*Jer.* xvii, 5), quasi ideo hominem credam, quia homo est, et non potius eum adorem, quia Deus est. Recte hoc diceres, si me purum eum hominem et non Deum credere

D sæpe audisses. Sed quia dum nimius incedis et amore contradicendi linguam maliloquam temperare a contumeliis nescis, te ipsum tuo ense occidis. Dic mihi, oro, si nunquam penitus vales. Istum Messiam, quem speratis, hominem esse, an Deum creditis? Si homo est, maledicti vos omnes estis, quia carnem brachium vobis esse confiditis. Si Deus est, ergo non est David, non filius ejus, nec vinculis religatus, quia Deus liber est, nec cujuscunque est servus. Non te pudet, infelicissime mortalium, tam ridiculosa sectari figmenta, ut monstrum portento-

[a] Id est *horologium*.
[b] Ms., *nobis*.
[cd] Ms., *est*.
[e] F. *funestos*.

[f] Aliquid deest.
[g] Ms., *quia asatorea*.
[h] F. *assistit*.
[i] F. *adorearum tropæa*, id est, gloriæ monumenta.

sum, quem vinculis constrictum et catenis ferreis audis ligatum, tuum ut sit exspectes relegium? Et ideo maledictus tu in domo, maledictus in agro, Psalmista pariter concinente: *Deficiant peccatores a terra et iniqui, ita ut non subsistant* (*Psal* CIII, 35).

14. Reliqua vero quæ posuisti responsione indigna judico esse, pro eo quod ea ponere tibi contra me placuit, quæ tua segnities nunquam me negantem audivit. Nam quod dicis[a]: *Non fecit taliter omni nationi* (*Psal.* CXLVII, 20), jam me ipsam nationem, cui tanta fecit, esse firmavi. Et nec necesse est mihi latius prosequere, quod breviter superius intentavi: quia et fastidium generant sæpius repetita, et intelligentiam obscurant multoties dicta. Fumos vero tuæ cæcitatis adspargens, domorumque caligines, quibus lumen nostrum obcludere cupis dicis a te in Francorum regis palatio vidisse quatuordecim viros inter se ipsos cultu diversos. Quasi nescientibus videris jactare doctrinam. Quid enim mihi obest quod vidisti, et mihi renuntias quod etiam si non vidisses, et vidisse te dicere poteras? Nunquid ignoro novitatum errores et septuaginta duarum hæresum pravitates, imo etiam ritus diversos legendo cognovi, licet te nunquam renuntiatorem haberem. Deorum vero gentilium cui enumerando prosequeris nomina, quorum hoc tempore nullus præliatur[b]. Sed dicis: Nunquid tu majores domos Jesu tuo facis quam illi diis suis fecerunt, cum unus ex his ita sui delubri defleat causa[c]:

> Hei, mihi jam video subitis lapsura ruinis
> Condita fama diu, templi quoque nobilis ædem.

Pro quo nos ista subjungimus:

> Rancidolum quiddam balba de nare locutus
> Præstrepis, ac tenero[d] supplantas verba palato.

Dic mihi miser, et tamen non miserabilis, quid emolumenti tibi ista advexit narrationis invectio? placet ne tibi, ut tuo tibi et ego sermone respondeam, dicamque: Nunquid tu Deo tuo majores domos, quam dii hominibus suis fabricare, potes erigere? Addam si velis, etiam aliud et Jeremiæ per alphabeticum planctum, cum hujus gentilis comparem idolis deflentis casum. Hæc non culpa nostra est, sed tua, qui nos coegisti, et contumeliis plena verba prompsisti.

15. Quod autem pejorem Christum dicere ausus es[e], tuæ animæ homicida es, qui veritate neglecta verbis te purgandum cupis qui rebus urgeris, dicens: Illi nec legem habuere, nec illis Deus quidquam requiret, quod nunquam commendavit. Hac tua prosecutione, ergo et gentes liberæ sunt a supplicio sævientis gehennæ, quia nihil eis commendavit divitiarum legem suarum, solum Israel unanimitatem sustinebit pœnarum, quia illi soli credita sunt[f] eloquia prophetarum. Et dum omnis liber abscedit mundus, Israel tantum lugebit, in quem fuit magnum et admirabile nomen ejus (*Psal.* LXXV, 2). Vides quod dum idolis faves, Jovi, Mercurio et Junoni, te ipsum adunas, et dum satagis occidere Christum, Barabbam eligis, patris tui antiqui hostis ministrum. Dicis: Quem[f] Judæus fuit, et circumcisionem implevit, et alia per quæ tibi revertendi aditum claudis, dum in Belzebub facta calumnias, et Spiritum sanctum blasphemare nunquam formidas. Sed dicam tibi unde eum pejorem his omnibus habuisti. Quia cum castos diligentem et virgines cognovisti. Dicerem tibi, ut quid exstitit circumcisus, nisi eam tibi cognitam scirem. Quid enim opus est in casso labore arma ventilare, et eum docere qui se perditum non nescit esse? Doleo super te, mi conserve, et ut Deus novit, veraci corde compatior tibi, qui post tanta et talia nisus es ventilare inania.

16. Quod vero sententia prophetarum per cola et commata[g] indicis, cognosse me eas bene firmasse, mihique omnia consentanea esse: pleraque enim jam facta ibi narrantur alia mihi, qui Israel sum, futura texuntur. Nonnulla convertentibus vobis in fine ad prædicationem Eliæ promuntur, quando centum quadraginta quatuor millia ad fidem veri Dei Christi reversi fuerint, qui et sequuntur Agnum quocunque ierit (*Apoc.* XIV). Omnia enim quæ promisit exhibebit non mendax Deus, temporibus suis, nobis, non vobis, vobis etiam cum fueritis conversi ad pastorem et visitatorem animarum vestrarum (*I Petr.* II, 25). Sed rogo te, ut fraterno more veritatem mihi non mei dacium proferas. Dicis enim: Ista sententiæ me judaizare coegerunt. Et cui lingua a corde dissentit? cur os animo non concordat? cui aliud labia, aliud corda volutant. Scis profecto quis te judaizare compellit, qui Adam a paradiso ejecit, qui Salomonem, ididam[h] Domini, errare fecit, qui Samsoni oculos tulit, qui Eliam perumque[i] timore concussit. Vis scire quis tanti auctor est mali? Femina, quæ est animi et corporis tinea. Et quod male cœpisti, cur perficis actu pejori? cur venereas voluptates secutus, Veneris factus es servus? Si te libido delectat, et virginitas floridaque castitas horret, non Judæos, sed Mamentianos[j] inquire, ubi secundum sæculum fulgeas, et non unam uxorem, sed

[a] Ms., *ducis.*
[b] Ms., *prelibattura.*
[c] Ms. *sue delubris defleat causa,* f. casum.
[d] Apud Persium: *Liquat et tenero supplantat verba palato.* Sat. I, v. 35.
[e] Ms., *est.*
[f] F. *Qui,* vel forte *Dicisque.*
[g] Id est, quod nostris *primo y coma* virgulo seilicet cum puncto.
[h] *Idida* hebraica vox, idem ac *amabilis,* ut ex Vocabulario Bibliæ Complutensis apparet. Hinc fortasse *Idithum* in versu apud Glossar. Cangeani infimæ latinit. *Atque prophetarum psalmos, Idithque libellos:* ubi per libellos *Idithi* Salomonis videntur libri significari, quasi diceres *dilecti* vel *amabilis,* ut hic Alvarus Salomon *idida Domini.* Et in Poem. VIII, ver. 35 inculcat *Idida,* qui signat Christum nunc ipse Salomon.
[i] L. *percunque* ex lib. III Reg. cap. XIX, v. 4.
[j] Id est, quos vulgo dicimus *Mahometanos.*

lures assumas, et velut equus infrenis passim femi- alium aviditate in diversa feraris, ubi lupanario iore libidine satiens, et male castigatæ voracitatis ırdibus inquineris, atque concubinarum incestuoso amite sagineris Cui et istum et illum sæculum erdis? vel saltim lucrifica istum, si perdis æthe- ıum illum Debueram tuæ vesaniæ multa conscri- ere, sed, teste Deo, etiam ad hæc parva invite de- cendi Non, ut tu dicis, doctorum meorum imperio, ed audiendi tui fastidio quia quantum plus te le- endo auribus sentio, tanto amplius me peccare ondoleo

17 Multa vero quæ in fine Epistolæ texis, ubi avid regnare in perpetuum ais, idcirco responsione ıx æstimo dignum, quia spiritalem totius legis præ- ıco textum Sed videamus quid de vestra conver- one propheta dicat *Neque polluentur*, inquit, *ultra i idolis, et in abominationibus suis* (*Ezech* xxxvii, 3) Ergo perspicuum est, quod nunc idola colitis, a uarum [a] immunditia eluti eritis Et tu mihi testes loneos super Christum deducis, ex ipsis quos pro- heticus sermo idolatras appellasse non nescis? Vel ı hoc erubesce, infelix Cætera quæ sequuntur illi arti congruunt [b] quæ per baptismi aquas lavata ıt, quam hucusque aqua munda lavare consuevit, ou illi parti quæ velut suas in volutabro luti cœno- ıe se volvit David vero pastorem parabolice Chri- ıum significat, cui regni finis non erit Qui et gi- antem et leonem, id est diabolum, occisit, et *manu rtis* vel *desiderabilis* fuit Quod si stulta conten- one David congruere dicunt, probent, uti David ıajorem omnibus legant? Aut quomodo super oysen potestatem tribuunt, quem majorem omni- us in Israel cuncti inducunt Aut quomodo hic avid pastor prædicitur, cum alibi filius esse dica- ır ubi dicitur *Cumque dormieris cum patribus ıis, suscitabo de lumbis tuis* (*II Reg* vii, 12) Et rte Salomon non post mortem ejus ab eo exstat rogenitus, sed etiam ante obitum ejus in regno ele- us Prospicis sermonem propheticum ænigmati- ım esse, et non tuæ sententiæ concordare Nam si e renibus David fuerit, constat David eum non esse, ed alium qui jam de cinere et putrefacta favilla xsurget, existere Quod si jam natum eum asseris se, dic mihi ubi hoc legisti, et sicut patrem David stendis, ita et matrem edicere debes Quod si ma- em non habet, filius David non erit quia non est lius cujus maternum deest officium, et quem vul- æ non bajulat sinus, aut enim David est, et mor- ııs non est quod si mortuus est, ligatus non t quod si ligatus est, David non est Si David lius est, quando eum genuit inquirere necesse est ı enim antequam moreretur Messias non est, cujus ativitas post mortem prædicta est Quod si post ıortem natus est, ubi, aut quando, aut ex qua, vel ualiter natus est, inquirendum est Certum est uod mortuus filium habere non possit quod si ha- buerit, concluditur aut non si mortuus (quod si non est mortuus, filius ejus Messias non erit, cujus post mortem prædicitur ortus), aut enim mortuus est, et filium non habebit, aut non est mortuus, et filium alium nam non Messiam habet Ex qua summa colligitur, non ejus filium esse Mes- siam Vides secundum historiam tuam corruisse sententiam Quod si filium David eum ideo esse contendis, quia ex ejus genere eum oriendum exspectas, cur et mihi non liceat Christum David filium dicere, ex cujus manavit origine? nam quod ejus regnum perpetuum esse contendunt, Christi in omnem terram virtutem canunt Quem si perpetue eorum iste David regnaverit, nunquam paradisum videbit quia semper non in cœlestia, sed in terrena regnavit Conspicis terrena te, et peritura sectare labentia, et in finem per momenta cunctis vergentia, non diuturna potentiali robore cœlestia, sed fragilia, caduca et modica Cave ne serpenti sis cibus, ne pulvis sis a facie terræ projectus, qui regnum terre- num, non cœleste inquiris Ossa autem quæ Ezechiel domus Israel dicit, quæ et suscitare in novissimo canit, licet jam ex parte in Domini resurrectione aliqua inde facta recolam, tamen adhuc facienda iterum in finem omnium dicant Non quod eos inducam denuo in terra repromissionis, sed in terra sanctorum, terra viventium, quam suspirans Pro- pheta ait *Credo videre bona Domini in terra viventium* (*Psal* xxvi, 23) Et utique vivens erat in terra vivo- rum, quando aliam *viventium* suspirabat Sancti enim omnes hic peregrini et advenæ esse dicuntur non quia supernam regionem patriam habentes ad terras dilapsi sunt, sed quia a patre omnium et auctore sidereo multo tempore in hac valle lacrymarum peregrinati sunt, non corpore, sed animo, nec natu- raliter animo, sed desiderio et amabilitatis affectu

18 Sed videamus si secundum litteram potest stare vestra promissio *Faciam eos* inquit, id est Judæos, *in gentem unam* (*Ezech* xxxvii 21) Nun- quid in gentibus erant divisi? Et quomodo alibi dicit *Et inter gentes non reputabitur* (*Num* xxiii, 9)? Si adhuc in fine erunt in una gente conversi, quomodo sunt in multas partiti? Sequitur *Et rex erit unus omnibus, et non erunt ultra duæ gentes* (*Ezech* xxxvii, 23) Ergo sola Israel erit, et quibus dominetur non habebit aut enim tunc Judæi cuncti futuri erunt, quibus ista promissa sunt et nullus incredulus ex gentibus remanebit, aut certe hæc sententia firma [c] non erit Sequitur *Nec dividentur amplius in duo regna*, id est in Israel et Juda, *neque polluentur amplius in idolis suis* (*ibid* 22) Vides te idolorum adhæsisse culturis, a quibus in fine omnium mundandus eris Adverte quid dicat, *in idolis* non gentium, sed *suis* Poteram uno sole Eccle- siæ opinionum tuarum rivulos in momento siccare, sed contentus ero, et tuis tantum assertionibus respondebo Quod si me ulterius provocaveris ad

[a] F *a quorum*
[b] Ms *congruit*

[c] Ms *firmis non erat*

cholera, conspirans abscedes ut illegitima. Gustum enim nostrum tibi indidimus, ut per ista parva timeas illa quæ magna sunt, cum isti te viri contriverint, qui parva sunt. Nunquid non poteram tibi totius Danielis proferre historiam, fidei nostræ radicem, et scutum prævalidum, ubi non solum Sanctus sanctorum occiditur, verum etiam tempora annorum præfixis hebdomadibus numerantur, et usque ad consummationem et finem perseverare desolationem ore prophetico dicitur? Retexerem hoc loco *ab exitu sermonis ut iterum ædificetur Hierusalem usque ad Christum ducem* (*Dan* IX, 22), annos imperatorum regnantium usque ad Christi adventum, et docerem jam esse impletum, quod stulta persuasione adhuc putatis implendum. Sed et defectionem illam traderis in regibus, quam Jacob sacris prædixit præsagiis, tempore affirmassem accidisse Herodis, qui non Judæorum, sed alienigenæ exstitit prolis. Et hoc non meis firmarem verbis, sed olim vestri doctoris, non solum unius Josippi, verum etiam et Philonis. Tamen quia tu non studio doctrinæ contendis, sed livore destruendi assurgis, ob hoc necesse mihi exstitit, non mea tibi omnia propalare mysteria, sed tantum destruere quæque vox protulerit nuda. Assertionibus quippe tuis obvius exstiti, nam non me quasi firmare conavi, qui me firmum esse semper cognovi. Et ideo tuus tibi sermo respondit, et in te lingua tua victoria fuit. Quapropter, si aliquid durius promanavit, vitium ægroti, non medici fuit, unde et mordacius stylus incessit locis quibus sacrilegam oppositionem pia responsione compressit. Tu vero amodo ea nobis responde quæ placita Deo cognoscis fore. Scis nempe quia in præsentia angelorum, seu cunctarum virtutum, erit hæc contentio nostra discussa, ita ut nec una prætereat iota, quæ non quali animo sciatur esse conscripta, et aut remunerationibus aut plagis, compensabitur digna.

19. Libet in finem ad utrumque tibi respondere. Si pacem desideras, arma depone, si autem te tormenta delectant, tela compone. Sed quantus velis in clypeum surge, quo malles, turbines torque; hasta fortis est, et in disputationes vehemens textat [a] nodosus dignoscitur esse, et qui acuto capite pugnet, hostemque non solum vulneret, sed detruncet. De qualibus Virgilius dicit:

Aentonico ritu soliti torquere catellas.

Parvas sententiolas prophetarum hic annotandas duximus ratum, ut nostrum vestrumque fidei demonstremus statum. Ait Dominus per Malachiam prophetam (*Mal* I, 10, 11): *Non est voluntas mihi in vobis, dicit Dominus, et munus non suscipiam de manu vestra*. Quare? Quia *ab ortu solis usque ad occasum magnum est nomen meum*. In quibus? Sequitur: *in gentibus*. Et cur munus de manu vestra non suscipitur? Quid me interrogas? Sequentia conspice. Quia *in omni loco sacrificatur et offertur nomini meo oblatio* non polluta, sed *munda*. Quod proprium Christianorum est, et ut hæc vox non contemneretur, denuo quasi cum gloria repetit: *quia magnum est nomen meum*, non in populis, sed *in gentibus*. Item Isaias [b] dicit: *Prævaricatione prævaricata est in me domus Juda*. Quam prævaricationem apertius designavit: *Negaverunt me, et dixerunt: Non est ipse* (*Jer* V, 12). Qui ipse? Messias non est iste qui venit, sed alium exspectamus. Vides quam aperte insanias vestras propheta depinxit. Item ipse: *Ecce dies venient, dicit Dominus, et feriam domui* [c] *Juda*, id est, duabus, *pactum novum* (*Jer* XXXI, 31). Unde hoc *novum*, nisi vetus præcederet? Et ideo novum pactum, ut veterem aboleret, et ut hoc pactum non legem, sed Evangelium, non tantum gentibus, sed etiam Judæis, qui nos sumus, positum scias, audi: *Non secundum pactum quod pepigi cum patribus eorum, quando apprehendi manum eorum, ut educerem eos de terra Ægypti*, id est pactum legis. Vides legem abolitam, et quasi reprobam factam; et bene propheta hoc post tempus evenire prædixit, quia non suo in tempore, sed in dies venturos Evangelii testamentum dandum esse prævidit. Audi iterum Ezechiel: *Dedi eis præcepta non bona, et judicia in quibus non vivant* (*Ezech* XX, 20). Isaias autem audet, et dicit: *Audite, principes Sodomorum, percipite auribus legem Dei vestri, populus Gomorrhæ. Quo mihi multitudo victimarum vestrarum, dicit Dominus. Plenus sum, holocausta arietum, et adipem pinguium, sanguinem vitulorum, et hircorum, et agnorum nolui* (*Isa* I, 10). Ut omnia vestra sacrificia, in qua vestra condiditis esse remedia, ostenderet reproba. Unde et sequitur: *Quis quæsivit hæc de manibus vestris, ut ambularetis in atriis meis. Ne offeratis ultra sacrificium frustra* (*Ibid*., 12, 13). Diligentius intuere *ultra*, et *frustra*. Ne offeratis *ultra*, id est aliquando sacrificium *frustra*, id est, sine causa, hoc est, præstamenti. Quod si frustra, ut dixit, offerre volueritis, quid sit lege: *Incensum abominatio est mihi. Neomeniam*, non meam, sed vestram, *et sabbata*, identidem vestra, *et solemnitates*, similiter vestras, *non feram*. Quare? Quia *iniqui sunt cœtus vestri. Kalendas vestras, et solemnitates non meas odivit anima mea; facta sunt mihi molestæ; laboravi sustinens. Et cum extenderitis oculos vestros, avertam oculos meos a vobis, et cum multiplicaveritis orationem, non audiam* (*Ibid*., 13-15). Vides aures ejus orationibus vestris obturatas, et tu redemptionem exspectas? Quare obturatas? Quia *manus vestræ sanguine plenæ sunt* (*Ibid*.). Quo sanguine? illo nempe quo vos ipsi condemnatis: *Sanguis hujus super nos et super filios*

[a] An *textum*, vel *textus*? Juxta illud Virgilii viii Æn. v. 626: *Hastamque, et clypei non enarrabile textum*.

[b] F. *Jeremias*.

[c] Vulgata: *domui Israel et domui Juda fœdus novum*. Noster quoque *Israel* scripsit (præter *Juda*), cum statim *duabus* id accommodat.

tros (*Matth* xxvii, 25) Item ipse *Confunden-* A
ab idolis, quibus sacrificaverunt et erubescetis su-
hortis, quos elegeritis, cum fueritis velut quercus
uentibus foliis, et velut hortus absque aqua Et erit
'itudo vestra ut favilla stuppæ et opus vestrum
si scintilla et succendetur utrumque, et non erit
exstinguat (Isa i, 29-31) Adverte, o vino furo-
Dei crapulate, opera vestra flamma existere,
e devorationem, non propitiationem vobis exhi-
Certe considero, quia magis succendemini ope-
is vestris, quam aliquod demolumentum adjuto-
acquiritis vobis
0 Et cum propheta, imo Deus per prophetam di-
Qui exstinguat non erit, quis rogo tam vecors est,
exstinguendum putet quod Dominus incensum
i exstinctum profert? Nec enim dixit, qui exstin-
t non est, sed *non erit* Futurum tempus, non
ssens tempus posuit, ut sempiterno vos incendio
iascendos firmaret Item Jeremias postquam dixe
Prævaricata est in me domus Juda negaverunt
et dixerunt Non est ipse, neque veniet super nos
um gladium, et famem non videbimus (Jer v, 11,
, addidit *Hæc ergo evenient illis Hæc dicit Do-*
nus exercituum Quia locuti estis verbum istud, ecce
do verba mea in ore tuo ignem, et populum istum
a, et vorabit eos (*Ibid*, 13, 14) Vides, stulte,
a verba Domini non sunt ª vobis fulcimentum salu-
sed consummatio flammæ vastantis Sed et conse-
utia, impie, diligenter adverte, et te undique con
sum dole Nam post multa quæ te viriliter tran- C
t, addidit etiam hæc *Defecit sufflatorium, in igne*
sumptum est plumbum, frustra conflavit conflator
'litia enim eorum non est consumpta, argentum re-
bum vocate eos quia Dominus projecit eos (Jer
29, 30) Intelligis, miser quia hæc afflictio, et
itivitas minor est quam iniquitas vestra? Ecce
stra in igne dicit missos vos esse propheta, quia
litiam vestram per hoc non vidit esse purgandam
iterum post multa, quæ te tuosque libere plectunt,
im hæc intulit sermo divinus *Tu ergo noli orare*
o populo hoc, nec assumas pro eis laudem et oratio-
n, nec obsistas mihi, quia non exaudiam te (Jer
14)
'1 Qualiter enim liberationem exspectas, o insere,
n ista legis? cur ut lapis durus consistens nun- D
om mollescis? Vides quia omnipotens Deus, cujus
isse fecisse est, in vastatione vestra est protinus
tu redemptionem exspectare te asseris, cum
ophetam prohibitum ab oratione esse cognoscis?
prophetas prohibuit pro vobis orationem levare
bibus vetuit imbrem vobis gratiæ rorare Unde
go vobis vano polliceimini venire salutem, cum tot
mpla perducunt ad mortem? Addidit etiam Quod
oraveris, *non exaudiam te* Qui orationes vatum
isas pro restauratione vestra prædixit, vestras ᵇ,
que transgressorum, pro magno videbit? Et dixit
minus ad me *Noli orare pro populo isto in bonum*

quia cum jejunaverint, non exaudiam voces eorum, et
si obtulerint holocaustomata et victimas, non suscipiam
ea cum gladio et fame et peste ego consumam eos
(Jer 14, 11) Vides prohibitum a Domino prophetis
suis pro vobis orationem levare Conspicis orationes
vestras et holocaustomata reproba esse Audis consummatum Israeliticum populum gladio, peste, et
fame et qua fronte restaurationem post consummationem exspectas? Nunquam enim quod consumatur
restauratur Conquereris forsitan, quare ita consum-
maris? Non me, sed ipsum vatem ausculta *Quod si*
dixeris in corde tuo Quare venerunt mihi hæc? propter multitudinem iniquitatis tuæ revelata sunt vere-
cundiora tua, pollutæ sunt plantæ tuæ (Jer xiii, 22)
Et ut perpetuam genuinamque tuam, o insensate,
B vecordiam affirmaret, parabolice deinceps expressit
Si mutare potest Æthiops pellem ᶜ, *vos poteritis bene*
facere, cum didiceritis male (Jer xiii, 23) Unde si
potes aliquando Æthiopem ostendere album, aut non
variantem coloribus pardus poteris et tu quod
exspectas redemptionis adspici bonum Quod quia
impossibile nosti, te perpetuum jam perisse congruum est non sponte fateri Sequitur *Et dissemi-*
nabo vos quasi stipulam, quæ vento raptatur in deserto
(*Ibid*, 24) Cum Deus disseminet, quis est iste qui
colligendo vos congreget? Addidit *Hæc sors tua,*
parsque mensuræ tuæ, dicit Dominus (*Ibid*, 25)
Audis sortem tuam, et partis tuæ mensuram, disse-
minationem? Cur non pudet te, congregationem quæ
aliorum est requirere sortem? Sed et alibi idem
propheta dixit *Si steterit Moyses, et Samuel coram*
me non est anima mea ad populum istum (Jer xv, 1)
Postquam Jeremiam pro vobis orare prohibuit, ne
eum solum quasi despectum in suffragio redderet,
mox ei socios junxit, per quorum memorationem et
ruinam vestram demonstrat, perpetuam designavit,
et insolubilem reatum criminis vestri probavit Ezechieli sermo divinus clamat et dicit *Fili hominis,*
versa est mihi domus Israel in scoriam Omnes isti
stannum, plumbum, et ferrum in medium fornacis
scoria argenti facti sunt propterea hæc dicit Dominus
Deus Eo quod versi estis omnes in scoriam propter-
ea ecce ego congregabo vos in medio Jerusalem con-
gregatione argenti, et ferri, et stanni et plumbi in
medium fornacis et succendam eum igni ad conflan-
dum Sic congregabo vos in furore meo, et in ira mea,
et requiescam et conflabo vos (Ezech xxii, 18-20
Vides Deum requiem sibi esse dicentem conflationem
vestram Et addidit *Et scietis quia ego Dominus, cum*
effuderim indignationem meam super vos (*Ibid*,
22)

22 Et ut evidentius ostenderet, nullum ex hac
vobis probatione evenire profectum, post parva sic
addidit (Ezech xxiv, 9-11) *Væ civitati sanguinum*
cujus ego grandem facio pyram congeries eos absque
igne succendam, consumentur carnes et coquetur uni-
versa compositio, et ossa ejus tabescent Pone quoque

ª Ms est
ᵇ *Vestras*, id est orationes

ᶜ Adde *aut pardus varietates suas*, ut legitur in
propheta, et ostendunt consequentia textus

eam super prunas vacuam, ut incalescat et liquefiat æs ejus, et confletur in medio ejus inquinamentum ejus, et consumatur rubigo ejus. Mox sibi respondit sermo divinus: *Multo labore sudatum est, et non exivit de ea nimia rubigo ejus, neque per ignem immunditia tua exsecrabilis: quia mundare te volui, et non es mundata, sed nec mundaberis, donec quiescere faciam indignationem meam in te.* Et ut tibi aditum respirandi non daret, *Ego Dominus*, ait, *locutus sum: Veniet, et faciam: non transeam, nec parcam, nec placabor: juxta vias tuas, et juxta adinventiones tuas judicabo te, dicit Dominus Deus.* Deus dicit, Non placabor, nec parcam: et tu eum mendacem æstimas esse? Adhuc amplius æstimas esse? Adhuc amplius sermo divinus insensibilitatem vestram dicens: *Cognovit bos possessorem suum, et asinus præsepe domini sui, Israel me non cognovit: Populus meus me non intellexit* (*Isa.* I, 3). Vides boves et asinos tuos tibi antepositos esse. Audi iterum Jeremiam: *Milvus in cælo cognovit tempus suum: turtur, hirundo, et ciconia custodierunt tempus adventus sui: populus autem meus non cognovit judicium Domini. Quomodo dicimus: Sapientes nos sumus, et lex Domini nobiscum est? Vere mendacium operatus est stylus mendax Scribarum* (*Jer.* VIII, 7, 8).

23. Advertis, o miser, tibi etiam alites in scientia esse intelligendi præfectas: et tu mihi doctores ex ipsis producis, quorum stylum mendacem ubique legendo invenis? quos etiam non videntes cæcosque per Isaiam esse non nescis? Sed puto quod ipsa cæcitas, quæ ibi prædicta est, oculorum tuorum lumina caligine tegit: et inde cæcus animus cæcitatem sibi inesse non gemit. Nam Dominus sabaoth, quem Seraphim trina sanctificatione laudare non cessant, postquam carbone labia prophetæ mundare forcipe jussit, taliter prophetæ dixit (*Isa.*, 8-10): *Quem mittam, et quis ibit nobis?* cui propheta jam mundatus ex pollutione habitantium ait: *Ecce ego, mitte me.* Cui statim Trinus Dominus ait: *Vade et dices populo huic: Audite audientes, et nolite intelligere, et videte visionem, et nolite cognoscere. Excæca cor populi hujus, et aures ejus aggrava, et oculos ejus claude, ne forte videant oculis suis, et auribus audiant, et corde suo intelligant, et convertantur, et sanem eos.* O quam apertam sanctam et ineffabilem Trinitatem hic sensus demonstrat, etsi non se ultro offerentem sensibus cæcitas prædicta obsisteret. Intelligis, vecordiæ fomes, quia omnipotens Dominus sabaoth conversionem vestram quasi quoddam facinus odit, et occasiones convertendi vobis non præbet, sed tollit? Vide quid dicat: *Ne forte videant oculis suis.* Et cum Deus conversionem vestram usquequaque non cupiat, quis insipiens est, qui vos aliquando convertendos prædicat? Poteras enim hanc visionem Isaiæ conspicere, et corde cognoscere, et Trinitatem trina sanctificatione repetitam credere, si sermo divinus non diceret: *Excæca cor populi hujus* et cor indura, et ut ipsam cæcitatem perpetuam designaret propheta, interrogando cognovit: *Usquequo, Domine?* Et dixit: *Donec desolentur civitates absque habitatore, et domus sine homine, et terra relinquetur deserta* (*Ibid.*, 11). Vides cæcitatem tuam usque ad finem mundi esse prædictam. Et per Jeremiam dicit: *Ecce ego dabo populum istum in ruinas, et ruent in eis patres et filii simul, vicinus et proximus, et peribunt* (*Jer.* VI, 21). Et: *Cibabo eos absinthium, et potum dabo eis aquam fellis: et dispergam eos in gentibus quas non noverunt ipsi, nec patres eorum, et mittam post eos gladium, donec consumantur* (*Jer.* IX, 15, 16). Consummationem audis, et redemptionem exspectas? Vides quia cecidit virgo filia Sion, non adjiciet ut resurgat. Quomodo? quia non est qui suscitet eam. Avolavit enim ab eis qui solitus erat eos erigere. Addidit: *Quod si dixerint ad te: Quo egrediemur? dices ad eos: Qui ad mortem, ad mortem, et qui ad famem, ad famem: et qui ad captivitatem, ad captivitatem: et visitabo super eos quatuor species, dicit Dominus: Gladium ad occisionem, et canes ad lacerandum, et aves cœli ad dispergendum, et bestias terræ ad devorandum* (*Jer.* XV, 2, 3). Quæ omnia a tempore Vespasiani et Titi in vobis hucusque per genera tormentorum vel captivitatum implentur. Congere si vides hanc captivitatem cum aliis, et videbis quanto annorum numero illas hæc dira vastitas vincit.

24. Unde obsecro te ut non te pigeat mihi rescribere, quæ manifesta exstitit culpa, quæ non expiatur per tempora tanta. Nam omnes vestræ captivitates, et dispersiones, et servitutes per regna diversa nota sunt, et teste sub sole non indigent, quin etiam et antequam fierent præfinitis temporibus divino sermone affixæ sunt: ita ut amplius non existeret servitus, quam quod servis suis sermo indicabat divinus. Sola hæc captivitas absque termino indicitur, et quantis annis, quibusque temporibus relevetur nescitur. Notæ enim culpæ fine habuerunt flagelli. Hæc sola non specialiter, sed generaliter ut dicitis, nota, per sæcula tenditur tota. Quod si tempus præfinitum ostenderis, victum me fatear esse. Opto tecum, si velis Christum, pacem habere: si secus id animo tractas, demens existis, et nugas, qui finem termino pessimo claudis, nec tantis et talibus durus mollescis. Aperiat tibi Deus oculos cordis, qui semper regnat in sæculis infinitis. Amen.

XIX.

ITEM EPISTOLA TRANSGRESSORIS ALVARO DIRECTA.

Ob meritum æternæ retributionis devovi me sedulum in lege Domini consistere. Ideoque superstitiosum duxi cunctorum canum rapidorum respondere latratibus. Tamen si in te fomitem quemdam ubi igniculus fidei accendi posset considerassem, forsitan tibi vel aliquid rescriberem, unde bene cognosceres, quod et tu qui compilator es, et illi de quorum libris hæc traxistis, erratis. Pro hac tua Kartula falsiloqua possumus illud Virgilii dicere [a]:

[a] Bucol. Ecloga VIII, vers. 108.

Credimus? an qui amant, ipsi sibi somnia fingunt? A
alibi [a]

Qui Bavium non odit, amet tua carmina, Mævi
Atque idem jungat vulpes, et mulgeat hircos

s omnipotens, creator cœli et terræ, pius et glo-
us Deus cui tu exprobrasti, ille sit ultor et vin-
ex eo quod in eum dixisti

XX

EM RECIPROCATIO ALVARI, TRANSGRESSORI DIRECTA

uæ stylus tuæ prosecutionis elicuit impigre ocu præcucurrit, et te vitantem periculum sapienter avit Verum quia prudens arte rhetorica ludis, usonano vitio dum loquere nescis, tacere non s, atque, ut fabulæ ferunt, lupum auribus retinens tenere potes, nec vales dimittere, ideo tibi apte it poeta

Quod potes id tenta, operis ne pondere pressus
Incumbat labor, et frustra tentata relinquas

Sed ut me qui sim ipse cognoscas, et amplius tacendo devites, Virgilium audi [b]

Mortem contemnunt laudato vulnere Getes

Necnon et illud

Getes, *inquit*, quo pergit equo

Unde et illud exstat poetæ

Hinc Dacus premat, inde Getes occurrat

Ego sum, ego sum, quem Alexander vitandum pronuntiavit, Pyrrhus pertimuit, Cæsar exhorruit De nobis quoque et noster Hieronymus dicit Cornu habet in fronte, longe fuge Et ideo noli canes rabidos dicere, sed te vulpeculam gannientem cognosce, neque me compilatorem veterum, quod magnarum est virium, asseras

[a] Ecloga III, vers 90

[b] False tribuuntur hi versus Virgilio

INDICULUS LUMINOSUS [a].

i defensione servorum tuorum, Domine, non hu- B
io tenui confidens arbitrio, subtilique proprio is refugio, sed neque iniquo elevatus superbiæ io aut inflatus invidiæ zelo, sed tuæ gratuitæ erationis fretus auxilio, tuoque clementissimo s invictissimo brachio, tibi in principio Deo meo esu Christo rerum omnium Domino, assigno mi- omne bonum quod sapio, te in initio invocans, er totum textum implorans, te usque in finem i flexo cordis poplite rogans, quem lumen omn credo firmitur sæculorum, a quo fontem novi ctarum emanare virtutum, in quo dulcedinem labilem reconditam firmiter scio manere sancto- i, qui es via sine errore credentium vita sine te viventium, requies sine [fine] fruentium Te C
oco, lumen inenarrabile, fontem veræ scientiæ, ibrisque vita doctrinæ, ut tenebras cordis mei superveniente luce serenes, et pectoris glebam sordium scalentem amne legis tuæ, quadri- us paradisi, abunde saties ubertimque fecundes, tenus sol verus oriens præcordia nostra tene- sa illuminet, et fluvius civitatem Dei lætificans osam mei pectoris irriget terram, ut lingua ca- miserein quæ tibi per hæc placere desiderat, non um loquacitatis, dum errores impetit, contrahat, te inspirante ea secuturo sæculo proferat, quæ animarum præstum, in profectu legentum in ex- patione omnium insolentum ante conspectum glo- admirabilis solii tui per tota sæculorum volumi- cuncat Acceptetur, Domine Deus, ante tuæ D
jestatis clementiam servi tui tantilla offertio, et i vasculi votiva non reprobetur oblatio Et licet libet humana inficitur [b] sorde, non intente cu- ti, tua illa gratuita emundetur respectione felici o, Domine, *lucerna pedibus meis, et lumen semitis* *meis*, *et doce me justificationes tuas* (*Psal* CXVIII, 103, 12), sensumque tuum meo ore defende Tu, Domine, per os meum tua verba sonare Tu canem tuum pro te latrantem contra rabidum lupum ex mensæ tuæ micis cibare Non enim ad hæc ex me ipso fidens surrexi sed ex te, qui linguas infantium facis disertas, et mutorum a te legens laxatas habenas, devotionis hujus non ut scita, sed ut indigens duo porrexi minuta (*Luc* XII, 2) Nam quid homo est, Domine, auxilio tuo privatus, nisi tantum sibi periculi casus dum erroris imo jacet dimersus? Et ideo, clementissime opifex, piissime artifex, misericordissime judex, quod inspirasti perfice, quod jussisti adimple, quod dedisti sacrare, et quem dignum huic reddidisti talento, ut per hoc non temeritatis ausum incurrat, sed humilitatis tibi acceptissimum fructum obtineat, illa qua immensurabili afluis bonitate, procura Dedisti enim mihi, pie conditor, intelligendi vigorem, inseruisti præcordiis meis fidem, et ex utero matris non gentilem hactenus, sed conservasti fidelem, nullo merito præcedente, nulla justitia prosequente, nullo opere hoc merente, neque enim non exstans aliqua poterat promereri, nec informis ex debito retineri Etiam et ea quæ sordens actio et sors mea, quæ nulla est, tenuis denegavit, benignitas tua larga concessit Sed ne ex hoc quod mihi, excellentissime Domine, concessisti, ut temerarius arguat, ut iniquus excutiar, ut usurpator condemner tremens et pallidus ergo, pavidus gemensque suspiro neque [c] per devia et abrupta per inania et caduca, per tumida et stulta, per dedecora et elata, per levia et inflata, operibus inserviendo sinistris, quotidie ambulo, loquendo etiam in ea quæ tibi acceptabilia reputo, nævum iniquitatis itidem contraham, et unde lenigare utcunque

[a] Vide Notitiam, supra col 387
[b] Leg *inficietur*

[c] Leg *ne qua*

nequitiarum mearum debui, ponderande quod, te ordinante, sit procul, centupliciter cumulum sceleri. Adesto, Domine, adesto servo tuo miserrimo et egeno, et fidei tuæ repletum tu dirige zelo. Præcide, Domine, linguæ sæculari cœno confecta præputium, et illo igne mentis meæ emunda secretum, quo sanctorum corda nosti conflare, quo martyrum affectiones principaliter credentis inflammare: ut te inspirante ea tantum huic operi sufficienda ingeram, quæ mihi in die illa tremendi examinis tui justi judicii non cumulum peccatorum contra me erectum perficiant; sed e regione adversantia mihi millena agmina delictorum sua inductione conterant et prosternant. Præcede me, invictissime Domine Christe, et esto prævius servo tuo Evangelii sancti tui gratia jam redempto, qui præfuisti Israelitico populo in columna nubis et luminis per desertum (*Exod.* XIII, 22): ut te ducante amalicitante cuneos [a] devastentur, et crux tua humero superposita nostro cunctorum tetras horredines luce sua devastans, uno ictu certaminis, et fideles corusco sidere compluat, et impios illo quo dæmones vigore comprimat vel dimergat. Te præstante Domino Jesu Christo, qui cum Patre et Spiritu sancto unus Deus regnas per nunquam finienda sæcula sæculorum. Amen. Finit.

Hic liber ideo luminosus Indiculus dicitur quia luminasse quæ sequenda sunt docet, et apertis iudiciis hostem Ecclesiæ, quem omnis vitare Christianitas debet, ostendit. Finit.

1. Peritissimorum mentibus catholicorum Ecclesiæ ab ipso primordio injunctum est fidei contra hostes Domini speciali vigore exsurgere, et ancipiti gladio omnes ex adverso pullulantes errores evangelica falce præcidere, ut securis ad radicem infructuosarum arborum posita (*Matth.* III, 10) et ascia brachio forti librata, proceritate infecunda alta ramuscula foliis non fructu vernantia decenter s... veritate legali, et evangelica bipenne excisa deputentur igni æterno et incendio perpetuo comburenda. Ex quorum numero licet oli digestet [b], fragiles actu bruti instinctu, nos secutimo sæculo nitentes prohibere, et ut canes pro Domino cupientes latrare, zelo Dei et religionis commoti amore hujus nostri servitii famulatum exsolvimus, et actori nostro quæ in nobis ex sua largitate concessit, offerimus: in qua nihil ex nostro præsumimus, et sua illi benignitate gratuita concessa quo instituit nos vigore valere, immeriti designamus. Nec contra communes fidei [c] vincendi livore insurgimus; sed e regione Chaldæorum cornua ventilantes terrestria istilatione veraci [d] conculcamus. Quod præfationis vice præponimus, et in prima disputationis nostræ fronte prætexımus, ne malivolorum aicacitas, et genuine solita fratrum detrahendi procacitas, nos contra Ecclesiam bella clamitet intentasse, per quæ nos decolorare putantes, suis æstiment operosis nimis confirmasse. Absit enim ut catholicæ et universalis Ecclesiæ contra sua viscera pugnet. Absit iterum ut contra matrem filii arma sumant. Martyres namque Ecclesia non repellit, sed recipit, non infirmat, sed collaudat, non detrahit, sed extollit. Et nos, ipsius venerabilis matris sensum sequentes, ac Redemptoris nostri sponsæ pulchritudinis gloriam collaudantes, veneramus, et colimus, quos pro Christo et veritate animas posuisse gaudemus, nec unius operis gestum varietate temporum mutilamus. Et quam hæc universalis sit nostra credulitas, in secundo hujus operis libro majorem [e] firmavit auctoritas.

2. Sed quia siti sunt nonnulli fervore speciali indigni, amore fidei frigidi, pavore terreno et ictu gladii territi, qui non pressa voce, sed rauca fauce dissoluto labio, obtorta lingua, martyrium nostro tempore gestum invinctione minus idonea detrahunt vel suggillant, et diabolo quantum in eis est, palmam victoriæ tradere non recusant, non ipsi sensibus suis respondentes admittant. Favor noster, reverendissimi, etsi, quod absit, errat, veritati et Christo concordat. Veritas vero aliud asserentium dæmonum ministro ultionis cultrum ministrat. Et miror quo ingenii genere poterit veritas nuncupari, ubi error ascribitur pro Christo et veritate succumbi. Verum conandum est in principio operis non superbe, sed constanter, utpote cum fratribus, manum conserere, et quæ utræque concordant discusse [f]. Fugiant debiles et infirmi, certent fortes et animi honestate præcincti. Et certe non eos veritatem supprimere, sed tergum persequentibus ob seminarium Evangelii jussit præbere: *Fugite de una civitate in aliam* (*Matth.* X, 23), prædicandum quæ vera sunt et honesta; non, quod adsit, legenda quæ sancta sunt et modesta. Isti namque sunt præcipui præconandi universis sæculis laude non medii fugitivi, qui licet meticulosi et fugientes appareant, tamen per totum orbem vagantes, et velut fulgur discurrentes, misericordias Domini in synagogis et populorum conventu cantantes, diserta et egregia lingua proferunt quod proficere sanctis auditoribus sciunt. Effugantur, ut magnalia Domini taceant, sed amplectunt exsilium, ut libentius quæ prohibentur non uni genti, sed diversis nationibus dicant. Quod ne nostrum videatur totum esse quod dicimus, quid nobiscum inde sanctus ille et abyssus scientiæ Hieronymus sentiat proferamus. Hoc ait: ad illud tempus præferendum est, cum ad prædicationem apostoli mitterentur, quibus et proprie dictum est: *In viam gentium ne abieritis, et in civitates Samaritanorum non intraveritis* (*Matth.* X, 5), quod persecutionem timere non debeant et debeant declinare. Quod quidem videmus in principio fecisse credentes, quando orta Hierosolymis persecutione, dispersi sunt in un

[a] Leg. *Amalecitarum cunei.*

[b] An *clinis gestu?* Olitus namque *fordus* dicitur in Gloss. edito a Congr. S. Mauri.

[c] Id est non contra eos qui nobis fide communicant.

[d] Ms., *veracia.*

[e] Forte *majorum.*

[f] Forte *discutere.*

sa Judea, ut tribulationis occasio fieret Evangelii A
minarum Animadvertite et diligentius corde tra-
te quia nullam ob aliam causam jussum est
ostolis declinare, nisi ut occasio secedendi se-
narium in universis urbibus fieret regni Poterat
im verus Magister, si vestium rigidum algore
ino sequeret intellectum, dicere Veritatem sup-
imite, justitiam occultate, et quæ vera sunt ubi
ior vestium concusserit sensum, corde solum-
ido retinete, ut vivatis nullo terrente securi
ta a enim prædicatione persecutio universa ces-
it Amota persecutione fuga non erit ac per hoc
uius manet quisquis gentilibus non contradicit,
isquis errorem non impetit, quisquis fraudem non
rit, quisquis peccantibus non contravenit, quis-
is hæresecorum vincula non disrupit Quod beatus
egorius in libro vicesimo primo Morali lucide re-
at satis « Plerumque enim, ait, quieti atque in-
cussi b relinquimur, si obviare pravis pro justitia
n curamus, sed si ad æternæ vitæ desiderium
imus jam exarsit, si jam verum lumen intrinsecus
picit si in se flammam sancti fervoris accendit,
quantum locus admittit, in quantum causa exigit,
bemus pro defensione justitiæ nosmetipsos objicere,
perversis ad injusta erumpentibus etiam cum ab eis
i quæritur obviare Nam cum justitiam, quam c nos
amus, in aliis feriunt non nihilominus sua per-
sione confodiant, etiamsi et honorari d videantur
ia ergo vir sanctus pravis ac male agentibus se etiam
n non quæritur opponit, recte de equo Dei e di-
ir In occursus pergit armatus (Job xxxix, 21) »
! Jussum est apostolis et apostolicis viris, doctori-
s et prædicatoribus universis, Judæorum genti-
m, vel omnium hæresum errores vera ratione et
li probavi f impertire sermone Certaverunt usque
mortem athletæ fortissimi, persecutionem propter
titiam, quam aperte defendebant, jugiter passi,
onati sunt et ornati Nunquid non apertum est,
omnibus lucem cernentibus clarum, non perse-
ionem a gentilibus natam, sed prædicationem a
tris primitus ortam? Legite sanctorum martyrum
ersorum passionum agones, agmina Domini præ-
ates, verbi gladio hostes Domini detruncantes, et
uide videbitis multos ultronec prosiluisse, non
pectantes persecutorum jussa, nec delatorum de-
ula, furentium intentata, sed ad exemplum Doni spontanea propria grata offerentes libamina,
inc super altare Christi Dei æterni cruore sacra-
n apportantes hostiam puram et quod magis so-
estis reprehendere, multis contumeliis præsides
principes fatigasse Illi quam maxime qui erant
certamine primi, et fiduciæ bono muniti, quibus

animi virtus meterat libera, nec meticulosa fantasia
invaserat corda, quos spiritalis fervor zelo Domini
æstuans g, et amor Christi ultro citroque discurrens,
fixus retinens, et viriliter complens, foris cogebat
producere holocaustomata tectam intrinsecus flammam Et licet plerosque persecutio sævi incurri-
ret, tamen, quod non potestis negare, innumerabiles voluntarie legitis decertasse Illuc summo opere
adimplentes quod dicitur Voluntarie sacrificabo
tibi Domine (Psal LIII, 8) Addiscitis Tempus persecutionis non est Imo ego plus dico, tempus apostolorum non est, quia vigor est apostolicus imminutus, qui debuerat semper in pastoribus Christi
fervore constantiæ, et zelo justitiæ usque ad con-
B summationem sæculi flammas spiritales in adversos
ciere, et fomite illuminationis accenso tenebras ævi
corusco sidere cor climatis illustrare Vereor ne
moleste ferant, non temeritatis, ut illi æstimant, sed
veritatis ut catholici probant, responsum, qui in
novissima tempora constituti Antichristi persecutionem conspiciunt muti Quisquis his partibus terræ
persecutionem hodie negat, aut dormiens jugum
servitutis summo h socordia portat, aut elatus cum
ethnicis pede superbiæ subjectos Christi tirunculos
calcat Nunquid non sumus jugo servitutis addicti
importabili censu g avari, rebus nudati, contumeliorum fascibus pressi, in proverbium et canticum
versi, teatrum i universis gentilibus facti? Illi dicunt,
non esse persecutionis tempus ego reclamantibus
C e regione profero, mortifera nos tempora invenisse
Illi asserunt hos sine hostili processisse impulsu
ego ipsorum asserentium professione firmabo, gentilitio eos oppressos zelo Et primum sacerdotem in
tneamur Perfectum, gentilicio zelo peremptum, fidei
constantia decoratum, martyriali gloria infultum,
et vere electorum in numero aggregatum et quo
pacto ad occisionem venerit sinceriter proferamus
Nempe ad aliud pergentem aliisque sæcularibus
operibus intendentem nihilque de quo gestum est
pertractantem, dæmonicolarum assertionibus im-
pulsatur A quibus ille caute et circumspecte, ut
istis videtur ut vero mihi timide fidem petit et
ne ex responsionibus propriis impediretur oravit,
dicens Multa erant mihi ex quibus abundantissime
D poteram confringere nænias, vel destruere aniles
historiæ fabulas, si vestræ ultionis non vererer ul-
trici gladio currentes ultro citroque incurrere j sententias Cui cum fidem dedissent et ei ut quæ sibi
videbantur exponeret juramento anteposito impre-
carent, ille accepta dicendi fiducia, et eorum pro
vero juramento sumens mendacia, post multa et varia contentionum certamina, prophetæ eorum volu-

a Tulta, id est ablata
b Apud Greg, lib Mor xxxi cap 23, inconcussi
c Deest quam in ms, exstat apud Gregorium ubi
supra
d Apud Greg ibi venerari
e Ms de eo quod
f Forte probabili, quod rectum et approbatum si-

gnificat apud Cangium, quod veræ nititur proba
tioni
g Ms extant
h Leg somno
i Leg theatrum, id est spectaculum, juxta illud
Apostoli I Cor iv Spectaculum facti sumus, etc
j Ms, ex qua verere ultroci incurri

pluosam [a] lasciviam et lenocitationis passivam [b] A est, vel confectum, quod ab ipsis persecutio orta, luxurii in sermone quo potuit exprobravit, et oratione splendida comprobavit. At illi post aliqua super ejus meretricationis subsannium, vel conjugatorum adulterii factionis colludium, habita consultatione verborum, frendentes dentibus, et caninis sævientes rictibus, ore vipereo sibilantes, et leonum ferocitate frementes, abire eum propter datum noviter juramentum dimiserunt [c] illæsum. Sed post aliquod temporis cursum dolorum semper peccatoribus retinentes venenum, et quasi vetustate temporis reputantes abolitum priorem illi illectum infidum pactum, dolo eum circumvenientes apprehensum eum judici sævissime mendacio infirmantes [d] quasi destruentem fidei illorum ritum inopine protulerunt, cumque maledicentem eorum vatem suo testimonio vilissimi homunculi firmaverunt. Ille inopinato casu perterritus, et inusitata circumvectione perplexus, illorum fraudulenta ignorans consilia, quæ contra eum instruxerat commentatio fraudulenta, se hoc penitus non dixisse, infirma satis prosecutione retexuit. At ubi in carcerem missus in se exstat conversus, audaci proposito et virili congressus cœpit ipsorum totam legem infringere, et non solum quod pridie dixerat, quæ super eum imperitiæ factio asserebat, verum etiam alia potiora ingerere, mortisque magis gloriam quam interitum exspectare. Tunc eductum in ipsum diei sui horrendum pascha, quo soliti sunt pascua fruere carnalia et ventri libidinique alimenta ministrare saturi, gladio vindice peremerunt, et quasi victoriam hostium potiti, ad orationis conventiculum, obsequium Deo se præstasse credentes, delati et innocentis cruore perfusi, ritum suum perficiendum ut soliti sunt annue pervenerunt.

4. Esto nunc arbitres justi, et non favorabilem ventosam et flavilem, sed veram proferte rationis sententiam, justitiæ vinculis innodatam. A quibus nunc oritam, rogo, persecutionem esse videtis? Nonne perspicuum est, ipses esse incentores malorum, assertores errorum, irrogatores dolorum, qui pactum primitus innocenti oblatum, fraude veneni confectum, furore præventi, ira accensi, iniquitate repleti, non timuerunt ob zelum fidei suæ audaciter dissipare, procaciter mutilare, gentiliter dexteræ [e]? Ecce audaciam, imo constantiam, quam in condemnationem trahitis, quam ad crimen adducitis, hic sacerdos non habuit. Timidus timide ad bellum processit, zelo diaboli ad occisionem venit, nec a cultoribus Dei, sed ab Antichristi discipulis passionem suscepit. Nunquid velatum est, occultum

[a] Ms., *voluntuosam*.

[b] Morales in Scholiis lib. II Operum S. Eulogii, cap. 1, prætermisit *passivam*, sicut et *factionis* vocem paulo infra. *Passivam* autem *libidinem* ingeminat auctor num. 28, in fine.

[c] Morales ibi substituit *permiserunt*.

[d] Ms., *innuentem*.

[e] Forte *destruere*.

[f] *Claustra* feminini generis et numeri singularis apud infimæ Latinitatis scriptores.

[g] Forte *ingessere*.

inventa, inchoata, defensa est vel completa?

5. Pergamus secundo iterum exponere casum. Post initam revolutionem, aut aliquid amplius, ille livoris gentilium oculus non quievit, sed ut solitum est illis Christianissimum irridere, et nobis omnibus Christicolis insultare, hunc Joannem quem multo tempore carceris retinuit claustra [f], negotiationum mercimonia mundana indi exaggerare, conati sunt, et vexari, et ob gratiam mercimonii livore usti multa exprobrando ingerere [g], dicentes: Parvipendens nostrum prophetam, semper ejus nomen in derisione frequentas, et mendacium tuum per juramenta ut tibi videtur nostra religionis falsa auribus te ignorantibus [h] Christianum esse sæpe confirmas. Ad quos ille B cum fidenter et nihil erga se doli suspicans, se immundum ab ipsis quæ contra eum opponebantur vellet ostendere, furor crepitans et præceps ira eadem repetens, inculcans, et replicans crebrius, quæ sæpe dixerat, intentavit. Tum ille non ferens ex hac generationum talium nube stomachabundus, et faceta satis urbanitate accinctus, eleganti mente respondit elatus: Maledictus sit a Deo qui prophetam vestrum nominare desiderat. Illico clamor ingens factus, et perditorum cuneus constipatus, iniquitatis exosæ conventus, velut apes in unum perfidiæ aggerem congregati, unius massæ cumulo malitiæ conspartione [i] respersi semivivum ad judicem perduxerunt, et testibus minus idoneis ab ipsa perfidorum C massa surgentibus præsentatis, potiora et majora contra ipsum testatione propria intentarunt. Quæ ille tota negavit, et æmulationem invidiæ ipsorum aperto in se sermone retexuit. Sed judex iniquitatis quadringentis cum ictibus verberat flagellorum, et per omnium ædes Sanctorum sub voce præconia fecit discurrere: Talia pati debere, qui prophetæ derogat Dei. Ac deinde carcerali mancipat arcta custodia, minitando illi inferre majora.

6. Estne adhuc aliquis nube erroris forte possessus, face iniquitatis conspersus, qui neget persecutionis hoc existere tempus? Et quæ major poterit esse persecutio, cujusque modi sit jam severior exspectanda dejectio, quando quod corde rationabiliter creditur, ore in publico non proferetur? Ecce enim lex publica pendet et legalis jussa [j] per omne D regnum eorum discurrit, ut qui blasphemaverit flagelletur, et qui percusserit, occidatur. Ecce et quotidie horis diurnis et nocturnis in turribus suis e montibus caligosis [k] Dominum maledicunt, dum vatem impudicum, perjurum, libidum et iniquum

[h] Morales in divum Eulog., fol. 29 b: *te ignorantium*.

[i] Idem ibi: *conspiratione*, cæterum *conspartione* vel *conspersione* retinendum. Veteres namque *consparsum* dicebant pro *aspersione*. Vide Gloss. Cang.

[j] *Legalis jussa*, feminini generis, et numeri singularis, sicut *claustra*. Vel *legalis jussio* legendum nisi verbum etiam *discurrit*, sicut Morales, emendes.

[k] *Caligosus* idem ac *caliginosus*. Cang.

i cum [a] Dominum testimonii voce extollunt Et i, et væ huic tempori nostro, sapientiæ Christi uno, zelo zabolico pleno in quo nullus invenitur juxta jussum Domini tonantis ætherei, super ntes Babyloniæ caligosasque turres superbiæ cis fidei attollat vexillum, sacrificium Deo offe-s vespertinum Et non solum mente jucunda, ac-tione serena, respectione modesta, venena reci-mus, potiones libamus, germina lethifera prægu-mus, sed, quod perniciosius est, adversantibus, et Dei ut Elias zelantibus, adversamus, ac sudda e cum inimicis summi Dei amicitias colligamus, placentes eis nostræ fidei derogamus Et certe s est juxta nos ut Elias gladio decertare, quam gua ut nostri heroes adversare Quotidie oppro-s, et mille contumeliorum fascibus obruti, per-utionem nos dicimus non habere [b] Nam, ut alia cam, certe dum defunctorum corpora a sacerdo-us vident, ut mos est ecclesiasticus, humo dando tare, nonne apertis vocibus et impurissimis ge-[c] dicunt Deus, non miserearis illis et lapidi-s sacerdotes Domini impetentes, ignominiosis bis populum Domini denotantes, spurcitiarum no Christicolas transeuntes, pædore infando ingunt, majora minitando jungentes? Et heu ite-n, ac tertio, innumeræ væ nobis, qui hanc eorum sannationis derisionem portamus, et de perse-ionis Antichristi tempore dubitamus Sic itidem cum sacerdotes Dei, casu quoquem obviant per-ntes lapides testaque acervissima [d] ante vestigia um revolventes, ac improperioso et infami nomine ogantes, vulgali proverbio, cantico inhonestos gillant, et fidei signum opprobrioso elogio occo-ant [e] Sed cum basilicæ signum, hoc est, tinnien-æris sonitum, qui pro conventu ecclesiæ adunando ris omnibus canonicis percutitur, audiunt, deri-ni et contemptui inhiantes, moventes capita, in-ida iterando congeminant, et omnem sexum, versamque ætatem totiusque Christi Do-ni gregem non uniformi subsannio sed milleno ntumeliarum infamio, maledice impetunt et idunt

7 Nunquid non isti sunt qui Hierusalem male-unt, et muros fidei sanctæ Sion destruunt et suc-ndunt? De quibus dicitur *Maledicti omnes qui nunt te, et omnes qui blasphemant te Maledicti nes qui oderunt te, et omnes qui dicent in te ver-m durum Maledicti omnes qui deponunt te, et nes qui destruunt muros tuos, et omnes qui sub-*

A *vertunt turres tuas, et omnes qui succendunt habita-tiones tuas* [f] Et licet hæc omnia ab illis pro con-temptu et derisione, vel odio, ut diximus implean-tur, tamen etiam carnaliter in habitationes Domini et in sanctuarii ædes quotidie perpetrantur, dum ecclesiæ Dei destruuntur, et antiqua soliditate tem-pla fumata, terratenus coæquantur Et estne adhuc aliquis qui hos dignos maledictione non proferat, quos maledictos tanto tempore cum Ecclesia do-cente percantat? Hanc enim maledictionem annue Ecclesia super odientes se, non occulte, sed patenter ac luminositer, clamat, et voce sublimi suavique dulcedine perfidorum suorum ora sufficienter exal-tat Angelus namque Domini maledicere jussit ha-bitatores terræ illius, qui tantum in auxilium for-

B tium Domini non venere Et nos, qui fortes Domini conculcant et sacra Dei atque vere Sancta sancto-rum irrident, maledictionibus impulsari proferimus esse non dignum sed indiscretum vel iniquum æsti-mus credi debere

8 Propheticalis imo Dei, sententia intonat *Male-dicite terræ Meroz, dixit angelus Domini maledicite habitatoribus ejus, qui non venerunt ad auxilium fortissimorum ejus Benedicta inter mulieres Jahel uxor Haber Cinæi [g] aquam petenti lac dedit, et in fiala principum obtulit butyrum Sinistram manum misit ad clavum, et dex-teram ad fabrorum malleum, percussitque Sisaram quærens in capite vulneris locum, et templum [h] va-lide perforans* (*Judic* v 23 *seq*) Et plus est, ut reor capulo tempora perforari quam verbis veridi-

C cis inimicos Domini vulnerari Amphorique merces est pro vere Sancto sanctorum, ut jam præfatus sum, et pro æternæ vitæ statu sine fine futuro pu-gnis spiritales [i] præliare, quam pro typica et car-nali Hierusalem, vel regno terreno, quandoque brevi termino præcidendo, clavis et malleis decertare Sed hanc et propheticalis spiritus eo tempore bene-dixit et omnis Ecclesiæ chorus eodem hodie prædi-cat modo, quo tunc sancta universalis congregatio conlaudavit Certe qui hostes Ecclesiæ maledicentes, maledictos esse affirmat, a veritate resiliens reli-gionem sacram detestat, superest ei ut post præ-sentium infamationem anteriorum sanctorum cele-berrimum infringat agonem Maledicat Jahelem

D quam propheticalis in conventu plebium inspiratio benedixit Maledicat Judith, quæ dolose juxta sen-sum derisorum gregem [j] occidit Maledicat et alios innumerabiles patres, qui usque ad mortem bellan-tes zelo Domini inimicos Dei non solum verbis, sed vero ardissimus melius quam in codice restituit

[a] Forte *eum*

[b] Hæc et alia melius interrogationis signo clau-entur Quia tamen nunquam notatur in codice et s unt ex adversariorum mente dicta accipi, nihil ibus permisimus

[c] Morales fol 30 in divum Eulog, *gemitibus* Co-x autem, *genis*, quod non improbamus infra im, num 20, auctor inculcat, *Donastitæ genis* in *ri* Num 24, *impuris genis*

[d] Morales ibi *Casu quopiam cuiquam obviare cont r iam lapides coram ipsis cumulantes, testasque ad ssimus ante*, etc, quæ de suo texuit, *Testus*

[e] Perperam Morales *delinuant* pro *decolorant* edidit

[f] Maledictiones sunt quas Ecclesia super odientes se annue et palam fundebat ut statim auctor com-memorat

[g] Vulgata, *Haber Cinæi*

[h] Lege *tempus*, id est partem capitis, quam Hi-spanice dicimus *la sien*

[i] Ms, *pugna spiritali a*

[j] An *regem*?

gladiis truncavere. Et si a viris strenuis severitatis non recipiunt pro fide prælium intentandum, saltim a feminis discant virilem de hostibus adorenum ^a sublimari trophæum. Et sexus fortior pudeat sexu superari femineo. Postremo, quod omnibus sacrilegium esse videbitur, si certe tantum adversor est Ecclesiæ sanctæ maledicat, quæ maledicentes se quotidie maledicit. Et utique maledictor Ecclesiæ est, qui viscera Ecclesiæ maledicit, imo qui ipsius Ecclesiæ, quæ non magis in aliis quam in ipsis martyribus computatur, inimicator profanus est. Nunquid non doctor noster, Ecclesiarum Christi magister Paulus, gentium apostolus, vas Christi electus, hunc angelum digito quasi denotans, præsago spiritu maledixit, dicens: *Si quis vobis aliud evangelizaverit præter id quod accepistis, anathema sit. Amen. Etiamsi angelus de cœlo evangelizaverit vobis aliud, anathema sit. Amen* (Gal. I, 8). Ecce angelus ille maledictus ostenditur, qui Pauli monita auctoritate sua via destruere conatur, nisi forte aut angelum bonum a tanto apostolo maledictum esse dicatis, aut hunc impurissimum, qui se præbuit ad habitandum impurissimo ^b angelo, ipsum prædicasse quod Paulus, procaci dicacitate reclamasti ^c mundo profertis. Et verum est quod a tempore jam dicti summi magistri nullus alius sub nomine angeli devia ejus prædicatione, et evangelicæ adversa adducere ausus est sectæ, nisi iste, qui sub nomine Gabrielis alterum Dei se hominibus detulisse mentitus est legem. Et licet multi hæreseorum auctores angelorum tenebrarum invasione fuissent delusi, tamen nullus eorum testamentum vice Dei præsumptus est usurpare. Verum si angelus de cœlo devia nostræ fidei proferens ore anathematur Apostoli, quid putandum est vaso illi nequissimo ^d convenire, si habitator ejus tam acerbo maledictionis vulnere condemnatur? Sed hæc et alias ^e.

9. Nunc ad teporem nostrorum reflectamus narrationis articulum, et totius nostræ tepiditatis statum parvis sermonibus propter justum divinum comprobandum exponamus judicium. Nunquid ipsi nostri qui palatino officio illorum jussis inserviunt, eorum non sunt implicati palam erroribus, cum enim palam coram ethnicis orationem non faciunt, signo crucis oscitantes ^f frontem non muniunt, Deum Christum non aperte coram eos, sed fugatis sermonibus proferunt. Verbum Dei, et Spiritum ut illi asserunt profitentes, suasque confessiones corde, quasi Deo omnia inspicientes, servantes. Quid his omnibus, nisi varietatem pardi zelo Dei zelantibus sibi inesse ostendunt, dum non integre, sed medie, Christianismum defendunt? Hæc tamen omnia bona defendimus, et non damnabilia, sed optima prædicamus? Et Christianos contra fidei suæ socios pro regis gratia et pro vendibilibus muneribus, et defensione gentilium prælantes, non maledicimus, nec detestamus, sed religiosos pro Deo vero certantes anathemate percutimus, et infamamus? Et hæc tota mente terrenti regis urgente peragimus, quem veloci fine carere fide indubitabili retinemus, et terrorem æterni Regis, ad quem citius trahi nos vere credimus et tenemus, post tergum rejicimus et conculcamus: atque qui eorum erroribus contradicunt, hæreticos et inscios judicamus? Nostra contra nos dimicant arma, et in vertice nostro descendit iniquitas nostra (Psal. VII, 17). Egregii prædicatores, et admirabiles gregum electi, boni et nonni ^g pastores, siccine nos docuit Christus? Sic omnes apostoli et doctores? sic cuncti qui, animas pro veritate ponentes, per diversos sudaverunt agones?

10. Rogo unde nova hæc in Ecclesiis est orta clementia, quæ infernalia hæc vomuit dogmata? Aut si temeritatis hanc vocem putatis, proferte quis hæc prius jussit Apostolus? Si error non est patule expugnandus, utquid descendit Dominus Jesus Christus? Utquid non interrogantibus, nec de sua conversione quærentibus ultroneum lumen cæcis adhibuit? Utquid prophetæ? utquid apostoli missi? utquid doctores? utquid pastores prævisi, nisi ut debelletur imperitia, et ultionem recipiat omnis perfidia? Quomodo implebitur quod Dominus futurum esse prædixit, nulla in gentibus prædicatione tonante: *Cum prædicatum fuerit hoc Evangelium in universa creatura, tunc erit finis* (Matth. XXVI, 13). Attendite, et tanti opificis sermonem discutite: *dum prædicatum fuerit hoc Evangelium in universa creatura.* Et utique prædicatio ignorantibus, et non credentibus inducitur, non jam ea quæ credenda sunt venerantibus et colentibus nota sæpius intentatur: fidelibus enim nota ingerere conlatio vel confertio nominatur, prædicatio tamen ea, nisi fallor, veridice dicitur, quæ velut ex opere, ut apostoli omnes fecere, cum periculo etiam capitis opportune, importune, ingeritur, et, ut lumen fidei recipiant non credentes, frequenter cum eis etiam si occurrerit periculi, indagatur. Et certe non aperte, ut omnis creatura Evangelii prædicationem dixit, recipiat, sed ut prædicatio Ecclesiæ omni mundo generaliter clareat, per quod ministerium et prædicatoribus inferatur debitum præmium, et contemptoribus justissimum æternum sine fine supplicium. Nec tantum illa apostolica tempora prædicationi fidei sunt contradenda, imo quousque omnis gens et lingua Christi Evangelio credant, prædicatio Ecclesiæ est per omne sæculum seminanda. Puto quod in ha

^a Ms., *Ad ore harum.*
^b Ms. *ii purissimo.*
^c Forte *reclamante.*
^d Id est Mahometo.
^e Ms. *Lilias*; legendum autem *Hæc et alias*, phrasis Alvaro familiaris.
^f Ecce quam vetustus mos ille signandi se in actu oscitationis! Hodie tamen os, non frontem signo munimus.
^g *Nonnus* vox est qua majores reverentiæ causa appellamus. Vide Gloss. Cangeanum. Et etiam lingua Tagalæ vox in Philippinis insulis sub eadem notione. Inculcat eam auctor infra num. 34, *nonnum Hilarium.*

maelitica gente nullus hactenus exstitit prædicar, per quod debitores fidei tenerentur. Isti [a] enim, ita dicam, apostolatus vicem in eosdem et evanlicam prædicationem impleverunt eosdem debitores lei reddiderunt, sed non [b] crassa ignorantiæ nube ntecti, mysterium currere Evangelii non videmus terris. Et evangelizantibus genti justitiam, in qua [c] illius prædicatio hactenus præbuit viam, insaniæ sciremus esse vecordiam non complementum angelizantium præscientiam præsagatam. Quanto amque philosophos super omnes aliarum gentium esse glorificant, tanto ab humilibus, et a nihil æter Christum scientibus, et hunc crucifixum, ento contemnuntur. Contra quos congrue et solite, doctos et mundiali disciplina incultos ipsa Veritas arvulos mittit discipulos, ut rustici et qui contemibiles videntur mundo, philosophos et regali inla decoratos verbis impetunt, pedibus conterant, nnemque potestatis tumorem calcaneo fidei pro hilo ducant. Hoc est quod egregius doctor rnobius in octavo decimo psalmo exposuit ec est, inquit, *qui se abscondat a calore ejus*. ulla enim, inquit, gens erit in sæculo ad cujus otitiam non attingat calor fidei Christianæ, quo est lex Domini irreprehensibilis, convertens imas, invitans ab errore ad iter rectum, a endacio ad veritatem ... ubi sunt *lætitiæ lætificantes corda*. Vere calorem fidei Christianæ hæc mahelitica gens ignorat ... et ministros Domini ne urente conspersos hactenus nesciebat. Facti imus, o fidei nostræ, si tamen dignitis esse, conrtes, canes muti, non valentes latrare. Impetus [d], i nos est cœleste bibliothecæ cultoris Hieronymi nctissimi dictum, in quo nullus [e], exponit prophecum: *Speculatores cæci omnes, universi canes muti on valentes latrare* (*Isa.* LVI, 10). Muti ad loquenam contra adversarios in nostros rabidi canes suius. Sed Dei potius sequamur vias. Nobis vero lupi, ia circa caulas sæviunt, vocem increpationis turunt. Inaudito genere, et inviso, lupi et canes in ace reversi sunt.

11. Hanc vero superbiam, quam nostri humiles i causas Dei tenendam conlaudant, per majorum licet historias requiramus, et quam verum profeunt comprobemus. Nonne Elias ab omnibus propheta magnus habetur? et certe ipse est, qui zelo ei non solum verbis, sed ense accinctus ultra quaringentos Bahal non timuit prophetizantes trunare cultores (*III Reg.* XVIII), et duos quinquagearios igne consumens, tertium non molledine entis, et humilitate se deprecantes, sed inlæsum [f] imisit (*IV Reg.* I), merito ipsius operis comproato, clementem Dominum ad vindictam provocans,

A et ante diem judicii impios igne consumens. Nonne ipse est qui zelo Dei et omissæ fidei cœlum clausit, nubes prohibuit, et terram idolatriæ irremediabili penuria panis afflixit, tribus annis et sex mensibus imbres prohibens, et misericordissimum Deum a pietate solita oratione suspendens, nulli pius existens sed perseverans immitis, et rigide pro ratione crudelis nec ætati vetulæ parcens? (*III Reg.* XVII.) Et quod magis crudelitatis et irreligiose animi esse poterat signum, infantum a perfidia innocentem parentali ætatem, multo severo juxta vos zelo contra sententiam Dei, qua jubetur (*Deut.* XXIV, 16) ut pro patris nequitia non ulciscatur parvuli anima, non vereret tantus et talis propheta truncare. Hanc crudelitatem Moyses legifer Dei, et scholæ Altito-
B nantis per quadraginta dies discipulus, non solum in Ægyptum zelo Dei usus est (*Exod.* II, 12), sed in tabulis digito Dei scriptis, quas infringere non retractavit, temere sanctissime et liberali fortitudine egit, et pro hoc non iram Dei, sed gratiam meruit (*Exod.* XXXII, 16). Forte hac severitate homo mansuetissimus, per quadraginta dies quibus cum Domino moratus est, imbutus fuit ... qui mox ad plebem prævaricantem descendit, tabulas, ut dixi, Dei confregit, et ad populum veniens ait: *Ponat vir gladium circa femur suum: ite et redite de porta usque ad portam per medium castrorum, et occidat unusquisque fratrem, et amicum, et proximum suum. Cecideruntque in die illo quasi viginti millia virorum*
C (*Exod.* XXXII, 27). Sed et Datan et Abiron, contra se indebite consurgentes, a terra conspiciens devorari nulla pietate solita inflexus, qua sæpe pro prævaricatori populo Dominum deprecabat, commotus est (*Num.* XVI). Sed futuram intendens emundationem multorum, necem æquanimiter toleravit paucorum. Horum crudelium exempla superabundant et divinæ paginæ ab his auctoribus crudelibus [g] scriptæ, nobis mansuetudinem ingerentes, hostes Dei insectare perfecto odio suggerentes, super sacrificium acceptabilem hanc crudelitatem quam putatis et verbis et operibus clamant. Inde Samuel crudelis, imo Creatoris servus fidelis, regem pinguissimum truncat, quem pius Saul rex vester conservat (*I Reg.* XV, 33). Sed Deus omnium crudelem pro-
D bans, et mitem reprobans, rejecit pium Saulem, et elegit Samuelem trucem. Noverat namque Samuel probans indisciplinatam molledinem, et Heli magistrum expulsum, et populum Dominicum, arca legis in alienigenarum potestate redactum [h]. Dicit et David: *Nonne qui te oderunt, Domine, oderam, et super inimicos tuos tabescebam? Perfecto odio oderam illos, inimici facti sunt mihi* (*Psal.* CXXXVIII, 21, 22). An ignoratur zelum Phinees, et exoratio-

[a] *Isti*, id est, qui Cordubæ ultroneæ sese judicibus btulerunt de quibus et pro quibus apologeticus hic uctoris sermo.

[b] Leg. *sed nos*, id est Christiani illi qui in maryrium eo tempore gestum improbabant.

[c] Id est in Saracenorum gente.

[d] Ms., *impetum*.

[e] Forte *illud*.

[f] Legerem, *non molledine mentis*, sed *humilitate se deprecantum, inlæsum dimisit*.

[g] Ms., *ab hos auctores crudeles*.

[h] Forte *arcam ... redactam*.

nem ejus iram Domini mitigantis [a] (*Num.* xxvii), ita ut ore prophetico de eo Spiritus dicat divinus: *Stetit Phinees, et exoravit et cessavit quassatio* (*Psal.* cv, 30). Et certe exoratio illa voce Psalmographi præcantata, gladii immitis in contemptoribus fuit sententia. Videant nostri misericordes hanc crudelitatem exorationem existere, et desinant in rebus divino sermone sacratis pietatem et humilitatem prætendere, pro qua Saulem a regno rejectum, et Eli sacerdotio vel vita legunt exemptum (*I Reg.* iii et iv). Recolant severitatem Petri et Pauli in Simonem vel Elimam magos, seu in Ananiam atque Saphiram (*Act.* v, viii, xiii). Et qui in suis contumeliis erecti, elati, superbi sunt et inflexi, et contra hostes Dei humiles, mansueti, simplices apparent et quieti, discant a Christo rerum omnium Deo, quam ab omnibus prophetis, apostolis, seu Patribus universis, ad illata opprobria propria existere humiles, et dejecti, et pro divinitatis ulciscendum contemptum fortes et rigidos esse debere, et non pietate horum incongrua, sed crudelitate hac sancta utere. Non est enim crudelitas, ut beatus Hieronymus ait, pro Deo pietas: quod in secundo libro apertioribus indiciis, et evidentioribus probamentis ex doctorum oraculis comprobabo. Sed hæc et aliis nunc ad propositum revertamus.

12. Persecutio unde orta sit aperte digestum est, et ideo ad nostros spontaneos martyres properemus. Zelo Dei Isaac religiosus, non humana instigatione, sed divina commotus, nec usitatum callem nostris temporibus, sed oblitteratum incedens, antiquum [b] persecutionis fumum æquo non sufferens [c] animo, judicem adiit, et ea quæ ille [d], flagello diro vexatus negabat, quæ inter verbera se non dixisse jactor debilis personabat, athleta fortis, belliger miles abundantiori prosecutione firmavit, potiori prælio intentavit, et ingenua mente inchoavit, peregit [e], consummavit, implevit, ut ostenderet omnibus fidei se zelo commotum, non timore necessitatis præventum, ut constanti fiducia Ecclesia prælians bella aperte proferret et patule quod quibusdam indiciis super comprehensum satigebant firmare, ut [f] produceret Dominus athletarum suarum mundo victoriam, et militum suorum rudi [g] mundo propalaret constantiam, et ostenderet quod in novissimis temporibus [h] victoris haberet, qui bella Domini, et instinctu quo prisci [i] intentaverunt, prælharent. Quid in hoc culpandum ducitis? Ecce persecutionem ab ethnicis natam probavimus. Ecce et nostros zelo Dei, non hominum insurrexisse firmavimus. Quid in hoc culpandum putatis? quæso edicere non moratis. Conspexerunt certaminis prælium, ... idonei sunt fidei lorica induti pulcherrimum bellum, prospero cursu, impigro gressu, postquam occisum unum, et alterum vulneratum [j] viderunt, ad certaminis campum ob gloriæ palmam occurrerunt.

13. Viri erant strenui et bellatores, pugnasque spiritalis desiderantes agonem, ubi si talis præbuit actio, qualis optabitur occasio. Cohibere non voluerunt cursum, quia conati sunt implere æterni sui Domini jussum. Quid imbecillium debilitatem opponis, et ne terreantur infirmi fortes infringis? Si infirmus, debilis, iners, timidus es, et inflatus, quiesce, et noli contra cives certantibus præliare, sed residens et eventum rei exspectans disce linguam tacendo frenare. Si habilis, si fortis, si audax, si constans, et abjectus [k] es bello Dei contra hostes ut strenuus, et non ut ignavus contra tuos, jacula torque. Quare intentionem mirabilem, agonem, et resurrectionis admirandæ fiduciam, et spei gloriosæ constantiam, et zelum fidei ac religioni catholicæ gloriam, non advertis? [l] Cur vitæ propositum [m], et ordinem sacrum, et confessionis prolixum dispositum, et internum longum animi prælium, et contra diabolum vel Amalecitarum cuneos erectionis vexillum tua persecutione infringis? Utquid catholici et sanctæ Ecclesiæ filiis, et pro dogmate eruditis, et Christi sequipedibus, et a mundi actione seclusis, et Deo solo hærentibus, mendacii nævum inducis? Cur non vereris, bonam ut Mariam eligentibus [n] partem adversari, et æmulis Christi in sententia ultionis contra sanctos perfide lata, quantum in te est, consentire? Illi occiderunt gladiis, quos adversos suæ fidei probaverunt: tu occidis sententiis quos fidei tuæ concordes non nescis. Illi eos a mundiali vita tollere conavere: tu eos a vita æterna niteris segregare. Sed absit ut segregentur a vita, qui animas perdiderunt pro vita. Absit, et procul sit a sensibus nostris, ut cultores veritatis, et Christi tanto tempore confessores, inludente diabolo extremum mendacio concluderent cursum. Dicat hæc imperitiæ factio, et præduratii occulto Christo justi judicio insensibilis multitudo, et summum Christianissimi ordinis gradum petulans quisquis ille diabolo in fine prosternat, et evigilans ipse nobis qui de ceteris ordinibus sentiat, si forte valet, exponat. Nostra vero egena dolis simplicitas, et Ecclesiæ pura nobis cum ista sinceritas, et confessionis ordinem divino spiritu celebrat duci et veritatem regibus nuntiantes inlustratos asserit Christi refectione felici.

14. Sed objicitis: Eorum occasione basilicæ De...

[a] Leg. *mitigantem*.
[b] Ms., *antiquitas*.
[c] Ms. *non sufferens*.
[d] Morales in divum Eulog., fol. 55 b, *alter*. Codex vero ms., *ille*. Vide sup. n. 3, ubi de S. Perfecto (quem hic auctor videtur signare) ait: *Se hoc penitus non dixisse*, etc.
[e] Morales, *inchoavit, ingenua mente peregit*.
[f] Idem addidit, *etiam*.
[g] Ms., *rudi mundo*. Morales, *rude sæculo*.
[h] Hic iterum Morales addidit *etiam*.
[i] Idem ibidem: *primi intentaverant præliarentur*. Sanctum Perfectum scilicet, interemptum, et Joannem flagellatum.
[j] Leg. *aptus*.
[k] Ms., *advertis*, sicut alibi non semel *avertere* pro *advertere*.
[l] Melius *propositum*.
[m] Ms., *elegentibus*.

...iduitæ a sacerdotibus manent, et persecutione grassante interdictum est sacrificium juge. Ad hæc ... sic respondet professio nostra, nostra hæc eceerunt delicta quæ contra martyres Dei imo contra ipsum Dominum, est insurgere ausa. Recolat ...paternalis vestræ collegio [a], quanta et qualia vesaniæ commoti procella contra Deum rebellionem [b] ...ripuit irm... et hunc sanctis martyribus nævum ...unt, si valet, inducat. Nonne ipsi qui videbantur columnæ, qui putabantur Ecclesiæ petra, qui credebantur electi, nullo cogente, nemine provocante, ...idicem adierunt [c], et in præsentia Cynicorum, imo Epicureorum, Dei martyres infamaverunt? Nonne pastores Christi, doctores Ecclesiæ, episcopi, abbates, presbyteros, proceres et magnati, hæreticos eos esse publice clamaverunt? et publica professione sine exquisitione, absque interrogatione, quæ nec imminente mortis sententia erant dicenda, spontanea voluntate, et libero mentis arbitrio, protulerunt? ...lcata scilicet conscientia, et fide despecta, mendacio cuncti, heu proh dolor! servierunt: et quos in catholica fide natos et matris Ecclesiæ uberibus nutritos noverant, meretriceo concubitu, et adulterorum cibo pastos esse timuerunt.

15. Et estne aliquis de flagello qui adhuc conqueri digne, cum causa ipsius patentem videt flagelli? Nonne perspicuum [d] est quod isti omnes mendacium ...ierunt professi, et secundum Veritatis dictum, hujus extremi temporis designans [e] periculum, scandalizati electi? (*Matth.* XXIV, 24). Electi enim quia speculatores gregis Dei, et sacris ordinibus decorati ...d scandalizati, dum veritatem, quæ Christus est, mentes publice contestare, falsum conati sunt ...o...are. *Perdes eos*, ait Scriptura, *qui loquuntur mendacium* (*Psal.* V, 7). Et: *Os quod mentitur occidit animam* (*Sap.* I, 11), multo magis propriam, quam ...ternam. Nam ut veritas Christus est Dominus, ...a mendacium Antichristus diabolus. Respuentes ...ioque, ut ait Apostolus (*Rom.* I, 25), veritatem, recipient mendacium, hoc est, ipsum hostem extremum ...timo judicio condemnatum, diaboli organum, et ...nium falsitatum aptissimus titulus [f]. Nihil quippe ...ritati, nisi falsitas contravenit. Et aliud dubium ...iod qui mendacium dicit, a Deo qui veritas est, ...ox recedit. Et non solum mendacium in levibus ...nediis [g] incurrimus causis, verum etiam in rebus ...immis et principali nomine consecratis. In ipsa ...ecialiter fidei veritate persecutionis articulo coarcati, nos multo amaritudinis infecimus felle, et cultores Christi hæreseon scandalo, quando in nobis ...stitit, induimus olida pelle. Hoc quod fors in publico, et potestatibus nos devacantibus feris actum ...t, forsitan alicubi poterit videri inultum ... quid

B obtendendum est de illis quos ecclesiastice interdiximus, et a quibus ne aliquando ad martyrii surgerent palmam juramentum extorsimus? quibus errores gentilium infringere vetuimus, et maledictum ne maledictionibus impeterent Evangelio et cruce educta vi jurare improbiter fecimus, imo feraliter et bellulino terrore coegimus, minantes inaudita supplicia, et monstruosa promittentis truncationum membrorum varia et horrenda dictu, auditu, flagella? Et væ nobis! contra Evangelium Evangelio usi sumus: quisquis namque maledicere prohibet, utique benedicere jubet. Pensemus hoc in loco si vobis justum videtur, nostras in publico mendaces, et illorum professiones veraces. Illi dixerunt quod omnis Ecclesia prædicat: nos diximus quod cuncta Christianitas infamat. Illi pseudoprophetam maledixerunt: nos cultores [h] Christi detraximus. Illi persecutores ethnicorum, nos persecutores Christicolarum. Illi audaces et erecti contra diabolum, nos superbi contra Dominum. Illi contra regem superbierunt terrenum: nos contra regem immortalem æternum. Illi quæ corde retinebant, ore sunt professi: nos aliud corde, aliud ore professi. Illi confessores et testes, ut dixi, veraces: nos, væ mihi! fictores fallaces. Carnalibus vero et minus peritis scandalum nasci tempore martyrii, beatus et lumen nostri Isidorus in rerum naturæ libro evidenti eloquio et apta figura Stellæ cujusdam Horione nuntiat. Horiones autem, inquit, significant martyres, nam

C sicut istæ nascuntur in cœlo tempore hiemis, ita in Ecclesia martyres procedunt tempore persecutionis. Procedentibus Horionibus mare turbatur, et terra: obortis vero martyribus terrenorum et fidelium corda tempestate jactantur.

16. Sed forsitan aliquis simulationem in causis talibus dispensatoriæ [i] asserit dignam, et apostolorum auctoritate vel legis hanc frivole intendit affirmare. Percurrant breviter ipsas dispensatorias rationes, et aperte invenient nullum in causis principalibus officiosum mendacium frequentasse. Nec hanc usos fuisse in periculum animæ, sed ubi multorum salutem, suumque in futurum principale noverant dispositum saluberrime parturire. Quod regis Israel [j] simulatio facetenus proferet, qui se idolum velle colere professus est, ideo ut sacerdotum latibula per diversa vagantes facili eventu prosterneret,

D dicens: *Congregate mihi omnes sacerdotes Baal. Si enim Acab servivit Bathalim in paucis, ego serviam in multis* (*IV Reg.* X, 18). Sic et David mortem corporis, non animæ, imminere respiciens, insaniam finxit (*I Reg.* XXI, 13), et lethalem casum non fidei, sed membri, quam incurrerat devitavit. Hoc modo Paulus vel cæteri seniores apostoli simulasse credendi

[a] Id est *collectio*.
[b] Forte *rebellio*.
[c] Ms., *audierunt*.
[d] Ms., *perspicuum est quos*.
[e] Ms., *designantem*.
[f] Ms., *aptissimum titulum*.

[g] Id est mediocribus.
[h] L. *cultoribus*.
[i] F. *dispensatoriæ*, cum statim *dispensatorias* memoret *rationes*.
[j] *Jehu*, scilicet.

sunt legis cæremonias implevere (*Act.* XXI), ut saluti gentium per hanc dispensationem licet consultum parvipendentes privatum dispendium in comparatione totius mundi, cui ex hoc imminebat remedium. Nec ad idola colenda inflexi, sed ad cæremonias Dei vivi sunt, licet jam illo tempore abolitas, conversi.

17. Hæ auctoritates alio in tempore sunt frequentandæ, nec in principali, ut diximus, fidei sanctæ cultu utendæ, sed subsequenter in salute corporis et hominum absque detrimento fidei comprehendæ. Mendacium vero et simulationem penitus fugiendam in re divina, auctoritate sacrata Eleazarus in libro secundo Machabæorum luminositer docet: qui ab amicis admonitus, ut secreto carnes alias præter immolatitias, vel suillas ederet, simularetque se prohibitas comedere, quas rex impius vesci instanter urgebat, ut et mortem evaderet, legisque non prævaricaret decretum, simulatum contempsit deludium, ut propalatum [a] sustineret trophæum, secuturis sæculis virtutis tuæ per hoc insinuans exemplabile documentum. *Non enim ætati nostræ dignum est*, inquit, *fingere, ut multi adolescentuli arbitrantes Eleazarum nonaginta annorum transisse ad vitam alienigenarum, et ipsi propter meam simulationem, et propter modicum corruptibilis vitæ tempus decipiantur, et per hoc maculam atque exsecrationem meæ senectutis conquiram. Nam etsi in præsenti tempore suppliciis hominum eripiar, sed manus omnipotentis neque vivus neque defunctus effugiam. Quamobrem fortiter vita excedendo senectute quidem dignus apparebo, adolescentibus exemplum forte relinquam, si prompto animo ac fortiter pro gravissimis et sanctissimis legibus honesta morte perfungar* (*II Mach.* VI, 24-28). Iste enim et simulare potuit sine transgressione illicita, et licita non simulanter, sed vere fuere; sed renuit, et pretiosam mortem pro Domino et legitima [b] ejus volens incurrit, dicens in sui transitus hora: *Domine, qui habes sanctam scientiam, manifeste scis tu quia cum a morte possem liberari, duros [c] corporis sustineo dolores; secundum animam vero propter timorem tuum libenter hæc patior* (*Ibid.*, 30). Hujus imitare decuit factum probabile, et non prosu illas [d] carnes, ut ipse venerabilis senex, sed pro veritate quæ Deus est, usque ad effusionem sanguinis oportuit decertare. Hæc pro horum simulato fidei documento; sed satis hoc loco digestum.

18. Nunc ad ea quæ cœperam flecto articulum, et probare nostro vitio inlatum iterum intentabo flagellum. Nostra hæc, fratres, nostra desidia peperit mala, nostra impuritas, nostra levitas, nostra morum obscœnitas, dum timemus ubi non est timor, et parvipendimus pro eo quod differtur supplicium sempiternum, secuti sumus horrendam mortem, et injucundum infernum: unde et tradidit nos Dominus qui justitiam diligit, et cujus vultus æquitatem decernit (*Psal.* X), ipsi bestiæ conrodendos. Suscitavit enim super nos ipsum quasi proprie maledictum, qui omnem Christianitatis gradum, et totius Ecclesiæ statum contrivit, nosque digne, et juste, merito, terratenus coæquavit. Nam dum maledicere leviter sanctos Dei nostra non timuit levitas, et maledictum defendere, imo quotidie publico sermone laudare in Ecclesia ex præcellenti loco nostra conavit temeritas, illico quasi ex inferno productum ipsum quem præconabili voce defendendo, quasi laudavimus, erecto in apice super nos justo Dei judicio doluimus, quem non mitem, sed crudelem et dirum, atque jugulum in nostris cervicibus acuentem hactenus sustinemus. Iniquitas nam nostra in vertice nostro descendit (*Psal.* VII), et malitia calcanei nostri nos circumdedit (*Psal.* XLVIII). Nec conquerere de quorumdam Christianorum, imo publicanorum insurrectione debemus, qui ipsi contra nostræ fidei cultores surreximus, et in quantum potuimus sanctos Dei dicacibus verbis maledicendo turpavimus. Et licet iste persecutor Ecclesiæ publicanus multum, permittente Deo, contra fidei suæ [e] canis surrexerit rabidus, et præbuerit gentilibus gladium ad populum Domini jugulandum, tamen sicut confitendum est, hoc fidelibus juste et merito prævaricationis evenisse, ita e contrario fatendum est, illum diaboli membris [f] adhæsisse, et ad probationem Ecclesiæ et palearum ventilationem instinctu Domini et peccati aculeo prosilisse: cujus resurrectio, licet permissione omnipotentis, ut diximus, hactenus prætendatur, tamen post peractum ventilationis vel probationis judicium, severiori, imo vero judicio punietur, ut et Christi Ecclesia probationis camino clarescat, et hostes ejus digna sententia tenebrescant. Quid enim aerum incommoditates, quid inclementia cœli, quid immensitas imbrium, quid fames populorum, nisi iram Domini clamant, et vindictam jam jamque imminere minitant et intentant? Templa enim Christi a sacrificio desolata, et loca sancta ab ethnicis exstirpata, et a publico eadem loca Dei destructa, censu crudeliter aggravata, per incommoditates aerum, et distributiones gentium, et incursiones vindicabitur [g] præhorum. Hæc enim omnis plaga fidelibus ad præmium proficit, infidelibus ad supplicium crescit. Mundamur namque per sæculi istius pressuras, si tamen resipiscentes nostras disposuerimus curare quas contraximus culpas. Cæterum si in errore pristino perdurantes obstinata mente, et indomabili corde, obliqua præcalcaverimus itinera, cavendum est, ne clementissimi patris ad majora ulciscenda provocemus sententiam, et non redemptionem, sed gla-

[a] L. *præparatum*.

[b] L. *licitis... legitimis*.

[c] Ms., *dolos*.

[d] L. *pro suillas*; ac corrige *pro suillis carnibus*, sicut statim dicit *pro veritate*.

[e] Deest aliquid; vel *contra fidem suam* legendum.

[f] Ms., *membribus*.

[g] Bravo, *vindicatur*, pag. 134.

num temporalem, imo mortem, incurramus perpenam.

19. Miror tamen aliquos invenire præpravos forsan non homines, sed vere cum minoratione dicendos homunculos, qui præsulem infamant maledictum, martyrium æquo animo sufferunt detestatum, venerantes letas [a] episcoporum in præsulem currentes sententias, maledictionibus et detestationibus plenas, et eodem mentis vigore adversum fidei episcoporum volentes decretum, sacrilegio et blasphemiis, ut leviter putant, in trunculos Christi refertum hominum maledictiones in episcopo attendentes, et humanas leges summa conservatione venerantes, divinas vero sanctiones contra hostem Ecclesiæ temerantes, et damnantes Christi martyres conlaudantes [b]: nec apertis oculis et reserato lumine se juste maledicto vident addictos, dum benedictionem nolentes, Christi contempserunt amicos. Cur enim Biothenatum [c] præsulem renuant nescio, dum testes Christi et veritatis ministros damnationi veræ [d] astrant, et longiuo subjacere judicio. Aperiamus ergo oculos [e] cordis, et judicium Domini justum in nobis videamus sævisse, et desinamus a contumelio martyrum, ne nos ultio regis æterni incorreptos perducat ad tartarum. Curemus ut non exeat maniloquium ex ore nostro, et in cœlum ponere os ostium (*Psal.* LXXII) vitemus, scientes quia misericordia et ira ab illo cito proximant, et timentes, ne subito furor ejus veniens disperdat nos, ne nobis illud Jeremiæ conveniat dictum: *Interfeci et perdidi populum meum, et a viis suis non sunt reversi* (*Jer.* XV, 7). Et iterum: *Multo labore sudatum est, et non exivit ab ea nimia rubigo ejus, neque per ignem immunditia tua exsecrabilis, quia mundare te volui, et non es mundata a sordibus tuis* (*Ezech.* XXIV, 12). Hæc et his similia intuentes, et sanctorum multorum opera compensantes, victoriasque fidelium extollentes, glorificemus Dominum, et nodum figamus criminibus, et dente rabido nostri immemores, quietudine jam lætantes æterna et regi suo facie tenus servientes, belluinis morsibus non impetamus.

20. Sed si fidem Domini sicut dignum est non prædicamus, saltim occulte prædicantes dextras auxilii demus. Rogantes clementissimum Dominum solite subvenientem delinquentibus Jesum Christum, cui et retroacta et nunc multoties intentata indulgeat, ac ne deinceps præceps actio consuete proruens cadat, sua invicta infirmorum corda potentia teneat. Hæc nostris non malivole, sed pacifice diximus; adversis vero constanter et elate, catholice, ut injunctum est Ecclesiæ filiis, prompsimus, et incondito eloquio quæ sunt nostræ visa inscitiæ, ut A conatus adtulit, tramite brevi digessimus. Et licet incomposita dictio sensum lectoris excruciet, tamen instantis devotio non inculta pensabitur, si quo animo cœptum est, Christiano modo libretur. Neque enim tam densa hebetudine teneor, ut mei oblitus per quæ displicere viris strenuis timeo, per hæc laudis me reputem gloriam incurrisse: quia nec in liberalium artium disciplina non excultum proprium ignoro studium, et nescientiam meam ipse non nescio, et quod magisterio humano non didici, exhibere aliis, ut potens ignarus, non valui. Et certe rusticitas, quæ mihi vernula hæret incultæ linguæ, imponere silentium debuit, et ne peritissimis et eloquentiæ splendore fulgentibus me importune ingererem, sapientissime fortasse aliquis [g] opinatur, B fuisse vitandum. Sed ego non quam venuste, sed quam vere scriberem cogitans parvipendidi philosophorum omnium laudem, nec ad defensionem justitiæ labia mea inerudita lingua prohibuit, quia non imputatur præputium oris cui circumcisio jussa est cordis. Habet namque præputium subdola et palpans invectio affrænata, et metas transiliens exaggerata fatuaque dissoluta ira, vel risu contexto [h]. Sed et accurata dissertaque in rebus perituris et labentibus fine facundia, vel in mundialibus et fidei adversis eloquia, polluti, incircumcisa et immunditiarum sordibus sunt inquinata. Rusticitas autem fructuosa, et imperitia in sacris extollendis mysteriis non venusta, non cœno infidelitatis et salebris voraginibusque sordida, turget, sed humilitate et veritatis C decore per se specifice fulget. Et ideo si qua forte adversantia catholico dogmati negligenter [i] disserui, non voto, sed cæcitate mentis urgente, ea rogo, lectores mei, fletibus diluant, precibus tergant, orationibus mundent: sermonum vero vitia tota ore intemerata relinquant. Judex enim ille cui hanc intentionem devotionis libavi, non verborum folia, sed radicem cordis discernit: nec ad curationem coruscam prosæ, sed operis finem intendit. Agitent eructuosas quæstiones philosophi, et Donatistæ, genis impuri latratu, canum, grunnitu porcorum fauce rasa, et dentibus stridentes, saliva spumosi grammatici ructent. Nos vero evangelici servi, Christi discipuli, rusticanorum sequipedi, quibus D injunguntur plena, quibus præcipiuntur fortia, et non cava, levia, et inflata: sed holocautomata injuncta sunt medullata, sectemur solida, et sententiarum vivacitate perspicua, non, quod absit, vacua et lethali peste turgentia, atque laudis humanæ ultro citroque fumosa, quæ magis mentem auctoris et tractantium macerat, quam textum aperiendo lectionis animos fæce conturna [j] infectos inlu-

[a] Bravo, pag. 130, *lectas*. F. *latas*.

[b] Bravo, pag. 131, prætermisit *conlaudantes*. Sensus tamen est, eos adversus quos auctor insurgit *damnare alios qui Martyres conlaudabant*.

[c] De *Biothenato* vide tomo X, tract. XXXIII, cap. 8, num. 8.

[d] Ms., *vero*.

[e] Ms., *oculis*.

[f] Ms., *catholica*.

[g] Ms., *aliquid*.

[h] F. *ira, contentio*.

[i] Ms., *dogmate neglegentur*.

[j] *Conturnus* pro flexu, deflexu, circuitu, accipitur quandoque apud Cange.

strat[a], ubique absque ratione cuncta procedens, et habens laxius metarum fines magis transiliens, quam adimplens, uno contumaciæ telo editorem, observantemque prosternens, dum et principium et vana gloriæ sumit, et se nisi in laudantium pectora non intrudit. Hæc contra Donatistas dixisse sufficiat.

21. Nunc id ea post discessum defensionis nostræ redeundum est, quæ huic parvissimo operi culmen perfectionis imponant et præcursorem Antichristi tota libertate, testimoniorum fasce tantum hac materiolæ exiguæ substentandum est [b], facile comprimant vel dimergant. A Daniele capiamus initium, et ex parte quæ in Antichristo a beato exposita exstant Hieronymo huic nefandissimo consentanea et vicina firmemus. Dehinc beati Job de Behemoth vel Leviathan dicta rimemus, et sancti Gregorii concordantes expositioni [c], quæ in Antichristo specialiter sunt designata, isti similiter ostendamus injuncta. Sic tertio loco ad Apocalypsim accedentes, et aliquas simili tenore species disserentes, doctoribus et illustrioribus secutoris disserendi omnia materiam relinquamus, et post quorumdam prophetarum vel sanctorum defflorata [d] oracula fine debito opusculum præcidamus ac in secundo libello doctorum sententias congregemus, nostrasque operosas tabellas veracium stellatione firmemus [e]. Si enim Domitium, Neronem pro immanitate scelerum, Antichristum aliqui firmavere, et Anthiocum eumdem figurare dixere, vel cæteras pestes contra Ecclesiam insurgentes, præcursores ipsius nefandæ bestiæ doctores probatissimi astruxere, quid nos post hodie incongrue garrient posuisse qui nævum operibus aliorum conant imponere? Ecce Danielis præsagium primo loco discutiens brevibus et consequentiam habentibus conclusionibus serviam, et non specialiter omnia, sed aliqua ex parte expediam, et hoc a Patrum regulis in devium non divertam. Dicit namque de undecimo bestiæ cornu: *Bestia,* inquit, *quarta, quam vidisti, quartum regnum erit, quod majus erit omnibus regnis* (Dan. VII, 23). Haud [f] dubium, quod Romanum significet, multoties elevatum, latiusque a regnis cæteris dilatatum. *Porro cornua decem ipsius regni, decem reges sunt et alius consurget post eos, et ipse potentior erit prioribus, et tres reges humiliabit, et sermones contra Excelsum loquetur, et sanctos Altissimi conteret et putabit quod possit mutare tempora, et leges, et tradentur in manu ejus usque tempus, et tempora, et dimidium temporis* (*Ibid.*, 24, 25). Quæ omnia historice, et proprie Porphirius in Anthioco posuit. Nostri vero in Anthioco typice, et verius in Antichristo, et rectius specialiter posuere. Nos tamen in hunc nostri temporis damnati hominis præcursorem [g] ex parte dicimus convenire. Nam in undenario numero surgens, qui Scripturis sanctis semper infaustus est, tria regna perdomuit, dum Græcorum, Francorum, quæ sub nomine Romanorum vigebant provincias occupavit, et Gothorum Occidentalium colla victoriæ plante calcavit; vel dum decalogum, hoc est, universalem religionem, et numerum, qui plerumque pro toto inseritur, dissipare conavit, et contra fidem Trinitatis, spe, fide, charitate munitam, superbire tentavit. Contra Deum excelsum sermones petulanti contumacia fabricans, grandia trutinans, et fumosa illa contexens, quæ vere Antichristo sunt proxima, et humili religioni nostræ satis adversa. Legem Domini miraculorum sole coruscam nebulosa involvere putans caligine, et fautoribus suis quasi ex jussu altissimi Domini ridiculo ausu, leves, et risu dignas texens historias, stylo falso, impura fronte, theatrali favore, fabulosa fingens mendacia nullo virilitatis vel rationis vigore prævenicta; sanctos Dei conterens, et de stellis cœli, id est ex Ecclesiæ filiis, partem pede scurrili calcans. Quod magis oculorum indicio, quam nostro expositionis comprobatur eloquio. Jam vero tempus, tempora, et dimidium temporis, capiti ejus specialiter injungendum est Antichristo et requirendum cur non aperte tres annos et medium dixerit, sed obscure illo vocabulo sermo hujus fuerit divinus, quo solitum est diversum sensum in corda partiri doctorum. Nam et annus quatuor tempora habet, et ipse unum tempus dicitur annus, et quinquaginta et centum, et brevem et longum horarum, dierum, mensium, annorumque spatium, temporum nomine designantur. Hebræi namque unum tempus septuaginta annos accipiunt, secundum illud: *Dies annorum nostrorum septuaginta anni* (*Psal.* LXXXIX, 10), vel juxta numerum annorum quo sub Nabuchodonosor fuerunt servitutis jugo addicti. Loque , — intelligentiæ genere ducti, tempus, tempora, et dimidium temporis in hoc loco Hebræi , — ducentos quadraginta quinque Ismahelitarum deputant genti, quibus peractis finem eorum regnum ipsorum satis audaci sermone confidunt. Siquidem in hoc Incarnationis Domini anno — octingentesimo quinquagesimo quarto, et æra quæ currit octingentesima nonagesima secunda, anni — Arabum lunares ducenti computantur quadraginta, solares vero anni ducenti XXVIII. Ex qua summa superant annos solares sedecim.

22. Nos vero hæc Dei soli intelligentiæ relinquimus, et eis qui divino Spiritu facti possunt cum Moyse nubem conscendere, et occulta Dei eo revelante clara facie intueri. Sed solerter est intuendum, et legali dissertionis studio prævidendum, ne hanc obscuritatem involutam temerarie tentet exponere mens vesana, et multiplicem designatam sententiam audacium et insolentium retractare præsumat insania de-

[a] Si *macerant*, et *inlustrant* legeris, sequentia quoque corrigenda.

[b] Testimoniorum face lucem rei dare velle, innuere videtur per hæc verba.

[c] F. *expositiones*.

[d] *Deflorare*, flores legere.

[e] F. *favillas*, ut sic quod sequitur *veracium stellatione firmemus*, idem sit ac firma et micanti luce doctorum, veritatem sui asserti illustrare.

[f] Ms. *aut*.

[g] Id est Mahomet, Antichristi præcursor.

estanda. Dicit enim in fine voluminis: *Pertransibunt plurimi, et multiplex erit scientia* (*Dan.* XII, 4); diversitatem tractantium præsago spiritu nuntiat, et non stolidorum, sed sapientium, commentaria prægnans. Multiplex namque erit scientia, dum multi non errantes, sed discutientes opinaverint multa, et universarum temporum causæ uno fuerint revelatæ sermone. Unde et opinor sublimaria significatione figurarum, et multiplici inductione problematum, nam eamdemque rem sæpissime multoties repetitam tam in tribus et quatuor locis sub alia atque longe alia demonstrationis figura id ipsum quod primitus figurare. Et hoc in omnibus operibus prophetiæ, ut opinor, debet intelligi, et sub varia repetionis specie unius temporis causas uno prophetiæ libro signare. Quæ sententia, si digna et amica mente perpenditur, non ex hac generatione livoris improbabitur, sed evidentium causarum eventibus confirmatur. Et isto intelligentiæ genere confirmati, eo possumus sine errore procedere, ut non solum prophetas temporis ipsorum dicamus spiritu divino nuntiasse, quæ gesta sunt, sed etiam omnium sæculorum quæ gerenda erant evidentissime præsagasse ut sermo divinus uno contextu sermonis totius sæculi exponeret causas. Ecce in Habacuc contra Nabuchodonosor sermo dirigitur, omnia vicina et consentanea mox clarum videntibus aperitur [a], nec a tramite veritatis errabitur, si prophetia adversum Chaldæos directa, in eos itidem exponatur. Hoc quippe magis congruit sapientiæ Dei, et catholico cui servimus dogmati, quam ut dicamus, cujus vesani hominis vel aliorum regnorum historiam prophetice non prævisam. Quinimo, ut mihi videtur, quod specialiter in capite prædictorum est dictum, in membro, imo, ut evidentius dicam, in gutture ejus, acute cernentibus ænigmatice servit, et hanc intelligentiæ sensum fides catholica non abhorret. Nam ea quæ in fine voluminis de ipso superborum capite Spiritus dicit propheticus, liquide et subtili indagine ventilata, huic nequissimi spiritus hospitis disseruntur [b] intentata. *Elevabitur*, inquit, *et magnificabitur adversus omnem Deum* (*Dan.* XI, 36), id est gentium, quos quasi religione, sed et magnificans, despectionis pede conterunt. *Et adversus Deum deorum loquetur magnifica* (*Ibid.*). Sanctificet contra Dominum dominorum cœli et terræ, creatorem æternum, legem illam quam instinctu dæmonum ex ejus nomine veneno composuit, et sequentibus se falsum testamentum tertium, falsa subreptione contexuit. *Et Deum patrum suorum non reputabit* (*Ibid.*, 37), hoc est, Ismahelitarum idola, quæ usque in ipsum tempus colebant, *Et erit in concupiscentiis feminarum* (*Ibid.*). Quis non videat hoc loco hunc impudicum specialiter hac sententia designatum? Et licet in Hebræo hoc dubie positum relegatur, quod scilicet habet, vel non habeat concupiscentiam feminarum dicente Aquila: Et super Deum patrum suorum non intelliget, et super concupiscentiam feminarum, et super omnem Deum non intelliget: quibus verbis, ut dixi, et habere eum inconcupiscentiam feminarum, et non habere intelligitur, quod dubie ideo reor positum esse, ut utrosque uno sensu sententiæ scientibus aperiret. Scilicet in hac priorem bestiam concupiscentiam feminarum affirmans et in posteriore non inesse declarans, dum et habere et non habere uno intelligentiæ potest intelligi tractu: nec tac est ut discordantia operum uni assignetur personæ, sed, ut dixi, ita uno sermonis textu unum indicat, ut [c] alium non dimittat: ita priorem sermo ferit propheticus, novissimum intactum divinus non relinquat spiritus.

23. Convenit, et satis ut reor optime congruit, hoc in loco horum gentium deridendos recensiri errores, omnique Ecclesiæ pro exsecratione habendos exponere fetores. Tradunt enim et quasi exclamatione egregia importunis garriunt disciplinis, hunc illorum amasium femellario opere occupatum præ cæteris hominibus afrodisiæ [d] obtinuisse virtutem, et abundantiorem omnibus a Deo suo illi pro munere datam Veneris voluntatem [e], liquoremque spurcissimi operis et largiorem cæteris habuisse, et faciliori effectu ab aliis digessisse fluxumque in coitum et vigorem, imo copiam in femineam libidinem exercendam quadraginta virorum a superis illi fuisse delatam. Quam spurcam, pinguemque abundantiam olidi lumbi non a rerum parente Deo, ut prædo iniquissimus sommiavit, sed a Venere ludibriosa, Vulcani conjuge, id est ignis uxorem, quæ et propter spumosum liquorem Afrodin dicta est: qui et opus venereum assignatur, *alkaufeit* idem impudicus nominavit. Egregia sane laus et multum carnalium elegans munus. Cui apte convenit illa in Sinahelitica gente ex hac generationis invectio, quæ ore super Egyptiorum fluxu manat prophetico: *Insanivit*, inquit, *super concubitum ex* [f] *quorum carnes sunt ut carnes asinorum, et sicut fluxus equorum fluxus eorum* (*Ezech.* XXIII, 20). Vel illud: *Equi insanientes in feminas facti sunt, unusquisque ad uxorem proximi sui hinniebat* (*Jer.* V, 8). Quod hic impurissimus vates et fecisse prædicatur et prædicasse laudatur, dum seductus et sua voluptate illectus uxorem proximi sui fidei suæ consentaneo tulit: quam adeo [g] sibi per revelationem Gabrielis junctam mentitus est. Quam impurissimi sectam, impurissimi sequipedi ampliantes [h] amissarii [i] et adulteri universi sunt facti: dum et propter juramentum scindunt conjugium quod, [j] majore dedecore iterum adulterando conjungunt: et pellices multiplicando a trigamis vel quadrigamis serviendo femellarii, imo verius amissarii equi hinnientes, seu in-

[a] F. *omnia clare aperiuntur.*
[b] Ms., *disseritur.*
[c] Ms., *et.*
[d] *Aphrodisiæ*, id est Veneris.
[e] *Voluptatem* intellige.
[f] Vulgata, *eorum quorum.*
[g] F. *a Deo.*
[h] F. *amplectantes*, vel *ampliantes.*
[i] Supra in Jeremiæ textu dicuntur *equi amatores*, et *emissarii* hic *amissarii*, hoc est *admissarii*: quod Latine loquentibus probatur amplius.
[j] Ms., *quum.*

dentes asini, sunt universi. Pudet quippe tota retexere quæsita licita sibi in mulieribus, usurpando naturalem legem, et novas vias libidinum inquirendo, væ mihi, plausibiliter agunt. Nec sinit nos rubor genuinum rhetoricum contra hostem jactare sermonem, præsertim quia pudor silentium imperat. Et licet invectio accurata exerto opere in campum tota producat et impetenda jaculis pugnatorum digerat, vel exponat, tamen inconveniens ictio, et non digna ipso operi membra magis se leviter palpari tenui significatione desiderat, quam procaci denudatione vocabuli intecto eloquio, inverecunda lingua, modestis lectoribus turpia denudari ne verecundiam qua illi caruerunt opere, nos etiam amittamus sermone.

24. Nullus vero adeo libidinis perditus, et volutabri sordibus exstitit feculentus, ut hic leno fetoribus inquinatus. Qui etiam conjuges alienorum, ut diximus, lenocinanter fruitus est, angelica jussione sordium suarum scabredinem celans, ac sibi credentes scorta passi et nullo saturo [a] coitu finienda in paradiso Dei sui ob remunerationis donum jugiter potienda promittens, ita ut extremus calor instinctu unius horæ solito non terminetur spatio, sed protendatur per septuaginta delectatione virorum, ipsa delectatio specialiter profluens asinorum. Habens quisquis ille paradisi fuerit colonus veternosus amplíatum fluxum, et desiderum pinguiorum [b] extentum et per omne coitum virginitas tam prolixo facinore perdita, tamque inflexibili calamo perforata itidem fruentibus serviat restaurata, crescensque disrupta pelliculæ ipsius concisio, et tenuis defrigata lappæ contexio, non dolore functionis patientes exterreat, sed delectationis dulcedine utrosque dulcoret, desiderium potiendi per hoc avidiorem [c] mentibus suggerens, et ardentissimam gulam renovationem non finiens, sed extendens. Et ingentiora alia, quæ de utroque sexu, et utraque natura, illecebrosa invectio non puduit populo perdito ex persona omnipotentissimi Domini impuris genis conficere. Quæ omnia in alio opere enucleatius et limatiori invectione, si Deus vitam concesserit, disseremus [d].

25. Sequitur: *Nec quemquam deorum curabit, quia adversum universa consurget* (*Dan.* XI, 37), scilicet, quia et Gentilium et Judæorum seu etiam Christianorum religionem despexit, et contra universa surrexit. *Deum autem Maozim in loco suo venerabitur* (*Ibid.*, 38). Maozim grandis et major dicitur, seu fortis vel fortissimus. Si vero non majorem, sed fortissimum dixerit aliquis figurare, respondemus ei, quod fortissimum, id est Deum, se simulet hic religio in loco suo venerari. Sed hoc ideo agit, *ut muniat Maozim cum deo alieno quem cognovit* (*Ibid.*, 39) [e]. Quod Theodotion apertius explicat: « Et hæc, inquit, aut [f] ut muniat præsidia cum deo alieno et cum eis ostenderit, id est suis, multiplicabit honorem, et dominari multis faciet, et terram dividet gratis. Ideo Deum fortissimum se simulat adorare, ut Deum alienum suis introducat, et perversa [g] ratione in Dei honorem multiplicet in gentibus, et accumulet dominatum. » Quod isti in fumosis turribus quotidie barritu enormi, et monstruoso, ac ferarum ritu [h], dissolutis labiis et faucium latu aperto ut cardiaci [i] vociferant, ac voci ferando velut furiosi præconant, *ut muniat Maozim cum deo alieno quem cognovit*, id est ut Maozim quem illi *Cobar* vocant, hoc est majorem, cum deo alieno, id est dæmone illo qui ei sub persona Gabrielis apparuit, uno venerationis nomine muniat; ut per hoc errorem suum in corda credentium tegat, dum nomine majoris Dei ritum vociferationis extollit, et superstitioso conatu, nefando spiritu, nobilium animis inficit. Sed ne videar hæc ænigmatice et non proprie dicere [j], et magis reputet ingenio humano quæsita quam divino spiritu enucleata proferre, apertiora inducenda sunt probamenta. Ecce enim eodem ritui dediti dies illos quibus insaniam in domo idoli consecrant, eodem vocabulo hactenus nuncupant; et propter linguæ Arabicæ diversitatem, quæ parumper in plerisque nominibus [k] ab Hebraico discrepat, *Almozem* ipsæ feriæ [l] appellantur, ipsoque tempore quo jam dicto idolo antiquitus ipsa gens vel gentilitas posita ex universis partibus concurrebat, nunc eadem perdita turba annue confluit, ipsique dæmoni [m] quem putant a loco ipso fidei ipsorum magnitudine exstirpato, perenniter serviunt Maozim *in loco suo*, ut propheta Spiritu divino retulit, neque hodie incolunt, quando et ipsos [n] dies solito nuncupant nomine, et mensem illum quem *almo arram* [o] vocitant, ut cultores idolatriæ olim sustollebant, ita hi hodie abundantiori, perfectiori, ut sibi videntur, cœlo tenus perferunt. Pudet [p] namque insaniam ipsius domus singillatim exponere. Nec expetit breviter aliqua ex multis deridenda jaculis impetire, cum nostris teneatur in mentibus tota quandoque fidelibus publicare. *Et multiplicabitur gloria ejus, et dabit eis potestatem in multis, et dividet eis terram gratuito* (*Dan.* XI, 39). Divisit namque eis terram, magis quam cœlum, et gloriam dedit gratuito dum

[a] F., *saturi*.
[b] L. *pinguius*.
[c] L. *avidius*.
[d] Vide Notitiam, supra col. 387.
[e] Ad horam hic in codice notatum: *deo alieno*, *dæmone dicit*.
[f] F. *agit*.
[g] F. *per veri*.
[h] Melius *rictu*.
[i] Id est, qui cardiaco laborant morbo.
[j] Ms., *dici*.
[k] Ms. *in pleraque nomina*.
[l] F. *ipsæ feriæ*.
[m] Ms., *ipsoque dæmone*.
[n] Ms., *et in ipsos*.
[o] Incuria hinc transcribentis apparet, dum inter Arabes degens, mensem illum ita inconcinne scripsit.
[p] Ms., *Putet domui*.

gem quam usque ad ipsum tempus ignorabant con- stituit Hebræi tamen non gratuite, sed cum pretio nam venundare asserunt positum Quod Theodotion tertius explicat « Et hæc inquit ait [a], ut muniat æsidia cum Deo alieno, et cum eis tenderet, id t suis, multiplicabit honorem, et dominari multis erit, et terram dividet gratis Ideo Deum fortissimum se simulat adorare, ut deum alienum suis troducat, et perverse rationem Dei honorem multiicet in gentibus, et accumulet dominatum » Per iod evidenter hujusce gentis vel regni specialiter tio reseretur Illi enim etiam loca, quæ mercimoæ instituta deserviunt, in quibus solitæ nundinæ ercentur [b] tecto carentia, soli et cœlo patienti a [c] etiosa pecunia venditant, ita ut nullus audax præmptor, nisi pretio soluto [d] sensionem mercandi iæ propria necessitas exegit, quocumque casu præmat Hæc omnia ipse cornu undecimum [e] ingentia quens (Dan VII, 8) instituit, quod ex tribu modica rgens, et non potestate, sed dolo, et quasi æmulame legis, auctiori virtute crescens, regnum pautim invasit, brachiaque Romanorum, id est præla Heraclii imperatoris, in quibusdam locis perdomit Ideo ex parte ei omnis hæc competit prophe- in qua de modico populo prodire dicitur bestia ide in cornu bestiæ quasi oculos hominis dicuntur si Quid enim per oculos, per quos dirigitur visio, si lex illa signatur, quam instinctu dæmoniorum rditis occulto Dei judicio detulit? *Præceptum enim omini lucidum, illuminans oculos* (*Psal* VIII, 9) d quia non in decimo numero, sed in undecimo velati, et non oculi, sed *quasi oculi* sunt denotati, eo non lex dicenda est proprie, sed quasi lex crenda est usurpata Ac per hoc adversaria testaentis divinis vindice comprob nda Hæc est illa rutio contra Deum ingentia hæc est fortitudo ntra Altissimum elevata, hæc est stellarum cœli a præsumptio, partim pede victoriæ conculcata lta prætereo quia multum festino

26 Ad beatissimum Job veniamus raptimque ntentiam Behemoth, ex ejus verbis sanctissimis ob XL, 10 *et seqq*) exponamus Qui eum ut veerum super filios terræ consurgere dixit, totumque men ejus fumosum nocturnas tenebras præcedens, nium corda caliginibus involvens [f], aperto ore velante sibi divino spiritu sequenti sæculo deonstravit In quorum verborum principio nomen tis concinne videndum et ex vocabulo, operum liditas est exponenda Dicitur namque anil nam [g] *Behemoth* ex Hebræo, in Latinum *anil* sonat Aperte haud [h] dubium, quod ejus stultitia r hoc nomen divulgatur Siquidem in litteris [i] ex-

A stitit, nihilque legere vel scribere nequit *Fenum* etiam *in comestione*, non triticum legit vacua tota prædicans, et ex religionis soliditate nihil habentia, sed solum insanir, et perfidiæ erroris vestita Sed et fenum quod comedet, possunt vacui intelligere homines, a lege, quod decepit Siquidem universi gentilicio cœno, et idololatriæ malo, erant infecti, quos vacuos inveniens devoravit, et sibi perpetuo vinculo colligavit Fortitudinem *in lumbis, et in umbilico* possidens, ut superius solo clarius textus expositionis educuit Has quoque regiones quam maxime in utroque sexu, luxuria et libido præceps retinet Quantum [k] seminarium licentiose, et vaga libertate, legis auctoritate distendens, am tori se putavit potentia dilatari, et propagationum traducibus
B numerose nactus est sæculum obtinere *Caudam suam sicut cedrus strinxit*, dum sequipedas fidei suæ severitate legis, et diabolicis regulis, in futuro prævidens solidavit Quam caudam nos experti sumus, qui in novissimo tempore constituti atrociorem persecutionem ipsius bestiæ sustinemus Ipse est enim ille *Rex impudens libidinibus, et adulteriis, facie et intelligens propositionum iniquarum præstigia* (*Dan* VIII, 23)

27 *Nervos habens testiculorum perplexos*, libidinibus profluos, et germinatione saturos, seu prædicatores contra humanitatem Dei, et Domini nostri acuminis assertione robustos *Ossa ejus quasi fistulæ æris*, omnes robusti illius, insensibilem reddentes
C linguæ arabicæ plausibilem sonum Nimirum ut beatus Gregorius ait [l] More metalli insensibilem sonum bene loquendi habent sed sensum bene loquendi non habent *Cartilago ejus quasi lamina ferri* Cartilago namque ossi habet speciem sed artuum non retinet firmitatem, eo modo et hujus iniquissimi duci ministri pietatis specie facie tenus ostendunt perditis, sed carent fructo ejusdem castissimæ pietatis, hypocritarum, non sanctorum imitantes vigorem sed versutorum, non humilium sinceritatis æmulantes virtutem, simulatores et callidi, qui iram semper provocant Domini Post quorum expositos dolos inspiratorem verbi gladio ferit *Ipse est*, ait, *principium viarum Dei* Ac si diceret, Idcirco ad tam multipliciter magna et majora multiplicata
D homo iniquissimus sufficit, quia inspirator ejus diabolus in natura rerum prior substantia conditus exstitit Sed sapientissimus Conditor, qui eum primum creaturarum omnium fecit, juste gladium ejus in quibusdam plicavit, cum eum sævire in electos quantum ejus voluntas maligna suggerit, non permisit *Huic montes herbas ferunt* Elati videlicet sæculi, et tyranni sævissimi, iniquissimas ei offerunt

[a] Vide supra eadem verba prænotata
[b] Ms, *quam in qua nundinas exerceretur*
[c] Ms, *potentia*
[d] Ms, *pretioso luto, sensio* idem ac sententia Ex oss Isidorianis Hic autem *licentiam* videtur signiare
[e] Ms, *Cornus undecimus qui*

[f] Ms, *præcedente involvente*
[g] Ms, *Ham* Sic alibi non semel H. pro N
[h] Ms, *aut*
[i] F *inlitteris*, id est, illitteratus infra enim num 28 dicitur *sine litteris ortus*
[j] F *qua* vel *quos*
[k] M, *Quantum*

voluptates [a] et certe dæmones, qui tenebrosi in Scripturis montes vocantur, seu principes terræ, et philosophi, qui et exquisitos dolos, exquisitosque doctrinarum diversarum porrigunt mendacii cibos. *Omnes bestiæ agri ludent ibi*, vel in corde impiissimi dæmones, vel in lege ipsius multarum hæresum novitates, ex quibus sectis venenum suctum ore patulo suggens, connectionem opere se [b] inficiens [illegible] suis milleno sectarum ritu contexit [c], quam ex hæreticorum, philosophorum, Judæorumque doctrinis componens diversis gentibus colore fidei tecta vestivit, cunctisque levibus pastinatum [d] operculum propinavit. *Sub umbra dormit* utique tenebrarum et mortis, seu caliginum et errorum, nec a Christo, qui verus et æternus sol creditur, vel tenui luminis radio illustratur, *in secreto calami, et in locis humentibus*, ubi voluntas grammunea [e], et ubi heos liquidus, et exosa ludibria, ubi effrenata barbaries, et exsecrabilis furia, et perplexa luxuria, et propagatio, et irritatio est nuptiarum, et dissolutio, et enervatio fluit animarum, et in quo illi densantur qui exterius apparent nitidi, intrinsecus medulla sunt vacui. *Protegunt umbræ umbram ejus*. Omnes certe iniqui mendacio suo mendacium illius proprio defendunt obsequio. Sicut enim in corpore veritas, ita in umbra corporis falsitas. Omnes enim, ut dixi, iniqui, et sævitiæ fæcibus pleni, mendacium illius suo mendacio protegunt, et in quo ille forte non attente curante deali vestigio claudicavit, et se veritate victus defendere non curavit, hi proceres, et sapientia [f] sæculari florentes, ac versutia assertionum pollentes, ingeniosa arte, et erudita [g] falsitate, exquisitis sententiis ornate [h] defendunt, et elate componunt, ejusque operis patentem [i] mendacium fucata falsitate colorant verborum. Sed et *umbræ* possunt accipi dæmones alii, qui hunc habitatorum sceleratissimi corporis obsequiolo proprio se protegere fingunt. Tradunt [j] enim eum pacem inter spiritus sceleratissimos a se dissidentes reformasse, et multos ex dæmonibus sua fidei inclinasse, legemque suam illis tenendam memoriter tradidisse. Unde et in lege ipsa horribili, frequenter ex persona Dei dæmonibus vel hominibus sermo prædicationis inducitur, et ut credant et frequenter ingeritur. *Circumdabunt eum salices torrentis*, videlicet infructuosi et qui fluxu libidinum revirescunt, hujus enim arboris semen in cibo sumptum sterilem efficit. Tales sunt ministri hostis Ecclesiæ, sterilitate filios auidi, et sementem doctrinæ penitus enecantes, e regione Ecclesiæ, filii de lavacro conscendentes omnes gemellos fœtus producunt, et A sterilis non est in eis. *Absorbebit fluvium, et non mirabitur*. Multitudinem videlicet gentium absque legis notitia, quem radicitus devoravit, *et habet fiduciam quod influat Jordanis in os ejus*, eos putans etiam vaferro dolo consumere, quos unda sacri baptismatis lavit, et regis character signum crucis Christo Deo nostro et regi dicavit.

28. Jam ea quæ sequuntur [k] habitatori vasculi contumeliæ perpetua præparato magis pertinent, quam Biothenato homini illo, qui escam videns, et hamum ignorans, morsum figens transfixus est, ut pote qui inceptione in Zabuli sentiens, angelum lucis lo. ter credidit, captusque non nesciens fuit. *Et perforabit sudibus nares ejus*. Per nares odor trahitur, et res foris positæ olfactu protinus indicantur. Magister vero noster et Dominus nares ejus B usque hodie sudibus forat, cum per sanctorum prudentiam omnes eorum calliditatum dolos enervat. Nunc ad illum vocabulum sermo divinus apostrofam [l] facit, et expressiori nomine artes ejus et consilia patefacit. *An extrahere*, inquit, *potes Leviathan hamo?* Leviathan *additamentum eorum* dicitur, quorum videlicet nisi hominum superborum, qui semper plus appetunt, quam sunt, videri? Quod huic aptissime congruit, qui temeritate propria commentus est supra ea quæ Dei ore erant elicita, quasi alta inferre novitia, qui merito serpentis nomine designatur, quia serpentis more incedens cunctum generaliter orbem serpendo replevit, qui hamo vere divinitatis tunc captus est, quando corpus appetens acumine verbi transfixus est. *Circulumque in naribus* C positum tenet, quia licet astute fortia pulset, tamen infra [m] circulum opificis currit. Nec tantum tentans quantum appetit, nec tantum appetens quantum tentat. Cujus et *maxilla perforata* ideo dicitur, quia plerumque quos avida mente invadit, potentiori ordinatione dimittit. Semel quippe raptus, exire non poterat, si non maxilla draconis foramen haberet. *Multiplicat ad Deum preces*, dum membra ejus pro eo momentis singulis Dominum interpellant. Preces accipiendæ sunt leges illæ quas fabuloso usu [n] contexuit. Et *loquitur mollia*, quæ per ora eorum multo eloquentiæ splendore miserationi vicina quotidie insonant, dum jugiter dicunt: *Domine, parce* D *prophetæ illi*. Nec usitatori quo pro aliis genere locutionis solitum est dicere, sed tropice, et multo aliis rebus accommodato sermone: *Psallat Deus*, aiunt, *super eum et salvet* [o]. Et sicut nos indesinenter pro omni gestu, omnique sermone ex evangelica auctoritate procellis urgentibus, apostolice docti *Christe salva nos* dicimus, ita illi per eum

[a] Ms., *voluntates*.
[b] L. *operose*.
[c] Ms. *conficuit*.
[d] L. *fascinatum*.
[e] An *grammineæ*?
[f] Ms. *sapientiæ*.
[g] Ms., *eruditate*.
[h] Ms., *ornare*.
[i] L. *patens*.
[j] Ms., *tradunt*.
[k] Ms., *quæ sequitur*. Quæ in textu autem Job sub sequuntur, quæque hic videntur prætermissa, hæc sunt: *In oculis ejus quasi hamo capiet eum*.
[l] Id est *apostropham*.
[m] *Infra* hic idem ac *intra*, ut passim apud auctores infimæ latinitatis.
[n] L. *ritu*.
[o] Ita et divus Eulogius lib. II, cap. I.

ta momenta indesinenter verbum jam dictum epetunt et hoc familiariter, præconabili voce, i domibus et turribus clamant, replicant et præ-onant Et qui per multa dellait, et deliquit, multis quos ipse perdidit et frequenti ora-one commendatur Sed orationibus transgressorum lucri non poterit, qui rogantes pro se ne exaudi-ntur erroris sui deceptione cecavit Omnis tamen jus dolo exquisita doctrina, verba sunt mollia, uem caduca promittens [a] et fluxa, labii et illece-roso dulcore manent compacta vel verbi illa sunt iollia, quæ argumentose et exquisite in lege illa orribili somnians fabulavit Et sicut lex Dei angelis, omnibusque, ex auctoritate Dominica intonuit, ita uc e regione diaboli dogmata dæmonibus, et per-tis hominibus, verbum fidei porrigit, crebre, et ssidue dicens O multitudo dæmonum, et omnium uod Arabice dicitur *Lemahascai algeu* Et bene icitur ipsius in usus est [b] quasi avis Quia escam icante appetens gula [c], laquei non prævidit pedi-*m* qui merito dicitur avis, quia rex est istius ris in quo volucres volitant [i], et principes tenebra-um potestant Quia brutus ex [d] sine litteris ortus t behemoth, hoc est animal, dictus est Quia do-sus apparuit, versutus et callidus serpens vel aco, est nuncupatus Dicitur et avis, eo quod su-ribus, elatus et vagus incessit, nulloque freno tem-erantiæ semetipsum munivit *Concident eum amici*, ique Domini hi videlicet qui dolos illius universo undo exponunt, eumque publica professione ho-um Ecclesiæ insiluisse contendunt Toties enim ncidium, quoties anathemate denotatur *Divident m negotiatores* sancti viri, qui membra draconis capiti perfido dividentes, sibi conjungunt *Et im-ebis sagenas pelle ejus, aut gurgustium piscium ca-te illius* In pelle exteriora, in capite majora, et culentiora designat Servato ordine sagenas, vel rgustium piscium, id est Ecclesiam suam, et vota lelium, primum se pelle ejus, et postmodum ca-te, asserit impleturum, quia primo elegit infirma, post confunderet fortia Intra Ecclesiam quippe clum primus quasi pellem diaboli extremos atque timos colligit, et postmodum capite ejus prudentes in adversarios subdit (*I Cor* I 27) *Ponetque su-r eum Dominus manum*, quia forti illum potentia primit, nec plusquam expedit sævire permittit citur Ecclesiæ *Memento belli, nec ultra addas loqui* æternam positum est, et sæculo receptum Ejus itra te interna prælia ad mentem revoca, et noli minum accusare de exteriore, quam conspicis, alto elevata potentia vel certe memento, quia ad c tibi pugnæ certamen opponitur, ut qui legitime [e] rtaverit, coronetur Si tamen patienter [f] tentatio-m impetus ferens de proprio nihil præsumpserit

A super quod legi Domini auctoritatis elevatum cacu-mine videt nec [g] additamentum incurrens super superbia, recte Leviathan istius figuretur corpore quia *spes frustrabitur illum* manum opificis evadere, et æternum supplicium angeli tenebrosi delusione se extimat, non teneri seu *spe illa frustrabitur*, qua se credit passivam libidinem in futuro sæculo per diversa scorta largo dispergere fluxu

29 *Videntibus cunctis*, electis, et reprobis, vel quos decepit, *præcipitabitur* in stagnum ignis arden-tis *Non quasi crudelis suscitabo eum* (*Job* XLI, 1 *et seqq*), ut pote qui magis misericors per eum, et justis debitum præmium, et injustis competens me-ritis irrogo supplicium *Quis enim poterit resistere vultui meo*, a quo hæc sacrata ordinatio, et justa, in B mundo procedit? Nullus certe, misericors et patiens super malitias hominum, Domine Et *quis ante dedit mihi, ut reddam ei?* Iterum verissime tibi dici-mus, justissime Conditor, et piissime Deus, nul-lus quia a te omnis creatura subsistendi vigorem accepit Si ergo resistere Omnipotenti miseri non valemus, nec debitorem æternum, ut pote caduci ex nostro opere retinemus, operum ejus rationem discutere non tentemus, quam justam ex supplicio peccatorum, et gratuitam ex dono videmus justo-rum Sed ne desperatio confoderet animas audien-tium, mox futuram in eum latam sententiam divina promulgavit censura, dicens *Non parcam illi ver-bis potentibus, et ad deprecandum compositis* Com-C positionem ut jam dixi verborum, et preces omnium ejus membrorum, quotidie pro eo eleganti facundia, et venusto contectas [h] eloquio, nos hodie per eorum volumina et oculis legimus, et plerumque miramus Sed non parcitur ei tantis et talibus, quia oratio prævaricatoris fit in peccatum, et jugi curvatione et multiplici capitis pressione quam ostensione jactan-tiæ creberrime terræ defigunt, non eis remedium, sed supplicium acquirit æternum Per quod perspi-cue datur intelligi quod omnis oratio, vel opera, quæ in Christi fide non manent fundata, vacua inve-niantur tempore judicii, et noxia Sine Christo enim omnis virtus in vitio est dicente ego *Ego sum lux mundi qui sequitur me non ambulabit in tene-bris, sed habebit lumen vitæ* (*Joan* VIII 12) Et ite-D rum *Ego sum via, veritas, et vita* (*Joan* XIV, 6) Quisquis vero lumen, veritatem, vitam, et viam non tenet, in tenebris ambulans et mendacium retinens, per devia errans, mortem æternam incurrit *Quis revelabit faciem indumenti ejus?* id est malitiam ejus facie tenus pietatem prætendentem quis denudabit? *Et in medio oris ejus quis intrabit?* Calliditatem legis iniquæ quis penetrabit? involutumque errorem et numerum litterarum, quem in quibusdam fabulose suæ legis locis intexuit, quis discussione acerrima

[a] F *quæ caduca promittentia*
[b] *Lege inlusus est* dicit enim textus Job *Num-id illudes ei quasi avi?*
[c] *gula*
[i] *Ex* I *et*
[e] Ms , *legi mew*
[f] Ms , *patientes*
[g] Ms , *ne*
[h] Ms , *confecte*

ventilabit? *Portas ejus quis aperiet*, quas clausas et obtectas veneno conclusit? Subauditur nisi ego qui electis meis, et pusillo gregi, imo malitia parvulis, sapientiam doctorum ipsius subdolam, et fraudem subtilem, tectamque, præstigium perspicua cognitione diaboli compactum veneno, meis omnibus patuli manifesto. *Per gyrum dentium ejus formido*, terror potestatis evidentibus signis editur, qui in ejus muniendum mendacium, et oris fallacissimi verbum severa legis ultione consurgit. *Corpus illius scuta fusilia*. Scuta fusilia telorum sunt ictibus repugnantia, sed manent casu fragilia. Ita et prædicatores crudelissimæ bestiæ per obstinationem mentium exsistunt, vera prædicantibus duri, et per conversationem operum mereri [a] et caduci, qui et Ecclesiæ contradicunt inflati vento superbiæ, et ipsi carnis se propria interficiunt voluntate. *Compactum squamis se prementibus*, corpus draconis scamis compactum est, ne jaculis pateat prædicantium, qui scamas Ecclesiæ objicit, ne veritatis sagitta possit transfigi, sed se premit non alios, dum putat se defensionem clypeis [b] tegi. *Una uni conjungitur, et ne respiraculum quidem procedit per eas*. Scilicet respiraculum vitæ obduratæ enim sunt et conjunctæ obstinaciter ad malum, nulli reddentes boni odoris olfatum [c]. *Una alteri adhærebunt, et tenentes se nequaquam separabuntur*. Forti quippe conjunctione et tenaci glutino iniquitatis connexi, unanimes et æquali sunt majore vitio [d] glutinati. *Sternutatio ejus splendor ignis*. Quid per sternutationem [e], nisi inflatio corporis, et commotio capitis designatur? et quid per commotionem capitis, et inflationem pectoris, nisi superbia, furor, ira et constantia mentis? Splendor dicta est vis illa furoris, eo quod quasi ultione legis rabies vesana in Christi cultores desævit, fingens se splendorem legis habere, quæ non luminis faculam, sed nigerrimam ustionis retinet flammam. Sed ut dixi colorem veritatis induens, justitiam in oculis intuentium defendere fingit, sed vere gehennæ tenebrosus est ignis, quia non inluminat creaturam, sed urit. *Oculi ejus ut palpebræ* [f] *diluculi*. Per oculos haurimus lumen, et quid Behemoth oculi, nisi aut præcepta ejus, per quæ se lumen infundere fallit, aut sapientes, per quos versutia latinus tensa discurrit? Spondent se tenebras repellere, et veritatis lumen signis clarentibus nuntiare, iidem Christi tenebras asserentes, et se verum mane credentibus, quibusdam præstigiosis indiciis designare. Possunt et *quasi palpebras diluculi* ideo dictum intelligi, eo quod simulante priorem legem veterem, quasi quibusdam indiciorum decretis, vel præceptorum rigoribus, in aliqua tenuia imitare conavit [g]. *Sed de ore ejus lampades procedunt*, non fulgore fidei luminosæ, sed nigredinis fumo videntibus caligosæ. Nam sequitur: *Sicut tæda ignis accensa*. Tæda cum succenditur, ignem gerit obscurum, et globus nubium fundens per inania tendens, mittit ad cælum. Sic et lex hujus, non domini, vindictæ igni succenditur, sed simulationis calliditate loco splendoris caliginem gerit erroris.

30 *De naribus ejus procedit fumus*. Per nares namque odor trahitur, et quid per nares nisi ejus odorifici indicantur, id est, sapientes, et clari, qui non olfatum nectareum, ambreumque [h] thymiama odorantibus, sed putorem cadaverum proferet, se semper suffientibus [i]. Et merito fumi nomine designatur, ut hypocriseos materia aptiori vocabulo denudetur. *Halitus ejus prunas ardere facit*. Halitus quippe respiraculum vitæ est, et vita hominum lex Dei est, quæ mores hominum corrigit, et statum humanæ salutis optata dirigens pace componit. Sed hujus legifera sanctio *prunas ardere facit*, quia carnali desiderio, et amore caduco, cultores proprio replet, et jugi ambitione, ut ardeant, quibusdam exemplis et regulis docet. Potest et halitus eorum ardens gladius [j], quem fulgurans minitat, accipi, quem mundo pace et patientia composito Domini, ut vere Antichristus contrario Redemptoris incedens calle, universali exsecutione toto, ut diximus, injecit crudelissimus orbe. Quod apertius prosecutio ipsa explicat libri dicens: *Et flamma de ore ejus egreditur*, quæ Christicolas et omnipotentis Domini servos satagens adurere carnalium corda libidine, commixtioneque multarum fæcium facit ardere. *In loco ejus morabitur fortitudo*, potestas et vigor regalis, et late discurrens principale decretum, auctoritate imperatoria forte [k]. Sed *faciem ejus præcedet egestas*. Egestas vere aliquid promittendi, vel certe egestas veræ doctrinæ, quæ a die egressionis bestiæ imminuta est, et confracta, seu virtutum et miraculorum signa [l], quæ moderate, nec ut in principio multiplici flore, coruscant. *Membra carnium ejus cohærentium sibi*, eadem crebro divinus repetit sermo. Et sicut fortes ipsorum cohærentes per os suum nomine designavit, ita molles et debiles per carnium membra distinxit. Ut omnem perditorum massam et hic iniquitatis unite cœno firmaret ostensam, et in futuro a pœnis nullo modo doceret divisam. Ubique enim sibi hærentes, et non disjuncti consistunt, quia et in sæculo per voluntatem pravam sunt sibi conjuncti, et in damnatione futura per justissimam justi Judicis æquitatem ab invicem non divisi. *Mittit contra eum fulmina et ad locum alium non feruntur*. Quia comminationes divinæ dum eum, memoremque ejus, ap

[a] F. *miseri*.
[b] Ms. *clippeus*.
[c] Sic vulgari lingua, c suppressa, Hispani olfactum proferimus *olfato*.
[d] F. *æqualis, sunt majori vitio glutinati*.
[e] Cum tam prope *sternutatio* præcedat, non potest non mirari transcribentis oscitationem.
[f] Ms. *palfebræ*.
[g] Hic, ubi de re agit præterita, per *b* scripsit *conabit*, tempora autem futura per *v* frequenter notat.
[h] Ab ambaro, seu ambro, quod Græcis et Hispanis *ambar* dicitur.
[i] L. *suffientibus*, a suffio, Hispanice *sahumar*.
[j] Ms., *ardentem gladium*.
[k] Ms. *principalis decretus ... fortis*.
[l] Ms., *signia*.

hendeiunt, ad aliorum supplicia non transibunt, a quod in eis erat abundanter habebunt *Cor ejus urabitur quasi lapis*, eo quod nullus, aut certe vi, ad veritatis fidem ex membro ejus revertent *stringetur quasi malleatoris incus* Funiculis pec-num constricti quasi malleatoris erunt incudes urati Incus malleatoris idcirco constringitur, ut idnis ictibus teratur Et hi ideo pertinaci, juxta rita præcedentia, [a] perfidia constringuntur ut ltinua percussione in infernalia loca tundantur *n sublatus fuerit, timebunt angeli, et exterriti gabuntur* Prædicatores Ecclesiæ a Christo missi, terroris illius visione a levioribus peccatis mun-itur in fine *Cum apprehenderit [b] gladius subsi-e non poterit neque hasta, neque thorax* Gladio prehenditur, quia iræ suæ non dominabitur, que hasta, neque thorax ei subsistit, quia prædi-ites sibi vera necavit crudeliter, et pitientes idemnavit instanter Sive hasta et thorax non ei tempore belli subsistent, dum et præsules officio edicationis pollentes, metus terret formidinis, et clesiæ sanctæ robusti consentiunt labefacti Quod nitestius sequentia explicant *Reputabit*, ait, *fer-n* fortitudinis Ecclesiæ, *et æs*, jugis [c] officii r mundi carmina [d] tinnientes, *ut paleas, et pu dum lignum*, dum fortes terit, et proceres inlusos idit *Non fugabit eum vir sagittarius*, ecclesiasti-s utique prædicator, quod multo luminositer huic stro tempori congruit, et contra reprehensionis rectionum stolidam, adoreatum catholicis victo-im tribuit *In stipulam versi sunt ei lapides fundæ*, ides scilicet sanctuarii, qui lapidum more corda rcutiunt, vel certe a quibus domus Domini, hoc t Hierusalem illa cœlestis, perenni munimine fabri-, pulcherrimus decoratur Sed ut stipula reputan-r, quia aut per gladium in nihilo dissolventur, aut r injectionis decipula [e] consentientes errori, in n mollendinem redigentur Sed quid mirum si ides dejicit, qui malleum se tundentem contemnit? *iasi stipulam æstimabit malleum*, et humanitate scepta percussorem suum rerum Dominum Jesum iristum An non malleus est illi quasi stipula repu-re Regem omnium sæculorum protoplasto hominum jualem vel similem somniare?

31 *Et deridebit vibrantem hastam*, hujus sanctæ gis comminationem jugiter illi interitum con-epantem, dum sagittas Dei, id est prædicatores, ridet et verba eorum quæ illis interitum præsagiunt, insanium deliramenta contemnit *Sternit sibi au-m quasi lutum*, velut sensum spiritualem quasi tum contemnens, vel populum Christianum pede ctoriæ calcans, vel sancta Dei profanans, et Dei gem irrisione sedula detrahens et inculcans *Pro-fundum mare quasi ollam fervescit* [f], dum mundum bellis lacessit, vel dum corda sæcularium cupiditate, libidine, vel legali instinctu, et zelo Dei ut ostendit, incendit *Ponet quasi unguenta cum ebulliunt*, ut hæc universa quæ nequiter agit [g] zelo rectitudinis et fidei intorquere in adversos et contrarios glorie-tur illud Evangelium adimplentes *Omnis qui inter-fecerit vos, arbitrabitur se obsequium præstare Deo* (*Joan* xvi, 2) Quod nostro tempore occidisse vide-mus, dum cruorem fidelium quasi in defensione legis libatum Domino volvimus, et corpora martyrum a gentilibus arsa oculis nostris conspeximus et quod abundantiori est fletu plorandum, plerosque Patres anathematizantes talia patientes miravimus *Post eum lucebit semita* Perspicua expositione non indi-get, et hoc tam apertum et clarum est, ut, re ipsa fulgente, doctore non egat Nam post ipsius nefandi probrosum discessum, tantis doctrinis et supplicatio-nibus semita fulget, ut nisi superna spiratione corda supernorum civium clementissimus arbiter regeret, omnis [h] sæcularis illius fulgor deciperet Nec expo-sitione prolixa opus est in re quæ luce clarior extat [i], quæ in munditia et in lavacri superflua et exquisita per omnium supplicationum elutione disseruit, atque in multarum artium subtilissimam disciplinam, quæ corporeis tantum injuncta est artubus, qua poterit oratorem facundia enodari Omnis namque eorum lucens semita in eis quam maxime fulget, quæ carni fomentum luxuriandi, et delinquendi materiam sub-ministrant non quæ animam a labe deceptionis, et a fluxu delicti correctione morum constringunt *Æstimabit abyssum quasi senescentem* Licet beatus hoc contra Origenianistas more suo illo corusco Gregorius disserat, tamen quia catholicæ doctrinæ multiplex sensus non obviat [j], et plerumque Scri-ptura sacra uno sermone, vel figura, multa designat, nostræ expositionis ordinem prosequamur Abyssus in multis Scripturæ locis lex Dei accipitur Et hic senescentem reputavit abyssum, dum in derogatione Evangelii quasi aliud novum illi contrarium dispo suit testamentum *Non est potestas super terram, quæ comparetur ei* quia ita et simulatione sæviret legis, et terrore premeret potestatis Super terram ei non reperitur similis, quia non ex terrigenis, sed inspirator ejus unus fuit ex apostaticis angelis, et prudentio [k] cœlo secum dilapsam, in contrarium ver-sutiæ recedendo retorsit *Qui factus est, ut nullum timeret*, præter Deum qui eum tanto excellentiæ de-core repleverat Sed ille non contentus creaturarum omnium, quibus prælatus fuerat honore [l], superbe additamentum semper habere desiderans, nec facto-rem timoris reverentia coluit, nec contentus beatitu-dine qua præditus cæteris eminebat, ordinem proprium

[a] Ms , *precidentia*
[b] L *apprehenderit* eum *gladius*, ut in textu Job
[c] Ms , *jungis*
[d] L. *cardina*
[e] L. *injectionem decipulæ*
[f] Apud Job *fervescere faciet*
[g] Ms , *agitur*

[h] F *omnia*, id est corda omnium
[i] Hic forte periodus claudendus, cui novus succe-dat, nota interrogantis terminandus
[j] Id est adversatur
[k] L *prudentiam*
[l] Ms , *honorem*

custodivit, inde ad ima defluens, etiam sub creaturis Deum timentium ruit. *Omne sublime videt.* Non intra [a] omnium desiderans esse, sed super omnia tumens vento jactantiæ extolli desiderans sublimiori omnibus potestate. Sed et de membro ejus potest hæc clausula non incongruenter tractari. Omne namque quod pretiosior in rebus mundanis habetur, eorum ditioni subditum, et offertur. *Ipse est rex super universos filios superbiæ.* More suo Scriptura sacra multoties semel dicta replicat et intentat, et superbiam ejus et tumorem elatæ mentis, semel infirmis mentibus non sufficit designasse. Nec eum superbum simpliciter solummodo vocat, sed eum super omnes superbos ducatum habere confirmat. Universos namque hæreticos, et diversorum auctores errorum iniquos [b], iste auctor sceleris rexit, et qui per hujus os patenter [c] se prodidit, per hæreticorum dudum commenta clam suggerens ingentia sibilavit [d]. In illis latenter sub specie latitans, isti aperta tota bella denudans. Illorum per linguas legem sanctam malivole dissecans, per istius organum novas componens. Sed et rex super omnes filios superbiæ aptius confirmabitur, si cuncti [e] qui sub ejus regimine continentur, liquide pertractentur. Sunt etenim in superbia tumidi, in tumore cordis elati, in delectatione carnalium operum fluidi, in comestione superflui, in conquisitione rerum et direptione pauperum avari et cupidi, absque pietate tenaces, sine rubore mendaces, sine discretione fallaces, absque modestia mentis procaces, sine misericordia crudeles, sine justitia invasores, sine honore absque veritate, benignitatis [f] nescientes affectum. Ignorantes pietatis confessum tropos, ornati, callidi, versuti, vel cunctarum impietatum fæcibus non medie, sed principaliter, sordidati. Humilitatem velut insaniam deridentes, castitatem quasi spurcitiam respuentes, virginitatem seu sordes scrabedinum [g] detrahentes, et virtutes, animi corporis vitio percalcantes, gestu habituque mores proprios indicantes.

32. Hæc quæ de libro beati Job summatim tetigi, imbecillatum [h] virium mearum sentiens, beati Gregorii commentarios sum secutus. Et quod ille copiose eloquens et eloquenter inveniens in membra ipsius draconis quibusdam schematibus generaliter et specialiter in ipsum regulum dirivavit, ego contigue [i] in hanc bestiam nostris temporibus ortam nactus sum explicare, auctoritate illa qua novi ab explanatorum regulis non aliquatenus deviare: quia nec propria temeritate usus, novis rebus intelligentias finxi, sed majores sequens illis significationibus serviens, quibus imbutus sum disciplinis. Nec in sensu eorum, nec in rerum præfiguratione discordans. Antichristi totam in hunc [j] imaginem transplantavi. Quid namque aliud Antichristus, quam Christi contrarius dicitur? Et quid iste, nisi adversarius Christi est? qui contra illius sanctissima dogmata exertis lacertis [k] præliavit. Inspiciamus hoc loco, si expedit, suum machinationis ex aliqua parte commentum.

33. Resurrectionem Domini diem feriarum gaudiis respuit, et sextam feriam passionis Domini mœstitiæ vel jejunio deditum, ventri et libidini dedicavit. Pacem Christus et patientiam docuit; ille bellum et gladium innocentum cervicibus tenendo firmavit, ut de se dictum, vel de suis, esse firmaret: *Dissipa gentes quæ bella volunt* (*Psal.* LXVII, 31). Hi enim in tantum bella desiderant, ut hæc vel quasi ex jussione Dei in cunctis gentibus agant. Christus virginitatis dono et castitatis bono, populum sibi deditum candidavit; ille pinguissima oblectatione, ut dixi, et crasso voluptatis liquore, incestuosoque concubitu, obsequentium mentes et corpora sordidavit. Christus conjugium, iste divortium. Christus parcimoniam et jejunium docuit, ille convivia et epularum illecebras, protendens luxuriam et dilatans oblectamina, indecora freno nullo legis cohibuit. Christus in cunctis continentiæ legibus, et temperantiæ termino, naturalem motum, sine quo humana difficile natura invenitur, constrinxit; hic passim lascivientibus, frenis disruptis pellicandi in numerositate licentiam tribuit. Christus tempore jejunii a proprio licitoque connubio abstinere ordinat; ille quam maxime in illis crebus seu vota pinguia cultoribus in præmium Venerem consecrat. Christus servis suis angelicum spiritalemque statum pollicit; ille suis perditis corporalem, imo equinum fluxum inducit. Sed et omnes hactenus hæreses, et universi retro errores a tempore nativitatis Domini nostri et Dei Filii Redemptoris, a Judæa et Ecclesia manavere, hoc est ab eis quos sub ditione legis mera veritas retinebat. Nullusque alius regnum contra Christi toto mundo clarum advexit imperium, nisi hic iniquissimus somniator manium vanitatum, hunc Antichristum dolosum tendens, et callidum inreptione nefanda per totum mundi circulum male porrectum. Et ideo quia adversus Christum humilitatis magistrum erectus est, et contra illius lenissima et jucunda præcepta, contumacia verbere, et gladio usus est, recte Antichristus vocatus est, qui Christianæ religionis apertissimus infamator, et subtilissimus excisor inventus est. Habuit Christus Dominus qui eum quibusdam figuris ante nativitatem corpoream gestu habituque, firmaret venturum; habet et ille nequitiæ suæ præcursores, qui eum integri versationis [l] dolo totum præsentent. Quod lectores mei si reprehendere voluerint, prius doctorum volumina currant, et medi-

[a] Id est infr. Num. autem 28 *inf.* pro *intra* scripsit?
[b] Ms., *universi hæretici iniqui.*
[c] Ms., *per hujus hore parentes.*
[d] Ms., *sivilavit.*
[e] Ms., *si cunctos qui sub ejus regimine.*
[f] Ms., *benignitatem.*
[g] L. *virginitati seu sordibus scabredinum.*
[h] *Imbecillatus*, vox addenda Glossario infimæ latinitatis, idem ac *imbecillitas.*
[i] Ms., *conticue.*
[j] Melius, *in hunc*, id est Mahomet, Antichristi præcursorem.
[k] Ms., *lacertibus.*
[l] L. *in tergiversationis.*

ne lectionis in amplius crescant, et quæ aperte a sunt, non sugillent

Expeditius, ut reor, exponitur quod videtur, n quod quibusdam velaminibus problematum iratur, et nos magis sequimur præsentium man storiam, quam exspectatarum rerum futuram quod olim nuntiatum propheticæ legibus pertutis jugum quo premimur diffloramus [a] Et quod per Antiochum et Neronem et alios beati doctores replicant, Antichristi prævios avere Hunc Antichristo organum diceremus, si ec nostra tempora devenirent Nam et admira- doctor noster Hieronymus, licet Porphyrio in ocho adverset, et in Domitianum [b] Neronem doctissimis contradicat, tamen non ex parte Antichristi præsentasse figuram negavit, sed specialiter Antichristos esse quantum potuit ratione probabili confutavit, et Antiochum ipex parte imaginari firmavit, dicens Sicut igialvator habet Salomonem, et alios sanctos in m suum habuisse credendus est, quæ in illo parte præcessit in Antichristo explenda Dicit admirabilis doctor in libro cata [c] Matthæum de ibus hæreticis quarto « Ego, inquit, reor s hæresiarchas Antichristos esse, et sub no- Christi ea docere quæ contraria Christo sunt mirum si aliquid quos [d] ab his videamus seduci, Dominus dixerit Et multos seducent (Matth 5) Quod et beatus Joannes in sua Epistola nositer dicit *Audistis quia Antichristus ventu- st nunc autem Antichristi multi sunt* (*I Joan* 8) Erant etiam alia quæ huic nostræ assertioni mentum edoctorum [e] exhiberent opera sed in ice potius claritate fulgente, moram superfluam tav Sed ne solum tantum nostro doctor Hieno confidere dicamur, et alterius fulciri testio non reputemur Non num [f] Hilarium confesm egregium in aciem iterum producamus, nosduorum professione veracium confirmemus

Antichristos plures esse, inquit, etiam apo- Joanne prædicante cognovimus Quisquis enim stum qualis ab apostolis est prædicatus negavit, christus est Nominis Antichristi proprietas est isto esse contrarius In transitum vero operis tum hoc considerandum prudenti lectori nota-, quod ea quæ de Antichristo multi dixere ores, eo quod veniens Mosaicam legem repriorere get, dum circumcisionis injuriam ob firmitatem

A fidei exercendam instituat, hic ex parte visus est renovasse circumcisionis cultum plausibiliter acuens et a carne suilla [g] prohibens cultores sectæ impiæ, vel coercens Quod autem de Apocalypsi promisimus exponenda nostro huic perteum operi congrua, licet, ut crebro dixi, Antichristus in se præsentialiter exhibeat tota, tamen si spiritu ducante, ut consuetudo ecclesiastica celeberrime retinet, hæc ipsa tractemus, ex parte impleta supra jam dictum hostem evidentissime disseremus, et pro hoc nullum loquacem malivolum dubitamus Nullus enim nostrum hoc tempore sub eorum reperitur regno, qui emat, aut vendat immunis omine [h] ferocissimæ bestiæ (*Apoc* XIII, 17) Omnis enim receptaculum ei in fronte in principali opere [i], vel in manu, id est, in operibus B segniter anhelando, frequentissime præbet Notam ejus habentes, dum consuetudines eorum neglectis, probatissimas patrum pestiferas sectas gentilium consectamus et nomen in frontibus, dum oblitterato crucis vexillo, ipsius nefandi utimur argumento Dum enim circumcisionem ob improperantium ignominiam devitandam, despecta cordis quæ principaliter jussa est, cum dolor etiam non medio [j] corporis exercemus, quid aliud quam ejus notam in mente et membro portamus? Et dum eorum versibus, et fabellis mille suis delectamus, eisque inservire vel ipsis nequissimis obsecundare etiam præmio eminus, et ex hoc vitam in sæculo ducimus, vel corpora saginamus, ex inlicito servitio et exsecrando C ministerio abundantiores opes congregantes, fulgores, odores, vestimentorumque, sive opum diversarum opulentiam, in longa tempora nobis filiisque nostris, atque nepotibus prævidentes, nomenque nefandæ bestiæ cum honore et precamine illis solito [k] vice eorum nostris manibus prænotantes, nunquid non patule nomen bestiæ his affectibus in manu dextra portamus? Sic et dum ob honores sæculi fratres cum crimine regibus impiis accusamus, et inimicis suum Dei ad occidendum gregem Domini gladium revelationis porrigimus, ducatumque eorum et ministerium ad ipsum facinus exercendum pecuniis emimus, quid aliud quam cum bestiæ nomine, et charactere crudelissimæ feræ [l], nundinas exercemus, et oves Domini luporum dentibus nostræ mer- D cimoniæ exponendo peccamus? Sic et dum illorum sacramenta inquirimus, et philosophorum imo philocompororum [m], sectas scire non pro ipsorum convincendis erroribus, sed pro elegantia leporis, et locutione luculenter diserta, neglectis sanctis lectioni-

[a] *diploramus* Supra n 21, *diffloratu oracula* mus, sed ea nunc importuna notio videtur
Domitium lege ut supra, n 21
Id est secundum
[d] *si aliquos* ex Hieron, lib IV, in Matth, cap
[e] *doctorum*
[f] Ms, *non num* legendum autem *Nonnum* ex is num 9, p 233
[g] Ms *a carnes suillas*
Ad illud alludit Apocalypsis, ubi dicitur *Ac quis possit emere, aut vendere, nisi qui habet characterem, aut nomen bestiæ, aut numerum nominis ejus*, cap 13 Hinc forte ubi Ms *immunem omine*, legendum *immunis nomine*
[i] Ms, *in principale operis in opera*
[j] Ita tunc pro *non modico*
[k] Ms, *solitum*
[l] Ms, *crudelissime ferre*
[m] Id est, non amatorum scientiæ (quod philosophus sonat), sed amatorum jactantiæ Ex græco, φιλοκόμπος id est jactantiæ amator

bus congregamus, nihil aliud quam nomen num [a] nominis ejus in cubiculo nostro quasi idola conlocamus. Quis, rogo, hodie solers in nostris fidelibus laicis invenitur [b], qui Scripturis sanctis intentus volumina quorumcunque doctorum Latine conscripta respiciat [c]? Quis evangelico, quis prophetico, quis apostolico ustus tenetur amore? Nonne omnes [d] juvenes Christiani vultu decori, lingua [e] diserti, habitu gestuque conspicui, gentilicia eruditione præclari [f], Arabico eloquio sublimati, volumina Chaldæorum avidissime tractant [g], intentissime legunt, ardentissime disserunt, et ingenti studio congregantes lata, constrictaque lingua laudando divulgant, ecclesiasticam pulchritudinem ignorantes, et Ecclesiæ flumina de paradiso manantia, quasi vilissima contemnentes.

Heu, proh dolor! linguam [h] suam nesciunt Chri- A stiani, et linguam propriam non advertunt Latini, ita ut omni [i] Christi collegio vix invenitur unus in milleno hominum numero, qui salutatorias fratri possit rationabiliter dirigere litteras. Et reperitur [j] absque numero multiplex turba [k], qui erudite Chaldaicas verborum explicet pompas. Ita ut metrice eruditius ab ipsis gentibus carmina, et sublimiori pulchritudine, finales clausulas unius litteræ coarctatione decorent, et juxta quod linguæ ipsius requirit idioma, quæ omnes vocales apices commata claudit et cola, rythmice, imo ut ipsis competit, metrice universi alphabeti litteræ per varias dictiones plurimas variantes uno fine constringuntur, vel simili apice. Multa et alia erant quæ nostræ huic expositioni exhiberent firmitatem, imo quæ ipsam B patule in lucem producerent quam exponimus [l].

[a] *Numerum nominis ejus*, id est, sexcenti sexaginta sex (*Apoc.* XIII, 18).
[b] Aldrete lib. I Orig. ling. Castell. c. 22, *invenitur*.
[c] Idem, *recipiat*.
[d] Idem, *homines*.
[e] Idem, *lingua*.
[f] Ms., *gentilici eruditioni*.
[g] Aldret., *eructant*.
[h] Idem, *legem*.
[i] Idem, *ex omni*.
[j] Idem, *Et reperias*.
[k] Ms., *multiplices turbas*.
[l] Hucusque codex Cordubensis. Secundus quem promisit liber (num. 1, 11 et 21) desideratur.

INCIPIUNT VERSUS [a].

I.

CARMEN PHILOMELÆ.

Vox, Philomela, tua metrorum carmina vincit,
  Et superat miris flamina magna modis.
Vox, Philomela, tua dulcis super organa pergit,
  Cantica nam suave fulgide magna ca
Vox, Philomela, tua superat sic gutture musas,
  Ut citharas [b] vincat sibila [c] tei
Sicque lyras dulces chordarum pollice ductus [d]
  Excellis mulcens corda fovens hominum [e]
Cedat omni   tibi vox quoque garrula cedat
  Judice me carmen fulgeat omne tuum.
Nulla certe tibi æquiter nunc cantibus ales
    hominum voce feras
Dic   blande
  Et   . funde solite gutture sæpe melos
Porri   dulces sonum gaudenti pectore plectrunt
  Et dulce   clange sonans
Gloria   per sæcula Christo
  Qui nobis   tanta dedit.

C

ITEM ALIUD PHILOMELAICUM CARMEN EJUSDEM.

Dic dic   mihi gutture can   [f]
Carmina læte tua rudi cupare susurro,
  Et laudes metricas exercita, quæso, tibi [g]
Cantibus ecce tuis responsa poetica currunt,
  Et certant vario se [h] superare pede.
Excute pennigera, exalta [i] sic carmina voce
  Nolo timere velis, nolo tacere velis.
Cedat omnigena, cedat vox garrula cedat,
  Judice me cedant omnia flabra tibi [j].
Perstrepe plumigera vincens sic facta [k] priorum,
  Ut nostra pariter tuque nova superes.
Gloria magna Deo nostro, qui sede perenni,
  Regnat perpetue, nos pie, juste fovens.

D

DISTICHA [l] DE GALLO.

Gallus se excutiens pennis, et voce resultat,
  Dulcisone [m] crispans gutture pulchre sonans.

[a] Constanter *versi* in Ms.
[b] Morales, *cicadas vincit*.
[c] Ms., *sivilo*.
[d] Mor., *ducunt*.
[e] Desunt sequentes versus in Morali, supra pag. 32 citato, ubi monet: *Hæc prima pagina præterquam quod lacera fuit et mutilata tantopere fuit vetustate deleta, ut vix paucæ litteræ agnosci possent.* Agnitæ vero sunt solerti D. Francisco Delgado investigatione.
[f] « Bona pars folii, inquit Morales, inferne defuit, ubi initium fuit hujus epigrammatis. Verso folio sequentia merant: *Carmina læte tua*, etc. — Sed novissime duorum præcedentium versuum partes legi potuerunt:

tu desinante canendo
dies nocte tenebros solas
Carmina læte tua, etc. »

[g] Mor. *tui*.
[h] Ms., *te*.
[i] Mor., *exalta*, *et* Ms. *extulta sic*.
[j] Sic Mor., Ms., *cedat omne*.
[k] Mor. *fato*.
[l] Ms., *Distica*.
[m] Sic Mor. Ms. *dulci sono*.

repetit altas nocturno tempore voces,
t luce prævia carmina plura canit
laudes Domino pandit per hora dierum
xcitat et pigros sæpius hic recinens

III

VERSUS ALII

a folii pars, quam disruptam diximus, octo primos ersus abstulerat Sequentis folii hoc fuit initium [OR.)

que pavus [a] varie pavescens voce resultat
pennis rutilat fulvis et murice sicli
cie formosa viget qui pulchre venustus
itibus applaudit gemmato sidere pinctus,
n teretes vibrat, mire dum explicat alas
solis instar cauda dum pansa refulget,
peltes clarent lunato sidere densi
n vertit terra pulcher placideque decorus,
crispas relevat pandens per ordine rotas,
nine milleno splendunt hinc inde serene,
n reboans melodum concentu plume volucres
picit, et replicat crebro iterando camœnas
o vos cygni lautique decore pavones
n suavi mea cum [b] Philomela ducite carmen,
oedibus metricis rithmi contemnite monstra
e seguis errans fluxus [c] sic rancide sanans [d]
io mugitu pangit ut cantica turpet
lesiæ, plebibus quæ semper fulgida claret [e]

IV

VERSUS LAUDI, VEL PRECIS

ietate bonus opifex, fulgore decorus,
sæculorum fortis, qui clare serenus,
erne regnans magna ditione potestas
lchrifice radians toto per mundo refulgis,
i mare, qui terras, cœlumque, et tartara tendis,
virtute vigens signas et cludis abyssos,
em respecta tremit, quæque pietate gubernas
nperas, et rabidas frenans virtute procellas
Dominus cœli qui regna potestas,
vultu placido tempestatesque serenas,
etareas terras dissolvis luce tenebras,
antum linguas reddis qui pulchre solutas,
juste regis pariter quæque regna decoras
nostras rector terge sanctissime culpas,
clemens voces has nunc tibi reddito dignas

V

ITEM VERSUS

mine candoris clarent hic lilia cœli,
ive rosæ florens imitant hic purpura terræ,
violæ pariter stellarum vice coruscant,
m vario redolent pariter unitæ colore
beolæ retinent ceu unico lilia conchis [f],
star et gypsæ complectens colla puellæ
ctea, dum pingunt bilhant fulgentem selenci g

A Igneus flammis miris carbunculus ardens,
Atque colore poli pollensque lapillus acquiescens,
Sic pretiose vigens adstat aliosque virescens
Qui celse pulchrum reddunt per colla celidrum [h],
Atque decora rosa flabescit more topazon,
Et teretes vibrant auro crispose violæ
Gemmatæ lapidum colla, sic florea campi
Resplendunt rutilo gemmæ quæ quæstu superbo
Emptæ manent pretioso nimis sic munere macte
Sed simili pollent gratis vibranti decore
Dum mixte florent, redolent, candentque, rubentque
Quadratum apice mundum millene venustat

VI

B INCIPIUNT VERSUS EPHEMERIDES [i] ÆGRITUDINIS PROPRIÆ

Præfatio precis

Tu, Christe Domine rerum, quem lingua celebrat,
Quemque tremet mundus, quem clare regna præco-[nant,
Cui cœlum, tellus, maria, vel tartara servit
Cui sol, luna, dies, famulant, cui omnes abyssi,
Angelica cui turba virtute beata
Laudibus obsequium solvit fulgenti decore,
Quem virtus omnis concentus laudat, et omnis
Sidera, vel quidquid centri convexa tenetur,
Quem lux, aura, dies, recinet, vel æstus et ignis,
Flumina, nix, glacies, ventus, et unda resonat
Omnigena rerum Dominum prex digna veneratur
Tu misero clemens metricas resolve camenas,
C Carmine ut pulchro valeat concinere laudes,
Et proprias versu clades his texat amaras
Quas merito patiens subjectum morte sepulcri
Tu pietate Deus revocis ad limina vitæ
Nunc famulo largum plangendi carmine fletum
Confer, et Christe nostras dissolve tenebras,
Et lucide vigida servi sic pectora forma
Ut digne cantum reddat hymnifere pulchrum,
Quo deleas sancte placide quas perfide culpas
Traximus errantes per deviam neque viantes
Sic ego primorum sectas iterando malorum,
Nunc nexu justo vinctus sub clade reorum
Sed misero veniam tollit cui culpa, coronam
Gratia Christe tua tribuat, quem restis reatu
A patribus texta vinxit nec fletu resulta

D

VII

ITEM LAMENTUM METRICUM PROPRIUM

Alvarus, o lector, longe per tempore pangit
Et lingua resonans tecum post facta resurgit
In auras solutus vel certe pulvere mersus,
Versus in cinere, metrice sed ecce reboat
Tu, lector relegens redde nunc præmia vocis,
Et lacrymas Domino fundens hæc cantu resulta

textu Ibique ejus transcriptum desinit, sequentiam versuum titulos tantum perstringens

[a] Mor, *pores* Ms, *pavus*
[b] Ms, *meatim* Ms, *mea cum*
[c] Sic Mor Ms, *harians floxus*, f *fletus*
[d] Ms, *sannas* f *sonans*
[e] Ms, *plebisque semper fulgide claret* Mor ut in

[f] Ms *conclis*
[g] I *elenchi*, id est margaritæ
[h] I *chelydrum* ornamentum muliebre
[i] Ms, *incipit versi hymnendes*

Cunctipotens Genitor rerum cui gloria cedit,
Quemque poli laudant, tremuli ut cui omnes abyssi,
Cui sol, luna, dies, tellus, et tartara servent [a],
Quem dulces volucres laudant, cum carmina pipant,
Quem murmur resonat undosæ margine turgens,
Et maris alta procella tonans quem cana celebrat,
Omnigena rerum sensu quem tota præconat,
Alvarum solita semper pietate guberna
Hunc gratia relevet quem rugis noxia turbat
Sic te post fata sanctorum vere serena
Prex merito digna magnorum sorte coronet
Tu ego sum, fateor, qui dudum forte vigebam
Vitalem ducens, reddens ex corpore flatum
Sed cinis in cinerem veloci fine recessit,
Vermibus pastu cedens, vel vento rejectus
In nihilum rediens iterum me posse reverti
Ex nihilo virtute Dei quandoque relingi
Te rogo nunc recole fragilis sic sorte revinctum,
Et nostri consors anima fugiente dolores
Has umbras locorum quandoque corde fluere
Nam fui quod tu vigens hodie nunc ore refulgis
Audacter fragili confidens gestu virenti
Erecta cervice tonans, et voce superba
Usurpans vetita magno cum crimine vivens
Sed pietate Dei nunquam per devia tractus
A sancta fidei norma vel mente recessi
Ipsius fidei merito credo me forte beari,
Si pietate tua merear cum fletu juvari,
Nam quod ego tu eris post atra funera mortis
Ergo age, rumpe moras, et nostro fine quiesce

VIII

VERSUS IN BIBLIOTHECA LEOVEGILDI, EJUSDEM ALVARI

Sunt hic plura sacra, sunt vero dogmate clara,
Quæ Deitatis ope fulgent per cardina mundi
Hic nova cum veteri pariter sunt clare decora
Aurea dicta Dei summi prudentia Patris,
Quæ totus celebrat quadrato vertice mundus
Principium libri Genesis primordia pandit
Mundi, qui rerum naturas certe revelat
Exodus Ægypto populum per brachio ducit
Tertius Leviticus ornat insigne camillas [b]
Quartus habet Numerus numerorum nomine pollens
Et legem repetit concludens schemata Pentus [c]
Heros Navegius [d] figurita [e] nomine Hiesus,
Inde liber sequitur Judicum gesta relegens
Ruth quoque, quem Regum sequitant Samuelque [f],
[Malacim [g],
Quatuor pandunt gesta cum ordine rerum
Jungitur his vatum præcelsa famina verbi
Esaias proto revoat, consorsque secundus
Jeremias surgit lacrymose, piusque propheta
A Ezechiel, tertus capite vel fine seclusus
Hosee, Johel, Amos, Abdias, naufragus Jonas,
Michæasque, Naum, Ambacuc, Sofoniasque,
Aggæus hinc clangit, Zacharias namque resonat,
Malachias finem complectit termine verbi
Esaias vatum primus quam maxime celsus,
Uberius retonat Xpi mysteria clarus
Hic alter lacrymis sancta sic zelo fidei
Jeremias deflet aliud quo versu figuret
Ezechiel nube clusus, vel sensu remotus,
Non patule parva propria, sed magna revelat
Hinc Daniel lapidem præconat qui regna retundit,
Adventum Christi numeris annisque revolvit
Conticent verbis alii, sed sensus honori
Job quoque hinc opere claret, et vita coruscat
B Et dulcis dulcem metrica sic dulciter David
Idida qui [h] signat Christum nunc ipse Salomon,
Cujus tres libri mire sic mystice fulgent,
Ut logice, fisice, [i] revelent, vel ethice, causas
Ordine hic Daniel recto post tramite venit,
Quem bini dierum verba [j], bibliique corusci
Consequitant Hesdras pulchre legemque reformans
Hinc Ester pulchra post quam Sapientia floret,
Ecclesiasticus laudes patrumque celebrat
Post quos Tobias claret, Judithque subinde
Armifera gemini gesta sic Machabæorum
Hæc sunt antiqua sacra, nunc mystica divi
Dona Dei populo prisco sub signo reclusa,
Quæ reserata tenent magno per lumine servi
C Excelsi Domini Xhristi qui nomine gaudent
Sanctorum sancta nitar nunc versu retexi
Quem paradisigeno [k] currunt ex gurgite quadro
Matthæus, Marcus, Lucas, quartusque Joannes
Qui hominis, leonis, vitulique, aquilæque figuræ
Quadrifido mundo præconant Christumque Deumque
Matthæus hominis facie specieque refulgit
Et fremitum reddet Marcus sic ore leonis
Lucas ut taurus magno cum murmure bombat,
Et pernix aquila scandet super æthera Joannes
Est homo nam Christus natus ex Virgine pulcher
Est vitulus passus sacrata victima Patris
Est leo, dum fortis regna frangit, regesque potentes
Est aquila cœlum scandens thronumque tonantis
Post quos bis septem Pauli sic bibli coruscant
D Quos iterum sequitant numero catholici septem
Hic lepide Jacobus resonat, Petrusque gemellos,
Tres celsos Joannes habet, hinc paginæ Judæ,
Hinc et apostolicus Actus, textosque decoros,
Qui retonat merito concludit altere florens
Vissio Joannis parva, sed tensa figuris
Hic alpha recinens primum signatque supremum

[a] Ms., *serbent*, forte idem ac Hispanice *sirven*, Lat *serviunt*

[b] Aaronis videtur vestes signare est enim *Camilla* capitis tegumentum, Theodulpho testante lib vi, carm 18, de Vestibus episcoporum

Flexa camilla caput mentem tegit atra voluntas

[c] *Id est Quintus* Deuteronomii liber

[d] Qui Eccli c xlvi dicitur *Jesu Nave*, successor Moysi

[e] F *figurato*

[f] Id est primus, et secundus liber

[g] Quos nos *tertium et quartum Regum*, Hebræ *Melachim primum et secundum* appellant

[h] Ms, *quem* De Idida vide Epist xviii, n 16

[i] F *physice* sicut logice, ethice

[j] Id est, duo libri *Paralipomenon*

[k] Ms, *paradisi geno*

{uem Græce vocat Dominum Regemque Deumque
)ha et ω clare Deum hominem unumque serene
nlicans vivum semper per sæcula sæcli
c sunt sacra Dei donaque flore perenni
lgentque æterno semper ut lumina cœli
c pulchre gemmæ rutilat plus sole corusce
mine dum mentes renovant, vel tetra revincunt
c retinent claves centri, vel præmia pandunt
c paradisigena recreant flori gera prati
stice hic claret quidquid s ıb littera pallet,
ıia simplex comit quos ethica format
: potum dulcem bibit qui suavia sumit
cibus satiat corda pastuque refovet
c sunt clara Dei mundi qui certe tenebras
ranti radio vicunt, et fulva serenant
pretiosa nitet miro candore nivescens
idior sole fulgenti murice cieli
ıcta simul quidquid mundana fingitur arte
c superant merito quo cœlo culmine venit,
ıstrat pietate Dei quos fusca tenebrat
textus uno milleno tramite pollet,
plicat et verbis planis magnaque revelat
placide currit unda, ut alta figuret
alte resonat breviter, ut parva revisat
,cura sapiens centena sensu requirit,
erta simplex ambit mentique recondit
e doctrina potens ceneri ᵃ splendore coruscat
gens cui cedit illa quæ torque tumescit
leno pollet dono qui zelo fidei
ra poli relegit castus, justusque, piusque
quisquis hirsus cæcus hæc mente resolvit,
leno tetro fuscatur sensu retortus
fidei fideli currit semperque fidelis
am perverse viat ᵇ perversus corde rebellis
io ut conchis claret, candetque, nivetque,
que Deus Christus pollet sub littera tectus
e Jacintus adest undose nobis aquescens,
cœna tergens, renovans albore redemptos
eus hic Dominus fulgens carbunculus ᶜ ardet,
m purgat probia flammis et lumine ᵈ vibrat,
ernoque viriore vigens ut certa zmaragdus,
em duodenus ordo lapidum per sæcla decorat,
emque quaterque seni seniores flexu venerat
plite ᵉ sic corbo Dominumque, Agnumque, Deum-
[que
c lex æterna semper dum sæcla recurrit
viter sonans nullo sub termino clausa
m sol luce sua cœlum vel terra serenat,
ıtia dum noctes comit et terra refugat,
lligera centri varia dum sidera vibrant,
m ventus nubes format, dum unda resonat,
mque poli porta magna virtute retondat
lmina dum rutilant forti jaculata lacerto,

A Dumque viret tellus, floret dum silvis opacis
Dumosa retinentque feras per lustra reclines,
Dum cervus leviter saltu vel cornu resultat,
Et torvus dente pugnat porcus ter obesus,
Et reptans fluida percurrit flumina piscis,
Dum volucres pennis saltu per inania tendunt,
Et rostro ᶠ pipant dulces per gutture cantus ᵍ,
Dum homines vivunt mundo, dum morte recidunt,
Dum sequitur corpus umbra quam membra refingit
Angeli dum cœlo clangunt, virtusque populorum
Æterna pietate Dei pangitque perennis,
Lex Christi vivit semper super æthera felix
Hæc sola verba nescit cum mundo senescer
Dum resonat sanctis cœlo post termino vivens
Corporea moles tabo resoluta , ruebit
B Spiritus nam vivit merito super æthera vectus ʰ
Sermones vivi vitali flatu revivunt,
Et post occasum mundi super astra resurgunt
Sic quidquid divi est nunquam per fine putrescit
Sed missus terris semper virtute virescit
Nunc restat promi quo sint conscripta jubente,
Vel cujus opere sunt aggregata, videri
Hæc Leovegildi vigor obiter in uno redegit
Septuaginta duos nitens sub vargina ⁱ biblos
Qui Getica luce fulget, vel copia fandi
Germina ʲ vel lingua claret per tempora sæcli
Post sancta Domini jure laudata fidei
Expedit ut cunctis nostra hæc buccina sonet
Alvarus hæc metrice longa per sæcla reboat,
C Et cinis in cinerem versus, sed lingua resonat
Tu qui legis nostra quocunque tempore, lector,
Te recole nobis socium per morte futurum
Rumpe moras vitæ, quæso tumbaque retrusus
Quanta salus nostris maneat narrare sub umbras
Nuntium ut mundi referas per sedes opacas
Quis bene, quis male, quis medie gaudetque gemet-
[que
Quid mundus sceva falens nunc arte refingit,
Qui maneat vivis error quantaque rebellis,
Hæc vera refutans pugna consurgat inanis
Qualis honorque cavus regia nunc corda deleret
Quæ sint delicias fluxe liquideque caduce
Quæ dum stringuntur digitis ut limfa refugiunt
D Pronsas ᵏ noxas lacrymas tu fundere lector,
Sic culpas proprias careas sub judice Christo
Et centri valeas celsum scandere tribunal
Præstet ille Deus trino qui nomine pollet
Christicolis nobis requiem per sæculis amen

IX

ITEM VERSUS IN CRUCIS LAUDEM

E cœlo, Domine, clara virtute corusca,
Crux insigne micat, fulgens super æthera felix.

F celeri
ᵇ F viat
ᶜ Ms , canbunculus
ᵈ Ms , humine
ᵉ Ms , Populi te
ᶠ Ms , rustro

ᵍ Ms , cantos
ʰ Ms , revectus
ⁱ An vagina?
ʲ F gemina
ᵏ F , pro nostros

Hæc fortis palma credenti pectore Christum
Testi polo Christi firmat virtute tropæa
Cedunt gentilium errorum perfidæ sectæ,
Ecce Christi signo contra convexa refulgent
Non hæc humana cœlesti cardine pinxit
Sed manus æthereа mundum virtute regentis
Aurea namque die formæ pulcherrima lunæ
Inlustrata cruce pollet quo lumine pleno
Hebræorum populus solite deducere pascha
Respice, gens misera, signum fulgere redemptis
Et quarta decima farsum [a] sic lumine Christi
Contra quo pandat signum quod fronte coruscat,
Resplendens mundo semper fulgore decorum
Nunc recoles Dominum quæso mansisse tonante
Qui quarta decima ligno suspendi salutis
Hoc voluit signo quem cœli sidera mittunt
Ipsa die cœlo luna refulgit imago
Pulchrifice radians quo gens perfida gaudens
Ergo pestiferos damnat hæc forma decora
Aspice quæso miser quisquis es mente maligna
Et rursum oculos ad [b] cœli sidera tolle
Conspice sidereo cur brachia lumine pollent
Quadrifide mundum quoniam hæc omnia mundat
Quæ cœli tellus retinet sub jure creata
Cuncta Crucis signo mundantur perfide crede
Infelix error quas nunc tu fingere sannas [c]
Hic vales argute nobis vel murmura pande
Cur tibi contrarium signum nunc luna vigurat [d],
Cur despecta diu cœlo refulget imago,
Cur frontis nostræ victrix sic aurea palma,
Crux adversa tibi cœli convexa meretur
Hæc nostra fidei resplendet luce corona
Quam Christi famuli semper de cœlo triumphat
Sed cœlo posset quam tu persequeris armis
Impie crudelis oculis vel sidere cæde
Ecce Deus noster Christus ex æthere floret,
Ecce venerandæque crucis super æthera signum
Astrifere lucens damnat nunc orbe profanos
Perfida discedat turba fuscata dolore
Agmina exsultet Christi florenti decore,
Et synagoga suo recedat nunc furva colore,
Ecclesia jubilet clarenti fulva colore,
Quam Christus pulchro semper sibi jungit amore

X

VERSUS HEROICI IN LAUDEM BEATI HIERONYMI

Hieronymus fulget celsa virtute reboans,
Et celeber libris floret per cardina mundi
Hic paradisigena [e] Domini sic florea pinxit,
Ut rutilo celebri toto per cardine vibret
Hic sancta Domini rerum virtute tenentis
Æthereo dulci præstrinxit carmina legis
Hic nova cum veteri profudit pectore mella

noli dubitare

Quæ gemina luce resplendent [f] mystice sacra
Conscripsit, suavi magno confecta vigore
Aurea dicta Dei centrum vel cuncta regentis
Ostendit [g], magno possit quid munere linguæ,
Dum præpotens calamo diverso sole refulsit,
Attica, Hebræa, fulgenter orsu refundens,
Atque Latine dedit quidquid Hebraice constat,
Necnon et Argolicos reseravit ordine fontes
Facunde meatim currunt per margine rivi
Hunc propter Domini semper veneranda per ævo
Doctorem resonant Christi sub limine servi,
Fulgor Ecclesiæ, doctrinæ sanctæ lucerna,
Cœlestis cultor multo præpinguis olivi,
Effugans hæreses vasto qui nomine pestis
Depopulant Christi famulos sub dente latrantes
Hic dulcis vario resplendet tramite vates,
Et truncat falce frondes hirsute comantes
Egregios imbres signat aurora rubescens,
Hic vitreus amnis, placidus, fulgore decorus,
Est rapidus torrens illis quos complicat error
Quidquid Hieronymi non sunt respersa sapore
Improbata manent, nutant, et flaccide marcent,
Pendent oracula quæ non sunt igne recocta
Flammiferi sancti, rutilat [h] qui luce fidei
Clarior in cunctis pollet quo gratia linguæ
Ortatur potius [i] milleno dogmate florens,
Dum sol luna polo serenant sub sole tenebras,
Dum stellæ rutilo currunt lustrare latebras,
Invisa somnium volvent, vel certe revelant,
Ac cursu vario turres librare retractant,
Dum ventus nubes glomerat, dum æstus adurit,
Dum bruma gelide cana super herba virescit,
Dum fulgit ignis, fluide dum limpha recurrit,
Dum maris unda sonat, turgens dum spuma liquescit
Dum dumosa feræ retinent, dum æquora pisces
Dum cervus velox palmato cornu resultat,
Dumque aper torvus lunato dente repugnat
Dum volucres tremulas voces ex gutture pipant,
Dum homines pereunt mundo, vel certe renascunt,
Dum sequitat umbra corpus, quam limina [j] formant
Hunc fidei servi semper sub axe beabunt,
Cujus nunc lingua fulget per tempora sæcli,
Dum nova et vetera proprio formata per ore
Ecclesia retinet cantans sine fine dierum,
Ut mihi magne rogo doctor in sede superna
Prex tua digna locum tribuat post vita quietum
Splendunt lucerna tua Domine [k]

insignis lucisque per omnia signis

[a] F. *fassum* pro *phasen*
[b] Ms., *ac*
[c] Id est subsannationes
[d] L. *figurat*
[e] Ms., *paradisu gene*
[f] Ms., *resplendit*
[g] Ms., *Hos tendit*
[h] Ms., *rutilant*
[i] F. *ornatu*, *potius*
[j] Ms., *quem limina* [L. *lumina*]
[k] Hæc jam non de Hieronymo dicta videntur, sed de apostata angelo (alio subintellecto titulo) ut postremi præcipue versus ostendunt

ptima fructura Domini, decus, atque figura
elicus plena paradisi, luxque serena,
ulgens fulgore nimio, perfecta decore,
orma vicisti superos, super astra fuisti
A Cunctis splendorem mirantibus atque decorem
Effigies prima cecidisti lapsus ad ima
Te dejecisti, quia te super astra tulisti
Gratia fulgoris fuit intima causa doloris

EULOGII AD ALVARUM EPISTOLÆ

Cum ejusdem rescriptis et argumentis AMBROSII MORALIS

(Vide Patrologiæ tom CXV, col 819, 841, 842 et seq, inter sancti Eulogii Opera)

VITA VEL PASSIO D. EULOGII.

(*Vide ejusdem tomi col* 705)

APPENDIX AD ALVARI CORDUBENSIS OPERA.

OPUSCULA LEOVIGILDI ET CYPRIANI

CORDUBENSIUM PRESBYTERORUM

LEOVIGILDI LIBER DE HABITU CLERICORUM.

Eximiis atque almificis clericis, Christo Domino sub titulo beati Cypriani pontificis, seu martyris deservientibus, Leuvegildus vester ubique sequipeda

Cum in aliquibus clericis fatuitatem vestra reperet serenitas, et ab Ismaelitis oppressionem per universam Hesperiam Christicolarum cerneret, deinde alacritas per quam discernere quivissent auctoritatem habitus clericorum Quem aliqui tantum ad impositionem corporis eorum antiqui [a] Patres posuerunt exercere, et necnon mystice in exemplo fidelibus unamquamque speciem nostris obtutibus reserare, placuit clementiæ vestræ, cum superemineret Dei Ecclesiam in nostris partibus aspicere gentium sæva crudelitas, et ne disputando nobiscum quidnis pro habitu hujus ordinis nostra aliquatenus lacerata fuisset simplicitas, me ordinare expositionem significationes clericorum habituum, et enarrare quidquid monitis Patrum de his officiis recolo, atequam plenius a nostris dilabamur sensibus retare, ut qui ex nobis ad remanentes doctores imbecillitate corporis præpediente dirigere gressus equiverit, aut quem aut inquisitio, vel census, vel vectigalis, quod omni lunari mense pro Christi nomine solvere cogimur retinuerit, saltim nocturno tempore inter ecclesiastica munia qui necessarium B duxerit legat, ne forsan ignorando mysterium habitus sui, quispiam speciem impiorum induat, et habitudines infidelium, in quibus nulla est sapientia, imitetur O quam pia excellentiæ vestræ fuit devotio, si imperato de talibus inesset apta locutio! quis mysterium habitus sacerdotum sine titubatione audebit proferre! aut mysticum expositionis ejus patefacere absque pavore! Melius mihi erat hoc opus a vobis audire caute, quam de eo hominibus sermonem proferre incaute Et nisi certe recolerem veridica dicentia Domini mei monita *Aperi os tuum, et ego adimplebo illud* (*Psal* LXXX 11) Et *Non vos estis qui loquimini, sed Spiritus Patris vestri qui loquitur in vobis* (*Matth* x 20) poplitem equidem minime a [b] talia uncinarem Sed de juvamine divino ob vestram intercessionem cum essem fissus, ad illicita [c] mihi non audacter, sed obedienter salire, vel inlicti articulum proclamando, et intentione C mentis dicendo, hanc viam justificationum tuarum, Domine, fac ut intelligam (*Psal* CXVIII, 27) Hoc enim quod de quæsitis minoravit mea rusticitas, vestra charissima eudere non repedat sanctitas, compatiendo, qui non pigritiæ causa optata implere dimisit, sed adversante delicto segnities menti adhæsit

[a] *Antiquos*

[b] *Ad talia*

[c] *Illicita*, id est, supra vires

INCIPIUNT

EPIGRAMMATA DOMINI CYPRIANI

ARCHIPRESBYTERI CORDUBENSIS SEDIS

Ad petitionem ADULFI *edita* [a].

I

Hoc opus illustri comitis clarescit Adulfi,
Qui sumptis propriis librorum tecta novavit
Qua novi habentur, veteresque in ordine libri
Testamenti veri inhianti ad æthera victum
Pergere mansurum parat, et tollere clamat
Hoc cibo quis fuerit pastus haud aggravat exta [b],
Nec ventrem farcit, sed crebre spiritum alit
Hinc fons perspicuus paradisi surgit a limphis
Hic dulcis haustus effluit in pectoris antro,
Hic largos latices per mundi compita mittit
Hæc forisque renidet argenti claro metallo,
Et intus cluit spiritalis gratiæ dono
Obtulit nempe Deo prædictus comes Adulfus
Memoriam penes Aciscli martyris almi,
Cordoba sacrata conditus qua sistit in aula
Vernulus patronus jam fastus [c] testis alumnus,
Ut tantillo tantus dignetur impendere martyr,
Obtineat meritis Christus ut scelera sua
Tergat, atque animam carnali claustra relicta,
Cœlicolis glomeret felici in sede beata
Oblatis bonis fueris dum lector adeptus,
Adsis pro me Deo acclinis posco Adulfus
Suscipe nunc, nate Fredenande kare, tuendam
Tecam, quam ipse tuus comptam patravit Adulfus
Ut legeris relegas et puro pectore serves,
Si illius præceptis libens consenseris ipse,
Securus ad aulam poteris conscendere cœli

II

Item ejusdem ad petitionem Zoyli sui in fidem Bibliothecæ quam scripserat Saturnino archidiacono

Laudum vota tibi Zoylus gratus persolvere nitor
Christo Redemptori auctori, et Domino meo
Cujus fultus ope tantum explevi laborem
Dum finem adieris istius thecæ legendo,
Pro me Deum preceris, lector, intente deposco,
Sic valeas Christo post ævum frui securus

III [e]

Terge luctum mœrens, parta virentia vides,
Alesque pipant, diverso modulamine voces
Et liquor meri currat in ore temeti

[a] Ms., *editi*
[b] Ms. *extas*
[c] *Faustus*

IV

Ejusdem Cypriani cujus supra

Renidet in manu flabellum comitis almi,
Litteris conscriptum aureis, ut competit illi,
Nomine Guifredus ex sacro gurgite dictus
Ut pellat æstum aura suadente flabello,
Trade libens comes gloriosæ conjugi illud
Simili ut modo incumbentem dissipet æstum
Guisindæ dictæ, et tuo in latere nexæ

V

Item alii ejusdem in flabello

Guisindis dextram illustris adorna flabelle,
Præbe licet falsos ventos, ut temperet æstum
Tempore æstivo defluxa membra refovens
Pandus et officium implens per [f] omnia tuum

VI

Epitaphium quod isdem in sepulcro domini Samsonis edit metro heroico

Quis quantusve fuit Samson clarissimus abba,
Cujus in urna manent hac sacra membra in aula
Personat Hesperia illius famine tota
Flecte Deum precibus, lector, nunc flecte peroro
Æthera ut culpis conscendere tersis
Discessit longe notos plenusque dierum
Sextilis namque mentis die vicesima prima
Sextilis namque mensis primo et vicesimo sole

Æra DCCCCXXVIII

VII

Item epitaphium ab eodem editum

Nobilis hic exstat Hermildis in busto locata,
Quæ Christo famulans temnendo sæculi pompam
Hic jubilans plaudensque heroum conscendit in aulam

VIII

Epitaphium super tumulum sancti Joannis confessoris

Carceres et diva Joannes ferrea vincla
Christi amore tulit hac functus in aula quiescit

[d] Per hanc vocem intellige locum in quo asservabantur libri Veteris et Novi Testamenti, *Biblia* scilicet
[e] Deest titulus in codice
[f] Ms., *imper*

ANNO DOMINI DCCCLXX

BERNARDUS

MONACHUS FRANCUS

BERNARDI ITINERARIUM

Factum in loca sancta anno DCCCLXX

(Apud Mabill., Act. ss. ord. S. Bened. tom. IV, ex Ms. codice bibliothecæ Remigianæ apud Rhemos.)

1. In nomine Domini visendi [*supple* causa] loca A sanctorum duobus memet sociavi fratribus in devotione charitatis: ex quibus unus erat ex monasterio beati Innocentii Beneventani, alter Hispanus. Francia vero est nativitatis meæ locus. Igitur adeuntes in Urbem, domni pontificis Nicolai præsentiam obtinuimus cum sua benedictione, necnon ejus auxilio peragendi desideratam licentiam.

2. Inde progressi venimus ad montem Garganum, in quo est ecclesia sancti Michaelis sub uno lapide, super quem sunt quercus glandiferæ, quam videlicet ipse dicitur dedicasse: cujus introitus est ab aquilone, et ipsa quinquaginta homines potest recipere in se. Intrinsecus ergo ad orientem ipsius angeli habet imaginem; ad meridiem vero est altare, super quod sacrificium geritur, et præter id nullum munus ibi ponitur. Est autem ante ipsum altare vas quoddam suspensum, in quo mittuntur donaria, quod etiam juxta se alia habet altaria, cujus loci abbas vocabatur Benignatus, qui multis præerat fratribus.

3. De monte autem Gargano abeuntes, per centum quinquaginta milliaria venimus ad civitatem Barrem Saracenorum, quæ dudum ditioni subjacebat Beneventanorum. Quæ civitas, supra mare sita, duobus est a meridie latissimis muris munita, ab aquilone vero mari prominet exposita. Hic itaque petentes principem civitatis illius, nomine Suldanum, impetravimus cum duabus epistolis omne navigandi negotium. Quarum textus epistolarum principi Alexandriæ, necnon et Babyloniæ notitiam vultus nostri vel itineris exponebat. Hi denique principes sub imperio sunt Amarmomini, qui imperat omnibus Saracenis, habitans in Bagada et Axiam, quæ sunt ultra Hierusalem.

4. Exeuntes autem de Barre, ambulavimus ad meridiem XC milliaria usque ad portum Tarentinæ civitatis, ubi invenimus naves sex, in quibus erant novem millia captivorum de Beneventanis Christianis. In duabus nempe navibus quæ primo exierunt Africam petentes, erant III * captivi: aliæ duæ primo exeuntes in Tripolim deduxerunt similiter III.

5. In reliquis demum duabus introeuntes, in quibus quoque prædictus erat numerus captivorum, delati sumus in portum Alexandriæ, navigantes diebus XXX. Volentes vero progredi in littus, prohibiti sumus a principe nautarum, qui erat super LX. Ut autem nobis copia daretur exeundi, dedimus ei aureos VI.

6. Inde progressi adivimus principem Alexandriæ, cui ostendimus epistolam quam nobis dedit Suldanus: quæ nihil nobis profecit, licet omnes illius epistolas diceret se non ignorare. Quo urgente dedit ei unusquisque nostrum pro se XIII denarios, et fecit nobis litteras ad principem Babyloniæ. Consuetudo præterea illorum hominum talis est, ut quod B ponderari potest, non aliter accipiatur nisi in pondere. Unde accidit ut VI apud nos solidi et VI denarii faciant apud illos III solidos et III denarios. Hæc Alexandria mari adjacet, in qua prædicans sanctus Marcus Evangelium gessit pontificale officium. Extra cujus portam orientalem est monasterium prædicti sancti, in quo sunt monachi apud ecclesiam, in qua prius ipse requievit. Venientes vero Venetii navigio tulerunt furtim corpus a custode ejus, et deportarunt ad suam insulam. Extra portam occidentalem est monasterium quod dicitur ad Sanctos XL, in quo similiter monachi degunt. Ab aquilone est portus illius civitatis, a meridie habet introitum Geon sive Nilus, qui rigat Ægyptum, et currit per mediam civitatem, intrans in mare in prædicto portu. C

7. In quo intrantes navigavimus ad meridiem diebus VI, et venimus ad civitatem Babyloniam, ubi regnavit Pharao rex, sub quo ædificavit Joseph XVI horrea adhuc manentia. Dum exivimus autem in Babyloniam, custodes ipsius civitatis deduxerunt nos ad principem, qui dicebatur Adelhacham, Saracenus, qui sciscitatus est a nobis omne negotium itineris nostri, de quibus scripta habemus principibus. Qua de causa ostendimus ei litteras de parte principis

* Tria millia.

Alexandria, quod nihil nobis profecit, sed ab illo missi sumus in carcerem, donec post dies sex inito consilio cum Dei auxilio tredecim denarios unusquisque dedit pro se, sicut et superius. Qui quoque fecit nobis litteras, quas quicunque viderunt, in quacunque civitate aut in quocunque loco, nihil deinceps a nobis exigere ausi sunt. Erat enim secundus imperio Amarmomnim prædicti. Postquam vero inferius nominatas civitates ingressi sumus, non prius permissi sumus exire quam chartam aut sigilli impressionem acciperemus, quod uno vel duobus denariis impetrabamus. Est itaque in hac civitate patriarcha dominus Michael, et super totum Ægyptum disponens gratia Dei ordinem omnium episcoporum, et monachorum, et Christianorum. Isti autem Christiani talem habent legem apud paganos, ut pro posse persona sua unoquoque anno solvant tributum prædicto principi, ut vivant secure et libere. Istud autem tributum aut III, aut II, aut I exigit aureum, vel a viliori persona XIII denarios. Si autem talis est, ut non possit hos XIII denarios solvere, sive sit incola, sive advena Christianus, mittitur in carcerem, donec aut Dei pietate per angelum suum liberatur, aut ab aliis bonis Christianis redimitur.

8. Fluvium [*f.* Per fluvium] Geon, Sitimulh civitatem; de Sitimulh progressi sumus ad Mohallo, de Mohalla transfretavimus ad Damiatem, quæ habet ab aquilonari mari civitatem Thanis, in qua sunt Christiani multi, aut enim religiosi hospitalitate nimia ferventes. Hæc autem civitas nihil habet terræ, excepto ubi sunt ecclesiæ, et ubi monstratur campus Thaneos, in quo jacent trium instar murorum corpora eorum qui exterminati sunt tempore Moysi.

9. In civitate Faramea ibi est ecclesia in honore sanctæ Mariæ, in loco ad quem, angelo monente, fugit Joseph cum puero et matre. In illa civitate est multitudo camelorum, quos ibi ab incolis illius pretio locant advenæ ad ferenda sibi onera propter desertum, quod habet iter dierum VI. Hujus deserti introitus a prædicta incipit civitate. Et bene desertum dicitur, quoniam nec herbam, nec alicujus seminis fructum affert, exceptis arboribus palmarum; sed tabescit ut Campania tempore nivis. Habet autem medio itinere duo hospitia, unum quod vocatur Albara, et alterum Albacara, in quibus negotia exercentur a Christianis et paganis ejusmodi, quæ necessaria sunt iter agentibus. In eorum vero circuitu nihil præter quod dictum est gignit terra. In Albacara ibi est terra fecunda, usque ad civitatem Gazan, quæ fuit Samson civitas, tum [*in ms.*, tumis] opulentissima omnium rerum.

10. Deinde venerunt Alarixa, de Alarixa in Ramula, juxta quam est monasterium beati Georgii Martyris, ubi ipse requiescit. De Ramula ad Emmaus castellum, de Emmaus ad sanctam civitatem Hierusalem. Ibi habetur hospitale, in quo suscipiuntur omnes, qui causa devotionis illum adeunt locum lingua loquentes Romana; cui adjacet ecclesia in honore sanctæ Mariæ, nobilissimam habens bibliothecam studio prædicti imperatoris[a], cum XII mansionibus, agris, vineis et horto in valle Josaphat. Ante ipsum hospitale est forum, pro quo unusquisque ibi negotians in anno solvit duos aureos illi qui illud providet. Infra hanc civitatem, exceptis aliis ecclesiis, quatuor eminent ecclesiæ, mutuis sibimet parietibus cohærentes: una videlicet ad orientem, quæ habet montem Calvariæ, et locum in quo reperta fuit crux Domini, et vocatur basilica Constantini, alia ad meridiem, tertia ad occidentem, in cujus medio est sepulcrum Domini, habens IX columnas in circuitu sui, inter quas consistunt parietes ex optimis lapidibus; ex quibus IX columnis, IV sunt ante faciem ipsius monumenti, quæ cum suis parietibus claudunt lapidem coram sepulcro positum, quem angelus revolvit, et super quem sedit post peractam Domini resurrectionem. De hoc sepulcro non est necesse plura scribere, cum dicatur Beda in Historia Anglorum sufficientia dicere, quæ et nos possumus referre. Hoc tamen dicendum quod Sabbato sancto, quod est vigilia Paschæ, mane officium incipitur in ecclesia; et post peractum officium, *Kyrie eleison* canitur, donec veniente angelo lumen in lampadibus accendatur, quæ pendent super prædictum sepulcrum; de quo dat patriarcha episcopis et reliquo populo, ut illuminet sibi in suis locis. Hic autem patriarcha Theodosius [*supple* vocabatur], qui ob meritum devotionis a Christianis est raptus de suo monasterio, quod distat ab Hierusalem XV millibus, et ibi patriarcha constitutus super omnes Christianos, qui sunt in terra repromissionis. Inter prædictas igitur IV ecclesias est paradisus (vulgo *le parvis*) sine tecto, cujus parietes auro radiant; pavimentum vero lapide sternitur pretiosissimo, habens in medio sui confinium IV catenarum, quæ veniunt a prædictis quatuor ecclesiis, in quo medius dicitur esse mundus.

11. Est præterea in ipsa civitate alia ecclesia ad meridiem in monte Sion, quæ dicitur sancti Simeonis, ubi Dominus lavit pedes discipulorum suorum, in qua pendet spinea Domini corona. In hac defuncta traditur sancta Maria; juxta quam, versus orientem, est ecclesia in honore sancti Stephani, in loco in quo lapidatus asseritur. In directum autem ad orientem est Ecclesia in honore beati Petri, in loco in quo Dominum negavit. Ad aquilonem est templum Salomonis, habens synagogam Saracenorum. Ad meridiem sunt portæ ferreæ, per quas angelus Domini eduxit Petrum de carcere, quæ postea non sunt apertæ.

12. De Hierusalem in valle Josaphat milliari, et habet villam Gethsemani cum loco nativitatis sanctæ Mariæ, in quo est in honore ipsius ecclesia permaxima. In ipsa quoque villa est ecclesia sanctæ Mariæ rotunda, ubi est sepulcrum illius, quod supra se

[a] Id est Caroli Magni.

tectum non habet, pluviam minime patitur. In ipso A etiam loco est ecclesia in quo Dominus traditus est. Habet ibi quatuor mensas rotundas Cœnæ ipsius. In valle quoque Josaphat est ecclesia in honore sancti Leonis, in qua dicitur venturus Dominus ad judicium.

13. Inde venerunt in montem Oliveti, in cujus declivio ostenditur locus orationis Domini ad Patrem. In latere autem prædicti montis ostenditur locus in quo Pharisæi deduxerunt ad Dominum mulierem deprehensam in adulterio. Habetur ibi ecclesia in honore sancti Joannis, in qua servatur scriptura in lapide marmoreo quam Dominus scripsit in terra.

14. In cacumine autem sæpius dicti montis, milliari I a valle Josaphat, est locus ascensionis Domini ad Patrem. Habetur ibi ecclesia rotunda sine tecto, B in cujus medio, hoc est in loco ascensionis Domini, habetur altare sub divo patens, in quo celebrantur solemnia missarum.

15. Inde perrexerunt a Bethania, quæ est ad meridiem, distans a monte Oliveti milliari uno, in descensu illius montis, in quo est monasterium, cujus ecclesia sepulcrum monstrat Lazari, juxta quod est piscina ad aquilonem, in qua jussu Domini lavit se ipse Lazarus resuscitatus, qui dicitur postea exstitisse episcopus in Epheso XL annis. In descensu etiam de monte Oliveti ad occidentalem plagam ostenditur marmor de quo descendit Dominus supra pullum asinæ. Inter hæc in vallem Josaphat ad meridiem, est natatoria Siloe.

16. Inde transierunt in Bethlehem, ubi Dominus C fuit natus, habens VI millia. Ostensus est illis campus in quo laborabat Habacuc cum angelus Domini jussit ei prandium ferre Danieli in Babylonem, quæ est ad meridiem, ubi regnavit Nabuchodonosor, quam nunc serpentes ac bestiæ inhabitant. Bethlehem ergo habet ecclesiam valde magnam in honore sanctæ Mariæ, in cujus medio est scriptura sub uno lapide, cujus introitus est a meridie, exitus vero ad orientem, in quo ostenditur præsepium Domini ad occidentalem ipsius scripturæ. Locus autem in quo Dominus vagiit, est ad orientem. Habet ibi altare ubi celebrantur missæ. Juxta hanc ecclesiam est ad meridiem ecclesia beatorum martyrum Innocentium. Milliario denique uno a Bethlehem est monasterium sanctorum pastorum, quibus angelus Domini apparuit in nativitate Domini. Ad postremum XXX milliariis ab Hierusalem est Jordanis ad orientem, super quem est monasterium sancti Joannis Baptistæ. In quibus quoque locis multa consistunt monasteria. Est inter hæc ad occidentalem plagam Hierosolymæ civitatis milliario uno ecclesia sanctæ Mamillæ, in qua sunt multa corpora martyrum, qui a Saracenis interfecti ab ipsa sunt ibi diligenter conditi.

17. De Hierusalem intraverunt in mare, et venerunt ad Montem-Aureum, ubi est crypta habens ibi VII altaria. Habet etiam supra se silvam magnam, in qua crypta nemo potest præ obscuritate tenebrarum intrare, nisi cum accensis luminaribus. Ibidem fuit abbas domnus Valentinus.

18. De Monte-Aureo pervenerunt ad Romam, intra quam urbem ad orientalem partem, in loco qui dicitur Lateranis, est ecclesia in honore sancti Joannis Baptistæ bene composita, ubi est propria sedes apostolorum [*Leg.* apostolicorum]. Ad occidentalem autem partem est ecclesia beati Petri, principis apostolorum, ubi ipse requiescit, cui in magnitudine non est similis ecclesia in universa terra, quæ continet etiam ornamenta diversa. In qua etiam prædicta urbe innumerabilia corpora sanctorum requiescunt. Inde venerunt ad sanctum Michaelem ad duas Tumbas, qui locus est situs in monte qui porrigitur in mare per duas leucas. In summitate hujus montis est Ecclesia in honore sancti Michaelis, et in circuitu illius montis redundat mare quotidie duabus vicibus, id est mane et vespere, et non possunt homines adire montem donec mare discesserit. In festivitate autem sancti Michaelis non conjungitur mare in redundando in circuitu illius montis, sed stat instar murorum a dextris et a sinistris. Et in ipsa die solemni possunt omnes, quicunque ad orationem venerint, omnibus horis adire montem, quod tamen aliis diebus non possunt.

ANNO DOMINI DCCCLXX

WANDALBERTUS

PRUMIENSIS MONACHUS

NOTITIA HISTORICA IN WANDALBERTUM

(Fabric., Biblioth. med. et inf. Lat.)

WANDALBERTUS, diaconus et monachus Prumiensis monasterii circa an. 850. Scripsit *Martyrologium* carminice quod Bedæ prius ascripserunt. Editionem novam Phil. Labbeus promisit in Bibl. nova mss., p. 64, integrum autem edidit Lucas Dacherius Spicil. tom. II, p. 39; Tom. V, p. 305 editionis veteris sub finem p. 62 additur *Carmen de Creatione mundi*, quod D in editione priore Spicilegii desiderabatur. Adde Trithemium de Scriptor. Eccles., c. 316; Bulæum, Hist. Univers. Parisiensis tomo I, p. 147; Bollandum in præfatione generali ad Acta Sanctorum, ante tom. I Januarii, p. 51; Baronium de Martyrolog. c. 9; Sollerium, præf. ad Usuardi Martyrologium, cap. 1, artic. 3. *Vitam et miracula S. Goaris presbyteri* jussu

Marcwardi abbatis sui conscripsit circiter an. 839, A editam a Surio die 6 Julii, Mabillonio, Sæculo II Benedictino, p. 281. *Miracula* tantum, omissa Vita, dedit Joan. Pinius in Actis Sanctorum, tomo II Julii, p. 137. Vide Oudinum tomo II, p. 149, Hist. litt. Gall., tom. V, p. 377. Prætermisse pigeret editum a Dacherio Wandalberti Martyrologium interpolatum esse, siquidem aliud maxime integrius ac purius legitur in ms., codice Bibliothecæ Canonicorum S. Martini Lucensis. Interpolationis hujus unicum hoc ex multis specimen hic exhibendum duco ex mense Januario acceptum. Ibi vero ita legit Dacherianus codex:

> Jam pridie nonas Augenti festa recurrunt,

Codex cathedralis:

> Jam pridie nonas Aggei festa recurrunt.

Ita profecto scripsit Wandalbertus, cum Aggei cujusdam martyris nomen hac ipsa die in Hieronymianis vetustis martyrologiis occurrat. Hoc igitur sublato martyre minus noto, alterum sibi forte magis celebrem Augentium seu Augendum interpolator substituit, nisi forte non interpolatoris, sed imperiti exscriptoris hoc vitium esse maluerie. Hæc igitur dum recolo, subit animum cogitatio num operæ pretium facturus sim si novam Martyrologii hujus editionem moliar, quod opportune tunc præstitero, cum novam Martyrologii a Florentino gentili meo excusi editio ex integro a me recensita novisque accessionibus illustrata proferetur in lucem.

WANDALBERTI
PRUMIENSIS MONACHI
MARTYROLOGIUM.

(Apud Acherium, Spicilegii tomo II.)

MONITUM.

Exscripserat sua manu Wandalberti Martyrologium doctissimus Bigotius, cum Bataviam inviseret, e codice scripto Isaaci Vossii, viri comitate singulari ac politiori litteratura multarumque rerum scientia clarissimi. Ascripserant falso Wandalberti Martyrologium Venerabili Bedæ Basileenses, illud ejus Ephemeridibus accensentes ann. 1563, deinde Molanus in dies distributum Usuardi Martyrologio, cuso Coloniæ ann. 1568, subductis versibus nonnullis, interserit: nunc integrum suo auctori ac nitori restitutum, una cum præfationibus soluta et stricta oratione concinnatis, atque iis quæ Martyrologium subsequuntur (illa ipsemet Vossius descripsit misitque ad præfatum Bigotium, cum Spicilegii tomo V finem imponerem), prodit in lucem. De Wandalberto pauca hæc habet Sigibertus cap. 128 de Scriptoribus Eccles.: « Wandalbertus scripsit Martyrologium metrico stylo. » Trithemius vero plura de Viris illustribus ordinis S. Benedicti, cap. 36: « Wandalbertus diaconus et C monachus Prumiensis monasterii in diocesi Trevirensi, natione Teutonicus, vir in divinis Scripturis doctus, et in sæcularibus litteris valde peritus, rhetor et poeta insignis, sermone clarus et nitidus, etc. Scripsit etiam metrice Martyrologion totius ann. 1. 1, et alia plura quæ ad meam notitiam non venerunt. Claruit sub Lothario imperatore ann. Domini 854. » Miræus verba repetit Trithemii de Script. Eccles., cap. 316, ad ann. 840.

Wandalbertus autem *Commendatione* ad Cæsarem, ubi Lotharium dilaudat, non obscure annum quo texuit Martyrologium exprimit, præcipue versibus istis:

> Lustra per orbem
> Quinque recurrunt,
> Nomine postquam
> Clarus et armis,
> Cæsariana
> Jura retentas.

Ubi aut ab imperio Lotharii ducit initium Wandalbertus cum Ludovicus Pius anno 817 coronatum voluit filium imperatorem, aut ab eo tempore quo B Romæ anno 823 a Paschali papa Lotharius fuit inauguratus. Si prius, adde quinque lustra, sive viginti quinque annos, tum 842 salutis annum numerabis; si posterius, 848. Suum vero Martyrologium ætatis annum agens trigesimum quintum se confecisse testatur in *Conclusione*:

> Trinis ecce decennis
> Vitam dego miser quintus et insuper
> Ævi curriculis orbis adest atque meatibus.

Molanus in præfatione ad Usuardi Martyrologium, c. 5, de Wandalberto, ingenue fatetur ipsius Martyrologium e Bedæ Ephemeridibus, mutuatum esse, deinde subinfert: « In indice quodam variarum bibliothecarum, qui ante annum 80 aut circiter conscriptus est, et Lovanii asservatur, quæsivi Mss. Wandalberti exemplaria, sed unicum tantum indicabatur in bibliotheca Regularium Lovanii in Valle S. Martini, ubi tamen nunc non est, quomodocunque id acciderit: et proinde æqui bonique consulas, candide lector, quod Wandalbertus non satis castigatus prodeat. »

Denique Florus, quem mire laudat Wandalbertus in præfatione, non martyrologus notatur, cujus meminere Usuardus, Ado, et alii, sed junior ipso, nimirum acerrimus ille, Carolo Calvo imperante, Ecclesiæ Lugdunensis pro gratia Christi et libero arbitrio propugnator. Legesis Miræum ubi supra ad Sigibert. cap. 92.

Hactenus Acherium exscripsimus, docte, ut solet, de Wandalberti Martyrologio disserentem: nunc ea monebimus de quibus lectorem certiorem fieri necesse est. Ac primum quidem a nobis ascriptum est Poemation in Hexaemeron, quod Wandalbertus ipse asserit se Martyrologio suo subjunxisse. Nam cum deesset in eo codice Bigotii quo Acherius usus erat, alterum codicem vir ille studiosus deinde comparavit, D ex quo id descripsit R. P. D. Edmundus Martene nobisque humanissime communicavit.

Non hæc sola fuit Bigotiani codicis utilitas, imo fuit vel minima: ejus enim ope loca prope infinita emendavimus, ac versus qui desiderabantur restituimus haud paucos perinde atque e vetustissimo codice regio, quicum priorem editionem contulerat Stephanus Baluzius anno, ut ipse monet, 1676.

In hoc inter versus idem Baluzius reperit descripta nescio cujus opera haud pauca sanctorum nomina, quæ edi oportere judicavimus, quod cum ad alia utilis esse posset hæc diligentia nostra, tum ad intelligendum sæpe, nonnunquam ad emendandum Wandalbertum. Porro inter illa sanctorum nomina, librarius notari maxime voluit S. Martialem ac S. Leonardum, nam hujus nomen majusculis litteris exaravit, illi etiam beatissimi titulum addidit, unde conjicio codicem e Lemovicensi provincia in Urbem esse advectum.

PRÆFATIO AUCTORIS.

Domino OTRICO WANDALBERTUS salutem dicit.

Veteri et perantiquo præcepto monemur ut parere majoribus, morem gerere æqualibus, consulere minoribus studeamus. Ego quia tibi [a], charissime, ut minori, quod cogitatu ipso nefas judicio, consulere nequeo, in te enim ipso tibi ut revera sapientem decet, omnis opis consilium totiusque prudentiæ copiam esse perpendo, morigerari vero sicut æquali sensus et ingenii tarditate non valeo, quod primum constat, ut majori parere et obsecundare viribus cunctis et omni facultate desidero: maxime quod incessanti et infatigabili studio ac benevolentia me, postquam longe a patria rebusque domesticis, non tam exsulare, quam degere cœpi, tua ope consilio, providentia et liberalitate fultum intelligo: nec leviter pecco, si cum morem gerere nequeo, parere pro ingenii paupertate refugio. Itaque quod inopinato studio ex me, et inevitabili constantique auctoritate petiisti, ut per anni totius spatium occurrentes quot diebus sanctorum festivitates et solemnes undecunque Christianorum votorum celebritates metro digererem, feci ut potui, non tam artis usu atque solertia, quam tua devotione, et immerito erga me sanctorum ad id peragendum adjutus, ut confido, favore.

In quo opere quia solemnium dierum certissima comprehensio non leviter nec facile pro librorum varietate constabat, ope et subsidio præcipue usus sum sancti et nominatissimi viri Flori, Lugdunensis Ecclesiæ subdiaconi, qui ut nostro tempore revera singulari studio assiduitate in divinæ Scripturæ scientia pollere, ita librorum authenticorum non mediocri copia et varietate [b], cognoscitur abundare. Ab hoc ego sumptis veteribus emendatisque codicibus, Martyrologicum librum a kalendis Januariis ad finem anni per dierum singulorum occurrentes festivitates metro edidi, præmissa, ut congrue existimavi, Invocatione ad Deum, Allocutione ad omnes qui forte erunt lectores, commendatione ad te, operis hortatorem, et ad Cæsarem benignissimum Lotharium argumentique sive propositionis diverso metro descriptione: et addita post editum Martyrologium, conclusionis hymnique in omnes sanctos editione, cui etiam operi distinctionem mensium singulorum adjeci apertam brevemque secundum usus Gallici dispositionem, et horarum diurnarum vulgarem in nostris regionibus dimensionem: quod utrumque a superiori opere nequaquam discrepare putavi. In fine præterea totius operis, de creatione mundi [c] per ordinem dierum sex breve carmen addidi, et explanationem mystici sensus in homine accipiendi subjunxi: ut ea quæ de totius anni cursu descripseram, repetita ab initio mundanæ creationis explanatio commendaret.

Hoc opus quia diverso editum metro constat, necessarium existimavi genera ipsorum metrorum breviter explanare, ut non modo ipsum opus, sed ea quibus digestum est metra, omnibus qui id legendum dignabuntur sumere manifestem. Itaque Invocatio, quam in principio totius opusculi propterea posui quod omnis scientia ex Deo manans, ab ipso sit merito poscenda (quanquam alii in opere poetico Propositionem primam esse velint), metro Choriambico, Tetrametro, Acatalectico, Asclepiadeo decurrit. Asclepiadeum autem ab Æsculapio, qui Græce vocatur *Asclepios* medicinæ repertore, cujus laudes hoc metri genere frequentatæ sunt, vel ab aliquo ejusdem nominis poeta est appellatum. Metra enim frequenter ab inventoribus, nonnumquam a frequentatoribus, interdum et ab eis quorum memorias celebrant, appellantur. Acatalecticus vero versus est, cui nulla ad plenitudinem sui syllaba deest, sed legitimo numeri fine concluditur. Tetrametrum porro carmen est, quod quatuor pedibus currit: quod in choriambicis, dactylicis, et anapæsticis metris accipitur, in quibus dimetrum, trimetrum, tetrametrum, pentametrum, et hexametrum per simplices pedes computamus: nam in iambicis trochæisque metris, quia brevia sunt, supradictos numeros per duplices pedes accipimus. Choriambicum autem a choriambo pede, quo proprie currit, vocatur. Constat enim primo pede spondæo, secundo et tertio choriambo, quarto pyrrhichio, et cum choriambus primam et ultimam longas, duas medias syllabas breves habeat, quæ simul sena tempora complent: si spondæum pyrrhichio copulemus, totidem syllabas totidemque tempora facimus, ac per hoc non tam pyrrhichio et

[a] *Ego quia tibi*. Ultima vocula addita est a codice Bigot. Ex eodem editum *non valeo*, ubi olim legebatur *non video*.

[b] *Copia et varietate*. Sic maluimus quam in priori editione *copia et veritate*. Haud longe *et addita post*, sic codex Big. In editis, male, *edita et post*. Statim nonnihil ex ingenio mutavimus in illis verbis *distinctionem... usus Gallici*: antea enim legebatur *distinctionem... usus Gallicos*.

[c] *De creatione mundi*. Hoc carmen, quod in priori editione deerat, a R. P. D. Edm. Martene communicatum suo loco edemus.

spondæo metrum hoc quam propriæ choriambo decurrit. Invocatio ergo, hoc metro composita, quadraginta quatuor versibus constat, qui quaterni coeuntes undenos majori complexione versus efficiunt.

Allocutio autem, quæ lectores commonens invitat, metro Dactylico, Tetrametro, Catalecticoque, a pede scilicet frequentiori, et numero pedum quaterno atque uno, quæ ad plenitudinem metrici numeri, deest syllaba, appellato decurrit. Constat enim spondeo, dactylo catalecto, itemque dactylo, et spondæo. Cumque hoc metrum dactylo proprie constet, si catalectum spondæo addas, erunt ratione syllabarum tres dactyli et unus spondæus, atque a plenitudine dactylicarum syllabarum, una tantum syllaba deesse videbitur, quamquam ratione temporum dactylus qui una longa et duabus brevibus constat, spondæo qui duas syllabas longas habet par et æqualis existat. Itaque Allocutio prædictis pedibus currens sexaginta octo versiculos continet, qui similiter, ut priores, quaterno numero conjuncti, septemdecim majores versus efficiunt.

Porro Commendatio metro Phaleucio, Pentametro, Hendecasyllabo constat, quod a numero undecim syllabarum Græce Hendecasyllabum, a numero pedum quinque Pentametrum, ab inventore sive frequentatore Phaleucium appellatur. Decurrit autem primo pede spondæo, secundo dactylo, tertio, quarto quintoque trochæo, quamvis ultima syllaba indifferenter in omnibus metris accipiatur et frequenter trochæus in spondæum, spondæus in trochæum, in pyrrhichium iambus, iambusque in pyrrhichium, per ultimas syllabas transeat. Igitur Commendatio priore sui parte hoc metro composita, sex et triginta versibus impletur, qui item per quaternam complexionem novem majores versus explere noscuntur. Posterior pars Commendationis, ad Cæsarem edita, metro constat Dactylico, Dimetro, Acatalecto, quod dactylo tantum currit atque spondæo, neque aliqua syllaba ad plenitudinem indiget. Hæc pars quadraginta duosque versiculos continet, qui seni simul coeuntes septem majori conjunctione faciunt versus.

Reliquum deinde opus ad completum Martyrologium, heroico carmine, quod a gestis virorum fortium frequentatis appellatur, et hexametro numero pedum constat, excurrit. In quo metro, præter ultimum, qui spondæum tantummodo sive trochæum recipit, et penultimum locum, qui dactylo solummodo impletur, reliqua loca licenter dactylum spondæumve recipiunt. Quod opus ab initio Propositionis usque ad completum Martyrologium, heroicos versus nongentos et quadraginta continet.

Sequitur deinceps Conclusio ad complendum Martyrologium pertinens, quæ mixto Choriambico, hoc est Glyconio, Asclepiadeo Alcaicoque contexitur, quæ metra ab auctoribus sive frequentatoribus nominata Glycone, Asclepio et Alcæo. Glyconium quidem spondæo choriambo, pyrrhichio; Asclepiadeum spondæo, duobus choriambis, pyrrhichio; Alcaicum vero spondæo tribus choriambis, pyrrhichioque decurrunt. Eadem Conclusio viginti quatuor versiculos prædicta conjunctione metrorum complexa octo majores versus ternis simul coeuntibus reddit. Huic hymnus in omnes sanctos succedit, qui metro constat Dactylico, Pentametro, Sapphico, quod a muliere, quæ Sappho dicta, hoc genus metri reperit, appellatum, quinis pedibus, hoc est trochæo, spondæo, dactylo, duobus trochæis decurrit, eique post tres versus semper comma heroicum additur, quod dactylo constat atque spondæo, ita efficiuntur in diversa tres versus pariles, et membrum heroicum, quæ complexio in supra dicto hymno octo majores, minores versus reddit viginti quatuor, commata nihilominus addens octo. Hæc, ut supra memoravi, ad finem complexionemque præcedentis Martyrologii pertinent.

Deinde sequitur descriptio duodecim mensium, quæ nominum in singulis etymologias, signorum nomina et stellarum, in signis numeros usuque temporum ostendit. Huic descriptioni cohæret horarum per menses omnes dimensio. Quod opus versibus heroicis quadringentis et quinquaginta completur.

In fine totius libelli superest de creatione mundi brevis et aperta descriptio cum additione mystici sensus in homine super creatione rerum accipiendi, quæ descriptio metro Pherecratio constat, quod a Pherecrate inventore sive frequentatore nuncupatum spondæo, dactylo, spondæoque contexitur, quamvis pro ratione novissimæ syllabæ, ultimus spondæus frequenter in trochæum mutetur. In hac descriptione ternis versibus in unum coeuntibus, minores ducenti octoginta quinque, majores nongenti octo efficiuntur. Ita in omni hoc opere diversorum metrorum variarumque mensurarum versus sunt, ab Invocatione ad Deum usque ad mundanæ creationis comprehensionem, mille nongenti novemdecim. Hæc ita complexus sum, ut tibi, Charissime, cui totius opusculi sicut cunque constiterit munus assignabitur, nihil hic incognitum dubiumve remaneat. Bene Vale.

SEQUENTIS METRICI OPERIS TEXTUS

INVOCATIO [a]

[b] Celsi cuncta parans, conditor ætheris,
Orbis principium, luminis editor
Inventorque, boni fons sine termino,
Audi quod precor et supplico servulus,
Plebis tu caput et gloria candidæ,

[a] Metrum Choriambicum, Tetrametrum, Asclepiadeum.

[b] *Celsi cuncta parans* Codex Big., *celsi cuncte parans*, quin legendum sit *celsi sancte parans*, non vide

Albis fulgida prætextaque vestibus
Agnum quæ sequitur, lotaque sanguine
De cunctis placet empta et data gentibus
Hanc terris colit, et prædicat omnibus
Votis accumulans optima gaudia
Concors Ecclesia, et mox modulantium
Festivo sociat carmina cœtui
Hæc nunc curriculis vota sub annuis,
Per quos emineant et redeant dies,
Exponam breviter credita carmine,
Comprendens acies bellaque fortium,
Quorum, Christe Deus, pro meritis mihi
Cunctorum veniam hic annue criminum
Servo confer opem, missaque desuper
Cæcum de tenebris jam revocet manus,
Rector, nempe tuo nulla renititur,
Nulla est imperio dura potentia
Armis tu poteris vincere fortibus,
Fallens ne Zabuli vincat iniquitas,
Tandem sic satis ad tartara per scelus
Cunctum perque nefas, perque probra omnia
Casu flebiliter tendere pessimo,
Oblectetque tuis vivere legibus
Felix cœlicolis permanet in quibus
Regem [a] præsidiis vita perennibus,
Summum quando piis tu res det bonum,
Explet quos jugiter te sitiens amor
Spei nil superest [b], ad veniam mihi,
Vitæ nec potior suppetiis, nisi
Pressum tu releves, æger et anxius
Succumbensque ruam mortis ad infima
Munus nunc operis permodici tamen
Sanctorum in numero de populo tibi,
Rector, quodque tuo profero nomini,
Gratum de sterili sit rogo carmine
Hymnum personet hic mens humilis tibi,
Devotusque canat te modulans homo,
Unum cui jugiter cum Patre gloriam
Agmen prædicat in sæcula lucidum

ALLOCUTIO

[c] Christum quisque cupis cernere, et alto
Decernis animum figere cœlo,
Spei certa videns signa beatæ,
Magnorum sequere hic gesta parentum
Illi sæpe Deum cernere sueti,
Præstantes opibus, corpore fortes,
Condignæ ac sobolis germine fulti,
Illustrant meritis sæcula sanctis
Illi divitiis sponte relictis,
Cunctis et viridi tempore rebus
Comtemptis, Superum regna videntes,
Monstravere suis abdita signis

A Illi et vivifico famine pleni,
Visis ac monitis cœlitus acti,
Venturum Dominum vocibus atque
Portentis variis edocuere
Illos, factus homo est, perditoque et orbi
Salvando adveniens, ore manuque
Instructos, populum misit in omnem,
Mundi ut perficeret rite salutem
Illos verus amor Regis ad astra
Vexit martyrii stemate claros,
Insignesque pii flore cruoris,
Quorum nunc radiat terra triumphis
Illos quin etiam celsa venustat
Doctrinæ et meriti gloria magni,
Qui verbo Ecclesiam, qui prece, quique
B Signis, quique libris instituere
Illis est proprius splendor honorque,
Qui Christi niveo tegmine fulti
Vicerunt stabili mente minantem,
Mulcentemque simul carnis amorem
Illis est etiam fama perennis,
Quæ expertum viridis corporis ignem
Calcarunt penitus cœlibe vita,
Præcinctæque Dei tegmine lumbos
Illis nec modicum est culmen honoris,
Servatis thalamis, quæ pietate
Compserunt socium rite cubile,
Natos quæque Deo sponte dicarunt
Illorum superat fama per ævum
C Conspectus hominum, cunctaque mundi
Temnentes, eremum qui coluere,
Cœlestem meriti sumere panem
Illorumque nitet nomen, in unam
Quos egit [d] pariter lex sacra mentem,
Patrum qui monitis colla manusque
Summisere, Dei lege jugati
Illorum pietas nec minus alto
Præfulget merito, qui sua Christo
Largiti, egregia forte perennes
Nunc gazas retinent, regnaque cœli
Sic nos multiplici præduce norma
Christus sancta vocat, sicque minorum
Prælucent oculis, lumina Patrum
Sic multa est meriti causa beati
D Nec nos velle sequi prava pudebit?
Quæ vult, quæque vetat, jubet almi
Lex verbumque Patris nosse valebit,
Doctrix quemque fides veraque purgat,
Finis qui fuerit, quæque beati hinc
Excessus requies, quæve recursus [d]
Nunc anni memorent bella piorum,
Monstrabit modico hic corpore codex
Hunc si velle potes, lector opime,

dubito Vers 7 *lotaque sanguine*, optima codicis Big lectio, pessima contra prioris editionis, *totaque sanguine*

[a] *Spei nil superest* Sic codex Big emendate prior editio, *spei vis sup*, corrupte Supra *Regem præsidiis*, forte legendum *regens* ac ne sic quidem sententia satis constat

[b] Metrum Dactylicum Tetrametrum, Catalecticum,

[c] *In unam quos egit* In editis, *in unum*, male, in codice Big, *in unam*, bene

[d] *Quæve recursus* Sic profecto legendum, nam quod erat in priori editione *quive recursus*, intelligi non potest

Hac velis animo nosse benigno
Nulli hic namque subest mens pia culpæ,
Christo quod potuit sponte dicavit

COMMENDATIO

[a] Vera sume [b] librum fide sacratum,
Sincera hunc recitans legensque mente,
Scribendum tibi, quem pio rogatu
Hortatuque jubes, amice dulcis
Hoc nam gratificum libro videbis
Digestum breviter tibi sciendi
Quæstum cura replicans volensque munus,
De jusso inspicies labore tandem
Quondam Hieronymus sicut quietum
Vitæ deseruit statum modumque,
Aggressus veteris novæque legis
Romano eloquio probare libros
Augustine, tuum perennis ævi
Nomen, fama gerit, Pater, per orbem,
Qui Christi Ecclesiam doces, et omne
Errorum perimis, fugasque vulgus
Sic martyr quoque Cypriane Christum
Doctrina, atque pio cruore clamas
Ore et Hilarius micat beato
Scriptis Ambrosius manet, atque magnus
Pollet Gregorius, nitetque laude
Dictorum Volitat Juvencus, illi
Conjunctis spiritus Arator haret,
Prudentique Deum canendo vivis
Multos sic memorans honor revolvit
Scriptis qui propriis manent librisque
Gaudens quos legit et frequentat orbis,
Quamvis morte obita hinc abisse cernat
Nobis exiguum subest loquendi, et
Scribendi ingenium negat priorum
Nos æquare locum, vicemque vatum
Exilis copiæ loquacis usus
Aggressi tamen hic novum piumque
Carmen proferimus Deo, tibique
Hoc qui mente pie rogas, amice,
Tu nostro petimus fave labori

AD CÆSAREM

Tuque favendo,
Cæsar adesto,
Sceptra parentum
Qui pietate,
Orbe(?) benigna
Lege gubernas
Te moderator
Nam Deus orbis
Jussit habenas
Flectere avitas
Imperiique
Sceptra paterni
Teque periclis
Ipse paratis
Exiit olim,
Deque cruenta
Cæde furentum
Sæpe reduxit
Aurea celso
Vertice Roma
Te decorando
Nomine sanxit
Cæsaris, orbi
Mox fore regem
Itala primum
Te duce tellus
Eminuit, post
Francia, temet

A Sceptra regentem
Mundus adorat
Fusti per orbem
Quanque recurrunt,
Nomina postquam
Clarus et armis
Cæsariatur
Jura retentas
Tempora Christus
Longa videntem
Te regat, omnis
Te veneretur
Teque tremescat
Purpura regum

PROPOSITIO

Carmine qui vacuis captavi sæpius auras,
Rumores vulgi quærendo stultus inanes,
Aggrediar tandem veram de carmine laudem
Quærere, et æternum mihi conciliare favorem,
Spectandos breviter signans actusque, virosque,
Atque dies fixo reditu [c] volvente per orbem
Ordine quo lustrent scribens solemnia quemque
B Hic mihi nonnunquam sanctorum nomina leges
Carminis excedens, sed non mutilanda vocandi
Est censura, bonos veniam pietate merebor

COMPRENSIO TEMPORUM

MENSIUM, DIERUM, ATQUE HORARUM

Per varios orbem rerum natura meatus
Distinxit, moderante Deo, mortalibus ægris,
Alternis jugiter vicibus noctemque diemque,
Æstatem atque hiemen, autumni, verisque tepore,
Bissenisque simul discretum mensibus annum
Primum quæque suis horarum tempora punctis
Excrescunt, tum bis duodenæ temporis horæ
Luce diem et tenebris complent ab origine furvis,
Nuncque dies pariili spatio, noctesque feruntur
Nunc celerante die [d] fuscis nox tenditur alis
C Nocte brevi rursus curru lux incita fulvo,
Ad summos axes solarem provehit orbem
Hebdomas hinc septem complectitur integra soles
Quatuor hebdomades vulgarem volvere mensem
Dicuntur, sed quos soles statuere priores,
Ordine diverso menses numeroque feruntur
Junius, Aprilis, September, et inde November,
Bis bina hebdomada constat, geminisque diebus
Mensis tum Jani, Augustus simul atque December,
Martius, Octimber, Maiusque et Julius aucti
Quatuor hebdomadis fulgent, ternisque diebus
Solus quem Februo mensem Numa addidit auctor,
Bis denis tantum patet octonisque diebus
Tempora solarem variantia quatuor annum,
D Ver, æstas, autumnus, hiems flos, fructus, honorque
Mensibus alludunt spatiata ex ordine ternis
Has leges natura dedit, quo tempore primum
Conditor omnipotens mundum formavit, et orbis
Terrarumque modis concrevit semina miris
Has etiam docti prius advertere parentes,
Et liquere suis, anni crescente rotatu,
Hebdomadis pariter quinquagenis geminisque
Ter centum sexagenis quisque diebus

[a] Metrum Phalæcium, Pentametrum, Hendecasyllabum

[b] *Vera sume* Ita maluimus quam quod legebatur *vera summe* Statim *hunc referans* e codice Bigot scripsimus ubi erat *hunc refonans* Haud longe ejusdem codicis lectio *de jusso inspicies*, magis idonea visa est, quam illa prioris editionis *de justo insp*

[c] *Fixo reditu* Codex Big , *anni reditu* Sequentem versum ita lego, *ordine quo lust sc sol quæque*

[d] *Nunc celerante die* Hunc versum qui antea sic legebatur *nunc celebrante die f vox tend al* , emendavimus ope codicis Big , in quo etiam reperimus vocem *furvis*, ubi editum erat *furnis*

ac Nonas, Idus statuerunt atque Kalendas
licet ut vario distinctus ordine mensis,
manos relevans mulceret rite labores,
stiva exciperent cum fessas otia plebes,
naque solemnes populus proferret ad aras
c docuit populum Ægypti de morte redemptum,
ita per Moysen veteris conscriptio legis,
bata quæ sanxit, novilunia, Paschaque sanctum,
unique dies statuit temporibus anni
tis inflexa servari lege per ævum,

A Agni quæ typico signatam sanguine plebem
Agno, azymo pane et lactuca pavit agresti.
Omnia quæ nostram signarunt festa salutem,
Nos docuere Deum, Christi qui morte redempti,
Religione dies sacramus præduce cunctos.
Ergo age quas teneant solemnia festa Kalendas,
Martyria illustrentque dies quos clara per orbem,
Quos confessorum laus sancta et vita coronet,
Virgineis thalamis quæ sint sua vota diesque,
Carmine promamus: mentem pie suffice Christe.

INCIPIT
MARTYROLOGIUM WANDALBERTI.

JANUARIUS.

1 Primum nunc Jani vocitatum nomine mensem
Unde sacratus erat, recolat quæ festa canemus;
Quod veteres coluere Patres, umbramque futuri
Lex posuit, sancta Christi de Virgine nati
Circumcisa caro Jani sacrat ecce Kalendas.
Basiliusque sacer meritorum splendet honore,
Eufrosina simul nitet, Almachiusque beatus.
2 Macharius quartum Nonarum dedicat astrum [a]
Qui tenuit docuitque eremi pius accola morem.
3 Tertia Nonarumque dies celebrat Genovefam.
4 Tum pridie Nonis Augenti festa recurrunt.
5 Hinc Nonas Simeon confessor possidet almus.
Papa Telesforus is ipsis pariterque coruscat.
6 Octavo ante Idus agitur Theophania sancta.
7 Septima ab Ægypto Christum celebratque relatum.
Antiochena suum recolit quoque plebs Lucianum.
8 Iduum post sexto, Eugeniano vota feruntur.
9 Quinto, Vitali, Fortunato, et Revocato.
10 Quarto Melciades, Paulusque eremita, beato
Sublati fine, ætherea lætantur in arce.
11 Salvius hinc ternas Carthagine consecrat Idus.
12 Plebs Itachia suum pridie recolit Ciriacum.

B *Dies* 13 Idibus Hilario Pictavæ militat urbis
Plebs devota, suo Pastor quam fulsit honore.
14 Quam nonam et decimam constat Februi ante Kalendas
Esse diem Felix sacer et confessor adornat.
15 Bisque novenam Habacuc simul et Michæas honorant.
16 Septima post decimam Marcelli Martyris, atque
Pontificis summi meritis et nomine fulget.
17 Sextaque cum decima Antoni virtute dicatur.
C Hæc etiam socio Geminorum pollet honore,
Lingona quos uno celebrat plebs marmore tectos
(Tum quoque nubiferi penetrat sol sidus aquarii).
18 Quinta et dena simul Prisca pro martyre gaudet.
Et sancti Volusiani confessoris.
19 Bis septena Niceto Hautmaroque coruscat.
Mariæ et Marthæ.
20 Tertia post decimam Fabiano præsule [b] floret
Cui patili Sebastianus virtute cohæret,
D Roma quem vectum Suessio læta frequentat.
21 Bissena est Agne quam virgo et martyr honorat.
Et sancti Fructuosi episcopi.
22 Undecimam Levita potens Vincentius ornat.

[a] *Dedicat astrum.* Sic in uno codice quem Acherius viderat, et in Big. In editis, *dedicat artem.* In 4 versu ubi *Augenti*, Acherius conjecit legendum *gendi.*

[b] *Fabiano præsule.* Ita edere cum codd. Regio et Bigot. maluimus, quam quod antea legebatur *præside.* Infra ex iisdem codd. scriptum *Bissena est Agne*, ubi prius erat *Bissexta est Agnes.*

Dies 22 Hinc et Anastasium virtus conjungit opimum

23 Post Emerentianæ decimo laus emicat ampla

24 Nono martyrium Babilæ virtusque coruscat

Et Timothei, discipuli Pauli Apostoli

25 Octavo ex Saulo [a] conversum gloria Paulum

Projectumque suum celebrans Arvernis adornat

26 Septima mox que dies Polycarpi sanguine fulget,

Sanctinæ quem vero celebrant pro rege crematum

27 Punica terra suum sexto veneratur Avitum [b]

Sulpicius, Batildis et Aldegundis quoque vernant

Cœlestini et Victurinæ

28 Quintam progenies Romana Agnes dicat almæ

[Lux, decus orbis, amor patriæ luctusque, dolorque,

Excelso imperii caput exaltatus honore,

Tum Carolus migrans Ludovico sceptra reliquit.]

29 Quarto martyrium Papiæ Maurique refulget

Tum quoque Valerio Treviri pro præsule gaudent

30 Tertiaque Hippolytum Antiochenæ personat urbi

31 Saturnine tuum egregium, Triciqne tropæum,

Victorisque simul Jani determinat orbem

Gelasii et Ursini In Alexandria, Zotici, Ammonii, Ciriaci, Gemini, et passio sanctorum Gallicani et aliorum quindecim sacerdotum In Africa, Victoris et Polycarpi

FEBRUARIUS

Nunc etiam Februi texemus carmine cursum,

Quæque ferat pariter festorum signa dierum

Dies 1 Brigida virgo potens, Februas sibi prima Kalendas

Scotorum sancit miro celebrata favore

In Græcia sanctorum Polycarpi, Dionysii In Scotia Brigidæ virginis, et sancti Sin

Dies 2 Quartum Nonarum templo illatus dicit Agnus,

Quo lustrante Deo vivum plebs credula templum

Mente pia locat acceptum sternitque tribunal

3 Ternis et Nonis Lupicino festa sacrantur

Hisque eximio pio Celerinus cum Celerina

Enitet Ignatius, Laurentinusque beati

4 Tum pridie Nonas Aquilinus vindicat almus,

Antistesque nitet Phileas cum Philoromo

Et natale sanctorum Torosempronii, Gemini, Gelasii, Magni, Donati Aquilini, item Donati, Timothei

5 Siccaniæ populos Nonis sibi subdit Agathes

Virginis eximio virtus celebrata decore

In Oriente, Patras civitate, ordinatio episcopatus sancti Andreæ apostoli

6 Idibus octonis martyr Dorothea coruscat

Syracusa civitate, passio sanctæ Luciæ virginis Romæ, via Appia, sanctæ Sotheris virginis Et depositio sancti Amandi

7 Augule septenis [c] mundum vincendo triumphas

(Tum quoque ver clarum primos erumpit in ortus)

Et sanctorum Ammonis, Stacioni, Saturnini

8 Senas Dionysius ornat et Æmilianus

Et sanctorum Pauli episcopi et Tirsi

9 Quinis Amonem [d] recolunt pia vota beatum

Alexandria, Pauli, Dionysii et Ammonis

10 Sother, Irenæus, et Scolastica virgo quaternis,

Egregia pariter meritorum laude nitescunt

In Nivialo monasterio, sanctæ Geretrudis virginis Et sancti Silvani episcopi

11 Ternis hinc Desiderius Lugduna coronat

Mœnia, Partemio et Calocero Roma refulget

In Africa, Victoris, Januarii, Vitalis, Zotici, Cyriaci

[a] *Octavo ex Saulo* Optima utriusque codicis lectio, fallebat quod antea legebatur *ex sæculo* Statim iidem codd., *Projectum*, habent, ubi prior editio *Præjectum* in Regio etiam est *Arvernis*

[b] *Veneratur Avitum* Non contemnendum quod in Regio cod scriptum est, *veneratur Adjutum*, cum auctor ipse monuerit se metricarum legum rationem ubique non habuisse Cæteri quæ leviora sunt cur hic exscribi debeant non video

[c] *Augule septenis* In codice Regio *Angule* Ejusdem codicis auctoritatem secuti, versum hunc edidimus ante illum *Tum quoque*, qui in priori editione priorem locum obtinebat ac ne id sine ratione factum existimes, scire te volumus in eodem codice post notam prosaicam diei scriptum esse SOL IN PISCIBUS

[d] *Quinis Amonem* Sic cod Reg Prior edit, *Ammonem* Ex eodem cod infra *Barcilon* scripsimus ubi legebatur *Barcinon* nam ut hæc lectio melior est, sic illa auctoris ætate usitatior

12 Eulaliæ festum pridie, sanguisque coru- [scat
Urbs Barcilon eximia quæ martyre gaudet
In Africa Damiani, Juliani Victoris, Felicis, Secundi Et Simplicii episcopi

13 Idibus æthereum Julianus scandit hono- [rem,
Sponsa beata [Basilissa] animum cœlo cui [jungit ovantem
In Alexandria, Tulliani Ammonii Lugduni, depositio sancti Stephani

14 Tum decimo sextoque die præeunte ka- [lendas
Martyr Vitalis [a] nitet, et Felicula virgo,
Atque Valentinum memorant sua gesta [beatum
Felicis et Zenonis, et sanctorum Germani et Juliani

15 Hinc decimo et quinto meritum clarescit [Agapes
Hocque die cæcos pœnis veneratur acer- [bis
Brixia Faustinum celebrem, sanctumque [Jovitam
In Antiochia, natale Josephi, Apollonii, Romani, Zosimi et Agape virginis
(Hoc etiam geminos scandit sol sidere pi- [sces)

16 Quartus cum decimo Juliana martyre lucet
Onesimumque colit Paulo doctore bea- [tum
In Africa, Maximi, Vincentii, Pauli Et depositio Tetradi episcopi

17 Tertius ac decimus Polichroni festa re- [volvit,
Donatique, fides, sanguis quos junxit et [ara
Et passio sanctorum Secundiani, Justæ, Romulæ, Silvani

18 Bissenumque diem Martialis sanctus ho- [norat
In Africa, natale sanctorum Rutuli, Silvani, Secundi, Damasi, Pauli, Marcelli, Gemini

19 Publius undecimum simul et Julianus ador- [nant
Et natale sanctorum Marcelli, Tullii item Juliani, Lampasi Mauli, et Julii

20 Mox decimus laudem recolit famamque Co- [ronæ [b]
Apud Cyprum natale Potamiæ, Romæ, via Appia, depositio Gagi episcopi Et alibi, Victoris, Coronæ, et aliorum decem

Dies 21 Victorine tuo nonus de nomine fulget
In Africa, natale sanctorum Secundini, Servuli, Sirici, Saturnini Et alibi, Crispini, Rustici, Justici, Amatoris

22 Octavoque Petri cathedra et doctrina co- [ruscat,
Urbs læta Antiochi quo primum præsule [vernat
Nicomedia, natale sanctæ Teclæ virginis, et sanctæ Concordiæ

23 Septimus eximio Polycarpi splendet ho- [nore,
Presbyter ore fidem Christi qui jussa se- [cutus
Martyrio turbam potuit servare fidelem
In Africa, Zenonis, Ammonis, Hippolyti, Zenonis, Elirulii

24 Sextus apostolica radiat virtute Mathiæ,
Bissextusque loco hoc quarloque intexitur [anno
Occultumque diu caput hoc Baptista re- [texit
Et passio sanctorum Nicolori, Claudiani, Diostori et Sarapionis

25 Quinta dies Crescenti augetur laude beati
In Africa, natale sanctorum Donati, Justi, Herenei Amcli, Ingenuæ In Pamphylia, natale sanctorum Nestoris et Castæ

26 Nestore quartus [c] ovat, socio pariterque [Theone
Et natale sanctorum Alexandri, Abundantii.

27 Tertius Hesperiæ Leandro antistite floret

28 Machario pridie Rufinus jungitur almus
In Thessalonica, natale sanctorum Alexandri, Abundanti, Sereniani, Januari In civitate Smyrnæ Asiæ, sanctorum Serviliani
Hic finis Februi concludit lumina mensis.
Natale Celeris pupilli, Claudiani, Quinti et Mansueti

MARTIUS

Martius insigni feriatus tempore, demum
Quorum præmineat [d] breviter dicemus ho- [nore

Dies 1 Martis Donatus tenet, Albinusque Kalendas
Kal Martias, sancti Donati, Abundantii, et depositio Albini episcopi

2 Senis mox Nonis Heraclus Paulusque co- [luntur

[a] *Martyr Vitalis* In codice Reg, *partis Vit*, in Bigot, *Par his*, quam lectionem vulgatæ præfero In utroque codice desunt versus *Hocque die*, et *Brixia Faust*

[b] *Famamque Coronæ* Sic emendavimus ex utroque codice, Reg et Bigot, nam in priori editione, corrupte, *famamque coronat*

[c] *Nestore quartus* In doce Bigot, *Mestore*

[d] *Quorum præmineat* Sic in codd Reg et Big, in editis, *quorum præeminet*

In Cæsarea Cappadociæ, Lucæ episcopi et Januarii.

Dies 3 Quinas Magia pro Nonis defendit amore
Ilis et Emitherius, Chelidonius [a], atque [Marinus,
Asteriusque micant effuso sanguine clari.
Et sanctorum Felicis, Justi, Fortunati.
In Africa, Felicis, Emeriti.

4 Lucius hinc papa pretiosa morte quaternis,
Martyrum et octingentorum turba optima [fulget.
Nicomedia, passio sanctorum Adriani cum aliis numero triginta tribus.

5 Ternas martyr habet meritorum nomine [Focas,
Sanguine qui mortem vicit, virtute draco-[nem.
Antiochia, passio sanctæ Sucæ. In Africa, Petri, Eusebii, Justi, Siriæ, Saturnini et Marci.

6 Victorinus ovat pridie, Victorque recrusi
Carcere, qui celso penetrarunt astra vo-[latu.
In Nicomedia, Victoris, Claudiani, Perpetuæ, Felicitatis, Jocundi, et Revocati.

7 Nonis Felicitas micat et Perpetua, istam
Quæ Christo vitam felici morte dicarunt.
In Mauritania civitate, passio sanctorum Perpetuæ et Felicitatis.

8 Idus octavas martyrque Cyrillus, et una
Consimili retinet venerandus honore Ro-[gatus.
In Nicomedia Quintili episcopi.

9 Septenis Quadrageno sub milite festum
Armeniæ recolunt unum sacra festa Mi-[noris.
In Armenia Minori Sebastiani, et millia quadraginta quorum gesta habentur. In Africa, Philippi, Rogati.

10 Senis, Gaius, Alexanderque coluntur, eis-[dem
Quadragena et bina cohæret turba cruore,
Quos pariter sævo celebramus præside [b] [cæsos.
In Alexandria, Eracli, Zosimi, Alexandri et Agapæ virginis.

11 Candidus hinc quinas sibi Valeriusque re-[tentant.
In Carthagine, Candi, Valeri, Quirilli, Marciani. In Nicomedia, Eunuchi, et Gurgoni.

12 Quartam mox Iduum finis tuus, alme Gre-[gori,
Consecrat, a terris cœlum quo laude petisti.
Romæ, depositio sancti Innocenti episcopi. Et natale sancti Felicis.

Dies 13 Presbyter et ternas Macedonius implet, [honesta
Conjuge Patricia, et nata comitante Mo-[desta.
In Thessalonica Domiciani, Lucæ, Severini, Silvani, Concessi et Marcialis.

14 Eufrosius pridie, Petro cum martyre fulget.
In Africa, Alexandri, Mammeri, Frontonis et Naboris martyrum.

15 Thessala plebs Idus Matrona martyre ser-[vat.
In Cappadocia, sancti Longini. In Hierosolymis natale sancti Jacobi apostoli, fratris Domini. Et Lucæ evangelistæ.

16 Septima post decimam Aprilis de more Ka-[lendas
Præcedens, Cyriaci et Largi splendet ho-[nore,
Smaragdique simul pretioso sanguine ver-[nat.
In Nicomedia Castori, Dionysii, Sereni, Quiriacæ, Eugeniæ et Juliani.

17 Bisque octona tuo, Patrici, nomine pollet
Scottica gentilem miserate per oppida cul-[tum.
Hæc quoque Gertrudæ redduntur vota [beatæ.
Alexandri episcopi, et sancti Patricii.

18 Præsul Alexander ter quinam possidet [altam,
Presbyter et Romam Pigmenus [c] sanguine [lustrat.
Hac aries soli vernantia lumina pandit,
Conditor hæc rerum lucem Deus condidit [altus,
Hancque diem primam formando protulit [orbi.
In Campania, Quinti, Rogati, Luciani, Saturnini, Victoris et Mauri.

19 Bis septena Joanne eremi cultore coruscat.
In Cæsarea, Theodori presbyteri. In Africa, Ammoni, et depositio sancti Leontii episcopi et confessoris.

20 Tertia cum decima Cutberti laude nitentes
Angelorum ducit per mystica gaudia plebes.
In Antiochia, sancti Joseph. In Syria, Pauli, Claudi, Exsuperii, Victurici, Valentini.

21 Tum duodena fide Benedicti et nomine [fulget,
Cœnobiale decus duce quo lætatur in orbe

[a] *Chelidonius.* In codice Reg., *Celedonius* ac vers. seq., *Austeriusque.*

[b] *Sævo celebramus præside.* Ita legitur in codd. Reg. et Big. In priori editione *sæva celebramus Perside*, male, et contra historiæ fidem.

[c] *Romam Pigmenus.* In codice Reg., *Pignemus.* Haud longe, ubi *protulit*, in eodem codice legitur *prætulit.*

Dies 21 (Hæc spatiis æquat paribus noctemque diem- [que
Hæc quoque sole novo lunam stellasque [micare
Vidit in exortu sub luce quarta dierum.)
In Alexandria, Serapionis monachi, Lucæ, Amatoris.
22 Undecimæ antistes tribuit pia lumina Pau- [lus
Quo jure exultat proprio Narbona magistro
(Hæc primum [a] celebrat perfecto lumine [Pascha.)
In Africa Saturnini et aliorum novem.
23 Felix hinc decimam, et Theodorus cum [Juliano
Ornant, eximia virtutum laude ferendi.
In Provincia, Pauli, Juliani. In Antiochia, Theodori presbyteri.
24 Romulus et nonam, pariterque Secundulus [implet.
Hic concurrentes inveniuntur. In Africa, Agapiti, Rogati. In Mauritania, Felicis et Saturnini.
Angelus octava venturum nuntiat Agnum.
25 Agnus et ipse cruci mundi pro morte leva- [tur.
Hierosolymis, Dominus noster Jesus Christus crucifixus est. Et passio sancti Jacobi apostoli. Et Annuntiatio sanctæ Mariæ.
(Hic Deus omnipotens [b] Adam de pulvere [psalmat,
Nomina et apta ponit cunctis animantibus [Adam.)
Et immolatus est Isaac.
26 Septima Montanum memorat cum conjuge [sancta.
Atque simul quadrageno cum martyre pas- [sum.
In Antiochia, Timothei, Diogenis et Maximi, Theodori episcopi. In Africa, Victoris, Saturnini. In Sebaste civitate, natale sancti Petri episcopi et confessoris.
27 Agni surgentis resplendet sexta triumpho.
Resurrectio Domini nostri Jesu Christi. Et in Africa, Maurili, Successæ, Matutinæ, Donati. Et in Cæsarea, natale Mariæ.
28 Quinta Priscus, Alexander, Malcusque co- [luntur [c].

Dies 28 Hanc quoque Guntramnus migrans rex op- [timus ornat.
In Cæsarea, Rogati, Dorothei, Audactæ, Alexandri. In Tharso Ciliciæ, Castoris. Et depositio beati Idiloni monachi.
29 Eustathius quarta virtutis laude coruscat,
Abba Columbano nituit qui rite magistro.
In Nicomedia, Pastoralis, Victurini, Saturnini, Julianæ, et aliorum trium. In Antiochia, Theodori presbyteri.
30 Tertia Domnino [d] comite et Victore reful- [get.
In Thessalonica civitate, Domnini, Palatini, et alibi, Victoris, Marcellini, Eulaliæ virginis, Aureliani; depositio Pastoris.
31 Diodulus pridie emicat Anesusque beati.
Sic Martis volvens determinat orbita mensem.
In Africa, natale sanctorum Cornelii et Valeriani.

APRILIS

Purpureo quem flore sibi ver sancit Apri- [lem
Dicemus quibus attollat sua gaudia festis.
Dies 1 Virgineo insignes Agape et Chionia [e] serto
Aprilis socio sacrant sibi jure Kalendas.
In Armenia Minori, natale SS. Quintiani, Victoris et Secundi.
2 Lugduni quartis Nonis sacer urbe Nicetus.
In Africa natale sanctorum Quiriani et Reginæ. Lugduni Gall. Niceti episcopi.
3 Evagrius ternis splendet, martyrque Beni- [gnus,
Atque pari [f] fulget Theodosia virgo nitore.
In Sicilia, natale sancti Pancratii. In Cæsarea Palæstinæ natale sanctæ Theodosiæ virginis, et passio sancti Evagrii et Benignæ.
4 Ambrosius pridie æthereum penetravit ho- [norem.
Extrema incensio lunæ Paschalis. In Mediolano, depositio sancti Ambrosii episcopi. In Africa, natale sanctorum Urbani, Saturnini et Successi.
5 Nonis virgo pia de morte refulget Herene.
In Nicomedia, natale sancti Claudiani. In Ægypto, natale sanctorum Mariæ, Nicanoris.
6 Idibus octavis Sixtus martyrque sacerque
Præminet, Adriano mortem sub Cæsare [passus

[a] *Hæc primum.* Versum hunc, qui in vulgatis deerat, subministraverunt codices Reg. et Big., in illo additur SEDES EPACTARUM.

[b] *Hic Deus omnip.* Duos hosce versus, qui deerant in priori editione, in codice Reg. reperit Baluzius, alter sic legebatur:

Nomina ponit pater cunctis amantibus Adam,

nec ita emendavimus, ut vides.

[c] *Malcusque coluntur.* In editis, *locantur*; in utroque codice, Reg. et Big., sic ut edidimus. In iisdem *Fustasius* scriptum est, ubi legitur *Eustathius*.

[d] *Tertia Domnino.* In codice Reg. *Dominico.*

[e] *Et Chionia.* Sic in codice Regio, in editis, *Schionia.*

[f] *Atque pari fulget.* Hunc versum, qui deest in codice Big., in Regio Baluzius reperit descriptum die 2 Aprilis, post illum *Lugdun.*, etc.

In Macedonia, Timothei, Diogenis In Africa, Donati et Epiphanii

Dies 7 Diogenes septenis Eleusiusque feruntur

In Antiochia Syriæ, natale sanctorum Macharii, Mariani In Alexandria, natale sancti Pelusii presbyteri

8 Maximus et senas Idus tenet atque Solutor

In Africa, natale sanctorum Timonii, Conerii Et alibi, Concessi, Ammonii et Successi

9 Lampade septena quinis micat Idibus alto
Virgineus radians simul æthere flosque de- [corque

In Sirmia, quinque virginum quarum nomina Deus novit Et alibi, Demetri

10 Ezechiel vates sancto dicat ore quaternas B

In Alexandria, Donati, Concessi, Saturnini

11 Pontifice et summo terna irradiante Leone
Splendent, ore, manu, Christi qui pavit [ovile

Natale sancti Leonis papæ In Mauritania natale Maximi, Hilarii In Nicomedia, natale Castorgii presbyteri

12 Julius antistes pridie Romana revisit
Mœnia, catholico clarus pio dogmate pa- [stor

In Africa, natale sanctorum Cypriani, Donati In Pavingo civitate, Constantini episcopi

13 Idibus Ermingilde patrem, rex alme, fu- [rentem C
Persentis, verum referens de morte trium- [phum

In Chalcedonia, sanctæ Euphemiæ virginis Pergamo Asiæ, Polycarpi episcopi

14 Octava et decima Maias superante Kalen- [das
Valerianus ovat, fraterque Tiburcius [a] [ipsos
Maximus effuso comitatur sanguine miles

15 Septima Olympiadam decimæ conjuncta [beatam
Monstrat, eamque simul defendit Maximus [alter D

In Mesopotamia Archelai, Cypriani, Diogenis diaconi, cum duobus fratribus

16 Sexta et dena Chariso [b], Calistoque re- [fulget
Quos mare septena mersos cum plebe bea- [vit

In Achaia Corintho, Crytiani In Mauritania Basiliæ, Faustini et Luciani

Dies 17 Mappalicus quinta decima Hermogenesque [Petrusque
Collucent merito, virtute, et sanguine [clari

In Antiochia natale sanctorum Petri diaconi, et Hermogenis

18 Bis septeni Eleutherius, martyr quoque [sancta
Anthia præcellunt, vitam moriendo secuti

19 Caio, Aristonico, Rufo, Hermogeni, atque [Galata
Tertia cum decima Expedito et martyre [fulget

In Laubace monasterio depositio sancti Ursmari, episcopi et confessoris

20 Marcellinus, Domninus, Vincentius æque
Nomine bissenam radiant, festoque, fide- [que,
Festaque Synesii [c] celebrantur martyris [almi
Pontificis tumulo, doctrina, et morte beati

Romæ, Victoris episcopi In Antisiodoro civitate, depositio sancti Martini, episcopi et confessoris

21 Undecima Gaius pariter Simeonque co- [fluuntur

In Terracina Campaniæ, passio sancti Cæsarii diaconi Et alibi, depositio Apruncli episcopi

22 Terni presbyteri decimam, ternaque coro- [nant
Palma, Parmeniusque [d], Elimenes, Cryso- [telusque
Hac quoque divino patuerunt prodita nutu
Corpora, martyrio Ecclesiam lustrantia [trino,
Dionysii, Rustici, Eleutheriique beati

In Africa, civitate Gerapoli, natale sancti Philippi apostoli In Senonis civitate depositio beati Leonis, episcopi et confessoris, et Anania, Azaria, et Misael

23 Felicemque sacrum gemino dignumque mi- [nistro
Nona decet, Fortunatumque, et Achillea [junctos
Hac etiam invicto mundum qui sanguine [tenuis,
Infinita refers Georgi sancte tropæa

In Valentia civitate, natale sancti Felicis presbyteri, et Achillei diaconi

24 Martyr Alexander triceno martyre lætus
Ac terno, octava Lugduni mœnia sancit

[a] *Fraterque Tiburcius* Sic codd Reg et Big Prior editio, *Tiburrius*

[b] *Dena Chariso* In codice Reg, *Carisi* et infra, *Mappalicus* Item ubi legitur *martyr quoque sancta*, monet Acherius se in uno codice reperisse *mater*

[c] *Festaque Synesii* Hic versus abest a codd Reg et Big, sequens vero in iisdem ita incipit *Pontifices titulo*

[d] *Palma Parmeniusque* Hunc versum et sequentem, etsi desunt in codd Reg et Big, servari tamen oportere visum est

In Alexandria, natale sanctorum Coronæ virginis, Victoris, Zoticæ et Faustini. A

Dies 25 Mox evangelico Marcus tonat ore beatus,
Optima quo capit eximium redimita morte nitorem
(Extrema ac Paschæ celebrant sua gaudia festum.)

In litania majore. Et in Laubace monasterio, sancti Erminonis episcopi.

26 Sextaque pontificis recolit certamina Cleti,
Ricarioque micat victæ cultore beatæ

In Africa, Honorati, Pauli, Felicis.

27 Quinta Anastasium papam celebramus, eidem
Antimus antistes digna virtute cohæret B

In civitate Tarso Ciliciæ, natale sancti Castoris. In Nicomedia, Stephani episcopi, et Antoni presbyteri.

28 Quartaque Vitalem Christi pro nomine cæsum
Commemorat, vitam meruit qui morte perennem

In Pannonia, Eusebi episcopi. In Bituricæ, sancti Pullici, et sancti Vitalis.

29 Tertia pontifices ara, meritisque dicatos
Agapium, pariterque Secundinum veneratur

Et sancti Germani episcopi. In Nicomedia, Prudentii, Martialis, Theodoræ virginis. C

30 Martyrii Jacobus similem et Marianus honorem
Sortiti pridie, finem metantur Aprili

Romæ, depositio Quirini episcopi, Clementis, Luciani et Saturnini.

MAIUS

Hinc Maium æstivo primum, sub sole calentem,
Quæ longisque ferat promenus vota diebus

Dies 1 Maias prima sacrat Christi Doctrina Kalendas,
Frater et his Domini Jacobus micat, atque Philippus D
Hieremiasque simul vatum celebratur opimus
Rexque Sigismundus fuso pro sanguine regnat
Androcusque die [a] martyr veneratur eodem,
Alpia quem magnum Gallorum gentibus effert

2 Sextis hunc Nonis Athanasi magne refulges,
Arria quo primum perit victore colubra

In Armenia civitate, natale Limogenis et Germani. Dedicatio sancti Petri.

Dies 3 Præsul Alexander quinas et Eventius, ornant,
Theodolusque Dei pariter pro nomine cæsi
His quoque celsa crucis radiant vexilla repertæ [b]

Et sancti Juvenalis, Alexandri, Eventi et Theodoli.

4 Sylvanus quartas, Antonia cum Floriano
Perpetui cingunt meritis virtute decori

In Africa, natale Felicis, Urbani. Et in Cæsarea, natale sancti Silvani.

5 Stelliferum terris Christus transcendit Olympum
Hilarioque Arelas pollet, Vienna Niceto

6 Præcelsum pridie celebrant Romana Joannem
Templa Dei, qui pleno hausit de pectore verbum

7 Morte pia Nonas Juvenalis sanctus honorat

Augustiduno, depositio beati Placidi presbyteri.

8 Idibus octonis Mediolani urbe coruscat
Martyr præcipuo venerandus Victor amore,

Et natale Stephani et Eutici.

9 Ter centum radiant septenis Idibus una
Martyrio denique [c] simul decorante beato
(Florida tumque novis consurgit frugibus æstas)

Romæ, via Latina, natale sancti Beati confessoris.

10 Senis Gordianus et Epimachus ob unam
Cæduntur Christi pariter laudemque fidemque
Has quoque Job patiendi exemplo sanctus honorat

11 Quinas eximio antistes splendore Mamertus
Insignit solemne Deo qui ferre litamen
Jejunii instituit terris sub luce diei

Et Martini episcopi.

12 Virgo tuos colimus comites Domitilla quaternis,
Nerea, Pancratium, cum quis et Achillea sanctum,
Primus apostolico docuit tinxitque lavacro
Quos Petrus, egregia Romæ, cum Virgine junctos

13 Servatium ternis veneramur in Idibus almum

Et dedicatio ecclesiæ beatæ Mariæ. Et in Trajecto, depositio sancti Servatii episcopi.

[a] *Androcusque die.* Hunc versum et sequentem, qui in vulgatis deerant, et in codice Regio desunt, adscripsimus e codice Bigot.

[b] *Vexilla repertæ.* Ita in codd. Reg. et Big., et quidem haud paulo melius quam ut in priori editione *receptæ.*

[c] *Martyrio denique.* Hic versus e codice Reg. abest, nec sane est necessarius admodum.

Dies 14 Pachomius pridie, Victorque, simulque corona
Splendent, hic eremita potens, illique cruoris
Martyrique Deum socia virtute secuti

In Asia, sancti Maroni In Mediolano, Victoris, Felicis et Rustici

15 Pontifices septem Hesperium simul Idibus ornant

In Sinna, natale Timothei Augustiduno natale sancti Projecti episcopi

16 Septima Timothei cum dena nomine fulget,
Veridica Paulus docuit quem voce beatus

In Eraclia, natale sanctorum Aquilini, Heracli et Paulini

17 Sextaque cum dena Peregrino martyre vernat

In Roma, Partini, Liberii episcopi In Alexandria, Serapionis

18 Quintam cum decima martyr Dioscorus implet
(Hic Gemini æstivo jungunt sua sidera soli)

19 Bis septena Pudentiana virgine claret

In Alexandria, natale sancti Areni diaconi In Cæsarea Cappadociæ, natale sancti Pauli

20 Cum dena terram retinet fulcitque Basilla,
Baudeliusque simul trabeatus sanguine vernat

Et depositio Fausti episcopi

21 Bis sena Polius, Eutychius [a] atque Timotheus
Præsul et hac martyrque Deo Valens venerandus,
Augia te lætis ducit per gaudia votis

22 Undecimam Castus sacer, Emiliusque dicarunt

Et translatio corporis sanctæ Helenæ virginis

23 Lingonicam decima Desiderius sacrat urbem
Antistes, martyrque Dei galeatus amore

24 Donatianus Namnetes cum Rogatiano
Fratre, pio exornat fidei certamine, nona

In porto Romano, natale sancti Vincentii In Galliis civitate Namnetis, natale sanctorum Donatiani et Rogatiani

25 Octava Urbanus meritorum stemmate fulget,
Infula quem, doctrina simul, sanguisque beavit

Mediolano, depositio Dionysii episcopi

25 Augustine, tuum commendat septima nomen,
26 Lacter quo retinent Anglorum millia verba
Principe, quo Christum domiti sensere Britanni

27 Julius hinc sextum miles martyrque venustat

In Alexandria natale sanctorum Aquilini presbyteri, Evangeli

28 Quinta Parisii Germanum turba frequentat
Tum quoque pontificem celebrat sua Roma Joannem

29 Maximine tibi quarto Trevir alta coruscat

Et depositio sancti Maximi episcopi

30 Tertius Hucberto, papa et Felice dicatur

In Antiochia, natale sanctorum Sai, Palatini, qui multa tormenta passi sunt

31 Tum pridie Petronilla Petri de germine sancto
Fulgida virgo micat, Christi trabeaque [b] decora
Cantius, et Cantianus cum Cantianella
Collucent Maium hæc claudunt solemnia mensem

Romæ, via Aurelia, natale sanctorum Processi et Martiniani

JUNIUS

Junius imbrifugo [c] æstatis sub caumate fervens,
Templa quibus festa velet de fronde canemus

Dies 1 Junia origo tuum sustollit in astra nitorem
Pamphile, huncque diem festum Nicomedis adornat

Kal Junii dedicatio sancti Nicomedis, et sancti Claudii

Hac quoque [d] sanctus conscendit ad astra Jovinus

2 Marcelline sacer, Petre et exorcista quaternis
Nonis communem dignamque litatis ad aram
Lugdunique pio Blandina vocatur honore,
Quadragenaque simul clara octonaque cujuscum
Cum plebe devexit [e] flammisque undique monile

3 Pergentius item Laurentiusque cruoris,
Et generis ternas gemino fulgore venustant

[a] *Eutychius* In codice Regio *Eutyhicus* In eodem, et in Big desunt versus duo qui proxime sequuntur

[b] *Christi trabeaque* Sic codd Reg et Bigot, prior editio *Christi trabeata decore* nimirum Petronilla

[c] *Junius imbrifugo* In codice regio, *umbrifugo* non inepte In eodem et in Bigot deest versus *Martyris huncque*, etc

[d] *Hoc quoque* Hunc versum, qui a priori editione abest, ascripsimus ex codice Bigot

[e] *Cum plebe devexit* In Regio codice et in Bigot, *cum plebe nexit*

Aureliana suum plebes recolitque Lifardum
In Africa Quirini, Caji, Donati, Romæ Marcæ et Saturnini

Dies 4 Martyr et antistes pridie sacra vota Quirinus
Accumulans, proprio Christum de sanguine placat
Romæ, natale sanctorum Exsuperantii, Philippi

5 Nonis antistes fulget Bonifacius, Anglis
Editus, ad Christum Oceani qui traxit alumnos
Frisonum puro submittens colla lavaro
In Ægypto Marciani

6 Octonas Idus Ceratus episcopus ornat,
Urbem qui fulcit Gratiano principe dictam
Arvudano civitate Amanti, Luci Et depositio beati Claudii episcopi

7 Paulus septenas præsul tuus, alta Byzanti

8 Progenies meritumque pium quos junxit et ara,
Gildardus senas pariterque Medardus honorant
In Cæsarea Cappadociæ, Luciani martyris

9 Quinas Primus habet, juncto sibi Feliciano
Passio sancti Vincentii martyris

10 Quartæ Basilide, et bis deno martyre vernant
In Nicomedia, natale sancti Zachariæ
In Antisiodoro depositio sancti Censurii episcopi

11 Barnabas ternas exornat apostolus Idus
Romæ, natale sanctorum Restituti
Et alibi Naboris et Felicis

12 Cyrinus pridie effulget, Nazarque Naborque
His et Basilidem [a] festo sociamus eodem

13 Idus illustrat Felicula virgo cruore,
Lac Petronilla tibi, verbum quam junxit, et ætas
In Africa, Luciani, Fortunati, Crescentiani

14 Octavo Julii et deno ante exordia mensis
Vates Eliseus simul Abdiasque refulgent
Hic quoque Valerio et Rufino martyre gaudet
Aurelianis civitate, depositio sancti Aniani episcopi Et Elisei prophetæ, et Feliculæ

15 Septeno deno Vitus cum virgine clara
Margarita, martyrii splendore nitescit
Hocque Modestus [b], et alma nitet Crescentia virgo
In Sicilia natale, sanctorum Modesti et Crescentii

Dies 16 Sedecimo Cyricus, Julita cum genitrice
Clarescit vera Christi pietate fideque
Et aliorum sanctorum quadringentorum martyrum

17 Quindecimus septem quinquagenisque ducentis
Martyribus jocundam mittit ad astra coronam
(Ardentis penetrat quoque Phœbus sidera Cancri)
Aviti presbyteri

18 Quartum cum deno pretioso sanguine fratres
Marcellianus pariter Marcusque sacrarunt
Hunc quoque Balbina lustrat meritumque decusque

19 Gervasius ter denum Protasiusque coronant

20 Vitalisque pater natos sequitur duodeno
(Centro hic solstitium medio summoque coruscat
Tum Cæsar Ludovice, cruento tempore functe,
In plures partes cessura sceptra relinquis)

21 Martyr Rufinusque undeno et Marcia pollent

22 Albanus decimo defendit laude Britannos
Paulinusque Nolam meritis et nomine lustrat
Et octingenti septuaginta novem martyres

23 Anglorum nono Ediltrud de germine fulget

24 Octavo natus colitur Baptista Joannes

25 Septeno Romam Luceia [c] exornat amore
Sancta pio, bis deno et bino martyre læta
Rex quibus Acceias socio collucet honore
Et natale sancti Amandi confessoris

26 Sextum martyr habet Paulus simul atque Joannes,
Germine, amore, fide, virtute, et sanguine fratres
Cum quibus augusto radiat Constantia serto
Thessalonica civitate, Luciæ virginis, et Arvetæ regis Et sancti Salvii martyris

27 Hesperiam quinto antistes martyrque Zoelus
Martyribus cumulat junctus denisque novemque
In Spaniis Criscentis, Juliani, Clementis et Marcellini

[a] *His et Basilidem* In codice Reg. *His et Basiliden*, ac si feminæ hic mentio fiat, cui nomen fuerit Basilide Infra *quam junxit* scripsimus ex eodem codice et e Bigot, ubi legebatur *conjunxit*

[b] *Hocque Modestus* Hic versus nec in codice Regio exstat, nec in Bigot

[c] *Romam Luceia* Hunc versum ac sequentes duos ita edidimus ut descripti sunt in codd Regio et Bigot In priori editione, *Lucena Stampio bis deno de quibus Accias*

Dies 28 Præsule quartus ovat, verbi et doctore A
[Ireneo,
Et vigilia apostolorum Petri et Pauli

29 Tertius auratam sustollit ad æthera Romam,
Martyrio pariter Petri Paulique beato,

30 Lemovicum pridie [a] colitur Martialis honore
Junius his celsum festis determinat orbem
In Africa, natale sanctorum Timothei, Zotici

JULIUS

Julius hinc flavis humeros redimitus aristis
Quos supplex, aris venerans usque, colat memoremus

Dies 1 Primus qui veteris populi legisque sacerdos
Exstitit incensi primusque litavit ad aram,
Aaron orditur Julii sacratque Kalendas
Has quoque contemptor mundi Carilefus [honorat
Salvius et sanctus Scalditum littora visit
Equlisma civitate depositio beati Eparchii confessoris et sancti Galli

2 Processus sextas retinet cum Martiniano
Nonas, martyrii læto irradiante decore
Et sancti Amati confessoris Et sanctæ Monegundis

3 Pontifices quinas Anatolius, Eulogiusque
In Edessa civitate, translatio corporis sancti Thomæ apostoli, qui passus est in India C

4 Lauriane, tenes meritorum nomine quartas
Ossaque Martini tumulo mutata venustant

5 Domitius ternas dicat, et clarissima Zoe
Auxit martyrio cœtum quæ jure beatum
In Sicilia Agathonis Et in Tomis civitate, natale Secundini Et Isaiæ prophetæ, et Triphonis

6 Eximius vatum pridie defectus in orbe
Martyrio Isaias, virtute atque ore coruscat
Tranquilline simul duplici splendore refulges,
Sanctorum genitor, sanctos comitate [b] peremptos
Tumque Goar Christi colitur famulusque sacerque D
Et octava apostolorum Petri et Pauli

7 Pantæni Nonis splendet meritum que fidesque
In Alexandria, Apollonis Et octava S Martialis apostoli

8 Octono ante Idus Cilianus, Procopiusque
Excellent, Christum virtute et more secuti
In Sicilia Pancrati In Heraclea Joannis et Primoli

Dies 9 Audax septeno martirique Anatona claret
Nec minus et contemptor opum sacer emicat Effrem
In Tomis civitate, natale sanctorum Vitali et Fraterni episcopi Theodosi episcopi et Generosi

10 Sexto germana Christo pro sorte coronam
Progenies septena dicat, Felicitas alma
Quam genuit, gratamque Deo præmisit ad aram
Romæ Priscillæ et natale septem fratrum Et sanctæ Petrosæ

11 Martyrio quintum sancit Januarius, atque
Consimili decorat Pelagia sancta nitore
Tum Beneventanis translata [e] montibus almi
Justa Patris [c] Benedicti, nunc Liger altus honorat
Et sancti Arnulfi confessoris, et Rustici presbyteri, et sancti Savini

12 Hermagoram quarto supplex Aquileia frequentat,
Antistes precibus populum qui fulcit et urbem
Et natale sanctorum Fortunati, et Armigeri et sancti patris Arsenii

13 Tertius Ægyptum præsentat Serapioni
Atalus et martyr cœlesti flore virescit [d]
In Alexandria Serapionis, Evangelii, Zenonis Trophinæ virginis Et sanctæ Praxedis virginis

14 Antisteo pridie et martyr petit æthera Focas
Lugduno Gal, natale Justi episcopi Sanctæ Mariæ Magdalenæ Et sanctæ Symphorosæ cum septem filiis

15 Idibus effulgent Casianus, Cyriciusque
Et Jacobus meritis celebratur episcopus amplis
In Sirmia natale sanctorum Agrippini et Secundi

16 Cum decima Augustum præsignans [e] septima mensem
Hilarine tuo martyr mitet optime festo
In Cæsarea, sancti Pauli Et sancti Mammetis Et translatio sancti Justiniani

17 Sedecimam votis Carthago spectat opimis,
Martyrii plebem duodenam læta frequentans,

[a] *Lemovicum pridie* In codice Reg sic legitur hic versus

Marcialis pridie Lemovicam apostolus ornat

[b] *Sanctos comitate* Sic legendum esse arbitrati sumus, cum illud quod in priori editione legebatur *comitante*, nullum idoneum sensum admitteret

[c] *Justa Patris* In codice Reg , *busta Patris*, meo quidem judicio, minus recte

[d] *Flore virescit* Sic Reg codex et Bigot , prior editio, *flore nitescit*

[e] *Augustum præsignans* Hic codd Reg et Bigot secuti sumus, nam in editis legebatur *Augustam præsignat*

Scillitana simul [a] capiti quos patria misit
Mediolano, natale sancti Marcelli. Antisiodoro, depositio beati Theodosii episcopi.

18 Quindecimam genitrix septena prole dicavit,
Symphorosa pio pariter cum germine cæsa
(Fervidus ardentis petit hac sol signa leonis.)

19 Arsenius quartam denamque eremita venustat
In Spaniis natale sancti Justi. Lugduni Galliæ natale sancti Rustici presbyteri.

20 Et ternam denam [b] Philibertus sanctus adornat.
Et natale Petri, Amabilis.

21 Praxedis duodena effulget virginis atque
Prophetæ Danielis nomine, fine, fideque.

22 Undecimam Christo felix miserante Maria
Ornat, septeno caruit quæ dæmone, quamque
Magdala progenitam signat cognomine origo.
Vandregisle tibi hac monachorum vota recurrunt.
Et natale sanctæ Mariæ Magdalenæ.

23 Hinc decima … præclarus Apollinaris honorat
Romæ, via Tiburtina, natale sancti Vincentii. Via Aquila, natale sancti Primitivi.

24 Mox nonam Christina, Aquila, et Niceta sacrarunt.
In Armenia civitate, natale sancti Victoris.

25 Octavam Jacobus Zebedæi filius ornat,
Primus apostolicum vero pro Rege cruorem
Qui dedit: hunc Cucufas, Christoforusque sequuntur.

26 Septimam Adrianus tenet, Æmiliusque beati,
Marcianus cum quis simile virtute triumphat.
In Laudaciæ firge, natale sanctorum Juliani, Felicis, Maximi et Saturnini.

27 Presbyter Hermolaus [c] sexta martyrque coruscat.
In Syria, assumptio sancti Simeonis monachi. Et depositio sancti Ætherii episcopi.

28 Quintam Nazarius cum Celso possidet, hancque
Pantaleon martyr proprio sibi sancit honore.
Insignem meritis Petri Paulique beatis
Præsul Romanus Stephanus tum consecrat aram,
Templo qua Dionysii gemmata refulget,
Signis martyrii monitus, visisque fideque.

Dies 29 Felix, Simplicius, Faustinus et alma Beatrix,
Tricassique Lupus quartam communiter aurant.
Romæ via Portuensi natale sanctorum Simplicii, Faustini et Beatricis. Et natale sancti Felicis.

30 Abdon, et Sennem designat tertia sanctos,
Regni quos Romæ tribuit de germine Persis.

31 Martyrii pridie Fabium pia gloria texit.
Julius hæc orbi excedens solemnia linquit.
In Africa civitate, natalem sanctorum Secundi, Dionysii. Antisiodoro, depositio Germani episcopi.

AUGUSTUS

Augustus demum pleno jam farre refertus,
Quis nova sacra ferat, monstremus carmine sanctos.

Dies 1 Quos ferus in mortem Antiochus cum matre subegit,
Venturo sanguen qui Christo sponte dicarunt,
Augustas retinent Machabæi jure Kalendas.
Carcere Roma Petrum celebrat vinclisque reductum
Eusebiumque suum Vercelli rite frequentant.
In Bituricas civitate, beati Archadii episcopi.

2 Nonarum Stephanus martyrque et papa beatus
Quarto festivæ tribuit pia gaudia Romæ.

3 Terno mox colitur Stephani solemne reperti,
Primus qui mortem Christi est moriendo secutus.
Gamaliel, Nicodemus, Abidon pariterque
Inventi, voto fulgent et laude perenni.

4 Justinus pridie proprio celebratur honore
Presbyter, innumeros sanctorum cæde peremptos
Crudeli exquirens tumulis qui condecoravit.
Dedicatio sancti Joannis evangelistæ.

5 Nonas Cassianus, Memmius, atque Osvaldus
Rex pius Anglorum, merito virtute retentant.
In civitate Augustiduno, passio sanctæ

[a] *Scillitana simul.* Sic codex Reg., emendate; prior editio *Sullitana*, corrupte.

[b] *Et ternam denam.* In ejus versus locum hic descriptus est in codice Reg.:
Sabinus ternum denumque petit Lucianus,
quem quidem supposititium esse opinor.

[c] *Presbyter Hermolaus.* In utroque codice, *Hermelaus*.

Africa. Et sancti Cassiani episcopi. Et dedicatio sanctæ Mariæ.

Dies 6 Idibus octonis mortem passura cruentamque
Christi sancta caro æthereum dedit ante [lignum,
Præsul et his Sixtus Romæ martyrque co[lendus
Juxta et Felicissimus, Agapitusque triumphant
[His quoque consurgunt autumni tempora [læta.]

Et natale sancti Androsii martyris.

7 Septenas pariter Donatus et Afra bearunt

In Tuscia, civitate Aretio, natale sancti Donati episcopi. Et natale sancti Faustini.

8 Æthereum senis penetrat Cyriacus hono[rem

Et in Nicomedia natale sanctorum, Juliani, Nazarii.

9 Romanus quinis martyr, milesque refulget

In jejunia sancti Laurentii. Romæ in cœmeterio, depositio sancti Dionisii episcopi. Et sancti Martini Biberensis.

10 Quartis Laurenti merito splendescis optimo,
Ignem qui passus tortorem vincis iniquum,

Et in via Appia Felicissimi et Januarii.

11 Ternis flosque decusque pium petis astra [Tyburti,
Has et Gauricus confessor possidet almus,
Rusticus ac [a] Firmus Veronam sanguine [illustrant

12 Martyrii palmam pridie capis Euple peren[nem
Andreloque suus [b] gaudet tunc martyr [Gallus,
Edidit hunc Smyrna, Rhodani sed littora [servant

Romæ natale sanctorum Grisanti et Dariæ.

13 Idibus Hippolytum comitem Laurentius [astris
Pro Christo passi recipit certamine passum
Reginam meritis, virtute fideque colendam
Tellus tum venerans Radegundam Aquitana [frequentat

14 Quæ decima et nona est Septembres ante [Kalendas
Eusebium Romæ sancit celebratque beatam

In Africa, natale sancti Demetrii.

15 Octava et decima mundi lux flosque Maria,
Angelico comitata choro petit æthera Virgo

16 Septenam denamque tenes Arnulfe sa[cerdos

In Alexandria, natale sanctorum Orionis et Agnatæ.

Dies 17 Martyrio sedecima effulget Mammete beato

Et octava S. Laurentii Martyris.

18 Agapitus quintam decimam certamine sancit
(Lingonis hic Phœbo sociat sua sidera virgo.)

19 Magnus et Andreas quarti denaque co[ruscant,
Septem nonaginta et quingenti comitantur
Quos pariter sancti simul hos bis mille [sequuntur

Et sancti Magni martyris. Apparitio sanctæ crucis. Et natale Alpiniani confessoris.

20 Et ternam denam [c] Filibertus sanctus ad[ornat
Tertia post denam Samuele excellit, ab ipsis
Quem Domino cunis genitrix devota sacravit

In Alexandria, natale sancti Dioscori. Et in Toronico castro, sancti Maximi confessoris.

21 Martyris hinc duodena Privati sanguine [vernat

In Lucania provincia natale sanctorum Valentini, Leonti,

22 Undecimam Romæ Timotheus passus ho[norat
Lduatumque suum celebrat plebs Sympho[rianum,
Materquem Christo pariter moritura dicavit

23 Lucius et Ptolomæus denam virtute co[ronant
Ornantur Rhemis Timotheus, Apollinaris[que

24 Bartholomæus nonam exornat retinetque [beatus,
India quo doctore Dei cognovit honorem,
Herculis et Bacchi insanis vix eruta sacris,
Nunc illum fama est varia pro sorte sepulcri,
Æoliam Liparen, Beneventi et templa tenere
Tum quoque Genesio resplendet martyre [Roma
Audoenum tumque pium Rothomagus ho[norat

Et sancti Genesii. Et sancti Applati presbyteri.

25 Octava hinc Arelas celebrat te, sancte Genesi

In Spania, natale sanctorum Justi et Pastoris.

26 Martyrio septenam Irenæus et Abundius [ornant

Romæ, in cœmeterio, natale sanctorum Basillæ et Maximi. Quintini martyris.

27 Rufe tuos recolens ostendit sexta triumphos

[a] *Rusticus ac.* Hunc versum addidimus e codice Bigot.

[b] *Andreloque suus.* Hunc etiam versum ac sequentem R. P. Martene exscripsit e codice Bigot. Uterque cum in editis non exstat, tum etiam abest a codice Regio, et quin recentiores sint, haud multum dubito. sane Wandalbertum non sapiunt.

[c] *Et ternam denam.* Hic versus qui in editis non exstat, exscriptus est e codice Regio.

In Campania Capuæ, natale sancti Rufi. A
In Galliis civitate Arelate, depositio sancti Cæsarii episcopi.

Dies 28 Hermen quinta probat felici morte beatum
Ecclesiæ lumen, populis sacra norma fidelis,
Africa quo pastore orbis doctore coruscat,
Augustine Pater, festo celebraris eodem,
Aurea quem servant Italis nunc templa se-
[pultum
Sanctorum alta sui Vibiani hac fulget honore
Urbs Alemannorum [a] recolit Constantia
[sanctum
Hac quoque Pelagium fuso pro sanguine
[clarum

Et natale sancti Augustini episcopi. In Africa, Faustini. Romæ, natale sancti Lini martyris. Averni, Juliani martyris. B

Præco Dei, Verbi vox et baptista Joannes,
29 Quem efferæ saltanti tribuerunt jussa puellæ,
Insignit quartam meritorum laude perenni
Virgo Sabina simul Romæ sua templa re-
[visit
30 Tertia Felicis nitet Adauctique [b] cruore
Paulinus pridie Treverorum mœnia lustrat,
Exsilio antistes vero pro dogmate clarus

Et depositio sancti Fladi episcopi.

Augusti his demum clauduntur limina festis

SEPTEMBER C

Miti September prægustans pocula Baccho,
Quos aris venerando colat memoretque ca-
[nemus

Dies 1 Pontifices Rhenus insigni nomine fulgent
Sixtus, Sinicius, meritis, vitaque Nivardus
Legifer hæredem proprii quem liquit ho-
[noris
Promissam populo terram qui forte per
[astra,
Per loca, per celsos montes distinxit et urbes,
Septembres Josue tenet orditurque ka-
[lendas
Priscus et has martyr trabeatus sanguine
[lustrat
Præsul et his Senonum Lupus æde coruscat D
[ab alta
Has et Verenæ [c] rutilant solemnia sanctæ

In Campania, natale sancti Prisci martyris. Et alibi, natale sanctorum Sisinnii, et Victoris episcopi.

2 Quartas hinc Nonas Lugdunum Justus ho-
[norat

In Nicomedia natale sanctorum Zenonis, Gorgonii, Theodoræ.

Dies 3 Ternis Antoninc puer martyrque triumphas
Tunc et Aristeus antistes de morte beatur
4 Legis divinæ lator susceptor, et auctor,
Colloquio, visuque Dei dignate frequenti,
Præcelso pridie tumularis monte Moyses,
Nulli post licuit cujus cognoscere bustum
Tunc etiam Cabilon [d] Marcelli sanguine
[vernat

Et natale Aresti episcopi.

5 Nonis Ferreolus cum Ferrucione refulget,
Donatus Capuam, pariterque Aprontius
[ornant

In Porto Romano natale sanctorum Taurini, Aristoni.

6 Vates Zacharias octonas obtinet Idus

Romæ via Salutaria natale sancti Eleutherii episcopi.

7 Antistes septenas servat Evortius, atque
Regali insignis Clodoaldus stirpe sacerdos

Et natale sanctæ Reginæ martyris, cujus gesta habentur.

8 Qua Deus humanam suscepit Virgine for-
[mam
Illustrat senas ortus de luce Maria
Martyr et Adrianus Romam tum sanguine
[comit
9 Gorgonius quinas fama meritisque retentat,
Romæ quem passum [e] venerans nunc Gal-
[lia poscit
10 Sosthenes et Victor quartis memorantur,
[eamdem
Christi pro regno sortiti et laude coronam

Romæ depositio beati Hilarii papæ, per quem Victorius ordinem paschalem composuit.

11 Protus et hinc ternas fraterque Hyacintus
[honorant,
Qui Eugeniam pariter legem docuere sa-
[cratam
Has simul et [f] Felix cum felici morte di-
[cavit,
Martyrio Regulæ sancto pariterque beatæ
12 Martyr mox pridie celsum petit æthera Sy-
[rus [g]

Lugduno civitate, depositio beati Sacerdotis episcopi.

13 Idibus abba nitet merito et cognomine
[Amatus

Andegavis civitate, depositio sancti Maurilionis episcopi. In Alexandria, Natale sancti Theodori episcopi.

[a] *Urbs Alemannorum.* Hic versus et sequens nec in codice Regio nec in Bigot. exstant.

[b] *Adauctique.* In utroque codice, *Audactique.*

[c] *Has et Verenæ.* Hic versus abest a codice Bigot.

[d] *Tunc etiam Cabilon.* In codice Regio, *Cabalon,* seu urbs quam Gallice vocamus *Cavaillon.*

[e] *Romæ quem passum.* Acherius monet hunc versum ita etiam esse descriptum:

Romæ quem passum nunc Gallia poscit adorans.

[f] *Has simul,* etc. Hic versus deest in codice Bigot. Sequens in eodem et in codice Regio.

[g] *Æthera Syrus.* In codice Regio, *Sinus.*

Dies 14 Octono et decimo Octimbrem vocitante futurum,
Exaltatæ crucis fulgent vexilla relatæ,
Persido ab indigna victor quam vexit Heraclius.
Corneliusque simul virtute et sanguine Romanæ
Antistes fulcit, Cypriano læta coruscat
Carthago insigni doctore et martyre, totum
Ecclesiæ scribunt cujus sacra dicta per orbem.
Præsulis hic etiam meritum celebratur Eparci.
15 Septenum denum Nicomedes presbyter ornat,
Virgo, tuus, Petronilla comes, martyrque beatus
Pontifices ara, meritis, vitaque colendi
Carnutes Leobinus, Aper Leucosque tuentur.
Et depositio Albini episcopi et sancti Nicomedis.
16 Hinc sexto deno Martinus papa beatus
Eufemiamque pio sanctam veneramur amore.
Lucius hoc simul excellet cum Geminiano,
Condecorat pariter passos quos laurea Christi.
Et natale sanctorum Luciæ et Geminiani.
17 Lambertus quintum denum virtute coronat,
Factio quem cæsum semper tremebunda pavescit.
Et sancti Paulini episcopi.
18 Ore, fide antistes, signisque et sanguine martyr
Methodius quartum denum celebrandus honorat.
Æquatura diem solitum mox libra coercet.
In Alexandria, natale sancti Trophimi.
19 Virtutis specimen patiendi et forma decusque
Martyrii Eustachius terno denoque triumphat.
In Galliis, civitate Vienna, natale sancti Ferreoli martyris.
20 Virgoque bissenum Fausta atque Evilasius ornant
(Libra pares [a] lucis somnique hic efficit horas.)
Et vigilia Matthæi apostoli.
21 Deseruit Christo mundi qui lucra vocante,
Undecimum Matthæus evangelico ore sacravit.
Passio sancti Matthæi apostoli.
22 Mauricius denum socia legione coronat
Effuso mortem pariter quæ sanguine vicit.
Et sanctorum Thebæorum Mauritii et sociorum ejus numero sex millium sexcentorum sexaginta sex.
Emmeramus [b] cum socio comitatur honore,
Quem gens insignis Britannia voce reposcit.
Dies 23 Nonum Tecla tenet roseo perfusa cruore,
Liberiusque dicat Romanam papa per urbem
Levita et Socius merito splendescit honore.
Teclæ virginis et Januarii episcopi, et Sosii diaconi.
24 Octavum sterili conceptus ventre Joannes,
Andochiusque sacrat martyrque et presbyter almus
Quem Tyrsus Felixque pari comitantur amore.
25 Septeno Lupus antistes Lugduna revisit
Mœnia, devotæ pastor memorabilis urbi.
Ambiana micat Firmino martyre plebes.
In Asia, sancti Lucarpi. Et alibi, depositio sancti Marci.
26 Sexto martyr ovat Cyprianus, virgo beata
Quem Justina Dei fecit cognoscere regnum,
Artibus insanis tandem ferisque relictis.
Et depositio sancti Eusebii episcopi.
27 Quinto cum fratre excellet Cosmas Damiano.
Antimus hos sequitur, Leontius Euprepiusque.
Quinum, Christe [c], tibi sertum qui morte dicarunt.
Et sancti Eleutherii.
28 Faustus [d], Martialis quartum et Januarius ornant
Martyrii trabea simul et certamine clari.
29 Ætherea virtute potens, princepsque supernæ
Militiæ Michael terno sibi templa sacravit.
Depositio sancti Salonii episcopi.
30 Interpres legis veterisque novæque probatus,
Instructor doctrinæ, hæresis damnator iniquæ,
Hieronymus pridie Septembrem claudit ovantem.

OCTOBER.

Spumanti musto pomisque October onustus,
Quis pateras calathosque ferat sanctos memoremus.

[a] *Libra pares.* Hunc versum addidimus e codd. Regio et Bigot.

[b] *Emmeramus.* Hic versus et sequens absunt a codd. Regio et Bigot. Infra ubi *Liberiusque*, in codice Reg. legitur, *Viberiusque*.

[c] *Quinum, Christe.* Sic in codice Reg. et in Bigot., recte; in priori editione, *unum*, male.

[d] *Faustus.* In codice Regio, *faustum*, sit ut vox illa referatur ad vocem *quartum*, scilicet diem, quæ sequitur, atque unius sancti nomen oblitteretur.

Dies 1 Francos qui primus docuit domuitque feroces A
Remigius proprio Octimbrem præsignat honore
Germanusque simul doctrina insignis et actu,
Tum propriam munit meritis Antisiodorum [a]
Qui Oceano fidei refugas, et dogma nefandum
Repulit, et signis te Picta Britannia texit
Hos virtute Bavo et sancto comitatur honore

Et sancti Vedasti

2 Mox sextum Nonarum Leodegarius ornat,
Seditione potens quem dux populusque premit B

In Galliis, civitate Atravatensi, passio sancti Leodegarii martyris

3 Ewaldi meritis gentes, et cognomine, et ara,
Doctrinaque pares, quintum sibi morte dicarunt

Et natale sanctorum Eusebii, Ponti et Leonis

4 Marcus, Marcianusque suo implent munere quartum,
Germine, martyrio, natura, et funere fratres

5 Ternas tum Nonas Apollinaris honorat
Præsul, templa fræquens cujus Ravenna coronat C

In Ægypto natale sanctorum Forti diaconi, et Flavianæ virginis

6 Virgo Fides pridie hinc felici morte triumphat

In Africa Rogatæ Saturninæ, Faustini, et sancti Pardulfi confessoris

7 Pontifices Nonas Liniusque, Marcusque retentant

Natale sanctorum Marcelli et Apulei, et natale sancti Marci episcopi

8 Octono ante Idus Demetri sancte bearis,
Nomine pro Christi tortores passus iniquos

9 Exemplum fidei, parendi et norma salubris, D
Excelsi Patris primum cognomine dictus,
Gentibus inde Pater cœlesti sorte vocatus,
Septenas Abraham sancit retinetque beatus
His quoque martyrio insigni trinoque coruscant
Orbem templa suo lustrantia lumine cunctum
Dionysius, æthereo qui splendet honore
Gallia doctorem, Paulo instituente [b], beatum
Quem meruit, gemino comptum junctumque ministro
Dominoque Itali claro cum martyre fulgent

Dies 10 Senis justitiæ titulis Tot sanctus adornat
Cassius et Gereon, Victor, Florentius atque,
Martyrii comites plebs tum conjuncta triumphat

In Africa, Eusebii Heracli et aubi Sereni et Crescenti et translatio corporis beatissimi Amalbalis

11 Quinas mox Taracus, Probus, Andronicusque coronant,
Virtutis, mortisque pares quos gloria reddit

In Acerno Siciliæ, natale sanctorum Fausti Januarii

12 Idus tam quartas meritis Edistius auget,
Urbs Ravenna suo celebri quo martyre pollet

In Campania civitate, natale sanctorum Fortunati et Prisciani

13 Ternas Marcellus, Faustus, Januarius implent
Tum quoque Petro tibi, Dionysique sacratum
Templum, et Chrysantho, Dariæque coruscat et ara,
Tulpia cum plano quo præminet æquore castrum

In Spaniis, Corduba, civitate, sanctorum Fausti et Marcia Lemovicas dedicatio sancti Salvatoris et sancti Geraldi confessoris

14 Callistus pridie antistes martyrque tropæo
Præcellens, multo et comitatus martyre fulget

Romæ, via Aurelia, in civitate natale sancti Calixti episcopi

15 Idibus inde tibi Maurorum turba vocatur,
Agrippina animis pariter quæ læta beatis
Militiam Christo virtute et morte dicavit

In Capua, via Aurelia natale sancti Fortunati

[a] *Antisiodorum* Hic monere juvat in codice Regio usquam non scribi *Autisioderum*.

[b] *Paulo instituente* Hic vulgarem opinionem sequitur Wandalbertus, scilicet primum Parisiorum apostolum haud diversum fuisse ab illo Dionysio, cujus mentio fit in Actis apostolorum Quam opinionem cum ex animis hominum evellere conarentur viri nostra ætate doctissimi, Dionysium nostrum statuerent Decio imperatori coætaneum fuisse Atqui Dionysium Areopagitam in Gallias nunquam venisse facile credo, cum S Dionysius, Corinthi episcopus, Areopagitæ pene suppar, testetur eum fuisse primum Athenarum episcopum, apud Euseb Hist Eccl lib iii, cap 4 Sed quod Fortunatus Pictavensis, quod deinde anno 823 Galliarum episcopi scripserunt, Dionysium in Gallias a Clemente, urbis Romæ episcopo, missum esse, sola Gregorii Turonensis auctoritate convelli non posse mihi quidem videtur

Dies 16 Septeno denoque Novembrem qui venientem
Præsignat, Gallus colitur confessor, et una
Bis centum et decies septem memorantur, iniquus
Quos furor ob Christum simili mactavit honore
In Africa, natale sanctorum Nicei et Satiriani
17 Sedecimum sacer antistes Florentius ornat
In Mauritania, natale, sanctorum Donati et Des
18 Lucas ter quinum festo officioque dicatum,
Monstrat, Paule, tuo Christum sermone locutus
Regni calcatrix juxta et Triphonia claret
(Scorpius autumni hinc moderatur tempora læta)
In Oriente, translatio corporis sancti Lucæ evangelistæ
19 Beronicus bis septeno atque Pelagia fulget,
Quos pariter quadraginta atque novem comitantur
In Antiochia Syriæ, natale sanctorum Pelagiæ, et aliorum quadraginta octo
20 Ternum cum deno Caprasi martyr honoras
21 Presbyter Asterius duodeno luce coruscat
Egregia, multos docuit qui vincere sanctos,
Undique bella piis duram minitantia mortem
Hunc et Hilarion eremi bonus accola comit
Tunc numerosa simul Rheni per littora fulgent
Christo virgineis erecta tropæa maniplis
Agrippinæ urbi, quarum furor impius olim
Millia mactavit ductricibus inclita sanctis
22 Undecimum festo Philippus episcopus auget
Hermes hoc ipso [a] nitet, Eusebiusque beatus
In Thracia civitate, passio sancti Leodegali, et sancti Philippi episcopi
23 Severine tuos decimo sacer inde colonos
Inspectas, primi radians de culmine templi
In Trajanopoli Severi et Donati,
24 Nono quadrigeni effulgent sexque triumpho
Romæ, militia et sancto certamine clari
Martinumque [b] suum celebrans Vertanus adornat
In Nicomedia sancti Vitalis, Felicis et Victoris
25 Octavum Crispinus habet cum Crispiniano,
Flammas qui passi sævum vicere tyrannum
Gemmas martyrii geminas veneramur eodem,
Chrysanthum, Dariamque, novo quos munere Christi
Romæ nunc vectos, tumulis Nova Cella venustat
Qua Rheni celsis succedunt æquora silvis
Hilarius hic etiam nitet amplo præsul honore
Eodem die natale sancti Frontonis episcopi et confessoris
Dies 26 Pontifices fama, signis, tumulisque coruscos
Septimus ostendit, vero de nomine Amandum,
Vedastumque, simul meritis et tempore junctos
In Nicomedia natale sanctorum Luciani, Marciani Translatio corporis sancti Amandi
27 Hinc sextum martyr pugnans Vincentius ornat
Christete hoc pariter, Sabinaque virgo triumphat
Et vigilia apostolorum Simonis et Judæ
28 Simonis et Judæ præcellet quintus honore,
Quos opulenta Deo Persis mittente receptos,
Fidos martyrio et signis tumulare patronos
Promeruit, fidei cultrix si deinde fuisset
Virgo animis, et cui Decius haud editor esset
Hic etiam Matronæ colitur per littora Faro
29 Presbyter hinc retinens quartum Zenobius ornat
In Luciana, natale sancti Quintini et Feliciani
30 Terno Marcellus Christi galeatus amore,
Centuriam cœlo dignam geminaque sacravit,
Martyribus bis centum et bis denis comitatus
Et translatio corporis sancti Saturnini episcopi
31 Quintinum pridie celebrant sua gesta beatum,
Qui insigni et vario ob Christum certamine victor,
Octimbrem clauso componit in orbe ruentem
Et sancti Foilnani martyris

NOVEMBER

Nunc quoque quis longa vigilet sub nocte November,
Quos vigilando canat promemus carmine sanctos
Dies 1 Cæsarius prima designat fronte Novembrem,

[a] *Hermes hoc ipso* In codice Reg et in Bigot, *Ermas*

[b] *Martinumque* Hunc versum ascripsimus e codice Regio

Eximio cujus lætatur Roma triumpho
Mensis et hic reliquos stellato vertice vincens,
Uno omnes sanctos celebrans conjungit honore
Regia quos cœli pariter retinetque fovetque
Quartis, Victorine, sacer martyrque bearis ᵃ.

Dec. 2 Nonis hic etiam fulgent Julianus, hisque Benignus
Presbyteri fulgent virtute et sanguine clari

3 Ternis Germanus, Vitalis, Cæsariusque
Theophilusque pari collucent lumine festi
In Trajecto depositio sancti Huccberti episcopi.

4 Præsul hunc pridie Ruthenos Amantius ornat
In Africa, natale sanctorum Primi, Perpetuæ et Victoris.

5 Nonis Zacharias vates, templique sacerdos
Eminet, ablatum ᵇ nati qui munere vocem,
Vatis et officium prisco de more recepit
Hasque sacer Felix, monachusque Eusebius augent
(Et sanctæ Mariæ et Secundæ.)

6 Idibus octonis martyr Felix celebratur
In civitate Redonis Galliæ, depositio sancti Melani episcopi et sancti Leonardi confessoris.

7 Septenas Amarante pia de morte sacrasti
Has quoque Willebrordus habet, quo principe plebis
Fresonum multi Christum sensere vocantem
In Nicomedia, Rogati, Donati Primi et Juliæ.

8 Senas ornantes Idus merito atque cruore,
Claudi, Castori, Simplici, Symphoriane ᶜ,
Et Nicostrate, pari fulgetis luce coronæ
In Nicomedia, natale sanctorum Eusebii et Eustasii.

9 Quinæ mox Idus Theodoro martyre vernant

10 Quartis Modestus, Florentia, Tiberiusque
Trino martyrio trino pro nomine fulgent
In Antiochia, natale sanctorum Demetrii episcopi Romæ, depositio sancti Leonis episcopi.

11 Menas sanctus ovat ternis virtute fideque
Confessor merito, officio, et sermone Sacerdos,
Atque fide Martyr, toto famosus in orbe
Martinus votis, festoque vocatur eodem
Exsilium, flagelli minas, tormenta necemque
Pro Christo perpessa simul Domitilla triumphat
In Galliis civitate dormitio sancti Martini episcopi. Et sancti Mennæ.

12 Agrippina tuus pridie excellit Cunibertus
Leonium Sequanæ recolunt quoque littora sanctum
In Cæsarea Cappadociæ, natale sanctorum Germani et Eusebii.

13 Idus tunc hæres tuus, o Martine, retentat
Bricius exsilio, lacrymis, signisque probatus
Et in Malbodio translatio corporis sanctæ Aldegundis.

14 Octavam decimamque Decembres ante kalendas
Clementinus habet, Theodotus, Philominusque,
Hac pariter passi tortoris jussa cruenti
In Heraclea civitate, natale sanctorum Clementini, Heraclii. Ipso die passio sancti Justi.

15 Septena Eugenius, martyr denaque nitescit
In Africa civitate, natale sanctorum Saturnini et Donati, et sancti Cæsarii.

16 Eucherius sextam cum dena, Gregoriusque
Implent, Lugduni hic, Neocæsareæ ille sacerdos
In Capua, natale sanctorum Vitalis et Januarii.

17 Quindecima antistes Ligeris per littora, perque
Festivos populos ᵈ, Anianus laude coruscat
Æterna, merito, signis, prece, consilioque
Urbem qui propriam hostili de clade redemit
(Arcitenens gelido hunc contristat sidere cœlum.)
In civitate Hierapoli, natale sanctorum Victoris, Alphei et Romulæ.

18 Hesychius martyr quartam denamque coronat
Romanusque, urbs Antiochi quis læta recurrit

ᵃ *Martyrque bearis.* In codice Regio, *meritisque beatus.*

ᵇ *Eminet ablatum.* Sic emendavimus e codice Bigot., cum antea corrupte legeretur, *oblitam.*

ᶜ *Symphoriane.* In codice Regio et in Bigot. legitur *Semproniane.*

ᵈ *Festivos populos.* Quin ignoratio vocabuli haud vulgaris locum hunc deformaverit, vix dubitare possum; nam cum voces illæ *festivos populos* hic non satis conveniant, probabile est populi cujusdam nomen sub voce *festivos* latere. Id vero fuerit *Belsicorum*, aut certe *Belsinorum*, hoc est eorum qui *Belsiam* vulgo *Beauce* incolunt; hujus enim provinciæ nomen ante Wandalberti ætatem in scriptis Fortunati reperitur; quamobrem hic libenter legero *Belsinos populos.*

In Cæsarea, Victoris, Mariani et Marciani

Dies 19 Tredecimam Felicianus cum Severino
Cumque Exuperio, fidei certamine sancit
In Cæsarea, Januarii, Vitalis, Marciani Augustoduno [a], *Simplicii episcopi*

20 Pontifice tibi duodenam Roma dicato
Obsequio sacrat, antistes martyrque beatæ
In Spaniis, natale sancti Mariani presbyteri

21 Abba Columbanus undenam sibi servat, ab ipso
Oceano multis vitæ qui dogmata sanctæ
Religione pia sparsit sermone, manuque
Et vigilia sanctæ Cæciliæ

22 Cæcilia illustrat denam mox sancta nitore
Perpetuo, claris semper vulganda tropæis,
Virgo hinc cognato sanctoque hinc fulta marito
Romæ, passio sanctæ virginis

23 Nonam Papa tenet Clemens certamine et altis
Virtutum titulis, mortem qui passus in undis,
Repperit exstructum divino munere [b] templum
Tum quoque septena genitrix cum prole, beato
Præcellens radiat Felicitas alma triumpho
Hicque suos [c] Trudon mundi contemptor adornat

24 Chrysogonus meritis octavam et funere sancit
In Blavia, sancti Romani

25 Septenam Petrus antistes martyrque venustat,
Urbis Alexandri populus quo præduce fultus
Errorum curvos sprevit cæcosque meatus

26 Sextam Linæ sacras roseo de sanguine papa
Et Sirici et Cassiani

27 Martyrio quintam Agricola et Vitalis honorant
Severi et Beati episcopi

28 Silas, Paule, tuus quartam comes auget et ornat
Theophini et Julii

29 Ternam, Saturnine, tibi, Mauroque dicamus
Item Saturnini et Sisinnii et Chrysanthi, et Dariæ

Dies 30 Andreas pridie præcellit apostolus, amplis
Virtutum fulgens radiis, titulisque per orbem,
Qui indomitos verbo signisque subegit Achæos
Brumalem hæc claudunt populorum vota Novembrem

DECEMBER

Anni supremum dicemus tempore mensem,
Quorum festa colat brevibus referatque diebus

Dies 1 Eligius Noviomé tibi sub luce Decembrem
Prima designat condigno præsul honore

2 Veri, Severique micat Nonarum sanguine quartus
In Mauritania, sancti Saturnini, et Fortunati, et Maximi

3 Africa Cassiano libat sub martyre ternis
In Africa natale sancti Joannis, Stephani et Victoris

4 Tum pridie cum Victorio præcellet Heraclius
Id Laodicea metropoli, Felicis et Metrobii, et translatio sancti Benedicti abbatis

5 Dalmatius martyr Nonas, Crispinaque servant
In Africa, natale sanctorum Candoris, Privati, Fulgentii, et sancti Amantii

6 Octonas Idus Nicolaus episcopus ornat,
In Africa, natale sanctorum Fortunati Hermogenis, et Rogati

7 Septenas retinet Polycarpus cum Theodoro
Romæ, natale sancti Eutychiani episcopi, Et octava sancti Andreæ apostoli,

8 Eutychiane, nites senis felici papa cruore
Has quoque Zenon habet conjuncto martyr honore
Eusebii episcopi Urani episcopi, et Successi episcopi

9 Sebastianum quinis celebramus ab Urbe
Translatum, proprio quo Gallica rura patrono
Exsultant, ingens templum cui surgit et ara
Antiquosque nitent æquantia culmina fastus

[a] *Augustoduno* Hic nonnulla monebimus, quæ lectori nec ingrata fortasse nec inutilia videbuntur Primum in codice Regio nusquam non scribi *Agustoduno*, eamque scribendi rationem, ut pravam esse, ita diu fuisse usurpatam quod cum aliunde, tum etiam e nummis constat in quibus Justinianus, Justinus, Tiberius plerumque quidem *Augusti*, non raro tamen *Agusti* dicuntur Alterum in eodem codice ubi Autissiodori mentio fit, eam urbem *Autisiodorum* semper vocari quod eo minus contemnendum est, quo magis constat inde hodiernum nomen *Auxerre*, non ex Autissiodoro, esse desumptum Postremum, ubi occurrunt *Eufemiæ* et *Focæ* nomina, hæc in eodem codice ita esse descripta ut vides, non, ut mos est, *Euphemiæ* et *Phocæ*, atque eam scribendi rationem a nobis quoque esse servatam, quod vulgarem nummi ipsi optimi antiquitatis testes, aspernantur, ut videre est in opere cui titulus *Numismata Impp Romm a Trajano Decio*, etc

[b] *Divino munere* Secuti sumus lectionem codicis Regii, in priori editione, *divino numine*

[c] *Hicque suos* Hic versus abest cum a codice Regio, tum etiam a Bigot

Has quoque virgo sibi meritis Leucadia [sancit A

In Alexandria, natale sancti Donati, Valentinæ.

10 Eulaliam sancto quartis veneramur amore,
Hispaniam Emeritam cujus cruor ossaque [servant.

Et natale sancti Damasi papæ.

11 Romulidæ Damasi [a] ternis solemnia papæ
Occurrunt, pariterque simul Victoricus, [atque
Fuscianus [b] habent festi votique nitorem
Ambiana vigent quorum nunc rura cruore.

Romæ, natale sancti Capitulini et Prætextati. In Spaniis sancti Eutici.

12 Hermogenes, Donatus, bis denique coru- B
[scant
Tum pridie et bini, conjuncto sanguine, [sancti.

In Spaniis civitate Almeria, natale sancti Hermogenis.

13 Idus Syracusa tibi, Lucia, dicavit,
Paschasium Christi pro nomine passa ty-
[rannum,
Spiritus immobilem quam sanctus fecit
[iniquis
Esse viris. Judoch pariter colerisque sa-
[cerdos
Egregie, Oceani cedunt cui sæpe procellæ.

14 Nonum cum decimo Jani de more Kalendas C
Qui vocat, antistes Nicasius aget honorem
Spiridionque die præsul celebratur eodem.

Lugduni Galliarum, sancti Viatoris episcopi.

15 Octavum cum deno Maximine retentas,
Aurelianæ ferax præbent cui rura lyæum.

16 Termi septeno et decimo pueri memoran-
[tur,
Impia qui Assyrii temserunt jussa tyranni,
Quorum nec crepitans valuit terrere fide-
[lem
Constantemque animum fornacis flamma
[furentis.

Aurelianis civitate, sancti Maximi episcopi. D

17 Ignatius sanctus deno sextoque triumphat,
Antiochenæ urbis pastor, martyrque fera-
[rum
Quem dentes panem vivum fecere se-
[quuntur
Quem fuso ob Christum Rufus, Zosimus-
[que cruore.

Et sancti Valentini.

Dus 18 Quindecimus demum [c] Moysetis sanguine
[vernat.
Hinc Phœbum duplici Capricornus sidere
[gestat.

In Africa, natale sanctorum Victoris, Honorati et Vincentii.

19 Quartum cum deno Zosimus, Dariusque [d]
[coronat.

In Nicea civitate Bithyniæ, Zosimi, et Pauli.

20 Terno cum deno antistes, Zeferine coru-
[scas.

Natale sanctæ Theclæ.

21 Transitu Thomæ celebrat duodenus hono-
[rem,
Aurea quo structore Dei cognoscere hono-
[rem
India promeruit, signis commota [e] tremen-
[dis
(Solstitio hinc Phœbus celsos remeare per
[axes
Incipit, hinc gelidum primum conversus ad
[Arcton.)

22 Undecimum celebrat triceno martyre Roma.

In Antiochia, natale sancti Basilei.

23 Victoria Christi decimus de Virgine fulget.

Romæ, natale sanctorum Urbani, Cornelii et Victoris.

24 Nono ventura cumulantes munera luci,
Lumina, pervigilesque aras et templa para-
[mus.
Virginibus quadraginta hic splendet quo-
[que, cælo
Quæ dignam vitam voto et virtute dicarunt.

25 Octavo servi dignatus sumere formam,
Errantemque hominem veniens revocare
[Creator,
Partu virgineo mortales induit artus,
Eugeniam quoque tum memoramus, Ana-
[stasiamque

In Bethlehem, nativitas Domini nostri Jesu Christi.

Consimili Christum comitatus mente, fi-
[deque,

26 Septimus hinc Stephano levita et mar-
[tyre primo
Excellet, natum Regem passumque, beata
Qui vita Dominum pugna est et morte se-
[cutus.

27 Dilectus Domini, Verbi inspectorque di-
[vini [f],
Pectore de Christi fontem qui haurire pe-
[rennem

[a] *Romulidæ Damasi.* Sic codices duo Reg. et Big. Prior editio, *Roma litat Damasi.*

[b] *Fuscianus.* In codice Regio, *Faustinus.*

[c] *Quindecimus demum.* Cum in codice Regio nimium vocis demum, quæ hic omnino est supervacua, alii *decimo*, versum sic emendari posse arbitror: *Quinus cum decimo*, vel *cum deno*. Sequentem versum ascripsimus e codd. Regio et Bigot.

[d] *Dariusque.* In codice Regio, *Clariusque.*

[e] *Signis commota.* Sic codd. Regius et Bigot., bene. Prior editio, *comitata*, male.

[f] *Divini.* In utroque codice, *superni.*

Promeruit, sextum sancit lustratque Joannes A

In Epheso, assumptio sancti Joannis evangelistæ

Dies 28 Uberibus matrum rapuit quos dira cupido,
Regnandique sitis Christum dum perdere nitum
Herodes cupit, infantes quinto veneramur
29 Vates rexque pius, divinæ et stirpis origo,
Insignit quartum David sermone fideque
Urbsque Arelas Trophimo gaudens pastore coruscat

In Africa, natale sanctorum Saturnini, Honorati et Felicis

30 Mansuetus ternum simul et Florentius ornant [a] B

Et natale Sereni

31 Silvester pridie Romanam papa per urbem
Lætantes populos votis sibi subdit amicis,
Pontificum primus tranquillam cernere pacem
Qui meruit, dominosque orbis purgare lavacro
Virgo Columba simul palmam virtute perennem
Percipis, effuso Christum comitata cruore
Cumque Potentiano, Sabinianus eodem
Occurrit festo, æquales ara atque triumpho,
Urbem qui Senonum primi docuere patroni C
Hæc tandem claudunt extremum festa Decembrem

CONCLUSIO

[b] Hæc nunc, Christe, tuo Deus,
Conscripsi breviter munere carmina,
Constans expetiit quæ studio pervigili fides
His digesta micant simul
Cœlestis patriæ et militiæ agmina,
Summo perpetui qua radiant æthere luminis
Quorum te veniam prece
Indignus rogitans obsecro criminum
Multo supplicii namque premor perpetui metu
Trinis ecce decenniis
Vitam dego miser, quintus et insuper D
Ævi curriculis orbis adest atque meatibus
Me nunc nil recolens boni
Egisse atque pii, concutior minis,
Curæ nam stimulant horribiles mentis ad intima
Lapsum jam releva, Pater,
Tandem et præteritis exue sordibus,
Squalet conscia quis mens, nimiisque angoribus tremit
Sanctorum retuli canens
Hic certamina, præclaraque martyrum
Vexilla ante oculos constitui, signaque ovantium
Horum glorificat, Pater,
Sanguis te, jugiter mors loquitur pia
Vivunt namque tuo præsidio et luce perenniter

[c] HYMNUS IN OMNES SANCTOS

Christe, cœlorum modulans caterva
Quem canit, laudat sitiens, cupitque,
Consonas laudes, petimus clientum
Cerne favendo
Te chori Regem celebrant superni,
Civium turmæ et recinunt piorum,
Celsa quos cœli retinens coruscat
Aula, fovetque
Patriarcharum veneranda teque
Turba collaudans jugiter beata,
Percipit vitæ sitiens perennis
Munera semper
Te prophetarum resonant loquentum
Spiritus, missi quoque te per orbem
Prædicant verbi pariter ministri
Voce manuque
Martyrum sanguis simul et triumphans
Cum sacerdotum tonat ore, casta
Virgines jungunt viduæ et canoris
Tympana sistris
Omnis ostendit Dominum docetque
Te poli summo radians in axe
Ordo, te servi canimus fideli
Cordis honore
Tu libens nostrum petimus reatum
Solve, tu castam famulis piamque
Mentis aspirans cumula benigno
Munere laudem
Gloriam cœli tibi vox perennem
Reddat exsultans, Pater, atque Nate,
Spiritus, regno quibus alme compar
Vivis eodem

[a] *Ornant* Uterque codex, *aurant*
[b] Metrum choriambicum, glyconium, asclepiadeum, alcaicum
[c] Metrum dactylicum, sapphicum, pentametrum

INCIPIT
DE DUODECIM MENSIUM NOMINIBUS, SIGNIS
AERISQUE QUALITATIBUS

ıınibus mensum quæ sıt rationıs oııgo,
ıım bis seno volvunt qui sideic mıgnum,
illustrent pariter duoden ıs signa kalendas,
l connexa feıat mensum dı-cretio tıııs,
s usus generet cultus, quos formet habendı
ato breviter ıefeıemus ın oıdıne, lector

DE JANUARIO

n primum mensem servari Julius anni
cvıt, Jani effertur cognomine regis,
ını gentem Latio qui ıexıt, et uıbem
entum sceptris populoque et legibus auxit
gemino præsunt Capricorni sidera monstro,
luodena uno pariter splendentia signo
tempus campis lepores lustrare nivosis,
ous et variis pictas captare volucres,
campos volitant colles que et flumina circum
capus, accipiterque placet, curisque solutis
brumam genio vacat indulgere, domique
rsos usus veri proferre futuro
neque tum cervos cervasve agitare fugaces,
spumantis apri lito coufigere feıro
os, ex usu est borea cohibentur, et artus
os macies stringit tenuatque ferarum
ına nec cultis facile est committere terris
cuncta gelu, et glacies riget horrida campis
ora tum silvis prodest et fissile lignum
ere, tum domibus classique aptare secures

DE FEBRUARIO

quo numerum regnans Pompilius auxit,
sacra dira urbem solitum lustrare togatam,
m Febru retinemus nomine dictum
sex hunc stellis astrum præsignat Aquarı
tamen australı cœlo demittere nimbis
ntur, hæc fulget tricenis ignibus unda
c hiemis verisque tenent confinia mensem,
ore nuncque riget, nunc vere mulcet amico
tempus tractis terram proscindere aratris,
ına et hinc sulcis prodest mandare secundis,
lea tum campis serimus peregrina per agros,
quam candet avis pietatis nomine præstans
ous hunc cultum mos est adhibere putandis,
nentisque novas gemmas proferre recisis
munt salices nodis canescere glaucis,

A Tum primum et coryli nucibus frondere futuris,
Tunc canibus cervas spiculisque agitare repertas,
Ac valido aprorum præfigere corpora ferro,
Informesque canis ursos lustrare sub antris
Venantum de more [a] placet tunc piscibus altas
Præstruere aggeribus piscoso in flumine sepes

DE MARTIO

Martius exortum statuit cui Romulus anni,
Marte tenet ductum, bellorum principe, nomen
Quem auctorem generis Remo cum fratre Quirinus
Credidit esse sui, duplicis cui sidera Piscis
Præsunt, tricenis senisque [b] micantia flammis
Hunc mensem jucunda fovent exordia veris,
B Qui mare, qui terras specie tranquillat amœna
Æstus Oceani hoc primum consurgere magnos,
Navibus et pelagi diffundier æquora pictis
Cernimus, atque novos conscendere flumina pisces
Garrula per sudum volitans tum stridet hirundo,
Aereasque grues campis residere, satisque
Anseris invisum decedere cernimus agmen
Sepibus hinc hortos primum munire novandos
Immundoque fimo et rastris [c] componere tempus,
Diversa et propriis committere semina sulcis
Tum cervas, capreas, lepores lustrare voluptas
Imperat hinc apibus sedes statione parandæ
Vere suo, cum jam stabulis exire reclusis
Invitat stimulans prolis mellisque cupido
C Deque locis steriles primis tum ferre radices
Arborum, et ignotis scrobibus deponere suetum
Plantas quin etiam fecunda ex arbore lectas
Arboris alterius natus de germine cortex
Accipit inque sinu ferro patefactus ad unguem
Continet, hoc læti surgunt de semine fructus

DE APRILI

Quem Veneri sacrum et proprium dixere priores
Mensem, hoc quod vigeat demulcens cuncta volu-[ptas,
Nomine de Graio ductum vocitamus Aprilem
Vel mage quod terras brumali frigore clausas
In varios aperit fetus, cogitque fovendo,
D Romano tantum excellet sermone vocatus
Stellet hunc Aries ternis denisque coruscat,
Signorum obliquo qui fulget in ordine primus

[a] *Venantum de more* Sic edidimus ut sensus postu-l in priori editione, *venatum*

[b] *Senisque* Antea legebatur, *semisque* Infra ex cc Bigot edidimus *diffundier*, ubi erat *diffundis* corrupte

[c] *Fimo et rastris* Sic codex Bigot In editis, *ro-stris* ex eodem codice scripsimus *plantas quin etiam*, ubi editum erat *plantis*, etc

Hinc lætos crines jucundaque tempora Phœbus
Floribus ac viridi primum de fronde venustat.
Hoc nam cuncta suos erumpunt germina partus,
Hoc campi silvæque et prata recentia mense,
Gramine, fronde, satis, variis vernantque frutetis,
Ad pastumque greges mittunt præsepia cunctos.
Tum philomela suo exercitat impigra cantus,
Arguta et tectis nidum suspendit hirundo.
Tum sturni, merulæ, turdi, silvisque volucres
Suetæ multisono permulcent aera cantu.
Turtur tum gemitu pariter, raucique palumbes
Rurali oblectant fessos studio atque labore.
Venandi hoc eadem est Martis qua mense voluptas.
Interea agricolæ insistunt, frugesque futuras
Sepibus aut fossis properant munire caratis [a]
Prata vel emissis celerant potare fluentis,
Vitibus aut vallos addunt furcasque bicornes,
Corticibusque ligant ventos ut temnere flantes
Pendentes facile et possint portare racemos,
Gratam neu speciem vineta jacentia turpent,
Aut validum indigno mutent perdantque saporem.

DE MAIO

Mercurii mater, falso delusa priorum
Ætas quam coluit, Maium, cognomine Maia
Insignit, vel majorum de nomine patrum
Dictus pars populi quæ dignior urbe togata
Exstitit. Huic Taurus ter quino sidere fulgens
Auricomum præfert æstiva lampade Phœbum,
Inflexoque genu scandentis in æthera Tauri
Frontem Maiades septenis ignibus aurant.
Hic veris claudens æstivos incipit orbes,
Tellurisque novas fruges mortalibus ægris
Ostendens, calathis primus sua pocula miscet,
Fragaque de modicis prædulcia colligit herbis.
In spicastum jam viridantia semina surgunt,
Auritosque tegunt lepores lactentia farra.
Hoc herbis durum prodest mollire lyæum,
Præsumptisque novercarum vitare venena
Potibus, in variam quos gignunt arva medelam.
Quin et mutato serpentes aere morbos,
Tum medica ex usu facile est depellere cura.
Hoc etiam mense autumno quæ rite seruntur,
Agricolæ ductis invertunt terga juvencis.
Hoc, quibus armentis amor est et cultus habendi,
Fecundo pecori lectum de more maritum
Emittunt gentem dominis qui servet equinam.
Hoc quoque delectum castris acieque probare
Tironem vetus instituit doctrina, simulque
Turmis et legione hostis premere arma superbi,
Seu classem instructam ventis aptare secundis.
Tumque favis æstu croceis emissa juventus
Aere sub nudo ludit, stabulisque relictis
Ignotas quærunt vagabunda examina sedes.
Alis sæpe etiam bellum stimulisque lacessunt,
In pulchramque ruunt animoso pectore mortem.

DE JUNIO

A Jano sextum statuit quem Julius anni
Mensem, Junonis retinemus nomine dictum,
Aut populus junior patribus de more secundus,
Hoc mensi imposuit servato ex ordine nomen.
Hunc Gemini æquata præsignant lampade Phœbum
Sidere ter quino celsus quos signifer aurat.
Solstitio hic reliquos superat longisque diebus
Mensis ad summos cœli jam pervenit orbes.
Torrida et hoc æstas segetes fovet, arvaque primum
Fluminis in speciem culmis undare refertis
Efficit. Hoc hortos etiam sua cura revisit,
Atque olerum jam tunc prodest transponere plantas,
Dum teneræ in fructum possunt adolescere pingues.
Mox violas, atque inde rosas, et lilia tempus
Carpere, et in calathis hyacinthi jungere florem.
Hinc mos lactuca cœnas componere dulces,
Suavibus atque herbis validos relevare sapores.
Allia, cepe, suis tunc sunt gratissima succis,
Tum quoque menta placet, tumque est satureia salbr
Cum necdum validas concrevit succus in herbas.
Tunc et dulcis aquæ salientem quærere venam
Jejunis placet, atque haustu vitare calores.
Hinc etiam cerasa arboribus decerpere tempus,
Puniceis cerasis succedunt cerea pruna,
Moxque pyris primis adduntur mitia mala,
Postquam desecto viduantur prata virore,
Agricolæ et clauso contemnunt frigora fœno.
Glandifera hinc florem per silvas induit arbos,
Ipsæ et vicino vites cum flore tumescunt.

DE JULIO

Martis origo sibi quintum quem signat in anno,
Quintilemque suos jussit vocitare Quirinus,
Septimus a Jano medium nunc obtinet annum
Julius, a magnoque excellet Cæsare dictus.
Solstitio ardentis Cancri, cui sidera fulgent
Quatuor et denis pariter radiantia flammis,
Hunc paribus spatiis centri demissa per axem
Consociat sexto solis lux aurea mensi.
Fecundæ hoc segetes culmis flavescere summis
Incipiunt, et spem messis matura referre.
Hordea sub primis autumni jacta pruinis
Hoc quoque quandoquidem justis fovet ignibus ac
Phœbus, triticeam præbent bona flamina messem.
Hinc etiam lini segetem manus apta requirit,
Nam sata quæ fuerit Martis sub mense, refertis
Folliculis reddit maturum Julius, atque
Per mensem [b] Veneris sulcis quæ credita raris,
Augusto mensem campo dabit ipsa perusto.

[a] *Munire caratis.* In codice Bigot, *calatis*, male. Caratum in media Latinitate pro vallo seu fossa usurpatum esse pauci ignorant. Statim *prata* edidimus, ubi legebatur *grata* nullo sensu; mox *vineta jacentia*, ubi erat *vincta jacentia*, et favet cod. Bigot.

[b] *Per mensem.* Sic codex Bigot. Antea legebat *per mensis*. In eodem versu voculam *quæ* addidimus.

Hoc quoque mense pyris mensas ornare secundas
Prædulcique licet decerpere persica gustu
Parva per æstivos primum matura calores
Quæ existunt, reliqua autumno nam cedere certum est
Laure etiam primo imbutas libare per aras
Tum vacat, ac lætos anni deposcere fructus
Cum necdum plenam fundunt sua tempora messem
Frugibus, et cœli facies oranda sereni est
Venantum hunc studio pingues agitare repertum
Cervos hinc canibus silvis lustrare sub altis,
Corpora tunc maciem primum vitantia longam,
Quam Venus et sterili pepererunt frigora pastu,
Flore novo certos postquam vineta racemos
Gignunt, hæc mensem hunc potior nam gratia comit

DE AUGUSTO

Sextum quem numero et sextilem Romulus auctor
Nomine decrevit Cæsar post Julius anni
Censuit octavum, Augusti cognomine Roma
Mutans, Octaviano insignem principe dixit
Æquali hic spatio Maio cum mense rotatur,
Devexumque tibi moderans auctumque remittit
Antehac flammigeram volventem lampada solem,
Denis, octonisque micant cui signa Leonis
Ignibus, æstivos fundunt quæ extrema tepores,
Ac Cererem flavam maturas stringere aristas
Cogunt, agricola ad messem cum cingitur omnis,
Cunctaque sudantes producunt arva colonos
Hoc tamen immensos æther licet aureus ignes
Interdum generet, valido cœlumque tremescat
Murmure, et effusi convellant aera nimbi,
Æstatem autumni componunt tempora læti,
Unde viris summo et celeri curanda labore est
Messis, et in segetem cuncta exercenda juventus,
Maturas imber subitus ne prehendere fruges
Possit, incautum deludat terra laborem
Nec farris solum stimulat tunc cura metendi
Agricolæ studium, pariter sed cuncta reposcunt
Arva simul, vario dudum quæ semine culta
Post variam tribuunt, diverso tempore messem
Hic linum campus, lætum gerit ille legumen,
Huc invitat avena, vocant huc hordea falcem
Nec tenuis viciæ fetus lentisve minutæ
Temnitur inque suos rediguntur singula acervos
Hunc quoque per mensem maturos carpere ramis
Fructus atque epulis fas est superaddere sumptis
Ac dulci ficu, prunisque, pyrisque volemus [a],
Pluribus et nucleis gratos miscere sapores,
Sacrandosque aris modicos de vite racemos
A Sumere, et autumni fecundum poscere Bacchum,
Mellita atque epulis gustare absynthia sumptis,
Dulcibus atque favis latices juvat addere puros

DE SEPTEMBRI

Nonum nunc anni censemus in ordine mensem
Septimus a Marte, primo, statuente Quirino,
Qui fuit, antiquo numerum de nomine priscum
Nunc quoque, et autumni pluviis cum tempore signans,
Virgo, cui denis simul octonisque coruscans
Stellis, flectentem præfert jam lumina Phœbum
Hoc mense Augusto superat qui forte laborem
Agricolæ messis, clausis quoque frugibus implent
Hoc quoque vinetis custodes ponere tempus,
B Qui accessu fures valeant prohibere vagantes,
Ac laqueo et nodis vulpes prensare dolosas
Tum funda, horrisono et crepitu, terrere volucres
Sollicita uvarum [b] variam vindemia pestem,
Pro dulces celso redolent dum colle racemi,
Dumque legens carpit maturas vinitor uvas,
Donec spumanti sudet vindemia musto,
Ac plenum fundat prælo torquente lyæum,
Quamvis sæpe per imbriferos tepefacta calores
Luce sub æquanda messoriam vinea falcem
Quærat, et abjecto nudet sua crura cothurno
Vinitor aggestas pedibus qui conterat uvas
Servanda hinc etiam brumæ sub frigore poma
C Carpere, et apricis mos est componere tectis
Hinc quoque farra suis prodest committere sulcis,
Pinguibus atque arvis [c] fruges mandare futuras
Hinc cervos Venerem pingui fervore petentes
Per nemora et densas spiculis configere silvas,
Cum canibus noto delapsa est aura favore,
Venandi Francos docuit studiosa voluptas
Hunc mensem jam tunc Libra moderante ruentem,
Æquato spatio junguntur noxque diesque,
Cursibus hincque diem superat nox horrida longis
Vernali sub sole pari conjuncta recursu,
Lux iterum donec tenebris potiora tenere
D Incipiat spatia, et fugientem deprimat umbram

DE OCTOBRI

Anni nunc decimum Octimbrem rotat orbita mensem,
Octavum vetus instituit quem sphæra vocari
Is quoque de numero priscum retinere vocamen
Noscitur, atque imbres pariter signare frequentes,
Libra cui pares cœlo cum fecerit horas,

[a] *Pyrisque volemus* Legebatur *volemis*, mallem *voluptas* Infra ex codice Bigot scripsimus *sumere*, ubi editum erat *tumere*, et ex ingenio *mellita* ubi repereramus *melita*

[b] *Sollicita uvarum* Sic maluimus, quam ut antea *sollicitet*, *quarum* nec tamen affirmamus ita scripsisse Wandalbertum, ut conjecimus

[c] *Atque arvis* Posteriorem vocem addimus, nec ullum fore opinamur qui eam minus necessariam esse judicet

Hunc iterum volvit breviori tramite Phœbum,
Quattuor extendit retrahens quam brachia flam-
[mis
Scorpius ardentem, juxta Trigonemque relinquit
Hunc mensem plenis supplex vindemia labris,
Omnibus atque arvis mitis quæ pampinus or-
[nat,
Undique conductis fervent vincula colonis
Hi ferro mites cædunt de palmite fructus,
Congestos humeris hi gaudent ferre racemos,
Longius hi ductis exportant vitea plaustris
Munera at hi validis prælum torquere lacertis
Instant, ac dulci distendunt robora musto
Hi quoque vel veteres instaurant undique cupas,
Sufficiuntve novas solido de robore, cunctum
Provida quis anni claudant cellaria vinum
Idem amor ascendit cunctos, eademque per om-
[nes
It cura, et requiem fessis vis ipsa referre
Nox valet, exercetque omnes labor unus habendi
Tunc etiam lento mustum congesta vapore
Flamma coquit, spumasque undanti effundit aheno,
Claraque prædulcem servant sic vina saporem,
Jejunis demum facilem præbentque medelam
Tunc quoque contritum mola vertente sinapi
Prodest uvarum primo miscere liquori,
Hinc epulas grati relevent ut deinde sapores
Hoc et mense sues luci inducere tempus,
Maturo hibernam frangant ut tempore glandem

DE NOVEMBRI

Undecimus magno nunc volvitur orbe November,
Anno quem nonum antiquo dixere parentes,
Ex numero atque imbri primum nomenque retentans
Scorpius hunc denis pariter micat atque novenis
Stellis, sed flammæ nunc Libram quatuor implent,
Astrorum cultrix Chelas quas repperit ætas,
Ter quinoque ardet nunc tantum Scorpius igne
Hoc mense autumnus hiemi decedere diræ
Incipit, et gelidis conflantur frigora ventis,
Aere sed dubio diversam terra figuram
Concipit, in pluvias zephyro nunc flante soluta,
Nunc borea in rigidam speciem concreta furente
Hinc cum forte datis licet exercere sub auris
Terram, proscissis committere semina campis
Prodest, autumno superant quæ forte peracto,
Porcorumque greges silvis consuescere fœtis,
Dum pinguem vento tribuit quassante ruinam
Quercus, et effusa sternuntur nemora glande
Tunc et apro silvis cura est quam maxima duros
Quærere, et ex luco canibus producere nigro,
Dum validos crebris prædurant ictibus armos,
A Antiquasque fricant solidandas arbore costas,
Cetera nec lato metuunt venabula ferro
Quod superest, curas genialis cura resolvens
Dulcibus ad requiem illecebris vocat, horrida post-
[quam
Ruralem cohibent ventorum flabra laborem
Tum dulces ludi, tumque est gratissimus ignis,
Atque novo oblectat somnum invitare lyæo

DE DECEMBRI

Extremum bissena regit nunc linea mensem,
Quem decimum auctore scripsit nova Roma Quirino,
Nomine qui numerum et nimbos designat eodem,
Nunc etiam Martis dictus de mense December,
Arcitenens Phœbum angustis cui cursibus effert,
B Ternis ac denis præfulgens ignibus una
Hoc mense australem cœli demissus in axem,
Exiguoque orbem perlustrans tramite nostrum
Sol, iterum ad boream convertit lumina celsum
Hoc etiam hiberno terras urente rigore,
Maxima nox modico causantes munera lucis
Agricolas fovet, oblitos tandemque laboris,
Ingratosque sibi blandus sopor irrigat artus
Nec tamen imbrifero desunt sua munera mensi,
Nec gelidis cogit penitus cessare sub auris
Tempus et in faciem tellus contecta nivosam
Tum quoque cum pluviis campus ventoque madescit,
Vomere gleba jacens sulcanda est, hordea demum
Qua serere, aut lætum cupit exercere legumen
C Agricola, immundumque fimum jactare per agros
Tum licet at cum terra hebeti torpore rigescit,
Multa domi tamen et tectis properare sub ipsis,
Mox vacat, algentis relevent quæ frigora brumæ
Retibus hinc varias pelagi prensare volucres,
Aut igni et sonitu per campos fallere, sive
Lentandis usu pedicas aptare repertum
Amnibus hinc etiam piscosis ponere crates
Vimineas densosque ad littora figere fascis,
Qua vado rapidum tranquillant flumina cursum
In ventum, facilem capiant ut retia prædam
Hoc sub mense sues pasta jam glande madentes,
Distento et plenam monstrantes ventre saginam,
Cædere, et ad tepidum mos est suspendere fu-
[mum,
D Terga prius salis fuerint cum sparsa madore
Bissena hos cultus renovant vertigine menses
Huncque modum et morem sibi Gallica rura reten-
[tant,
Quem breviter signans digessi carmine, lector
WANDALBERTUS ego, hortatu compulsus amici,
Dulcia me Rheni quo tempore littora alebant,
Maxima Agrippinæ veteris quis mœnia præsunt

INCIPIT HOROLOGIUM

PER DUODECIM MENSIUM PUNCTOS

Quos cursu solis jungunt sua tempora menses,
Carmine nunc, lector, paucis, adverte docebo
Janua nunc anni est Janus, finisque December
Hos menses pariter solis rotat orbita punctis

ua volvit Februum, undecimum regit ipsa Novem- [brem
artius Octimbrem spatio sibi nectit eodem
um Septimbre tibi in sphæram concurrit Aprilis
ugustum Maius centro prospectat ab ipso
nia Quintilem scandens trahit orbita mensem
uas horas sibi quæ jungunt in fronte videto,
ector, et in cunctis æque observare memento
ense omni prima undecimæ conjungitur horæ
unc umbris decimam nectit cursuque secunda,
ertia mox nonam punctis complectitur iisdem,
clave pariter præcedens quarta cohæret,
uintam subsequitur numero post septima justo
ola suas tantum mensuras sexta retentat
mnibus has, lector, conjungens mensibus horas,
uo superent spatio umbrarum, cedantve videto
oc tamen in primis noscens retineto, quod orbis
iversæ partes varias forment quoque metas
am quæ vicino torrentur sole sub Austrum,
t mage luce nitent, minimas sic gignere possunt
mbras quæ boreæ frigentque jacentque sub axe,
octe magis longa, tenebrisque premuntur opacis
uæ medii ab utroque absistunt partibus axe,
iter utrumque etiam lucem moderantur et um- [bras
rgo age, si subjecta legentem pagina, lector,
e movet, hac illam regione probabis, ab ipso
anubio Hesperiæ primos quæ vergit ad ortus,
ugdunique urbe, et Rhodani distincta fluentis,
espicit Oceani interclusos orbe Britannos,
oc quoque te juste horarum mensura monebit,
mbrarum motus primis ne forte Kalendis
onere et ad finem velis perducere mensis
am pridie umbrarum fuerit quæ meta priorum
ub noctem nequit in varios transire recursus
medio in medium sensim sed crescere mensem
iminuive umbras vera ratione docemur,
medio in medium signorum ut volvitur ortus

--

Horarum jam nunc texemus in ordine me- [tas,
Humani ignaris monstrat quas corporis um- [bra

DE JANUARIO ET DECEMBRI

inea quæ Jani prima est pariterque Decembris,
ricenis pedibus binisque exporrigit umbram,
ndenisque sequens pedibus mox umbra recisis
antum bis denis unoque extensa patescit
inea tumque pedes concidens tertia binos,

A Umbris ipsa decem figit simul atque novenos
Rursus et hinc Geminis sole crescente fugatis,
Septem quarta pedes retinet mensura decemque
Hac etiam binis umbra fugiente recisis,
Ter quinis quintam pedibus sua linea tendit
Centrum tumque brevem jam sole regente duobus
Abscisi, ternos denos sibi sexta retentat
Cedendi hunc morem muneri servabis ubique

DE FEBRUARIO ET NOVEMBRI

Quæ Februum natura tenet sociatque Novembrem,
Ter denis pedibus supremas colligit umbras,
Moxque novem constant pedibus denisque sequentes,
Linea tum septem atque decem sibi tertia tendit
Quarta pedes pariter ter quinos colligit umbra,
B Hinc pedibus ternis ac denis quinta patescit,
Scandentemque rotam undenis mox sexta coercet

DE MARTIO ET OCTOBRI

Cursibus Octobrem sibimet quis Martius æquat,
Octo pedes prima et bis denos linea figit,
Denos et septem complet statuitque secunda,
Tertia quindenis Phœbo ascendente tenetur,
Quarta decem excedens pedibus fugit agnita ternis,
Mox etiam quinta undenis spatiata recedit
Sexta novem pedibus pandit sua lumina deinde

DE APRILI ET SEPTEMBRI

Quæ tibi September florentem nectit Aprilem
Bis denis umbram et senis ducet orbita primam
In pedibus sub quindenis figitque secundum,
C Ternis ac denis cursum quoque tertia frænat,
Undenis crescens pedibus tum quarta recedit,
Quinta novem pedibus cursum clauditque patentem,
Septenisque suos componit sexta meatus

DE MAIO ET AUGUSTO

Augustum et Maium jungit quæ linea primum,
Bis denis umbræ pedibus meat atque quaternis,
Cum denis ternos excrescit moxque secunda,
Undenis clarum concludit tertia cursum
Quarta patet pedibus cœlo tepefacta novenis
Septem quinta tenet propriis finita sub umbris
Sextaque tum quinis ferventi cessat in orbe

DE JUNIO ET JULIO

Horarum sibi Quintilem quis Junius æquat,
D Bis denis prima in pedibus patet atque duobus,
Undenisque means ostenditur inde secunda,
Tertia moxque pedes explet comprensa novenos,
Æstivo septem mox tendit quarta calore,
Quintaque tum pedibus conscendit linea quinis
Hinc centro torrens ternos sibi sexta retentat

INCIPIT

DE CREATIONE MUNDI

PER ORDINEM DIERUM SEX

A

DE UNO ET TRINO DEO

[a] Simplex, purus et unus
Æterni Pater atque
Summæ fons bonitatis
Existens sine fine
Ævi principioque,
Concrevit Deus orbem
Verbo cuncta creante
Rerum machina constitit,
Volvens quam rotat axis
Par Patri Genitoque,
Lustrans lumine cuncta,
Mundum Spiritus implet
Una et trina potestas
Distincto moderatur,
B
Complexa omnia, nutu

De die primo

Prima hinc exstat origo,
Carnis libera nexu,
Cœli quæ tenet aulam,
Regem quæque videndo,
Legem vere beatam
Servat, militiamque
Vero hæc lumine nobis
Lux e fonte perenni
Illustrata patescit
Hanc quæ sponte reliquit
Pars, dum cæca superbit,
Nocte hæc horret et umbris
C
Discernit sed utramque
Regnator Deus, inque
Dignos disparat ortus
Hanc spernenda furoris
Virus nequitiæque
Cæcis mortalibus addit
Vitæ ast illa beatæ,
Virtutisque benignæ
Sensim spargit amorem
Mox cœlum Deus altum
Informique creavit
Mersam pondere terram,
Quæ magnum per inane
Lucis munere primum,
D
Undis tecta, careret
His concreta fuerunt
Ignis semina puri,
Siccusque aeris humor

Nempe his cuncta coactis
Sensu corpora nullo
Afflatore moventur

De die secundo

Cœli hinc proxima terris
Pars est condita, tetris
Sæpe obnoxia fumis
Undæ namque supernæ
Telluremque tegentes,
Juncta mole ruebant
Has inter Deus auctor
Firmavit nebulosam
Sphæram nubiferamque
Hæc vis nempe liquentis
Undantisque elementi,
Cœli temperat ignes

De die tertio

Hoc ex ordine demum
Formosi sator orbis
Undis arva retexit,
Magnos inque meatus
Moles sparsa fluentis
Fontes, flumina, rivi
Stagna et maxima ripis
Mox distincta mearunt
Tellus nuda repente
Formam læta virentem
Frondis comsit honore
Arbor semina quæque,
Fœtus herba sativos,
Verbo urgente crearunt

De die quarto

Neve hæc cuncta carerent
Caro lucis honore,
Spirantique calore,
Solis conditor ignem,
Lunæ et lampada finxit,
Stellarumque nitores
Sphæris astra sub amplis
Hæc infixa manere,
Hæc sunt jussi moveri,
Quæ annis atque diebus
Signis prodigiisque
Præessent, temporibusque
Phœbo sidera ab uno
Lumen cuncta capessunt

[a] Metrum ferecraticum trimetrum

A Nox quis horrida cedit
Quin et luna meatu
Diverso, variante
Orbe incerta vagansque,
Solis lumine plena
Nunc crescit, radiatque,
Nunc obducta recedit

De die quinto

Postquam sidere pleno
Concors est radiata
Lex et fabrica rerum,
Viventis jubet ortum
Naturæ inde Creator
Spirantisque moveri
B Undis mira repente
Emersit specierum
Moles innumerarum
Mox quæcunque natatu
Complent æquora, quæque
Scandunt aera pennis,
Diversum genus atque
Formæ corpora magna, et
Cete ingentia surgunt,
Mox grandes modicique
Pisces, saltibus undas
Squamisque exsuperantes,
Testis mox quoque clausa
Surgit turba, marisque
Vis immensa feracis
C Picta moxque volucres,
Silvis, rure vel undis,
Sueto ex æquore manant

De die sexto

Jamque hinc inde sonoro
Mulcens æthera plausu,
Alis turba coibat,
Amnes pisce fluebant
Naturisque elementa
Juncta ornaverat auctor
Telluris superabat
Pars, quæ jussa animatas
Posset gignere formas
Jussit hanc quoque munus
D Auctor sumere vivæ et
Spirantis speciei,
Tum diversa per omnem
Surgunt corpora terram,
Limo educta repente
Tum quæcunque jumentis
Forma est, quæ pecus agri
Distinguit variatque
Quæ silvestria, motu
Quassat membra ferino,
Jussu concita currit
Necnon bellua quæque
Immitisque, voraci
Fluxit turba fremore
Cunctis quæ grege, quæque
Sola incedere gaudent
Tum venere figuræ

De creatione hominis

Jamque impleta placebat
Mundi machina primi,
Dixit cum sator orbis,
Facto nunc opus hic est
Nunc demum faciamus
Cunctis qui superesse
Possit quæque creata
Constant, quemque superna
Jam commendet imago
Mox limum sator ille
Compegit, stabilemque
Formavit Deus arcem,
Perfectumque opus ipse
Inspirans animavit,
Mens quæ æterna manebit
Nempe hæc portio cœli est
Divinæque figuræ
Hinc vertex micat altus
Hanc vim nulla locali
Motu membra coercent,
Quamvis sæpe retardent
Distinguens moderator
Post formam facit, ut vir
Sit, nec femina desit
Immissus sopor artus
Confestim irrigat hinc fit
Sumpto ex osse virago
Cunctis imperitare
Quos summus jubet auctor,
Natura variante,
Quæ undis, aere, humique
Inceduntve, volantve,
Nunc repuntve creata
Simplex inde jubetur
Esca insonsque parari,
Ramis quam daret arbor
Latum nam paradisum,
Frondentemque Creator
Multo providus ante
Fructu impleverat, atque
Amnis fonte perennis,
Hac ut sede beatum
Jam tunc sede futurum,
Cultorem indigenamque
Lex æterna teneret
Senis deinde diebus
Completo orbe peractis,
Naturæ optimus auctor
Postquam cuncta placere
Recto vidit in ortu,
Septeno requievit

Mysticus de creatione mundi sensus in homine accipiendus

Cernens nunc homo quam te
Tantus diligat auctor,

Temet nosce videndo
Nempe hæc omnia jussu
Sunt exorta volentis,
Rerum quis meat ordo
Te summus sapiensque
Æternusque repertor
Limo finxit, et artus
Formatos animando
Erexit, superantem
Cuncta ut mente videret
Omnis machina cœli
Te propterque creatus
Mundus te docet omnis,
Alter tuque vocaris
Prisco nomine mundus,
Hæc cui fabrica cedit
Te lux illa perennis
Primævo edita jussu
Lucis monstrat alumnum
Lumen nam tibi mentis
Formans indidit auctor
Quæ pars te alma bearet
Hinc quæcunque per imos
Errat portio sensus,
Carnis hæret in umbris
Debet portio præstans
Partem efferre sed imam,
Torpentemque levare
Hoc firmati per undas
Cœli sphæra docere,
Unda, et sparsa videtur
Hoc torpentibus arvis
Tellus visa repente
Fœta et germine prompsit
Namque hæc optima vita est,
Virtus, formaque nostra est,
Pigros quæ erigit artus,
Quæ torpentia novit
Corda accendere, cuique
Pars cedit vitiosa
Tu magnas modicasve
Cum proferre patrando
Virtutes meditaris,
Fructus herba vel arbos
Misto semine gignens,
Cultu frondet amœno
Solis mox tibi lumen
Cœlestis radiare,
Splendorque incipit almus,
Tum proferre gerendo
Mens lustrata videbit
Cœli digna favore,
Tum discernere facta
Luci aptanda vel umbris,
Tum frenare pudenda
Mox accensa latentes
Cordis tegmine sensus
Passim [a] mittit in auras
Hi vel celsa capessunt
Mentis culmine recti,
Arcanoque volatu,
Curis hi revoluti,
Instantique labore
Mundi commoda quærunt
Quin et corporis ipsa
Terreni gravis atque
Vergens pondere moles,
Aut mundos parit actus
Cum mente innocuosque,
Vitæ et munere dignos,
Impurosve creando,
Fœdos atque cruentos,
Celsum fœdat honorem
Vero lumine mentis
Tunc demum ille vigebit,
Cœlestique homo sensu,
Motus qui reget omnes,
Obscenosque premendo,
Castos exeret actus
Floret hunc paradisi
Flos fructusque perennis,
Vitæ fonsque fovebit

[a] Hic nonnihil deest

VITA SANCTI GOARIS

AUCTORE WANDALBERTO

(Apud Mabill Act SS ord S Bened, tom II, ex Surio, ad ms cod S Remigii Rhemensis aucto et emendato)

In Christi nomine Prologus WANDALBERTI diaconi in Vitam et actus atque miracula B GOARIS, editus ad illustrem virum MARCUVARDUM, abbatem monasterii Prumiæ, incipit feliciter

1 Miracula divinorum operum humano generi fide semper integra esse suspicienda et devota glorificatione narranda, Scriptura sancta commonente et angelo hoc ipsum Tobiæ sancto præcipiente didicimus Plurima tamen eorum quæ aut per semetipsam Christi potentia efficit, aut per sanctos viros mundo in exemplum propositos operatur, propterea nostro tempore minus interdum nota et clara habentur, quod aut caducis rebus intenti parum hæc et leviter contuemur, aut ea etiam quæ in admirationem sui

nos magnitudine permovent, non tam rerum ignorantia, quam animi desidia futuræ post nos ætati scribendo transmittere dissimulamus. Qua in re longe est nostra quam majorum nostrorum cum manifestior, tum inexcusabilior culpa. Quippe apud Gallias multos annos litterarum studia jacuere, nec facile plures per transacta retro spatia liberalium artium munere functi esse reperiuntur, quosque ad nostram ætatem principum liberalitate et optimorum virorum solertia adeo disciplinarum studia profecerunt, ut invidiam criminis merito nunc sustinere cogamur, si gesta sanctorum virorum, quæ quidem ad nostram potuerint pervenire notitiam, posterorum scientiæ deperire sinamus. Neque vero audiendi sunt qui tantum ætati præteritæ tribuunt, ut nunc quoque fieri quæ digna litteris æstimentur absoluto præjudicio negent: cum divina Providentia singulis mundi temporibus ita semper quæ humano generi pro modo et ratione congruant ordinet, ut neque nos priscorum hominum felicitatem desiderare conveniat, neque illos nostrorum temporum statum si qualis nunc agitur præscire potuissent damnaturos fuisse credibile sit. Quippe nunc quoque sunt in Ecclesia multi virtute vitæ clarissimi, et ad merita declaranda sanctorum in sacratis Ecclesiarum domibus stupenda sæpenumero miracula fiunt, quæ propterea pauci, aut prope nulli mirantur, quoniam sui frequentia duris jam hominum cordibus viluerunt.

2. Quoniam itaque me, sancte et amantissime Pater Marchuarde, novo operi manum imponere compellitis, ut Actus sancti confessoris Christi Goaris, qui hactenus vili admodum stylo et sermone multorum auditus offendente constiterunt, accuratius debeam explanare, additis ex novo miraculis quæ apud ejus memoriam a pluribus gesta fideliter referuntur, breviter eis quos hæc fortassis mea scripta movere poterunt satisfacio, me neque præsumptive corrigendi ejus operis cui majorum studia cesserint auctoritatem assumere, neque arroganter novæ condendæ scripturæ litterariam operam adhibere, sed ut simpliciter obedientiæ debitum servem, quod in principio posui, perpendere, quod opera Dei secundum Scripturam gloriosum sit enarrare et sanctorum gesta ætati post nos hominum profutura mandare (*Prov.* XXV, 2). Equidem in hoc opere suscipiendo cum sancti viri meritis plurimum confido, tum vestro imperio, cui totum quod possim debeo, non leviter moveor, neque rumusculos vel præjudicia quorumlibet mihi fore magni pendenda existimo, habituro apud benevolos si res bene cesserit absolutum veritatis et fidei testimonium.

Explicit in Christi nomine Prologus.

INCIPIT LIBELLUS

De Vita et actibus S. GOARIS, *cujus festivitas celebratur pridie Nonas Julias.*

Goaris patria, parentes ac virtutes.

3. Goar igitur Aquitaniæ provinciæ, quæ est totius propemodum Galliæ pars tertia, indigena fuit, genere a majoribus clarus, patre Georgio, matre vero Valeria. Fuit autem diebus Childeberti regis Francorum, qui ortus est ex prosapia regis famosissimi Ludovici, quem primum cum exercitu suo ad Christianam veritatem B. Remigius episcopus Remorum prædicando convertit, mansitque usque ad Sigibertum regem, qui urbem Mediomatricum regni sedem habuit, omni vita probus et nobilis, actu insignis, vultu dignissimus, aspectuque jucundus, mente humilis, corpore castus, fide integer, opere conspicuus: qui ab ineunte ætate religiosis priusque actibus vitæ optimæ deditus, brevi in eum culmen sanctitatis evasit, ut et mirabilium operum patrator et secretorum cœlestium cognitor fieret. Et cum in eo quotidie amor et desiderium patriæ cœlestis excresceret et bonorum operum fructus subinde exuberaret, cœpit ejus vita etiam aliis exemplum ad salutem existere, ut multi ejus non solum prædicatione, sed exemplo quoque commoniti, ad meliorem vitam et correctiores actus a pravitate converterentur, et qui diabolo prius serviebant, inciperent Christo postmodum militare.

Sacerdos factus, in Germaniam secedit: ecclesiam condit.

4. Et quoniam non potest civitas abscondi super montem posita, sancti viri eo fama ac vita profecit, ut sacerdotii gradu et honore presbyteratus[a] accepto, dispensator mysteriorum Christi et divini verbi in populum fieret erogator. Dehinc cum in ampliorem supernorum bonorum concupiscentiam mens ejus excresceret, et visibilia cuncta despiciens in invisibilium appetitum se omni ex parte transfunderet, patriam parentesque deseruit, et in ultimos Galliæ fines peregrinus sæculo et cœlestis patriæ civis excessit. Veniens ergo in provinciam quæ ripis Rheni fluminis contigua Tricoria nuncupatur, atque ad diœcesim pertinent Treverorum infra terminos

[a] Goarem fuisse presbyterum ex priori Vita constat, an vero ante suum in Germaniam secessum ordinatus sit, nonnisi ex Wandalberto discimus. In vetertimo Martyrologio Corbeiensi ac in nonnullis kalendariis S. Goar *episcopus* dicitur, qui quidem ad episcopi honorem cooptatus est, non promotus.

Wisalienses [a] Deo libere servire delegit. Ibi in quodam loco super rivulum qui nunc Wocara dicitur, cum permissu et voluntate episcopi qui tunc urbi et populo Treverorum præerat, Feliciis [*al.* Felicius] nomine, ecclesiam pro suis viribus construens, sanctorum in ea plurima pignora collocavit, videlicet sanctæ Dei genitricis et B. Baptistæ Joannis, aliorumque sanctorum, quos recensere necessarium non putavi.

Hospitalitate excellit.

5. In hoc itaque loco annis multis Deo servivit, vacans die noctuque vigiliis, orationibus et jejuniis, studens patientiæ et præcipue hospitalitati, quam ita omni tempore secundum vires suas exercuit, ut cum virtutibus animi cunctis polleret, hanc ut propriam et singularem haberi putaretur.

Paganos ad fidem adducit.

6. Cœpit interea gentilibus per circuitum simulacrorum cultui deditis et vana idolorum superstitione deceptis verbum salutis annuntiare, ut tanquam bonus evangelista qui pro Christo sua omnia dimiserat, multorum ad cognitionem vitæ perpetuæ doctor existeret. Sic factum est, ut plures e vicino pagani qui ad ea usque tempora in errore duraverant, ejus et verbo commoniti et provocati exemplo errorem sperneren̄t, et ad vitæ viam Christum converterentur. Ac ne prædicationis ejus signorum quoque deesset auctoritas, ut incredulæ mentes, quæ ratione non poterant, ad credendum miraculis moverentur, cœpit in virtute nominis Christi sanitatum beneficia circa infirmos et membrorum debilitate multatos aliquoties operari. Quod hodieque merita hujus multipliciter petentibus præstare conspicimus, cum ad ejus memoriam cæcos visum, claudos gressum, energumenos mentis sanitatem, aliisque pressos languoribus incolumitatem recipere cernimus: ut illud in sancto viro Psalmographi constet impletum: *Nimis honorati sunt amici tui, Deus, nimis confortatus est principatus eorum* (*Psal.* CXXXVIII, 17).

Ejus in oratione instantiæ, et in pauperes charitas.

7. Erat ei solemnis consuetudo, ut omni die missarum solemnia celebrans, sacrificium corporis et sanguinis Christi pro statu Ecclesiæ offerret, psalteriumque ex integro [b] orando intente compleret, tum deinde cum peregrinis et pauperibus quibus sine pene nunquam erat cibum officio charitatis acciperet, quos oratione Deo commendabat, corporeo nihilominus alimento reficiens, ut ab eo peregrinus qui casu advenisset cum verbo salutis et ope intercessionis cibum quoque perciperet carnis. Hæc autem agebat apostolicæ sententiæ memor, quoniam hilarem datorem diligit Deus (*II Cor.* IX), et Christum in pauperibus et peregrinis suscipere cupiens, ut ab eo mereretur audire: *Quod uni ex minimis meis fecistis mihi fecistis* (*Matth.* XXV).

Diabolo invidiam facessit.

8. Sed quia antiquus hostis electorum semper profectibus invidens, eorum studiis multipliciter nititur occursare, et omnes qui pie volunt vivere in Christo persecutionem patiuntur, hæc a viro sancto charitatis et prædicationis opera fieri diabolus acriter doluit, cœpitque illi nunc occulte, nunc etiam manifeste tentationum fraudes intendere, ejusque propositum ut averteret modis variis laborare. Qui tamen ille cuncta æquanimiter tolerabat, qui nosset per multas tribulationes oportere ingredi regnum Dei. Quare neque a prædicatione potuit cohiberi, quin lucrandis Deo animabus operam semper impenderet, neque ab operibus charitatis, quæ permaxime Deo accepta no erat, ullatenus valuit impediri: ita ut quotidie concursus ad illum multorum fieret, qui aut a gentili vanitate ad fidei sinceritatem confugerent, aut ejus exemplo cuperent voluntariam Christo dependere servitutem.

Æmulorum vexationes patitur.

9. Sed sicut bonorum hominum est aliorum actibus quos laude dignos aspexerint gratulari, et eis ad suum uti profectum, ita contra reproborum mentes conantur semper recta electorum opera offuscare, et quæ imitari nolunt aut etiam nequeunt, malivolo detractionis ore et studio carpere. Unde accidit ut quodam tempore ad beatum Goarem duo sub falsa specie pietatis clientes episcopi qui tunc Treverorum præsidebat Ecclesiæ, Rustici nomine, venirent, quorum alter Albuinus, alter vocabatur Adalwinus [*al.*, Almannus], dicentes se ea quæ ad luminaria ecclesiæ B. Petri urbis jam dictæ necessaria essent quæsitum venisse. Qui dum corporei luminis fomenta requirunt, vel magis se quærere mentiuntur, quibus malivolentiæ tenebris cæcati essent celare minime potuerunt.

Accusatur apud episcopum.

10. Nam hi videntes quæ servus Christi ageret, quod scilicet Dei verbum ad se venientibus continue prædicaret, quod quotidie ab ortu lucis psalmodiæ laudes [c] Christo persolvens, et missas deinde celebrans, postea cum peregrinis et pauperibus qui ad se venissent pranderet, quæ certe ille studio charitatis et indefesso usu benevolentiæ, non alicujus

[a] *Ober-wesel*, Surio male, *Vesalienses*.

[b] Hoc in priori Vita non exprimitur, sed tantum quod *omni die missam celebraret*.

[c] Hinc conjicere licet voces istas, *psalmodiæ cursum*, quibus anonymus in alia Vita ejusdem Goaris hoc loco usus est, tempore Wandalberti jam fere in desuetudinem abiisse, licet apud quosdam auctores Wandalberto posteriores nonnunquam occurrant. Ekkerardus junior in cap. 3 de Casib. S. Galli de Ratperto qui sub finem sæculi IX vivebat, hæc refert: *Plerumque cursus et missas negligebat, bonas, inquiens, missas audivimus, cum eas agi docemus*. Et Hariulfus sæculi XI scriptor in Chron. Centul. lib. IV, cap. 35, de Gervino abbate in extremis posito: *Cursus*, inquit, *spiritales coram eo incessanter recitabantur*. Observandum vero est, auctores antiquiores qui ad Caroli Magni tempora ea voce usi sunt, *cursum* sine addito passim protulisse, posteriores vero *cursum psalmodiæ* seu *cursus spiritales* vel quid simile adhibuisse.

intemperantiæ vitio faciebat ut malis est vita bonorum gravis, arbitrati sunt se aliquam nactos occasionem, qua servum Dei accusare, vitamque illius possent aliquatenus infamare ita ad patronum redeuntes, cœperunt alia pro aliis mentientes dicere, missc se in illo quæ ad reprehensionem et destructionem aliorum valerent plurimum, ipsum esse o rem magis edacem vinique potatorem quam Dei quod putetur ab imprudentibus) sacerdotem ippe qui mane comedat ac bibat, nec possit conietum aliis legitimumque cibi sumendi tempus et iodum servare et qui propterea prædicet, ut otentu verborum vitia morum celet, aliaque perma gerat quæ nisi fuerint auctoritate pontificali ohibita, ipsi episcopo sint contumeliæ et vituperaonis maculam illatura, tanquam qui hæc in sua œcesi ab homine alienigena et mente capto fieri nat Debere Goarem publicis Ecclesiæ sisti judiciis, iorumque actuum reddere rationem, ne insolentia ncessa crescat in alios, et quo pluribus ita licuerit gere, hoc pontificalis auctoritas amplius infirmetur æc ab eis dicebantur, sed dum se vo Christi camniam struunt, divino judicio et sancti viri claorem reliquis hominibus vitam fecerunt, et ipsi iam essent damnabiles innotuerunt

Ad episcopi judicium provocatur

11 Itaque episcopus Trevirorum hæc a suis super io Dei audiens, ut est interdum animus prælatoim, maximeque carnalium, diversis occupationibus rviens, quoque circa multa dividitur, eo fit minor i singula, nec discernere facile valet quid qua ex usa a plerisque dicatur motus suorum sermonis eosdem ad beatum Goarem cum festinatione rere præcepit, mandans uti eum sibi quantocius hiberent habituro super ejus actibus quæstionem i celeriter ad sanctum virum, ut præceptum erat, versi, volentesque simulatione callida dolos suos accusationem celare, cum tamen hæc eum minie laterent, salutant eum ex nomine sui pontificis, stere illum atque mandare ut ad se debeat sub celritate venire Quo audito vir simplici animo circa nnes magna exsultatione repletus gratias egit Deo, quod visitationem sui pontificis, mundatumque ad im properandi meruisset accipere gratulatus dins Faciat Dominus, faciat ut possim, quia obeentia sine mora exhibenda est Etsi enim suspeim habere poterat episcopi jussionem, nec facile iam ob causam accersiretur posset latere, consirabat tamen Domini ad apostolos auctoritatem dintis *Qui vos spernit, me spernit, et qui vos audit e audit* (*Luc* x) Et illud apostoli Petri *Subti estote omni humanæ creaturæ propter Deum* *Petr* ii)

Episcopi nuntios noctu retinet

12 Quoniam tamen diei terminus imminebat, nec ei statim arripere poterat, exsecutores suos ea octe detinuit, et qua circa omnes solitus erat usus imanitate, cœnam secundum vires suas instruens, A pro labore illos viæ refecit, ipse ut consueverat in Dei laudibus hymnisque pernoctans Orta prima luce ut quot diebus agebat, psalmodiæ et orationum vota Deo persolvere cœpit tum demum ubi id peregit, missarum solemnia exo sui implevit Præcepit deinde discipulo ut exsecutoribus suis sibique prandium sicut posset instrueret Fili, inquiens para nobis de substantia nostra convivium, ut nobiscum legati nostri pontificis epulentur forsitan adducet Deus aliquem pauperem qui possit in Christi charitate cibum una potumque percipere Id ut homines malivolæ mentis et jamdudum animo corrupti mandari audierunt, ultra non valentes pestem malitiæ interiæ dissimulare, quid mente gerant ostendunt et tanquam qui perverse viventem juste reprehenderent aiunt Ne- B que tu bene agis, qui legitimum tempus et canonicum sumendi cibi contemnis neque nos tibi hac in re consentimus qui maturas diei horas in percipiendis escis sustineamus Quasi regnum Dei sit esca et potus, et non justitia et pax et charitas vel in cibo sumendo tarditas magis quam modus et temperantia valeat aut vir sanctus hæc causa entiis et non benevolentiæ ageret, qui propterea utique cibum apparari præceperat, ut quos maturius proficisci velle putaret, propter itineris laborem mane reficeret, et ne jejunos abire hospites sineret, in quibus licet indignis Christum se suscepisse gauderet Ut ergo illos obstinate sibi resistere vidit immodeste, ut erat semper tranquillo animo dixit Mala domus est, in C qua Dominus non timetur Vos autem si vere Deum timeretis, charitatem utique non recusaretis Dum hæc loquitur, venit ejus puer et indicat peregrinum stare pro foribus Quo audito gavisus est et recepto in domum peregrino ait Ecce quam bonum et quam jucundum habitare fratres in unum! Appositaque mensa cibum una cum peregrino et ipse cepit

Æmulis suis viaticum suppeditat B Goar

13 Exsecutores hæc videntes, cum ingenti festinatione et alacritate suos equos straverunt, dicentes tum se pro certo causam invenisse, qua Goarem accusare, et manifesti criminis apud eum a quo missi fuerant insimulare valerent Rogaverunt tamen uti pro labore viæ et itineris necessitate aliquid eis D cibi et potus quod in via percipere possent tribueret Id ille qui plenus semper charitatis esset, et omnibus etiam ingratis benefacere paratus jucunde accepit eisdemque suis exsecutoribus quæ petierant in vasa poni præcepit Sic accito in comitatum viæ quo utebatur semper ministro, una iter ad urbem Trevirorum aggressus est

Fame ac siti divinitus torquentur

14 Jam advenerat diei medium tempus et illis euntibus sol altiorem sui cursus axem conscenderat, cum ecce in vindictam sui servi adest ultio divina, et qui paulo ante oblatam sibi pro charitate cibi potusque respuerunt copiam, esurire vehementer ac sitire cœperunt, tum etiam tanta lassitudine affici, quantam essent experti nunquam Inter hæc vir san-

ctus in laude divina et Psalmis meditabatur illud Apostoli exsequens *Sine intermissione orate, in omnibus gratias agite (I Thess v)* Cumque jam sextum viæ milliarium complessent et in eum locum venissent qui Pauli campus dicitur, Albuinus collegæ Adalwino dixit Fames me ingens et sitis habet [illegible] ille At ergo nisi celerius bibero, e vestigio moriar Constiterunt itaque ad quemdam rivulum, quem in vicino noverant descendere, ut ex eo biberent et circa ripas ejus cibum sumere deberent Sed ubi eo ventum est nihil aquæ penitus invenerunt quippe eis in quibus malitiæ vis exarserat, aqua rivuli nutu Creatoris aruerat Miserunt deinde manus ut ex sacculis escas quas a viro sancto datas meminerant sumerent seu et ipsi vacui sunt reperti Et recte, qui charitate quæ bonorum omnium est plenitudo vacui erant vacua invenerunt vasa in quibus alimenta a viro charitate pleno perceperant

S Goar eos mirabiliter pascit

16 His perturbati, cum necdum culpam suam plene cognoscerent, et quid circa se ageretur mirantes, iter in equis agerent usque eo exercuit lassitudo eorum, ut Albuinus de equo velut exanimis caderet, et Adalwinus ad virum Dei se conferens, magnis precibus ut sui et collegæ misereretur exposceret Tum ille qui legisset *Si esurierit inimicus tuus ciba illum, si sitit potum da illi, hoc enim faciens carbones ignis congeres super caput ejus* (Rom xii), et Dominum præcipientem attenderet *Diligite inimicos vestros, benefacite his qui oderunt vos* (*I Joann* iii), ei qui se rogabat respondit Fili recordari oportet quia Deus charitas est et qui manet in charitate in Deo manet, et Deus in eo Proinde hodie cum me vobis pro amore Christi cibum offerentem et ipsum percipientem vidistis, non debueratis charitatis officium recusare Nunc autem ad correctionem vestram operatur hæc Deus, ut ejus admonitione correcti discatis charitatem quæ est vinculum perfectionis amplecti Dum hæc loquitur, conspicit eminus tres cervas ingentis formæ, tanquam suo numero Trinitatis mysterium præsignantes Invocata mox Trinitatis virtute, cervas consistere quoad vellet ipse præcepit Illis confestim obedientibus et bruto licet sensu nomini divino cedentibus, ac tacite hominum duritiam et inobedientiam accusantibus, vasculum accepit et ad cervas perveniens earum ubera mulsit Tum eas abire permittens, lacte quod mulserat illorum qui ut exanimes jacebant membra pertrectavit, statimque eos pristinæ virtuti et incolumitati restituit Præcepit deinde ut ad rivulum reversi aquam haurirent, ac de sacculis cibos accipientes jejuna corpora relevarent Sic factum est ut qui prius propter offensam viri sancti vacua vasa et arentem rivum invenerant, ejus postmodum venia impetrata et in rivo aquam sufficientem et in vasculis suis escas quas posuerant reperirent

Prælatis obediendum esse probat

16 Eis ergo manducantibus, et quæ erga se ipsos gesta viderant mirantibus atque stupentibus, cœpit beatus Goar exquirere quid causæ esset quod eum ad se episcopus evocandum putasset, sibi mirum videri quid negotii secum pontifex habere vellet Nam nos, inquiens, obedientiam prælatis exhibere debemus, nec sine causa est quod divina circa nos potentia per feras hodie monstrare dignata est sed ut ostenderet quam gerat suorum servorum curam, et quam non deserit in se sperantes, quoniam potens est Dominus parare mensam in deserto, et quam magnificata sunt opera tua, Domine Hic illi timore et metu depressi nihil respondere, sed putare se repente interituros quod in servo Christi tantam cernerent virtutis efficaciam quem essent ausi aliquatenus contristare Iter post hæc agentes, multa die Treviros pervenerunt quo ut ventum est, vir sanctus, ut illi perpetui moris erat, ecclesiam est ingressus, ubi se et causam suam Domino commendaret

Ab episcopo in calumniam rapitur

17 Qui autem illum deduxerant, ad episcopum quantocius venientes, cuncta quæ in itinere contigissent, quæque in Dei homine conspexissent ex ordine retulerunt Ille cum debuerit in admirationem divinorum operum converti, et Deum in sancto ejus laudare, in furorem accensus cœpit sibi astantibus dicere, ea quæ Goar egerit, non tam ope divina, quam magica arte et maleficiis ab eo esse patrata nec in illo aliquod veræ virtutis indicium posse existere, qui carni et ventri subditus mane comedat ac bibat, et jejunii inediæque sit impatiens cum antiqui sancti et justi per jejunium et abstinentiam atque eleemosynas Deo placuerint Hæc ita jactabantur tanquam sola abstinentia quis aliquando et non charitate sinceroque in Deum amore sanctus exstiterit

Cappam ad solis radium suspendit

18 Dum hæc apud episcopum geruntur, præsente clero ecclesiæ, venerabilis sacerdos domum in qua cum suis rustıcis episcopus consederat ingressus est, cœpitque prospicere quam in partem vel discipulus quo comite venerat concederet, vel ipse cucullum suum posset appendere cum ecce videt in angulo domus tanquam vectem ligneum parieti hærentem, (erat autem solis radius per modicam fenestram ingrediens) ad quem accedens, quoniam ut dictum est, vectem putabat, in eo cappam suam appendit, juxtaque discipulum stare præcepit Neque mirandum est solis radium ad obsequium viri sancti ligni duritiam præbuisse, cum qui Creatori devote famulatur, ei sit etiam creatura ex Creatoris voluntate subjecta

Magicæ artis calumniam a se propellit

19 Hoc dum episcopus cerneret, quærı cœpit quid sibi vellet, quod ad solis radium vestem suam Goar appenderet non esse id divini miraculi, quod homo infirmus tanta præsumat magis illum hæc jactantia et præstigiis artis magicæ, quam virtutis merito facere Proinde accederet propius et rationem suorum operum redderet sibi minum videri,

od in quo nulla sit excellentia sanctitatis, feras lgeat, et solis radio pro ligno utatur Hæc dum ex o sancto quæruntur, et in simplicem puramque minis Dei conscientiam calumniæ instruuntur, vir ictus qui sibi bene esset conscius, nihil unquam se laium artium didicisse simpliciter respondit is judex justus, fortis et longanimis, scrutator dium et secretorum inspector, novit me nihil usus artis magicæ aut scisse aliquando aut re, neque parti adversæ in aliquo velle præ- c consensum Feras autem mulsi non ullis antationibus, quarum scio omnino nullam, sed od ad salutem eorum qui me comitabantur precibus divina concessit et ordinavit impleri, neque item meam de solis, ut dicitur, radio pendere scio, de fuste roboreo Quod autem mane comedere toi et bibere, videat qui inspicit omnia et judicet, ꝗ vitio aliquando an charitatis officio gerim

Trevirorum mos erga infantes expositios

20 Hæc illo dicente, supervenit puer quidam ex ricis ecclesiæ nomine Leobgisus in ulnis infantu- n gestans, qui ab hora nativitatis tres tantum ctes implesse putabatur, et cujus qui essent paren- ignorabatur Moris quippe tunc Treviro(r)um erat, cum casu quælibet femina infantem peperisset jus nollet sciri parentes, aut certe quem pro mo- rei familiaris nequaquam nutrire sufficeret, or- n parvulum in quadam marmorea concha quæ ad c ipsum statuta erat exponeret, quæ etiam con- a nunc in monasterio Prumi, dono Pippini claris- ni regis aquæductui mancipata, fratribus aquam ram refectorio præbet, ut cum expositus infans perretur, existeret aliquis qui eum provocatus seratione susciperet et enutriret Si quando igitur contigisset, custodes vel matricularii ecclesiæ puem accipientes, quærebant in populo, si quis forte m suscipere nutriendum et pro suo deinceps habe- vellet, ubi ad eam rem offerret se aliquis, infans ii esset expositus episcopo deferebatur, et ejus pri- legio, auctoritas nutriendi habendique parvuli ei qui matricularius susceperat firmabatur

Infantis loquela Goari innocentiam suam tuetur

21 Id ergo tunc accidit et infans in concha re- rtus a clerico suprascripto, in præsentiam est iscopi ecclesiæque delatus Quo viso, episcopus l suos conversus Nunc, inquit, probare facile po- rimus, si Goaris opera ex Deo sint, an ex adversa- o Manifestet nunc nobis qui sint hujus qui illatus t pueri parentes, et si divina virtute nititur, ut ontra naturæ usum, infans trium dierum loquatur, iorumque parentem nomina indicet faciat Arcta- u hac vir Domini conditione, imperatur ei ab piscopo ut ad demonstrandam suorum actuum in- ocentiam et simplicis animi sanctitatem hoc mira- uli opus exhibeat Debere illum tale aliquid agere, uo ad audiendum illum imitandumque dubitantium nimus roboretur, qui si hoc agere vel nolit, vel nnime possit, futurum continuo ut, neque præte-

A ritis ejus actibus, neque ei quæ de se fiat innocen- tiæ puritatique credatur, et quæ egisset catenus essent maleficus penitus ascribenda quare et in eum capitalis animadversio, ut in magum et malefi- cum, fieret Tum vir beatissimus contristari vehe- menter et affligi cœpit, quod talia et a suo pontifice mandarentur, in quibus et attentandis videretur esse nonnulla præsumptio, et recusandis difficillima neces- situdo sibi semper conscientiam propriam et su- perni judicii testimonium sufficisse, non oportere talia imperari, non hæc sua qui se sciret in omnibus peccatorem, sed sanctorum esse miracula Quoniam tamen episcopi præceptis resistere non valebat, si- mul et ne eorum qui se audire soliti essent con- scientia infirma in sui æstimatione falleretur me- B tuere poterat, ad preces conversus et Deo suppliciter manus extendens, ait Christe, qui temetipsum pro redemptione hominum exinanisti et formam est servi dignatus accipere, fac mecum quamvis indigno tamen clientulo tuo misericordiam, et virtutis tuæ in hac necessitate potentiam ostende, ut cognoscat præsens episcopus et plebs ejus, quia te diligo, te adoro tibi non ficte servire desidero Creator om- nium et Redemptor His dictis, ad bajulum infantis accessit, quæsivitque quot noctes infans idem ab ortu implesset Cum tres illum jam a nativitate noc- tes habere dixisset, vir Domini subjunxit Trinitas sancta, te invoco, atque te, infans, in nomine Tri- nitatis adjuro, ut genitores tuos nominatim et clare C designes Tum infans protenta ad episcopum manu, absolutissimo sermone respondit Iste est pater meus Rusticus episcopus et mater mea Flavia nun- cupatur Sic, justissimo Dei judicio, dum in servum Domini isdem episcopus calumnias molitur, et opera quæ debuerat admirari maligno fraudis commento nititur offuscare, quæ essent ejus facta, qualisque in secretis suis existeret qui palam de aliis judicaret, manifeste cunctis innotuit

Episcopum ad pœnitentiam hortatur, septenam pro eo pœnitentiam promittit

22 Itaque ubi proditum se vidit episcopus, et quæ celari posse crediderat omnibus revelata conspexit, confusus ad beati viri pedes procidit indubitanter D tum se agnoscere dicens sanctum et Deo acceptum esse Goarem, cujus virtute, imo divina pro eo ultio- ne crimen quod nullum præter se et eam cui illicite fuisset admistus, unumque puerulum suum scire, aut scriturum aliquando putaverat, per innocentem tunc et necdum ex usu loquentem infantulum cerneret pa- tefactum Vir autem sanctus rem gestam perpendens, stabat stupefactus et hærens, atque ex imo cordis suspiria gravissima ducens, et versus ad episcopum plangere cœpit, quod per se videretur pontifex pu- blicatus fuisse dicens meliorem spontaneam secre- tamque confessionem oportuisse eum antequam pu- blice notaretur, conscientiæ reatum emendatione voluntaria et satisfactione congrua tergere, quippe veram, fixamque esse sententiam *Nihil opertum*

quod non reveletur, et occultum, quod non sciatur (*Matth.* x). Proinde suadere se, uti consiliis salubribus acquiescens, suscipiat pro reatu proprio duram prolixamque pœnitentiam ex judicio sacerdotum, et talem quæ non verbis solummodo constet, sed ex mentis secreto procedat, verisque lacrymarum gemitibus atque contritione spiritus Deo, qui vitam cunctorum desiderat, satisfaciat. Laboret intente quemadmodum diabolo, cui commisso tanto scelere, lucrum de se lætitiam fecerit, tristitiam et confusionem, acta condigne pœnitentia faciat, non esse cuiquam, nedum ipsi de venia desperandum, quando ipse Dominus per prophetam clamet: *Volo mortem peccatoris, sed ut convertatur et vivat, et in quacunque die peccator conversus fuerit, omnium iniquitatum ejus obliviscar* (*Ezech.* xviii); et per se in Evangelio dicat: *Non veni vocare justos, sed peccatores ad pœnitentiam* (*Luc.* v). Cumque ad dimittendum supernam clementiam sic paratam, oporteret homines esse ad pœnitendum promptissimos, se vero eo in illum esse animo, ut juxta virium mediocritatem pro peccato ejus septem annis pœnitentiam suscipere et consummare velit, assiduisque precibus et lamentis Deum pro illo cupiat exorare: quanquam non ignoret futuros plures bonos et meliores viros qui ejus lapsum plangere et suis orationibus studeant sublevare, juxta illud apostoli Jacobi: *Orate pro invicem, ut salvemini* (*Jac.* v). His verbis et similibus ad pœnitentiam et satisfactionem episcopum exhortatus est, et charitate qua ergo cunctos fervebat illius casui compatiens, veniam ei a Domino postulabat, memor sententiæ apostolicæ: *Quoniam qui converti fecerit peccatorem ab errore viæ suæ, salvabit animam ejus a morte* (*Ibid.*).

Modeste de se ac de episcopi crimine Sigiberto respondet.

23. Hæc postquam ita gesta sunt, fama horum ad regem Sigibertum velocissime venit: statimque suos ad beatum Goarem legatos dirigens, eum ad se accersiendum curavit. Moxque ut apud se esse cognovit accitum, interrogat super his quorum ad se esset fama delata, legatis scilicet episcopi et feris quas mulserat, episcopo quoque ipso et infante, qui præter tempus ætatis locutus ætatis. Ad hæc cum ille nihil omnino responderet, ne quid de se passim jactare videretur, commotus rex per obedientiam quam ipse vir Dei regibus, principibusque et sacerdotibus debeat, præcipit ut semper quibus interrogaretur per ordinem aperiret. Tum demum necessitate compulsus, ex percunctante rege quærit quæ sint quæ a se velit audire. Cum ille de legatis et feris, atque episcopo se quærere respondisset, sanctus vir petiit ut ipse rex quemadmodum res gestas audisset edceret. Ut hoc a rege factum est, et per ordinem, ut rerum gestarum fides ad se pervenisset explicitum, beatus Goar subjunxit: Obedientiam negligere non debeo, nihil tamen aliud ex me audire quam quod ipse dixisti, nam aliter sic videtur factum quemadmodum tibi relatum est.

Episcopatum recusat.

24. Tunc rex admiratione repletus, cœpit palam omnibus enarrare quæ ipse de viri sancti actibus agnovisset. Cumque hæc prosequeretur, universi acclamare dignum esse Goarem qui, expulso Rustico, Trevirorum episcopus fieret, non ad actum sine ordinatione divina, debere præesse Ecclesiæ eum qui signis et virtutibus, vitæque meritis pastoralis officii dignitatem posset in omnibus adornare. Rex etiam læto et devoto animo acclamantium voces cupiebat implere. Itaque, cum favore eorum qui aderant sacerdotum et primorum palatii, præcepit uti episcopatum jam dictæ Ecclesiæ Goar acciperet. Ille vero qui non sua quæreret, sed quæ aliorum, et qui illud viri sapientis servare sciret, *Quanto magnus es, humilia te in omnibus* (*Eccle.* iii), et illud Dominicum, *Cum omnia feceritis, dicite servi inutiles sumus, quod debuimus facere fecimus* (*Luc.* xvii), mœrere et contristari, regisque imperium graviter ferre, meliusque dicere sibi esse mori quam episcopi sedem suscipere, debere regem in sacerdote divinam considerare scientiam qua dicitur: *Non est discipulus super magistrum, neque servus major Domino suo* (*Matth.* x), et: *Si patremfamilias Beelzebub vocaverunt, quanto magis domesticos ejus* (*Ibid.*)? non esse negandum episcopo pœnitentiæ locum, omnium in cœlis regem esse qui de singulis judicet, a quo ut velit ipse rex sibi peccata dimitti, sic debeat Rusticum permittere ut ex illo suorum actuum veniam sedulus expetat; non esse tam facile dejiciendum officio sacerdotem, quando omnes mortales fragiles sumus et ad peccandum ex carnis infirmitate proclives.

Rege urgente induciias petit.

25. Ad hæc quæ visa sunt rex respondit: exitus tamen orationis fuit, se neque episcopi pœnitentiam denegare, et consiliis ejus per quem talia sint patrata miracula velle ad omnibus obedire, neque tamen posse sacerdotum sententiæ et judicio populi contraire, quin ipsum a petatur ad episcopatum faciat promoveri. Tunc vir sanctissimus, ubi obstinate sibi regem vidit obsistere, humiliter eum et cum lacrymis petiit, ut copiam sibi eundi ad cellulam propriam faceret, ut secum aliquandiu liberius tractaret, et sic demum id quod videretur congruum respondere valeret. Et continuo rege permittente, et ut post viginti dies ad se Mediomatricum urbem, quæ nunc Mettis vocitatur, redire præcipiente, recessit ad cellulam, aliud sine dubio interim agere disponens quo possit regis de clinare propositum. Ut ergo pervenit ad cellam, sese in orationem prosternens, Dominum cœpit intente et cum gemitu deprecari, ut se a tanto onere curæ pastoralis misericorditer dignaretur eruere, sufficere sibi ut secreto et in abditis conscientiæ ipsi diebus vitæ suæ serviret, nec se posse onus quod rex vellet imponere sustinere. Cumque in his precibus perseverans semetipsum affligeret, ex voluntate D

bre valida correptus ægrotare cœpit, et longo corporis incommodo fatigari. Quid plura? Sic res accidit et eum habuit eventum, ut quem post viginti annorum excursum visurum se rex æstimaverat nec in septem annorum spatio videret. Atque eo modo circa famulum suum divina Providentia agit, ut et instantiam regis ad episcopatum se capientis promovere declinaret, et quod episcopo postulatus fuerat septem scilicet annorum pro eo supplicationem licet in infirmitate positus adimpleret. Nam cum omni vitæ suæ tempore, tum maxime illis septem annis orationi vacavit, orans sicut Apostolus præcipit pro omnibus hominibus pro regibus et omnibus qui in sublimitate erant ut quietam et tranquillam vitam agerent in omni pietate et castitate (*I Tim.* II). Eisdem autem omnis septem exactis, sine cessatione lacrymas fundebat, et assidue Dominum precabatur, memor ejus sententiæ quoniam qui seminant in lacrymis in gaudio metent (*Psal.* CXXV), et sciens finem vitæ suæ non multum abesse, cupiensque dissolvi et esse cum Christo (*Philip.* I).

Sigibertum præ infirmitate adire non potest.

26. Itaque postquam annorum septem spatium evolutum erat, Sigiberto regi in mentem venit quid super sancto Goare tam sibi quam populo et proceribus palatii placuisset, atque ex vestigio legatis ad illum missis, orat uti ad se venire debeat. Sed vir spiritu Dei plenus, qui sciret dissolutionem sibi corporis imminere, legatis prophetica voce respondit: Dicite, filioli, domino vestro, quoniam faciem meam non est in præsenti vita visurus, nisi forte velit ad cellulam nostram ipse venire, quoniam infirmitati gravissima comprehensus, nusquam progredi valeo, quamquam hæc divinæ pietatis flagella longe sint meis meritis leviora. Hæc cum legati ad regem responsa pertulissent, contristatus ille dicere cœpit non esse se dignum talem habere doctorem, neque plebem qua tantum mereretur possidere pontificem. Misit tamen adhuc alios, per quos petiit obnixe ut usque ad suam præsentiam vir sanctus fatigari dignaretur, neque se desideranti magnopere principi denegaret. Qui ut venerunt servum Christi multo validius febre laborantem et prolixius ægrotantem, atque in Dei laudibus jugiter persistentem invenerunt. Quibus apud se positis vir sanctissimus ait: Nolite, filioli, aut vos ipsos, aut regem vestrum ulterius fatigare, quoniam certum habeo et ita ex pietate superna confido, me neque extra spatium loci istius amplius egressurum, neque ullam evectionem aliam nisi ad sepulturam propriam subiturum. Ita in proposito permanens, fixus in Dei laudibus et oratione orabat.

Sepulturæ suæ locum et ministros a rege postulat.

27. Tum missi illi qui ad eum venerant, quid sibi per ipsos ab rege vellet impetrari percontabantur. A Quibus ille respondit: Petitio mea sola hæc est ut si ei placet, de hoc loco amplificationem meritorum et causam retributionis æternæ sibi in regno cœlorum acquirat, et cum extremus mihi in hac vita dies et debitus finis advenerit, auctoritate sua et imperio ad me Agrippinum et Eusebium sacerdotes venire faciat, qui meum corpusculum debeant sepulturæ mandare. Hoc accepto responso, ad regem qui missi fuerant reversi tuntur, verba sacerdotis et preces ex ordine referentes. Ea rex ut cognovit, graviter commotus ingemuit, faciesque ejus immutata est, quoniam tantum virum cito se amissurum videbat. Moxque suprascriptos ad se sacerdotes accersiens, pro voluntate viri sancti eos proficisci ad cellam illius jubet, mandans ut quæ ille præciperet cum omni di- B ligentia et studio adimplerent.

Moritur ac sepelitur.

28. Itaque post illos [a], quos memoravimus supra, septem annos, triennio et tribus mensibus in infirmitate et Dei laudibus exactis vir beatissimus plenus dierum et operibus bonis, actibusque justitiæ consummatus, positus coram supradictis sacerdotibus et compluribus aliis bonis et honestis hominibus, in cellula sua in qua multos annos Deo serviens egerat decessit pridie Nonas Julias, relinquens corpore sæculum, cujus voluptates et desideria olim pro amore patriæ supernæ reliquerat, et ad eum quem incessanter concupiverat regem Christum felicitatemque cœlestis vitæ perveniens, futurus ibi sine fine possessor æternorum bonorum, qui hic bona quæ pu- C tantur præsentis temporis cum potuerit noluit possidere, et habiturus cum Christo domum non manufactam æternam in cœlis, qui in suis membris domum suam pauperem et terrenam fecerat frequenter hospitium. Ejus jam exanime corpus Agrippinus et Eusebius, aliique qui aderant sacerdotes et nobiles viri cum summo honore et reverentia curaverunt, atque in eodem loco et ecclesia quam ipse construxerat sepulturæ mandarunt.

Auctoris fides et peroratio.

29. Hæc habui de Vita sancti viri Goaris quæ scripturæ mandarem, accepto ex vetustis et perantiquis exemplaribus, quorum rerum gestarum narratione veritatem fide integra subsequens, solam sermonis quæ D eruditos non parum offendere poterat simplicitatem pro vestra voluntate, vir clarissime paterque venerande, corrigere studui, optans et meipsum et omnes qui hæc lectari sunt, tanti viri intercessione et meritis apud divinam semper adjuvari clementiam, ut qui ex infirmitate carnis humanæ et conditione mortalis vitæ multa quotidie contra leges divinas agimus, ejus qui quood vixit integre legi Christi servivit interventu, et peccatorum pondere sublevari et ad bene vivendum mereamur ortulari, præstante Domino Jesu Christo, cui est cum Patre et Spiritu sancto honor et gloria in sæcula sæculorum. Amen.

Libellus de Vita et actibus sancti ac beatissimi GOARIS *confessoris, editus a* WANDALBERTO *diacono, explicit feliciter.*

[a] Imo ex primarii auctoris mente tres anni quibus S. Goar afflicta fuit valetudine, inter septem annos illos computandi sunt.

INCIPIT ALTER

De miraculis quæ gesta sunt apud Memoriam S. Goaris ex quo ecclesia ejus ædificari cœpta est feliciter.

Auctoris Prologus. Scriptionis hujus auctoritas.

1. Explicitis jam quæ de Vita et Actibus B. Goaris scriptura a majoribus utcunque mandata reperi, quæque hortatu vestro, pater in omnibus amplectende, ut potui corrigere studui, aggrediendum mihi novum opus video, ut, quemadmodum in prioris libelli præfatione promisi, ea quæ de miraculis apud sacratissimam memoriam supradicti confessoris divinitus gestis a fidelibus didici, memoriæ posterorum scribendo proponere debeam. Quippe quæ tam esse clara pervideam, ut quod hactenus præter paucissimos quos eis interesse vel ab his qui interfuerint audisse contigit, reliquis [a] omnino latuerunt, non levi culpæ deputandum crederem, nisi hanc scriptorum excusaret inopia, et usus ille qui quorumdam desidia et torpore surrepsit, quo negligentius divina opera suspicere et beneficia nostris concessa temporibus ut levia parvi pendere consuevimus. Ego vero in his describendis fidem eorum qui hæc mihi retulere plenissime subsequens, ea tantummodo comprehendam quæ vel præsentes se ipsi vidisse vel ab eis qui viderunt accepisse confirmant. Quanquam ea quoque tot sint ac tanta, ut si omnia litteris tradere cupiam, modum ne videam justi voluminis excessurum. Unde æstimare facile possumus, quanta illa fuerint quæ per longa retro temporum spatia geri meritis ejus viri et virtute potuerint, cum in tantam excreverint quantitatem quæ ab annis plus minus septem et septuaginta gesta et ad nostram notitiam perlata noscuntur. Neque enim credibile est sancti viri merita in exhibitione miraculorum nostris primum diebus cœpisse clarescere, et non etiam priori tempore eadem quæ nunc conferuntur credentibus et devotis per illum beneficia esse collata, tametsi ea quæ posteris scripto traderent defuere. Id etiam cunctos in quorum hæc manus venient scire velim, me in horum assertione non quibuslibet fidem accommodasse, sed viris fide dignis et de quorum veraci relatione vos ipsi, venerabilis pater, arbiter fueritis, præcipueque Hernado, vestræ congregationis monacho atque presbytero, et Theodrado cellæ S. Goaris clerico, qui et ævo jam maturiores essent, et a puero circa locum ipsum diversati fuissent.

I. — DE TRANSLATIONE CORPORIS SANCTI GOARIS.

Cella S. Goaris Asuero Prumiensi abbati a Pippino tributa. Ecclesia non sine miraculo instauratur.

2. Sed ut ad narrationem veniam, cella S. Goaris A post multos quam ipse decesserit annos, cum in ea jam clerici qui divini officii agerent, alendi stipendiis ecclesiæ haberentur, et populi frequentia major in dies excresceret, a religioso Francorum principe Pippino, patre augustæ memoriæ imperatoris Caroli, venerabili Asuero, qui tum monasterio Prumiæ, quod tertius nunc ab illo, pater optime, regitis, primus præerat, est commissa, ut ejus studio et locus melioraretur et qui in ipso degerent clerici in religionis cultu et studio docerentur. Quam ille susceptam omni nisu excolere ac nobilitare desiderans, basilicam supra corpus viri sancti ædificare cœpit, quæ et amplitudine sui populo recipiendo sufficeret, et decore congruentior meritis B. confessoris existeret. Quippe prius ibi duæ ecclesiæ non multo a se spatio di- B -stantes erant, quarum quæ situ minor erat, corpus venerabile in terræ sinu continere credebatur, sed locus ipse sepulcri incertus omnibus erat. Ea in sui integritate relicta, fundamentis per circuitum jactis, hanc quæ nunc usque manet suprascriptus abba construxit, nec prior est ante diruta, quam omne præsentis ædificium compleretur. Quo in tempore rem miram qui bene noverunt provenisse testantur, quod donec ædificata est basilica omnis, nihil aquæ penitus ex imbribus tametsi copiosissimis in omne loci spatium sit delapsum, sed cum forte pluviæ fierent ad medium Rheni spatium et cacumen montis per circuitum pluvia decidens, reliquum quod intererat intactum penitus relinquebat. Ita divino C miraculo palam fiebat, quam gratum illud ædificii opus superno respectui foret, cujus instantiam imbres aliquatenus impedire prohibebantur.

3. *Ecclesia dedicatur.* Perfecta basilica, ubi jam tempus quo divino nomini esset consecranda successit, missi sunt ab excellentissimo principe Carolo LUL [Lullus] Mogontiaci archiepiscopus, vir ex Anglorum gente moribus et vita laudabilis, Basinus Nemeti quæ civitas nunc Spira vocatur, et Mehingodus urbis quæ trans Rhenum sita sermone barbaro *Wirziburc* appellatur, episcopi qui omnes a B. Bonefacio pontifice et martyre fuerant ordinati, ut per eos et ecclesia consecrari, et corpus viri beatissimi in eum quo nunc situm est locum transferri deberet.

D *Reliquiæ S. Goaris triduano jejunio et oratione quæruntur. Inventæ, clericum manu debilem curant.*

4. Ventum erat ad locum et consecrata domo translatio corporis parabatur, aderat Asuerus abba

[a] Ciceroniana plane oratio, in scholis alioqui ferula castiganda.

cum monachis nonnullis, et infinitum vulgus undecunque confluxerat. Visum est episcopis triduano prius jejunio Domini voluntatem quærendam, et sic ad levandas reliquias corporis accedendum. Eo igitur ab omnibus devote peracto, Lul archiepiscopus in antiqua æde suos fodere præcepit, ubi repente reliquiæ venerabiles levari transportarique deberent. Sed cum omne ejus solum defossum pertentatumque esset, nec tamen ejus qui quærebatur thesauri aliquod repertum indicium, turbatus episcopus ex abbate quærit, si in loco aliquid qui Deo servirent clerici haberentur. Cum ille sex esse tantummodo respondisset, eos ad se pontifex accitos hortatur, ut pro inveniendo patroni sui corpore divinæ misericordiæ supplicarent, alios qui aderant in sua ad tempus se recipere mandans, ipse cum abbate et coepiscopis ad convivandum abscessit. Tum qui remanserant clerici sollicite Christum rogare, ut ubinam venerandæ reliquiæ conditæ laterent reperire valerent. Erat inter alios quidam Madalberus nomine clericus manu dextera gressuque debilis. Is correpto ligone simpliciter: Nunc, inquit, « Deus volet, ubi meus dominus situs sit, palam erit. Confestimque extra spatium illius antiquæ ædis progressus, et non longe ab orientali ejus pariete terram ligone percutiens, laterem ictu motum levavit, quo levato et modico foramine patefacto, debilem manum adhibuit, et holosericam vestem, qua infra septum latericio pariete structum sarcophagum corporis tegebatur, comprehensam traxit, moxque manus ejus antehac debilis sanitati est restituta. Itaque festine detecto sarcophago, et ad rem novam signorum commotione episcopis et populo convocatis, omnibusque qui aderant Deo laudes et gratias referentibus, corpus viri sancti intra sarcophagum in loculo plumbeo repertum est. Quod illico levatum, atque in feretro compositum, ex eo loco ad oratorium B. Mariæ, quod ex antiquo in vicino situm erat, sublatum est, referendum paulo post spectante populo in ædis novæ locum ei recipiendo paratum.

5. *Reliquiæ, primo immobiles, in novam ecclesiam deferuntur.* — Visum deinde episcopis est, ut quoniam propter angustias loci (nam ex altera parte Rheno flumine, ex altera monte altissimo cingitur) vulgus omne coire in unum non poterat, in longum circa radices montis diffunderetur, et ita reliquiæ venerandæ, propter frequentiam et desiderium multitudinis paulo longius exportatæ per superiorem viam quæ circa radices montis deducit, in ecclesiam novam revocarentur. Hoc prolato consilio, cum levare feretrum episcopi voluissent, ita est prægravatum ut moveri omnino non posset. Hinc omnibus suspensis diutissime et hærentibus, archiepiscopus, Deo ut post claruit inspiratus, alloquitur plebem, beatum Goarem quoad vixerit inanem gloriam mundi, plaususque hominum et favores, ut rem fragilem et caducam amore honorum perennium contempsisse, ea ipsa nihilominus eum post obitum quoque contemnere. Proinde oportere corpus ejus simpliciter et cum humili devotione levatum ab ipsa ecclesia in novam domum per illud quod intererat spatii reportari, neque id vulgi favorem longius ut statuerant circumduci. Vix pontifex verba finierat, et motum continuo feretrum tanta facilitate levatum est, ac si oneris aliquid habuisset nunquam, relatæque in ædem novam per episcopos et abbatem reliquiæ venerabiles, in eo qua nunc coluntur loco summo honore sunt et reverentia conditæ, denique pallium quod supra sarcophagum repertum supra diximus, hodieque super altare ecclesia incorruptum perseverat. Sic per longioris ævi tempora vestis illius integra manet, cujus apud Deum merita semper indefecta perdurant. Consummata in omni opere suo basilica, et memoria sancti viri ut oportebat ornata, cœperunt miracula ibi beneficiaque divina subinde cumulari, de quibus hic aliqua si possim tentabo perstringere, quid sub quo gestum fuerit abbate ordine servato commemorans.

II. — MIRACULA FACTA TEMPORE ASUERI ABBATIS

De vino quod excrevit in cupa.

6. Asueri qui primus cœnobio Prumiæ præfuit tempore forte accidit, ut assolet ex terræ sterilitate, minorem in Gallicis regionibus vini copiam provenisse. Jamque novæ vindemiæ tempora propinquabant, et clericis in cella viri sancti degentibus, una solummodo vini cupa supererat. Ea cum cœpisset expendi, et quotidie cum eisdem clericis, tum hospitibus quorum ibi frequentia non minima semper existit, ex ea pocula præberentur, spatio novem sive octo dierum transacto, cum vix media ejus parte vel tertia vinum contineri putaretur, repente in ea ad summum usque repertum est excrevisse, ut subjacens quoque pavimentum vinum excrescente fuerit madefactum. Et merito quoniam vir beatus hospitalitatem proprie et sincere quoad vixit exercuit, actum est, ne vel ipsis servientibus, vel hospitibus qui supervenirent unde vinum ministraretur deesset.

De vino quod aperto cupæ cuniculo mansit.

7. Et ut miraculum simile subdam: quodam tempore cum cellerarius loci nomine Hordumus imminente jam noctis quiete, vinum de cupa quadam hausisset, contigit ut cupæ cuniculum aliud forte meditans infirme clauderet et abiret. Cumque sequenti die regressus ad eamdem cupam venisset, cuniculum quidem apertum invenit, et ante illum ductam araneæ telam, sed ita vinum in cupa steterat, ut ne unius quidem guttæ de ea lapsæ indicium in pavimento reperiri valeret.

De servo Widonis cujusdam claudo et sanato.

8. Per idem tempus cum ad locum Widonis cujusdam de nobilibus servus claudicans advenisset et meritis sancti viri sanatus, ecclesiastico se servitio permittente suo domino mancipavit, ac non post multum temporis presbyter factus adhuc cum hæc scribebantur in hac vita supererat.

De quodam Freculfo mente capto.

9. Sub eodem Asuero quidam major regiæ villæ

qua non longe posita Wisaha dicitur, Frecholfus, nomine mente captus, cum esset a suis ad venerandam memoriam deductus, mentis sanitatem recepit.

De Waltario homine nobili dæmoniaco.

10. Waltarius quidam, homo secundum sæculum nobilis, qui nunc usque superest, cum vexationum gravissimam pateretur, et indubie spiritu dæmonico ageretur, insuetus corio ad venerabilem tumulum est deportatus, ubi cum aliquandiu jacuisset, protensis manibus, seipsum suaque omnia sancto Goari magnæ vocis professione subjecit, et optimam insuper vineam dedit, quæ nunc usque in ejusdem Cellæ possessione perdurat, continuoque ea quam diutissime passus fuerat amentia caruit. Is hodieque licet in libertate propria maneat, et interdum avaritiæ æstu succensus (ut a multis incusatur) aliena quoque diripiat, servum se tamen sancti Goaris, et ab eo sanatum esse voce liberrima protestatur.

De Reginario ejusdem Waltarii patruo pro superbia punito.

11. Ejusdem Waltarii patruus nomine Reginarius, homo licet nobilis, moribus tamen et actu crudelitati atque avaritiæ subditus, cum locum sanctum sperneret, et omnes Romanæ [a] nationis ac linguæ homines ita quodam gentilitio odio exsecraretur, ut ne videre quidem eorum aliquem æquanimiter vellet, ac si quos forte ex eadem familia comprehendere potuisset, crudeliter nonnunquam affligeret, cumque eodem stulto odio et animo barbaro venerabilem Asuerum, ejusque nonnullos monachos detestaretur, casu ipso abbate in cella degente per locum coactus est itineris necessitate transire, et cum jam ecclesiæ propinquasset, rogat servum qui comitabatur, ut si possit ea se via ducat, qua conspectum basilicæ Goaris Romanorumque hominum, Asueri scilicet abbatis et ejus comitum præsentiam valeat declinare, tanta ejus animum innata ex feritate barbarica stoliditas apprehenderat, ut ne in transitu quidem Romanæ linguæ vel gentis homines et ipsos quoque bonos viros ac nobiles libenter aspicere posset. Promittit servus se posse quod petebatur implere. Ut ergo itineris aliquantulum confecerunt et ad ipsum monasterii basilicæque locum perventum est, monet dominum servus, si conspectus eorum quos horreat vitare velit, brevissimo tempore pallio caput operiat. Ille cum e vestigio quod monebatur implesset, et extra loci spatium processisset: Modo, inquit servus, retro cave respicias, nam aliter eorum quos ut posses declinare petisti, conspicies neminem. Vix ea servus impleverat, contestimque et sub eodem pene momento prædictum reginarium ventris apprehendit effusio, nec magna mora secuta post paucissimos dies vitam finivit. Ita qui stultissimo, imo superbissimo animo loci venerandi, virorumque bonorum conspectus horruerat, justo Dei judicio, et luce mortalibus communiter attributa et vita caruit.

De piscibus in festivitate S. Goaris divinitus datis.

12. Cum ad festivitatem sancti Goaris quodam anno ex monasterio Prumia Asuerus abbas venisset, unaque ex monachis nonnulli, accidit ut propter Rheni fluminis inundationem pisces qui abbati et fratribus possent ministrari deessent. Cumque jam ipse solemnitatis dies illuxisset, et ante ecclesiam mane pauci e fratribus residerent, Ansigilus quidam bonæ vitæ monachus una residens per jocum locutus ait: O beate Goar, ecce quam bonus es mercedis recompensator, nos tibi servimus, et in vigiliis atque psalmodia tuæ festivitatis gratia laboramus, hodie nec unum quidem nobis quo reficiamur pisciculum præbes. Vix hæc ille verba finierat, et non post longum temporis intervallum in vasis ex vimine salicum ad piscandum paratis, quæ nuper a piscatore de quadam arbore in præripio [b] fluminis suspensa, excrescente postea flumine in aqua remanserant, duo non modici pisces, quos vulgo sclures dicimus, reperti sunt, atque in præsentiam fratrum eo quo consederant loco delati. Hoc autem pisce causa infirmitatis abbas non utebatur. Tum ille qui et prius: Pro nobis, inquit, nunc bene egisti pisces nostræ refectione providens, sed illum senem abbatem tuum negligere non debes, non enim is ille poterit uti. Hæc monachus: et modico tempore lapso, cum a molendino farinam navicula pistor deveheret, piscis quem lucium vocamus, navem saltu ingressus comprehensus est a pistore, et in consessu monachorum (necdum quippe de loco surrexerant) expositus. Nunc inquit monachus, integrum munus, beate Goar, implesti, cum et nobis et seni tuo alimenta congrua providisti. Res mira ludentis potius quam rogantis voces tam facile exauditas! sed hæc meritis beati confessoris non sunt dissimilia; quoniam qui in carne vivens indigentibus sua pro Christo tribuerat, et hospitium refectionemque gratam semper habuerat, merito post obitum quoque potuit sibi servientibus talia procurare. Nam quantum apud divina judicia meritum habeat virtus hospitalitatis quam vir beatus singulariter dum vixit excoluit, quantumque reverentiæ loco illi in quo beata ejus membra quiescant sit omni tempore dependendum, testantur ea quæ vel illum frequentantes divino beneficio consequuntur, vel negligentes et aliqua dissimulatione prætereuntes divino nihilominus judicio patiuntur, quod ipsum manifestius exempla subjecta monstrabunt.

[a] Id est Gallicanæ: nam Gallos antiquis Romanos dictos non semel observavimus. Et Lutzemburgum oppidum, cui finitimi sunt Trevirenses Galliæ Belgicæ populi, Augusta Romanorum a Ptolomeo appellatur.

[b] Id est in loco ripæ proximo: quo vocabulo usus est Odo abbas Glannafoliensis in epistola Vitæ S. Mauri ibi præmissa: et Wandalbertus iterum cap. 11 et 28.

De Herwino comite flagello divino commonito

13. Comes quidam nomine Herwinus, cum per locum transiens declinasset, et licet a suis ut oraret admonitus pro festinantia itineris distulisset, non longe profectus de equo cecidit, gravissimoque lapsu contritus ad ecclesiam suorum manibus reportatus ibi brevi decumbens, apud memoriam venerandam sanitatis est beneficium assecutus.

De Eufimia abbatissa similiter emendata

14. Eodem modo abbatissa nobilis ex urbe Mediomatricorum Eufimia, cum iter agens illuc devenisset, et nec oratum ut omnes consueverant descendisset, paulo post de equo cecidit, et effracto crure quæ sponte noluerat ad ecclesiam portatur invita et sanitatem, quam suo perdiderat, merito beati viri recepit.

De imperatore Carolo ob dissimulationem periclitato

15. Neque dissimilis meritorum ejus potentia in puniendis, monendisque etiam regibus exstitit. Nam Carolus, excellentissimæ memoriæ imperator Augustus, a palatio suo quod in præcipuis Rheni fluminis ab ipso constructum *Ingulnheim* dicitur quodam tempore navigabat, in castellum quod situm est super confluentem Mosellæ et Rheni descendere, ibique disponens nocte manere sequentibus eum in singulis navibus filiis Carolo atque Pippino. Cumque ad monasterium confessoris sancti imperator navigio pervenisset, obvius illi factus abbas Asuerus rogat uti ad beatum Goarem exire et in cella ejus charitatem (ut verbo usitato loquar) facere debeat. Negat suam præsentiam imperator, et post se conversus manu cognomini filio annuit, ut navim ad ecclesiam oraturus egrediatur: ipse proposito tendit itinere. Egresso ad terram Augusti filio, alter ejus filius Pippinus qui post fratrem navi vehebatur, putans patris esse navim quam littori videret appulsam, egressus et ipse est, fratrique nesciens in ecclesia sociatus. Ibi quod inter eos graves aliquandiu simultates et inimicitiæ fuerant, inspirante superna clementia et opitulante confessoris sanctissimi merito, in fraternam concordiam et fœdus amicitiæ coierunt. Cibo deinde potuque sumpto, alacres et læti ad locum supra nominatum quem cum patre petere cœperant, omnibus suis incolumibus pervenerunt. Imperator vero qui filiis egressis solus cum suis in navi remanserat, cum ad prædictum locum tendere vellet, coorta repente densissima nube et nebulis tenebrosissimis subsecutis, ita in flumine deerravit, ut neque ipse, neque comitum quispiam, sed neque navis gubernator quo tenderent quove navim agerent ullatenus scire, vel videre valerent. Sic per reliquum quod supererat diei in pelago fatigati, vix postquam suam culpam imperator agnoscere et beato Goari supplicare cœpit, multa jam die et ingruente nocte in continentem egressi sunt, tribus tamen aut paulo amplius a loco in quem proposuerant egredi millibus, ubi et ea manere nocte non sine rerum necessariarum inopia compulsus est

A imperator. Factoque die publice testatus est, sui esse peccati et meriti quod periclitatus in flumine, quod a commoditate itineris et apparatu regiæ mansionis sit longissime disparatus, non frustra sibi hæc accidisse, sed beatum Goarem pœnas pro contemptu meritas repetisse, seque supplicia expendisse merentem, vovere se et firmissime polliceri nunquam locum viri sanctissimi ulla quamvis magna itineris festinantia, si ad eum in vicino veniat declinaturum, quem tali incommodo sit expertus posse de his qui se negligendum putaverint expetere quam voluerit ultionem. His votis ad Cellam viginti libras argenti et palia holoserica duo misit nec deinceps omni vita sua quod voverat aliqua ex causa neglexit. Denique is qui tum regiæ navis gubernator fuit hu- B cusque superest, reique gestæ indubitabile testimonium perhibet. Nec immerito regum illi fides et devotio subjacet, qui pro Christo non solum magnos et appetibiles, sed omnes penitus mundi honores et caducas dignitates contempsit, et cum posset, episcopus fieri noluit, potiusque in humili statu manere delegit quam honorum fascibus prægravari. Quanquam in Christianis principibus hæc circa servos Dei affectio tam sit spontanea et devota, quam se noverint tanto magis Deo gratiores fore, quanto qui ad tempus elevari per tumorem majestatis regiæ poterant, eligunt servis Christi se mente submittere.

De regina Fastrada ibi sanata

16. Ejusdem principis conjux Fastrada cum ve- C hementissimo dentium dolore torqueretur, et ad locum ob remedium ejus doloris oratum venisset, continuo ut supplex facta est, incommodo caruit: ob quam rem data est ab imperatore villa quæ Nasonia nuncupatur, et in jure loci hactenus retinetur.

De eo qui ambulans super glaciem periclitatus est et salvatus

17. Per idem tempus accidit Rheni fluminis aquam nimio frigore congelascere, ita ut incessus quoque quorumlibet animalium et vehiculorum ferre valeret. Erat quidam regiæ villæ colonus quam supra Wisaham diximus appellari, cujus vinea haud procul a monasterio viri B. Goaris cohærebat, et ut nonnunquam evenit, hac ille occasione solebat inter- D dum particulas aliquas earumdem præripere vinearum et suæ fraude humani ingenii sociare. Is cum die quadam super glaciem fluminis ambularet, et ad ejus medium prope venisset, repente in multiplices partes per latissimum fluminis spatium glacies est resoluta, atque ille glaciei fractæ superincumbens, secundum flumen ferri tremens et anxius cœpit. Erat res summi periculi et desperationis extremæ, hominem in fluminis rapidissimi atque latissimi fragmento glaciei tenuissimæ ferri: nec esse remedii quidquam quoniam illi, quemadmodum humano auxilio subveniri posset erat omnino nihil. Cum ille cui evadendi periculum nec spes ulla, nec aliquod consilium superesset, divinæ solummodo misericordiæ supplicare, et B. Goaris merita in sui liberationem exposcere, magnis-

que vocibus veniam et auxilium flagitare. Ad ultimum cum salutem penitus desperasset, eductam manicam de manu projecit, respiciensque basilicam, vineam suam sancti viri dominio tradidit. Nec mora acta, virtute divina glacies instar naviculæ ad littus evexit hominem, et incolumem in continentem exposuit, qui mox vineam, de qua diximus supra, ecclesiæ mancipavit, in cujus nunc etiam jure perseverat. Sic B. confessoris meritum hominem et pro culpa quemadmodum oportuit castigavit et invium de periculo mirabiliter eripuit.

De quodam Isanhardo, procuratore villæ regiæ, cæso et sanato

18. Isanhardus, fisci regii procurator, cum inique multa contra familiam B. Goaris ageret, visitatus ab illo per somnium est, et post increpationem severissime cæsus, ita ut die postero gressu non valens incedere navi ad ecclesiam duceretur, ubi aliquandiu decubans integram sanitatem excepto genitalium pondere meruit, quæ etiam infirmitas indubitanter causa salutis illi relicta cognoscitur.

Hæc inter alia quæ compendii causa suppressi, temporibus Asuerii abbatis divina in loco virtute et confessoris beati merito provenerunt, diebus vero Tancradi, qui Asuerio feliciter ex hac vita subtracto in regimine monasterii Prumiæ simulque cellæ S. Goaris successit, hæc quæ superna misericordia tribuente subjicere cupio contigerunt, quæ et illi quibus referentibus horum notitiam attigi maxima ex parte coram positi aspexerunt.

III. — MIRACULA FACTA TEMPORE TANCRADI ABBATIS

De nimia rivuli exundatione et turriculæ salvatione mirabili

19. Accidit aliquando ex pluviarum copia subito rivulum quem Woccaram nominari in libello priori diximus, adeo exundasse, ut in magnam molem exsurgens, obvia quæque non sine periculo et damna multorum eruerit. Quippe cum exundare primo cœpisset, incertum quo obstaculo a cursu suo prohibitus, descendentibus ex concavitate montium aquis in tantum excrevit, ut ad ultimum ruptis obicibus profluens, etiam grandes et firmissimas domos a fundamentis erutas in Rhenum vi sua dejecerit. Quo in tempore res miraculo digna provenit. Nam in quadam earum quæ erutæ sunt domorum, turricula de qua signa penderent stabat exstructa, quæ nuncusque tecto ecclesiæ superposita manet, quæ cum multo infirmioris esset structuræ quam domus ipsa in qua parabatur, et aquis supervenientibus ad medium ferme cursus impetum esset obvia facta, penitus tamen illæsa duravit, quodque majoris miraculi fuit, domus in qua stabat integris compactisque inter se parietibus eruta, neque secum illam trahere potuit, et qua eam sui apertura et solutione transierit nullus hominum deinceps scire vel deprehendere valuit. Denique postquam agmen illud aquarum præteriit, in imo ejus turriculæ duæ cum oleo ampullæ repertæ sunt, quas qui hominum posuerit vel unde provisæ sint nuncusque nescitur.

De muliere quadam Scoticæ nationis ibi sanata

20. Mulier quædam de natione Scotorum nomine Brigida, debilis gressu a parentibus suis et civibus ab urbe redeuntibus ..., ... ibi relicta est. Et cum aliquantulum ibi temporis ... egisset, sub die solemnitatis annuæ, astante plebis multitudine, sanata est et erecta.

De ancilla cujusdam Hadebaldi bis sanata

21. Item Hadebaldi cujusdam noti hominis ancilla, quæ et cæca esset et muta, ad memoriam venerandam populo teste sanata est. Sed cum his agnitis, dominus qui infirmam miserat, ad suum servitium jam incolumem revocasset, mox in illam prior debilitas rediit. Coactus itaque evidenti miraculo ejus dominus manumissam ad locum reverti fecit, nec multo post sanitas quæ collata ante fuerat, sed temeritate hominis præpedita, correcto domino ancillæ est restituta, quæ et reliquum vitæ suæ in eodem loco peregit. Denique adhuc ibi soror ejus degit, et certissima rei gestæ testis assistit.

De alia cæca

22. Per idem tempus et alia mulier cæca sub abbatis Tancradi præsentia visum recepit, pluresque ibi postea vixit annos.

De cujusdam ancillæ filio parvulo cæco et muto

23. Quodam item tempore præsente eodem abbate cum populo, quædam ex ancillis monasterii filium parvulum qui ab ortu cæcus manebat et mutus, ad ecclesiam deportavit, quam ut est puer ingressus continuo cum matre loqui et basilicæ picturas ei digito cœpit ostendere. Mirata rem mater, sed propter repentinum eventum inspirati miraculi non est ausa publice quod viderat confiteri. Quæ mox ut est domum regressa cum parvulo, confestim in illum debilitas pristina rediit, ut palam fieret, non debuisse matrem quod divino sibi beneficio collatum esset silentio premere. Itaque causa nulla pertractans culpamque intelligens, arreptum festine filium ad ecclesiam retulit, et rem omnem ut se haberet abbati et populo patefecit. Nec dilatum est diu beneficium, cui ad horam fuerat impedimento timiditas matris, sed ut illa finem narrandi fecit, incolumitatem illico puer obtinuit.

De muliere clauda ex urbe Mogontiaco

24. Ex urbe Mogontiaco ad festivitatem B. Goaris mulier clauda posito coram abbate Tancrado venit, et cum in vigiliarum de vespertini psalmi a clero complerentur, sanata est.

De figulis ob contemptum punitis, et infante liberato

25. Sed ut ea nunc quoque commemorem, quibus palam fiat qui beati viri meritum et reverentiam contemnere aliquatenus præsumpserunt, quemadmodum vel emendati sint, vel puniti: quodam tempore cum per Rhenum flumen quidam figuli ollas pretio distrahendas in navicula veherent, accidit una cum illis feminam quamdam fidelem cum parvulo filio adverso

flumine navigare. Cumque ad monasterium ventum esset, rogat mulier comites, ut aut omnes oratum in ecclesiam pergant, aut si id nolint, appulsa littori navicula se in continentem exponant, paululumque in loco certo sustineant, donec possit ipsa ab oratione reverti. Egressa itaque sola pergit oratum, relicto in navi cum comitibus filio admodum parvulo. Illi deducta in superiorem locum navi, cum eam aliquandiu sustinuissent, moras ejus non ferentes, abducta navi iter propositum persequuntur; sed ultio divina mox consecuta est, qua manifestum fieret non debuisse illos vel abeunte illa opportunitatem orandi negligere, vel tandem sustinendi moras ejus præsertim breves contemnere. Nam cum adverso flumine navim agentes contra eum locum venissent, ubi ex latentium sub aqua saxorum voragine et undarum collisione rapidissima, gravia sæpe navigantes discrimina patiuntur, qui locus in flumine ab ecclesia B. Goaris passibus fere centum aut paulo longius abest, rapta submersaque navicula perierunt. Sed inutilis esse non potuit devotæ mulieris oratio, cujus etsi comites aqua submersit, filium tamen divina virtute salvatum et merito sancti protectum nequaquam perdere valuit. Quippe illa ut ab oratione rediens ollas super aquam ferri conspexit, intellexit quod erat, socios navemque perisse, sollicitaque pro filio quem una perditum suspicabatur, oculos cum fletu maximo hac illacque circumtulit, sed repente videt undarum dorso sublatum parvulum ripæ fluminis propinquare. Tantaque fuit miraculi claritas, ut infantem mater excipiens invenerit eum a medio corpusculi aquæ superexstantem littora attigisse, quod ne virorum quidem ullus aliquando natandi peritia et viribus corporis potuit obtinere.

De infante qui equo trans Rhenum incolumis vectus est.

26. In dissimili causa non dissimile miraculum sub eodem tempore exstitit, quod propter similitudinem rei gestæ præcedenti subjunxi. Mater cujusdam infantis fere quinquennis, cum eo qui ipsum infantem de sacro fonte susceperat navi circa ripas tracta per fluvium ascendebat, puerumque equo superpositum (id enim ex matre et patrono puer ipse petierat) juxta in littore parens uterque fecerat ambulare. Tum equus ut sine rectore liber navigantes præteriens sponte se in flumen dedit cum puero, nec revocari ab aliquo potuit. Cumque saluti infantis omnes timerent, quippe quem in rapidissimum altissimumque fluvium ac latissimum equo quem retinere nequivit ferri conspicerent, et Goaris suffragium magnis precibus postularent, equus cum incolumi puero transnato flumine in ulteriorem ripam exivit. Quæ res utique magno miraculo provenit, ut et equus sine rectore tantum flumen loco præsertim propter saxa difficillimo et periculoso transiret, et infans qui ne in arido quidem equo sedere nosset, sine periculo illo evaderet.

A *De Willigelmo quodam dæmonio tradito et postea curato.*

27. Sed ut propositum persequar, Willigelmus quidam, qui nuncusque superest, cum vineam a matre datam de jure et possessione ecclesiæ S. Goaris subtraxisset, sævo dæmonio est mancipatus. Denique ab eo vexatus vineam reddidit et curari continuo meruit, ut hoc exemplo cæteri monerentur, voto parentum res juri ecclesiæ mancipatas subtrahi ab hæredibus illis non oportere.

De quodam Wolvone presbytero.

28. Wolvo quidam ab ineunte ætate ibi a matre nutritus, cum postea presbyter esset, decimas quæ ex multo jam tempore ecclesiæ B. Goaris agrorum jure
B competerent, suis usibus dolo malo conduxit. Nec magna subsequente mora cæcus et mutus effectus, ad basilicam viri sanctissimi a suis perducitur, ibi res patrimonii sui cum restitutis decimis tradidit, et sanitatem, placato eo quem offenderat, meruit.

De negotiatore nomine Badowardo propter casum servum mortuo.

29. Negotiator quidam Badoart dictus cum Rhenum navi ascenderet, unus servorum qui illum forte offenderat supplicium metuens de navi prosiluit, et concitus ad ecclesiam fugit. Tum ille fugitivum secutus ab ecclesia trahere cœpit, prohibente heri et nomine Goaris rogante simul et comminante mona-
C cho Herirado qui præsens forte residebat, quo hæc ipsa referente cognovi. Sed negotiator furore succensus cum monachum rogantem æque minantemque contemneret, pro foribus ecclesiæ ad contemptus augmentum tractum ab altari servum occidit. Nec multum spatii intercessit, ut cujus arbitrio paruisset quemve contempsisset agnosceret, immundo spiritui traditus, brevi vitam nimiis cruciatibus extortam finivit.

De cujusdam Humfridi servo a vinculis mirabiliter soluto.

30. Item Humfridi cujusdam clerici ecclesiæ servus cum pro culpa in dominum commissa a tergo vinctus brachia traheretur, et supplicia quæ sibi infe-
D renda sciret, animo perhorresceret, quoniam aliter Domini præsentiam subterfugere non valebat, ecclesiam respexit, et ad eam secum prece tacitus inclinavit. Res digna miraculo[1] confestim vincula quibus ligatus ducebatur, dicto citius laxata sunt et soluta, exutusque vinculis servus ad ecclesiam sese proripuit, nec repetitus a domino offensam suppliciumque vitavit. Tantum apud omnipotentem Deum supplicatio tacite viro sancto fusa convaluit, nec passus est Christus eum manere ligatum, qui necessitate et animo ad sancti altaris auxilium confugisset, ut hinc quoque daretur intelligi, quantum intercessio illius ad animarum solvenda vincula prævaleret, cujus invocatio tanta facilitate ligamenta corporis dissolvisset.

De abbate Maximino ob dissimulationem periclitato, sed salvato

31. Quodam tempore abbate Tancrado in cella posito, Maximinus monasterii S. Gereonis [a], quod apud urbem Agrippinam, quæ nunc Colonia dicitur, situm est, abbas a provincia Vangionum [*Wormes*] ex vindemiis cum onusta vino navi et non paucis comitibus descendebat, et cum jam sancti Goaris monasterio propinquasset, suadetur a sociis uti appulsa in continentem navi oratum ad sanctum Goarem ascendat. Ille moras sibi non necessarias hac in re fieri dicere, fore opportuniorem tempore alio orandi occasionem. Sic dehortatis comitibus propositum iter persequitur, sed non impune illum ultio divina transire permisit. Quippe ut in conspectum cellæ navis acta pervenit, repente ex maxima sui parte demersa, lapsisque in aquam quæ gestaverat vasis, præsentis jacturæ et periculi metum cunctis incussit. Clamare omnes et auxilium lacrymabiliter implorare, culpam abbas confiteri, et Goaris meritum exorare. Rem abba Tancradus ex loco superiori conspiciens, et quanto in periculo versarentur cuncti considerans, suos e vestigio mittit, mandat subsidium laborantibus ferri. Deducuntur continuo naves, et subsidium modis quibus erat possibile ministratur. Ita cum abbatis auxilio et sudore multorum, tum maxime B. Goaris opitulatione recuperata navi, vasisque receptis et opibus, incolumis ad littus abba progreditur. Egressus navim oratum festinat, persuasum sibi perenniter affirmans, ne locum tanti viri meritis insignem facile unquam sine supplicationis munere transeundum existimet [b].

De quodam Fresone similiter prope periclitato

32. Consimili prope eventu cum quidam ex Fresonum gente negotiator navem circa ripam ulteriorem ageret, neque littori in quo monasterium situm est propinquare disponeret, ubi ad scopulos illos, de quibus supra diximus, navis acta pervenit, subito rapta et in gurgitem undarum violentia tracta præsenti cunctos discrimine perculit. Sed cum dominus navis Goaris sæpe nomen et meritum iterans subsidium expetisset, in portum continuo navis illæsa devehitur, ille ut continentem attigit, oratum perrexit, ac pro salutis munere vestem holosericam venerandæ memoriæ tribuit, quæ etiam vestis postea ab eo qui hæc mihi retulit Theodrado clerico ad Prumiam monasterium est delata.

De negotiatoris servo ex aquæ periculo mirabiliter eruto

33. Rem illaturus sum præcedentibus quidem non omnino dissimilem, sed quæ miraculi aliquid amplius habeat, et cujus tot sint pene fidelissimi testes, quot loci ipsius habitatores tempore quo gesta est esse potuerunt. Negotiator ex supra dicta Fresonum gente navem per Rhenum flumen agebat, et ut moris est, quia adverso flumine navigabat, funem a suis navem circa littus trahendam curaverat. Cumque jam cellæ vicinia attigisset, monetur a suis atque in fluminis præcipitio consistentibus, ubi ad orandum navim egredi deberet. Ille sibi ejus tunc rei copiam non esse dicere, impediri mora propositum cursum, nec se posse nisi continuato navigio quietis congruum locum attingere. Ita animo fixo navim agit et ipse in ea clavum regens cum uno servorum residet, reliqui navim per littora trahunt. Erat inter eos unus qui cunctos antecedens extrema funis dorso et ventri circumvoluta teneret. Ventum erat ad fluminis illam de qua in superioribus egimus rapiditatem horribilem, cum repente navem undæ violentissimæ rapiunt, nec gubernatore ullo præsidio valente resistere longissime a littore subtrahunt. Ea rapta cum ferre non possent funem qui per ripas trahebant, victi relinquunt; sed is qui cunctos præcesserat, tam cito expedire se fune non valens navim secutus in gurgitem trahitur, neque id dominus navis qui in puppi residens laborabat, animadvertere potuit. Reliqui qui a fune refugerant, magis vocibus navi et socio qui sub aqua trahebatur opem divinam et B. Goaris merita succurrere postulabant, tantaque tum aquæ vis et undarum vorago fuit, ut non ante navis in cursum dirigi posset, quam longissime pulsa in ulteriorem ripam non sine magno plurimorum metu atque horrore exportaretur. Negotiator vero ut terram attigit, funem qui navi cohærens per aquam fuerat tractus, a servo colligi mandat, qui collecto in extrema ejus parte servus sicut implicitus fuerat invenitur. Qui diligentissime contrectatus et modis variis pertentatus, non aliud potuit deprehendi quam mortuus. Denique adhibito plurimo stramine et igne circumcirca succenso, nihil caloris penitus persentire, vel aliquod vitæ indicium potuit edere. Quid plura? devehitur rursus in citeriorem ripam ac de sola sepultura dominus ejus et comites agunt; rogatur ecclesiæ custos ut ad sepeliendum mortuum loci alicujus copiam faciat. Eo obtento, dum sepulturam aperiunt, interim cadaver ut vere putabatur exanime in custodis ad horam mansione deponitur. Tum non post longum temporis intervallum incipit recalescere, et paulatim os aperire ac spiritum ducere. Dehinc totum se elevans parum sanguinis ore rejecit, et confestim surrexit incolumis, ita ut oratione facta et gratiarum actione ab omnibus reddita, ad ducendam sicut prius navim cum sociis festinarit. Ea negotiator ut vidit, emendatum se, et pro culpa castigatum magnopere gratulans argenti libram altari sacro persolvit, et cœpto dehinc itinere, suis omnibus incolumibus abiit. Viderint quid de re hujus-

[a] Monasterium S. Gereonis intra muros Colonienses inclusum, in collegiatam ecclesiam jam pridem conversum est, qua de ecclesia legendus Ægidius Gelenius in lib. III de Colonia Syntagm. 2.

[b] Hic mos, inquit Gelenius mox citatus, in præsentem diem perseverat. Quippe nefas putant locum illum prætervehere, nisi injecto in collum vinculo, sese sancto Goari mancipaverint: quod etiam præstant Novatores, apud quos ipsumque vulgus ignota hujusce religionis ratio.

modi cæteri sentiant. Ego confidentissime dixerim beati viri meriti tanto esse post obitum clariori, quanto sollicitius dum viveret humanas laudes et jactantiam fugerit, neque in hujusmodi signis et miraculis exhibendis cuiquam sanctorum, apostolis et clarissimis Ecclesiæ martyribus duntaxat exceptis, illum inferiorem videri; quippe qui in diligendo Deo et proximo non facile quoquam illorum judicetur inferior, quique tametsi in vita non multis quos homines noverint miraculis claruit, sed ea quæ miraculis omnibus potior est charitate clarissimus exstitit, ideoque post obitum quotidie in viventium fide tot tantisque virtutibus claret.

De lumine divinitus in lucernis ecclesiæ succenso.

34. Præterea Hernadus monachus, qui, ut sæpe dictum est, horum mihi miraculorum certissimus relator exstitit et verissimus, bis se affirmat nullo admonente extrinsecus igne lampadem, quæ coram memoria veneranda dependet, infuso divinitus lumine splenduisse; quod ipsum præsenti anno quo ista descripsimus et superiori contigisse qui interfuerunt affirmant. Sed id suo loco erit dicendum.

35. Hactenus ea descripserim quæ abbate Lancerado in hac vita superstite facta inter alia referuntur. Nunc adjutore Christo ad clarissimi Patris Marcuvardi tempora qui hoc ipsum mihi opus imposuit, servato ut proposui ordine veniam.

IV. — MIRACULA FACTA TEMPORE MARCUVARDI ABBATIS.

De imperatore Ludovico ibi a pedum dolore relevato.

36. Et ut hæc ipsa rerum gestarum ordine aliquantulum postposito exordio clariori incipiam, excellentissimæ pietatis singularisque clementiæ et erga Christianam religionem omnium imperatorum studiosissimus Ludovicus, qui adhuc superna misericordia providente rerum summa potitur, cum dolore pedum vehementissimo, qua olim infirmitate vir ille, etsi non continue, frequenter tamen affligitur, laboraret, atque ex palatio suo quod in littore fluminis Rheni situm *Ingulinheim* supra diximus appellari, evectione navali descenderet, oratum ad S. Goarem exiit, vix in terram pedes præ dolore nimio ponere valens, et sustentantium magis quam suis gressibus nitens. Cumque in ecclesiam pervenisset, ante memoriam venerandam humillime se ac devote deposuit, et in terra stratus diutius peroravit. Ubi vero surrexit, ad abbatem et clarissimum virum Gerungum olim palatii ædilem, nunc monachum conversus: Deo, inquit, gratias, nunc meritis S. Goaris levamen mihi datum persentio, neque eo jam cum quo huc veni dolore laboro. Sic a memoria regressus lætus et alacer diem totum duxit. Hæc ipso abbate qui coram adfuit referente cognovi; quanquam nec ego ipse multum abfuerim, qui pridie ejus diei imperatorem prædicto dolori gravissime laborantem in palatio viderim.

De muliere Scotica ibi a claudicatione sanata.

37. Sed ut huic rei gestæ tempore paulo superiorem subjiciam, mulierem Scoticæ nationis cives ab urbe redeuntes ægram et gressu debilem ibi reliquerunt. Ea postquam sex in loco menses egit, sub die solemnitatis annuæ quæ agitur pridie nonas Julii inter vespertinos Psalmos gressus sanitatem recepit.

De infante dæmoniaco apud memoriam S. Goaris promissa a patre api curato.

38. Superiori anno post ea quæ de imperatore retulimus, accidit ut quidam ex rusticis filium parvulum dæmone plenum ad ecclesiam cum fletu et supplicatione deferret. Qui cum ante memoriam ejulans multis præsentibus exposuisset, sancte Goar, inquit, redde nunc mihi meum filium et pulso qui eum vexat dæmone sana, ego tibi pro munere apim unam (sic enim vocare rustici examen apum consueverunt) huc protinus afferam. Non mansit tunc simplex hæc hominis rustici postulatio, sed continuo sanatum integerrime parvulum lætus et gaudens pater domum revexit. Denique examen apum quod ut pollicitus fuerat obtulit, hodieque in hortis Ecclesiæ permanet. Hæc cum sæpedicto Theodrado tum Ekkibaldo ipsius loci præposito viro sane docto atque veraci narrante cognovi.

De lumine bis in lampade succenso divinitus.

39. Et ut illud inferam quod supra leviter tetigi, anno præterito in die sanctissimo Paschæ, cum præpositus Ekkibaldus sub ipso lucis exortu missas agere vellet, itemque hoc eodem anno quo ista conscripsimus cum idem in Quadragesima missas ageret, et lumen ecclesiæ deesse quæreretur, custosque deposita lampade ac sine igne reperta, pro eo deferendo festinaret, subito cernentibus multis sponte in lampade lumen accensum enituit, quod ibi crebro factum plures viri fideles qui interfuere testantur.

De infante claudo et surdo et item puella cæca ibi sanatis.

40. Sed ut hæc miracula rerum nuperrime gestarum narratione de præsenti concludam, sub idem tempus quo his describendis manum imposui, necdum libello edito cum ad annuam beatæ depositionis solemnitatem magna undecunque ita uti solet hominum multitudo confluxerit, nota ex vicino mulier advenit cum filio fere septenni, qui ab ortu ipso claudus, mutus, surdusque permanens, infelici genitrici novos quotidie luctus et dolores afferret. Hunc mater fide devota cum inter nocturnas vigilias coram sepulcro venerabili exposuisset, circa finem Psalmorum matutinorum, cum canticum Evangelii clerus ecclesiæ caneret, infantulus lento nisu repente surrexit, ac pedibus quos usque ad id temporis nunquam terræ fixerat adstans, matrem clamore iterato vocavit. Flens præ gaudio continuo mater accurrit, et filium quem tot pressum incommodis deposuerat, ambulantem simul et loquentem audientemque recepit. Neque fuit Christo difficile, pro sui merito confessoris, uno eodemque tempore et possibilitatem loquendi puero, et scientiam quam majores audiendo nunquam perceperant dare, cum

sit ipse sapientia Dei quæ aperit ora mutorum, et linguas infantium disertas facit. Tum vero omnium qui aderant mentes tanti replet stupor miraculi, totam laudem Christi conclamat ecclesia, et unius infantuli salus mirabilis multorum ad fidem corda succendit.

41. Eodemque die cum missarum solemnia populus spectaret, et divina a sacerdote mysteria agerentur, puella eadem prope qua prædictus infans ætate diu cæca, quæ tum a parentibus fideliter fuisset illata, amissum lumen recepit. Ita gemino miraculo sub uno die et sancti viri meritum palam cunctis enituit, et præsentium fides Christi clementiam quam non desit invocantibus ubique præsens, agnovit.

42. Hæc [a] de miraculis B. Goaris merito ostensis atque exhibitis pauca breviter et aperto quantum potui sermone digessi, narrationem ad annum 839 Incarnationis Dominicæ perducens, eaque tantum (ut in libelli hujus principio adnotavi) scripturæ mandans, quæ relatu virorum fidelium didici, quæque non eis modo qui retulere, sed omnibus pene locum frequentantibus haberi notissima comperi. Quanquam non omnia quæ ab eis ipsis quorum fidei specialiter credendum putavi relata sunt scripserim, alioquin aut modum suscepti operis excessissem aut auditoribus longior justo prolixiorque fuissem. Neque hoc opere facultatem aliis de his scribendi præripui, sed et hæc ipsa quæ utcunque videntur a me esse proposita poterunt qui volent pro ratione dignius explanare, et quæ in similibus miraculis forte provenient, exemplo a vobis, Pater amplissime Marcuvarde, et a me sumpto describere. Quippe si divina opera nobis glorificanda dignissime proponuntur, oportet ut non cessante virtutis divinæ beneficio etiam scribendi non cesset intentio, et donec qui explere possint, existunt litteris digna admiratione tradantur. Quare etiam vacantes pergamenas huic libello subjicere placuit ut edito opere præsenti futuris post hæc temporibus quæ inserenda prudens aliquis æstimaverit, opportune possit inserere.

V. — COMMEMORATIO *quemadmodum et a quo cella sancti Goaris fuerit monasterio Prumiæ sociata incipit feliciter.*

43. Decursis jam quæ de miraculis viri sancti scribenda susceperam, videtur mihi necessario paucis esse monstrandum et post editos libellos duos quodam extr[illegible] memorandum, quemadmodum et qua ex causa cella B. Goaris monasterio Prumiæ fuerit sociata, ut omni tempore sub regimine et potestate abbatis qui ei monasterio auctore Deo præfuerit, ipsa quoque esse deberet.

Prumiensis monasterii primordia.

44. Excellentissimæ memoriæ rex Francorum Pippinus pater imperatoris famosissimi Caroli, postquam ut omnibus prope notum est amore Christi et uxoris suæ sanctæ recordationis Bertradæ rogatu provocatus monasterium suprascriptum construxit, constitutis in eo monachis qui Deo sub regulari ordine militarent, venerabilem virum Asuerum regiminis præfecit officio. Qui etiam eidem loco annis quinque et quadraginta felicissime præfuit. Hunc cum pro suæ vitæ merito plurimum coleret, ejusmodi constitutionis ei auctoritatem dedit, ut cum iter agens ad aliquem juris regii locum venisset, licenter quæ itineris essent necessaria sumeret. Cum ergo quodam tempore iter a monasterio in Vangionum [*Wormes*] provinciam ageret, et occasione viæ ad sanctum Goarem declinasset, ubi tum rectoris nomine præerat quidam Hepengus nomine, neque commoditatem aliquam rerum necessariarum nancisci potuisset, rem ut erat gesta paulo post principi retulit, pessimum esse dicens eo loco humanitatem hospitalitatis omnem negari, ubi quondam sub beato viro singulariter virtus eadem viguisset. Pollicetur rex fore hæc emendanda cum temporis opportunitas arrisisset. Itaque non multo post positus in palatio quod Attiniacum [*Attigny* in Campania ad Axonam] vocatur, cum ad generalem populi conventum simul abba Asuerus venisset, evocatum ad se princeps super his quæ de cella beati viri dicta ab eo fuerant commonefacit, eique regendam committit, hortatus ut eam congrue disponere, atque hospitalitati quam in ea non sit expertus competentem efficere debeat.

Contentio de cella S. Goaris a Carolo Magno composita.

45. Hæc prima fuit cellæ jamdictæ cum monasterio Prumia facta ex regis Pippini mandato et voluntate conjunctio, quando non ipsi monasterio et monachis subjecta, sed abbati tantum est beneficii ad regendum jure commissa. Regnante vero post patris obitum Magno Carolo, orta est inter Trevirorum pontificem tunc Weomadum et abbatem Asuerum pro eadem cella contentio, asserente episcopo eam ad suæ Ecclesiæ jus pertinere, abbate contra dicente esse illam regis lege hæreditaria possessionem, neque in ea posse sibi aliquid ecclesia vindicare, quæ ei sibi esset a rege Pippino commissa, et in dominium clarissimi Caroli successionis jure transmissa. Ita eis diu multumque certantibus et re ad controversiam sæpe deducta, directi sunt ex latere regis et semel et iterum ac tertio legati fidissimi et veraces, qui causam diligenter inquirerent, litemque congrue terminarent, quique rem examinantes non aliud quam quod abbas protestatus fuerat invenerunt, regii scilicet [*Sup.* potius] quam ecclesiastici juris possessionem loci sæpedicti existere.

46. Sed cum episcopo hæc nequaquam sufficerent, famosissimus princeps, habito in Saxonia super fontem qui Lippia [Surio *Lupia*] dicitur generali conventu, sub præsentia totius prope regni primatum, et utriusque ordinis clarissimorum virorum, rem

[a] Totus iste articulus apud Surium desideratur, quem ex eodem Remig. deprompsimus. Conf. n. 36.

er se examinandam suscepit, omniumque qui tum liber judicio, jurisjurandi conditio causidico monasterii, tunc Raberto nomine est constituta qua le postea cum aliis duodecim firmavit, possessionem sæpedictam non Ecclesiæ Treverorum, sed domino regio tantum competere Hoc ergo modo refinita et episcopo tandem acquiescente, famosissimus rex cum suorum consensu cellam sancti viri onasterio Prumiæ tradidit, edito traditionis ejusm privilegio, quo firmavit testatusque est, se pro nore Christi et eleemosyna parentum suorum Pipni videlicet regis et reginæ Bertradæ, cellam ipsam ic lege jamdicto monasterio subdere, ut omni deceps tempore rectores monasterii ejusdem eam nere, et rebus ejus libera conditione in usus suorum Deoque servientium fratrum necessariis uti, ac ne ulla cujusquam contradictione, quæ utilitati omnium competerent de ea facere et ordinare deerent, neque rebus solummodo quas tempore eodem cellæ dominium retineret, sed et illis quæ futuris successionibus acquisisset jure firmissimo uterentur

47 Hæc quemadmodum sint gesta atque statuta poterit qui volet relecto eodem qui hodieque in archivis ipsius monasterii integerrimus manet privilegio scire Nobis rem breviter commemorasse sufficerit, ne id quod esset utile cognitioni, penitus siluisse, et in hac parte circa B Goarem officio defuisse merito redargueremur

48 Denique cum hæc scriberemus, sicut in regimine monasterii Prumiæ, sic etiam in possessione cellæ S Goaris Asuero Tancradus, et ei Marcuvardus vicaria mutatione successerant

49 De abbate porro Asuero et cella sancti viri ea quæ primo retulimus ita esse gesta quidam ex senioribus non indignus fide ab eodem abbate se audisse est protestatus

APPENDIX

HISTORIA TRANSLATIONIS RELIQUIARUM

SS MARTYRUM

CHRYSANTI ET DARIÆ

Ex urbe Roma in Galliam

(Apud Mabill Act SS ord S Bened tom IV, p 611)

CAP I

Anno Dominicæ Incarnationis 844, imperante Lotario Augusto, filio serenissimi imperatoris Ludovici Marcwardus, abba Prumiæ monasterii, Romam e disponens, memorati principis impetravit licenam et epistolas ad pontificem sedis apostolicæ Gregorium, in quibus regia conveniebatur auctoritate alicujus præclarissimi martyris corpus ei dari deret famæ celebrioris, de cujus passione ac venetione nullus fidelium posset ambigere Arrepto ;ique jam itinere, cum comperisset antedictum apam obisse Gregorium, aliumque pro eo constitum nomine Sergium, missa ad imperatorem relaone, receptisque mox ad nuper creatum antistitem andatis, tandem post longa itineris spatia Romam greditur Susceptus denique honorifice ab apostolico pa, epistolas ei regias tradidit Ille, jussis imperalibus ejusque petitionibus favorabiliter in omnius annuens, spopondit se cuncta facturum quæ iggesserat Post hæc misit ei per Marinum episcoum librum sanctorum continentem passiones, jusque passionem sancti Chrysanti et Dariæ litteris adere, pollicitus eorum corpora se ei daturum onstituta itaque die ad Lateranensem properat cesim Cumque jussus ad Romanum ingressus isset pontificem, positis in locello super altare corporibus, atque ex utraque parte stantibus clericorum ordinibus, et canentibus, tradidit ei cum summa veneratione et honore præfatorum martyrum corpora, sub invocatione nominis Domini præcipiens eum circa venerationem eorum intendere, quo uterque Dei omnipotentis offensam possit effugere ipse quidem quod dederit, ille vero quod d illis debitam non providerit venerationem Tradidit ei quoque reliquias quadraginta sex sanctorum martyrum, ac præcepit in tumulo eas memoratorum recondi sanctorum Susceptis itaque cum summa veneratione corporibus, omnes præcipitans moras maturavit profectionem Omnibus igitur incolumibus, quinquagesimo die postquam ab Urbe gressum extulerant, in possessionem veniunt monasterii, videlicet in cellam sancti Goaris [a] ubi per biduum commoratus, ordinatis fratribus, cum venerandis corporibus præmittit eos ad Prumiam monasterium, quorum fratres adventu comperto cum maxima gratulatione sacris induti festinant occurrere cum candelabris et crucibus Quæ vero in hoc spatio itineris miracula Deus ad ostendenda sanctorum suorum merita declaraverit, translatione eorum peracta expediam Cum ingenti itaque devotione et gaudio susceptis sanctorum reliquiis, omnibusque quæ tempori congruebant canentibus iv Nonas Julii deferunt eas in Prumiam

[a] De cella sancti Goaris, ac de ejus donatione suero Prumiensi per Pippinum regem facta, legendus Wandalberti liber de miraculis sancti Goaris, cap 5, supra

monasterium, jacueruntque in eo quo delati fuerant feretro ad dexteram altaris usque XI Kalendarum Novembrium diem, scilicet quousque pars quædam antiqui templi complanata in spatium prolixius extenderetur, tumulo dignius conderentur. Quo expleto tempore, memorata die translata sunt sanctorum corpora et ab episcopo Theganberto [a] admodum religioso VIII Kalendarum Novembrium, videlicet passionis eorum die, in loco quo nunc venerantur, scilicet in possessione sancti Salvatoris, in cella quæ Novum monasterium vocatur, cum summo honore omniumque gratulatione tumulati: ubi nunc eorum intercessionibus ad laudem sui nominis oratores Christus exaudit, sicut ex subjectis comprobatur miraculis. Sed antequam illa quæ post eorum tumulationem acta sunt miracula proferantur, ea quæ paulo superius promisimus, reddenda prius in initio videntur.

CAP. II.

Igitur cum ab Italia degressi ad basilicam beati Goaris gressum dirigerent, femina quædam, non ignota civibus suis, cum nimio renum teneretur dolore, audito sanctorum adventu petiit se eorum obviam duci. Cumque hinc inde a duobus sustentata, vix ad locum pervenisset, mox ut tetigit feretrum quo sancta vehebantur membra, omnis ex fugatus est dolor, ut omnibus inspicientibus libero ante gestatorium gressu curreret. Hæc prima nobis sanctorum enituit virtus. Licet fidelis post viri relatione comperissem, adhuc nobis in Italia positis, simili modo eorum orationibus quamdam feminam contractam fuisse erectam.

CAP. III.

Femina quædam erat non ignobilis, uxor cujusdam Waningi nomine, cujus pedes et crura ita intumuerant, ut pene lecto detineretur. Hæc, audita opinione sanctorum, subvectione cum obsequentiumque adminiculo obviam ducta, vix tacto feretro ita sana effecta est, ut per totum montem, cujus in illis locis nimia asperitas et altitudo est, una esset ex gestantibus feretrum. Postero autem die, cum missarum solemnia celebrarentur, ancillula memoratæ feminæ inter missarum celebrationem ita contracta est, ut quæ pedibus venerat, aliorum manibus tolleretur: ignoramus tamen quid causæ fuerit. Opinio vero fuit quod servitium recusaverit sanctorum, volens eam domina sua illis delegare. Postea denique cum triduum in eadem ecclesia ubi contracta est faceret, atque pro ea oratum esset, orationibus sanctorum restituta est sanitati: iterumque cum domum reverteretur, contracta est, iterumque virtute sanctorum martyrum priorem recepit valitudinem.

CAP. IV.

Item femina quædam, cum ita membrorum debilitate contracta teneretur, ut vehiculo duceretur, rogavit se obviam duci sanctorum. Hæc orationibus eorum ita salva surrexit, ut propriis firmata gressibus incederet.

CAP. V.

Cum vero jam decerneremus in locum, ubi nunc adorantur, sanctorum deduci corpora, multitudo innumerabilis processit mundare vias per quas reliquiæ deducendæ erant martyrum. Cum igitur quædam succideretur arbor, quidam non prævidens casum, cecidit super eum. Cum itaque putaretur mortuus, amota arbore, ut credimus, orationibus sanctorum ita incolumis repertus est ac si nil pertulisset læsionis.

CAP. VI.

Jam vero tumulatis beatis martyribus, quidam illuc veniens, cujus aures perpetuæ surditatis tumor obtinuerat, cum sanctorum ibidem præstolaretur devotus suffragium, sanctissimis eorum meritis auditum diu sibi denegatum recipere meruit.

CAP. VII.

Item quidam debilis brachio, ita ut ab humero deorsum penderet aridum, præterea surditate damnatus, cum ad sanctorum sepulcrum cum fide accederet, et brachium pristinum recognovit officium, et obstinatæ aures auditum recepere.

CAP. VIII.

Alius quidam fuit qui ita nimium cum brachio debilem habebat, ut semper deorsum pendens omnibus corporis officiis redderetur inutilis. Hic fasciculum lini manui innexum aridæ cum ad memoriam (ut oportebat) venisset martyrum, atque super altare poneret, protinus a rigiditate sua resolutum prior rediit virtus.

CAP. IX.

Quædam item femina cupiens Deo et sanctis martyribus illic servientibus, subsidiis corporalibus subvenire, onustum plaustrum cum pane et potu, aliisque necessariis secum ducens, ad locum properabat. Verum cum jam in proximo esset, præcessit plaustrum. Cumque sepulcrum minime auro vel argento cerneret fulgere, ut stolidæ et irreligiosæ solent mentes, despexit et irrisit locum, atque statim obviam concito reversa gradu, jussit eos qui veniebant redire, dicens nihil ibi sanctitatis contineri. Tunc multione [al., multatione] sanctorum carrum contractum est, potusque diffusus, atque omnia superposita ita dispersa sunt, ut nullo usui apta redderentur. Ipsa denique tertia die ob vindictam contemptus mortis pœna multata est.

CAP. X.

Alia item femina cum valida scabie omni premeretur corpore, adeo ut lepra putaretur, sed etiam diutino morbo lecto teneretur, præterea neque medicorum ulla potuisset arte curari: hæc cum audisset a vicinis cereum in honore martyrum fieri, accensa fide particulam ceræ coemptam, fecit in eodem misceri cereo. Cum itaque cereus ad sepulcrum delatus fuisset martyrum, miruni in modum, mox ut igni accensus est, sensit ægra longe posita virtutem, atque e stratu surgens pristinam recepit corporis sanitatem.

CAP. XI.

Item alia inclusos digitos atque rigidos habens, admonita divinitus ut ad memoriam properaret sanctorum, fide ducta, ad locum ita sana reversa est, ac si nihil unquam læsionis pertulisset.

CAP. XII.

Quidam nobilis vir amore ductus sanctorum volebat locum adire. Hic conjugem suam hortatus ut secum pergeret, illa e contra aspernata dixit se potius ad opera sua pergere, nam non esse verum quod fama vulgaverat. Ille quidem cœptam perficiens voluntatem, illa vero in sua manens perfidia, cum ad locum properaret destinatum, equo dejecta brachium fregit, ut hactenus ita manens nulla possit medicina curari.

CAP. XIII.

Quidam puerulus ita claudus ab utero exstitit matris, ut nativitas gressum negaret. Hic cum humeris matris fide ad tumulum tolleretur sanctorum, ita sanctissimis martyrum meritis sanatus est, ut qui alterius gestatus venerat gressibus, propriis reversus matrem subsequeretur.

[a] Is est Thegan seu Tegan chorepiscopus Trevirensis, cujus habetur historia de gestis Ludovici Augusti, carmine laudatus a Walafrido Strabo, qui ejusdem meminisse videtur in alio carmine ad Aligerum, monachum Elewangensem.

CAP. XIV.

Quædam item cum manum atque brachium ita incurvum ac debile haberet, ut neque ad os quidquam eo potuisset deducere, cum ante sepulchrum martyrum diu prostrata jaceret, tandem orationibus eorum pridie Palmarum die pristina reddita est sanitati.

CAP. XV.

Redeunte tempore quo beatissimorum martyrum corpora in locum, ubi nunc adorantur, delata sunt, cum celebritas anniversaria immineret diei, inter frequentiam multitudinis quæ pene illuc innumerabilis tunc accurrebat, contigit quamdam feminam a pago Tulpaciense (*l.* Tulpiacensi) ex beneficio Adrici advenire. Hæc unicam filiam jam quinquennem, nomine Lanmeradam, cujus oculos cæcitatis obduxerat caligo, habens doloris acta stimulis, sanandam meritis illuminandam sanctorum devote attulit. Quæ cum a custodibus peteret ut in aliquo ecclesiæ loco suffragium præstolatura sanctorum poneretur, permissa est in angulo crypta, ubi ad pedes adorantur sanctorum, eam deponere. Deposita itaque cum tota die illa et nocte ac si rigida immobilis jaceret, ac matutinum celebraretur officium, et nox diei sequentis daret initium, subito virtus divina per orationes adfuit sanctorum et luminis recepto vigore quod per triennium sibi denegatum omnes cognoverant, cœpit respicere clare. Hoc itaque miraculum cum per omnium curreret ora, et Domino sanctisque ejus martyribus laudes clamarent, voluit etiam Dominus fidelibus populis geminato miraculo lætitiam geminare spiritalem, quantique essent sancti martyres apud eum merita ostendere.

CAP. XVI.

Nam quædam femina nomine Bertrada, ex familia beati Maximini, de villa nuncupante *Orquisheim*, cum nimia premeretur imbecillitate, ita ut nervis siccatis contracta et debilis omnibus redderetur membris, audiens sanctorum virtutem ad hanc et eamdem celebritatem spe sanitatis sese contulit. Qui cum devota martyrum imploraret auxilium, obtentu eorum meruit sanitatem. Igitur cum missarum celebratio perageretur, sanctorum ei advenit virtus, et quæ contracta et debilis aliorum venit adminiculo, propriis firmata gressibus redit ad propria.

CAP. XVII.

Fuit item in vico, qui Siniciacus nuncupatur, quædam femina, nomine Gamindis, ex familia sancti Petri, cujus facies in tantum erat deformata, ut intuentibus non parvum horrorem incuteret. Ore siquidem ad aurem prope contorto oculisque transversa tuentibus, monstrum quoddam exstiterat. Hæc dominam suam, nomine Hertrudem, deprecatur ad sanctorum ecclesiam properantem, ut candelam quam ad modum capitis sui ut pauper effecerat secum deferret, quatenus per intercessionem sanctorum omnipotentis miseratio subveniret ejus deformitati. Annuens domina precibus famulæ, secum detulit quod fuerat postulata. Cumque pervenisset ad locum sacratum, candelam inter sacras vigilias accendit ex more. Continuo miserabilem longe positam virtus divina respiciens, omnem deformitatem ab ejus abstulit facie. Domum rediens domina illa sanam reperit omni deformitate carentem, ut nec signum in facie præteritæ remanserit infirmitatis. Gestum est et hoc miraculum die natalis eorum.

CAP. XVIII.

Alius quidam, Freosbaldus nomine, de Bunna pluribus inter suos auctus pecuniis (nam instituendis mercibus operam dabat), valida opprimebatur debilitate membrorum, ita ut nihil aliud nisi paralyticus crederetur, quippe totius corporis bona destitutus valitudine, ministrorum potius quam propriis utebatur gressibus. Hic audita virtute sanctorum quam orationibus suis infirmantibus conferebant, rogavit se ad eorum deportari memoriam, quo ut aliis, ita sibi sanitatis impenderent opem. Itaque eo vehiculo deportatur, nam, sicut dixi, aliter venire nequibat. Cum igitur votis expletis minime petitum sensisset in se redire vigorem, fecit se unde venerat referri, nil tamen de virtute desperans sanctorum, cogitans iterum reverti suis temporibus. Verum sancti martyres fidem non obliti recedentis, ut ostenderent se non modo præsentes, verum etiam absentes orationibus suis posse juvare, nunc quoque virtute solita adesse dignati sunt. Nam dum famuli cum eo agerent iter, sensit æger meritis sanctorum virtutem sensim sibi advenire. Cum igitur pervenisset domum, atque gestatorio deponeretur, ita firmatis gressibus omnibusque corporis membris cœpit incedere, ut qui quondam diutino fabrefactus morbo inutilis jacuerat, ad omnia prorsus suffragio martyrum utilis redderetur. Itaque laudans et benedicens Deum, qui per sanctos suos sanitatem sibi divinæ gratiæ contulit, hactenus virtute potita fruitur.

CAP. XIX.

Fuit quidam homo item ex familia sancti Petri, nomine Dagunnus, in villa quæ vocatur Albiniaca, quem eodem anno quo sancta sunt corpora tumulata, ita contigit tibiis contrahi, ut penitus ambulare non posset, sed genibus et manibus reperet claudus toto permanens anno. Hic ad locum sanctum carro devectus, per triduum sese reptando per ecclesiam traxit, in crypta sæpe residens apud sanctorum memoriam. Cumque nocte quarta nocturnis pulsatis signis adforet, finitis eis, a custode jubetur ad horam ecclesia secedere. Ille jussionibus ejus obtemperans traxit se in vestibulum ecclesiæ. Verum nimio vento ibi sedere prohibitus, in aliam se contulit porticum ducentem per ecclesiam ad pauperum hospitale, et in ipso se projecit introitu ecclesiæ. Ubi cum aliquandiu jacuisset, vidit, ut ipse referebat, duos albatos pueros nimium decoros per idem ostium egressos versus domum hospitum pergere, ubi parum commorati per eamdem porticum redierunt, et ecclesiam intrantes unus eorum ejus humerum tetigit, eique dixit: Surge, quia sanatus es, et vade ad mansionem. Ille continuo sanus exsiliens, laudes et gratias egit Deo, qui eum per sanctos suos ita curaverit, ut vehiculo veniens pedibus propriis ad suam domum perveniret.

CAP. XX.

Erat quidam puerulus ex familia beati Petri, novi scilicet monasterii, Berefridus nomine, cujus oculos ita cæcitatis repleverat caligo, ut omnino negato lumine ductu regeretur alterius. Adveniente itaque Dominicæ nativitatis die, visum est patri ejus, qui, ut filius, Berefridus vocabatur, quatenus ad memoriam clarissimorum deduceretur sanctorum. Cum igitur advenisset tempus, quo de more vigiliæ celebrabantur nocturnæ, depositus est in crypta ad pedes martyrum præstolaturus ibidem per orationes sanctorum Domini Salvatoris virtutem. Expletis ibidem vigiliis idem puer ad hospitale relatus est pauperum, iterum mane facto ad tumulum hora spe reversurus. Sed misericordia Domini Redemptoris suffragiis sanctorum martyrum inopinanti in loco adfuit quietis. Nam cum die tertio e lecto exsurgeret, ita cœpit omnia clare inspicere, ut inoffenso gressu omnibus inspicientibus ad basilicam properaret sanctorum, gratias illi agens, qui ea die exortus est in tenebris rectis corde, qui etiam meritis eorumdem sanctorum visum meruerat recipere oculorum.

CAP. XXI.

Non longe a possessione præstructi monasterii est villa quædam, quam antiquitas Tabernam voluit appellare. In ea quidam erat homo nomine Alvodus. Hujus itaque ægritudo paralysis ita totum sibi vindicaveret corpus, ut pene, omnibus dissolutis membris vix tactum pateretur aliorum. Ad similitudinem igitur illius [illegible] paralytica, inter manus deductus [illegible], ad memoriam devolutus sanctorum, quem in brevi tempore suffragio martyrum ita divina reparavit pietas, ut solidatis membris ad propria exsultans et benedicens Deum sui reportaretur, qui aliorum venerat gressibus.

CAP. XXII.

Alius item de eadem villa, nomine Hibaldus, privatione communis damnatus luminis, audiens virtute martyrum concivis sui paralysi dissolutis membris priorem accepisse virtutem, spe roboratus petiit a suo germano eo se deduci. Germanus itaque ejus cum fratris miseratus cæcitatem, tum etiam sanctorum non diffidens meritis, cœpit eum eo iter agens ad locum properare, ac futuræ salutis indicio, ut alterius gestatus officio, mira tendere agilitate. Qui cum haud longe abfuissent a loco, ita ut culmen potuisset ecclesiæ conspici, paululum represso subsequentis gradu: Frater, inquit, si tibi virtus suffragaretur luminis, potuisses utique tecta et parietes ecclesiæ conspicere sanctorum. Ille tacito mentis nutu cæcus orationibus martyrum divinum sibi adesse implorans auxilium, cœpit mirum in modum fugatis tenebris parum videre, et menti injecta digito notare loca. Ad tumulum igitur perveniens sanctorum, ita infra paucos dies pristinam recepit sanitatem, ut non integritatem modo reciperet visus, verum etiam oculorum magnitudinem, qui caliginis diutina cæcitate ita parvi effecti fuerant, ut vix pupilla in eis cerneretur.

CAP. XXIII.

Aliud huic haud multum dissimile subjungam miraculum. Quædam namque femina similiter per continuum cæca, cum desperationis nimiæ torqueretur angore, funem factum accedens ad locum Deo ac sanctis obtulit martyribus, hæc si ille non competeret, formam sibi a custode petiit dari, quo, revertens domum, aptum præparare potuisset. Interea dum custos necteret moras, illa regenti sibi gressus imperat illo se duci, ubi signorum dependebant funes, nam ad idem opus suum intexere cupiebat. Factumque est. Cumque grossitudinem pertentaret manu, magnifica circa miseram Dei claruit virtus, ac mira celeritate objecta decessit cæcitas oculis, ut una eodemque momento et funem arriperet, et luminis acciperet claritatem. Gaudens igitur et exsultans, ad memoriam recurrit martyrum, atque, prout competebat, gratiarum eis persolvit laudes, quod misericordia divina interventu eorum eam respicere dignata sit.

CAP. XXIV.

Tempore quo sanctorum reconditæ sunt reliquiæ in memorato sæpius loco, erant in villa nuncupante Ciupta, duo carnis conjuncti copula, quorum alter nuncupabatur Wilhelmus, altera Engilsuindis, qui a conjunctionis suæ tempore usque in id tempus bona semper robore vixerant valetudine. Accidit autem prædicto tempore in dissimili, utrosque fatigari infirmitate. Vicibus namque ita omne inferius corpus feritas attrivit morbi, ut nisi obsequentium portarentur manibus nulli urgente necessitate loco moverentur. Cum itaque frequens sanctorum virtutem et miracula opinio circumquaque diffunderet, habitatores etiam præfatæ replevit villæ. Hac excitati fama, facta conventione ad locum omnes pariter oratum disponebant ire. Duo igitur jam nominati vicinorum religiositatis cognoscentes voluntatem, tametsi corpore nequirent, animo tamen ire gestiebant. Accepta namque cera, factisque candelis, instituerunt propinquos et affines ad memoriam eas beatorum mittere martyrum, quatenus miseratio Redemptoris interventu sanctorum eorum subvenire dignaretur imbecillitati. Parentibus autem eis, una circa eos divina effulsit pietas. Nam loco nondum motis, dicto citius ita virtus adfuit Dei, ut uno tempore et sanissimi exsurgerent, iterque cum aliis arriperent, quique petituri sanitatem aliorum ibant ore, ipsi intercedentibus sanctorum clarissimis meritis per se vota mererentur deferre.

CAP. XXV.

Femina quædam ex provincia Arduennæ, nomine Immina, ex villa quæ *Benuzfelt* dicitur, cum jam diu esset surda et muta, manibusque debilis, cum ad locum sanctum comitantibus vicinis et permittente domina sua, Teotburgi nomine, oratum venisset, diem integrum commorata, mox ut regredi cœpit, primo unius manus et loquelæ auditusque facultatem, mox deinde alterius quoque manus et totius corporis est sanitatem adepta; ita ut hodieque vicini et affines ejus testentur, nunquam eam in multo retro spatio, ita ut nunc, sanam exstitisse.

CAP. XXVI.

Item alia quæ priorem in supra dicta infirmitate vidisset, et ad sanctum locum comitata testis sanitatis ejus existeret, nomine Grimilt, cum a viro suo narrata prioris feminæ sanitate, quam sub oculis viderat, ut sibi denuo oratum liceret venire, petisset, nec ad id temporis obtinuisset, qua hora, ut post compertum est, in monasterio beatorum martyrum missæ Dominici diei, quibus illa se interfuturam esse voverat, celebrari cœperunt, ipsa manuum est debilitate et totius corporis multata gravedine, adeo ut quia incessum non poterat, carrucæ superposita ad monasterium denuo veheretur. Cumque venisset, et apud memoriam martyrum aliquandiu perorasset, primo in ecclesia una ei manus est absoluta, deinde interprandendum alterius manus et totius corporis commoditas restituta. Ita factum est, ut quæ prius alienæ sanitatis narratrix exstiterat, suæ deinceps et compos esset et testis.

CAP. XXVII.

Est consuetudo loci, ut die solemnitatis paschalis clerici [a] vespertinum celebrantes officium ita sacris induantur, ut in missarum agitur celebratione. Factum est igitur, ut custos de more cum aliis indutus, lampades accensurus Ecclesiæ procederet. Sed dum incaute progrederetur, positus sub lampadibus oleum lampadis cecidit, atque partem planetæ, qua forte indutus erat, non absque deformitate infecit. Custos exterritus, mox ad secretarium gradum retorsit, atque ea exutus congruo non absque fide, deposuit loco. Hanc, inquit, sancta Daria, si vales tuis reforma precibus. Postridie ejus diei accessit custos, ut depositam gnaris eam mitteret feminis, quæ hujusmodi potuissent emendare vitium, quam diligentius intuens, nec levem in ea reperire potuit maculam, quæ aut honestatis aut damno esse potuisset.

CAP. XXVIII.

Villa quædam est non longe a monasterii possessione, quæ Wisa vocatur. Hujus igitur habitatores condixerant sibi omnes pariter ad locum contendere, et ut non vacua viderentur venire manu, collatione facta vas quod cupa dicitur cervisia impleverant ut etiam dono muneris Deo et sanctis martyribus vota persolverent. Cum igitur jam properare disponerent, consilio habito qualitatem prius tentaret voluerunt potus, antequam iter arriperent. Cuniculo itaque facto, nec parva quidem eo digeri potuit gutta. Verum a ministro segniter hoc putantes peractum alio

[a] Hic duo notanda: primum monachos, ut sæpius jam observatum, hic *clericos* appellari. Secundum, etiam tum in more fuisse apud monachos, in diebus solemnibus non tantum albis vestibus, ut fit apud nos, sed etiam aliis ornamentis induerentur.

delecto succedere fecerunt, ut terebrato cupæ fundo potum educeret. Huic aliis succedentibus, cum omnis eorum penitus frustraretur labor, ad semet reversi cognoverunt eumdem potum ea nocte quæ Dominica dicitur, confectum. Agnoscentes itaque reatum pœnitudinem piaculi gerentes, votum Deo et beatis vovere martyribus, se nil ulterius tale in ea pertentaturos nocte, ipsumque potum egenis ac pauperibus erogaturos. Mox voto peracto, omnibus egressus foraminibus potus largissime cœpit effluere. Hoc pro voto egenis distributo, alioque confecto, sicut disposuerant ad memoriam venientes sanctorum, ibique propria reatus confitentes culpam, votisque persolutis ad propria sunt reversi.

ANNO DOMINI DCCLXX

ÆNEAS
PARISIENSIS EPISCOPUS.

NOTITIA HISTORICA

(Ex Gallia Christiana.)

Defuncto Erchanrado, clerus Parisiensis et monasteriorum unanimitas suggestum a rege Carolo Æneam elegerunt. Is autem verbi divino præco egregius, et in scholis palatinis sub Carolo Calvo professor clarissimus, sicut palatii tunc notarius erat, seu, quod idem est, cancellarius. Quo nomine chartæ a Carolo pro monasterio Fossatensi datæ vii Idus Oct. indict. viii, an. xi regni ejus, et conciliis Carisiacensi an. 849, et Suessionensi an. 853, necdum episcopus subscripsit. Hunc in modum peractam electionem Wenilonii, Senonensi metropolitano, aliisque provinciæ episcopis significarunt epistola quæ exstat inter epistolas Lupi Ferrariensis (*epist.* 98), quos insimul enixe rogarunt ut eorum votis quanocius obsecundantes, ponerent celeriter lucernam super candelabrum. Optatis cleri Parisiensis responderunt præsules, electum impensis exornarunt laudibus, ordinationique ejus uno subscripserunt ore, cujus gratia provinciales episcopos convocavit Wenilo archiepiscopus (*epist.* 99 *inter ejusdem Lupi pp.*). At Prudentius, Trecensis episcopus, cum propter notas quibus depressus erat infirmitates, eorum adesse non posset, misit presbyterum, qui vices ejus gereret, ordinationique assensum præberet, modo Æneas quatuor articulis, quibus putabat sancti Augustini doctrinam contineri, existimabat subscriberet. Vide tractoriam Prudentii epistolam inter ejus Opera (*Patrol. tom.* CXVIII). Utrum subscripserit Æneas veterum documenta non docent, nec quo præcise anno electus et ordinatus fuerit episcopus. Bene autem quod synodo Carisiacensi mense Novembri anno 858 habitæ interfuerit, cujus a Patribus in epistola ad Ludovicum Germaniæ regem *episcopus honorabilis* appellatur.

Carolo regi semper addictus, non solum Ludovicum violati fœderis fraternæque conculcatæ amicitiæ coram arguit, sed etiam in concilio apud Saponarias anno 859, in episcopum suæ provinciæ metropolitanum, qui Ludovici faverat invasioni, judicium ferre non est veritus. Concilio apud Tusiacum mense Octobri anni 860 adfuit (*Conc. Hard.* tom. V, col. 490). Ecce jam tertium, mense Januario anni 861, Dani Lutetiam invadunt, incendio tradunt, cremantque Ecclesiam sancti Germani, et usque ad castrum Meledunum omnia circumquaque depopulantur. Anno eodem Carolus Calvus pontem majorem a se nuper exstructum supra terram sancti Germani Antissiodorensis, et viam quæ ad pontem ducit, Æneæ successorumque ejus potestati subjecit pridie Idus Julii, anno regni xxii (*Hist. Ecclesiæ Paris.*, tom. I, pag. 460).

In concilio Pistensi, an. 862, Æneas subscripsit privilegio quod monasterio Dionysiano a Landerico jam pridem concessum episcopi confirmarunt, et alteri pro ecclesia sancti Martini Turonensis (*ibid.*, pag. 431). Concilio Suessionensi eodem anno astitit, in quo Rothadi, Suessionensis episcopi, loco alius subrogatus, aliudque Dionysianis monachis, Ludovico abbate petente, datum est privilegium, cui Ormundus diaconus ad vicem Æneæ, Æneasque ipse postea subscripsit (*ibid.*, pag. 433, 434). Obviam corpori sancti Germani, cum, Normannis regno pulsis, e villa Novigento in urbem Parisiorum anno 863 reportatum est, ivit Æneas cum canonicis (*ibid.*, pag. 469). Alii Suessionensi concilio interfuit xvi Kalend. Septembris 866, epistolæque prælatorum synodicæ ad Nicolaum papam subscripsit viii Kalend. Sept. alterique eorumdem ad summum pontificem de Britonum episcopis, datæ viii Idus Decemb. anni ejusdem. Privilegio monasterii Atrebatensis in concilio Vermeriensi anno eodem concesso, subscripsit. Anno 867 Æneæ petenti rex Carolus reddidit insulam quamdam eidem civitati ab orientali plaga contignam ac viciniorem ecclesiæ B. Mariæ, quæ quondam comiti subjiciebatur (*ibid.*, pag. 461). Datum præceptum x Kal. Maii, regni anno xxvii. Eidem synodo Trecensi astitit viii Kalendas Novemb. synodicæque ad Nicolaum papam epistolæ de iterata Ebonis expulsione et Hincmari ordinatione subscripsit.

Circa hæc tempora, a Provincia Senonensi delegatus, jussu et rogatu Nicolai I papæ, calumnias et convicia Photii adversus Ecclesiam Latinam docto et erudito retudit opere, quod editum est tomo VII Spicileg., pag. 1. Anno 868 rex Carolus Æneæ reddidit villam Nantiliacum, in agro Pictavo secus fluvium Clinnum sitam. Datum diploma xv Kal. Aprilis, regni anno xxviii (*ibid.*, pag. 462). Jussu regis ejusdem ad Fossatense monasterium se contulit anno eodem ad recipiendum corpus sancti Mauri, quod e predio Audonis comitis ad Ararim, quo Danorum metu monachi deportaverant, in Fossatensem locum referendum rex volebat (*Sæc. Bened.* parte ii, pag. 168). Feretrum die 7 Aprilis humeris tulit, solemniter in ecclesiam B. Petri deportavit, et super altare SS. Apostolorum deposuit, ob eamque causam præbendam unam in ecclesia Parisiensi Fossatensi monasterio concessit, annuamque supplicationem instituit (*Chart.* xiv, col. 13). Perperam more suo hujus donationis fidem elevare conatus est Launoius, sed quam futilia sunt quæ offert argumenta melius docebit Gerardus du Bois (*Hist. Ecclesiæ Paris.*, tom. I, pag. 449).

Adfuit Æneas, anno 869, synodo ad Vermeriam,

ubi primum acta causa Hincmari Laudunensis, et subscripsit privilegiis Curofensis et S. Vedasti monasteriorum. Eodem anno Pistis habita synodus, ubi metropolitanis Egylonis votis obsecundans, ratum habuit privilegium regale, quod monasterio sancti Petri Vivi, in quo suam elegerat sepulturam, Egilo impetraverat. Anno 870 interfuit concilio apud Attiniacum, in quo iterum causa Hincmari Laudunensis acta est, ut patet ex capite 33 synodi Duziacensis. Vetus Necrologium monasterii sancti Germani Æneæ Parisiensis obitum ad vi Kal. Januarii adnotat. Itaque cum concilio Attiniacensi adfuerit Æneas anno 870, Duziacensique ejus successor Ingelwinus anno 871, hinc sequitur Æneam obiisse vi Kal. Jan. anni ejusdem.

Exstant tomo VIII Concil. Labb., append., pag. 1898, duæ Hincmari ad Æneam et Æneæ ad Hincmarum epistolæ, quarum in prima Hincmarus Æneam rogat ut adolescentem quemdam, nomine Bertmonem, sibi ab abbate sancti Dionysii commissum, quem Æneas jam acolythum fecerat, litteris canonicis liceat in ecclesia sua retinere et regulariter ordinare. Respondit Æneas, at responsi initium tantum superest. Alia Lupus Ferrariensis ad Æneam epistola 119 filium neptis suæ commendat, ut militare beneficium illi conferat.

Quamquam vero pietate simul et fide conspicuum Æneam satis demonstrent quæ supra allata sunt argumenta, quidam tamen memoriam ejus labefactare ausi sunt, quos Gerardus du Bois refellit (*ibid.*, pag. 458).

ÆNEÆ PARISIENSIS LIBER ADVERSUS GRÆCOS

(Apud Acherium, Spicilegii tomo I.)

IN OPUS SUBSEQUENS ACHERII MONITUM

Liber hic Æneæ Parisiensis episcopi, adversus Græcos e bibliotheca Thuanea jam ab annis plus minus duodecim erutus. In eo multa cum Græcorum, tum Latinorum Patrum testimonia adducit Æneas. Græcorum testimonia propter antiquam illorum interpretationem reliqui sarta tecta; Latinorum vero, cum et prolixiora essent et frequentiora, ne tædium parerent lectori, sæpius expungi, servatis tamen prioribus et posterioribus verbis, remissoque ad edita citatorum Patrum opera lectore. Utraque, partim ad excusos auctorum libros, partim ad mss., contuli, adnotatis lectionibus variis, et nonnullis observatis quæ in editionibus non exstant.

Caroli Calvi imperatoris temporibus, inter Galliæ præsules pietate ac eruditione conspicuus vixit Æneas, cumque summis laudibus effert Lupus, abbas Ferrariensis, epistola 98, nomine cleri Parisiensis scripta, ad Guenilonem, archiepiscopum Senonensem: « Æneam, cujus præconia præmisimus, concorditer omnes eligimus, Æneam Patrem, Æneam pontificem habere optamus. Quamvis enim tanta prudentia ac probitate præcellentissimus rex noster polleat, ut solum ejus judicium de viro memorato posset sufficere, tamen conditionis humanæ non nescii futurorumque curiosi, aulicorum nos ipsi propositum ac mores longe prius inspeximus, et inter graves probabilesque personas et sanctitate ferventes hunc quem antistitem habere cupimus quotquot eum nosse potuimus, ut nunc palam est, absque errore annumeravimus, » etc. Et in rescripto Wenilonis metropolitani et coepiscoporum provinciæ Senonensis ad clerum Parisiensem, Lupi epist. 99: « Quis leviter tetigit palatium, cui labor Æneæ non innotuit, et fervor in divinis rebus non apparuit? Quamobrem electionem in eo factam Deo propitio libenter sequimur, ut eum profuturum populo ejus, ad dignitatem pontificatus promovendum concorditer decernamus. Sit igitur vobis pastor, qui prius ad Deum meritis bene complacuit, et sequentes ejus veracem doctrinam, et sancta opera imitantes, ad cœlestis regni pascua properate felices. » Episcopi etiam qui Carisiacensi synodo adfuerunt, in epistola ad Ludovicum regem Germaniæ Æneam *episcopum honorabilem* appellant.

Unam ejusdem Æneæ epistolam, et alterius epistolæ fragmentum reperies in tomo II Concil. Galliæ, pag. 670.

Schisma Græcorum, contra quos Æneas scripsit librum hunc, quandoquidem memorarunt multi sive antiquiores, ut Nicolaus papa I, in epist. ad Galliæ episcopos, Ratramnus Corbeiensis, qui libros quatuor composuit contra Græcorum opposita, Frodoard., in Hist. Eccles. Rhemensis lib. III, cap. 17, sive recentiores, ut Baronius in Annal. Eccles., etc. Nos etiam in prævia monitione ad Ratramnum multa hic repetenda de eo non duximus.

Advertas porro, lector, librum Isidori Hispalensis de Ordine Creaturarum, quem in hoc spicilegio edimus, ab Ænea citatum cap. 94 (tametsi quotquot hactenus legerim, hujus non meminerint), haud perperam me Isidoro tribuisse, licet solo dicam scripti codicis titulo: vetus enim est et gravis auctor Æneas, cui fidem adhibendam puto.

Hæc Acherius, quem haud paucis in locis fefellit librarius suus, nam cum eum ipsum codicem quo usus erat consuluisset deinde Baluzius V. C., mirum quoties eam lectionem quæ textum insederat falsam et ab amanuensi confictam esse deprehenderit. Textum quanta potuimus diligentia expurgavimus, cujus diligentiæ nostræ specimina cum initio operis præbere libuisset, singula deinde adnotare minus necessarium visum est.

PRÆFATIO AUCTORIS

ueas, Parisiacensis urbis episcopus, quo primus A sedit S. Dionysius, a Paulo apostolo Atheniensium consecratus archiepiscopus, sed a sancto Clemente totius Galliæ constitutus apostolus, pacem et riam catholicæ fidei cultoribus.

egimus in libro Judicum (*cap.* III), quod præsentia divina terræ inclytæ, semini Abrahæ ob immensæ fidei laudem repromissæ, inesse reliquias inanæorum ex patre permiserit, scilicet ut experetur in eis Israel, ne forte otio torpens ignarus lorum foret, cujus efficax virtus, Deo præduce, lum regnum egregium, cunctis sæculis prædica-, sibi armis vindicaverat. Hujus æquitatis lance estium, terrestrium et infernorum Dominus, clam Ecclesiam non habentem maculam aut run, annulo suæ passionis sibi solemniter jure regio B ponsatam, hæreticæ pravitatis assertionibus lasitam, victrici laurea experiri voluit, veluti stans acie minus in bella contraheret, et ob crebrim adversariorum victoriam, in amplexu sui mei condelectans, in totius lætitiæ [a] patrato mpho admodum exsultaret et frequenti concertione in bella Dei sui assurgens, scientia repugnanvenustata cum decore polleret, ut se vexantis nis attentantes potenter repellere addisceret, ipsi clamans, qui caput galeati contrivit chelydri, ac cialiter agens: *Judica, Domine, nocentes me, ugna impugnantes me. Apprehende arma et scum, et exsurge in adjutorium mihi* (*Psal.* XXXIV, 1). C gitur multoties devicti hostes cum indigne ac piter redivivi audent reparare certamina, in hoc nitia deterioris famæ per ora magnatorum infeius deteruntur, quo subrigi ingenio fraudum ad dimiora gestiunt, sed cen effeminati viribus terga ebentes deformiter succumbunt. Ita si quidem enata pernicies perversi dogmatis ab initio nantis Ecclesiæ usque ad præsens nequiter pulluis serpere non desistit, occupare incautos, cormpere doctrina quietos, more latronis aggredi, later bene degentes, vera in falsis transmutare lide laborans. At sancta Ecclesia, jam quasi senio sata, cum Moyse ad Dominum interventrices elemanus pro suis ut vincant, et pulchre Aaron Hur fatigatas sustinent, scilicet Novi ac Veteris stamenti series, testimonia sanctarum defensio- D m in promptu festiva portendit ne forte sui, quos tholice enutriens ad perfectionis culmen evexit, dant spiculis oppugnantium, sed clypeo veritatis iliter resistentes, Domino virtutum et Regi glor jocundantes proclament: *Cantemus Domino oriose enim magnificatus est, equum et ejus ascensorem dejecit in mare* (*Exod.* XV, 1).

Itaque temporibus gloriosi et orthodoxi Ludovici imperatoris, Græcia quæ se matrem verborum et genitricem philosophorum, et omnium liberalium artium fruticem appellari contendit, de his superstitionibus superfluis, quæ et nunc, Romanam Ecclesiam, imo et omnem gentem Latina lingua utentem consuerit tentavit, satisque mirandum in tam vilissimis quæstionibus occupatam, longævo ventilatis ævo, et perspicue ad liquidum dilucidatis, quæ totius peritiæ ac facundiæ se fore gloriatur auctricem, ut pelagus dialecticæ subtilitatis expostulat, putans se posse veraciter distinguere vera a falsis. Ergo, ut intonat Apostolus usque ad tertium cœlum raptus, si *Judæi signa petunt, et Græci sapientiam quærunt* (*I Cor.* I, 22), hæret sagacitas de puro fonte potantium, cum illa hebetudo sensus despicabilia scrutitudo sui ima tenere conantes ignominiose obtenebrat, quos culmen magni intellectus, ut illi falso opinantur, in gremio amplitudinis suæ velut coruscans amplectitur et fovet. Nempe cum populi Orientalium, quasi sub scabello Domini specialiter subsidentes, cum Occidentalibus in fidei documentis disceptare videntur, quasi sol pulcherrimus mane in Oriente positus, in occiduos suæ lucis radios vesperi transmutat in tenebras. Non autem cœli climata deteriores reddunt animos mortalium, neque plagæ supernæ pro variarum dementiis sectarum culpandæ, cum Oriens et Occidens mixtim contineat justos et reprobos, sed humanitas primo bona conditi, et in libero arbitrio potenter stabiliti, negligendo Creatorem, et obaudiendo seductorem, de dextris ad lævam promoveri meruit, extra orbis multiplicis tramiti devio inhiare cœpit.

Nec adeo mirum ab Asia, vel a finibus Europæ, ubi sita Constantinopolis Græciæ metropolis habetur, tantarum fallaciarum orta discrimina. Si enim revolvantur sanctorum statuta canonum, et ecclesiasticarum discutiatur series historiarum, ab illius regni partibus potius quam sub Romana ditione degentibus, repperientur pullulasse germina viperarum, id est quamplurimi inventores perversorum dogmatum, veluti fuerunt ut ex multis memoremus aliquos, Arius, Eunomius, Photinus, Marcion, Cerinthus, Manichæus, Hebion, Nestorius, Constantinopolitanus episcopus, cæteræque pestes dilatatæ hæreseos, quibus non fuit requies omni instantia catholicas dilacerare et oppugnare mentes. Eutychius etiam, Constantinopolitanæ urbis episcopus, de Resurrectione in tantum erravit, ut affirmaret quod [b] corpus nostrum in illa resurrectionis gloria futu-

[a] *Patrato triumpho.* Sic legitur in ms. codice, nec tamen scio cur Acherius scripserit *patente triumpho.*

[b] *Corpus nostrum in illa.* Optime et ad fidem ms. codicis Acherius *nostrum multa*, et male, et invito codice Thuaneo.

tum esset impalpabile, ventis aereque subtilius, sed nos e contra dicimus, sanctaque credulitate firmamus quod in illa resurrectionis gloria erit corpus nostrum subtile quidem per effectum spiritalis potentiæ, sed palpabile per veritatem naturæ. Nam beatus papa Gregorius, quondam in eadem Constantinopolitana urbe positus, cum præfato Eutychio de hac re in conspectu Tiberii Constantini imperatoris gloriosum habuit certamen, veluti ipse plenius commemorat in decimo quarto libro Moralium Job. Sed ita ab eo nobiliter est devictus, ut pellem manus suæ teneret dicens: *Confiteor quia omnes in hac carne resurgemus*, quod omnimodis prius negare consueverat.

Est autem dictu lamentabile quia eadem sedes quæ caput levare conatur ad superos, pro rectæ fidei præsulibus doctrina fœdatos, rectores olim habuit hæreticos, quos Tripertita denotat Historia, et sanctorum Patrum in canonibus damnat solertia. Non vero in Romana sede, Deo rectore, tale unquam contigit dedecus, ut aliquis hæresiarches eidem præsideret, quam summus apostolorum princeps sua sessione illustravit et fuso sanguine consecravit, cui suas regendas oves Dei Filius speciali cura commisit, nec mirum, quia ipsi dictum fuerat: *Tu es Petrus, et super hanc petram ædificabo Ecclesiam meam... et tibi dabo claves regni cœlorum* (*Matth.* XVI, 18, 19). Ergo cui propria auctoritate regnum dabat, hujus fidem firmare non poterat? Quem cum petram dicit, firmamentum Ecclesiæ indicavit. Liberius tamen, papa a beato Petro tricesimus septimus, quamvis a fidei tramite non deviaret, exsilio et minis Arriani principis territus, non virtute qua debuit perfidis Arrianis viriliter repugnavit. His autem qui ab arce totius Christianitatis deviare videntur, novasque adinveniunt quæstiones, recte intonat Paulus ad Galatas, quorum ex Græcia propagatur origo: *Miror quod sic tam cito transferimini ab eo qui vos vocavit in gratiam Christi Jesu in aliud Evangelium: quod non est aliud, nisi sunt aliqui qui vos conturbant et volunt convertere evangelium Christi* (*Gal.* I, 6). Magna etiam auctoritate ingeminat dicens: *Sed licet nos aut angelus de cœlo Evangelizet vobis præterquam quod evangelizavimus vobis, anathema sit* (*Gal.* I, 6). Et consequenter addidit: *Sicut prædiximus, et nunc iterum dico: Si quis vobis evangelizaverit præter id quod accepistis, anathema sit.*

Jure itaque a rectore sanctæ Ecclesiæ a via veritatis aberrantibus talia apostolice inferuntur. Hac etiam virga reprehensionis digni habentur: *O insensati Galatæ, quis vos fascinavit veritati non obedire, ante quorum oculos Jesus Christus proscriptus est et crucifixus?* Denique cunctis sæculis enorme generatur piaculum, dum ab ipsis quorum doctrina adornari debuerat Ecclesia, flore nitore religionis, et augmentum accipere suæ salvationis, humiliari zelo nequitiæ contenditur; et a qua omnis macula longe abesse debuerat, ei infligere nituntur, ut non sit a sordibus aliena. Sed quia sanctus dicit Apostolu *Oportet autem hæreses esse ut probati manifesti fia* (*Psal.* XXXIV, 1), fallaciarum ludibria, quæ id ea applicare tentavit sanctarum hostis animarum, el pro Redemptoris sui repedi habet, nec patitur div nitas visibilium et invisibilium rerum sacratior potior vinci a creatura, quæ condita fuit angelic sed ob tumorem superbiæ sua sponte, non alio e gente, scelerator facta, incidit in barathrum perp tuæ damnationis, cui nil placitum nisi tantum perd tio beatorum. Nam cunctorum opifice largient sapientiam non vincet malitia, sed victor appare in propriis, qui suos semper a primo armavit spi talibus documentis: *Omnes enim qui volunt pie v vere in Christo Jesu, persecutionem patientur* (*II Ti* III, 12).

Itaque impræsentiarum jam adfore deprehendit ætas plena miseriarum, quæ præsentitur amplec spatium temporis, de quo Apostolus lamentan præcinuit, dicens: *Erit enim tempus cum sanam d ctrinam non sustinebunt, sed ad sua desideria coacer vabunt sibi magistros prurientes auribus, et a verita quidem auditum avertent, ad fabulas autem converter tur* (*II Tim.* IV, 3). Ecce in promptu hæc prædic serpere conspicimus, et ideo dum tuba personat belli, necesse est ut arma aptentur in militum mem bris, ut doctum industria præoccupare nequeat pe fidus hostis. Quamvis autem in talibus controversi procellis concutiatur Domini exercitus, valde ind gnum ut animos fortitudine nobilitatos a statu recti tudinis detorqueant hæretica pravitate degenere Quanto enim astutia diaboli cum sæva calliditate ac cedit atrocior, tanto providentia fortium cautius præmunita debet esse paratior. Admonens siquidem alumnum Timotheum Apostolus ne impediretur de cipulis malignantium, blande hortatur, dicens: *Profana autem et inaniloquia devita; multum enim pro ficient ad impietatem, et sermo illorum sicut cance serpit* (*II Tim.* II, 17). Ad Titum etiam ita dicit: *Stultas autem quæstiones et genealogias, et conten tiones, et pugnas legis devita: sunt enim inutiles vanæ* (*Tit.* III, 10). Et ut sollicitior redderetur, e sancto acumine instructior esset, addit: *Hæreti cum hominem post unam et secundam correptione devita, sciens quia subversus est qui ejusmodi est, delinquit proprio judicio condemnatus* (*ibid.*, 1 Ergo cum sancto Eliseo credamus quia plures su nobiscum quam cum illis, id est, utriusque Testamenti sagacissimi Patres, et pro defensione ve fidei avidissimi et invictissimi bellatores qui cu robustissimo Josue Deum supplicare studeant ut ste sol, id est, tempus [a] sanctæ concertationis pro lixius clarescat, donec se verus Israel ulciscatur d inimicis suis. *Non enim vocavit nos Deus in immun ditiam, sed in sanctificationem* (*I Thess.* IV, 7), dicit Apostolus, postquam unda baptismatis et Spiritu sancto in gratia Christi renovati sumus. Quocir

[a] *Sanctæ concertationis*. Hic quoque pravam lectionem *sanctæ conversationis* amovit Baluzius, cum ipsum codicem cujus ope prior editio adornata est accuratioribus oculis quam Acherius, collustrasset.

non cedendum adversariis, sed viriliter resistendum, ut non capiamur illius illecebris, qui de superis ob superbiam ad ima delapsus, hoc laborat ibus iniquitatis, ut Ecclesia, quæ est filia pacis, lacereiur doctrina foeditatis, et pateat morsibus rois

Hæc et similia ut præcaveret Timotheus, sacratum Spiritus sancti charitate fervens, admonet aulus *Stultus autem et sine disciplina quæstiones vita, sciens quia generant lites* (*II Tim* II, 23) æc nempe præcavere oportet generaliter cunctos Christum credentes, maxime eos qui regimen dent habere animarum, et esse speculum bonorum rerum et sanctarum forma virtutum Inde gemenui bene viventibus, quia unde in sancta Ecclesia corum esset splendere honorem gaudii, ab his rtibus multis volventibus sæculis oboriuntur immensi detrimenti scandali Si enim ferrum ferro uitur, congruum esset ut Græca lingua a vero non screparet, in quo Latina normam catholicæ fidei dissolubiliter tenet

Hæ sunt ergo superfluæ quæstiones ad sæcularia otius quam ad spiritalia tendentes, quæ non videni procedere ab experientia magni intellectus, sed isci a reprehensibilitate exterioris sensus Illud itaie pelagus, ut jactatur, insignis eloquentiæ infert omanis auribus Quare Spiritum sanctum a Patre Filio profiteamur procedere, et non a solo Patre, rsus quare in Sabbatis jejunium exerceamus, et are ab officio presbyterorum nuptias arceamus ddunt etiam quare presbyteri Latinorum inhibeantur frontes baptizatorum chrismate linire, cum locus nsignandi in fronte proprie sit episcoporum, et in rtice presbyterorum Item sciscitantur quare a minum esu octo hebdomadibus ante Pascha, et ptem a casei et ovorum more suo non cessamus ponunt præterea cur clerici barbas radant, et are diaconi nondum suscepto presbyteratus officio episcopos ordinantur [a], ut mos est aliquando Romanis Conqueruntur etiam de transmigratione principatus Romanæ sedis, quam dicunt factam Constantinopoli, unde et eam cum patriarcha suo caput gnitatis appellant Ad stultarum cumulum et inerA tiam ineptiarum garrientes inquirunt quare chrisma nostrum, imo Dei, ex aqua fluminis conficiamus et quare agnum simul cum corpore Christi et sanguine in Pascha super altare ponamus, et more Judæorum offeramus, cum nullatenus hæc vel aliquis desipientium unquam crediderit Quæ duo in tantum videntur indignissima, ut ab auditu fidelium ex toto judicentur penitus esse extranea

Hæc deliramenta versutiarum Græcalis industria supercilioso ambitu per Romanum spargit imperium, et dominicis aciebus insistens, astu calliditatis scaturiens, contendit lacessere quietos At contra repugnant ducibus injusta molientium agmina supernarum virtutum, quin imo longe portendunt scutum sanctæ repulsionis illustrium defensio Patrum,
B concordia canonum, auctoritas et victoria excellentissimorum antistitum, per Christiani nominis limitem in theoria magnifice vulgatorum, verbo ac doctrina cœlos contingentium In hoc forti congressu non ferent vexilla tirones nec fatigata brachia efferent emeriti senes, sed delecta viribus juventus, id est in fidei Christi perfectissimis utentes sensibus ex omni parte armis sacrorum dogmatum munita corpora mentesque ferentes, inclyta lacessent bella, et Domino favente victores existent Lege autem triumphantis peracto certamine, dum lassatis quasi membris refrigerium subministrabit Spiritus sancti afflatus, potiti voto gloriosissimi milites, et ob agonem eximie lætantes, ad cœlos porrigent conspicuos
C vultus, Regi regum dominatori suo laudis præconia acclamantes *Dominus fortis et potens, Dominus potens in prælio* (*Psal* XXIII, 8) Et *Dominus virtutum ipse est rex gloriæ* (*ibid*, 10) At vero exhilaratus Pater totius Ecclesiæ, apostolicæ scilicet sedis beatissimus pontifex, cum Paulo apostolo erigens in excelsis caput, hæc verba protectori Deo solemniter personabit *Dominus autem mihi astitit et confortavit me ut per me prædicatio adimpleatur, et audiant omnes gentes et liberatus sum de ore leonis Liberavit me Dominus ab omni opere malo, et salvum faciet in regnum suum cœleste, cui sit gloria in sæcula sæculorum Amen* (*II Tim* IV, 17)

[a] *In episcopos ordinantur* Non male quidem, sed m in ms codice legatur *in epm*, nescio annon reius sit *in episcopum* Hic notabit lector Æneam
D eodem Græcorum objecta repellere quæ a Ratramno summa vi repulsa esse vidimus supra

INCIPIT LIBER.

Cap I

Sanctus Athanasius, Alexandrinæ sedis episcopus, ræcæ linguæ experientissimus, ubi beatus Marcus angelista præsedit, quæ sedes secunda est a prima omana, ut Canonum statuta decernunt, [a] in libro de Unitate sanctæ et individuæ Trinitatis dicit *Quod in Patre sit Filius et Spiritus sanctus, et quia Spiritus sanctus, a Deo Patre procedat, ubi nequaquam excludatur Filii nomen* « Serviendum itaque est Christo Filio, quia et perfectus Deus, et verus est Filius Et

[a] *In libro de* Hujus libri, qui est *de Unitate Dei*, titulus hic est in editis *De Ariana et catholica fide*

qui fideliter servit Filio, Patri servit, et Spiritui sancto qui in eo est. Et qui adorat Patrem, in ipso adorat Filium et Spiritum sanctum, quia in Patre est Filius et Spiritus sanctus qui a Deo procedit ipso, Domino dicente: *Ego in Patre et Pater in me est* (*Joan.* XIV, 10). De Spiritu quoque sic ait: *Spiritus autem paraclitus qui a Patre meo procedit* (*Joan.* XV, 26). Et cum Filium quis adorat, in eo Patrem adorat, et Spiritum sanctum, qui in ipso est Patre, dicente eo: *Qui me videt, videt et Patrem meum* (*Joan.* X, 9), et iterum: *Pater autem in me manens, ipse facit opera* (*ibid.*). De Spiritu vero sancto sic ait: *Ille*, inquit, *me clarificabit, quia de meo accipiet, et annuntiabit vobis* (*Joan.* XVI, 14), et: *Omnia quæcunque habet Pater, mea sunt; propterea dixi vobis quia de meo accipiet* (*ibid.*, 15). Spiritus itaque Patris Spiritus Filii est, Apostolo dicente: *Quod autem estis filii Dei, misit Deus Spiritum Filii sui in corda nostra* (*Gal.* IV, 6), et iterum: *Si quis autem Spiritum Christi non habet, hic non est ejus* (*Rom.* VIII, 9), et iterum: *Scio enim quia hoc mihi proveniet in salutem per vestram orationem et subministrationem Spiritus Jesu Christi* (*Philip.* I, 29). In Evangelio quoque ipse Dominus ait: *Paraclitus*, inquit, *Spiritus sanctus, quem mittet Pater in nomine meo* (*Joan.* XIV, 26). Et in Actibus apostolorum ita legitur: *Transeuntes autem Phrygiam et Galatiam, vetiti sunt a Spiritu sancto loqui verbum. Cum venissent autem in Mysiam, tentabant ire Bithyniam, et non permisit eos Spiritus Jesu* (*Act.* XVI). Manifestissimis igitur testimoniis probatur, quod Spiritus sanctus, Spiritus paraclitus, Spiritus qui a Patre procedit, Spiritus sit Filii, Spiritus Christi, Spiritus Jesu. »

CAP. II.

Item S. Athanasius in libro [a] de unitate Trinitatis: *Quod Spiritus sanctus unitus Deus sit in Patre et Filio*, sic dicit: « An ignoras quia Pater unus Deus est, Filius unus Deus est, et Spiritus unus Deus est? Nonne unus Deus est, dum unitum nomen est in natura οὐσίας, sic et unus Spiritus est, quia unita est ejusdem deitas. Nam si tu per singula nomina personarum unitum nomen Spiritus ter designasti, nunquid tres Spiritus dicere oportet? Absit. Quod si hoc poterat dici, tale erat ut et hoc in confessione deberet introduci, tres deos plurali numero nuncupari, ut jam non esset [b] in his personis unita natura divinitatis, sed unusquisque in propria vel diversa natura sua consisteret. Quod absit. Interea rursus eadem repeto, et ad tua dicta verba comparo, et sensum intellectus mei tibi refero. Pater unus Deus est, et Filius unigenitus Deus est, et Spiritus sanctus unitus in Patre et Filio Deus est. »

CAP. III.

Item idem in eodem libro: *Quod Spiritus sanctus nec Pater sit nec Filius, sed de natura unita existens procedat de Deo Patre, et accipiat de Dei Filio.* « Beatus Joannes evangelista dicit in Epistola sua: *Tres sunt qui testimonium dicunt in cœlo, Pater et Verbum et Spiritus, et in Christo Jesu unum sunt* (*I Joan.* V). Non tamen unus est, quia non est in his una persona. Nam *unum* quod dixit de utrisque, quid aliud intelligitur quam quod Deus Pater in natura divinitatis idem ipse dicatur et Dominus, idem ipse sit et Spiritus? et Filius Deus, idemque sit in divinitate et Dominus, [c] idemque sit et Spiritus? sed et Spiritus paraclitus Deus, idemque sit et Dominus in natura deitatis, idem sit et Spiritus? Vides quia in deitate et in substantia plenitudinis per omnia unum sunt, et in omnibus personarum tres sunt. Nam quod tres sunt, quid aliud sentitur fuisse, quam Pater verus unus, vel solus qui genuit, idem non sit qui et unigenitus ab ipso est? Et Filius unus qui non genuit sicut ipse a Patre genitus, Pater non sit? et hic Spiritus sanctus alius sit, qui nec Pater nec Filius est, qui nec genuit nec genitus? cum alius sit in persona qui genuit, et alter sit in persona qui unigenitus ab ipso est, et alius adæque in persona, ut dixi, secundum divinam Scripturam qui nec Pater nec Filius est: hic est Spiritus sanctus, sed plane de unita natura est. Ideo in deitate unitatis [d] unitum divinitatis nomen est, sicut in claritate evangelicæ Scripturæ, de Spiritu paraclito Filius testatur, dicens: *De Patre procedit* (*Joan.* XV, 26), et sic prosecutus est: *Et de meo accipiet* (*Joan.* XVI, 14). Et ideo ubi personæ requiruntur, propria nomina [per hæc] distinguuntur. Ubi autem deitas poscitur, unitum nomen [in his] indicatur. Quoniam *sumus* ad nomina personarum pluraliter dictum demonstratur, ac per hoc in deitate unitæ unum sunt, et in nominibus personarum tres sunt. »

CAP. IV.

Item idem in libro secundo de propriis personis et de unito nomine divinitatis: *Quod Spiritus sanctus sicut mittitur a Patre, item mittitur et a Filio.* « Si Filius in nomine Patris venit, nunquid ipse est Pater qui ait: *Ego veni in nomine Patris mei* (*Joan.* V), cum Pater Deus sit, in cujus nomine Filius ve-

[a] *De Unitate Trinitatis.* In Græco, *de Unitate Dei.*

[b] *In his personis unita.* Acherius alias legi monet *in his una*, quod magis placet. Infra, *intellectus mei tibi revelo.*

[c] *Idemque sit et Spiritus.* Sic alias legi monet Acherius, quod in textu legebatur *sit in deitate*, non illud quidem erat omnino malum, sed duas posteriores voces satis constat esse supervacuas.

[d] *Unitum divinitatis nomen est.* Haud omittendum est quod Acherius alibi reperit horum verborum loco, *commune nomen ei est.* Infra quæ uncinis inclusa vides, addita sunt e veteri versione edita. Mox ubi legebatur *in deitate divinitatis*, postremam vocem, ejusdem veteris versionis editæ fidem secuti expunximus. Hoc etiam non omittendum est vocem *divinitas* editam ab Acherio, fere omnibus locis ubi vocem *deitas* edidimus, quod cum in ito codice suo fecit, tum etiam contra auctoritatem veterum, quibus vox *deitas* magis placebat, ut discimus Anselmi Havelb. Dial. lib. II, cap. 17: *Totius divinitatis vel, si melius dici potest, deitatis*, etc.

...t manifeste? Ac per hoc in unita natura divinitatis ...um nomen est comprobatum, sicut ipse Pater ad ...gislatorem Moysen testatus est, dicens: *Attende ..., et ne facias inobediens: nomen enim meum in ...o est* (*Exod.* XXIII, 19). Ad hæc patriarcha David ...ait: *Benedictus qui venit in nomine Domini* (*Psal.* ...VII). Nam et si Spiritus paraclitus in nomine Filii ...nit, ut ipse dicit: *Quem mittet Pater in nomine ...o*, numquid et ipse Filius est dictus, cum sine du...o nomen Filii Deus sit in una pariter natura divi...tatis? In hoc ergo nomine evidenter paraclitus ve...it. Ideo per singulas personas secundum substan...am naturæ Trinitatis unitum nomen est tibi de...ratum. Isaias sanctus hæc approbans dixit: *...scendit Spiritus a Deo, et eduxit eos, eduxisti ...pulum tuum facere tibi nomen gloriæ* (*Isa.* LXIII). ...det ipse idem indicat: *Et irritaverunt Spiritum ...nctum, et conversus est illis ad inimicitiam, Domi...s ipse expugnavit eos, et commemoratus est dierum ...rnorum qui eduxit de terra pastorem ovium.* ...subjunxit: *Ubi est qui posuit in illis Spiritum ...m?* Vides ergo de unito naturæ deitatis nomine ...prium Patris et Filii esse hunc Dominum Spiritum ...nctum, qui eduxit filios Israel de terra Ægypti, ...ut Propheta dicit: *Sic eduxisti populum tuum fa...e tibi nomen gloriæ, qui conversus est filiis Israel ...inimicitiam* (*Exod.* XIII). »

CAP. V.

Item idem in eodem libro, *Quod Spiritus sanctus ...ttatur a Patre simul et a Filio*. « Sed et si Spiritus ...raclitus in suo nomine tantum venisset, quod di...ur Spiritus paraclitus et non in unita substantia ...tris et Filii quod nominatur Deus, jam proprium ...is in persona esse videretur, et non secundum ...itam naturæ deitatis in utrisque. Ut tantum ...usquisque nomina singula in personis ostenderet, ...itatis autem unitum nomen non indicaret. Porro in ...c unito nomine deitatis Patris, venit verus Filius, in ...o dicitur Deus, [a] in quo charitatis nomen est cum ...tre. In cujus naturæ nomine venit et Spiritus pa...clitus, quia in hac ipsa sacrosancta Trinitate hoc ...men substantialiter sive uniter consistit, sicut su...rius prædixi Patrem de Filio suo indicantem: *No...n meum est in illo* (*Exod.* XXIII, 19). Et Filium hæc ...cta confirmantem: *Ego veni in nomine Patris mei, ...non me recepistis. Cum autem alius venerit in no...ne suo, eum recipietis* (*Joan.* XIV, 26). Sed ...de Spiritu sancto ipsum rursum repetentem: *...em mittet Pater meus in nomine meo*. Et deinceps ...m de nomine suo audi discipulos hortantem: *Om...a quæcunque petieritis a Patre in nomine meo, da...t vobis* (*Marc.* XI). Sed et apostolum Paulum ea...m testantem: *Sed abluti estis, sed sanctificati estis ...nomine Domini nostri Jesu Christi, et Spiritu Dei ...stri* (*I Cor.* VI). Audi Isaiam de unito nomine glo...æ sancti Spiritus declarantem: *Descendit Spiritus*
A *a Deo, et eduxit eos: sic eduxisti populum tuum facere tibi nomen gloriæ*. Disce jam unitum nomen esse in natura divinæ Trinitatis. »

CAP. VI.

Idem ipse in eodem libro, *quod Spiritus paraclitus a Patre simul mittatur et a Filio*, sic proclamat: « In hoc sane alius est Pater in persona, qui vero genuit, et in hoc alter est Filius a Patre in persona, qui vere ab eo genitus est, sed et in hoc alter est in persona Spiritus hic principalis paraclitus a Patre et Filio, qui in Pentecoste in apostolos effusus est. Et ideo hæc sigillatim dicta memento, ut nomina singula in personis essent distincta. Vides quia alter ab altero, sive alius ab alio in persona
B tantum differt, et non in plenitudine divinitatis οὐσίας, sicut ipse Dominus ait: *Alius est qui testimonium perhibet mihi, qui me misit Pater* (*Joan.* V). Sed et alio in loco idem ipse personam sancti Spiritus indicat: *Rogabo Patrem meum, et alium paraclitum mittet vobis* (*ibid.*, 16). Scito alium ab alio, sive alterum ab altero in persona tantum differre, et non in unita plenitudine divinitatis usiæ. »

CAP. VII.

Item idem in eodem libro, *de communi missione Spiritus sancti a Patre et Filio* ita fatur: « Ergo si Filius in nomine Patris venit, et Spiritus paraclitus in nomine Filii venit sicut Filius de eo testatur:
C *Quem mittet Pater in nomine meo* (*Joan.* XIV, 26), non tibi videtur, quia duplex et hic continetur intellectus, id est ut in nomine personarum tantum sit distinctio, in deitate autem nulla sit discretio? »

CAP. VIII.

Item idem ipse in præsenti libro, *Quod Spiritus sanctus a Deo Patre mittatur, simul et a Dei Filio, et quod unita potestas in eis sit*, ita inquit: « Nam de persona Spiritus sancti Filius testatur, dicens: *Quem mittet Pater in nomine meo* (*Ibid.*). Vides Filium in hoc nomine venisse, quod et in deitate Patris uniter esse ostenditur. Et Spiritum sanctum in hoc nomine venisse indicatur; apostolos autem missos fuisse, ut baptizarent omnes gentes in unito vel communi no-
D mine deitatis, quod est naturæ invisibilis sancti Spiritus, sicut scriptum est: *Nolite contristare Spiritum sanctum Dei, in quo signati estis in die redemptionis vestræ* (*Gal.* IV, 30). Vel hoc: *Et omnes unum Spiritum potavimus* (*I Cor.* XII, 13). Sive unitatis nomen baptismo operante suscipe dicentis: *Et vos eritis mihi in filios et filias, dicit Dominus omnipotens* (*II Cor.* VI, 18). Vel hoc accipe: *Ex Deo nati sunt* (*Joan.* I, 13). Necnon: *Et baptizetur unusquisque vestrum in nomine Jesu Christi* (*Act.* II, 38). Et in alio loco: *Sed abluti estis, sed sanctificati estis in nomine Domini Jesu Christi et Spiritu Dei nostri* (*I Cor.* VI, 11). Sed et quod ex Deo natus est, Joannes testatur: *In suo*

[a] *In quo charitatis*. Alias, *in quo idem est natura cum Patre*.

venit, et sui eum non receperunt. Quotquot autem eum receperunt, dedit eis potestatem filios Dei fieri, credentibus in nomine ejus. Qui non ex sanguine, neque ex voluntate carnis, neque ex voluntate viri, sed ex Deo nati sunt (*Joan.* I, 11). Disce ergo hoc unitum nomen esse sempiternum in Deitate Patris, et Filii, et sancti Spiritus, sicut et unum baptisma est fidei, quod vitam æternam credentibus tribuit. Quia sicut unum est in natura Trinitatis, ita et unum donum per baptismum divinitatis. Apostolus ait: *Una fides, unum baptisma.* Idcirco quod nomen Patris sit in divinitate, hoc nomen sit et Filii in natura deitatis, sic et sancti Spiritus identidem hoc nomen sit in substantia claritatis. »

CAP. IX.

Item idem in eodem libro: *Unitam naturæ virtutem ostendens mittentis et missi Filii*, sic dicit: « O inaudita adhuc penitus tam inquisita perscriptio! Itaque suggerente ipso de se sancto Spiritu respondeo. Nunc oportet nos unum pro multis pertinens dare auctoritatis exemplum. Memento unitam esse hanc naturæ virtutem mittentis et missi, dum hic qui nunc missus est, ipse jampridem misisse mittentem inveniatur. Denique per sanctum Isaiam Dominum Dei Filium accipe testantem: *Accedite ad me et audite hæc. Non ab initio in occulto locutus sum. Cum fieret, illic eram, et nunc Dominus misit me et Spiritus ejus* (*Isa.* XLVIII). Disce tandem aliquando unam esse hanc naturam divinitatis mittentis et missi, dum qui nunc in Evangelio quamvis missurum se Spiritum paraclitum testatus sit, tamen se ipse ab eo jam prius missum per inclytum prophetam Isaiam fuisse professus sit: dum hic qui mittitur a mittente nunquam dividitur, quia indiscreta natura est: dum inter mittentem et missum personæ ostenduntur, et nulla in divinitate divisio est, propterea quod ubique præsens sit hæc unita plenitudo, et omnia impleat interius et exterius a summitate cœlorum usque ad profundum inferorum. »

CAP. X.

Item idem ipse[a] in libro quem fecit contra objectiones cujusdam Potentini Urbici, ita prosequitur: « Filius, *inquit*, ad Patrem clamat: *Pater, honorifica et nomen tuum. Et venit vox de cœlis: Et honorificavi, et iterum honorificabo* (*Luc.* XII). Nam et alio in loco idem ipse repetit: *Ego a Patre exivi et veni* (*Joan.* XVII). Utique si ipse erat Pater in persona qui et Filius, sic debuerat intimasse: Ego a me exivi et veni in hunc mundum, dum procul dubio alter sit qui exivit, et alius de quo exierit. Sed ad hæc subjunxit de persona sancti Spiritus: *Dum venerit advocatus ille, quem ego mittam vobis a Patre meo, Spiritum veritatis, qui a Patre meo procedit, ipse testificabitur de me* (*Joan.* XVI). Ita et non alter est qui mittit, et alius adæque in persona a quo procedit, et alter est hic ipse qui venit? Denique si una esset persona, a quo tandem mitteretur, vel a quo procederet? Sicut Apostolus hæc in salutatione ad Corinthios confirmat, dicens: *Gratia Domini nostri Jesu Christi, et charitas Dei*, hoc est, Patris, *et communicatio sancti Spiritus cum omnibus vobis* (*II Cor.* XIII, 13). Nonne aperte per singula nomina, sicut superius continentur, singulas personas inesse distinxit? Denique ad hæc ipsius Filii dicta suscipe dicentis: *Alius est qui testimonium perhibet mihi, qui me misit Pater* (*Joan.* V, 32). Dum utique de se dicit *alius*, vides quia alius est Pater in persona Filii, et non alius est in divinitate, sed et de Spiritu sancto sic ait: *Rogabo Patrem meum, et alium paraclitum mittet vobis* (*Joan.* XIV, 16). Considera et alterum esse Spiritum paraclitum in persona, et non tamen esse alterum in divinitate. Ideo alter ab altero in persona tantum differt, et non in deitate οὐσία. Itaque alter est Pater in persona qui genuit, et alius Filius est qui genitus ab ipso, et alius Spiritus paraclitus qui de unita natura est. Sed dicis mihi hæretice! Quemadmodum Spiritus de unita natura consistit? Ecce Filius de eo testatus est: *A Patre procedit*, et sic prosecutus est: *Et de meo accipiet.* Quod testimonium Pater comprobavit, dicens: *Spiritus a me procedit.* »

CAP. XI.

Item idem in libro V de unita ac sempiterna substantia Trinitatis: *Quod Spiritus sanctus a Patre et a Filio procedit.* « Sempiternitatis Patris Filius ejus est, quia de ipso inenarrabiliter ante omne exordium omnino natus est. Et sempiternitas Filii Pater ejus est, quia ipse eum ante cuncta sæcula sæculorum incomparabiliter genuit. Sic sempiternitas Spiritus paracliti unita deitas ejus est cum Patre et Filio quæ facta non est, sicut Filius testatus est de eo: *A Patre procedit, et de meo accipiet.* Sed et Pater hæc dicta comprobat per prophetam, dicens: *Spiritus a me procedit.* Et alio in loco: *Effundam de Spiritu meo super omnem carnem* (*Joel* II, 28). Quod in Pentecoste in apostolos factum fuisse Scriptura divina testatur. Nam sicut Pater declarat Filium suum deitate sua, quoniam Deus verus est, sic et Spiritus sanctus revelat Patrem et Filium in unita natura sua æterna, quoniam Deus verus est. Hæc, inquam, unita omnipotens sempiternitas Trinitas est, cui de recenti in deitate nulla accessit dignitas. »

CAP. XII.

Item idem in eodem libro de sancto Spiritu: *Quod in Patre et Filio consistat.* « Non est, inquit, divina substantia aut extensa vel protensa in aliquo, vel excisa in patribus, sed nec derivationi alicujus rei comparatur, quia liquor non est in hac natura plane, sed nec defluxio quædam est, quia nullum detrimentum vel augmentum sustinet: præsertim cum inenarrabilis sit hæc plenitudo substantiæ individuæ Trinitatis, sicut ipse Deus Dei Filius indicat: *Ego in Patre et Pater in me.* Sed et Spiritus sanctus in Patre et Filio et in se consistens, sicut Joannes

[a] *In libro quem.* Hujus libri, qui quartus est *de Unitate Dei*, titulus hic habetur in editis, *De singulis nominibus*

evangelista in Epistola sua tam absolute testatur: *Et tres unum sunt.* »

CAP. XIII.

Idem ipse in libro VI de Beatitudine fidei: *Quod Spiritus sanctus in virtute præscientiæ Patris et Filii unanimiter consistat.* « De unito nomine deitatis multifariam quamvis sit dictum per singulas personas, quod retulisti in Patre, hoc ipsum ut confitearis necesse est uniter esse et in Filio. Deum de Deo, lumen de lumine, totum de toto, et totum in toto, perfectum de perfecto, plenitudinem de plenitudine, integrum de integro, sempiternum de sempiterno, sapientiam de sapientia, virtutem de virtute, unum de uno, et unum in uno, verum de vero, Filium de Patre, natum non factum, unius substantiæ cum Patre, sed et Spiritum sanctum, qui de una Trinitate consistit, Deum verum, lumen verum, totum perfectum, totum plenum, integrum, sempiternum, in ipso sapientiam, virtutem præscientiæ Patris et Filii consistentem. »

CAP. XIV.

Item ipse in libro VII de professione regulæ catholicæ, de sancto Spiritu sic commemorat exemplum ponens de Psalmographo: « *Verbo Domini cœli firmati sunt, et Spiritu oris ejus omnis virtus eorum* (*Psal.* XXXII, 6). Utique Verbum Filium declaravit, Dominum autem Patrem ejus indicavit, et Spiritum oris ejus Spiritum principalem esse demonstravit. Vides quam breviter per singulas significationes in personis inesse distinxit, id est Verbum, et Dominum et Spiritum, et unitam operationem in his esse ostendit. Nam si te adhuc in aliquo ambiguitas tenet, eadem ipsa repeto. Ubi ait: *Verbo Domini*, non solum vocis inconsubstantivum accipias, quem si validius quis emiserit, de montibus solet resonare echo, cujus tantum in phantasia auditus est resonantis, sed factus nullus. Sane de hoc verbo Domini nostri Patris, qui est salus nostra, sic ubique divinæ Scripturæ testantur, quia Filius Dei Deus est substantivus, *per quem omnia facta sunt*. Ergo quia dixit: *Verbo Domini cœli firmati sunt, et Spiritu oris ejus omnis virtus eorum*, cognosce hoc verbum substantivum non aliunde quam de Patre proprie natum fuisse, sed *et Spiritu oris ejus* eum Spiritum dixit, qui de ipsa unita substantia processit, sicut cautum invenimus, non ex alia natura quam de ipsa, ac per hoc unita est Patris et Filii et sancti Spiritus substantia, quam Græci dicunt οὐσίαν, et unita est ejusdem Trinitatis operatio in factura. »

CAP. XV.

Item ipse [a] in libro VIII de Fidei Unitate: *Quod* A *Spiritus sanctus a Patre et Filio quasi una procedat flamma*, egregie paucis verbis ita concludit: « Quomodo ergo duo ligna conjuncta missa in fornacem ignis, et de duobus lignis procedit flamma inseparabilis, sic de Patris et Filii virtute procedit Spiritus sanctus, ipsam virtutem deitatis habens. Sicut beatissimus Paulus posuit dicens: *Mediator Dei et hominum homo Christus Jesus* (*I Tim.* II, 5), non Deus Dei mediator. Unum enim est, *usque ad* Trinitatem. »

CAP. XVI.

Item idem ipse [b] in libro VIII de Trinitate et de Spiritu sancto, sic dicit: « Significanter vero Dominus et alium paracletum esse dixit Spiritum sanctum, B quoniam ipse paracletus est, sicut Joannes in Epistola sua ait: *Hæc vobis scripsi ut non peccetis. Quod si peccaverimus, paracletum habemus ad Patrem Jesum Christum, et ipse propitiatio est pro peccatis nostris.* Ut doceremur Spiritus cum Filio æqualitatem. »

CAP. XVII.

Item idem in eodem libro: *Quod Spiritus sanctus sit Spiritus Domini Jesu*, ita inquit: « Sicut Pater suscitat mortuos et vivificat, sic et Filius quos vult vivificat. Ad Romanos dicit: *Si Spiritus ejus qui suscitavit Jesum a mortuis habitat in vobis, qui suscitavit Jesum Christum a mortuis, vivificabit et mortalia corpora vestra per inhabitantem Spiritum suum in vobis* C (*Rom.* VIII, 11). »

CAP. XVIII.

Item in eodem libro: *Quod Spiritus sanctus inspiratio sit Patris et Filii, insuper et Filius sit fons Spiritus sancti, quocirca comprehenditur procedere et a Filio.* « Sapientia Salomonis in Proverbiis ita exsequitur: *Lux Domini spiratio est hominum, qui scrutatur interna ventris* (*Prov.* XX, 27). Et manifestum est quia Spiritus omnia scrutatur, quemadmodum scribit Paulus, et quod a principio formato Adam in faciem ejus spirasset Deus Spiritum sanctum, sicut Moyses ait: *Et spiravit Deus in faciem Adæ inspirationem vitæ, et factus est homo in animam viventem* (*Gen.* II, 7). Neque id quod spiratum est a Domino, anima est, secundum fabulatores Judæos: alioqui D quomodo hoc quod a se spiratum est, Deus igni æterno condemnat? Sed vivificans Spiritus est, de quo et Paulus ait: *Spiritus vero vivificat* (*Joan.* VI, 21), et *Spiravit Deus in faciem ejus inspirationem vitæ et factus est homo in animam viventem.* Itaque Spiritus sanctus est spiritus vitæ, a quo excidentes nonnulli viventes mortui sunt, sicut Paulus scribit: *Nam quæ in deliciis est*, ait, *vivens mortua est* (*I Tim.*

[a] *In libro* VIII. Nequaquam, sed in decimo, nisi fortasse Æneas octavum librum de Propriis personis ac de unito nomine Divinitatis laudare voluit, nam hæc ejus ætate in eo libro lecta fuisse constat ex Ratramno, lib. III, cap. 6, quæ nunc illic non comparent.

[b] *Libro* VIII *de Trinitate.* Hoc ex loco perinde atque e superiori, discimus quam temere ab amanuensibus Operum Athanasii tituli huc illuc translati sint: hæc enim et sequentia duo capitula habentur in libro XI, de Fide unitatis Patris, et Filii, et Spiritus sancti. Vide Ratramni librum contra Græcos, lib. III.

x, 6). Alioquin quomodo audiendus est Salomon dicens: *Lux Domini spiratio est hominum, quæ scrutatur interiora ventris*? Si animus hominum lumen Dei esse dicitur, nisi Spiritum sanctum lumen Dei esse credatis, dicente Moyse: *Spiravit Deus in faciem Adæ spiraculum vitæ*. Et Filius Dei: *Ego sum vita*. Sed et sapientia Salomonis introducentis in Salvatorem dicit: *Ecce proferam vobis meæ aspirationis professionem* (Prov. i, 23), sic enim in Proverbiis ait: *Sapientia in exitu canitur, in plateis vero fiducialiter agit, portis autem potentium assistet, in muris quoque civitatis confidenter agit. Quanto tempore obtinent prudentes justitiam, et non erubescent? imprudentes autem contumeliæ cum sint cupidi et impii effecti, odio habuerunt sensum, et obnoxii facti sunt increpationibus. Ecce proferam vobis meæ aspirationis professionem, docebo vos meum sermonem* (Prov. i, 23). Et Isaias Spiritus sancti promissionem prædicans, sic ait: *Dixit Dominus, qui cœlum fecit et affixit eum, qui solidavit terram et quæ in ea sunt, qui dat spirationem populo qui est super eam, et spiritum calcantibus eam* (Isa. xlii, 5, sec. LXX). Dicite qui est populus qui accepit spirationem? nunquid et hic spirationem animam esse dicitis, et dabitis sine anima populum super terram constitisse? Sed non est profecto, nam namque Spiritus sancti prædicans propheta hæc ait. Denique completam professionem super fideles qui fuerant sub illo tempore scripsit Lucas: *Et cum complerentur dies quinquagesimæ, erant pariter omnes in unum, et factus est subito sonus e cœlo, tanquam Spiritus sanctus vehemens ferretur, implens totam domum ubi erant sedentes, et visæ sunt eis divisæ linguæ tanquam ignis, et sedit super unumquemque eorum, et cœperunt loqui variis linguis, prout Spiritus dabat pronuntiare eis* (Act. ii, 1). Simili modo magnus ille Job adversus amicos suos, cum essent Spiritu sancto privati, et nihil verum dicerent, neque opinarentur se ante Deum loqui, aiebat ergo Job: *Nonne ante Deum loquimini?* Et rursum: *Cui annuntiastis verba? Spiratio vero cujus est quæ procedit a te?* (Job xxvi, 4.) Ex quibus unus magna loquens dicebat: *Spiritus est qui mortalibus intercedit, spiratio vero omnipotentiæ est, quæ me docet* (Job viii, 27). Omnipotens autem Filius Dei, de quo Zacharias ait: *Propterea sic dicit Dominus omnipotens: Post gloriam misit me super gentes* (Zach. ii, 8). Igitur Salomone dicente: *Lux Domini spiratio est hominum* (Prov. xx, 27). Et a Moyse instructi: *Spiravit Dominus in faciem Adæ spirationem vitæ, et factus est in animam viventem* (Gen. ii, 7), audientes vero et Salvatorem dicentem: *Ego sum vita* (Joan. xi, 25), et Paulum scribentem: *Lex enim Spiritus vitæ* (Rom. viii, 2), et rursum: *Misit Deus Spiritum Filii sui in corda nostra* (Gal. iv, 6), videntes autem etiam Unigenitum insufflantem in faciem apostolorum et dicentem: *Accipite Spiritum sanctum* (Joan. xx, 22), spirationem igitur Filii in propria vita et substantia manentem Spiritum esse doceamur. Et neque genitum, neque creatum esse a Filio sapiamus, A nequaquam genitum Filium credamus esse Spiritum, et quod Dominus sit verbum Filii genitum vero a Deo verbum suum in propria vita et substantia permanens, cum sit vita Filius Dei. Propterea vero non est genitus ab eo Spiritus, quia non est verbum ejus. Creatum vero dicere Spiritum, absit. Verumtamen spirationem Filii Dei eum et e sanctis Scripturis docti sumus, et fontem spiritus, et Filium Dei dicimus, audientem Filium: *Quia duo nequam fecit populus iste: Me dereliquerunt fontem aquæ vivæ, et foderunt sibi lacus contritos, qui non poterunt aquam portare* (Jer. ii, 13). Aqua viva Spiritus sanctus est, sicut Joannes docuit, Salvatore dicente ad Samaritanam mulierem: *Si scires donum Dei, et quis est qui tibi dicit: Da mihi bibere, tu utique petisses, et* B *dedisset tibi aquam vivam* (Joan. iv, 10), et rursum: *Quicunque biberit ex aqua quam ei dabo, non sitiet in æternum* (Ibid. 13). Et in medio templi clamat: *Si quis sitit, veniat ad me et bibat; qui credit in me, sicut dixit Scriptura, flumina de ventre ejus fluent aquæ vitæ* (Joan. vii, 37). Et interpretatus est sic: *Hoc autem dicebat de Spiritu sancto, quem accepturi erant qui credituri erant in eum* (Joan. vii, 39). Ita etiam et Isaias Dominum dixisse ait: *Quia ego dabo in siti aquam his qui in sicco iter fecerunt, et ponam Spiritum meum super semen tuum, et benedictiones meas super filios tuos, et orientur tanquam in aqua fenum, et velut salix inter fluxus aquæ* (Isa. xliv, 3, 4, sec. LXX). Ergo manifeste in Scripturis C sanctis prohibentibus aquam vivam Spiritum sanctum esse cognovimus. Dominus se fontem Spiritus esse dixit, sic: *Me dereliquerunt fontem aquæ vivæ* (Jer. ii, 13), sicut David canit in Psalmo xxxv (v. 10), dicens ad Dominum: *Quia apud te fons vitæ*. Igitur præter Dominum ostende alium fontem esse vitæ, qui apud eum sit. Non enim dixit, quia tu es fons vitæ, sed *quia apud te fons vitæ est*. Est vero apud Deum, et est Filius fons existens Spiritus, de quo Paulus ad Romanos scribit: *Spiritus vero vitæ propter justitiam* (Rom. viii, 10), ita non alienum, sed proprium Patris esse eum dicit. Nam cum professus fuisset, *quia apud te est fons vitæ*, adjunxit: *In lumine tuo videbimus lumen* (Psal. xxxv), id est in Filio tuo videbimus Spiritum. Necnon etiam in D nomine virtutis Dei appellatus Spiritus, et virtus, et sapientia esse monstratur. Audivimus enim Salvatorem in Evangelio dicentem discipulis suis missurum esse Spiritum sanctum, qui dicit: *Ecce ego præmittam promissionem Patris mei super vos. Vos vero sedete in civitate, donec induamini ex alto virtute* (Luc. xxiv, 49). In Actibus vero apostolorum idem Dominus ait: *Sed accipietis virtutem superveniente super vos Spiritu sancto* (Act. i, 8). Hoc quoque impletum esse comperimus sub die Quinquagesimæ consummatæ. Aut ergo virtutem Dei Spiritum esse profitemini, aut sicut Sabellius paracletum, cum sit virtus Dei, eumdem Filium esse prædicate. Et audientes Paulum dicentem: *Spiritus vero vitæ propter justitiam*, fontem iterum Spiritus instruimur esse Filium

Jeremiam audite clamantem contra Judæos *Quia dereliquerunt me fontem vitæ Deum* Alibi autem Spiritum sapientiæ esse scientes Spiritum sanctum, secundum Isaiam quidem dicentem *Et requiescet super eum spiritus Dei, Spiritus sapientiæ et intellectus* (*Isa* XI, 2) »

CAP XIX

Item idem in Fide catholica *Quod Spiritus sanctus a Patre procedat et a Filio* « Pater a nullo est factus, nec creatus, nec genitus Filius a Patre solo est, non factus, non creatus, sed genitus Spiritus sanctus a Patre et Filio, non factus non creatus, nec genitus, sed procedens Unus ergo Pater, non tres Patres, unus Filius, non tres Filii, unus Spiritus sanctus, non tres Spiritus sancti Et in hac Trinitate nihil prius aut posterius, nihil majus aut minus, sed totæ tres personæ coæternæ sibi sunt et coæquales Ita ut per omnia, sicut jam supradictum est, et Trinitas in unitate, et unitas in Trinitate veneranda sit Qui vult ergo salvus esse, ita de Trinitate sentiat »

CAP XX

Ambrosius Mediolanensis episcopus in libro primo quem scripsit ad Gratianum imperatorem (*De Spiritu sancto*, cap 10, init) *Quod Spiritus sanctus, cum a Patre et Filio procedit, non transeat de loco ad locum*, ita tractat « Etenim si de loco procedit Spiritus, et ad locum transit, etc, *usque ad hæc verba* Et hæc ecclesiastica parvulis *quæ finem capitis imponunt* »

CAP XXI

Item idem ipse in secundo libro *Quod Spiritus sanctus sicut mittitur a Patre, ita mittitur et a Filio, et Filius ipse mittitur a Spiritu* « Considera quia Dominus noster Jesus Christus in Isaia locutus est, a Spiritu sancto esse se missum Nunquid ergo Spiritu minor Filius, quia missus a Spiritu est? Habes igitur scriptum, quod Filius a Patre et Spiritu ejus dicit esse se missum *Ego sum, inquit, primus, ego in æternum, et manus mea fundavit terram, dextera mea solidavit cœlum*, et infra *Ego locutus sum, ego vocavi, ego adduxi eum, et prosperum iter ejus feci Accedite ad me et audite hæc Non in occulto ab initio locutus sum Cum fierent illic eram, et nunc Dominus misit me et Spiritus ejus* (*Isa* XLVIII, 13, 15, 16) Utique qui cœlum fecit et terram, ipse dicit a Domino et Spiritu ejus esse se missum Videtis ergo quod simplicitas sermonis, non injuria sit missionis Ipse igitur missus a Patre, ipse est missus a Spiritu Et ut agnoscas nullam majestatis esse distantiam, etiam Filius Spiritum mittit, sicut ipse dixit *Cum autem venerit Paracletus, quem ego mittam vobis a Patre meo, Spiritum veritatis, qui a Patre meo procedit* (*Joan* XV, 26) Nunc eumdem Paracletum et a Patre esse mittendum supra posuit dicens *Paracletus autem ille Spiritus sanctus, quem mittet Pater in nomine meo* (*Joan* XIV, 26) Vide unitatem, quia quem Deus Pater mittit, mittit et Filius, et quem mittit Pater mittit et Spiritus »

CAP XXII

Item idem in libro tertio (*cap* 1 *et* 2) *Quod Spiritus sanctus a Patre sit missus et Filio, ubi missio, processio intelligitur* « Spiritum quoque et Pater misit ut Filius, Pater misit quia scriptum est *Paracletus autem ille Spiritus sanctus quem mittet Pater in nomine meo*, etc, *usque ad hæc verba* Digitus Dei appellatus est Spiritus sanctus »

CAP XXIII

Item idem ipse in eodem libro (*cap* 20 *et* 21) *Quod fluvius de sede Dei et agni procedens Spiritus sanctus sit ubi intelligitur ejus a Patre et Filio processio* « Habet ergo Spiritus quod habet Christus Habet igitur quod habet Deus, quia omnia quæ habet Pater, habet et Filius Ideoque dixit *Omnia quæ habet Pater, mea sunt* (*Joan* XVI, 15) Nec illud mediocre est, quod de throno Dei exire fluvium legimus Sic enim dicit Joannes evangelista *Et ostendit mihi flumen aquæ vivæ, splendidum tanquam crystallum, procedens de sede Dei et agni, et in medio plateæ ejus, ex utraque parte lignum vitæ faciens fructum Duodecim per singulos menses reddentes fructum suum, et folia ligni ad medicinam omnium gentium* (*Apoc* XXII, 1) Hic est utique fluvius de Dei sede procedens, hoc est Spiritus sanctus, quem bibit qui credit in Christum, sicut ipse ait *Si quis sitit, veniat ad me et bibat Qui credit in me, sicut dicit Scriptura, flumina de ventre ejus fluent aquæ vivæ Hoc autem dicebat de Spiritu* (*Joan* VII, 38) Ergo flumen est Spiritus »

CAP XXIV

Cyrillus, *Quod Spiritus sanctus a Patre procedat et Filio*, in epistola ad Nestorium, sic dicit « De Spiritu quoque cum dicit *Ille me clarificabit* (*Joan* XVI, 14) hoc rectissime sentientes, unum Christum et Filium non velut alterius egentem gloria, confitentur a Spiritu sancto gloriam consecutum quia Spiritus ejus nec melior nec superior illo est, sed quia mira opera faciens ad demonstrationem suæ deitatis virtute propria Spiritus utebatur, ab ipso glorificari dicitur quemadmodum si quis de hominibus asseveret, quod virtus sua vel disciplina quemlibet unumquemque clarificet Quamvis enim in sua sit substantia Spiritus, et ejus intelligatur in persona proprietas, juxta id quod Spiritus est et non Filius, attamen alienus non est ab illo Nam Spiritus appellatus est veritatis, et veritas Christus est, unde et ab isto similiter sicut ex Deo Patre procedit Denique hic ipse Spiritus etiam per sanctorum manus apostolorum miracula gloriosa perficiens, Deum glorificavit Jesum Christum postquam ascendit in cœlum Nam creditus est Christus natura Deus existens, per suum Spiritum virtutes efficiens ideoque dicebat *De meo accipit, et annuntiabit vobis* Nequaquam vero participatione alterius idem Spiritus sapiens aut potens dicitur quia per omnia perfectus est, et nullo prorsus indigens bono. Nam paternæ virtutis et sapientiæ idem Filii Spiritus creditur, et ideo ipse et substantia virtus, et sapientia comprobatur. »

CAP. XXV.

Item idem in Dialogo cum Theodoreto in Tripartita Historia Cyrillo episcopo habito, *Quod Spiritus sanctus a Patre procedat, et a Filio non sit alienus*, sic prosequitur: « Meminimus enim dicentem Christum palam de Spiritu sancto: *Ille me clarificabit*. Novimus ad hæc sancti Spiritus operationem conterentem nequissimas immundasque virtutes, sed non ita dicimus eum sicuti denique unumquemque sanctorum, tanquam aliena per Spiritum sanctum utentem virtute. Fuit enim et est ejus Spiritus, sicuti denique et Patris. Et hoc nobis bene satis explanat scribens sacratissimus Paulus: *Qui autem in carne sunt, placere Deo non possunt. Vos autem non estis in carne, sed in spiritu, si tamen Spiritus Dei habitat in vobis. Si quis autem Spiritum Christi non habet, hic non est ejus* (*Rom.* VIII, 8). Procedit enim ex Deo et Patre Spiritus sanctus, secundum Salvatoris vocem, sed non est alienus a Filio. Omnia enim habet cum Patre, et hoc ipse docuit dicens de Spiritu sancto: *Omnia quæcunque habet Pater, mea sunt. Propterea dixi vobis quia ex meo accipiet, et annuntiabit vobis* (*Joan.* XVI, 15). Ergo glorificavit quidem Jesum Spiritus sanctus inopinabilia operantem: verumtamen sicut Spiritus ejus et non aliena virtus, et eo superior secundum quod intelligitur Deus. »

CAP. XXVI.

Hilarius, Pictavensis episcopus, de Missione Spiritus sancti a Filio, in libro quem scripsit in Germaniam, Galliam, Belgicam, Lugdunensem, Novempopulaniam, Tolosam et Britanniam, sic dicit: « Credimus et in Spiritum sanctum, hoc est paracletum, quem promittens apostolis suis post reditum suum in cœlos, misit docere eos ac memorari omnia, per quem sanctificantur sinceriter in eum credentium animæ. »

CAP. XXVII.

Item idem in eodem libro: « Si quis Spiritum sanctum paracletum dicens, innascibilem Deum dicat, anathema sit. (ª Adjectio nunc Parácleti, anathemati obnoxiam fecit innascibilis in eum Dei prædicationem. Impiissimum enim est innascibilem Deum eum dici, qui ad consolationem nostram sit missus a Filio.) Si quis, sicuti docuit nos Dominus, non alium dicat Paracletum a Filio, dixit enim: *Et alterum Paracletum mittet vobis Pater, quem rogabo eum* (*Joan.* XVI, 16), anathema sit. (A Filio Paracletum missum meminimus, et in principio hoc fides ipsa exposuit. Sed quia frequenter Filius propter indifferentis naturæ virtutem opera sua, opera Patris esse dixit dicens: *Ego opera Patris mei facio*: missurus quoque Paracletum, sicuti frequenter spopondit, interdum eum et mittendum dixit a Patre, dum omne quod ageret, pie referre est solitus ad Patrem. Ex quo hæretici occasionem frequenter arripiunt ut ipsum esse Filium Paracletum dicant, cum in eo quod alium Paracletum mittendum a Patre sit precatus, differentiam missi, rogantisque significet.) Si quis Spiritum sanctum Patrem dicit Patris vel Filii, anathema sit. (Stultitia hæretici furoris hæc coegit in Scriptura referre, non quæstio. Nam Spiritus sancti nomen habeat suam significationem, et Spiritus sanctus paracletus habeat substantiæ suæ et officium et ordinem. Et cum ubique indemutabilis Pater et Filius prædicetur, quomodo pars esse aut Patris et Filii Spiritus sanctus asseretur? Sed quia sicut inter cætera insaniarum genera, etiam hoc quoque proferri ab impiis solet, idcirco a sanctis debuit improbari.) Si quis Patrem et Filium et Spiritum sanctum tres dicit deos, anathema sit. »

CAP. XXVIII.

Item sanctus Hilarius, *Quod unum sit Spiritui sancto a Patre procedere, et a Filio accipere sive mitti*, in libro VIII de sancta Trinitate, ita refert: « *Cum venerit advocatus ille, quem ego mittam vobis a Patre Spiritum veritatis, qui a Patre meo procedit, ipse testificabitur de me* (*Joan.* XV, 26). Advocatus veniet, et hunc mittet Filius a Patre, Spiritus veritatis est qui procedit a Patre, etc., *usque ad* id Filius dandum a se fateatur. »

CAP. XXIX.

Hieronymus in libro Didymi (*lib.* II), quem de Græco in Latinum transtulit, *Quod Spiritus sanctus a Patre egrediatur, et a Filio mittatur, non secundum angelorum, prophetarum et apostolorum ministerium, sed ut a sapientia Dei Spiritum Dei mitti decet*, sic docet, ex quo confitetur et a Filio illum sicut et a Patre procedere: « Cum ergo Spiritus sanctus similiter ut Pater et Filius mentem et interiorem hominem habitare doceatur, non dicam ineptum, sed impium est eum dicere creaturam. Disciplinas quippe, virtutes dico et artes, et his contrarias perturbationes, et imperitias et affectus in animabus habitare possibile est, non tamen ut substantias, sed ut accidentes: creatam vero naturam in sensu habitare impossibile est. Quod si verum est, et Spiritus sanctus absque ulla ambiguitate subsistens, animæ est habitator et cordis, nulli dubium est quin cum Patre et Filio credi debeat increatus. Ex omnibus igitur quæ præcedens sermo disseruit, incorruptibilis et sempiternus secundum naturam Patris et Filii, et Spiritus sanctus demonstratus universam de se ambiguitatem et suspicionem abstulit, ne unus e creatis substantiis æstimetur qui Spiritus Dei sit, et

ª *Adjectio nunc.* Quidquid in hoc capitulo uncinis inclusum est, in veteribus sancti Hilarii editionibus deerat.

quem exire de Patre Salvatoris in Evangelio verba declarant: *Cum venerit*, inquit, *consolator, quem ego mittam vobis, Spiritus veritatis, qui de Patre procedit, ipse testimonium dabit de me* (*Joan.* XV, 26). Consolatorem autem venientem Spiritum sanctum dicit, ab operatione ei nomen imponens, quia non solum consolatur eos quos se dignos esse reperit, sed et ab omni tristitia et perturbatione reddit alienos. Verum incredibile quoddam gaudium et hilaritatem eis tribuit, in tantum ut possit quis Deo gratias referens, quod tali hospite dignus habeatur, dicere: *Dedisti lætitiam in corde meo* (*Psal.* IV, 7). Sempiterna quippe lætitia in eorum corde versatur, quorum Spiritus sanctus habitator est. Iste Spiritus consolator a Filio mittitur, non secundum angelorum et prophetarum et apostolorum ministerium, sed ut mitti decet a sapientia et veritate Spiritum Dei, indivisam habentem cum Patre et Filio substantiam. »

CAP. XXX.

Item idem in eodem libro, post pauca: « Licet enim ex Deo frequenter se dicat exisse Salvator, proprietatem tamen et, ut ita dicam, familiaritatem, de qua sæpe tractavimus, ex vocabulo magis sibi Patris assumens dicit, etc., *usque ad verba*, juxta operationis veritatem. »

CAP. XXXI.

Item idem in eodem opere post pauca: « Quia ergo et Spiritus sanctus in nomine Filii a Patre mittitur, habens Filii proprietatem, etc., *usque ad verba*, Scientiam divinorum. »

CAP. XXXII.

Item idem in eodem opere post pauca: « Denique interpretationem inferens, quomodo dixisset *de meo accipiet*. Protinus subjecit: *Omnia quæ habet Pater, mea sunt, propterea dixi: De meo accipiet, et annuntiabit vobis*, etc., *usque ad verba*, hæc eadem et Pater habet. »

XXXIII.

Item idem in eodem opere post pauca: « Vos autem, ait (haud dubium quin discipuli Christi) qui sapientiam Spiritus suscepistis et vitam et pacem, et non estis in carne, id est, in carnis operibus, neque enim ejus opera perpetratis, siquidem Spiritum Dei habetis in vobis. Item autem Spiritus Dei et Spiritus Christi est, adducens et copulans eum qui se habuerit Domino Jesu Christo, etc., *usque ad*, Trinitatis substantiam demonstratur. »

CAP. XXXIV.

Item idem in eodem opere post pauca: « Cum igitur sancta Scriptura amplius de Trinitate non dicat, nisi Deum Patrem esse Salvatoris, et Filium generatum esse de Patre, hoc autem debemus sentire quod scriptum est: et ostenso quod Spiritus sanctus increatus sit, consequenter intelligere quod cujus non est creata substantia recte Patri Filioque societur. »

CAP. XXXV.

S. Augustinus in homilia super Joannem: « [a] Hic aliquis forsitan quærat, utrum et a Filio procedat Spiritus sanctus. Filius enim solius Patris est Filius, et Pater solius Filii est Pater. Spiritus autem sanctus non est unius eorum Spiritus, sed amborum. Habes ipsum Dominum dicentem: *Non enim vos estis qui loquimini, sed Spiritus Patris vestri qui loquitur in vobis* (*Matth.* X, 20). Habes et Apostolum: *Misit Deus*, inquit, *Spiritum Filii sui in corda nostra* (*Galat.* IV, 6). Numquid duo sunt, alius Patris, alius Filii? Absit. *Unum* enim *corpus* ait, cum significaret Ecclesiam, moxque addidit, *et unus Spiritus* (*Ephes.* IV, 4). Et vide quomodo illic impleat Trinitatem. *Sicut vocati estis*, inquit, *in una spe vocationis vestræ. Unus Dominus*. Hic utique Christum intelligi voluit. Restat ut etiam Patrem nominet. Sequitur ergo: *Una fides, unum baptisma, unus Deus et Pater omnium, qui est super omnes et per omnes, et in omnibus* (*Ibid.*). Cum ergo sicut unus Pater, et unus Dominus, id est Filius, ita sit et unus Spiritus, profecto amborum est: quandoquidem dicit ipse Christus Jesus: *Spiritus Patris vestri qui loquitur in vobis*. Et dicit Apostolus: *Misit Deus Spiritum Filii sui in corda nostra*. Habes in alio loco eumdem Apostolum dicentem: *Si autem Spiritus ejus qui suscitavit Jesum ex mortuis, habitat in vobis* (*Rom.* VIII, 11). Hic utique Spiritum Patris intelligi voluit, de quo tamen in alio loco dicit: *Quisquis autem Spiritum Christi non habet, hic non est ejus* (*Ibid.*, 9). Et multa alia sunt testimonia, quibus hoc evidenter ostenditur, et Patris et Filii esse Spiritum, qui in Trinitate dicitur Spiritus sanctus. Nec ob aliud existimo ipsum proprie vocari Spiritum, cum etiam, si de singulis interrogemus, non possumus nisi et Patrem et Filium Spiritum dicere, quoniam Spiritus est Deus, id est non corpus est Deus, sed Spiritus. Quod ergo communiter vocantur et singuli, hoc proprie vocari oportuit eum, qui non est unus eorum, sed in quo communitas amborum apparet. Cur ergo non credamus, quod etiam de Filio procedat Spiritus sanctus, cum Filii quoque ipse sit Spiritus? Si enim ab eo non procederet, non post resurrectionem se repræsentans discipulis suis insufflasset, dicens: *Accipite Spiritum sanctum* (*Joan.* XX, 22). Quid enim aliud significavit insufflatio, nisi quod procedat Spiritus sanctus et de ipso? Ad hoc pertinet etiam illud quod ait de muliere, quæ fluxum sanguinis patiebatur: *Tetigit me aliquis, ego enim sensi virtutem de me exisse* (*Luc.* VIII, 46). Nam virtutis nomine appellari etiam Spiritum sanctum, et eo loco clarum est, ubi angelus dicenti Mariæ: *Quomodo fiet istud, quoniam virum non cognosco?* Re-

[a] Hic *aliquis*. Moret. Acherius homiliam hanc frustra a se esse quæsitam, sed quod ex ea exscriptum est ab Ænea, Theodulfum quoque retulisse in libro de Spiritu sancto.

sponsit: *Spiritus sanctus superveniet in te, et virtus Altissimi obumbrabit tibi* (*Luc.* I, 35). Et ipse Dominus promittens cum discipulis ait: *Vos autem sedete in civitate, quoadusque induamini virtute ex alto* (*Luc.* XXIV, 49). Et iterum: *Accipietis*, inquit, *virtutem Spiritus sancti supervenientem in vos, et eritis mihi testes* (*Act.* I, 8).

CAP. XXXVI.

Item sanctus Augustinus in libro XIII de Civitate Dei (*cap.* 24): *Quod Spiritus sanctus Patris sit et Unigeniti, et unus amborum. Quod cum ita sit, non est dubium Spiritum sanctum procedere ab utroque.* « Quapropter in eo quod Dominus fecit quando insufflavit, dicens: *Accipite Spiritum sanctum*, nimirum in hoc intelligi voluit quod Spiritus sanctus non tantum sit Patris, verum etiam ipsius Unigeniti Spiritus. Idem ipse est quippe Spiritus et Patris et Filii, et cum quo est Trinitas Pater et Filius et Spiritus sanctus, non creatura, sed Creator. Neque enim flatus ille corporeus de carnis ore procedens substantia erat Spiritus sancti atque natura, sed potius significatio, qua intelligeremus, ut dixi, Spiritum sanctum Patri esse Filioque communem, quia non sunt eis singuli, sed unus amborum est. »

CAP. XXXVII.

Item idem in libro primo de Trinitate quæ Deus est: *Quod Spiritus sanctus et Patris et Filii sit, et Patri et Filio coæqualis, consubstantialis et coæternus*, sic docet: « Omnes quos legere potui qui ante me scripserunt de Trinitate, quæ Deus est, divinorum librorum veterum et novorum catholici tractatores, hoc intenderunt secundum Scripturas docere, quod Pater, Filius et Spiritus sanctus unius substantiæ inseparabili æqualitate divinam insinuent unitatem. Ideoque non tres dii, sed unus Deus, quamvis Pater Filium genuerit, et ideo Filius non sit qui Pater est, Filiusque a Patre sit genitus, et ideo Pater non sit qui Filius est, Spiritusque sanctus nec Pater sit nec Filius, sed tantum Patris et Filii Spiritus, etiam Patri et Filio ipse coæqualis, et ad Trinitatis pertinens unitatem. »

CAP. XXXVIII.

Item idem in eodem libro: *Quod Spiritus sanctus inseparabiliter Patris et Filii sit, quod cum ita sit, magnæ dementiæ est illum a Patre et Filio procedere non profiteri.* « Denique propter ipsam inseparabilitatem sufficienter aliquando nominatur, vel Pater solus vel Filius solus adimpleturus nos lætitia cum vultu suo. Nec inde separatur utriusque Spiritus, id est Patris et Filii Spiritus: qui Spiritus proprie dicitur Spiritus veritatis, quem hic mundus accipere non potest (*Joan.* XIV, 17). Hoc est enim plenum gaudium nostrum, quo amplius non est, frui Trinitate Deo, ad cujus imaginem facti sumus. Propter hoc aliquando ita loquitur de Spiritu sancto, tanquam solus ipse sufficiat ad beatitudinem nostram. Et ideo solus sufficit, quia separari a Patre et Filio non potest, sicut Pater solus sufficit, quia separari a Filio et Spiritu sancto non potest; et Filius ideo sufficit solus, quia separari a Patre et Spiritu sancto non potest. »

CAP. XXXIX.

Item idem in libro tertio de Trinitate: *Quod sanctus Spiritus a Patre et Filio sit missus.* « Cum enim ad id ventum esset, ut vellemus ostendere, non ideo minorem Patre Filium, quia ille misit, hic missus est, nec ideo minorem utroque Spiritum sanctum, quia et ab illo et ab illo missus in Evangelio legitur, suscepimus hoc quærere, cum illuc missus sit Filius ubi erat, quia in hunc mundum venit, et in hoc mundo erat: cum illuc etiam Spiritus sanctus, ubi et ipse erat, quoniam *Spiritus Domini replevit orbem terrarum, et hoc quod continet omnia scientiam habet vocis* (*Sap.* I, 7). »

CAP. XL.

Item idem in libro quarto ejusdem (*cap.* XX) operis aperte docet, *quod Spiritus sanctus procedit a Filio, sicut et a Patre.* « Pater cum ex tempore a quoquam cognoscitur, non dicitur missus. Non enim habet de quo sit, aut ex quo procedat. Sapientia quippe dicit: *Ego ex ore Altissimi prodii* (*Eccli.* XXIV, 5). Et de Spiritu sancto dicimus: *A Patre procedit.* Pater vero a nullo, etc., *usque ad*, operatur omnia in omnibus. »

CAP. XLI.

Item idem in libro sexto de Trinitate, *quod Spiritus sanctus sit Filii Patrisque suavitas: unde qui negat eum ab utroque, consequens est ut neget suavitatem a Patre Filioque procedere.* « Illa ergo dilectio, delectatio, felicitas vel beatitudo, si tamen aliqua humana voce digne dicitur, usus ab illo appellatus est, et est in Trinitate Spiritus sanctus non genitus, sed genitoris genitique suavitas, ingenti largitate atque ubertate perfundens omnes creaturas pro captu earum, ut ordinem suum teneant, et locis suis acquiescant. Hæc igitur omnia quæ arte divina facta sunt, et unitatem quamdam in se ostendunt, et speciem et ordinem. Quidquid enim horum est, et unum aliquid est. »

CAP. XLII.

Item idem in libro XV de sancta Trinitate (*cap.* 17): *Quod sanctus Spiritus procedat a Patre et Filio.* « Nescio cur non sicut sapientia et Pater dicatur et Filius et Spiritus sanctus, et simul omnes non tres, sed una sapientia, etc., *usque ad*, Trinitatis ista distinctio. »

CAP. XLIII.

Item idem in eodem libro (*cap.* 26): « Deinde in illa summa Trinitate, quæ Deus est, intervalla temporum nulla sunt, per quæ possit ostendi aut saltem requiri utrum prius de Patre natus sit Filius, et postea de ambobus processerit Spiritus sanctus, etc., *usque ad*, propter dilectionem Dei. »

CAP. XLIV.

Item idem in eodem libro (*ibid. et cap.* 27) « Numquid ergo possumus quærere utrum jam processerat de Patre Spiritus sanctus quando natus est Filius, an nondum processerat, et illo nato de utroque processit ubi nulla sunt tempora, etc., *usque ad*, videatur mente quod tenetur fide. »

CAP. XLV.

Item S. Augustinus, *Quod Spiritus sanctus sit in Patre et Filio*, sic dicit in libro quem scripsit contra quinque hæreses, id est, Paganos, Judæos, Manichæos, Sabellianos, et Arianos. « Diximus de Patre et Filio quod potuimus et quantum potuimus, si tamen aliquid digne potuimus. De Spiritu sancto tacuimus, sed non cum præterivimus. Quidquid enim de Patre et Filio diximus, de Spiritu sancto diximus. Est enim in illis et cum illis unus et verus Deus, non minor aut tertius Deus. Quid adhuc dicam fatigatis fatigatus? Qui Spiritum sanctum a Patre et Filio æternitate et substantia, vel communione separat, cumque negat Spiritum esse Patris et Filii, plenus est Spiritu immundo, vacuus est Spiritu sancto. Ideo enim dicitur, *Deus charitas* (*Joan.* IV, 8), quia partibus non dividit unitatem, sed ineffabiliter coagulat Trinitatem. Ipsa est enim Trinitas unus Deus, turris fortitudinis a facie inimici, qui in se credentes custodit in sæcula sæculorum. Amen. »

CAP. XLVI.

Item Augustinus in disceptatione quam habuit contra Pascentium comitem Arianorum, præsente Laurentio, judice electo ab utrisque partibus (*epist.* 178 in medio) « Ecce quid est homousion, quod exprobratur injuste? Non enim verbum solum, sed et res in verbo est, nec solus sermo sonans auribus, sed substantia una est Dei credenda in mentibus. Si enim in hominibus credentibus in se totus Deus credendus est habitare, quomodo Filium totum in se Pater aut Filius Patrem non credatur excipere? Ac per hoc ipse in Patre, et Pater in eo manet, et ex Patre vel Filio sanctus credendus est Spiritus non solum processisse, sed semper ad peragenda opera Trinitatis omnino procedere. »

CAP. XLVII.

Item S. Augustinus, *Quod Spiritus sanctus procedat a Patre et Filio*, in libro secundo (*imo lib.* III, *cap.* 17), quem scripsit contra Maximinum hæreticum, sic ait: « Magnum aliquid sane tibi dicere videris, quia dicis, Filius erat in principio antequam aliquid esset, Pater vero ante principium. Ubi legisti ut hoc crederes? Unde præsumpsisti ut hoc diceres, ubi nec auctoritas ulla nec ratio est? Quid est enim ante principium, quandoquidem quidquid ante esset, hoc esset principium? Si ergo Pater ante principium est, ante se ipsum est, quia et ipse principium est. Quid est autem, *In principio erat Verbum* (*Joan.* I, 1), nisi in Patre erat Filius? Et ipse Filius interrogatus a Judæis quis esset, respondit, *Principium qui et loquor vobis* (*Joan.* VIII, 25). Pater ergo principium non de principio, Filius principium de principio. Sed utrumque simul, non duo, sed unum principium. Sicut Pater Deus et Filius Deus, ambo autem simul, non duo dii sed unus Deus. Nec Spiritum sanctum de utroque procedentem negabo esse principium, sed tria hæc simul sicut unum Deum, ita unum dico esse principium. »

CAP. XLVIII.

Item idem in eodem libro: « Quæris a me: si de substantia Patris est Filius, de substantia Patris est etiam Spiritus sanctus, cur unus Filius sit, et alius non sit Filius? Ecce respondeo, sive capias, sive non capias. De Patre est Filius, de Patre est Spiritus sanctus, etc., *usque ad* sed inde est unde procedit. »

CAP. XLIX.

Item S. Augustinus[a] in libro de Incarnatione Domini: « Spiritum quoque sanctum non ingenitum neque genitum, sed ex Patre Filioque procedentem, eo quod Patris et Filii sit Spiritus, et ipse consubstantialis et coæternus ambobus, nec alium fuisse Spiritum sanctum quem insufflans dedit, et alium quem post ascensionem suam misit. Unus enim Spiritus Dei, Spiritus Patris et Filii, Spiritus sanctus, idem Deus qui operatur omnia in omnibus. Ita ut perfecta credatur Trinitas propter proprietatem personarum, et unus Deus propter inseparabilem Trinitatem. »

CAP. L.

Item S. Augustinus[b], in libro Expositionis fidei ad Petrum: « Sicut ergo nec Filius posterior aut minor est Patre, ita nec Spiritus sanctus posterior aut minor est Filio, etc., *usque ad*, Græci οὐσίας vocant. »

CAP. LI.

Item idem in eodem opere post pauca: « In illa igitur sancta Trinitate, quod ideo a nobis repetitur, ut vestro cordi tenacius infigatur, unus est Pater qui solus essentialiter de seipso unum Filium genuit, et unus Filius, qui de uno Patre solus est essentialiter natus, et unus Spiritus sanctus, qui solus essentialiter de Patre Filioque procedit. Hoc autem totum una persona non posset, id est et gignere se, et nasci de se, et procedere de se. Quia igitur aliud est genuisse quam natum esse, aliudque procedere quam genuisse vel natum esse, manifestum est, quoniam alius est Pater, alius est Filius, alius est Spiritus sanctus. »

[a] *In libro de Incarnatione.* Nullum nunc novimus Augustini tractatum de Incarnatione, nam eos libros de Incarnatione, qui inter Opera S. Augustini editi sunt, satis constat alterius cujusdam esse scriptoris. In quibus cum non reperiatur hoc capitulum, nemini dubium esse debet quin fragmentum sit operis cujusdam deperditi.

[b] *In libro expositionis.* Nunc omnes norunt ejus expositionis scriptorem fuisse non Augustinum, sed Fulgentium, cujus inter Opera edita est anno 1684, pag. 502.

CAP. LII.

Item idem in eodem opere (*cap.* 2): « Neque enim in illa Trinitate proprium esset solius Patris, quod non est natus ipse, sed unum Filium genuit; neque enim proprium solius Filii, quod non genuit ipse, sed Patris essentia natus est; neque enim proprium Spiritus sancti, quod nec natus ipse nec genuit, sed solus de Patre Filioque incommutabili æternitate procedit. »

CAP. LIII.

Item idem in ipso opere post pauca (*cap.* 11): « Firmissime et nullatenus dubites eumdem Spiritum sanctum qui Patris et Filii unus Spiritus est, de Patre et Filio procedere, etc., *usque ad*, quia de ejus ore procedit. »

CAP. LIV.

Hormisdas papa Romanæ Ecclesiæ. *Quod Spiritus sanctus a Patre Filioque procedit*, sic dicit in epistola quam ad Justinum imperatorem misit adversus Nestorii et Eutychetis blasphemias (*Epist.* LXXVI): « Adoremus Patrem et Filium et Spiritum sanctum, indistinctam distincte, incomprehensibilem et inenarrabilem substantiam Trinitatis, ubi etsi admittat numerum ratio personarum, unitas tamen non admittit [a] essentiæ separationem. Ita tamen ut servemus divinæ propria unicuique personæ, ut ne personis divinitatis singularitas denegetur, nec ad essentiam hoc quod est proprium nominum transferatur. Magnum est, sanctum et incomprehensibile mysterium Trinitatis, Deus Pater, Deus Filius, Deus Spiritus sanctus, Trinitas indivisa, et tamen notum est quia proprium est Patris generare Filium, proprium Filii Dei ut ex Patre Patri nasceretur æqualis, proprium Spiritus sancti ut de Patre et Filio procederet sub una substantia deitatis. »

CAP. LV.

Leo, papa Romanæ Ecclesiæ. *Quod Spiritus sanctus a Patre Filioque procedat*, sic dicit in epistola quam misit ad Turibium Asturicensem episcopum (*epist.* 93, c. 1): « Primo itaque capitulo demonstratur quam impie de Trinitate divina sentiant, qui Patris et Filii et Spiritus sancti unam atque eamdem asserunt esse personam, tanquam idem nunc Pater, nunc Filius, nunc Spiritus sanctus nominetur, nec alius sit qui genuit, alius qui genitus est, alius qui de utroque procedit, et singularis unitas in tribus quidem vocabulis, sed non in tribus sit accipienda personis. Quod blasphemiæ genus de Sabellii opinione sumpserunt. »

CAP. LVI.

Gregorius, papa Romanæ Ecclesiæ. *Quod Spiritus sanctus a Patre Filioque procedat*, in homilia 26 sic dicit: « Itaque dicitur: *Sicut misit me Pater, et ego mitto vos* (*Joan.* XX, 21), id est ea charitate vos diligo cum inter scandala persecutorum mitto, qua me charitate Pater diligit, quem venire ad tolerandas passiones fecit. Quamvis mitti etiam juxta naturam divinitatis possit intelligi. Eo enim ipso a Patre Filius mitti dicitur, quo a Patre generatur. Nam sanctum quoque Spiritum qui, cum sit æqualis Patri et Filio, non tamen incarnatus est, iisdem se Filius mittere perhibet et dicens: *Cum venerit Paracletus quem ego mitto vobis a Patre* (*Joan.* XV, 26), etc., *usque ad*, debeat ad amorem Domini. »

CAP. LVII.

Item idem in libro Moralium secundo (*cap.* 27): « Si prophetiæ Spiritus prophetis semper adesset, David regi de templi constructione consulenti nequaquam Nathan propheta concederet quod post paululum negaret. Unde bene in Evangelio scriptum est: *Super quem videris Spiritum descendentem et manentem super eum, hic est qui baptizat* (*Joan.* I, 33). In cunctos namque fideles Spiritus venit, sed in solo mediatore singulariter permanet, quia ejus humanitatem nunquam deseruit, ex cujus Divinitate procedit. In illo igitur manet, qui solus et omnia et semper potest. »

CAP. LVIII.

Item idem in eodem libro post pauca (*cap.* 28): « In his igitur donis sine quibus ad vitam perveniri non potest, Spiritus sanctus sive in prædicatoribus suis, seu in electis omnibus semper manet, etc., *usque ad*, manet ad cuncta. »

CAP. LIX.

Item idem in libro quinto (*cap.* 26). *Quod Spiritus sanctus de Patre procedat, et de eo quod est Filii accipiat, ubi intelligitur et ab eo procedere*: « *Et vocem quasi auræ lenis audivi* (*Job* IV, 16). Quid enim per vocem auræ lenis, nisi cognitio Spiritus sancti designatur? qui de Patre procedens, et de eo quod est Filii accipiens, nostræ tenuiter notitiæ infirmitatis infunditur, etc., *usque ad*, illuminando perturbat. »

CAP. LX.

Fulgentius [b]. *Quod solus Pater genuerit Filium, solus Filius a Patre genitus sit, solus Spiritus sanctus a Patre Filioque procedat*, in libro tertio quem scripsit contra Fabianum, sic dicit: « Veraciter quippe profitemur solum Patrem genuisse, solum Filium de Patre natum esse, veraciter etiam dicimus solum Spiritum sanctum de Patre Filioque procedere. »

CAP. LXI.

Item idem in libro quinto contra eumdem Fabianum: « Ecce inquantum potui, licet breviter, reddidi rationem, qua unum Deum dicamus Patrem et Filium et Spiritum sanctum, et in ipsa imagine Dei ostendi quoddam divinæ agnitionis indicium. In qua quidem imagine memoria, intelligentia et voluntas

[a] *Essentiæ separationem.* Sic maluimus ex editis, quam quod antea legebatur, *essentiam*.

[b] *Fulgentius.* Nihil ex istis Fulgentii libris exstat præter hæcce fragmenta, quæ Theodulfus etiam exscripsit in libro de Spiritu sancto.

non habent singulas propriasque personas. Imago quippe est ista non nata, sed facta, non genita, sed creata. Ad hoc utique ut sicut in ista una imagine invenitur quædam discretio vocabulorum, sic in illa una divinitate cognoscatur discretio personarum, ut naturalis unitas ostendat unum Deum esse Patrem et Filium, et Spiritum sanctum, personarum vero proprietas demonstret alium esse Patrem, alium Filium, alium Spiritum sanctum. Alium autem Patrem, non eo quod Deum est, sed eo quod Pater est, et alium Filium, non eo quod Deus est, sed eo quod Filius est, alium quoque Spiritum sanctum, non eo quod Deus est, sed eo quod et Patris et Filii Spiritus est. Alium ergo Patrem, quia genuit alium Filium, quia de Patre natus est, et alium Spiritum, quia de Patre Filioque procedit. Non tamen alium Deum Patrem, et alium Deum Filium, et alium Deum Spiritum sanctum, sed unum Deum Patrem, et Filium, et Spiritum sanctum. Non enim confundit unitas Trinitatem, nec Trinitas separat unitatem, quia quod in personarum proprietate discernitur, hoc unum naturaliter essentiæ unius communione monstratur. »

CAP. LXII.

Item idem in libro VII ejusdem operis: « *Non enim loquetur a semetipso, sed quæcunque audiet loquetur, et quæ ventura sunt annuntiabit vobis. Ille me clarificabit, quia de meo accipiet et annuntiabit vobis* (*Joan.* XVI, 13). Ecce primum ostendit non esse alia Spiritus sancti, quam quæ sunt Filii. Deinde ut ostenderet omnia sua esse quæ Patris sunt, adjecit: *Omnia quæcunque habet Pater, mea sunt: propterea dixi quia de meo accipiet et annuntiabit vobis.* Illud igitur primitus attendamus quod ait: *Non enim loquetur a semetipso, sed quæcunque audiet loquetur.* Quis autem comprehendat qualis sit illius simplicis naturæ locutio, vel qualis auditio, ubi non est aliud audire quam esse? Audit itaque Spiritus sanctus quæcunque Pater et Filius dicit, et hæc eadem similiter facit. In illa enim natura, ubi est summa et vera simplicitas, in eo Filius videt quod Pater facit, Spiritus sanctus audit quod cum Patre Filius dicit, quia communione naturalis essentiæ, et Filius de Patre natus exstitit, et Spiritus sanctus de Patre Filioque procedit. Hoc igitur est Spiritui sancto audire, quod est de natura Patris Filiique procedere et hoc est loqui, quod est per gratiam nostris cordibus ineffabiliter intimare. »

CAP. LXIII.

Item idem in eodem libro: « *Et non rapiet eas quisquam de manu mea. Pater meus quod dedit mihi, majus omnibus est: et nemo potest rapere de manu Patris mei. Ego et Pater unum sumus* (*Joan.* X, 28). Hæc est ergo vox quam oves ejus audiunt, quæ scilicet in eo quod nemo rapit de manu Filii, neque de manu Patris, unam virtutem Filii et Patris intelligunt, et audientes ab eo quia ipse et Pater unum sunt, unitatem veram in Patre et Filio essentiæ na- A turalis agnoscunt. Hæc est vox Filii, hæc est locutio Spiritus sancti, quia de natura Patris natus est Filius, et exinde procedit Spiritus sanctus. Hoc etiam a Patre et Filio Spiritus sanctus audit, quia de Patre et Filio communis divinitatis æqualitate procedit. Non ergo Spiritus sanctus loquitur a seipso, quia non est a seipso, sed de Patre et Filio habet naturalem locutionem, unde naturaliter procedens habet originis veritatem. Ad hoc utique pertinet quod ait: *Ille me clarificabit, quia de meo accipiet et annuntiabit vobis. Omnia quæ habet Pater mea sunt: propterea dixi, quia de meo accipiet.* Quam bene veritatem doctrinæ suæ veritas ipsa servavit! Si enim hoc non dixisset, quasi suum esse tantum Spiritum ostendisset; sed dicens: *Omnia quæ habet Pater* B *mea sunt; propterea dixi quia de meo accipiet*, ipsum Spiritum sanctum unum esse ostendit et Patris et suum. Cujus intelligentia dicens: *Paracletus autem Spiritus sanctus, quem mittet Pater in nomine meo, ille vos docebit omnia quæcunque dixero vobis.* Pater mittit, sed in nomine Filii mittit. Spiritus missus a Patre docet, sed Filius dicit. Hoc etiam illo demonstratur loco, ubi Dominus dicit: *Cum autem venerit Paracletus quem ego mittam in vos a Patre, Spiritum veritatis, qui a Patre procedit.* Ecce hic paracletum quem mittit Pater in nomine Filii, ipsum mittit Filius a Patre: mittit autem a Patre Spiritum veritatis. Mittit ergo a Patre Spiritum suum, quia ipse est veritas, mittit eum Pater in nomine Filii, quia unus C Spiritus est Patris et Filii. Mittit eum Filius a Patre, quia sic procedit a Filio, sicut procedit a Patre. Idem quoque Spiritus Patris, qui Spiritus est veritatis. De Filio ergo accepit, et omnia quæ habet Pater, Filii sunt, quæ Spiritus sanctus accepit, quia non de solo Patre, nec de solo Filio, sed simul de utroque procedit. Hoc autem vocabulum processionis de Patre nulli creaturæ invenitur indultum, ut proprietas ista processionis solius esse demonstretur essentiæ naturalis. Legimus enim Filium de Patre genitum, et quamvis in eo quod unigenitus dicitur, in solo naturalis generatio demonstretur, tamen propter gratiam adoptionis nos quoque Deus Pater voluntarie genuit verbo veritatis. Unigenitus igitur unus et solus est de Pa- D tris essentia Filius natus, sed et nos per adoptionem et filii Dei dicimur, et de Deo nati, beato Evangelista dicente: *Quotquot autem receperunt eum, dedit eis potestatem filios Dei fieri, his qui credunt in nomine ejus: qui non ex sanguinibus, neque ex voluntate viri, sed ex Deo nati sunt* (*Joan.* I, 12). Cum ergo nosset Dei filios et de Deo genitos, et de Deo natos divinis ostendatur eloquiis, processionis tamen de Deo vocabulum nemo potest creaturæ cuiquam docere concessum. Quid ita, nisi quia unigenitum Filium posset naturalis nativitas verum Deum ostendere, eumque non adoptivum, nec diversæ naturæ, sed consubstantialem Patri sine dubitatione monstrare. Procedere autem de Deo ideo nulla creatura dicitur, ut ille qui procedit de Patre et Filio, sic esse credatur Deus, sicut est Pater et Filius, solus A est enim Spiritus sancti de Patre et Filio proprietas ista processionis, cujus est cum Patre et Filio natura communis. De Patre quippe ac Filio procedit, sed non recedit; nec est in aliquo minor aut subditus, qui de Patre immenso, ac de immenso Filio inseparabiliter et unus procedit et totus. Sic igitur ei non potest imperari quod inseparabiliter operatur. »

CAP. LXIV.

Item idem in libro VIII ejusdem operis: « Filius est igitur a Patre missus, non Pater a Filio, quia Filius est a Patre natus, non Pater a Filio. Similiter etiam Spiritus sanctus a Patre et Filio legitur missus, quia a Patre Filioque procedit. Sed quia non uno modo in Scripturis sanctis dicitur missio, propterea in sacramento incarnationis non solum a Patre, verum etiam ab Spiritu sancto missus est Filius, quia mediator Dei et hominum homo Christus Jesus totius est Trinitatis operatione plasmatus. Alio autem modo mittitur a Patre et Filio Spiritus sanctus, quia naturaliter a Patre Filioque procedit. Mittitur enim a Patre et Filius et Spiritus sanctus, cum ab ipsa Trinitate uno Deo gratiæ spiritalis donatur effectus. »

CAP. LXV.

Item idem in libro IX ejusdem operis: « Deum itaque Patrem non totius Trinitatis, sed Filii et Spiritus sancti fatemur auctorem, de quo habet et unigenitus Filius æternæ nativitatis, et Spiritus sanctus æternæ processionis originem. Unitas autem naturalis, creatorem Filium de creatore Patre naturali nativitate insinuat exstitisse, et creatorem Spiritum sanctum de Patre Filioque procedere. »

CAP. LXVI.

Item idem in libro X ejusdem operis: « Expleta vero confessione veræ Divinitatis, veræque humanitatis unici Filii Dei, confitemur nos credere in Spiritum sanctum, qui est unus Spiritus Patris et Filii, de Patre Filioque procedens, in Patre Filioque naturaliter manens, de Patre ac Filio unius Deitatis habens naturaliter veritatem. »

CAP. LXVII.

Item idem, ut ostenderet Spiritum sanctum æqualem Patri et Filio, eumdem Spiritum sanctum et a Patre et a Filio, et Filium a Patre et Spiritu sancto missum esse testatur in libro secundo quem scripsit ad Trasemundum regem (*lib. II ad Monimum, c. 6*): « Jam nunc etiam illa nobis est de Spiritus sancti missione quæstio revolvenda, etc., *usque ad* quoquomodo localis adventus. »

CAP. LXVIII.

Isidorus Spalensis episcopus, in libro secundo Officiorum (*cap. 23*) inter cætera sic dicit: « Hæc est autem post apostolicum Symbolum certissima fides, quam doctores nostri tradiderunt, ut profiteamur Patrem et Filium et Spiritum sanctum unius essentiæ, ejusdemque potestatis et sempiternitatis unum Deum invisibilem, ita ut singulis personarum proprietate servata, nec substantialiter Trinitas dividi, nec personaliter debeat omnino confundi. Patrem quoque confiteri ingenitum, Filium genitum, Spiritum autem sanctum nec genitum nec ingenitum, sed ex Patre et Filio procedentem; Filium a Patre nascendo procedere, Spiritum vero sanctum procedendo non nasci. »

CAP. LXIX.

Isidorus in libro septimo Etymologiarum (*cap. 3, Quod Spiritus sanctus a Patre Filioque procedat*), sic dicit: « Spiritus sanctus ideo prædicatur Deus, quia ex Patre Filioque procedit, etc., *usque ad* hic non B est ejus. »

CAP. LXX.

Item idem in eodem opere post pauca (*cap. 4*): « Pater igitur et Filius et Spiritus sanctus Trinitas et unitas. Idem etenim unum, idem et tria. In natura unum, in personis tria. Unum propter majestatis communionem, tria propter personarum proprietatem. Nam alius Pater, alius Filius, alius Spiritus sanctus, sed alius, non quidem aliud, quia pariter simplex, pariterque incommutabile bonum et coæternum. Pater solus non est de alio, ideo solus dicitur ingenitus. Filius solus de Patre est natus, ideo solus appellatur genitus. Spiritus sanctus solus de Patre et Filio procedit, ideo solus jam amborum C nuncupatus Spiritus. »

CAP. LXXI.

Item idem in libro Differentiarum (*lib. II, cap. 3*): « Inter personam Patris et Filii et Spiritus sancti ita secernitur, quod Pater nec factus nec natus est, Filius natus non factus, Spiritus vero sanctus nec natus nec factus, sed ex Patre procedens, » etc., *usque ad finem capitis*.

CAP. LXXII.

Item idem in libro Sententiarum (*lib. I, cap. 17*): « Spiritus sanctus creator est, sicut Pater et Verbum, testante propheta: *Spiritus Domini fecit me, et spiraculum omnipotentis vivificavit me* (*Job XXXIII, 4*). Spiritus sanctus Patris et Filii est, et inde unum D sunt Pater et Filius, quia nihil habet Pater quod non habeat Filius. Non enim res una et duorum communis substantialis poterit simul ab eis procedere, et simul inesse, nisi unum fuerint a quibus procedit. »

CAP. LXXIII.

Prosper in libro de Vita contemplativa (*sive Julianus Pomerius, lib. I, cap. 18 et 19*), *Quod Spiritus sanctus a Patre, et Filio procedat*, sic docet: « Ac cum non solum secundum Apostolum nos oporteat formam præbere fidelibus, sed etiam eos ipsos fideles qui nobis divinitus instituendi commissi sunt instruere debeamus, de Patre quomodo solus accipiatur ingenitus, de Filio quomodo solus dicatur genitus, et de Spiritu sancto quomodo ex Patre et Fio procedens, nec ingenitus possit dici nec genitus, ualiter ista tria unum sint et hoc unum non dividitur sed distinguatur in tria, » etc., *usque ad* benegat

CAP. LXXIV

Vigilius, Africanus episcopus (*al.* Vigilius sive irgil. Trident. episc., l. 1), Spiritum sanctum a atre Filioque procedere his verbis demonstrat in bris quos scripsit Constantinopoli in defensionem omni Leonis papæ contra Eutychianistas « Similiter obis et de Trinitate quæstionem aliquam movent, t quia sunt quædam propria Patris, quæ nec ad ilium, nec ad Spiritum sanctum pertineant, et unt quædam propria Filii, quæ nec ad Patrem nec d Spiritum sanctum pertineant, et sunt etiam Spiritus sancti nonnulla propria, quæ nec ad Patrem, ec ad Filium pertinere monstrantur, tres a se inicem separatos criminentur catholicos credere eos. Sed ne forsitan inopinata quæstione turberis, dverte per singula suscepti hominis dispensationem ec ad Patrem nec ad Spiritum, sed ad solum pertire Filium. Proprie enim Filius non Pater de irgine natus est. Rursus illa quæ super eum audita st vox, *Hic est Filius meus dilectus*, nec ad Filium ec ad Spiritum sanctum, sed ad Patrem pertinet olum. Item columbæ species quæ in Jordane appauit, et ignearum linguarum multipertita distributio roprie ad sancti Spiritus personam pertinere montratur. Sed ne adhuc de his proprietatibus dubites, udi manifestius. Proprium Patris est genuisse, et roprium Filii est natum fuisse, proprium vero est piritui sancto de Patre Filioque procedere. Nec mnino reciprocatur in aliam personam, quod est nicuique personæ specialiter proprium. Si ergo hæ res personæ habentes singulæ proprietates suas, uibus significantius distinguantur non quibus separentur, unus est Deus, quomodo Filius salva ilius-que naturæ proprietate non est unus Christus? »

CAP. LXXV

Proclus, Constantinopolitanus episcopus in epistola ad Armenios adversus hæreticos destinata Spiritum anctum ab essentia deitatis inseparabiliter procedere his verbis edocet « Fugiamus itaque consilia seductionis fluenta hæreticorum dico perniciosa, Deoque inimica contagia, Arii vesaniam, qui Trinitatem inseparabilem substantiis dividit. Eunomii audaciam, qui naturam incomprehensibilem in infra scientiam humanitatis includit. Manichæi et Macedonii rabiem, qui sequestrat ab essentia Deitatis Spiritum sanctum, ut separabiliter procedentem. »

CAP. LXXVI

Agnellus in epistola ad Menium, *quod Spiritus sanctus a Patre procedat et Filio* sic docet « Ideo ex Patre Filius, ex Patre et Filio procedit Spiritus sanctus. Nec, ut quidam dicunt, duos habet Deus Filios Christum et Spiritum sanctum, sed habet Filium invisibilem sicut ipse invisibilis est, qui ut esset visibilis, corpus nostræ fragilitatis assumpsit non ut invisibilis esse cessaret, sed ut in ipso Christo invisibilis incredulis permaneret. Nam cum dicit *Beati oculi qui nunc vident quæ vos videtis* (*Luc.* x, 23), ergo beati erant Judæi omnes, et hi qui eum crucifixerunt, de quibus per David dicit *Ipsi vero consideraverunt et conspexerunt me* (*Psal.* XXI, 18). Vides ergo quia invisibilis Pater perseverat, et mente cernitur pura et credula. Ergo invisibilis Pater, invisibilis Filius, invisibilis Spiritus sanctus. Et ut ad hoc te revocem, unde factum est ut hoc de fragili homine doceamus, tria hæc invisibilia, et indivisa, et in unum conglomerata, et virtutis efficacia redundantia, id est vocem genitricem verbi, ex verbo vero simul cum voce procedente efficaciam, quæ faciat alterum consulem fieri, alterum trucidari, dic mihi, Ariane, ista tria unum sunt an non? Si unum non sunt, divide vocem a verbo, et efficaciam a voce et verbo. Quod si hoc in fragili homine ita unum sunt tria, vox, et verbum, et efficacia, ut tres quidem personæ sint, sed una subsistendi potentia in homine fragilissimo, ut diximus, hæc sit tanta potentia, quanto magis in omnipotentia Dei ita est, ut sit Pater omnipotens genitor Filii, et ex Patre et Filio procedens virtus, qui est Spiritus sanctus. »

CAP. LXXVII

Cassiodorus, in expositione Psalmi L, *quod Spiritus sanctus a Patre Filioque procedat* sic dicit « *Redde mihi lætitiam salutaris tui, et Spiritu principali confirma me* (*Psal.* L, 14). Nec incassum putemus quod vir sanctus et cordis illuminatione radiatus tertio Spiritum nominavit, nisi quia individuæ Trinitati devotus, concedi sibi ab ea veniam postulavit. Spiritus enim quantum ad essentiam divinitatis, et Pater et Filius et Spiritus sanctus recte unus dicitur Deus, sed pro distinctione personarum, proprium est Patri quod naturaliter sine initio ante sæcula genuit Filium, proprium est Filio quod naturaliter a Patre generatus est, proprium est Spiritui sancto quod a Patre et Filio procedit, quia ineffabili charitate atque cooperatione eorum consubstantialis æternitas et potestas omnia facit quæ vult in cœlo et in terra, » etc. *usque ad* breviter de æternitate disseruit.

CAP. LXXVIII

Item idem in psalmo sexagesimo primo « *Ab ipso enim salutare meum*, id est unigenitus Filius, qui recte credentibus salutaris exstitit. Ab ipso enim cum dicitur, Filius significatur. Hæc enim propria, unus Deus sancta Trinitas habet quod Pater ingenitus, Filius genitus, Spiritus sanctus a Patre et Filio procedit, » etc., *usque ad* mirabili veritate monstravit.

CAP. LXXIX

Alcuinus in libro primo de Fide sanctæ Trinitatis (*cap.* 6) *Quod Spiritus sanctus communis est Patris et Filii Spiritus* « Ergo hoc donum Dei, id est Spiritus sanctus qui de Patre et Filio æqualiter procedit, ineffabilis quædam Patris Filiique communio est

Et ideo fortasse sic appellatur, quia Patri et Filio potest eadem appellatio convenire. Nam hoc ipse proprie dicitur, quod illi communiter dicuntur. Quia et Pater Spiritus, et Filius Spiritus, et Pater sanctus, et Filius sanctus recte dicitur. Ergo ut nominibus junctis, quæ separatim utriusque personæ conveniunt, utriusque communio propria significetur, vocatur sanctus Spiritus, qui est tertia in sancta Trinitate persona, Patri et Filio per omnia æqualis, coæternus et consubstantialis. Et hæc Trinitas unus est Deus, solus bonus, magnus, æternus, omnipotens. Ipse sibi unitas, deitas, magnitudo, bonitas, omnipotentia, et quidquid ad se substantialiter dicitur. Non ita in relativis vocabulis intelligendum est vel dicendum, quia dici non potest, Pater sibi Pater, vel Filius sibi Filius, vel Spiritus sanctus sibi Spiritus sanctus, sed hæc relativa vocabula ad aliam procul dubio personam referri debent. »

CAP. LXXX.

Item idem in eodem (cap. 12). « Spiritus sanctus itaque hoc habet proprium quod ex Patre et Filio æqualiter procedit, » etc., usque ad omnipotentia et æternitate.

CAP. LXXXI.

Item idem in eodem (cap. 13). « Spiritus siquidem sanctus nec ingenitus, nec genitus alicubi dicitur, » etc., usque ad procedat Spiritus sanctus.

CAP. LXXXII.

Item idem in libro secundo (cap. 9). « Sunt hæc tria æternaliter, tria. Quod ingenitum est Patri est solus, qui a nullo esse habet quod est nisi a seipso. Quod genitum est Filius est, cui a Patre est esse quod est. Quod vero nec ingenitum est, nec genitum, Spiritus sanctus est, cui est esse a Patre et Filio procedere. Et hæc tria Trinitas est vera, consubstantialis et coæterna. »

CAP. LXXXIII.

Item idem in libro secundo (cap. 11). « In Christo autem secundum catholicæ fidei veritatem, in unitate personæ simul et deitatem fatemur, et animam rationalem et carnem. In qua tamen deitas Spiritum accipere non potuit, quia secundum deitatem Pater et Filius et Spiritus sanctus unus est Deus. Non ergo potuit Spiritum sanctum divinitas Filii accipere, cum ipse Spiritus sanctus sic procedat a Filio, sicut procedit a Patre, et sic detur a Filio sicut datur a Patre. »

CAP. LXXXIV.

Item idem in libro secundo (cap. 19). *De unitate Spiritus sancti cum Patre et Filio.* « Spiritus itaque sanctus sicut Pater et Filius plenus est Deus et perfectus, imo unus Deus cum Patre et Filio atque una substantia, sicut supra memoravimus, » etc., *usque ad* ubi vult spirat.

CAP. LXXXV.

Item idem in libro secundo (cap. 20). « Spiritus sanctus in eadem unitate substantiæ et æqualitate cum Patre et Filio consistit, » etc., *usque ad finem capitis.*

CAP. LXXXVI.

Item idem in eodem (cap. 21). *Cur idem Spiritus sanctus bis a Deo Christo datus sit.* « Absque dubitatione ideo Spiritus sanctus bis datus est, ut commendarentur duo præcepta charitatis, » etc., *usque ad finem capitis.*

CAP. LXXXVII.

Item idem in libro III. *Quomodo missio sancti Spiritus sit intelligenda.* « Sicut enim a Patre Spiritus sanctus mittitur, ita et a Filio, » etc., *usque ad finem capitis.*

CAP. LXXXVIII.

Item in Fide ipsius Alcuini. « Credimus sanctam Trinitatem, id est, Patrem et Filium et Spiritum sanctum, unum Deum omnipotentem, unius substantiæ, unius essentiæ, unius potestatis, Creatorem omnium creaturarum. A quo omnia, per quem omnia, in quo omnia. Patrem a se ipso non ab alio. Filium a Patre genitum, Deum verum de Deo vero, lumen verum de lumine vero, non tamen duo lumina, sed unum lumen. Spiritum sanctum a Patre et Filio æqualiter procedentem, consubstantialem, coæternum Patri et Filio. »

CAP. LXXXIX.

Item idem Alcuinus in propositis quæstionibus de sancta Trinitate (resp. ad interrog. 2). « Proprium est Patris quod solus est Pater et quod ab alio non est nisi a se. Proprium est Filii, quod a Patre genitus est, solus a solo coæternus et consubstantialis genitus. Proprium est Spiritus sancti, quod nec ingenitus est, sed a Patre et Filio æqualiter procedens. »

CAP. XC.

Prudentius in libro contra Marcionitas metro heroico (in perorat. Hamartigeniæ).

> O Dee cunctipotens, animæ dator, o Dee Christe,
> Cujus ab ore Deus subsistit Spiritus unus.

CAP. XCI.

Item idem in libro Hymnorum metro iambico (hymn. ante somnum).

> O Trinitatis hujus,
> Vis una lumen unum,
> Deus ex Deo perennis,
> Deus ex utroque missus.

CAP. XCII.

Item idem in libro Hymnorum metro choriambico, quod Asclepiadeum nominatur (Hymn. ad incensum cerei Paschalis).

> Inventor rutili dux bone luminis,
> Qui certis vicibus tempora dividis,
> Merso sole chaos ingruit horridum,
> Lumen redde tuis, Christe, fidelibus.
> Per Christum genitum, summe Pater, tuum
> In quo invisibilis stat tibi gloria,

Qui noster Dominus, qui tuus unicus
Spirat de patrio corde Paracletum
Per quem splendor, honor, laus, sapientia,
Majestas, bonitas, et pietas tua,
Regnum continuat nomine triplici
Texens perpetuis sæcula sæculis

Cap XCIII

Item in Fide catholica, quam die dominica decantat ad missam universalis Galliarum Ecclesia, sic habetur inter cætera « Credo et in Spiritum sanctum Dominum et vivificantem qui ex Patre Filioque procedit, qui cum Patre et Filio simul adoratur et conglorificatur, qui locutus est per prophetas »

Cap XCIV

Item Isidorus in Fide catholica inter cætera sic ait (*Lib de Ordine Creaturarum*, cap 1) « Deus omnipotens, sancta Trinitas Pater et Filius et Spiritus sanctus Pater ergo omnipotens, ex nullo originem ducit, et ipse origo divinitatis est, a quo Filius Deus omnipotens genitus sine tempore est non quippe creatus est, quia Deus est Cui, præter quod Filius est, in divinitate totum est commune ... in æternitate, in voluntate, in potestate, in sapientia Sic et Patri, præter quod Pater est, totum est commune Filii Spiritus sanctus est Deus omnipotens, nec genitus est quia non est Filius, nec creatus, quia non est creatura, sed ex Patre procedit et Filio Cui, præter quod Spiritus sanctus est totum commune est Patris et Filii, quia non ... Pater est, Filius aut Spiritus sanctus in persona ... est, nec qui Filius est Pater aut Spiritus sanctus hic est, nec qui Spiritus sanctus est, Pater aut ... hic est, sed in essentia quod Pater est, et Filius, et Spiritus sanctus hoc unum est Et quod Filius est, Pater et Spiritus sanctus hoc est Et quod Spiritus sanctus est, Pater et Filius hoc est, ... non triplex in illa Trinitate deorum numerus ... Salva enim separatione personarum totum commune divinitatis est »

Cap XCV

...stimonia sanctorum Patrum contra eos qui profana intentione munditiam ministrorum Christi oppugnare contendunt quam pulchra virgo et vera mater Ecclesia non habens maculam aut rugam vel aliquid hujusmodi, semper sibi obsequi illibate delegit

Vox tonitrui Paulus ita de munditia prosequitur, ... in vulgaribus conjugium permittit *Unusquisque suam uxorem habeat, et unaquæque suum virum habeat Hoc*, inquit, *dico secundum indulgentiam, non secundum imperium Volo autem omnes homines esse sicut meipsum, sed unusquisque proprium habet donum ex Deo Alius quidem sic, alius vero sic Dico autem non nuptis et viduis, bonum est illis si sic maneant sicut et ego* (*I Cor* VII, 2, 6) Et idem post pauca in eadem Epistola ad Corinthios prima *Consilium autem do tanquam misericordiam consecutus a* A *Domino ut sim fidelis Existimo ergo hoc bonum esse propter instantem necessitatem, quoniam bonum est homini sic esse* (*Ibid* 26) Subauditur, ut ita sit continens sicut ego Et item post pauca *Volo autem vos sine sollicitudine esse Qui sine uxore est, sollicitus est quæ Domini sunt, quomodo placeat Deo Qui autem cum uxore est, sollicitus est quomodo placeat uxori* Si autem hanc castimoniam laicis hortando suadet, multo magis ministris Ecclesiæ eamdem inesse desiderat Item Apostolus ad Galatas *Spiritu ambulate, et desideria carnis non perficietis Caro enim concupiscit adversus spiritum, spiritus autem adversus carnem Hæc enim invicem sibi adversantur, ut non quæcunque vultis illa faciatis, quod si spiritu ducimini, non estis sub lege* (*Gal* V, 16) B Et item *Fructus autem Spiritus est charitas, gaudium pax, patientia, longanimitas, bonitas, benignitas, fides, modestia, lenitas, continentia, castitas adversus hujusmodi non est lex* *Ibid*, 22) Et item *Si spiritu vivimus, spiritu, et ambulemus* (*Ibid* vers 25) Cum autem de magno pontifice Christo ad Hebræos dixisset *Talis enim decebat ut nobis esset pontifex sanctus, innocens, impollutus segregatus a peccatoribus et excelsior cœlis factus* (*Hebr* VII, 26) hanc castitatis munditiam cunctis sacerdotibus et ministris Ecclesiæ servandam proposuit Et si talia in sæcularibus laudantur, abundantius in ecclesiasticis honestiora esse videntur Item Paulus ad Colossenses *Mortificate* inquit, *membra vestra quæ sunt* C *super terram, fornicationem immunditiam, libidinem, concupiscentiam malam* (*Coloss* III, 5) Addit etiam *Propter quæ venit ira Dei super filios incredulitatis In quibus et vos fuistis aliquando cum viveretis in illis Nunc autem deponite et vos omnia, iram, indignationem malitiam, blasphemiam, turpem sermonem de ore vestro* Ad hæc augmentanda Dei Filius concludens imperat *Sint lumbi vestri præcincti, et lucernæ ardentes in manibus vestris* (*Luc* XII, 35) Et Paulus *Bonum est mulierem non tangere* (*I Cor* VII, 1), videlicet quasi in tactu statim periculum pro foribus adesset Si carnalibus est a tactu temperandum et cavendum, instantius spiritalibus ab amplexu illicito perpetualiter abstinendum Item Paulus *Fornicatio autem et omnis immunditia* D *aut avaritia, nec nominetur in vobis, sicut decet sanctos, aut turpitudo, aut stultiloquium, aut scurrilitas quæ ad rem pertinet, sed magis gratiarum actio Hoc enim scitote intelligentes, quod omnis fornicator aut immundus, aut avarus, quod est idolorum servitus, non habet hæreditatem in regno Christi et Dei* (*Ephes* V, 3) Et paulo post *Eratis enim aliquando tenebræ, nunc autem lux in Domino ut filii lucis ambulate Fructus enim lucis est in omni bonitate et justitia et veritate* (*Ibid*, 8) His et aliis quamplurimis auctoritatibus pudicitia mentis et corporis usque ad cœlos extollitur

Cap XCVI

In Nicæno Concilio, *de subintroductis mulieribus* (can 3, ex prima edit) « Interdixit per omnia magit synodus, non episcopo, non presbytero, non Diacono, nec alicui omnino qui in clero est licere subintroductam habere mulierem, nisi forte matrem, aut sororem, aut amitam, vel eas tantum personas quæ suspiciones effugiunt Hoc autem Nicænum concilium beatus Ambrosius in libro de Trinitate (*In fine procemii l. i de fide ad Gratian.*) his verbis in immensum effert De conciliis id potissimum sequar, quod trecenti decem et octo sacerdotes, tanquam Abrahæ lecti judicio, consona fidei virtute victores, velut tropæum toto orbe subactis perfidis extulerunt ut mihi videatur hoc esse divinum quod eodem numero in Conciliis habeamus oraculum, quo in historia pietatis exemplum »

CAP XCVII

In decretalibus Siricii papæ, *de clericis incontinentibus*, cap 7 (*epist* 1, c 7) « Veniamus nunc ad sacratissimos ordines clericorum, quod in venerandæ religionis injuriam ita per vestras provincias calcatos atque contusos, charitate tua insinuante reperimus, ut Jeremiæ nobis voce dicendum sit *Quis dabit capiti meo aquam, aut oculis meis fontem lacrymarum, et flebo populum hunc die ac nocte* (*Jer* IX) Si ergo beatus propheta ad lugenda populi peccata non sibi ait lacrymas posse sufficere, quanto nos possumus dolore percelli, cum eorum qui in nostro sunt corpore, compellimur facinora deplorare? Quibus præcipue secundum beatum Paulum *instantia quotidiana, et sollicitudo omnium Ecclesiarum indesinenter incumbit Quis enim infirmatur, et ego non infirmor? Quis scandalizatur et ego non uror?* (*II Cor* XI) Plurimos enim sacerdotes Christi atque levitas post longa consecrationis suæ tempora, tam de conjugiis propriis, quam etiam de turpi coitu sobolem didicimus procreasse et crimen suum hac præscriptione defendere quia Veteri Testamento sacerdotibus ac ministris generandi facultas legitur attributa, » etc *usque ad* senserint medicinam

CAP XCVIII

In eisdem, *D Clericorum, conversione*, cap 9 « Quicunque itaque se Ecclesiæ vovit obsequiis a sua infantia ante pubertatis annos baptizari et lectorum debet ministerio sociari qui accessu adolescentiæ usque ad tricesimum ætatis annum si probabiliter vixerit, una tantum, et ea quam virginem communem per sacerdotem benedictione perceperit uxore contentus, acolythus et subdiaconus esse debebit Post quæ ad diaconii gradum, si se ipse primitus continentia præeunte dignum probarit accedit Ubi si ultra quinque annos laudabiliter ministrarit congrue presbyterium consequetur Exinde post decennium episcopalem cathedram poterit adipisci, si tamen per hæc tempora integritas vitæ ac fidei ejus fuerit approbata »

CAP XCIX

Item in eisdem Decretalibus, *Quæ feminæ cum clericis habitent*, cap 12 « Feminas vero non alias esse patimur in domibus clericorum nisi eas tantum quas propter solas necessitudinum causas habitare cum iisdem synodus Nicæna permisit »

CAP C

Innocentius papa in Decretalibus, *De incontinentia sacerdotum vel levitarum*, cap 21, ad Exuperium episcopum Tolosanum (*epist* 3, c 1) « Proposuisti quid de his observari debeat, quos in diaconii ministerio, aut in officio presbyterii positos, incontinentes esse, aut fuisse, generati filii prodiderunt De his et divinarum legum est disciplina, et beatæ recordationis viri Siricii episcopi monita evidenti commearunt, ut incontinentes in officiis talibus positi omni honore ecclesiastico privarentur, nec admittantur ad tale ministerium, quod sola continenti oportet impleri » etc , *usque ad* arbitrari sunt voluptatem

CAP CI

Item papa Innocentius, *Quod hi qui in presbyterio filios genuerint, removeri ab officio debeant* cap 2[illegible] (*epist* [illegible], sub init) « Qui zelo fidei ac disciplinæ ductus non patitur Ecclesiam pollui ab indignis presbyteris, quos in presbyterio filios asserit procreasse Quod non licere exponerem nisi nossem vestram prudentiam legis totius habere notitiam Et ideo, fratres charissimi, libelli qui subjectus est tenore perspecto, eos qui talia perpetrasse dicuntur jubete in medio collocari, discussisque objectionibus quæ ipsis presbyteris impinguntur, si convinci potuerint, a sacerdotali removeantur officio, quia qui sancti non sunt, sancta tentare non possunt, atque alieni efficiuntur a ministerio, quod vivendo illicite polluerunt Miramur autem hæc eorum dissimulare episcopos, ut aut connivere, aut nescire esse illicita judicentur »

CAP CII

Sanctus *Siricius* papa in Ecclesia beati Petri apostolorum principis in concilio residens, et fratribus et coepiscopis per Africam ecclesiastica jura describens inter cætera hæc de pudicitia intulit (*epist* [illegible] n 9) « Præterea, quod dignum et pudicum et honestum est, suademus sacerdotes et levitæ cum uxoribus suis non coeant, quia in ministerio ministri quotidianis necessitatibus occupantur Ad Corinthios namque Paulus sic scribens ait *Abstinete vos ut vacetis orationi* (*I Cor* VII) Si ergo laicis abstinentia imperatur ut possint deprecantes audiri, quanto magis sacerdos utique omni momento paratus esse debet, munditiæ puritati securus, ne aut sacrificium offerat, aut baptizare cogatur Qui si contaminatus fuerit carnali concupiscentia, quid faciet? Qualiter se excusabit? Quo pudore, qua mente usurpabit? Qua conscientia, quo merito se hic exaudiri credit, cum dictum sit *Omnia munda mundis coinquinatis autem et infidelibus nihil mundum* (*Tit* I) Qua de re hortor, moneo, rogo, tollatur hoc opprobrium, quod potest jure etiam gentilitas accusare Forte hoc creditur, quia scriptum est *Unius ux* is vivam (*I Tim.* III). Non permanentem in concupiscentia generandi dixit, sed propter continentiam futuram. Neque enim integros non admisit qui ait: *Vel autem omnes homines sic esse, sicut et ego* (*I Cor.* VII). Et apertius declarat dicens: *Qui aut in carne sunt, Deo placere non possunt. Vos autem jam non estis in carne, sed in spiritu* (*Rom.* VIII). Hæc itaque, fratres, si plena vigilantia fuerint ab omnibus observata, cessabit ambitio, dissensio conquiescet, hæreses et schismata non emergent, locum non accipiet diabolus sæviendi, manebit unanimitas, iniquitas superata calcabitur, charitas spiritali fervore flagrabit, pax prædicata labiis cum voluntate concordabit, pax utique Dei nostri Salvatoris, quam proximus passioni servandam esse præcepit, et hæreditariam nobis jure dereliquit dicens: *Pacem meam do vobis, pacem meam relinquo vobis* (*Joan.* XIV). Et dictum Apostoli: *Ut unanimes unum sentientes permaneamus in Christo, nihil per contentionem nobis, neque per inanem gloriam vindicantes, nec hominibus, sed Deo nostro Salvatori placeamus* (*Philip.* II). His præceptis omnibus si fideliter voluerimus obedire, custodiet Dominus corpora nostra et animas nostras in die qua redditurus est unicuique secundum opera sua. Si quis sane inflatus mente animis suæ ab hac canonis ratione voluerit evagari, sciat se et a nostra communione seclusum, et gehennæ pœnas habiturum. Præterea misericordia cum judicio esse debet. Talibus enim oportet labentibus manum porrigere, quæ sic currentem non pertrahat in ruinam. Datum Romæ in concilio episcoporum octoginta sub die VIII Idus Januarias post consulatum Arcadii Augusti et Bautonis vv. cc. conss. »

CAP. CIII.

In decretalibus papæ Leonis: *Quod subdiaconis carnale connubium denegetur*, cap. 34 (*epist.* 84, c. 4). « Nam cum extra clericorum ordinem constitutis nuptiarum societati, et procreationi filiorum studere sit liberum arbitrium, ad exhibendam tamen perfectæ continentiæ puritatem non subdiaconis quidem connubium carnale conceditur, *ut et qui habent sint tanquam non habentes* (*I Cor.* VII, 29), et qui non habent, permaneant singulares. Quod si in hoc ordine qui quartus est a capite, dignum est custodiri, quanto magis in primo vel secundo tertiove servandum est, ne aut levitico aut presbyterali honore, aut episcopali excellentia quisquam idoneus æstimetur, qui se a voluptate uxoris necdum frenasse detegitur. »

CAP. CIV.

Leo papa ad Rusticum episcopum Narbonensem epistolam porrigens et ad ejusdem consulta respondens inter cætera dicit, cap. 3 (*epist.* 92, inquisit. 3). « De his qui altari ministrant, et conjuges habent, utrum eis licito misceantur. Lex continentiæ eadem est altaris ministris, quæ episcopis atque presbyteris. Qui cum essent laici sive lectores, licito et uxores ducere et filios procreare potuerunt. Sed cum ad prædictos pervenerunt gradus, cœpit eis non licere quod licuit. Unde ut de carnali fiat spiritale conjugium, oportet eos nec dimittere uxores, et quasi non habeant sic habere, quo et salva sit charitas connubiorum, et cesset operatio nuptiarum. »

CAP. CV.

Item Leo papa in epistola sua quam ad Mauros episcopos direxit inter cætera sic dicit (*in edit. epist.* 87 *ad episc. Africanos per Mauritaniam*, etc., cap. 1): « Totius familiæ status ordo nutabit, si quod requiritur in corpore non invenitur in capite, » etc., *usque ad* argentum purum esse meruerunt.

CAP. CVI.

In canonibus sanctorum apostolorum, cap. 7 (*can.* 7 *al.* 6, *differt ab edit.*): « Ut sacerdotes et ministri altaris sæcularibus curis abstineant: episcopus autem presbyter aut diaconus nequaquam sæculares curas assumat, sin aliter dejiciatur. »

CAP. CVII.

Item in eisdem, *Quod ministri altaris oblatione celebrata debeant communicare*, cap. 7 (*can.* 9, *ex vers. Dionysii Exigui*): « Si quis episcopus, aut presbyter, aut diaconus, vel quilibet ex sacerdotali catalogo, facta oblatione non communicaverit, aut causam dicat, ut si rationabilis fuerit, veniam consequatur; aut si non dixerit, communionem privetur, tanquam qui populo causa læsionis exstiterit, dans suspicionem de eo qui sacrificavit, quod recte non obtulerit. »

CAP. CVIII.

Item in eisdem, *Qui clerici debeant conjugibus copulari*, cap. 27 (*can.* 18, *ex eadem vers.*): « Innuptis autem qui ad clerum provecti sunt præcipimus, ut si voluerint uxores accipiant, sed lectores cantoresque tantummodo. »

CAP. CIX.

In concilio Carthaginensi, cap. 16 (*conc. Carthag.* III, c. 17, *ex prima edit.*): « Ut cum omnibus omnino clericis externæ feminæ non cohabitent, sed solæ matres, aviæ, materteræ, amitæ, sorores et filiæ fratrum aut sororum, et quæcunque ex familia necessitate domestica, etiam antequam ordinarentur, jam eum eis habitabant, vel si filii eorum jam ordinatis parentibus uxores acceperint, aut servis non habentibus in domo quas ducant, aliunde ducere necessitas fuerit. »

CAP. CX.

Item in eodem, cap. 24 (*ibid.*, cap. 25): « Ut clerici vel continentes, ad viduas vel virgines, nisi ex jussu vel permissu episcoporum aut presbyterorum non accedant, et hoc non soli faciant, sed cum clericis, aut cum his cum quibus episcopus aut presbyter jusserit. Nec ipsi episcopi aut presbyteri soli habeant accessum ad hujusmodi feminas, sed aut ubi clerici præsentes sunt aut graves aliqui Christiani. »

CAP. CXI.

In canone Ancyritani concilii, cap. 10 (*can. 10. Differt hæc versio a tali edit.*). « Diaconi quoque cum ordinantur, si in ipsa ordinatione protestati sunt, dicentes velle se habere uxores, neque posse se continere, hi postea, si ad nuptias convenerint, maneant in clero tantum et a ministerio abjiciantur. Quicunque sane tacuerunt, et susceperunt manus impositionem professi continentiam, et postea ad nuptias convenerunt, a ministerio vel clero cessare debebunt, laicam tantum communionem recipientes. »

CAP. CXII.

In concilio Laodicensi, *De viris cum mulieribus lavacra celebrantibus*, cap. 30 (*cap. 30 ex interp. Dionysii Exigui*). « Quod non oporteat sacris officiis deditos, aut clericos, aut continentes, vel omnem laicum Christianum, lavacra cum mulieribus celebrare, quia hæc apud gentiles reprehensio prima est. »

CAP. CXIII.

In eodem, *Non licere clericis ludicris spectaculis interesse*, cap. 54. « Non oportet ministros altaris vel quoslibet clericos, spectaculis aliquibus, quæ aut in nuptiis aut in cœnis exhibentur interesse, sed antequam thymelici ingrediantur, surgere eos et abire debere de convivio. »

CAP. CXIV.

In synodo Neocæsariensi, cap. 1 (*cap. 1, ex interpret. Gerardi Mercat.*). « Presbyter qui uxorem duxerit, ab ordine suo illum deponi debere. Quod si fornicatus fuerit, vel adulterium commiserit, extra Ecclesiam abjiciatur, et pœnitentiam inter laicos redactus agat. »

CAP. CXV.

Item Innocentius papa ad Victricium episcopum Rothomagensem, cap. 10 (*Epist. 2, cap. 9*). « Præterea quod dignum, et pudicum, et honestum est, tenere Ecclesia omnimodo debet, ut sacerdotes et levitæ cum uxoribus suis non coeant, quia ministerii quotidiani necessitatibus occupantur. Scriptum est enim: *Sancti estote, quoniam et ego Sanctus sum dicit Dominus Deus vester* (*Levit. XI, 44 et 20*). Nam priscis temporibus de templo Dei sacerdotes anno vicis suæ non discedebant, sicut de Zacharia legimus, nec domum suam omnino tangebant, » etc., *usque ad finem capitis.*

CAP. CXVI.

Item idem ad eumdem, cap. 12 (*cap. 10, in fine*). « Quæ forma servatur in clericis, maxime cum vetus regula hoc habeat, ut quisque correctus baptizatus clericus esse voluisset, sponderet se uxorem omnino non ducere. »

CAP. CXVII.

In concilio Laodicensi, *Ut qui ministri altaris sunt tabernas non intrent*, cap. 22 (*cap. 24 ex interp. Mercatoris*). « Quoniam non oportet altari deservientes a presbyteris usque ad diaconos, et deinceps ordinis ecclesiastici homines usque ad ministros aut lectores, aut psaltes, aut exorcistas, aut ostiarios, qui in proposito continentiæ sunt, tabernas intrare. »

CAP. CXVIII.

In concilio Carthaginensi, *De continentia*, cap. 3 (*Carthag. conc. II, cap. 2*). « Aurelius episcopus dixit: Cum præterito concilio de continentiæ et castitatis moderamine tractaretur, gradus isti tres qui conscriptione quadam castitatis per consecrationes annexi sunt, episcopos, inquam, presbyteros et diaconos ita placuit, ut condecet sacros antistites, ac Dei sacerdotes, nec non et levitas, vel qui sacramentis divinis inserviunt, continentes esse in omnibus, quo possint simpliciter quod a Deo postulant impetrare, ut quod apostoli docuerunt, et ipsa servavit antiquitas, nos quoque custodiamus. »

CAP. CXIX.

Item in eodem concilio, *De diversis ordinibus ab uxoribus abstinendis*, cap. 4 (*cap. 14, ex altera edit.*). « Faustinus episcopus Ecclesiæ Potentinæ, provinciæ Piceni, legatus Romanæ Ecclesiæ, dixit: Placet ut episcopi, presbyteri et diaconi, vel qui sacramenta contrectant, pudicitiæ custodes, ab uxoribus se abstineant. Ab universis episcopis dictum est: Placet ut in omnibus et ab omnibus pudicitia custodiatur qui altari inserviunt. »

CAP. CXX.

In concilio Africano, *Qui clerici ab uxoribus debeant abstinere*, cap. 37 (*cap. 7, et Carthag. conc. V, c. 3*). « Præterea, cum de quorumdam clericorum quamvis erga uxores proprias incontinentia referretur, placuit episcopos, et presbyteros, et diaconos secundum priora statuta, etiam ab uxoribus continere. Quod nisi fecerint, ab ecclesiastico removeantur officio. Cæteros autem clericos ad hoc non cogi, sed secundum uniuscujusque Ecclesiæ consuetudinem observari debere. »

CAP. CXXI.

In Synodo cui præsedit Romæ beatus Silvester papa cum episcopis ducentis octoginta quatuor, ubi damnati sunt Victorinus episcopus, Calistus, Hippolytus diaconus, astantibus episcopis et presbyteris et clericis Græcorum, ita inter cætera legitur (*conc. II, 19, differt ab edit.*). « Nemo presbyter a die honoris presbyterii sumat conjugium. Quod si quis hoc neglecto aliter egerit, duodecim annis eum dicimus privari honore. Quod si quis contra hoc chirographum præsens et publice dictum egerit, condemnabitur in perpetuum. »

CAP. CXXII.

Ambrosius in Epistola ad Titum inter cætera sic ait (*in cap. II*). « Juniores similiter, » etc., *usque ad verba* probat factis.

CAP. CXXIII.

Item in Epistola ad Timotheum: « *Unius uxoris*

virum (I Tim. III). Quamvis secundam numero uxorem non sit haberi prohibitum, ut tamen quis dignus ad episcopatum sit, etiam licitum debet spernere propter sublimitatem ipsius ordinis, quia cæteris melior debet esse qui cupidus est sedis illius. *Ornatum, pudicum, hospitalem, docibilem, non obnoxium vino, non verberatorem, sed modestum, non litigiosum, non asperum, domum suam bene regentem, filios habentem subditos cum omni charitate (Ibid.)* Talem hominem qui hæc custodiat quæ enumerat bona, creari debere dicit episcopum. Hæc enim signa sunt dignitatis episcopalis. Si quis autem potiora sectatus, et corpus et animam suam Deo dicaverit, ne se copulet matrimonio, tanto magis dignior est: ideo enim inferiorem posuit, ut de potiore nemo dubitaret. »

CAP. CXXIV.

Item idem in eadem, post pauca : « *Diaconos pari modo pudicos, non bilingues, non vino multo deditos, non turpibus lucris vacantes, habentes mysterium fidei in conscientia pura.* Et hi autem probentur primum, et sic ministrent sine crimine. Qui tanta cura diaconos eligendos præcipit, quos constat ministros esse sacerdotum, quales vult esse episcopos, nisi sicut ipse ait, *irreprehensibiles?* Negotia tamen publica, turpia, vilia non habentes. Scit enim negotiari, ut accipiant lucra, nec aliud profitetur quam gerit. Turpia autem lucra hæc dicit esse, si sub hac professione quæstibus studeatur. Turpis enim deprehenditur cum se purum ostentat. Post episcopum tamen diaconatus ordinationem subjicit. Quare? nisi quia episcopi et presbyteri una ordinatio est, uterque enim sacerdos est, sed episcopus primus est, ut omnis episcopus presbyter sit, non tamen omnis presbyter episcopus, hic enim episcopus est, qui inter presbyteros primus est. Denique Timotheum presbyterum ordinatum significat, sed quia ante se alterum non habebat episcopus erat. Unde et quemadmodum episcopum ordinet, ostendit, neque enim fas erat aut licebat ut inferior ordinaret majorem : nemo enim tribuit quod non accepit. »

CAP. CXXV.

Item in eadem, post pauca : « Diacones sint unius uxoris viri, etc., *usque ad*, actores Dei sunt. »

CAP. CXXVI.

Item Ambrosius in libro primo de Officiis ministrorum *(hoc capitulum non occurrit in lib. I Offic. S. Ambrosii)* : Viduarum ac virginum domos, nisi visitandi gratia juniores adire non opus est : et hoc cum senioribus, hoc est, vel cum episcopo, vel, si gravior est causa, cum presbyteris. Quid necesse est ut demus sæcularibus obtrectandi locum? Quid opus est ut illæ quoque visitationes crebræ accipiant auctoritatem? Quid si aliqua illarum forte labatur? Cur alieni lapsus subeamus invidiam? Quam multos etiam fortes illecebra decepit? quanti non dederunt errori locum, et dederunt suspicioni? Cur non illa A tempora, quibus ab ecclesia vacas, lectioni impendas? Cur non Christum revisas, Christum alloquaris, Christum audias? Illum alloquimur cum oramus, illum audimus cum divina legimus oracula. Quid nobis cum alienis domibus? Una est domus quæ omnes capit : illi potius ad nos conveniant, qui nos requirunt. Quid nobis cum fabulis? Ministerium altaribus Christi, non obsequium hominibus deferendum recepimus. Humiles decet esse mites, mansuetos, graves, patientes : modum nos tenere in omnibus vel tacitus, vultus, vel sermo annuntiet. »

CAP. CXXVII.

Item idem in eodem libro *(cap. 50, sub init.)* : « De castimonia autem quid loquar, quando una tantum nec repetita permittitur copula, etc., *usque ad*, B *verba* quod est temperantiæ. »

CAP. CXXVIII.

Hieronymus in Epistola ad Titum *(ad cap. I)*, sic de pudicitia dicit inter cætera : « *Oportet autem illum et testimonium habere bonum ab his qui foris sunt, ut non in opprobrium incidat, et laqueum diaboli (I Tim. III).* Quod autem ait, *unius uxoris virum (Ibid.)*, sic intelligere debemus, ut non omnem monogamum digamo putemus esse meliorem, sed quo is possit ad monogamiam et continentiam subditos cohortari, qui sui exemplum præferat in docendo, etc., *usque ad*, necessitati carnis indulgeat. »

CAP. CXXIX.

Item idem in eadem, post pauca : « Sit autem epi- C scopus et pudicus : quem Græci σώφρονα vocant, et Latinus interpres verbi ambiguitate deceptus pro pudico prudentem transtulit. Si autem laicis imperatur ut propter orationem abstineant se ab uxorum coitu, quid de episcopo sentiendum est, qui quotidie pro suis populique peccatis? etc., *usque ad*, sunt regula veritatis. »

CAP. CXXX.

Item idem in eadem, post pauca *(ad cap. II)* : « *Te ipsum* inquit, *formam præbens bonorum operum.* Nihil prodest aliquem exercitatum esse in dicendo, et ad loquendum trivisse linguam, nisi plus exemplo docuerit quam verbo. Denique qui impudicus, quamvis disertus sit, si ad castitatem audientes cohortetur, sermo ejus infirmus est et auctoritatem D non habet cohortandi. Et e contrario quamvis sit rusticanus et tardus ad loquendum, si castus fuerit, exemplo suo homines potest ad vitæ similitudinem compellere, etc., *usque ad*, in incorruptione et in pudicitia. »

CAP. CXXXI.

Hieronymus in Apologetico ad Pammachium, inter cætera ita de pudicitia disputat *(epist. 50, ante med., tom. II, p. 133)* : « In fine quoque comparationem nuptiarum et virginum, disputationem nostram hoc sermone conclusimus : Ubi bonum et melius est, ibi boni et melioris non unum est præmium, et, ubi non unum præmium, ibi utique dona diversa. Tantum est igitur inter nuptias et virginitatem, quantum inter non peccare et benefacere, imo ut levius dicam, quantum inter bonum et melius, etc., *usque ad* unusquisque facere potest. »

CAP. CXXXII.

Item Hieronymus in eodem Apologetico post pauca, « Nulli dubium est, sacerdotes de Aaron et Eleazar, et Phinees stirpe generatos, qui cum et ipsi uxores habuerint, recte nobis opponerentur, si errore Encratitarum contenderemus matrimonia reprobanda, » etc., *usque ad*, in gradu tertio ponerem.

CAP. CXXXIII.

Item idem in eodem, post pauca: « Nunc vero cum interpres magis Apostoli fuerim quam dogmatis, et commentatoris sim usus officio, quidquid durum videtur, ei magis [magisque imputetur quem exposuimus, quam nobis qui exposuimus, » etc., *usque ad*, potius quam aliorum obscuram diligentiam.

CAP. CXXXIV.

De virginibus, nuptis, viduis, monogamis, bigamis, trigamis, etc., in eodem, post pauca: « Timent contra me mariti quare dixerim: Oro te, quale illud bonum est, quod orare prohibet, quod corpus Christi accipere non permittit? Quando impleo mariti officium, non impleo continentis, » etc., *usque ad*, nec sensum, nec verba mutavi.

CAP. CXXXV.

Item idem, in fine ejus Apologetici: « Igitur hoc extrema voce protestor, me nec damnasse nuptias nec damnare, respondisse adversario, non meorum insidias formidasse. Virginitatem autem in cœlum fero, non quia habeo, sed quia magis miror quod non habeo. Ingenua et verecunda confessio est, quo ipse careas, id in aliis prædicare, » etc., *usque ad finem Apologiæ*.

CAP. CXXXVI.

Item Hieronymus in libro I contra Jovinianum, intra cætera sic dicit: « Vis scire quid velit Apostolus? Junge quod sequitur: *Volo autem omnes homines esse ut meipsum* (*I Cor.* VII, 7). Beatus qui Pauli similis fuerit, felix qui audit Apostolum præcipientem, non ignoscentem. *Hoc*, inquit, *volo, hoc desidero ut imitatores mei sitis, sicut et ego Christi* (*I Cor.* IV, 16). Ille virgo de virgine, de incorrupta incorruptus, nos quia homines sumus, et nativitatem Salvatoris non possumus imitari, imitemur saltem conversationem, etc., *usque ad*, sed simplex per se bonum volo. »

CAP. CXXXVII.

Item idem in eodem, post pauca: « Quanta felicitas non uxoris esse servum, sed Christi, non carni servire, sed spiritui. *Qui enim adhæret Domino, unus Spiritus est* (*I Cor.* VI, 17). Ac ne forsitan in eo quod supra dixerat: *Servus vocatus es, non sit tibi curæ, sed etsi potes liber fieri, magis utere* (*I Cor.* VII, 16), suggillasse continentiam videretur, et in famulatum tradidisse nos conjugum, infert sententiam quæ omnem cavillationem amputet: *Pretio empti estis, no*-

A *lite fieri servi hominum* (*Ibid.*, 23), etc., *usque ad* instantem necessitatem. »

CAP. CXXXVIII.

Item idem in eodem post pauca: « Ideo plus amat virgines Christus, quia sponte tribuunt quod sibi non fuerat imperatum, majorisque gratiæ est offerre quod non debeas, quam reddere quod exigaris. Apostoli, uxoris onere contemplato: *Si talis est*, inquiunt, *causa hominis cum uxore, non expedit nubere* (*Matth.* XIX, 10). Quorum Dominus sententiam probans: Recte quidem, ait, sentitis, quod non expediat homini ad cœlorum regna tendenti accipere uxorem; sed difficilis res est, et *non omnes capiunt verbum istud, sed quibus datum est* (*Ibid.* 11). »

B

CAP. CXXXIX.

Item idem eodem, post pauca: « Simulque tractanda sententia est: *Qui se*, inquit, *castraverunt propter regnum cœlorum* (*Matth.* XIX, 12). Si castrati mercedem habent regna cœlorum, ergo qui se non castraverunt, locum non possunt accipere castratorum. *Qui potest*, inquit, *capere capiat* (*Ibid.*). Grandis fidei est grandisque virtutis, Dei templum esse purissimum, totum se holocaustum offerre Domino, et juxta eumdem Apostolum esse sanctum et corpore et spiritu, etc., *usque ad* liber ad extremum solutus. »

CAP. CXL.

Item idem in eodem, post pauca: « Ad maritos veniam: *Tempus breve est* (*I Cor.* VII, 29), Domi-

C nus prope. Etiamsi nongentis viveremus annis, ut antiqui homines, tamen breve putandum esset quod haberet aliquando finem, et esse cessaret. Nunc vero cum brevis sit non tam lætitia, quam tribulatio nuptiarum, quid accipimus uxores quas cito cogimur amittere? » etc., *usque ad*, sollicitudinum partes, miseriarumque distractus.

CAP. CXLI.

Item idem in eodem, post pauca: « Primus Adam monogamus, secundus agamus: qui digamiam probant, exhibeant tertium Adam digamum, quem sequuntur. Verum fac ut concesserit Paulus secunda matrimonia. Et eadem lege et tertia concedit et quarta, et quotiescunque vir moritur. Multa com-

D pellitur Apostolus velle quæ non vult, etc., *usque ad* juxta imaginem Creatoris sui. »

CAP. CXLII.

Item idem in eodem, post pauca: « Non enim potest Domini servire militiæ servus uxoris, etc., *usque ad* in terram repromissionis induxit. »

CAP. CXLIII.

Item idem in eodem post pauca: « Verum jam tempus est ut castitatis Jesu vexillum levemus, etc., *usque ad*, Salvatoris auxilio coopertos. »

CAP. CXLIV.

Item idem in eodem post pauca: « Cumque in sepulturam Jesu liber qui ex nomine ejus appellatur expletus sit, rursum in Judicum volumine quasi vi-

vens resurgensque describitur, etc., *usque ad* post, A
mortem incipit coronari. »

CAP. CXLV.

Item idem in eodem, post pauca: « *Nunquid non habemus potestatem manducandi et bibendi, aut sorores mulieres circumducendi?* Ubi de comedendo et bibendo et de ministratione sumptuum præmittitur et de mulieribus sororibus sic infertur, perspicuum est non uxores intelligi debere, sed eas, ut diximus, quæ de sua substantia ministrabant, etc., *usque ad*, nihil tale Scriptura significat. »

CAP. CXLVI.

Item idem in eodem, post pauca: « Possumus autem de Petro dicere, quod habuerit socrum eo tempore quod credidit, et uxorem jam non habuerit, » etc., B
usque ad, mater Virgo virgini discipulo commendatur.

CAP. CXLVII.

Item idem in eodem, post pauca: « *Sicut in ligno vermis, ita perdit virum suum uxor malefica* (*Prov.* XXV). Si autem asserueris hoc de malis dictum esse conjugibus, et ego tibi breviter respondebo: Quæ enim mihi incumbit necessitas venire in dubium, utrum mala sit an bona futura quam duxero? » etc., *usque ad*, de ædibus suis, id est, de Ecclesia.

CAP. CXLVIII.

Item idem in eodem, post pauca: « Aut permitte sacerdotibus exercere opera nuptiarum, ut idem sint virgines quod mariti, aut si sacerdotibus uxores non licet tangere, in eo sancti sunt, quia imi- C
tantur pudicitiam virginalem. Sed et hoc inferendum: si laicus et quicunque fidelis orare non potest, nisi careat officio conjugali, sacerdoti, cui semper pro populo offerenda sunt sacrificia, semper orandum est. Si semper orandum, ergo semper carendum matrimonio. Nam et in veteri lege qui pro populo hostias offerebant, non solum in domibus suis non erant, sed purificabantur ad tempus ab uxoribus separati, et vinum et siceram non bibebant, quæ solent libidinem provocare. »

CAP. CXLIX.

Item idem in eodem, post pauca: « *Oportet ergo episcopum irreprehensibilem esse* (*I Tim.* III), ut nulli D
vitio mancipatus sit. *Unius uxoris virum*, qui unam uxorem habuerit, non qui habeat. *Sobrium*, sive, ut melius in Græco dicitur, vigilantem, id est νηφάλιον, pudicum, hoc enim significat σώφρονα, *ornatum* et castitate et moribus, *hospitalem*, ut imitetur Abraham, et cum peregrinis, imo in peregrinis Christum suscipiat, etc., *usque ad*, non qui nobilior, sed qui fortior est. »

CAP. CL.

Item idem in eodem, post pauca: « *Ergo, fratres, debitores sumus non carni, ut secundum carnem vivamus. Si enim secundum carnem vixeritis, moriemini*, etc., » *usque ad*, serviamus in Evangelio novo Adam.

CAP. CLI.

Item idem in eodem, post pauca: « Æstimo quod qui uxorem habet, quandiu revertitur ad id ipsum, ne tenet eum Satanas, in carne seminet, et non in spiritu, » etc., *usque ad*, his copulemur, hæc sequamur.

CAP. CLII.

Item idem in eodem, post pauca: « Transeamus ad Jacobum, qui frater Domini dicebatur, tantæ sanctitatis, tantæque justitiæ et perpetuæ virginitatis, ut Josephus quoque historicus Judæorum propter hujus necem subversam Hierosolymam referat, etc., *usque ad*, in se virgine dedicaverit.

CAP. CLIII.

Item idem in eodem, post pauca: « *Charissimi, nunc filii Dei sumus, et necdum apparuit quid futuri simus. Scimus autem quoniam, si apparuerit, similes ei erimus: quia videbimus eum sicuti est* (*I Joan.* III). Et omnis qui hanc habet spem, castificat semetipsum sicut et ille castus est, » etc., *usque ad hæc verba*, ad comparationem, etc., esse pollutos.

CAP. CLIV.

Item idem in eodem, post pauca: « Infinitum est de Evangelio virginum exponere sacramentum quinque stultarum et quinque sapientium. Hoc solum nunc dico, quod quomodo absque cæteris operibus virginitas sola non salvat, sic omnia opera absque virginitate, puritate, continentia, castitate imperfecta sunt, » etc., *usque ad*, de divinis libris exempla præbuimus.

CAP. CLV.

Item Hieronymus in libro secundo contra Jovinianum sic dicit: « Chæremon stoicus, vir eloquentissimus, narrat de vita antiquorum Ægypti sacerdotum, quod omnibus mundi negotiis curisque postpositis semper in templo fuerint, et rerum naturas causasque ac rationes siderum contemplati sunt, nunquam mulieribus se miscuerint, nunquam cognatos et propinquos, nec liberos quidem viderint. Et ex eo tempore quo cœpissent divino cultui deservire, carnibus et vino semper abstinuerint, propter tenuitatem sensus et vertiginem capitis, quam ex parvo cibo patiebantur, et maxime propter appetitus libidinis, qui ex his cibis et ex hac potione nascuntur. Pane raro vescebantur, ne onerarent stomachum, » etc., *usque ad*, proprium volumen edidit.

CAP. CLVI.

Item idem in eodem: « Diximus de nuptiis, viduis, virginibus: virginitatem, viduitatem prætulimus matrimonio, » etc., *usque ad*, summa stantium metus sit.

CAP. CLVII.

Origenes in libro tertio Levitici (*sive homil.* 3 *in cap.* III), inter cætera sic dicit: « *Anima quæcunque tetigerit omnem rem immundam, aut morticinum jumentorum immundorum, et latuerit eum, et inquina-*

tus est, aut si tetigerit ab immunditia hominis, ab omni immunditia ex qua inquinatur (*Lev.* V, 2), etc. Hæc quidem apud Judæos indecenter satis et inutiliter observantur. Ut quid enim immundus habeatur qui contigerit, verbi causa, animal mortuum, aut corpus hominis defuncti? Quid si prophetæ corpus sit? Quid si patriarchæ vel etiam ipsius Abrahæ corpus? Quid si et ossa contigerit Samuelis, immundus erit? Quid si Elisei ossa contingat quæ mortuum suscitarunt? immundus erit ille qui contingit, et immundum faciunt ossa prophetæ etiam illum ipsum quem a mortuis suscitant? (*IV Reg.* XIII.) Vide quam inconveniens sit Judaica intelligentia. Sed nos videamus primo quid sit tangere, et quid sit tactus qui facit immundum. Apostolus dicit: *Bonum est homini mulierem non tangere* (*I Cor.* VII). Hic tactus immundus est, hoc est enim illud quod Dominus in Evangelio dixit: *Si quis viderit mulierem ad concupiscendum, jam mœchatus est eam in corde suo* (*Matth.* VII). Tetigit enim cor ejus concupiscentiæ vitium, et immunda facta est anima ejus. Si quis ergo hoc modo tangit aliquam rem, id est, vel per mulieris concupiscentiam, vel per pecuniæ cupiditatem vel alio quolibet peccati desiderio, immundum tetigit et inquinatus est. Oportet ergo te, si quid tale tetigeris, scire quomodo offeras sacrificium secundum ea quæ in superioribus memoravimus, ut mundus effici possis. Vis tibi ostendam quæ est anima quæ tetigit immundum, et immunda facta est, et rursum tetigit mundum, et facta est munda? Illa quæ profluvium sanguinis passa est et erogavit omnem substantiam suam in medicos, nec aliquid proficere potuit, per immunditiam peccati in hoc devoluta est. Tetigerat enim peccatum, et idcirco flagellum carnis acceperat, sed postquam fide plena tetigit fimbriam Jesu, stetit fluxus sanguinis ejus, et repente facta est munda, quæ ante per tantum tempus vixit immunda. Et quemadmodum cum tetigisset Dominum et Salvatorem, dixit ipse: *Quis me tetigit? Ego enim sensi virtutem exisse de me* (*Matth.* IX), illam sine dubio virtutem intelligimus quæ mulierem sanaverat et fecerat eam mundam: sic intelligendum est quia si quis contigerit peccatum, exeat ex ipso peccato virtus quædam maligna, quæ eum qui se contigit faciat immundum. Et hoc est vere contigisse immundum. Simili ratione etiam de morticino hominis, vel de morticino pecoris mundi aut immundi dicendum est. »

Cap. CLVIII.

Item idem in libro quinto Levitici (*homil.* 5): « Consequens est, ut secundum imaginem ejus qui sacerdotium Ecclesiæ dedit, etiam ministri et sacerdotes Ecclesiæ peccata populi accipiant, et ipsi imitantes magistrum, remissionem populo peccatorum tribuant. Debent ergo et ipsi Ecclesiæ sacerdotes ita perfecti esse, et in officiis sacerdotalibus eruditi, ut peccata populi in loco sancto in atriis tabernaculi testimonii, ipsi non peccando consuminant. Quid autem est in loco sancto manducare peccatum? Locus erat sanctus in quem pervenerat Moyses, secundum quod dictum est ad eum: *Locus enim in quo stas terra sancta est* (*Exod.* III). Similiter ergo et in Ecclesia Dei locus sanctus est fides perfecta, et charitas de corde puro, et conscientia bona. Qui in his stat in Ecclesia, in loco se sancto stare cognoscat. Neque enim in terra quærendus est locus sanctus, in quo semel data sententia est a Deo dicente: *Maledicta terra in operibus tuis* (*Gen.* III). Fides ergo integra, et sancta conversatio locus est sanctus. In hoc itaque loco positus sacerdos Ecclesiæ, populi peccata consumat, ut hostiam jugulans verbi Dei doctrinæ suæ victimas offerens, purget a peccatis conscientias auditorum. »

Cap. CLIX.

Item idem in eodem libro: « Discant sacerdotes Domini qui Ecclesiis præsunt, quia pars eis data est cum his quorum delicta repropitiaverint. Quid autem est repropitiare delictum? Si assumpseris peccatorem, et monendo, hortando, docendo, instruendo, adduxeris eum ad pœnitentiam, ab errore correxeris, a vitiis emendaveris, et effeceris eum talem, ut ei converso propitius fiat Deus, pro delicto repropitiasse diceris. Si ergo talis fueris sacerdos, et talis fuerit doctrina tua et sermo tuus, pars tibi datur eorum quos correxeris, ut illorum meritum tua merces sit, et illorum salus tua gloria. Aut non et Apostolus hæc ostendit, ubi dicit: *Quia quod superædificaverit quis, mercedem accipiet* (*I Cor.* III, 14)? Intelligant igitur sacerdotes Domini, ubi est eis data portio, et in hoc vacent, atque his operam dent, non se inanibus et superfluis actibus implicent, sed sciant se in nullo alio partem habituros apud Deum, nisi in eo quod offerunt pro peccatis, id est, quod a via peccati converterint peccatores. Notandum etiam illud est, quod quæ offeruntur in holocaustum, interiora sunt, quod vero exterius est, Domino non offertur. Pellis Domino non offertur, nec cedit in holocautomata. »

Cap. CLX.

Item idem in libro sexto Levitici (*Homil.* 6): « Requiritur enim in ordinando sacerdote et præsentia populi, ut sciant omnes et certi sint qui præstantior est ex omni populo, qui doctior, qui sanctior, qui omni virtute eminentior, ille deligitur ad sacerdotium, et hoc astante populo, ne qua postmodum retractatio cuiquam, ne qui scrupulus resideat. Hoc autem quod et Apostolus præcipit in ordinatione sacerdotis, dicens: *Oportet autem eum et testimonium habere bonum ab his qui foris sunt* (*I Tim.* III). Ergo tamen et amplius aliquid video in eo quod dicit, quia convocavit Moyses omnem synagogam, et puto quod convocare synagogam, hoc sit colligere omnes animi virtutes in unum, et congregare in unum virtutes, ut cum sermo de sacerdotalibus sacramentis habetur, vigilent omnes animi virtutes, et intentæ sint, ut nihil in his sapientiæ, nihil scientiæ, nihil desit industriæ, sed adsit omnis multitudo sensuum, adsit omnis congregatio sanctarum cogitationum, ut quid sit pontifex, quid unctio, quid indumenta ejus conferant, intra sacrarium cordis sui possit advertere. »

CAP. CLXI.

Item idem in eodem libro: « Octava species ibi ponitur campestre, sive, ut alibi legimus, femoralia linea, de quo hic inter cætera siluit indumenta. Quid ergo dicemus? Oblivionem dabimus in verbis Spiritus sancti, ut cum cætera omnia secundo enarraverit, una eum species superius dicta latuerit? Non audeo hæc de sacris sentire sermonibus, sed videamus ne forte quoniam in superioribus diximus hoc genus indumenti indicium castitatis videri, quo vel femora operiri vel constringi renes videntur ac lumbi, ne forte, inquam, non semper in illis qui tunc erant sacerdotes has partes dicat esse constrictas. Aliquando enim et de posteritate generis et de successu sobolis indulgetur, sed ego in sacerdotibus Ecclesiæ hujusmodi intelligentiam non introduxerim. Alio namque rem video currere sacramento. Possunt enim et in Ecclesia sacerdotes et doctores filios generare, sicut et ille qui dicebat: *Filioli mei, quos iterum parturio, donec formetur Christus in vobis* (*Gal.* IV, 19). Et iterum alibi dicit: *Tametsi multa millia pædagogorum habeatis in Christo, sed non multos patres. Nam in Christo Jesu per Evangelium ego vos genui* (*I Cor.* IV, 15). Isti ergo doctores Ecclesiæ in hujusmodi generationibus procreandis aliquando constrictis femoralibus utuntur, et abstinent a generando, cum tales invenerint auditores in quibus sciant se fructum habere non posse. Denique et in Actibus apostolorum refertur de quibusdam: *Quod non potuimus*, inquit, *in Asia verbum Dei loqui* (*Act.* XVI). Hoc est imposita habuisse femoralia, et continuisse se ne filios generarent, qui scilicet tales erant auditores, in quibus et semen periret, et non posset haberi successio. Sic ergo Ecclesiæ sacerdotes cum incapaces aures viderint, aut cum simulatos inspexerint, et hypocritas auditores, imponant campestre, utantur femoralibus, non pereat semen verbi Dei, quia et Dominus eadem mandat et dicit: *Nolite mittere sanctum canibus, neque margaritas vestras ante porcos, ne forte conculcent eos pedibus, et conversi rumpant vos* (*Matth.* VII, 6). »

CAP. CLXII.

Isidorus, Spalensis Ecclesiæ episcopus, in libro Officiorum secundo (*cap.* 5) sic dicit: « Quod vero unius virginalis matrimonii sint qui eligantur in ordinem pontificatus, et in veteri lege mandatum est, et plenius scribit Apostolus dicens: *Unius uxoris virum*. Sacerdotem enim quærit Ecclesia aut de monogamia ordinatum, aut de virginalitate sanctum. A digamo autem aufertur agere sacerdotium. Porro quod episcopus non ab uno, sed a cunctis provincialibus episcopis ordinatur, id propter hæreses agnoscitur institutum, ne aliquid

A contra fidem Ecclesiæ unius tyrannica auctoritas moliretur. Ideoque ab omnibus convenientibus instituitur, ut non minus a tribus præsentibus, cæteris tamen consentientibus testimonio litterarum. Huic autem dum consecratur, datur baculus, ut ejus indicio subditam plebem vel regat vel corrigat, vel infirmitates infirmorum sustineat. Datur et annulus propter signum pontificalis honoris, vel signaculum secretorum. »

CAP. CLXIII.

Item idem in eodem libro: « Qui enim erudiendis atque instituendis ad virtutem populis præerit, necesse est ut in omnibus sanctus sit, et in nullo reprehensibilis habeatur, » etc., *usque ad*, distributione

B secreta.

CAP. CLXIV.

Item idem in eodem libro (*cap.* 17): « Pergant igitur virgines viam sublimitatis, pede humilitatis sequantur Christum, tenendo perseveranter quod voverunt ardenter, ita ut professi hac servata integritate, cæteris etiam moribus congruant, sine quibus procul dubio otiosa et inanis manet virginitas, » etc., *usque ad*, carnem vincere potuerunt.

CAP. CLXV.

Item idem in eodem libro: « Ante adventum quippe Christi conjugia placuere Deo, post adventum virginitas, » etc., *usque ad*, cœlum adimpleatur.

CAP. CLXVI.

C In Vita beati Basilii, Cæsariensis archiepiscopi, quæ de Græco in Latinum a quodam Græco vocabulo Euphemio est veraciter de verbo ad verbum translata, inter cætera sic legitur (*Exstat apud Surium, qui stylum mutavit*): « Convenientes ergo cœtus episcoporum, sancti Spiritus cooperatione elegerunt Basilium ad episcopatus sedem, et consecratus gubernabat Ecclesiam Dei providentia. Post quoddam autem tempus postulavit Deum, ut daret illi gratiam atque intellectum, propriis sermonibus offerre insanguineum sacrificium illi, et venire super eum sancti Spiritus adventum. Post dies vero sex sicut in exstasi factus, adventu sancti Spiritus septima die apprehendente, cœpit ministrare Deo per singulos dies. Et post aliquod tempus fide et oratione

D cœpit propria manu scribere ministrationis mysteria, atque in una nocte adveniens ei Dominus in visione cum apostolis, propositionem panis faciens in sancto altari, excitavit Basilium dicens ei: *Secundum tuam postulationem repleatur os tuum laude, ut per proprios sermones offeras insanguineum sacrificium*. Qui non ferens oculis visionem, surrexit cum tremore, et accedens ad sanctum altare, cœpit dicere, scribens in charta sic: *Repleatur os meum laude, ut hymnum dicat gloriæ tuæ, Domine Deus, qui creasti nos et adduxisti in vitam hanc*, et cæteras orationes sancti ministerii. Et post finem orationum exaltavit panem, sine intermissione orans et dicens: *Respice, Domine Jesu Christe Deus noster, ex sancto habitaculo tuo, et veni ad sanctificandum nos, qui sursum Patri consides, et hic nobis invisibiliter ades Dignare potenti manu tua tradere nobis et per nos omni populo sancta sanctis* Populus respondit *Unus sanctus, unus Dominus Jesus Christus cum sancto Spiritu in gloria Dei Patris Amen* Et dividens panem in tres partes, una quidem communicavit cum timore multo, alteram autem reservavit consepeliri sibi, tertiam vero imponens columbæ aureæ, pependit super altare »

Cap CLXVII

Et post pauca ita scribitur « Sancta exaltante sancto Basilio, signum non fuit factum sicut erat solitum, moveri videlicet columbam, quæ cum sacramento Dominico pendebat super altare, semper ad exaltationem sancti sacrificii moveri ter solens Et cogitante eo quid hoc esset, vidit unum ventilantium diaconem innuentem mulieri inclinatæ deorsum, et transponens eum de altari, infra ecclesiam jussit custodiri et ita videns sancti Spiritus adventum, hortatus est omnem populum septem diebus ibidem in oratione manere »

Cap CLXVIII

Ad augmentandum [a] totius pudicitiæ nitorem beatus Joannes evangelista ita concludendo exsequitur, dicens

Cap CLXIX

De his qui ecclesiastica jejunia absque necessitate dissolvunt, in concilio Gangrensi ita scriptum est

Cap CLXX

De hoc quod Ecclesia Romana reprehenditur a Græcis quare jejunium agat in Sabbatis, Innocentius papa hoc rationabiliter defendit in Decretalibus, cap 4, sic dicens *(epist 1 Decent episcopo Eugubino)* « Sabbato vero jejunandum esse ratio evidentissima demonstrat Nam si diem Dominicum ob venerabilem resurrectionem Domini nostri Jesu Christi non solum in Pascha celebramus, verum etiam per singulos circulos hebdomadarum ipsius diei imaginem frequentamus, ac sexta feria propter passionem Domini jejunamus, Sabbatum prætermittere non debemus, qui inter tristitiam atque lætitiam temporis illius videtur inclusus Nam utique constat apostolos biduo isto et in mœrore fuisse, et propter metum Judæorum se occuluisse Quod utique non dubium est in tantum eos jejunasse biduo memorato, ut traditio Ecclesiæ habeat isto biduo sacramenta penitus non celebrari Quæ forma utique per singulas tenenda est hebdomadas, propter id quod commemoratio diei illius semper est celebranda Quod si putant semel atque uno Sabbato jejunandum, ergo et Dominicum et sexta feria semel in Pascha erit utique celebrandum Si autem Dominici diei ac sextæ feriæ per singulas hebdomadas reparanda imago est, dementis est bidui agere consuetudinem Sabbato prætermisso, cum non disparem habeat causam, a sexta videlicet feria, in qua Dominus passus est, quando et ad inferos fuit, ut tertia die resurgens redderet lætitiam post biduanam tristitiam præcedentem Non ergo nos negamus sexta feria jejunandum, sed dicimus et Sabbato hoc agendum, quia ambo dies tristitiam apostolis, vel his qui Christum secuti sunt, induxerunt Qui die Dominico hilarati, non solum ipsum festivissimum esse voluerunt, verum etiam per omnes hebdomadas frequentandum esse duxerunt »

Cap CLXXI

De hac re sciscitanti Lucino Hieronymus respondens, inter cætera rescripta epistola, sic dicit *(epist 28)* « De Sabbato quod quæris utrum jejunandum sit et de eucharistia an accipienda quotidie quod Romana Ecclesia et Hispaniæ observare perhibentur, scripsit quidem et Hippolytus vir disertissimus, et carptim diversi auctores in variis auctoribus edidere, sed ego breviter te admonendum puto traditiones ecclesiasticas, præsertim quæ fidei non officiant, ita observandas, ut a majoribus tradita sunt, nec aliarum consuetudinem, aliarum contrario more subverti Atque utinam omni tempore jejunare possemus Quod in Actibus apostolorum diebus Pentecostes et die Dominico apostolum Paulum et cum eo credentes fecisse legimus nec tamen Manichææ hæreseos accusandi sunt, cum carnalis cibus præferri non debuerit spiritali Eucharistiam quoque absque condemnatione nostri et pungente conscientia, semper accipere, et Psalmistam audire dicentem *Gustate et videte quoniam suavis est Dominus* (*Psal* XXXIII, 9) Et cum eo canere *Eructavit cor meum verbum bonum* (*Psal* XLIV, 2) Nec hoc dico quia festis diebus jejunandum putem, et contextas in quinquaginta diebus ferias auferam, sed unusquisque provincia abundet in sensu suo, et præcepta majorum leges apostolicas arbitretur »

Cap CLXXII

Item Isidorus, Spalensis episcopus, in primo libro Officiorum (*cap* 42 *et* 43) de diversorum dierum ac temporum jejuniis inter cætera sic disputat « Præter hæc autem legitima tempora jejuniorum omni sexta feria propter passionem Domini a quibusdam jejunatur Sed et sabbati dies a plerisque propter quod in eo Christus jacuit in sepulcro jejunio consecratus habetur, scilicet ne Judæis exsultando præstetur quod Christus studuit moriendo, » etc *usque ad finem, cap* 43

Cap CLXXIII

In concilio Laodicensi, cap 1 (*cap* 50, *ex interpret Dionysii Exigui*) *Non debere jejunium solvi in quinta feria majoris septimanæ* « Quod non oportea

[a] *Ad augmentandum* Hic est titulus cap 168, qui in editis desiderabatur, ac restitutus est ex elencho capitum Quem locum laudaverit Æneas haud satis scio Ex eodem loco restituimus titulum cap 169

in Quadragesima in ultima septimana quinta feria jejunium solvere, totamque Quadragesimam sine recreatione transire, magisque convenit omnem Quadragesimam districto venerari jejunio. »

Si ergo non oportet, ut hoc concilii consilio, solvi jejunium in Cœna Domini, multo magis est indecens id agendum in quinta et septima feria per reliquas Quadragesimæ hebdomadas.

CAP. CLXXIV.

Quod etiam quæritur cur non cessamus octo hebdomadibus ante Pascha a carnium esu, et septem a caseo et ovis, ad hoc breviter respondendum, quia in Quadragesimali jejunio nos perfectius Dominum imitamur, qui eosdem dies continuatim, ut ipse Dei Filius, jejunamus, non diminuentes nec interrumpentes spatium abstinentiæ et jejunii, sicut in Evangelio legitur: *Et cum jejunasset quadraginta diebus et quadraginta noctibus, postea esuriit* (Matth. IV, 2). Non dixit evangelista quod in unaquaque hebdomada, quinta et septima feria jejunium solverit, aliis diebus abstinens, ut Græci facere dicuntur, sed ipsis quadraginta diebus ex asse et per ordinem jejunans, tum demum esurierit. Dicendum etiam quia sive per octo hebdomadas jejunetur solvendo jejunium in singulis quinta et septima feria, et die Dominica, sive sex hebdomadibus continuatim abstineatur, excepta Dominica, in utroque tempore triginta et sex dies in abstinentia inveniuntur. Unde rationabilius agunt qui, Dominum imitantes, continuatim quadragesimale jejunium exercent, quam qui per aliquam dierum intercapedinem illud peragere videntur. Nam beatus papa Gregorius quadragesimale computans tempus, a capite sex hebdomadarum illud dinumerare incipit, dicens his verbis (*homil. 16 in Evang.*): « A præsenti etenim die usque ad paschalis solemnitatis gaudia sex hebdomadæ veniunt, quarum videlicet dies quadraginta et duo fiunt, ex quibus dum sex dies Dominici ab abstinentia subtrahuntur, non plus in abstinentia quam triginta et sex remanent. Dum vero per trecentos et sexaginta quinque dies annus ducitur, nos autem per triginta et sex dies affligimur, quasi anni nostri decimas Deo damus, ut qui nobismetipsis per acceptum annum viximus, auctori nostro nos in ejus decimis per abstinentiam mortificemur. »

CAP. CLXXV.

De vario usu abstinentiæ diversarum regionum.

De hoc etiam quod quæritur, quare septem hebdomadibus ante Pascha ab esu casei et ovorum non abstinemus, sed tantummodo sex, dicendum breviter quia talis exactio superflua ex sanctis Scripturis non habet auctoritatem, nam per diversas regiones varius exercetur abstinentiæ usus. Ægyptus namque et omnis Palæstina novem hebdomadibus ante Pascha jejunant, insuper et pars Italiæ, cui hoc ex animo complacet, tribus diebus in hebdomada per totam Quadragesimam a cibis igne decoctis abstinet, tantummodo diversis fructibus arborum et generibus herbarum, quibus Italia opulenter abundat, in cibo mens abstinentiæ perficit votum. Quibus ergo deest diversitas ac multiplicitas fructuum, nequaquam negabitur cibus ab igne decoctus. Germania etiam a lactis et butyri ac casei, et ovorum esu per totam Quadragesimam generaliter non abstinet, excepto quem spontanea attrahit voluntas. Denique nonnulli inere rationabile judicantes solvere abstinentiam in Cœna Domini et Parasceve, quæ dies pro dolore apostolorum lugubrem habet tristitiæ, esui ovorum, casei, lactis et butyri indebite et stolide indulgentes. Itaque donec gloria Dominicæ resurrectionis vespere sabbati, quæ elucescit in prima sabbati, solemniter appropinquet, et unda baptismatis filii lucis renascantur, et *Gloria in excelsis Deo* et *Alleluia* præconetur resurrectionis Christi gloriosam victoriam, et mysticus cereus sancta luce spiritaliter resplendeat, indignum ducit uti hujuscemodi cibis mater Ecclesia, quæ a primo Pastore sumpsit magisterii disciplinam. Cum his et aliis modis per multa spatia orbis Quadragesimali tempore ordo abstinentiæ confundatur, potissimum et optimum delegit Romana sedes continuare et extendere ante Pascha jejunium in numero quadraginta dierum. Triginta autem et sex diebus in abstinentia computatis, adjunctis et quatuor, qui a capite jejunii incipiunt, egregie compaginamur, et absque ulla reprehensione unimur jejunio Salvatoris nostri, de quo evangelista dicit: *Et cum jejunasset quadraginta diebus et quadraginta noctibus, postea esuriit* (Matth. IV, 2).

CAP. CLXXVI.

Sanctus Faustinus episcopus in Dominica ante Quadragesimam, homiliatico sermone secundum morem illius temporis, ita de jejunio vario exsequitur, dicens: « Permotos esse vos credo, fratres dilectissimi, cur a superiore Dominica Quadragesimam percurrimus, et cum hodie sit ejus exordium, cur festivitatem ejus ante unam hebdomadam celebrare cœperimus. Reprehendi non potest observatio ista præpropera; devotionis enim indicium est prius legem exsequi, quam legis statuta cognoscas, et ante obedire præceptis, quam obedientiæ præcepta compellant. Illud amoris est, hoc timoris; hoc imperative exigitur, illud religiose defertur. Ibi donum numeris exhibetur, hic debitum solvitur. Unde et nos religiosum munus exhibuimus Deo dum amplius jejunavimus, reprehendi non potest festinata festivitas, semper enim in gaudiis solemnitatem vota prævenerunt, et futuram lætitiam devotio dum exoptat anticipat. Non solum igitur irreprehensibiliter, sed et caute factum est. Semper enim in rebus ambiguis oportet addere aliquid amplius ad cautelam, quia quod est amplius, recidi potest, quod minus, non potest prolongari. Sicut in hac observatione factum est, ne quod propter Quadragesimam plus jejunavimus, non minuimus Quadragesimam, integra enim nobis manet. Quod si minus jejunassemus a numero, redintegrare non poteramus ad numerum. Sed fortasse illud in causa est, cur jejunium quod jejunavimus, non proficiat nobis ad Quadragesimam. Proficiet plane nobis, quia etsi non proficit ad Quadragesimam, proficit ad salutem; si non proficit ad numerum, proficit ad meritum. Cui enim nunquam profuit orare, legere, jejunare? Cui non profuit castitas, sobrietas, mansuetudo? nisi quod illos magis reprehendendos puto, qui cum parati fuerint jejunare, posteaquam audierint solemnitatis ambiguum, neglexerunt jejunare. Demonstrarunt utique non se volentes religiose vivere, sed coactos. Veriti sunt, credo, ne, quinque dierum jejuniis prolongatis, caro eos corpusque deficeret, et exiles ac tenues Quadragesimæ abstinentiam tolerare non possent. Audiant igitur refecti pariter ac robusti, tenues atque pallentes, quia hodie est Quadragesima. Audiant illi, inquam, ut jejunare incipiant, isti ut abstinere non desinant, et communiter in arcam Christi intrare festinent, imo festinent amplius, quia tardius abstinere cœperunt, ut castigatiores et puriores introeant, quia arca Domini in periculis jejunium substentare prævalet, temulentum substentare non novit. »

CAP. CLXXVII.

Item Augustinus in homilia de Quadragesima inter cætera sic dicit (*serm. 69 de Temp.*): « Sanctus igitur et salutaris Quadragesimæ cursus est, quo adducitur ad misericordiam peccator per pœnitentiam, justus ad requiem. His enim diebus solito amplius et divinitas miseretur, et delinquentia deprecatur, et justitia promeretur. Patent enim omnia, et cœli ad indulgentiam, et peccator ad confitendum, et lingua ad postulandum. Salutaris, inquam, et mysticus est quadragenarius numerus: nam primum cum mundi faciem iniquitas hominum possideret, tot dierum curriculo Deus effusis de cœlo imbribus universam terram diluvio superfudit. Vides ergo jam illo tempore mysterium in figura dispositum. Nam sicut quadraginta diebus pluit ad purgandum mundum, ita et nunc quadraginta diebus miseretur ad hominem purificandum. »

CAP. CLXXVIII.

Quare presbyteri inhibeantur frontes baptizatorum chrismate linire, Innocentius papa in Decretalibus ita dicit, cap. 3 (*epist. 1, c. 3*): « De consignandis vero infantibus manifestum est, non ab alio quam ab episcopo fieri licere. Nam presbyteri, licet sint secundi sacerdotes, pontificatus tamen apicem non habent. Hoc autem pontificibus solis deberi, ut vel consignent, vel paracletum Spiritum tradant, non solum consuetudo ecclesiastica demonstrat, verum illa lectio Actuum apostolorum, quæ asserit Petrum et Joannem esse directos, qui jam baptizatis tradunt Spiritum sanctum. Nam presbyteris, seu extra episcopum, seu præsente episcopo cum baptizant, chrismate baptizatos ungere licet, sed quod ab episcopo fuerit consecratum, non tamen frontem ex eodem oleo signare, quod solis debetur episcopis cum tradunt Spiritum paracletum. Verba vero dicere non

A possum, ne magis prodere videar, quam ad consultationem respondere. »

CAP. CLXXIX.

Legitur etiam in Gestis Romanorum pontificum, quia Silvester papa constituit ut a presbytero neophytus ungeretur, scilicet in cerebro sive in vertice, sic etenim ibi scribitur (in *Lib. Pontificali*, qui falso ascribitur Damaso papæ): « Hic constituit ut baptizatum liniat presbyter chrismate levatum de aqua, propter occasionem transitus mortis. » Quo enim tempore Silvester rexit Romanæ sedis Ecclesiam, manifestum est, id est, quando Nicænum concilium celebratum est sub pio imperatore Constantino. Ex quo ut arbitrari potest, sancti Patres instituerunt ut
B ungerentur neophyti a presbyteris chrismate consecrato ab episcopo. Quod si id antea agebatur, superfluum videtur constitutum esse a sancto Silvestro quod jam a catholicis implebatur. Secundum hanc constitutionem suspicari quilibet valet, quod priori tempore de unctione chrismatis pontifex exspectabatur, ut per manus episcopi omnis unctio chrismatis compleretur. Usque ad illud tempus non generaliter omnes baptizabantur, præsertim cum imperatores et principes eorum paganismo detinerentur; ideo facile neophytis poterat occurrere episcopus, vel ipsi ad episcopum venire, quia adhuc Christianitas angusta erat et clanculo agebatur.

CAP. CLXXX.

C Gelasius papa in ecclesiasticis Institutis, ut presbyteri modum debitum servent, non chrisma conficiant, non consignent, sic dicit cap. 6 (*epist. 9*): « Nec minus etiam presbyteros contra suum modum tendere prohibemus, nec episcopali fastigio debita sibimet audacter assumere, non conficiendi chrismatis, non consignationis pontificalis adhibendæ sibimet arripere facultatem. »

CAP. CLXXXI.

Item in eodem capitulo: « Nec prorsus addubitet si quidquam ad episcopale ministerium specialiter pertinens suo motu putaverit exsequendum, continuo se presbyterii dignitate et sacra communione privari. »

CAP. CLXXXII.

D De hoc quod opponitur, quare clerici barbas radunt, Hieronymus in prima parte Ezechielis (*lib. II, cap. V, init.*) exponit: « *Et tu, fili hominis, sume tibi gladium acutum quasi novaculam tonsorum* (sive *radentem pilos*) *et trahe per caput tuum et barbam tuam, et assumes tibi stateram ponderis, et divides eos. Tertiam partem igni combures in medio civitatis, juxta completionem dierum conclusionis, et tertiam partem concides gladio in circuitu ejus, tertiam vero aliam disperdes in ventum, et gladium nudabo post eos. Et sumes inde parvum numerum, et ligabis eos in summitate pallii. Et ex eis rursum tolles et projicies in medium ignis, et combures eos igni. Ex eo egredietur ignis in omnem domum Israel* (*Ezech.* V, 1 *seq.*). Pro

[tr]ibus partibus capillorum et pilorum, quarum una comburitur in medio civitatis, alia conciditur gladio in circuitu ejus, tertia vento huc illucque dispergenda dispergitur, de qua parvum assumitur et ligatur in pallio, et rursum modicum quid partis tertiæ mittitur in ignem, de quo egreditur flamma in omnem domum Israel. Septuaginta *quatuor partes* interpretati sunt. Cumque dixissent: *Quartam partem igni comburies in medio civitatis, et quartam circa eam gladio in medio ejus, et quartam disperges in ventum*; quia remanebat eis quarta pars, illa addiderunt de suo: *Et quartam partem assumes, et combures eam in medio civitatis*: quasi non sit ipsa quæ prima, et aliud quid in prima dixerit, aliud in ista quæ addita est. Denique et in consequentibus ænigma capillorum in tres partes divisorum, ipse Dominus edisserit per prophetam dicens: *Tertia tui pars peste morietur, et fame consumetur in medio tui*: famem et pestilentiam ignem esse significans. *Et tertia tui pars gladio cadet in circuitu tuo*: foris cædes ac bella describens. *Tertiam vero*, inquit, *partem tuam in omnem ventum dispergam*: eos esse demonstrans qui ducendi sunt in captivitatem. Post quos dicit se nudare vel evaginare gladium suum, ut nec captivitas novissimum sit malorum, sumereque de ipsis dispersis atque captivis et ligare in summitate pallii sui eos qui de captivitate redituri sunt in Hierusalem, et ex ipsis quoque tollere aliquam partem, et igni flammisque consumere, significans Macedones, sub quibus habitatores Judææ, et præcipue Hierusalem, dura perpessi sunt. Quod autem dicit *ex eo*, id est populo, sive juxta Septuaginta, *ex ea*, ut subaudiatur urbe Hierusalem, egredietur ignis in omnem domum Israel, Machabæorum narret historia, quod quædam pars Judæorum se tradidit Antiocho Epiphani, et eum ad persecutionem populi concitavit, et multa alia quæ in eadem scribuntur historia, et in Josephi voluminibus, præcipueque dissensione Hyrcani et Alexandri, per quorum occasionem Cnæus Pompeius cepit Jerusalem, et Romanæ ditioni subdidit; postremaque sub Tito et Vespasiano urbs capta, templumque subversum. Et post quinquaginta annos sub Ælio Adriano usque ad solum incensa civitas atque deleta est, ita ut pristinum quoque nomen amiserit. Quomodo autem in cæsarie et barba pulchritudinis ac virilitatis indicium est, quæ si radantur fœda nuditas apparescit, et universi corporis pars extrema, atque, ut ita dicam, emortua, in capillis ac pilis est, ita Hierusalem et populus ejus emortuus, et a vivo Dei corpore separatus fami ac pestilentiæ, cædi et gladio, captivitati ac dispersioni traditur. De qua dispersione sub figura capillorum aliqua pars ligatur in summitate pallii, ut modicum quid rursum tradatur incendio, de quo infinita flamma ac pene universa devastans egreditur in omnem domum Israel.»

CAP. CLXXXIII.

Gregorius papa in libro primo Moralium beati Job (*cap.* 19) sic inter cætera dicit: «Jeremias insinuat quod venerunt octoginta viri de Sichem et de Silo, et de Samaria rasi barba et scissis vestibus squalentes, munera et thus habebant in manu ut offerent in domo Domini. Egressus autem Ismael filius Nathaniæ in occursum eorum de Maspha, incedens et plorans ibat. Cumque occurrisset eis, dixit ad eos: *Venite ad Godoliam filium Ahicam. Qui cum venissent ad medium civitatis, interfecit eos* (*Jer.* XLI, 6). Barbam quippe radunt, qui sibi de propriis viribus fiduciam subtrahunt; vestes scindunt qui sibimetipsis in exterioris decoris laceratione non parcunt. Oblaturi in domo Domini thus et munera veniunt, qui exhibere se in Dei sacrificio orationem cum operibus pollicentur. Sed tamen si se in ipsa sanctæ devotionis via caute circumspicere nesciunt, Ismael Nathaniæ filius in eorum occursum venit: quia nimirum quilibet malignus spiritus, prioris sui Satanæ videlicet exemplo, in superbiæ errore generatus, se ad laqueum deceptionis opponit.»

CAP. CLXXXIV.

Item idem in secundo libro Moralium (*cap.* 10 et 11): «*Tunc surrexit Job, et scidit vestimenta sua, et tonso capite corruens in terram adoravit.* Mos autem veterum fuit, ut quisquis speciem sui corporis capillos nutriendo servaret, eos tempore afflictionis abscideret,» etc., *usque ad*: quæ perdidimus, non habuisse.

CAP. CLXXXV.

«*Isidorus, Spalensis episcopus, in libro secundo Officiorum* (*cap.* 4 *init.*) sic dicit: Tonsuræ ecclesiasticæ usus a Nazaræis, nisi fallor, exortus est, qui prius crine servato, denuo post vitæ magnæ continentiam, devotione completa caput radebant, et capillos in igne sacrificii ponere jubebantur, scilicet ut perfectionem devotionis suæ Domino consecrarent. Horum ergo exemplo usus ab apostolis introductus est, ut hi qui divinis cultibus mancipati Domino consecrantur, quasi Nazaræi, id est, *sancti Dei*, crine præciso innoventur. Hoc quippe et Ezechieli prophetæ jubetur, dicente Domino: *Tu, fili hominis, sume tibi gladium acutum, et duces per caput tuum et barbam* (*Ezech.* V, 1). Videlicet quia et ipse sacerdotali genere, Deo in ministerium sanctificationis deserviebat. Hoc et Nazaræos illos Priscillam et Aquilam in Actibus apostolorum primos fecisse legimus. Paulum quoque apostolum, et quosdam discipulorum Christi, qui in hujusmodi cultu imitandi exstiterunt. Est autem in clericis tonsura signum quoddam quod in corpore figuratur, sed in animo agitur, scilicet ut hoc signo in religione vitia resecentur, et criminibus carnis nostræ quasi crinibus exuamur, atque inde innovati sensibus, ut comis radiantibus enitescamus, *Exspoliantes nos*, juxta Apostolum, *veterem hominem cum actibus suis, et induentes novum, qui renovatur in agnitionem Dei* (*Ephes.* IV; *Coloss.* III). Quam renovationem in mente oportet fieri, sed in capite demonstrari, ubi ipsa mens noscitur habitare. Quod vero detonso superius capite, inferius circuli corona relinquitur, sacerdotium regnumque Ecclesiæ in eis existimo figurari. Tiara enim apud veteres constituebatur in capite sacerdotum, hæc ex bysso confecta rotunda erat, quasi sphæra media et hoc significatur in parte capitis tonsa. Corona autem latitudo aurei est circuli, quæ Regum capita cingit. Utrumque itaque signum exprimitur in capite clericorum, ut impleatur etiam corporis quadam similitudine quod scriptum est, Petro apostolo perdocente: *Vos estis genus electum, regale sacerdotium (I Petr. II).* Quæritur autem cur, sicut apud antiquos Nazaræos, non ante coma nutritur et sic tondetur. Sed qui hæc exquirunt, advertant quid sit inter illud propheticum velamentum, et hanc Evangelii revelationem, de qua dicit Apostolus: *Cum transierts ad Christum, auferetur velamen (II Cor. III).* Quod autem significabat velamen interpositum inter faciem Moysi et aspectum populi Israel, hoc significabat illis temporibus etiam coma sanctorum. Nam et Apostolus comam pro velamento esse dicit. Proinde jam non oportet ut velentur crinibus capita eorum, qui Domino consecrantur, sed tantum ut revelentur, quia quod erat occultum in sacramento prophetiæ, jam in Evangelio declaratum est. »

CAP. CLXXXVI.

Quare Latini more Græcorum comas non nutriant, ut mulieribus in crinibus dispares habeantur.

« Cum ergo Græci Latinos et Romanos redarguant cur barbas radant, qui ob munditiam utique hoc agunt, quam expressius ecclesiasticum expedit et deposcit ministerium; quippe cum diversæ nationes suam observent consuetudinem in cultu corporis et vestimentorum indumentis, et hoc sine crimine, ita duntaxat ut non discrepet a catholica fide, convenienter et Latini vicem quæstioni rependunt, quare Græcorum laici more feminarum contra interdictum tonantis Pauli comas nutriant, qui ita Corinthius apostolica auctoritate interminat dicens: *Nec ipsa natura docet vos, quod vir quidem si comam nutriat, ignominia est illi; mulier vero si comam nutriat, gloria est illi, quoniam capilli pro velamine ei dati sunt (I Cor. XI, 14).* Denique cum Latini comas nutrire indignum ducant, ut non muliebri cultui assentiant, inquirendum quid Græci sanctius sentiant qui quasi unitum caput cum mulieribus crinium velamine gestant. Corinthus siquidem est in Achaia, quæ una est civitatum Græcarum in Asia consistentium, cujus viros noluit nutrire comas Apostolus, non quilibet alius, sed ille *qui non ab hominibus, neque per hominem, sed per Jesum Christum, et Deum Patrem qui suscitavit eum a mortuis (Gal. I, 1),* est constitutus Apostolus. Dixit itaque quidam sanctitate et oratorum eloquio pollens, si aliqua sanctitas subintelligitur in corporalibus barbis, forte aliquem posset locum in gradioribus hircis. Si ergo prudentia Achivorum contemnit Apostolum in nutriendis comis, nullatenus proinde inferior judicabitur munditia ministrorum Christi pro radendis barbis, quæ illicita resecando, debet præstantius splendescere in operibus bonis, et omnimodis carere sordibus mentis simul et corporis. »

CAP. CLXXXVII.

Quod Romanæ sedis pontifex primus omnium habeatur, beatus papa Silvester perdocuit in Præfatione Nicæni concilii, ubi ista leguntur: « Beatissimo Silvestro in urbe Roma apostolicæ sedis antistite, Constantino Augusto, et Licinio, consulibus Paulino et Juliano viris clarissimis. Anno ab Alexandro millesimo tricesimo quarto, mense Junio, decimo tertio kalendas Julias, propter insurgentes hæreses fides catholica posita est apud Nicæam Bithyniæ, quam sancta et reverentissima Romana complectitur et veneratur Ecclesia, quippe quam trecenti decem et octo Patres, mediantibus Victore atque Vincentio religiosissimis Romanæ sedis presbyteris, inspirante Deo propter destruenda Arii venena protulerunt. Nam et nonnullæ regulæ subnexæ sunt, quas memorata suscipiens confirmavit Ecclesia. Sciendum est sane ab omnibus catholicis quoniam sancta Ecclesia Romana nullis synodicis decretis prælata est (*Ex decreto Gelasii papæ in concilio Romano an. 494*), sed evangelica voce Domini et Salvatoris nostri primatum obtinuit, ubi dixit beato apostolo Petro: *Tu es Petrus, et super hanc petram ædificabo Ecclesiam meam, et portæ inferi non prævalebunt adversus eam. Et tibi dabo claves regni cœlorum. Et quæcunque ligaveris super terram, erunt ligata et in cœlo. Et quæcunque solveris super terram, erunt soluta et in cœlo (Matth. XVI, 18 seq.).* Adhibita est etiam societas in eadem Romana urbe beatissimi apostoli Pauli vasis electionis, qui uno die, unoque tempore gloriosa morte cum Petro sub principe Nerone agonizans coronatus est, et ambo pariter sanctam Ecclesiam Romanam Christo Domino consecrarunt, aliisque omnibus urbibus in universo mundo sua præsentia atque venerando triumpho prætulerunt. Et licet pro omnibus assidua apud Deum omnium sanctorum fundatur oratio, his tamen verbis Paulus beatissimus apostolus Romanis proprio chirographo pollicetur dicens: *Testis enim mihi est Deus, cui servio, in spiritu meo in Evangelio Filii ejus, quod sine intermissione memoriam vestri facio semper in orationibus meis (Rom. I, 9).* Prima ergo sedes est cœlesti beneficio Romanæ Ecclesiæ, quam beatissimi apostoli Petrus atque Paulus suo martyrio dedicarunt. Secunda autem sedes apud Alexandriam beati Petri nomine a Marco ejus discipulo atque evangelista consecrata, quia ipse et in Ægypto primum verbum veritatis directus a Petro prædicavit, et gloriosum suscepit martyrium, cui venerabilis successit Abilius. Tertia vero sedes apud Antiochiam, item beati Petri apostoli habetur honorabilis, quia illic prius quam Romam veniret habitavit, et Ignatium episcopum constituit, et illic primum nomen Christianorum novellæ gentis exortum est. Nam et Hierosonitanus episcopus pro tanti loci reverentia ab omnibus habetur honorabilis, maxime quoniam illic mus beatissimus Jacobus, qui dicebatur justus, etiam secundum carnem frater Domini nuncupa- est, a Petro, Jacobo et Joanne apostolis est episcopus ordinatus Itaque secundum antiquorum Patrum definitionem sedes prima in Hierosolymis minime dicitur, ne forte ab infidelibus aut idiotis se- Domini nostri Jesu Christi, quæ in cœlo est, in ra esse putaretur Est enim sedes ejus cœlum, ra autem scabellum pedum ejus est, quoniam ipse , per quem omnia facta sunt et sine quo factum nihil, quoniam ex ipso, et per ipsum, et in ipso it omnia ipsi gloria in sæcula sæculorum Apud Ephesum vero beatissimus Joannes apostolus et angelista multo tempore post resurrectionem et ensionem in cœlos Domini nostri Jesu Christi moratus est, ibique etiam Evangelium quod secundum Joannem dicitur, divina inspiratione conscripsit, atque requievit Et ob hoc episcopus Ephesus pro tanti apostoli et evangelistæ memoria, cæteris episcopis metropolitanis in synodis honorabiliorem obtinet sedem »

CAP CLXXXVIII

Item beatus Sylvester in fine allocutionis quam fecit in synodo acta in Trajanis tertio Kalendas Junias canonibus Sylvestri, cap 20) « Nemo judicabit mam sedem justitiam desiderantem temperari, que ab Augusto, neque ab omni clero, neque a gibus, neque a populo judex judicabitur »

CAP CLXXXIX

In canonibus apostolorum, De primatu episcopo n cap 35 (can 35, ex interpr Dionysii exigui Episcopos gentium singularum scire convenit, is inter eos primus habeatur, quem velut caput stiment, et nihil amplius præter ejus conscientiam gerant quam illa sola singuli, quæ parochiæ opriæ et villis, quæ sub ea sunt, competunt Sed c ille præter omnium conscientiam faciat aliquid enim unanimitas erit, et glorificabitur Deus per ristum in Spiritu sancto »

CAP CXC

In Nicæno concilio, de privilegiis quæ quibusdam ivitatibus competunt cap 6, (can 6 ex prima edit) Antiqua consuetudo servetur per Ægyptum, Libyam Pentapolim, ita ut Alexandrinus episcopus horum nium habeat potestatem, quia et urbis Romæ iscopo parilis mos est Similiter autem et apud ntiochiam cæterasque provincias suis privilegia rventur Ecclesiis »

CAP CXCI

Item in eodem concilio, cap 7, De episcopo Eliæ, id est Hierosolymorum « Quia consuetudo obtinuit et antiqua traditio, ut Eliæ episcopus honoretur, habeat honoris consequentiam, salva metropoli propria dignitate »

CAP CXCII

In concilio Constantinopolitano, cap II (can 2 A Discrepat hæc versio ab edit) De ordine singularum diœcesium, et de privilegiis quæ Ægyptus, Antiochenis Constantinopolitanisque debentur Qui sunt super diœcesim episcopi nequaquam ad ecclesias quæ sunt extra præfixos tibi terminos accedant, nec eas hac præsumptione confundant, sed juxta canones Alexandrinus antistes quæ sunt in Ægypto regat solummodo Et Orientis episcopi Orientem tantum gubernent, servatis privilegiis quæ Nicænis canonibus Ecclesiæ Antiochenæ tributa sunt Asianæ quoque diœceseos episcopi ea solum quæ sunt in Asiana diœcesi dispensent nec non et Ponti episcopi ea tantum quæ sunt in Ponto, et Thraciarum, quæ in Thraciis sunt gubernent Non vocati autem episcopi ultra suam diœcesim non accedant propter ordinationes faciendas, vel propter alias dispensationes ecclesiasticas Servata vero quæ scripta est de gubernationibus regula manifestum est quod illa quæ sunt per unamquamque provinciam ipsius provinciæ synodus dispenset, sicut Nicæno constat decretum esse concilio Ecclesias autem Dei in barbaricis gentibus constitutis gubernari convenit juxta consuetudinem, quæ est a Patribus observata Verumtamen Constantinopolitanus episcopus habeat honoris primatum post Romanum episcopum, propterea quod urbs ipsa sit junior Roma »

CAP CXCIII

In concilio Sardicensi, cap 3 (can 3, ex interpretat Dion Exigui) « Quod si damnatus appellaverit Romanum pontificem, sicut nuper fecit Ignatius Constantinopolitanus episcopus injuste, ut dicitur, depositus ad observandum quod ipse censuerit Osius episcopus dixit Illud quoque necessario adjiciendum est, ut episcopi de sua provincia ad aliam provinciam, in qua non sunt episcopi, non transeant, nisi forte a fratribus suis invitati, ne videantur januam claudere charitatis Quod si in aliqua provincia aliquis episcopus contra fratrem suum episcopum litem habuerit, neuter e duobus ex alia provincia advocet episcopos ad judicium cognitores Quod si aliquis episcopus judicatus fuerit in aliqua causa, et putat se bonam causam habere, ut iterum ad judicium concilium renovetur, si vobis placet sancti Petri apostoli memoriam honoremus, ut scribatur vel ab his episcopis qui in propria provincia morantur, Julio Romano episcopo et si judicaverit renovandum esse judicium renovetur, et det judices Si autem probaverit talem causam esse, ut non refricentur ea quæ acta sunt, quæ decreverit confirmata erunt Si hoc omnibus placet, statuatur Synodus respondit ? Placet »

CAP CXCIV

Item in eodem concilio, cap 4 (Ibid, can 4) Ut nullus accusati sedem usurpet episcopi, sicut nuper fecit Photius sedem Ignatii, neophytus et invasor Constantinopolitanæ sedis « Gaudentius episcopus dixit Addendum, si placet, huic sententiæ, quam plenam sanctitate protulistis, ut cum aliquis episcopus depositus fuerit eorum episcoporum judicio qui in vicinis locis commorantur, et proclamaverit agendum sibi negotium in urbe Roma, alter episcopus in ejus cathedra post appellationem ejus qui videtur esse depositus omnino non ordinetur, nisi causa fuerit in judicio episcopi Romani determinata. »

CAP. CXCV.

Item beatus papa Silvester in allocutione Nicæni concilii fecit gradus in gremio synodi (*in canonibus Silvestri cap.* 3): « Ut non presbyter adversus episcopum, non diaconus adversus presbyterum, non subdiaconus adversus diaconum, non acolythus adversus subdiaconum, non exorcista adversus acolythum, non lector adversus exorcistam, non ostiarius adversus lectorem det accusationem aliquam; et non damnabitur episcopus præsul, nisi in septuaginta duo testimonia, neque præsul summus a quoquam judicabitur, quoniam scriptum est: *Non est discipulus super magistrum.* Presbyter autem non damnabitur nisi in quadraginta quatuor testimonia. Diaconus autem cardinalis constitutus urbis Romæ, nisi in triginta sex testimonia non condemnabitur. Subdiaconus, acolythus, exorcista, lector, nisi, sicut scriptum est, in septem testimonia filios et uxores habentes et omnino Christum prædicantes. Sic datur mystica veritas. »

Sanctus Gelasius papa Acacium Constantinopolitanæ sedis episcopum auctoritate damnavit apostolica, ob maximam videlicet præsumptionem, quia Joannem qualemlibet hominem, catholicum tamen, a catholicis ordinem, de Alexandrina civitate, quæ post Romanam secunda habetur sedes, excluserat. Petrumque in hæresi jam dudum atque damnatum absque sedis apostolicæ consultatione receperat, et quia aliqua synodo habita hoc audacter arripuerat, ut Kalendionem Antiochenæ sedis episcopum contra rationem deponeret, et hæreticum Petrum quem ipse dudum damnaverat, absque notitia sedis apostolicæ rursus admiserat Basilisco imperatore hæretico in hac facinorosa præsumptione consentiente. Pro qua præsumptiva potestate idem papa Gelasius ad Anastasium imperatorem mirabilem direxit epistolam, ut indigne usurpata potestas reprimeretur, et sanctæ Romanæ Ecclesiæ singulare privilegium totius principatus illibate conservaretur (*Ad Anastas. imp. epist.* 8 *init.*). Hæc autem epistola ita incipit: « Famuli vestræ pietatis, filii mei, Faustus magister et Irenæus, atque eorum comites publica legatione fungentes, ad Urbem reversi, clementiam vestram quæsisse dixerunt, cur ad vos meæ salutationis scripta non miserim, » et cætera usque ad finem. » Item Gelasius reddidit rationes egregie descriptis (*ejusdem epist.* 13, *ad episcopos Dardaniæ*), Acacium a sede apostolica competenter fuisse damnatum, quæ rationes tale habent exordium: « Valde mirati sumus, quod vestra dilectio quasi novam et veluti difficilem quæstionem, et adhoc tanquam inauditum quidpiam *nosse* desideratis, » et reliqua usque ad finem. » Rursus papa Gelasius de eadem re reddidit rationem ad episcopos Orientis, eosque admodum reprehendit, quare talibus præsumptionibus non repugnaverint. Hujus itaque rationis initium tale est (*ejusdem epist.* 1. *Non occurrit hæc epist. inter edit.*): « Quid ergo isti prudentes viri et argutis mentibus totius religionis in terra rimantes, in Orientis partibus constituti, etc., usque ad finem sermonis. » Igitur quicunque hæc omnia per ordinem relegerit, apostolica sedes quanta dignitate cunctis per orbem Ecclesiis præpolleat, et potestate sit eminentior, perspicue ad plenum cognoscere poterit.

CAP. CXCVI.

Item, *Commonitorium* sancti Gelasii per Faustum magistrum legationis officio fungentem Constantinopoli directum (*epist.* 4), quod sic incipit: « Ego quoque mente percepi Græcos in sua obstinatione mansuros, ne cui velut inoperatum videri potest, quod est mihi ante præcognitum, » etc., *usque ad finem.*

CAP. CXCVII.

In hoc commonitorio inter cætera sic dicit: « Quod si dicunt: Imperator hoc fecit, hoc ipsum quibus canonibus, quibus regulis est præceptum? Cur huic tam pravo facto consensit Acacius, cum auctoritas divina dicat: *Non solum qui faciunt prava, reos, sed et qui consentiunt facientibus?* (*Rom.* 1.) Quibus canonibus, quibus regulis Kalendion exclusus est, vel primi urbium diversarum catholici sacerdotes? Qua traditione majorum apostolicam sedem in judicium vocant? An secundæ sedis antistites et tertiæ, cæterique bene sibi conscii sacerdotes depelli debuerunt, et qui exstitit religionis inimicus, depelli non debuit? Videant ergo si alios habent canones, quibus suas ineptias exsequantur. Cæterum isti qui sacri, qui ecclesiastici, qui legitimi celebrantur, non solum sedem apostolicam ad judicium vocare non possunt, et Constantinopolitanæ episcopus civitatis, quæ utique per canones inter sedes nullum nomen accepit, in communionem recidens perfidorum, non debuit submoveri? An qui homini mentitus dicitur imperatori, et qui imperatorem læsisse perhibentur, depelli debuerunt, et in Deum qui summus et verus est imperator, Acacium delinquentem, sinceramque communionem divini sacramenti studentem miscere cum perfidis, secundum synodum qua hæc est damnata perfidia non oportebat excludi? Sed, velint nolint, ipsius judicio antiqua canonum constituta firmantur, sed religiosi viri atque perfecti secundum canones concessam sedi apostolicæ potestatem nimirum conantur eripere, et sibimet eam contra canones usurpare contendunt. »

CAP. CXCVIII.

Item in epistola ad Anastasium imperatorem (*epist.* 8), inter cætera sic dicit: « Apostolicæ vero sedis auctoritas, quod cunctis sæculis Christianis Ecclesiæ prælata sit universæ, et canonum serie paternorum, et multiplici traditione firmatur, » etc. *usque ad*, putas interesse.

CAP. CXCIX.

Item in redditis rationibus inter cætera sic dicit (*Epist.* 13, *ad Dardanos*): « Nec plane tacemus quod cuncta per mundum novit Ecclesia, quoniam quorumlibet sententiis ligata pontificum sedes beati Petri apostoli jus habeat resolvendi, utpote quæ de omni Ecclesia fas habeat judicandi, neque cuiquam de ejus liceat judicare judicio. Siquidem ad illam de qualibet mundi parte canones appellari voluerint; ab illa autem nemo sit appellare permissus. Quapropter satis constat Acacium nullam habuisse pontificum sententiam sedis apostolicæ, sine ulla ejus notione solvendi. Qua certe synodo hoc ille præsumpsit, quod nec sic absque apostolica sede jus quidem haberet efficere? Cujus sedis episcopus? Cujus est metropolitanæ civitatis antistes? nonne parochiæ Heracleensis ecclesiæ? Sic illi certe licuit sine synodo sententiam apostolicæ sedis abrumpere nulla ejus consultatione quæsita; itane vero non licuit primæ sedi Chalcedonensis synodi constituta, sicut decuit, exsequenti hujusmodi prævaricatorem sua auctoritate detrudere? Sed nec illa præterimus, quod apostolica sedes frequenter, ut dictum est, more majorum, etiam sine ulla synodo præcedente, jus habuit exsolvendi quod synodus inique damnaverat, et damnandi nulla existente synodo quos oportuit, habuerit facultatem. Sanctæ memoriæ quippe Athanasium synodus Orientalis addixerat, quem tamen exceptum sedes apostolica, quia damnationi Græcorum non consensit, absolvit. Sanctæ memoriæ nihilominus Joannem Constantinopolitanum synodus etiam catholicorum præsulum certe damnaverat, quem simili modo sedes apostolica etiam sola, quia non consensit, absolvit. Itemque sanctum Flavianum pontificum Græcorum congregatione damnatum, pari tenore, quoniam sola sedes apostolica non consensit, absolvit, potiusque qui illic receptus fuerat Dioscorum secundæ sedis præsulem sua auctoritate damnavit, et impiam synodum non consentiendo sola submovit, et ut synodus Chalcedonensis fieret, sola decrevit (in qua sicut sola jus habuit absolvendi eos quos synodica decreta perculerant, sic etiam sine synodo in hac eadem causa plurimos etiam metropolitanos damnasse cognoscitur). Quod si quis hæc ab apostolica sede vel secundum synodum acta reprehendit, præter quod prisca rerum probatione convincitur, interim multo magis Acacio non licuisse fatebitur. »

CAP. CC.

Item idem Gelasius in eisdem post pauca: « Risimus autem quod prærogativam volunt Acacio comparari, quia episcopus fuerit regiæ civitatis. Nunquid apud Mediolanum, apud Ravennam, apud Sirmium, apud Triberos multis temporibus non constitit imperator? Nunquid nam harum urbium sacerdotes ultra mensuram sibimet antiquitus deputatam, quidpiam suis dignitatibus usurparunt? »

CAP. CCI.

Item idem post pauca: « Si certe de dignitate agitur civitatum, secundæ sedis et tertiæ major est dignitas sacerdotum, quam ejus civitatis, quæ non solum inter sedes minime numeratur, sed nec inter metropolitanorum jura censetur. Nam quod dicitis regiæ civitatis alia potestas est regni sæcularis, alia ecclesiasticarum distributio dignitatum. Sicut enim quamvis parva civitas prærogativam præsentis regni non minuit, sic imperialis præsentia mensuram dispensationis religiosæ non mutat. Sit clara urbs illa potestate præsentis imperii, et religio sub eodem tunc firma, tunc libera, tunc provecta consistit, si potius hoc præsente propriam teneat sine ulla perturbatione mensuram. »

CAP. CCII.

Item idem in fine rationum: « Sicut per unum scribentem eorum omnium vulgata transgressio est, qui in eadem perfidiæ reciderant actione, sic in uno eodemque qui pro omnibus scripserat, vel scribendo omnium prodiderat voluntates, transgressione punita cunctorum. Quæ ad instructionem vestræ dilectionis satis abundeque sufficere judicamus, quamvis eadem latius, si Dominus concesserit facultatem, studeamus exponere [a], quatenus et fidelium quisque cognoscat, nihil apostolicam sedem, quod absit, præpropere censuisse [b]. Quæ tamen sententia in Acacium destinata, et si nomine tantummodo præsulis apostolici, cujus erat utique potestatis legitimæ, probatur esse deprompta, præcipue cum secretim dirigenda videretur, nec custodiis ubique prætentis [c] dispositio salutaris, quibuslibet difficultatibus impedita necessarium habere non posset effectum, tamen quia orthodoxis ubique dejectis et hæreticis tantummodo eorumque consortibus jam relictis in Oriente, catholici pontifices aut residui omnino non essent, aut nullam gererent libertatem; plurimorum in Italia catholicorum congregatio sacerdotum, rationabiliter cognovit in Acacium fuisse prolatam, quæ congregatio facta pontificum non contra Chalcedonensem, non tanquam nova synodus contra veterem primamque convenit, sed potius secundum tenorem veteris constituti particeps apostolicæ exsecutionis effecta est, ut satis appareat Ecclesiam catholicam, sedemque apostolicam, quia alibi jam omnino non posset, ubi potuit, et cum quibus potuit, nihil penitus omisisse, quod ad fraternum pertineret pro intemerata fide et sincera communione tractatum. »

[a] Hæc in fine epistolæ reperies.
[b] Hoc vero in edit. conjuncta videbis cum verbis *punita cunctorum*, supra.

[c] *Custodiis ubique prætentis*. Sic in epistolis Gelasii editis, et quidem recte. In Æneæ codice *custodiæ præsentis*, inepte.

CAP. CCIII.

Item in epistola Leonis papæ ad Marcianum Augustum (*est epist. 6 in concilio Chalced. parte* III), quæ est per Lucianum episcopum et Basilium diaconum directa, de ambitu Anatolii episcopi Constantinopolitani, inter cætera sic legitur: « Sciens gloriosam clementiam vestram ecclesiasticæ studere concordiæ, et his quæ pacificæ congruunt unitati, piissimum præstare consensum, precor, et sedula suggestione vos obsecro, ut ausus improbos, unitati Christianæ pacique contrarios, ab omni pietatis vestræ abdicetis assensu, et fratris mei Anatolii nocituram ipsi, si perstiterit, cupiditatem salubriter comprimatis, ne ea quæ vestræ gloriæ atque temporibus inimica sunt cupiens, major suis velit esse prioribus, liberumque illi sit quantis potuerit splendere virtutibus, quarum non aliter particeps erit, nisi charitate magis voluerit ornari, quam ambitione distendi. Hanc autem improbi desiderii conceptionem, nunquam quidem debuit intra cordis sui percipere secretum.

CAP. CCIV.

Item Leo papa in eadem epistola: « Agite quod et Christianæ est probitatis et regiæ, ut prædictus episcopus pareat Patribus, consulat paci, neque sibi æstimet licuisse, quod Antiochenæ Ecclesiæ sine ullo exemplo, contra statuta canonum, episcopos ordinare præsumpsit, quod nos amore reparandæ fidei et pacis studio retractare cessavimus. Abstineat ergo ab ecclesiasticarum injuria regularum, et illicitos declinet excessus, ne se ab universali Ecclesia, dum inimica paci tentat, abscidat. Quem opto magis irreprehensibilitei agentem diligere, quam in hac præsumptione, quæ illum ab omnibus separare poterit, perdurare. »

CAP. CCV.

Item Leo papa ad Anatolium episcopum inter cætera in alia epistola (*epist.* X) scribit: « Post illa itaque ordinationis tuæ non inculpata principia, post consecrationem Antiocheni episcopi quam tibimet contra canonicam regulam vindicasti, doleo in hoc dilectionem tuam esse progressam, ut sacratissimas Nicænorum canonum constitutiones conareris infringere, tanquam opportune se tibi hoc tempus obtulerit, quo secundi honoris privilegium sedes Alexandrina perdiderit, et Antiochena Ecclesia proprietatem tertiæ dignitatis amiserit, ut his locis juri tuo subditis, omnes metropolitani episcopi proprio honore priventur. Quibus inauditis et nunquam ante tentatis ita prævenirıs excessibus, ut sanctam synodum ad exstinguendam solum hæresim, et ad confirmationem fidei catholicæ studio Christianissimi principis congregatam in occasionem ambitus trahas, et ut conniventiam suam tibi dedat impellas, tanquam refutari nequeat, quod illicite voluerit multitudo, et illa Nicænorum canonum per sanctum vere Spiritum ordinata conditio, in aliqua cuiquam sit parte solubilis. Et nulla sibimet de multiplicatione congregationis synodalia concilia blandiantur, neque trecentis illis decem atque octo episcopis quantumlibet copiosior numerus sacerdotum, vel comparare se audeat, vel præferre, cum tanto divinitus privilegio Nicæna sit synodus consecrata, ut sive per pauciores sive per plures ecclesiastica judicia celebrentur, omni penitus auctoritate sit vacuum, quidquid ab illorum fuerit constitutione diversum. Nimis ergo hæc improba, nimis prava sunt, quæ sacratissimis canonibus inveniuntur esse contraria. »

CAP. CCVI.

Item Leo papa in eadem epistola post pauca: « Fateor enim ista me dilectione universæ fraternitatis obstringi, ut nemini prorsus in his quæ contra se posuit, assentiam, » etc., *usque ad* universalis Ecclesiæ pace privabis.

CAP. CCVII.

Item in concilio Chalcedonensi commemoratur sic auctoritas primæ sedis: « [a] Nos ergo Scripturarum divinarum attestationem evidentius manifestantes, propter hos qui substantiæ secretum evertere insectebantur, dicentes, hominem sine divinitate fuisse creatum, ex venerabili virgine Maria impudenter et vulgariter, contra venerabilis quondam episcopi Cyrilli Alexandrinæ Ecclesiæ litteras, et totius Orientis congrua scripta adversus Nestorii amentiam, in quibus manifesta expressio certi atque salutaris Symboli desiderantibus, epistolamque archiepiscopi Leonis primæ sedis, quæ destinata et directa videbatur ad venerabilem sanctæ memoriæ Flavianum, ad intercipiendam Eutychis malignitatem, quamvis sancti Petri confessione nobis concordantem, et una atque similis pagina visa est, adversus obtrectantium audaciam evidenter edocere convenit integritatem fidei credentibus. »

CAP. CCVIII.

Leo papa in epistola quæ sanctæ synodo apud Chalcedonem direxit, inter cætera sic scribit (*in concil. Chalced.*, p. III, *sive epist.* 16): « Fratres charissimi, de custodiendis quoque sanctorum Patrum statutis, quæ synodi Nicænæ inviolabilibus sunt fixa decretis, observantiam vestræ sanctitatis admoneo, ut jura Ecclesiarum sicut ab illis trecentis octodecim Patribus divinitus inspiratis sunt ordinata permaneant, nihil alienum improbus ambitus concupiscat, nec per alterius imminutionem suum aliquis quærat augmentum. Quantumlibet enim exortis assentationibus se instruat vanitatis elatio, et appetitus suos conciliorum æstimet nomine roborandos, infirmum atque irritum erit, quidquid a prædictorum Patrum canonibus discreparit. »

[a] Paulo ante finem act. 5 in Symb. centum quinquaginta episc. etc. in med. Multum distat ab edit. vers.

CAP. CCIX.

Gregorius Joanni episcopo Syracusano (*lib.* VII, *epist.* 64). « Veniens quidam de Sicilia dixit mihi quod aliqui amici ejus, vel Græci, vel Latini, nescio, nisi sub zelo sanctæ Romanæ Ecclesiæ de meis dispositionibus murmurarent dicentes: Quomodo Ecclesiam Constantinopolitanam disponit comprimere qui ejus consuetudines per omnia sequitur? Cui cum dicerem: Quas sequimur? respondit: Quia *Alleluia* dici ad Missas extra Pentecostes tempora fecistis, quia subdiaconos spoliatos procedere, quia *Kyrie eleison* dici, quia orationem Dominicam mox post Canonem dici statuistis. Cui ego respondi quia in nullo eorum aliam Ecclesiam secuti sumus. Nam ut *alleluia* hic diceretur, de Hierosolymorum Ecclesia ex beati Hieronymi traditione, tempore beatæ memoriæ Damasi papæ traditur tractum. Et ideo magis in hac re illam consuetudinem amputavimus, quæ hic a Græcis fuerat tradita. Subdiaconos autem spoliatos ut procedere facerem, antiqua consuetudo Ecclesiæ fuit. Sed quod placuit cuidam nostro pontifici, nescio cui, eos vestitos procedere præcepit. Nam vestræ Ecclesiæ nunquid traditionem a Græcis acceperunt? Unde habent ergo hodie, ut subdiaconi in tunicis procedant, nisi quia hoc a matre sua Romana Ecclesia perceperunt? *Kyrie eleison* autem nos neque diximus sicut a Græcis dicitur, quia in Græcis omnes simul dicunt, apud nos autem a clericis dicitur, a populo respondetur, et totidem vicibus etiam *Christe eleison* dicitur, quod apud Græcos nullo modo dicitur. In quotidianis autem Missis alia quæ dici solent tacemus, tantummodo *Kyrie eleison* et *Christe eleison* dicimus, ut in his deprecationis vocibus paulo diutius occupemur. Orationem vero Dominicam idcirco mox post precem dicimus, quia mos apostolorum fuit, ut ad ipsam solummodo orationem oblationis hostiam consecrarent. Et valde mihi inconveniens visum est, ut precem quam scholasticus composuerat super oblationem diceremus, et ipsam traditionem quam Redemptor noster composuit, super ejus corpus et sanguinem non diceremus. Sed et Dominica oratio apud Græcos ab omni populo dicitur, apud nos vero a solo sacerdote. In quo ergo Græcorum consuetudines secuti sumus, qui aut veteres nostras reparavimus, aut novas et utiles constituimus, in quibus tamen alios non probamur imitari? Ergo vestra charitas cum occasio dederit, ut ad Catanensem civitatem pergat, vel in Syracusana Ecclesia, eos quos credit aut intelligit quia de hac re murmurare potuerunt, facta collocutione doceat, et quasi alia occasione eos instruere non desistat. Nam de Constantinopolitana Ecclesia quod dicunt, quis eam dubitet sedi apostolicæ esse subjectam? Quod et piissimus domnus imperator, et frater noster ejusdem civitatis episcopus assidue profitentur. Tamen si quid boni vel ipsa vel altera Ecclesia habet, ego et minores meos quos ab illicitis prohibeo in bono imitari paratus sum. Stultus est enim qui in eo se

A primum existimat, ut bona quæ viderit discere contemnat.

« De privilegio principatus apostolicæ sedis pauca ex multis et diversis auctoritatibus Canonum et Romanorum pontificum collecta sunt, in quo omnia concilia sanctorum Patrum unanimiter concordare videntur, nec in aliquo aberrare dignoscuntur. Postquam enim Constantinus imperator monarchiam mundani sæculi tenens, Dei inspirante clementia Christianitatis suscepit signaculum, et pro Dei amore et principis apostolorum honore sua sponte thronum Romanæ urbis reliquit, dicens non esse competendum duos imperatores in una civitate simul tractare commune imperium, cum alter foret terræ, alter Ecclesiæ princeps, tandem ut cunctis legentibus li-
B quet Byzantium adiit, ubi ex suo nomine Constantinopolim constituens, regiam sedem fecit. Proficiscens vero, Romanam ditionem apostolicæ sedi subjugavit, necnon etiam maximam partem diversarum provinciarum eidem subjecit. Denique subrogata potestate, et solemniter regia auctoritate Romano pontifici contradita, loco cessit, et ob capessendum cœleste imperium Deo, sanctoque Petro honorem regni in posterum ampliandum reliquit. Itaque singulare privilegium et mirabile testamentum toto tunc orbe vulgatum apostolicæ sedi conscribi jussit, eidemque obsequendum diversa regnorum prædia perpetualiter delegavit, sacrasque leges in diversis ordinibus et cultibus, ac ecclesiasticorum indumentorum or-
C natibus innumerabilia superaddens donaria, nobilissime ac splendide augmentavit, in quibus etiam inter alia specialiter continere voluit, ut apicem omnis principatus Romanus papa super omnem Ecclesiam ejusque pontifices perenniter velut jure regio retineret. Hæc et alia quam plurima, et ad computandum copiosissima, in eodem releguntur privilegio, cujus exemplaribus Ecclesiarum in Gallia consistentium armaria ex integro potiuntur.

« Ista cum ita sint, oppido mirandum quare Constantinopolitani præsules ab initio non sua usurpare audeant, præsertim cum in nullo conciliorum eadem urbs inter principales connumeretur sedes, Constantinopolitano excepto, cui regius ejusdem civitatis semper arrisit favor. Repugnante ergo totius æqui-
D tatis ratione, huic stolidæ præsumptioni vires tantum conanti latenter innuens, consentanea regum voluntas indebite subministrat, ex quo sibi imperium statuit habere caput. Plerique siquidem hoc fastigium apostolicæ dignitatis debitum Constantinopolitani appetentes, totius ignominiose cum dedecore sunt deserti quoties tumore extollentiæ inflati id agere adorsi. Nam relegatur epistola beati Gregorii papæ ad Joannem Constantinopolitanum antistitem (*lib.* IV, *epist.* 38) pro satis irridendo ambitu qui se in synodo ubi ipse præsidebat universalem papam appellari et conscribi fecit, ibique qui legerit clarius perspicere poterit, cum quanta severitate eum apostolica auctoritas protervum comprobans in tantum condemnaverit, ut eumdem apostatæ

angelo æquiparans infideliter compararet, qui per superbiam latera distendens, sic fetido eructavit anhelitu: *In cœlum conscendam, super astra cœli exaltabo solium meum, sedebo in monte testamenti in lateribus Aquilonis, ascendam super altitudinem nubium, similis ero Altissimo* (*Isa.* XIV, 6). Cujus etiam tumor per omnem epistolam honestissime texitur, et nisi ab illicitis resipisceret, eumdem damnationi submittere promittit. Proinde etiam Constantinæ Augustæ epistolam dirigit, ut in talibus tam ipsa quam imperator nunquam assensum præbeant, ne forte aliquis infidorum beati Petri privilegia infringere quoquomodo pertentet (*lib.* IV *epist.* 31, *et ad Mauric. August. epist.* 32 *ibid.*). Si harum plenitudo epistolarum revolvatur, melius sollicite addiscentes satis abundeque perdocere quibit. Etenim in descriptionibus Romanorum pontificum, hæc eadem præsumptio crebrius ac districtius coercita reperitur.

« Igitur quod Ignatius, Constantinopolitanæ sedis episcopus, nuper apostolicam sedem juxta statuta Patrum canonice reclamans, indigne dicitur damnatus, et Photius neophytus in loco ejus contra regulam ecclesiasticam constitutus, non episcopus dicendus, sed potius invasor, a conjugio illico solutus et tonsoratus, quantum a ratione aberrat, aperte cognoscere valet, qui synodalium definitionum inscitia caret. Pro simili invasione olim miserabilis dispendii exitium passa est Romana Ecclesia, veluti sub temporibus Vigilii pontificis contigit, qui Silverii venerabilis papæ sedem ipso adhuc vivente et exsilio deportato turpissime sibi arripuit, necnon etiam sub beato Stephano papa, a sancto Petro nonagesimo sexto evenit, quando dux quidam vocabulo Toto fratrem suum Constantinum subito tonsorari fecit, et alia die contra statuta canonum idem in diaconum consecratus, et proximiori Dominica non digne pontifex acclamatus, sed potius invasor apostolicæ sedis judicandus, Romanam Ecclesiam discordiæ cladibus et cruentis homicidiis fœdavit; qui ob tantæ cupiditatis voraginem ad hoc usque pervenit, ut ex sede arrepta turpissime dejiceretur, et carcere reclusus, tandem a filiis nequitiæ oculorum lumine privaretur. Ista itaque cum natio Græcorum cognoverit, aut forte si non ante, vel nunc discere poterit, instantius stupendum, cur neophytum extemplo uxoria copula solutum sine aliquo intervallo et probatione temporum in sedem falso damnati Ignatii subrogaverit. Vix a muliebri amplexu avulsus, et a pollutione corporea necdum perfecte munditus, etiam in pontificem totius munditiæ erigitur et veneratur sublimatus. His et aliis tempestatum procellis sancta centupliciter concussa Ecclesia horret tam nefandissima, non solum opere perfecta, verum etiam voto peragendi cogitatu concepta. Hæc de privilegio apostolici primatus breviter perstricta sufficiant. »

CAP. CCX.

De hoc autem quod quæritur quare apud Romam plerumque diaconus quodam saltu non percepta presbyterali benedictione in episcopum subito consecretur, dicendum simplicitatis affectu, quia dispari rationibus respectu hujuscemodi astipulationibus subnixa, cum illa quæ ignoret deprometre sermo veridicus pudice refugiat, maxime si in propatulo lingua distendatur eloquio, et nequaquam sustentari possit sanctarum Scripturarum auxilio. Vultu tamen suppresso sub arbitrio intellectus verecunde credendum, quo forte illi qui istiusce ordinationi assentiunt, hoc intelligi volunt, quia qui benedictione pontificali perfungitur, reliquarum benedictionum honore decoretur, sive quia in consecratione corporis Christi et sanguinis officium præsulis ac presbyteri mystice unitur. Sicut enim in terrarum rege diversæ dignitates ascribuntur, nam imperatores ex consulibus creati, propter regale commercium quondam non omittebant, nec mutabant consulis et patricii nomen, ita credi potest quod in sublimitate majoris pontificis consistat etiam honor minoris sacerdotis. Forsitan autem illi qui de diacono ordinant episcopum prætermissa benedictione presbyterali, assertioni B. Hieronymi in epistola loquentis ad Titum ex parte concedere videntur, qui officium presbyteri in aliquo comparticipari affirmat ministerio episcopali. Sed ne forte aliquantula in nobis excitetur motio majorum dominorum nostram omittentes in hujus negotii quantitate definitionem, ipsius sancti Hieronymi verba sine nostrorum intermistione verborum fideliter ponamus (S. Hieronymus, lib. I *in Epist. ad Tit.*, cap. I, 5). Sunt enim talia in supradicta epistola, ubi hanc eleganter exponit sententiam: *Et constituas per civitates presbyteros, sicut ego tibi disposui.* Audiant episcopi qui habent constituendi presbyteros per urbes singulas potestatem, sub quali lege ecclesiasticæ constitutionis ordo teneatur, nec putent Apostoli verba esse, sed Christi qui ad discipulos ait: *Qui vos spernit, me spernit. Qui autem me spernit, spernit eum qui me misit. Sic et qui vos audit, me audit. Qui autem me audit, audit eum qui me misit* (*Luc.* X). Ex quo manifestum est eos qui Apostoli lege contempta ecclesiasticum gradum non merito voluerint alicui deferre, sed gratia, contra Christum facere, qui qualis in Ecclesia presbyter constituendus sit per apostolum suum in sequentibus exsecutus est. Moyses amicus Dei, cui facie ad faciem Deus locutus est, potuit utique successores principatus filios suos facere, et posteris propriam relinquere dignitatem, sed extraneus de alia tribu eligitur Jesus, ut sciremus principatum in populos non sanguini deferendum esse, sed vitæ. At nunc cernimus plurimos honorem beneficium facere, ut non quærant eos qui possunt Ecclesiæ plus prodesse et Ecclesiæ erigere columnas, sed quos vel ipsi amant, vel quorum sunt obsequiis deliniti, vel pro quibus majorum quispiam rogaverit, et ut deteriora taceam, qui ut clerici fierent, muneribus impetrarunt. Diligenter Apostoli attendamus verba dicentis: *Ut constituas per civitates presbyteros, sicut ego tibi disposui* (*Tit.* I, 5). Qui qualis presbyter debeat ordinari, in consequentibus disserens, hoc est: *Si quis est sine crimine, unius uxoris vir*, etc. Postea intulit: *Oportet enim episcopum sine crimine esse, tanquam Dei dispensatorem* (*Ibid.*, 6). Idem est ergo presbyter qui episcopus, et antequam diaboli instinctu studia in religione fierent, et diceretur in populis: *Ego sum Pauli, ego Apollo, ego autem Cephæ* (*I Cor.* XII), communi presbyterorum consilio Ecclesiæ gubernabantur. Postquam vero unusquisque eos quos baptizaverat putabat suos, non Christi, in toto orbe decretum est, ut unus de presbyteris electus superponeretur cæteris, ad quem omnis cura Ecclesiæ pertineret, et schismatum semina tollerentur. Putat aliquis non Scripturarum, sed nostram esse sententiam, episcopum et presbyterum unum esse, et aliud ætatis, aliud esse nomen officii? Relegat Apostoli ad Philippenses verba dicentis: *Paulus et Timotheus servi Christi Jesu, omnibus sanctis in Christo Jesu qui sunt Philippis cum episcopis et diaconis; gratia vobis et pax*, et reliqua (*Philip.* I, 1). Philippi una est urbs Macedoniæ, et certe in una civitate plures, ut nuncupantur, episcopi esse non poterant. Sed quia eosdem episcopos illo in tempore quos presbyteros appellabant, propterea indifferenter de episcopis quasi presbyteris est locutus. Adhuc alicui hoc videatur ambiguum, nisi altero testimonio comprobetur. In Actibus apostolorum scriptum est (*Act.* XX, 17), quod cum venisset apostolus Paulus Miletum, miserit Ephesum, et vocaverit presbyteros ejusdem Ecclesiæ, quibus postea inter cætera sit locutus: *Attendite vobis, et omni gregi, in quo vos Spiritus sanctus posuit episcopos pascere Ecclesiam Dei, quam acquisivit sanguine suo* (*Ibid.*, 28). Et hoc diligentius observate quomodo unius civitatis Ephesi presbyteros vocans, postea eosdem episcopos dixerit. Si quis vult recipere epistolam, quæ sub nomine Pauli ad Hebræos scripta est, et ibi æqualiter inter plures Ecclesiæ cura dividitur. Siquidem ad plebem scribit: *Parete principibus vestris et subjecti estote; ipsi enim sunt qui vigilant pro animabus vestris, rationem reddentes, et ne suspirantes hoc faciant; siquidem hoc utile vobis est* (*Hebr.* XIII, 17). Et Petrus qui ex fidei firmitate accepit nomen, in epistola sua loquitur, dicens: *Presbyteros ergo in vobis obsecro, compresbyter, et testis Christi passionum, qui et ejus gloriæ quæ in futurum revelanda est, socius sum; pascite eum qui in vobis est gregem Domini, non quasi cum necessitate, sed voluntarie* (*I Petr.* V, 1). Hæc propterea ut ostenderemus apud veteres eosdem fuisse presbyteros quos episcopos, paulatim vero ut dissensionum plantaria evellerentur, ad unum omnem sollicitudinem esse delatam. Sicut ergo presbyteri sciunt se ex Ecclesiæ consuetudine ei qui sibi præpositus fuerit esse subjectos, ita episcopi noverint se magis consuetudine quam dispositionis Dominicæ veritate presbyteris esse majores, et in commune debere Ecclesiam regere, imitantes Moysen, qui cum haberet in potestate solus præesse populo Israel, septuaginta elegit cum quibus populum judicaret. Videamus igitur qualis presbyter sive episcopus ordinandus sit: *Si quis est sine crimine, unius uxoris vir, filios habens fideles, non in accusatione luxuriæ, aut non subditos. Oportet enim episcopum sine crimine esse, tanquam Dei dispensatorem*, et reliqua (*Tit.* I, 6).

Si autem controversiæ fortuna iste alicui displicuerint, non supercilium tumoris Christi imputetur vernaculis, quia non evidentior in prælata propositione potuit inveniri responsio rationalis, quia videlicet præstantior esset auctoritate docentis.

ANNO DOMINI DCCCLXXI

HERARDUS

TURONENSIS ARCHIEPISCOPUS.

NOTITIA HISTORICA EX GALL. CHRIST.

HERARDUS designatur archiepiscopus sub anno 855, uti asserunt in breviario capitulorum quæ in synodo ab omnibus ipsius parœciæ sacerdotibus et clericis tentata ordinavit. De his mentio habetur in chronicis Vindociniensi et Malleacensi, quod serius ordinationem Herardi assignat sub an. 858. Constituitur concilio apud Saponarias judex in libello proclamationis Caroli regis adversus Wenilonem, Senonensem archiepiscopum, an. 859, cui commonitorium dirigit, subscriptusque habetur in Tuciacensi an. 862 et Suessionensi III, an. 866. Quo loco in epistola synodica episcoporum ad Nicolaum summum pontificem memorantur Brittonum in provincia Turonica excursiones. « Vestram, siquidem non latere beatitudinis excellentiam novimus diœcesim Turonicam austeritate Brittonum, diutino a sua metropoli divulsam penitusque discissam; ita ut, sicut idem Turonicus metropolitanus Herardus, pariterque Namnetensis Actardus frequenti indagine necnon etiam in præmissa Suessionica synodo evidenti atque multiplici stylo, pariter et sermone nobis intimaverit, jam vicennis et eo licet paulum absit minus, quo tyrannica feritate resumpta nec comprovinciales cum Turonico metropolitano celebrent concilia, nec in episcoporum consecrationibus, ac eumdem quidquam respiciunt, illi quoque sedi nullo pacto se subdunt. Interfuit Tricassino concilio an. 867, et conventui præsulum Rhemensis provinciæ Hincmaro metropolitano, pro examine Vulfberti, Turonici pagi indigena, ordinandi episcopi Catalaunensis. Ad eum vero dirigitur epistola Nicolai papæ, et cap. 10, *Notum sit*, quæst. 1. Littera Hincmari apud Flodoardum lib. III, cap. 20, et epist. 118 Lupi Ferrariensis. Nominatur et in tabulis fundationis abbatiæ S. Salvatoris de Villalupe, i eamque habet donationem factam an. 862 fratribus ecclesiæ S. Martini Turonensis, per Carolum piissimum regem, de villa Tirado, ad quam declinationis confugium facerent, si eorum fraternitatem paganorum incursus pervaderent, ut habet chartularium S. Martini. Interim cum Nomenoius, dux Britannorum, qui e quatuor episcopatibus Britanniæ septem fecit, tribus novis constitutis, in præjudicium Turonensis archiepiscopi, sedem Doli esse jussisset, et episcopi provinciæ Armoricæ, a Turonensis metropolitani sui jurisdictione se subduxissent, obstitere Franciæ pontifices, Nicolaus in primis, qui ad Salomonem regem scribens circa an. 866, ep. 36, nullam ad hæc tempora exstitisse memoriam observat, Britones in sua regione ullam habuisse metropolim, sed dissidium sub Innocentii III pontificatu diremitur, ut observat Sirmondus notis ad Caroli Calvi Capitula.

CAPITULA HERARDI,

ARCHIEPISCOPI TURONENSIS,

Collecta ex Capitularibus regum Francorum.

(Apud Baluzium, Capitul. t. I, p. 1283.)

Capitula excerpta ex corpore sanctorum Canonum pernecessaria ab Herardo, sanctæ Turonicæ sedis archiepiscopo nutu divino, in sancta ipsius synodo tenenda memoriter ab omnibus ipsius parœciæ sacerdotibus et clericis, omnibusque volentibus.

In nomine Dei summi. Ego, Herardus, immerito Turonensium pontifex, anno incarnationis Dominicæ 858, ordinationis quoque nostræ III, indictione VI, cernens Ecclesiam mihi commissam partim negligentia, torpore vel desidia, partim præsidentium [*f.* præcedentium] incuria sacerdotum atque ignavia, variis et innumeris cladibus affici, excidiis concuti, et, quod dictu actuque gravius fore comperimus, diversis animarum laqueis ac quotidianis erroribus deperire, instinctu, ut credimus, miserationis supernæ, per paucula eaque admodum necessaria sacrarum admonitionum collecta capitula, sacerdotum totius nobis creditæ parœciæ generali in urbe sedis nostræ coadunata XVII Kalend. Junii synodo, publice recitari, et ut ad omnium præsentium notitiam et intelligentiam pervenire valerent, coram cunctis perlegi fecimus et revolvi. Et quoniam auctoritas sacra canonum nulli sacerdotum canones ignorare permittit, ne quemquam in reliquo nobis commissorum hujus ordinis expertem noverimus canonum, decrevimus pariterque injunximus excerpta per nostri laboris studium hæc modica succinctaque capitula unumquemque habere in posterum.

[a] CAP. I (*Capitul.*, *lib.* VII, *cap.* 264.) Ut in synodo prius generales causæ, quæ ad normam totius Ecclesiæ pertinent, tractentur, postea speciales ventilentur.

II (I, 15, 75, 139; V, 153; VI, 189, 205, 318; VII, 276.) De die Dominica, ut a vespera usque ad vesperam celebretur, et ut servilia opera, et verba, turpia, atque mercata, causarum audientiæ, conventusque publici, absque ecclesiasticis prohibeantur.

III (I, 16, 21, 62; V, 69; VI, 66, 215; *Addit.* II, 21. Vide *Regin.*, *lib.* II, *cap.* 364.) De ignotis angelorum aliorumque sanctorum nominibus, ut non recitentur. Et de maleficis, incantatoribus, divinis, sortilegis, somniariis, tempestuariis, et brevibus pro frigoribus, et de mulieribus veneficis, et quæ diversa fingunt portenta, ut prohibeantur et publica pœnitentia multentur.

IV (I, 2, 82, 136; V, 40; VI, 217.) Ut clerici per tempora constituta ad ordinationem gradatim veniant, et non confuse, et ut fides et vita eorum, libertas et tempora inquirantur.

V (I, 5; III, 90; V, 38; VI, 378; VII, 53.) De usuris omnibus fidelibus prohibendis, clericis ac laicis. Et de mensuris et ponderibus, ut justæ et æquales habeantur.

VI (II, 22.) Ut nec clerici nec monachi ad sæcularia negotia transeant.

VII (I, 28, 38; V, 70.) Ut si clerici aut monachi inter se habent negotia, apud episcopum finiantur, et non apud sæculares. Sin alias, excommunicentur.

VIII (VII, 220.) Ut nullus laicorum quemquam clericorum absque permissu episcopi compellat ad causas ire ad publicum. Et qui fecerit, donec corrigat, ab Ecclesiæ societate pellatur.

IX (I, 32, 76; V, 72, 316 et seq.) Ut fides prædicetur omnibus fidelibus a presbyteris, incarnatio,

[a] Vide inter Caroli Magni opera, Patrologiæ tom. XCVII, Benedicti diaconi Collectionem Capitularium, ex qua hæc sumpta sunt passim. EDIT.

passio, resurrectio, et ascensio, Spiritus sancti datio peccatorumque remissio quæ fit in eodem Spiritu et in aqua baptismatis in gremio sanctæ matris ecclesiæ Et vitia, maximeque criminalia vetentur, virtutesque doceantur

X (i, 17, v, 151, vi, 106 De jejuniis quatuor temporum et aliis pro diversis necessitatibus constitutis, ut non solvantur, nisi certis infirmantibus

XI (i, 48, v, 82, 49, 113) De his qui irrationabiliter peccant, aut cum consanguineis, ut acrius judicentur, quatenus hujusmodi vitia abscidantur

XII (i, 61, iii, 10, v, 190, vii, 101) De perjuriis, sacrilegiis et ebrietatibus prohibendis Et ut testes jejuni jurent, ac prius de perjurio moneantur Ut nullus infra annos quatuordecim testis suscipiatur Et quod semel perjurati ad testimonium non recipiantur

XIII (i, 65) De honore et adjutorio parentibus exhibendo

XIV (i, 111 v, 165 304, vi, 106, 409, vii, 132, 77, 435) Ut incesta omnia, juxta modum culpæ, absque exceptione personæ, a presbyteris judicentur Ft ut tempore opportuno publica crimina ad notitiam episcopi deducantur, maximeque in die magno Cœnæ reconciliandi, vel adhuc suspendendi, per proprium presbyterum, vel per legatum ipsius, eumdem presbyterum cui causa ipsius criminis bene habeatur cognita, ad præsentiam episcopi deferantur, ne anima fiat is, negligentia vel otio sacerdotis, absque reconciliatione ejus periculo pereat

XV (i, 67, vi, 377) Ut vaniloquia omnisque tumultus in Ecclesia caveantur Et ante missam completam non exeant, et verbum Dei intente audiant

XVI (v 161, 170, 260, vi, 165, 290 i, 66, v, 86, i, 173 205, 376) De Oratione Dominica et Symbolo, ut memoriter omnes teneant et *Gloria Patri*, ac *Sanctus*, atque *Credulitas* et *Kyrie eleison* a cunctis reverenter canantur Psalmi similiter distincte a clericis Et ut secreta presbyteri non inchoent antequam *Sanctus* finiatur, sed cum populo *Sanctus* cantent

XVII (i, 68) Ut scholas presbyteri pro posse habeant et libros emendatos

XVIII (i, 70, v, 182, vi, 106 *Addit* iii, 78, 98) Ut hospitalitatem ante omnia diligant, et ut viduarum, peregrinorum, orphanorum, atque infirmorum curam et sollicitudinem habeant

XIX (vii, 376) Ut conversationem feminarum earumque accessum et administrationem detestentur Sin alias, velut contemptores canonum ab ordine deponantur Et quibus ministrare necessaria decernunt, longe eis domos prævideant, in quibus non per se, sed per ministros, subsidia porrigant

XX (i, 88, v, 216, vii 261) De vasis et vestimentis ecclesiasticis pro pignoribus absque licentia episcopi non dandis, et datis non recipiendis

XXI (i, 34, v, 73, vi, 106) Ut in infirmitate positi absque dilatione reconcilientur, et viaticum viventes accipiant, et benedictione sacrati olei non careant

XXII (vii, 394, iii, 55, v, 104, 115) Ut pro chrismate annis singulis de omni ministerio duo presbyteri veniant, ut si unus infirmatur, alter sufficiat Ft ut pariter sacra officia ejusdem diei persolvant Et ut chrisma pro subveniendis judiciis nemini detur, et sub sigillo custodiant

XXIII (i, 96, v, 222 *Add* ii, 13 *Add* iii 85) Ut nulla femina veletur sine licentia episcopi Et ut ante triginta dies non veletur, et hoc cum consilio parentum ac vicinorum

XXIV (i, 17, vii, 190, 262, 376 *Add* ii, 18) De mulieribus ac laicis, ut ad altaria non accedant et ut sacramenta et panes sanctorum, exceptis quæ offerunt, non tangant

XXV (i, 136, v 40, vi, 217, 233) Ne leviter aut passim quisquam excommunicetur Et nullus cogat bibere vel inebriare

XXVI (i, 151, v, 53) Ut nullus pœnitentem cogat manducare vel bibere, nisi redemptio permissa sit, ita tamen ut prius pro eo donet coram ipso redemptionem

XXVII (ii, 46, v, 96) Ut patres et patrini filios vel filiolos erudiant et enutriant, illi, quia sunt patres, et isti, quia fidejussores

XXVIII (*Ibid* 159 *Add* ii, 9) Ne presbyter solus missam canat non enim potest dicere, *Dominus vobiscum, Sursum corda*, et cætera

XXIX (i, 147 v, 49) Ut nullus presbyter alterius parochianum nisi in itinere fuerit, vel placitum ibi habuerit, absque licentia sui presbyteri ad missam recipere vel sollicitare præsumat

XXX (vii, 16) Ut suis terminis contentus unusquisque existat, nec ex alienis quidquam expetat

XXXI (v, 172, vi, 181, 183, 188) Ut nullus pretium pro baptismo accipiat Et ut certis temporibus Paschæ et Pentecostes baptismata fiant, et hoc in vicis, excepta causa infirmitatis

XXXII (ii, 36, 47, v, 97) Ut Ecclesiæ antiquitus constitutæ nec decimis nec ulla possessione priventur, nisi summa exposcat utilitas

XXXIII (i, 155, v 17, 267, vii, 260, 391, 424) De Ecclesiis vel altaribus ambiguis, similiter de infantibus, ut consecrentur et baptizentur, quia quod non constat, factum, nulla ratione videtur iteratum

XXXIV (vi, 208 vii, 396 *Add* ii, 12) Ut in domibus ab episcopo non consecratis nemo missam quacunque necessitate celebret Ex vasis et vestimentis similiter nemo missam cantet

XXXV (i, 143, v, 45, 155, 173 194, 374 et seq, vi, 407) Ut decimæ et fideliter a populis dentur et canonice a presbyteris dispensentur, et annis singulis rationem suæ dispensationis episcopo vel suis ministris reddant, ne forte damna fraudium subigant, aut necatores pauperum, subtrahendo utilia, quod absit, existant

XXXVI (*Ibid*, 209) Ne in quinta vel sexta genetatione copuletur conjugio, et usque ad septimam A generationem progenies observetur.

XXXVII (v, 180. *Add.* II, 17.) Quod non liceat mulieri velum aut sponte aut coacte semel susceptum quacunque ratione rejicere, licet in domibus propriis vestes mutarit.

XXXVIII (v, 167.) Ut nullus filium vel filiam a fonte suscipiat, nec eum ducat cujus filium tenuit. Quod si inventi sunt, separentur.

XXXIX (v, 115, 322, VI, 99, 402, VII, 331. *Add.* IV, 8.) Ut doceantur plebes nulla contra episcopos graviter vel leviter agere, nec ipsis detrahere, sed humiliter ac reverenter in cunctis obedire, et quod eorum injuria retractatur ad Deum, cujus summa legatione funguntur. Et ut reges vel principes, pro quibus orare quibusque propter Deum subdi præcipimur, nullus maledicere vel detrahere præsumat.

XL (I, 85, V, 214, VII, 292, 468. *Add.* IV, 15.) De manso integro unicuique Ecclesiæ absque censu vel temporali servitio dando. Et quod omnes dotes ecclesiarum ad jura pertineant episcopi.

XLI (IV, 17, V, 106, 231.) Quicunque viduam infra triginta dies viduitatis invitam vel volentem acceperit, ultra eam non attingat, et adulterii pœnas luat.

XLII (II, 39, V, 274.) Ut incestuosi, et qui decimas non dant, non constringantur per gladios vel sacramenta, sed ecclesiastice corrigantur.

XLIII (*Ibid.*, 325.) Ut presbyteri per mercata non discurrant, nec indiscrete domos circumeant, et comessationibus et ebrietatibus non inserviant, ne famam malæ opinionis incurrant.

XLIV (I, 150, V, 327.) Ut res quas in sacris ordinibus acquisierint, propriis ecclesiis derelinquant, hæreditarias vero juxta arbitrium propriæ voluntatis distribuant.

XLV (*Ibid.*, 372.) Ut presbyteri aquam benedictam cum suis populis in circuitu ecclesiarum deferant, et ut scrutinia in locis et temporibus constitutis non negligant.

XLVI (*Ibid.*, 382. *Add.* III, 72.) De ædificationibus ecclesiarum, ut nullus antea fundamentum jaciat donec episcopus veniat, et in medio crucem figat, et sic accepta dote, construendi licentiam tribuat.

XLVII (I, 131, V, 266. *Add.* III, 83.) Ut episcopus, aut presbyter, de loco ignobili ad nobilem per ambitionem non transeat, nec quisquam inferioris ordinis clericus.

XLVIII (VI, 200, VII, 245.) Si presbyter aut diaconus deserit ecclesiam suam, deponatur, nisi petitione populi, licentiaque episcopi, et utilitate majori.

XLIX (VI, 73, 75. *Add.* II, 10.) Ut presbyter non amplius quam unam ecclesiam habeat, sicut et vir unam uxorem.

L (VI, 61.) Ut presbyteri et diaconi, si in bella cum armis processerint, ita deponantur ut nec laicam communionem habeant.

LI (*Add.* IV, 54.) Si quis a synodo vel a proprio fuerit excommunicatus episcopo, et ex ministerio sacro quidquam contigerit, nullatenus spem restitutionis inveniat.

LII (VI, 77.) Et qui aquam consecratam vult accipere in Sabbato sancto vel Pentecoste, ante infusionem chrismatis sumat. Nam illa chrismatis mistio ad regenerandos pertinet.

LIII (II, 40, VI, 170, 191, VII, 472.) Et populo prædicetur ut oblationes Deo offerant, et ut tertia Dominica vel quarta communicent abstinentes se a luxuria propriisque uxoribus, et reliquis illicitis, nisi forte criminalibus culpis sint impliciti.

LIV (VI, 169, 171.) Ut signa pulsentur horis canonicis. Et ut nullus se per ambitionem alteri præferat, sed omnes agnoscant tempus suæ ordinationis. B

LV (*Ibid.*, 175, 193.) Ut nemo a sacro fonte aliquem suscipiat, nisi Orationem dominicam et Symbolum juxta linguam suam et intellectum teneat. Et omnes intelligant pactum quod cum Deo fecerunt.

LVI (*Ibid.*, 178.) Ut presbyteri chrisma, oleum et Eucharistiam semper habeant, ut parati inveniantur.

LVII (*Ibid.*, 29, 195.) Ut omnes primitiæ frugum benedictionis gratia ad ecclesiam deferantur.

LVIII (*Ibid.*, 197 et seq.) Ut exsequiæ mortuorum cum luctu secreto et cordis gemitu fiant. Et psalmos ignorantes, *Kyrie eleison* ibi canant, et ut triginta diebus amici et parentes pro eis agant.

C LIX (*Ibid.* 206.) Ut presbyteri de occultis jussione episcopi pœnitentes reconcilient, et sicut supra præmisimus, infirmantes absolvant et communicent.

LX (*Ibid.*, 207.) Mulier post partum statim ut voluerit, nisi forte sit adultera, intret ecclesiam, ac Deo referat gratias.

LXI (I, 158, II, 35, VI, 189.) De festivitatibus anni quæ feriari debeant, id est Natali Domini, sancti Stephani, sancti Joannis, et Innocentium, octavas Domini, Epiphania, et Purificatione sanctæ Mariæ, et Assumptione, et Ascensione, Domini, et Pentecoste. Missa sancti Joannis Baptistæ, apostolorum Petri et Pauli, sancti Michaelis, atque omnium Sanctorum, sancti Martini, et sancti Andreæ, et eorum D quorum corpora ac debitæ venerationes in locis singulis peraguntur.

LXII (*Ibid.*, 187, 330. *Add.* II, 23.) Ut diebus festis jejuniorum a conjugibus se abstineant, et quia non est concessa uxor causa libidinis, sed filiorum, omnia prohibeantur illicita, parcaturque a licitis.

LXIII (VI, 103, 112, 394, 404, 407.) Ut privilegia ecclesiis concessa maneant incorrupta, et qui corruperit, pœnas luat sacrilegii.

LXIV (V, 403', VI, 393, VII, 199.) Laicis quamvis religiosis, de ecclesiæ negotiis disponendis nulla tribuatur facultas, quia ad ipsorum damnationem pertinet.

LXV (VI, 404, 405, 407. *Add.* IV, 17.) Omnia quæ Deo offeruntur, consecrata habentur, in vineis, teris, sylvis, utensilibus, vestimentis, pecoribus et aliquis possessionibus, ut quæ Ecclesiæ sunt, sine ullo Christi, qui sponsus ejus est, sint

LXVI (vi, 12i) Quod conjunctio spiritalis commatris maxime sit peccatum, et ideo separandum, t capite vel exsilio damnandum

LXVII (*Ibid*, 230, 240, 432 *Add* ii, 23) Quod ebeant viri uxores suas diligere, eisque ut vasi inferiori custodiam et omnia necessaria providere

LXVIII (v, 23, 59, vii, 1 78, 155, 163 275) Quod omnis ordo clericorum episcopo suo subjectus maneat, et ad ejus judicia concurrat, nihilque sine o præsumat Quod qui fecerit, degradetur

LXIX (v, 25, 26, 62, vii, 10, 471) Ut excommunicatis nemo communicet, nec perturbatoribus ecclesiarum se misceat

LXX (vi, 361, vii, 85, 100) Ut criminosus locum accusandi non habeat, et qui unum crimen non pprobat, ad aliud non admittatur

LXXI (vi, 381 vii, 116 *Add* iv, 3) Ut nullus accusationem suscipiat priusquam rebus suis restituatur

LXXII (v, 147 vii, 166) Nemo accipiat ecclesiam sine datione et consensu proprii episcopi

LXXIII, (v, 2, vii, 130, 231) Ut discendi gratia d civitatem vel ad loca constituta presbyteri veniant quadragesimali tempore

LXXIV (vii, 106, 433, vii, 132, 336 *Add* ii 23) Ut de incestis, infirmis, pœnitentibus, et mortuis omnem sollicitudinem et curam habeant presbyteri, et concubinas omnino prohibeant

LXXV (*Ibid*, 6 *Gratian dist* 50 de *Cons* 6 Ut jejuni) Ut jejuni ad confirmationem veniant perfectæ ætatis, et moneantur confessiones dare prius, ut mundi donum sancti Spiritus valeant accipere

LXXVI (vii, 129, 130, 147, 148 465) Ut omni anno parochias episcopi gyrent, et ut presbyteri rationem sui ministerii ac creditorum omnium ipsi eddant

LXXVII (*Capitul Caroli Calvi, tit* vii, *cap* 72) De venditionibus sepulcrorum, de his qui pro sepulturis munera exigunt, ut severiter puniantur et distringantur

LXXVIII (vii, 225 *Add* iv, 71) Ne presbyter benedictionem publice fundere super populum præsumat

LXXIX (vii, 248) Qui ecclesiam triennatu jure possederit, nulli deinceps subtrahere liceat

LXXX (*Ibid*, 253) Quod eamdem pœnam passurus sit accusator, si convincere non potest quam reus, si victus fuerit

LXXXI (*Ibid*, 261 Qui res ecclesiæ invadunt, vastant, vel diripiunt, si monente episcopo non se correxerint, excommunicentur

LXXXII (vi, 371, vii, 279) Ut laici infra cancellos non stent, et ut oblatio populo foris septa recipiatur

LXXXIII (*Ibid*, 280) Qui sabbato Paschæ usque ad noctis initium non jejunant, excommunicentur, et a paschali communione secernantur

LXXXIV (*Ibid*, 3?7 *Add* iv, 14) Quod in omni causa capitali seu status, non per advocatum, sed per personam, sit agendum

LXXXV (vii, 378) Ut presbyteri ab omnibus vitiis se caveant, et subjectis ducatum cœlestis vitæ præbeant

LXXXVI Ut presbyteri domos religiosas habeant et nitida vestimenta

LXXXVII (v, 138, vii, 379) Ut regulariter pœnitentias dent, et in judicando æquitatem habeant, et munera inde non exigant

LXXXVIII (*Ibid*, 382) Mulier quæ dormiens filium suum oppresserit, sex annis pœniteat Vir ejus si in domo fuerit, quatuor Si in uno lectulo, simili modo, duos in pane et aqua reliquos ad arbitrium sacerdotis, juxta qualitatem personæ et fletum pœnitentis

LXXXIX (*Ibid*, 463) Ut sponsus et sponsa cum precibus et oblationibus a sacerdote benedicantur, et legibus sponsetur ac dotetur, et a paranymphis custodiatur, et publice solemniterque accipiatur Biduo ac triduo abstineant, et doceatur eis ut castitatem inter se custodiant, certisque temporibus nubant, ut filios, non spurios, sed hæreditarios Deo et sæculo generent

XC (i, 6, vi, 120) De his qui missas canunt et non communicant, quomodo possunt dicere *Sacramenta quæ sumpsimus*? et cætera

XCI (i, 13, 127) Ut bis in anno concilia celebrentur, et nemo plus in unoquoque quam quindecim diebus remoretur

XCII (vii, 40, 122) De interdictis, quod qui interdicta canonica servare contempserit, gradus sui periculo subjacebit Item si quis sacerdotum vel clericorum contra interdicta canonum fecerit, a suo est officio submovendus

XCIII De Pascha annotina, ut rememoretur

XCIV (vi, 74) De litania Romana vii Kalendas Maii, ut rememoretur

XCV (v, 150 *Add* iii, 122) De diebus Rogationum, ut reverenter ac studiose absque turpibus jocis et verbis celebrentur, ut nullus in eis prandia, comessationes, diversasque potiones per diversa loca facere præsumat

XCVI (*Concil Aquisgran* II, *tit* ii, *cap* 9) De lectionibus vigiliæ Paschæ et Pentecostes

XCVII (ii, 35) De octo diebus Paschæ, qualiter feriari debeant, et de Pentecoste

XCVIII (vii, 42) De dilatione temporum erga nos qui ad sacros ordines provehuntur Qui se divinæ militiæ mancipari desiderat, sive inter lectores, sive inter exorcistas quinquennio teneatur Exinde acolythus vel subdiaconus quatuor annis stet, et sic in benedictione diaconatus, si meretur, accedat in quo ordine quinque annis si inculpate se gesserit, hærere debebit, et postea probatus, sacerdos efficietur

XCIX (v, 37, vii, 43) De confessione scelerum

Manifestum est eum confiteri crimen qui indulto et delegato sibi judicio purgandi se ratione non utitur: nihil enim interest utrum in præsenti examine omnia quæ de eo dicta sunt, comprobentur, quod ipsa ejus absentia pro confessione consistit.

C (vii, 62.) Quod pœnitenti nulla lucri negotiationis exercere conveniat. Et ut injusta populi petitio effectu careat.

CI (*Ibid.*, 107.) Accusatores calumniosos vel suspiciosos nemo suscipiat, nemo audiat.

CII (*Ibid.*, 307.) Accusatores et accusationes quas sæculi leges non admittunt, canonum quoque decreta removent.

CIII (vi, 359, 362; vii, 112.) Quorum fides, vita, et libertas nescitur, non possint sacerdotes accusare, nec viles personæ nisi in propriis causis.

CIV (*Capitul.* vii, 436; *Add.* iv, 27.) Si quis clericus in criminali vel leviori causa pulsatur, vel in discrimen capitis accersitur, non statim reus æstimatur qui accusari potuit, nec subjectam innocentiam facimus. Sed quisquis ille est qui crimen intendit, ad judicium episcopale veniat, nomen rei indicet, vinculumque inscriptionis arripiat. Cognoscat similitudine habita prius dignitatis æstimationem, nec sibi fore licentiam rei mentiendi. Calumniantes ad similem vitam poscat similitudo supplicii.

CV (i, 9; v, 323, 371; vi, 191, 369; vii, 225, 260, 423, 424.) Ut presbyteri modum proprium recognoscant, id est quæ alterius sunt non appetant, nec altaria submoveant, vel cætera prohibita agant. Et ut ecclesiæ luminibus cæterisque decorentur ornatibus. Et ut presbyteri missas cum sandaliis celebrent.

CVI (v, 396; vi, 206, 313, 381; vii, 379, 136; vi, 402; vii, 331.) Ut sacerdotes de incognitis sibi rebus nihil judicare præsumant priusquam cuncta quæ gesta sunt veraciter audiant, et neminem lædere vel detrahere, nec quemquam ante justum judicium damnent, nec proprio arbitrio judicent. Prius probent, et sic judicent, non enim qui accusatur, sed qui convincitur, reus est. Et neminem lædere vel detrahere sine causa concedant, exemplo Mariæ, quæ Moysi propter Æthiopissam detrahit, et lepræ immunditia multata est. Et David in Saul unctum, licet nosset a Deo abjectum et reprobatum, manum mittere timuit. Similiter et nos vituperationis manum ab omnibus fidelibus subtrahamus.

CVII (vii, 63, 452.) Ut presbyteri sicut ordine sanctiores, ita verbo, incessu, et actu sint reverentiores, quia celsitudo graduum graviorem peccati facit cumulum.

CVIII (*Add.* iii, 41; *Add.* iv, 90, 152.) Ut presbyteri et clerici ante se joca turpia fieri non permittant, sed pauperes et indigentes ad mensas secum habeant, et legatur eis lectio.

CIX (v, 156; *Add.* iii, 32.) In ecclesiis vel in domibus earumque atriis placita sæcularia minime fiant.

CX (vii, 395.) Qui rapiunt feminas, furantur, vel seducunt, licet ipsis et parentibus convenerit, eas uxores non habeant.

CXI (vii, 382, 406.) Ut nullus laicorum plusquam duas uxores habeat. Quod vero extra est, ad adulterium pertinet. Similiter et mulier.

CXII. Ut in Christianorum non saltetur nuptiis, et a Quinquagesima usque octavas Paschæ non fiant nuptiæ.

CXIII (vii, 217, 398; *Add.* iii, 17.) Ut clerici, in quacunque seditione arma detulerint, post depositionem gravi pœnitentiæ in carcere retrudantur. Aliter si armis, sagis, vel sabeis usi fuerint, deponantur.

CXIV (vi, 106; vii, 205.) Quando populus ad ecclesias venerit per dies solemnes, aut communiter *Kyrie eleison* cantent, aut singulariter orationem dicant, et in ecclesia cum silentio stent, et pro se et pro omni populo Dei orent, corda semper ad cœlum habentes erecta; et moneantur ut luminaria, incensum, et buccellas, et fructuum primitias afferant, sicut scriptum est: *Honora Dominum de tua substantia* (*Prov.* iii, 9). Et in eisdem sanctis diebus, nec in plateis, nec in domibus, cantica turpia vel luxuriosa, saltationes, vel lusa faciant diabolica, sed aliquem sapientem et bonum hominem conveniant, et ibi bonis lectionibus, quæ ad animæ salutem pertinent, intendant. Revertentes de ecclesia similiter cantent, et eorum pastores exeuntes vel redeuntes ad campos, ut vera christianitas in eis agnoscatur.

CXV (*Ibid.*, 347.) Moneantur omnes fideles de charitate et hospitalitate, ut noverint quia vera est charitas Deum diligere plusquam se, et proximum tanquam se, et qui nihil vult facere aliis quod sibi non vult fieri. Qui enim in cibo et potu dandis et accipiendis rebus, charitatem putet, errat, dicente Apostolo: *Regnum Dei non est esca et potus, sed justitia et pax* (*Rom.* xiv, 17). Sed et si ipsa cum studio charitatis fiant, bona sunt, et inter virtutes computanda. Aliter, sæculi actus sunt.

CXVI (vii, 407.) De orationibus et eleemosynis et missarum celebrationibus pro fidelibus defunctis agendis, quibus impii carere debent, quoniam nec eorum eleemosyna a sacerdotibus vel reliquis fidelibus accipienda est, nec sepultura fidelium tribuenda.

CXVII (*Ibid.*, 346.) Quod non valeant Scripturæ contra decreta canonum vel sancita pontificum.

CXVIII (vi, 342; vii, 71, 247.) Ut lites et contentiones, rixæ et jurgia, sicut discordiæ et odia, prohibeantur, et pax et concordia prædicetur.

CXIX (iii, 31; v, 183; vii, 163, 291, 150.) Ut diffinita crimina nullus refricare audeat.

CXX (vii, 212, 243.) Quod pœnitentes a conviviis et ornamentis atque alba veste abstinere debeant, et discordes pellantur ab ecclesia donec ad pacem redeant.

CXXI (i, 7; v, 25, 6; vii, 10, 293, 474.) De his quos presbyter excommunicaverit, ut alius eos non recipiat.

CXXII (I, 62, VI, 374, *Add* III, 94) Ut Christiani ab otioso sermone et juramentis se caveant,

CXXIII (VI, 303, VII, 149, 157 *Add* IV, 60) Qui contra statuta canonica fecerit laicus communione, clericus privetur honore

CXXIV (*Add* III, 21) Ut fideles se abstineant a coitu prægnantium uxorum et menstruo tempore

CXXV (I 68, *Add* I, 5, VI, 259) Ut presbyteri computum discant

CXXVI (VII, 203, 237) Ut superbi clerici et laici excommunicentur Et ut patientia et humilitas, castitas et humanitas ab omnibus prædicetur

CXXVII (*Add* IV, 55) Si quis potentum quemlibet exspoliaverit vel oppresserit, per prædicationem sacerdotum revocari debet

CXXVIII (I 24, V, 28, VII, 13) Ut unusquisque in eo loco, in quo constitutus est, ibi maneat nec ad alia transeat

CXXIX (V, 56 *Add* III, 30) De reis ad ecclesias et ad earum atria confugientibus, ut inde non abstrahantur

CXXX (I, 100, V, 226, VI, 133, VII, 179 *Add* V, 188) Ut nullus occulte nuptias faciat, nec virginem vel viduam sacratam ducat

CXXXI (VII, 237 311) Clerici tardi ad officium ut flagellentur aut excommunicentur

CXXXII (VI, 192 *Add* IV, 155) Nullus sacerdotum decimas cum lite et jurgio suscipiat, sed prædicatione et admonitione

CXXXIII (V, 60, VII, 34, 460) Ut vocati ad synodum impraetermisso occurrant, sin alias, condemnentur

CXXXIV (*Add* IV, 81) De his, qui sibi quacunque negligentia mortem inferunt, aut pro suis sceleribus puniuntur, nulla pro eis fiat oblatio, nec cum psalmis ad sepulturas ducantur

CXXXV (I, 157, V, 270 *Add* IV, 100, 166) De his, qui decimas abstrahunt ecclesiæ, ad quam pertinent, et propter munera vel aliquam occasionem alteri dant, donec restituant, ab ecclesiæ societate pellantur

CXXXVI (V, 112) Laicus non debet in ecclesia publice lectionem recitare, nec alleluia, sed psalmos et responsoria

CXXXVII (VII, 383) Ut ad prædicationem et confirmationem episcopi omnes devote conveniant, eique fideliter ministrent et obediant

CXXXVIII (*Ibid*, 271) De his qui ecclesiis vim inferunt, aut clericos injuriare præsumunt, ut anathematizentur

CXXXIX Ut qui alium in culpa sua defendere vel excusare nititur, excommunicetur

CXL Ut nullus sacerdotum ignoret quid sit in synodo constitutum, sed omnibus cognitis certatim obtemperent

Hæc vero brevitatis studio, ut prælibavimus, a nobis collecta omnibus nostris sacerdotibus habenda statuimus, quoniam ipsis et subjectis ovibus hæc eadem bene habita et intellecta omnibus modis profutura cognoscimus

COMMONITORIUM HERARDI

ARCHIEPISCOPI TURONENSIS

AD VENILONEM SENONUM ARCHIEPISCOPUM

(Apud Labb, Conc t VIII, p 694)

Venerabili Veniloni, Senonum archiepiscopo, HERARDUS gratia divinæ pietatis Turonensis metropolis, immerito licet, episcopus, salutem in Domino, et perpetuam pacem

Certum habeat vestræ sagacitatis dilectio, legationem totius synodi, quæ in vicinia confluxit Tullensium, nosmet ad vestram paternitatem communi decreto suscepisse Litteras etiam ex synodica oratione vobis perferendas more ecclesiastico ab eadem synodo nos percepisse Deinceps vero nostram parvitatem gravi senioie gravatam incommodo Et quoniam præfatæ synodi institutis pro voto parere non posse nunc nostram constat inertiam, fratrem et consacerdotem nostrum, nostræ sedi officii honore dignum, Rotbertum, Cenomanorum episcopum, nostra vice super injuncta nobis legatione fraterno more remandavimus pariter et postulavimus ad vos pergere qui omnia nobis sancta synodo reverenter injuncta intrepide juxta divinitus sibi collatam industriam ad vos exsequi procurabit Et hoc ipsum apud memoratam obtinui synodum, ut si quolibet, ut se humana fragilitas habet, langnore, sicut et accidit, detinerer, eumdem nostra vice, accepta ab eadem synodo auctoritate omnium et jussione, vobis dirigerem Rogamus ergo, et ut patrem charissimum fratremque familiarissimum monere piores imimus, ut diligenti cautaque sollicitudine cunctis quæ ad vos deferuntur perspectis, vobis ipsi consulere non detrectetis Sano quoque et sapienti consilio procuretis, ne vobis, et omni nostro ordini, infamiæ notam prætendatis Et si quid in his quæ vobis objiciuntur, conscientia teste reprehensibile, aut forte damnabile judicatur, prævenire modis omnibus, et opportune detergere studeatis Et quoniam omnis gradus pontificalis ordinis, totius quam præmisimus synodi, ex impacta vobis hujusmodi calumnia scandalizatur, compatitur, tristatur, et congemiscit vos, quem causam hujusce læsionis esse comperimus, et quem oportuerit, secundum Apostolum, testimonium habere ab his etiam qui foris sunt hortamur, fideliterque suggerimus ut aut uni episcopo pro omnibus, aut pluribus pro cunctis, satisfacere pro tempore non gravemini vestris precibus sacris, simulque quo regiam dignationem vobis acceptabilem, sicut vobis et omni vestro expedit gregi, satisfaciendo, humiliterque ipsius hilaritatis clementiam impetrando requirere procuretis obnixe flagitamus, et in charitate sincera compatiendo precamur. Valere vestram paternitatem votis omnibus postulamus, et ut nostram petitionem efficaciter suscipiatis oramus, utque nostram unanimitatem ex vestra causa ad aliquantulum quin potius ad integram, perducere collectis lætitiam, supplici postulatione monemus, pater beatissime.

[a] ANNUNTIATIO HERARDI

ARCHIEPISCOPI TURONENSIS

Regis (Caroli Calvi) ac synodi (Suessionensis III), jussu facta,

Ne mirum sit quod causa jam ante definita iterum in hac synodo retractetur, et cur reginam uxorem suam rex tam sero nunc tandem ab episcopis benedici postulet.

Auctoritas sacra, et specula ministerii, unde vobis vestram salutem nuntiare debemus, fratres, nos commonent, ut semper simus parati ad satisfactionem omni poscenti nos rationem de ea quæ in nobis est spe et fide (*I Petr.* III), ut illa quæ agimus, qua intentione ac fide agimus, et qua spe nobis a Deo remunerari credamus ea quæ recta intentione agimus, ministerio nostro commissis, sive simpliciter, sive non simpliciter quærentibus, vel non quærentibus intimemus, ne aut simplices suspicione sinistra in actibus nostris offendant, aut impuri locum detrahendi nos invenientes delinquant. Hoc enim speculatorum officium est, quo nomine nos episcopi non merito sed gratia nominamur a Domino, ut imminentia prospicientes pericula, his quorum salutem suscepere tuendam annuntient. Quapropter, fratres, quorumdam cogitationibus, quorumdam vero verbis satisfacere bonum duximus, qui cogitant forte, ac dicunt, quoniam antea in hoc eodem loco ante aliquot annos quidam nostrum, et quorumdam nostrorum decessores, synodum tenuimus, et eamdem causam, quam tunc diffinivimus, nunc quoque, quasi non fuerit bene diffinita, cum etiam et a Sede apostolica sit terminata, mutavimus, et ob id nostra sententia vilis possit haberi, quasi ob mobilitatem humanæ gratiæ nostras sententias immutemus, vel, ut dicamus apertius, venumdemus. Non ita est, fratres, quoniam in episcopali ministerio non est Est et Non, sed semper Est, id est stabilitas in illo est, quia in Christo hoc sacrum ministerium radicatum est, qui nunquam consilium, sed sæpe mutat sententiam, tam per seipsum, quam et per suos fideles, de quorum numero sua clementia nos computamur, quibus veridica voce promisit: *Ubi sunt duo vel tres congregati in nomine meo, ibi sum in medio eorum*, et: *Si duo ex vobis consenserint super terram de omni re, fiet illis* (*Matth.* XVIII). Et quia Deus sæpe suam mutet sententiam, necessarium vidimus ut de multis unum testimonium nobis omnibus amplectendum dicamus, ait Dominus: *Si dixero impio: Morte morieris, et ille impius conversus fuerit a via sua prava, et fecerit judicium et justitiam, vita vivet et non morietur; omnes iniquitates ejus quas fecit in oblivione erunt coram me* (*Ezech.* XVIII). Nam et post legis duritiam quam dedit per angelos in manu Moysi, dedit Evangelii gratiam per apostolos et eorum successores omnibus prædicandam. Quia, ut sanctus Leo, apostolicæ sedis magnus ornatus, dicit (*Epist. ad Rusticum Narbonensem*): « Sicut sunt quædam quæ nulla possunt ratione converti, ita multa sunt, quæ aut pro consideratione ætatum, aut pro necessitate rerum oporteat temperari; sic tamen, ut quod sequendum fuerit inventum nec præceptis evangelicis contrarium, nec decretis sanctorum inveniatur adversum. » Quod et in hac causa sumus secuti, sicut in sanctis auctoritatibus invenimus, qui in psalmo canimus: *Misericordia et veritas obviaverunt sibi, justitia et pax osculatæ sunt* (*Psal.* LXXXIV), et semper superexaltet judicium misericordia, dicente Apostolo: *Adhuc excellentiorem viam vobis demonstrabo* (*I Cor.* XII), id est charitatem, quæ omnibus desiderat misereri, et cunctis vult in commune proficere. Perfecta enim sunt et quæ ad correctionem hominum et ad censuram debitæ severitatis episcopali sententia proferuntur; sed excellentiora sunt quibus dilectionis benignitate subditorum saluti et communi Ecclesiarum utilitati ac consultui providemus. Unde manentibus statutis prioribus, quæ secundum auctoritatem constituta sunt per justitiæ severitatem, licitum est nobis per easdem supereminentes auctoritates, quæ impendunt misericordiam, immutare duriores sententias cor-

[a] *Annuntiatio Herardi*. Prior pars hujus orationis ad Wulfadi sociorumque causam spectat, cujus gratia synodus fuerat congregata, posterior ad Hermintrudis reginæ coronationem in eadem synodo factam. Jac. Sirm.

ctione facta per eminentiorem viam, scilicet charitatem. Et sicut de prioribus statutis sedem apostolicam consuluimus, ita et ex hac diffinitione ostra ejusdem matris omnium Ecclesiarum responsionem exspectamus, quatenus si ita ut prædictæ lus commonitione, qua ad hunc locum convenimus, s quæ per indulgentiam misericorditer invenimus, ncordaverit atque consenserit, Ecclesiæ consultis faveamus. Cæterum, fratres, volumus vos scire ia dominus et senior noster Carolus rex gloriosus stræ humilitatis petit devotionem ut auctoritate ministerii nobis a Deo collati, sicut ipse in regem t unctus et consecratus episcopali auctoritate ctione sacra et benedictione, veluti in Scripturis gimus Dominum præcepisse ut reges ungerentur et crarentur in regiam potestatem, ita uxorem suam minam nostram in nomine reginæ benedicamus, cut et a sede apostolica et a nostris decessoribus tea de aliis factum comperimus. Et ut non vobis mirum quare hoc petat, fraternitati vestræ rationem reddere maturamus. Videlicet quia, sicut multis est cognitum, Deus omnipotens sua gratia istud gnum in manus suorum antecessorum mirabiliter lunavit, quod ipsi decessores sui nobiliter gubernaverunt, et per successores sua progenies usque l hæc tempora rexit. Et isti nostro seniori Deus ios, sicut vobis notum est, dedit. In quorum nobilitate, ad sanctam Ecclesiam, et regnum quod Deus i ad regendum commisit, fideles illius spem maximam se habere sunt gratulati. De quibus ipse aliquos eo obtulit, ut etiam de fructu ventris sui oblationem eo offerret, aliquos Deus adhuc ætate immatura sua atia de hoc sæculo rapuit, *ne*, ut scriptum est, *malitia mutaret corda eorum* (*Sap.* IV), aliquibus autem, uod vos non latet, suo judicio talem passionem rmisit incurrere, sicut fideles illius agnoscuntur lere. Propterea petit benedictionem episcopalem per uxorem suam venire, ut talem sobolem ei ominus de illa dignetur donare, unde sancta Ecclesia solatium, et regnum necessariam defensionem, fideles illius desiderabile adjutorium, et ista ristianitas operabilem tranquillitatem, et legem que justitiam, cum illis quos adhuc habet, annuente et cooperante Domino, possit habere. Et de c in sanctis Scripturis habemus auctoritatem ia sicut Dominus ad Abraham dixit: *In semine tuo nedicentur omnes gentes* (*Gen.* XXII), cui jam centenario de nonagenaria uxore Isaac filium dedit, ita

A et ipsum Isaac uxorem sterilem accipere fecit, ut et in hoc, sicut in multis solet facere, misericordiæ suæ largitatem ostenderet, et inde dicit Scriptura quia *deprecatus est Isaac Dominum pro uxore sua, eo quod esset sterilis, et concepit* (*Gen.* XXV). Et non sit vobis mirum cur antea hoc non fecit, quia, sicut sacra Scriptura dicit, in primordio conjunctionis masculi et feminæ, dixit Dominus ad Evam: *Ad virum tuum erit conversio tua, et ipse dominabitur tui* (*Gen.* III). Et cum jam essent moribus in legitima conjunctione maturi, et provecta ætatis Abraham et Sara, et ut sanctus Petrus dicit: *Sara obediebat Abraham, dominum eum vocans* (*I Petr.* III), dixit Dominus ad Abraham, quod antea nec ipsi, nec alio homini legimus illum dixisse: *Omnia quæ dixerit* B *tibi Sara, audi vocem ejus* (*Gen.* XXI). Jam enim et Abraham presbyter merito vocabatur, et defecerant muliebria, id est omnis lascivietas, Saræ. Et tunc acceperunt benedictionem seminis benedicti a Domino, in quo benedicuntur omnes gentes, amen. His ergo fulti auctoritatibus, ad dispensanda Dei dona, qui ab illo ministri ejus sumus ad hoc constituti, ut Leo dicit, non debemus esse difficiles, nec devotorum petitiones negligere, maxime si ipsas petitiones evidentibus judiciis ex Dei viderimus inspiratione conceptas. Quia multiplex misericordia Dei ita saluti humanæ subvenire decrevit, ut præcipue sacerdotum supplicationibus ipsa salus debeat obtineri. Cui operi, ut in sacris litteris legimus, C ipse Salvator intervenit, nec unquam ab his abest quæ ministris suis exsequenda commisit dicens: *Ecce ego vobiscum sum omnibus diebus* (*Matth.* XXVIII). Et si quid per servitutem nostram bono ordine et gratulando implemus affectu, ut Leo dicit, non ambigamus per Spiritum sanctum nobis fuisse donatum. Et ideo, fratres, quoniam ita est, et nostra pro vobis ministratio et vestra erga nostra conjuncta devotio, ut una fiat apud Dominum supplicatio sicut legimus, quia ad hoc constituti sunt sacerdotes, ut prius pro suis, deinde pro populi orent peccatis, et oratio fiebat sine intermissione ad Deum pro Petro (*Act.* XII), id est pro omni episcoporum D choro, orantibus nobis pro communi nostra, imo pro totius Ecclesiæ ac populi necessitate atque salute, commune votum etiam vestra communis prosequatur oratio apud eum qui facit unanimes habitare in domo, et vivit et regnat in sæcula sæculorum. Amen.

ANNO DOMINI DCCCLXXI.

ISO SANGALLENSIS MONACHUS.

NOTITIA HISTORICA.

(Apud Fabricium, Bibliotheca mediæ et infimæ Latinitatis.)

Iso magister, monachus S. Galli, et doctor nominatissimus, defunctus an. 874, pridie Id. Maii, teste Hermanno Contracto in Chron., et Hepidanno in Annalibus apud Goldastum tom. I Rerum Alemannicarum, in quo volumine obvius etiam Radbertus monachus; in cujus libro de Origine et Casibus monasterii S. Galli, multa in laudem Isonis leguntur pag. 12, atque imprimis pag. 22, seq. et 77, ubi laudantur ex ejus discipulis, Marcellus, Notkerus Balbulus, Notkerus magister artis theoricæ, Ratbertus, Tutilo, Hartmannus, etc. Ejusdem Isonis libri duo *de Miraculis S. Othmari* abbatis S. Galli exstant in eodem tomo primo Rerum Alemannicarum, pag. 180-189, et apud Mabillonium Sæc. III ord. S. Benedicti, parte II, pag. 162. *Formulæ chartarum* in centuria apud eumdem Goldastum, tom. II Alemannic., pag. 28, 30, 33, 36, 48, et 54, seq., Grimaldo abbate, adeoque ante an. 872, non an. 913, ut Goldastus pag. 5. (a) *Glossar. in Prudentium* poetam, ex duplici codice Caroli Widmanni et Jacobi Bongarsii vulgavit ad calcem Prudentii sui Joannes Weitzius, pag. 771-904, Hanov. 1613, in 8º. *Lexicon Latinum* ex omnibus veterum glossariis collectum sub nomine Salomonis episcopi, quod in monasterio S. Galli et Constantiæ in bib. cathedrali asservari Goldastus, pag. 144, testatur, nemo adhuc in lucem protulit. Fertur et carmina quædam composuisse, etiam ipsa needum publice visa.

(a) Supervacaneum foret illas Isonis in Prudentium *Glossas* recudere, post nostram doctissimam juxta Arevali editionem Prudentii poematum. In is scholiis nil aliud reperiret lector, nisi quod Arevali commentariis fusius abundat. Cæterum ad quid proficerent Glossæ sine textu commentato? EDIT.

ISONIS
DE MIRACULIS SANCTI OTHMARI
LIBRI DUO.

(Apud Mabillonium, Acta Sanctorum ordinis S. Bened., tom. III.)

PRÆFATIO AUCTORIS.

Hucusque virtutes et miracula ob sanctitatem beati Othmari abbatis cœlitus declarata Walafridus abbas vir doctus et sapiens, qui in litterarum scientia apud nostrates illustris ante alios habebatur, seniorum in cœnobio S. Galli conversantium relationibus seu etiam scriptis veritatis ratione plenissimis fidem accommodans, luculento satis sermone et veraci assertione conscripsit. Sed quia nos fratres, in eodem cœnobio Deo militantes, post harum descriptionem virtutum multa miraculorum insignia circa corpus ejusdem viri divinitus manifestata esse cognovimus, aliqua ex his ad laudem et gloriam omnipotentis Dei styli officio memoriæ commendare curavimus: quatenus hinc liquido ab omnibus sanum sapientibus colligatur, quam digne ab hominibus honorificetur in terris, qui tam manifesta signorum attestatione quotidie glorificatur in cœlis. Non tamen ejus amore ducti aliqua in dubium venientia vel etiam falsitati obnoxia; sed ea tantum litteris titulare disposuimus, quæ et luce clarius constant actitata, et multorum narrationibus veraciter noscuntur esse probata.

LIBER PRIMUS

CAPUT PRIMUM

Quibus miraculis B. Othmari sanctitas in basilica S. Petri claruerit.

Cum beati viri corpusculum, ab accessu popularis turbæ remotum, in oratorio principis apostolorum per multa annorum spatia quiesceret, plurimis signorum ostensionibus manifesta sanctitatis ejus indicia circa ejus tumulum frequenter ostensa apparuerunt. Nam multi ex nostræ congregationis fratribus qui nocturnæ celebrationis vigilias prævenire solebant causa orationis idem oratorium ingressi, cereos ardentes vitreasque lucernas sponte sua incensas frequenter se ibidem invenisse affirmabant. Angelorum etiam inter se choros ducentium suavissimos ibi concentus audiebant, quorum præsentiam tanta luminis claritas prosecuta est, ut fenestræ ipsius ecclesiæ maxima splendoris illustratione rutilescerent, locaque in vicino posita fulgoris sui immensitate perfunderent. Dulcissima quoque odoris fragrantia sæpius ibi narratur aspersa, quæ et naribus odorantium incognita, et sui jucunditate satis odorifera habebatur. Quibus profecto omnibus patet vir iste quanti apud Deum sit meriti, juxta cujus sepulcrum cereis atque lucernis sponte sua irradiatis angelicæ modulationis dulcedinem immensa luminis magnitudo consequitur, et incognita odoris fragrantia mortalium olfactu sentitur.

CAPUT II

Quomodo Salomon episcopus ejus sanctimoniam in synodo perstringens triduanum jejunium induxerit.

Talibus igitur miraculorum indiciis vir Dei Othmarus post altarium S. Petri honorifice sepultus, annis triginta [a] quatuor et centum nonaginta quatuor diebus in pace quievit. Sed cum jam omnipotens Deus lucernam lucis operibus assensam hominumque negligentia diu in occulto positam ad exemplum atque illustrationem fidelium super candelabrum ponere, ac splendore sanctitatis ejus omnibus in domo Dei manentibus luminis sui gratiam vellet administrare, cœtus fratrum in cœnobio S. Galli sub regulari censura Christo devote famulantium, assiduas colloquiorum sermocinationes de meritorum ejus excellentia facere cœpit. Hujuscemodi vero colloquiis iidem fratres sese invicem cohortantes, immo, ut credimus, nutu pariter omnes desiderare
A cœperunt, ut sancti viri corpusculum ad beati Galli [b] ecclesiam, quæ jam Deo opitulante, decenter adornata refulsit, iterato reduceretur. Dictante autem æquitatis ratione cum hoc suo tantum consilio facere non [c] præsumerent, vitæ ejus libellum qui nostrorum solertia antecessorum multiplici testium adnotatione olim conscriptus ad nos pervenerat, venerabili episcopo Salomoni legendum contradunt, suæque voluntatis affectum, quo omnis ejusdem loci congregatio fervebat, aperiunt, ejus per omnia judiciis ejusque obedire parati consiliis. Benevolus autem pontifex, perspectis vitæ ejus exemplis, multimodas gratiarum actiones bonorum omnium auctori persolvit, quod bellatorem suum pro zelo justitiæ
B fortiter dimicantem tam apertis miraculorum ostensionibus declaravit. Remoto etiam dubietatis scrupulo, de sanctitate illius, quamvis certus exstiterit, nihil tamen temere nihilque de seipso inordinate sua sola auctoritate voluit diffinire; sed more suo prudenti usus consilio, causa ecclesiasticorum dogmatum annualem synodum solemniter indicit, et presbyteros ac diaconos diversique ordinis clericos apud Constantiense oppidum convenire præcipit. Quibus in unum collectis, venerandus pontifex in medium surgit, factoque silentio, vitæ ipsius sanctimoniam, quæ jam multos ibidem residentes dulci rumore aliquantulum permulserat, sparsim pro tempore coram omnibus recitavit. Quo facto cum maxima clericorum copia in viri Dei laudibus accla-
C maret, primo Augiensis cœnobii abbatem, qui etiam tunc temporis cum quibusdam fratribus nobis valde charissimis illo confluxerat, ac deinde omnem illius consilii clerum episcopus commonuit, ut triduani jejunii abstinentiam facientes, totius boni fontem in commune precarentur, quatenus pietatis suæ munere his in rebus suæ voluntatis dispositionem dignaretur perficere. Quibus dictis episcopi sententiam synodus collaudat, seque libenter ita facturam esse conclamat.

CAPUT III

Qualiter idem episcopus sanctum corpus de sepulcro sustulerit, et oblatas ibi illæsas repererit.

Inito itaque hujus synodi consilio ac peracto trium
D dierum jejunio, venerabilis præsul ad idem monasterium cum suis perveniens, seniorem nostrum Grimaldum [d] rectorem ipsius monasterii ac Ludovici

[a] Nempe a translatione anno 830 facta in basilicam S. Petri, supra cap. 16, nam quæ hoc loco refertur, anno 864 facta est, testantibus Hepidanno, Hermanno et aliis.

[b] De novæ basilicæ S. Galli dedicatione ante annum 860 facta legendus Notkerus in Martyrologio, VI Kal. Nov., et Ratbertus cap. 6, a quo nonnihil de anno dissidet Hepidannus.

[c] Nempe concilium Moguntinum anno 813 statuerat cap. 50, *ut deinceps corpora sanctorum de loco ad locum nullus præsumat transferre sine consilio principis vel* (id est et) *episcoporum et sanctæ synodi licentia.* Utrumque præstitit Vulcandus Leodicensis episcopus in S. Huberti translatione.

[d] Præfuit ab anno DCCCXII per annos triginta et unum Grimaldus abbas sæcularis, sub quo Hartmotus

regis archicapellanum de hac re tractaturus aggreditur. Post mutuæ vero salutationis officia, cum mutuis inter se colloquiis vitæ rigorem ac miracula ob indicium sanctitatis ejus frequenter ostensa commemorarent, monachos ejusdem cœnobii in unum convenire præcipiunt; simulque cum eis residentes, sanctum corpus de tumulo in quo hactenus jacebat auferendum atque in sancti Galli ecclesia collocandum pari voto ac communi consilio omnes unanimiter decernunt. Venerabilis etiam abbas Grimaldus, quorumdam animos metu ac formidine sentiens esse permotos, confidentior cæteris effectus, infirmantium mentes consolando roborat et paternæ affectionis studio trepidantium corda informat, astruens ex divinæ voluntatis dispositione procedere quod tam multi de eodem tumulo sancti viri corpusculum desiderarent auferre. Præsul autem præclarus cum abbatem tam fiducialiter in his rebus gerere conspiceret, Harmotom [al., Harmodum] decanum [a] una cum cæteris fratribus secum assumpsit, et ad sepulcrum accedens lapidem superpositum removere, ipsumque sarcophagum in quo thesaurus pretiosi corporis jacebat, præcepit aperire. Quo facto membra sanctitate plena inspiciens, monachos litaniam cantare, precibusque devotis hortatur insistere. Deinde venerandas sancti Patris exuvias humiliter deosculans cum omni reverentia de tumulo sublevavit, et in lectica, quæ illarum receptui paulo ante comparata fuerat, reposuit. Sub capite autem et circa pectus viri Dei quædam panis rotulæ, quæ vulgo oblatæ [b] dicuntur, ita illæsæ atque ab omni corruptione extraneæ ab eodem episcopo inveniebantur, ut in nulla omnino parte colorem vel speciem sui amittentes aspicientium oculis infra spatium ipsius hebdomadæ viderentur esse confectæ. Quo vero ordine quove in tempore eo loci pervenerint, nobis quidem incognitum, Deo autem novimus esse manifestum. Hoc tamen omnes pro certo scimus, quod per triginta quinque annos nullus mortalium ejus sepulcrum aperuit, antequam præsens episcopus ministerii sui fretus auctoritate, ejusdem congregationis fratribus hoc faciendum injunxit. Idem tamen episcopus venerabiliter eas assumens sacro corpori apposuit, ipsumque corpus cum summa cautela obvolutum in lectica superius dicta honorifice commendavit.

CAPUT IV.

Beati Othmari translatio, et festivitatis ejus indicta celebratio.

Post hæc igitur facto intervallo quasi horæ unius, præsul devotus hortatu Grimaldi abbatis debito cum honore sanctum virum ex eodem oratorio jubet transferri. Tunc vero omnis illa monachorum congregatio albis continuo vestibus induti, dulci modulatione in Dei laudibus prorumpens, beati viri corpus lætabunda prosequitur. Sicque per numerosæ multitudinis populos quos amor translationis ejus attraxerat, magno cum honore deductus ecclesiam S. Galli ingreditur, ac juxta ejus altare in dextra parte deponitur. Episcopus autem animadvertens frequentiam populorum, qui diversis ex partibus illo convenerant, aliquid de sanctitate ejus velle audire, cum propter frigoris subreptionem faucium raucedine impeditus ipse ad eos loqui non potuisset, quemdam archipresbyterum ambonem [c] conscendere, ac vice sui sermonem ad populum facere jussit: ita videlicet ut presbyter ipse altiori paululum loco consistens ea tantum proferret, quæ sibi episcopus in vicino positus dicenda insinuaret. Aliquantis ergo vitæ ejus exemplis ac virtutibus coram populo breviter recitatis, missarum solemnia peraguntur, populusque ad sua cum gaudio revertitur; episcopus vero ipsa nocte mansit in monasterio. Mane autem facto, fratres in unum colligit, atque inter alia sacræ institutionis documenta de sancti viri meritis certus existens, confidenter præcipit, ut superveniente depositionis ejus die vigilias ac missarum solemnia honorifice perficiant, diemque illum tam ipsi quam omnis familia infra monasterium instituta in honore B. Othmari feriando cum gaudio spiritalis lætitiæ festivum possideant. His omnibus ita, ut retulimus, peractis, præsul benignus orationibus fratrum ac benedictione munitus, monasterium lætus egreditur.

CAPUT V.

Abbreviatio temporum in quibus commemoratæ gerebantur res.

Quo vero temporum statu, vel sub quibus regni principibus hæc gesta fuerint, si quis pie quærendo cognoscere cupit, in hac nostræ conscriptionis serie facile poterit invenire quod quærit. Ipsa enim temporum statuta hoc in loco ideo conscripsimus, ut et legentium fidem custodiant, majorem apud posteros vigorem sui adnotatione scriptis exhibeant. Igitur beatus Othmarus, primis temporibus Caroli patris Carlomanni et Pippini a Waltramno nobili ac potente viro ad ejusdem Caroli præsentiam adductus, cellulam S. Galli gubernandam ab illo suscepit, ejusque possessiones per multa annorum spatia in diversis rebus nobiliter augmentando dilatavit. Defuncto autem Carolo, non post multos annos filius ejus Carlomannus divino (ut putatur) amore omissis sæcularis pompæ deliciis, germano suo Pippino regni

monachus proabbatis gessit officium, successor postea factus. Lege Ratbertum, cap. 8 et seqq.

[a] Is postea Grimoaldo abbati successit, anno 872, laudatum apud Ratbertum monachum in libro de Casibus ejusdem monasterii cap. 9 et 10, postea inclusus, teste Anonymo Sancti Gallensi in lib. II de Vita Caroli Magni, cap. 1[illegible].

[b] De oblatis seu oblationibus quas hostias vocant, actum in Præfatione ad istius sæculi tomum primum.

[c] Balbus in Catholico: *Ambo, pulpitum, ubi ex ambabus partibus sunt gradus, et idem dicitur Ambo, Ambonis*, male, rectius ἀπὸ τοῦ ἀμβαίνειν, ascendere. Historia Tripartita in lib. X, cap. 4, *residens super ambonem, ubi solebat prius consuete facere sermonem*, etc.

bernacula reliquit, et primo Romæ, in monte Soracte, apud ecclesiam sancti Silvestri constructo monasterio regularis vitæ institutis libera colla subdit, ac deinde in Samnium provinciam ob secretioris vitæ amorem secedens, in monasterio sancti Benedicti, quod est situm in castro Casino, reliquum vitæ tempus religiose conversando complevit [a]. At vero Pippinus pater Caroli imperatoris per auctoritatem Stephani Romani pontificis deposito ac detruso [b] rege Hildrico, anno ab Incarnatione Domini septingentesimo quinquagesimo quarto, indictione septima ex præfecto palatii rex constitutus, solus Francis imperare cœpit. His ita gestis, præfatus vir Altiamnus, ad cujus possessionem cellula sancti Galli quasi hæreditario jure pertinere videbatur, comperto quod Pippinus ex Francorum consensu in regni sede fuerit collocatus, virum Dei Othmarum, sicut vitæ ejus superior libellus (cap. I) edocet, iterato assumens ad palatium perduxit atque ejusdem loci titulum ipsi Othmaro a rege commendari postulavit. Quo facto sanctus vir, multis regiæ largitatis muneribus pro ejusdem loci instructione susceptis, gaudens et tripudians ad monasterium redit. Septimo autem anno regnante Pippino, Warini et Ruadhardi potentia injuste oppressus, plenus dierum, plenus etiam sanctitate meritorum de angustiis hujus vitæ ereptus, et pro bonorum studiis operum ad æternæ beatitudinis gaudia perducitur. Evolutis post hæc decem annis, a suis monachis ad monasterium translatus inter aram S. Joannis Baptistæ et parietem Ecclesiæ, in dextera altaris parte, honorifice commendatur: ac deinde interpositis non minus quinquaginta annis, decimo septimo Kalendas Maii, in sancto parasceve Paschæ ad oratorium S. Petri translatus. Post hæc autem tricesimo quinto anno, Incarnationis autem Domini octingentesimo sexagesimo quarto, indictione decima tertia, sub piissimo rege Ludovico, translationem quam supra descripsimus, Grimaldus regis archicapellanus atque ipsius abbas monasterii cum Salomone Constantiensis Ecclesiæ præsule, quarta feria sub octavo Kalendarum Novembrium die peregit. Et, ut nos solerti studio indagare potuimus, a septimo Pippini anno, quo vir beatus de hujus sæculi angustiis commigravit, usque ad translationem, centum et quatuor [c] anni computantur.

CAPUT VI.

Cognita odoris fragrantia circa ejus corpus aspersa.

Descriptis temporibus in quibus res superius memoratæ gerebantur nunc ad miracula veniamus, quæ post translationem quam retulimus, circa reliquias S. Othmari omnipotentis Dei virtute manifestata esse cognovimus. Venerandis sancti Patris exuviis ab basilicam S. Galli præfato ordine deportatis,

A continuo in ipsa nocte episcopo adhuc infra monasterium posito magna odoris suavitas in basilica S. Galli circumquaque diffusa, maxime juxta B. Othmari corpus quasi in modum nebulæ volitando redundare comperta est. Cujus odoris fragrantia cum continuatis tribus diebus ac noctibus ibidem duraret, non tamen ab omnibus potuit sentiri: sed quidam nostræ congregationis fratres, qui etiam religiosiores esse videbantur, suavitatem illius degustabant, et religionis suæ auctoritate hujus rei veritatem apud cæteros commendabant. Quibus etiam odor ipse, quamvis incognitus atque hactenus inexpertus exstiterit, dulcedinem tamen balsami partim, ut asserunt, poterat imitari.

B

CAPUT VII.

Lucerna vitrea coram eo cælitus incensa.

In proximo quoque sabbato, id est quarto die a beati viri translatione, sanctum corpus post aram S. Joannis Baptistæ interim collocatur, donec nova basilica sub ejus honore dedicandi ipsius habitationi ædificaretur. Eadem ergo nocte Dominica, ecclesiæ custos cum nocturnæ celebritatis vigilias consurgendo prævenirent, more solito basilicam ingressus, cuncta ejus luminaria bene exstincta reperit. Cujus vestigia presbyter quidam nostræ congregationis latenter subsecutus, cancellos basilicæ egreditur, ibique coram sacro corpore oraturus prosternitur. Consurgens vero ab oratione lucernam vitream sponte sua inibi aspexit incensam. Quo viso attentius

C orationi incubuit, egressusque de oratorio nemini luminis illius administrationem tam cito indicare decrevit. De custodibus quoque ecclesiæ nullus eamdem lucernam exstinxit, quia alius ab alio eam incensam esse existimavit. Illa vero clarius cæteris resplendens, tota Dominica die quasi per singula horarum spatia majori semper luminis perfundebatur abundantia. Presbyter autem cui illa cœlestis administratio luminis primitus manifestabatur, tanti signi miraculum metuens silentio opprimere, finita jam vespertina synaxi cæteris hoc fratribus indicavit. Tum multi nostrorum lumen ipsum cupientes videre propius accedunt, et prout illis visum fuerat, ignem ipsum qui quasi a medio noctis tempore ardere non destitit nihil omnino ex liquore olei consumpsisse

D deprehendunt. Deinde cum ipsa lucerna quasi vehementius ardere cœpisset, oleo paulatim decrescente lux eadem semper se ipsa major existens, ac tota sequenti nocte universam S. Galli basilicam fulgoris sui immensitate perfundens, incensionem suam quasi ad octavam diei horam in secundam feriam protraxit. Tunc enim custos ecclesiæ cernens eam aliquantulum minorari, finita jam missa funem quo lucerna dependebat incaute laxando submittit, sicque lux ipsa decessit. Tum vero mirum in modum sub

[a] Excepta ultima vitæ periodo, quam Viennæ in Gallia absolvit. Lege ipsius Elogium ad ann. 755.

[b] Childerici dejectio ac Pippini inauguratio per Bonifacium ex consulto Zachariæ pontificis Romani facta fuerat ante duos annos quam a Stephano papa cum duobus filiis Carolo et Carolomanno inungeretur.

[c] Imo fere centum et quinque anni. Nam Othmarum anno 759 obiisse constat ex anno septimo regni Pippini, cujus exordium Eo mali reposuit anno 752.

plumbo cui papyrus [a] imponebatur, cerneres ignem ejus unius digiti mensuram ex oleo consumpsisse, et eidem plumbo super se posito nihil omnino dispendii vel læsionis intulisse. Ubi quid stupendum, quidve potius sit admirandum non facile intelligere possum : hoc videlicet quod lux ipsa per se irradiata exstitit, an illud quod tam diu ardens nihil ex liquore olei minoravit, vel etiam id quod ignis ipse plumbi mollitiem super se positam caloris sui potentia non resolvit.

CAPUT VIII.

In vigilia festivitatis ejus alia itidem lucerna sponte sua irradiata.

Post hujus ostensionem miraculi, adveniente depositionis ejus festivitate, vespertinæ celebritatis vigilias solemniter peragere studuimus. Quibus rite peractis, quidam de ministris ecclesiæ coronam, quæ ob ejus festivitatis gaudia coram sancto corpore incendebatur, exstinxit. Et cum lucernam quæ in medio ipsius coronæ pendebat iterato vellet incendere, sponte sua subito eam aspexit esse irradiatam. Quod multi non solum ex nostra familia, verum etiam ex scholasticis atque hospitibus qui tunc temporis monasterium adierunt, se vidisse testati sunt. Cujus incensionem luminis in hoc etiam cœlitus administrari apparuit, quia cum nullus mortalium eam reliceret, tamen ante alterius noctis medietatem acceptæ lucis gratiam moderate ardendo non amisit.

CAPUT IX.

Opificum labor in ejus solemnitate frustratus.

Devota quoque fratrum congregatio, jussionibus episcopi obtemperans, cum Dei laudibus insistendo nocturnalis officii solemnia decenter perageret, diemque ipsum omnes infra monasterium constitutos in honore S. Othmari feriari decerneret, ex ministerio cellarii tres lignorum opifices qui in artis hujus peritia cæteris etiam videbantur esse præstantiores, ex præceptoris sui jussu in cellam quæ est supra monasterium constructa laboraturi succedunt, ibique dolium quoddam vetustate et incuria dissolutum conjungere incipiunt. Collectis vero in unum tabulis cum primo fundum illius satis difficile coadunarent, easdem tabulas diligenter assignatas in circuitu erigere cœperunt, nec ullo penitus ingenio per totam fere diem laborantes eas constabilire prævaluerunt : mirumque in modum semper a stationis suæ loco resilire, omnemque artificiosæ manus copulationem videbantur respuere. Tunc ipsi opifices, inclinata jam die, videntes laborem suum in nullo proficere, injuste se egisse cognoscunt; et post vesperam ad monasterium redeuntes, prostrati in ecclesia suam sibi stultitiam non imputari, veniam precando, deposcunt.

CAPUT X.

Quemadmodum panis odio afflictus ejus desiderio fuerit invasus.

Adolescens quidam de pago qui vocatur Elisazia [b] progenitus, qui a nativitatis exortu, sive (ut cautius loquar) a recordationis suæ tempore nusquam se panem manducasse asseruit, ad monasterium deveniens, neque panem manducans neque aliquid ex eo unquam degustans, dimidium fere annum ibidem permansit. In cibo quoque vel potu si quidpiam panis etiam nescius deglutivit, statim cum admistione sanguinis, quod acceperat, invitus evomuit. Hic ergo a B. Othmari festivitate octava die basilicam S. Galli ingressus, cum orando altaria circumiret, ad S. Othmarum perveniens ejus suffragiis sese adjuvari tota intentione precatur. Tum primo nimietate frigoris in pectore concutitur, ac deinde in modum ebrii capitis gravitate nimioque stupore circumdatur. Et cum ad gradus sacro corpori contiguos per quos crypta intratur deveniret, tanto panis desiderio anxiari cœpit, ut continuo de crypta rediens, presbyterum quemdam in ipso monasterio commorantem panem sibi dare deposceret. Idem vero presbyter, cum pro certo sciret eum antea panem non manducasse, basilicam parvulam in honorem sanctæ Dei Genitricis dedicatam ingressus, panem benedicit, illique primo parvam frustulam, quasi pro benedictione manducandam porrigit. Quam cum ille stans juxta altare deglutiret, confestim cruentata de ore ejus exsiliens post ostium basilicæ in pavimentum cecidit. Stupefactus vero presbyter qui strueret, vel cur panem eatenus sibi denegatum manducare vellet interrogat. Et cum primitus illum juxta corpus beati Othmari ejus desiderio invasum perdisceret, porrecto sibi pane festinanter ait : Ad eum locum tendito, in quo primum panis cœpisti habere desiderium, fortassis enim Deus illo in loco suæ pietatis tibi conferre dignabitur auxilium. Cujus præceptis pauperculus obediens ad ecclesiam rediit, et antequam illo perveniret, panem quem a presbytero acceperat, manducando consumpsit. Ingressus vero ecclesiam, celeriter miraculo divulgato, a multis nostrorum panem accepit, et coram sancti viri corpore sedens satis avide comedit. Qui hucusque apud nos constitutus, consueto hominum more panem sine tædio manducat : atque hoc miraculum

[a] Sic antiqui vocabant ellychnium in lampade vitrea adhiberi solitum. Paulinus in Natali 3 :

Clara coronantur densis altaria lychnis,
Lumina ceratis adolentur odora papyris.

Et Gregorius Magnus in lib. I Dial., cap. 5. *Omnes lampades ecclesiæ implevit aqua, atque ex more in medio papyrum posuit.* Clarius Aldhelmus in prosaico libro de Virginitate, ubi de S. Narcisso episcopo agit in hæc verba : *Tum vir Deo deditus liquidas fontium lymphas exorcizans et sacræ benedictionis ubertate fœcundans, stupendo virtutis spectaculo pinguescere fecit : ita duntaxat ut latex lucernarum fundibulis infusus in olei crassitudinem perniciter verteretur et papyrus in centro positus, velut fomes arvina vel sevo madefactus, solito clarius lucesceret.* Denique Gregorius Turonicus episcopus in lib. III de Miraculis S. Martini, cap. 30, *reperit duas candelas ex cera et papyro formatas.*

[b] Goldasto Elisaza, id est Alesatia, l'*Alsace*, pagus seu regio cis Rhenum, Vosago proxima.

divinâ pietate in se esse peractum viva voce proclamat.

CAPUT XI.

Quidam debilis sanitati restitutus.

Quidam pauperculus ex Gallorum provincia genitus, qui sinistrum genu cum pede flaccido et in sinistram partem delorto contractum atque a terra sublevatum a nativitatis suæ exordio, ponderi potius quam subsidio deportabat, duobus sustentaculis infra ascellas suffultus, domus fidelium eleemosynam quæritando circuire solebat. Hic itaque eodem anno, transactis Nativitatis Dominicæ solemniis, in pago qui dicitur *Linzgowe* constitutus, virum quemdam venerabilem sacerdotali stola indutum et vultus honestate præclarum sibi in somnis assistere, hisque eum vocibus affari asseruit: Si meam, o paupercule, mansionem adires, baculum tibi donarem, cujus adminiculo sustentatus, per inepta viarum discrimina melius incedere prævaleres. Cui ille: Domine, ait, mansionem tuam nescio, et in quibus eam partibus quærere debeam penitus ignoro. Ipse vero: Ad eum locum, inquit, stagni hujus transfretare, illisque in locis solerter eam investigare curato, pro certo sciens te illo perveneris, quod pro baculi receptione gaudebis. Et ut facilius eam invenire valeas, noveris me in domo alterius adhuc positum esse, ac propriæ mansionis habitaculum nondum habere. Hac visione pauper ille commotus, transgresso lacu ad cujusdam presbyteri domum quadam die sero pervenit, eademque nocte prædicti habitus virum iterato sibi assistentem, et cur tandiu in veniendo tardaret interrogantem aspexit. Ad cujus interrogationem cum idem debilis ob ejusdem loci ignorantiam suæque debilitatis incommoda ante se non potuisse venire fateretur, ille pedem ejus nisi celeriter ad eumdem locum adiret, sese abscisurum comminabatur. Hujuscemodi ergo jussionibus idem pauper obedire paratus, reddita mortalibus die, presbytero viam dictante ad monasterium properat, ibique nocte ipsa, quæ etiam tunc Dominica habebatur, in vigiliarum celebrationibus devote pernoctat. Facto autem mane, post recitatum in publica [a] missa Evangelium, cum ad gradus quos sacro corpori contiguos esse memoravimus deveniret, nervorum atque venarum juncturæ rupta cute, ac mox subsequente sanguine sanguinis, et membra diu contracta divinæ operationis effectu subito corriguntur. Quorum tensionem atque fracturam æger ipse ferre non prævalens, in ipsis gradibus corruit, horrendisque vocibus perstrepens omnes in ecclesia his tantas pertulit. Quorum plurimi concurrentes eum continuo sustulerunt, cognitoque miraculo omnipotenti Deo debitas gratiarum actiones retulerunt. Pauper autem ipse eductus ex ecclesia, per temporum momenta convaluit, et post aliquot dies sanus monasterio discessit.

CAPUT XII.

Mutus loquendi officio donatus.

Post sanitatis hujus miraculum, exacto trium hebdomadarum spatio, mutus quidam in vicino territorio natus atque nutritus, quem multi nostrorum a primævi ætate locutionis officio noverant esse privatum, in Dominica itidem die in monasterium aggressus, ad corpus S. Othmari accessit, et quoddam luti globulum piæ devotionis intuitu ejus arcæ superposuit. Quo facto subitaneo quodam impulsu cum exstasi mentis terratenus dejectus, dissolutis linguæ retinaculis sanguinis copiam ex ore profudit. Quem suis ipse manibus ne in basilicæ pavimentum caderet suscipiens, continuo extra ecclesiam projecit. Sicque ingenti formidine atque terrore pervasus, nemini quod sibi evenerat innotescens, cum omni festinatione monasterio digreditur, et ad mansionem suam cito perveniens, collata sibi loquendi facultate suos ibidem notos cum gaudio alloquitur. Quem ut ipsi loquentem suisque interrogationibus respondentem audierunt, non minima admiratione permoti hoc miraculum cæteris indicando celeriter divulgaverunt. Tum vero ex ejusdem loci incolis plurimos utriusque sexus in unum convenire, et ob concessam muto loquelam obstupescere, ipsumque in illorum medio positum quomodo sibi contigerit, et ubi vel quando lingua ejus soluta fuerit, cerneres enarrare. Sequenti autem die clericus quidam ex eodem loco illum assumens ad monasterium reduxit, et hujus rei veritatem per ordinem nobis indicavit.

CAPUT XIII.

Membris omnibus a nativitate contractus meritis sancti corrigitur.

Eodem anno vir quidam, civis Amerinensium, puerulum omnibus pene membrorum juncturis contractum atque conglobatum, piæ devotionis intuitu parvo vehiculo impositum, modo trahendo, modo coram se impellendo, tum etiam propriis humeris gestando, Romam perduxit. Paucis dierum curriculis ibidem exactis inde revertitur, atque (ut ex ejus ore didicimus) Alamanniam petere, et S. Galli monasterium adire noctu in visione commonetur. Cui ille visioni annuere desiderans, laborioso satis conatu juga Alpium superat, et quadam die imminente jam vespera diu desideratum lassus ingreditur monasterium. Qui etiam in ipso itinere quot molestias quotve incommodorum pertulerit angustias, testes fuerunt humeri, quos vectibus ejusdem vehiculi adeo attritos esse comperimus, ut multi nostrorum callos in eis duratos esse perspicerent. In primo igitur basilicæ ingressu ad corpus B. Othmari perveniens, puer ipse tendentibus sese compaginum retinaculis vehiculo decidens in pavimentum provolvitur, et vocibus horrendis tecta ecclesiæ complens, nimio se dolore urgeri insolito clamoris strepitu pro-

[a] Conventualem sive solemnem vocamus hanc missam quæ *publica* antiquis dicebatur, in libro de Miraculis S. Bercharii, num. 19, sæculo II; privata vero *minor* nonnunquam vocabatur, in libro de Miraculis S. Columbani, cap. 7.

testatur. Senior autem noster Grimaldus his diebus in monasterio positus cum ipsa hora pro foribus basilicæ intra claustrum consisteret, audito hujusmodi strepitu Salomonem episcopum una cum Augiensis cœnobii abbate, qui ipso die ibidem convenerant, secum assumens, ecclesiam intrat, causamque tam horrendi atque insoliti clamoris interrogat. Quid plura? Abbates cum episcopo propius accedunt, flebili ululatu puerum huc illucque in pavimento volutari cernunt, seque ipsum propriis unguibus cogente molestia lacerare et quasi discerpere perspiciunt. Post longam hujuscemodi vexationem sinistra manus in volam contracta extenditur, incurvata cervix erigitur, sinistrum quoque genu cum pede ad tibiam supinato laxatur, et planta pedis dextri ab ipsis natibus quibus impressa fuerat, fracto genu cum sanguinis effusione prosiliens, episcopo etiam astante hymnumque *Te Deum laudamus* canente, corrigitur. In processu ergo temporis puer ipse ambulare cœpit, et modo in monasterio novis utens gressibus, hujus miraculi idoneus testis existit.

LIBER SECUNDUS

PRÆFATIO

De miraculis quæ post iteratam sancti Othmari translationem in ejus basilica sunt ostensa.

Sancti Patris nostri miracula hactenus a nobis vili sermonum schemate prolata, quanquam lectoribus benevolis ad declaranda sanctitatis ejus præconia sufficere non dubitemus, tamen quia basilicæ in ejus honorem ædificandæ paulo superius mentio incidit, qualiter peracta ejus constructione sanctus vir in eam translatus fuerit, quibus miraculorum ostensionibus sanctitatem ejus divina clementia ibidem postea manifestaverit, ne oblivione depereant, successoribus nostris breviter contradere libet, non pomposa verborum complexione supervacuam laudantium gloriam aucupantes, sed dictorum tantum modo simplicitate veritatem rerum quærentibus ostendere cupientes. Neque enim nostræ, sed illius nos gloriæ potius studere condecet, qui electis suis primo bonum velle, deinde tribuit inchoare, tum etiam vires implendi suggerere, ac postremo digna eos mercede remunerans, sanctitatem eorum virtutibus et signis patenter dignatur ostendere. Quapropter ipsum per omnia totius boni fontem bonorumque omnium largitorem in beati patris nostri miraculis laudare desideramus, Davidicum illud dicentes: *Non nobis, Domine, non nobis, sed nomini tuo da gloriam* (*Psal.* CXIII).

CAPUT PRIMUM

De ipsius ecclesiæ consecratione, et quomodo in ipsa translatione mutus quidam loquendi munere sit donatus.

Post translationem igitur supra memoratam, evolutis trium pene annorum spatiis, cum beati Othmari basilica studiis devote eam ædificantium decenter jam perfecta fuisset, senior noster Grimaldus Ludovici regis archicapellanus, præfatum Constantiensis Ecclesiæ præsulem ad peragenda consecrationis ejus solemnia monasterium itidem venire rogavit. Quod dum fama vulgante populis in vicino positis compertum fuisset, videlicet quod sanctus vir de basilica S. Galli in suum deportandus esset oratorium, sacris ejus exsequiis interesse cupientes, monasterium catervatim adire cœperunt. Episcopus autem die statuto superveniens, ecclesiam sub ipsius nomine solemniter dedicavit, ac deinde sacrati corporis membra aggressus, quasdam ex eo particulas pro reliquiis deinceps condonandis seorsum reposuit, cætera autem manu sua honorifice involvens, in sarcophago novo collocavit. Illas quoque oblatas, quas narrationi superiori in ejus tumulo retulimus fuisse repertas, eatenus incorruptas atque omnimodis illæsas perdurasse miratur, et quasdam ex eis involutas sacro itidem corpori superposuit, alias vero pyxide recondens, superventuris temporibus pro sanctitatis ejus testimonio conservare præcepit. Post hæc autem nobis omnibus sacris vestibus solenniter paratis, præsul ipse data in altum oratione presbyteros qui astabant, virum Dei foras deportandum levare commonuit. Nec mora cum crucibus et cereis atque thuribulis sanctus vir ab ecclesia deportatur, eademque hora mutus quidam ejus, ut credimus, meritis loquendi officio muneratur. Cujus tamen persona, utpote vilis, quia nobis eatenus incognita exstiterat, ideo miraculum quod in se patratum referebat, primo credere dissimulavimus. Sed cum ex pago, qui vocatur *Arigewe* [a], se fuisse assereret, a parentibus ejus aliisque qui eum bene noverant, nostrorum postea inquisitione verum hoc esse didicimus. Tum vero omnes nos laudes ac melodias canendo, comitante numerosa populorum multitudine, debita cum veneratione corpus chari Patris prosequimur. In prato autem Orientem versus constituto paululum presso gradu terratenus prostrati adoravimus, surgentesque pias ejus exuvias singulatim subire, ac superjecta velamina devotione humili cœpimus osculari. Quo facto, cum veneratione maxima ad monasterium properantes, sanctasque ejus reliquias in suam basilicam introducentes, gratias Deo, qui tamen nobis lætitiam conferre dignatus

[a] Goldasto *Aragowe*. Huc facit Hepidannus in Vita S. Wiboradæ lib. II cap. 9, *in pago qui Argowe nuncupatur, quem Araris fluvius ex uno latere præterfluit, ex altero Rhenus*. Hinc Ekkehardo dicitur *pagus Araris*, vulgo *l Ar*, quam modo Arolam vocant Latini.

est, debita cum laude retulimus. Quanti ibi jucundantium fletus, quantique exsulantium oborti fuerint singultus, nequaquam enarrare valemus; quippe qui nec ipsi Dei laudes crebris singultibus interrupti absque lacrymis proferre potuimus. Præcipueque venerandus pater noster Grimaldus tripudiantium lætitia motus a lacrymis se continere nequivit, agens Deo gratias quod suis temporibus in loco etiam sibi commendato tantum decus taliaque omnipotentis Dei beneficia videre promeruit. Ad hujus quoque lætitiæ cumulum Augiensis cœnobii abbas cum quibusdam ipsius loci fratribus eadem hora supervenit, fratresque ex monasterio quod Campidona vocatur, ab abbate suo missi, hujusmodi exsequiis talibusque se interesse gaudiis gratulabantur. Episcopus autem interea sacras pii patris exuvias in arca saxea recondens, altario [a] supposuit; sicque missarum celebratione solemniter peracta, benedicens populum, abire permisit. Facta sunt autem hæc anno Incarnationis Dominicæ octingentesimo sexagesimo septimo, sub piissimo rege Ludovico, supra memoratis principibus pastoralis officii functione cunctarum Ecclesiarum Dei strenue agentibus, octavo Kalendarum Octobrium die, quarta feria, indictione prima [b]. Die vero sequenti, ut honor beati viri latius etiam augmentaretur, memoratus præsul ex reliquiis ejus quas pridem hujus rei gratia seorsum eum posuisse retulimus, primo sibi tulit, deinde abbati ex Augia et fratribus de Campidona, cæterisque religiosis utique ac venerabilibus viris aliquas ex eis particulas, prout sibi visum fuerat, commendavit, nobis præsentibus omnes eos sollicite commonens, ut per omnia honorifice digneque eas tractare curarent. Quibus peractis, beati Michaelis archangeli ecclesiam consecravit; multosque sacro chrismate confirmans, salutatis fratribus lætus cum suis monasterio discessit. Altera autem die abbatem ex Augia fratresque ex Campidona cum laudibus et cantilenis [c] extra monasterium prosequentes, post fraternæ dilectionis colloquia, dato pacis osculo ad sua cum gaudio remeare permisimus.

CAPUT II.

Quod in plurimis locis circa reliquias ejus miracula multa fiant.

Finita relatione qualiter vir beatus in suam translatus fuerit basilicam, ne fastidioso forte lectori protractus in longum sermo turbata mente rugam frontis ingereret, aliqua ex sanctitatis ejus indiciis quæ ipsius clarescentibus meritis ibidem postea manifesta fuisse perspeximus, in calce hujus conscriptionis strictim ac succincte subjungere curavimus; non utique omnia quæ vel ipsi facta vidimus, vel ab aliis veraciter patrata esse comperimus huic opusculo inserentes, sed ex multis pauca, atque a nobis perspecta in unum colligere volentes. Cuncta enim hæc facile enarrari posse non credimus: præsertim cum in locis plurimis non ad nos tantum, sed ad alios quoque pertinentibus, quæ sacris ejus pignoribus ditabantur, tam multa quotidie miraculorum signa effulserint, ut nec verborum facundia proferri, nec styli instantia absque labore valeant comprehendi. Quapropter his interim omissis, ad ea tantum nos scribenda convertemus, quæ et nobiscum omnimodis facta cognovimus, et apud livoris expertes attestationi sanctitatis ejus sufficere posse confidimus.

CAPUT III.

Pedem saucius et tumefactus sanitatem indeptus est apud tumulum ejus.

Quidam paterfamilias multorum apud nos cognitione notissimus, servum quemdam habuit, qui operis quidpiam faciens casu pedem vulneravit. Pes vero ipse protinus in tumorem versus, adeo venarum contractione debilitatus est, ut ambulandi facultate penitus privaretur. Hanc ob causam sustentaculum quoddam genuculo supponens, gressum quem pedis infirmitas denegabat, per annum ferme integrum arte fulciendo sublevare curabat. Is cum ad B. Othmari suffragia venisset, ante ejus altare prostratus oravit, confestimque soluto pede relictoque sustentaculo sanus abscessit.

CAPUT IV.

Tibia suspensa protenditur.

Nec multo post annis quidam pedem cum tibia altius a terra levatum, ad posteriora contractum, non ad subsidium itineris, sed ad ponderis potius gravitudinem ferebat. Hic die quadam baculis suffultus monasterium devenit, et B. Othmari oratorium ingressus coram altari ejus stando cum orasset, pes ipse cum tibia solutus protenditur, sonitumque in modum fracti cujusdam ligni crepitando emittens corrigitur. Nec mora suo restitutus loco ferentem se ferebat, portantemque se grata mercede remunerans deportabat.

CAPUT V.

Celebre miraculum sanctimonialis illuminatæ.

Sub ipsius anni spatio sanctimonialis quædam de oppido quod Basula [*al.*, Basilea, *Bale*] dicitur, ante annos quatuor utrisque luminibus orbata, sororis suæ ducatu ad monasterium tendendo pervenit, ibi-

[a] Nota morem recondendi sanctorum reliquias sub altare. Lege Præfationem ad sæculum ii.

[b] Inchoata scilicet Indictione prima a die vigesima quarta Septembris, quo modo explicanda indictio tertia decima supra in lib. i, cap. 5.

[c] Sic viros pios antiquitus excipiebant deducebantque cum canticis sacris, præcipue vero episcopos. Athanasio Alexandrino ad Tabennensium monasterium accedenti obviam processit Pachomius cum monachis suis, eumque suscepit *cum psalmis et hymnis*. Monachis etiam mos erat solemni pompa excipiendi abbates ex longinquo diuturnove itinere redeuntes. In vetustis Corbeiensis monasterii Actibus: *Abbas Romam profectus, vel in alias terras, per annum moratus, cum rediens recipitur omnibus cappis generaliter indutis cum processione*. Ita fere Udalricus in libro ii Consuetudinum Cluniacensium cap. 3, a quo Corbeienses ritus suos mutuati sunt.

que tribus fere hebdomadibus cæcitatis tenebris adhuc involuta permansit. Anniuo autem cursu accidente festivitate, qua catholica per orbem Ecclesia sancti Spiritus adventum lætatur, in Sabbato quod præcedens eam ipsi quoque imminet, cum multitudo populi more solito orationis causa monasterium adiret, sanctimonialis ipsa inter alios qui venerant, hora diei quasi quarta, ante beati viri tumbam oratura prosternitur, ibique aliquantisper orando lumen quod amiserat recepit, multisque in unum convenientibus perspicuitate hujus miraculi magnæ admodum lætitiæ causa fuit.

ISONIS FORMULÆ

(*Vide Patrologiæ tom.* LXXXVII, *col.* 875.)

ANNO DOMINI DCCCLXXII

GRIMALDUS

SANGALLENSIS ABBAS

LIBER SACRAMENTORUM

EX OPERIBUS SS. PATRUM EXCERPTUS

(Apud Jacobum Pamelium, Liturgicon Ecclesiæ Latinæ tomo II.)

PAMELII MONITUM.

Libri hujus cum præcedenti (a) in hæc verba meminit Micrologus, de divin. Observ., cap. 60: « Fecit tamen idem Albinus in sancta Ecclesia non contemnendum opus. Nam Gregorianas orationes in libris Sacramentorum collegisse asseritur, paucis aliis adjectis, quas tamen sub obelo notandas esse indicavit. Deinde alias orationes sive præfationes, etsi non Gregorianas, ecclesiasticæ tamen celebritati idoneas, collegit, sicut prologus testatur, quem post Gregorianas orationes in medio ejusdem libri collocavit. » Hactenus ille; qui etsi Alcuino (nam idem ille Alcuinus Albinus Flaccus cognominatur) ascribat, nos tamen vetustissimorum mss. codicum sequi fidem maluimus, potest enim in Micrologo error esse librariorum quibus Grimaldi nomen erat incognitum. Sive interim huic, sive illi ascribitur, videtur certe ad eum alludere Amalarius, lib. I, cap. 22 et 24: « Pro illo, inquit, precatur a sacerdote in Sacramentario: *Ut ab immaculato Domini fontis utero, in novam renata creaturam, progenies cœlestis emergat.* » Neque enim priori, sed hoc libro continetur cerei paschalis consecratio, cujus verba latius utroque capite explicat. Cujus adeo primam institutionem perperam quidam Zosimo papæ ascribunt, cum jam diu antea, et in Hispaniis Prudentius hymno, quo etiamnum utimur, eam celebraverit, et Mediolani D. Ambrosius peculiari quoque cerei benedictione sit usus. Quare recte sic hac de re, lib. I, cap. 18, Amalarius: « Romanis ita agentibus, nobis quoque præceptum est a papa Zosimo benedicere cereum. » Ac si dicat antea quidem Romæ id usitatum, sed a Zosimo papa in aliis quoque omnibus Ecclesiis fieri decretum. » Verum etsi hæc πάρεργος dicta sint, confirmant tamen quod in dicto prologo scribit Grimaldus, vetustiora pene esse Gregorianis quæ in hoc opus digessit. « Sed quia, inquit, sunt et alia quædam quibus necessario sancta utitur Ecclesia, quæ idem Pater, ab aliis jam esse edita inspiciens, prætermisit, idcirco operæ pretium duximus ea velut flores pratorum vernantes carpere et in unum colligere, atque correcta et emendata, suisque capitulis prænotata, in hujus corporis codicis seorsum ponere ut in hoc opere cuncta inveniret lectoris industria quæcumque nostris temporibus necessaria esse perspeximus. » Et certe constat hujus libri complures orationes Dominicarum post Epiphaniam, Pascha et Pentecosten, ex D. Ambrosio mutuatas. Porro et alio loco alludit ad hujus libri cap. 102 Amalarius: « Habemus, inquit, scriptum in quodam Sacramentario quod officia mortuorum agenda sint circa tertiam diem, et septimam, et trigesimam. » Quæ verba deinde pulchre et late explicat, ac auctoritate Scripturarum corroborat.

(a) Intellige Sacramentarium Gregorianum, quod apud Pamelium libro Grimaldi præmittitur et recusum exstat in editione nostra Operum sancti Gregorii Magni tom. IV. EDIT. PATROL.

GRIMALDI PRÆFATIO

Hucusque præcedens Sacramentorum libellus a B. papa Gregorio constat esse editus, exceptis his quæ in eodem in nativitate vel assumptione B. Mariæ, præcipue vero in Quadragesima, vigiliis ante positis, lectoris invenerit jugulata solertia. Nam sicut quorumdam relatu didicimus, domnus apostolicus in eisdem diebus a stationibus penitus vacat, eo quod cæteris septimanæ feriis stationibus vacando fatigatus, eisdem requiescat diebus, ob id scilicet ut tumultuatione populari carens et eleemosynas pauperibus distribuere et negotia exteriora liberius valeat disponere. Missam vero prætitulatam, *In natali ejusdem beati Gregorii*, singulisque inte positis jugulatam, a successoribus ejus, causa amoris, imo venerationis suæ, eidem suo operi non dubium esse interpositam. Præfatus sane sacramentorum libellus, licet a plerisque scriptorum vitio depravante, non ut ab auctore suo est editus haberetur, pro captu tamen ingenii, ob multorum utilitatem, studii nostri fuit eum artis stylo corrigere. Quem cum prudens lector studiose perlegerit, verum nos dicere illico comprobabit, nisi iterum scriptorum vitio depravetur. Sed quia sunt et alia quædam, quibus necessario sancta utitur Ecclesia, quæ idem Pater ab aliis jam edita esse inspiciens prætermisit, idcirco operæ pretium duximus, ea velut flores pratorum vernantes carpere et in unum congerere, atque correcta et emendata suisque capitulis prænotata in hujus corpore codicis seorsum ponere, ut in hoc opere cuncta inveniret lectoris industria, quæcunque nostris temporibus necessaria esse perspeximus, quanquam plura etiam in aliis Sacramentorum libellis invenissemus inserta. Hanc vero discretionis gratia præfatiunculam in medio collocavimus, ut alterius finis, alterius quoque exordium esset libelli, ita, videlicet, ut hinc inde formabiliter eisdem positis libellis noverit quisque quæ a B. Gregorio, quæve sint ab aliis edita Patribus, et quoniam excludendos tantarum quæsitores diversarumque institutionum sanctarum nequaquam dignum vel possibile esse censuimus, saltem eorum omnium condignis desideriis in evidenti hujus operis copia satis faceremus. Si cui autem placent ea quæ sine fastu arrogantiæ summo studio proque collegimus amore, suscipere, precamur ut non ingratus nostro existat labori, sed potius una nobiscum gratias agat omnium bonorum largitori. Si vero superflua vel non necessaria sibi illa judicaverit, utatur tantum præfati Patris opusculo, quod minime respuere sine sui discrimine potest, et ea quærentibus, hisque pio animi affectu uti volentibus, utenda admittat. Non igitur ingratis et fastidiosis, sed potius studiosis ac devotis, illa collegimus, in quibus, cum animo sedent, potest reperire unde et debita vota sua et officium divini cultus digne ac placabiliter Domino valeat exhibere. Noverit itaque nos perspicacitas lectoris non alia huic inseruisse operi, nisi ea quæ a probatissimis et eruditissimis magna diligentia exarata sunt viris. Ex multis ergo multa collegimus, ut multorum utilitati prospiceremus. *Præfationes* porro, quas in fine hujus posuimus codicis, flagitamus ut ab his quibus placent, cum charitate suscipiantur, et cantentur. Ab his vero qui eas intelligunt, nec tamen delectantur, necnon et ab his qui eas volunt, nec tamen intelligunt, poscimus ut nec assumantur nec canantur. Addimus etiam et *Benedictiones* ab episcopo super populum dicendas, necnon et illud quod in præfato codice B. Gregorii, ad gradus inferiores in Ecclesia constituendos, non habetur. Obsecramus itaque vos, quicunque hunc codicem ad legendum sive transcribendum sumpseritis, ut pro me preces ad Dominum fundatis, qui ob utilitatem plurimorum ea colligere atque corrigere studuimus. Precamurque ut cum ita diligenter transcribatis, quatenus ejus lectus, et eruditorum aures demulceat, et simpliciores quosque errare non sinat. Nihil enim, ut ait B. Hieronymus, prodest emendasse librum, nisi emendatio librariorum diligentia conservetur.

CAPITULA HUJUS LIBRI

XXI *Dominica IV post Pentecost*
XXII *Dominica V post Pentecost*
XXIII *Dominica VI post Pentecost*
XXIV *Dominica VII post Pentecost*
XXV *Dominica VIII post Pentecost*
XXVI *Dominica IX post Pentecost*
XXVII *Dominica X post Pentecost*
XXVIII *Dominica XI post Pentecost*
XXIX *Dominica XII post Pentecost*
XXX *Dominica XIII post Pentecost*
XXXI *Dominica XIV post Pentecost*
XXXII *Dominica XV post Pentecost*
XXXIII *Dominica XVI post Pentecost*
XXXIV *Dominica XVII post Pentecost*
XXXV *Dominica XVIII post Pentecost*
XXXVI *Dominica XIX post Pentecost*
XXXVII *Dominica XX post Pentecost*
XXXVIII *Dominica XXI post Pentecost*
XXXIX *Dominica XXII post Pentecost*
XL *Dominica XXIII post Pentecost*
XLI *Dominica XXIV post Pentecost*
XLII *Item aliæ Missæ quotidianis diebus*
XLIII *Alia Missa*
XLIV *Alia Missa*
XLV *Alia Missa*
XLVI *Alia Missa*
XLVII *In Natali unius apostoli*
XLVIII *In Natali plurimorum apostolorum*
XLIX *In Natali unius martyris*
L *In Natali plurimorum martyrum*
LI *In Natali unius confessoris*
LII *In Natali plurimorum confessorum*
LIII *In Natali virginis*
LIV *Missa ad poscenda suffragia sanctorum*
LV *Oratio ad clericum faciendum*
LVI *Benedictio vestium virginis et viduæ, et consecratio virg*
LVII *Benedictio altaris*
LVIII *Consecratio altaris*
LIX *Ad consecrandam patenam*
LX *Ad calicem benedicendum*
LXI *Oratio in dedicatione fontis*
LXII *Missa in anniversario dedicationis Basilicæ*
LXIII *Missa pro regibus*
LXIV *Missa quotidiana pro rege*
LXV *Orat ad Missam tempore synodi pro rege dicenda*
LXVI *Missa specialis sacerdotis cum præfatione*
LXVII *Item alia cum præfatione*
LXVIII *Missa pro amico vel pro quo volueris*
LXIX *Alia Missa*
LXX *Alia Missa*
LXXI *Missa pro salute vivorum*
LXXII *Missa pro famulabus*
LXXIII *Missa pro abbate vel congreganti*
LXXIV *Orat in monasterio monachorum*
LXXV *Orat pro fratribus in via dirigendis*
LXXVI *Orat pro redeuntibus de itinere*
LXXVII *Orat de adventu fratrum supervenientium*
LXXVIII *Missa pro iter agentibus*
LXXIX *Missa pro navigantibus*
LXXX *Missa pro peccatis*
LXXXI *Oratio in tempore belli*
LXXXII *Missa in tempore belli*
LXXXIII *Alia missa*
LXXXIV *Alia missa*
LXXXV *Missa pro pace*
LXXXVI *Missa pro quacunque tribulatione*
LXXXVII *Missa pro peste animalium*
LXXXVIII *Missa in contentione*
LXXXIX *Missa contra judices male agentes*

A XC *Missa contra obloquentes*
XCI *Orat ad pluviam postulandam*
XCII *Missa ad pluviam postulandam*
XCIII *Orat ad serenitatem postulandam*
XCIV *Missa ad serenitatem postulandam*
XCV *Missa ad repellendam tempestatem*
XCVI *Orationes et preces super pœnitentem confitentem peccata sua more solito feria IV in Quadrag*
XCVII *Oratio ad reconciliandum pœnitentem fer V in cœna Domini*
XCVIII *Oratio ad visitandum infirmum*
CXIX *Missa pro infirmis*
C *Orat pro reddita sanitate*
CI *Reconciliatio pœnitentis ad mortem*
CII *Orat in agenda mortuorum*
CIII *Missa unius defuncti*
CIV *Missa pro defuncto nuper baptizato*
B CV *Orationes pro defunctis desiderantibus pœnitentiam et minime consequentibus*
CVI *Missa in anniversario unius defuncti*
CVII *Missa plurimorum defunctorum*
CVIII *Alia missa*
CIX *Alia Missa*
CX *Missa in cœmeteriis*
CXI *Missa pro salute vivorum vel Agenda mortuorum*
CXII *Exorcismus salis*
CXIII *Benedictio salis*
CXIV *Exorcismus aquæ*
CXV *Benedictio aquæ*
CXVI *Benedictio salis et aquæ pariter*
CXVII *Orationes quando aqua spargitur in domo*
CXVIII *Benedictio domus*
CXIX *Oratio contra fulgura*
CXX *Oratio super vasa in loco antiquo reperta*
C CXXI *Benedictio putei*
CXXII *Benedictio uvæ vel fabæ*
CXXIII *Benedictio ad fruges novas*
CXXIV *Benedictio ad omnia quæ volueris*
CXXV *Benedictio panis novi*
CXXVI *Oratio ante cibum*
CXXVII *Oratio super mensam*
CXXVIII *Oratio ante cibum*
CXXIX *Oratio in sacrario*
CXXX *Oratio ubi vestimenta conservantur*
CXXXI *Oratio in refectorio*
CXXXII *Oratio in dormitorio*
CXXXIII *Oratio in cellario*
CXXXIV *Oratio in scriptorio*
CXXXV *Oratio in hospitalio*
CXXXVI *Oratio in domo infirmorum*
CXXXVII *Oratio in area*
CXXXVIII *Oratio in granario*
CXXXIX *Oratio in pistrino*
D CXL *Oratio in coquina*
CXLI *Oratio in lardario*
CXLII *Oratio in caminata*
CXLIII *Oratio in introitu portæ*
CXLIV *Orationes matutinales et vespertinales*
CXLV *Impositio manuum super energumenum catechumenum*
CXLVI *Item alia pro parvulo energumeno*
CXLVII *Item aliæ orationes super energumeno baptizato*

---

[a] BENEDICTIO CEREI

Exsultet jam angelica turba cœlorum, exsultent divina mysteria, et pro tanti regis victoria, tuba into-

[a] Quod Zosimus papa consecrationem cerei Paschalis instituisse legitur, id aut eo referendum, ut ipse Romæ primus eam consuetudinem D. Ambrosii imitatus sit, aut certe eam formam consecrationis,

et salutaris. Gaudeat tantis tellus irradiata fulgoribus, et æterni regis splendore illustrata, totius orbis se sentiat amisisse caliginem. Lætetur et mater Ecclesia tanti luminis adornata fulgoribus, et magnis populorum vocibus hæc aula resultet. Quapropter astantibus vobis, fratres charissimi, ad tam miram sancti hujus luminis claritatem, una mecum, quæso, Dei omnipotentis misericordiam invocate, ut qui me non meis meritis intra Levitarum numerum dignatus est aggregare, luminis sui gratiam infundendo, cerei hujus laude implere perficiat [*alias* quidem implere præcipiat]. Per Dominum nostrum Jesum Christum Filium tuum, qui tecum vivit et regnat Deus in unitate Spiritus sancti.

Per omnia sæcula sæculorum. R. Amen.

Dominus vobiscum. R. Et cum spiritu tuo.

Sursum corda. R. Habemus ad Dominum.

Gratias agamus Domino Deo nostro. R. Dignum et justum est.

V. D. Quia dignum et justum est, invisibilem Deum, omnipotentem Patrem, Filiumque ejus unigenitum Dominum nostrum Jesum Christum, [sanctum quoque Spiritum] toto cordis ac mentis affectu et vocis ministerio personare. Qui pro nobis æterno Patri Adæ debitum solvit, et veteris piaculi cautionem pio cruore detersit. Hæc sunt enim festa paschalia, in quibus verus ille Agnus occiditur, ejusque sanguine postes consecrantur. Hæc nox est, in qua primum patres nostros filios Israel eductos de terra Ægypti, Rubrum mare sicco vestigio transire fecisti. Hæc igitur nox est, quæ peccatorum tenebras columnæ illuminatione purgavit. Hæc nox est, quæ hodie per universum mundum in Christo credentes a vitiis sæculi, et caligine peccatorum segregatos, reddit gratiæ, sociat sanctitati. Hæc nox est, in qua destructis vinculis mortis, Christus ab inferis victor ascendit. Nihil enim nobis nasci profuit, nisi redimi profuisset. O mira circa nos tuæ pietatis dignatio! O ineffabilis dilectio charitatis! ut servum redimeres, Filium tradidisti. O beata nox, quæ sola meruit scire tempus et horam in qua Christus ab inferis resurrexit! Hæc nox est, de qua scriptum est: Et nox ut dies illuminabitur, et nox illuminatio mea in deliciis meis. Hujus igitur sanctificatio noctis, fugat scelera, culpas lavat, et reddit innocentiam lapsis, mœstis lætitiam. Fugat odia, concordiam parat, et curvat imperia. In hujus igitur noctis gratia, suscipe, sancte Pater, incensi hujus sacrificium vespertinum, quod tibi in hac cerei oblatione solenni, per ministrorum manus de operibus apum sacrosancta reddit Ecclesia. Sed jam columnæ hujus præconia novimus, quam in honore Dei rutilans ignis accendit. Qui licet divisus in partes, mutuati luminis detrimenta non novit. Alitur liquentibus

A ceris, quam in substantiam pretiosæ hujus lampadis apis mater eduxit. O vere beata nox! quæ exspoliavit Ægyptios, ditavit Hebræos. Nox, in qua terrenis cœlestia, humana divinis junguntur. Oramus te, Domine, ut cereus iste in honore nominis tui consecratus, ad noctis hujus caliginem destruendam, indeficiens, perseveret [atque in ordinem suavitatis acceptus [*al.*, accensus], supernis luminaribus misceatur. Flammas ejus Lucifer matutinus inveniat. Ille, inquam, Lucifer qui nescit occasum, ille qui regressus ab inferis, humano generi serenus illuxit. Precamur ergo te, Domine, ut nos famulos tuos, omnem clerum, et devotissimum populum, una cum papa nostro N. et gloriosissimo rege nostro N. necnon et
B antistite nostro N. quiete temporum concessa, in his paschalibus gaudiis conservare digneris. Per Dominum nostrum Jesum Christum Filium tuum, qui tecum vivit et regnat Deus in unitate Spiritus sancti. Per omnia sæcula sæculorum. Amen.

(*Hic desunt numm.* II, III, IV. *Exstant quidem in Indice capitulorum, sed nonnisi lectoris ad alia revocandi causa.*)

V.

[a] DOMINICA I POST NATALE DOMINI.

Deus, qui salutis æternæ B. Mariæ virginitate fecunda humano generi præmia præstitisti, tribue, quæsumus, ut ipsam pro nobis intercedere sentiamus, per quam meruimus auctorem vitæ suscipere, Dominum nostrum Jesum Christum.

Secreta.

C Muneribus nostris, Domine, precibusque susceptis, et cœlestibus nos munda mysteriis, et clementer exaudi. Per.

Post Communionem.

Da nobis, quæsumus, Domine Deus noster, ut qui nativitatem Domini nostri Jesu Christi nos frequentare gaudemus, dignis conversationibus, ad ejus mereamur pertinere consortium. Per Dominum nostrum.

VI.

DOMINICA II POST NATALE DOMINI.

Omnipotens sempiterne Deus, dirige actus nostros in beneplacito tuo, ut in nomine Filii tui dilecti
D mereamur bonis operibus abundare. Per eumdem.

Secreta.

Concede, quæsumus, ut oculis tuæ majestatis munus oblatum, et gratiam nobis devotionis obtineat, et effectum beatæ perennitatis acquirat. Per Dominum.

Post Communionem.

Per hujus, Domine, operationem mysterii, et vitia nostra purgentur, et justa desideria compleantur. Per.

cum antea Ambrosiana usus foret, ipse descripserit: constat enim et in Mediolanensi Ecclesia a divo Ambrosio jam tum visitatam, et in Hispania quoque ea ætate testatur Prudentius hymno ea de re composito.

[a] Et si solus cod. Colon. librum hunc II contineat, plerasque tamen omnes orationes hoc libro contentas habent duo D. Banonis Ganensis et Ultraject. cod.

[Super populum [a]

Propitiare, misericors Deus, etc., *ut supra inter Orationes quotid.*]

VII

DOMINICA I POST THEOPHANIAM

Vota, quæsumus, Domine, supplicantis populi cœlesti pietate prosequere, ut, et quæ agenda sunt, videant, et ad implenda quæ viderint, convalescant. Per.

Secreta

Oblatum tibi, Domine, sacrificium, vivificet nos semper et muniat. Per Dominum.

Præfatio

D. Et justum est *usque* æterne Deus. Quia cum unigenitus, etc., *ut supra in die Epiphaniæ.*

Post Communionem

Supplices te rogamus, omnipotens Deus, ut, quos tuis reficis sacramentis, tibi etiam placitis moribus dignanter deservire concedas. Per Dominum nostrum.

Super populum

Conserva, quæsumus, Domine, familiam tuam, etc., *ut supra inter orat. quotid.*]

VIII

DOMINICA II POST THEOPHANIAM

Omnipotens sempiterne Deus, qui cœlestia simul et terrena moderaris, supplicationes populi tui clementer exaudi, et pacem tuam nostris concede temporibus. Per Dominum nostrum.

Secreta

Oblata, Domine, munera sanctifica, nosque a peccatorum nostrorum maculis emunda. Per.

Post Communionem

Augeatur in nobis, Domine, quæsumus, tuæ virtutis operatio, ut divinis vegetati sacramentis, ad eorum promissa capienda tuo munere præparemur. Per.

[Super populum

Auxiliare, Domine, populo tuo, etc., *ut supra, inter orat. quotid.*]

IX

DOMINICA III POST THEOPHANIAM

Omnipotens sempiterne Deus, infirmitatem nostram propitius respice, atque ad protegendum nos, dexteram tuæ majestatis extende. Per Dominum.

Secreta

Hæc hostia, Domine, quæsumus, emundet nostra delicta, et sacrificium celebrandum subditorum tibi corpora mentesque sanctificet. Per.

Post Communionem

Quos tantis, Domine, largiris uti mysteriis, quæ-
A sumus, ut effectibus eorum veraciter aptare digneris. Per.

Super populum

Adsit, Domine, quæsumus, etc., *ut supra loco citato.*]

X

DOMINICA IV POST THEOPHANIAM

Deus, qui nos in tantis periculis constitutos, pro humana scis fragilitate non posse subsistere, da nobis salutem mentis et corporis, ut ea quæ pro peccatis nostris patimur, te adjuvante, vincamus. Per Dominum.

Secreta

Concede, quæsumus, omnipotens Deus, ut hujus
B sacrificii munus oblatum, fragilitatem nostram ab omni malo purget semper, et muniat. Per.

Post Communionem

Munera tua nos, Deus, a delectationibus terrenis expediant, et cœlestibus semper instruant alimentis.

[Super populum

Vox clamantis Ecclesiæ, etc., *ut supra loco jam dicto.*]

XI

DOMINICA V POST THEOPHANIAM

Familiam tuam, quæsumus, Domine, continua pietate custodi, ut quæ in sola spe gratiæ cœlestis innititur, tua semper protectione muniatur. Per.

C *Secreta*

Hostias tibi, Domine, placationis offerimus, ut et delicta nostra miseratus absolvas, et nutantia corda tu dirigas. Per.

Post Communionem

Da, quæsumus, omnipotens Deus, ut illius salutaris capiamus effectum, cujus per hæc mysteria pignus accepimus.

[Super populum

Ecclesiæ tuæ, Domine, voces, etc., *ut supra eodem loco.*]

XII.

DOMINICA VI POST THEOPHANIAM

Conserva populum tuum, Deus, et tuo nomini fac
D devotum, ut divinis subjectus officiis, et temporalia viriliter, et æterna dona percipiat. Per.

Secreta

Hæc nos oblatio, Deus, mundet, quæsumus, et renovet, et gubernet, et protegat. Per.

Post Communionem

Cœlestibus, Domine, pasti deliciis, quæsumus, ut semper eadem, per quæ veraciter vivimus, appetamus. Per.

[Super populum

Præsta, quæsumus, omnipotens Deus, etc., *ut supra eodem loco.*]

[a] Hæc spectant ad Sacramentarium Gregorianum, quod, ut jam monuimus, præsenti libro Grimaldus noster præmiserat. Sacramentarium Gregorii vide inter ejus opera. Edit.

XIII

DOMINICA I POST OCTAVAS PASCHÆ

Deus, qui in Filii tui humilitate jacentem mundum erexisti, fidelibus tuis perpetuam concede lætitiam, ut quos perpetuæ mortis eripuisti casibus, gaudiis facias sempiternis perfrui Per eumdem Dominum

Secreta

Benedictionem tuam, Domine, nobis conferat salutarem sacra semper oblatio, ut, quod agit mysterio virtute perficiat Per

Post Communionem

Præsta nobis, omnipotens Deus, ut, vivificationis tuæ gloriam consequentes, in tuo semper munere gloriemur

[*Super populum*

Familiam tuam, etc , *ut supra*]

XIV

DOMINICA II POST OCTAVAS PASCHÆ

Deus, qui errantibus ut in viam possint redire, justitiæ tuæ lumen ostendis, da cunctis qui Christiana professione censentur, et illa respuere quæ huic inimica sunt nomini, et ea quæ sunt apta sectari Per

Secreta

His nobis mysteriis conferatur, quo terrena desideria mitigantes, discamus amare cœlestia Per

Post Communionem

Sacramenta quæ sumpsimus, quæsumus, Domine, et spiritalibus nos instruant alimentis, et corporalibus tueantur auxiliis Per Dominum nostrum

[*Super populum*

Gaudeat, etc , *ut supra*]

XV

DOMINICA III POST OCTAVAS PASCHÆ

Deus, qui fidelium mentes unius efficis voluntatis, da populis tuis, id amare quod præcipis, id desiderare quod promittis ut inter mundanas varietates ibi nostra fixa sint corda, ubi vera sunt gaudia Per Dominum nostrum

Secreta

Deus, qui nos per hujus sacrificii veneranda commercia unius summæ divinitatis participes efficis, præsta, quæsumus, ut, sicut tuam cognoscimus veritatem, sic eam dignis moribus assequamur Per

Post Communionem

Adesto, Domine Deus noster ut per hæc quæ fideliter sumpsimus, et purgemur a vitiis, et a periculis omnibus exuamur Per

XVI

DOMINICA IV POST OCTAVAS PASCHÆ

Deus, a quo bona cuncta procedunt, largire sup-

A plicibus, ut cogitemus te inspirante quæ recta sunt, et te gubernante eadem faciamus Per

Secreta

Suscipe, Domine, fidelium preces cum oblationibus hostiarum, ut per hæc piæ devotionis officia ad cœlestem gloriam transeamus Per

Post Communionem

Tribue nobis, Domine, cœlestis mensæ virtute [*al* cœlestis mensæ satietate] satiatis, et desiderare quæ recta sunt, et desiderata percipere Per Dominum nostrum

XVII

DOMINICA POST ASCENSA DOMINI

B Omnipotens sempiterne Deus, fac nobis tibi semper et devotam gerere voluntatem, et majestati tuæ sincero corde servire Per

Secreta

Sacrificia nos, Domine, immaculata purificent, et mentibus nostris supernæ gratiæ dent vigorem Per

Post Communionem

Repleti, Domine, muneribus sacris da, quæsumus, ut in gratiarum semper actione maneamus Per

[*Super populum*

Deus vita fidelium, gloria humilium, et beatitudo justorum, propitius suscipe supplicum preces, ut animæ quæ promissiones tuas sitiunt, de tua semper

C abundantia repleantur Per Dominum]

XVIII

[a] DOMINICA I POST PENTESCOSTEN

Deus in te sperantium fortitudo, adesto propitius invocationibus nostris, et quia sine te nihil potest mortalis infirmitas, præsta auxilium gratiæ tuæ, ut in exsequendis mandatis tuis, et voluntate tibi et actione placeamus Per Dominum nostrum

Secreta

Hostias nostras, Domine, tibi dicatas placatus assume, et ad perpetuum nobis tribue provenire subsidium Per

D *Post Communionem*

Tantis, Domine, repleti muneribus, præsta, quæsumus, ut et salutaria dona capiamus, et a tua nunquam laude cessemus Per Dominum nostrum

[*Super populum*

Fideles tuos, Domine, benedictio desiderata confirmet, quæ eos et a tua voluntate faciat, nunquam discrepare, et tuis semper indulgeat beneficiis gratulari Per Dominum]

[a] Ita inscribit quidem has Dominicas cod ms , etiam plures Missales libros habere *Dominica I post oct Pentecost* et in hunc modum melius concordiam inire cum Antiph et lect 23 Dominicarum, asserit Berno, l de Miss , c 5 nominatim orationem explicans, et concordiam ejus indicans cum Evangelio de Lazaro, et introitu *Domine in misericordia*, sicuti supra habetur in Lectionar et Antiphonar Dom I post oct Pentecost Quare et hic ita legendum censeo, et conformiter in 23 Dominicis, præsertim cum sic etiam inscribant has Dominicas supradicti tres mss cod

XIX

DOMINICA II POST PENTECOSTEN [OCT. PENT.]

Sancti nominis tui, Domine, timorem pariter et amorem fac nos habere perpetuum, quia nunquam tua gubernatione destituis quos in soliditate tuæ dilectionis instituis. Per

Secreta

Oblatio nos, Domine, tuo nomini dicanda, purificet, et de die in diem ad cœlestis vitæ transferat actionem. Per Dominum

Post Communionem

Sumptis muneribus, Domine, quæsumus, ut cum frequentatione mysterii crescat nostræ salutis effectus. Per

[*Super populum*

Deus qui te in rectis ac sinceris manere pectoribus asseris, da nobis tua gratia tales existere, in quibus habitare digneris. Per Dominum.]

XX

[a] DOMINICA III POST PENTECOSTEN

Deprecationem nostram, quæsumus, Domine, benignus exaudi, et quibus supplicandi præstas affectum, tribue defensionis auxilium. Per

Secreta

Munera, Domine, oblata sanctifica, ut tui nobis unigeniti corpus et sanguis fiant. Per eumdem

Post Communionem

Hæc nos communio Domine purget a crimine, et cœlestis remedii faciat esse consortes. Per

[*Super populum*

Plebis tuæ, quæsumus Domine, ad te semper corda converte, ut quam tantis facis patrociniis adjuvari, perpetuis non desinas gubernare præsidiis. Per Dominum

XXI

DOMINICA IV POST PENTECOSTEN [b]

Protector in te sperantium Deus, sine quo nihil est validum, nihil sanctum, multiplica super nos misericordiam tuam, ut te rectore, te duce, sic transeamus per bona temporalia, ut non amittamus æterna. Per

Secreta

Respice, Domine, munera supplicantis Ecclesiæ, et saluti credentium perpetua sanctificatione sumenda concede. Per

Post Communionem

Sancta tua nos, Domine, sumpta vivificent, et misericordiæ sempiternæ præparent expiatos. Per

[*Super populum*

Propitiare, Domine, populo tuo, et ab omnibus

A illum absolve peccatis, ut, quod nostris offensionibus promeremur, tua indulgentia repellatur. Per Dominum.]

XXII

DOMINICA V POST PENTECOSTEN

Da nobis, Domine, quæsumus, ut et mundi cursus pacifice nobis tuo ordine dirigatur, et Ecclesia tua tranquilla devotione lætetur.

Secreta

Oblationibus, quæsumus, Domine, placare susceptis, et ad te nostras etiam rebelles compelle propitius voluntates. Per Dominum nostrum

Post Communionem

Mysteria nos, Domine, sancta purificent, et suo B munere tueantur. Per Dominum

Super populum

Adesto Domine, populo tuo, et nihil de sua conscientia præsumenti, ineffabili miseratione succurre, ut quod non habet fiducia meritorum, tua conferat largitas invicta donorum. Per Dominum.]

XXIII

DOMINICA VI POST PENTECOSTEN

[c] Deus, qui diligentibus te bona invisibilia præparasti, infunde cordibus nostris tui amoris affectum, ut te in omnibus et super omnia diligentes, promissiones tuas quæ omne desiderium superant, consequamur. Per Dominum

Secreta

C Propitiare, Domine, supplicationibus nostris, et has oblationes famulorum famularumque tuarum benignus assume, ut quod singuli obtulerunt ad honorem nominis tui, cunctis proficiat ad salutem. Per

Post Communionem

Quos cœlesti, Domine, dono satiasti, præsta quæsumus, ut a nostris mundemur occultis, et ab hostium liberemur insidiis. Per

[*Super populum*

Da quæsumus, Domine, populo tuo mentem qua tibi devotus existat, et intellectum, quo justa deposcat, et propitiationem suam, qua pie desiderantibus profutura perficias. Per Dominum.]

D

XXIV

DOMINICA VII POST PENTECOSTEN

Deus virtutum, cujus est totum quod est optimum, insere pectoribus nostris amorem tui nominis, et præsta in nobis religionis augmentum, ut, quæ sunt bona, nutrias, ac vigilanti studio quæ sunt nutrita, custodias. Per

Secreta

Propitiare Domine, supplicationibus nostris, et

[a] Hoc officium hic omittendum et in octava Pentescotes ponendum videtur eo quod superfluum esse patet numero viginti quatuor Dominicarum cum constet viginti tres duntaxat Dominicas in Antiph. et Sacram. ordinatas, præsertim cum eadem inculcet Microl. c. 61.

[b] Legendum puto *Domin. III, post oct. Pentec.*, et conformiter in seq.

[c] Concordiam hujus officii cum lect. Dominicæ V post oct. Pent. vide apud Bern., l. de Missa, c. 5.

s populi tui oblationes benignus assume, et ut A llius sit irritum votum et nullius vacua postulatio, esta ut quod fideliter petimus, efficaciter conse amur Per

Post Communionem

Repleti sumus, Domine, muneribus tuis, tribue, æsumus, ut eorum et mundemur effectu, et mu- imur auxilio Per Dominum nostrum

[*Super populum*

Absolve, quæsumus, Domine, delicta populorum a peccatorum nostrorum nexibus, quæ pro nostra gilitate contraximus, tua benignitate liberemur r Dominum]

XXV

DOMINICA VIII POST PENTECOSTEN

[a] Deus, cujus providentia in sui dispositione non litur, te supplices exoramus, ut noxia cuncta sub- oveas, et omnia nobis profutura concedas Per minum

Secreta

Deus, qui legalium differentiam hostiarum unius rifficii perfectione sanxisti, accipe sacrificium a votis tibi famulis, et pari benedictione, sicut mu- ra Abel, sanctifica, ut quod singuli obtulerunt ad jestatis tuæ honorem, cunctis proficiat ad salu- n Per

Post Communionem

Tu nobis, Domine, communio sacramenti, et rificationem conferat, et tribuat unitatem Per

[*Super populum*

Adesto, Domine, populis tuis, etc , *ut supra inter it quotid*]

XXVI

DOMINICA IX POST PENTECOSTEN

Largire nobis, Domine, quæsumus, semper spiri- m cogitandi quæ recta sunt, propitius, et agendi, qui sine te esse non possumus, secundum te vivere leamus Per Dominum.

Secreta

Suscipe munera, quæsumus, Domine, quæ tibi de a largitate deferimus, et hæc sacrosancta myste- i, gratiæ tuæ operante virtute, præsentis vitæ nos nversatione sanctificent et ad gaudia sempiterna rducant Per

Post Communionem

Sit nobis, Domine, reparatio mentis et corporis eleste mysterium, ut cujus exsequimur actionem, ntiamus effectum Per

[*Super populum*

Benedictionem tuam, etc , *ut supra loco citato*]

XXVII

DOMINICA X POST PENTECOSTEN

Pateant aures misericordiæ tuæ, Domine, preci- bus supplicantium, et ut petentibus desiderata con- cedas, fac tibi eos, quæsumus, placita postulare Per

Secreta

Concede nobis hæc, quæsumus, Domine, frequen- tare mysteria, quia quoties hujus hostiæ commemo- ratio celebratur, opus nostræ redemptionis exerce- tur Per Dominum

Post Communionem

Tua, nos, Domine, medicinalis operatio, et a nostris perversitatibus clementer expediat, et ad ea B quæ sunt recta, perducat Per Dominum

[*Alia*

Tui nobis, Domine, communio sacramenti, et pu- rificationem conferat, et tribuat unitatem Per Do- minum]

[*Super populum*

Respice, Domine, propitius, etc , *ut supra*]

XXVIII

DOMINICA XI POST PENTECOSTEN

[b] Deus, qui omnipotentiam tuam parcendo maxime et miserando manifestas, multiplica super nos mise- ricordiam tuam, ut ad tua promissa currentes, cœlestium facias esse consortes Per

C *Secreta*

Tibi, Domine, sacrificia dicta reddantur, quæ sic ad honorem nominis tui deferenda tribuisti, ut eadem remedia fieri nostra præstares Per

Post Communionem

Quæsumus, Domine Deus noster, ut quos divi- nis reparare non desinis sacramentis, tuis non desti- tuas benignus auxiliis Per Dominum

[*Super populum*

Fideles tuos, Domine, etc *ut supra*]

XXIX

DOMINICA XII POST PENTECOSTEN

[c] Omnipotens sempiterne Deus, qui abundantia D pietatis tuæ et merita supplicum excedis et vota, effunde super nos misericordiam tuam ut dimittas quæ conscientia metuit, et adjicias quod oratione non præsumit Per

Secreta

Respice, Domine quæsumus, nostram propitius servitutem, ut quod offerimus, sit tibi munus acce- ptum, sit nostræ fragilitati subsidium Per

Post Communionem

Sentiamus, Domine, quæsumus, tui perceptione sacramenti subsidium mentis et corporis, ut in utro-

[a] Hujus quoque concordiam cum lect et offert ominicæ VII post Oct Pent vide apud eumdem, Microl c 61

[b] Etiam hujus concordiam cum Evangelio Domi- nicæ X post octa Pent vide apud eumdem

[c] Sic et hujus orat cum lect Dominic II post oct Pent concordiam tradit ibidem Berno, et Mi- crol c 61

A que salvati, cœlestis remedii plenitudine gloriemur. Per.

[*Super populum.*

Tuere, Domine, populum tuum, etc., *ut supra.*]

XXX

DOMINICA XIII POST PENTECOSTEN.

[a] Omnipotens et misericors Deus, de cujus munere venit, ut tibi a fidelibus tuis digne et laudabiliter serviatur, tribue, quæsumus, nobis, ut ad promissiones tuas sine offensione curramus. Per.

Secreta.

Hostias, Domine, propitius intende, quas sacris altaribus exhibemus, ut nobis indulgentiam largiendo, tuo nomini dent honorem. Per.

Post Communionem.

Vivificet nos, quæsumus, Domine, hujus participatio sancta mysterii, et pariter nobis expiationem tribuat et munimen. Per.

[*Super populum.*

Respice propitius, Domine, etc., *ut supra.*]

XXXI

DOMINICA XIV POST PENTECOSTEN.

[b] Omnipotens sempiterne Deus, da nobis fidei, spei et charitatis augmentum, et ut mereamur assequi quod promittis, fac nos amare quod præcipis. Per.

Secreta.

Propitiare, Domine, populo tuo, propitiare muneribus, ut hac oblatione placatus, et indulgentiam nobis tribuas, et postulata concedas. Per Dominum.

Post Communionem.

Sumptis, Domine, cœlestibus sacramentis, ad redemptionis æternæ, quæsumus, proficiamus augmentum. Per.

[*Super populum.*

Protegat, Domine, quæsumus, etc., *ut supra.*]

XXXII

DOMINICA XV POST PENTECOSTEN.

Custodi, Domine, quæsumus, Ecclesiam tuam propitiatione perpetua, et quia sine te labitur universa mortalitas, tuis semper auxiliis abstrahatur a noxiis, et ad salutaria dirigatur. Per.

Secreta.

Concede nobis, Domine, quæsumus, ut hæc hostia salutaris, et nostrorum fiat purgatio delictorum, et tuæ propitiatio potestatis. Per Dominum.

Post Communionem.

Purificent semper et muniant tua sacramenta nos, Deus, et ad perpetuæ ducant salvationis effectum. Per.

[*Super populum.*

Conserva, quæsumus, Domine, tuorum corda, etc., *ut supra.*]

XXXIII

DOMINICA XVI POST PENTECOSTEN.

Ecclesiam tuam, Domine, miseratio continuata mundet et muniat, et quia sine te non potest salva consistere, tuo semper munere gubernetur. Per.

Secreta.

Tua nos, Domine, sacramenta custodiant, et contra diabolicos tueantur semper incursus. Per.

Post Communionem.

Mentes nostras et corpora possideat, quæsumus,
B Domine, doni cœlestis operatio, ut non noster sensus in nobis, sed jugiter ejus præveniat effectus. Per.

[*Super populum.*

Conserva, quæsumus, Domine, populum tuum, etc., *ut supra.*]

XXXIV

DOMINICA XVII POST PENTECOSTEN.

Tua nos, Domine, quæsumus, gratia semper et præveniat et sequatur, ac bonis operibus jugiter præstet esse intentos. Per Dominum nostrum.

Secreta.

Munda nos, Domine, sacrificii præsentis effectu, et perfice miseratus in nobis, ut ejus mereamur esse participes. Per Dominum.

C *Post Communionem.*

Purifica, Domine, quæsumus, mentes nostras benignus, et renova cœlestibus sacramentis, ut consequenter et corporum præsens, pariter et futurum capiamus auxilium. Per Dominum nostrum.

[*Super populum.*

Familiæ tuæ, etc., *ut supra.*]

XXXV

DOMINICA XVIII POST PENTECOSTEN.

Da, quæsumus, Domine, populo tuo diabolica vitare contagia, et te solum Dominum pura mente sectari. Per.

Secreta.

D Majestatem tuam, Domine, suppliciter deprecamur, ut hæc sancta quæ gerimus, et a præteritis nos delictis exuant et futuris. Per Dominum.

Post Communionem.

Sanctificationibus tuis, omnipotens Deus, et vitia nostra curentur, et remedia nobis æterna proveniant. Per.

[*Super populum.*

Exaudi nos, Deus, etc., *ut supra.*]

XXXVI

DOMINICA XIX POST PENTECOSTEN.

Dirigat corda nostra, Domine, quæsumus, tuæ

[a] Hujus etiam cum Lect. et Antiph. Dominicæ XII post oct. Pentec.

[b] Et hujus quoque, cum Evangelio Dominicæ XIII post Pent.

iserationis operatio, quia tibi sine te placere non possumus Per Dominum nostrum

Secreta

Deus, qui nos per hujus sacrificii veneranda commercia unius summæque divinitatis participes effi-s, præsta, quæsumus, ut sicut tuam cognoscimus ritatem, sic eam dignis mentibus et moribus acquamur Per

Post Communionem

Gratias tibi, Domine, referimus sacro munere vetati, tuam misericordiam deprecantes, ut dignos s ejus participatione perficias Per

[*Super populum*

Tempora nostra, quæsumus Domine, pio favore osequere, et quibus cursum tribuis largiorem, æsta continuum benignus auxilium]

XXXVII

DOMINICA XX POST PENTECOSTEN

[a] Omnipotens et misericors Deus, universa nobis versantia propitiatus exclude, ut mente et corpore riter expediti, quæ tua sunt liberis mentibus exquamur Per

Secreta

Hæc munera, quæsumus, Domine, quæ oculis tuæ ajestatis offerimus, salutaria nobis esse concede r

Post Communionem

Tua nos, Domine, medicinalis operatio, et a nors perversitatibus clementer expediat, et tuis faat inhærere mandatis Per Dominum

[*Super populum*

Familiam tuam, Domine, dextera, etc , *ut supra*]

XXXVIII

DOMINICA XXI POST PENTECOSTEN

[b] Largire, quæsumus, Domine, fidelibus tuis inılgentiam placatus et pacem, ut pariter ab omnis mundentur offensis, et secura tibi mente dervıant Per

Secreta

Cœlestem nobis præbeant hæc mysteria, quæsuus, Domine, medicinam, et vitia nostri cordis exirgent Per Dominum nostrum

Post Communionem

Ut sacris, Domine, reddamur digni muneribus, c nos, quæsumus, tuis obedire mandatis Per Dounum

[*Super populum*

rotector in te sperantium, etc , *ut supra*]

XXXIX

DOMINICA XXII POST PENTECOSTEN

[c] Familiam tuam, quæsumus, Domine, continua ietate custodi, ut a cunctis perversitatibus, et pro-

A tegente, sit libera, et in bonis actibus tuo nomini sit devota Per Dominum nostrum

Secreta

Suscipe, Domine, propitius hostias, quibus et te placari voluisti, et nobis salutem potenti pietate restitui Per Dominum

Post Communionem

Immortalitatis alimoniam consecuti, quæsumus, Domine, ut quod ore percepimus, mente sectemur Per

[*Super populum*

Da populo tuo, quæsumus, Domine, etc , *ut supra*]

XL

DOMINICA XXIII POST PENTECOSTEN

B [d] Deus, refugium nostrum et virtus, adesto piis Ecclesiæ tuæ precibus auctor ipse pietatis, et præsta, ut quod fideliter petimus, efficaciter consequamur Per

Secreta

Da misericors, Deus, ut hæc salutaris oblatio, et a propriis nos reatibus indesinenter expediat, et ab omnibus testatur adversis Per Dominum

Post Communionem

Sumpsimus, Domine, sacri dona mysterii, humiliter deprecantes, ut quæ in tui commemoratione nos facere præcepisti, in nostræ proficiant infirmitatis auxilium Per Dominum

[*Super populum*

C Exaudi nos, Domine Deus noster, et Ecclesiam tuam inter mundi turbines fluctuantem, clementi gubernatione moderare Per Dominum]

XLI

[e] DOMINICA XXIV POST PENTECOSTEN

Excita, Domine quæsumus, tuorum fidelium voluntates, ut divini operi fructum propensius exsequentes, pietatis tuæ remedia majora percipiant Per Dominum nostrum

Secreta

Propitius esto, Domine, supplicibus tuis, et populi tui oblationibus precibusque susceptis, omnium nostrorum ad te corda converte, ut a terrenis cupiditalibus liberi, ad cœlestia desideria transeamus Per

D Dominum nostrum

Post Communionem

Concede nobis, Domine, quæsumus, ut sacramenta quæ sumpsimus, quidquid in nostra mente vitiosum est, ipsius medicationis dono curetur Per Dominum

XLII

MISSA QUOTIDIANIS DIEBUS

Perpetua, quæsumus, Domine, pace custodi, quos in te sperare donasti Per Dominum nostrum

[a] Etiam hujus orat , concordiam cum lect et ntiph Domin X post Pent vide apud Ber loc epe cit

[b] Itidem istius cum lect, et Antip Dominic XX ost octav Pent,

[c] Hujus quoque cum lect et Antiph Dominicæ XXI post octav Pent

[d] Hujus denique cum lect et Antiph Dominicæ XXII concordiam tractat Berno loco cit

[e] Lego *Dominica XXIII post octavam Pentecostes*, uti etiam supra adnotatum est

Alia.

Adesto nobis misericors Deus, et tuæ pietatis in nobis propitius dona concede. Per.

Secreta.

Adesto nobis, quæsumus, Domine, et preces nostras benignus exaudi, ut quod fiducia non habet meritorum, placatio obtineat hostiarum. Per.

Post Communionem.

Mysteria sancta nos, Domine, et spiritualibus expleant alimentis, et corporalibus tueantur auxiliis. Per.

XLIII.

ITEM ALIA MISSA.

Exaudi nos, miserator et misericors Deus, et continentiæ salutaris propitius nobis dona concede. Per Dominum nostrum.

Super oblata.

Hostias, quæsumus, Domine, suscipe placatus oblatas, quæ et te sanctificando nobis efficiantur salutares. Per.

Post Communionem.

Sancta tua nos, Domine, quæsumus, et a peccatis exuant, et cœlestis vitæ vigore confirment. Per.

XLIV.

ITEM ALIA MISSA.

Quæsumus, omnipotens Deus, ut plebs tua toto tibi corde deserviens, et beneficia tua jugiter mereatur et pacem. Per.

Super oblata.

Suscipe, quæsumus, Domine, hostiam redemptionis humanæ, et salutem nobis mentis et corporis operare placatus. Per.

Post Communionem.

Da, quæsumus, omnipotens Deus, ut mysteriorum virtute satiati, vita nostra firmetur. Per.

XLV.

ITEM ALIA MISSA.

Rege nostras, Domine, propitius voluntates, ut nec propriis iniquitatibus implicentur, nec subeantur alienis. Per.

Secreta.

Tua sacramenta nos, Deus, circumtegant et reforment, simulque nobis temporale remedium conferant et æternum. Per.

Post Communionem.

Tua sancta nobis, omnipotens Deus, quæ sumpsimus, et indulgentiam præbeant, et auxilium perpetuæ defensionis impendant. Per.

XLVI.

ALIA MISSA.

Comprime, Domine, quæsumus, noxios semper incursus, et salutarem temporibus nostris propitius da quietem. Per.

Secreta.

In tuo conspectu, Domine, quæsumus, talia nostra sint munera, quæ et placare te valeant, et nos tibi placere perficiant. Per Dominum nostrum.

A *Post Communionem.*

Quotidiani, Domine, quæsumus, munera sacramenti ad perpetuæ nobis tribue salutis augmentum. Per Dominum.

ITEM ALIA MISSA.

Ab omnibus nos defende, quæsumus, Domine, semper adversis et continuis tuere præsidiis. Per.

Secreta.

Offerimus tibi, Domine, munera quæ dedisti, ut et creationis tuæ circa mortalitatem nostram, testificentur auxilium, et remedium nobis immortalitatis operentur. Per.

Post Communionem.

Quod ore sumpsimus, Domine, mente capiamus, B et de munere temporali, fiat nobis remedium sempiternum. Per Dominum.

Alia.

Conservent nos, quæsumus Domine, munera tua et æternam vitam tribuant nobis deprecantibus. Per Dominum.

XLVII.

IN NATALE UNIUS APOSTOLI.

Oratio, Secreta, et Post Communionem, ut supra in Vigilia S. Andreæ.

[*Super populum.*

Exaudi, Domine, populum tuum, cum sancti apostoli tui N. patrocinio supplicantem, ut tuo semper auxilio secura tibi possit devotione servire. Per Do-C minum.

Ad Vesperos.

Deus, qui nos B. apostoli tui N. annua solemnitate lætificas, concede propitius, ut cujus natalitia colimus, etiam actione imitemur. Per Dominum.]

XLVIII.

IN NATALE PLURIMORUM APOSTOLORUM.

Deus, qui nos annua apostolorum tuorum N. et N. solemnitate lætificas, præsta, quæsumus, ut quorum gaudemus meritis, instruamur exemplis. Per Dominum nostrum Jesum Christum.

Secreta.

Munera, Domine, quæ pro apostolorum tuorum N. et N. solemnitate deferimus, propitius suscipe, et D mala omnia quæ meremur averte. Per.

Post Communionem.

Quæsumus, Domine, salutaribus repleti mysteriis, ut quorum solemnia celebramus, eorum orationibus adjuvemur. Per.

[*Super populum.*

Deus, qui ligandi solvendique licentiam tuis apostolis contulisti, da, quæsumus, ut per ipsos a terrenis vitiis expediti, liberi possimus cœlestibus interesse mysteriis. Per Dominum.

Ad Vesperos.

Esto, Domine, plebi tuæ sanctificator et custos, ut apostolicis munita præsidiis, et conversatione tibi placeat, et secura deserviat. Per Dominum.]

XLIX

IN NATALE UNIUS MARTYRIS

'ıæstı, quæsumus omnipotens Deus, ut qui B N rtyris tui natalitia colimus, ejus intercessione in nominis amore roboremur Per

Super oblata

Muneribus nostris,' quæsumus, Domine, precibus susceptis, et cœlestibus nos munda mysteriis, lementer exaudi Per Dominum

Post Communionem

ı, quæsumus, Domine Deus noster, ut sicut tuo- a commemoratione sanctorum, temporali gratu- ur officio, ita perpetuo lætemur aspectu Per Do- num

[Super populum

'lebs tua, Domine, sancti martyris tui N te glo- ıatione magnificet, et eodem semper precante, te eamur habere rectorem Per Dominum

Ad Vesperos

'eus, qui nos B martyris tui N confessione glo- ia circumdas et protegis, da nobis, quæsumus, ; imitatione proficere, et oratione gaudere Per minum]

L

IN NATALE PLURIMORUM MARTYRUM

eus, qui nos concedis sanctorum martyrum um, et N N natalitia colere da nobis [in æterna titudine de eorum societate gaudere Per

Secreta

unera tibi, Domine, nostræ devotionis offerimus, ' et pro tuorum tibi grata sint honore justorum, obis salutaria, te miserante, reddantur Per

Post Communionem

ıæsta nobis, Domine, quæsumus, intercedentibus :tis tuis N et N ut quæ ore contingimus, pura ıte capiamus Per

[Super populum

desto, Domine, populo tuo cum sanctorum tuo- ı patrocinio supplicanti, ut quod propria fiducia . præsumit, suffragantium meritis consequatur Dominum

Ad Vesperos

oncede, quæsumus, omnipotens Deus, ut san- um martyrum tuorum N quorum celebramus orias, participemur et præmiis Per Dominum]

LI

IN NATALE UNIUS CONFESSORIS

ıa, quæsumus, omnipotens Deus, ut B N con- oris tui veneranda solemnitas, et devotionem ıis augeat, et salutem Per

Secreta

ancti tui nos, quæsumus, Domine, ubique læti- nt, ut dum eorum merita recolimus, patrocinia tiamus Per

Post Communionem

'ıæsta, quæsumus, omnipotens Deus, ut de per-

A ceptis muneribus gratias exhibentes, beneficia potiora sumamus Per

[Super populum

Plebs tua Domine, lætetur tuorum semper in honore sanctorum, ut eorum percipiat intercessione votiva subsidia, quorum patrociniis sublevatur

Ad Vesperos

Sancti confessoris tui N nos quæsumus, Domine, tuere præsidus, et ejus semper intercessionibus adjuvemur Per Dominum]

LII

IN NATALE PLURIMORUM CONFESSORUM

Deus, qui nos sanctorum tuorum N et N confes-sionibus gloriosis circumdas et protegis, da nobis in B eorum imitatione proficere, et intercessione gaudere Per Dominum nostrum

Super Oblata

Suscipe, Domine, preces et munera, quæ ut tuo sint digna conspectui, sanctorum tuorum precibus adjuvemur Per Dominum

Post Communionem

Corporis sacri et pretiosi sanguinis repleti libamine, quæsumus, Domine Deus noster, ut quod pia devotione gerimus, certa redemptione capiamus Per

[Super populum

Tuere, quæsumus, Domine, populum tuum, et mystica jugiter participatione renovatum, et conti- C nua sanctorum confessorum supplicatione protectum Per Dominum

Ad Vesperos

Sanctorum confessorum tuorum nos, Domine, quæsumus, foveat pretiosa confessio, et pia jugiter intercessio tueatur Per Dominum]

LIII

IN NATALE UNIUS VIRGINIS

Deus, qui inter cætera, etc , *ut supra in festo sanctæ Agathæ*

Alia

Indulgentiam nobis, Domine, B N martyr imploret, quæ tibi grata semper exstitit et merito castitatis et tuæ professione virtutis Per

Secreta

D Suscipe munera, Domine quæ in beatæ N martyris tuæ solemnitate deferimus, cujus nos scimus patrocinio liberari Per

Post Communionem

Auxilientur nobis, Domine, sumpta mysteria, et intercedente beata N martyre tua, sempiterna protectione confirment Per Dominum

[Super populum

Adsit plebi tuæ, omnipotens Deus, beatæ virginis tuæ N supplicatio, ut cujus honoribus gloriatur, protegamur auxilio Per Dominum

Ad Vesperos

Omnipotens sempiterne Deus, misericordiam tuam ostende supplicibus, ut qui de meritorum nostrorum qualitate diffudimus, intercedente beata N. virgine tua, non judicium tuum, sed indulgentiam sentiamus. Per Dominum.]

LIV

AD POSCENDA SUFFRAGIA SANCTORUM.

Concede, quæsumus, omnipotens Deus, ut intercessio nos sanctæ Dei genitricis Mariæ sanctorumque omnium apostolorum, et confessorum, et omnium electorum tuorum ubique lætificet, ut dum eorum merita recolimus, patrocinia sentiamus. Per

Secreta.

Oblatis, Domine, placare muneribus, et intercedentibus omnibus sanctis tuis, a cunctis nos defende periculis. Per Dominum.

Post Communionem.

Sumpsimus, Domine, sanctorum tuorum solemnia celebrantes, sacramenta cœlestia, præsta, quæsumus, ut quod temporaliter gerimus, æternis gaudiis consequamur. Per Dominum.

LV

AD CLERICUM FACIENDUM.

Oratio.

[a] Oremus, dilectissimi fratres, Dominum nostrum Jesum Christum pro hoc famulo suo N., qui ad deponendam comam capitis sui, pro ejus amore festinat, ut donet ei Spiritum sanctum, qui habitum religionis in eo perpetuum conservet et a mundi impedimento vel sæculari desiderio cor ejus defendat, ut sicut immutatur in vultu, ita manus dextera ejus ei virtutis tribuat incrementa, et ab omni cæcitate humana oculos ejus aperiat, et lumen ei æternæ gratiæ concedat. Qui vivit et regnat.

Item alia.

Adesto, Domine, supplicationibus nostris, et hunc famulum tuum N. benedicere dignare, cui in tuo sancto nomine habitum sacræ religionis imponimus, ut, te largiente, et devotus in Ecclesia persistere, et vitam percipere mereatur æternam. Per

Dum tondis eum, dicis:

ANT. Tu es, Domine, qui restitues hæreditatem meam. V. Dominus pars hæreditatis meæ. Et Gloria Patri. ANT. Hæc est generatio. Et Gloria Patri.

Oratio post tonsionem.

Præsta, quæsumus, omnipotens Deus, huic famulo tuo N. cujus hodie capitis comam pro divino amore deposuimus, ut in tua dilectione perpetua maneat, et eum sine macula in sempiternum custodias. Per

LVI

BENEDICTIO VESTIUM VIRGINIS VEL VIDUÆ.

Deus, qui vestimentum salutare et indumentum æternæ jucunditatis tuis fidelibus promisisti, clementiam tuam suppliciter exoramus, ut hæc indumenta humilitatem cordis et contemptum mundi significantia, quibus famula tua N. sancto visibiliter est informanda proposito, propitius benedicas, et beatæ castitatis habitum, quem te inspirante, suscepit, te protegente, custodiat. Per Dominum nostrum Jesum Christum.

Alia.

Deus, bonorum virtutum dator, et omnium benedictionum largus infusor, exaudi preces nostras et hanc vestem quam famula tua N. pro conservando castitatis signo se ad operiendam exposcit, benedicere et sanctificare digneris.

[b] BENEDICTIO VIRGINIS, AB EPISCOPO DICENDA.

Respice, Domine, propitius super hanc famulam tuam N. ut sanctæ virginitatis propositum, quod te inspirante suscepit, te gubernante custodiat. Per

B *Consecratio.*

Deus, castorum corporum benignus inhabitator, et incorruptarum amator animarum, respice super hanc famulam tuam N. quæ tibi devotionem suam offert, a quo et ipsa idem votum assumpsit. Sit in ea, Domine, per donum Spiritus tui, prudens modestia, sapiens benignitas, gravis lenitas, casta libertas, ferveat in charitate, et nihil extra te diligat, laudabiliterque vivat, et laudari non appetat. Te timeat, tibi amore serviat, tu ei honor, tu gaudium, tu in mœrore solatium, tu in ambiguitate consilium, tu in injuria defensio, in tribulatione patientia, in paupertate abundantia, in jejunio cibus, in infirmitate sis medicina. Per te, quem diligere super omnia appetit, quod est professa, custodiat, ut et hostem antiquum devincat, et vitiorum squallores expurget. Quatenus centesimi fructus dono virginitatis decorari, virtutumque lampadibus exornari, et in electarum tuarum virginum consortium te donante mereatur uniri. Per

C

LVII

BENEDICTIO ALTARIS.

Deprecamur misericordiam tuam, omnipotens æterne Deus, ut hoc altare sacrificiis spiritalibus consecrandum, vocis nostræ exorandus officio, præsenti benedictione sanctifices, ut in eo semper oblationes famulorum tuorum studio sua devotionis impositas, benedicere et sanctificare digneris, et spiritali placatus incenso, precanti familiæ tuæ promptus exauditor assistas. Per

D

LVIII

CONSECRATIO ALTARIS.

Deus omnipotens, in cujus honore hoc altare sub invocatione tui nominis consecramus, clemens et propitius preces nostræ humilitatis exaudi et præsta, ut in hac mensa sint tibi libamina accepta, sint grata, sint pinguia, et Spiritus sancti tui semper rore perfusa, ut omni tempore in hoc loco supplicantis familiæ tuæ anxietates releves, ægritudines

[a] Hanc orationem habes in Ordine Romano, page 86.

[b] Benedictionem hanc et consecrationem videre est etiam in ordine Romano, pag. 142, quomodo sequentia pleraque.

nes preces exaudias, vota suscipias, desiderata omnes, postulata concedas. Per Dominum.

LIX

AD CONSECRANDAM PATENAM

Consecramus et sanctificamus hanc patenam, ad onficiendum in ea corpus Domini nostri Jesu Christi, patientis crucem pro omnium nostra salute. Qui um Patre.

Deinde facis signum crucis de oleo sancto super patenam, et benedic his verbis: Consecrare et sanctificare digneris, Domine, patenam hanc per istam nctionem, et nostram benedictionem in Christo esu Domino nostro. Qui tecum.

LX

AD CALICEM BENEDICENDUM

Dignare, Domine Deus noster, calicem istum, in sum ministerii tui pia devotione formatum, ea sanctificatione perfundere, qua Melchisedech famuli tui iceratum calicem perfudisti; et quod arte vel metallo effici non potest, altaribus tuis dignum, fiat ua benedictione pretiosum atque sanctificatum. er.

LXI

ORATIO IN DEDICATIONE FONTIS

Omnipotens sempiterne Deus, hoc baptisterium elesti visitatione dedicatum, Spiritus tui illustraone sanctifica, ut quoscunque fons iste lavatus it, trina ablutione purgati, indulgentiam omnium elictorum tuo munere consequantur. Per.

Alia.

Multiplica, Domine, benedictionem tuam, et Spitus tui munere fidem nostram corrobora, ut qui in æc fluenta descenderint, in libro vitæ ascribi meantur. Per Dominum.

LXII

MISSA IN ANNIVERSARIO DEDICATIONIS BASILICÆ

Deus qui per singulos annos hujus sancti templi ui consecrationis reparas diem, et sacris semper ysteriis repræsentas incolumes, exaudi preces opuli tui, et præsta, ut quisquis hoc templum beneicia petiturus ingreditur, cuncta se impetrasse lætur. Per.

Secreta.

Annue, quæsumus, Domine, precibus nostris, ut uicunque intra templi hujus, cujus anniversarium ledicationis diem celebramus, ambitum continemur, lena tibi atque perfecta corporis et animæ devoone placeamus, ut dum hæc præsentia vota redimus, ad æterna præmia, te adjuvante, venire meeamur. Per Dominum.

Ad Complendum.

Deus, qui Ecclesiam tuam sponsam vocare dignaus es, ut quæ haberet gratiam per fidei devotioem, haberet etiam ex nomine pietatem, da ut omnis hæc plebs nomine tuo serviens, hujus vocabuli onsortio digna esse mereatur, et Ecclesia tua in emplo, cujus anniversarius Dedicationis dies cele-

A bratur, tibi collecta, te timeat, et diligat, te sequatur, ut dum jugiter per vestigia tua graditur, ad cœlestia promissa, te ducente, pervenire mereatur. Qui vivis.

Super populum.

Deus, qui de vivis et electis lapidibus æternum majestati tuæ condis habitaculum, auxiliare populo supplicanti, ut quod ecclesiæ tuæ corporalibus proficit spatiis, spiritualibus amplificetur augmentis. Per Dominum.

LXIII

PRO REGIBUS

Deus, regnorum omnium et Christiani maxime protector imperii, da servis tuis regibus nostris N.
B et N. triumphum virtutis tuæ scienter excolere, ut qui tua constitutione sunt principes, tuo semper munere sint potentes. Per Dominum nostrum.

Secreta.

Suscipe, Domine, preces et hostias Ecclesiæ tuæ, pro salute famulorum tuorum N. et N. supplicantis, et in protectione fidelium populorum antiqua brachii tui operare miracula ut, superatis pacis inimicis, secura tibi serviat Christiana libertas. Per Dominum nostrum.

Infra actionem.

Hanc igitur oblationem famuli tui N. quam tibi ministerio officii sacerdotalis offerimus, pro eo quod in ipso potestatem imperii conferre dignatus es,
C propitius et benignus assume, et exoratus nostra obsecratione, concede, ut majestatis tuæ protectione confidens, et ævo augeatur et regno. Per Dominum.

Post Communionem.

Deus, qui ad prædicandum æterni regis Evangelium, Romanum imperium præparasti, prætende famulis tuis N. principibus nostris arma cœlestia, ut pax Ecclesiarum nulla turbetur tempestate bellorum. Per Dominum nostrum.

LXIV

MISSA QUOTIDIANA PRO REGE

Quæsumus, omnipotens Deus, ut famulus tuus N., qui tua miseratione suscepit regni gubernacula, virtutum etiam omnium percipiat incrementa, quibus decenter ornatus, et vitiorum monstra devitare, et
D ad te, qui via, veritas et vita es, gratiosus valeat pervenire. Per Dominum.

Secreta.

Munera, Domine, quæsumus oblata sanctifica, ut et nobis Unigeniti tui corpus et sanguis fiant, et illi ad obtinendam animæ corporisque salutem, et peragendum injunctum officium, te largiente, usquequaque proficiant. Per.

Ad Complendum.

Hæc, Domine, oratio salutaris famulum tuum N. ab omnibus tueatur adversis, quatenus et ecclesiasticæ pacis obtineat tranquillitatem, et post istius temporis decursum ad æternam perveniat hæreditatem. Per.

LXV

MISSA TEMPORE SYNODI PRO REGE DICENDA

Omnipotens sempiterne Deus, qui famulum tuum N. regni fastigio dignatus es sublimare, tribue ei, quæsumus, ut ita in præsenti collecta multitudine cunctorum in commune salutem disponat, quatenus a tuæ veritatis tramite non recedat. Per.

Secreta

Concede, omnipotens Deus, his salutaribus sacrificiis placatus, ut famulus tuus N. ad peragendum regalis dignitatis officium, inveniatur semper idoneus, et cœlestis patriæ gaudiis reddatur acceptus. Per Dominum nostrum.

Ad Complendum

Hæc, Domine, salutaris sacrificii perceptio famuli tui N. peccatorum maculas diluat, et ad regendum secundum tuam voluntatem populum idoneum reddat, ut hoc salutari mysterio contra visibiles hostes reddatur invictus, per quod mundus est divina dispensatione redemptus. Per Dominum.

LXVI

MISSA SPECIALIS SACERDOTIS

Omnipotens sempiterne Deus, tuæ gratiæ pietatem supplici devotione deposco, ut omnium malorum meorum vincula solvat, cunctisque meis criminibus et peccatis clementer ignoscas, et quia me indignum et peccatorem, ad ministerium tuum vocare dignatus es, sic me idoneum tibi ministrum efficias, ut sacrificium de manibus meis placide ac benigne suscipias, electorumque sacerdotum me participem facias, et de præceptis tuis in nullo me oberrare permittas. Per Dominum nostrum.

Super oblata

Deus, qui te præcipis a peccatoribus exorari, tibique sacrificium contriti cordis offerre, hoc sacrificium quod indignis manibus meis offero, acceptare digneris, et ut ipse tibi hostia et sacrificium esse merear, miseratus concede, quo per ministerii hujus exhibitionem, peccatorum omnium percipiam remissionem. Per.

Præfatio

D. et justum est, *usque* æterne Deus. Qui dissimulatis humanæ fragilitatis peccatis sacerdotii dignitatem concedis indignis, et non solum peccata dimittis, verum etiam ipsos peccatores justificare dignaris. Cujus est muneris, ut non solum existentia sumant exordia, exorta nutrimentum, nutrita fructum fructuosa perseverandi auxilium. Qui me non existentem, creasti, creatum, fidei firmitate ditasti, fidelem, quamvis peccatis squalentem, sacerdotii dignitate donasti. Tuam igitur omnipotentiam supplex exposco, ut me a præteritis peccatis emacules, in mundi hujus cursu in bonis operibus corrobores, et in perseverantiæ soliditate confirmes. Sicque me facias tuis altaribus deservire, ut ad eorum qui tibi placuerunt, sacerdotum consortium valeam pervenire. Et per eum tibi sit meum acceptabile votum, qui se tibi obtulit in sacrificium, qui est omnium opifex, et solus sine peccati macula pontifex, Jesus Christus, Dominus noster. Per quem majestatem.

Ad Complendum

Hujus mihi, Domine, sacramenti perceptio, sit peccatorum remissio, et tuæ pietatis optata propitiatio, ut per hæc, te opitulante, efficiar sacris mysteriis dignus, quæ de tua pietate confisus, frequentare præsumo indignus. Per.

LXVII

ITEM ALIA MISSA SACERDOTIS SPECIALIS

Deus, fons bonitatis et pietatis origo, qui peccantem non statim judicas, sed ad pœnitentiam miseratus exspectas, te quæso, ut facinorum meorum squalores abstergas, et me ad peragendum injunctum officium, dignum efficias, ut qui altaris tui ministerium suscepi indignus, perago trepidus, ad peragendum reddar strenuus, et inter eos qui tibi placuerunt, inveniar justificatus. Per Dominum nostrum Jesum.

Super Oblata

Sacrificii præsentis, quæso, Domine, oblatio mea purget facinora, per quod totius mundi voluisti relaxari peccata, illiusque frequentatione efficiar dignus, quod ut frequentarem, suscepi indignus. Per Dominum nostrum.

Præfatio

D. et justum est, *usque*, æterne Deus. Qui dum libenter nostræ pœnitudinis satisfactionem suscipis, ipse tuo judicio, quod erramus abscondis, et præterita peccata nostra dissimulas, ut nobis sacerdotii dignitatem concedas. Tuum est enim, me ad ministrandum altari tuo dignum efficere, quem ad peragendum id officium, indignum dignatus es promovere. Ut præteritorum actuum meorum mala obliviscens, præsentium ordinem in tua voluntate disponens, futuris custodiam imponens, per eum vitiorum squaloribus expurger, virtutum nutrimentis exorner, eorum sacerdotum consortio qui tibi placuerunt, aduner, quem constat esse verum summumque pontificem, solumque sine peccati contagio sacerdotem Jesum Christum Dominum nostrum. Per quem.

Ad Complendum

Hujus, Domine, perceptio sacramenti, peccatorum meorum maculas tergat, et ad peragendum injunctum officium me idoneum reddat. Per.

ITEM ALIA

Deus, cujus arbitrio omnium sæculorum ordo decurrit, respice propitius ad me famulum tuum, quem ad ordinem presbyteratus promovere dignatus es, et ut tibi mea servitus placeat, tua in me misericorditer dona conserva. Per Dominum nostrum.

Secreta

Perfice, Domine, quæsumus, benignus in nobis ut quæ sacris mysteriis profitemur, piis actionibus exsequamur. Per Dominum.

Infra actionem

Hanc igitur oblationem servitutis meæ quam tibi offero ego tuus famulus et sacerdos, pro eo quod me eligere dignatus es in ordine presbyterii, ut sacrificiis tuis ac divinis altaribus deservirem. Pro hoc addo tibi vota mea Deo vero et vivo, majestatem tuam suppliciter implorans, ut opera manuum mearum in meipso custodias, et idoneum me per omnia ministrum tuæ voluntatis efficias. Per Christum.

Ad Complendum

Munerum tuorum, Domine, largitatem sumentes, supplices deprecamur, ut quibus donasti hujus ministerii servitutem exsequendi, gratiæ tuæ tribuas facultatem. Per Dominum nostrum.

ITEM ALIA.

Fac me, quæso, omnipotens Deus, ita justitia indui, ut in sanctorum tuorum merear exsultatione lætari, quatenus emundatus ab omnibus sordibus peccatorum, consortium adipiscar tibi placentium sacerdotum, meque tua misericordia a vitiis omnibus exuant, quem reatus propriæ conscientiæ gravat. Per.

Secreta

Deus misericordiæ, Deus charitatis, Deus indulgentiæ, indulge, quæso, et miserere mei, sacrificium, quod pietatis tuæ gratiæ pro peccatis meis humiliter offero, benigne suscipere digneris, et peccata, quæ libentibus vitiis contraxi, pius et propitius ac miseratus indulgeas, et locum pœnitentiæ ac flumina lacrymarum concessa veniam a te merear accipere. Per.

Præfatio

D. et justum est, *usque*, æterne Deus. Et clementiam tuam humiliter implorare, ut facturam tuam non despicias, nec ab inimicis tribulari permittas. Scio enim me graviter deliquisse, præceptis tuis minime obedisse. Ideo humiliter obsecro, gratiam tuam, Domine, mihi semper consolatricem adhibeas, et misericordiam tuam regibus factricem apponas. Unde exposco pietatem tuam magnam, ut mea dimittas peccata, quia plus valet misericordia tua ad erigendum, quam fallacia inimici ad decipiendum. Miserere mei, Domine, secundum magnam misericordiam tuam, ut unde erubesco, tu indulgeas, et ea quæ gessisse me pœnitet clementer ignoscas. Per.

Infra actionem

Hanc igitur oblationem, quam tibi offero ego famulus tuus, tu, clementissime Pater, libenter excipias, deprecor, orationesque meas dignanter intendas, tribulationes cordis mei misericorditer auferas, placabilis vota suscipias, libens desideria compleas, clemens peccata dimittas, crimina benignus abstergas, flagella propitius redimas, languores miseratus excludas, serenissimo vultu petitionibus meis accommodes, gratiam tuam mihi multipliciter augeas, et misericordiam tuam incessabiliter largiaris, diesque

A *Post Communionem*

Deus charitatis et pacis, qui pro salute generis humani crucis patibulum sustulisti [sustinuisti], et sanguinem tuum pro redemptione nostra fudisti, preces nostras placatus et benignus suscipe, et misericordiam tuam mihi concede, ut cum de corpore me exire jusseris, pars iniqua in me non habeat potestatem, sed angelus tuus sanctus inter sanctos et electos tuos collocet, ubi lux permanet, et vita regnat. Per.

ITEM ALIA.

Suppliciter te, piissime Deus, Pater omnipotens, qui es creator omnium rerum, deprecor, ut dum me famulum tuum coram omnipotentia majestatis
B tuæ graviter deliquisse confiteor, manum misericordiæ tuæ mihi porrigas, quatenus dum hanc oblationem ante potentiam tuæ majestatis offero, quod nequiter admisi, clementissime digneris absolvere. Per.

Lectio Jeremiæ prophetæ

In diebus illis dixit Jeremias: Domine, omnes qui te derelinquunt, confundentur, recedentes a te, in terra scribentur. Quoniam dereliquerunt venam aquarum viventium Dominum. Sana me, Domine, et sanabor, salvum me fac, et salvus ero, quoniam laus mea tu es, Domine Deus meus.

Lectio sancti Evangelii secundum Joannem

In illo tempore dixit Jesus discipulis suis: Si manseritis in me, et verba mea in vobis manserint, quod-
C cunque volueritis petetis, et fiet vobis.

Super Oblata

Tibi, Domine Deus meus, meæ devotionis hostias immolo hoc oro, pariterque deprecor clementiam tuam, ut me sacrificium tuum mortificatione vitæ carnalis effectum in odorem suavitatis accipias, et moribus quibus professio mea congruit, instituas. Ut quem sanctæ compunctionis ardore ab hominum cæterorum proposito segregasti, etiam a conversatione carnali, atque ab immunditia actuum terrenorum, infusa mihi cœlitus sanctitate, discernas, ut omnia terrena despiciam, cœlestia appetam. Per.

Præfatio

D. et justum est, *usque* æterne Deus. Qui pro-
D amore hominum factus in similitudinem carnis peccati, formam servi Dominus assumpsit, et in specie vulnerati, medicus ambulavit. Hic nobis Dominus et minister salutis, advocatus et judex, sacerdos et sacrificium. Per hunc te, Domine sancte Pater, suppliciter exoro, ut dum reatum conscientiæ meæ recognosco, quod in præceptis tuis prævaricator exstiti, et per delictorum facinus corrui in ruinam. Tu me, Domine, erige, quem lapsus peccati prostravit, illumina cæcum, quem terræ peccatorum caligines obscuraverunt, solve compeditum, quem vincula peccatorum constringunt. Præsta per sanctum tuum et gloriosum et adorandum Dominum nostrum Jesum Christum, Filium tuum, quem laudant angeli, adorant dominationes, tremunt potestates.

Infra actionem

Hanc igitur oblationem quam tibi, Domine, offero pro peccatis meis minimis atque offensionibus, majestatem tuam totis viribus humili prece deposco, Deus piissime, dignanter suscipias, exorans ut dimittas crimina quæ fragilitate carnis atque tentatione iniquorum spirituum nequiter admisi, et jam reverti me ad ea non sinas ultra, sed confirma me in justificationibus tuis, et perseverantiam mihi tribue in illis, et fac me dignum ante conspectum tuum astare, et sacrificium tibi Domino mundo corde et casto corpore digne offerre, diesque nostros

Post Communionem

Omnipotens sempiterne Deus, Jesu Christe Domine, esto propitius peccatis meis, per assumptionem corporis et sanguinis tui, et per intercessionem sancti tui N. Tu enim loquens dixisti *Qui manducat carnem meam, et bibit sanguinem meum, ipse in me manet, et ego in eo* Ideo te supplex deprecor, ut in me cor mundum crees, et spiritum rectum in visceribus meis innoves, et spiritu principali me confirmare digneris, atque ab omnibus insidiis diaboli atque vitiis emundes, ut gaudiis cœlestibus merear esse particeps Qui cum Patre

ITEM ALIA

Deus sub cujus oculis omne cor trepidat, omnes conscientiæ pavescunt, respice propitius ad preces gemitus mei, ut sicut me, nullis præcedentibus meritis, in loco hujus servitutis tuæ sacris fecisti assistere altaribus, ita secundum multitudinem miserationum tuarum da indulgentiam peccatorum meorum, ut mea fragilitas, quæ per se proclivis est ad labendum, per te semper reparetur ad veniam Per

Secreta

Hostias tibi, Domine, placationis et laudis pro venia delictorum meorum, offero ego indignus famulus tuus, obsecrans misericordiam tuam ut ab occultis me reatibus emundes clementer, et a manifestis convenienter expurges Per Dominum

Præfatio

D et justum est, *usque*, æterne Deus Cujus omnipotentia laudanda, pietas amplectenda, misericordia est exoranda, cujus etiam pietatem humiliter imploramus ut cunctorum nobis remissionem tribuas peccatorum, actusque nostros in voluntate tua dirigere, nosque a cunctis malis digneris eripere, quatenus ab omnibus adversitatibus tua opitulatione defendi, et in bonis omnibus confirmari, et præsentem vitam sub tua gubernatione inculpabiliter transigere, et ad æternam, largiente te, feliciter pervenire valeamus Per Christum

Post Communionem

Deus, qui me indignum sacris mysteriis, corpore et sanguine dilectissimi Filii tui Domini nostri Jesu Christi, confortare dignatus es, humiliter obsecro misericordiam tuam ut non sit ad judicium animæ meæ, præsta, quæso, Domine, indulgentiam mihi

A peccatori, gratiam, quam mea non exigunt merita, porrige manum pietatis tuæ mihi lapso, et aperi mihi peccatori januam regni tui cœlestis, per quam te tribuente, merear ingredi in requiem sempiternam Per eumdem

ITEM ALIA

Omnipotens sempiterne Deus, qui me peccatorem sacris altaribus astare voluisti, et sancti nominis tui laudare potentiam, concede, quæso, per hujus sacramenti mysterium, meorum mihi veniam peccatorum, ut tuæ majestati digne ministrare merear Per

Super Oblata

Da, quæsumus, clementissime Pater, per hujus B oblationis mysterium, meorum mihi veniam peccatorum, ut non ad judicium animæ meæ, sed ad indulgentiam, hujus presbyteratus ordo mihi proficiat sempiternam Per Dominum

Præfatio

D et justum est, *usque*, æterne Deus Qui septiformis ecclesiasticæ dignitatis gradus septiplici dono sancti Spiritus decorasti, præsta mihi propitius famulo tuo, eumdem in sanctitate vitæ promereri Spiritum paracletum, quem unigenitus Filius tuus Dominus noster Jesus Christus tuis fidelibus mittendum esse promisit Qui mihi peccatori inspirare dignetur catholicæ fidei firmitatem, et sanctæ charitatis tuæ dulcedinem meque terrena despicere et amare cœlestia doceat Per Christum Dominum nostrum

C *Post Communionem*

Sumentes, Domine Deus salutis nostræ sacramenta, præsta, quæsumus, ut eorum participatio, mihi famulo tuo ad perpetuam proficiat salutem Per

Alia

Aures tuæ pietatis, mitissime Deus, inclina precibus meis, et gratia sancti Spiritus illumina cor meum, ut tuis mysteriis digne ministrare teque æterna charitate diligere merear Per

LXVIII

MISSA VOTIVA PRO AMICO VEL PRO QUO VOLUERIS

Deus, qui justificas impium, et non vis mortem D peccatorum, majestatem tuam suppliciter deprecamur ut famulum tuum N de tua misericordia confidentem, cœlesti protegas benignus auxilio, et assidua protectione conserves, ut tibi jugiter famuletur, et nullis tentationibus a te separetur Per

Super Oblata

Hujus, Domine, quæsumus, virtute mysterii, et a propriis nos munda delictis, et famulum tuum N ab omnibus absolve peccatis Per

Præfatio

D et justum est, *usque*, æterne Deus Implorantes tuæ majestatis misericordiam, ut famulo tuo N veniam suorum largiri digneris peccatorum, ut ab omnibus inimici vinculis liberatus, tuis toto corde inhæreat mandatis Et te solum semper tota virtute ligat, et ad tuæ quandoque beatitudinis visionem A pervenire mereatur. Per.

Post Communionem.

Purificent nos, Domine, quæsumus, sacramenta quæ sumpsimus, et famulum tuum ab omni culpa liberum esse concede, ut qui conscientiæ reatu constringitur, cœlestis remedii plenitudine glorietur. Per Dominum.

LXIX.

ITEM ALIA MISSA.

Omnipotens sempiterne Deus, miserere famulo tuo N. et dirige eum secundum tuam clementiam in viam salutis æternæ, ut te donante, tibi placita cupiat, et tota virtute perficiat. Per Dominum.

Lectio Epistolæ B. Pauli apostoli ad Galatas.

Fratres, si præoccupatus fuerit homo in aliquo delicto, vos, qui spirituales estis, instruite hujusmodi in spiritu mansuetudinis.

Lectio sancti Evangelii secundum Joannem.

In illo tempore, sublevatis Jesus oculis in cœlum, dixit : Pater, nunc ad te venio, et hæc loquor in mundo, ut habeant gaudium meum impletum in semetipsis.

Secreta.

Proficiat, quæsumus, Domine, hæc oblatio quam tuæ simplices offerimus majestati, ad salutem famuli tui N. ut tua providentia ejus vita inter adversa et prospera ubique dirigatur. Per.

Post Communionem.

Sumentes, Domine, perpetuæ sacramenta salutis, tuam deprecamur clementiam, ut per ea famulum tuum N. ab omni adversitate protegas. Per Dominum nostrum.

Alia.

Famulum tuum, quæsumus, Domine, tua semper protectione custodi, ut libera tibi mente deserviat, et te protegente, a malis omnibus sit securus. Per.

LXX.

ITEM ALIA.

Adesto, Domine, supplicationibus nostris, et hanc famuli tui N. oblationem benignus assume, ut qui auxilium tuæ miserationis implorat, et sanctificationis gratiam percipiat, et quæ pie precatur ob- D tineat. Per.

Secreta.

Grata tibi sit, Domine, hæc oblatio famuli tui N. quam tibi offerimus in honorem beati N. martyris tui; quæsumus ut eidem proficiat ad salutem. Per.

Infra actionem.

Hanc igitur oblationem, quam tibi offerimus pro famulo tuo N. ut omnium peccatorum suorum veniam consequi mereatur, quæsumus, Domine, placatus accipias, et miserationis tuæ largitate concedas, ut fiat ei ad veniam delictorum et actuum emendationem, ut et hic valeat bene vivere, et ad æternam beatitudinem feliciter pervenire. Diesque nostros.

Ad Complendum.

Hujus, Domine, quæsumus, virtute mysterii et a propriis mundemur occultis, et famulum tuum N. ab omnibus absolve peccatis. Per.

LXXI.

MISSA PRO SALUTE VIVORUM.

Prætende, Domine, famulis et famulabus tuis N. dexteram cœlestis auxilii, ut te toto corde perquirant, et quæ digne postulant assequantur. Per Dominum nostrum.

Secreta.

Propitiare, Domine, supplicationibus nostris, et has oblationes famulorum famularumque tuarum, quas tibi pro incolumitate eorum offerimus, beni- B gnus assume, et ut nullius sit irritum votum, nullius vacua postulatio, præsta, quæsumus, ut quæ fideliter petimus efficaciter consequamur. Per.

Ad Complendum.

Da famulis et famulabus tuis, quæsumus, Domine, in tua fide et sinceritate constantiam, ut in charitate divina formati, nullis tentationibus ab ejus integritate vellantur. Per Dominum.

LXXII.

ITEM ALIA MISSA PRO FAMILIARIBUS.

Deus, qui charitatis dona per gratiam sancti Spiritus tuorum cordibus fidelium infudisti, da famulis tuis, pro quibus tuam deprecamur clementiam, salutem mentis et corporis, ut te tota virtute diligant, C et quæ tibi placita sunt, tota dilectione perficiant. Per Dominum nostrum.

Lectio Epistolæ B. Pauli apostoli ad Romanos.

Fratres, Spiritus autem adjuvat infirmitatem nostram.

Lectio sancti Evangelii secundum Joannem.

Sublevatis Jesus oculis in cœlum, dixit : Pater, quos dedisti mihi volo ut ubi ego sum, et illi sint mecum.

Super Oblata.

Miserere, quæsumus, Domine Deus, famulis tuis, pro quibus hoc sacrificium laudis tuæ offerimus majestati, ut per hæc sancta supernæ beatitudinis gratiam obtineant, et gloriam beatitudinis acquirant. Per Dominum.

Præfatio.

D. et justum est, *usque*, æterne Deus. Clementiam tuam pronis mentibus obsecrantes, ut famulos tuos, quos sacræ dilectionis nobis familiaritate conjunxisti, tibi facias toto corde subjectos, ut tuæ charitatis spiritu repleti, a terrenis mundentur cupiditatibus, et cœlesti beatitudine, te donante, digni efficiantur. Per Christum Dominum.

Post Communionem.

Divina libantes mysteria, quæsumus, Domine, ut hæc salutaria sacramenta illis proficiant ad prosperitatem et pacem, pro quorum dilectione hæc tuæ obtulimus majestati. Per.

Alia.

Deus, qui supplicum tuorum vota per charitatis

officia suscipere digneris, da famulis tuis N. et N. in tua proficere dilectione, ut tibi secura mente deserviant, et in tua pace semper assistere mereantur. Per Dominum nostrum.

LXXIII

MISSA PRO ABBATE VEL CONGREGATIONE

[PRO EPISCOPO VEL POPULO SIBI COMMISSO.]

Omnipotens sempiterne Deus, qui facis mirabilia magna solus, prætende super famulum tuum N. abbatem, vel super congregationem illi commissam [episcopum vel super plebem illi commissam], spiritum gratiæ salutaris, et ut in veritate tibi complaceant, perpetuum eis rorem tuæ benedictionis infunde. Per.

Super Oblata

Hostias, Domine, famulorum tuorum placatus intende, et quas in honorem nominis tui devota mente pro eis celebramus, proficere sibi sentiant ad medelam. Per.

Post Communionem

Quos cœlesti recreas munere perpetuo, Domine, comitare præsidio, et quos fovere non desinis, dignos fieri sempiterna redemptione concede. Per.

LXXIV

ORATIO IN MONASTERIO MONACHORUM

Deus, qui renuntiantibus sæculo mansionem paras in cœlo, dilata sancta hujus congregationis temporale habitaculum cœlestibus bonis, ut fraternæ teneantur compagine charitatis, unanimes continentiæ præcepta custodiant, sobrii simplices et quieti, gratis sibi datam gratiam fuisse cognoscant, concordet illorum vita cum nomine, professio sentiatur in opere. Per.

LXXV

ORATIO PRO FRATRIBUS IN VIA DIRIGENDIS

Deus qui diligentibus te, misericordiam tuam semper impendis, et a servientibus tibi, in nulla es regione longinquus, dirige viam famuli tui in voluntate tua, et te protectore, et te prævio, per justitiæ semitas sine offensione gradiatur. Per.

LXXVI

ORATIO PRO REDEUNTIBUS DE ITINERE

Omnipotens sempiterne Deus, nostrorum temporum vitæque dispositor, famulo tuo N. continuæ tranquillitatis largire subsidium, ut quem incolumem propriis laboribus reddidisti, tua facias protectione securum. Per Dominum.

LXXVII

ORATIO IN ADVENTU FRATRUM SUPERVENIENTIUM

Deus humilium visitator, qui nos fraterna dilectione consolaris, prætende societati nostræ gratiam tuam, ut per eos in quibus habitas, tuum in nobis sentiamus adventum. Per Dominum.

LXXVIII

MISSA PRO ITER AGENTIBUS

Adesto, Domine, supplicationibus nostris, et viam

A famuli tui N. in salutis tuæ prosperitate dispone, ut inter omnes viæ et vitæ hujus varietates, tuo semper protegatur auxilio. Per Dominum.

Secreta

Propitiare, Domine, supplicationibus nostris, et has oblationes quas tibi offerimus pro famulo tuo N. benignus assume, ut viam illius et præcedente gratia tua dirigas, et subsequente comitare digneris, ut de actu atque incolumitate ejus secundum misericordiæ tuæ præsidia gaudeamus. Per Dominum.

Præfatio

D. et justum est, *usque*, æterne Deus. A quo deviare, mori, coram quo ambulare, vivere est. Qui fideles tuos in tua via deducis, et miseratione gravissima in veritatem inducis. Qui Abraham, Isaac et

B Jacob, in præsentis vitæ et viæ curriculo, custos, dux et comes esse voluisti, et famulo tuo Tobiæ angelum prævium præstitisti. Cujus immensam misericordiam humillimis precibus imploramus, ut iter famuli tui N. cum suis in prosperitate dirigere cumque inter viæ et vitæ hujus varietates digneris custodire, quatenus angelorum tuorum præsidio fultus, intercessione quoque sanctorum munitus, a cunctis adversitatibus tua miseratione defensus, profectionis et reversionis suæ felicitate potitus, et compos reddatur justorum votorum, et de suorum lætetur remissione peccatorum. Per Christum Dominum.

Ad Complendum

Deus infinitæ misericordiæ et majestatis immensæ,

C quem nec spatia locorum, nec intervalla temporum ab his quos tueris abjungunt, adesto famulis tuis N. et N. in te ubique fidentibus, et per omnem quam ituri sunt viam dux eis et comes esse digneris, nihil illis adversitatis noceat, nihil difficultatis obsistat, cuncta eis salubria, cuncta sint prospera, et sub ope dexteræ suæ, quidquid justo expetierint desiderio celeri consequantur effectu. Per Dominum.

[*Alia*

Sumpta, Domine, cœlestis sacramenti mysteria, quæsumus, Domine, ut ad prosperitatem itineris famuli tui N. proficiant, ut eum ad salutaria cuncta perducant. Per Dominum.]

MISSA PRO NAVIGANTIBUS

D LXXIX

Deus, qui transtulisti patres nostros per mare Rubrum, et transvexisti per aquam nimiam, laudem tui nominis decantantes, supplices deprecamur, ut in hac navi famulos tuos repulsis adversitatibus portu semper optabili, cursuque tranquillo tuearis. Per Dominum.

Secreta

Suscipe, Domine, quæsumus, preces famulorum tuorum cum oblationibus hostiarum, et tua mysteria celebrantes ab omnibus defende periculis. Per Dominum.

Ad Complendum

Sanctificati divino mysterio, majestatem tuam, Domine, suppliciter deprecamur et petimus, ut quos donis facis cœlestibus interesse, per lignum sanctæ crucis et a peccatis abstrahas, et a periculis cunctis miseratus eripias. Per Dominum.

LXXX

MISSA PRO PECCATIS

Exaudi, Domine, quæsumus, supplicum preces, et confitentium tibi parce peccatis, ut pariter nobis indulgentiam tribuas benignus et pacem. Per Dominum.

Lectio Jeremiæ prophetæ.

Si iniquitates nostræ contenderint contra nos, Domine, libera nos, quæsumus, fac propter nomen tuum.

Lectio sancti Evangelii secundum Lucam.

In illo tempore, dixit Jesus discipulis suis: Petite, et dabitur vobis; quærite, et invenietis; pulsate, et aperietur vobis.

Super Oblata.

Hostias tibi, Domine, placationis offerimus, ut et delicta nostra miseratus absolvas, et nutantia corda tu dirigas. Per Dominum.

Præfatio.

D et justum est, *usque*, æterne Deus. Salva nos ex ore leonis sævissimi, qui rugiens circuit, quærens de unitate Ecclesiæ tuæ, quem rapiat atque devoret. Sed tu, fortissime Domine de tribu Juda, contere contrarium virtutis suæ nequitiam, nos ab ignitis ejus impugnationibus liberatos, corpore nos conserva, et corde purifica. Per Dominum.

Infra actionem.

Hanc igitur oblationem, Domine, quam tibi offerimus pro peccatis atque offensionibus nostris, ut omnium delictorum nostrorum remissionem consequi mereatur, quæsumus, Domine. Ut.

Ad Complendum.

Præsta nobis, æterne Salvator, ut percipientes hoc munere veniam peccatorum, deinceps peccata vitemus. Per Dominum.

Alia.

Deus, cui proprium est semper misereri et parcere, suscipe deprecationem nostram, ut quos delictorum catena constringit, miseratio tuæ pietatis absolvat. Per Dominum.

LXXXI

ORATIO IN TEMPORE BELLI

Omnipotens et misericors Deus, a bellorum nos, quæsumus, turbine fac quietos, quia nobis bona cuncta præstabis, si pacem dederis et mentis et corporis. Per Dominum.

LXXXII

MISSA IN TEMPORE BELLI

Deus, regnorum omnium regumque dominator, qui nos et percutiendo sanas et ignoscendo conservas, prætende nobis misericordiam tuam, ut tranquillitate pacis tua potestate firmata, ad remedia correctionis utamur. Per Dominum.

Super Oblata.

Sacrificium, Domine, quod immolamus, intende, ut ab omni nos exuat bellorum nequitia, et in tuæ protectionis securitate constituat. Per Dominum.

Præfatio.

D et justum est, *usque*, æterne Deus. Sub cujus potestatis arbitrio omnium regnorum continetur potestas, te humiliter deprecamur, ut principibus nostris propitius adesse digneris, ut qui tua expetunt se protectione defendi, omnibus sint hostibus fortiores. Per Christum.

Post Communionem.

Sacrosancti corporis et sanguinis Domini nostri Jesu Christi refectione vegetati, supplices te rogamus, omnipotens Deus, ut hoc remedio salutari ab omnium peccatorum nos contagione purifices, et a periculorum munias incursione cunctorum. Per eumdem.

LXXXIII

ALIA MISSA

Omnipotens Deus, Christiani nominis inimicos virtute, quæsumus, tuæ comprime majestatis, ut populus tuus et fidei integritate lætetur, et temporum tranquillitate semper exsultet. Per Dominum.

Secreta.

Hujus, Domine, quæsumus, virtute mysterii, et a nostris mundemur occultis, et ab inimicorum liberemur insidiis. Per Dominum.

Ad Complendum.

Vivificet nos, Domine, participatio tui sancta mysterii, et pariter nobis expiationem tribuat et munimen. Per Dominum.

LXXXIV

ITEM ALIA MISSA

Deus, qui providentia tua cœlestia simul et terrena moderaris, propitiare Christianorum rebus et regibus, ut omnis hostium fortitudo, te pro nobis pugnante, frangatur. Per Dominum.

Super Oblata.

Propitiare, Domine, precibus et hostiis famulorum tuorum, et propter nomen tuum Christiani nominis defende rectores, ut salus servientium tibi principum pax tuorum possit esse populorum. Per Dominum.

Post Communionem.

Protege, Domine, famulos tuos subsidiis pacis et corporis, et spiritalibus enutriens eos alimentis a cunctis hostibus redde securos. Per Dominum.

LXXXV

MISSA PRO PACE

Deus, a quo sancta desideria, recta consilia et justa sunt opera, da servis tuis illam quam mundus non potest dare pacem, ut et corda nostra mandatis tuis dedita, et hostium sublata formidine, tempora sint tua protectione tranquilla. Per Dominum nostrum.

Super Oblata

Deus, qui credentes in te populos nullis sinis concuti terroribus, dignare preces et hostias dicatæ tibi plebis suscipere, ut pax tua pietate concessa Christianorum fines ab omni hoste faciat esse securos. Per Dominum.

Post Communionem

Deus auctor pacis et amator, quem nosse, vivere, cui servire, regnare est, protege ab omnibus impugnationibus supplices tuos, ut qui in defensione tua confidimus nullius hostilitatis arma timeamus. Per Dominum.

LXXXVI

MISSA DE QUACUNQUE TRIBULATIONE

Ineffabilem misericordiam tuam, Domine, nobis clementer ostende, ut simul nos et a peccatis exuas, et a pœnis quas pro his meremur, eripias. Per Dominum nostrum.

Super Oblata

Purificet nos, Domine, quæsumus, muneris præsentis oblatio et dignos sacra participatione perficiat. Per.

Præfatio

D et justum est, *usque*, æterne Deus. Qui propterea jure punis errantes, et clementer refoves castigatos, ut nos a malis operibus abstrahas, et ad bona facienda convertas, qui non vis invenire quod damnes, sed esse potius quod corones, qui cum pro nostris meritis jugiter mereamur affligi, tu tamen judicium ad correptionem temperas, non perpetuam exerces ad pœnam, juste enim corrigis, et clementer ignoscis, in utroque verax, in utroque misericors, qui nos et a lege disponis, ut coercendo in æternum perire non sinas, et parcendo spatium tribuas corrigendi, qui ideo malis præsentibus nos flagellas, ut ad bona futura perducas, ideo bonis temporalibus consolaris, ut de sempiternis facias certiores, quo te et in prosperis et in adversis pia semper confessione laudemus. Per Christum Dominum nostrum.

Post Communionem

Præsta, Domine, quæsumus, ut terrenis effectibus expiati, ad superni plenitudinem sacramenti, cujus libavimus sancta, tendamus. Per Dominum nostrum.

LXXXVII

MISSA PRO PESTE ANIMALIUM

Deus, qui laboribus hominum etiam de mutis animalibus solatia subrogasti, supplices te rogamus ut sine quibus non alitur humana conditio nostris facias usibus non perire. Per Dominum.

Secreta

Sacrificiis, Domine, placatus oblatis, opem tuam nostris temporibus clementer impende.

Post Communionem

Benedictionem tuam, Domine, populus fidelis accipiat, qua corpore salvatus ac mente, et congruam

A tibi exhibeat servitutem, et propitiationis tuæ beneficia semper inveniat. Per Dominum.

Alia

Averte, Domine, quæsumus, a fidelibus tuis cunctos miseratus errores, et sævientium morborum depelle perniciem, ut quos merito flagellas devios foveas tua miseratione correctos. Per Dominum.

LXXXVIII

MISSA PRO CONTENTIONE

Omnipotens sempiterne Deus, qui superbis resistis, et gratiam præstas humilibus, tribue, quæsumus, ut non indignationem tuam provocemus elati, sed propitiationis tuæ capiamus dona subjecti. Per

B Dominum nostrum.

Secreta

Ab omni reatu nos, Domine, sancta quæ tractamus absolvant, et eadem muniant a totius pravitatis incursu. Per Dominum.

Post Communionem

Quos refecisti, Domine, cœlesti mysterio, propriis et alienis, quæsumus, propitiatus absolve delictis, ut divino munere purificatis mentibus perfruamur. Per Dominum.

Alia

Præsta, quæsumus, omnipotens Deus, ut semper rationabilia meditantes, quæ tibi sunt placita et dictis exsequamur et factis. Per Dominum.

C

LXXXIX

MISSA CONTRA JUDICES MALE AGENTES

Ecclesiæ tuæ, Domine, preces placatus admitte ut destitutis adversitatibus universis, secura tibi serviat libertate. Per Dominum.

Secreta

Protege nos, Domine, quæsumus, tuis mysteriis servientes, ut divinis rebus et corpore famulemur et mente. Per Dominum nostrum.

Post Communionem

Quæsumus, Domine Deus noster, ut quos divina tribuis participatione gaudere humanis non sinas subjacere periculis. Per Dominum nostrum Jesum Christum.

D

XC

MISSA CONTRA OBLOQUENTES

Præsta, quæsumus, Domine, ut mentium reproborum non curemus obloquium, sed eadem pravitate calcata exoramus, ut nec terreri nos lacerationibus patiaris injustis, nec captiosis adulationibus implicari, sed potius amare quæ præcipis. Per Dominum.

Secreta

Oblatio Domine, tuis aspectibus immolanda, quæsumus, ut et nos ab omnibus vitiis potenter absolvat, et a cunctis defendat inimicis. Per Dominum.

Post Communionem

Præsta, Domine, quæsumus, ut per hæc sancta quæ sumpsimus, dissimulatis lacerationibus improborum, eadem, te gubernante, quæ recta sunt cautius exsequamur. Per Dominum. A

XCI

ORATIO AD PLUVIAM POSTULANDAM

Terram tuam, Domine, quam videmus nostris iniquitatibus tabescentem, cœlestibus aquis inunde, atque irriga beneficiis gratiæ sempiternæ. Per Dominum.

Alia

Da nobis, Domine, quæsumus, pluviam salutarem, et aridam terræ faciem fluentis cœlestibus dignanter infunde. Per Dominum nostrum.

Alia

Omnipotens sempiterne Deus, qui salvas omnes, et neminem vis perire, aperi fontem benignitatis tuæ, et terram aridam aquis fluenti cœlestis dignanter infunde. Per Dominum nostrum.

XCII

MISSA AD PLUVIAM POSTULANDAM

Deus, in quo vivimus, movemur et sumus, pluviam nobis tribue congruentem, ut præsentibus subsidiis sufficienter adjuti, sempiterna fiducialius appetamus. Per.

Alia

Delicta fragilitatis nostræ, Domine, quæsumus, miseratus absolve, et aquarum subsidia præbe cœlestium, quibus terrena conditio vegetata subsistat. Per Dominum nostrum.

Secreta

Oblatis, Domine, placare muneribus, et opportunum nobis tribue pluviæ sufficientis auxilium. Per.

Ad Complendum

Tuere nos, Domine, quæsumus, tua sancta sumentes, et ab omnibus propitius absolve peccatis. Per.

XCIII

ORATIO AD POSTULANDAM SERENITATEM

Domine Deus, qui in mysterio aquarum salutis tuæ nobis sacramenta sanxisti, exaudi orationem populi tui, et jube terrores inundantium cessare pluviarum, flagellumque hujus elementi ad effectum tui converte mysterii, qui ut se regenerantibus aquis gaudent renatos, gaudeant his castigantibus esse correctos. Per Dominum.

Alia

Quæsumus, omnipotens Deus, clementiam tuam, ut inundantiam coerceas imbrium, et hilaritatem tui vultus nobis impertiri digneris. Per Dominum.

XCIV

MISSA AD POSTULANDAM SERENITATEM

Ad te nos, Domine, clamantes exaudi, et aeris serenitatem nobis tribue supplicantibus, ut qui pro peccatis nostris juste affligimur, misericordia tua præveniente, clementiam sentiamus. Per.

Secreta

Præveniat nos, quæsumus, Domine, gratia tua, semper et subsequatur, et has oblationes quas pro peccatis nostris nomini tuo consecrandas deferimus, benignus assume, ut per intercessionem sanctorum tuorum cunctis nobis proficiant ad salutem. Per.

Ad Complendum

Plebs tua, Domine, capiat sacræ benedictionis augmentum, et copiosis beneficiorum tuorum sublevetur auxiliis, quæ tantis intercessionum deprecationibus adjuvatur. Per Dominum.

XCV

MISSA AD REPELLENDAM TEMPESTATEM

B Deus, qui omnium rerum tibi servientium naturam per ipsos motus aeris ad cultum tuæ majestatis instituis, tranquillitatem nobis misericordiæ tuæ [*f.* misericordia tua], remotis largire terroribus, ut cujus iram expiavimus clementiam sentiamus. Per.

Alia

A domo tua, quæsumus, Domine, spiritales nequitiæ repellantur, et aeriarum discedat malignitas tempestatum. Per Dominum.

Secreta

Offerimus, Domine, laudes et munera, pro concessis beneficiis gratias referentes, et pro concedendis semper suppliciter deprecantes. Per.

C *Ad Complendum*

Omnipotens sempiterne Deus, qui nos et castigando sanas, et ignoscendo conservas, præsta supplicibus tuis, ut et tranquillitatibus hujus optatæ consolationis lætemur, et dono tuæ pietatis semper utamur. Per.

XCVI

ORATIONES ET PRECES SUPER POENITENTEM, CONFITENTEM PECCATA SUA MORE SOLITO FERIA IV INFRA QUADRAGESIMAM

Exaudi, Domine, preces nostras, et tibi confitentium parce peccatis, ut quos conscientiæ reatus accusat, indulgentia tuæ miserationis absolvat. Per.

D Præveniat hunc famulum tuum, quæsumus, Domine, misericordia tua, ut omnes iniquitates ejus celeri indulgentia deleantur. Per.

Adesto supplicationibus nostris, nec sit ab hoc famulo tuo clementiæ tuæ longinqua miseratio: vulnera sana, ejusque remitte peccata, ut nullis a te iniquitatibus separatus, tibi Domino semper valeat adhærere. Per.

Domine Deus noster, qui offensione nostra non vinceris, sed satisfactione placaris, respice, quæsumus, ad hunc famulum tuum, qui se tibi peccasse graviter confitetur. Tuum est enim ablutionem criminum dare, et veniam præstare peccantibus, qui dixisti, pœnitentiam te malle peccatorum, quam mortem. Concede ergo, Domine, hoc, ut tibi pœnitentiæ excubiis celebret, et correctis actibus suis, conferri sibi a te sempiterna gaudia gratuletur. Per [a].

XCVII

[b] ORATIONES AD RECONCILIANDUM PŒNITENTEM FER. V IN CŒNA DOMINI

Adesto, Domine, supplicationibus nostris, et me, qui etiam misericordia tua primus indigeo, clementer exaudi, ut quem non electione meriti, sed dono gratiæ tuæ constituisti operis hujus ministrum, da fiduciam tui muneris exsequendi, et ipse in nostro ministerio quod tuæ pietatis est, operare. Per Dominum nostrum.

Præsta, quæsumus, Domine, huic famulo tuo dignum pœnitentiæ fructum, ut Ecclesiæ tuæ sanctæ, a cujus integritate deviarat peccando, admissorum reddatur innoxius veniam consequendo. Per Dominum nostrum.

Deus, humani generis benignissime conditor et misericordissime reformator, qui hominem, invidia diaboli ab æternitate dejectum, unici Filii tui sanguine redemisti, vivifica hunc famulum tuum, quem tibi nullatenus mori desideras, et qui non derelinquis devium, assume correctum. Moveant pietatem tuam, quæsumus, Domine, hujus famuli tui lacrymosa suspiria, tu ejus medere vulneribus, tu jacenti manum porrige salutarem, ne Ecclesia tua aliqua sui corporis portione vastetur, ne grex tuus detrimentum sustineat, ne de famula tuæ damno inimicus exsultet, nec renatum lavacro salutari mors secunda possideat. Tibi ergo, Domine, supplices preces, tibi fletum cordis effundimus, tu parce confitenti, ut sic in hac mortalitate peccata sua, te adjuvante, defleat, quatenus in tremendi judicii die sententiam damnationis æternæ evadat, et nesciat quod terret in tenebris, quod stridet in flammis, atque ab erroris via ad iter reversus justitiæ, nequaquam ultra vulneribus sauciletur, sed integrum sit ei atque perpetuum et quod gratia tua contulit, et quod misericordia reformavit. Per eumdem Dominum.

XCVIII

ORATIONES AD VISITANDUM INFIRMUM

Deus, qui famulo tuo Ezechiæ ter quinos annos ad vitam donasti, ita et famulum tuum N. a lecto ægritudinis tua potentia erigat ad salutem. Per Dominum nostrum.

Respice, Domine, famulum tuum N. in infirmitate sui corporis laborantem, et animam refove quam creasti, ut castigationibus emundata, continuo se sentiat tua medicina salvatum. Per Dominum nostrum.

Deus, qui facturæ tuæ pio semper dominaris affectu, inclina aurem tuam supplicationibus nostris, et famulum tuum N. ex adversa valetudine corporis laborantem, placatus respice, et visita in salutari tuo, ac cœlestiæ gratiæ præsta medicinam. Per.

Deus, qui humano generi et salutis remedium, et vitæ æternæ munera contulisti, conserva famulo tuo N. tuarum dona virtutum, et concede ut medelam tuam non solum in corpore, sed etiam in anima sentiat. Per.

Virtutum cœlestium Deus, qui in humanis corporibus omnem languorem et omnem infirmitatem præcepti tui potestate depellis, adesto propitius huic famulo tuo N., ut fugatis infirmitatibus et viribus receptis, nomen sanctum tuum instaurata protinus sanitate benedicat.

Domine sancte, Pater omnipotens, æterne Deus, qui fragilitatem conditionis nostræ infusa virtutis tuæ dignatione confirmas, ut salutaribus remediis pietatis tuæ corpora nostra et membra vegetentur, super hunc famulum tuum propitiatus intende, ut omni necessitate corporeæ infirmitatis exclusa, gratia in eo pristinæ sanitatis perfecta reparetur. Per Dominum.

XCIX

MISSA PRO INFIRMIS

Omnipotens sempiterne Deus, salus æterna credentium, exaudi nos pro famulis tuis N., pro quibus misericordiæ tuæ imploramus auxilium, ut reddita sibi sanitate, gratiarum tibi in ecclesia tua referant actionem. Per.

Secreta

Deus, cujus nutibus vitæ nostræ momenta decurrunt, suscipe preces et hostias famulorum famularumque tuorum, pro quibus misericordiam tuam ægrotantibus imploramus, ut de quorum periculo metuimus de eorum salute lætemur. Per Dominum.

Præfatio

D. et justum est, *usque* æterne Deus. Qui famulos tuos ideo corporaliter verberas ut mente proficiant, potenter ostendens quod sit pietatis tuæ præclara salvatio, dum præstas, ut operetur nobis etiam ipsa infirmitas salutem. Per Christum Dominum nostrum.

Ad Complendum

Deus infirmitatis humanæ singulare præsidium, auxilii tui super infirmos nostros ostende virtutem, ut ope misericordiæ tuæ adjuti, ecclesiæ tuæ sanctæ repræsentari mereantur. Per.

C

ORATIO PRO REDDITA SANITATE

Domine sancte, Pater omnipotens, æterne Deus, qui benedictionis tuæ gratiam ægris infundendo corporibus, facturam tuam multiplici pietate custodis, ad invocationem nominis tui benignus assiste, et hunc famulum tuum N. liberatum ægritudine, et sanitate donatum, dextera tua erigas, virtute confirmes, potestate tuearis, ecclesiæ tuæ sanctisque altaribus tuis cum omni desiderata prosperitate restituas. Per.

[a] Alias præterea orationes videre est in Ord. Rom. pag. 28, 29 et 30. Quarum etiam fit mentio ab Alcuino pag. 52.

[b] Meminit harum orationum Ordo Rom. pag. 51 et sequent., Alcuinus, p. 55, Amal. I, c. 12.

CI.

RECONCILIATIO POENITENTIS AD MORTEM.

Majestatem tuam, Domine, supplices deprecamur, hunc famulo tuo N. longo squalore pœnitentiæ ıcerato, miserationis tuæ veniam largiri digneris, nuptiali veste recepta, ad regalem mensam, unde ctus fuerat, mereatur introire. Per.

CII.

MISSÆ IN AGENDA MORTUORUM PRO FRATRIBUS NOSTRIS DEFUNCTIS.

Deus, veniæ largitor et humanæ salutis amator, æsumus clementiam tuam ut nostræ congregatio- ; fratres, qui ex hoc sæculo transierunt, beato N. trono nostro intercedente, ad perpetuæ beatitudi- ; consortium pervenire concedas. Per Dominum strum.

Super Oblata.

Deus, cujus misericordiæ non est numerus, suscipe opitius preces humilitatis nostræ, et animabus ibus tui nominis dedisti confessionem, per hæc :ramenta salutis nostræ cunctorum tribue remis- ıem peccatorum. Per.

Infra actionem.

Hanc igitur oblationem, quam tibi offerimus pro imabus fratrum nostrorum, quæsumus, Domine, ıcatus intende, pro quibus majestati tuæ supplices ıdimus preces, ut eas in numero sanctorum tuo- m tibi placentium dignanter ascribas, Diesque stros.

Post Communionem.

Præsta, quæsumus, misericors Deus, ut animæ o quibus hoc sacrificium laudis tuæ offerimus ma- stati, per hujus virtutem sacramenti a peccatis nibus expiatæ, lucis perpetuæ te miserante, per- ıiant beatitudinem. Per.

Alia.

Deus, vita viventium, spes morientium, salus om- um in te sperantium, præsta propitius ut animæ ıjus congregationis et omnium hic requiescen- ım, a nostræ mortalitatis tenebris absolutæ, trono nostro beato N. intercedente, in perpetua m sanctis tuis luce lætentur. Per.

IN DIE DEPOSITIONIS DEFUNCTI III, VEL VII, VEL XXX.

Adesto quæsumus, Domine, pro anima famuli tui ., cui in depositione sua officium commemorationis ıpendimus, ut si qua ei sæcularis mala inhæsit, aut tium mundiale infecit, dono tuæ pietatis indulgeas : extergas. Per.

Alia.

Quæsumus, Domine, animæ famuli tui N., cujus rtium, vel septimum, vel tricesimum obitus sui iem commemoramus, sanctorum tuorum atque ectorum largire consortium, et rorem misericordiæ ıæ perennem infunde. Per Dominum.

A *Lectio Epistolæ B. Pauli apostoli ad Corinthios.*

Fratres, ecce mysterium vobis dico. Omnes quidem resurgemus, sed non omnes immutabimur.

Sequentia sancti Evangelii secundum Joannem.

In illo tempore, dixit Martha ad Jesum : Domine, si fuisses hic, frater meus non fuisset mortuus.

Super Oblata.

Adesto, Domine, supplicationibus nostris, et hanc oblationem, quam tibi offerimus ob diem depositionis tertium, vel septimum, vel tricesimum, pro anima famuli tui N. placidus vel benignus assume. Per.

Præfatio.

D. et justum est. *usque* Per Christum Dominum B nostrum. Per quem salus mundi, per quem vita hominum, per quem ressurrectio mortuorum. Per ipsum te, Domine, suppliciter deprecamur, ut animæ famuli tui N., cujus depositionis diem N. celebramus, indulgentiam largiri digneris perpetuam, atque contagiis mortalitatis exutam, in æternæ salvationis partem restituas. Per quem.

Infra actionem.

Hanc igitur oblationem, Domine, quam tibi offerimus pro anima famuli tui N., cujus depositionis diem tertium, septimum, vel tricesimum celebramus, quo deposito corpore, animam tibi creatori reddidit quam dedisti, pro quo petimus divinam clementiam tuam, ut, mortis vinculis absolutus, transire merea- C tur ad vitam. Per Christum Dominum nostrum.

Post Communionem.

Omnipotens sempiterne Deus collocare dignare corpus et animam et spiritum famuli tui N., cujus diem tertium, septimum, vel tricesimum sive depositionem celebramus, in sinibus Abrahæ, Isaac et Jacob, ut cum dies agnitionis tuæ venerit, inter sanctos et electos tuos eum resuscitari præcipias. Per.

PRO CUJUS ANIMA DUBITATUR.

Omnipotens et misericors Deus, inclina, quæsumus, venerabiles aures tuas ad exiguas preces nostras, quas [*leg.* quibus] ante conspectum majestatis tuæ pro anima famuli tui N. humiliter deprecamur, ut dum de qualitate vitæ ejus diffidimus, de D abundantia pietatis tuæ consolemur, et si ad plenam veniam animæ ipsius obtinere non possumus, saltem vel inter ipsa tormenta quæ forsitan patitur, abundantiam miserationum tuarum sentiamus. Per.

Super Oblata.

Suscipe, clementissime Pater, pro commemoratione famuli tui N. hostiam placationis et laudis, ut sacrificium oblationis præsentis ad refrigerium animæ ejus, te miserante, perveniat. Per.

Post Communionem.

Sumpsimus, Domine, corporis et sanguinis tui remedia, obsecrantes majestatis tuæ clementiam ut et

[a] Ad hunc locum videtur alludere Amal. lib. IV de Eccl. offic., c. 42.

viventibus sint tutela, et defunctis obtineant veniam. Per Dominum nostrum.

CIII.

MISSA UNIUS DEFUNCTI.

Omnipotens, sempiterne Deus, cui nunquam sine spe misericordiæ supplicatur, propitiare animæ famuli tui N. ut qui de hac vita in tui nominis confessione decessit, sanctorum tuorum numero facias aggregari. Per Dominum.

Super Oblata.

Propitiare, quæsumus, Domine, animæ famuli tui N., pro qua tibi hostias placationis offerimus, et quia in hac luce in fide mansit catholica, in futura vita ejus retributio condonetur. Per.

Infra actionem.

Hanc igitur oblationem, quam tibi pro requie animæ famuli tui N. offerimus, quæsumus, Domine, placatus accipias, et tua pietate concedas ut, mortalitatis nexibus absoluta, inter fideles tuos mereatur habere portionem. Per Christum.

Post Communionem.

Præsta, quæsumus, omnipotens Deus, ut animam famuli tui N. ab angelis lucis susceptam, in præparatis habitaculis deduci facias beatorum. Per Dominum nostrum.

CIV.

MISSA PRO DEFUNCTO NUPER BAPTIZATO.

Deus, qui ad cœleste regnum nonnisi renatis ex aqua et Spiritu sancto pandis introitum, multiplica super animam famuli tui N. misericordiam tuam, et cui donasti cœlestem et incontaminatum transitum post baptismi sacramentum, da ei æternorum plenitudinem gaudiorum. Per Dominum nostrum.

Secreta.

Propitiare, Domine, supplicationibus nostris pro anima famuli tui N., pro qua tibi offerimus sacrificium laudis, ut eam sanctorum tuorum consortio sociare digneris. Per.

Infra actionem.

Hanc igitur oblationem quam tibi offerimus pro anima famuli tui N. benignus assume, eumque regenerationis fonte purgatum et periculis vitæ hujus exutum, beatorum numero digneris inserere spirituum. Per Christum Dominum nostrum.

Post Communionem.

Propitiare, Domine, animæ famuli tui N., ut quem in fine istius vitæ regenerationis fonte mundasti, ad cœlestis regni beatitudinem facias pervenire. Per.

CV.

MISSA PRO DEFUNCTIS DESIDERANTIBUS PŒNITENTIAM, ET MINIME CONSEQUENTIBUS.

Si quis pœnitentiam petens, dum sacerdos venerit, fuerit officio linguæ privatus, constitutum ut si idonea testimonia hoc dixerint, et ipse per motus aliquos satisfacit, sacerdos impleat omnia circa pœnitentem.

Oratio.

Omnipotens et misericors Deus in cujus humana conditio potestate consistit, animam famuli tui N. quæsumus ab omnibus absolve peccatis, et pœnitentiæ fructum, quem voluntas ejus optavit, præventus mortalitate, non perdat. Per Dominum nostrum.

Super Oblata.

Satisfaciat tibi, Domine, quæsumus, pro anima famuli tui N. sacrificii præsentis oblatio, et peccatorum veniam quam quæsivit, inveniat, et quod officio linguæ implere non potuit, desideratæ pœnitentiæ compensatione percipiat. Per.

Infra actionem.

Hanc igitur oblationem, quam tibi offerimus pro anima famuli tui N., cujus diem depositionis celebramus, quæsumus, Domine, ut placatus accipias, et ineffabili pietate concordas, ut quod exsequi præventus conditione mortali, ministerio linguæ non potuit, mereatur indulgentia sempiterna: diesque nostros in tua pace disponens.

Post Communionem.

Deus, a quo speratur humani corporis omne quod bonum est, tribue per hæc sancta, quæsumus, ut sicut animæ famuli tui N. pœnitentiæ [*f.* pœnitentiam] velle donasti, sic indulgentiam tribue miseratus optatam. Per Dominum.

CVI.

MISSA IN ANNIVERSARIO UNIUS DEFUNCTI.

Præsta, Domine, quæsumus, ut anima famuli tui N., cujus anniversarium depositionis diem celebramus, his purgata sarcificiis, indulgentiam pariter et requiem capiat sempiternam. Per.

Super Oblata.

Propitiare, Domine, supplicationibus nostris pro anima et spiritu famuli tui., cujus hodie annui dies agitur, pro qua tibi offerimus sacrificium laudis ut eam sanctorum tuorum consortio sociare digneris. Per Dominum.

Infra actionem.

Hanc igitur oblationem, Domine, quam tibi offerimus pro anima famuli tui N., cujus hodie annui dies agitur, quæsumus, placatus intende, eamque mortalitatis nexibus absolutam, inter tuos fideles ministros habere perpetuam jubeas portionem. Quam oblationem.

Post Communionem.

Suscipe, Domine, preces nostras pro anima famuli tui N., ut si quæ ei maculæ de terrenis contagiis adhæserunt, remissionis tuæ misericordia deleantur. Per Dominum.

CVII.

MISSA PLURIMORUM DEFUNCTORUM.

Propitiare, Domine, quæsumus, animabus famulorum famularumque tuarum misericordia sempiterna, ut mortalibus nexibus expeditæ, lux eas æterna possideat. Per.

Lectio libri Machabæorum.

In diebus illis, vir fortissimus Judas, collatione facta, duodecim millia drachmas argenti misit Hierosolymam, offerri ea ibi pro peccatis mortuorum.

Sequentia sancti Evangelii secundum Joannem.

In illo tempore, dixit Jesus dicipulis suis : Omne quod dat mihi Pater, ad me veniet.

Super Oblata.

Hostias tibi, Domine, humili placatione deferimus ut animæ famulorum famularumque tuarum per hæc placationis officia tuam misericordiam consequantur. Per.

Præfatio.

D. et justum est, *usque*, per Christum Dominum nostrum. Cujus sacram passionem pro immortalibus et bene quiescentibus animabus sine dubio celebramus. Pro his præcipue, quibus secundæ nativitatis gratiam præstitisti. Quo exemplo Jesu Christi Domini nostri, cœperunt esse de resurrectione securi. Quippe qui fecisti quæ non erant, potes separare quæ fuerant. Et resurrectionis futuræ nobis documenta, non solum per propheticam et apostolicam doctrinam, sed ejusdem Unigeniti tui Redemptoris nostri resurrectione dedisti. Ut quod per prophetas est annuntiatum, per apostolos traditum, ipsius resurrectionis exemplo sit firmatum. Per.

Infra actionem.

Hanc igitur oblationem, quam tibi pro requie animarum famulorum famularumque tuarum offerimus, quæsumus, Domine, propitius intuere, et concede ut mortuis prosit ad veniam, quod cunctis viventibus præparare dignatus es ad medelam : diesque nostros.

Post Communionem.

Inveniant, quæsumus, Domine, animæ famulorum famularumque tuarum, omniumque in Christo quiescentium, lucis æternæ consortium, qui in hac luce positi, tuum consecuti sunt sacramentum. Per.

CVIII.

ITEM ALIA MISSA.

Fidelium Deus omnium conditor et redemptor, animabus famulorum famularumque tuarum, [remissionem cunctorum tribue peccatorum, ut indulgentiam quam semper optaverunt piis supplicationibus consequantur. Per Dominum.

Secreta.

Hostias, quæsumus, Domine, quas tibi pro animabus famulorum famularumque tuarum offerimus, propitiatus intende, ut quibus fidei Christianæ meritum contulisti, dones et præmium. Per Dominum nostrum.

Post Communionem.

Animabus, quæsumus, Domine, famulorum famurumque tuarnm oratio proficiat supplicantium, ut eas et a peccatis exuas, et tuæ redempsionis facias esse participes. Per.

CIX.

ITEM ALIA MISSA.

Animabus, quæsumus, Domine, famulorum famu- A larumque tuarum misericordiam concede perpetuam, ut eis proficiat in æternum quod in te speraverunt et crediderunt. Per Dominum.

Lectio libri Apocalypsis B. Joannis apostoli.

In diebus illis, audivi vocem de cœlo dicentem mihi.

Sequentia sancti Evangelii secundum Joannem.

In illo tempore, dixit Jesus discipulis suis : Nisi manducaveritis carnem Filii hominis.

Super Oblata.

His, quæsumus, Domine, placatus intende muneribus, et quod ad laudem tui nominis supplicantes offerimus, ad indulgentiam proficiat defunctorum. Per Dominum nostrum.

B *Post Communionem.*

Supplices, quæsumus, Domine, pro animabus famulorum famularumque tuarum preces effundimus, sperantes ut quidquid conversatione contraxerunt humana, et clementer indulgeas, et in tuorum sede lætantium constituas redemptorum. Per.

CX.

MISSA IN CŒMETERIIS.

Deus, cujus miseratione animæ fidelium requiescunt, famulis tuis N. et N. et omnibus hic in Christo quiescentibus, de propitius veniam peccatorum, ut, a cunctis reatibus absoluti, sine fine lætentur.

Super Oblata.

C Pro animabus famulorum tuorum N. et N. et hic omnium catholicorum dormientium hostiam, Domino, suscipe benignus, oblatam, ut hoc sacrificio singulari, vinculis horrendæ mortis exuti, vitam mereantur æternam. Per.

Infra actionem.

Hanc igitur oblationem, quam tibi offerimus, Domine, pro tuorum requie famulorum et famularum N. et N. et omnium fidelium catholicorum orthodoxorum, in hac basilica in Christo quiescentium, et qui in circuitu hujus ecclesiæ requiescunt, quæsumus, Domine, placatus accipias, ut per hæc salutis humanæ subsidia in tuorum numero redemptorum, sorte perpetua censeantur. Per.

Post Communionem.

D Deus, fidelium lumen animarum, adesto supplicationibus nostris, et da famulis vel famulabus tuis N. et N. vel quorum corpora hic requiescunt, refrigerii sedem, quietis beatitudinem, luminis claritatem. Per Dominum.

CXI.

MISSA PRO SALUTE VIVORUM, VEL IN AGENDA MORTUORUM.

Sanctorum tuorum intercessionibus, quæsumus, Domine, et nos protege, et famulis et famulabus tuis, quorum commemorationem agimus, vel quorum eleemosynas recepimus, seu etiam his qui nobis familiaritate juncti sunt misericordiam tuam ubique prætende, ut, ab omnibus impugnationibus defensi, tua opitulatione salventur, et animas famulorum famularumque tuarum omnium videlicet fidelium catholicorum orthodoxorum, quorum commemorationem agimus, et quorum corpora in hoc monastrio requiescunt, vel quorum nomina ante sanctum altare tuum scripta adesse videntur, electorum tuorum jungere digneris consortio. Per Dominum.

Secreta.

Propitiare Domine, supplicationibus nostris, et has oblationes quas pro incolumitate famulorum famularumque tuarum, et pro animabus omnium fidelium catholicorum orthodoxorum, quorum nomina ante sanctum altare tuum scripta adesse videntur, nomini tuo consecrandas deferimus, benignus assume, ut sacrificii præsentis oblatio ad refrigerium animarum eorum, te miserante, perveniat. Per.

Post Communionem.

Purificet nos, quæsumus, Domine, et divini sacramenti perceptio, et gloriosa sanctorum tuorum oratio, et animabus famulorum famularumque tuarum, quorum commemorationem agimus, remissionem cunctorum tribue peccatorum, ut indulgentiam quam semper optaverunt, piis supplicationibus consequantur. Per.

CXII.

EXORCISMUS SALIS.

Exorcizo te creatura salis, per Deum vivum, per Deum verum, per Deum sanctum, per Deum qui te per Eliseum prophetam in aquam mitti jussit, ut sanaretur sterilitas aquæ, ut efficiaris sal exorcizatum in salutem credentium, et sis omnibus te sumentibus sanitas animæ et corporis, et effugiat atque discedat ab eo loco quo aspersus fueris omnis phantasia et nequitia, vel versutia diabolicæ fraudis, omnisque spiritus immundus, adjuratus per eum qui venturus est judicare vivos et mortuos.

CXIII.

BENEDICTIO SALIS.

Immensam clementiam tuam, omnipotens æterne Deus, humiliter imploramus, ut hanc creaturam salis, quam in usum generis humani tribuisti, benedicere et sanctificare tua pietate digneris, ut sit omnibus sumentibus salus mentis et corporis, et quidquid ex eo tactum vel respersum fuerit, careat immunditia, liberetur a noxia; non illic resideat spiritus pestilens, non aura corrumpens. Discedent omnes insidiæ latentis inimici, ut si quid est quod aut incolumitati habitantium invidet, aut quieti, aspersione hujus aquæ effugiat, ut salubritas per invocationem tui nominis expedita, ab omnibus sit impugnationibus defensa. Per.

CXIV.

EXORCISMUS AQUÆ.

Exorcizo, te creatura aquæ in nomine Dei Patris omnipotentis, et in nomine Jesu Christi Filii ejus Domini nostri, ut fias aqua exorcizata ad effugandam omnem potestatem inimici, et ipsum inimicum eradicare et explantare valeas [cum angelis suis apostaticis, per virtutem Domini nostri Jesu Christi, qui vent.

CXV.

BENEDICTIO AQUÆ.

Deus, qui ad salutem humani generis maxima quæque sacramenta in aquarum substantiam condidisti, adesto propitius invocationibus nostris, et elemento huic multimodis purificationibus præparato, virtutem tuæ benedictionis infunde, ut creatura mysteriis tuis serviens, ad abjiciendos dæmones morbosque pellendos, divinæ gratiæ sumat effectum, ut quidquid in domibus vel in locis fidelium hæc unda resperserit, careat immunditia, liberetur a noxa: non illic resideat spiritus pestilens, non aura corrumpens. Discedant omnes insidiæ latentis inimici, et si quid incolumitati habitantium invidet aut quieti, aspersione hujus aquæ effugiat, ut salubritas per invocationem tui nominis expetita, ab omnibus sit impugnationibus defensa. Per Dominum.

CXVI.

BENEDICTIO SALIS ET AQUÆ PARITER.

Hic mittitur sal in aquam.

Deus, invictæ virtutis auctor, et inseparabilis [*f.* insuperabilis] imperii rex ac semper magnificens triumphator, qui adversæ dominationis vires reprimis, qui inimici rugentis sævitiam superas, qui hostiles nequitias potens expugnas, te Domine trementes ac supplices deprecamur ac petimus, ut hanc creaturam salis et aquæ dignanter accipias, benignus illustres, pietatis tuæ more sanctifices, ut ubicunque fuerit dispersa, per invocationem sancti tui nominis omnis infestatio immundi spiritus abjiciatur, terrorque venenosi serpentis procul pellatur, et præsentia sancti Spiritus nobis misericordiam tuam poscentibus ubique adesse dignetur. Per Dominum.

CXVII.

ORATIO QUANDO AQUA SPARGITUR IN DOMO.

Exaudi nos, Domine sancte, Pater omnipotens, æterne Deus, et mittere digname angelum tuum sanctum de cœlis, qui custodiat, foveat, protegat, visitet et defendat omnes habitantes in hoc habitaculo. Per.

CXVIII.

BENEDICTIO DOMUS.

Adesto, Domine, supplicationibus nostris, et hanc domum serenis oculis tuæ pietatis illustra; descendat super habitantes in ea gratiæ tuæ larga benedictio, ut in eis manufactis habitaculis cum salubritate manentes, ipsi tuum semper sint habitaculum. Per.

Alia.

Exaudi nos, Domine sancte, Pater omnipotens, æterne Deus, ut si qua sunt adversa, si qua contraria in hac domo famuli tui N., auctoritate majestatis tuæ pellantur. Per Dominum nostrum.

CXIX

ORATIO CONTRA FULGURA

rimum spargatur aqua benedicta, et postea dicatur oratio ista

Omnipotens, sempiterne Deus, parce metuentibus, t propitiare supplicibus, ut post noxios ignes nu-ium et vim procellarum, in materiam transeat lau-is comminatio potestatis. Per

CXX

RATIO SUPER VASA IN LOCO ANTIQUO REPERTA

Omnipotens, sempiterne Deus, insere te officiis ostris et hæc vascula arte fabricata gentilium, su-limitatis tuæ potentia ita emundare digneris, ut, mni immunditia depulsa, sint tuis fidelibus tempore acis atque tranquillitatis utenda. Per

CXXI

BENEDICTIO PUTEI

Deprecamur, Domine, clementiam pietatis tuæ, ut quam putei hujus cœlesti benedictione sanctifices, ad communem vitam concedas salubrem, et ita x eo fugare digneris omnem diabolicæ tentationis icursum, ut quicunque ex eo ab hinc hauserit bi-eritve, vel in quibuslibet necessariis usibus hausta qua usus fuerit, totius virtutis ac sanitatis dulce-ine perfruatur, ut tibi semper sanctificatori et salva-ri omnium Domino gratias agere mereatur. Per

CXXII

BENEDICTIO UVÆ VEL [a] FAVÆ

Benedic, Domine, hos fructus novos uvæ sive fa-æ, quos tu, Domine, per rorem cœli et inundan-am pluviarum, et tempora serena atque tranquilla d maturitatem perducere dignatus es, ad percipien-um nobis cum gratiarum actione, in nomine Do-ini nostri Jesu Christi, qui tecum.

CXXIII

BENEDICTIO AD FRUGES NOVAS

Domine sancte, Pater omnipotens, æterne Deus, ui cœlum et terram, mare et omnia creasti, te sup-ices quæsumus ut hunc fructum novum benedice- et sanctificare digneris, et multiplicare abundan-i offerentibus tibi ut repleas eorum cellaria, cum rtitudine frumenti et vini, ut lætantes in eis, re-dant tibi Deo omnipotenti laudes et gratias. Per ominum.

CXXIV

BENEDICTIO AD OMNIA QUÆ VOLUERIS

Benedic, Domine, creaturam istam, ut sit reme-ium salutare generi humano, et præsta per invoca-onem nominis tui, ut quicunque ex ea sumpse-it corporis sanitatem et animæ tutelam percipiat. er

CXXV

BENEDICTIO [PANIS NOVI]

Benedic, Domine, creaturam istam panis, sicut enedixisti quinque panes in deserto, ut omnes gu-
A stantes ex eo, accipiant tam corporis quam animæ sanitatem. Per

CXXVI

ORATIO ANTE CIBUM

Refice nos, Domine, donis tuis, et opulentiæ tuæ largitate sustenta. Per Dominum nostrum.

Alia

Benedic, Domine, dona tua, quæ de tua largitate sumus sumpturi. Per Dominum nostrum.

CXXVII

ORATIO SUPER MENSAM

Benedicantur nobis, Domine, dona tua, quæ de tua largitate nobis ad remedium deducta sunt, qui
B es Deus benedictus in sæcula.

Alia

Sanctæ Dei genitricis Mariæ, gloriosæ et intemeratæ virginis orationibus, quod nobis appositum est, Redemptor omnium benedicat. Per Dominum nostrum.

Alia

Beati Petri principis apostolorum, interventionibus, quæ nobis ad remedium sunt probata, Christus Filius Dei benedicat.

CXXVIII

ORATIO POST CIBUM

Satiati, Domine, opulentiæ tuæ donis, tibi gratias agimus pro his quæ te largiente, suscepimus, obse-
C crantes misericordiam tuam ut quod corporibus nostris necessarium fuit, mentibus non sit onerosum. Per Dominum nostrum.

Alia

Satiasti nos, Domine, de tuis donis ac datis, reple nos de tua misericordia, quia tu es benedictus, qui cum Deo Patre et Spiritu sancto vivis et regnas, Deus, per omnia sæcula sæculorum.

CXXIX

ORATIO IN SACRARIO

Omnipotens et misericors Deus, qui sacerdotum ministerio ad tibi serviendum et supplicandum uti dignaris, quæsumus immensam clementiam tuam
D ut quidquid modo visitamus, visites, quidquid benedicimus, benedicas, sitque ad nostræ humilitatis introitum sanctorum tuorum meritis fuga dæmonum, angeli pacis ingressus. Per Dominum.

CXXX

ORATIO UBI VESTIMENTA CONSERVANTUR

Deus, qui famulantibus tibi mentis et corporis subsidia misericorditer largiris, præsta, quæsumus, ut quæ his pietas tua in usus et necessaria corporum famulorum tuorum contulit, clementer abundare et conservare facias, ut his exterius utentes, interius indumento amicti justitiæ, devoti semper tibi existere mereantur. Per

[a] More veterum censeo *favæ* legi pro *fabæ*.

CXXXI

ORATIO IN REFECTORIO

Omnipotens et misericors Deus, qui famulos tuos in hac domo alis refectione carnali, cibum vel potum, te benedicente, cum gratiarum actione percipiant, et hic et in æternum per te semper salvi esse mereantur. Per Dominum.

CXXXII

ORATIO IN DORMITORIO

Benedic, Domine, hoc famulorum tuorum dormitorium, qui non dormis neque dormitas, qui custodis Israel, famulos tuos in hac domo quiescentes post laborem, custodi ab illusionibus phantasmaticis Satanæ; vigilantes, in præceptis tuis meditentur; dormientes, te per soporem sentiant, et hic et ubique defensionis tuæ auxilio muniantur. Per Dominum nostrum.

CXXXIII

ORATIO IN CELLARIO

Omnipotens et misericors Deus, qui ubique præsens es, majestatem tuam suppliciter deprecamur ut huic promptuario gratia tua adesse dignetur, quæ cuncta adversa ab eo repellat, et abundantiam benedictionis tuæ largiter infundat. Per Dominum.

CXXXIV

ORATIO IN SCRIPTORIO

Benedicere digneris, Domine, hoc scriptorium famulorum tuorum, et omnes habitantes in eo, ut quidquid hic divinarum Scripturarum ab eis lectum fuerit, sensu capiant, opere perficiant. Per.

CXXXV

ORATIO IN HOSPITALI

Omnipotens et misericors Deus, qui es doctor cordium humanorum et magister angelorum, te humiliter quæsumus ut cordibus famulorum tuorum ob gratiam salutationis locum hunc frequentantium semper adesse digneris, sit eorum sermo in timore tuo ignitus, atque sale conditus, utilitate proximi plenus, ut cum hinc advenientes recesserint, de exemplo eorum gloriam tui nominis prædicent. Per.

CXXXVI

ORATIO IN DOMO INFIRMORUM

Omnipotens et misericors Deus, quæsumus immensam pietatem tuam ut ad introitum humilitatis nostræ hos famulos tuos hoc in habitaculo fessos jacentes, salutifere visitare digneris, ut sicut visitasti, Domine, Tobiam, et Saram, socrum Petri, puerumque Centurionis, ita et isti pristina sanitate animæ corporisque recepta, gratiarum tibi in ecclesia tua referant actionem. Per Dominum.

CXXXVII

ORATIO IN AREA

Multiplica, Domine, super nos misericordiam tuam, et preces nostras propitius exaudire dignare, et sicut exaudisti famulum tuum regem David, qui te in area hostias offerendo placavit, ita veniat, quæsumus, super hanc aream sperata benedictionis ubertas, ut repleti frugibus tuis, de tua semper misericordia gloriemur. Per.

CXXXVIII

ORATIO IN GRANARIO

Omnipotens et misericors Deus, qui benedixisti horrea Joseph, aream Gedeonis, et adhuc, quod majus est, jacta terræ semina surgere facis cum fenore messis, te humiliter quæsumus ut sicut ad petitionem famuli tui Eliæ, non defuit viduæ farina, ita ad nostræ pravitatis suffragia, huic horreo famulorum tuorum non desit benedictionis tuæ abundantia. Per Dominum.

CXXXIX

ORATIO IN PISTRINO

Sanctificetur istius officinæ locus, Domine, et fugetur ab eo omnis immundus spiritus per virtutem Domini nostri Jesu Christi, deturque omnibus in eo commorantibus sanitas, claritas, hilaritas, protegente ac conservante majestate tua, omnipotens Deus. Qui vivis.

CXL

ORATIO IN COQUINA

Deus æterne, ante cujus conspectum assistunt angeli, et cujus nutu reguntur universa, qui etiam necessariis humanæ fragilitatis tua pietate consulere non desinis, te humiliter imploramus ut habitaculum istius officinæ illa benedictione perfundas, qui per manus Elisæi prophetæ in olla eremitica gustus amarissimos dulcorasti, et semper hic tuæ benedictionis copia redundante, laudes tibi referant, servi tui, qui das escam omni carni, et reples omne animal benedictione salvator mundi. Qui vivis et regnas.

CXLI

ORATIO IN LARDARIO [a]

Omnipotens et misericors Deus, qui necessitatem humani generis clementer prævidens, adminicula temporalia contulisti, humiliter imploramus ut benedicere digneris hoc lardarium famulorum tuorum, ut quod hic tua misericordia pie contulit, nostro merito non depereat. Per.

CXLII

ORATIO IN CAMINATA [b]

Omnipotens sempiterne Deus, cujus sapientia hominem docuit, ut domus hæc careret aliquando frigore a vicinitate ignis, te quæsumus, ut omnes habitantes, vel convenientes in ea, careant in corde infidelitatis frigore a fervore ignis Spiritus sancti. Per.

CXLIII

ORATIO IN INTROITU PORTÆ

Domine Jesu Christe, qui introitum portarum Hierusalem salvans sanctificasti, dum splendore gen

[a] Vox usurpata a Gallica voce *Lardier*.

[b] *Caminatum* usurpat pro *camino*.

marum duodecim totidem Apostolorum nomina præsignasti, et qui per organum propheticum promisisti: *Lauda, Hierusalem, Dominum, quia confortavit seras portarum tuarum, et benedixit filios tuos in te*: te quæsumus, ut ponas omnes fines domus istius sanctæ Mariæ et sancti Petri pacem, ut velociter currens, interius sermo tuus adipe frumenti satiet eos; Spiritus sanctus defendat illos, ut nunquam eis nocere prævaleat inimicus, sed omnes habitantes interius voce, corde, et opere decantent, dicentes: Magnus Dominus noster Jesus Christus, et magna virtus ejus, et sapientiæ ejus non est numerus. Qui cum Patre et Spiritu sancto vivis et regnas Deus, per omnia sæcula sæculorum.

CXLIV.

ORATIONES MATUTINALES ET VESPERTINALES.

Matutinales.

Matutina supplicum vota, Domine, propitius intuere, et occulta cordis nostri remedio tuæ clarifica pietatis, et desideria tenebrosa non teneant quos lux cœlestis gratiæ reparavit. Per.

Omnipotens, sempiterne Deus, apud quem semper nihil obscurum est, nihil tenebrosum, emitte, quæsumus, Domine, lucem tuam in cordibus nostris, ut mandatorum tuorum lege percepta, in via tua ambulantes, nihil patiamur erroris. Per.

Deus, qui vigilantes in laudibus tuis cœlesti mercede remuneras, tenebras de cordibus nostris auferre digneris, ut splendore luminis tui semper gaudeamus. Per Dominum nostrum.

Gratias tibi agimus, Domine sancte, Pater omnipotens, æterne Deus, qui nos de transacto noctis spatio ad matutinas horas perducere dignatus es, quæsumus ut dones nobis diem hunc sine peccato transire, quatenus ad vesperum et semper tibi Deo gratias referamus. Per Dominum nostrum.

Exsurgentes de cubilibus tuis, auxilium gratiæ tuæ matutinis, Domine, precibus imploramus, ut, discussis tenebris vitiorum, ambulare mereamur in luce virtutum. Per.

Te lucem veram et lucis auctorem, Domine, deprecamur, ut digneris a nobis tenebras depellere vitiorum, et clarificare nos luce virtutum. Per.

Veritas tua, quæsumus, Domine, luceat in cordibus nostris, et omnis falsitas destruat inimici. Per.

Sensibus nostris, quæsumus, Domine, lumen sanctum benignus infunde, ut tibi semper simus devoti, cujus sapientia creati sumus et providentia gubernamur. Per Dominum nostrum.

Tua nos, Domine veritas semper illuminet, et ab omni pravitate defendat atque custodiat. Per.

[Auge in nobis, Domine, fidem tuam, et Spiritus sancti lucem semper in nobis accende. Per. In unitate ejusdem.

Gratias agimus enarrabili pietati tuæ, omnipotens Deus, qui nos, depulsa noctis caligine, ad diei hujus principium perduxisti, et abjecta ignorantiæ cæcitate, ad cultum tui nominis atque scientiam revocasti, illabere sensibus nostris omnipotens Pater, ut in præ-

A ceptorum tuorum lumine gradientes, te ducem sequamur et principem. Per.

Deus, qui tenebras ignorantiæ verbi tui luce depellis, auge in cordibus nostris virtutem fidei quam dedisti, ut ignis quem gratia tua fecit accendi, nullis tentationibus possit exstingui. Per.

Auribus percipe, quæsumus, Domine, verba cordis nostri, clamoremque matutinum pius scrutator intellige; ut orandi ad te nobis sit fida devotio, tuaque donetur nobis diluculo contemplatio, et peccatorum omnium optata remissio. Per Dominum.]

Vespertinales.

Oriatur nascentibus tenebris aurora justitiæ, ut peracto die tibi suppliciter gratias agentes etiam mane dignanter recipias vota solventes. Per.

B Tuus dies, Domine, et tua est nox, concede solem justitiæ permanere in cordibus nostris, ad repellendas tenebras cogitationum iniquarum. Per.

Gratias tibi, Domine, agimus, custoditi per diem; gratias tibi exsolvimus, custodiendi per noctem: repræsenta nos, quæsumus, Domine, matutinis horis incolumes, ut nos omni tempore habeas laudatores. Per.

Omnipotens, sempiterne Deus, vespere et mane et meridie majestatem tuam suppliciter deprecamur ut, expulsis de cordibus nostris peccatorum tenebris, ad veram lucem, quæ Christus est, nos facias pervenire. Per eumdem Dominum nostrum.

Deus, qui illuminas noctem, et lucem post tene-
C bras facis, concede nobis ut hanc noctem sine impedimento Satanæ transeamus, atque matutinis horis ad altare tuum recurrentes, tibi Deo gratias referamus. Per Dominum.

Vespertinæ laudis officia persolventes, clementiam tuam, Domine, humili prece deposcimus, ut nocturni insidiatoris fraudes, te protegente, vincamus. Per Dominum.

Exaudi, Domine, famulos tuos, vespertina nomini tuo vota reddentes, et quos per singula diei momenta servasti, per noctis quietem custodire dignare. Per.

[Propitiare, Domine, vespertinis supplicationibus nostris, et fac nos sine reatu matutinis tibi laudibus præsentari. Per.

Quæsumus, Domine Deus noster, diei molestias
D noctis quiete sustenta, ut necessaria temporum vicissitudine succedente, nostra reficiatur infirmitas. Per Dominum.]

CXLV.

IMPOSITIO MANUUM SUPER ENERGUMENUM CATECHUMENUM.

Omnipotens, sempiterne Deus, a cujus facie cœli distillant, montes sicut cera liquescunt, terra tremit, cui patent abyssi, quem infernus pavescit, quem omnis irarum motus aspiciens humiliatur: te supplex deprecor, Domine, ut invocatione nominis tui, ab hujus famuli tui vexatione confusus inimicus abscedat, et ab hujus possessione anima liberata, ad auctorem suæ salutis recurrat, liberatoremque suum, diabolico fetore depulso, et odore suavissimo Spiritus sancti percepto, sequitur Per Dominum nostrum.

CXLVI
ITEM ALIA PRO PARVULO ENERGUMENO

Domine sancte, Pater omnipotens, æterne Deus, virtutem tuam totis exoro gemitibus, pro hujus famuli tui oppressa infantia qui etiam indignis inter pressuras donas præsidium exsurge pro hujus infantia debellata, et noli diu retinere vindictam, nec ante conspectum tuum veniant parentum delicta, qui nec pro filio patrem, nec pro patre promisisti filium judicari auxiliare quæsumus, inimici furore vexato, ne sine baptismate fictas ejus animam a diabolo possideri, sed potius tenera ætas malignis oppressionibus liberata, tibi referat gratias sempiternas Per

CXLVII
ITEM SUPER ENERGUMENUM BAPTIZATUM

Deus angelorum, Deus archangelorum, Deus prophetarum Deus apostolorum, Deus martyrum, Deus virginum, Deus Pater Domini nostri Jesu Christi, invoco sanctum nomen tuum, ac præclaræ majestatis tuæ clementiam supplex exposco, ut mihi auxilium præstare digneris ad versus hunc nequissimum spiritum ut ubicunque latet, audito nomine tuo velociter exeat vel recedat Ipse enim tibi imperat, diabole, qui ventis et mari vel tempestatibus imperavit Ipse tibi imperat, qui te de supernis cœlorum in inferiora terræ demergi præcepit Ipse tibi imperat, qui te retrorsum redire præcepit Audi ergo et time Satanas, victus et prostratus abscede in nomine Domini nostri Jesu Christi Tu ergo, nequissime Satanas, inimicus fidei generis humani, mortis raptor, justitiæ declinator, malorum radix, fomes vitiorum, seductor hominum, perditor gentium, incitator invidiæ, origo avaritiæ, causa discordiæ, excitator dolorum, dæmoniorum magister, qui stas et resistis, cum scis eum tuas perdere vires illum metue qui in Isaac immolatus est, in Joseph venundatus, in agno occisus, in homine crucifixus, deinde triumphator Recede in nomine Patris, et Filii, et Spiritus sancti, et da locum Spiritui sancto per hoc signum crucis Christi Domini nostri Qui venturus est judicare

Alia

Deus conditor et defensor generis humani, qui hominem ad imaginem et similitudinem tuam formasti, respice super hunc famulum tuum, qui dolis invidi serpentis appetitur quem vetus adversarius et hostis antiquus atræ formidinis horrore circumvolat, et sensum mentis humanæ stupore defigit, terrore conturbat, et metu trepidi timoris exagitat repelle, Domine, virtutem diaboli fallacesque ejus insidias amove, procul impius tentator aufugiat sit nominis tui signo famulus, tuis ex animo totus et corpore tu pectoris hujus interna custodias tu viscera regas, tu corda confirmes, inania adversariæ, potestatis tentamenta evanescant Da ad hanc invocationem nominis tui gratiam, ut qui hucusque terrebat, territus abeat, et victus abscedat, tibique possit hic servus tuus corde firmato et mente sincera debitum præbere famulatum Per Dominum

Alia

Domine sancte, Pater omnipotens, æterne Deus, Hosanna in excelsis, Pater Domini nostri Jesu Christi, qui illum refugam tyrannum gehennæ deputasti, qui Unigenitum tuum in hunc mundum misisti ut illum rugientem leonem contereret, velociter attende accelera, ut eripias hominem, ad imaginem et similitudinem tuam creatum, a ruina et dæmonio meridiano Da, Domine, terrorem tuum super bestiam, quæ exterminavit vineam tuam, da fiduciam servis tuis contra nequissimum draconem fortiter stare, ne contemnat sperantes in te, et dicat sicut in Pharaone jam olim dixit Deum non novi, nec Israel dimitto Urgeat illum, Domine, dextera tua potens, discedere a famulo, tuo, ne diutius præsumat captivum tenere hominem, quem tu ad imaginem facere dignatus es Adjuro te ergo, serpens antique, per judicem vivorum et mortuorum, per factorem mundi, per eum qui habet potestatem mittere in gehennam, ut ab hoc famulo Dei, qui ad Ecclesiæ præsepia concurrit, cum metu et exercitu furoris tui festinans discedas Adjuro te non mea infirmitate, sed in virtute sancti Spiritus, ut desinas [*al.*, exeas] ab hoc famulo Dei N., quem omnipotens Deus ad imaginem suam fecit Cede cede non mihi, sed mysteriis Christi Illius enim te perurget potestas, qui te affligens [*al.* adfligens], cruci suæ subjugavit Illius brachium contremesce qui devictis gemitibus inferni animas ad lucem perduxit Sit tibi terror corpus hominis, sit tibi formido imago Dei, nec resistas, nec moreris discedere ab homine, quoniam complacuit Christo ut in homine habitaret Et ne me infirmum contemnendum putes, dum me peccatorem nimis esse cognoscis Imperat tibi Dominus imperat tibi majestas Christi, imperat tibi Deus, Pater imperat tibi Filius et Spiritus sanctus, imperat tibi apostolorum fides sancti Petri et Pauli et cæterorum apostolorum imperat tibi indulgentia confessorum, imperat tibi martyrum sanguis, imperat tibi sacramentum crucis, imperat tibi mysteriorum virtus Exi, transgressor, exi, seductor, plene omni dolo et fallacia, veritatis inimice, innocentium persecutor Da locum, durissime, da locum, impiissime, da locum Christo, in quo nihil invenisti de operibus tuis, qui te exspoliavit qui regnum tuum destruxit, qui te victum ligavit, et vasa tua disrupit, qui te projecit in tenebras exteriores, ubi tibi cum ministris tuis erit præparatus interitus Sed quid nunc, truculente, recogitas? quid, temerarie, retractas? Reus omnipotenti Deo cujus statuta transgressus es Reus Filio ejus Jesu Christo, quem tentare ausus es et crucifigere præsumpsisti Reus humano generi, cui mors tuis persuasionibus venit Adjuro te ergo draco nequissime, in nomine agni immaculati qui ambulavit super aspidem et basiliscum, qui conculcavit leonem et draconem, ut discedas ab homine discedas ab ecclesia Dei. Contremisce et effuge, invocato nomine Domini illius quem inferi tremunt, cui virtutes cœlorum, et potestates et dominationes subjectæ sunt, quem cherubim et seraphim indefessis vocibus laudant. Imperat tibi Verbum caro factum, imperat tibi natus ex virgine, imperat tibi Jesus Nazarenus, qui te, cum discipulos ejus contemneres, illæsum et prostratum exire jussit ab homine. Quo præsente, cum te ab homine separasset, nec porcorum gregem A præsumebas contingere. Recede ergo nunc adjuratus in nomine ejus ab homine quem ipse plasmavit. Durum tibi est Christo velle resistere, durum est tibi contra stimulum calcitrare, quia tanto tardius exis, tanto tibi supplicium majus crescit, quoniam non hominem contemnis, sed illum qui dominator vivorum et mortuorum est. Qui venturus est judicare vivos et mortuos.¹

¹ Hic finis erat libri Sacramentorum Grimoldi abbatis in præcipuo codice ms. Coloniensi. Quia tamen in prologo hujus libri etiam Præfationum meminit quas in fine codicis hujus posuerit, et Benedictionum ab episcopo super populum dicendarum, nec non ejus quod in codice B. Gregorii ad gradus inferiores in Ecclesia constituendos non habetur, adeo esse mutilum codicem. Porro ad Præfationes B quod attinet, quia nullus codicum ms. separatim eas continebat, ad Præfationes sub calcem primi tomi nostras lectorem remittimus (a); uti etiam ad Ordinem Romanum, quod ad gradus inferiores attinet. Cæterum Benedictiones episcopales (quarum fragmentum quoque erat sub finem Coloniensis præcipui codicis alia manu scriptum) ex ms. cod. Ultrajectino et alio quodam Coloniensi, qui episcopalium functionum Ordinem complectebatur descripsimus. Et Coloniensis quidem hic codex viginti quatuor Dominicarum post octavas Pentecostes Benedictiones suppeditavit, quas idcirco etiam et quod cum evangeliis Dominicarum concordiam habere videntur, priore loco collocavimus. Undecim vero quæ solæ erant in Ultrajectino codice post has reposuimus.

(a) In nostra editione statim sequuntur Benedictiones episcopales. *Edit.*

BENEDICTIONES EPISCOPALES

PER ANNI CIRCULUM

JACOBI PAMELII MONITUM

« Benedictionem episcopalem, inquit Radulphus Tungrensis, de Can. Observ., propos. ult., Martialis episcopus, apostolorum discipulus, ex magisterio apostolorum tradidit Ambrosius dicere cœpit, isque nos ex eo usquequaque convaluit. Apostolicus autem hanc tantum quæ finita missa dicitur, dicit. » Pulchre profecto paucis his verbis integram rei seriem complexus est, divinorum officiorum indagator si quis alius diligentissimus. Et vero primis illis sæculis usitatam hanc benedictionem comprobatur ex locis DD. Damaso, Ambrosio, Hieronymo, Augustino, Carthaginensis concilii Patribus, Leone Magno et Agathensi concilio, multisque aliis. Quorum loci C citati, uti recte interpretatur Micrologus, cap. 21, has benedictiones sicuti et Toletano concilio statutum fuit, ante communionem ab episcopis olim factas indicant, quod etiamnum observari videmus ab episcopo Parisiensi dum publicum missæ sacrificium celebrat. Harum exemplar per anni circulum adjecisse se dicto prologo testatur Grimaldus. « Addidimus, inquit, etiam et benedictiones, ab episcopo super populum dicendas. » Quare et libro Sacramentorum ipsius eas subjecimus, in eorum gratiam apud quos adhuc viget hic benedictionum ritus, etsi jam inde ab ætate Radulphi Romæ a summo pontifice non observatus.

BENEDICTIONES DE ADVENTU DOMINI.

Omnipotens Deus, cujus Unigeniti adventum et præteritum creditis, et futurum exspectatis, ejusdem adventus vos illustratione sanctificet, et sua benedictione locupletet. Amen.

In præsentis vitæ stadio vos ab omni adversitate defendat, et se vobis in judicio placabilem ostendat. Amen.

Quo a cunctis peccatorum contagiis liberati, illius tremendi examinis diem exspectetis interriti. Amen.

Quod ipse præstare dignetur, qui cum Patre et Spiritu sancto vivit et gloriatur Deus, per omnia sæcula sæculorum. Amen.

Benedictio Dei Patris ✝ et Filii ✝ et Spiritus sancti ✝, et pax Domini sit semper vobiscum. Amen.

D *Item alia.*

Omnipotens Deus vos placido vultu respiciat, et in vos suæ benedictionis donum infundat. Amen.

Et qui hos dies incarnatione Unigeniti sui fecit solemnes, a cunctis præsentis et futuræ vitæ adversitatibus vos reddat indemnes. Amen.

Et qui de adventu Redemptoris nostri secundum carnem devota mente lætamini, in secundo, cum in majestate sua venerit, præmiis æternæ vitæ ditemini. Amen.

Quod ipse præstare dignetur.

Benedictio Dei Patris.

Item alia.

Deus, cujus adventus incarnationis præteritus creditur, et judicii venturus exspectatur, vos antequam veniat, expiet ab omni contagione delicti. Amen.

Prius in vobis diluat omne quod ille futura examinatione puniturus est, ut cum justus advenerit judex, non in vobis inveniat quod condemnet. Amen.

Quo veniente, non incurratis supplicium æternum, sed donis remuneremini sempiternis. Amen.

Quod ipse præstare dignetur.

Benedictio.

Item alia.

Deus, qui vos et prioris adventus gratia reparavit, et in secundo daturum se vobis regnum cum sanctis angelis repromisit, adventus sui vos illustratione sanctificet. Amen.

Vincula vestra dissolvat antequam veniat, ut liberati a vinculis peccatorum, interriti tremendum ejus exspectetis adventum. Amen.

Et quem venisse in terris pro vestra salute creditis, venturumque ad judicium sustinetis, ejus adventus gloriam impavidi mereamini contueri.

Quod ipse præstare dignetur.

Benedictio.

BENEDICTIO PROXIMA DOMINICA NATIVITATI DOMINI.

Excita, Domine, potentiam tuam, et veni ad salvationem populi tui, quem acquisisti sanguine tuo, ne in ejus perditione sævus ille exultet inimicus, quem adventus tui potentia dudum liberasti per gratiam. Amen.

Sit fortitudo dexteræ tuæ ad protectionem hujus familiæ tuæ, pro qua dignatus es hoc tempore carnem induere virginalem. Amen.

Ut dum infirmitatem nostram tua clementia non ignoras, omnem hanc Ecclesiam tuam tuæ divinitatis clypeo protegas. Amen.

Quod ipse præstare.

Benedictio.

IN VIGILIA NATALIS DOMINI VEL THEOPHANIÆ.

Deus, qui Filii sui Domini nostri Jesu Christi humilitate jacentem mundum dignatus est erigere, suæ vos benedictionis capaces dignetur efficere. Amen.

Ut veterem deponentes Adam cum actibus suis, illius conversatione vivatis, qui post Deum creatus est in justitia et sanctitate veritatis. Amen.

Sicque ab eo hodie sanctificationem mereamini, quatenus nativitatem Salvatoris die crastina celebraturi, convenientibus illi obsequiis existatis accepti. Amen.

Quod ipse præstare.

Benedictio.

B. IN NOCTE NATALIS DOMINI PRIMO GALLICINIO.

Omnipotens Deus, qui incarnatione Unigeniti sui mundi tenebras effugavit, et ejus gloriosa nativitate hanc sacratissimam noctem irradiavit, effuget a vobis tenebras vitiorum, et irradiet corda vestra luce virtutum. Amen.

Quique ejus sacratissimæ nativitatis gaudium magnum pastoribus ab angelo voluit nuntiari, ipse super vos benedictionis suæ gratissimum imbrem infundat, atque ipso pastore vos ad æternorum gaudiorum pascua æterna perducat. Amen.

Et qui per ejus incarnationem terrena cœlestibus sociavit, æternæ pacis et bonæ voluntatis nectare vos repleat, et cœlestis militiæ consortes efficiat. Amen.

Quod ipse præstare.

Benedictio.

B. IN NOCTE NATALIS DOMINI, PRIMO MANE.

Omnipotens Deus, qui omne genus humanum tenebris infidelitatis obcæcatum, visitatione veræ lucis hodie illustravit, ipse vos intrinsecus et extrinsecus gratiæ suæ benedictione illuminet. Amen.

Ut pannosis tenebrarum operibus abjectis, lucidis justitiæ vestimentis adornati decenter incedatis, patrum videlicet exemplis calceati, castitate renes accincti, Christum induti, scuto fidei muniti, gladio sancti Spiritus armati, galea spei decorati, charitatis pallio cooperti. Amen.

Quatenus hoc amictu per hostium cuneos illæsi transeuntes, et immunes, ad regem vestrum, quem in præsepio parvulum invenire pastores, in regnum cœlorum perveniatis ovantes. Amen.

Quod ipse præstare.

Benedictio.

B. IN DIE NATALIS DOMINI.

Benedicat vos omnipotens Deus, vestramque ad superna excitet intentionem, qui hanc sacratissimam diem nativitate Filii sui fecit esse solemnem. Amen.

Et qui eum, qui panis est angelorum, in præsepi Ecclesiæ cibum fecit esse fidelium animalium, ipse vos et in præsenti sæculo degustare faciat æternorum dulcedinem gaudiorum, et in futuro perducat ad satietatem [*al.*, societatem] æternorum præmiorum. Amen.

Quique ejus infantiam vilibus voluit indui pannis, ipse vos cœlestium vestimentorum induat ornamentis. Amen.

Quod ipse præstare dignetur, cujus regnum.

B. IN NATALI S. STEPHANI.

Deus, qui B. Stephanum protomartyrem coronavit, et confessione fidei, et agone martyrii, mentes vestras circumdet in præsenti sæculo corona justitiæ, et in futuro perducat vos ad coronam gloriæ. Amen.

Illius obtentu tribuat vobis Dei et proximi charitate semper exuberare, qui hanc studuit etiam inter lapidantium impetus obtinere. Amen.

Quo ejus exemplo roborati, et intercessione muniti, ab eo quem ipse a dextris Dei vidit stantem mereamini benedici. Amen.

Quod ipse præstare dignetur, qui cum Patre.

B. IN NATALI S. JOANNIS.

Omnipotens Deus dignetur vobis per intercessionem B. Joannis apostoli et evangelistæ benedicere, qui per eum arcana verbi sui voluit Ecclesiæ revelare. Amen.

A Concedat vobis, ut quod ille Spiritus sancti munere afflatus vestris auribus infudit, ejusdem Spiritus dono capere mente valeatis. Amen.

Quo, ejus documento de divinitate nostri Redemptoris edocti, et amando quod tradidit, et prædicando quod docuit, et exsequendo quod jussit, ad dona pervenire mereamini, quæ idem Dominus noster Jesus Christus repromisit. Amen.

Quod ipse præstare.

B. IN NATALI INNOCENTUM.

Omnipotens Deus, pro cujus Unigeniti veneranda infantia, infantum innocentum catervas Herodis funesti peremit sævitia, sua vobis benedictionis tribuat dona gratissima. Amen.

B Et qui eis concessit ut unicum Filium ejus Dominum nostrum non loquendo, sed moriendo confiterentur, concedat vobis ut fidem veram, quam lingua vestra fatetur, etiam mores probi, et vita inculpabilis fateatur. Amen.

Quique eos primitivum fructum sanctæ suæ suscepit Ecclesiæ, cum fructu bonorum operum vos faciat pervenire ad gaudia æternæ patriæ. Amen.

Quod ipse præstare dignetur.

B. DOMINICA POST NATALE DOMINI.

Deus, qui Unigenitum suum misit ut mundum salvaret, ejusdem salutis vos participes efficiat, et in ea perseverabiles reddat. Amen.

Iram, quæ super infideles manet, a vobis amoveat, et ab ea vos in perpetuum liberos efficiat. Amen.

C Spiritum Filii sui vobis attribuat, ejusque donis vos affatim exuberare concedat. Amen.

Quod ipse præstare dignetur.

B. IN OCTAVA DOMINI.

Omnipotens Deus, cujus Unigenitus hodierna die, ne legem solveret, quam adimplere venerat, corporalem suscepit circumcisionem, spiritali circumcisione mentes vestras ab omnibus vitiorum incentivis expurget, et suam in vos infundat benedictionem. Amen.

Et qui legem per Moysen dedit, ut per mediatorem nostrum benedictionem daret, exuat vos mortificatione vitiorum, et faciat perseverare in novitate virtutum. Amen.

D Quo sic in senarii numeri perfectione in hoc sæculo vivatis, et in septenario inter beatorum spirituum agmina requiescatis, quatenus in octavo resurrectione renovati, jubilæi remissione ditati, ad gaudia sine fine mansura perveniatis.

Quod ipse præstare dignetur.

B. IN THEOPHANIA.

Deus lumen verum, qui Unigenitum suum hodierna die, stella duce, gentibus voluit revelare, sua vos dignetur benedictione ditare. Amen.

Quo, exemplo magorum, mystica Domino Jesu Christo munera offerentes, spreto antiquo hoste, spretisque contagiis vitiorum, ad æternam patriam redire valeatis per viam virtutum. Amen.

Detque vobis veram mentium innocentiam, qui super Unigenitum suum Spiritum sanctum demonstrari voluit per columbam, eaque virtute mentes vestræ exerceantur ad intelligenda divinæ legis arcana, qua in Cana Galilææ lympha in vinum conversa est. Amen.

Quod ipse præstare dignetur.

B. IN OCTAVA THEOPHANIÆ.

Deum mirabilium et virtutum auctorem supplices exoramus, ut qui se tunc mundi lumen stellæ prodidit lumine, et ad quem claritate sideris magi pervenerunt orandum, ipse ignoscendo se vobis concedat agnoscendum. Amen.

Et qui dignatus est hodie ad Jordanis fontem, fons aquæ vivæ descendere, ut per lavacrum sancti corporis ipsas aquas dilueret, ipse vos interius et exterius ab omni crimine clementer expurget. Amen.

Quique rursus hac eadem die, in Cana Galilææ rogatus ad nuptiarum convivium, aquas viles præcipuum convertit in vinum, ipse vilitatem mortalium corporum vestrorum gloria resurrectionis absorberi faciat in æternum. Amen.

Quod ipse præstare, etc., cujus regnum.

B. DOMINICA I POST THEOPHANIAM.

Deus qui Filii sui temporalem pueritiam fecit esse mirabilem, spiritu prudentiæ corda vestra illustrare ac docere dignetur. Amen.

Quique illum parentibus temporaliter subdi voluit, ipse vos humilitatis et pietatis muneribus miseratus informet. Amen.

Et qui eum sapientia, ætate et gratia proficere tribuit, spiritalium vobis profectuum incrementa propitius largiatur. Amen.

Quod ipse præstare.

B. DOMINICA II POST THEOPHANIAM.

Deus, qui sua mirabili potestate aquam vertit in vinum, vos a vetustate subtractos in beatæ vitæ transferat novitatem. Amen.

Et qui nuptiis interesse voluit, ut earum sua præsentia comprobaret bonum, ipse vobis castitatis et sobrietatis perpetuæ conferat donum. Amen.

Ipse vobis sacrarum intelligentiam Scripturarum tribuat spiritalem, qui aquas in vina vertendo, hoc ipsum voluit designare. Amen.

Quod ipse præstare.

B. DOMINICA III POST THEOPHANIAM.

Omnipotens Deus vos ab omnium peccatorum maculis emundet, qui leprosum supplicem tactu proprio dignatus est emundare. Amen.

Quique centurionis servum non aspernatus est visitare, ipse cordium vestrorum hospitium dignetur misericorditer introire. Amen.

Sicque vos fidei suæ plenitudine informet, ut cum sanctis suis in cœlorum regno accumbere contendat. Amen.

Quod ipse

B. DOMINICA IV POST THEOPHANIAM.

Tentationum omnium a vobis Dominus pericula removeat, et perturbationum procellas miseratus excludat. Amen.

Tentatoris fraudes atque molimina dissolvat, et vos adversus eum cautos atque invincibiles faciat. Amen.

Continuæ pacis vobis munera tribuat, et vos in portum tranquillitatis ac securitatis propitiatus constituat. Amen.

Quod ipse.

B. DOMINICA V POST THEOPHANIAM.

Deus, qui bonum semen in sua Ecclesia serere consuevit, in vobis illud conservare atque multiplicare nunquam desistat. Amen.

Zizaniorum superseminatorem a vobis procul repellat, et sui verbi pabulo vos indesinenter reficiat. Amen.

Quo, cum dies judicii advenerit a reprobis separati, ad dexteram judicis sistamini, et in beatissimo ipsius regno collocemini. Amen.

Quod ipse præstare.

B. DOMINICA VI POST THEOPHANIAM.

Deus qui mare suis pedibus fecit esse calcabile, vobis quidquid est noxium, ipse substernat. Amen.

Contrarios immundorum spirituum motus compescat, et vos in sua pace confirmet. Amen.

Crucis suæ navi inter mundi fluctus gubernet, et in littus beatæ perennitatis perducat. Amen.

Quod.

B. IN PURIFICATIONE SANCTÆ MARIÆ.

Omnipotens Deus, qui Unigenitum suum hodierna die in assumpta carne in templo voluit præsentari, benedictionis suæ vos munere fultos, bonis operibus faciat exornari. Amen.

Et qui eum, ut legem adimpleret, ministrum voluit effici legis, mentes vestras instruat legis suæ spiritalibus documentis. Amen.

Quo ei et pro turturibus castitatis et charitatis munera offerre valeatis, et pro pullis columbarum Spiritus sancti donis exuberetis. Amen.

Quod ipse.

B. IN SEPTUAGESIMA.

Ipse vos in Ecclesia sua fructificare faciat qui ad excolendam vineam suam, mane hora tertia, sexta, nona, et undecima operarios invitat. Amen.

Quatenus inter primos operantes nec extremis invidentes, mercedem laborum vestrorum sine murmure et increpatione percipiatis. Amen.

Ut cum his qui membris Christi minimis subvenire curarunt, in novissimo magni judicii die benedici atque in æterna tabernacula introduci mereamini. Amen.

Quod ipse præstare dignetur, cujus potestas nec initio, nec fine coangustatur, in sæcula sæculorum. Amen.

B. IN SEXAGESIMA.

Dator omnium bonorum Christus, bonum semen

A in cordibus vestris seminare, et id maturitatem congruam dignetur perducere. Amen.

Quo nec a dæmonibus comestum, nec duritia cordis arefactum, nec spinis suffocatum, centenarium possit reddere fructum. Amen.

Quatenus in ultimo discrimine, quando multi pro crimine, uti zizania igni comburendi, traduntur, vobis manipulos frugum vestrarum portantibus, horrea cœlorum aperiantur. Amen.

Quod summa Trinitas præstare dignetur quæ quibuslibet foris impendentibus ministerium, ipsa sola intrinsecus dare potest incrementum, in sæcula sæculorum. Amen.

B. IN QUINQUAGESIMA.

B Lumen indeficiens Deus, qui ad illuminationem nostram lumen de se genitum in hunc mundum dirigere voluit incarnatum, ipse aperire dignetur oculos præcordiorum vestrorum. Amen.

Quatenus ipsum sequentes et alios ad laudem Dei accendatis et ipsi ad domum Dei æternam in cœlis perveniatis. Amen.

In quam per ipsum et ostium et ostiarium intro ducti, divinis laudibus in sæcula sæculorum permaneatis intenti. Amen.

Quod ejus dignatione fieri postulemus, qui quos ante sæculum præscivit et prædestinavit et ante finem sæculi vocavit et justificavit, in fine sæculi glorificabit in sæcula sæculorum. Amen.

C B. DOMINICA I QUADRAGESIMÆ.

Benedicat vobis omnipotens Deus, qui quadragenarium numerum in Moyse et Elia, nec non Mediatoris nostri jejunio consecravit, concedatque vobis ita transigere præsentis vitæ dispensationem, ut accepto a patrefamilias remunerationis denario, perveniatis ad peccatorum omnium remissionem, et ad gloriosam cum sanctis omnibus resurrectionem. Amen.

Detque vobis spiritalium virtutum invictissima, [*al.* invictricia] arma, quibus exemplo Domini devincere valeatis antiqui hostis sagacissima tentamenta. Amen.

Quo non in solo pane, sed in omni verbo quod de ore ejus procedit, spiritalem sumentes alimoniam,

D per jejuniorum observationem, et cæterorum bonorum operum exhibitionem, percipere mereamini immarcescibilem gloriæ coronam. Amen.

Quod ipse.

B. DOMINICA II QUADRAGESIMÆ.

Omnipotens Deus jejunii cæterarumque virtutum dedicator atque amator, sua vos benedictione sanctificet. Amen.

Accendat in vobis piæ devotionis affectum, et præbeat supplicantibus suum benignus auditum. Amen.

Quatenus mentes vestræ, sinceris purgatæ jejuniis, bonorum omnium [*al.* operum] exuberent incrementis. Amen.

Quod ipse.

B. DOMINICA III QUADRAGESIMÆ.

Omnipotens Deus jejuniorum vestrorum victimas clementer accipiat, et sua vos benedictione dignos efficiat. Amen.

Mentes vestras ita parcimoniæ bono contra vitia muniat, præceptorum suorum doctrinis erudiat, charitatis dono repleat, ut vos in omnibus sibi placere concedat. Amen.

Quatenus, præsentis Quadragesimæ diebus devotissime celebratis, ad paschalia festa purificatis mentibus accedere valeatis. Amen.

Quod ipse.

B. DOMINICA IV QUADRAGESIMÆ.

Deus qui vos ad præsentium quadragesimalium dierum medietatem dignatus est perducere, ipse vos sua miseratione dignetur benedicere. Amen.

Abstinentiam vestram præteritam acceptet, futuram ita sibi placitam reddat, ut sicut ab illicitis cibis, ita vos etiam a vitiis omnibus abstinere concedat. Amen.

Quatenus de præteritis et de futuris spiritalium charismatum frugibus ei grates persolventes, ad sanctum Pascha pervenire possitis indemnes. Amen.

Quod ipse.

B. DOMINICA V QUADRAGESIMÆ.

Accendat in vobis Dominus vim sui amoris, et per jejuniorum observantiam, infundat in vobis donum suæ benedictionis. Amen.

Sic ei parcimoniæ victimas offeratis, ut illi contriti cordis, et humilitatis sacrificio placeatis. Amen.

Quatenus oratio vestra, jejunii et eleemosynæ alis subvecta, ita ad aures vestri conditoris ascendat, ut vos æternæ beatitudinis hæredes et supernorum civium consortes efficiat. Amen.

Quod ipse.

B. DOM. INDULGENTIÆ.

Benedicat vobis omnipotens Deus, cui et jejuniorum macerationem et præsentium dierum observationem placere studetis. Amen.

Concedatque vobis, ut sicut ei cum ramis palmarum cæterarumve frondium præsentari studuistis, ita cum palma victoriæ et fructu bonorum operum ei post obitum apparere valeatis. Amen.

Quique unigeniti Filii ejus passionem puro corde creditis, mente devota venerari studetis, ad resurrectionis festa et vestræ remunerationis præmia, ipsius fulti munimine, veniatis. Amen.

Quod ipse.

B. IN CŒNA DOMINI.

Benedicat vobis omnipotens Deus, qui per Unigeniti sui passionem vetus pascha in novum voluit converti, concedatque vobis ut, expurgato veteris fermenti contagio, nova in vobis perseveret conspersio. Amen.

Et qui ad celebrandam Redemptoris nostri cœnam mente devota convenistis, æternarum dapium vobiscum epulas reportetis. Amen.

Ipsiusque opitulante clementia, mundemini a sor-

A dibus peccatorum, qui ad insinuandum humilitatis exemplum, pedes voluit lavare discipulorum. Amen.

Quod ipse.

B. DE PASSIONE DOMINI.

Omnipotens Deus, qui Unigeniti sui passione tribuit vobis humilitatis exemplum, concedat vobis per eamdem humilitatem percipere suæ benedictionis ineffabile donum. Amen.

Ipsius resurrectionis percipiatis consortia, cujus patientiæ veneramini documenta. Amen.

Quo ab eo sempiternæ vitæ munus percipiatis, per cujus temporalem mortem, æternam vos evadere creditis. Amen.

Quod ipse præstare.

B B. IN SABBATO SANCTO.

Deus qui de Ecclesiæ suæ utero intemerato novos populos producens, eam virginitate manente, nova semper prole fecundat, fidei, spei et charitatis vos munere repleat, et suæ in vos benedictionis dona infundat. Amen.

Et qui hanc sacratissimam noctem Redemptoris nostri resurrectione voluit illustrare, mentes vestras peccatorum tenebris mundatas virtutum copiis faciat coruscare. Amen.

Quo eorum qui modo renati sunt, innocentiam imitari certetis, et vascula mentium vestrarum, exemplo præfulgentium luminum illustretis, ut cum bonorum operum lampadibus, ad hujus sponsi tha-

C lamum, cujus resurrectionem celebratis, cum prudentibus virginibus intrare possitis. Amen.

Quod ipse præstare.

B. IN DIE SANCTO PASCHÆ.

Benedicat vos omnipotens Deus, hodierna interveniente Paschali solemnitate, et ab omni miseratus, dignetur defendere pravitate. Amen.

Et qui ad æternam vitam Unigeniti sui resurrectione vos reparat, in ipsius adventu immortalitatis vos gaudiis vestiat. Amen.

Et qui, expletis jejuniorum sive passionis Dominicæ diebus, paschalis festi gaudia celebratis, ad ea festa quæ non sunt annua sed continua, ipso opitulante, exsultantibus animis veniatis. Amen.

D Quod ipse præstare dignetur, qui devicta morte, Patri sanctoque Spiritui coæqualis, vivit et gloriatur Deus, per omnia sæcula sæculorum. Amen.

B. IN OCTAVA PASCHÆ.

Deus, cujus unigenitus hodierna die discipulis suis, januis clausis, dignatus est apparere, suæ vos benedictionis donis locupletare et cœlestis vobis regni januas dignetur aperire. Amen.

Ut qui ab eorum pectoribus attactu sui corporis vulnus amputavit dubietatis, concedat ut per fidem, qua eum resurrexisse creditis, omnium delictorum maculis careatis. Amen.

Et qui eum cum Thoma Deum et Dominum creditis, et cernuis vocibus invocatis, ab eo et in hoc sæculo a malis omnibus tueri, et in futuro sancto- (A) rum cœtibus asciscí valeatis. Amen.

Quod ipse.

ITEM II. DE RESURRECTIONE DOMINI.

Benedicat vos omnipotens Deus, qui vos gratuita miseratione creavit, et in resurrectione Unigeniti sui spem vobis resurgendi concessit. Amen.

Resuscitet vos de vitiorum sepulcris, qui eum resuscitavit a mortuis. Amen.

Ut eum eo sine fine feliciter vivatis, quem resurrexisse a mortuis veraciter creditis. Amen.

Quod ipse.

Alia.

Deus, qui per resurrectionem Unigeniti sui vobis contulit et bonum redemptionis et decus adoptionis, suæ vobis conferat præmia benedictionis. Amen. (B)

Et quo redimente percepistis donum perpetuæ libertatis, eo largiente, consortes efficiamini æternæ hæreditatis. Amen.

Et qui consurrexistis in baptismate credendo, adjungi mereamini in cœlesti regione bene vivendo. Amen.

Quod ipse.

Item alia.

Deus, qui pro vobis suscepit injuriam crucis, lætitia vos innovet suæ resurrectionis. Amen.

Et qui pendenti secum in cruce latroni remisit delictum, vos absolvat a cunctis nexibus peccatorum, Amen.

Ut per redemptionis vestræ mysterium et digne (C) conversemini in opere, et locupletius æterna perfruamini remuneratione. Amen.

Quod ipse.

Item alia.

Deus qui vos lavit aqua sui lateris, et redimit effusione cruoris, ipse in vobis confirmet gratiam adeptæ redemptionis. Amen.

Per quem renati estis ex aqua et Spiritu sancto, ipse vos cœlesti consociet regno. Amen.

Quique dedit vobis initia sanctæ fidei, ipse conferat et perfectionem operis, et plenitudinem charitatis. Amen.

Quod ipse, etc., cujus.

Item alia.

Dominus Deus noster vos perducat ad arborem (D) vitæ, qui eruit de lacu miseriæ. Amen.

Ipse vobis aperiat januam paradisi, qui confregit portas inferni. Amen.

Ipse vos eruat a flagello, et in regnum suum perducat confidentes, qui pati dignatus est pro impiis innocens. Amen.

Quod ipse, etc. qui cum Patre.

Item alia.

Omnipotentis Dei et Domini nostri benedictionibus repleamini, cujus estis sanguine pretioso redempti. Amen.

Ejus vos indeficiens repleat gratia, cujus ineffabilis plasmavit potentia. Amen.

Et qui vobis in hoc mundo præstitit conditionem nascendi, ipse in regno æterno tribuat mansionem sine fine vivendi. Amen.

Quod ipse, etc., qui cum Patre.

Item alia.

Deus qui, calcatis inferni legibus, captivitatem nostram, resoluta catenarum compage, dignatus est ad libertatis præmia revocare, ipse vobis præstet ita hanc vitam transigere, ut in illam perpetuam, ipso duce, possitis intrare. Amen.

Tantum præbeat vobis fervorem catholicæ fidei, ut sancti adventus illius sitis exspectatione securi. Amen.

Ut quicunque hic meruerunt purgari unda baptismi, ibi præsentari valeant pio judici candidati. Amen.

Quod ipse, etc.

DE SANCTA CRUCE.

Benedicat vos de cœlis omnipotens Deus, qui per crucem et sanguinem passionis suæ vos dignatus est redimere in terris. Amen.

Ipse vos renovet a vetustate peccati, qui pro vobis dignatus est crucifigi; vosque ad cœlestia suscitet, qui pro vobis inferos penetravit. Amen.

Vitam suam vobis Dominus tribuat, qui mortem vestram suscepit et perdidit. Amen.

Quod ipse, etc., cujus.

Item alia.

Benedicat vobis omnipotens Deus, qui per Unigeniti sui Jesu Christi Domini nostri passionem et crucis patibulum genus redemit humanum. Amen.

Concedatque vobis ut cum omnibus sanctis quæ sit ejusdem crucis longitudo, latitudo, sublimitas et profundum, mente devota comprehendere possitis. Amen.

Quatenus vosmetipsos abnegando, crucemque gestando, ita in præsentis vitæ stadio Redemptorem nostrum possitis sequi, ut ei inter choros angelorum post obitum mereamini asciscí. Amen.

Quod ipse,

B. IN DIE ASCENSIONIS DOMINI.

Benedicat vobis omnipotens Deus, cujus Unigenitus hodierna die cœlorum alta penetravit, et vobis ubi ille est ascendendi aditum patefecit. Amen.

Concedatque propitius ut sicut post resurrectionem suam discipulis visus est manifestus, ita vobis in judicium veniens videatur placatus. Amen.

Et quem consedere Patri in sua majestate creditis, vobiscum manere usque in finem sæculi secundum suam promissionem sentiatis. Amen.

Quod ipse.

B. IN VIGILIA PENTECOSTES.

Benedicat vobis omnipotens Deus, ob cujus Paracleti adventum mentes vestras jejunii observantia præparatis, et præsentem diem solemnibus laudibus honoratis. Amen.

Instar modo renatorum infantium talem innocentiam habeatis, ut templum sancti Spiritus, ipso tribuente, esse possitis. Amen.

Atque idem Spiritus veritatis ita vos hodie sua habitatione dignos efficiat, ut cras vestris mentibus se, vobiscum perpetim habitaturus, infundat; et peracto præsentis vitæ curriculo, vos ad cœlestia regna perducat. Amen.

Quod ipse præstare dignetur, qui cum Patre et Filio unus Deus vivit et regnat per omnia sæcula sæculorum. Amen.

Item alia.

Deus Pater omnipotens, qui, exaltato Christo Filio suo, discipulis ejus Spiritum paracletum, sicut promiserat, infudit, eodem vos purificari et consolari dignetur. Amen.

Ut in vobis in hoc sæculo manens, vos in futuro ad visionem suam perducat. Amen.

Ac ipsum Filium suum, quem impii in judicio in hominis visuri sunt forma, post judicium vobis in majestate sua conspicabilem reddat. Amen.

Quod ipse.

B. IN DIE SANCTO PENTECOSTES.

Deus, qui hodierna die discipulorum mentes Spiritus paracleti infusione dignatus est illustrare, faciat vos sua benedictione repleri, et ejusdem Spiritus donis exuberare. Amen.

Ille ignis qui super discipulos apparuit, peccatorum vestrorum sordes expurget, et sui luminis infusione corda vestra perlustret. Amen.

Quique dignatus est diversitatem linguarum in unius fidei confessione adunare, in eadem vos faciat fide perseverare, et per hanc ad speciem [*al.*, specie suæ celsitudinis] pervenire. Amen.

Quod ipse.

Item alia.

Deus, qui apostolos, Christi Filii sui recessu quasi orphanos factos, hodie adventu Spiritus sancti reddidit consolatos, ipso vos semper inhabitante, ab omni malitia faciat alienos. Amen.

Et qui eos charismate donavit omnium linguarum, vos ditet gratia cunctarum virtutum. Amen.

Ut hic unanimes, uno ore honorificantes Deum, cum ipsis perveniatis ad regna cœlorum. Amen.

Quod ipse.

B. IN OCTAVA PENTECOSTES.

Effundat super vos Dominus spiritum gratiæ et precum, spiritum agnitionis et dilectionis suæ, et sanctæ spei. Amen.

Requiescat super vos spiritus sapientiæ et intellectus, spiritus consilii et fortitudinis, spiritus scientiæ et pietatis, repleatque vos spiritu timoris Domini. Amen.

Spiritus ejus qui suscitavit Jesum a mortuis, habitet in vobis, ut immortalitatis ejus participatione per infinita sæcula gaudeatis. Amen.

Quod ipse.

Item alia.

Deus qui regeneravit vos ex aqua et Spiritu sancto, ipse vos in suo constituat regno. Amen.

A Ut invisibiliter eodem Spiritu instructi, Filii ejus fiatis adoptivi. Amen.

Et a potestate tenebrarum recedentes, in conspectu ipsius perseveretis lucentes. Amen.

Quod ipse.

B. DOMINICA I POST OCTAVAM PENTECOSTES.

Charitate sua vos Dominus replere dignetur, ut beata vos hæreditate muneretur. Amen.

Quatenus per timorem ejus castum, gehennæ evadentes tormentum, ad supernum gaudentes perveniatis paradisum. Amen.

Ut inde conspectis malorum pœnis quas ejus gratia evasistis, debitas ei gratiarum actiones in ævum persolvatis. Amen.

B Quod ipse.

DOMINICA II.

Deus Pater omnipotens, qui vos ad suam vocavit cœnam, humiliter sibi obsequentes perducat ad illam. Amen.

Ut infelicibus circa terrestria detentis, vos felices et expediti ad cœlestia perveniatis. Amen.

Nec in aliquo vestrum Deus inveniat quod expulsione sit dignum, sed quod præmium mereatur beatum. Amen.

Quod ipse.

DOMINICA III.

Omnipotens Deus, qui Unigenitum suum ad ovem direxit erroneam, per ipsum vos ad mansionem perducat supernam. Amen.

C Et interim vos a leonum et luporum defendat insidiis, donec ad secura pascua conscendatis. Amen.

Ut fiat de vobis gaudium in cœlis, quod per fidem diabolum devicistis in terris. Amen.

Quod ipse.

DOMINICA IV.

Misericors Deus misericordes vos faciat, ut vobis misericordiam dignanter impendat. Amen.

Et ita vos doceat judicare, ne merito vos debeat condemnare. Amen.

Sed imitatores patientiæ Christi effectos, in futura gloria constituat in ævum securos. Amen.

Quod ipse.

DOMINICA V.

D Obedientes vos Dominus præstet apostolicæ doctrinæ, ut hæredes fiatis benedictionis æternæ. Amen.

Et earum precibus de profundo hujus mundi liberati, cum eis possessores gaudeatis regni superni. Amen.

Ut cum animadversionem judicis pavescent mala facientes, oculi Domini demulceant vos exsultantes. Amen.

DOMINICA VI.

Baptisma quod accepistis in Christo, ejus gratia conservetis illæsum in mundo. Amen.

Ut in ipso commortui peccatis, in novitate vitæ semper ambuletis. Amen.

Et omni temeritate mentis et linguæ sive operis

devitata, oblatio devotionis vestræ Deo Patri fiat accepta. Amen.

Quod ipse p.

DOMINICA VII.

Ab omni peccato emundatos efficiat vos Dominus sanctificatos. Amen.

Ut tales fructus afferatis, de quibus ipsi placere valeatis. Amen.

Et hic spiritalibus cibis enutriti, ad cœnam nuptiarum agni veniatis securi. Amen.

Quod ipse præstare dignetur, qui veritas manens et vita, vobis dignatus est fieri via et esca: cujusque imperium sine fine permanet sæcula sæculorum. Amen.

DOMINICA VIII.

Ita vos Dominus omnipotens tribuat facta carnis mortificare, ut digni fiatis cum ipso regnare. Amen.

Et hic ejus Spiritu justificati, in futuro appareatis Filii Dei. Amen.

Et falsis et malis merito damnatis, vos gratia Dei, ut sol splendeatis. Amen.

Quod ipse p.

DOMINICA IX.

Ab omnibus concupiscentiis malis evacuatos vos Dominus restituat immaculatos. Amen.

Et liberatos a tentationibus, præstet pollere virtutibus. Amen.

Ut innocentia vitæ et eleemosynarum largitate, perfruamini beata æternitate. Amen.

Quod ipse p.

DOMINICA X.

A blasphematoribus Christi secernens vos Dominus, adnumeret suis fidelibus confessoribus. Amen.

Ut multiplici sancti Spiritus dono ditati, in omnibus inveniamini bonis perfecti. Amen.

Nec ejectionem de domo Dei mereamini æterna, sed in sæcula sæculorum habitetis in ea. Amen.

Quod ipse p.

DOMINICA XI.

Per passionem Christi justificatos, per resurrectionem ejus vos Dominus reddat glorificatos. Amen.

Ut gratia ipsius de indignis digni, et de minimis efficiamini magni. Amen.

Nec tamen de sanctitate gloriantes, despiciatis aut condemnetis adhuc peccantes. Amen.

Quod ipse p.

DOMINICA XII.

Idoneos sibi vos Dominus faciat ministros munere sui Spiritus instructos.

Ut auribus et ore Christo devoti, ejus fiatis præconio digni. Amen.

Quatenus ita vitatis ut ad laudem Dei et alios accendatis. Amen.

DOMINICA XIII.

Qui vos promissionis patrum tribuit esse participes, eorum faciat esse cohæredes. Amen.

Ut qui in Adam de paradiso lugetis ejecti, per Christum gaudeatis reducti. Amen.

A Et alios ipsius imitatione, vitæ concilietis æternæ. Amen.

Quod ipse p.

DOMINICA XIV.

Tribuat vobis Dominus carnis desideria conterere, ut spiritu possitis ambulare. Amen.

Emundet vos a lepræ interioris contagio, ut digni fiatis sanctorum consortio.

Et hic mundatori vestro gratias agentes ad cœlestem Hierusalem perveniatis ovantes. Amen.

Quod ipse.

DOMINICA XV.

Præstet vos Dominus superare cenodoxiam, ut veram pertingatis ad gloriam. Amen.

Et hic seminantes justitiam, in futuro vitam me-
B reatis æternam. Amen.

Et Creatori vestro devote servientes, cum ipso regnetis exsultantes. Amen.

DOMINICA XVI.

In tribulatione vos faciat Dominus patientes, ut ejus fieri mereamini consortes. Amen.

Et hic Christo per fidem in vobis habitante, ad videndam claritatem illius possitis intrare. Amen.

Sejunctisque a vobis mortuorum bajulis, ipsum cum angelis sanctis collaudetis. Amen.

Quod ipse p.

DOMINICA XVII.

In unitate spiritus faciat vos Dominus ambulare, ut cum illo mereamini regnare. Amen.

C Et baptisma servantes, Patri qui est supra omnia, præsentemini lætantes. Amen.

Et fictis debito rubore confusis, vos in æterna gloria gaudeatis. Amen.

Quod ipse p.

SABBATUM IN XII LECT.

Dignos vos Deus efficiat suo sacerdotio, qui suo pro vobis non pepercit unigenito. Amen.

Ut in sancta conversatione perseverantes, ad illum etiam convertatis errantes. Amen.

Et pro sterilibus et incurvatis intercessores idonei fiatis. Amen.

Quod ipse p.

DOMINICA XVIII.

D Deus, qui ditavit vos in verbo et scientia, conservet vos in vita immaculata. Amen.

Ut in adventu Filii ejus pareatis sine crimine, cujus estis emundati cruore. Amen.

Et impiis scabelli vice sub pedibus ejus positis, vos cum ipso sublimati consideatis. Amen.

Quod ipse p.

DOMINICA XIX.

Renovet vos omnipotens Deus, ut nobis esse debeat placatus. Amen.

Et depositis omnibus vitiis, in cunctis virtutibus fulgeatis. Amen.

Atque hic proximorum onera portantes, cum ipsis ad cœlum veniatis exsultantes. Amen.

Quod ipse p.

DOMINICA XX

Concedat vobis omnipotens Dominus, ut hic caute ambulantes, ad regna cœlorum perveniatis indemnes Amen

Et sancti Spiritus pignore ditati, quondam appareatis corpus Filii Dei, Amen

Cum quo ad æternas nuptias intrantes, sanctorum societate perfruamini gaudentes Amen

Quod ipse p

DOMINICA XXI

Confortet vos Deus omnipotens ad bellandas, etc.

Ut scuto fidei, galea spei, et charitatis cingulo muniti, placere valeatis summæ Trinitati Amen

Et per exempla credulitatis vestræ, et alii converti discant honeste Amen

Quod ipse p

DOMINICA XXII

Auctor et inceptor omnium bonorum, consortes efficiat vos felicium præmiorum Amen

Et magis ac magis abundantes in sua scientia, in diem Christi perducat sine offensa Amen

Insuper omnium debitorum contractus remittens, fidelibus servis adæquet miserescens Amen

Quod ipse

DOMINICA XXIII

Imitatores sanctorum faciat vos Dominus, ut vobis dignetur esse placatus Amen

Et hic crucis Christi amici perseverantes, cœlestis regni fiatis participes Amen

Quatenus imagine sua in vobis agnita, gaudia vobis tribuet infinita Amen

Quod ipse p

DOMINICA XXIV

Impleat vos Dominus agnitione voluntatis suæ, ut hæredes esse mereamini vitæ sempiternæ Amen

Et longanimitate patientiæ vestræ, Deo nutriantur animæ recte Amen

Quinetiam vitiis languidi vel sceleribus mortui, visitatione sive tactu sanctitatis vestræ salvi inveniantur et vivi Amen

* B DOMINICA I POST PENTECOSTEN

Benedicat vobis Dominus nostri oris alloquio, et cor vestrum sinceri amoris copulet nexu perpetuo Amen

Floreatis rerum præsentium copiis justitia acquisitis, gaudeatis perenniter fructibus sincerissimæ charitatis Amen

Tribuat vobis Dominus dona perennia, ut post tempora feliciter dilatata, percipiatis gaudia sempiterna Amen

Quod ipse

B DOMINICA II POST PENTECOSTEN

Emundet Dominus conscientias vestras ab omni malitia, et repleat sanctificatione perpetua Amen

Vota vestra clementer intendat, et peccata omnia propitiatus indulgeat Amen

A Quæ pie optatis, miseratus attribuat, et quæ pavescitis, pius propugnator procul repellat Amen

Quod ipse

B DOMINICA III POST PENTECOSTEN

Amoveat a vobis Dominus totius maculas simultatis, et imbuat vos muneribus puræ dilectionis Amen

Subjuget a vobis reluctationem carnis et sanguinis, et opem conferat perpetuæ castitatis Amen

Atque vos in præsenti sæculo diligere faciat, quod a cœlestis paradisi hæreditate non dividat Amen

Quod ipse

B DOMINICA IV POST PENTECOSTEN

Sanctificet vos Domini gratia, et ab omni malo
B custodiat Amen

Arceat a vobis omne quod malum est, et spiritus vestros corporaque purificet Amen

Alliget vos sibi vinculo charitatis, et pax ejus abundet in cordibus vestris Amen

Quod ipse

B DOMINICA V POST PENTECOSTEN

Deus, qui est vita mortalium salusque peccatorum, auferat a vobis omnes maculas delictorum Amen

Induat vos decore virtutum, sanctificet mentes, purificet voluntates, et donet vobis sanctorum consortium angelorum Amen

Ut probabiles fide, et opere immaculati, perveniatis ad æternam gaudiorum cœlestium hæreditatem Amen

C Quod ipse

B DOMINICA VI POST PENTECOSTEN

Gratia sua vos Dominus locupletet, et cœlesti benedictione multiplicet Amen

Ab omni vos adversitate defendat, et pia semper miseratione custodiat Amen

Petitiones vestras placatus intendat, et culparum omnium vobis veniam clementer attribuat Amen

Quod ipse

B. DOMINICA VII POST PENTECOSTEN

Benedictio vos Domini comitetur ubique sibique semper vos faciat adhærere Amen

Ipse vos sua benedictione salvificet, qui dignatus
D est plasmare potenter Amen

Atque ita vos præstet feliciter vivere, ut cœlestis beatitudinis efficiat cohæredes Amen

Quod ipse

B DOMINICA VIII POST PENTECOSTEN

Omnipotens Deus peccatorum vestrorum maculas expurget et sua vos benedictione illustret Amen

Repleat vos spiritualium donis virtutum, et perseverare faciat in bonis propositum vestrum Amen

Sicque humilitatem vestram benignus acceptet, ut suæ vos pietatis remuneratione locupletet Amen

Quod ipse

* Ex Ultrajectino codice aliæ undecim priorum Dominicarum post Pentecosten Benedictiones

B. DOMINICA IX POST PENTECOSTEN.

Benedictionis Domini gratia vos semper protegat et ab omni malo defendat. Amen.

Mundet vos ab omni crimine peccatorum, et sibimet placere faciat in æternum. Amen.

Ibique vobis Dominus placatus occurrat, et suæ benedictionis opem dignanter attribuat. Amen.

Quod ipse.

B. DOMINICA X POST PENTECOSTEN.

Omnipotens Dominus adaperiat cor vestrum in lege sua, et humiliet animas vestras ad capienda mandata cœlestia. Amen.

Quidquid vobis pro salute animarum vestrarum os mortalitatis nostræ enarrat, acceptum vobis pietas divina efficiat. Amen.

Ut divinis sermonibus animati, cum eis qui pro vobis invigilant, ad æternam beatitudinem mereamini pervenire illæsi. Amen.

Quod ipse.

B. DOMINICA XI POST PENTECOSTEN.

Concedat vobis Dominus præmium sincerissimæ charitatis, ut cum omnibus semper in pace vivatis. Amen.

Inimicorum omnium insidias superetis et præsentem vitam sincerissime peragatis. Amen.

Sitis et jam a reatu conscientiæ liberi, ut nihil metuatis in die judicii postfuturi. Amen.

Quod ipse [a].

B. IN NATALI S. JOANNIS BAPTISTÆ.

Benedicat vobis omnipotens Deus, Joannis Baptistæ intercessione, cujus hodie natalitia celebratis, concedatque ut cujus solemnia, colitis, patrocinia sentiatis. Amen.

Illius obtentu ab omnibus adversis tueamini, et bonis omnibus perfruamini, qui adventum Redemptoris mundi necdum natus agnovit, matris sterilitatem nascendo abstulit, patris linguam natus absolvit. Amen.

Quatenus ipsius Agni, quem ille digito ostendit, cujus immolatione estis redempti, ita virtutum lanis vestiri, et innocentiam valeatis imitari, ut ei æternæ patriæ felicitate possitis adjungi. Amen.

Quod ipse.

B. IN NATALI APOSTOLORUM PETRI ET PAULI.

Benedicat vobis omnipotens Deus, qui vos beati Petri saluberrima confessione in ecclesiasticæ fidei fundavit soliditate. Amen.

Et quos beati Pauli sanctissima instruxit prædicatione, sua tueatur gratissima defensione. Amen.

Quatenus Petrus clave, Paulus sermone, utrique intercessione, ad illam vos certent patriam introducere, ad quam illi alter cruce, alter gladio, hodierna die pervenere. Amen.

Quod ipse.

B. IN FESTIVITATE S. MARIÆ.

Deus qui per beatæ Mariæ virginis partum genus A humanum dignatus est redimere, sua vos dignetur benedictione locupletare. Amen.

Ejus semper et ubique patrocinia sentiatis, ex cujus intemerato utero auctorem vitæ suscipere meruistis. Amen.

Et qui ad ejus celebrandam festivitatem hodierna die devotis mentibus convenistis, spiritualium gaudiorum et æternorum præmiorum vobiscum munera reportetis. Amen.

Quod ipse.

B. DE MARTYRIO S. JOANNIS BAPTISTÆ.

Deus, qui vos B. Joannis Baptistæ concedit solemnia frequentare, tribuat vobis et eadem devotis mentibus celebrare, et suæ benedictionis dona per- B cipere. Amen.

Et qui pro legis ejus præconio carceralibus est retrusus in tenebris, intercessione sua a tenebrosorum operum vos liberet incentivis. Amen.

Et qui pro veritate, quæ Deus est, caput non est cunctatus amittere, suo interventu ad caput vestrum, quod Christus est, faciat pervenire. Amen.

Quod ipse.

B. IN COMMEMORATIONE OMNIUM SANCTORUM.

Sanctæ Dei genitricis Mariæ, beatorumque spirituum atque omnium sanctorum suorum intercessionibus a periculis et reatibus eripiat, et protegat, et exuat vos Dominus. Amen.

Quatenus quorum solemnia veneramini, fidem et actus devotius imitemini, ut præmiorum beatitudi- C nem æternaliter consequi mereamini. Amen.

Quod quia condigna passione nemo meretur, ille cujus miseratio nulla fine concluditur, multiplicatis vobis intercessoribus largiatur. Amen.

Quod ipse præstare dignetur, qui cum Patre et Spiritu sancto vivit et regnat Deus, per omnia sæcula sæculorum. Amen.

Alia.

Per intercessionem supernorum civium custodiat vos Dominus rector angelorum. Amen.

Ut eorum tutela contra spiritales et carnales adversarios muniti, in numero filiorum Dei mereamini computari. Amen.

Qui per omnimoda certaminum genera, ejus ineffa- D bili gratia pervenerunt ad cœlestia regna. Amen.

Quod ipse.

Alia.

Auctor et remunerator omnium bonorum, tribuat vobis societatem sanctorum suorum. Amen.

Qui vel bene creati in ejus amore persliterunt vel culpa sua prolapsi, illius inæstimabili pietate surrexerunt. Amen.

Ut imitatione perfectorum Christicolarum, cohæredes fiatis cœlestium virtutum. Amen.

Quod ipse.

Alia.

Benedictionis suæ vos Dominus omnipotens jugi-

[a] Huc usque Benedictiones Dominicales post Pentecosten habebat codex Ultrajectinus.

ter rore perfundat atque uberrimis gratiæ suæ donis locupletet. Amen.

Faciat quoque vos omnium simul sanctorum suorum semper intentos doctrinis et imbutos exemplis, nec non et ipsorum continuis tutos esse suffragiis. Amen.

Ut quorum hodie annua solemniter devotis mentibus festa celebratis in terris, eorumdem perpetuis mereamini collegiis inseparabiliter adunari in cœlis. Amen.

Quod ipse.

Item alia.

Omnipotens Deus, qui omnia pariter complectitur, cursum vitæ vestræ propitius moderetur. Amen.

Ut ad beatorum spirituum stabilitatem per mandatorum ipsius perveniatis observationem. Amen.

Quique sanctos suos martyrio fecit idoneos regno cœlorum, vos paupertate spiritus faciat consortes eorum. Amen.

Quod ipse.

B. IN NATALI UNIUS APOSTOLI.

Deus, qui vos in apostolicis tribuit consistere fundamentis, benedicere vos dignetur beati apostoli sui N. intercedentibus meritis. Amen.

Defendatque vos a cunctis adversis, apostolicis præsidiis, qui vos eorum voluit ornari et munerari exemplis et documentis. Amen.

Quo per eorum intercessionem perveniatis ad æternæ patriæ hæreditatem per quorum doctrinam tenetis fidei integritatem. Amen.

Quod ipse.

B. IN NATALI UNIUS MARTYRIS.

Beati martyris sui N. intercessione vos Dominus benedicat et ab omni malo defendat. Amen.

Extendat in vos dexteram suæ propitiationis, qui eum suscepit per supplicia passionis. Amen.

Quo ejus in cœlo mereamini habere consortium, cujus devotis mentibus in terra celebratis triumphum. Amen.

Quod ipse.

B. IN NATALI PLURIMORUM MARTYRUM.

Benedicat vos Dominus beatorum martyrum suorum suffragiis, et liberet ab adversitatibus cunctis. Amen.

Commendet vos intercessio gloriosa, quorum in conspectu ejus est mors pretiosa. Amen.

Ut sicut illi per diversa genera tormentorum cœlestis regni sunt sortiti hæreditatem, ita vos eorum mereamini consortium per operum exhibitionem. Amen.

Quod ipse.

B. IN NATALI UNIUS CONFESSORIS.

Omnipotens Deus det vobis copiam suæ benedictionis, qui beatum N. sibi adscivit virtute confessionis. Amen.

Et qui illum fecit coruscare miraculis, vos exornet bonorum operum incrementis. Amen.

Quo ejus exemplis eruditi et intercessione muniti, cujus depositionis diem celebratis, illi possitis in cœlesti regione adjungi. Amen.

B. IN NATALI PLURIMORUM CONFESSORUM.

Sanctorum confessorum suorum N. meritis vos Dominus faciat benedici, et contra adversa omnia eorum intercessione muniri. Amen.

Eorum vos efficiat suffragio felices, quorum festivitatis diem celebratis ovantes. Amen.

Quo eorum imitantes exempla, ad cœlestia pervenire possitis promissa. Amen.

Quod ipse.

B. IN NATALI UNIUS VIRGINIS.

Benedicat vobis Dominus qui beatæ virgini N. concessit et decorem virginitatis, et gloriam passionis. Amen.

Et cujus opitulatione illa meruit et sexus fragilitatem, et persequentium rabiem devincere, vos possitis et vestrorum corporum illecebras, et antiqui hostis machinamenta superare. Amen.

Quo sicut illa sexu fragili virile nisa est certamen adire, et post certamen de hostibus triumphare, ita vos in hac mortalitate viventes, valeatis et antiquum hostem devincere, et ad regna cœlestia pervenire. Amen.

Quod ipse.

B. IN NATALI PLURIMORUM VIRGINUM.

Omnipotens Dominus, intercedentibus sanctis virginibus suis, vos dignetur benedicere, qui de antiquo hoste non solum per viros, verum etiam per feminas voluit triumphare. Amen.

Et qui illis voluit centesimi fructus donum decore virginitatis et agone martyrii conferre, vos dignetur et vitiorum squaloribus expurgare, et virtutum lampadibus exornare. Amen.

Quatenus virtutum oleo, ita pectorum vestrorum lampades possint repleri, ut cum eis cœlestis sponsi thalamum valeatis ingredi. Amen.

Quod ipse.

B. DE SANCTA TRINITATE.

Deus, ex quo sunt omnia, inspiret vobis desideria justa. Amen.

Deus, per quem sunt omnia, ingredi vos faciat per sua mandata. Amen.

Deus, in quo sunt omnia, sanctificet vos tuitione sua. Amen.

Quod ipse præstare dignetur, qui, trinus et unus, cuncta bona inchoat, perficit et conservat, et conservata sine fine remunerat in sæcula sæculorum. Amen.

Item alia.

Benedicat vos Deus Pater, ex quo omnia, benedicat vos Deus Filius, per quem omnia, benedicat Deus Spiritus sanctus, in quo omnia. Amen.

Benedicat vos trinus et unus Deus omni benedictione cœlesti sanctosque et puros efficiat in conspectu suo. Amen.

Superabundent in vos divitiæ gloriæ ejus, vosque verbo veritatis instruat, Evangelio salutis erudiat, omniumque sanctorum charitate locupletet. Amen.

Quod ipse, etc., qui trinus.

BENEDICTIONES QUOTIDIANIS DIEBUS DICENDÆ.

Benedicat vobis Dominus, et custodiat vos. Amen.

Illuminet faciem suam super vos, et misereatur vestri. Amen.

Convertat vultum suum ad vos, et donet vobis pacem. Amen.

Quod ipse.

Alia.

Omnipotens Deus sua vos clementia benedicat, et sensum vobis sapientiæ salutaris infundat. Amen.

Catholicæ fidei vos documentis enutriat, et in sanctis operibus perseverabiles reddat. Amen.

Gressus vestros ab errore convertat, et viam vobis pacis et charitatis ostendat. Amen.

Quod ipse.

Alia.

Inclinet Dominus aurem suam ad preces vestræ humilitatis, et det vobis gratiam suæ benedictionis, et præmium sempiternæ salutis. Amen.

Semper et ubique Dominum propitium habeatis, et in ejus laudibus exsultetis. Amen.

Omnium peccatorum vestrorum vincula solvat, et ad gloriam sempiternam vos pervenire faciat. Amen.

Quod ipse.

Alia.

Devotionem vestram Dominus dignanter intendat, et suæ vobis benedictionis donum concedat. Amen.

Talique vos in præsenti sæculo subsidio muniat, ut paradisi vos in futuro habitatores efficiat. Amen.

Sicque corda vestra sanctificando benedicat, et benedicendo sanctificet, ut vobiscum, imo in vobis, eum jugiter habitare delectet. Amen.

Quod ipse.

Alia.

Det vobis Dominus munus suæ benedictionis, et repleat vos Spiritu veritatis et pacis. Amen.

Quatenus sic per viam salutis devota mente curratis ut subripientium delictorum laqueos salubriter evadatis. Amen.

Sicque efficiamini in ejus supplicatione devoti, et in mutua dilectione sinceri, ut ad cœleste regnum pervenire possitis securi. Amen.

Quod ipse.

Alia.

Concedat vobis Deus omnipotens munus suæ benedictionis, qui vestræ est conscius infirmitatis. Amen.

Et qui vobis supplicandi tribuit affectum, tribuat consolationis auxilium. Amen.

Ut ab eo et præsentis et futuræ vitæ subsidia capiatis, cujus vos bonitate creatos esse creditis. Amen.

Alia.

Omnipotens Deus cœlesti vos protectione circum-
A det, et suæ benedictionis dono locupletet. Amen.

Concedatque vobis ut qui in sola spe gratiæ cœlestis innitimini, cœlesti etiam protectione muniamini. Amen.

Quatenus et in præsenti sæculo mortalis vitæ solatia capiatis, et sempiterna gaudia comprehendere valeatis. Amen.

Quod ipse.

Alia.

Omnipotens Deus dexteræ suæ perpetuo vos circumdet auxilio, et benedictionum suarum repleat dono. Amen.

Ab omni vos pravitate defendat, et donis cœlestibus exuberare concedat. Amen.

Quo corpore mundati ac mente, talem ei exhi-
B beatis servitutem, per quam suam consequi valeatis propitiationem. Amen.

Quod ipse.

Alia.

Purificet omnipotens Deus vestrorum cordium arcana, et benedictionis suæ vobis tribuat incrementa. Amen.

Ab omnibus vitæ præsentis periculis exuamini, et virtutum spiritalium ornamentis induamini. Amen.

Quo illius adjutorio fulti, sic ei serviatis in terris, ut ei conjungi valeatis in cœlis. Amen.

Quod ipse.

Alia.

Omnipotens Deus universa a vobis adversa exclu-
C dat, et suæ super vos benedictionis dona propitiatus infundat. Amen.

Corda vestra efficiat sacris intenta doctrinis, quæ possint repleri beneficiis sempiternis. Amen.

Quatenus exsequenda intelligentes, et intellecta exsequentes, et inter adversa mundi inveniamini indemnes, et beatorum spirituum efficiamini cohæredes. Amen.

Quod ipse.

Alia.

Omnipotens Deus dies vestros in sua pace disponat, et suæ vobis benedictionis dona concedat. Amen.

Ab omnibus vos perturbationibus liberet, et mentes vestras in suæ pacis tranquillitate consolidet. Amen.

D Quatenus spei, fidei et charitatis gemmis ornati et præsentem vitam transigatis illæsi, et ad æternam perveniatis securi. Amen.

Quod ipse.

B. IN SYNODO.

Dominus messis et corporalis et spiritalis det vobis incrementa gratiæ sacerdotalis. Amen.

Ut manu et lingua pauperes Christi recreantes cum istis fiatis ovantes. Amen.

Et ad dexteram constituti participium percipiatis agni Dei. Amen.

Quod ejus dignatione fieri postulemus, qui quos ante sæculum præscivit et præsdestinavit, et ante finem sæculi vocavit et justificavit, in fine sæculi glorificabit. Amen.

Alia

Cautos vos Dominus faciat contra peccata, a vobis vel a fratribus vestris admissa. Amen.

Ut illa non negligatis, sed studiose curare curetis. Amen.

Quatenus de lucro fraterno exsultetis cum Patre sempiterno. Amen.

Quod ipse præstare dignetur, cujus regnum et imperium sine fine permanet.

Item alia

Qui dispersos Israel congregat, ipse vos hic et ubique custodiat. Amen.

Et non solum vos custodiat, sed et ovium suarum idoneos custodes efficiat. Amen.

Ut cum summo pastore Christo de gregum suorum pastione gaudeatis in cœlo. Amen.

Quod ipse, etc., qui cum Patre.

B. SUPER REGEM TEMPORE SYNODI.

Benedicat tibi Dominus custodiatque te, et sicut te voluit super populum suum constituere regem, ita et in præsenti sæculo felicem, et æternæ felicitatis tribuat esse consortem. Amen.

Clerum ac populum, quem sua voluit opitulatione tua sanctione congregari, sua dispensatione, et tua administratione per diuturna tempora faciat feliciter gubernari. Amen.

Quatenus divinis monitis parentes, adversitatibus omnibus carentes, bonis omnibus exuberantes, tuo ministerio fidei amore obsequentes, et in præsenti sæculo pacis tranquillitate fruantur, et tecum æternorum civium consortio potiri mereantur. Amen.

Quod ipse.

Alia

Omnipotens Deus qui te populi sui voluit esse rectorem, ipse te cœlesti benedictione sanctificans, æterni regni faciat esse consortem. Amen.

Concedatque tibi contra omnes fidei Christianæ hostes visibiles atque invisibiles victoriam triumphalem, et pacis et quietis ecclesiasticæ felicissimum te fieri longe lateque fundatorem. Amen.

Quatenus te gubernacula regni tenente, populus tibi subjectus, Christianæ religionis jura custodiens, undique tutus, pace tranquilla perfruatur, et te concilio regum beatorum collocato, æterna felicitate ibidem tecum pariter gaudere mereatur. Amen.

Quod ipse.

B. IN ORDINATIONE EPISCOPI.

Omnipotens Deus, qui in populo suo ministerio instituit sacerdotum, conferat vobis suæ propitiationis et benedictionis donum. Amen.

Quique me indignum, nullis existentibus meritis, sed gratuita sua pietate huic Ecclesiæ præesse voluit, suffragiis sanctorum suorum me ab omnibus vinculis peccatorum absolvat, sanctisque suis altaribus strenuum dignumque ministrum efficiat. Amen.

Quatenus per exempla sanctorum sacerdotum, qui in hac sede et in hoc ministerio ei placuerunt gradientes, gregemque commissum secundum suam voluntatem, eo opitulante, regentes, ab omnium pastorum pastore Christo Domino præmia sanctis promissa una cum subditis percipere, in electorum numero mereamur adjungi. Amen.

Quod ejus dignatione fieri postulemus.

B. IN ANNIVERSARIO PONTIFICIS.

Deus qui populis suis indulgendo consulit, et amore dominatur, det spiritum sapientiæ quibus tradidit regimen disciplinæ, ut de profectu sanctarum ovium fiant gaudia æterna pastorum. Amen.

Et qui dierum nostrorum numerum temporumque mensuras majestatis suæ potestate dispensat, propitius ad humilitatis nostræ respiciat servitutem, et pacis suæ abundantiam temporibus nostris prætendat et conservet. Amen.

Collatis quoque in me per gratiam suam propitietur muneribus, et quem fecit gradu episcopali sublimem, faciat operum perfectione sibi placabilem, atque in illum affectum dirigat cor plebis et præsulis, ut nec pastori obedientia gregis, nec gregi unquam desit cura pastoris. Amen.

Quod summa Trinitas præstare dignetur.

B. PRO ITER AGENTIBUS.

Dirigat iter vestrum Dominus in beneplacito suo, vobisque inseparabiliter benignissimus custos inhæreat. Amen.

Ducem vobis archangelum Raphaelem adhibeat, et omnem a vobis incommoditatem atque contrarietatem propitiatus amoveat. Amen.

Desideriorum vestrorum pia vota clementer impleat, ut et hic bona consequi, et ad æternam beatitudinem pervenire feliciter mereamini. Amen.

Quod ipse.

B. IN DEDICATIONE ECCLESIÆ.

Omnipotens Deus qui vos hodierna die ad dedicationem istius aulæ dignatus est adunare, ipse vos cœlesti benedictione dignetur locupletare. Amen.

Quod ipse.

Concedatque vobis fieri templum suum et habitaculum Spiritus sancti, qui proprium Filium suum Dominum nostrum Jesum Christum pro vobis elegit immolari. Amen.

Quatenus mente et corpore purificati, habitatorem Deum in vobismetipsis semper habere possitis, et æternæ beatitudinis hæreditatem cum sanctis et electis possidere valeatis. Amen.

Quod ipse.

B. IN DEDICATIONE VIOLATÆ ECCLESIÆ.

Benedicat et custodiat vos omnipotens Dominus, domumque hanc sui sancti muneris præsentia illustret, atque suæ pietatis oculos super eam die ac nocte dignetur aperire. Amen.

Concedatque propitius ut omnes qui ad dedicationem hujus basilicæ devote convenistis, intervenientibus omnibus sanctis, veniam hic peccatorum vestrorum accipere mereamini. Amen.

Quatenus gratia Dei vos ipsi templum sancti Spiritus efficiamini, et in ipso Deo jugiter delectemini habitare. Amen.

Quod ipse.

B. IN ANNIVERSARIO DEDICATIONIS ECCLESIÆ.

Omnipotens Deus, qui vos annua hujus templi dedicatione dignatus est lætificare, ipse vos æterna benedictione dignetur sanctificare. Amen.

Concedatque vos mente et corpore castificatos, fieri proprium templum et habitaculum Spiritus sancti sempiternum. Amen.

Quatenus tali habitatore gaudentes, et Spiritu sancto ferventes, inter mundana discrimina semper cœlestia desideretis, et ad hæc quandoque possidenda pervenire possitis. Amen.

Quod ipse.

B. IN TRIDUANO JEJUNIO.

Die primo.

Deus, qui operatur in sanctis suis et velle et perficere pro bona voluntate, devotionem vestram ad exsequendam salutaris abstinentiæ medicinam sua excitet miseratione, et corroboret benedictione. Amen.

Quique castigat omnem filium quem recipit, non vos patiatur in flagellis quæ meremini impatientiæ vitio titubare, sed ad suam faciat pietatem humili supplicatione confugere. Amen.

Et qui fragilitatem humanæ mutabilitatis, utpote creator, agnoscit, auxilium suum bonis inchoationibus vestris accommodet, ut ipso duce, quo incitatore, quæ ad veram salutem pertinent, peragatis. Amen.

Quod ipse.

Die secundo.

Omnipotens Deus, qui Ninivitarum culpas ita ferire disposuit, ut potius eligeret misereri conversis, vos benedictione sua dignatos, digne faciat pœnitere quod male gessistis, et largiatur præmia quæ pie desideratis. Amen.

Concedatque humilitati vestræ ut ita corpora, amplectendo parcimoniam, ab epularum deliciis abstineant, quatenus mentes vestræ esurientes et sitientes justitiam, ab illecebris male blandientium jejunent vitiorum. Amen.

Accedant corda vestra timore casto et amore perfecto, ut evadatis mala reis timenda, et adipiscamini bona perennia beatis speranda. Amen.

Quod ipse.

Die tertio.

Misericors et miserator Dominus, benignissimus humanæ salutis amator, sua benedictione vos in bono confirmet, et ad æternæ beatitudinis perfectionem vota vestra perducat. Amen.

Atque temporalium injurias afflictionum, quas pro excessibus vestris necessaria disciplinæ emendationis provisione irrogat, ita modificet, ut et adversa per fortitudinem animi sufferre possitis, et prospera sine mentis enervatione in gratiarum actionem vertatis. Amen.

Convertat luctum vestrum in gaudium spiritale, et ita vos in se credere, de se sperare, se amare concedat, ut speciei acræ [f. sacræ] atque æternæ visionis suæ vos perfectione beatificet ac coronet. Amen.

Quod ipse.

PRÆFATIONES ANTIQUÆ

PER ANNI CIRCULUM

PAMELII MONITUM.

Has quoque *Præfationes* Sacramentorum libro adjecisse se scribit Grimaldus abbas: « *Præfationes* porro, inquit, in fine hujus posuimus codicis, ut ab his quibus placent charitate suscipiantur et canantur. Ab his vero qui eas intelligunt, nec tamen delectantur, nec non et ab his qui eas volunt, nec tamen intelligunt, poscimus ut nec assumantur nec canantur. » Quarum tamen Præfationum plerasque mea quidem sententia, Grimaldo et ipso D. Gregorio vetustiores esse, imo Gelasianas et Ambrosianas complures, ut credam vel illud me movit quod harum nonnullas inter Ambrosianas repererim, usque adeo ut eas esse duntaxat Grimaldi aut Alcuini mihi persuadeam quas uncis inclusimus. Cæteras ex earum numero esse censeo de quibus ad episcopos Germaniæ et Galliæ scribit D. Gregorii decessor Pelagius II, cum Præfationem quotidianam, cæteris prætermissis, novem tantummodo præfationibus secundum antiquum Romanum ordinem commutandam esse statuit: scilicet in Natale Domini, Epiphania, Pascha, Ascensione, Pentecoste, item de S. Trinitate, de Apostolis, de sancta Cruce, et de jejunio quadragesimali. Quibus postea (teste Radulpho loco sæpe citato) Urbanus II, in concilio Placentiæ celebrato, decimam de Virgine addidit anno 1095. Neque vero propterea supprimendas quis dixerit, nihil obstat quominus ex devotione privatim legantur, dummodo in publico missæ sacrificio prætermittantur, et cum de antiquitate illorum constet, non uno certe loco fidem catholicam contra adversarios asserunt. Ambrosianis, ut credimus, et Gelasianis Præfationibus *A* et *G* litteras, ac iis quas ex mss. codicibus recens edidimus, *Ms* prænotavimus.

PRÆFATIONES DE TEMPORE.

IN VIGILIA NATIVITATIS DOMINI.

(*Ambr.*) Æterne Deus. Per Christum Dominum

ostrum. Cujus hodie, etc., *ut videre est inter Ambrosianas*.

In media nocte.

(*Gelas*.) Per Christum Dominum nostrum. Cujus divinæ nativitatis potentiam ingenita virtutis tuæ enuit magnitudo. Quem semper Filium et ante tempora æterna genitum, quia tibi pleno atque perfecto, terni Patris nomen non defuit, prædicamus et honore, majestate, atque virtute, æqualem tibi cum Spiritu sancto confitemur, et in trino vocabulo, unicam credimus majestatem. Et ideo cum angelis.

In crepusculo lucis.

(*A*.) Æterne Deus. Quia nostri Salvatoris, etc., *ut videre est inter Ambrosianas*.

In die sancto.

(*G*.) Æterne Deus. Quia per incarnati Verbi mysterium, nova mentis nostræ oculis lux tuæ claritatis infulsit: ut, dum visibiliter Deum cognoscimus, per hunc in invisibilium amorem rapiamur. Et ideo.

Alia.

(*Ms*.) Æterne Deus. Tuæ laudis hostiam jugiter immolantes, cujus figuram Abel justus instituit, agnus quoque legalis ostendit, celebravit Abraham, Melchisedech sacerdos exhibuit, ut verus agnus et æternus pontifex, hodie natus Christus implevit.

IN DIE S. STEPHANI.

(*G*.) Æterne Deus. B. Stephani, Levitæ simul et martyris, natalitia recolentes, qui fidei, qui sacræ militiæ, qui dispensationis et castitatis egregiæ, qui prædicationis mirabilisque constantiæ, qui confessionis ac patientiæ nobis exempla veneranda proposuit. Et ideo nativitatem Filii tui merito præ cæteris passionis suæ festivitate prosequitur, cujus gloriæ sempiternæ primus martyr occurrit. Et ideo.

IN DIE S. JOANNIS EVANGELISTÆ.

(*G*.) Æterne Deus. Beati apostoli tui et evangelistæ Joannis veneranda natalitia recensentes, qui Domini Jesu Christi Filii tui vocationis suscepta, terrenum respuit patrem, ut posset invenire cœlestem, adeptus in regno cœlorum sedem apostolici culminis qui tantum retia carnalia contempserat genitoris; quique ab unigenito Filio tuo familiariter est dilectus, et immensæ gratiæ muneribus approbatur, ut eum idem Dominus in cruce jam positus, vicarium suæ matri virgini filium subrogaret, quatenus beatæ genitricis integritati, probati dilectique discipuli virginitas deserviret. Nam et in cœnæ mysticæ sacrosancto convivio, super ipsum vitæ fontem æternum, ubi et pectus recubuerat Salvatoris, de quo perenniter manantia cœlestis hauriens fluenta doctrinæ, tam profundis ac mysticis revelationibus est imbutus, ut omnem transgrediens creaturam, excelsa mente conspiceret, et evangelica voce proferret, quod *In principio erat Verbum, et Verbum erat apud Deum et Deus erat Verbum*. Et ideo, etc.

IN DIE SANCTORUM INNOCENTIUM.

Æterne Deus. Et in pretiosis mortibus parvulo- A rum, quos propter nostri Salvatoris infantiam bestiali sævitia Herodes funestus occidit, immensa clementiæ tuæ dona prædicare. In quibus fulget sola magis gratia quam voluntas, et clara est prius confessio quam loquela, ante passio quam membra idonea passioni. Existunt enim testes Christi, qui ejus nondum fuerant agnitores. O infinita benignitas! o ineffabilis misericordia, quæ pro suo nomine trucidatis, meritum æternæ gloriæ, perire non patitur, et imputatur corona martyrii. Et ideo.

DOMINICA I POST NATALE.

(*G*.) Æterne Deus. Et sursum cordibus erectis divinum adorare mysterium: ut quod magno munere Dei geritur, magnis Ecclesiæ gaudiis celebre- B tur. Quoniam humana conditio, veteri terrenaque lege cessante, nova cœlestique substantia mirabiliter restaurata profertur. Per Christum Dominum nostrum. Per quem.

OCTAVA NATIVITATIS DOMINI.

(*G*.) Æterne Deus. Per Christum Dominum nostrum. Cujus hodie circumcisionis diem, et nativitatis octavum celebrantes, tua, Domine, mirabilia veneramur. Quia quæ peperit, et virgo et mater est, qui natus est, et infans et Deus est. Merito cœli locuti sunt, angeli gratulati, pastores lætati, magi invitati, reges turbati, parvuli gloriosa passione coronati. Et ideo.

IN VIGILIA EPIPHANIÆ.

C (*G*.) Æterne Deus. Et te laudare mirabilem Deum in omnibus operibus tuis, quibus sacratissima regni tui mysteria revelasti. Hanc etenim festivitatem Dominicæ apparitionis index stella præcessit, quæ natum in terra cœli Dominum, magis stupentibus nuntiaret: ut manifestandus mundo Deus et cœlesti denuntiaretur indicio, et temporaliter procreatus, signorum temporalium ministerio panderetur. Et ideo.

IN EPIPHANIA DOMINI.

(*G*.) Æterne Deus. Quia notam fecisti in populis misericordiam tuam, et salutare tuum cunctis gentibus declarasti, hodiernum eligens diem, in quo adorandam veri regis infantiam, excitatos de remotis partibus magos, clarior cæteris sideribus stella D perduceret, et cœli ac terræ Dominum corporaliter natum radio suæ lucis ostenderet. Et ideo.

Alia.

(*G*.) Æterne Deus. Qui cum Unigenitus tuus in substantia nostræ mortalitatis apparuit, in nova nos immortalitatis suæ luce reparavit. Et ideo.

IN FESTO PURIFICATIONIS SANCTÆ MARIÆ.

(*G*.) Æterne Deus. Quia per incarnati Verbi mysterium nova mentis, etc., *ut in natali Domini*.

DOM. II POST NATALEM DOMINI.

(*G*.) Æterne Deus. Qui peccato primi parentis hominem a salutis finibus exsulantem, pietatis indulgentia ad veniam vitamque revocasti, mittendo nobis unigenitum Filium tuum Dominum et Salvatorem nostrum.

DOM. I POST THEOPHANIAM.

Æterne Deus. Quia cum Unigenitus tuus in substantia nostræ mortalitatis apparuit, etc.

DOM. II POST THEOPHANIAM.

(*A.*) Æterne Deus. Semperque virtutes et laudes tuas labiis exsultationis efferi, etc., ut *supra* inter *Ambrosianas.*

DOM. III POST THEOPHANIAM.

(*A.*) Æterne Deus. Et te in omni tempore collaudare, et benedicere, quia in te vivimus, etc., *ut inter Ambrosianas.*

DOM. IV POST THEOPHANIAM.

Æterne Deus. Qui genus humanum prævaricatione sua in ipsius originis radice damnatum, per florem virginalis uteri reddere dignatus es absolutum, ut hominem quem unigenitum creaveras, per Filium tuum Deum et hominem recreares. Et diabolus qui Adam in fragili carne deviceral, conservata justitia, a Deo carne vinceretur assumpta. Per quem majest.

DOM. V POST THEOPHANIAM.

(*A.*) Æterne Deus. Ut tibi hanc immolationis hostiam offerre, quæ salutifero, etc., *ut inter Ambrosianas.*

Alia.

(*Ms.*) Qui per peccatum primi parentis hominem a salutis finibus exsulantem, pietatis indulgentia ad veniam vitamque revocasti, mittendo nobis unigenitum tuum Jesum Christum Salvatorem nostrum.

DOM. VI POST THEOPHANIAM.

(*G.*) Æterne Deus. Ad cujus immensam pertinet gloriam, ut non solum mortalibus tua pietate succurreres, sed de ipsa etiam mortalitate nostra nobis remedium provideres, et perditos quosque, unde perierant, inde salvares. Per Christum.

DOM. IN SEPTUAGESIMA.

Æterne Deus. Quia per ea quæ conspiciuntur, instruimur, quibus modis ad invisibilia tendere debeamus. Denique admonemur, anni ducente successu, de præteritis ad futura, de vetustate ad novitatem vitæ transire, ut terrenis sustentationibus expediti, cœlestis doni capiamus desiderabilius ubertatem, et per eum cibum, qui beneficiis prærogatur alterius, perveniamus ad victum sine fine mansurum, Jesum Christum Dominum nostrum. Per quem.

DOM. IN SEXAGESIMA.

Æterne Deus. Qui rationabilem creaturam, ne temporalibus dedita bonis, ad præmia sempiterna non tendat, ea dispensatione dignaris erudire, ut nec castigatione deficiat, nec prosperitatibus insolescat, sed hoc potius fiat ejus gloriosa devotio, quod nullis adversitatibus obruta superetur. Per Christum.

DOM. IN QUINQUAGESIMA.

Æterne Deus. Et majestatem tuam cernua [*id est* continua] devotione exorare, ut modulum terrenæ fragilitatis aspiciens, non in ira tua pro nostra pravitate nos arguas, sed immensa clementia tua purifices, erudias, consoleris. Qui cum sine te nihil possimus facere quod tibi sit placitum, tua nobis gratia sola præstabit ut salubri conversatione vivamus. Per Christum Dominum nostrum. Per quem.

FERIA III IN CAPITE JEJUNII.

(*G.*) Æterne Deus. Qui corporali jejunio vitia comprimis, mentem elevas, virtutem largiris et præmia. Per Christ.

FERIA V.

Æterne Deus. Quoniam ista festa remeant, quibus nostræ mortalitati procuratur immortale commercium, ac temporali vitæ subrogatur æternitas, et de peccati pœna, peccata mundantur, mirisque modis conficitur de perditione salvatio: ut status conditionis humanæ, qui per felicitatis insolentiam venit ad tristitiam, humilis et modestus ad æterna gaudia redeat per mœrorem. Per Christ.

FERIA VI.

Æterne Deus. Et majestatem tuam suppliciter deprecari, ut intelligentiæ nobis spiritum benignus infundas, quo vel ipsi rationabiliter agenda cernamus, vel eis qui inutilia sentiunt, indicemus esse censendum, nec studia nostra sectemur, sed offerentibus meliora subdamur. Quoniam hæc apud te sapientia est, quæ non suis inhæret vitiis, sed undecunque prolatam diligit veritatem. Per Christ.

SABBATO.

Æterne Deus. Et majestatem tuam suppliciter deprecari, ut mentem nostram tibi placitam benignus efficias, quæ non tantum speciem bonitatis ostendat, sed justitiæ fructibus illuminata clarescat, tuæque semper dedita majestati, beneficia desiderata percipiat. Qui necessariis prosequi muneribus non omittis, quos tuo cultui præstiteris convenienter intentos. Per Christ.

DOM. I IN QUADRAGESIMA [a].

(*A.*) Æterne Deus. Per Christum Dominum nostrum. Qui continuatis quadraginta diebus et noctibus hoc jejunium non esuriens dedicavit, postea enim esuriit, non tam cibum hominum, quam salutem. Nec escarum sæcularium epulas concupivit, sed animarum desideravit potius sanctitatem. Cibus namque ejus est redemptio populorum. Cibus ejus est totius bonæ voluntatis affectus. Qui nos docuit operari non solum cibum, qui terrenis dapibus apparatur, sed etiam eum qui divinarum Scripturarum lectione percipitur. Per quem majest.

FERIA II.

(*A.*) Æterne Deus. Qui das escam omni carni, e

[a] Ambr., *feria* III hujus hebdom.

ios non solum carnalibus, sed etiam spiritualibus A scis reficis ut non in solo pane vivamus, sed in omni verbo tuo vitalem habeamus alimoniam, nec tantum epulando, sed etiam jejunando pascamur Nam ut dapibus et poculis corpora, sic jejuniis et virtutibus animæ saginantur Magnam in hoc munere salubritatem mentis et corporis contulisti, quia jejunium nobis venerabile dedicasti, ut ad paradisum, de quo non abstinendo cecidimus, jejunando solemnius redeamus Per Christ

FERIA III

Æterne Deus Per Christum Dominum nostrum in quo jejunantium fides alitur, etc , *ut supra Dom Quadrag Ambros*

FERIA IV

(*A*) Æterne Deus Qui in alimentum corporis humani frugum copiam produci jussisti, et in alimentum animarum jejunii nobis medicinam indidisti Te itaque supplices invocamus, ut tibi sit acceptabile jejunium nostrum, et nos a cibis jejunantes a peccatis absolvas Per Christum

FERIA V

(*A*) Æterne Deus Quia competenter atque salubriter religiosa sunt nobis instituta jejunia, ut corporeæ jucunditatis immoderatas coerceamus illecebras ut terrenæ delectationis insolentia refrenata, purior atque tranquillior appetitus ad cœlestia contemplanda mysteria fidelium reddatur animarum Per Christ

FERIA VI

Æterne Deus Qui jejunii observatione et eleemosynarum gratissima largitione nos docuisti nostrorum remedia consequi peccatorum Unde tuam implorainus clementiam, ut his observationibus, et cæteris bonorum operum exhibitionibus muniti ea operemur quibus ad æterna gaudia consequenda et spes nobis suppetat et facultas Per Christ

SABBATO [a]

(*A*) Æterne Deus Illuminator et redemptor animarum nostrarum, qui nos per primum Adam, abstinentiæ lege violata, paradiso ejectos, fortioris jejunii remedio ad antiquæ patriæ beatitudinem per gratiam revocasti, nosque pia institutione docuisti quibus observationibus a peccatis omnibus liberemur Per Christ Per quem

DOM II IN QUADRAGESIMA

(*G*) Æterne Deus Et majestatem tuam suppliciter exorare, ut mentibus nostris medicinalis observantiæ munus infundas, et qui negligentibus etiam subsidium ferre non desinis, beneficia præbeas potiora devotis Per Christ

FERIA II

(*A*) Æterne Deus Et pietatem tuam supplici devotione deposcere, ut jejunii nostri oblatione placatus, et peccatorum nobis concedas veniam, et nos a noxiis liberes insidiis, Per Christ

[a] Ambr , *feria hebdom v Quadrag*

FERIA III

Æterne Deus Qui ob animarum medelam jejunii devotione corpora castigari præcepisti, concede, quæsumus, ut corda nostra ita pietatis tuæ valeant exercere mandata, ut ad tua mereamur, te opitulante, pervenire promissa Per Christ

FERIA IV

(*A*) Æterne Deus Per Christum Dominum nostrum Per quem humani generis reconciliationem mirabili dispensatione operatus es præsta, quæsumus, ut sancto purificati jejunio, et tibi toto corde simus subjecti, et inter mundanæ pravitatis insidias, te miserante, perseveremus illæsi Per quem majest

FERIA V B

(*A*) Æterne Deus Et tuam cum celebratione jejunii pietatem devotis mentibus obsecrare, ut qui peccatis ingruentibus malorum pondere premimur, et a peccatis omnibus liberemur, et libera tibi mente famulemur Per Christ

FERIA VI

Æterne Deus Qui delinquentes perire non pateris, sed ut ad te convertantur, et vivant, hortaris Poscimus itaque pietatem tuam, ut a peccatis nostris tuæ severitatis suspendas vindictam, et nobis optatam misericorditer tribuas veniam Nec iniquitatum nostrarum moles te provocet ad ultionem, sed jejunii observatio et morum emendatio te flectat ad peccatorum nostrorum remissionem Per Christ

SABBATO

(*A*) Æterne Deus Et tuam jugiter exorare clementiam, ut mentes nostras, quas conspicis terrenis affectibus prægravari, medicinalibus tribuas jejuniis exonerari, ut pro afflictione corporum proveniat nobis robur animarum Per Christ

DOM III IN QUADRAGESIMA

Æterne Deus Et te suppliciter exorare, ut cum abstinentia corporali, mens quoque nostra sensus declinet illicitos et quæ terrena delectatione carnalibus epulis abnegamus, humanæ voluntatis pravis intentionibus amputemus quatenus ad sancta sanctorum fideliter salubriterque capienda competenti jejunio valeamus aptari Tanto nobis certi propensius D jugiter adfutura, quanto fuerimus eorum institutionibus gratiores Per Christ

FERIA II

(*A*) Æterne Deus Et clementiam tuam cum omni supplicatione precari, ut per hanc jejuniorum observationem crescat nostræ devotionis affectus quatenus, te auxiliante, et ab humanis semper retrahamur excessibus, et monitis inhærere valeamus, te largiente, cœlestibus Per Christ

FERIA III

(*A*) Æterne Deus Qui peccantium non vis animas perire, sed culpas et peccantes non semper continuo judicas, sed ad pœnitentiam provocatos exspectas, averte, quæsumus, a nobis quam meremur iram, et quam optamus, super nos effunde clementiam: ut, sacro purificati jejunio, electorum tuorum mereamur ascisci collegio. Per Christ.

FERIA IV.

(A.) Æterne Deus. Tuamque misericordiam suppliciter exorare, ut jejuniorum nostrorum sacrosancta mysteria tuæ sint pietati semper accepta; concedasque ut qui [quorum] corpora abstinentiæ observatione macerantur, mentes quoque virtutibus et cœlestibus institutis exornentur. Per Christ.

FERIA V.

(A.) Æterne Deus. Et tuam immensam clementiam supplici voto deposcere, ut nos famulos tuos et jejunii maceratione castigatos, et cæteris bonorum operum exhibitionibus eruditos, in mandatis tuis facias perseverare illæsos, sicque præsentibus subsidiis consolemur, quatenus ad æterna gaudia pertingere mereamur. Per Christ.

FERIA VI [a].

(A.) Æterne Deus. Per Christum Dominum nostrum. Qui ad insinuandum humilitatis [humanitatis] suæ mysterium, fatigatus resedit ad puteum. Qui a muliere Samaritana aquæ sibi petiit porrigi potum, qui in ea creaverat fidei donum; et ita ejus sitire dignatus est fidem, ut dum ab ea aquam peteret, in ea ignem divini amoris accenderet. Imploramus itaque tuam immensam clementiam, ut contemnentes tenebrosam profunditatem vitiorum, et relinquentes noxiarum hydriam cupiditatum, et te qui fons vitæ et origo es bonitatis, semper sitiamus et jejuniorum nostrorum observatione tibi placeamus. Per quem.

SABBATO.

(A.) Æterne Deus. Qui jejunii Quadragesimalis observationem in Moyse et Elia dedicasti, et in unigenito Filio tuo, legis et prophetarum nostrorumque omnium Domino exornasti. Tuam igitur immensam bonitatem supplices exposcimus, ut quod ille jugi jejuniorum complevit continuatione, nos adimplere valeamus illius adjuti largissima miseratione; et adimplentes ea quæ præcepit, dono percipere mereamur quæ promisit. Per quem.

DOM. IV IN QUADRAGESIMA.

(A.) Æterne Deus. Et te Creatorem omnium de præteritis fructibus glorificare, et de futuris suppliciter exorare, ut cum de perceptis non invenimur ingrati, de percipiendis non judicemur indigni: sed exhibito toties solemni jejunio, cum subsidiis corporalibus profectum quoque capiamus animarum. Per Christ.

FERIA II.

(A.) Æterne Deus. Et tuam suppliciter misericordiam implorare, ut exercitatio veneranda jejunii salutaris, nos a peccatorum nostrorum maculis purgatos reddat, et ad supernorum civium societatem perducat. Et ut hic devotorum actuum sumamus incrementum, et illic æternæ beatitudinis percipiamus emolumentum. Per Christ.

FERIA III.

Æterne Deus. Per mediatorem Dei et hominum, Jesum Christum Dominum nostrum. Qui, mediante die festo, ascendit in templum docere, qui de cœlo descendit, mundum ab ignorantiæ tenebris liberare. Cujus descensus genus humanum doctrina salutari instituit, mors a perpetua morte redemit, ascensio ad cœlestia regna perduxit. Per quem te, summe Pater, poscimus ut ejus institutione edocti, salutaris parcimoniæ devotione purificati, ad tua perveniamus promissa securi. Per quem majestatem.

FERIA IV.

(A.) Æterne Deus. Per Christum Dominum nostrum. Qui illuminatione suæ fidei tenebras expulit mundi, et genus humanum quod primæ matris uterus profuderat cæcum, incarnationis suæ mysterio reddidit illuminatum, fecitque filios adoptionis, qui tenebantur vinculis justæ damnationis. Per ipsum te petimus, ut tales in ejus inveniamur justissima examinatione, quales facti sumus in lavacri salutaris felicissima regeneratione: ut ejus incarnationis medicamine imbuti, sacrosancti lavacri ablutione loti, parcimoniæ devotione ornati, ad æterna gaudia perveniamus illæsi. Per quem majestatem.

FERIA V.

(A.) Æterne Deus. Cujus bonitas hominem condidit, justitia damnavit, misericordia redemit. Te humiliter exoramus, ut sicut per illicitos appetitus a beata regione decidimus, sic ad æternam patriam per abstinentiam redeamus: sicque moderetur tua miseratione nostra fragilitas, ut et transitoriis subsidiis nostra sustentetur mortalitas, et per bonorum operum incrementa beata acquiratur immortalitas. Per Christum.

FERIA VI.

Æterne Deus. Per Christum Dominum nostrum. Qui est Deus æternus, lux indeficiens, claritas sempiterna. Qui sic sequaces suos in luce præcepit ambulare, ut noctis æternæ valeant caliginem evadere, et ad lucis patriam feliciter pervenire. Qui per humilitatem assumptæ humanitatis Lazarum flevit, per divinitatis potentiam vitæ reddidit. Genusque humanum, quadrifida peccatorum mole obrutum, ad vitam reduxit. Per quem petimus jejunii observatione a peccatorum nostrorum nexibus solvi, æternæ vitæ felicitati reddi, et in sanctorum cœtibus connumerari.

SABBATO.

(A.) Æterne Deus. Misericordiæ dator, et totius auctor bonitatis. Qui jejuniis, orationibus et eleemosynis peccatorum remedia et virtutum omnium tribuis incrementa. Te humili devotione precamur, ut qui ad hæc agenda saluberrimam dedisti

[a] Ambr., *Dom. II Quadrag.*

›ctrinam, ad complenda indelessam tribuas effica-›am, ut obedienter tua exsequentes præcepta, fe-›iter tua capiamus promissa Per Christum

DOMINICA V IN PASSIONE DOMINI [a]

(4) Æterne Deus Majestatem tuam propensius ›ploiantes ut, quanto magis dies salutiferæ festi-tatis accedit tanto devotius ad ejus digne celebran-›m proficiamus paschale mysterium Per Chris-›m

FERIA II

(G) Æterne Deus Te suppliciter exorantes, ut c nostra sanctificentur jejunia, quo cunctorum no-s peccatorum proveniat indulgentia, quatenus, ›propinquante unigeniti Filii tui passione, bono-›m operum tibi placeamus exhibitione Per eum-›m Christum

FERIA III

Æterne Deus Et te devotis mentibus supplicare, nos interius exteriusque restaures, et parcimonia lutari a peccatorum sordibus purges Et quos ›ecebrosis delectationibus non vis impediri, spiri-›alium virtutum facias vigore muniri et sic in re-›as transitoriis foveas, ut perpetuis inhærere con-›das Per Christum

FERIA IV

Æterne Deus Et te supplici devotione exorare, per jejunia quæ sacris institutis exsequimur, a ›nctis iniquitatibus emundari mereamur tuamque va-›mus percipere propitiationem, qui præparamur ›l celebrandam unigeniti Filii tui passionem Per ›em majestatem

FERIA V

Æterne Deus Qui sic nos tribuis solemnitate tibi ›eferre, jejunium, ut indulgentiæ tuæ speremus nos ›ercipere subsidium Sic nos instruis ad celebranda ›aschalia festa, ut per hæc acquiramus gaudia sem-›iterna Per Christum

FERIA VI

(G) Æterne Deus Cujus nos misericordia præve-›it, ut bene agamus, subsequitur, ne frustra aga-›us, accendit intentionem, qua ad bona opera per-›genda inardescamus, tribuit efficaciam, qua hæc ›l perfectum perducere valeamus Tuam ergo cle-›entiam indefessis vocibus obsecramus, ut nos jeju-›ii victimis a peccatis mundatos, ad celebrandam ›nigeniti Filii tui Domini nostri passionem facias de-›tos Per quem majestatem

SABBATO

(G) Æterne Deus Cujus nos fides excitat, spes ›igit, charitas jungit, cujus miseratio gratuita pu-›ficat, quos conscientiæ reatus accusat Te igitur ›m interno rugitu deprecamur, ut carnalis alimoniæ ›trenatione castigati ad celebrandum paschale ›ysterium inveniamur idonei Per Christum Per ›uem

Ante missarum solemnia, inter benedictiones ramorum

[b] Æquum et salutare Te, Domine, inter cætera mirabilium tuorum præcepta laudare et benedicere, qui Lamech semen justum, dedisti Noe, cui revelasti per spiritum aquas diluvii futuras cognoscere Cujus arcam ad nostram salutem testatur Ecclesia, de qua emissa columba volans, spiritales olivæ fructuosum ramusculum retulit, quam ad se revertentem Noe gaudens suscepit De cujus rami unctione Jacob electus, titulum erexit, Domino votum vovit, et oleum desuper fudit [Hæc est indicio rami illius manantis] manantis de cœlis gratiæ, sua et populi vasa replentis Hæc est gratia, quæ et viduam benedixit in oleo, hæc est indicio rami illius plantati secus decursus aquarum, cujus folium non defluit, per quod quotidie per lavacrum baptismatis Ecclesia procreatur, et nostra delentur peccata Hæc est tua Domine, plantatio bona valde, et tu es vita et resurrectio mortuorum, qui quatriduanum Lazarum resuscitasti a mortuis Propterea et turba cum ramis palmarum obvians tibi, clamabat *Hosanna benedictus qui venit in nomine Domini rex Israel* Quapropter quæsumus Domine, clementiam tuam ut nos famulos tuos, qui hujus rei gratiam et fidem veritatis percepimus, eruas de ore inferni, et adjutorium nobis gratiæ tuæ tribuere digneris, ut juste et pie sancteque viventes, cum electis et sanctis tuis facias habere consortium Per eumdem

DOMINICA IN PALMIS

Æterne Deus Per Christum Dominum nostrum Per quem nobis indulgentia largitur, et pax omne sæculum prædicatur, traditur cunctis credentibus disciplina, ut sanctificatos nos possit dies venturus excipere Et ideo cum ang

FERIA II

(A) Æterne Deus Per Christum Dominum nostrum Cujus nos humanitas colligit, humilitas erigit, traditio absolvit, pœna redimit, crux salvificat, sanguis emaculat, caro saginat Per quem te, summe Pater, cum jejuniorum obsequio obsecramus ut ad ejus celebrandam passionem purificatis mentibus accedamus Per quem

FERIA III

(A) Æterne Deus Per Christum Dominum nostrum Cujus salutiferæ passionis et gloriosæ resurrectionis dies appropinquare noscuntur, in quibus et antiqui hostis superbia triumphatur, et nostræ redemptionis celebratur mysterium Unde poscimus tuam immensam clementiam ut sicut in eo solo consistit totius nostræ salvationis summa ita per eum tibi sit jejuniorum et actuum nostrorum semper victima grata Per quem

FERIA IV

(A) Æterne Deus Per Christum Dominum nostrum Qui innocens pro impiis voluit pati, et pro sceleratis indebite condemnari Cujus mors delicta

[a] Ambr, *feria* II

[b] Ordo Rom, pag 45

nostra detorsit, et resurrectio nobis justificationem exhibuit. Per quem tuam pietatem supplices exorimus ut sic nos hodie a peccatis emicules, ut cras venerabilis carnis dapibus saties, hodie acceptes confessionem nostrorum peccaminum, et cras tribuas spiritualium incrementa donorum; hodie jejuniorum nostrorum vota suscipias, et cras nos ad sacratissimæ carnis convivium introducas. Per quem majestatem.

FERIA V IN COENA DOMINI.

Æterne Deus. Per Christum Dominum nostrum. Quem in hac nocte inter sacras epulas increpantem, mens sibi conscia traditoris ferre non potuit. Sed apostolorum relicto consortio sanguinis pretium a Judæis accepit, ut vitam perderet quam distraxit. Cœnavit igitur hodie proditor mortem suam, et cruentis manibus panem de manu Salvatoris exiturus accepit, ut saginatum cibo major pœna constringeret, quem nec sacrati cibi collatio ab scelere revocaret. Patitur itaque Dominus noster Jesus Christus Filius tuus, cum hoste novissimum participare convivium, a quo se noverat continuo esse tradendum, ut exemplum innocentiæ mundo relinqueret, et passionem suam pro sæculi redemptione suppleret. Pascit igitur mitis Deus immitem Judam et sustinet pius crudelem convivam. Qui merito laqueo suo periturus erat, quod de magistri sanguine cogitarat. O Dominum per omnia patientem! O agnum inter suas epulas mitem! Cibum ejus Judas in ore ferebat, et quibus eum traderet, persecutores advocabat. Sed Filius tuus Dominus noster tamquam pia hostia, et immolari se tibi pro nobis patienter promisit, et peccatum quod mundus commiserat, relaxavit. Per quem majestatem.

Infra actionem.

Communicantes, et diem sacratissimum celebrantes, quo Dominus noster Jesus Christus est traditus, sed et memoriam venerantes, etc.

Hanc igitur oblationem servitutis nostræ, sed et cunctæ familiæ tuæ quam tibi offerimus, ob diem in qua Dominus noster Jesus Christus tradidit discipulis suis corporis et sanguinis sui mysteria celebranda, quæsumus, Domine, ut placatus accipias.

Qui pridie quam pro nostra omnium salute pateretur, hoc est, hodie, accepit panem in sanctas ac venerabiles manus suas.

SABBATO SANCTO.

(*G.*) Æquum et salutare. Te quidem, Domine, omni tempore, sed in hac potissimum nocte gloriosius prædicare, cum pascha nostrum immolatus est Christus, ipse enim verus est agnus, qui abstulit peccata mundi. Qui mortem nostram moriendo destruxit et vitam resurgendo reparavit. Et ideo.

Alia.

Æterne Deus. Et te omni quidem tempore, sed in hac potissimum nocte gloriosius collaudare et prædicare, per Christum Dominum nostrum. Qui inferorum claustra disrumpens, victoriæ suæ clara vexilla suscepit, et triumphato diabolo [*f. add.* victor a] mortuis resurrexit. O noctem, quæ finem tenebris ponit, et æternæ lucis viam pandit! noctem, quæ videre meruit, et vinci diabolum, et resurgere Christum! O noctem, in qua tartara spoliantur, sancti ab inferis liberantur, cœlestis patriæ aditus aperitur! O noctem, in qua in baptismate delictorum turba perimitur, filii lucis oriuntur. Quos exemplo Dominicæ matris Mariæ, sine corruptione sancta mater Ecclesia concipit, sine dolore parit, et cum gaudio ad meliora provehit. Et ideo.

Infra actionem.

(*G.*) Communicantes, et noctem sacratissimam celebrantes, resurrectionis Domini nostri Jesu Christi secundum carnem, sed et memoriam venerantes in primis gloriosæ semper virginis Mariæ, genitricis ejusdem Dei et Domini nostri Jesu Christi, sed et beatorum apostolorum.

(*G.*) Hanc igitur oblationem servitutis nostræ, sed et cunctæ familiæ tuæ, quam tibi offerimus pro his quoque quos regenerare dignatus es, ex aqua et Spiritu sancto, tribuens eis remissionem omnium peccatorum, quæsumus, Domine, ut plac.

IN DIE SANCTO PASCHÆ.

(*G.*) Æquum et salutare. Te quidem, Domine, omni tempore, sed in hoc potissimum die, *ut supra.*

Alia.

Æterne Deus. Et te omni quidem tempore, sed in hac præcipue die laudare, benedicere et prædicare, quo Pascha nostrum immolatus est Christus. Per quem ad æternam vitam filii lucis oriuntur, fidelibus regni cœlestis atria reserantur, et beati lege commercii, divinis humana mutantur. Quia nostrorum omnium mors cruce Christi perempta est, et in resurrectione ejus omnium vita resurrexit. Quem in susceptione mortalitatis Deum majestatis agnoscimus, et in divinitatis gloria Deum et hominem confitemur. Qui mortem nostram moriendo destruxit, et vitam resurgendo reparavit. Et ideo cum ang.

Infra actionem.

(*G.*) Communicantes, et diem sacratissimum celebrantes resurrectionis Domini Dei nostri secundum carnem, sed et memoriam venerantes. Hanc igitur, *ut supra.*

FERIA II.

Te quidem omni tempore, *ut supra.*

Alia.

(*A.*) Æterne Deus. Et te suppliciter exorare, ut fidelibus tuis dignanter, etc., *ut supra Sequenti Sabbato inter Ambros.*

FERIA III AD SANCTUM PAULUM.

(*A.*) Æterne Deus. Per Christum Dominum nostrum. Qui oblatione sui corporis, etc., *ut sup. fer. V inter Ambr.*

FERIA IV AD S. LAURENTIUM.

(*G.*) Æterne Deus. Et pietatem tuam indefessis precibus implorare, ut qui paschalis festivitatis solemnia colimus, in tua semper sanctificatione viva

ius. Quo per temporalis festi observationem per- A
enire mereamur ad æternorum gaudiorum conti-
uationem. Per Christum.

FERIA V AD SS. APOSTOLOS.

Æterne Deus. Per Christum Dominum nostrum.
ui nos per paschale mysterium edocuit vetustatem
itæ relinquere, et in novitate spiritus ambulare. A
uo perpetuæ mortis superatur acerbitas, et æternæ
itæ fidelibus tribuitur integritas. Per quem.

FERIA VI AD S. MARCUM.

(A.) Æterne Deus. Per Christum Dominum norum. Qui secundum promissionis suæ incommuta-
ilem, etc., *ut videre est inter Ambr.*

SABBATO AD S. JOANNEM.

(A.) Æterne Deus. Per Christum Dominum norum. Per quem supplices exposcimus, ut cujus
uneris, etc., *ut supra feria VI, inter Ambr.*

DOMINICA POST OCTAVAM PASCHÆ.

(A.) Æterne Deus. Suppliciter obsecrantes ne
os ad illum sinas redire actum, etc., *ut videre est
nter Ambr.*

IN PASCHA ANNOT.

Æterne Deus. Per Christum Dominum nostrum.
t redemptionis nostræ festa recolere, quibus hu-
anam substantiam vinculis prævaricationis exuta,
pem resurrectionis per renovatam originis dignita-
em assumpsit. Et ideo.

DOMINICA I POST OCTAVAM PASCHÆ.

(G.) Æterne Deus. Et immensam bonitatis tuæ
ietatem humiliter exorare, ut ignorantiam nostræ
ortalitatis attendens, ex tua inspiratione nos facias
ostulare quod rectum est, et tua clementia tribuas
mpetrare quod poscimus. Per Christum. Per quem.

DOMINICA II POST OCTAVAM PASCHÆ.

Æterne Deus. Per Christum Dominum nostrum.
ui de Virgine nasci dignatus, per passionem et
ortem a perpetua nos morte liberavit, et resurrec-
ione sua æternam nobis vitam contulit. Per quem
ajestatem.

DOMINICA III.

(A.) Æterne Deus. Et tuæ misericordiam muneris
ostulare, ut tempora quibus post resurrectionem
uam Dominus noster Jesus Christus cum discipulis
uis corporaliter habitavit, sic ipso opitulante pia
evotione tractemus, quatenus in his omnium vitio-
um sordibus careamus. Per eumdem. Per quem.

DOMINICA IV.

(A.) Æterne Deus. Et majestatem tuam indefessis
recibus, etc., *ut sup. Dominica V inter Ambr.*

FERIA II ROGATIONUM.

(Ms.) Æterne Deus. Et te auctorem et sanctifica-
orem jejunii collaudare, per quod nos liberas a no-
trorum debitis peccatorum. Ergo suscipe jejunan-
ium preces, atque ut nos a malis omnibus propitia-
us eripias, iniquitates nostras, quibus merito
ffligimur, placatus absolve.

FERIA III ROGATIONUM.

Æterne Deus. Et majestatem tuam suppliciter
exorare, ut non nos nostræ malitiæ, sed indulgentiæ
tuæ præveniat semper affectus, qui nos a noxiis
voluptatibus indesinenter expediat, et a mundanis
cladibus dignanter eripiat. Per Christum.

FERIA IV ROGATIONUM.

(Ms.) Ut quia tui est operis, si quod tibi placitum
est, aut cogitemus aut agamus, tu nobis semper et
intelligendi quæ recta sunt, et exsequendi tribuas
facultatem.

IN VIGILIA ASCENSIONIS.

(A.) Æterne Deus. Et in hac præcipue die, qua
B Jesus Christus Filius tuus Dominus noster, divini
consummato fine mysterii, dispositionis antiquæ
munus explevit, ut et diabolum cœlestis operis inimicum per hominem quem subjugarat eliderct, et humanam substantiam ad superna dona reduceret. Per
quem majestatem.

IN DIE SANCTO ASCENSIONIS.

(G.) Æterne Deus. Per Christum Dominum nostrum. Qui post resurrectionem suam omnibus discipulis suis manifestus apparuit et ipsis cernentibus
est elevatus in cœlum, ut nos divinitatis suæ tribueret esse participes. Et ideo.

Infra actionem.

(G.) Communicantes et diem sacratissimum cele-
C brantes, quo Dominus noster unigenitus Filius tuus
unitam sibi fragilitatis nostræ substantiam in gloriæ
tuæ dextera collocavit, sed et memor in primis gloriosæ.

DOMINICA POST ASCENSIONEM.

Æterne Deus. Per Christum Dominum nostrum.
Qui generi humano nascendo subvenit, cum [*leg.*
qui] per mortem passionis mundum devicit, per gloriam resurrectionis vitæ æternæ aditum patefecit, et
per suam ascensionem ad cœlos nobis spem ascendendi donavit. Per quem majestatem.

IN VIGILIA PENTECOSTES.

(G.) Æterne Deus. Per Christum Dominum nostrum. Qui ascendens super omnes cœlos, sedens-
D que ad dexteram tuam, promissum Spiritum sanctum
hodierna die in filios adoptionis effudit. Quapropter
profusis gaudiis totus in orbe terrarum mundus
exsultat. Sed et supernæ virtutes atque angelicæ potestates, hymnum gloriæ tuæ concinunt, sine fine
dicentes: *Sanctus*, etc.

Alia.

Æterne Deus. Qui, sacramentum Paschale con-
summans, quibus per Unigeniti tui consortium filios
adoptionis esse tribuisti, per Spiritum sanctum largiris dona gratiarum. Et sui cohæredibus Redemptoris jam nunc supernæ pignus hæreditatis impendis,
ut tanto se certius ad eum confidant esse venturos,
quanto se sciunt ab eo redemptos, et ejusdem sancti
Spiritus infusione ditatos. Et ideo.

Infra actionem

(*G*.) Communicantes, et diem sacratissimum Pentecostes prævenientes, quo Spiritus sanctus apostolos plebemque credentium præsentia suæ majestatis implevit. Sed et memor. Hanc igitur oblationem servitutis nostræ, sed et cunctæ familiæ tuæ, quam tibi offerimus pro his quoque, quos regenerare dignatus es ex aqua et Spiritu sancto, tribuens eis remissionem omnium peccatorum, quæsumus, Domine, ut placatus accipias.

IN DIE SANCTO PENTECOSTES

(*G*.) Qui ascendens super omnes cælos, etc., *ut supra*.

Infra actionem

(*G*.) Communicantes, et diem sacratissimum Pentecostes celebrantes quo Spiritus sanctus apostolis innumeris linguis apparuit. Sed et memor. Hanc igitur oblationem, *ut supra*.

FERIA II

(*G*.) Æterne Deus. Per Christum Dominum nostrum. Qui promissum Spiritum paracletum super discipulos misit. Qui in principio nascentis Ecclesiæ cunctis gentibus imbuendis et deitatis scientiam inderet, et linguarum diversitatem in unius fidei confessione sociaret. Per quem tuam majestatem supplices exoramus, ut cujus celebramus adventum, ejus multimodæ gratiæ capiamus effectum. Per quem.

FERIA III

Æterne Deus. Per Christum Dominum nostrum. Qui promissi Spiritus sancti paracleti infusione replevit corda fidelium, qui sua admirabili operatione et sui amoris in eis ignem ascenderet, et per diversitatem linguarum gentes in unitate fidei solidaret. Cujus dono petimus et illecebrosas a nobis excludi voluptates, et spirituales in nobis existi plantari que virtutes. Per quem majestatem.

FERIA IV

Æterne Deus. Per Christum Dominum nostrum. Per quem discipulis Spiritus sanctus in terra datur ob dilectionem proximi, et de cœlo mittitur propter dilectionem tui: cujus infusio petimus ut in nobis sordes peccatorum exurat, tui amoris ignem nutriat, et nos ad amorem fraternitatis accendat. Per quem.

FERIA V

(*G*.) Æterne Deus. Per Christum Dominum nostrum. Per quem pietatem tuam suppliciter petimus, ut Spiritus sanctus corda nostra clementer expurget, et sui luminis irradiatione perlustret, ut in eo qui gratiarum largitor est, recta sapiamus et de ejus consolatione in perpetuum gaudeamus. Per quem.

FERIA VI

Æterne Deus. Et majestatem tuam suppliciter exorare, ut Spiritus paracletus ad nos veniat, et nos inhabitando templum suæ majestatis efficiat. Quod cum unigenito Filio tuo clementi respectu semper dignetur invisere, et tuæ inhabitatione fulgore in perpetuum perlustrare. Per quem.

SABBATO

Æterne Deus. Et tuam omnipotentiam devotis precibus implorare, ut nobis Spiritus tui lumen infundas, cujus nos sapientia creat, spiritus recreat, et providentia gubernat. Qui cum a tua substantia nullo modo sit diversus, diversitate tamen donorum replevit tuorum corda fidelium. Et ideo.

DE SANCTA TRINITATE

(*G*.) Æterne Deus. Qui cum unigenito Filio tuo et Spiritu sancto unus es Deus, unus es Dominus: non in unius singularitate personæ, sed in unius trinitate substantiæ. Quod enim de gloria tua, revelante te, credimus, hoc de Filio tuo, hoc de Spiritu sancto, sine differentiæ discretione sentimus, ut in confessione veræ sempiternæque deitatis, et in personis proprietas, et in essentia unitas, et in majestate adoretur æqualitas. Quem laudant angeli atque archangeli, cherubin quoque et seraphin, qui non cessant clamare, una voce dicentes.

IN QUATUOR TEMPORUM PENTECOSTALI JEJUNIO. —

FERIA IV

Æterne Deus. Quia post illos lætitiæ dies, quos in honore Domini a morte resurgentis, et in cœlos ascendentis exegimus, postquam perceptum sancti Spiritus donum, necessaria nobis jejunia sancta provisa sunt, ut pura conversatione viventibus, quæ divinitus sunt Ecclesiæ collata, permaneant. Per Christum.

FERIA VI

Æterne Deus. Majestatem tuam propensius obsecrantes, ut nos salutari compendio bonos dignanter efficias, quo te principaliter et solum credamus auctorem, et solum Salvatorem. Quem laudant angeli, adorant archangeli, cherubin quoque, etc.

SABBATO

(*G*.) Æterne Deus. Pietatem tuam votis omnibus expetentes, ut humanarum rerum prosperitate perceptas, terrenis consolationibus gratulemur. Nec gaudia quærere superna cessemus, sed quidquid lætitiæ temporali impenditur, eruditioni proficiat sempiternæ. Per Christum Dominum nostrum.

DOMINICA I POST OCTAVAM PENTECOSTES

(*G*.) Æterne Deus. Cujus est operis quod conditi sumus, muneris, quod vivimus, pietatis, quod tua erga nos dona cognoscimus. Quamvis ergo natura nostra peccati vitiata sit vulnere, a terrenis tamen ad cœlestia provehimur tuo inenarrabili munere. Per Christum Dominum nostrum.

DOMINICA II POST OCTAVAM PENTECOSTES

(*A*.) Æterne Deus. Qui Ecclesiæ tuæ filios sicut non cessas erudire, ita non desinis adjuvare: ut et scientiam, te miserante, recta faciendi, et possibilitatem capiant exsequendi. Per Christum. Per quem.

DOMINICA III

Æterne Deus. Cujus hoc mirificum opus ac singu

e mysterium fuit, ut perditi dudum atque pro- A ati, de diabolo et mortis aculeo, ad hanc gloriam atemur, qua nunc genus electum sacerdotiumque gale, populus acquisitionis et gens sancta vocare- r. Agentes igitur indefessas gratias, sanctamque unificentiam tuam prædicantes, majestati tuæ hac ia deferimus quæ nobis ipse salutis nostræ ctor Christus instituit. Per quem.

DOMINICA IV.

Æterne Deus, clementiam tuam pronis mentibus ecrantes, ut mentes nostras sensusque disponas ia tunc esse te nobis propitium Domine sentiemus, a noxiis temperemur excessibus: tunc nos bene- a tua sumpturos esse confidimus, si nobis studium itatis, quo hæc mereamur, infundas. Per Chri- m. B

DOMINICA V.

Æterne Deus. Et omnipotentiam tuam jugiter im- rare, ut nobis et præsentis vitæ subsidium, et ernæ tribuas præmium sempiternum: quo hic tabilia bona capiamus, ut per hæc ad incommu- ilia dona pervenire valeamus. Sic temporalis læ- iæ tempora transeant, ut eis gaudia sempiterna cedant. Per Christ.

DOMINICA VI.

(G.) Æterne Deus. Majestatem tuam suppliciter precantes, ut opem tuam petentibus dignanter pendas, et desiderantibus benignus tribuas profu- am. Per Christ.

DOMINICA VII.

(G.) Æterne Deus. Per Christum Dominum no- um. Verum æternumque pontificem et solum sine ccati macula sacerdotem: cujus sanguine fidelium rda mundantur: cujus institutione placationis tibi stias, non solum pro delictis populi, sed etiam pro stris offensionibus immolamus, tuam poscentes ementiam, ut omne peccatum quod carnis fragi- ate contraximus, ipso summo pro nobis antistite terveniente, solvatur. Per quem.

DOMINICA VIII.

Æterne Deus. Et tibi vovere contriti sacrificium rdis, tibi libare humiliati victimam pectoris, a quo nne bonum sumimus, omnem jucunditatem hauri- us. Precamur itaque ut tibi conscientia nostra muletur, et ut in te de die in diem meliorata profi- at, tuæ gratiæ intemerata subdatur. Nostris nos, uæsumus, Domine, evacua malis, tuisque reple per mnia bonis. Ut percepta gratia, quam nostra non tigunt merita, a cunctis adversitatibus liberati in onis omnibus confirmati, supernis civibus merea- ur conjungi. Per Christum.

DOMINICA IX.

(G.) Æterne Deus. Et tuam misericordiam totis isibus exorare, ne pro nostra nos iniquitate con- emnes, sed pro tua pietate in via recta semper isponas. Nec sicut meremur delinquentibus irasca- is, sed fragilitati nostræ invicta bonitate subvenias. er Christum. Per quem.

DOMINICA X.

Æterne Deus. Et tuam misericordiam exorare, ut te annuente, valeamus quæ mala sunt declinare, et quæ bona sunt consequenter explere. Et quia nos fecisti ad tua sacramenta pertinere, tu clementer in nobis eorum munus operare. Per Christum.

DOMINICA XI.

(G.) Æterne Deus. Et tibi debitam servitutem per mysterii hujus impletionem persolvere, quia non so- lum peccantibus veniam tribuis, sed etiam præmia petentibus impartiris. Et quod perpeti malis operi- bus promeremur, magnifica pietate depellis, ut nos ad tuæ reverentiæ cultum et terrore cogas, et amore perducas. Per Christum.

DOMINICA XII.

(G.) Æterne Deus. Cujus primum pietatis tuæ est indicium, si tibi nos facias toto corde subjectos, et spiritum nobis tantæ devotionis infundas, ut propitius largiaris consequenter auxilium. Per Christum.

DOMINICA XIII.

(G.) Æterne Deus. Qui nos castigando sanas, et refovendo benignus erudis: dum magis vis salvos esse correctos, quam perire dejectos. Per Christum. Per quem.

DOMINICA XIV.

(G.) Æterne Deus. Quia tu in nostra semper faciens infirmitate virtutem, Ecclesiam tuam inter adversa crescere tribuisti, ut cum putaretur oppressa, tunc potius prævaleret exaltata: dum simul et experien- C tiam fidei declarat afflictio, et victoriosissima semper perseverat, te adjuvante, devotio. Per Christum Do- minum nostrum.

DOMINICA XV.

Æterne Deus. Qui nos de donis bonorum tempo- ralium ad perceptionem provehis æternorum, et hæc tribuis, et illa largiris, ut et mansuris jam incipia- mus inseri, et prætereuntibus non teneri. Tuum est enim quod vivimus, quia licet peccati vulnere natu- ra nostra sit vitiata, tui tamen operis ut terreni generati, ad cœlestia renascamur. Per Christ.

DOMINICA XVI.

(G.) Æterne Deus. Per Christum Dominum no- D strum. Qui æternitate sacerdotii sui omnes sibi ser- vientes sanctificat sacerdotes. Quoniam mortali carne circumdati, ita quotidianis peccatorum remissioni- bus indigemus, ut non solum pro populo, sed etiam pro nobis ejusdem te Pontificis sanguis exoret. Per quem.

DOMINICA XVII.

Æterne Deus. Et incessanter precari, ut qui, te auctore, subsistimus, te dispensante, dirigamur: non nostris sensibus relinquamur, sed ad tuæ reducti semper tramitem veritatis, hæc studeamus exercere quæ præcipis, ut possimus dona percipere quæ pro- mittis. Per Christ.

FERIA IV MENSIS SEPTIMI AD S. MARIAM.

Æterne Deus. Qui nos ideo collectis terræ fructibus per abstinentiam tibi gratias agere voluisti, ut A ex ipso devotionis genere nosceremus non hæc ad exuberantiam corporalem sed ad fragilitatis sustentationem percepisse. Et quod ex his parcius sumeremus, egentium proficeret alimentis. Et ut salutaris castigatio mortalitatis insolentiam mitigaret, et pietas largitoris nos tuæ benignitati commendatos efficeret. Sicque donis uteremur transitoriis, ut disceremus inhiare perpetuis. Per Christ.

FERIA VI QUATUOR TEMPORUM, AD SS. APOSTOLOS.

Æterne Deus. Qui justo pioque moderamine et pro peccatis flagella irrogas, et post flagella veniam propitiatus condonas. Et peccatorum vitam potius volens quam mortem, non eos ad interitum condemnas, sed ut corrigantur, miseratus exspectas. Per Christ.

SABBATO AD S. PETRUM.

Æterne Deus. Et tibi sanctificare jejunium quod nos ob ædificationem animarum et castigationem corporum servare docuisti. Quia restrictis corporibus animæ saginantur, in quo homo noster affligitur exterior, dilatatur interior. Memento, quæsumus, Domine, jejuniorum nostrorum et misericordiarum tuarum, quas peccatoribus pie semper jejunantibus contulisti: et præsta ut non solum a cibis, sed a peccatis omnibus abstinentes, devotionis tibi jejunio placeamus. Per Christum.

DOMINICA XVIII.

Æterne Deus. Quia cum laude nostra non egeas, grata tibi tamen est tuorum devotio famulorum. Nec te augent nostra præconia, sed nobis proficiunt ad salutem. Quoniam sicut fontem vitæ præterire, causa moriendi est, sic eodem jugiter redundare, affectus est sine fine vivendi. Per Dominum.

DOMINICA XIX.

(*G.*) Æterne Deus. Per Christum Dominum nostrum. Qui vicit diabolum et mundum, hominemque paradiso restituit et vitæ januas credentibus patefecit. Per Christum.

DOMINICA XX.

(*G.*) Æterne Deus. Et tuam majestatem humiliter implorare ut Jesus Christus Filius tuus Dominus noster sua nos gratia protegat et conservet. Et quia sine ipso nihil recte valemus efficere, ipsius munere capiamus, ut tibi semper placere possimus. Per quem.

DOMINICA XXI.

(*G.*) Æterne Deus. Et suppliciter exorare, ut sic nos bonis tuis instruas sempiternis, ut temporalibus quoque consolari digneris. Sic præsentibus refove, ut ad gaudia nos mansura perducas. Per Christum.

DOMINICA XXII.

Æterne Deus. Qui propterea jure punis errantes, et clementer refoves castigatos, ut nos a malis operibus abstrahas, et ad bona facienda convertas: quia non vis invenire quod damnes, sed esse potius quod corones. Qui cum pro nostris meritis jugiter mereamur affligi, tu tamen judicium ad correctionem tem- A poras, non perpetuam exerces ad pœnam. Juste utroque misericors: qui nos ex lege disponis, ut coercendo in æternum perire non sinas, et parcendo spatium tribuas corrigendi. Qui ideo malis præsentibus nos flagellas, ut ad bona futura perducas. Ideo bonis temporalibus consolaris, ut de sempiternis facias certiores, quo te, et in prosperis, et in adversis, pia semper confessione laudemus. Per Christum. Per quem.

DOMINICA XXIII.

Æterne Deus. Et nos clementiam tuam suppliciter exorare, ut Filius tuus Jesus Christus Dominus noster, qui se usque in finem sæculi suis promisit fidelibus adfuturum, et præsentiæ corporalis mysteriis non deserat, quos redemit, et majestatis suæ B beneficiis non relinquat. Per quem.

DOMINICA XXIV.

(*Ms.*) Per Christum Dominum nostrum. Per quem sanctum et benedictum nomen majestatis tuæ ubique veneratur, adoratur, prædicatur et colitur. Qui est origo salutis, via virtutis, et tuæ propitiatio majestatis.

DOMINICA XXV.

(*Ms.*) Æterne Deus. Cujus est operis quod conditi sumus, muneris, quod vivimus, pietatis, quod tua erga nos dona cognoscimus. Quamvis enim natura nostra peccati vitiata sit vulnere, a terrenis tamen ad cœlestia provehitur tuo inenarrabili munere.

C

DOMINICA XXVI.

(*Ms.*) Æterne Deus. Et tibi debitas laudes pro honore deferre, et mirabilium tuorum inenarrabilia præconia devotæ mentis veneratione celebrare, teque ineffabilem et invisibilem Deum laudare, benedicere, adorare.

DOMINICA V ANTE NATALE DOMINI.

(*G.*) Æterne Deus. Majestatem tuam suppliciter deprecantes ut, expulsis azymis vetustatis, illius agni cibo satiemur et poculo, qui et nostram imaginem reparavit, et suam nobis gratiam repromisit, Jesus Christus Dominus noster. Per quem.

Alia.

(*Ms.*) Per Christum Dominum nostrum. Cujus pe- D timus primi adventus mysterium ita facias nos digni laudibus et officiis celebrare, præsentemque vitam inculpabilem ducere, ut secundum valeamus imperterriti exspectare.

DOMINICA IV ANTE NATALE DOMINI.

(*Ms.*) Æterne Deus. Cui proprium est ac singulare quod bonus es, et nulla unquam a te es commutatione diversus. Propitiare, quæsumus, supplicationibus nostris, et Ecclesiæ tuæ misericordiam tuam, quam precatur, ostende. Manifestans plebi tuæ, et incarnationis mysterium, et adventus admirabile sacramentum, ut in universitate nationum constet esse perfectum, quod vatum oraculis fuit ante promissum, percipiantque dignitatem adoptionis, quos exornat confessio veritatis.

DOMINICA III ANTE NATALE DOMINI.

(*Ms.*) Æterne Deus. Qui tuo inenarrabili munere præstitisti ut natura humana ad similitudinem tui condita, dissimilis per peccatum et mortem effecta, nequaquam in æterna damnatione periret, sed unde peccatum et mortem contraxerat, inde vitam tuæ pietatis immensitas repararet, et antiquæ virginis facinus, nova et intemerata virgo Maria piaret. Quæ ab angelo salutata, ab Spiritu sancto obumbrata, illum gignere meruit, qui cuncta nasci suo nutu concessit. Quæ mirabatur et corporis integritatem, et conceptus fecunditatem, gaudebatque eum parituram parentem Jesum Christum Dominum nostrum.

DOMINICA II ANTE NATALE DOMINI.

(*Ms.*) Per Christum Dominum nostrum. Cujus incarnatione salus facta est mundi, et passione redemptio procurata est hominis procreati. Ipse nos quæsumus, ad æternum perducat præmium, qui redemit de tenebris infernorum, justificetque in adventu secundo, qui nos redemit in primo. quatenus illius nos ab omnibus malis defendat sublimitas cujus ad vitam erexit humilitas.

FERIA IV MENSIS DECIMI.

(*Ms.*) Per Christum Dominum nostrum. Quem pro salute hominum nasciturum, Gabriel archangelus nuntiavit, virgo Maria, Spiritus sancti cooperatione, concepit. ut quod angelica nuntiavit sublimitas, virginea crederet puritas, ineffabilis perficeret deitas. Illius itaque optamus, te opitulante, cernere faciem sine confusione, cujus incarnationis gaudemus solemnitate, quatenus purificati jejuniis, cunctis purgati a vitiis natalis ejus interesse mereamur solemnibus festis.

FERIA VI.

Æterne Deus. Qui sanctificator et institutor es abstinentiæ cujus nullus finis nullusque est numerus. effunde, quæsumus, super nos in diebus jejuniorum nostrorum spiritum gratiæ salutaris, et ab omnibus nos perturbationibus sæculi hujus tua defensione conserva, ut qui Unigeniti tui celebramus adventum, continuum ejus sentiamus auxilium.

SABBATO IN XII LECTIONIBUS.

(*G.*) Æterne Deus. Qui non solum peccata dimittis, sed ipse etiam justificas peccatores. et reis non tantum pœnas relaxas, sed dona largiris et præmia, cujus nos pietatem supplices exoramus ut qui jejuniis et votis solemnibus nativitatem Unigeniti tui prævenimus, illius dono et præsentis vitæ perturbationibus careamus et æterna munera capiamus.

DOMINICA VACAT SIVE I ANTE NAT. DOM.

Per Christum Dominum nostrum. Quem Joannes præcessit nascendo, et in deserto eremi prædicando, in fluentis Jordanis baptizando et ad inferna descendendo, cujus venerandæ Nativitatis proxime ventura solemnitas, ita nos, quæsumus, tibi placitos reddat, ut cum fructu bonorum operum ad regna cœlestia introducat, ut parandam in cordibus nostris viam Domino, fructusque dignos pœnitentiæ faciendo, per prædicationem Joannis obtemperemus monitis Salvatoris. Sicque perveniamus per filium sterilis ad filium virginis, per Joanem hominem magnum, ad eumdem Dominum nostrum, hominem Deum. Qui sicut venit ad nos redimendum occultus, ita justificet cum venerit ad judicandum manifestus.

IN FESTO S. FELICIS.

Æterne Deus. Et confessionem S. Felicis memorabilem non tacere, qui nec hæreticis pravitatibus nec sæculi blandimentis, a sui status rectitudine potuit immutari, sed inter utraque discrimina veritatis assertor, firmitatem suæ fidei non reliquit. Per Christum.

IN FESTO S. MARCELLI.

Æterne Deus. Qui glorificaris in tuorum confessione sanctorum. et non solum excellentioribus præmiis martyrum tuorum merita gloriosa prosequeris, sed etiam sacra mysteria competentibus servitiis exsequentes, gaudium Domini sui tribuis benignus intrare. Per Christum.

IN FESTO SS. FABIANI ET SEBASTIANI MART.

Æterne Deus. Quoniam beatorum martyrum Fabiani et Sebastiani pro confessione nominis tui venerabilis sanguis effusus, simul et tua mirabilia manifestat, qui perficis in infirmitate virtutem, et nostris studiis das profectum, et infirmis apud te præstas auxilium. Per Christum.

IN FESTO SANCTÆ AGNETIS.

(*A.*) Æterne Deus. Et diem beatæ Agnetis martyrio consecratam solemniter, etc., *ut sup. inter præfat. Ambr.*

IN FESTO S. VINCENTII MART.

Æterne Deus. Per Christum Dominum nostrum. Pro cujus nomine gloriosus levita Vincentius et miles invictus rabidi hostis insaniam interritus adiit, modestus sustinuit, securus irrisit. sciens paratus esse ut resisteret. nesciens elatus esse, quo vinceret in utroque magistri ac Domini sui vestigia sequens qui et humilitatis custodiendæ et de hostibus triumphandi suis sequenda exempla monstravit. Per quem.

IN FESTO CONVERSIONIS S. PAULI APOSTOLI.

Æterne Deus. Et majestatem tuam suppliciter exorare, ut Ecclesiam, beati Pauli apostoli tui prædicatione edoctam, nulla sinas fallacia violari. Et quia nihil in vera religione manere dignoscitur, quod non ejus condierit disciplina, ita ad peragenda ea quæ docuit ejus obtentu, fidelibus tribuatur efficacia, sentiatque credentium gentium multitudo eum pro se apud te intercessorem, quem habere se novit magistrum atque doctorem. Per Christ.

IN OCTAVA SANCTÆ AGNETIS.

Æterne Deus. Beatæ Agnetis natalitia geminantes vere enim hujus honorandus est dies, quæ hic terrena generatione processit, ut ad divinitatis consortium perveniret. Per Christ.

IN FESTO SANCTÆ AGATHÆ

Æterne Deus. Per Christum Dominum nostrum. Pro cujus nomine pœnarum mortisque contemptum in utroque sexu fidelium cunctis ætatibus contulisti; ut inter felicium martyrum palmas Agathen quoque beatissimam virginem victrici patientia coronares. Quæ nec minis territa, nec suppliciis superata, de diaboli sævitia triumphavit, quia in tuæ deitatis confessione permansit. Et ideo.

IN FESTO CATHEDRÆ S. PETRI APOSTOLI

Æterne Deus. Et te laudare mirabilem Deum in sanctis tuis, in quibus glorificatus es vehementer, per quos Unigeniti tui sacrum corpus exornas, et in quibus Ecclesiæ tuæ fundamenta constituis, quam in patriarchis fundasti, in prophetis præparasti, in apostolis condidisti. Ex quibus beatum Petrum apostolorum principem, ob confessionem ejusdem unigeniti Filii tui, per os ejusdem verbi tui confirmatum in fundamento domus tuæ, mutato nomine cœlestium claustrorum præsulem custodemque fecisti, divino ei jure concesso, ut quæ statuisset in terris servarentur in cœlis. In cujus veneratione hodierna die majestati tuæ hæc festa persolvimus, et gratiarum ac laudis hostiam immolamus. Per eumdem Christ.

IN FESTO S. MATHIÆ APOSTOLI

Æterne Deus. Et te laudare mirabilem Deum in beatis apostolis tuis, in quibus glorificatus es vehementer, per quos unigeniti tui sacrum corpus colligis, et in quibus Ecclesiæ tuæ fundamenta constituis. Unde poscimus clementiam tuam, piissime omnipotens Deus, ut intercessione B. apostoli tui Mathiæ, cujus passionis triumphum solemniter celebramus, mereamur a peccatorum nostrorum nexibus solvi, et æternæ vitæ felicitati reddi, atque sanctorum tuorum cœtibus connumerari. Per eumdem.

[a] IN FESTO S. GREGORII PAPÆ

Æterne Deus. Qui beatum Gregorium confessorem tuum atque pontificem lætificas in regno tuo in beatitudine semper sine fine, ut omnia possit videre in tua claritate mirabilia: ubi refrigerium ineffabile, ubi lætitia inenarrabilis, ubi præsentia Salvatoris Filii tui Domini nostri: in quem semper intentes prospicere desiderant angeli, adorant dominationes, tremunt etc.

Alia

Æterne Deus. Quia sic tribuis Ecclesiam tuam S. Gregorii pontificis tui commemoratione gaudere, ut eam semper illius et festivitate lætifices, et exemplo piæ conversationis exerceas, et verbo prædicationis erudias, grataque tibi supplicatione tuearis.]

[IN FESTO DEPOSITIONIS S. BENEDICTI

Æterne Deus. Honorandum Patris Benedicti et gloriosum celebrantes diem, in quo hoc triste sæculum deserens, ad cœlestis patriæ gaudia migravit æterna. Qui sancti Spiritus repleti dono, decori mo-

A nachorum gregis dignus Pater effulsit. Quidquid sacris admonuit dictis, sanctis implevit operibus, et quam divinis inchoaverit oraculis semitam, lucidi monstravit exemplis. Et gloriosa monachorum plebs, paterna intuens vestigia, ad perpetua lucis æternæ præmia venire mereretur. Per Christum.]

IN FESTO ANNUNTIATIONIS SANCTÆ MARIÆ

Æterne Deus. Qui beatæ Mariæ virginis partum Ecclesiæ tuæ tribuisti celebrare mirabile mysterium, et inenarrabile sacramentum, in quo manet intacta castitas, pudor integer, firma constantia. Quæ lætatur quod virgo concepit, quod cœli Dominum casti portavit visceribus, quod virgo edidit partum admirandam divinæ dispensationis operationem, quæ
B virum non cognovit, et mater est, et post filium est virgo. Duobus enim gavisa muneribus, miratur quod virgo peperit, lætatur quod Redemptorem mundi edidit Jesum Christum Dominum nostrum. Per quem.

IN NATALI SS. TIBURTII, VALERIANI, ET MAXIMI

Æterne Deus. Et in sanctorum martyrum tuorum festivitate laudare, qui semper es laudabilis in tuorum commemoratione sanctorum, qui et magnæ fidei largiris affectum, et tolerantiam tribuis passionum, et antiqui hostis facis superare machinamentum: quo egregii martyres tui ad capiendam supernorum beatitudinem præmiorum, nullis impedirentur retinaculis blandimentorum. Et ideo.

C [IN NATALI S. GEORGII MARTYRIS

Æterne Deus. Per Christum Dominum nostrum. Pro cujus nomine veneranda confessione beatus martyr Georgius diversa supplicia sustinuit, et ea devincens, perpetuitatis promeruit coronam. Per Christ.]

IN NATALI S. MARCI EVANGELISTÆ

Æterne Deus. Per Christum Dominum nostrum. Cujus gratia beatum Marcum in sacerdotium elegit, doctrina ad prædicandum erudiit, potentia ad perseverandum confirmavit: ut per sacerdotalem infulam perveniret et ad martyrii palmam. Docensque subditos prædicando, instruens vivendi exemplo, confirmans patiendo: ut ad te coronandus perveniret,
D qui persecutorum minas intrepidus superasset. Cujus interventus nos, quæsumus, a nostris mundet delictis, qui tibi placuit tot donorum prærogativis. Per quem.

IN NATALI S. VITALIS

(G., MS.) Et majestatem tuam suppliciter exorare, ut non nos nostræ malitiæ, sed indulgentiæ semper prœveniat effectus. Qui nos a noxiis voluptatibus semper expediat, et a mundanis cladibus clementer eripiat.

IN NATALI APOSTOLORUM PHILIPPI ET JACOBI

(G.) Æterne Deus. Qui Ecclesiam tuam in apostolica soliditate firmasti, de quorum consortio sunt

[a] Recentior D. Gregorii natale quare uncis hanc et similes inclusimus.

atus Philippus et Iacobus, quorum hodie festa veramur, poscentes ut sicut eorum doctrinis instituimur, ita exemplis muniamur, et precibus adjuvemur per Christum Dominum nostrum

IN FESTO INVENTIONIS SANCTÆ CRUCIS

Æterne Deus Per Christum Dominum nostrum qui per passionem crucis mundum redemit, et antiquæ arboris amarissimum gustum crucis medicamine indulcavit, mortemque quæ per lignum vetitum venerat, per ligni tropæum devicit Ut mirabili suæ pietatis dispensatione qui per ligni gustum a florigera sede discesseramus, per crucis lignum redeamus ad gaudia paradisi Per quem

IN NATALI SS NEREI, ACHILLEI, ET PANCRATII

Æterne Deus Quoniam a te constantiam fides, a te virtutem sumit infirmitas Et quidquid in persecutionibus sævum est, quidquid in morte terribile, nominis tui facis confessione superari Unde benedicimus te, Domine, in operibus tuis, teque in sanctorum tuorum Nerei et Achillei atque Pancratii provectu laudamus Per Christum

IN NATALI S URBANI PP MART

(G) Æterne Deus Debitæ pietatis obsequium sancti confessoris et martyris tui Urbani commemoratione exhibentes, potentiam tuam, Domine, cujus gratia talis exstitit, in ejus solemnitate prædicamus per Christ

IN NATALI SS MARCELLINI ET PETRI

Æterne Deus Apud quem semper est præclara vita sanctorum, quorum nos mors pretiosa lætificat et tuetur Quapropter martyrium tuorum Marcellini et Petri gloriose recensentes natalitia, laudes tibi offerimus, et magnificentiam tuam, supplices exoramus, ut quorum sumus martyria venerantes, beatitudinis mereamur esse consortes Per Christum

IN NATALI SS MARCI ET MARCELLIANI

Æterne Deus Qui sanctorum martyrum tuorum Marci et Marcelliani pia certamina ad copiosam perducis victoriam, atque perpetuum eis largiris triumphum, ut Ecclesiæ tuæ semper sint in exemplum præsta nobis, quæsumus, ut per eorum intercessionem quorum festa celebramus, tuæ capiamus munera pietatis Per Christum

IN NATALI SS GERVASII ET PROTASII

Æterne Deus Per Christum Dominum nostrum Pro cujus nominis confessione beati martyres Gervasius et Protasius passi, in cœlesti regione æternis perfruuntur gaudiis, et pro eorum solemni recordatione Ecclesia religiosis exsultat officiis Per quem

IN VIGILIA S JOANNIS BAPTISTÆ

(A) Æterne Deus Exhibentes solemne jejunium, quo, etc , *ut supra inter præf Ambr*

IN NATIVITATE PRÆCURSORIS

Æterne Deus Et in die festivitatis hodiernæ, qua beatus Joannes exortus, etc , *ut supra inter præfat Ambr*

Alia

Æterne Deus Ut hunc diem, præcursoris Domini Baptistæ et prophetæ Joannis, cum gaudio celebremus, ipse est enim qui annuntiavit pœnitentiam et viam salutis universæ terræ prædixit, ipse est, quem sacra tuba cecinit Salvatoris, quia *non surrexit quisquam inter natos mulierum major Joanne Baptista* O quam beata mater, quæ talem filium meruit de cœlo promissum! Agnoscit natum ex verbo, præconem, qui prædicavit omnibus Salvatorem O quam gemina in civitate virtutes, ubi duæ matres, sterilis et virgo! O quam mirum mysterium, ubi utraque honoratur! E cœlo una misit præconem, altera judicem Elisabeth genuit præcursorem, et Maria virgo genuit magnificum Redemptorem

IN NATALI SS JOANNIS ET PAULI

Æterne Deus Per Christum Dominum nostrum Pro cujus amore gloriosi martyres Joannes et Paulus martyrium non sunt cunctati subire, quos in nascendi lege junxit germanitas in gremio matris Ecclesiæ fidei unitas, in passionis acerbitate ferenda unius amoris societas Per quem nos petimus eorum precibus adjuvari quorum festa noscimur venerari Per quem majest tuam

IN VIGILIA APOSTOLORUM PETRI ET PAULI

Æterne Deus, apud quem cum beatorum apostolorum continuata festivitas, triumphique, etc *Ut supra inter præfat Ambr*

IN PASSIONE APOSTOLORUM PETRI ET PAULI

Æquum et salutare Te, Domine, supplices exorare, ut gregem tuum, pastor æterne, non deseras, sed per beatos apostolos tuos Petrum et Paulum continua protectione custodias ut eisdem rectoribus gubernetur, quos operis tui vicarios eidem contulisti præesse pastores Et ideo

In ordinatione S Martini

Æterne Deus Qui mundum per sanctos doctores ad veræ fidei agnitionem illuminasti de quorum societate beatus Martinus excellentius enituit, virtutum meritis copiosius effulsit signorum titulis clarius eluxit, et totius pietatis populo tuo magister emicuit Alios cœlestis doctrinæ verbis erudivit, alios religiosæ vitæ exemplis roboravit, ab omni quoque infirmitatum molestia multos sanavit, quosdam vero a dæmoniacis spiritibus liberavit, alios quoque morte præreptos sacris orationibus resuscitavit Omnibus odor vitæ factus ad salutem, ut omnes ad æternam beatitudinis gloriam revocaret Per Christ

IN NATALI SS VII FRATRUM

(G) Æterne Deus Donari nobis suppliciter exorantes, ut sicut sancti tui mundum in tua virtute vicerunt, ita nos a mundanis erroribus postulent expediri Per Christ

IN TRANSLATIONE S BENEDICTI

Æterne Deus Et gloriam tuam profusis precibus exorare, ut qui beati Benedicti confessoris tui veneramur festa, te operante ejus sanctitatis imitari valeamus exempla, et cujus meritis nequaquam possumus coæquari ejus precibus adjuvari mereamur Per Christ

IN NATALI S. JACOBI

Æterne Deus. Qui licet nobis salutem semper operetur divini celebratio sacramenti, propensius tamen confidimus nobis profuturum, si beati apostoli tui Jacobi intercessionibus adjuvemur. Per Christ.

IN NATALI SS. ABDON ET SENNES

Æterne Deus. Et te laudare mirabilem Deum in sanctis tuis quos ante constitutionem mundi in æternam tibi gloriam præparasti, ut per eos huic mundo veritatis tuæ lumen ostenderes, quos ita spiritu veritatis armasti, ut fortitudinem mortis per infirmitatem carnis evincerent. De quorum collegio sunt martyres tui Abdon et Sennes, qui in Ecclesiæ tuæ prato sicut rosæ et lilia floruerunt. Quos Unigeniti tui sanguis in prælio confessionis roseo colore profudit [*Leg.* perfudit], et ob præmium passionis, niveo liliorum splendore vestivit. Per quem.

IN NATALI SS. MACHABÆORUM

Æterne Deus. Qui licet in omnium sanctorum tuorum protectione sis mirabilis, in his tamen speciale tuum munus agnoscimus, quos fratres sorte nascendi, et magnifica præstitisti passione germanos, ut simul esset et veneranda gloria genitricis, et florentissima proles Ecclesiæ. Et ideo.

IN INVENTIONE S. STEPHANI ET SOCIORUM

(*Ms.*) Æterne Deus. Donari nobis suppliciter exorantes, ut sicut SS. tui Stephanus, Nicodemus, Gamahel et Abibon, mundum in tua virtute vicerunt, ita nos a mundanis erroribus, postulent expediri, ut qui eorum sacratissimam inventionem et merita veneramur, beatitudinis mereamur esse consortes.

IN NATALI S. SIXTI MART.

Æterne Deus. Et præcipue in die festivitatis hodiernæ, qua beatus Sixtus pariter sacerdos et martyr devotum tibi sanguinem exsultanter effudit. Qui ad eamdem gloriam promerendam doctrinæ suæ filios incitavit, et quos erudiebat hortatu, præveniebat exemplo. Per Christ.

IN VIGILIA S. LAURENTII

(*G.*) Æterne Deus. Et devotis mentibus natale martyris tui Laurentii prævenire, qui levita simul martyrque venerandus et proprio claruit gloriosus officio, et memorandæ passionis martyrio effulsit. Per Christ.

IN DIE EJUSDEM

(*G.*) Æterne Deus. Et præcipue in die solemnitatis hodiernæ qua beatus Laurentius, hostia sancta et viva, tibi placens est oblatus. Qui igne accensus tui amoris constanter ignem sustinuit passionis. Et per immanitatem tormentorum, ad societatem civium supernorum pervenit. Per Christ.

IN NATALI S. TIBURTII

(*G.*) Æterne Deus. Quia dum beati Tiburtii martyris merita gloriosa veneramur, auxilium nobis tuæ propitiationis adfore deprecamur: quoniam credimus nos per eorum intercessionem, qui tibi pla-

A cuere, peccatorum nostrorum veniam impetrare. Per Christ.

IN NATALI S. HIPPOLYTI

Æterne Deus. Et tuam clementiam votis supplicibus implorare, ut B. Hippolyti sociorumque ejus intercessio, peccatorum nostrorum obtineat veniam, qui per tormenta passionis, æternam pervenit ad gloriam. Per Christ.

IN NATALI S. EUSEBII

Æterne Deus. Et clementiam tuam pronis mentibus implorare, ut per beati Eusebii confessoris intercessionem, salutiferam in nostris mentibus firmes devotionem, concedasque ut sicut te solum credimus auctorem, et veneramur salvatorem, sic in per-
B petuum ejus interventu habeamus adjutorem. Per Christ.

IN VIGILIA ASSUMPTIONIS B. MARIÆ VIRGINIS

Æterne Deus. Et in die festivitatis hodiernæ, qua beatæ Mariæ solemnem Assumptionis recolentes diem, debita prævenimus servitute. Cujus veneranda festivitas nobis tanto amplius ejus intercessione erit profutura, quanto humilius nostra fuerit devotione celebrata. Per Christ.

IN DIE ASSUMPTIONIS B. MARIÆ

Æterne Deus. Et te in veneratione sacrarum virginum exsultantibus animis, etc., *ut supra inter Ambros.*

IN OCTAVA S. LAURENTII

C Æterne Deus. Beati Laurentii natalitia repetentes, cui fidem confessionemque ignis passionis ingestus non abstulit, sed eum ut magis luceret, accendit. Quoniam sicut aurum flammis non uritur, sed probatur: sic beatus martyr non consumitur, tormentorum incendiis, sed aptatur cœlestibus ornamentis. Per Christ.

IN NATALI S. MAGNI MARTYRIS

Æterne Deus. Qui humanum genus de profundo mortis eripiens, captivitatem nostram, Jesu Christi Filii tui Domini nostri passione solvisti. Per quem ita virtus antiqui hostis elisa est, ut ejus quem superaverat, etiam beatum martyrem tuum magnum faceret esse victorem. Cujus triumphum in die quo
D sanguinem suum fudit, colentes, in tua gloria exsultamus. Per quem.

IN NATALI S. TIMOTHEI MARTYRIS

(*G. Ms.*) Æterne Deus. Tibi enim festa solemnitas agitur, tibi dies sacrata celebratur, quam beati Timothei martyris tui sanguis in veritatis tuæ testificatione profusus, magnifico nominis tui honore signavit.

IN NATALI S. BARTHOLOMÆI

(*G.*) Æterne Deus. Qui Ecclesiam tuam sempiterna pietate non deseris, sed per apostolos tuos jugiter erudis, et sine fine custodis. Per Christum.

IN NATALI S. AUGUSTINI EPISCOPI

Æterne Deus. Qui beatum Augustinum confessorem tuum et scientiæ documentis replesti e nitutum ornamentis ditasti. Quem ita multimodo A enere pietatis imbuisti, ut ipse tibi et arca et sacrificium, et sacerdos esset et templum. Per Christum.

EODEM DIE S. HERMETIS.

Æterne Deus. Quoniam fiducialiter laudis tibi immolamus hostias, quas S. Hermetis martyris tui precibus tibi esse petimus acceptas. Per Christum.

IN DECOLLATIONE S. JOANNIS BAPTISTÆ.

Æterne Deus. Qui præcursorem filii tui tanto munere ditasti, ut pro veritatis præconio capite plecteretur. Et qui Christum aqua baptizaverat, ab ipso in Spiritu baptizatus, pro eodem sanguine tingeretur. Præco quippe veritatis, quæ est Christus, Herodem fraternis thalamis prohibendo carceris obscuritate detruditur, ubi solius divinitatis tuæ lumine frueretur. Deinde capitalem sententiam subiit, et ad inferna Dominum præcursurus descendit. Et quem in mundo digito demonstravit, ad inferos pretiosa morte præcessit. Et ideo.

IN NATALI S. PRISCI MARTYRIS.

(G.) Æterne Deus. Qui sic tribuis Ecclesiam tuam sanctorum commemoratione proficere, ut eam semper illorum et festivitate lætifices, et exemplo piæ conversationis exerceas, grataque tibi supplicatione tuearis. Per Christ.

IN NATALI SANCTÆ MARIÆ.

Æquum et salutare. Nos tibi in omnium sanctorum tuorum provectu gratias agere, Domine sancte, Pater omnipotens, æterne Deus. Et præcipue pro meritis beatæ Dei genitricis et perpetuæ virginis Mariæ gratia, plene tuam omnipotentiam laudare, benedicere et prædicare. Per quem.

IN NATALI S. GORGONII MARTYRIS.

(G.) Æterne Deus. Teque in sanctorum tuorum confessionibus laudare, in cujus facti sunt virtute victores. Quando enim humana fragilitas vel passionem æquanimiter ferre sufficeret, vel hostis aerei nequitias vincere, nisi tuæ firmitatis subsidium ministrares, et sæva furentis inimici arma contereres. Per Christum.

IN NATALI SS. CORNELII ET CYPRIANI.

Æterne Deus. Tuamque in sanctorum tuorum Cornelii simul et Cypriani [a] prædicare virtutem, quos diversis terrarum partibus greges sacro divino pane pascentes una fide, eadem die, pari nominis tui confessione coronasti. Per Christum.

IN NATALI SANCTÆ EUPHEMIÆ VIRGINIS.

(G.) Æterne Deus. Et in hac solemnitate tibi laudis hostias immolare, qua beatæ Euphemiæ martyris tuæ passionem venerando recolimus, et tui nominis gloriam debitis præconiis magnificamus. Per Christ.

IN NATALI S. MATTHÆI APOSTOLI ET EVANGELISTÆ.

(A.) Æterne Deus. Qui Ecclesiam tuam in tuis fidelibus ubique pollentem, apostolicis facis constare doctrinis, præsta, quæsumus, ut per quos initium divinæ cognitionis accepit, per eos usque ad finem sæculi capiat regni cœlestis augmentum. Per Christ.

[IN NATALI S. MAURITII SOCIORUMQUE EJUS.

Æquum et salutare. Nos tibi semper et ubique gratias agere et laudes decantare, Domine sancte, Pater omnipotens, æterne Deus. Per Christ. Dom. nost. Quoniam cognoscimus quantum apud te sit præclara vita sanctorum, quorum nos etiam mors pretiosa lætificat et tuetur. Quapropter martyrum tuorum, Mauritii, Exuperii, Candidi, Victoris, Innocentii et Vitalis, ac sociorum eorumdem gloriosa B recensentes natalitia, laudes tibi referimus, supplici confessione dicentes: *Sanctus*, etc.]

IN NATALI SS. COSMÆ ET DAMIANI.

Æterne Deus. Et clementiam tuam suppliciter obsecrare, ut cum exsultantibus sanctis cœlestis regni cubilibus gaudia nostra subjungas. Et quos virtutis imitatione non possumus sequi, debitæ venerationis contingamus effectum. Per Christ.

[IN DEDICAT. S. MICHAELIS ARCHANGELI.

Æterne Deus. Sancti Michaelis archangeli merita prædicantes. Quamvis enim nobis sit omnis angelica veneranda sublimitas, quæ in majestatis tuæ consistit conspectu, illa tamen est propensius honoranda, quæ in ejus ordinis dignitate cœlestis militiæ meruit principatum. Per Christ.]

C

IN NATALI S. HIERONYMI.

Æterne Deus. Et in hac die potissimum, quam festivitate beati Hieronymi decorasti, tui muneris beneficia personare. Quem ita voluisti fluentis satiare totius scientiæ, ut suorum splendore dictorum, multarum suscitator fieret animarum. Unde tuam, piissime Deus, supplices quæsumus pietatem, ut ejus nos et doctrinis repleas, meritis munias, et exemplis exornes: quatenus omni cæcitate ignorantiæ depulsa, et hic ejus precibus fulti tua mereamur implere præcepta, et gaudia postmodum capere sempiterna. Per Christum.

[IN NATALI SS. DIONYSII, RUSTICI ET ELEUTHERII.

Æterne Deus. Qui sanctorum martyrum tuorum D pia certamina ad copiosam perducis victoriam: atque perpetuum eis largiris triumphum, ut Ecclesiæ tuæ semper sint in exemplum. Præsta nobis, quæsumus, ut per eorum intercessionem quorum festa celebramus, pietatis tuæ munera capiamus. Per Christum.]

IN NATALI S. LUCÆ.

(A.) Æterne Deus. Et te in sanctorum tuorum meritis, etc., *ut supra inter Ambros.*

IN VIGILIA APOSTOLORUM SIMONIS ET JUDÆ.

Æterne Deus. Quia tu es mirabilis in omnibus sanctis tuis, quos et nominis tui confessione præclaros, et suscepta pro te passione fecisti gloriosos

[a] Deest *solemnitate* aut simile quid.

Unde sicut illi jejunando operandoque certaverunt A ut hanc possent obtinere victoriam, ita nos eorum exemplis informemur, ut ad celebranda præsentia festa idonei inveniamur, et ad æterna percipienda, eorum interventu, digni judicemur. Per Christum.

IN DIE SS. APOSTOLORUM SIMONIS ET JUDÆ.

(A.) Æterne Deus. Te in tuorum apostolorum glorificantes honore, etc., *ut supra inter Ambros.*

[a IN VIGILIA OMNIUM SANCTORUM.

Æterne Deus. Reverentiæ tuæ dicato jejunio gratulantes, quia veneranda omnium sanctorum solemnia desideratis prævenimus officiis, ut ad eadem celebranda solemniter præparemur. Per Christum.

IN DIE OMNIUM SANCTORUM.

Æterne Deus. Clementiam tuam suppliciter obsecrantes, B ut cum exsultantibus sanctis tuis in cœlestis regni cubilibus gaudia nostra conjungas; et quos virtutis imitatione non possumus sequi, debitæ venerationis contingamus effectu. Per Christum.]

IN NATALI QUATUOR CORONATORUM.

(C.) Æterne Deus. Celebrantes sanctorum natalitia Coronatorum, quia dum tui nominis per eos gloriam frequentamus, in nostræ fidei augmento succrescimus. Per Christum.

IN NATALI S. MARTINI.

Æterne Deus. Cujus munere B. Martinus confessor pariter sacerdos, et honorum operum incrementis excrevit, et variis virtutum bonis exuberavit, et coruscavit miraculis. Qui quod verbis edocuit, C operum exhibitione complevit, et documento simul et exemplo subditis ad cœlestia regna ducatum præbuit. Unde tuam clementiam petimus, ut ejus qui tibi placuit, exemplis ad bene agendum informemur, meritis muniamur, intercessionibus adjuvemur, qualiter ad cœleste regnum illo interveniente, te opitulante, pervenire mereamur. Per Christum.

IN NATALI SANCTÆ CÆCILIÆ.

Æterne Deus. Qui in infirmitate virtutem perficis, et humani generis inimicum non solum per viros sed etiam per feminas vincis. Cujus munere beata Cæcilia et in virginitatis proposito, et in confessione fidei roboratur, ut nec ætatis lubrico ab intentione mutetur, nec blandimentis carnalibus demulceatur, nec D sexus fragilitate deterreatur, nec tormentorum vincatur immanitate, sed servando corporis ac mentis integritatem cum virginitatis et martyrii palma, æternam meruit adipisci beatitudinem. Per Christum.

IN NATALI S. CLEMENTIS.

Æterne Deus. Et in hac gloriosius die quam B. Clementis passio consecravit, et nobis venerabilem exhibuit, qui apostolica prædicatione imbutus doctrinis cœlestibus educatus, successionis dignitate conspicuus, et martyr insignis et sacerdos refulsit egregius.

IN NATALI S. CHRYSOGONI MARTYRIS.

(G.) Item. Deus. Qui non assiduis martyrum passionibus consolaris, et eorum sanguinem triumphalem, quem pro confessione nominis tui infidelibus præbuere fundendum, ad tuorum facis auxilium transire fidelium.

IN NATALI SANCTÆ CATHARINÆ.

(Ms.) b Per Christum Dominum nostrum. Per quem triumphatrix nobilissima et egregia martyr virgo Catharina, prophetarum et apostolorum atque philosophorum doctrinis imbuta, omnibus linguis charismate sancti Spiritus erudita, imperatorem cum rhetoribus, mundum cum vitiis omnibus mirabili sapientia superavit, imperatricem Augustam cum præfatis rhetoribus, Porphyrium cum sociis omnibus, suis exemplis et doctrinis magnificis convertit ad Christum, omnesque, accepta fide cum signo, Christi martyrio coronatos præmisit ad regna polorum. Hæc fuit illa sapientia illustrata, quæ vicit malitiam, attingit a fine usque ad finem fortiter, et disponit omnia suaviter. Hæc est illa gloriosissima, quæ cum centenis fructibus seipsam libando, magnoque purpurata martyrio repræsentavit Jesu Christo. Ideoque famine Christi et angelorum visitatione confirmata, clavos, et rotas acutissimas tyranni gladium atque minas mirabili constantia superavit. Hæc etiam decollata pro Christi nomine lac fudit pro sanguine, ut sua doctrina et passio nobis eam pura mente venerantibus, esset potus spiritualis, ac cibus, atque peccatorum remissio.

IN VIGILIA S. ANDREÆ.

Æterne Deus. Et majestatem tuam suppliciter exorare, ut qui B. Andreæ apostoli festum solemnibus jejuniis et devotis prævenimus officiis, illius apud majestatem tuam et adjuvemur meritis, et instruamur exemplis. Per Christum.

In die ejusdem.

(A.) Æterne Deus. Quoniam adest nobis dies magnifici votiva, etc., *ut supra inter Ambr.*

IN NATALI SANCTÆ LUCIÆ.

(Ms.) Æterne Deus. Per Christum Dominum nostrum. Quem beata virgo pariterque martyr Lucia, et diligendo timuit, et timendo dilexit, illique conjuncta est moriendo, cui se consecraverat caste vivendo. Et pro eo temporalem studuit sustinere pœnam ut ab eo perciperet gloriam sempiternam: quæ dum duplicem vult sumere palmam in sacri certaminis agone, et de corporibus integritate, et de fidei puritate, gloriosius duxit, longa antiqui hostis sustinere tentamenta, quam vitam præsentem cito per tormenta amittere. Quoniam cum in martyrio ea proponantur quæ terreant, in carnis vero delectamentis ea quæ mulceant. Molestius sustinetur hostis occultus, quam superatur infestus. Cum ergo in utroque tui sit muneris quod vicit, quia nihil valet humana fragilitas, nisi tua hanc adjuvet pietas, pro

a Recentior est etiam hæc et sequens præfatio, et quotquot uncis inclusæ sunt.

b Quæ etiam a quibusdam D. Ambrosio tribuitur.

nobis, quæsumus, tuam pietatem exoret, quæ a te A accepit ut vinceret Et quæ Unigeniti tui intrare me-unt thalamum, intercessione sua inter mundi hujus adversa nobis præstet auxilium Per quem

IN NATALI S THOMÆ APOSTOLI

(J) Æterne Deus Qui Ecclesiam tuam in apostolicis tribuisti consistere fundamentis, de quorum collegio B Thomæ solemnia celebrantes, tua, Domine, præconia non tacemus Et ideo

IN VIGILIA UNIUS MARTYRIS

Æterne Deus Et gloriosi martyris N pia certamina venerando prævenire Cujus honorabilis annua ecursione solemnitas et perpetua semper est, et no a Quia et in conspectu tuæ majestatis permanet nors tuorum pretiosa justorum, et restaurantur in- B crementa lætitiæ, cum felicitatis æternæ recoluntur xordia Per Christum

PRÆFATIONES COMMUNES

IN NATALI UNIUS MARTYRIS

Æterne Deus Et in præsenti festivitate sancti martyris tui N tibi confitendo laudis hostias immolare, tuamque immensam pietatem implorare ut icut illi dedisti cœlestis palmam triumphi sic, eo suffragante, nobis emundationem, et veniam concedas eccati, ut in te exsultemus in misericordia, in quo illi lætatur in gloria Per

Alia ad idem.

(A) Æterne Deus Et te in omnium martyrum uorum triumphis laudare, quoniam tuis donis at- C que muneribus B martyris tui N passionem hoierna solemnitate veneramur, qui pro confessione esu Christi Filii tui Domini nostri diversa supplicia ustinuit, et ea devincens coronam perpetuitatis promeruit Per quem

IN NATALI PLURIMORUM MARTYRUM

Æterne Deus Qui sanctorum martyrum tuorum ia certamina ad copiosam perducis victoriam, atque erpetuum eis largiris triumphum, ut Ecclesiæ tuæ emper sint in exemplum, præsta nobis, quæsumus, t per eorum intercessionem quorum festa celebramus, pietatis tuæ munera capiamus Per Christum

IN VIGILIA UNIUS CONFESSORIS

(Ms) Æterne Deus Et majestatem tuam supplici- D ter exorare, ut qui B N confessoris tui atque pontificis natalitia festa devotis prævenimus officiis, illius et apud majestatem tuam et adjuvemur meritis, t instruamur exemplis

IN NATALI UNIUS CONFESSORIS

Æterne Deus Et in hac præcipue die, quam transitu sacro B N confessoris tui atque pontificis consecrasti Quæsumus ergo clementiam tuam ut des obis illam sequi doctrinam, quam ille et verbo douit, et opere complevit, quatenus nos adjuvari pud misericordiam tuam et exemplis ejus sentiamus et meritis Per Christum

Alia

Æterne Deus Et te sanctorum tuorum virtute laudare, quibus pro meritis suis beatitudinis præmia contulisti quoniam semper in manu tua sunt, et non tanget illos tormentum mortis, quos te custodiente beatitudinis sinus intercludit ubi perpetua semper exsultatione lætantur ubi etiam beatus summus confessor tuus N sociatus exsultat Petimus ergo ut memor sit miseriarum nostrarum, et de tua misericordia nobis impetret beatitudinis suæ consortium Per Christum

IN NATALI PLURIMORUM CONFESSORUM

(G) Æterne Deus Et majestatem tuam supplici devotione exorare, ut beatorum confessorum tuorum N quorum hodie festa celebramus, obtentu, mereamur tuum obtinere auxilium Per Christum

IN NATALI UNIUS VIRGINIS MARTYRIS

Æterne Deus Per Christum Dominum nostrum Quem beata virgo pariter et martyr N diligendo timuit, et timendo dilexit illique conjuncta est moriendo, cui se consecraverat caste vivendo et pro eo studuit temporalem sustinere pœnam, ut ab eo perciperet gloriam sempiternam Per quem

Alia

Æterne Deus Et te beatæ N natalitia recensendo laudare, prædicare et benedicere quam tanto munere sublimasti ut ei conferres et virginitatis coronam et palmam martyrii, sicque virtute fidei et decore pudicitiæ polleret, ut cœlestia regna virgo pariter et martyr intraret Per Christ

IM NATALI UNIUS VIRGINIS NON MARTYRIS

(G) Æterne Deus Per Christum Dominum nostrum Pro cujus charitatis ardore ista virgo et omnes sanctæ virgines, a beata Maria exemplum virginitatis accipientes, præsentis sæculi voluptates ac divitias contempserunt Quoniam tuo dono actum est ut postquam virgo de virgine prodiit, sexus fragilis esset fortis et quo fuit peccandi facultas esset vincendi felicitas Antiquusque hostis qui per antiquam virginem genus humanum se vicisse gloriabatur per sanctas nunc virgines sequaces potius Mariæ quam Evæ, vincatur Et in eo major ei confusio crescat, quam de eo etiam sexus fragilis jam triumphat Quapropter immensam pietatem tuam humiliter exposcimus ut per ejus intercessionem, cujus festa colimus (quæ et sexum vicit et sæculum, tibique placuit et virginitatis decore et vigore passionis) nos mereamur et invisibilem hostem superare, et Unigenito tuo Domino Jesu Christo adhærere Per quem

IN NATALI UNIUS VIRGINIS NON MARTYRIS

(G) Æterne Deus Et in hac solemnitate tibi laudis hostias immolare, qua beatæ virginis N festa venerando colimus, et tui nominis gloriam debitis præconiis magnificamus Per Christ

[IN NATALI PLURIMORUM MARTYRUM

Æterne Deus Et venientem natalem beatorum martyrum tuorum N debita servitute prævenire, suppliciter obsecrantes ut ipsos nos apud tuam clementiam sentiamus habere patronos, quos, tua gloria largiente, meruimus æternæ salutis suscipere ministros. Per Christ.]

IN DEDICATIONE ECCLESIÆ.

Æterne Deus. Et pro annua dedicatione tabernaculi hujus honorem tibi gratiasque referre, cujus virtus magna, pietas copiosa. Respice, quæsumus, de cœlo, et vide, et visita domum istam, ut si quis in ea nomini tuo supplicaverit, libenter exaudias, et satisfacientibus clementer ignoscas. Per Christum Dominum nostrum. Hic tibi sacerdotes tui sacrificium laudis offerant, hic fidelis populus vota persolvant, hic peccatorum onera deponantur; hic fides sancta stabiliatur, hic ipse inter bonum, malumque discernas, cum causam interpellator indicaverit, quam non ignoras; hic pietas absoluta redeat, hinc iniquitas emendata discedat. Inveniat apud te, Domine, locum veniæ, quicumque hunc satisfaciens confugerit, et conscio dolore victus, altaria tua rivis suarum laverit lacrymarum. Hic si quando populus tuus tristis mœstusque convenerit, acquiesce rogari, et rogatus indulge. Per quem.

IN CONSECRATIONE ALTARIS.

Æterne Deus. Per Christum Dominum nostrum. Per quem te suppliciter deprecamur ut altare hoc sanctis usibus præparatum, cœlesti sanctificatione sanctifices: ut sicut Melchisedech sacerdotis præcipui oblationem dignatione mirabili suscepisti, ita imposita novo huic altari munera semper accepta ferre digneris, ut populus qui in hanc Ecclesiæ domum sanctam convenit, per hæc libamina cœlesti sanctificatione salvatus, animarum quoque suarum salutem perpetuam consequatur. Cum angelis et archangelis.

PRÆFATIONES VARIÆ.

[IN VENERATIONE SANCTÆ TRINITATIS ATQUE INDIVIDUÆ UNITATIS.

Æterne Deus. Cujus est una divinitas, æterna potestas, natura inseparabilis, majestas individua. Quem unum substantialiter confitemur, trinum personaliter nuncupamus, Patrem, et Filium, et Spiritum sanctum. Qui in uno trinus appares, et in tribus unus agnosceris. Unde pro tantæ revelationis mysterio in præconium nominis tui tibi cum sanctis angelis pia devotione concinimus, supplici confessione dicentes: *sanctus*, etc.]

[DE SANCTA SAPIENTIA.

Æterne Deus. Qui tui nominis agnitionem, et tuæ potentiæ gloriam nobis in coæterna tibi sapientia revelare voluisti: ut tuam confitentes majestatem, et tuis inhærentes mandatis, tecum vitam habeamus æternam. Per Christ.]

[AD POSTULANDAM SPIRITUS SANCTI GRATIAM.

Æterne Deus. Qui inspicis cogitationum secreta, et omnis nostræ mentis intentio, providentiæ tuæ patescit intuitu, respice propitius arcana cordis nostri cubilia, et sancti Spiritus rore nostras purifica cogitationes, ut tuæ majestati digna cogitemus et agamus. Per Christ.]

DE SANCTA CRUCE.

(*G.*) Æterne Deus. Qui salutem humani generis in ligno crucis constituisti, ut unde mors oriebatur inde vita resurgeret. Et qui in ligno vincebat, in ligno quoque vinceretur. Per Christ.

IN VENERATIONE SANCTÆ MARIÆ.

(*G.*) Æterne Deus. Et te in veneratione sanctarum virginum exsultantibus animis laudare, benedicere et prædicare. Inter quas intemerata Dei genitrix virgo Maria, cujus devote commemorationem agimus, gloria effulsit. Quæ et unigenitum sancti Spiritus obumbratione concepit, et, virginitatis gloria permanente huic mundo lumen æternum effudit, Jesum Christum Dominum nostrum.

[AD POSTULANDA ANGELICA SUFFRAGIA.

Æterne Deus. Sancti Michaelis archangeli merita prædicantes. Quamvis enim illius sublimis angelicæ substantiæ sit habitatio semper in cœlis, tuorum tamen fidelium præsumit affectus, pro tuæ reverentia potestatis, per hæc piæ devotionis officia, quoddam retinere pignus in terris, astantium in conspectu tuo jugiter ministrorum. Per Christ.]

[IN VENERATIONE S. PETRI.

Æterne Deus. Majestatem tuam suppliciter exorantes, ut sancti Petri apostoli tui nobis intercessione donare digneris, ut te toto corde diligamus, et cœlestis beatitudinis participes cum sanctis tuis esse mereamur. Per Christ.

IN NATALI S. STEPHANI PROTOMARTYRIS.

Æterne Deus. Qui beato Stephano in passione constantiam dedisti, et ante omnes post passionem Filii tui triumphi gratiam contulisti. Concede, nos ejusdem protomartyris tui quotidiana intercessione a peccatorum nostrorum nexibus absolvi, et æternæ beatitudinis gloriam consequi. Per Christ. Dom.]

[IN COMMEMORATIONE S. NICOLAI.

Æquum et salutare. Nos te laudare mirabile Deum in sanctis tuis in quibus glorificatus es vehementer. Inter quos præclaræ attestationis Nicolaum, et virtutum præconiis celebrandum, Ecclesiæ tuæ confessionis merito voluisti præesse pastorem. Quam et præteritis virtutum ejus exemplis imbuere, et præsentibus non desinis miraculis erudire. Et ideo.]

IN VENERATIONE OMNIUM SANCTORUM.

Æterne Deus. Et gloriam tuam profusis precibus suppliciter obsecrare, ut cum exsultantibus sanctis tuis in cœlesti regni cubilibus gaudia nostra conjungas, et quos virtutis imitatione non possumus sequi, debitæ venerationis contingamus effectu. Per Christum.

IN ORDINATIONE PRESBYTERORUM.

Æquum et salutare. Qui dissimulatis peccatis humanæ fragilitatis nobis indignis sacerdotalem confers dignitatem, da nobis, quæsumus, ut ad sacrosancta mysteria immolanda cum beneplacitis mentibus facias introire: quia tu solus sine operibus aptis justificas peccatores; tu gratiam præstas benignus ingratis. Tu ea quæ retro sunt, oblivisci concedis, et ad priora promissa mysteria clementissima gubernatione perducis. Et ideo.

Infra actionem.

Hanc igitur oblationem spei nostræ, quam tibi offerimus in die hodiernæ solemnitatis, quo nobis indignis sacerdotalem infulam tribuisti, quæsumus, Domine, ut placatus accipias, et in tua pietate conserva quod es operatus in nobis.

IN MISSA SACERDOTIS PROPRIA.

Æterne Deus. Qui dissimulatis humanæ fragilitatis peccatis, sacerdotii dignitatem concedis indignis, et non solum peccata dimittis, verum etiam ipsos peccatores justificare dignaris. Cujus est muneris ut non existentia sumant exordia, exorta nutrimentum, nutrita fructum, fructuosa perseverandi auxilium. Qui me non existentem creasti, creatum fidei firmitate ditasti, fidelem, quamvis peccatis squalentem, sacerdotii dignitate donasti. Tuam igitur omnipotentiam supplex exposco, ut me a præteritis peccatis emacules, in mundi hujus cursu in operibus corrobores, et in perseverantiæ soliditate confirmes. Sicque me tuis altaribus facias deservire, ut ad eorum qui tibi placuerunt, sacerdotum consortium valeam pervenire. Et per eum tibi sit acceptabile votum meum, qui se tibi obtulit in sacrificium, qui est omnium opifex, et solus sine macula pontifex, Jesus Christus Dominus noster. Per quem.

Alia.

Æterne Deus. Per Christum Dominum nostrum. Qui pro amore hominum factus in similitudinem carnis peccati, formam servi Dominus assumpsit, et in specie vulnerati medicus ambulavit. Hic nobis Dominus et magister salutis, advocatus et judex, sacrificium et sacerdos. Per hunc te, Domine sancte, Pater omnipotens, suppliciter exoro, ut dum reatum conscientiæ meæ recognosco, quo in præceptis tuis prævaricator exstiti, et per delictorum facinus corrui in ruinam. Tu, Domine, erige quem lapsus peccati prostravit, illustra cor quod tetræ peccatorum caligines obscuraverunt, solve compeditum quem vincula peccatorum constringunt, præsta per eumdem sanctum et gloriosum et adorandum Dominum nostrum Jesum Christum Filium tuum, quem laudant angeli, throni et dominationes. Cum quibus, etc.

Infra actionem.

Hanc igitur oblationem, quam tibi, Domine, offero, pro peccatis meis nimiis atque offensionibus, majestatem tuam totis viribus, Deus piissime, humili prece deposco dignanter suscipias, exorans ut remittas crimina quæ carnis fragilitate atque tentatione iniquorum spirituum nequiter admisi, etiam ultra ad eas non sinas reverti, sed confirma me in justificationibus tuis, et perseverantiam mihi tribue in illis, et fac me dignum ante conspectum tuum astare, sacrificiumque tibi Domino casto corpore et mundo corde digne offerre. Per Christum.

A [PRO CONGREGATIONE RELIGIOSORUM MONACHORUM.

Æterne Deus. Quoniam clementiam tuam precari sine cessatione debemus, ut gregem tuum, pastor bone, non deseras, sed per B. confessoris tui Benedicti preces continua protectione custodias, ut viam tibi placitam obedientia, quia idem Pater illæsus antecedebat, nos præclaris ejus meritis adjuti sine errore subsequamur. Per Christum.]

IN MISSA PRO AMICO.

Æterne Deus. Implorantes tuæ majestatis misericordiam, ut famulo tuo N., veniam suorum largiri digneris peccatorum, ut ab omnibus inimici vinculis liberatus, tuis toto corde mandatis inhæreat, ut te solum semper tota virtute diligat, et ad tuæ quando-
B que beatitudinis visionem pervenire mereatur. Per Christum.

Infra actionem.

Hanc igitur oblationem quam tibi offerimus pro famulo tuo N., ut omnem peccatorum suorum veniam consequi mereatur, quæsumus, Domine, placatus accipias, et miseratione tuæ largitatis concedas, ut fiat ei ad veniam delictorum, et actuum emendationem, ut et hic valeat bene vivere, et ad æternam beatitudinem feliciter pervenire.

PRO FAMILIARIBUS.

Æterne Deus. Clementiam tuam pronis mentibus obsecrantes, ut famulos tuos et famulas, quos sanctæ dilectionis familiaritate nobis conjunxisti, tibi facias toto corde subjectos, ut tuæ charitatis spiritu
C repleti, a terrenis mundentur cupiditatibus, et cœlesti beatitudine, te donante, digni efficiantur. Per Christum.

Infra actionem.

Hanc igitur oblationem famulorum famularumque tuarum quam tibi offerimus, ob devotionem mentis eorum, pius ac propitius clementi vultu accipias, tibi supplicantes libens protege, dignanter exaudi, et æterna eos protectione conserva, ut semper in tua religione lætantes, instanter in sanctæ Trinitatis confessione et fide catholica perseverent.

Alia.

Æterne Deus. Cujus omnipotentia deprecanda est, misericordia exoranda, pietas amplectenda. Cujus majestatem humili prece deposcimus, ut famulis et
D famulabus remissionem peccatorum tribuas, eorumque vias in tua voluntate dirigas, eosque a cunctis malis eripias, quatenus ab omnibus adversitatibus eruti, tuis donis corroborati, et ad bonorum desideriorum vota perveniant, et quæ juste postulant te largiente percipiant. Per Christum.

PRO QUACUNQUE TRIBULATIONE.

Æterne Deus. Qui fragilitatem nostram non solum misericorditer donis temporalibus consolaris, ut nos ad æterna provehas, sed etiam ipsis adversitatibus sæculi benignus erudis, ut ad cœlestia regna perducas. Per Christum.

PRO AMICO TRIBULATO.

Æterne Deus. Qui es justorum gloria et misericordia peccatorum, pietatem tuam humili prece deposcimus ut, intercedente beata Dei genitrice Maria, omnibusque sanctis tuis, famulum tuum benignus respicias, et pietatis tuæ custodiam ei impendas, atque ab omni tribulatione et angustia eripias, quatenus ex toto corde et ex tota mente tibi deserviat et sub tua semper protectione consistat, ut quando ei extrema dies venerit, societatem sanctorum percipiat, et possideat cum eis sine fine inenarrabilem gloriam. Per Christum.

Infra actionem.

Hanc igitur oblationem quam tibi offerimus, Domine, pro liberatione et consolatione famuli tui N. sereno vultu accepta, ut non eum fraus humana dejiciat; non tua divinitas ex judicio puniat; non castigatum justitia usquequaque demergat; non iniquitas propria, non adversitas aggravet aliena. Si quid tibi deliquit, ignosce! si quid offendit ' hominibus, tu dimitte; submove ab eo cruciatus mentis simul et corporis, ut te compunctus requirat, a te tactus diligenter exquirat.

PRO INFIRMIS.

Æterne Deus. Qui famulos tuos ideo corporaliter verberas ut mente proficiant, et patienter ostendis, quod sit pietatis tuæ præclara salvatio, dum præstas ut operetur nobis etiam ipsa infirmitas medicinam Clementiam igitur tuam pronis mentibus obsecramus, ut famulo tuo N. salutem mentis et corporis, et continuæ prosperitatis augmenta largiri digneris. Per Christum.

PRO DEFUNCTO.

Æterne Deus. Per Christum Dominum nostrum, per quem salus mundi. Per quem vita omnium, per quem resurr., etc., ut inter Ambr.

Infra actionem.

Hanc igitur oblationem, Domine, quam tibi offerimus pro anima famuli tui N. cujus depositionis diem celebramus, quo deposito corpore anima tibi Creatori reddidit, quam dedisti, quæsumus, ut placatus intendas, pro quo petimus divinam clementiam tuam, ut mortis vinculis absolutus, transitum mereatur ad vitam. Per Christum.

PRO ABBATE DEFUNCTO.

Æterne Deus. Quoniam quamvis humano generi mortis illata conditio pectora nostra contristet, tamen clementiæ dono, spe futuræ immortalitatis erigimur, ac memores salutis æternæ, non timemus lucis hujus sustinere jacturam. Quoniam beneficio gratiæ tuæ fidelibus vita non tollitur, sed mutatur, atque animæ corporeo ergastulo liberatæ horrent mortalia, dum immortalia consequuntur. Unde quæsumus ut famulus tuus. N. in tabernaculis beatorum constitutus, evasisse carnales se glorietur angustias, diemque judicii cum fiducia voto glorificationis exspectet. Per Christum.

Infra actionem.

Hanc igitur oblationem, Domine, quam tibi pro depositione famuli et sacerdotis tui N. deferimus,

A quæsumus, placatus intende; pro quo majestati tuæ supplices fundimus preces, ut eum in numero tibi placentium censeri, facias sacerdotum.

IN UNIUS EPISCOPI TRANSITU.

Æterne Deus. Devotam clementiam tuam obsecrantes, ut animam famuli tui et episcopi tui N. in electorum tibimet pontificum numero jubeas consistere gaudenter; ut qui hic tuo pro eis supplex deserviebat altari, gloriosa illic cum eis tua mereatur laude communicari. Per Christum.

Infra actionem.

Hanc igitur oblationem, quam tibi offerimus pro commemoratione depositionis animæ famuli et episcopi tui N., quæsumus, Domine, ut placatus accipias, et quem in corpore constitutum sedes apostolicæ gubernaculo præesse voluisti, in electorum tuorum numero constitue.

IN TRANSITU UNIUS MONACHI.

Æterne Deus. Qui nobis in Christo Filio tuo unigenito Domino nostro, spem beatæ resurrectionis concessisti, præsta, quæsumus, ut anima famuli tui N., pro qua hoc sacrificium redemptionis nostræ tuæ offrimus majestati, ab omni munda sorde peccati, ad beatæ resurrectionis requiem, te miserante, cum servis tuis pervenire mereatur. Per eumdem.

Infra actionem.

Hanc igitur oblationem, quam tibi pro anima famuli tui N. monachi offerimus, quem de carnali corruptione liberasti, quæsumus, Domine, ut placatus accipias; et quidquid humanæ conditionis obreptione contraxit vitii deleas; ut tuis purificata remediis, ad gaudium perveniat sempiternum.

PRO PLURIBUS DEFUNCTIS.

Æterne Deus. Qui nobis in Christo unigenito Filio tuo Domino nostro spem beatæ resurrectionis concepisti, præsta, quæsumus, ut animæ, pro quibus hoc sacrificium redemptionis nostræ tuæ offerimus majestati, ad beatæ resurrectionis requiem, te miserante, cum sanctis tuis pervenire mereantur. Per Christum.

Infra actionem.

Hanc igitur oblationem, Domine, quæsumus, placatus intende, quam pro animabus omnium fidelium defunctorum tuæ supplices exhibemus pietati, ut per hæc sancta mysteria ab omnibus absolutæ peccatis æternæ beatitudinis participes efficiamur.

PRO PLURIBUS.

Æterne Deus. Per Christum Dominum nostrum, qui seipsum pro nobis obtulit immolandum cujus morte vita nobis collata est sempiterna, qui sanctarum fidelium spes animarum, meritorumque bonorum idem remunerator qui et dominator. Unde, quæsumus, animæ famulorum famularumque tuarum, omnium fidelium defunctorum remunerari gloria mereantur æterna, cum idem ipse Dominus noster Jesus Christus in gloria sua venerit cum angelis suis. Per quem.

Infra actionem

(1) Hanc igitur oblationem, quam tibi pro commemoratione animarum in pace dormientium supplicitei immolamus, quæsumus, Domine, benignus accipias, et tua pietate concedas ut et nobis proficiat hujus pietatis affectus, et illis impetret beatitudinem sempiternam

GRIMALDI ET TATTONIS

AD REGINBERTUM,

Magistrum Scholæ monasterii sancti Galli

EPISTOLA

(Apud Baluz, Capitul tom II col 1382)

Præstantissimo et ineffabili dilectione nominando Reginberto præceptori Grimaldus Tattoque supremi auditorum vestrorum discipuli sempiternæ felicitatis salutem

Memoria dilectionis vestræ animis nostris sedulo inhærens immemores petitionum vestrarum promissionumque nostrarum esse non permittit Et utinam tam proficienter quam spontanee piam voluntatem vestram implere valuissemus Ecce vobis Regulam beati Benedicti egregii doctoris, quam benevolus animus vester summo semper optaverat desiderio, direximus, sensibus et syllabis, necnon etiam litteris a supradicto Patre, ni fallimur, ordinatis minime carentem, quæ de illo transcripta est exemplari quod ex ipso exemplatum est codice, quem beatus Pater sacris manibus suis exarare ob multorum sanitatem animarum curavit Illa ergo verba quæ supradictus Pater secundum artem, sicut nonnulli autumant, in contextu Regulæ hujus non inseruit, de aliis Regulis a modernis correctis magistris colleximus, et in campo paginulæ e regione cum duobus punctis inserere curavimus Alia etiam quæ a Benedicto dictata sunt, et in neotericis minime inventa, obelo et punctis duobus consignavimus Hoc egimus desiderantes vos utrumque et secundum traditionem pii Patris, etiam modernam habere Eligite vobis quod desiderabili placuerit animo Valete in Domino

Salve flos juvenum forma speciosus amœna,
Optatam retinendo viam vitamque salubrem
Ecce tui humiles famuli tibi munera mittunt,
Quæ animus dudum vester optavit habere
Omnipotens genitor, cunctum qui continet orbem,
Te regat et servet semper ubique sanum

ANNO DOMINI DCCCLXXII

MILO

MONACHUS SANCTI AMANDI.

NOTITIA HISTORICA.

(Apud Fabricium, Bibliotheca mediæ et infimæ Latinitatis)

Milo, Monachus S Amandi, sive Amandopolitanus, ad fluvium Elnonem in Belgio, in diœcesi Tornacensi, ord Bened, scientia litterarum clarum circa an 840 et deinceps usque ad 871, quo diem obiit scripsit adhuc juvenis *Vitam S Amandi*, Trajectensis episcopi, defuncti A C 684, versibus hexametris (e Vita quam prosario sermone Baudemundus composuerat) ad Haiminum, monachum Vedastinum, libris quatuor Edidit Henschenius in Actis Sanctor, tom I Feb, pag 873-888 cum notis, et Mabillonius sæc II Act Sanctor Bened pag 710 seq Incipit præmissa elegia

Festa propinquabant nostri veneranda Patroni

Liber I

Arbiter omnipotens hominum rerumque creator

Sermonem de translatione corporis S Amandi, ejusque ordinatione et dedicatione templi in Actis Sanctor, t I Febr pag 889-891, et alterum *de elevatione corporis S Amandi*, p 891-893, et in Operibus Philippi Harvengii, Paris et Duaci 1621 fol

Sermonem de S Principio, fratre B Remigii Rhemensis episcopo an 506 defuncto Suessionensi, editum a Surio 27 Septembris (a)

(a) De quo hic agitur sermo, seu potius encomium exstitur sub nomine Sidonii Apollinaris inter epistolas ejusdem Vide Patrologiæ tom LVIII, col 612 Edit

Libros II *de laude pudicitiæ et sobrietatis*, manuscriptos in bibl. Cantabrigiensi, qui initio manci in bibl. Leidensi. Meminit Sigebertus, c. 105. Incip.: *Glorioso regi Carolo* (Calvo) *Milo supplex*:

Principibus priscis vatum placuisse Camenas.

Prologum vulgavit Magnus Crusius in Diss. Epistolica, p. 42 seq.

Conflictum veris et hiemis. Incip.:

Conveniunt subito cuncti de montibus altis.

Edidit Oudinus tom. II, p. 326-328.

De S. Cruce carmen hexametrum duplex, in modum sphæræ ingeniosissime compositum, manuscr. Elnono ad S. Amandum reste Miræo ad Sigeberti c. 105.

Carmina *de laude parcitatis*, eidem Calvo regi post Milonis obitum obtulit *Hucbaldus*, propinquus ejus ac discipulus, versibus quos edidit Edmundus Martene t. I Anecdotor., p. 46.

Milo poeta tuus, noster didascalus idem,
Ingenium cujus hoc bene prodit opus,
Carmine qui quondam Vitam descripsit Amandi,
Præsulis eximii, detulit atque tibi
Hunc quoque conscriptum vestro sub honore libellum,
Dum cuperet votum concelebrare suum,
Occidit, humanæ persolvens debita vitæ, etc.

De arte metrica librum memorat Valesius Andreas Bibl. Belg. *p.* 676.

Epistolas ad diversos Trithemius cap. 283 de S. E., et de illustribus Benedictinis II, 50. Epitaphium Milonis in Actis Sanctor., tom. III Jun. 16, p. 16, ab Hucbaldo, ut suspicor, ei positum.

Milo poeta sophus, cubat hoc sub marmore clausus,
Carmine dulciloquus, qui librum Sobrietatis
Edidit, et sanctum pulchre depinxit Amandum,
Floribus exornans metro prosaque venustans
Tanti pontificis palmam, caput (*a*) atque coronam.

(*a*) Val. Andreas et Oudinus, *capit.*

SANCTI AMANDI VITA METRICA

AUCTORE MILONE

(Ex Actis sanctorum Bolland., Februarii tomo IV.)

[a] EPISTOLA MILONIS AD [b] HAIMINUM.

Reverentissimo Patri HAIMINO MILO, devotissimus filiorum, indelebilem æternæ felicitatis jucunditatem.

Perfruitus quondam vestræ mansuetudinis benignissimo affatu, eo scilicet tempore, quo susceptus a vobis, vestra immeritus meritis jucundam allocutione, ac melliflua perfoveris dulcedine, gratiarum actionem persolvo. Siquidem erga exiguitatem meam tanta vestræ excellentiæ benignitas viguit, ut deinceps non cessaret, quod inflammatum erat in corde meo vestri amoris ardere incendium. Et non immerito: quippe melle pleni sincerissimæ dilectionis cordis ac corporis gesta eructantes, quæ interiora vestri pectoris habebant cubilia, facile obtinuistis, ne de libris meis ullo unquam tenore vestra labatur amabilis mentio, sed æternaliter innovata conservetur et perduret flore immarcescibili. Qua de re fidens in tam laudabili paternitate vestra, ceu filius indidi manibus vestris ineptas meæ imprudentiæ nenias, præexercitatem (*sic*) scilicet ingenioli mei in vita beatissimi Amandi, suppliciter obsecrans, ut si in his aliquid fidei Catholicæ minus consonans, vel incongruum legi metricæ inveneritis, ad certæ normam regulæ misericorditer, more paterno reducatis, nec me meo dimittatis errori, contestor et obsecro per sanguinem Christi, qui fusus est pro salute populi Christiani. Quod si, misericordia supernæ majestatis præeunte, æquas textus carminis mei obtinuerit partes, tunc una mecum hujus doni largitori, sancto scilicet Spiritui, gratiarum laudes debita exsultatione persolvite, cujus munere tantum opus quivi utcunque compingere. Rusticitati autem meæ veniam dare necesse est, quia rusticatio, ut quidam ait, ab Altissimo creata est. Et quamvis difficilioribus uti potuerim aliquibus in locis verborum ambagibus, ne id facerem sum prohibitus, qui etiam credidi futurum opus istud gratius, si omnium Fratrum pateret auditibus. Faveat ergo excellentia vestra non vitiis meis sed laboribus, ut illud percipiatis in cœlestibus quod mortalis non vidit oculus. Valere vos optamus ad omnium fidelium profectum æternaliter.

RESCRIPTUM HAIMINI AD EUMDEM.

Infirmus servus Christi Haiminus Miloni suo salutem.

Carmen quod mihi, Frater amantissime, porrexisti, avida mente perlegi; sed quia non satis est legisse semel, juvit usque videre. Unde repetens a principio non sine judiciali censura, quod ante summotenus tetigi, totum ex integro legens et inculcans omnes in eo intentionis meæ vires impendi. Nam primo putavi me, fateor, in planum posuisse pedem sed ut comperi meam exiguitatem non modo poculo fontis irrigari, sed fluctibus eloquentiæ obrutum iri, non sine cautela deinceps totum in flumen Fratribus,

[a] Ita codex noster Ms. *Incipit Epistola Milonis Levitæ, etc.*, at codex Amandinus: *Incipit Epistola Milonis Philosophi ad venerabilem Patrem Haiminum, etc.*

[b] De Haimino sacerdote et monacho Vedastino egimus ad Vitam S. Vedasti.

ui mecum sunt, quomodo sit navigandum ostendi t, quia in eo nec scopulum qui fidei obstet, offen, nec, quod legi metricæ refragetur, inveni, hortor ratres nostros qui a talibus studiis non abhorrent, unus hoc libenter suscipere, et obsecro ut satius hint ad simile studium provocari, quam invidiæ cibus concremari Novimus siquidem semper cives ibus invidere, et secundum Salvatoris dictum eminem Prophetam, sive, ut tu solitus es dicere, ullum Poetam acceptum esse in patria sua (*Luc* iv, 4) Sed quia parvulum occidit invidia, minor esse gnoscitur qui invidet quam ille cui invidetur apæ! miror opiparum valuisse divitibus præparare nvivium, quem putabam vix posse pauperibus exibere vel gustum Plane amantissimi Amandi ego idem id meritis imputo, de cujus præconiis exultare ac Christum laudare non cesso Est igitur oquium suave et carmen salibus dulce, leni lapsu plano sermone decurrit oratio Quid amplius? icant et judicent sodales ut velint, ego autem arimum cordis mei pervulgo, quia præconia tanti atris, mi dilecte, satis abundeque tuo carmine illurasti Noli tamen, obsecro, ab incepto desistere, oli desidiæ aut inerti otio succumbere, noli graam, quæ tibi adjacet, negligere, sed, dum vacat, mper te bonis studiis exerce et noli quod gratis ccepisti aliis denegare, noli solus bonum commune possidere velle Hæc sola pecunia est, quæ not expensione augeri, hæc sola est, quæ sparsa escit, et erogata emolumenta capit, hæc est etiam, uæ absconsorem suum pœnis addicit, et bonum ispensatorem æterni muneris gloria insignit

Macte nova virtute, vale Milo optime vates,
Haimninque tui, dic, miserere Deus

[a] PROŒMIUM OPERIS SEQUENTIS

esta propinquabant nostri veneranda Patroni,
Instabatque dies terrigenis celebris
Ornabat nitidi præcelsa habitacula templi
Pervigili cura sancta caterva gregis
andentes tunicas atque ornamenta per aras
Ponebant texta stamine purpureo
lore parabantur solito pavimenta decenter
Marmore commixtis ordinibus variis
A Pars aliqua aptabat redolentia lumina ceris,
Formabatque chorus cantica mellifluus
Pars et olivifer is appendens vasa coronis,
Fundebat lucem corde, manu rutilam
Tunc me sollicitum, ne in tantis munere turmis
Parerem vacuus, istud opus rapuit,
Laudibus apta piis, florentia gesta venusti
Præsulis ut metro dulcisono canerem
Dulce decus, pietatis opus, compingere versu
Pontificis vitam suasit amor fidei
Quorumdam monitis fratrum compulsus, enorme
Suscepi pondus viribus exiguis
Antiquos, proh! non puduit reticere poetas,
Quis doctrina merat vana, caduca, levis
B Fallendi studium quos cunctum lusit in ævum,
Totaque vita fuit dedita criminibus
Carmine distincto verborum ferre cothurno,
Ac nomen laudis quærere per facinus
Dumque per errores vanis anfractibus irent,
Perficere aliud nil, nisi mortis opus
A qua decepti, inferno tumulisque repositi,
Fletibus assiduis talia facta luunt
Muta mihi et sicco languebit lingua palato
Falsaque qui damno, vera tacere queo
Nam meliore via Christi celebrare tropæa
Muneris intuitu spes bene fida monet
Laus ut summa Deo, veneratio debita Sancto,
Exemplum populis sit quoque Christicolis
Et mihi succrescat cumulato fœnore merces,
C Transferat et Justi hujus ad astra prece
Intentata tamen prius isto schemate res est,
Et quæ non didici, conor amando loqui
Ergo Dei fidens bonitate et munere sancti
Flaminis aggredior inscius istud iter
Quisquis erit, nostrum qui carmen rodere mavult,
Verme fero justæ roditur invidiæ,
Et qui tam justo cupit aggaudere labori,
Patre Deo genitus, patris amator hic est
Ergo evangelicum primo percurrere textum
Illius et septem sacra sigilla juvat
Tunc melius Sancti potero properare per actus,
Principium tale si pia membra habeant [c]

D

[a] Hæc præponebantur *In nomine Domini incipit ita S Amandi Confessoris Christi, de prosa oratione n heroicum carmen metrico stylo transfusa, habens bellos iv, edita a Milone monacho cœnobii ipsius*

[b] En ornatus ad celebranda sanctorum festa ab annis octingentis et amplius adhiberi solitus

[c] Hæc capita margini adscribimus, ac more nostro distinguimus illa hic indicasse sufficit

LIBER PRIMUS

Capitula libri i ab auctore præfixa

1 Humana Christi nativitas, et quod hunc omnia elementa Dominum fore cognoverint exponitur — 2 Apostolorum electio, passio ac resurrectio et ad cœlos Christi ascensio, Spiritus quoque sancti emissio breviter indicatur — 3 Quibus in locis Apostoli evangelium prædicaverint — 4 Commemoratis Apostolorum successoribus B Amandus subnectitur — 5 Editor operis confitens inscientiam, sancti Spiritus postulat gratiam — 6 Patria parentesque Beati commemorantur — 7 Ubi Sanctus cognatos relinquens, Ogiam petiit — Ubi serpentem validum prece et crucis vexillo fugavit — Responsio ad patrem — 10 Quod ad sepulcrum S Martini orans caput sibi totondit — 11 Qua-

liter Bituricas adiit, et de institutione et conversatione ipsius. — 12. Ubi Romam fidei ardore proficiscitur. — 13. Ubi a custode de ecclesia pellitur. — 14. Apparente Petro admonetur ad Gallias redire. — 15. Reditus Sancti refertur, simulque libellus cum prece finitur.

CAPUT PRIMUM

Introductio poetica, a Christo et Apostolis ad S. Amandum. Hujus ortus.

1. Arbiter omnipotens, hominum rerumque Creator,
Errorum tenebris mundo pereunte, misertus,
Virginis intravit thalamum, intactumque paravit
Hospitium sibimet, clausæ quo nomine portæ
Hezechiel signat quam nullus conditus intrat [a],
Ni solus cui clausa patent habitacula, Christus,
Utque magis stupeas quodque est mirabile dictu,
Cœlestis clausam penetravit janua portam,
Unde Maria sui genitrix effecta parentis,
Virginis antiquæ delictum diluit Evæ,
Protulit et mundo verum sine semine fructum.
Ergo ubi conspicuo processit honore Redemptor,
Et mundo effulsit Phœbo rutilantior ipso,
Pastores pecorum primi, pressique pavore,
Conspicuos cives carmen cœleste canentes
Audivere astris arrectis auribus. Auctor
Ad terras rerum quod venerit et Reparator,
Cujus in exortu cœlesti gloria regno
In terrisque foret homini pax sancta volenti.
Astra poli censere suus quod conditor esset,
Ad cujus cunas stellam misere coruscam,
Huncque suum Dominum pelagus cognoverat esse,
Sic plantis cujus calcabile præbuit. Almus
Sol quoque condoluit, cum fixum stipite vidit,
Flens famulus Dominum furvo velatus amictu.
Terraque cognovit, quando est concussa tremore
Horribili fractis Sanctorum rite sepulcris.
Infernusque pavens tremuit, cum claustra revulsa
Vidit, conspicuo contractis lumine valvis.

2. Sed quia terrigenæ Regem super omnia necdum
Hunc fore credebant, simulacra nefanda putantes,
Pro dolor! esse Deos, non amplius ista manere
Passus, et antiquæ nec damna videre ruinæ,
Elegit quosdam, quos gratia sola beavit,
Per quos quadrifido mundi sub cardine gentes
Salvaret, quibus ostendit miracula magna,
Defunctis vitam tribuens, dans lumina cæcis.
Venerat et quoniam supra de sede Redemptor,
Ut proprio totum salvaret sanguine mundum,
Illusus, cæsus, damnatus, dispoliatus,
Judicio injusto Judex justissimus, index
Justitiæ, extremo crucifixus, et inde sepultus,
Multimodum superas spolium relevavit ad auras.
Inde polum penetrans, jam dictis dona remisit
Discipulis promissa suis, quis Spiritus ignis
Affuit in specie sanctus, dans munia linguæ,
Qua possent mundo magnalia visa referre.

3. Hi quoque pervigili complentes jussa labore,
A Partitis sibi terrarum partes adeunt,
Lumine conspicuo rutilantes more lucernæ.
Præcelsi Proceres Petrus, Paulusque priores
Ardua Romulea properant ad mœnia Romæ,
Romanosque lavant melius quam gurgite Tibris,
Atque ibi constituunt primi fundamen honoris.
Hinc petit Andreas properando viribus Achaiam,
Ac nomen proprium patrando viriliter implet.
Hinc Jacobi gemini Judæam legibus ornant,
Prisca docent simili resonare tenore novellis.
Inde Asia accedit monitis conversa Joannis,
Quam paradisiaco sitientem flumine potat.
Lampadis et Scythiæ resplenduit ore Philippus,
Atque ibi complevit proprio quod [b] nomine signat.
Matthæus Æthiopas torrente ardore crematos
B Ut [c] Geon eximiis sacrato diluit amne,
Et facit in speciem lotos candere nivalem.
Indorum tenebras discussit Bartholomæus,
Fecit et egregia splendoris luce coruscos
Parthos sollicitus cognato more beatis.
Explorat Thomas digitis, et vulnera narrat
Quæ Domini vidit post mortem in corpore vivi.
Simon Persidem dulci comitatus Juda,
Bellica quæ fuerat, verbi mucrone subegit.
Ægyptum terram, melius quam Nilus mundans,
Fruge Evangelii complet quoque Marcus opima,
Semina sancta ferens. Sanctus sermone superno
Vivifico mundat populos baptismate Lucas.
Hos quoque post missi doctores rite sequentes,
C Per mundum sparsi sparserunt verba salutis,
Actus prosaico quorum sermone notati,
Et nunc usque manent, et in omnia sæcla manebunt,
Carmine quinetiam quorumdam facta canuntur,
Versibus et brevibus nunquam breviandа ligantur.

4. De quorum numero Confessor fulsit Amandus,
Ad cujus modo gesta manum calamumque novellum
Mittimus, et nisu prægrandia tangimus arcto,
Inspirante Deo, quia magna est portio laudis,
Illius calamo varios replicare labores
Ac genus et patriam seu fortia scribere gesta
Ad laudem Domini, hæc cujus virtute peregit,
Quidquid enim canimus servorum in laude bonorum,
Respicit ad Dominum, cujus hoc munere sumunt
D Cum bene qui produnt justum et laudabile sancti
Mente manu lingua, meditando operando, loquendo,
Quo sine pulvis homo est, quo cum nil charius exstat.

5. Nam quantus fuerit, cujus describitur actus,
Qualis in hoc virtus, pietas, devotio qualis,
Centenis nullus poterit depromere linguis,
Gutture millesono tonitrus si more boarit.
Quin minus hæc gracili sermone referre valebo,
Qui rudis existens, apicum primordia vix nunc

[a] *Ezech.* XLIV, 2.

[b] Φιλιππος significat amantem equorum, ac bellicosum, ac generosum intelligit Milo.

[c] *Gehon,* secundam inter quatuor flumina Paradisi, Genes. II, 13, *circumit omnem terram Æthiopiæ.*

ddidici, doctrina et verbi flumine siccus,
uid faciam? loquar an taceam pia gesta Patroni?
ec quia non possum compingere carmine digno,
ed trepidum spes illa juvat, fiducia firmat,
uod sanctus mihimet poterit præbere loquendi
ires, qui valuit mutis conferre loquelam
acratis precibus, cum spes hanc firma rogaret,
ujus et in manibus speciosis [a] regnis infans
ermonem didicit, quem nunquam corporis usu
espondit modicumque fuit proferre latina
erba, sed Hebrææ deprompsit tamine linguæ
men dulce, vix complens pia voti peccantis
rgo, ut rite queam laudes ac gesta notare
ontificis magni, divini postulo supplex
laminis auxilium, quod continet omnia, complens
stra, polum, pelagus terras, quo cuncta reguntur,
um quo lingua valet, sine qua facundia muta est
tua sunt quæ narro, Deus, nunc oro precanti
lingui mihimet da linguæ munus honestæ.

6 Sed prius arce genus rutila celebrabile cretum
Pangere gestit amor, cursumque notare beatam
rogeniem Justi, primoque referre priora,
uatenus infixam radicem pagina servans
rboris eximiæ, demum præcelsa propago
amorum et celsum tollatur ad astra cacumen
st regio antiquis Aquitania dicta colonis,
ellipotens, et frugiferax, populosaque tellus,
ertilior tamen et multum fecundior hinc est,
uod talem fructum venerando protulit ortu
æc tibi rite colis quem Gallia misit Amandum,
obilis huic genitor fuerat, qui jure Serenus
st dictus, quoniam meruit generare serenum
gregia et genitrix est cujus Amantia dicta
em stupidus miror divino munere gestam,
uod sibi conveniunt genitor, genitrix, genitusque
omnibus dignis donorum munera fantes
amque Serenus ovans, genitrix et Amantia pollens,
on mirum est generent si talem jure puellum,
omine qui sancti memoretur amoris Amandus
felix regio, quæ talem promeruisti
ernere, ferre virum, nutrice hunc si tenuisses
on tantæ quaterent te nunc hinc inde procellæ
rgo Serene pater tali pro pignore salve,
nclyta mater ave, quæ claro germine flores

CAPUT II

ita S. Amandi monastica in insula Ogia. Serpens fugatus. Promissa patris contempta.

7 Qui puer a cunis primordia forte minora
umere detrectans, signum dedit imperfectum
e nil velle sequi, summam subvexit ad arcem
ustitiæ gressum, crescens ætate Beatus
mmodico fervens cum Christi arderet amore,
eseruit patriam, sicut venerabilis Abram,
A Cognatosque suos linquens peregrina petivit
Est locus Oceani distans a littore iniqui,
Nempe quater denis, ut fertur, millibus æque,
Insula quo præbet venientibus Ogia portum,
Quo veniens agnus lanis candentibus albus
Excipitur niveo grege congaudente benigne,
Emicuitque brevi meritis in tempore summis
Et quia scripturas curavit discere sacras,
Quis labor est primo, sed post pretiosa laboris
Præmia, multiplici virtutum fruge replenda,
Quæque cibant animas mortali carne gravatas,
Sanctificant, curant, salvant, vegetantque perornant,
Non sancto desiderio protectio Christi
Defuit, id summum sed vexit culmen honorum
Talia quærentem, sitientem, et amantem Amandum

B 8 Hinc majora sequens operum miracula, dicam
Qualia principio Domini devotus amator
Prælia præluderit, et quantos inde triumphos
Corporis ac mentis superato sustulit hoste
Forte dies aderat quædam, qua instabat agenda
Causa monasterii jam dicti, quaque benignum
Eximii Fratres puerum complere volentes
Injungunt causas operis, quod protenus ille
Impiger exsequitur, cunctis servire paratus,
Subditus obsequio famulus celeranter in omni
Sed dum forte minus loca sanctus cognita lustrat,
Obviat immanem horrendi corporis anguem
Sævum, squamigerum, dirum, vastum, truculentum,
Quem puer aspiciens, pariterque horrore pavescens
C Terretur, stupet, admiratur, et anxius hæret,
Attonitusque tremit, quo gressum verteret, [c] angit
Cœlica sed Domini mox hunc ut gratia fulsit,
Corruit in faciem, terram quoque corpore pressit,
Suppliciter stratus, sed mente ad sidera vectus
Hinc quoque vexillum, nostræ quo summa salutis
Consistit, valida opposuit virtute chelydro
Jussit et ad notas illum remeare latebras
Letifer ast hydrus signi virtute repulsus,
Effugiens rediit, notumque relapsus ad antrum,
Ulterius hominum nusquam comparuit ulli,
Ereptusque locus tanto jam dictus ab hoste est
Fama est serpentes [d] Marsos turbare suetos
Exigua sibimet vallum tellure parare,
Quod nequeat transire cohors numerosa nocentum
D Sed meliore via multum præstantius iste
Reppulit ignitos divino lamine ictus
Serpentis, sanctus prostratus in aggere terræ
Per vexilla crucis, digitis quæ pinxit in arvis,
Hoc primum patravit opus, quod rite notatum
Linquimus, hoc aliis post narret scheda futuris
Ergo humili voto te, Pastor Amande, precamur,
Antiquum ut pellas anguem, qui corpora nostra
Non curans laniare, animis magis optat acerba
Vulnifico nostris infundere dente venena,
Flammivomus flammas et spirans igneus ignes

[a] S. Sigebertus, ut supra et 1 Februarii dictum
[b] Aliud ms *Tangere*
[c] *Angit* neutraliter positum pro *angitur*
[d] *Marsis* Italiæ populis (quos a Circes filio ortos ferunt) vim inesse contra serpentes naturalem olim creditum Plin lib vii, cap 2 Hic pro incantatoribus accipi a Milone videntur

Qui tibi, sancte Pater, proprium transmisit alumnum A
Serpens serpentem sævum (sed sæva serendo
Sævior advenit, cujus fuit ille minister)
In Centumcellensem urbem; quod tunc duce Christo
Ordine rite suo, cum illuc pervenero, pangam.
Nunc iter inceptum gradior, hydrumque relinquo,
Cresce puer virtute nova, sic ibis ad astra.

9. In puerilis adhuc ætatis flore beatus
Succrescens, studiis virtutum intentus honestis,
Corpore erat juvenis, senior sed canus in actu.
Quem genitor verbis compellans pluribus ambit,
Ammonet, hortatur, blanditur, postulat, orat
Sacra monasterii quo linquens atria sancti,
Vertat iter retro, et mundana negotia curet.
Quis labor omnis inest, quo sint sine cuncta quiete,
Fraus, furor, invidiæ, violentia, cura, tumultus,
In varios casus hominum mergentia mentes.
Verba patris Sanctus, ceu spicula toxica, temnens,
Rejicit, opposito fidei munimine fretus.
Anxius at genitor casso conamine fusa
Cernens verba, minis homo vincere talibus instans :
Ni cœptum testatur [a] opus, habitumque relinquat,
Mundanosque citus sese convertat ad actus,
Jam cunctis rebus, fuerant quæ more paterno
Præbendæ, hæredem faceret contemptus inanem;
Sed sacer ista puer verborum verbera spernens,
Doctrina plenus divini flaminis, inquit :
Nil, pater, esse mihi proprium tam, chare, memento,
Quam summo servire Deo dum vixero; quique
Pars mea cum fuerit, pars illius esse merebor,
Sacra evangelici memoratur voce libelli [b],
Promisisse Deum quærenti talia Petro :
Omnibus abjectis vos, qui mea jussa sequentes,
Cuncta caducorum sprevisti culmina honorum,
Cum Deus æthereum mundi sub fine tribunal
Sederit, et rapidus cunctum subverterit orbem,
Exurens igni terras, pontumque, polumque,
Tunc vos bisseni residere in sedibus, atque
Judicio faciet recto disquirere mundum.
Omnis enim, quicumque meo conductus amore
Postponit mundum, seu nomina cara parentum,
Centuplicata gerens capiet, vitamque perennem.
Inde, Serene pater, non auribus audio surdis,
Egregii memorat quæ pagina sancta libelli,
Psalmicani tibimet breviter quoque dicta citantur
Illa, quibus recinit : Dominus mea portio solus [c],
Lex inscripta jubet tabulis de rupe recisis
Levitas inter fratres non tollere partem [d].
Unde, pater, curo proprium nil, nilque requiro
Terrenum, candens ac fulvum sperno metallum.
Terrigenæ teneat terras tellure tenendi.
Quid mihi cum mundo, genitor, cui mortuus exsto.
Alma Maria Deum velatum tegmine carnis,
In cunis texit vilis velamine panni;
Et vestis mihimet fulvo texenda metallo est?
Vulpibus est fovea; cœlique volucribus umbra;
Ac Dominus noster, qui totum condidit orbem,
Non habet exiguum tectum, quo membra reclinet;
Et mihi magna domus vario pingenda colore est?
Namque bonus non miles hic est, qui jure colendum
Deserit aerio solum sub tegmine Regem,
Et petit ipse fugax umbrosa cacumina tecti :
Urbibus ille decem præferri nempe nequibit,
Palma et quæ fuerit capulo sine palma neganda est.
Rex meus est Christus, regnumque illius Olympus;
Ast ego sum miles nunquam vincendus Amandus,
Militiam si servo meam; complector at illum,
Illum et jure sequor, cujus cognomine dicor.
Invideas mihi ne tantos, pater, obsecro honores,
Est mihi Christus amor, vestis, possessio, victus,
Et domus, et patria, et locus, et substantia, et au-
B Viventi mihi vita est, ac lucrum morienti; [rum.
Quo sine nil cupio, et quocum bona cuncta teneho.
Hæc patri attonito reserebat verba beatus
More apis excerpens Scripturæ germine flores.
Plurima præteriens studio brevitatis omitto,
Adque ea quæ restant veloci famine curro.

CAPUT III.

S. Amandi clericatus. Vita anachoretica. Iter primum Romanum.

10. Hinc desiderio quo cœperat amplius aucto,
Sanctus Amandus adit Turones, sacrumque sepul-
Martini petit, a sacris prostratus in arvis, [crum
Affectu cordis lacrymans, et pectus honestum
C Verberibus tundens, suspiria longa trahendo,
Has orans imo fundebat pectore voces :
O Martine sacer, quem cœlica regna retentant,
Obsecro ut obtineas apud illum, cujus haberis,
Cujus et obsequiis jugiter copulatus adhæres,
Ne repetam natale solum, notosque relictos
Dirigat utque meos gressus in calle salubri,
Ut cœptum peragam cursum peregrinus et exsul,
Finetenus carnis donec de carcere solvar.
Hæc sanctus tumulo sacrati corporis hærens,
Promebat multis vario et sermone querelis,
Ex oculis lacrymas fundens, ex ore loquelas.
Inde comam capitis ferro decidit ibidem,
Mutavitque habitum cleri sortitus honorem.
Atque velut miles terreni Regis in aula
D Cingula suscipiens, pondus perferre laboris
Ferrata sub veste solet, sic belliger iste
Ingrueret quodcumque malum laturus in orbe
Sustulit arma Crucis victricia signifer almus :
Corporis et mentis contra hostes fortis utrinque
Multimodos revehens hinc atque hinc rite triumphos
Atque ut apes prudens intendens floribus almis
Exquirit violam, quæ terræ proxima surgit.
Sed tamen egregium præbet tingendo colorem,
Purpureosque facit reges, populisque tremendos.
Sic humilem tenuit mentem, quæ proxima terræ est
Sed tamen Angelicum præstat servata decorem :

[a] *Testatur*, pro *detestatur*.
[b] Matth. XIX, 27 et 28.
[c] Numer. XVIII, 20.
[d] Psal. CXVIII, 57.

Comit et eximium cœlesti in sede senatum,
Qua sacer hic cordis penetralia pulchrius ornans,
Lilia lustrabat hinc, inde rosaria adibat,
Alternis vicibus per singula castra recurrens;
Quidquid conspicue virtutum flore vigere
Vidit, hoc proprios sitientem traxit ad actus.

11. Dumque iter inceptum felici tramite adiret,
Urbis Bituricæ quo pollent mœnia venit;
In qua conspicuo vernabat pontificatu
Sanctus sanctificans plebem Austrigisilus illam,
Magnificus præsul, rebusque insignis honestis
Cujus et obsequiis sociatus in æde vigebat
Sulpitius, qui tunc erat archidiaconus, et post
Exstitit illustris meritis atque ordine præsul,
[a] Noverat hic digitis ignes placare furentes,
Ingentesque crucis signo compescere flammas.
Qui Sancti pariter Sanctum clementer Amandum
Suscepere, pie pietatis amore colentes :
Urbis et in muro cellam struxere benigne,
In qua vir Domini conclusus propter amorem,
Perpetuæ vitæ degebat ad ardua tendens,
Cilicio tectus, cineris conspersus acervo.
Quales tunc poteras urbs formidare ruinas
Tam validis fueras quæ sustentata columnis?
Qualia bellantum quibus tunc tela pavere,
Quæ præfulgebas tantis defensa patronis?
Quid fecere alii tu scis : nam belliger iste
Fortis in arce tua quindenis constitit annis;
Firmavitque tuos ejus constantia muros.
At si conspicuis renites confisa magistris
Non nos præcellis; micat hic speciosus Amandus
Candidior Phœbo, cuncto rutilantior auro,
Qui in te conclusus pepulit vini ore liquorem,
Non somno satur et non ullis vitæ alimentis,
Hordea qui seram sumebat pabula in escam,
Post sitiens tenuis hauribat pocula lymphæ,
Cœlestemque solo vitam constanter agebat;
Et corpus crucians, animam pascebat honestis
Virtutum dapibus, Christi præcepta secutus;
Pro quo multiplices terra pelagoque labores
Anxius, afflictus, contemptus, egenus, angelus,
Suppliciter Christo laudum præconia reddens,
Pertulit, atque ideo fruitur modo luce perenni;
Qui sæpe esuriit, modo cœli pane cibatur;
Crebrius et sitiens, potatur fonte superno,
Ac quondam nudus, nunc agni est vellere tectus;
Qui olim pauper erat, modo regni munere dives,
Qui memor ut nostri sit, corpore, corde precamur.

12. Et quia sanctus amor semper succrescere novit,
Multiplicesque suo cumulare labore maniplos;
Vir Domini semper magno flagrabat amore,
Corpore lassatus, sed mentis robore fortis :
Quatenus ad celsæ properaret mœnia Romæ,
Quo Petrus Paulusque solo cœloque venusti
Celsa sepulcra tenent, mundo splendentia toto,
Ecclesiæ Proceres fulgentes more lucernæ;
A Quorum lingua valet reserare et claudere cœlum.
Ergo iter aggressus, quodam comitante ministro,
Squalida perlustrans, et devia quæque peragrans,
Romam pervenit miro flammatus amore.
Aspice nunc quales socios curavit habere;
Petrum, sidereæ est cui clavis tradita portæ,
Ac Paulum mundi egregium per sæcla magistrum.
O si describi possent incendia amoris,
Littera vel sciret cordis suspiria fari!
Dicere conarer quantum dilexerit illos,
Postibus in quorum sacratis oscula fixit.
Quid credas faceret, si illos in carne videret :
Omnibus interea per singula templa diebus
Currebat, plures socians sibi honore sodales.
Principis et Petri sed in ædem intrabat anhelus,
B Cum sol lucifluos pelago tingebat amictus.

13. His ita decursis, superat quæ gesta canamus :
Ad finem tendit quia jam pars prima libelli.
Fervens ergo fide dum sacras circuit ædes,
Intravit Petri perpulchram cernuus aulam :
Sol quoque flammicomus jam magnum innare parabat
Oceanum, et rutilo fulgebat Hesperus ortu.
Interea templi custodum cura repellit
Commistam plebem, foribusque patentia claudit;
Subsistensque parum vir sanctus in æde remansit,
In precibus noctem cupiens deducere totam:
Sed custos templi dum sacra altaria lustrat,
Pervigilem invenit psalmis precibusque beatum :
Felle igitur motus mitem violentius urgens
C Cædibus insanis, patienter cuncta ferentem
Expulit, atque ipsum portis emisit apertis.
Nec valuit turbare virum dulcedine plenum
Ira tumens hominis, tulit hæc quia cuncta libenter.

14. Interea ante fores templi residente Beato
Mentis in excessu, et solium penetrante supernum;
Janitor æthereæ mox Petrus Apostolus aulæ
Veste alacris, vultu dulcis, sermone suavis,
Apparens, blandis solatur vocibus illum;
Hortaturque suum verbis pietatis amicum,
Ut repedaret iter, quo venerat inde revertens,
Gallorum et populis æternæ semina vitæ
Divinis sereret verbis, coleretque rigaret,
Conversosque sacri baptismatis amne lavaret.
D Quatenus ad Dominum tanti mercede laboris
Frugifer accedens, messis portando maniplos
Sumeret uberius cœlestis præmia regni.

15. Sanctus Apostolico tandem sermone potitus,
Insignem Romam præcelso culmine linquens,'
Deseruit, Gallosque adiit medicina salubris.
Quæ spes, oro, fuit diverso limite clausas
Gentes tam sævas unum indubitanter adire,
Vaccejos, Gallos, Sclavos penetrare feroces?
In tanta fecit quid messe operarius unus,
Apparet; veniens etenim per multa laborum
Argumenta, malum tulit, impia quæque revellens.
Sic populos evangelicos aptavit ad usus,

[a] Hæc fusius explanata in ejus Vita, 17 Januar c. 5.

Verbaque sancta ferens in cœlos lucra revexit,
Quo fruitur meritis æterna in sæcula donis.
Cujus gesta canens quamquam sermone poema
Conficiam stolidum, volui hoc complere libello,
Qui juvenilis adhuc sed non juveniliter egit
Aptum opus ut a juvenis juvenem laudare mererer,
Criminis immensi si magna mole carerem.
Qua tamen a Domino me fidens posse levari
Pontificis hujus precibus, meritisque beatis,
Qui sibi non solum, sed cuncto profuit orbi,
Obsecro, posco, precor, jugibusque expostulo votis
Suppliciter supplex minimum ut miseratus alumnum,
A Ignoscendo meæ disrumpat vincula culpæ
Christus cunctipotens hominum Reparator et Auctor.
Aurea, posco prius, propriæ quam terma vitæ
Effluat, et finis fugiendo urgentius urnam
Confringat carnis, cunctum effundatque liquorem.
Justitiam metuo, ad pietatem curro benignam
Sit pius, oro, mihi et justis justissimus exstet.
Ergo boni meritum teneant in munere palmam,
At mihimet flammas satis est transisse gehennæ,
Et veniam multo pro crimine promeruisse.
Nigra per albentes diffundens semina campos,
Lassus fasce gravi completa luce diei
Spargere jam cesso, factoque hic sine repauso [b].

[a] Hic ætatem qua hæc scripsit Milo indicat.

[b] Addebatur: *Finit liber* II, *habet versus* 4[illegible]0; ac sequebantur capita hæc libri II.

LIBER SECUNDUS

Capitula libri II.

1 Viribus suis scriptor posthabitis, pro communi utilitate dicit se suos divisisse libellos, et nænias poetarum abominatus, libelli sui cursum et Spiritus sancti humili prece deposcit ingressum. — 2 Ubi sanctus Episcopus ordinatur. — 3 Editor hujus operis Galliam alloquitur. — 4 De pueris emptis et instructione eorum. — 5 Scriptis hujus metri Sanctum cum laude affatur. — 6 Puerum Sanctus a diabolo in Centumcellis salvavit. — 7 Auctor operis istius increpato hoste ad gesta narranda revertitur. — 8 De tempestate in pelago orta Sancto navigante. — 9 Apostolus Petrus in navi cum alloquens pelagus commotum sedat. — 10 Gandavum pagum Sanctus pergit. — 11 Devicto per ipsum erroris principe, populus credit. — 12 Mentio Beati Bavonis discipuli illius debita cum laude agitur. — 13 Scriptor hujus libri plebem regionis illius exhortans, se etiam commendat.

CAPUT PRIMUM.

Ordo episcopalis S. Amando collatus. Ab eo redempti captivi et instructi.

1 Viribus exiguis canerem cum, lector, Amandi
Inclyta gesta pii communi hinc inde labori
Prospiciens pariter scribentis sive legentis,
Quatuor in parvis partiri rite libellis
Hæc eadem volui, capias quo fine levamen,
Et breves tantum partito fasce laborem.
Lector enim prudens, poteris cognoscere, si vis,
Quod non grammatica decurrit lege loquela,
Rustica sed stolidis texuntur carmina verbis.
Non opus hoc orbis recitandum mitto magistris,
Quorum sermo fluit torrentis gurgitis instar,
Grandia qui ortori ructantes verba Maronis
Vocis olorinæ concentum gutture promunt,
Quique suum carmen dum musis suavibus æquant,
Ostendunt vanum, nullisque aptabile lucris.
Non his ergo meos versus transmitto citandos,
Sed monachis, quorum requiescit in ore salubris
Thesaurus psalmi et hymni seu cantica, Christo
Quæ per templa canunt tonitrus velut ore boantes.
Petrus piscator populos piscando poetis
Præfertur cunctis, qui sancto flamine plenus,
Vertit multiplices uno sermone catervas,
Quo facto docuit quod non sermone paretur
Regnum, sed Domini solidum virtute levetur.
I liber, i carmen. Tu Spiritus alme, venito
Pectoris et nostri penetralia pleniter intra,
B Digno quo valeam, quæ sunt pangenda, relatu
Scribere gesta viri, mundum spargenda per omnem.
2 Romana interea vir Sanctus ab urbe revertens,
Gallorum ad populos directus cœlitus ivit.
Et ceu sub modio rutilans contecta lucerna
Humanis nullum profectum visibus infert,
In base sed posita splendoris luce tenebras
Decutit, intrantique domum sua munera pandit,
Sic sic his Christi resplendens lumine Amandus,
Illius ut cunctis fulgeret in æde ministris,
Exueretque homines tetra caligine multos
Principis imperiis compulsus Pontificumque
Devictus monitis, est factus Episcopus, et quod
Jam pridem meritis fuerat, tunc ordine sumpsit.
Nec sedem propriam suscepit pontificalem,
C Sed veluti Paulus populos aggressus Eoos,
Sic iste Occiduas partes transmissus adivit,
Gentibus et sparsis sparsit pia verba salutis.
3 Gallia, gaude alacris, præclarus Apostolus iste est
Donatus tibimet Dominus cum mitteret orbi
Lumina Doctorum, ceu stellas luce nitentes,
Tunc tibi sorte pia nostrum servavit Amandum,
Quo radiata pio virtutum lumine facta es,
Splendida terrigenis quadro sub climate clausis
Per quem celsithrono credens in sæcula regi,
Semper eris sanctum, speciosum, et nobile regnum,
Qui te, conspicuus cum Judex venerit orbis,
Undique collectam, ceu pastor ovilia, ducet
Ad Christi solium, veniens quo, munera magni
Principes Domini, tanto præeunte Patrono

Audiet et summi vocem Pastoris Amandus.
Euge, serve bone, æternis lætare tropæis;
Et mihi qui quondam fueras in pauca fidelis,
Multa super statuam te, ad gaudia nostra perintra.
Tunc tibi caro populo Rex talia dicet;
Grex benedicte, veni, regnum jam sume paratum,
Quæsitum sacris meritis ab origine mundi.
Gallia tanta tui sumes tunc munera Regis,
Actus magnifici si nunc imiteris Amandi;
Qui docuit quodcunque suo complevit et actu,
Qui jugiter sacrum servans pietatis amorem,
Et qua plenus erat vultum bonitate serenans,
Visu prodebat, quæ pectoris arca teneret.
Sobrius et sensu, renitebat pectore castus,
Largaque pauperibus præbebat dona benignus:
Hinc atque hinc medium dum se conformat ad omnes
Divitibus dives, pauper sociatur egenis;
Qui vigil et vigilans orandi deditus omni
Tempore, parcus erat sermone, animoque suavis.

4. Qui Sanctus hominum dissolvens rite catenas,
Si pueros aliquos captivos forte videret,
Aut mare transvectos venales cernere quiret,
Mox pretio cupidus redimebat mercifer amplo,
Vinctorum duras rumpens miserando catenas.
Nec tamen hic studio cœptoque labore carebat;
Sed quorum vinclis solvebat corpora, cunctis
Internas cordis tenebras radiando fugabat,
Pellebatque omnes sacro baptismate sordes.
Ac vasis nitidis sanctum infundendo liquorem,
Dulcia rorigeris indebat mella canistris,
Perfundens natos doctrinæ fonte novellos;
Hosque per Ecclesias linquebat Sanctus amicas,
Libertate tamen permissa more salubri;
Ex quibus eximias plures tenuere cathedras
Pontifices, sanctoque viros actu, ore venustos,
Abbatesque almos audivimus auribus auctos.
Talia dona omnem spargebat Sanctus in orbem.

5. O memorande Pater, qua te nunc laude celebrem
Nescio, tantarum mirans insignia rerum.
Largiris pretium, captorum vincula solvis,
Ad cœlumque hac arte facis conscendere numos;
Et pretium et captos pretio super astra reponis.
Et vacuas saccum, dum comples munere cœlum,
Et quia mercator fueras, talem esse decebat.
Nam tibi dona viri si mittunt religiosi,
Non majora paras servandis claustra crumenis;
Nec te, sancte Pater, solum servire supernis
Obsequiis satis est, gentesque hinc inde vocatas
Collegisse, sacro vivoque et fonte novasse;
Nec speciosa tuum jam Francia complet amorem,
Augusta et tibi terrarum venatio facta est.

A Quin pelago allatos ac vasta per æquora vectos
Colligis, et pretii cupidus non tardat avarus
Te, celebrande Pater, neque carus venditor ullus.
Ille capit Regis signatam nomine dragmam;
Dragmam tuque refers, quam Christi nomine signes.
Venditor ille suam lucra ad terrena reportat;
Emptor tuque tuam lucra ad cœlestia servas.
Ille suam perdit, vel clausis abdit in arcis,
Tuque tuam Regi Christo servando coronam
Egregiam fabricas, celsoque in vertice ponis.
Crudelesque lupos mites convertis in agnos,
In caulisque jubes sacris astare [a] melodos,
Prædonesque feros, quibus olim vita rapinæ
In studio fuerat, dulces sine felle columbas
B Efficis, ut propria expendant qui aliena vorabant.

CAPUT II.

[b] *S. Amandi iter* II. *Romanum. Puer a submersione liberatus. Tempestas sedata.*

6. Te neque prætereo, urbs, sed carmine visito
A Centumcellis tali cognomine dicta; [nostro
Quæ pelagi solita es discrimina sæpe levare,
Et nautas reparas, et lassos erigis artus.
Nec te præteriit, dum Sanctus ab urbe secundo
Digreditur Roma, navi progressus ab illa,
Ad te pervenit, solitos laturus agones,
Atque ibi more suo tenebris cum noctis opacæ
Oraret solus; jam, credo, advertis Iesu
C Exemplo similem famulum portasse laborem.
Nox horrorifera et terra caligine noctis
Tetrior advenit, Domini fulgore lucernam
Splendentem fumo cupiens fuscare nocivo.
Et quanquam solita semper feritate rebellet,
Et cupiat radios reparare scelestus iniquos;
Tunc tamen egregium non ausus tangere Amandum [est.
Forte memor fuerat, quod quondam miserit hydrum
Ad puerum, celerique fuga conspexerit illum
Aligeris pedibus tremulum repedare retrorsum;
Cum digitis geminis traheret ceu spicula Sanctus
Signum forte crucis cunctis penetrabile muris.
Ergo unum ex famulis temerarius arripit hostis,
Et trahit ad pelagus, quæris cur? mergat ut illum;
D Ac lupus ut sævus niveo cum de grege raptam
Lanigeram pecudem trahit atra fauce vorandam,
Non secus hic raptor dum præde arderet amore,
Ferret et arreptam sæve ad discrimina mortis;
Ille dabat puer hac repetitam voce loquelam:
Christe, juva me; Christe, juva. Mox ille protervus,
Qualis Christus? ait, nec verbum reddere victus
Audebat juvenis; donec bellator Amandus,

[a] Id est Cantatores: sic Ausonius in Professoribus Burdegalensibus carm. 16, ad Nepotianum:

Te fabulantem non Ulysses linqueret,
Liquit canentes qui melodas Virgines,

id est, Sirenes cantatrices. Ita Sidonius l. IX, epist. 15: *Melodis insonare pulsibus.* Prudentius hymno 9. Cathemerinon:

Da puer plectrum, choreis
Ut canam fidelibus
Dulce carmen et melodum,
Gesta Christi insigna.

[b] Iter Romanum non explicat, sed quæ in reditu mira contigerunt.

Se præsente, fera non passus fauce vorari,
Discipulum pelagique undis submergier altis,
Corripit arma, capit pharetram, jactatque sagittam
Salvificam puero, Satanæ sed rite superbo
Vulnificam, victor vi vincens verbere verbi.
Fili qui traheris, dic hosti, dixit Amandus,
Filius ipse Dei est vivi Christus crucifixus.
Quem sonitum summo extimuit horrore pavescens
Hostis iners, nec stare loco præsumpsit in illo,
Sed vagus in vacuas fugiens evanuit auras.
Et præda incolumis, pulso procul hoste, remansit.
Belliger insignis sic Sanctus in orbe triumphat.

7 Hostis iners, maledicte, ferox, crudelis, inique,
Cujus nunc nomen solita feritate rebellis
Despicis, is quondam tulerat tibi, sæve tyranne,
Imperium mundi, quod captum fraude tenebas.
Nec locus est cœlo, tibimet quoque terra negatur,
Tartara sola patent, intranti limina aperta,
Quæ fuerant, nunc clausa manent exire volenti;
Quo tu flammivomi sine fine ardore camini
Horrore in piceo vinclis religatus acerbis
Ureris, væ væque gemens plorando sonabis.
Et si nunc aliquos deceptor callidus auges,
Consociasque feræ torrendos ignibus ollæ,
Quot crescis lucris, tantas sibi crescere pœnas
Scito tibi plus nosce, ter maledicte vorator.
Ille locus tibi condignus, sunt præmia digna hæc.
Hæc sibi regna parant, qui non tibi fortiter obstant,
Et quanquam jugibus tecum contendere bellis
Debitor existat, qui cœlum scandere curat.
Ne tamen hoc nostro inlaudatus carmine abires,
Condignas tibimet prompsi carbone camœnas,
Et merito, quia carbo manes per sæcla perustus.
Effuge, regna parata petens ab origine mundi.
Hactenus ergo, Pater, communi ingessimus hosti
Probra, alapas, risus, iras, maledicta, cachinnos,
Ac sputa, non versus dedimus. Nunc quæsumus omnes,
Ut quondam pueri protector ubique tuorum
Servorum sic sis semper salvatio salvans.
Pastor noster, ades, grex devotissimus iste est,
Protege, fer curam, custodi, dilige, serva
Nos de dente lupi, pisci de fauce chelydri,
Et, quia te fictum Domini virtute nequivit
Vincere, terrere, prosternere, lædere, vorare,
Eripe, Pastor, oves, quas in præsepe verendo
Pascis ab insidiis, qui caulas circuit istas,
Ne quondam per te victor vincaris ab illo
In nobis, si nos imbelles devoret hostis.

8 Navigio quondam medium sulcando per æquor
Ibas, o benedicte Pater, divina monendo
Verba dabas nautis, et semina sancta serebas
Per mare fluctivagum, neque tunc operando vacabas,
Esse imitanda tui credens exempla Magistri,
Qui quondam residens turbas de puppe docebat.
Talibus intento gestis, velut acta loquuntur,
A Apparens piscis nautarum visibus ingens
Lætitiam stupidis infudit mentibus amplam,
Retibus et jactis fluidam cepere rapinam.
Quis piscis, Pater alme, tuos non iret ad usus?
Cui tus forte prior gaudens procurreret omnis
Obsequium præbere, suum si crederet aptum,
Felix ille foret, maculis conclusus in amplis.
Gaudet nauta, vorax sibi sit quod præda reperta,
Exsultatque tuam piscis quia venit in escam;
Lætantur remi, depromit gaudia rete,
Nullus non alacer, quia nullus parte carebat.
Lividus ast hostis non passus ut illi manerent
Lætitiæ pia vota viris, turbare tridenti
Aggreditur pelagus, fundoque revolvit ab imo.
Tempestas inopina ruit, magnusque tumultus
B Ingruit, assurgunt undæ, quatiturque carina,
Nauta volat sursum, fluctu portatur ad astra,
Inde profunda petit, bibulasque resulcat arenas.
Gaudia tristitia mutant, letoque propinqui
Omnia dispergunt, jactant amplustria navis,
Corpora nituntur saltem subducere morti.
Servatum Sancto sed hoc pro munere donum est,
Illius ut virtus meritumque nitesceret amplum,
Et quanquam validis turbentur motibus omnes,
Ac * proreta suis et quassæ impendere cymbæ
Auxilium nequeat, non perdunt funditus omne
Consilium, Sanctum sed enim celeranter Amandum
Unanimes adeunt, et opem sibi ferre precantur.
Famine qui dulci pavidos animare suetus
C Solatur nautas, promittens experiendum
Clementem Dominum, pellendum pace periclum.
Lassati tandem somno sternuntur inerti.
Ipse etiam justus residens in puppe quiescit.

9 Ne tamen, immensis sebmersus in æquoris undis,
Forte minor meritis, charusque lateret in astris,
Inclytus æthereæ mox Petrus claviger aulæ
Se sine non passus fluctus portarier illos,
In puppi recubans fraterna voce salutans
Affuit, in tanto securior inde periclo
Naufragio simili quod jactus, ita orsus amico:
Frater Amande, tuo Regi per sæcula chare,
Ne timeas, quia turpe tibi est timuisse timore.
Nam, quanquam tumidi tollantur ad æthera fluctus,
D Non te submergent, nec nunc, mihi crede, peribis,
Tu neque nauta tuus, qui præsens navigat æquor.
Dextera, sed quondam quæ me ne mergerer undis
Eripuit, te nunc isto discrimine salvat.
Mox quoque ventus abit, tempestas pellitur omnis,
Placaturque salum cito missa pace per æquor,
Lætaque tunc redeunt, cum nox tenebrosa recedit,
Incolumes udas nautæ celeranter arenas
Impressere suis plantis, Celeuma canentes,
Voce Deo plaudunt, famulique in laudibus almi
Magnificant illum, quo præcipiente procellæ
Cesserunt validæ, pontus stetit, unda quievit.

* Proreta anteriori navis parti præest.

Quod si cœruleis pertranseunt unda profundi,
Sorbuit ex illis quemquam non fauce vorari.

CAPUT III.

Gandenses a S. Amando ad fidem conversi. Ejus discipulus Bavo sanctitate celebris.

10. Inde salutiferis dum Sanctus gressibus iret,
Spargebat verbum populis, et sancta docebat,
Gentibus insinuans æterni præmia regni,
Christicolis summis quæ dona parentur in astris,
Atque malis pœnæ quæ conserventur in antris,
Sicque plagas alacer discurrens ibat in omnes,
Sedulus ut quæstus animarum ferret Olympo,
Hæc sua lucra putans, has secum ducere curans.
Ergo avidus horum dum circuit arva Beatus,
Gandavum pagum, quem Scald præterfluit amnis,
Audivit vinclis hoste innectente teneri
Criminis, et nimia peccati mole gravari,
Nec lumen verum, quod mundum fulsit in omnem,
Cæcatos tenebris quivisse agnoscere priscis.
Robore de nemorum flammatibus apta caminis
Idola compta manu artificum et simulacra colebant
Supplicibus votis divini nomine honoris.
Heu pudor est coluisse deos, quos flamma crematos
In prunas mutare valet cineresque perustos,
Arboris et rigidis ramis flexisse verenter
Colla superba Deo, hosti substrata maligno.
Nullus enim hanc terram fidei sulcavit aratro,
Nullus in hac jecit divini semina verbi.
Namque ferox regio et terra infœcunda removit
Pontifices cunctos, nec quisquam est ausus adire
Silvicolas apros, sævas feritate cohortes.
Sed labor iste gravis nostro servatus Amando est.
Quærens ergo modum quo tantos tollere posset
Hostis ab insidiis populos, sævoque tyranno
Qualiter excuteret prædam, spoliumque referret,
Dantem jura gregi Noviomi ex urbe regendo
Acharium petiit, quo cernuus iret in aulam
Regis, tunc etenim validis tractabat habenis
Francorum regnum Dagobertus Rectum opimum,
Illius et jussu sibimet mandata referret,
Quatenus in sacro qui se non fonte lavare
Ex illis vellet, compulsus dilueretur.
Dante Deo citius sua vota meretur Amandus,
Gandavum properat fretus virtute superna.

11. Qualibus ergo quem scriptis monstrare labores,
Quos ibi, dum Verbum turbis crudelibus infert,
Pertulit, immersus fluviorum crebrius undis?
Nec tamen, ut cœptis unquam desisteret ille,
Compelli potuit, populoque furente fugari,
Vulnera non curans, nec verbera ferre recusans,
Donec æthérea depulsis luce tenebris
Vivifico gentem vice versa in fonte lavaret.

A Nam si Sanctus ovans, correptis fortiter armis,
Expetiit hostem sævum, fortemque tyrannum,
Jam dicto in castro, quo tunc caput arcis habebat,
Quo pulsus cunctis Gallorum finibus olim
A ducibus Jesu victis multisque tropæis
Venerat, ut muris, fluviis sic undique septus,
Non tamen ille sua fraudatus funditus arte est.
Innumeris etenim lectis hinc inde maniplis,
Principibusque quater geminis comitatus et ipse,
Extulit arma foras, lævamque cruore madentem
Ostentans, cecinit sævus fera classica cunctis
Viribus, et pugnam victus vincendus adivit,
Promptus ad omne malum. Bellanti cominus atrox
Exit hinc bellis manifestis obvius hostis,
Inde dolis variis et mille coloribus anguis
B Confusus, tremefus, lassus, devictus, anhelus
Obstitit, absconsis per terga reflexa venenis,
Insidiis sua bella gerens, quo forte latenter
[a] Subripiens lætum per spicula cæca pararet.
Quid majora loquar? subtratis undique bellis,
Hostibus et tantis Christo moderante subactis,
Victor Amandus agens captivum nobilis agmen
Exiit, et Satanæ pereunte tyrannide plebem
Deluit æterno melius baptismate quam Scald
[b] Flumine suppletus læva de parte meanti.
Et ne forte iterum redivivus surgeret hostis,
Cerberus utque trifaux fervens ardore vorandi
Contra Christicolas caput exitiale levaret,
Lorica fidei vestitos, spe galeatos
C Imbuit, instruxit, firmavit, consolidavit,
Urbem constituit, turresque erexit opimas
Præscius, et sacra in medio vexilla paravit,
Non ignes flantem patula de fauce draconem,
Sed crucis impressit digitis in fronte figuram,
Proque tuba sonitu signorum copia facta est,
Rex ubi Christus habet servos, sanctosque fideles.

12. Hæc quoque castra suo post commendavit amico,
Festinans alias ad partes belliger ire,
Fortis ubi populis ductor non deforet illis.
Bavo beate Dei, te præsens pagina signat.
A Duce tu Domini quondam conductus Amando,
Sprevisti mundum, calcasti labile sæclum,
Sumens arma crucis, propero pede bella petisti,
Ac multum spolium truculento ab hoste tulisti,
D Inter quæ prædam, quam gaudens abstulit, atque
In regno proprio cupiit, si forte fuisset
Possibile, ignifluis concludere carceris antris,
Sanctas tu lacrymas fundens, pia vota, precesque,
Belligerando boans bellis, benedicte, beatis
Salvasti, et Regi summo tua dona dedisti.
Quod loquor, agnoscis, quoniam tua gesta canuntur,
Scilicet ille hostis, cum telum missile vibrans
Impositum plaustro jecit, prostravit et [c] unum
Ex famulis, canibusque feris venatio facta est.

[a] Forte *subrepens* scripsit Milo.

[b] *Legia* adscriptum margini explicationis gratia. *Legia*, seu *Lisa*, fluvius Cortracum alluit, et Gandavi Scaldi miscetur.

[c] Hic est Artimus precibus S. Bavonis suscitatus, de quo agitur in hujus, Vita 1 Octob.

Sed tamen incassum sua tum tentamina ludit,
Tramite nam reduci quia post oriundo reductum
A mortis tenebris revocasti in luce bubulcum
Multimodis aliis cum sanctis artibus usus
Hoc uno didicit vincendum te foro nunquam
O quam magnificus fuerat tibi, Sancte, magister,
Qualibus ac signis præceptor fulsit Amandus
Ille tuus! quæ te talem fecere ministrum!
Namque tuis gestis Doctorem cernimus almum,
Egregium, pulchrum, mirandum, glorificandum
Est mihi dulce tuæ textum percurrere vitæ,
Sed retrahit complenda meum modulatio gressum,
Ne tamen hi versus tibi sint fœnore fusi,
Redde vicem, precibusque tuis me, quæso, guber-
Obtineas veniam mihimet miserando reatus, [nans,
Atque tuo Regi junctus per sæcla valeto
13 Tuque locus felix, regio fulgentior auro,
Illustrata pio justorum lumine, salve,
Plebsque decora satis, multo collecta labore
Patribus a geminis, dignum est ut amando sequaris,
Quos tibi Cunctipotens dulces pietate patronos
Attribuit, talesque dedit miseratus amicos,
Et si te noster migrans huc corpore Amandus
Deseruit, meritis, si credis, ubique gubernat
Nos quoque dum precibus sacris meritisque tuetur,
Te memorans etiam, portas tibi pandit Olympi
Plaudite dulcisonos tantis Pastoribus hymnos,
Ne ingratum reliquis gregibus videaris ovile
Carmina commiscens chartis, currente camena,
Vobiscum recinam, præbens insignia amoris
Erga illos monita mea sine fine manentis,
Quos quia conspicuos virtutum penna levavit
Sidereum ad regnum, vobis properantibus illuc
Posse patere pie monstrarunt ostia vitæ.
Ast ego delictis, ut setis horridus hircus,
Tegminis et nitidi candenti vellere nudus,
Sæva trahor miseræ miserandus ad atria mortis
Tendite, posco, manus, et me de fauce vorantis
Tollite raptus enim propria virtute redire
Non valeo, et quanquam patulum maxilla foramen
Hujus habet, forsan per hoc procedere possum,
Si juver auxilio vestro precibusque reducar,
Hoc quoque pro Christi faciendum nomine posco
Ut cum vestra sagax industria juncta supernis
Sedibus exstiterit, pavitans ego, quæso requirar
Ultimus, et Petri concludar clave beati,
Quo cum vita, salus, et perpes gloria palmæ
Vobiscum fuerit feliciter omne per ævum,
Tunc mihi sit misero, precor, indulgentia saltem
Per Christum Dominum, qui sæcla per omnia regnat [a]

[a] Addebatur *Finit liber* II, *habet versus* 418, et subjungebantur capita libri III

LIBER TERTIUS

Capitula libri III

1 Mediam se poeta lætatur carminis sui tetigisse viam, seque arduum opus scribere ostendens, lectorem suum, ut vivifica præcepta Christi meditetur, et hortatur eloquio et docet exemplo — 2 De mortuo suscitato — 3 Quod factum illud celare voluerit — 4 De fanis destructis et gentibus conversis ac baptizatis — 5 Quod causa prædicationis ad Sclavos perrexerit — 6 Sermo laudis ad ipsum — 7 Qualiter Regem increpans repulsus sit — 8 Idem Principi veniam postulanti facinus indulsit — 9 Quod idem Rex filium suum Sancto commendare volens impetrare non potuerit — 10 Ejusdem Regis parvulus dum a Sancto catechizatur eloquitur — 11 Res eadem laude celebratur — 12 Ubi Sanctus Ecclesiam Trajectensem ad regendum suscepit — 13 Quod ab eadem repulsus insulam Calolo petiit — 14 Ad contemptores Sancti sermo dirigitur

CAPUT PRIMUM

Mortuus a S. Amando suscitatus

1 Aspirante Deo describens carmine vitam
Præsulis egregii sanctam celeranter Amandi,
Quæ longis fuerat periodis jure notanda,
Si fandi mihi larga foret seu magna facultas
Jam mediam breviore via festinus eundo
Transgredior, binosque pedes ponendo vicissim
Computo ter geminos, dum per compendia curro
Sic iter emensum est, reliquæ et præconia laudis,
Rhetoricus cui sermo jacet, facundia marcet,
Hinc conor brevibus temerarius arbiter horum
Pangere versiculis, nullo complenda relatu,
Orbis verbilluus si isto conspiret in actus,
Conveniantque omnes una sub sede poetæ,
Argumententur, modulentur, philosophentur
Vera quidem fateor, non omnes promere versu
Virtutum laudes, ut dignum est, credo, valebunt,
Ac, si utcunque queunt extrinsecus acta referre,
Confiteor, nullo poterunt modulamine vocis
Promere pro meritis, quæ sumpsit præmia in astris,
Altius ille volat, quam garrula lingua recurrat
En figmenta canunt lyrico sermone poetæ,
Quæ relegis cur, lector amans, cum nulla salutis
Lucra gerant animis, labor oris, pastio venti?
Quid tibi pugnaces poterunt præstare phalanges?
Qua te veste teget palla discordia scissa?
Cur doleas illa cæsas sub clade catervas?
Functi functa canant, vivens vitalia pange
En meliora meo narrantur carmine gesta
Non gladios, nec tela refert pharetramque Camillæ,
Sed memorat victam Christo sub Præsule mortem
Et quæ dona dedit caro dignanter amico
Qualiter et quondam Domini dilectus Amandus
Mortis adhuc sub lege manens, et carne gravatus,

Mortis jura tulit; clausum quoque carcere Averni
Eripuit, vitæque hominem de more reduxit,
Commemoro stupidus tanti formidine facti.

2. Urbs fuerat quondam, quod adhuc vestigia [monstrant,
Tornacus, nunc multiplici [a] prostrata ruina
Funditus, ac turres deflet cecidisse superbas.
Est tamen inde frequens, quod aquis et merce re- [dundat;
Nititur et geminis jam non lapsura columnis [b],
Namque arce in media templo surgente venusto
Pontificale tenet solium; nec longe remota
[c] Nicasius recubat pretiosa Martyr in urna
Remorum Præsul, felix cui vita coronam
Præbuit, et rutilam fuso pro sanguine palmam.
Quid? multo ad castrum Francorum milite septus,
Dotto Comes rigidus, regali missus ab aula,
Venerat; et querulis impleta est curia turmis.
Ecce trahebatur, magna stipante caterva,
Fur vinctus multis multo pro crimine nodis;
Conclamant cuncti; plebs omnis cominus astans
Concinit esse reum; nihil his veniale fatetur.
His turbis Sanctus medium se injecit Amandus:
Flet, gemit, implorat, dolet, ejulat, obsecrat, orat:
Quatenus huic misero misereri et parcere vellent;
Illi cunctipotens misereri ut Christus haberet.
Sed non obtinuit Sanctus quod flendo rogabat.
Dotto Comes tumidus quoniam crudelior omni
Bellua erat, jussitque suo pro crimine furem
Stipite confixum meritas exolvere pœnas.
Interea est ductus, suspensus; mox quoque victus
Morte [d] fera tetras animam transmisit ad umbras.
Quid tu, sancte Pater, totum memorande per orbem,
[e] Tunc agis? agnellus pedibus prostratus adhæres
Sævi nempe lupi, fuge ne te sorbeat ipsum
Erigere ad Dominum; nam quæ petis, ipse vererter
Concedens stabilem tribuet dignanter honorem.
Ergo domum Dotto est populo comitante reversus;
Ocyus ad hominem Sanctus celeravit anhelus,
Atque ubi defunctum miserum miseratio vidit
Vivifici mentem firmans spiramine flatus,
Depositum propere cognotam vexit ad ædem:
Quo fuerat solitus portam pulsare supernam,
Sternitur hinc arvis, magis inde propinquior astris;
Atque preces simul et lacrymarum flumina fundit:
Quæ quamvis vicina rigent confinia terræ,
Altius ad celsum volitant scandendo tribunal,
Angelico plaudente choro super æthera vectæ.

A Dicta hæc facta probant; verbum completio firmat,
Sanctus enim incubuit precibus, prostratus in arvis;
Nec prius ad finem felix oratio venit,
Donec ambo simul diversis cominus horis
Surgentes starent juncti (mirabile visu)
Mortuus a morte, et Sanctus de pulvere terræ.

3. O quam conspicuum Dominus dilexit alumnum,
Cui tam multa sui tribuit signacula amoris.
Denique ceu præsens nobis scriptura revelat,
Prævaluit precibus sacris meritisque beatis
Reddere distractam multo pro crimine vitam
Defuncto, atque [f] animæ jam jamque in tartara lapsæ
Obtinuit veniam, Christo miserante, salubrem.
Sit laus summa Deo, qui dona fidelibus addens,
B Ut possint exire animæ de carcere Averni,
Tartara disrumpens, obstacula cuncta revellit.
Interea madido discussis rore capillis
Prævia venturum jam post sua lumina Phœbum,
Terrigenis aurora suo monstraverat ortu.
At virtus complens redivivi corporis artus,
Addiderat reduces solidato robore vires.
Ergo suos læti victor, vitæque reductor,
Confessor Domini signis insignis honestis
Poscit aquas; currunt celeres, tumulanda putantes
Membra viri, peteret lymphas quod more lavacri.
Ingressi incolumem inveniunt (mirabile dictu)
Ordine converso cernunt residere verenter.
Quis stupor hic fuerit, facti excellentia prodit.
Fur redivivus enim vitam veniamque renarrat,
C [g] Largitumque sibi Sanctus lætatur honorem.
Tunc igitur Fratrum sub Christi nomine plebi
Ne populis prodant factum, obtestatur Amandus.
Donec completo decedat tempore vitæ.
Cujus sancta manus dum singula vulnera palpat,
Restituit celerem felix medicina salutem;
Nec remanet sulcus, digitus quo currit honestus.
Dicite doctiloqui, depromite digna diserti.
Qualis est medicus? quo contingente, cicatrix
Nulla patet plagis, conclusis undique cunctis.
Quo meat ista salus? quo manat ab unguine virtus?
Cessa lingua loquax; opus est hoc Omnipotentis,
Per quem tanta valet quisquis famulabilis illi est.

CAPUT II.

D *Fides per S. Amandum propagata. Sclavi additi. Exsilii pœna irrogata.*

4. Ergo ubi fama volans sparsit memorabile signum,
Fit populi subito multus concursus ad ipsum;

[a] Factum id videtur superioribus bellis ipsorum inter se Francorum. Quanquam postea quoque a Normannis et *monasterium S. Bavonis in oppido Gandensi, an.* 850, *incensum fuisse* tradunt Gesta Normannorum ante Rollonem; et eorum *partem* (*Menapios*, quorum caput Tornacum fuit, *Turvisios* id est Tervanos, *aliosque maritimos*) eo an. 850, *deprædatam esse* referunt Annales Bertiniani. Sed hæc Milo non attigit, nisi forte poema suum post obitum Haimini, cui id dicavit, emendarit et auxerit.

[b] In MS. Amandino margini adscriptum erat: Excidit ab ea jam, proh dolor! ipsa columna.

[c] Molanus ad 14 Decemb. in Nicasio ita scribit: *Hujus martyris pignora quædam Noviomagensis quidam episcopus obtenta, ad suam pertulit civitatem. Quæ tam apud Noviomum, quam et apud Tornacum castrum, ubi nunc etiam servari perhibentur, clavis referuntur illustrata miraculis,* De iis nos ad illum diem.

[d] Aliud Ms. fere.

[e] Ms. Elmon. *Nunc.*

[f] Non quasi religatur semel lata damnationis sententia; sed in similibus casibus non erat absoluta.

[g] Id est, se a Deo exauditum gaudet, non vero quod honore sibi a Fratribus ideo impenso lætaretur.

Fervere ut mutuis apes per prata, per hortos
Liga purpureos flores, ac carpere morsu
Quod referant pedibus cara ad præsepia culvis
Non secus has videris gentes insistere Amando,
Conspicuo flori, hyeme atque æstate virenti,
Quo sacrosanctum valeant baptisma referre
Virtutumque dapes ut dulcia mella reportent,
Quis mundi Dominus prædulce pascitur hausto.
Fana dehinc vacuo nudantur honore profana,
Illorumque cadunt, quorum crevere labore.
Inde ubi fana ruunt, vir sanctus templa reformat,
Basilicas statuens et claustra monasteriorum,
Perfidiam fidei contundit acumine fido.
O quam magna viro concessa est gratia justo,
Multiplicem meruit fructum qui germine ab uno!
Incola vivifico satiatur fonte renascens,
Præclara Ecclesiæ præcelsæ mœnia surgunt.
Felix ille obitus, moritur quo plurima pestis,
Sed tamen illa salus multum felicior exstat,
Qua surgente uno plures in corde resurgunt.
Hæc est, ni fallor, celsæ mutatio dextræ.
Crescit amor Sancto, laudum celebratio Christo,
Cujus in auxilio dum verbum prædicat omni
In populo, fœcunda seges de cespite surgens,
Reddit centuplicem virtutum gramine frugem.

5. Te neque Apostolica nunquam purgata securi,
Ac fidei sulcis, ullo neque vomere culta,
Pertransisse virum doleas, Sclavinia tellus.
Sicut avaro etenim cum muta pecunia crescit
Crescit amor, summamque famem complectio gignit,
Sic hic, si liceat fatuis conferre benigna,
Crescere, quo crevit, virtutum lucra bonarum
Accumulare parans, et avarior amplius exstans
Partibus et multis cum sparso semine verbi
Surgeret hinc atque hinc feliciter inclyta messis,
Comperit astrictos Sclavos errore inimici
Quo se martyrium pro Christo posse mereri
Confidens Sanctus, glacialem transit [a] Istrum
Incipit et glebas duræ proscindere terræ,
Inde Evangelii semen dispergit ubique,
Per loca, perque domos, per rura et compita jactans,
Fundit aquas siccis superis de fontibus arvis,
Suggerit, immittit, concludit, compluit, ambit
Nil facto superest, quod dignum duxit, agendum
Is tamen ut segetem pleno non gramine votis
Respondere videt propriis, cassumque laborem
Se saxis inferre dolens, resilire retrorsum
Cernens conspicuum ferrum sulcantis aratri,
Per vacuumque tuens in spinis quærere messem,
Martyriique piam nec palmam prendere posse,
Ad proprias iterum Christo est comitante reversus
Pastor et agnus oves, ovium dux ipse suarum,
Ne tamen incassum tantos fudisse labores
Pœniteat, longumque iter properanter adisse
A Nec quivisse aliquem, vel parvum, sumere fructum,
Paucula grana legens cœlestibus indidit horreis.

6. Te quoque, sancte Sator, dum nos comitamur euntem,
Atque tuum sequimur lebem carmine cursum,
Ignotum transimus iter, sermone meantes,
Quo nullus missus milleno ex agmine Jesum
Vivificam jecit cornu curvante sagittam,
Non Petrus, Paulus neque seminiverbius olim,
Propter opus solitum veraci errore vocatus,
Nemo alius validis quanquam confisus in armis
Cupidis eximiam jactavit acumen in illam.
Servatum tibimet sed hoc certamen, Amande, est
Quoque jugo Regis regidos non subdere quisti,
B Ille amor hæc tenuit, hæc duxit honesta voluntas
Quatenus ad Dominum perfusus fonte cruoris
Victus morte quidem, sed victor amore redires.
Qualis forte tuum texit constantia pectus?
Qualis et invictum retinens audacia robur
Fecit in ignotam regionem tendere gressum?
De qua pro donis veniebant vulnera Francis,
Rex quibus armorum valido munimine septus
Terga dabat fugiens Franco comitante feroce.
Tu socio sine [b] marka [c] clusasque ruebas
Sed mihi parce, precor, quod servulus audeo supplex
Suppliciter tecum querulam conferre loquelam
Ac votiva tui devoti sumito vota,
Inde palatinam quia nunc intramus in aulam,
Respice, Sancte, precor me nunc miseratus euntem
C Dirige tu calamum, ne promat inania, nostrum,
Ne, dum rite tuos cupimus narrare triumphos,
Offensa inveniat regalis virga locellum,
Huc fraterna cohors precibus concurre canenti.

7. Rex Dagobertus erat, Francorum, et jura tenebat
Sed tumidus rigida populos ditione premebat,
Quique potestatis præcellens culmine cunctos,
Qui ante ipsum sceptrum gentem tenuere per illam,
Principibus durus, vitiis subjectus alumnus,
Turpiter obsceno luxu maculatus ubique
Infusum Veneris portabat in ossibus ignem.
Ne tamen in messe hac spina compunctio surgat,
Ac cœptum deturpet opus, caussatio cesset,
Non tulit hos similesque modos constantia nostri
D Pontificis, querulam sed prompsit mota loquelam,
Nec timuit renitens sævi mucronis acumen,
In multis didicit quia victor fidere bellis,
Nec pavitare ferum terreno in Rege furorem,
Quem his aggressum studuit pulsare loquelis
Sciret æterni si limina tangere regni
Curaret, meliora suæ commercia vitæ
Crimine semoto facere, ne forte repulsus
In chaos inferni scelerum tormenta subiret.
Et quia sunt stimuli justorum verba malignis,

[a] Id est Danubium. De Sclavis supra actum.

[b] Marka, Teutonicum vocabulum, limitem provinciæ significat, quod sæpius legitur in Annal. Fuldens. ævo Milonis scriptis, videlicet ad an. 788, 827, 861, etc. Quod vocabulum extensum ad totam ditionem vel provinciam significandam, hinc plures Markæ, seu Marcæ in Germania et Italia, et Præfecti limitanei Markisi et Marchiones dicti.

[c] *Clusæ* sunt angustiæ aditum, quæ regionem aperiunt et claudunt. Apud Eginhardum in Annal. ad an. 817: *Bernardus rex Italiæ omnes aditus, id est clusas, quibus in Italiam aditur, præsidiis firmavit.*

lox ut dicta furens arrectis auribus hausit,
ure licere sibi cupiens, quidquid libuisset,
lensum graviter Doctorem justa monentem
tepulit, ac tali viduavit hospite regnum
)uique repulsus abit, Dominum quoque Gentibus in-
[ferit

CAPUT III.

leditus S Amandi ab exsilio Baptismus S Sigeberti

8 Et quanquam Princeps regali a semine jactet
n titulis, tamen huic prolis non surgit arista,
ii veniant sicco stillæ de nubibus alto
uod tamen ut tandem potuit cognoscere, supplex
uxilium superis a sedibus expetit, orans
t sibi nascatur, quo post sua sceptra regantur
lante Deo meruit, quod mens devota petivit
untius ut gaudens regalibus intulit aulis,
uod puer ad lucem materna prodiit alvo,
audibus et votis auctorem prolis adorat
lla tamen mentem lætam cunctatio adurit,
ebeat in sancto qui fonte levare puellum
t redit ad semet captiva memoria Regis
iscursare jubet celeres per regna ministros
c Sanctum merito adduci demandat honore
ui tandem inventus, monitusque palatia adire,
egis jam dicti sese conspectibus infert,
uique ut adesse virum cernit, mox desilit alto
solio, rutilumque caput diademate terræ,
tabat forte Pii qua pes tunc pacifer, æquat,
flectens rigidum sancta ad vestigia collum,
ui pura pulvereis prosternitur inde favillis,
inguaque, quæ varus dictabat jura phalangis
oscit, ut ignoscat scelus indulgentia sancta
t mitis fuerat cui dulce ignoscere probra,
elle carens, placide jugiter dulcedine fervens,
cjus a terra prostratum in pulvere Regem
levat, et citius commissa piacla relaxat
9 Alloquiturque dehinc hos Princeps famine San-
[ctum
œnitet, alme, tuam, Doctor sprevisse loquelam
lisplicet atque meo quod jussu injuria facta est
ed nunc illa, precor, pietatis viscera cedant
st quoque, dante Deo immerito mihi filius unus,
luem tua consecret sancta ut benedictio, posco,
ivifico ac Christi digneris fonte novare,
tque illum doceas divina lege Magister
uque Pater pueri merito dicare secundus,
lum gignis sobolem præclaro gemine fontis
ed Sacer, his dictis summo conamine fusis
bstat commemorans sibi jussum ut semina verbi
pargeret, et gentes baptismatis amne sacraret,
on uni tantum sed multis affore missum
greditur, remanet cassata petitio Regis
ma non valuit contemptus jura mereri,
redidit a proprii lateris custodibus ipsum
lectendum, misit socialis amoris amicos,

A Unam animam gemino sub pectore ut esse putares,
Dadonem illum Eligio comitante benigno,
In laicali habitu quos Principis aula tenebat
Sed post sub pedibus sternentes labile seclum
Ecclesias geminas stabiles texere columnæ
Inditus ille prior, sub cujus pontificatu
Floruit in titulis Rotomagus celsa beatis
Compar et Eligius divino munere lectus,
Quo Noviomus ut urbs vivente Antistite fulsit,
Sic micat et tumulo multis virtutibus aucto
Salva fida fides, felix concordia aveto,
Pontifices sancti meritorum luce corusci,
Non mihi tam tenuis de vobis sermo mearet,
Ni vos conspicuos scirem nutrisse poetas,
Qui possunt trimoda vobis [a] pipare Camœna
B Nobile et auratis carmen cantare cicutis
Vos tamen o nostros petimus revelate labores,
Et cœptum repetat jam linguæ guttula cursum
10 Ergo preces missi devoto pectore fundunt,
Principis ut sobolem sacrato deluat amne,
Educet atque illum per libros rore migrantes
Qui si forte preces non Principis abnuat istas
Hujus amicitia tribuat conjunctio multum
Errante in populo ut liceat conquirere lucrum,
Gentibus et multis divinum spargere verbum
Assentit tandem charorum famine victus
Intrat et invitus præcelsam Regis in ædem,
[b] Clypiaco qui illo residebat tempore villa
Offertur puer huic alienis vectus in ulnis
C Ille, quater deno cui sol jam fulserat ortu
Quem manibus sacris ut sumpsit Episcopus almus,
Et fusa est præstans oratio more sueto,
At consignatus catechumenis exstitit infans
Et precis in finem nullus responsa referret
Non confusa sonans alliso verba palato,
Sed labiis et clara voce boando
Insonuit populis mirantibus ocyus Amen
Inde salutiferi baptismatis amne novatus,
Vivificis retulit Sigiberti nomen ab undis,
Ac post Austrasias domuit ditione catervas
11 Hic mecum, Lector, laudum concurre relatu,
Dicito sermonis si fons tibi largus abundat,
Et guttis pluviæ se linguæ comparat imbri
Quis docuit puerum, qui sensus quæso suasit
D Hebraico sonitu ignotos proferre [c] fritillos?
Quis pedagogus eum hac jussit voce boare,
Quem vagitus adhuc puerili ætate tenebat?
Enarra mihi, quæso, dedit quæ schola loquelas
Ignaras? docili quo floruit ille magistro?
Scutica non teneros unquam illa lacessit artus,
Nec graciles digiti parvam tenuere rebellam
Et jam grandiloquos superat ratione sophistas
Vocibus externis loquitur, spernitque Latinas
A natura docet Amen quæ suggestio fundit?
Hoc musto, o Judæa solens errare, caleant
Qui cunctas didicere brevi sub tempore linguas,

[a] *Pipare* præcipue de gallinis dicitur
[b] Imo *Aurelianis*, ut dictum supra et ad Vitam S igeberti

[c] *Fritillus* tabula est lusoria Hic videtur Milo pro sono accipere

Hic, etymologia, tuus confunditur ordo,
Infans dum fatur, nomen tibi tollitur istud,
Ne dubites asinam stolidam incœpisse Bilaam,
Huc ades, hoc opus est celebrandum laude perenni.

CAPUT IV.

Episcopatus Trajectensis S. Amandi.

12. His ita decursis, obeuntem missus ab alto
Angelus evexit celsi trans sidera cœli
Pontificem, cujus sedem Trajectus habebat,
Sumeret ut rectis meritorum præmia libris.
Quo [a] Rex comperto sanctum accersivit Amandum,
Plurima Pontificum conducens agmina secum,
Præsulis ac tanti solemnia jungit honores.
Interea sanctus sacra sublimis in arce
Ducitur ac trahitur jam dicta in sede locatur.
Obstat et indignum se tali clamitat actu.
Sed cum more suo lustraret luce venusta
Oppida, rura, casas, vicos, castella peragrans,
Triste nefas, qui debuerant agnoscere primi,
Ac verbum Domini plebi monstrare sequendum,
Ecclesiæ gradibus prælati rite ministri,
Rejiciunt, spernunt, contemnunt, despiciuntque,
Postponunt, pelluntque probum per probra patro-
Quo sibi nil lucri, sed maxima damna tulere [num,
Pulvis enim pedibus justis excussus in illis
Accusator erit, cum tempus venerit illud,
Præmia quo capient dextri, pœnasque sinistri.
13. Insula dicta nitet [b] Calolo de vertice sancti
Scald juxta, et gyris curvo sinuamine flexis
Præbet secessum, nautis gratissimus amnis,
Quam sanctus, dictis cum pulsus abiret ab oris,
Reperiens, sibimet tam mœsto in tempore credens
Sufficere, et mentis purum renovare vigorem
Secretus cupiens, aliquanto mansit in illa
Tempore multiplices studuitque levare labores.
Dum tamen ille pio frueretur cœlitus actu,
Atque polum jugibus cuperet conscendere votis,
Alba velut geminis alis innixa columba,
Æqua repulsores non distulit ultio dictos
Pro meritis pulsare feros, ac digna rependens,
Qui volucre magis habilem quam reddere honorem
Pressi multimodis ut possent scire flagellis,
Quam charus Christo fuerit, qui spretus abisset.
Plaga etenim cœlo veniens, et terra resultans,
Proterit, inclinat rigida cervice rebelles,
Evertitque domos, mores cecidisse ruina
Testatur sonitu labens et pondere grandi.
Ac viduatus ager segete et nudatus arista
His meritum spinæ pungentis reddit acumen
Cum tribulis. Referunt commercia talia terræ,
A Quæ tanto cultore carent, nec vescitur illis
Incola, ferre cibum quia matris in ubere tempsit.

14. Tu quoque, plebs, libeat si cursim tangere pri-
Antiquis damnis prolata hæc vulnera sentis, [sca,
Cladibus immensis non obstant mœnia firma,
Sed sternuntur humi ceu pulvis flamine venti,
Labunturque domi, quæ non custodia fulcit.
Nec mirum, compago ruat si turribus altis
Funditus evulsa, stabilis quam liquit Amandus,
Ecclesiæ nostræ defensio, celsa columna,
Tabificos contra fremitus protectio perstans.
Quo offenso, tibi mors, nobis salvatio venit.
[c] Servatio servata tuo dum viveret, inde
Flebile ne funus seu mœstum corde dolorem
B Sumeret extremas in te cernendo favillas,
Transiit ad Dominum, nudam te in morte relinquens.
Qui tibi post nostrum miseratus misit Amandum,
Ut solem radiis operum fulgore micantem.
Sed tu lippa tuos oculos dum vertis ab illo,
Et densas repetis noctis horrore tenebras,
In manibusque lutum retines, dum lumina tergis,
Ac luci adscribis quod tu minus inde tueris,
Si votis dimissa tuis in carcere cæco es.
Ni tamen huc redeas, et lumen amando requiras,
Quod tibi depellens, nobis miserando dedisti.
Non hinc probra tibi, nec jurgia reddimus ulla,
Illius reditu sed congaudemus ovantes.
Nunc nunc ergo tuam detergant carmina culpam,
C Laudibus ejectum dignis revocare memento.
Pœniteat te jam sceleris, medicamina sunt hæc.
Ac si, ut credo, tuam placarunt vulnera noxam,
Et sancti pietas crimen concessit enorme,
Astipulare meis, quia non sunt carmina, rhythmis.
Tu cantare vales, tu docta es plaudere versu.
Tu nosti lyrico chordas contingere plectro,
Tuque potens metrum centum reboare Camœnis.
Retia ceu filis sic libros texere verbis.
Ast mihi vix tenuis decurrit ab ore susurrus,
Dum tamen alma tuis aptatur musa libellis.
Ne taceam laudare Deum, cum debitor extem,
Noster honore Dei claudatur, posco, [d] libellus.
Laus, decus, imperium, benedictio, gloria, palma,
Majestas, et honor, veneratio, gratia, virtus,
D Sit Patri et Genito cum Flamine vivificante,
Et nunc et semper dum secla futura manebunt.
Pro meritis sanctum qui glorificavit Amandum.
Clare comes, curam claustris concludito cannam.
Sat sitiens etenim potavit, tollito rorem,
Flebilis et ne jam rumpatur anhelitus, istinc
Fige gradum, digitos dum tendo, quiesces parum [per [e]

[a] Rex Sigebertus, Dagoberto aliquot tum annis mortuo, ut supra ostensum.
[b] Hanc lectionem supra probavimus, ubi de Caloanis actum, § 4.
[c] Colitur S. Servatius 13 Maii. Is imminente ab aliis barbaris Belgii vastitate obiit, ad quod hic alludit Poeta.
[d] Ms. Elnon. *labellis*.
[e] Addebatur: *Explicit liber 3, habet versus 436*, et jungebantur hæc capita libri IV.

LIBER QUARTUS.

Capitula libri IV.

CAPUT PRIMUM.

Vascones a S. Amando edocti. Cæcus illuminatus.

1. Hactenus eximios Sancti versatus in actus
Præsulis, et quanquam pede claudo, currere quivi.
Sed nunc res metuenda nimis tractanda, nec ullis
Viribus evolitare facit, super astra petendum est :
Ut sermone sequar, quo non licet ire pedestrem.
Primi namque mei properant hac lege libelli,
Ut labor et meritum sancti noscatur Amandi :
Quartus hic est nunc, qui in manibus cudendus habetur ;
Quo Evangeliis subjeci rite quaternis.
Mattheus effudit donatus munere primus
Carne Deum natum, qui Virginis ubera suxit.
Hic quoque dum nostræ penetrat præcordia mentis,
Scripsit hominem genitum, qui matris ubera linxit,
Perfectum, purum, justum, dignum, immaculatum.
Excelsusque dehinc mandati famine Marcus,
Vox clamantis, ait, deserta per arva leonis
Insonuit, qui in morte oculis dormivit apertis.
Huncque sequens, quantum valui, sub carmine dixi,
Quadrifidum verbum sanctum sparsisse per orbem.
Consurgensque dehinc quod signat nomine Lucas
Jura sacerdotii veteris sermonibus [a] infert,
Quo crucis, ut vitulus, Christus mactatur in ara.
Quo lecto, sedem monstravi pontificalem,
Conscendisse virum, fuerat qui victima viva.
Flaminis et sacri quia gratia fusa Joanni est,
Evolat ut pennis aquilæ super æthera vectus,
Principium canit, atque ante omnia tempora Verbum.
Estque via simili me nunc properare necesse :
Instat enim memorare itiner quo sanctus Amandus
Iverit ad Dominum, meritos sumpturus honores :
Viserit et requiem cœlesti in culmine partam,
Quo me nulla levat factorum penna bonorum.
Velle meos animos urit; sed posse retentat.
Currere lingua cupit; stridet sed nescia fari.
Cordis in aure tamen si sibilus ille resultet,
Impleat et montem, calamum quo tingo liquore,
Qui facit humanas asinam formare loquelas,
Indocilemque virum querulo confundere rhythmo;
Carmine succincto quæ restant gesta notabo,

A 2. Eia, age, Vacce jam late, mea Musa, vagantem,
Fidentem frenis, torquentem tela lacertis,
Pande rogo et vulgo vulgare voce notato :
Si demas mutesque apices, Wasconia fertur.
Quæ gens dura satis, variis incursibus instans,
Ictibus ac crebris hostilia tela rependens,
Extremis fuerat Francorum finibus hostis.
Sed tunc vulnificis substracta est pacifica armis,
Frenaque consilio tandem conducta salubri
Non laniat morsu, sed [b] pacis in oscula tractat.
Illis temporibus, quis Sanctus in orbe manebat,
Ut Gallis fuerat sæva feritate rebellis,
Sic erat et Christo, reliquum qui straverat orbem.
Relligionis enim nudata decore jacebat
In noctis tenebris, nulla illustrata lucerna,
B Horrendumque scelus, cui cuncta nocentia cedunt,
Quo gignente solent reliquiæ concrescere pestes,
Cultum Christo habilem muta ad simulacra reflectens
Idola credebat numen Deitatis habere.
Hos ubi vesanos errorem comperit actus
Præsul Amandus, ab his, quos fratrum nomine dignos
Fecerat, accensus, horum celeranter adivit
Belliger insignis terras : ut prælia Christi
Bellaret, pariterque sui signacula Regis
Invictus miles præfatis inderet arvis.
Ut si multiplices non posset jure catervas
Vincere, vel pulchram caperet per vulnera mortem :
Dumque ibi vivificis inferret spicula contis,
Et multos æquaret humo, falsamque deorum
C Sterneret ad terram constanter relligionem;
Unus iners, facilis, male lubricus, atque superbus,
Turpis et impurus scurrilia probra susurrans,
Quem merito vulgus vocitat cognomine mimum,
Obstitit infelix stolido bacchante cachinno.
Sed mox arreptus miser atro dæmone, plenus
Quo fuerat pridem, cum vitæ risit alumnum,
Ipse suis manibus male sano membra furore
Discerpit, scindit, disrumpit, diripit, urit,
Anteque quam patulos Erebi transcurrat hiatus,
Dat certum indicium, duce quo deductus abiret.
Ore uno stupeas millenas currere linguas.
Tandem distortus vacuatus et hospite et hoste,

[a] Codex Elnon, *effert*.

[b] Vasconiam, ævo Milonis Regibus Aquitaniæ sub- D jectam, explicat Petrus de Maria sub finem libri I, et initium sequentis Histor. Bearniæ.

Qui ingratus reddens animum violenter abegit
Abducensque facit secum penetrare gehennam
Qui fuit inventor culpæ, fit tortor in igne
Et quia sunt non læta satis, quæ scribimus, hinc jam,
Tristibus omissis, ad dulcia pergat arundo

3. Ergo ubi gens sancto vacuata decore relicta est
Antiquis tenebris, voluit quia spernere lucem
Transmissam sibimet, quam se substernere luci
Lucifer ille nitens cum jam repedaret ab illis,
Pervenit quamdam tandem lassatus ad urbem,
Cujus honorificis excepit episcopus illum
Obsequiis, meritoque colens reverenter honore,
In manibus sacris latices perfudit, et ipsos
Custodem monuit clausis inferre sacellis
Antistes namque is sat fidens exstitit, illis
Optatam invalidis præberi posse medelam
Spes neque tam firmos animos certissima lusit
Tempore quo quidam residebat ad ostia templi
Mendicus, rebus pauper, sed lumine frontis
Pauperior, quem hac affatur voce sacerdos
O homo, si fidei retines in pectore lucem,
Ablue aqua clausos oculos, qua sanctus Amandus
Abluit ille manus hoc spondeo te renovandum
Unguine, lux rediens cæcis infusa fenestris
Monstrabit, Sancti quantum benedictio digna est
Nec vacuus credens fidei virtute redibis
Hæc promissa, carens mox pauper lumine, credens
Sumpsit aquas, faciemque lavit, medicina lavacro
Est comitata pio O rerum conversio! Cæci
Dum splendent oculi, tetra mortis imago repulsa est
Dic, rogo, quisquis ades, quanta virtute Beatum
Nunc fulsisse putas, cum præsens corpore adesset,
Ac prece quam celerem quivisset referre medelam
Cujus lympha manus lucis largitur honorem?
Cede loco, medice, trito cum pulvere, quid stas?
Pulvere enim cæcari oculos res notior exstat
Hæc si credis, aquæ superant collyria cuncta,
Quam mundæ sordes O quam purgatio pura!
Quam doctus medicus, quo cuncta obscura refulgent,
De cujus digitis stillant medicamina pulchris!
Talia signa sui produnt vestigia regis
Quod sequitur, perpes hinc Christo gloria summo,
Dignus honor Justo, quo non pretiosior alter
Ad cœli regnum sociorum ex agmine venit
Obvius ornata dum sponso lampade pergit,
Manat olivíferis mox igneus ardor ab ulnis,
Accendens propria reliquorum de face tædas,
Fulserit et quanto demonstrant facta decore

CAPUT II

Monasteria a S. Amando exstructa. Periculum mortis cœlitus depulsum.

4. Dumque iter inceptum variis virtutibus iret,
Francorum ad regnum felici tramite venit,
Elegitque locum, quo verbum spargeret aptum,
In quo, devota fratrum comitante cohorte,
Qui varias Christi tulerant pro nomine pœnas,
Sacra monasterii construxit claustra novelli

A Felix illa fuit sub tanto schola magistro,
De qua multiplices procedunt jure sophistæ
Pontificum numerosa cohors, doctique Patrum
Ecclesiæ, verbis puri, gestisque nitentes
Gallia, jam redit Sanctus, lætare, benignum est,
Sparge alacri flores, tunc tibi salvatio venit
Hac etenim non parte cadis, qua turris Olympo
Contra sanguineas acies et bella Damasci
Forte tulit caput ultra et sidera constitit ipsa
Nam si prævalidæ Oceani de parte procellæ
Irruerint, nullo quibunt transcendere pacto,
Passibus egregiis qua gressum fixit Amandus
Si tamen egregii secteris jussa Magistri
Est neque, quod timeas ferventi in turbine, freta
Hoc ductore tuo, qui non debellat iniquos
B Armis, sed meritis hinc usque ad sidera notis

5. Tempore quo princeps regnum Hildericus agebat
Invasasque gravi bello tractabat habenas,
Dum fremerent reliquæ Martis certamine gentes,
Et gladii gladios, umbones redderet umbo,
Ac frater fratrem, genitus premeret genitorem,
Sævaque vastaret populos populatio multos,
Tempestate gravi totum grassante per orbem,
Non turbo hic tenuit, Justique ligamine vinxit
Brachia, nec tanta rerum vertigine victus,
Liquit opus cœptum, lucris fidelibus ardens
Sed regem petit jam dictum cernuus ille,
Quatenus illi aliquem præberet jure locellum
Sacra monasterii strueret quæ cœpta venusti,
C Quem mox ut petiit princeps dedit, inde repente
Talibus in rebus quoniam fuit impiger ille
Ecclesiæ jecit fundamina more sagaci
Dumque ibidem cœptis perstaret Justus in illis,
Mummolus invidiæ facibus flammatus acerbis,
Urbs Ozindensis cujus subjecta, sedile
Ornabat celsum variorum gramine florum
Indignans graviter Sanctum impetrasse locellum
Evomuit furiis conceptum mente venenum,
Direxitque suos stimulante furore ministros
Audaces animis atque armis amplius auctos
Illi acuens gladios, qui pacis lator in omni
Orbe fuit, superi qui prompsit pascua regni
Hunc, inimice ferox, cur tali fraude repugnans
Persequeris, carumque Deo insectaris alumnum?
D Audieras, tibi quæ scansurus ad astra magister
Pacificus dederit servandæ fœdera pacis
Cur pignus hoc, dum meditaris inania, scindis?
Cur te tanta tenet sceleris scelerata cupido?
Nonne decens fuerat sudores tergere tantos,
Ac commune bonum sociali ornare labore?
Qui faciunt alii, dum quæris, Episcope, bella,
Ac humana tuum si non natura reatum
Comprimit, ordo, gradus, neque te dilectio frenat
Suspice, fulminei venient de nubibus imbres,
Placabitque tuos cœlestis turbo furores,
Angelicas acies, armatas, auxiliantes,
Ferre videbis opem signis victricibus amplam
Ferre necem telis cui nunc minitaris iniquis
Carnifices quoque pulso loquens, qui jussa voleban

'atrare, et sceleris pariter consortia ferre
Quos aliena reos adduxit missio nova,
Qui callente dolo se fallere posse putantes
Illum, plenus erat qui puri fluminis haustu
Lugebant falso fallaces famine falsi,
Aptaque rura satis se Sancto ostendere posse
Si comitetur eos caussa studioque tuendi
Callidus et quanquam miles simulaverit ore,
Invenit et tanto mendacia dicta Prophetæ,
Quem monstrante Deo nil clausum, nilque latebat
Occultum fibris, nil tectum pectoris antris
Urribus in cujus sic mens ut lingua sonabat,
Non tamen injustis scelerum latoribus ipse
Obstitit, aut sævis monstravit terga ministris
'anta nec invictos animos formido pererrans
Depulit, aut stabilem liquit constantia mentem
Martyrii jugiter quoniam fervebat amore
Et quanquam dederit nunc temporis optio votum
Martyris, emerito non est fraudatus honore
Hinc superis magis est laudanda potentia Christi,
Quod dedit huic palmam gratis sine vulnere mortis

6 Jamque supercilium montis pia victima adivit
Percussori que ferus, ceu quondam sanctus Isaac
Atque maligna manus nimium crudelis Iesum
Quando furore calens, ad montis culmina nostræ
Auctorem vitæ pertraxit præcipitandum,
Si tunc posse, velut furibundum velle, habuisset
Haud secus hic Justus, cum staret mitis, ut agnus
Subvacuis pietate lupis, mox cœlitus atræ
Collectæ nubes oculos clausere malorum,
Nec phœbea patet digno satis ordine lampas
His retrahit jubar et radios convertit in umbras,
Qui rutilo spoliare student splendore lucernam
Lucida diffugiunt oculis, nox ingruit ampla
Tempestasque ruit commisto grandine grandis
Ergo solo strati culpam justumque fatentur
Supplicium, veniam rogitant curvatur adorans
In terram Justus, pietatis amore repletus
Ac membra herbigeris prosternit in aggere glebis,
Nec prius absistit studio votoque precandi,
Donec ætherei se submisere furores,
Nimborum tonitrusque etiam cessere fragores
Cumque serena illis se reddunt æthera mutis
Noscunt quam merito sit Sanctus honore verendus
Ite domum missi, factumque referte Patrono,
Carnifices alios ne post vos mittat Amando

7 O nimium, dilecte Deo, cui militat æther,
Cujus in auxilio cœlestis machina frendens
Bella parat, lumen retrahit, lethumque minatur
Pro Iituis tonitrus, pro telis igneus imber,
Pro parmis quassans immurmurat arduus axis
Quid mirum est servisse tuis terrestria jussis,
Quando elementa simul quatiuntur, fervet Olympus
Cum tibi, fida tuis spes, mors injusta paratur
Et quanquam sint magna satis, quæ gesserit ante,

A Plus tamen ista nitent, quæ cœli ex arce refulgent
Pulcher ubique, polo, terra, pontoque coruscans,
Respice diffusos jamjam miserando fideles
Hisque jugem precibus sacris deposce salutem,
Quatenus invictas retinentes pectore vires,
Nec mala nos frangant, nec mentem prospera ra-
[ptent

CAPUT III

Cæcitate et paralysi puniti, sanantur ope S. Amandi

8 Instat iter, jamjamque sequentia retorquent
Carminis excursum, canitur res digna relatu
Mentio namque viri venerandis laudibus apta est,
Namque Evangelium populo dum prædicat omni,
Nescius incœpti curam laxare laboris,
B Lassatosque artus modica reparare quiete,
Perlustrans pagi confinia Bellovacensis,
[a] Rossontus locus est, quo Sanctus venit anhelus
Qua modicus ripis refluit, sed massus opimis [b]
Ubere frumenti copiosi et munere Bacchi
Nec procul a tractu, quem cursus complet [c] Oronnæ
Hic fuerat mulier geminis viduata lucernis
Fronte subobscura noctis simulatio vera,
Cujus nempe modum dum Justus cominus instans
Scrutatur didicit causas tempusque negatæ
Lucis, et auguriis justas quæsisse tenebras,
Frondicomæ Deæ se deservisse renarrans
Dicit eam rigidis ramorum flexibus arbor,
Quo caput extulerat perversa fruge colonis
C Noxia lethiferum gignens radice venenum,
Rustica plebs prisco quam consecraverat hosti
Fudit et ut mulier plangens lacrymansque querelas,
Reddidit his Sanctus miseranti pectore voces
Non miranda refers, mulier cæcata reatu
Cum proprio plangis discrimina crimine creta
Magna sed admiror quam sit clementia Christi,
Cujus larga nimis te jam patientia portat,
Cujus ad offensam proprio famulabilis hosti
Emeritum retines damnum justumque pudorem
At tibi si superest amissæ cura salutis
Assensum nostris jam tunc præbere loquelis
Ocyus audacter Dea quo stat pestifera ito,
Spe stabili confirma animum, dextramque bipenni,
Arbor ut ad terras jam proruat acta securi,
D Quam veneraris enim citius promitto futurum
Credula si fueris, felicia vota reportans,
Quod capies celerem membrorum animæque mede-
[lam,
Nec mora dum properat mulier, ducente puella,
Arboream truncare Deam, frondensque cacumen
Relligione carens succisum tradere flammis,
Perspiciens Sanctus fidei venerabile lumen
Interius fulgere crucis celebrabile signum
In frontis medio gemina inter tempora sculpsit,
Mox quoque conspicuus delatus cœlitus ignis
Splenduit, et clausæ patuere in fronte fenestræ

[a] Ita Ms., Elnon alterum habet *Rossomtus*, at *Ressontum*, seu *Ressonum*, posteris dici supra notavimus

[b] Margini alterius Ms., adscriptum erit, *fluviolus*
[c] Imo, *Arondæ*, ut supra adnotatum

Sic venerandi manus [illegible] infert, atque relinquit
Nox oculos, exsulque dies illuminat orbes,
Ac mediis tenebris aurora crepuscula fundens,
Miratur radios frons illustrata serenos,
Quam tamen instructam veteres contemnere culpæ,
Noxia quis pridem creverunt vulnera in illa,
Incolumem linquens, reliquos visurus amicos,
Dimisit Sanctus, tanti largitor honoris.

9 Historiæ manifesta fides, sed mysticus illi
Intellectus inest silvis umbratus opacis,
Quem tentabo loquens festino pangere versu
Ut resonans antiqua novo symphonia flatu
Impleat arentes supero spiramine versus.
Arbor prisca fuit, qua vitam perdidit Eva,
Nomen habens vitæ, si culpis abstinuisset.
Pro dolor! anguino nimium decepta suasu
In lethum lapsa est, vetitum dum sumpsit edendum,
Ad certum per lucra ruens male credula damnum.
Sed crucis in ligno vita moriente, priti
Sunt scelerum morbi, et vetiti transgressio pomi.
Aspicis antiquam præsenti in stipite formam,
Auguriis mulier cui dum famulatur ineptis,
Scire futura volens, et jam præsentia perdit,
Ac meritas cæcata capit pro luce tenebras.
Sed Sanctus veniens errores dispulit atros,
Arboris et docuit flexus succidere ferro,
De quo magnificus cecinit Baptista Joannes,
Arboris eximiam radici instare securim
Fulgenti nocuos quæ truncat acumine succos,
Et reparat celerem pia per collyria visum,
Unguifer et medicus sic lumina reddit Amandus.

10 Hocque quod [accumulans laudum præconia
Magnificis gestis complevit, rite canamus [Justus,
In grege multiplici Domini quem fecit alumnus
Divinum portare jugum, servire Tonanti,
Unus erat reliquis prælatus honore catervis,
Ut victum sociis et congrua cuncta pararet.
Qui dum monte tumens jussis parere magistri
Despicit et vinum plaustris portantibus utens
Ad Fratres deferre suos Sanctoque negare,
Quod sibimet deessent quæsita vehicula, pergit,
Sternitur infelix subiti discrimine morbi,
Et fera paralysis vastans crudeliter artus
Occupat, et laxis in membris regnat habenis.
Elataque nimis sumptos cervice rigores
Ocyus excutiens herbis flaccentibus æquat
Ac miserum corpus lethali clade gravatum
Pestis acerba feris stringit hinc inde catenis,
Sanguinis arebant siccato flumine venæ,
Languida et attractis marcebant brachia nervis,
Ac tenuem flatum de nare frequentius efflans,
Singultus miseros mutus sermone iterabat
Jam quoque progrediens animæ calor ostia vitæ
Transibat, sed adhuc medicus vivebat Amandus,
Cujus erat meritis ægro tribuenda medela.
Is monasterio Fratrum famulante cohorte
A Navigio deductus erat, cum rite peractis
Officiis, mensis resideret Sanctus, edendis
Esuriens epulis, dapibus, sed pastus olympi.
Discipulique Pater noscens miserabile vulnus,
Leniter arridens miseranti pectore fatur
Magna quidem patitur, sed adhuc potiora meretur,
Hunc quoniam nobis jactantia vana rebellem
Contemptusque facit, nimium quis deditus extitit.
Dixit et electum Fratrum de plebe benigna
Presbyterum, optatæ gerulum jubet esse medelæ,
Parte dati panis, calicis quoque pocula læti,
Vade, ait, et monacho fer hæc mandata jacenti,
Hauriat ut calicem cum missi fragmine panis,
Crastina cumque dies nocturnas sparserit umbras,
Et sol flammicomus puro rutilaverit ortu,
B Visurusque illum celeri properavero gressu,
Excussus propriis pulso languore grabatis,
Incolumis surgat solidatis, impero, nervis,
Obvius ac sano procedat corpore nobis.
Quid sermone moror, cum non medicina moretur?
Missa etenim monacho Patris benedictio vitam
Reddidit, et vires medico mandante recepit.
Hinc celer exilit summo conamine (tellus
Jam prope functa, suis orsa adstare columnis)
Nec cunctatus iter jussum properare viator,
Adventante viro procedens obvius almo
Occurrit sanus, gratesque rependit opimas.
Linguaque percussa dum format verba palato,
Insonuit sermo claro de fauce loquentis,
C Surrexisse dehinc vita remeante cadaver
Admirans Fratrum cecinit cum laude caterva.
Qui tamen admonitus mores mutare protervos
Sospes cum venia sociis mirantibus ivit.
Materiæ locus est triplicatum texere funem,
Pagina sed multo versu completa redundat
Nec capit ulterius finalis clausula libri,
Pluribus et quanquam studuissem pangere verbis
Gesta viri, quivisse tamen non cuncta notare
Confiteor nec enim tam parva peregit, ut ullis
Dicere sufficiam scriptis aut promere metris,
Quod fidei donum, meritum moresque benigni,
Quanta per ægrotos curatio, gratia quanta,
Virtus, bella, labor, patientia, palma, triumphus.

CAPUT IV.

D *S. Amandi mors, sepultura. Elevatio corporis. Epilogus.*

11 Hactenus ad finem celerans oratio ducta est
Tramite difficili, sed nunc per devia cœptum
Flectis iter, tumidis et te convertis habenis
Forsan ob hoc, subtriste aliquid quia gesta loquuntur
Proh [a] dolor! est rutilo comptum fulgore beatum,
Egregios cujus mores descripsimus usque huc
Qualiter ad vitam per mortis limen eundo
Transierit, superi ponendus in ætheris aula,
Diffugere, et finem lacrymoso pangere cantu
Calcetenus ductum metuens concludere textum
Si refugis functum, vel dic per sæcula vivit

[a] Ms. Elnon. *pudor.*

Vivit enim angelicis sociatus rite catervis.
Tristitiam liquit moriens, planctumque per arva :
Lætitiam fecit cœlestibus arcibus amplam :
Terra tenet terram, concrescit pulvere pulvis,
Mortuus in tumulo recubans per dona coruscat.
Est speciosa choris anima est conjuncta supernis.
12. Nempe monasteriis per rura per oppida sparsis
Celsior et melior sese structura levavit
Elnonis nostris. Locus est de flumine dictus,
Quod recipit largoque sinu Scarb purior effert :
Qui fonte ex gemino Jordanis more meantes,
Dulcia commistis conjungunt basia labris.
Quo tumulum retinet Sanctus virtutibus auctum.
Qui locus immenso decoratus honore nitescit,
Pax ibidem, pietas, bonitas, concordia pollet,
Spesque, fides, fraternus amor, dilectio summa.
Omne bonum retinens, ad cœli culmina tendis :
Omne malum vitans, discrimina noxia pellit.
Nulla pericla pavens, ubi debilis omnis et æger
Vota petita, fide in medium currente, reportat.
O locus ! o felix fecundo germine cespes !
Cunctis macte bonis æterna in sæcula salve.
Veste, ove, messe, bove, alite, melle, ape, flumine [pisce,
Glande, sue, flore, fronde, imber, gramine, vite ;
Omnibus his polles tali moderante colono.
Omnibus his retines hoc fecundante Patrono.
Flumina dant pisces, segetes terrestria solvunt :
Escis nempe cares nullis, quia fruge redundas.
Incola namque famem non ore, sed auribus haurit.
Rem canimus miram, quæ credula corda requirit,
Vivere post mortem poteris hac scire Beatum.
[a] Curricula annorum centum vergente recursu
Transierant, numerus pariter partitus et idem.
Transiit æthereum quo vir venerandus ad aulam,
Cum corpus tumuli disjecta mole levatum
Incolume inventum est, et dens sublatus ab ore
Fudit sanguineas ut vivo e corpore guttas.
Abneget hoc facile est, quisquis de corpore Jesu
In cruce confixi percusso militis hasta,
Non credit manasse sacras cum sanguine lymphas.
Si quæris testes, fidei virtute vacillans,
Huc venias, moneo ; aspicies diversa virorum
Agmina multiplicesque senes ætate verendos :
Vas quoque susceptos poterit monstrare cruores.
13. O genitor, pastor, doctor, nutritor, amator !
Quo locus iste nitet tantorum dives honorum.
Quem cœli regnum veneranda pace receptum
Exaltat, decorat, collaudat, honorat, adornat :
Intercede piis veniæ commercia servis,
Ac largire tuis consortia lucis alumnis.
Cumque Deus veniens cunctum concusserit orbem,
Cum tremulam terram velox exusserit ignis,
Et sol detracta ceu saccus luce carebit,
Lunarisque globus furvo claudetur amictu,
A Sulphur, pix, horror, tortor, tormenta, caminus,
Affuerint, Judexque sedens justissimus illic,
Sanctorumque cohors ornata sedilia habebit,
Inter et hos proceres cum celsum jure tribunal
Consulibus junctis conséderis Arbiter orbis,
Judicium et justum liberis pandetur apertis,
Eheu quid faciam tunc? me quis Sanctus ab ira
Conteget instanti? quæ me defensio tantis
Cladibus eripiet? Cujus sub tegmine montis
Abscondendus ero, flammis ne exurar acerbis?
Quod me tunc operis justi velamen opertum
Eximet et tanti secernet ab igne camini?
Oro, tui tunc, sancte Pater, miserere poetæ,
Dextris atque tuum turmis conjunge Milonem.
Extremum sat erit vel commeruisse locellum.
B Est etiam mihimet fiducia magna misello,
Hoc opere horrendos extingui posse furores,
Schemate quod vili scriptum est; sed vate fideli.
Parvus honor carmen stolidum est, sed grandia amo- [ris
Sunt mihi vota tuis in laudibus, optime Pastor.
Et si respicias animi præcordia nostri.
In his quæ fuerat nobis devota voluntas,
Non damnanda aderit, velut æstimo, parva facultas.
Orbis honor, nostrumque decus. Pater alme, valeto,
Ante tuum tumulum jugiter recinemus, Aveto,
Tu dignus salve, nobis præbeto valere.
14. En opus, alme Deus, hominum Sator atque [Redemptor;
Ad laudem obtulimus præclari præsulis istud,
C Acceptumque tuis ut sit conspectibus oro
Omnis in ecclesiam mundus sua munera defert.
Ille nitet sensu velut auro, munus et alter
Argenti eloquio portans candescit honesto,
Cantorumque chorus vocali concinit ære,
Fertur ab hoc coccus gemino bis tinctus amore,
Offert et tortam carnis maceratio byssum,
Lignum incorruptum hic corpus gerit immaculatum,
Actibus ille piis ceu pulchro splendet olivo,
Perfusumque bono ut thimiamato fragrat odore.
Ast ergo munificis commisti cœtibus assum
Pauper, egenus, inops, trepidans, confusus, et angens :
Qui fero nil placitum, quod in ara ponere fas sit.
Pellis ob hoc mihi rubra genas verecundia pingit.
Hoc carmen textum caprinis offero pilis,
D Meque simul hircum pro crimine mortificandum.
Sed qui pro minimo viduam quadrante beasti,
Munera quæ solvo placato suspice vultu,
Et tua laus nostro perduret in ore per ævum,
Qui solum regnumque tenes per sæcla supernum.
Chare, meum completur iter, requiesce, viator [b].

VERSICULI WLFAII [c] IN CONFIRMATIONE OPERIS.

Carmina sideros merito scandentia campos,

[a] Hanc elevationem contigisse an. 123, post obitum ejus diximus, § 13.

[b] Addebatur : *Explicit Vita B. Amandi Confessoris Christi, de prosa oratione in Heroicum carmen metrico stylo transfusa, habens libellos 4, in quibus continentur versus* 1818.

[c] Wlfajus monachus, al *Wlfagus*, condiscipulus ante Milonis sub Haimino. Subsecutis mox tempori

Ut vigant nostro, Milo favore petis.
Quorum vis tanta est, talique refulget honore,
Ut nequeant nostro dicier eloquio.
Aurea materies argento cingitur albo,
Ornat et eloquium lucida massa suum.
Non opus ut nostri decorentur famine verbi.
Ejus honore vigent, cujus amore nitent.
Hæc archipræsul toto notissimus orbe
[a] Hingmarus verbis sustulit eximiis.
Hæc Pater et Dominus Cameracæ gloria plebis
Mitis Adalardus extulit ore pio.
[b] Teudricus tali laude beavit ovans :
Carmina dulcisono nimium currentia plectro,
Digna patere polo, macta valere Deo.
Præbuit his stipulam præclarus Episcopus [c] Emmo,
Affligens digitis pulchra elementa suis.
Hæc pater et pastor clero gravissimus omni
Mitis [d] Adalardus extulit ore pio.
Hæc tuus hæcque meus [e] Haiminus jure magister,
Quo duce firmavit devia nemo petit.
Corpore prœmodicus, sed mentis acumine magnus.
[f] Teudingus dextram præbuit ipse suam,
Quæ domus, oro, ruat tantis suffulta columnis,
Flumina nulla pavet, flamina nulla timet.
Sed tamen ut numerus septenus sit perfectus,
Septima sum tecto, Milo, columna tuo.
Sunt equidem nostro tua carmina digna patrono,
Judicio nostro, cujus honore micant.
Virgilii pulchro furas jam cinge cothurno,
Sed supera falsum vera canendo virum.

bus fuisse aliquem Vulfadum abbatem monasterii Resbacensis tradit Claud. Rober. agens de eo monasterio : ac alium Vulphadum, seu Vulphandum, archiep. Bituric. proferunt idem Robertus et Jo. Chenu : quos ab hoc diversos arbitramur.

[a] Hincmarus archiep. Rhemensis sedit ab an. 835 ad 882.

[b] B. Theodericus ep. Camerac. ab an. 832 ad 863. Agemus de eo 5 Augusti.

[c] Emmo, vel Imo ep. Noviomensis, interfectus a Normannis an. 859, aut sequ.

[d] Varii eo tempore fuerunt Adalardi abbates. *Temporibus Lotharii imper. devenit Abbatia S. Vedasti, in manus Adalardi comitis* : et quidem *an.* 852 *sub ejus potestate cœnobitæ* erant, uti dictum supra in hist. miraculorum S. Vedasti. Præerat et *comes Adalardus cœnobio S. Quentini, regni Caroli Calvi* 13, apud Heremæum. Alius fuit Adalardus abbas monasterii S. Bertini apud Sithivenses, in monasterio Elnon. mortuus an. 864. De eo agis Iper. in Chron. Bertin. Ms. cap. 13, 14 et 15. Eodem tempore Elnonensibus præfuisse Adalardum abbatem, ac decessisse an. 863, scribit Jo. Cognatus, l. II, hist. Tornac. ex Chron. Elnon. ut, nisi per errorem aliquibus tabulis sit intrusus, suspicemur eumdem esse. Paulo his antiquiores fuere. S. *Adalardus* Corbeiæ Francicæ Abbas, cujus vitam dedimus 2. Jan. ejusque discipulus Adalardus, Corbeiæ Saxonicæ primus abbas.

[e] F. Haiminus discipulus Alcuini, monachus Vedastinus, cujus calamo dedimus supra descripta miracula S. Vedasti : ubi diximus obiisse anno 843.

[f] In antiquo Chronici Blandinensis Fragmento infra de eo agitur, et traditur, *anno* 850. *Teutingus ordinatus* VIII *Idus martii.*

ADDITIO

AD LIBELLUM VITÆ SANCTI AMANDI.

(Apud Mabill. Acta SS. ord. S. Bened.)

1. Prælato libello de virtutibus Sancti edicto, sciendum est quantus vir idem, et cujus honoris habitus est apud homines, licet ipse declinare honores mundi semper desideraret. Nam reges et reginæ pluresque illustres viri ei venerationem et gratiam plurimum impendere studuerunt, et de facultatibus suis vivo adhuc illum in corpore manentem non modice ditaverunt; villas quoque et prædia ac proprias hæreditates, cognoscentes eum esse servum Domini, fidelissima devotione ei se conferre gaudebant. Ubi ipse vir Domini Amandus sagacissima industria fidelibus viris et Christo sincere desiderantibus militare, monasterio construendo studiosissime elaborabat. Nam monasterium quod dicitur Blandinium, in Castro Gandavo situm, [a] aliudque quod vocatur Marcianas, necnon et illud cui ipse sanctus vir Lotosa nomen imposuit; seu Rotnace, quod est præfato pene contiguum; cellulamque quæ nuncupatur Barisiacus [b], quem locum cum adjacentibus sibi appendiciis Hildericus rex [c] et Himnechildis regina visi sunt condonasse : cuncta hæc ab ipso Dei viro ædificata fuisse pene omnibus notum est, in quibus loci Fra-

[a] Præter monasterium Blandinium S. Amandus in castro Gandavo construxit cœnobium Gandam appellatum, postea S. Bavonis dictum. De Marcianensi in Actis S. Rictrudis, de Lutofano in Hannonia et Rotnascensi in Brachanto constitutis, quæ nunc sunt collegia canonicorum, legendus Baldericus episc. in Chron. Camerac. et Atreb. lib. II, cap. 43 et seq. His insuper S. Amandi consilio et instinctu S. Vincentius seu Madelgarius Sogniense in Brachanto ad fluvium Sennam; S. Gertrudis Nivialense itidem in Brabantia; S. Gistenus Callense in Hannonia, nunc conditoris sui nomine decoratum; S. Waldetrudis Castrilocense; S. Vicentius ejus maritus Altimontense; S. Aldegundis Melbodiense, et alii alia monasteria condiderunt, ut in propriis eorum Actis legitur.

[b] In vico Barisiaco, *Barysy*, diœcesis Laudunensis ab oppidis Cociaco et Calneio ac fluvio Oesia una fere leuca disparato exstat etiam nunc prioratus abbatiæ Elnonensi seu S. Amandi attributus : cui Andreas S. Amandi discipulus, postea Elnonensis abbas, ab ipso Amando primus præfectus est.

[c] Quis sit Hildericus iste et Himnechildis regina lis est inter eruditos. Henschenius in Comment. in Vitam S. Amandi, num. 10 et alibi, censet Childericum istum esse Sigiberti filium, qui cum Himnechilde matre post Sigiberti obitum Austrasios rexerit. Alii Childericum esse volunt Chlodovei secundi filium : et Himnechildis loco reponendam esse vel Balthildem matrem vel Blidechildem Childerici ipsius uxorem.

ribus vel monachis sub regulari norma constitutis, superpositisque abbatibus et omnibus bene ordinatis, ad postremum Helnone cœnobio ædificato, ipse ibidem cum suis usque ad sanctissimi obitus diem Christo feliciter militavit.

Ergo et apud Martinum sanctissimum ac beatissimum papam sanctæ et apostolicæ sedis urbis Romæ, qui septuagesimus quintus post Petrum apostolum Romanam rexit Ecclesiam, plurimam familiaritatis ac reverentiæ gratiam obtinuit. Cui etiam præfatus apostolicus inter cætera tantæ dilectionis digna exenia, direxit volumen synodalium decretorum quæ ipse edidit, utpote pastor vigilantissimus, custodiens cum summa sollicitudine in nocte hujus sæculi vigilias supra gregem Dominicum sibi creditum adversus lupos ac prædatores Ecclesiæ hæreticos Cyrum Alexandrinum episcopum, Sergium Constantinopolitanum episcopum, Pyrrhum, Paulumque patriarcham, successores ipsius, concurrentes sibi vicissim in hoc certamen, unam operationem in Christo Domino nostro Deo divinitatis et humanitatis profiteri audentes: cum orthodoxa fides Ecclesiæ catholicæ pio sensu confiteatur duas in Christo convenientes naturas et operationes. Operatur itaque utraque forma divina atque humana in una Salvatoris nostri persona cum alterius communione quod proprium est, Verbo quidem operante quod Verbi est, carne autem exsequente quod carnis est; et unum horum coruscat miraculis, aliud autem succumbit injuriis: ut sit proprietas divinæ naturæ Christi, divinitus cum velle et operari divina; proprietas vero humanæ naturæ, humana velle et operari humane, ut approbetur in una quidem persona, sed in duabus naturis Deus et homo naturaliter esse. Quam columnam orthodoxæ fidei sancta synodus Chalcedonensis statuit, universorumque chorus Patrum catholicorum confirmavit.

In destructionem itaque suprascriptæ hæreseos atque expugnationem superbiæ contra scientiam Dei se elevantis, seu et confirmationem dogmatum divinorum, supra nominatus Martinus pietatis advocatus, sicut in Gestis pontificalibus legitur, misit et congregavit in urbe Roma episcopos centum et quinque, et fecit synodum secundum instituta Patrum orthodoxorum juxta episcopium Lateranense, residentibus episcopis, presbyteris astantibus diaconibus ac clero universo: et condemnaverunt Cyrum, Alexandrinum episcopum, et Sergium, Constantinopolitanum episcopum, Pyrrhum etiam successorem ejus, Paulum quoque ejusdem urbis patriarcham, qui, inflati superbiæ spiritu, adversus recta sanctæ Dei Ecclesiæ dogmata audacter præsumpserunt paternis definitionibus contraire, atque novitatis commentum contra immaculatam fidem conati sunt innectere. Quippe quoniam ipsam excludere properantes, hæreticorum dogmatum contra catholicam Dei Ecclesiam confusionem concinnaverunt, anathematis ultione percussi sunt.

Præterea Martinus papa beatissimus faciens exemplaria prædicti voluminis synodalis, per omnes tractus Orientis et Occidentis direxit, eaque per manus orthodoxorum fidelium disseminavit. Cujus etiam exemplar in papyreis schedis editum Patri nostro sibi dilectissimo pontifici direxit Amando, quatenus ipsius industriosa sollicitudine ejusdem sacrosanctæ et intemeratæ fidei promulgationes Galliarum ecclesiis vulgarentur. In hujus insuper fine voluminis, quod uno quidem corpore, sed quinque incisionibus librorum divisum est, sæpedictus Martinus episcopus sanctæ sedis apostolicæ etiam specialem epistolam viro Dei transmisit Amando, per quam decreta synodalia, suamque erga ipsum benignam dilectionem satis abundeque monstravit, ac ne afflictionum angoribus coarctatus a pio mentis proposito recederet admonuit, et sermonibus insuper exhortatoriis ad tolerantiam tribulationum quibus a contrariis divinæ religioni presbyteris seu diaconibus, aliisque sacerdotalis officii ministris gravabatur, animare studuit. Pro quorum postea augescentibus in deterius sceleratorum actuum incorrigibilibus excessibus (sicut librum vitæ ejus legentibus liquet) etiam cathedram episcopii sibi commissi deseruit, pulveremque pedum suorum super contemptores suæ prædicationis juxta evangelicum Domini præceptum in testimonium illis excutiens, ad loca alia demigravit. Præterea etiam jam dictus apostolicus ejusdem Patris curæ Sigebertum Dagoberti filium, regem videlicet Francorum commendare studuit, qui olim adhuc infans, necdum adhuc quadragenarium dierum excedens numerum, dum a B. Amando benediceretur, *Amen* dulce quod necdum corporis usu didicerat, pro tanti pædagogi merito declarando, clara voce post sacræ finem orationis pronuntiavit. Ut vero prædictæ locutionis nostræ assertio deterso dubietatis nubilo confirmetur, præfatam epistolam ejusdem papæ ad B. Amandum directam huic nostro sermoni subjungere placuit, cujus iste modus est:

« Dilectissimo fratri AMANDO MARTINUS.

« Fraternitatis tuæ, » etc. (*Vide hanc epistolam inter Opera S. Martini papæ I, Patrol. tom. LXXXVII, col. 135.*)

TITULUS DE OBITU BEATI AMANDI CONFESSORIS.

Anno incarnationis Domini nostri Jesu Christi sexcentesimo sexagesimo primo [a], indictione quarta, epacta quinta decima, concurrente quarto, termino duodecimo Kalendas Aprilis, Pascha quinto Kalen-

[a] Hic calculus, quantumvis studiose ab auctore indagatus, stare haud quaquam potest. Cum enim ex Baudemundo (*vide Patrologium ad an.* 679), et ex ipso Milone infra, Amandus ad Theodorici principatum pervenerit, supervixeritque Childerico haud ante annum 673 interfecto, omnino Amandi obitus ultra istum annum producendus est. Sic igitur Amandi ætas componenda. Mortuus est Amandus regnante post Childericum Theodorico, ex dictis, et quidem die Dominica in diem sextum Februarii littera B prædictum incidente, ut prælaudati auctores scribunt. Toto Theodorici regis principatu dies Dominica in sextum Februarii incidit annis duntaxat 679 et 690. Posterior annus Amandi obitum serius differt: proinde retinendus posterior, quemadmodum Carolus *Le Cointe* recte statuit.

darum Aprilium, luna vicesima prima, octavo Idus Februarii, die Dominica, luna prima, obiit S. Amandus annorum circiter nonaginta.

ARGUMENTUM QUO TEMPORE BEATUS CONFESSOR AMANDUS VEL NATUS VEL DEFUNCTUS SIT.

De tempore nativitatis et cursu vitæ atque obitu beati pontificis Christi Amandi, aliqua lectioni inserere ob plenam cognitionem legentium necessarium duximus : qui sicut probabili argumento historiis ac chronicis sibi concinentibus investigavimus, anno ab Incarnatione Domini nostri Jesu Christi quinquagentesimo septuagesimo primo, Nonis Maii mensis, in provincia Aquitaniorum, et pago præfatæ regionis vocabulo Herbatilico, ex patre Sereno, genitrice Amantia; nativitatis initium habuit, anno scilicet septimo quo Justiniani successor Justinus minor, cum Sophia conjuge jure publico arcem imperii tenebat, quo videlicet tempore Joannes pontifex Romanæ Ecclesiæ in ordine pontificum sexagesimus tertius cathedram ejusdem urbis anno sui præsulatus octavo strenue gubernabat. Computantur autem ab anno nativitatis præfati viri Dei Amandi usque ad obitum ipsius pontifices Romanæ sedis sexdecim, a Joanne scilicet incipientes numerari, cujus octavo anno pontificatus natus est, hoc modo : primus idem Joannes, secundus Benedictus, tertius Pelagius, quartus mirabilis doctor Ecclesiæ Gregorius, in cujus ordinationis initio vir Dei Amandus vicesimum secundum ætatis agebat annum, in obitu vero ipsius prope trigesimum quintum, qui erat annus a nativitate Domini sexcentesimus quintus, regni autem Phocæ Cæsaris annus secundus, sicut Beda Venerabilis presbyter in chronicis suis refert. Et ut cœptum persequar calculum, successor Gregorii pontificis quintus Sabinianus, sextus Bonifacius, septimus alter Bonifacius, octavus Deusdedit, nonus Bonifacius, decimus Honorius, undecimus Severinus, duodecimus Joannes, tertius decimus Theodorus, quartus decimus Martinus, B. Amando familiarissimus, quintus decimus Eugenius, sextus decimus Vitalianus, cujus tertio anno pontificatus B. Amandus est defunctus, octavo Idus mensis Februarii : atque ita computati ab anno Incarnationis Dominicæ quingentesimus septuagesimus primus, qui erat annus octavus præsulatus Joannis papæ, usque ad annum Domini sexcentesimum sexagesimum primum, qui erat annus episcopatus Vitaliani papæ tertius [a], quo S. Amandus obiit, inveniuntur anni vitæ præfati patroni nonaginta, quibus præsentis vitæ munus explevit.

Simili etiam modo si reipublicæ imperatores revolvas, septem in tempore vitæ præfati Patris Amandi regio officio functos invenies hoc ordine : primum Justiniani successorem Justinum juniorem, cujus septimo anno regni natus est; secundum Tibe- A rium, tertium Mauricium, quartum Phocam, cujus secundo anno imperii, ut jam diximus, qui erat annus Domini sexcentesimus quintus, Gregorius papa obiit, post quem B. Amandus, vixit annis quinquaginta sex; quintum Romani imperii principem Heraclium, sextum Constantinum [b], septimum ejusdem nominis Constantinum, cujus anno regni vigesimo tertio [c], qui erat annus Dominicæ Incarnationis sexcentesimus sexagesimus primus ultimum præsentis ævi tempus sæpe dictus Pater explevit.

Quod si et principes regni Francorum qui tempore vitæ ejus regium tenuerunt, aliquis quærere voluerit (quanquam id non facile propter historiarum semiplenam indaginem videatur fieri posse), diligentius animi vivacitate perspiciens, reperiet B tempore vitæ ejus hos apud Francos honore functos regio hoc ordine : primum Chilpericum, secundum Lotharium, tertium Dagobertum, quartum Sigebertum, ejusque fratrem Lodoveum quintum, cujus filii fuerunt hi, Lotharius, Hildericus, ac Theodoricus; sed Lothario in juventute mortuo, ac deinde Hilderico a Francorum primatibus interfecto, regalem, quam nuper tonsoratus amiserat, Theodoricus recepit dignitatem : ad cujus usque tempora beatum vixisse Amandum chartarum instrumentis quæ apud nos hactenus habentur docemur. Quibus etiam diebus Ebroinus majordomus nefandas regno Francorum fraudes inferebat calamitates, augens de die in diem usque ad seram scelerata piacula mortem; qui C regibus cum omni populo perturbatis ad ultimum omnium malorum suorum cumulum B. Leodegarium diversis tormentorum pœnis excruciatum Christi martyrem fecit. Si quis vero hunc sermonem ab exiguitate ingenioli nostri depromptum quasi minus idoneum ac veritate suffultum probabili argumento investigare voluerit, hunc monemus, ut primo annum obitus præfati confessoris Christi Amandi, qui fuit a nativitate Domini sexcentesimus sexagesimus primus diligenter memoriæ figat, quia in eo, sicut priores nostri nobis non solum in libris, sed etiam lapidibus ne obliterari posset scriptum reliquerunt, ab hoc mundo ad Dominum transiit. Unde hoc numero quasi fundamento in animo stabiliter collocato, ab ipso demum ad superiora calculando nonaginta annorum D quibus vixit numerum computet, et sic ad quingentesimum septuagesimum primum nativitatis Dominicæ annum quo natus est sæpe dictus Pater gradatim perveniet. His igitur duobus calculis, uno ortus, et altero obitus diligenter animo commendatis, adhibeat sibi historias regum qui eo tempore jus regium tenuerunt, insuper et chronicas venerabilium Patrum necnon et librum de Pontificibus apostolicæ sedi editum : eosque quasi ante et retro oculatus hinc et inde sensus vivacitate circumspiciat, atque qui apo

[a] Vitaliani pontificatus initium illigat auctor anno 658. Baronius vero anno 655.

[b] Heraclonam Constantini filium, Constantini alterius seu Constantis fratrem omittit.

[c] ergo Constantinus ex mente auctoris anno Christi 639 regnum iniit. Cui calculo favet Fredegarius in Chron. cap. 81, qui Heraclona ob regni brevitatem similiter expuncto, Constantinum Constanti locum dedisse anno regni Chlodovei junioris secundo affirmat : tametsi Baronius Constantis principatum ab anno 641 orditur.

olici, quive imperatores vel principes B. Amando i corpore adhuc vivente fuerint solerter consideret. tsi post nullam laboris operam rei veritatem inve- A nire quiverit, nequaquam hæc nostra dicta qualiaconque sunt, ut opinor, reprobabit.

SERMO DE TRANSLATIONE S. AMANDI.

Qualiter corpus B. Amandi in loco quo nunc requiescit fuerit translatum, et de dedicatione basilicæ aut de ordinatione episcopatus ipsius septimo Kalend. Novemb.

Diem hodiernam sacrosanctæ festivitatis solemni evotione religiosorum conventui cel brabilem ipse evoluti temporis cursus indicit. Et quoniam plurimi ı hac plebe hujus penitus expertes adhuc exstant itionis, non otiosum duximus eis notitiam tantæ ac um gratæ pandere celebritatis. Dignum igitur, imo ecessarium credimus, ut qui ista celebrant et quare elebrent ignorent, cognitionem hujus rei capiant, t qui hactenus minus nota festivo studio honoraant, gloriosius ac reverentius jam nota excolere atue venerari discant. Quia ergo Vitæ ter beati ac ilecti confessoris Christi Amandi libellus satis plene ifficienterque disseruisse cognoscitur, qualis quanisque idem dum adhuc mortalitatis istius ærumnis ıereretur exstiterit, qualibusque inter caliginosos ujus sæculi anfractus virtutum signis claruerit, ecnon et quam longe sitos illustraverit, atque de teebrosa hujus sæculi Ægypto, columna legis, diviæque gratiæ protectione præeunte, per vias piorum rofectuum mansiones ad terram repromissionis per quam patria viventium figuratur) quali fine miraverit; his interim posthabitis, ad indaganda alina de multis divinorum operum magnalibus quæ irca ipsum ejusque corpusculum post ejus obitum ivina clementia, quanquam impolitum dirigamus ermonis officium. Ea ergo quæ referimus, a Patrius fideliter referentibus audivimus, quorum fidem mnipotenti Christo committimus, apud quem etiam eracta quasi instantia, et pro præsentibus haberi itura credimus: cui mendacium, quia ex malo est, isplicere cognoscimus. Non enim beati viri meita ut clara hominibus appareant mendaciis egent struì, sed ampliora quam explicari verbis queant, emota omni ambiguitate debent credi. Sed quia de is non pro sui (quod impossibile est) dignitate, sed ro nostri paupertate ingenioli aliqua præloquendo eligimus; nunc divina nos præeunte clementia proositum nobis iter carpamus.

Anno igitur incarnationis Dominicæ sexcentesimo exagesimo primo qua Conditor et Redemptor munlanos miseratus errores humanæ dignatus est uniri aturæ, Deo bonisque cunctis amabilis Amandus ost multa bonorum actuum insignia ad cœli aulam erenniter cum Christo, cui devote servivit, regnaurus ascendit. Nec immerito ei introeunti cœlestia patuere palatia, pro quibus ipse in terris positus voce cantaverat indefessa: Quam amabilia sunt, inquiens, Domine virtutum, tabernacula tua! concupiscit et deficit in his anima mea. Requievit vero anno ætatis suæ nonagesimo, mense Februario, febris tactus incommodo, die quoque Dominico, cui mors via ad patriam, ac præsentis vitæ exitus, sequentis ac nunquam finiendæ factus est introitus. Ad quam multiplicibus hujus mundi ærumnis absolutus, sui Domini obtutibus, plenis oleo lampadibus, virtutum scilicet piarum fertilitate, meruit apparere coruscus. Sepultus sane est debito fidelium honore in cœnobio a se ædificato, cui ex nomine fluvioli ibi decurrentis Helnonis vocabulum hæsit. Quem videli- B cet locum quondam ipsi viro Dei Francorum princeps Dagobertus silvestri coma non indignum prona indigni contulit devotione, rata legum sanctione stabilitum. Cujus licet crebra plurimorum opinione didicerit sanctitatem, amplius tamen (ut in libello Vitæ ejus legitur) eumdem isdem princeps in filii sui Sigeberti contra naturam mirabili propter infantiam locutione, sub sua præsentia Christo sanctum suum mirificante, meruit agnoscere manifestam. Prædicto igitur in loco quia amplius ipsum cæteris a se constitutis diligendo excoluit, etiam corpusculum ipsius discipulorum suorum obsequio tumulum sumpsit, sicut, etiam testamento terribili scripto pro hac re (*Vide Patrologiæ tom. LXXXVII, col.* 1271), quod C in archivio nostri monasterii hactenus servatur, decrevit. Non tamen in ipsa qua nunc requiescit positus est basilica, sed in altera qui adhuc superest, principis apostolorum Petri nomine dedicata; quæ quoniam pro sui parvitate tanti præsulis tumulo visa fuit incongrua, atque etiam secundo sexui propter monachorum habitacula inaccessa, frequenti religiosorum virorum conventui visum est aliam magnitudine præstantem debere ædificari, quæ ex utroque sexu a confluenti illo sufficeret multitudini populari. Completo itaque Deo devotorum sumptu opere illius ædificii, tempus aderat quo ille deberet transferri.

Illis igitur diebus supererat adhuc humanis rebus venerandus Christi confessor mirabiliumque operum D patrator Eligius [b], qui beatissimo pontifici Amando dum adviveret fuerat familiarissimus, ac sanctitatis

[a] In regno Francorum solis regibus *flagella crinium*, ut loquitur Gregor. Turon. lib. VI, c. 24, id st prolixos capillos gerere licebat. Hinc prædium Iluonense rege haud indignum dicitur.

[b] Milonis calculum hoc etiam in loco aberrare constat. Quippe teste S. Audoneo in Vitæ S. Eligii lib. II, c. 1. Eligius tantum *usque ad initium regni junioris Lotharii mansit in corpore.* Non ergo attigit Theodorici regis principatum, quo tempore Amandus donatus est. Certe vulgato S. Amandi testamento

ipsius non ignarus. Hic itaque ad dedicationem novæ ecclesiæ atque ad transferendas in illam sacri corporis reliquias in urbe Noviomagensi venerat; plurima quippe in suæ diœcesis sollicitudine sagacitatis industria pollebat. Ubi vero tumulo sacro removit cooperculum, reperit insperatum divinæ virtutis miraculum, corpusculum scilicet sancti Patris, ut ibi ante sexdecim annos positum fuerat incorruptum. Tum demum tam inopinati stupefactus novitate miraculi, gratias egit summæ Divinitati, quia sanctitas qui in claritate claruerat, in mortuo non latebat. Ne cui forte hoc prodigium videatur incredibile, non defuit adhuc qui mirabilius aliquid in ipsius sancti viri sacratissimo corpore nostra in ætate miraculum se confirmat vidisse: quod etiam in altero de elevatione incorrupti cadaveris ejus sermone habito, qui voluerit nostra qualiacunque sint legere, poterit cognoscere. Si enim aromata pigmentariorum arte confecta humana nequaquam post mortem sinunt putrescere cadavera; multo magis credi decet tanti patroni merita mirabilium operum indiciis declarata servare potuisse membra, vascula videlicet sua in quibus habitaverant, incontaminata. Deportatum itaque beati pontificis Amandi corpusculum sibi præparatæ eademque die dedicatæ basilicæ intravit habitaculum. Ibi usque in sequentem diem famulantum est obsequio custoditum, donec completa a præfato antistite Eligio missarum solemni celebratione, ingens spectaculum universæ plebi præbuit ad has exsequias congregatæ. Collocatum etenim in medio templi atrio coram altario corpus honorificum omnibus circumstantibus præbuit contemplandum, ejusdemque venerabilem vultum detectum cupientibus turbis monstravit intuendum, paciferos insuper ipsius sancti pedes atque manus concessit osculari virtutum operatrices. Qualis quantusque ibi stupor gaudio mistus fuerit, excellentia tam mirabilis facti prodit. Inenarrabile etenim tunc Christicolis inerat gaudium, cum gemini sacerdotes Amandus atque Eligius ordine et merito inclyti, velut duo luminaria mundi cœlestia meritis et terrena complentes virtutum radiis, coram divino altario positi suffragia orationum suarum largirentur turbæ circumstanti; unus horum superata antiqui hostis tyrannide jam dum Christo scilicet rege suo in cœlesti gloria triumphans, alter inter varia hujus mundi certamina pro eodem ut invincibilis agonitheta desudans: unus ex his ut emeritus miles jam sine labore præmia indefectiva recensens, alter contra numerosos hujus vitæ labores ac multiplicia pericula sudoris gravatus anxietate persistens: unus horum jure pontificali, more videlicet suo, peracto officio reposans, alter necdum terminatis solemniis ut pontifex Christum pontificum pontificem interpellans. Fragrante igitur in sacratissimo famuli Dei Amandi corpusculo incorruptione membrorum et meritorum, si qui interant qui eo vivente de signorum ipsius magnitudine dubitaverant, in mortuo quod multiplici timoris anxietate pavescerent videbant. Qui autem eo audito non obtemperasse se ejus salubribus monitis meminerant, se hæc parvipendisse summo mœroris lamento plangebant. At qui ejus magisterio præcepta vitalia nuntianti inhæserant, se hæc et auribus audisse et actibus exercuisse gaudebant. Et vero turbis quamvis adhuc desiderantibus prædictus antistes Eligius duxit satisfactum, pretiosissimum depositi corpusculi thesaurum altius tellari (ut tunc moris erat) credidit abscondendum, videlicet ut omnibus non pie quærentibus inveniendi illud negaretur facultas. Illius itaque translationis ac sepulturæ decus et qui aderant votis celebravere solemnibus atque suis posteris celebrandum decretis statuere salubribus, sacræ scilicet encænias basilicæ, atque die eadem deportati cadaveris prodigium memorabile, quod hactenus a nobis numeroso populorum cœtu ad hæc solemnia confluente, anniversarie septimo Kalendarum Novembrium die, debito celebratur honore. Ordinatis igitur omnibus atque universis quæ ad ornatum loci sive stipendia ordinis monastici pertinebant, pro facultate sua bene congruenterque dispositis, singuli quique fidelium ad propria repedarunt gaudentes, gratias sanctæ et individuæ Trinitati super inenarrabilibus ejus agentes muneribus, quibus ab initio sæculi omnibus se in veritate quærentibus est misereri dignatus. Rationem ut credimus hodiernæ festivitatis reddidimus, ac quid in ea colimus, utcunque his paucissimis sermonibus explicavimus, sacræ videlicet basilicæ dedicationem atque translationem in ipsam pontificis Christi Amandi memorabilem.

Præterea ut etiam veneranda ejus solemnitas die trino non indecora sit calculo, tertia supradictæ celebritati causa concurrit, episcopalis scilicet honoris assumptio, quia reverendum patronum nostrum hodierna die venerabiliter recolimus ordinatum, atque saluti plurimorum superna dirigente clementia pontificem cœlitus datum. Hæc ergo summo devotionis officio honestissime celebremus, eumdemque orationum nostrarum adjutorem ac suffragatorem quæramus. Plurimum quippe in cœlestibus sedibus obtinere posse creditur jam cum Christo positus, cui in terris conversatus in omnibus bonis actibus servire studuit indefessus. Ab ipsis siquidem pueritiæ suæ crepundiis divinis famulari elegit obsequiis, ac toto corde vivificis Domini sui obedire mandatis. Nec immerito apostolico vocabulo vivens meruit insigniri, quorum exempla concupivit imitari: siquidem ex celsis eorum meritis dignus habitus est particeps fieri, qui patria, parentibus ac omnibus mundi possessionibus spretis, Christi elegit discipulus effici, u

Mummolenus *episcopus*, Eligii successor, subscripsisse legitur. Non ergo Amandi elevatio tribui potest Eligio. Sed nec ipsi etiam Mummoleno, qui anno circa 684 decessit, ante annos circiter undecim quam S. Amandi corpus e loco moveretur: quod anno post obitum sexto decimo factum est, uti legitur infra.

æres ipsius mereretur inveniri, pro quo universas voluptates caduci contempserat mundi. Nec tamen tantum apostolicis dignus est laudibus adæquari, sed A etiam angelicis spiritibus ac universis agminibus cœli, etc.

SERMO DE ELEVATIONE CORPORIS IPSIUS,

Quæ facta est a LOTHARIO *custode* XII *Kalend. Octobris.*

Quia opera omnipotentis Dei enarrare fore honorificum, per Raphaelem archangelum cœlestis medicinæ docemur bajulum (*Tob.* XII, 7); dignum arbitramur, imo necessarium, elevationem corporis sacratissimi pontificis Christi Amandi memorabilem non tacere. Est quippe in ea et divini miraculi portio non minima, et ejusdem beati viri laudis ac sanctitatis materies infinita.

Igitur anno Verbi carnem facti, scilicet Filii Dei pro salute ac redemptione humani generis incarnati, octingentesimo nono, qui erat annus a transitu viri Dei Amandi centesimus quinquagesimus, plurima ultra solitum aquarum inundatio facta, multis in locis metas suas excesserat, atque circumjacentes fluminibus agros damnosa segetum vacuatione nudaverat. Quod periculi malum adeousque excreverat, ut etiam incolæ fluminibus proximi habitacula avita cogerentur deserere, et in sublimibus colliculis, donec decrescerent, mutatis tabernaculis habitare. Hæc vero excrescentium aquarum copia de die in diem augmento imbrium intumescens, etiam oras fluvii vocabulo *Scarp* nimietate sua impleverat, qui sacratissimi patroni nostri Amandi tumulo pene contiguus, non amplius ab eo quam viginti passibus distabat. Qui quotidiano cremento superefflueus, in tantum excrevit, ut ad sacrosanctam sacratissimi corporis sepulturam accederet, atque omne illud ædiculæ ipsius spatium quod circa pedes adjacet, superfusis aquis impleret, siccumque pergentibus ibi gradiendi iter negaret.

Hujus itaque incommoditatis tristis eventus, monachorum animis mœrorem non modicum intulit, præcipue vero venerabilem Lotharium, sacri templi illo in tempore æditui, non mediocriter perculit. Cujus sagacis animi industriam operumque efficaciam, et corpora librorum nostro archivo indita, ac totius cœnobii in melius augmentata, etiamsi humana lingua taceat, fabricæ structura clamat. Hic igitur insoliti permotus novitate diluvii, secum cœpit pertractare mente sagaci quibus modis imminenti sucurreret periculo, aut tali ac tantæ perniciei quali obsisteret suffragio. Sollicitus enim erat, ne usque ad pretiosissimi thesauri depositum, sacri videlicet Patris corpusculum, altius telluri, ut in altero sermone diximus, a beatæ memoriæ antistite Elegio defossum, eadem aquarum affluentia penetraret, atque ipsum circumflua humectatione et improbo usu contingendo violaret. Tandem ergo ancipiti dubietate submota ad hoc se salubre consilium sustulit, divino (ut credi decet) instinctu animatus, quatenus ipsam sacri corpusculi urnam de inferioribus ad altiora subrigeret, eamdemque deinceps ab omni hac alluvione tutissimam limosaque palude secretissimam sua provisione redderet.

Die igitur constituta clericorum caterva ad tantum opus congregata, fossores necessarios adhibuit, atque sarcophago elevando plurimam diligentiam impendit. Quod summa cautela, ut dignum erat, levatum, in sinistra parte deponi fecit, ac festiva celebritate per ampla ædis spatia lychni relucentibus missarum solemnia pro tanti præsulis honore devotissime exorsus, super eumdem tumulum implevit. Et quamvis in circuitu ipsius sepulcri aquatilis humor extrinsecus fuerit non tamen intrinsecus lutulentis sordibus seu aquæ guttulis introitus patuit. Nec immerito B credibile est, Deum qui omnium creaturarum naturas pro suo arbitrio in quascunque vult rerum species transformat, ac tumescentia maria proprio nutu arenis quasi habenis fortissimis frenat, etiam dilecti sui cadaveri, tanti honoris beneficium præstare potuisse: ut intra ipsius urnæ vasculum, quo pretiosum tenebatur depositum, nihil intraret sordium: ut cunctis fieret ejusdem venerandi pontificis meritum manifestum.

Expletis igitur missarum solemniis, paucis secum quos voluit ex monachis retentis, cæteros abscedere fecit, ac non tam temerario ausu, quam fidelis animi devotione fervens, explorare diligentius amica curiositate duxit congruum, quid sub oculis positum intra uterum suum teneret vasis receptaculum; simulque æstimans necessarium ut ad C devotionem venerandam quærentium, de pulvere carnis sive de ossibus illius tolleret aliquantam portiunculam reliquiarum. Interea omni dubietate submota, idem archicustos ad tumulum jam superficie pavimenti positum humiliter accessit, atque operculo lapidis quo tegebatur remoto diligentius introspexit. Et ecce obtulit se obtutibus illius vir cano capite reverendus abstinentiæ ac jejuniorum marcore quibus comitibus vixerat pallidus, sanctitate morum meritorumque præcipuus, incorruptione quoque membrorum suave fragrantium quasi aromaticus ac toto corpore incontaminatus, hoc solo quod in sepulcro jacebat dormienti simillimus, vestimentis pontificalibus honesta pulchritudine adornatus. D Res raritate sui valde mirabilis, atque pro sui magnitudine humano sermone vix explicabilis. Qui enim putaverat se putrefactæ carnis, uti in mortuis fieri assolet, reliquias inventurum, reperit ultra æstimationem, inviolati corporis memorabile prodigium. Quali hæc visio digna miraculo, quamque immenso stupore proxima fuerit, eloquentia humani ingenii effari nequit. qui minus ariditas nostri sermonis hæc explicare ut decet, tenuissimis valeat verbis. Stupefactus igitur, ut par erat, tam inopinati visione portenti, omnipotenti Deo debitis laudibus benedixit, tantorumque donorum largitori gratias egit. Congaudens etiam tanti inventione thesauri, non modico iterum cœpit sollicitudinis angore cruciari, multa animo volvens, quid ex ipso ad commemorationem sequentium pro munere deberet auferri.

Ubi vero fluctuantem animum anchora consilii stabilivit, casulam qua erat indutus, sacratissimo ejus collo abstulit, eumdemque in latus utrumque versans, cannas arundinum fluviales, quæ sub ipso olim positæ fuerant propter humorem aquatilem, subduxit, idque suis desideriis minus esse perpendens, nisi etiam ex corpore aliquam tolleret inviolatorum portionem membrorum, vertit audaces, ut ita dicam, ad cadaver venerabile manus, unguesque spiritualis vituli cornua producentis et ungulas secuit. Quæ post obitum illius contra naturam ita excreverant, ut etiam manicas manuum ejus cremento suo penetrarent. Necnon et barbam pontificis, nostri scilicet Aaronis, post sepulturam illius recrescentem totondit.

Hæc vero omnia sibi summo devotionis obsequio recondens, nec sibi tamen suisque desideriis sufficere credens, ad os sacratissimum per quod divinæ pietati crebræ orationum preces fuerant fusæ, ac variis populis frequentes prædicationes directæ, ausus est manum mittere, atque si aliquem de dentibus illius posset eximere, studuit pertentare. Sed et cum hoc pro eorumdem firmitate nequieret perficere, fabrili instrumento, tenaci videlicet forcipe usus, de gingivis pulcherrimi oris duos dentes eduxit, rubicundo ebore, ut credi decet, ac antiquo sapphiro pretiosiores. Mirum dictu fidelem quærens auditorem, quod contra naturam est! mortui cadaveris de dentibus eductis stillæ fluxerunt cruoris, hujusque monumenti usque in diem hodiernum testimonium acerra præbet eborea, adhuc eodem quo infusa fuerat sanguine, cum ibi servandi mitterentur, mirabile dictu! cruentata, etc.

Igitur ablatas de corpore viri Dei Amandi supramemoratas reliquias congruo loco debito honore deposuit : lapidum etiam cæsores, necnon et cæmentarios adhibuit, aliaque perplura, quæ ad hoc opus apta videbantur, exquisivit. Corpus vero venerabile a die duodecimo Kalendarum Octobrium quibus elevatum est, usque ad decimum Kalendarum Novembrium quibus restitutum est, per triginta duos dies supra terram manere permisit, ac die eodem, magno cleri, populique conventu congregato, in loco præparato recollocavit : urnamque sepulcri, non ut antea fuerat in profunditioribus posuit, sed in superioribus ita ut fundamentum illius videri, et lumen sub illo accendi posset, collocavit, atque in eo illum psalmi versiculum : *Hæc requies mea in sæculum sæculi, hic habitabo, quoniam elegi eam*, suprascripsit. Utramque vero elevationem videlicet corporis atque restitutionem, celebrem esse fecit, suis etiam successoribus honorabilem in perpetuo fore sanxit. Quod hactenus nos devotissime hodierna celebritate colimus, ac nostros ut ea maneat cura posteros monemus.

Hæc nos cum a Patribus qui his interfuere, et adhuc numerosi supersunt, audissemus, frequenti sermone narrantibus, silentio neqoaquam infructuose tegere permissi sumus : sed ad laudem Christi pontificisque ipsius, licet vili dictatu, posteris transmisimus. Talibus et tantis usque in præsens virtutibus ejus celebrabilis honoratur tumulus. De sanitatibus vero in basilica ejus, qua requiescit, ipsius intervenientibus meritis patratis, aliqua hic commemorare supersedimus : quoniam de his satis in libello vitæ illius expressa cognoscimus. Siquidem ad ejus memoriam cæcitas visum, surditas auditum, debilitas gressum, et taciturnitas linguæ recipit officium. Hæc nempe quasi communia sanctorum dona referre omittimus, quia ad ignem in ejus memoria divinitus accensum stylus festinat stolidus, cui hebes prona devotione concurrit animus [a].

De igne cœlesti in memoria beati Amandi divina virtute mirabiliter accenso.

Denique anno ab incarnatione Domini octingentesimo quinquagesimo quinto, a transitu vero beatissimi Amandi centesimo nonagesimo quinto atque ab elevatione corporis ipsius quadragesimo septimo, die vigesimo mensis Septembris, celebritas anniversaria sæp

[a] Hanc historiam paulo aliter describit Alcuinus epigrammate 54, postquam in tribus præcedentibus de basilica S. Amandi et monasterio per Giselbertum præsulem restitutis, de ecclesia S. Mariæ et de tumulo S. Amandi egit. Sic canit epigrammata 54 :

Dum sacra præsentis pervadit limina templi
Sæpius accrescens cumulatur gurgite flumen.
Non tulit Arnonus fœdari templa sacerdos.
Jusserat in melius renovari hæc omnia præsul,
Latior ut fieret crypta et sublimior ista,
Supponens tectis firmatos ter quater arcus,
Mysticus ut totam firmaret calculus aulam.
Parvula præcelso consecrans tecta ministro
Michaeli cœli Christi qui assistit in arce,
Atque preces offert sanctorum Rege polorum.
Lotharius custos fecit mandante magistro
Semper in æternum Christus conservet utrosque.
Qui legit hos versus dicat rogo pectore puro
Alcuino veniam scelerum da, Christe, precamur.

Item epigrammate 64, *Arnonus S. Amandi tumbam renovasse* dicitur. Et epigram. 228, Arnonus *præsti jacentem* basilicam renovasse *et melius construxisse* atque in honorem S. Michaelis, S. Petri atque S. Amandi dedicasse fertur. voluisseque *ut sanctum Polyandrum*, hoc est cœmeterium, *fratribus esset*. In fine ipsius epigrammatis Alcuinus seipsum lectorum precibus commendat. In istis carminibus observanda sunt quædam. Alcuinus in Chronico Turon aliisque anno 804 obiisse dicitur. Qui igitur hanc Amandi elevationem quinto post anno factam cecinisse patuit? Deinde an Gislebertus in epigr. 5 memoratus idem est cum Arnono, et quis ille Arnonus? Certe Gislebertus, ex abbate Elnonensi Noviomagensis episcopus, anno 782 obiit, Elnone sepultus : cujus epitaphium citato loco Alcuinus composuit. Versus modo relatos Arnoni episcopi ecclesiæ Salzburgensi tribuit Vitæ S. Rudberti scriptor tomo VI Antiq. Lect. Canisii : at potius Elnonensi monasterio convenire manifestum est.

dictæ elevationis illius imminebat, quæ minus digno devotionis studio solemnis exstabat. Siquidem quotidianis diebus consueto contenta officio nullo feriali honorabilis erat obsequio : quam negligentiam divino correctam prodigio sequenti manifestius liquebit eloquio. Non enim, ut aliquid etiam in transcursu dicamus, Dei omnipotentis miracula sive per ipsum, sive per ministros suos acta, tantum ad strepitum et plausum favoremque vulgi excitandum credimus patrata; sed ad fidem corroborandam credentium correctionemque animarum errantium cœlestia terrigenis monstrari opera tenemus certissimum : ut quia quotidianis præceptorum sacrorum admonitionibus non emendamur, portentis quibusdam quasi stimulatorum aculeis corrigamur. Et quia more generorum Lot obdurati, ut perituræ Sodomæ terga fugiendo præbeamus, atque ad montem virtutum ascendamus obedire nolumus; fit ut nobis sermonem divinum qui per Lot figuratur, quasi per ludum loqui videamus, terribiliaque præcepta mortem ac perditionem minantia juxta prophetam in canticum oris nostri vertamus.

Quid itaque isto de quo loqui incœpimus signo, ignis videlicet divini accensione nos admonitos putare debemus, nisi ut flammam geminæ dilectionis, Dei videlicet et proximi, in nostris cordibus accendamus, qua in conspectu summæ majestatis lucere valeamus, vitiorumque rubiginem de actibus nostris ardore illius ignis, quem Dominus noster in terram, hoc est terrena corda misit, ad purum expurgemus; ut depulsa plumbi, id est iniquitatis et peccati a nobis gravedine, ad cœleste diadema nostri Regis quasi aurum purissimum nos præparemus? Sed de his satis, quamvis præpostero ordine dicenda fuerint, præoccupando diximus : nunc ad ipsius signi magnitudinem linguæ plectro et calamo scribere accedamus.

Die igitur qui jam dictam elevationem ordine temporis præcedebat, terminata synaxi vespertinæ celebritatis, non ita pleno, ut dignum erat, apparatu luminis, neque etiam festivo conventu ut dicebat turbæ popularis, solvebat sol jam a curru flammeo ignivomos quadrupedes, ac fraterno amore sorori Cinthiæ vicariam functionem præbebat; hacque vicissitudine alternante, æmula nox cæruleo circumamicta peplo veniebat, Completoriisque completis tenebrarumque horror jam lucernis egebat; ac quoniam quiescendi tempus jam venerat, monachorum singuli lectisternia petierunt custodibus in aula basilicæ relictis. Qui more sibi solito lucernis nocturnis horis ardere suetis accensis, atque universis per tota ædis spatia cereis exstinctis, dum unus eorum post parvissimi intercapedinem temporis diligentiam templi observans rediisset, cereum ad sancti vestigia ardere solitum ac paulo ante extinctum fuso cœlitus ignis candore reperit radiantem. Quem dum ab aliis æstimat illuminatum, iterato credit exstinguendum. Sic a singulis vicissim succedentibus tertio exstinctus, tertio nihilominus apparuit cœlesti igne coruscus. Qua de re quo supererat in unum convenientes, ac singuli se eumdem exstinxisse memorantes, et qui ipsum reaccenderit conquirentes, ita eumdem denuo exstinguendum putaverunt, ut etiam carbonem qui ex filo remanserat emunctoriis digitis adimerent, probare volentes utrum rursus repetito luminis candore radiatilis appareret. Necdum quippe rem tanti miraculi pleniter agnoscebant: quamdam tamen animo sollicitudinem de hoc facto jam omnimodis capiebant. Qua de re dum ipsum cereum quarto reaccensum conspicerent, stupefacti, imo perterriti, quod quasi temerario, ut ita dixerim, ausu eidem prodigio obviare exstinguendo tentavissent, ipsum toties evindicatum a lumine ipsi concesserunt. Quid multis? permissus est ejus esse juris, cujus virtutis majestate tantis vicibus apparuit invincibilis. Diu itaque super hac repentini novitate miraculi gaudio summo attoniti, tandemque dormitum euntes, stupidos oculos soporiferæ tradiderunt quieti.

Jamque nox ipsa tanto illustrata lumine prope transierat, et aurora rubescente Matutinorum solemnitas propinquabat, cum interea custodes grabatis quibus quieverant surrexerunt, ac de cereis septem maximis qui ad caput viri Dei sub ipso mausolæo intra cancellos sub conclavi positi stabant, duos gemino candore flagrantes repererunt. Ex illo autem ad pedes positi quem paulo ante accendi viderant, unde isti ad caput statuti accensi fuerunt non dubitabant. Finitis vero Matutinorum solemniis, ac die jam clarescente, vulgata facti fama omne monachorum agmen in basilicam venit atque summæ, sanctæ et individuæ Trinitati excelsis laudibus vocibusque jubilantibus benedixit, missarum deinde solemnia pro ejusdem honore Patris ultra solitum devotissime implevit. Cujus inexplicabilis melodiæ cantilenam diutius protelatam ego ipse qui hæc qualiacunque sunt describo, coram positus et audivi auribus, et ignem oculis vidi, atque hos etiam versiculo in ipsis concentibus tanto pontifici dixi :

Lumen in æthereo quam clarus haberis olympo
 Monstrati monachis, præsul Amande, tuis.
Da famulis ambire tuæ consortia vitæ,
 Ut valeant donis participare tuis.

Hoc igitur geminum divinorum beneficiorum munus, elevationem scilicet sacri corporis admirabilem, ac dationem ignis de cœlo missi memorabilem, summo devotionis tripudio qui adfuere celebrarunt, atque ut a posteris eorum honoretur decreverunt credentes levamen adepturos æternum, qui ejus memoriam cum debita habuerint actione gratiarum.

CARMEN
DE CONFLICTU VERIS ET HIEMIS

(Apud Oudinum de Script. eccl.)

Conveniunt subito cuncti de montibus altis
Pastores pecudum, vernali luce sub umbra,
Arboreas pariter lætas celebrare camenas.
Omnes hic cuculo laudes cantare parabant.
Ver quoque florigero succinctus stemmate venit,
Frigida venit Hiems, rigidis hirsuta capillis.
His certamen erat cuculi de carmine grande.
Ver prior allusit ternos modulamine versus.

VER.

Opto meus veniat cuculus, charissimus ales,
Omnibus iste solet fieri gratissimus hospes,
Intret is modulans, rutilo bona carmina rostro.
Tum glacialis Hiems respondit voce serena ;

HIEMS.

Non veniat cuculus, nigris sed dormiat antris,
Iste famem secum semper portare suescit.

VER.

Opto meus veniat cuculus cum germine læto,
Frigora depellat, Phœbo comes almus in ævum,
Phœbus amat cuculum, crescenti luce serena.

HIEMS.

Non veniat cuculus, generat qui forte labores,
Prælia congeminat, requiem disjungit amaram,
Omnia disturbat: pelagi terræque laborant.

VER.

Quid tu, tarda Hiems, cuculo convicia cantas?
Qui torpore gravi tenebrosis tectus in antris,
Post epulas Veneris, post stulti pocula Bacchi.

HIEMS.

Sunt mihi divitiæ, sunt et convivia læta,
Est requies dulcis, calidus est ignis in æde,
Hæc cuculus nescit, sed perfidus ille laborat.

A VER.

Ore refert flores cuculus, et mella ministrat,
Ædificatque domos, placidas et navigat undas,
Et generat soboles, lætos et vestiet agros.

HIEMS.

Hæc inimica mihi sunt, quæ tibi læta videntur.
Sed placet optatas gazas numerare paratas,
Et gaudere cibis, simul et requiescere semper.

VER.

Quis tibi, tarda Hiems, semper dormire parata,
Divitias cumulat, gazas, vel congregat ullas,
Si ver aut æstas tibi nulla, vel ante laborat?

HIEMS.

Vera refers, illi nunquam mihi multa laborant,
B Sunt etiam servi, nostra ditione subacti,
Jam mihi servantes domino quæcunque laborant.
Non illis domus, sed pauper inopsque superbus,
Nec te jam poteris per te tu pascere tantum,
Ni tibi quis veniat cuculus alimonia præstet.
Tunc respondit ovans, sublimi a sede Palæmon

PALÆMON.

Et Daphnis pariter, pastorum et turba piorum:
Desine plura, Hiems, rerum tu prodigus atrox,
Et veniat cuculus, pastorum dulcis amicus,
Collibus in nostris erumpant germina læta,
Pascua sit pecori, requies et dulcis in arvis,
Et virides rami præstent umbracula fessis.
Uberibus plenis veniantque ad mulctra capellæ,
C Et volucres varia Phœbum sub voce salutent.
Quapropter citius cuculus nunc ecce venito,
Tum jam dulcis amor, cunctis gratissimus hospes
Omnia te exspectant, pelagi tellusque salutant.
Salve, dulce decus cuculus, per sæcula salve.

EPITAPHIUM PIPPINI ET DROGONIS

Caroli Calvi filiorum, qui, Miloni ad erudiendum commissi, ipso pueritiæ tempore diem clauserunt.

(Apud Mabill. Acta SS. ord. Bened., sect. IV.)

Quisque videns nostras solerti corde figuras
Perspice quam subito defluat orbis honos.
Rege sati fuimus, nomen qui nomine duxit,
De Magni Magnus, de Karoli Karolus.
Nec licuit totum vitæ complecti annum,
Sed rapuit nostras debita mors animas.
D Si genitor nostram dignaris visere tumbam,
Rex, nostros obitus ne doleas petimus.
Terris sublati, placida regione locati,
Cum sanctis requie perpetua fruimur.
Vos nostri memores felices este parentes.
Hic Pippinus ego positus, simulque Drogo.

ANNO DOMINI DCCCLXXV

SANCTUS REMIGIUS

LUGDUNENSIS EPISCOPUS

NOTITIA HISTORICA IN REMIGIUM

(Ex Gall. Christ., et Fabr. Bibl. med. et inf. Lat.)

Sanctus Remigius, sacri palatii Lotharii imperatoris summus capellanus, synodo Valentinæ III an. 855 præfuit, Tullensi apud Saponarias, an. 859, Lingonensi item adfuit, præsente Carolo Calvo rege, ut est apud Flodoardum ex Hincmari ep. lib. III Hist., cap. 161. Subscribit quoque concilio Tullensi II, an. 860, Suessionensi III, an. 866, in qua synodo nomen apposuit, cum aliis episcopis, privilegio monasterii Solemniacensis. Cabilonensi, an. 873, cum Leuboino, chorepiscopo Lugdunensi, interest anno 3 Caroli Calvi in Burgundia regnantis post mortem Lotharii nepotis sui, ut est in chartulario S. Marcelli. At vero in ejusdem imperatoris diplomate commendatur Remigius et « sancta Lugdunensis Ecclesia ditissima, rebus late florentissima ac religione præclarissima. » Confirmat autem fundationem abbatiæ monialium S. Andochii Augustodunensis an. 858, atque ex veteri tabula liquet sub an. 868 congregationem canonicorum in basilica S. Irenæi constituisse et S. Justi sodales in sæcularem ordi- A nem reduxisse. Recensetur et in notitia monasterii S. Benedicti Saxiaci, tum apud Flodoardum in Historia, Lupum Ferrariensem epist. 112, Baronium et Raynaudum in Sanctis Lugdunensibus. Cæterum Maldonatus Remigium auctorem Commentariorum in Epistolis Pauli, qui S. Ambrosio tribuuntur, fuisse arbitratur, sed ejusce lucubrationis judicium relinquere aliis satius putamus. Hoc eodem tempore scripta est epistola nomine Lugdunensis Ecclesiæ adversus Joannem Scotum, quæ habetur tomo IV Bibliothecæ Patrum. Ad meliorem vitam translatus v Kal. Novembris jacet in templo sancti Justi.

Exscripsit librum *de tribus epistolis sub nomine Ecclesiæ Lugdunensis, absolutionem quæstionis de generali per Adam damnatione*, item librum alium *de tenenda immobiliter Scripturæ sanctæ veritate*. Exstant in auctoribus de Prædestinatione per Gilb. Mauguinum editis, tom. I, part. II. Repetita sunt hæc opera in tom. XV Bibliothecæ Patrum Lugd., p. 666-718, ex qua eadem excepimus.

SANCTI REMIGII,

LUGDUNENSIS EPISCOPI,

SUB NOMINE ECCLESIÆ LUGDUNENSIS

DE TRIBUS EPISTOLIS LIBER.

(Bibl. vet. Patr. sæc. IX.)

IN NOMINE DOMINI NOSTRI JESU CHRISTI, incipit libellus De Tribus quibusdam Epistolis venerabilium episcoporum, quid de earum sensu et assertionibus juxta catholicæ veritatis regulam sentiendum sit.

PRÆFATIO

Quorumdam venerabilium virorum, « trium videlicet episcoporum ad Ecclesiam nostram, id est, Lugdunensem, Epistolæ perlatæ sunt, » ex quibus duæ priores simpliciter et sinceriter de quadam profunda et perplexa quæstione, quæ jam per aliquot annos inter plures multa et varia disceptatione vel etiam contentione versatur, « de veritate scilicet, divinæ præscientiæ et prædestinationis, » et quid ipsis videretur aperuisse et exposuisse videntur, et quid præfata Ecclesia nostra, Deo inspirante B atque auxiliante, de eadem re sentiat, ut eis vere et fideliter respondeatur, attentius flagitare et exigere noscuntur.

Quorum unus (Hincmarus), qui et in his tribus primus ponitur, etiam cujusdam miserabilis monachi, qui inquieta et insolenti præsumptione hujus quæstionis, vel potius scandali, excitator et exagitator exstitisse dicitur. Qualiter videlicet in « duobus episcoporum conciliis et auditus fuerit, et judicatus atque damnatus, » diligenter et breviter in epistola sua exposuit, atque digessit et singulis ejus propositionibus quid vel ab ipso, vel a cæteris, sive tunc objectum fuerit, sive usque hodie apud eos objiciatur, pariter exsecutus est.

Secundus autem (Pardulus) etiam quosdam qui adversus eum scripserint fere sex numero memoravit. Nec tamen aliquem eorum id rem de qua quæritur, sufficienti ratione satisfecisse comprehensus est.

Nam tertius (Rabanus), non ad Ecclesiam nostram, sed ad quemdam alium episcopum specialiter scripsisse, et quid de hac re illi tenendum sive docendum esset (sicut ei visum est) exposuisse et definisse cognoscitur.

Quæ omnia cum legissemus, et prout Dominus dedit, sollicite et fideliter tractassemus, visum omnino nobis est quod et interrogantibus, ut dictum est, venerabilibus viris, et ipsarum opinionum, quæ tam laciniosæ et involutæ ponuntur necessitate cogente, necnon et simpliciorum atque ignorantium fratrum, quos talium quæstionum incerto fluctuare cognoscimus, perturbatione compulsi, nullatenus (qualem donare Dominus dignatus fuerit) responsionem fidei, non ex nostro sensu, sed ex Scripturarum sanctarum immobili veritate, et beatissimorum ecclesiasticorum Patrum fundatissima auctoritate, subtrahere debeamus, quatenus, inquantum Dominus opitulari dignatur, et nobis ipsis ex hujusmodi responsionis studio fidei firmitas augeatur, et aliis qui hæc fortasse legere voluerint, quam fideliter divina veritas sit servanda, quam reverenter et obedienter paterna auctoritas sequenda, diligentius et manifestius declaretur.

CAPUT PRIMUM.

De prima, quæ est Hincmari, epistola.

Primus igitur qui, ut supra diximus, miserabilis illius monachi et actum describit et doctrinam redarguit, et damnationem exponit, postquam eum dixit ultro sibi prædicatoris nomen assumpsisse, atque ad barbaras et paganas gentes velut evangelizaturum perrexisse, his verbis seriem prædicationis ejus exsequitur dicens:

HINCMARUS.

« Alio prædicationem suam orsus initio quam Joannes, qui dixit : « Pœnitentiam agite : appropinquavit enim regnum cœlorum (*Matth.* III, 2), » et quam Paulus qui docuit, « per visibilia visibilium et invisibilium cognoscere Creatorem (*Col.* I, 16), » cœpit prædicare :

1. « Quia ante omnia sæcula, et antequam quidquam faceret a principio Deus, quos voluit prædestinavit ad regnum, et quos voluit prædestinavit ad interitum.

2. « Et qui prædestinati sunt ad interitum, salvari non possunt, et qui prædestinati sunt ad regnum, perire non possunt.

3. « Et Deus non vult omnes homines salvos fieri, sed eos tantum qui salvantur. Et quod dicit Apostolus : « Qui vult omnes homines salvos fieri (*I Tim.* II, 4), » illos dici omnes qui tantummodo salvantur.

4. « Christus non venit ut omnes salvaret, nec passus est pro omnibus, nisi solummodo pro his qui passionis ejus salvantur mysterio.

5. « Et postquam primus homo libero arbitrio cecidit, nemo nostrum ad bene agendum, sed tantummodo ad male agendum libero potest uti arbitrio. »

RESPONSIO.

Et cætera quæ jam de aliis actis ejus non de doctrinæ tenore exsequitur [a]. Hoc itaque nobis licet ex parte incredibile videatur, quod videlicet gentibus ignorantibus Dominum prædicans, prætermittere potuerit, ut non eos primo omnium ad pœnitentiam provocaret, nec eis inter creaturam et Creatorem rationabiliter discernere persuaderet, ut jam non colerent, « neque servirent creaturæ » per idololatriæ errorem, « sed potius Creatori, qui est benedictus in sæcula (*Rom.* I, 25), » sed quæstiones eis, etiam fidelibus et doctis difficillimas, de divinis judiciis et prædestinationis ac redemptionis mysterio proposuerit : tamen prætermittentes hujus rei tam absurdam et incongruam objectionem, magis credimus inter fideles vel etiam sacerdotes illarum partium talia movere et proponere potuisse, quibus magnarum et novarum rerum velut novus atque admirandus prædicator existimaretur, quam tantæ eum fatuitatis et stultitiæ exstitisse, ut imputetur omnium rerum divinarum penitus ignaris tam importune et præpostere talia ingessisse, quibus apud eos non audiendus, sed potius penitus irridendus, et ab omnium auribus arcendus judicaretur.

NOTÆ DUVALLII DOCTORIS SORBONICI.

[a] Lugdunensis Ecclesia hacce disputatione patrocinium Gotteschalci videtur suscipere, licet eum præsumptuosum, insolentem et miserabilem monachum appellet. Præsumptuosum quidem quod ultro, id est renitente abbate, prædicationis officium ad infideles susceperit, contra quod dicit Apostolus : Nemo assumat sibi honorem nisi vocetur a Deo tanquam Aaron ; et : Quomodo prædicabunt nisi mittantur ? et hæc prima mali illius labes, imo Lerna omnium suorum malorum. Insolentem vero forte quod sua dogmata, ab omnibus fere doctoribus eo tempore reprobata, nimium jactaret, et in vulgus insolenti quadam ambitione et cum maximo totius Ecclesiæ Gallicanæ detrimento disseminaret. Miserabilem denique, quod flagellis tandiu fuerit dilaceratus, donec accenso circa se igne libellum suum propriis manibus in flammas projiceret, et æterno velut incendio concremaret. In hoc supplicii genus invehitur præcipue Ecclesia Lugdunensis cum singulas ejus propositiones, unica dempta quæ est de libero arbitrio, ad pium et catholicum sensum benigna et suavi explicatione reduci posse affirmet. Unde non simpliciter arguit quod in eum virgis fuerit animadversum (certum est enim jure optimo puniri hæreticos et novatores, siquidem non minus reipublicæ Christianæ perniciosi sunt quam alii quilibet scelerati), sed quod ejus propositiones benigne potius debuissent explicare prælati illius temporis quam in eum ita sævire.

De præfatis autem quinque sententiis, quas vel prædicasse dicitur, vel etiam in conciliis, ubi audiendus ac dijudicandus admissus est proposuisse, ac defendere, ac confirmare voluisse asseritur, quid nostræ pusillitati juxta rationem veræ fidei, divina inspirante pietate, videatur, non præcipiti et inconsiderata festinatione temere aliquid credimus definiendum, sed omni cura pietatis, devotissimo studio inveniendæ ac tenendæ veritatis fideliter quærendum, et pulsandum, atque petendum: ut non humano errore, quod nobis videtur, sed quod ipsa veritas ostenderit, remota omni animositate et contentione, fideliter atque unanimiter sequamur. Quod ut, inquantum Deo adjuvante possumus, diligenter et fideliter possit fieri, illud primo in loco ponendum, et vehementius, prout nunc pusillitatis nostræ memoriæ occurrit credimus, commendandum, « septem quasdam esse regulas fidei » ex divinarum Scripturarum auctoritate venientes, et a sanctis atque orthodoxis Patribus diligentissime commendatas, de præscientia scilicet et prædestinatione divina, quas et catholicus quisque fidelissime tenere debeat, et quicunque his contraria sapit non catholice sentire comprobetur.

CAPUT II.

REGULA PRIMA.

Præscientia et prædestinatio Dei sempiterna et incommutabilis.

Harum ergo prima est ut omnino firmissime ac fidelissime teneamus « quia omnipotens Deus nihil ex tempore præscierit vel prædestinaverit: sed sicut ipse absque ullo initio æternus et incommutabilis est, ita et ejus præscientia, ac prædestinatio sempiterna, atque incommutabilis sit. » Nulla enim Deo nova voluntas, nullum novum consilium, nulla nova dispositio, nullum novum judicium, quasi ex æterno apud ipsum et in ipso non fuerit, sed postmodum esse cœperit. Nihil namque ejus divinitati est accidens, nihil in ejus deitate potest augeri, vel minui, aut mutari. Et ideo quidquid præscivit, æternaliter præscivit; quidquid prædestinavit, procul dubio æternaliter prædestinavit. Ad hanc fidem nos Scriptura Sancta instruit atque informat, dicens: « Deus æterne, qui occultorum es cognitor, qui nosti omnia antequam fiant (*Dan.* XIII, 42). » Et ipse omnipotens Deus cum de se ipso testatur et dicit: « Ego enim Dominus, et non mutor (*Mal.* III, 6). » Et hanc prædestinationis suæ æternitatem etiam alio loco per prophetam ostendit, dicens: « Ego Dominus locutus sum, et feci (*Ezech.* XVII, 24), » id est quod nunc per prophetam « locutus sum, » longe postea suo tempore facturum in me prædestinationis æternitate jam « feci, » nec apud me adhuc exspectatur futurum, quod in mea immobili dispositione constat esse jam factum. Ut autem hoc omnipotens Deus diceret, per prophetam præmiserat supra similitudinem duarum arborum, in figura scilicet duorum populorum, id est Judæorum et gentium: quarum unam se dicit ex sublimi humiliasse et ex viridi siccasse, alteram ex
A humili exaltasse et ex arida frondentem fecisse, ita dicens: « Et scient omnia ligna regionis, quia ego Dominus humiliavi lignum sublime, et exaltavi lignum humile: et siccavi lignum viride et frondere feci lignum aridum; » et continuo subjungens: « Ego Dominus locutus sum et feci (*Ezech.* XVII, 24). » Id est quod nunc sum per prophetam locutus, et quod apud homines adhuc sum facturus, in æterna prædestinatione jam feci: videlicet utrumque (id est) misericordiam, et judicium suum; et sicut Apostolus dicit, « bonitatem et severitatem » suam in utriusque populi vel dejectione, vel exaltatione æternaliter prædestinata ostendens, illum justo judicio humiliat, et arefacit: hunc autem gratuita misericordia in sæcula exaltat et virere facit. Quid ergo evidentius
B et dilucidius de utriusque partis, id est tam electorum quam reproborum prædestinatione quæri potest? Cum et unius per infidelitatem ariditas, et alterius per fidem viriditas æterno Dei judicio in æterna ejus prædestinatione declaratur prædestinata. Tale est et illud apud eumdem Ezechiel prophetam quantum ad partem pertinet reproborum, ubi omnium impiarum gentium, et populo Dei inimicarum, id est paganorum, Judæorum, et hæreticorum, et maxime Antichristi, et eorum qui cum illo Ecclesiam Dei persecuturi sunt sub figura Gog et Magog æternus prænuntiatur interitus: et statim propheta subjungit, dicens: « Ecce venit, et factum est, ait Dominus Deus (*Ezech.* XXXIX, 8). »
C id est quod apud homines tam longo post tempore est venturum, et quod tam longo post tempore est futurum, apud me in æterna prædestinatione, non adhuc venturum est, sed jam venit, nec adhuc futurum est, sed jam factum est, hoc et Psalmista in utramque partem et electorum videlicet et reproborum, id est æterno Dei judicio, et illos misericordiæ, et istos perditioni prædestinatos ostendens, distincte, et manifeste de electis dicit: « Misericordia autem Domini ab æterno, et usque in æternum super timentes eum (*Psal.* CII, 17); » de reprobis vero: « Quoniam qui elongant se, iniquitate peribunt; perdidisti omnes, qui fornicantur abs te (*Psal.* LXXII, 27). » Id est « qui elongant se abs te, » quantum ad ipsos pertinet, adhuc suo tempore, videlicet extremo judi-
D cio peribunt. Quantum autem ad prædestinationem æterni judicii tui, tu eos jam *perdidisti*. Hanc immobilitatem consilii et judicii divini docet nos Apostolus intelligere, ubi juramentum Dei interponitur. Sicut illud est quod de hæredibus fidei Abrahæ ad ipsum Abraham jurasse cum explanat, dicens: « Abrahæ namque promittens Deus, quoniam neminem habuit, per quem juraret majorem, juravit per semetipsum, dicens: Nisi benedicens benedicam tibi et multiplicans multiplicabo te? (*Hebr.* VI, 13, 14; *Gen.* XXII, 16, 17.) » Et paulo post: « In quo abundantius, inquit, volens Deus ostendere pollicitationis hæredibus immobilitatem consilii sui interposuit jusjurandum ut per duas res, quibus impossibile est mentiri Deum, fortissimum sola-

tium habeamus, qui confugimus ad tenendam propositam nobis spem (*Hebr.* VI, 17, 18). » Sicut ergo in parte electorum, qui sunt divinæ pollicitationis et promissionis hæredes, per jusjurandum voluit Deus ostendere immobilitatem consilii sui, id est immutabilem dispositionem æternæ prædestinationis suæ juxta expositionem Apostoli, ita et in parte reproborum, ubi interponitur jusjurandum Dei, nihil aliud ostenditur nisi immobilitas atque immutabilitas æterni consilii et prædestinationis ejus in damnatione et perditione ipsorum; ostendit namque eos omnipotens Deus reprobos, cum de eis dicit: « Ipsi vero non cognoverunt vias meas (*Psal.* XCIV, 11). » ostendit eos immobili consilio suo, id est immutabili prædestinatione judicii sui æternæ damnationi, et perditioni esse præordinatos, cum statim subjungit: « Quibus juravi in ira mea, si introibunt in requiem meam (*Ibid.* 11). » Quod si quis putat de illis tantummodo reprobis, qui educti ex Ægypto per Moysen, et per quadraginta annos in deserto semper [a] rebelles et increduli exstiterunt, quorum etiam cadavera in eodem deserto prostrata sunt, esse intelligendum, et non potius in eorum speciali damnatione et perditione omnium generaliter reproborum interitum figuratum, audi Apostolum terribiliter et veraciter dicentem: « Omnia autem hæc in figura contingebant illis: scripta sunt autem ad correptionem nostram, in quos fines sæculorum devenerunt (*I Cor.* X, 11). » Et alio loco: « Festinemus ergo, inquit, ingredi in illam requiem, ut ne in idipsum quis incidat incredulitatis exemplum (*Hebr.* IV, 11). »

Hanc veritatem et immobilitatem divinæ prædestinationis, in qua Deus judicia sua futura jam fecit, et B. propheta Isaias mirabiliter ostendit, et B. Augustinus veraciter et breviter exponit, dicens: [Qui enim certis et immutabilibus causis omnia futura prædestinavit, quidquid facturus est fecit. Nam et per prophetam dictum de illo est: « Qui fecit quæ futura sunt (*Isa.* XLV, 11, *sec. LXX*).] » Unde etiam alio loco idem doctor verissime de ipso dicit: [Neque enim sicut hominem Deus cujusquam facti

A sui pœnitet, cujus est omnibus omnino rebus tam fixa sententia, quam certa præscientia.] Utrumque ergo apud illum æternum, utrumque immutabile est, cum de omnibus omnino rebus, tam bonis quam malis, quæ fiunt in mundo æternaliter ante mundum, et præcognoscendo certa est ejus præscientia, et judicando fixa sententia. Hanc immobilitatem præscientiæ et prædestinationis Dei ante tempora manentem, et omnia temporalia ordinantem, etiam beata Judith, victoriam de Assyriis inimicis populi Dei postulans, mirabiliter et breviter in oratione sua Deo confitetur, dicens: « Tu enim fecisti priora, et illa post illa cogitasti, et hoc factum est quod ipse voluisti, et tua judicia in providentia tua posuisti (*Judith* IX, 4, 5). » — « Fecisti, inquit, priora, et B illa post illa cogitasti, » non quod in Deo volubilitas et varietas decedentium et succedentium cogitationum credenda sit, sed quia omnia quæ in rebus creatis præcedunt atque succedunt, ille uno et æterno intuitu immutabiliter cernit, incomprehensibiliter comprehendit. « Et tua, inquit, judicia in providentia tua posuisti, » id est, judicia tua, quæ exerces in mundo, in providentia tua posuisti etiam ante mundum, et quidquid temporaliter fieri voluisti, in æterno consilio tuo intemporaliter statuisti. Novit enim omnipotens Deus creare nova sine novitate aliqua voluntatis, novit et quiescens agere et agens quiescere. Potest ad opus novum non novum, sed sempiternum adhibere consilium. Et ideo cum se C aliud atque aliud cogitasse dicit, non ipse, quod absit, mutabilitate aliqua variatur, sed erga mutabilitatem nostram diversis modis immutabilis et non diverso consilio operatur. Unde et beatus apostolus Jacobus de illo dicit: « Apud quem non est transmutatio, nec vicissitudinis obumbratio (*Jac.* I, 17). » Et liber Ecclesiasticus in ejus laudibus loquitur, dicens: « Domino enim antequam crearentur, omnia fuerunt agnita. Similiter et post perfectum respicit omnia (*Eccli.* XXIII, 29), » et iterum: « A sæculo et usque in sæculum respicit, et nihil est mirabile in conspectu ejus (*Eccli.* XXXIX, 25). »

NOTÆ DUVALLII DOCTORIS SORBONICI

[a] Affirmat omnes et illos Israelitas qui increduli et rebelles Moysi in deserto fuerunt, et quorum cadavera ibi in vindictam prostrata sunt, in æternum esse damnatos, et ad hujus probationem profert illud psalmi XCIV: « Quibus juravi in ira mea, si introibunt in requiem meam. » Quibus verbis immobilitatem divini consilii de illorum æterna damnatione indubitanter exprimi asserit. Verum hoc in opinione positum est, quinimo contrarium multo est probabilius, tum quia non est verisimile integram Israelitarum in deserto mortuorum multitudinem fuisse incredulam et rebellem; nunquid enim Levitæ, nunquid parvuli, nunquid pariter Aaron ab ejusdem incredulitate excusari possunt et debent? quamvis enim dicatur: « Quadraginta annis proximus fui generationi huic, » a majori tamen parte fit illa totius denominatio; tum quia requies illa de qua loquitur propheta, de terra promissionis intelligitur, ut ait glossa in hunc locum; tum quia quis dicet eos qui ab igni devorante consumebantur pro negligentia, D quæ non ita grave peccatum est, et qua in extremis partibus versabantur, fuisse propterea in æternum damnatos, eorum tamen corpora in deserto prostrata sunt, tum quia exclusio a terra promissionis, ad quam tanto ardore suspirabant, cum morte quam ipsi tulerunt sufficiens delicti eorum fuit expiatio, non minus quam mors corporea Ananiæ et Saphiræ, ex Hieronymo, epistola 8 ad Demetriadem. Ad id autem quod ait Ecclesia Lugdunensis, eorum damnationem figuram fuisse damnationis omnium reproborum juxta Apostolum, prioris ad Corinthios X: « Omnia in figura contingebant illis, » respondetur solam eorum a terra promissa exclusionem optime posse hanc damnationem figurare, cum figuram veritate minorem esse semper oporteat. Quæ tamen non sic sunt intelligenda, ut omnes illos Israelitas ab inferis vindicemus; certum est enim Core, Dathan et Abiron vivos ad inferos descendisse; sed generalem ipsius Ecclesiæ propositionem tantum coarctare volumus.

CAPUT III.

REGULA SECUNDA.

Omnia æternæ præscientiæ et ordinationi ejus immobiliter subsunt.

Secunda regula divinæ præscientiæ et prædestinationis est : « Nihil omnino esse, aut fuisse, aut futurum esse posse in operibus Dei, quæ sive in condendis, sive in regendis, sive in consummandis vel finiendis creaturis agit, quod non ipse in suo æterno consilio atque judicio et veraciter præscierit, et immobiliter præordinaverit. Atque ita omne quod temporale est, intemporaliter sua præscientia et prædestinatione præcedit. Et omne quod in ejus æterna præscientia et prædestinatione dispositum est, etiam in rebus esse potest. Quidquid vero ibi dispositum non est, nunquam et nusquam esse potest ; nihil enim temere vel fortuito, sed omnia æternæ suæ sapientiæ consilio et ratione facit. » Unde in ejus laudibus verissime dicitur : « Omnia in sapientia fecisti (*Psal.* CIII, 24). » Præcessit enim ejus sapientia æternaliter omnia quæ in creaturis facta sunt, vel fiunt, sive futura sunt temporaliter. Verbi gratia, præscivit esse mundum futurum, et prædestinavit se esse facturum ; præscivit hominem creandum, et prædestinavit se esse creaturum : præscivit humanum genus per hominem primum lapsum unigeniti Filii sui sanguine redimendum, et prædestinavit se esse redempturum. « Redemptionem enim misit populo suo (*Psal.* CX, 9). » Et veraciter ipsi cantatur : « Redemisti in brachio tuo populum tuum (*Psal.* LXXVI, 16). » Præscivit electos suos ad æternum regnum suum esse venturos ; præscivit etiam reprobos in æternum supplicium tradendos. Et hoc totum quia plenum est misericordia, plenum justitia, prædestinavit se misericordia et judicio suo esse facturum ; apud quem est, juxta Apostolum, « æterna bonitas et severitas (*Rom.* XI, 22), » et cui digne a fidelibus dicitur : « Misericordiam et judicium cantabo tibi, Domine (*Psal.* C, 1). » Unde constat omnino quod in utramque partem, electorum videlicet et reproborum, nisi eorum vel glorificationem, vel damnationem justissimam, [a] præscientia et prædestinatio divina præcederet, nunquam in eis fieri atque adimpleri posset. Sicut nihil omnino in operibus divinis esse potest quod non ibi præcesserit. Ad hoc mirabiliter et sublimiter insinuandum pertinet quod de æterno et unigenito Verbo Dei evangelista dicit,
A « Quod factum est, in ipso vita erat (*Joan.* I, 3), » id est omne *quod* a Verbo et per Verbum Dei « factum est » temporaliter, jam antequam fieret, æternaliter in eodem Verbo Dei « vita erat » : quia videlicet ipsum Verbum Dei vivens, vita est, et viva sapientia, et viva ratio, et vivum consilium, quo omnia suis modis et suo ordine fieri potuerunt.

REGULA TERTIA.

In operibus Dei omne præscitum est prædestinatum.

Tertia regula divinæ præscientiæ et prædestinationis est, « quia in operibus omnipotentis Dei non sunt alia præscita et alia prædestinata, sed quidquid ibi est præscitum, quia totum est bonum et justum, sine dubio est etiam prædestinatum : et quiquid
B prædestinatum, utique et præscitum, quia prædestinatio sine præscientia esse non potest. » Quantum igitur ad ipsa opera divina pertinet, sive dicantur præscita, sive dicantur prædestinata, tantumdem valet, et eamdem exprimit immobilem firmitatem. Inde est quod Apostolus quodam loco præscientiam Dei prædestinationem ejus intelligi voluit, ubi ait : « Non repulit Deus plebem suam, quam præscivit (*Rom.* XI, 2). » Si enim præscisset tantummodo, et non prædestinasset, nequaquam eam plebem suam fecisset, sed quia ita præscivit, ut eam verissime ipsa præscientia prædestinaret, quid est aliud quod eam præscivit, nisi quia vere et immutabiliter prædestinavit? Sic ergo in præordinatione electorum ad vitam, et in præordinatione reproborum ad mortem,
C quia utrumque justum opus Dei est, sicut Psalmista testatur, dicens : « Justus Dominus in omnibus viis suis et sanctus in operibus suis (*Psal.* CXLIV, 17), » nec præscientia ejus sine prædestinatione nec prædestinatio sine præscientia intelligi potest, quia istud justum est, et rectum opus suum, et vere præscivit, et præsciendo juste prædestinavit.

REGULA QUARTA.

Bona opera principaliter Dei sunt, sed et ipsius creaturæ. Mala solius creaturæ ideo præscita, non prædestinata.

Quarta regula est ejusdem præscientiæ et prædestinationis quod : « Hæc duo in operibus rationalis creaturæ et distincte et conjuncte intelligi possunt,
D quia scilicet ejusdem creaturæ opera alia sunt bona, alia mala. Et quia bona opera ita sunt ipsius creaturæ, ut sint omnino, [b] principaliter et veraciter opera Creatoris, « qui operatur in ea et velle et perficere

NOTÆ DUVALLII DOCTORIS SORBONICI.

[a] Docet prædestinationem et præscientiam tantumdem valere circa bonum tantum quod a Deo est, quod tamen contra Joannem Erigenam acerrime arguit ; cum præscientia multo latius pateat, est enim bonorum et malorum ; prædestinatio vero solummodo bonorum. Verum si attente legatur, liquido cuique constabit eam solum de præscientia divinorum operum agere, quo sensu prædestinatio æque late patet ; sic enim ait : In operibus omnipotentis Dei non sunt alia præscita et alia prædestinata ; vel dictio velle tantum illa duo æqualia esse ratione immobilitatis divini consilii ; quod enim a Deo semel, est præscitum non minus infallibiliter eveniet, quam quod semel est prædestinatum. Et hæc posterior expositio magis est ad mentem auctoris.

[b] Caute legendum est quod dicit bona opera esse omnino principaliter et veraciter ipsius Creatoris. Ista enim particula *omnino* non debet divisim a *principaliter* accipi, sed conjunctim ; quasi velit Deum omnium bonorum operum esse causam præcipuam seu primariam ; non tamen propterea excludit creaturam humanam seu liberum arbitrium, quod suo

« pro bona voluntate (*Phil.* II, 13), » rectissime tanquam vere divina, id est divinitus inspirata, et gesta, et præscita, et prædestinata debent intelligi. Mala vero opera ejusdem creaturæ, quia ipsius tantummodo sunt, et ex ejus vitio, non ex Dei voluntate, vel operatione procedunt, præscita a Deo dici possunt, prædestinata non possunt. » Quia ita est ille certissime præscius omnium futurorum, et bonorum scilicet et malorum, ut nunquam esse posset prædestinator, sicut nec auctor malorum, præscivit itaque Deus et prædestinavit rationalis creaturæ suæ omnia bona, sicut Apostolus dicit: « Nam quos præscivit et prædestinavit conformes fieri imaginis Filii sui (*Rom.* VIII, 29), » et iterum: « Sed loquimur Dei sapientiam in mysterio absconditam, quam prædestinavit Deus ante sæcula in gloriam nostram (*I Cor.* II, 7). » Mala vero opera et mala merita ejusdem creaturæ præscivit tantummodo, non prædestinavit: sicut Psalmista ex persona humani generis inter labores et pericula vitæ mortalis gementis, et ad Deum redire conantis, ipsi omnipotenti Deo humiliter confitetur, dicens: « Intellexisti cogitationes meas de longe, semitam meam et funiculum meum investigasti, et omnes vias meas prævidisti (*Psal.* CXXXVIII, 2). » Quid est enim « omnes vias meas prævidisti, » nisi omnes vias meas, utique malas, non solum præsentes vidisti, sed etiam futuras, antequam eas ambularem, prævidisti? Cui etiam alio loco Scriptura dicit: « Qui nosti omnia antequam fiant (*Dan.* XIII, 42), » utique non solum bona, sed etiam mala

CAPUT IV

REGULA QUINTA

Prædestinatio Dei nulli necessitatem ad malum imponit. Notent Calvinistæ.

Quinta regula est divinæ præscientiæ et prædestinationis quod « omnipotens Deus eadem præscientia et prædestinatione sua ita quosdam malos in sua iniquitate et impietate et præscierit perseveraturos, et ob hoc juste prædestinaverit perituros, ut ex ipsa certa præscientia et justa prædestinatione sua nulli necessitatem imposuerit, ut malus esset et aliud esse non posset. » Hoc enim si fecisset, quod absit de ejus bonitate sentire [a], ipse esset utique auctor malorum, quæ suæ potestatis violentia fieri compulisset. Quod quam horrendæ sit blasphemiæ dicere vel cogitare, omnis pius fidelis intelligit: suo ergo vitio impii et iniqui in malis suis pertinaciter perseverant, non aliquo Dei præjudicio, qui quotidie omnes ad pœnitentiam vocat, et ad salutem invitat, et conversis ad se misericordiæ suæ sinum pandit, et incessanter declinari a malis et fieri bona hortatur et admonet dicens: « Declina a malo, et fac bonum (*Psal.* XXXVI, A 27), » et iterum: « Quærite bonum et non malum, ut vivatis, et erit Dominus exercituum vobiscum, sicut dixistis (*Amos* V, 14), » et alio loco: « Convertimini ad me, et convertar ad vos, dicit Dominus exercituum (*Zach.* I, 3), » et rursum in Psalmo: « Lætetur cor quærentium Dominum, quærite Dominum et confirmamini, quærite faciem ejus semper (*Psal.* CIV, 3). » Unde et in ejus laudem digne cantatur: « Sperent in te omnes qui noverunt nomen tuum, quoniam non dereliquisti quærentes te, Domine (*Psal.* IX, 11). »

Non ergo ille tantæ bonitatis et pietatis Pater quemquam impellit aut compellit ad malum opus agendum vel in malo opere permanendum, tamen vere constringit et compellit judicio suo in malis perse-B verantes ad justum supplicium luendum. Et ibi ergo bonus, quia neminem vult malum esse, et hic justus, quia nullum iniquum et impium permittit impunitum esse: nusquam autem malus, qui malorum tantummodo ultor, nunquam auctor existit. Hoc enim nobis de illo Scriptura diligentissime commendat, dicens: « Nemini mandavit impie agere, et nemini dedit spatium peccandi (*Prov.* XIX, 3), » et iterum de his qui putent se Deo impellente peccare: « Stultitia, inquit, hominis supplantat gressus illius, et contra Deum fervet animo suo (*Prov.* XIX, 3). » Et alio loco: « Iniquitates suæ capiunt impium, et funibus peccatorum suorum constringitur (*Prov.* V, 22). » Unde et beatus Jacobus apostolus omnem fidelem ab hac insania C coercens et ad veram pietatis scientiam reducens sollicite admonet, dicens: « Nemo, cum tentatur dicat quoniam a Deo tentatur. Deus enim intentator malorum est, ipse autem neminem tentat: unusquisque autem tentatur a concupiscentia sua abstractus et illectus, dein concupiscentia cum conceperit parit peccatum: peccatum vero cum consummatum fuerit, generat mortem. » Igitur omnipotens Deus præscientia sua erga reprobos prævidit, quod verum est, eos scilicet, non suo impulsu, sed proprio vitio impietatibus perseveraturos: prædestinatione sua statuit, et decrevit, quod justum est, eosdem videlicet æterno supplicio perituros. Hæc etenim mala, id est, non ea quæ ipsi volentes faciunt, sed quæ pro malis factis suis nolentes patientur, et prædestinavit illis D Deus justitia sua et omnino illaturus est justo judicio suo. Qui verissime talibus comminatur, dicens: « Congregabo super eos mala, et sagittas meas complebo in eis (*Deut.* XXXII, 23), » et iterum: « Adducam super eos mala annum visitationis eorum (*Jer.* XXIII, 12). » Reddet enim omnino Deus, ut beatus Augustinus sincerissime et lucidissime docet, et mala pro malis, quoniam justus est, et bona pro malis, quoniam bonus est, et bona pro bonis, quo-

NOTÆ DUVALLII DOCTORIS SORBONICI

modo est etiam causa præcipua, per virtutem sibi supernaturaliter infusam, actuum interiorum fidei, spei et charitatis. Ideoque dicendum est Lugdunensem Ecclesiam per causam præcipuam intelligere primariam seu independentem.

[a] Notent Calvinistæ horrendam blasphemiam, qua Deum auctorem peccatorum faciunt, hic expresse condemnari, et prædestinationem tantum erga bona opera statui, aut saltem erga pœnas æternas, quibus vere dignum et justum est impios in impietate morientes affici.

niam bonus et justus est. Tantummodo mala pro bonis non reddet, quoniam injustus non est. Reddit ergo mala pro malis, pœnam pro injustitia, et reddit bona pro malis, gratiam pro injustitia, et reddit bona pro bonis, gratiam pro gratia.] Qui ergo hæc audit, quid habet unde conqueratur? Aut quid ei restat : nisi ut terrore justi judicii Dei, quo perseverantes in malis suis punire decrevit, ipse a malis corrigatur, ne cum illis qui incorrigibiles permanent, puniatur. Ita timor justi judicii Dei erga iniquos, et impios puniendos, nemini omnino est noxius, sed illis, qui per eum corriguntur verissime probatur esse salubris.

CAPUT V.

REGULA SEXTA.

Ex re etiam sine verbis intelligenda in Scripturis præscientia et prædestinatio nulla bona opera ex nobis, sed ex Deo, ipsaque prædestinata (Rom. VIII, 29).

Sexta regula est divinæ præscientiæ et prædestinationis : « Ut in divinis Scripturis nequaquam hoc pueriliter quæratur, vel exigatur, ut ibi solummodo intelligatur divina præscientia, vel prædestinatio : ubi hæc ipsa nomina præscientiæ, et prædestinationis, expresse et proprie posita inveniuntur : sicut eo loco, ubi Apostolus dicit : « Nam quos præscivit et » prædestinavit conformes fieri imaginis Filii divi» næ sui. » Sed ubicumque res ipsa ejusdem præscientiæ, et prædestinationis certissime posita, legitur, præscientiam, et prædestinationem ipsam intelligendam esse minime dubitemus. » Nam si proprietates ipsorum nominum requiramus nusquam in illis testimoniis propheticis, quæ pro ipsius præscientiæ, et prædestinationis commendatione in Epistola ad Romanos assumit, et proponit Apostolus, vel præscientia, vel prædestinatio nominatur; et tamen res ipsa in eis tam clare, et perspicue demonstratur, ut de ea nemini fidelium liceat dubitare.

Primum : Namque ipsorum testimoniorum est, « Quia major serviet minori. » Secundum : « Jacob dilexi, Esau autem odio habui (*Gen.* XXV; *Rom.* IX, 13; *Mal.* I). » Tertium : « Miserebor, cui miserebor, et misericordiam præstabo, cui misericors fuero (*Exod.* XXXIII, 19). » Quartum : « Dicit enim Scriptura Pharaoni, quia in hoc ipsum excitavi te, ut ostendam in te virtutem meam et annuntietur nomen meum in universa terra (*Exod.* IX, 16; *Rom.* IX, 17). » Et sic ex ordine cætera usque ad eum locum ubi ait : « Conclusit enim Deus omnia sub peccato, ut omnium misereatur (*Rom.* XI, 32). » In quibus omnibus, ut dictum est, nusquam nomen præscientiæ, nusquam prædestinationis sonat. Et tamen ipsa fidei religione compellimur credere Apostolo hæc omnia de præscientia et prædestinatione utriusque partis tam electorum videlicet, quam reproborum, illorum ad salutem, istorum ad damnationem intelligenti atque docenti. Quæ ille tanta auctoritate et firmitate proponit, ut quidquid paulo superius ante hæc testimonio de æterno Dei proposito, præscientia, et prædestinatione, vocatione et electione, justificatione, et glorificatione docuerat, et quod postea de Gentium salute et Judæorum obcæcatione commemorat, eisdem ipsis testimoniis sufficienter atque evidenter se demonstrasse, et comprobasse credi velit.

Tale est et illud, quod ex verbis ejusdem Apostoli beatus Augustinus ad probandam, et commendandam divinam gratiam et prædestinationem proponit, dicens (*de Prædest. Sanct.* cap. 10) : [Quod ergo ait Apostolus : « Ipsius enim sumus figmentum, creati in *Christo Jesu*, in operibus bonis » (*Eph.* II, 10), gratia est ; quod autem sequitur et dicit : « Quæ præparavit Deus ut ambulemus in illis (*Ibid.*), » prædestinatio est.] Certe enim neque in hoc testimonio apostolico nomen gratiæ, vel prædestinationis sonat ; et tamen res ipsa gratiæ et prædestinationis manifestissime comprobatur. Quæ enim manifestior res gratiæ, quam quod ex nobis nulla bona opera habemus? sed ipsius, id est « Dei sumus » speciale » figmentum creati in *Christo Jesu* in operibus bonis. » Et quæ evidentior res prædestinationis, quam quod hæc ipsa bona opera, non solum in præsenti per gratiam suam nobis donavit, sed etiam in æterna prædestinatione sua : « Præparavit Deus, ut in illis ambulemus. » [Caveamus itaque, ut beatus Hieronymus quodam loco admonet, in Scripturis superstitiosam intelligentiam : Et hanc apostolicam auctoritatem, qua non nomina, sed res ipsas divinæ præscientiæ et prædestinationis suo exemplo nobis quærendas, et tenendas docuit quantum possumus firmissime, et fidelissime, tam in evangelicis, et apostolicis, quam etiam in propheticis dictis sequamur.]

CAPUT VI.

REGULA SEPTIMA.

Electorum nullus perire potest. De reprobis nullus salvatur. Cur salvari non possunt reprobi. De parvulis.

Septima regula est ipsius divinæ præscientiæ et prædestinationis : « Ut neque de electis Dei ullum perire posse credamus, neque de reprobis aliquem salvari ullatenus existimemus. » Non quia non possunt homines de malo ad bonum commutari, et de malis et pravis, boni ac recti fieri, sed quia in melius mutari noluerunt, et in pessimis operibus usque in finem perseverare voluerunt : nec possunt ullo modo pertinere ad sortem electorum, qui magis elegerunt permanere in malitia iniquitatum et impietatum suarum. Hoc enim pessimum et nefarium malum quod est nolle ad Deum converti ; neque de malo ad bonum commutari, sed « secundum duritiam et impœnitentiam cordis sui thesaurizare sibi iram in die iræ et revelationis justi judicii (*Rom.* II, 5), » ille in eis æterna sua præscientia verissime prævidit futurum, qui omnino falli non potest. Et quia hoc verissimo præscivit, juste omnino tales perditioni æternæ prædestinavit.

Quod ergo non possunt salvari, eorum est vitium, qui nolunt, non Dei (quod absit) aliqua iniquitas, qui erga illos et verax semper exstitit in præscientia sua, et justus in judicio suo. Licet sit et aliud genus reproborum in innumerabilibus videlicet millibus parvulorum, qui nec ætatem nec sensum ad aliquid boni agendum unquam acceperunt, sed in sola originalis peccati (quæ per unum hominem in mundum intravit) damnatione pereunt. De quibus quid aliud dicendum, nisi quod et in eorum reprobatione atque interitu omnipotens Deus justus est, in quibus non naturam bene a se conditam, sed culpam male admissam, et in eos originaliter transfusam justa ultione damnavit.

Hoc ita esse, hoc est neminem de electis perire posse ipse Dominus ostendit, dicens: « Oves meæ vocem meam audiunt, et ego cognosco eas et sequuntur me. Et ego vitam æternam do eis, et non peribunt in æternum, et non rapiet eas quisquam de manu mea. Pater meus quod dedit mihi majus omnibus est, et nemo potest rapere de manu Patris mei (*Joan.* x, 27, 28, 29). » Istæ oves, quæ ut ipsa veritas testatur, non peribunt in æternum, et quas nemo potest rapere de manu Patris et Filii, alio loco appellantur pusilli Dei. De quibus similiter ipse Dominus dicit: « Sic non est voluntas ante Patrem vestrum ut pereat unus de pusillis istis (*Matth.* xviii, 14). » Quibus etiam alio loco ait: « Nolite timere, pusillus grex, quia complacuit Patri vestro dare vobis regnum (*Luc.* xii, 32), » et iterum: « Capillus de capite vestro non peribit (*Luc.* xxi, 18). » Item quod reprobi non propter præscientiam et prædestinationem Dei veraciter præscientis, et juste damnantis, sed propter obstinatam et indomabilem malitiam suam nullatenus possint salvari, idem Dominus ostendit loquens talibus, et dicens: « Sed vos non creditis, quia non estis ex ovibus meis (*Joan.* x, 26), » et iterum: « Propterea vos non auditis, quia ex Deo non estis (*Joan.* viii, 47). » Similiter et per prophetam de talibus comminatur, dicens: « In consilio populi mei non erunt, et in Scriptura domus Israel non scribentur, nec terram Israel ingredientur (*Ezech.* xiii, 9). » Videlicet sicut vere de cœtu electorum ejecti, et de libro vitæ deleti, et de terra viventium penitus alienati. De his et Apostolus consonanter verbis evangelicis loquitur, dicens: « Quod si etiam opertum est Evangelium nostrum, in his qui pereunt est opertum, in quibus Deus ejus sæculi excæcavit mentes infidelium, ut non fulgeat illuminatio Evangelii gloriæ Christi (*II Cor.* iv, 3, 4). » De quibus etiam alio loco dicit: « Non enim omnium est fides, » et: « Non omnes obediunt Evangelio (*Rom.* x, 16). » Quia ergo tales sunt, et tales usque in finem perdurant, merito utique et præscientia Dei mali præsciti sunt, et prædestinatione Dei juste reprobati atque damnati. Probet ergo seipsum homo, ut ex quotidiano profectu, sive defectu vitæ suæ, utrum magis ad societatem electorum, an (quod absit) ad societatem reproborum propinquare se sentiat, apud se sollicitus perspiciat, et inquirat, oretque fideliter, et perseveranter quantum potest, ut eum omnipotens Dominus misericordia, et ab æterna damnatione eripiat, et in electorum suorum jubeat grege numerari (quia licet, ut *beatus Gregorius* dicit (*Dialog.* lib. i, c. 8), obtineri nequaquam possint quæ prædestinata non fuerint, ipsa tamen perennis regni prædestinatio ita est ab omnipotente Deo disposita, ut ad hoc electi ex labore perveniant, quatenus postulando mereantur accipere, quod eis omnipotens Deus ante sæcula disposuit donare).

CAPUT VII.

De Dei præscientia.

Hæc ita esse quæ, prout Dominus dedit, septem titulis distincta atque digesta, tam nobis, quam cæteris qui legere voluerint juxta regulam veræ fidei de præscientia et prædestinatione divina, velut regulariter proposuimus agnoscenda, atque tenenda non ex nostro sensu aliquid præsumentes, sed Scripturæ sanctæ auctoritatem fideliter atque humiliter sequentes; hæc, inquam, ita esse, et ita antiquæ Ecclesiæ auctoritate, et sanctorum Patrum fidelissima institutione tenta et tradita necessarium omnino duximus, ut etiam eorumdem sanctorum Patrum verbis, et definitionibus breviter aperteque propositis ad confirmationem legentium attentius commendare ac declarare studeamus.

In libro cujus titulus est de duabus in Christo naturis, omnibus fere Ecclesiis notissima et celebriter commendato, ubi etiam multorum, et orthodoxorum Patrum tam Græcorum, quam Latinorum, vel libri integri, vel sententiæ ad ædificationem et confirmationem fidei pertinentes, beatissimorum scilicet, Athanasii, Ambrosii, Hieronymi, Augustini et cæterorum diligenter collectæ atque digestæ sunt, inseruntur etiam quædam quadraginta capitula sub unius libelli texto, qui vel beati Augustini, vel beati Fulgentii gloriosi antistitis confessoris Christi nomine titulatur (*de Fide ad Petrum diac.*), præcipue ad cognitionem et confirmationem fidei pertinentia, in quibus de hac re unde nunc agitur, id est de divinæ præscientiæ et prædestinationis veritate quid firmissime atque indubitanter tenendum sit, ita brevissime ac plenissime legitur definitum [Firmissime, inquit, tene et nullatenus dubites Deum incommutabilem non solum præterita et præsentia sed etiam futura omnia incommutabiliter esse notissima. Cui dicitur: « Deus qui occultorum es cognitor, qui scis omnia antequam fiant (*Dan.* xiii, 42). »] Et iterum: Firmissime, inquit, tene, et nullatenus dubites Trinitatem Deum incommutabilem rerum omnium, atque operum, tam suorum, quam humanorum certissimum, cognitorem ante omnia sæcula scire, quibus per fidem esset gratiam largiturus sine qua nemo potuit ex initio mundi, usque in finem a reatu peccati, tam originalis, quam actualis absolvi, « quos enim Deus præscivit, et prædestinavit conformes fieri imaginis Filii ejus (*Rom.* viii, 29), » et iterum

[Firmissime, inquit, tene, et nullatenus dubites, omnes, quos vasa misericordiæ gratuita bonitate Deus facit ante constitutionem mundi, in adoptionem filiorum Dei prædestinatos a Deo, neque perire posse aliquem eorum, quos Deus prædestinavit ad regnum; neque quemquam eorum, quos Deus non prædestinavit ad vitam ulla posse ratione salvari: prædestinatio enim illa gratuitæ donationis est præparatio, qua nos Apostolus ait: « Prædestinatos in adoptionem filiorum per *Jesum Christum* in ipsum (*Eph.* I, 5). »]

Hanc fidei regulam et definitionem certissimam fideliter sequens beatus et sanctus doctor Ecclesiæ Beda presbyter, cum exponeret locum illum ubi in libro Genesis narratur de ereptione Lot ex interitu Sodomorum (*Gen.* XIX), et quorumdam suorum non credentium et cum eo exire nolentium, et ideo cum cæteris, qui in urbe impia remanserant, justissime perditorum punitione, ita ait: [Quod ostium Lot incluserunt angeli, ne vel ipsum, vel aliquem de domo ipsius possent ad perdendum rapere Sodomitæ, patenter insinuat quia nullum de electis Dei perditura est impietas, et persecutio reproborum, dicente Domino de ovibus suis: « Et ego vitam æternam do eis et non peribunt in æternum, et non rapiet eos quisquam de manu mea (*Joan.* X, 28). » Quod vero idem Lot facultate ab angelis data nullum de civibus perfidis, ne de suis quidem cognatis sive amicis tametsi multum conatus potuit ad salutem revocare, significat, quia nullius labor hominis ad numerum prædestinatorum, qui ante constitutionem mundi electi sunt a Deo, vel unam possit animam adjicere. Novit enim Dominus qui sunt ejus. Verum et si nostram fragilitatem qui ad electorum sortem pertineant latet, non tamen ab agenda cura nostræ salutis cessandum, non ab instruendis proximis lingua est continenda, sed ad exemplum beati Lot, et nobis caste vivendum, et errantium quoque correctioni officium pietatis impendendum. Constat enim quia etsi prædestinatos ad interitum salvare nequimus, nostræ tamen benignitatis, quam erga illorum salutem impendimus, mercedem non perdimus.]

CAPUT VIII.

De gemina prædestinatione. Ex prædestinatione nulla necessitas ad malum.

Hanc fidei regulam firmissime ac fidelissime nobis tenendam beatus Augustinus ista diligenter et breviter commendat in libris de Civitate Dei (*lib.* XV, *cap.* 1), ita dicens: [Humanum, inquit, genus in duo genera distribuimus, unum eorum qui secundum hominem, alterum eorum qui secundum Deum vivunt; quas etiam mystice appellamus civitates duas, hoc est, duas societates hominum quarum est una, quæ prædestinata est in æternum regnare cum Deo: altera æternum supplicium subire cum diabolo.] Et post pauca, de exortu duarum civitatum istarum, id est civitatis Dei et civitatis diaboli, diligentius disputans, ita dicit (*Ibid.*): [Natus est igitur prior Cain ex illis duobus humani generis parentibus pertinens ad hominum civitatem: posterior Abel ad civitatem Dei. Prior est natus civis hujus sæculi, posterior autem isto peregrinus in sæculo, et pertinens ad civitatem Dei. Gratia prædestinatus, gratia electus, gratia peregrinus deorsum, gratia civis sursum. Nam quantum ad ipsum attinet ex eadem massa oritur, quæ originaliter est tota damnata; sed tanquam figulus Deus: hanc enim similitudinem non imprudenter, sed prudenter introducit Apostolus: Ex eadem massa fecit aliud vas in honorem, aliud in contumeliam (*Rom.* IX, 21). Prius autem factum est vas in contumeliam, post vero alterum in honorem. Quia et in ipso uno homine, sicut dixit Apostolus, non « primum quod spirituale est, sed quod animale, deinde quod spirituale (*I Cor.* XV, 42), » etc.] Item in libro Enchiridion (*cap.* 100) quem ad Laurentium Ecclesiæ Romanæ archidiaconum scripsit, de eadem re ita loquitur: [Cum angelica, inquit, et humana creatura peccasset, id est, non quod Deus sed quod ipsa voluit fecisset, etiam per eamdem creaturæ voluntatem, qua factum est quod Creator noluit, implevit ipse quod voluit, bene utens et malis tanquam summe bonus ad eorum damnationem, quos juste prædestinavit ad pœnam, et ad eorum salutem, quos benigne prædestinavit ad gratiam.]

Hæc pauca ex præfati beatissimi doctoris duobus libris posuimus, quos eum non solum catholice et veridice scripsisse, sed etiam diligenter et fideliter retractasse, qui libros Retractationum ejus attentius legit, evidenter agnoscit ut quia jam ejus auctoritas de hac re, id est de divina in utramque partem prædestinatione, et electorum videlicet ad gloriam, et reproborum ad pœnam a nonnullis publice contemnitur, et conculcatur: ita ut quia se ipse in quibusdam scriptis suis pie, atque humiliter reprehendit et corrigit, putent se, ubi eis visum fuerit, licenter eum posse reprehendere. Et quod ille fecit ad exemplum humilitatis, ipsi usurpare non erubescant ad tumorem præsumptionis. Ex his saltem libris agnoscant quia hoc verbum divinæ prædestinationis in parte reproborum positum, quia verissime et rectissime divino judicio prædestinati « dicuntur, non ad culpam utique, sed ad pœnam, nec ad malum opus, quod ipsi volentes agunt, sed ad malum; quod in æternis suppliciis inviti patientur, » nec ipse in suis dictis reprehenderit, nec ab ullis catholice et sane sentientibus reprehensum sit. Et ideo etiam « moderno tempore, » a nobis qui tantæ imperitiæ, et infirmitatis sumus nequaquam reprehendendum, vel rejiciendum debuit, judicari, sed potius diligenti, et humili pietate perscrutari, et intelligi. Et si qui sunt, qui ex hoc scandalizari videantur, tanquam per istud prædestinationis verbum necessitas male agendi cuiquam imposita esse significetur, instruendi potius fuerunt et breviter ac lucide docendi, quod Deus neminem prædestinaverit ad peccatum, sed ad luendum supplicium pro peccato. Nec ista prædestinatione aliquem cogat ad male agendum, sed potius declaret judicem justum, qui et peccata fieri noluit, et facta juste se puniturum esse præscivit, juste se puniturum et esse prædestinavit. Hac namque prædestinatione non opus hominis malum, sed justum hominis prædestinavii supplicium.

Hunc sensum B. Augustini verum, atque catholicum quod Deum operis sui futuri, id est justi judicii de malis et in malis exercendi semper fuisse præscium, semper fuisse prædestinatorem justum, fideliter commendat B. Fulgentius, ut supra memoravimus, illius temporis vicinus, et tempore Vandalicæ persecutionis apud Africam inter cæteros Christi sacerdotes confessores inclytus interrogatus a quodam pio, et religioso viro non sprevit, non respuit, sed potius diligenter exposuit, et confirmavit dicens (*ad Mon.* l. I, c. 5) : [Nihil aliud accipiendum existimo in illo sancti Augustini sermone, quo ad interitum quosdam prædestinatos affirmat, « nisi ad interitum supplicii non delicti, neque ad malum quod injuste admittunt, sed ad cruciatum quod justissime patiuntur : nec ad peccatum, sed ad tormentum, quod illis propria iniquitas male parit, et æquitas divina bene retribuit ; » nec ad mortem animæ primam sed ad mortem secundam : quod enim ante gehennam mali peccando pereunt, non est divini operis sed humani : quod autem in gehenna perituri sunt, hoc facit Dei æquitas, cui nulla placet peccantis iniquitas. Hoc itaque prædestinavit Deus, quod erat ipse facturus ; illud vero nullatenus prædestinavit, quod facturus ipse non fuit ; mala quippe voluntas non pertinet ad optimum Creatorem : justa vero injustorum damnatio pertinet ad æquissimum cognitorem ; prædestinavit itaque Deus iniquos et impios ad supplicium justum, non ad aliquod opus injustum ; ad pœnam, non ad culpam ; ad punitionem non ad transgressionem ; ad interitum, quem ira justi judicis peccantibus reddidit, non ad interitum, quo in se iram Dei peccantium iniquitas provocavit.] Huc usque beatus Fulgentius.

CAPUT IX.

Testimonia ex S. Leone et S. Gregorio.

Beatus etiam Leo de hujus divinæ præscientiæ, et prædestinationis veritate, id est sempiternarum dispositionum Dei incommutabili ordine, sic docet: [Cum omnia, quæ in Domino majestatis Judaica admisit impietas, tanto ante prædicta sint, ut non tam de futuris, quam de præteritis propheticus sit sermo contextus, quid aliud nobis, quam sempiternarum dispositionum Dei incommutabilis ordo referatur? Apud quem discernenda jam dijudicata, et futura jam facta sunt. Cum enim et qualitates actionum nostrarum, et effectus omnium voluntatum scientia divina præveniat, quanto magis nota sunt Deo opera sua ? Et recte placuit quasi facta recoli, quæ non poterant omnino non fieri.]

Beatus quoque Gregorius exponens illa verba Apostoli, id est : « Quæ sit longitudo, et latitudo, et sublimitas, et profundum (*Eph.* III, 18), » ita de prædestinatione reproborum ad interitum breviter et aperte dicit : [Inest Deo etiam profundum, quo damnandos inferius justa æquitate disponens præordinat.] Item de eadem re alio loco sic dicit : [Ad lævam quoque dilatatur Ecclesia, dum ad se quosdam in iniquitate permansuros admittit. Propter hanc multitudinem, quæ extra electorum numerum jacet, In Evangelio Dominus dicit : « Multi vocati, pauci autem electi (*Matth.* XX, 16). »] Alio quoque loco vim supernæ dispositionis incommutabilem esse demonstrans ita ait : [Vitari enim vis superni consilii nequaquam potest, sed magna sibi virtute hanc temperat, qui se sub ejus nutibus refrenat ; ejusque sibi pondera levigat, qui hanc subjecto cordis humero volens portat.] Item alibi de eadem re : [Sicut nemo obsistit largitati Dei vocantis, ita nullus obviat justitiæ relinquentis.] Et iterum de impiis jam præjudicatis : [Qui vero nec fidei sacramenta tenuerunt, increpationem judicis in extrema examinatione non audiunt : quia præjudicati infidelitatis suæ tenebris, ejus quem despexerunt invectione redargui non merentur.] Item de prædestinatione perditionis reproborum : [Omnipotens, inquit, Dei justitia, futurorum præscia ab ipsa mundi origine gehennæ ignem creavit, qui in pœnam reproborum esse semel inciperet, sed ardorem suum etiam sine lignis nunquam finiret.] Alibi quoque de ipso impiorum et reproborum, atque æterno interitu damnatorum capite, id est Antichristo, jam eum damnatum esse contestans, ita dicit : [Ille damnatus homo quem in fine mundi apostata angelus assumit ad prædicandum falsitatem suam, astutos, ac duplices, atque hujusmodi scientiam habentes electurus est.] Et alio loco : [Terra cui væ dicitur ille principaliter damnatus homo est qui alarum cymbalum vocatur : quia qui per superbiam multitudinem cogitationis evolant, eumdem perversum hominem prædicando sonant.] Et paulo post : [Terra, inquit, cui væ dicitur, trans fluminis Æthiopiæ esse perhibetur : quia damnatus ille homo tanta immensitate iniquus est, ut omnium peccantium peccata transcendat.]

CAPUT X.

De gemina prædestinatione.

Ecce beatissimi Patres Ecclesiæ uno sensu, uno ore, quia et uno spiritu divinæ præscientiæ, et prædestinationis immobilem veritatem in utraque parte electorum scilicet et reproborum prædicant, et commendant. Electorum utique ad gloriam, reproborum vero non ad culpam, sed ad pœnam. Et in his non temporalium, neque ex aliquo tempore inchoantium sed sempiternarum dispositionum Dei immutabilem ordinem nobis demonstrari confirmant, nec aliquem electorum posse perire, nec ullum reproborum propter duritiam et impœnitentiam cordis sui posse salvari. Hoc et divinarum Scripturarum veritas, et sanctorum, atque orthodoxorum Patrum auctoritas consonanter annuntiant, indubitanter nobis credendum, tenendum inculcant. Quapropter et si « illius miserabilis monachi » improbatur levitas, improbatur temeritas, culpatur importuna loquacitas, non ideo divina neganda est veritas : quia juxta præmissam catholicæ fidei rationem omnipotens Deus ante constitutionem mundi, antequam quidquam faceret, a principio certis et justis, atque immutabilibus causis æterni consilii sui quosdam prædestinaverit ad regnum gratuita bonitate sua, ex quibus nemo sit periturus protegente misericordia sua, et quosdam prædestinaverit ad interitum justo judicio suo propter « meritum, quod præscivit impietatis eorum : » ex quibus nemo possit salvari non propter violentiam aliquam divinæ potestatis, sed propter indomabilem, et perseverantem nequitiam propriæ iniquitatis. Quid ergo restat, nisi ut si quid aliter sapuimus, hoc nobis, Deo revelante, humiliter abnuamus, et clarescentem veritatem fideliter amplectamur : quia, ut Apostolus docet, « non debemus posse aliquid adversus veritatem sed pro veritate (*I Cor.* XIII, 8). »

CAPUT XI.

De voluntate Dei. — Locus difficillimus, Qui vult omnes homines salvos fieri *a Patribus quatuor modis explicatur.*

Sequitur in jam dicta Epistola præfatum monachum dixisse atque docuisse : « Quod Deus non vult omnes homines salvos fieri, sed eos tantum qui salvantur » : et quod dicit Apostolus, « qui vult omnes homines salvos fieri (*I Tim.* II, 4), » illos dici *omnes* qui tantum salvantur.

Hæc autem quæstio valde perplexa, et in sanctorum Patrum scriptis multum versata, et multipliciter exposita, non vobis videtur præcipitanter definienda, sed cautissime, et fidelissime perscrutanda, atque pertractanda, et ex aliis videlicet Scripturæ sanctæ manifestioribus locis quibus ejus obscuritas illustretur, et ex paternæ, ut dictum est, auctoritatis expositionibus, et ex ipsa fidei ratione.

[a] Primo itaque hoc dicendum quod firmissime sit credendum, et nullatenus dubitandum, quod Apostolus Christo in se loquente testatur et prædicat dicens de Deo : « Qui vult omnes homines salvos fieri, et ad agnitionem veritatis venire (*I Tim.* II, 4). » Et tamen manifestum est non omnes salvari, cum ipsa Veritas dicat, discernens inter eos qui salvantur et qui condemnantur : « Qui crediderit et baptizatus erit, salvus erit ; qui vero non crediderit, condemnabitur (*Marc.* XVI, 16). » Neque « omnes ad agnitionem veritatis venire (*I Tim.* II, 4), » nisi eos solos, qui mysterium Dei Patris, et unigeniti Filii ejus, et hic agnoverint per fidem, et in futuro videre meruerint per speciem : sicut eadem Veritas ad Patrem dicit : « Ut omne quod dedisti ei, det eis vitam æternam. Hæc est autem vita æterna, ut cognoscant te solum verum Deum et quem misisti Jesum Christum (*Joan.* XVII, 2, 3). » Quomodo ergo omnipotens Deus, « et omnes homines salvos fieri vult, atque ad agnitionem veritatis venire, » et tamen non omnes salvantur, nec veniunt ad hanc agnitionem, cum alibi Scriptura dicat : « Omnia quæcunque voluit, Dominus fecit (*Psal.* CXIII, 3), » cur itaque hoc voluit et non fecit, qui omnia quæcunque voluit fecit?

Hunc obscurissimum et difficillimum locum, in quantum nostræ pusillitatis memoriæ occurrit, quatuor modis in scriptis catholicorum Patrum invenimus explanatum, videlicet ut vel ita intelligamus dictum : « Qui vult omnes homines salvos fieri, » ut *omnes homines* omnia hominum genera accipiamus, id est Judæorum et gentium, liberorum et servorum, virorum et mulierum, divitum et pauperum, nobilium et ignobilium, et quæcunque hujusmodi ex omni genere hominum salvat, et ad agnitionem veritatis perducit per Dominum Jesum Christum qui in Evangelio dicit : « Simile est regnum cœlorum sagenæ missæ in mare, et ex omni genere piscium congreganti (*Matth.* XIII, 47). » Isto namque locutionis modo ipse Dominus in Evangelio dicit : « Et ego si exaltatus fuero a terra, omnia traham ad me (*Joan.* XII, 32). » Quomodo enim per passionem crucis, in qua exaltatus est, omnia traxit ad se, qui alibi dicit : « Nemo potest venire ad me, nisi Pater qui misit me traxerit eum? » (*Joan.* VI, 44.) Quod utique de solis fidelibus intelligendum est ; sed omnia ad se trahit qui ex omni, ut dictum est, genere hominum Ecclesiam suam colligit, et perficit. Sicut etiam illud ab Apostolo dictum est : « Conclusit enim Deus omnia in incredulitate, ut omnium misereatur (*Rom.* XI, 32), » quomodo enim omnium miseretur æterna illa miseratione, qua electos suos « Coronat misericordia, et miserationibus (*Psal.* CII, 4), » qui occulta dispositione judicii sui, « Cujus vult mi-

NOTÆ DUVALLII DOCTORIS SORBONICI.

[a] Quatuor explicationes profert propositionis Apostoli I ad Timoth. II : « Vult Deus omnes homines salvos facere, et ad agnitionem veritatis pervenire. » Tres priores commendat et quartam tanquam Pelagianam condemnat. Verum licet prima sit Augustini in Enchiridio, cap. 103, nihilominus propter hujus temporis hæreticos parumper est periculosa. Ut enim impiam suam de reprobatione opinionem astruat Calvinus III, Institut., c. 14, illam dicit ita intelligendam de generibus scilicet singulorum, et non de singulis generum : ita ut Deus ex omni sexu, ætate, conditione et statu, aliquos duntaxat salvare voluerit, non tamen omnes et singulos. Secunda pariter est Augustini loco citato Enchiridii, Prosperi epistola ad Rufinum, et in responsione octava ad episcopos Galliæ. Tertia ejusdem Augustini de Correptione et Gratia, cap. 14 et 22 ; de Civit., cap. 1 et 2 ; nec non D. Thomæ in locum illum Apostoli. Quarta eo modo quo explicatur ab Ecclesia Lugdunensi explodenda est : certum est enim Deum non exspectare nostras voluntates vel cooperationem earumdem, ut simpliciter et absolute nostrum omnium salutem velit. Si tamen ita exponatur, ut Deus voluntate antecedente omnes salvare velit, quia sufficientia omnibus et singulis media ad salutem confert, verum, pium, catholicum et nullo modo Pelagianum sensum habet : hanc enim tenet Ambrosius secundo de Vocatione gentium, cap. 1, 6 et 10 ; Prosper ad primam et secundam Gallorum objectionem, omnesque scholastici in prima distinct., 46, unico excepto Ariminensi.

seretur, et quem vult indurat (*Rom.* IX, 18), » nisi quia (ut dictum est) omni hominum generi miseretur. Quod in duobus populis Judæorum scilicet, et gentium continetur. De quibus, ut hoc diceret, supra loquebatur Apostolus.

Aut ita accipimus dictum: Qui vult omnes homines salvos fieri, ut illos solos salvari intelligamus, quos ipse salvare voluerit, id est non quod omnes salventur, sed quod nemo, nisi miserationis ejus voluntate salvetur, de quo Psalmista dicit: « Salvum me fecit, quoniam voluit (*Psal.* XVII, 20), » et iterum: « Et vita in voluntate ejus (*Psal.* XXIX, 6). » Iste enim locutionis modus in verbis Apostoli etiam aliis locis invenitur, sicut est illud: « Sicut per unius hominis delictum in omnes homines in condemnationem: ita et per unius hominis justitiam in omnes homines in justificationem vitæ (*Rom.* V, 18). » Quomodo enim per unius hominis justitiam, id est Christi, in omnes homines in justificationem vitæ? cum manifestissime non omnes homines per justitiam Christi justificentur, et vivificentur in Christo. Et tamen verissime dixit Apostolus: « Per unius hominis justitiam in omnes homines in justificationem vitæ, » non quia nullus hominum est, qui per illius justitiam non justificetur: sed quia præter ejus justitiam, nemo justificatur. « Omnes » ergo per primum Adam in condemnationem, et « omnes » per novissimum Adam in justificationem: quia nemo in condemnatione nisi per illum, nemo in justificatione nisi per istum. Tali sensu et illud accipiendum est: « Sicut in Adam omnes moriuntur, ita et in Christo omnes vivificabuntur (*I Cor.* XV, 22). » Quod utique de futura resurrectione dixit Apostolus. Nunquid enim tunc vivificabuntur in Christo, qui nunquam crediderunt in Christum, qui nunquam fuerunt in Christo, qui nunquam vixerunt, nec mortui sunt in Christo? Et ideo nullatenus pertinent, ut in illo accipiant resurrectionem vitæ, quam Dominus fidelibus promittit dicens: « Qui bona fecerunt, in resurrectionem vitæ, » et ideo ad eorum pertinent sortem, de quibus statim subjungit: « Qui vero mala egerunt, in resurrectionem judicii (*Joan.* V, 29). » Et tamen vere in Adam « omnes » moriuntur, quia nemo in mortem nisi per illum. Et vere in Christo « omnes » vivificabuntur: quia nemo in illa resurrectione vitæ nisi per ipsum. Quo etiam sensu manifestissime illud in psalmo dictum est: « Allevat Dominus omnes qui corruunt, et erigit omnes elisos (*Psal.* CXLIV, 14). » Neque enim « omnes » omnino, qui in diversis criminibus, et vitiis corruunt, et eliduntur Dominus miserendo, atque indulgendo a lapsu ruinæ suæ allevat, et erigit cum tantos in eisdem suis criminibus et iniquitatibus perire certum sit. Et tamen vere ipse « omnes » corruentes, et « omnes » elisos allevat, atque erigit, quia vel ex omni genere peccantium sive criminosorum, quos voluerit, salvat, vel quia nisi per illum nemo prostratus erigitur, aut allevatur, dum non suis viribus sed Dei miseratione consurgit. Sicut ergo in his Psalmi verbis de opere misericordiæ Dei: ita et in illa apostolica sententia, quia de ipso dictum est: « Qui vult omnes homines salvos fieri, » rectissime intelligitur de voluntate bonitatis Dei.

Vel certe ita intelligatur: « Qui vult omnes homines salvos fieri (*Rom.* VIII, 26, 27), » quia hoc sanctos suos per Spiritum suum velle facit, id est velle eis inspirat, ut omnes homines sicut seipsos salvos fieri optent; sicut et de Spiritu sancto intelligendum est quod idem dicit Apostolus: « Sed ipse Spiritus postulat pro nobis gemitibus inenarrabilibus. Qui autem scrutatur corda, scit quid desideret Spiritus, quia secundum Deum postulat pro sanctis. » Postulat namque Spiritus, quia, ut beatus Gregorius exponit, ad postulandum eos quos repleverit inflammat. Et gemit atque desiderat Spiritus, quia sanctos in orationibus gementes et desiderantes facit, juxta hunc itaque sensum: « Deus vult omnes homines salvos fieri, » quia, ut dictum est, ipse sanctis suis inspirat ut hoc velint, ipse eos ita volentes facit sicut inspiraverat beato Apostolo qui dicebat: « Volo autem omnes homines esse sicut meipsum (*I Cor.* VII, 7). » Et alibi cum coram rege Agrippa et principibus testimonium Christi mira libertate et constantia prædicaret, dicente sibi eodem rege: « In modico suades me Christianum fieri, » continuo plenus desiderio, salutis omnium respondit: « Opto apud Deum et in modico, et in magno non solum te, sed et omnes qui me audiunt hodie tales fieri, qualis ego sum exceptis vinculis istis (*Act.* XXVI, 28, 29). »

CAPUT XII

Sequitur ejusdem loci explanatio.

Quarto autem modo ita a sanctis Patribus intellectum invenitur quod dictum est: « Qui vult omnes homines salvos fieri, » ut simpliciter accipiatur hoc de omnibus hominibus: « Quantum in ipso est Deum velle, » eo quod omnes salvari velit « bonitate Creatoris, » sed quia liberi arbitrii eos condidit, exspectet, ut hoc etiam ipsi velint, et si voluerint, juste salventur: si noluerint, juste puniantur. Sed huic sensui imprimis illud videtur esse contrarium: « Quomodo omnipotens Deus eorum, quos vult salvos fieri exspectet voluntatem, » ut et ipsi scilicet propria arbitrii libertate salvi esse velint, cum velle fideliter salvum fieri sit per redemptionem Domini Jesu Christi. Quia, sicut beatus Petrus apostolus docet: « Non est in ullo alio salus, et non est aliud nomen sub cœlo datum hominibus, in quo oporteat nos salvos fieri (*Act.* IV, 12), » nemo omnino possit nisi in eo Deus operetur et velle et posse, sicut Apostolus testatur dicens: « Deus est enim qui operatur in vobis et velle et perficere pro bona voluntate (*Phil.* II, 13), » si enim hanc voluntatem redemptionis et salutis quæ est in Christo nemo habet ex se ipso sed ab illo « qui operatur in eis, quos vocat et velle et perficere pro bona voluntate, » sicut manifestissime apostolicæ doctrinæ veritas docet, ut quid Deus exspectat eorum quos vult salvos fieri voluntatem, u ipsi libero arbitrio suo incipiant velle salvari, et tunc divina bonitate salventur, ut initium salutis eorum sit ex ipsis, perfectio autem ejusdem salutis ex Deo. Et ubi erit quod idem Apostolus dicit : « Aut quis prior dedit illi et retribuetur ei? » (*Rom.* xi, 35.) Aut quomodo in tali sensu Pelagianus error non habet victoriam, qui salutem hominis non ex Dei dono, sed ex libero ipsius hominis arbitrio esse confirmat?

Quod si falsum est, sicut omnino falsum esse convincitur, quid causæ est, ut Deus « qui omnes homines vult salvos fieri (*I Tim.* ii, 4), » non omnes homines salvet? Voluntatem eorum non exspectat, quia voluntatem veræ salutis suæ nemo habere potest, nisi per illum. An quod vult, non potest omnipotens? ut (quod absit) velit salvare omnes homines, nec possit. Quid ergo restat, nisi ut ille « Qui omnia quæcunque voluit fecit (*Ps.* cxiii, 3), » ideo hoc non faciat, quia nolit, non quia non possit? Quia sicut vere « omnia quæ voluit fecit » ita vere noluit quæ non fecit. Cur ergo noluit, nisi quia in hac re, sicut justum, ita et occultum et judicium ejus, cui Psalmista dicit : « Judicia tua abyssus multa? » (*Ps.* xxxv, 7.) Et de quo Apostolus dicit : « Quis enim cognovit sensum Domini, aut quis consiliarius ejus fuit? (*Rom.* xi, 34.) » Et iterum : « Nunquid iniquitas apud Deum? Absit (*Rom.* ix, 14.) » Quos ergo voluit salvare, salvavit, quia omnia quæcunque voluit fecit; quos autem salvare noluit, ubi nisi in illa ex Adam veniente massa damnationis reliquit. Ita fit etiam si secundum pium quorumdam Patrum piorum sensum Deus omnes homines vult salvos fieri bonitate Creatoris, qua creaturam suam bene a se conditam perire non vult, id ipsum iterum nolit, » judicis æquitate, » qua eamdem creaturam suam vel originali, vel etiam actuali peccato nequiter inquinatam et vitiatam impunitam esse non sinit. In tantum enim : « Neminem vult perire, nec voluntas ejus alicui causa perditionis existit, ut per prophetam etiam jurat et dicat : « Vivo ego, dicit Dominus, quia nolo mortem impii, sed ut revertatur a via sua impia et vivat (*Ezech.* xxxiii, 11). » Et tamen ipse, qui non vult mortem impii peseverantem in impietate sua impium procul dubio punit. Ita in uno atque eodem homine et bonitatem et severitatem suam ostendens : *bonitatem*, qua non vult eum perire; *severitatem*, qua perseverantem in iniquitate non vult impunitum relinquere. Si ergo hoc quod de uno homine diximus : De universo genere hominum pereuntium similiter intelligatur, potest forsitan non absurde dici quod Deus omnes homines velit salvos fieri bonitate Creatoris; et tamen eos quos indignos salute judicaverit, justa judicis severitate non salvet. Nam et in uno homine, ut jam dictum est, utrumque fieri posse ostendit Apostolus, dicens : « Vide ergo bonitatem et severitatem Dei, in illis quidem qui ceciderunt severitatem : in te autem bonitatem, si permanseris in bonitate, alioquin et tu excideris (*Rom.* xi, 22); » quod est aperte severitatem denuntiare illi qui non permanserit in bonitate.

CAPUT XIII.

Conclusio.

In tribus itaque prioribus modis intelligentiæ eorum verborum, quibus de Deo dicitur : « Qui vult omnes homines salvos fieri, et ad agnitionem veritatis venire (*I Tim.* ii, 4). » Nulla absurditas, nulla repugnantia fidei invenitur : quia sive *omnes* homines quos Deus vult salvos fieri *omnia genera* hominum accipiantur, sive omnes homines salvos fieri Deum velle ita intelligatur : quia omnes qui salvantur non nisi ejus voluntate salvantur : sive eo modo dictum credatur : omnes homines Deum velle salvos fieri : quia in sanctis suis ipse hoc vult, qui eis talem voluntatem inspirat, ut omnes homines velint salvos fieri sicut seipsos : in his (inquam) omnibus et vera omnino, et salubris intelligentia est. In quarto autem modo illud sine dubio cavendum, quia et occasionem Pelagianæ pravitati præbet, quod Deum; ut salvet homines, humanas exspectare asserit voluntates. Contra quem errorem ita in antiquis Patrum conciliis legitur definitum (*Conc. Araus.*, can. 4) : [Si quis ut a peccato purgemur voluntatem nostram Deum exspectare contendit, non autem, ut etiam purgari velimus, per sancti Spiritus infusionem, et operationem in nobis fieri confitetur, resistit ipsi Spiritui sancto per Salomonem dicenti : « Præparatur voluntas a Domino (*Prov.* viii, 31 *sec. LXX*); » et Apostolo salubriter prædicanti : « Deus est qui operatur in nobis, et velle et perficere pro bona voluntate. »] Quod autem ibi simpliciter intelligitur Deum omnes homines velle salvos fieri bonitate scilicet Creatoris (ita ut putamus) fideliter potest recipi, si hanc voluntatem bonitatis suæ erga salutem hominum non credatur humana obsistente voluntate implere non posse, sed obsistente humana iniquitate implere nolle. Quæ omnia cum tam obscura sint, et tam profunda atque perplexa, nollemus inter fratres et charissimos nostros aliquid de his contentiose ventilari vel temere definiri, sed potius quod in eis certum est sine dubitatione defendi. Quod autem etiam inter magnos diverso modo, sed non diversa pietate sentientes ambiguum atque incertum remansit, etiam apud nos et reverenter honorari, quia neutrum eorum videtur esse falsum, vel fidei contrarium; et magis in talibus inquietos et contentiosos ad tranquillitatis et sobrietatis modestiam provocari, quam pro inusitatis et minus elucentibus rebus aliquem immoderata austeritate ac severitate damnari.

CAPUT XIV.

De morte Christi.

Adjungitur post hæc in præfata epistola quod prædicaverit ille miserabilis monachus, quia « Christus non venit ut omnes salvaret, nec passus est pro omnibus, nisi solummodo pro his qui passionis ejus salvantur mysterio. » Sed et de hac quæstione nihil confuse et inconsiderate dici, vel definiri vellemus, habet enim et ipsa profunditatem, et difficultatem suam, non nostra præsumptione, sed Scripturarum sanctarum veritate, et orthodoxorum Patrum auctoritate diligentius perscrutandam, et in quantum Dominus aperire dignatur, fideliter intelligendam. Nos enim firmissime tenemus, nec ullatenus dubitamus, juxta evangelicam et apostolicam fidem, Dominum nostrum Jesum Christum, pastorem bonum « animam suam posuisse pro ovibus suis, » sicut ipse dicit : « Ego sum pastor bonus : bonus pastor animam suam dat pro ovibus. » Et iterum : « Sicut novit me Pater, et ego agnosco Patrem. Et animam meam pono pro ovibus meis (*Joan.* x, 14, 15). » De quibus ovibus alibi dicitur : « Sicut filius hominis non venit ministrari, sed ministrare : et dare animam suam in redemptionem pro multis (*Matth.* xx, 28). » et : « Hic est calix sanguinis mei Novi Testamenti, qui pro vobis, et pro multis effundetur in remissionem peccatorum (*Matth.* xxvi, 28). » Unde et Apostolus dicit : « Sic et Christus semel oblatus est ad multorum exhaurienda peccata (*Hebr.* ix, 28). » Et qui isti sunt diligentissime commendavit dicens : « Et ambulate in dilectione, sicut et Christus dilexit nos, et tradidit semetipsum pro nobis oblationem et hostiam Deo in odorem suavitatis (*Ephes.* v, 2). » Et alibi : « Quanto magis, » inquit, « sanguis Christi, qui per Spiritum sanctum semetipsum obtulit immaculatum Deo emundavit conscientiam vestram ab operibus mortuis, ad serviendum Deo viventi (*Hebr.* ix, 14). » Et iterum : « Qui dedit semetipsum pro nobis, ut nos redimeret ab omni iniquitate, et mundaret sibi populum acceptabilem, sectatorem bonorum operum (*Tit.* ii, 14). » Et alio loco : « Qui factus est in nobis » inquit, « sapientia a Deo et justitia et sanctificatio et redemptio (*I Cor.* i, 30). » Hoc et in Psalmis similiter est prænuntiatum ubi canitur : « Redemptionem misit Dominus populo suo (*Psal.* cx, 9). » et : « Redemisti in brachio tuo populum tuum (*Psal.* lxxvi, 16). » Et iterum : « Quia apud Dominum misericordia, et copiosa apud eum redemptio : et ipse redimet Israel ex omnibus iniquitatibus ejus (*Psal.* cxxix, 7, 8). »

Hoc nobis et sacratissimum nomen ejus commendat et angelus docet dicens : « Et vocabis nomen ejus Jesum, ipse enim salvum faciet populum suum a peccatis eorum (*Matth.* i, 21). » Pro his namque et ipse Dominus se in patibulo crucis exaltatum testatur, dicens : « Et sicut Moyses exaltavit serpentem in deserto, ita exaltari oportet Filium hominis, ut omnis qui credit in ipsum non pereat, sed habeat vitam æternam, » ubi et statim subjunxit : « Sic enim et Deus dilexit mundum, ut filium suum unigenitum daret (*Joan.* iii, 14-16). » Et quis iste sit mundus quem Deus dilexit, et pro quo unigenitum suum dedit, continuo exponens adjunxit : « Ut omnis qui credit in ipsum non pereat, sed habeat vitam æternam, » sic enim et ibi intelligendus est mundus Deo dilectus, et per Unigenitum ejus redemptus, ubi beatus Joannes apostolus dicit : « Et ipse est propitiatio pro peccatis nostris : non pro nostris autem tantum, sed et pro totius mundi (*I Joan.* ii, 2), » et ubi B. Paulus apostolus dicit : « Deus erat in Christo mundum reconcilians sibi, non reputans illis delicta ipsorum (*II Cor.* v, 19). » Est namque mundus in infidelibus inimicus Deo, nec reconciliatus Deo. De quo scriptum est : « Et mundus eum non cognovit. » Et iterum : « Et mundus totus in maligno positus est (*I Joan.* v, 19). » Totus ergo mundus in salute, et totus in incredulitate, totus in reconciliatione, et totus in inimicitiis, quia et ille in suo genere totus, et iste in suo genere totus intelligendus est.

CAPUT XV.

Ordo reconciliationis, 1. Electorum, 2. Fidelium omnium qui non perseverant, 3. Vocandorum, 4. Infidelium.

In hac redemptionis et reconciliationis gratia primus ordo est electorum et prædestinatorum ad vitam æternam : de quibus perire nullus potest, et qui omnino omnes salvantur et ad quos pertinet, quod Dominus dicit : « Qui perseveraverit usque in finem, hic salvus erit (*Matth.* x, 22). » Secundus ordo est eorum fidelium qui recta fide et pietate accedunt ad gratiam baptismi, et per eam accipiunt indulgentiam peccatorum, baptizati in morte Christi, et abluti a peccatis suis in sanguine ejus, ac per hoc participes redemptionis ipsius effecti, sed postea diversis tentationibus et iniquitatibus gratiam ipsius fidei et redemptionis amittunt perseverantes in malis suis, et sic de sæculo exeuntes. De qualibus dicit Apostolus quod « regnum Dei non consequentur (*Gal.* v, 21), » et « quia non habent hæreditatem in regno Christi et Dei (*Ephes.* v, 5). » quibus etiam Dominus se dicturum comminatur, dicens : « Amen dico vobis, nescio vos (*Matth.* xxv, 12), » unde et idem apostolus de eisdem gratiam Christi in Ecclesia consecutis, sed eam minime servantibus terribiliter denuntiat dicens : « Quanto magis putatis deteriora mereri supplicia, qui Filium Dei conculcaverit, et sanguinem testamenti pollutum duxerit, in quo sanctificatus est, et spiritui gratiæ contumeliam fecerit (*Hebr.* x, 29). » Et iterum : « Impossibile est enim eos, qui semel sunt illuminati, gustaverunt etiam donum cœleste, et participes sunt facti Spiritus sancti, gustaverunt nihilominus bonum Dei verbum, virtutesque sæculi venturi : et prolapsi sunt, renovari rursus ad pœnitentiam, rursum crucifigentes sibimetipsis Filium Dei, et ostentui habentes (*Hebr.* vi, 4-6). » Propter hoc horrendum malum transgressionis, et amissionis gratiæ Dei, omni intentione cavendum atque fugiendum, omni fideli Dominus in Apocalypsi dicit : « Tene quod habes, ut nemo accipiat coronam tuam (*Apoc.* iii, 11). » Et iterum : « Esto fidelis usque ad mortem, et dabo tibi coronam vitæ (*Apoc.* ii, 10). » Et Apostolus admonet atque hortatur, dicens : « Participes enim Christi effecti sumus, si tamen initium substantiæ usque ad finem firmum teneamus (*Hebr.* iii, 14). » et iterum : « Christus vero tanquam filius in domo sua, quæ domus sumus nos, si fiduciam et gloriam spei usque ad finem firmam retineamus (*Hebr.* III, 6). » Tertius autem ordo eorum qui ad hanc gratiam accedunt, in illis accipiendus est, qui adhuc in infidelitate positi, vocandi tamen sunt per misericordiam Dei, et hoc sine dubio in Ecclesia consecuturi quod consecuti sunt, et illi duo ordines sive perseverantium, sive non perseverantium in gratia Christi, de quibus jam diximus. De his namque Domini voce promittitur: « Qui crediderit et baptizatus fuerit salvus erit (*Marc.* XVI, 16). » Quartus vero ordo de quo statim subjungitur: « Qui autem non crediderit condemnabitur (*ibid.*) » manifeste extra numerum fidelium jacet, et æternæ condemnationi est destinatus; qualibus dictum est: « Sed vos non creditis, quia non estis ex ovibus meis (*Joan.* X, 26); » et: « Propterea vos non auditis, qui ex Deo non estis (*Joan.* VIII, 47); » et: « Qui non credit jam judicatus est, quia non credidit in nomine unigeniti Filii Dei (*Joan.* III, 18). »

CAPUT XVI.

Mortuus Christus pro omnibus credentibus et credituris.

Pro illis itaque tribus ordinibus ad Christi gratiam et societatem fidelium pertinentibus Dominum Jesum Christum et venisse ut eos salvaret, et crucifixum esse ut eos redimeret, eosque in sua morte baptizaret, et in suo sanguine a peccatis ablueret, et fideliter credendum tenemus, et hoc non solum ex divinis Scripturis, sed etiam ex sanctorum Patrum fide et doctrina evidenter agnoscimus. Beatus namque Hieronymus, exponens illum locum Evangelii ubi Dominus de se ait: « Et dare animam suam in redemptionem pro multis (*Matth.* XX, 28); » de hac re ita docet: [Quando formam servi accepit, ut pro mundo sanguinem funderet, et non dixit: Dare animam suam redemptionem [a] pro omnibus, sed pro multis, id est, pro his qui credere voluerint.] In quibus verbis miro et apostolico modo Dominum nostrum, et pro mundo sanguinem fudisse, et tamen ipsum mundum pro quo pretiosus ille sanguis effusus est, non alios nisi fideles monstravit. Beatus Augustinus in tractationibus Evangelii secundum Joannem (*tract.* 66 *et* 49), non solum pro infidelibus, sed etiam pro his qui ex parte credunt Christum, et ex parte non credunt, docet non esse mortuum Christum, ita dicens: [Qui ita confitetur Christum Deum ut hominem neget, non pro illo mortuus est Christus: quia secundum hominem mortuus est Christus.] Et alio loco de infidelibus: [Quomodo, inquit, istis dixit: Non estis ex ovibus meis, quia videbat eos ad sempiternum interitum prædestinatos, non ad vitam æternam sui sanguinis pretio comparatos.] Et alibi (*tract.* 55) distinguens inter apostolos et Judam proditorem, quod pro illis Dominus moriturus esset, pro illo non esset: [Tota, inquit, ejus passio nostra purgatio est: passurus exitia, promisit obsequia, non solum illis pro quibus erat subiturus mortem, sed etiam illi qui fuerat eum traditurus ad mortem.] Item docens pro illis tantum Dominum passum, quos ipsa passione redimendo, oves suas fecit: [Omnes, inquit, fecit suas oves, pro quibus est omnibus passus; quia et ipse ut pro omnibus pateretur, ovis est factus.] Item cum exponeret mysterium illius vituli saginati, quem pater redeunti filio jussit occidi, tunc eum pro unoquoque dicit occidi, cum credit in occisum:] Nam ut etiam occidant, inquit, eum jubet, hoc est, ut mortem ejus insinuent: tunc enim cuique occiditur cum credit in occisum.]

Beatus Leo nihil Dominum nostrum inaniter egisse aut pertulisse, sed totum ad salutem fidelium ita docet. [Nihil enim Redemptor noster non ad nostram salutem aut egit, aut pertulit, ut virtus quæ inerat capiti, inesset et corpori. Nam primum ipsa illa substantiæ nostræ in deitate susceptio, qua « Verbum caro factum est, et habitavit in nobis (*Joan.* I, 4), » quem hominum misericordiæ suæ, nisi infidelem, reliquit exsortem? et cui non communis natura cum Christo est, si assumentem recipit, et eo Spiritu est regeneratus, quo est ille progenitus?] Beatus quoque Gregorius quod ad eos tantum Dominus noster salvandos venerit, quos in se suscipiendo liberavit, ita docet: [Interpellat autem pro nobis Dominus, non voce, sed miseratione: quia quod in æternum damnari noluit, suscipiendo liberavit.]

Hæc ex sanctorum Patrum verbis breviter adnotavimus, ut quam vere eorum veneranda doctrina etiam in hac re de qua quæritur, evangelicæ et apostolicæ auctoritati consonet et concordet, evidentissime agnoscatur. Et licet Apostolus de eodem Domino et Redemptore nostro dicat: « Unus Deus, unus est mediator Dei et hominum homo Christus Jesus, qui dedit semetipsum redemptionem pro omnibus, » tamen juxta superius demonstratam fidei regulam, recte intelligitur pro illis omnibus se redemptionem dedisse pro quibus etiam dignatus est mediator Dei et hominum esse. Neque enim infidelium mediator est, sicut nec advocatus, vel reconci-

NOTÆ DUVALLII DOCTORIS SORBONICI.

[a] Affirmat Christum non fuisse passum pro his qui in infidelitate moriuntur, et passionem ejus fuisse duntaxat pro multis, et non pro omnibus. Hæc autem benigna indigent interpretatione, non minus quam concilium Valentinum, can. 4, ubi damnat asserentes Christum sua merita pro impiis et qui in peccato moriuntur statuisse, diffinitque pretium sanguinis Christi oblatum fuisse ad multorum exhaurienda peccata, eorum scilicet qui credendo in Christum non pereunt, sed vitam æternam consequuntur: loquitur enim illud concilium, sicut et Ecclesia Lugdunensis, de merito et satisfactione quoad efficaciam, non autem quod sufficientiam; quo modo pro omnibus omnino hominibus passus est; qua quidem distinctione facile est omnibus Ecclesiæ Lugdunensis rationibus occurrere, ut legendo cuivis facile constabit.

liator, sed fidelium tantum, de quibus beatus Joannes apostolus dicit: « Advocatum habemus apud Patrem Jesum Christum justum, et ipse est propitiatio pro peccatis nostris (*I Joan.* II, 1), » ut videlicet ita accipiatur quod dictum est: « Qui dedit semetipsum redemptionem pro omnibus (*I Tim.* II, 6), » non quod omnes sua passione redemerit, sicut utique manifestum est, sed quod nemo accipiat redemptionem nisi in illo et per illum. Dicit etiam alibi idem Apostolus de Domino: « Ut gratia Dei pro omnibus gustaret mortem (*Hebr.* II, 9, 10), » et pro quibus omnibus mortem gustasse intelligendus sit, videtur continuo demonstrasse cum subjungit: « Decebat enim eum propter quem omnia, et per quem omnia, qui multos filios in gloriam adduxerat, auctorem salutis eorum per passiones consummari. » Similiter et alio loco ubi de eodem Domino nostro dicit: « Quia unus pro omnibus mortuus est, ergo omnes mortui sunt, et pro omnibus mortuus est (*II Cor.* V, 14), » statim pro quibus omnibus mortuus esse intelligendus sit subjungit dicens: « Ut et qui vivunt jam non sibi vivant, sed ei qui pro ipsis mortuus est et resurrexit (*Ibid.* 15). » Isti namque sunt *omnes* de quibus alibi idem Apostolus in gloriam et laudem Dei Patris dicit: « Qui etiam proprio Filio suo non pepercit, sed pro nobis omnibus tradidit illum (*Rom.* VIII, 32), » quibus et alibi dicit: « Et non estis vestri: empti enim estis pretio magno (*I Cor.* VI, 20). » Unde penset unusquisque fidelis, cum sanguis ille tanquam Agni incontaminati et immaculati Christi ab Apostolo pretium magnum dicatur esse, utrum possit tale pretium in aliqua parte esse inane et vacuum, an potius illarum mercium pro quibus datum est lucro et cumulo refertum.

CAPUT XVII

Quomodo in vacuum laborasse dicitur Christus? Ex persona scilicet membrorum.

Dicit quidem ipse Dominus apud Isaiam prophetam, loquens de mysterio passionis suæ [a]: « Et ego dixi: In vacuum laboravi sine causa, et vane fortitudinem meam consumpsi (*Isa.* XLIX, 4). » Sed absit ut hoc velut anxius et ignarus loqui credatur, qui sine dubio nunquam ignorare potuit exitum et effectum passionis suæ, quam pro utriusque populi redemptione et salute certo et definito consilio suscepit, dicente evangelista: « Quia Jesus moriturus erat pro gente, et non tantum pro gente, sed ut filios Dei qui erant dispersi congregaret in unum (*Joan.* XI, 52), » et ipso Domino de humilitate et copioso fructu ejusdem mortis suæ manifeste prænuntiante, cum ait: « Nisi granum frumenti cadens in terram mortuum fuerit, ipsum solum manet; si autem mortuum fuerit, multum fructum affert (*Joan.* XII, 24, 25). » Cum ergo hæc tanta certitudine præscierit, tanta veritate et firmitate prædixerit, quid est quod dicit: Et ego dixi: « In vacuum laboravi sine causa, et vane fortitudinem meam consumpsi? » (*Isa.* XLIX, 4.) Ut scilicet quia si doleat et conqueratur tanta humilitate et abjectione passionis se in vacuum laborasse, ac sine causa et vane tantam tolerantiæ et patientiæ fortitudinem consumpsisse, dum velut infructuosa et vacua videretur inani adnisu et conatu esse consumpta: sed hoc nimirum bene intelligitur dicere ex persona membrorum suorum sub illa passionis et mortis ignominia infirmantium, ac pene desperantium, dum et persecutorum sævitia velut victus et exstinctus putabatur, et resurrecturus atque humani generis redemptor minime credebatur. Ita namque de illo desperare cœperunt qui dicebant: « Et quomodo tradiderunt eum summi sacerdotes, et principes nostri in damnationem mortis, et crucifixerunt eum. Nos autem sperabamus quia ipse esset redempturus Israel (*Luc.* XXIV, 20, 21), » et ideo vacuus et vide[bat]ur poterat et labor passionis, et fortitudo tantæ tolerantiæ, cujus nullus fructus videbatur, nulla redemptionis utilitas credebatur. Sic enim et in psalmo, utique non ex sua, qui peccatum non fecit, sed ex persona membrorum suorum dicit [b]: « Longe a salute mea verba delictorum meorum (*Psal.* XXI, 2). » Et alio loco: « Deus, tu scis insipientiam meam, et delicta mea a te non sunt abscondita (*Psal.* LXVIII, 6). » Ita ergo et in his propheticis verbis ex persona, ut dictum est, infirmantium et pene desperantium membrorum suorum, et in vanum se illa passione laborasse, et sine causa et vane fortitudinem suam consumpsisse conquestus est. Ipse autem ex persona sua omnino certus et fidens, licet et a persecutoribus videretur victus, et ab infirmitatibus discipulis putaretur frustra atque in vacuum passus, continuo per illa verba velut quærimoniæ et anxietatis subjungit: « Ergo judicium meum cum Domino, et opus meum in Deo meo (*Isa.* XLIX, 4). » Id est, judicium meum, quod apud homines in illa humilitate sublatum est, apud Dominum salvum et inviolatum est. Et opus meum, quod sub tanta ignominia et contem

NOTÆ DUVALLII DOCTORIS SORBONICI

[a] Caute legenda est expositio horum verborum Isaiæ: « Ego autem in vacuum laboravi, frustra consumpsi fortitudinem meam. » Dicit enim Christum hoc loco ex persona membrorum sub illa passionis mortis ignominia infirmantium ac pene desperantium esse locutum, et hoc conformiter suo dogmati, quod nempe Christus solum pro electis passus fuerit, ut ideo in vacuum minime laboraverit. Verum satius est ea de Christo ipso exponere, paucorum salutem prævidente, quamvis sufficientissimum, imo superabundantissimum pretium redemptionis omnium hominum in ara crucis exsolvisset.

[b] Ibidem notent Calvinistæ hunc Psalmistæ versiculum: « Quare me dereliquisti? Longe a salute mea verba delictorum meorum, » non de Christo ipso, sed de illius membris esse intelligenda, quorum omnium peccata tanquam sibi propria imputabat, ita ut hæsitatio et desperatio, cujus ibi fit mentio, non Christo, qui de sua salute anceps et dubius nunquam fuit, nec esse potuit, sed illius membris attribuenda sit.

ptu passionis frustra videtur effusum atque consumptum, apud Deum plenum est fructu, et in nullo sui effectus lucro fraudatum. Denique ut statim fructuosissimum ipsius sui operis effectum in utriusque populi redemptione, atque illuminatione evidentissime declararet, præmissis verbis protinus adjunxit : « Et glorificatus sum in oculis Domini, et Deus meus factus est fortitudo mea ; et dixit : Parum est, ut sis mihi servus ad suscitandas tribus Jacob, et fæces Israel convertendas. Posui te in lucem gentibus, ut sis salus mea usque ad extremum terræ (*Ibid.*, 5, 6). » Non ergo aliquis ex illis verbis velut rationem se invenisse existimet, quia Dominum nostrum aliquid inaniter et vane in passione sua et pretiosi sanguinis effusione egisse contendat ; cum tota hujus propheticæ lectionis serie ordinatissimo rerum effectu, et ex persona, ut dictum est, infirmantium membrorum evidens hæsitatio et desperatio, et ex persona ipsius capitis justi judicii, et efficacissimi operis præsumptio, et ex persona patrum plenissima declaretur tantæ humilitatis, et tanti operis in utriusque populi acquisitione compensatio ; in illis videlicet, qui per eum a morte animæ suscitantur, qui ad fidem convertuntur, quibus in lucem ponitur, atque in salutem datur.

CAPUT XVIII.

Pro impiis ante mortem Christi damnatis nullo modo passus est. Quid de posteris infidelibus, quid de Antichristo?

Quamvis igitur idem Dominus noster, et ad omnes salvandos et omnes redimendos, etiam quos nec salvavit nec redemit, id est infideles, et impios, in sua infidelitate et impietate perditos et pereuntes, sive perituros, venisse contendatur, unum tamen est quod nos et fidelissime credimus, et verissime novimus, quia pro omni illa innumerabili et infinita multitudine impiorum, qui ab exordio mundi usque ad passionem Domini [a] per quatuor ferme annorum millia in sua impietate sunt mortui, et apud inferos æterna perditione damnati, nunquam Dominus passus, nunquam mortuus est, nec ad eos salvandos ullatenus venit, nec pro eis pretiosum sanguinem fudit : quoniam solos illos ex his qui ab exordio mundi usque ad passionem ejus exstiterunt, eadem passione sua redemisse et salvasse, atque ab inferni claustris eduxisse credendus est, qui et fideliter eum, speraverunt venturum, et fideliter per eum redemptionem et liberationem ad salutem se accepturos esse crediderunt : sanctos videlicet patriarchas, et prophetas, et cæteros justos quibus etiam per Oseæ prophetam ante promiserat, dicens : « De manu mortis liberabo eos, de morte redimam eos. Ero mors tua, o mors : ero morsus tuus, inferne (*Ose.* XIII, 14). » Et ideo nunquam aliquis catholicorum doctorum ita sensisse, aut docuisse credendus est, quasi Dominus et salvator noster etiam ad illam impiorum multitudinem, quæ ante passionem ejus periit, salvandam atque redimendam, passionem et mortem susceperit. Cum ergo pro illa inæstimabiliter majore humani generis parte, quæ per tot millia annorum præcesserat, nullatenus credendus sit passus, nec pro ejus salute crucifixus, quid de ista utique minori parte infidelium et impiorum credendum est, qui post passionem ejus usque ad mundi terminum aut exstiterunt aut existunt, aut futuri sunt? In quibus utique et homo ille nondum natus Antichristus erit. Nam si ad istos tales Dominus salvandos venit, id est impios, et in sua impietate perituros, ergo præstitit illis quod illis antiquis impiis non præstitit : quia videlicet pro istis est crucifixus et mortuus, quod pro illis nullatenus credendus est passus. Si autem nec pro istis est crucifixus et mortuus, sicut nec pro illis, ergo pares sunt impietate, pares perditione, et pariter omnino extranei a Christi redemptione : quia et si pro istis passus esse dicatur, quid eis profecit ejus passio impiis, et in sua impietate perituris, nisi, ut qui non fiunt participes redemptionis, majorem et graviorem incurrant cumulum damnationis?

CAPUT XIX.

De B. Leonis intelligentia.

Ponit quædam verba B. Leo in quibusdam sermonibus ad populum, ex quibus nonnulli, vel minus attendentes, vel minus intelligentes, fortassis eum docere et sentire existimant quod Dominus noster etiam pro impiis in sua impietate durantibus passus sit, et eorum possit dici redemptor, sicut illud est quod quodam loco ait : [Respice tandem, Judæe, respice, et ad Redemptorem etiam tuum, deposita infidelitate, convertere. Noli sceleris tui immanitate terreri ; non justos Christus, sed peccatores vocat : nec impietatem tuam repellit, qui pro te, cum crucifixus esset, oravit.] Sed in his verbis manifestum est bene intelligentibus, quia, usitato more humanæ locutionis, sub unius Judæi persona totum Judæorum populum alloquitur, et idcirco velut in persona omnium, ad unum clamat et dicit : [Et ad redemptorem etiam tuum deposita infidelitate convertere.] Non quia nullus sit infidelium Judæorum cujus Dominus non sit redemptor, sed quia non solum aliarum gentium, sed etiam illius Judæi populi, cujus scelere et impietate crucifixus est, si ad eum convertatur, redemptor esse dignatur. Et ideo ait [qui pro te cum crucifixus esset oravit :] non quod nullus infidelium

NOTÆ DUVALLII DOCTORIS SORBONICI.

[a] Ita varii sunt chronistæ in annorum supputatione a creatione usque ad Christum, ut jure de illis dici possit : Tot capita, tot sententiæ ; communior tamen et certior est eorum supputatio, qui ex LXX Interpretibus et pervetustis Hebræorum codicibus dicunt quinque millia centum et nonaginta novem a creatione ad Christum effluxisse. Communior quidem, qui est tam Græcorum quam Latinorum, ut notat Baronius in Martyrologio ; certior vero, quia hunc annorum numerum Ecclesia in Martyrologiis perpetuo retinuit.

Judæorum sit pro quo non Dominus in cruce oraverit, dicens: « Pater, ignosce illis, non enim sciunt quid faciunt (*Luc.* XXIII, 34), » cum aperte ipse Dominus dicat: « Ego pro eis rogo, non pro mundo rogo, sed pro his quos dedisti mihi de mundo (*Joan.* XVII, 9) [a]. » Sed quia etiam in ipso infideli populo et sunt, et fuerunt multi, pro quibus ut a suo errore convertantur et salventur Dominus misericorditer oravit, et quod oravit efficaciter obtinuit, et perfecit. Et recte B. doctor dicit, velut sub unius persona ad totum illum infidelem populum [qui pro te cum crucifixus esset oravit]. Quia profecto et ex illo, et in illo populo et fuerunt, et sunt, et erunt, pro quibus oravit. Hæc verba B. Leonis ita omnino esse intelligenda, etiam ipse in aliis locis eorumdem sermonum ad populum tam clare exponit, ut de his nemini dubitandum sit. [Sicut enim quodam loco ait: Dominus noster ita humano generi sua morte consuluit, ut sacramentum salutis etiam ipsis persecutoribus non negaret: qui enim venerat universis credentibus omnia peccata dimittere, a generali indulgentia nec Judaicum voluit crimen excludere.] Item alibi de eodem Domino nostro loquens: [Cujus, inquit, etiam circa interfectores suos tanta erat pietatis affectio, ut de cruce supplicans patri non se vindicari, sed illis postularet ignosci, dicens: « Pater, dimitte illis, non enim sciunt quid faciunt. » De cujus utique orationis potentia fuit, ut prædicatio apostoli Petri ex his qui dixerunt: « Sanguis ejus super nos, et super filios nostros » multorum ad pœnitentiam corda converteret, et una die baptizarentur tria fere millia Judæorum: fieretque « omnium una anima, et cor unum » paratorum pro eo mori, » quem poposcerant crucifigi.]

Hæc de expositione superiorum verborum ex ipsis beati Leonis verbis posuimus, qui his dictis continuo subjungit, dicens: Ad hanc indulgentiam traditor Judas pervenire non potuit. [Quoniam perditionis filius, cui diabolus stabat a dextris, prius in desperationem transiit, quam sacramentum generalis redemptionis Christus impleret. Non mortuo pro impiis omnibus Domino, potuisset forte etiam hic consequi remedium, si non festinasset ad laqueum.] In quibus verbis potest aliquis minus considerans, et minus intelligens ita existimare, ut quod dictum est sacramentum generalis redemptionis, et mortuo pro omnibus impiis Domino, ita accipi possit quasi et illa generalis redemptio, et illa mors Domini pro omnibus impiis, etiam pro non credentibus et in sua impietate pereuntibus facta credenda sit: sed pro quibus omnibus impiis Dominum mortuum dicat, et quid generalem redemptionem velit intelligi putamus quod ipse suis verbis, quæ paulo superius posuimus, diligenter exponat, dicens: [Qui enim venerat universis credentibus omnia peccata dimittere, a generali indulgentia nec Judaicum voluit crimen excludere.] Ut vero pro illis omnibus impiis mors Domini fuerit impensa, quibus universis credentibus omnia peccata dimittit. « Et generalem redemptionem, sive generalem indulgentiam » ideo dixisse intelligatur, quia nec populum Judaicum, nec ullum genus hominum ab illa redemptione, et indulgentia invenimus exclusum. Sed in illis verbis, pro quibus exponendis ista replicavimus, illud evidenter ostenditur, quod « proditor Judas » nullatenus ad Christi redemptionem pertineat. Nec potuerit consequi remedium, quoniam festinavit ad laqueum, et ideo illi passio Christi nihil profuit, quia in eorum damnationem transiit, qui apud inferos jam puniti redemptionis Dominicæ participes esse non poterant. Et tamen velut ad ipsum infelicem, et perditum alio loco ita increpando loquitur, dicens: Redemptorem etiam tuum, ne tibi parceret, vendidisti. Non quia et ipsum redemit, quem jam superius idem Doctor ad redemptionem pervenire non potuisse monstravit. Nec quod Redemptor illius intelligendus sit, qui in sua impietate permansit, et periit, sed quia in illa generali redemptione passionis Christi potuisset et ipse fortasse consequi remedium, si non festinasset ad laqueum: et ideo sic ei dicit: Redemptorem etiam tuum vendidisti, quia vere etiam ipsius Redemptor fieret, si ab eo etiam post tantum reatum pie et fideliter indulgentiam posceret. Nimis omnino prolixum est, et in ratione fidei exercitatis minime necessarium, ut de singulis hujus beati doctoris sententiis, ubi aliqua ejusmodi occasio esse potest, sicut in istis paucissimis factum est, diligenter omnia exponantur. Illud tantum attentius videtur esse commendandum, quod ubi « generale chirographum, » vel « generalem pactionem, » sive cautionem memorat generalis damnatio totius humani generis, quæ introducta est per Adam, intelligenda sit: et ubi « generalem redemptionem, » vel « generalem indulgentiam » ponit, « propter omnium hominum, » vel omnium nationum « genus » dictum accipiendum sit. Et ubi « pro omnibus impiis » Dominum mortem

NOTÆ DUVALLII DOCTORIS SORBONICI

[a] Non minus caute ista legenda sunt, dicit enim Deum non orasse pro omnibus suis persecutoribus, utpote pro illis qui in cordis sui duritia obfirmate erant perseveraturi. Hoc ab Hincmaro ad Nicolaum I, inter errores Gotteschalci recensetur simulque refellitur, tum quia, inquit, fuit vetus error Prædestinatianorum, tum quia de ejus persecutoribus dixit Petrus (II, II): Negantes Dominum qui eos emit. Verum hæc verba Lugdunensis Ecclesiæ intelligenda sunt secundum efficaciam, ut ante diximus, illudque mihi aperte subjungit. Quod autem illa oratio pro omnibus emissa, non fuerit erga omnes sortita effectum nihil de virtute orationis Christi detrahit, quia ut obfirmatos respiciebat, oriebatur a voluntate conditionata et antecedenti, quod scilicet ejus efficaciam vellet eos experiri, dummodo ab obfirmatione cessarent, ut vero electos et convertendos, a voluntate absoluta. Nisi malueris dicere orationem illam fuisse pro omnibus absolutam, quia, licet de facto omnes resipuerint, habuerunt tamen illius beneficio media ad salutem necessaria et sufficientia, quod ad absolutam et efficacem voluntatem sat est. Lege D. Thomam, quæstione 21 partis

suscepisse docet, pro omnibus « ex impietate conversis, » et in eum credentibus, sicut ipsa ejus verba in multis declarant, accipiendum sit.

CAPUT XX.

De Christi morte pro solis fidelibus.

Hæc fideliter, et omnino indubitanter tam de Scripturis sanctis, quam de beatorum Patrum scriptis legenda, et consideranda proposuimus in quibus evidenter idem reverendi Patres docent, et ex ipsius Domini, et Redemptoris nostri sermonibus probant, quod pretiosus ejus « Sanguis pro multis effusus sit » in remissionem peccatorum, « et dederit ipse animam suam redemptionem pro multis (*Matth.* xx, 28). » Et non eum dixisse *pro omnibus*, sed *pro multis*. Ita intelligunt et exponunt quod pro his qui credere voluerint, distincte et designanter accipiendum sit. Et quod omnes pro quibus mortuus est, oves suas fecit : quod utique impios in sua impietate pereuntes et perituros nullatenus fecit ; [quibus (*Aug. in Joan.*, tract. 48) etiam manifeste dicit : « Sed vos non creditis quia non ex ovibus meis (*Joan.* x, 26). » Et pro eis qui ita credunt Dominum nostrum verum Deum, ut negent eum pro salute nostra verum hominem factum, dicunt non esse mortuum ipsum Dominum Christum ; quia utique secundum hominem mortuus est Christus. Dicunt etiam quod tunc pro unoquoque Christi occisio intelligenda sit, cum credit in occisum, id est per ejus mortem sua peccata dimittit ;] et quod gratia incarnationis, et totius redemptionis ejusdem Domini Jesu Christi, ita generaliter omnibus, qui cum naturam nostram suscipientem receperint, et eo spiritu fuerint regenerati, quo est ille progenitus, præstita sit : ut tamen impios, et infideles tantæ misericordiæ suæ reliquerit exsortes.

Quibus autem ista non sufficiunt, sed magis « ita generaliter pro omnibus » Christum Dominum passum et mortuum intelligunt, ut eamdem passionem, et mortem suam etiam impiis nunquam credituris, et omnino in sua impietate perituris impenderit, quæri ab eis merito potest, cum Dominus se « pro multis » animam suam daturum, et « pro multis » sanguinem suum effundendum in remissionem peccatorum dixerit, et non pro omnibus : ubi si responderint, quia nec aliud eis respondendum restat, quod ideo dixerit « pro multis » quia pro solis illis, qui ad fidem venturi, et fideles futuri erant, et illa suscepta, et pretiosus sanguis fusus esse intelligendus sit. Ergo confirmatur Patrum illa sententia, qua pro multis dictum pro illis scilicet qui credere voluerint intellexerunt? Et ideo ubicumque in litteris apostolicis legitur, quod « idem Dominus dederit semetipsum redemptionem pro omnibus, et gratia Dei pro omnibus gustaverit mortem, et pro omnibus mortuus sit (*I Tim.* ii, 6 ; *Heb.* ii, 9), » illi multi pro quibus Dominus et animam suam se positurum, et sanguinem
A fusurum dixit, qui utique in suo genere, « et multi et omnes sunt (*II Cor.* v, 14), » recte intelliguntur. Sicut et illud quod « omnes in Christo vivificabuntur (*I Cor.* xv, 22), » et quod « per unius hominis justitiam in omnes homines in justificationem vitæ (*Rom.* v, 18, 19), » et non confuse et absurde, etiam de impiis, et infidelibus, sed de illis omnino « multis » dictum intelligendum est, de quibus manifeste dicitur : « Sic et per obedientiam unius hominis justi constituentur multi. » Et de quibus alibi idem Apostolus dicit verbis Domini evidentissime consonans : « Sic et Christus semel oblatus est ad multorum exhaurienda peccata (*Heb.* ix, 28). » Et apud beatum Danielem prophetam legitur : « Et multi de his, qui dormiunt in terræ pulvere, evigilabunt (*Dan.* xi, 10). »
B Et quod est mirabilius isti ipsi in suo genere omnes et, in suo genere « multi » ad comparationem multitudinis reproborum dicuntur a Domino pauci, cum ait : « Multi autem sunt vocati, pauci vero electi (*Matth.* xx, 16). »

Quod si inveniuntur aliqui Patrum, qui etiam pro impiis in sua impietate permansuris Dominum crucifixum dicant : si hoc divinæ Scripturæ certissimis et clarissimis documentis probant : erunt ergo illa, quæ ex verbis Domini de hac re commemoravimus aliter intelligenda. Quod est omnino mirum, vel potius incredibile posse fieri. Si autem absque ullis Scripturæ, ut dictum est, non ambiguis, quæ et aliter intelligi possint, sed certis, omnino testimoniis hoc dixisse inveniuntur, quia non videat potiorem
C illam esse auctoritatem, quæ et tam evidenti ratione et tam multiplici Scripturarum attestatione firmatur. Si autem placet, sicut et nobis multum placet, ut etiam istorum « sententia ex pietate veniens, propter pacem et venerabilem pietatem beatissimorum Patrum non renuatur. » Nulla ergo contentione pro aliis adversus alios litigetur : non una sententia pro altera damnetur. Et quia vere fieri potest, ut ignorantiam et imperitiam nostram in hac re aliquid lateat, « nihil temere definiatur ; ut quolibet acquiescat modo, non sit hæreticum, nisi contentione hæreticum fiat. »

CAPUT XXI.

De libero arbitrio. Nemo sine Dei gratia libero bene uti potest arbitrio. — De necessitate Redemptoris.

D

Additur adhuc in præfata epistola dixisse illum miserabilem monachum, « quod postquam primus homo libero arbitrio cecidit, nemo nostrum ad bene agendum, sed tantum ad male agendum libero potest uti arbitrio [a]. » Quod est utique non solum mirabile, et inauditum, sed quantum nobis videtur, etiam incredibile ut homo inter fideles, et a fidelibus nutritus et eruditus, et in ecclesiasticorum Patrum scriptis, non parum exercitatus hoc dicere, vel sentire potuerit : « quod post primi hominis lapsum, nemo etiam fidelium ad bene agendum libero possit

NOTÆ DUVALLII DOCTORIS SORBONICI.

[a] Hæc sententia ex calumnia Gotteschalco imposita, ut ex ipso Hincmaro probatur in dissertationis cap. 22.

ili arbitrio, sed tantum ad male agendum » tanquam in nobis non sit liberum arbitrium, nisi ad malum; ad bonum autem sola in nobis Dei gratia absque libero arbitrio operetur. Si enim dixisset generaliter « nemo hominum » et addidisset « sine Dei gratia, » et ita subjungeret, « libero bene uti potest arbitrio, » esset « catholicus sensus, » et catholica omnino assertio. Cum autem dixisse arguatur, quod nemo nostrum, id est fidelium, nisi tantummodo ad male agendum, libero uti possit arbitrio, quid aliud tali dicto, et tali novitatis præsumptione asseritur, nisi quod humanæ mentis arbitrium, quod ante peccatum ad verum bonum amandum et desiderandum et fruendum erat liberum, ita primo homine peccante vitiatum sit, et perierit, ut deinceps tantummodo ad malum remanserit in homine liberum arbitrium, ad bonum vero agendum, sive habendum nullum sit hominis liberum arbitrium, sed tantum divinæ gratiæ bonum? Quod genus erroris nec apud hæreticos, nec apud quemquam catholicorum nos cognovisse, vel audivisse meminimus, ita ut etiam de isto hoc nobis ut jam diximus, incredibile videatur.

Sicut enim unus atque idem homo potest esse sanus, et ex sano qualibet intemperantia effici infirmus, et remedio salutari iterum fieri sanus, sic et liberum humanæ mentis arbitrium quod prius erat sanum, factum est primo homine peccante infirmum, et quod erat salvum, factum est perditum, et quod erat vivum factum est mortuum. Vere enim sanum erat ante peccatum nullo peccanti languore vitiatum, et per ipsum peccatum factum est infirmatum, ut veraciter clamet ad Deum: « Ego dixi: Domine, miserere mei, sana animam meam, quia peccavi tibi (*Psal.* XL, 5). » Et cum per verum medicum sanatur, gratulans, et gratiosa gens dicit: « Domine Deus noster, clamavi ad te et sanasti me (*Psal.* XXIX, 3). » Vere erat salvum, quod nulla interius mala voluntate, nulla exterius mala operatione erat depravatum, sive corruptum; et vere factum est perditum, cum mala voluntate Deum deseruit, et deserendo bonum, quod habebat, amisit. Unde hanc perditionem in se recognoscens, atque ab ea liberari cupiens ingemiscit, et dicit: « Erravi sicut ovis quæ periit: require servum tuum quia mandata tua non sum oblitus (*Psal.* CXVIII, 176). » Et quotidie necessarium habet quærentem, atque salvantem illum, qui dicit: « Venit enim Filius hominis quærere, et salvum facere quod perierat (*Luc.* XIX, 10). » Erat etiam vivum, quia adhærebat illi, cui dicimus: « Quoniam apud te est fons vitæ, et in lumine tuo videbimus lumen (*Psal.* XXXV, 10), » vivens in illo, et per illum de quo in Evangelio scriptum est: « Et vita erat lux hominum (*Joan.* I, 4). » Sed hanc vitam, atque hunc fontem vitæ deserendo factum est a vita Dei alienatum et mortuum. « Quia anima quæ peccaverit ipsa morietur (*Ezech.* XVIII, 4). » Nec habet in se et ex se ullum sensum vitalem et ad veram vitam nitentem, nisi per eum

A resuscitetur et vivificetur, qui dicit: « Quoniam hic filius meus mortuus fuerat et revixit, perierat et inventus est (*Luc.* XV, 24). » Et nisi in illo spiritu vegetetur, de quo dicit Apostolus: « Littera occidit, spiritus autem vivificat (*II Cor.* III, 6). » Sic sunt mortui, et quotidie vivificantur, de quibus Dominus in Evangelio dicit: « Venit hora et nunc est, quando mortui audient vocem Filii Dei, et qui audierint vivent (*Joan.* V, 25). » Et quibus Apostolus clamat, dicens: « Surge qui dormis et exsurge a mortuis, et illuminabit tibi Christus (*Ephes.* V, 14). »

Nec aliquis insidiosus, et calumniosus objicere nobis conetur, quod ita dicamus liberum arbitrium per peccatum primi hominis perditum, et mortuum, quasi naturam suam in qua naturaliter habet insi-
B tam liberi arbitrii voluntatem perdidisse intelligendus sit. Non enim perdidit naturam, sed bonum naturæ: non perdidit velle, sed perdidit bonum velle: nec perdidit anima naturam suam cum moritur: in qua sicut semper existit, ita et secundum quemdam modum suum semper vivit. Et tamen vere moritur, non abolitione substantiæ, sed amissione veræ vitæ suæ, quod illi Deus est. Et ideo prorsus ipsum liberum hominis arbitrium necesse habet requirentem et invenientem, ut ex perdito fiat salvum: necesse habet suscitantem, et vivificantem, ut ex mortuo fiat vivum: necesse habet etiam redimentem, ut quod erat servituti obnoxium, possit effici liberum. Erat namque servituti obnoxium, quia
C peccato subjugatum: et « omnis qui facit peccatum servus est peccati (*Joan.* VIII, 34, 36). » A qua servitute fit liberum per eum qui dixit: Si vos Filius liberaverit, tunc vere liberi eritis. Et per donum Spiritus sancti, de quo Apostolus ait: « Ubi Spiritus Domini, ibi libertas (*II Cor.* III, 17). » Perdiderat itaque homo per primæ prævaricationis lapsum, et in eo omne genus humanum, veram arbitrii libertatem, qua antea liberum erat ad appetendum et habendum verum et divinum, et æternum bonum. Nec hanc felicem et veram bonæ voluntatis libertatem ullo modo valet recipere, nisi per redemptionem Christi fiat liberum, et per gratiam Spiritus sancti, de servitute peccati in libertatem justitiæ transferatur.

D
CAPUT XXII.

Liberum arbitrium, id est recta voluntas, renovatur de die in diem. De operibus infidelium.

Hæc est ergo infirmitas, et perditio, et mors liberi arbitrii per unum hominem ingressa in mundum, qua per se nullatenus valet assurgere ad verum et æternum, et beatificum bonum, nisi per secundum hominem fuerit sanatum, inventum, vivificatum et redemptum. Idipsum namque liberum hominis arbitrium, id est ipsa humanæ mentis bona, et recta voluntas, cum qua homo bonus et rectus conditus fuerit, et Deo obediendo ante peccatum perseverabat bona, et Deum contemnendo per peccatum facta est mala: et per justificationis Christi gratiam, ad Deum resipiscendo, et rediendo efficitur bona ipsa erat ante peccatum libera, ipsa facta est per peccatum servituti obnoxia, ipsa fit per justificantem gratiam liberata, et renovatur de die in diem, usquedum ad perfectam libertatem vitæ æternæ per eamdem gratiam perducatur. Ita liberum arbitrium ad verum bonum, et per Adam agnoscitur verissime perditum, et per Christum verissime restauratum. Qui non abstulit homini liberum arbitrium, [sed, ut dictum est, infirmam sanans, perditum invenit, mortuum suscitavit, servituti addictum redimendo liberavit.

Ideo in infidelibus idipsum liberum arbitrium, ita per Adam damnatum et perditum, in operibus mortuis liberum esse potest, in vivis non potest; unde ante omnia necessaria est homini omni sanguinis Christi redemptio, per quam et emundetur ab operibus mortuis, et vivificetur ad serviendum Deo viventi. Quod commendans Apostolus dicit: « Quanto magis sanguis Christi qui per Spiritum sanctum semetipsum obtulit immaculatum Deo, emundavit conscientiam nostram ab operibus mortuis ad serviendum Deo viventi (*Heb.* IX, 14). » Vere enim mortua sunt omnia opera infidelium, non solum quando aperte vitiis et peccatis serviunt, sed etiam quando naturali bono in quantum omnipotens Creator tribuit, instigati, vel naturali lege commmoniti, quæ quotidie in cordibus eorum clamat: « Quod tibi non vis, alii ne feceris: Et omnia quæcunque vultis, ut faciant vobis homines, et vos eadem facite illis (*Tob.* IV; *Matth.* VII); » quædam bona opera et velut quasdam virtutes habere, atque exercere videntur: quia fidem Dei et Christi ejus vel ignorantes, vel odio habentes aut etiam persequentes, quod ex illa fide non operantur, omnino nec bonum opus, nec vera virtus esse potest, quæ non procedit ex radice veritatis et bonitatis. Dum enim illa ipsa quæ secundum homines videntur esse bona opera, nequaquam vera fide ad Dominum referuntur, quem ignorant, nec propter eum agunt, sed aut propter quamdam honestatem[a], qua inter homines magni videantur, vel propter cupiditatem alicujus commodi temporalis, ipsos impietate infidelitatis, ipsa inflatione elationis, ipsa perversitate cupiditatis », ita immunda et inquinata sunt omnia, ut apud Deum non virtutes, sed vitia judicentur; unde Apostolus ait: Inquinatis autem et infidelibus nihil est mundum; sed inquinata sunt eorum et mens et conscientia (*Tit.* I, 15); et iterum: « Omne autem, quod non est ex fide, peccatum est (*Rom.* XIV, 23); » et: « Sine fide impossibile est placere Deo (*Heb.* XI, 6). »

CAPUT XXIII.

Renovatur quidem recta voluntas, gratia tamen Christi semper auxiliante.

Fideles autem Christi sanguine redempti, et per lavacrum regenerationis et renovationis mundati, instaurata in se, et quotidie instauranda arbitrii libertate, eadem gratia (per quam semel illuminati sunt) semper cooperante, et auxiliante operantur opera bona, non ex seipsis, neque ex viribus propriis; sed ex illo, cujus spiritu aguntur. Quia ut Apostolus dicit: « Quicunque Spiritu Dei aguntur, hi filii sunt Dei (*Rom.* VIII, 14). » Qui etiam, ut manifestissime ostenderet, et commendaret, et fideles operari opus bonum, et ut hoc ipsum operari possint, Deum in illis operari, breviter utrumque declaravit dicens eisdem fidelibus: « Cum timore et tremore vestram salutem operamini: Deus est enim qui operatur in vobis, et velle, et perficere pro bona voluntate (*Phil.* II, 12, 13). » Quod beatus Leo ita exponit (*ser.* 8, *in Epiph.*): [Dicente enim discipulis suis Domino, « sine me nihil potestis facere, » dubium non est hominem bona agentem ex Deo habere, et effectum boni operis, et initium voluntatis. Unde et Apostolus copiosissimus, et fidelium cohortator, cum timore, inquit, et tremore vestram salutem operamini: Deus est enim qui operatur in vobis et velle, et operari pro bona voluntate. Et: Hæc sanctis causa est tremendi, atque metuendi, ne ipsis operibus pietatis elati deserantur ope gratiæ, et remaneant in infirmitate naturæ.] Ita namque operante in suis fidelibus Deo impletur illud quod Dominus ait: Qui autem facit veritatem, venit ad lucem, ut manifestentur ejus opera, quia in Deo sunt facta (*Joan.* III, 21); et ex persona eorumdem fidelium ei per prophetam dicitur: Domine, dabis pacem nobis: omnia enim opera nostra operatus es in nobis.

Hæc ita esse sentienda, atque tenenda de liberi arbitrii instauratione, et de munere atque auxilio divinæ gratiæ ita beatus *papa Cœlestinus* breviter docet, et inculcat dicens (*in epist. ad Galat.* cap. 8): [Non est dubium ab ipsius gratia omnia hominis merita præveniri, per quem fit, ut aliquid boni et velle incipiamus, et facere. Quo utique auxilio et munere Dei non aufertur liberum arbitrium, sed liberatur: ut de tenebroso lucidum, de pravo rectum, de languido sanum, de imprudente sit providum. Tanta enim est erga omnes homines bonitas Dei, ut nostra velit esse merita, quæ sunt ipsius dona; et pro his quæ largitus est, æterna præmia sit donaturus. Agit quippe

NOTÆ DUVALLII DOCTORIS SORBONICI.

[a] Docet hic Ecclesia Lugdunensis omnes infidelium actiones malas, immundas et inquinatas esse; quod affirmant similiter sectarii hujus temporis: Lutherus, art. 36, a Leone damnato; Melanchthon, Apologia confessionis Augustanæ; Bucerus, lib. de Concordia controv., et Cal., lib. II Institut., cap. 3. Nonnulli etiam inter scholasticos idem tenuerunt, sed non cum ea qua sectarii præsumptione et audacia: Greg. Ariminensis, in II Sententiarum, dist. 4, quæst. unica, art. 2, coroll. 3, et Capreolus in II, dist. 41, quæst. unica, art. 3, licet in quibusdam nonnihil discrepet: ex quibus videre est sententiam Lugdunensis Ecclesiæ hac in parte non adversari fidei, licet temerarium sit illud affirmare: certum enim est et commune tum apud Patres, tum apud scholasticos, posse ab infidelibus fieri quædam opera moraliter bona. Exodi enim I, laudantur obstetrices Ægyptiorum, quod parvulos Hebræorum ad regis mandatum occidere noluerint. I Reg. XVII, narratur et commendatur commiseratio Bercellai Galaaditis erga Davidem ejusque exercitum. Lege Valent. in 2-2, quæst. 10, *de Infidelitate*, punct. 2.

in nobis, ut quod vult, et velimus, et agamus; nec otiosa in nobis esse patitur, quæ exercenda, non negligenda donavit, ut et nos cooperatores simus gratiæ Dei.]

Item de eadem re ex conciliis vel definitionibus Patrum hæc proponenda credidimus (*Conc. Arausic.*, *can.* 10).

[Primum. Adjutorium Dei etiam renatis, ac sanctis semper est implorandum, ut ad finem bonorum pervenire, vel in bono possint opere perdurare.

Secundum (*can.* 13). Arbitrium voluntatis in primo homine infirmatum, nisi per gratiam baptismi non potest reparari; quod amissum, nisi a quo potuit dari, non potest reddi. Unde veritas dicit: « Si vos filius liberaverit, tunc vos vere liberi eritis. »

Tertium (*can.* 19). Natura humana, etiamsi in illa integritate, in qua est condita permaneret, nullo modo seipsam creatore suo non adjuvante servaret. Unde cum sine Dei gratia salutem non posset custodire, quam accepit; quomodo sine Dei gratia poterit reparare quod perdidit.

Quartum (*can.* 21). Ideo Christus non gratis mortuus est, ut et lex per illum impleretur, qui dixit: « Non veni solvere legem, sed adimplere (*Matth.* v, 17). » Et natura per Adam perdita per illum repararetur qui dixit: « Venisse se quærere et salvare quod perierat ? »

CAPUT XXIV.

De condemnatione Gotteschalci.

Post hæc interposita quadam narratione, quæ ad præsentem responsionem nostram non videtur necessaria subjungit scriptor epistolæ de conventu concilii episcoporum pro examinandis et definiendis quæstionibus sive objectionibus, quas ille miserabilis monachus proposuisse vel docuisse dicitur. De quibus quid nostræ pusillitati videatur jam supra satis ostensum est. Et qualiter idem monachus eorumdem episcoporum judicio, quia eorum acquiescere sententiæ noluit, fuerit condemnatus, ita dicens:

HINCMARUS.

Quapropter, inquit, ad episcoporum eum præsentiam qui tunc regio mandato pro negotiis regnis apud Carisiacum accersiti erant, in præsentiam etiam Domini Wenilonis, [1] qui illuc convenerat, producere studui ubi multis audientibus nihil dignum ratione vel dixit, vel interrogatus respondit: sed, ut arreptitius, cum quid rationabiliter responderet non habuit, in contumelias singulorum prorupit. Et propter impudentissimam insolentiam suam per regulam sancti Benedicti a monachorum abbatibus, vel cæteris monachis dignus flagello adjudicatus. Et quia contra canonicam institutionem, civilia et ecclesiastica negotia perturbare studuit indefessus, et se noluit recognoscere, vel aliquo modo humiliare, prolatus ab Episcopis, et secundum ecclesiastica jura damnatus.

RESPONSIO.

In quibus verbis imprimis illud videtur absurdum, quod præfatum miserabilem monachum in judicio episcoporum productum prius abbates monasteriorum, qui præsentes aderant, ad cædes et flagella judicasse referuntur, et deinde Episcopi juxta Ecclesiastica jura damnasse. Cum homo qui ante reddebatur hæreticus juxta antiquam Ecclesiæ observantiam, atque auctoritatem, ad episcopale tantummodo judicium pertineret, sive damnandus, sive absolvendus. Nec prius ab inferioris loci hominibus, et postmodum ab episcopis debuerit condemnari; sed et de ipsis flagellis, et cædibus quibus secundum regulam sancti Benedicti dicitur adjudicatus, quibus et omnino fertur atrocissime et absque ulla misericordia pene usque ad mortem dilaceratus, quæ moderatio et mensura juxta pietatem ecclesiasticam, et sacerdotalem, sive monachalem verecundiam servari debuerit, ipsi potius apud se judicent. Quod autem in episcoporum contumelias dicitur prorupisse, vere hoc est et impium, et insanum et omnino justa ultione damnandum: licet melius ab aliis quam ab ipsis.

De illis vero sententiis, quas et antea prædicasse, et tunc in Synodo proposuisse, nec ullatenus mutare voluisse firmatur, ignoscat nobis unusquisque lector, ignoscat etiam reverendus ille epistolæ scriptor. Quia sicut jam superius, et ex divina, et ex paterna auctoritate satis ostendimus, videtur nobis sine dubio, quod illa, quæ *de divina prædestinatione* dixit, juxta regulam catholicæ fidei vera sint, et a veridicis patribus manifestissime confirmata, nec ab ullo penitus nostrum, qui Catholicus haberi vult, respuenda sive damnanda. Et ideo in hac re dolemus non illum miserabilem, sed ecclesiasticam veritatem esse damnatam. In illa autem Apostoli sententia, qua de Deo ait, « qui vult omnes homines salvos fieri, et ad agnitionem veritatis venire, » putamus eum sensum beatissimi patris Augustini, ab omni semper Ecclesia venerabiliter recepti, et usque in finem sæculi recipiendi, secutum fuisse, qui de tanta quæstione tractans, et collatis inter se duobus testimoniis, apostolico videlicet et prophetico, qualiter juxta sanam fidei intelligentiam utrumque verum esse accipiendum sit, et in plerisque aliis librorum suorum locis, et maxime in libello qui Enchiridion dicitur evidentissime declarat, et quid ei de re tanta probabilius videatur, manifestat. Cujus omnino veridicum sensum non oportuit sub persona

NOTÆ DUVALLII DOCTORIS SORBONICI.

[1] Hic fuit archiepiscopus Senonensis secundum Democharem in tabulis episcoporum Senonensium: ex quibus conjice in variis conventibus condemnatum fuisse Gotheschalcum; in Moguntinensi nempe et Senonensi concilio, et forte tantum in Senonensi vapulasse: quia Hincmarus in tota illa epistola ad Nicolaum I, nihil de virgis mentionem facit, sed solum eum sub arcta custodia in monasterio fuisse reclusum, ne alios suis erroribus inficeret.

alicujus hominis, a catholicis Dei sacerdotibus condemnari: ne jam non iste, qui errare putatur, sed ille potius, cujus auctoritatem sequitur, hæreticus esse judicetur. Et licet alii quidam sancti, et venerabiles patres simpliciter illa apostoli verba accepisse inveniantur utrorumque tamen sententia fuerat honoranda: nec ut jam superius dictum est, una pro altera damnanda; quia et illa ex divina auctoritate vera esse monstratur, et ista quadam pia ratione non abhorrere a veritate fideliter creditur.

Jam illum *de Dominici sanguinis pretio* quod pro his tantum qui credere voluerint datum sit manifestum est, sicut supra satis ostendimus eorumdem beatorum patrum sententia: quam iste, ut putamus, et legendo didicerat, et damnare metuebat. Unde, et si inventi sunt alii æque patres, qui illud gloriosum pretium etiam pro nunquam credituris, et in sua impietate perituris datum esse non abnuant, melius ut credimus utrique honorarentur, nec pro aliis alii damnarentur: quia et illud manifeste divina auctoritate firmatum est; et istud si pie sentitur, non est abnuendum. Quod vero dixisse firmatur, ad male tantummodo agendum liberum nos habere arbitrium; ad bene vero agendum non habere, si vere ita sensit et dixit, hoc vere non est ex divina auctoritate sumptum, neque ex sanctorum Patrum dogmatibus tractum, sed aperte ex proprio errore prolatum. Quia liberum nobis arbitrium quod peccato fuerat subjugatum, non ablatum est, sed liberatum, et ipsum nobis per Dei gratiam excitatur ad bene agendum, ut et ipsi ejusdem gratiæ cooperatores simus. De qua re, si iste tam absurde et insipienter erravit, manifesta est Apostoli sententia dicentis: « Fratres, et si præoccupatus fuerit homo in aliquo delicto, vos qui spirituales estis hujusmodi instruite in spiritu lenitatis, considerans te ipsum ne et tu tenteris (*Gal.* VI, 1). » Et illi quidem propter intemperantiam, importunitatem, atque infrunitatem linguæ suæ et inquietam mobilitatem instabilitatis suæ, merito forsitan accidit, quod in Salomone legitur, « Et qui inconsideratus est ad loquendum sentiet mala (*Prov.* XIII, 3; » et iterum: « Qui imponit stulto silentium, iras mitigat (*Prov.* XXVI, 10); » et alio loco: « Ejice derisorem, et exibit cum eo jurgium, cessabuntque causæ, et contumeliæ (*Prov.* XXII, 10). »

CAPUT XXV.

Inaudita in Gotteschalcum crudelitatis exempla.

Tamen nullius hominis improbitate, et infrunitate ita moveri debemus, ut contemnamus, vel impugnemus, aut etiam damnare audeamus divinam veritatem, sive patrum nostrorum venerabilem auctoritatem, memores Apostoli dicentis: « Non enim possumus aliquid adversus veritatem, sed pro veritate A (*II Cor.* XIII, 8). » Atque ita potius agendum, ut et patres in filiis, et filii in patribus honorentur, juxta Salomonem dicentem: « Corona senum, filii filiorum et gloria filiorum patres eorum (*Prov.* XVII, 6). » De quibus etiam alibi præcipitur: « In multitudine presbyterorum prudentium sta, et sapientia illorum ex corde conjungere, ut omnem narrationem Dei possis audire (*Eccli.* VI, 35); » et iterum: « Ne despicias narrationem presbyterorum sapientium, et in proverbiis illorum conversare: non te prætereat narratio seniorum; et ipsi enim didicerunt a patribus suis: quoniam ab ipsis disces intellectum, et in tempore necessitatis dabis responsum (*Eccli.* VIII, 9, 11, 12). » De his namque et alibi præcipitur: « Interroga B patrem tuum, et annuntiabit tibi; majores tuos, et dicent tibi (*Deut.* XXXII, 7); » et iterum: « Ne transgrediaris terminos antiquos, quos posuerunt patres tui (*Prov.* XXII, 28). »

Quapropter illud prorsus omnes non solum dolent, sed etiam horrent: quia inaudito irreligiositatis, et crudelitatis exemplo, tandiu ille miserabilis flagris et cædibus trucidatus est, donec (sicut narraverunt nobis, qui præsentes aderant) accenso [a] coram se igni libellum, in quo sententias Scripturarum sive sanctorum Patrum sibi collegerat, quas in concilio offerret, coactus est jam pene emoriens suis manibus in flammam projicere, atque incendio concremare: cum omnes retro hæretici verbis, et disputationibus victi, atque convicti sunt. Et sic pravitas, C quæ videbatur hominis, fuerit coercenda, ut nulla divinis rebus inferretur injuria. Maxime cum illi sensum, qui ipso continebantur libello, excepto uno qui extremus ponitur, non essent sui, sed ecclesiastici: nec ignibus damnandi, sed pia et pacifica fuerint inquisitione tractandi. Sed et illa ejusdem miserandi hominis tam longa, et inhumana in ergastulum per tot annos damnatio, aliqua ut credimus, compassionis benignitate, et consolatione fuerat temperanda, vel etiam removenda, ut frater pro quo Christus mortuus est, per charitatem, et spiritum mansuetudinis potius lucraretur, quam abundantiori tristitia absorberetur. Quod illuc, ut Dominus novit, in quantum ipse inspicere dignatur, suggerimus charitate, quam nobis beatus Joannes apostolus commendat, dicens: D « In hoc cognovimus charitatem Dei, quod ille pro nobis animam suam posuit, et non debemus pro fratribus animas ponere (*Joan.* III, 16). »

CAPUT XXVI.

De voluntate Dei.

Post damnationem hujus miserandi hominis subjunxit scriptor epistolæ ad singulas illius propositiones suas, et quorumdam, qui cum eo similiter sentiunt, responsiones, quas hic necesse est in ordinem

NOTÆ DUVALLII DOCTORIS SORBONICI.

[a] Vide Gretserum, disputatione de jure et modo prohibendi libros hæreticos, ubi exemplis Atheniensium et Romanorum libros depravatæ doctrinæ fuisse exustos docet, idque non tantum lumine fidei, sed et naturæ constare; ne ita ægre ferant novatores nostri, si quos in Ecclesiam libros evomunt, generali incendio deleat Ecclesia.

ponere, et quid nobis de his videatur breviter designare. Quod licet supra multipliciter jam factum sit, tamen neque nunc prætereundum putamus, ne quid difficultatis et obscuritatis ex hujusmodi responsionibus cuiquam generetur. Quæ videlicet responsiones in ipsa epistola ita incipiunt:

HINCMARUS.

« Dicunt et firmiter credunt, qui sanius apud nos sapere videntur, quia Dominus « omnes homines vult salvos fieri (*I Tim.* II, 4), » *secundum Apostolum,* « qui neminem vult perire (*II Petr.* III, 9), » *licet non omnes salventur: nam et lux in tenebris lucet* « licet eam tenebræ non comprehendant (*Joan.* I, 5). » *et* « Christus pro omnibus passus est (*II Cor.* V, 14), *secundum eumdem Apostolum scribentem ad Timotheum,* « qui dedit semetipsum redemptionem pro omnibus, (*I Tim.* II, 6), » licet non omnes passionis ejus mysterio redimantur: quia effusio justi sanguinis Christi tam dives fuit ad pretium mundi, ut si universitas captivorum in eum crederet, nullus sub mortis imperio remaneret. Et quia non omnes tam ditissimo pretio redimuntur, ad infidelium respicit partem, non ad pretium sæculi copiosum. »

RESPONSIO.

In quibus verbis videtur sibi ille qui scripsit epistolam, duas quæstiones simul, id est, » et quod Deus omnes homines velit salvos fieri » et quod « Dominus Jesus Christus pro omnibus » omnino « hominibus » etiam in suo infidelitate perituris « mortuus sit, » duobus testimoniis ex Apostolo sumptis plenissime absolvisse atque finisse. Nam quod « Deus omnes homines salvos fieri velit, » producit Apostolum testem apertissime de eodem Deo et Domino dicentem: « Qui vult omnes homines salvos fieri (*I Tim.* II, 4). » Et istis verbis Apostoli adjungit ex verbis propheticis velut alterius testimonii sensum quod « Deus neminem velit perire, » qui utique apud Ezechielem prophetam loquitur: Quia « nolo mortem peccatoris, dicit Dominus, sed ut convertatur, et vivat (*Ezech.* XXXIII, 11). » Quem sensum illorum Apostoli verborum quibus ait, « qui vult omnes homines salvos fieri, » etiam nos superius commemoravimus, et fideliter posse accipi diximus: si tamen et ille sensus beati Augustini quem ille juxta alterius divinæ Scripturæ auctoritatem diligenter inquirit, et multis ac veracibus modis exponit, pariter recipiatur: nec propter istum ille damnetur, sed potius « utrique sensui » propter veracem et piam Patrum auctoritatem fideliter obediatur. Quia omnino, « et quos vere vult Deus salvos fieri, » sine dubio salvos facit, qui, ut Scriptura testatur, « omnia quæcunque voluit fecit (*Psal.* CXIII, 3). » Et si cæteros ita vult salvos fieri, ut tamen non eos salvos faciat, sed omnino perire permittat, utrumque hic evidenter apparet: et erga creaturam suam, scilicet « bonitas Creatoris, » et erga ejusdem creaturæ iniquitatem « severitas judicis. »

CAPUT XXVII.

De morte Christi. Omnes pro multis.

Quod autem Dominum nostrum etiam pro impiis in sua impietate perituris esse mortuum uno similiter Apostoli testimonio confirmare videtur, quo ait: « Qui dedit redemptionem semetipsum pro omnibus (*I Tim.* II, 6), » profecto non recoluit, nec diligenter consideravit, ita hæc Apostoli verba esse accipienda ut consonent Domini verbis, quibus se in Evangelio ad hoc venisse dicit: « Ut animam suam daret redemptionem pro multis (*Matth.* XX, 28), » et de pretio sui sanguinis similiter ait: « Qui pro vobis, et pro multis effundetur in remissionem peccatorum (*Matth.* XXVI, 28). » Et ideo ita vere accipiendum est, quod Apostolus ait: « Qui dedit redemptionem semetipsum pro omnibus (*I Tim.* II, 6), » ut isti « omnes » intelligantur « multi, » sicut et alibi idem Apostolus dicit: « Sic et Christus semel oblatus est ad multorum exhaurienda peccata (*Hebr.* IX, 28). » Qui etiam alio loco quos dixit « omnes » eosdem continuo exposuit intelligendos esse « multos. » Cum enim dixisset de Domino, quod « per unius justitiam in omnes homines in justificationem vitæ » statim subjunxit, quia et « per obedientiam unius hominis, « ipsius videlicet Domini Jesu Christi, » justi constituentur multi (*Rom.* V, 18, 19). » Quia ut omnino manifestum est, ita per eum « omnes homines » efficiuntur justi, ut ipsi qui in suo genere « omnes » sunt, ex comparatione alterius generis eorum, qui propter infidelitatem suam non justificantur, potius « multi » sint. Quod et si aliqui Patrum « pro omnibus omnino hominibus » Dominum passum intellexerunt, honoretur, et iste velut pius sensus, dummodo ille prior, qui est certissimus, et divina veritate firmatus nulla præsumptione contemnetur, vel quod est gravius damnetur.

Nam et illud testimonium velut ad confirmationem hujus rei ex Evangelio sumptum, id est, « lux lucet in tenebris, et tenebræ eam non comprehenderunt (*Joan.* I, 5), » non nobis videtur huic congruum assertioni: quia « lux » illa præsentia majestatis suæ in tenebris lucens, id est in infidelium cordibus majestate conditoris suam præsentiam exhibens, operatur aliquid in eis, et si non, ut videant ipsam, tamen ut videant aliquid per ipsam, id est, ut intelligant inter justa et injusta, inter bonum et malum, inter agendum et non agendum, « ut sint inexcusabiles (*Rom.* I, 20) » in die quo judicabit Deus occulta hominum. Quæ tamen non « lux » a facie illis resplendet, quia non ad eam attendant: sed velut a tergo eis relucet: quia sicut propheta dicit, « verterunt ad eam tergum, et non faciem (*Jer.* I, 27). » In hac autem re, qua sanguis Domini Jesu Christi etiam pro impiis in suo impietate perituris fusus esse asseritur, quid utilitatis in eis egerit, nihil omnino invenitur, nisi ut juxta disputationem antiqui, et fidelissimi doctoris (*Hilar.*) cujus etiam doctrina, et industria toti Galliæ ab infestatione quondam

Arianæ impietatis Deo auxiliante ante defensæ: hoc eis non in remedium, sed sicut jam supra diximus, in exitium convertatur. Ait namque vir ille doctissimus, et magna eloquentiæ facultate fultus, cum exponeret verba Evangelii, in quibus Judæi obstinata impietate adversus Dominum dixisse leguntur [« Sanguis ejus super nos, et super filios nostros (*Matth.* XXVII, 15): » Hoc sibi Judaicus hoc optat populus Christianus pari verbo, dispari voto. Est enim super nos, est et super illos: si super fidelem, protegit; si super inimicum ponitur, premit: sic tamen quod illos sibi adjungit quos tegit: illos non tangit quos gravat.] Sed illam beati Leonis sententiam licet ex parte aliis verbis et alio forsitan sensu positam, quasi hoc vir ille senserit, quod etiam pro impiis in sua impietate perituris Dominus Christus mortuus sit, manifesta veritas non ita intelligendam ostendit. Ait namque ille: [Effusio pro multis sanguinis justi tam potens ad privilegium, tam dives fuit ad pretium, ut si omnes in eum crederent, nullum tyrannica vincula retinerent.] Vere enim pretiosus sanguis ille, et potens exstitit ad privilegium, ut omnes posset redimere; et dives ad pretium, ut nullum tyrannica, id est diabolica vincula retinerent, nisi qui ab ejus fide alienus existeret. Et ideo in tanta quæstione non sunt proponenda incongrua, non sunt asserenda superflua. Ut in simplicitate et sinceritate Dei instruantur, et non in vanitate sensus nostri, hi qui nos audiunt illudantur.

CAPUT XXVIII.

De prædestinatione ad interitum.

Subjungitur in eadem epistola de lege prima tertia quæstione, id est « prædestinatione divina, » sermo prolixus, qui non totus simul, sed per partes ponendus et tractandus nobis videtur, ita se habens.

HINCMARUS.

« Dicunt, inquit, quia « qui omnes homines vult salvos fieri, et neminem vult perire, et qui pro omnibus passus est, » neminem prædestinavit ad interitum vel ignem æternum: sed ex massa peccati quosdam, sicut præscivit, prædestinavit, id est gratia præparavit ad vitam et regnum, et illis vitam ac regnum prædestinavit, id est gratia præparavit æternum: Evangelio teste qui dicit: « Venite, benedicti, » id est de prima maledictione gratia erepti, electi, et prædestinati, « percipite regnum, quod vobis paratum est, » id est quod vobis prædestinatum est, « ab origine mundi (*Matth.* XXV, 34). » Quosdam autem, sicut præscivit, non ad mortem neque ad ignem prædestinavit, sed in massa peccati et perditionis juste deseruit, a qua eos prædestinatione sua, id est gratiæ præparatione, occulto, sed non injusto judicio nequaquam eripuit. Quia sicut beatus exponit Augustinus (*de Præd. sanct.*, cap. 10): [Prædestinatio est gratiæ præparatio, gratia autem est vitæ donatio, id est ipsius prædestinationis effectus.] Et beatus Prosper, in hac re sancti Augustini expositor, cum

A cæteris orthodoxis concordans Patribus, dicit: [Non est prædestinatio, nisi quod ad donum pertinet gratiæ, aut ad retributionem justitiæ.]

RESPONSIO.

In quibus verbis quod dicitur, quia « qui omnes vult salvos fieri, » et « neminem vult perire, » et qui pro omnibus passus est, neminem prædestinaverit ad interitum vel ignem æternum, apertissime contrarium est fidei: qua vere, et fideliter creditur, et definitur quod omnipotens Deus omnia opera sua, quæ erat ipse facturus, quæ utique nunquam esse possunt nisi justa et recta, sicut in Psalmo canitur: « Justus Dominus in omnibus viis, suis, et sanctus in omnibus operibus suis (*Psal.* CXLIV, 17), » ante

B omnia sæcula, et verissime præscierit futura, et immobiliter prædestinaverit, id est statuerit, et præfinierit facienda. Justa quippe impiorum et iniquorum in æterna morte, atque in æterno igne damnatio, opus est procul dubio justi judicii Dei, « qui reddet unicuique secundum opera ejus (*Rom.* II, 6). » Et idcirco semper apud eum exstitit, et vere præscitum, et juste prædestinatum, qui, attestante propheta, « fecit quæ futura sunt (*Isa.* XLV, 11, *sec. LXX*). » Nam si hoc in æterna ejus præscientia, et prædestinatione non fuisset, nunquam ejus opus esset, nunquam temporaliter fieri potuisset. Quia omne opus suum ille præsciendo, et prædestinando prævenit: et ideo nihil est in ejus operibus futurum, quod ipse non præscierit, et prædestinaverit se esse facturum. Deinde contrarium est

C etiam doctrinæ, et definitionibus sanctorum Patrum. Qui in utramque partem, tam videlicet electorum, quam reproborum (quia et illorum glorificatio et istorum condemnatio justum Dei opus est) divinam prædestinationem ponere non dubitant, sicuti jam supra satis a nobis ostensum est. Et ideo multum necesse est ut agnoscant, qui ita sentiunt, manifestam fidei veritatem et fundatissimam beatorum Patrum auctoritatem; et, quod eis nullatenus expedit, non spernant neque abjiciant illos de quibus Dominus ait: « Qui vos audit, me audit, et qui vos spernit, me spernit. (*Luc.* x, 16.) »

Quod si ideo eis videtur absurdum, quia omnipo-

D tens Deus reprobos prædestinaverit ad interitum et ad ignem æternum, quoniam velut incredibile videtur, ut « qui omnes vult salvari, » et qui pro omnibus mortuus creditur, aliquem eorum prædestinaverit ad damnationem: recogitent attentius, quia etsi illa verba Apostoli simpliciter intelligantur quibus de Deo dicit, « qui vult omnes homines salvos fieri, » duobus modis hoc Deum agere certissimum est: dum alios ita « vult salvos fieri, » ut eos ipse omnino faciat salvos, sicut omnes electos: alios vero ita velit salvos fieri, ut eos omnino non salvet, sed in æternum perire permittat, sicut utique omnes reprobos, quos juxta hunc sensum, et « ut benignus Creator » salvari voluit, et « ut justus Judex » æternæ perditioni tradidit. Sicut ergo et bonitatem suam in eis ostendit, quia eos salvari voluit et tamen bonitas ejus non impedivit severitatem ejus, qui eos juste damnavit, ita eadem bonitas ejus nullatenus impedivit prædestinationem ejus justitiæ, dum quos ille salvos fieri voluit, et iniquos futuros semper præscivit, et in iniquitate sua permansuros, juste ad interitum prædestinavit. Ita et si pro omnibus etiam in sua impietate perituris Christus mortuus est, sic eis exhibuit bonitatem passionis suæ, ut tamen hujusmodi impios in sua impietate permansuros justo suo judicio condemnaverit. Sicut ipse ait, « Qui non credit, jam judicatus est (*Joan.* III, 18). » Et ideo bonitas ejus, qua etiam pro talibus passus creditur, non evacuavit erga eos prædestinationem ejus qua eos semper, et præscivit in sua impietate permansuros, et prædestinavit juste perituros.

Quidquid ergo post istam his verbis de æterna prædestinatione sanctorum dicitur ad regnum et vitam æternam catholice et fideliter dicitur, quia sine dubio tam pium, et tam gloriosum opus suum, et æternaliter omnipotens præscivit futurum, et æternaliter prædestinavit se esse facturum. Quod autem de reprobis hic affirmatur, quia eosdem omnipotens Deus nequaquam prædestinaverit ad mortem vel ad ignem æternum, sed tantummodo præsciverit eos æternæ morti esse tradendos et perpetuo igni cruciandos, nullatenus est recipiendum, quia (sicut jam satis supra ostensum est) opus suum tam justum, tam magnum, et terribile, quo omnes impios damnaturum se esse decrevit, et æterna veritate præscivit, et æterna justitia præordinavit, ac præfinivit. Et mirum valde est, quomodo negare contendunt eum æternam ipsorum damnationem prædestinasse, quos jam ab ipso mundi exordio cum primus homo peccavit, et omne humanum genus ex se propagandum unam massam damnationis, et perditionis fecit, manifeste dicant in eadem damnationis et perditionis massa justo Dei judicio deputatos et derelictos. Quid est enim massa damnationis et perditionis ab initio mundi divino judicio effecta, nisi eodem divino judicio æternæ damnationi et perditioni destinata et tradita? Si enim tantummodo præscita est ad æternam damnationem et perditionem, nullum ibi adhuc est divinum judicium. Et quomodo tales in massa damnationis, et perditionis divino judicio relicti esse dicuntur, si in hac parte nihil adhuc de illis divino judicio est definitum? Sin autem, sicut omnino etiam eorum consensu et confessione verum est, hæc massa non solum præscita est, sed etiam judicata, quid aliud intelligi potest, nisi omnino ad eamdem damnationem, et perditionem prædestinata? Quod enim vere, et divina præscientia præcognitum, et divino judicio est decretum, constat omnino esse prædestinatum.

CAPUT XXIX

Prædestinatio ad malum non competit.

Quod vero subjungit scriptor epistolæ, « quia eos qui perituri erant, prædestinatione sua Deus, id est gratiæ præparatione, ab illa damnationis et perditionis massa nequaquam eripuit » et ex verbis beati Augustini illuminare conatur « Quod » videlicet « prædestinatio non sit aliud, nisi gratiæ præparatio, »] ut quasi ex hoc probare videatur, quod prædestinatio tantummodo in sanctorum electione, quibus ab æterno omnipotens Deus suam gratiam præparavit, intelligi debeat, in damnatione vero reproborum, nulla Dei prædestinatio accipienda sit, eo quod nihil gratiæ suæ ex æterno illis Deus prædestinaverit, et præparaverit, omnino falsissimus sensus est, et sensui beati Augustini aperte contrarius. Ille enim ita dixit (*de Prædest. sanct.* c. 10) Prædestinatio est gratiæ præparatio. Gratia vero est jam ipsa donatio.] Et post aliqua, ut distingueret inter istam prædestinationem gratiæ, quæ, proprie electorum est, et prædestinationem damnationis et vindictæ, quæ proprie est reproborum, subjunxit dicens (*cap.* 10.) [Prædestinatio Dei, quæ in bono est, gratiæ est, ut dixi, præparatio: gratia vero est ipsius prædestinationis effectus.] Atque ita luculente ostendit, aliter intelligendam esse prædestinationem Dei, quæ in bono est bonis, id est electis ubi vere divinæ erga eos gratiæ et præparatio et hujus prædestinationis effectus est ejusdem divinitus præparatæ gratiæ jam ipsa donatio: et aliter intelligendam prædestinationem Dei, quæ in malo est malis, id est reprobis, quæ e contrario nihil est aliud, nisi æternæ prædestinationis [*al.*, damnationis] eorum præparatio: cujus omnino effectus est jam ipsa damnatio.

Ita venerabilis doctor æternam prædestinationem Dei in utrumque distribuit, ut et in bono sit bonis et in malo malis: dum et illis per eam æterna gratia, et istis per eam æterno Dei consilio æterna damnatio præparatur. Unde et quod beatus Prosper dicit [Non est prædestinatio, nisi quod ad donum pertinet gratiæ, aut ad retributionem justitiæ,] ita omnino rectissime intelligendum est, ut divina prædestinatio non ita credatur alicui esse in malum, ut eum malum esse compellat, quod absit: sed quod omnibus et electis et reprobis vel ad donum pertineat gratiæ, vel ad retributionem justitiæ: ad donum gratiæ electis, et ad retributionem justitiæ reprobis: dum et electi gratia salvantur, et reprobi justitia puniuntur. Iste est enim plenissimus et verissimus divinæ prædestinationis effectus non tantummodo electos præordinans ad æternam gloriam, sed etiam reprobos præordinans ad æternam pœnam. Sic itaque beatus Prosper cum cæteris orthodoxis Patribus sensit. Et cum beato scilicet Augustino cujus de prædestinatione divina non fallaciter sed fideliter verba ponit atque exponit, et cum aliis qui de eadem fide atque eodem sensu ipsius divinæ prædestinationis immobilem veritatem, et æquitatem in utramque partem, et electorum videlicet, et reproborum veraciter intellexerunt, et firmissime definierunt. Quod si scriptor epistolæ eos tantummodo putat orthodoxos, qui in damnatione reproborum divinam solummodo præscientiam, et non etiam prædestinationem credunt: ergo et beatum Augustinum, et beatum Fulgentium, et ipsam fidei ecclesiasticæ solidissimam veritatem hæretici erroris denotatione infamat; et ad tantum malum hæc pertinacia contentionis perducta est, ut (quod nemo digne dolere potest) jam apud illos, qui prave sentiunt, orthodoxi, et qui orthodoxe sapiunt, hæretici deputentur. Quod malum vehementer nobis cavendum propheta denuntiat, dicens: « Væ qui dicitis malum bonum, et bonum malum, ponentes tenebras lucem, et lucem tenebras, ponentes amarum in dulce; et dulce, in amarum (*Isa.* v, 20). »

CAPUT XXX.

Ut malis prædestinatæ pœnæ, sic mali pœnis.

Sequitur post hæc in eadem responsione.

HINCMARUS.

« Qua de re refugiunt dicere qui, ut diximus, sanum videntur sapere, quosdam prædestinatos a Deo esse ad interitum, sed tantummodo præscitos: electos autem, et præscitos, et prædestinatos esse ad regnum, et regnum illis (ut diximus) prædestinatum æternum de quibus nullus potest perire. Et sicut sunt prædestinati gratia Dei ad regnum, ita sunt prædestinati secundum Apostolum, in operibus bonis, in quibus ambularent (*Eph.* II, 10); pro quibus eis non solum gratia detur, sed et gratia regnum reddatur æternum. Pœnam autem dicunt in infidelitate, vel iniquitate perseverantibus a Deo prædestinatam secundum divinam præscientiam, sicut scriptum est in propheta: « Præparata est ab heri Topheth (*Isa.* XXX, 33), » quia hoc ad retributionem justitiæ pertinet, sicut pertinet ad gratiam, ut ex una eademque massa peccati gratia electi prædestinentur ad vitam, concordante cum hoc evangelica veritate: « Ite, inquit, maledicti, in ignem æternum, qui paratus est diabolo et angelis ejus (*Matth.* XXV, 41). »

RESPONSIO.

Quæsumus, quæ est ista res, quæ causa vel ratio, pro qua isti refugiunt prædestinationem Dei dicere in damnatione reproborum? Nunquid hæc erga illos divina prædestinatio non est justa, quæ, quos præscivit in iniquitatibus permansuros, prædestinavit æternis suppliciis perituros. Nunquid non est vera, quæ nisi decerneret tam justum opus Dei in æternitate, nunquam impleri posset in tempore? Nunquid non est a sanctis Patribus prædicata, et ab Ecclesia catholica recepta? Quid ergo causæ est, ut refugiamus credere quod fides tenet, refugiamus dicere quod veritas docet? Nunquid non etiam ipsi, qui hæc refugiunt, jam omnes reprobos ab ipso mundi exordio in massa damnationis et perditionis asserunt derelictos? Quod quid est aliud (ut supra ostendimus) nisi æternæ damnationi, et perditioni præsdestinatos? Aut qua ratione dici potest quod isti tam multiplici sermone firmare conantur, iniquis et impiis in malis suis perseveraturis pœnas a Deo esse prædestinatas, ipsos vero non esse prædestinatos pœnis? Cum utique non alii, sed illi omnino eas passuri sint, quibus A sunt prædestinatæ? Et si certum est apud omnipotentem Deum, qui eas sint passuri, sine dubio et decretum et definitum sit ipsos esse passuros. Sicut enim certas pœnas eis qui digni sunt prædestinavit, ita certissime eosdem quia digni sunt, ipsis pœnis prædestinavit. Sicut vero injustus non est dignis præparando pœnas, sic procul dubio justus est dignos præordinando pœnis. Utrumque ergo præscitum, utrumque prædestinatum, quia utrumque justum manifesta veritas declarat. Nec necessitatem eis pereundi sua præscientia vel prædestinatione imponit, quos et diu, ut converterentur, exspectavit: et quia converti noluerunt, justa ultione damnavit.

CAPUT XXXI.

B *De sententia B. Petri*: Novit Deus, etc.

Sequitur in eadem responsione.

HINCMARUS.

« Quod et beatus Petrus in Epistola sua distincte loquens, demonstrat cum dicit: « Novit Deus pios de tentatione eripere, iniquos autem in die judicii cruciandos reservare (*II Petr.* II, 9). » Novit enim, verbum præscientiæ Dei, ad universa hæc facit, videlicet, et ad prædestinationem piorum, quæ verbo ereptionis innuitur, et ad significationem pœnæ prædestinatæ, cum in fine cruciandos impios monstrat, quando « reddet unicuique secundum opera sua (*Rom.* II, 6). » Et ad discretionem, cum iniquos non dicit Dominum ad pœnarum cruciatus prædestinare, sed juste desertos cruciandos reservare. Et C aperte monstratur quia præscientia sine prædestinatione esse potest, prædestinatio autem sine præscientia esse non potest. Quocirca sola præscientia viget in reprobis, in quibus misericordia juste nil operatur ad donum gratiæ; præscientia autem et prædestinatio, id est gratiæ præparatio, misericorditer operantur in electis, qui prædestinantur ad regnum et quibus regnum prædestinatur æternum, quod ad donum pertinet gratiæ; et præscientia simul et prædestinatio æque ac justissime operantur in prædestinatione pœnæ reproborum, quæ pertinet ad retributionem justitiæ. »

RESPONSIO.

D *Discutiuntur testimonia prolata ex Apostolo.*

Hæc sententia B. Petri apostoli non proprie de præscientia et prædestinatione divina, sed simpliciter nobis accipienda videtur. Ait namque: « Novit Dominus pios de tentatione eripere; impios autem in die judicii cruciandos reservare. » Id est, novit ille alta et secreta dispositione sapientiæ suæ, et pios, in præsenti vita periculis et tentationibus plena laborantes, sua gratia, sua protectione, eripere; cui quotidie ipsi dicunt: « Ne nos inducas in tentationem (*Matth.* VI, 13), » ne, aut prosperitatibus hujus sæculi illiciantur, aut adversitatibus frangantur. Et e contrario impios in hoc sæculo florentes, et in sua impietate velut prospere agentes, nequaquam sua justitia negligere, nequaquam impunitos dimittere, sed quos videtur quasi impunitos in suis cupiditatibus et delectationibus carnalibus securos et lætos relinquere, eosdem potius futura suo judicio et æternis cruciatibus reservare, ut quanto hic amplius et licentius prosperantur, tanto ibi durius et atrocius puniantur. Potest tamen in istis postremis verbis, ubi ait: « Impios vero in die judicii cruciandos reservare, » aliquid divinæ præscientiæ et prædestinationis erga eosdem impios velut ex latere intelligi: quia quos occulto et justo judicio suo ad æternos reservat cruciatus, et præscivit sine dubio et prædestinavit perpetuo cruciandos. Quæ verba apostoli cum ita et verius et rectius intelligantur, nihil necesse est velut ex eorum auctoritate tam multipliciter de ea re loqui, quæ hujus sententiæ attestatione non valet approbari, sed potius falsa et supervacua demonstrari.

CAPUT XXXII.

Sequitur in responsione.

HINCMARUS.

« Aliqua etiam exempla quæ illorum stultitia ad munimen sui, eadem male intelligendo proferens, profert, sicut modo ad memoriam occurrunt, sapientiæ vestræ scribo. Proferunt ex Apostolo: « Vasa iræ aptata vel perfecta ad interitum, » dicentes: « vasa esse prædestinata ad interitum (*Rom.* IX, 22) » et mutari non possunt. Sed aliter alii intelligunt, maxime cum idem dicat Apostolus de eisdem vasis: « Si quis emundaverit se ab istis, » videlicet pro quibus vas contumeliæ fuerat, « erit vas in honorem (*II Tim.* II, 21). » Proferunt: « Qui non credit jam judicatus est (*Joan.* III, 18), » id est prædestinatione Dei jam damnatus est. » Et Augustinus in libro de Agone Christiano dicit: [« Qui non credit jam judicatus est, » id est jam damnatus est: præscientia utique Dei, qui novit quid immineat non credentibus. [Proferunt: « Induravit cor Pharaonis (*Exod.* IX, 12); tradidit illos in reprobum sensum (*Rom.* I, 28), immittet eis spiritum erroris (*II Thess.* II, 10); tu vero Deus deduces eos in puteum interitus (*Ps.* LIV, 24), qui transgreditur a justitia ad iniquitatem, Deus paravit illum ad rhomphæam (*Eccli.* XXVI, 27). »

RESPONSIO.

Hæc testimonia Scripturarum, quæ ab illo miserabili monacho et ab aliis, nescimus quibus qui cum eo sentiunt ad confirmationem divinæ præscientiæ et prædestinationis dicuntur esse prolata, non negligenter et quasi transeunter omittenda, sed potius diligenter et fideliter juxta regulam veritatis singillatim videntur esse tractanda, ne forte parum attendentibus et non intelligentibus nihil ad rem de qua agitur pertinere videantur, aut velut levia et nullius momenti absque periculo præteriri posse existimentur. Est enim certissimum et manifestissimum hujus rei testimonium ex Apostolo sumptum, quia, ut ipse dicit: « Sustinuit Deus in multa patientia vasa iræ aptata vel perfecta in interitum, ut ostenderet divitias gloriæ suæ in vasa misericordiæ, quæ præ-
A paravit in gloriam (*Rom.* IX, 22). » Hæc etenim vasa iræ, id est justæ vindictæ Dei, quam meruit primæ transgressionis culpa, omnes reprobi sunt, qui in fine non receptionem misericordiæ, sed iram damnationis sensuri sunt. Et hæc vasa iræ non ad misericordiam, sed ad judicium, præordinata jam et suo merito et divino judicio, et aptata et perfecta sunt interitum, ut et suo præcedente merito, et divinæ prædestinationis justo præcedente judicio, quia noluerunt converti ad bonum, æternum patiantur malum. Non ergo quia non potuerunt, sed quia noluerunt de malo converti ad bonum, justum patiuntur supplicium. Sicut e contrario vere vasa misericordiæ sunt omnes electi qui, nullo suo præcedente merito, sed sola Dei misericordia a massa perditionis di-
B screti divina prædestinatione sunt vasa præparata in gloriam.

CAPUT XXXIII.

Vasa iræ non possunt fieri vasa misericordiæ.

Unde et illud quod alibi idem dicit Apostolus: « Si quis autem emundaverit se ab istis, erit vas in honorem (*II Tim.* II, 21), » nullo modo huic tam claræ et manifestæ veritati divinæ prædestinationis in utramque partem tam electorum videlicet quam reproborum, si diligenter ex superioribus verbis Apostoli consideretur, contrarium, sed omnino concors et consonum invenitur. Ait namque: « In magna autem domo non solum sunt vasa aurea et argentea, sed et lignea et fictilia, et quædam quidem
C in honorem, quædam autem in contumeliam (*II Tim.* II, 20); » et ita subjungit: « Si quis autem emundaverit se ab istis, erit vas in honorem, sanctificatum, et utile Domino (*Ibid.*, 21). » Manifestissime itaque constat quod quæ in illis verbis dixerat: « vasa iræ aptata sive perfecta in interitum; » et e contrario: « Vasa misericordiæ præparata in gloriam, » ea omnino dicit hic: « quædam in honorem, et quædam in contumeliam: in honorem vasa misericordiæ, in contumeliam vasa iræ, » sed cum ibi prædestinationem tantummodo utriusque partis, id est electorum et reproborum, simpliciter commendaverit, hic adjungit etiam exhortationem, quam attente vasa misericordiæ debeant se custodire et segregare ab immunditiis vasorum iræ, cum dicit:
D « Si quis autem emundaverit se ab istis, erit vas in honorem, » etc., id est, si quis emundaverit se ab istis vasis iræ, vasis in contumeliam, vel ab eorum immunditiis, si aliquando in eis fuit, sollicite se extrahendo, vel nunquam eis se admiscendo, et immaculatum se ab hoc sæculo custodiendo, erit vas in honorem sanctificatum: id est ipso emundationis et sanctificationis suæ effectu atque profectu demonstrabit se ad vasa misericordiæ, et ad vasa honoris, et gloriæ pertinere. Unde non hoc significat in his verbis Apostolus quod vasa iræ et contumeliæ, id est divino judicio reprobi et reprobati possint effici vasa misericordiæ et honoris et gloriæ, id est in sortem electorum transire, sicut scriptor hujus epistolæ intellexit. Cum omnino reprobi, qui divini-

tus præsciti sunt in suis iniquitatibus permansuri; nullatenus possint merito perseverantissime iniquitatis suæ in electorum societate censeri, sicut regula catholicæ fidei indubitanter tenet, et docet; sed ut unusquisque fidelium, sicut jam dictum est, ipsa fidei et justitiæ sanctificatione probet, et declaret sese ad vasa misericordiæ et electionis pertinere. Duo namque sunt quibus velut quodam signaculo probantur, et agnoscuntur electi Dei: scilicet æterna divinæ gratiæ præordinatio, et pia ab omni iniquitate infidelitatis et pravitatis emundatio: ut ex manifesta luce justitiæ et sanctitatis manifestetur in eis veritatis divinæ electionis; sicut ipse Apostolus paulo superius ostendit, dicens: « Sed firmum fundamentum Dei stetit habens signaculum hoc: Cognovit Dominus qui sunt ejus, et discedat ab iniquitate omnis, qui nominat nomen Domini (*II Tim.* II, 19). » Quod ergo « cognovit Dominus qui sunt ejus » æterna electio est; ut autem discedat ab iniquitate omnis qui nominat nomen Domini, certa ipsius electionis probatio est.

Secundo loco testimonium divinæ prædestinationis de Evangelio ponitur: « Qui non credit jam judicatus est (*Joan.* III, 18). » Quod videlicet omnes impii et increduli jam sunt divina prædestinatione damnati. Quia videlicet si eorum damnatio justum divini judicii opus est, sine dubio opus suum semper apud Deum et præscitum et prædestinatum est. Sed scriptor epistolæ nolens damnationem incredulorum ad divinam prædestinationem, sed tantummodo ad præscientiam pertinere, subjungit verba B. Augustini, quibus quasi hoc probare videatur. Ait namque ille in libro de Agone Christiano, memorans verba Evangelii: « Qui non credit jam judicatus est, » id est jam damnatus est, præscientia utique Dei, qui novit quid immineat non credentibus. Eo quod non dixerit sanctus doctor, jam damnatus est prædestinatione Dei, sed præscientia Dei. Nec dixerit, qui statuit aut præfinivit, sive prædestinavit, sed qui novit, inquit, quid immineat non credentibus, quasi omnipotens Deus aliquid operum suorum præscierit futurum, quod non prædestinaverit se esse facturum? Aut cum in operibus ponitur præscientia Dei, non statim certissime intelligi debeat, et prædestinatio Dei. Quia sicut nihil operum suorum prædestinavit, quod non præscierit, ita quidquid eorum præscivit, sine dubio etiam prædestinavit. Nihil enim in operibus ejus est injustum, aut iniquum, ut digne tantummodo præsciretur et non prædestinaretur; sed quia totum est justum et rectum, totum est omnino præscitum, totum omnino prædestinatum. Unde idem beatus Augustinus, qui in hoc loco dicit incredulos jam divina præscientia damnatos, alibi cum tractaret verba Domini dicentis ad quosdam: « Sed vos non creditis quia non estis ex ovibus meis (*Joan.* X, 26). » Eosdem testatur divino judicio ad æternam mortem prædestinatos, ita dicens (*in Joan.* tract. 48): [Quomodo ergo istis dixit: « Non estis ex ovibus meis, » quia videbat eos ad sempiternum interitum prædestinatos, non ad vitam æternam sui sanguinis pretio comparatos.] Ecce et in illis verbis Domini quibus ait: « Qui non credit jam judicatus est (*Joan.* III, 18), » et in istis quibus dixit: « Sed vos non creditis, quia non estis ex ovibus meis (*Ibid.*, 26); » utrobique increduli et infideles designati sunt et quos in illa sententia sanctus doctor dixit divina præscientia jam damnatos, in ista eosdem dixit ad æternum interitum prædestinatos. Non quia alii ex eis divina præscientia, et alii divina prædestinatione damnati sunt, sed quia divini judicii virtute, qua tales damnantur, sicut et in omni opere divino utrumque simul intelligendum sit, etsi non ubique, quia nulla exigit necessitas, simul dicendum.

Tertio loco testimonium de Exodo ponitur: « Induravit Dominus cor Pharaonis (*Exod.* IX, 12): » Quod manifeste non ad præscientiam, vel prædestinationem futurorum, sed ad præsens Dei judicium pertinet, qui eum quem tali pœna dignum judicavit, justo judicio induravit. Similiter et quartum testimonium intelligendum est, scilicet non de præscientia aut prædestinatione, sed præsenti justo judicio Dei, quod Apostolus dicit: « Tradidit illos Deus in reprobum sensum (*Rom.* I, 28). » Et quintum ubi ait: « Mittet eis Deus operationem erroris (*II Thess.* II, 10), » quia (ut dictum est) quos dignos tali pœna judicavit, vel « in reprobum sensum tradidit, » vel eis suo justo judicio « operationem erroris immisit. » Similiter et sextum accipiendum: « Tu vero Deus deduces eos in puteum interitus (*Psal.* LIV, 24). » Puteus namque interitus est, ut beatus Augustinus exponit, tenebræ erroris, tenebræ submersionis. Deducit vero Deus reprobos in hunc puteum, non quod ipse sit auctor culpæ ipsorum, sed quod ipse sit judex iniquitatis eorum. Quod etiam si quis de puteo infernalis damnationis et submersionis eodem sensu velit intelligi: et pertinere potest ad justam prædestinationem interitus reproborum, et non est contrarium veritati.

Quod autem septimo loco ponitur: « Et qui transgreditur a justitia ad iniquitatem, Deus paravit illum ad rhomphæam (*Eccli.* XXVI 27), » manifeste justam prædestinationem reproborum ad interitum sonat, ut qui suo vitio et suo perverso arbitrio a justitia declinans transgreditur ad iniquitatem, juste divini judicii prædestinatione præparetur ad rhomphæam, id est ad æternæ mortis vindictam. De quibus etiam alibi scriptum est, quod « si averterit se justus a justitia sua, et fecerit iniquitatem, morietur in ea (*Ezech.* XVIII, 24). » Jam cætera Scripturarum testimonia quæ sequuntur, sicut etiam de quibusdam jam superius dictum est, non ad præscientiam vel prædestinationem futurorum, sed ad præsens Dei judicium pertinere existimamus. Et ideo prætermissis his quæ ad præsentem quæstionem minime pertinent, ad ea quæ restant considerando transeamus.

CAPUT XXXIV

De prædestinatione in utramque partem

Sequitur itaque in responsione

HINCMARUS

« Sed isti malivoli non intelligentes quæ loquuntur, vel de quibus affirmant, confundunt præscientiam et prædestinationem, et sicut male intelligunt authenticas Scripturas, ita et pessime verba sancti Augustini in quibusdam locis, sicut in Enchiridion, et in libris de Civitate Dei, et alibi etiam prædestinatos ad interitum, et populum natum ad iram dicit unde etiam postquam de libero arbitrio et de correptione et gratia, et de perfectione justitiæ hominis, et de prædestinatione sanctorum ad Prosperum et Hilarium, ubi nihil de prædestinatione reproborum, sed de prædestinatione sanctorum dixit, multis postulantibus scripserat librum Hypomnesticum adversus Cœlestium et Pelagium, scripsit de quinque quæstionibus, et hanc sextam loco retractationis superaddidit de prædestinatione, ubi se excusat non eo sensu dixisse nec intelligi velle prædestinatos ad interitum, sed in iniquitate vel impietate perseverantibus pœnam esse prædestinatam. Quarum quæstionum et absolutionum mentionem in libro quem scripsit contra Manichæos ex Genesi facit. »

RESPONSIO

Propterea malivolos, id est illum miserabilem monachum, et qui cum eo forsitan sentiunt, confundere præscientiam et prædestinationem divinam arguit, quia sicut in tota ista responsione laboravit, non vult intelligi prædestinationem, nisi in solis electis; in reprobis vero solam præscientiam debere sentiri, in qua assertione non solos istos, quos vocat malivolos, sed sanctos Patres et doctores Ecclesiæ, qui prædestinationem divinam in utramque partem et intellexerunt et docuerunt, se culpandos affirmare nequaquam considerat. Quod vero pessime dicit intelligi verba sancti Augustini (si quis in libro Enchiridion, et in libris de Civitate Dei et in tractatibus Evangelii secundum Joannem, ita intelligat prædestinationem reproborum ad interitum, sicut eam ille et scriptis suis per omnes ecclesias, et verbis etiam præsentibus populis simpliciter et veraciter prædicavit) atque ita conatur beatissimi doctoris manifestum, et veracem sensum (nescimus in quid aliud) pervertere et detorquere, quantæ absurditatis, imo quam impiæ præsumptionis sit, quis possit explicare? Per hoc enim non solum sensum ecclesiasticorum Patrum, sed etiam fidem Ecclesiæ, et auctoritatem Scripturæ divinæ a parte evacuare invenitur. Ita namque Patres docuerunt, ita Ecclesia fideliter tenet, ita Scriptura veritatis veraciter tenendum demonstrat, sicut jam superius, prout Dominus dare dignatus est, satis probavimus.

CAPUT XXXV

De libro Hypognosticon — De primis Pelagianorum reliquiis — De prædestinatione reproborum.

Adjungit etiam rem novam, et neque ex lectione, neque ex veraci aliqua traditione nobis hactenus compertam. Quod scilicet, beatus Augustinus, post omnes libros suos, scripserit quemdam libellum quem Græco vocabulo Hypomnesticon nominant, quod Latine *memoratorium* interpretatur, in quo de quinque quæstionibus contra Pelagium et Cœlestium disputaverit. Et quidquid in præcedentibus libris de prædestinatione divina erga damnationem reproborum dixerat, non ita se dixisse, ut ab omnibus dixisse cognoscitur, et intelligitur, sed alio absurdissimo, et inconvenientissimo sensu: ut per hoc quod dixit impios ad interitum prædestinatos noluerit intelligi ipsos impios ad interitum prædestinatos, sed (quod nemo credere aut suspicari posset) pœnam eis intelligi voluerit esse prædestinatam. Quis unquam audivit tam pertinacem audaciam, vel tam audacem pertinaciam, ut sanctissimum et veracissimum doctorem ipsum de se fateri compellat quia quod dixit impios in sua impietate permansuros prædestinasse ad interitum, non dixit quia veraciter ita sit, sed quod in ejus verbis nullatenus sonat, pœnam in eis intelligi voluerit præparatam? Quis talem absurditatem, imo insaniam ferre possit? Nos enim manifeste novimus, quia quando libros Retractationum jam senex et morti vicinus scripsit, in quibus omnes præcedentes libros suos diligenter et fideliter retractavit, nequaquam adhuc istum libellum scripserat. Quia si scripsisset, utique inter alios etiam ejus mentionem fecisset. Manifestum etiam videtur, quia post ejus obitum, quando vitam ipsius et catalogum non solum librorum ejus sed etiam tractatuum ad populum, et epistolarum ad diversos quidam sanctus episcopus et alumnus ejus diligentissime recensuit et descripsit, necdum istum libellum scripserat beatus Augustinus; si enim scripsisset, utique tanquam præcipue necessaria inter alios annumerari et memoriæ commendari potuisset. Quod si aliquis ex Ecclesiæ rectoribus, qui post ejus obitum exstiterunt, simpliciter eum ex titulo qui a sancti Augustini nomine inscriptus est, non considerata diligentius ratione, nec aliqua necessitate, ut id faceret compellente, ipsius eum esse credidit, cujus in fronte nomen invenit, quid hoc præjudicat veritati, quæ diligenter inquisita et inventa nullum super hoc re errare permittit.

Accidit hoc etiam et præclarissimis Ecclesiæ magistris ut scilicet sive ex titulo libri, sive ex alterius narratione inducti putaverint, et scripserint ejus auctoris aliquod esse opusculum, cujus postea non esse, et veraciter probaverunt, et humiliter confessi sunt. Sicut beatus Hieronymus in libris contra calumniatorem suum de libro, quem ex falso titulo crediderat beati Pamphyli martyris, et postea invenit Eusebii esse Cæsariensis, manifeste declarat.

Et beatus Augustinus in libris Retractationum evidenter commemorat et corrigit, quod juxta cujusdam scripta, sententias quasdam de libero arbitrio, et de gratia Dei sic intellexit et exposuerit tanquam beatissimi Xisti Romanæ urbis pontificis et martyris, cum e contrario postea invenerit ethnici eas esse philosophi, id est Sexti Pythagorei.

Nam et ipse supra memoratus libellus manifestissimis indiciis non se sancti Augustini esse aperte ostendit, quia nec præfationem aliquam in initio sui gerit, ubi se ab aliquibus rogatum, vel sibi necessario visum, ut de tali re, id est prædestinationis verbo, in suis libris corrigendo, sive aliter exponendo aliquod novum opus scriberet, et significasse inveniatur. Nec ulla talis necessitas exstitisse cognoscitur, ut de illis quinque quæstionibus, de quibus tam multa, et tam multipliciter in libris præcedentibus disputaverat, iterum novo opere disputare cogeretur. Sed et ipse sermo ab eloquio sancti Augustini multum discrepat : et sensus ab illius sensu non parum inferior habetur; et modestia atque humilitas morum et sermonum ejus non ibi servatur; et *testimoniis ex Hebraica translatione*, quam beatus Hieronymus edidit, præter ejus consuetudinem contra illos hæreticos utitur. Quod ille ex antiqua potius editione facere consuevit. Et prorsus de tanto viro sentire indignum est, verbum, et sensum prædestinationis, quem omni tempore in suis scriptis et prædicationibus tenuit et commendavit, et quem in libris Retractationum nequaquam reprehendendo utique approbavit, in hoc libello evacuare et destruere inveniatur, ut jam ex hujusmodi occasione, nec retractationibus ejus fides adhibenda videatur.

Unde magis credibile est, quod non parvo spatio post ejus obitum a quodam alio scriptus sit, et magna ex parte juxta modum, et formam sensuum ejus, contra Pelagianos, et Cœlestianos hæreticos de illis quinque periculosioribus eorum quæstionibus breviter collectus atque digestus; et quia auctor ejus, ipsius beati Augustini sensus brevi isto opusculo velut in unum collegisse et explicuisse videtur, ideo ipsi opusculo nomen sancti Augustini in titulo præferre voluerit : non quod vere ab illo sit editus sed vere (in quantum auctor ejus potuit) juxta formam disputationum ejus digestus atque compositus. (Velut si eumdem libellum) Latine » Memoratorium sancti Augustini » appellare voluisset, nihil utique aliud intelligeretur, nisi quia illud quod ab eo sparsim, et multipliciter fuerat disputatum, breviter et velut sub uno aspectu positum memoriæ commendaret. Nam si beatus Augustinus prædestinationis verbum in parte reproborum, ut durum et incongruum; vel etiam falsum in suis scriptis repudiare et damnare voluisset, multo major et formidolosior exstitit occasio; ut hoc in libris, quos, de prædestinatione sanctorum et dono perseverantiæ ad Prosperum et Hilarium scripsit, facere cogeretur, compellente scilicet tanta super hac de re querimonia et perturbatione magnorum, et sanctorum apud Gallias virorum, qui ejus disputationibus intantum permoti fuerunt, et quodam tædio affecti, ut prædestinationis sensum, qui ab eo constanter et instanter prædicabatur, vel quasi falsum, vel quasi valde periculosum potius tacendum esse judicarent. Sed nec tanta perturbatione, et permotione fidelium, ab intentione veracissimæ et fidelissimæ doctrinæ suæ frangi potuit, aut revocari. Sed magis eos et scriptis suis inquantum potuit admonuit et instruxit, et orationibus apud Deum profusis fideliter adjuvit, ut intelligerent et agnoscerent quam necessario, et quam salubriter propter commendationem divinæ gratiæ ejusdem prædestinationis veritas omnino et credenda et prædicanda esset.

Pelagiani vero hæretici nunquam prædestinationem in parte reproborum, quia (ut putamus) et veram et justam esse intellexerunt, in ejus disputationibus reprehendisse inveniuntur : sed tantummodo in electorum ut divinam gratiam destruerent, et liberum arbitrium hominis sufficere confirmarent, eam negaverunt; quia videlicet, si omnipotens Deus ante mundi constitutionem, quos salvaturus esset elegit, et dona sua, quæ eis largiturus fuerat, prædestinavit, cessat hic omnis humani arbitrii præsumptio, et sola Dei gratia evidentissime et firmissime commendatur, per quam ipsum etiam humanum arbitrium, et a servitute peccati liberatur, et divinis muneribus illustratur. Atque ita evidenti et invicta ratione, totum eorum Pelagianorum falsum, et fallax dogma destruitur.

Non ergo tantus doctor veram divini judicii prædestinationem de damnatione reproborum in illo Hypomnesticon libello negavit, quam ubique in suis scriptis asseruit : sed alius quidam, ut putamus, nova postmodum ipsorum Pelagianorum insurgente calumnia velut per illam prædestinationem reproborum ad interitum hoc doceret Ecclesia; quasi Deus sua prædestinatione necessitatem imponeret hominibus, et in suis impietatibus permanendi, et in æternum pereundi, subtraxit verbum prædestinationis in parte reproborum : quod potius secundum veritatem divini judicii, et diligenter exponi, et commendari oportuerat : et solam electorum prædestinationem conatus est asserere; atque ita dum vult illam refutare, et removere calumniam, magnam erroris occasionem dedit, ut eamdem tam vera et manifesta in damnatione reproborum divina prædestinatio nulla esse crederetur, et tanquam nulla sit, negaretur. Quapropter diligenter inquisita, et evidenter agnita veritate, esset contentio et animositas erroris, et suscipiatur libenter atque obedienter manifestatio veritatis. Ut autem quinque illas quæstiones, sive oppositiones Pelagianorum in libris, quos de expositione Genesis, idem beatus Augustinus contra errores et blasphemia Manichæorum scripsit commemoraret, nec in nostris codicibus invenitur, nec ulla ratio esse videtur : quia manifestum omnino est, quando eosdem libros idem auctor conscripsit, primis fere adhuc temporibus conversionis, sive presbyterii sui, needum tunc Pelagianorum nomen aut hæresim exstitisse, sed longo post tempore, et multis intercedentibus annis eorum insaniam atque impugnationem contra Ecclesiam surrexisse. Et ideo quod neque ad Manichæos hæreticos pertinebat, neque a Pelagianis, qui necdum exorti fuerant, nullatenus opponi poterat, nulla prorsus ratio permittit, ut quod adhuc penitus futurum ignorabatur, in illis libris velut transactum commemoraretur. Sunt quidem circa finem librorum eorumdem breviter contra Manichæos propositæ, atque expositæ quædam quinque quæstiones, sed ad Pelagianos nihil pertinentes, et eorum nullam memoriam facientes.

CAPUT XXXVI.

De libris Augustini ad Prosperum et Hilarium.

Illud quoque quod dixit scriptor Epistolæ: [Quia in libris ad Prosperum et Hilarium scriptis de prædestinatione Sanctorum et dono perseverantiæ, nihil idem doctor dixerit de prædestinatione reproborum ad interitum.] Nullatenus verum esse cognoscimus, frequenter enim in eisdem libris de utriusque partis, id est electorum et reproborum prædestinatione nunc simul, nunc distincte disputat. Et ideo liber ille de Prædestinatione sanctorum titulatur, non quia et de prædestinatione reproborum nihil ibi dicitur, sed quia ex meliori parte nomen accepit, sicut et in libris de Civitate Dei, utique de utriusque civitatibus, et Dei, scilicet, et diaboli pariter et multipliciter disputat et tamen ex meliori parte libros de Civitate Dei voluit appellare. Quia ergo multum ad præsentem quæstionem ubi de divina prædestinatione agitur, necessarium videtur, opportune atque utiliter fieri existimamus, ut aliqua ex eisdem libris ad hanc rem pertinentia agnoscenda et tenenda legentibus proponamus. Ait igitur quodam loco distinguens utramque prædestinationem sicut jam superius memoravimus (*de Prædest. sanct.*, c. 10): [Prædestinatio Dei quæ in bono est, gratiæ est præparatio, gratia vero est ipsius prædestinationis effectus.] Item alibi (*cap.* 20): [Tanta quippe ab inimicis Judæis manus Dei et consilium prædestinavit fieri, quanta necessaria fuerant Evangelio propter nos. Agit quippe Deus quod vult in cordibus hominum vel adjuvando, vel judicando, ut etiam per eos impleatur quod manus Dei et consilium prædestinavit fieri.] Et alio loco (*De dono Persev.*, cap. 18): [Hæc Deus facturum se esse præscivit. Ipsa est prædestinatio sanctorum, « quos elegit in Christo ante constitutionem mundi (*Act.* IV, 18). »] Et iterum (*cap.* 11): [Et parvulis, inquit, quibus vult, etiam non volentibus neque currentibus subvenit, quos ante constitutionem mundi elegit in Christo daturus eis gratiam gratis et majoribus, etiam his quos prævidit si apud eos facta essent, suis miraculis credituros, quibus non vult subvenire non subvenit. De quibus in sua prædestinatione occulte quidem, sed juste aliud judicavit. « Non enim est iniquitas apud Deum, sed inscrutabilia sunt judicia ejus, et investigabiles viæ ejus (*Rom.* II, 33). »] Item ibi post paululum (*ibid.*): [Duorum, inquit, geminorum quorum unus assumitur, una relinquitur, dispar est exitus, merita communia. In quibus tamen sic alter magna Dei bonitate liberatur, ut alter nulla ejus iniquitate damnetur. « Numquid enim est iniquitas apud Deum, absit (*Rom.* IX, 14). » sed « investigabiles sunt viæ ipsius. » Itaque misericordiam ejus in his qui liberantur, et veritatem in his qui puniuntur sine dubitatione credamus. Neque inscrutabilia scrutari, aut investigabilia vestigare conemur.] Et alio loco (*cap.* 14): [Hæc est prædestinatio sanctorum nihil aliud præscientia, scilicet et præparatio beneficiorum Dei, quibus certissime liberantur, quicunque liberantur. Cæteri autem ubi nisi in massa perditionis justo divino judicio relinquuntur.] Et iterum: [An forte nec ipsa dicunt prædestinata, ergo nec dantur a Deo, aut ea se daturum esse nescivit. Quod si et dantur, et ea se daturum esse præscivit, profecto prædestinavit.] Et iterum: [Nulla sua futura dona et quæ danda essent, et quibus danda essent Deum non præscire potuisse, ac hoc per hoc prædestinatos ab illo esse, quos liberat et coronat.] Item alibi: [Sine dubitatione enim præscivit, si prædestinavit, sed prædestinasse, est hoc præscisse quod fuerat ipse facturus.] Hæc ex supra memoratis beati Augustini libris breviter consideranda proposuimus, ut divinæ præscientiæ et prædestinationis æternam et immobilem veritatem perspicue eum docuisse, et legentibus commendasse certissime cognoscamus.

CAPUT XXXVII.

De gratia et libero arbitrio.

Sequitur autem in præfata responsione

HINCMARUS.

« Sed et gratia, vel libero arbitrio qui melius sapiunt, ita credunt, et ita loquuntur. Arbitrium liberum in primo homine non fuit emortuum, sed vitiatum: in nobis autem ad malum agendum arbitrium male est liberum, quia a gratia non liberato, sed male libero arbitrio usi efficimur servi peccati. Ad bene agendum autem, imo et ab bene volendum tunc vere est nostrum arbitrium liberum, cum fuerit gratia liberatum, quod non est resuscitatum, quia non fuit emortuum, sed gratia est sanatum, quia vitio fuit corruptum. Et reprobi idcirco nequaquam cœlestis patriæ præmia æterna percipient, quia ea nunc, dum promereri poterant, ex libero arbitrio, contempserunt: quod videlicet liberum arbitrium in bono formatur electis, cum eorum mens a terrenis desideriis gratia aspirante suspenditur. Bonum quippe, quod agimus, et Dei est, et nostrum. Dei per prævenientem gratiam, nostrum per obsequentem liberam voluntatem, si enim Dei non est, unde ei in eternum gratias agimus? Rursum si nostrum non est, unde nobis retribui præmia speramus?

Quia ergo non immerito gratias agimus, scimus quod ejus munere prævenimur. Et rursum quia non immerito retributionem quærimus, scimus quod subsequente libero arbitrio bona elegimus, quæ ageremus. Unde sicut sancta Scriptura docemur, gratia prævenimur, ut bene velimus: per liberum arbitrium gratiam subsequimur, ut bene agamus; gratia adjuvamur, ut bene agere possimus, quod arbitrio volumus; et gratia corroboramur, ut in bono, quod per liberum arbitrium subsequendo cœpimus, perseveremus: et gratia subsequimur, ut et gratia beatæ retributionis pro gratia bonæ operationis gratuita gratia remuneremur. « Et misericordia ejus, » inquit, id est gratia « præveniet me (*Psal.* LVIII, 11). » Item: « Et misericordia ejus subsequitur me omnibus diebus vitæ meæ (*Psal.* XXII, 6). » Et: « Qui coronat te in misericordia et miserationibus (*Psal.* CII, 4). »

RESPONSIO.

[a] In his verbis quod dictum est: « Arbitrium liberum in primo homine non fuit emortuum, sed vitiatum: » et quod paulo post de eodem libero arbitrio subjungitur: « Quod non est resuscitatum, quia non fuit emortuum, sed gratia est sanatum, quia vitio fuit corruptum, » multum miramur qua ratione ita sentiri et dici potuerit. Nunquid enim primus homo peccando in anima mortuus non est? sicut Scriptura verissime dicit: « Anima quæ peccaverit ipsa morietur (*Ezech.* XVIII, 4). » Et quid est vere liberum arbitrium animæ, nisi libera animæ voluntas? Quid est autem libera animæ voluntas, nisi libera charitas, qua sponte et voluntarie et perfecte ante peccatum Deo adhærebat anima, et ex eo vivificabatur, tanquam ex fonte vitæ; et ex ipso illuminabatur, sicut ex vero lumine; cui fideliter dicere debemus: « Quoniam apud te est fons vitæ, et in lumine tuo videbimus lumen (*Psal.* XXXV, 10). » Mortua est itaque humana anima per peccatum, non amittendo (sicut jam superius diximus) naturam suam; sed amittendo veram vitam suam, quæ illi Deus est: unde ad Deum conversa vivificatur, et vivit Deo: a Deo autem aversa moritur Deo et vivit peccato, et sine dubio voluntate avertitur a Deo ut moriatur, et voluntate convertitur ad Deum ut vivificetur. Voluntas ergo animæ ad Deum conversa fit bona; a Deo aversa fit mala; ad Deum conversa vivificatur; a Deo aversa moritur, sicut acies oculorum corporalium, a luce aversa tenebrescit; ad lucem conversa clarescit. Quid est vitium animæ, nisi aversio a Deo? et quid est virtus animæ, nisi conversio ad Deum? vitium itaque aversionis a Deo mors animæ est, et virtus conversionis ad Deum vita animæ est. Et quia (sicut jam dictum est) voluntate avertitur a Deo, et voluntate convertitur ad Deum, ipsa aversione vel conversione voluntas animæ, quæ naturaliter cum ipsa et in ipsa est, cum ipsa et in ipsa pariter aut moritur aut vivificatur. Et ideo nullatenus credendum est quod in primo homine mortua anima per peccatum, non fuerit voluntas bona mortua eodem peccato.

CAPUT XXXVIII.

Bona voluntas per gratiam creatur et innovatur. Deum operari velle quid sit.

Tota namque anima cum voluntate sua, aut vivit, aut moritur; et ideo nec sine voluntate sua potuit Deo vivere: nec sine voluntate sua potuit Deo mori. Nec sine voluntate sua vitiata est peccato mortifero, nec sine voluntate sua sanatur a peccato mortifero. Nam si in primo homine peccante voluntas bona non est mortua, quomodo nunc per vivificantem gratiam et creatur, et innovatur, et Deus eam operatur in homine? Unde ait Apostolus. « Ipsius enim sumus figmentum, creati in Christo Jesu in operibus bonis (*Ep.* II, 10); » sed ut simus creati in Christo Jesu in operibus bonis, illud necesse est ut fiat in nobis quod Psalmista ait: « Cor mundum crea in me, Deus, et spiritum rectum innova in visceribus meis (*Psal.* L, 12). » Et: « Deus est enim, qui operatur in vobis et velle (*Phil.* II, 13). » Quid est enim cor mundum, nisi munda conscientia a peccatis corde mundata, et bona voluntate prædita? Et quid est spiritus rectus nisi nulla mala voluntate depravatus? Et quid est « operari in nobis velle, » nisi inspirare, et largiri nobis bonum velle: mortua est itaque peccando humana anima, et humana voluntas a vita Dei. Mortuum est illud quod erat ante peccatum vere liberum arbitrium, quo libera hominis voluntas, id est libera hominis charitas voluntarie et libere diligendo adhærebat Deo. Et vere mortuum est hujusmodi liberum arbitrium hominis negligendo Deum et recedendo a Deo, et ab ea morte qua amisit charitatem Dei resuscitatur, et vivificatur per eamdem gratiam charitatis Dei. Quod aperte beatus Joannes apostolus docet, dicens: « Nos scimus quoniam translati sumus de morte ad vitam; quoniam diligimus fratres. Qui non diligit manet in morte (*I Joan.* III, 14). » Vita itaque humanæ animæ, et humanæ voluntatis Dei, et proximi dilectio est, qua homo ante peccatum fruebatur Deo, et

NOTÆ DUVALLII DOCTORIS SORBONICI.

[a] Quando arguit Ecclesiæ Lugdunensis Hincmarum quod dixerit liberum arbitrium per peccatum non emortuum, sed vitiatum, et a Christo non fuisse suscitatum, sed sanatum, accipit liberum arbitrium pro bona et recta voluntate qua Deo per charitatem adhæremus. Quo sensu certum est illud omnino fuisse emortuum nec tantum vitiatum: tamen quia remansit in eo natura conversionis capax, ita ut eam per congruam et efficacem gratiam possit obtinere, ideo hac in parte verba Gotteschalci benigne possent explicari, licet merito a Patribus tum concilii Moguntinensis, tum Senonensis damnatus sit, quod illius verba contrarium sonarent, nempe bonam et rectam voluntatem in homine post peccatum remansisse. Vel dicito liberum arbitrium ab Ecclesia Lugdunensi accipi pro actu dilectionis Dei super omnia, quem certum est omnino per peccatum deperdi.

fruebatur proximo in Deo ; ab hac vita sua mortuus est, negligendo Deum, negligendo seipsum et proximum : « Quoniam qui non diligit, manet in morte. » Anima itaque humana, et humana voluntas, sicut vere manet in morte non diligendo, ita vere transfertur de morte in vitam diligendo. Et sicut vera mors ejus est non diligere, ita et vera vita ejus est diligere. Hac dilectione non fit vere liberum arbitrium, id est vere libera voluntas, nisi illo liberante, id est libertatem largiente qui ait: « Si vos Filius liberaverit, tunc vere liberi eritis (*Joan.* VIII, 36), » et nisi illo munere Spiritus Dei de quo dicit Apostolus: « Ubi autem Spiritus Domini, ibi libertas (*II Cor.* III, 17). »

Sed et illud quod in istis verbis dicitur : « Quia bonum quod agimus, et Dei est et nostrum : quia nisi esset Dei, non ei pro eodem bono in æternum gratias ageremus ; et nisi esset nostrum, non ab eo pro eodem bono juste præmia exspectaremus. » Nescimus quid divisionis, vel cujusdam distributionis unius, atque ejusdem boni inter Deum et hominem sonat. Quasi ex parte sit Dei, et ex parte nostrum, sicut toto isto sermone asserere videtur scriptor epistolæ, ut quasi initium boni nostri sit Deus, effectus vero liberi humani arbitrii : licet hunc « errorem velut gratiæ adjunctione, non etiam plenitudine temperare conetur, » cum vere totum sit Dei, sicut ipsa Veritas dicit : « Sine me nihil potestis facere? » (*Joan.* XV, 5.) Et Apostolus : « Quid enim, inquit, habes quod non accepisti? » (*I Cor.* IV, 7.) Unde Beatus et gloriosus martyr Cyprianus ita definit, dicens: [In nullo gloriandum quando nihil nostrum sit.] Bonum itaque nostrum totum Dei est, quia totum ex Deo est ; et nihil boni nostri nostrum est, quia nihil boni nostri ex nobis est. Et ideo manifeste, ut juxta formam paternæ doctrinæ potius loquamur, omne bonum nostrum, et totum Dei est donando ; et totum nostrum fit accipiendo. Unde et in Dominica oratione quotidie postulamus, dicentes : « Panem nostrum quotidianum da nobis hodie (*Matth.* VI, 11). » Cur enim panem nostrum nobis poscimus a Deo dari, nisi quia (ut diximus) sicut vere est Dei largiendo, ita etiam nostrum sit accipiendo. Unde B. Papa Cœlestinus (sicut jam superius ejus verba posuimus) ait : [Tanta enim est erga omnes homines bonitas Dei, ut nostra velit esse merita, quæ sunt ipsius dona.] Totum itaque bonum nostrum Deo dandum, Deo est tribuendum, quia totum ex illo est, non ex nobis, dum totum et ab illo inchoatur, ac ab illo agitur, ac peragitur in nobis ; quia non qui suo, sed « quicunque spiritu Dei aguntur, hi filii sunt Dei (*Rom.* VIII, 14). » Hæc de prima epistola, quia multis et perplexis quæstionibus plena erat, prout Dominus donare dignatus est, ipsa necessitate cogente prolixius diximus.

CAPUT XXXIX.

De secunda, quæ est Parduli, epistola.

In secunda autem epistola pauca quidem sunt de quibus dici oporteat, sed ipsa silentio prætereunda. Cum ergo de præfatis quæstionibus, et illi qui hanc secundam scripsit epistolam breviter significare vellet quantum apud eos esset inquirendi studium, et quanta dissonantia sententiarum, quantaque aviditate desideraretur, ut de his rebus aliquid certum, et absque ambiguitate sequendum inveniri et ostendi posset, ita ait :

PARDULUS.

« Plures inde apud nos scripserunt. Et cum quinque ex eis nominasset, inter quos etiam Amalarium scripsisse memoravit, subjunxit dicens : « Sed quia hæc inter se valde dissentiebant, Scotum illum qui est in palatio regis, Joannem nomine scribere coegimus. » Et paulo post : « Quæ autem inter nostros inde sit maxima contentio vobis significo.)

« Quidam dicimus Augustinum edidisse libellum quem Hypognosticon præintitulavit. Et quidam nostrorum dicunt, non a præfato viro eumdem libellum esse editum : quod mendacium esse cito probare poterit, qui secundum libellum Augustini quem in Genesim contra Manichæos edidit ad finem usque perlegerit, ubi demonstrat se ipsam quæstionem cum aliis quinque contra rabiem Manichæorum edidisse ; et propterea in retractatione nihil inde commemorat, quia quæcunque aliorsum de prædestinatione dixerat, in eodem libello corrigere videtur. Simili modo etiam quidam dicimus De induratione cordis Pharaonis libellum a beato Hieronymo editum. Et nostrorum quidam non ab eo, sed ab alio quolibet mendose factum. Quod etiam mendacium fore invenietis, si septimum decimum librum præfati Hieronymi in Isaiam legeritis, ubi mentionem ejusdem libelli facit. »

RESPONSIO.

His verbis quid aliud in primis respondere possumus ; nisi quia de his rebus auxiliante et protegente divina misericordia, nullus labor, nulla necessitas nova inquirendi, et inveniendi, et scribendi, apud eos exstitisset : nec tanta dissensio et contentio exoriri potuisset, si remoto omni præsumptionis atque animositatis studio, sola apud illos veritas in sanctorum Patrum dogmatibus et ecclesiasticis definitionibus (quorum rectissimam fidem et fidelissimam doctrinam semper honorabiliter et fideliter et secuta est et sequitur, et sequetur Ecclesia) unanimiter et humiliter, atque obedienter inquireretur, et quod inventum esset, pacifica et tranquilla pietate omnibus sequendum proponeretur, et commendaretur. Nec « propter unum libellum » usque hodie incerti auctoris, et inusitati nec ullatenus recipiendi sensus, de quæstione præscientiæ et prædestinationis Dei, tam claris, et tanta firmitate solidatis ecclesiasticæ veritatis institutionibus præferre maluissent. Quid enim causæ exstitit, ut illa omnia postponerentur, et Scripturæ sanctæ veritas minus discussa et considerata negligeretur? Et his omnibus, quod nullo certo auctore, nulla vera ratione fultum est, sequendum potius judicaretur, nisi a parte ipsum contentionis malum, quo semel præsumpta sententia et sensus inconsiderate prolatus obstinate potius defendendus, quam salubriter putatus est corrigendus. Unde etiam satis mirari non possumus quomodo illæ quinque vel sex quæstiones a beato Augustino contra Manichæorum rabiem prolatæ esse credi potuerint, cum sicut et multiplices libri ejusdem sancti doctoris testantur, et ipse *Hypomnesticon libellus* manifeste ostendit a Pelagianis primum hæreticis contra fidem Ecclesiæ sint objectæ, et ad eorum confutationem diligentius sint tractatæ. Certissime autem (sicut jam supra diximus) quando illos libros beatus Augustinus de expositione Genesis contra Manichæos scripsit, necdum Pelagiani auditi aut exorti fuerint: sed longo post tempore Ecclesiam Dei cœperint impugnare: de ipsorum libello, qui hujus erroris et conturbationis occasionem dedit, quia jam superius satis diximus, hic nihil amplius dicendum putamus.

Libellum vero De induratione cordis Pharaonis, qui a beato Hieronymo scriptus putatur nec in libro de Viris illustribus nec in venerabili vitæ ejus historia, inter ejus opuscula invenire potuimus. In libro tamen septimo decimo Explanationum Isaiæ prophetæ aliquid tale scripsisse commemorat, nec tamen specialiter de Induratione cordis Pharaonis, sed de tota illa ad Romanos difficillima apostoli quæstione breviter perstrinxisse designat. Sed quia nos hujusmodi libellum nunquam vidimus, utrum ille qui apud istos invenitur, et styli gravitate, et fidei sinceritate ejus esse credendus sit, tanquam de ignoto judicare non possumus. Quid tamen ille sanctus doctor juxta fidei catholicæ veritatem de libero arbitrio senserit, et dialogi ipsius, quos sub nomine Attici et Critobuli contra Pelagianos scripsit, manifestissime testantur. Et fidei ejus professio, quam plenissime et perfectissime contra quosdam calumniatores ad Pontificem sedis apostolicæ in defensionem sui edidit, satis ostendit; ubi de eodem libero arbitrio ita loquitur [a]: [Liberum sic confitemur arbitrium, ut dicamus nos semper Dei indigere auxilio: et tam illos errare qui cum Manichæo dicunt hominem peccatum vitare non posse, quam illos qui cum Joviniano asserunt hominem non posse peccare: uterque enim tollit arbitrii libertatem. Nos vero dicimus hominem semper et peccare, et non peccare posse ut semper nos liberi confiteantur esse arbitrii.] In quibus beati doctoris verbis quod affirmat hominem semper peccare posse manifeste humanæ infirmitatis est. Quod autem affirmat hominem posse non peccare, hoc vere divini est (sicut ipse testatur) auxilii, ut possit esse liberi humani arbitrii. Dixit etiam quodam loco idem beatus doctor: [Liberi arbitrii nos condidit Deus, nec ad virtutem, nec ad vitia necessitate trahimur. Alioquin ubi necessitas, nec corona est.] Quæ verba ejus a Pelagio velut contra gratiam Dei opposita, beatus Augustinus in libro de Natura et Gratia (*cap.* 65, 66) ita exponit, et defendit, dicens quod ait a memorato dictum esse presbytero: [Liberi arbitrii nos condidit Deus nec ad virtutem, nec ad vitia necessitate trahimur: Alioquin ubi necessitas, nec corona est. Quis non agnoscat, quis non toto corde suscipiat, quis aliter conditam humanam neget esse naturam? Sed in recte faciendo, ideo nullum est vinculum necessitatis, quia libertas est charitatis. Quod autem ex vitiis naturæ, non ex conditione naturæ, sit quædam peccandi necessitas, audiat homo, atque, ut eadem necessitas non sit, discat Deo dicere: « De necessitatibus meis educ me. » Sic namque opitulante gratia per Dominum nostrum Jesum Christum, et mala necessitas removebitur, et libertas plena tribuetur.] Hæc beatus Augustinus.

CAPUT XL.

De Amalario; de scriptis Joannis Scoti.

Quod autem inter cæteros, qui de tanta quæstione, divinæ videlicet præscientiæ et prædestinationis apud eos scripsisse memorantur, etiam Amalarius ponitur, et Scotus Joannes ab eis ad scribendum compulsus esse refertur, multum moleste et dolenter accipimus, ut ecclesiastici et prudentes viri tantam injuriam sibimetipsis fecerint, ut [b] Amalarium de fidei ratione consulerent, qui et verbis, et libris suis mendaciis, et erroribus, et phantasticis atque hæreticis disputationibus plenis omnes pene apud Franciam ecclesias, et nonnullas etiam aliarum regionum, quantum in se fuit infecit, atque corrupit; ut non tam ipse de fide interrogari, quam omnia scripta ejus saltem post mortem ipsius debuerint igne consumi, ne simpliciores quique, qui eos multum diligere, et legendo frequentare dicuntur, eorum lectione et inaniter occuparentur, et perniciose fallerentur ac deciperentur; et, quod majoris est ignominiæ atque opprobrii Scotum illum ad scribendum compellerent. Qui sicut ex ejus scriptis verissime comperimus, nec ipsa verba Scripturarum adhuc

NOTÆ DUVALLII DOCTORIS SORBONICI.

[a] Hæc fidei professio non S. Hieronymi ad Damasum, sed ipsius Pelagii ad Innocentium PP.

[b] Suggillat et arguit Amalarium Lugdunensis Ecclesia tanquam omnium hæreseon illius temporis auctorem et promotorem. Quis autem fuerit, magis ignoratur quam scitur. Solum accipe ex doctissimo viro Nicolao Fabro, sedulo antiquitatis pervestigatore, Florum magistrum, quem Trecensem illum episcopum arbitramur, qui contra Joannem Scotum et Gotteschalcum scripsit quamplurima, sed in iis quædam animadversione dignissima; hic inquam Florus in ps. LXXX, adversus Amalarium scribens: « Vis, inquit, comedere ipsum Dominum Deum tuum? Audi quid dicat: « Dilata os tuum et implebo » illud. » Dilatate ora vestra, ipse est Dominus et panis, ipse hortatur nos ut comedamus: at ipse noster est cibus: quantum dilataveris, tantum accipies. » Hæc ille. Ex quo conjecturæ locus relinquitur Amalarium illum una cum Joanne Scoto fuisse Berengarii præcursores et veluti antesignanos; quorum errorem nostri Eucharistomastiges jamdudum sopitum et exstinctum ab orco suscitarunt.

habet cognita. Et ita quibusdam phantasticis adinventionibus et erroribus plenus est, ut non solum de fidei veritate nullatenus sit consulendus, sed etiam cum ipsis omni irrisione et despectione dignis scriptis suis, nisi corrigere et emendare festinet: vel sicut demens sit miserandus, vel sicut hæreticus anathematizandus.

CAPUT XLI.

De tertia, quæ est Rabani, epistola.

Tertia epistola, quæ non ad Ecclesiam nostram, sed ad quemdam amicum venerabili episcopo scripta est, assumit quantum nobis videtur, non necessariam, nec ullatenus ad rem de qua quæritur, pertinentem, disputationem. Quæritur namque in præsenti disceptatione, sicut jam frequenter et multipliciter supra diximus, non illud, utrum impios Deus et iniquos prædestinaverit ad ipsam impietatem et iniquitatem, id est, ut impii et iniqui essent, et aliud esse non possent; quod nullus omnino moderno tempore dicere vel dixisse invenitur. Quod est utique immanis et detestabilis blasphemia, ut Deus sua prædestinatione quasi auctor sit impietatum et iniquitatum, aliquos impios et iniquos esse coegerit; sed illud potius quæritur utrum eos quos veraciter omnino præscivit, proprio vitio impios et iniquos futuros, et in suis impietatibus atque iniquitatibus usque ad mortem perseveraturos justo judicio suo prædestinaverit æterno supplicio puniendos; auctor vero ipsius epistolæ relicta hac secunda quæstione, quæ in præsenti apud multos versatur, contra priorem potius impiam opinionem laborat, et totum disputationis suæ sermonem ad hoc dirigit quod Deus bonus et justus nunquam alicui esse potuerit causa, vel origo, vel auctor peccati et iniquitatis: quod omnes (ut dictum est) fideles fideliter et indubitanter fatentur: nullam tamen esse divinam prædestinationem erga justam damnationem eorumdem impiorum et iniquorum, et tantummodo in parte electorum esse credendam, verbis præfati libelli, qui *Hypognosticon* dicitur, affirmare contendit. Unde et quia ipse ante omnes qui moderno tempore scripsisse referuntur de hac re scripsit, ejus sibi auctoritatem sequi videntur qui similiter de eadem divina prædestinatione sentiunt et defendunt. Dicit namque ipse statim in præfatione ipsius epistolæ ita:

RABANUS.

« De hæresi, quam quidam de prædestinatione Dei iniqui condunt errantes, et alios in errorem mittentes, convenit inter nos, ut de divinis Scripturis, et de orthodoxorum Patrum sententiis aliquod opusculum conficerem, ad convincendum errorem eorum qui de Deo bono et justo tam nequiter sentiunt, ut dicant ejus prædestinationem facere, quod nec homo ad vitam prædestinatus possit in mortem incidere, nec ad mortem prædestinatus, ullo modo se possit ad vitam recuperare. Cum auctor omnium rerum conditor Deus naturarum nullius ruinæ A atque interitus causa sit, sed multorum origo salutis. »

RESPONSIO.

In quibus verbis primum hæresim et hæreticos nominat, qui de divina prædestinatione ita sapiunt, ut juxta auctoritatem Scripturarum et sanctorum Patrum eam in utramque partem et electorum scilicet et reproborum fideliter credant ut et illos omnipotens Deus magna bonitate sua æternaliter prædestinaverit ad gloriam; et istos magna æquitate judicii sui prædestinaverit ad pœnam: et ideo prorsus est admonendus et ad pietatis considerationem revocandus ne sub istorum persona, quos tam facile hæreticos vocat, sanctos potius et venerabiles B Patres, qui ita docuerunt et definierunt, damnare inveniatur.

CAPUT XLII.

Prædestinatio facit ut electi non possint perire. Non econtra de reprobis. Deus non est auctor perditionis. Deus nemini imponit necessitatem peccandi.

Quod autem dicit, de illis quos hæreticos putat, « quia de Deo bono et justo tam nequiter sentiunt, ut dicant ejus prædestinationem facere, quod nec homo ad vitam prædestinatus possit in mortem incidere, nec ad mortem prædestinatus ullo modo se possit ad vitam recuperare, » manifestum est nullo modo esse mendacium, sed certissimam veritatem, quam omnes fideles credunt, et confitentur, C quod bonitas, et gratia divinæ prædestinationis faciat ut ex his qui prædestinati sunt ad vitam æternam, nemo possit incidere in mortem æternam. Hanc enim perseverantiæ stabilitatem et firmitatem in bono ab eo acceperunt, qui rogavit, et rogat pro eis ne deficiat fides ipsorum: sicut ipse ad beatum Petrum dicit: « Ego autem rogavi pro te, ut non deficiat fides tua (*Luc.* XXII, 32). » Et alio loco Evangelii de eisdem electis suis dicit: « Et ego vitam æternam do eis, et non peribunt in æternum (*Joan.* X, 18). » Quod autem eadem divina prædestinatio hoc in reprobis agat ut se ad Deum convertendo, et in melius commutando nemo eorum possit se ad vitam recuperare, quasi omnipotens Deus (quod absit) sua prædestinatione eis imposuerit necessitatem male agendi, D et in suis malis perseverandi, hoc omnino nullus fidelium dicit: quia auctorem operum et meritorum malorum Deum esse non credit. Quod enim impius et iniquus mala sua corrigendo et divinam misericordiam implorando recuperare se possit ad vitam testatur ipse Dominus per prophetam, dicens: « Quod si averterit se impius ab impietate sua, et fecerit judicium et justitiam, ipse animam suam vivificabit (*Ezech.* XVIII, 27.) » Similiter et in eo quod addidit « quia Deus nullius ruinæ atque interitus causa sit. » Nullus omnino fidelium contradicit, quia nemo Deum auctorem ruinæ et perditionis impiorum, sed tantummodo justæ eorum damnationis, et punitionis auctorem credit. Tale est et illud quod in initio statim epistolæ ponit et dicit:

RABANUS.

« Ita ut quidam eorum perditionis suæ conditorem suum asserant auctorem, dicentes quod, sicut hi qui præscientia Dei ac prædestinatione convocati sunt ad percipiendam gloriam æternæ vitæ, ita et illi qui ad æternum interitum vadunt, prædestinatione Dei cogantur, non posse evadere interitum. »

RESPONSIO.

Quod utique nemo dicit : Quia omnes impii et iniqui pro suis impietatibus et iniquitatibus juste percuntes, non habent Deum auctorem perditionis suæ, quia ipsi suo merito perierunt, sed tantummodo auctorem pœnæ et damnationis, quam juste exceperunt. Ita et quod ait, illos quos putat hæreticos dicere.

RABANUS.

« Quia illi qui ad æternum interitum vadunt, prædestinatione Dei cogantur non posse evadere interitum. »

RESPONSIO.

Nemo omnino dicit quia quod impii ad interitum vadunt, proprium ipsorum est vitium, non divinæ prædestinationis præjudicium, nec eadem Dei prædestinatione coguntur non posse evadere, sed sua perseverantissima iniquitate quam relinquere noluerunt, merito coguntur perire. Sequitur in eadem epistola.

RABANUS.

« Quia nullo modo ille qui cuncta bona creavit, et sanabiles fecit nationes orbis terrarum, atque vult omnes homines salvos fieri, et ad agnitionem veritatis venire, aliquem cogit interire. »

RESPONSIO.

Et hoc omnino verum est, quia nemini Deus imponit necessitatem pereundi, sicut nemini imponit necessitatem male agendi; unusquisque enim sibi auctor est iniquitatis suæ, auctor est perditionis suæ, et Deum, quem non habet auctorem culpæ suæ, habet auctorem justissimæ pœnæ suæ. Item ibi.

RABANUS.

« Si enim, secundum ipsos qui talia sentiunt, Dei prædestinatio invitum hominem peccare, quomodo justo judicio Deus damnat peccantem, cum ille non voluntate, sed necessitate peccaverit. »

RESPONSIO.

Et hoc, sicut etiam illa, quæ supra dicta sunt, nihil ad præsentem pertinet quæstionem : Nemo enim ita sentit aut dicit quod Dei prædestinatio aliquem invitum faciat peccare, ut jam non propriæ voluntatis perversitate, sed divinæ prædestinationis necessitate peccare videatur. Sed hoc agit divina prædestinatio, ut qui volens peccat, et volens in peccatis suis perseverat, nolens justo judicio puniatur. Item post aliquanta sequitur, et dicit.

RABANUS.

« Prædestinationis autem fides, firmissima sanctarum auctoritate Scripturarum munita est, cui nullo A modo fas est ea, quæ ab hominibus male aguntur, ascribi. »

RESPONSIO.

Et hoc nemo fidelium facit. Nemo enim per prædestinationis divinæ erga reprobos veritatem ascribit, et deputat Deo male agentium iniquitatem, sed tantummodo eorumdem reproborum, et eorumdem male agentium justam damnationem.

CAPUT XLIII.

Utrum peccata post baptismum remissa et deleta redeant et imputentur ad pœnam si homo damnetur.

Sequitur in eadem epistola.

RABANUS.

B « Qui enim recedit a Christo et alienus a gratia finit hanc vitam, quid nisi in perditionem cadit? Sed non in quod remissum est reddit, nec in originali peccato damnabitur; qui tamen propter postrema crimina ea morte afficietur, quæ ei propter illa quæ remissa sunt debebatur. »

RESPONSIO.

In quibus verbis quod dictum est de illo qui recedit a Christo, et gratiam ejus in se vacuam fecit atque ita finit hanc vitam, nequaquam ei imputari nec originalia nec actualia peccata, quæ illi vere in baptismo fuerant remissa, sed ea sola quæ post baptismum gratiam Dei amittendo commisit, *magna* nobis *quæstio* videtur, nec nostro eam sensu, sed C sanctorum Patrum auctoritate, prout *Deus* dederit, solvendam credimus. Nam beatus *Augustinus* cum exponeret verba Psalmi ubi in maledictionibus Judæ proditoris inter cætera dicitur (*Expos. Psal.* CVIII, 14) : « In memoriam redeat iniquitas patrum ejus in conspectu Domini, et peccatum matris ejus non deleatur. » Ita in ipsum Judam hoc maledictum adimpletum esse exponit, dicens : [Si Judas teneret illud ad quod vocatus est, nullo modo ad eum vel sua præterita, vel parentum iniquitas pertineret. Quia ergo non tenuit adoptionem in familia Dei, sed iniquitatem vetusti generis potius elegit, « rediit iniquitas patrum ejus in conspectu Domini, » ut in ea etiam ipse puniretur. Et peccatum matris ejus non est in eo deletum.] Sequitur autem continuo in D Psalmo. « Fiant contra Dominum semper, » id est iniquitas patrum ejus, et peccatum matris ejus : Quod idem doctor ita exponit (*Id. ibid.* 14, 15) : [« Fiant contra Dominum semper, » non ut a Domino adverterentur; sed ut merita eorum pessima non obliviscatur in isto Dominus, cum illi et ipsa retribuet; contra Dominum enim dixit « in conspectu Domini. »] Ecce apertissime beatus doctor juxta sensum prophetiæ quæ in hoc psalmo de illo perdito homine continentur, apertissime docet quod nec sua nec parentum peccata jam ad eum pertinere potuissent, si in illa gratia et adoptione filiorum Dei, ad quam vocatus fuerat, permanere voluisset. Sed quia non permansit, et ad iniquitatem vetustæ ex Adam generationis apostatando rediit, etiam post baptismi gratiam, quam in se irritam fecit, rediit ad eum,[a] non solum sua, sed etiam iniquitas patrum ejus, et peccatum matris ejus non est, in eo deletum, ut in eis etiam ipse puniretur, judicante illo et damnante, « Qui reddit iniquitatem patrum in filiis in tertiam, et quartam progeniem (*Exod.* XXXIV, 7). » Unde etiam additum est in prophetia : « Fiant contra Dominum (*Psal.* CVIII, 15), » id est in conspectu Domini semper, scilicet peccata et iniquitates patrum ejus ac matris : ut merita eorum pessima non obliviscatur in isto Dominus, cum illi et ipsa restituit.

Quod ergo in isto apostata et transgressore gratiæ Dei, qui vocationem et adoptionem filiorum Dei deseruit, et magis iniquitatem vetustæ generationis quam justificationem novæ regenerationis elegit, et divina veritate, et beati Patris manifesta expositione factum cognoscimus; hoc etiam de cæteris ejusdem gratiæ transgressoribus fieri certum tenere debemus ut recedente ab illis nova gratia, redeat ad eos iniquitas antiqua, non solum sua, sed etiam paterna : utrum autem et originalis peccati reatus per baptismi gratiam deletus ad eum redire eique imputari intelligendus sit in his verbis propheticis quibus dicitur : « In memoriam redeat iniquitas patrum ejus in conspectu Domini (*Psal.* CVIII, 14), » ut non solum illorum parentum et progenitorum ejus, qui vicino tempore esse potuerunt, sed etiam primorum patrum et primorum parentum qui primi in paradiso deliquerunt, iniquitas, ut dictum est, ei imputetur; nec in verbis sancti doctoris clare elucet, nec a nobis temere præsumendum est. Legimus quidem apud Jeremiam prophetam : « In diebus illis non dicent ultra, patres comederent uvam accerbam et dentes filiorum obstupuerunt : sed unusquisque in iniquitate sua moritur (*Jer.* XXXI, 29, 30). » In quibus verbis manifeste Novi Testamenti gratia, per quam regeneratione baptismi originale peccatum ex prima transgressione contractum solvitur et deletur prænuntiata est, ut jam unusquisque illa regeneratione purgatus, et a vinculo antiquæ damnationis absolutus, nequaquam in primorum parentum peccato, quod etiam dimissum est; sed si peccatis et criminibus servierit in sua iniquitate moriatur. Iniquitas namque ipsa est *uva acerba*, *immatura*, aspera et noxia, quæ agentem quasi comedentem nulla vera suavitate reficit, sed virtutem et robur animæ, velut dentes, ita debilitat et lædit, ut cibum vitæ percipere non possit, de quo scriptum est : « Gustate et videte quoniam suavis est Dominus (*Psal.* XXXIII, 9), » qui etiam de seipso ait : « Ego sum panis vitæ (*Joan.* VI, 48). » « Patres itaque comederunt uvam acerbam, » qui primi in paradiso iniquitatem commiserunt, et dentes filiorum obstupuerunt, » quia non solum seipsos, sed et omnem progeniem suam peccando læserunt. Sed illo peccato originaliter tracto cum omnes qui ad fidem veniunt per lavacrum regenerationis absolvuntur, jam non in illa antiqua patrum iniquitate, sed unusquisque eorum in sua iniquitate morietur. Sive ergo post baptismum peccantibus illa peccata quæ postmodum commiserunt imputentur sive etiam illa quæ ante baptismum commiserunt, propter transgressionem tantæ gratiæ superadjiciantur, utique in sua iniquitate, quam vel ante vel postea commiserant moriuntur. Si ergo eis originalis reatus post baptismum jam nullatenus deputatur, manifeste in suo tantum peccato et in sua iniquitate quisque moritur, si autem inter cætera peccata etiam ille reatus imputatur, etiam sic in suo peccato unusquisque moritur, dum jam ei originale peccatum non ideo imputatur, quia illud ex origine traxit, sed quia merito propriæ iniquitatis illud sibi iterum imputari meruit.

CAPUT XLIV.

An baptizati reprobi fuerint a massa perditionis discreti. Affirmatur discretos fuisse. Peccatum post justificationem non amplius manere asseritur.

Sequitur post hæc in eadem epistola.

RABANUS.

« Quod quia Dei præscientiam nec latuit nec fefellit, sine dubio talem nunquam elegit, nunquam prædestinavit, et periturum nunquam ab æterna perditione discrevit. Atque ob hoc quicunque tales sunt, licet fuerint renati, fuerint justificati, ab eo tamen qui illos tales præscivit, non sunt prædestinati. »

RESPONSIO.

In quibus verbis illud primum considerandum est quia illum qui a Christo recedit et ab ejus gratia alienus efficitur, atque in tali impietate usque ad finem perdurat, quoniam eum Deus talem futurum verissime præscivit, affirmat scriptor epistolæ nunquam ab eo electum neque prædestinatum ad vitam, et periturum nunquam ab æterna perditione discretum; ita, qui prædestinationem divini judicii ad justum reproborum interitum negant, jam ipsos reprobos eodem justo Dei judicio damnatos, et nunquam a perditionis massa discretos esse confirmant. Deinde sollicitius et diligentius est quærendum si reprobi nunquam sunt a perditionis et damnationis massa

NOTÆ DUVALLII DOCTORIS SORBONICI.

[a] Contra D. Thomas quæst. 88 III partis, artic. 1, et cum eo reliqui scholastici in 4, dist. 22, peccata semel remissa nunquam redeunt eadem numero, nec similiter amplius imputantur a Deo eo modo ac si non essent dimissa, quia ad Rom. XI : « Sine pœnitentia sunt dona Dei. » Nahum I : « Deus non punit bis in idipsum; » et Ezechielis XVIII : « Si impius egerit pœnitentiam, omnium iniquitatum ejus non recordabor. » Redeunt tamen per *subsequens peccatum ratione* ingratitudinis, quæ illud multo gravius et culpabilius reddit. Et ita exponenda sunt verba Ecclesiæ Lugdunensis, quæ etiam reperiuntur apud Hugonem Victorinum lib. II de Sanctis, parte XIV, cap. ultimo, et glossam Gratiani de Pœnitentia, dist. 4, canone *Qui recedit.*

discreti, quomodo, sicut hic dicitur, tam multi ex eis in Ecclesia per gratiam baptismi sunt renati et justificati? si enim, ut dictum est, nunquam sunt a massa damnationis et perditionis discreti, quomodo in Ecclesia vere sunt renati et justificati? Quid enim sunt renati, nisi regeneratione baptismi innovati? Et quid sunt justificati, nisi per eum qui justificat impium, a sua impietate mundati.

Quomodo ergo in eis perficitur, dum in morte Christi baptizantur, et in ejus sanguine a peccatis abluuntur vera innovatio et vera mundatio, si adhuc in damnationis et perditionis massa concreti, et non discreti detinentur? Apostolus « ramum sylvestris » et inculti « oleastri (*Rom.* XI, 17) » prius de naturali oleastro dicit excisum, et postea in bonam olivam insertum, atque ita socium radicis et pinguedinis oleæ effectum, quem tamen postea vehementer admonet et terret, dicens: « Vide ergo bonitatem et severitatem Dei, in eos quidem qui ceciderunt severitatem, in te autem bonitatem si permanseris in bonitate; alioquin et tu excideris (*Ibid.* 22). » Quod quid est aliud nisi ut excisus a bona oliva cui insertus fueras, cum silvestri et fero atque amaro oleastro ignibus deputeris. Juxta quam similitudinem melius fortassis creditur et dicitur quod qui vere ad Christi fidem accedunt, et vere in baptismo ejus gratia regenerantur, et vere accipiunt indulgentiam tam originalium quam actualium peccatorum vere per hæc et a naturali oleastro credendi sunt excisi, id est a perditionis et damnationis massa discreti, et in bonam olivam inserti, id est Ecclesiæ incorporati; et tamen si digna excisione commiserint, etiam post ista omnia ab illa oliva excidantur, et cum illa damnationis et perditionis massa, a qua fuerant originalis et actualis peccati indulgentia discreti, velut cum naturali oleastro æternæ ustioni deputentur. Unde namque illa damnationis et perditionis massa, nisi originalis peccati reatu et conspersione effecta est? Cum ergo in quolibet fideliter credente, et veraciter renato atque expiato, vera sit ejusdem peccati originalis remissio, quomodo ipse in massa originalis peccati remanet, qui inde ejusdem peccati remissione probatur esse discretus? Quod autem in verbis sanctorum Patrum frequenter legitur, quod tales, id est gratiam Christi in se irritam facientes, et ita pereuntes nunquam ab illa massa discreti sint, ad Dei præscientiam pertinet: qui licet ad præsens in Ecclesia communem eis cum electis regenerationis gratiam tribuat, ibi tamen eos prædestinati[onis] suæ judicio jam deputat, ubi prævaricationis suæ merito damnandos videt.

CAPUT XLV.

Sequitur de prædestinatione.

Post hæc scriptor epistolæ, interpositis perpaucis verbis suis, tacito nomine libelli Hypomnesticon subjungit et adjungit ejus verba; et sensus velut uno tenore et ordine sermonis sui; ex quibus probare conatur divinam prædestinationem tantummodo et in parte electorum semper accipiendam; in parte vero reproborum nullam omnino esse. Ita incipit:

RABANUS.

« Prius ergo ipsum nomen prædestinationis quid indicet exponamus: deinde esse apud Deum, qui sine acceptione personarum est, prædestinationem, divinarum Scripturarum auctoritate, probemus. Prædestinatio quippe a prævidendo et præveniendo, vel præordinando futurum aliquid dicitur. Et ideo Deus, cui præscientia non accidens est, sed essentia, fuit semper et est, omne quod antequam sit, præscit, prædestinat et propterea prædestinat, quia quale futurum sit præscit. Et ideo Apostolus, « Nam quos præscivit, » inquit, « prædestinavit (*Rom.* VIII, 29), sed non omne quod præscit prædestinat, mala enim tantum præscit et non prædestinat, bona vero et præscit et prædestinat. Quod ergo bonum præscientia prædestinat, id est prius quam sit in se præordinat: hoc cum ex ipso auctore esse cœperit, vocat, ordinat et disponit. Unde et sequitur: « Quos prædestinavit, hos et vocavit; et quos vocavit, illos et justificavit: quos autem justificavit, illos et glorificavit (*Ibid.*, 30). » Jam igitur apertius disseramus quod loquimur, quomodo humano genere præscientia sua et prædestinatione Deus, in quo non est iniquitas, utatur. Massa itaque humani generis, quæ in Adam et Evæ prævaricatione damnabilis mortalisque facta est, non condemnatione divina generaliter, sed ex debito pœna, cruciatusque gehennæ debetur. Venia vero, non merito, sed Dei justi judicis misericordiæ largitate confertur. Quia vero justus et misericors Deus præsciusque est futurorum et ex hac damnabili massa, non personarum acceptione, sed judicio æquitatis suæ irreprehensibili, quos præscit misericordia gratuita præparat, id est prædestinat ad vitam æternam. Cæteros autem ut prædixit debite punit: quos ideo punit, quia quid essent futuri præscivit; non tamen puniendos ipse fecit, vel prædestinavit, sed tantum (ut dixi) in damnabili massa præscivit. Quod si a me quæris scire, cur duo ista differenter Deus faciat, si personarum acceptor non est: quia generaliter aut punire debet justitia aut misericordia liberare, contende cum Paulo; imo, si audes, argue Paulum qui dixit, Christo in se loquente: « O homo, tu quis es qui respondeas Deo? Nunquid dicit figmentum ei qui se finxit: Utquid me sic fecisti? An non habet potestatem figulus luti ex eadem massa facere aliud quidem vas in honorem, aliud vero in contumeliam (*Rom.* IX, 20, 21). » Ego autem hoc dico quod dixi, quia quidquid Deus agit, misericorditer, juste, sancteque facit; quia solus ipse præsciendo scit quod homo nesciendo nescit. « Quis enim cognovit sensum Domini? aut quis consiliarius ejus fuit? Aut quis prior dedit illi, et retribuetur ei? » (*Rom.* XI, 34, 35.) Aut quis dicit ei: Quid fecisti? Non potest tantum justus dici Deus, aut solum misericors, sed justus et misericors. Sic dicimus, sic credimus. Propterea quando illi cum David « misericordiam et judicium cantamus (*Psal.* c, 1), » in illud nos interrogamus, quæ sit voluntas ejus in judicio et misericordia conquiescentes. »

RESPONSIO.

Hæc igitur omnia quia, ut diximus, non sunt verba ejus, sed manifeste ex jam dicto libello sumpta agnoscuntur: de quo quid nobis videatur, jam supra satis ostensum est, relicta in medio prolixa et pia exhortatione, qua omnes fideles omissis hujuscemodi obscuris et difficillimis quæstionibus ad bene vivendum et bene agendum fideliter et salubriter cohortatur, ex divinis Scripturis ad hanc rem pertinentes sententias multas et multipliciter sumens, transeamus ad ejus verba quibus circa finem epistolæ ita dicit.

CAPUT XLVI.

Quod opera bona prosunt et vere hominem salvant.

RABANUS.

« Quomodo isti vaniloqui garriunt, quod nihil prosit homini recta fides et bona operatio, quoniam nisi prædestinatus sit quis, non veniat ad vitam, cum prædestinatio nihil aliud sit nisi vitæ donatio, non perditionis damnatio? Unde manifeste Scriptura dicit: « Deus mortem non fecit, nec lætatur in perditione vivorum. Creavit enim ut essent omnia, et sanabiles fecit nationes orbis terrarum (*Sap.* i, 13, 14), » et per prophetam ipse Dominus ait: « Nolo mortem peccatoris, sed ut convertatur et vivat (*Ezech.* xxxiii, 11). » Si autem non vult Deus mortem impii et peccatoris, quomodo prædestinavit eum ad mortem? Cum nihil aliud ejus sit velle quam prædestinare, causa enim omnium rerum voluntas est Dei ejusque facere velle est, nec simplex natura aliquam contrarietatem in se habet, sed « idem Dominus omnium dives est, in omnibus qui invocant illum (*Rom.* x, 12). » Itaque prædestinatio in bono legitur, non in malo. Unde dicit Apostolus: « Quos præscivit, et prædestinavit conformes fieri imaginis Filii sui, ut sit ipse primogenitus in multis fratribus. Quos autem prædestinavit, hos et vocavit, et quos vocavit, illos et justificavit, quos autem justificavit, illos et glorificavit (*Rom.* viii, 29, 30). » Nota quod dicit: « Quos prædestinavit, hos et vocavit, » non quos prædestinavit, illos et damnavit, amavit enim bonus factor creaturam suam, nec immerito aliquam damnat. De quo alibi scriptum est: « Misereris omnium, Domine, et nihil odisti eorum quæ fecisti, dissimulans peccata hominum propter pœnitentiam, et parcens eis, quia tu es Deus universorum (*Sap.* xi, 24, 25). »

RESPONSIO.

De his omnibus, quia multa jam superius dicta sunt, non est diutius laborandum, sed tantum pauca ex eis quæ consideratione indigent breviter designanda. Itaque in eo quod ait « vaniloquos dicere quod nihil prosit homini recta fides et bona operatio, quoniam, nisi prædestinatus sit quis, non veniat ad vitam, » verum est omnino quod soli illi veniunt ad

A vitam qui divinitus electi sunt et prædestinati. Sicut aperte prædicit et confirmat Apostolus, dicens: « Quia quos præscivit, et prædestinavit, quos autem prædestinavit, hos et vocavit. Et quos vocavit, hos et justificavit, quos autem justificavit, illos et magnificavit. » Hi sunt qui omnino veniunt ad vitam. De quibus ipse Dominus promittit, dicens: « Et ego vitam æternam do eis, et non peribunt in æternum (*Joan.* x, 28). » Recta autem fides et bona operatio absit, ut quisquam fidelium dicat, quia nihil prosint: vere etenim prosunt et vere hominem salvant si illud eis adjungatur quod Dominus dicit: « Qui perseveraverit usque in finem, hic salvus erit (*Matth.* xxiv, 13). » Sciamus itaque fidelis homo, et recte credat

B et bene operetur, quia si in his fideliter perseveraverit, sine dubio salvus erit, et ad electorum numerum pertinebit. Quod vero hic positum est, « Quia prædestinatio nihil aliud sit nisi vitæ donatio, non perditionis damnatio. » Videtur nobis non ita a sancto Augustino dictum et definitum, qui distinguens inter prædestinationem et gratiam, ita ait, (*de Prædest. sanct.*, cap. 10): [Prædestinatio est gratiæ præparatio, gratia vero est jam ipsa donatio.] Et post pauca quæ interposuit, eamdem prædestinationem divinam dupliciter accipiendam esse, id est et in bono electi, qui gratis prædestinati sunt ad vitam, et in malo reprobi qui juste prædestinati sunt ad pœnam, ita dicit (*Ibid.*): [Prædestinatio igitur Dei quæ in bono est, gratiæ est, ut dixi præparatio.]

C Item quod proponit et dicit: « Si autem non vult Deus mortem impii et peccatoris, quomodo prædestinat eum ad mortem. » Quantum pusillitas nostra potuit, jam superius est tractatum, et nunc breviter dicimus: quia illud non vult « bonitate Conditoris, » istud autem facit « judicis æquitate, » ut et salvare velit quod creavit, et tamen creaturæ vitium non relinquat impunitum. Quod vero subjungit et dicit: « Itaque prædestinatio in bono legitur, non in malo, » unde dicit Apostolus: « Quos præscivit, et prædestinavit conformes fieri imaginis Filii sui. » Consideret diligenter (sicut jam supra multipliciter nobis ostensum est), quia in divinis Scripturis non est exigendum ut ubicunque res prædestinationis dicitur, etiam ipsum nomen prædestinationis proprie et

D expresse positum legatur, sed ubicunque res ipsa certissime posita invenitur, regulariter observandum, quod etiam tacito prædestinationis nomine rectissime prædestinatio intelligatur. Nam si ipsum prædestinationis nomen proprie positum exigimus, nec in illis testimoniis propheticis, ex quibus Apostolus prædestinationem divinam et erga electos et erga reprobos approbat, istud nomen ullatenus invenimus, et tamen quod clarissima rerum certitudine approbat, fideliter credere non dubitamus.

CAPUT XLVII.

Septem Rabani objectiones.

Sequitur post hæc omnia in fine epistolæ:

RABANUS.

« Multiplici ergo reatu iste constringitur, qui præ

destinationis bonum in pravum sensum convertens nefandis sermonibus blasphemare præsumit.

« Primo, quod Creatorem suum, qui est summe bonus, malivolum ausus est dicere, eo quod opus suum frustra et sine causa decernat interire.

« Secundo, quod ipsam veritatem fallacem nititur asserere, quæ per Scripturas sacras recte credentibus et bene operantibus æternæ vitæ spondet præmia ; et peccantibus atque non pœnitentibus mortis prædicit pœnas.

« Tertio, quod justum judicem qui in æquitate judicaturus est vivos ac mortuos prædicat injustum, quando bene agentibus præmia et male agentibus tormenta eum non reddere affirmat.

« Quarto, quod Redemptorem mundi frustra sanguinem suum fudisse non timet per errorem suum fingere, quando in se credentibus et sperantibus propter prædestinationis necessitatem non possit subvenire.

« Quinto, quod invidet bonis angelis eorum numerum, quem diabolus per superbiam corruens minuit, Salvatorem nostrum per hominum conditionem adimplere.

« Sexto, quod magis favet sua opinione diabolo quam Deo, cum ad ejus perditionis sortem tradit eos pertinere, quos divina gratia decrevit ad salutem æternam pertingere.

« Septimo, quod totius humani generis inimicus sit manifestus, cum illud dicit per Christi fidem et baptismi sacramentum a primi parentis lapsu, propriorumque scelerum reatu, nec non et ab hostium potestate non posse erui, sed obligatum noxia opificis sui prædestinatione in tartarum demergi. »

RESPONSIO.

Septem his verbis objectiones sive definitiones ponit, quibus non, ut ipse dicit, blasphemantes in Deum, sed fideliter credentes Deo, et veraciter in electorum liberatione et reproborum damnatione misericordiam ejus et judicium confitentes atque laudantes, falsitatis et erroris arguat. Et tamen nihil ex his quæ in ipsis septem definitionibus suis objicit verum, aut rationabile valet ostendere.

Ad primam objectionem. — Nemo enim Creatorem suum summe bonum malivolum dicit, quod absit, quasi malæ voluntatis sit erga creaturam suam, quia semper ejus voluntas bona est bonis ; quæ et si mala videtur malis, semper tamen justa est, et ideo mala esse non potest ; unde et Scriptura ad eum dicit : « Cum sancto sanctus eris, et cum innocente innocens eris. Et cum electo electus eris, et cum perverso perverteris (*Psal.* XVII, 26, 27). » De quibus verbis beatus Augustinus tractans (*in psal.* XVII.) : Est, inquit, occulta profunditas, qua intelligeris cum sancto sanctus, quia tu sanctificas : et cum viro innocente innocens, quia nulli noces, sed criniculis peccatorum suorum unusquisque constringitur, et ab eo quem eligis eligeris, et cum perverso videris perversus ; quoniam dicunt : « Non est recta via Domini, et ipsorum via non est recta (*Ezech.* XVIII, 25) ; » nec frustra et sine causa ille opus suum decernit interire, sed quos verissime præscivit impios et iniquos futuros, et in sua impietate et iniquitate permansuros justis et rectissimis causis decrevit et statuit, et prædestinavit perituros. Sicut ipse ait : « Qui peccaverit mihi, delebo eum de libro meo (*Exod.* XXXII, 33). »

Ad secundam. — Nec qui prædestinationem divinam in utramque partem, id est et electorum et reproborum, fideliter credit et confitetur, ipsam veritatem fallacem nititur ostendere : sed omnino veracem et fidelem in omnibus verbis suis, et sanctam in omnibus operibus suis ; quia electis, sicut prædestinavit, æternæ vitæ præmia spondet et reddit. Et e contrario reprobis peccantibus, nec pœnitentibus, sicut prædestinavit, justo suo judicio æternas retribuit pœnas.

Ad tertiam. — Nec justum judicem ista divinæ prædestinationis veritas velut injustum prædicat : quia secundum eam et bene agentibus, atque in bono perseverantibus præmia restituuntur ; et male agentibus atque in malo permanentibus juste tormenta inferuntur.

Ad quartam. — Nec Redemptorem mundi aliqua prædestinationis suæ necessitas compellit, ut per gloriosum sanguinis sui pretium in se credentibus et sperantibus subvenire non possit : quia et omnibus electis suis illo pretio in æternum subvenit. Et quod reprobis non subvenit, ipsi per impietatem, et iniquitatem suam pretium ejus repellunt : quos et si potest ille salvare, vult tamen aliquos ad ostendendum terrorem severitatis suæ, justa ultione damnare.

Ad quintam. — Nec invidet eadem divinæ prædestinationis severitas bonis angelis, ne propter multitudinem reproborum quotidie pereuntium non possit adimpleri, et instaurari eorum numerus, qui per ruinam diaboli et angelorum ejus est imminutus : quia certissime novit fides fidelium tantos illuc electos ex humano genere assensuros quantos illic constat electos angelos remansisse : testante Scriptura quæ dicit : « Statuit terminos gentium juxta numerum angelorum Dei (*Deut.* XXXII, 8). »

Ad sextam. — Nec magis favet hæc prædestinatio diabolo quam Deo, quia et diabolum quotidie compellit amittere, quos divina gratia eadem prædestinatione decrevit ad salutem æternam pertingere. Et omnino nullum ex electis Dei ad ipsius diaboli sortem posse pertinere confirmat.

Ad septimam. — Nec compellit aliquem hujus prædestinationis fides, quasi per fidem Christi et sacramentum baptismi a primi parentis lapsu, et a suorum scelerum reatu, sive hostium potestate non posse erui : sed verissime præstat omnibus electis, « Ut sint agentes semper gratias Deo, et Patri, qui dignos eos fecit in partem sortis sanctorum in lumine. — Qui eripuit illos de potestate tenebrarum, et transtulit in regnum Filii dilectionis suæ (*Col.* I, 12, 13) : » Nec reprobis noxia est opificis sui, id est Dei prædestinatio, quæ perseverantem et indomabilem iniquitatem ipsorum justissime punit, cujus more et gravissimo onere oppressi demerguntur in tartarum, descendentes in profundum quasi lapis, et submersi quasi plumbum in aquis vehementibus. Quod etiam liber Apocalypsis de tota civitate hujus seculi, id est universa multitudine damnatorum terribiliter extremo judicio futurum significat et denuntiat, dicens : « Et sustulit unus angelus fortis lapidem quasi molarem magnum, et misit in mare, dicens : Hoc impetu mittetur Babylon magna illa civitas, et ultra jam non invenietur (*Apoc.* XVIII, 2.) »

A *Conclusio.* — Quæ cum ita sint, deposita omni contentionis animositate, deposita novitatum præsumptione, agnoscamus fideliter divinam veritatem, sequamur obedienter paternam auctoritatem, caveamus vigilanter erroris et mendacii fallacissimam vanitatem ; servantes Deo auxiliante semel « depositum » nobis veræ fidei inviolatum thesaurum ; et « fugientes profanas vocum novitates atque oppositiones falsi nominis scientiæ, quam quidam promittentes circa fidem exciderunt (*Tim.* VI, 20, 21). »

SANCTI REMIGII

LUGDUNENSIS EPISCOPI

SUB NOMINE ECCLESIÆ LUGDUNENSIS

ABSOLUTIO CUJUSDAM QUÆSTIONIS

DE GENERALI PER ADAM DAMNATIONE OMNIUM ET SPECIALI PER CHRISTUM EX EADEM EREPTIONE ELECTORUM

B Nuper quæstio habita est quomodo recte et fideliter possit intelligi : Tota humani generis massa merito primæ transgressionis ad æternum interitum damnata ? cum procul dubio omnium electorum numerus ex ipsa esset assumendus divina prædestinatione, ac præscientia æternaliter præcognitus, et præordinatus ad vitam æternam : si enim iste beatorum, et sanctorum numerus in illa erat ad interitum divino judicio condemnatus, quomodo erit velut e contrario divinæ misericordiæ beneficio ad vitam prædestinatus ? Et utrumque utique æternaliter, atque immobiliter in ejus æterno et incommutabili consilio, qui juxta prophetam : « Fecit quæ futura sunt (*Isa.* XLI, 11, *sec. LXX*). » Neque enim juxta catholicæ veritatis regulam dicere possumus omne humanum genus illius prævaricationis merito ad interitum fuisse damnatum, sed nequaquam ad eumdem interitum prædestinatum : cum omnipotentis Dei justo et æterno judicio nihil potuerit æternaliter esse damnatum, quod non ita præscitum, et præfinitum sit fuisse damnandum. Omnia namque opera sua, tanquam vere justa et recta et præscivit futura, et prædestinavit sine dubio facienda. Prædestinavit itaque et hanc humani generis justam ac debitam damnationem, cui et generaliter ex illius justitia omnes essent obnoxii : et ex qua specialiter ex illius misericordia discernerentur, et salvarentur electi, manente scilicet inconvulsa damnationis prædestinatione in reprobis ; et manente similiter inconvulsa ereptionis prædestinatione in electis ; dum justissimo et admirabili ordine divinæ æquitatis et misericordiæ, et illud oportuit prius fieri ad ostendendam severitatem Dei, et istud postmodum ad ostendendam bonitatem Dei ? Quod tamen utrumque simul, ita semper in æterno Dei consilio fuerat prædestinatum : ut sic unum decerneretur judicii æquitate, et quantum ad illius massæ damnatæ meritum pertinet immobili severitate : quatenus et alterum gloriosissime impleretur divini arbitrii potestate, et misericordissimi Conditoris gratuita bonitate.

Quapropter juxta pusillitatem sensus nostri ubicunque legimus, sive in divinis Scripturis, sive in dogmatibus Patrum totam humani generis massam in primo, et per primum hominem peccantem esse damnatam, nihil aliud intelligendum occurrit, nisi eam justo Dei judicio, merito primi illius peccati æternæ damnationi traditam : De qua damnatione per unum hominem in mundum ingressa manifeste C dicit Apostolus : « Nam judicium ex uno in condemnationem (*Rom.* V, 16). » Quæ utique, sicut jam dictum est, non potest recte intelligi nisi æterna. Si ergo recte intelligitur, tota ipsa humani generis massa damnata, æternæ perditioni tradita, quid est hoc aliud, nisi eidem æternæ perditioni destinata, sive prædestinata, ut quantum pertinet ad meritum culpæ suæ, illius videlicet primæ prævaricationis, esset juste omnino, et tota, et simul æterna sententia condemnata. Quantum vero attinet ad bonitatem et misericordiam Conditoris (qui sibi nec necessitatem imposuit, nec potestatem abstulit) ut de creatura sua, justo exigente severitate judicando, posset inde salvare quantum illi placeret per indebitam D gratiam, quod juste et æternaliter fuerat damnatum per culpam, manente scilicet damnationis sententia, in quibus permanet et reatus, et soluta in his, in quibus idem reatus per Christi sanguinem est solutus : atque ita prædestinatio omnium electorum Dei, ita ejus æterna dispositione esset præordinata, ut ex sorte æternæ damnationis transferrentur in sortem æternæ salutis et liberationis : ut et ibi fuerit etiam pars ista vere communi sententia condemnata, et his vere sola Dei gratia liberata; tantoque fieret gratior et devotior liberanti, quanto se agnosceit verius vere obnoxiam fuisse æternæ damnationi.

Hanc namque electorum translationem a sorte illius damnationis in sortem liberationis sublimiter et attentissime commendat Apostolus fidelibus agnoscendam, et cum omni gratiarum actione recolendam, ita dicens : « Gratias agentes Deo et Patri qui dignos nos fecit in parte sortis sanctorum in lumine. Qui eripuit nos de potestate tenebrarum, et transtulit in regnum Filii dilectionis suæ (*Col.* I, 12, 13) : » et hanc iram æternæ vindictæ ac damnationis, quæ omni illi massæ æqualiter debebatur, fideles per Domini Christi passionem et mortem evasisse. Quam utique non veraciter evasisse dicerentur, nisi ei etiam veraciter obnoxii exstitissent, ita gratulatur atque commendat dicens : « Si enim, cum inimici essemus, reconciliati sumus Deo per mortem Filii ejus, multo magis nunc reconciliati in sanguine ipsius salvi erimus ab ira per ipsum (*Rom.* V, 10). » Et iterum : « Quoniam non posuit nos Deus in iram, sed in acquisitionem salutis per Dominum nostrum Jesum, qui mortuus est pro nobis, ut sive vigilemus, sive dormiamus, simul cum illo vivamus (*I Thess.* V, 9, 10). » Et alio loco : « Et quomodo conversi, estis a simulacris servire Deo vivo et vero, et exspectare Filium ejus de cœlis Jesum, qui eripuit nos ab ira ventura (*I Thess.* I, 9, 10 ». Hoc etiam Psalmista per adventum Domini Salvatoris futurum, id est antiquam illam iram Dei omnimodo in electis mitigandam atque avertendam, quasi jam factum canit et exsultat dicens : « Remisisti iniquitatem plebis tuæ, operuisti omnia peccata eorum; mitigasti omnem iram tuam, avertisti ab ira indignationis tuæ (*Psal.* LXXXIV, 3, 4). » Si enim vere non fuerunt omnes electi, et prædestinati ad vitam in una cum cæteris massa damnationis et perditionis, unde ergo sunt electi et discreti, unde redempti, unde salvati et liberati? Cur ipsa Veritas de eis dicit : « Venit enim Filius hominis quærere, et salvum facere quod perierat (*Luc.* XIX, 10). » Cum ipse Apostolus manifestissime hoc etiam in Actibus apostolorum coram rege, et principibus libere Christi mysterium prædicans attestetur et declaret, referens qualiter sibi a Domino dictum sit in prima statim vocatione et conversione sua. Ait namque ita sibi cœlitus ab eo dictum : « Ad hoc enim apparui tibi, ut constituam te ministrum, et testem eorum quæ vidisti, et in quibus apparebo tibi : eripiens te de populo et gentibus, in quibus nunc ego mitto te, aperire oculos eorum, ut convertantur a tenebris ad lucem, et de potestate Satanæ ad Deum, ut accipiant remissionem peccatorum, et sortem inter sanctos, per fidem quæ est in me (*Act.* XXVI, 16, 17. 18). » Et dominus ipse in Evangelio : « Cum fortis, inquit, armatus custodit atrium suum, in pace sunt ea quæ possidet; sin autem fortior illo superveniens vicerit eum, universa arma ejus, in quibus confidebat, aufert, et spolia ejus distribuit (*Luc.* XI, 21, 22). » Et alio loco : « Nunc judicium est mundi, nunc princeps hujus mundi ejicietur foras. Et ego si exaltatus fuero a terra, omnia traham ad me (*Joan.* XII, 31, 32). »

Unde quantum Deo auxiliante intelligimus, nullatenus oportet hanc novitatem divisionis induci, ut illa totius humani generis massa (sicut omnes doctores Ecclesiæ sentiunt, totam primi et per primi hominis transgressionem punitam) nunc a nobis ex parte dicatur damnata et ex parte non damnata : ex parte æterno interitui destinata, et ex parte non destinata. Hoc namque modo in electis illam quodammodo levigare, atque extenuare primam et generalem damnationem, nihil est aliud quam divinæ bonitatis et misericordiæ erga eos magnitudinem minorare et coangustare : nec quidquam omnipotens contra prædestinationem suam, qua totam illam massa justa damnatione perire statuit, electos suos inde salvando fecit : quia sic illud statuit merito culpæ, et severitate justitiæ, ut et hoc sibi serviret bonitate misericordiæ; et « haberet, juxta Apostolum potestatem figulus luti ex eadem massa » simul et tota damnata « facere aliud vas in honorem » per misericordiam suam, « et aliud in contumeliam » per justitiam suam (*Rom.* IX); atque ita fierent, ut dictum est, « Ex una atque eadem massa alia vasa iræ, et alia vasa misericordiæ : illa perfecta in interitum, ista in gloriam præparata (*ibid.*) » ut in ejus laudibus digne et veraciter diceretur : « Misericordiam et judicium cantabo tibi, Domine (*Psal.* C, 1) : » et « universæ viæ Domini misericordia et veritas (*Psal.* XXIV, 10). » Quam rem diligentissime et breviter alio loco Apostolus commendat dicens : « Eramus natura filii iræ, sicut cæteri : Deus autem, qui dives est in misericordia propter nimiam charitatem suam, qua dilexit nos, et cum essemus mortui peccatis, convivificavit nos Christo (*Eph.* II, 3, 4, 5). » Certe hoc ex persona sua et cæterorum fidelium atque electorum loquitur, et tamen et se et cæteros vitio damnatæ ex Adam generationis testatur fuisse, antequam per Christi gratiam liberarentur, naturaliter filios iræ. Quod quid est aliud, quam « vasa iræ, » vasa vindictæ, vasa damnationis æternæ? Et hoc non aliter, sed « sicut et cæteri, » pari scilicet reatu, pari conditione, pari sententiæ damnatione, quæ procul dubio eis cum cæteris omnibus erat communis. Ex qua se et illos aperte docet liberatos « per divitias misericordiæ Dei et nimiam charitatem ejus » qua etiam talibus subvenit, et tales diligere dignatus est, ut mortuos peccato non solum vivificaret, sed etiam eam convivificaret Christo, cum ipso eos a mortuis ressuscitando, et ad dexteram suam in cœlestibus constituendo.

Hoc etiam alio loco sublimiter, et nimis granditer commendat dicens de ipso Domino et Salvatore nostro; « Delens quod adversum nos erat chirographum decreti, quod erat contrarium nobis, et ipsum tulit de medio affigens illud cruci : exspolians se carne principatus et potestates traduxit palam, triumphans illos in semetipso (*Col.* II, 14, 15). » Juxta hunc namque venerabilem et mirabilem Apostoli sensum ipse Dominus et Salvator, antiqui decreti, id est antiquæ damnationis et præfinitionis, qua in mortem æternam merito, ac juste præcipitabamur, chyrographum, quod nostris operibus tanquam propriis manibus cum diabolo feceramus, « venditi sub peccato, » et ejus nos servituti tradentes suo sanguine delevit. Quia « ipse est agnus Dei qui tollit peccata mundi (*Joan.* I, 29); » quatenus per tale ac tantum pretium soluto ac deleto chyrographo peccati, solveretur et vinculum decreti, quod nobis ita erat contrarium, et ita nos fecerat obnoxios, et subditos servituti, ut nemo nostrum caput posset erigere. Et ipsum tulit de medio, ne esset jam obstaculum, et interclusio inter nos et Deum; juxta quod propheta dicit : « Sed iniquitates vestræ diviserunt inter vos et Deum vestrum (*Isa.* LIX, 2), » sed pateret homini liber aditus et regressus ad Conditorem suum. « Affigens illud cruci, » dum ejusdem peccati nostri, quæ nobis debebatur, pœnam « in carne, » quam suscepit pro nobis, ex nobis ipse sustinuit, attestante etiam propheta, qui ait : « Vere languores nostros ipse tulit, et dolores nostros ipse portavit (*Isa.* LIII, 4). » — « Exspolians se carne, id est indumentum corporis, quando voluit, sua sponte, sua potestate deponens. « Cum enim accepisset acetum, » sicut ait evangelista, « dixit : Consummatum est, et inclinato capite tradidit spiritum (*Joan.* XIX, 30), » qui etiam ante dixerat : Potestatem habeo ponendi animam meam, et potestatem habeo iterum sumendi eam : nemo tollit eam a me, sed ego pono eam a meipso ut iterum sumam eam (*Joan.* X, 17). » — « Principatus et potestates traduxit palam. Principatus videlicet et potestates spirituum malignorum diaboli et angelorum ejus, qui ante in genere humano a se decepto et captivato velut libere dominabantur, dehonestavit, contumelia et ignominia denotavit, atque omnium credentium, et intelligentium oculis manifestum esse fecit. « Triumphans illos in semetipso, » dum suo pretioso sanguine peccata mundi delevit. Atque ita causas eis antiquæ damnationis et principatus abstulit, et per simplam mortem carnis suæ, duplicem mortem omnium electorum suorum destruxit, liberans eos et a morte animæ per indulgentiam peccatorum, et a morte corporis per resurrectionis et immortalitatis tropæum.

Si autem et hoc exigitur, ut de Scripturis aliquod testimonium proferamus, ubi simile aliquid in divinis operibus gestum legitur, scilicet ut quod judicii sui æquitate et severitate decrevit, bonitatis et misericordiæ suæ potestate indulserit, atque in bonum converterit, illud in præsenti occurrit quod beatus Moyses populo, cui regendo et deducendo præerat, de eodem omnipotente Deo dicit : « Timui enim indignationem

A ejus et iram qua adversum vos excitatus delere vos voluit (*Deut.* IX, 19). » Et post aliqua cum supplicationis suæ, quam pro illius offensionis indulgentia apud Deum fuderat humilitatem et instantiam commendasset, subjunxit atque ait : « Et exaudivit me Dominus etiam hac vice, et te perdere noluit (*ibid.*). » Ecce populum contumacem et rebellem omnipotens Deus justa indignatione commotus delere voluit : quod utique eum voluisse non, quod absit, fallaciter sed veraciter Scriptura dicit : Et tamen idipsum postea fidelis famuli prece et supplicatione placatus, libera bonitate, et misericordia sua noluit. Non quod in ejus voluntate ulla sit mobilitas, « apud quem, » juxta apostolum, « non est transmutatio, nec vicissitudinis obumbratio (*Jac.* I, 17);) » sed quia ita il-
B lud justa severitate decreverat, ut id postea mira pietate et justa interveniente causa relaxarat. Tale est illud quod et in eodem Scripturæ loco de Aaron sacerdote, qui sacrilegio populi, in vituli fabricatione et celebritate licet invitus cesserat, dicitur : « Adversus Aaron quoque vehementer iratus voluit eum conterere. Et pro illo similiter deprecatus sum (*Deut.* IX, 20). » Sicut ergo in his evidentibus rebus, et aliud justitia decrevit, et aliud bonitate fecit, nec sibi justus et misericors aliquid contrarium egit, dum et ibi justitiam, et hic misericordiam conservavit : ita profecto et in illa destinatione totius massæ damnatæ ad interitum, quod justa severitate generaliter statuit specialiter inde quos voluit eligendo mi-
C sericorditer temperavit. Non cujusquam supplicatione, sed quod est ineffabiliter gratius et magnificentius, solo bonitatis suæ dignatione et miseratione utrumque tamen simul in æterno Dei consilio semper fuisse nulli fidelium dubitare licet. Quia quamvis juxta ordinem rerum temporalium præcedat in genere humano justa illa damnatio, et subsequatur illa misericors exinde liberatio, apud æternam tamen atque incommutabilem veritatem, ubi nihil est ante, nihil postea, sed omnia et æqualiter et simul, tam præcedentia scilicet quam subsequentia, in rebus mutabilibus uno cernuntur intuitu, uno disponuntur nutu; utrumque (ut dictum est) et sempiterna præscientia præcognitum, et sempiterna dispositione constat esse præfixum ac præfinitum.

D De hac justissima et generali totius humani generis per Adam damnatione, et per unicum mediatorem ac reconciliatorem Dei et hominum Dominum nostrum Jesum Christum misericordissima et benignissima ablutione plena est Scriptura sancta, sicut jam supra breviter ostensum est; pleni sunt etiam libri beatorum Patrum, ex quorum dictis ad ædificationem et confirmationem legentium hic aliqua subjungere et gratum et necessarium omnino duximus.

Beatus itaque Hilarius exponens verba Apostoli, quæ superius posuimus, id est, ubi de Domino ait : « Delens quod adversum nos erat chirographum decreti (*Col.* II, 14), » et cætera de hac re ita loquitur : [Carnem enim peccati recepit, ut in assumptione carnis nostræ delicta donaret, dum ejus fit particeps assumptione non crimine, delens per mortem sententiam mortis, ut nova in se nostri generis creatione constitutionem decreti anterioris aboleret, cruci se permittens figi, ut maledicto crucis oblilerata terrenæ damnationis maledicta configeret omnia; et ad ultimum in homine passus, ut potestates dehonestaret, dum Deus secundum Scripturas moriturus, et in his vincentis in se fiducia triumpharet, dum immortalis ipse, neque morte vincendus pro morientium æternitate moreretur.]

Item cum exponeret verba psalmi quibus ad Deum dicitur: « Quia apud te propitiatio est (*Psal.* CXXIX, 4); » [Est enim, inquit, unigenitus Dei Filius, Deus Verbum, redemptio nostra, in cujus sanguine reconciliati Deo sumus; hic est qui venit tollere peccata mundi, qui cruci suæ chirographum legis affigens, editum damnationis veteris delevit.]

Sed et beatus Ambrosius, in expositione Epistolæ ad Ephesios, de eadem re sic dicit: [Simus itaque nos possessio Dei, et ille nobis portio in quo sunt divitiæ gloriæ hæreditatis ejus. Quis enim dives nisi solus dives qui omnia creavit? sed multo magis dives misericordia qui omnes redemit; et nos secundum carnis naturam iræ filios, et condemnationi obnoxios mutavit, quasi auctor ut simus filii pacis et charitatis. Quis enim mutare naturam potest, nisi qui creavit naturam? itaque suscitavit mortuos: et vivificatos in Christo sedere fecit in cœlestibus in ipso Domino Jesu.]

Beatus quoque Pacianus, sicut de eo in libro de Viris illustribus, beatus testatur Hieronymus, tam vita quam sermone clarus ita aperte idipsum inculcat, dicens: [Omnes aliquando gentes principibus tenebrarum, et potestatibus traditas, nunc per Jesu Christi Domini nostri victoriam liberatas. Ille est, ille qui redemit, « donans nobis omnia peccata, » sicut Apostolus dicit, « et delens quod adversum nos erat chirographum inobauditionis; quia et ipsum tulit de medio affigens illud cruci; exuens se carnem, traduxit potestates libere triumphans eos in semetipso (*Col.* II, 13, 14, 15). » Solvit compeditos et vincula nostra disrupit, sicut David dixerat: « Dominus erigit elisos, Dominus solvit compeditos, Dominus illuminat cæcos (*Psal.* CXLV, 8). » Et iterum: « Dirupisti vincula mea, tibi sacrificabo hostiam laudis (*Psal.* CXV, 16, 17). » Soluti itaque de vinculis, ubi per baptismi sacramentum ad signum Domini convenimus, diabolo et omnibus angelis ejus renuntiamus, quibus ante servivimus, ne jam illis ulterius serviamus sanguine Christi et nomine liberati. Quod si quis posthac sui oblitus et redemptionis ignarus, rursus ad angelorum servitutem, « Et infirma illa, et egena mundi elementa transierit (*Gal.* IV, 9), » antiquis illis compedibus et catenis, id est peccati vinculis alligabitur, « et fient novissima ejus deteriora prioribus (*II Petr.* II, 20), » quia et diabolus eum quasi per fugam victum vehementius illigabit, et Christus pro eo jam pati non poterit. Quia « qui A resurrexit a mortuis, jam non moritur (*Rom.* VI, 9), » amplius.]

Beatus etiam Leo granditer hoc et multipliciter commendans, sic dicit: [Exaltatus Jesus Christus in ligno retorsit mortem in mortis auctorem; et omnes principatus adversasque virtutes per objectionem palpabilis carnis elisit. Evacuatum est generale illud venditionis nostræ, et lethale chirographum, et pactum captivitatis in jus transiit Redemptoris. Clavi illi qui manus Domini pedesque transfoderant perpetuis diabolum fixere vulneribus, et sanctorum pœna membrorum inimicarum fuit interfectio potestatum. Sic suam Christo consummante victoriam, ut in ipso et cum ipso omnes qui in eum credunt B triumpharent.] Et iterum: [Tenuit, inquit, dispositam mansuetudo patientiam, et cohibita famulantium sibi angelicarum virtute legionum, hausit calicem doloris et mortis totumque supplicium transtulit in triumphum: victi sunt errores, subactæ sunt potestates; accepit novum mundus exordium, ut damnata generatio non obesset quibus salvandis regeneratio subveniret.] Item alio loco: [Continuit, inquit, se ab impiis potestas, et ut dispositione uteretur occulta, uti noluit virtute manifesta. Nam qui mortem et mortis auctorem sua venerat passione [destruere, quomodo peccatores salvos faceret, si persecutoribus repugnaret?]

Nam etiam si descenderet Christus de cruce, vos C tamen hæreretis in crimine. Spreta ergo sunt vanæ insultationis opprobria, et misericordiam Domini perdita et collapsa reparantem nullæ contumeliæ, nulla convicio a propositi sui via removerunt. Offerebatur enim Domino pro salute mundi hostia singularis, et occisio Agni per tot sæcula prædicata promissionis filios in libertatem fidei transferebat; confirmabatur quoque Testamentum Novum, et Christi sanguine æterni regi scribebantur hæredes; ingrediebatur summus pontifex Sancta sanctorum, et exorandum Deum immaculatus sacerdos per velum suæ carnis intrabat. Alibi quoque de his omnibus breviter et diligenter definiens, ita dicit: [Sciens diabolus quod humanam naturam infecisset veneno, nequaquam credidit Dominum Christum primæ D transgressionis exsortem, quem tot documentis didicit esse mortalem. Perstitit ergo improbus prædo et avarus exactor in eum qui nihil ipsius habebat insurgere; et dum vitiatæ originis præjudicium generale persequitur, chirographum quo nitebatur excedit, ab illo iniquitatis exigens pœnam, in quo nullam reperit culpam. Solvitur itaque pactionis antiquæ malesuada conscriptio, et « per injustitiam plus petendi, » totius debiti summa vacuatur. Fortis ille nectitur vinculis suis et omne commentum maligni in caput ipsius retorquetur. Ligato mundi principe captivitatis vasa rapiuntur. Redit in honorem suum ab antiquis contagiis purgata natura. Mors morte destruitur, nativitas nativitate reparatur, quoniam simul et redemptio aufert servitutem, et regeneratio mutat originem, et fides justificat peccatorem.]

Sed et beatus Cœlestinus camdem rem eodem sensu et eisdem pene verbis plenissime et brevissime exsequitur, dicens: [Illud etiam quod circa baptizandos in universo mundo sancta Ecclesia uniformiter agit, non otioso contemplamur intuitu, cum sive parvuli, sive juvenes ad regenerationis veniunt sacramentum, non prius fontem vitæ adeunt quam exorcismis et exsufflationibus clericorum spiritus ab eis immundus abigatur: tunc vere appareat quomodo « Princeps mundi hujus mittatur foras (*Joan.* XII, 31), » et quomodo « prius alligetur fortis (*Matth.* XII, 29), » et deinceps vasa ejus diripiantur in possessionem translata victoris, « qui captivam ducit captivitatem, et dat dona hominibus (*Psal.* LXVII, 19). »]

Jam vero beatus Augustinus tanto hinc uberius et multiplicius est locutus, quanto et major ei ac vehementior incumbebat necessitas contra insurgentes tunc hæreticos Pelagianos, tanti hujus sacramenti, id est damnationis humanæ per Adam ingressæ, et liberationis ac redemptionis per Dominum Jesum Christum indultæ penitus ignaros, ipsius humanæ damnationis causas, et Dei gratiam qua sola per Christum Dominum liberamur, et divinis testimoniis et certissimis rationibus asserendi. In quadam itaque epistola ad Optatum episcopum ita loquitur (*epist.* 157): [Cum omnes justi, hoc est veraces Dei cultores, sive ante incarnationem, sive post incarnationem Christi nec vixerint, nec vivant, nisi ex fide incarnationis Christi, in quo est gratiæ plenitudo, profecto quod scriptum est: « Non esse aliud nomen sub cœlo in quo oportet salvos fieri nos (*Act.* IV, 12), » ex illo tempore valet ad salvandum genus humanum, ex quo in Adam vitiatum est genus humanum: « Sicut enim in Adam omnes moriuntur, ita et in Christo omnes vivificabuntur (*I Cor.* XV, 22). » Quia sicut in regno mortis nemo sine Adam, ita in regno vitæ nemo sine Christo. Sicut per Adam omnes peccatores, ita per Christum omnes justi homines. Sicut per Adam omnes mortales in pœna facti sunt filii sæculi, ita et per Christum omnes immortales in gratia fiunt filii Dei. Cur autem quærantur etiam illi quos Creator voluit ad damnationem, non ad gratiam pertinere, beatus Apostolus tanto succinctiore brevitate, quanto majore auctoritate commemorat: « Deum, enim dicit, volentem ostendere iram et demonstrare potentiam suam attulisse multa in patientia vasa iræ, quæ perfecta sunt in perditionem; et ut notas faceret divitias gloriæ suæ in vasa misericordiæ, quem superius dixerat « tanquam figulum luti ex eadem massa facere aliud vas in honorem, aliud vas in contumeliam (*Rom.* IX, 22, 23, 21). » Merito autem videretur injustum quod fiunt vasa iræ ad perditionem, si non esset ipsa universa ex Adam massa damnata. Quod ergo fiunt inde nascendo vasa iræ, pertinet ad debitam pœnam; quod autem fiunt renascendo vasa misericordiæ pertinet ad indebitam gratiam. Ostendit ergo Deus « iram suam, » non utique animi perturbationem, sicut est quæ circa homines nuncupatur, sed justam fixamque vindictam. Quod de stirpe inobedientiæ ducitur propago peccati, atque supplicii. « Et homo natus ex muliere, » sicut in libro Job scriptum est, « brevis est vitæ, et plenus iracundiæ (*Job* XIV, 1, 2), » ejus enim rei vas est qua plenus est. Unde « iræ vasa » dicuntur. « Ostendit et potentiam suam, » qua bene utitur etiam malis, multa in illis naturalia et temporalia bona largiens, eorumque malitiam ad exercendos et comparatione admonendos bonos accommodans, ut in eis discant agere gratias Deo, quod ab eis non suis meritis, quæ in eadem massa paria fuerunt, sed illius miseratione discreti sunt. Quod maxime apparet in parvulis, de quibus cum per Christi gratiam renascuntur, et istam vitam in illa tenera ætate finientes, in æternam et beatam transeunt, dici non potest quod libero discernuntur arbitrio ab aliis infantibus, qui sine hac gratia in ipsius massæ damnatione moriuntur. Si autem hi soli crearentur ex Adam, qui essent per gratiam recreandi, et præter illos, qui in Dei filios adoptantur, nulli alii homines nascerentur, lateret beneficium, quod donaretur indignis. Quia nullis ex eadem damnabili stirpe venientibus debitum supplicium redderetur, cum vero « attulit in multa patientia vasa iræ, quæ perfecta sunt in perditione, » non solum ostendit iram et demonstravit potentiam suam redhibendo vindictam et bene utendo malis, sed etiam « notas fecit divitias gloriæ suæ in vasa misericordiæ. « Ita enim quid sibi præstetur discit gratis justificatus, dum non suo merito, sed gloria largissime Dei misericordiæ discernitur a damnato cum quo eadem justitia fuerat et ipse damnandus. Tam multos autem creandos nasci voluit quos ad suam gratiam non pertinere præscivit, ut multitudine incomparabili plures sint, quam quos in sui regni gloriam filios promissionis prædestinare dignatus est: ut etiam ipsa rejectorum multitudine ostenderetur, quam nullius momenti sit apud Deum justum quantalibet numerositas justissime damnatorum. Atque ut hinc quoque intelligant, qui ex ipsa damnatione redimuntur, hoc fuisse debitum massæ illi universæ, quod tam magnæ parti ejus redditum cernerent, non solum in eis, qui originali peccato multa addunt, malæ voluntatis arbitrio, verum etiam in tam multis parvulis, qui tantummodo vinculo originalis peccati obstricti sine gratia mediatoris ex hac luce rapiuntur. Tota quippe ista massa justæ damnationis reciperet debitum, nisi ex ea faceret non solum justus, sed etiam misericors « figulus alia vasa in honorem, » secundum gratiam, non secundum debitum, dum et parvulis subvenit, quorum nulla merita dici possunt, et majores prævenit, ut habere aliqua merita possint.]

Item, in libris de Civitate Dei, volens ostendere quantum nefas in illa prima prævaricatione commissum sit, et qualiter ejus merito credi debeat tota humani generis massa damnata, ita dicit : [Quanto enim magis homo fruebatur Deo, tanto majore impietate dereliquit Deum; et factus est malo dignus æterno, qui hoc in se peremit bonum, quod esse posset æternum. Hinc est universa generis humani massa damnata : quoniam qui hoc primus admisit cum ea, quæ in illo fuerat radicata, sua stirpe punitus est : ut nullus ab hoc justo debitoque supplicio nisi misericordia et indebita gratia liberetur, atque ita dispertiatur genus humanum, ut in quibusdam demonstretur quid valeat misericors gratia in cæteris quid justa vindicta. Neque enim utrumque demonstaretur in omnibus. Quia si omnes remanerent in pœnis justæ damnationis, in nullo appareret misericors gratia. Rursus, si omnes transferrentur a tenebris in lucem, in nullo appareret veritas ultionis, in qua propterea multo plures quam in illa sunt, ut sic ostendatur quid omnibus deberetur. Quod si omnibus redderetur, justitiam vindicantis juste nemo reprehenderet, quia vero tam multis exinde liberantur, est unde agantur maximæ gratiæ gratuito muneri liberantis.]

Item ibi : [Cum ergo requiritur, inquit, quam mortem Deus primis hominibus fuerit comminatus, si ab eo mandatum transgrederentur acceptum, nec obedientiam custodirent, utrum animæ, an corporis, an totius hominis an illam quæ appellatur secunda? Respondendum est : omnes. Prima enim constat ex duabus, ex omnibus tota. Sicut enim universa terra ex multis terris et universa Ecclesia ex multis Ecclesiis constat, sic universa mors ex omnibus; quoniam prima constat duabus, una animæ, altera corporis : ut sit prima totius hominis, cum anima sine Deo, et sine corpore ad tempus pœnas luit. Secunda vero ubi anima sine Deo cum corpore pœnas æternas luit. Quando ergo dixit Deus primo illi homini, quem in paradiso constituerat de cibo vetito : « Quacunque die ederitis ex illo, morte moriemini (*Gen.* II, 17), » non tantum primæ mortis partem priorem ubi anima privatur Deo, nec tantum posteriorem ubi corpus privatur anima, nec solam ipsam totam primam, ubi anima et a corpore et a Deo separata punitur, sed quidquid mortis est usque ad novissimam quæ secunda dicitur, qua est nulla posterior, comminatio illa complexa est.]

Item, cum de exordio duarum civitatum ageret, quarum una est Dei, altera diaboli, illa Dei gratia liberata, ista justa ultione damnata, in ipso statim earumdem exortu utrumque mirabiliter ostensum ita commendat, dicens : [Cum primum duæ istæ cœperunt nascendo, atque moriendo procurrere civitates, prior est natus civis hujus sæculi, posterius autem isto peregrinus in sæculo, et pertinens ad civitatem Dei gratia prædestinatus, gratia electus, gratia peregrinus deorsum, gratia civis sursum. Nam quantum ad ipsum attinet « ex eadem massa » oritur, quæ originaliter est tota damnata : sed « tanquam figulus Deus » (hanc enim similitudinem non impudenter, sed prudenter introduxit Apostolus)

A « ex eadem massa fecit aliud vas in honorem, aliud in contumeliam (*Rom.* IX) : » prius autem factum est vas in contumeliam, post vero alterum in honorem.] Jam vero, in libris de Baptismo parvulorum, tanto plura de hac re loquitur, quanto majore intentione opus erat, ut adversus præfatos hæreticos Pelagianos, et pœnam damnationis antiquæ per Adam et indulgentiam novæ redemptionis per Dominum Jesum Christum evidentius demonstraret, probaret, atque commendaret.

Ex his itaque libris hæc sunt quæ ad nostram et eorum qui legere voluerint instructionem, et confirmationem adnotanda, et proponenda credidimus. Ait ergo in primo libro (*cap.* 11), de hac re disputans hoc modo : [Sed « regnavit, » inquit Apostolus,
B « mors ab Adam usque ad Moysen (*Rom.* V, 14), » id est, a primo homine usque ad ipsam etiam legem, quæ divinitus promulgata est; quia nec ipsa potuit « regnum mortis » auferre. Regnum enim mortis vult intelligi, quando ita dominatur in hominibus reatus peccati, ut eos ad vitam æternam, quæ vera vita est, venire non sinat; sed ad secundam etiam, quæ pœnaliter æterna est, mortem trahat; hoc regnum mortis sola in quolibet homine gratia destruit Salvatoris quæ operata est etiam in antiquis sanctis. Ergo in omnibus « regnavit, mors ab Adam usque ad Moysen, » qui Christi gratia non adjuti sunt, ut regnum mortis in eis destrueretur, etiam « in eis, qui non peccaverunt in similitudinem prævaricatio-
C nis Adæ (*ibid.*), » id est, qui nondum sua et propria voluntate, sicut ille peccaverunt, sed ab illo peccatum originale traxerunt, « qui est forma futuri (*ibid.*); » quia in illo constituta est forma condemnationis futuris posteris, qui ejus propagine crearentur, ut ex uno omnes in condemnatione nascerentur, ex qua non liberat nisi gratia Salvatoris.]

Item (*cap.* 11) : [In similitudine prævaricationis Adæ peccasse accipiuntur qui in illo peccaverunt, ut ei similes crearentur, sicut ex homine homines, ita ex peccatore peccatores, ex morituro morituri, damnatoque damnati.]

Item (*cap.* 16) : [Potest proinde recte dici parvulos sine baptismo de corpore exeuntes in damnatione omnium mitissima futuros. Multum autem fallit et
D fallitur, qui eos in damnatione prædicat non futuros, dicente Apostolo : « Judicium ex uno delicto in condemnationem : » et paulo post, « per unius delictum in omnes homines ad condemnationem. »]

Item (*cap.* 20) : [« Panis quem ego dedero caro mea est pro sæculi vita (*Joan.* VI, 51, 52). » Quis autem ambigat sæculi nomine hominis significasse, qui nascendo in hoc sæculum veniunt. Nam sicut alibi ait : « Filii sæculi hujus generant et generantur (*Luc.* XXVI, 34). » Ac per hoc etiam pro parvulorum vita caro data est, quæ data est pro sæculi vita : et si non manducaverunt carnem filii hominis, nec ipsi habebunt vitam.]

Item (*cap.* 21) : [Bene autem non ait, « Ira Dei » veniet super eum, sed « manet super eum. » Ab hac quippe ira, qua omnes sub peccato sunt, de qua dicit Apostolus: « Fuimus enim et nos aliquando natura filii iræ, sicut et cæteri (*Ephes.* II, 3). » nulla res liberat, nisi « Gratia Dei per Jesum Christum Dominum nostrum (*Rom.* VII, 25). »]

Item (*cap.* 22). [Tales ergo prædestinavit et elegit arbitror, ut qui possunt intelligant Dei gratiam, et spiritum, « qui ubi vult spirat (*Joan.* III, 8), » ob hoc omne ingenii genus in filiis misericordiæ non præterisse, itemque omne ingenii genus in gehennæ filiis præterire: « Ut qui gloriatur, in Domino glorietur (*I Cor.* I, 31). »]

Item (*ibid.*). [Cedamus igitur, et consentiamus auctoritati sanctæ Scripturæ, quæ nescit falli, nec fallere. Et sicut nondum natos ad discernenda merita eorum aliquid boni vel mali egisse non credimus, ita omnes sub peccato esse, quod per unum hominem intravit in mundum, et per omnes homines pertransiit, a quo non liberat nisi gratia Dei per Dominum Jesum Christum minime dubitemus. Cujus medicinalis adventus non est opus sanis, sed ægrotantibus, quia non venit vocare justos, sed peccatores (*Matth.* IX, 12, 13). In cujus regnum non intrabit: « Nisi qui renatus fuerit ex aqua et spiritu (*Joan.* III, 5), » nec præter regnum ejus salutem ac vitam possidebit æternam. Quoniam qui non manducaverit carnem ejus, et qui incredulus est Filio, non habet vitam, sed ira Dei manet super eum (*Joan.* III; VI). Ab hoc peccato, ab hac ægritudine, ab hac ira Dei, cujus naturaliter filii sunt, qui etiamsi per ætatem non habent proprium, trahunt tamen originale peccatum, non liberat nisi « Agnus Dei, qui tollit peccata mundi (*Joan.* I, 29), » non nisi medicus, qui non venit propter ægrotos, non nisi Salvator, de quo dictum est generi humano: « Natus est vobis hodie Salvator (*Luc.* II, 11), » non nisi Redemptor, cujus sanguine deletur debitum nostrum. Nam quis audeat dicere non esse Christum infantium salvatorem nec redemptorem? Unde autem salvos facit, si nulla in eis est originalis ægritudo peccati? Unde redimit, si non sunt per originem primi hominis venundati sub peccato?]

Item (*cap.* 26). [Dominum Jesum Christum non aliam ob causam in carne venisse, ac forma servi accepta factum obedientem usque ad mortem crucis (*Philip.* II, 7), nisi ut hac dispensatione misericordissimæ gratiæ omnes, quibus tanquam membris in corpore constitutis caput est, ad capessendum regnum cœlorum vivificaret, et salvos faceret, liberaret, illuminaret, et redimeret qui prius fuissent in peccatorum morte, languoribus, servitute, captivitate, tenebris constituti, sub potestate diaboli principis peccatorum. Ac sic fieret « Mediator Dei et hominum (*I Tim.* II, 5), » per quem post inimicitias impietatis nostræ, illius gratiæ pace finitas, reconciliaremur Deo in æternam vitam, ab æterna morte, quæ talibus impendebat, erepti.]

Item (*ibid.*). [Oportet parvulos egere illis beneficiis mediatoris, ut abluti per sacramentum, charitatemque fidelium, ac sic incorporati Christi corpori, quod est Ecclesia, reconcilientur Deo, ut in illo vivi, ut salvi, ut liberati, ut redempti, ut illuminati fiant. Unde nisi a morte, vitiis, reatu, subjectione, tenebris peccatorum? Quæ quoniam nulla in ea ætate per suam vitam propriam commiserunt, restat originale.]

Item (*cap.* 27). [Cum ad Zachæum Dominus esset ingressus: « Hodie, inquit, salus domui huic facta est, quoniam et iste filius est Abrahæ. Venit enim filius hominis quærere, et salvare quod perierat (*Luc.* XIX, 9, 10). » Hoc de ove perdita, et relictis nonaginta novem quæsita, et invento hoc et de drachma, quæ perierat ex decem (*Luc.* XV, 4, 8), unde oportebat, ut dicit: « prædicari in nomine ejus pœnitentiam, et remissionem peccatorum in omnes gentes incipientibus ab Jerusalem (*Luc.* XXIV, 47). »]

Item (*ibid.*). [« Non » ergo, inquit, « de sanguinibus congregabo conventicula eorum (*Psal.* XV, 4). » unus enim sanguis pro multis datus est, quo veraciter mundarentur. Denique sequitur: « Nec memor ero nominum eorum per labia mea (*ibid.*), » tanquam innovatorum. Nam nomina eorum erant prius filii carnis, filii sæculi, filii iræ, filii diaboli, immundi, peccatores, impii, postea vero filii Dei. Homini novo, nomen novum, canticum novum, per Testamentum Novum. Non sint ingrati homines gratiæ Dei, pusilli cum magnis, a minore usque ad majorem. Totius Ecclesiæ vox est: « Erravi sicut ovis perdita (*Psal.* CXVIII, 176). » Omnium membrorum Christi vox est: « Omnes ut oves erravimus, et ipse traditus est pro peccatis nostris (*Isa.* LIII, 6). »]

Item (*cap.* 28). [Ipse Dominus definitivam protulit sententiam ad hæc ora obstruenda, ubi ait: « Qui mecum non est, adversus me est (*Matth.* XII, 30). » Constitue igitur quemlibet parvulum: si jam cum Christo est, utquid baptizatur? si autem (quod habet Veritas) ideo baptizatur ut sit cum Christo, profecto non baptizatus non est cum Christo, et quia non est cum Christo adversus Christum est: neque enim ejus tam manifestam debemus, aut possumus infirmare vel immutare sententiam. Unde igitur adversus Christum, si non ex peccato? Neque enim ex corpore et anima, quæ utraque Dei creatura est. Porro si ex peccato, quod in illa ætate, nisi originale, et antiquum? Una est quippe caro peccati, in qua omnes ad damnationem nascuntur: et una est caro in similitudine carnis peccati, per quam omnes a damnatione liberantur.]

Item (*ibid.*). [Universa Ecclesia tenet quæ adversus omnes profanas novitates vigilare debet, omnem hominem separari a Deo, nisi qui per mediatorem Christum reconciliatur Deo: nec separari quemquam, nisi peccatis intercludentibus posse. Non ergo reconciliari nisi peccatorum remissione, per unam gratiam misericordissimi Salvatoris, per unam victimam verissimi sacerdotis, ac sic omnes filios mulieris quæ serpenti credidit, ut libidine corrumperetur

(*Gen.* iii, 1-6), non liberari a corpore mortis hujus, nisi per Filium virginis quæ angelo credidit, ut sine libidine fetaretur (*Luc.* i).]

Item (*cap.* 30). [« Nisi quis natus fuerit denuo, non potest videre regnum Dei » Et : « Nisi quis renatus fuerit ex aqua et spiritu, non potest introire in regnum Dei (*Joan.* iii, 3-5). » Cur enim nascatur denuo, nisi renovandus? Unde renovandus, nisi a vetustate? Qua vetustate, nisi in qua « vetus homo noster simul confixus est cum illo, ut evacuaretur corpus peccati (*Rom.* vi, 6)? » aut unde imago Dei non intrat in regnum Dei, nisi impedimento prohibente peccati?]

Item (*cap.* 31) : [« Nemo, » inquit, « ascendet in cœlum, nisi qui de cœlo descendit filius hominis, qui est in cœlo (*Joan.* iii, 13). » Sic, inquit, fiet generatio specialis, ut sint cœlestes homines ex terrenis, quod adipisci non potuerunt, nisi membra in ea efficiantur ut ipse ascendat qui descendit : quia « nemo ascendit, nisi qui descendit. » Nisi ergo in unitatem Christi omnes mutandi levandique concurrant, ut Christus qui descendit ipse ascendat, non aliud deputans corpus suum, id est Ecclesiam suam, quam seipsum; quia de Christo et Ecclesia verius intelligitur : « Erunt duo in carne una (*Gen.* ii, 24). » De qua re ipse dixit : « Igitur jam non duo, sed una caro (*Marc.* x, 8), » ascendere omnino non poterunt; quia, « nemo ascendit in cœlum, nisi qui descendit de cœlo, filius hominis qui est in cœlo. »]

Item (*cap.* 33, 34) : [Non alienentur parvuli a gratia remissionis peccatorum : non aliter transitur ad Christum, nemo aliter potest Deo reconciliari, et ad Deum venire, nisi per Christum. Quid de ipsa forma sacramenti loquar? Vellem aliquis istorum, qui contraria sapiunt, mihi baptizandum parvulum afferret. Quid « in illo agit exorcismus, si in familia diaboli non tenetur? » Ipse certe mihi fuerat responsurus pro eodem parvulo, quem geminaret, quia pro se ille respondere non posset. Quomodo ergo dicturus erat eum renuntiare diabolo, cujus in eo nihil esset? quomodo converti ad Dominum, a quo non esset aversus? credere inter cætera remissionem peccatorum, quæ illi nulla tribueretur? Ego quidem si contra hæc eum sentire existimarem, nec ad sacramenta cum parvulo intrare permitterem; ipse autem in hoc qua fronte ad homines, qua mente ad Deum se ferret, ignoro.]

Ex libro etiam ejusdem beati doctoris, qui *usitatius Enchiridium appellatur*, ad ejusdem rei dilucidationem hæc pauca decerpenda et adnotanda credidimus (*Enchir.* cap. 25-26). Ait namque : [Sed homo habet pœnam propriam, qua corporis morte punitus est. Mortis ei quippe supplicium Deus comminatus fuerat, si peccaret : sic eum munerans libero arbitrio, ut tamen regeret imperio, terreret exitio, atque in paradisi felicitate, tanquam in umbra vitæ, unde justitia custodita in meliora conscenderet, collocavit. Hinc post peccatum exsul effectus, stirpem quoque suam, quam peccando in se tanquam A in radice vitiaverat, pœna mortis et damnationis obstrinxit, ut quidquid prolis ex illo, et simul damnata (per quam peccaverat) conjuge per carnalem concupiscentiam, in quam inobedientiæ pœna similis retributa est, nasceretur, traheret originale peccatum, quo traheretur per errores doloresque diversos ad illud extremum cum desertoribus angelis vitiatoribus, et possessoribus, et consortibus suis sine fine supplicium. Sic « per unum hominem peccatum intravit in mundum, et per peccatum mors, et ita in omnes homines pertransiit, in quo omnes peccaverunt (*Rom.* v, 12). » *Mundum* quippe appellavit eo loco Apostolus universum genus humanum.]

(*Cap.* 27.) [Ita ergo se res habebant. Jacebat in malis, vel etiam volvebatur et de malis in mala B præcipitabatur totius generis humani massa damnata; et adjuncta parte eorum, qui peccaverant, angelorum, luebat impiæ desertionis dignissimas pœnas. Ad iram quippe Dei pertinet justam, quidquid cæca et indomita concupiscentia faciunt libenter mali et quidquid manifestis apertisque pœnis patiuntur inviti; non sane Creatoris desistente bonitate, et malis angelis subministrante vitam, vivacemque potentiam; quæ subministratio si auferatur, intercidit, et hominum, quamvis de propagine vitiata damnataque nascentium formare semina, et animare, ordinare membra per temporum ætates, per locorum spatia, vegetare sensus, alimenta donare. Melius enim judicavit de malis benefacere, quam mala nulla esse C permittere. Etsi quidem in melius hominum reformationem nullam prorsus esse voluisset, sicut impiorum nulla est angelorum, non immerito fieret, ut natura quæ Deum deseruit, quæ præceptum sui Creatoris (quod custodire facillime posset) sua male utens potestate calcavit, atque transgressa est; quæ in se sui Conditoris imaginem ab ejus lumine contumaciter aversam violavit; quæ salubrem servitutem ab ejus legibus male libero abrupit arbitrio, universa in æternum desereretur ab eo, et pro suo merito pœnam penderet sempiternam. Plane ita faceret, si tantum justus, non etiam misericors esset, suamque misericordiam multo evidentius in indignorum potius liberatione monstraret.]

Item (*cap.* 50, 51) : [Ille unus unum peccatum D misit in mundum; iste vero unus non solum illud unum, sed cuncta simul abstulit, quæ addita invenit. Unde dicit Apostolus : « Non sicut per unum peccatum, ita est et donum : nam judicium quidem ex uno in condemnationem, gratia autem ex multis delictis in justificationem (*Rom.* v, 16). » Quia utique illud unum quod originaliter trahitur, etiam si solum sit, obnoxios damnationi facit : gratia vero ex multis delictis justificat hominem, qui præter illud unum, quod communiter cum omnibus originaliter traxit, sua quoque propria multa commisit. Verumtamen quod paulo post dicit (*ibid.*, 18), « Sicut per unius delictum in omnes homines ad condemnationem, ita et per unius justificationem in omnes homines ad justificationem vitæ, » satis indicat ex Adam neminem natum, nisi damnatione detineri, et neminem, nisi in Christo renatum, a damnatione liberari.]

Item (*cap.* 94) [Remanentibus itaque angelis et hominibus reprobis in æterna pœna, tunc sancti scient plenius quid boni eis contulit gratia. Tunc rebus ipsis evidentius apparebit quod in psalmo scriptum est: « Misericordiam et judicium cantabo tibi, Domine (*Psal.* c, 1) » quia nisi per indebitam « misericordiam » nemo liberatur, et nisi per debitum « judicium » nemo damnatur.]

Item (*cap.* 98). [Universum genus humanum tam justo judicio divino in apostatica radice damnatum, ut etiamsi nullus inde liberaretur, nemo recte posset Dei vituperare justitiam. Et qui liberantur, sic oportuisse liberari, ut ex pluribus non liberatis, atque in damnatione justissima derelictis ostenderetur, quid commeruisset universa conspersio et quo etiam istos debitum judicium Dei duceret, nisi ejus indebita misericordia subvenisset, ut volentium de suis meritis gloriari « omne os obstruatur, et qui gloriatur, in Domino glorietur (*Rom.* iii, 19) ».]

A Quæ omnia ex fidelissimorum et clarissimorum Patrum disputationibus sumpta, et tanta divinorum testimoniorum, atque evidentissimarum rationum contestatione declarata atque firmata, cum ita omnino indubitanter credenda ac tenenda sint, tria quædam principaliter magna et horrenda mala, quantum intelligi datur, et in reprobis divini judicii severitate retenta, et in electis divinæ bonitatis miseratione remissa sunt ac soluta. Manet namque in illis antiquæ et primæ prævaricationis reatus, qui in istis Christi sanguine est deletus. Manet in illis sententia æternæ damnationis, in istis soluta per gratiam redemptionis. Sunt illi in æternum divini judicii prædestinatione damnati, isti vero *in æternum divinæ misericordiæ prædestinatione* B *salvati.*

(*Desunt quædam; nam et in manuscripto duo folia excisa sunt, sed in eis nihil fere scriptum erat, ideoque nihil deesse videtur præter membrum alterum tertii mali in electis remissi.*)

SANCTI REMIGII

LUGDUNENSIS EPISCOPI

SUB NOMINE ECCLESIÆ LUGDUNENSIS

LIBELLUS

DE TENENDA IMMOBILITER SCRIPTURÆ VERITATE

ET

SS. ORTHODOXORUM PATRUM AUCTORITATE FIDELITER SECTANDA

CAPUT PRIMUM

Origo hæreseos ex contemptu Scripturæ sacræ et sanctorum Patrum.

Inter omnia pericula, et innumeras calamitates, atque miserias quibus Ecclesia hujus regni terribili et occulto Dei judicio incessanter affligitur atque vastatur, ita ut regni unitas sit discissa ac dilacerata, sacerdotum generalia et saluberrima concilia intermissa, legum severitas et judicium vigilantia subtracta, specialis doctrinæ studia, quibus fides et scientia Dei quotidie nutriri ac proficere debuit, pene ubique exstincta, exortum est magis dolendum ac lugendum malum, ut videlicet, contempta veritate Scripturarum sacrarum, calcata auctoritate beatissimorum atque orthodoxorum Patrum, per quos Ecclesia Dei ædificatur et illustratur, præsumant aliqui etiam de rebus præcipue ad fidem pertinentibus ex proprii sensus temeraria præsumptione, quæ apertissime contraria sunt divinæ veritati, et C ipsi docere, et aliis tenenda statuere atque conscribere, cum et ipse omnipotens Deus speculatori, id est unicuique pastori Ecclesiæ, ea sola quæ ab ipso audierit annuntianda præcipiat, dicens: « Speculatorem te dedi domui Israel; et audies ex ore meo verbum, et annuntiabis eis ex me (*Ezech.* iii, 17), » et B. apostolus Petrus similiter contestetur et dicat: « Si quis loquitur, quasi sermones Dei (*I Petr.* iv, 11), » et B. Paulus idipsum admoneat et inculcet dicens: « Doctrinis variis, et peregrinis nolite abduci (*Hebr.* xiii, 9). » Hujusmodi enim doctrinæ variæ atque peregrinæ, in quibus non est unitas veritatis sed introductio diversi et profani erroris, significantur in lege Moysi per varia genera leprarum, quæ non D solum cæteras corporis partes contaminant atque corrumpunt, sed etiam in capite et barba germinant, cum vel de ipso Domino Jesu Christo, vel de viris apostolicis atque ecclesiasticis, qui ei principaliter adhærent et faciem ejus ornant, indignum aliquid sentitur. Quoniam, sicut Apostolus docet : « Omnis viri caput Christus est (*I Cor.* XI, 13) ; » et juxta Psalmistæ vocem, unguentum in capite primum descendit in barbam, barbam Aaron, et descendit etiam in ora vestimenti ejus (*Psal.* CXXXII, 2, 3).

Quapropter omni studio et vigilantia pietatis cavenda est immunditia erroris, et humiliter ac fideliter obtemperandum Apostolo sub persona Timothei ad unumquemque rectorem Ecclesiæ dicenti : « O Timothee, depositum custodi, devitans profanas vocum novitates et oppositiones falsi nominis scientiæ ; quam quidam promittentes circa fidem exciderunt (*Tim.* VI, 20, 21). » Habemus namque magnum *depositum* fidei, et doctrinæ veritatis ex divinis Scripturis et sanctorum Patrum dictis, velut pretiosum multiplicem thesaurum divinitus nobis ad custodiam commendatum : quem sine intermissione Domino, auxiliante, debemus inspicere, extergere, polire, atque excutere, ac diligentissime servare, ne per incuriam et ignaviam nostram aut pulvere sordescat, aut ærugine vel tineis demoliatur, aut malignorum spirituum insidiis, vel a nocturnis, et occultis furibus effodiatur ac diripiatur (*Marc.* VI. 19). Quia et Sesac rex Ægypti, per quem significatur princeps hujus mundi, armamentarium veri Salomonis spoliare quærit. Et trecenta scuta aurea exportans, id est veræ et meræ fidei mysterium de corde negligentium diripiens, pro aureis ærea fabricari compellit (*III Reg.* XIV, 26, 27), ut faciat nos, quod absit, « habentes speciem quidem pietatis, virtutem autem ejus abnegantes » (*II Tim.* III, 5).

CAPUT II.

In medium adducuntur quatuor conventiculi Carisiaci capitula.

Hæc idcirco dicimus, quia pervenit ad nos, id est *Ecclesiam Lugdunensem, quædam schedula* studio fidelium, et bonorum virorum, qui et suæ et aliorum salutis devote ac laudabiliter sollicitudinem gerunt, in nostram notitiam perlata, atque ut ad eam sedulo respondere deberemus attentius commendata. In qua insunt quatuor capitula maxime novarum definitionum nuper, ut comperimus, in quodam fratrum nostrorum episcoporum conventu tractata, digesta atque conscripta, velut ad comprimendam et retundendam cujusdam garruli et inquieti hominis loquacitatem, qui novarum, ut fertur, quæstionum avidus et indisciplinatus ventilator, et aliis non parvam perturbationem et sibi ipsi ærumnam miserrimæ cladis induxit. Quorum capitulorum series, sicut ad nos perlata est, ita se habet.

Cap. I. « Deus omnipotens hominem sine peccato rectum cum libero arbitrio condidit, et in paradiso posuit, quem in sanctitate justitiæ permanere voluit. Homo, libero arbitrio male utens, peccavit, et cecidit, et factus est massa perditionis humani generis. Deus autem bonus et justus elegit ex eadem massa perditionis, secundum præscientiam suam, quos per gratiam prædestinavit ad vitam, et vitam illis prædestinavit æternam. Cæteros autem, quos justitia et judicio in massa perditionis reliquit, perituros præscivit, sed non ut perirent prædestinavit pœnam autem illis, quia justus est, prædestinavit æternam ; ac per hoc unam Dei prædestinationem tantummodo dicimus, quæ ad donum pertinet gratiæ, aut retributionem justitiæ. »

Cap. II. « Libertatem arbitrii in primo homine perdidimus, quam per Christum Dominum nostrum recepimus, et habemus liberum arbitrium ad bonum, præventum et adjutum gratia ; et habemus liberum arbitrium ad malum desertum gratia ; liberum autem habemus arbitrium, quia gratia liberatum et gratia de corrupto sanatum. »

Cap. III. « Deus omnipotens « omnes homines » sine exceptione « vult salvos fieri (*I Tim.* II, 4), » licet non omnes salventur ; quod autem quidam salvantur, salvantis est donum ; quod autem quidam pereunt, pereuntium est meritum. »

Cap. IV. « Christus Jesus Dominus noster, sicut nullus homo est, fuit vel erit cujus natura in illo assumpta non fuerit : ita nullus est, fuit vel erit homo pro quo passus non fuerit, licet non omnes passionis ejus mysterio redimantur. Quia vero omnes passionis ejus mysterio non redimuntur, non respicit ad magnitudinem et pretii copiositatem, sed ad infidelium et ad non credentium ea fide « quæ per dilectionem operatur (*Gal.* V, 6), » respicit partem, quia poculum humanæ salutis quod confectum est infirmitate nostra et virtute divina, habet quidem in se, ut omnibus prosit, sed si non bibitur, non medetur. »

Hæc igitur cum legissemus, « et adjuncto nobis Fratrum nostrorum, Deo donante, bene studentium, et recte intelligentium collegio, pia et fideli attentione singula pertractassemus, » graviter perculsi et confusi animo, vidimus in eis et Scripturæ sanctæ certissimam veritatem et beatissimorum Patrum, præcipueque sancti Augustini reverendam, et in omni Ecclesia catholica receptissimam auctoritatem novo conatu et ausu nimis temerario impugnari ? et, quantum in ipsis fuit, improvide atque insolenter labefactari. Unde ipsa charitate provocati et commoniti, per quam « in uno Christi corpore omnes unum esse (*Rom.* XII, 5), debemus, » ut sicut Apostolus dicit, « invicem pro se sollicita sint membra, et sive gloriatur unum membrum et congaudeant omnia membra, et sive infirmatur unum membrum, compatiantur omnia membra (*I Cor.* XII, 25, 26) ; » hac inquam, charitatis affectione visum est nobis atque complacuit, ut hæc qualiacunque sunt, et ad commotionem nostram, et ad eorum qui legere voluerint ædificationem et confirmationem, compendioso et lucido, prout Dominus aspirare dignatur, sermone scriberemus, quidquid in eo dicendum putavimus non nostro sensu aut præsumptione, sed manifestissimis Scripturarum testimoniis, et præfatorum sanctorum Patrum venerabili auctoritate firmantes ; quorum vestigiis et unitate absit ut vel nos, vel illi quorum charitate compulsi hæc dicimus ut ii denus recedimus, ne, ab ipsis divisi, etiam ab ipso Domino dividamur, qui illis specialiter dixit: « Qui vos audit, me audit, et qui vos spernit, me spernit (*Luc.* x, 16). » Quos nimirum tante in Ecclesia sua esse voluit gratiæ et gloriæ, ut confidenter cum Apostolo dicere possint: « Itaque qui hæc spernit, non hominem spernit, sed Deum, qui etiam dedit Spiritum suum sanctum in nobis (*I Thess.* iv, 8), » quique etiam per Phinees sacerdotum nobis sollicite mandavit: « Tantum ut a Domino et nostro consortio non recedatis, ædificato altari præter altare Domini Dei nostri quod exstructum est ante tabernaculum ejus (*Josue* xxii, 19). »

CAPUT III

De primo capitulo. Gratiæ divinæ adjutorium angelo et homini necessarium etiam in primo statu ad bonum faciendum. — Conditio primi hominis.

Primi itaque capituli textus sic dicit:

Deus omnipotens hominem sine peccato rectum cum libero arbitrio condidit, et in paradiso posuit, quem in sanctitate justitiæ permanere voluit; homo libero arbitrio male utens peccavit, et cecidit, et factus est massa perditionis humani generis. Deus autem bonus et justus elegit ex eadem massa perditionis, secundum præscientiam suam, quos per gratiam prædestinavit ad vitam, et vitam illis prædestinavit æternam. Cæteros autem quos justitia et judicio in massa perditionis reliquit, perituros præscivit, sed non ut perirent prædestinavit, pœnam autem illis, quia justus est, prædestinavit æternam: ac per hoc unam Dei prædestinationem tantummodo dicimus, quæ ad donum pertinet gratiæ, aut retributionem justitiæ.

CENSURA.

Ut ergo his verbis, et hujuscemodi definitioni commodius et manifestius respondeamus, hoc nos primum in eis movet, quod absque ulla commemoratione gratiæ Dei (sine qua nulla rationalis creatura, scilicet nec angelica nec humana, unquam potuit aut potest, vel poterit in justitia et sanctitate esse, manere, atque persistere) ita primus homo definitur liberi arbitrii a Deo conditus, atque in paradiso constitutus, tanquam per ipsum tantummodo arbitrium liberum in sanctitate et justitia potuisset permanere. Quod in prædictis verbis Deus solummodo voluisse dicitur, non, ut fieri posset dono suæ gratiæ inspirasse, vel innuisse. Hoc namque non esse plene et catholica pietate definitum, et Scripturæ sanctæ auctoritas, et beati Augustini diligens disputatio, et aliorum sanctorum atque orthodoxorum Patrum lucidissima definitio ostendit.

ᵃ In libro quippe *Genesis*, ubi primo die sub nomine *lucis*, naturæ angelicæ creatio intelligitur, ita scriptum est: « Et dixit Deus: Fiat lux, et facta est lux. Et vidit Deus lucem quod esset bona, et divisit inter lucem et tenebras, appellavitque lucem diem, et tenebras noctem (*Gen.* i, 3, 4, 5). » Si ergo hoc juxta sensum catholicorum Patrum de angelis recte intelligitur dictum, manifestum est quia in *verbo* suo, quod « in principio erat, Deus apud Deum (*Joan.* i, 1), » constituerit et fecerit Deus Pater, ut illi angeli electi, mox ut sunt creati, existerent eodem ejus verbo illuminati, et fierent « lux in Domino (*Ephes.* v, 8), » qui per seipsos, et in seipsis nihil aliud quam tenebræ esse potuissent: sicut sunt utique omnes refugæ angeli, qui deserti lumine gratiæ Conditoris nihil aliud in seipsis, nisi *tenebræ* remanserunt. Unde etiam de eorum impio dominatu, unde per sanguinem unici Filii Dei liberati sumus, Apostolus dicit: « Qui eripuit nos de potestate tenebrarum, et transtulit in regnum Filii charitatis suæ (*Col.* i, 13). » Et alibi ait: « Nam et ipse Satanas transfigurat se in angelum lucis (*II Cor.* xi, 14), » manifeste ostendens alios esse angelos lucis, qui, Deo illuminante, *in veritate* perstiterunt, et alios angelos tenebrarum, de quorum principe Dominus dicit: « Et in veritate non stetit (*Joan.* viii, 44). » Facta sunt ergo non tantum ut essentialiter essent, sed etiam divina gratia illuminante « lux et dies in Domino » essent. Qui vero ex illa illuminante veritate a cæterorum societate per superbiam ceciderant, merito « tenebræ et nox » appellari meruerunt, hanc « lucem vidit Deus quia bona est, » cum eam sibi placentem suo judicio approbavit: « tenebras » autem illas non laudavit, quia nec approbavit, sed tantum justo judicio, ut in suæ ruinæ damnatione persisterent, ordinavit. Hoc de angelis sanctis etiam in psalmo ostenditur ubi dictum est: « Verbo Domini cœli firmati sunt, et spiritu oris ejus omnis virtus eorum (*Psal.* xxxii, 6), » quia, si per « verbum Domini, » id est, unigeniti Filii virtute cœli firmati sunt: « et spiritu oris ejus, » id est, per virtutem Spiritus sancti omnes cœlorum virtutes vel creatæ sunt ut essent, vel firmatæ ut in veritate persisterent, claret omnino eos et spiritu Dei conditos, et ejusdem gratia in æterna illa beatitudine solidatos.

Sic et primus homo liberi arbitrii a Deo conditus, quandiu « scuto bonæ voluntatis Dei (*Psal.* v, 13), » id est divinæ gratiæ protectus est atque munitus, beatam vitam duxit cum Deo; postquam autem de sua virtute præsumendo et contra Creatorem se extollendo aversus est ab illo, ejus indigna-

NOTÆ DUVALLII DOCTORIS SORBONICI.

ᵃ Adverte Julianum illum, contra quem tot libris disseruit Augustinus, accusasse Moysem quasi existimarit Deum non esse creatorem angelorum, quia scilicet creationis ipsorum non meminerat. Huic respondit Augustinus et postea D. Thomas quæst. 61, artic. 1 partis, creationem angelorum insinuatam fuisse nomine cœli aut etiam lucis. Quæ tamen responsio multis non placet, quia in Scriptura nomine cœli et terræ intelligitur cœlum istud sensibile, et nomine pariter lucis lumen illud visibile, ita ut ea expositio Lugdunensis Ecclesiæ mystica potius sit quam litteralis.

tione iram, id est, justæ damnationis pœnam incurrit; quam postea in illis qui ex ejus propagine per Dei misericordiam salvantur, juste se incurrisse intelligens, « humiliatus sub potenti manu Dei (*I Petr.* v, 5), » ad ipsum sine intermissione clamat, et ipsum deprecatur ut liberari et sanari mereatur. Hoc totum verissime ita esse, ex persona ejusdem hominis bene conditi, benigne adjuti, miserabiliter lapsi, vere conversi, et lacrymabiliter supplicantis his verbis Psalmista implorat, dicens: « Quoniam ira in indignatione ejus, et vita in voluntate ejus, ad vesperum demorabitur fletus, et ad matutinum lætitia. Ego autem dixi in abundantia mea: Non movebor in æternum. Domine, in voluntate tua præstitisti decori meo virtutem; avertisti faciem tuam a me, et factus sum conturbatus. Ad te, Domine, clamabo, et ad Dominum meum deprecabor (*Psal.* xxix, 6, 7, 8, 9). » Quia homo tunc certe habuit vesperum, cum ei peccanti sol justitiæ occidisset. In qua nocte cæca ex ipso descendente demoratur in fletu genus humanum, cui « ad matutinum lætitia, » matutina Christi resurrectione promittitur, ut per eam ex morte ad vitam reparetur.

Hanc ejus felicem et beatam in paradiso vitam lucidissimo et dulcissimo sermone beatus Augustinus in libro decimo quarto de Civitate Dei describit, ita dicens (*l.* xiv, *c.* 26): [Vivebat itaque homo in paradiso, sicut volebat, quandiu hoc volebat quod Deus jusserat. Vivebat fruens Deo, ex quo bono erat bonus. Vivebat sine ulla egestate, ita semper vivere habens in potestate. Cibus aderat, ne esuriret; potus, ne sitiret, lignum vitæ, ne illum senecta dissolveret. Nihil corruptionis in corpore, vel ex corpore ulla molestia se illis ejus sensibus ingerebat. Nullus intrinsecus morbus, nullus ictus metuebatur extrinsecus. Summa in carne sanitas, in animo [*al.*, *anima*] tota tranquillitas. Sicut in paradiso nullus æstus aut frigus, ita in ejus habitatore nulla ex cupiditate vel timore accidebat bonæ voluntatis offensio. Nihil omnino triste, nihil erat inaniter lætum; gaudium vero perpetuabatur ex Deo, in quem flagrabat « charitas de corde puro, et conscientia bona et fide non ficta (*I Tim.* i, 5), » atque inter se conjugum fida ex honesto amore societas; concors mentis corporisque vigilia, et mandati sine labore custodia. Non lassitudo fatigabat otiosum, non somnus premebat invitum.]

Item idem doctor beatissimus, de eadem primi hominis a Deo accepta gratia, et propria culpa amissa, in libro de Correptione et Gratia, ita astruit, dicens (*c.* 11): [Istam gratiam habuit homo primus, in qua, si permanere vellet, nunquam malus esset; et sine qua etiam cum libero arbitrio bonus esse non posset, sed eam tamen per liberum arbitrium deserere posset. Nec ipsum ergo Deus esse voluit sine sua gratia, quem [*al.*, quam] reliquit in ejus libero arbitrio, quoniam liberum arbitrium ad malum sufficit, ad bonum autem parum est, nisi adjuvetur ab Omnipotenti bono: quod adjutorium si homo ille per liberum non deseruisset arbitrium, semper esset bonus; sed deseruit, et desertus est.] Et post aliquanta, idem doctor subjungit: [Tunc ergo dederat homini Deus bonam voluntatem; in illa quippe eum fecerat, qui fecerat rectum, dederat adjutorium sine quo in ea non posset permanere si vellet; ut autem vellet, in ejus libero reliquit arbitrio; sed quia noluit permanere, profecto ejus est culpa cujus meritum fuisset, si permanere voluisset.] De gratia quoque sanctis angelis divinitus collata, in qua alii manserunt, et ex qua alii corruerunt, ita adjungit: [Angeli sancti, qui cadentibus aliis per liberum arbitrium, per idem liberum arbitrium steterunt ipsi, hujus mansionis debitam mercedem recipere meruerunt. Tantam scilicet beatitudinis plenitudinem, qua eis certissimum sit semper se in illa esse mansuros. Si autem hoc adjutorium vel angelo vel homini cum primum facti sunt defuisset, quoniam non talis natura facta erat, ut sine divino adjutorio posset manere si vellet, non utique sua culpa cecidissent. Adjutorium quippe defuisset, sine quo manere non possent.] Si enim nos de Scripturis sanctis nosse potuimus, sanctos angelos jam nullos esse casuros: quanto magis hoc ipsi revelata sibi sublimius veritate noverunt! [Nobis quippe beata sine fine vita promissa est, et æqualitas angelorum; ex qua promissione certi sumus, cum ad illam vitam post judicium venerimus, non inde nos esse lapsuros. Quod si de seipsis angeli nesciunt, non « æquales » sed beatiores « erimus (*Matth.* xxii, 30). » Veritas autem nobis eorum promisit æqualitatem. Certum est igitur hoc eos nosse per speciem quod nos per fidem, nullam scilicet ruinam cujusquam sancti angeli jam futuram.]

Hac Dei gratia sanctos angelos indigere beatus etiam Ambrosius in expositione psalmi centesimi octavi decimi ita confirmat, dicens (*serm.* 8): [Aliter eget misericordia archangelus, aliter homo; angeli enim natura non utique ita corruptelæ obnoxia est ut natura generis humani. Et ideo ille eget misericordia Dei ne possit errare, et aversa a se Dei gratia, labatur in vitium. Homo autem etsi jam firmiore propositione [*al.*, propositio], tamen propter contractorum seriem peccatorum misericordiam quærit. Itaque et si uterque misericordia indiget, aliter tamen angelo misericordia, aliter homini debetur.] Hunc primi hominis statum libero scilicet arbitrio præditum, sed divina gratia, ut bonum in quo conditus fuerat servari posset, adjutum beatissimi Patres præfati sancti doctoris sententiam secuti venerandi concilii sui auctoritate ita commendarunt (*Conc. Arausic.*, can. 19): [Natura humana, etiamsi in illa integritate in qua est condita permaneret, nullo modo seipsam Creatore suo non adjuvante servaret: unde cum sine Dei gratia salutem non posset custodire quam accepit, quomodo sine Dei gratia poterit reparare quod perdidit?] His itaque de prima quæstione breviter adnotatis, quisquis sincere, et pure, et catholice de illa primi hominis, sive angelicæ conditione vel beatitudine sentire cupit, attendat fideliter divinam auctoritatem, attendat fidelissimos Ecclesiæ Patres fidelissime disputantes, attendat etiam conciliis aggregatis idipsum firmissime definientes, et non juxta impium Pelagianum credat primum hominem solo suo arbitrio in bono quod acceperat permanere potuisse, sed etiam ipsum quandiu stetit divina gratia adjutum fuisse, nec omnipotentem Deum, ut idem homo in sanctitate et justitia permaneret tantummodo voluisse, sed ut permanere possit etiam adjutorium dedisse.

CAPUT IV

Item de primo capitulo. — Prædestinatio electorum non est ex prævisis meritis.

Post hæc subjungitur in jam dicto primo capitulo: « Homo libero arbitrio male utens peccavit et cecidit, et factus est massa perditionis totius generis humani. Deus autem bonus et justus elegit ex eadem massa perditionis, secundum præscientiam suam, quos per gratiam prædestinavit ad vitam, et vitam illis prædestinavit æternam. » In quibus verbis quod dictum est de Deo bono et justo, quia « elegit ex eadem massa perditionis secundum præscientiam suam, quos per gratiam prædestinavit ad vitam, » probamus quidem quod electos suos omnipotens Deus per gratiam suam prædestinavit ad vitam, et vitam illis prædestinavit æternam, ut et ipsi vitæ æternæ, et vita æterna ipsis sit prædestinata? Utrumque enim est verum et dilucide ab Apostolo positum, ait namque de prædestinatione electorum ad vitam: « Quos autem prædestinavit, hos et vocavit, et quos vocavit, hos et justificavit: quos autem justificavit, illos et magnificavit (*Rom.* viii, 30). » Et quod eisdem electis vitam æternam prædestinaverit, ita alio loco dicit: « In spem vitæ æternæ, quam promisit, qui non mentitur, Deus ante tempora æterna (*Tit.* i, 2). »

Sed hoc nos movet cur in hac definitione, qua per gratiam Dei et electi ad vitam æternam, et vita æterna iisdem electis creditur præparata, ipsos tamen electos absque ulla commemoratione gratiæ secundum præscientiam suam Deus elegisse dicatur, quasi gratia sit quod electi perveniunt ad vitam gratiæ, quod vita æterna illis est præparata, ut autem eligerentur non fuisse gratiam, sed tantummodo præscientiam. Quod manifeste contrarium est catholicæ fidei, quia omnipotens Deus in electione eorum quos prædestinavit et vocavit ad vitam æternam, non eorum bona merita præscivit, tanquam ideo eos elegisset, quia ex semetipsis bonos futuros præsciret: sed ipsa electio ut ex massa perditionis vasa misericordiæ fierent absque ullo bono merito, sola gratia fuit, per quam discreti sunt a filiis perditionis et adoptati in filios vitæ et resurrectionis. Hanc namque electionem non meritorum, sed gratiæ (in qua non alicujus bona præscita sunt opera, sed sola tantum divina misericordia præparata) commendat nobis diligenter Apostolus de duobus geminis Isaac et Rebeccæ ita dicens: « Cum enim nondum nati essent, aut aliquid egissent bonum vel malum, ut secundum electionem propositum Dei maneret non ex operibus, sed ex vocante dictum est: Major serviet minori, sicut scriptum est: Jacob dilexi, Esau autem odio habui (*Rom.* ix, 10, etc.). » Manifeste enim hoc odium Dei in Esau ex merito fuit originalis peccati, illa vero dilectio Dei in Jacob, cum eodem damnationis merito teneretur obligatus, ex sola gratuita misericordia exstitit, sicut idem Apostolus continuo subjungit dicens: « Quid ergo dicemus? Nunquid iniquitas apud Deum? Absit. Moysi enim dicit: Miserebor cui misertus ero, et misericordiam præstabo cujus miserebor (*Rom.* ix, 14, *et* 15). » Hanc vero gratiæ et nullius meriti electionem etiam ad Timotheum scribens ita inculcat: « Sed collabora Evangelio secundum virtutem Dei, qui nos liberavit et vocavit vocatione sancta, non secundum opera nostra, sed secundum propositum suum et gratiam, quæ data est nobis in Christo Jesu ante tempora sæcularia (*II Tim.* i, 8, 9). » Non itaque secundum præscientiam meritorum elegit Deus ex massa perditionis, quos faceret filios adoptionis, sed gratis elegit, quos ab illa justa damnatione æqualiter omnibus debita misericorditer liberavit.

CAPUT V

De eodem capitulo. — Reprobi prædestinati ad interitum post prævisum peccatum. — Divina præscientia et prædestinatio neminem compellunt ad peccatum.

Sequitur in eodem capitulo:

« Cæteros autem, quos justitia et judicio in massa perditionis reliquit, perituros præscivit, sed non ut perirent prædestinavit, pœnam autem illis, quia justus est, prædestinavit æternam. Ac per hoc unam Dei prædestinationem tantummodo dicimus, quæ ad donum pertinet gratiæ, aut ad retributionem justitiæ. » In quibus verbis mirum est quomodo asseritur omnipotens Deus cæteros, id est omnes reprobos, justo judicio suo in massa perditionis reliquisse, nec tamen prædestinasse, sed tantum præscisse perituros. Si enim justum judicium Dei jam in illis præcessit, et eodem justo judicio in massa perditionis sunt deputati, quomodo non tali judicio jam perditioni sunt deputati et prædestinati? Ita dum in hac definitione divini judicii veritas negatur, ipso etiam negantium testimonio confirmatur. Quomodo enim præscivit tantummodo, et non prædestinavit, quod ipsorum confessione justo judicio jam decrevit? Cur veram et perfectam prædestinationem justi judicii Dei, quo æterno consilio suo vel justos ad vitam, vel iniquos præordinavit ad pœnam, in parte audet homo accipere et in parte negare? quasi omnipotens Deus quid justo judicio suo de electis esset facturus et præscierit et prædestinaverit, quid autem eodem justo judicio de reprobis esset gesturus, præscierit tantum, nec prædestinaverit, cum in utraque parte unum sit judicium, una justitia, qua vel justis præmia, vel iniquis supplicia retribuuntur.

Nam si hæc prædestinatio divini judicii esset merito alicui violenta, vel injusta, vel præjudiciaria, merito injustum Deum argueret; imo de illo, « apud quem non est iniquitas, » nullatenus credi deberet. Cum autem manifestissime « non sit violenta, » qua nullum compellit ut malus sit, et aliud esse non possit, non sit injusta, quæ illos tantummodo qui suo vitio in malis perseveraverint, punit; « Non sit præjudiciaria, » quæ non præjudicat aliquem ut quasi ejus sententia et non suo merito pereat: quid in ea reprehenditur, vel quasi blasphemum putatur, in qua sola æquitas, sola justitia invenitur? Hoc namque erga homines divina prædestinatio, quod et divina præscientia agit. Præscivit enim Deus malos futuros, sed ipsa sua præscientia non eos compulit fieri malos. Prædestinavit justo suo judicio eos qui in malis perseveraverint puniendos; nec tamen eadem prædestinatione sua, ut mali essent, vel in malis perseverarent, coegit. Et hæc est apud illum æquitas, ut qui volentes perstiterunt in malis, nolentes puniantur in suppliciis. Seipsum ergo homo mutet; seipsum, dum tempus est, corrigat et emendet, quia omnipotentem atque æternam præscientiam et prædestinationem mutare vel destruere non valet. Si quis enim neget esse apud Deum præscientiam et prædestinationem, manifeste infidelis est. Si quis dicit quod præscientia et prædestinatio ejus aliquem compellat ut malus sit, et aliud esse non possit, horribiliter blasphemat. Qui autem fideliter confitetur et præscientiam et prædestinationem æternam esse apud Deum, nec tamen aliquem per hæc ad malum cogi, sed tantummodo qualis quisque futurus sit præsciri, et prout gesserit judicari, iste prorsus catholice sentit.

(*Symbol. S. Athanasii.*) [Certe in professione fidei catholicæ, quam nisi quisque integram inviolatamque servaverit, absque dubio in æternum peribit; et quam nisi quisque fideliter firmiterque crediderit, salvus esse non poterit, omnes uno ore confitemur, quod in adventu unigeniti Filii Dei de cœlo omnes homines resurgere habent cum corporibus suis, et reddituri sunt de factis propriis rationem. « Et qui bona egerunt ibunt in vitam æternam; qui vero mala, in ignem æternum. »] Manifeste ergo quod de utraque parte, tam electorum quam reproborum, hic confitemur, utrumque est verum, utrumque justum, utrumque in æterno et justo Dei judicio prædestinatum. Nam si non est prædestinatum, quomodo hoc tam firmiter credimus, tam indubitanter confitemur futurum? Se igitur, ut jam dictum est, unusquisque dum facultas datur, Deo auxiliante, mutet in melius. Hoc enim procul dubio vult, qui quotidie clamat et admonet, dicens: « Declina a malo, et fac bonum (*Ps.* XXXVI, 27); » et iterum: « Convertimini ad me, et convertar ad vos, dicit Dominus exercituum (*Zach.* I, 3). » Nam in illo, « Apud quem non est transmutatio, nec vicissitudinis obumbratio (*Jac.* I, 17), » et qui per prophetam dicit: « Ego enim Dominus et non mutor (*Mal.* III, 6), » quod suum est plene et perfecte confiteri debemus, quia ejus plenitudini et perfectioni nihil possumus addere vel auferre. Et ideo plenam et perfectam prædestinationem justi judicii Dei tam in parte electorum quam in parte reproborum, sicut omnino vera est, veraciter confiteamur, nemini misericordiam Dei negantes, nemini conversionis gratiam derogantes, nemini aditum indulgentiæ claudentes, sed omnibus in iniquitate permanere volentibus utilem et salubrem terrorem incutientes.

Hanc enim utriusque partis certissimam et immobilem prædestinationem Dei declarat nobis Apostolus dicens: « Abrahæ namque promittens Deus quoniam neminem habuit per quem juraret majorem, juravit per semetipsum dicens. Nisi benedicens benedicam tibi, et multiplicans multiplicabo te (*Heb.* VI, 13, 14); » ubi et post paululum subjungit: « Homines per majorem se jurant, et omnis controversiæ eorum finis ad confirmationem est juramentum. In quo abundantius volens Deus ostendere pollicitationis hæredibus immobilitatem consilii sui, interposuit jusjurandum, ut per duas res quibus impossibile est mentiri Deum, fortissimum solatium habeamus, qui confugimus ad tenendam propositam nobis spem (*ibid.*, 16, 17, 18). » Ecce in parte electorum, qui promissi sunt, ut essent Abrahæ et filii, et hæredes Novi et æterni Testamenti, omnipotens Deus, quia neminem habet majorem, jurat per semetipsum. Et quid intelligendum sit per hoc jusjurandum, docet nos Apostolus, videlicet, quod hoc modo « voluerit Deus hæredibus pollicitationis suæ abundantius ostendere immobilitatem consilii sui; ut per duas res, » id est, pollicitationis et jurationis suæ, « quibus impossibile est mentiri Deum, » sive promittentem, sive promissa sua jurantem, » fortissimum solatium habeamus, qui confugimus ad tenendam propositam nobis spem.

CAPUT VI.

De divina juratione.

Ergo hæc divina juratio non est aliud nisi immobilis consilii Dei æterna et incommutabilis prædestinatio. De quo immobili consilio Dei dicit Psalmista: « Consilium autem Domini in æternum manet; cogitationes cordis ejus in generatione et generatione (*Psal.* XXXII, 11). » Et ipse Dominus per Isaiam testatur: « Consilium meum stabit, et omnis voluntas mea fiet (*Isa.* XLVI, 10). » Si ergo hic per Dei jurationem ad Abraham factam docente Apostolo (*Heb.* VI, 17) « immobilitatem consilii, » id est prædestinationis ejus, intelligimus: ita et ibi intelligere debemus, ubi de æterno Christi sacerdotio Deus jurasse introducitur, dicente Psalmista: « Juravit Dominus, et non pœnitebit eum: Tu es sacerdos in æternum secundum ordinem Melchisedech (*Ps.* CIX, 4); « et ubi iterum in Psalmo de promissione Dei ad beatum David facta dicitur: « Juravit Dominus David veritatem, et non frustrabit eum: de fructu ventris tui ponam super sedem tuam (*Ps.* cxxxi, 11). » Si ergo in his omnibus immobilitas consilii et prædestinationis Dei per ipsius jurationem intelligitur in salvatione electorum, ita e contrario intelligendum est in damnatione reproborum, ubi de eis ipse omnipotens Deus dicit: « Ipsi vero non cognoverunt vias, quibus juravi in ira mea si introibunt in requiem meam (*Ps.* xciv, 11). » Nempe et hic jurisjurandi immobilitas interponitur, ut nullus eorum de quibus tam terribiliter juratum est, in requiem Dei intraturus credatur. Nec tamen injuste, quia in impietate « secundum duritiam suam et cor impœnitens » perdurare voluerunt, præmittente ipso Domino: « Ipsi vero non cognoverunt vias meas », et deinde subjungente: « Quibus juravi in ira mea si introibunt in requiem meam. »

Huic jurationi simile est illud quod de contemptoribus convivii sui ipsa Veritas in Evangelio comminatur, dicens: « Dico autem vobis quod nemo virorum illorum qui vocati sunt gustabit cœnam meam (*Luc.* xiv, 24). » Veritatis enim dixisse, procul dubio jurasse est.

Talis et est illa Dei juratio apud Isaiam prophetam, ubi post onus Babylonis et regni Assyriorum, qui erant sævissimi hostes populi Dei per quos, sicut beatus Joannes apostolus in Apocalypsi ostendit, significatur tota civitas diaboli, id est omnis multitudo reproborum, interponit Deus jusjurandum de certissima talium perditione, dicente propheta: « Juravit Dominus exercituum dicens: Si non ut putavi ita erit, et quomodo mente tractavi, sic eveniet, ut conteram Assyrium in terra mea, et in montibus meis conculcem eum, hoc consilium quod cogitavi super omnem terram, et hæc est manus extenta super universas gentes. Dominus enim Deus exercituum decrevit, et quis poterit infirmare? et manus est extenta, et quis avertet eam? (*Isa.* xiv, 24, 25, 27, 28). » In quibus verbis mirabiliter et granditer ostenditur et immobilitas prædestinationis Dei et ipsius prædestinationis effectus, cum tanta et tam gravia mala pereuntibus comminatus sub jurejurando dicit: « Si non ut putavi ita erit, et quomodo mente tractavi sic eveniet, » id est sicut cogitavi et mente tractavi in æterni consilii prædestinatione, « ita erit et sic eveniet » in ipsarum rerum adimpletione. Quod etiam sequentia prophetæ verba magnifice et clarissime ostendunt dicentis ex persona Dei: « Hoc consilium quod cogitavi super omnem terram, et hæc est manus extenta super universas gentes. » Et mox ex sua persona addentis: « Dominus enim Deus exercituum decrevit, quis poterit infirmare? et manus ejus extenta, et quis avertet eam? » Profecto enim in his verbis, per consilium quod cogitavit Deus super omnem terram æterna ejus prædestinatio et per manum extentam, ejusdem consilii intelligenda est adimpletio.

Et ut cognoscamus nullum consilio et effectui prædestinationis ejus posse resistere, dicitur: « Dominus enim Deus exercituum decrevit, » utique in æterno consilio prædestinando, « et quis poterit infirmare, » ut intelligatur nullus. « Et manus ejus extenta, » utique ad ea quæ prædestinavit efficienda, « et quis avertet eam? » Intelligitur similiter nullus. Cum enim dicitur: « Dominus enim Deus exercituum decrevit, » quid est aliud *decrevit*, nisi prædestinavit, præfinivit, statuit, præfixit, præordinavit?

Ex quo manifeste intelligimus quid sit prædestinatum, videlicet et præfinitum, statutum, præfixum, præordinatum. Hic namque sermo, id est *decrevit*, etiam in Actibus apostolorum in simili re atque eodem sensu ponitur, ubi multitudo fidelium unanimiter levantes vocem in oratione dixerunt ad Deum: « Convenerunt enim in hac civitate adversum sanctum puerum tuum Jesum, quem unxisti, Herodes et Pontius Pilatus cum gentibus et populis Judæorum facere quæ manus tua et consilium decreverunt fieri (*Act.* iv, 27, 28). » Ubi enim Latinus interpres ad sensum transferens numero plurali posuit *decreverunt*, in Græco singulari numero legitur, « quæ manus tua et consilium *prædestinavit* fieri. »

Sicut etiam hoc ipsum testimonium in libro de Prædestinatione Sanctorum (*cap.* 16) B. Augustinus posuisse invenitur. Idipsum enim verbum hoc loco Græce legitur quod et in Epistola ad Romanos, ubi scriptum est: « Quos autem prædestinavit hos et vocavit (*Rom.* viii, 30), » ubi enim nos Latine dicimus *prædestinavit*, ibi et in illa Epistola et in hac sententia de Actibus apostolorum Græce positum est προωρισεν quod, ut jam dictum est, alii proprie transtulerunt *prædestinavit*, alii *definivit*, vel *præfinivit*, alii *decrevit*, vel plurali numero *decreverunt*, ubi et illud est valde mirum: quia sicut in propheta legitur, et « consilium Dei, et manus extenta, » ita et hic ponitur, « facere quæ manus tua et consilium decrevit, sive *decreverunt* fieri. » Quod idcirco tam diligenter dicendum putavimus, ut *prædestinavit*, et *decrevit*, et *definivit*, vel *præfinivit*, idipsum significare intelligatur. « Convenerunt ergo adversus sanctum puerum Jesum, quem unxit Deus, Herodes et Pontius Pilatus facere quæ manus et consilium Dei prædestinavit, decrevit, et præfinivit fieri. » Sed quæcunque omnipotens Deus Pater unigeniti Filii sui passione prædestinavit fieri, illi fecerunt malitia et impietate. Ille prædestinavit misericordia et benignitate, illi ut nomen Christi delerent, ille ut ejus sanguine peccata mundi ablueret. Prædestinata sunt illa omnia ut in ejus passione fierent, prædestinatum est et per quos fierent quia videlicet et justo judicio Dei merito præcedentium peccatorum digni judicati sunt qui ita excæcarentur, ut per eos talia complerentur. Sicut et Judas ideo prædestinatus est ut eumdem Dominum Christum traderet, quia dignum se præbuit qui tale facinus expleret.

CAPUT VII.

De duobus funiculis et gemina sorte. De æterna præscientia, providentia et prædestinatione Dei. Discretio electorum et reproborum in Jacob et Esau figurata. Electio gratuita, reprobatio justa.

Hanc æternam et incommutabilem prædestinationem Dei de utraque civitate, id est electorum et reproborum, B. Isaias propheta in fine sæculi adimplendam miris laudibus et exsultatione prosequitur, dicens : « Domine Deus meus tu, exaltabo te, confitebor nomini tuo, quoniam fecisti mirabilia, cogitationes antiquas fideles, amen (*Isa.* xxv, 1). » Et mox de civitate impiorum : « Quia posuisti, inquit, civitatem in tumultum, urbem fortem in ruinam, domum alienorum, ut non sit civitas, et in sempiternum non ædificetur (*Ibid.*, 2) ; » ubi et de civitate piorum continuo adjungit : « Super hoc laudabit te populus fortis, civitas gentium robustarum timebit te : quia factus es fortitudo pauperi, fortitudo egeno in tribulatione sua : spes a turbine, umbraculum ab æstu (*Ibid.*, 3, 4). » Has duas partes, electorum videlicet et reproborum, mensura æquitatis justi judicii Dei alteram perdendam, et alteram salvandam, mirabiliter etiam in libro Regum legimus designatas, ubi et de beato David scriptum est : « Quia percussit Moab, et mensus est eos funiculo coæquans terræ. Mensus est autem duos funiculos, unum ad occidendum et unum ad vivificandum (*II Reg.* viii, 2). » Quis enim non agnoscat verum David esse Dominum Jesum Christum, Moabitas vero omnem multitudinem infidelium, qui alieni sunt a populo Dei : quorum dum alios justo et occulto judicio suo præordinat ad mortem æternam, alios vero legit et vocat ad vitam æternam ? Quid aliud quam æquissima judicii sui mensura « duos metitur funiculos, unum ad occidendum, et unum ad vivificandum ? (*Esther.* x, 10). » Sed et in libro Esther idipsum de utraque parte, et electorum scilicet et reproborum, et fidelium et infidelium, sub figura duarum sortium magnifice figuratur, ubi de Deo scriptum est : « Et duas sortes esse præcepit, unam populi Dei et alteram cunctarum gentium : venitque utraque sors in statutum ex illo jam tempore coram Deo (*Ibid.*, 11) ; » per sortem namque divini judicii expositio recte intelligitur, dicente Salomone : « Sortes mittuntur in sinum, sed a Domino temperantur (*Prov.* xvi, 33). » Et omnipotens Deus duas sortes esse præcepit, unam populi Dei, id est omnium electorum, et alteram cunctarum gentium, omnium videlicet reproborum : et utrasque partes judicii sui sorte distinxit, ut alii essent in partes sortis sanctorum, alii vero in partes sortis impiorum. Esse etenim duas sortes, id est sortem sanctorum et sortem impiorum, aperte Scriptura nos docet, cum dicit Apostolus de prima : « Qui dignos nos fecit in partes sortis sanctorum in lumine : qui eripuit nos de potestate tenebrarum, et transtulit in regnum Filii dilectionis suæ (*Col.* i, 12, 13) ; » quæ est utique sors populi Dei ; et de altera in libro Ecclesiastico legimus : « Anima enim nequam disperdet eum qui se habet, et in gaudium inimici dat illum, et deducet illum in sortem impiorum (*Eccli.* v, 4), » manifeste scilicet reproborum.

Sed et in aliis Scripturæ sanctæ locis *sors* pro justi retributione judicii in parte reproborum posita invenitur, sicut in Isaia ad plebem reprobam Deus dicit : « Hæc est pars tua, sorsque mensuræ tuæ (*Isa.* lvii, 7). » Et de inimicis populi Dei idem propheta ait : « Hæc est pars eorum, qui vastaverunt nos, et sors diripientium nos (*Isa.* xvii, 18). » Venit ergo « utraque sors, » id est, et populi Dei et eorum qui alieni judicantur a populo Dei, « in statutum », videlicet ut, quemadmodum statutum est in occulto judicio Dei de utriusque sortibus, id est, civitatis Dei et civitatis diaboli, ipsis rebus expleretur ex illo jam tempore, quo ab exordio mundi usque ad finem sæculi hæ duæ civitates mistæ corpore, mente divisæ, temporaliter currunt, donec ad debitos fines perveniant, vel vitæ æternæ, vel mortis perpetuæ ; hoc autem totum « venit in statutum » coram Deo, qui solus novit quam juste ista disposuerit, quam veraciter atque efficaciter usque ad finem sæculi compleantur.

Hanc distinctionem divini judicii et prædestinationis, duorum videlicet funiculorum et duarum sortium, quarum una est populi electi, et altera impiorum, ita æternaliter esse dispositam prædictus liber Ecclesiasticus mirabiliter ostendit dicens : « In judicio Dei opera ipsius ab initio et ab institutione ipsorum distinxit partes illorum ; » et alibi dicit : « Dominus homines omnes de solo, et ex terra, unde creatus est Adam, in multitudine disciplinæ Domini separavit eos, et immutavit vias eorum. Ex ipsis benedixit et exaltavit, et ex ipsis sanctificavit et ad se applicavit; et ex ipsis maledixit et humiliavit, et convertit illos a separatione ipsorum. Quasi lutum figuli in manu ipsius plasmare illud et disponere. Omnes viæ ejus secundum dispositionem ejus (*Eccli.* xxxiii, 10, 12, 13, 14). » Huic sententiæ simile est illud quod beata Judith in oratione sua ad Deum dicit : « Tu enim fecisti priora, et illa post illa cogitasti, et hoc factum est quod ipse voluisti, et tua judicia in tua providentia posuisti (*Judith*, ix, 4, 5). »

Quam vero æterna sint ejus præscientia et providentia et prædestinationis judicia, idem liber alibi ostendit, dicens : « Domino enim Deo antequam crearentur, omnia agnita ; sic et post perfectum respicit omnia. Opera omnis carnis coram illo, et non est quidquam absconditum ab oculis ejus. A sæculo et usque in sæculum respicit, et nihil est mirabile in conspectu ejus. Non est dicere : Quid est hoc, aut quid est illud : omnia enim in tempore suo quærentur. Non præterit illum omnis cogitatus, et non abscondit se ab eo ullus sermo. Magnalia sapientiæ suæ decoravit, quæ est ante sæculum et usque in sæculum, neque adjectum est, neque minuitur, et non eget alicujus consilio. Viæ illorum coram ipso sunt semper, non sunt absconsæ ab oculis ipsius ; et omna opera illorum velut sol in conspectu Dei, et oculi ejus sine intermissione inspicientes in viis ipsorum (*Eccli.* XXIII, 29; XXXIX, 24, 26; XVII, 20, 22, 13, 16). » Certe ipsa æterna et incommutabilis Veritas Dominus noster Jesus Christus de lege et prophetis firmissime inculcat, dicens: « Dico enim vobis, quia donec transeat cœlum et terra, iota unum aut unus apex non præteribit ex lege, donec omnia fiant (*Matth.* V, 18). » Et iterum: « Facilius est cœlum et terram transire, quam de lege unum apicem cadere (*Luc.* XVI, 17). » Et de verbis Novi Testamenti, in quibus utique non sola illa quæ ore proprio locutus est, sed etiam omnia quæ et per sanctos apostolos et evangelistas dixit intelligere debemus, ita affirmat, dicens: « Amen dico vobis, non præteribit generatio hæc donec omnia fiant: cœlum et terra transibunt, verba autem mea non transibunt (*Marc.* XIII, 30, 31). » Quicunque ergo verba utriusque Testamenti, sive de parte electorum, seu de parte reproborum dicta sint, fideliter legit vel audit, ita ea debet accipere et tenere, tanquam vere æternaliter apud Deum præscita, et præordinata, ac præfinita, ut omnino aliter esse non possit.

Quid vero illustrius et magnificentius de utriusque partis, et reproborum scilicet et electorum, et infidelium et fidelium: quorum alii, ne mysterium Dominici adventus, et priusquam manifestaretur in carne, et postea usque ad finem sæculi agnoscere possent, merito superbiæ excæcari et repelli, alii per gratiam et pietatem fidei illuminari meruerunt, vel justa rejectione, vel gratuita electione, dici aut commendari potuit, quam quod ipse Dominus « magni consilii angelus », id est, paternæ ac suæ æternæ voluntatis fidelis testis ac nuntius, in Evangelio Deum Patrem glorificans, eique super justis judiciis gratias agens, declarat atque annuntiat, dicens: « Confiteor tibi, Pater, Domine cœli et terræ, quia abscondisti hæc a sapientibus et prudentibus, et revelasti ea parvulis (*Luc.* X, 21). » Et mox utrumque et excæcationem videlicet superborum, et illuminationem humilium ad æternum, et incommutabile Patris consilium, atque judicium cum summa laude et exsultatione referens subjungit dicens: « Ita Pater, quoniam sic fuit placitum ante te (*Ibid.*, 26). » Et ne se ab hujus æterni consilii, atque judicii consortio separasse putaretur, postquam solita pietate ad Patrem, tanquam ad verum suæ generationis auctorem omnia retulit, subjunxit etiam de se, et ait: « Omnia mihi tradita sunt a Patre meo (*Ibid.*, 37), » id est et illa de quibus dictum est: « Abscondisti hæc a sapientibus et prudentibus, » et illa de quibus adjunctum, « et revelasti ea parvulis, » ut etiam meo scilicet, quod utique et Patris est, consilio atque judicio vel discernantur, vel damnentur, vel liberentur. « Neque enim Pater judicat quemquam, sed judicium, inquit, omne dedit Filio, ut omnes honorificent Filium sicut honorificant Patrem (*Joan.* V, 22, 23). » Hoc est admirabile, et in-

A effabile mysterium æterni judicii, tam in parte electorum quam etiam reproborum.

Quod etiam beatissimus Isaac patriarcha repente sibi plenius ac profundius in duobus suis geminis revelatum, velut cum Apostolo mente excedens (*Rom.* XI, 33), « et incomprehensibilia Dei judicia atque investigabiles vias » contemplatus « expavit » (ut scriptum est), « stupore vehementi, et ultra quam credi potest, admiratus est. » Neque enim hoc tantopere stupuisse ac miratus esse credendus est, si cæcus et pius pater, aut verisimilitudine, aut propria affectione in discernendis filiis vel falli potuit, vel errare (*Gen.* XXVII, 33), sed subito revelationis ictu cor ejus illuminatum, ad memoriam reduxit, quid adhuc eisdem « geminis » in utero matris positis,
B « cum, » juxta Apostolum, « nihil egissent boni aut malum » et tamen ambo una et pari originalis reatus damnatione tenerentur astricti, sola divini judicii discretione dictum fuerit, « quia major serviet minori, » quod postea manifestius per prophetam Deus inculcat dicens: « Jacob dilexi, Esau autem odio habui (*Gen.* XXV; *Rom.* IX; *Mal.* I). » Hæc itaque subita spiritus illustratione sanctus patriarcha recolens, et intelligens, vidit in duobus uno concubitu satis, pari primæ prævaricationis conditione damnatis necdum natis, necdum proprio actu quidquam boni vel mali promeritis, mirabile et terribile judicium Dei, videlicet ut unum gratis diligeret et eligeret, alterum juste odisset ac reprobaret. « Et ve-
C lut figulus potestatem habens ex eadem massa facere aliud quidem vas in honorem, et aliud in contumeliam (*Rom.* IX, 21). » Vidit certe in illis duobus incommutabile consilium Dei, cum nec volente et satagente ac desiderante patre potuisset ullatenus quod prædictum et prædestinatum fuerat mutari: sed divinitus disposito ac præfinito rei ordine, etiam per nescientem ille præferretur, ille benediceretur, qui adhuc in utero constitutus, arcano Dei judicio, et dilectus fuerat, et prælatus.

Vidit hoc in illis duobus tam grande et profundum mysterium consilii Dei: et quod in illis vidit ipso revelationis instinctu, etiam in totius humani generis discretione ab initio usque ad finem sæculi fieri cognovit, sive in duobus populis circumcisionis et præ-
D putii, sive in omni generaliter plenitudine electorum, seu reproborum, videlicet quod omnes « ex una massa » juste damnata descendant. Quod omnipotens « figulus » æterno et incommutabili consilio judicii sui « ex eadem massa » alios faciat per justitiam « vasa iræ » alios per gratiam « vasa misericordiæ, » et ita Dei consilium atque judicium ratum sit, atque immobile, ut tamen nemo nisi juste damnetur, nemo nisi misericorditer liberetur. Vidit hoc impenetrabile profundum judiciorum Dei sanctissimus patriarcha « in duobus geminis » designari in universitate humani generis expleri, et tanquam cum propheta exclamans: « Domine, audivi auditum tuum et timui, consideravi opera tua, et expavi. Stupuit stupore vehementi, et ultra quam credi potest admiratione

perculsus est (*Habac.* II; *Genes.* XXVII). » Sicut et Psalmista super eadem profunditate admiratus, atque obstupefactus clamat : « Quam magnificata sunt opera tua, Domine; nimis profundæ factæ sunt cogitationes tuæ (*Psal.* XCI, 6). » Nec frustra Apostolus ad Romanos scribens, et de altitudine præscientiæ et prædestinationis divinæ attentissime disputans (*Rom.* IX), ut quicunque salvantur non suis meritis aut viribus, sed omnino sola Dei gratia salvari intelligantur, juxta sempiternum propositum voluntatis suæ, quos voluit, præscientis, prædestinantis, vocantis, justificantis, et glorificantis; non frustra, inquam, de talibus disputans, et vehementer inculcans, cum pleraque postea et alia posuisset; istud velut præcipuum, et maximum elegit testimonium vel exemplum de præfatis videlicet geminis, quod primo loco poneret ad tam profundum mysterium probandum et commendandum. Totum namque in eo breviter comprehenditur cum ait : « Ut secundum electionem propositum Dei maneret, non ex operibus, sed ex vocante dictum est, quia major serviet minori (*Rom.* IX; *Gen.* XXV). » Ibi enim est electio Dei gratuita, id est absque operibus, in Jacob, ibi propositum æternæ voluntatis ejus, quod utique sine præscientia et prædestinatione esse non potest : ibi vocatio quia « non ex operibus, sed ex vocante dictum est, major serviet minori. » Et sicut electio gratuita est in Jacob de quo dictum est : « Jacob dilexi, » ita justa damnatio in Esau, de quo adjungitur : « Esau autem odio habui. »

Hoc divinorum judiciorum in utramque partem profundum mysterium ex auctoritatibus propheticis et apostolicis firmissime tenet Ecclesia, quia nimirum præcipue pertinet ad commendandam, et declarandam gratiam Christi, « ut qui gloriatur, in Domino glorietur (*I Cor.* I, 31). » Absconditum quidem a sæculis in Deo, sed inter Scripturas prophetarum Ecclesiæ ejus inter cætera, quæ ad mysterium Salvatoris pertinent, prædicatione patefactum apostolica, dicente eodem Apostolo in fine præfatæ Epistolæ ad Romanos : « Ei autem qui potens est vos confirmare secundum Evangelium meum et prædicationem Jesu Christi, secundum revelationem mysterii æternis temporibus taciti, quod nunc patefactum est per Scripturas prophetarum (*Rom.* XVI, 25, 26), » etc. Et alio loco : « Prout potestis legentes intelligere prudentiam meam in mysterio Christi, quod aliis generationibus non est agnitum filiis hominum, sicut nunc manifestatum est sanctis apostolis ejus, et prophetis in spiritu (*Eph.* III, 4, 5), » etc. Et iterum : « Mihi omnium sanctorum minimo data est gratia hæc in gentibus evangelizare investigabiles divitias Christi, et illuminare omnes, quæ sit dispensatio sacramenti absconditi a sæculis in Deo qui omnia creavit (*ibid.*, 8, 9). » Licet enim totum quod de Domini nostri divinitate, atque incarnatione per apostolos annuntiatur, generaliter « magnæ pietatis mysterium » sit « temporibus æternis tacitum; nec aliis generationibus filiis hominum agnitum, et a sæculis in Deo, qui omnia creavit, absconditum; nunc autem per Scripturas prophetarum et prædicationem apostolorum manifestatum : » tamen etiam specialiter istud de inscrutabilibus divinis judiciis, et dispositionibus, sive in excæcatione infidelium, sive in illuminatione fidelium aperte, et præcipue mysterium appellatur, dicente Apostolo : « Nolo enim vos ignorare, fratres, mysterium hoc, ut non sitis vobismetipsis sapientes quia cæcitas ex parte contigit in Israel donec plenitudo gentium intraret, et sic omnis Israel salvus fieret (*Rom.* XI, 25, 26).) »

CAPUT VIII.

De prædestinatione reproborum ad interitum. Præscientia Dei nullum ad peccandum compellit.

Hanc Scripturæ Dei veritatem, atque auctoritatem secutus beatissimus Pater, et egregius doctor Augustinus, et de Prædestinatione sanctorum librum luculentissimum scripsit, et de prædestinatione etiam reproborum justo judicio Dei ad interitum, et ibi, et in aliis opusculis suis sæpius memoravit. Sicut in libro de Perfectione justitiæ hominis (*cap.* XIII) manifestissime ostendit, dicens : [Quomodo ergo dictum est : « Non est qui faciat bonum, non est usque ad unum (*Psal.* XIII, 1, 2), » nisi quia populum quemdam psalmus ille culpat, in quo nec unus erat qui faceret bonum, dum volunt remanere filii hominum, et non esse filii Dei, cujus gratia homo fit bonus, ut faciat bonum?] Et post paululum : [Hoc ergo, inquit, bonum, quod est requirere Deum, « non erat qui faceret, non erat usque ad unum, » sed in eo genere hominum, quod prædestinatum est ad interitum. Super hos enim respexit Dei præscientia, protulitque sententiam.] Item, de Civitate Dei, libro decimo quinto (*cap.* 25) : [Ira, inquit, Dei non perturbatio animi ejus est, sed judicium, quo irrogatur pœna peccato : cogitatio vero ejus, et recogitatio mutandarum rerum est immutabilis ratio. Neque enim sicut hominem, ita Deum cujusquam facti sui pœnitet : cujus est de omnibus omnino rebus tam fixa sententia, quam certa præscientia.] In tractatibus quoque quos in expositionem Joannis evangelistæ ad populum loquitur, de hac re ita dicit (*Tract.* 42). Quod vero sequitur : [« Propterea vos non auditis, quia ex Deo non estis (*Joan.* VIII, 47), » eis dictum est, qui non solum peccato vitiosi erant (nam hoc malum commune erat omnibus), sed etiam præcogniti quod non fuerant credituri. Quapropter præsciebat illos, quibus talia dicebat, in eo permansuros, quod ex diabolo erant, id est in suis peccatis atque impietate morituros, nec venturos ad regenerationem, in qua essent filii Dei, hoc est ex Deo nati, a quo erant homines creati. Secundum hanc prædestinationem locutus est Dominus, etc.] Item ibi (*Tract.* 43) : Isti autem indignantes, mortui, et morti sempiternæ prædestinati respondebant conviciose et dicebant : « Modo cognovimus, quia dæmonium habes (*Joan.* VIII, 52). » Item alio loco (*Tract.* 48) exponens verba Domini quibus ait de ovibus suis, « Et non rapiet quisquam eas de manu mea. » [Quid potest, inquit, « lupus, » quid potest fur et latro? Non perdunt nisi ad interitum prædestinatos.] Item alio loco (*Tract.* 107) : [Qui enim, inquit, certis et immutabilibus causis omnia futura prædestinavit, quidquid facturus est fecit. Nam et per prophetam de illo dictum est : « Qui fecit quæ futura sunt (*Isa.* XLV, 11, *sec. LXX*)]. » Et alibi : [« Filius, » inquit, « perditionis » dictus est traditor Christi, perditioni prædestinatus, secundum Scripturam, qua de illo in psalmo centesimo octavo maxime prophetatur.]

De divina quoque præscientia, qua omnia futura vel bona vel mala immutabiliter novit : nec tamen ea aliquem ad peccandum compellit, in eisdem tractatibus ita loquitur (*Tract.* 53) : [Non enim propterea Deus quemquam ad peccandum cogit, quia futura hominum peccata jam novit. Fecerunt ergo peccatum Judæi, quod eos facere non compulit, cui peccatum non placet, sed facturos esse prædixit, quem nihil latet. Et ideo si non malum, sed bonum facere voluissent, non prohiberentur, et hoc facturi præviderentur ab eo, qui novit quid sit quisque facturus, et quid eis sit pro ejus opere redditurus.]

Hanc divinæ prædestinationis veritatem per Scripturas multipliciter declaratam, et a sanctissimo doctore fideliter commendatam etiam antiquissimus et beatissimus doctor, et magister Cyprianus clarissime docet, dicens : [Qui omne judicium a Patre solus accepit, et quid venturus est judicaturus, jam judicii et cognitionis futuræ sententiam protulit, prænuntians et contestans « confessurum se coram Patre suo confitentes, et negaturum negantes (*Matth.* x, 32). »] Item cum de his, qui in persecutione comprehensi pro Christo usque ad mortem dimicant, et de his, qui infirmitatis suæ conscii caute secedunt, disputaret, sic ait : [Illic fortitudo promptior, hic sollicitudo securior. Ille, appropinquante hora sua, jam maturus inventus est; hic fortasse dilatus est, qui patrimonio derelicto idcirco secessit, quia non erat negaturus : confiteretur utique et ipse si fuisset detentus.] Item alibi, cum tempore mortalitatis consolaretur eum, qui se dolebat morte præveniri, ne se offerre posset ad passionem martyrii, ita dicit : [Primo in loco non est in tua potestate, sed in Dei dignatione martyrium : nec potes te dicere perdidisse, quod nescis an merearis accipere, etc.] Item alio loco : [Neque enim, inquit, potest perire, nisi quem constat esse periturum : cum Dominus in Evangelio suo dicat : « Omnis plantatio, quam non plantavit Pater meus cœlestis, eradicabitur (*Matth.* XIX, 13).] » Item alibi dicit : [Dominus in persecutione secedere et fugere mandavit, atque ut id fieret et docuit et fecit. Nam cum corona de Dei dignatione descendat, nec possit accipi, nisi fuerit hora sumendi, quisquis in Christo manens interim cedit, non fidem negat, sed tempus exspectat : qui autem cum non secederet, cecidit, negaturus remansit.]

Hanc præscientiæ et prædestinationis divinæ immobilem firmitatem beatus quoque Hilarius, ita docet dicens : [Deo namque complectenti in se omnia, futura pro factis sunt. Cujus tam fidelis præscientia est, ut quæ nondum gesta sunt, tamen jam ab eo et pro præteritis habeantur et gestis.] Et iterum : [Dignum est enim, inquit, ut miserabilem populi casum, et impietati ejus debitam pœnam, et post longæ servitutis sufficientem peccatis gravibus satisfactionem et misericordem in eos Dei (indulto reditu) voluntatem, secundum providentem scientiam prophetiæ spiritus loquatur.] Item cum illud de Psalmo exponeret : [« Et surrexi et adhuc tecum sum (*Psal.* CXXXVIII, 18), » surrexi, inquit, ad resurrectionis gloriam spectat; sed secundum præscientiam Dei, id quod futurum est, tanquam præteritum loquitur, quia Deo ob scientiam et virtutem quæ futura sunt, facta sunt; ut etiam nosmetipsi facta esse existimamus, quæ futura esse confidimus.] Item cum exponeret illum locum Psalmi ubi dicitur : « Dinumerabo eos, et super arenam multiplicabuntur (*Ibid.*), » de certo et prædestinato electorum numero sic ait : [Nunquid numerus incertus est, qui in libro Dei scribuntur? Ergo nulla est difficultas in numero, quorum veritas manet in scripto.]

Hanc divini judicii in utramque partem tam bonitatem, quam severitatem etiam beatissimus Ambrosius ex verbis Epistolæ ad Romanos in expositione Psalmi centesimi decimi octavi, ita breviter confirmat dicens : [« Ergo cujus vult miseretur, et quem vult indurat (*Rom.* IX, 18). » Hunc, inquit, miseratus hortatur : illum non revocat exsecratus.] Item alibi : [Deus, inquit, omnipotens Pater, in Moysi facie « excæcavit populum Judæorum » non duritia, sed præscientia; nec malitia, sed æquitate atque justitia. Ipsi enim sibi posuere velamen, qui legem intelligere noluerunt.] Item in libris de fide ad Gratianum de eadem re sic dicit : [Hæc consuetudo est prophetiæ, ut quæ futura sunt, vel quasi præsentia, vel quasi futura dicantur : Deo enim, quæ sunt futura, præsentia sunt; et ei, cui præcognita sunt omnia, ventura pro factis sunt, sicut scriptum est : « Qui fecit quæ futura sunt (*Isa.* XLV, 11, *sec.* LXX).] »

Beatus etiam Hieronymus de eadem re disputans in expositione Epistolæ ad Ephesios, ita clarissime dicit : [Considerandum quod et hic προόρισμος, et πρόσθεσις, id est prædestinatio, et propositum simul posita sunt, juxta quæ operatur omnia Deus secundum consilium voluntatis suæ : non quo omnia quæ in mundo fiunt, Dei voluntate et consilio peragantur (alioquin et mala Deo poterunt imputari), sed quo universa quæ faciat cum consilio faciat et voluntate, quæ scilicet ratione plena sit et potestate facientis. Nos homines pleraque volumus facere consilio, sed nequaquam voluntatem sequitur effectus : illi autem nullus resistere potest, quin omnia quæ voluerit faciat. Vult autem ea quæ sunt plena rationis atque consilii.] Item alibi in ejusdem Epistolæ commentariis: [Quod autem, inquit, « electos nos, ut essemus sancti et immaculati coram ipso (*Eph.* I, 4), » hoc est, coram Deo, ante fabricam mundi testatus est, ad præscientiam Dei pertinet, cui omnia futura jam facta sunt, et antequam fiant, universa sunt nota: sicut et Paulus ipse prædestinatur in utero matris suæ (*Gal.* I); et Jeremias in vulva matris suæ sanctificatur, eligitur, roboratur, et in typo Christi propheta gentibus mittitur (*Jer.* I, 5).] Et post aliqua: [Non ait Paulus, inquit, « elegit nos ante constitutionem mundi, cum essemus sancti et immaculati » hoc est: quia sancti et immaculati ante non fuimus, ut postea essemus constituit. Non enim eliguntur Paulus, et qui ei similes sunt, quia erant sancti et immaculati, sed eliguntur et prædestinantur, ut in consequenti vita per opera atque virtutes sancti et immaculati fiant.]

Sed et beatus Leo de utriusque prædestinationis æterno apud Deum consilio, in sermonibus suis ad populum ita evidenter docet, dicens: [In salvandis enim omnibus per crucem Christi communis erat voluntas Patris et Filii: commune consilium, nec ulla poterat ratione turbari, quod ante æterna sæcula, et misericorditer erat dispositum et incommutabiliter præfinitum.] Item alio loco: [Cum ergo omnia, quæ in Domino majestatis Judaica admisit impietas, tanto ante prædicta sint, ut non tam de futuris, quam de præteritis propheticus sit sermo contextus, quid aliud nobis, quam sempiternarum dispositionum Dei incommutabilis ordo reseratur: apud quem discernenda jam judicata, futura jam facta sunt. Cum enim et qualitates actionum nostrarum, et effectus omnium voluntatum scientia divina præveniat, quanto magis nota sunt Deo opera sua? et recte placuit quasi facta recoli, quæ non poterant omnino non fieri.]

Beatus quoque antistes et gloriosus confessor Fulgentius, de hac judicii in utramque partem præscientia, et prædestinatione egregium librum scribit: qui, sicut et cætera ejus admiranda et veneranda scripta, semper ab Ecclesia fideliter receptus, et inter scriptores ecclesiasticos laudabiliter annumeratus est. Et nunc nescimus qua ratione, imo infidelitate et contentione simul cum beato Augustino abjicitur: et ab eis qui catholici videri volunt, tales ac tanti viri Dei iniquissime injuriati, et spreti, velut quisquiliæ et purgamenta vilissima conculcantur. Et est nimis mirabile imo horribile quomodo, ut suis adinventionibus et ineptiis credatur, exigunt, cum ipsi beatissimos Patres, et illustrissimos doctores Ecclesiæ abjecerint; ac per hoc nisi se citius corrigere studeant verissime hæretici judicari possunt: qui fidei, et charitati, et sincerissimæ Patrum doctrinæ non communicant; sed insuper cum ipsis etiam Scripturæ sanctæ cœlestem auctoritatem contemnunt. Nam si illum fidelissimum copiosissimum et florentissimum librum beati Fulgentii cum pietate et obedientia legere et intelligere studuissent, profecto in hac obscurissima quæstione de præscientia et prædestinatione divina (Deo aspirante atque illuminante) nulla erroris caligo in eorum cordibus remansisset. Ait namque præfatus doctor inter cætera in libro jam dicto: [Quod ergo ante gehennam mali pereunt, non est divini operis, sed humani: quod autem in gehenna perituri sunt, hoc facit Dei æquitas, cui nulla placet peccantis iniquitas.] Et iterum prædestinationis, inquit, nomine non aliqua voluntatis humanæ coactiva necessitas exprimitur, sed misericors et justa futuri operis divina sempiterna dispositio prædicatur: « Deo namque, et, misericordiam et judicium cantat Ecclesia (*Psal.* C, 1). »

Item ibi: [Proinde, inquit, potuit sicut voluit prædestinare quosdam ad gloriam, quosdam ad pœnam: sed quos prædestinavit ad gloriam prædestinavit ad justitiam; quos autem prædestinavit ad pœnam non prædestinavit ad culpam. In illis ergo opera sua glorificat; in istis autem opera non sua condemnat. Hoc itaque prædestinavit Deus, quod erat ipse facturus, aut quod fuerat largiturus; illud vero nullatenus prædestinavit, quod sive per gratiam, sive per justitiam facturus ipse non fuit.] Item ibi: [Mala quippe voluntas non pertinet ad optimum creatorem: justa vero injusti angeli, hominisque damnatio pertinet ad æquissimum cognitorem. Ad voluntatem igitur malam Deus hominem non prædestinavit, quia homini eam daturus ipse non fuit.] Et iterum: [Neque enim est alia ejus prædestinatio, nisi futurorum operum ejus æterna præparatio, in qua nulla causa mali ullatenus poterit inveniri: quia ex voluntate Dei nunquam processit origo peccati. « Misericors enim Dominus et justus (*Psal.* CXIV, 5). » De quo alio loco scriptum est: « Misericordiam et veritatem diligit Dominus Deus (*Psal.* LXXXIV, 12). » In omnibus ergo operibus ejus aut justa veritas custoditur, aut pia misericordia prærogatur.] Item ibi: [Dei enim prædestinatione aut peccatorum præparata est pia remissio, aut peccatorum justa punitio. Nunquam igitur Deus hominem ad hoc potuit prædestinare, quod ipse disposuerat et præcepto prohibere, et misericordia diluere, et justitia punire.] Itemque ibi: [Deus itaque omnia hominum opera sive bona, sive mala præscivit, quia eum latere nihil potuit; sed sola bona prædestinavit, quæ se in filiis gratiæ facturum esse præscivit; mala vero [futura opera illorum quos non prædestinavit ad regnum, sed ad interitum, præscivit potentissima deitate, ordinavit et provida bonitate.] Et iterum: [Præscivit enim voluntates hominum bonas et malas, prædestinavit non malas, sed solas bonas. Et licet in ejus prædestinatione non fuerit, ut malitiam voluntati humanæ dedisset, fuit tamen in ejus prædestinatione quid humanæ voluntatis malitiæ reddidisset.]

CAPUT IX.

Sequitur de eodem capitulo primo.

Hæc præfatus venerabilis doctor in libro, quem supra memoravimus, juxta Scripturæ sanctæ veritatem, et præcedentium Patrum reverendam incorruptam integritatem et multa alia, quæ ad præsentem quæstionem sufficiunt claro sermone disserunt. Quem nos fideliter disputantem, et majorum vestigia pie sequentem obedienter, et sinceriter sequi debemus: quia et hoc ad fidei nostræ integritatem pertinet, ut sicut in cæteris, quæ de Deo credimus, ita et in hac parte nihil indignum divina majestate, nihil falsum de divinis judiciis sentiamus. Præsertim cum hujus prædestinationis veritas, et fidei in nobis ædificet sinceritatem, et nulli præbeat desperationis offensionem, et cunctis qui in suis vitiis perniciose, et pertinaciter vivere delectantur, saluberrimum timorem ingerat. Nam de contemptu, et abjectione beatissimorum atque illustrissimorum Patrum, qui a multis nimis insolenter atque irreligiose conculcantur, quid nobis aliud sentiendum, nisi ut contra hæc magis audiamus, et observemus quid Scriptura de eisdem sanctis Patribus præcepit dicens: « Interroga patrem tuum, et annuntiabit tibi, majores tuos, et dicent tibi (*Deut.* XXXII, 7) » ne incurramus in illud quod per Salomonem dicitur: « Malum est homini dejerare sanctos, et post vota retractare (*Prov.* XX, 25), » simusque parentibus spiritualibus (quorum fide, doctrina in Christo generati ac regenerati sumus) inobedientes, et contemptores Scripturæ, quæ dicit: « Audi, fili mi, disciplinam patris tui, » id est omnipotentis Dei, « et ne dimittas legem matris tuæ (*Prov.* I, 8), » id est sanctæ Ecclesiæ dogmata et statuta fidelia, quæ non tantum ut legitima, sed vere, ut legem observare debemus: quia per Spiritum sanctum edita minime dubitamus.

Denique de beati Augustini libris et scriptis in quibus ex necessitate novæ, id est Pelagianæ hæresis destruendæ et fidei catholicæ defendendæ instantissima intentione de natura et gratia, de gratia et libero arbitrio, de correptione et gratia, de prædestinatione sanctorum et bono perseverantiæ ac baptismo parvulorum, juxta profunditatem Scripturæ sanctæ, et evangelicæ atque apostolicæ doctrinæ regulam multipliciter disputavit, adhuc ipso vivente, sicut Prosper et Hilarius ad eumdem scribunt: et multo magis post obitum ejus propter obscuritatem rerum, et tarditatem minus intelligentium, multiplex querela, maxime intra Gallias exorta est, sed continuo per divinæ misericordiæ providentiam, et conciliis ac statutis beatissimorum Patrum, et decretis atque auctoritate apostolicæ sedis pontificum solertissime sedata, atque sanata: ita ut stultis et indisciplinatis quæstionibus silentium imponeretur, et sanctissimi ac sincerissimi doctoris auctoritas in omnibus Ecclesiis, atque in ipsa sede apostolica confirmaretur. Denique beatissimus papa Cœlestinus, cujus auctoritate et industria Nestoriana hæresis surgens, cum suo auctore oppressa est, contra tanti viri reprehensores, vel potius calumniatores, sicut in libris Canonum inter decreta pontificum Romanorum continetur, scripsit ad episcopos Galliarum, tanta reverentia et laude illum commendans, ut ejusdem scripturæ iste sit titulus: [De sancto episcopo Augustino magnæ laudis assertio, et huic titulo subjunguntur verba prælati Pontificis, quæ ita se habent: Augustinum sanctæ recordationis virum pro vita sua, atque meritis in nostra communione semper habuimus, nec unquam hunc sinistræ suspicionis saltem rumor aspersit, quem tantæ scientiæ olim fuisse meminimus, ut inter magistros optimos etiam a meis semper decessoribus haberetur. Bene ergo de eo omnes in communes senserunt, utpote qui ubique cunctis, et amori fuerit, et honori: unde resistatur talibus, quos male crescere videmus. Nefas est hæc pati religiosas animas, quarum afflictatione, qui membra nostra sunt, nos quoque convenit macerari. Quamvis maneat hos beatitudo promissa, quicunque probantur persecutionem propter justitiam sustinere (*Matth.* V, 10). Quibus quid promittat Dominus in futurum sequens sermo declarat. Non est agentium causa solorum. Universalis Ecclesia quacunque novitate pulsatur: intelligamus hæc ipsa vobis, quæ nobis non placent, displicere: quod ita demum probare poterimus, si imposito improbis silentio de tali re imposterum querela cessabit.]

Hunc igitur beatissimum et fidelissimum Patrem semper in communione sedis apostolicæ habitum, et ab ejus etiam pontificibus inter magistros fidei doctrinæ venerabiliter receptum, et ab ipsis tam clare, et honorifice contra obtrectantes et obloquentes defensum, ita ut imposito improbis silentio, omnem de eo mussitationem comprimendam, ac repellendam decernerent, etiam nos tota fidei devotione honoremus, toto studio et intentione pietatis sequamur. Et in quibus propter obscuritatem rerum, et subtilitatem disputationum minus eum intelligere possumus, vel a Domino intelligentiam postulemus, vel ab eis, quos ipse suo dono illuminare dignatus est, humiliter nos doceri patiamur ac deprecemur.

Nam quod est magis dolendum, et amore divinæ veritatis penitus detestandum circumferunt quidem libellum velut ipsius nomine titulatum, quem Græco vocabulo ὑπομνηστικόν appellant, quem neque ille sanctus episcopus, qui utique Vitam ipsius scripsit, et indicem omnium librorum sive epistolarum ejus diligentissime in fine ejusdem scripturæ subjunxit, qui utique omnia ejus scripta optime noverat, utpote ab ipso nutritus, et cum eo multis curriculis annorum conversatus inter cæteros libros ejus memorat. Neque ullus fere ecclesiasticus scriptor ejus mentionem facere invenitur, et ideo falsa superscriptione titulatum minime dubium est. Hunc ergo isti relictis ejus authenticis et clarissimis libris, quos universa Ecclesia sequitur, confingunt suo errore atque mendacio velut post omnes libros suos præfatum pontificem ultimum conscripsisse, et asserunt, quod quidquid in præcedentibus libris suis de gratia et libero arbitrio, de prædestinatione et præscientia Dei perperam dixerat, in isto correxit. Quod omnino absit a nobis, ut tam nefarium commentum suscipere patiamur: ut propter istiusmodi librum (qui neque in catalogo librorum ejus, neque in libris Retractationum ejus, neque in scriptis alicujus viri ecclesiastici forte memoratus reperitur, et manifestissime prædicti doctoris sensibus, imo catholicæ sinceritati probatur adversus, nec ipso stylo ullatenus cum ejus eloquio consonat), abjiciamus clarissima veritatis dogmata, quæ in verissimis et probatissimis libris ejus non solum in cæteris mundi partibus, sed etiam in ipsa sede apostolica, omnis catholica suscipit et servat Ecclesia. Quæ omnia idcirco tam diligenter replicanda credimus, ut tantum malum de contemptu et abjectione sanctissimorum Patrum, tantum mendacium de libris fidelissimi et sincerissimi doctoris, per quod clarissimam veritatem respuendam, et fallaciarum umbras ac nebulas sequendas isti persuadent, penitus a nostris animis repellamus. Quia si istiusmodi fallaciam incaute suscipimus, intrat putredo de veneno serpentis, et nihil integrum remanebit.

Proferunt et alium libellum, velut sub nomine S. Hieronymi de libero arbitrio conscriptum, quem utique clarius debent ostendere, ut probetur, [si vere ipsius esse credendus sit. Nos enim scimus eumdem sanctum Hieronymum in quodam opere de libero scripsisse arbitrio, et posuisse duas quorumdam opiniones, quarum unam sequitur, alteram omnino respuit Ecclesia. Caveamus itaque (inquantum Deo auxiliante possumus) mendacia adversus fidem et veritatem surgentia : et maxime hoc tempore, quando terribili Dei judicio, et ignorantia major in hominibus cœpit succrescere, et multiplex error liberius pullulare. Sed et si quis in ratione fidei vel errat, vel errare putatur, utique non mendacio vincendus est, sed veritate, sicut et beatus Augustinus ad quemdam scriptorem improvidum Vincentium Victorem dicit : [Nos te ita volumus esse victorem, ut veritatis vincat errorem, non error errorem, et, quod est pejus, major minorem.]

Hæc de primo capitulo definitionum necessario dicta sint, ut et si quid, surgente obscura et perplexa quæstione de præscientia et prædestinatione divina, inconsideratius atque inconvenientius dictum est, non contentiose defendatur, nec synodali etiam auctoritate fulciendum putetur : sed potius agnita divina veritate, et recepta humiliter paterna auctoritate, velocius et attentius corrigatur.

CAPUT X.

Censura capituli secundi. De vera Christi gratia et libero arbitrio.

Sequitur secundum earumdem definitionum capitulum, cujus verba hæc sunt :

« Libertatem arbitrii in primo homine perdidimus, quam per Christum Dominum nostrum recipimus, et habemus liberum arbitrium ad bonum, præventum, et adjutum gratia : et habemus liberum arbitrium ad malum, desertum gratia. Liberum autem habemus arbitrium, quia gratia liberatum, et gratia de corrupto sanatum. »

CENSURA.

Mirum est igitur, cur per hoc tam confuse et obtuse, ac decurtate de libero arbitrio definitum sit, cum Domino largiente abundent in Ecclesia ejus sanctorum atque orthodoxorum Patrum de hac re plenissimæ et clarissimæ definitiones : in quibus nec addendum aliquid fuerat, nec subtrahendum, quia et quod fidei catholicæ necessarium est, plenissime continent, et si quis inde subtrahatur, veritatis integritas violatur. E quibus paternis et ecclesiasticis definitionibus, exempli gratia, hæc pauca proponimus.

1. (*Ex Epist. Cœlestini pap.* c. 4.) In prævaricatione Adæ omnes homines [a] naturalem possibilitatem et innocentiam perdidisse : et neminem de profundo illius ruinæ per liberum arbitrium posse consurgere, nisi eum gratia Dei miserantis erexerit.

2. (*Ibid.*, c. 7.) Quod nemo nisi per Christum libero bene utatur arbitrio.

3. (*Ibid.*, c. 8.) Quod omnia studia et omnia opera ac merita sanctorum ad Dei gloriam laudemque referenda sint, quia nemo aliunde ei placeat, nisi ex eo quod ipse donaverit.

NOTÆ DUVALLII DOCTORIS SORBONICI.

[a] Hanc dicit nos per peccatum Adæ amisisse. Sicut et Cœlestinus papa, cap. 4 Apologiæ pro Prospero et Hilario. Sed per eam intelligit sanctam cogitationem, pium consilium omnemque bonæ et rectæ voluntatis motum, quæ ante peccatum per justitiam originalem inerant homini, non quidem tanquam naturæ proprietates, sed solum ab instanti creationis ipsius naturæ : quo sensu ab Ecclesia Lugdunensi dicitur naturalis possibilitas. Vel dicito nomine naturalis illius possibilitatis significari justitiam ipsam originalem, quia omnes facultates naturales tam animi quam corporis in debito quodam officio continebat, et hominem in statu naturæ integræ et per peccatum minime sauciæ constituebat.

Sub finem videtur admittere prædestinationem respectu peccatorum. Sed hoc vel intellige de peccatis subsequentibus, quæ ut plurimum pœnæ sunt præcedentium; tunc enim non in ratione peccati, sed in ratione pœnæ decerni et prædestinari posse a Deo affirmat Ecclesia Lugdunensis : hoc enim modo aliquam æquitatis et justitiæ vindicativæ rationem participant. Verum quia nunquam ad quodlibet peccatum, sive præcedens sive subsequens, nos Deus præordinat (sequeretur enim Deus esse saltem subsequentium peccatorum auctorem), ideo satius est respondere Ecclesiam Lugdunensem accipere hoc loco *prædestinationem* pro *providentia* tantumque velle Deum habere providentiam peccatorum, quia ut aliquid sub providentia cadat satis est si hæc tria concurrant : 1° ut a Deo fuerit ex omni æternitate prævisum; 2° ut absque Dei voluntate saltem permissiva non eveniat; 2° ut cum evenerit, ordinet illud Deus ad finem aliquem bonum. Cum ergo peccata sint prævisa et permissa a Deo atque etiam ordinata ad bonum finem, nimirum ut per illa declaret Deus suam justitiam dum in illa animadvertit, aut misericordiam, dum quædam benigne relaxat : negari non potest quin peccata divinæ providentiæ subjaceant seu prædestinationi. — August. in Enchiridio, cap. 11, et lib. I de Civit., cap. 17, 18 et 23; Ambros. l. I de Officiis, cap. 14 et 16; Euseb. lib. VII Præparationis evangelicæ, cap. 5; et D. Thomas, quæst. 22, I part., artic. 2, ad 2.

4 (*Ibid.*, c. 9.) Quod ita Deus in cordibus hominum, atque in ipso libero operetur arbitrio, ut sancta cogitatio, pium consilium omnisque motus boni voluntatis ex Deo sit: quia per illum aliquid boni possumus, sine quo nihil possumus. A

5 (*Ibid.*, c. 12.) Omnium studiorum omniumque virtutum, quibus ab initio fidei ad Dominum tenditur, Deum profitemur auctorem, et non dubitamus ab ipsius gratia omnia hominis merita præveniri per quem fit ut aliquid boni et velle incipiamus et facere. Quo utique auxilio et misericordia Dei non aufertur liberum arbitrium, sed liberatur, ut de tenebroso lucidum, de pravo rectum, de languido sanum, de imprudente sit providum. Tanta enim est erga omnes homines bonitas Dei, ut nostra velit esse merita quæ sunt ipsius dona: et pro his quæ largitus est, æterna præmia sit donaturus. Agit quippe in nobis, ut quod vult, et velimus et agamus.

6 (*Ex Augustini epist.* 107.) Fatemur gratiam Dei et adjutorium etiam ad singulos actus dari, namque non dari secundum merita nostra, ut vera sit gratia, id est gratis data, per ejus misericordiam qui dixit: « Miserebor cui misertus ero (*Rom.* IX, 15). » Et: « Misericordiam præstabo, cui misericors fuero (*Exod.* XIII, 19). »

7 Fatemur esse liberum arbitrium etiamsi divino indigeat adjutorio.

8 (*Ex Concil. Arausic.* can. 13.) Arbitrium voluntatis in primo homine infirmatum, nisi per gratiam baptismi non potest reparari.

9 Arbitrium voluntatis tunc est vere liberum, cum vitiis peccatisque non servit. Tale datum est a Deo, utique homini primo: quod amissum, nisi a quo potuit dari, non potuit reddi. Unde Veritas dicit: « Si vos Filius liberaverit, vere liberi eritis (*Joan.* VIII, 36). »

Ecce sanctissimi Patres non negant liberum arbitrium esse in hominibus, sed docent in prævaricatione Adæ naturalem possibilitatem et innocentiam perdidisse.

Non negant liberum humani generis arbitrium, sed docent quod nemo nisi per Christum libero bene utitur arbitrio: non negant liberum arbitrium, sed docent quod ita Deus in ipso libero operetur arbitrio ut sancta cogitatio, pium consilium, omnisque motus bonæ voluntatis ex Deo sit.

Non negant liberum arbitrium, sed docent, quod auxilio et munere Dei non aufertur liberum arbitrium, sed liberatur, ut de tenebroso lucidum, de pravo rectum, de languido sanum, de imprudente sit providum.

Non negent liberum arbitrium: sed docent quod in primo homine infirmatum nisi per gratiam baptismi non potest reparari.

Non negent liberum arbitrium: sed docent tunc esse vere liberum, cum vitiis peccatisque non servit, docent tale datum esse a Deo. Docent quod amissum, nisi a quo potuit dari, non potuit reddi. Unde Veritas dicit: « Si vos Filius liberaverit, vere liberi eritis. »

Cum hæc ita sint, et liberum arbitrium omnibus inesse hominibus negari nullatenus debeat, ne tantam multitudinem hominum infidelium, quæ exstitit ab initio sæculi usque ad adventum Christi, et nunc adhuc exstitit, et exstitet usque ad consummationem mundi, excusatos [illegible]is, quod videlicet non habuerint vel habeant arbitrii libertatem quam in Adam perdiderant, et ideo nec juste culpentur in malis quæ agunt, nec pro eisdem malis juste in divino judicio condemnandi sunt. Contra hunc namque errorem et vanam excusationem B. Augustinus veritatem fidei defendens, ita dicit: « Primo enim Dominus Jesus, sicut scriptum est in Evangelio Joannis apostoli, non venit ut judicaret mundum, sed ut salvetur mundus per ipsum (*Joan.* III, 17). Postea B vero, sicut scribit apostolus Paulus, « Judicabit Deus mundum quando venturus est (*Rom.* III, 6), » sicut tota Ecclesia in Symbolo confitetur: « Judicare vivos et mortuos. » Si ergo non est Dei gratia, quomodo salvat mundum? et si non est liberum arbitrium, quomodo judicat mundum? »

Cum ergo liberum arbitrium habeat totus mundus, et ideo Deus juste judicet mundum, quomodo in hac nova definitione dictum est: « Quod libertatem arbitrii in primo homine perdidimus? » Sancti Patres dicunt liberum arbitrium in prævaricatione Adæ infirmatum, dicunt naturalem possibilitatem et innocentiam perdidisse. Dicunt quod eo, id est libero arbitrio, nemo bene utatur sine Christo. C Dicunt liberum esse arbitrium, etiamsi divino indigeat adjutorio.

CAPUT XI.

Quid possit liberum arbitrium per se. Quod non possit liberum arbitrium sine gratia.

Habent itaque omnes homines, etiam qui alieni sunt a Christo, liberum arbitrium, sed tale quale isti Patres ostendunt, id est in prævaricatione Adæ infirmatum, naturali possibilitate et innocentia spoliatum, sine Christo nulli bono usui aptum. Habent omnes homines naturaliter mentem rationalem et intellectualem qua possint discernere ac dijudicare, cum ad rationales annos venerint, inter bona et mala, inter justa et injusta. Habent etiam naturaliter insi-D tum arbitrium voluntatis ut eodem arbitrio possint velle mala, possint velle etiam quædam bona: sed humana affectione ad humanam societatem atque honestatem pertinentia. Quæ eadem humana affectione, vel propter aliqua temporalia commoda appetuntur, vel propter ipsam solummodo vitæ honestatem. Sed hujusmodi humana bona, quæ humana affectione potest velle, potest etiam nonnunquam agere humana natura: cum propter temporalia bona appetuntur, sine dubio cupiditates sunt, cum propter solam vitæ honestatem, sine dubio inflata et elata sunt. Tamen potest ea discernere, potest etiam velle, potest etiam habere, inquantum naturali bono adjuvatur, et Dei dispositione permittitur humana natura. Talia namque bona et in cæteris videri solent hominibus et maxime in multis philosophis gentium, et in magnis viris, qui in republica præclari exstiterunt, etiam mirabiliter commendat, et laudat historia.

De qua vita humana juxta humanam affectionem et consuetudinem, velut bona et laudabili B. Augustinus in tractatibus Evangelii secundum Joannem sic aperte commemorat, dicens (*tract.* 40) : [Multi enim sunt, qui secundum quamdam vitæ hujus consuetudinem dicuntur boni homines, boni viri, bonæ feminæ, innocentes, et quasi observantes ea quæ in lege præcepta sunt; deferentes honorem parentibus suis, non mœchantes, non homicidium perpetrantes, non furtum facientes, non falsum adversus quemquam testimonium perhibentes, et cætera quæ in lege mandata sunt velut observant, et Christiani non sunt. Quid ergo ista omnia quæ faciant, nesciunt ad quem finem referant, inaniter faciunt. Dicant ergo pagani : Bene vivimus. Si per ostium non intrant, quid eis prodest unde gloriantur? Ad hoc debet enim cuique prodesse bene vivere, ut detur illi semper vivere : nam cui non datur semper vivere, quid prodest bene vivere? Quia nec bene vivere dicendi sunt, qui finem bene vivendi, vel cæcitate nesciunt, vel inflatione contemnunt. Non est autem cuiquam spes vera, et certa semper vivendi, nisi agnoscat vitam, quod est Christus, et per januam intret in ovile. Fuerunt quidam philosophi de virtutibus et vitiis subtilia multa tractantes, dividentes, definientes, qui etiam dicere auderent hominibus : Nos sequimini, sectam nostram tenete, si vultis beate vivere; sed non intrarant per ostium : perdere volebant, etc.]

In talibus igitur bonis et viget, et excellit humanæ voluntatis arbitrium, in quantum, ut dictum est, naturali bono adjuvatur. Sed ut ipsum voluntatis arbitrium divina affectione divina bona amet, intelligat, recipiat, exerceat, et perseveranter teneat, non propter aliqua temporalia commoda, sed propter præmia æterna; nec propter solam vitæ præsentis honestatem, sed propter solam vitæ æternæ beatitudinem : ut hæc (inquam) arbitrium voluntatis humanæ possit velle, possit agnoscere, possit accipere, possit habere, nullatenus valet nisi divinæ inspirationis gratia incitetur, illuminetur et adjuvetur, ac velut ex mortuis ad vitam resuscitetur : quia et revera illa humana vita humana affectione acta, hominibus videri potest quasi vita, sed Deo mortua est. Hac ratione et bonum liberi arbitrii in hominibus agnoscitur, et Dei gratia omnimodis necessaria declaratur, per quam humana natura merito antiquæ prævaricationis infirmata, per fidem Christi regenerata atque innovata, et ad honorem sui reformata principii, recipiat possibilitatem et innocentiam, quam in Adam perdidit, et per Christum libero bene uti incipiat arbitrio : ut ejus gratia possit in eo esse sancta cogitatio, pium consilium, omnisque motus bonæ voluntatis, sicque efficiatur humanæ voluntatis arbitrium non ablatum sed liberatum; et de tenebroso lucidum, de pravo rectum, de languido sanum, de imprudente providum. Quod tanto magis per Christum in nobis fit liberum, quanto minus vitiis peccatisque servierit. Tunc autem erit vere et plene liberum, quando jam perfecte liberatum, in vitæ æternæ beatitudine nullis serviet vitiis et peccatis. Sicque illa Domini benigna promissio qua ait : « Si vos Filius liberaverit, vere liberi eritis (*Joan.* VIII, 36); » hic inchoatur in innovatione fidelium, ibi perficietur in incorruptione regnantium.

Si ergo propterea dictum est in hac definitione, « Libertatem arbitrii in primo homine perdidimus, » [quasi post illius hominis transgressionem, nullum in hominibus remanserit liberum arbitrium, apparet quod non sit consonum veritati : quia si nullum est humani generis liberum arbitrium, quomodo « judicabit Deus mundum? (*Rom.* III.) » Si autem propterea dictum est, quia naturalem possibilitatem et virtutem liberi arbitrii, qualis in illo primo homine condita est, merito illius prævaricationis amisimus, cavendum est omnino, ne hoc quod de amissa ejusdem arbitrii libertate subjungitur : « Quam per Christum Dominum nostrum recepimus, »] ita sit dictum, quasi ex quo in Christo regenerati sumus, talem statum, et virtutem liberi arbitrii receperimus : ut exinde in præsenti vita tales esse possimus, qualis ille homo erat ante peccatum; ut sicut ipse vivebat in paradiso absque ullo peccato, ita et fideles regenerati in Christo absque peccato vivant in mundo : quod manifeste non pertinet ad statum præsentis vitæ, sed ad felicitatem vitæ æternæ. Nam in hac vita « si dixerimus, quia peccatum non habemus, nos ipsos seducimus, et veritas in nobis non est (*Joan.* I, 8). » Et sicut alia Scriptura ait : « Non est homo justus super terram qui faciat bonum, et non peccet (*Eccli.* VII, 2). » Unde et Psalmista ad Dominum dicit : « Non justificabitur in conspectu tuo omnis vivens (*Psal.* CXLII, 2). » Et quotidie in Dominica oratione dicere jubemur : « Dimitte nobis debita nostra, sicut et nos dimittimus debitoribus nostris (*Matth.* VI, 12). »

Cavendum est igitur, ut jam diximus, ne sub tali prædicatione gratiæ Christi, qua eam, quam in Adam perdidimus, jam recepisse dicimur libertatem arbitrii impietas subrepat erroris Pelagiani, ut sicut ille asseruit, sola virtute liberi arbitrii credatur homo esse posse absque peccato, maxime cum et in primo capitulo istarum definitionum, ita in primo illo homine liberum arbitrium definiatur, ut omnino Dei gratia taceatur. Quod si simpliciter tantummodo dictum est, ut propter inchoationem gratiæ, quam in regeneratione percipimus, jam libertatem arbitrii, quam in Adam perdidisse dicimur, recepisse videamur, cum tamen ejus plenitudo atque perfectio in futura vita fideliter exspectanda credatur, quid necesse fuit tanta ambiguitate, et confusione verborum clarissimam obscurare veritatem : cum possent ex præfatorum Patrum definitionibus, vel unum, vel aliqua capitula assumi et poni, quibus et arbitrii libertas, et Dei gratia plenius ac manifestius commendarentur.

CAPUT VII

Item de secundo capitulo. — Ad fidem et alios bonos actus gratia est necessaria.

Jam quanta absurditas est in eo quod sequitur, ut postquam dictum est: « Libertatem arbitrii in primo homine perdidimus, quam per Christum Dominum nostrum recepimus, » statim subjungeretur, « et habemus liberum arbitrium ad bonum, præventum et adjutum gratia, et habemus liberum arbitrium ad malum desertum gratia. » Quasi postquam per gratiam Christi Domini regenerati sumus, tunc cœperimus habere, sicut liberum arbitrium ad bonum, ita et liberum arbitrium ad malum: quasi ex illa regeneratione cum gratia prævenimur et adjuvamur, habeamus liberum arbitrium ad bonum, et cum eadem deserimur gratia, habeamus liberum arbitrium ad malum. Quæ hic ratio et consequentia sensus inveniri potest? Nunquid ante illam regenerationem nullum omnino liberum habeamus arbitrium, nec ad bonum, nec ad malum? Nunquid illius regenerationis gratia hoc egit in nobis, ut exinde acciperemus sicut ad bonum, ita etiam ad malum liberum arbitrium? Jam illud quod in eadem definitione ponitur: « Liberum arbitrium ad bonum, præventum et adjutum gratia: et liberum arbitrium ad malum, desertum gratia, » quomodo intelligi potest? Si enim quando regenerati sumus in baptismo, tunc libertatem arbitrii in Adam perditam, in Christo recepimus, nunquid tunc tantum prævenit, et adjuvit nos Dei gratia: aut eadem Dei gratia, sicut semel nos adjuvit ut efficeremur liberi ad bonum, ita semel nos deseruit, ut efficeremur liberi ad malum? Quæ est ista tam obscura et ambigua, ac pene nulla gratiæ prædicatio? Nonne melius erat, ut prælatorum Patrum sententiæ quæ de hac re plenissime et clarissime definiunt assumerentur, vel eorum verbis ista definitio contexeretur, et aperte ibi esset positum, qualiter nos præveniat et adjuvet hæc Dei gratia, id est, utrum semel nobis in baptismate tanta tribuatur, quæ ad totum tempus vitæ nostræ sufficiat, an quotidie imploranda et accipienda sit: et utrum ea ad aliqua bona, an ad omnia indigeamus? Certe nihil horum in hac definitione apparet, et ideo melius fuerat tacere, quam de re tanta tam inepte et inutiliter loqui.

Indigemus namque gratia Dei non solum ad opus bonum, sicut in hoc capitulo definitur, sed etiam ad ipsum initium fidei, sine qua non possumus accedere ad regenerationis sacramentum, sicut Apostolus dicit de seipso: « Misericordiam consecutus sum, ut fidelis essem (*I Cor.* VII, 25). » Et fidelibus loquitur: « Quia vobis donatum est pro Christo, non solum ut in eum credatis (*Phil.* I, 29), etc. Et alibi ait: « Aspicientes in auctorem fidei, et consummatorem Jesum, indigemus gratia Dei in ipso regenerationis lavacro (*Hebr.* XII, 2) » quia sine illa nec indulgentiam peccatorum consequi, nec filii Dei fieri valemus, dicente eodem Apostolo: « Non ex operibus justitiæ, quæ fecimus nos, sed secundum suam misericordiam salvos nos fecit per lavacrum regenerationis et renovationis Spiritus sancti (*Tit.* III, 5). » Indigemus gratia Dei ad omnia et singula bona per singulos dies, dicente Psalmista: « In quacunque die invocavero te, exaudi me (*Psal.* CI, 3). » Et iterum: « In quacunque die tribulor, inclina ad me aurem tuam (*Ibid.*). » Quam gratiam quotidianam et assiduam Dominus noster Ecclesiæ suæ promittere dignatus est, dicens: « Ecce ego vobiscum sum omnibus diebus usque ad consummationem sæculi (*Matth.* XXVIII, 20). » Indigemus ea ad excitandam in nobis bonam voluntatem, sicut Apostolus dicit: « Gratias autem Deo, qui dedit eamdem sollicitudinem in corde Titi (*II Cor.* VIII, 16). » Et B. David orat pro populo, quem devote et alacriter Deo dona offerentem videbat, ut eamdem bonam voluntatem, quam dederat in eis Deus, conservaret, dicens: « Dominus Deus Abraham, et Isaac, et Israel Patris nostri, custodi in sempiternum hanc voluntatem cordis eorum, et semper in venerationem tui mens ista permaneat (*I Par.* XXIX, 18). » Indigemus gratia Dei ad bona et salubria loquenda, sicut ipse Dominus in Evangelio dicit: « Non enim vos estis qui loquimini, sed Spiritus Patris vestri qui loquitur in vobis (*Matth.* X, 20). » Qui etiam alibi promittit: « Aperi os tuum, et ego adimplebo illud (*Psal.* LXXX, 11). » Indigemus Dei gratia ad omnes vias operum bonorum. Paulus Apostolus optare se dicit, ubi ait: « Nam et qui sumus in tabernaculo ingemiscimus gravati in eo quod nolumus exspoliari, sed supervestiri, ut absorbeatur quod est mortale a vita (*II Cor.* V, 4). »

(Hic plurima desunt, scilicet magna pars Censuræ hujus secundi capituli, et maxima pars censuræ tertii cap. quod sequitur.)

DE TERTIO CAPITULO.

« Deus omnipotens omnes homines sine exceptione vult salvos fieri, licet non omnes salventur. Quod autem quidam salvantur, salvantis est donum; quod autem quidam pereunt, pereuntium est meritum. »

CENSURÆ CONCLUSIO.

Cum ergo hæ duæ opiniones in præfato libello (*de tribus Epistolis*) de hac re propositæ et expositæ fuissent, subjunctum est protinus valde utiliter, et dictum: « Quolibet quis acquiescat modo, non est hæreticum nisi contentio hæreticum fiat. » Similem quoque sententiam B. papa Cœlestinus de quibusdam profundioribus quæstionibus in Decretis suis posuit, dicens de eis (*Epist. ad Episc. Gall.*): Quæ sicut non audemus contemnere, ita non necesse habemus astruere. Sit ergo inter nos etiam de hac re istiusmodi pia cautela et moderatio, quatenus et sanctis Patribus servetur honor, et quolibet quis acquiescat modo ex illis sensibus, qui de hac sententia ab eis positi sunt, non judicemus esse hæreticum, sed potius vitemus contentionis malum, per quod etiam de pacificis et ecclesiasticis sensibus potest qui contentiosus esse voluerit, hæreticum efficere quod sentit. Itaque in rebus talibus cohibeamus nos ipsos salubri moderatione, ut nec contemnere audeamus, nec quasi necessario affirmare conemur, memores semper illius apostolicæ sententiæ : « Si quis autem videtur contentiosus esse, nos talem consuetudinem non habemus, neque Ecclesia Dei (*I Cor.* XI, 16). » Legamus ergo pacifice, et quantum Dominus donat intelligamus dogmata ecclesiasticorum virorum, nec pro aliis doctoribus adversus alios litigemus ; quia et ipsi inter se pacifici. « Unusquisque in suo sensu abundaverunt (*Rom.* XIV, 5) ; » alius quidem sic, alius vero sic, exspectantes fideliter atque humiliter quod Apostolus promittit, dicens : « Et si quid aliter sapitis, hoc quoque vobis Deus revelabit (*Phil.* III, 15). » Nam qui non tranquille et pacifice moderatur quod sentit, sed statim paratus est ad contentiones, dissensiones et scandala, etiamsi non habeat hæreticum sensum certissime habet hæreticum animum.

Quam pietatis moderationem si etiam isti boni viri, qui hanc novam definitionem statuerunt, servare voluissent, melius hanc rem silentio præteriissent ; et unicuique de ea secundum fidem suam et auctoritatem, cui magis acquiescendum putaret, sentiendum permitterent, finitoque inter eos tam longæ et perniciosæ contentionis jurgio, pax et unitas Christi Ecclesiæ reformaretur. Ecce enim aliquis sentiat et dicat, sicut etiam antiquitus, et sensum est, et dictum : Non dixit Apostolus universaliter et generaliter, et ut isti addiderunt sine exceptione, « Qui vult omnes homines salvos fieri (*I Tim.* II, 4), » sed specialiter ad eos retulit, de quibus supra dixerat, « pro omnibus, hominibus, pro regibus, et his qui in sublimitate sunt (*Ibid.* 2) ; » ut quod dixit « omnes » omnia genera hominum intelligi voluerit, omnium scilicet gentium, sexuum, conditionum, ordinum, dignitatum. Quid habet hæc intelligentia inconsequens aut contrarium veritati ? Item alius dicat et sentiat, sicut etiam a quibusdam majoribus dictum, et sensum reperitur : Apostolus, cum superius orari jussisset « pro omnibus hominibus, pro regibus et his qui in sublimitate sunt, » post illa omnia generaliter de universo genere humano subjunxit : « Qui vult omnes homines salvos fieri. » Quid habet mali aut periculi etiam ista intelligentia ? Neque enim qui ita sentit putat voluntati Dei qua « vult omnes homines salvos fieri, » aliquem resistere et contraire, ut non possit implere quod velit ; et ambo sibi et iste videlicet et ille, licet diversa sentientes, fideliter atque unanimiter concordant. Quod quolibet modo dixerit Apostolus de Deo, « Qui vult omnes homines salvos fieri » tamen nullus hominum, nisi gratuita ejus misericordia solvetur, nullus nisi justo ejus judicio perire permittatur. Certe illud in hac quæstione manifestum est, quod etiamsi generaliter, et indifferenter « omnes homines Deus vult salvos fieri, » in aliorum tamen cordibus benignitate misericordiæ suæ ipse operatur eamdem bonam voluntatem suam, ut et ipsi salvari veliut, atque salventur. Qualibus et Apostolus dicit, « Cum timore et tremore vestram salutem operamini : Deus est enim, qui operatur in vobis, et velle, et perficere pro bona voluntate (*Phil.* II, 12, 13). » In aliorum autem cordibus severitate justi et occulti judicii sui non operatur hanc salutarem voluntatem, sed dimittit eos suo arbitrio : ut quia noluerunt credere, justa ultione damnentur. Et hoc quidem de illis dici potest, qui verbum Evangelii audierunt, sed duritia incredulitatis suæ recipere noluerunt.

Quid vero dicendum est de tanta multitudine impiorum, qui fuerunt ab exordio mundi usque ad adventum Christi. Et adhuc non negandi sunt esse in extremis partibus orbis terræ, ad quos nullus unquam prædicator accessit, nullum unquam verbum fidei audierunt, qui utique nullatenus potuerunt « credere ei quem non audierunt, neque audire sine prædicante (*Rom.* X, 14, 15), » ne prædicatorem recipere, qui nullus ad eos missus est : nunquid et tales propterea damnabuntur, quia non crediderunt quod nunquam audire potuerunt ? Et tamen omnino damnabuntur pro aliis peccatis suis, et principaliter pro illo primo et originali peccato, « in quo omnes peccaverunt (*Rom.* V, 12), » quia non frustra scriptum est : « Effunde iram tuam in gentes, quæ te non noverunt ; et in regna, quæ nomen tuum non invocaverunt (*Psal.* LXXVIII, 6). » Et Apostolus dicit : « Dantis vindictam in flammam ignis his, qui non noverunt Dominum (*II Thess.* I, 8). » Si quis de talibus interroget, quid in eis egerit voluntas Dei, « qui omnes homines vult salvos fieri, et ad agnitionem veritatis venire, » quid respondebitur ? Nonne homo cautus et pius magis eliget tacere, aut certe cum Propheta et Apostolo exclamare : « Judicia tua abyssus multa (*Psal.* XXXV, 7) ; » et : « O profundum divitiarum sapientiæ et scientiæ Dei. Quam incomprehensibilia sunt judicia ejus et, investigabiles viæ ejus (*Rom.* XI, 33). » De hoc ergo capitulo iste sit finis.

CAPUT XIII.

Sequitur definitio quarta, quæ et ultima est, ita se habens.

« Christus Jesus Dominus noster, sicut nullus homo est, fuit, vel erit, cujus natura in illo assumpta non fuerit, ita nullus est, fuit vel erit homo, pro quo passus non fuerit, licet non omnes passionis ejus mysterio redimantur. Quod autem non omnes passionis ejus mysterio redimantur, non respicit ad magnitudinem, et pretii copiositatem, sed ad infidelium, et ad non credentium » ea fide « quæ per dilectionem operatur (*Gal.* V, 6), » — « respicit partem, quia poculum humanæ salutis, quod confectum est infirmitate nostra et virtute divina, habet quidem in se, ut omnibus prosit ; sed, si non bibitur, non medetur. »

CENSURA.

Christus non ex necessitate incarnatus.

Et in hac nova et inusitata definitione tres nobis quæstiones proponuntur.

Prima, quod dicitur: « Quia nullus homo est, fuit vel erit, cujus natura in Christo assumpta non fuerit. »

Secunda, quod affirmatur: « Quod nullus est, fuit, vel erit homo, pro quo Christus passus non fuerit, licet non omnes passionis ejus mysterio redimantur. »

Tertia, quod adjungitur, « Quia ejusdem passionis ejus mysterio redimantur. » Non solum infideles, sed neque ipsi fideles, « nisi illi soli qui eam fidem habent, quæ per dilectionem operatur. »

De prima ergo quæstione hoc nobis credendum et tenendum videtur: quia susceptio illa naturæ humanæ in Christo non fuit ex necessitate originis, sed ex potestate, et gratia, et misericordia, et dignatione suscipientis. Cæteri namque homines, non ex sua voluntate et potestate, sed ex Dei judicio et dispositione, originali necessitate et conditione nascuntur; « Dominus autem Jesus Christus, qui propter nos homines, et propter nostram salutem descendit de cœlis, et incarnatus est de Spiritu sancto ex Maria virgine, » non necessitate et conditione humanæ originis, sed potestate et misericordia suæ voluntatis « Homo factus est. » Unde et B. evangelista Matthæus, cum seriem genealogiæ ejus « ab Abraham usque ad David, et a David usque ad transmigrationem Babylonis, et a transmigratione Babylonis usque ad ipsius nativitatem » describeret (*Matth.* I), cæteras omnes generationes naturali cursu et conditione humanæ procreationis ac propagationis digessit, dicens: « Abraham genuit Isaac. Isaac genuit Jacob, Jacob genuit Judam et fratres ejus, » et cætera similiter. Cum venisset autem ad unicam et singularem nativitatem Christi, discrevit eam mirabiliter a cæteris omnibus, et ait: « Christi autem generatio sic erat, » hoc est non sicut priores generationes naturali cursu, et conditione currentes, et sibi invicem succedentes, sed singulari potestate, et virtute, et gratia excellens. Et statim ejusdem generationis specialem modum qualiter sit facta subjunxit, dicens: « Cum esset desponsata mater ejus Maria Joseph, antequam convenirent, inventa est in utero habens de Spiritu sancto. » Quod et angelus postea ad Joseph loquens commendat, et dicit: « Quod enim in ea natum est, de Spiritu sancto est. » Et adhibito prophetico testimonio docens eum cujus potestatis et virtutis esset, qui nascebatur videlicet quod verus Emmanuel Deus in homine advenit, ait: « Hoc autem factum est, ut adimpleretur quod dictum est, » per Isaiam prophetam: « Ecce virgo in utero habebit, et pariet filium, et vocabunt nomen ejus Emmanuel, quod est interpretatum *nobiscum Deus* (*Isa.* VII, 14). »

Quia ergo ista tam divina, et tam singularis generatio hominis Christi non aliqua naturali necessitate, sed sola ejus potestate, et gratia, et misericordia facta est, sic per omnes illas generationes veraciter caro ejus descendit, sic ex eis veraciter nobis verus homo factus est, ut quod ei placuit, miserando et sanando, ac redimendo inde assumeret, quod autem non placuit, reprobaret. Sicut admirabili potentia et veritatem naturæ humanæ assumpsit, et ejusdem naturæ vitium non assumpsit, ut illam suscipiendo salvaret, et illud non suscipiendo damnaret: ita in illo ineffabili incarnationis suæ mysterio electos suos, propter quos redimendos et justificandos ac salvandos advenerat, misericorditer suscepit: quos autem indignos illa misericordia et redemptione judicavit, alienos ab illa mirabili susceptione dereliquit. Denique in illis generationibus, unde caro ejus exorta est, et *Abraham* et *David* ponuntur, et *Achaz* et *Manasses* pariter annumerantur: et tamen speciali gratia « semen Abrahæ » dicitur, Domino ei promittente: « Quia in semine tuo benedicentur omnes gentes terræ (*Gen.* XXII, 18). » Similiter et « semen David, » dicente Apostolo: « Qui factus est ex semine David secundum carnem (*Rom.* I, 3). » Dicitur etiam « filius David et filius Abraham, » testante Evangelista: « Liber generationis Jesu Christi filii David, filii Abraham. » Aliquorum autem impiorum, et in sua impietate perditorum filius nequaquam legitur, licet caro ejus non solum ex justis, sed etiam ex peccatoribus veraciter fuerit assumpta. De quo Apostolus dicit: « Quia Christus Jesus venit in hunc mundum peccatores salvos facere (*I Tim.* II, 15). »

Manifeste ergo constat, quia susceptio illa redemptio fuit: ut qui suscepti sunt, sint et redempti, et qui redempti ipsi suscepti. Unde et fideles in Christo sunt, et Christus in illis. Infideles non sunt in Christo, nec in eis Christus. Solis fidelibus dicit, quos sibi per sacramentum veræ Incarnationis, et gratiam redemptionis univit: « Manete in me, et ego in vobis. Sicut palmes non potest ferre a se fructum, nisi manserit in vite, sic nec vos, nisi in me manseritis. Ego sum vitis, vos palmites. Qui manet in me, et ego in eo, hic fert fructum multum (*Joan.* XV, 4, 5). » Item de solis fidelibus dicit: « Qui manducat carnem meam, et bibit sanguinem meum in me manet, et ego in eo (*Joan.* VI, 52). » Apostolus quoque de Christo et fidelibus, de eo qui sanctificat, et qui sanctificantur, et de veræ Incarnationis ejus mysterio, quam ex Adam veraciter traxit, et per quam credentibus naturaliter uniri dignatus est, dicit: « Qui enim sanctificat et qui sanctificantur, ex uno omnes (*Hebr.* II, 11), » Propter quam causam non confunditur fratres eos vocare, dicens: « Narrabo nomen tuum fratribus meis (*Psal.* XXI, 23), » etc. Quos ergo suscepit, ipsos et « sanctificavit, » ipsos et « fratres » suos fecit, « ut sit ipse primogenitus in multis fratribus (*Rom.* VIII, 29). » Nam si diligenter consideretur, nescimus si etiam de quolibet homine convenienter dici possit, quod omnium hominum naturam nascendo assumpserit. Cum enim natus est, assumpsit utique naturam parentum, de quibus est genitus. Assumpsit naturam progenitorum, de quorum stirpe est propagatus. Assumpsit naturam primi hominis, unde totius humani generis origo processit.

Secundum hoc ergo utcunque dici potest, quilibet homo nascens omnium hominum suscepisse naturam, quia ex illo originem trahit, ex quo omnium natura principium sumpsit. De quo primo homine Adam etiam Dominus noster Jesus Christus verissime carnis substantiam traxit. Unde et ab Apostolo « secundus Adam » dicitur. Et seipsum « filium Adam, » hoc est « filium hominis » assidue commendat (*I Cor.* xv, 45, 47). Et Lucas evangelista per Septuaginta et septem generationes ab ipso Christo usque Adam ascendens, veram ex illo incarnationem ejus fideliter demonstrat. Quia ergo mysterii, et redemptionis, et pietatis fuit illa in Christo naturæ humanæ susceptio, idcirco in illo sacratissimo die natalis ejus ex Virgine inter ipsa sacræ oblationis mysteria orat Ecclesia, dicens : « Ut tua gratia largiente per hæc sacrosancta commercia in illius inveniamur forma, in quo tecum est nostra substantia. » Et præcedenti die, cum sacræ vigiliæ celebrantur, ita incipit oratio : « Deus qui nos redemptionis nostræ annua exspectatione lætificas. » Itemque ipso Dominicæ Nativitatis die : « Concede, quæsumus, omnipotens Deus, ut nos Unigeniti tui nova per carnem nativitas liberet, quos sub peccati jugo vetusta servitus tenet. » Et super oblationem : « Oblata, Domine, munera nova Unigeniti tui nativitate sanctifica, nosque a peccatorum nostrorum maculis emunda. » Et in conclusione missarum : « Hujus nos, Domine, sacramenti semper novitas natalis instauret, cujus nativitas singularis humanam depulit vetustatem. »

Hanc gratiam Dominicæ incarnationis, quod est vere mysterium nostræ redemptionis, beatus Gregorius pie commendans ait quodam loco in expositione libri Job : [Interpellat autem pro nobis Dominus, non voce sed miseratione, quia quod damnari in electis noluit, suscipiendo servavit.] Similiter et B. Hilarius exponens illa verba Domini quibus ait : « Qui manducat meam carnem et bibit sanguinem meum, in me manet, et ego in eo (*Joan.* vi, 57), » idipsum diligenter commendat, dicens : [Non enim quis in eo erit, nisi in quo ipse fuerit; ejus tantum in se assumptam habens carnem qui suam sumpserit.] Sed et B. Leo mirabiliter hoc mysterium exponit atque commendat, ita dicens : [Nascens itaque Dominus Jesus Christus homo verus, qui nunquam esse destitit Deus verus, novæ creaturæ in se fecit exordium : et in ortus sui forma dedit humano generi speciale principium; et ita se nobis, nosque inseruit sibi, ut Dei ad humana descensio, fieret hominis ad divina provectio.] Et alibi : [Terra enim carnis humanæ, quæ in primo fuerat prævaricatore maledicta, in hoc solo B. Virginis partu germen edidit benedictum, et a vitio suæ stirpis alienum, cujus specialem originem in regeneratione consequimur. « Et omni » homini renascenti « aqua baptismatis instar est uteri virginalis, » eodem sancto Spiritu replente fontem, qui replevit et virginem, ut peccatum, quod ibi vacuavit sacra conceptio, hic mystica tollat ablutio.]

Item alio loco : [Renovat nobis hodierna festivitas nati Jesu ex Maria virgine sacra primordia, et dum Salvatoris nostri adoramus ortum, invenimus nos nostrum celebrare principium. Generatio enim Christi origo est populi Christiani; et natalis capitis, natalis est corporis, habeant licet singuli quique vocatorum ordinem suum : et omnes Ecclesiæ filii, temporum successione distincti, universa tamen summa fidelium, fonte orta baptismatis, sicut cum Christo in passione crucifixi, in resurrectione suscitati, ascensione ad Patris dexteram collocati; nam cum ipso sumus in hac nativitate congeniti. Quidquid enim hominum in quacunque mundi parte credentium regeneratur in Christo, interciso originalis tramite vetustatis transit in novum hominem renascendo. Nec jam in propagine habetur carnalis patris, sed in germine Salvatoris. Qui ideo filius hominis est factus, ut nos filii Dei esse possimus : ut susceptus a Christo, Christumque suscipiens, non idem sit post lavacrum, qui ante baptismum fuit, sed corpus regenerati, corpus fiat crucifixi. « Hæc commutatio dexteræ est Excelsi (*Psalm.* LXXVI, 11). »] Et alio loco : [Non enim aliud agit participatio corporis et sanguinis Christi, quam, ut in quod sumimus, transeamus : et in quo commortui et consepulti et consuscitati sumus, ipsum per omnia, et spiritu, et carne gestemus.] Item alibi : [Nihil enim Redemptor noster non ad nostram salutem, aut egit aut pertulit; ut virtus, quæ inerat capiti inesset et corpori. Nam primum ipsa illa substantiæ nostræ in deitate susceptio, qua « Verbum caro factum est, et habitavit in nobis (*Joan.* i, 14), » quem hominum misericordiæ suæ, nisi infidelem reliquit exsortem? Et qui non communis natura cum Christo est, si assumentem recipit, et eo spiritu est regeneratus, quo ille primogenitus.] Audiamus hæc verba fidelissimorum et beatissimorum Patrum, et adjuvante Domino diligenter intelligamus atque teneamus; agnoscentes veraciter, quod illa humanæ naturæ in Christo susceptio infideles hujus misericordiæ reliquit exsortes. Et eis solis præstitit, ut habeant communem naturam cum Christo, qui assumentem recipiunt, et eo spiritu sunt regenerati, quo est ille progenitus. Cessetque ista supervacuitas, qua dicitur et definitur, « quod nullus hominum fuit, est, vel erit cujus naturam ille non susceperit. » Quia sicut Apostolus docet « magnum est pietatis sacramentum, quod manifestatum est in carne, justificatum est in Spiritu, » etc., usque « assumptum est in gloria (*I Tim.* iii, 16). » Hæc de prima quæstione dicta sunt.

CAPUT XIV.

An Christus passus sit pro omnibus qui ante ejus adventum mortui sunt.

De secunda vero, qua in illis capitulis definitum

est « Quod nullus hominum fuit, est, vel erit, pro quo Christus passus non fuerit, » quid aliud respondere possumus, nisi ut primum ipsos, qui hoc definierunt, sedulo interrogemus, et admoneamus, ut vigilanter et fideliter pensare studeant, ne forte minus considerando quod dicendum erat, contra fidem et conscientiam suam talia dixerint et scripserint. Nam ut taceamus de his qui nunc sunt, vel adhuc usque ad finem sæculi futuri sunt, in quibus utique et Antichristus erit, certe de illa innumera hujus multitudine impiorum, qui fuerunt ab initio mundi usque ad adventum Christi et in sua impietate mortui in æternis pœnis sunt condemnati, nec ipsos, qui hæc dixerunt, credere putamus, quod pro eis in sua impietate mortuis, et æterno jam judicio condemnatis Dominus passus esse credendus sit. Si enim pro eis passus esse creditur, cur non etiam pro diabolo et angelis ejus similiter passus esse credatur? Quia sicut de eisdem refugis et immundis spiritibus scriptum est, « quod Deus angelis peccantibus non pepercit, sed rudentibus inferi detractos sub caligine tradidit in judicium cruciandos reservari (*II Petr.* II, 4). » Et ideirco verissime creduntur irrevocabili divino judicio ad pœnas et interitum perpetuum prædestinati. Ita et illi homines impii in sua impietate mortui eodem irrevocabili divino judicio jam erant pœnis perpetuis condemnati.

Sicut ergo pro illis impiis, et damnatis angelis nullatenus Dominus Jesus Christus dicendus est passus, ita pro istis impiis et damnatis hominibus absit omnino ut passus esse credatur, quia hoc nimis est contrarium divinæ veritati, nimis adversum catholicæ fidei, quæ indubitanter credit et docet quod Dominus noster suam passionem et mortem, atque ad inferos descensionem illis solis jam defunctis, et quamvis apud inferos, tamen in locis tranquillitatis et lucis constitutis exhibuit, qui in fide futuri adventus ejus ac redemptionis, et in hoc sæculo vixerant, et illuc per mortem transierant, ubi etiam tempus implendæ ac perficiendæ ejusdem redemptionis suæ per passionem et descensionem ad eos Domini pio desiderio exspectabant. De quibus et B. Joannes Baptista imminente jam sua passione et morte, quia et ipse unus erat ex talibus sollicite eumdem Dominum interrogabat per discipulos dicens : « Tu es qui venturus es an alium exspectamus? » (*Matth.* XI, 3.) De talibus namque piis et beatis defunctis quales fuerunt ab initio mundi usque ad adventum Domini sancti patriarchæ, et prophetæ, et cæteri antiqui justi, qui ita crediderunt et prænuntiaverunt venturum, et humanum genus suo sanguine redempturum, sicut nunc eum omnis Ecclesia jam venisse credit et confitetur, etiam in libro Ecclesiastico ipsa Dei sapientia, qui est utique Dominus noster Jesus Christus promittit, dicens : « Penetrabo in inferiores partes terræ, et inspiciam omnes dormientes, et illuminabo omnes sperantes in Deo (*Eccli.* XXIV, 45). » Itemque alio loco de ejusdem descensione ad inferos, et eorum liberatione a quibus exspectabatur illic, Scriptura dicit : « Recordatus est Dominus sanctus Israel mortuorum suorum olim dormientium in pulvere terræ. » Et « descendit ad eos ostendere illis salutare suum. » Unde et per Oseæ prophetiam ipsi morti et inferno ita minabatur, dicens : « De manu mortis liberabo eos, de morte redimam eos : ero mors tua, o mors! morsus tuus ero, inferne (*Ose.* XIII, 14). »

Quod totum quomodo fideliter et catholice intelligendum sit, exponit mirabiliter B. Gregorius, ita dicens : [Quod ante passionem dixit, in resurrectione sua Dominus implevit : « Si exaltatus fuero a terra, omnia traham ad me (*Joan.* XII, 32). » *Omnia* enim traxit, qui de electis suis apud inferos nullum reliquit. *Omnia* abstulit utique electa. Neque etenim infideles quosque et pro suis criminibus æternis suppliciis deditos, ad veniam Dominus resurgendo reparavit, sed illos ex inferni claustris rapuit, quos in fide et actibus recognovit. Unde recte etiam per Oseam dicit : « Ero mors tua, o mors! ero morsus tuus, inferne. » Id namque quod occidimus, agimus ut penitus non sit. Ex eo enim quod mordemus partem abstrahimus, partemque relinquimus. Quia ergo in electis suis funditus occidit mortem, mors mortis exstitit, quia vero ex inferno partem abstulit, et partem reliquit, non occidit funditus, sed momordit infernum. Ait ergo : « Ero mors tua o mors! » ac si aperte dicat, quia in electis meis te funditus perimo. « Ero morsus tuus, inferne, » quia sublatis eis te ex parte transfigo.] Hæc fidelissimus doctor juxta fidei catholicæ regulam fidelissime tenenda, et sequenda proposuit. Unde cesset hæc nova et inaudita definitio imo nova et inaudita præsumptio, ut nullus hominum, etiam impiorum, et apud inferos irrevocabiliter damnatorum fuerit, pro quo Christus passus non sit, cum pro solis illis defunctis, ut jam dictum est, passionem sustinuerit, qui eum dum in corpore viverent, fideliter venturum et mundum sua passione redempturum crediderunt. Hoc itaque est catholicum : hoc fidei Ecclesiæ ab initio commendatum : hoc divina et paterna auctoritate firmatum : et ideo abjiciatur procul fallax et inane commentum.

De cæteris vero hominibus qui ab ejus passione usque nunc fuerunt, aut sunt, aut usque in finem sæculi futuri sunt, « catholica fides tenet, » et Scripturæ sanctæ veritas docet, quod pro omnibus credentibus, et per gratiam baptismi ex aqua et Sancto Spiritu regeneratis, et Ecclesiæ incorporatis vere Dominus et Salvator noster sit passus. Neque enim vere aliter baptizari potuerunt, nisi in morte ejus, nec vere a peccatis suis ablui, nisi in sanguine ejus, docente beato Paulo apostolo : « Quia quicunque in Christo baptizati sumus (*Rom.* VI, 3). » Et attestante beato Joanne in Apocalypsi : « Qui dilexit nos, et lavit nos a peccatis nostris in sanguine suo (*Apoc.* I, 5). » De his etiam, id est fidelibus suis in morte sua baptizatis, et in sanguine suo peccatorum ablutionem consecutis, dicit ipse Dominus et Salvator : « Sicut novit me Pater, et ego agnosco Patrem, et animam meam pono pro ovibus meis (*Joan.* x, 15). » Pro istis dicit : « Et sicut Moyses exaltavit serpentem in deserto, ita exaltari oportet filium hominis, ut omnis qui credit in eum non pereat, sed habeat vitam (*Joan.* III, 14). » De istis dicit Apostolus : « Christus dilexit Ecclesiam, et seipsum tradidit pro ea, ut illam sanctificaret, mundans eam lavacro aquæ in verbo (*Eph.* v, 25, 26). » Et quia sicut idem Apostolus testatur : « Non omnium est fides, » et « non omnes obediunt Evangelio (*II Thess.* III, 2). » Dicit iterum ipse Dominus : « Filius hominis non venit ministrari, sed ministrare, et dare animam suam redemptionem pro multis (*Matth.* xx, 28). » Unde etiam cum sacramentum corporis et sanguinis sui discipulis traderet, ait : « Accipite et comedite : Hoc est enim corpus meum, quod pro vobis tradetur. » Et iterum : « Hic est sanguis meus Novi Testamenti qui pro nobis et pro multis effundetur in remissionem peccatorum (*Matth.* xxvi, 26, 28). »

Hos « multos » Apostolus dicit « omnes, » ubi ait : Unus enim Deus, unus et mediator Dei et hominum homo Christus Jesus, qui dedit semetipsum redemptionem pro omnibus (*I Tim.* II, 5). Et hos « omnes » iterum dicit « multos » ubi ait : « Et quemadmodum statutum est hominibus semel mori, post hoc autem judicium, sic et Christus semel oblatus est ad multorum exhaurienda peccata (*Hebr.* IX, 28, 28), » etc. Juxta quem locutionis modum etiam in Epistola ad Romanos dicit : « Igitur sicut per unius hominis delictum in omnes homines in condemnationem, sic per unius justitiam in omnes homines in justificationem vitæ. Sicut enim per inobedientiam unius hominis peccatores constituti sunt multi, ita et per obedientiam unius hominis, justi constituentur multi (*Rom.* v, 18, 19). » Manifeste enim quos in priori sententia dixit « omnes, » et « omnes, » hos in sequenti « multos, » et « multos. » Sed in condemnatione, quæ per unum hominem ingressa est in omne genus humanum, ita recte intelliguntur « multi, » ut vere accipiantur « omnes; » quia nemo hominum ab illa alienus est, nisi per Christi gratiam liberetur : in justificatione autem vitæ ita recte accipiuntur « omnes, » ut ipsi « omnes multi » intelligantur? Quia per obedientiam Christi, qua « factus est obediens usque ad mortem, mortem autem crucis (*Phil.* II, 8), » non « omnes » utique indifferenter, sed « multi » justificantur. Hanc itaque justificationem A per obedientiam mortis Christi et effusionem pretiosi sanguinis ejus etiam illi adipiscuntur, cum ad lavacrum regenerationis veniunt, quia eam postea suo vitio « in se irritam faciunt, » testante Apostolo ac dicente : « Quanto magis putatis deteriora mereri supplicia, qui Filium Dei conculcaverit, et sanguinem testamenti, in quo sanctificatus est, pollutum duxerit, et Spiritui gratiæ contumeliam fecerit? (*Hebr.* x, 29.) Et iterum. « Impossibile est enim eos, qui semel sunt illuminati, gustaverunt etiam donum cœleste, et participes sunt facti Spiritus sancti, gustaverunt nihilominus bonum Dei verbum, virtutesque sæculi venturi, et prolapsi sunt, renovari rursus ad pœnitentiam (*Hebr.* vi, 4-6). »

B Quapropter de omnibus credentibus in Christum, et in Christo regeneratis, recte et veraciter creditur, quod pro eis Dominus Christus sit passus. Hoc namque tota series Scripturæ sanctæ Veteris ac Novi Testamenti, si diligenter inspiciatur, et fideliter consideretur, manifeste atque indubitanter attestatur. Quod etiam magnifice et nimis granditer universalis et celeberrima ab ipso Domino, et apostolis traditæ Ecclesiæ commendat auctoritas : Quæ « oblationem corporis et sanguinis Christi, » id est mysterium passionis et mortis ejus, tantummodo pro Ecclesia catholica toto orbe diffusa, videlicet pro omnium fidelium societate atque unitate ; et pro illis solis defunctis, « qui nos præcesserunt cum signo fidei, et C dormiunt in somno pacis » fideliter offert, unde et confidenter ac veraciter in ipsa mysteriorum frequentatione pro fidelibus supplicans ad Deum dicit : « Respice, Domine, super hanc familiam tuam, pro qua Dominus noster Jesus Christus non dubitavit manibus tradi nocentium, et crucis subire tormentum. » Et hunc ritum Dominicæ oblationis tantæ pietatis, et religionis attentione custodit, ut cum illa mysteria offeruntur, nullum omnino infidelem, nullum etiam catechumenum, nullum nisi gratia baptismatis regeneratum interesse patiatur, tanquam vere ostendens atque contestans pro illis Dominum in ara crucis oblatum, passum ac mortuum, et pretiosum ejus sanguinem fusum, pro quibus in altari Ecclesiæ illa sacrosancta, et cœlestis oblatio in mysterio pas- D sionis ejus ac mortis offertur. [a] Unde et quosdam, qui illam sacratissimam oblationem vel pro catechumenis, vel quibusque innocentibus parvulis viventibus

NOTÆ DUVALLII DOCTORIS SORBONICI.

[a] Affirmat pariter Ecclesia sacrificium pro catechumenis et parvulis non baptizatis non esse offerendum. Cui suffragari videtur quod habet Aug. I de Origine animæ, cap. 8 : « Quis offerat sacrificium corporis Christi, nisi pro his qui sunt membra Christi ; » quod refertur a D. Thoma, quæst. 79, artic. 7 ad 2. Verum certum est eos tantum agere de publica et solemni oblatione; nam privatim nihil obstat quominus pro iis sacrificium offeratur : excipe tamen parvulos absque baptismo mortuos ; cum enim sint ex genere valde malorum propter peccatum originale, de quibus agit Augustinus in Enchiridio, cap. 109, pro his non est offerendum sacrificium, ne quidem secreto in mente sacerdotis. Adde etiam, ut optime docet Suarius, in art. 1, quæst. 83, III partis D. Thomæ, non posse pro catechumenis aut parvulis nondum baptizatis offerri sacrificium, quasi fructum aliquem ex eo reportent tanquam ex opere operato ; quia opus operatum sacrificii supponit personam suscepisse baptismum, qui est omnium tum sacramentorum, tum fructus ipsius sacrificii janua. Potest tamen pro illis in ratione impetrationis offerri, quia per illud possumus a Deo impetrare ut ad baptismum perveniant, non minus quam pro peccatoribus et infidelibus, ut a peccato et infidelitate recedant.

sive defunctis faciendam dixerunt, velut hæreticos Ecclesia detestata est.

Sicut B. Augustinus in libro quem ad Vincentium Victorem scripsit (*De origine Animæ*, l. III, c. 12), manifestissime ostendit, dicens : [Noli credere, nec dicere, nec docere « sacrificium Christianorum pro his qui non baptizati de corpore exierint, offerendum, » si vis esse catholicus : quia nec illud quod de Machabæorum libris (*II Mach.* XII) commemorasti sacrificium Judæorum pro his qui non circumcisi de corpore exierant, ostendit oblatum. In qua tua sententia tam nova, et contra Ecclesiæ totius auctoritatem disciplinamque prolata verbo etiam insolentissimo usus es, dicens : « Pro his itaque oblationes assiduas, et offerenda jugiter sanctorum sacrificia sacerdotum censeo. »] In libro quoque quem scribit ad Petrum presbyterum contra scripta ejusdem Vincentii Victoris, ita eum redarguit (*Id., ibid.*, l. II, c. 15) : [Tantum enim salutis et felicitatis non baptizatis parvulis tribuit, quantum nec Pelagiana hæresis potuit.] Et post paululum de eisdem non baptizatis parvulis : [Ne quisquam, inquit, pro eis obtulit vel oblaturus est sacrificium, quod iste etiam pro non baptizatis censuit offerendum.] Et post pauca, de eodem Vincentio : [Aut omnino, inquit, hærebit, aut simul pro omnibus parvulis, qui toto orbe terrarum sine Christi baptismo moriuntur, etiam eorum nominibus tacitis, quoniam nesciuntur, in Ecclesia Christi non incorporatis, corpus Christi offerendo, corpus Christi esse censebit.] Post hæc subjungit ad jam dictum Petrum presbyterum loquens (*Id., ibid.*, c. 16) : [Absit a te, frater, ut hæc tibi placeant. Absit ut ista vel didicisse te gaudeas, vel docere præsumas.]

Ex his verbis sancti doctoris manifestissime docemur ut pro his tantum, qui baptismo Christi regenerati incorporantur Ecclesiæ, quæ est corpus Christi, corpus Christi debeat offerri. Et quisquis pro eis qui minime sunt regenerati, nec corpus Christi effecti, dicit illud sacrificium offerendum, censet eos esse corpus Christi, qui nunquam incorporati sunt membris Christi. Unde pie hoc observat sancta mater Ecclesia, quæ pro catechumenis, sive parvulis, sive majoris ætatis, nisi postquam fuerint regenerati in Christo, non offert sacrificium Christi, et tunc primum cum regenerantur in oblatione Dominica, etiam specialiter eorum memoriam frequentare incipit, dicens : « Hanc igitur oblationem servitutis nostræ, sed et cunctæ familiæ tuæ, quam tibi offerimus pro his quoque quos regenerare dignatus es ex aqua et Spiritu sancto, quæsumus, Domine, ut placatus accipias, » etc. Gratia namque redemptionis Christi, et ante baptismum nullatenus accipitur, neque his, qui sine baptismo de corpore exeunt, ullatenus dari potest. Sicut et tota observat Ecclesia. Et B. Gregorius ad consulta Augustini respondens, breviter ostendit, dicens (*Registr.* lib. XII) : [Sancti mysterii gratia, sicut viventibus atque discernentibus cum magna discretione providenda est : ita his quibus mors imminet sive ulla dilatione offerenda, nedum adhuc tempus ad præbendum redemptionis mysterium quæritur, interveniente paululum mora, inveniri non valeat qui redimatur.]

Pro illis tamen omnibus qui ex aqua et Spiritu regenerati, ac per hoc Ecclesiæ incorporati, cum pietate dormitionem acceperunt, solemniter et generaliter universalis servat et prorsus servare debet Ecclesia, ut inter illa sacrosanctæ immolationis mysteria suo loco atque ordine sive nominatim, sive tacitis nominibus fideliter commemorentur : vere namque ad plenitudinem, et unitatem Ecclesiæ pertinent, nec ab illa vel morte separari possunt. De quibus in Domino mortuis, et cum Domino viventibus beatus Joannes in Apocalypsi scribit : « Beati mortui qui in Domino moriuntur. Amodo dicit Spiritus, ut requiescant a laboribus suis : opera enim ipsorum sequuntur illos (*Apoc.* XIV, 13). » Et beatus Paulus apostolus sub nomine « vigilantium » viventes, sub nomine autem « dormientium » defunctos fideles volens intelligi, ad Thessalonicenses dicit : « Quoniam non posuit nos Deus in iram, sed in acquisitionem salutis per Dominum nostrum Jesum, qui mortuus est pro nobis ; ut sive vigilemus, sive dormiamus, simul cum illo vivamus (*I Thess.* V, 9, 10). » Et iterum alibi : « Nemo enim nostrum sibi vivit, et nemo sibi moritur : sive enim vivimus, Domino vivimus ; sive morimur, Domino morimur ; sive ergo vivimus, sive morimur, Domini sumus. In hoc enim Christus mortuus est, et resurrexit, ut et mortuorum et vivorum dominetur (*Rom.* XIV, 7-9. » Hinc est quod in illa beati actione mysterii, ex auctoritate utique divina, et traditione apostolica et sanctis Patribus oratio pro defunctis fidelibus specialiter posita est, quæ ita se habet : « Memento etiam, Domine, famulorum famularumque tuarum, qui nos præcesserunt cum signo fidei, et dormiunt in somno pacis, » etc.

Quod totum ita ab initio in Ecclesia, et ab Ecclesia uniformiter ac legitime observatum esse commendat diligentissime beatissimus Pater Augustinus in libro de Cura pro mortuis gerenda, ita dicens : [Non sunt prætermittendæ supplicationes pro spiritibus mortuorum, quas faciendas pro omnibus in Christiana, et catholica societate defunctis, etiam tacitis nominibus eorum, sub generali commemoratione suscepit Ecclesia ; ut quibus ad ista desunt parentes, aut filii, aut quicunque cognati vel amici, ab una eis exhibeatur pia matre communi.]

Et post aliqua : [Quæ cum ita sint, inquit, non existimemus ad mortuos pro quibus curam gerimus pervenire, nisi quod pro eis sive altaris, sive orationum, sive eleemosynarum sacrificii solemniter supplicamus ; quamvis non pro quibus fiunt omnibus prosint, sed eis tantum, pro quibus dum vivunt comparatur ut prosint. Sed quia non discernimus qui sint, oportet ea pro regeneratis omnibus facere : ut nullus eorum prætermittatur, ad quos hæc beneficia possint et debeant pervenire. Melius enim supererunt ista eis, quibus nec obsunt nec prosunt, quam eis deerunt quibus prosunt.]

Ex his igitur omnibus diligenter ac fideliter consideratis certissime et clarissime ostenditur pro omnibus fidelibus Christi, qui fuerunt, aut sunt, vel erunt, factam esse passionem Christi. Pro fidelibus Christi offerri sacrificium Christi; pro corpore Christi immolari corpus Christi. De his vero, qui adhuc in infidelitate atque impietate detinentur, manifestum est ex regula fidei quod quicumque ex ipsis per Dei gratiam fuerint ad fidem conversi, et in Christo regenerati, etiam pro ipsis confitendum sit factum esse, quod pro omnibus fidelibus factum constat. De cæteris vero, qui in ipsa infidelitate atque impietate sua perseverantes sunt perituri, si de Scripturæ sanctæ auctoritate, quod etiam pro talibus Dominus passus sit, certissimis et clarissimis testimoniis nobis demonstrare potuerint boni viri, qui talia definierunt, dignum omnino est ut credamus et nos. Si vero non potuerint, cessent contendere pro eo quod non legunt. Pudeat eos definire quod nesciunt. Timeant statuere quod nullum sanctorum Patrum concilium, nullum apostolicæ sedis pontificum, nullum ecclesiasticorum dogmatum decretum hactenus inveniant statuisse. Quod et si quid a sanctis et venerabilibus Ecclesiæ doctoribus vel scriptum, vel dictum unde hujuscemodi sensus occasio sumi posse videatur, inveniunt: salva eorum debita reverentia, cohibeant se potius, et submittant se humiliter divinæ auctoritati; et rem tam obscuram, tamque inusitatam divinæ reservent humiliter majestati. Hoc namque et « Paschalis agni » sacra illa epulatio mystice nobis commendat cum dicitur: « Si quid residuum fuerit, igni comburetis (*Exod.* XII, 10), » sicut beatus *Gregorius* exponit dicens: [Quod ex agno remanet igni comburimus, quando hoc quod de mysterio Incarnationis ejus intelligere, vel penetrare non possumus, potestati Spiritus sancti humiliter reservamus, ut non superbe quis audeat vel contemnere, vel denuntiare quod intelligit, sed hoc igni tradat, cum sancto Spiritui reservat.]

CAPUT XV.

De quæstione tertia.

Jam de tertia quæstione, qua definitum est, « Quia sicut infideles redimuntur mysterio sanguinis Christi, ita nec fideles redempti sunt, qui non habuerint eam fidem « quæ per dilectionem operatur (*Gal.* V, 6). » Quid necesse est aliquid dicere? cum ex his, quæ supra jam dicta sunt, manifestissime ostendatur, et omnibus infidelibus nullam esse redemptionem in Christo, et omnes fideles, qui fideliter accedunt ad fidem, et gratiam regenerationis, ibi accipiant veram redemptionem, ubi accipiunt veram regenerationem. Quia nec vere possunt regenerari, nisi eos et a potestate diaboli, et a servitute peccati vere constet redimi. Nec vere possunt redimi, nisi lavacro indulgentiæ expiati, et a reatu delicti, et a dominatu principis mundi efficiantur absoluti. Nisi quod hoc in ista definitione absurdissimum est, « quod Dominus Jesus Christus etiam pro impiis in sua impietate pereuntibus dicatur passus. » Et « fidelis quisque fideliter baptismo ejus regeneratus mysterio passionis ejus affirmetur non esse redemptus. »

Nec illud aliquis contra hanc veritatem evangelicam et apostolicam objiciendum putet, quod inter cæteras maledictiones populi judaici, in Deuteronomio continetur ad eumdem incredulum populum dictum: « Et erit vita tua pendens ante oculos tuos, et non credes vitæ tuæ (*Deut.* XXVIII, 66). » Vel illud quod in Isaia de eodem infideli populo, ex persona ipsius Domini Jesu Christi de passione et cruce ejus dictum solet intelligi: « Expandi manus meas tota die ad populum non credentem, et contradicentem, qui ambulat via non bona, post cogitationes suas (*Isa.* LXV, 2). » Ut quasi ita quis velit accipere, quod illi « incredulo populo » dictum est, « et erit vita tua pendens ante oculos tuos, et non credes vitæ tuæ. » Tanquam ipsi « incredulo et infideli populo » in sua incredulitate, et infidelitate permanenti, Dominus Jesus Christus, qui ante eorum oculos in cruce pependit, dicatur vita cum utique eis non dederit vitam: et dicantur ipsi non credituri vitæ suæ; quasi Dominus etiam eorum qui non credunt, nec unquam ejus fide vivificantur, possit dici vita. Et illud de Isaia testimonium sic conetur intelligere ut dicat, quod Dominus propterea dixerit: « Expandi manus meas tota die ad populum non credentem et contradicentem, » quasi propter eumdem populum in sua incredulitate et contradictione perdurantem, et ejus causa crucis sustinuerit passionem. Ut quasi ex hoc affirmare videatur, quod Dominus etiam pro impiis in sua impietate pereuntibus in Scripturis passus esse dicatur; quia divinæ Scripturæ nullatenus possunt inter se esse contrariæ, sed quod in earum planioribus locis manifestius declaratur, hoc etiam in obscurioribus occultatur, ut ex his quæ in illis clara sunt illuminentur obscura, non ex his quæ obscura sunt clara obscurentur.

Itaque juxta manifestam, quam superius ostendimus de passione, et redemptione Christi evangelicam, et apostolicam veritatem, etiam illud, quod in Deuteronomio inter cætera maledicta illi populo infideli dictum est: « Et erit vita tua pendens ante oculos tuos, et non credes vitæ tuæ, » ita fideliter accipiamus dictum, ut agnoscamus maximum maledictum fuisse illius populi, ut merito malitiæ suæ excæcati, venientem ad se Dominum Christum tantis signis et miraculis cognoscere non potuerint. Sicut de eorum tanta cæcitate ante fuerat prophetatum: « Excæca cor populi hujus, et aures ejus aggrava et oculos ejus claude (*Isa.* VI, 10), » etc. Et hanc cæcitatem justo judicio Dei permansisse in illis usquedum Dominum comprehenderent, condemnarent, et morti adjudicatum crucifigerent; sed postea illo resurgente, et ad cœlos ascendente, misso Spiritu sancto, et prædicantibus apostolis per inspirationem divinæ gratiæ, subito ad eorum prædicationem compunctos dixisse: « Viri fratres, quid faciemus (*Act.* II, 37). » Et continuo accepto salutis consilio baptizatos, ac vitæ suæ quam in cruce ante oculos suos positam agnoscere non potuerant nec crediderant, reconciliatos. Et ideo mirabiliter per beatum Moysem utrumque prophetam, utrumque significatum est, ut et in passione Domini haberent « vitam ante oculos, » sed nec crederent, nec agnoscerent: et hæc tamen vita esset etiam ipsorum tam infidelium et tam excæcatorum, quia eos postea fide sua vivificavit, sicut scriptum est: « Justus autem ex fide vivit (*Habac.* II; *Rom.* I). » Ita in passione sua Dominus et vita erat ipsorum, et non erat vita ipsorum: vita namque erat ipsorum, quia erat eos vivificaturus; non erat vita ipsorum, quia necdum eos vivificabat, quando mortui vitam crucifigebant. Unde ut ista cæcitas ab illis auferretur, et fidei illuminatio eis donaretur, in ipsa crucis passione Patrem precabatur dicens: « Pater, ignosce illis, non enim sciunt quid faciunt (*Luc.* XXIII, 34). » Similiter et illud quod in Isaia ex ipsius Domini persona intelligitur dictum: « Expandi manus meas tota die ad populum non credentem, et contradicentem, » eodem sensu accipiendum est, quod perpessus sit ac sustinuerit illum populum semper sibi non credentem et contradicentem, ita ut clamaret: « Crucifige, crucifige eum; » et dicente Pilato: « Regem vestrum crucifigam? responderunt: Non habemus regem nisi Cæsarem (*Joan.* XIX, 15). » Donec in cruce exaltatus expanderet manus, tanquam virtute passionis suæ omnia tracturus ad se, etiam ipsum « populum non credentem, et contradicentem in reliquiis videlicet, quæ ex illo per electionem gratiæ salvæ factæ sunt (*Rom.* XI, 5). » Hoc ita futurum ipse prædixerat, quando ad eos ante passionem suam, tanquam « ad populum non credentem et contradicentem » dicebat: « Cum exaltaveritis filium hominis, tunc cognoscetis quia ego sum (*Joan.* VIII, 28). » Non credendo namque, et contradicendo ad hoc pervenerunt ut exaltarent filium hominis in ligno crucis; et tunc virtute passionis, et gratia orationis ejus illuminati cognoverunt eum, quem antea non cognoscentes crucifixerant: « Si enim cognovissent, nunquam Dominum gloriæ crucifixissent (*I Cor.* II, 8).

Hunc nobis verum et catholicum sensum beatissimus martyr Cyprianus in libro quod idola dii non sint, diligenter insinuat, dicens de eisdem Judæis. [Non intelligendo primum Christi adventum, qui in passione præcessit occultus, unum tantum credunt, qui erit in potestate manifestus. Quod autem hoc Judæorum populus intelligere non potuit, delictorum meritum fuit. Sic erant sapientiæ et intelligentiæ cæcitate multati, ut qui vita indigni essent, haberent vitam ante oculos, nec viderent.] Similiter et beatus Augustinus in explanationibus

A Joannis evangelistæ docet dicens (*Tract.* 45): [Ecce Dominus Jesus Christus venit, prædicavit; sed quid putamus? « Nunquid, » qui audierunt « oves » erant? Ecce audivit « Judas, » et lupus erat; « sequebatur, » sed pelle ovina tectus pastori insidiabatur. « Aliqui vero » eorum qui Christum crucifixerunt non audiebant « et oves erant; » ipsos enim videbat in turba quando dicebat: « Cum exaltaveritis Filium hominis, tunc cognoscetis quia ego sum (*Joan.* VIII, 28). » Quomodo ergo ista solvitur « *quæstio? Audiunt non oves, et non audiunt oves, sequuntur vocem* » pastoris quidam lupi, et eis quædam contradicunt oves; postremo pastorem occidunt oves. Sed quando non audiebant, oves nondum erant; vox audita eos mutavit, et ex lupis oves
B fecit.]

Libet in fine sanctorum Patrum pauca verba subjungere, quam mirabiliter et dulciter prædicent de mysterio redemptionis Christi: de salute etiam illorum justorum, qui fuerunt ante adventum Christi, et deinceps omnium fidelium qui ejus gratia quotidie redimuntur atque salvantur. Beatus Ambrosius de ipso Domino Jesu Christo, qui est « Agnus Dei, et tollit peccatum mundi (*Joan.* I, 29), » quomodo a certo et prædestinato numero qui possint ad ejus esum sufficere comedatur, ita dicit: [Sanguis Christi, cujus ad gratiam nihil minuitur, nihil adjungitur. Et si parum sumas, et si plurimum haurias eadem perfecta est omnibus mensura redemptionis.
C Pascha quoque Domini, hoc est agnum, ita patres epulari jubentur, ut secundum numerum animarum epulentur suarum, neque plures, neque pauciores, neque aliis plus dari, aliis minus secundum animas singulorum; ne aut fortiores amplius sumant, aut infirmiores minus. Gratia enim æqualis singulis dividitur, redemptio dividitur, donum dividitur. Neque plures oportet esse, ne quis vacuus spei et redemptionis recedat. Plures sunt quando aliqui extra numerum sunt: « Sancti autem numerati sunt omnes, et capilli eorum (*Matth.* X, 30). Cognovit enim Dominus qui sunt ipsius (*II Tim.* II, 19). » Neque pauciores, ne quis magnitudines gratiæ sit ad recipiendum infirmior. Et ideo omnes æqualitatem devotionis et fidei deferre præcepit in Pa-
D scha.]

De hac re, id est redemptione sanguinis Christi, etiam beatus Leo ita docet: [Effusio enim pro injustis sanguinis Justi tam potens fuit ad privilegium, tam dives ad pretium, ut si universitas captivorum in Redemptorem suum crederent, nullum tyrannica vincula retinuerent.] Et iterum: [Ita Dominus Jesus Christus humano generi sua morte consuluit, ut sacramentum salutis etiam ipsis persecutoribus non negaret. Qui enim venerat universis credentibus omnia peccata dimittere, a generali indulgentia nec Judaicum voluit crimen excludere.] Et iterum: [Quid enim aliud egit crux Christi, quam ut destructis inimicitiis reconcilietur mundus Deo, et per sacrificium immaculati agni in veram pacem cum eo revocentur.] Itemque alibi. [Offerebatur enim a Domino pro salute mundi hostia singularis, et occisio veri agni per tot sæcula prædicata promissionis filios in libertatem fidei transferebat. Confirmabatur quoque Testamentum Novum, et Christi sanguine æterni regni scribebantur hæredes. Ingrediebatur summus pontifex Sancta sanctorum, et ad exorandum Dominum immaculatus sacerdos per velum suæ carnis intrabat.] Et alio loco : [Incarnatio quippe verbi, et occisio ac resurrectio Christi universorum fidelium salus facta est; et sanguis unius justi, quod nobis donavit, qui eum pro reconciliatione mundi credimus fusum, hoc contulit patribus, qui similiter crediderunt fundendum.]

Beatus etiam Hieronymus in expositione Epistolæ ad Galatas, cum de eisdem sanctis loqueretur antiquis : [Nemo, inquit, illorum de maledicto quempiam liberavit absque solo Domino Jesu Christo, qui pretioso sanguine suo, et nos omnes, et ipsos Moysem dico et Aaron, prophetasque cunctos et patriarchas de maledicto legis redemit. Nec hoc meo sensu dictum putetis; Scriptura testis est, quia « Christus gratia Dei pro omnibus mortuus est (*II Cor.* v, 15) ; » si autem pro omnibus, et pro Moyse, et pro universis prophetis. E quibus nullus potuit delere « Chirographum vetus, quod adversum nos scriptum erat, et affigere illud cruci. Omnes enim peccaverunt, et egent gloria Dei (*Col.* II; *Rom.* III). » Item idem doctor exponens illud quod per prophetam de Domino dictum est : « Iste asperget gentes multas (*Isa.* LII, 15), » mundans, inquit, eas sanguine suo, et in baptismate Dei consecrans servituti.] Item in Commentariis Evangelii secundum Matthæum cum verba Domini exponeret dicentis : « Sicut Filius hominis non venit ministrari, sed ministrare, et dare animam suam redemptionem pro multis (*Matth.* xx, 18). » [Non dixit, inquit, dare animam suam redemptionem pro omnibus, sed pro multis, id est pro his qui credere voluerint.]

Item beatus Augustinus in libro de Natura et gratia : [« Ea, inquit, fides justos sanavit antiquos, quæ sanat et nos, id est mediatoris Dei et hominum hominis Christi Jesu (*I Tim.* II, 5,) » fides sanguinis ejus, fides crucis ejus, fides mortis et resurrectionis ejus. « Habentes ergo eum spiritum fidei, et nos credimus, propter quod et loquimur (*II Cor.* IV, 13). » Item in tractatibus in Joannem evangelistam (*Tract.* 48 : [« Estote, inquit, oves. » Oves credendo sunt oves; pastorem sequendo sunt oves; Redemptorem non contemnendo sunt oves; per ostium intrando sunt oves; exeundo, et pascua inveniendo sunt oves. Quomodo ergo istis dixit : « Non estis ex ovibus meis? (*Joan.* x, 26.) » Quia videbat eos ad sempiternum interitum prædestinatos, non ad vitam æternam sanguinis pretio comparatos.] Item ibi : [Tota illa ejus passio, nostra purgatio : est passurus igitur exitia, præmisit obsequia, non solum eis pro quibus erat subiturus mortem, sed etiam illi qui eum fuerat traditurus ad mortem.] Et alio loco (*Tract.* 62) : [« Quod facis, inquit, fac citius (*Joan.* XIII, 27). » Non præcepit facinus, sed prædixit Judæ malum, nobis bonum. Quid enim Judæ pejus, et quid nobis melius quam traditus Christus, ab illo contra illum, pro nobis præter illum.] Et alio loco : [Quantum sibi, inquit, assumpserat Petrus intuendo quid posset : quantum sibi assumpserat, ut cum « Dominus venisset animam suam ponere pro amicis suis (*Joan.* XIII, 37), » ac per hoc et pro ipso, ille hoc Domino offerre confideret, et non pro se posita anima Christi, animam suam polliceretur positurum pro Christo.] Et alibi : [Christus salvator, quod est nomen ejus, fidelibus ejus : est quippe impiis et damnator qui dignatur fidelibus esse salvator.]

Beatus antistes et martyr Cyprianus in libro de Laude martyrii et martyrum, ostendens a mundi initio prædestinatos qui Christi sanguine aspergerentur et mundarentur : [O beati, inquit, quos a primordio mundi Domini sanguis infecit, et quos merito splendor iste nivei amictus induerit et candor stolæ ambientis ornarit.] Item in libro ad Demetrianum : [Hanc, inquit, gratiam Christus impertit, hoc munus misericordiæ suæ tribuit, subigendo mortem tropæo crucis, redimendo credentem pretio sui sanguinis, reconciliando hominem Deo Patri, vivificando mortalem regeneratione cœlesti; hunc, si fieri potest, sequamur omnes, hujus sacramento, et signo censeamur. Hic nobis viam vitæ aperit; hic ad paradisum reduces facit; hic ad cœlorum regna perducit. Cum ipso semper vivemus facti per ipsum filii Dei : cum ipso exsultabimus semper ipsius cruore reparati.] Amen.

ANNO DOMINI DCCCLXXV.

VULFADUS

BITURICENSIS EPISCOPUS.

NOTITIA HISTORICA IN VULFADUM.

(Ex Gallia Christiana.)

VULFADUS Rodulpho suffectus est, anno 866, a Carolo Calvo imperatore, cujus filium Carlomannum educaverat, ut patet ex epistola ejusdem regis ad Nicolaum papam, paulo ante synodum Suessionensem scripta, cum ait : « Rodulfus, Bituricensis Ecclesiæ archiepiscopus, nuper defunctus est, et ipsa Ecclesia sapienti et strenuo, virilique pastore indiget, propter quorumdam levitatem morum et inconstantiam ipsius gentis. Unde consilio accepto, omnes episcopi, et fideles regni nostri, ipsaque etiam diœcesis, unanimiter in electione prædicti Vulfadi consenserunt. » Qui primo canonicus B. Mariæ et Rhemorum metropolis œconomus, eo nomine interfuit synodo apud Carisiacum an. 848. Clericus autem ordinatur ab Ebbone Rhemensi. Idcirco ad concilium Suessionense II comparere non valuit, ob ægritudinem qua detentus erat in monasterio S. Medardi; quamobrem Hincmarus archiepiscopus Sigloardum archidiaconum ad eum misit, qui libellum porrigeret a Vulfado libenter subscriptum; nihilominus id non obstitit quin cum sociis in ea synodo gradu privaretur. Attamen Nicolai papæ decreto ejus causa et collegarum retractari jussa est in concilio Suessionensi III, an. 866, in qua pontifex maximus Herardo, Turonensi archiepiscopo, præcepit ut nisi Hincmarus Vulfadum et socios absolvat, synodi Patres jussu sedis apostolicæ id exsequantur. Qua re diligenter discussa, synodus epistolam scripsit ad papam, ut excusaret Hincmarum, quod non ausus fuisset sua et comprovincialium episcoporum auctoritate Vulfadum in pristinum honorem reducere, sed ejus re-
A stitutionem pontifici reservandam fore. Interim cum vacaret primatus Bituricensis ab obitu decessoris, Carolus Calvus Vulfadum episcopum renuntiavit, quem hactenus absque sedis apostolicæ determinatione distulerat; unde et in epistola ejusdem regis ad eumdem Nicolaum sic loquitur : « Quia fratrem Vulfadum, ut vestræ sanctitatis apices exponunt, moribus et scientia penes nos vigere comperimus, Bituricensem ecclesiam, ceu sanctæ paternitati vestræ aliis litteris significavimus, quia dare absque apostolatus vestri determinatione distulimus, commendare sibi eamdem Ecclesiam cum rebus sibi pertinentibus acceleravimus, scilicet ut in destructione earum non tantum sæviens valeret quorumlibet pravorum instantia, quærentium diripere non sua, et vastare crudeliter aliena, » etc. Excusat autem Vulfadi promotionem acceleratam Carolus an. 869, et pallium archiepiscopi pro eo petit.

B Imperatoris precibus annuit Adrianus II, papa, epist. IX ad synodum Tricassinam IV, Nonas Febr. 868, qua Vulfado antistiti secundum priorem consuetudinem, usum pallii, ad genium et decus ecclesiæ sibi commissæ, concessit ; primo episcopatus anno, indictione 14, regni Karoli 26, subscripsit cum aliis Galliarum præsulibus privilegio a synodo Suessionica collato, Sollemniacensi monasterio in Lemovicibus, ubi S. metropolis Bituricensis indignum episcopum se nuncupat. Diem clausit extremum Kalend. Aprilis an. 876, corpus sepulturæ mandatum in monasterio S. Laurentii, cum præfuisset annis decem.

VULFADI BITURICENSIS EPISCOPI

EPISTOLA PASTORALIS

AD PAROCHOS ET PAROCHIANOS SUOS.

(Circa annum 870.)

(Apud Mabill., Analecta, pag. 100.)

Vulfadus, etsi indignus atque peccator, gratia tamen Dei sanctæ matris Bituricensis Ecclesiæ episcopus, omnibus consacerdotibus et comministris, necnon universis Ecclesiæ mihi commissæ filiis, in Domino salutem. Solliciti semper, dilectissimi fratres, de salute vestra et de pretio animarum vestrarum, qui in Ecclesia pastores vocamini, et gregem Domini reficere et providere debetis; rogamus vos
C et obsecramus, ut in his quæ ad mysterium vestrum pertinent, jugiter meditantes, lucrum animarum vobis commissarum omni intentione quæratis, et custodias super populum Domini omni tempore habere studeatis. Officium ergo ministerii nostri est, ut utilia vobis et necessaria suadeamus, et proficua, si possimus, ostendamus. Itaque, dilectissimi, providere debetis, ut quod nominamini esse contendatis.

Sacerdotes vocamini : sancti et mundi esse, et sacerdotium sanctum digne tenere et frequentare studete ; quoniam de sacerdotibus Dominus dicit : *Sancti estote, quia ego sanctus sum Dominus Deus vester.* Pastores appellamini : oves consignatas sollicite regere et providere contendite. Speculatores nuncupamini ; ut in altiori virtutum gradu, sanctitate et intellectu vosmetipsos erigere, ut carnalibus desideriis superatis, contra mundanos impetus et nequitias spiritales viriliter possitis pugnare. Fidem quoque rectam (quod est fundamentum omnium virtutum) corde firmiter tenete, et ore prædicate, et lectioni, prout potestis, ardentius insistite, ac meditari in Scripturis sacris et divinis præceptis contendite. Orationi et psalmodiæ vigilanter incumbite ; quoniam hæc sunt arma, quibus diabolus vincitur, et minister Christi in fide et bonis operibus solidatur. Prædicationis officium plebibus vobis commissis congruenter impendite, et bene agentes ad meliora verbo et exemplo invitate, Pravos quoque et impios fortiter redarguite et repugnate, et sæculares pugnas, minas, atque terrores nullatenus formidate, et potius Deo quam hominibus placere contendite ; et quod aliis prædicatis in vobis primo ostendite. Religionem et sanctitatem, castitatem atque munditiam præ omnibus habere corde et corpore studete ; ut idoneos Christi ministros vos ipsos ostendere, ut exemplo sanctitatis et religionis ad servitutem Christi alios possitis instruere ; sicque munditia, et nitor sanctæ conversationis, atque omnes in commune virtutes in vobis resplendeant, ut, si minor sit in vobis doctrina quam deceat, munda et sancta conversatio subjectos vestros ad bene agendum informet ; et quod verbo et prædicatione non valetis exemplo totius bonitatis doceatis : quoniam cujus vita despicitur, restat ut ejus prædicatio contemnatur. Charitatem fraternam amate, et hospitalitatem diligite, et per sæcularia negotia turpiter nolite discurrere, ne videatur in vobis ministerium sacrum vilescere. Irreprehensibiles vos in omni conversatione et acta exhibete, ne nomen Christi in vobis possit blasphemari. Quæcunque iniqua vel inhonesta, aut certe periculosa in gregibus Christi vobis commissis, in potentibus et nobilioribus, et in minoribus et pauperibus, in masculis sive in feminis conspicere et intelligere potestis, sine favore aut aliqua personarum acceptione ostendere eis contendite ; et unicuique peccata et iniquitates suas absque tarditate et negligentia, vel certe verecundia annuntiate, et de omnibus sceleribus suis consilium congruum eis præbete, et scientiam Domini nobis omnibus comminantem per omnia formidate : *Si non annuntiaveris*, inquit, *iniquo iniquitatem suam, animam ejus de manu tua requiram.* Et item : *Clama, ne cesses, quasi tuba exalta vocem*, etc. Pœnitentibus etiam, qui vagabundi per sæcularia negotia discurrunt, quasi nihil mali gesserint, peccata sua ostendite ; et ut in uno loco morantes dignos pœnitentiæ fructus faciant commonete, annuntiantes eis verissime quod pœnitentiam et militiam sæcularem pariter non possunt agere.

O vos quoque laicalis ordinis viri, monere desidero, et annuntiare vobis ea quæ ad salutem vestram pertinent cupio ; quoniam periculum animarum vestrarum valde formido, et pro vobis omnibus rationem Deo redditurum me esse cognosco. Sunt namque vitia et peccata, per quæ diabolus mortales seducit ; et ad hoc assidue laborat, ut eos secum ad infernum detrudat, et morte perpetua damnet ; id est cupiditas, superbia, homicidium, adulterium, sacrilegium, fornicatio, rapina, perjurium, falsum testimonium, invasiones rerum ecclesiasticarum, dehonorationes sacerdotum, juramenta illicita, maledictiones pessimæ, conspirationes iniquæ, detractiones, susurrationes, discordiæ, invidiæ, odia, ebrietates, inhonesta lucra, judicia injusta, mensuræ inæquales, amicitiæ per sacramentum promissæ et violatæ, res ecclesiasticæ ab ecclesiis subtractæ, et in proprias redactæ ; pecuniæ et nonæ ab ecclesiis, quibus debitæ sunt, subtractæ, et multa alia, quæ Dominus et Redemptor noster prohibet, et diabolus hostis et inimicus noster suadet. Hæc vero vitia et peccata in tantum sunt gravia, ut cum instigante diabolo perpetramur, homines a Deo separent, et hæreditatem cœlestem ac vitam perpetuam auferant, et facientibus inferni flammas et cruciatus acquirant. Et ideo, dilectissimi filii, obsecro ut recurrat unusquisque ad conscientiam suam, et diligenter requirat qualis sit, vel quæ in pueritia, in adolescentia, in juventute, in omni ætate sua gessit ; et si quis se homicidam, adulterum, sacrilegum, fornicatorem, perjurum aut falsum testem viderit, ad Deum et matrem Ecclesiam confugium faciat, et confessionem puram de omnibus iniquitatibus suis sacerdotibus donet ; et pœnitentiam suscipiat, et verissime eam adimpleat ; et quod inique gessit eleemosynis, jejuniis, orationibus, abstinentia, et cæteris bonis operibus delere et redimere satagat : quoniam nisi hic, dum tempus et locum habet, emendare studuerit, regnum Dei, testante Apostolo, habere non poterit. *Nolite itaque*, ait Apostolus, *errare : neque homicidæ, neque adulteri, neque sacrilegi, neque perjuri, neque rapaces, neque masculorum concubitores, neque ebriosi, neque maledici regnum Dei possidebunt.*

Monemus et eos quorum dissensione et discordia hæc regio vastata, et multis miseriis afflicta, et pene annullata est, ut peccatum et iniquitatem suam recognoscant, et quæ impie et crudeliter egerunt ad mentem semper reducant, et sint eis omni tempore in lamentum et singultum et velamen oculorum suorum, et pœnitere ea studiosissime contendant, ac redimere se eleemosynis, jejuniis, orationibus, et aliis operibus Deo acceptis satagant. Similiter et eos qui res ecclesiasticas quondam invaserunt, aut modo sine voluntate eorum quibus debitæ sunt, retinent, ut resipiscant et pœnitentiam pro sacrilegio agant ; et Deo, et ecclesiis quas læserunt, satisfacere studeant. Eos quoque monemus, qui leviter plurima sacramenta jurant, et nomen Dei atque sanctorum ejus in vanum assumunt, vel sine reverentia maledicunt, ut se ab hoc peccato abstineant, et quod minus odibile sit ignoscant, dicente Scriptura: *Vir multum jurans replebitur iniquitate, et non recedet de domo ejus plaga*; et sicut supra dictum est: *maledici regnum Dei non possidebunt*. Monemus etiam judices, ut juste judicent, et recta judicia terminent, et timorem Dei semper ante oculos habeant, scientes quod et ipsi Deum judicem habebunt, et ipsi a Deo pro omnibus judiciis suis, dictis, et factis judicandi sunt. Ipse enim præcepit: *Nec accipias personam pauperis, nec honores vultum potentis. Non declines ad dexteram, sive ad sinistram: juste judica proximo tuo*. Caveat etiam unusquisque ut falsum testimonium nullatenus proferat, quia scriptum est: *Testis falsus non erit impunitus*. Audivimus quoque duplices mensuras apud vos esse, et majoribus ad emendum, minoribus ad vendendum: quod rogamus ut corrigatis, et justam atque æquam mensuram omnes in commune habeatis, secundum præceptum Domini dicentis: *Sit tibi æquus modius, justusque sextarius*. Ab usuris etiam vos abstinete, scientesque hoc non leve peccatum esse, cum dicitur in Lege: *Ad usuram non fænerabis*. Negotiationes vero quæ in mercimoniis fiunt, sine sacramentis et perjuriis satagantur, et unusquisque caveat ne fratrem suum aliqua fraude ibi decipiat. Ipsas vero amicitias nolite per sacramenta, sicut nunc usque aliquos fecisse audivimus, firmare, quoniam illud sacramentum nunquam sine peccato poterit esse. Nullum quoque sacramentum quisque alicui juret, nisi seniori suo debitam fidelitatem secundum consuetudinem præmiserit, aut legalia et legitima sacramenta juraverit.

Sacerdotibus vestris, sicut Dei ministris, debitum honorem impendite, et si forte illos in aliqua læsistis, satisfacere studete; si vero et ipsi aliter quam docet egerint, nolite eis detrahere, sed aut per vos ipsos, si potestis, illos corrigite, aut magistris eorum, vel certe episcopo vestro ea quæ de ipsis veraciter scitis humiliter nuntiate. Ecclesiam Dei, in qua baptismum accepistis, confessiones vestras donatis, pœnitentiam suscipitis, prædicationem auditis, et alia percipitis unde salvi esse potestis diligenter honorate, et ad ecclesiam sæpissime cum oblationibus vestris concurrite, ibique pro vobis orare rogate. Munera quoque pro ecclesiis dandis nullatenus exigere et manere vel morari ibi cum uxoribus vestris nolite.

Conspirationes et conjurationes contra regem aut principes, aut certe contra vos ipsos monemus ut nullo modo agatis: quoniam et hoc grave delictum, et divinis atque humanis legibus valde prohibitum est. Detractiones itaque et susurrationes inutiles a vobis repellite, et nolite ulterius eas ullo modo agere: quoniam, sicut scriptum est: *Qui detrahit, semetipsum et audientes occidit*. Odium in corde nullo modo retinete: quoniam, sicut in Epistola sua Joannes apostolus ait: *Omnis qui fratrem suum odit homi-*

A *cida est*. Invidiam et discordiam procul a vobis repellite: quoniam discordantium et invidorum oblationes et munera Deo non sunt accepta, nec aliter oblationes nostræ in ecclesiis recipi debent, nisi prius a cordibus hoc verissime ejeceritis.

De eleemosynis quas ægrotantes vel morientes proximis, vel amicis commendant, rogamus vos ut fideliter ipsi quas ea suscipiunt distribuant, sicut ipsi volunt ut et alii pro se faciant, et agnoscant se, si bene egerint, remunerationem a Christo percepturos; si aliter, rationem Deo proinde reddituros. Divinum judicium terribiliter eos condemnat qui aliorum eleemosynis fraudant. Ita enim in canonibus legitur: Fraudatores eleemosynarum fratrum anathematizantur. Si qui vestrum cognoscant paren-
B tes suos de rebus ecclesiasticis abstraxisse, aut per vim vel malum ingenium eos vel hæreditates pauperum, vel munus parentum abstulisse, et suis rebus junxisse, misereantur, obsecro, animabus eorum, et restituant Ecclesiæ quod injuste abstraxerunt, et reddant hæredibus quæ illis injuste abstulerunt, scientes verissime, quod quandiu ipsæ res a se, aut a quibuscunque aliis retentæ fuerint, illi qui hæc fecerunt hæreditatem in regno Dei habere non potuerunt.

Monemus etiam potentes ut familias suas proprias vel certe ecclesias sibi commissas, secundum timorem Dei bene regere et gubernare studeant, scientes quod et ipsi, quamvis potestate minores
C sint, fratres eorum sint, ut et ab aliis eos defendant, et ut misericorditer eos videant, neque in mensuris, neque injustis redditibus sub aliqua occasione opprimant. Vos quoque pauperes minus potentes monemus, ut dominis vestris subjecti sitis, et fideliter eis serviatis, et quod debetis sine fraude in veritate eis reddatis, scientes quod et ipsi super vos a Deo ordinati sunt, et vos illis subjecti esse debetis. Monemus etiam eos qui res ecclesiastico beneficiario jure possident, ut nonas et decimas ecclesiis reddant, ex quibus ipsæ res esse videntur, et amplius ea nullo modo retineant, ne forte sacrilegium incurrant.

Viri uxoribus ad tempus debitum reddant, et nullatenus se aliis pollutionibus maculent. Uxores simi-
D liter viros suos diligant, eisque in omnibus placere studeant, ne (quod absit) ad alia facinora impellant. Et utique caveant ne per commistionem corporalem immundi et illoti ecclesias ingrediantur. Monemus quoque de incestis, ut nullus se cum proxima sua, vel cum proxima uxoris suæ se commisceat, quoniam turpissimum et adeo prohibitum est. Illud etiam attentissime caveat ne pudicitiam filiæ suæ, aut neptis, aut propinquæ, maxime uxoris suæ, pro gratia alicujus mortalis hominis ad violandum tradat, aut consentiat, ut castitas earum aliquo modo aut ingenio, nisi legitimo conjugio, corrumpatur.

In tribus etiam festivitatibus anni, Nativitate Domini, Pascha, Pentecoste unusquisque mundus ad ecclesiam veniens communicet, exceptis his qui in publica pœnitentia sunt; quoniam nisi his tribus solemnitatibus communicaverit, non inter Christianos habitare debet. Videat ergo unusquisque ut digne et munde et devote communionem Christi percipiat; etenim qui corpus Domini et sanguinem indigne sumit, judicium sibi manducat et bibit. Consulimus itaque precamurque feminas nobiliores, et alias quascunque ut filios suos proprio lacte nutriant, et nullatenus ancillis aliis ad educandum tradant.

Curate ergo, dilectissimi filii, ut hoc quod pro salute vestra scribimus, attente et diligenter animo comprehendatis, et de omnibus his sollicite caveatis; et in quibuscunque vos deliquisse cognoscatis, emendare tota intentione satagatis, ne in æternum (quod absit) infeliciter pereatis. Memento ubi sunt patres vestri, ubi sunt reges vestri, vestri principes, vestræ potestates, et omnes qui sæculum amaverunt; et scitote, quoniam vos omnes citissime morituri estis, et post hanc vitam nihil boni habituri, nisi bonis operibus promerueritis. Mortem, precor, dilectissimi, ante oculos semper habete, et quid post mortem facturi sitis cogitate, et ne mortem timeatis providete, quoniam nulli bono mors nocere potest. Christum redemptorem vestrum totis viribus diligite, et proximos vestros sicut vosmetipsos amate, et Ecclesiam Dei honorate, et dictis ac prædicationibus sanctorum virorum obedite, et ad paradisi gaudium et societatem sanctorum venire festinate: ad quorum societatem divina Trinitas et indivisa unitas vos perducere, et gratuita miseratione protegere, consolari, et benedicere dignetur Deus noster, qui vivit et regnat per omnia sæcula sæculorum. Amen.

ANNO DOMINI DCCCLXXV.

ADVENTIUS

METENSIS EPISCOPUS.

ADVENTII LIBELLUS DE WALDRADA

In quo probare conatur Waldradam pellicem Lotharii, conjunctam matrimonio, jam a tenera ætate, ab ejus patre Lothario Augusto; Theutpergam vero, legitimam uxorem, postea ipsi invito regi minis fuisse conjunctam.

(Apud Baronium ad ann. 862, n. 29.)

Augustus divæ recordationis Lotharius per electionem populi regni Romanorum creatus est imperator, arcemque regni Francorum regens, inter reliquias gestorum suorum deliberationis filio suo domino Lothario virginem nobilem, nomine Waldradam, sub nomine divinæ fidei tradidit, ut eam in Dei fide, et sua futuro tempore custodiret, et obtineret. Et ut hæc copula justa esse patesceret, in prætitulatione dotis, centum mansos gloriosissimo puerulo tradidit, qui necdum suæ libertatis erat, licet futurus hæres patri; sed sub tutoribus, et actoribus manebat, sicuti de talibus loquitur Apostolus, dicens: *Quanto tempore hæres parvulus est, nihil differt a servo, cum sit dominus omnium; sed sub tutoribus et actoribus est usque ad præfinitum tempus a patre* (*Gal.* IV). Verum quandiu prædictus imperator regni Francorum sublimitatem obtinuit, præfatus puerulus datæ sibi puellæ paterno munere inhæsit; quod non in angulo patratum fuit, quia veritas non habet angulos sed in publico pontificum, et optimatum spectaculo, sicut pædagogi ejus testantur, etiam et avunculus ejus Leutfridus. Domino imperatore Lothario migrante, in ipsis diebus paterni luctus, Huchertus Acefala cum suis complicibus, sororem suam nomine Theutpergam domino regi Lothario clarissime adolescentulo adduxit, et fraudulenter eam sibi sociavit, minans regis esse periculum de statu regni sui, et suis non faveret hortamentis. Acquievit rex, licet nolens, sicut ipse testatus est.

Fama pessimæ turpitudinis Theutpergam sequitur, et de incestuoso concubitu fratris sui Hucberti rea acclamatur, affertur schedula confessionis, ubi sponte confessa legitur, judicio consulum damnatur, misericordia præsulum salvatur, fugam capessit. Hujus facti notitiam, per illustres viros piissimus rex dominus Lotharius Romam mittit, et causas rei pandere statuit. Beatissimus papa Nicolaus ratione comperta deliciosos missos Rodoaldum scilicet Portuensem, Joannem Fidiculensem [*al.*, Ficodensem] in Franciam mittit, et in urbe Metica, generale concilium celebrare decernit. Ubi præsentiam suam gloriosissimus rex Lotharius, cum universo primatum suorum nobiliumque consiliariorum comitatu ostendens, in sancta synodo resedit; ibi causas suæ actionis in conspectu legatorum Romanæ sedis exposuit, quomodo in fide Dei genitor suus excellentissimæ memoriæ dominus Lotharius perpetuus Augustus, et virginem prænobilem manu propria tradiderit, et reliqua quæ supra enumeravimus. Quod vero Theutperga reatus sui culpam publice confessa fuerit, in prædicto concilio, quod Metis civitate patratum est, senatores universi regni Francorum perticore se acclamaverint. In quibus prudentia tam A temporalis quam spiritalis refulget, quorum patres, proavi, et atavi Romanorum consilii maturitate rexerunt imperium, quorum stirpem, tempore Augustorum domini Ludovici imperatoris, et magnificentissimi Lotharii semper titulo consulatus exornatam intuitus sum. Horum specialem consilii prærogativam nequaquam abjiciendam universitas populi acclamavit : quippe cum nec criminum eis damnositas objiciebatur, sed probitatum ingenuitas laudibus efferebatur. Quapropter quia passim plurimi varie de his opinantur, et multiplicia definitionum genera ponunt, quo affectu super his tractaverim, ac senserim, reverentiæ fidelium elucidari curabo. Quando imperator piissimus filio suo æquivoco, puellam nobilitate carnis insignitam dedit, nondum eram episcopali onere prægravatus, nec his interfui actibus. Theutperga cum introducta fuit, et secundum conjugium patratum est, nisi auditu penitus ignoravi. His rebus ita excursis, expetitus a clero, et electus a plebe, episcopus canonice consecratus in his factis taliter sensi : Christianissimus imperator in fide Christi, et sua, virginem filio dedit, fides Dei scortum non donat, sed repudiat, dicens : *Non mœchaberis* (*Exod.* xx). Et Psalmista : *Perdes omnes, qui fornicantur abs te* (*Psal.* LXXII). Paulus, qui fide Dei præcinctus erat, clamat, hoc inquiens : *Scitote intelligentes, quod omnis fornicator, aut immundus aut avarus, quod est idolorum servitus, non habet hæreditatem in regno Christi et Dei* (*Ephes.* V) : qui portans C stigma Jesu in corpore suo, hoc est vexillum fidei, non fovet adulteros. sed cuspide sacri faminis terebrat, dicens : *Neque adulteri regnum Dei possidebunt* (*I Cor.* VI). Dominus, qui fidelis est, et dat sancta David fidelia, et orthodoxo imperatori Lothario, non abstulit potestatem conjungendi filium suum, cum quacunque puella decrevisset, in Evangelio dicit : *Qui dimissa uxore, alteram duxerit, mœchatur* (*Matth.* XIX). Unde oportet, ut hæc audientes, pio et devoto studio paternos canones audiant, ac servent, quia terminos Patrum nunquam transgredi oportet. Nam sacri canones paterno munere mulierem datam culpa carere proclamant. Imperator, qui culturæ divinæ deditus erat, fornicationis detestabili facinore filium uti non permisit Lotharium regem, cujus professio, et omnium senatorum talis exstitit, de copula Waldradæ, quod eam genitor in fide Dei sibi dederat.

B De Theutperga vero, quod sceleris sui malum de horrendo impudendi [*f.* impudici] fratris amplexu confessa, et comprobata fuerit, similiter omnino protestati sunt, quæ non pavidis a nobis nimis territa est, nec amœnis confota blanditiis. Ipse autem secundum Apostolum faciens, ubi dicit : *Si fieri potest, cum omnibus hominibus pacem habete* (*Rom.* XII), et consulum nobilium voces audiens, sicut supra per succedentia tempora exemplis annotavimus, quod audita et approbata sunt senatorum consilia, in omnibus subscriptionibus, et definitionibus nostris hoc modo censuimus, ut si Theutperga confessa prædictum fuisset reatum, regia societate indignam esse censui. Et si Waldrada in fide Dei munere patris juncta esset regi, fidem Dei non ausus fui blasphemare, ne forte perfoderet me Scriptura verbi jaculo dicens : *Blasphemos ne patiaris vivere* (*Lev.* XXIV). Apostolus licentiam dat, ut unusquisque in suo sensu abundet (*Rom.* XIV) [a].

[a] Hucusque libellus Adventii, unius ex illis qui postea meruere a Nicolao Romano pontifice excommunicari ; verum non ut alii, nempe Coloniensis et Trevirensis, obstinatione obduruit, sed peccati pœnitens, seipsum accusans, et veniam petens, obtinuit illam ab eodem Nicolao pontifice, ut patet ex epistola mox sequenti.

EPISTOLA ADVENTII

AD THEUTGAUDUM COLONIENSEM EPISCOPUM.

Certiorem secreto facit de synodo apud Metas mox congreganda.

(Baron., ibid.)

Reverentissimo ac sanctissimo nobis per omnia desiderando Patri THEUTGAUDO ADVENTIUS devotus D filius, et assiduus orator, summæ felicitatis pacem et gloriam.

Præsentes apices, per Deum, et propter Deum humiliter precamur, ut nullus alius mortalium videat, sed Vulcanus edax perspectos consumat. Vestræ antiquæ gravitatis, et maturum consilium, ac vice fidei anchoram prudentiæ tutelam figat in sapientiæ firmamento [fundamento], ne aliquid nostro seniori sinistrum, vel dextrum isto tempore nuntietis, quousque in Purificatione sanctæ Mariæ, sicut pro certo vocati sunt omnes nostri confratres, Metis conveniant : quia pro certo scitis, quod noster senior modis omnibus deliberatum habet, ut illorum communi consilio, quidquid illis secundum Deum melius visum fuerit, in omnibus se paratissimum esse promittat, aut eorum monitis, atque consiliis parens, nihil ulterius aliter agat. Quapropter oportet vos, dilectissime Pater, modo caute agere, ne, quod absit, aliqua vana spe a via Dei, et evangelicis, atque apostolicis documentis deviando, laqueum incurrat Averni. Certi enim esse potestis quia si nostra culpa, aut aliqua vana fiducia modo erraverit, illud implebitur propheticum *sanguinem ipsius de manu tua requiram* (*Ezech.* III). Ista quippe ideo scribimus, quia Valtharum nostri senioris fidelem hodie excepimus de palatio remeantem, qui nobis prædictam deliberationem in sua fide ex parte nostri senioris, ita ut prædiximus, affirmavit, A imo multoties deprecatus est, ut propter amorem Domini, ista vobis significaremus, modisque omnibus consuleremus, ne ex vestra parte, vel vestra viva voce aliquid tale audiat, unde a sua salute vacillet. Aptius enim nobis cernitur simulari infirmitas, quam ut præparatam a Deo medicinam langnens stomachus rejiciat. Bene vos valere optamus, dilectissime Pater.

EPISTOLA EJUSDEM AD NICOLAUM PP.

Mittit professionem suam, qua purgans se de causa Lotharii, acquiescere se atque obsequi docet statutis a pontifice in synodo Romana; proinde veniam et pacem implorat.

(Apud Mansi, Conc., tom. XV.)

Gloriosissimo Dominici gregis pastori domino et beatissimo NICOLAO, summo et universali papæ, ADVENTIUS, humilis Metensium sedis episcopus, nunc et in æternum valere.

Christus Dominus Deus proprii sanguinis pretio acquisito gregi solita pietate prospiciens, vobis summi sacerdotii contulit dignitatem : cui inter plurima spiritualium virtutum ornamenta, quibus sanctam matrem Ecclesiam inimitabili sanctitate condecoratis, sacra etiam priscæ auctoritatis dogmata affatim resplendent : quo Christiana plebs, efficacissimo tanti Patris exemplo feliciter imbuta, vitiorum monstra devitare, et auxiliante Deo æterna poterit præmia comprehendere, imo ecclesiastici ordinis disciplina vestris temporibus inviolabilis permanere. Unde mea parvitas omnesque divina dignatione mihi crediti, multipliciter congaudentes, magnas omnipotenti Deo gratias referimus, devotis precibus implorantes, ut Deus omnipotens vestri pontificatus apicem diu incolumem custodire dignetur, ad consolationem sanctæ suæ Ecclesiæ, omniumque fidelium animarum. Quippe cum inter sævissimas paganorum pressuras, densissimasque perversorum Christianorum simultates occuparemur, et per capita humilitatis nostræ Dominici ovilis sollicitudinem gerere optaremus, decreta excellentissimi apostolatus vestri nobis directa sunt. Super quibus responsa dignitati majestatis vestræ festinantissime currens præsentialiter dare viva voce desiderarem, nisi longæva senectus me gravidum redderet, et indeficiens corporis ægritudo frequenter atque inopinate spiritum exhalare cogeret. Magnum enim, et quasi totius meriti gaudium obtinerem si ad limina apostolorum, vestramque desiderabilem et præeminentissimam præsentiam, virium imbecillitas me ire sineret. Sed quia podagrici dolores, et veterani mei artus optata denegant, omnipotenti Deo, et sancto Petro, atque incomparabili clementiæ vestræ magnitudini, meæ parvitatis quantitatem committo, qui vices Dei tenetis, et in reverendissima summi principis cathedra verus apostolus residetis, ut vestris fovear solaminibus. Si enim fallaciter, quasi B fautor vitiorum, in conspectu vestræ mansuetudinis diffamatus existo, si non corpore, mente tamen ad vestra sacra vestigia provolutus, humiliter peto ut excusationis meæ causas, nullo mendacii fuco obnubilatas, paternæ pietatis affectu recipere non dedignemini, quas capitulatim misericordiæ vestræ pandere studui.

I

In catalogo sacerdotum nequaquam recipio Theutgualdum, quondam archiepiscopum, qui depositionis suæ sententiam a vobis prolatam hactenus patienter ferens, juxta præcedentem consuetudinem nihil omnino de sacro ministerio contingere præsumpsit : sed quasi mitissimus vir, incaute se proprio sermone lapsum, atque alterius pertinacissima C obstinatione deceptum fatetur : et per humilitatis et obedientiæ viam incedens, a vestra pia largitate locum satisfactionis præstolatur.

II

Guntharium quondam sacri palatii archicapellanum in episcoporum numero non suspicio, neque ei, vel fautoribus suis communicare præsumo, quoniam vetito usus est officio, et apostolicam floccipendere excommunicationem non metuit.

III

Causam piissimi regis Lotharii, in præsentia vestrorum legatorum, præfati quondam primates Ecclesiarum, cum aliis archiepiscopis, eorumque D coepiscopis, de duabus uxoribus in nostra urbe ventilantes, et magistratus nostri principatum obtinentes, quid de jam dicti nostri principis querela decreverint, vestram non latet sanctitatem. Ego igitur, teste Deo cum angelis et archangelis, arbitratus sum pariter vera manere, quæ plurimorum consulum astipulatione effabantur. Interea decernentibus tunc temporis præscriptis archiepiscopis, eorumque coepiscopis, solus ego, qui essem meritis et ordinatione novissimus, qui magistrorum auctoritatibus et judiciis resisterem? Et ne forte in aliquo contra decretum Leonis papæ offenderem verebar, qui titulo 22 ita scribit : Igitur secundum sanctorum Patrum canones

Spiritu Dei conditos, et totius mundi reverentia consecratos, metropolitanos singularum provinciarum episcopos jus traditæ sibi antiquæ dignitatis intemeratum habere decernimus, Si enim a regulis præstitutis ulla aut licentia, aut præsumptione discesserant, ego penitus nescicbam. Unde et in Antiocheno concilio, capite 9 ita scribitur : *Per singulas regiones episcopos convenit nosse, metropolitanum episcopum sollicitudinem totius provinciæ gerere : propter quod ad metropolim omnes undique, qui negotia videntur habere, concurrant, etc.* Sola quippe plurimorum relatione de jam dicta querela, quæ in primordiis gesta sint, aure non oculo percepi : quia episcopus non eram, sed in excubiis templi beati Stephani protomartyris occupatus, novissime in regno domini Lotharii senioris mei expetitus a clero, et electus a plebe, pastoralis officii curam, Deus novit, non ultro ambiens, sed canonice invitatus accepi. Et multo amplius, si fieri potest, verbis archicapellani, ac cæterorum Patrum, qui interfuerunt, credulus exstiti, quam mihimetipsi, et si forte in aliquo simpliciter egi, restat ut ad magistrum veritatis recurram. Nunc ergo proferat singularis sapientia vestra normam in hoc facto, et ecce paratus sum obsecundare edictis vestræ auctoritatis, veluti Deo, in cujus persona cuncta profertis. Vestro enim sancto ac salubri consilio usus, jugo me obedientiæ humiliter submitto. Nam quamvis quorumdam levitate contra me tumultum detractionis sentiam, nisi de simplicitate nullus me in hac re accusare potest. Fidenter enim dico : Ecce in cœlo testis meus, et conscius meus in excelsis. Unde vas electionis dicit : *Gloria nostra hæc est, testimonium conscientiæ nostræ* (*II Cor.* III). Hinc enim beatus Gregorius papa in epistola Theoctistæ patriciæ directa, ita scribit (*Lib.* IX, *epist.* 39): In omne, inquit, quod agimus, vel quod extra de nobis dicitur, recurrere ad arcana mentis debemus. Etsi omnes vituperent, liber est quem conscientia non accusat.

A

B

C

IV.

Si decretum vestræ auctoritatis, judicio sancti Spiritus, ab omni pastoralis officii regimine præfatos metropolitas exutos definivit, propter excessus sanctionum, et absolutionem anathematis a sede apostolica emissi super Ingeltrudem Bosonis uxorem D, sciatis verissime, quia in ejus absolutione nequaquam particeps exstiti : et postquam illam vera relatione infausto adulterii genere sauciatam audivi, semper quasi mortiferum venenum abominatus sum. Communionem vero cum excommunicatis nullatenus habere universos moneo, si sacris uti ausi fuerint, sicut capitulum concilii Antiocheni quartum ostendit, quod communicantes eis ab Ecclesia abjici jubet.

V.

Sectatorem damnatorum, ac seditiosum, vel conjurationis, aut conspirationis reum, me penitus esse denego, faventibusque quibuscunque nequaquam assentire fateor ; sed cum capite, id est sancta et venerabili sede beati Petri, cui claves regni cœlorum commisit, in qua etiam petra Christus rex æternus sanctam ædificavit Ecclesiam, contra quam portæ inferi non prævalebunt, canonice in omnibus me favere profiteor.

VI

Porro sanctitas vestræ paternitatis inviolabiliter sensuit nullo modo pavenda : honorum admissionem pro temeritatibus et subscriptionibus : atque indulgentiam non esse denegandam, si vobiscum sapere, nostrumque per nosmetipsos, aut per legatos nostros assensum cum scriptis offerre studeremus. Noverit præcellentiæ vestræ sanctitas munificentissima, quod legatus noster, qui jam vobis factam professionem ostenderet, et multiplicibus verbis enuclearet, ideo tardavit, quia cæteros confratres nostros huc illucque de diversis partibus advocans, vobiscum sentire unanimiter et sapere hortatus sum. Eorumque omnium generaliter unanimitate comperta, quasi præconem legati nostri, in ipso margine præsentis vitæ constitutus, vestræ sanctæ paternitati præmisi, præsentem videlicet litterarum portitorem. Nihil in me ambiguum, nihilque damnabile remanere patior, cui viam omnis carnis arripere proprii corporis resolutio pollicetur. Sed in omnipotentis Dei misericordiam valde confido, quod nihil peccatori spatium hujus calamitosæ vitæ concedere debeat, quousque digna satisfactione purgatus, vestræ paternæ pietatis gratiam petenti redditam intelligam, meque receptum in vestro Deo digno consortio congratuler. Credimus enim quod, favente Deo, et apostolorum omnium principe, qui in eleemosynis, et jejuniis, et furtivis orationibus spiritaliter occupati estis, omnibus viribus divina dispositione prævidere debeatis, ne ore falsidica deceptione viventia in Christi corpore membra moriantur. Igitur si meis lacrymosis precibus vestra misericordia in aliquo flectitur, per sanctam et individuam Trinitatem humiliter deprecor, ut per latorem præsentium litterarum, si amplius esse non potest, saltem de vestra sancta manu naufragio vitæ constitutus illud recipere merear, quod mitis magister vester Christus, quibusdam discipulis hæsitantibus januis diversis apparens, imprecatus est dicens: *Pax vobis* (*Joan.* XX). Excellentiam sanctitatis vestræ assiduis votis et precibus diu incolumem vigere humiliter exoramus.

ORATIONES

IN SYNODO METIS COADUNATA IN ECCLESIA S. STEPHANI HABITÆ.

CAPUT PRIMUM.

Vos scitis, et multis in plurimis regnis est cognitum, quantos et quales eventus tempore senioris nostri, quem hactenus habuimus, pro causis notissimis communiter sustinuimus, et quanto dolore, quantaque angustia de illius infausta morte nuper cordibus perculsi sumus. Unde unicum refugium, et singulariter salubre consilium, rege et principe nostro destituti ac desolati, nobis omnibus esse consideravimus, ut jejuniis et orationibus ad eum nos converteremus, qui est adjutor in opportunitatibus in tribulatione, et cujus est consilium, ac cujus est regnum, et, ut scriptum est, cui voluerit dabit illud (*Dan.* IV); et in cujus manu corda sunt regum, et facit unanimes habitare in domo, solvens medium parietem, et faciens utraque unum: deprecantes ipsius misericordiam, ut daret nobis regem ac principem secundum cor suum, qui in judicio et justitia nos in omni ordine ac professione regeret, salvaret atque defenderet juxta voluntatem ejus, et corda omnium nostrorum unanimiter in eum inclinaret atque uniret, quem ipse ad salutem et profectum nostrum præscitum et electum atque prædestinatum habeat secundum misericordiam suam.

CAPUT II.

A Quia denique voluntatem Dei, qui voluntatem timentium se facit, et deprecationes eorum exaudit, in concordi unanimitate nostra videmus, hunc regni ejus hæredem esse legitimum, cui nos sponte commisimus, dominum videlicet præsentem regem ac principem nostrum Carolum, ut nobis præsit et prosit: videtur nobis, si vobis placet, ut sicut post illius verba vobis manifestabimus, signo certissimo demonstremus, quia illum a Deo electum et nobis datum principem credimus, et eidem largitori Deo ex suis beneficiis non simus ingrati; sed, gratiarum actiones illi referentes, oremus quatenus et eum nobis ad salutem et defensionem sanctæ suæ Ecclesiæ, et ad auxilium atque profectum omnium nostrum cum salute ac pace, et tranquillitate nobis B conservet diutius, et nos fideli devotione illi obsequentes, atque optata salvatione fruentes, sub illius administratione in suo gubernet servitio.

CAPUT III.

Et si illi placet, dignum ipsi et necessarium nobis esse videtur, ut ex ejus ore audiamus, quod a Christianissimo rege, fideli et unanimi in servitio illius populo, unicuique in suo ordine convenit audire, ac devota mente suscipere.

ADVENTII PRIVILEGIUM PRO ABBATIA GORZIENSI,

[ANNO 863.]

(Apud D. Calmet., *Histoire de Lorraine.*)

Pastoralis officii solertia dum circa custodiam crediti gregis invigilat, asperitatem persequentium sub ovina pelle latentium sedare non trepidat. Cum enim vices Dei regis æterni suscipit, ut ejus nominis virtute personarum acceptio annulletur, et inviolatum æquitatis judicium roboretur, profecto non oportet dissimulare libertatem veritatis, Domino dicente: *In mundo pressuram habebitis, sed confidite, quia ego vici mundum (Joan.* XVI, 33); non levis est noxa peccatis communicare alienis, eis qui sacris Ecclesiarum sedibus præsident, pro exaltatione commendatæ ratione dignitatis dignum est ut ingeniosa magnæ sollicitudinis cura excubent, quatenus spirituales oves absque ullius occasionis molestia sacram exhibere militiam valeant. Igitur Adventius sanctæ et venerabilis Metensis urbis sedis divini respectus gratia pontifex, circa vigilias plebis commissæ diliC genti mentis sagacitate desudans [*forte* desudans], monasteria et prædia ad magnificam pretiosissimi Christi martyris aram aspicientia, quæ olim distracta fuerant post transitum prædecessoris mei Drogonis recolendæ memoriæ archiepiscopi, non solum per firmitatem regalis edicti a præcellentissimo rege Lothario adeptam, verum, etiam ex auctoritate synodicæ definitionis, quæ in nostra sede, imperante summo et universali papa Nicolao, canonice celebrata est, in suo statu, Deo auxiliante, restituimus, ubi etiam hoc privilegium per mandata Romanæ sedis accepimus, ut facultates rerum Ecclesiæ nostræ reintegraremus, sicut in eodem privilegio continetur, quod in eadem sancta synodo judicio legatorum beatissimi papæ Nicolai, et consensu episcoporum mulD tiplicium regionum patratum est; patet cunctis quantas Ecclesia nostra scissuras pertulerit, cum monasteria sæcularium fuerint domicilia virorum, pene jam hæreditas Dei suis nudabatur obsequiis, nefaria distributione prævalente, inter quæ direptionis dispendia nobile monasterium nostræ diœceseos, quod super fluvium Gorziæ fundatum est in honore beatorum apostolorum Petri et Pauli, et beati Stephani protomartyris, ubi præclarum beati martyris Gorgonii corpus humatum tenetur, temporibus prædicti antecessoris nostri huc illucque rerum suarum scissionem pertulit, cum proprius monasterii abbas nomine Haldinus, ab hac luce subtractus est; in tantum, quod sine dolore proferre non possumus, ut vix sacrum monachorum agmen victus necessitatem haberet; sed cum jam laicalibus deservire imperiis prædictum locum Lotharius rex censuit, Bunio cuidam comiti illud committere; paulatim deficientibus alimentorum et tegumentorum solaminibus, regularis observatio minuebatur, religio monastica infirmabatur, ecclesiæ nulla ornatus gratia decorabantur, ipsaque altaria pluviis et nuditatibus aspernabantur. Hic lamentationum singultibus lacessitus, cum Propheta ejulabam : *Quis*, inquiens, *dabit capiti meo aquam et oculis meis fontem lacrymarum, et flebo populum meum die ac nocte* (*Jer.* IX, 1.) Nam quia instantia mea erat sollicitudo monasterii prædicti, quod prædecessores mei novo liberalitatis fundo ditaverunt, accessi ad gloriosissimum regem Lotharium, et expositis privilegiis et chartulis quibus sacer locus nitebatur, a potestate illicitæ dominationis eruere festinavi, ibique regularis observantiæ abbatem, nomine Betonem constitui, ut monachi suæ professionis non immemores, jugo Christi suavissimo colla flectere non ignorent : nempe postquam divæ recordationis prædecessor meus Chrodegangus archiepiscopus, jam dictum monasterium novo fundamine instruxit, usque ad detestandas prælocutæ calamitatis oppressiones, a regularibus abbatibus gubernabatur, possidentibus et dominantibus integritatem assequentium facultatum. Quapropter quia, Deo cooperante, ipsum cum omnibus ad se pertinentibus a ditione improbæ vastationis liberavimus, decernimus cœnobium Gorziense in honore beati Petri apostoli et Stephani martyris, ubi inclytus martyr Gorgonius admirabili virtutum laude coruscat, regulariter gubernari, ipsumque ac pristinam omnium rerum suarum reintegrationem Betoni abbati et successoribus suis perpetim disponimus obtinendum ; ea ratione, quando viam universitatis aliquis abierit, noster vassalus aut aliqua persona, qui beneficia de rebus supradictis habent filii eorum et propinqui non obtineant ea, omnimodis interdicimus, sed absque mora, absque ullius contradictione, ad Betonem abbatem, et ad successores ejus; ac ad monachos qui ibidem Deo militant, redeant. Si vero interim locus evenerit, ut de nostro indominicato, aut de rebus quas adhuc multi per nostrum beneficium retinent, commutare, oportune possimus, dabimus de nostro, ut restitutio sancti Petri rerum integra perseveret : precarias autem et commutationes provideat prædictus abbas cum monachis sibi commissis, ut quod utile judicaverit faciat. Capellas villarum et dotalitia in antiquum statum reformamus, ut sicut fuit temporibus Theomari ejusdem loci abbatis, ita necessitatibus fratrum deservire faciat. Familia vero ejusdem cœnobii a servitutis officio quo fuit priscis temporibus, in eo permaneat. Ad ultimum vero humiliter peroptamus, ut eodem honoris privilegio locus prænominatus perseveret, cum omnibus appenditiis suis, quo continetur in decretis prædecessorum meorum ; prædia villarum quæ comparata sunt, vel a nobilibus viris donata sunt vel erunt, usibus et dispositionibus abbatis et monachorum perpetualiter subdantur, ut spiritualia et temporalia habeant sufficienter, ut Deo in perpetuum placeant. Si vero ipse, aut aliquis successorum meorum, cum divino intuitu, pro reverentia Dei, et sanctorum patrociniis in prædicto loco locatis, et animæ nostræ remedio in perpetuum manendum censemus, irritum duxerit, aut in aliqua parte infirmaverit, sciat se terribilem rationem redditurum in die tremendi examinis pro sacrilego ausu, cum Dominus justissimus judex ad judicandum venerit, et dignam unicuique facto remunerationem attulerit. Ut autem hoc firmitatis nostræ decretum perpetuo tempore servetur, et a nullo immutetur, manus propriæ conscriptionem immutabiliter censuimus. Adventius sanctæ Mediomatricensis Ecclesiæ episcopus, hujus ecclesiasticarum rerum privilegii restitutionem manu propria firmavi, ac roborandum omnium successorum meorum per Christum manibus exoro et humiliter exposco. Hoc anno ab Incarnatione Domini 873 indictione 11 epacta 28.

EPITAPHIUM ADVENTII

A SEMETIPSO EXARATUM.

(*Histoire littéraire de la France*, tom. V, pag. 451.)

Tristis origo hominis, sed tristior ultima sors est.
  Invida mors repetit quod sua jura debent.
Divitiis pollens nimium, hanc formidet egenus.
  O puer atque senex, mortis amara cave :
Impavidus, pavidus, fortis, perterritus ipse.
  Hunc pereunt cuncti sorte sub occidua !
Hic ego vanis quondam ostro comptus et auro,
  Fortunamque avidam experior tumulo.

Innumeras concessit opes mihi conditor orbis;
Sumpsit inops modicas, pauper et exiguas.
Præsulis officium, populo acclamante, recepi.
Semina distribui parcius alma gregi.
Ecclesias Christi cultu venerabar honesto :
Peccati hinc veniam cœlicolæ obtineant.
Carmina læta olim cecini, nunc tristia tingo,
Funeris exsequias musa venusta parat.
A Francia me genuit, genitor nomine Saxo.
Oromatis merui nomen habere novum.
Dic relegens : Requiem teneat Adventius almam,
Cum grege candidulo regna beata petens.
Rex cœli adveniens plasmatis reddere digna,
In paradisiaco gramine pande viam.
Obsecro per trinum Dominum, contestor et unum,
Mausoli septum nulla manus violet.

(Opusculum subsequens, suo loco omissum, seriem claudit Operum Ratramni Corbeiensis monachi, quæ habes supra in hoc volumine.)

RATRAMNI

CORBEIENSIS MONACHI

EPISTOLA DE CYNOCEPHALIS

AD RIMBERTUM PRESBYTERUM SCRIPTA.

(Apud Oudinum, de Script. eccles. tom. II.)

Divinæ gratiæ muneribus honorato, plurimumque in Christo diligendo RIMBERTO venerabili presbytero, RATRAMNUS sempiternam in Domino Jesu Christo salutem.

Quod nostræ petitionis memores effecti, scripsistis nobis illa quæ de Cenocephalorum [a] natura potuistis cognoscere, non modice me lætificastis. Quod vero ad ea quæ postulastis minime rescripserim, noveritis negligentiæ torpore nequaquam hoc contigisse, verum quia delatoris præsentia non affecerat, suspensum fuisse. Nunc autem veniente fratre Sarwardo ad nos et ad vos remeante, data occasione, solliciti fuimus, breviter intimare quæ nobis videbantur super inquisitione vestra. Quæritis enim quid de Cenocephalis credere debeatis, videlicet utrum de Adæ sint stirpe progeniti, an bestiarum habent animas : quæ quæstio compendiose ita potest determinari. Si hominum generi deputandi sunt, nulli dubium debet videri quod primi hominis de propagine descenderint. Neque enim fas est humanam credi aliunde deduci originem quam primi de parentis substantia. Quod si bestiali generi connumerantur, nomine tantum hominibus, non natura communicant. Inter hæc sciendum vero si contenti fuerimus opinione nostrorum; videlicet ecclesiasticorum doctorum, inter bestias potius quam inter homines deputandi sunt, siquidem et forma capitis et latratus canum, non hominibus sed bestiis similes ostendit. Hominum denique est rotundum vertice cœlum aspicere, canum vero oblongo capite rostroque deducto terram intueri. Et homines loquuntur, canes vere latrant. Verum quo litteræ a vestra charitate nobis directæ, dum naturam illorum diligentius significarunt, nonnulla docuerint quæ humanæ rationi potius quam bestiali sensibilitati convenire videntur : scilicet quod societatis quædam jura custodiant, quod villarum cohabitatio testificatur; quod agri culturam exercent, quod et frugum messione colligitur; quod verenda non bestiarum more detegant, sed humana velent verecundia, quæ res pudoris est indicium ; quod in usu tegminis, non solum pelles, verum etiam et vestes eos habere scripsistis: hæc enim omnia rationalem quodammodo testificari videntur eis inesse animam. Nam cum dicatur civitas esse cœtus hominum eodem sub jure pariter degentium, istique simul cohabitare per villarum contubernia dicantur, civitatis distinctio talibus convenire non abs re creditur. Siquidem et collectione sua multitudinem faciunt, et pariter habitare nonnisi sub alicujus jure conditionis poterant. Ubi vero jus aliquod servatur, consensu quoque animorum una continetur. Neque jus aliquod potest esse, quod consensus communis non decreverit. Verum talem præter moralitatis disciplinam nec constitui, nec custodiri aliquando potuit. Jam vero agros colere, terram proscindere, sementem rurali fenori concredere, artis peritiam demonstrat. Quæ res nisi ratione præditis haudquaquam favere cognoscitur. Etenim rationis est causam requirere singularum actionum, ubi causa : quæ res pingues efficiat terras, quæ causa sementis ubertatem producat; quarum sine scientia agricultura nunquam digne poterit exerceri. Porro tegumenta nosse conficere, vel pelle, vel lana linoque, studium est ratio-

[a] Sic miss. ubique.

nalis animæ. Nisi enim artificio quodam hæc parari non possunt, et artis scientia nonnisi rationali conceditur animæ. At pudenda velari, honestatis est signum, quod non quæritur nisi ab animo inter turpe et honestum habente distinctionis judicium. Erubescere namque nemo potest de turpitudine, nisi cui contigit quædam honestatis cognitio. Hæc autem omnia rationalis animæ esse propria, nemo nisi ratione carens negabit. Inter honestum turpeque discernere, artisque scientia pollere, jura pacis concordiæque condere, nec sine judicio rationis nec præter acumen ingenii, fieri possunt. Qua de re cum talia dicitis apud Cenocephalos videri, rationalem eis inesse mentem reipsa testificamini. Homo vero a bestiis ratione tantummodo discernitur. Quæ, quod videtur inesse his de quibus loquimur, homines potius quam bestiæ deputandi videntur.

Huic intelligentiæ non parum suffragari videtur libellus de martyrio sancti Christophori editus. Quemadmodum autem in eo legitur, hoc de genere hominum fuisse cognoscitur, cujus vita atque martyrium claris admodum virtutibus commendatur. Nam et baptismi sacramentum divinitus illum consecutum fuisse, nubis ministerio eum perfundente, sicut libellus ipse testatur, creditur. Fama quoque vulgante, plura feruntur quæ hujusmodi hominum genus rationis compos insinuare videntur. Isidorus quoque cum de portentorum ex humano genere defluxorum varietate loqueretur in libris Etymologiarum, inter reliqua sic ait : Sicut autem in singulis gentibus quædam sunt monstra hominum, ita in universo genere humano quædam monstra sunt gentium, ut Gigantes, Cenocephali, Cyclopes, et cætera. » Hoc dicens manifeste signavit quod Cenocephalos ex primi hominis propagine originem duxisse fuerit opinatus. Nam sicut in singulis gentibus quædam contra legem naturæ videntur procreari, ut bicipites, trimani, pumiliones, hermaphroditæ, sive androgynæ, vel alia perplura, quæ tamen contra naturæ legem non fiunt, sed propria quodammodo dispositione proveniunt, siquidem lex naturæ Divinitatis est dispositio. Sic quoque universi generis humani ordini naturali videntur monstruosam inferre procreationem illa, quæ superius commemorata sunt, hominum, prodigiosa portenta, vel alia plura, quæ longum est commemorare, ut Pigmæi, Anticaudæ, quorum aliis cubitalis dicitur inesse statura corporis, aliis plantarum conversio post crura, et in plantis octoni digiti : Hippodes, qui humanam formam pedibus miscent equinis ; Macrobii, humanam staturam pene duplo superantes ; gensque feminarum in India quinto anno concipiens, et octavum vitæ annum non excedens, et alia complura fatuque incredibilia. Et quamvis ferantur ista ex humano genere duxisse originem non tamen mox neque temere homines ratione præditos esse firmandum. De Gigantibus vero qui inter hæc portenta numerantur, homines fuisse de hominibus natos nemo fere qui dubitet, quandoquidem divinarum auctoritate litterarum, hoc astrui non ignoremus. Quibus Cenocephali dum connumerantur, hoc etiam et de istis sentiendum esse putatur, maxime si illa constiterint quæ de sancto Christophoro leguntur, ut quæ fama de eis vulgaris dispergit. Nec tamen ista dicentes vel sentientes, consequitur ut quidquid de homine procreatur, hominem quoque esse humanæque rationis ingenio præditum. Verbi gratia, cum legatur vitulus ex muliere procreatus, aut serpens editus de femina. Proinde tamen neque vitulum, neque serpentem illum, humanam animam vel rationalem habuisse consenserim. Monstruosus quoque partus ille tempore regis Alexandri de muliere profusus, cujus superior pars hominem proferebat, inferior vero bestiarum formas diversarum viventiumque protulerit. Nec tamen bestias illas, licet humano semine procreatas, rationalem habuisse animam, nisi rationis expers, unquam puto præbebit assensum. Qua de re nec hos de quibus res agitur, propterea quia duxerant originem ex hominibus, eos continuo rationali pollere mentes crediderim, si non vel ea quæ scripsistis, vel quæ leguntur et feruntur de iis talia, quomodo sentirem, moverent. Nunc autem tanta tamque fortia videntur esse quæ super his dicuntur, ut his vel fidem non adhibere, vel contradicere velle, pervicacia potius videatur esse quam prudentia. Accedit ad hæc, quod scripta vestra testantur, domesticorum omne genus animalium, quæ nostris in regionibus habentur, apud illos haberi. Hoc vero fieri posse, si bestialem et non rationalem animam haberent, nequaquam video. Siquidem homini animalia terræ fuisse divinitus subjecta, Geneseos lectione cognoscimus. Ut vero bestia alterius a se generis animantia, et maxime domestici generis, curent, et eis diligentiam adhibeant, suisque cogant imperiis subjacere et usibus parere, sicut nec auditum, ita nec creditum cognoscitur. At vero Cenocephali, cum domesticorum animalium dicuntur habere multitudinem, eis minime convenit bestialis feritas, quorum animalia domestica lenitate mansuefiunt. Hæc sunt quæ de Cenocephalis arbitror sentienda. Cæterum an et aliis sic sentire placuerit, an e diverso, non erit nostri judicii. De libro vero beati Clementis quod interrogasti, non inter doctos viros plenæ auctoritatis habetur, quamvis non usquequaque repudietur. Leguntur enim quædam in illo, nostro, id est ecclesiastico, dogmati non usquequaque respondentia. Verum quæ de gestis Pauli apostoli scribuntur in illo, recipiuntur, ut pote nihil quod doctrinæ Christianæ vel contradicat vel repugnet, continente. Valere beatitudinem vestram semper in Christo gaudemus, et ut memor sis nostri deprecamur.

ORDO RERUM

QUÆ IN HOC TOMO CONTINENTUR.

RATRAMNUS, CORBEIENSIS MONACHUS.

GOTTESCHALCUS ORBACENSIS MONACHUS.

LOTHARIUS REX.

GUNTHARIUS COLONIENSIS EPISCOPUS.

THEUDOINUS, CATALAUNENSIS PRÆPOSITUS.

PAULUS ALVARUS CORDUBENSIS.

BERNARDUS, MONACHUS FRANCUS.

WANDALBERTUS, PRUMIENSIS MONACHUS.

ÆNEAS PARISIENSIS EPISCOPUS.

HERARDUS, TURONENSIS ARCHIEPISCOPUS.

ISO, SANGALLENSIS MONACHUS.

BENEDICTIONES EPISCOPALES PER ANNI CIRCULUM. 857

PRÆFATIONES ANTIQUÆ. 883

PRÆFATIONES DE TEMPORE. 884

MILO, MONACHUS SANCTI AMANDI.

FINIS TOMI CENTESIMI VIGESIMI PRIMI.

Lightning Source UK Ltd.
Milton Keynes UK
UKHW031333121118
332199UK00007B/814/P